Gabrielly

www.smdiccionarios.com

🔒 **Accede a tu diccionario**

XP4R-AD9N-MWSB-JYLQ

DICCIONARIO BÁSICO

DE LA LENGUA ESPAÑOLA

Primaria

Revisado por
JOSÉ MANUEL BLECUA,
Director de la
Real Academia Española

PROYECTO EDITORIAL Y DIRECCIÓN
Yolanda Lozano Ramírez de Arellano
Concepción Maldonado González

EQUIPO DE REDACCIÓN
Yolanda Lozano Ramírez de Arellano (*coordinación*)
Nieves Almarza Acedo
María Luisa Álvarez Rubio
Carolina Blázquez González
Mireia Casaus Armentano
Ana Chicote Díaz
Marlene Díaz Marbán
Elena Díaz-Plaza Martín-Lorente
Inés García García
Jana García González
Teresa Gutiérrez Carreras
Paloma Jover Gómez-Ferrer
Ascensión Millán Moral
Elena Molinero Pinto
Matilde Pérez García
Miriam Rivero Ortlz
Elena Vázquez Risco

REVISIÓN CIENTÍFICA Y TÉCNICA
José Manuel Blecua Perdices (*dirección*)
M.ª Ángeles Blanco Izquierdo (*coordinación*)
Soraya Almansa Ibáñez
Julia Fernández Fernández
Consuelo Mayor Andrés
M.ª Jesús Redondo Rodríguez
Juan Romeu Fernández
Loreto Verdú Bueno

Han colaborado también Susana Benito Villar, María José Gil Bonmatí y Octavio Pinillos.

ASESORAMIENTO
Humberto Hernández Hernández

DISEÑO
Mario Dequel Losa
Maritxu Eizaguirre Pereyra
Patricia Fernández Corral

MAQUETACIÓN
Negra

ILUSTRACIÓN
Jorge Galán Liquete
Nacho Rúa Roure
Clara Soriano Rioja
Escletxa

FOTOGRAFÍA
Javier Calbet, Sonsoles Prada, Juan Baraja, Sergio Cuesta, José Manuel Navia/Archivo SM; Olimpia Torres; Pedro Carrión Juárez; Antonio Sacristán Gallego; Amaro Olivares Meca; Javier Ramos Pérez; Mónica Rivera Colón; Peter Rey; C. Squared, Sean Thompson, PHOTOLINK, STOCKTREK/PHOTODISC; Gianni Dagli Orti, - CORBIS/CORDON PRESS; Elena Schweitzer/iSTOCKPHOTO; Ricardo Azoury/KEYDISC; Lepas, Ann Murie, Gabrieldome, Stephen Merse, Dimitry Pichugin, Alistair Scott, Bruno Medley, Jeff Walthall, Petr Malek/DREAMSTIME; JUNIORS BILDARCHIV/AGE FOTOSTOCK; EFE; SCALA; FIRO FOTO; INDEX; PRISMA; LATINSTOCK; DIGITAL VISION; PHOVOIR; BARRES FOTONATURA; INGRAM; INGIMAGE; THINKSTOCK; ORANGESTOCK; BRAND X PICTURES; ABLESTOCK; 123RF; SHUTTERSTOCK; GETTY IMAGES; Equipo de Cultura Científica; Museo de América

GESTIÓN INFORMÁTICA
Antonio del Saz

Primera edición: mayo 2014
Edición actualizada y completada a partir de la undécima edición de Diccionario básico Primaria *(SM, 2012).*

Las marcas registradas cuyo empleo como nombres comunes está muy extendido en el uso se recogen en este diccionario con la indicación de su origen de marca, cuando se tiene constancia de ello. No obstante, la presencia o ausencia de dicha indicación no debe considerarse como un hecho que afecte a la situación legal de la palabra en cuestión.

CENTRO INTEGRAL DE ATENCIÓN AL CLIENTE
Tel. 902 12 13 23 Fax 902 24 12 22
clientes@grupo-sm.com
www.grupo-sm.com

Para más información fuera de España:
Grupo Editorial SM Internacional
Impresores, 2 - Urb. Prado del Espino
28660 Boadilla del Monte (Madrid) – España
Teléfono   +34 91 4228800
Fax   +34 91 4226109
E-mail   internacional@grupo-sm.com

© EDICIONES SM
ISBN: 978-84-675-7376-3 / Impreso en la UE - *Printed in EU*
Depósito Legal: M-16.424-2014

Cualquier forma de reproducción, distribución, comunicación pública o transformación de esta obra solo puede ser realizada con la autorización de sus titulares, salvo excepción prevista por la ley. Diríjase a CEDRO (Centro Español de Derechos Reprográficos, www.cedro.org) si necesita fotocopiar o escanear algún fragmento de esta obra.

Prólogo

La lexicografía escolar es una especialidad que apasiona. En la vida infantil aparece siempre un momento emocionante, en el que los jóvenes alumnos se van a encontrar con un libro nuevo: el diccionario. Un libro nuevo que es distinto de los demás libros y que pretende contenerlos a todos. Se trata de una obra gruesa, de casi mil páginas, con ilustraciones llenas de color, con textos breves, organizados sistemáticamente, que van a guiar toda la vida del joven en un mundo de palabras y de conocimiento.

Gracias a su probada calidad y sobrada historia, los diccionarios didácticos escolares de SM han sido desde hace años herramientas fundamentales para la enseñanza. Por esa razón he aceptado el reto experimental de intentar adaptar determinadas características formales y técnicas del modelo histórico de su *Diccionario usual* al joven lector, para que pueda ir familiarizándose con la futura consulta de obras lexicográficas mayores. Cabe destacar que se han utilizado potentes bases de datos para la construcción de los listados de las palabras de mayor frecuencia en textos de España; también se han incorporado los contenidos gramaticales y ortográficos de las últimas publicaciones académicas.

De esta manera, se ha producido una armónica relación entre las sólidas tareas de la tradición docente en estas obras de iniciación y la antigua experiencia académica, experiencia renovada a través del tiempo con la aplicación de las tecnologías informáticas al conocimiento filológico.

En la docencia de la lengua española, el diccionario siempre ha desempeñado funciones extraordinarias para la formación del alumnado; estamos convencidos de que esta obra se convertirá en un imprescindible instrumento para la enseñanza.

José Manuel Blecua Perdices
de la Real Academia Española

¿Qué es este libro?

Es un diccionario

diccionario (dic·cio·na·rio) [sustantivo] [masculino] Libro en el que se explica lo que significan las palabras de una lengua o de un tema determinado, normalmente siguiendo el orden del alfabeto.

¿Para qué sirve?

Para saber qué significa una palabra

marisma (ma·ris·ma) [sustantivo] [femenino] Terreno más bajo que el nivel del mar, que se inunda con las aguas del mar o de los ríos: *las marismas del Guadalquivir.* ☐ Familia: →mar.

Para saber cómo se usa una palabra

ancla (an·cla) [sustantivo] [femenino] Objeto que sirve para que un barco se sujete al fondo del mar. 👁 página 132.
☐ [Aunque es femenino, como empieza por «a» tónica o acentuada, se usa con «el», «un», «ningún» y «algún»: «el ancla», «las anclas»]. ☐ Familia: anclaje, anclar.

arriba (a·rri·ba) ▌[adverbio] **1** En un lugar o en una posición superiores: *Sube, que estoy arriba.* **2** Hacia un lugar superior: *Ven arriba y desde la ventana verás la calle.* ▌[interjección] **3** Se usa para dar ánimos o aclamar: *¡Arriba la princesa!* ◆ [expresión] ‖ **de arriba abajo** De un extremo a otro: *Me sé la lección de arriba abajo.* ☐ [No debe decirse «Voy a arriba», sino «Voy arriba»]. ☐ Sinónimos: **1** encima. ☐ Antónimos: **1** debajo. **2** abajo.

Para saber cómo se escribe una palabra

bumerán o **búmeran** (bu·me·<u>rán</u>; <u>bú</u>·me·ran) [sustantivo masculino] Objeto de madera, duro, plano y con forma de curva, que se lanza y vuelve al lugar de partida. ☐ [Es una palabra de origen inglés. Es preferible escribir «bumerán» o «búmeran» que la forma inglesa *boomerang*].

Para no confundir unas palabras con otras

estalactita (es·ta·lac·<u>ti</u>·ta) [sustantivo femenino] Bloque que se forma en las cuevas, que cuelga del techo y termina en una punta hacia abajo. ☐ [No confundir con «estalagmita» (la que sube desde el suelo)].

estalactitas

estalagmitas

Para saber cómo se pronuncia una palabra

tsunami (tsu·<u>na</u>·mi) [sustantivo masculino] Ola de tamaño enorme causada por un terremoto o por una erupción volcánica en el fondo del mar. ☐ [Es una palabra de origen japonés. Se pronuncia «sunámi»].

Para saber cómo son las cosas

biombo (biom·bo) [sustantivo masculino] Especie de pared que se puede doblar y mover de un sitio a otro: *El comedor está separado del salón por un biombo chino.*

biombo

Para saber cómo se relacionan unas palabras con otras

vitalidad (vi·ta·li·dad) [sustantivo femenino] Energía, ánimo y ganas de hacer cosas: *Los niños tienen mucha vitalidad.*
☐ SINÓNIMOS: vigor, fuerza, nervio. ☐ ANTÓNIMOS: apatía, desgana. ☐ FAMILIA: →vida.

Para aprender a usar el lenguaje de una forma responsable

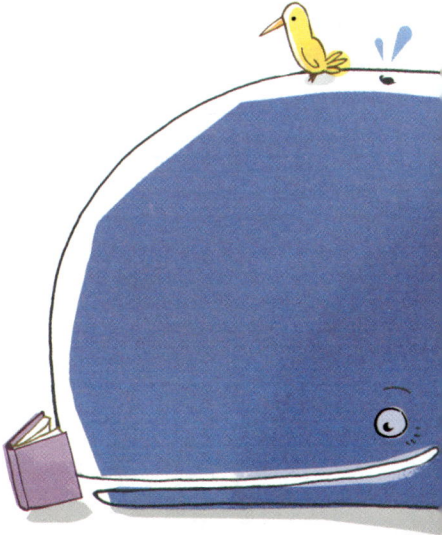

¿Cómo se usa este diccionario?

La palabra que buscamos está escrita en azul y en letra más gruesa.

Las palabras están colocadas por orden alfabético.

En la parte superior hay dos palabras: son la primera y la última de cada página.

La letra destacada nos dice que estamos en la A.

En todas las páginas aparece el abecedario para ayudarte a saber en qué letra estás y si tienes que seguir buscando hacia delante o hacia atrás.

Hay cuadros para resolver las principales dudas ortográficas y gramaticales, entre ellas las de conjugación verbal.

Detrás de la palabra aparece la **SEPARACIÓN SILÁBICA**, en la que se subraya la sílaba que se pronuncia con más fuerza.

acertar

grave El que se escribe *labra catalana «català»* ...MOS. **2** tilde. ☐ FAMILIA:

[sustantivo] ☐ Colocación del e acentuación. ☐ FAMILIA:

1 Pronunciar con mayor palabra: *La palabra «mo- lo la sílaba «mo». **2** Escri- «árbol» se acentúa en la acándolo de manera espe- y acentuó el «no vendré». más: *La música de la pelí- no de las escenas.* ☐ [Es irre- UAR]. ☐ SINÓNIMOS: **3** recalcar. stacar, pronunciar, poner de re- mular. ☐ FAMILIA: →acento.

[tantivo] Cada uno de los signifi- nenino] na palabra.

[adjetivo] Que no es muy bueno, able. ☐ [No varía en masculino y feme- ☐ ANTÓNIMOS: inadmisible. →aceptar.

ión] [sustantivo] **1** Hecho de recibir kad o de considerarlo como bue- a aceptación de mis disculpas. vorable que algo obtiene: *Ese li- aceptación.* ☐ ANTÓNIMOS: rechazo.

o] **1** Recibir algo por propia vo- e aceptara su regalo como muestra or bueno o decir que sí: *Me propu- s.* ☐ SINÓNIMOS: **2** admitir, consentir, ÓNIMOS: rechazar, desdeñar. **2** negar. on, aceptable, inaceptable.

[sustantivo] Zanja por donde se condu- [femenino] gar.

acequia

[sustantivo] Lado de una calle por donde [femenino] nas. ◆ [expresión] ‖ **ser de la acera de en- de la otra acera** Ser homosexual. ☐ [No «cera» (sustancia que fabrican las abejas). La oloquial].

acerado, da (a·ce·<u>ra</u>·do, da) [adjetivo] **1** Del acero o con sus características. **2** Que es duro o que hace daño: *mirada acerada.* ☐ SINÓNIMOS: **2** hiriente, incisivo. ☐ FAMILIA: →acero.

acerbo, ba (a·<u>cer</u>·bo, ba) [adjetivo] Muy cruel y duro: *acerbas críticas.* ☐ [No confundir con «acervo» (conjunto de bienes o conocimientos)]. ☐ FAMILIA: exacerbar.

acerca (a·<u>cer</u>·ca) ◆ [expresión] ‖ **acerca de algo** En rela- ción con ello: *¿Qué opinas acerca de lo que te dije?* ☐ SINÓNIMOS: sobre, respecto de, respecto a, en torno a. ☐ FAMILIA: →cerca.

acercamiento (a·cer·ca·<u>mien</u>·to) [sustantivo] Colocación de algo más cerca: *En la reunión hubo un acercamien- to de posturas.* ☐ SINÓNIMOS: aproximación. ☐ ANTÓNIMOS: alejamiento. ☐ FAMILIA: →cerca.

acercar (a·cer·<u>car</u>) [verbo] Poner más cerca: *¿Me acercas el agua, por favor?* ☐ [La «c» se cambia en «qu» delante de «e» («acerque»)]. ☐ SINÓNIMOS: aproximar, arrimar, juntar, pegar. ☐ ANTÓNIMOS: alejar, apartar, separar. ☐ FAMILIA: →cerca.

acerico (a·ce·<u>ri</u>·co) [sustantivo] Bolsita de tela con un re- [masculino] lleno blando, que sirve para clavar en ella agujas y alfileres. ☐ SINÓNIMOS: alfiletero.

acero (a·<u>ce</u>·ro) [sustantivo] **1** Material muy duro, que se fa- [masculino] brica con hierro: *acero inoxidable.* **2** Espada u otra arma que tenga filo. ◆ [expresión] ‖ **de acero** Muy duro y resistente: *nervios de acero.* ☐ [El significado **2** suele usarse en el lenguaje literario]. ☐ FAMILIA: acerado.

acérrimo, ma (a·<u>cé</u>·rri·mo, ma) [adjetivo] Muy enérgico: *Es un defensor acérrimo de sus ideas.*

acertado, da (a·cer·<u>ta</u>·do, da) [adjetivo] **1** Sin errores: *¿Sabes cuál es la respuesta acertada?* **2** Que es como debe ser: *Tu decisión me parece acertada.* ☐ SINÓNI- MOS: **1** correcto. **2** apropiado, adecuado, conveniente, opor- tuno, afortunado. ☐ ANTÓNIMOS: incorrecto. ☐ FAMILIA: →acertar.

acertante (a·cer·<u>tan</u>·te) [adjetivo o sustantivo] Que ha acertado al- go. ☐ [No varía en masculino y femenino]. ☐ FAMILIA: →acertar.

acertar (a·cer·<u>tar</u>) [verbo] **1** Encontrar la solución correc- ta a algo que no se sabe: *¡A ver si aciertas esta adivi- nanza!* **2** Dar en el punto al que se dirige algo: *La flecha acertó en el blanco.* **3** Hacer lo más adecuado: *Decidas lo que decidas, sé que acertarás.* ◆ [expresión] ‖ **no acertar a hacer algo** No conseguir realizarlo: *Quise ser amable, pero no acerté a decir ni una pala- bra agradable.* ☐ [Es irregular]. ☐ SINÓNIMOS: **1** adivinar, resolver, solucionar. **2**, **3** atinar. ☐ ANTÓNIMOS: fallar, errar. **1**, **3** equivocarse. ☐ FAMILIA: acertado, acertan- te, acertijo, acierto, desacertado, desacierto.

ACERTAR	SUBJUNTIVO
INDICATIVO	**Presente**
Presente	yo acierte
yo acierto	tú aciertes / usted acierte
tú aciertas / usted acierta	él, ella acierte
él, ella acierta	nosotros, tras acertemos
nosotros, tras acertamos	vosotros, tras acertéis / ustedes acierten
vosotros, tras acertáis / ustedes aciertan	ellos, ellas acierten
ellos, ellas aciertan	**Pretérito imperfecto**
Pretérito imperfecto	yo acertara o acertase
yo acertaba	tú acertaras o acertases / usted acertara o acertase
tú acertabas / usted acertaba	él, ella acertara o acertase
él, ella acertaba	nosotros, tras acertáramos o acertásemos
nosotros, tras acertábamos	vosotros, tras acertarais o acertaseis / ustedes acertaran o acertasen
vosotros, tras acertabais / ustedes acertaban	ellos, ellas acertaran o acertasen
ellos, ellas acertaban	**Futuro simple**
Pretérito perfecto simple	yo acertare
yo acerté	tú acertares / usted acertare
tú acertaste / usted acertó	él, ella acertare
él, ella acertó	nosotros, tras acertáremos
nosotros, tras acertamos	vosotros, tras acertareis / ustedes acertaren
vosotros, tras acertasteis / ustedes acertaron	ellos, ellas acertaren
ellos, ellas acertaron	**IMPERATIVO**
Futuro simple	acierta (tú) / acierte (usted)
yo acertaré	acertemos (nosotros, tras)
tú acertarás / usted acertará	acertad (vosotros, tras) / acierten (ustedes)
él, ella acertará	**FORMAS NO PERSONALES**
nosotros, tras acertaremos	**Infinitivo** **Gerundio** **Participio**
vosotros, tras acertaréis / ustedes acertarán	acertar acertando acertado
ellos, ellas acertarán	
Condicional simple	
yo acertaría	
tú acertarías / usted acertaría	
él, ella acertaría	
nosotros, tras acertaríamos	
vosotros, tras acertaríais / ustedes acertarían	
ellos, ellas acertarían	

916

tintineo (tin-ti-ne-o) [sustantivo masculino] Sonido característico de una campana pequeña y de otros objetos parecidos. ☐ FAMILIA: → tintinear.

tinto (tin-to) [adjetivo o sustantivo masculino] Dicho del vino, que es de color rojo oscuro. ☐ FAMILIA: tintorro.

tintorería (tin-to-re-rí-a) [sustantivo femenino] Lugar en el que limpian la ropa o le cambian el color. ☐ SINÓNIMOS: tinte. ☐ FAMILIA: → tinte.

tintorro (tin-to-rro) [sustantivo masculino] Vino tinto. ☐ [Es coloquial]. ☐ FAMILIA: → tinto.

tintura (tin-tu-ra) [sustantivo femenino] Sustancia que se usa para cambiar el color de una cosa. ☐ SINÓNIMOS: tinte. ☐ FAMILIA: → tinte.

tiña (ti-ña) [sustantivo femenino] Enfermedad de la piel que puede hacer que el pelo se caiga. ☐ FAMILIA: tiñoso.

tiñoso, sa (ti-ño-so, sa) [adjetivo o sustantivo] **1** Que está enfermo de tiña. **2** Escaso y miserable: *un sueldo tiñoso*. ☐ [El significado 2 es despectivo]. ☐ FAMILIA: → tiña.

tío, a (tí-o, a) ■ [sustantivo] **1** Lo que es una persona en relación con los hijos de su hermano o de su hermana, o con los hijos de los hermanos de su cónyuge: *Mi tío siempre hace regalos a sus sobrinos.* ⊙ página 431. **2** Persona que no se conoce o cuyo nombre no se quiere decir: *¿Quién era el tío que iba contigo en el coche?* ■ **tíos** [sustantivo masculino plural] **3** Conjunto formado por el tío y la tía. ◆ [expresión] ‖ **no hay tu tía → no hay tutía**. ☐ [Se usa también para potenciar la cualidad del adjetivo o del sustantivo al que precede: «¡Deja eso, tío guarro!». El significado 2 y la expresión son coloquiales]. ☐ SINÓNIMOS: **2** individuo, sujeto, tipo.

tiovivo (tio-vi-vo) [sustantivo masculino] Diversión de feria formada por una serie de figuras que giran y sobre las que se suben las personas. ☐ [Su plural es «tiovivos»]. ☐ SINÓNIMOS: caballitos, carrusel.

tiparraco, ca (ti-pa-rra-co, ca) [sustantivo] Persona que se considera que tiene poca importancia. ☐ [Es despectivo]. ☐ SINÓNIMOS: tipejo. ☐ FAMILIA: → tipo.

tipejo, ja (ti-pe-jo, ja) [sustantivo] Persona que se considera que tiene poca importancia. ☐ [Es despectivo]. ☐ SINÓNIMOS: tiparraco. ☐ FAMILIA: → tipo.

típex (tí-pex) [sustantivo masculino] Líquido blanco que se utiliza para tapar los errores que se cometen al escribir en papel. ☐ [Procede de la marca comercial «Tipp-ex®». No varía en singular y plural].

tipi (ti-pi) [sustantivo masculino] Tienda de piel con forma de cono que utilizan los indios de las grandes llanuras norteamericanas.

tipi

típico, ca (tí-pi-co, ca) [adjetivo] Que es característico de algo o que lo representa: *La tortilla de patatas es una comida típica española.* ☐ FAMILIA: atípico.

tipificar (ti-pi-fi-car) [verbo] **1** Adaptar varias cosas a un modelo o a una norma comunes: *El código de circulación tipifica las normas que debes seguir cuando conduces.* **2** Representar una persona o un objeto el modelo de la especie o de la clase al que pertenecen: *Este chico tipifica muy bien a la juventud del momento.* ☐ [La «c» se cambia en «qu» delante de «e» («tipifique»)]. ☐ FAMILIA: → tipo.

tiple (ti-ple) [sustantivo] Persona que canta con un tono de voz muy agudo. ☐ [No varía en masculino y femenino].

tipo (ti-po) [sustantivo masculino] **1** Persona a la que no se conoce o cuyo nombre no se quiere decir: *¿Quién es ese tipo con el que estabas hablando?* **2** Grupo que forman las cosas que tienen caracteres comunes: *Me gusta la ropa de tipo deportivo.* **3** Figura de una persona: *Todo te sienta bien porque tienes muy buen tipo.* ◆ [expresión] ‖ **jugarse el tipo** Arriesgarse a un peligro: *Los conductores de automovilismo se juegan el tipo en cada carrera.* ‖ **mantener el tipo** Mostrarse tranquilo en una situación difícil: *Aunque estaban nerviosos, supieron mantener el tipo.* ☐ [Las expresiones son coloquiales]. ☐ SINÓNIMOS: **1** individuo, sujeto. **2** especie. ☐ FAMILIA: tipejo, tiparraco, prototipo, teletipo, tipificar.

tipografía (ti-po-gra-fí-a) [sustantivo femenino] **1** Técnica de imprimir textos o imágenes. **2** Taller o lugar en el que se imprime. ☐ SINÓNIMOS: imprenta. ☐ FAMILIA: → grafía.

tique (ti-que) [sustantivo masculino] **1** Papel que nos dan al comprar algo y que sirve de muestra de que hemos pagado: *Quiero cambiar estas zapatillas y he traído el tique de compra.* **2** Tarjeta que permite usar un servicio durante un número limitado de veces: *He sacado un tique para la piscina municipal.* ☐ [Es una palabra de origen inglés. Su plural es «tiques». Es preferible usar «tique» que la palabra inglesa *ticket*].

---

tiquismiquis (ti-quis-mi-quis) [adjetivo o sustantivo] ... sas con mucho cuidado o que quiere... hecho a la perfección: *No seas tiquism...* con este trapo si no hay servilletas. ☐... culino y femenino, ni en singular y plural].

tira (ti-ra) [sustantivo femenino] Trozo largo y estre... rial que se dobla de forma fácil. ◆ ... Gran cantidad: *Mi vecino tiene la* ... ☐ [La expresión es coloquial]. ☐ FAMILIA...

tirabuzón (ti-ra-bu-zón) [sustantivo masculino] Rizo ...

tirachinas (ti-ra-chi-nas) [sustantivo masculino] Es... acaba en dos puntas abiertas que ... una goma y que sirve para lanzar ... ☐ [No varía en singular y plural]. ☐ ... ☐ FAMILIA: → tirar. → china.

tirachinas

tirado, da (ti-ra-do, da) ■ [adjetivo] ... compré porque estaba tirado. **2**... no apoyándote en la pared est... sin ayuda: *Se nos rompió el co...* quedamos tirados.* ■ **tirada** [... que hay entre un sitio y otro ... queda una tirada.* **5** Cada una ... jugar a una persona: *Necesit...* en esta tirada.* **6** Conjunto d... de una obra: *La tirada de est...* tos mil ejemplares.* ◆ [expresión]... vez: *Ese cuento es muy cor...* ☐ [Los significados 1, 2 y 3 so... **1** regalado. **2** chupado. ☐ AN... → tirar.

tirador, ra (ti-ra-dor, do-ra... dispara: *Los cazadores son...* copeta.* ■ **tirador** [sustantivo masculino] ... de algo: *Estos cajones t...* abrirlos.* **3** Especie de pa... abiertas que están unida... para lanzar piedras peq... nas. ☐ FAMILIA: → tirar.

tiralíneas (ti-ra-lí-ne-as) ... ma de pinza que sirve pa... en singular y plural]. ☐ FAM...

tirania (ti-ra-ní-a) [sustantivo femenino] ... el poder lo tiene una s... guido de forma no lega... luntad. ☐ FAMILIA: → tira...

Después de la definición va la **INFORMACIÓN ORTOGRÁFICA, GRAMATICAL O DE USO** (entre corchetes y en una letra más pequeña), que nos explica cómo se usa esa palabra, cómo se escribe, cómo se pronuncia, en qué situaciones debemos emplearla, etc.

tirar

917

tiránico, ca (ti-rá-ni-co, ca) [adjetivo] De la tiranía o relacionado con esta forma de gobierno en la que el poder lo tiene una sola persona. □ FAMILIA: →tirano.

tiranizar (ti-ra-ni-zar) [verbo] **1** Aprovecharse del poder que se tiene para obligar a los demás a hacer lo que uno quiere: *Tiranizaba a sus empleados mediante amenazas.* **2** Obtener una persona el gobierno de un Estado de forma no legal y gobernar según su voluntad. □ [La «z» se cambia en «c» delante de «e» («tiranice»)].

tirano, na (ti-ra-no, na) [adjetivo o sustantivo] **1** Que se aprovecha del poder que tiene para obligar a los demás a que hagan lo que quiere: *No seas tan tirano con tu hermano pequeño.* **2** Que obtiene el gobierno de un Estado de forma no legal y gobierna según su voluntad. □ SINÓNIMOS: déspota. □ FAMILIA: tiranía, tiránico, tiranizar.

tiranosaurio (ti-ra-no-sau-rio) [sustantivo masculino] Dinosaurio de gran tamaño, que tenía las patas delanteras muy pequeñas y con garras: *El tiranosaurio era carnívoro y uno de los dinosaurios más temidos por otros animales.* □ FAMILIA: →saurio.

tirante (ti-ran-te) ■ [adjetivo] **1** [...] de un cuerpo, que está muy estirado: *La goma tiene que estar tirante para que podamos jugar a saltarla.* **2** Dicho de una situación o de una relación, que resulta violenta o molesta: *Mi relación con él es muy tirante desde que discutimos.* ■ [sustantivo masculino] **3** Cinta con la que se sujeta a los hombros una prenda de vestir: *Me sujeto los pantalones con tirantes.* □ [En los significados 1 y 2 no varía en masculino y femenino. En el significado 3 se usa más en plural]. □ SINÓNIMOS: **1, 2** tenso. **3** hombrera. □ ANTÓNIMOS: **1** caro. □ FAMILIA: →tirar.

tirantez (ti-ran-tez) [sustantivo femenino] **1** Estado en el que se encuentra un cuerpo que está muy tirante. **2** Situación de oposición entre personas o entre grupos humanos: *Tantas discusiones han aumentado la tirantez en el equipo.* □ [Su plural es «tiranteces»]. □ SINÓNIMOS: tensión. □ FAMILIA: →tirar.

tirar (ti-rar) [verbo] **1** Soltar un objeto con fuerza para que salga en una dirección: *Los payasos tiraban caramelos a los niños del público.* **2** Dejar caer algo en un lugar: *Los papeles se tiran a la papelera, no al suelo.* **3** Disparar con un arma de fuego: *Estoy aprendiendo a tirar con una escopeta de perdigones.* **4** [...] un examen: *A mi hermano le han vuelto a tirar el inglés.* **5** Aprovechar algo mal: *Comprarse esa tontería me parece tirar el dinero.* **6** Gustar o atraer: *No me tiran mucho las lentejas.* **7** Hacer fuerza para atraer algo o para arrastrarlo: *Dos caballos tiraban del carro.* **8** Durar o mantenerse: *Tiraré con estos zapatos hasta que me compre otros.* **9** Torcer o tomar una determinada dirección: *Tenemos que tirar por la primera calle a la derecha.* **10** Parecerse un color a otro: *El rosa de tu camiseta tira a rojo.* **11** Funcionar bien: *Esta moto tira muy bien.* ■ **tirarse 12** Dejarse caer: *¿Sabes tirarte de* [...]

¿Qué signos hay en este diccionario?

Letra pequeña entre corchetes

florecer (flo·re·cer) [verbo] **1** Echar flores una planta. **2** Desarrollarse o nacer algo: *En esta zona están floreciendo los negocios textiles.* ☐ [Es irregular y se conjuga como AGRADECER]. ☐ FAMILIA: →flor.

Es la información gramatical. El verbo en mayúsculas es el verbo donde está el cuadro modelo de conjugación.

Rectángulo negro

veleta (ve·le·ta) [sustantivo femenino] **1** Objeto que señala en qué dirección sopla el viento: *En la torre del campanario hay una veleta con forma de gallo.* ▮ [sustantivo] **2** Persona que cambia demasiado de opinión. ☐ [En el significado 2 no varía en masculino y femenino, y es coloquial].

Indica un cambio de categoría gramatical.

Cuadrado blanco

feliz (fe·liz) [adjetivo] **1** Que está contento y alegre: *Vivo feliz con mi familia.* **2** Que produce felicidad: *El día de la boda de mi hermano fue muy feliz para todos.* ☐ [No varía en masculino y femenino. Su plural es «felices»]. ☐ SINÓNIMOS: gozoso, dichoso. **1** afortunado. ☐ ANTÓNIMOS: desgraciado. **1** mísero, pobre, infeliz. ☐ FAMILIA: felicidad, felicitar, felicitación, infeliz.

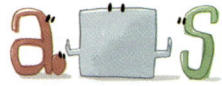

Separa las definiciones y los ejemplos del resto de la información (gramática, sinónimos, antónimos y familias de palabras).

La flecha

colorar (co·lo·rar) [verbo] → **colorear.** ☐ FAMILIA: →color.

Envía a la palabra que tiene la definición.

Envía de una «palabra hija» a la «palabra madre».

El ojo

corola (co·ro·la) [sustantivo femenino] Parte de la flor que está formada por los pétalos. 👁 página 444.

Envía a la página en que esta palabra está ilustrada con una fotografía o con un dibujo en color.

Índice de ilustraciones

- abecedario 18
- animales 73
- árboles 90-91
- aves 116-117
- banderas 127-129
- barco 132
- calendario 169
- calle 172
- castillo 194-195
- colores 234
- deportes 304-305
- ecosistemas terrestres 354-355
- embarcaciones 362
- escultura 397
- esqueleto 405
- familia 431
- flores 444
- frutas 453
- frutos secos y frutas secas 455
- geometría 467
- herramientas y otros útiles 494-495
- insectos 530
- instrumentos musicales 534-535
- legumbres 566
- litoral 576-577
- lugares de interés 584-585
- mamíferos 596-597
- mapa de España físico 604
- mapa de España político 605
- mapamundi político 606-607
- músculo 647
- música 648
- orquesta 681
- peces 723
- relieve 809
- reptiles y anfibios 818
- señalización 858-859
- vehículos 960-961
- verduras u hortalizas 967

a ▌[sustantivo femenino] **1** Letra número uno del abecedario. 👁 página 18. ▌[preposición] **2** Se usa para introducir el complemento directo de persona o el complemento indirecto: *Vimos al niño en el parque. Le dimos una sorpresa a mi madre.* **3** Indica la dirección o el punto final de un camino o trayectoria: *Por esa calle se va a mi casa.* **4** Indica lugar, situación o tiempo: *Te espero a la salida del colegio. Comemos a mediodía.* **5** Introduce el modo en que ocurre algo: *Duerme a pierna suelta. Nos echó de su casa a empujones.* **6** Introduce expresiones en las que se ordena que alguien haga algo o vaya a algún sitio: *¡A bailar! ¡A la mesa!* **7** Introduce la finalidad o el objetivo de una acción: *¿A qué has venido?* **8** Introduce el objeto que se toma como referencia para una sensación: *Sabe y huele a café.* **9** En correlación con *de* introduce el punto final de algo: *Jugaron de dos a tres de la tarde.* ☐ [En el significado **1** su plural es «aes». No confundir con «ha», del verbo «haber», ni con «ah», interjección].

abacería (a·ba·ce·rí·a) [sustantivo femenino] Tienda donde se venden comestibles.

ábaco (á·ba·co) [sustantivo masculino] Instrumento que sirve para sumar, restar y hacer otras operaciones matemáticas: *Yo aprendí a contar con un ábaco.*

ábaco

abad (a·bad) [sustantivo masculino] Superior de algunas comunidades religiosas de hombres. ☐ [El femenino es «abadesa»]. ☐ FAMILIA: abadía.

abadejo (a·ba·de·jo) [sustantivo masculino] Pez marino que tiene el cuerpo alargado y la cabeza muy grande. ☐ SINÓNIMOS: bacalao.

abadesa (a·ba·de·sa) [sustantivo femenino] Superiora de algunas comunidades religiosas de mujeres. ☐ [El masculino es «abad»].

abadía (a·ba·dí·a) [sustantivo femenino] Lugar donde vive una comunidad religiosa dirigida por un abad o por una abadesa. ☐ FAMILIA: →abad.

abajo (a·ba·jo) [adverbio] **1** En un lugar o en una posición inferiores: *Tengo el coche abajo, en el garaje.* **2** Hacia un lugar inferior: *Tropecé y caí rodando montaña abajo.* **3** Se usa para protestar por algo: *Los manifestantes gritaban: «¡Abajo la tiranía!».* ☐ SINÓNIMOS: **1** debajo. ☐ ANTÓNIMOS: arriba. **1** encima. ☐ FAMILIA: bocabajo. →bajo.

abalanzarse (a·ba·lan·zar·se) [verbo] Tirarse sobre algo: *El perro se abalanzó sobre el ladrón.* ☐ [La «z» se cambia en «c» delante de «e» («abalance»)]. ☐ Sinónimos: arrojarse, lanzarse, echarse.

abalorio (a·ba·lo·rio) [sustantivo masculino] **1** Pieza que sirve para hacer collares y adornos: *un collar de abalorios.* **2** Adorno de poco valor: *Para la fiesta se puso todos sus abalorios.* ☐ [En el significado **2** se usa más en plural].

abalorio

abanderado, da (a·ban·de·ra·do, da) [sustantivo] Persona que lleva la bandera en un acto público: *El abanderado abría el desfile.* ☐ Familia: →bandera.

abanderar (a·ban·de·rar) [verbo] **1** Registrar un barco extranjero bajo la bandera de un país: *Abanderaron el velero griego en España.* **2** Defender o ponerse al frente de un movimiento o una causa: *La profesora abandera un movimiento en favor de la igualdad.* ☐ Familia: →bandera.

abandonado, da (a·ban·do·na·do, da) [adjetivo] **1** Que no tiene ayuda ni atención porque lo han dejado solo: *un perro abandonado.* **2** Que no tiene cuidado con sus cosas o con su aspecto: *Eres muy abandonado en tu forma de vestir.* ☐ Sinónimos: **2** dejado. ☐ Familia: →abandonar.

abandonar (a·ban·do·nar) [verbo] **1** Dejar solo: *No me abandones y quédate conmigo.* **2** Renunciar a seguir haciendo algo: *Abandonó los estudios.* **3** Marcharse de un lugar: *Abandoné la fiesta.* ▪ **abandonarse 4** Dejar de cuidar de uno mismo: *No te abandones y mejora tu aspecto.* ☐ Sinónimos: **2**, **3** dejar. **2** desistir. **4** descuidarse, dejarse. ☐ Antónimos: **2** seguir, proseguir, continuar. ☐ Familia: abandonado, abandono.

abandono (a·ban·do·no) [sustantivo masculino] **1** Hecho de dejar algo solo: *Me parece cruel que haya tantos abandonos de perros.* **2** Marcha de un lugar: *abandono del hogar.* **3** Hecho de renunciar a seguir haciendo algo: *No sé cómo saldré de esta, pero no pienso en el abandono.* **4** Falta de cuidado de uno mismo: *Vistes con tal abandono que pareces un mendigo.* ☐ Sinónimos: **2** ida. **4** dejadez. ☐ Antónimos: **2** llegada. ☐ Familia: →abandonar.

abanicar (a·ba·ni·car) [verbo] Dar aire moviendo algo de un lado a otro. ☐ [La «c» se cambia en «qu» delante de «e» («abanique»)]. ☐ Familia: →abanico.

abanico (a·ba·ni·co) [sustantivo masculino] **1** Instrumento que se mueve para dar aire: *Un paipái es un abanico típico de Japón.* **2** Conjunto de posibilidades entre las que se puede elegir: *Elegí este vestido entre un amplio abanico de modelos.* ☐ Familia: abanicar.

abaratar (a·ba·ra·tar) [verbo] Hacer más barato: *abaratar los precios.* ☐ Sinónimos: rebajar. ☐ Antónimos: encarecer. ☐ Familia: →barato.

abarcar (a·bar·car) [verbo] **1** Rodear con los brazos o con las manos. **2** Contener o incluir dentro de sí: *Mi barrio abarca todas las calles que bordean el río.* **3** Cubrir con la vista: *Desde la montaña se abarca todo el valle.* **4** Ocuparse de varios asuntos a la vez: *Si intentas abarcar demasiadas cosas, no harás bien ninguna.* ☐ [La «c» se cambia en «qu» delante de «e» («abarque»)]. ☐ Sinónimos: **2** comprender, englobar.

abarquillar (a·bar·qui·llar) [verbo] Poner curvo algo: *La madera se ha abarquillado por la humedad.* ☐ Familia: →barquillo.

abarrotar (a·ba·rro·tar) [verbo] Llenar por completo un lugar: *El público abarrotaba la sala.* ☐ Sinónimos: atiborrar. ☐ Antónimos: vaciar.

abastecer (a·bas·te·cer) [verbo] Dar alimentos u otras cosas que resultan necesarias: *Esta central lechera abastece de leche a toda la comarca.* ☐ [Es irregular y se conjuga como AGRADECER]. ☐ Sinónimos: suministrar, facilitar, proporcionar, proveer, surtir, aprovisionar. ☐ Familia: →abasto.

abastecimiento (a·bas·te·ci·mien·to) [sustantivo masculino] Hecho de dar alimentos u otras cosas que resultan necesarias. ☐ Sinónimos: aprovisionamiento. ☐ Familia: →abasto.

abasto (a·bas·to) ◆ [expresión] ‖ **dar abasto** Bastar o ser suficiente: *Una sola persona no da abasto para atender a tanta gente.* ☐ Familia: abastecer, abastecimiento, desabastecido.

abatible (a·ba·ti·ble) [adjetivo] Que se puede doblar o tumbar: *El respaldo de este sillón es abatible.* ☐ [No varía en masculino y femenino]. ☐ Familia: →abatir.

abatido, da (a·ba·ti·do, da) [adjetivo] **1** Que está tirado o bajado: *Los asientos del coche están abatidos para que puedas meter el mueble.* **2** Que se ha quedado sin fuerzas o sin ánimos: *Quedó muy abatido tras la mala noticia.* ☐ Sinónimos: **2** chafado. ☐ Familia: →abatir.

abatir (a·ba·tir) [verbo] **1** Tirar o hacer caer al suelo: *El cazador abatió un jabalí.* **2** Poner inclinado algo que estaba vertical: *Los asientos de los aviones se abaten hacia atrás.* **3** Hacer perder el ánimo o las fuerzas: *No te dejes abatir por las dificultades.* ☐ Sinónimos: **1** derribar, tumbar. **3** desanimar, desalentar. ☐ Antónimos: **1**, **2** levantar. **3** animar, alentar. ☐ Familia: abatido, abatible.

abdicar (ab·di·car) [verbo] Ceder un cargo a otra persona: *El rey abdicó en su hijo.* ☐ [La «c» se cambia en «qu» delante de «e» («abdique»)].

abdomen (ab·do·men) [sustantivo masculino] Parte del cuerpo donde están el estómago y otros órganos. ☐ SINÓNIMOS: tripa, vientre, barriga. ☐ FAMILIA: abdominal.

abdominal (ab·do·mi·nal) ■ [adjetivo] **1** Del abdomen o relacionado con esta parte del cuerpo: *dolor abdominal; músculos abdominales.* ◉ página 647. ■ **abdominales** [sustantivo plural] **2** Ejercicio con el que se desarrollan los músculos del abdomen: *Hace abdominales a diario para estar en forma.* ☐ [En el significado **1** no varía en masculino y femenino. En el significado **2** se puede decir «los abdominales» y «las abdominales» sin que cambie de significado]. ☐ FAMILIA: →abdomen.

abecé (a·be·cé) [sustantivo masculino] **1** Abecedario. **2** Principios fundamentales de alguna cosa: *Este libro es el abecé de la carpintería.* ☐ FAMILIA: abecedario.

abecedario (a·be·ce·da·rio) [sustantivo masculino] Conjunto de las letras de un idioma puestas en orden. ☐ SINÓNIMOS: alfabeto. ☐ FAMILIA: →abecé. ◉ página 18.

abedul (a·be·dul) [sustantivo masculino] Árbol de tronco liso y plateado, con hojas pequeñas y terminadas en punta.

abeja (a·be·ja) [sustantivo femenino] Insecto que tiene un aguijón y produce cera y miel: *Las abejas viven en colmenas.* ◉ página 530. ☐ FAMILIA: abejorro, abejaruco, apicultura, apicultor.

abejaruco (a·be·ja·ru·co) [sustantivo masculino] Pájaro de colores brillantes, con el pico largo y curvo, que se alimenta principalmente de abejas. ☐ FAMILIA: →abeja.

abejorro (a·be·jo·rro) [sustantivo masculino] Insecto más grande que la abeja, que al volar hace un ruido continuo que molesta. ☐ FAMILIA: →abeja.

aberración (a·be·rra·ción) [sustantivo femenino] **1** Hecho que se sale de lo normal o de lo natural: *Un gato con cinco patas es una aberración de la naturaleza.* **2** Error muy grande en algo que se dice o que se hace: *Maltratar a los animales es una aberración.* ☐ FAMILIA: aberrante.

aberrante (a·be·rran·te) [adjetivo] Que se aparta mucho de lo que se considera normal o natural. ☐ [No varía en masculino y femenino]. ☐ FAMILIA: →aberración.

abertura (a·ber·tu·ra) [sustantivo femenino] Espacio libre que hay en una superficie, sin llegar a dividirla. ☐ [No confundir con «apertura» (hecho de abrir algo) ni con «obertura» (pieza musical)]. ☐ FAMILIA: →abrir.

abertzale [adjetivo o sustantivo] → **aberzale**. ☐ [Es una palabra del euskera. Se pronuncia «aberchále». No varía en masculino y femenino].

aberzale (a·ber·za·le) [adjetivo o sustantivo] Del movimiento político y social caracterizado por la defensa más o menos radical del nacionalismo vasco, o relacionado con él. ☐ [Es una palabra de origen euskera. No varía en masculino y femenino. Es preferible usar «aberzale» que la palabra del euskera *abertzale*].

abeto (a·be·to) [sustantivo masculino] Árbol de gran altura, propio de las montañas y que se suele poner como adorno en Navidad. ◉ página 91.

abierto, ta (a·bier·to, ta) ■ **1** Participio irregular de **abrir**. ■ [adjetivo] **2** Dicho de un lugar, que no tiene límites que impidan la visión: *mar abierto.* **3** Que se ve de manera clara y no ofrece dudas: *Al principio no discutían, pero ahora mantienen un enfrentamiento abierto.* **4** Dispuesto a aceptar otras ideas o a relacionarse con los demás: *Se puede hablar con él de todo, porque es una persona muy abierta.* ☐ SINÓNIMOS: **4** extrovertido. ☐ ANTÓNIMOS: **4** cerrado. ☐ FAMILIA: boquiabierto. →abrir.

abigarrado, da (a·bi·ga·rra·do, da) [adjetivo] Formado por muchas cosas distintas mezcladas y sin orden: *Llevaba una blusa de colores abigarrados.*

abisal (a·bi·sal) [adjetivo] Dicho del fondo del mar, que está a más de dos mil metros de profundidad: *fauna abisal.* ☐ [No varía en masculino y femenino].

abismal (a·bis·mal) [adjetivo] Muy profundo o muy grande: *Entre sus ideas y las mías hay diferencias abismales.* ☐ [No varía en masculino y femenino]. ☐ FAMILIA: →abismo.

abismo (a·bis·mo) [sustantivo masculino] **1** Lugar muy profundo y con mucho peligro. **2** Diferencia muy grande. ◆ [expresión] ‖ **al borde del abismo** En un gran peligro: *La crisis económica ha puesto a muchas empresas al borde del abismo.* ☐ SINÓNIMOS: **1** vacío. ☐ FAMILIA: abismal.

abjurar (ab·ju·rar) [verbo] Renunciar de forma solemne a una creencia o a un compromiso: *Abjuró de su fe y se hizo ateo.* ☐ SINÓNIMOS: apostatar. ☐ FAMILIA: →jurar.

ablandar (a·blan·dar) [verbo] **1** Poner blando. **2** Hacer que una persona se comporte de manera menos dura: *Sus lágrimas me ablandaron.* ☐ SINÓNIMOS: **1** reblandecer. **2** enternecer. ☐ ANTÓNIMOS: **1** endurecer. ☐ FAMILIA: →blando.

ablución (a·blu·ción) [sustantivo femenino] Ceremonia religiosa en la que una persona se lava para purificarse.

abnegación (ab·ne·ga·ción) [sustantivo femenino] Carácter generoso de quien se ocupa de otras personas sin preocuparse de los intereses propios: *Los misioneros ayudan con abnegación a los más necesitados.* ☐ FAMILIA: abnegado.

abnegado, da (ab·ne·ga·do, da) [adjetivo] Que se ocupa de los demás sin preocuparse de los intereses propios. ☐ ANTÓNIMOS: egoísta. ☐ FAMILIA: →abnegación.

abocado, da (a·bo·ca·do, da) [adjetivo] **1** Que se dirige de forma inevitable hacia algo: *Si no estudias más, estás abocado al fracaso.* **2** Dicho del vino, que tiene una mezcla de sabor dulce y seco. ☐ FAMILIA: →boca.

abocetar (a·bo·ce·tar) [verbo] Hacer un boceto o dibujo de forma rápida: *Antes de usar el óleo debes abocetar el paisaje con carboncillo.* ☐ FAMILIA: →boceto.

abochornar (a·bo·chor·nar) [verbo] Hacer sentir vergüenza: *Contó mis fallos delante de todos para abochornarme.* ☐ SINÓNIMOS: avergonzar. ☐ FAMILIA: →bochorno.

abofetear (a·bo·fe·te·ar) [verbo] Pegar una bofetada. ☐ FAMILIA: →bofetada.

abecedario

18

Aa	Bb	Cc	Dd
a	be	ce	de
Ee	Ff	Gg	Hh
e	efe	ge	hache
Ii	Jj	Kk	Ll
i	jota	ka	ele
Mm	Nn	Ññ	Oo
eme	ene	eñe	o
Pp	Qq	Rr	Ss
pe	cu	erre	ese
Tt	Uu	Vv	Ww
te	u	uve	uve doble

equis

ye / i griega

zeta

abogado, da (a·bo·ga·do, da) [sustantivo] Persona que trabaja aconsejando a otras en asuntos legales y defendiéndolas en los juicios. ☐ Sinónimos: letrado. ☐ Familia: →abogar.

abogar (a·bo·gar) [verbo] Hablar en favor de alguien: *Abogué por ti porque creo que tienes razón.* ☐ [La «g» se cambia en «gu» delante de «e» («abogue»)]. ☐ Sinónimos: interceder. ☐ Familia: abogado.

abolengo (a·bo·len·go) [sustantivo masculino] Conjunto de antepasados de clase alta de una persona. ☐ Familia: →abuelo.

abolición (a·bo·li·ción) [sustantivo femenino] Hecho de hacer desaparecer una ley o una costumbre. ☐ Familia: →abolir.

abolir (a·bo·lir) [verbo] Hacer desaparecer una ley o una costumbre: *Desde que se abolió la esclavitud, nadie puede considerarse dueño de otra persona.* ☐ Sinónimos: abrogar. ☐ Familia: abolición.

abollado, da (a·bo·lla·do, da) [adjetivo] Que tiene hundida la superficie por un golpe. ☐ Familia: →bollo.

abolladura (a·bo·lla·du·ra) [sustantivo femenino] Parte que queda hundida en una superficie al apretarla o golpearla. ☐ Familia: →bollo.

abolladura

abollar (a·bo·llar) [verbo] Hundir una superficie al apretarla o golpearla. ☐ Familia: →bollo.

abombar (a·bom·bar) [verbo] Hacer que una superficie tenga forma curva hacia afuera: *La madera se abomba con la humedad.* ☐ Familia: →bomba.

abominable (a·bo·mi·na·ble) [adjetivo] Que produce mucho miedo o un gran rechazo: *Ha sido detenido el autor de ese abominable crimen.* ☐ [No varía en masculino y femenino]. ☐ Familia: →abominar.

abominar (a·bo·mi·nar) [verbo] **1** Aborrecer, sentir horror o tener mucho odio: *Abomina del tabaco con toda su alma.* **2** Maldecir y rechazar algo que se considera malo o perjudicial: *Abomina de quienes le hicieron daño.* ☐ Familia: abominable.

abonar (a·bo·nar) [verbo] **1** Dar dinero a cambio de algo: *Aboné la compra con tarjeta de crédito.* **2** Echar sustancias a la tierra para que dé más frutos: *Mi madre abona sus plantas.* ▌ **abonarse 3** Comprar una entrada para ir varias veces a un espectáculo o para usar un servicio un número determinado de veces: *Me he abonado a los cursos de natación del polideportivo.* ☐ Sinónimos: **1** pagar, satisfacer. ☐ Antónimos: **1** cobrar. ☐ Familia: abono.

abono (a·bo·no) [sustantivo masculino] **1** Sustancia que se echa en la tierra para que dé más frutos. **2** Hecho de dar dinero a cambio de algo: *Puede usted hacer el abono de su deuda por banco.* **3** Entrada que permite ir varias veces a un espectáculo o usar un servicio un número determinado de veces: *Tengo un abono de autobús.* ☐ Sinónimos: **1** fertilizante. **2** pago. **3** bono. ☐ Familia: →abonar.

abordaje (a·bor·da·je) [sustantivo masculino] Colocación de un barco muy cerca de otro, generalmente para atacarlo: *El capitán pirata gritó: «¡Al abordaje!».* ☐ Familia: →abordar.

abordar (a·bor·dar) [verbo] **1** Empezar a ocuparse de un asunto: *Cuanto antes abordes el problema, antes encontrarás la solución.* **2** Dirigirse a una persona para proponerle algo: *Me abordó un desconocido en la calle.* **3** Chocar un barco con otro, por accidente o con intención de atacarlo: *El buque no pudo ver el pesquero y lo abordó.* ☐ Familia: abordaje.

aborigen (a·bo·ri·gen) ▌ [adjetivo] **1** Que pertenece a los primeros habitantes de un país: *tribus aborígenes.* ▌ [adjetivo o sustantivo] **2** Miembro de un grupo de gente que siempre ha vivido en el mismo sitio: *Los aborígenes de esta zona conservan costumbres muy antiguas.* ☐ [No varía en masculino y femenino]. ☐ Sinónimos: indígena, nativo. ☐ Familia: →origen.

aborrecer (a·bo·rre·cer) [verbo] Sentir un gran rechazo hacia algo que no nos gusta nada. ☐ [Es irregular y se conjuga como AGRADECER]. ☐ Sinónimos: detestar, odiar. ☐ Antónimos: apreciar, amar, adorar, estimar, querer.

aborregado, da (a·bo·rre·ga·do, da) [adjetivo] **1** Dicho del cielo, que está cubierto de nubes blancas y redondas. **2** Dicho de una persona, que hace lo que dicen los demás. ☐ [El significado **2** es despectivo]. ☐ Familia: →borrego.

abortar (a·bor·tar) [verbo] **1** Interrumpir el embarazo por causas naturales o provocadas: *Abortó al segundo mes de embarazo a causa de un accidente.* **2** Hacer fracasar un intento: *La policía abortó el atentado.* ☐ Sinónimos: **2** frustrar. ☐ Familia: aborto.

aborto (a·bor·to) [sustantivo masculino] Interrupción del embarazo por causas naturales o provocadas. ☐ Familia: →abortar.

abotargado, da (a·bo·tar·ga·do, da) [adjetivo] Que piensa con dificultad porque está cansado: *Necesito que me dé el aire porque estoy abotargado.* ☐ Familia: →abotargar.

abotargar (a·bo·tar·gar) [verbo] **1** Hacer que alguien piense con dificultad por el cansancio o por otros motivos: *Me abotarga el calor y no puedo estudiar bien.* ▌ **abotargarse 2** Hincharse el cuerpo o una parte de él. ☐ [La «g» se cambia en «gu» delante de «e» («abotargue»)]. ☐ Familia: abotargado.

abotinado, da (a·bo·ti·na·do, da) [adjetivo] Dicho de un zapato, que cubre el tobillo. ☐ Familia: →bota.

abotonar (a·bo·to·nar) [verbo] Abrochar una prenda de vestir con los botones. ☐ Familia: →botón.

abovedado, da (a·bo·ve·da·do, da) [adjetivo] Con el techo curvo: *sala abovedada; túnel abovedado*. ☐ Familia: →bóveda.

abrasador, ra (a·bra·sa·dor, do·ra) [adjetivo] Que da tanto calor que hace daño. ☐ Sinónimos: ardiente, tórrido. ☐ Antónimos: helado, glacial, gélido. ☐ Familia: →brasa.

abrasar (a·bra·sar) [verbo] **1** Quemar hasta reducir a cenizas: *Un incendio abrasó los árboles del bosque*. **2** Producir tanto calor que hace daño: *En el desierto, el sol abrasa*. **3** Producir un efecto muy grande y negativo: *La envidia te abrasa y no te deja vivir*. ▌**abrasarse 4** Sentir dolor al tocar algo muy caliente o al estar muy cerca de ello: *Me aparté de la hoguera, porque me abrasaba*. ☐ Sinónimos: **1** calcinar. **2** quemar. **4** achicharrarse, quemarse. ☐ Familia: →brasa.

abrasión (a·bra·sión) [sustantivo femenino] **1** Desgaste producido por fricción. **2** Lesión o irritación de la piel producida por una quemadura o por fricción. ☐ Familia: →brasa.

abrasivo, va (a·bra·si·vo, va) [adjetivo o sustantivo masculino] Que sirve para desgastar un material por medio de la fricción: *Para quitar el óxido de la barandilla utilicé un producto abrasivo*.

abrazadera (a·bra·za·de·ra) [sustantivo femenino] Pieza de metal con forma de anillo que sirve para sujetar algo. ☐ Familia: →brazo.

abrazar (a·bra·zar) [verbo] **1** Rodear con los brazos: *En cuanto me vio, me abrazó con cariño*. **2** Adoptar o seguir una religión o una idea: *Abrazaron entusiasmados aquel proyecto*. ☐ [La «z» se cambia en «c» delante de «e» («abrace»)]. ☐ Antónimos: **2** renegar. ☐ Familia: →brazo.

abrazo (a·bra·zo) [sustantivo masculino] Gesto de rodear con los brazos: *Me dio un abrazo de despedida*. ☐ Familia: →brazo.

abrebotellas (a·bre·bo·te·llas) [sustantivo masculino] Objeto que sirve para abrir botellas. ☐ [No varía en singular y plural]. ☐ Sinónimos: abridor. ☐ Familia: →abrir. →botella.

abrecartas (a·bre·car·tas) [sustantivo masculino] Objeto parecido a un cuchillo y que sirve para abrir los sobres de las cartas. ☐ [No varía en singular y plural]. ☐ Familia: →abrir. →carta.

abrelatas (a·bre·la·tas) [sustantivo masculino] Objeto que sirve para abrir latas. ☐ [No varía en singular y plural]. ☐ Sinónimos: abridor. ☐ Familia: →abrir. →lata.

abrecartas
abrebotellas
abrelatas

abrevadero (a·bre·va·de·ro) [sustantivo masculino] Lugar en el que bebe el ganado. ☐ Sinónimos: bebedero. ☐ Familia: →abrevar.

abrevar (a·bre·var) [verbo] Beber el ganado o darle de beber: *Las vacas abrevaban en la fuente*. ☐ Familia: abrevadero.

abreviar (a·bre·viar) [verbo] **1** Hacer más corto: *palabra abreviada*. **2** Darse prisa: *¡Abrevia, que se nos hace tarde!* ☐ [Es irregular y se conjuga como **ANUNCIAR**]. ☐ Sinónimos: **1** acortar, reducir, limitar. **2** apresurar, aligerar, acelerar. ☐ Antónimos: **1** alargar, ampliar, prolongar. ☐ Familia: →breve.

abreviatura (a·bre·via·tu·ra) [sustantivo femenino] Letra o grupo de letras que se escriben en lugar de una palabra entera: *«Sra.» es la abreviatura de la palabra «señora»*. ☐ Familia: →breve.

abridor (a·bri·dor) [sustantivo masculino] Objeto que sirve para abrir latas o botellas. ☐ Sinónimos: abrelatas, abrebotellas. ☐ Familia: →abrir.

abrigar (a·bri·gar) [verbo] **1** Proteger del frío: *La lana abriga mucho*. **2** Defender y dar apoyo frente a un daño o a un peligro: *Todos me abrigaron con su cariño*. **3** Tener una idea o un deseo: *Abrigo la esperanza de conseguir el premio*. ☐ [La «g» se cambia en «gu» delante de «e» («abrigue»)]. ☐ Sinónimos: **2** proteger, amparar. **3** albergar. ☐ Familia: →abrigo.

abrigo (a·bri·go) [sustantivo masculino] **1** Prenda de vestir larga que se pone sobre las demás para protegerse del frío. **2** Defensa contra el frío: *Esa manta es de más abrigo que la colcha*. **3** Lugar que está protegido de los vientos: *Los montañeros buscaron un abrigo en la montaña*. **4** Defensa de algo frente a un daño o a un peligro: *Creció al abrigo de su familia*. ☐ Sinónimos: **4** amparo. ☐ Familia: abrigar, desabrigado.

abril (a·bril) [sustantivo masculino] Cuarto mes del año, entre marzo y mayo: *El mes de abril tiene 30 días*.

abrillantador (a·bri·llan·ta·dor) [sustantivo masculino] Producto que se usa para dar brillo. ☐ Familia: →brillar.

abrillantar (a·bri·llan·tar) [verbo] Hacer brillar: *Abrillanté los muebles con cera*. ☐ Familia: →brillar.

abrir (a·brir) [verbo] **1** Separar la parte de la puerta o de la ventana que cubre el hueco en la pared: *Abre la ventana*. **2** Colocar un cierre de forma que deje de asegurar algo: *Este cerrojo se abre girando esa rueda*. **3** Separar o romper lo que cubre algo, para que se vea el interior: *Abre esa caja*. **4** Tirar de un cajón hacia afuera, sin sacarlo del todo. **5** Separar parte de las hojas de un libro o de algo parecido, para que puedan verse las páginas interiores. **6** Separar los bordes de algo: *Abre la boca y cierra los ojos*. **7** Extender o separar las partes de algo: *Si no abres el abanico, no da aire*. **8** Separar dejando espacios: *Abríos un poco, que vais a salir demasiado juntos en la foto*. **9** Hacer un agujero o algo parecido: *Van a abrir un túnel en esa montaña*. **10** Rajar o dividir algo que no tenía aberturas: *Si abres el melón,* *me comeré una raja.* **11** Ocupar el primer lugar en una lista o en un conjunto: *Los representantes de los sindicatos abrían la manifestación.* **12** Escribir un signo delante de la frase que se quiere destacar: *Si abres un signo de admiración, no olvides cerrarlo al final de la frase.* **13** Hacer lo necesario para dejar libre el paso: *Si no abres el grifo, no sale agua.* **14** Hacer que algo empiece: *Han abierto una tienda de deportes junto a mi casa.* **15** Presentar una posibilidad nueva: *Una buena preparación abre muchas oportunidades.* **16** Mejorar el tiempo y quedar el cielo sin nubes ni niebla: *Si no abre el cielo, dejaremos la excursión para otro día.* ∎ **abrirse 17** Tomar una curva poniéndose cerca del lado exterior: *El ciclista se abrió demasiado en la curva y se salió de la carretera.* **18** Mostrarse dispuesto a aceptar algo o a relacionarse con los demás: *Me cuesta mucho abrirme a los demás.* **19** Abandonar un lugar: *¡Ábrete, tío, que me tienes harto!* ☐ [Su participio es «abierto». El significado **19** es coloquial]. ☐ Sinónimos: **7** desplegar. **14** inaugurar. **16** despejarse, aclarar, clarear. **19** marcharse, irse, largarse. ☐ Antónimos: **1**-**16**, **18**, **19** cerrar. **14** clausurar. **16** nublarse, cubrirse. **17** cerrarse. **19** llegar, venir. ☐ Familia: abridor, abierto, abertura, apertura, abrebotellas, abrecartas, abrelatas, entreabrir, entreabierto, reapertura.

abrochar (a·bro·*char*) [verbo] Cerrar con botones o con algo semejante. ☐ Antónimos: desabrochar. ☐ Familia: →broche.

abrogar (a·bro·*gar*; ab·ro·*gar*) [verbo] Hacer desaparecer una ley o una costumbre: *Los diputados son los encargados de aprobar y de abrogar las leyes de un país.* ☐ [La «g» se cambia en «gu» delante de «e» («abrogue»)]. ☐ Sinónimos: abolir.

abrojo (a·*bro*·jo) [sustantivo masculino] Planta de tallos largos, con flores amarillas y fruto espinoso, que daña mucho las cosechas.

abroncar (a·bron·*car*) [verbo] Mostrar con ruidos o gritos que algo no nos gusta: *El público abroncó al artista por su mala actuación.* ☐ Sinónimos: abuchear. ☐ Familia: →bronca.

abrótano (a·*bró*·ta·no) [sustantivo masculino] Planta que se cultiva en los jardines, cuyas flores huelen muy bien y se usan para elaborar una sustancia que hace crecer el pelo.

abrumador, ra (a·bru·ma·*dor*, *do*·ra) [adjetivo] **1** Enorme o total: *una victoria abrumadora.* **2** Que produce preocupación o agobio: *un trabajo abrumador.* ☐ Familia: →abrumar.

abrumar (a·bru·*mar*) [verbo] **1** Avergonzar a una persona por tener demasiadas atenciones con ella: *Me abruma que estés tan pendiente de mí.* **2** Cansar o agobiar algo por ser muy difícil de hacer: *Tanto trabajo me abruma.* ☐ Familia: →abrumador.

abrupto, ta (a·*brup*·to, ta) [adjetivo] Dicho de un terreno, que tiene mucha pendiente o muchas dificultades para ir por él. ☐ Sinónimos: escabroso, accidentado. ☐ Antónimos: liso, llano.

absceso (abs·*ce*·so) [sustantivo masculino] Acumulación de pus en un tejido del cuerpo. ☐ [No confundir con «acceso» (llegada a un lugar; lugar por el que se entra)].

abscisa (abs·*ci*·sa) [sustantivo femenino] En matemáticas, línea horizontal de los ejes de coordenadas: *La abscisa se representa con la letra «x».*

absentismo (ab·sen·*tis*·mo) [sustantivo masculino] Ausencia intencionada del lugar donde se cumple una obligación: *absentismo laboral; absentismo escolar.* ☐ Familia: →ausente.

ábside (*áb*·si·de) [sustantivo masculino] Espacio en forma de medio círculo que está en la parte de atrás de una iglesia.

ábside

absolución (ab·so·lu·*ción*) [sustantivo femenino] **1** Hecho de declarar libre de culpa a una persona acusada de un delito. **2** En algunas religiones, perdón de los pecados. ☐ Familia: →absolver.

absolutismo (ab·so·lu·*tis*·mo) [sustantivo masculino] Sistema de gobierno en el que el rey tiene todo el poder, que se desarrolló en Europa, que es un continente, durante los siglos XVII y XVIII. ☐ Familia: →absoluto.

absolutista (ab·so·lu·*tis*·ta) [adjetivo] Que defiende las ideas del absolutismo o que está relacionado con este sistema de gobierno. ☐ [No varía en masculino y femenino]. ☐ Familia: →absoluto.

absoluto, ta (ab·so·*lu*·to, ta) [adjetivo] **1** Total o sin límites: *Tengo una confianza absoluta en mis amigos.* **2** Considerado en sí mismo y sin ponerlo en relación con otras cosas: *Aunque en términos absolutos ese coche no es caro, para mí sí lo es, porque no tengo tanto dinero.* ◆ [expresión] ∥ **en absoluto** De ningún modo: *Me preguntó si me importaba acompañarla y contesté: «En absoluto».* ☐ Sinónimos: **1** completo. ☐ Antónimos: **1** parcial. **2** relativo. ☐ Familia: absolutismo, absolutista.

absolver (ab·sol·*ver*) [verbo] **1** Declarar libre de culpa a una persona acusada de un delito: *La juez absolvió al acusado.* **2** En algunas religiones, perdonar el sacerdote los fallos o pecados. ☐ [Es irregular y se conjuga como MOVER. Su participio es «absuelto». No confundir con «absorber» (chupar hacia dentro; hacer que algo forme parte de otra cosa; atraer la atención)]. ☐ Antónimos: **1** condenar. ☐ Familia: absolución, absuelto.

absorbente (ab·sor·ben·te) [adjetivo] **1** Que absorbe muy bien los líquidos: *Estos pañales son muy absorbentes*. **2** Que intenta que se le preste mucha atención: *Es una persona muy absorbente*. ☐ [No varía en masculino y femenino]. ☐ Familia: →sorber.

absorber (ab·sor·ber) [verbo] **1** Chupar hacia dentro una sustancia: *Las esponjas absorben el agua*. **2** Hacer que algo pase a formar parte de otra cosa: *Los grandes bancos están absorbiendo a los pequeños*. **3** Atraer mucho la atención de una persona: *Los estudios absorben todo mi tiempo*. ☐ [No confundir con «sorber» (beber aspirando) ni con «absolver» (declarar libre de culpa)]. ☐ Familia: →sorber.

absorción (ab·sor·ción) [sustantivo femenino] Hecho de absorber algo. ☐ Familia: →sorber.

absorto, ta (ab·sor·to, ta) [adjetivo] Con tanta atención en lo que hace que no se da cuenta de lo que pasa alrededor: *Estaba absorta leyendo y no te he oído llegar*.

abstemio, mia (abs·te·mio, mia) [adjetivo o sustantivo] Que nunca toma bebidas alcohólicas. ☐ Familia: →abstenerse.

abstención (abs·ten·ción) [sustantivo femenino] Hecho de renunciar por voluntad propia a hacer algo: *Tienes que votar, no sirve la abstención*. ☐ Familia: →abstenerse.

abstenerse (abs·te·ner·se) [verbo] **1** Rechazar algo por voluntad propia: *Si conduces tienes que abstenerte de beber*. **2** No participar en algo a lo que se tiene derecho: *Unos votaron a favor y otros se abstuvieron*. ☐ [Es irregular y se conjuga como TENER]. ☐ Sinónimos: **1** renunciar. ☐ Familia: abstención, abstinencia, abstemio.

abstinencia (abs·ti·nen·cia) [sustantivo femenino] Hecho de renunciar a satisfacer un deseo: *Muchos católicos no comen carne los viernes de Cuaresma porque la Iglesia recomienda hacer abstinencia*. ☐ Familia: →abstenerse.

abstracción (abs·trac·ción) [sustantivo femenino] Separación que se hace con la inteligencia de las cualidades esenciales de algo. ☐ Familia: →abstraer.

abstracto, ta (abs·trac·to, ta) [adjetivo] **1** Que significa una idea o una cualidad, y no algo material: *La belleza es algo abstracto*. **2** Que no representa de forma exacta las cosas reales: *Vi un cuadro abstracto titulado «Señora con perro», pero no se distinguían ni la señora ni el perro*. ☐ Antónimos: **1** concreto. **2** figurativo. ☐ Familia: →abstraer.

abstraer (abs·tra·er) [verbo] **1** Separar con la inteligencia las cualidades esenciales de algo: *He abstraído la idea principal de todo lo que me ha dicho*. ∎ **abstraerse 2** No hacer caso a nada de lo que hay alrededor para poder pensar con más atención: *Para poder estudiar bien tengo que abstraerme*. ☐ [Es irregular y se conjuga como TRAER]. ☐ Familia: abstracción, abstracto.

abstraído, da (abs·tra·í·do, da) [adjetivo] Que no se da cuenta de lo que pasa porque está pensando en sus cosas. ☐ Sinónimos: distraído, despistado, inmerso. ☐ Antónimos: atento.

absuelto, ta (ab·suel·to, ta) Participio irregular de **absolver**. ☐ Familia: →absolver.

absurdo, da (ab·sur·do, da) ∎ [adjetivo] **1** Que no tiene sentido: *Es absurdo pensar que te va a tocar la lotería si no compras ningún boleto*. ∎ **absurdo** [sustantivo masculino] **2** Hecho o dicho que no tiene sentido: *Lo que nos contó era todo un absurdo*. ☐ Sinónimos: **1** disparatado, irracional, descabellado, ilógico. **2** disparate. ☐ Antónimos: **1** razonable, racional, lógico.

abubilla (a·bu·bi·lla) [sustantivo femenino] Pájaro de color rojizo, que huele muy mal y que tiene un conjunto de plumas en la cabeza que se abren como un abanico.

abuchear (a·bu·che·ar) [verbo] Mostrar con ruidos o gritos que algo no nos gusta: *El público abucheó al árbitro por no pitar el penalti*. ☐ Sinónimos: abroncar. ☐ Familia: abucheo.

abucheo (a·bu·che·o) [sustantivo masculino] Ruidos o gritos que indican que algo no nos gusta. ☐ Familia: →abuchear.

abuelo, la (a·bue·lo, la) ∎ [sustantivo] **1** Lo que es una persona en relación con sus nietos. 👁 **página 431**. **2** Persona que tiene muchos años: *Ese abuelo que va con un bastón es mi vecino*. ∎ **abuelos** [sustantivo masculino plural] **3** Conjunto formado por el abuelo y la abuela: *Hoy van a venir mis cuatro abuelos*. **4** Personas de las que se desciende. ◆ [expresión] ‖ **no tener abuela** Se usa para criticar al que se alaba mucho a sí mismo. ☐ [El significado **2** y la expresión son coloquiales]. ☐ Sinónimos: **2** anciano, viejo. **4** antepasados, antecesores, ascendientes. ☐ Antónimos: **2** joven, mozo. **4** descendientes. ☐ Familia: bisabuelo, tatarabuelo, abolengo.

abuhardillado, da (a·buhar·di·lla·do, da) [adjetivo] Que tiene el tejado inclinado: *Vivo en un ático abuhardillado*. ☐ Familia: →buhardilla.

abulense (a·bu·len·se) [adjetivo o sustantivo] De la provincia española de Ávila o de su capital. ☐ [No varía en masculino y femenino].

abulia (a·bu·lia) [sustantivo femenino] Falta de voluntad o de interés por todo: *A causa de su abulia sacaba notas muy bajas*. ☐ Familia: abúlico.

abúlico, ca (a·bú·li·co, ca) [adjetivo] Que tiene abulia. ☐ Familia: →abulia.

abultado, da (a·bul·ta·do, da) [adjetivo] **1** Que está hinchado: *¿Qué llevas en el bolsillo que está tan abultado?* **2** Muy grande: *Ganamos el partido por una abultada diferencia*. ☐ Sinónimos: **2** exagerado. ☐ Familia: →bulto.

abultar (a·bul·tar) [verbo] **1** Ocupar más espacio del normal: *Esas maletas abultan demasiado*. **2** Aumentar el tamaño de algo: *Me he dado un golpe y se me ha abultado la rodilla*. **3** Aumentar la cantidad o la importancia de algo. ☐ Sinónimos: **2**, **3** hinchar. **3** exagerar, inflar. ☐ Familia: →bulto.

abundancia (a·bun·dan·cia) [sustantivo femenino] Gran cantidad: *Tengo mucha sed y necesito beber agua en abundancia.* ◆ [expresión] ‖ **nadar en la abundancia** Estar en una buena situación económica: *Le ha ido muy bien en los negocios y nada en la abundancia.* ☐ Sinónimos: profusión. ☐ Antónimos: escasez, pobreza, carencia, déficit. ☐ Familia: →abundar.

abundante (a·bun·dan·te) [adjetivo] **1** Que tiene mucho de algo: *Los ríos del norte de Europa tienen abundante agua.* **2** En gran cantidad: *En esta época del año tenemos abundantes lluvias.* ☐ [No varía en masculino y femenino]. ☐ Sinónimos: **2** cuantioso, profuso, copioso. ☐ Antónimos: escaso, exiguo, parco. ☐ Familia: →abundar.

abundar (a·bun·dar) [verbo] Haber algo en gran cantidad: *En las zonas turísticas abundan los hoteles.* ☐ Familia: abundancia, abundante.

aburguesarse (a·bur·gue·sar·se) [verbo] Acostumbrarse a vivir de una forma tranquila y cómoda: *Con los años dejó el activismo político y se aburguesó.* ☐ Familia: →burgo.

aburrido, da (a·bu·rri·do, da) [adjetivo] Que aburre. ☐ Sinónimos: pesado, latoso, insípido, desaborido, tedioso. ☐ Antónimos: entretenido, ameno, divertido. ☐ Familia: →aburrir.

aburrimiento (a·bu·rri·mien·to) [sustantivo masculino] Sensación que tenemos cuando algo nos aburre o nos cansa. ☐ Sinónimos: cansancio, fastidio, hastío, tedio. ☐ Familia: →aburrir.

aburrir (a·bu·rrir) [verbo] **1** Producir molestia algo porque no divierte o porque no interesa: *Me aburren sus cotilleos.* **2** Cansar algo por insistir mucho en ello: *Eres tan pesado que aburres a cualquiera.* ☐ Sinónimos: **2** hartar. ☐ Antónimos: **1** divertir, entretener, distraer, solazar. ☐ Familia: aburrimiento, aburrido.

abusar (a·bu·sar) [verbo] **1** Usar algo mal o en exceso: *Abusar de la bebida es peligroso para la salud.* **2** Obligar una persona a otra a mantener relaciones sexuales con ella contra su voluntad y por la fuerza. ☐ Sinónimos: **2** forzar, violar. ☐ Familia: abuso, abusón, abusivo.

abusivo, va (a·bu·si·vo, va) [adjetivo] Que abusa o que se aprovecha de una situación: *consumo abusivo; relación abusiva.* ☐ Familia: →abusar.

abuso (a·bu·so) [sustantivo masculino] **1** Uso de algo más de lo debido: *abuso de poder.* **2** Hecho de obligar a alguien a mantener una relación sexual contra su voluntad y por la fuerza. ☐ Sinónimos: **1** exceso. ☐ Familia: →abusar.

abusón, na (a·bu·són, so·na) [adjetivo o sustantivo] Que se aprovecha de algo para salir ganando: *Te dejo la bici, pero no seas abusona y devuélvemela pronto.* ☐ [Es coloquial]. ☐ Familia: →abusar.

abyecto, ta (ab·yec·to, ta) [adjetivo] Que tiene malas intenciones y no es digno de admiración ni respeto. ☐ Sinónimos: vil, ruin.

acá (a·cá) [adverbio] **1** En este lugar: *La mesa estaba medio metro más acá.* **2** A este lugar: *Ven acá, que tenemos que hablar.* **3** Ahora o en este momento: *Desde entonces acá no lo he vuelto a ver.* ◆ [expresión] ‖ **de acá para allá** De un lugar a otro. ☐ [No debe decirse «desde entonces a acá», sino «desde entonces acá»]. ☐ Sinónimos: aquí.

acabado (a·ca·ba·do) [sustantivo masculino] Último toque que se da a algo que se hace: *Estos muebles tienen un acabado muy cuidado.* ☐ Familia: →acabar.

acabar (a·ca·bar) [verbo] **1** Llegar algo al fin: *No me cuentes cómo acaba el libro.* **2** Dar fin a algo: *Cuando acabes los ejercicios, podemos salir.* **3** Tomar o gastar algo hasta el fin: *Me sirvieron tanta comida que no la pude acabar.* ◆ [expresión] ‖ **acabar con algo** Destruirlo o ponerle fin: *No dejes que las críticas acaben con tus sueños.* ‖ **acabar de hacer algo** Haberlo hecho poco antes: *No pises el suelo, porque acabo de fregar.* ‖ **acabar en algo** Tenerlo como fin: *La discusión acabó en pelea.* ‖ **no acabar de hacer algo** No conseguir hacerlo: *No acabo de entender cómo ha pasado esto.* ☐ Sinónimos: terminar. **1, 2** concluir, finalizar. **1** quedar, declinar. **2** ultimar. **3** apurar, agotar. ☐ Antónimos: comenzar, empezar. **2** iniciar. ☐ Familia: acabado, inacabable, acabose, sanseacabó.

acabose (a·ca·bo·se) ◆ [expresión] ‖ **ser algo el acabose** Ser un desastre o ser lo peor que puede pasar. ☐ Familia: →acabar.

acacia (a·ca·cia) [sustantivo femenino] Árbol que tiene largas espinas en sus ramas y que da flores blancas y de buen olor. ⊚ **páginas 354-355.**

academia (a·ca·de·mia) [sustantivo femenino] **1** Lugar donde se dan clases para enseñar una materia o una profesión. **2** Sociedad formada por personas que destacan en una ciencia o en un arte y que se dedican a su estudio: *La Real Academia Española tiene su sede en Madrid.* ☐ Familia: académico.

académico, ca (a·ca·dé·mi·co, ca) ■ [adjetivo] **1** Relacionado con los centros de estudios oficiales: *expediente académico.* ■ [adjetivo o sustantivo] **2** De una academia o relacionado con ella: *Algunos académicos de la Academia de la Lengua son famosos escritores.* ☐ Familia: →academia.

acaecer (a·ca·e·cer) [verbo] Producirse un hecho: *La desgracia acaeció esta mañana.* ☐ [Es irregular y se conjuga como **AGRADECER**]. ☐ Sinónimos: suceder, acontecer.

acallar (a·ca·llar) [verbo] **1** Hacer callar: *El profesor acalló los gritos de los niños.* **2** Poner tranquilo: *El alcalde acalló la protesta de los vecinos cuando les prometió atender sus peticiones.* ☐ Sinónimos: **2** calmar. ☐ Familia: →callar.

acalorado, da (a·ca·lo·ra·do, da) [adjetivo] **1** Que tiene mucho calor. **2** Excitado o enfadado: *Discutían acalorados sobre fútbol.* ☐ Sinónimos: **2** encendido. ☐ Antónimos: **2** tranquilo, sosegado. ☐ Familia: →calor.

acaloramiento (a·ca·lo·ra·mien·to) [sustantivo masculino] **1** Fuerza o violencia con que se discute algo: *Discutieron con acaloramiento.* **2** Sensación de calor. ☐ FAMILIA: →calor.

acalorarse (a·ca·lo·rar·se) [verbo] Excitarse en una conversación o en una disputa: *Controla tus nervios y no te acalores.* ☐ SINÓNIMOS: irritar. ☐ FAMILIA: →calor.

acampada (a·cam·pa·da) [sustantivo femenino] Parada en un lugar al aire libre para vivir en él durante un tiempo: *Este fin de semana nos vamos de acampada.* ☐ FAMILIA: →campo.

acampar (a·cam·par) [verbo] Detenerse en un lugar al aire libre para vivir en él durante un tiempo: *Acamparemos cerca del río.* ☐ FAMILIA: →campo.

acanalado, da (a·ca·na·la·do, da) [adjetivo] Con forma de canal más o menos grande: *columna acanalada; tejas acanaladas.* ☐ FAMILIA: →canal.

acantilado (a·can·ti·la·do) [sustantivo masculino] Terreno alto, con piedras y cortado casi en vertical: *Las olas chocaban contra el acantilado.* ⊛ páginas 576-577.

acantilado

acantonar (a·can·to·nar) [verbo] Colocar a los soldados en un lugar para que pasen allí la noche: *Las tropas se acantonaron en los pueblos cercanos.* ☐ FAMILIA: →cantón.

acaparador, ra (a·ca·pa·ra·dor, do·ra) [adjetivo o sustantivo] Que quiere tener todo o la mayor parte de algo. ☐ FAMILIA: →acaparar.

acaparar (a·ca·pa·rar) [verbo] Quedarse con la mayor parte de una cosa o utilizarla mucho más que los demás: *Si acaparas el ordenador, no terminaré mis trabajos.* ☐ ANTÓNIMOS: compartir. ☐ FAMILIA: acaparador.

acaramelado, da (a·ca·ra·me·la·do, da) [adjetivo] **1** Bañado en caramelo: *una manzana acaramelada.* **2** Que muestra mucho cariño: *Los novios se miraban acaramelados.* ☐ FAMILIA: →caramelo.

acariciar (a·ca·ri·ciar) [verbo] **1** Rozar con la mano de forma muy suave: *Me acarició las mejillas.* **2** Tocar de forma suave: *La brisa del mar nos acariciaba.* **3** Pensar en la posibilidad de hacer algo: *Acaricio la idea de ganar el premio.* ☐ [Es irregular y se conjuga como ANUNCIAR]. ☐ FAMILIA: →caricia.

ácaro (á·ca·ro) [sustantivo masculino] Tipo de animal muy pequeño y parecido a la araña, que puede provocar enfermedades: *Tengo alergia a los ácaros del polvo.*

acarrear (a·ca·rre·ar) [verbo] **1** Llevar algo pesado de un lugar a otro. **2** Tener como consecuencia: *Discutir con el jefe puede acarrearte problemas.* ☐ SINÓNIMOS: **2** producir, ocasionar, causar, traer. ☐ FAMILIA: acarreo.

acarreo (a·ca·rre·o) [sustantivo masculino] Hecho de llevar algo pesado de un lugar a otro. ☐ FAMILIA: →acarrear.

acartonarse (a·car·to·nar·se) [verbo] Ponerse como el cartón. ☐ FAMILIA: →cartón.

acaso (a·ca·so) [adverbio] **1** Se usa para introducir preguntas de las que se espera una respuesta determinada: *¿Acaso no lo has hecho?* **2** Indica duda o posibilidad: *Hoy no puedo ir, acaso otro día.* ◆ [expresión] ‖ **por si acaso** Por si ocurre algo: *No creo que necesites llamarme, pero te doy mi teléfono por si acaso.* ‖ **si acaso** Como mucho: *Si me llaman, di que no estoy y, si acaso, di que ya llamaré yo.* [No confundir con «ocaso» (momento en el que se pone el sol; decadencia o fin)]. ☐ SINÓNIMOS: **2** quizá, tal vez, a lo mejor.

acatamiento (a·ca·ta·mien·to) [sustantivo masculino] Hecho de aceptar y obedecer una orden y una autoridad. ☐ FAMILIA: →acatar.

acatar (a·ca·tar) [verbo] Aceptar y obedecer una orden o la autoridad de alguien: *Todos debemos acatar la Constitución.* ☐ ANTÓNIMOS: infringir, contravenir. ☐ FAMILIA: acatamiento, desacato.

acatarrarse (a·ca·ta·rrar·se) [verbo] Coger un resfriado. ☐ SINÓNIMOS: resfriarse, constiparse. ☐ FAMILIA: →catarro.

acaudalado, da (a·cau·da·la·do, da) [adjetivo] Que tiene mucho dinero. ☐ SINÓNIMOS: adinerado, rico, acomodado, pudiente. ☐ ANTÓNIMOS: pobre, necesitado. ☐ FAMILIA: →caudal.

acaudillar (a·cau·di·llar) [verbo] Mandar sobre un grupo de gente y dirigirla: *El coronel acaudillaba las tropas que conquistaron la ciudad.* ☐ FAMILIA: →caudillo.

acceder (ac·ce·der) [verbo] **1** Mostrarse dispuesto a hacer lo que se pide: *Al principio no quería ayudarnos, pero después accedió.* **2** Entrar en un lugar: *Desde el pasillo se accede a todas las habitaciones.* **3** Conseguir una categoría superior: *Después de años como subdirector, accedió al puesto de director.* ☐ SINÓNIMOS: **1** consentir, ceder, aceptar. ☐ ANTÓNIMOS: **1** rehusar, negarse. **2** salir. ☐ FAMILIA: acceso, accesible, inaccesible, accesorio, accesibilidad.

accesibilidad (ac·ce·si·bi·li·dad) [sustantivo femenino] Posibilidad de acceder a algo: *Han construido una rampa en mi portal para permitir la accesibilidad de las sillas de ruedas.* ☐ FAMILIA: →acceder.

accesible (ac·ce·si·ble) [adjetivo] **1** Dicho de un lugar, que es fácil de alcanzar: *Esa playa solo es accesible por este sendero.* **2** Dicho de una persona, que es fácil de tratar: *La directora es una persona muy accesible y cercana a todos.* **3** Que se entiende bien: *Las explicaciones de un profesor tienen que ser accesibles para todos los alumnos.* ☐ [No varía en masculino y femenino. No confundir con «asequible» (fácil de conseguir)]. ☐ SINÓNIMOS: **3** comprensible. ☐ ANTÓNIMOS: inaccesible. **3** incomprensible. ☐ FAMILIA: →acceder.

accésit (ac·cé·sit) [sustantivo masculino] Recompensa que se da en los concursos científicos y artísticos y que es inferior al premio. ☐ [Su plural es «accésits»].

acceso (ac·ce·so) [sustantivo masculino] **1** Llegada a un lugar: *El acceso a esa cumbre es muy difícil.* **2** Lugar por el que se llega a un sitio: *Los guardias de tráfico vigilan los principales accesos a la ciudad.* **3** Posibilidad de llegar hasta algo o de usarlo: *No tengo acceso a esa información.* **4** Momento en el que aparecen de manera repentina y con fuerza las señales de una enfermedad o de algo que se siente: *acceso de tos.* ☐ [No confundir con «absceso» (grano lleno de pus)]. ☐ SINÓNIMOS: **2** entrada. **4** ataque, golpe. ☐ ANTÓNIMOS: **2** salida. ☐ FAMILIA: →acceder.

accesorio, ria (ac·ce·so·rio, ria) ■ [adjetivo] **1** Que no es lo más importante, sino que depende de otra cosa: *Eso no es lo principal sino un detalle accesorio.* ■ **accesorio** [sustantivo masculino] **2** Pieza que se coloca en una máquina y que tiene una función determinada: *Los limpiaparabrisas de los coches son accesorios de automóvil.* ☐ ANTÓNIMOS: **1** fundamental, principal, esencial, capital, básico, primario, primordial. ☐ FAMILIA: →acceder.

accidentado, da (ac·ci·den·ta·do, da) ■ [adjetivo] **1** Dicho del terreno, que es muy irregular o montañoso. **2** Con muchos problemas: *Tuvimos una reunión muy accidentada.* ■ [adjetivo o sustantivo] **3** Dicho de una persona, que ha tenido un accidente: *Socorrimos a un accidentado.* ☐ SINÓNIMOS: **1** abrupto. ☐ ANTÓNIMOS: **1** llano. ☐ FAMILIA: →accidente.

accidental (ac·ci·den·tal) [adjetivo] Que ocurre por casualidad: *Tuvimos un encuentro accidental.* ☐ [No varía en masculino y femenino]. ☐ SINÓNIMOS: casual, ocasional, fortuito. ☐ FAMILIA: →accidente.

accidentarse (ac·ci·den·tar·se) [verbo] Sufrir un accidente. ☐ FAMILIA: →accidente.

accidente (ac·ci·den·te) [sustantivo masculino] **1** Suceso malo y que no se espera: *Los fines de semana hay muchos accidentes de tráfico.* **2** Suceso que no se espera y que cambia las cosas: *Se encontraron en la calle por accidente.* **3** Cada una de las partes que forman un terreno y le dan un aspecto determinado: *Las montañas y los ríos son accidentes geográficos.* ☐ SINÓNIMOS: **1** contratiempo, contrariedad, percance. ☐ FAMILIA: accidentarse, accidental, accidentado.

acción (ac·ción) [sustantivo femenino] **1** Cualquier cosa que se hace: *Ayudar al que lo necesita es una buena acción.* **2** Influencia o efecto producidos por algo: *En esos troncos hechos cenizas se ve la acción del fuego.* **3** Conjunto de los hechos que forman el argumento de una película o de otra obra: *La acción de la novela se sitúa en una isla.* **4** Capacidad para hacer algo: *Los ejecutivos suelen ser gente de acción.* **5** Cada una de las partes en que se divide el dinero de una empresa: *Compró acciones en la bolsa.* ☐ SINÓNIMOS: **1** acto, hecho, obra. ☐ FAMILIA: accionar, reacción, reaccionar, accionista, transacción, interaccionar.

accionar (ac·cio·nar) [verbo] Hacer funcionar un aparato: *Este casete se acciona apretando un botón.* ☐ FAMILIA: →acción.

accionista (ac·cio·nis·ta) [sustantivo] Persona que posee una parte del dinero de una empresa. ☐ [No varia en masculino y femenino]. ☐ FAMILIA: →acción.

acebo (a·ce·bo) [sustantivo masculino] Árbol con hojas de color verde brillante y frutos con forma de bolitas rojas: *Las ramas de acebo se usan como adorno navideño.*

acechar (a·ce·char) [verbo] Observar o esperar de manera atenta y con algún propósito: *El lobo acechaba la madriguera del conejo.* ☐ SINÓNIMOS: vigilar, espiar, merodear. ☐ FAMILIA: acecho.

acecho (a·ce·cho) [sustantivo masculino] Hecho de observar o de esperar algo de manera atenta y con algún propósito: *Los periodistas están al acecho de la noticia.* ☐ FAMILIA: →acechar.

aceite (a·cei·te) [sustantivo masculino] Líquido graso que se usa en la preparación de comidas y en la industria. ☐ FAMILIA: aceitero, aceitoso, aceituna, aceitunero, aceitunado.

aceitero, ra (a·cei·te·ro, ra) ■ [adjetivo] **1** Del aceite o relacionado con él. ■ **aceitera** [sustantivo femenino] **2** Pequeño recipiente que sirve para conservar aceite. ■ **aceiteras** [sustantivo femenino plural] **3** Conjunto de dos o más recipientes que sirve para sacar a la mesa el aceite y el vinagre. ☐ SINÓNIMOS: **3** vinagreras. ☐ FAMILIA: →aceite.

aceitoso, sa (a·cei·to·so, sa) [adjetivo] **1** Que tiene mucho aceite: *No me gustan las patatas fritas muy aceitosas.* **2** Que es graso y espeso como el aceite: *un producto aceitoso.* ☐ SINÓNIMOS: **2** untuoso. ☐ FAMILIA: →aceite.

aceituna (a·cei·tu·na) [sustantivo femenino] Fruto del que se extrae el aceite, que es parecido a una uva, pero con un hueso muy duro dentro. ☐ SINÓNIMOS: oliva. ☐ FAMILIA: →aceite.

aceitunado, da (a·cei·tu·na·do, da) [adjetivo] Del color de la aceituna: *piel aceitunada.* ☐ FAMILIA: →aceite.

aceitunero, ra (a·cei·tu·ne·ro, ra) ■ [adjetivo] **1** De la aceituna o relacionado con ella. ■ [adjetivo o sustantivo] **2** Persona que recoge o vende aceitunas. ☐ FAMILIA: →aceite.

aceleración (a·ce·le·ra·ción) [sustantivo femenino] Aumento de la velocidad. ☐ FAMILIA: →acelerar.

acelerador (a·ce·le·ra·dor) [sustantivo masculino] Pieza de un vehículo que permite hacer que se mueva con mayor velocidad. ☐ ANTÓNIMOS: freno. ☐ FAMILIA: →acelerar.

acelerar (a·ce·le·rar) [verbo] **1** Hacer que algo se haga más deprisa: *Tendrás que acelerar tu ritmo de trabajo.* **2** Hacer que un vehículo se mueva con mayor velocidad: *Aceleré y adelanté al camión.* ■ **acelerarse** **3** Dejarse llevar por los nervios: *Ten calma y no te aceleres.* ☐ SINÓNIMOS: **1** precipitar, apresurar, aligerar, abreviar, apurar. ☐ ANTÓNIMOS: **1** retrasar, ralentizar. **2** frenar. **3** tranquilizarse, serenarse, sosegarse. ☐ FAMILIA: aceleración, acelerador, acelerón, celeridad.

acelerón

acelerón (a·ce·le·rón) [sustantivo masculino] Aumento fuerte y repentino de la velocidad. ☐ ANTÓNIMOS: frenazo. ☐ FAMILIA: →acelerar.

acelga (a·cel·ga) [sustantivo femenino] Planta que se cultiva en las huertas y que tiene hojas grandes, anchas y lisas que se pueden comer. 👁 página 967.

acémila (a·cé·mi·la) [sustantivo femenino] Animal parecido al caballo pero más pequeño y con mucha fuerza. ☐ SINÓNIMOS: burro, mulo, asno, jumento.

acento (a·cen·to) [sustantivo masculino] **1** Mayor fuerza con la que pronunciamos una sílaba en una palabra: *«Comer» es una palabra con acento en la «e»*. **2** Signo que tienen algunas palabras sobre la vocal de la sílaba que se pronuncia con más fuerza: *«Así» tiene acento en la «i»*. **3** Forma especial de hablar una lengua: *Se te nota que eres francés por el acento.* **4** Importancia especial que se da a algo: *El director ha puesto un acento especial en esta tarea.* ◆ [expresión] ‖ **acento agudo** El que se escribe de derecha a izquierda: *En castellano solo se usa el acento agudo: «café», «ángel», «cántaro».* ‖ **acento circunflejo** El que se escribe con forma de una uve al revés: *En francés se usa mucho el acento circunflejo: «maître».* ‖ **acento grave** El que se escribe de izquierda a derecha: *La palabra catalana «català» tiene acento grave.* ☐ SINÓNIMOS: **2** tilde. ☐ FAMILIA: acentuar, acentuación.

acentuación (a·cen·tua·ción) [sustantivo femenino] Colocación del acento al escribir: *reglas de acentuación.* ☐ FAMILIA: →acento.

acentuar (a·cen·tuar) [verbo] **1** Pronunciar con mayor fuerza una sílaba en una palabra: *La palabra «moto» se pronuncia acentuando la sílaba «mo».* **2** Escribir el acento: *La palabra «árbol» se acentúa en la «a».* **3** Expresar algo destacándolo de manera especial: *Dijo que no vendría y acentuó el «no vendré».* **4** Hacer que algo se note más: *La música de la película acentúa el dramatismo de las escenas.* ☐ [Es irregular y se conjuga como **ACTUAR**]. ☐ SINÓNIMOS: **3** recalcar. **3**, **4** subrayar. **4** resaltar, destacar, pronunciar, poner de relieve. ☐ ANTÓNIMOS: **4** disimular. ☐ FAMILIA: →acento.

acepción (a·cep·ción) [sustantivo femenino] Cada uno de los significados que puede tener una palabra.

aceptable (a·cep·ta·ble) [adjetivo] Que no es muy bueno, pero se puede aceptar. ☐ [No varía en masculino y femenino]. ☐ SINÓNIMOS: pasable. ☐ ANTÓNIMOS: inadmisible, inaceptable. ☐ FAMILIA: →aceptar.

aceptación (a·cep·ta·ción) [sustantivo femenino] **1** Hecho de recibir algo por propia voluntad o de considerarlo como bueno: *Me sorprendió su aceptación de mis disculpas.* **2** Éxito o respuesta favorable que algo obtiene: *Ese libro ha tenido mucha aceptación.* ☐ ANTÓNIMOS: rechazo. ☐ FAMILIA: →aceptar.

aceptar (a·cep·tar) [verbo] **1** Recibir algo por propia voluntad: *Me pidió que aceptara su regalo como muestra de amistad.* **2** Dar por bueno o decir que sí: *Me propuso un viaje y acepté.* ☐ SINÓNIMOS: **2** admitir, consentir, acceder, ceder. ☐ ANTÓNIMOS: rechazar, desdeñar. **2** negar. ☐ FAMILIA: aceptación, aceptable, inaceptable.

acequia (a·ce·quia) [sustantivo femenino] Zanja por donde se conduce el agua para regar.

acequia

acera (a·ce·ra) [sustantivo femenino] Lado de una calle por donde van las personas. ◆ [expresión] ‖ **ser de la acera de enfrente** o **ser de la otra acera** Ser homosexual. ☐ [No confundir con «cera» (sustancia que fabrican las abejas). La expresión es coloquial].

---

acento

- El acento es la fuerza con la que pronunciamos algunas sílabas en la palabra. Por ejemplo: *co·**me**·ta; pa·**pel***.
- El acento es también la rayita que se pone sobre la sílaba fuerte de algunas palabras. Este acento gráfico se llama *tilde* y aparece tanto en las letras minúsculas como en las mayúsculas. Por ejemplo: *camión, lápiz, Álvaro.*
- Las palabras con una sola sílaba se escriben normalmente sin tilde. Por ejemplo: *par, sol, fui.*
- Solo se pone tilde a veces, para distinguir dos palabras que se escriben igual. Por ejemplo:
  Mi postre es solo para mí.
  Si quieres té, espera y te lo preparo enseguida.
  Ya sé que se levanta muy temprano.

Palabras agudas	Llevan el acento en la última sílaba. Ejemplos: mu**jer**, si**llón**, ro**sal**, aje**drez**, pa**pá**, re**loj**, car**né**, Je**sús**, ve**nir**.
	Solo se escriben con tilde cuando terminan en «n» (panta**lón**, to**bogán**), en «s» (in**glés**, par**chís**) o en vocal (ma**má**, Jo**sé**, jaba**lí**).
Palabras llanas o graves	Llevan el acento en la penúltima sílaba. Ejemplos: **cés**ped, **pe**ces, **pun**to, **már**mol, cantim**plo**ra, ver**be**na.
	Se escriben con tilde cuando no terminan en «n», en «s» o en vocal. Ejemplos: **más**til, **lá**piz, **cés**ped.
	Se escriben sin tilde si terminan en vocal, en «n» o en «s». Ejemplos: ex**a**men, o**ri**gen, pa**la**bras, to**re**ro, ma**le**ta.
Palabras esdrújulas	Llevan el acento en la antepenúltima sílaba y siempre se escriben con tilde. Ejemplo: **úl**tima, **cán**taro, **lá**pices, **mú**sica, es**tú**pido, jero**glí**fico.

acerado, da (a·ce·ra·do, da) [adjetivo] **1** Del acero o con sus características. **2** Que es duro o que hace daño: *mirada acerada*. ☐ SINÓNIMOS: **2** hiriente, incisivo. ☐ FAMILIA: →acero.

acerbo, ba (a·cer·bo, ba) [adjetivo] Muy cruel y duro: *acerbas críticas*. ☐ [No confundir con «acervo» (conjunto de bienes o conocimientos)]. ☐ FAMILIA: exacerbar.

acerca (a·cer·ca) ◆ [expresión] ‖ **acerca de algo** En relación con ello: *¿Qué opinas acerca de lo que te dije?* ☐ SINÓNIMOS: sobre, respecto de, respecto a, en torno a. ☐ FAMILIA: →cerca.

acercamiento (a·cer·ca·mien·to) [sustantivo] Colocación de algo más cerca: *En la reunión hubo un acercamiento de posturas*. ☐ SINÓNIMOS: aproximación. ☐ ANTÓNIMOS: alejamiento. ☐ FAMILIA: →cerca.

acercar (a·cer·car) [verbo] Poner más cerca: *¿Me acercas el agua, por favor?* ☐ [La «c» se cambia en «qu» delante de «e» («acerque»)]. ☐ SINÓNIMOS: aproximar, arrimar, juntar, pegar. ☐ ANTÓNIMOS: alejar, apartar, separar. ☐ FAMILIA: →cerca.

acerico (a·ce·ri·co) [sustantivo] Bolsita de tela con un relleno blando, que sirve para clavar en ella agujas y alfileres. ☐ SINÓNIMOS: alfiletero.

acero (a·ce·ro) [sustantivo masculino] **1** Material muy duro, que se fabrica con hierro: *acero inoxidable*. **2** Espada u otra arma que tenga filo. ◆ [expresión] ‖ **de acero** Muy duro y resistente: *nervios de acero*. ☐ [El significado **2** suele usarse en el lenguaje literario]. ☐ FAMILIA: acerado.

acérrimo, ma (a·cé·rri·mo, ma) [adjetivo] Muy enérgico: *Es un defensor acérrimo de sus ideas*.

acertado, da (a·cer·ta·do, da) [adjetivo] **1** Sin errores: *¿Sabes cuál es la respuesta acertada?* **2** Que es como debe ser: *Tu decisión me parece acertada*. ☐ SINÓNIMOS: **1** correcto. **2** apropiado, adecuado, conveniente, oportuno, afortunado. ☐ ANTÓNIMOS: incorrecto. ☐ FAMILIA: →acertar.

acertante (a·cer·tan·te) [adjetivo o sustantivo] Que ha acertado algo. ☐ [No varía en masculino y femenino]. ☐ FAMILIA: →acertar.

acertar (a·cer·tar) [verbo] **1** Encontrar la solución correcta a algo que no se sabe: *¡A ver si aciertas esta adivinanza!* **2** Dar en el punto al que se dirige algo: *La flecha acertó en el blanco*. **3** Hacer lo más adecuado: *Decidas lo que decidas, sé que acertarás*. ◆ [expresión] ‖ **no acertar a hacer algo** No conseguir realizarlo: *Quise ser amable, pero no acerté a decir ni una palabra agradable*. ☐ [Es irregular]. ☐ SINÓNIMOS: **1** adivinar, resolver, solucionar. **2**, **3** atinar. ☐ ANTÓNIMOS: fallar, errar. **1**, **3** equivocarse. ☐ FAMILIA: acertado, acertante, acertijo, acierto, desacertado, desacierto.

ACERTAR

INDICATIVO

Presente
yo acierto
tú aciertas / usted acierta
él, ella acierta
nosotros, tras acertamos
vosotros, tras acertáis / ustedes aciertan
ellos, ellas aciertan

Pretérito imperfecto
yo acertaba
tú acertabas / usted acertaba
él, ella acertaba
nosotros, tras acertábamos
vosotros, tras acertabais / ustedes acertaban
ellos, ellas acertaban

Pretérito perfecto simple
yo acerté
tú acertaste / usted acertó
él, ella acertó
nosotros, tras acertamos
vosotros, tras acertasteis / ustedes acertaron
ellos, ellas acertaron

Futuro simple
yo acertaré
tú acertarás / usted acertará
él, ella acertará
nosotros, tras acertaremos
vosotros, tras acertaréis / ustedes acertarán
ellos, ellas acertarán

Condicional simple
yo acertaría
tú acertarías / usted acertaría
él, ella acertaría
nosotros, tras acertaríamos
vosotros, tras acertaríais / ustedes acertarían
ellos, ellas acertarían

SUBJUNTIVO

Presente
yo acierte
tú aciertes / usted acierte
él, ella acierte
nosotros, tras acertemos
vosotros, tras acertéis / ustedes acierten
ellos, ellas acierten

Pretérito imperfecto
yo acertara o acertase
tú acertaras o acertases / usted acertara o acertase
él, ella acertara o acertase
nosotros, tras acertáramos o acertásemos
vosotros, tras acertarais o acertaseis / ustedes acertaran o acertasen
ellos, ellas acertaran o acertasen

Futuro simple
yo acertare
tú acertares / usted acertare
él, ella acertare
nosotros, tras acertáremos
vosotros, tras acertareis / ustedes acertaren
ellos, ellas acertaren

IMPERATIVO

acierta (tú) / acierte (usted)
acertemos (nosotros, tras)
acertad (vosotros, tras) / acierten (ustedes)

FORMAS NO PERSONALES

Infinitivo	Gerundio	Participio
acertar	acertando	acertado

acertijo (a·cer·ti·jo) [sustantivo masculino] Juego que consiste en descubrir la solución de una pregunta o el sentido de una frase. ☐ SINÓNIMOS: adivinanza. ☐ FAMILIA: →acertar.

acervo (a·cer·vo) [sustantivo masculino] Conjunto de bienes o de conocimientos que se tienen: *acervo cultural*. ☐ [No confundir con «acerbo» (cruel y duro)]. ☐ SINÓNIMOS: bagaje.

acetona (a·ce·to·na) [sustantivo femenino] Líquido de olor fuerte que se emplea como disolvente y que puede producir también en el cuerpo humano a causa de alguna enfermedad: *La acetona sirve para quitar el esmalte de uñas*.

achacar (a·cha·car) [verbo] Considerar propia de alguien una culpa que no es suya: *Le han achacado el delito a una persona equivocada*. ☐ [La «c» se cambia en «qu» delante de «e» («achaque»)]. ☐ SINÓNIMOS: imputar. ☐ FAMILIA: achacoso, achaque.

achacoso, sa (a·cha·co·so, sa) [adjetivo] Que sufre achaques o enfermedades poco graves. ☐ FAMILIA: →achacar.

achantar (a·chan·tar) [verbo] Callar por ser cobarde o por tener miedo: *No me achantas con tus gritos*. ☐ SINÓNIMOS: achicarse.

achaparrado, da (a·cha·pa·rra·do, da) [adjetivo] Dicho de una persona, que es baja y gruesa. ☐ SINÓNIMOS: chaparro. ☐ ANTÓNIMOS: esbelto, espigado. ☐ FAMILIA: →chaparro.

achaque (a·cha·que) [sustantivo masculino] Enfermedad poco grave o sin importancia: *El abuelo tiene los achaques típicos de su edad*. ☐ FAMILIA: →achacar.

achatar (a·cha·tar) [verbo] Hacer plano algo: *Al hacerle el retrato le acható un poco la nariz*. ☐ FAMILIA: →chato.

achicar (a·chi·car) [verbo] **1** Extraer el agua que ha entrado en un barco. **2** Hacer menor o más chico. ∎ **achicarse 3** Perder el ánimo o el valor: *No te achiques ante las dificultades*. ☐ [La «c» se cambia en «qu» delante de «e» («achique»)]. ☐ SINÓNIMOS: **2** disminuir, reducir, acortar. **3** encogerse, achantar. ☐ ANTÓNIMOS: **2** agrandar, ampliar, aumentar. **3** crecerse. ☐ FAMILIA: →chico.

achicharrar (a·chi·cha·rrar) [verbo] **1** Cocinar demasiado un alimento. ∎ **achicharrarse 2** Sentir mucho calor o quemarse: *Te vas a achicharrar si pasas tanto tiempo al sol*. ☐ SINÓNIMOS: **2** abrasarse, quemarse.

achicoria (a·chi·co·ria) [sustantivo femenino] Planta con flores azules cuya raíz tostada se usa para hacer bebidas de sabor parecido al café.

achispado, da (a·chis·pa·do, da) [adjetivo] Que está un poco borracho. ☐ FAMILIA: →chispa.

achisparse (a·chis·par·se) [verbo] Ponerse alegre por haber bebido alguna bebida alcohólica. ☐ FAMILIA: →chispa.

achuchado, da (a·chu·cha·do, da) [adjetivo] **1** Con poco dinero: *Ando siempre achuchado a fin de mes*. **2** Que resulta difícil por razones fundamentalmente económicas: *No malgastes el dinero, que está la vida muy achuchada*. ☐ [Es coloquial]. ☐ FAMILIA: →achuchar.

achuchar (a·chu·char) [verbo] **1** Rodear con los brazos y con fuerza o hacer otras demostraciones de cariño: *Mis padres me achuchan cuando vienen a buscarme al colegio*. **2** Agobiar o meter prisa: *No me achuches, que tenemos tiempo suficiente*. ☐ [Es coloquial]. ☐ FAMILIA: achuchado, achuchón.

achuchón (a·chu·chón) [sustantivo masculino] Hecho de rodear algo con los brazos y con fuerza. ☐ [Es coloquial]. ☐ FAMILIA: →achuchar.

aciago, ga (a·cia·go, ga) [adjetivo] Muy malo o muy triste: *un día aciago*. ☐ ANTÓNIMOS: afortunado.

acicalarse (a·ci·ca·lar·se) [verbo] Ponerse guapo: *Mi hermana tarda horas en acicalarse*.

acicate (a·ci·ca·te) [sustantivo masculino] Estímulo que empuja a hacer algo: *El interés de sus alumnos es un acicate para el profesor*.

acidez (a·ci·dez) [sustantivo femenino] Sabor ácido. ◆ [expresión] ∥ **acidez de estómago** Molestia en el estómago, parecida a la que produce una quemadura. ☐ FAMILIA: →ácido.

ácido, da (á·ci·do, da) ∎ [adjetivo] **1** De sabor parecido al del limón. ∎ **ácido** [sustantivo masculino] **2** Sustancia química que, por sus propiedades puede disolver o corroer los metales y quemar la piel: *Me cayeron unas gotas de ácido en el jersey y se me hizo un agujero*. **3** Un tipo de droga, que produce fuertes alucinaciones. ☐ FAMILIA: acidez.

acierto (a·cier·to) [sustantivo masculino] **1** Solución correcta: *Tuvo catorce aciertos en una quiniela*. **2** Habilidad para hacer bien la actividad que se realiza: *Dirige sus negocios con acierto*. **3** Cosa que se hace y tiene un buen resultado: *Fue un acierto venir por aquí*. ☐ SINÓNIMOS: **2** tino. ☐ ANTÓNIMOS: **1**, **3** fallo. **2**, **3** desacierto, torpeza. ☐ FAMILIA: →acertar.

aclamación (a·cla·ma·ción) [sustantivo femenino] Aplauso o sonido que se hacen para mostrar entusiasmo por algo o por alguien. ☐ FAMILIA: →clamar.

aclamar (a·cla·mar) [verbo] Dirigir aplausos y voces de apoyo a una persona: *Todos aclamaban al rey*. ☐ FAMILIA: →clamar.

aclaración (a·cla·ra·ción) [sustantivo femenino] Explicación que se da para poner algo en claro. ☐ FAMILIA: →claro.

aclarado (a·cla·ra·do) [sustantivo masculino] Hecho de limpiar con agua algo que tiene jabón. ☐ FAMILIA: →claro.

aclarar (a·cla·rar) [verbo] **1** Poner más claro: *Si esa pintura te parece muy oscura, échale esta para aclararla*. **2** Hacer menos espeso: *Aclaró la salsa con agua*. **3** Explicar o poner en claro: *Hay que aclarar esta situación*. **4** Quitar con agua el jabón a algo: *Aclaré la ropa*. **5** Preparar la voz para que se oiga mejor: *La conferenciante aclaró la voz*. **6** Mejorar el tiempo y quedar el cielo sin nubes ni niebla: *Si no aclara, el avión no podrá despegar*. **7** Empezar a aparecer la luz del día: *Salieron del campamento en cuanto aclaró.* ■ **aclararse 8** Poner en claro las propias ideas: *Estoy hecha un lío y no me aclaro.* ☐ [El significado **8** es coloquial]. ☐ Sinónimos: **6** abrir, despejarse. **6**, **7** clarear. **7** amanecer. ☐ Antónimos: **1**, **7** oscurecer. **2** espesar. **3** confundir. **6** nublarse, cubrirse. **7** anochecer. **8** liarse. ☐ Familia: →claro.

aclimatación (a·cli·ma·ta·*ción*) [sustantivo femenino] Hecho de acostumbrarse a un nuevo clima o a un nuevo ambiente. ☐ Familia: →clima.

aclimatarse (a·cli·ma·*tar*·se) [verbo] Acostumbrarse a un nuevo clima o a un nuevo ambiente: *Soy nuevo en la clase y todavía no me he aclimatado.* ☐ Familia: →clima.

acné (ac·*né*) [sustantivo masculino] Enfermedad de la piel que produce granitos en la cara y en la espalda.

acobardar (a·co·bar·*dar*) [verbo] Hacer sentir miedo o hacer perder el valor: *Nada me acobarda.* ☐ Sinónimos: asustar. ☐ Antónimos: envalentonarse. ☐ Familia: →cobarde.

acodado, da (a·co·*da*·do, da) [adjetivo] **1** Doblado en forma de codo. **2** Apoyado sobre los codos. ☐ Familia: →codo.

acodar (a·co·*dar*) [verbo] **1** Doblar en forma de codo: *Se pueden conseguir nuevas plantas acodando ramas o tallos de otras.* ■ **acodarse 2** Apoyarse sobre los codos: *Se acodó sobre la ventana para ver el desfile.* ☐ Familia: →codo.

acogedor, ra (a·co·ge·*dor*, *do*·ra) [adjetivo] Que hace sentirse cómodo y bien: *Mi casa es muy acogedora.* ☐ Antónimos: inhóspito. ☐ Familia: →acoger.

acoger (a·co·*ger*) [verbo] **1** Dar a alguien protección o refugio: *El ayuntamiento ha creado centros para acoger a los que no tienen casa.* **2** Recibir a una persona con placer y tratarla bien: *Me acogieron con mucho cariño.* **3** Responder de determinada manera ante algo que ocurre: *Todos acogimos la noticia con satisfacción.* ■ **acogerse 4** Pedir una persona que se la trate de acuerdo con un derecho: *Se acogieron al derecho de asilo.* ☐ [La «g» se cambia en «j» delante de «a», «o» («acoja»)]. ☐ Sinónimos: **1** amparar, proteger, cobijar, refugiar, recoger. **3** recibir. ☐ Familia: acogida, acogedor.

acogida (a·co·*gi*·da) [sustantivo femenino] Hecho de recibir o aceptar a una persona o a una cosa: *Los cambios tuvieron muy buena acogida.* ☐ Sinónimos: recibimiento. ☐ Familia: →acoger.

acogotar (a·co·go·*tar*) [verbo] Causar miedo o hacer perder el ánimo: *Me acogotó con sus amenazas.* ☐ [Es coloquial]. ☐ Sinónimos: amilanar. ☐ Familia: →cogote.

acojonar (a·co·jo·*nar*) [verbo] Producir miedo. ☐ [Es vulgar]. ☐ Familia: →cojón.

acolchado, da (a·col·*cha*·do, da) ■ [adjetivo] **1** Cubierto con una tela rellena de algodón o lana: *un sillón acolchado.* ■ **acolchado** [sustantivo masculino] **2** Hecho de acolchar. **3** Material que se utiliza para acolchar algo: *El acolchado de la cuna estaba muy sucio.* ☐ Sinónimos: almohadillado. ☐ Familia: →colcha.

acolchar (a·col·*char*) [verbo] **1** Poner algodón o lana entre dos telas que después se cosen unidas. **2** Cubrir algo con estas telas: *Hemos acolchado el despacho para que no se oigan ruidos.* ☐ Sinónimos: almohadillar. ☐ Familia: →colcha.

acólito (a·*có*·li·to) [sustantivo masculino] **1** En la Iglesia católica, persona que ayuda al sacerdote en algunos sacramentos. **2** Persona que sigue a otra y depende de ella: *El líder saludó rodeado de sus acólitos.*

acometer (a·co·me·*ter*) [verbo] **1** Atacar con fuerza y por sorpresa: *El león acometió a los exploradores.* **2** Empezar a hacer algo: *Aunque estaban agotados, acometieron el descenso de la montaña.* ☐ Sinónimos: **1** embestir. **2** comenzar, iniciar. ☐ Familia: acometida.

acometida (a·co·me·*ti*·da) [sustantivo femenino] **1** Ataque que no se espera. **2** Enlace entre un tubo principal y otro secundario: *acometida del agua; acometida de la luz.* ☐ Sinónimos: **1** arremetida. ☐ Familia: →acometer.

acomodado, da (a·co·mo·*da*·do, da) [adjetivo] Que tiene bastante riqueza. ☐ Sinónimos: rico, adinerado, acaudalado. ☐ Antónimos: necesitado, pobre. ☐ Familia: →cómodo.

acomodador, ra (a·co·mo·da·*dor*, *do*·ra) [sustantivo] Persona que trabaja en lugares de espectáculos indicando al público los asientos que deben ocupar. ☐ Familia: →cómodo.

acomodar (a·co·mo·*dar*) [verbo] **1** Colocar en el lugar que corresponde: *Nos acomodamos en nuestros asientos.* ■ **acomodarse 2** Acostumbrarse a una nueva situación: *Me costó acomodarme al nuevo estilo de vida.* ☐ Sinónimos: **2** amoldarse, adaptarse, acoplarse. ☐ Familia: →cómodo.

acomodo (a·co·*mo*·do) [sustantivo masculino] Lugar en el que se coloca una persona o una cosa: *El camarero nos buscó acomodo en el restaurante.* ☐ Familia: →cómodo.

acompañamiento (a·com·pa·ña·*mien*·to) [sustantivo masculino] **1** Conjunto de personas o cosas que van acompañando a otra. **2** Conjunto de alimentos que complementan a un plato principal. **3** Música que sirve de fondo a la melodía principal. ☐ Sinónimos: **1** comitiva, séquito, corte, cortejo. **2** guarnición. ☐ Familia: →compañía.

acompañante (a·com·pa·*ñan*·te) [sustantivo] Persona que acompaña a otra. ☐ [No varía en masculino y femenino]. ☐ Familia: →compañía.

acompañar (a·com·pa·*ñar*) [verbo] **1** Ir o estar con una persona. **2** Sentir a la vez lo que siente también otra persona: *Te acompaño en el sentimiento.* **3** Añadir algo a otra cosa: *Esta carne sabe mejor si la acompañas con una salsa.* **4** Poner una música que sirva de fondo a la melodía principal. ☐ Familia: →compañía.

acompasado, da (a·com·pa·*sa*·do, da) [adjetivo] Que habla o se mueve con un ritmo determinado. ☐ Antónimos: descompasado. ☐ Familia: →compás.

acompasar (a·com·pa·sar) [verbo] Hacer que algo se corresponda con otra cosa: *Los bailarines acompasaron sus movimientos.* ☐ FAMILIA: →compás.

acomplejado, da (a·com·ple·ja·do, da) [adjetivo] Que se cree peor que los demás por algún defecto que tiene. ☐ FAMILIA: →complejo.

acomplejar (a·com·ple·jar) [verbo] Crear en una persona la idea de que es peor que los demás por algo: *Se acompleja sin razón porque no está gordo.* ☐ FAMILIA: →complejo.

acondicionador, ra (a·con·di·cio·na·dor, do·ra) [adjetivo o sustantivo masculino] **1** Dicho de un aparato, que prepara algo para que tenga las condiciones adecuadas: *acondicionador de aire.* **2** Dicho de un producto, que se utiliza después de lavar el pelo para dejarlo suave. ☐ FAMILIA: →condición.

acondicionar (a·con·di·cio·nar) [verbo] **1** Preparar algo con las condiciones adecuadas para un fin: *Acondicionarán el almacén para oficinas.* **2** Dar a un lugar cerrado la temperatura y las condiciones de ambiente necesarias para algo. ☐ SINÓNIMOS: **2** climatizar. ☐ FAMILIA: →condición.

accngojado, da (a·con·go·ja·do, da) [adjetivo] Muy triste, muy preocupado o con mucho miedo. ☐ ANTÓNIMOS: alegre. ☐ FAMILIA: →congoja.

acongojar (a·con·go·jar) [verbo] Causar mucha tristeza, mucha preocupación o mucho miedo: *Nos acongojó ese perro abandonado y decidimos llevárnoslo a casa.* ☐ SINÓNIMOS: afligir, apenar. ☐ ANTÓNIMOS: alegrar. ☐ FAMILIA: →congoja.

aconsejable (a·con·se·ja·ble) [adjetivo] Que resulta bueno. ☐ [No varía en masculino y femenino]. ☐ SINÓNIMOS: recomendable. ☐ FAMILIA: →consejo.

aconsejar (a·con·se·jar) [verbo] **1** Dar un consejo: *No sé qué hacer y vengo a que me aconsejes.* **2** Mostrar que algo parece bueno y conviene hacerlo: *La situación nos aconseja ser prudentes.* ☐ [Siempre se escribe con «j»]. ☐ SINÓNIMOS: **1** asesorar, recomendar. ☐ ANTÓNIMOS: **2** desaconsejar. ☐ FAMILIA: →consejo.

acontecer (a·con·te·cer) [verbo] Producirse un hecho: *No sé qué aconteció entonces.* ☐ [Es irregular y se conjuga como AGRADECER]. ☐ SINÓNIMOS: suceder, ocurrir, pasar, acaecer. ☐ FAMILIA: acontecimiento.

acontecimiento (a·con·te·ci·mien·to) [sustantivo masculino] Cosa que ocurre y que suele ser importante. ☐ SINÓNIMOS: hecho, suceso, evento, jalón. ☐ FAMILIA: →acontecer.

acopio (a·co·pio) [sustantivo masculino] Reunión de gran cantidad de cosas: *Hicieron acopio de provisiones.*

acoplamiento (a·co·pla·mien·to) [sustantivo masculino] Hecho de encajar dos cosas diferentes. ☐ FAMILIA: →acoplar.

acoplar (a·co·plar) [verbo] **1** Combinar dos cosas diferentes para hacer que funcionen al mismo tiempo: *Si acoplamos nuestros horarios, podremos trabajar juntos.* **2** Poner algo en una cosa de forma que no sobre espacio: *Esa estantería se monta acoplando las piezas.* ▌ **acoplarse 3** Acostumbrarse a una nueva situación: *No consigo acoplarme a ese ambiente.* **4** Producir dos aparatos de sonido un efecto el uno sobre el otro, de forma que el sonido no se oiga bien. ☐ SINÓNIMOS: **1, 2** ajustar, adaptar. **2** encajar. **3** amoldarse, acomodarse, adaptarse. ☐ FAMILIA: acoplamiento.

acoquinar (a·co·qui·nar) [verbo] Hacer sentir miedo o hacer perder los ánimos. ☐ [No confundir con «apoquinar» (pagar). Es coloquial]. ☐ SINÓNIMOS: acobardar.

acorazado, da (a·co·ra·za·do, da) ▌ [adjetivo] **1** Protegido con materiales muy fuertes para que nadie pueda romperlo. ▌ **acorazado** [sustantivo masculino] **2** Barco de guerra muy grande y construido con materiales especiales para protegerlo. 👁 **página 362**. ☐ FAMILIA: →coraza.

acorchar (a·cor·char) [verbo] **1** Cubrir de corcho. ▌ **acorcharse 2** Volverse como el corcho. ☐ FAMILIA: →corcho.

acordar (a·cor·dar) [verbo] **1** Ponerse varias personas de acuerdo en algo: *Acordaron que yo hablase en nombre de todos.* ▌ **acordarse 2** Traer algo a la memoria: *¿Te acuerdas del día en que nos conocimos?* ☐ [Es irregular y se conjuga como CONTAR]. ☐ SINÓNIMOS: **1** convenir, pactar, quedar, apalabrar. **2** recordar. ☐ ANTÓNIMOS: **2** olvidar. ☐ FAMILIA: acorde, acuerdo, desacuerdo.

acorde (a·cor·de) ▌ [adjetivo] **1** De acuerdo o de la misma opinión: *Los dos tenemos puntos de vista acordes.* ▌ [sustantivo masculino] **2** Conjunto de notas musicales que se tocan a la vez: *El guitarrista tocó varios acordes.* ☐ [En el significado **1** no varía en masculino y femenino]. ☐ SINÓNIMOS: **1** conforme, unánime. ☐ FAMILIA: →acordar.

acordeón (a·cor·de·ón) [sustantivo masculino] Instrumento musical de viento, con una parte central que se dobla y se extiende para que suene. 👁 **páginas 534-535**.

acordeón

acordonar (a·cor·do·nar) [verbo] Rodear un lugar para que la gente no pase: *La policía acordonó la zona del accidente.* ☐ FAMILIA: →cordón.

acorralar (a·co·rra·lar) [verbo] **1** Rodear e impedir la salida: *Los perros acorralaron a la liebre.* **2** Confundir a una persona y dejarla sin saber qué responder: *Los periodistas me acorralaron con sus preguntas.* ☐ FAMILIA: →corro.

acortar (a·cor·tar) [verbo] Hacer más corto. ☐ SINÓNIMOS: abreviar, limitar, achicar, atajar. ☐ ANTÓNIMOS: alargar, prolongar, ampliar. ☐ FAMILIA: →corto.

acosar (a·co·sar) [verbo] **1** Perseguir sin dar descanso: *La policía acosó a los ladrones hasta detenerlos.* **2** Molestar haciendo algo de manera continua: *¡Deja de acosarme con tantas preguntas!* ☐ [No confundir con «acusar» (culpar a una persona; notar el efecto de algo)]. ☐ SINÓNIMOS: **1** perseguir. ☐ FAMILIA: acoso.

acoso (a·co·so) [sustantivo masculino] **1** Hecho de seguir a alguien sin descanso: *Los ladrones no resistieron el acoso de la policía.* **2** Hecho de molestar haciendo algo de manera continua: *Si un niño o una niña creen que un compañero sufre acoso escolar, deben decírselo cuanto antes a sus profesores o a sus padres.* ☐ FAMILIA: →acosar.

acostar (a·cos·tar) [verbo] **1** Echar o echarse una persona en la cama para descansar: *Voy a acostar a la niña en la cuna.* ■ **acostarse 2** Mantener relaciones sexuales con una persona. ☐ [Es irregular y se conjuga como CONTAR]. ☐ ANTÓNIMOS: **1** levantarse. ☐ FAMILIA: →costado.

acostumbrado, da (a·cos·tum·bra·do, da) [adjetivo] Que no sorprende porque siempre es así: *Tuvimos que responder a las acostumbradas preguntas.* ☐ SINÓNIMOS: habitual, usual. ☐ FAMILIA: →costumbre.

acostumbrar (a·cos·tum·brar) [verbo] **1** Conseguir que alguien haga algo por costumbre: *No me acostumbro a mi nuevo trabajo.* **2** Hacer algo por costumbre: *Acostumbro a leer en la cama antes de dormir.* ☐ SINÓNIMOS: **1** habituar. **2** soler. ☐ ANTÓNIMOS: **2** desacostumbrar. ☐ FAMILIA: →costumbre.

acotación (a·co·ta·ción) [sustantivo femenino] **1** Apunte de notas en el margen de un texto para explicarlo o aclararlo. **2** Nota que explica la acción o los movimientos de los personajes en una obra de teatro.

acotar (a·co·tar) [verbo] Señalar los límites de alguna cosa: *Hemos acotado el terreno que se va a dedicar a la caza.* ☐ SINÓNIMOS: delimitar. ☐ FAMILIA: →cota.

ácrata (á·cra·ta) [adjetivo o sustantivo] Que rechaza toda autoridad. ☐ [No varía en masculino y femenino].

acre (a·cre) [adjetivo] **1** De olor o sabor picante y áspero. **2** Poco amable: *Me respondió con palabras acres.* ■ [sustantivo masculino] **3** Medida de superficie. ☐ [En los significados 1 y 2 no varía en masculino y femenino]. ☐ ANTÓNIMOS: **2** agradable. ☐ FAMILIA: acritud.

acrecentar (a·cre·cen·tar) [verbo] Hacer mayor en tamaño, en cantidad o en otra cosa: *Su fortuna se acrecentó al recibir una herencia.* ☐ [Es irregular y se conjuga como ACERTAR]. ☐ SINÓNIMOS: aumentar, incrementar. ☐ ANTÓNIMOS: disminuir, reducir. ☐ FAMILIA: →crecer.

acreditación (a·cre·di·ta·ción) [sustantivo femenino] Documento que certifica que una persona puede desempeñar un determinado cargo: *Los guardias solicitaron la acreditación a todos los periodistas.* ☐ FAMILIA: →crédito.

acreditado, da (a·cre·di·ta·do, da) [adjetivo] **1** Demostrado con pruebas o con razones. **2** Que tiene fama o prestigio: *Es un abogado muy acreditado.* ☐ SINÓNIMOS: **2** famoso, célebre. ☐ ANTÓNIMOS: **2** desconocido. ☐ FAMILIA: →crédito.

acreditar (a·cre·di·tar) [verbo] **1** Asegurar un documento que una persona cumple con las condiciones necesarias para realizar una función: *Esta pegatina me acredita como periodista.* **2** Dar fama: *El Premio Nobel acredita a quienes lo ganan.* ☐ ANTÓNIMOS: **2** desacreditar. ☐ FAMILIA: →crédito.

acreedor, ra (a·cre·e·dor, do·ra) [adjetivo o sustantivo] **1** Que tiene derecho a que se le pague una deuda. **2** Que merece algo: *Te has hecho acreedora a mi confianza.* ☐ SINÓNIMOS: **2** digno. ☐ ANTÓNIMOS: **1** deudor.

acribillar (a·cri·bi·llar) [verbo] **1** Hacer muchas heridas o picaduras: *Me acribillaron las pulgas.* **2** Hacer muchos agujeros: *Durante la guerra acribillaron a balazos ese edificio.* **3** Molestar a alguien: *Los periodistas acribillaron a preguntas al presidente.* ☐ SINÓNIMOS: **2** agujerear.

acrílico, ca (a·crí·li·co, ca) [adjetivo] **1** Dicho de un tejido, que es sintético. **2** Dicho de una pintura, que se disuelve en agua y que se seca rápido.

acristalar (a·cris·ta·lar) [verbo] Poner cristales. ☐ FAMILIA: →cristal.

acritud (a·cri·tud) [sustantivo femenino] Falta de amabilidad: *No me hables con acritud.* ☐ SINÓNIMOS: frialdad. ☐ ANTÓNIMOS: amabilidad. ☐ FAMILIA: →acre.

acrobacia (a·cro·ba·cia) [sustantivo femenino] Ejercicio difícil, de equilibrio o de habilidad: *Los trapecistas hicieron varias acrobacias.* ☐ FAMILIA: acróbata, acrobático.

acróbata (a·cró·ba·ta) [sustantivo] Persona que se dedica a hacer ejercicios difíciles y con riesgo como espectáculo público. ☐ [No varía en masculino y femenino]. ☐ SINÓNIMOS: volatinero. ☐ FAMILIA: →acrobacia.

acrobático, ca (a·cro·bá·ti·co, ca) [adjetivo] De la acrobacia o relacionado con ella: *ejercicios acrobáticos.* ☐ FAMILIA: →acrobacia.

acrónimo (a·cró·ni·mo) [sustantivo masculino] Palabra formada a partir de las siglas o de distintos elementos de dos o más palabras, que se pronuncia con sílabas: *«Ovni» es el acrónimo de «Objeto Volador No Identificado» e «internet» es el acrónimo de «INTERnational NETwork».*

acrópolis (a·␣cró·po·lis) [sustantivo femenino] Parte más alta y protegida de las antiguas ciudades griegas. ☐ [No varía en singular y plural]. ☐ FAMILIA: →polis.

acta (ac·ta) [sustantivo femenino] **1** Papel en el que se escribe lo que ha sucedido o lo que se ha tratado en una reunión: *las actas de un congreso.* **2** Papel en el que se declara de forma oficial que algo es cierto. ◆ [expresión] ‖ **levantar acta** Escribirla. ☐ [Aunque es femenino, como empieza por «a» tónica o acentuada, se usa con «el», «un», «ningún» y «algún»: «el acta», «las actas»].

actitud (ac·ti·tud) [sustantivo femenino] **1** Modo de ser o de comportarse de una persona: *actitud optimista.* **2** Gesto o

activar

manera de poner el cuerpo, que suelen expresar algo: *El cuadro representa a un filósofo en actitud pensativa.* ☐ [No confundir con «aptitud» (capacidad para hacer algo bien)]. ☐ SINÓNIMOS: **1** posición, postura.

activar (ac·ti·var) [verbo] **1** Hacer funcionar algo: *Este botón activará la alarma.* **2** Aumentar la velocidad o la fuerza de un proceso: *Ambos responsables intervinieron para activar las negociaciones.* ☐ SINÓNIMOS: **2** avivar. ☐ ANTÓNIMOS: **1** desactivar. **2** retrasar, frenar, inactivar. ☐ FAMILIA: →activo.

actividad (ac·ti·vi·dad) [sustantivo femenino] **1** Conjunto de trabajos propios de alguien o de algo: *¿Qué actividades practicas en tu tiempo libre?* **2** Gran cantidad de acciones y de personas que se mueven de manera continua: *En este mercado hay mucha actividad.* **3** Práctica o ejercicio: *¿Has hecho ya las actividades de la lección 10?* ◆ [expresión] ‖ **en actividad** En acción: *El volcán entró en actividad.* ☐ SINÓNIMOS: **2** movimiento. ☐ ANTÓNIMOS: **2** calma, inactividad. ☐ FAMILIA: →activo.

activismo (ac·ti·vis·mo) [sustantivo masculino] Conjunto de ideas que defienden la importancia de la acción frente a la teoría, sobre todo en política. ☐ FAMILIA: →activo.

activista (ac·ti·vis·ta) [sustantivo] Persona que defiende la importancia de la acción frente a la teoría, sobre todo en política. ☐ [No varía en masculino y femenino]. ☐ FAMILIA: →activo.

activo, va (ac·ti·vo, va) [adjetivo] **1** Que tiene capacidad para hacer muchas cosas: *Soy muy activa y no sé estarme un minuto quieta.* **2** Que realiza determinadas funciones: *Pertenezco a una sociedad de la que soy miembro activo.* **3** En gramática, que expresa que el sujeto realiza la acción del verbo: *«Los obreros construyeron la casa» es una oración activa.* ◆ [expresión] ‖ **en activo** Que está trabajando en algo. ‖ **por activa y por pasiva** De todas las maneras posibles. ☐ ANTÓNIMOS: pasivo. **1** sedentario. **1, 2** inactivo. ☐ FAMILIA: activar, actividad, inactividad, inactivo, inactivar, interactivo, desactivar, reactivar, activismo, activista, hiperactivo.

acto (ac·to) [sustantivo masculino] **1** Acción: *Cada uno es responsable de sus actos.* **2** Ceremonia pública o seria: *El acto de entrega de premios tendrá lugar a mediodía.* **3** Cada una de las partes principales en que se divide una obra de teatro. ◆ [expresión] ‖ **acto seguido** A continuación. ‖ **acto sexual** Unión sexual entre dos personas. ‖ **en el acto** En ese mismo momento. ‖ **hacer acto de presencia** Presentarse en un lugar. ☐ [No confundir con «apto» (adecuado para algo)]. ☐ SINÓNIMOS: **1** hecho, obra. ☐ FAMILIA: actor, actriz, actuar, actuación, entreacto, interactuar.

actor (ac·tor) [sustantivo masculino] Hombre que representa un papel en el teatro o en el cine. ☐ [El femenino es «actriz»]. ☐ SINÓNIMOS: cómico, comediante. ☐ FAMILIA: →acto.

actriz (ac·triz) [sustantivo femenino] Mujer que representa un papel en el teatro o en el cine. ☐ [Su plural es «actrices». El masculino es «actor»]. ☐ SINÓNIMOS: cómica, comediante. ☐ FAMILIA: →acto.

actuación (ac·tua·ción) [sustantivo femenino] **1** Acción que alguien realiza: *Se salvó gracias a la actuación de la policía.* **2** Representación o espectáculo en una obra de teatro o de cine: *Hubo varias actuaciones musicales.* ☐ FAMILIA: →acto.

actual (ac·tual) [adjetivo] **1** Que ocurre en el momento presente: *El paro es una gran preocupación en la sociedad actual.* **2** Que está de moda: *Ese diseñador tiene un estilo muy actual.* ☐ [No varía en masculino y femenino]. ☐ FAMILIA: actualizar, actualidad.

actualidad (ac·tua·li·dad) [sustantivo femenino] **1** Tiempo presente: *¿Dónde vives en la actualidad?* **2** Situación de lo que llama la atención de la gente en determinado momento: *Es una noticia de máxima actualidad.* ☐ FAMILIA: →actual.

actualizar (ac·tua·li·zar) [verbo] Hacer actual o poner al día: *Un buen profesional debe actualizar sus conocimientos.* ☐ [La «z» se cambia en «c» delante de «e» («actualice»)]. ☐ SINÓNIMOS: modernizar. ☐ FAMILIA: →actual.

actuar (ac·tuar) [verbo] **1** Tener determinado comportamiento: *Actuaste de forma muy sensata.* **2** Trabajar en un espectáculo público. **3** Producir determinado efecto sobre algo: *Este medicamento actúa contra la fiebre.* ☐ [Es irregular]. ☐ SINÓNIMOS: **1** proceder, obrar, portarse, comportarse, conducirse. ☐ FAMILIA: →acto.

acuarela (a·cua·re·la) [sustantivo femenino] Tipo de pintura que se usa mezclándola con agua. ☐ FAMILIA: →agua.

acuarela

acuario (a·cua·rio) ■ [adjetivo o sustantivo] **1** Dicho de una persona, que pertenece a uno de los doce signos del Zodiaco: *Las personas que son acuario han nacido entre el 21 de enero y el 18 de febrero.* ■ [sustantivo masculino] **2** Recipiente preparado para que los peces puedan vivir en él. **3** Lugar donde se muestran animales que viven en el agua: *Visité el acuario de la ciudad.* ☐ [En el significado **1** no varía en masculino y femenino]. ☐ FAMILIA: →agua.

acuartelamiento (a·cuar·te·la·mien·to) [sustantivo masculino] **1** Reunión de los soldados en el cuartel para prepararse para realizar alguna actividad. **2** Lugar en el que se realiza esta reunión. ☐ FAMILIA: →cuartel.

acuartelar (a·cuar·te·lar) [verbo] Tener a los soldados preparados en el cuartel para realizar alguna actividad: *Ante la importancia de la catástrofe natural, se ordenó acuartelar la tropa para su posible participación en las tareas de ayuda.* ☐ FAMILIA: →cuartel.

acuático, ca (a·cuá·ti·co, ca) [adjetivo] **1** Del agua o relacionado con ella: *Practico el esquí acuático.* **2** Que vive en el agua. ☐ FAMILIA: →agua.

acuchillar (a·cu·chi·llar) [verbo] **1** Herir o matar con un cuchillo. **2** Poner lisa una superficie de madera con una cuchilla: *acuchillar el suelo.* ☐ FAMILIA: →cuchillo.

acuciante (a·cu·cian·te) [adjetivo] Que corre mucha prisa o que es muy necesario: *necesidad acuciante.* ☐ [No varía en masculino y femenino]. ☐ SINÓNIMOS: urgente. ☐ FAMILIA: →acuciar.

acuciar (a·cu·ciar) [verbo] Impulsar a una persona para que se dé prisa en hacer algo: *Están acuciando a los obreros para que terminen la piscina antes del verano.* ☐ SINÓNIMOS: apremiar. ☐ [Es irregular y se conjuga como ANUNCIAR]. ☐ FAMILIA: acuciante.

acuclillarse (a·cu·cli·llar·se) [verbo] Ponerse en cuclillas: *Se acuclilló para recoger las monedas del suelo.* ☐ FAMILIA: →cuclillas.

acudir (a·cu·dir) [verbo] **1** Aparecer una persona en un sitio: *Acudiré a la fiesta.* **2** Hacerse presente: *Tus consejos acuden siempre a mi mente.* **3** Dirigirse a una persona buscando su ayuda: *Acudió a mí en busca de consejo.* ☐ SINÓNIMOS: **2** venir. **3** recurrir, apelar. ☐ ANTÓNIMOS: **1** ausentarse, marcharse, irse.

acueducto (a·cue·duc·to) [sustantivo masculino] Especie de puente que sirve para conducir el agua de un lugar a otro. ☐ FAMILIA: →agua.

acueducto

acuerdo (a·cuer·do) [sustantivo masculino] Decisión que se toma entre varias partes y cada una debe cumplir: *Si hoy no se llega a un acuerdo, habrá problemas.* ◆ [expresión] ‖ **de acuerdo** Con la misma opinión. ☐ [La expresión «de acuerdo» se usa para indicar que se acepta algo: «De acuerdo, iremos a tu casa»]. ☐ SINÓNIMOS: pacto, trato. ☐ ANTÓNIMOS: desacuerdo. ☐ FAMILIA: →acordar.

acuífero, ra (a·cuí·fe·ro, ra) [adjetivo o sustantivo masculino] Dicho de una capa o de una zona del terreno, que contiene

ACTUAR	
INDICATIVO	**SUBJUNTIVO**
Presente yo actúo tú actúas / usted actúa él, ella actúa nosotros, tras actuamos vosotros, tras actuáis / ustedes actúan ellos, ellas actúan	**Presente** yo actúe tú actúes / usted actúe él, ella actúe nosotros, tras actuemos vosotros, tras actuéis / ustedes actúen ellos, ellas actúen
Pretérito imperfecto yo actuaba tú actuabas / usted actuaba él, ella actuaba nosotros, tras actuábamos vosotros, tras actuabais / ustedes actuaban ellos, ellas actuaban	**Pretérito imperfecto** yo actuara o actuase tú actuaras o actuases / usted actuara o actuase él, ella actuara o actuase nosotros, tras actuáramos o actuásemos vosotros, tras actuarais o actuaseis / ustedes actuaran o actuasen ellos, ellas actuaran o actuasen
Pretérito perfecto simple yo actué tú actuaste / usted actuó él, ella actuó nosotros, tras actuamos vosotros, tras actuasteis / ustedes actuaron ellos, ellas actuaron	**Futuro simple** yo actuare tú actuares / usted actuare él, ella actuare nosotros, tras actuáremos vosotros, tras actuareis / ustedes actuaren ellos, ellas actuaren
Futuro simple yo actuaré tú actuarás / usted actuará él, ella actuará nosotros, tras actuaremos vosotros, tras actuaréis / ustedes actuarán ellos, ellas actuarán	**IMPERATIVO** actúa (tú) / actúe (usted) actuemos (nosotros, tras) actuad (vosotros, tras) / actúen (ustedes)
Condicional simple yo actuaría tú actuarías / usted actuaría él, ella actuaría nosotros, tras actuaríamos vosotros, tras actuaríais / ustedes actuarían ellos, ellas actuarían	**FORMAS NO PERSONALES** **Infinitivo** **Gerundio** **Participio** actuar actuando actuado

acumulación

agua: *Cuando hay largas sequías, los acuíferos pueden secarse.* ☐ FAMILIA: →agua.

acumulación (a·cu·mu·la·ción) [sustantivo femenino] Reunión de gran cantidad de cosas o de personas. ☐ FAMILIA: →cúmulo.

acumulador (a·cu·mu·la·dor) [sustantivo masculino] Aparato que sirve para guardar energía eléctrica y que puede utilizarse cuando sea necesaria. ☐ FAMILIA: →cúmulo.

acumular (a·cu·mu·lar) [verbo] Juntar algo en gran cantidad: *Acumuló una gran fortuna.* ☐ SINÓNIMOS: amontonar, hacinar. ☐ FAMILIA: →cúmulo.

acunar (a·cu·nar) [verbo] Mover de manera suave a un niño para que se duerma o para que se quede tranquilo. ☐ FAMILIA: →cuna.

acuñar (a·cu·ñar) [verbo] **1** Fabricar una moneda. **2** Inventar una frase o un concepto: *acuñar nuevas expresiones.* ☐ FAMILIA: →cuño.

acuoso, sa (a·cuo·so, sa) [adjetivo] Con agua o con sus características. ☐ FAMILIA: →agua.

acupuntura (a·cu·pun·tu·ra) [sustantivo femenino] Técnica médica que consiste en clavar agujas para curar enfermedades o quitar dolores.

acurrucarse (a·cu·rru·car·se) [verbo] Doblarse una persona o un animal sobre sí mismo generalmente para protegerse del frío o de un peligro, o para recibir cariño: *Cuando me siento, mi gato se acurruca a mi lado para que lo acaricie.* ☐ [La «c» se cambia en «qu» delante de «e» («acurruque»)]. ☐ SINÓNIMOS: ovillarse.

acusación (a·cu·sa·ción) [sustantivo femenino] Hecho de hacer responsable a una persona de una falta o de un delito: *El sospechoso negó las acusaciones.* ☐ FAMILIA: →acusar.

acusado, da (a·cu·sa·do, da) ■ [adjetivo] **1** Que destaca y se nota de manera fácil: *Tengo unas ojeras muy acusadas.* ■ [sustantivo] **2** Persona a la que se acusa de algo. ☐ SINÓNIMOS: **1** pronunciado. ☐ ANTÓNIMOS: **1** imperceptible. ☐ FAMILIA: →acusar.

acusador, ra (a·cu·sa·dor, do·ra) [adjetivo o sustantivo] Que acusa. ☐ FAMILIA: →acusar.

acusar (a·cu·sar) [verbo] **1** Hacer responsable a una persona de un delito o de una falta. **2** Notar o hacer notar el efecto de algo: *Los viernes acuso el cansancio de toda la semana.* ☐ [No confundir con «acosar» (perseguir; molestar)]. ☐ SINÓNIMOS: **1** culpar, imputar. ☐ FAMILIA: acusado, acusador, acusación, acusica, acusón.

acusica (a·cu·si·ca) [adjetivo o sustantivo] Que acusa a alguien de algo para perjudicarlo. ☐ [No varía en masculino y femenino. Es coloquial]. ☐ SINÓNIMOS: acusón, chivato. ☐ FAMILIA: →acusar.

acusón, na (a·cu·són, so·na) [adjetivo o sustantivo] Que acusa a alguien de algo para perjudicarlo. ☐ [Es coloquial]. ☐ SINÓNIMOS: acusica, chivato. ☐ FAMILIA: →acusar.

acústico, ca (a·cús·ti·co, ca) ■ [adjetivo] **1** De los sonidos o relacionado con ellos: *problema acústico.* ■ **acústica** [sustantivo femenino] **2** Parte de la física que estudia los sonidos. **3** Conjunto de las características de un lugar que permiten escuchar sonidos: *Ese teatro tiene muy buena acústica.*

acutángulo (a·cu·tán·gu·lo) [adjetivo] Dicho de un triángulo, que tiene los tres ángulos agudos. ☐ FAMILIA: →ángulo.

adalid (a·da·lid) [sustantivo masculino] Persona que guía a un grupo o que destaca en él. ☐ SINÓNIMOS: cabecilla, jefe.

adán (a·dán) [sustantivo masculino] Hombre que va sucio o que no cuida su aspecto externo: *Con esas pintas vas hecho un adán.* ☐ [Es coloquial].

adaptable (a·dap·ta·ble) [adjetivo] **1** Que se puede poner en otra cosa de forma que no sobre espacio: *Las dos partes de un enchufe son adaptables entre sí.* **2** Que se puede cambiar para darle una función distinta de la que tenía: *No todas las novelas son adaptables al teatro.* **3** Que es capaz de acostumbrarse a una nueva situación. ☐ [No varía en masculino y femenino]. ☐ FAMILIA: →adaptar.

adaptación (a·dap·ta·ción) [sustantivo femenino] **1** Proceso de acostumbrarse a una nueva situación. **2** Cambio que se hace en algo para darle una función distinta de la que tenía: *¿Te gustó la adaptación al cine de esta novela?* ☐ FAMILIA: →adaptar.

adaptador (a·dap·ta·dor) [sustantivo masculino] Aparato que sirve para encajar cosas de distinto tamaño o con distinta finalidad: *Necesito un adaptador para poder enchufar esta plancha.* ☐ FAMILIA: →adaptar.

adaptar (a·dap·tar) [verbo] **1** Hacer que una cosa encaje con otra: *Esos guantes no se adaptan bien a tu mano.* **2** Hacer cambios en algo para darle una función distinta de la que tenía: *Una guionista adaptará al cine la famosa novela.* ■ **adaptarse 3** Acostumbrarse a una nueva situación. ☐ [No confundir con «adoptar» (acoger a un niño como hijo; empezar a tener algo)]. ☐ SINÓNIMOS: **1** ajustar, acoplar. **3** amoldarse, acomodarse, acoplarse. ☐ FAMILIA: adaptación, adaptador, adaptable, inadaptado.

adecentar (a·de·cen·tar) [verbo] Limpiar, ordenar o arreglar: *adecentar la casa.* ☐ SINÓNIMOS: asear. ☐ FAMILIA: →decente.

adecuación (a·de·cua·ción) [sustantivo femenino] Hecho de darle a algo la forma que debe tener para un fin. ☐ FAMILIA: →adecuar.

adecuado, da (a·de·cua·do, da) [adjetivo] Que es como debe ser: *Procuré comportarme de forma adecuada.* ☐ SINÓNIMOS: acertado, apropiado. ☐ ANTÓNIMOS: inadecuado, inapropiado, incorrecto. ☐ FAMILIA: →adecuar.

adecuar (a·de·cuar) [verbo] Darle a algo la forma que debe tener para un fin: *Si no adecuas tu lenguaje al nivel de los niños, no te entenderán.* ☐ [Es irregular. Se conjuga como **ACTUAR** («adecúa») o como **AVERIGUAR** («adecua»)]. ☐ FAMILIA: adecuación, adecuado, inadecuado.

adefesio (a·de·fe·sio) [sustantivo masculino] Persona o cosa tan fea o tan rara que produce risa. ☐ [Es coloquial]. ☐ SINÓNIMOS: mamarracho.

adelantado, da (a·de·lan·ta·do, da) [adjetivo] **1** Que destaca muy pronto en una actividad. **2** Que va por delante o que es mejor que otras cosas de su tiempo: *Muchos artistas no son comprendidos porque tienen ideas adelantadas a su época.* ◆ [expresión] ‖ **por adelantado** Antes de algo: *Pagué la compra por adelantado y me la enviarán a casa en pocos días.* ☐ SINÓNIMOS: **1** precoz. **2** anticipado. ☐ ANTÓNIMOS: retrasado. ☐ FAMILIA: →delante.

adelantamiento (a·de·lan·ta·mien·to) [sustantivo masculino] Movimiento que hace un vehículo cuando deja atrás a otro que iba por delante. ☐ FAMILIA: →delante.

adelantar (a·de·lan·tar) [verbo] **1** Mover hacia adelante: *Si no ves bien la pizarra, adelántate un poco.* **2** Cambiar la hora de un reloj, poniendo una hora que todavía no ha llegado. **3** Dejar atrás algo que estaba delante: *El autobús adelantó al camión.* **4** Hacer que algo ocurra antes de lo señalado: *Adelantaron la vuelta de las vacaciones para evitar el atasco.* **5** Dar un dinero antes de la fecha señalada: *Pediré a mis padres que me adelanten la paga.* **6** Dar una noticia antes de lo señalado: *Adelántame algo de lo que vas a decir, que tengo curiosidad.* **7** Pasar a un estado mejor: *Desde que estudio más, he adelantado mucho en clase.* **8** Ir un reloj más deprisa de lo que debe y señalar una hora que todavía no ha llegado: *No te fíes de ese reloj, que adelanta mucho.* ▪ **adelantarse 9** Ocurrir algo antes del tiempo señalado: *Aquel año se adelantó el verano y en mayo ya hacía muchísimo calor.* **10** Hacer algo antes que otra persona: *Nunca pago yo porque ella siempre se me adelanta.* ☐ SINÓNIMOS: **1, 6, 7** avanzar. **4-6** anticipar. **7** progresar, mejorar. **9, 10** anticiparse. ☐ ANTÓNIMOS: **1** retroceder. **2, 4** retrasar. **2, 4, 8, 9** atrasar. **3** rezagarse. **4** demorar, retardar. **7, 9** retrasarse. **7** empeorar. ☐ FAMILIA: →delante.

adelante (a·de·lan·te) ▪ [adverbio] **1** Hacia un lugar o para un momento más adelantados: *Sigue adelante y no te pares.* ▪ [interjección] **2** Se usa para indicar a alguien que puede entrar al sitio donde estamos. **3** Se usa para dar ánimo. ◆ [expresión] ‖ **en adelante** A partir de ahora. ☐ [No debe decirse «Vamos alante» ni «Vamos a adelante», sino «Vamos adelante»]. ☐ ANTÓNIMOS: **1** atrás. ☐ FAMILIA: →delante.

adelanto (a·de·lan·to) [sustantivo masculino] **1** Tiempo anterior al momento señalado para algo: *El tren llegó a su destino con adelanto.* **2** Parte que se adelanta de algo: *Este capítulo publicado en el periódico es un adelanto de su próxima novela.* **3** Dinero que se da antes de lo señalado: *Pediré un adelanto de mi sueldo.* **4** Desarrollo hacia algo mejor: *La ciencia ha conseguido muchos adelantos.* ☐ SINÓNIMOS: **1** anticipación. **2, 3** anticipo. **2, 4** avance. **4** progreso. ☐ ANTÓNIMOS: **1, 4** retraso. **2, 4** atraso. **3** atrasos. **4** retroceso. ☐ FAMILIA: →delante.

adelfa (a·del·fa) [sustantivo femenino] Arbusto que suele plantarse en parques y jardines y cuyas flores nacen en grupos.

adelgazamiento (a·del·ga·za·mien·to) [sustantivo masculino] Hecho de ponerse más delgado: *régimen de adelgazamiento.* ☐ FAMILIA: →delgado.

adelgazar (a·del·ga·zar) [verbo] Poner o ponerse más delgado. ☐ [La «z» se cambia en «c» delante de «e» («adelgace»)]. ☐ ANTÓNIMOS: engordar. ☐ FAMILIA: →delgado.

ademán (a·de·mán) ▪ [sustantivo masculino] **1** Gesto que indica lo que se va a hacer. ▪ **ademanes** [sustantivo masculino plural] **2** Gestos de una persona que indican su forma de ser: *ademanes toscos.* ☐ SINÓNIMOS: **2** modales.

además (a·de·más) [adverbio] Se usa para expresar que algo se añade a otra cosa: *Me ayudó y, además, me hizo un regalo.* ◆ [expresión] ‖ **además de** Aparte de: *Además de mi hermano, vinieron mi primo y mi tía.* ☐ FAMILIA: →demás. ☐ SINÓNIMOS: encima.

adenovirus (a·de·no·vi·rus) [sustantivo masculino] Virus que produce catarros y otras enfermedades respiratorias. ☐ [No varía en singular y plural]. ☐ FAMILIA: →virus.

adentrarse (a·den·trar·se) [verbo] Meterse hacia la parte interior de algo: *Es peligroso adentrarse en la selva.* ☐ SINÓNIMOS: entrar, penetrar. ☐ ANTÓNIMOS: salir. ☐ FAMILIA: →dentro.

adentro (a·den·tro) ▪ [adverbio] **1** Hacia el interior: *Pasad adentro.* **2** En el interior: *¿Cenamos en la terraza o adentro?* ▪ **adentros** [sustantivo masculino plural] **3** Pensamientos íntimos de una persona: *No lo dijo, pero lo pensó para sus adentros.* ☐ [No debe decirse «Ven a adentro», sino «Ven adentro»]. ☐ SINÓNIMOS: **2** dentro. ☐ ANTÓNIMOS: **1, 2** fuera, afuera. ☐ FAMILIA: →dentro.

adepto, ta (a·dep·to, ta) [adjetivo o sustantivo] Que sigue a una persona, a una idea o a un movimiento: *Esa secta tiene muchos adeptos.* ☐ SINÓNIMOS: partidario, simpatizante, adicto, incondicional. ☐ ANTÓNIMOS: contrario, enemigo, adversario.

aderezar (a·de·re·zar) [verbo] Preparar una comida con sal, aceite y otros productos: *aderezar una ensalada.* ☐ [La «z» se cambia en «c» delante de «e» («aderece»)]. ☐ SINÓNIMOS: sazonar, condimentar, aliñar, arreglar. ☐ FAMILIA: aderezo.

aderezo (a·de·re·zo) [sustantivo masculino] **1** Preparación de una comida con sal, aceite y otros productos. **2** Conjunto de ingredientes que se le echan a la comida para aderezarla. ☐ FAMILIA: →aderezar.

adeudar (a·deu·dar) [verbo] Tener la obligación de dar una cantidad de dinero por haber recibido algo: *Mis padres adeudan al banco el crédito que pidieron para comprar la casa.* ☐ [Es irregular. Mira el cuadro en la página siguiente]. ☐ SINÓNIMOS: deber. ☐ ANTÓNIMOS: satisfacer, pagar. ☐ FAMILIA: →deuda.

adherencia (a·dhe·ren·cia) [sustantivo femenino] Capacidad de una cosa para unirse con otra de forma que no puedan separarse o que sea muy difícil hacerlo. ☐ FAMILIA: →adherir.

adherir (a·dhe·rir) [verbo] **1** Unir una cosa con otra de forma que no puedan separarse. ▪ **adherirse 2** Mostrarse de acuerdo con algo: *La mayoría se adhirió a mi propuesta.* ☐ [Es irregular y se conjuga como SENTIR].

adhesión

☐ Sinónimos: **1** pegar. **2** suscribir. ☐ Antónimos: **1** despegar, desprender. ☐ Familia: adherencia, adhesión, adhesivo.

adhesión (a·dhe·sión) [sustantivo femenino] Unión a una idea u opinión. ☐ Familia: →adherir.

adhesivo, va (a·dhe·si·vo, va) [adjetivo o sustantivo masculino] Que se pega. ☐ Familia: →adherir.

adicción (a·dic·ción) [sustantivo femenino] Estado de una persona cuyo comportamiento está dominado por el consumo de alguna droga o por la afición incontrolable a alguna actividad: *adicción al tabaco; adicción al juego*. ☐ [No confundir con «adición» (hecho de reunir varias cosas; hecho de añadir una cosa a otra)]. ☐ Familia: →adicto.

adición (a·di·ción) [sustantivo femenino] **1** Operación que consiste en reunir varias cantidades o cosas en una sola. **2** Hecho de añadir una cosa a otra: *Tu trabajo queda completo con la adición de los dibujos*. ☐ [No confundir con «adicción» (dependencia de una droga o de una actividad)]. ☐ Sinónimos: **1** suma. ☐ Antónimos: **1** resta, sustracción. ☐ Familia: adicional, aditivo.

adicional (a·di·cio·nal) [adjetivo] Que está añadido o unido a algo. ☐ [No varía en masculino y femenino]. ☐ Familia: →adición.

adictivo, va (a·dic·ti·vo, va) [adjetivo] Que crea dependencia si se consume o se usa habitualmente: *El alcohol es una sustancia adictiva*. ☐ Familia: →adicto.

adicto, ta (a·dic·to, ta) [adjetivo o sustantivo] **1** Que se ha acostumbrado tanto a algo que no puede prescindir de su uso: *Se pasa el día delante del ordenador porque es adicto a los videojuegos*. **2** Que defiende una idea o a una persona determinadas: *Los políticos adictos al presidente volverán a votar a su favor*. ☐ Sinónimos: **2** partidario, adepto. ☐ Antónimos: **2** contrario, enemigo, adversario. ☐ Familia: adicción, adictivo.

adiestramiento (a·dies·tra·mien·to) [sustantivo masculino] Hecho de preparar a una persona o a un animal para que realicen determinada actividad. ☐ Familia: →diestro.

adiestrar (a·dies·trar) [verbo] Preparar a una persona o a un animal para que realicen determinada actividad. ☐ Sinónimos: instruir, ejercitar. ☐ Familia: →diestro.

adinerado, da (a·di·ne·ra·do, da) [adjetivo] Que tiene mucho dinero. ☐ Sinónimos: acaudalado, rico, acomodado, pudiente. ☐ Antónimos: pobre, necesitado. ☐ Familia: →dinero.

adiós (a·diós) ∎ [sustantivo masculino] **1** Hecho de despedirse: *Nos pusimos tristes cuando llegó el momento del adiós*. ∎ [interjección] **2** Se usa para despedirse. **3** Se usa para indicar sorpresa, admiración o disgusto: *¡Adiós, ya me he vuelto a equivocar!* ☐ Sinónimos: **1** despedida. ☐ Antónimos: **2** hola. ☐ Familia: →dios.

ADEUDAR

INDICATIVO

Presente
yo adeudo
tú adeudas / usted adeuda
él, ella adeuda
nosotros, tras adeudamos
vosotros, tras adeudáis / ustedes adeudan
ellos, ellas adeudan

Pretérito imperfecto
yo adeudaba
tú adeudabas / usted adeudaba
él, ella adeudaba
nosotros, tras adeudábamos
vosotros, tras adeudabais / ustedes adeudaban
ellos, ellas adeudaban

Pretérito perfecto simple
yo adeudé
tú adeudaste / usted adeudó
él, ella adeudó
nosotros, tras adeudamos
vosotros, tras adeudasteis / ustedes adeudaron
ellos, ellas adeudaron

Futuro simple
yo adeudaré
tú adeudarás / usted adeudará
él, ella adeudará
nosotros, tras adeudaremos
vosotros, tras adeudaréis / ustedes adeudarán
ellos, ellas adeudarán

Condicional simple
yo adeudaría
tú adeudarías / usted adeudaría
él, ella adeudaría
nosotros, tras adeudaríamos
vosotros, tras adeudaríais / ustedes adeudarían
ellos, ellas adeudarían

SUBJUNTIVO

Presente
yo adeude
tú adeudes / usted adeude
él, ella adeude
nosotros, tras adeudemos
vosotros, tras adeudéis / ustedes adeuden
ellos, ellas adeuden

Pretérito imperfecto
yo adeudara o adeudase
tú adeudaras o adeudases / usted adeudara o adeudase
él, ella adeudara o adeudase
nosotros, tras adeudáramos o adeudásemos
vosotros, tras adeudarais o adeudaseis / ustedes adeudaran o adeudasen
ellos, ellas adeudaran o adeudasen

Futuro simple
yo adeudare
tú adeudares / usted adeudare
él, ella adeudare
nosotros, tras adeudáremos
vosotros, tras adeudareis / ustedes adeudaren
ellos, ellas adeudaren

IMPERATIVO

adeuda (tú) / adeude (usted)
adeudemos (nosotros, tras)
adeudad (vosotros, tras) / adeuden (ustedes)

FORMAS NO PERSONALES

Infinitivo	Gerundio	Participio
adeudar	adeudando	adeudado

adiposo, sa (a·di·po·so, sa) [adjetivo] Que está formado por grasa o que la contiene: *tejido adiposo*.

aditivo (a·di·ti·vo) [sustantivo masculino] Sustancia que se pone en otra para mejorar sus cualidades: *Los conservantes de los alimentos son aditivos*. ☐ FAMILIA: →adición.

adivinación (a·di·vi·na·ción) [sustantivo femenino] Hecho de adivinar el futuro o lo desconocido, sobre todo si es por medio de la magia. ☐ FAMILIA: →adivinar.

adivinanza (a·di·vi·nan·za) [sustantivo femenino] Juego que consiste en descubrir la solución de una pregunta o el sentido de una frase. ☐ SINÓNIMOS: acertijo. ☐ FAMILIA: →adivinar.

adivinar (a·di·vi·nar) [verbo] **1** Anunciar o descubrir lo que va a suceder en el futuro, sobre todo si es por medio de la magia: *adivinar lo que va a pasar*. **2** Encontrar la solución correcta a algo que no se sabe: *adivinar la solución a un enigma*. ▌**adivinarse 3** Verse algo de forma poco clara debido a la distancia: *Al final del camino se adivina una arboleda*. ☐ SINÓNIMOS: **1** profetizar. **2** acertar, resolver, solucionar. ☐ FAMILIA: adivino, adivinación, adivinanza.

adivino, na (a·di·vi·no, na) [sustantivo] Persona que descubre lo que va a suceder en el futuro. ☐ SINÓNIMOS: vidente. ☐ FAMILIA: →adivinar.

adjetival (ad·je·ti·val) [adjetivo] Del adjetivo o con las características de esta clase de palabra: *En la frase «Quiero un helado muy grande», «muy grande» es un grupo adjetival*. ☐ [No varía en masculino y femenino]. ☐ FAMILIA: →adjetivo.

adjetivo (ad·je·ti·vo) [sustantivo masculino] Clase de palabra que determina al nombre o que expresa una cualidad suya: *En «Tengo un pantalón blanco», «blanco» es un adjetivo*. ☐ FAMILIA: adjetival.

adjudicación (ad·ju·di·ca·ción) [sustantivo femenino] Hecho de dar a una persona algo a lo que aspiraban varias. ☐ FAMILIA: →adjudicar.

adjudicar (ad·ju·di·car) [verbo] **1** Dar a una persona algo a lo que aspiraban varias: *Adjudicarán el puesto al candidato que tenga más méritos*. ▌**adjudicarse 2** Coger algo como si fuera propio: *¿Por qué tienes que adjudicarte todo sin preguntar primero si los demás lo quieren?* ☐ [La «c» se cambia en «qu» delante de «e» («adjudique»)]. ☐ SINÓNIMOS: **2** apropiarse, adueñarse, apoderarse, quedarse. ☐ FAMILIA: adjudicación, adjudicatario.

adjudicatario, ria (ad·ju·di·ca·ta·rio, ria) [adjetivo o sustantivo] Dicho de una persona o de una entidad, que recibe la adjudicación de algo a lo que aspiraban varias: *Hoy se conocerá cuál es la empresa adjudicataria de las obras*. ☐ FAMILIA: →adjudicar.

---

adjetivo

Los adjetivos son las palabras que expresan cómo son o cómo están las personas, los animales, las cosas, los lugares, las acciones, etc.

abuelo **cariñoso** perro **dócil**
árbol **frondoso** plaza **impresionante**
decisión **importante** idea **magnífica**
actitud **pacífica** amor **eterno**

El adjetivo puede variar en género y número. El género y número del adjetivo son los mismos que los del sustantivo al que acompaña:

un jardín **precioso** una niña **educada**
las aguas **cristalinas** una mariposa **colorida**
los tiempos **pasados** algunos años **difíciles**

Algunos adjetivos tienen la misma forma para el femenino y el masculino:
una camisa **verde** / un pantalón **verde**
un coche **veloz** / una lancha **veloz**

Combinados con algunos adverbios (o sufijos), los adjetivos que indican cualidad o estado de un sustantivo pueden expresar distinta **intensidad** (alto → más alto → el más alto). A esta intensidad se le llama *grado*.
Estos adjetivos tienen tres grados: positivo, comparativo y superlativo.

GRADO	DEFINICIÓN	EJEMPLO
positivo	Expresa una cualidad o un estado sin indicar su intensidad.	Eres **alta**. Esa casa es **antigua**.
comparativo	Expresa la intensidad de una cualidad o de un estado comparándolo con otro. Hay tres tipos:	
	• igualdad	Eres **tan alta** como ella. Esa casa es **tan antigua** como la tuya.
	• superioridad	Eres **más alta** que ella. Esa casa es **más antigua** que la tuya.
	• inferioridad	Eres **menos alta** que ella. Esa casa es **menos antigua** que la tuya.
superlativo	Expresa una cualidad o un estado en grado máximo	Eres **la más alta**. Esa casa es **antiquísima** (o **muy antigua**).

adjuntar (ad·jun·tar) [verbo] Unir algo a lo que se da o se envía: *He adjuntado mi currículum en el correo electrónico que te he enviado.* ☐ FAMILIA: →junto.

adjunto, ta (ad·jun·to, ta) ■ [adjetivo] **1** Que está unido a otra cosa o que va con ella. ■ [adjetivo o sustantivo] **2** Que ayuda a otro en un cargo de responsabilidad: *director adjunto.* ☐ FAMILIA: →junto.

administración (ad·mi·nis·tra·ción) [sustantivo femenino] **1** Conjunto de los organismos públicos que cuidan de que se cumplan las leyes y de que funcionen los servicios públicos: *La Administración se encarga de cobrar los impuestos.* **2** Organización del uso que se hace de algo: *Mi vecino se encarga de la administración del dinero de nuestro portal.* **3** Hecho de dar o de hacer tomar algo: *Este medicamento es muy fuerte y se recomienda su administración en pequeñas dosis.* **4** Lugar en el que se reparten o se venden algunos productos: *He comprado un décimo en esa administración de loterías.* ☐ [En el significado **1** se escribe con mayúscula]. ☐ FAMILIA: →administrar.

administrador, ra (ad·mi·nis·tra·dor, do·ra) [sustantivo] Persona que se dedica a administrar bienes que no son suyos. ☐ FAMILIA: →administrar.

administrar (ad·mi·nis·trar) [verbo] **1** Gobernar o dirigir una comunidad. **2** Organizar el uso del dinero o de otras cosas: *Si no administro bien mi paga semanal, no me dura nada.* **3** Dar algo, repartirlo o usarlo: *Los jueces administran justicia.* **4** Dar un medicamento: *La enfermera administró un calmante al enfermo.* ☐ FAMILIA: administración, administrador, administrativo.

administrativo, va (ad·mi·nis·tra·ti·vo, va) ■ [adjetivo] **1** De la administración o relacionado con ella. ■ [sustantivo] **2** Persona que trabaja en la administración de una empresa. ☐ FAMILIA: →administrar.

admirable (ad·mi·ra·ble) [adjetivo] Digno de admiración. ☐ [No varía en masculino y femenino]. ☐ FAMILIA: →admirar.

admiración (ad·mi·ra·ción) [sustantivo femenino] **1** Valoración muy positiva de algo que se considera bueno por sus cualidades. **2** Impresión fuerte que nos produce algo no esperado: *Ante la admiración de todos, el árbitro suspendió el partido.* ☐ SINÓNIMOS: **2** asombro, sorpresa. ☐ ANTÓNIMOS: **1** desprecio. ☐ FAMILIA: →admirar.

admirador, ra (ad·mi·ra·dor, do·ra) [adjetivo o sustantivo] Que admira mucho a alguien. ☐ FAMILIA: →admirar.

admirar (ad·mi·rar) [verbo] **1** Considerar que algo o alguien tienen cualidades de mucho valor: *Te admiro por tu bondad.* **2** Producir mucha sorpresa: *Me admira tu descaro.* **3** Mirar algo con placer: *Admiré la belleza del paisaje.* ☐ SINÓNIMOS: **2** sorprender, asombrar, maravillar, pasmar, **3** contemplar. ☐ ANTÓNIMOS: **1** despreciar. ☐ FAMILIA: admiración, admirador, admirable.

admisible (ad·mi·si·ble) [adjetivo] Que se puede admitir. ☐ [No varía en masculino y femenino]. ☐ ANTÓNIMOS: inadmisible. ☐ FAMILIA: →admitir.

admisión (ad·mi·sión) [sustantivo femenino] Hecho de admitir a alguien: *el plazo de admisión.* ☐ ANTÓNIMOS: expulsión. ☐ FAMILIA: →admitir.

admitir (ad·mi·tir) [verbo] **1** Recibir o dejar entrar: *En este local no se admiten animales.* **2** Dar por bueno o decir que sí: *Llevas razón, lo admito.* **3** Dejar que algo se haga o suceda: *No admito que insultes a mis amigos.* ☐ SINÓNIMOS: **2** aceptar. **3** consentir, permitir, tolerar. ☐ ANTÓNIMOS: **2** rechazar, negar. **3** prohibir. ☐ FAMILIA: admisión, admisible, inadmisible, readmitir, readmisión.

adobar (a·do·bar) [verbo] Poner un alimento en aceite, vinagre y otros ingredientes para que se conserve: *Si no nos comemos hoy el lomo de cerdo, lo adobaré para que no se estropee.* ☐ FAMILIA: adobo.

adobe (a·do·be) [sustantivo masculino] Bloque de barro seco que se usa para construir muros.

adobo (a·do·bo) [sustantivo masculino] Salsa para conservar los alimentos que se hace con aceite, vinagre y otros ingredientes. ☐ FAMILIA: →adobar.

adocenado, da (a·do·ce·na·do, da) [adjetivo] Que es corriente y vulgar: *No se te ocurre nada nuevo porque estás adocenado.*

adoctrinar (a·doc·tri·nar) [verbo] Repetir muchas veces a una persona determinadas ideas o creencias para que las considere suyas: *Intentó adoctrinarlos para que se unieran a su secta.* ☐ FAMILIA: →doctrina.

adolecer (a·do·le·cer) [verbo] Tener un defecto o una enfermedad: *El discurso adolecía de monotonía.* ☐ [Es irregular y se conjuga como AGRADECER. No confundir con «carecer» (no tener algo)]. ☐ FAMILIA: →dolor.

adolescencia (a·do·les·cen·cia) [sustantivo femenino] Período de la vida de una persona que va desde el fin de la infancia hasta que se produce el desarrollo completo del cuerpo. ☐ FAMILIA: →adolescente.

adolescente (a·do·les·cen·te) [adjetivo o sustantivo] Que está en una edad entre el fin de la infancia y el momento en que se produce el desarrollo completo del cuerpo. ☐ [No varía en masculino y femenino]. ☐ FAMILIA: adolescencia.

adonde (a·don·de) [adverbio relativo] Indica el lugar al que algo se dirige o va. ☐ [Se escribe también «a donde». No confundir con «adónde», adverbio interrogativo]. ☐ SINÓNIMOS: donde. ☐ FAMILIA: →donde.

adónde (a·dón·de) [adverbio interrogativo] Indica a qué lugar se dirige o va algo: *¿Adónde se va por esta carretera?* ☐ [Se escribe también «a dónde». No confundir con «adonde», adverbio relativo]. ☐ SINÓNIMOS: dónde.

adondequiera (a·don·de·quie·ra) [adverbio indefinido] A cualquier parte: *Iré adondequiera que tú vayas.* ☐ FAMILIA: →donde. →querer.

adopción (a·dop·ción) [sustantivo femenino] **1** Acto por el cual alguien que no es hijo de una persona pasa a serlo ante la ley. **2** Hecho de aceptar algo ajeno o nuevo como propio: *Este año está prevista la adopción de una nueva ley ciudadana.* ☐ FAMILIA: →adoptar.

adoptar (a·dop·tar) [verbo] **1** Hacer que alguien que no es hijo de una persona pase a serlo ante la ley.

adulación

2 Aceptar algo ajeno o nuevo como propio: *Si se adoptan medidas urgentes, el problema puede solucionarse.* **3** Tomar o empezar a tener: *No adoptes esa actitud tan crítica conmigo.* ☐ [No confundir con «adaptar» (hacer que dos cosas encajen; cambiar algo para darle un nuevo uso)]. ☐ Familia: adopción, adoptivo.

adoptivo, va (a·dop·ti·vo, va) [adjetivo] Que adopta o que es adoptado. ☐ Familia: →adoptar.

adoquín (a·do·quín) [sustantivo masculino] **1** Bloque de piedra que se usa para cubrir el suelo de las calles. **2** Persona que tiene poca inteligencia. ☐ [El significado **2** es coloquial y despectivo]. ☐ Familia: adoquinar, adoquinado.

adoquinado (a·do·qui·na·do) [sustantivo masculino] Suelo cubierto de adoquines. ☐ Familia: →adoquín.

adoquín

adoquinar (a·do·qui·nar) [verbo] Cubrir el suelo de una calle con adoquines. ☐ Familia: →adoquín.

adorable (a·do·ra·ble) [adjetivo] Que produce admiración y se hace querer por sus cualidades. ☐ [No varía en masculino y femenino]. ☐ Familia: →adorar.

adoración (a·do·ra·ción) [sustantivo femenino] **1** Demostración de respeto a un dios. **2** Amor muy profundo. ☐ Antónimos: **2** odio. ☐ Familia: →adorar.

adorar (a·do·rar) [verbo] **1** Hacer demostraciones de que se quiere y se respeta a un dios: *Cada religión adora a su propio dios.* **2** Sentir mucho amor hacia alguien: *adorar a los hijos.* **3** Considerar muy agradable: *Adoro los paseos junto al mar.* ☐ Sinónimos: **1** venerar. **2** amar, querer, apreciar, estimar. Antónimos: **2, 3** odiar, detestar, aborrecer. **2** despreciar. ☐ Familia: adoración, adorable.

adormecer (a·dor·me·cer) [verbo] Producir sueño: *Las nanas adormecen a los niños.* ☐ [Es irregular y se conjuga como AGRADECER]. ☐ Familia: →dormir.

adormilarse (a·dor·mi·lar·se) [verbo] Dormirse a medias: *La película era tan aburrida que me adormilé.* ☐ Familia: →dormir.

adornar (a·dor·nar) [verbo] **1** Poner adornos: *adornar el árbol de Navidad.* **2** Hacer más bonita una cosa: *adornar un relato con muchos detalles.* ☐ Sinónimos: **1** guarnecer. **2** embellecer. Antónimos: **2** afear. ☐ Familia: →adorno.

adorno (a·dor·no) [sustantivo masculino] Objeto que se pone para hacer más bonita una cosa. ☐ Familia: adornar.

adosado, da (a·do·sa·do, da) [adjetivo o sustantivo masculino] Que está construido tocando a otro edificio por sus lados o por su parte de atrás. ⦿ **página 172**. ☐ Familia: →adosar.

adosar (a·do·sar) [verbo] Colocar una cosa unida a otra: *adosar una estantería a la pared.* ☐ Familia: adosado.

adquirir (ad·qui·rir) [verbo] **1** Llegar a tener algo: *He adquirido mucha experiencia.* **2** Conseguir algo a cambio de dinero: *Si adquiere usted este producto, le haremos un descuento.* ☐ [Es irregular. Mira el cuadro en la página siguiente]. ☐ Sinónimos: **1** conseguir, lograr, obtener, cobrar. **2** comprar. Antónimos: **1** perder. **2** vender. ☐ Familia: adquisición, adquisitivo.

adquisición (ad·qui·si·ción) [sustantivo femenino] Compra de algo. ☐ Antónimos: venta. ☐ Familia: →adquirir.

adquisitivo, va (ad·qui·si·ti·vo, va) [adjetivo] Que sirve para adquirir o comprar algo: *poder adquisitivo.* ☐ Familia: →adquirir.

adrede (a·dre·de) [adverbio] A propósito o con intención. ☐ Sinónimos: aposta. Antónimos: sin querer.

adrenalina (a·dre·na·li·na) [sustantivo femenino] Sustancia que produce el cuerpo en momentos de mucha tensión y que hace que los latidos del corazón sean más rápidos.

adscribir (ads·cri·bir) [verbo] **1** Destinar a una persona a un trabajo: *Me adscribieron al departamento de cosméticos.* **2** Considerar que una persona pertenece a un grupo o que tiene determinadas ideas: *Este político ya no se adscribe a su antiguo partido.* ☐ [Su participio es «adscrito»]. ☐ Familia: adscripción, adscrito.

adscripción (ads·crip·ción) [sustantivo femenino] Hecho de pertenecer a un grupo o de tener determinadas ideas. ☐ Familia: →adscribir.

adscrito, ta (ads·cri·to, ta) Participio irregular de **adscribir**. ☐ Familia: →adscribir.

ADSL [sustantivo masculino] Sistema que permite transmitir la información por internet muy rápidamente: *instalar una línea ADSL; contratar una conexión ADSL.* ☐ [Se pronuncia «á-dé-ése-éle». Se escriben todas las letras con mayúscula. No varía en singular y plural: «líneas ADSL»].

aduana (a·dua·na) [sustantivo femenino] Oficina pública que suele haber en las fronteras de un país para controlar lo que entra y lo que sale. ☐ Familia: aduanero.

aduanero, ra (a·dua·ne·ro, ra) ■ [adjetivo] **1** De la aduana o relacionado con ella. ■ [sustantivo] **2** Persona que trabaja en una aduana. ☐ Familia: →aduana.

aducir (a·du·cir) [verbo] Dar una prueba o una explicación para convencer de alguna cosa: *El acusado adujo que estuvo de viaje el día del crimen.* ☐ [Es irregular y se conjuga como CONDUCIR]. ☐ Sinónimos: alegar.

adueñarse (a·due·ñar·se) [verbo] **1** Coger algo como si fuese propio: *No tienes derecho a adueñarte de mis cosas.* **2** Tener un poder total sobre algo: *No dejes que el desánimo se adueñe de ti.* ☐ Sinónimos: **1** apropiarse, quedarse, adjudicarse. ☐ Familia: →dueño.

adulación (a·du·la·ción) [sustantivo femenino] Alabanza que se hace a una persona, diciéndole lo que creemos que le agrada. ☐ Sinónimos: halago. ☐ Familia: →adular.

adulador, ra (a·du·la·dor, do·ra) [adjetivo o sustantivo] Que adula o alaba demasiado a una persona. ☐ FAMILIA: →adular.

adular (a·du·lar) [verbo] Alabar demasiado a una persona, diciéndole lo que creemos que le agrada. ☐ SINÓNIMOS: halagar, lisonjear. ☐ FAMILIA: adulación, adulador.

adulteración (a·dul·te·ra·ción) [sustantivo femenino] Cambio de las cualidades de algo, añadiéndole otras cosas. ☐ FAMILIA: →adulterar.

adulterar (a·dul·te·rar) [verbo] Estropear o cambiar las cualidades de algo, añadiéndole otras cosas: *Es un delito adulterar los alimentos.* ☐ FAMILIA: adulteración.

adulterio (a·dul·te·rio) [sustantivo masculino] Relación sexual que se tiene con una persona, estando casado con otra. ☐ FAMILIA: adúltero.

adúltero, ra (a·dúl·te·ro, ra) ■ [adjetivo] **1** Del adulterio o relacionado con él. ■ [sustantivo] **2** Persona que mantiene una relación sexual fuera de su matrimonio. ☐ FAMILIA: →adulterio.

adulto, ta (a·dul·to, ta) [adjetivo o sustantivo] Que ha crecido y se ha desarrollado en todos los aspectos. ☐ SINÓNIMOS: maduro.

adusto, ta (a·dus·to, ta) [adjetivo] Desagradable y áspero al tratar con los demás. ☐ SINÓNIMOS: hosco, desabrido.

advenimiento (ad·ve·ni·mien·to) [sustantivo masculino] Llegada de un hecho importante.

adverbial (ad·ver·bial) [adjetivo] Que está relacionado con el adverbio o que funciona como él: *locución adverbial.* ☐ [No varía en masculino y femenino]. ☐ FAMILIA: →adverbio.

adverbio (ad·ver·bio) [sustantivo masculino] Clase de palabra que no varía en género y número y modifica a un verbo, a un adjetivo o a otro adverbio: *«Aquí» es un adverbio de lugar y «ahora», de tiempo.* ☐ FAMILIA: adverbial.

adversario, ria (ad·ver·sa·rio, ria) [sustantivo] Persona o grupo que está en contra. ☐ SINÓNIMOS: contrario, enemigo, rival, oponente, contrincante. ☐ ANTÓNIMOS: partidario, adepto, adicto. ☐ FAMILIA: →adverso.

adversativo, va (ad·ver·sa·ti·vo, va) [adjetivo] Que introduce sentido contrario a lo esperado: *En «Fui, pero no te vi», «pero no te vi» es una oración adversativa.* ☐ FAMILIA: →adverso.

adversidad (ad·ver·si·dad) [sustantivo femenino] **1** Mala suerte: *No siempre puede uno vencer la adversidad.* **2** Situación de desgracia: *Ha tenido que superar muchas adversidades en su vida.* ☐ SINÓNIMOS: **2** calamidad, tribulación. ☐ FAMILIA: →adverso.

adverso, sa (ad·ver·so, sa) [adjetivo] Que no es favorable: *circunstancias adversas.* ☐ SINÓNIMOS: desfavorable. ☐ ANTÓNIMOS: favorable. ☐ FAMILIA: adversidad, adversario, adversativo.

ADQUIRIR

INDICATIVO

Presente
yo adquiero
tú adquieres / usted adquiere
él, ella adquiere
nosotros, tras adquirimos
vosotros, tras adquirís / ustedes adquieren
ellos, ellas adquieren

Pretérito imperfecto
yo adquiría
tú adquirías / usted adquiría
él, ella adquiría
nosotros, tras adquiríamos
vosotros, tras adquiríais / ustedes adquirían
ellos, ellas adquirían

Pretérito perfecto simple
yo adquirí
tú adquiriste / usted adquirió
él, ella adquirió
nosotros, tras adquirimos
vosotros, tras adquiristeis / ustedes adquirieron
ellos, ellas adquirieron

Futuro simple
yo adquiriré
tú adquirirás / usted adquirirá
él, ella adquirirá
nosotros, tras adquiriremos
vosotros, tras adquiriréis / ustedes adquirirán
ellos, ellas adquirirán

Condicional simple
yo adquiriría
tú adquirirías / usted adquiriría
él, ella adquiriría
nosotros, tras adquiriríamos
vosotros, tras adquiriríais / ustedes adquirirían
ellos, ellas adquirirían

SUBJUNTIVO

Presente
yo adquiera
tú adquieras / usted adquiera
él, ella adquiera
nosotros, tras adquiramos
vosotros, tras adquiráis / ustedes adquieran
ellos, ellas adquieran

Pretérito imperfecto
yo adquiriera o adquiriese
tú adquirieras o adquirieses / usted adquiriera o adquiriese
él, ella adquiriera o adquiriese
nosotros, tras adquiriéramos o adquiriésemos
vosotros, tras adquirierais o adquirieseis / ustedes adquirieran o adquiriesen
ellos, ellas adquirieran o adquiriesen

Futuro simple
yo adquiriere
tú adquirieres / usted adquiriere
él, ella adquiriere
nosotros, tras adquiriéremos
vosotros, tras adquiriereis / ustedes adquirieren
ellos, ellas adquirieren

IMPERATIVO

adquiere (tú) / adquiera (usted)
adquiramos (nosotros, tras)
adquirid (vosotros, tras) / adquieran (ustedes)

FORMAS NO PERSONALES

Infinitivo	Gerundio	Participio
adquirir	adquiriendo	adquirido

advertencia (ad·ver·ten·cia) [sustantivo femenino] Noticia o información que se comunica a alguien para avisarlo sobre algo. ☐ SINÓNIMOS: aviso. ☐ FAMILIA: →advertir.

advertir (ad·ver·tir) [verbo] **1** Comunicar algo a alguien o llamarle la atención sobre ello: *Te advierto que hoy las tiendas están cerradas.* **2** Avisar a una persona de un peligro: *Me advirtió de los peligros de la adicción a las drogas.* **3** Darse cuenta de algo: *Cuando advertí mi error, ya era tarde.* ☐ [Es irregular y se conjuga como SENTIR]. ☐ SINÓNIMOS: **1** avisar. **2** prevenir. **3** notar, reparar, observar, percatarse, percibir. ☐ FAMILIA: advertencia, inadvertido.

adviento (ad·vien·to) [sustantivo masculino] Período de tiempo que comprende las cuatro semanas anteriores a la Navidad, en el que los cristianos se preparan para celebrarla. ☐ [Se escribe con mayúscula].

adyacente (ad·ya·cen·te) [adjetivo] **1** Que está junto a otra cosa: *Vive en una calle adyacente a esta.* **2** Que completa el significado de la palabra a la que acompaña: *En «casa bonita», «bonita» es un adyacente de «casa».* ☐ [No varía en masculino y femenino].

aéreo, a (a·é·re·o, a) [adjetivo] **1** Del aire o relacionado con él. **2** De la aviación o relacionado con ella. ☐ FAMILIA: →aire.

aeróbic o **aerobic** (a·e·ró·bic; a·e·ro·bic) [sustantivo masculino] Tipo de gimnasia que se practica siguiendo el ritmo de una música. ☐ [Es una palabra de origen inglés. Se pronuncian «aeróbik» y «aerobík», respectivamente].

aerobio, bia (a·e·ro·bio, bia) [adjetivo o sustantivo masculino] Dicho de un organismo, que necesita oxígeno para vivir. ☐ ANTÓNIMOS: anaerobio. ☐ FAMILIA: →aire.

aerodeslizador (a·e·ro·des·li·za·dor) [sustantivo masculino] Vehículo que se mueve sobre un colchón de aire: *Iremos a la isla en aerodeslizador.* ☐ FAMILIA: →deslizar.

aerodinámico, ca (a·e·ro·di·ná·mi·co, ca) [adjetivo] Dicho de un vehículo, que tiene una forma adecuada para que el viento no lo frene. ☐ FAMILIA: →aire. →dinámico.

aeródromo (a·e·ró·dro·mo) [sustantivo masculino] Terreno preparado para que puedan llegar y salir aviones. ☐ FAMILIA: →aire.

aeroespacial (a·e·ro·es·pa·cial) [adjetivo] De la navegación aérea y espacial o relacionado con ellas. ☐ [No varía en masculino y femenino]. ☐ FAMILIA: →espacio.

aerolínea (a·e·ro·lí·ne·a) [sustantivo femenino] Empresa de transporte aéreo. ☐ [Significa lo mismo en singular que en plural]. ☐ FAMILIA: →aire. →línea.

aerolito (a·e·ro·li·to) [sustantivo masculino] Trozo de un cuerpo sólido que va por el espacio y que cae en la Tierra. ☐ SINÓNIMOS: meteorito.

aeromodelismo (a·e·ro·mo·de·lis·mo) [sustantivo masculino] Actividad que consiste en construir pequeños modelos de aviones que puedan volar. ☐ FAMILIA: →aire. →modelismo.

aeronauta (a·e·ro·nau·ta) [sustantivo] Persona que presta algún servicio en un vehículo que se mueve por el aire. ☐ [No varía en masculino y femenino]. ☐ FAMILIA: →aire. →nave.

aeronáutico, ca (a·e·ro·náu·ti·co, ca) ■ [adjetivo] **1** De la aeronáutica o relacionado con estos conocimientos: *Soy ingeniero aeronáutico.* ■ **aeronáutica** [sustantivo femenino] **2** Conjunto de conocimientos necesarios para poder navegar por el aire: *Estudiaré aeronáutica porque quiero ser piloto.* ☐ FAMILIA: →aire. →nave.

aeronave (a·e·ro·na·ve) [sustantivo femenino] Vehículo que se mueve por el aire. ☐ FAMILIA: →nave.

aeroplano (a·e·ro·pla·no) [sustantivo masculino] Vehículo con motor que vuela y que tiene alas. ☐ SINÓNIMOS: avión. ☐ FAMILIA: →aire. →plano.

aeropuerto (a·e·ro·puer·to) [sustantivo masculino] Terreno preparado para que puedan aterrizar y despegar aviones. ☐ [No confundir con «helipuerto» (para los helicópteros)]. ☐ FAMILIA: →puerto.

aerosol (a·e·ro·sol) [sustantivo masculino] **1** Líquido que está en un recipiente a presión y que cuando se lanza al exterior sale en gotas muy pequeñas: *Este medicamento lo venden en pastillas y en aerosol.* **2** Envase que contiene este líquido: *Es peligroso perforar un aerosol.* ☐ SINÓNIMOS: espray. ☐ FAMILIA: →aire.

aerostático, ca (a·e·ros·tá·ti·co, ca) ■ [adjetivo] **1** De la aerostática o relacionado con esta parte de la física: *globo aerostático.* ■ **aerostática** [sustantivo femenino] **2** Parte de la física que estudia el equilibrio de los cuerpos sumergidos en un gas. ☐ FAMILIA: →aire.

aerostato o **aeróstato** (a·e·ros·ta·to; a·e·rós·ta·to) [sustantivo masculino] Vehículo que va por el aire y que tiene un recipiente con un gas muy ligero que le permite elevarse mucho: *Los globos y los dirigibles son aerostatos.* ☐ FAMILIA: →aire.

---

adverbio

Los adverbios son palabras que expresan en qué circunstancias ocurre la acción del verbo: lugar, tiempo, modo, cantidad, etc.

    *Iré **mañana**.* → El adverbio *mañana* expresa cuándo se realizará la acción; es un adverbio de tiempo.
    *Estamos **bien**.* → El adverbio *bien* expresa cómo estamos; es un adverbio de modo.

Los adverbios se caracterizan por que:

- No varían en femenino o masculino ni en singular o plural.
  *Te quiero **mucho**.* *Os queremos **mucho**.*
- No modifican a un sustantivo.
  *He viajado **mucho**.*

Los adverbios se pueden clasificar por su significado:

- **Lugar:** *aquí, allí, debajo, encima, detrás, arriba, alrededor, lejos, cerca, dentro, fuera...*
- **Tiempo:** *hoy, mañana, ayer, luego, después, ahora, pronto, tarde, siempre, nunca...*
- **Modo:** *deprisa, despacio, bien, mal, regular, peor, mejor, fácilmente, cómodamente...*
- **Cantidad:** *mucho, poco, bastante, suficiente, más, menos, muy, casi...*

afabilidad

afabilidad (a·fa·bi·li·dad) [sustantivo/femenino] Característica de la persona que es amable y cariñosa al tratar a los demás. ☐ Familia: →afable.

afable (a·fa·ble) [adjetivo] Amable y cariñoso al tratar a los demás. ☐ [No varía en masculino y femenino]. ☐ Sinónimos: afectuoso. ☐ Antónimos: áspero. ☐ Familia: afabilidad.

afán (a·fán) [sustantivo/masculino] 1 Interés y esfuerzo que se ponen en lo que se hace: *Si estudias con afán, aprenderás mucho.* 2 Deseo fuerte de conseguir algo: *Su afán por viajar lo ha llevado a recorrer medio mundo.* ☐ Sinónimos: empeño. 1 ahínco. 2 ansia. ☐ Antónimos: 1 desgana. ☐ Familia: afanar, afanoso.

afanar (a·fa·nar) [verbo] 1 Quitar o robar. ■ **afanarse** 2 Poner mucho esfuerzo para conseguir algo: *Mis padres se afanan por darme una buena formación.* ☐ [El significado 1 es coloquial]. ☐ Sinónimos: 1 trincar, mangar, birlar, choricear. 2 esforzarse. ☐ Antónimos: 1 dar. ☐ Familia: →afán.

afanoso, sa (a·fa·no·so, sa) [adjetivo] 1 Que pone mucho esfuerzo en conseguir algo: *Por lo afanoso que es, merece conseguir lo que se proponga.* 2 Que se realiza con mucho trabajo o esfuerzo: *Los trabajos del campo son muy afanosos.* ☐ Sinónimos: 1 voluntarioso. 2 trabajoso. ☐ Familia: →afán.

afear (a·fe·ar) [verbo] Poner feo: *La basura en las calles afea la ciudad.* ☐ Antónimos: embellecer, adornar. ☐ Familia: →feo.

afección (a·fec·ción) [sustantivo/femenino] Enfermedad que tiene una persona. ☐ [No confundir con «afición» (gusto por algo; pasatiempo; público de un espectáculo)]. ☐ Familia: →afectar.

afectación (a·fec·ta·ción) [sustantivo/femenino] Modo de actuar poco natural. ☐ Antónimos: espontaneidad. ☐ Familia: →afectar.

afectado, da (a·fec·ta·do, da) [adjetivo] 1 Que se comporta de manera poco natural: *Eres muy afectada hablando.* 2 Que parece verdad, pero no lo es: *Creo que esa tristeza suya es afectada y que en el fondo está contento.* 3 Que se ha contagiado de alguna enfermedad: *Está afectado por el virus del sida.* ☐ Sinónimos: 1 artificioso, estudiado, forzado. 2 aparente. ☐ Antónimos: 1 natural. 2 verdadero. ☐ Familia: →afectar.

afectar (a·fec·tar) [verbo] 1 Producir una impresión fuerte en una persona: *La mala noticia nos afectó mucho.* 2 Producir cambios en algo: *La luz del sol afecta al crecimiento de las plantas.* 3 Influir de manera negativa: *A mí el calor me afecta mucho.* 4 Ser un asunto responsabilidad de alguien o influirle en alguna medida: *La orden de ser puntuales afecta a todos sin excepción.* ☐ Sinónimos: 1 impresionar, conmover. ☐ Familia: afección, afectado, afectación.

afectividad (a·fec·ti·vi·dad) [sustantivo/femenino] Conjunto de sentimientos de una persona. ☐ Familia: →afecto.

afectivo, va (a·fec·ti·vo, va) [adjetivo] Que está relacionado con lo que sienten las personas. ☐ [No confundir con «afectuoso» (que siente afecto por las personas)]. ☐ Familia: →afecto.

afecto (a·fec·to) [sustantivo/masculino] 1 Sentimiento que se tiene cuando se empieza a querer a alguien: *Os tengo mucho afecto.* 2 Sentimiento fuerte que se tiene por alguien: *El amor y el odio son afectos opuestos.* ☐ Sinónimos: 1 aprecio, estima, cariño, simpatía. 2 sentimiento, pasión. ☐ Antónimos: 1 aversión. ☐ Familia: afectivo, afectuoso, afectividad.

afectuoso, sa (a·fec·tuo·so, sa) [adjetivo] Amable y cariñoso al tratar a los demás. ☐ [No confundir con «afectivo» (relacionado con lo que sienten las personas)]. ☐ Sinónimos: afable. ☐ Familia: →afecto.

afeitado (a·fei·ta·do) [sustantivo/masculino] Hecho de cortar la barba a la altura de la piel. ☐ Familia: →afeitar.

afeitar (a·fei·tar) [verbo] Cortar la barba a la altura de la piel. ☐ [Es irregular y se conjuga como PEINAR]. ☐ Familia: afeitado.

afeminado, da (a·fe·mi·na·do, da) [adjetivo o sustantivo masculino] Que tiene características que siempre se han considerado propias de las mujeres. ☐ Familia: →femenino.

aferrar (a·fe·rrar) [verbo] 1 Coger con mucha fuerza: *Me aferré a su brazo para que me llevara con ella.* ■ **aferrarse** 2 Mantener una idea fija: *Se aferró a la idea de que la Tierra era plana.* ☐ Sinónimos: 1 atenazar. 2 obstinarse. ☐ Familia: →férreo.

afgano, na (af·ga·no, na) [adjetivo o sustantivo] De Afganistán, que es un país asiático.

afianzar (a·fian·zar) [verbo] Poner algo firme y seguro: *Con esta nueva victoria, nuestro equipo se afianza en el primer puesto de la liga.* ☐ [La «z» se cambia en «c» delante de «e» («afiance»)]. ☐ Sinónimos: afirmar, asegurar. ☐ Familia: →fiar.

afición (a·fi·ción) [sustantivo/femenino] 1 Interés especial que se siente por algo: *Mi afición por la música me viene de familia.* 2 Actividad que nos gusta hacer en el tiempo libre: *La lectura es una de mis mayores aficiones.* 3 Conjunto de personas que suelen asistir a los espectáculos que les gustan mucho: *Los campeones de la competición ofrecieron el trofeo a la afición.* ☐ [No confundir con «afección» (enfermedad)]. ☐ Sinónimos: 1 inclinación. ☐ Familia: aficionar, aficionado, radioaficionado.

aficionado, da (a·fi·cio·na·do, da) [adjetivo o sustantivo] 1 Que practica una actividad porque le gusta, sin tenerla como profesión: *Me he metido en un grupo de teatro de aficionados.* 2 Que siente gran interés por un espectáculo y que suele asistir a él: *Soy muy aficionada al taekwondo.* ☐ Sinónimos: 2 seguidor. ☐ Familia: →afición.

aficionar (a·fi·cio·nar) [verbo] Hacer que algo guste o interese a alguien: *aficionarse al tenis.* ☐ Familia: →afición.

afijo (a·fi·jo) [sustantivo masculino] Grupo de letras que se ponen al principio o al final de una palabra para formar otras palabras distintas: *En «incalculable», «in-» y «-ble» son afijos.*

afilado, da (a·fi·la·do, da) [adjetivo] **1** Que corta muy bien. **2** Muy delgado: *nariz afilada.* ☐ Familia: →filo.

afilador, ra (a·fi·la·dor, do·ra) [sustantivo] Persona que arregla objetos para que corten mejor: *He llevado los cuchillos al afilador.* ☐ Familia: →filo.

afilalápices (a·fi·la·lá·pi·ces) [sustantivo masculino] Objeto que sirve para sacar punta a los lápices. ☐ [No varía en singular y plural]. ☐ Sinónimos: sacapuntas. ☐ Familia: →afilar. →lápiz.

afilar (a·fi·lar) [verbo] Sacar punta a un objeto o hacer que corte mejor: *afilar un lápiz.* ☐ Familia: afilalápices. →filo.

afiliación (a·fi·lia·ción) [sustantivo femenino] Hecho de entrar a formar parte de un grupo de personas: *afiliación a un partido político.* ☐ [No confundir con «filiación» (datos de una persona; dependencia a una doctrina o a otra persona o cosa)]. ☐ Familia: →filial.

afiliado, da (a·fi·lia·do, da) [adjetivo o sustantivo] Que es miembro de una agrupación de personas: *Esa asociación no tiene muchos afiliados.* ☐ Familia: →filial.

afiliarse (a·fi·liar·se) [verbo] Entrar a formar parte de un grupo de personas: *Mi hermano se ha afiliado a una agrupación solidaria.* ☐ [Es irregular y se conjuga como ANUNCIAR]. ☐ Sinónimos: ingresar. ☐ Familia: →filial.

afín (a·fín) [adjetivo] Parecido o con alguna característica común: *gusto afín.* ☐ [No varía en masculino y femenino]. ☐ Familia: afinidad.

afinar (a·fi·nar) [verbo] **1** Hacer mejor o más exacto: *Los que disparan con arco practican mucho para afinar la puntería.* **2** Hacer más fino o más delgado. **3** Preparar un instrumento musical para que suene bien: *Los músicos de la orquesta afinaron sus instrumentos.* ☐ Sinónimos: **3** templar. ☐ Antónimos: **3** desafinar, destemplar. ☐ Familia: →fino.

afincarse (a·fin·car·se) [verbo] Empezar a vivir en un sitio: *Después de haber viajado por todo el mundo, decidió afincarse en su ciudad de nacimiento.* ☐ [La «c» se cambia en «qu» delante de «e» («afinque»)].

afinidad (a·fi·ni·dad) [sustantivo femenino] Característica de lo que es parecido o tiene algo en común: *afinidad de ideas.* ☐ Sinónimos: semejanza. ☐ Familia: →afín.

afirmación (a·fir·ma·ción) [sustantivo femenino] **1** Respuesta con la que decimos que sí a lo que pedimos o queremos: *Le pregunté si podía acompañarme y me hizo un gesto de afirmación.* **2** Palabra o expresión que se usa para decir que sí. **3** Declaración de que algo es cierto: *Las religiones se basan en la afirmación de la existencia de Dios.* ☐ Sinónimos: **1** asentimiento. ☐ Antónimos: negación. ☐ Familia: →afirmar.

afirmar (a·fir·mar) [verbo] **1** Decir que sí o decir que algo es cierto. **2** Poner algo firme y seguro: *Clavaron el armario a la pared para afirmarlo mejor.* ∎ **afirmarse 3** Seguir manteniendo lo que se ha dicho: *Esas pruebas hacen que me afirme en mi opinión.* ☐ Sinónimos: **1** asentir. **2** asegurar, afianzar, asentar. ☐ Antónimos: **1** negar. ☐ Familia: afirmación, afirmativo, reafirmar.

afirmativo, va (a·fir·ma·ti·vo, va) [adjetivo] Que sirve para decir que sí. ☐ Antónimos: negativo. ☐ Familia: →afirmar.

aflautado, da (a·flau·ta·do, da) [adjetivo] De sonido parecido al de la flauta: *voz aflautada.* ☐ Familia: →flauta.

aflicción (a·flic·ción) [sustantivo femenino] Tristeza o pena grandes. ☐ Sinónimos: pesar. ☐ Antónimos: alegría. ☐ Familia: →afligir.

afligir (a·fli·gir) [verbo] Poner muy triste: *Me aflige verte llorar.* ☐ [La «g» se cambia en «j» delante de «a», «o» («aflijas»)]. ☐ Sinónimos: entristecer, apenar, desconsolar, apesadumbrar, acongojar, atribular, atormentar. ☐ Antónimos: alegrar. ☐ Familia: aflicción.

aflojar (a·flo·jar) [verbo] **1** Disminuir la presión sobre algo o hacer que quede menos justo: *Se aflojó el cinturón.* **2** Perder fuerza: *Saldremos a pasear cuando afloje el calor.* **3** Dar una cantidad de dinero: *¡Venga, afloja la pasta y paga!* ☐ [Siempre se escribe con «j». El significado **3** es coloquial]. ☐ Sinónimos: **1** destensar. **2** ceder, debilitar. ☐ Antónimos: **1** oprimir. **1, 2** apretar. ☐ Familia: →flojo.

aflorar (a·flo·rar) [verbo] Aparecer algo que no se veía: *aflorar los síntomas de una enfermedad.* ☐ Familia: →flor.

afluencia (a·fluen·cia) [sustantivo femenino] Hecho de ir mucha gente a un lugar determinado. ☐ Familia: →afluir.

afluente (a·fluen·te) [sustantivo masculino] Río que va a parar a otro más grande. ⊙ **página 809.**

afluir (a·fluir) [verbo] Ir mucha gente o gran cantidad de alguna cosa a un lugar determinado: *Al hacer el pino la sangre afluye a la cabeza.* ☐ [Es irregular y se conjuga como CONSTRUIR]. ☐ Familia: afluencia.

afonía (a·fo·ní·a) [sustantivo femenino] Falta de la voz que suele deberse a una enfermedad. ☐ Familia: afónico.

afónico, ca (a·fó·ni·co, ca) [adjetivo] Que no tiene casi voz o que la ha perdido de momento. ☐ Familia: →afonía.

aforismo (a·fo·ris·mo) [sustantivo masculino] Frase breve que contiene una enseñanza o una reflexión.

aforo (a·fo·ro) [sustantivo masculino] Capacidad total de un local en el que hay espectáculos: *el aforo de un teatro.* ☐ Familia: →foro.

afortunado, da (a·for·tu·na·do, da) [adjetivo] **1** Que está contento o que tiene buena suerte. **2** Que ocurre a causa de la buena suerte y resulta muy bueno: *¡Qué afortunada casualidad encontrarnos aquí!* **3** Que es como conviene que sea para llegar a un buen resultado: *Si no llegas a tener esa idea afortunada, no salimos de este apuro.* ☐ Sinónimos: **1** agraciado, feliz. **1, 2** dichoso. **3** oportuno, acertado.

afrenta

□ Antónimos: desafortunado. **1** pobre, infortunado, desdichado, infeliz. **1, 2** desgraciado. **2, 3** nefasto, fatídico. **2** aciago. □ Familia: →fortuna.

afrenta (a·fren·ta) [sustantivo femenino] Cosa que se hace o dice para molestar a una persona diciendo algo malo sobre ella o faltándole al respeto. □ Sinónimos: ofensa.

africano, na (a·fri·ca·no, na) [adjetivo o sustantivo] De África, que es un continente. □ Familia: sudafricano, centroafricano.

afrontar (a·fron·tar) [verbo] Enfrentarse a una situación difícil: *afrontar un problema.* □ Sinónimos: arrostrar. □ Antónimos: soslayar. □ Familia: →frente.

afuera (a·fue·ra) ▪ [adverbio] **1** A o hacia el exterior: *¿Te apetece salir afuera un rato?* **2** En el exterior: *El niño está afuera, en la terraza.* ▪ **afueras** [sustantivo femenino plural] **3** Zona que rodea una población: *Vivo en las afueras.* □ [No debe decirse «Voy a afuera», sino «Voy afuera»]. □ Sinónimos: **1, 2** fuera. **3** alrededores, contorno, extrarradio. □ Antónimos: **1, 2** adentro. **2** dentro. **3** centro. □ Familia: →fuera.

agachar (a·ga·char) [verbo] **1** Mover hacia abajo: *agachar la cabeza.* ▪ **agacharse 2** Doblarse una persona hacia abajo: *agacharse para coger algo del suelo.* □ Antónimos: **1** levantar, alzar. **2** empinarse. □ Familia: →gacho.

agalla (a·ga·lla) ▪ [sustantivo femenino] **1** Cada una de las partes que tienen los peces a los dos lados de la cabeza y que les sirve para respirar. ▪ **agallas** [plural] **2** Valor y decisión para enfrentarse a algo. □ [El significado **2** es coloquial].

agalla

ágape (á·ga·pe) [sustantivo masculino] Comida a la que asisten muchas personas y en la que se celebra algún acontecimiento. □ Sinónimos: banquete.

agarrada (a·ga·rra·da) [sustantivo femenino] Mira en **agarrado, da**.

agarradero (a·ga·rra·de·ro) [sustantivo masculino] Pieza de algunos objetos que sirve para cogerlos. □ Sinónimos: asa. □ Familia: →agarrar.

agarrado, da (a·ga·rra·do, da) ▪ [adjetivo] **1** Dicho de un baile, que se baila en parejas y abrazados. ▪ [adjetivo o sustantivo] **2** Que no gasta porque lo único que quiere es tener muchas cosas. ▪ **agarrada** [sustantivo femenino] **3** Pelea o discusión fuerte. □ [Es coloquial]. □ Sinónimos: **2** tacaño. **3** riña. □ Familia: →agarrar.

agarrador (a·ga·rra·dor) [sustantivo masculino] Pieza de tela que se utiliza para coger cosas que queman. □ Familia: →agarrar.

agarrar (a·ga·rrar) [verbo] **1** Coger o sujetar con la mano: *Agarra la correa del perro para que no se escape.* **2** Empezar una planta a echar raíces en la tierra: *La planta que cambiamos de tiesto ya ha agarrado.* **3** Empezar a tener una enfermedad: *Si no te abrigas, vas a agarrar un resfriado.* **4** Empezar a sentirse con un estado de ánimo: *¡Menudo enfado agarró cuando lo supo!* ▪ **agarrarse 5** Quemarse una comida en el fondo del recipiente en el que se está haciendo: *Huele a quemado porque se me ha agarrado la carne.* **6** Tomar algo como disculpa: *En cuanto hay trabajo que hacer, enseguida se agarra a que le duele algo.* □ [Los significados **3**, **4**, **5** y **6** son coloquiales]. □ Sinónimos: **1** asir, atrapar. **2** prender, arraigar, enraizar. **3** contraer, pillar. **3, 4** coger, pescar. **5** pegarse. □ Antónimos: **1** soltar. □ Familia: agarradero, agarrador, agarrado.

agarrotamiento (a·ga·rro·ta·mien·to) [sustantivo masculino] Falta de movilidad de una parte del cuerpo porque se pone rígida y dura: *agarrotamiento de un músculo.* □ Familia: →agarrotar.

agarrotar (a·ga·rro·tar) [verbo] Poner o ponerse una parte del cuerpo rígida y dura: *Si haces gimnasia sin antes calentar, se te pueden agarrotar los músculos.* □ Sinónimos: entumecer. □ Familia: agarrotamiento.

agasajar (a·ga·sa·jar) [verbo] Tratar a una persona de forma atenta y amable: *Nos agasajaron con una extraordinaria comida.* □ Antónimos: maltratar. □ Familia: agasajo.

agasajo (a·ga·sa·jo) [sustantivo masculino] Trato atento y amable. □ Familia: →agasajar.

ágata (á·ga·ta) [sustantivo femenino] Mineral duro y con franjas circulares que se usa para hacer joyas. □ [Aunque es femenino, como empieza por «a» tónica o acentuada, se usa con «el», «un», «ningún» y «algún»: «el ágata», «las ágatas»].

agazapado, da (a·ga·za·pa·do, da) [adjetivo] Dicho de un animal o de una persona, escondido y agachado. □ Familia: →agazaparse.

agazaparse (a·ga·za·par·se) [verbo] Agacharse una persona o un animal para esconderse: *El león se agazapó antes de saltar sobre su presa.* □ Familia: agazapado.

agencia (a·gen·cia) [sustantivo femenino] Lugar en el que se ofrecen determinados servicios a un cliente. □ Familia: →agente.

agenciarse (a·gen·ciar·se) [verbo] Conseguir algo con habilidad y rapidez. □ [Es irregular y se conjuga como ANUNCIAR. Es coloquial]. □ Familia: →agente.

agenda (a·gen·da) [sustantivo femenino] Libro en el que se anotan teléfonos y cosas que tenemos que hacer, para no olvidarlos.

agente (a·gen·te) ▪ [sustantivo] **1** Persona que cuida de la seguridad pública o de que se cumplan las leyes: *Han puesto un agente de seguridad a la entrada del banco.* **2** Persona que actúa en nombre de otra: *El contrato de este actor lo consiguió su agente.* ▪ [sustantivo masculino] **3** Cosa que produce un efecto: *El agua y el viento son agentes de la erosión.* ☐ [En los significados **1** y **2** no varía en masculino y femenino]. ☐ SINÓNIMOS: **2** representante, apoderado. ☐ FAMILIA: agencia, agenciarse.

ágil (á·gil) [adjetivo] Que se mueve sin dificultad y de forma ligera. ☐ [No varía en masculino y femenino]. ☐ SINÓNIMOS: rápido. ☐ FAMILIA: agilizar, agilidad.

agilidad (a·gi·li·dad) [sustantivo/femenino] Capacidad de moverse de forma ligera y sin dificultad: *Los bailarines tienen mucha agilidad.* ☐ FAMILIA: →ágil.

agilizar (a·gi·li·zar) [verbo] Hacer más ágil o más rápido algo: *Debes agilizar tus trabajos si quieres salir.* ☐ [La «z» se cambia en «c» delante de «e» («agilice»)]. ☐ FAMILIA: →ágil.

agitación (a·gi·ta·ción) [sustantivo/femenino] **1** Inquietud o nerviosismo muy fuertes: *Empezó a gritar, preso de una gran agitación.* **2** Malestar o descontento de la sociedad: *La subida de impuestos dio lugar a una gran agitación popular.* ☐ FAMILIA: →agitar.

agitador, ra (a·gi·ta·dor, do·ra) [sustantivo] Persona que provoca conflictos. ☐ FAMILIA: →agitar.

agitar (a·gi·tar) [verbo] Mover algo de forma continua y violenta: *Agita el jarabe antes de tomarlo.* ☐ SINÓNIMOS: remover, sacudir. ☐ FAMILIA: agitación, agitador.

aglomeración (a·glo·me·ra·ción) [sustantivo/femenino] Grupo de muchas cosas que se reúnen sin orden. ☐ FAMILIA: →aglomerar.

aglomerado (a·glo·me·ra·do) [sustantivo/masculino] Material que se obtiene uniendo o aplastando trozos de algunas sustancias, especialmente el que está formado por trozos de madera prensados. ☐ FAMILIA: →aglomerar.

aglomerar (a·glo·me·rar) [verbo] Reunir o juntar muchas cosas sin orden: *Los aficionados se aglomeraron a las puertas del estadio.* ☐ SINÓNIMOS: aglutinar. ☐ FAMILIA: aglomeración, aglomerado.

aglutinar (a·glu·ti·nar) [verbo] Reunir o juntar muchas cosas sin orden: *El partido aglutinó a muchísima gente.* ☐ SINÓNIMOS: aglomerar.

agnóstico, ca (ag·nós·ti·co, ca) [adjetivo o sustantivo] Que defiende que el ser humano no puede comprender todo lo relacionado con la divinidad o con las cosas que no pueden experimentarse: *Los agnósticos no niegan que Dios exista, sino que se reconocen incapaces de comprender su existencia.*

agobiante (a·go·bian·te) [adjetivo] Que produce agobio. ☐ [No varía en masculino y femenino]. ☐ FAMILIA: →agobiar.

agobiar (a·go·biar) [verbo] Hacer sufrir a una persona de forma que sienta como si se ahogase: *No me agobies con tantas preguntas.* ☐ [Es irregular y se conjuga como ANUNCIAR]. ☐ SINÓNIMOS: angustiar. ☐ FAMILIA: agobio, agobiante.

agobio (a·go·bio) [sustantivo/masculino] **1** Sensación que produce un problema que nos parece muy difícil de resolver: *Me da agobio pensar todo lo que tengo que hacer.* **2** Sensación de no poder respirar: *¡Qué agobio con este calor!* ☐ FAMILIA: →agobiar.

agolparse (a·gol·par·se) [verbo] Juntarse un grupo de personas en un lugar: *Los periodistas se agolpaban a la puerta del teatro.* ☐ FAMILIA: →golpe.

agonía (a·go·ní·a) [sustantivo/femenino] Últimos momentos de la vida: *Tuvo una agonía muy dolorosa.* ☐ FAMILIA: agonizar.

agonizar (a·go·ni·zar) [verbo] Estar en los últimos momentos de la vida. ☐ [La «z» se cambia en «c» delante de «e» («agonice»)]. ☐ FAMILIA: →agonía.

agorero, ra (a·go·re·ro, ra) [adjetivo o sustantivo] Que anuncia males o desgracias. ☐ FAMILIA: →agüero.

agostar (a·gos·tar) [verbo] Secar las plantas el calor excesivo: *El sol ha agostado las plantas.* ☐ FAMILIA: →agosto.

agosto (a·gos·to) [sustantivo/masculino] Octavo mes del año, entre julio y septiembre: *El mes de agosto tiene 31 días.* ◆ [expresión] ‖ **hacer alguien su agosto** Vender mucho o hacer un buen negocio: *Con estos días tan lluviosos, algunos han hecho su agosto vendiendo paraguas.* ☐ [La expresión es coloquial]. ☐ FAMILIA: agostar.

agotador, ra (a·go·ta·dor, do·ra) [adjetivo] Que cansa mucho. ☐ FAMILIA: →agotar.

agotamiento (a·go·ta·mien·to) [sustantivo/masculino] Falta total de fuerzas: *Se desmayó por agotamiento.* ☐ FAMILIA: →agotar.

agotar (a·go·tar) [verbo] **1** Cansar mucho: *Este niño agota a cualquiera.* **2** Gastar o acabarse del todo: *Aún no se han agotado las entradas.* ☐ SINÓNIMOS: **1** destrozar, extenuar. **2** acabar. ☐ FAMILIA: agotamiento, agotador, inagotable.

agraciado, da (a·gra·cia·do, da) [adjetivo] **1** Que tiene buena suerte: *Estas son las personas agraciadas con el premio.* **2** Que es guapo y tiene el cuerpo bonito: *Es un joven muy agraciado.* ☐ SINÓNIMOS: **1** afortunado. ☐ ANTÓNIMOS: **1** desafortunado. ☐ FAMILIA: →gracia.

agradable (a·gra·da·ble) [adjetivo] **1** Que gusta mucho o que produce placer: *¡Qué olor tan agradable!* **2** Amable o simpático: *Mis padres son muy agradables.* ☐ [No varía en masculino y femenino]. ☐ SINÓNIMOS: **1** grato. ☐ ANTÓNIMOS: desagradable. **2** acre. ☐ FAMILIA: →agradar.

agradar (a·gra·dar) [verbo] Gustar mucho: *Me agrada mucho que confíes en ella.* ☐ SINÓNIMOS: complacer, gratificar, deleitar. ☐ ANTÓNIMOS: desagradar, fastidiar, repugnar, disgustar, repeler. ☐ FAMILIA: agrado, agradable, desagradar, desagradable, desagrado.

agradecer (a·gra·de·cer) [verbo] **1** Dar las gracias. **2** Corresponder bien a algo: *Si cuidas bien estas plantas, te lo agradecerán.* ☐ [Es irregular. Mira el cuadro en la página siguiente]. ☐ FAMILIA: →gracia.

agradecido, da (a·gra·de·ci·do, da) [adjetivo] Que reconoce los favores que se le han hecho y da las gracias por ellos. ☐ ANTÓNIMOS: desagradecido, ingrato. ☐ FAMILIA: →gracia.

agradecimiento (a·gra·de·ci·mien·to) [sustantivo/masculino] Hecho de dar las gracias. ☐ FAMILIA: →gracia.

agrado (a·gra·do) [sustantivo masculino] Placer o satisfacción: *Lo hice con agrado*. ☐ ANTÓNIMOS: desagrado, asco. ☐ FAMILIA: →agradar.

agrandar (a·gran·dar) [verbo] Hacer más grande: *Vamos a agrandar el salón*. ☐ ANTÓNIMOS: achicar, disminuir, reducir, encoger. ☐ FAMILIA: →grande.

agrario, ria (a·gra·rio, ria) [adjetivo] Del campo o relacionado con él. ☐ [No confundir con «agrícola» (relacionado con el cultivo de la tierra)]. ☐ FAMILIA: agrónomo, agricultura, agricultor, agrícola, bioagricultura.

agravante (a·gra·van·te) [adjetivo o sustantivo] Que aumenta la gravedad de algo: *Estamos sin calefacción, con el agravante de que tampoco tenemos agua*. ☐ [Cuando es adjetivo, no varía en masculino y femenino. Cuando es sustantivo, se puede decir «el agravante» y «la agravante» sin que cambie de significado]. ☐ FAMILIA: →grave.

agravar (a·gra·var) [verbo] Hacer más grave algo negativo: *agravarse una enfermedad*. ☐ SINÓNIMOS: empeorar. ☐ FAMILIA: →grave.

agraviar (a·gra·viar) [verbo] Ofender o insultar a alguien: *Me has agraviado llamándome mentiroso*. ☐ [Es irregular y se conjuga como **ANUNCIAR**]. ☐ SINÓNIMOS: insultar. ☐ FAMILIA: agravio, desagravio.

agravio (a·gra·vio) [sustantivo masculino] Ofensa o insulto muy graves que se hacen a una persona: *Considero tus acusaciones como un agravio*. ♦ [expresión] ‖ **agravio comparativo** Ofensa que se hace al tratar de forma distinta a personas que están en la misma situación. ☐ SINÓNIMOS: injuria, insulto. ☐ FAMILIA: →agraviar.

agredir (a·gre·dir) [verbo] Atacar de forma violenta para producir un daño. ☐ FAMILIA: agresión, agresor, agresivo, agresividad.

agregado, da (a·gre·ga·do, da) [sustantivo] **1** Funcionario de una embajada que está encargado de unos asuntos determinados: *agregado cultural; agregado comercial*. **2** Profesor de un instituto que posee la categoría inmediatamente inferior a la de catedrático. ☐ FAMILIA: →agregar.

agregar (a·gre·gar) [verbo] Unir una cosa a un todo: *Agregaré un poco de agua a la salsa*. ☐ [La «g» se cambia en «gu» delante de «e» («agregue»)]. ☐ SINÓNIMOS: añadir, sumar. ☐ ANTÓNIMOS: restar, quitar. ☐ FAMILIA: agregado.

agresión (a·gre·sión) [sustantivo femenino] Ataque violento para producir un daño. ☐ FAMILIA: →agredir.

agresividad (a·gre·si·vi·dad) [sustantivo femenino] Tendencia a atacar a los demás. ☐ FAMILIA: →agredir.

agresivo, va (a·gre·si·vo, va) [adjetivo] Que actúa de forma violenta. ☐ FAMILIA: →agredir.

AGRADECER

INDICATIVO

Presente
yo agradezco
tú agradeces / usted agradece
él, ella agradece
nosotros, tras agradecemos
vosotros, tras agradecéis / ustedes agradecen
ellos, ellas agradecen

Pretérito imperfecto
yo agradecía
tú agradecías / usted agradecía
él, ella agradecía
nosotros, tras agradecíamos
vosotros, tras agradecíais / ustedes agradecían
ellos, ellas agradecían

Pretérito perfecto simple
yo agradecí
tú agradeciste / usted agradeció
él, ella agradeció
nosotros, tras agradecimos
vosotros, tras agradecisteis / ustedes agradecieron
ellos, ellas agradecieron

Futuro simple
yo agradeceré
tú agradecerás / usted agradecerá
él, ella agradecerá
nosotros, tras agradeceremos
vosotros, tras agradeceréis / ustedes agradecerán
ellos, ellas agradecerán

Condicional simple
yo agradecería
tú agradecerías / usted agradecería
él, ella agradecería
nosotros, tras agradeceríamos
vosotros, tras agradeceríais / ustedes agradecerían
ellos, ellas agradecerían

SUBJUNTIVO

Presente
yo agradezca
tú agradezcas / usted agradezca
él, ella agradezca
nosotros, tras agradezcamos
vosotros, tras agradezcáis / ustedes agradezcan
ellos, ellas agradezcan

Pretérito imperfecto
yo agradeciera o agradeciese
tú agradecieras o agradecieses / usted agradeciera o agradeciese
él, ella agradeciera o agradeciese
nosotros, tras agradeciéramos o agradeciésemos
vosotros, tras agradecierais o agradecieseis / ustedes agradecieran o agradeciesen
ellos, ellas agradecieran o agradeciesen

Futuro simple
yo agradeciere
tú agradecieres / usted agradeciere
él, ella agradeciere
nosotros, tras agradeciéremos
vosotros, tras agradeciereis / ustedes agradecieren
ellos, ellas agradecieren

IMPERATIVO

agradece (tú) / agradezca (usted)
agradezcamos (nosotros, tras)
agradeced (vosotros, tras) / agradezcan (ustedes)

FORMAS NO PERSONALES

Infinitivo	Gerundio	Participio
agradecer	agradeciendo	agradecido

agresor, ra (a·gre·*sor*, *so*·ra) [adjetivo o sustantivo] Que ataca de forma violenta para producir un daño. ☐ FAMILIA: →agredir.

agreste (a·*gres*·te) [adjetivo] Dicho de un terreno, que no está cultivado o que está lleno de hierbas salvajes. ☐ [No varía en masculino y femenino].

agriar (a·*griar*) [verbo] Poner agrio: *La leche se agria con el calor*. ☐ [Es irregular. Se conjuga como ENVIAR («agría») o como ANUNCIAR («agria»)]. ☐ FAMILIA: →agrio.

agrícola (a·*grí*·co·la) [adjetivo] De la agricultura o relacionado con el cultivo de la tierra. ☐ [No varía en masculino y femenino. No confundir con «agrario» (relacionado con el campo en sentido más amplio)]. ☐ FAMILIA: →agrario.

agricultor, ra (a·gri·cul·*tor*, *to*·ra) [sustantivo] Persona que cultiva la tierra. ☐ FAMILIA: →agrario.

agricultura (a·gri·cul·*tu*·ra) [sustantivo femenino] Cultivo de la tierra para obtener productos que sirvan de alimento. ☐ FAMILIA: →agrario.

agridulce (a·gri·*dul*·ce) [adjetivo] Que tiene mezcla de sabor agrio y dulce. ☐ [No varía en masculino y femenino]. ☐ FAMILIA: →agrio. →dulce.

agrietar (a·grie·*tar*) [verbo] Hacer aberturas largas y estrechas en una superficie: *El calor ha agrietado la pintura. La pared ha empezado a agrietarse*. ☐ SINÓNIMOS: resquebrajarse, cuartearse. ☐ FAMILIA: →grieta.

agrio, gria (a·grio, gria) [adjetivo] **1** Que sabe ácido: *El sabor del yogur natural sin azúcar es agrio*. **2** Que resulta poco agradable: *¡Qué carácter tan agrio tienes!* ☐ FAMILIA: agriar, agridulce.

agrónomo, ma (a·*gró*·no·mo, ma) [adjetivo o sustantivo] Que tiene conocimientos relacionados con el cultivo de la tierra: *Soy ingeniero agrónomo*. ☐ FAMILIA: →agrario.

agropecuario, ria (a·gro·pe·*cua*·rio, ria) [adjetivo] De la agricultura y de la ganadería o relacionado con ellas: *industria agropecuaria*.

agrupación (a·gru·pa·*ción*) [sustantivo femenino] Conjunto de cosas o de personas que forman un todo: *Pertenezco a una agrupación cultural*. ☐ FAMILIA: →grupo.

agrupar (a·gru·*par*) [verbo] Poner algo de manera que se forme un conjunto: *Hay que agrupar estas fichas por colores*. ☐ SINÓNIMOS: juntar, reunir, amontonar. ☐ ANTÓNIMOS: desunir, esparcir, diseminar, dispersar, disgregar, desparramar. ☐ FAMILIA: →grupo.

agua (a·gua) ■ [sustantivo femenino] **1** Sustancia líquida sin sabor, sin olor y sin color: *El agua es la bebida que mejor quita la sed*. ■ **aguas** [plural] **2** Zona marina más o menos cercana a una costa: *Hicimos un crucero por aguas mediterráneas*. ◆ [expresión] ‖ **agua corriente** La que sale del grifo. ‖ **agua de borrajas** Cosa que no tiene importancia. ‖ **agua mineral** La procedente de manantial que se vende en botellas. ‖ **agua nieve** → **aguanieve**. ‖ **agua oxigenada** La que se usa para limpiar las heridas. ‖ **como agua de mayo** Muy bien recibido: *Tu visita nos llega como agua de mayo, porque te necesitamos*. ‖ **con el agua al cuello** En una situación muy difícil: *Ayúdame, por favor, que estoy con el agua al cuello*. ‖ **ser agua pasada** Haber perdido importancia: *Ese problema no te debe preocupar porque ya es agua pasada*. ☐ [Aunque es femenino, como empieza por «a» tónica o acentuada, se usa con «el», «un», «ningún» y «algún»: «el agua», «las aguas»]. ☐ FAMILIA: aguar, aguada, aguadilla, aguacero, acuático, acuarela, acuario, acuoso, acueducto, desaguar, desagüe, aguarrás, paraguas, paragüero, aguardiente, aguafiestas, aguafuerte, aguamarina, aguanieve, acuífero.

aguacate (a·gua·*ca*·te) [sustantivo masculino] Fruto con forma de pera, pero con la piel dura y verde oscuro, que nace en un árbol tropical. ◉ **página 453**.

aguacero (a·gua·*ce*·ro) [sustantivo masculino] Lluvia repentina que dura poco. ☐ FAMILIA: →agua.

aguada (a·*gua*·da) [sustantivo femenino] **1** Forma de pintar en la que se utilizan colores que se deshacen en agua. **2** Cuadro o dibujo que se hacen de esa manera. ☐ FAMILIA: →agua.

aguadilla (a·gua·*di*·lla) [sustantivo femenino] Ahogadilla. ☐ FAMILIA: →agua.

aguafiestas (a·gua·*fies*·tas) [sustantivo] Persona que estropea una diversión. ☐ [No varía en masculino y femenino, ni en singular y plural. Es coloquial]. ☐ FAMILIA: →agua. →fiesta.

aguafuerte (a·gua·*fuer*·te) ■ [sustantivo] **1** Dibujo que se graba con la técnica del mismo nombre. ■ [sustantivo masculino] **2** Técnica de grabar dibujos en una lámina de metal que ha sido tratada con unos ácidos determinados. ☐ [En el significado **1** se puede decir «el aguafuerte» y «la aguafuerte» sin que cambie de significado, aunque se usa más en masculino. Su plural es «aguafuertes»]. ☐ FAMILIA: →agua. →fuerte.

aguamarina (a·gua·ma·*ri*·na) [sustantivo femenino] Piedra preciosa transparente, de color parecido al agua del mar, que se usa para hacer joyas. ☐ [Su plural es «aguamarinas»]. ☐ FAMILIA: →agua. →marino.

aguanieve (a·gua·*nie*·ve) [sustantivo femenino] Agua de lluvia mezclada con nieve. ☐ [Su plural es «aguanieves». Se escribe también «agua nieve»]. ☐ FAMILIA: →agua. →nieve.

aguantar (a·guan·*tar*) [verbo] **1** Agarrar o mantener algo seguro, de modo que no se mueva o no se caiga: *Este estante no aguantará tanto peso*. **2** Sufrir con paciencia algo que no nos gusta: *Ten calma y aguanta un poco más*. **3** No dejar que se note un deseo: *Me aguanté las ganas de comprarme esa camisa*. ☐ SINÓNIMOS: **1** sostener, sujetar. **1, 2** soportar. **2** tolerar. **3** contener, reprimir, dominar. ☐ FAMILIA: aguante, inaguantable.

aguante (a·*guan*·te) [sustantivo masculino] **1** Paciencia para resistir algo: *Tiene mucho aguante y nunca pierde la calma*. **2** Fuerza para resistir algo sin dejarlo caer: *Esta bolsa tiene suficiente aguante y no se romperá*. ☐ FAMILIA: →aguantar.

aguar (a·*guar*) [verbo] **1** Mezclar con agua. **2** Estropear una diversión: *Cuando mejor lo pasábamos, se aguó la fiesta*. ■ **aguarse 3** Llenarse de agua: *No llegué a*

aguardar

llorar pero se me aguaron los ojos. ☐ [Es irregular y se conjuga como **AVERIGUAR**]. ☐ Familia: →agua.

aguardar (a·guar·dar) [verbo] Permanecer en un lugar hasta que llegue alguien o suceda algo. ☐ Sinónimos: esperar. ☐ Familia: →guardar.

aguardiente (a·guar·dien·te) [sustantivo masculino] Bebida alcohólica muy fuerte que se fabrica a partir del vino o de otras sustancias. ☐ Familia: →agua. →arder.

aguarrás (a·gua·rrás) [sustantivo masculino] Líquido de olor muy fuerte que se usa para quitar la pintura. ☐ Familia: →agua.

agudeza (a·gu·de·za) [sustantivo femenino] **1** Inteligencia que tiene una persona para responder rápido o con gracia: *Le hice una pregunta difícil y me contestó con agudeza.* **2** Capacidad para ver, oler y oír muy bien: *Tengo una gran agudeza visual.* ☐ Sinónimos: perspicacia. ☐ Familia: →agudo.

agudizar (a·gu·di·zar) [verbo] **1** Hacer agudo algo: *agudizar el ingenio.* **2** Empeorar o hacerse más grave una enfermedad. ☐ Familia: →agudo.

agudo, da (a·gu·do, da) [adjetivo] **1** Que tiene inteligencia y gracia: *Me dio una contestación muy aguda.* **2** Dicho de un sentido, que está muy desarrollado: *Los perros tienen un oído muy agudo.* **3** Que se parece más al sonido de un silbido que al de un trueno: *El sonido de la flauta es agudo.* **4** Que tiene la punta afilada: *Necesito un clavo muy agudo para atravesar esta pared.* **5** Dicho de un dolor, que es fuerte y continuo. **6** Dicho de una enfermedad, que es grave y dura poco: *Me ingresaron con una apendicitis aguda.* **7** Dicho de una palabra, que tiene el acento en la última sílaba: *«Canción» y «amor» son palabras agudas.* **8** Dicho de un ángulo, que mide menos de 90 grados. ☐ Sinónimos: **2** fino. ☐ Antónimos: **3** grave. ☐ Familia: agudeza, agudizar, aguzar, peliagudo, puntiagudo.

agüero (a·güe·ro) [sustantivo masculino] Anuncio o señal de lo que puede suceder en el futuro: *Para algunos, que se te cruce un gato negro es síntoma de mal agüero.* ☐ Sinónimos: augurio, auspicio. ☐ Familia: →agorero.

aguerrido, da (a·gue·rri·do, da) [adjetivo] Que no tiene miedo ni se rinde fácilmente. ☐ Sinónimos: valiente, valeroso. ☐ Antónimos: cobarde.

aguijón (a·gui·jón) [sustantivo masculino] Especie de punta con veneno que tienen algunos insectos. ☐ Familia: →aguja.

aguijonear (a·gui·jo·ne·ar) [verbo] Animar o causar inquietud a alguien para que haga algo: *Deja de aguijonear a tu hermano para que juegue contigo, que tiene que estudiar para el examen de mañana.* ☐ Familia: →aguja.

águila (á·gui·la) [sustantivo femenino] Ave que vuela muy alto y tiene la vista muy desarrollada. ◉ **páginas 116-117.** ☐ [Aunque es femenino, como empieza por «a» tónica o acentuada, se usa con «el», «un», «ningún» y «algún»: «el águila», «las águilas»]. ☐ Familia: aguilucho, aguileño.

aguileño, ña (a·gui·le·ño, ña) [adjetivo] Del águila o con alguna de sus características: *La nariz aguileña parece el pico de un águila.* ☐ Familia: →águila.

aguilucho (a·gui·lu·cho) [sustantivo masculino] **1** Cría del águila. **2** Un tipo de águila: *El aguilucho tiene un tamaño menor que el águila.* ☐ Familia: →águila.

aguinaldo (a·gui·nal·do) [sustantivo masculino] Regalo que se da en Navidad.

aguja (a·gu·ja) [sustantivo femenino] **1** Barrita de metal que termina en punta: *Hay agujas para coser y para hacer punto.* **2** Barrita de metal que termina en punta y está hueca y que sirve para poner inyecciones. **3** Varita que sirve para señalar algo: *La aguja pequeña del reloj marca las horas.* **4** Especie de punta que permite escuchar un disco: *No toques la aguja del tocadiscos con el dedo, que se estropea.* **5** Hoja de algunas plantas: *El suelo está lleno de agujas de pino.* **6** Mecanismo que permite cambiar de vía a un tren. ☐ Familia: aguijón, aguijonear, agujetas, guardagujas.

agujerear (a·gu·je·re·ar) [verbo] Hacer agujeros. ☐ Sinónimos: taladrar, acribillar. ☐ Familia: →agujero.

agujero (a·gu·je·ro) [sustantivo masculino] Abertura más o menos redonda, que se hace en una superficie. ☐ Sinónimos: orificio. ☐ Familia: agujerear.

agujetas (a·gu·je·tas) [sustantivo femenino plural] Dolores musculares que se sienten después de hacer un ejercicio físico no habitual. ☐ Familia: →aguja.

agustino, na (a·gus·ti·no, na) [adjetivo o sustantivo] De la Orden de San Agustín o relacionado con ella.

aguzar (a·gu·zar) [verbo] Forzar uno de los sentidos o el entendimiento para que hagan mejor su función: *Los perros de la Policía aguzaron su olfato para encontrar a los supervivientes del terremoto.* ☐ [La «z» se cambia en «c» delante de «e» («aguce»)]. ☐ Familia: →agudo.

ah [interjección] Se usa para indicar sorpresa, admiración o disgusto. ☐ [No confundir con «ha», del verbo «haber», ni con «a», preposición].

ahí (a·hí) [adverbio] **1** En ese lugar: *Quédate ahí y no te muevas.* **2** A ese lugar: *Ve ahí y espera un rato.* ◆ [expresión] ‖ **de ahí** Por eso: *Hace mucho que no voy a mi pueblo, de ahí que quiera volver.* ‖ **por ahí** En un lugar cualquiera: *Estuvimos por ahí, dando un paseo.* ☐ [No debe decirse «mira a ahí», sino «mira ahí». No confundir con «hay», del verbo «haber», ni con «ay», interjección].

ahijado, da (ahi·ja·do, da) [sustantivo] Lo que es una persona en relación con su padrino y su madrina. ☐ Familia: →hijo.

ahínco (a·hín·co) [sustantivo masculino] Esfuerzo con el que se hace algo. ☐ Sinónimos: afán, empeño. ☐ Antónimos: desgana.

ahíto, ta (a·hí·to, ta) [adjetivo] **1** Que ha comido o bebido mucho. **2** Cansado o aburrido de algo o de alguien. ☐ Sinónimos: harto. **1** lleno.

ahogadilla (a·ho·ga·di·lla) [sustantivo femenino] Broma que consiste en meter en el agua la cabeza de una persona que se está bañando. ☐ Familia: →ahogar.

ahogado, da (a·ho·ga·do, da) ■ [adjetivo] **1** Que se produce con dificultad: *Habló con la voz ahogada por la pena.* **2** Con una sensación de presión: *Necesito salir a tomar el aire porque me siento ahogado aquí.* ■ [adjetivo o sustantivo] **3** Muerto por no haber podido respirar. ☐ Familia: →ahogar.

ahogar (a·ho·gar) [verbo] **1** Quitar la vida impidiendo la respiración o morirse por no poder respirar: *Si no sabes nadar puedes ahogarte.* **2** Apagar el fuego por falta de oxígeno: *No eches tanta leña, que vas a ahogar el fuego.* **3** Hacer que un motor no arranque por falta de oxígeno: *El coche no arranca porque lo has ahogado.* **4** Acabar con algo o esconderlo: *Se abrazó a mí y trató de ahogar el llanto.* ☐ [La «g» se cambia en «gu» delante de «e» («ahogue»)]. ☐ Sinónimos: **1** asfixiar. ☐ Familia: ahogo, ahogado, ahogadilla, desahogar, desahogo, desahogado.

ahogo (a·ho·go) [sustantivo masculino] **1** Dificultad para respirar: *El asma le produce ahogo.* **2** Disgusto, angustia o pena. ☐ Familia: →ahogar.

ahondar (a·hon·dar) [verbo] **1** Hacer más profundo: *Hemos ahondado en el pozo.* **2** Estudiar algo con atención: *Deberías ahondar en las razones de tus problemas.* ☐ Sinónimos: profundizar. ☐ Familia: →hondo.

ahora (a·ho·ra) [adverbio] En este momento: *¿Voy ahora o luego?* ◆ [expresión] ‖ **ahora bien** Se usa para introducir una frase que indica una dificultad: *Haz lo que quieras, ahora bien, yo te aconsejaría que vinieses.*

ahorcar (a·hor·car) [verbo] Quitar la vida a una persona, atándole una cuerda al cuello y apretándola. ☐ [La «c» se cambia en «qu» delante de «e» («ahorque»)]. ☐ Familia: →horca.

ahorrador, ra (a·ho·rra·dor, do·ra) [adjetivo o sustantivo] Que ahorra mucho. ☐ Sinónimos: ahorrativo. ☐ Familia: →ahorrar.

ahorrar (a·ho·rrar) [verbo] **1** Guardar dinero para el futuro. **2** No gastar más de lo necesario: *Hay que ahorrar energía.* ☐ Sinónimos: economizar. ☐ Antónimos: **1** gastar. **2** derrochar, disipar, despilfarrar, dilapidar. ☐ Familia: ahorro, ahorrador, ahorrativo.

ahorrativo, va (a·ho·rra·ti·vo, va) [adjetivo] Que ahorra mucho. ☐ Sinónimos: ahorrador. ☐ Familia: →ahorrar.

ahorro (a·ho·rro) [sustantivo masculino] **1** Tiempo, dinero u otra cosa que se ahorra: *No sé qué voy a comprar con mis ahorros.* **2** Gasto pequeño: *Es muy importante el ahorro de energía.* ☐ [En el significado **1** se usa más en plural]. ☐ Antónimos: **2** derroche, despilfarro. ☐ Familia: →ahorrar.

ahuecar (a·hue·car) [verbo] **1** Poner hueco lo que está aplastado: *ahuecar la almohada.* **2** Marcharse o irse. ☐ [La «c» se cambia en «qu» delante de «e» («ahueque»)]. El significado **2** es coloquial y se usa mucho en la expresión «ahuecar el ala»]. ☐ Antónimos: **1** apelmazar. ☐ Familia: →hueco.

ahumado, da (ahu·ma·do, da) [adjetivo] **1** Manchado por el humo. **2** Dicho de un alimento, que ha sido puesto donde hay humo para que se conserve: *salmón ahumado.* **3** Que tiene color oscuro. ☐ Familia: →humo.

ahumar (ahu·mar) [verbo] Llenar de humo: *Al encender la chimenea se ahumó la casa.* ☐ [Es irregular y se conjuga como AUNAR]. ☐ Familia: →humo.

ahuyentar (ahu·yen·tar) [verbo] Hacer huir: *Compré un insecticida para ahuyentar a los mosquitos.* ☐ Familia: →huir.

airado, da (ai·ra·do, da) [adjetivo] Que está enfadado o siente ira. ☐ Familia: →ira.

airbag (air·bag) [sustantivo masculino] En un automóvil, bolsa de aire que se infla en caso de choque, para proteger a los ocupantes del vehículo. ☐ [Es una palabra de origen inglés. Se pronuncia «airbág». Su plural es «airbags»].

aire (ai·re) [sustantivo masculino] **1** Mezcla de gases que respiramos. **2** Esta mezcla de gases cuando está en movimiento: *¡Qué aire hace hoy!* **3** Capa que rodea la Tierra y está formada por esta mezcla de gases: *Los aviones van por el aire.* **4** Conjunto de características que hacen que una cosa se parezca a otra: *Tienes un aire a tu padre.* **5** Conjunto de características particulares de algo: *Esa casa tiene un aire muy misterioso.* ◆ [expresión] ‖ **aire acondicionado** Aparato que permite elegir la temperatura de un sitio cerrado. ‖ **al aire** Sin cubrir: *Llevaba los brazos al aire.* ‖ **al aire libre** Fuera de un sitio cerrado: *Me gusta hacer deporte al aire libre.* ‖ **darse aires** Creerse superior a los demás: *No te des esos aires conmigo.* ‖ **en el aire** Sin estar seguro: *El viaje de fin de curso todavía está en el aire.* ‖ **tomar el aire** Pasear fuera de un lugar cerrado: *Necesito salir a tomar el aire.* ☐ Sinónimos: **2** viento. **3** atmósfera. **4** parecido. ☐ Familia: airear, airoso, aéreo, antiaéreo, aeroplano, aerodinámico, aeródromo, aerolínea, aeronauta, aeronáutico, aeronáutica, aerosol, aerostático, aerostato, aeromodelismo, aerobio, anaerobio, orear.

airear (ai·re·ar) [verbo] **1** Poner algo al aire o hacer que dé el aire en un sitio: *airear una habitación.* **2** Anunciar algo para que lo sepa todo el mundo: *airear un secreto.* ☐ Sinónimos: **1** ventilar, orear. **2** proclamar, publicar, pregonar, divulgar, declarar. ☐ Antónimos: **2** callar. ☐ Familia: →aire.

airoso, sa (ai·ro·so, sa) [adjetivo] **1** Que termina con éxito: *Espero salir airoso de este asunto.* **2** Que tiene gracia en la forma de hacer algo: *Tiene unos andares muy airosos.* ☐ Familia: →aire.

aislado, da (ais·la·do, da) [adjetivo] **1** Separado de todo: *Vive en una casa aislada, en mitad del monte.* **2** Raro y muy poco frecuente: *Este asunto es un caso aislado.* ☐ Sinónimos: **2** excepcional, único, singular. ☐ Antónimos: **2** común. ☐ Familia: →isla.

aislamiento (ais·la·mien·to) [sustantivo masculino] **1** Hecho de dejar solo y separado algo o a alguien: *Es frecuente el aislamiento de algunos pueblos de montaña.* **2** Protección de un espacio para evitar que entre o salga algo de

aislante

él: *El aislamiento del techo evita que entre la humedad.* □ Familia: →isla.

aislante (ais·lan·te) [adjetivo o sustantivo] Que aísla. □ [No varía en masculino y femenino]. □ Familia: →isla.

aislar (ais·lar) [verbo] **1** Dejar solo y separado: *Aislarán al enfermo hasta que descubran si su enfermedad es contagiosa.* **2** Proteger un espacio para evitar que entre o salga algo de él: *Hemos aislado el techo para que no haya goteras.* □ [Es irregular]. □ Sinónimos: **1** incomunicar. □ Familia: →isla.

ajá (a·já) [interjección] Se usa para indicar sorpresa, admiración o disgusto.

ajado, da (a·ja·do, da) [adjetivo] Muy usado: *Este vestido ya está ajado.* □ Sinónimos: sobado. □ Antónimos: nuevo. □ Familia: →ajar.

ajar (a·jar) [verbo] Estropear o desgastar: *El calor ha ajado las flores.* □ Familia: ajado.

ajardinar (a·jar·di·nar) [verbo] **1** Convertir en jardín un terreno o una zona: *Hemos ajardinado el patio.* **2** Dotar de jardines un terreno o una zona: *El alcalde quiere ajardinar la zona sur de la ciudad.* □ Familia: →jardín.

ajedrez (a·je·drez) [sustantivo masculino] Juego en el que participan dos personas y al que se juega sobre un tablero de cuadros blancos y negros con piezas de diferentes formas que se mueven de distinta manera. □ [Su plural es «ajedreces»].

ajeno, na (a·je·no, na) [adjetivo] **1** Que es de otro: *Cuida las cosas ajenas como si fueran tuyas.* **2** Que no participa en lo que sucede a su alrededor: *Estuve ajeno a vuestra discusión porque no me interesaba.* □ Familia: enajenar, enajenación, enajenado.

ajetreado, da (a·je·tre·a·do, da) [adjetivo] Con mucho trabajo o con muchas cosas que hacer: *No he tenido tiempo de llamarle porque llevo un día muy ajetreado.* □ Familia: →ajetreo.

ajetreo (a·je·tre·o) [sustantivo masculino] Gran cantidad de movimiento o de actividad. □ Sinónimos: trasiego. □ Familia: ajetreado.

ajo (a·jo) [sustantivo masculino] Planta que tiene la raíz redonda y blanca, dividida en dientes, y que se usa para dar sabor a las comidas. ⊙ **página 967**. ◆ [expresión] ‖ **estar en el ajo** Estar al corriente de lo que sucede o contribuir a ello: *Quiero saber quién estaba en el ajo.* □ [La expresión es coloquial]. □ Familia: ajoblanco.

ajoblanco (a·jo·blan·co) [sustantivo masculino] Sopa hecha con almendras, ajos crudos machacados, miga de pan,

AISLAR

INDICATIVO	SUBJUNTIVO
Presente yo aíslo tú aíslas / usted aísla él, ella aísla nosotros, tras aislamos vosotros, tras aisláis / ustedes aíslan ellos, ellas aíslan	**Presente** yo aísle tú aísles / usted aísle él, ella aísle nosotros, tras aislemos vosotros, tras aisléis / ustedes aíslen ellos, ellas aíslen
Pretérito imperfecto yo aislaba tú aislabas / usted aislaba él, ella aislaba nosotros, tras aislábamos vosotros, tras aislabais / ustedes aislaban ellos, ellas aislaban	**Pretérito imperfecto** yo aislara *o* aislase tú aislaras *o* aislases / usted aislara *o* aislase él, ella aislara *o* aislase nosotros, tras aisláramos *o* aislásemos vosotros, tras aislarais *o* aislaseis / ustedes aislaran *o* aislasen ellos, ellas aislaran *o* aislasen
Pretérito perfecto simple yo aislé tú aislaste / usted aisló él, ella aisló nosotros, tras aislamos vosotros, tras aislasteis / ustedes aislaron ellos, ellas aislaron	**Futuro simple** yo aislare tú aislares / usted aislare él, ella aislare nosotros, tras aisláremos vosotros, tras aislareis / ustedes aislaren ellos, ellas aislaren
Futuro simple yo aislaré tú aislarás / usted aislará él, ella aislará nosotros, tras aislaremos vosotros, tras aislaréis / ustedes aislarán ellos, ellas aislarán	**IMPERATIVO** aísla (tú) / aísle (usted) aislemos (nosotros, tras) aislad (vosotros, tras) / aíslen (ustedes)
Condicional simple yo aislaría tú aislarías / usted aislaría él, ella aislaría nosotros, tras aislaríamos vosotros, tras aislaríais / ustedes aislarían ellos, ellas aislarían	**FORMAS NO PERSONALES** **Infinitivo** — **Gerundio** — **Participio** aislar — aislando — aislado

aceite, sal y agua: *El ajoblanco se sirve frío.* ☐ Familia: →ajo. →blanco.

ajuar (a·juar) [sustantivo masculino] **1** Conjunto de ropas y objetos que aportaba la mujer al casarse. **2** Conjunto de ropas, muebles y otros objetos que se usan en una casa.

ajuntar (a·jun·tar) [verbo] Ser amigo de alguien: *No te ajunto.* ☐ [Es coloquial]. ☐ Sinónimos: juntarse. ☐ Familia: →junto.

ajustar (a·jus·tar) [verbo] **1** Colocar algo de forma que no quede espacio alrededor: *Con el cinturón puedes ajustarte los pantalones.* **2** Combinar dos cosas para hacer que funcionen al mismo tiempo: *Ajustemos nuestros relojes antes de empezar la carrera.* **3** Hacer que algo combine bien con otra cosa: *Si quieres vivir aquí, debes ajustar tus normas a las nuestras.* ☐ Sinónimos: **1, 2** acoplar. **1** encajar. **2** adaptar. **3** amoldar. ☐ Antónimos: desajustar. ☐ Familia: →justo.

ajuste (a·jus·te) [sustantivo masculino] **1** Hecho de colocar algo de forma que no quede espacio alrededor. **2** Hecho de combinar dos cosas para hacer que funcionen al mismo tiempo. **3** Hecho de adaptar una cosa a otra. ◆ [expresión] ‖ **ajuste de cuentas** Venganza. ☐ Antónimos: desajuste. ☐ Familia: →justo.

ajusticiar (a·jus·ti·ciar) [verbo] Dar muerte a una persona porque así lo ha decidido la ley. ☐ [Es irregular y se conjuga como **ANUNCIAR**]. ☐ Sinónimos: ejecutar. ☐ Familia: →justo.

al Unión de *a* y *el*. ☐ [No debe decirse «Llama a el abuelo», sino «Llama al abuelo»].

ala (a·la) ■ [sustantivo femenino] **1** Parte del cuerpo de algunos animales que les sirve para volar: *Los pájaros tienen alas.* **2** Cada una de las partes planas de un avión que le permiten mantenerse en el aire: *Desde la ventanilla del avión veía el ala izquierda.* **3** Cada una de las partes de un edificio: *El ala oeste del castillo se quemó.* **4** Parte de un sombrero que da sombra. ■ [interjección] **5** → **hala**. ◆ [expresión] ‖ **ala delta** Especie de tela con forma de triángulo que permite volar lanzándose desde un lugar muy alto. ☐ [Aunque es femenino, como empieza por «a» tónica o acentuada, se usa con «el», «un», «ningún» y «algún»: «el ala», «las alas»]. ☐ Familia: alado, alero, alerón, aleta, aletear, aletazo, aleteo, alicaído.

alabanza (a·la·ban·za) [sustantivo femenino] **1** Hecho de decir cosas buenas de alguien: *Los himnos religiosos son alabanzas a Dios.* **2** Cosa buena que se dice de alguien: *Cuando habla de ti solo dice alabanzas.* ☐ Sinónimos: **2** elogio, encomio. ☐ Antónimos: ofensa, ultraje. ☐ Familia: →alabar.

alabar (a·la·bar) [verbo] Decir cosas buenas de alguien. ☐ Sinónimos: elogiar, ponderar, halagar, encomiar. ☐ Antónimos: ofender, vilipendiar. ☐ Familia: alabanza.

alabastro (a·la·bas·tro) [sustantivo masculino] Piedra no muy dura, de color blanco y un poco transparente, que se usa para fabricar objetos de arte y de decoración.

alabear (a·la·be·ar) [verbo] Dar forma curva a algo: *La humedad ha alabeado la puerta y ahora no cierra bien.* ☐ Sinónimos: curvar, arquear.

alacena (a·la·ce·na) [sustantivo femenino] Especie de armario hecho en el hueco de una pared y en el que se suelen guardar alimentos.

alacrán (a·la·crán) [sustantivo masculino] Animal cuya cola acaba con un aguijón venenoso en forma de gancho. 👁 **páginas 354-355.** ☐ Sinónimos: escorpión.

alado, da (a·la·do, da) [adjetivo] Que tiene alas. ☐ Familia: →ala.

alambique (a·lam·bi·que) [sustantivo masculino] Aparato que se usa para destilar líquidos por medio del calor: *El alambique se utiliza para hacer licores.*

alambrada (a·lam·bra·da) [sustantivo femenino] Conjunto de alambres que se ponen alrededor de un sitio que se quiere proteger: *Una alambrada rodea la finca.* ☐ Familia: →alambre.

alambre (a·lam·bre) [sustantivo masculino] Hilo de metal que se puede doblar. ☐ Familia: alambrada, inalámbrico.

alameda (a·la·me·da) [sustantivo femenino] Lugar o paseo con árboles. ☐ Familia: →álamo.

álamo (á·la·mo) [sustantivo masculino] Árbol que crece mucho y que tiene el tronco claro y liso. ☐ Familia: alameda.

alano, na (a·la·no, na) ■ [adjetivo o sustantivo] **1** De un antiguo pueblo germánico que invadió España en el siglo V. ■ **alano** [sustantivo masculino] **2** Perro de una raza que se caracteriza por tener la cabeza grande, las orejas caídas, el hocico chato, la cola larga y el pelo corto y suave.

alarde (a·lar·de) [sustantivo masculino] Demostración de algo que se hace con orgullo delante de los demás. ☐ Sinónimos: ostentación. ☐ Familia: alardear.

alardear (a·lar·de·ar) [verbo] Mostrar algo con orgullo y para presumir: *Le gusta alardear de sus nietos.* ☐ Familia: →alarde.

alargado, da (a·lar·ga·do, da) [adjetivo] Que es mucho más largo que ancho. ☐ Familia: →largo.

alargador (a·lar·ga·dor) [sustantivo masculino] Pieza que sirve para hacer una cosa más larga. ☐ Familia: →largo.

alargar (a·lar·gar) [verbo] Hacer más largo. ☐ [La «g» se cambia en «gu» delante de «e» («alargue»)]. ☐ Sinónimos: prolongar, ampliar. ☐ Antónimos: abreviar, acortar. ☐ Familia: →largo.

alarido (a·la·ri·do) [sustantivo masculino] Grito muy fuerte y agudo.

alarma (a·lar·ma) [sustantivo femenino] Señal que avisa de que hay un peligro. ☐ Familia: →alarmar.

alarmante (a·lar·man·te) [adjetivo] Que asusta porque puede ser muy grave. ☐ [No varía en masculino y femenino]. ☐ Familia: →alarmar.

alarmar (a·lar·mar) [verbo] Asustar o poner muy nervioso: *Se alarmó al ver a su madre con cara de preocupación.* ☐ Familia: alarma, alarmante.

alavés, sa (a·la·vés, ve·sa) [adjetivo o sustantivo] De la provincia española de Álava.

alazán, na (a·la·zán, za·na) [adjetivo o sustantivo] Dicho de un caballo, que tiene el pelo marrón claro.

alba (al·ba) [sustantivo femenino] **1** Momento del día en el que sale el sol. **2** Prenda blanca que se pone el sacerdote católico en algunas ceremonias. ☐ [Aunque es femenino, como empieza por «a» tónica o acentuada, se usa con «el», «un», «ningún» y «algún»: «el alba», «las albas»]. ☐ Sinónimos: **1** amanecer, madrugada, alborada.

albacea (al·ba·ce·a) [sustantivo] Persona que se encarga de cumplir la última voluntad de un difunto y de guardar sus bienes hasta que se repartan. ☐ [No varía en masculino y femenino].

albacetense (al·ba·ce·ten·se) [adjetivo o sustantivo] De la provincia española de Albacete o de su capital. ☐ [No varía en masculino y femenino]. ☐ Sinónimos: albaceteño.

albaceteño, ña (al·ba·ce·te·ño, ña) [adjetivo o sustantivo] De la provincia española de Albacete o de su capital. ☐ Sinónimos: albacetense.

albahaca (al·ba·ha·ca) [sustantivo femenino] Planta de olor muy agradable, que se utiliza en medicina y para dar sabor a la comida.

albanés, sa (al·ba·nés, ne·sa) ■ [adjetivo o sustantivo] **1** De Albania, que es un país europeo. ■ **albanés** [sustantivo masculino] **2** Lengua de este país.

albañil, la (al·ba·ñil, ñi·la) [sustantivo] Persona que trabaja en la construcción. ☐ Familia: albañilería.

albañilería (al·ba·ñi·le·rí·a) [sustantivo femenino] Conjunto de técnicas para construir casas. ☐ Familia: →albañil.

albarda (al·bar·da) [sustantivo femenino] Almohada de paja que se pone en el lomo de algunos animales para que no les haga daño la carga.

albaricoque (al·ba·ri·co·que) [sustantivo masculino] Fruta redonda con un hueso grande dentro, parecida al melocotón, pero más pequeña. ◉ página 453.

albatros (al·ba·tros) [sustantivo masculino] Ave marina de gran tamaño, con plumas largas, con las alas muy largas y con el pico en forma de gancho. ◉ páginas 354-355. ☐ [No varía en singular y plural].

albedrío (al·be·drí·o) [sustantivo masculino] **1** Capacidad de actuación que tiene el ser humano basada en la reflexión y la libertad para elegir: *libre albedrío*. **2** Capricho o voluntad de alguien: *Siempre hace las cosas según su albedrío*.

alberca (al·ber·ca) [sustantivo femenino] Lugar que se construye para almacenar agua: *La alberca de la huerta es para regar*.

albérchigo (al·bér·chi·go) [sustantivo masculino] **1** Árbol que da una fruta parecida al melocotón. **2** Fruta de este árbol.

albergar (al·ber·gar) [verbo] **1** Dar o tomar alojamiento: *Nos albergaremos en ese hotel*. **2** Tener una idea o un deseo: *Albergo la esperanza de volver a verte*. ☐ [La «g» se cambia en «gu» delante de «e» («albergue»)]. ☐ Sinónimos: **1** hospedar, alojar. **2** abrigar. ☐ Familia: →albergue.

albergue (al·ber·gue) [sustantivo masculino] **1** Edificio en el que pasa la noche una persona: *Fuimos a esquiar y dormimos en un albergue de montaña*. **2** Permiso que se da a una persona para pasar la noche en una casa que no es la suya: *Te agradezco que me des albergue en tu casa*. ☐ Sinónimos: hospedaje, alojamiento. ☐ Familia: albergar.

albino, na (al·bi·no, na) [adjetivo o sustantivo] Que tiene la piel y el pelo casi blancos.

albóndiga (al·bón·di·ga) [sustantivo femenino] Bola de carne picada, que se hace como comida.

albor (al·bor) [sustantivo masculino] **1** Comienzo o principio de algo: *Nos encontramos en los albores de un nuevo siglo*. **2** Luz débil que hay cuando amanece. ☐ [En el significado **1** se usa más en plural]. ☐ Familia: alborada, alborear.

alborada (al·bo·ra·da) [sustantivo femenino] Momento del día en el que sale el sol. ☐ Sinónimos: alba, amanecer. ☐ Familia: →albor.

alborear (al·bo·re·ar) [verbo] Empezar a aparecer la luz del día: *Salieron de viaje al alborear el día*. ☐ Sinónimos: amanecer. ☐ Familia: →albor.

albornoz (al·bor·noz) [sustantivo masculino] Bata hecha con tela absorbente, que se usa después de la ducha o del baño. ☐ [Su plural es «albornoces»].

albornoz

alborotado, da (al·bo·ro·ta·do, da) [adjetivo] **1** Que no está tranquilo: *Los niños estaban alborotados porque era el último día de clase*. **2** Sin orden: *Tengo el pelo alborotado porque hace mucho aire*. ☐ Sinónimos: **1** inquieto, nervioso. ☐ Antónimos: **1** tranquilo. ☐ Familia: →alborotar.

alborotador, ra (al·bo·ro·ta·dor, do·ra) [adjetivo o sustantivo] Que alborota. ☐ Familia: →alborotar.

alborotar (al·bo·ro·tar) [verbo] **1** Hacer mucho ruido y molestar: *En un hospital no se puede alborotar*. **2** Cambiar el orden normal de algo: *El aire me ha alborotado el pelo*. ☐ Familia: alboroto, alborotador, alborotado.

alboroto (al·bo·ro·to) [sustantivo masculino] Mucho ruido y gran movimiento de personas. ☐ Sinónimos: bulla, bullicio, jaleo, lío, follón, trasiego, barahúnda, bochinche. ☐ Familia: →alborotar.

alborozado, da (al·bo·ro·za·do, da) [adjetivo] Muy contento. ☐ SINÓNIMOS: alegre. ☐ ANTÓNIMOS: triste. ☐ FAMILIA: →alborozo.

alborozo (al·bo·ro·zo) [sustantivo masculino] Sensación que se tiene cuando pasa algo que nos gusta mucho. ☐ SINÓNIMOS: gozo, alegría. ☐ ANTÓNIMOS: tristeza. ☐ FAMILIA: alborozado.

albricias (al·bri·cias) [interjección] Se usa para expresar una alegría muy grande. ☐ [Suele usarse en el lenguaje literario].

albufera (al·bu·fe·ra) [sustantivo femenino] Terreno en el que ha entrado el agua del mar y que ha quedado separado de este por una zona de arena.

álbum (ál·bum) [sustantivo masculino] **1** Especie de libro donde se guardan fotografías y otras cosas. **2** Conjunto formado por uno o varios discos. ☐ [Su plural es «álbumes»].

albúmina (al·bú·mi·na) [sustantivo] Sustancia vegetal o animal, que se encuentra en la clara del huevo.

alcachofa (al·ca·cho·fa) [sustantivo femenino] **1** Planta que se cultiva en las huertas, cuyo fruto es verde y está rodeado de hojas pequeñas y duras. 👁 **página 967**. **2** Pieza que tiene muchos agujeros por los que sale el agua: *la alcachofa de la ducha*.

alcahuete, ta (al·ca·hue·te, ta) [sustantivo] **1** Persona que le busca novio a otra. **2** Persona que se entera de las cosas de los demás y luego se las cuenta a otros. ☐ [No confundir con «cacahuete» (fruto seco)]. ☐ SINÓNIMOS: **2** correveidile.

alcaide (al·cai·de) [sustantivo masculino] **1** Director de una prisión. **2** Persona que se encargaba de guardar y defender un castillo o una fortaleza.

alcalde (al·cal·de) [sustantivo masculino] Persona que gobierna una ciudad o un pueblo. ☐ [El femenino es «alcaldesa»]. ☐ FAMILIA: alcaldía.

alcaldesa (al·cal·de·sa) [sustantivo femenino] Mujer que gobierna una ciudad o un pueblo. ☐ [El masculino es «alcalde»].

alcaldía (al·cal·dí·a) [sustantivo femenino] **1** Categoría de alcalde: *Abandonó la alcaldía después de tres años en el cargo*. **2** Oficina en la que trabaja el alcalde: *El alcalde reunió en la alcaldía a todos los concejales*. ☐ FAMILIA: →alcalde.

alcalino, na (al·ca·li·no, na) [adjetivo] **1** Dicho de una sustancia, que tiene propiedades parecidas a las de la lejía y puede quemar o irritar la piel. **2** Que contiene este tipo de sustancias: *pilas alcalinas*.

alcance (al·can·ce) [sustantivo masculino] Distancia a la que llega la acción de algo. ☐ FAMILIA: →alcanzar.

alcancía (al·can·cí·a) [sustantivo femenino] Recipiente de barro, con una abertura, en el que se guarda dinero para ahorrar. ☐ SINÓNIMOS: hucha.

alcanfor (al·can·for) [sustantivo masculino] Sustancia blanca de olor muy fuerte, que se usa en medicina y en las casas para evitar que las polillas se coman la ropa.

alcantarilla (al·can·ta·ri·lla) [sustantivo femenino] **1** Lugar que hay debajo de las ciudades por donde se va el agua sucia y el agua de lluvia. **2** Agujero con una tapa de metal que conduce a este lugar. ☐ SINÓNIMOS: **1** cloaca. ☐ FAMILIA: alcantarillado.

alcantarilla

alcantarillado (al·can·ta·ri·lla·do) [sustantivo masculino] Sistema formado por un conjunto de grandes tubos que van por debajo de las casas para llevar hacia los ríos el agua sucia y el agua de lluvia. ☐ FAMILIA: →alcantarilla.

alcanzar (al·can·zar) [verbo] **1** Llegar a juntarse con algo que va por delante: *Si quieres alcanzarme tendrás que correr*. **2** Obtener o llegar a coger: *Alcánzame el libro, que yo no llego*. **3** Ser suficiente: *Con este dinero no me alcanza para comprar ese regalo*. **4** Llegar a algo o dar en ello: *La explosión alcanzó a varios edificios de la ciudad*. ☐ [La «z» se cambia en «c» delante de «e» («alcance»)]. ☐ SINÓNIMOS: **1** atrapar, coger. ☐ FAMILIA: alcance, inalcanzable.

alcaparra (al·ca·pa·rra) [sustantivo femenino] Arbusto con muchas ramas, espinas y flores blancas y grandes, cuyo brote es de color verde oscuro y se prepara en vinagre para añadirlo a algunas comidas.

alcatraz (al·ca·traz) [sustantivo masculino] Ave marina de color blanco, con manchas negras en los extremos de las alas. ☐ [Su plural es «alcatraces»].

alcaudón (al·cau·dón) [sustantivo masculino] Pájaro con plumas de color grisáceo, con las alas y la cola negras con manchas blancas, y con el pico fuerte y curvado.

alcayata (al·ca·ya·ta) [sustantivo femenino] Clavo en forma de ele mayúscula, que se usa para colgar cosas. 👁 **páginas 494-495**. ☐ SINÓNIMOS: escarpia.

alcazaba (al·ca·za·ba) [sustantivo femenino] Lugar fortificado construido por los árabes.

alcázar (al·cá·zar) [sustantivo masculino] Especie de castillo que servía para protegerse de un ataque enemigo. ☐ SINÓNIMOS: fortaleza.

alce (al·ce) [sustantivo masculino] Animal parecido al ciervo, pero un poco más grande, cuyo macho tiene los cuernos anchos y planos.

alcoba (al·co·ba) [sustantivo femenino] Cuarto de una casa en el que se duerme. ☐ SINÓNIMOS: dormitorio.

alcohol (al·co·hol) [sustantivo masculino] **1** Líquido que no tiene color, que arde muy fácilmente y que se usa para limpiar, para evitar infecciones y para mezclar con algunas sustancias: *El vino y las colonias tienen alcohol*. **2** Bebida alcohólica. ☐ FAMILIA: alcohólico, alcoholismo, alcoholemia.

alcoholemia (al·co·ho·le·mia) [sustantivo femenino] Presencia de alcohol en la sangre: *La prueba de alcoholemia permite detectar si un conductor ha bebido alcohol.* ☐ FAMILIA: →alcohol.

alcohólico, ca (al·co·hó·li·co, ca) ∎ [adjetivo] **1** Dicho de una bebida, que contiene alcohol: *El vino y los licores son bebidas alcohólicas.* ∎ [adjetivo o sustantivo] **2** Que bebe demasiado alcohol. ☐ FAMILIA: →alcohol.

alcoholismo (al·co·ho·lis·mo) [sustantivo masculino] Enfermedad producida por beber demasiado alcohol. ☐ FAMILIA: →alcohol.

alcornoque (al·cor·no·que) ∎ [sustantivo masculino] **1** Que tiene poca educación o poca inteligencia. ∎ [sustantivo masculino] **2** Árbol que tiene el tronco áspero y de color muy oscuro: *El corcho se obtiene de la corteza del alcornoque.* 👁 **página 91.** ☐ [Cuando es adjetivo, no varía en masculino y femenino. En el significado **2** es coloquial].

alcorque (al·cor·que) [sustantivo masculino] Hoyo que se hace alrededor de una planta para retener el agua en él.

alcotán (al·co·tán) [sustantivo masculino] Ave parecida al halcón con la cola de color rojo.

alcurnia (al·cur·nia) [sustantivo femenino] Conjunto de antepasados y descendientes de una persona de clase social alta.

aldaba (al·da·ba) [sustantivo femenino] Pieza de metal que se pone en una puerta para llamar con ella. ☐ FAMILIA: aldabonazo, tragaldabas.

aldaba

aldabonazo (al·da·bo·na·zo) [sustantivo masculino] Golpe dado con la aldaba. ☐ FAMILIA: →aldaba.

aldea (al·de·a) [sustantivo femenino] Pueblo pequeño. ☐ FAMILIA: aldeano.

aldeano, na (al·de·a·no, na) [adjetivo o sustantivo] De una aldea o relacionado con ella. ☐ FAMILIA: →aldea.

ale (a·le) [interjección] Se usa para dar ánimo o para indicar sorpresa, admiración o disgusto. ☐ SINÓNIMOS: hala.

aleación (a·le·a·ción) [sustantivo femenino] Mezcla de dos o más metales.

aleatorio, ria (a·le·a·to·rio, ria) [adjetivo] Que depende de la suerte: *El ganador fue seleccionado de forma aleatoria.*

aleccionador, ra (a·lec·cio·na·dor, do·ra) [adjetivo] Que sirve para dar ejemplo. ☐ FAMILIA: →lección.

aleccionar (a·lec·cio·nar) [verbo] Enseñar algo a una persona: *Me aleccionó sobre el comportamiento que debía tener.* ☐ SINÓNIMOS: instruir. ☐ FAMILIA: →lección.

aledaño, ña (a·le·da·ño, ña) ∎ [adjetivo] **1** Que está junto a otra cosa: *El solar aledaño al edificio tiene gran valor.* ∎ **aledaños** [sustantivo masculino plural] **2** Zona que rodea un lugar: *Visitamos el palacio y sus aledaños.* ☐ SINÓNIMOS: **1** contiguo, colindante. **2** alrededores, inmediaciones.

alegación (a·le·ga·ción) [sustantivo femenino] Explicación de méritos, argumentos o razones como prueba o excusa de un hecho: *El tribunal estudió las alegaciones presentadas por los abogados.* ☐ FAMILIA: →alegar.

alegar (a·le·gar) [verbo] Presentar algo como excusa: *Cuando le regañaron alegó que no lo había hecho a propósito.* ☐ [La «g» se cambia en «gu» delante de «e» («alegue»)]. ☐ SINÓNIMOS: aducir. ☐ FAMILIA: alegación, alegato.

alegato (a·le·ga·to) [sustantivo masculino] Discurso en favor o en contra de algo: *La defensa expuso su alegato ante el jurado.* ☐ FAMILIA: →alegar.

alegoría (a·le·go·rí·a) [sustantivo femenino] Dibujo, escena o escrito que representan alguna idea abstracta relacionada con lo que en ellos se ve o se dice. ☐ FAMILIA: alegórico.

alegórico, ca (a·le·gó·ri·co, ca) [adjetivo] De la alegoría o que representa alguna idea abstracta relacionada con lo que se ve: *Una mujer sujetando una balanza es un dibujo alegórico de la justicia.* ☐ FAMILIA: →alegoría.

alegrar (a·le·grar) [verbo] Poner alegre: *Me alegra que hayas encontrado trabajo.* ☐ ANTÓNIMOS: acongojar, entristecer, apenar, afligir, desconsolar, apesadumbrar. ☐ FAMILIA: →alegre.

alegre (a·le·gre) [adjetivo] **1** Que siente o que produce una sensación que hace feliz: *Hoy estoy muy alegre.* **2** Dicho de un color, que es vivo: *El rojo y el amarillo son colores alegres.* **3** Que está un poco borracho: *Con un vasito de vino se pone un poco alegre.* **4** Que se hace de forma poco responsable: *No hagas las cosas de forma tan alegre y piensa un poco.* ☐ [No varía en masculino y femenino]. ☐ SINÓNIMOS: **1** contento, alborozado. ☐ ANTÓNIMOS: **1** triste, penoso, mohíno, acongojado, apesadumbrado, lóbrego, tétrico. **2** apagado. ☐ FAMILIA: alegrar, alegría.

alegría (a·le·grí·a) [sustantivo femenino] **1** Sensación que se tiene cuando pasa algo que nos gusta mucho: *¡Qué alegría verte otra vez!* **2** Falta de responsabilidad al hacer algo: *No gastes el dinero con tanta alegría.* ☐ SINÓNIMOS: **1** gozo, contento, dicha, alborozo, felicidad. ☐ ANTÓNIMOS: **1** aflicción, pena, dolor, tristeza, pesar, sufrimiento, sinsabor. ☐ FAMILIA: →alegre.

alejamiento (a·le·ja·mien·to) [sustantivo masculino] Colocación de algo más lejos. ☐ ANTÓNIMOS: acercamiento, aproximación. ☐ FAMILIA: →lejos.

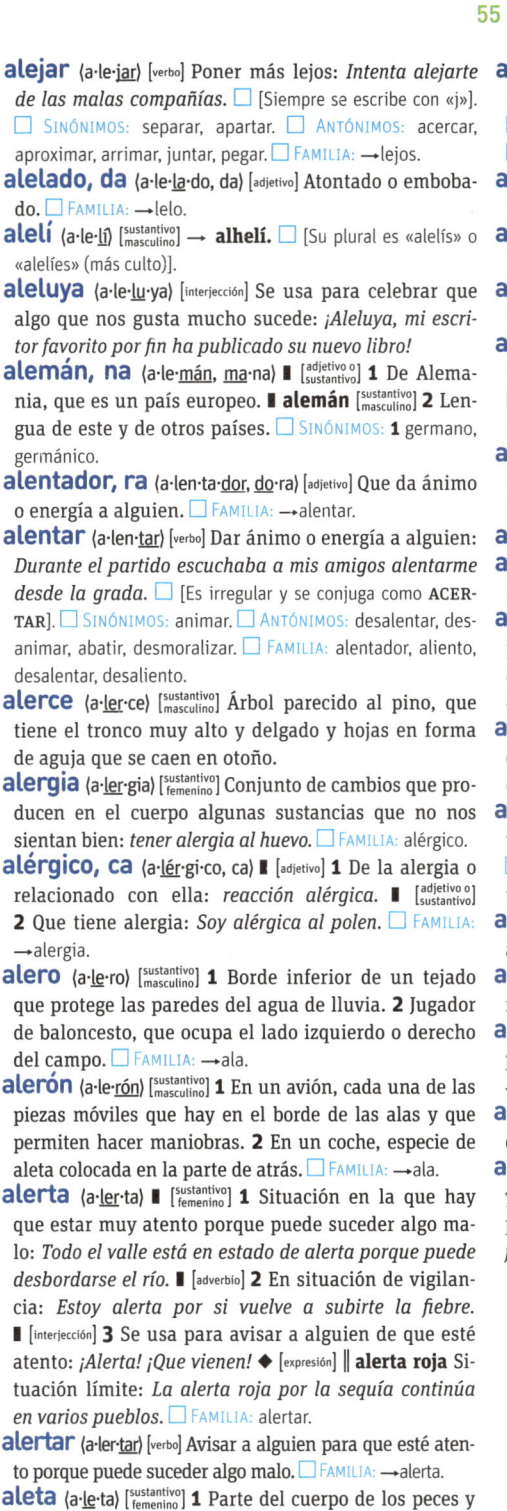

alejar (a·le·jar) [verbo] Poner más lejos: *Intenta alejarte de las malas compañías.* ☐ [Siempre se escribe con «j»]. ☐ Sinónimos: separar, apartar. ☐ Antónimos: acercar, aproximar, arrimar, juntar, pegar. ☐ Familia: →lejos.

alelado, da (a·le·la·do, da) [adjetivo] Atontado o embobado. ☐ Familia: →lelo.

alelí (a·le·lí) [sustantivo masculino] → **alhelí**. ☐ [Su plural es «alelís» o «alelíes» (más culto)].

aleluya (a·le·lu·ya) [interjección] Se usa para celebrar que algo que nos gusta mucho sucede: *¡Aleluya, mi escritor favorito por fin ha publicado su nuevo libro!*

alemán, na (a·le·mán, ma·na) ▌ [adjetivo o sustantivo] **1** De Alemania, que es un país europeo. ▌ **alemán** [sustantivo masculino] **2** Lengua de este y de otros países. ☐ Sinónimos: **1** germano, germánico.

alentador, ra (a·len·ta·dor, do·ra) [adjetivo] Que da ánimo o energía a alguien. ☐ Familia: →alentar.

alentar (a·len·tar) [verbo] Dar ánimo o energía a alguien: *Durante el partido escuchaba a mis amigos alentarme desde la grada.* ☐ [Es irregular y se conjuga como ACERTAR]. ☐ Sinónimos: animar. ☐ Antónimos: desalentar, desanimar, abatir, desmoralizar. ☐ Familia: alentador, aliento, desalentar, desaliento.

alerce (a·ler·ce) [sustantivo masculino] Árbol parecido al pino, que tiene el tronco muy alto y delgado y hojas en forma de aguja que se caen en otoño.

alergia (a·ler·gia) [sustantivo femenino] Conjunto de cambios que producen en el cuerpo algunas sustancias que no nos sientan bien: *tener alergia al huevo.* ☐ Familia: alérgico.

alérgico, ca (a·lér·gi·co, ca) ▌ [adjetivo] **1** De la alergia o relacionado con ella: *reacción alérgica.* ▌ [adjetivo o sustantivo] **2** Que tiene alergia: *Soy alérgica al polen.* ☐ Familia: →alergia.

alero (a·le·ro) [sustantivo masculino] **1** Borde inferior de un tejado que protege las paredes del agua de lluvia. **2** Jugador de baloncesto, que ocupa el lado izquierdo o derecho del campo. ☐ Familia: →ala.

alerón (a·le·rón) [sustantivo masculino] **1** En un avión, cada una de las piezas móviles que hay en el borde de las alas y que permiten hacer maniobras. **2** En un coche, especie de aleta colocada en la parte de atrás. ☐ Familia: →ala.

alerta (a·ler·ta) ▌ [sustantivo femenino] **1** Situación en la que hay que estar muy atento porque puede suceder algo malo: *Todo el valle está en estado de alerta porque puede desbordarse el río.* ▌ [adverbio] **2** En situación de vigilancia: *Estoy alerta por si vuelve a subirte la fiebre.* ▌ [interjección] **3** Se usa para avisar a alguien de que esté atento: *¡Alerta! ¡Que vienen!* ◆ [expresión] ‖ **alerta roja** Situación límite: *La alerta roja por la sequía continúa en varios pueblos.* ☐ Familia: alertar.

alertar (a·ler·tar) [verbo] Avisar a alguien para que esté atento porque puede suceder algo malo. ☐ Familia: →alerta.

aleta (a·le·ta) [sustantivo femenino] **1** Parte del cuerpo de los peces y otros animales que les sirve para nadar. **2** Especie de zapato de goma que se usa para nadar más rápido. **3** Parte inferior de los lados de la nariz. ☐ Familia: →ala.

aletargar (a·le·tar·gar) [verbo] Producir sueño o un estado parecido al sueño: *El frío aletarga a los reptiles.* ☐ [La «g» se cambia en «gu» delante de «e» («aletargue»)]. ☐ Familia: →letargo.

aletazo (a·le·ta·zo) [sustantivo masculino] Golpe dado con un ala o con una aleta. ☐ Familia: →ala.

aletear (a·le·te·ar) [verbo] Mover las alas un ave. ☐ Familia: →ala.

aleteo (a·le·te·o) [sustantivo masculino] Movimiento repetido de las alas. ☐ Familia: →ala.

alevín (a·le·vín) ▌ [adjetivo o sustantivo] **1** Que pertenece a una de las categorías deportivas, por encima de la de benjamín. ▌ [sustantivo] **2** Cría de algunos peces. ☐ [En el significado **1** no varía en masculino y femenino].

alevosía (a·le·vo·sí·a) [sustantivo femenino] En algunos delitos, seguridad que tiene la persona que los comete de que no le va a suceder nada.

alfa (al·fa) [sustantivo femenino] Primera letra del alfabeto griego.

alfabético, ca (al·fa·bé·ti·co, ca) [adjetivo] Del abecedario o relacionado con él. ☐ Familia: →alfabeto.

alfabetización (al·fa·be·ti·za·ción) [sustantivo femenino] **1** Proceso para enseñar a leer y a escribir: *alfabetización de adultos.* **2** Colocación por orden alfabético. ☐ Familia: →alfabeto.

alfabetizar (al·fa·be·ti·zar) [verbo] Enseñar a leer y a escribir. ☐ [La «z» se cambia en «c» delante de «e» («alfabetice»)]. ☐ Familia: →alfabeto.

alfabeto (al·fa·be·to) [sustantivo masculino] Conjunto de las letras de un idioma puestas en orden. ☐ Sinónimos: abecedario. ☐ Familia: alfabetizar, alfabetización, alfabético, analfabeto, analfabetismo.

alfalfa (al·fal·fa) [sustantivo femenino] Planta que sirve de alimento al ganado.

alfanje (al·fan·je) [sustantivo masculino] Arma parecida a la espada pero más ancha y curvada, y con la punta de doble filo.

alfarería (al·fa·re·rí·a) [sustantivo femenino] Técnica que se emplea para fabricar objetos de barro con las manos. ☐ Familia: →alfarero.

alfarero, ra (al·fa·re·ro, ra) [sustantivo] Persona que se dedica a la alfarería. ☐ Familia: alfarería.

alféizar (al·féi·zar) [sustantivo masculino] Parte de la pared que entra y rodea una puerta o una ventana, especialmente la parte de abajo de la ventana: *Dejé la maceta en el alféizar de la ventana.*

alféizar

alfeñique

alfeñique (al·fe·ñi·que) [sustantivo masculino] Persona muy delgada y débil. ☐ [Es coloquial y despectivo].

alférez (al·fé·rez) [sustantivo] Una de las categorías militares, por debajo del teniente. ☐ [No varía en masculino y femenino. Su plural es «alféreces»].

alfil (al·fil) [sustantivo masculino] Una de las piezas del juego de ajedrez, que se mueve en diagonal.

alfiler (al·fi·ler) [sustantivo masculino] Especie de aguja que tiene una bolita en uno de sus extremos. ◆ [expresión] ‖ **con alfileres** Poco seguro: *Casi no he podido estudiar y me sé la lección con alfileres.* ☐ [La expresión es coloquial]. ☐ FAMILIA: alfiletero.

alfiletero (al·fi·le·te·ro) [sustantivo masculino] Bolsita de tela con un relleno blando, que sirve para clavar en ella agujas y alfileres. ☐ SINÓNIMOS: acerico. ☐ FAMILIA: →alfiler.

alfombra (al·fom·bra) [sustantivo femenino] **1** Tela que se pone en el suelo para adornarlo o para proteger del frío: *La alfombra del salón de mi casa es de lana.* **2** Cosa de forma regular que cubre el suelo del todo: *Hicieron una alfombra de flores.* ☐ FAMILIA: alfombrar, alfombrilla.

alfombrar (al·fom·brar) [verbo] Cubrir el suelo con una alfombra o con otra cosa. ☐ FAMILIA: →alfombra.

alfombrilla (al·fom·bri·lla) [sustantivo femenino] **1** Alfombra pequeña, como la que se pone en los coches, o en el cuarto de baño para pisar al salir de la ducha. **2** Superficie que sirve para que se deslice con facilidad el ratón de un ordenador. ☐ FAMILIA: →alfombra.

alforja (al·for·ja) [sustantivo femenino] Especie de bolsa que cae a cada lado de algo: *Vimos un burro con alforjas.* ☐ [Significa lo mismo en singular que en plural].

alforja

alga (al·ga) [sustantivo femenino] Planta que vive dentro del agua: *Algunas algas marinas son comestibles.* ☐ [Aunque es femenino, como empieza por «a» tónica o acentuada, se usa con «el», «un», «ningún» y «algún»: «el alga», «las algas»].

algarabía (al·ga·ra·bí·a) [sustantivo femenino] Situación confusa que se produce cuando hay mucha gente que habla o grita al mismo tiempo. ☐ SINÓNIMOS: follón, jaleo.

algarada (al·ga·ra·da) [sustantivo femenino] Ruido de voces producido por un grupo de gente.

algarroba (al·ga·rro·ba) [sustantivo femenino] Fruto del algarrobo, que es parecido a la judía. ☐ FAMILIA: algarrobo.

algarrobo (al·ga·rro·bo) [sustantivo masculino] Árbol que no pierde las hojas, tiene flores rojas y un fruto parecido a la judía. ☐ FAMILIA: →algarroba.

algazara (al·ga·za·ra) [sustantivo femenino] Alboroto producido por las voces y risas de un grupo de gente.

álgebra (ál·ge·bra) [sustantivo femenino] Parte de las matemáticas que estudia las operaciones con números, letras y signos: *Dentro del álgebra estudiamos las ecuaciones.* ☐ [Aunque es femenino, como empieza por «a» tónica o acentuada, se usa con «el»: «el álgebra»]. ☐ FAMILIA: algebraico.

algebraico, ca (al·ge·brai·co, ca) [adjetivo] Del álgebra o relacionado con esta parte de las matemáticas: *cálculo algebraico.* ☐ FAMILIA: →álgebra.

álgido, da (ál·gi·do, da) [adjetivo] Dicho de un momento o un período, que es culminante o decisivo: *Su carrera se encontraba en el momento álgido.*

algo (al·go) [indefinido] **1** Una cosa, sin decir exactamente qué es: *Necesito beber algo.* **2** Cantidad de una cosa: *Creo que tengo algo de fiebre.* **3** Un poco: *Te veo algo triste, ¿qué te pasa?* ◆ [expresión] ‖ **darle algo a alguien** Ponerse mal de pronto: *No corras tanto, que te va a dar algo.* ‖ **por algo** Porque hay un motivo, aunque no se diga cuál es: *Si ya no te presto ningún libro es por algo.* ☐ [En los significados **1** y **2** no varía en masculino y femenino. En el significado **3** tampoco varía por ser adverbio. No tiene plural].

algodón (al·go·dón) [sustantivo masculino] **1** Planta que tiene las semillas envueltas por una especie de pelos blancos y cortos: *El algodón se cultiva en zonas calurosas y húmedas.* **2** Hilo que se obtiene de esta planta: *La ropa de algodón se arruga mucho.* **3** Especie de pelusa, suave y blanca: *Límpiate la herida con algodón y agua oxigenada.* ◆ [expresión] ‖ **algodón dulce** Dulce hecho con azúcar: *En la feria tomé algodón dulce.* ‖ **tener entre algodones a alguien** Tratarlo muy bien: *Te miman demasiado y te tienen entre algodones.* ☐ FAMILIA: algodonero, algodonoso, algodonal.

algodonal (al·go·do·nal) [sustantivo masculino] Campo cultivado de algodón. ☐ FAMILIA: →algodón.

algodonero, ra (al·go·do·ne·ro, ra) ■ [adjetivo] **1** Del algodón o relacionado con él. ■ [sustantivo] **2** Persona que se dedica al cultivo o al comercio del algodón. ☐ FAMILIA: →algodón.

algodonoso, sa (al·go·do·no·so, sa) [adjetivo] Con las características del algodón: *nubes algodonosas.* ☐ FAMILIA: →algodón.

algoritmo (al·go·rit·mo) [sustantivo masculino] **1** Conjunto ordenado de operaciones que permiten encontrar la solución de un problema: *La multiplicación 2 × 3 se resuelve mediante el algoritmo 2 + 2 + 2.* **2** Sistema de signos que sirven para expresar conceptos matemáticos: $ax + b = 0$ *es un algoritmo.*

alguacil, la (al·gua·cil, ci·la) [sustantivo] Persona que trabaja en un ayuntamiento. ☐ [Para el femenino se usa también «la alguacil»].

alineación

alguien (al·guien) [pronombre indefinido] Alguna persona: *Alguien te llama por la ventana.* ☐ [No varía en masculino y femenino. No tiene plural].

algún (al·gún) [indefinido] Alguno: *¿Tienes algún papel para escribir?* ☐ [Va generalmente delante de un sustantivo masculino singular].

alguno, na (al·gu·no, na) [indefinido] **1** Indica que se habla de una persona o una cosa cualquiera de entre varias: *No vinieron todos, solo algunos.* **2** Indica una cantidad que no está determinada: *Ya han nacido algunas flores.* ☐ [Cuando «alguno» va delante de un sustantivo masculino singular, se cambia por «algún»: «¿Puedes prestarme algún libro?»].

alhaja (a·lha·ja) [sustantivo femenino] **1** Adorno que se ponen las personas y que está hecho con piedras y metales preciosos: *Guardo mis alhajas en un joyero.* **2** Persona o cosa que vale mucho: *Cuida bien este libro, porque es una auténtica alhaja.* ☐ SINÓNIMOS: joya. **2** maravilla, tesoro. ☐ ANTÓNIMOS: **2** baratija.

alharaca (al·ha·ra·ca) [sustantivo femenino] Gesto exagerado con el que se muestra algo. ☐ [Se usa más en plural]. ☐ SINÓNIMOS: aspaviento.

alhelí (a·lhe·lí) [sustantivo masculino] Planta de flores con muy buen olor que se cultiva como adorno. ☐ [Su plural es «alhelís» o «alhelíes» (más culto). Se escribe también «alelí»].

aliado, da (a·lia·do, da) [adjetivo o sustantivo] Que se ha unido con otro para lograr un fin: *Estos dos países eran aliados hace poco.* ☐ ANTÓNIMOS: enemigo, rival, contrario. ☐ FAMILIA: →aliarse.

alianza (a·lian·za) [sustantivo femenino] **1** Unión de personas para lograr un fin. **2** Anillo de boda. ☐ ANTÓNIMOS: **1** rivalidad. ☐ FAMILIA: →aliarse.

aliarse (a·liar·se) [verbo] Unirse una persona a otra para conseguir un fin: *Los comerciantes del barrio se han aliado para defender sus intereses.* ☐ [Es irregular y se conjuga como **ENVIAR**]. ☐ SINÓNIMOS: asociar. ☐ FAMILIA: aliado, alianza.

alias (a·lias) ∎ [sustantivo masculino] **1** Nombre que se da a una persona y que sustituye al verdadero: *A ese escritor se le conoce por su alias.* ∎ [adverbio] **2** Por otro nombre: *Ha sido detenido RSL, alias Manoslargas.* ☐ [En el significado **1** no varía en singular y plural. En el significado **2** tampoco varía por ser adverbio]. ☐ SINÓNIMOS: **1** apodo, mote.

alicaído, da (a·li·ca·í·do, da) [adjetivo] Que ha perdido el ánimo o las fuerzas. ☐ SINÓNIMOS: decaído. ☐ FAMILIA: →ala. →caer.

alicantino, na (a·li·can·ti·no, na) [adjetivo o sustantivo] De la provincia española de Alicante o de su capital.

alicatado (a·li·ca·ta·do) [sustantivo masculino] Hecho de cubrir las paredes con baldosines: *Mañana empiezan con el alicatado del cuarto de baño.* ☐ FAMILIA: →alicatar.

alicatar (a·li·ca·tar) [verbo] Cubrir las paredes con baldosines. ☐ FAMILIA: alicatado.

alicate (a·li·ca·te) [sustantivo masculino] Herramienta que sirve para sujetar o cortar cosas. 👁 **páginas 494-495.** ☐ [Significa lo mismo en singular que en plural].

aliciente (a·li·cien·te) [sustantivo masculino] Estímulo que empuja a hacer algo.

alienígena (a·lie·ní·ge·na) [adjetivo o sustantivo] Que viene de fuera de la Tierra: *En la película, los alienígenas iban en platillos volantes.* ☐ [No varía en masculino y femenino].

aliento (a·lien·to) [sustantivo masculino] **1** Aire que sale de la boca al respirar: *Te huele el aliento a chocolate.* **2** Entrada y salida de aire en los pulmones hechas a un ritmo normal: *Descansa y, cuando recuperes el aliento, seguimos.* **3** Estímulo o apoyo: *Les dijo unas palabras de aliento para animarlos a continuar.* ☐ SINÓNIMOS: **2** respiración. ☐ FAMILIA: →alentar.

aligerar (a·li·ge·rar) [verbo] **1** Hacer que algo sea menos pesado: *Tengo que aligerar la maleta, porque no puedo levantarla.* **2** Hacer algo más deprisa: *Si no aligeras el paso, llegaremos tarde.* ☐ SINÓNIMOS: **2** acelerar, apresurar, abreviar, apurar. ☐ ANTÓNIMOS: **2** retrasar. ☐ FAMILIA: →ligero.

alijo (a·li·jo) [sustantivo masculino] Conjunto de productos que se introducen en un país en contra de la ley: *Los detuvieron en la aduana con un alijo de droga.*

alimaña (a·li·ma·ña) [sustantivo femenino] Animal perjudicial para algunos tipos de caza.

alimentación (a·li·men·ta·ción) [sustantivo femenino] Cantidad de alimentos necesarios para vivir: *Una alimentación sana ayuda a mantener la salud.* ☐ FAMILIA: →alimentar.

alimentar (a·li·men·tar) [verbo] **1** Dar o tomar alimentos: *La vaca alimenta a su ternero.* **2** Dar fuerzas: *Los huevos alimentan mucho.* ☐ SINÓNIMOS: nutrir. ☐ FAMILIA: alimento, alimentación, alimentario, alimenticio, sobrealimentación.

alimentario, ria (a·li·men·ta·rio, ria) [adjetivo] De la alimentación o relacionado con ella: *industria alimentaria.* ☐ [No confundir con «alimenticio» (que alimenta)]. ☐ FAMILIA: →alimentar.

alimenticio, cia (a·li·men·ti·cio, cia) [adjetivo] Que alimenta. ☐ [No confundir con «alimentario» (relacionado con la alimentación)]. ☐ SINÓNIMOS: nutritivo. ☐ FAMILIA: →alimentar.

alimento (a·li·men·to) [sustantivo masculino] **1** Sustancia que toman las personas y los animales para vivir. **2** Cosa que sirve para mantener la existencia de algo: *Los detalles son el alimento del amor.* ☐ SINÓNIMOS: **1** comida. ☐ FAMILIA: →alimentar.

alimoche (a·li·mo·che) [sustantivo masculino] Ave parecida al buitre pero más pequeña, con el plumaje blanquecino y el pico amarillo.

alimón (a·li·món) ♦ [expresión] ∥ **al alimón** Juntos y en colaboración.

alineación (a·li·ne·a·ción) [sustantivo femenino] **1** Conjunto de jugadores de un equipo que van a participar en un partido: *El entrenador ha dado la alineación del próximo partido.* **2** Colocación de varias cosas en línea recta:

alinear

La alineación de los alumnos se realizó según la estatura. □ Familia: →línea.

alinear (a·li·ne·ar) [verbo] **1** Poner en línea recta. **2** En un deporte, elegir a un jugador para que participe en un partido. ▌ **alinearse 3** Relacionarse con determinadas ideas o determinado grupo: *Estados Unidos se alineó con los países europeos.* □ [No confundir con «aliñar» (aderezar una comida)]. □ Familia: →línea.

aliñar (a·li·ñar) [verbo] Preparar una comida con sal, aceite y otros productos: *aliñar una ensalada.* □ [No confundir con «alinear» (poner en línea recta; elegir a un jugador para un partido)]. □ Sinónimos: aderezar, arreglar. □ Familia: aliño, desaliñado.

aliño (a·li·ño) [sustantivo masculino] Sal, aceite y otros productos que se echan en una comida para darle sabor. □ Familia: →aliñar.

alioli (a·lio·li) [sustantivo masculino] Salsa hecha con ajo, huevo y aceite, que sirve para acompañar algunos alimentos. □ [Es una palabra de origen catalán].

alisar (a·li·sar) [verbo] Poner liso. □ Familia: →liso.

alisios (a·li·sios) [sustantivo masculino plural] Vientos que soplan en la zona ecuatorial durante todo el año.

aliso (a·li·so) [sustantivo masculino] Árbol de copa redonda, flores blancas y frutos pequeños y rojizos.

alistarse (a·lis·tar·se) [verbo] Apuntarse en el ejército. □ Familia: →lista.

aliteración (a·li·te·ra·ción) [sustantivo femenino] Repetición de varios sonidos parecidos en pocas palabras: *En «el mar murmura», hay una aliteración de la «m».*

aliviar (a·li·viar) [verbo] **1** Quitar preocupaciones: *Me alivia saber que estás bien.* **2** Hacer sentir menos dolor: *Un calmante te aliviará el dolor.* ▌ **aliviarse 3** Mejorar en una enfermedad: *Espero que te alivies pronto.* □ [Es irregular y se conjuga como **anunciar**]. □ Antónimos: **2** exacerbar. □ Familia: alivio.

alivio (a·li·vio) [sustantivo masculino] Disminución de una carga o de un dolor. □ Sinónimos: desahogo. □ Familia: →aliviar.

aljibe (al·ji·be) [sustantivo masculino] Agujero hecho en la tierra, donde se recoge el agua de lluvia o de los ríos.

allá (a·llá) [adverbio] **1** En aquel lugar: *Vi caer la pelota por allá.* **2** A aquel lugar: *Vete allá un rato.* **3** En un tiempo pasado: *Este escritor vivió allá por 1612.* ◆ [expresión] ▌ **el más allá** Según algunas creencias religiosas, lugar que hay después de la muerte. ▌ **no muy allá** No muy bueno: *La película no era muy allá, pero había unos paisajes preciosos.* □ [No debe decirse «vamos a allá», sino «vamos allá»]. □ Sinónimos: **1, 2** allí.

allanamiento (a·lla·na·mien·to) [sustantivo masculino] Hecho de poner llano un terreno: *El allanamiento del solar lo hará la apisonadora.* ◆ [expresión] ▌ **allanamiento de morada** Hecho de entrar en una casa sin el permiso de su dueño. □ Familia: →llano.

allanar (a·lla·nar) [verbo] **1** Poner llano o liso. **2** Dejar libre de problemas: *Escucharán lo que pides, porque te he allanado el camino diciendo que eres amigo mío.* **3** Entrar en una casa sin permiso de su dueño: *Fueron detenidos por allanar una casa.* □ Sinónimos: **1** aplanar, igualar, nivelar. □ Familia: →llano.

allegado, da (a·lle·ga·do, da) [adjetivo o sustantivo] Que tiene una relación muy cercana con otra persona. □ Familia: →llegar.

allí (a·llí) [adverbio] **1** En aquel lugar: *Espérame allí.* **2** A aquel lugar: *Ve allí y avísales.* □ [No debe decirse «vamos a allí», sino «vamos allí»]. □ Sinónimos: allá.

alma (al·ma) [sustantivo femenino] **1** Espíritu de una persona, en oposición al cuerpo. **2** Energía que se pone para hacer algo: *He intentado con toda mi alma llevarme bien contigo.* **3** Persona o cosa que da fuerza a algo: *No te vayas, porque eres el alma del equipo.* **4** Persona: *A estas horas no hay ni un alma por las calles.* ◆ [expresión] ▌ **caérsele a alguien el alma a los pies** Perder el ánimo porque algo no ha salido como esperaba: *Se me cayó el alma a los pies cuando me dijeron que no vendrías.* ▌ **como un alma en pena** Solo y muy triste: *Desde que se fueron sus amigos anda como un alma en pena.* □ [Aunque es femenino, como empieza por «a» tónica o acentuada, se usa con «el», «un», «ningún» y «algún»: el alma, «las almas»]. □ Familia: desalmado.

almacén (al·ma·cén) [sustantivo masculino] **1** Lugar en el que se guardan algunas cosas: *Pediremos ese mueble al almacén.* **2** Local en el que se venden productos en grandes cantidades: *Estas estanterías las hemos comprado en un almacén de maderas.* ◆ [expresión] ▌ **grandes almacenes** Tienda muy grande en la que se venden todo tipo de productos. □ Familia: almacenar, almacenaje, almacenamiento.

almacenaje (al·ma·ce·na·je) [sustantivo masculino] → almacenamiento. □ Familia: →almacén.

almacenamiento (al·ma·ce·na·mien·to) [sustantivo masculino] Hecho de guardar algo en gran cantidad. □ Sinónimos: almacenaje. □ Familia: →almacén.

almacenar (al·ma·ce·nar) [verbo] Guardar o reunir algo en gran cantidad. □ Familia: →almacén.

almanaque (al·ma·na·que) [sustantivo masculino] Lista de los días del año repartidos en meses y semanas. □ Sinónimos: calendario.

almazara (al·ma·za·ra) [sustantivo femenino] Molino de aceite.

almeja (al·me·ja) [sustantivo femenino] Animal marino con dos conchas, que vive enterrado en la arena.

almena (al·me·na) [sustantivo femenino] Cada una de las piedras rectangulares que están en la parte de arriba de los muros de un castillo. ⊙ páginas 194-195.

almendra (al·men·dra) [sustantivo femenino] Fruto del almendro, de forma ovalada y con la cáscara muy dura y de color marrón. ⊙ página 455. □ Familia: almendro, almendruco.

almendro (al·men·dro) [sustantivo masculino] Árbol de madera muy dura y de flores blancas o rosas, cuyo fruto es la almendra. ⊙ páginas 91 y 444. □ Familia: →almendra.

almendruco (al·men·dru·co) [sustantivo masculino] Almendra que todavía no está madura. □ Familia: →almendra.

almeriense (al·me·rien·se) [adjetivo o sustantivo] De la provincia española de Almería o de su capital. ☐ [No varía en masculino y femenino].

almiar (al·miar) [sustantivo masculino] Palo al aire libre, alrededor del cual se va colocando la paja.

almíbar (al·mí·bar) [sustantivo masculino] Líquido dulce que se hace cociendo agua con azúcar.

almidón (al·mi·dón) [sustantivo masculino] Sustancia blanca que tienen algunos vegetales: *El agua de cocer el arroz tiene mucho almidón.* ☐ FAMILIA: almidonar.

almidonar (al·mi·do·nar) [verbo] Mojar la ropa en agua con almidón para que se quede tiesa. ☐ FAMILIA: →almidón.

almirante (al·mi·ran·te) [sustantivo] Una de las categorías militares de la Marina de guerra. ☐ [No varía en masculino y femenino]. ☐ FAMILIA: contralmirante.

almirez (al·mi·rez) [sustantivo masculino] Recipiente de metal, parecido a un vaso, que sirve para aplastar dentro algunos alimentos. ☐ [Su plural es «almireces». No confundir con «mortero» (que puede ser de diferentes materiales)].

almirez

almohada (al·mo·ha·da) [sustantivo femenino] Pieza de tela rellena de un material blando, que sirve para apoyar en ella la cabeza. ◆ [expresión] ‖ **consultar algo con la almohada** Pensar mucho algo antes de decidirse: *Te contestaré mañana, porque prefiero consultar con la almohada tu propuesta.* ☐ [La expresión es coloquial]. ☐ FAMILIA: almohadón, almohadilla, almohadillar, almohadillado.

almohadilla (al·mo·ha·di·lla) [sustantivo femenino] **1** Especie de asiento blando que se coloca sobre algo duro para estar más cómodo. **2** Signo formado por dos líneas paralelas que se cruzan con otras dos: *El signo # es una almohadilla.* ☐ FAMILIA: →almohada.

almohadillado, da (al·mo·ha·di·lla·do, da) ■ [adjetivo] **1** Cubierto con una tela rellena de algodón o lana: *un sofá almohadillado.* ■ **almohadillado** [sustantivo masculino] **2** Hecho de poner lana o algodón entre dos telas que después se cosen unidas. **3** Material que se utiliza para almohadillar algo: *El almohadillado del sillón es nuevo.* ☐ SINÓNIMOS: acolchado. ☐ FAMILIA: →almohada.

almohadillar (al·mo·ha·di·llar) [verbo] **1** Poner algodón o lana entre dos telas que después se cosen unidas: *almohadillar un sillón.* **2** Cubrir algo con estas telas: *almohadillar una pared.* ☐ SINÓNIMOS: acolchar. ☐ FAMILIA: →almohada.

almohadón (al·mo·ha·dón) [sustantivo masculino] **1** Pieza de tela, generalmente de forma cuadrada, rellena de un material blando. **2** Funda que se pone para cubrir una almohada: *Este juego de sábanas tiene dos almohadones.* ☐ FAMILIA: →almohada.

almorrana (al·mo·rra·na) [sustantivo femenino] Inflamación en el ano cuando se hinchan las venas de esa zona. ☐ SINÓNIMOS: hemorroide.

almorzar (al·mor·zar) [verbo] **1** Tomar la comida principal del día. **2** Tomar una comida ligera a media mañana o al comenzar el día. ☐ [Es irregular y se conjuga como CONTAR. La «z» se cambia en «c» delante de «e» («almuerce»)]. ☐ FAMILIA: almuerzo.

almuerzo (al·muer·zo) [sustantivo masculino] **1** Comida principal del día: *Mañana no como en casa, porque tengo un almuerzo de trabajo.* **2** Comida, generalmente ligera, que se hace a media mañana o al comenzar el día: *Hoy he tomado un almuerzo a las doce.* ☐ FAMILIA: →almorzar.

alocado, da (a·lo·ca·do, da) [adjetivo o sustantivo] Que actúa con poco juicio. ☐ SINÓNIMOS: loco, insensato, imprudente, casquivano. ☐ ANTÓNIMOS: juicioso, prudente, sensato, cuerdo, precavido. ☐ FAMILIA: →loco.

alocución (a·lo·cu·ción) [sustantivo femenino] Discurso breve pronunciado por una persona con algún tipo de autoridad.

alojamiento (a·lo·ja·mien·to) [sustantivo masculino] **1** Lugar en el que pasa la noche una persona. **2** Permiso que se da a una persona para pasar la noche en una casa que no es la suya: *En mi casa te doy alojamiento cuando quieras.* **3** Colocación de una persona en un lugar para que viva en él como si fuera su casa: *El Estado se encargará del alojamiento de los refugiados.* ☐ SINÓNIMOS: 1, 2 albergue, hospedaje. ☐ FAMILIA: →alojar.

alojar (a·lo·jar) [verbo] **1** Dar o tomar alojamiento: *Este es el hotel en el que me alojo.* **2** Meterse una cosa dentro de otra: *La bala se le alojó en el pecho.* **3** Tener un lugar capacidad para un determinado número de cosas: *Este estadio puede alojar más de cien mil personas.* ☐ [Siempre se escribe con «j»]. ☐ SINÓNIMOS: **1** hospedar, albergar. ☐ FAMILIA: alojamiento, desalojar, desalojo.

alondra (a·lon·dra) [sustantivo femenino] Pájaro de color marrón con la cola en forma de horquilla, que emite un canto muy agradable.

alopecia (a·lo·pe·cia) [sustantivo femenino] Caída o pérdida del pelo.

alpaca (al·pa·ca) [sustantivo femenino] **1** Metal parecido a la plata. **2** Un tipo de tela.

alpargata (al·par·ga·ta) [sustantivo femenino] Zapatilla de tela fuerte y suela de esparto. ☐ FAMILIA: alpargatería.

alpargatería (al·par·ga·te·rí·a) [sustantivo femenino] Lugar donde se hacen o se venden alpargatas. ☐ FAMILIA: →alpargata.

alpinismo (al·pi·nis·mo) [sustantivo masculino] Deporte que consiste en subir montañas altas. ☐ [No confundir con «montañismo» (que consiste en andar por las montañas)]. ☐ FAMILIA: →alpino.

alpinista (al·pi·nis·ta) ▪ [adjetivo] **1** Del alpinismo o relacionado con este deporte: *Soy de un club alpinista.* ▪ [sustantivo] **2** Persona que sube montañas altas. ☐ [No varía en masculino y femenino]. ☐ FAMILIA: →alpino.

alpino, na (al·pi·no, na) [adjetivo] **1** De los Alpes o relacionado con estas montañas europeas. **2** Del deporte que consiste en subir montañas altas: *Pertenezco a la federación alpina de mi ciudad.* **3** Dicho de una región, que se caracteriza por tener una fauna y una flora parecidas a las que tienen los Alpes. ☐ FAMILIA: alpinismo, alpinista.

alpiste (al·pis·te) [sustantivo masculino] Planta cuyas semillas se emplean como alimento para los pájaros.

alquería (al·que·rí·a) [sustantivo femenino] Conjunto de casas dedicadas a trabajos de agricultura y que están alejadas de una población.

alquilar (al·qui·lar) [verbo] Dar o tomar algo que se va a usar durante cierto tiempo, a cambio del pago de una cantidad de dinero: *alquilar una casa.* ☐ SINÓNIMOS: arrendar. ☐ FAMILIA: alquiler, realquilar.

alquiler (al·qui·ler) [sustantivo masculino] **1** Uso, solo durante cierto tiempo, de algo que pertenece a otra persona, a cambio del pago de una cantidad de dinero: *Aquí tienen películas de alquiler.* **2** Precio que se paga por usar durante cierto tiempo algo que es ajeno: *Pago el alquiler de mi piso por meses.* ☐ SINÓNIMOS: **1** arrendamiento. ☐ FAMILIA: →alquilar.

alquimia (al·qui·mia) [sustantivo femenino] Conjunto de ideas y de experimentos ocultos o secretos sobre las propiedades y transformaciones de la materia.

alquitrán (al·qui·trán) [sustantivo masculino] Sustancia negra que se usa para cubrir las carreteras.

alrededor (al·re·de·dor) ▪ [adverbio] **1** De forma que rodea algo: *La Luna gira alrededor de la Tierra.* ▪ **alrededores** [masculino plural] **2** Zona que rodea un lugar: *Conozco muy bien los alrededores de mi pueblo.* ◆ [expresión] ‖ **alrededor de** Poco más o menos: *Te costará alrededor de seis euros.* ☐ SINÓNIMOS: **2** contorno, afueras, inmediaciones, aledaños. ☐ ANTÓNIMOS: **2** centro.

alta (al·ta) [sustantivo femenino] Mira en **alto, ta**.

altanería (al·ta·ne·rí·a) [sustantivo femenino] Actitud de la persona que se cree mejor que los demás. ☐ SINÓNIMOS: soberbia, orgullo. ☐ ANTÓNIMOS: humildad, modestia. ☐ FAMILIA: →alto.

altanero, ra (al·ta·ne·ro, ra) [adjetivo] Que se cree mejor que los demás. ☐ SINÓNIMOS: soberbio, orgulloso. ☐ ANTÓNIMOS: modesto, humilde. ☐ FAMILIA: →alto.

altar (al·tar) [sustantivo masculino] Mesa en la que se celebran algunas ceremonias religiosas. ◆ [expresión] ‖ **llevar al altar a alguien** Casarse una persona con otra. ☐ SINÓNIMOS: ara.

altavoz (al·ta·voz) [sustantivo masculino] Aparato que sirve para que se oiga más fuerte el sonido. ☐ [Su plural es «altavoces»]. ☐ FAMILIA: →alto. →voz.

alteración (al·te·ra·ción) [sustantivo femenino] **1** Cambio o diferencia: *Ha habido algunas alteraciones en el plan.* **2** Cambio producido en algo, que suele ser perjudicial: *Esta crema es para las alteraciones de la piel.* **3** Signo que se emplea para modificar el sonido de una nota. ☉ **página 648**. ☐ SINÓNIMOS: **1** variación, transformación, modificación, novedad. ☐ FAMILIA: →alterar.

alterar (al·te·rar) [verbo] **1** Hacer que algo sea distinto: *Si alteras los ingredientes, no te saldrá el pastel.* **2** Preocupar o poner a alguien muy nervioso: *Me alteró mucho saber que habíais tenido un accidente.* **3** Enfadar mucho a una persona: *No te alteres y déjame que te explique lo que ha pasado.* **4** Estropear o hacer daño: *El sol altera los colores de la ropa.* ☐ SINÓNIMOS: **1** cambiar, transformar, modificar, trasformar, variar. **2** inmutarse, conturbar. ☐ ANTÓNIMOS: **2** aquietar. ☐ FAMILIA: alteración, inalterable.

altercado (al·ter·ca·do) [sustantivo masculino] Discusión o pelea fuertes. ☐ SINÓNIMOS: bronca.

alternador (al·ter·na·dor) [sustantivo masculino] Máquina que produce corriente eléctrica. ☐ FAMILIA: →alterno.

alternancia (al·ter·nan·cia) [sustantivo femenino] Hecho de combinarse o de turnarse dos o más cosas o personas, con un orden determinado. ☐ FAMILIA: →alterno.

alternar (al·ter·nar) [verbo] **1** Repetirse dos o más cosas siguiendo un orden determinado: *En esta sala alterna el blanco con el azul.* **2** Hacer algo dos o más personas, una después de otra y siguiendo un orden: *Mi hermano y yo nos alternamos para fregar los cacharros.* **3** Tratar con la gente: *Debes alternar con gente de tu edad.* ☐ FAMILIA: →alterno.

alternativa (al·ter·na·ti·va) [sustantivo femenino] Mira en **alternativo, va**.

alternativo, va (al·ter·na·ti·vo, va) ▪ [adjetivo] **1** Que va detrás de otro y con un orden que se repite. ▪ [adjetivo o sustantivo] **2** Que representa una opción para sustituir a otra cosa que ya existe: *un camino alternativo; cine alternativo.* ▪ **alternativa** [sustantivo femenino] **3** Posibilidad de elegir entre dos o más cosas: *No me has dejado alternativa y he tenido que venir.* **4** Cada una de las posibilidades entre las que se puede elegir: *No sé qué alternativa coger.* **5** Ceremonia en la que un torero da a un novillero el derecho a matar toros y no solo novillos: *tomar la alternativa.* ☐ SINÓNIMOS: **1** alterno. ☐ FAMILIA: →alterno.

alterno, na (al·ter·no, na) [adjetivo] **1** Que va detrás de otro y con un orden que se repite: *El cantante contestó a las preguntas alternas de los dos periodistas.* **2** Que sucede de forma repetida dejando un hueco en medio: *Mi equipo entrena días alternos y nunca dos días seguidos.* ☐ SINÓNIMOS: **1** alternativo. ☐ FAMILIA: alternar, alternancia, alternativo, alternador.

alteza (al·te·za) [sustantivo/femenino] Tratamiento que se da a los hijos de los reyes españoles. ☐ [Se usa más en las expresiones «su alteza» o «vuestra alteza»]. ☐ FAMILIA: →alto.

altibajo (al·ti·ba·jo) [sustantivo/masculino] **1** Cambio brusco que se produce al pasar de un estado o de un acontecimiento a otro contrario. **2** Desigualdad del terreno. ☐ [Se usa más en plural]. ☐ FAMILIA: →alto. →bajo.

altillo (al·ti·llo) [sustantivo/masculino] Armario que se construye en la parte alta de una pared o sobre otro armario. ☐ FAMILIA: →alto.

altímetro (al·tí·me·tro) [sustantivo/masculino] Aparato que sirve para medir la altura a la que está situado algo. ☐ FAMILIA: →alto. →metro.

altiplanicie (al·ti·pla·ni·cie) [sustantivo/femenino] Meseta muy alta y de mucha extensión. ☐ SINÓNIMOS: altiplano. ☐ FAMILIA: →alto. →plano.

altiplano (al·ti·pla·no) [sustantivo/masculino] Meseta muy alta y de mucha extensión. ☐ SINÓNIMOS: altiplanicie. ☐ FAMILIA: →alto. →plano.

altitud (al·ti·tud) [sustantivo/femenino] Distancia de un punto de la superficie terrestre en relación con el nivel del mar: *Volamos a 8000 pies de altitud*. ☐ SINÓNIMOS: altura. ☐ FAMILIA: →alto.

altivez (al·ti·vez) [sustantivo/femenino] Orgullo que muestra alguien que se cree superior a los demás. ☐ SINÓNIMOS: arrogancia, jactancia. ☐ FAMILIA: →altivo.

altivo, va (al·ti·vo, va) [adjetivo] Que se cree superior a los demás y lo muestra. ☐ SINÓNIMOS: arrogante, envarado. ☐ FAMILIA: altivez.

alto, ta (al·to, ta) ■ [adjetivo] **1** Que tiene más distancia de arriba abajo de lo que es habitual. **2** Que tiene un valor o una fuerza superiores a los normales: *No escuches la música tan alta*. **3** Que ocupa una posición superior: *Su madre es un alto cargo en un banco*. **4** Excelente o muy bueno: *La puntuación del gimnasta fue muy alta*. **5** Difícil de conseguir: *Tengo aspiraciones muy altas y debo esforzarme*. ■ **alto** [sustantivo/masculino] **6** Distancia de arriba abajo que tiene un cuerpo: *Este armario tiene un metro y medio de alto*. **7** Parada que se hace en algo: *La profesora hizo un alto en la explicación para ver si lo entendíamos todo*. **8** Elevación del terreno que hay en el campo: *Desde ese alto se ve todo el valle*. ■ **alta** [sustantivo/femenino] **9** Ingreso en una asociación: *Me he dado de alta en un equipo de balonmano*. **10** Declaración que hace un médico de que un enfermo ya está curado: *Mañana volveré a trabajar porque ya me han dado el alta*. ■ **alto** [adverbio] **11** En un lugar superior: *Han alzado la bandera bien alto*. **12** En un tono de voz fuerte: *Hablas muy alto*. ■ **alto** [interjección] **13** Se usa para decir a alguien que se detenga: *El vigilante gritó: «¡Alto! ¿Quién anda ahí?»*. ◆ [expresión] ‖ **por todo lo alto** Muy bien o con mucho lujo: *Celebraron el cumpleaños por todo lo alto*. ☐ [En los significados **9** y **10**, aunque es femenino, como empieza por «a» tónica o acentuada, se usa con «el», «un», «ningún» y «algún»: «el alta», «las altas»]. ☐ SINÓNIMOS: **1**, **3** elevado.

6 altura. ☐ ANTÓNIMOS: **1-4**, **12** bajo. **10** baja. ☐ FAMILIA: altura, altitud, altillo, altímetro, altibajo, altiplano, altiplanicie, altanero, altanería, altavoz, alteza, enaltecer.

altozano (al·to·za·no) [sustantivo/masculino] Monte de poca altura que se eleva sobre un terreno llano. ☐ SINÓNIMOS: otero.

altramuz (al·tra·muz) [sustantivo/masculino] Planta con flores blancas cuya semilla se come después de ponerla en remojo con agua y con sal. ☐ [Su plural es «altramuces»].

altruismo (al·truis·mo) [sustantivo/masculino] Interés de una persona por conseguir el bien de los demás. ☐ ANTÓNIMOS: egoísmo. ☐ FAMILIA: altruista.

altruista (al·truis·ta) [adjetivo o sustantivo] Que actúa solo por el interés de conseguir el bien de los demás. ☐ [No varía en masculino y femenino]. ☐ ANTÓNIMOS: egoísta. ☐ FAMILIA: →altruismo.

altura (al·tu·ra) [sustantivo] **1** Distancia de un cuerpo en relación con la superficie de la tierra: *Ha pasado un avión volando a poca altura*. **2** Distancia de arriba abajo que tiene un cuerpo: *Esta puerta tiene dos metros de altura*. **3** En matemáticas, distancia en línea recta que tiene una figura desde su base hasta el lado opuesto. **4** Montaña alta: *Mañana escalaremos una de las alturas más difíciles de la zona*. **5** Distancia muy grande desde el suelo: *Las alturas me producen vértigo*. **6** Distancia de un punto en relación con el nivel del mar: *Nevará en zonas de alturas superiores a los dos mil metros*. **7** Valor o nivel: *El atleta venció a deportistas de gran altura*. **8** Zona del mar que está lejos de las costas: *Estos pescadores se dedican a la pesca de altura*. ☐ SINÓNIMOS: **2** alto. **6** altitud. ☐ FAMILIA: →alto.

alubia (a·lu·bia) [sustantivo/femenino] **1** Planta que se cultiva en las huertas, cuyo fruto es verde, alargado y con los extremos terminados en punta. **2** Semilla de esta planta que se cocina cuando ya está seca. ◉ **página 566**. ☐ SINÓNIMOS: judía, habichuela.

alucinación (a·lu·ci·na·ción) [sustantivo/femenino] Visión de algo que no es real o sensación de que se ve algo que no existe. ☐ SINÓNIMOS: ilusión. ☐ FAMILIA: →alucinar.

alucinante (a·lu·ci·nan·te) [adjetivo] Que produce admiración o una gran impresión. ☐ [No varía en masculino y femenino]. ☐ SINÓNIMOS: impresionante. ☐ FAMILIA: →alucinar.

alucinar (a·lu·ci·nar) [verbo] **1** Producir mucha sorpresa o gran impresión: *Me alucina verte bailar tan bien*. **2** Sentir o ver cosas que no son reales como si lo fueran: *El enfermo empezó a alucinar y a dar gritos de terror*. ☐ FAMILIA: alucinación, alucinante, alucine, alucinógeno.

alucine (a·lu·ci·ne) [sustantivo/masculino] Cosa que asombra o impresiona: *Tu nuevo móvil es un alucine*. ☐ [Es coloquial]. ☐ FAMILIA: →alucinar.

alucinógeno, na (a·lu·ci·nó·ge·no, na) [adjetivo o sustantivo masculino] Dicho de una sustancia, que produce alucinaciones. ☐ FAMILIA: →alucinar.

alud (a·lud) [sustantivo][masculino] **1** Gran masa de nieve que cae de una montaña con mucha fuerza y haciendo mucho ruido. **2** Gran cantidad de algo que llega con fuerza: *Recibieron un alud de reclamaciones por un producto en mal estado.* ☐ SINÓNIMOS: avalancha.

aludir (a·lu·dir) [verbo] **1** Citar algo sin nombrarlo de forma clara: *El profesor aludió a los que siempre llegan tarde, sin decir sus nombres.* **2** Mencionar algo sin detenerse mucho en ello: *La ministra aludió a la necesidad de crear puestos de trabajo.* ☐ FAMILIA: alusión, alusivo.

alumbrado (a·lum·bra·do) [sustantivo][masculino] Conjunto de luces que sirven para iluminar un lugar. ☐ FAMILIA: →lumbre.

alumbrar (a·lum·brar) [verbo] **1** Llenar un lugar de luz: *Esta vela alumbra muy poco.* **2** Parir o dar a luz. ☐ SINÓNIMOS: **1** iluminar. ☐ FAMILIA: →lumbre.

aluminio (a·lu·mi·nio) [sustantivo][masculino] Metal muy ligero y de color parecido al de la plata.

alumnado (a·lum·na·do) [sustantivo][masculino] Conjunto de alumnos de un centro de enseñanza. ☐ FAMILIA: →alumno.

alumno, na (a·lum·no, na) [sustantivo] Persona que va a clase para aprender. ☐ FAMILIA: alumnado.

alunizaje (a·lu·ni·za·je) [sustantivo][masculino] **1** Momento en el que una nave desciende para ponerse en la superficie de la Luna. **2** Forma de robar una tienda que consiste en estrellar un coche contra la luna de un escaparate, para entrar por el hueco. ☐ FAMILIA: →luna.

alunizar (a·lu·ni·zar) [verbo] Ponerse una nave espacial en la superficie de la Luna. ☐ [La «z» se cambia en «c» delante de «e» («alunice»)]. ☐ FAMILIA: →luna.

alusión (a·lu·sión) [sustantivo][femenino] Hecho de citar algo de pasada o sin nombrarlo de forma clara. ☐ FAMILIA: →aludir.

alusivo, va (a·lu·si·vo, va) [adjetivo] Que se nombra o se cita de pasada: *El profesor hizo un comentario alusivo a tu buen comportamiento.* ☐ FAMILIA: →aludir.

aluvión (a·lu·vión) [sustantivo][masculino] Gran cantidad de cosas que llega de pronto.

alvéolo o **alveolo** (al·vé·o·lo; al·ve·o·lo) [sustantivo][masculino] **1** Hueco de la encía donde está cada uno de los dientes. **2** Cada uno de los espacios huecos que hay en los pulmones, donde terminan las ramificaciones de los bronquiolos.

alza (al·za) [sustantivo][femenino] Aumento o subida de algo. ☐ [Aunque es femenino, femenino, como empieza por «a» tónica o acentuada, se usa con «el», «un», «ningún» y «algún»: «el alza», «las alzas»]. ☐ ANTÓNIMOS: bajada, descenso. ☐ FAMILIA: →alzar.

alzacuello (al·za·cue·llo) [sustantivo][masculino] Tira blanca de tela rígida que se ponen alrededor del cuello algunos sacerdotes. ☐ [Se usa también «alzacuellos» para el singular: «el alzacuellos»]. ☐ FAMILIA: →alzar. →cuello.

alzacuellos (al·za·cue·llos) [sustantivo][masculino] → **alzacuello**. ☐ [No varía en singular y plural: «el alzacuellos», «los alzacuellos»].

alzada (al·za·da) [sustantivo][femenino] Mira en **alzado, da**.

alzado, da (al·za·do, da) ▌[adjetivo] **1** Dicho de un precio o de una cantidad, que se determina sin hacer antes un cálculo: *Pagamos la mitad cada uno, a suma alzada.* ▌ **alzado** [sustantivo][masculino] **2** Dibujo de un cuerpo en posición vertical y sin tener en cuenta la perspectiva. ▌ **alzada** [sustantivo][femenino] **3** Altura del caballo y de otros animales parecidos. ☐ FAMILIA: →alzar.

alzamiento (al·za·mien·to) [sustantivo][masculino] Movimiento de protesta que inicia un grupo de personas en contra de una autoridad. ☐ SINÓNIMOS: rebelión, levantamiento, sublevación. ☐ FAMILIA: →alzar.

alzar (al·zar) [verbo] **1** Mover de abajo hacia arriba: *El que lo sepa, que alce la mano.* **2** Emitir la voz con fuerza: *No alcéis la voz, por favor.* **3** Hacer una construcción: *Ya han alzado las paredes de la nueva casa.* **4** Hacer que un grupo de personas inicie un movimiento de protesta contra una autoridad: *El pueblo se alzó contra los invasores.* ▌ **alzarse 5** Levantarse en una superficie: *El castillo se alza sobre una colina.* ◆ [expresión] ‖ **alzarse con algo** Conseguirlo: *El equipo visitante se alzó con la victoria.* ☐ [La «z» se cambia en «c» delante de «e» («alce»)]. ☐ SINÓNIMOS: **1** elevar. **1-4** levantar. **1**, **2** subir. **4** amotinar, sublevar. **5** erguirse. ☐ ANTÓNIMOS: **1** bajar, agachar. **3** derribar. ☐ FAMILIA: alza, alzado, alzamiento, alzacuellos, ensalzar, realzar, realce.

ama (a·ma) [sustantivo][femenino] Mira en **amo, ma**.

amabilidad (a·ma·bi·li·dad) [sustantivo][femenino] Trato amable con los demás. ☐ ANTÓNIMOS: acritud. ☐ FAMILIA: →amable.

amable (a·ma·ble) [adjetivo] Que resulta agradable en el trato. ☐ [No varía en masculino y femenino]. ☐ FAMILIA: amabilidad.

amado, da (a·ma·do, da) [sustantivo] Persona amada. ☐ [Suele usarse en el lenguaje literario]. ☐ FAMILIA: →amor.

amaestrado, da (a·ma·es·tra·do, da) [adjetivo] Dicho de un animal, que ha sido educado para que haga determinadas cosas. ☐ FAMILIA: →maestro.

amaestrar (a·ma·es·trar) [verbo] Enseñar a un animal a hacer determinadas cosas: *He amaestrado a mi perro para que ladre a los desconocidos.* ☐ SINÓNIMOS: domar. ☐ FAMILIA: →maestro.

amagar (a·ma·gar) [verbo] **1** Mostrar la intención de hacer algo, pero sin llegar a hacerlo: *El delantero amagó al portero y lo engañó.* **2** Estar a punto de ocurrir algo negativo: *Este bochorno amaga tormenta.* ☐ [La «g» se cambia en «gu» delante de «e» («amague»)]. ☐ FAMILIA: amago.

amago (a·ma·go) [sustantivo][masculino] **1** Movimiento o gesto con el que se muestra intención de hacer algo, pero sin hacerlo: *Hizo un amago de acercarse, pero no se atrevió.* **2** Señal de algo que no llega a ocurrir: *un amago de infarto.* ☐ SINÓNIMOS: conato. ☐ FAMILIA: →amagar.

amainar (a·mai·nar) [verbo] Perder fuerza o energía: *amainar una tormenta.* ☐ [Es irregular y se conjuga como BAILAR].

amalgama (a·mal·ga·ma) [sustantivo femenino] Mezcla de cosas distintas: *una amalgama de colores.*

amamantar (a·ma·man·tar) [verbo] Alimentar una madre a su hijo con su propia leche. ☐ Familia: →mama.

amanecer (a·ma·ne·cer) ▮ [sustantivo masculino] **1** Momento del día en el que sale el sol. ▮ [verbo] **2** Empezar a aparecer la luz del día: *En invierno amanece más tarde que en verano.* **3** Estar en un lugar al empezar el día: *Nos dormimos en el viaje y amanecimos en Barcelona.* ☐ [Como verbo, es irregular y se conjuga como AGRADECER]. ☐ Sinónimos: **1** alba, madrugada, alborada. **2** clarear, aclarar, alborear. ☐ Antónimos: anochecer. **2** oscurecer.

amanerado, da (a·ma·ne·ra·do, da) [adjetivo] Que tiene movimientos característicos de una mujer. ☐ Familia: →manera.

amansar (a·man·sar) [verbo] **1** Hacer que un animal pueda estar con las personas: *Mi abuelo sabía amansar caballos salvajes.* **2** Poner tranquilo: *Dicen que la música amansa a las fieras.* ☐ Familia: →manso.

amante (a·man·te) [sustantivo] Persona que mantiene una relación de amor con otra sin estar casada con ella. ☐ [No varía en masculino y femenino]. ☐ Familia: →amor.

amanuense (a·ma·nuen·se) [sustantivo] Persona que copiaba textos a mano. ☐ [No varía en masculino y femenino]. ☐ Familia: →mano.

amañar (a·ma·ñar) [verbo] Hacer algo con engaño o hacer trampas en algo, para obtener un beneficio: *Amañaron el sorteo para que ganasen sus amigos.* ☐ Familia: amaño.

amaño (a·ma·ño) [sustantivo masculino] Truco o trampa que se hace para obtener un beneficio. ☐ Familia: →amañar.

amapola (a·ma·po·la) [sustantivo femenino] Planta del campo que tiene flores de color rojo. ◉ página 444.

amar (a·mar) [verbo] Sentir amor hacia algo o hacia alguien. ☐ [Mira el cuadro en la página siguiente]. ☐ Sinónimos: apreciar, querer, adorar, estimar. ☐ Antónimos: aborrecer, odiar, detestar. ☐ Familia: →amor.

amaranto (a·ma·ran·to) [sustantivo masculino] Planta de tallo grueso, flores granates, blancas o amarillas, y frutos con muchas semillas negras.

amarar (a·ma·rar) [verbo] Posarse en el mar un hidroavión u otro vehículo preparado para ello. ☐ Sinónimos: amerizar. ☐ Familia: →mar.

amargar (a·mar·gar) [verbo] **1** Tener sabor amargo: *El café sin azúcar amarga.* **2** Producir pena y disgusto: *Sus fracasos lo amargaron.* **3** Hacer que una cosa no sea agradable por algo que sale mal: *La lluvia nos amargó la tarde.* ▮ **amargarse 4** Sentir pena o disgusto: *No te amargues por una cosa sin importancia.* ☐ [La «g» se cambia en «gu» delante de «e» («amargue»)]. ☐ Familia: →amargo.

amargo, ga (a·mar·go, ga) [adjetivo] **1** De sabor fuerte y poco agradable, como el café sin azúcar. **2** Que produce disgusto o que lo muestra: *Estoy triste porque me han dado una amarga noticia.* ☐ Antónimos: dulce. ☐ Familia: amargar, amargura.

amargura (a·mar·gu·ra) [sustantivo femenino] Disgusto o pena que se sienten por algo que ha salido mal. ☐ Familia: →amargo.

amarillear (a·ma·ri·lle·ar) [verbo] Tomar un color amarillo: *En otoño amarillean las hojas de los árboles.* ☐ Familia: →amarillo.

amarillento, ta (a·ma·ri·llen·to, ta) [adjetivo] De color parecido al amarillo: *Esa blusa blanca está vieja y amarillenta.* ☐ Familia: →amarillo.

amarillo, lla (a·ma·ri·llo, lla) ▮ [adjetivo o sustantivo masculino] **1** Del color del limón o del oro. ◉ página 234. ▮ [adjetivo o sustantivo] **2** Dicho de una persona, que se caracteriza por tener los ojos rasgados y el tono de piel amarillento. ☐ Familia: amarillear, amarillento.

amarra (a·ma·rra) [sustantivo femenino] Cuerda o cable con que se asegura un barco en el muelle de un puerto: *El capitán mandó soltar amarras para zarpar.* ☐ Familia: →amarrar.

amarrar (a·ma·rrar) [verbo] Atar con cuerdas o con otras ligaduras: *El marinero amarró la barca en el puerto.* ☐ Sinónimos: atar. ☐ Familia: amarra, amarre.

amarre (a·ma·rre) [sustantivo masculino] Sujeción de algo, especialmente de una embarcación, con cuerdas, cadenas, anclas u otro instrumento semejante: *Consiguieron el amarre del velero a pesar del temporal.* ☐ Familia: →amarrar.

amasar (a·ma·sar) [verbo] **1** Hacer una masa mezclando diversas sustancias: *Para hacer pan hay que amasar harina y agua.* **2** Reunir gran cantidad de dinero: *Mi tío amasó una gran fortuna.* ☐ Familia: →masa.

amasijo (a·ma·si·jo) [sustantivo masculino] Conjunto de cosas distintas, colocadas sin orden. ☐ Familia: →masa.

amateur [adjetivo o sustantivo] Que practica una actividad porque le gusta, sin tenerla como profesión: *Es un ciclista amateur y no cobra por correr.* ☐ [Es una palabra francesa. Se pronuncia «amatér». No varía en masculino y femenino].

amatista (a·ma·tis·ta) [sustantivo femenino] Piedra preciosa transparente, de color violeta, que se usa para hacer joyas.

amazona (a·ma·zo·na) [sustantivo femenino] Mujer que monta a caballo.

amazónico, ca (a·ma·zó·ni·co, ca) [adjetivo] Del Amazonas, que es un río sudamericano, o de los territorios situados a sus orillas.

ámbar (ám·bar) [adjetivo o sustantivo masculino] De color amarillo, casi naranja: *En los semáforos hay tres colores: rojo, verde y ámbar.* ☐ [Cuando es adjetivo, no varía en masculino y femenino, ni en singular y plural].

ambición (am·bi·ción) [sustantivo femenino] Deseo muy grande de conseguir algo. ☐ Familia: ambicionar, ambicioso.

ambicionar (am·bi·cio·nar) [verbo] Desear con mucha fuerza: *Lo único que ambiciono es que toda mi familia goce de salud.* ☐ Familia: →ambición.

ambicioso, sa (am·bi·cio·so, sa) [adjetivo o sustantivo] Que tiene un deseo muy grande de conseguir algo. ☐ Familia: →ambición.
ambidextro, tra (am·bi·dex·tro, tra) [adjetivo] → **ambidiestro, tra.**
ambidiestro, tra (am·bi·dies·tro, tra) [adjetivo] Que usa con la misma habilidad la mano derecha y la izquierda. ☐ [Se usa también «ambidextro»]. ☐ Familia: →diestro.
ambientador (am·bien·ta·dor) [sustantivo masculino] Producto que se usa para dar buen olor a un lugar. ☐ Familia: →ambiente.
ambiental (am·bien·tal) [adjetivo] Del ambiente. ☐ [No varía en masculino y femenino]. ☐ Familia: →ambiente.

AMAR

INDICATIVO

Presente
yo amo
tú amas / usted ama
él, ella ama
nosotros, tras amamos
vosotros, tras amáis / ustedes aman
ellos, ellas aman

Pretérito perfecto compuesto
yo he amado
tú has amado / usted ha amado
él, ella ha amado
nosotros, tras hemos amado
vosotros, tras habéis amado / ustedes han amado
ellos, ellas han amado

Pretérito imperfecto
yo amaba
tú amabas / usted amaba
él, ella amaba
nosotros, tras amábamos
vosotros, tras amabais / ustedes amaban
ellos, ellas amaban

Pretérito pluscuamperfecto
yo había amado
tú habías amado / usted había amado
él, ella había amado
nosotros, tras habíamos amado
vosotros, tras habíais amado / ustedes habían amado
ellos, ellas habían amado

Pretérito perfecto simple
yo amé
tú amaste / usted amó
él, ella amó
nosotros, tras amamos
vosotros, tras amasteis / ustedes amaron
ellos, ellas amaron

Pretérito anterior
yo hube amado
tú hubiste amado / usted hubo amado
él, ella hubo amado
nosotros, tras hubimos amado
vosotros, tras hubisteis amado / ustedes hubieron amado
ellos, ellas hubieron amado

Futuro simple
yo amaré
tú amarás / usted amará
él, ella amará
nosotros, tras amaremos
vosotros, tras amaréis / ustedes amarán
ellos, ellas amarán

Futuro compuesto
yo habré amado
tú habrás amado / usted habrá amado
él, ella habrá amado
nosotros, tras habremos amado
vosotros, tras habréis amado / ustedes habrán amado
ellos, ellas habrán amado

Condicional simple
yo amaría
tú amarías / usted amaría
él, ella amaría
nosotros, tras amaríamos
vosotros, tras amaríais / ustedes amarían
ellos, ellas amarían

Condicional compuesto
yo habría amado
tú habrías amado / usted habría amado
él, ella habría amado
nosotros, tras habríamos amado
vosotros, tras habríais amado / ustedes habrían amado
ellos, ellas habrían amado

IMPERATIVO

ama (tú) / ame (usted)
amemos (nosotros, tras)
amad (vosotros, tras) / amen (ustedes)

FORMAS NO PERSONALES

Infinitivo
amar

Gerundio
amando

Participio
amado

Infinitivo compuesto
haber amado

Gerundio compuesto
habiendo amado

SUBJUNTIVO

Presente
yo ame
tú ames / usted ame
él, ella ame
nosotros, tras amemos
vosotros, tras améis / ustedes amen
ellos, ellas amen

Pretérito perfecto compuesto
yo haya amado
tú hayas amado / usted haya amado
él, ella haya amado
nosotros, tras hayamos amado
vosotros, tras hayáis amado / ustedes hayan amado
ellos, ellas hayan amado

Pretérito imperfecto
yo amara o amase
tú amaras o amases / usted amara o amase
él, ella amara o amase
nosotros, tras amáramos o amásemos
vosotros, tras amarais o amaseis / ustedes amaran o amasen
ellos, ellas amaran o amasen

Pretérito pluscuamperfecto
yo hubiera o hubiese amado
tú hubieras o hubieses amado / usted hubiera o hubiese amado
él, ella hubiera o hubiese amado
nosotros, tras hubiéramos o hubiésemos amado
vosotros, tras hubierais o hubieseis amado / ustedes hubieran o hubiesen amado
ellos, ellas hubieran o hubiesen amado

Futuro simple
yo amare
tú amares / usted amare
él, ella amare
nosotros, tras amáremos
vosotros, tras amareis / ustedes amaren
ellos, ellas amaren

Futuro compuesto
yo hubiere amado
tú hubieres amado / usted hubiere amado
él, ella hubiere amado
nosotros, tras hubiéremos amado
vosotros, tras hubiereis amado / ustedes hubieren amado
ellos, ellas hubieren amado

ambientar (am·bien·tar) [verbo] **1** Poner el ambiente adecuado: *La película está ambientada en Italia durante la Edad Media.* ∎ **ambientarse 2** Acostumbrarse a una nueva situación: *Cuando te ambientes, te encontrarás más a gusto.* ☐ FAMILIA: →ambiente.

ambiente (am·bien·te) [sustantivo masculino] **1** Aire que rodea algo: *Después de la lluvia, hay mucha humedad en el ambiente.* **2** Conjunto de condiciones que rodean algo: *No he conseguido adaptarme al nuevo ambiente.* **3** Situación en la que hay mucha gente o mucha actividad: *Este pueblo tiene mucho ambiente en verano.* ☐ FAMILIA: ambientar, ambiental, ambientador.

ambigüedad (am·bi·güe·dad) [sustantivo femenino] Posibilidad de que algo sea entendido de varios modos. ☐ FAMILIA: →ambiguo.

ambiguo, gua (am·bi·guo, gua) [adjetivo] Que se puede entender de varios modos. ☐ SINÓNIMOS: equívoco. ☐ FAMILIA: ambigüedad.

ámbito (ám·bi·to) [sustantivo masculino] Zona o conjunto de cosas que están dentro de unos límites determinados. ☐ SINÓNIMOS: campo, reino.

ambivalencia (am·bi·va·len·cia) [sustantivo femenino] **1** Posibilidad de interpretar algo de dos formas opuestas: *La ambivalencia de sus palabras impedía saber si estaba a favor o en contra de la propuesta.* **2** Estado de ánimo en el que existen a la vez dos emociones o sentimientos opuestos: *Su ambivalencia le hacía sentir amor y odio hacia él.*

ambos, bas (am·bos, bas) [cuantificador] El uno y el otro, o los dos: *No sé si coger el rojo o el verde, porque ambos me gustan mucho.* ☐ [No debe decirse «ambos dos», porque «ambos» significa «los dos». No confundir con «sendos» (uno para cada uno)].

ambulancia (am·bu·lan·cia) [sustantivo femenino] Vehículo que sirve para llevar de un lugar a otro a los enfermos y heridos.

ambulante (am·bu·lan·te) [adjetivo] Que va de un lugar a otro: *Le compré este botijo a un vendedor ambulante.* ☐ [No varía en masculino y femenino]. ☐ SINÓNIMOS: errante.

ambulatorio (am·bu·la·to·rio) [sustantivo masculino] Especie de hospital en el que se cura a enfermos que no pasan la noche en él.

ameba (a·me·ba) [sustantivo femenino] Ser vivo que solo puede verse con el microscopio, que está compuesto por una sola célula y que vive en el agua.

amedrentado, da (a·me·dren·ta·do, da) [adjetivo] Que siente mucho miedo. ☐ FAMILIA: →amedrentar.

amedrentar (a·me·dren·tar) [verbo] Producir miedo o sentirlo. ☐ SINÓNIMOS: atemorizar, intimidar. ☐ FAMILIA: amedrentado.

amén (a·mén) [interjección] Se usa para indicar que una oración religiosa se ha acabado, y significa «así sea». ◆ [expresión] ‖ **amén de** Además de: *Ha escrito seis libros de poesía, amén de dos o tres novelas.* ☐ FAMILIA: santiamén.

amenaza (a·me·na·za) [sustantivo femenino] **1** Aviso de que va a sucedernos algo malo: *No me asustas con tus amenazas.* **2** Persona, hecho o cosa que puede producir un daño: *La falta de agua es una amenaza para la humanidad.* ☐ SINÓNIMOS: **1** intimidación. **2** peligro. ☐ FAMILIA: →amenazar.

amenazador, ra (a·me·na·za·dor, do·ra) [adjetivo] Que indica una amenaza. ☐ SINÓNIMOS: amenazante. ☐ FAMILIA: →amenazar.

amenazante (a·me·na·zan·te) [adjetivo] Que indica una amenaza. ☐ [No varía en masculino y femenino]. ☐ SINÓNIMOS: amenazador. ☐ FAMILIA: →amenazar.

amenazar (a·me·na·zar) [verbo] **1** Avisar a una persona de que le va a suceder algo malo: *Me amenazó con castigarme sin salir si no hacía los deberes.* **2** Anunciar algo malo: *Esas nubes negras amenazan tormenta.* ☐ [La «z» se cambia en «c» delante de «e» («amenace»)]. ☐ FAMILIA: amenaza, amenazador, amenazante.

amenizar (a·me·ni·zar) [verbo] Hacer que una cosa resulte entretenida: *El payaso amenizó la fiesta de cumpleaños.* ☐ [La «z» se cambia en «c» delante de «e» («amenice»)]. ☐ SINÓNIMOS: entretener. ☐ FAMILIA: →ameno.

ameno, na (a·me·no, na) [adjetivo] Que resulta agradable porque divierte. ☐ SINÓNIMOS: entretenido. ☐ ANTÓNIMOS: pesado, latoso, aburrido, árido. ☐ FAMILIA: amenizar.

americanismo (a·me·ri·ca·nis·mo) [sustantivo masculino] Palabra o expresión que procede de alguna lengua indígena americana, o del español de algún país americano, y que se usa en otra lengua: *La palabra «cacao» es un americanismo.* ☐ FAMILIA: →americano.

americano, na (a·me·ri·ca·no, na) ∎ [adjetivo o sustantivo] **1** De América, que es un continente. ∎ **americana** [sustantivo femenino] **2** Chaqueta de tela con solapas, que cubre hasta más abajo de la cintura. ☐ [El significado **1** se refiere a todos los habitantes del continente americano, no solo a los de América del Norte]. ☐ FAMILIA: americanismo, sudamericano, norteamericano, centroamericano, hispanoamericano, iberoamericano.

amerizar (a·me·ri·zar) [verbo] Descender un vehículo que vuela y ponerse en el agua. ☐ [La «z» se cambia en «c» delante de «e» («americe»)]. ☐ SINÓNIMOS: amarar. ☐ FAMILIA: →mar.

ametrallador, ra (a·me·tra·lla·dor, do·ra) ∎ [adjetivo] **1** Que dispara automáticamente y a gran velocidad. ∎ **ametralladora** [sustantivo femenino] **2** Arma de fuego automática que dispara muchas balas seguidas a gran velocidad. ☐ FAMILIA: →metralla.

ametrallar (a·me·tra·llar) [verbo] Disparar muchas balas seguidas y a mucha velocidad. ☐ FAMILIA: →metralla.

amianto (a·mian·to) [sustantivo masculino] Material que tiene la propiedad de no quemarse.

amigable (a·mi·ga·ble) [adjetivo] Que muestra amistad. ☐ [No varía en masculino y femenino]. ☐ FAMILIA: →amistad.

amígdala (a·míg·da·la) [sustantivo femenino] Cada uno de los dos bultitos que están a ambos lados del interior de la garganta, donde acaba el paladar. ☐ [No confundir con «anginas» (inflamación de las amígdalas)].

amígdala

amigo, ga (a·mi·go, ga) ■ [adjetivo] **1** Que siente gusto por algo: *No soy amigo de contar chistes.* ■ [adjetivo o sustantivo] **2** Que tiene una relación de amistad con otra persona. ☐ ANTÓNIMOS: enemigo. ☐ FAMILIA: →amistad.

amilanar (a·mi·la·nar) [verbo] Causar miedo o hacer perder el ánimo: *No te dejes amilanar por sus amenazas.* ☐ SINÓNIMOS: intimidar, desanimar. ☐ FAMILIA: →milano.

aminorar (a·mi·no·rar) [verbo] Hacer menor en tamaño, en cantidad o en otra cosa: *aminorar la velocidad.* ☐ SINÓNIMOS: reducir, disminuir. ☐ ANTÓNIMOS: aumentar. ☐ FAMILIA: →menor.

amistad (a·mis·tad) ■ [sustantivo femenino] **1** Relación que existe entre dos personas que piensan de la misma manera y lo pasan bien juntas: *Nuestra amistad nunca desaparecerá.* ■ **amistades** [plural] **2** Personas con las que se tiene esta relación: *Invitaron a la boda a sus familias y a sus amistades.* ☐ ANTÓNIMOS: **1** enemistad, hostilidad. ☐ FAMILIA: amistoso, amigable, amigo.

amistoso, sa (a·mis·to·so, sa) [adjetivo] **1** De amistad o con amistad: *Entre nosotros existe una relación amistosa.* **2** Que no pertenece a una competición oficial: *Estos dos equipos juegan un partido amistoso.* ☐ FAMILIA: →amistad.

amnesia (am·ne·sia) [sustantivo femenino] Pérdida de la memoria.

amnistía (am·nis·tí·a) [sustantivo femenino] Hecho de perdonar a las personas que cumplen un castigo.

amo, ma (a·mo, ma) [sustantivo] Persona que posee algo: *El perro seguía a su amo.* ◆ [expresión] ‖ **amo de casa** Persona que se ocupa de las labores de su hogar. ‖ **ama de llaves** Criada que se encarga de llevar la economía de una casa que no es suya, a cambio de un sueldo. ☐ [Cuando es femenino, se usa con «el», «un», «ningún» y «algún»: «el ama de casa», «las amas de casas»]. ☐ SINÓNIMOS: dueño, propietario.

amodorrar (a·mo·do·rrar) [verbo] Producir una sensación parecida al sueño: *Este calor tan sofocante amodorra a cualquiera.* ☐ FAMILIA: →modorra.

amoldar (a·mol·dar) [verbo] **1** Hacer que algo resulte adecuado a un fin o a una regla: *No compré el mueble porque no se amoldaba a mis necesidades.* ■ **amoldarse 2** Acostumbrarse a una nueva situación: *No le costó mucho amoldarse a los nuevos compañeros.* ☐ SINÓNIMOS: **1** ajustar. **2** adaptarse, acomodarse, acoplarse, atenerse. ☐ FAMILIA: →molde.

amonestación (a·mo·nes·ta·ción) [sustantivo femenino] Llamada de atención que se hace a una persona para que no vuelva a hacer algo porque es una falta grave. ☐ FAMILIA: →amonestar.

amonestar (a·mo·nes·tar) [verbo] Decir de forma seria a una persona que no vuelva a hacer lo que ha hecho porque es una falta grave: *El árbitro amonestó al jugador.* ☐ SINÓNIMOS: apercibir. ☐ FAMILIA: amonestación.

amoniaco o **amoníaco** (a·mo·nia·co; a·mo·ní·a·co) [sustantivo masculino] Líquido de olor muy fuerte que se usa para limpiar.

amontonar (a·mon·to·nar) [verbo] **1** Poner algo de manera que se forme un conjunto sin ningún orden: *No amontones la ropa en la silla.* ■ **amontonarse 2** Producirse muchas cosas iguales en poco tiempo: *Voy a acabar esto, porque luego se me amontona el trabajo.* ☐ SINÓNIMOS: acumular. **1** agrupar, juntar, reunir, apilar. ☐ ANTÓNIMOS: **1** esparcir. ☐ FAMILIA: →montón.

amor (a·mor) [sustantivo masculino] **1** Sentimiento que tenemos por una persona a la que queremos mucho: *Los padres sienten amor por sus hijos.* **2** Sentimiento que tenemos por una persona a la que queremos mucho y por la que sentimos atracción sexual: *Nunca había sentido amor hasta que me enamoré de ti.* **3** Persona amada: *Tú eres mi único amor.* **4** Interés que se siente por algo que nos gusta mucho: *Su amor a la música es por todos conocido.* **5** Cuidado con el que se realiza algo: *He hecho esta tarta con mucho amor.* ◆ [expresión] ‖ **de mil amores** Con mucho gusto: *Te hago ese favor de mil amores.* ‖ **hacer el amor** Realizar el acto sexual. ‖ **por amor al arte** Sin esperar dinero a cambio: *Me enseña a tocar la guitarra por amor al arte.* ☐ SINÓNIMOS: **1** querer, cariño. ☐ ANTÓNIMOS: **1, 4** odio, aversión. ☐ FAMILIA: amoroso, amorío, amar, amado, amante, enamorar, enamorado, enamoradizo.

amoral (a·mo·ral) [adjetivo] Que no tiene moral. ☐ [No varía en masculino y femenino]. ☐ ANTÓNIMOS: moral. ☐ FAMILIA: →moral.

amoratarse (a·mo·ra·tar·se) [verbo] Ponerse de color morado. ☐ FAMILIA: →mora.

amordazar (a·mor·da·zar) [verbo] Tapar la boca con algo para no dejar hablar. ☐ [La «z» se cambia en «c» delante de «e» («amordace»)]. ☐ FAMILIA: →morder.

amorfo, fa (a·mor·fo, fa) [adjetivo] Que no tiene una forma bien definida.

amorío (a·mo·rí·o) [sustantivo masculino] Relación de amor poco seria y pasajera. ☐ [Se usa más en plural]. ☐ FAMILIA: →amor.

amoroso, sa (a·mo·ro·so, sa) [adjetivo] **1** Del amor o relacionado con él: *No te contaré mi vida amorosa.* **2** Que siente amor o que lo expresa: *Soy amoroso con los niños.* ☐ SINÓNIMOS: **2** cariñoso, tierno. ☐ FAMILIA: →amor.

amortajar (a·mor·ta·jar) [verbo] Vestir a un muerto para enterrarlo. ☐ [Siempre se escribe con «j»]. ☐ FAMILIA: →mortaja.

amortiguación (a·mor·ti·gua·ción) [sustantivo femenino] Mecanismo que sirve para disminuir el efecto de los choques o de los movimientos bruscos. ☐ FAMILIA: →amortiguar.

amortiguador (a·mor·ti·gua·dor) [sustantivo masculino] Pieza que disminuye los efectos de un choque o de un movimiento fuerte, especialmente en un vehículo. ☐ FAMILIA: →amortiguar.

amortiguar (a·mor·ti·guar) [verbo] Disminuir la fuerza de algo: *amortiguar un golpe.* ☐ [Es irregular y se conjuga como AVERIGUAR]. ☐ FAMILIA: amortiguador, amortiguación.

amortizar (a·mor·ti·zar) [verbo] **1** Terminar de pagar una deuda: *Este año ya amortizo el préstamo del banco.* **2** Obtener beneficios del dinero que se ha invertido en alguna cosa: *Con todos los viajes que hago, ya he amortizado el coche que me compré.* ☐ [La «z» se cambia en «c» delante de «e» («amortice»)].

amotinar (a·mo·ti·nar) [verbo] Hacer que un grupo de personas inicie un movimiento de protesta contra una autoridad: *Los marinos se amotinaron y no obedecían al capitán.* ☐ SINÓNIMOS: alzar, levantar, sublevar, soliviantar. ☐ FAMILIA: →motín.

AMPA [sustantivo femenino] Conjunto de padres y madres de los alumnos de un centro de enseñanza. ☐ [Se pronuncia «ámpa». Se escriben todas las letras con mayúscula. No varía en singular y plural: «la AMPA», «las AMPA»]. ☐ SINÓNIMOS: APA.

amparar (am·pa·rar) [verbo] **1** Dar protección o ayuda: *¡Que Dios te ampare!* ▪ **ampararse 2** Usar algo como ayuda o protección: *Para que no le riñeran por llegar tarde, se amparó en que había mucho tráfico.* ☐ SINÓNIMOS: proteger, acoger, defender. **1** abrigar. ☐ ANTÓNIMOS: **1** desamparar, desguarnecer. ☐ FAMILIA: amparo, desamparar, desamparo.

amparo (am·pa·ro) [sustantivo masculino] **1** Defensa de algo frente a un daño o a un peligro: *Llovía tanto que buscamos amparo en un refugio de montaña.* **2** Persona o cosa que protege a alguien: *Los padres son el amparo de los hijos.* ☐ SINÓNIMOS: **1** abrigo, protección. ☐ ANTÓNIMOS: **1** desamparo. ☐ FAMILIA: →amparar.

amperímetro (am·pe·rí·me·tro) [sustantivo masculino] Instrumento que se usa para medir la intensidad de la corriente eléctrica. ☐ FAMILIA: →amperio. →metro.

amperio (am·pe·rio) [sustantivo masculino] Unidad que se usa para medir la intensidad de la corriente eléctrica. ☐ FAMILIA: amperímetro.

ampliación (am·plia·ción) [sustantivo femenino] **1** Aumento del tamaño de algo o del tiempo que dura: *Han empezado las obras de ampliación de la carretera.* **2** Objeto que se aumenta de tamaño: *Al revelar el carrete aquí, te regalan una ampliación.* ☐ SINÓNIMOS: **1** prolongación. ☐ FAMILIA: →amplio.

ampliar (am·pliar) [verbo] Aumentar el tamaño de algo o el tiempo que dura: *ampliar una foto.* ☐ [Es irregular y se conjuga como ENVIAR]. ☐ SINÓNIMOS: alargar, prolongar. ☐ ANTÓNIMOS: acortar, abreviar, reducir, achicar. ☐ FAMILIA: →amplio.

amplificador (am·pli·fi·ca·dor) [sustantivo masculino] Aparato que sirve para aumentar la intensidad de algo. ☐ FAMILIA: →amplio.

amplificar (am·pli·fi·car) [verbo] Aumentar la intensidad del sonido: *Con este altavoz amplifico el sonido del ordenador.* ☐ [La «c» se cambia en «qu» delante de «e» («amplifique»)]. ☐ FAMILIA: →amplio.

amplio, plia (am·plio, plia) [adjetivo] **1** Muy extenso o con mucho espacio: *Esta casa tiene un amplio jardín.* **2** Que no queda apretado: *En verano llevo ropa amplia.* ☐ SINÓNIMOS: **1** espacioso, vasto. **2** ancho, holgado. ☐ ANTÓNIMOS: **1** reducido. **2** justo, estrecho. ☐ FAMILIA: ampliar, ampliación, amplitud, amplificar, amplificador.

amplitud (am·pli·tud) [sustantivo femenino] Característica de lo que es amplio. ☐ FAMILIA: →amplio.

ampolla (am·po·lla) [sustantivo femenino] **1** Especie de bolsa llena de líquido que se forma en la piel: *Este zapato me roza y me ha hecho una ampolla.* **2** Tubo de cristal cerrado, más estrecho en uno de los extremos, que contiene un líquido: *Me han recetado unas ampollas de vitaminas.*

ampuloso, sa (am·pu·lo·so, sa) [adjetivo] Que no es natural ni sencillo: *Su lenguaje ampuloso resulta un poco pedante.*

amputación (am·pu·ta·ción) [sustantivo femenino] Hecho de cortar un miembro del cuerpo separándolo completamente de él. ☐ FAMILIA: →amputar.

amputar (am·pu·tar) [verbo] Cortar un miembro del cuerpo separándolo completamente de él: *Tras el accidente tuvieron que amputarle una pierna.* ☐ SINÓNIMOS: cercenar. ☐ FAMILIA: →amputación.

amueblar (a·mue·blar) [verbo] Poner los muebles necesarios en un lugar. ☐ FAMILIA: →mueble.

amuleto (a·mu·le·to) [sustantivo masculino] Objeto que se tiene porque se cree que da buena suerte. ☐ SINÓNIMOS: talismán, fetiche.

amurallado, da (a·mu·ra·lla·do, da) [adjetivo] Que está rodeado por un muro que le sirve de defensa. ☐ FAMILIA: →muro.

anacardo (a·na·car·do) [sustantivo masculino] **1** Árbol tropical de flores pequeñas que tiene un fruto con forma de riñón. **2** Fruto de este árbol. ◉ **página 455.**

anaconda (a·na·con·da) [sustantivo femenino] Serpiente de gran tamaño que vive en los ríos sudamericanos.

anacoreta (a·na·co·re·ta) [sustantivo] Persona que vive en un lugar solitario, dedicada a la oración y a hacer penitencia. ☐ [No varía en masculino y femenino].

anacrónico, ca (a·na·cró·ni·co, ca) [adjetivo] Que no corresponde a la época de la que se trata: *En esta película ambientada en el siglo XIX hay inventos anacrónicos porque no aparecieron hasta el siglo XX.* ☐ FAMILIA: anacronismo.

anacronismo (a·na·cro·nis·mo) [sustantivo masculino] Error que consiste en atribuir a una época lo que corresponde a otra. ☐ FAMILIA: →anacrónico.

ánade (á·na·de) [sustantivo] Ave de pico ancho y aplastado, con el cuello corto y las patas pequeñas. ☐ [Se puede decir «este ánade» y «esta ánade» sin que cambie de significado. Cuando es femenino, como empieza por «a» tónica o acentuada, se usa con «el», «un», «ningún» y «algún»: «el ánade blanca», «las ánades blancas»]. ☐ SINÓNIMOS: pato.

anaerobio, bia (a·na·e·ro·bio, bia) [adjetivo o sustantivo] Dicho de un organismo, que no necesita oxígeno para vivir. ☐ ANTÓNIMOS: aerobio. ☐ FAMILIA: →aire.

anagrama (a·na·gra·ma) [sustantivo masculino] **1** Símbolo o emblema, especialmente el que está formado por letras. **2** Palabra o frase que se obtiene al cambiar de lugar los sonidos o letras de otra palabra o frase: *«Belisa» es anagrama de «Isabel».*

anal (a·nal) ■ [adjetivo] **1** Del ano o relacionado con este orificio del cuerpo. ■ **anales** [sustantivo masculino plural] **2** Libro en el que aparecen los hechos más importantes ocurridos cada año: *Este hecho histórico aparecerá en los anales de la historia del país.* **3** Narración de acontecimientos pasados: *En los anales del ciclismo es célebre aquella victoria.* ☐ [En el significado **1** no varía en masculino y femenino]. ☐ FAMILIA: **1** →ano. **2, 3** →año.

analfabetismo (a·nal·fa·be·tis·mo) [sustantivo masculino] Hecho de no saber leer ni escribir o de tener poca cultura. ☐ FAMILIA: →alfabeto.

analfabeto, ta (a·nal·fa·be·to, ta) [adjetivo o sustantivo] **1** Que no sabe leer ni escribir. **2** Que no tiene cultura. ☐ SINÓNIMOS: **2** inculto. ☐ ANTÓNIMOS: **2** culto, letrado. ☐ FAMILIA: →alfabeto.

analgésico (a·nal·gé·si·co) [sustantivo masculino] Medicina que quita el dolor.

análisis (a·ná·li·sis) [sustantivo] Estudio de algo que se hace examinando sus partes con atención. ☐ [No varía en singular y plural]. ☐ SINÓNIMOS: examen. ☐ FAMILIA: →analizar.

analista (a·na·lis·ta) [sustantivo] Persona que es especialista en hacer análisis: *analista informático; analista médico.* ☐ [No varía en masculino y femenino]. ☐ FAMILIA: →analizar.

analítico, ca (a·na·lí·ti·co, ca) ■ [adjetivo] **1** Del análisis o relacionado con esta distinción de partes que forman algo, o con este examen: *método analítico.* ■ **analítica** [sustantivo femenino] **2** Examen de ciertos componentes o sustancias del organismo para llegar a un diagnóstico: *El médico nos dará un informe sobre los resultados de la analítica.* ☐ FAMILIA: →analizar.

analizar (a·na·li·zar) [verbo] Estudiar las distintas partes que componen algo: *Para decidir qué quieres estudiar tienes que analizar bien todas las opciones.* ☐ [La «z» se cambia en «c» delante de «e» («analice»)]. ☐ SINÓNIMOS: examinar. ☐ FAMILIA: análisis, analista, analítico.

analogía (a·na·lo·gí·a) [sustantivo femenino] Relación de parecido que existe entre dos o más cosas distintas: *Existe cierta analogía entre todos los cuadros de este pintor.* ☐ FAMILIA: análogo, analógico.

analógico, ca (a·na·ló·gi·co, ca) [adjetivo] **1** Que se parece a algo. **2** Dicho de un sistema o de un aparato, que utiliza información que va cambiando de forma continua, sin saltos: *Los relojes analógicos son los que marcan la hora señalando los números con las manecillas.* ☐ SINÓNIMOS: **1** análogo, similar. ☐ ANTÓNIMOS: **2** digital. ☐ FAMILIA: →analogía.

análogo, ga (a·ná·lo·go, ga) [adjetivo] Que se parece a algo. ☐ SINÓNIMOS: analógico. ☐ FAMILIA: →analogía.

anaquel (a·na·quel) [sustantivo masculino] Tabla de un mueble sobre la que se colocan las cosas. ☐ SINÓNIMOS: balda, estante.

anaranjado, da (a·na·ran·ja·do, da) [adjetivo o sustantivo masculino] Del color que resulta de mezclar rojo y amarillo. ☐ SINÓNIMOS: naranja. ☐ FAMILIA: →naranja.

anarquía (a·nar·quí·a) [sustantivo femenino] **1** Movimiento político que está en contra de cualquier forma de autoridad y que defiende la libertad total de las personas. **2** Falta de organización por ausencia de una autoridad: *Cuando no están sus padres, en su casa reina la anarquía.* ☐ FAMILIA: anárquico, anarquismo, anarquista.

anárquico, ca (a·nár·qui·co, ca) [adjetivo] Sin organización o sin orden: *comportamiento anárquico.* ☐ FAMILIA: →anarquía.

anarquismo (a·nar·quis·mo) [sustantivo masculino] **1** Conjunto de ideas basadas en la eliminación de cualquier forma de autoridad y en la exaltación de la libertad de la persona: *Para el anarquismo, el Estado oprime al individuo.* **2** Movimiento político formado por los partidarios de estas ideas: *El anarquismo tuvo muchos seguidores en España en el siglo XIX.* ☐ FAMILIA: →anarquía.

anarquista (a·nar·quis·ta) [adjetivo o sustantivo] Que está a favor de que desaparezca cualquier forma de autoridad y que defiende la total libertad de las personas. ☐ [No varía en masculino y femenino]. ☐ FAMILIA: →anarquía.

anatomía (a·na·to·mí·a) [sustantivo femenino] Ciencia que estudia las partes del cuerpo de los seres vivos. ☐ FAMILIA: anatómico.

anatómico, ca (a·na·tó·mi·co, ca) [adjetivo] Dicho de un objeto, que está construido para adaptarse al cuerpo humano. ☐ FAMILIA: →anatomía.

anca (an·ca) [sustantivo femenino] **1** Cada una de las dos mitades en que se divide la parte posterior de algunos animales:

ancas de rana. **2** Parte superior y posterior de un caballo, cerca de donde nace la cola. ☐ [Aunque es femenino, como empieza por «a» tónica o acentuada, se usa con «el», «un», «ningún» y «algún»: «el anca», «las ancas»].

ancestral (an·ces·tral) [adjetivo] De los antepasados o relacionado con ellos. ☐ [No varía en masculino y femenino]. ☐ Familia: →ancestro.

ancestro (an·ces·tro) [sustantivo masculino] Persona de la que se desciende. ☐ [Se usa más en plural]. ☐ Sinónimos: antecesor, antepasado, predecesor. ☐ Familia: ancestral.

ancho, cha (an·cho, cha) ■ [adjetivo] **1** Que tiene más distancia de lado a lado de lo que es habitual: *Las autopistas son carreteras muy anchas.* **2** Que no queda apretado: *Me gusta llevar la ropa muy ancha.* **3** Orgulloso y contento de sí mismo: *¿Cómo puedes quedarte tan ancho después de lo que has hecho?* ■ **ancho** [sustantivo masculino] **4** Distancia entre los lados izquierdo y derecho de un cuerpo o de una superficie: *Mide el ancho del armario para ver si cabe en este hueco.* ◆ [expresión] ‖ **a sus anchas** Cómodo y libre: *Cuando viene a casa está a sus anchas, porque nos conocemos desde hace mucho tiempo.* ☐ [El significado **3** y la expresión son coloquiales]. ☐ Sinónimos: **2** amplio. **4** anchura. ☐ Antónimos: **1, 2** estrecho. **1** angosto. **2** justo. ☐ Familia: anchura, ensanchar, ensanchamiento, ensanche.

anchoa (an·cho·a) [sustantivo femenino] Boquerón preparado con sal.

anchura (an·chu·ra) [sustantivo femenino] Distancia entre los lados izquierdo y derecho de un cuerpo o de una superficie. ☐ Sinónimos: ancho. ☐ Familia: →ancho.

ancianidad (an·cia·ni·dad) [sustantivo femenino] Último período de la vida humana. ☐ Familia: →anciano.

anciano, na (an·cia·no, na) [adjetivo o sustantivo] Dicho de una persona, que tiene muchos años. ☐ Sinónimos: viejo. ☐ Antónimos: joven, mozo. ☐ Familia: ancianidad.

ancla (an·cla) [sustantivo femenino] Objeto que sirve para que un barco se sujete al fondo del mar. ◉ **página 132.** ☐ [Aunque es femenino, como empieza por «a» tónica o acentuada, se usa con «el», «un», «ningún» y «algún»: «el ancla», «las anclas»]. ☐ Familia: anclaje, anclar.

ancla

anclaje (an·cla·je) [sustantivo masculino] **1** Colocación del ancla en el fondo del mar, de modo que el barco quede sujeto.

2 Conjunto de elementos que sirven para sujetar algo firmemente al suelo: *Utilizaron un anclaje para fijar la estantería al suelo.* ☐ Familia: →ancla.

anclar (an·clar) [verbo] **1** Sujetar un barco al fondo del mar con un ancla. ■ **anclarse 2** Agarrarse a una idea: *Se ancló en el pasado y no acepta los cambios.* ☐ Familia: →ancla.

áncora (án·co·ra) [sustantivo femenino] Ancla. ☐ [Aunque es femenino, como empieza por «a» tónica o acentuada, se usa con «el», «un», «ningún» y «algún»: «el áncora», «las áncoras». Suele usarse en lenguaje literario].

anda (an·da) [interjección] **1** Se usa para indicar sorpresa, admiración o disgusto: *¡Anda, mira dónde estaban las gafas!* **2** Se usa para pedir algo con fuerza: *¡Anda, dímelo, por favor!* ☐ Familia: →andar.

andadas (an·da·das) ◆ [expresión] ‖ **volver a las andadas** Volver a caer en una mala costumbre. ☐ Familia: →andar.

andador (an·da·dor) [sustantivo masculino] Aparato que se usa para aprender a andar o para ayudar a conseguirlo. ☐ Familia: →andar.

andadura (an·da·du·ra) [sustantivo femenino] Movimiento o avance. ☐ Familia: →andar.

andaluz, za (an·da·luz, lu·za) [adjetivo o sustantivo] De la comunidad autónoma española de Andalucía. ☐ [Su plural es «andaluces» y «andaluzas»].

andamio (an·da·mio) [sustantivo masculino] Estructura de metal o de madera que sirve para llegar a las partes más altas de una construcción.

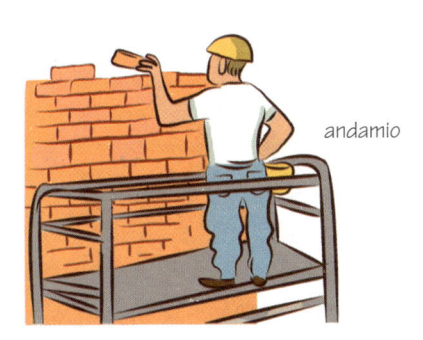

andamio

andanada (an·da·na·da) [sustantivo femenino] Conjunto de disparos que se hacen a la vez desde una serie de cañones puestos en línea.

andante (an·dan·te) [adjetivo] Dicho de un caballero, que, según la literatura medieval, recorría el mundo en busca de aventuras. ☐ [No varía en masculino y femenino]. ☐ Familia: →andar.

andanzas (an·dan·zas) [sustantivo femenino plural] Recorrido lleno de aventuras y de sucesos curiosos. ☐ Sinónimos: correrías. ☐ Familia: →andar.

andar (an·dar) ■ [sustantivo masculino] **1** Forma que tienen las personas de dar pasos: *Reconozco tus andares desde lejos.* ■ [verbo] **2** Ir de un lugar a otro dando pasos: *Iré* a casa andando. **3** Moverse algo por un lugar: *Si el coche no anda habrá que llevarlo al taller.* **4** Funcionar un aparato: *Se me ha mojado el reloj y ahora no anda.* **5** Estar en una determinada situación: *¿Cómo andas de tu dolor de estómago?* **6** Haber o existir: *El libro que buscas anda por aquí.* **7** Actuar o comportarse de una forma determinada: *No andes con tonterías y ponte seria.* **8** Tocar algo con las manos: *Al frutero no le gusta que la gente ande con la fruta.* **9** Atravesar un espacio: *Anduve toda la calle hasta encontrar tu casa.* ☐ [Como verbo, es irregular. En el significado **1** es lo mismo en singular que en plural]. ☐ SINÓNIMOS: **2** caminar. **4** marchar. **9** recorrer. ☐ FAMILIA: andante, andadas, andadura, andanza, andador, andas, andariego, andarín, andurrial, desandar, anda.

andariego, ga (an·da·rie·go, ga) [adjetivo o sustantivo] Que anda mucho porque le gusta. ☐ SINÓNIMOS: andarín. ☐ FAMILIA: →andar.

andarín, na (an·da·rín, ri·na) [adjetivo o sustantivo] → **andariego, ga.** ☐ FAMILIA: →andar.

andas (an·das) [sustantivo femenino plural] Tablero sostenido por dos barras paralelas que sirve para transportar una carga a hombros. ☐ SINÓNIMOS: angarillas. ☐ FAMILIA: →andar.

andén (an·dén) [sustantivo masculino] Acera en la que se espera la llegada de un tren o de un autobús.

andén

andino, na (an·di·no, na) [adjetivo] De los Andes o relacionado con estas montañas sudamericanas.

andorrano, na (an·do·rra·no, na) [adjetivo o sustantivo] De Andorra, que es un país europeo.

andrajo (an·dra·jo) [sustantivo masculino] Ropa rota y vieja. ☐ [Se usa más en plural]. ☐ SINÓNIMOS: harapo. ☐ FAMILIA: andrajoso.

andrajoso, sa (an·dra·jo·so, sa) ▌ [adjetivo] **1** Dicho de la ropa, que está rota o vieja. ▌ [adjetivo o sustantivo] **2** Que tiene la

ANDAR	
INDICATIVO	**SUBJUNTIVO**
Presente yo ando tú andas / usted anda él, ella anda nosotros, tras andamos vosotros, tras andáis / ustedes andan ellos, ellas andan	**Presente** yo ande tú andes / usted ande él, ella ande nosotros, tras andemos vosotros, tras andéis / ustedes anden ellos, ellas anden
Pretérito imperfecto yo andaba tú andabas / usted andaba él, ella andaba nosotros, tras andábamos vosotros, tras andabais / ustedes andaban ellos, ellas andaban	**Pretérito imperfecto** yo anduviera *o* anduviese tú anduvieras *o* anduvieses / usted anduviera *o* anduviese él, ella anduviera *o* anduviese nosotros, tras anduviéramos *o* anduviésemos vosotros, tras anduvierais *o* anduvieseis / ustedes anduvieran *o* anduviesen ellos, ellas anduvieran *o* anduviesen
Pretérito perfecto simple yo anduve tú anduviste / usted anduvo él, ella anduvo nosotros, tras anduvimos vosotros, tras anduvisteis / ustedes anduvieron ellos, ellas anduvieron	**Futuro simple** yo anduviere tú anduvieres / usted anduviere él, ella anduviere nosotros, tras anduviéremos vosotros, tras anduviereis / ustedes anduvieren ellos, ellas anduvieren
Futuro simple yo andaré tú andarás / usted andará él, ella andará nosotros, tras andaremos vosotros, tras andaréis / ustedes andarán ellos, ellas andarán	**IMPERATIVO** anda (tú) / ande (usted) andemos (nosotros, tras) andad (vosotros, tras) / anden (ustedes)
Condicional simple yo andaría tú andarías / usted andaría él, ella andaría nosotros, tras andaríamos vosotros, tras andaríais / ustedes andarían ellos, ellas andarían	**FORMAS NO PERSONALES** **Infinitivo** **Gerundio** **Participio** andar andando andado

anglicanismo

ropa rota y vieja: *Un mendigo andrajoso me pidió limosna.* □ SINÓNIMOS: **2** harapiento, desarrapado. ➔ FAMILIA: →andrajo.

androceo (an·dro·ce·o) [sustantivo masculino] Órgano masculino de una flor. □ ANTÓNIMOS: gineceo.

androide (an·droi·de) [sustantivo masculino] Robot con figura humana.

andurrial (an·du·rrial) [sustantivo masculino] Lugar que está lejos de los caminos. □ [Se usa más en plural]. □ FAMILIA: →andar.

anea (a·ne·a) [sustantivo femenino] Planta de hojas largas y estrechas, que crece en lugares húmedos y que se usa para hacer cestas y sillas. □ SINÓNIMOS: enea.

anécdota (a·néc·do·ta) [sustantivo femenino] **1** Hecho que se cuenta como ejemplo de algo o para divertir. **2** Suceso poco importante o poco habitual. □ FAMILIA: anecdótico.

anecdótico, ca (a·nec·dó·ti·co, ca) [adjetivo] De la anécdota o relacionado con este relato o con este hecho. □ FAMILIA: →anécdota.

anegar (a·ne·gar) [verbo] Cubrir con agua un lugar: *Las inundaciones anegaron el campo.* □ [La «g» se cambia en «gu» delante de «e» («anegue»)]. □ SINÓNIMOS: inundar.

anejo, ja (a·ne·jo, ja) [sustantivo adjetivo o masculino] → **anexo.**

anélido, da (a·né·li·do, da) [adjetivo o sustantivo masculino] Dicho de un animal, que tiene el cuerpo alargado y formado por pequeños anillos: *Los gusanos y las lombrices son anélidos.* □ FAMILIA: →anillo.

anemia (a·ne·mia) [sustantivo femenino] Enfermedad relacionada con un problema de la sangre y que deja débiles y pálidas a las personas que la tienen. □ FAMILIA: anémico.

anémico, ca (a·né·mi·co, ca) ▪ [adjetivo] **1** De la anemia o relacionado con esta enfermedad. ▪ [adjetivo o sustantivo] **2** Que está enfermo de anemia. □ FAMILIA: →anemia.

anemómetro (a·ne·mó·me·tro) [sustantivo masculino] Aparato que se usa para medir la velocidad o la fuerza del viento.

anémona (a·né·mo·na) [sustantivo femenino] **1** Planta con pocas hojas y flores muy bonitas, generalmente con seis pétalos. **2** Animal marino que vive pegado a las rocas y que se parece a una flor. ◉ **página 96.**

anestesia (a·nes·te·sia) [sustantivo femenino] Sustancia que hace que nos durmamos o que no sintamos dolor durante un tiempo: *sacar una muela con anestesia local.* □ FAMILIA: anestesiar, anestesista.

anestesiar (a·nes·te·siar) [verbo] Dormir a una persona durante un tiempo, para que no sienta dolor. □ [Es irregular y se conjuga como ANUNCIAR]. □ FAMILIA: →anestesia.

anestesista (a·nes·te·sis·ta) [adjetivo o sustantivo] Que trabaja en un hospital durmiendo a los enfermos con alguna sustancia, para que no sientan dolor durante las operaciones. □ [No varía en masculino y femenino]. □ FAMILIA: →anestesia.

anexión (a·ne·xión) [sustantivo femenino] Hecho de que un territorio pase a formar parte de otro. □ FAMILIA: →anexionar.

anexionar (a·ne·xio·nar) [verbo] Hacer que un territorio forme parte de otro: *España anexionó varios territorios de América Latina durante la colonización en el siglo XV.* □ FAMILIA: anexión.

anexo, xa (a·ne·xo, xa) [adjetivo o sustantivo masculino] Unido a otro. □ [Se usa también «anejo»]. □ SINÓNIMOS: apéndice.

anfibio, bia (an·fi·bio, bia) ▪ [adjetivo] **1** Que puede moverse tanto en el agua como en la tierra: *camiones anfibios.* ▪ [adjetivo o sustantivo masculino] **2** Dicho de un animal, que es de sangre fría y que puede vivir en la tierra o en el agua: *Las ranas son anfibios.* ◉ **página 818.** □ SINÓNIMOS: **2** batracio.

anfiteatro (an·fi·te·a·tro) [sustantivo masculino] **1** Edificio de forma circular u ovalada, con asientos para el público, que estaba destinado a determinados espectáculos. **2** En un cine y en otros locales, parte alta de la sala que tiene asientos. □ FAMILIA: →teatro.

anfitrión, na (an·fi·trión, trio·na) [sustantivo] Persona que tiene invitados en su casa.

ánfora (án·fo·ra) [sustantivo femenino] Vasija alta y estrecha con dos asas.

angarillas (an·ga·ri·llas) [sustantivo femenino plural] Tablero sostenido por dos barras paralelas que sirve para transportar una carga a hombros. □ SINÓNIMOS: andas.

ángel (án·gel) [sustantivo masculino] **1** En algunas religiones, espíritu que sirve a Dios y ayuda a las personas: *En el arte cristiano, los ángeles se representan con alas.* **2** Persona muy buena o muy bella: *Eres un ángel y sé que me ayudas siempre que puedes.* ◆ [expresión] ‖ **ángel de la guarda** Según la tradición cristiana, el que protege a cada persona. ‖ **como los ángeles** Muy bien: *Cantas como los ángeles.* □ ANTÓNIMOS: **2** diablo. □ FAMILIA: angelical, ángelus, arcángel, desangelado.

angelical (an·ge·li·cal) [adjetivo] De los ángeles o con sus características: *rostro angelical; voz angelical.* □ [No varía en masculino y femenino]. □ FAMILIA: →ángel.

ángelus (án·ge·lus) [sustantivo masculino] Oración cristiana a la Virgen María. □ [No varía en singular y plural]. □ FAMILIA: →ángel.

anginas (an·gi·nas) [sustantivo femenino plural] Enfermedad de la parte interna de la garganta que produce dolor y fiebre: *Las anginas se producen cuando se inflaman las amígdalas.* ◆ [expresión] ‖ **angina de pecho** Enfermedad grave, causada por un problema en la circulación de la sangre, que produce un dolor muy fuerte en el pecho. □ [No confundir con «amígdala» (lo que se inflama cuando se tienen anginas)].

angiospermo, ma (an·gios·per·mo, ma) [adjetivo o sustantivo] Dicho de una planta, que tiene flores con órganos masculinos y femeninos. □ ANTÓNIMOS: gimnospermo.

anglicanismo (an·gli·ca·nis·mo) [sustantivo masculino] Religión oficial de Inglaterra, que es una región británica. □ FAMILIA: →anglicano.

anglicano, na (an·gli·ca·no, na) [adjetivo o sustantivo] Del anglicanismo o relacionado con esta religión. ◻ FAMILIA: anglicanismo.

anglicismo (an·gli·cis·mo) [sustantivo masculino] Palabra o expresión del inglés usada en otra lengua: *Las palabras «rock» y «stop» son anglicismos.*

anglosajón, na (an·glo·sa·jón, jo·na) [adjetivo o sustantivo] **1** De un antiguo pueblo germánico que vivió en Inglaterra, que es una región británica. **2** De origen inglés o que habla esta lengua: *Estados Unidos de América es una nación anglosajona.*

angoleño, ña (an·go·le·ño, ña) [adjetivo o sustantivo] De Angola, que es un país africano.

angora (an·go·ra) [sustantivo femenino] Lana muy suave y con mucho pelo que se usa para hacer prendas de vestir. ◻ FAMILIA: angorina.

angorina (an·go·ri·na) [sustantivo femenino] Lana que imita la angora, pero que tiene menos pelo. ◻ FAMILIA: →angora.

angosto, ta (an·gos·to, ta) [adjetivo] Que tiene menos distancia de lado a lado de lo que es habitual. ◻ SINÓNIMOS: estrecho. ◻ ANTÓNIMOS: ancho.

anguila (an·gui·la) [sustantivo femenino] Pez parecido a una serpiente, que vive en los ríos y se reproduce en el mar. 👁 página 723.

angula (an·gu·la) [sustantivo femenino] Cría de la anguila.

ángulo (án·gu·lo) [sustantivo masculino] **1** En matemáticas, figura formada por dos líneas con distinta dirección que se juntan en un punto: *Un cuadrado tiene cuatro lados y cuatro ángulos.* **2** Espacio formado por dos líneas o dos superficies que se juntan en un punto: *Puso la maceta en un ángulo de la habitación.* **3** Cada una de las formas desde las que se puede ver una cosa: *Si lo miras desde otro ángulo, no te parecerá tan importante.* ◻ FAMILIA: triángulo, triangular, rectángulo, rectangular, acutángulo, obtusángulo.

angustia (an·gus·tia) [sustantivo femenino] Sensación que notamos cuando tenemos miedo o cuando estamos preocupados. ◻ FAMILIA: angustioso, angustiar, angustiado.

angustiado, da (an·gus·tia·do, da) [adjetivo] Que siente miedo o una gran preocupación. ◻ FAMILIA: →angustia.

angustiar (an·gus·tiar) [verbo] Producir angustia o sufrimiento. ◻ [Es irregular y se conjuga como ANUNCIAR]. ◻ SINÓNIMOS: agobiar, mortificar. ◻ ANTÓNIMOS: tranquilizar. ◻ FAMILIA: →angustia.

angustioso, sa (an·gus·tio·so, sa) [adjetivo] Que produce una gran preocupación. ◻ FAMILIA: →angustia.

anhelante (a·nhe·lan·te) [adjetivo] Con un deseo muy fuerte de algo. ◻ [No varía en masculino y femenino]. ◻ SINÓNIMOS: ansioso. ◻ FAMILIA: →anhelar.

anhelar (a·nhe·lar) [verbo] Desear con fuerza: *Anhelo que lleguen las vacaciones para visitar a mis abuelos.* ◻ SINÓNIMOS: ansiar. ◻ FAMILIA: anhelo, anhelante.

anhelo (a·nhe·lo) [sustantivo masculino] Deseo muy fuerte. ◻ SINÓNIMOS: ansia. ◻ FAMILIA: →anhelar.

anidar (a·ni·dar) [verbo] Hacer un nido un ave y vivir en él. ◻ SINÓNIMOS: nidificar. ◻ FAMILIA: →nido.

anilla (a·ni·lla) [sustantivo femenino] Pieza en forma de anillo que sirve para sujetar algo o para colgarlo: *un cuaderno de anillas.* ◻ FAMILIA: →anillo.

anillo (a·ni·llo) [sustantivo masculino] **1** Joya que se lleva como adorno en los dedos de la mano. **2** Cualquier cosa que tiene la forma redonda de esta pieza: *Saturno es un planeta que tiene tres anillos.* ◆ [expresión] ‖ **como anillo al dedo** Muy adecuado. ◻ FAMILIA: anilla, anular, anélido.

ánima (á·ni·ma) [sustantivo femenino] Alma de una persona. ◻ [Aunque es femenino, como empieza por «a» tónica o acentuada, se usa con «el», «un», «ningún» y «algún»: «el ánima», «las ánimas»]. ◻ FAMILIA: animismo, animista, exánime.

animación (a·ni·ma·ción) [sustantivo femenino] **1** Diversión, actividad o movimiento: *Un payaso se encargará de la animación de la fiesta.* **2** Gran cantidad de gente o de movimiento: *Los domingos hay mucha animación en la plaza.* **3** Técnica para dar movimiento a los dibujos: *La animación ha cambiado mucho gracias a los ordenadores.* ◻ FAMILIA: →ánimo.

animado, da (a·ni·ma·do, da) [adjetivo] **1** Que tiene vida: *Los animales y las plantas son seres animados.* **2** Que resulta alegre o divertido: *Fue una fiesta muy animada.* **3** Con ganas de hacer algo. **4** Con mucha gente o con mucho movimiento. ◻ SINÓNIMOS: **2** jovial. ◻ ANTÓNIMOS: **1** inanimado. ◻ FAMILIA: →ánimo.

animador, ra (a·ni·ma·dor, do·ra) [sustantivo] **1** Persona que presenta un espectáculo. **2** Persona que organiza actividades para un grupo. **3** Persona que anima a un equipo. ◻ FAMILIA: →ánimo.

animal (a·ni·mal) ▪ [adjetivo] **1** De los animales o relacionado con estos seres vivos: *En biología se estudia el comportamiento animal.* ▪ [adjetivo o sustantivo] **2** Que no se comporta como una persona culta y educada: *No seas animal y piensa la respuesta antes de decir tonterías.* ▪ [sustantivo masculino] **3** Ser vivo que es capaz de moverse por sí mismo: *En el zoo hay muchos animales.* ◻ [En los significados **1** y **2** no varía en masculino y femenino. El significado **2** es coloquial]. ◻ SINÓNIMOS: **2** bestia, bruto. ◻ FAMILIA: animalada.

animalada (a·ni·ma·la·da) [sustantivo femenino] Hecho o dicho que parece propio de un animal, porque es poco adecuado o cruel. ◻ [Es coloquial]. ◻ SINÓNIMOS: burrada. ◻ FAMILIA: →animal.

animar (a·ni·mar) [verbo] **1** Dar ánimo o energía a alguien: *El público animaba a su equipo.* **2** Impulsar a alguien para que haga algo: *Me han animado a hacer una excursión.* **3** Hacer que algo resulte divertido o que despierte el interés: *Unos payasos animarán la fiesta.* ▪ **animarse 4** Conseguir tener ganas de hacer algo: *Anda, anímate y vamos a dar una vuelta.* ◻ SINÓNIMOS: **1** jalear, alentar. **2** motivar. ◻ ANTÓNIMOS: **1** desanimar, abatir, desalentar, desmoralizar. ◻ FAMILIA: →ánimo.

animales

SEGÚN TENGAN O NO COLUMNA VERTEBRAL

vertebrados

invertebrados

SEGÚN SU REPRODUCCIÓN

ovíparos

vivíparos

SEGÚN SU ALIMENTACIÓN

herbívoros

carnívoros

omnívoros

anímico, ca (a·ní·mi·co, ca) [adjetivo] De los sentimientos y los afectos de una persona: *Con la nueva situación, su estado anímico ha mejorado.* ☐ Familia: →ánimo.

animismo (a·ni·mis·mo) [sustantivo masculino] Creencia que considera que todos los elementos de la naturaleza tienen alma. ☐ Familia: →ánima.

animista (a·ni·mis·ta) [adjetivo o sustantivo] Que adora a los elementos de la naturaleza, porque piensa que tienen alma: *Los animistas adoran al Sol y a la Luna.* ☐ [No varía en masculino y femenino]. ☐ Familia: →ánima.

ánimo (á·ni·mo) ∎ [sustantivo masculino] **1** Energía que hace que una persona tenga ganas de hacer cosas: *Estoy tan cansada que no tengo ánimo para nada.* **2** Intención de hacer algo: *No he dicho eso con ánimo de ofenderte.* ∎ [interjección] **3** Se usa para conseguir que alguien tenga fuerzas para hacer algo. ☐ Sinónimos: **2** propósito. ☐ Familia: animar, animado, animación, animador, anímico, animoso, inanimado, desanimar, desánimo, reanimar.

animoso, sa (a·ni·mo·so, sa) [adjetivo] Que tiene ánimo o valor para hacer cosas. ☐ Familia: →ánimo.

anión (a·nión) [sustantivo masculino] Átomo o conjunto de átomos que tienen una carga eléctrica negativa. ☐ Antónimos: catión. ☐ Familia: →ion.

aniquilación (a·ni·qui·la·ción) [sustantivo femenino] Destrucción total de algo. ☐ Familia: →aniquilar.

aniquilar (a·ni·qui·lar) [verbo] Destruir por completo. ☐ Familia: aniquilación.

anís (a·nís) [sustantivo masculino] **1** Planta de olor agradable cuyas semillas se utilizan para hacer infusiones. **2** Bebida alcohólica elaborada con esta planta.

aniversario (a·ni·ver·sa·rio) [sustantivo masculino] Día en el que se cumplen los años que han pasado desde un determinado suceso. ☐ Familia: →año.

ano (a·no) [sustantivo masculino] Orificio en el que termina el aparato digestivo y por el que se expulsan los excrementos. ☐ Sinónimos: culo. ☐ Familia: anal.

anoche (a·no·che) [adverbio] En la noche de ayer. ☐ [No confundir con «anteanoche» (en la noche del día anterior a ayer)]. ☐ Familia: →noche.

anochecer (a·no·che·cer) ∎ [sustantivo masculino] **1** Tiempo en el que empieza a faltar la luz del día y se hace de noche. ∎ [verbo] **2** Empezar a faltar la luz del día: *En cuanto anochece me voy a casa.* **3** Estar en un lugar al empezar la noche: *Salimos por la tarde y anochecimos en Zamora.* ☐ [Como verbo, es irregular y se conjuga como agradecer]. ☐ Sinónimos: **2** oscurecer. ☐ Antónimos: amanecer. **2** aclarar, clarear. ☐ Familia: →noche.

anodino, na (a·no·di·no, na) [adjetivo] Que tiene poca importancia o poco interés. ☐ Sinónimos: insignificante. ☐ Antónimos: importante.

ánodo (á·no·do) [sustantivo masculino] Polo positivo de un conductor de electricidad. ☐ Antónimos: cátodo.

anomalía (a·no·ma·lí·a) [sustantivo femenino] Hecho o característica que se aparta de lo habitual y hace que algo no funcione bien: *¿Has observado alguna anomalía en su comportamiento?* ☐ Familia: anómalo.

anómalo, la (a·nó·ma·lo, la) [adjetivo] Extraño o que se desvía de lo que se considera normal: *un comportamiento anómalo.* ☐ Familia: →anomalía.

anonadar (a·no·na·dar) [verbo] Dejar a una persona muy sorprendida: *Su discurso me anonadó.* ☐ Sinónimos: apabullar.

anonimato (a·no·ni·ma·to) [sustantivo masculino] Condición de la persona cuyo nombre no es conocido: *Ese escritor prefiere permanecer en el anonimato para no tener que hacer entrevistas.* ☐ Familia: →anónimo.

anónimo, ma (a·nó·ni·mo, ma) ∎ [adjetivo] **1** Dicho de una persona, que es desconocida: *Tengo un admirador anónimo.* ∎ [adjetivo o sustantivo] **2** Dicho de una obra de arte, que no lleva el nombre de la persona que la ha hecho: *Muchos libros antiguos son anónimos.* ∎ **anónimo** [sustantivo masculino] **3** Carta sin firmar en la que se suelen decir cosas poco agradables: *Me han mandado un anónimo.* ☐ Familia: anonimato.

anorak (a·no·rak) [sustantivo masculino] Prenda de abrigo parecida a una chaqueta, hecha de una tela que no deja que pase el agua. ☐ [Su plural es «anoraks»].

anorexia (a·no·re·xia) [sustantivo femenino] Pérdida del apetito que se produce cuando una persona se niega a comer porque se ve muy gorda aunque esté muy delgada: *A mi vecina tuvieron que ingresarla en el hospital a causa de su anorexia, pero ya está bien y vuelve a comer normalmente.* ☐ Familia: anoréxico.

anoréxico, ca (a·no·ré·xi·co, ca) ∎ [adjetivo] **1** De la anorexia o relacionado con esta pérdida del apetito. ∎ [adjetivo o sustantivo] **2** Que está enfermo porque tiene anorexia. ☐ Familia: →anorexia.

anormal (a·nor·mal) ∎ [adjetivo] **1** Que es distinto de lo habitual o de lo acostumbrado: *Que nieve en verano es un hecho anormal en esta zona.* ∎ [sustantivo] **2** Persona cuyo desarrollo es inferior al que sería normal para su edad. ☐ [No varía en masculino y femenino. En el significado **2** no debe usarse como insulto]. ☐ Sinónimos: **1** raro, extraño. ☐ Antónimos: **1** común, natural, normal, habitual, usual, ordinario, corriente. ☐ Familia: →norma.

anormalidad (a·nor·ma·li·dad) [sustantivo femenino] Característica de lo que es anormal. ☐ Familia: →norma.

anotación (a·no·ta·ción) [sustantivo femenino] Nota que se toma por escrito. ☐ Familia: →nota.

anotar (a·no·tar) [verbo] **1** Tomar nota por escrito: *Anotó mi teléfono en su agenda.* **2** Conseguir algún tanto en un partido: *Ese jugador no anotó ningún punto.* ∎ **anotarse 3** Conseguir un éxito o un fracaso: *El equipo se anotó una nueva victoria.* ☐ Sinónimos: **1** apuntar. **3** apuntarse. ☐ Familia: →nota.

anquilosar (an·qui·lo·sar) [verbo] **1** Producir disminución o pérdida de la movilidad: *El reumatismo puede anquilosar las articulaciones.* ∎ **anquilosarse 2** Detenerse el desarrollo de algo: *Si no sigues estudiando te anquilosarás en lo que sabes.* ☐ Sinónimos: paralizar.

ánsar (án·sar) [sustantivo masculino] Ave parecida al pato, con la parte superior del cuerpo de color gris y la parte inferior blanca. ☐ Sinónimos: oca, ganso.

ansia (an·sia) [sustantivo femenino] Deseo fuerte de conseguir algo. ☐ [Aunque es femenino, como empieza por «a» tónica o acentuada, se usa con «el», «un», «ningún» y «algún»: «el ansia», «las ansias»]. ☐ Sinónimos: afán, empeño, anhelo. ☐ Antónimos: desgana. ☐ Familia: ansiar, ansiedad, ansiolítico, ansioso.

ansiar (an·siar) [verbo] Desear con fuerza. ☐ [Es irregular y se conjuga como ENVIAR]. ☐ Sinónimos: anhelar. ☐ Familia: →ansia.

ansiedad (an·sie·dad) [sustantivo femenino] Sensación que notamos cuando tenemos miedo o cuando estamos preocupados o excitados. ☐ Familia: →ansia.

ansiolítico, ca (an·sio·lí·ti·co, ca) [adjetivo o sustantivo masculino] Dicho de un medicamento, que sirve para calmar la ansiedad. ☐ Familia: →ansia.

ansioso, sa (an·sio·so, sa) [adjetivo] Que desea algo con mucha fuerza. ☐ Sinónimos: anhelante. ☐ Familia: →ansia.

antagónico, ca (an·ta·gó·ni·co, ca) [adjetivo] Que es lo opuesto o lo contrario de algo: *La alegría y la tristeza son sentimientos antagónicos.* ☐ Sinónimos: contrario. ☐ Familia: →antagonismo.

antagonismo (an·ta·go·nis·mo) [sustantivo masculino] Oposición o falta de acuerdo entre dos partes: *Su antagonismo hace que no puedan trabajar juntos.* ☐ Familia: antagonista, antagónico.

antagonista (an·ta·go·nis·ta) [adjetivo o sustantivo] Que se opone a algo o que actúa en sentido contrario. ☐ [No varía en masculino y femenino]. ☐ Familia: →antagonismo.

antaño (an·ta·ño) [adverbio] En un tiempo pasado. ☐ Familia: →antes.

antártico, ca (an·tár·ti·co, ca) [adjetivo] **1** Del lugar situado en el extremo sur de la Tierra o relacionado con él. **2** De la Antártida, que es un continente. ☐ Sinónimos: austral. ☐ Antónimos: ártico, boreal.

ante (an·te) ■ [sustantivo masculino] **1** Piel de algunos animales preparada de una forma especial. ■ [preposición] **2** Frente a algo: *Se pararon ante la iglesia.* **3** En presencia de algo: *Cuando estuvo ante el rey hizo una reverencia.*

anteanoche (an·te·a·no·che) [adverbio] En la noche del día anterior a ayer. ☐ [No confundir con «anoche» (en la noche de ayer)]. ☐ Sinónimos: antes de anoche. ☐ Familia: →antes. →noche.

anteayer (an·te·a·yer) [adverbio] En el día anterior a ayer. ☐ Sinónimos: antes de ayer. ☐ Familia: →antes. →ayer.

antebrazo (an·te·bra·zo) [sustantivo masculino] Parte del cuerpo de una persona que está entre el codo y la muñeca. ☐ Familia: →brazo.

antecedente (an·te·ce·den·te) [sustantivo masculino] Hecho o acto que es anterior a algo y que está relacionado con esto último: *En mi familia hay antecedentes de gemelos.* ◆ [expresión] ‖ **poner en antecedentes** Informar de lo que ha ocurrido antes: *Ponme en antecedentes de lo que ha pasado, porque acabo de llegar y no sé nada.* ☐ Sinónimos: precedente. ☐ Familia: →antes.

anteceder (an·te·ce·der) [verbo] Ir por delante: *En el abecedario, la «a» antecede a la «b».* ☐ Sinónimos: preceder. ☐ Antónimos: seguir. ☐ Familia: →antes.

antecesor, ra (an·te·ce·sor, so·ra) ■ [sustantivo] **1** Persona que ha tenido un cargo o un trabajo antes de la persona que lo tiene ahora. ■ **antecesor** [sustantivo masculino] **2** Persona de la que se desciende: *Uno de mis antecesores fue un famoso navegante.* ☐ [En el significado **2** se usa mucho en plural]. ☐ Sinónimos: predecesor. **2** antepasado, ascendiente, ancestro, abuelos. ☐ Antónimos: **1** sucesor. **2** descendiente. ☐ Familia: →antes.

antelación (an·te·la·ción) [sustantivo femenino] Adelanto en el tiempo señalado para algo. ☐ Sinónimos: anticipación. ☐ Antónimos: retraso. ☐ Familia: →antes.

antemano (an·te·ma·no) ◆ [expresión] ‖ **de antemano** Antes del tiempo señalado. ☐ Familia: →antes.

antena (an·te·na) [sustantivo femenino] **1** Aparato que sirve para recibir o emitir ondas: *La antena de la tele está en el tejado.* **2** Especie de pelo duro que tienen algunos animales a ambos lados de la cabeza: *Las abejas tienen antenas.* ◆ [expresión] ‖ **en antena** Emitiéndose: *Este programa lleva más de un año en antena.* ‖ **poner la antena** Intentar escuchar lo que otros dicen: *Ese cotilla siempre está poniendo la antena para enterarse de todo.* ☐ [La expresión «poner la antena» es coloquial].

anteojos (an·te·o·jos) [sustantivo masculino plural] **1** Gafas para ver mejor: *Mi abuelo usa anteojos.* **2** Aparato que está formado por dos tubos y que permite ver lo que está lejos como si estuviera cerca: *El policía vigilaba con los anteojos al sospechoso.* ☐ Sinónimos: **2** prismáticos, gemelos. ☐ Familia: →ojo.

antepasado, da (an·te·pa·sa·do, da) [sustantivo] Persona de la que se desciende. ☐ Sinónimos: antecesor, ascendiente, ancestro, abuelos, tatarabuelos. ☐ Antónimos: descendiente. ☐ Familia: →pasar.

antepenúltimo, ma (an·te·pe·núl·ti·mo, ma) [adjetivo o sustantivo] Que es anterior al penúltimo. ☐ Familia: →último.

anteponer (an·te·po·ner) [verbo] Preferir o dar más importancia: *Siempre antepongo tus intereses a los míos.* ☐ [Es irregular y se conjuga como PONER. Su participio es «antepuesto»]. ☐ Familia: antepuesto.

anteproyecto (an·te·pro·yec·to) [sustantivo masculino] Texto provisional de una ley o de un proyecto. ☐ Familia: →proyectar.

antepuesto, ta (an·te·pues·to, ta) Participio irregular de **anteponer**. ☐ Familia: →anteponer.

antera (an·te·ra) [sustantivo femenino] En una flor, parte del estambre en la que está el polen. 👁 **página 444**.

anterior (an·te·rior) [adjetivo] **1** Que ocurre antes: *La comida es anterior a la cena.* **2** Que está delante: *El número seis es anterior al siete.* ☐ [No varía en masculino y femenino]. ☐ Sinónimos: **1** previo. **2** delantero. ☐ Antónimos: posterior. **1** siguiente. ☐ Familia: →antes.

anterioridad (an·te·rio·ri·dad) [sustantivo femenino] Situación en el tiempo de una cosa con respecto a otra que ocurre después. ☐ Antónimos: posterioridad. ☐ Familia: →antes.

antes (an·tes) ▪ [adjetivo] **1** Anterior: *la noche antes.* ▪ [adverbio] **2** En un tiempo anterior: *El que llegue antes a la meta es el que gana.* **3** En un lugar anterior: *Yo me bajo en la parada que está antes que la tuya.* ◆ [expresión] ‖ **antes de anoche** → **anteanoche**. ‖ **antes de ayer** → **anteayer**. ☐ Sinónimos: **3** delante. ☐ Antónimos: **2**, **3** después, luego. **3** detrás. ☐ Familia: anterior, anterioridad, anteceder, antecedente, antecesor, antelación, antemano, anticipar, anticipado, anticipación, anticipo, antaño.

antesala (an·te·sa·la) [sustantivo femenino] Habitación que está antes de la sala. ☐ Familia: →sala.

antiaéreo, a (an·tia·é·re·o, a) [adjetivo] Que defiende de los ataques de los aviones enemigos. ☐ Familia: →aire.

antiatómico, ca (an·tia·tó·mi·co, ca) [adjetivo] Que protege de un ataque con armas atómicas: *un refugio antiatómico.* ☐ Familia: →átomo.

antibelicista (an·ti·be·li·cis·ta) [adjetivo o sustantivo] Que está en contra de la guerra: *una actitud antibelicista.* ☐ [No varía en masculino y femenino]. ☐ Antónimos: belicista. ☐ Familia: →bélico.

antibiótico, ca (an·ti·bió·ti·co, ca) [sustantivo masculino] Medicina que impide el desarrollo de algunas enfermedades: *La penicilina es un antibiótico.*

anticiclón (an·ti·ci·clón) [sustantivo masculino] Situación en la que hace buen tiempo y no hay nubes en el cielo. ☐ Familia: →ciclón.

anticipación (an·ti·ci·pa·ción) [sustantivo femenino] Tiempo anterior al momento señalado para algo: *He preparado las vacaciones con anticipación.* ☐ Sinónimos: adelanto, antelación. ☐ Antónimos: retraso. ☐ Familia: →antes.

anticipado, da (an·ti·ci·pa·do, da) [adjetivo] Que ocurre antes del tiempo señalado: *jubilación anticipada.* ◆ [expresión] ‖ **por anticipado** Antes de algo: *Tuve que pagar por anticipado.* ☐ Sinónimos: adelantado. ☐ Familia: →antes.

anticipar (an·ti·ci·par) [verbo] **1** Hacer que algo ocurra antes del tiempo señalado: *He anticipado mi vuelta.* **2** Dar un dinero antes de la fecha señalada: *He pedido que me anticipen el sueldo.* **3** Dar una noticia antes de lo señalado: *El jefe nos anticipó que iba a dimitir.* ▪ **anticiparse 4** Ocurrir algo antes del tiempo señalado: *El verano se ha anticipado y ya hace calor.* **5** Hacer algo antes que otra persona. ☐ Sinónimos: **1**-**3** adelantar. **3** avanzar. **4**, **5** adelantarse. ☐ Antónimos: **1** atrasar, retrasar, demorar. **4** retrasarse. ☐ Familia: →antes.

anticipo (an·ti·ci·po) [sustantivo masculino] **1** Parte que se adelanta de algo: *Lo que te he dicho es un anticipo de lo que oirás.* **2** Dinero que se da antes de lo señalado: *He pedido un anticipo del sueldo.* ☐ Sinónimos: adelanto. ☐ Familia: →antes.

anticonceptivo (an·ti·con·cep·ti·vo) [sustantivo masculino] Método que permite tener relaciones sexuales sin tener hijos. ☐ Familia: →concebir.

anticongelante (an·ti·con·ge·lan·te) [adjetivo o sustantivo masculino] Dicho de una sustancia, que se añade al agua que refrigera un motor para que no se congele. ☐ [Cuando es adjetivo, no varía en masculino y femenino]. ☐ Familia: →congelar.

anticonstitucional (an·ti·cons·ti·tu·cio·nal) [adjetivo] Que no respeta la Constitución, que es la ley fundamental de un Estado. ☐ [No varía en masculino y femenino]. ☐ Sinónimos: inconstitucional. ☐ Antónimos: constitucional. ☐ Familia: →constituir.

anticuado, da (an·ti·cua·do, da) [adjetivo] **1** Que ya no se usa o que está pasado de moda. **2** Que tiene ideas del pasado y no cambia con las nuevas situaciones. ☐ Sinónimos: antiguo, caduco. **1** trasnochado. ☐ Antónimos: moderno. ☐ Familia: →antiguo.

anticuario, ria (an·ti·cua·rio, ria) [sustantivo] Persona que hace colección de objetos antiguos, o que los compra o los vende. ☐ Familia: →antiguo.

anticuerpo (an·ti·cuer·po) [sustantivo masculino] Sustancia que crean las células del organismo para defenderse de los virus, de las bacterias y de otros elementos extraños. ☐ Familia: →cuerpo.

antidemocrático, ca (an·ti·de·mo·crá·ti·co, ca) [adjetivo] Que está en contra de la democracia. ☐ Antónimos: democrático. ☐ Familia: →democracia.

antidisturbios (an·ti·dis·tur·bios) [adjetivo o sustantivo] Que se usa para acabar con los sucesos violentos que interrumpen el orden público. ☐ [No varía en masculino y femenino, ni en singular y plural]. ☐ Familia: →disturbio.

antidopaje (an·ti·do·pa·je) [adjetivo] Que persigue el uso de drogas cuando se hace un deporte: *un control antidopaje.* ☐ [No varía en masculino y femenino, ni en singular y plural]. ☐ Familia: →doparse.

antídoto (an·tí·do·to) [sustantivo masculino] **1** Sustancia que quita el efecto de un veneno. **2** Cosa que sirve como solución contra un mal. ☐ Sinónimos: **2** medicina, remedio. ☐ Antónimos: veneno.

antiestético, ca (an·ties·té·ti·co, ca) [adjetivo] Que va en contra de la belleza. ☐ Sinónimos: feo. ☐ Antónimos: estético. ☐ Familia: →estético.

antifaz (an·ti·faz) [sustantivo masculino] **1** Pieza que tapa la zona de los ojos y que tiene dos agujeros para poder ver. **2** Pieza parecida a la anterior pero sin agujeros, que se usa para que la luz no moleste a los ojos. ☐ [Su plural es «antifaces»]. ☐ Familia: →faz.

antifaz

antigás (an·ti·gás) [adjetivo] Que protege de los gases venenosos: *máscara antigás*. ☐ [No varía en masculino y femenino, ni en singular y plural]. ☐ FAMILIA: →gas.

antigualla (an·ti·gua·lla) [sustantivo femenino] Persona o cosa muy antigua o pasada de moda. ☐ [Es despectivo]. ☐ FAMILIA: →antiguo.

antigüedad (an·ti·güe·dad) ■ [sustantivo femenino] **1** Carácter de lo que es antiguo o se conoce desde hace tiempo: *A veces, la antigüedad da valor a los objetos*. **2** Tiempo que lleva una persona en un empleo: *Soy el empleado con más antigüedad de la oficina*. **3** Tiempo antiguo o pasado: *El paludismo es una enfermedad ya conocida en la antigüedad*. ■ **antigüedades** [plural] **4** Obras de arte antiguas: *Encontré este cuadro en una tienda de antigüedades*. ☐ ANTÓNIMOS: **1** novedad. ☐ FAMILIA: →antiguo.

antiguo, gua (an·ti·guo, gua) ■ [adjetivo] **1** Que existe desde hace mucho tiempo: *Esta historia es muy antigua*. **2** Que existió o sucedió hace mucho tiempo: *Su cojera se debe a una antigua lesión*. **3** Que lleva mucho tiempo en un lugar o en un grupo. ■ [adjetivo o sustantivo] **4** Que tiene ideas del pasado y no cambia con las nuevas situaciones: *Eres un antiguo y no comprendes a los jóvenes*. ■ **antiguos** [sustantivo masculino plural] **5** Conjunto de las personas que vivieron en épocas pasadas: *Los antiguos creían que el Sol giraba alrededor de la Tierra*. ☐ SINÓNIMOS: **1**, **2** viejo. **4** anticuado, caduco. ☐ ANTÓNIMOS: **1-3** nuevo. **1**, **4** moderno. ☐ FAMILIA: antigüedad, antigualla, anticuado, anticuario, antiquísimo.

antihigiénico, ca (an·ti·hi·gié·ni·co, ca) [adjetivo] Que va en contra de la higiene o limpieza. ☐ ANTÓNIMOS: higiénico. ☐ FAMILIA: →higiene.

antiincendios (an·ti·in·cen·dios) [adjetivo] Que impide los incendios: *una alarma antiincendios*. ☐ [No varía en masculino y femenino, ni en singular y plural]. ☐ FAMILIA: →incendiar.

antiinflamatorio, ria (an·ti·in·fla·ma·to·rio, to·ria) [adjetivo o sustantivo masculino] Que impide que se inflame una parte del cuerpo. ☐ [Se usa también «antinflamatorio»]. ☐ FAMILIA: →inflamar.

antílope (an·tí·lo·pe) [sustantivo masculino] Animal africano parecido a un ciervo pero con los cuernos más largos y que corre más rápido.

antimisil (an·ti·mi·sil) [adjetivo] Que protege de un ataque con misiles: *un dispositivo antimisil*. ☐ [No varía en masculino y femenino]. ☐ FAMILIA: →misil.

antimonio (an·ti·mo·nio) [sustantivo masculino] Sustancia química de color blanco azulado, muy brillante y muy frágil.

antinflamatorio, ria (an·tin·fla·ma·to·rio, ria) [adjetivo o sustantivo masculino] → **antiinflamatorio.**

antinuclear (an·ti·nu·cle·ar) [adjetivo] **1** Dicho de una persona, que está en contra del uso de la energía nuclear. **2** Dicho de un edificio, que está preparado para resistir una explosión nuclear. ☐ [No varía en masculino y femenino]. ☐ FAMILIA: →núcleo.

antipatía (an·ti·pa·tí·a) [sustantivo femenino] Sentimiento que se tiene hacia algo que no nos gusta. ☐ SINÓNIMOS: ojeriza. ☐ ANTÓNIMOS: simpatía, aprecio, estima. ☐ FAMILIA: antipático.

antipático, ca (an·ti·pá·ti·co, ca) [adjetivo] Que resulta poco agradable. ☐ SINÓNIMOS: desabrido. ☐ ANTÓNIMOS: simpático. ☐ FAMILIA: →antipatía.

antipatriótico, ca (an·ti·pa·trió·ti·co, ca) [adjetivo] Contrario al patriotismo o amor al lugar en el que se ha nacido. ☐ FAMILIA: →patria.

antipersona (an·ti·per·so·na) [adjetivo] Dicho de una mina, que se coloca un poco enterrada y explota cuando se pisa: *Las minas antipersonas causan daños terribles entre la población civil*. ☐ [No varía en masculino y femenino]. ☐ SINÓNIMOS: antipersonal. ☐ FAMILIA: →persona.

antipersonal (an·ti·per·so·nal) [adjetivo] → **antipersona.** ☐ [No varía en masculino y femenino]. ☐ FAMILIA: →persona.

antípoda (an·tí·po·da) [sustantivo] Persona que vive en el punto opuesto de la Tierra al que vivimos nosotros: *Los antípodas de los españoles son los habitantes de Nueva Zelanda*. ♦ [expresión] ‖ **en las antípodas** En un punto totalmente opuesto: *Tus ideas están en las antípodas de las mías*. ☐ [No varía en masculino y femenino].

antiquísimo, ma (an·ti·quí·si·mo, ma) [adjetivo] Muy antiguo. ☐ FAMILIA: →antiguo.

antirreglamentario, ria (an·ti·rre·gla·men·ta·rio, ria) [adjetivo] Que va en contra del reglamento. ☐ ANTÓNIMOS: reglamentario. ☐ FAMILIA: →regla.

antirrobo (an·ti·rro·bo) [adjetivo o sustantivo masculino] Dicho de un sistema de seguridad o de un aparato, que se pone en algunos lugares para impedir los robos. ☐ [Cuando es adjetivo, no varía en masculino y femenino, ni en singular y plural]. ☐ FAMILIA: →robar.

antítesis (an·tí·te·sis) [sustantivo femenino] **1** Persona o cosa totalmente contraria a otra. **2** En literatura, forma de expresar algo que consiste en oponer una frase o una palabra a otras de significado contrario: *La frase «vivo sin vivir en mí» es un ejemplo de antítesis*. ☐ [No varía en singular y plural]. ☐ FAMILIA: →tesis.

antitetánico, ca (an·ti·te·tá·ni·co, ca) [adjetivo o sustantivo femenino] Dicho de un medicamento, que previene o sirve para combatir la enfermedad del tétanos: *Cuando me pinché con el alambre, me pusieron la vacuna antitetánica*. ☐ FAMILIA: →tétanos.

antojarse (an·to·jar·se) [verbo] **1** Sentir de forma repentina un fuerte deseo de algo: *Se le antojó un helado*. **2** Creer o considerar que algo es posible: *Se me antoja que aquí pasa algo raro*. ☐ [Siempre se escribe con «j»]. ☐ FAMILIA: →antojo.

antojo (an·to·jo) [sustantivo masculino] **1** Deseo de algo que se siente con mucha fuerza, pero que no es necesario: *Tengo antojo de fresas*. **2** Mancha oscura que se tiene en la piel. ☐ [El significado **2** es coloquial]. ☐ SINÓNIMOS: **1** capricho. ☐ FAMILIA: antojarse.

antología (an·to·lo·gí·a) [sustantivo femenino] Colección de obras de arte escogidas de un conjunto: *una antología de poesía*. ◆ [expresión] ‖ **de antología** Que resulta extraordinario o que produce admiración. ☐ Familia: antológico.

antológico, ca (an·to·ló·gi·co, ca) [adjetivo] **1** Que merece ser destacado en una antología. **2** Extraordinario, excelente: *Pronunció un discurso antológico*. ☐ Familia: →antología.

antónimo (an·tó·ni·mo) [sustantivo masculino] Palabra cuyo significado es opuesto al de otra: *El antónimo de «bueno» es «malo»*. ☐ Sinónimos: contrario. ☐ Antónimos: sinónimo.

antorcha (an·tor·cha) [sustantivo femenino] Palo con fuego en un extremo, que sirve para alumbrar. ☐ Sinónimos: tea.

antracita (an·tra·ci·ta) [sustantivo femenino] Carbón de color negro brillante que arde con dificultad, pero que da mucho calor.

antro (an·tro) [sustantivo masculino] Local pequeño y sucio o con mala fama. ☐ Sinónimos: tugurio.

antropófago, ga (an·tro·pó·fa·go, ga) [adjetivo o sustantivo] Dicho de una persona, que come carne humana. ☐ Sinónimos: caníbal.

antropoide (an·tro·poi·de) [adjetivo o] Dicho de un animal, que se parece mucho al hombre: *El mono y el gorila son antropoides*. ☐ [No varía en masculino y femenino].

antropología (an·tro·po·lo·gí·a) [sustantivo femenino] Ciencia que estudia los seres humanos y su evolución. ☐ Familia: antropólogo, antropológico.

antropológico, ca (an·tro·po·ló·gi·co, ca) [adjetivo] De la antropología o relacionado con esta ciencia. ☐ Familia: →antropología.

antropólogo, ga (an·tro·pó·lo·go, ga) [sustantivo] Persona especializada en antropología. ☐ Familia: →antropología.

antropomorfo, fa (an·tro·po·mor·fo, fa) [adjetivo] Que tiene forma humana.

anual (a·nual) [adjetivo] **1** Que se repite cada año: *Yo me hago revisiones médicas anuales*. **2** Que dura un año: *Tengo un abono anual para ir al cine*. ☐ [No varía en masculino y femenino]. ☐ Familia: →año.

anuario (a·nua·rio) [sustantivo masculino] Libro que se publica cada año con la información relacionada con un determinado asunto. ☐ Familia: →año.

anudar (a·nu·dar) [verbo] Hacer uno o varios nudos: *anudar los cordones de las zapatillas*. ☐ Familia: →nudo.

anulación (a·nu·la·ción) [sustantivo femenino] Operación que se realiza para que algo no valga: *anulación matrimonial*. ☐ Familia: →anular.

anular (a·nu·lar) ▪ [adjetivo] **1** Con forma de anillo. ▪ [adjetivo o sustantivo masculino] **2** Dicho de un dedo, que es el cuarto, empezando a contar desde el más gordo. ⊙ **ilustración en *mano***. ▪ [verbo] **3** Decir que algo no vale: *El árbitro anuló el gol*. ☐ [Cuando es adjetivo, no varía en masculino y femenino]. ☐ Sinónimos: **3** invalidar, cancelar. ☐ Familia: **1, 2** →anillo. **3** →nulo.

anunciación (a·nun·cia·ción) [sustantivo femenino] Anuncio que el arcángel san Gabriel hizo a la Virgen María diciéndole que iba a ser madre de Jesucristo. ☐ Familia: →anunciar.

anunciar (a·nun·ciar) [verbo] **1** Decir algo para que la gente lo sepa: *Han anunciado lluvias para hoy*. **2** Mostrar un producto de forma que despierte el interés y la gente lo compre: *En la tele anuncian muchos juguetes*. **3** Decir lo que va a suceder a partir de algo que se conoce: *Estas nubes anuncian tormenta*. ☐ [Es irregular]. ☐ Sinónimos: **3** pronosticar, predecir, augurar, vaticinar. ☐ Familia: anuncio, anunciación.

anuncio (a·nun·cio) [sustantivo masculino] **1** Declaración de algo para que la gente lo sepa: *El anuncio de su viaje nos sorprendió*. **2** Conjunto de palabras, signos o imágenes que se usan para dar a conocer un producto y que la gente lo compre: *En esta revista hay muchos anuncios*. ☐ Familia: →anunciar.

anverso (an·ver·so) [sustantivo masculino] En los objetos de dos caras, lado o superficie principal. ☐ Sinónimos: cara. ☐ Antónimos: cruz, reverso.

anzuelo (an·zue·lo) [sustantivo masculino] Gancho metálico que sirve para pescar. ◆ [expresión] ‖ **morder** o **picar el anzuelo** Caer en una trampa o en un engaño.

añadido (a·ña·di·do) [sustantivo masculino] Cosa que se añade a algo. ☐ Familia: →añadir.

añadidura (a·ña·di·du·ra) ◆ [expresión] ‖ **por añadidura** Además. ☐ Familia: →añadir.

añadir (a·ña·dir) [verbo] Juntar una cosa a otra. ☐ Sinónimos: agregar, sumar. ☐ Antónimos: quitar, restar. ☐ Familia: añadido, añadidura.

añejo, ja (a·ñe·jo, ja) [adjetivo] Que tiene un año o más: *vino añejo*. ☐ Familia: →año.

añicos (a·ñi·cos) [sustantivo masculino plural] Trozos pequeños en los que se divide algo al romperse. ☐ [Se usa mucho en la expresión «hacerse añicos»].

añil (a·ñil) [adjetivo o sustantivo masculino] De color parecido al azul oscuro. ☐ [Cuando es adjetivo, no varía en masculino y femenino].

año (a·ño) [sustantivo masculino] Período de tiempo de doce meses. ◆ [expresión] ‖ **año escolar** Tiempo que dura un curso en un colegio y otros lugares parecidos. ‖ **año nuevo** El primer día del año. ‖ **año viejo** El último día del año. ‖ **entrado en años** Sin llegar a ser viejo. ☐ [Las expresiones «Año Nuevo» y «Año Viejo» se escriben con mayúscula cuando se trata de la festividad. Expresiones como «año de la nana» o «año de la polca» se usan para indicar una época ya pasada, y son coloquiales]. ☐ Familia: anales, anual, anuario, añejo, cumpleaños, aniversario, bianual, bienal.

añoranza (a·ño·ran·za) [sustantivo femenino] Sensación de pena por haber perdido algo bueno o por estar lejos de donde se quiere estar. ☐ Sinónimos: nostalgia. ☐ Familia: →añorar.

añorar (a·ño·rar) [verbo] Recordar con pena: *Mi hija añora mucho a una amiga que se fue a vivir a otra ciudad.* ☐ FAMILIA: añoranza.

aorta (a·or·ta) [sustantivo femenino] Arteria que sale del corazón y por la que se reparte la sangre a todo el cuerpo: *La aorta es la arteria principal del cuerpo.*

APA [sustantivo femenino] Conjunto de padres y madres de los alumnos de un centro de enseñanza. ☐ [Se pronuncia «ápa». Se escriben todas las letras con mayúscula. No varía en singular y plural: «la APA», «las APA»]. ☐ SINÓNIMOS: AMPA.

apabullante (a·pa·bu·llan·te) [adjetivo] Que impresiona por su fuerza o por ser superior. ☐ [No varía en masculino y femenino]. ☐ FAMILIA: →apabullar.

apabullar (a·pa·bu·llar) [verbo] Confundir o impresionar a una persona y hacer que se sienta inferior: *Me apabulló con sus argumentos y no supe qué contestar.* ☐ SINÓNIMOS: anonadar, aturdir. ☐ FAMILIA: apabullante.

apacentar (a·pa·cen·tar) [verbo] Llevar al ganado a comer hierba. ☐ [Es irregular y se conjuga como ACERTAR]. ☐ FAMILIA: →pacer.

apache (a·pa·che) [adjetivo o sustantivo] De un antiguo pueblo de América del Norte: *Los indios apaches eran guerreros.* ☐ [No varía en masculino y femenino].

apacible (a·pa·ci·ble) [adjetivo] Que resulta agradable y tranquilo. ☐ [No varía en masculino y femenino]. ☐ SINÓNIMOS: sosegado, plácido. ☐ ANTÓNIMOS: desapacible. ☐ FAMILIA: →paz.

apaciguar (a·pa·ci·guar) [verbo] Poner tranquilo o en paz: *apaciguar los ánimos.* ☐ [Es irregular y se conjuga como **AVERIGUAR**]. ☐ SINÓNIMOS: calmar, serenar, tranquilizar, sosegar, enfriar. ☐ ANTÓNIMOS: irritar, soliviantar. ☐ FAMILIA: →paz.

apadrinar (a·pa·dri·nar) [verbo] **1** Acompañar a una persona cuando va a recibir algunos honores o algún sacramento: *A mí me apadrinaron en el bautizo mis tíos.* **2** Apoyar o proteger a una persona o una idea para que triunfen: *Ese actor es famoso porque lo apadrina un gran director.* ☐ FAMILIA: →padre.

apagado, da (a·pa·ga·do, da) [adjetivo] **1** Que es poco alegre: *Tienes la mirada un poco apagada.* **2** Dicho de un brillo o de un color, que es poco vivo o poco fuerte: *El gris es un color apagado.* ☐ SINÓNIMOS: **2** descolorido. ☐ ANTÓNIMOS: radiante. **2** intenso, chillón, alegre. ☐ FAMILIA: →apagar.

apagar (a·pa·gar) [verbo] **1** Desaparecer o hacer que se acabe un fuego. **2** Quitar la luz. **3** Hacer que un aparato deje de funcionar. **4** Hacer que termine o que desaparezca una sensación: *Bebí agua para apagar la sed.* ☐ [La «g» se cambia en «gu» delante de «e» («apague»)]. ☐ SINÓNIMOS: **1** extinguir, sofocar. **3** desconectar.

ANUNCIAR

INDICATIVO	SUBJUNTIVO
Presente yo anuncio tú anuncias / usted anuncia él, ella anuncia nosotros, tras anunciamos vosotros, tras anunciáis / ustedes anuncian ellos, ellas anuncian	**Presente** yo anuncie tú anuncies / usted anuncie él, ella anuncie nosotros, tras anunciemos vosotros, tras anunciéis / ustedes anuncien ellos, ellas anuncien
Pretérito imperfecto yo anunciaba tú anunciabas / usted anunciaba él, ella anunciaba nosotros, tras anunciábamos vosotros, tras anunciabais / ustedes anunciaban ellos, ellas anunciaban	**Pretérito imperfecto** yo anunciara o anunciase tú anunciaras o anunciases / usted anunciara o anunciase él, ella anunciara o anunciase nosotros, tras anunciáramos o anunciásemos vosotros, tras anunciarais o anunciaseis / ustedes anunciaran o anunciasen ellos, ellas anunciaran o anunciasen
Pretérito perfecto simple yo anuncié tú anunciaste / usted anunció él, ella anunció nosotros, tras anunciamos vosotros, tras anunciasteis / ustedes anunciaron ellos, ellas anunciaron	**Futuro simple** yo anunciare tú anunciares / usted anunciare él, ella anunciare nosotros, tras anunciáremos vosotros, tras anunciareis / ustedes anunciaren ellos, ellas anunciaren
Futuro simple yo anunciaré tú anunciarás / usted anunciará él, ella anunciará nosotros, tras anunciaremos vosotros, tras anunciaréis / ustedes anunciarán ellos, ellas anunciarán	**IMPERATIVO** anuncia (tú) / anuncie (usted) anunciemos (nosotros, tras) anunciad (vosotros, tras) / anuncien (ustedes)
Condicional simple yo anunciaría tú anunciarías / usted anunciaría él, ella anunciaría nosotros, tras anunciaríamos vosotros, tras anunciaríais / ustedes anunciarían ellos, ellas anunciarían	**FORMAS NO PERSONALES** **Infinitivo** — **Gerundio** — **Participio** anunciar — anunciando — anunciado

apagón

□ Antónimos: **1** prender, inflamar. **1-3** encender. □ Familia: apagado, apagón.

apagón (a·pa·gón) [sustantivo masculino] Falta repentina y pasajera de electricidad que hace que se apaguen todas las luces de golpe. □ Familia: →apagar.

apaisado, da (a·pai·sa·do, da) [adjetivo] Que es más ancho que alto.

apalabrar (a·pa·la·brar) [verbo] Quedar de acuerdo con alguien de palabra, sin que conste por escrito: *Hemos apalabrado el alquiler de una casa.* □ Sinónimos: acordar, pactar. □ Familia: →palabra.

apalancar (a·pa·lan·car) [verbo] **1** Levantar o mover algo usando una palanca: *Perdí las llaves del baúl y tuve que apalancar la tapa para abrirlo.* ■ **apalancarse 2** Colocarse en un sitio y quedarse allí sin moverse: *Llegó y se apalancó en el sofá.* □ [La «c» se cambia en «qu» delante de «e» («apalanque»). El significado **2** es coloquial]. □ Familia: →palanca.

apalear (a·pa·le·ar) [verbo] Dar golpes con un palo: *Le detuvo la policía porque apaleaba a sus perros.* □ Familia: →palo.

apañado, da (a·pa·ña·do, da) [adjetivo] Hábil o mañoso para hacer algo: *Me arregló la radio una prima mía que es muy apañada.* ◆ [expresión] ‖ **estar apañado** o **ir apañado** Estar equivocado o en una situación difícil: *¡Estás apañado si crees que te voy a acompañar!* □ [Es coloquial]. □ Familia: →apañar.

apañar (a·pa·ñar) [verbo] **1** Arreglar lo que está roto o estropeado: *He podido apañar el candado roto con una goma.* **2** Arreglar o limpiar algo: *Apaña la casa antes de que lleguen las visitas.* **3** Solucionar algo con habilidad: *Tenemos que apañarnos con este sueldo tan bajo.* **4** Coger: *Los ladrones apañaron todas las joyas del piso.* ■ **apañarse 5** Darse buena maña para hacer algo: *No me apaño a coser con dedal.* ◆ [expresión] ‖ **apañárselas** Encontrar la forma de solucionar un problema y de salir adelante: *¿Cómo te las apañas para estudiar y trabajar a la vez?* □ [Es coloquial]. □ Sinónimos: **1**, **2** arreglar. **2** aviar. □ Familia: apaño, apañado.

apaño (a·pa·ño) [sustantivo masculino] Arreglo, especialmente si se hace con habilidad. □ [Es coloquial]. □ Familia: →apañar.

aparador (a·pa·ra·dor) [sustantivo masculino] Mueble en el que se guarda todo lo necesario para poner la mesa.

aparato (a·pa·ra·to) [sustantivo masculino] **1** Conjunto de piezas que funcionan juntas: *Tengo un aparato de radio.* **2** Conjunto de los órganos del cuerpo que tienen una misma función: *aparato digestivo.* **3** Objeto que se usa para hacer algo: *El potro es un aparato de gimnasia.* **4** Teléfono. **5** Gran cantidad de medios para celebrar algo: *La boda fue a lo grande y con mucho aparato.* □ Sinónimos: **5** pompa, parafernalia. □ Antónimos: **5** sencillez. □ Familia: aparatoso.

aparatoso, sa (a·pa·ra·to·so, sa) [adjetivo] Muy complicado o exagerado. □ Familia: →aparato.

aparcamiento (a·par·ca·mien·to) [sustantivo masculino] **1** Lugar señalado y preparado para aparcar en él los vehículos. ◉ **página 172. 2** Parada de un vehículo en un lugar, para dejarlo allí durante cierto tiempo: *Suspendí el examen de conducir por hacer mal el aparcamiento.* □ Sinónimos: estacionamiento. □ Familia: →aparcar.

aparcar (a·par·car) [verbo] **1** Poner un vehículo en un lugar y dejarlo allí parado durante un tiempo. **2** Retrasar algo hasta encontrar el momento adecuado para realizarlo: *He aparcado esta lectura hasta después del examen.* □ [La «c» se cambia en «qu» delante de «e» («aparque»)]. □ Sinónimos: **1** estacionar. □ Familia: aparcamiento.

aparear (a·pa·re·ar) [verbo] Juntar un animal con otro de distinto sexo para que se reproduzcan: *El ganadero apareó la vaca con el semental.* □ Familia: →par.

aparecer (a·pa·re·cer) [verbo] **1** Mostrarse o dejarse ver: *Aparecí en casa sin avisar.* **2** Ser encontrado algo que estaba perdido. □ [Es irregular y se conjuga como AGRADECER]. □ Antónimos: desaparecer. □ Familia: aparición, aparecido, reaparecer, desaparecer, comparecencia, comparecer.

aparecido (a·pa·re·ci·do) [sustantivo masculino] Espíritu de un muerto que se aparece ante los vivos. □ Sinónimos: aparición, fantasma. □ Familia: →aparecer.

aparejador, ra (a·pa·re·ja·dor, do·ra) [sustantivo] Persona que hace los planos de una construcción. □ Sinónimos: arquitecto técnico. □ Familia: →aparejar.

aparejar (a·pa·re·jar) [verbo] Preparar lo necesario para algo: *El agricultor aparejó sus herramientas antes de ir a labrar la tierra.* □ [No confundir con «emparejar» (unir formando una pareja)]. □ Familia: aparejo, aparejador.

aparejo (a·pa·re·jo) ■ [sustantivo masculino] **1** Conjunto de las velas, las cuerdas y los palos de un barco. ■ **aparejos** [sustantivo masculino plural] **2** Conjunto de cosas necesarias para realizar una actividad. □ Familia: →aparejar.

aparentar (a·pa·ren·tar) [verbo] **1** Dar a entender algo que no es cierto: *Aunque aparenta estar enfadado, sé que lo hace de broma.* **2** Parecer algo que no es verdad: *Aparenta treinta años, pero tiene más de cuarenta.* **3** Presumir mucho: *Le encanta aparentar delante de sus vecinos.* □ Sinónimos: **1** fingir, figurar, simular. □ Familia: apariencia, aparente.

aparente (a·pa·ren·te) [adjetivo] **1** Que parece verdad, pero no lo es: *Está triste y su alegría es solo aparente.* **2** Que se ve de forma clara: *No hay motivo aparente para hacer eso.* **3** Que tiene buen aspecto y resulta atractivo: *Aunque no es de oro, este collar es muy aparente.* □ [No varía en masculino y femenino. El significado **3** es coloquial]. □ Sinónimos: **1** falso, afectado. □ Antónimos: **1** verdadero. □ Familia: →aparentar.

aparición (a·pa·ri·ción) [sustantivo femenino] **1** Presencia o manifestación de algo que antes no se veía o no se conocía: *Su aparición en la reunión nos sorprendió mucho.*

2 Espíritu de un muerto que se aparece ante los vivos: *Vi una película de miedo con muertos y apariciones.* ☐ Sinónimos: **2** aparecido. ☐ Antónimos: **1** desaparición. ☐ Familia: →aparecer.

apariencia (a·pa·rien·cia) [sustantivo femenino] **1** Aspecto externo: *No debemos juzgar a los demás por su apariencia.* **2** Cualidad por la que una persona o cosa parece algo que no es: *Su bondad es pura apariencia.* ☐ Sinónimos: **1** aspecto. ☐ Familia: →aparentar.

apartado, da (a·par·ta·do, da) ▪ [adjetivo] **1** Que está lejos o separado de todo: *Vivo en un pueblo apartado y muy tranquilo.* ▪ **apartado** [sustantivo masculino] **2** Especie de armario que se puede alquilar en una oficina de correos para poder recibir cosas y al que le corresponde un número. **3** Parte en que se divide algo: *Estudiaremos el tercer apartado de la lección.* ☐ Sinónimos: **1** retirado. ☐ Familia: →parte.

apartamento (a·par·ta·men·to) [sustantivo masculino] Piso pequeño con pocas habitaciones. ☐ [No confundir con «departamento» (parte en que se divide algo)].

apartar (a·par·tar) [verbo] **1** Poner una cosa en un lugar distinto de donde estaba: *Aparta los libros de la mesa.* **2** Separar o poner lejos: *Apártate de la puerta, que hay corriente y te puedes constipar.* ☐ Sinónimos: alejar. **1** quitar, separar. **2** retirar. ☐ Antónimos: **2** acercar, aproximar, arrimar, juntar, pegar. ☐ Familia: →parte.

aparte (a·par·te) ▪ [adjetivo] **1** Que es distinto y diferente a los demás: *Esa historia es un caso aparte.* ▪ [adverbio] **2** En otro lugar o en otra situación: *Pon aparte la ropa vieja.* ◆ [expresión] ‖ **aparte de algo** Sin contar con ello: *Aparte de ese error, el trabajo está bien.* ☐ [En el significado **1** no varía en masculino y femenino. En el significado **2** tampoco varía por ser adverbio]. ☐ Familia: →parte.

apartheid [sustantivo masculino] Persecución que sufrían las personas negras por parte de la minoría blanca en la República de Sudáfrica, que es un país africano. ☐ [Es una palabra neerlandesa. Se pronuncia «aparjéid»].

apartotel (a·par·to·tel) [sustantivo masculino] Piso pequeño que pertenece a un hotel. ☐ Familia: →hotel.

apasionado, da (a·pa·sio·na·do, da) ▪ [adjetivo] **1** Que muestra mucho interés: *aplausos apasionados.* ▪ [adjetivo o sustantivo] **2** Que siente un gran interés hacia algo: *Soy una apasionada de la ópera.* ☐ Sinónimos: entusiasta. **1** vehemente. ☐ Antónimos: desapasionado. ☐ Familia: →pasión.

apasionante (a·pa·sio·nan·te) [adjetivo] Que gusta mucho o que resulta muy interesante. ☐ [No varía en masculino y femenino]. ☐ Sinónimos: fascinante. ☐ Familia: →pasión.

apasionar (a·pa·sio·nar) [verbo] **1** Gustar mucho: *La música me apasiona.* ▪ **apasionarse 2** Sentir un gran interés hacia algo: *Cuando me apasiono con una novela, no puedo parar hasta terminarla.* ☐ Sinónimos: entusiasmarse. ☐ Familia: →pasión.

apatía (a·pa·tí·a) [sustantivo femenino] Falta de actividad, de interés o de ánimo. ☐ Sinónimos: desgana. ☐ Antónimos: energía, vitalidad. ☐ Familia: apático.

apático, ca (a·pá·ti·co, ca) [adjetivo] Que muestra falta de actividad o que no siente interés por nada. ☐ Familia: →apatía.

apatosaurio (a·pa·to·sau·rio) [sustantivo masculino] Dinosaurio de gran tamaño que tenía la cabeza pequeña y el cuello muy largo. ☐ [Es preferible usar «apatosaurio» que «brontosaurio» para referirse a este dinosaurio]. ☐ Familia: →saurio.

apeadero (a·pe·a·de·ro) [sustantivo masculino] Lugar donde los trenes se detienen para que suban y bajen viajeros, pero sin que haya una estación. ☐ Familia: →apear.

apear (a·pe·ar) [verbo] Bajar de un vehículo: *Yo me apeo en la próxima parada.* ☐ Antónimos: subir, montar. ☐ Familia: apeadero.

apechugar (a·pe·chu·gar) [verbo] Aceptar algo que no resulta agradable: *Lo has hecho mal y ahora tienes que apechugar con las consecuencias.* ☐ [La «g» se cambia en «gu» delante de «e» («apechugue»). Es coloquial]. ☐ Sinónimos: pechar, apencar, sufrir. ☐ Familia: →pecho.

apedrear (a·pe·dre·ar) [verbo] Tirar piedras a algo. ☐ Familia: →piedra.

apegarse (a·pe·gar·se) [verbo] Sentir mucho amor por algo: *Cada día se apega más al gato que acogimos.* ☐ [La «g» se cambia en «gu» delante de «e» («apegue»)]. ☐ Familia: →pegar.

apego (a·pe·go) [sustantivo masculino] Amor que se siente por algo. ☐ Antónimos: desapego. ☐ Familia: →pegar.

apelación (a·pe·la·ción) [sustantivo femenino] Llamada que se hace a algo en lo que se confía para solucionar un problema. ☐ Familia: →apelar.

apelar (a·pe·lar) [verbo] Dirigirse a algo en lo que se confía para que nos solucione un asunto: *apelar a los tribunales de Justicia.* ☐ Sinónimos: acudir, recurrir. ☐ Familia: apelación, apelativo, interpelar.

apelativo, va (a·pe·la·ti·vo, va) [adjetivo o sustantivo masculino] Que sirve para llamar o para calificar: *Siempre se dirige a ella con un apelativo cariñoso.* ☐ Sinónimos: sobrenombre. ☐ Familia: →apelar.

apellidar (a·pe·lli·dar) [verbo] **1** Dar un nombre a una persona para sustituir al suyo propio: *Me apellidan «el Zanahoria» porque soy pelirrojo.* ▪ **apellidarse 2** Tener determinado apellido: *Me llamo Inés y me apellido García.* ☐ Sinónimos: **1** apodar. ☐ Familia: →apellido.

apellido (a·pe·lli·do) [sustantivo masculino] Nombre que sirve para referirse a todos los miembros de una familia y que pasa de padres a hijos. ☐ Familia: apellidar.

apelmazar (a·pel·ma·zar) [verbo] Hacer duro o poco esponjoso algo que debía ser blando y hueco: *La lavadora ha apelmazado el cojín.* ☐ [La «z» se cambia en «c» delante de «e» («apelmace»)]. ☐ Antónimos: esponjar, ahuecar.

apelotonarse (a·pe·lo·to·nar·se) [verbo] Juntarse formando un montón o un grupo sin orden: *El público se apelotonó en la entrada del estadio.* □ SINÓNIMOS: apiñarse. □ FAMILIA: →pelotón.

apenar (a·pe·nar) [verbo] Poner triste: *No te apenes, volveré pronto.* □ SINÓNIMOS: afligir, entristecer, apesadumbrar, acongojar, atribular, ensombrecer. □ ANTÓNIMOS: alegrar. □ FAMILIA: →pena.

apenas (a·pe·nas) [adverbio] **1** De forma escasa, o casi no: *No me preguntes, porque apenas sé lo que pasó.* **2** Casi en el mismo momento: *Apenas salimos, empezó a llover.*

apencar (a·pen·car) [verbo] Soportar algo que resulta poco agradable: *No ha estudiado nada y ahora le toca apencar con las malas notas.* □ [La «c» se cambia en «qu» delante de «e» («apenque»). Es coloquial]. □ SINÓNIMOS: apechugar. □ FAMILIA: →penca.

apéndice (a·pén·di·ce) [sustantivo masculino] **1** Cosa menos importante y que se añade a la principal: *Al final de ese libro hay un apéndice con fotografías.* **2** Parte del cuerpo de una persona o de un animal que está unida a otra mayor o más importante. □ SINÓNIMOS: **1** anexo. □ FAMILIA: apendicitis.

apendicitis (a·pen·di·ci·tis) [sustantivo femenino] Enfermedad producida por el aumento del tamaño del apéndice que tiene el intestino. □ [No varía en singular y plural]. □ FAMILIA: →apéndice.

apercibir (a·per·ci·bir) [verbo] **1** Regañar a alguien o decirle que no vuelva a hacer algo que ha hecho: *El profesor me apercibió por llegar tarde.* **2** Comunicar o avisar de algo: *La agencia apercibió a sus clientes de que en la estación de esquí había poca nieve.* **3** Observar o darse cuenta de algo: *No te apercibiste de que estábamos todos contigo.* □ SINÓNIMOS: **1** amonestar. **3** percatarse. □ FAMILIA: →percibir.

aperitivo (a·pe·ri·ti·vo) [sustantivo masculino] **1** Bebida y comida ligeras que se toman antes de la comida principal. **2** Comida que se sirve acompañando a una bebida.

apero (a·pe·ro) [sustantivo masculino] Herramienta que se usa para cultivar la tierra. □ [Se usa más en plural].

apertura (a·per·tu·ra) [sustantivo femenino] **1** Hecho de abrir lo que estaba cerrado: *La gente esperaba la apertura de las puertas del cine.* **2** Comienzo de un proceso o de una actividad: *He hecho la apertura de una cuenta bancaria.* □ [No confundir con «abertura» (espacio libre en una superficie) ni con «obertura» (pieza musical)]. □ SINÓNIMOS: **2** inauguración. □ ANTÓNIMOS: clausura, cierre. □ FAMILIA: →abrir.

apesadumbrado, da (a·pe·sa·dum·bra·do, da) [adjetivo] Que siente pena o disgusto por algo que ha ocurrido. □ SINÓNIMOS: triste. □ ANTÓNIMOS: alegre. □ FAMILIA: →pesadumbre.

apesadumbrar (a·pe·sa·dum·brar) [verbo] Causar pena o dolor: *Le apesadumbró mucho tu partida.* □ SINÓNIMOS: afligir, apenar. □ ANTÓNIMOS: alegrar. □ FAMILIA: →pesadumbre.

apestado, da (a·pes·ta·do, da) [adjetivo o sustantivo] Que tiene la peste. □ FAMILIA: →peste.

apestar (a·pes·tar) [verbo] Producir muy mal olor. □ FAMILIA: →peste.

apestoso, sa (a·pes·to·so, sa) [adjetivo] Que huele muy mal. □ SINÓNIMOS: hediondo, fétido, pestilente. □ FAMILIA: →peste.

apetecer (a·pe·te·cer) [verbo] Tener ganas de algo. □ [Es irregular y se conjuga como AGRADECER]. □ SINÓNIMOS: desear, querer. □ FAMILIA: apetecible, apetito, apetitoso.

apetecible (a·pe·te·ci·ble) [adjetivo] Que nos atrae porque es agradable. □ [No varía en masculino y femenino]. □ FAMILIA: →apetecer.

apetito (a·pe·ti·to) [sustantivo masculino] **1** Sensación que producen las ganas de comer. **2** Fuerza que empuja a una persona a satisfacer sus deseos. ◆ [expresión] ‖ **abrir** o **despertar el apetito** Producir ganas de comer: *El buen olor del guiso me abrió el apetito.* □ [La expresión es coloquial]. □ SINÓNIMOS: **1** hambre. **2** pasión. □ FAMILIA: →apetecer.

apetitoso, sa (a·pe·ti·to·so, sa) [adjetivo] Que nos atrae porque tiene muy buen aspecto. □ FAMILIA: →apetecer.

apiadarse (a·pia·dar·se) [verbo] Sentir pena o compasión ante el dolor de los demás o ante sus problemas: *Apiádate de ellos y no los trates con tanta dureza.* □ SINÓNIMOS: compadecer. □ FAMILIA: →piedad.

ápice (á·pi·ce) [sustantivo masculino] **1** Punta o extremo superior de algo: *el ápice de la lengua.* **2** Parte muy pequeña de algo: *No tienes ni un ápice de sentido común.*

apicultor, ra (a·pi·cul·tor, to·ra) [sustantivo] Persona que se dedica a la apicultura. □ [No confundir con «avicultor» (persona que se dedica a avicultura)]. □ FAMILIA: →abeja.

apicultura (a·pi·cul·tu·ra) [sustantivo femenino] Técnica de criar abejas para aprovechar los productos que producen. □ [No confundir con «avicultura» (técnica para criar aves)]. □ FAMILIA: →abeja.

apilar (a·pi·lar) [verbo] Colocar cosas unas encima de otras formando un montón. □ SINÓNIMOS: amontonar. □ FAMILIA: →pila.

apiñarse (a·pi·ñar·se) [verbo] Juntarse formando un grupo apretado. □ SINÓNIMOS: apelotonarse. □ FAMILIA: →piña.

apio (a·pio) [sustantivo masculino] Planta de color verde claro y de sabor fuerte, con el tallo largo, que se usa en ensaladas o para dar sabor a algunas comidas. ⊚ **página 967.**

apisonadora (a·pi·so·na·do·ra) [sustantivo femenino] Máquina que se usa para apretar el suelo y ponerlo más llano. □ FAMILIA: →pisar.

apisonadora

apisonar (a·pi·so·nar) [verbo] Apretar el suelo con una máquina especial para hacerlo más llano: *Antes de asfaltar la carretera, es necesario apisonar bien el pavimento.* ☐ Familia: →pisar.

aplacar (a·pla·car) [verbo] Disminuir la fuerza de algo o hacer que sea más suave y fácil de soportar: *Parece que ya se va aplacando la fuerza del viento.* ☐ [La «c» se cambia en «qu» delante de «e» («aplaque»)]. ☐ Sinónimos: calmar. ☐ Familia: implacable.

aplanar (a·pla·nar) [verbo] **1** Poner liso o llano: *Están aplanando el camino para quitar baches.* **2** Dejar a alguien sin energía: *La enfermedad me ha aplanado un poco.* ☐ Sinónimos: **1** allanar, igualar, nivelar. ☐ Familia: →plano.

aplastamiento (a·plas·ta·mien·to) [sustantivo masculino] Hecho de aplastar algo. ☐ Familia: →aplastar.

aplastante (a·plas·tan·te) [adjetivo] Dicho de una victoria, que es total o completa. ☐ [No varía en masculino y femenino]. ☐ Familia: →aplastar.

aplastar (a·plas·tar) [verbo] **1** Apretar algo hasta que quede plano o hasta destruirlo. **2** Vencer totalmente: *Nuestro equipo aplastó al contrario.* ☐ Sinónimos: **1** despachurrar. **2** arrollar. ☐ Familia: aplastante, aplastamiento.

aplatanar (a·pla·ta·nar) [verbo] Quitar la fuerza o las ganas de hacer cosas: *El calor me aplatana.* ☐ Familia: →plátano.

aplaudir (a·plau·dir) [verbo] **1** Juntar de golpe las palmas de las manos para que suenen: *El público aplaudió a los actores.* **2** Alabar con palabras o de otra forma: *Aplaudo los esfuerzos que estáis haciendo.* ☐ [Es irregular]. ☐ Sinónimos: **2** elogiar. ☐ Familia: aplauso.

aplauso (a·plau·so) [sustantivo masculino] **1** Señal de alegría que se hace juntando las palmas de las manos para que suenen. **2** Alabanza o reconocimiento: *Tu decisión merece todo mi aplauso.* ☐ Familia: →aplaudir.

aplazamiento (a·pla·za·mien·to) [sustantivo masculino] Retraso de algo que se deja para más tarde. ☐ Familia: →plazo.

aplazar (a·pla·zar) [verbo] Retrasar algo o dejarlo para más tarde. ☐ [La «z» se cambia en «c» delante de «e» («aplace»)]. ☐ Sinónimos: diferir, retrasar. ☐ Familia: →plazo.

aplicación (a·pli·ca·ción) [sustantivo femenino] **1** Colocación de una cosa extendiéndola sobre otra: *La aplicación de esta crema debe ser diaria.* **2** Empleo o uso de algo para conseguir un determinado fin: *Esta máquina no tiene ninguna aplicación en mi trabajo.* **3** Esfuerzo e interés que se ponen al hacer algo: *Estudia con mucha aplicación.* ☐ Sinónimos: **3** empeño. ☐ Familia: →aplicar.

APLAUDIR

INDICATIVO

Presente
yo aplaudo
tú aplaudes / usted aplaude
él, ella aplaude
nosotros, tras aplaudimos
vosotros, tras aplaudís / ustedes aplauden
ellos, ellas aplauden

Pretérito imperfecto
yo aplaudía
tú aplaudías / usted aplaudía
él, ella aplaudía
nosotros, tras aplaudíamos
vosotros, tras aplaudíais / ustedes aplaudían
ellos, ellas aplaudían

Pretérito perfecto simple
yo aplaudí
tú aplaudiste / usted aplaudió
él, ella aplaudió
nosotros, tras aplaudimos
vosotros, tras aplaudisteis / ustedes aplaudieron
ellos, ellas aplaudieron

Futuro simple
yo aplaudiré
tú aplaudirás / usted aplaudirá
él, ella aplaudirá
nosotros, tras aplaudiremos
vosotros, tras aplaudiréis / ustedes aplaudirán
ellos, ellas aplaudirán

Condicional simple
yo aplaudiría
tú aplaudirías / usted aplaudiría
él, ella aplaudiría
nosotros, tras aplaudiríamos
vosotros, tras aplaudiríais / ustedes aplaudirían
ellos, ellas aplaudirían

SUBJUNTIVO

Presente
yo aplauda
tú aplaudas / usted aplauda
él, ella aplauda
nosotros, tras aplaudamos
vosotros, tras aplaudáis / ustedes aplaudan
ellos, ellas aplaudan

Pretérito imperfecto
yo aplaudiera o aplaudiese
tú aplaudieras o aplaudieses / usted aplaudiera o aplaudiese
él, ella aplaudiera o aplaudiese
nosotros, tras aplaudiéramos o aplaudiésemos
vosotros, tras aplaudierais o aplaudieseis / ustedes aplaudieran o aplaudiesen
ellos, ellas aplaudieran o aplaudiesen

Futuro simple
yo aplaudiere
tú aplaudieres / usted aplaudiere
él, ella aplaudiere
nosotros, tras aplaudiéremos
vosotros, tras aplaudiereis / ustedes aplaudieren
ellos, ellas aplaudieren

IMPERATIVO

aplaude (tú) / aplauda (usted)
aplaudamos (nosotros, tras)
aplaudid (vosotros, tras) / aplaudan (ustedes)

FORMAS NO PERSONALES

Infinitivo
aplaudir

Gerundio
aplaudiendo

Participio
aplaudido

aplicado, da (a·pli·ca·do, da) [adjetivo] **1** Que pone esfuerzo e interés al hacer algo: *Esta chica es muy aplicada*. **2** Que pone en práctica unos conocimientos teóricos: *La física es una ciencia aplicada*. ☐ Familia: →aplicar.

aplicar (a·pli·car) [verbo] **1** Poner una cosa extendiéndola sobre otra: *Antes de aplicar el pegamento limpia lo que vas a pegar*. **2** Emplear o poner en práctica algo para conseguir un determinado fin: *Si aplicas todo lo que sabes, solucionarás el problema*. ∎ **aplicarse 3** Poner mucho interés en hacer algo: *Si te aplicas, aprobarás*. ☐ [La «c» se cambia en «qu» delante de «e» («aplique»)]. ☐ Sinónimos: **1** dar. ☐ Familia: aplicación, aplicado, aplique.

aplique (a·pli·que) [sustantivo masculino] **1** Lámpara que se fija en una pared. **2** Elemento que se añade a algo para protegerlo o para adornarlo: *Tengo un baúl con apliques de metal*. ☐ Familia: →aplicar.

aplomo (a·plo·mo) [sustantivo masculino] Tranquilidad que se tiene en situaciones difíciles. ☐ Sinónimos: entereza, temple. ☐ Antónimos: nerviosismo.

apocado, da (a·po·ca·do, da) [adjetivo] Muy tímido: *Es un chico muy apocado y callado*. ☐ Familia: →poco.

apocalipsis (a·po·ca·lip·sis) [sustantivo masculino] Fin del mundo. ☐ [No varía en singular y plural]. ☐ Familia: apocalíptico.

apocalíptico, ca (a·po·ca·líp·ti·co, ca) [adjetivo] Relacionado con el fin del mundo. ☐ Familia: →apocalipsis.

apocar (a·po·car) [verbo] Acobardar a alguien: *Sus amenazas me apocaron*. ☐ Familia: →poco.

apócope (a·pó·co·pe) [sustantivo femenino] Palabra en la que han desaparecido uno o varios sonidos finales: *«San» es la apócope de «santo»*.

apodar (a·po·dar) [verbo] Llamar a una persona por un nombre que sustituye al nombre verdadero: *Como baila mucho, lo apodan «Peonza»*. ☐ Sinónimos: apellidar. ☐ Familia: →apodo.

apoderado, da (a·po·de·ra·do, da) [sustantivo] Persona que actúa en nombre de otra: *Los toreros tienen un apoderado que les contrata las corridas*. ☐ Sinónimos: agente, representante. ☐ Familia: →poder.

apoderar (a·po·de·rar) [verbo] **1** Dar permiso a otra persona para que nos represente: *Su padre los apoderó en el mundo del espectáculo*. ∎ **apoderarse 2** Coger algo como si fuese propio: *Los ladrones se apoderaron de las joyas*. **3** Tener un poder total sobre algo: *La rabia se apoderó de mí*. ☐ Sinónimos: **2** apropiarse, quedarse, adjudicarse. **2**, **3** adueñarse. ☐ Familia: →poder.

apodo (a·po·do) [sustantivo masculino] Nombre que se da a una persona y que sustituye al verdadero: *Mi apodo es «Titi»*. ☐ Sinónimos: mote, alias. ☐ Familia: apodar.

apogeo (a·po·ge·o) [sustantivo masculino] Momento de mayor fuerza o importancia en un proceso. ☐ Sinónimos: auge, esplendor, plenitud. ☐ Antónimos: decadencia.

apolillarse (a·po·li·llar·se) [verbo] Estropearse la ropa por habérsela comido la polilla. ☐ Familia: →polilla.

apología (a·po·lo·gí·a) [sustantivo femenino] Defensa o alabanza de algo. ☐ Antónimos: sátira.

apoltronarse (a·pol·tro·nar·se) [verbo] **1** Sentarse de forma muy cómoda: *Me apoltroné en el sofá y me quedé dormida*. **2** Llevar una vida muy cómoda y con poca actividad: *Se ha apoltronado en su trabajo y no quiere aprender cosas nuevas*. ☐ Familia: →poltrona.

apoplejía (a·po·ple·jí·a) [sustantivo femenino] Parada brusca de la actividad del cerebro, que no afecta a la respiración ni a la circulación de la sangre.

apoquinar (a·po·qui·nar) [verbo] Pagar con cierto disgusto lo que corresponde. ☐ [No confundir con «acoquinar» (hacer sentir miedo). Es coloquial].

aporrear (a·po·rre·ar) [verbo] Golpear algo de forma repetida y violenta: *aporrear una puerta*. ☐ Familia: →porra.

aportación (a·por·ta·ción) [sustantivo femenino] Cosa que se da para algo: *La aportación económica que han hecho al proyecto es superior a diez mil euros*. ☐ Sinónimos: aporte. ☐ Familia: →aportar.

aportar (a·por·tar) [verbo] Dar algo que resulta necesario para conseguir un objetivo: *Todos aportamos algo de dinero para comprar un regalo a la abuela*. ☐ Familia: aportación, aporte.

aporte (a·por·te) [sustantivo masculino] Cosa que se da para algo: *El aporte de bienes al matrimonio ha sido el mismo por parte de los dos cónyuges*. ☐ Sinónimos: aportación. ☐ Familia: →aportar.

aposentar (a·po·sen·tar) [verbo] **1** Dar a alguien un lugar en el que pueda quedarse. ∎ **aposentarse 2** Ponerse en un lugar y no moverse: *Vino de visita, se aposentó en mi casa y lleva aquí tres días*. ☐ Familia: →aposento.

aposento (a·po·sen·to) [sustantivo masculino] Habitación o cuarto de una casa. ☐ Sinónimos: estancia. ☐ Familia: aposentar.

aposición (a·po·si·ción) [sustantivo femenino] Grupo nominal que va detrás de otro para explicar su significado: *En la frase «Hoy he visto a tu tío, el guardia», «el guardia» es una aposición respecto de «tío»*.

aposta (a·pos·ta) [adverbio] A propósito o con intención. ☐ Sinónimos: adrede. ☐ Antónimos: sin querer.

apostante (a·pos·tan·te) [sustantivo] Persona que hace una apuesta. ☐ [No varía en masculino y femenino]. ☐ Familia: →apostar.

apostar (a·pos·tar) [verbo] **1** Arriesgar algo para poder participar en un juego que consiste en pagar lo que se arriesga si no se acierta una cosa: *¿Qué te apuestas a que me subo a ese árbol?* **2** Poner la confianza en algo que supone algún riesgo: *Apuesto por ti y sé que no me decepcionarás*. **3** Colocar a una persona en un lugar para que cumpla un determinado objetivo: *La policía se apostó detrás de los setos*. ☐ [En los significados **1** y **2** es irregular y se conjuga como **CONTAR**]. ☐ Familia: apostante, apuesta.

apóstata (a·pós·ta·ta) [sustantivo] Persona que abandona y rechaza sus antiguas creencias religiosas. ☐ [No varía en masculino y femenino]. ☐ Familia: →apostatar.

apostatar (a·pos·ta·tar) [verbo] Abandonar las creencias religiosas y rechazarlas: *Apostató de su fe*. ☐ Sinónimos: abjurar, renegar. ☐ Antónimos: profesar. ☐ Familia: apóstata.

apostillar (a·pos·ti·llar) [verbo] Añadir anotaciones o comentarios a un texto.

apóstol (a·pós·tol) ■ [sustantivo] **1** Persona que procura extender una doctrina o unas ideas: *Todos deberíamos ser apóstoles de la verdad*. ■ [sustantivo masculino] **2** Cada uno de los doce discípulos que Jesucristo eligió para que extendieran el Evangelio. ☐ [En el significado **1** no varía en masculino y femenino]. ☐ Familia: apostólico.

apostólico, ca (a·pos·tó·li·co, ca) [adjetivo] De los apóstoles, del papa o de la Iglesia. ☐ Familia: →apóstol.

apóstrofe (a·pós·tro·fe) [sustantivo masculino] En literatura, forma de expresión que consiste en dirigirse de forma apasionada a una persona o a un ser personificado: *El verso de Espronceda «Para y óyeme, oh Sol, yo te saludo» es un ejemplo de apóstrofe*. ☐ [No confundir con «apóstrofo» (signo escrito parecido a una coma alta)].

apóstrofo (a·pós·tro·fo) [sustantivo masculino] Signo escrito parecido a una coma alta, que se usa en algunas lenguas para indicar que se ha quitado una letra o una cifra: *Las palabras francesas «le enfant» se unen con un apóstrofo: «l' enfant»*. ☐ [No confundir con «apóstrofe» (forma de expresión)].

apotema (a·po·te·ma) [sustantivo femenino] Línea perpendicular que va desde el centro de un polígono regular hasta la mitad de cada uno de sus lados.

apoteósico, ca (a·po·te·ó·si·co, ca) [adjetivo] Muy bueno o muy importante. ☐ Familia: →apoteosis.

apoteosis (a·po·te·o·sis) [sustantivo femenino] Momento más importante o más destacado de algo. ☐ [No varía en singular y plural]. ☐ Familia: apoteósico.

apoyar (a·po·yar) [verbo] **1** Poner una cosa sobre otra para que se sujete: *Apóyate en mi hombro*. **2** Basar algo en datos que demuestren que es cierto: *Esta teoría se apoya en datos comprobados*. **3** Hacer más firme una opinión: *Estos descubrimientos apoyan mi teoría*. **4** Ayudar a alguien para que consiga lo que se propone: *Busco a alguien que crea en mi proyecto y que me apoye*. ☐ Sinónimos: **2** fundar, sustentar, asentar, fundamentar, basar. **4** suscribir. ☐ Familia: apoyo.

apoyo (a·po·yo) [sustantivo masculino] **1** Objeto que sirve para sujetar algo y evitar que se caiga: *Las columnas son el apoyo de los techos*. **2** Persona o cosa que hace más firme una idea u opinión: *Estas fotografías sirven como apoyo de lo que digo*. **3** Ayuda y protección: *Me recuperé con el apoyo de mis amigos*. ☐ Familia: →apoyar.

apreciable (a·pre·cia·ble) [adjetivo] **1** Que se nota claramente. **2** Que tiene valor y debe ser reconocido por ello: *Tu ayuda es muy apreciable y te la agradezco*. ☐ [No varía en masculino y femenino]. ☐ Familia: →apreciar.

apreciación (a·pre·cia·ción) [sustantivo femenino] **1** Opinión sobre algo: *Si me permites una apreciación, este no es el mejor momento para discutir*. **2** Hecho de notar algo con los sentidos o con la inteligencia: *Tu apreciación de los hechos es muy subjetiva*. ☐ Familia: →apreciar.

apreciado, da (a·pre·cia·do, da) [adjetivo] Muy estimado. ☐ Familia: →apreciar.

apreciar (a·pre·ciar) [verbo] **1** Reconocer el valor de algo: *No sabes apreciar el esfuerzo que he hecho*. **2** Sentir amor hacia alguien: *Te aprecio mucho*. **3** Notar algo con los sentidos o con la inteligencia: *Aprecié cierta tristeza en su voz*. ☐ [Es irregular y se conjuga como ANUNCIAR]. ☐ Sinónimos: **1** valorar. **1, 2** estimar. **2** amar, querer, adorar. ☐ Antónimos: **1, 2** despreciar. **2** odiar, detestar, aborrecer. ☐ Familia: aprecio, apreciable, apreciación, apreciado.

aprecio (a·pre·cio) [sustantivo masculino] **1** Sentimiento que se tiene hacia alguien que nos gusta: *Te tengo mucho aprecio y me duele que te vayas*. **2** Reconocimiento del valor de algo: *Tengo en gran aprecio mi salud y me cuido*. ☐ Sinónimos: **1** simpatía, afecto, estima, cariño. **2** estimación. ☐ Antónimos: desprecio. **1** antipatía, odio. **2** menosprecio. ☐ Familia: →apreciar.

aprehender (a·pre·hen·der) [verbo] **1** Apresar o detener a una persona: *Los ladrones fueron aprehendidos horas después del robo*. **2** Capturar o apropiarse de un botín: *La policía ha aprehendido los objetos robados*. **3** Asimilar o comprender una idea o un conocimiento: *No consiguió aprehender las explicaciones del profesor*. ☐ [No confundir con «aprender» (conseguir conocimientos; fijar en la memoria)].

apremiante (a·pre·mian·te) [adjetivo] Que corre mucha prisa o que es necesario hacer pronto. ☐ [No varía en masculino y femenino]. ☐ Familia: →apremiar.

apremiar (a·pre·miar) [verbo] Meter prisa: *No lo apremies tanto y déjalo trabajar a su ritmo*. ☐ [Es irregular y se conjuga como ANUNCIAR]. ☐ Sinónimos: acuciar. ☐ Familia: apremiante, apremio.

apremio (a·pre·mio) [sustantivo masculino] Presión que se ejerce sobre alguien para que haga algo con rapidez. ☐ Familia: →apremiar.

aprender (a·pren·der) [verbo] **1** Conseguir conocimientos por medio del estudio o de la experiencia: *En el colegio se aprende mucho*. **2** Fijar algo en la memoria: *Me aprendí la matrícula del coche de mis padres*. ☐ [No confundir con «aprehender» (detener a una persona; apropiarse de un botín; asimilar o comprender una idea)]. ☐ Familia: aprendiz, aprendizaje.

aprendiz, za (a·pren·diz, di·za) [sustantivo] Persona que aprende un arte o un trabajo. ☐ [Su plural es «aprendices, aprendizas». Para el femenino se usa también «la aprendiz»]. ☐ Familia: →aprender.

aprendizaje (a·pren·di·za·je) [sustantivo masculino] Proceso durante el que se aprende algo. ☐ Familia: →aprender.

aprensión (a·pren·sión) [sustantivo femenino] Miedo que se tiene a que alguien nos contagie una enfermedad o a recibir algún daño. ☐ Familia: aprensivo, desaprensivo.

aprensivo, va (a·pren·si·vo, va) [adjetivo] Que cree que está muy enfermo o que le va a pasar algo malo por hacer cualquier cosa. ☐ Familia: →aprensión.

apresamiento (a·pre·sa·mien·to) [sustantivo masculino] Hecho de atrapar algo o a alguien. ☐ Familia: →preso.

apresar (a·pre·sar) [verbo] **1** Coger o atrapar con los dientes: *Los perros apresaron a la liebre*. **2** Atrapar a alguien y quitarle la libertad: *La policía apresó al ladrón*. ☐ Sinónimos: **2** detener, arrestar, capturar, prender. ☐ Antónimos: **2** liberar, libertar, soltar. ☐ Familia: →preso.

aprestarse (a·pres·tar·se) [verbo] Prepararse para hacer algo o estar a punto de hacerlo: *Se aprestaba a comer cuando le llamaron por teléfono*. ☐ [Suele usarse en el lenguaje literario]. ☐ Sinónimos: disponerse. ☐ Familia: →presto.

apresto (a·pres·to) [sustantivo masculino] **1** Rigidez que tienen algunos tejidos: *Este mantel ya ha perdido el apresto de los primeros días*. **2** Sustancia que se usa para conseguir esta rigidez: *El agua con almidón se usa como apresto*. ☐ Familia: →presto.

apresurado, da (a·pre·su·ra·do, da) [adjetivo] Rápido o con mucha prisa. ☐ Sinónimos: ligero. ☐ Antónimos: lento. ☐ Familia: →prisa.

apresurar (a·pre·su·rar) [verbo] Hacer algo más deprisa: *apresurar el paso*. ☐ Sinónimos: acelerar, aligerar, apurar, abreviar. ☐ Antónimos: retrasar, frenar, demorarse. ☐ Familia: →prisa.

apretado, da (a·pre·ta·do, da) [adjetivo] **1** Muy sujeto o con mucha presión: *El tornillo está muy apretado y no lo puedo sacar*. **2** Dicho de la letra que se escribe, sin espacio entre una y otra. **3** Lleno de obligaciones: *Tengo un día muy apretado*. **4** Difícil o apurado: *Cuando mi madre se quedó en paro pasamos por una situación apretada*. **5** Dicho de un resultado, que ha sido muy ajustado o con poco margen: *una victoria muy apretada*. ☐ Antónimos: **1** suelto, flojo. ☐ Familia: →apretar.

apretar (a·pre·tar) [verbo] **1** Hacer fuerza o presión: *Aprieta ese botón*. *Estos pantalones me aprietan*. **2** Hacer que algo quede justo o que no quede espacio entre una cosa y otra: *Apriétate el cinturón*. **3** Hacer continuas preguntas o amenazas: *Si la aprietas un poco, confesará todo*. **4** Ocurrir algo con más fuerza de la normal: *En verano, aquí el calor aprieta*. **5** Hacer mayor esfuerzo en algo: *Si quiero aprobar, debo apretar en los estudios*. ▮ **apretarse 6** Juntarse mucho para que sobre sitio: *Si nos apretamos, cabrá más gente*. ☐ [Es irregular y se conjuga como ACERTAR]. ☐ Sinónimos: **1** oprimir. **6** estrecharse. ☐ Antónimos: **1, 2, 4** aflojar. **4** ceder. ☐ Familia: prieto, aprieto, apretado, apretón, apretura, apretujar.

apretón (a·pre·tón) [sustantivo masculino] **1** Presión fuerte que se hace sobre algo: *un apretón de manos*. **2** Falta de espacio que se produce cuando hay mucha gente: *Me robaron la cartera aprovechando los apretones del metro*. **3** Dolor muy fuerte de tripa que nos produce ganas de defecar. ☐ [El significado **3** es coloquial]. ☐ Familia: →apretar.

apretujar (a·pre·tu·jar) [verbo] **1** Apretar con fuerza. ▮ **apretujarse 2** Juntarse mucho en un sitio pequeño: *Si nos apretujamos un poco cabremos los cuatro en el sofá*. ☐ [Siempre se escribe con «j». Es coloquial]. ☐ Familia: →apretar.

apretura (a·pre·tu·ra) ▮ [sustantivo femenino] **1** Situación en la que hay mucha gente junta en un sitio. ▮ **apreturas** [plural] **2** Falta de dinero o de alimentos: *Con mi sueldo pasamos muchas apreturas para llegar a fin de mes*. ☐ Sinónimos: **2** estrechez. ☐ Familia: →apretar.

aprieto (a·prie·to) [sustantivo masculino] Situación que resulta difícil de resolver. ☐ Sinónimos: apuro, compromiso, atolladero. ☐ Familia: →apretar.

aprisa (a·pri·sa) [adverbio] De manera muy rápida. ☐ Sinónimos: deprisa. ☐ Antónimos: despacio. ☐ Familia: →prisa.

aprisco (a·pris·co) [sustantivo masculino] Lugar donde los pastores guardan el ganado para resguardarlo del frío. ☐ Sinónimos: redil.

aprisionar (a·pri·sio·nar) [verbo] Atrapar y quitar la libertad de movimiento: *Al cerrarse la puerta me aprisionó el pie*. ☐ Familia: →preso.

aprobación (a·pro·ba·ción) [sustantivo femenino] Hecho de dar algo por bueno. ☐ Antónimos: reprobación. ☐ Familia: →aprobar.

aprobado (a·pro·ba·do) [sustantivo masculino] Nota que indica que se tiene el nivel de conocimientos que se pide. ☐ Antónimos: suspenso. ☐ Familia: →aprobar.

aprobar (a·pro·bar) [verbo] **1** Dar algo por bueno o suficiente: *Han aprobado mi proyecto*. **2** Obtener una nota que indica que se tienen los conocimientos que se piden: *He aprobado el curso entero*. ☐ [Es irregular y se conjuga como CONTAR]. ☐ Antónimos: **1** reprobar, desaprobar. **2** suspender. ☐ Familia: aprobado, aprobación, desaprobar.

apropiado, da (a·pro·pia·do, da) [adjetivo] Que es como debe ser. ☐ Sinónimos: acertado, adecuado, conveniente, oportuno, indicado. ☐ Antónimos: inapropiado, inadecuado. ☐ Familia: →propio.

apropiarse (a·pro·piar·se) [verbo] Coger algo como si fuera propio. ☐ [Es irregular y se conjuga como ANUNCIAR]. ☐ Sinónimos: quedarse, adueñarse, apoderarse, adjudicarse. ☐ Familia: →propio.

aprovechable (a·pro·ve·cha·ble) [adjetivo] Que se puede aprovechar. ☐ [No varía en masculino y femenino]. ☐ Familia: →provecho.

aprovechado, da (a·pro·ve·cha·do, da) [adjetivo o sustantivo] Dicho de una persona, que se aprovecha de los demás siempre que puede. ☐ Sinónimos: caradura, carota, fresco. ☐ Familia: →provecho.

aprovechamiento (a·pro·ve·cha·mien·to) [sustantivo masculino] Hecho de aprovechar algo. ☐ FAMILIA: →provecho.

aprovechar (a·pro·ve·char) [verbo] **1** Usar algo de forma útil: *Aprovecha el tiempo y no hagas el vago.* **2** Obtener un resultado positivo: *Debes aprovechar más en clase.* ■ **aprovecharse 3** Engañar a alguien para obtener algo: *Se aprovechó de que soy más pequeño para engañarme.* ☐ ANTÓNIMOS: **1** desechar, perder. **1, 2** desaprovechar, desperdiciar, malgastar. ☐ FAMILIA: →provecho.

aprovisionamiento (a·pro·vi·sio·na·mien·to) [sustantivo masculino] Hecho de dar alimentos u otras cosas necesarias. ☐ SINÓNIMOS: suministro, abastecimiento. ☐ FAMILIA: →proveer.

aprovisionar (a·pro·vi·sio·nar) [verbo] Dar alimentos u otras cosas que resultan necesarias: *Ante la inminente llegada del huracán se aprovisionaron de comida para la semana.* ☐ SINÓNIMOS: abastecer, suministrar, proveer. ☐ FAMILIA: →proveer.

aproximación (a·pro·xi·ma·ción) [sustantivo femenino] Colocación de algo más cerca. ☐ SINÓNIMOS: acercamiento. ☐ ANTÓNIMOS: alejamiento. ☐ FAMILIA: →próximo.

aproximado, da (a·pro·xi·ma·do, da) [adjetivo] Que se acerca a lo exacto, pero que no lo es: *La hora aproximada de llegada será la una.* ☐ FAMILIA: →próximo.

aproximar (a·pro·xi·mar) [verbo] Poner más cerca: *Aproxima la silla a la mesa.* ☐ SINÓNIMOS: acercar, arrimar, juntar, pegar. ☐ ANTÓNIMOS: alejar, apartar. ☐ FAMILIA: →próximo.

aptitud (ap·ti·tud) [sustantivo femenino] Capacidad para hacer algo bien: *Tienes aptitudes para la música.* ☐ [No confundir con «actitud» (modo de ser o de comportarse de una persona; manera de expresar algo con el cuerpo)]. ☐ SINÓNIMOS: condiciones. ☐ FAMILIA: →apto.

apto, ta (ap·to, ta) [adjetivo] Que resulta adecuado para algo. ☐ [No confundir con «acto» (hecho o acción; ceremonia; parte de una obra teatral)]. ☐ FAMILIA: aptitud.

apuesta (a·pues·ta) [sustantivo femenino] Mira en **apuesto, ta**.

apuesto, ta (a·pues·to, ta) [adjetivo] **1** Que resulta guapo y elegante: *El apuesto príncipe se casó con la princesa.* ■ **apuesta** [sustantivo femenino] **2** Acuerdo entre varias personas según el cual la persona que esté equivocada pagará lo que se había fijado antes: *No quiero hacer apuestas.* **3** Cosa que paga el que está equivocado en este acuerdo: *Yo digo que vendrá, y la apuesta es un refresco.* ☐ SINÓNIMOS: **1** atractivo, gallardo. ☐ ANTÓNIMOS: **1** feo. ☐ FAMILIA: **2, 3** →apostar.

apuntador, ra (a·pun·ta·dor, do·ra) [sustantivo] Persona que en las representaciones teatrales recuerda a los actores lo que deben decir. ☐ FAMILIA: →apuntar.

apuntalar (a·pun·ta·lar) [verbo] Poner maderos o barras de un material resistente para sujetar una pared o un edificio. ☐ FAMILIA: →punta.

apuntar (a·pun·tar) [verbo] **1** Tomar nota por escrito. **2** Dirigir un arma en dirección al objetivo. **3** Señalar hacia un lugar determinado: *La aguja de la brújula apunta al norte.* **4** Indicar o llamar la atención: *El profesor apuntó la posibilidad de ir de excursión.* **5** Incluir a una persona en una lista o en un grupo: *¿Te apuntas a merendar en mi casa?* **6** Recordar a alguien algo que se le había olvidado: *Me pillaron apuntando la lección a mi compañero.* **7** Empezar a mostrarse o a aparecer: *apuntar el día.* ■ **apuntarse 8** Conseguir un éxito o un fracaso: *Mi equipo se apuntó una victoria más.* ☐ SINÓNIMOS: **1** anotar. **8** anotarse. ☐ FAMILIA: apuntador, apunte.

apunte (a·pun·te) ■ [sustantivo masculino] **1** Nota breve que se toma por escrito, generalmente para recordar algo. **2** Figura que se dibuja de forma rápida y solo con las líneas más características: *Las caricaturas son apuntes de caras hechos con humor.* ■ **apuntes** [plural] **3** Hojas en las que los alumnos han anotado las explicaciones del profesor. ☐ FAMILIA: →apuntar.

apuntillar (a·pun·ti·llar) [verbo] **1** Rematar a un toro con la puntilla. **2** Rematar o acabar de estropear algo: *Los alpinistas estaban agotados y el último ascenso los apuntilló.* ☐ [En el significado **2** es coloquial]. ☐ FAMILIA: →punta.

apuñalar (a·pu·ña·lar) [verbo] Herir con un puñal. ☐ FAMILIA: →puñal.

apurado, da (a·pu·ra·do, da) [adjetivo] **1** Que tiene poca cantidad de algo que necesita: *estar apurado de dinero.* **2** Que produce preocupación o resulta difícil de resolver: *Estoy en una situación apurada y necesito ayuda.* ☐ FAMILIA: →apurar.

apurar (a·pu·rar) [verbo] **1** Tomar o gastar algo hasta el fin: *Tenía tanta sed que apuré el vaso de agua.* **2** Hacer las cosas más deprisa: *¡Apura, si no quieres llegar tarde!* ■ **apurarse 3** Preocuparse o sentirse triste. ☐ SINÓNIMOS: **1** acabar. **2** apresurar, acelerar, aligerar. ☐ FAMILIA: apurado, apuro.

apuro (a·pu·ro) [sustantivo masculino] **1** Situación que resulta difícil de resolver. **2** Vergüenza que se siente por algo: *Me da apuro contarte lo que me pasa.* ☐ SINÓNIMOS: **1** aprieto, compromiso. **2** lacha, reparo. ☐ FAMILIA: →apurar.

aquejar (a·que·jar) [verbo] Afectar o causar daño una enfermedad o un mal: *Tiene muy bajas las defensas y le aquejan todos los virus.* ☐ [Siempre se escribe con «j»]. ☐ FAMILIA: →quejarse.

aquel, aquella (a·quel, a·que·lla) [demostrativo] Señala lo que está más lejos: *No quiero este bollo, sino aquella tarta.* ☐ [Su plural es «aquellos, aquellas»].

aquello (a·que·llo) [pronombre demostrativo] Señala lo que está más lejos: *Prefiero aquello mejor que esto.* ☐ [Es neutro].

aquí (a·quí) [adverbio] **1** En este lugar: *Ponte aquí conmigo.* **2** A este lugar: *¡Ven aquí ahora mismo!* **3** Ahora o en este momento: *De aquí en adelante puedes hacerlo solo.* ◆ [expresión] ‖ **de aquí para allá** De un lugar a otro: *Llevo todo el día de aquí para allá.* ‖ **de aquí te espero** Muy grande o muy importante: *Se montó un lío de aquí te espero.* ☐ [No debe decirse «Ven a aquí», sino «Ven

aquietar (a·quie·tar) [verbo] Poner tranquilo o en paz: *Las caricias de su amo aquietaron al perro.* ☐ SINÓNIMOS: sosegar, tranquilizar. ☐ ANTÓNIMOS: alterar. ☐ FAMILIA: →quieto.

ara (a·ra) [sustantivo/femenino] Mesa en la que se celebran algunas ceremonias religiosas. ◆ [expresión] ‖ **en aras de** Para conseguir algo o en interés de algo: *Renunció a ese viaje en aras de la armonía familiar.* ☐ [Aunque es femenino, como empieza por «a» tónica o acentuada, se usa con «el», «un», «ningún» y «algún»: «el ara», «las aras»]. ☐ SINÓNIMOS: altar.

árabe (á·ra·be) ▌[adjetivo o sustantivo] **1** De los pueblos que tienen como lengua el árabe: *Marruecos, Argelia, Libia, Egipto y Arabia Saudí son países árabes.* ▌[sustantivo/masculino] **2** Lengua que se escribe de derecha a izquierda y que se habla en países del norte de África y de Asia, que son continentes. ☐ [Cuando es adjetivo, no varía en masculino y femenino]. ☐ SINÓNIMOS: **1** arábigo. ☐ FAMILIA: arabesco, arábigo.

arabesco (a·ra·bes·co) [sustantivo/masculino] Adorno con figuras geométricas y elementos vegetales, propio de la arquitectura árabe: *En las excavaciones se encontraron cerámicas con arabescos.* ☐ FAMILIA: →árabe.

arábigo, ga (a·rá·bi·go, ga) [adjetivo] De los pueblos que tienen como lengua el árabe. ☐ SINÓNIMOS: árabe. ☐ FAMILIA: →árabe.

arácnido, da (a·rác·ni·do, da) [adjetivo o sustantivo masculino] Del grupo de animales al que pertenecen la araña y el escorpión, que tienen cuatro pares de patas y el cuerpo dividido en dos partes. ☐ FAMILIA: →araña.

arado (a·ra·do) [sustantivo/masculino] Instrumento empleado en agricultura para hacer pequeñas zanjas en la tierra. ☐ FAMILIA: →arar.

arado

aragonés, sa (a·ra·go·nés, ne·sa) [adjetivo o sustantivo] **1** De la comunidad autónoma española de Aragón. **2** Del antiguo reino de Aragón, que estaba situado en la península ibérica.

arancel (a·ran·cel) [sustantivo/masculino] Impuesto que hay que pagar por pasar productos por la aduana.

arándano (a·rán·da·no) [sustantivo/masculino] Planta con flores pequeñas de color verdoso o rosado, que da un fruto redondo y pequeño de color negro o azulado.

arandela (a·ran·de·la) [sustantivo/femenino] Pieza plana parecida a un anillo. 👁 páginas 494-495.

araña (a·ra·ña) [sustantivo/femenino] **1** Animal con cuatro pares de patas, que hace una especie de tela para cazar insectos. **2** Lámpara que se cuelga del techo y que tiene varios brazos con pequeños cristales. ☐ FAMILIA: →arácnido.

arañar (a·ra·ñar) [verbo] **1** Herir la superficie de la piel con las uñas o con algo puntiagudo. **2** Hacer señales en la superficie de algo: *arañar un mueble.* ☐ FAMILIA: →arañazo.

arañazo (a·ra·ña·zo) [sustantivo/masculino] **1** Herida poco profunda hecha con las uñas o con algo puntiagudo. **2** Señal alargada hecha en una superficie: *Este producto quita los arañazos de los muebles.* ☐ SINÓNIMOS: **1** rasguño, raspón. ☐ FAMILIA: →arañar.

arar (a·rar) [verbo] Mover la tierra haciendo pequeñas montañas o surcos para sembrarla después. ☐ SINÓNIMOS: labrar. ☐ FAMILIA: arado.

arbitraje (ar·bi·tra·je) [sustantivo/masculino] **1** Hecho de ejercer las funciones que desempeña un árbitro: *Me dedico al arbitraje desde hace muchos años.* **2** Hecho de intervenir una persona u organismo para que un conflicto se resuelva pacíficamente: *El conflicto entre ambos países se solucionó gracias al arbitraje de sus monarcas.* ☐ FAMILIA: →árbitro.

arbitrar (ar·bi·trar) [verbo] Hacer de árbitro en una competición deportiva o en un conflicto: *arbitrar un partido de balonmano.* ☐ FAMILIA: →árbitro.

arbitrario, ria (ar·bi·tra·rio, ria) [adjetivo] **1** Que se debe a la voluntad o al capricho y no se basa en la razón o en las leyes: *La expulsión del jugador ha sido muy arbitraria.* **2** Que es así porque lo ha decidido un grupo de personas: *El nombre que damos a las cosas suele ser arbitrario.* ☐ FAMILIA: →árbitro.

árbitro, tra (ár·bi·tro, tra) [sustantivo] Persona que hace que se cumplan las reglas de un juego. ☐ SINÓNIMOS: colegiado, juez. ☐ FAMILIA: arbitrar, arbitraje, arbitrario.

árbol (ár·bol) [sustantivo/masculino] Planta muy grande que tiene tronco y muchas ramas. 👁 páginas 90-91. ☐ FAMILIA: arboleda, arbolado, arboladura, arborícola.

arbolado, da (ar·bo·la·do, da) [adjetivo] **1** Dicho de un lugar, que está lleno de árboles. ▌**arbolado** [sustantivo/masculino] **2** Conjunto de árboles. ☐ FAMILIA: →árbol.

arboladura (ar·bo·la·du·ra) [sustantivo/femenino] Conjunto de palos que sostienen las velas de un barco. ☐ FAMILIA: →árbol.

arboleda (ar·bo·le·da) [sustantivo/femenino] Terreno lleno de árboles. ☐ FAMILIA: →árbol.

arborícola (ar·bo·rí·co·la) [adjetivo] Que vive en los árboles. ☐ [No varía en masculino ni femenino]. ☐ FAMILIA: →árbol.

arbusto (ar·bus·to) [sustantivo/masculino] Planta de menor tamaño que un árbol y cuyas ramas salen del suelo: *Las adelfas y las zarzamoras son arbustos.*

arca (ar·ca) [sustantivo femenino] Caja grande que tiene la tapa plana y que se cierra con candados o con cerraduras. ☐ [Aunque es femenino, como empieza por «a» tónica o acentuada, se usa con «el», «un», «ningún» y «algún»: «el arca», «las arcas»]. ☐ FAMILIA: arcón.

arcabuz (ar·ca·buz) [sustantivo masculino] Arma de fuego antigua, parecida al fusil. ☐ [Su plural es «arcabuces»].

arcada (ar·ca·da) [sustantivo femenino] **1** Conjunto de arcos de una construcción: *Esta plaza está rodeada por una arcada de piedra.* **2** Movimiento repentino y rápido del estómago que se produce cuando se está a punto de vomitar. ☐ SINÓNIMOS: **2** náusea. ☐ FAMILIA: →arco.

arcaico, ca (ar·cai·co, ca) [adjetivo] **1** Muy antiguo. **2** De la primera era de la historia de la Tierra. ☐ FAMILIA: arcaísmo.

arcaísmo (ar·ca·ís·mo) [sustantivo masculino] Palabra o expresión antigua. ☐ ANTÓNIMOS: neologismo. ☐ FAMILIA: →arcaico.

arcángel (ar·cán·gel) [sustantivo masculino] En la religión cristiana, ser o espíritu celestial de categoría superior a la del ángel. ☐ FAMILIA: →ángel.

arce (ar·ce) [sustantivo masculino] Árbol de madera muy dura y con manchas: *En la bandera de Canadá hay una hoja de arce roja.*

arcén (ar·cén) [sustantivo masculino] Cada una de las zonas que hay a los lados de una carretera.

archipiélago (ar·chi·pié·la·go) [sustantivo masculino] Conjunto de islas cercanas entre sí: *El archipiélago canario está formado por siete islas.* ☞ **páginas 576-577.**

archivador (ar·chi·va·dor) [sustantivo masculino] Carpeta o mueble que tiene varios apartados y que sirve para guardar papeles de forma ordenada. ☐ FAMILIA: →archivo.

archivar (ar·chi·var) [verbo] **1** Guardar papeles o documentos de forma ordenada en el lugar adecuado. **2** Dar por terminado algo: *La prensa no quiere archivar este asunto.* ☐ FAMILIA: →archivo.

archivero, ra (ar·chi·ve·ro, ra) [sustantivo] Persona que mantiene y organiza un archivo. ☐ FAMILIA: →archivo.

archivo (ar·chi·vo) [sustantivo masculino] **1** Lugar en el que se guardan de forma ordenada los documentos. **2** En informática, conjunto de datos grabados con un mismo nombre. ☐ SINÓNIMOS: fichero. ☐ FAMILIA: archivar, archivador, archivero.

arcilla (ar·ci·lla) [sustantivo femenino] Sustancia mineral que suele mezclarse con agua para hacer objetos y recipientes. ☐ FAMILIA: arcilloso.

arcilloso, sa (ar·ci·llo·so, sa) [adjetivo] Que tiene arcilla: *terreno arcilloso.* ☐ FAMILIA: →arcilla.

arco (ar·co) [sustantivo masculino] **1** Construcción curva que se apoya sobre sus dos lados y que sirve para sujetar el techo. **2** Cualquier cosa que tiene esta forma. **3** Palo que se dobla fácilmente, tiene unidos sus extremos con una cuerda tirante y sirve como arma para lanzar flechas. **4** Vara delgada que se usa para frotar las cuerdas del violín y otros instrumentos musicales. ◆ [expresión] ‖ **arco de triunfo** Construcción compuesta por uno o más arcos, hecha en honor de algo.

‖ **arco iris** → **arcoíris.** ☐ FAMILIA: arcoíris, arcada, arquero, arquear.

arcoíris (ar·co·í·ris) [sustantivo masculino] Banda curva de colores que aparece en el cielo cuando llueve y hace sol. ☐ [No varía en singular y plural. Se escribe también «arco iris»]. ☐ FAMILIA: →arco. →iris.

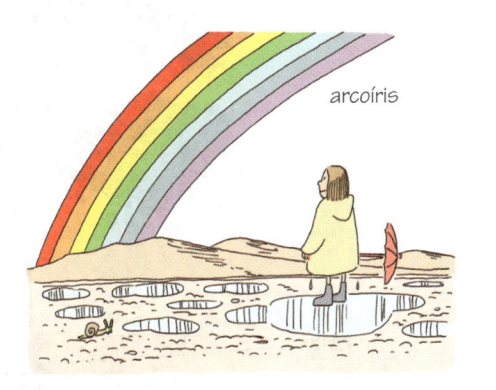

arcoíris

arcón (ar·cón) [sustantivo masculino] Arca muy grande. ☐ FAMILIA: →arca.

arder (ar·der) [verbo] **1** Quemarse algo. **2** Estar muy caliente: *El café está ardiendo.* ◆ [expresión] ‖ **arder en deseos de algo** Desearlo mucho: *Ardo en deseos de ver a mis amigos.* ☐ SINÓNIMOS: **1** prender. ☐ FAMILIA: ardor, ardoroso, ardiente, aguardiente, enardecer.

ardid (ar·did) [sustantivo masculino] Medio para conseguir lo que se quiere con astucia. ☐ SINÓNIMOS: artimaña, treta, martingala.

ardiente (ar·dien·te) [adjetivo] **1** Que está tan caliente que quema. **2** Muy vivo o muy fuerte: *Tengo ardientes deseos de verte.* ☐ [No varía en masculino y femenino]. ☐ SINÓNIMOS: **1** abrasador. **2** ardoroso. ☐ ANTÓNIMOS: **1** helado, glacial, gélido. ☐ FAMILIA: →arder.

ardilla (ar·di·lla) [sustantivo femenino] Mamífero roedor de cola grande y peluda que vive en los bosques. ☞ **páginas 596-597.**

ardor (ar·dor) [sustantivo masculino] **1** Fuerza o energía con las que se hace algo: *Pelearon con ardor.* **2** Sensación de calor en alguna parte del cuerpo: *ardor de estómago.* **3** Calor fuerte. ☐ SINÓNIMOS: **1** calor. ☐ FAMILIA: →arder.

ardoroso, sa (ar·do·ro·so, sa) [adjetivo] **1** Con mucho calor: *Posó sus manos ardorosas en mis mejillas.* **2** Muy vivo o muy fuerte: *Tuvimos una ardorosa discusión.* ☐ SINÓNIMOS: **2** ardiente. ☐ FAMILIA: →arder.

arduo, dua (ar·duo, dua) [adjetivo] Muy difícil: *Enseñar es una ardua tarea.*

área (á·re·a) [sustantivo femenino] **1** Espacio con algún tipo de características y que está dentro de unos límites: *Esta área de la península es muy seca.* **2** Conjunto de materias o de ideas relacionadas con lo que se indica: *área de lenguaje.* **3** Medida de superficie: *El área equivale a cien metros cuadrados.* **4** En matemáticas, superficie de una figura: *Tuve que hallar el área*

árboles

PARTES DE UN ÁRBOL

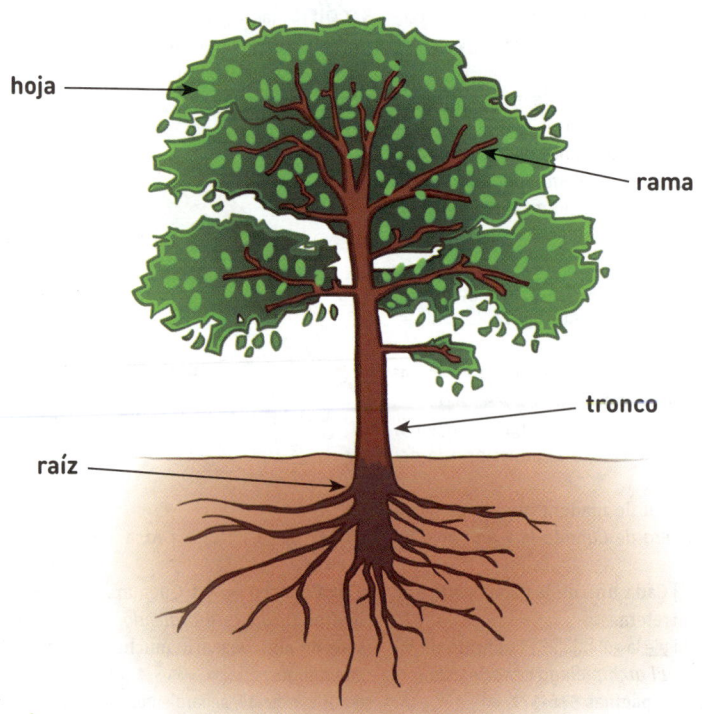

- hoja
- rama
- tronco
- raíz

TIPOS DE ÁRBOLES

caduco

perenne

árboles

pino	abeto	ciprés
alcornoque	encina	cedro
chopo	fresno	haya
roble	almendro	cerezo
naranjo	manzano	nogal
palmera	platanero	higuera

arena

de un triángulo. **5** En fútbol y otros deportes, zona que está delante del portero. ◆ [expresión] ‖ **área de servicio** Lugar que hay en algunas carreteras para comer, echar gasolina y otros servicios. ☐ [Aunque es femenino, como empieza por «a» tónica o acentuada, se usa con «el», «un», «ningún» y «algún»: «el área», «las áreas»]. ☐ SINÓNIMOS: **1** zona. **2** terreno, campo. ☐ FAMILIA: hectárea.

arena (a·re·na) [sustantivo femenino] **1** Conjunto de pequeñas piedras que se forman a partir de rocas. **2** Lugar de una plaza de toros en el que se torea. ◆ [expresión] ‖ **arenas movedizas** Las que están mezcladas con mucha agua y se tragan las cosas que se ponen encima. ☐ SINÓNIMOS: **2** ruedo. ☐ FAMILIA: arenal, arenoso.

arenal (a·re·nal) [sustantivo masculino] Terreno grande con mucha arena. ☐ FAMILIA: →arena.

arenga (a·ren·ga) [sustantivo femenino] Discurso solemne que se pronuncia para animar o entusiasmar a alguien. ☐ FAMILIA: arengar.

arengar (a·ren·gar) [verbo] Dirigir una arenga a alguien: *El entrenador arenga a sus jugadores antes del partido para infundirles confianza.* ☐ [La «g» se cambia en «gu» delante de «e» («arengue»)]. ☐ FAMILIA: →arenga.

arenoso, sa (a·re·no·so, sa) [adjetivo] Que tiene arena o alguna de sus características: *terreno arenoso.* ☐ FAMILIA: →arena.

arenque (a·ren·que) [sustantivo masculino] Pez marino de color azul, parecido a la sardina.

arete (a·re·te) [sustantivo masculino] Aro pequeño que se lleva en las orejas como adorno. ☐ FAMILIA: →aro.

argamasa (ar·ga·ma·sa) [sustantivo femenino] Masa formada por cal, arena y agua, que usan los albañiles en las obras para unir los ladrillos. ☐ FAMILIA: →masa.

argelino, na (ar·ge·li·no, na) [adjetivo o sustantivo] De Argelia, que es un país africano.

argentino, na (ar·gen·ti·no, na) [adjetivo o sustantivo] De Argentina, que es un país sudamericano.

argolla (ar·go·lla) [sustantivo femenino] Anillo grueso, generalmente de hierro, que está fijo en un lugar y que sirve para atar algo a él.

argón (ar·gón) [sustantivo masculino] Gas que hay en el aire y en los gases volcánicos.

argot (ar·got) [sustantivo masculino] Forma de hablar que usan entre sí los miembros de un grupo o de una profesión: *argot juvenil.* ☐ [Es una palabra de origen francés. Su plural es «argots»]. ☐ SINÓNIMOS: jerga.

argucia (ar·gu·cia) [sustantivo femenino] Argumento falso que se presenta como verdadero para conseguir algo: *No intentes engañarnos con tus argucias.* ☐ SINÓNIMOS: artimaña, treta. ☐ FAMILIA: →argüir.

argüir (ar·güir) [verbo] **1** Presentar una prueba o un argumento en favor o en contra de algo: *Arguyó como excusa que había mucho tráfico.* **2** Llegar a una conclusión a partir de una serie de datos: *De tu contestación arguyo que estás enfadado.* ☐ [Es irregular y se conjuga como CONSTRUIR. La «u» lleva diéresis ante «i» («argüimos»)]. ☐ SINÓNIMOS: **2** deducir, inferir. ☐ FAMILIA: argucia.

argumentación (ar·gu·men·ta·ción) [sustantivo femenino] Conjunto de razones que se dan en favor o en contra de algo. ☐ FAMILIA: →argumento.

argumentar (ar·gu·men·tar) [verbo] Dar razones en favor o en contra de algo. ☐ FAMILIA: →argumento.

argumento (ar·gu·men·to) [sustantivo masculino] **1** Asunto de que trata una novela o una película. **2** Conjunto de razones que sirven para demostrar algo o para convencer a alguien: *Tus argumentos me han convencido para ir a pasear.* ☐ SINÓNIMOS: **1** trama. **2** razonamiento. ☐ FAMILIA: argumentar, argumentación.

aria (a·ria) [sustantivo femenino] Pieza musical cantada por una sola voz. ☐ [Aunque es femenino, como empieza por «a» tónica o acentuada, se usa con «el», «un», «ningún» y «algún»: «el aria», «las arias»].

aridez (a·ri·dez) [sustantivo femenino] **1** Falta de agua o de humedad. **2** Característica de lo que es aburrido: *la aridez de un texto.* ☐ SINÓNIMOS: **1** sequedad. ☐ FAMILIA: →árido.

árido, da (á·ri·do, da) [adjetivo] **1** Seco y con muy poca humedad: *Los desiertos son terrenos áridos.* **2** Que aburre y resulta pesado: *Esta lección es muy árida.* ☐ ANTÓNIMOS: **2** ameno. ☐ FAMILIA: aridez.

aries (a·ries) [adjetivo o sustantivo] Dicho de una persona, que pertenece a uno de los doce signos del Zodiaco: *Las personas que son aries han nacido entre el 21 de marzo y el 19 de abril.* ☐ [No varía en masculino y femenino, ni en singular y plural].

ariete (a·rie·te) [sustantivo masculino] **1** Máquina militar formada por un tronco de madera con una pieza de hierro o de bronce en uno de sus extremos, que se usaba en las guerras para derribar puertas y murallas. **2** En fútbol, delantero centro del equipo.

arisco, ca (a·ris·co, ca) [adjetivo] Que resulta poco amable o difícil de tratar. ☐ SINÓNIMOS: áspero, intratable.

arista (a·ris·ta) [sustantivo femenino] Línea que se forma en la unión de dos superficies: *Un dado tiene doce aristas.*

aristocracia (a·ris·to·cra·cia) [sustantivo femenino] Grupo social formado por las personas que tienen un título de nobleza. ☐ FAMILIA: aristócrata, aristocrático.

aristócrata (a·ris·tó·cra·ta) [sustantivo] Persona que pertenece al grupo social de la nobleza. ☐ [No varía en masculino y femenino]. ☐ FAMILIA: →aristocracia.

aristocrático, ca (a·ris·to·crá·ti·co, ca) [adjetivo] De la aristocracia o relacionado con ella. ☐ FAMILIA: →aristocracia.

aritmético, ca (a·rit·mé·ti·co, ca) ■ [adjetivo] **1** De la aritmética o relacionado con esta parte de las matemáticas. ■ **aritmética** [sustantivo femenino] **2** Parte de las matemáticas que estudia los números y las operaciones que se hacen con ellos.

arlequín (ar·le·quín) [sustantivo masculino] Personaje cómico de teatro que lleva una máscara negra y va vestido con un traje de rombos de colores.

arma (ar·ma) [sustantivo/femenino] **1** Instrumento u objeto que sirve para atacar o para defenderse. **2** Medio que sirve para defender intereses de alguien: *La verdad es la mejor arma para lograr lo que quieres.* ◆ [expresión] ‖ **alzarse en armas** Empezar una revolución: *Los militares se alzaron en armas.* ‖ **arma blanca** La que hiere con una hoja de metal: *La espada y la navaja son armas blancas.* ‖ **arma de fuego** La que usa un explosivo para disparar: *La pistola y el fusil son armas de fuego.* ‖ **ser de armas tomar** Tener un carácter muy fuerte. ☐ [Aunque es femenino, como empieza por «a» tónica o acentuada, se usa con «el», «un», «ningún» y «algún»: «el arma», «las armas»]. ☐ FAMILIA: armar, armada, armadura, armamento, armería, armero, armisticio, desarmar, desarme, inerme.

armada (ar·ma·da) [sustantivo/femenino] Conjunto de barcos de guerra de un país. ☐ SINÓNIMOS: marina, escuadra. ☐ [Se escribe con mayúscula]. ☐ FAMILIA: →arma.

armadillo (ar·ma·di·llo) [sustantivo/masculino] Animal mamífero que tiene el cuerpo protegido por una especie de placas duras y que se enrolla sobre sí mismo cuando está en peligro. ☞ **páginas 596-597**.

armador, ra (ar·ma·dor, do·ra) [sustantivo] Persona que prepara un barco y le proporciona todo lo que necesita para navegar.

armadura (ar·ma·du·ra) [sustantivo/femenino] **1** Especie de traje formado por piezas de metal que usaban antes los soldados para protegerse. **2** Conjunto de piezas que sirven para sujetar algo: *El puente está construido sobre una armadura de acero.* ☐ SINÓNIMOS: **2** esqueleto, estructura, armazón. ☐ FAMILIA: →arma.

armamento (ar·ma·men·to) [sustantivo/masculino] Conjunto de las armas y del material que usa un ejército. ☐ FAMILIA: →arma.

armar (ar·mar) [verbo] **1** Dar armas. **2** Juntar las piezas que forman algo: *Armé el mueble con las instrucciones.* **3** Producir o hacer: *No armes tanto ruido.* ▌ **armarse 4** Prepararse con lo necesario para hacer algo: *El ayudante se armó de lápiz y papel para copiar la carta.* **5** Tener un estado de ánimo adecuado para resistir algo que no resulta agradable: *Ármate de paciencia, porque esto va para largo.* ☐ [El significado **3** es coloquial]. ☐ SINÓNIMOS: **2, 3** montar. **4** revestirse. ☐ ANTÓNIMOS: **1, 2** desarmar. **2** desmontar, descuajaringar, deshacer. ☐ FAMILIA: →arma.

armario (ar·ma·rio) [sustantivo/masculino] Mueble con puertas que sirve para guardar la ropa y otros objetos.

armatoste (ar·ma·tos·te) [sustantivo/masculino] Objeto que resulta muy grande y poco útil.

armazón (ar·ma·zón) [sustantivo] Conjunto de piezas que sirven para sujetar algo. ☐ [Se puede decir «el armazón» y «la armazón» sin que cambie de significado]. ☐ SINÓNIMOS: armadura, estructura, esqueleto, entramado, carcasa.

armella (ar·me·lla) [sustantivo/femenino] Pieza de metal con forma de anillo, que tiene un clavo o un tornillo para fijarla.

armenio, nia (ar·me·nio, nia) ▌ [adjetivo o sustantivo] **1** De Armenia, que es un país asiático. ▌ **armenio** [sustantivo/masculino] **2** Lengua de este país.

armería (ar·me·rí·a) [sustantivo/femenino] Lugar en el que se guardan, se venden o se muestran al público las armas. ☐ FAMILIA: →arma.

armero (ar·me·ro) [sustantivo/masculino] **1** Persona que fabrica, vende o arregla armas. **2** En el Ejército, persona que se encarga de almacenar y de mantener a punto las armas. **3** Lugar en el que se colocan las armas. ☐ FAMILIA: →arma.

armiño (ar·mi·ño) [sustantivo/masculino] Mamífero de pequeño tamaño con la piel muy suave, que es marrón en verano y blanco en invierno.

armisticio (ar·mis·ti·cio) [sustantivo/masculino] Acuerdo entre dos bandos para abandonar la lucha armada. ☐ FAMILIA: →arma.

armonía (ar·mo·ní·a) [sustantivo/femenino] **1** Relación adecuada entre las partes que forman algo: *Esta decoración tiene una perfecta armonía de colores.* **2** Amistad y buena relación. **3** Buena unión de distintos sonidos que suenan a la vez: *La armonía de las voces del coro fue perfecta.* ☐ SINÓNIMOS: **1** equilibrio. ☐ FAMILIA: armonizar, armonioso, armonio, armónico, filarmónico.

armónico, ca (ar·mó·ni·co, ca) ▌ [adjetivo] **1** Que tiene armonía o está relacionado con ella. ▌ **armónica** [sustantivo/femenino] **2** Instrumento musical con forma de cajita mucho más larga que alta y que se toca soplando o aspirando por las aberturas que tiene. ☞ **páginas 534-535**. ☐ FAMILIA: →armonía.

armonio (ar·mo·nio) [sustantivo/masculino] Órgano pequeño con forma de piano. ☐ FAMILIA: →armonía.

armonioso, sa (ar·mo·nio·so, sa) [adjetivo] **1** Que resulta agradable al oírlo. **2** Que tiene una buena relación entre sus partes: *La bailarina se movía con movimientos armoniosos.* ☐ FAMILIA: →armonía.

armonizar (ar·mo·ni·zar) [verbo] **1** Establecer una relación adecuada entre las partes que forman algo: *Debemos tratar de armonizar los intereses de todos.* **2** Estar en la proporción adecuada: *Los colores de la tapicería deben armonizar con los de las cortinas.* ☐ FAMILIA: →armonía.

arnés (ar·nés) [sustantivo/masculino] **1** Conjunto de correas que usan los alpinistas para escalar. **2** Conjunto de correas que se ponen a los caballos para que tiren de un carruaje. ☐ [En el significado **2**, significa lo mismo en singular que en plural].

árnica (ár·ni·ca) [sustantivo/femenino] Hierba con flores amarillas y un fuerte olor, de la que se obtiene una sustancia que se usa en medicina. ☐ [Aunque es femenino, como empieza por «a» tónica o acentuada, se usa con «el», «un», «ningún» y «algún»: «el árnica», «las árnicas»].

aro (a·ro) [sustantivo masculino] Pieza en forma de anillo. ◆ [expresión] ‖ **pasar por el aro** Tener que hacer o decir algo que no se quiere. ☐ [La expresión es coloquial]. ☐ FAMILIA: arete.

aroma (a·ro·ma) [sustantivo masculino] Olor agradable. ☐ SINÓNIMOS: perfume, fragancia. ☐ ANTÓNIMOS: peste, hedor, pestilencia. ☐ FAMILIA: aromático, aromatizar.

aromático, ca (a·ro·má·ti·co, ca) [adjetivo] Que tiene un olor agradable: *hierbas aromáticas*. ☐ SINÓNIMOS: oloroso, fragante. ☐ FAMILIA: →aroma.

aromatizar (a·ro·ma·ti·zar) [verbo] Dar aroma u olor agradable: *Aromatizó las sábanas con agua de colonia*. ☐ [La «z» se cambia en «c» delante de «e» («aromatice»)]. ☐ FAMILIA: →aroma.

arpa (ar·pa) [sustantivo femenino] Instrumento musical que es una especie de triángulo muy alto con muchas cuerdas verticales y paralelas entre sí, que se hacen sonar con los dedos de las dos manos. 👁 **páginas 534-535**. ☐ [Aunque es femenino, como empieza por «a» tónica o acentuada, se usa con «el», «un», «ningún» y «algún»: «el arpa», «las arpas»].

arpa

arpía (ar·pí·a) [sustantivo femenino] Persona muy mala y cruel.

arpillera (ar·pi·lle·ra) [sustantivo femenino] Tejido muy áspero que se usa para hacer sacos.

arpón (ar·pón) [sustantivo masculino] Instrumento que sirve para pescar y que está formado por un palo terminado en una punta de metal. ☐ FAMILIA: arponear, arponero.

arponear (ar·po·ne·ar) [verbo] Cazar o pescar con un arpón. ☐ FAMILIA: →arpón.

arponero (ar·po·ne·ro) [sustantivo masculino] Hombre que caza o pesca con un arpón. ☐ FAMILIA: →arpón.

arquear (ar·que·ar) [verbo] Dar forma de arco a algo: *Al arquear la rama, se rompió*. ☐ SINÓNIMOS: curvar, alabear. ☐ FAMILIA: →arco.

arqueología (ar·que·o·lo·gí·a) [sustantivo femenino] Ciencia que estudia las civilizaciones antiguas a partir de los restos que de ellas se han encontrado. ☐ FAMILIA: arqueólogo, arqueológico.

arqueológico, ca (ar·que·o·ló·gi·co, ca) [adjetivo] De la arqueología o relacionado con esta ciencia: *museo arqueológico; restos arqueológicos*. ☐ FAMILIA: →arqueología.

arqueólogo, ga (ar·que·ó·lo·go, ga) [sustantivo] Persona especializada en arqueología. ☐ FAMILIA: →arqueología.

arquero, ra (ar·que·ro, ra) [sustantivo] Persona que dispara con el arco. ☐ FAMILIA: →arco.

arquetipo (ar·que·ti·po) [sustantivo masculino] Modelo ideal que sirve de ejemplo: *Ella es el arquetipo de persona solidaria*.

arquitecto, ta (ar·qui·tec·to, ta) [sustantivo] Persona que se dedica a construir edificios. ◆ [expresión] ‖ **arquitecto técnico** Persona que trabaja haciendo los planos de un edificio. ☐ FAMILIA: →arquitectura.

arquitectónico, ca (ar·qui·tec·tó·ni·co, ca) [adjetivo] De la arquitectura o relacionado con este arte: *elementos arquitectónicos*. ☐ FAMILIA: →arquitectura.

arquitectura (ar·qui·tec·tu·ra) [sustantivo femenino] **1** Conjunto de los conocimientos necesarios para construir edificios. **2** Conjunto de edificios que tienen una característica común. ☐ FAMILIA: arquitecto, arquitectónico.

arrabal (a·rra·bal) [sustantivo masculino] Barrio que está en las afueras de una ciudad y en el que vive gente que no tiene mucho dinero. ☐ SINÓNIMOS: suburbio.

arraigado, da (a·rrai·ga·do, da) [adjetivo] **1** Dicho de un sentimiento o de una costumbre, que son muy firmes. **2** Dicho de una persona, que se siente muy unida al lugar donde ha nacido o donde vive. ☐ ANTÓNIMOS: **2** desarraigado. ☐ FAMILIA: →raíz.

arraigar (a·rrai·gar) [verbo] **1** Empezar una planta a echar raíces en la tierra: *El árbol que trasplantamos se está secando porque no ha arraigado bien*. **2** Hacer firme una sensación o una costumbre: *El trabajo durante aquel verano en la biblioteca arraigó en mí el hábito de la lectura*. ☐ [Es irregular y se conjuga como BAILAR. La «g» se cambia en «gu» delante de «e» («arraigue»)]. ☐ SINÓNIMOS: **1** enraizar, prender, agarrar. ☐ FAMILIA: →raíz.

arraigo (a·rrai·go) [sustantivo masculino] Profundidad y firmeza con la que una costumbre está establecida en una persona o en un grupo: *Algunas costumbres tienen un fuerte arraigo en la sociedad*. ☐ SINÓNIMOS: raigambre. ☐ FAMILIA: →raíz.

arramblar (a·rram·blar) [verbo] Coger o llevarse alguien todo lo que encuentra: *Llegó el primero a la fiesta y arrambló con todos los caramelos*. ☐ [Se usa también «arramplar»].

arramplar (a·rram·plar) [verbo] → **arramblar**. ☐ [Es coloquial].

arrancar (a·rran·car) [verbo] **1** Sacar de raíz y con fuerza. **2** Quitar algo con violencia o de forma repentina: *El ladrón me arrancó el bolso y salió corriendo*. **3** Comenzar a funcionar una máquina: *El coche no arranca*. **4** Obtener o conseguir algo: *Su actuación arrancó una gran ovación*. **5** Provenir o tener origen: *Ese problema arranca de una situación anterior*. ☐ [La «c» se cambia en «qu» antes de «e» («arranque»)]. ☐ SINÓNIMOS: **2** arrebatar. ☐ FAMILIA: arranque.

arranque (a·rran·que) [*sustantivo masculino*] **1** Decisión o valor para hacer algo: *Te falta arranque para dar el primer paso.* **2** Modo de manifestar un sentimiento, de forma violenta y de repente: *En un arranque de mal genio dio un portazo.* **3** Mecanismo que sirve para poner en marcha un motor: *No funciona el arranque del coche.* **4** Principio u origen de algo: *Aquella cita fue el arranque de nuestra amistad.* **5** Idea repentina que no se espera y que hace gracia: *Tiene unos arranques muy buenos.* ☐ FAMILIA: →arrancar.

arras (a·rras) [*sustantivo femenino plural*] Conjunto de las trece monedas que el novio da a la novia en la celebración del matrimonio, como símbolo de los bienes que ambos van a compartir.

arrasador, ra (a·rra·sa·dor, do·ra) [*adjetivo*] Que tiene mucho éxito o que gusta mucho. ☐ SINÓNIMOS: arrollador. ☐ FAMILIA: →arrasar.

arrasar (a·rra·sar) [*verbo*] **1** Destruir por completo: *El fuego ha arrasado el bosque.* **2** Tener un gran éxito: *Esta canción está arrasando en todo el mundo.* ☐ SINÓNIMOS: **1** asolar, devastar. **2** arrollar, barrer. ☐ FAMILIA: arrasador.

arrastrado, da (a·rras·tra·do, da) [*adjetivo*] Pobre, infeliz y con dificultades. ☐ FAMILIA: →arrastrar.

arrastrar (a·rras·trar) [*verbo*] **1** Llevar algo por el suelo. **2** Llevar consigo o tras sí: *Un burro arrastraba un carro.* ▎**arrastrarse** **3** Ir de un sitio a otro moviendo el cuerpo por el suelo: *Las serpientes se arrastran por el suelo.* **4** Aceptar cualquier cosa con tal de conseguir lo que se desea: *Por conseguir lo que quieres te arrastrarías ante cualquiera.* ☐ FAMILIA: arrastrado, arrastre, rastras.

arrastre (a·rras·tre) [*sustantivo masculino*] **1** Modo de transportar algo arrastrándolo por el suelo. **2** Método de transporte que usan los esquiadores para subir a las pistas. ◆ [*expresión*] ‖ **estar para el arrastre** Estar muy cansado o en muy malas condiciones. ☐ [La expresión es coloquial]. ☐ FAMILIA: →arrastrar.

arre (a·rre) [*interjección*] Se usa para hacer que un animal de carga empiece a andar o que ande más deprisa. ☐ ANTÓNIMOS: so. ☐ FAMILIA: arriero.

arrea (a·rre·a) [*interjección*] Se usa para indicar sorpresa, admiración o disgusto. ☐ FAMILIA: →arrear.

arrear (a·rre·ar) [*verbo*] **1** Hacer que un animal de carga empiece a andar o que ande más deprisa. **2** Darse mucha prisa: *Arrea, que si no, llegaremos tarde.* **3** Dar un golpe: *Me arreó un bofetón.* ☐ [Los significados 2 y 3 son coloquiales]. ☐ FAMILIA: arrea.

arrebatador, ra (a·rre·ba·ta·dor, do·ra) [*adjetivo*] Que es tan bonito que atrae. ☐ SINÓNIMOS: cautivador. ☐ FAMILIA: →arrebatar.

arrebatar (a·rre·ba·tar) [*verbo*] **1** Quitar algo con violencia o de forma repentina: *Me arrebató mi muñeca de las manos.* ▎**arrebatarse** **2** Enfadarse mucho y con furia: *Se arrebató al ver las injusticias que se estaban cometiendo.* ☐ SINÓNIMOS: **1** arrancar. ☐ FAMILIA: arrebatador, arrebato.

arrebato (a·rre·ba·to) [*sustantivo masculino*] Sensación que tenemos de forma repentina y que nos empuja a hacer algo sin pensar. ☐ FAMILIA: →arrebatar.

arrebujar (a·rre·bu·jar) [*verbo*] **1** Arrugar o amontonar algo sin doblarlo: *Arrebujó toda la ropa en el armario.* ▎**arrebujarse** **2** Taparse o cubrirse bien con ropa: *Cuando hace frío en la cama me arrebujo con la manta.*

arrechucho (a·rre·chu·cho) [*sustantivo masculino*] Enfermedad que aparece de forma repentina y que tiene poca importancia: *Mi abuelo es mayor y tiene algún arrechucho de vez en cuando.* ☐ [Es coloquial].

arreciar (a·rre·ciar) [*verbo*] Hacerse algo cada vez más fuerte o más violento: *arreciar la lluvia.* ☐ [Es irregular y se conjuga como **ANUNCIAR**]. ☐ FAMILIA: →recio.

arrecife (a·rre·ci·fe) [*sustantivo masculino*] Conjunto de piedras o de otros materiales duros que están en el fondo del mar y llegan muy cerca de la superficie: *El barco chocó con un arrecife de coral.* 👁 **página 96.** ☐ SINÓNIMOS: escollo.

arreglar (a·rre·glar) [*verbo*] **1** Poner de forma adecuada para un fin: *Arreglaré la habitación por si vienen visitas. Arréglate el pelo.* **2** Hacer que algo que no funciona vuelva a funcionar: *Tengo que arreglar la nevera.* **3** Llegar a un acuerdo para resolver un problema: *Intentaremos arreglar el problema.* **4** Preparar una comida con sal, aceite y otros productos: *Yo arreglaré la ensalada.* ▎**arreglarse** **5** Volver a tener una relación de amor o de amistad con una persona después de haber decidido terminarla: *Mi hermana y su novio se han arreglado.* ◆ [*expresión*] ‖ **arreglárselas** Encontrar la forma de salir de un problema o de una situación difícil. ☐ SINÓNIMOS: **1** disponer, preparar, sanear. **2** reparar. **4** aliñar, aderezar. ☐ ANTÓNIMOS: **2** estropear, destrozar, romper. ☐ FAMILIA: arreglo, desarreglo.

arreglo (a·rre·glo) [*sustantivo masculino*] **1** Forma adecuada que debe tener algo para un fin: *Dedica poco tiempo a su arreglo personal.* **2** Reparación que se hace de algo que no funcionaba: *El arreglo de la tele no ha sido caro.* **3** Acuerdo al que se llega para resolver un problema o una situación difícil: *Tenemos que llegar a un arreglo hoy.* **4** Cambio que se hace en una música: *Los arreglos de esta canción los hizo un famoso músico.* ◆ [*expresión*] ‖ **con arreglo a algo** De acuerdo con ello: *Hemos hecho todo con arreglo a lo que nos dijiste.* ☐ FAMILIA: →arreglar.

arremangar (a·rre·man·gar) [*verbo*] → **remangar**. ☐ [Es coloquial].

arremeter (a·rre·me·ter) [*verbo*] Atacar con fuerza: *En su discurso arremetió contra los políticos corruptos.* ☐ FAMILIA: →meter.

arremetida (a·rre·me·ti·da) [*sustantivo femenino*] Ataque fuerte y violento. ☐ SINÓNIMOS: acometida. ☐ FAMILIA: →meter.

arremolinarse

arremolinarse (a·rre·mo·li·nar·se) [verbo] Reunirse formando un grupo apretado y sin orden: *Los fotógrafos se arremolinaron alrededor de la actriz.* ☐ Familia: →remolino.

arrendador, ra (a·rren·da·dor, do·ra) [sustantivo] Persona que deja o que toma algo durante un tiempo a cambio de dinero. ☐ Familia: →arrendar.

arrendamiento (a·rren·da·mien·to) [sustantivo masculino] Hecho de dejar o de tomar algo durante un tiempo a cambio de dinero: *contrato de arrendamiento.* ☐ Sinónimos: alquiler. ☐ Familia: →arrendar.

arrendar (a·rren·dar) [verbo] Dejar o tomar algo durante un tiempo a cambio de dinero: *Mi tío ha arrendado ese local para usarlo como taller de pintura.* ☐ [Es irregular y se conjuga como ACERTAR]. ☐ Sinónimos: alquilar. ☐ Familia: arrendamiento, arrendador, arrendatario.

arrendatario, ria (a·rren·da·ta·rio, ria) [sustantivo] Persona que toma algo durante un tiempo a cambio de una cantidad de dinero. ☐ Familia: →arrendar.

arreos (a·rre·os) [sustantivo masculino plural] Correas y adornos que llevan los caballos y otros animales parecidos: *El jinete arreglaba los arreos de los caballos para la romería.*

arrepentimiento (a·rre·pen·ti·mien·to) [sustantivo masculino] Pena que se siente por haber hecho algo y deseo de que no hubiera ocurrido. ☐ Familia: →arrepentirse.

arrepentirse (a·rre·pen·tir·se) [verbo] **1** Sentir una gran pena por haber hecho algo y desear que no hubiera ocurrido: *Me arrepiento de haberte mentido.* **2** Cambiar de opinión o no cumplir un acuerdo: *Iba a contarle el secreto, pero me arrepentí.* ☐ [Es irregular y se conjuga como SENTIR]. ☐ Familia: arrepentimiento.

arrestar (a·rres·tar) [verbo] Atrapar a alguien y quitarle la libertad: *arrestar a unos ladrones.* ☐ Sinónimos: apresar, detener, prender, capturar. ☐ Antónimos: liberar, libertar, soltar. ☐ Familia: arresto.

arresto (a·rres·to) ■ [sustantivo masculino] **1** Hecho de quitar a alguien la libertad durante un período de tiempo y por orden de una autoridad. ■ **arrestos** [plural] **2** Decisión y valor para hacer algo: *Hay que tener arrestos para enfrentarse a los ladrones.* ☐ Sinónimos: **1** detención. ☐ Familia: **1** →arrestar.

arriar (a·rriar) [verbo] Bajar una bandera o la vela de un barco: *El viento obligó a los marineros a arriar las velas.* ☐ [Es irregular y se conjuga como ENVIAR]. ☐ Antónimos: izar.

arriate (a·rria·te) [sustantivo masculino] Parte estrecha de un jardín o de un patio, que está preparada para tener plantas de adorno.

arriba (a·rri·ba) ■ [adverbio] **1** En un lugar o en una posición superiores: *Sube, que estoy arriba.* **2** Hacia un lugar superior: *Ven arriba y desde la ventana verás la calle.* ■ [interjección] **3** Se usa para dar ánimos o aclamar: *¡Arriba la profesora!* ◆ [expresión] ‖ **de arriba abajo** De un

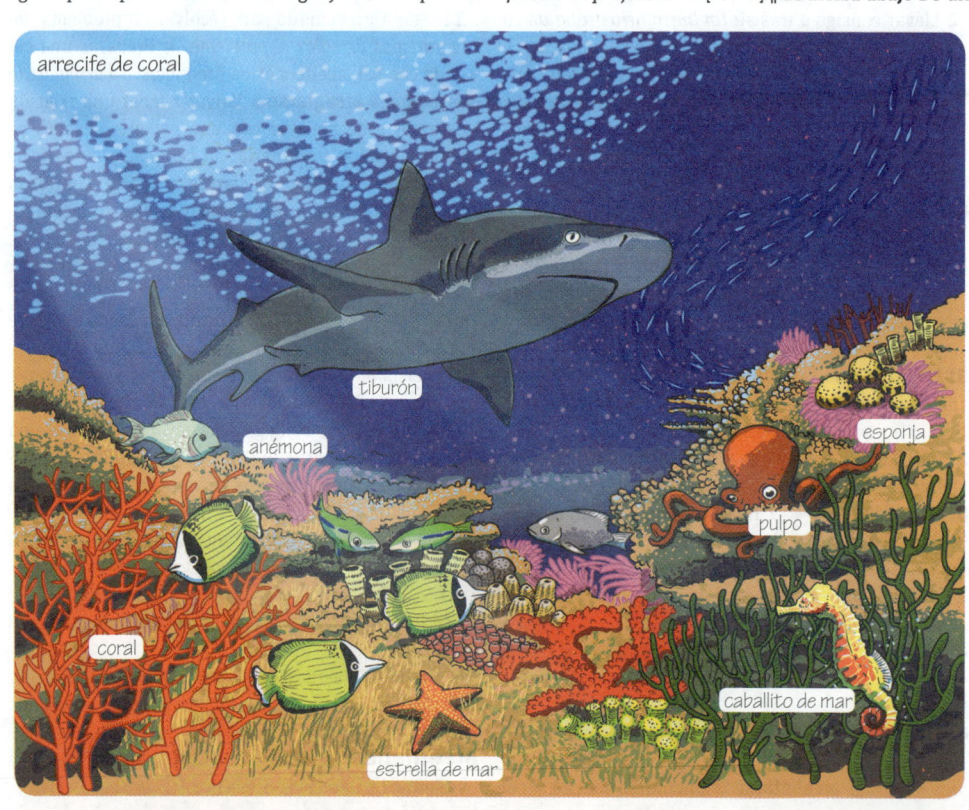

arrecife de coral

tiburón

anémona

esponja

pulpo

coral

caballito de mar

estrella de mar

extremo a otro: *Me sé la lección de arriba abajo.* ☐ [No debe decirse «Voy a arriba», sino «Voy arriba»]. ☐ Sinónimos: **1** encima. ☐ Antónimos: **1** debajo. **2** abajo. ☐ Familia: bocarriba.

arribar (a·rri·bar) [verbo] Llegar a un lugar, especialmente un barco al puerto. ☐ Sinónimos: atracar. ☐ Antónimos: zarpar.

arriero, ra (a·rrie·ro, ra) [sustantivo] Persona que lleva mercancías en animales de carga. ☐ Familia: →arre.

arriesgado, da (a·rries·ga·do, da) [adjetivo] **1** Peligroso o que puede producir un daño. **2** Que se pone en peligro o se expone a un riesgo sin que le importe: *Los toreros son muy arriesgados.* ☐ Familia: →riesgo.

arriesgar (a·rries·gar) [verbo] Poner en peligro o ante un riesgo. ☐ [La «g» se cambia en «gu» delante de «e» («arriesgue»)]. ☐ Familia: →riesgo.

arrimar (a·rri·mar) [verbo] Poner más cerca: *Arrimemos la mesa a la pared. Arrímate a mí.* ☐ Sinónimos: juntar, acercar, aproximar, pegar. ☐ Antónimos: alejar, apartar, separar.

arrinconado, da (a·rrin·co·na·do, da) [adjetivo] Separado del resto y olvidado. ☐ Familia: →rincón.

arrinconar (a·rrin·co·nar) [verbo] **1** Poner en una esquina o en un lugar apartado. **2** Abandonar o dejar de lado: *He arrinconado el proyecto.* **3** Perseguir a una persona hasta que ya no pueda escapar: *Me arrinconaron en un callejón y me atracaron.* ☐ Sinónimos: **1, 2** arrumbar. ☐ Familia: →rincón.

arritmia (a·rrit·mia) [sustantivo femenino] Falta de ritmo o de regularidad en las contracciones del corazón. ☐ Familia: →ritmo.

arroba (a·rro·ba) [sustantivo femenino] **1** Medida que se usa para pesar: *Una arroba equivale a once kilos y medio.* **2** Medida de capacidad para líquidos. **3** En internet, símbolo que forma parte de la dirección del correo electrónico: *El signo @ es una arroba.*

arrocero, ra (a·rro·ce·ro, ra) ▮ [adjetivo] **1** Del arroz o relacionado con este cereal. ▮ [sustantivo] **2** Persona que cultiva arroz. ☐ Familia: →arroz.

arrodillarse (a·rro·di·llar·se) [verbo] Ponerse de rodillas. ☐ Familia: →rodilla.

arrogancia (a·rro·gan·cia) [sustantivo femenino] Orgullo que muestra alguien que se cree superior a los demás: *No me trates con arrogancia, que no eres mejor que yo.* ☐ Sinónimos: altivez, jactancia. ☐ Familia: →arrogante.

arrogante (a·rro·gan·te) [adjetivo] Que se cree superior a los demás y lo demuestra. ☐ [No varía en masculino y femenino]. ☐ Sinónimos: altivo, envarado. ☐ Familia: →arrogancia.

arrojadizo, za (a·rro·ja·di·zo, za) [adjetivo] Que está hecho para ser lanzado. ☐ Familia: →arrojar.

arrojado, da (a·rro·ja·do, da) [adjetivo] Que es valiente y atrevido. ☐ Sinónimos: intrépido. ☐ Familia: →arrojar.

arrojar (a·rro·jar) [verbo] **1** Soltar un objeto con fuerza para que salga en una dirección. **2** Despedir o hacer salir de un lugar: *El volcán arroja lava.* **3** Dejar caer en un lugar: *Arrojé el papel en la papelera.* **4** Expulsar por la boca lo que estaba en el estómago: *Me mareé en el coche y arrojé lo que había comido.* **5** Tener como resultado: *La investigación arrojó unos datos muy interesantes.* ▮ **arrojarse 6** Tirarse sobre algo: *Cuando se oyó la explosión me arrojé al suelo.* ☐ [Siempre se escribe con «j»]. ☐ Sinónimos: **1** lanzar. **1, 3** tirar. **2** emitir. **2, 3** echar. **4** devolver, vomitar. **6** lanzarse, precipitarse, abalanzarse, echarse. ☐ Familia: arrojadizo, arrojado, arrojo.

arrojo (a·rro·jo) [sustantivo masculino] Valor y decisión para hacer algo. ☐ Familia: →arrojar.

arrollador, ra (a·rro·lla·dor, do·ra) [adjetivo] **1** Que pasa por encima de algo produciendo daño: *Una riada arrolladora arrasó los campos.* **2** Que vence totalmente o que tiene un gran éxito: *Has tenido un éxito arrollador.* ☐ Sinónimos: **2** arrasador. ☐ Familia: →arrollar.

arrollar (a·rro·llar) [verbo] **1** Pasar por encima de algo produciendo un daño: *Un coche arrolló a un peatón.* **2** Vencer totalmente o tener un gran éxito: *El cantante arrolló con su nuevo disco.* ☐ Sinónimos: **1** atropellar, pillar. **2** barrer, aplastar. ☐ Familia: arrollador.

arropar (a·rro·par) [verbo] Cubrir con ropa para proteger del frío: *Mi padre me arropa cada noche en la cama.* ☐ Antónimos: desarropar. ☐ Familia: →ropa.

arrostrar (a·rros·trar) [verbo] Hacer frente a una situación difícil: *Tenemos que arrostrar esta mala racha económica ayudándonos mutuamente.* ☐ Sinónimos: afrontar.

arroyo (a·rro·yo) [sustantivo masculino] Río que lleva poca agua. ☐ [No confundir con «arrollo», del verbo «arrollar»]. ☐ Sinónimos: riachuelo.

arroz (a·rroz) [sustantivo masculino] Planta que crece en lugares llenos de agua y cuyo grano es alargado y de color blanco. ☐ [Su plural es «arroces»]. ☐ Familia: arrocero, arrozal.

arrozal (a·rro·zal) [sustantivo masculino] Terreno donde se siembra arroz. ☐ Familia: →arroz.

arruga (a·rru·ga) [sustantivo femenino] **1** Señal alargada que se forma en algunas cosas cuando se doblan. **2** Señal que se forma en la piel con el paso de los años. ☐ Familia: →arrugar.

arrugar (a·rru·gar) [verbo] Hacer arrugas. ☐ [La «g» se cambia en «gu» delante de «e» («arrugue»)]. ☐ Familia: arruga.

arruinar (a·rrui·nar) [verbo] **1** Hacer que alguien pierda todo su dinero: *El estafador arruinó a la familia.* **2** Destruir o hacer mucho daño: *El granizo ha arruinado la cosecha.* ☐ Familia: →ruina.

arrullar (a·rru·llar) [verbo] **1** Hacer dormir a un niño con sonidos suaves. **2** Atraer el macho de algunas aves a las hembras con determinados sonidos. **3** Producir un ligero sueño: *El canto de los pájaros me arrullaba.* ☐ Familia: arrullo.

arrullo (a·rru·llo) [sustantivo masculino] Sonido continuo y suave: *El arrullo de las olas me adormeció.* ☐ Familia: →arrullar.

arrumaco (a·rru·ma·co) [sustantivo masculino] Demostración de cariño que se hace con palabras o con caricias. ☐ [Se usa más en plural. Es coloquial]. ☐ Sinónimos: carantoña.

arrumbar (a·rrum·bar) [verbo] Poner en un lugar apartado algo viejo o inútil: *Hemos arrumbado en el trastero todo lo que no servía.* ☐ Sinónimos: arrinconar. ☐ Familia: →rumbo.

arsenal (ar·se·nal) [sustantivo masculino] Lugar en el que se guardan armas y otros materiales de guerra.

arsénico (ar·sé·ni·co) [sustantivo masculino] Sustancia de color grisáceo que tiene componentes muy venenosos.

arte (ar·te) [sustantivo] **1** Capacidad para hacer algo bien: *Me gustaría tener tu arte para dibujar.* **2** Conjunto de conocimientos o de reglas para hacer algo bien: *Estudiaré arte.* **3** Actividad humana en la que se crea cualquier cosa como expresión personal de una visión del mundo real o imaginario: *Al cine se le llama el séptimo arte.* **4** Habilidad para conseguir lo que se quiere: *Utilizó todas sus artes para obtener el poder.* ◆ [expresión] ‖ **arte marcial** Técnicas de lucha oriental que se practica como deporte. ☐ [Aunque se puede usar en masculino y femenino, cuando es singular se usa más en masculino («el arte moderno») y cuando es plural se usa más en femenino («las artes clásicas»)]. ☐ Sinónimos: **1** habilidad, facilidad, destreza, maestría, mano. **1**, **4** maña. **4** astucia, picardía. ☐ Antónimos: **1** torpeza. ☐ Familia: artesano, artesanía, artesanal, artista, artístico, artífice.

artefacto (ar·te·fac·to) [sustantivo masculino] Objeto o máquina grandes o raros. ☐ [Es despectivo]. ☐ Sinónimos: artilugio.

arteria (ar·te·ria) [sustantivo femenino] Especie de tubo por el que la sangre sale del corazón y llega a todo el cuerpo: *La aorta es una arteria.* ☐ [No confundir con «vena» (especie de tubo que lleva la sangre que vuelve al corazón)]. ☐ Familia: arterial.

arterial (ar·te·rial) [adjetivo] De las arterias o relacionado con ellas: *presión arterial.* ☐ [No varía en masculino y femenino]. ☐ Familia: →arteria.

artero, ra (ar·te·ro, ra) [adjetivo] Dicho de una persona, que es hábil para engañar a los demás. ☐ [Es despectivo]. ☐ Sinónimos: taimado, traidor.

artesa (ar·te·sa) [sustantivo femenino] Cajón de madera más estrecho en la base que en la parte de arriba, que se usa sobre todo para amasar el pan.

artesanal (ar·te·sa·nal) [adjetivo] De la artesanía o relacionado con ella. ☐ [No varía en masculino y femenino]. ☐ Sinónimos: artesano. ☐ Familia: →arte.

artesanía (ar·te·sa·ní·a) [sustantivo femenino] **1** Técnica y arte de hacer objetos a mano. **2** Objeto que se fabrica a mano. ☐ Familia: →arte.

artesano, na (ar·te·sa·no, na) ▪ [adjetivo] **1** De la artesanía o relacionado con ella. ▪ [sustantivo] **2** Persona que fabrica objetos a mano. ☐ Sinónimos: **1** artesanal. ☐ Familia: →arte.

artesiano (ar·te·sia·no) [adjetivo] Dicho de un pozo, que está a tanta profundidad que el agua sube a la superficie por sí sola.

artesonado, da (ar·te·so·na·do, da) ▪ [adjetivo] **1** Dividido en cuadrados y adornado con figuras: *un techo artesonado.* ▪ **artesonado** [sustantivo masculino] **2** Adorno con forma de cuadrado con alguna figura dentro: *El artesonado del techo nos encantó.*

ártico, ca (ár·ti·co, ca) [adjetivo] Del lugar situado en el extremo norte de la Tierra o relacionado con él. ☐ Sinónimos: boreal. ☐ Antónimos: antártico, austral.

articulación (ar·ti·cu·la·ción) [sustantivo femenino] Unión de dos cosas de forma que puedan moverse. ☐ Familia: →articular.

articulado, da (ar·ti·cu·la·do, da) [adjetivo] Que está formado por piezas que se mueven. ☐ Familia: →articular.

articular (ar·ti·cu·lar) [verbo] **1** Pronunciar un sonido: *No articula bien la «rr» porque es extranjero.* **2** Unir dos cosas de forma que puedan moverse: *El pie se articula con la pierna por el tobillo.* ☐ Sinónimos: **1** vocalizar. ☐ Familia: articulación, articulado, desarticular.

articulista (ar·ti·cu·lis·ta) [sustantivo] Persona que escribe artículos en periódicos y revistas. ☐ [No varía en masculino y femenino]. ☐ Familia: →artículo.

artículo (ar·tí·cu·lo) [sustantivo masculino] **1** Producto que se compra o se vende. **2** Texto que tiene un tema determinado y que aparece en un periódico. **3** Cada uno de los textos numerados que aparecen en una ley o en otro documento: *Hemos leído en clase varios artículos de la Constitución.* **4** Clase de palabra que acompaña al nombre indicando si es conocido o no y que sirve para saber su género y su número: *«El», «la», «los», «las» son artículos.* ☐ Sinónimos: **1** género, mercancía. ☐ Familia: articulista.

artífice (ar·tí·fi·ce) [sustantivo] Persona que hace algo: *La artífice del éxito has sido tú.* ☐ [No varía en masculino y femenino]. ☐ Sinónimos: autor, creador. ☐ Familia: →arte.

artificial (ar·ti·fi·cial) [adjetivo] **1** Que está hecho por las personas y no existe de forma natural: *luz artificial.* **2** Falso o no natural: *Se comportó de manera artificial.* ☐ [No varía en masculino y femenino]. ☐ Antónimos: natural. ☐ Familia: →artificio.

artificiero, ra (ar·ti·fi·cie·ro, ra) [sustantivo] Persona especialista en explosivos. ☐ Familia: →artificio.

artificio (ar·ti·fi·cio) [sustantivo masculino] **1** Máquina o aparato mecánico. **2** Falta de naturalidad y de sencillez. ☐ Familia: artificioso, artificiosidad, artificial, artificiero.

artificiosidad (ar·ti·fi·cio·si·dad) [sustantivo femenino] Falta de naturalidad y de sencillez. ☐ Antónimos: naturalidad. ☐ Familia: →artificio.

artificioso, sa (ar·ti·fi·cio·so, sa) [adjetivo] Que no tiene sencillez ni naturalidad: *un estilo artificioso.* ☐ Sinónimos: afectado, estudiado, forzado. ☐ Antónimos: natural. ☐ Familia: →artificio.

artillería (ar·ti·lle·rí·a) [sustantivo femenino] **1** Conjunto de conocimientos necesarios para construir y usar armas y máquinas de guerra. **2** Conjunto de armas y máquinas de guerra. **3** Grupo del Ejército preparado para usar estas máquinas: *Mi padre hizo la mili en artillería.* ☐ FAMILIA: →artillero.

artillero, ra (ar·ti·lle·ro, ra) [sustantivo] Persona que pertenece a la parte del ejército que usa armas y máquinas de guerra. ☐ FAMILIA: artillería.

artilugio (ar·ti·lu·gio) [sustantivo masculino] Aparato grande y raro que resulta complicado de usar.

artimaña (ar·ti·ma·ña) [sustantivo femenino] Medio para conseguir lo que se quiere con astucia. ☐ SINÓNIMOS: ardid, treta, martingala, argucia.

artiodáctilo, la (ar·tio·dác·ti·lo, la) [adjetivo o sustantivo masculino] Dicho de un animal, que tiene un número par de dedos: *La vaca y el elefante son artiodáctilos.* ☐ FAMILIA: →dedo.

artista (ar·tis·ta) [sustantivo] **1** Persona que realiza obras de arte: *Esta exposición de pintura es de diferentes artistas.* **2** Persona que actúa ante o para el público: *Han entrevistado en la tele a varios artistas de cine.* **3** Persona que hace algo muy bien: *Eres un artista guisando.* ☐ [No varía en masculino y femenino]. ☐ FAMILIA: →arte.

artístico, ca (ar·tís·ti·co, ca) [adjetivo] **1** Del arte o relacionado con él. **2** Que está muy bien hecho o resulta muy bonito: *La decoración de la tarta te ha quedado muy artística.* ☐ FAMILIA: →arte.

artritis (ar·tri·tis) [sustantivo] Molestia o dolor que se produce cuando se inflama la unión de los huesos: *La artritis le impide moverse con agilidad.* ☐ [No varía en singular y plural. No confundir con «artrosis» (enfermedad de las articulaciones de los huesos)].

artrópodo (ar·tró·po·do) [sustantivo masculino] Animal que no tiene esqueleto y que tiene el cuerpo dividido en segmentos: *Las moscas son artrópodos.*

artrosis (ar·tro·sis) [sustantivo femenino] Enfermedad de las articulaciones de los huesos que puede llegar a deformarlos: *Mi abuelo tiene deformadas las manos por la artrosis.* ☐ [No varía en singular y plural. No confundir con «artritis» (dolor que se produce cuando se inflama la unión de los huesos)].

arzobispado (ar·zo·bis·pa·do) [sustantivo masculino] **1** Territorio que dirige un arzobispo. **2** Edificio o palacio del arzobispo. ☐ FAMILIA: →obispo.

arzobispal (ar·zo·bis·pal) [adjetivo] Del arzobispo o relacionado con él. ☐ [No varía en masculino y femenino]. ☐ FAMILIA: →obispo.

arzobispo (ar·zo·bis·po) [sustantivo masculino] Obispo encargado de una zona geográfica muy grande. ☐ FAMILIA: →obispo.

as [sustantivo masculino] **1** Carta de la baraja que lleva el número uno. **2** Persona que destaca mucho en una actividad: *Quiero ser un as de la natación.* ☐ SINÓNIMOS: **2** estrella, astro.

asa (a·sa) [sustantivo femenino] Parte de algunos objetos que sirve para cogerlos. ☐ [Aunque es femenino, como empieza por «a» tónica o acentuada, se usa con «el», «un», «ningún» y «algún»: «el asa», «las asas»]. ☐ SINÓNIMOS: agarradero. ☐ FAMILIA: asir, asidero.

asadero (a·sa·de·ro) [sustantivo masculino] Lugar en el que hace mucho calor. ☐ FAMILIA: →asar.

asado, da (a·sa·do, da) [adjetivo o sustantivo masculino] Que ha sido cocinado directamente en el fuego o en el horno. ☐ FAMILIA: →asar.

asador (a·sa·dor) [sustantivo masculino] **1** Restaurante donde sirven principalmente carne asada. **2** Palo en el que se clava lo que se va a asar. **3** Aparato que sirve para asar: *Pon la carne en el asador.* ☐ FAMILIA: →asar.

asadura (a·sa·du·ra) [sustantivo femenino] Cualquier órgano de un animal, que se puede comer: *El hígado y el corazón son asaduras.* ☐ FAMILIA: →asar.

asalariado, da (a·sa·la·ria·do, da) [adjetivo o sustantivo] Persona que recibe un salario por su trabajo: *Mi hermana es una asalariada de esa empresa.* ☐ FAMILIA: →salario.

asaltante (a·sal·tan·te) [adjetivo o sustantivo] Que participa en un asalto a un lugar o a una persona: *Los asaltantes huyeron en un coche blanco.* ☐ [No varía en masculino y femenino]. ☐ FAMILIA: →saltar.

asaltar (a·sal·tar) [verbo] **1** Atacar por sorpresa y de forma violenta: *Unos ladrones han asaltado un banco.* **2** Dirigirse a una persona por sorpresa: *Iba paseando y unos chicos me asaltaron para hacerme una encuesta.* **3** Venir una idea a la mente de forma repentina: *Cuando te asalte una duda, pregúntame.* ☐ SINÓNIMOS: **1** atracar. **3** venir. ☐ FAMILIA: →saltar.

asalto (a·sal·to) [sustantivo masculino] **1** Ataque que se hace por sorpresa o de forma violenta. **2** Cada uno de los períodos de tiempo en que se divide una pelea deportiva. ☐ FAMILIA: →saltar.

asamblea (a·sam·ble·a) [sustantivo femenino] Unión de muchas personas en un lugar para un fin determinado. ☐ SINÓNIMOS: convención.

asar (a·sar) [verbo] **1** Cocinar un alimento directamente en el fuego o en el horno. ∎ **asarse 2** Sentir mucho calor: *Necesito un abanico, porque me estoy asando.* ☐ FAMILIA: asado, asador, asadero, asadura.

ascendencia (as·cen·den·cia) [sustantivo femenino] **1** Conjunto de antepasados de una persona: *Los abuelos son parte de la ascendencia de una persona.* **2** Origen o procedencia de una persona: *Soy de ascendencia judía.* ☐ SINÓNIMOS: **1** progenie. ☐ FAMILIA: →ascender.

ascendente (as·cen·den·te) [adjetivo] Que sube: *escalera ascendente.* ☐ [No varía en masculino y femenino. No confundir con «ascendiente» (persona de la que se desciende)]. ☐ ANTÓNIMOS: descendente. ☐ FAMILIA: →ascender.

ascender (as·cen·der) [verbo] **1** Ir a un lugar más alto: *Mañana ascenderemos a la cumbre.* **2** Poner en una categoría superior: *Han ascendido a mi madre.* **3** Llegar a una cantidad determinada: *¿A cuánto asciende el total de las compras?* ☐ [Es irregular y se conjuga como

ascendiente

ENTENDER]. ☐ SINÓNIMOS: **1** subir. **2** promocionar. ☐ ANTÓNIMOS: **1, 2** descender. **1** bajar. **2** degradar. ☐ FAMILIA: ascendente, ascendiente, ascendencia, ascenso, ascensión, ascensor, ascensorista.

ascendiente (as·cen·dien·te) [sustantivo] Persona de la que se desciende: *El padre y la madre son los ascendientes más cercanos de una persona.* ☐ [No varía en masculino y femenino. No confundir con «ascendente» (que sube)]. ☐ SINÓNIMOS: antepasado, antecesor, progenitor, abuelos. ☐ ANTÓNIMOS: descendiente. ☐ FAMILIA: →ascender.

ascensión (as·cen·sión) [sustantivo/femenino] Paso a un lugar más alto. ☐ SINÓNIMOS: ascenso, subida. ☐ FAMILIA: →ascender.

ascenso (as·cen·so) [sustantivo/masculino] **1** Paso a un lugar más alto. **2** Paso a un grado o a un punto superiores: *Para mañana anuncian un ascenso en las temperaturas.* ☐ SINÓNIMOS: subida. **1** ascensión. **2** promoción. ☐ ANTÓNIMOS: descenso, bajada. ☐ FAMILIA: →ascender.

ascensor (as·cen·sor) [sustantivo/masculino] Aparato que sirve a las personas para subir o bajar de un piso a otro. ☐ FAMILIA: →ascender.

ascensorista (as·cen·so·ris·ta) [sustantivo] Persona que se encarga del manejo del ascensor. ☐ [No varía en masculino y femenino]. ☐ FAMILIA: →ascender.

asceta (as·ce·ta) [sustantivo] Persona que lleva una vida dedicada al sacrificio y a la oración. ☐ [No varía en masculino y femenino]. ☐ FAMILIA: ascético.

ascético, ca (as·cé·ti·co, ca) [adjetivo] De los ascetas o relacionado con el tipo de vida que practican. ☐ FAMILIA: →asceta.

asco (as·co) [sustantivo/masculino] **1** Sensación desagradable producida por algo que no gusta. **2** Persona o cosa que molesta o no gusta nada: *Este pantalón es un asco.* ☐ SINÓNIMOS: **1** repugnancia. ☐ ANTÓNIMOS: **1** agrado. ☐ FAMILIA: asqueroso, asquerosidad, asquear.

ascua (as·cua) [sustantivo/femenino] Trozo de una materia cuando arde ya sin llama. ◆ [expresión] ‖ **arrimar alguien el ascua a su sardina** Aprovechar una ocasión para su propio beneficio. ‖ **en ascuas** Que está inquieto o que tiene mucha curiosidad: *Cuéntame qué pasó porque me tienes en ascuas.* ☐ [Aunque es femenino, como empieza por «a» tónica o acentuada, se usa con «el», «un», «ningún» y «algún»: «el ascua», «las ascuas»]. ☐ SINÓNIMOS: brasa.

aseado, da (a·se·a·do, da) [adjetivo] Limpio, arreglado y ordenado. ☐ SINÓNIMOS: curioso. ☐ FAMILIA: →asear.

asear (a·se·ar) [verbo] Arreglar con cuidado y limpiando lo sucio. ☐ SINÓNIMOS: adecentar. ☐ FAMILIA: aseo, aseado, desaseado.

asechanza (a·se·chan·za) [sustantivo/femenino] Engaño para causar algún daño a alguien. ☐ SINÓNIMOS: trampa.

asediar (a·se·diar) [verbo] **1** Rodear un lugar para impedir la salida o la entrada de alguien: *Las tropas enemigas asediaron la ciudad.* **2** Presionar a alguien de manera continua. ☐ [Es irregular y se conjuga como ANUNCIAR]. ☐ SINÓNIMOS: **1** cercar, sitiar. ☐ FAMILIA: asedio.

asedio (a·se·dio) [sustantivo/masculino] **1** Acción que realiza un ejército al rodear un lugar para impedir la salida o la entrada de alguien: *el asedio de una ciudad.* **2** Hecho de presionar a alguien de manera continua. ☐ SINÓNIMOS: **1** cerco, sitio. ☐ FAMILIA: →asediar.

asegurado, da (a·se·gu·ra·do, da) [adjetivo o sustantivo] Persona que ha firmado un seguro. ☐ FAMILIA: →seguro.

asegurador, ra (a·se·gu·ra·dor, do·ra) [adjetivo o sustantivo] Persona o empresa que hacen seguros. ☐ FAMILIA: →seguro.

asegurar (a·se·gu·rar) [verbo] **1** Poner algo firme y seguro: *Aseguré las patas de la mesa con clavos.* **2** Hacer que algo se cumpla con seguridad: *Los atracadores aseguraron su huida del banco con varios rehenes.* **3** Afirmar que algo que se dice es cierto: *Me aseguró que llamaría por teléfono.* **4** Hacer un contrato de forma que si algo sufre un daño, se reciba una ayuda en dinero: *Mis padres han asegurado el coche.* ■ **asegurarse 5** Comprobar que se ha hecho una cosa: *Antes de salir, me aseguré de que todos los grifos estaban cerrados.* ☐ SINÓNIMOS: **1** afirmar, afianzar. ☐ FAMILIA: →seguro.

asemejarse (a·se·me·jar·se) [verbo] Parecerse o ser semejante a algo o a alguien. ☐ [Siempre se escribe con «j»]. ☐ FAMILIA: →semejar.

asentamiento (a·sen·ta·mien·to) [sustantivo/masculino] **1** Colocación de algo de manera que permanezca seguro y firme: *El buen asentamiento de los cimientos de un edificio es fundamental.* **2** Establecimiento de un pueblo en un lugar determinado: *El asentamiento de los romanos supuso un gran cambio.* **3** Lugar donde se establece un pueblo: *Al excavar hemos encontrado un asentamiento romano.* ☐ FAMILIA: →sentar.

asentar (a·sen·tar) [verbo] **1** Colocar de modo firme y seguro: *Pon algo debajo de la pata para asentar la mesa.* **2** Basar algo en datos: *Mi teoría se asienta en experimentos recientes.* **3** Calmar algo o hacer que vuelva a su estado normal: *Necesito algo que me asiente el estómago.* ■ **asentarse 4** Establecerse un pueblo en un lugar determinado: *Los indios se asentaron al lado del río.* ☐ [Es irregular y se conjuga como ACERTAR]. ☐ SINÓNIMOS: **1** afirmar. **2** basar, apoyar, fundamentar. ☐ FAMILIA: →sentar.

asentimiento (a·sen·ti·mien·to) [sustantivo/masculino] Hecho de decir que sí. ☐ SINÓNIMOS: afirmación. ☐ ANTÓNIMOS: negación. ☐ FAMILIA: →sentir.

asentir (a·sen·tir) [verbo] Decir que sí: *Cuando le pregunté si tenía tiempo para ayudarme, asintió con la cabeza.* ☐ [Es irregular y se conjuga como SENTIR]. ☐ SINÓNIMOS: afirmar. ☐ ANTÓNIMOS: negar. ☐ FAMILIA: →sentir.

aseo (a·se·o) [sustantivo/masculino] **1** Cuidado y arreglo de algo quitándole la suciedad. **2** Habitación en la que nos aseamos y que tiene lavabo e inodoro. ☐ SINÓNIMOS: **2** servicio, baño. ☐ FAMILIA: →asear.

asépalo, la (a·sé·pa·lo, la) [adjetivo] Dicho de una flor, que no tiene sépalos, que son las hojas verdes que forman el cáliz y que la unen al tallo. ☐ Familia: →sépalo.

asepsia (a·sep·sia) [sustantivo femenino] Ausencia de gérmenes que puedan producir infecciones o enfermedades: *En los quirófanos debe existir una total asepsia*. ☐ Familia: aséptico.

aséptico, ca (a·sép·ti·co, ca) [adjetivo] Que no tiene gérmenes que puedan causar una infección o una enfermedad. ☐ Familia: →asepsia.

asequible (a·se·qui·ble) [adjetivo] Que se puede conseguir, comprender o entender de forma fácil. ☐ [No varía en masculino y femenino. No confundir con «accesible» (fácil del alcanzar; fácil de tratar; que se entiende bien)]. ☐ Antónimos: prohibitivo.

aserradero (a·se·rra·de·ro) [sustantivo masculino] Lugar donde se corta la madera. ☐ Sinónimos: serrería. ☐ Familia: →sierra.

aserrar (a·se·rrar) [verbo] Cortar algo con una sierra: *aserrar madera*. ☐ [Es irregular y se conjuga como ACERTAR]. ☐ Sinónimos: serrar. ☐ Familia: →sierra.

asesinar (a·se·si·nar) [verbo] Matar a una persona porque se desea que muera. ☐ Familia: →asesino.

asesinato (a·se·si·na·to) [sustantivo masculino] Muerte que una persona produce a otra con intención. ☐ Sinónimos: crimen. ☐ Familia: →asesino.

asesino, na (a·se·si·no, na) [sustantivo] Persona que mata a otra porque quiere que muera. ☐ Sinónimos: criminal. ☐ Familia: asesinar, asesinato.

asesor, ra (a·se·sor, so·ra) [adjetivo o sustantivo] Que informa o da consejos sobre un determinado asunto: *Mi madre es asesora fiscal*. ☐ Sinónimos: consejero. ☐ Familia: asesorar, asesoramiento, asesoría.

asesoramiento (a·se·so·ra·mien·to) [sustantivo masculino] Información o consejo. ☐ Familia: →asesor.

asesorar (a·se·so·rar) [verbo] Informar o dar consejos sobre un asunto: *Cuando quiero invertir dinero, me asesora un experto en negocios*. ☐ Sinónimos: aconsejar. ☐ Familia: →asesor.

asesoría (a·se·so·rí·a) [sustantivo femenino] 1 Hecho de informar o de dar consejos sobre un asunto. 2 Oficina donde informan o dan consejos sobre un asunto. ☐ Familia: →asesor.

asestar (a·ses·tar) [verbo] Dar un golpe a alguien o a algo: *El asesino le asestó un disparo en la cabeza*.

aseverar (a·se·ve·rar) [verbo] Afirmar o asegurar algo: *La arqueóloga aseveró que la jarra databa del siglo v*.

asexual (a·se·xual) [adjetivo] 1 Que no tiene sexo: *fase asexual*. 2 Dicho de un tipo de reproducción, que se lleva a cabo sin que intervengan los dos sexos. ☐ [No varía en masculino y femenino]. ☐ Antónimos: sexual. ☐ Familia: →sexo.

asfaltar (as·fal·tar) [verbo] Cubrir el suelo con asfalto: *Han asfaltado de nuevo esa carretera*. ☐ Familia: →asfalto.

asfalto (as·fal·to) [sustantivo masculino] Sustancia de color negro que se usa para cubrir las carreteras. ☐ Familia: asfaltar.

asfixia (as·fi·xia) [sustantivo femenino] Falta de aire para respirar: *Murió por asfixia*. ☐ Familia: →asfixiar.

asfixiante (as·fi·xian·te) [adjetivo] Que impide la respiración al faltar el aire. ☐ [No varía en masculino y femenino]. ☐ Familia: →asfixiar.

asfixiar (as·fi·xiar) [verbo] Impedir la respiración por falta de aire. ☐ [Es irregular y se conjuga como ANUNCIAR]. ☐ Sinónimos: ahogar. ☐ Familia: asfixia, asfixiante.

así (a·sí) [adverbio] 1 De esta manera: *Hazlo así*. 2 Se usa para expresar una consecuencia: *Tienes demasiados videojuegos y, así, no me extraña que luego suspendas*. ◆ [expresión] ‖ **así así** Ni bien ni mal: *No sacaré muy buena nota, porque he hecho el dibujo así así*. ‖ **así como así** De cualquier manera y sin pensar: *Las cosas no se consiguen así como así*. ‖ **así pues** Se usa para introducir una consecuencia: *No tiene móvil; así pues, no podemos localizarle*. ‖ **así que** Se usa para expresar una consecuencia: *Ha empezado a llover, así que no salgo*.

asiático, ca (a·siá·ti·co, ca) [adjetivo o sustantivo] De Asia, que es un continente.

asidero (a·si·de·ro) [sustantivo masculino] Elemento que sirve de ayuda o de apoyo. ☐ Familia: →asa.

asiduidad (a·si·dui·dad) [sustantivo femenino] Frecuencia o constancia con que alguien hace algo. ☐ Familia: →asiduo.

asiduo, dua (a·si·duo, dua) [adjetivo o sustantivo] Que hace algo con frecuencia. ☐ Familia: asiduidad.

asiento (a·sien·to) [sustantivo masculino] 1 Objeto o mueble que sirve para sentarse. 2 En uno de estos objetos, parte sobre la que nos sentamos: *Las sillas de mi casa tienen el asiento de tela roja*. ◆ [expresión] ‖ **tomar asiento** Sentarse: *Entró en la consulta y la doctora le dijo que tomara asiento*. ☐ Familia: →sentar.

asignación (a·sig·na·ción) [sustantivo femenino] 1 Hecho de señalar a una persona lo que le pertenece o lo que le corresponde hacer. 2 Cantidad de dinero que se destina a un fin determinado: *Ya me he gastado mi asignación semanal*. ☐ Familia: →asignar.

asignar (a·sig·nar) [verbo] Señalar a una persona lo que le pertenece o lo que le corresponde hacer: *Me asignaron la tarea de hacer las camas*. ☐ Familia: asignación.

asignatura (a·sig·na·tu·ra) [sustantivo femenino] Cada una de las materias que se enseñan en un colegio.

asilo (a·si·lo) [sustantivo masculino] 1 Lugar que sirve de casa a personas que no la tienen y donde se les cuida. 2 Ayuda o protección: *Aquí han dado asilo a los que han huido de la guerra*. ☐ Sinónimos: 2 refugio.

asimetría (a·si·me·trí·a) [sustantivo femenino] Falta de simetría. ☐ Antónimos: simetría. ☐ Familia: →simetría.

asimétrico, ca (a·si·mé·tri·co, ca) [adjetivo] Que no tiene simetría. ☐ Antónimos: simétrico. ☐ Familia: →simetría.

asimilación (a·si·mi·la·ción) [sustantivo/femenino] **1** Hecho de comprender bien lo que se nos explica: *Sin la asimilación de los conceptos no aprenderás nada.* **2** Hecho de aprovechar el cuerpo un alimento: *Tengo problemas de asimilación del calcio.* **3** Hecho de aceptar una situación y de adaptarse a ella: *Le está costando mucho la asimilación de su nueva situación.* ☐ Familia: →asimilar.

asimilar (a·si·mi·lar) [verbo] **1** Comprender bien lo que se nos explica: *Para asimilar las explicaciones tienes que estar atento.* **2** Aprovechar el cuerpo un alimento: *No puedo tomar leche porque no la asimilo bien.* **3** Aceptar una situación y adaptarse a ella: *Ha tardado mucho en asimilar el cambio de colegio.* ☐ Familia: asimilación.

asimismo (a·si·mis·mo) [adverbio] Se usa para añadir algo a lo dicho anteriormente: *Asimismo habló de la economía del país.* ☐ Sinónimos: también.

asir (a·sir) [verbo] **1** Coger o sujetar con la mano: *La niña asió a su madre de la falda.* ▪ **asirse** **2** Agarrarse con fuerza a algo: *asirse a un recuerdo.* ☐ [Es irregular]. ☐ Sinónimos: **1** agarrar. ☐ Familia: →asa.

asistencia (a·sis·ten·cia) [sustantivo/femenino] **1** Hecho de estar una persona en un lugar: *falta de asistencia.* **2** Ayuda o cuidado que se da a alguien: *Muchos protestan por la falta de asistencia médica.* **3** Conjunto de personas presentes en un acto: *El cantante agradeció los aplausos a toda la asistencia.* ☐ Familia: →asistir.

asistenta (a·sis·ten·ta) [sustantivo/femenino] Mujer que trabaja limpiando una casa. ☐ Familia: →asistir.

asistente (a·sis·ten·te) [sustantivo] Persona que se dedica a ayudar a otra o a cuidar de ella: *Los asistentes sociales ayudan a las personas que tienen problemas como el paro o la droga.* ☐ [No varía en masculino y femenino]. ☐ Familia: →asistir.

asistir (a·sis·tir) [verbo] **1** Estar una persona en un sitio: *Al concierto asistió mucha gente.* **2** Ayudar a alguien u ocuparse de él: *Algunas personas asisten a los ancianos.* **3** Estar un derecho de parte de una persona: *A todos nos asiste el derecho a la educación.* ☐ Sinónimos: **1** presentarse. ☐ Antónimos: **1** ausentarse. **2** desasistir. ☐ Familia: asistencia, asistente, asistenta, desasistir.

asma (as·ma) [sustantivo/femenino] Enfermedad del sistema respiratorio que hace que el que la sufre respire con dificultad y tenga sensación de ahogo. ☐ [Aunque es femenino, como empieza por «a» tónica o acentuada, se usa con «el», «un», «ningún» y «algún»: «el asma», «las asmas»]. ☐ Familia: asmático.

ASIR

INDICATIVO

Presente
yo asgo
tú ases / usted ase
él, ella ase
nosotros, tras asimos
vosotros, tras asís / ustedes asen
ellos, ellas asen

Pretérito imperfecto
yo asía
tú asías / usted asía
él, ella asía
nosotros, tras asíamos
vosotros, tras asíais / ustedes asían
ellos, ellas asían

Pretérito perfecto simple
yo así
tú asiste / usted asió
él, ella asió
nosotros, tras asimos
vosotros, tras asisteis / ustedes asieron
ellos, ellas asieron

Futuro simple
yo asiré
tú asirás / usted asirá
él, ella asirá
nosotros, tras asiremos
vosotros, tras asiréis / ustedes asirán
ellos, ellas asirán

Condicional simple
yo asiría
tú asirías / usted asiría
él, ella asiría
nosotros, tras asiríamos
vosotros, tras asiríais / ustedes asirían
ellos, ellas asirían

SUBJUNTIVO

Presente
yo asga
tú asgas / usted asga
él, ella asga
nosotros, tras asgamos
vosotros, tras asgáis / ustedes asgan
ellos, ellas asgan

Pretérito imperfecto
yo asiera o asiese
tú asieras o asieses / usted asiera o asiese
él, ella asiera o asiese
nosotros, tras asiéramos o asiésemos
vosotros, tras asierais o asieseis / ustedes asieran o asiesen
ellos, ellas asieran o asiesen

Futuro simple
yo asiere
tú asieres / usted asiere
él, ella asiere
nosotros, tras asiéremos
vosotros, tras asiereis / ustedes asieren
ellos, ellas asieren

IMPERATIVO

ase (tú) / asga (usted)
asgamos (nosotros, tras)
asid (vosotros, tras) / asgan (ustedes)

FORMAS NO PERSONALES

Infinitivo	Gerundio	Participio
asir	asiendo	asido

asmático, ca (as·má·ti·co, ca) ■ [adjetivo] **1** Del asma o relacionado con esta enfermedad. ■ [adjetivo o sustantivo] **2** Que está enfermo de asma. ☐ Familia: →asma.

asno, na (as·no, na) [sustantivo] Animal parecido al caballo, pero más pequeño. ☐ Sinónimos: burro, borrico, acémila, jumento. ☐ Familia: desasnar.

asociación (a·so·cia·ción) [sustantivo femenino] **1** Unión de varias cosas para un determinado fin: *la asociación de dos instituciones educativas*. **2** Conjunto de personas que se unen para un determinado fin: *asociación de vecinos*. **3** Relación que establecemos entre varias cosas: *Por una asociación de ideas, al decir que fuéramos de excursión me he acordado de una amiga*. ☐ Sinónimos: **2** sociedad. ☐ Familia: →socio.

asociado, da (a·so·cia·do, da) [adjetivo o sustantivo] Que pertenece a una asociación. ☐ Familia: →socio.

asociar (a·so·ciar) [verbo] **1** Unir una persona a otra para conseguir un fin: *Varias personas se han asociado para defender sus derechos*. **2** Relacionar una cosa con otra: *Asocio el olor de esta flor con el pueblo en el que veraneo*. ☐ [Es irregular y se conjuga como **ANUNCIAR**]. ☐ Sinónimos: **1** aliarse. ☐ Antónimos: disociar. ☐ Familia: →socio.

asociativo, va (a·so·cia·ti·vo, va) ■ [adjetivo] **1** Que asocia: *relaciones asociativas*. ■ [adjetivo o sustantivo femenino] **2** Dicho de una propiedad matemática, que permite agrupar los elementos de una operación de formas distintas sin que varíe el resultado: *La suma tiene la propiedad asociativa porque (2 + 3) + 1 = 2 + (3 + 1) = 6*. ☐ Familia: →socio.

asolar (a·so·lar) [verbo] Destruir por completo: *La erupción del volcán asoló varias poblaciones*. ☐ [Puede usarse como regular («asola») o como irregular siguiendo el modelo de **CONTAR** («asuela»)]. ☐ Sinónimos: devastar, arrasar.

asomar (a·so·mar) [verbo] **1** Mostrar algo por una abertura o por detrás de una cosa: *Nos asomamos por la ventana*. **2** Empezar a mostrarse: *A mi hermano mayor ya le asoma la barba*. ☐ Familia: asomo.

asombrado, da (a·som·bra·do, da) [adjetivo] Que está muy sorprendido: *Estoy asombrada de lo bien que cantas*. ☐ Familia: →asombrar.

asombrar (a·som·brar) [verbo] Producir mucha sorpresa o admiración. ☐ Sinónimos: sorprender, maravillar, admirar, pasmar. ☐ Familia: asombrado, asombro, asombroso.

asombro (a·som·bro) [sustantivo masculino] Impresión fuerte que nos produce algo que no se espera. ☐ Sinónimos: admiración, sorpresa, perplejidad, estupefacción, estupor. ☐ Familia: →asombrar.

asombroso, sa (a·som·bro·so, sa) [adjetivo] Que produce mucha sorpresa. ☐ Sinónimos: sorprendente. ☐ Familia: →asombrar.

asomo (a·so·mo) [sustantivo masculino] Señal de algo: *No mostró ni el más mínimo asomo de enfado*. ◆ [expresión] ‖ **ni por asomo** De ningún modo. ☐ Sinónimos: indicio. ☐ Familia: →asomar.

asonante (a·so·nan·te) [adjetivo] Dicho de una rima, que solo tiene iguales las vocales a partir de la última sílaba acentuada. ☐ [No varía en masculino y femenino]. ☐ Familia: →son.

aspa (as·pa) [sustantivo femenino] **1** Objeto en forma de cruz o de «x» que gira cuando hay viento: *Los molinos de viento tienen aspas*. **2** Cualquier cosa que tiene forma de «x». ☐ [Aunque es femenino, como empieza por «a» tónica o acentuada, se usa con «el», «un», «ningún» y «algún»: «el aspa», «las aspas»].

aspa

aspaviento (as·pa·vien·to) [sustantivo masculino] Gesto exagerado con el que se muestra algo. ☐ [Se usa más en plural]. ☐ Sinónimos: alharaca.

aspecto (as·pec·to) [sustantivo masculino] **1** Conjunto de características exteriores de algo: *Tienes un aspecto muy raro*. **2** Cada una de las formas desde las que se puede ver o estudiar algo: *De ese tema, me interesa el aspecto social*. ☐ Sinónimos: **1** apariencia, porte, viso. **2** faceta.

aspereza (as·pe·re·za) [sustantivo femenino] **1** Característica de lo que no tiene la superficie lisa y no es suave al tocarlo. **2** Característica de lo que no es agradable: *No tiene amigos por la aspereza de su carácter*. ☐ Sinónimos: **2** dureza. ☐ Antónimos: suavidad. **2** dulzura, cordialidad. ☐ Familia: →áspero.

áspero, ra (ás·pe·ro, ra) [adjetivo] **1** Que no tiene la superficie lisa y no resulta suave cuando se toca. **2** Que resulta poco agradable o poco amable: *carácter áspero*. ☐ Sinónimos: **1** rasposo. **2** duro, arisco. ☐ Antónimos: suave. **1** sedoso. **2** blando, cordial, afable. ☐ Familia: aspereza.

aspersión (as·per·sión) [sustantivo femenino] Forma de regar que consiste en lanzar un líquido a presión.

áspid (ás·pid) [sustantivo masculino] Serpiente muy venenosa, de color verde amarillento y con manchas marrones.

aspillera (as·pi·lle·ra) [sustantivo femenino] Abertura larga y estrecha que se hace en un muro para disparar a través de ella: *Los arqueros disparaban flechas a través de las aspilleras del castillo*. ⦿ **páginas 194-195**.

aspiración (as·pi·ra·ción) [sustantivo femenino] **1** Introducción de aire en los pulmones. **2** Deseo de conseguir algo: *Ser novelista es la máxima aspiración de mi amiga*. ☐ Sinónimos: **1** inspiración. ☐ Familia: →aspirar.

aspirador (as·pi·ra·dor) [sustantivo masculino] Aparato que sirve para limpiar el polvo por medio de un sistema que aspira la suciedad. ☐ [Se usa también el femenino «aspiradora»]. ☐ Familia: →aspirar.

aspiradora (as·pi·ra·do·ra) [sustantivo femenino] → **aspirador**.

aspirante (as·pi·ran·te) [adjetivo o sustantivo] Persona que intenta conseguir un puesto o un título. ☐ [No varía en masculino y femenino]. ☐ Familia: →aspirar.

aspirar (as·pi·rar) [verbo] **1** Introducir aire en los pulmones: *Aspiré el aire puro del campo*. **2** Absorber una sustancia sólida o un gas: *Este aparato aspira los humos de la cocina*. **3** Intentar conseguir algo: *Aspiro a ser profesora*. ☐ Sinónimos: **1** inspirar. **2** succionar. **3** pretender, procurar, tratar. ☐ Antónimos: **1** espirar. **3** renunciar. ☐ Familia: aspiración, aspirante, aspirador.

aspirina (as·pi·ri·na) [sustantivo femenino] Medicina que se toma para bajar la fiebre y quitar algunos dolores. ☐ [Procede de la marca comercial «Aspirina®»].

asquear (as·que·ar) [verbo] Dar asco: *Me asquea la mentira*. ☐ Sinónimos: repugnar. ☐ Familia: →asco.

asquerosidad (as·que·ro·si·dad) [sustantivo femenino] Persona o cosa que da asco. ☐ Familia: →asco.

asqueroso, sa (as·que·ro·so, sa) [adjetivo o sustantivo] **1** Que da asco. **2** Dicho de una persona, que siente asco por cualquier cosa: *No seas tan asqueroso y cómete lo que te he puesto*. ☐ [En el significado **1** se usa a veces como insulto]. ☐ Sinónimos: **1** repugnante, nauseabundo, vomitivo. **2** melindroso. ☐ Familia: →asco.

asta (as·ta) [sustantivo femenino] **1** Cada una de las dos partes duras que salen a cada lado de la cabeza de algunos animales. **2** Palo en el que se coloca una bandera: *Colocó la bandera en el asta y luego la izó*. **3** Palo de una lanza, una flecha o un arma parecida. ☐ [Aunque es femenino, como empieza por «a» tónica o acentuada, se usa con «el», «un», «ningún» y «algún»: «el asta», «las astas». No confundir con «hasta», preposición o adverbio]. ☐ Sinónimos: **1** cuerno. **2** mástil. ☐ Familia: astado.

astado, da (as·ta·do, da) [adjetivo o sustantivo masculino] Dicho de un animal, que tiene astas o cuernos. ☐ Familia: →asta.

asterisco (as·te·ris·co) [sustantivo masculino] Signo que usamos al escribir para llamar la atención sobre una parte del texto: *El signo * es un asterisco*.

asteroide (as·te·roi·de) [sustantivo masculino] Cuerpo sólido y de pequeño tamaño que gira en el espacio entre otros más grandes.

astigmatismo (as·tig·ma·tis·mo) [sustantivo masculino] Defecto de la vista que impide ver con claridad.

astil (as·til) [sustantivo masculino] Mango que tienen algunos instrumentos y herramientas: *el astil del hacha*.

astilla (as·ti·lla) [sustantivo femenino] Trozo fino y muy pequeño de madera. ☐ Familia: astillar, astillero.

astillar (as·ti·llar) [verbo] Romper algo haciéndolo astillas: *astillar una puerta*. ☐ Familia: →astilla.

astillero (as·ti·lle·ro) [sustantivo masculino] Lugar en el que se construyen y se arreglan barcos. ☐ Familia: →astilla.

astracán (as·tra·cán) [sustantivo masculino] Piel de cordero no nacido o recién nacido, muy fina y con el pelo rizado.

astrágalo (as·trá·ga·lo) [sustantivo masculino] Hueso del tobillo. ☐ Sinónimos: taba.

astro (as·tro) [sustantivo masculino] **1** Cada uno de los cuerpos que hay en el cielo: *Las estrellas y los planetas son astros*. **2** Persona que destaca mucho en una actividad: *un astro de la canción*. ☐ Sinónimos: **2** estrella, as. ☐ Familia: astrofísico, astrología, astrólogo, astronomía, astronómico, astronauta, astronáutica, astrolabio.

astrofísico, ca (as·tro·fí·si·co, ca) ■ [adjetivo] **1** De la astrofísica o relacionado con esta ciencia. ■ [sustantivo] **2** Persona especializada en astrofísica. ■ **astrofísica** [sustantivo femenino] **3** Estudio de las características, el origen y la evolución de las estrellas y los cuerpos que hay en el universo. ☐ Familia: →astro. →físico.

astrolabio (as·tro·la·bio) [sustantivo masculino] Instrumento que se usaba para observar y para determinar la posición y el movimiento de los astros. ☐ Familia: →astro.

astrología (as·tro·lo·gí·a) [sustantivo femenino] Estudio de la influencia que producen en las personas las estrellas y otros cuerpos que hay en el cielo: *La astrología estudia los signos del Zodiaco*. ☐ [No confundir con «astronomía» (ciencia que estudia las leyes y los movimientos de los astros)]. ☐ Familia: →astro.

astrólogo, ga (as·tró·lo·go, ga) [sustantivo] Persona que se dedica a la astrología. ☐ [No confundir con «astrónomo» (persona que se dedica a la astronomía)]. ☐ Familia: →astro.

asta

astronauta (as·tro·nau·ta) [sustantivo] Persona que conduce una nave espacial. ☐ [No varía en masculino y femenino]. ☐ SINÓNIMOS: cosmonauta. ☐ FAMILIA: →astro. →nave.

astronáutica (as·tro·náu·ti·ca) [sustantivo femenino] Ciencia o técnica de navegar por el espacio en naves espaciales. ☐ FAMILIA: →astro. →nave.

astronave (as·tro·na·ve) [sustantivo femenino] Nave espacial. ☐ FAMILIA: →nave.

astronomía (as·tro·no·mí·a) [sustantivo femenino] Ciencia que estudia todo lo que tiene relación con las estrellas y otros cuerpos que hay en el cielo. ☐ [No confundir con «astrología» (estudio de la influencia de los astros en las personas)]. ☐ FAMILIA: →astro.

astronómico, ca (as·tro·nó·mi·co, ca) [adjetivo] **1** De la astronomía o relacionado con esta ciencia. **2** Dicho de una cantidad, que es demasiado grande: *precios astronómicos.* ☐ FAMILIA: →astro.

astrónomo, ma (as·tró·no·mo, ma) [sustantivo] Persona especializada en astronomía. ☐ [No confundir con «astrólogo» (persona que se dedica a la astrología)]. ☐ FAMILIA: →astro.

astroso, sa (as·tro·so, sa) [adjetivo] Sucio y mal vestido. ☐ SINÓNIMOS: desastrado. ☐ ANTÓNIMOS: pulcro.

astucia (as·tu·cia) [sustantivo femenino] Habilidad para conseguir lo que queremos. ☐ SINÓNIMOS: picardía, sagacidad, arte. ☐ ANTÓNIMOS: ingenuidad, inocencia. ☐ FAMILIA: astuto.

asturiano, na (as·tu·ria·no, na) [adjetivo o sustantivo] De la comunidad autónoma española del Principado de Asturias.

astuto, ta (as·tu·to, ta) [adjetivo] Que es listo y tiene habilidad para conseguir lo que quiere. ☐ SINÓNIMOS: pillo, pícaro, ladino, sagaz. ☐ ANTÓNIMOS: inocente, ingenuo, iluso, pardillo. ☐ FAMILIA: →astucia.

asumir (a·su·mir) [verbo] Aceptar una cosa y darse cuenta de lo que supone: *Tras ver las noticias he asumido que mañana lloverá y, en consecuencia, he llamado para retrasar la excursión.*

asunción (a·sun·ción) [sustantivo femenino] **1** Aceptación de algo dándonos cuenta de lo que supone. **2** En la Iglesia católica, elevación de la Virgen María a los cielos. ☐ [En el significado **2**, se escribe con mayúscula cuando se trata de la festividad].

asunto (a·sun·to) [sustantivo masculino] **1** Materia de la que se habla: *Discutiremos ese asunto esta tarde.* **2** Cosa de la que se ocupa una persona: *No te metas en mis asuntos.*

asustadizo, za (a·sus·ta·di·zo, za) [adjetivo] Que se asusta por cualquier cosa. ☐ SINÓNIMOS: cobarde, miedoso. ☐ ANTÓNIMOS: valiente, atrevido. ☐ FAMILIA: →susto.

asustar (a·sus·tar) [verbo] Producir miedo o sentirlo. ☐ SINÓNIMOS: atemorizar, intimidar, acobardar. ☐ ANTÓNIMOS: envalentonarse. ☐ FAMILIA: →susto.

atacar (a·ta·car) [verbo] **1** Lanzarse con violencia contra algo para conseguir un objetivo: *Los soldados atacaron el campamento enemigo.* **2** Criticar algo con fuerza: *No me ataques delante de los demás.* **3** Aparecer de forma repentina y con fuerza: *Me atacó el sueño.* **4** Destruir o acabar con algo: *Este medicamento ataca los microbios.* ☐ [La «c» se cambia en «qu» delante de «e» («ataque»)]. ☐ ANTÓNIMOS: **1**, **4** defender, proteger, preservar, resguardar. ☐ FAMILIA: ataque, contraatacar, contraataque.

atado, da (a·ta·do, da) ▪ [adjetivo] **1** Sujeto o unido con cuerdas: *No tienes atados los cordones de los zapatos.* ▪ **atado** [sustantivo masculino] **2** Conjunto de cosas atadas: *Llevo un atado de ropa sucia a la lavandería.* ☐ FAMILIA: →atar.

atadura (a·ta·du·ra) [sustantivo femenino] **1** Objeto que sirve para atar: *El prisionero se liberó de sus ataduras.* **2** Persona o cosa que une o relaciona una cosa con otra: *No quiero tener ataduras económicas.* ☐ SINÓNIMOS: **2** enlace. ☐ FAMILIA: →atar.

atajar (a·ta·jar) [verbo] **1** Ir a un sitio por un camino más corto. **2** Cortar algo o interrumpirlo: *Hay que atajar esta epidemia.* ☐ [Siempre se escribe con «j»]. ☐ SINÓNIMOS: **1** acortar. **2** detener, parar. ☐ FAMILIA: →tajo.

atajo (a·ta·jo) [sustantivo masculino] Camino más corto que otro para ir a un sitio. ☐ [No confundir con «hatajo» (conjunto pequeño de animales; grupo de personas o cosas)]. ☐ FAMILIA: →tajo.

atalaya (a·ta·la·ya) [sustantivo femenino] Torre construida en un lugar alto para vigilar desde ella el terreno.

atañer (a·ta·ñer) [verbo] Afectar, interesar o corresponder una cosa a alguien: *Me atañe la educación de mis hijos.* ☐ [Es irregular y se conjuga como TAÑER]. ☐ SINÓNIMOS: competer, concernir.

ataque (a·ta·que) [sustantivo masculino] **1** Movimiento que se hace contra algo para conseguir un objetivo: *un ataque contra el enemigo.* **2** Momento en el que aparecen de manera repentina y con fuerza las señales de una enfermedad o de algo que se siente: *un ataque de tos.* **3** Demostración violenta de que se está en contra de algo: *Se defendió de los ataques de los periodistas.* ☐ SINÓNIMOS: **2** acceso, golpe. ☐ ANTÓNIMOS: **1** defensa. ☐ FAMILIA: →atacar.

atar (a·tar) [verbo] **1** Unir o sujetar con cuerdas. **2** Establecer una relación: *El detective ató los cabos sueltos y descubrió al culpable.* ☐ SINÓNIMOS: **1** amarrar. ☐ ANTÓNIMOS: **1** desatar. ☐ FAMILIA: desatar, atado, atadura, maniatar.

atardecer (a·tar·de·cer) ▪ [sustantivo masculino] **1** Última parte de la tarde. ▪ [verbo] **2** Empezar a terminar la tarde: *En invierno atardece más temprano.* ☐ [Es irregular y se conjuga como AGRADECER]. ☐ FAMILIA: →tarde.

atareado, da (a·ta·re·a·do, da) [adjetivo] Con mucho trabajo que hacer. ☐ ANTÓNIMOS: desocupado, ocioso. ☐ FAMILIA: →tarea.

atascar (a·tas·car) [verbo] **1** Cerrar el paso por un lugar estrecho: *La suciedad ha atascado la cañería y no se*

atasco

va el agua de la pila. ■ **atascarse 2** Quedarse detenido sin poder moverse: *Se ha atascado la cerradura.* **3** Quedarse sin saber qué hacer: *Me atasqué en el examen.* ☐ [La «c» se cambia en «qu» delante de «e» («atasque»)]. ☐ SINÓNIMOS: **1** atrancar, obstruir. ☐ ANTÓNIMOS: **1** desatascar, desatrancar. ☐ FAMILIA: atasco, desatascar.

atasco (a·tas·co) [sustantivo masculino] **1** Cantidad grande de tráfico, de forma que no se puede ir deprisa. **2** Situación en la que se impide el paso por un lugar estrecho: *el atasco de las cañerías.* ☐ SINÓNIMOS: tapón. **1** embotellamiento. ☐ FAMILIA: →atascar.

ataúd (a·ta·úd) [sustantivo masculino] Caja en la que se coloca a un muerto para enterrarlo. ☐ SINÓNIMOS: caja, féretro.

ataviar (a·ta·viar) [verbo] Adornar, arreglar o vestir: *Se atavió con sus mejores galas para ir a la ceremonia de clausura.* ☐ [Es irregular y se conjuga como ENVIAR]. ☐ FAMILIA: →atavío.

atavío (a·ta·ví·o) [sustantivo masculino] Ropa y adornos que usan las personas para vestirse. ☐ [Se usa más en plural]. ☐ SINÓNIMOS: indumentaria, atuendo. ☐ FAMILIA: ataviar.

ateísmo (a·te·ís·mo) [sustantivo masculino] Forma de pensar de la persona que niega la existencia de Dios. ☐ FAMILIA: →ateo.

atemorizar (a·te·mo·ri·zar) [verbo] Producir miedo o sentirlo. ☐ [La «z» se cambia en «c» delante de «e» («atemorice»)]. ☐ SINÓNIMOS: asustar, intimidar, amedrentar. ☐ FAMILIA: →temer.

atemporal (a·tem·po·ral) [adjetivo] Que no hace referencia a un tiempo determinado: *Este es un relato atemporal.* ☐ FAMILIA: →tiempo.

atenazar (a·te·na·zar) [verbo] **1** Sujetar con fuerza: *Al cruzar la calle, la madre atenazó su muñeca.* **2** Paralizar o inmovilizar algo o a alguien un sentimiento: *El miedo me atenazó y no pude ni gritar.* ☐ [La «z» se cambia en «c» delante de «e» («atenace»)]. ☐ SINÓNIMOS: **1** aferrar. ☐ ANTÓNIMOS: **1** soltar. ☐ FAMILIA: →tenaza.

atención (a·ten·ción) [sustantivo femenino] **1** Interés que se pone al hacer algo. **2** Acto propio de quien tiene un comportamiento amable: *Procuro tener muchas atenciones con ella.* ◆ [expresión] ‖ **llamar la atención a alguien** Decirle que algo está mal. ☐ SINÓNIMOS: **1** cuidado. ☐ ANTÓNIMOS: **1** descuido. ☐ FAMILIA: →atender.

atender (a·ten·der) [verbo] **1** Poner atención: *Debemos atender en clase.* **2** Ocuparse de algo o cuidar de ello: *No atendió mis quejas.* ☐ [Es irregular y se conjuga como ENTENDER]. ☐ ANTÓNIMOS: desatender. ☐ FAMILIA: atención, atento, desatender, desatento.

atenerse (a·te·ner·se) [verbo] Aceptar algo o estar preparado para una nueva situación: *atenerse a las consecuencias.* ☐ [Es irregular y se conjuga como TENER]. ☐ FAMILIA: →tener.

ateniense (a·te·nien·se) [adjetivo o sustantivo] De Atenas, que es la capital griega. ☐ [No varía en masculino y femenino].

atentado (a·ten·ta·do) [sustantivo masculino] **1** Ataque violento que se hace contra algo para producir un gran daño: *Los terroristas han cometido otro atentado.* **2** Acción que va en contra de algo o que produce un daño grave: *Echar a los ríos sustancias tóxicas es un atentado contra la naturaleza.* ☐ FAMILIA: →atentar.

atentar (a·ten·tar) [verbo] **1** Realizar un ataque violento contra algo para producir un gran daño: *Los terroristas atentaron contra un edificio oficial.* **2** Ir en contra de algo: *Esta película atenta contra el buen gusto.* ☐ FAMILIA: atentado.

atento, ta (a·ten·to, ta) [adjetivo] **1** Con la atención fija en algo: *Estuve muy atento a sus palabras.* **2** Amable y cariñoso: *Los anfitriones fueron muy atentos con sus invitados.* ☐ SINÓNIMOS: **1** interesado. **2** solícito. ☐ ANTÓNIMOS: **1** despistado, distraído, abstraído. ☐ FAMILIA: →atender.

atenuar (a·te·nuar) [verbo] Disminuir la fuerza o la intensidad de algo: *atenuar un dolor.* ☐ [Es irregular y se conjuga como ACTUAR]. ☐ FAMILIA: →tenue.

ateo, a (a·te·o, a) [adjetivo o sustantivo] Que niega la existencia de Dios. ☐ ANTÓNIMOS: creyente. ☐ FAMILIA: ateísmo.

aterido, da (a·te·ri·do, da) [adjetivo] Que tiene mucho frío.

aterrador, ra (a·te·rra·dor, do·ra) [adjetivo] Que causa mucho miedo. ☐ FAMILIA: →terror.

aterrar (a·te·rrar) [verbo] Producir mucho miedo. ☐ SINÓNIMOS: aterrorizar. ☐ FAMILIA: →terror.

aterrizaje (a·te·rri·za·je) [sustantivo masculino] Momento en el que un vehículo que vuela desciende para ponerse en el suelo. ☐ ANTÓNIMOS: despegue. ☐ FAMILIA: →aterrizar.

aterrizar (a·te·rri·zar) [verbo] **1** Descender un vehículo que vuela y ponerse en el suelo. **2** Aparecer algo en un lugar de forma repentina: *Nos perdimos con el coche y fuimos a aterrizar a un pequeño pueblo.* ☐ [La «z» se cambia en «c» delante de «e» («aterrice»). El significado **2** es coloquial]. ☐ ANTÓNIMOS: **1** despegar. ☐ FAMILIA: aterrizaje.

aterrorizar (a·te·rro·ri·zar) [verbo] Producir mucho miedo. ☐ [La «z» se cambia en «c» delante de «e» («aterrorice»)]. ☐ SINÓNIMOS: aterrar. ☐ FAMILIA: →terror.

atesorar (a·te·so·rar) [verbo] Juntar y guardar muchas cosas de valor: *Atesoraba las joyas de su bisabuela.* ☐ FAMILIA: →tesoro.

atestado, da (a·tes·ta·do, da) ■ [adjetivo] **1** Muy lleno: *El estadio está atestado de gente.* ■ **atestado** [sustantivo masculino] **2** Documento oficial en el que se cuenta cómo ha ocurrido un hecho: *El agente levantó atestado del accidente.* ☐ SINÓNIMOS: **1** repleto. ☐ ANTÓNIMOS: **1** vacío. ☐ FAMILIA: →atestar.

atestar (a·tes·tar) [verbo] Llenar por completo. ☐ FAMILIA: atestado.

atestiguar (a·tes·ti·guar) [verbo] **1** Declarar una persona como testigo: *Me han llamado para que atestigüe ante el juez.* **2** Ser prueba de algo: *Tus ojeras atestiguan que no has dormido.* ☐ [Es irregular y se conjuga como AVERIGUAR]. ☐ SINÓNIMOS: testificar. ☐ FAMILIA: →testigo.

atiborrar (a·ti·bo·rrar) [verbo] **1** Llenar algo por completo. ▮ **atiborrarse 2** Comer mucho: *Me atiborré de pasteles.* ☐ Sinónimos: **1** abarrotar. ☐ Antónimos: **1** vaciar.

ático (á·ti·co) [sustantivo masculino] Último piso de un edificio, que suele tener el techo inclinado o más bajo que los otros.

atildado, da (a·til·da·do, da) [adjetivo] Que va elegante: *Esos niños iban demasiado atildados para la fiesta de cumpleaños.* ☐ Antónimos: desastrado. ☐ Familia: →tilde.

atinar (a·ti·nar) [verbo] **1** Encontrar lo que se busca: *¿Has atinado bien con el portal de mi casa?* **2** Dar en el punto al que se dirige algo: *Atinó en la diana.* **3** Hacer lo más adecuado: *Atinaste con tu comportamiento.* ☐ Sinónimos: **2**, **3** acertar. ☐ Antónimos: fallar, errar. **3** equivocarse. ☐ Familia: →tino.

atípico, ca (a·tí·pi·co, ca) [adjetivo] Que se sale de lo normal, de lo conocido o de lo habitual: *Todos lo miraban porque su vestimenta era atípica.* ☐ Familia: →típico.

atisbar (a·tis·bar) [verbo] **1** No ver bien una cosa porque está lejos o porque no hay suficiente luz: *A lo lejos se atisbaba un barco.* **2** Mirar algo con atención y cautela: *Me gusta atisbar a mi hermano cuando deja la puerta de su habitación entreabierta.* **3** Suponer algo a partir de algunas señales: *Estoy atisbando la solución del problema.* ☐ Sinónimos: **1** vislumbrar. ☐ Familia: atisbo.

atisbo (a·tis·bo) [sustantivo masculino] Suposición de algo a partir de algunas señales. ☐ Sinónimos: sospecha. ☐ Familia: →atisbar.

atiza (a·ti·za) [interjección] Se usa para indicar sorpresa, admiración o disgusto. ☐ Familia: →atizar.

atizador (a·ti·za·dor) [sustantivo masculino] Utensilio que se utiliza para atizar el fuego. ☐ Familia: →atizar.

atizar (a·ti·zar) [verbo] **1** Hacer que el fuego tenga más fuerza. **2** Golpear o pegar a alguien: *Me atizó una bofetada.* ☐ [La «z» se cambia en «c» delante de «e» («atice»)]. ☐ Sinónimos: **1** avivar. ☐ Familia: atizador, atiza.

atlántico, ca (at·lán·ti·co, ca; a·tlán·ti·co, ca) [adjetivo] Del océano Atlántico, que baña las costas de América, Europa y África, o relacionado con él: *Portugal está en la costa atlántica de la península ibérica.*

atlas (at·las; a·tlas) [sustantivo masculino] Libro de mapas. ☐ [No varía en singular y plural].

atleta (at·le·ta; a·tle·ta) [sustantivo] Persona que practica deportes en los que se corre, se salta o se lanzan algunos objetos: *En los Juegos Olímpicos participan atletas de todo el mundo.* ☐ [No varía en masculino y femenino]. ☐ Familia: atletismo, atlético.

atlético, ca (at·lé·ti·co, ca; a·tlé·ti·co, ca) [adjetivo] Del atletismo, de los atletas o relacionado con ellos: *un cuerpo atlético y fuerte.* ☐ Familia: →atleta.

atletismo (at·le·tis·mo; a·tle·tis·mo) [sustantivo masculino] Deporte en el que se corre, se salta y se lanzan determinados objetos. 👁 **páginas 304-305.** ☐ Familia: →atleta.

atmósfera (at·mós·fe·ra) [sustantivo femenino] Capa que rodea la Tierra y que está formada por una mezcla de gases. ☐ [No confundir con «hidrosfera» (capa de la Tierra formada por todas las aguas) ni con «litosfera» (capa exterior de la Tierra que forma la corteza terrestre)]. ☐ Sinónimos: aire. ☐ Familia: atmosférico.

atmósfera — termosfera — mesosfera — estratosfera — capa de ozono — troposfera

atmosférico, ca (at·mos·fé·ri·co, ca) [adjetivo] De la atmósfera o relacionado con ella: *contaminación atmosférica.* ☐ Familia: →atmósfera.

atolladero (a·to·lla·de·ro) [sustantivo masculino] Situación de la que es difícil salir. ☐ Sinónimos: aprieto, dificultad.

atolón (a·to·lón) [sustantivo masculino] Isla en forma de anillo, con una laguna interior: *En su viaje a Polinesia visitó varios atolones.*

atolondrado, da (a·to·lon·dra·do, da) [adjetivo o sustantivo] Que hace las cosas sin pensar. ☐ Familia: →atolondrarse.

atolondrarse (a·to·lon·drar·se) [verbo] Ponerse muy nervioso y hacer las cosas sin pensar. ☐ Familia: atolondrado.

atómico, ca (a·tó·mi·co, ca) [adjetivo] Del átomo o de la energía producida por él: *energía atómica.* ☐ Sinónimos: nuclear. ☐ Familia: →átomo.

atomizador (a·to·mi·za·dor) [sustantivo masculino] Especie de tapón que permite echar un líquido en gotitas pequeñas: *un frasco de perfume con atomizador.* ☐ Sinónimos: vaporizador, pulverizador. ☐ Familia: →átomo.

atomizar (a·to·mi·zar) [verbo] Convertir un líquido en gotas muy pequeñas: *Con ese pulverizador puedes atomizar agua para rociar las hojas de las plantas.* ☐ [La «z» se cambia en «c» delante de «e» («atomice»)]. ☐ Sinónimos: pulverizar. ☐ Familia: →átomo.

átomo (á·to·mo) [sustantivo masculino] Parte muy pequeña que forma la materia de las cosas: *Los átomos forman moléculas.* ☐ FAMILIA: atómico, atomizador, atomizar, antiatómico.

atónito, ta (a·tó·ni·to, ta) [adjetivo] Muy sorprendido. ☐ SINÓNIMOS: estupefacto.

átono, na (á·to·no, na) [adjetivo] Que no está acentuado: *La «a» de «avión» es átona.* ☐ ANTÓNIMOS: tónico. ☐ FAMILIA: →tono.

atontado, da (a·ton·ta·do, da) [adjetivo] Con menos capacidad de lo normal para entender lo que pasa alrededor. ☐ FAMILIA: →tonto.

atontamiento (a·ton·ta·mien·to) [sustantivo masculino] Sensación que tenemos cuando estamos atontados. ☐ FAMILIA: →tonto.

atontar (a·ton·tar) [verbo] **1** Producir una sensación en la que no nos damos cuenta de lo que pasa a nuestro alrededor: *El dolor me atontó.* **2** Volver tonto: *Si no lees te vas a atontar.* ☐ SINÓNIMOS: **1** aturdir. **2** entontecer. ☐ FAMILIA: →tonto.

atontolinado, da (a·ton·to·li·na·do, da) [adjetivo] Con menos capacidad de lo normal para entender lo que pasa alrededor. ☐ [Es coloquial]. ☐ SINÓNIMOS: atontado. ☐ FAMILIA: →tonto.

atópico, ca (a·tó·pi·co, ca) [adjetivo] **1** Que no está relacionado con un lugar determinado: *eccema atópico.* **2** Dicho de la piel, que es seca, sensible y se irrita fácilmente: *La dermatóloga le dijo que tenía piel atópica.*

atorar (a·to·rar) [verbo] Atascar o cerrar el paso: *La suciedad ha atorado el filtro del lavavajillas.*

atormentar (a·tor·men·tar) [verbo] Producir un dolor o una pena continuos, o sentirlos: *No te atormentes más por lo que ocurrió.* ☐ SINÓNIMOS: torturar, afligir. ☐ FAMILIA: →tormenta.

atornillar (a·tor·ni·llar) [verbo] Sujetar con tornillos. ☐ ANTÓNIMOS: desatornillar, destornillar. ☐ FAMILIA: →tornillo.

atosigar (a·to·si·gar) [verbo] Molestar a una persona metiéndole prisa para que haga algo. ☐ [La «g» se cambia en «gu» delante de «e» («atosigue»)].

atracadero (a·tra·ca·de·ro) [sustantivo masculino] Lugar en tierra donde paran las embarcaciones pequeñas. ☐ FAMILIA: →atracar.

atracador, ra (a·tra·ca·dor, do·ra) [sustantivo] Persona que ataca a una persona o un lugar para robar. ☐ FAMILIA: →atracar.

atracar (a·tra·car) [verbo] **1** Atacar a una persona o un lugar con la intención de robar. **2** Entrar un barco en un puerto y detenerse en él: *Desde el muelle del puerto vimos cómo atracaban los barcos.* ▋ **atracarse 3** Comer o beber mucho: *Me atraqué de chocolate.* ☐ [La «c» se cambia en «qu» delante de «e» («atraque»). El significado **3** es coloquial]. ☐ SINÓNIMOS: **1** asaltar. **2** arribar. **3** atiborrarse. ☐ ANTÓNIMOS: **2** zarpar. ☐ FAMILIA: atracador, atraco, atracón, atracadero.

atracción (a·trac·ción) [sustantivo femenino] **1** Fuerza que tiene una cosa para hacer que algo se le acerque: *Los objetos caen al suelo debido a la atracción de la Tierra.* **2** Interés que produce una cosa y que hace que nos guste: *Siento una gran atracción por el deporte.* **3** Cada una de las diversiones que hay en un lugar o que forman parte de un conjunto: *El domingo fuimos al parque de atracciones.* ☐ SINÓNIMOS: **2** seducción. ☐ FAMILIA: →atraer.

atraco (a·tra·co) [sustantivo masculino] Ataque que se realiza con la intención de robar. ☐ SINÓNIMOS: golpe. ☐ FAMILIA: →atracar.

atracón (a·tra·cón) ◆ [expresión] ‖ **darse un atracón** Comer o beber en gran cantidad: *Me di un atracón de bollos.* ☐ [Es coloquial]. ☐ FAMILIA: →atracar.

atractivo, va (a·trac·ti·vo, va) ▋ [adjetivo] **1** Que gusta y despierta interés: *El tema del libro es muy atractivo.* ▋ **atractivo** [sustantivo masculino] **2** Conjunto de cualidades de una persona que hacen que guste a los demás: *La simpatía es su principal atractivo.* ☐ SINÓNIMOS: **1** atrayente, seductor. **2** encanto. ☐ ANTÓNIMOS: **1** feo. ☐ FAMILIA: →atraer.

atraer (a·tra·er) [verbo] **1** Hacer que un cuerpo se acerque a otro de modo que se quede junto a él: *El imán atrae el hierro.* **2** Gustar o resultar interesante: *Me atrae la idea de viajar.* **3** Traer hacia sí: *Un ruido atrajo mi atención.* ☐ [Es irregular y se conjuga como TRAER]. ☐ SINÓNIMOS: **2** seducir, cautivar. **3** captar. ☐ ANTÓNIMOS: **1, 3** rechazar. **2, 3** espantar. ☐ FAMILIA: atracción, atractivo, atrayente.

atragantarse (a·tra·gan·tar·se) [verbo] **1** Ahogarse con algo que se queda detenido en la garganta. **2** No gustar nada de nada: *Se me han atragantado las matemáticas.* ☐ SINÓNIMOS: **2** atravesarse. ☐ FAMILIA: →tragar.

atrancar (a·tran·car) [verbo] **1** Cerrar el paso por un lugar estrecho: *El desagüe de la pila se ha atrancado.* **2** Cerrar una puerta o una ventana con algo, para que quede segura y no se pueda abrir: *Antes de irnos a dormir, atrancamos puertas y ventanas.* ▋ **atrancarse 3** Pararse de vez en cuando al hablar o al leer: *Mi hermano pequeño no sabe leer bien y se atranca con algunas palabras.* ☐ [La «c» se cambia en «qu» delante de «e» («atranque»)]. ☐ SINÓNIMOS: **1** atascar. ☐ ANTÓNIMOS: **1, 2** desatrancar. **1** desatascar. ☐ FAMILIA: desatrancar.

atrapar (a·tra·par) [verbo] **1** Coger a una persona que huye o va deprisa. **2** Conseguir coger o agarrar algo que ofrece cierta dificultad: *¡Atrapa el balón!* ☐ SINÓNIMOS: **1** alcanzar. **2** agarrar. ☐ ANTÓNIMOS: soltar.

atrás (a·trás) [adverbio] **1** Hacia la parte que queda a la espalda: *Si miras atrás, verás quién te sigue.* **2** En un lugar posterior o más retrasado: *las filas de atrás.* **3** En un tiempo anterior o hacia un tiempo anterior: *Atrás quedó nuestra infancia.* ☐ [No debe decirse «Vete a atrás», sino «Vete atrás»]. ☐ SINÓNIMOS:

atronador, ra

2 detrás. ☐ ANTÓNIMOS: **1**, **3** adelante. **2**, **3** delante. ☐ FAMILIA: →tras.

atrasado, da (a·tra·sa·do, da) [adjetivo] **1** Que va por detrás de lo normal o que no tiene un desarrollo normal: *Voy un poco atrasado en el colegio*. **2** De un tiempo pasado: *Tengo que pagar una factura atrasada*. ☐ SINÓNIMOS: retrasado. ☐ FAMILIA: →tras.

atrasar (a·tra·sar) [verbo] **1** Cambiar la hora de un reloj poniendo una hora que ya ha pasado: *Hoy hay que atrasar el reloj una hora*. **2** Dejar algo para hacerlo más tarde: *El profesor ha atrasado el examen dos días*. **3** Ir un reloj más despacio de lo que debe y señalar una hora que ya ha pasado: *Llevé mi reloj al relojero porque atrasaba*. ▌ **atrasarse** **4** Quedarse atrás: *Si no atiendes en clase, te atrasarás en los estudios*. ☐ SINÓNIMOS: **1**, **2** retrasar. **2** demorar, retardar. **4** retrasarse, rezagarse. ☐ ANTÓNIMOS: **1**-**3** adelantar. **2** anticipar. **4** adelantarse. ☐ FAMILIA: →tras.

atraso (a·tra·so) ▌ [sustantivo masculino] **1** Hecho de dejar algo para hacerlo más tarde: *Los alumnos se pusieron muy contentos por el atraso de los exámenes*. **2** Falta de desarrollo en algo: *No utilizar ordenadores en una empresa es un auténtico atraso*. ▌ **atrasos** [plural] **3** Dinero que se debe: *Cuando me paguen los atrasos cobraré mucho dinero*. ☐ SINÓNIMOS: **1**, **2** retraso. ☐ ANTÓNIMOS: adelanto. ☐ FAMILIA: →tras.

atravesado, da (a·tra·ve·sa·do, da) [adjetivo] **1** Que está puesto sobre algo formando una cruz o algo parecido. **2** Que tiene malas intenciones: *ideas atravesadas; persona atravesada*. ☐ SINÓNIMOS: **1** cruzado. **2** retorcido. ☐ FAMILIA: →través.

atravesar (a·tra·ve·sar) [verbo] **1** Ir de una parte a otra de un lugar, pasando por su interior: *Atravesé el parque*. **2** Poner algo de forma que quede cruzado sobre una cosa: *Atravesaron unos maderos en la puerta para que nadie entrase*. **3** Meter algo en un sitio de forma que entre por una parte y salga por otra: *Los pendientes atraviesan las orejas*. **4** Pasar por una situación: *Estoy atravesando un buen momento*. ▌ **atravesarse** **5** No gustar algo nada de nada: *No quiero ir con ellos porque se me han atravesado*. ☐ [Es irregular y se conjuga como ACERTAR]. ☐ SINÓNIMOS: **1** cruzar. **3** traspasar. **5** atragantarse. ☐ FAMILIA: →través.

atrayente (a·tra·yen·te) [adjetivo] Que gusta y despierta interés. ☐ [No varía en masculino y femenino]. ☐ SINÓNIMOS: atractivo. ☐ FAMILIA: →atraer.

atreverse (a·tre·ver·se) [verbo] Decidirse a hacer algo que resulta nuevo o difícil. ☐ SINÓNIMOS: osar. ☐ FAMILIA: atrevimiento, atrevido.

atrevido, da (a·tre·vi·do, da) [adjetivo o sustantivo] **1** Que tiene valor para hacer algo nuevo o difícil. **2** Que falta al respeto que se debe a algo o que no tiene vergüenza: *Llevas unos pantalones muy atrevidos y todos te miran*. ☐ SINÓNIMOS: **1** audaz, osado, decidido. ☐ ANTÓNIMOS: **1** asustadizo. ☐ FAMILIA: →atreverse.

atrevimiento (a·tre·vi·mien·to) [sustantivo masculino] Falta de respeto. ☐ SINÓNIMOS: insolencia, desfachatez. ☐ FAMILIA: →atreverse.

atribución (a·tri·bu·ción) [sustantivo femenino] Función que debe realizar una persona por tener un cargo o un puesto determinado: *En mis atribuciones como secretaria no está la de servir el café*. ☐ SINÓNIMOS: obligación. ☐ FAMILIA: →atribuir.

atribuir (a·tri·buir) [verbo] Considerar que algo es propio de alguien: *No me atribuyas palabras que yo no dije*. ☐ [Es irregular y se conjuga como CONSTRUIR]. ☐ FAMILIA: atribución, atributo.

atribular (a·tri·bu·lar) [verbo] Causar tristeza o preocupación: *El abuelo se atribula con nuestros problemas*. ☐ SINÓNIMOS: afligir, apenar, entristecer.

atributo (a·tri·bu·to) [sustantivo masculino] **1** Característica propia de algo, que suele ser positiva: *El color blanco es uno de los atributos de la nieve*. **2** Grupo de palabras que indican las características del sujeto y que se combinan con verbos como *ser*, *estar* o *parecer*: *En la oración «Mi madre es inteligente», la palabra «inteligente» es el atributo*. ☐ FAMILIA: →atribuir.

atril (a·tril) [sustantivo masculino] Objeto que sirve para colocar papeles y leerlos con mayor comodidad. ☞ **página 681.**

atrincherarse (a·trin·che·rar·se) [verbo] **1** Esconderse en algún agujero grande para protegerse: *Los soldados se atrincheraron cuando vieron al enemigo*. **2** No cambiar de idea o de opinión: *No se puede discutir contigo porque te atrincheras en tus ideas*. ☐ FAMILIA: →trinchera.

atrio (a·trio) [sustantivo masculino] **1** Especie de patio con columnas que hay en el interior de algunos edificios. **2** Entrada que hay en el exterior de algunas iglesias y que suele estar más alta que la calle.

atrocidad (a·tro·ci·dad) [sustantivo femenino] **1** Acción que resulta muy cruel. **2** Hecho que se sale de lo normal: *Estudiar veinte horas seguidas es una atrocidad*. **3** Hecho o dicho que resulta un gran error o un gran insulto: *¡Menudas atrocidades escribí en el examen!* ☐ SINÓNIMOS: barbaridad. **1** brutalidad, salvajada, crueldad. ☐ FAMILIA: →atroz.

atrofia (a·tro·fia) [sustantivo femenino] Falta de desarrollo de alguna parte del cuerpo. ☐ FAMILIA: →atrofiar.

atrofiado, da (a·tro·fia·do, da) [adjetivo] Poco desarrollado: *Tienes la memoria atrofiada de no usarla, so vago*. ☐ FAMILIA: →atrofiar.

atrofiar (a·tro·fiar) [verbo] Disminuir el desarrollo de una parte del cuerpo y perder las capacidades que tiene: *No te mueves nada y se te van a atrofiar los músculos*. ☐ [Es irregular y se conjuga como ANUNCIAR]. ☐ FAMILIA: atrofia, atrofiado.

atronador, ra (a·tro·na·dor, do·ra) [adjetivo] Dicho de un sonido, que es muy fuerte. ☐ SINÓNIMOS: ensordecedor. ☐ FAMILIA: →trueno.

atronar (a·tro·nar) [verbo] Alterar con un ruido fuerte: *Las voces de los niños atruenan el patio.* ☐ [Es irregular y se conjuga como **CONTAR**]. ☐ FAMILIA: →trueno.

atropellado, da (a·tro·pe·lla·do, da) [adjetivo] De forma confusa, rápida y sin orden: *No hagas las cosas de forma atropellada.* ☐ FAMILIA: →atropellar.

atropellar (a·tro·pe·llar) [verbo] Pasar un vehículo por encima de una persona o de un animal. ☐ SINÓNIMOS: pillar, arrollar. ☐ FAMILIA: atropello, atropellado.

atropello (a·tro·pe·llo) [sustantivo masculino] Paso de un vehículo por encima de una persona o de un animal. ☐ FAMILIA: →atropellar.

atroz (a·troz) [adjetivo] **1** Muy duro o difícil de aguantar. **2** Mucho o enorme: *Hace un frío atroz.* ☐ [No varía en masculino y femenino. Su plural es «atroces»]. ☐ SINÓNIMOS: **1** brutal, cruel, feroz. ☐ FAMILIA: atrocidad.

atuendo (a·tuen·do) [sustantivo masculino] Conjunto de ropas que viste una persona. ☐ SINÓNIMOS: atavío, indumentaria.

atufar (a·tu·far) [verbo] **1** Producir muy mal olor. **2** Producir molestias al respirar algunas cosas cuando se queman: *El humo del brasero de carbón atufó a varias personas.* ☐ [El significado **1** es coloquial]. ☐ SINÓNIMOS: **1** apestar. ☐ FAMILIA: →tufo.

atún (a·tún) [sustantivo masculino] Pez marino de gran tamaño y de color gris: *El atún y el bonito son parecidos.* ◉ página 723.

aturdir (a·tur·dir) [verbo] **1** Producir una sensación en la que no nos damos cuenta de lo que pasa a nuestro alrededor: *El golpe me aturdió.* **2** Confundir hasta el punto de no saber cómo actuar: *No me aturdas con tantas preguntas.* ☐ SINÓNIMOS: **1** atontar. **2** aturullar, apabullar.

aturullar (a·tu·ru·llar) [verbo] Confundir hasta no saber cómo actuar: *Tranquilízate y no te aturulles.* ☐ SINÓNIMOS: aturdir.

atusar (a·tu·sar) [verbo] Arreglar el pelo con el peine o con la mano: *Atusaba su bigote mientras leía.*

audacia (au·da·cia) [sustantivo femenino] Valor que tiene una persona para hacer algo nuevo o difícil. ☐ SINÓNIMOS: osadía. ☐ FAMILIA: →audaz.

audaz (au·daz) [adjetivo] Que tiene valor para hacer algo nuevo o difícil. ☐ [No varía en masculino y femenino. Su plural es «audaces»]. ☐ SINÓNIMOS: atrevido, osado. ☐ FAMILIA: audacia.

audición (au·di·ción) [sustantivo femenino] **1** Capacidad para oír: *Mi abuela ha perdido audición en el oído derecho.* **2** Espectáculo en el que se oye música o se lee algo: *Fui a una audición de la Orquesta Nacional.* ☐ FAMILIA: →oír.

audiencia (au·dien·cia) [sustantivo femenino] **1** Conjunto de personas que siguen un programa de radio o de televisión: *Este concurso tiene mucha audiencia.* **2** Acto en el que una autoridad recibe a las personas que se lo piden: *El rey concedió una audiencia a los embajadores.* **3** Tribunal de justicia con determinadas funciones: *Los policías llevaron a los presos a la Audiencia.* ☐ [En el significado **3** se escribe con mayúscula]. ☐ FAMILIA: →oír.

audífono (au·dí·fo·no) [sustantivo masculino] Aparato que sirve para oír mejor. ☐ SINÓNIMOS: sonotone. ☐ FAMILIA: →oír.

audio (au·dio) [sustantivo masculino] Técnica relacionada con la grabación, transmisión y reproducción de sonidos. ☐ FAMILIA: →oír.

audioguía (au·dio·guí·a) [sustantivo femenino] Aparato electrónico que emite información de audio sobre lugares turísticos o de interés cultural: *Cuando viajamos a Granada visitamos la Alhambra con una audioguía.* ☐ FAMILIA: →oír. →guiar.

audiovisual (au·dio·vi·sual) [adjetivo] Que está relacionado con las imágenes y los sonidos: *Mi profesor utiliza en clase películas y otros medios audiovisuales.* ☐ [No varía en masculino y femenino]. ☐ FAMILIA: →oír.

auditar (au·di·tar) [verbo] Revisar las cuentas de una empresa para comprobar si son correctas: *Han venido unos inspectores para auditar la empresa.* ☐ FAMILIA: auditoría.

auditivo, va (au·di·ti·vo, va) [adjetivo] Del oído o relacionado con él. ☐ FAMILIA: →oír.

auditoría (au·di·to·rí·a) [sustantivo femenino] **1** Revisión de las cuentas de una empresa realizada por especialistas que no trabajan en ella: *La juez ordenó realizar una auditoría de la empresa.* **2** Lugar de trabajo de quien audita empresas: *Todos esos documentos los tienen archivados en la auditoría.* ☐ FAMILIA: →auditar.

auditorio (au·di·to·rio) [sustantivo masculino] **1** Lugar preparado para celebrar actos públicos: *Escuchamos un concierto en el auditorio del colegio.* **2** Conjunto de personas que van a un acto público: *Todo el auditorio aplaudió con entusiasmo.* ☐ FAMILIA: →oír.

auge (au·ge) [sustantivo masculino] Momento de mayor fuerza o de mayor importancia en un proceso. ☐ SINÓNIMOS: apogeo, esplendor. ☐ ANTÓNIMOS: decadencia, declive.

augurar (au·gu·rar) [verbo] Decir lo que va a suceder antes de que ocurra: *Te auguro grandes éxitos en esta nueva etapa.* ☐ SINÓNIMOS: predecir, pronosticar, anunciar, vaticinar. ☐ FAMILIA: augurio.

augurio (au·gu·rio) [sustantivo masculino] Anuncio o señal de lo que puede suceder en el futuro: *Dice que los pájaros negros son un mal augurio.* ☐ SINÓNIMOS: pronóstico, predicción, agüero, vaticinio, auspicio. ☐ FAMILIA: →augurar.

augusto, ta (au·gus·to, ta) [adjetivo] Que es digno de ser respetado. ☐ SINÓNIMOS: honorable, venerable, respetable.

aula (au·la) [sustantivo femenino] Sala de un centro docente en la que enseña un profesor. ☐ [Aunque es femenino, como empieza por «a» tónica o acentuada, se usa con «el», «un», «ningún» y «algún»: «el aula», «las aulas»]. ☐ SINÓNIMOS: clase.

aullar (au·llar) [verbo] Emitir algunos animales una voz triste y continua. ☐ [Es irregular y se conjuga como **AUNAR**]. ☐ FAMILIA: aullido.

aullido (au·lli·do) [sustantivo masculino] **1** Voz triste y continua de algunos animales. **2** Sonido parecido a esta voz: *Le pisé un pie y empezó a dar aullidos.* ☐ FAMILIA: →aullar.

aumentar (au·men·tar) [verbo] Hacer mayor en tamaño, en cantidad o en otra cosa. ☐ SINÓNIMOS: acrecentar, crecer. ☐ ANTÓNIMOS: disminuir, recortar, reducir, aminorar, achicar, menguar, mermar. ☐ FAMILIA: aumento, aumentativo.

aumentativo, va (au·men·ta·ti·vo, va) [adjetivo o sustantivo masculino] Que indica aumento: *«Perrazo» es un aumentativo de «perro».* ☐ FAMILIA: →aumentar.

aumento (au·men·to) [sustantivo masculino] **1** Proceso por el que algo se hace mayor en tamaño, en cantidad o en otra cosa: *Los empleados pidieron un aumento de sueldo.* **2** Característica que tienen algunos cristales que permiten ver las cosas más grandes a través de ellos: *Esta lupa tiene mucho aumento.* ☐ SINÓNIMOS: **1** crecimiento, progresión. ☐ ANTÓNIMOS: **1** recorte, reducción, mengua, merma, disminución. ☐ FAMILIA: →aumentar.

aun (aun) [adverbio] **1** Indica que lo que se dice a continuación nos sorprende porque no lo esperábamos: *Esto es tan fácil que lo entienden aun los más pequeños.* **2** Se usa para introducir una dificultad que no impide que se realice algo: *Tú puedes hacer esto, aun no habiéndolo hecho nunca.* ☐ [No confundir con «aún» (todavía)]. ☐ SINÓNIMOS: incluso. **1** hasta.

aún (a·ún) [adverbio] Hasta el momento en que se está hablando: *Aún no sé si te podré acompañar.* ☐ [No confundir con «aun» (incluso)]. ☐ SINÓNIMOS: todavía.

aunar (au·nar) [verbo] Hacer de varias cosas una sola: *Debemos aunar esfuerzos para solucionar el problema.* ☐ [Es irregular].

aunque (aun·que) [conjunción] **1** Se usa para introducir una dificultad que no impide que pueda realizarse una cosa: *Aunque tengo poco dinero, me compraré el libro.* **2** Se usa para expresar oposición: *Me gusta ese vestido, aunque me compraré este otro.*

aúpa (a·ú·pa) [interjección] Se usa para dar ánimos: *¡Aúpa el de rojo!* ◆ [expresión] ‖ **de aúpa** Grande o importante: *Me mojé los pies y cogí un catarro de aúpa.* ☐ [La expresión es coloquial]. ☐ FAMILIA: aupar.

aupar (au·par) [verbo] Levantar en brazos a un niño. ☐ [Es irregular y se conjuga como **AUNAR**]. ☐ FAMILIA: →aúpa.

aura (au·ra) [sustantivo femenino] Luz que algunas personas perciben alrededor de los cuerpos. ☐ [Aunque es femenino, como empieza por «a» tónica o acentuada, se usa con «el», «un», «ningún» y «algún»: «el aura», «las auras»].

AUNAR

INDICATIVO

Presente
yo aúno
tú aúnas / usted aúna
él, ella aúna
nosotros, tras aunamos
vosotros, tras aunáis / ustedes aúnan
ellos, ellas aúnan

Pretérito imperfecto
yo aunaba
tú aunabas / usted aunaba
él, ella aunaba
nosotros, tras aunábamos
vosotros, tras aunabais / ustedes aunaban
ellos, ellas aunaban

Pretérito perfecto simple
yo auné
tú aunaste / usted aunó
él, ella aunó
nosotros, tras aunamos
vosotros, tras aunasteis / ustedes aunaron
ellos, ellas aunaron

Futuro simple
yo aunaré
tú aunarás / usted aunará
él, ella aunará
nosotros, tras aunaremos
vosotros, tras aunaréis / ustedes aunarán
ellos, ellas aunarán

Condicional simple
yo aunaría
tú aunarías / usted aunaría
él, ella aunaría
nosotros, tras aunaríamos
vosotros, tras aunaríais / ustedes aunarían
ellos, ellas aunarían

SUBJUNTIVO

Presente
yo aúne
tú aúnes / usted aúne
él, ella aúne
nosotros, tras aunemos
vosotros, tras aunéis / ustedes aúnen
ellos, ellas aúnen

Pretérito imperfecto
yo aunara o aunase
tú aunaras o aunases / usted aunara o aunase
él, ella aunara o aunase
nosotros, tras aunáramos o aunásemos
vosotros, tras aunarais o aunaseis / ustedes aunaran o aunasen
ellos, ellas aunaran o aunasen

Futuro simple
yo aunare
tú aunares / usted aunare
él, ella aunare
nosotros, tras aunáremos
vosotros, tras aunareis / ustedes aunaren
ellos, ellas aunaren

IMPERATIVO

aúna (tú) / aúne (usted)
aunemos (nosotros, tras)
aunad (vosotros, tras) / aúnen (ustedes)

FORMAS NO PERSONALES

Infinitivo	Gerundio	Participio
aunar	aunando	aunado

aureola (au·re·o·la) [sustantivo/femenino] **1** Círculo de luz que se representa en algunas imágenes religiosas alrededor de la cabeza. **2** Fama que tiene alguien: *Te has rodeado de una aureola de misterio.* ☐ Sinónimos: **1** halo. **2** reputación.

aurícula (au·rí·cu·la) [sustantivo/femenino] Parte superior del corazón que recibe la sangre de las venas. ☐ [No confundir con «ventrículo» (parte inferior del corazón que recibe la sangre de la aurícula y la impulsa por las arterias hacia el resto del cuerpo)].

auricular (au·ri·cu·lar) [sustantivo/masculino] Aparato que se pone en contacto con las orejas para oír algo: *el auricular del teléfono.* ☐ Familia: →oreja.

auricular

aurora (au·ro·ra) [sustantivo/femenino] Luz rosa que se ve en el cielo antes de que salga el sol.

auscultar (aus·cul·tar) [verbo] Examinar algunas partes interiores del cuerpo con un instrumento de medicina que permite oír sonidos: *auscultar el pecho.*

ausencia (au·sen·cia) [sustantivo/femenino] **1** Falta de una persona en un lugar: *Notamos tu ausencia en la fiesta.* **2** Tiempo durante el que una persona no está en un lugar: *Yo regaré las plantas en tu ausencia.* **3** Falta de algo: *Me inquieta la ausencia de noticias sobre lo ocurrido.* ☐ Antónimos: **1, 3** presencia. ☐ Familia: →ausente.

ausentarse (au·sen·tar·se) [verbo] Irse de un lugar. ☐ Sinónimos: marcharse. ☐ Antónimos: quedarse, presentarse, asistir, acudir. ☐ Familia: →ausente.

ausente (au·sen·te) ▌ [adjetivo] **1** Que está en un sitio, pero no se da cuenta de lo que pasa a su alrededor: *Estabas ausente y no te enteraste de que te llamaron.* ▌ [adjetivo o sustantivo] **2** Que no está en un lugar: *El maestro preguntó por los alumnos ausentes.* ☐ [No varía en masculino y femenino]. ☐ Sinónimos: **1** distraído. ☐ Antónimos: **2** presente. ☐ Familia: ausentarse, ausencia, absentismo.

auspiciar (aus·pi·ciar) [verbo] Predecir o adivinar: *Los antiguos auspiciaban el futuro observando la naturaleza.*

auspicio (aus·pi·cio) [sustantivo/masculino] **1** Anuncio o señal de lo que puede suceder en el futuro: *El nacimiento de la princesa estuvo lleno de buenos auspicios.* **2** Ayuda y protección: *En el feudalismo los vasallos vivían bajo el auspicio de su señor.* ☐ Sinónimos: **1** augurio, agüero, vaticinio.

austeridad (aus·te·ri·dad) [sustantivo/femenino] Falta de adornos o de cosas que no son necesarias. ☐ Sinónimos: sobriedad. ☐ Familia: →austero.

austero, ra (aus·te·ro, ra) [adjetivo] Sencillo y sin adornos. ☐ Sinónimos: sobrio. ☐ Familia: austeridad.

austral (aus·tral) [adjetivo] Del lugar situado en el extremo sur de la Tierra o relacionado con él: *la región austral.* ☐ [No varía en masculino y femenino]. ☐ Sinónimos: antártico. ☐ Antónimos: boreal, ártico.

australiano, na (aus·tra·lia·no, na) [adjetivo o sustantivo] De Australia, que es un país de Oceanía.

austriaco, ca o **austríaco, ca** (aus·tria·co, ca; aus·trí·a·co, ca) [adjetivo o sustantivo] De Austria, que es un país europeo.

autenticidad (au·ten·ti·ci·dad) [sustantivo/femenino] Características de lo que es auténtico: *certificado de autenticidad.* ☐ Familia: →auténtico.

auténtico, ca (au·tén·ti·co, ca) [adjetivo] Que no es falso. ☐ Sinónimos: verdadero, verídico, genuino, original. ☐ Antónimos: falso. ☐ Familia: autenticidad.

autismo (au·tis·mo) [sustantivo/masculino] Trastorno que hace que una persona tenga dificultades para relacionarse con los demás por medio de las palabras o el afecto: *El autismo suele diagnosticarse en la infancia.*

autista (au·tis·ta) [adjetivo o sustantivo] Que padece autismo. ☐ [No varía en masculino y femenino].

auto (au·to) [sustantivo/masculino] Automóvil: *Me monté en su auto nuevo.* ☐ Familia: autostop. →automóvil.

autobiografía (au·to·bio·gra·fí·a) [sustantivo/femenino] Historia que escribe una persona sobre su propia vida. ☐ Familia: →biografía.

autobiográfico, ca (au·to·bio·grá·fi·co, ca) [adjetivo] De la propia vida de una persona: *relato autobiográfico.* ☐ Familia: →biografía.

autobús (au·to·bús) [sustantivo/masculino] Vehículo grande que se usa para llevar personas de un lugar a otro de la ciudad o de una ciudad a otra. ◉ **páginas 960-961**. ☐ [Se usa mucho la forma abreviada «bus», que es coloquial]. ☐ Familia: bus.

autocar (au·to·car) [sustantivo/masculino] Vehículo grande que se usa para llevar personas de una ciudad a otra.

autocaravana (au·to·ca·ra·va·na) [sustantivo/femenino] Vehículo preparado para poder vivir en él. ◉ **páginas 960-961**. ☐ Familia: →automóvil. →caravana.

autocrítica (au·to·crí·ti·ca) [sustantivo/femenino] Juicio que hace una persona sobre conductas o hechos propios. ☐ Familia: →crítico.

autóctono, na (au·tóc·to·no, na) [adjetivo] Propio de un sitio: *fauna autóctona.*

autodefinido (au·to·de·fi·ni·do) [sustantivo/masculino] Juego parecido a un crucigrama que tiene escritas, en algunos de sus cuadros, las pistas para rellenar el resto. ☐ Familia: →definir.

autodidacto, ta (au·to·di·dac·to, ta) [adjetivo o sustantivo] Que ha aprendido algo sin la ayuda de nadie: *Soy una pintora autodidacta y lo he aprendido todo sola*. ☐ [Se usa más la forma «autodidacta» para el masculino]. ☐ Familia: →didáctico.

autoescuela (au·to·es·cue·la) [sustantivo femenino] Lugar en el que se enseña a conducir automóviles. ☐ Familia: →automóvil. →escuela.

autoestop (au·to·es·top) [sustantivo masculino] → **autostop.**

autoevaluación (au·to·e·va·lua·ción) [sustantivo femenino] Proceso por el que una persona se pone nota a sí misma en algo que ha hecho. ☐ Familia: →evaluar.

autogiro (au·to·gi·ro) [sustantivo masculino] Tipo de avión sin alas y con una hélice delante y otra en la parte de arriba, que es parecido a un helicóptero. ☐ Familia: →girar.

autógrafo (au·tó·gra·fo) [sustantivo masculino] Firma de una persona famosa o importante: *Mi hermano colecciona autógrafos de los jugadores de su equipo favorito*.

autómata (au·tó·ma·ta) ▮ [sustantivo] **1** Persona que actúa de forma mecánica, sin pensar. ▮ [sustantivo masculino] **2** Máquina que imita la figura y los movimientos de un ser animado. ☐ [En el significado **1** no varía en masculino y femenino]. ☐ Familia: automático, automatizar.

automático, ca (au·to·má·ti·co, ca) ▮ [adjetivo] **1** Que funciona por sí solo: *Casi todos los electrodomésticos son automáticos*. **2** Que se hace sin pensar: *Se come las uñas de forma automática*. **3** Que se produce siempre que se da determinada situación: *Cuando te llamo por teléfono, es automático: llaman a la puerta*. ▮ **automático** [sustantivo masculino] **4** Cierre que se pone en las prendas de vestir y que está formado por una pieza que se mete en otra. ☐ Sinónimos: **2** involuntario. ☐ Antónimos: **2** voluntario. ☐ Familia: →autómata.

automatizar (au·to·ma·ti·zar) [verbo] Utilizar máquinas que hagan el trabajo que antes hacían las personas: *Los faros se han automatizado y ya casi no quedan fareros*. ☐ [La «z» se cambia en «c» delante de «e» («automatice»)]. ☐ Sinónimos: mecanizar. ☐ Familia: →autómata.

automóvil (au·to·mó·vil) ▮ [adjetivo] **1** Que se mueve por sí mismo: *Los coches y los aviones son vehículos automóviles*. ▮ [sustantivo masculino] **2** Vehículo con motor que se mueve por el suelo y sobre ruedas. ☐ [En el significado **2** se usa mucho la forma abreviada «auto»]. ☐ Sinónimos: **2** coche. ☐ Familia: auto, automovilismo, automovilista, automovilístico, autopista, autovía, autoescuela, autocaravana.

automovilismo (au·to·mo·vi·lis·mo) [sustantivo masculino] Deporte que se practica con automóviles. ☐ Familia: →automóvil.

automovilista (au·to·mo·vi·lis·ta) [sustantivo] Persona que conduce un automóvil. ☐ [No varía en masculino y femenino]. ☐ Familia: →automóvil.

automovilístico, ca (au·to·mo·vi·lís·ti·co, ca) [adjetivo] Del automóvil, del automovilismo o relacionado con ellos: *carrera automovilística*. ☐ Familia: →automóvil.

autonomía (au·to·no·mí·a) [sustantivo femenino] **1** Situación de quienes pueden funcionar sin depender de nadie: *Tengo autonomía para tomar mis propias decisiones*. **2** En España, región que no depende del Gobierno de la nación en algunos aspectos: *Cataluña, Andalucía y Extremadura son algunas autonomías españolas*. ☐ Sinónimos: **2** comunidad autónoma. ☐ Familia: autónomo, autonómico.

autonómico, ca (au·to·nó·mi·co, ca) [adjetivo] De una autonomía o relacionado con ella. ☐ [No confundir con «autónomo» (que puede funcionar sin depender de otra cosa; que no trabaja bajo las órdenes de nadie)]. ☐ Familia: →autonomía.

autónomo, ma (au·tó·no·mo, ma) [adjetivo] **1** Que puede funcionar sin depender de otra cosa: *España está formada por diecisiete comunidades autónomas*. **2** Que no trabaja en ninguna empresa ni bajo las órdenes de nadie: *Muchos taxistas son autónomos*. ☐ [No confundir con «autonómico» (de una autonomía)]. ☐ Familia: →autonomía.

autopista (au·to·pis·ta) [sustantivo femenino] Carretera sin semáforos ni cruces al mismo nivel, que tiene separado cada sentido de circulación y por la que pueden ir varias filas de coches. ☐ [No confundir con «autovía» (carretera con algunas entradas a propiedades cercanas)]. ☐ Familia: →automóvil. →pista.

autopsia (au·top·sia) [sustantivo femenino] Examen médico que se hace a un muerto.

autor, ra (au·tor, to·ra) [sustantivo] **1** Persona que ha hecho una obra, como un libro o una película. **2** Persona que hace algo: *Los autores del robo han sido detenidos*. ☐ Sinónimos: **2** artífice. ☐ Familia: autoría, coautor, cantautor.

autoría (au·to·rí·a) [sustantivo femenino] Condición de la persona que es autora de algo: *Se desconoce la autoría de ese cuadro*. ☐ Familia: →autor.

autoridad (au·to·ri·dad) [sustantivo femenino] **1** Poder para mandar sobre algo: *El jefe tiene autoridad sobre los empleados*. **2** Persona o asociación que tiene este poder: *Varias autoridades municipales han asistido a la inauguración*. **3** Valor que se le da a algo en una determinada materia: *Este científico goza de mucha autoridad entre sus compañeros*. **4** Persona que sabe mucho de una materia: *Esta doctora es una autoridad en cirugía*. ☐ Sinónimos: **1, 2** mando. ☐ Familia: →autorizar.

autoritario, ria (au·to·ri·ta·rio, ria) ▮ [adjetivo] **1** Que apoya solo en la autoridad: *En los sistemas políticos autoritarios no se respetan las libertades*. ▮ [adjetivo o sustantivo] **2** Que hace cumplir siempre lo que manda: *Es muy autoritario y siempre está dando órdenes*. ☐ Familia: →autorizar.

autoritarismo (au·to·ri·ta·ris·mo) [sustantivo masculino] Uso excesivo de la autoridad. ☐ Familia: →autorizar.

autorización (au·to·ri·za·ción) [sustantivo femenino] Posibilidad que se nos da de hacer algo que pedimos. ☐ Sinónimos:

autorizado, da

permiso, licencia, consentimiento. ☐ ANTÓNIMOS: veto. ☐ FAMILIA: →autorizar.

autorizado, da (au·to·ri·za·do, da) [adjetivo] **1** Que tiene permiso para hacer algo: *Para que este impreso valga necesito una firma autorizada*. **2** Que puede ser creído y debe ser respetado por sus conocimientos o cualidades: *Un crítico autorizado ha opinado que esta novela es muy mala*. ☐ FAMILIA: →autorizar.

autorizar (au·to·ri·zar) [verbo] **1** Dejar a alguien que haga algo: *La manifestación no ha sido autorizada*. **2** Dar poder a alguien para hacer algo: *Han autorizado a este abogado para representar a la empresa*. ☐ [La «z» se cambia en «c» delante de «e» («autorice»)]. ☐ SINÓNIMOS: **1** permitir. **2** habilitar. ☐ ANTÓNIMOS: **1** prohibir. **2** desautorizar. ☐ FAMILIA: autorización, autorizado, autoridad, autoritario, autoritarismo, desautorizar.

autorretrato (au·to·rre·tra·to) [sustantivo masculino] Retrato que hace una persona de sí misma. ☐ FAMILIA: →retratar.

autoservicio (au·to·ser·vi·cio) [sustantivo masculino] Tienda o restaurante en los que el cliente coge él mismo lo que quiere y lo paga a la salida. ☐ FAMILIA: →servir.

autostop (au·tos·top) [sustantivo masculino] Manera de viajar sin pagar que consiste en hacer una señal a un coche para que pare y pedir al conductor que nos lleve a un sitio. ☐ [Se usa también «autoestop»]. ☐ FAMILIA: →auto. →stop.

autótrofo, fa (au·tó·tro·fo, fa) [adjetivo] Dicho de un organismo, que se nutre con materia que no es orgánica: *La mayoría de las plantas verdes son autótrofas*. ☐ ANTÓNIMOS: heterótrofo.

autovía (au·to·ví·a) [sustantivo femenino] Carretera parecida a la autopista pero que puede tener accesos a propiedades cercanas a través de cruces que están al mismo nivel. ☐ [No confundir con «autopista» (carretera sin cruces al mismo nivel)]. ☐ FAMILIA: →automóvil. →vía.

auxiliar (au·xi·liar) ■ [adjetivo] **1** Que sirve de ayuda: *Los diccionarios son libros auxiliares*; *«Haber» es un verbo auxiliar cuando forma los tiempos compuestos*. ■ [adjetivo o sustantivo] **2** Que depende de una persona y la ayuda en una actividad: *Los auxiliares técnicos sanitarios colaboran con los médicos*. ■ [verbo] **3** Dar ayuda a alguien que lo necesita o que se encuentra en peligro: *Los socorristas auxiliaron a un nadador*. ☐ [En los significados **1** y **2** no varía en masculino y femenino. Como verbo, es irregular y se conjuga como ANUNCIAR]. ☐ SINÓNIMOS: **2** ayudante. **3** socorrer. ☐ FAMILIA: auxilio.

auxilio (au·xi·lio) [sustantivo masculino] Ayuda que se da a una persona que la necesita o que está en peligro: *Oímos un grito de auxilio*. ◆ [expresión] ‖ **primeros auxilios** Lo primero que se hace a una persona que ha tenido un accidente: *En mi coche tenemos un botiquín de primeros auxilios*. ☐ [Se usa para pedir ayuda urgente: «¡Auxilio, me ahogo!»]. ☐ SINÓNIMOS: socorro. ☐ FAMILIA: →auxiliar.

aval (a·val) [sustantivo masculino] Garantía que asegura que algo se va a cumplir: *Si pides un préstamo a un banco, te pedirán un aval que les garantice que les vas a devolver el dinero*. ☐ FAMILIA: avalar.

avalancha (a·va·lan·cha) [sustantivo femenino] **1** Gran masa de nieve que cae de una montaña con mucha fuerza y haciendo mucho ruido. **2** Gran cantidad de algo que llega con fuerza. ☐ SINÓNIMOS: alud.

avalar (a·va·lar) [verbo] Servir como garantía de que algo se va a cumplir: *Me avalaron mis padres y el banco me concedió el crédito*. ☐ FAMILIA: →aval.

avance (a·van·ce) [sustantivo masculino] **1** Movimiento hacia adelante: *El general observaba el avance de las tropas*. **2** Desarrollo hacia algo mejor: *Mi avance en los estudios se debe a que ahora estudio más*. **3** Parte de una información que se da antes de explicarla con detalle: *Esto es un avance de lo que te contaré luego*. ☐ SINÓNIMOS: **2** progreso. **2**, **3** adelanto. ☐ ANTÓNIMOS: **1** retroceso, regresión. **2** retraso. ☐ FAMILIA: →avanzar.

avanzada (a·van·za·da) [sustantivo femenino] Mira en **avanzado, da**.

avanzadilla (a·van·za·di·lla) [sustantivo femenino] → **avanzada**. ☐ FAMILIA: →avanzar.

avanzado, da (a·van·za·do, da) ■ [adjetivo] **1** Que está muy adelantado o cerca del final: *hora avanzada*. ■ [adjetivo o sustantivo] **2** Que destaca entre otras cosas o que las aventaja: *ideas avanzadas*. ■ **avanzada** [sustantivo femenino] **3** Grupo de soldados que se separan del resto para observar al enemigo. ☐ SINÓNIMOS: **3** avanzadilla. ☐ FAMILIA: →avanzar.

avanzar (a·van·zar) [verbo] **1** Mover hacia adelante: *Avanza un poco la pierna*. **2** Ir hacia adelante: *Los alumnos nombrados deben avanzar un paso*. **3** Pasar a un estado mejor: *El enfermo avanza con este tratamiento*. **4** Adelantar una noticia: *Un miembro del jurado avanzó el nombre del ganador*. ☐ [La «z» se cambia en «c» delante de «e» («avance»)]. ☐ SINÓNIMOS: adelantar. **3** progresar, mejorar. **4** anticipar. ☐ ANTÓNIMOS: **1-3** retroceder. **1**, **2** recular. **2** desandar. **3** empeorar. ☐ FAMILIA: avance, avanzado, avanzada, avanzadilla.

avaricia (a·va·ri·cia) [sustantivo femenino] Deseo de tener muchas riquezas solo para guardarlas. ☐ SINÓNIMOS: codicia, tacañería. ☐ FAMILIA: →avaro.

avaricioso, sa (a·va·ri·cio·so, sa) [adjetivo o sustantivo] Que lo quiere todo para él. ☐ FAMILIA: →avaro.

avariento, ta (a·va·rien·to, ta) [adjetivo o sustantivo] Que no gasta nada, porque quiere tener muchas cosas. ☐ SINÓNIMOS: avaro, ruin, tacaño. ☐ FAMILIA: →avaro.

avaro, ra (a·va·ro, ra) [adjetivo o sustantivo] Que no gasta nada, porque lo único que quiere es tener muchas cosas. ☐ SINÓNIMOS: ruin, tacaño, avariento. ☐ ANTÓNIMOS: generoso. ☐ FAMILIA: avaricia, avaricioso, avariento.

avasallar (a·va·sa·llar) [verbo] Tratar a los demás sin respetar sus derechos: *No se puede avasallar a la gente, porque todos tenemos derechos*. ☐ FAMILIA: →vasallo.

avatar (a·va·tar) [sustantivo masculino] **1** Cambio, transformación o suceso: *Su vida está llena de avatares y anécdotas*.

2 En internet, imagen que elige un usuario para ser identificado: *Mi avatar en esa red social es el dibujo de una sonrisa.* ☐ [En el significado **1** se usa más en plural].

ave (a·ve) [sustantivo femenino] Animal que tiene pico, alas y el cuerpo cubierto de plumas: *Los patos y las águilas son aves.* ◆ [expresión] ‖ **ave de rapiña** Ave que tiene el pico y las uñas muy fuertes y que se alimenta de carne: *El buitre y el halcón son aves de rapiña.* ☞ **páginas 116-117.** ☐ [Aunque es femenino, como empieza por «a» tónica o acentuada, se usa con «el», «un», «ningún» y «algún»: «el ave», «las aves»]. ☐ FAMILIA: avicultura, avicultor, avícola.

AVE [sustantivo masculino] Tren español que circula a gran velocidad: *Iremos a Sevilla en AVE.* ☐ [Procede de la marca comercial «AVE®». Se pronuncia «ábe». Se escriben todas las letras con mayúscula. No varía en singular y plural: «el AVE», «los AVE»].

avecinarse (a·ve·ci·nar·se) [verbo] Estar algo muy cerca de ocurrir: *avecinarse una tormenta.* ☐ FAMILIA: →vecino.

avejentar (a·ve·jen·tar) [verbo] Hacer parecer más viejo de lo que realmente se es: *Esa corbata te avejenta.* ☐ FAMILIA: →viejo.

avellana (a·ve·lla·na) [sustantivo femenino] Fruto del avellano, que es redondo y tiene la cáscara lisa, muy dura y de color marrón. ☞ **página 455.** ☐ FAMILIA: avellano.

avellano (a·ve·lla·no) [sustantivo masculino] Arbusto que da avellanas. ☐ FAMILIA: →avellana.

avemaría (a·ve·ma·rí·a) [sustantivo femenino] Oración cristiana que empieza con las palabras *Dios te salve, María.*

avena (a·ve·na) [sustantivo femenino] Planta parecida al trigo y que se usa como alimento para personas y animales.

avenida (a·ve·ni·da) [sustantivo femenino] Calle muy ancha e importante.

aventajado, da (a·ven·ta·ja·do, da) [adjetivo] Que tiene alguna ventaja sobre los demás. ☐ FAMILIA: →ventaja.

aventajar (a·ven·ta·jar) [verbo] Tener alguna ventaja sobre los demás. ☐ [Siempre se escribe con «j»]. ☐ SINÓNIMOS: superar, ganar, exceder. ☐ FAMILIA: →ventaja.

aventar (a·ven·tar) [verbo] Echar al viento un cereal para separar el grano de la paja. ☐ [Es irregular y se conjuga como ACERTAR]. ☐ FAMILIA: →viento.

aventura (a·ven·tu·ra) [sustantivo femenino] **1** Suceso curioso que ocurre en el desarrollo de algo. **2** Relación corta de amor: *La actriz declaró que nunca había tenido ninguna aventura.* ☐ SINÓNIMOS: **1** peripecia. ☐ FAMILIA: aventurar, aventurero.

aventurar (a·ven·tu·rar) [verbo] **1** Arriesgar o poner en peligro: *Se aventuraron en la montaña a pesar de la tormenta.* **2** Decir algo sobre lo que no se está completamente seguro: *Aventuré una explicación, pero no convencí a nadie.* ☐ FAMILIA: →aventura.

aventurero, ra (a·ven·tu·re·ro, ra) [adjetivo o sustantivo] Que siente afición por las aventuras. ☐ FAMILIA: →aventura.

avergonzar (a·ver·gon·zar) [verbo] Producir vergüenza o sentirla: *Me avergüenza que hables a tus amigos de esa manera.* ☐ [Es irregular y se conjuga como CONTAR. La «g» se cambia en «gü» delante de «e» y la «z» se cambia en «c» delante de «e» («avergüence»)]. ☐ SINÓNIMOS: abochornar. ☐ FAMILIA: →vergüenza.

avería (a·ve·rí·a) [sustantivo femenino] Daño que hace que algo deje de funcionar. ☐ FAMILIA: averiarse.

averiarse (a·ve·riar·se) [verbo] Romperse y dejar de funcionar. ☐ [Es irregular y se conjuga como ENVIAR]. ☐ FAMILIA: →avería.

averiguación (a·ve·ri·gua·ción) [sustantivo femenino] Trabajo que se realiza para intentar descubrir la verdad. ☐ FAMILIA: →averiguar.

averiguar (a·ve·ri·guar) [verbo] Descubrir la verdad. ☐ [Es irregular. Mira el cuadro en la página 118]. ☐ FAMILIA: averiguación.

averno (a·ver·no) [sustantivo masculino] Infierno: *Pidió a los dioses que lo dejaran descender al averno.* ☐ [También se escribe con mayúscula. Suele usarse en lenguaje literario].

aversión (a·ver·sión) [sustantivo femenino] Sentimiento muy fuerte y negativo que nos hace rechazar algo que no nos gusta nada. ☐ SINÓNIMOS: odio. ANTÓNIMOS: amor, afecto.

avestruz (a·ves·truz) [sustantivo masculino] Ave muy grande, que corre mucho y que tiene las patas y el cuello muy largos. ☞ **páginas 116-117.** ☐ [Su plural es «avestruces»].

avezado, da (a·ve·za·do, da) [adjetivo] Dicho de una persona, que está acostumbrada o habituada a algo.

aviación (a·via·ción) [sustantivo femenino] Sistema de comunicación por el que las personas y las cosas van de un lugar a otro en aviones. ☐ FAMILIA: →avión.

aviado, da (a·via·do, da) [adjetivo] **1** Arreglado y dispuesto: *Cuando tenga aviada la casa, te llamaré.* **2** En una situación difícil o equivocada: *Como no lleguemos a tiempo estamos aviados, porque es el último tren.* ☐ [Es coloquial]. ☐ FAMILIA: →aviar.

aviador, ra (a·via·dor, do·ra) [sustantivo] Persona que conduce un avión. ☐ FAMILIA: →avión.

aviar (a·viar) [verbo] Arreglar o preparar algo: *Después de aviar la casa, salió al mercado.* ☐ [Es irregular y se conjuga como ENVIAR]. ☐ FAMILIA: aviado, avío.

avícola (a·ví·co·la) [adjetivo] De la avicultura o relacionado con esta técnica. ☐ [No varía en masculino y femenino]. ☐ FAMILIA: →ave.

avicultor, ra (a·vi·cul·tor, to·ra) [sustantivo] Persona que se dedica a la avicultura. ☐ [No confundir con «apicultor» (persona que se dedica a la apicultura)]. ☐ FAMILIA: →ave.

avicultura (a·vi·cul·tu·ra) [sustantivo femenino] Técnica para criar aves y aprovechar sus productos. ☐ [No confundir con «apicultura» (arte de criar abejas)]. ☐ FAMILIA: →ave.

avidez (a·vi·dez) [sustantivo femenino] Deseo muy fuerte de algo. ☐ FAMILIA: →ávido.

ávido, da (á·vi·do, da) [adjetivo] Que siente un deseo muy fuerte de algo. ☐ FAMILIA: avidez.

aves

gorrión	mirlo	urraca
pato	ganso	cisne
gallina	gallo	pavo
faisán	pavo real	búho
gavilán	buitre	pingüino

aves

pelícano	cigüeña	grulla
flamenco	avestruz	águila
loro	paloma	gaviota
jilguero	lechuza	perdiz
pájaro carpintero	canario	cacatúa

aviejar (a·vie·jar) [verbo] Hacer parecer más viejo. ☐ [Es coloquial]. ☐ FAMILIA: →viejo.

avieso, sa (a·vie·so, sa) [adjetivo] Muy malo: *aviesas intenciones*.

avinagrado, da (a·vi·na·gra·do, da) [adjetivo] **1** Que se ha puesto agrio: *Este vino está avinagrado*. **2** Que está de mal humor o que es poco amable: *Es una persona avinagrada*. ☐ FAMILIA: →vino.

avinagrarse (a·vi·na·grar·se) [verbo] **1** Ponerse el vino agrio. **2** Volverse una persona malhumorada o poco amable: *Su carácter se ha avinagrado*. ☐ FAMILIA: →vino.

avío (a·ví·o) [sustantivo masculino] **1** Arreglo o preparación de algo: *Cuando termine el avío de la casa, iré*. **2** Utilidad que tiene algo: *No quiero tirar este jersey porque me hace mucho avío*. ☐ [Es coloquial]. ☐ FAMILIA: →aviar.

avión (a·vión) [sustantivo masculino] Vehículo con motor que vuela y que tiene alas. 👁 **páginas 960-961.** ☐ SINÓNIMOS: aeroplano. ☐ FAMILIA: avioneta, aviación, aviador, hidroavión, portaaviones.

avioneta (a·vio·ne·ta) [sustantivo femenino] Avión pequeño. ☐ FAMILIA: →avión.

avisar (a·vi·sar) [verbo] **1** Comunicar algo a alguien o llamarle la atención sobre ello: *El profesor nos avisó de que el viernes no había clase*. **2** Llamar a alguien para que haga algo: *Hemos avisado a un albañil para que tape la grieta*. ☐ SINÓNIMOS: **1** advertir. ☐ FAMILIA: →aviso.

aviso (a·vi·so) [sustantivo masculino] **1** Noticia o información que se comunica a alguien: *El fontanero tenía un aviso para que fuese a arreglar unas tuberías*. **2** Señal de algo: *El pinchazo en el costado era un aviso de que tenía apendicitis*. ☐ SINÓNIMOS: **1** advertencia. ☐ FAMILIA: avisar.

avispa (a·vis·pa) [sustantivo femenino] Insecto parecido a la abeja, pero con cuerpo amarillo y negro. 👁 **página 530.** ☐ FAMILIA: avispero, avispado.

avispado, da (a·vis·pa·do, da) [adjetivo] Listo y con una inteligencia viva y clara. ☐ SINÓNIMOS: despierto, espabilado. ☐ FAMILIA: →avispa.

avispero (a·vis·pe·ro) [sustantivo masculino] Lugar donde viven las avispas. ☐ FAMILIA: →avispa.

avistar (a·vis·tar) [verbo] Ver algo a lo lejos: *Avistaron tierra después de dos semanas en alta mar*. ☐ SINÓNIMOS: divisar. ☐ FAMILIA: →ver.

avivar (a·vi·var) [verbo] **1** Hacer que el fuego tenga más fuerza: *Sopla un poco para avivar el fuego*. **2** Aumentar la fuerza de algo: *Este libro avivará tus deseos de aventura*. ☐ SINÓNIMOS: reavivar. **1** atizar. **2** activar, exacerbar. ☐ ANTÓNIMOS: **2** frenar, debilitar. ☐ FAMILIA: →vivir.

AVERIGUAR

INDICATIVO

Presente
yo averiguo
tú averiguas / usted averigua
él, ella averigua
nosotros, tras averiguamos
vosotros, tras averiguáis / ustedes averiguan
ellos, ellas averiguan

Pretérito imperfecto
yo averiguaba
tú averiguabas / usted averiguaba
él, ella averiguaba
nosotros, tras averiguábamos
vosotros, tras averiguabais / ustedes averiguaban
ellos, ellas averiguaban

Pretérito perfecto simple
yo averigüé
tú averiguaste / usted averiguó
él, ella averiguó
nosotros, tras averiguamos
vosotros, tras averiguasteis / ustedes averiguaron
ellos, ellas averiguaron

Futuro simple
yo averiguaré
tú averiguarás / usted averiguará
él, ella averiguará
nosotros, tras averiguaremos
vosotros, tras averiguaréis / ustedes averiguarán
ellos, ellas averiguarán

Condicional simple
yo averiguaría
tú averiguarías / usted averiguaría
él, ella averiguaría
nosotros, tras averiguaríamos
vosotros, tras averiguaríais / ustedes averiguarían
ellos, ellas averiguarían

SUBJUNTIVO

Presente
yo averigüe
tú averigües / usted averigüe
él, ella averigüe
nosotros, tras averigüemos
vosotros, tras averigüéis / ustedes averigüen
ellos, ellas averigüen

Pretérito imperfecto
yo averiguara o averiguase
tú averiguaras o averiguases / usted averiguara o averiguase
él, ella averiguara o averiguase
nosotros, tras averiguáramos o averiguásemos
vosotros, tras averiguarais o averiguaseis / ustedes averiguaran o averiguasen
ellos, ellas averiguaran o averiguasen

Futuro simple
yo averiguare
tú averiguares / usted averiguare
él, ella averiguare
nosotros, tras averiguáremos
vosotros, tras averiguareis / ustedes averiguaren
ellos, ellas averiguaren

IMPERATIVO

averigua (tú) / averigüe (usted)
averigüemos (nosotros, tras)
averiguad (vosotros, tras) / averigüen (ustedes)

FORMAS NO PERSONALES

Infinitivo	Gerundio	Participio
averiguar	averiguando	averiguado

avizor (a·vi·<u>zor</u>) ◆ [expresión] ‖ **ojo avizor** Muy atento a algo.

avutarda (a·vu·<u>tar</u>·da) [sustantivo/femenino] Ave con las patas largas, las plumas rojizas con manchas negras, el cuello delgado y largo, y las alas pequeñas.

axila (a·<u>xi</u>·la) [sustantivo/femenino] Hueco que queda debajo del brazo en la parte en la que se une al cuerpo. ☐ SINÓNIMOS: sobaco.

axioma (a·<u>xio</u>·ma) [sustantivo/masculino] Idea básica tan clara y evidente que no necesita demostración: *«Dos cosas iguales a otra son iguales entre sí» es un axioma*.

ay (<u>ay</u>) ∎ [sustantivo/masculino] **1** Expresión de dolor o de pena. ∎ [interjección] **2** Se usa para indicar dolor, sorpresa o admiración: *¡Ay, qué daño!* ☐ [En el significado **1** su plural es «ayes». No confundir con «hay», del verbo «haber», ni con «ahí», adverbio]. ☐ SINÓNIMOS: **1** queja, quejido, lamento, gemido.

ayer (a·<u>yer</u>) ∎ [sustantivo/masculino] **1** Tiempo que ya ha pasado: *No puedes vivir pensando en el ayer*. ∎ [adverbio] **2** En el día anterior al de hoy. **3** En un tiempo que ya ha pasado: *Ayer eras un pequeñajo y hoy te casas*. ☐ [En el significado **1** su plural es «ayeres»]. ☐ SINÓNIMOS: **1** pasado. ☐ ANTÓNIMOS: mañana. **1** futuro, porvenir. ☐ FAMILIA: anteayer.

ayo, ya (<u>a</u>·yo, ya) [sustantivo] Persona encargada de cuidar y de educar a los niños de una familia en la casa de dicha familia. ☐ [«Aya», aunque es un sustantivo femenino, se usa con «el», «un», «ningún» y «algún»: «el aya», «las ayas». No confundir con «hallo, halla», del verbo «hallar». No confundir «aya» con «haya», del verbo «haber», ni con «haya» (tipo de árbol)].

ayuda (a·<u>yu</u>·da) [sustantivo/femenino] **1** Acción que realiza una persona por otra que lo necesita: *Siempre que lo necesites, cuenta con mi ayuda*. **2** Cosa que se da a una persona para ayudarla: *A este señor le dieron una ayuda de mil euros*. ☐ FAMILIA: →ayudar.

ayudante (a·yu·<u>dan</u>·te) [adjetivo o sustantivo] Persona que depende de otra y la ayuda en una actividad. ☐ [No varía en masculino y femenino]. ☐ SINÓNIMOS: auxiliar. ☐ FAMILIA: →ayudar.

ayudar (a·yu·<u>dar</u>) [verbo] **1** Hacer lo necesario para que alguien deje de estar en peligro o para que pueda conseguir algo. ∎ **ayudarse 2** Usar una cosa para conseguir algo: *Si no puedes abrir la tapa, ayúdate con un cuchillo*. ☐ FAMILIA: ayuda, ayudante.

ayunar (a·yu·<u>nar</u>) [verbo] No comer o no beber. ☐ FAMILIA: ayuno, ayunas, desayunar, desayuno.

ayunas (a·<u>yu</u>·nas) ◆ [expresión] ‖ **en ayunas** Sin comer ni beber nada. ☐ FAMILIA: →ayunar.

ayuno (a·<u>yu</u>·no) [sustantivo/masculino] Hecho de no comer o de no beber. ☐ FAMILIA: →ayunar.

ayuntamiento (a·yun·ta·<u>mien</u>·to) [sustantivo/masculino] **1** Edificio donde trabaja la persona que gobierna un pueblo o una ciudad. **2** Conjunto formado por la persona que gobierna un pueblo o una ciudad y por las que la ayudan: *El ayuntamiento ha aprobado el proyecto del nuevo parque*. ☐ SINÓNIMOS: **2** cabildo, concejo.

azabache (a·za·<u>ba</u>·che) [sustantivo/masculino] Mineral muy duro y de color negro que se usa para hacer joyas.

azada (a·<u>za</u>·da) [sustantivo/femenino] Herramienta que se usa para cavar y mover la tierra. 👁 **páginas 494-495**. ☐ FAMILIA: azadón.

azadón (a·za·<u>dón</u>) [sustantivo/masculino] Herramienta que se usa para cavar en tierras duras y que tiene una parte de metal que corta un poco. ☐ FAMILIA: →azada.

azafata (a·za·<u>fa</u>·ta) [sustantivo/femenino] **1** Mujer que se ocupa de las personas que viajan en un avión. **2** Mujer que trabaja ayudando a las personas que van a algunos actos: *Varios asistentes al congreso pidieron información a una azafata*.

azafrán (a·za·<u>frán</u>) [sustantivo/masculino] Planta de la que se saca una sustancia que se usa para dar color y sabor a las comidas.

azahar (a·za·<u>har</u>) [sustantivo/masculino] Flor blanca de árboles como el limonero y el naranjo, que tiene muy buen olor. 👁 **página 444**. ☐ [No confundir con «azar» (casualidad)].

azalea (a·za·<u>le</u>·a) [sustantivo/femenino] Arbusto que tiene flores blancas, rosas o rojas. 👁 **página 444**.

azar (a·<u>zar</u>) [sustantivo/masculino] Casualidad o situación en la que sucede algo no esperado: *Mis padres se conocieron por un azar de la vida*. ◆ [expresión] ‖ **al azar** Sin pensar: *Escoge un libro al azar*. ☐ [No confundir con «azahar» (flor blanca)]. ☐ FAMILIA: azaroso.

azaroso, sa (a·za·<u>ro</u>·so, sa) [adjetivo] Con sucesos inesperados o con riesgos: *Tuvimos un viaje azaroso*. ☐ FAMILIA: →azar.

azerbaiyano, na (a·zer·bai·<u>ya</u>·no, na) [adjetivo o sustantivo] De Azerbaiyán, que es un país asiático.

azor (a·<u>zor</u>) [sustantivo/masculino] Ave de cabeza pequeña y pico curvo que se usaba para cazar y que es parecida al halcón.

azorar (a·zo·<u>rar</u>) [verbo] Hacer que una persona deje de estar tranquila: *No le gusta la fama porque hablar en público lo azora*. ☐ SINÓNIMOS: inquietar.

azotaina (a·zo·<u>tai</u>·na) [sustantivo/femenino] Serie de azotes. ☐ FAMILIA: →azotar.

azotar (a·zo·<u>tar</u>) [verbo] **1** Dar azotes con una cuerda o con algo parecido. **2** Golpear de forma repetida y violenta: *El viento azotaba los árboles*. ☐ FAMILIA: azote, azotaina.

azote (a·<u>zo</u>·te) [sustantivo/masculino] **1** Golpe que se da en el culo con la mano abierta. **2** Golpe fuerte que se da con una cuerda o con algo parecido: *El pirata mandó que dieran diez azotes al prisionero*. **3** Golpe repetido y violento: *Había mucho oleaje y se oía el azote de las olas en las rocas*. ☐ FAMILIA: →azotar.

azotea (a·zo·<u>te</u>·a) [sustantivo/femenino] **1** Parte superior y plana de un edificio sobre la que se puede andar. **2** Cabeza humana: *Tú estás un poco mal de la azotea*. ☐ [El significado **2** es coloquial]. ☐ SINÓNIMOS: **1** terrado, terraza.

azteca (az·te·ca) [adjetivo o sustantivo] De un antiguo pueblo indio que vivía en el actual territorio mexicano. ☐ [No varía en masculino y femenino].

azúcar (a·zú·car) [sustantivo] **1** Sustancia sólida y blanca que se usa para dar sabor dulce a los alimentos. **2** Compuesto que se encuentra en los seres vivos y que les da energía. ☐ [Se puede decir «el azúcar» y «la azúcar» sin que cambie de significado]. ☐ Familia: azucarero, azucarar, azucarado, azucarillo.

azucarado, da (a·zu·ca·ra·do, da) [adjetivo] Que tiene azúcar o que está dulce como el azúcar: *bebida azucarada.* ☐ Familia: →azúcar.

azucarar (a·zu·ca·rar) [verbo] Echar azúcar: *Tomo el café sin azucarar.* ☐ Familia: →azúcar.

azucarero, ra (a·zu·ca·re·ro, ra) ▮ [adjetivo] **1** Del azúcar o relacionado con ella. ▮ **azucarero** [sustantivo masculino] **2** Recipiente para guardar el azúcar. ▮ **azucarera** [sustantivo femenino] **3** Fábrica de azúcar. ☐ Familia: →azúcar.

azucarillo (a·zu·ca·ri·llo) [sustantivo masculino] Terrón de azúcar. ☐ Familia: →azúcar.

azucena (a·zu·ce·na) [sustantivo femenino] Planta que tiene flores de color blanco, amarillo o naranja, que dan buen olor, y que se usa para adornar.

azufre (a·zu·fre) [sustantivo masculino] Sustancia de color amarillo que tiene un fuerte olor.

azul (a·zul) [adjetivo o sustantivo masculino] Del color del cielo. ◆ [expresión] ‖ **azul celeste** El que se parece al color del cielo los días de sol. ‖ **azul marino** El que es muy oscuro. ‖ **azul turquesa** El que es muy parecido al verde. ☐ [Cuando es adjetivo, no varía en masculino y femenino]. ☐ Familia: azulado. 👁 **página 234.**

azulado, da (a·zu·la·do, da) [adjetivo] De color azul o con tonos azules. ☐ Familia: →azul.

azulejo (a·zu·le·jo) [sustantivo] Pieza dura y lisa que se usa para cubrir suelos y paredes.

azuzar (a·zu·zar) [verbo] Animar a un animal para que ataque. ☐ [La «z» se cambia en «c» delante de «e» («azuce»)].

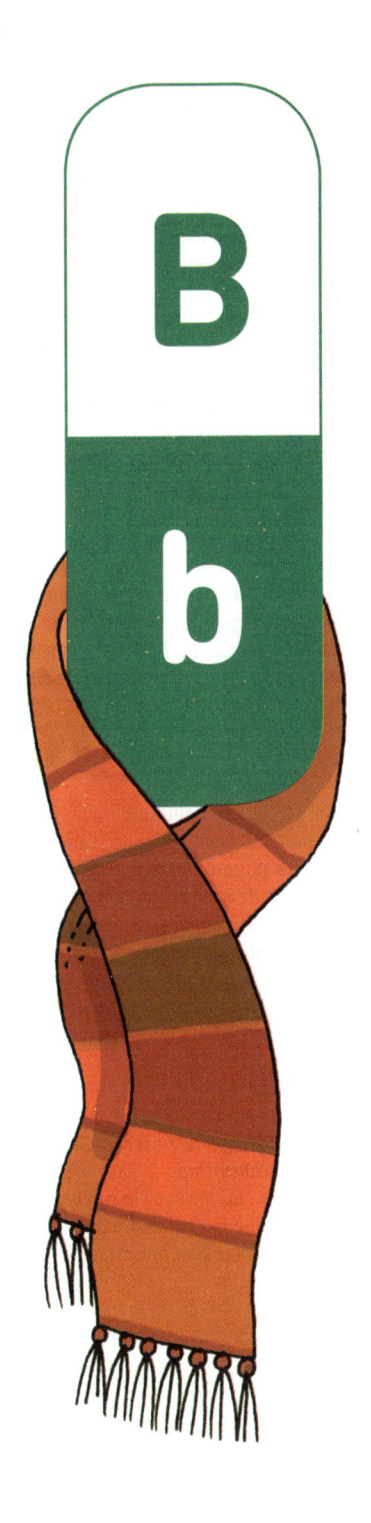

b [sustantivo femenino] Letra número dos del abecedario. ◉ **página 18.** □ [Su nombre es «be»].

baba (ba·ba) [sustantivo femenino] **1** Saliva que cae de la boca. **2** Líquido viscoso que sueltan algunos animales: *El caracol deja un rastro de baba.* ◆ [expresión] ‖ **caérsele la baba a alguien** Sentir mucho placer viendo u oyendo algo: *Se me cae la baba con mis hijos.* ‖ **mala baba** Mala intención. □ [Las expresiones son coloquiales]. □ FAMILIA: babear, babero, babi, baboso, babosear, rebaba.

babear (ba·be·ar) [verbo] Echar babas: *Después de la carrera, el perro babeaba mucho.* □ FAMILIA: →baba.

babero (ba·be·ro) [sustantivo masculino] Trozo de tela que se coloca sobre el pecho para que no se manche la ropa al comer. □ FAMILIA: →baba.

babi (ba·bi) [sustantivo masculino] Prenda de vestir que se pone encima de la ropa para no mancharla.

babia (ba·bia) ◆ [expresión] ‖ **estar en Babia** Estar muy distraído o despistado. □ [Es coloquial].

bable (ba·ble) [sustantivo masculino] Variedad lingüística que se habla en el Principado de Asturias.

babor (ba·bor) [sustantivo masculino] Parte izquierda de un barco. ◉ **página 132.** □ ANTÓNIMOS: estribor.

babosa (ba·bo·sa) [sustantivo femenino] Mira en **baboso, sa**.

babosear (ba·bo·se·ar) [verbo] Mojar o llenar de baba: *Le están saliendo los dientes y babosea toda la ropa.* □ FAMILIA: →baba.

baboso, sa (ba·bo·so, sa) ▌ [adjetivo o sustantivo] **1** Que echa muchas babas. ▌ **babosa** [sustantivo femenino] **2** Animal pequeño y alargado que parece un caracol, pero sin concha. □ FAMILIA: →baba.

babucha (ba·bu·cha) [sustantivo femenino] Zapatilla ligera y sin tacón.

babucha

baca (ba·ca) [sustantivo femenino] Estructura de metal que se coloca sobre el techo de un automóvil y que sirve para llevar bultos. □ [No confundir con «vaca» (hembra del toro)].

bacalao (ba·ca·la·o) [sustantivo masculino] Pez marino de gran tamaño, que tiene el cuerpo alargado y la cabeza muy grande. ◉ **página 723.** ◆ [expresión] ‖ **cortar el bacalao** Mandar: *Aquí quien corta el bacalao soy yo.* □ [La expresión es coloquial]. □ SINÓNIMOS: abadejo.

bache (ba·che) [sustantivo masculino] **1** Hoyo que hay en una carretera. **2** Corriente de aire que agita a un avión que está en vuelo. **3** Situación pasajera en la que pasa algo malo: *Este jugador sufrió un bache el mes pasado.*

bachiller (ba·chi·**ller**) [sustantivo] Persona que estudiaba el bachillerato. ☐ [No varía en masculino y femenino]. ☐ Familia: bachillerato.

bachillerato (ba·chi·lle·**ra**·to) [sustantivo masculino] Nivel de estudios anterior a los estudios universitarios. ☐ Familia: →bachiller.

bacilo (ba·**ci**·lo) [sustantivo masculino] Bacteria alargada que tiene forma de bastón.

bacín (ba·**cín**) [sustantivo] Recipiente alto que se utilizaba antes como orinal.

bacon [sustantivo masculino] → **beicon**. ☐ [Es una palabra inglesa. Se pronuncia «béikon»].

bacteria (bac·**te**·ria) [sustantivo femenino] Ser vivo tan pequeño que solo puede ser visto con un microscopio. ☐ Familia: bacteriano, bacteriológico, bactericida.

bacteriano, na (bac·te·**ria**·no, na) [adjetivo] Relacionado con las bacterias: *una infección bacteriana*. ☐ Familia: →bacteria.

bactericida (bac·te·ri·**ci**·da) [adjetivo o sustantivo masculino] Que mata las bacterias: *una sustancia con efecto bactericida*. ☐ [Cuando es adjetivo, no varía en masculino y femenino]. ☐ Familia: →bacteria.

bacteriológico, ca (bac·te·rio·**ló**·gi·co, ca) [adjetivo] Relacionado con el estudio de las bacterias. ☐ Familia: →bacteria.

báculo (**bá**·cu·lo) [sustantivo masculino] Persona o cosa que sirve de apoyo: *Tus hijos serán el báculo de tu vejez*.

badajo (ba·**da**·jo) [sustantivo masculino] Pieza que hay en el interior de una campana para hacerla sonar al moverla.

badajo

badajocense (ba·da·jo·**cen**·se) [adjetivo o sustantivo] → **pacense**. ☐ [No varía en masculino y femenino].

badana (ba·**da**·na) ▌ [sustantivo] **1** Persona vaga y perezosa. ▌ [sustantivo femenino] **2** Piel trabajada o curtida de carnero o de oveja. ◆ [expresión] ‖ **zurrar la badana** Tratar mal con palabras o con golpes. ☐ [En el significado **1** no varía en masculino y femenino. La expresión es coloquial].

badén (ba·**dén**) [sustantivo masculino] Zona de una carretera un poco hundida para que pase el agua: *Al pasar con el coche rápido por los badenes, tengo una sensación extraña en el estómago*.

bádminton (**bád**·min·ton) [sustantivo masculino] Deporte parecido al tenis, pero que se juega con una raqueta más pequeña y una pelota con plumas en su parte plana. ◉ páginas 304-305.

bafle (**ba**·fle) [sustantivo masculino] En un equipo de música, caja que contiene uno o varios aparatos que sirven para que se oiga más fuerte el sonido. ☐ [Es una palabra de origen inglés].

bagaje (ba·**ga**·je) [sustantivo masculino] **1** Conjunto de cosas o conocimientos que alguien tiene: *bagaje cultural*. **2** Conjunto de cosas que lleva en un viaje un ejército. ☐ Sinónimos: **1** acervo.

bagatela (ba·ga·**te**·la) [sustantivo femenino] Cosa que tiene poca importancia o poco valor. ☐ Sinónimos: baratija, fruslería.

baguette [sustantivo femenino] Pan francés en barra larga y estrecha que se usa mucho para bocadillos. ☐ [Es una palabra francesa. Se pronuncia «baguét»].

bah [interjección] Se usa para indicar disgusto o rechazo.

bahía (ba·**hí**·a) [sustantivo femenino] Entrada del mar en la costa. ◉ páginas 576-577.

bailaor, ra (bai·la·**or**, **o**·ra) [sustantivo] Persona que baila flamenco. ☐ Familia: →bailar.

bailar (bai·**lar**) [verbo] **1** Moverse al ritmo de una música. **2** Moverse algo que no se sujeta bien: *Esta falda me queda ancha y me baila*. **3** Girar un objeto sobre sí mismo muy rápido: *La peonza baila mejor sobre un suelo liso*. ☐ [Es irregular]. ☐ Sinónimos: **1** danzar. ☐ Familia: baile, bailarín, bailaor.

bailarín, na (bai·la·**rín**, **ri**·na) [sustantivo] Persona que baila. ☐ Familia: →bailar.

baile (**bai**·le) [sustantivo masculino] **1** Conjunto de movimientos que se hacen con el cuerpo al ritmo de la música. **2** Fiesta en la que se juntan varias personas para bailar: *Esta noche hay baile en la plaza*. **3** Movimiento de carácter nervioso: *Estate quieto, que, con ese baile de piernas, estás moviendo la mesa*. ◆ [expresión] ‖ **baile de salón** El que se baila por parejas en un local cerrado: *El pasodoble es un baile de salón*. ‖ **baile de san Vito** Enfermedad en la que se mueve el cuerpo todo el rato. ☐ [El significado **3** es coloquial]. ☐ Sinónimos: **1** danza. ☐ Familia: →bailar.

baja (**ba**·ja) [sustantivo femenino] Mira en **bajo, ja**.

bajada (ba·**ja**·da) [sustantivo femenino] **1** Terreno que baja: *Al final de la bajada descansaremos*. **2** Paso a un lugar más bajo: *La bajada es más fácil que la subida*. **3** Disminución de la fuerza, de la cantidad o del valor de algo: *Para mañana se espera una bajada de las temperaturas*. ☐ Sinónimos: descenso. ☐ Antónimos: subida. **2**, **3** ascenso. **3** alza. ☐ Familia: →bajar.

bajamar (ba·ja·**mar**) [sustantivo femenino] Momento en el que la marea está más baja. ☐ Antónimos: pleamar. ☐ Familia: →mar.

bajar (ba·**jar**) [verbo] **1** Ir a un lugar más bajo. **2** Poner en un lugar más bajo: *¿Me bajas el libro que está en la última repisa?* **3** Salir de un vehículo. **4** Mover hacia abajo: *Baja la persiana*. **5** Disminuir la fuerza, la cantidad o el valor de algo: *Por favor, baja la radio*. **6** Grabar en el ordenador una información que aparece en internet: *He bajado de internet un juego educativo*. ☐ [Siempre se escribe con «j»]. ☐ Sinónimos:

1, **5** descender. **6** descargar. ☐ ANTÓNIMOS: subir. **1**, **2** elevar. **1** ascender, encaramar, remontar. **2** alzar. **3** montar. **4** levantar. ☐ FAMILIA: bajada, rebajar, rebaja.

bajeza (ba·je·za) [sustantivo femenino] Acción que no es digna ni moral. ☐ FAMILIA: →bajo.

bajo, ja (ba·jo, ja) ▮ [adjetivo] **1** Que tiene menos altura de la que se considera normal: *Mi hermano es muy bajo*. **2** Que tiene un valor o una fuerza inferiores a los normales: *En invierno las temperaturas son más bajas que en verano*. **3** Que ocupa una posición inferior: *Las capas bajas de la sociedad son menos poderosas económicamente*. ▮ **bajo** [sustantivo masculino] **4** En un edificio, piso que está a la misma altura que la calle: *Yo vivo en un bajo*. **5** Parte inferior de una prenda de vestir que se dobla hacia dentro: *Se me ha descosido el bajo de la falda*. **6** Instrumento musical parecido a una guitarra, pero de sonido más grave: *El bajo tiene cuatro cuerdas*. ▮ **baja** [sustantivo femenino] **7** Situación en la que una persona deja de pertenecer a una asociación: *Me di de baja en el equipo*. **8** Declaración que hace un médico de que una persona está enferma y que por eso no puede ir a trabajar: *Está enfermo y le han dado una baja de cuatro días*. **9** Muerte de una persona que lucha en una guerra: *Las guerras producen muchas bajas*. ▮ **bajo** [adverbio] **10** En un tono de voz suave: *Hablad bajo*. ▮ [preposición] **11** Indica un lugar o una posición inferiores: *¡Qué gusto dormir bajo techo!* ☐ ANTÓNIMOS: **1**-**3**, **10** alto. **2** elevado. **8** alta. **11** sobre. ☐ FAMILIA: bajar, bajón, bajorrelieve, bajeza, rebaje, abajo, debajo, altibajo, barriobajero, cabizbajo.

bajón (ba·jón) [sustantivo masculino] Disminución rápida e importante de algo: *Estos días ha habido un bajón en las temperaturas*. ☐ FAMILIA: →bajo.

bajorrelieve (ba·jo·rre·lie·ve) [sustantivo masculino] Figura que sobresale un poco en una superficie: *Las monedas tienen figuras en bajorrelieve*. ☐ [Su plural es «bajorrelieves»]. ☐ FAMILIA: →bajo. →relieve.

bakalao (ba·ka·la·o) [sustantivo masculino] Música electrónica de ritmo repetitivo.

bala (ba·la) [sustantivo femenino] Objeto que se lanza con un arma de fuego. ☐ FAMILIA: balazo, balín, embalarse.

balada (ba·la·da) [sustantivo femenino] **1** Poema que cuenta una leyenda o una tradición. **2** Música o canción lenta de tema amoroso.

baladí (ba·la·dí) [adjetivo] Que tiene poca importancia o poco valor. ☐ [No varía en masculino y femenino]. ☐ SINÓNIMOS: insignificante. ☐ ANTÓNIMOS: importante.

balance (ba·lan·ce) [sustantivo masculino] Resultado del examen que se hace de algo para ver si ha sido bueno o si ha sido

BAILAR	
INDICATIVO	**SUBJUNTIVO**
Presente yo bailo tú bailas / usted baila él, ella baila nosotros, tras bailamos vosotros, tras bailáis / ustedes bailan ellos, ellas bailan	**Presente** yo baile tú bailes / usted baile él, ella baile nosotros, tras bailemos vosotros, tras bailéis / ustedes bailen ellos, ellas bailen
Pretérito imperfecto yo bailaba tú bailabas / usted bailaba él, ella bailaba nosotros, tras bailábamos vosotros, tras bailabais / ustedes bailaban ellos, ellas bailaban	**Pretérito imperfecto** yo bailara *o* bailase tú bailaras *o* bailases / usted bailara *o* bailase él, ella bailara *o* bailase nosotros, tras bailáramos *o* bailásemos vosotros, tras bailarais *o* bailaseis / ustedes bailaran *o* bailasen ellos, ellas bailaran *o* bailasen
Pretérito perfecto simple yo bailé tú bailaste / usted bailó él, ella bailó nosotros, tras bailamos vosotros, tras bailasteis / ustedes bailaron ellos, ellas bailaron	**Futuro simple** yo bailare tú bailares / usted bailare él, ella bailare nosotros, tras bailáremos vosotros, tras bailareis / ustedes bailaren ellos, ellas bailaren
Futuro simple yo bailaré tú bailarás / usted bailará él, ella bailará nosotros, tras bailaremos vosotros, tras bailaréis / ustedes bailarán ellos, ellas bailarán	**IMPERATIVO** baila (tú) / baile (usted) bailemos (nosotros, tras) bailad (vosotros, tras) / bailen (ustedes)
Condicional simple yo bailaría tú bailarías / usted bailaría él, ella bailaría nosotros, tras bailaríamos vosotros, tras bailaríais / ustedes bailarían ellos, ellas bailarían	**FORMAS NO PERSONALES** **Infinitivo** **Gerundio** **Participio** bailar bailando bailado

balancear

malo: *El balance de las cuentas ha sido positivo.* ☐ Sinónimos: saldo. ☐ Familia: →balanza.

balancear (ba·lan·ce·ar) [verbo] Mover de un lado a otro de forma repetida: *El barco se balanceaba con las olas.* ☐ Familia: →balanza.

balanceo (ba·lan·ce·o) [sustantivo masculino] Movimiento repetido de un lado a otro. ☐ Sinónimos: vaivén. ☐ Familia: →balanza.

balancín (ba·lan·cín) [sustantivo masculino] **1** Columpio formado por una barra larga que se apoya por el centro y que sube y baja cuando se sienta una persona a cada extremo. **2** Asiento que puede balancearse hacia delante y hacia atrás: *Tengo un balancín de madera con forma de caballo.* ☐ Familia: →balanza.

balandro (ba·lan·dro) [sustantivo masculino] Barco de vela pequeño y alargado, con un solo palo.

balanza (ba·lan·za) [sustantivo femenino] Instrumento que sirve para medir pesos pequeños: *Algunas balanzas están formadas por dos platillos que cuelgan de una barra.* ☐ [No confundir con «báscula» (que sirve para medir pesos grandes)]. ☐ Familia: balance, balancear, balanceo, balancín.

balar (ba·lar) [verbo] Emitir la oveja o la cabra su voz característica. ☐ Familia: balido.

balaustrada (ba·laus·tra·da) [sustantivo femenino] Conjunto de columnas pequeñas puestas en línea formando una barandilla o algo parecido: *Ese edificio tiene balaustradas de piedra en los balcones.*

balazo (ba·la·zo) [sustantivo masculino] Disparo de bala hecho con arma de fuego. ☐ Familia: →bala.

balbucear (bal·bu·ce·ar) [verbo] Hablar con dificultad o cortando las palabras: *Con los nervios, solo pude balbucear una tonta excusa.* ☐ Familia: balbuceo.

balbuceo (bal·bu·ce·o) [sustantivo masculino] Sonido que se emite con dificultad o cortando las palabras. ☐ Familia: →balbucear.

balcánico, ca (bal·cá·ni·co, ca) [adjetivo] De los Balcanes, que es una región del sudeste europeo.

balcón (bal·cón) [sustantivo masculino] Ventana grande y abierta desde el suelo de la habitación, que tiene una parte que sale hacia fuera con barandilla. ☐ Familia: balconada.

balconada (bal·co·na·da) [sustantivo femenino] Conjunto de balcones que están en línea. ☐ Familia: →balcón.

balda (bal·da) [sustantivo femenino] Tabla sobre la que se colocan cosas. ☐ Sinónimos: anaquel, estante.

baldado, da (bal·da·do, da) [adjetivo] Muy cansado o agotado. ☐ Sinónimos: derrengado.

baldaquino (bal·da·qui·no) [sustantivo masculino] Techo formado por telas ricas, que se coloca sobre un altar, un trono o un lugar importante.

balde (bal·de) [sustantivo masculino] Especie de cubo más ancho que alto. ◆ [expresión] ‖ **de balde** Sin pagar nada: *Al comprar estos cuchillos me dieron de balde unas tijeras.* ‖ **en balde** Inútilmente: *Ya veo que te hablé en balde, porque no me has hecho caso.* ☐ Familia: baldío.

baldío, a (bal·dí·o, a) [adjetivo] Que no sirve o que es inútil: *terreno baldío; esfuerzo baldío.* ☐ Familia: →balde.

baldosa (bal·do·sa) [sustantivo femenino] Pieza fina hecha con un material duro y que se usa para cubrir suelos. ☐ Sinónimos: loseta. ☐ Familia: baldosín.

baldosín (bal·do·sín) [sustantivo masculino] Baldosa pequeña que se usa para cubrir paredes. ☐ Familia: →baldosa.

balear (ba·le·ar) [adjetivo o sustantivo] De la comunidad autónoma española de las islas Baleares. ☐ [No varía en masculino y femenino].

balido (ba·li·do) [sustantivo masculino] Voz de la oveja y de otros animales. ☐ [No confundir con «valido» (persona que ayudaba a gobernar a un rey) ni con «valido», del verbo «valer»]. ☐ Familia: →balar.

balín (ba·lín) [sustantivo masculino] Bala pequeña. ☐ Familia: →bala.

baliza (ba·li·za) [sustantivo femenino] Señal que se coloca para advertir de un peligro o para marcar una zona, especialmente una carretera.

ballena (ba·lle·na) [sustantivo femenino] Animal marino de gran tamaño: *Las ballenas son mamíferos.* 👁 páginas 596-597. ☐ Familia: ballenato, ballenero.

ballenato (ba·lle·na·to) [sustantivo masculino] Cría de la ballena. ☐ Familia: →ballena.

ballenero, ra (ba·lle·ne·ro, ra) ▌ [adjetivo] **1** De la ballena, de su pesca o relacionado con ellas. ▌ **ballenero** [sustantivo masculino] **2** Persona o barco preparados para pescar ballenas. ☐ Familia: →ballena.

ballesta (ba·lles·ta) [sustantivo femenino] Arma que se utilizaba para tirar flechas o piedras a mucha distancia.

ballet [sustantivo masculino] **1** Baile que se realiza siguiendo el ritmo de una determinada pieza musical: *Me gusta el ballet clásico.* **2** Conjunto de bailarines que realizan este tipo de baile: *Mi tío pertenece a un ballet.* ☐ [Es una palabra francesa. Se pronuncia «balé»].

balneario (bal·ne·a·rio) [sustantivo masculino] Lugar público en el que se toman baños medicinales y en el que se suele dar hospedaje.

balompié (ba·lom·pié) [sustantivo masculino] Deporte que se juega entre dos equipos de once jugadores y que consiste en marcar goles moviendo el balón sin tocarlo con las manos. ☐ Sinónimos: fútbol. ☐ Familia: →balón. →pie.

balón (ba·lón) [sustantivo masculino] Bola llena de aire que se usa para jugar. ☐ Sinónimos: pelota. ☐ Familia: balonazo, baloncesto, balonmano, balonvolea, balompié.

balonazo (ba·lo·na·zo) [sustantivo masculino] Golpe dado con un balón. ☐ Sinónimos: pelotazo. ☐ Familia: →balón.

baloncesto (ba·lon·ces·to) [sustantivo masculino] Deporte que consiste en meter el balón en una canasta y en el que no se puede tocar el balón con los pies. 👁 páginas 304-305. ☐ Familia: →balón. →cesto.

balonmano (ba·lon·ma·no) [sustantivo masculino] Deporte que consiste en marcar goles moviendo el balón con las manos. 👁 páginas 304-305. ☐ Familia: →balón. →mano.

balonvolea (ba·lon·vo·le·a) [sustantivo masculino] Deporte que consiste en pasar un balón por encima de la red que separa dos equipos, usando solo las manos, para intentar que toque el suelo del equipo contrario. ☐ SINÓNIMOS: voleibol. ☐ FAMILIA: →balón. →volea.

balsa (bal·sa) [sustantivo femenino] Especie de barco hecho con troncos unidos entre sí. 👁 página 362.

balsa

balsámico, ca (bal·sá·mi·co, ca) [adjetivo] Con bálsamo o con sus características aromáticas o curativas: *Estos caramelos balsámicos suavizan la garganta.* ☐ FAMILIA: →bálsamo.

bálsamo (bál·sa·mo) [sustantivo masculino] **1** Sustancia que huele muy bien y que se extiende sobre la piel. **2** Persona o cosa que sirve de consuelo o de alivio: *Tu sonrisa es un bálsamo para mí.* ☐ FAMILIA: balsámico, embalsamar.

báltico, ca (bál·ti·co, ca) [adjetivo o sustantivo] Del mar Báltico, que baña el norte europeo.

baluarte (ba·luar·te) [sustantivo masculino] Cosa que sirve para defender algo: *La ciudad fue un baluarte contra la invasión extranjera.* ☐ SINÓNIMOS: bastión.

bamba (bam·ba) [sustantivo femenino] **1** Baile y música populares de origen sudamericano. **2** Bollo dulce y redondeado, relleno de crema, nata u otra cosa. **3** Zapatilla con suela de goma, que se ata con cordones. ☐ [El significado **3** procede de la marca comercial «Wamba®»].

bambalina (bam·ba·li·na) [sustantivo femenino] Tira de dibujos que sirve como decorado en la parte de arriba de un escenario de teatro.

bambolearse (bam·bo·le·ar·se) [verbo] Moverse de un lado a otro de forma repetida, pero sin cambiar de sitio: *Mi hermano pequeño se bambolea al andar y parece que va a perder el equilibrio.* ☐ FAMILIA: bamboleo.

bamboleo (bam·bo·le·o) [sustantivo masculino] Movimiento repetido de un lado a otro, pero sin cambiar de sitio. ☐ FAMILIA: →bambolearse.

bambú (bam·bú) [sustantivo masculino] Planta con los tallos largos, huecos y muy resistentes: *El bambú se usa mucho para hacer muebles.* ☐ [Su plural es «bambús» o «bambúes» (más culto)].

banal (ba·nal) [adjetivo] Vulgar o sin importancia. ☐ [No varía en masculino y femenino].

banana (ba·na·na) [sustantivo femenino] Fruto alargado y curvo, con una cáscara verde que se pone amarilla cuando está maduro. ☐ SINÓNIMOS: plátano. ☐ FAMILIA: banano.

banano (ba·na·no) [sustantivo masculino] Árbol cuyo fruto es la banana o el plátano. ☐ SINÓNIMOS: platanero. ☐ FAMILIA: →banana.

banasta (ba·nas·ta) [sustantivo femenino] Cesta grande.

banca (ban·ca) [sustantivo femenino] Conjunto de los bancos en los que se guarda el dinero o de las personas que trabajan en ellos. ☐ FAMILIA: →banco.

bancal (ban·cal) [sustantivo masculino] En un terreno inclinado, zona que está recta y se aprovecha para cultivar: *En mi pueblo los frutales se cultivan en los bancales de las montañas.* ☐ SINÓNIMOS: terraza.

bancario, ria (ban·ca·rio, ria) [adjetivo] De los bancos en los que se guarda el dinero o relacionado con ellos: *una oficina bancaria.* ☐ FAMILIA: →banco.

bancarrota (ban·ca·rro·ta) [sustantivo femenino] **1** Situación de las empresas que tienen que cerrar por falta de dinero. **2** Ruina económica. ☐ SINÓNIMOS: **1** quiebra. ☐ FAMILIA: →banco. →romper.

banco (ban·co) [sustantivo masculino] **1** Asiento largo y estrecho para varias personas. 👁 página 172. **2** Lugar donde se guarda el dinero: *Tengo mis ahorros en el banco.* **3** Lugar donde se guarda y se conserva sangre y órganos del cuerpo: *En el hospital tienen un banco de sangre.* **4** Conjunto formado por un gran número de peces que nadan juntos: *En el reportaje vimos un banco de sardinas.* **5** Lugar en el que hay gran cantidad de una cosa: *Este río tiene grandes bancos de arena.* ☐ FAMILIA: banqueta, banquillo, banca, bancario, banquero, desbancar, bancarrota.

banda (ban·da) [sustantivo femenino] **1** Conjunto de músicos que tocan determinados instrumentos: *La banda municipal iba abriendo el desfile.* **2** Grupo organizado de personas

banco

bandada

que cometen delitos de forma habitual: *Una banda de ladrones realizó el robo.* **3** Cinta que se cruza sobre el pecho y que va desde un hombro hasta el lado contrario: *El alcalde colocó una banda azul a la reina de las fiestas.* **4** Trozo estrecho y largo de algunas cosas: *Tengo una camiseta con bandas rojas.* ◆ [expresión] ‖ **banda sonora** Música de una película. ☐ Familia: bandada, bandazo, bando, bandolero, bandido.

bandada (ban·da·da) [sustantivo femenino] Conjunto formado por un gran número de animales: *Una bandada de patos volaba hacia el sur.* ☐ Familia: →banda.

bandazo (ban·da·zo) [sustantivo masculino] Movimiento violento hacia un lado. ☐ Familia: →banda.

bandeja (ban·de·ja) [sustantivo femenino] Pieza plana que se usa para poner cosas encima y para llevarlas a otro sitio. ◆ [expresión] ‖ **pasar la bandeja** Pedir dinero a un grupo de personas reunidas: *Cuando acabó de tocar la canción, el guitarrista pasó la bandeja.*

bandera (ban·de·ra) [sustantivo femenino] Trozo de tela con colores que representa a una nación o a un grupo de personas. 👁 páginas 127-129. ☐ Familia: banderín, banderilla, banderillero, abanderado, abanderar.

banderilla (ban·de·ri·lla) [sustantivo femenino] **1** Palo delgado y con adornos que el torero clava al toro. **2** Comida ligera y picante, que se pincha en un palillo: *De aperitivo había banderillas con pepinillo, cebolla, aceitunas y guindilla.* ☐ Familia: →bandera.

banderillero, ra (ban·de·ri·lle·ro, ra) [sustantivo] Persona que pone las banderillas al toro. ☐ Familia: →bandera.

banderín (ban·de·rín) [sustantivo masculino] Bandera pequeña: *Para las fiestas del pueblo adornan la plaza con banderines.* ☐ Familia: →bandera.

bandido, da (ban·di·do, da) [sustantivo] Persona que roba. ☐ Sinónimos: bandolero. ☐ Familia: →banda.

bando (ban·do) [sustantivo masculino] **1** Grupo de personas que tienen las mismas ideas: *Los de mi clase estamos divididos en dos bandos.* **2** Aviso oficial que da una autoridad: *La alcaldesa ha dictado un bando sobre la recogida de basuras.* ☐ Familia: **1** →banda.

bandolero, ra (ban·do·le·ro, ra) [sustantivo] Persona que roba: *Unos bandoleros asaltaron la diligencia.* ☐ Sinónimos: bandido. ☐ Familia: →banda.

bandurria (ban·du·rria) [sustantivo femenino] Instrumento musical parecido a la guitarra, pero más pequeño y con seis cuerdas dobles.

bandurria

banjo (ban·jo) [sustantivo masculino] → **banyo**. ☐ [Es una palabra de origen inglés. Se pronuncia «bánjo»].

banquero, ra (ban·que·ro, ra) [sustantivo] Persona que es dueña de un banco o que trabaja en la dirección de un banco. ☐ Familia: →banco.

banqueta (ban·que·ta) [sustantivo femenino] Asiento bajo, pequeño, sin brazos y sin sitio donde apoyar la espalda. ☐ Familia: →banco.

banquete (ban·que·te) [sustantivo masculino] Comida a la que asisten muchas personas y en la que se celebra algún acontecimiento. ☐ Sinónimos: ágape.

banquillo (ban·qui·llo) [sustantivo masculino] **1** En un deporte, lugar que está situado fuera del terreno de juego y en el que se sientan los miembros del equipo que no juegan, pero que pueden jugar. **2** En un juicio, asiento en el que se encuentra la persona que ha sido acusada ante el juez o ante el tribunal: *El sospechoso se sentó en el banquillo de los acusados.* ☐ Familia: →banco.

banyo (ban·yo) [sustantivo masculino] Instrumento parecido a la guitarra pero más pequeño y redondeado. ☐ [Es una palabra de origen inglés. También se usa «banjo»].

bañador (ba·ña·dor) [sustantivo masculino] Traje de baño. ☐ Familia: →bañar.

bañar (ba·ñar) [verbo] **1** Meter un cuerpo en un líquido, generalmente para limpiarlo: *Me gusta más ducharme que bañarme.* **2** Cubrir una superficie con una capa de algo: *El pastelero bañó las pastas con chocolate.* **3** Poner algo muy húmedo o empaparlo con un líquido: *El sudor me baña la cara.* **4** Tocar un lugar el agua de un río o del mar: *El Cantábrico baña la costa norte española.* ☐ Familia: baño, bañador, bañera, bañista.

bañera (ba·ñe·ra) [sustantivo femenino] Recipiente grande en el que se mete una persona para bañarse. ☐ Sinónimos: baño. ☐ Familia: →bañar.

bañista (ba·ñis·ta) [sustantivo] Persona que se baña en una piscina o en el mar. ☐ [No varía en masculino y femenino]. ☐ Familia: →bañar.

baño (ba·ño) [sustantivo masculino] **1** Introducción de un cuerpo en un líquido, generalmente para limpiarlo: *darse un baño.* **2** Sustancia con la que se cubre algo: *Este bizcocho lleva un baño de chocolate.* **3** Recipiente grande en el que se mete una persona para bañarse: *Llena el baño de agua.* **4** Habitación en la que nos aseamos y que tiene lavabo e inodoro: *Esta casa tiene tres dormitorios y un baño.* **5** Colocación de un cuerpo bajo la acción de algo: *Los baños de sol sin protección no son buenos para la piel.* **6** Victoria clara sobre un contrario: *¡Menudo baño le dimos al equipo contrario!* ◆ [expresión] ‖ **al baño María** Forma de cocinar algo poniéndolo en un recipiente que se mete en otro con agua hirviendo: *El flan se cuece al baño María.* ☐ [El significado **6** es coloquial]. ☐ Sinónimos: **3** bañera. **4** retrete, servicio, aseo. ☐ Familia: →bañar.

banderas

COMUNIDADES AUTÓNOMAS

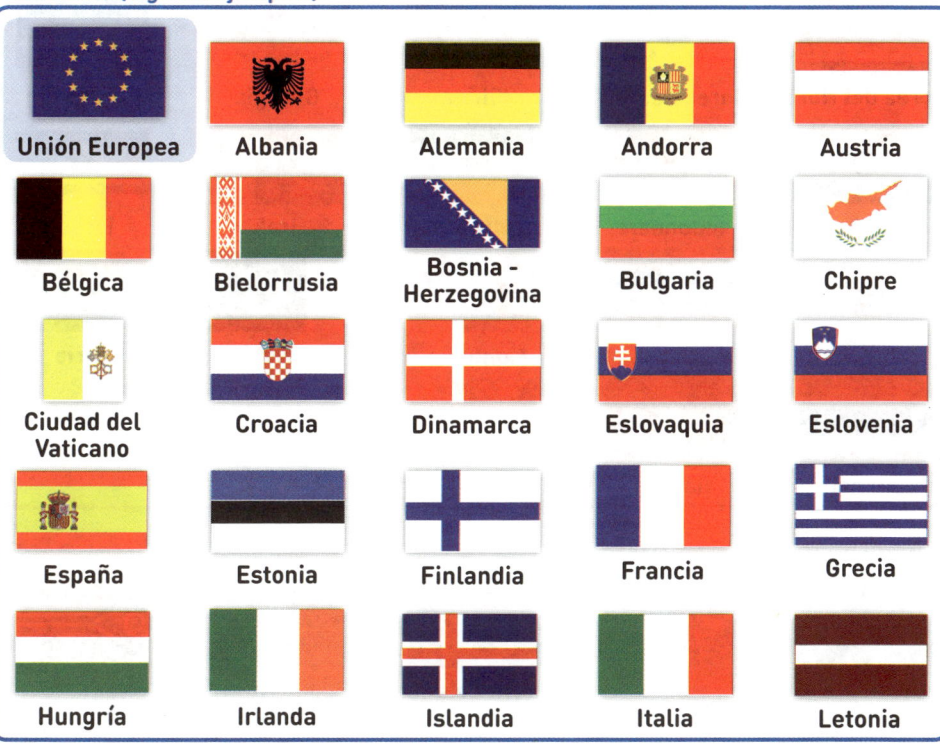

Andalucía	Aragón	Canarias	Cantabria	Castilla - La Mancha
Castilla y León	Cataluña	Comunidad Foral de Navarra	Comunidad Valenciana	Extremadura
Galicia	Islas Baleares	La Rioja	Comunidad de Madrid	País Vasco
Principado de Asturias	Región de Murcia			

CIUDADES AUTÓNOMAS

- Ciudad de Ceuta
- Ciudad de Melilla

EUROPA (algunos ejemplos)

Unión Europea	Albania	Alemania	Andorra	Austria
Bélgica	Bielorrusia	Bosnia - Herzegovina	Bulgaria	Chipre
Ciudad del Vaticano	Croacia	Dinamarca	Eslovaquia	Eslovenia
España	Estonia	Finlandia	Francia	Grecia
Hungría	Irlanda	Islandia	Italia	Letonia

banderas

EUROPA (algunos ejemplos)

Liechtenstein	Lituania	Luxemburgo	Macedonia	Malta
Moldavia	Montenegro	Noruega	Países Bajos	Polonia
Portugal	Reino Unido	República Checa	Rumanía	Rusia
Serbia	Suecia	Suiza	Turquía	Ucrania

ASIA (algunos ejemplos)

Afganistán	Arabia Saudí	Azerbaiyán	Armenia	Camboya
Corea del Norte	Corea del Sur	China	Georgia	Kazajistán
India	Indonesia	Irán	Irak	Israel
Japón	Laos	Mongolia	Pakistán	Siria
Tailandia	Vietnam	Yemen		

OCEANÍA (algunos ejemplos)

Australia	Fiyi	Nueva Zelanda	Papúa Nueva Guinea	Vanuatu

banderas

AMÉRICA (algunos ejemplos)

- Argentina
- Bahamas
- Barbados
- Belice
- Bolivia
- Brasil
- Canadá
- Chile
- Colombia
- Costa Rica
- Cuba
- Ecuador
- El Salvador
- Estados Unidos de América
- Guatemala
- Guyana
- Haití
- Honduras
- Jamaica
- México
- Nicaragua
- Panamá
- Paraguay
- Perú
- Puerto Rico
- República Dominicana
- Surinam
- Trinidad y Tobago
- Uruguay
- Venezuela

ÁFRICA (algunos ejemplos)

- Angola
- Argelia
- Camerún
- Costa de Marfil
- Egipto
- Etiopía
- Gambia
- Kenia
- Marruecos
- Namibia
- Níger
- República Democrática del Congo
- Senegal
- Sierra Leona
- Somalia
- Sudáfrica
- Sudán
- Tanzania
- Túnez
- Zambia

baobab

baobab (ba·o·bab) [sustantivo masculino] Árbol africano con el tronco muy gordo y las ramas largas, cuyos frutos tienen un sabor un poco ácido. ☐ [Su plural es «baobabs»].

baqueta (ba·que·ta) [sustantivo femenino] Palo delgado y largo que sirve para tocar algunos instrumentos: *El tambor se golpea con las baquetas.*

bar [sustantivo masculino] Local público en el que se sirven comidas y bebidas que suelen tomarse de pie.

barahúnda (ba·ra·hún·da) [sustantivo femenino] Mucho ruido y gran movimiento de personas o de cosas. ☐ [Se escribe también «baraúnda»]. ☐ SINÓNIMOS: bulla, alboroto.

baraja (ba·ra·ja) [sustantivo femenino] Conjunto de cartas que se usa en algunos juegos. ☐ FAMILIA: barajar.

barajar (ba·ra·jar) [verbo] **1** Mezclar unas con otras las cartas de una baraja para cambiar su orden. **2** Considerar un conjunto de posibilidades antes de elegir una de ellas: *Estamos barajando varios lugares para ir de vacaciones.* ☐ [Siempre se escribe con «j»]. ☐ FAMILIA: →baraja.

baranda (ba·ran·da) [sustantivo femenino] Parte lateral de una escalera, de un balcón o de otro lugar, que sirve para que no nos caigamos. ☐ SINÓNIMOS: barandilla. ☐ FAMILIA: barandilla.

barandilla (ba·ran·di·lla) [sustantivo femenino] Parte lateral de una escalera, de un balcón o de otro lugar, que sirve para que no nos caigamos. ☐ SINÓNIMOS: baranda. ☐ FAMILIA: →baranda.

barandilla

baratija (ba·ra·ti·ja) [sustantivo femenino] Objeto que vale poco: *En ese quiosco venden baratijas.* ☐ SINÓNIMOS: bagatela. ☐ ANTÓNIMOS: alhaja, joya. ☐ FAMILIA: →barato.

barato, ta (ba·ra·to, ta) [adjetivo] **1** Que tiene un precio bajo. ∎ **barato** [adverbio] **2** A un precio bajo. ☐ SINÓNIMOS: **1** económico. ☐ ANTÓNIMOS: caro. ☐ FAMILIA: baratija, abaratar.

baraúnda (ba·ra·ún·da) [sustantivo femenino] → **barahúnda**.

barba (bar·ba) [sustantivo femenino] **1** En la cara de una persona, pelo que nace debajo de la boca y en las mejillas. **2** Cada una de las partes duras que tienen en la mandíbula superior algunos animales marinos: *La ballena tiene barbas en lugar de dientes.* **3** Grupo de pelos que cuelga de la mandíbula inferior de algunos animales: *Las cabras tienen barba.* ♦ [expresión] ∥ **en las barbas de alguien** En su presencia: *Eres tan descarado que te ríes de mí en mis propias barbas.* ∥ **por barba** Por persona: *Tocamos a tres pasteles por barba.* ∥ **subirse a las barbas de alguien** Faltarle al respeto: *Si no me muestro serio al principio, mis alumnos se me suben a las barbas.* ☐ [Las expresiones son coloquiales]. ☐ FAMILIA: barbilla, barbudo, barbero, barbería, barbilampiño, imberbe.

barbacoa (bar·ba·co·a) [sustantivo femenino] Instrumento formado por unas barras de metal que se usa para cocinar alimentos sobre el fuego al aire libre.

barbaridad (bar·ba·ri·dad) [sustantivo femenino] **1** Hecho o dicho que resulta tonto, poco adecuado o cruel: *Conducir borracho es una barbaridad.* **2** Gran cantidad: *¡Qué barbaridad de fotografías!* ♦ [expresión] ∥ **una barbaridad** Muchísimo: *En la calle hay una barbaridad de gente.* ☐ [El significado 2 y la expresión son coloquiales]. ☐ SINÓNIMOS: **1** brutalidad, atrocidad, bestialidad. **2** burrada. ☐ FAMILIA: →bárbaro.

barbarie (bar·ba·rie) [sustantivo femenino] **1** Estado de un pueblo muy atrasado o que no tiene cultura. **2** Actitud muy cruel o salvaje: *un acto de barbarie.* ☐ FAMILIA: →bárbaro.

barbarismo (bar·ba·ris·mo) [sustantivo masculino] **1** Palabra o expresión que se utiliza en una lengua aunque sea de otro idioma. **2** Palabra mal escrita o mal dicha: *Decir «haiga» en lugar de «haya» es un barbarismo.* ☐ SINÓNIMOS: **1** extranjerismo. ☐ FAMILIA: →bárbaro.

bárbaro, ra (bár·ba·ro, ra) [adjetivo o sustantivo] **1** Que es tan cruel que no parece propio de una persona. **2** De tamaño, cantidad o calidad mayores de lo normal. **3** De los pueblos que invadieron el Imperio romano en el siglo v. ☐ SINÓNIMOS: **2** extraordinario. ☐ FAMILIA: barbaridad, barbarismo, barbarie.

barbecho (bar·be·cho) [sustantivo masculino] **1** Sistema de cultivo que consiste en dejar la tierra sin sembrar cada cierto tiempo, para que dé mejores productos: *Este año han dejado en barbecho estos dos campos para que se recuperen.* **2** Campo en el que se emplea este sistema de cultivo.

barbería (bar·be·rí·a) [sustantivo femenino] Lugar en el que se cortaba y se arreglaba el pelo, la barba y el bigote. ☐ FAMILIA: →barba.

barbero (bar·be·ro) [sustantivo masculino] Hombre que cortaba y arreglaba el pelo, la barba y el bigote. ☐ FAMILIA: →barba.

barbilampiño (bar·bi·lam·pi·ño) [adjetivo] Dicho de un hombre, que no tiene barba o que tiene muy poca. ☐ SINÓNIMOS: imberbe, lampiño. ☐ ANTÓNIMOS: barbudo. ☐ FAMILIA: →barba. →lampiño.

barbilla (bar·bi·lla) [sustantivo femenino] Parte de la cara que está debajo de la boca y que sale hacia afuera. ☐ SINÓNIMOS: mentón. ☐ FAMILIA: →barba.

barbitúrico (bar·bi·tú·ri·co) [sustantivo masculino] Sustancia que se utiliza en medicina para tranquilizar o para dar sueño.

barbo (bar·bo) [sustantivo masculino] Pez de agua dulce, de color verdoso por encima y blanco por debajo, que se puede comer.

barbotar (bar·bo·tar) [verbo] → **barbotear**.
barbotear (bar·bo·te·ar) [verbo] Hablar deprisa y sin que se entienda bien: *Estaba tan enfadado que nos recibió barboteando insultos.* ☐ SINÓNIMOS: barbotar.
barbudo, da (bar·bu·do, da) [adjetivo] Que tiene mucha barba. ☐ ANTÓNIMOS: lampiño, barbilampiño, imberbe. ☐ FAMILIA: →barba.
barca (bar·ca) [sustantivo femenino] Barco pequeño. ☐ SINÓNIMOS: bote. ☐ FAMILIA: barco, barcaza, barquero, embarcación, embarcar, embarque, embarcadero, desembarcar, desembarco.
barcaza (bar·ca·za) [sustantivo femenino] Barca grande que se utiliza para llevar la carga de un barco a otro o a tierra. ☐ FAMILIA: →barca.
barcelonés, sa (bar·ce·lo·nés, ne·sa) [adjetivo o sustantivo] De la provincia española de Barcelona o de su capital.
barco (bar·co) [sustantivo masculino] Vehículo que flota y va por el agua. 👁 **páginas 132 y 960-961.** ☐ SINÓNIMOS: embarcación, nave. ☐ FAMILIA: →barca.
baremo (ba·re·mo) [sustantivo masculino] Conjunto de reglas que se establecen para clasificar o evaluar los elementos de un conjunto: *El profesor calificó los exámenes según el baremo oficial.*
baricentro (ba·ri·cen·tro) [sustantivo masculino] Punto de un cuerpo en el que la Tierra lo atrae con más fuerza. ☐ FAMILIA: →centro.
bario (ba·rio) [sustantivo masculino] Metal sólido de color blanco amarillento difícil de fundir.
barítono (ba·rí·to·no) [sustantivo masculino] Hombre que canta con una voz bastante grave. ☐ FAMILIA: →tono.
barlovento (bar·lo·ven·to) [sustantivo masculino] En el mar, lado por el que sopla el viento. ☐ ANTÓNIMOS: sotavento. ☐ FAMILIA: →viento.
barniz (bar·niz) [sustantivo masculino] Producto líquido que se extiende sobre la superficie de algunos objetos para que brillen o para protegerlos del aire o del agua. ☐ [Su plural es «barnices»]. ☐ FAMILIA: barnizar, barnizador.
barnizador, ra (bar·ni·za·dor, do·ra) [sustantivo] Persona que trabaja extendiendo barniz sobre la superficie de algunos objetos. ☐ FAMILIA: →barniz.
barnizar (bar·ni·zar) [verbo] Extender sobre una superficie un producto líquido que la proteja o que la haga brillar: *barnizar una puerta.* ☐ [La «z» se cambia en «c» delante de «e» («barnice»)]. ☐ FAMILIA: →barniz.
barómetro (ba·ró·me·tro) [sustantivo masculino] Instrumento que sirve para medir la presión del ambiente.
barón (ba·rón) [sustantivo masculino] Título que poseen algunos hombres que pertenecen a la nobleza. ☐ [El femenino es «baronesa». No confundir con «varón» (persona de sexo masculino)].
baronesa (ba·ro·ne·sa) [sustantivo femenino] Título que poseen algunas mujeres que pertenecen a la nobleza. ☐ [El masculino es «barón»].
barquero, ra (bar·que·ro, ra) [sustantivo] Persona que conduce una barca. ☐ FAMILIA: →barca.
barquillo (bar·qui·llo) [sustantivo masculino] Dulce elaborado con harina y azúcar que suele tener forma de canuto. ☐ FAMILIA: abarquillar.

barra (ba·rra) [sustantivo femenino] **1** Pieza rígida mucho más larga que gruesa. **2** Pieza alargada de alguna cosa: *barra de pan; barra de labios.* **3** Especie de mesa alargada sobre la que se ponen las bebidas y las comidas en un bar. **4** Signo que usamos al escribir para separar cosas: *El signo / es una barra.* ☐ FAMILIA: barrote.
barrabasada (ba·rra·ba·sa·da) [sustantivo femenino] Hecho o dicho que tiene mala intención.
barraca (ba·rra·ca) [sustantivo femenino] Casa de campo de algunas regiones, especialmente valencianas o murcianas. ◆ [expresión] ‖ **barraca de feria** Construcción que se monta durante un tiempo para poner espectáculos o diversiones. ☐ FAMILIA: barracón.
barracón (ba·rra·cón) [sustantivo masculino] Edificio de un solo piso y sin muros en su interior. ☐ FAMILIA: →barraca.
barracuda (ba·rra·cu·da) [sustantivo femenino] Pez carnívoro muy grande con los dientes en forma de puñal.
barranco (ba·rran·co) [sustantivo masculino] Terreno cortado por un hueco grande y profundo.
barrena (ba·rre·na) [sustantivo femenino] Barra de metal con una espiral en el extremo que sirve para hacer agujeros en materiales duros. ☐ FAMILIA: →barreno.
barrendero, ra (ba·rren·de·ro, ra) [sustantivo] Persona que trabaja barriendo las calles. ☐ FAMILIA: →barrer.
barreno (ba·rre·no) [sustantivo masculino] **1** Agujero que se hace en una roca o en una construcción para rellenarlo con explosivos y hacerlo explotar. **2** Materia explosiva que se mete en este agujero. ☐ FAMILIA: barrena.
barreño (ba·rre·ño) [sustantivo masculino] Recipiente más ancho que alto que se usa para muchas tareas de la casa.
barrer (ba·rrer) [verbo] **1** Limpiar el suelo quitándole el polvo y las cosas sucias. **2** Vencer totalmente o tener un gran éxito: *Tenemos un equipo tan bueno que vamos a barrer en la liga.* ☐ SINÓNIMOS: **2** arrollar, arrasar. ☐ FAMILIA: barrendero.
barrera (ba·rre·ra) [sustantivo femenino] **1** Barra que impide el paso a un lugar y que se levanta por uno de sus extremos para dejar pasar: *Han bajado la barrera del paso a nivel porque viene el tren.* **2** Cosa que hace que algo resulte difícil: *Las escaleras son una barrera para las personas que van en sillas de ruedas.* **3** Especie de valla de madera que separa la arena de una plaza de toros del lugar donde está el público: *El torero saltó la barrera porque el toro corría detrás de él para cogerlo.* ☐ SINÓNIMOS: **2** escollo. ☐ FAMILIA: guardabarrera, contrabarrera.

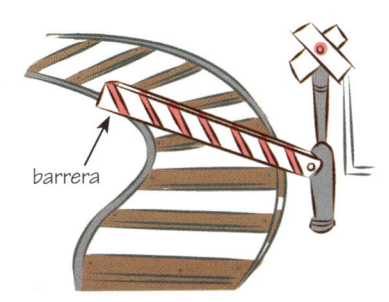

barrera

barco

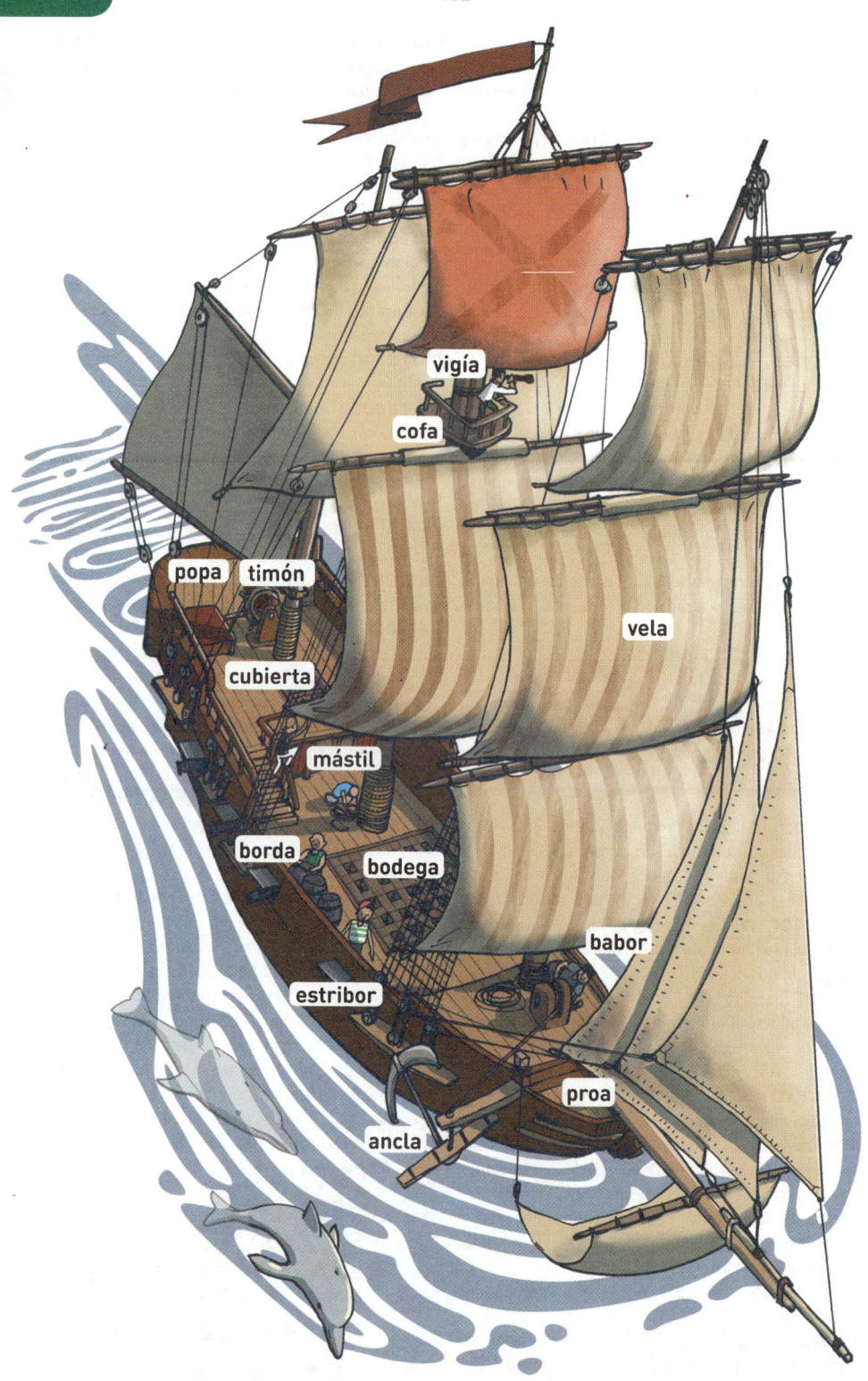

132

- vigía
- cofa
- popa
- timón
- vela
- cubierta
- mástil
- borda
- bodega
- babor
- estribor
- proa
- ancla

barriada (ba·rria·da) [sustantivo femenino] Cada una de las grandes zonas en que se divide una población. ☐ Sinónimos: barrio. ☐ Familia: →barrio.

barrica (ba·rri·ca) [sustantivo femenino] Barril de tamaño mediano que sirve para meter líquidos.

barricada (ba·rri·ca·da) [sustantivo femenino] Conjunto de cosas que se ponen en un lugar para impedir el paso o para defenderse de un ataque: *Los manifestantes pusieron barricadas para cortar el paso.*

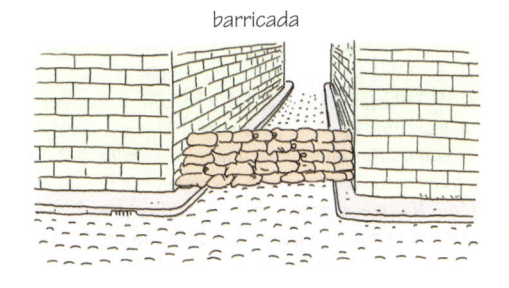

barricada

barriga (ba·rri·ga) [sustantivo femenino] Parte del cuerpo donde están el estómago y otros órganos. ☐ Sinónimos: abdomen, tripa, vientre. ☐ Familia: barrigudo, barrigón.

barrigón, na (ba·rri·gón, go·na) [adjetivo] → **barrigudo, da**. ☐ [Es coloquial]. ☐ Familia: →barriga.

barrigudo, da (ba·rri·gu·do, da) [adjetivo] Que tiene la barriga muy grande. ☐ [Es coloquial]. ☐ Sinónimos: barrigón, panzudo. ☐ Familia: →barriga.

barril (ba·rril) [sustantivo masculino] Tonel pequeño que sirve para contener líquidos.

barrillo (ba·rri·llo) [sustantivo masculino] Grano de color rojizo que sale en la cara de una persona.

barrio (ba·rrio) [sustantivo masculino] Cada una de las zonas en que se divide una población. ◆ [expresión] ‖ **barrio chino** El que tiene muchos locales de actividades relacionadas con el sexo. ‖ **irse al otro barrio** Morir: *Le dio un infarto y casi se va al otro barrio.* ☐ [La expresión «irse al otro barrio» es coloquial]. ☐ Sinónimos: barriada. ☐ Familia: barriada, barriobajero.

barriobajero, ra (ba·rrio·ba·je·ro, ra) [adjetivo o sustantivo] Que habla o actúa de un modo vulgar o grosero. ☐ Familia: →barrio. →bajo.

barrizal (ba·rri·zal) [sustantivo masculino] Terreno lleno de barro. ☐ Sinónimos: lodazal. ☐ Familia: →barro.

barro (ba·rro) [sustantivo masculino] **1** Mezcla de tierra y agua. **2** Mezcla de agua y arcilla que se queda dura cuando se cuece y que se usa para hacer cacharros: *Los alfareros hacen vasijas de barro.* ☐ Familia: barrizal, embarrar, guardabarros.

barroco, ca (ba·rro·co, ca) [adjetivo] **1** Del Barroco o con características de este estilo artístico: *escritor barroco; catedral barroca.* **2** Demasiado adornado o complicado: *Con tantos adornos, la sala ha quedado un poco barroca.* ▮ **Barroco** [sustantivo masculino] **3** En arte, estilo europeo del siglo XVII que dio gran importancia a los adornos y a las formas complicadas. ☐ [En el significado **3** se escribe con mayúscula]. ☐ Antónimos: **2** sencillo.

barrote (ba·rro·te) [sustantivo masculino] Barra gruesa: *La jaula del león tiene barrotes enormes.* ☐ Familia: →barra.

barruntar (ba·rrun·tar) [verbo] Suponer algo sin estar muy seguro: *Por tu mirada, barrunto que estás enamorada.*

bartola (bar·to·la) ◆ [expresión] ‖ **a la bartola** De forma descansada y libre de preocupación: *Se tumbó a la bartola para relajarse un rato.* ☐ [Es coloquial].

bártulos (bár·tu·los) [sustantivo masculino plural] Conjunto de cosas necesarias para hacer algo. ☐ [Es coloquial].

barullo (ba·ru·llo) [sustantivo masculino] Situación en la que las cosas se confunden por falta de orden. ☐ [Es coloquial]. ☐ Sinónimos: lío, jaleo, follón, cacao, embrollo. ☐ Familia: embarullar.

basa (ba·sa) [sustantivo femenino] Parte más baja de una columna. ☐ Familia: →base.

basalto (ba·sal·to) [sustantivo masculino] Roca negra o verdosa y muy dura, que se utiliza como material de construcción.

basar (ba·sar) [verbo] Establecer algo sobre una base: *Nuestra amistad se basa en el cariño.* ☐ Sinónimos: apoyar, asentar, fundamentar. ☐ Familia: →base.

basca (bas·ca) [sustantivo femenino] Grupo de personas o de amigos. ☐ [Es coloquial].

báscula (bás·cu·la) [sustantivo femenino] Instrumento para medir pesos grandes. ☐ [No confundir con «balanza» (que sirve para medir pesos pequeños)].

base (ba·se) [sustantivo femenino] **1** Hecho o cosa que sirve de apoyo para algo: *El entrenamiento es la base para ser un buen deportista.* **2** Línea o superficie sobre las que parece que se apoya una figura: *El área de un rectángulo se halla multiplicando su base por su altura.* **3** Lugar preparado para realizar determinada actividad: *Aquellas instalaciones son una base militar.* **4** En una potencia matemática, número que debe multiplicarse por sí mismo tantas veces como indica el exponente: *En la potencia 2^3, la base es el 2.* ◆ [expresión] ‖ **a base de algo** Solo con eso o tomándolo como lo fundamental: *No puedes alimentarte a base de golosinas.* ‖ **a base de bien** Mucho: *Se pegaron a base de bien.* ‖ **base de datos** Sistema que permite guardar y buscar con orden mucha información en un ordenador. ☐ [La expresión «a base de bien» es coloquial]. ☐ Sinónimos: **1** columna. ☐ Familia: basar, básico, basa.

básico, ca (bá·si·co, ca) [adjetivo] Que es muy importante y muy necesario: *Para montar en bici es básico mantener el equilibrio.* ☐ Sinónimos: principal, esencial, fundamental, capital, primordial, primario. ☐ Antónimos: accesorio, secundario. ☐ Familia: →base.

basílica (ba·sí·li·ca) [sustantivo femenino] Iglesia importante y que suele ser grande.

basilisco (ba·si·lis·co) [sustantivo masculino] Animal imaginario que tenía cuerpo de serpiente y patas de ave. ◆ [expresión] ‖ **hecho un basilisco** o **como un basilisco** Muy enfadado.

basta (bas·ta) [interjección] Se usa para poner fin a una acción: *¡Basta, no quiero oír nada más!* ◻ Familia: →bastar.

bastante (bas·tan·te) [indefinido] **1** Más de lo normal: *Ha llovido bastante. Vinieron bastantes niños.* **2** En cantidad adecuada para lo que se necesita: *¿Tienes bastante dinero para hacer la compra?* ◻ [No varía en masculino y femenino]. ◻ Sinónimos: **2** suficiente. ◻ Antónimos: **1** poco. **2** insuficiente. ◻ Familia: →bastar.

bastar (bas·tar) [verbo] Ser suficiente: *Con esta tela no basta para hacer el vestido.* ◻ Antónimos: faltar. ◻ Familia: basta, bastante.

bastardilla (bas·tar·di·lla) [sustantivo femenino] Letra impresa que está echada hacia la derecha. ◻ Sinónimos: cursiva.

bastardo, da (bas·tar·do, da) [adjetivo o sustantivo masculino] Que ha nacido fuera del matrimonio. ◻ Sinónimos: ilegítimo.

bastidor (bas·ti·dor) [sustantivo masculino] **1** Estructura cuadrada o circular con un hueco en el centro, que se usa para sujetar telas u otras cosas: *Para bordar pongo la tela en un bastidor.* **2** Cada una de las superficies pintadas que hay a los lados y detrás de la escena de un teatro y que sirven de decorado. ◻ [En el significado **2** se usa mucho en plural].

bastidor

bastión (bas·tión) [sustantivo masculino] Construcción que sirve para defender algo: *Los muros de la ciudad eran un bastión frente a los posibles ataques.* ◻ Sinónimos: baluarte.

basto, ta (bas·to, ta) ▪ [adjetivo] **1** Poco fino, de poca calidad o hecho con materiales de poco valor: *El esparto es un material muy basto.* ▪ [adjetivo o sustantivo] **2** Con poca educación o poco delicado al tratar a los demás: *Es un chico muy basto y dice muchos tacos.* ▪ **bastos** [sustantivo masculino plural] **3** En una baraja, tipo de carta que tiene dibujada una especie de palo. ◻ [No confundir con «vasto» (muy grande)]. ◻ Sinónimos: **1** rústico. **1, 2** tosco, burdo. **2** rudo, ordinario, grosero. ◻ Antónimos: **1, 2** fino, refinado. **2** delicado.

bastón (bas·tón) [sustantivo masculino] Especie de palo que sirve de apoyo al andar. ◻ Familia: bastonazo.

bastonazo (bas·to·na·zo) [sustantivo masculino] Golpe dado con un bastón. ◻ Familia: →bastón.

basura (ba·su·ra) [sustantivo femenino] **1** Conjunto de las cosas que ya no sirven y están para tirar. **2** Cosa que tiene poco valor o poca calidad. ◻ Sinónimos: **1** suciedad. ◻ Familia: basurero, biobasura.

basurero, ra (ba·su·re·ro, ra) ▪ [sustantivo] **1** Persona que trabaja llevándose la basura. ▪ **basurero** [sustantivo masculino] **2** Lugar donde se tiran las basuras. ◻ Sinónimos: **2** vertedero. ◻ Familia: →basura.

bata (ba·ta) [sustantivo femenino] Prenda de vestir amplia y cómoda que se usa para estar en casa o para ponérsela encima de la ropa que no debe mancharse. ◻ Familia: batín.

batacazo (ba·ta·ca·zo) [sustantivo masculino] Caída fuerte y con ruido. ◻ [Se usa mucho en las expresiones «darse un batacazo» o «pegarse un batacazo»]. ◻ Sinónimos: porrazo.

batalla (ba·ta·lla) [sustantivo femenino] **1** Lucha con armas entre dos ejércitos. **2** Lucha para vencer algo o a alguien: *Los candidatos mantienen una dura batalla.* **3** Relato que cuenta una persona sobre hechos que ha vivido: *No me cuentes más batallitas.* ◆ [expresión] ‖ **batalla campal** La que se produce con mucha violencia. ◻ [El significado **3** es coloquial]. ◻ Sinónimos: **1, 2** combate. **2** pelea, enfrentamiento. ◻ Familia: batallar, batallón.

batallar (ba·ta·llar) [verbo] **1** Pelear, combatir o luchar con armas: *Los soldados batallaron con valor.* **2** Discutir o debatir con insistencia para conseguir algo: *Tuvo que batallar mucho hasta conseguir lo que quería.* ◻ Familia: →batalla.

batallón (ba·ta·llón) [sustantivo masculino] **1** Conjunto de soldados que forman una unidad del Ejército. **2** Grupo grande de personas que hacen mucho ruido. ◻ [El significado **2** es coloquial]. ◻ Familia: →batalla.

batata (ba·ta·ta) [sustantivo femenino] Planta de flores grandes, blancas o moradas, cuya raíz se puede comer. ☞ página 967.

bate (ba·te) [sustantivo masculino] Palo con que se golpea la pelota en béisbol y otros deportes. ◻ Familia: batear, bateador.

batea (ba·te·a) [sustantivo femenino] **1** Barca con forma de cajón que se usa para transportar mercancías. **2** Construcción cuadrada de madera que se coloca en el mar para criar mejillones.

bateador, ra (ba·te·a·dor, do·ra) [sustantivo] En el béisbol y en otros deportes, jugador que se encarga de golpear la pelota con el bate. ◻ Familia: →bate.

batear (ba·te·ar) [verbo] En el béisbol y en otros deportes, golpear la pelota con el bate. ◻ Familia: →bate.

batería (ba·te·rí·a) ▪ [sustantivo] **1** Persona que toca la batería en un grupo. ▪ [sustantivo femenino] **2** Conjunto formado por tambores, platos de metal y otros instrumentos musicales tocados por un solo músico. ☞ páginas 534-535. **3** Aparato que sirve para mantener energía eléctrica: *El coche no arranca porque la batería está agotada.* ◆ [expresión] ‖ **batería de cocina** Conjunto de cazuelas y otros objetos que sirven para cocinar. ‖ **en batería** Dicho de un vehículo, aparcado paralelo a otros y no en fila. ☐ [En el significado **1** no varía en masculino y femenino].

batiburrillo (ba·ti·bu·rri·llo) [sustantivo masculino] Conjunto de cosas mezcladas y sin orden. ☐ [Es coloquial]. ☐ SINÓNIMOS: popurrí.

batida (ba·ti·da) [sustantivo femenino] **1** Registro ruidoso de un terreno que hacen los cazadores, para que salgan los animales. **2** Registro de un lugar con mucha atención, para encontrar a alguien o a algo: *Dieron una batida en la zona para encontrar a los niños*. ☐ FAMILIA: →batir.

batido (ba·ti·do) [sustantivo masculino] Bebida que se prepara mezclando leche con otros productos: *batido de fresa*. ☐ FAMILIA: →batir.

batidor (ba·ti·dor) [sustantivo masculino] Objeto que se usa para mezclar alimentos. ☐ FAMILIA: →batir.

batidora (ba·ti·do·ra) [sustantivo femenino] Electrodoméstico que sirve para mezclar o para picar alimentos. ☐ SINÓNIMOS: túrmix. ☐ FAMILIA: →batir.

batiente (ba·tien·te) [sustantivo masculino] Parte de una puerta o de una ventana que se abre y se cierra. ◆ [expresión] ‖ **reír a mandíbula batiente** Reír mucho o reír a carcajadas. ☐ FAMILIA: →batir.

batín (ba·tín) [sustantivo masculino] Bata corta que se ponen los hombres para estar en casa. ☐ FAMILIA: →bata.

batir (ba·tir) [verbo] **1** Mezclar o agitar una sustancia con energía. **2** Ir más allá de un límite o de una marca: *Ese atleta ha batido el récord de altura*. **3** Vencer a un contrario: *Nuestro equipo batió al otro por tres puntos a cero*. **4** Ir por un terreno mirando con atención para descubrir lo que hay en él: *La policía batió la zona donde se había perdido el niño*. **5** Mover algo con energía y normalmente haciendo ruido: *Los pájaros baten las alas para volar*. ▪ **batirse 6** Luchar contra alguien, generalmente por una ofensa: *Los caballeros se batieron en duelo*. ☐ [No confundir con «debatir» (intercambiar ideas sobre un asunto)]. ☐ SINÓNIMOS: **2** superar. **3** derrotar. **4** explorar. ☐ FAMILIA: batido, batidora, batidor, batida, batiente, rebatir, imbatible.

batiscafo (ba·tis·ca·fo) [sustantivo masculino] Barco que puede ir por debajo del agua a mucha profundidad.

batista (ba·tis·ta) [sustantivo femenino] Tela muy fina de hilo o de algodón: *un pañuelo de batista*.

batracio, cia (ba·tra·cio, cia) [adjetivo o sustantivo masculino] Dicho de un animal, que es de sangre fría y que puede vivir en la tierra o en el agua: *Las ranas son batracios*. ☐ SINÓNIMOS: anfibio.

baturro, rra (ba·tu·rro, rra) [adjetivo o sustantivo] De los campesinos aragoneses: *jotas baturras*.

batuta (ba·tu·ta) [sustantivo femenino] Palo corto y delgado que usa el director de una orquesta para dirigir a los músicos. ◉ **página 681**. ◆ [expresión] ‖ **llevar la batuta** Ser el que manda o dirige a otros. ☐ [La expresión es coloquial].

baúl (ba·úl) [sustantivo masculino] Caja grande que tiene la tapa curva.

bautismal (bau·tis·mal) [adjetivo] Del bautismo o relacionado con este acto: *pila bautismal*. ☐ [No varía en masculino y femenino]. ☐ FAMILIA: →bautizar.

bautismo (bau·tis·mo) [sustantivo masculino] Sacramento por el que una persona entra a formar parte de la Iglesia y en el que el sacerdote le echa agua sobre la cabeza. ☐ FAMILIA: →bautizar.

bautizar (bau·ti·zar) [verbo] Administrar un sacerdote el sacramento del bautismo: *Cuando se bautiza a una persona, se le echa agua por la cabeza*. ☐ [La «z» se cambia en «c» delante de «e» («bautice»)]. ☐ FAMILIA: bautizo, bautismo, bautismal.

bautizo (bau·ti·zo) [sustantivo masculino] Acto por el que una persona entra a formar parte de la Iglesia y en el que el sacerdote le echa agua sobre la cabeza y hace otras señales. ☐ FAMILIA: →bautizar.

bauxita (bau·xi·ta) [sustantivo femenino] Mineral de color blanquecino o rojizo que se utiliza para fabricar aluminio.

baya (ba·ya) [sustantivo femenino] Mira en **bayo, ya**.

bayeta (ba·ye·ta) [sustantivo femenino] Trozo de tela que se usa para limpiar o para secar una superficie.

bayo, ya (ba·yo, ya) ▪ [adjetivo o sustantivo] **1** Dicho de un caballo, que tiene el pelo de color amarillento: *Ayer monté en una yegua baya*. ▪ **baya** [sustantivo femenino] **2** Fruto redondo, con jugo y con semillas rodeadas de una parte blanda: *Las uvas son bayas*. ☐ [No confundir «baya» con «valla» (especie de tapia de madera) ni con «vaya», del verbo «ir» o interjección].

bayonesa (ba·yo·ne·sa) [sustantivo femenino] Pastel relleno de cabello de ángel. ☐ [No confundir con «mayonesa» (un tipo de salsa)].

bayoneta (ba·yo·ne·ta) [sustantivo femenino] Arma con forma de cuchillo y que se coloca en el extremo de un arma de fuego.

baza (ba·za) [sustantivo femenino] Jugada en una partida de cartas. ◆ [expresión] ‖ **meter baza** Tomar parte en una conversación o en un asunto.

bazar (ba·zar) [sustantivo masculino] **1** Tienda en la que se venden objetos muy distintos. **2** Mercado público de algunos países.

bazo (ba·zo) [sustantivo masculino] Órgano interno del cuerpo, situado a la izquierda del estómago, con funciones en el sistema circulatorio: *El bazo produce células de la sangre*.

bazofia (ba·zo·fia) [sustantivo femenino] Cosa que se considera desagradable o de mala calidad: *Esta comida es una bazofia*.

bazuca (ba·zu·ca) [sustantivo femenino] Arma que consiste en un tubo abierto por los dos extremos y que sirve para tirar proyectiles. ☐ [Es una palabra de origen inglés]. ☐ SINÓNIMOS: lanzagranadas.

be [sustantivo femenino] Nombre de la letra *b*.

beatificar (be·a·ti·fi·car) [verbo] Declarar la Iglesia católica que una persona es modelo de vida cristiana. ☐ [La «c» se cambia en «qu» delante de «e» («beatifique»)]. ☐ FAMILIA: →beato.

beato, ta (be·a·to, ta) [adjetivo o sustantivo] Dicho de una persona, que ha sido declarada por la Iglesia católica modelo de vida cristiana, pero todavía no es reconocida como santa. ☐ FAMILIA: beatificar.

bebé (be·bé) [sustantivo masculino] Niño o niña que acaba de nacer o que tiene pocos meses.

bebedero (be·be·de·ro) [sustantivo masculino] **1** Recipiente donde beben los pájaros y otras aves. **2** Lugar en el que bebe el ganado. ☐ SINÓNIMOS: **2** abrevadero. ☐ FAMILIA: →beber.

bebedor, ra (be·be·dor, do·ra) [adjetivo o sustantivo] Que toma demasiadas bebidas alcohólicas. ☐ FAMILIA: →beber.

beber (be·ber) [verbo] **1** Tomar un líquido. **2** Tomar bebidas alcohólicas: *Nunca bebo si voy a conducir.* ☐ FAMILIA: bebida, bebedor, bebedero, bebido, embeber.

bebido, da (be·bi·do, da) ▉ [adjetivo o sustantivo] **1** Dicho de una persona, que está bajo los efectos del alcohol que ha tomado. ▉ **bebida** [sustantivo femenino] **2** Líquido que se bebe: *El agua es la bebida más natural.* **3** Hecho de beber demasiado alcohol: *El médico le dijo que tenía que dejar la bebida.* ☐ SINÓNIMOS: **1** borracho, beodo, ebrio. ☐ ANTÓNIMOS: **1** sobrio, sereno. ☐ FAMILIA: →beber.

beca (be·ca) [sustantivo femenino] Ayuda económica que se da a una persona para que haga sus estudios: *Para conseguir la beca necesitas sacar buenas notas.* ☐ FAMILIA: becario.

becario, ria (be·ca·rio, ria) [sustantivo] Persona que tiene una beca o una ayuda económica para hacer sus estudios. ☐ FAMILIA: →beca.

becerro, rra (be·ce·rro, rra) [sustantivo] Cría de la vaca, desde que deja de tomar leche hasta los dos años.

bechamel (be·cha·mel) [sustantivo femenino] → **besamel.**

becuadro (be·cua·dro) [sustantivo masculino] Signo que se coloca delante de una nota musical e indica que la nota antes alterada por un sostenido o un bemol recobra su sonido natural. ◉ página 648.

bedel, la (be·del, de·la) [sustantivo] Persona que trabaja en un centro oficial y que se ocupa de dar información, de mantener el orden y de otras funciones: *El bedel del instituto nos avisa cuando se acaba la clase.* ☐ [Para el femenino se usa también «la bedel»].

beduino, na (be·dui·no, na) [adjetivo o sustantivo] De los árabes que viven en los desiertos del norte de África, que es un continente.

begonia (be·go·nia) [sustantivo femenino] Planta de hojas grandes, verdes por encima y casi rojas por debajo, que se pone en los jardines como adorno, porque tiene muchas flores. ◉ página 444. ☐ [No confundir con «Begoña» (nombre propio de mujer)].

beicon (bei·con) [sustantivo masculino] Carne de cerdo que tiene tocino y está tratada con humo para que se conserve. ☐ [Es una palabra de origen inglés. Es preferible escribir «beicon» que la forma inglesa *bacon*].

beige [sustantivo masculino adjetivo o] → **beis.** ☐ [Es una palabra francesa. Se pronuncia «béis». Cuando es adjetivo, no varía en masculino y femenino].

beis (beis) [adjetivo o sustantivo masculino] De color marrón muy claro. ◉ página 234. ☐ [Es una palabra de origen francés. Cuando es adjetivo, no varía en masculino y femenino. No varía en singular y plural. Es preferible escribir «beis» que la forma francesa *beige*].

béisbol (béis·bol) [sustantivo masculino] Deporte al que se juega entre dos equipos y que consiste en golpear una pelota con una especie de palo llamado *bate*. ◉ páginas 304-305.

belén (be·lén) [sustantivo masculino] Grupo de figuras con el que se representa el nacimiento de Jesucristo. ☐ SINÓNIMOS: nacimiento.

belfo (bel·fo) [sustantivo masculino] Cada uno de los labios del caballo y de otros animales.

belga (bel·ga) [adjetivo o sustantivo] De Bélgica, que es un país europeo. ☐ [No varía en masculino y femenino].

belicista (be·li·cis·ta) [adjetivo o sustantivo] Que defiende la guerra: *una campaña belicista.* ☐ [No varía en masculino y femenino]. ☐ ANTÓNIMOS: antibelicista. ☐ FAMILIA: →bélico.

bélico, ca (bé·li·co, ca) [adjetivo] De la guerra o relacionado con ella. ☐ SINÓNIMOS: guerrero. ☐ FAMILIA: belicoso, beligerante, belicista, antibelicista.

belicoso, sa (be·li·co·so, sa) [adjetivo] **1** Que provoca guerras con facilidad. **2** Dicho de una persona, que provoca peleas y discusiones con facilidad. ☐ FAMILIA: →bélico.

beligerante (be·li·ge·ran·te) [adjetivo o sustantivo] Que participa en una guerra o en una lucha: *países beligerantes.* ☐ [No varía en masculino y femenino]. ☐ FAMILIA: →bélico.

bellaco, ca (be·lla·co, ca) [adjetivo o sustantivo] Que es mala persona.

belleza (be·lle·za) [sustantivo femenino] **1** Cualidad de lo que resulta agradable de ver o de oír. **2** Persona o cosa que resulta muy bella. ☐ SINÓNIMOS: **2** preciosidad. ☐ ANTÓNIMOS: fealdad. ☐ FAMILIA: →bello.

bello, lla (be·llo, lla) [adjetivo] **1** Muy agradable de ver o de oír. **2** Que es bueno: *Ayudar a quien lo necesita es una bella acción.* ☐ [No confundir con «vello» (pelo suave y fino)]. ☐ SINÓNIMOS: hermoso. **1** precioso, bonito, lindo. ☐ ANTÓNIMOS: **1** feo. ☐ FAMILIA: belleza, embellecer, embellecedor.

bellota (be·llo·ta) [sustantivo femenino] Fruto de algunos árboles, de color marrón y con una cáscara dura: *Las encinas y los robles dan bellotas.*

bellota

bemol (be·mol) ▉ [adjetivo] **1** Dicho de una nota musical, que ha cambiado su sonido haciéndose medio tono más grave. ▉ [sustantivo masculino] **2** Signo que representa este

beneplácito

cambio. □ [En el significado **1** no varía en masculino y femenino]. □ Antónimos: sostenido. ☉ **página 648**.

bencina (ben·*ci*·na) [sustantivo femenino] Gasolina.

bendecir (ben·de·*cir*) [verbo] **1** Pedir a Dios que proteja a alguien: *El sacerdote bendijo a los fieles*. **2** Dar carácter sagrado a algo: *bendecir una medalla*. **3** Alabar algo o a alguien porque ha supuesto algo bueno: *Bendigo el día en que nos conocimos*. □ [Es irregular]. □ Antónimos: **3** maldecir. □ Familia: bendito, bendición. →bien. →decir.

bendición (ben·di·*ción*) [sustantivo femenino] **1** Petición de la protección divina para alguien: *Los fieles recibieron la bendición del sacerdote*. **2** Acción de dar a algo carácter sagrado: *La bendición del nuevo templo tendrá lugar hoy*. **3** Cualquier cosa que produce mucha alegría o una gran satisfacción: *Este día tan soleado es una bendición*. □ Antónimos: **1** maldición. □ Familia: →bendecir.

bendito, ta (ben·*di*·to, ta) [sustantivo] Persona muy buena. □ Familia: →bendecir.

benedictino, na (be·ne·dic·*ti*·no, na) [adjetivo o sustantivo] De la Orden de San Benito o relacionado con ella.

benefactor, ra (be·ne·fac·*tor*, *to*·ra) [adjetivo o sustantivo] Que ayuda a los demás. □ Sinónimos: bienhechor. □ Familia: →bien. →hacer.

beneficencia (be·ne·fi·*cen*·cia) [sustantivo femenino] **1** Ayuda que se da a quien lo necesita. **2** Conjunto de organizaciones que realizan esta ayuda. □ Sinónimos: **1** caridad. □ Familia: →bien.

beneficiar (be·ne·fi·*ciar*) [verbo] **1** Resultar bueno o útil para algo: *Estas lluvias benefician la cosecha*. **2** Obtener un beneficio: *Cuando seas mayor, te beneficiarás de todo lo que has estudiado*. □ [Es irregular y se conjuga como **ANUNCIAR**]. □ Sinónimos: favorecer. □ Antónimos: **1** perjudicar. □ Familia: →bien.

beneficiario, ria (be·ne·fi·*cia*·rio, ria) [adjetivo o sustantivo] Dicho de una persona, que recibe un beneficio. □ Familia: →bien.

beneficio (be·ne·*fi*·cio) [sustantivo masculino] Fruto o ganancia que se obtienen de algo: *Espero tener algún beneficio con este negocio*. □ Sinónimos: provecho, utilidad, cuenta. □ Familia: →bien.

beneficioso, sa (be·ne·fi·*cio*·so, sa) [adjetivo] Que resulta útil o bueno para algo. □ Sinónimos: provechoso, fructífero, ventajoso. □ Familia: →bien.

benéfico, ca (be·*né*·fi·co, ca) [adjetivo] Que se realiza de forma gratuita para ayudar a los más pobres: *concierto benéfico; asociación benéfica*. □ Familia: →bien.

beneplácito (be·ne·*plá*·ci·to) [sustantivo masculino] **1** Permiso que se da para hacer algo: *Cuento con el beneplácito de todos*

BENDECIR	
INDICATIVO	**SUBJUNTIVO**
Presente yo bendigo tú bendices / usted bendice él, ella bendice nosotros, tras bendecimos vosotros, tras bendecís / ustedes bendicen ellos, ellas bendicen	**Presente** yo bendiga tú bendigas / usted bendiga él, ella bendiga nosotros, tras bendigamos vosotros, tras bendigáis / ustedes bendigan ellos, ellas bendigan
Pretérito imperfecto yo bendecía tú bendecías / usted bendecía él, ella bendecía nosotros, tras bendecíamos vosotros, tras bendecíais / ustedes bendecían ellos, ellas bendecían	**Pretérito imperfecto** yo bendijera o bendijese tú bendijeras o bendijeses / usted bendijera o bendijese él, ella bendijera o bendijese nosotros, tras bendijéramos o bendijésemos vosotros, tras bendijerais o bendijeseis / ustedes bendijeran o bendijesen ellos, ellas bendijeran o bendijesen
Pretérito perfecto simple yo bendije tú bendijiste / usted bendijo él, ella bendijo nosotros, tras bendijimos vosotros, tras bendijisteis / ustedes bendijeron ellos, ellas bendijeron	**Futuro simple** yo bendijere tú bendijeres / usted bendijere él, ella bendijere nosotros, tras bendijéremos vosotros, tras bendijereis / ustedes bendijeren ellos, ellas bendijeren
Futuro simple yo bendeciré tú bendecirás / usted bendecirá él, ella bendecirá nosotros, tras bendeciremos vosotros, tras bendeciréis / ustedes bendecirán ellos, ellas bendecirán	**IMPERATIVO** bendice (tú) / bendiga (usted) bendigamos (nosotros, tras) bendecid (vosotros, tras) / bendigan (ustedes)
Condicional simple yo bendeciría tú bendecirías / usted bendeciría él, ella bendeciría nosotros, tras bendeciríamos vosotros, tras bendeciríais / ustedes bendecirían ellos, ellas bendecirían	**FORMAS NO PERSONALES** **Infinitivo** **Gerundio** **Participio** bendecir bendiciendo bendecido

benevolencia

para hacer esto. **2** Satisfacción que se muestra por una cosa: *El equipo contaba con el beneplácito de la afición.* □ Familia: →bien.

benevolencia (be·ne·vo·len·cia) [sustantivo femenino] Buena voluntad o buena intención. □ Antónimos: malevolencia. □ Familia: →bien.

benevolente (be·ne·vo·len·te) [adjetivo] Dicho de una persona, que tiene buena voluntad o buena intención. □ [No varía en masculino y femenino]. □ Sinónimos: benévolo. □ Antónimos: malévolo. □ Familia: →bien.

benévolo, la (be·né·vo·lo, la) [adjetivo] Dicho de una persona, que tiene buena voluntad o buena intención. □ Sinónimos: benevolente. □ Antónimos: malévolo. □ Familia: →bien.

bengala (ben·ga·la) [sustantivo femenino] Palo fino que al arder por uno de sus extremos produce chispas de colores y mucha luz.

benigno, na (be·nig·no, na) [adjetivo] Que no es malo ni perjudicial: *un tumor benigno*. □ Antónimos: maligno. □ Familia: →bien.

benjamín, na (ben·ja·mín, mi·na) ■ [adjetivo o sustantivo] **1** Que pertenece a una de las categorías deportivas, por debajo de la de alevín. ■ [sustantivo] **2** El más joven de un grupo o de una familia.

beodo, da (be·o·do, da) [adjetivo o sustantivo] Dicho de una persona, que está bajo los efectos del alcohol que ha tomado. □ Sinónimos: bebido, borracho.

berberecho (ber·be·re·cho) [sustantivo masculino] Animal marino con dos conchas que vive enterrado en la arena.

berberisco, ca (ber·be·ris·co, ca) [adjetivo o sustantivo] De Berbería, que es una región del norte de África. □ Sinónimos: bereber. □ Familia: →bereber.

berbiquí (ber·bi·quí) [sustantivo masculino] Herramienta que sirve para hacer agujeros en una superficie dura, dando vueltas a una manivela.

bereber o **beréber** (be·re·ber; be·ré·ber) ■ [adjetivo o sustantivo] **1** De Berbería, que es una región del norte de África. ■ [sustantivo masculino] **2** Lengua de esta región. □ [No varía en masculino y femenino]. □ Sinónimos: berebere. **1** berberisco. □ Familia: berberisco.

berebere (be·re·be·re) ■ [adjetivo o sustantivo] **1** → **bereber**. ■ [sustantivo masculino] **2** → **bereber**. □ [No varía en masculino y femenino].

berenjena (be·ren·je·na) [sustantivo femenino] Fruto de una planta que se cultiva en las huertas, que es de color morado por fuera y blanco por dentro. ◉ *página 967*.

berenjenal (be·ren·je·nal) [sustantivo masculino] Asunto complicado, lioso o que tiene difícil solución. □ [Es coloquial].

bergantín (ber·gan·tín) [sustantivo masculino] Barco de vela con dos palos.

berilio (be·ri·lio) [sustantivo masculino] Metal sólido de color blanco y no muy duro, parecido al aluminio.

berlina (ber·li·na) [sustantivo femenino] **1** Antiguo coche de caballos cerrado, con dos o cuatro asientos. **2** Coche con cuatro puertas.

berlinés, sa (ber·li·nés, ne·sa) [adjetivo o sustantivo] De Berlín, que es la capital alemana.

bermejo, ja (ber·me·jo, ja) [adjetivo] Rubio o rojizo: *piel bermeja*.

bermellón (ber·me·llón) [sustantivo o adjetivo] De un color entre el rojo y el naranja. ◉ *página 234*. □ [Cuando es adjetivo, no varía en masculino y femenino].

bermudas (ber·mu·das) [sustantivo plural] Pantalones cortos que llegan hasta las rodillas. □ [Se puede decir «los bermudas» y «las bermudas» sin que cambie de significado].

berrear (be·rre·ar) [verbo] **1** Emitir un becerro, un ciervo u otros animales su voz característica. **2** Llorar a gritos. **3** Hablar a gritos: *No berrees, que no estoy sorda*. □ [El significado **3** es despectivo]. □ Familia: berrido, berrinche.

berrido (be·rri·do) [sustantivo masculino] **1** Voz característica del becerro, del ciervo o de otros animales. **2** Grito que molesta: *Eso no es cantar, es dar berridos*. □ [El significado **2** es despectivo]. □ Familia: →berrear.

berrinche (be·rrin·che) [sustantivo masculino] Disgusto que se expresa de modo muy claro, llorando o con ruido. □ [Es coloquial]. □ Familia: →berrear.

berro (be·rro) [sustantivo masculino] Planta que crece en terrenos con mucha agua, cuyas hojas tienen un sabor picante y se usan para dar sabor a la ensalada.

berza (ber·za) [sustantivo femenino] Planta que se cultiva en las huertas y cuya parte central es redonda y tiene las hojas blancas y verdes. □ Sinónimos: col. □ Familia: berzotas.

berzotas (ber·zo·tas) [sustantivo] Persona que no actúa con inteligencia o que no se da cuenta de las cosas. □ [No varía en masculino y femenino, ni en singular y plural. Es coloquial]. □ Familia: →berza.

besamel (be·sa·mel) [sustantivo femenino] Crema blanca, hecha con leche, harina y mantequilla: *Con besamel se hacen croquetas*. □ [Se usa también «bechamel»].

besar (be·sar) [verbo] Dar besos. □ Familia: →beso.

beso (be·so) [sustantivo masculino] Toque o caricia con los labios. □ Familia: besar, besuquear, besucón, besuqueo.

bestia (bes·tia) ■ [adjetivo o sustantivo] **1** Dicho de una persona, que es muy mala y se comporta de manera violenta: *No seas bestia y no maltrates a los animales*. **2** Dicho de una persona, que actúa sin inteligencia: *No seas bestia y no digas que dos más dos son cinco*. ■ [sustantivo femenino] **3** Animal de cuatro patas: *El burro es una bestia de carga*. □ [En los significados **1** y **2** no varía en masculino y femenino]. □ Sinónimos: **1**, **2** bruto, animal. **1** cafre, monstruo. □ Familia: bestial, bestialidad.

bestial (bes·tial) [adjetivo] **1** Más propio de una bestia que de una persona: *un crimen bestial*. **2** De tamaño, cantidad o calidad mayores de lo normal: *¡Qué pastel* *tan bestial!* □ [No varía en masculino y femenino. El significado 2 es coloquial]. □ SINÓNIMOS: **2** extraordinario. □ FAMILIA: →bestia.

bestialidad (bes·tia·li·dad) [sustantivo femenino] Cualquier cosa exagerada, poco adecuada o cruel: *No podré comer esta bestialidad de sopa. En las guerras se hacen bestialidades.* □ SINÓNIMOS: barbaridad. □ FAMILIA: →bestia.

besucón, na (be·su·cón, co·na) [adjetivo o sustantivo] Que da muchos besos. □ [Es coloquial]. □ FAMILIA: →beso.

besugo (be·su·go) [sustantivo masculino] **1** Pez marino de color rosáceo con los ojos muy saltones. ◉ **página 723**. **2** Persona torpe y poco inteligente. □ [El significado **2** es coloquial].

besuquear (be·su·que·ar) [verbo] Dar muchos besos. □ [Es coloquial]. □ FAMILIA: →beso.

besuqueo (be·su·que·o) [sustantivo masculino] Hecho de dar muchos besos. □ FAMILIA: →beso.

beta (be·ta) [sustantivo femenino] Segunda letra del alfabeto griego.

bético, ca (bé·ti·co, ca) [adjetivo o sustantivo] De la antigua Bética, que hoy se llama Andalucía.

betún (be·tún) [sustantivo masculino] Crema para limpiar los zapatos y darles brillo: *Si frotas los zapatos después de darles betún, quedan más brillantes.*

bianual (bia·nual) [adjetivo] Que sucede dos veces al año. □ [No varía en masculino y femenino. No confundir con «bienal» (que sucede cada dos años; que dura dos años)]. □ FAMILIA: →año.

biberón (bi·be·rón) [sustantivo masculino] Especie de botella para dar leche y otros líquidos a los niños pequeños.

biblia (bi·blia) [sustantivo femenino] Libro en el que se recogen los textos sagrados de los cristianos y los judíos: *La Biblia está formada por el Antiguo y el Nuevo Testamento.* □ [Se escribe con mayúscula]. □ SINÓNIMOS: escritura. □ FAMILIA: bíblico.

bíblico, ca (bí·bli·co, ca) [adjetivo] De la Biblia, que es el libro sagrado de los cristianos y los judíos. □ FAMILIA: →biblia.

bibliografía (bi·blio·gra·fí·a) [sustantivo femenino] Lista de libros: *Necesito una amplia bibliografía sobre este tema.* □ [No confundir con «biografía» (historia de la vida de una persona)]. □ FAMILIA: →grafía.

bibliográfico, ca (bi·blio·grá·fi·co, ca) [adjetivo] De la bibliografía o relacionado con ella. □ [No confundir con «biográfico» (relacionado con la vida de una persona)]. □ FAMILIA: →grafía.

biblioteca (bi·blio·te·ca) [sustantivo femenino] **1** Edificio o habitación donde hay muchos libros para que la gente los lea o los consulte: *Me gusta estudiar en las bibliotecas.* **2** Colección de libros: *Mi biblioteca cada vez es mayor.* **3** Mueble o estantería para colocar libros: *Los estantes de la biblioteca están torcidos.* □ SINÓNIMOS: **3** librería. □ FAMILIA: bibliotecario.

bibliotecario, ria (bi·blio·te·ca·rio, ria) [sustantivo] Persona que trabaja en una biblioteca. □ FAMILIA: →biblioteca.

bicarbonato (bi·car·bo·na·to) [sustantivo masculino] Sustancia blanca que se disuelve en agua y se usa en medicina y en la fabricación de algunos alimentos. □ FAMILIA: →carbón.

bíceps (bí·ceps) [sustantivo masculino] Músculo doble que está en la parte alta de los brazos y de las piernas. ◉ **página 647**. □ [No varía en singular y plural].

bicha (bi·cha) [sustantivo femenino] Serpiente. □ [Es coloquial]. □ FAMILIA: →bicho.

bicho (bi·cho) [sustantivo masculino] **1** Animal, especialmente insectos y otros animales pequeños cuyo nombre no conocemos: *una planta llena de bichos.* **2** Niño travieso: *Mi hija es un bicho.* **3** Persona con malas intenciones: *No te fíes de ese bicho.* ◆ [expresión] ‖ **bicho raro** Persona rara. ‖ **todo bicho viviente** Todo el mundo. □ [Es coloquial, y el significado **3** es despectivo]. □ FAMILIA: bicha.

bici (bi·ci) [sustantivo femenino] Bicicleta. □ [Es coloquial]. □ FAMILIA: →bicicleta.

bicicleta (bi·ci·cle·ta) [sustantivo femenino] Vehículo de dos ruedas iguales, con un sillín, un manillar y dos pedales. ◉ **páginas 960-961**. ◆ [expresión] ‖ **bicicleta de montaña** Bicicleta que tiene ruedas gruesas y que se utiliza para ir por caminos no asfaltados. □ [Se usa mucho la forma abreviada «bici», que es coloquial. Es preferible usar «bicicleta de montaña» que la palabra inglesa *mountain bike*]. □ FAMILIA: bici, ciclismo, ciclista, cicloturismo.

bicoca (bi·co·ca) [sustantivo femenino] Cosa muy buena que se logra sin esfuerzo o por poco dinero: *Este coche tan barato es una bicoca.* □ [Es coloquial]. □ SINÓNIMOS: chollo, momio.

bicolor (bi·co·lor) [adjetivo] De dos colores. □ [No varía en masculino y femenino]. □ FAMILIA: →color.

bidé (bi·dé) [sustantivo masculino] Especie de lavabo bajo sobre el que una persona se puede sentar para lavarse. □ [Es una palabra de origen francés].

bidé

bidireccional (bi·di·rec·cio·nal) [adjetivo] Que tiene dos direcciones: *una carretera bidireccional.* □ [No varía en masculino y femenino]. □ FAMILIA: →dirigir.

bidón (bi·dón) [sustantivo masculino] Recipiente hermético, que suele tener forma de cilindro y que sirve para transportar líquidos.

biela (bie·la) [sustantivo femenino] Barra fuerte que en una máquina une dos piezas que se mueven para transformar el

bieldo

movimiento de vaivén en otro de rotación, o al revés: *Las ruedas de los trenes antiguos iban unidas por bielas.*

bieldo (biel·do) [sustantivo] [masculino] Herramienta parecida a un rastrillo que se usa en el campo para separar la paja del grano.

bielorruso, sa (bie·lo·rru·so, sa) [adjetivo o] [sustantivo] **1** De Bielorrusia, que es un país europeo. ▪ **bielorruso** [sustantivo] [masculino] **2** Lengua de este país.

bien (bien) ▪ [adjetivo] **1** Con dinero o con una alta posición social: *niño bien; gente bien.* ▪ [sustantivo] [masculino] **2** Cosa que resulta útil o hace feliz: *Te reñí por tu bien.* **3** Cosa que se considera perfecta y buena: *Ese héroe es un defensor del bien.* **4** Nota que indica que se sabe algo más que el nivel exigido: *He sacado un bien en Matemáticas.* ▪ **bienes** [sustantivo] [masculino plural] **5** Conjunto de todas las propiedades y de todo el dinero que alguien tiene: *La casa y el jardín son mis únicos bienes.* ▪ [adverbio] **6** De buena manera o como debe ser: *No me sale bien. ¿No te encuentras bien?* **7** Muy o bastante: *Se lo dije bien claro, pero no me entendió.* **8** Se usa para indicar que se está de acuerdo con algo: *Bien, si tanto lo deseas, te lo regalaré.* ▪ [conjunción] **9** Se usa para unir palabras o frases que tienen sentidos contrarios: *Bien lo quieres o bien no lo quieres, pero decídete ya.* ◆ [expresión] ‖ **bien que mal** De una forma o de otra, pero venciendo las dificultades: *Bien que mal, siempre cumplo mis promesas.* ‖ **de bien** Dicho de una persona, que es honrada con los demás: *hombre de bien.* ‖ **no bien** En el mismo momento: *No bien salí a la calle, empezó a llover.* ‖ **si bien** Se usa para expresar oposición: *Acepté sus disculpas, si bien hubiera preferido que no me hubiese insultado.* ‖ **y bien** Se usa para preguntar: *Y bien, ¿qué te pasa ahora?* [En el significado **1** no varía en masculino y femenino, ni en singular y plural. En los significados **6**, **7** y **8** tampoco varía por ser adverbio. El significado **1** es coloquial]. ☐ SINÓNIMOS: **5** hacienda. ☐ ANTÓNIMOS: **2**, **3**, **6** mal. ☐ FAMILIA: bienhechor, bienestar, bienintencionado, bienaventurado, bienaventuranza, bienvenido, bienvenida, bendecir, beneficiar, beneficio, beneficiario, beneficioso, benéfico, beneficencia, benefactor, beneplácito, benevolencia, benevolente, benévolo, benigno, parabién, requetebién.

bienal (bie·nal) ▪ [adjetivo] **1** Que dura dos años: *Estoy haciendo un curso de idiomas bienal.* **2** Que ocurre cada dos años: *En su empresa realizan una revisión bienal de los salarios.* ▪ [sustantivo] [femenino] **3** Exposición o celebración cultural que tiene lugar cada dos años: *La bienal del libro se celebrará este año en París.* ☐ [En los significados **1** y **2** no varía en masculino y femenino. No confundir con «bianual» (que sucede dos veces al año)]. ☐ FAMILIA: →año.

bienaventurado, da (bie·na·ven·tu·ra·do, da) [adjetivo o] [sustantivo] Dicho de una persona, que es feliz o que lo será. ☐ FAMILIA: →bien. →ventura.

bienaventuranza (bie·na·ven·tu·ran·za) [sustantivo] [femenino] **1** En la religión cristiana, cada uno de los ocho estados de felicidad que dijo Cristo a sus discípulos para que aspirasen a ellos: *La bienaventuranzas comienzan por la palabra «bienaventurado».* **2** Felicidad. ☐ FAMILIA: →bien. →ventura.

bienestar (bie·nes·tar) [sustantivo] [masculino] Sensación que tenemos cuando nos sentimos bien y estamos a gusto. ☐ ANTÓNIMOS: malestar. ☐ FAMILIA: →bien. →estar.

bienhechor, ra (bie·nhe·chor, cho·ra) [adjetivo o] [sustantivo] Que ayuda a los demás. ☐ SINÓNIMOS: benefactor. ☐ ANTÓNIMOS: malhechor. ☐ FAMILIA: →bien. →hacer.

bienintencionado, da (bie·nin·ten·cio·na·do, da) [adjetivo o] [sustantivo] Que tiene buena intención. ☐ [Se escribe también «bien intencionado»]. ☐ FAMILIA: →bien. →intención.

bienvenido, da (bien·ve·ni·do, da) ▪ [adjetivo] **1** Que es recibido con placer o que llega en momento oportuno. ▪ **bienvenida** [sustantivo] [femenino] **2** Demostración de la satisfacción que nos produce la llegada de alguien: *Fuimos a dar la bienvenida a los recién llegados.* ☐ [Se usa para saludar a alguien cuando llega a un lugar: «¡Bienvenidos! ¿Qué tal el viaje?»]. ☐ FAMILIA: →bien. →venir.

bies (bies) [sustantivo] [masculino] Trozo de tela cortado en diagonal y cosido al borde de una prenda de ropa o de otra tela. ◆ [expresión] ‖ **al bies** En diagonal.

bífido, da (bí·fi·do, da) [adjetivo] Dicho de un órgano, que está dividido en dos: *Algunas serpientes tienen la lengua bífida.*

bífidus (bí·fi·dus) [sustantivo] [masculino] Bacteria que se añade a algunos alimentos y que es buena para la salud: *un yogur con bífidus.* ☐ [No varía en singular ni en plural].

bifocal (bi·fo·cal) [adjetivo] Dicho de unas gafas, que permiten ver de cerca y de lejos: *Con las gafas bifocales veo bien de lejos y de cerca.* ☐ [No varía en masculino y femenino]. ☐ FAMILIA: →foco.

bifurcación (bi·fur·ca·ción) [sustantivo] [femenino] Punto donde se divide en dos un camino, un río o algo parecido. ☐ FAMILIA: →bifurcarse.

bifurcarse (bi·fur·car·se) [verbo] Dividirse en dos: *En ese manantial se bifurca el camino.* ☐ [La «c» se cambia en «qu» delante de «e» («bifurque»)]. ☐ FAMILIA: bifurcación.

bigamia (bi·ga·mia) [sustantivo] [femenino] Hecho de estar casado con dos personas a la vez.

bígaro (bí·ga·ro) [sustantivo] [masculino] Caracol marino de pequeño tamaño y concha oscura.

bigote (bi·go·te) [sustantivo] [masculino] **1** Conjunto de pelos que nacen sobre el labio superior de las personas o de algunos animales. **2** Señal que deja en el labio superior algo que se ha bebido o comido. ☐ [Significa lo mismo en singular que en plural]. ☐ SINÓNIMOS: **2** bigotera. ☐ FAMILIA: bigotudo, bigotera.

bigotera (bi·go·te·ra) [sustantivo] [femenino] **1** Compás pequeño. **2** Señal que deja en el labio superior algo que se ha bebido o comido. ☐ SINÓNIMOS: **2** bigote. ☐ FAMILIA: →bigote.

bigotudo, da (bi·go·tu·do, da) [adjetivo o] [sustantivo] Que tiene bigote, sobre todo si es grande. ☐ FAMILIA: →bigote.

bigudí (bi·gu·dí) [sustantivo masculino] Pieza pequeña de madera, con forma de cilindro, en la que se enrolla un mechón de pelo para rizarlo. ☐ [Su plural es «bigudíes» o «bigudís»].

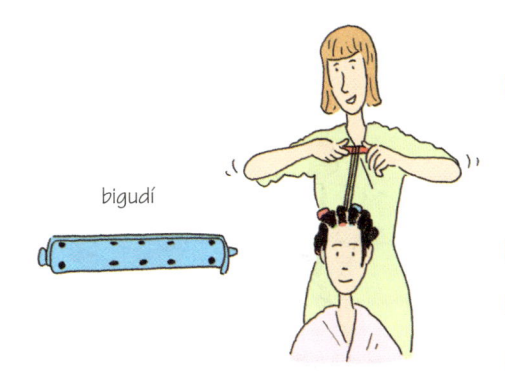

bigudí

bikini (bi·ki·ni) [sustantivo masculino] Traje de baño femenino que está formado por dos piezas. ☐ [Se escribe también «biquini»].
bilateral (bi·la·te·ral) [adjetivo] Que se produce con la intervención de las dos partes de algo: *tratado bilateral*. ☐ [No varía en masculino y femenino]. ☐ FAMILIA: →lado.
bilbaíno, na (bil·ba·í·no, na) [adjetivo o sustantivo] De la ciudad española de Bilbao.
bilingüe (bi·lin·güe) [adjetivo] **1** Dicho de una persona, que habla y escribe muy bien en dos lenguas. **2** Dicho de un texto, que está escrito en dos idiomas. ☐ [No varía en masculino y femenino]. ☐ FAMILIA: →lengua.
bilingüismo (bi·lin·güis·mo) [sustantivo masculino] Uso normal de dos lenguas por una misma persona. ☐ FAMILIA: →lengua.
bilioso, sa (bi·lio·so, sa) [adjetivo] **1** Que tiene demasiada bilis: *Tener la piel amarillenta es síntoma de un estado bilioso*. **2** Dicho de una persona o de su carácter, de mal genio. ☐ FAMILIA: →bilis.
bilis (bi·lis) [sustantivo femenino] Líquido de color amarillento, producido por el hígado y que interviene en la digestión. ☐ [No varía en singular y plural]. ☐ SINÓNIMOS: hiel. ☐ FAMILIA: bilioso.
billar (bi·llar) ■ [sustantivo masculino] **1** Juego que se practica sobre una mesa forrada con una tela verde, en la que se ponen bolas de colores a las que hay que dar con la punta de un palo largo. ■ **billares** [plural] **2** Local público que tiene esta mesa y otros juegos.
billete (bi·lle·te) [sustantivo masculino] **1** Papel que representa una cantidad de dinero. **2** Papel que se compra y que permite entrar en un espectáculo o en un servicio público: *billete de tren*. ☐ FAMILIA: billetera.
billetera (bi·lle·te·ra) [sustantivo femenino] Cartera de bolsillo que sirve para llevar billetes. ☐ [Se usa también el masculino «billetero»]. ☐ FAMILIA: →billete.

billetero (bi·lle·te·ro) [sustantivo masculino] → **billetera**.
billón (bi·llón) [sustantivo numeral] Número 1 000 000 000 000: *Un billón es un millón de millones*. ☐ FAMILIA: →millón.
bimensual (bi·men·sual) [adjetivo] Que sucede dos veces al mes. ☐ [No varía en masculino y femenino. No confundir con «bimestral» (que sucede cada dos meses; que dura dos meses)]. ☐ FAMILIA: →mes.
bimestral (bi·mes·tral) [adjetivo] **1** Que sucede o se repite cada dos meses: *Tengo que hacerme una revisión médica bimestral*. **2** Que dura dos meses: *Estoy haciendo un curso bimestral*. ☐ [No varía en masculino y femenino. No confundir con «bimensual» (que sucede dos veces al mes)]. ☐ FAMILIA: →mes.
bimestre (bi·mes·tre) [sustantivo masculino] Período de tiempo de dos meses. ◉ página 169. ☐ FAMILIA: →mes.
bimotor (bi·mo·tor) [sustantivo masculino] Avión que tiene dos motores. ☐ FAMILIA: →motor.
binario, ria (bi·na·rio, ria) [adjetivo] Que tiene dos elementos: *un compás binario; sistema binario*.
bingo (bin·go) [sustantivo masculino] **1** Juego en el que se van señalando en un cartón los números que salen en unas bolitas. **2** Establecimiento público en el que se organiza este juego. **3** Premio más alto que se da en este juego.
binocular (bi·no·cu·lar) ■ [adjetivo] **1** Dicho de un aparato óptico, que se emplea con los dos ojos a la vez: *un microscopio binocular*. ■ **binoculares** [sustantivo masculino plural] **2** Aparato que está formado por dos tubos y que permite ver lo que está lejos como si estuviera cerca. ☐ [En el significado **1** no varía en masculino y femenino]. ☐ SINÓNIMOS: **2** prismáticos. ☐ FAMILIA: →ojo.
binóculo (bi·nó·cu·lo) [sustantivo masculino] Gafas sin patillas, que se sujetan sobre la nariz. ☐ FAMILIA: →ojo.
binomio (bi·no·mio) [sustantivo masculino] Expresión matemática formada por dos monomios que están unidos por el signo de la suma o por el de la resta.
bioagricultura (bio·a·gri·cul·tu·ra) [sustantivo femenino] Agricultura que respeta el ciclo natural de las plantas y en la que no se utilizan productos artificiales. ☐ FAMILIA: →agrario.
biobasura (bio·ba·su·ra) [sustantivo femenino] Basura formada por restos de alimentos: *La biobasura se puede transformar en abono para la tierra*. ☐ FAMILIA: →basura.
biocarburante (bio·car·bu·ran·te) [sustantivo masculino] Combustible que no contamina. ☐ SINÓNIMOS: biocombustible. ☐ FAMILIA: →carbón.
bioclimático, ca (bio·cli·má·ti·co, ca) [adjetivo] Que está relacionado con el clima y los seres vivos. ☐ FAMILIA: →clima.
biocombustible (bio·com·bus·ti·ble) [sustantivo masculino] Combustible que no contamina. ☐ SINÓNIMOS: biocarburante. ☐ FAMILIA: →combustión.
biodiversidad (bio·di·ver·si·dad) [sustantivo femenino] Variedad de especies animales y vegetales. ☐ FAMILIA: →diverso.

biografía

biografía (bio·gra·fí·a) [sustantivo femenino] Historia de la vida de una persona. ☐ [No confundir con «bibliografía» (lista de libros)]. ☐ FAMILIA: biográfico, biógrafo, autobiografía, autobiográfico.

biográfico, ca (bio·grá·fi·co, ca) [adjetivo] De la biografía. ☐ [No confundir con «bibliográfico» (relacionado con un listado de libros)]. ☐ FAMILIA: →biografía.

biógrafo, fa (bió·gra·fo, fa) [sustantivo] Persona que hace biografías. ☐ FAMILIA: →biografía.

biología (bio·lo·gí·a) [sustantivo femenino] Ciencia que estudia los seres vivos. ☐ FAMILIA: biólogo.

biólogo, ga (bió·lo·go, ga) [sustantivo] Persona especializada en biología. ☐ FAMILIA: →biología.

bioma (bio·ma) [sustantivo masculino] Zona de la Tierra que tiene el mismo clima, la misma fauna y la misma vegetación en todos sus territorios: *La sabana y el desierto son algunos de los biomas que existen.*

biombo (biom·bo) [sustantivo masculino] Especie de pared que se puede doblar y mover de un sitio a otro: *El comedor está separado del salón por un biombo chino.*

biombo

biopsia (biop·sia) [sustantivo femenino] Extracción y análisis de tejidos o líquidos de un ser vivo para completar un diagnóstico: *Le hicieron la biopsia de un quiste, pero no era peligroso.*

biosfera (bios·fe·ra) [sustantivo femenino] Zona de la Tierra en la que se desarrolla la vida.

bípedo, da (bí·pe·do, da) [adjetivo o sustantivo masculino] Que se apoya sobre dos pies o sobre dos patas: *posición bípeda; animal bípedo.*

bipolar (bi·po·lar) [adjetivo] Que tiene dos extremos opuestos: *trastorno bipolar.* ☐ [No varía en masculino y femenino]. ☐ FAMILIA: →polo.

biquini (bi·qui·ni) [sustantivo masculino] → **bikini**.

birlar (bir·lar) [verbo] Quitar o robar: *Alguien me ha birlado el estuche.* ☐ [Es coloquial]. ☐ SINÓNIMOS: afanar, mangar, trincar, choricear, chorizar.

birmano, na (bir·ma·no, na) [adjetivo o sustantivo] De Myanmar, antes llamado Birmania, que es un país asiático.

birrete (bi·rre·te) [sustantivo masculino] Gorro que usan en algunos actos oficiales los doctores y catedráticos universitarios, los magistrados, los jueces y los abogados.

birrete

birria (bi·rria) ▪ [adjetivo o sustantivo femenino] **1** De mala calidad, mal hecho o de poco valor. ▪ [sustantivo] **2** Persona débil o con pocas cualidades. ☐ [Es coloquial. Cuando es adjetivo no varía en masculino y femenino. En el significado **2**, no varía en masculino y femenino].

biruji (bi·ru·ji) [sustantivo masculino] Viento muy frío: *Aquí sopla un biruji que nos vamos a quedar helados.* ☐ [Es coloquial].

bis ▪ [sustantivo masculino] **1** Repetición de una parte de la actuación, porque lo pide el público: *Tuvo que hacer tres bises en su última actuación.* ▪ [adverbio] **2** Indica que algo se repite dos veces: *Esa acción va contra el artículo 312 bis.*

bisabuelo, la (bi·sa·bue·lo, la) ▪ [sustantivo] **1** Padre o madre de nuestros abuelos. ▪ **bisabuelos** [sustantivo masculino plural] **2** Conjunto formado por el bisabuelo y la bisabuela. ☐ FAMILIA: →abuelo.

bisagra (bi·sa·gra) [sustantivo femenino] Pieza de metal que permite que las puertas se abran o se cierren. ☐ SINÓNIMOS: gozne.

bisagra

bisbisear (bis·bi·se·ar) [verbo] Hablar en voz muy baja: *Es muy molesto que estés bisbiseando todo el tiempo.* ☐ SINÓNIMOS: susurrar, murmurar, musitar. ☐ ANTÓNIMOS: vocear, vociferar. ☐ FAMILIA: bisbiseo.

bisbiseo (bis·bi·se·o) [sustantivo masculino] Sonido suave y continuo que se produce al hablar en voz muy baja. ☐ SINÓNIMOS: susurro. ☐ FAMILIA: →bisbisear.

bisectriz (bi·sec·triz) [sustantivo femenino] Recta que divide un ángulo en dos partes iguales. ☐ [Su plural es «bisectrices»].

bisel (bi·sel) [sustantivo masculino] Corte oblicuo que se hace en el borde de algunas superficies: *un espejo con bisel.* ☐ FAMILIA: biselado.

biselado, da (bi·se·la·do, da) [adjetivo] Que tiene en el borde un corte oblicuo. ☐ FAMILIA: →bisel.

bisexual (bi·se·xual) [adjetivo o sustantivo] Que siente atracción sexual por personas de su mismo sexo y por personas del sexo distinto al suyo. ☐ [No varía en masculino y femenino]. ☐ FAMILIA: →sexo.

bisiesto (bi·sies·to) [adjetivo o sustantivo masculino] Dicho de un año, que tiene 29 días en el mes de febrero.

bisílabo, ba (bi·sí·la·bo, ba) [adjetivo o sustantivo masculino] De dos sílabas: *«Casa» y «perro» son palabras bisílabas.* ☐ FAMILIA: →sílaba.

bismuto (bis·mu·to) [sustantivo masculino] Metal de color gris rojizo, muy frágil y que se funde fácilmente.

bisnieto, ta (bis·nie·to, ta) [sustantivo] Lo que es una persona en relación con los padres de sus abuelos: *Mi bisabuela tiene veinte bisnietos.* ☐ [Se usa también «biznieto»]. ☐ FAMILIA: →nieto.

bisonte (bi·son·te) [sustantivo masculino] Animal de color marrón, parecido a un toro pero con los cuernos más pequeños y con el cuello lleno de pelo muy largo. ☐ SINÓNIMOS: búfalo.

bisoñé (bi·so·ñé) [sustantivo masculino] Pelo de mentira que cubre la parte de delante de la cabeza.

bisoño, ña (bi·so·ño, ña) [adjetivo o sustantivo] Que no tiene experiencia: *un conductor bisoño.* ☐ SINÓNIMOS: novato.

bisté (bis·té) [sustantivo masculino] → **bistec.** ☐ [Es una palabra de origen inglés. Su plural es «bistés»].

bistec (bis·tec) [sustantivo masculino] Filete de carne de vaca. ☐ [Es una palabra de origen inglés. Su plural es «bistecs». Se usa también «bisté»].

bisturí (bis·tu·rí) [sustantivo masculino] Especie de cuchillo que usan los médicos para cortar. ☐ [Su plural es «bisturís» o «bisturíes» (más culto)].

bisutería (bi·su·te·rí·a) [sustantivo femenino] Joya o adorno que no están hechos con materiales preciosos, aunque lo parezca.

bitácora (bi·tá·co·ra) [sustantivo femenino] En un barco, armario que está cerca del timón, en el que se guarda la brújula. ◆ [expresión] ‖ **cuaderno de bitácora** Cuaderno en el que se apuntan los datos de un viaje en barco.

biunívoco, ca (biu·ní·vo·co, ca) [adjetivo] En matemáticas, dicho de una correspondencia, que relaciona cada uno de los elementos de un conjunto con uno, y solo uno, de los elementos del otro conjunto, y viceversa. ☐ FAMILIA: →uno.

bizantino, na (bi·zan·ti·no, na) ▮ [adjetivo] **1** Dicho de una discusión, que es inútil y demasiado complicada. ▮ [adjetivo o sustantivo] **2** De Bizancio, que es el antiguo Imperio romano de Oriente.

bizarro, rra (bi·za·rro, rra) [adjetivo] **1** Que actúa con valor y con decisión. **2** Que resulta elegante o que tiene buena presencia. ☐ SINÓNIMOS: gallardo.

bizco, ca (biz·co, ca) [adjetivo o sustantivo] Dicho de una persona, que tiene los ojos que no miran en la dirección normal. ☐ [No confundir con «tuerto» (que no tiene visión en un ojo)]. ☐ FAMILIA: bizquear, bizquera.

bizcocho (biz·co·cho) [sustantivo masculino] Dulce hecho con huevos, harina y azúcar: *Hice una tarta con bizcocho.*

biznieto, ta (biz·nie·to, ta) [sustantivo] → **bisnieto, ta.**

bizquear (biz·que·ar) [verbo] Mirar con cada ojo en una dirección. ☐ FAMILIA: →bizco.

bizquera (biz·que·ra) [sustantivo femenino] Defecto de la vista que consiste en que un ojo mira en distinta dirección que el otro. ☐ SINÓNIMOS: estrabismo. ☐ FAMILIA: →bizco.

blanco, ca (blan·co, ca) ▮ [adjetivo] **1** De color muy claro: *vino blanco; piel blanca.* ▮ [adjetivo o sustantivo] **2** Que pertenece a un grupo de población que se caracteriza por el color claro de la piel. ▮ [adjetivo o sustantivo] **3** Del color de la nieve o de la leche. ☞ página 234. ▮ **blanco** [sustantivo masculino] **4** Objeto hacia el que se dirige un disparo o hacia el que se lanza algo. **5** Fin al que se dirige un acto o un deseo: *Soy el blanco de sus iras.* ▮ **blanca** [sustantivo femenino] **6** Figura musical que indica la duración de una nota. ☞ página 648. ◆ [expresión] ‖ **quedarse en blanco** Quedarse sin poder actuar o sin recordar nada: *Me quedé en blanco por los nervios.* ‖ **sin blanca** Sin dinero: *Estoy sin blanca hasta fin de mes.* ☐ [La expresión «sin blanca» es coloquial]. ☐ ANTÓNIMOS: **1**, **3** negro. ☐ FAMILIA: blancura, blancuzco, blanquear, blanqueador, blanquecino, ajoblanco.

blancura (blan·cu·ra) [sustantivo femenino] Color blanco. ☐ ANTÓNIMOS: negrura. ☐ FAMILIA: →blanco.

blancuzco, ca (blan·cuz·co, ca) [adjetivo] De color parecido al blanco. ☐ SINÓNIMOS: blanquecino. ☐ ANTÓNIMOS: negruzco. ☐ FAMILIA: →blanco.

blandengue (blan·den·gue) [adjetivo] **1** Que no es agradable porque está demasiado blando. **2** Dicho de una persona, que es muy débil o que aguanta poco. ☐ [No varía en masculino y femenino. Es despectivo]. ☐ FAMILIA: →blando.

blandir (blan·dir) [verbo] Mover de un lado a otro una espada o algo parecido para atacar a alguien: *El jefe de la tribu blandía la lanza en señal de amenaza.*

blando, da (blan·do, da) [adjetivo] **1** Que se corta o que se hunde con facilidad al apretar hacia dentro. **2** Que se porta de una forma demasiado amable y agradable: *Eres demasiado blando con tu hijo.* **3** Débil o que aguanta poco: *No seas tan blando y no llores.* ☐ SINÓNIMOS: **1** tierno. ☐ ANTÓNIMOS: duro. **1** consistente. **2** áspero. ☐ FAMILIA: blandura, blandengue, ablandar, reblandecer, reblandecimiento.

blandura (blan·du·ra) [sustantivo femenino] Característica de las cosas que se cortan o que se hunden con facilidad al apretarlas. ☐ ANTÓNIMOS: dureza. ☐ FAMILIA: →blando.

blanqueador (blan·que·a·dor) [sustantivo masculino] Sustancia que pone más blanco: *Mi madre utiliza lejía como blanqueador.* ☐ FAMILIA: →blanco.

blanquear (blan·que·ar) [verbo] **1** Poner de color blanco. **2** Hacer que sea legal un dinero que se ha conseguido por medios que no son legales: *blanquear dinero.* ☐ Familia: →blanco.

blanquecino, na (blan·que·ci·no, na) [adjetivo] De color parecido al blanco: *Tienes un polvo blanquecino en el hombro.* ☐ Sinónimos: blancuzco. ☐ Familia: →blanco.

blasfemar (blas·fe·mar) [verbo] Decir palabras contra algo que se considera sagrado: *blasfemar contra Dios.* ☐ Sinónimos: maldecir. ☐ Familia: →blasfemia.

blasfemia (blas·fe·mia) [sustantivo femenino] Insulto contra algo que se considera sagrado. ☐ Familia: blasfemar, blasfemo.

blasfemo, ma (blas·fe·mo, ma) ▌ [adjetivo] **1** Que contiene insultos contra algo que se considera sagrado. ▌ [adjetivo o sustantivo] **2** Que dice palabras contra algo que se considera sagrado. ☐ Familia: →blasfemia.

blasón (bla·són) [sustantivo masculino] **1** Escudo donde se pintan las figuras o piezas que distinguen un reino, una ciudad o la familia de una persona: *Tengo un cuadro con el blasón de mi familia.* **2** Cada una de las figuras que se pintan en este escudo: *Los blasones de mi apellido son un castillo y una lanza.* **3** Honor o fama: *El caballero se ganó el blasón de valiente.*

bledo (ble·do) ◆ [expresión] ‖ **un bledo** Muy poco o nada: *Me importa un bledo que no vengas.*

blenda (blen·da) [sustantivo femenino] Mineral brillante del que se saca el cinc.

blindado, da (blin·da·do, da) [adjetivo] Cubierto con hojas de metal para que sea resistente: *un coche blindado; una puerta blindada.* ☐ Familia: →blindar.

blindaje (blin·da·je) [sustantivo masculino] Conjunto de materiales que se utilizan para proteger un objeto o un lugar. ☐ Familia: →blindar.

blindar (blin·dar) [verbo] Cubrir algo con hojas de metal para que quede muy resistente. ☐ Familia: blindado, blindaje.

bloc [sustantivo masculino] Conjunto de hojas de papel que forman una especie de libro. ☐ [Su plural es «blocs»].

blog [sustantivo masculino] Página de internet en la que una o varias personas escriben sus opiniones sobre algún tema: *Un blog es una especie de diario en internet.* ☐ [Es una palabra de origen inglés. Su plural es «blogs»]. ☐ Sinónimos: weblog. ☐ Familia: →weblog.

blogger [sustantivo] → **bloguero, ra.** ☐ [Es una palabra inglesa. Se pronuncia «blóguer». No varía en masculino y femenino].

blogosfera (blo·gos·fe·ra) [sustantivo femenino] En internet, conjunto de los blogs y de los redactores que participan en ellos: *Te enviaré un mensaje que circula por toda la blogosfera.* ☐ [Es una palabra de origen inglés]. ☐ Familia: →weblog.

bloguero, ra (blo·gue·ro, ra) ▌ [adjetivo] **1** De un blog o relacionado con él. ▌ [sustantivo] **2** Persona que crea un blog. ☐ [Es una palabra de origen inglés. Es preferible usar «bloguero» que la palabra inglesa *blogger*]. ☐ Familia: →weblog.

bloque (blo·que) [sustantivo masculino] **1** Trozo muy grande de piedra o de otro material: *Este puente está hecho con bloques de hormigón.* **2** Edificio grande de pisos: *Vivo en el sexto piso de ese bloque.* ⊚ **página 172. 3** Conjunto de cosas con alguna característica común: *Después de la guerra, el país quedó dividido en dos bloques.* ☐ Familia: bloquear, bloqueo, desbloquear.

bloquear (blo·que·ar) [verbo] **1** Impedir que algo pase por un sitio: *Se ha bloqueado el túnel.* **2** Parar algo que se está moviendo: *El portero bloqueó el balón.* **3** Impedir que algo funcione: *La cerradura se ha bloqueado.* **4** No dejar actuar o pensar: *Los nervios me bloquearon.* ☐ Sinónimos: **1** colapsar. ☐ Familia: →bloque.

bloqueo (blo·que·o) [sustantivo masculino] **1** Interrupción del paso a través de un lugar: *El bloqueo del túnel provocó un gran atasco.* **2** Hecho de parar algo que se está moviendo: *El bloqueo del balón impidió el gol.* **3** Hecho de impedir que algo funcione: *El bloqueo de las líneas telefónicas nos dejó incomunicados.* **4** Hecho de no permitir pensar o actuar: *bloqueo mental.* ☐ Familia: →bloque.

bluetooth [sustantivo masculino] Sistema que permite que dos aparatos se conecten sin cables: *Me he comprado un ratón inalámbrico con* bluetooth. ☐ [Es una palabra inglesa. Se pronuncia «blutúz»].

blusa (blu·sa) [sustantivo femenino] Camisa de mujer. ☐ Familia: blusón.

blusón (blu·són) [sustantivo masculino] Camisa de mujer larga y amplia. ☐ Familia: →blusa.

boa (bo·a) [sustantivo femenino] Serpiente americana muy grande y fuerte, y que no es venenosa. ⊚ **páginas 354-355.**

boato (bo·a·to) [sustantivo masculino] Exhibición y manifestación de lujo: *Fuimos a una fiesta con mucho boato.*

bobada (bo·ba·da) [sustantivo femenino] **1** Hecho o dicho que no tiene una base razonable: *Nos reímos mucho con las bobadas que hacía el protagonista de la película.* **2** Cosa tonta o sin importancia: *No te enfades por esa bobada.* ☐ Sinónimos: bobería, tontada, tontería. **2** niñería, pequeñez. ☐ Familia: →bobo.

bobalicón, na (bo·ba·li·cón, co·na) [adjetivo o sustantivo] Muy tonto. ☐ [Es coloquial]. ☐ Sinónimos: tontorrón. ☐ Familia: →bobo.

bobería (bo·be·rí·a) [sustantivo femenino] **1** Hecho o dicho que no tiene una base razonable: *Dice muchas boberías.* **2** Cosa tonta o sin importancia: *No lo pienses más: es una bobería.* ☐ Sinónimos: bobada, tontería, tontada. ☐ Familia: →bobo.

bobina (bo·bi·na) [sustantivo femenino] Hilo o alambre que está enrollado sobre sí mismo. ☐ [No confundir con «bovina» (relacionado con las vacas)]. ☐ Familia: rebobinar.

bobina

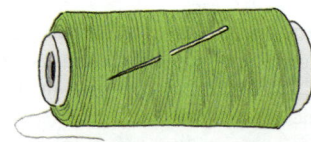

bobo, ba (bo·bo, ba) [adjetivo o sustantivo] Que actúa con poca inteligencia. ☐ [Es despectivo]. ☐ SINÓNIMOS: lelo, necio, tonto. ☐ ANTÓNIMOS: inteligente. ☐ FAMILIA: bobada, bobería, bobalicón, embobarse, embobado, calabobos.

boca (bo·ca) [sustantivo femenino] **1** Parte de la cara por la que se come. **2** Agujero que comunica un lugar o un objeto con el exterior: *la boca de la botella*. **3** Persona o animal a los que se les da de comer: *En mi familia somos ocho bocas que alimentar*. **4** Forma de hablar de una persona: *¡Vaya boca tienes!* ◆ [expresión] ‖ **abrir la boca** Hablar: *Debe de estar enfadado, porque no ha abierto la boca*. ‖ **a pedir de boca** Tal y como se deseaba: *El negocio ha salido a pedir de boca*. ‖ **boca abajo** Poniendo abajo la parte que suele estar arriba. ‖ **boca a boca** Técnica para que una persona vuelva a respirar que consiste en poner la propia boca sobre la de esa persona y soplar con fuerza para que el aire entre en los pulmones: *Le hicieron el boca a boca y enseguida volvió a respirar*. ‖ **boca arriba** Con la cara hacia arriba o con la espalda hacia el suelo. ‖ **con la boca abierta** Muy sorprendido: *Me dejó con la boca abierta*. ‖ **con la boca pequeña** Sin desear realmente hacer lo que se ha ofrecido: *Me dijo que me acompañaría con la boca pequeña*. ‖ **hacérsele a alguien la boca agua** Disfrutar mucho pensando en algo que se desea: *Se me hace la boca agua pensando en la tarta*. ‖ **saber algo por boca de alguien** Llegar a conocer por habérselo oído a alguien: *Lo sé por boca de tu tío*. ☐ [El significado **4** y las expresiones «con la boca abierta», «con la boca pequeña» y «hacérsele a alguien la boca agua» son coloquiales]. ☐ FAMILIA: bocado, bocadillo, bocata, bocazas, bocana, bocanada, bocabajo, bocarriba bocacalle, bocamina, bocamanga, bocajarro, bocera, boceras, boquera, boquete, boquilla, boquiabierto, bucal, desbocarse, desembocar, desembocadura, abocado, sacabocados.

bocabajo (bo·ca·ba·jo) [adverbio] Poniendo abajo la parte que suele estar arriba: *Soy incapaz de dormir bocabajo*. ☐ [Se usa también «boca abajo»]. ☐ FAMILIA: →boca.

bocacalle (bo·ca·ca·lle) [sustantivo femenino] Parte por donde una calle se une a otra mayor. ☐ FAMILIA: →boca. →calle.

bocadillo (bo·ca·di·llo) [sustantivo masculino] **1** Trozo de pan cortado en dos partes y con algún alimento dentro. **2** En un dibujo, texto que está rodeado por una línea y que expresa lo que dice o lo que piensa un personaje. ☐ FAMILIA: →boca. →abajo.

bocado (bo·ca·do) [sustantivo masculino] **1** Trozo de comida que se mete en la boca de una vez. **2** Hecho de apretar algo con los dientes: *De un bocado se comió la mitad del bocadillo*. **3** Instrumento de hierro que se pone en la boca de los caballos para sujetarlos y dirigirlos. ☐ SINÓNIMOS: **1**, **2** mordisco. ☐ FAMILIA: →boca.

bocajarro (bo·ca·ja·rro) ◆ [expresión] ‖ **a bocajarro 1** Modo de disparar desde muy cerca: *Le disparó a bocajarro y por la espalda*. **2** Modo brusco de decir las cosas: *Me lo preguntó a bocajarro y no supe qué decir*. ☐ FAMILIA: →boca. →jarro.

bocamanga (bo·ca·man·ga) [sustantivo femenino] Parte de la manga más próxima a la muñeca: *Los militares llevan galones en la bocamanga de la chaqueta*. ☐ FAMILIA: →boca. →manga.

bocamina (bo·ca·mi·na) [sustantivo femenino] Lugar por donde se entra a una mina. ☐ FAMILIA: →boca. →mina.

bocana (bo·ca·na) [sustantivo femenino] Paso estrecho por el que se entra a una bahía: *Es peligroso nadar pasada la bocana, porque ya es mar abierto*. ☐ FAMILIA: →boca.

bocanada (bo·ca·na·da) [sustantivo femenino] **1** Cantidad de aire, de humo o de líquido que se toma de una vez con la boca o que se saca de ella. **2** Cantidad de aire o humo que sale o entra de una vez por una abertura: *Al abrir la puerta entró una bocanada de aire fresco*. ☐ FAMILIA: →boca.

bocarriba (bo·ca·rri·ba) [adverbio] Con la cara hacia arriba o con la espalda hacia el suelo: *Yo siempre duermo bocarriba*. ☐ [Se usa también «boca arriba»]. ☐ FAMILIA: →boca. →arriba.

bocata (bo·ca·ta) [sustantivo masculino] Trozo de pan cortado en dos partes y con algún alimento dentro: *Merendé un bocata de jamón*. ☐ [Es coloquial]. ☐ SINÓNIMOS: bocadillo. ☐ FAMILIA: →boca.

bocazas (bo·ca·zas) [sustantivo] Persona que habla demasiado o que solo dice tonterías. ☐ [No varía en masculino y femenino, ni en singular y plural. Es coloquial]. ☐ SINÓNIMOS: boceras. ☐ FAMILIA: →boca.

bocera (bo·ce·ra) [sustantivo femenino] Herida que se forma en la comisura de los labios. ☐ SINÓNIMOS: boquera. ☐ FAMILIA: →boca.

boceras (bo·ce·ras) [sustantivo] Persona que habla demasiado o que solo dice tonterías. ☐ [No varía en masculino y femenino, ni en singular y plural. Se usa también «voceras». Es coloquial]. ☐ SINÓNIMOS: bocazas. ☐ FAMILIA: →boca.

boceto (bo·ce·to) [sustantivo masculino] Dibujo que se hace de forma rápida y que luego servirá para hacer una pintura. ☐ FAMILIA: abocetar.

bochinche (bo·chin·che) [sustantivo masculino] Mucho ruido y gran movimiento de personas. ☐ SINÓNIMOS: jaleo, alboroto.

bochorno (bo·chor·no) [sustantivo masculino] **1** Calor muy grande que produce una sensación de ahogo. **2** Sensación producida por algo que no nos parece digno. ☐ SINÓNIMOS: **2** vergüenza, sofoco. ☐ FAMILIA: bochornoso, abochornar.

bochornoso, sa (bo·chor·no·so, sa) [adjetivo] **1** Dicho del tiempo, que es tan caluroso que produce una sensación de ahogo. **2** Que produce vergüenza. ☐ SINÓNIMOS: **2** vergonzoso. ☐ FAMILIA: →bochorno.

bocina (bo·ci·na) [sustantivo femenino] Instrumento que hace un ruido agudo cuando se toca: *Cerca de los hospitales no se puede tocar la bocina del coche*. ☐ SINÓNIMOS: pito, claxon. ☐ FAMILIA: bocinazo.

bocinazo (bo·ci·na·zo) [sustantivo masculino] Sonido fuerte producido por una bocina. ☐ FAMILIA: →bocina.

bocio (bo·cio) [sustantivo masculino] Aumento de la glándula tiroides que produce un bulto en la parte superior del cuello.

boda (bo·da) [sustantivo femenino] Ceremonia o fiesta en la que dos personas se casan. ☐ [Significa lo mismo en singular que en plural]. ☐ SINÓNIMOS: casamiento, enlace.

bodega (bo·de·ga) [sustantivo][femenino] **1** Lugar en el que se hace y se almacena el vino. **2** Tienda en la que se venden vinos y otras bebidas alcohólicas. **3** Espacio donde llevan la carga algunos barcos. 👁 **página 132.** ☐ Familia: bodeguero, bodegón.

bodegón (bo·de·gón) [sustantivo][masculino] Cuadro o pintura donde se representan alimentos, flores y objetos que se usan normalmente: *Pinté un bodegón con frutas y jarras.* ☐ Familia: →bodega.

bodeguero, ra (bo·de·gue·ro, ra) [sustantivo] Persona que trabaja en una tienda en la que se venden vinos y otras bebidas alcohólicas. ☐ Familia: →bodega.

bodrio (bo·drio) [sustantivo][masculino] Cosa de mala calidad o mal hecha: *Esta película es un bodrio.* ☐ [Es coloquial].

bofe (bo·fe) [sustantivo][masculino] Pulmón de los animales muertos, que se utiliza como alimento. ◆ [expresión] ‖ **echar el bofe** Esforzarse o cansarse mucho: *Vino corriendo y llegó echando el bofe.* ☐ [La expresión es coloquial].

bofetada (bo·fe·ta·da) [sustantivo][femenino] Golpe dado en la cara con la mano abierta. ☐ Familia: bofetón, abofetear.

bofetón (bo·fe·tón) [sustantivo][masculino] Golpe muy fuerte que se da en la cara con la mano abierta. ☐ Familia: →bofetada.

boga (bo·ga) ◆ [expresión] ‖ **estar en boga** Estar de moda.

bogar (bo·gar) [verbo] Mover los remos de un barco para que avance sobre el agua: *«Boga, boga marinero», dice una canción vasca.* ☐ Sinónimos: remar.

bogavante (bo·ga·van·te) [sustantivo][masculino] Animal marino parecido a la langosta, con el cuerpo alargado y muy grande, y con pinzas fuertes.

bogotano, na (bo·go·ta·no, na) [adjetivo o sustantivo] De Bogotá, que es la capital colombiana.

bohemio, mia (bo·he·mio, mia) [adjetivo o sustantivo] Que lleva una vida desordenada y poco corriente.

boicot (boi·cot) [sustantivo][masculino] Medida de presión que se hace para conseguir algo y que consiste en impedir que se lleve a cabo un acto: *Los agricultores hicieron boicot a los productos extranjeros para mejorar los precios de los suyos.* ☐ [Es una palabra de origen inglés. Su plural es «boicots»]. ☐ Familia: boicotear.

boicotear (boi·co·te·ar) [verbo] Impedir un acto como medida de presión para lograr algo: *Los manifestantes boicotearon el desfile militar para protestar contra las guerras.* ☐ Familia: →boicot.

boina (boi·na) [sustantivo][femenino] Gorra redonda y plana que suele ser de color negro.

boina

bol [sustantivo][masculino] Especie de taza grande y sin asa: *Bate los huevos en el bol.* ☐ Sinónimos: tazón.

bola (bo·la) [sustantivo][femenino] **1** Objeto redondo de cualquier material. **2** Mentira: *Eso que dices es una bola.* **3** Testículo. ◆ [expresión] ‖ **en bolas** Desnudo. ☐ [El significado **2** y la expresión son coloquiales. El significado **3** es vulgar y se usa mucho en expresiones malsonantes]. ☐ Sinónimos: **2** trola, embuste, falsedad. ☐ Familia: bolazo, bolo, bolera, bolero, tragabolas, boliche.

bolazo (bo·la·zo) [sustantivo][masculino] Golpe dado con una bola. ☐ Familia: →bola.

bolero, ra (bo·le·ro, ra) [adjetivo o sustantivo] **1** Mentiroso. ▪ **bolero** [sustantivo][masculino] **2** Canción y baile caribeños de música lenta y dulce. ▪ **bolera** [sustantivo][femenino] **3** Establecimiento público en el que se practica un juego que consiste en tirar con una bola unas piezas que están de pie. ☐ [El significado **1** es coloquial]. ☐ Familia: →bola.

boletín (bo·le·tín) [sustantivo][masculino] **1** Especie de revista que informa sobre un tema determinado: *Esto que me preguntas lo encontrarás en el «Boletín Oficial del Estado».* **2** Programa de radio o de televisión en el que se dan las noticias de forma corta: *A media tarde hay un boletín informativo y, por la noche, un telediario.* **3** Papel en el que se escriben los datos personales para apuntarse a recibir algo durante un cierto tiempo: *Si quieres recibir esta revista, rellena el boletín de suscripción y envíalo a esta dirección.*

boleto (bo·le·to) [sustantivo][masculino] Papel con el que se puede participar en algunos juegos.

boli (bo·li) [sustantivo][masculino] Bolígrafo: *Siempre escribo con boli azul.* ☐ [Es coloquial]. ☐ Familia: →bolígrafo.

boliche (bo·li·che) [sustantivo][masculino] **1** Bola pequeña que se utiliza en algunos juegos: *En la petanca gana el que se queda más cerca del boliche.* **2** Adorno de algunos muebles que tiene forma de bola. ☐ Familia: →bola.

bólido (bó·li·do) [sustantivo][masculino] Vehículo que puede correr a gran velocidad.

bolígrafo (bo·lí·gra·fo) [sustantivo][masculino] Especie de lápiz que tiene tinta dentro. ☐ [Se usa mucho la forma abreviada «boli», que es coloquial]. ☐ Familia: boli.

bolillo (bo·li·llo) [sustantivo][masculino] Palo de madera pequeño que se usa para hacer encajes y otras labores: *Estoy aprendiendo a hacer encajes de bolillos.*

bolívar (bo·lí·var) [sustantivo][masculino] Moneda de Venezuela, que es un país sudamericano.

boliviano, na (bo·li·via·no, na) ▪ [adjetivo o sustantivo] **1** De Bolivia, que es un país sudamericano. ▪ **boliviano** [sustantivo][masculino] **2** Moneda de Bolivia.

bollería (bo·lle·rí·a) [sustantivo][femenino] **1** Tienda donde se hacen o se venden bollos. **2** Conjunto de bollos de diversas clases: *La bollería de esta tienda es riquísima.* ☐ Familia: →bollo.

bollo (bo·llo) [sustantivo][masculino] **1** Especie de pastel hecho con una masa dulce de harina y agua cocida al horno. **2** Bulto o hundimiento que sale en una superficie dura a causa de un golpe: *La puerta del coche tiene un* *bollo*. **3** Situación confusa y de jaleo: *¡Menudo bollo se armó a la salida del cine!* ☐ [Los significados **2** y **3** son coloquiales]. ☐ Familia: **1** bollería, zampabollos. **2** abollar, abolladura, abollado.

bolo (<u>bo</u>·lo) [sustantivo masculino] Pieza alargada con la base plana que forma parte de un juego que consiste en tirar esas piezas con una bola que se lanza rodando. ☐ Familia: →bola.

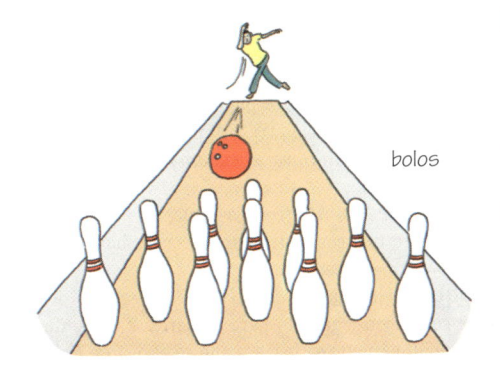

bolos

bolsa (<u>bol</u>·sa) [sustantivo femenino] **1** Especie de saco hecho de tela o de otro material flexible y que se usa para llevar o guardar cosas: *bolsa de deporte*. **2** Arruga o pliegue: *Tienes bolsas debajo de los ojos*. **3** En economía, mercado público en el que se compran o venden valores: *La crisis política hizo bajar la bolsa*. ☐ Familia: →bolso.

bolsillo (bol·<u>si</u>·llo) [sustantivo masculino] Especie de bolsa que hay en algunas prendas de vestir y que se usa para guardar cosas dentro. ◆ [expresión] ‖ **de bolsillo** De un tamaño que cabe en un bolsillo: *libro de bolsillo*. ‖ **meterse a alguien en el bolsillo** Conseguir que haga lo que uno quiere. ☐ [La expresión «meterse a alguien en el bolsillo» es coloquial]. ☐ Familia: →bolso.

bolso (<u>bol</u>·so) [sustantivo masculino] Especie de bolsa que se suele llevar en la mano o colgada al hombro. ☐ Familia: bolsa, bolsillo, desembolsar, desembolso, embolsarse, reembolsar, reembolso.

bomba (<u>bom</u>·ba) [sustantivo femenino] **1** Aparato preparado para que explote. **2** Máquina que se usa para empujar un líquido o un gas en una dirección determinada: *bomba de aire; bomba de agua*. **3** Noticia que sorprende mucho: *Esa boda ha sido una bomba*. ◆ [expresión] ‖ **pasarlo bomba** Pasarlo muy bien y divertirse mucho. ☐ [La expresión es coloquial]. ☐ Sinónimos: **3** bombazo. ☐ Familia: bombazo, bombardear, bombardeo, bombardero, bombear, abombar, bombilla, bombín.

bombacho (bom·<u>ba</u>·cho) [adjetivo sustantivo masculino] Dicho de un pantalón, que es muy ancho y se ajusta en la pierna por debajo de la rodilla: *Algunos jugadores de golf llevan bombachos*. ☐ [Significa lo mismo en singular que en plural].

bombardear (bom·bar·de·<u>ar</u>) [verbo] Lanzar bombas sobre un sitio. ☐ Familia: →bomba.

bombardeo (bom·bar·<u>de</u>·o) [sustantivo masculino] Lanzamiento de bombas sobre un sitio. ☐ Familia: →bomba.

bombardero (bom·bar·<u>de</u>·ro) [sustantivo masculino] Avión militar que puede lanzar bombas. ☐ Familia: →bomba.

bombazo (bom·<u>ba</u>·zo) [sustantivo masculino] **1** Explosión de una bomba. **2** Noticia que sorprende mucho. ☐ Sinónimos: **2** bomba. ☐ Familia: →bomba.

bombear (bom·be·<u>ar</u>) [verbo] **1** Empujar un líquido en alguna dirección: *El corazón bombea la sangre*. **2** Lanzar un balón alto y suavemente, haciendo que dibuje una curva: *El jugador bombeó el balón sobre el portero*. ☐ Familia: →bomba.

bombero, ra (bom·<u>be</u>·ro, ra) [sustantivo] Persona que tiene como trabajo apagar incendios.

bombilla (bom·<u>bi</u>·lla) [sustantivo femenino] Pieza de cristal que se pone en las lámparas para dar luz. ☐ Familia: →bomba.

bombín (bom·<u>bín</u>) [sustantivo masculino] Sombrero que tiene la parte de arriba baja y redonda. ☐ Sinónimos: sombrero hongo. ☐ Familia: →bomba.

bombín

bombo (<u>bom</u>·bo) [sustantivo masculino] **1** Especie de tambor muy grande que se toca solo con una maza. **2** Especie de jaula redonda que gira y que contiene las bolas para sacar el número premiado en un sorteo. **3** Propaganda o alabanza excesivas: *Han dado mucho bombo a la bajada de la gasolina*. ◆ [expresión] ‖ **a bombo y platillo** Con mucha publicidad: *Anunciaron su boda a bombo y platillo*. ☐ [El significado **3** y la expresión son coloquiales].

bombón (bom·<u>bón</u>) [sustantivo masculino] **1** Dulce pequeño hecho de chocolate. **2** Persona guapa y que tiene un cuerpo muy bonito: *Tu hermano es un bombón*. ☐ [El significado **2** es coloquial]. ☐ Familia: bombonera, bombonería.

bombona (bom·<u>bo</u>·na) [sustantivo femenino] Recipiente de metal que contiene un gas: *bombona de gas; bombona de oxígeno*.

bombonera (bom·bo·<u>ne</u>·ra) [sustantivo femenino] Recipiente donde se guardan bombones. ☐ Familia: →bombón.

bombonería (bom·bo·ne·<u>rí</u>·a) [sustantivo femenino] Tienda donde se venden bombones y otros dulces. ☐ Familia: →bombón.

bonachón, na (bo·na·chón, cho·na) [adjetivo o sustantivo] Que tiene un carácter tranquilo y amable. ☐ FAMILIA: →bueno.

bonaerense (bo·na·e·ren·se) [adjetivo o sustantivo] De Buenos Aires, que es la capital argentina. ☐ [No varía en masculino y femenino].

bonanza (bo·nan·za) [sustantivo femenino] Tiempo tranquilo en el mar. ☐ FAMILIA: →bueno.

bondad (bon·dad) [sustantivo femenino] **1** Característica de las personas que hacen el bien. **2** Característica de las cosas que son buenas o agradables: *la bondad del clima.* ☐ ANTÓNIMOS: maldad. **2** vileza. ☐ FAMILIA: →bueno.

bondadoso, sa (bon·da·do·so, sa) [adjetivo] Que siempre está dispuesto a hacer el bien. ☐ ANTÓNIMOS: desalmado. ☐ FAMILIA: →bueno.

bonete (bo·ne·te) [sustantivo masculino] Antiguo gorro de cuatro picos que utilizaban algunos sacerdotes y algunos miembros de la universidad en determinados actos.

boniato (bo·nia·to) [sustantivo masculino] Planta con muchas ramas cuya raíz es parecida a la patata.

bonificación (bo·ni·fi·ca·ción) [sustantivo femenino] **1** Cantidad de dinero que se descuenta de lo que hay que pagar o que se añade a lo que se va a cobrar: *Me han dado una bonificación por las tardes que me quedé trabajando.* **2** Descuento en el tiempo que se ha empleado en alguna competición deportiva: *El corredor que llegue antes recibirá una bonificación de veinte segundos.*

bonificar (bo·ni·fi·car) [verbo] Conceder un aumento en la cantidad que se va a cobrar o un descuento en la que se va a pagar: *Si no tengo ninguna falta en el dictado, el profesor me bonifica con un positivo.* ☐ [La «c» se cambia en «qu» delante de «e» («bonifique»)]. ☐ FAMILIA: →bono.

bonito, ta (bo·ni·to, ta) ■ [adjetivo] **1** Muy agradable de ver o de oír. ■ **bonito** [sustantivo masculino] **2** Pez marino de color gris con varias líneas azules: *una lata de bonito.* ☐ SINÓNIMOS: **1** precioso, bello, hermoso, lindo. ☐ ANTÓNIMOS: **1** feo. ☐ FAMILIA: **1** →bueno.

bono (bo·no) [sustantivo masculino] **1** Papel que permite usar algún servicio un número determinado de veces: *Se me acabó el bono del autobús.* **2** Papel que tiene el valor de lo que está escrito en él y que sirve para cambiarlo por otra cosa: *Tengo un bono para canjearlo por un disco.* ☐ SINÓNIMOS: **1** abono. ☐ FAMILIA: bonotrén, bonificar.

bonotrén (bo·no·trén) [sustantivo masculino] Tarjeta que permite viajar en tren varias veces. ☐ FAMILIA: →bono. →tren.

bonsái (bon·sái) [sustantivo masculino] Árbol enano que se cultiva en macetas. ☐ [Es una palabra de origen japonés. Su plural es «bonsáis». Se escribe también «bonsay»].

bonsay (bon·say) [sustantivo masculino] → **bonsái.** ☐ [Es una palabra de origen japonés. Su plural es «bonsáis»].

boñiga (bo·ñi·ga) [sustantivo femenino] Excremento de vaca y de otros animales. ☐ FAMILIA: boñigo.

boñigo (bo·ñi·go) [sustantivo masculino] Cada una de las piezas del excremento de algunos animales. ☐ FAMILIA: →boñiga.

boomerang [sustantivo masculino] → **bumerán** o **búmeran.** ☐ [Es una palabra inglesa. Se pronuncia «bumerán» o «búmeran»].

boquera (bo·que·ra) [sustantivo femenino] Herida que se forma en la comisura de los labios. ☐ SINÓNIMOS: bocera. ☐ FAMILIA: →boca.

boquerón (bo·que·rón) [sustantivo masculino] Pez marino parecido a la sardina, pero más pequeño: *Con los boquerones se preparan las anchoas.* ◉ página 723.

boquete (bo·que·te) [sustantivo masculino] Agujero que se hace en una superficie: *Al clavar el cuadro hice un boquete en la pared.* ☐ FAMILIA: →boca.

boquiabierto, ta (bo·quia·bier·to, ta) [adjetivo] Con la boca abierta a causa de la sorpresa recibida. ☐ FAMILIA: →boca. →abierto.

boquilla (bo·qui·lla) [sustantivo femenino] **1** Tubo pequeño donde se coloca un cigarrillo para fumarlo. **2** Parte de un cigarrillo que no se fuma y que se apoya en la boca. **3** Parte de algunas cosas que se apoya en la boca y por la que se sopla o se aspira: *Las trompetas y los oboes tienen boquilla.* ◆ [expresión] ‖ **de boquilla** Que se dice pero no se hace: *Me dijo de boquilla que vendría, pero no vino.* ☐ [La expresión es coloquial]. ☐ FAMILIA: →boca.

borbotón (bor·bo·tón) [sustantivo masculino] Burbuja que se forma en la superficie de un líquido cuando este brota de algún sitio o cuando hierve. ◆ [expresión] ‖ **a borbotones** Con fuerza y sin continuidad: *Le salía de la herida sangre a borbotones.*

borda (bor·da) [sustantivo femenino] Borde por los lados de un barco. ◉ página 132. ◆ [expresión] ‖ **tirar por la borda** Estropear alguien una cosa: *Has tirado por la borda todo nuestro trabajo.* ☐ FAMILIA: fueraborda. →borde.

bordado (bor·da·do) [sustantivo masculino] Dibujo que se hace cosiendo en una tela. ☐ FAMILIA: →bordar.

bordador, ra (bor·da·dor, do·ra) [sustantivo] Persona que trabaja bordando. ☐ FAMILIA: →bordar.

bordar (bor·dar) [verbo] **1** Hacer dibujos con hilos en una tela: *Mi abuela borda sábanas.* **2** Hacer algo muy bien: *¡Enhorabuena, has bordado el trabajo!* ☐ FAMILIA: bordado, bordador.

borde (bor·de) ■ [adjetivo o sustantivo] **1** Poco agradable y amable: *¡Qué borde eres!* ■ [sustantivo masculino] **2** Línea o zona donde acaba algo: *Llené la taza hasta el borde.* ◆ [expresión] ‖ **estar al borde de algo** Estar muy cerca de ello: *Estoy al borde de llorar.* ☐ [En el significado **1** no varía en masculino y femenino, y es coloquial]. ☐ FAMILIA: bordear, bordillo, borda, bordo, desbordar, desbordamiento, desbordante, reborde.

bordear (bor·de·ar) [verbo] **1** Ir por el borde de algo o muy cerca de él: *El barco bordeó la costa.* **2** Estar colocado al borde de algo: *Los árboles bordean el río.* ☐ FAMILIA: →borde.

bordillo (bor·di·llo) [sustantivo] [masculino] Borde de una acera o de algo parecido. ☐ Familia: →borde.

bordillo

bordo (bor·do) ◆ [expresión] ‖ **a bordo** Dentro de un barco o de un avión: *Descubrieron a un polizón a bordo del barco.* ☐ Familia: →borde.

bordón (bor·dón) [sustantivo] [masculino] Poema o canción de tres versos muy característico de la tradición española.

boreal (bo·re·al) [adjetivo] Del lugar situado en el extremo norte de la Tierra o relacionado con él. ☐ [No varía en masculino y femenino]. ☐ Sinónimos: ártico. ☐ Antónimos: austral, antártico.

borla (bor·la) [sustantivo] [femenino] Conjunto de hilos o de cordones unidos por uno de sus extremos y que generalmente tienen forma circular.

borne (bor·ne) [sustantivo] [masculino] Pieza de metal que sirve para conectar un aparato con los cables de la corriente eléctrica: *He limpiado los bornes de la batería del coche.*

borne

boro (bo·ro) [sustantivo] [masculino] Elemento químico sólido, de color marrón oscuro y muy duro.

borrachera (bo·rra·che·ra) [sustantivo] [femenino] Pérdida de las capacidades físicas o mentales por haber tomado demasiadas bebidas alcohólicas. ☐ Familia: →borracho.

borracho, cha (bo·rra·cho, cha) ■ [adjetivo o sustantivo] **1** Dicho de una persona, que está bajo los efectos del alcohol que ha tomado. **2** Que toma de manera habitual bebidas alcohólicas. ■ [sustantivo masculino] **3** Dicho de un pastel, que ha sido metido en un líquido muy dulce. ☐ Sinónimos: **1** ebrio, bebido, beodo. ☐ Antónimos: **1** sereno, sobrio. ☐ Familia: borrachera, emborrachar.

borrador (bo·rra·dor) [sustantivo] [masculino] **1** Objeto que se usa para borrar lo que está escrito o dibujado. **2** Escrito o dibujo que se hace en primer lugar y sirve de base para añadir o quitar cosas: *Pasé a limpio el borrador del trabajo de clase.* ☐ Familia: →borrar.

borraja (bo·rra·ja) [sustantivo] [femenino] Planta de tallo grueso, con hojas grandes y flores blancas o azuladas.

borrar (bo·rrar) [verbo] **1** Hacer desaparecer de una superficie lo que está escrito o dibujado. **2** Quitar o hacer desaparecer algo de algún sitio: *Me borré del equipo de balonmano.* ☐ Familia: borrador, borroso, borrón.

borrasca (bo·rras·ca) [sustantivo] [femenino] Situación del tiempo que se caracteriza por que las temperaturas son más bajas y hay fuertes lluvias y vientos. ☐ Familia: borrascoso.

borrascoso, sa (bo·rras·co·so, sa) [adjetivo] **1** De la borrasca o relacionado con ella: *un tiempo borrascoso.* **2** Que causa borrascas o que las sufre: *una región borrascosa.* **3** Dicho de una situación, que resulta muy movida y sin orden: *una vida borrascosa.* ☐ Sinónimos: **3** turbulento. ☐ Familia: →borrasca.

borrego, ga (bo·rre·go, ga) ■ [adjetivo o sustantivo] **1** Dicho de una persona, que hace siempre lo que dicen los demás. ■ [sustantivo] **2** Cría de la oveja de uno o dos años. ☐ [El significado **1** es despectivo]. ☐ Familia: aborregado.

borrico, ca (bo·rri·co, ca) ■ [adjetivo o sustantivo] **1** Dicho de una persona, que tiene poca inteligencia o que tarda en comprender las cosas. **2** Que tiene una idea fija y que no se deja convencer. ■ [sustantivo] **3** Animal parecido al caballo, pero más pequeño. ☐ [En los significados **1** y **2** es coloquial]. ☐ Sinónimos: burro. **2** testarudo, terco, tozudo. **3** asno. ☐ Familia: →burro.

borrón (bo·rrón) [sustantivo] [masculino] Mancha de tinta que queda en un papel. ◆ [expresión] ‖ **borrón y cuenta nueva** Se usa para indicar que lo pasado ha quedado ya olvidado y se empieza algo nuevo: *Vamos a llevarnos bien y de nuestra pelea hagamos borrón y cuenta nueva.* ☐ Familia: emborronar.

borroso, sa (bo·rro·so, sa) [adjetivo] Que no se ve bien o que no está claro. ☐ Familia: →borrar.

boscoso, sa (bos·co·so, sa) [adjetivo] Dicho de un terreno, que tiene muchos bosques: *Acamparon en una zona boscosa de la montaña.* ☐ Familia: →bosque.

bosnio, nia (bos·nio, nia) [adjetivo o sustantivo] De Bosnia-Herzegovina, que es un país europeo: *El territorio bosnio, el serbio y el croata formaban la antigua Yugoslavia.*

bosque (bos·que) [sustantivo] [masculino] Terreno con muchos árboles y con otras plantas. ☐ Familia: boscoso, emboscar, guardabosques. ◉ **página 809.**

bosquejo (bos·que·jo) [sustantivo] [masculino] Primer plan o proyecto de una obra, que se hace de forma provisional y sin dar detalles. ☐ Sinónimos: esbozo.

bostezar (bos·te·zar) [verbo] Abrir la boca sin querer cuando tenemos sueño, hambre o aburrimiento:

bostezo

Tápate la boca al bostezar. ☐ [La «z» se cambia en «c» delante de «e» («bostece»)]. ☐ FAMILIA: bostezo.

bostezo (bos·te·zo) [sustantivo masculino] Hecho de abrir la boca sin querer cuando tenemos sueño, hambre o aburrimiento. ☐ FAMILIA: →bostezar.

bota (bo·ta) [sustantivo femenino] **1** Zapato que cubre el pie y parte de la pierna. **2** Recipiente que se usa para beber vino y que está hecho con la piel de algunos animales. ◆ [expresión] ‖ **ponerse las botas** Llenarse de algo: *Con tanta comida me pondré las botas.* ☐ [La expresión es coloquial]. ☐ FAMILIA: boto, botín, abotinado, limpiabotas.

botadura (bo·ta·du·ra) [sustantivo femenino] Hecho de lanzar un barco al agua por primera vez: *En las ceremonias de botadura se suele estrellar una botella de champán contra el barco.* ☐ FAMILIA: →botar.

botánico, ca (bo·tá·ni·co, ca) ■ [adjetivo] **1** De la botánica o relacionado con esta ciencia: *jardín botánico.* ■ [sustantivo] **2** Persona especializada en botánica. ■ **botánica** [sustantivo femenino] **3** Ciencia que estudia las plantas.

botar (bo·tar) [verbo] **1** Salir un cuerpo en otra dirección después de haber chocado contra una superficie: *Esta pelota no bota.* **2** Dar saltos: *Deja de botar sobre la cama.* **3** Echar un barco al agua por primera vez. ☐ [No confundir con «votar» (elegir entre varias cosas)]. ☐ FAMILIA: bote, rebotar, rebote, reboteador, botadura.

botarate (bo·ta·ra·te) [adjetivo o sustantivo] Que actúa con poco juicio: *Este botarate siempre está haciendo tonterías.* ☐ [No varía en masculino y femenino. Es coloquial]. ☐ SINÓNIMOS: alocado.

bote (bo·te) [sustantivo masculino] **1** Recipiente pequeño, más alto que ancho, que se usa para guardar algo: *Necesito un bote de pintura.* **2** Barco pequeño de remos, que tiene unas tablas a lo ancho para poder sentarse. **3** Salto que se da al chocar con una superficie o al subir hacia arriba con fuerza: *La pelota bajó las escaleras dando botes.* **4** Premio que queda de un juego celebrado días antes y que se suma al siguiente: *el bote de la lotería.* ◆ [expresión] ‖ **chupar del bote** Sacar beneficio de algo sin hacer esfuerzos: *Ese aprovechado solo quiere chupar del bote.* ‖ **de bote en bote** Muy lleno: *El local estaba de bote en bote.* ‖ **tener a alguien en el bote** Tenerlo a nuestro favor: *Me tienes en el bote porque me caes muy bien.* ☐ [Las expresiones son coloquiales]. ☐ SINÓNIMOS: **2** barca. ☐ FAMILIA: **2, 3** →botar.

botella (bo·te·lla) [sustantivo femenino] Recipiente de cuello alargado y estrecho y que se usa para guardar líquidos. ☐ FAMILIA: botellazo, botellín, botellón, abrebotellas, embotellar, embotellamiento.

botellazo (bo·te·lla·zo) [sustantivo masculino] Golpe que se da con una botella. ☐ FAMILIA: →botella.

botellín (bo·te·llín) [sustantivo masculino] Botella pequeña: *botellín de cerveza.* ☐ FAMILIA: →botella.

botellón (bo·te·llón) [sustantivo masculino] Reunión de gente al aire libre en la que se consumen bebidas, generalmente alcohólicas: *El botellón está prohibido en muchas ciudades.* ☐ [Es coloquial]. ☐ FAMILIA: →botella.

botica (bo·ti·ca) [sustantivo femenino] Tienda en la que se hacen y se venden medicinas. ☐ [Se usa más «farmacia»]. ☐ SINÓNIMOS: farmacia. ☐ FAMILIA: boticario, rebotica, botiquín.

boticario, ria (bo·ti·ca·rio, ria) [sustantivo] Persona que prepara y vende medicinas en una botica. ☐ [Se usa más «farmacéutico»]. ☐ SINÓNIMOS: farmacéutico. ☐ FAMILIA: →botica.

botijo (bo·ti·jo) [sustantivo masculino] Recipiente de barro, con un asa arriba, que se usa para mantener el agua fresca. ☐ SINÓNIMOS: búcaro.

botijo

botín (bo·tín) [sustantivo masculino] **1** Bota que tapa solo hasta el tobillo. **2** Conjunto de objetos robados. **3** Conjunto de armas y de objetos que el vencedor quita al vencido después de una batalla. ☐ FAMILIA: →bota.

botiquín (bo·ti·quín) [sustantivo masculino] Lugar donde se guardan medicinas, vendas, alcohol y otras cosas necesarias para los primeros auxilios. ☐ [No confundir con «enfermería» (lugar donde se atiende a los heridos y a los enfermos)]. ☐ FAMILIA: →botica.

boto (bo·to) [sustantivo masculino] Bota alta que se usa para montar a caballo: *El jinete se limpia los botos con grasa de caballo.* ☐ FAMILIA: →bota.

botón (bo·tón) [sustantivo masculino] **1** Pieza que sirve para abrochar una prenda de vestir. **2** Pieza que hay que apretar en algunos aparatos para que empiecen a funcionar o dejen de hacerlo. **3** Capullo cerrado de una flor. ◆ [expresión] ‖ **botón de oro** Un tipo de flor, de color amarillo. ☐ FAMILIA: abotonar, botonadura, botones.

botonadura (bo·to·na·du·ra) [sustantivo femenino] Conjunto de botones de una prenda de vestir. ☐ FAMILIA: →botón.

botones (bo·to·nes) [sustantivo] Persona que trabaja haciendo recados y encargos en un hotel: *El botones del hotel nos ayudó a llevar las maletas.* ☐ [No varía en masculino y femenino, ni en singular y plural]. ☐ FAMILIA: →botón.

boutique [sustantivo femenino] Tienda especializada en la venta de un tipo de productos: *una boutique de ropa.* ☐ [Es una palabra francesa. Se pronuncia «butík»].

bóveda (bó·ve·da) [sustantivo femenino] Especie de techo curvo y alargado: *Están restaurando la bóveda de la iglesia.* ☐ [No confundir con «cúpula» (que tiene forma de media esfera)]. ☐ FAMILIA: abovedado.

bóveda

bovino, na (bo·vi·no, na) [adjetivo] De las vacas, de los toros y de este tipo de animales, o relacionado con ellos: *ganado bovino.* ☐ [No confundir con «ovino» (de las ovejas) ni con «bobina» (alambre enrollado sobre sí mismo)]. ☐ SINÓNIMOS: vacuno. ☐ FAMILIA: →buey.

boxeador, ra (bo·xe·a·dor, do·ra) [sustantivo] Persona que practica el deporte del boxeo. ☐ SINÓNIMOS: púgil. ☐ FAMILIA: →boxear.

boxear (bo·xe·ar) [verbo] Practicar boxeo. ☐ FAMILIA: boxeo, boxeador.

boxeo (bo·xe·o) [sustantivo masculino] Deporte en el que dos personas luchan a puñetazos. ◉ **páginas 304-305.** ☐ FAMILIA: →boxear.

boya (bo·ya) [sustantivo femenino] Objeto que está sujeto al fondo del mar y que flota en la superficie para señalar zonas dentro del agua.

boya

boyante (bo·yan·te) [adjetivo] Que se desarrolla de forma favorable o que es feliz: *una economía boyante.* ☐ [No varía en masculino y femenino]. ☐ SINÓNIMOS: próspero.

boyero, ra (bo·ye·ro, ra) [sustantivo] Pastor de bueyes. ☐ FAMILIA: →buey.

boy scout [sustantivo masculino] → **scout.** ☐ [Es una expresión inglesa. Se pronuncia «bói-eskáut»].

bozal (bo·zal) [sustantivo masculino] Aparato que se pone en la boca a algunos animales para que no muerdan. ☐ FAMILIA: →bozo.

bozo (bo·zo) [sustantivo masculino] Vello que nace sobre el labio superior de los chicos antes de que les salga el bigote. ☐ FAMILIA: bozal.

bracear (bra·ce·ar) [verbo] Mover mucho los brazos: *El náufrago braceó para que lo vieran desde la barca.* ☐ FAMILIA: →brazo.

bracero (bra·ce·ro) [sustantivo masculino] Persona que trabaja en el campo por un salario diario: *Muchos braceros trabajan en la recogida de la aceituna.* ☐ SINÓNIMOS: jornalero. ☐ FAMILIA: →brazo.

brackets [sustantivo masculino plural] Aparato formado por un conjunto de piezas metálicas que se adhieren a los dientes: *Los brackets se usan para corregir las desviaciones de la dentadura.* ☐ [Es una palabra inglesa. Se pronuncia «brákets»].

braga (bra·ga) [sustantivo femenino] Prenda de ropa interior femenina que cubre desde la cintura hasta donde empiezan las piernas. ☐ [Significa lo mismo en singular que en plural]. ☐ FAMILIA: bragueta, braguero, bragapañal.

bragapañal (bra·ga·pa·ñal) [sustantivo masculino] Pañal que se ajusta al cuerpo y queda como una braga. ☐ FAMILIA: →braga. →pañal.

braguero (bra·gue·ro) [sustantivo masculino] Aparato o vendaje que sirve para sujetar las hernias. ☐ FAMILIA: →braga.

bragueta (bra·gue·ta) [sustantivo femenino] Abertura en la parte delantera de un pantalón. ☐ FAMILIA: →braga.

braille (brai·lle) [sustantivo masculino] Sistema de lectura que emplean los ciegos. ☐ [Es una palabra de origen francés].

bramante (bra·man·te) [sustantivo masculino] Hilo grueso y fuerte hecho de cáñamo.

bramar (bra·mar) [verbo] **1** Emitir el toro o la vaca su voz característica. **2** Dar una persona gritos muy fuertes: *Bramó de rabia porque todo le había salido mal.* ☐ SINÓNIMOS: **1** mugir. ☐ FAMILIA: bramido.

bramido (bra·mi·do) [sustantivo masculino] **1** Voz característica del toro o de la vaca. **2** Grito de dolor o de enfado. ☐ SINÓNIMOS: **1** mugido. ☐ FAMILIA: →bramar.

brandi (bran·di) [sustantivo masculino] Bebida alcohólica muy fuerte parecida al coñac. ☐ [Es una palabra de origen inglés. Su plural es «brandis». Es preferible escribir «brandi» que la forma inglesa *brandy*].

brandy [sustantivo masculino] → **brandi.** ☐ [Es una palabra inglesa].

branquia (bran·quia) [sustantivo femenino] Órgano que tienen para respirar los peces y otros animales acuáticos. ☐ FAMILIA: branquial.

branquial (bran·quial) [adjetivo] De las branquias o relacionado con ellas: *respiración branquial.* ☐ [No varía en masculino y femenino]. ☐ FAMILIA: →branquia.

brasa (bra·sa) [sustantivo femenino] Trozo de una materia cuando arde ya sin llama. ◆ [expresión] ‖ **a la brasa** Cocinado sobre leña o carbón sin llama: *chuletas a la brasa.* ☐ SINÓNIMOS: rescoldo, ascua. ☐ FAMILIA: brasero, abrasar, abrasador, abrasión.

brasero (bra·se·ro) [sustantivo masculino] Aparato que se usa como calefacción y que funciona con brasas o con energía eléctrica. ☐ Familia: →brasa.

brasileño, ña (bra·si·le·ño, ña) [adjetivo o sustantivo] De Brasil, que es un país sudamericano.

bravata (bra·va·ta) [sustantivo femenino] Hecho o dicho propio de quien presume de valiente sin serlo. ☐ Familia: →bravo.

bravío, a (bra·ví·o, a) [adjetivo] **1** Dicho de un animal, que es salvaje y difícil de domar: *caballo bravío*. **2** Dicho del mar, con muchas olas. ☐ Familia: →bravo.

bravo, va (bra·vo, va) ∎ [adjetivo] **1** Dicho de una persona, que no tiene miedo. **2** Dicho de un animal, que es difícil de domar: *toro bravo*. ∎ **bravo** [interjección] **3** Se usa para indicar entusiasmo por algo: *¡Bravo, muy bien!* ☐ Sinónimos: **1** valiente, valeroso. ☐ Antónimos: **2** manso. ☐ Familia: bravío, bravura, bravata, bravucón, embravecer, embravecido.

bravucón, na (bra·vu·cón, co·na) [adjetivo o sustantivo] Que presume de valiente pero no lo es. ☐ Familia: →bravo.

bravura (bra·vu·ra) [sustantivo femenino] **1** Valentía y capacidad para no asustarse. **2** Carácter de los animales difíciles de domar. ☐ Familia: →bravo.

braza (bra·za) [sustantivo femenino] **1** Medida marina de longitud: *Una braza equivale a un poco más de metro y medio*. **2** Forma de nadar boca abajo y sin sacar los pies y las manos del agua. ☐ Familia: →brazo.

brazada (bra·za·da) [sustantivo femenino] **1** Movimiento que una persona hace al nadar o al remar cada vez que extiende y encoge los brazos. **2** Cantidad que se puede llevar de una sola vez en los brazos: *Llevé una brazada de leña para el fuego*. ☐ Familia: →brazo.

brazalete (bra·za·le·te) [sustantivo masculino] **1** Aro que se lleva como adorno en el brazo. **2** Tira de tela que se pone en el brazo, encima de la ropa: *El capitán del equipo llevaba un brazalete rojo*. ☐ Familia: →brazo.

brazo (bra·zo) [sustantivo masculino] **1** Parte del cuerpo humano que va desde el hombro hasta la mano: *Mamá, ¿me coges en brazos?* **2** Pata delantera de algunos animales: *Ese toro es cojo del brazo derecho*. **3** Parte de un asiento en que se apoyan los brazos: *Me senté en el brazo del sillón*. **4** Cada una de las piezas alargadas que, como una rama, salen del cuerpo central de un objeto: *Este candelabro tiene dos brazos*. ◆ [expresión] ∥ **brazo de gitano** Bizcocho alargado relleno de crema y enrollado sobre sí mismo. ∥ **brazo derecho** Persona en la que se tiene una total confianza: *Tú eres mi brazo derecho*. ∥ **con los brazos abiertos** Con cariño: *Me recibieron con los brazos abiertos*. ∥ **de brazos cruzados** Sin trabajar: *¡No puedes quedarte ahí de brazos cruzados!* ∥ **no dar alguien el brazo a torcer** No querer cambiar de opinión: *Tú nunca das el brazo a torcer*. ☐ Familia: bracear, bracero, braza, brazada, brazalete, antebrazo, abrazar, abrazo, abrazadera.

brea (bre·a) [sustantivo femenino] **1** Sustancia pegajosa y muy espesa, de color rojo oscuro, que se obtiene de algunos árboles. **2** Mezcla de esta sustancia con otras que se usa para reparar el casco de los barcos.

brebaje (bre·ba·je) [sustantivo masculino] Bebida que tiene mal aspecto o mal sabor. ☐ Sinónimos: pócima.

brecha (bre·cha) [sustantivo femenino] Herida en la cabeza. ◆ [expresión] ∥ **estar en la brecha** Estar siempre dispuesto a cumplir con un deber.

brécol (bré·col) [sustantivo masculino] Variedad de col común, con hojas de color verde oscuro. ☐ Sinónimos: brócoli.

bregar (bre·gar) [verbo] **1** Trabajar mucho y con mucho esfuerzo: *Cada día tengo que bregar con las tareas de la granja*. **2** Luchar para superar una dificultad: *Tuvo que bregar con la oposición de sus padres para dedicarse al teatro*. ☐ [La «g» se cambia en «gu» delante de «e» («bregue»)].

brete (bre·te) ◆ [expresión] ∥ **poner en un brete** Poner en un aprieto o en una situación difícil: *Me puso en un brete con sus preguntas indiscretas*.

breva (bre·va) [sustantivo femenino] Primer fruto que produce una higuera cada año: *Las brevas son más grandes que los higos*. ◆ [expresión] ∥ **no caerá esa breva** Indica que es muy difícil que consigamos lo que deseamos: *Ojalá me dejaran ir, pero no caerá esa breva*. ☐ [La expresión es coloquial].

breve (bre·ve) [adjetivo] De poca duración o de poca extensión: *Me gustan los cuentos breves*. ☐ [No varía en masculino y femenino]. ☐ Sinónimos: corto, escaso, reducido, efímero. ☐ Antónimos: largo, extenso, duradero. ☐ Familia: brevedad, breviario, abreviar, abreviatura.

brevedad (bre·ve·dad) [sustantivo femenino] Corta duración: *Responde con brevedad*. ☐ Familia: →breve.

breviario (bre·via·rio) [sustantivo masculino] Libro religioso que contiene los rezos de todo el año. ☐ Familia: →breve.

brezo (bre·zo) [sustantivo masculino] Arbusto con muchas ramas y raíces gruesas cuya madera es muy dura y se utiliza para hacer pipas de fumar.

bribón, na (bri·bón, bo·na) [adjetivo o sustantivo] Que engaña a los demás.

bricolaje (bri·co·la·je) [sustantivo masculino] Trabajos manuales que una persona hace por afición para arreglar y decorar su casa. ☐ [Es una palabra de origen francés].

brida (bri·da) [sustantivo femenino] Conjunto de correas y otras cosas que se ponen a un caballo para que el jinete pueda guiarlo.

bridge [sustantivo] [masculino] Juego de cartas: *Al bridge se juega entre dos parejas y con la baraja francesa.* ☐ [Es una palabra inglesa. Se pronuncia «brich», con «ch» suave].

brigada (bri·ga·da) ▮ [sustantivo] **1** Una de las categorías militares, por encima del sargento primero. ▮ [sustantivo] [femenino] **2** Unidad militar formada por varios grupos de soldados: *brigada aérea.* **3** Conjunto de personas que hacen algo en común: *una brigada de salvamento.* ☐ [En el significado **1** no varía en masculino y femenino].

brillante (bri·llan·te) ▮ [adjetivo] **1** Que brilla y despide luz: *Limpié el coche y lo dejé brillante.* **2** Que destaca por algo bueno: *una alumna brillante.* ▮ [sustantivo] [masculino] **3** Diamante tallado por sus dos caras. ☐ [En los significados **1** y **2** no varía en masculino y femenino]. ☐ ANTÓNIMOS: **1** mate. ☐ FAMILIA: →brillar.

brillantez (bri·llan·tez) [sustantivo] [femenino] **1** Luz o reflejo que proceden de algún cuerpo. **2** Característica de lo que despierta la admiración de los demás. ☐ SINÓNIMOS: **1** brillo. ☐ FAMILIA: →brillar.

brillantina (bri·llan·ti·na) [sustantivo] [femenino] Producto que se pone en el pelo para que brille. ☐ FAMILIA: →brillar.

brillar (bri·llar) [verbo] **1** Despedir luz o tener brillo: *Las estrellas brillan en el cielo.* **2** Destacar por algo bueno: *Allí donde vayas brillas por tu elegancia.* ☐ FAMILIA: brillo, brillante, brillantez, brillantina, abrillantar, abrillantador.

brillo (bri·llo) [sustantivo] [masculino] Luz o reflejo que proceden de algún cuerpo: *el brillo de la luna; el brillo del oro.* ☐ SINÓNIMOS: brillantez. ☐ FAMILIA: →brillar.

brincar (brin·car) [verbo] Saltar hacia arriba: *Brincaba de alegría.* ☐ [La «c» se cambia en «qu» delante de «e» («brinque»)]. ☐ FAMILIA: brinco.

brinco (brin·co) [sustantivo] [masculino] Salto pequeño hacia arriba. ☐ FAMILIA: →brincar.

brindar (brin·dar) [verbo] **1** Levantar un recipiente con bebida para expresar un deseo o para celebrar algo. **2** Ofrecer algo a alguien sin esperar nada a cambio: *Me brindó su ayuda y se lo agradecí mucho.* **3** Dedicar a alguien lo que se va a hacer: *El torero brindó la faena a sus padres.* ☐ SINÓNIMOS: **2** prestarse. ☐ FAMILIA: brindis.

brindis (brin·dis) [sustantivo] [masculino] Gesto de levantar la copa al mismo tiempo que se expresa un deseo o se celebra algo. ☐ [No varía en singular y plural]. ☐ FAMILIA: →brindar.

brío (brí·o) [sustantivo] [masculino] Fuerza, energía o decisión. ☐ ANTÓNIMOS: desgana. ☐ FAMILIA: brioso.

brioso, sa (brio·so, sa) [adjetivo] Con fuerza, con energía o con decisión. ☐ ANTÓNIMOS: desganado. ☐ FAMILIA: →brío.

brisa (bri·sa) [sustantivo] [femenino] Viento suave. ☐ FAMILIA: parabrisas, limpiaparabrisas.

brisca (bris·ca) [sustantivo] [femenino] Juego de cartas.

británico, ca (bri·tá·ni·co, ca) [adjetivo o sustantivo] Del Reino Unido, que es un país europeo. ☐ [No confundir con «inglés» (de Inglaterra)].

brizna (briz·na) [sustantivo] [femenino] Parte muy fina o muy pequeña de algunas cosas: *una brizna de hierba; una brizna de alegría.*

broca (bro·ca) [sustantivo] [femenino] Pieza de la máquina de taladrar, que se coloca en la punta y que, al girar, hace agujeros. 👁 **páginas 494-495.**

brocado (bro·ca·do) [sustantivo] [masculino] **1** Tela de seda que tiene dibujos hechos con hilo de oro o de plata. **2** Tejido fuerte de seda con dibujos en relieve.

brocal (bro·cal) [sustantivo] [masculino] Muro pequeño que rodea la boca de un pozo para evitar que alguien se caiga en él.

brocha (bro·cha) [sustantivo] [femenino] Instrumento que sirve para pintar y que tiene un grupo de pelos en la punta. ☐ FAMILIA: brochazo.

brochazo (bro·cha·zo) [sustantivo] [masculino] Cada una de las veces que se mueve la brocha al pintar. ☐ FAMILIA: →brocha.

broche (bro·che) [sustantivo] [masculino] **1** Objeto que sirve para cerrar algo y que funciona con dos piezas que encajan una en la otra: *Se me rompió el broche de la pulsera.* **2** Joya que se lleva sujeta en la ropa como adorno: *En la solapa del abrigo llevo un broche.* ◆ [expresión] ‖ **broche de oro** Final feliz y espectacular: *Este premio es el broche de oro a todo mi trabajo.* ☐ FAMILIA: abrochar, desabrochar.

brocheta (bro·che·ta) [sustantivo] [femenino] **1** Varilla en la que se clavan trozos de alimentos para asarlos o para hacerlos a la parrilla. **2** Alimento que se cocina y se sirve de esta manera: *Me comí una brocheta de pescado.*

brocheta

brócoli (bró·co·li) [sustantivo] [masculino] Variedad de col común, con hojas de color verde oscuro. 👁 **página 967.** ☐ SINÓNIMOS: brécol.

broma (bro·ma) [sustantivo] [femenino] Cosa que se hace o se dice para que alguien se ría pero sin mala intención: *Siempre estás haciendo bromas.* ☐ FAMILIA: bromear, bromista.

bromear (bro·me·ar) [verbo] Hacer o decir cosas graciosas para que alguien se ría, pero sin mala intención: *No te creas nada, que está bromeando.* ☐ FAMILIA: →broma.

bromista (bro·mis·ta) [adjetivo o sustantivo] Que disfruta haciendo o diciendo cosas graciosas para que los demás se rían:

bromo

Eres un bromista muy divertido. ☐ [No varía en masculino y femenino]. ☐ Familia: →broma.

bromo (bro·mo) [sustantivo masculino] Elemento químico de color marrón y de olor fuerte y desagradable.

bronca (bron·ca) [sustantivo femenino] Mira en **bronco, ca**.

bronce (bron·ce) [sustantivo masculino] Materia muy resistente y de color amarillento parecido al rojo: *El bronce se hace con cobre y estaño.* ☐ Familia: broncear, bronceado, bronceador.

bronceado, da (bron·ce·a·do, da) ◼ [adjetivo] **1** Con la piel morena por el sol. ◼ **bronceado** [sustantivo masculino] **2** Color moreno de la piel por efecto del sol: *Tienes un bronceado muy suave.* ☐ Familia: →bronce.

bronceador, ra (bron·ce·a·dor, do·ra) [adjetivo o sustantivo masculino] Dicho de un producto, que se extiende sobre la piel para broncearla: *crema bronceadora.* ☐ Familia: →bronce.

broncear (bron·ce·ar) [verbo] Poner la piel morena. ☐ Familia: →bronce.

bronco, ca (bron·co, ca) ◼ [adjetivo] **1** Dicho de un sonido, que es áspero y desagradable. **2** Dicho de una persona, que tiene mal carácter o que es poco amable. ◼ **bronca** [sustantivo femenino] **3** Discusión fuerte. **4** Palabras con las que se llama la atención a alguien que ha hecho algo mal: *Me echaron la bronca por llegar tarde.* ☐ Sinónimos: **3** altercado. **4** reprimenda, rapapolvo. ☐ Familia: abroncar.

bronquio (bron·quio) [sustantivo masculino] Cada uno de los tubitos que unen la tráquea y los pulmones: *Los bronquios forman parte del aparato respiratorio.* ☐ Familia: bronquiolo, bronquitis.

bronquiolo o **bronquíolo** (bron·quio·lo; bron·quí·o·lo) [sustantivo masculino] Cada una de las ramas en que se dividen los bronquios dentro de los pulmones. ☐ Familia: →bronquio.

bronquitis (bron·qui·tis) [sustantivo femenino] Enfermedad producida por una inflamación en los bronquios. ☐ [No varía en singular y plural]. ☐ Familia: →bronquio.

brontosaurio (bron·to·sau·rio) [sustantivo masculino] Dinosaurio de gran tamaño que tenía la cabeza pequeña y el cuello muy largo. ☐ [Es preferible usar «apatosaurio» para referirse a este dinosaurio]. ☐ Familia: →saurio.

brotar (bro·tar) [verbo] **1** Mostrarse algo o empezar a existir: *Entre ellos ha brotado una hermosa amistad.* **2** Salir un líquido: *El manantial brota de estas rocas.* **3** Salir una planta de su semilla: *Ya está empezando a brotar el rosal.* ☐ Sinónimos: **1** surgir. **1, 3** nacer. **2** manar. **3** germinar. ☐ Antónimos: **1** desaparecer. ☐ Familia: brote.

brote (bro·te) [sustantivo masculino] **1** Tallo nuevo de una planta: *Ya han salido los primeros brotes de los árboles.* **2** Primera aparición de algo que empieza a asomar: *Se han detectado los primeros brotes de una epidemia.* ☐ Sinónimos: **1** retoño, renuevo, vástago, yema, gema. ☐ Familia: →brotar.

brownie [sustantivo masculino] Bizcocho de chocolate que suele tener frutos secos por dentro: *Me sirvieron el brownie con salsa de chocolate caliente y bolas de helado.* ☐ [Es una palabra inglesa. Se pronuncia «bráuni»].

bruces (bru·ces) ◆ [expresión] ‖ **de bruces** Tumbado con la cara contra el suelo: *Me caí de bruces y me hice una herida en la frente.*

brujería (bru·je·rí·a) [sustantivo femenino] Conjunto de conocimientos y poderes mágicos que sirven para conseguir algo. ☐ Sinónimos: hechicería. ☐ Familia: →brujo.

brujo, ja (bru·jo, ja) [adjetivo o sustantivo] Que usa poderes mágicos para conseguir algo: *Una bruja convirtió al príncipe en rana.* ☐ Sinónimos: hechicero, encantador, mago. ☐ Familia: brujería, embrujar, embrujo.

brújula (brú·ju·la) [sustantivo femenino] Instrumento que indica la posición en la que está orientado algo: *La brújula siempre señala al norte.*

bruma (bru·ma) [sustantivo femenino] Niebla poco espesa: *No se ve el faro porque hay mucha bruma.* ☐ Sinónimos: calima, neblina. ☐ Familia: brumoso.

brumoso, sa (bru·mo·so, sa) [adjetivo] Con bruma o niebla poco espesa: *un día brumoso.* ☐ Familia: →bruma.

bruñir (bru·ñir) [verbo] Sacar brillo a una superficie de metal o de piedra. ☐ [Es irregular y se conjuga como MULLIR].

brusco, ca (brus·co, ca) [adjetivo] **1** De carácter poco amable o poco suave: *Has sido muy brusco al dar la noticia.* **2** Repentino y rápido: *Me di un golpe al hacer un movimiento brusco.* ☐ Antónimos: **2** progresivo, gradual. ☐ Familia: brusquedad.

brusquedad (brus·que·dad) [sustantivo femenino] **1** Carácter poco amable o poco suave al actuar o al decir algo: *Me contestó con brusquedad.* **2** Carácter repentino y rápido del desarrollo de algo: *No frenes con tanta brusquedad.* ☐ Familia: →brusco.

brutal (bru·tal) [adjetivo] **1** Muy duro o difícil de aguantar: *un crimen brutal.* **2** De tamaño, cantidad o calidad mayores de lo normal: *Mi perro tiene una fuerza brutal.* ☐ [No varía en masculino y femenino. El significado **2** es coloquial]. ☐ Sinónimos: **1** atroz, cruel, feroz. **2** extraordinario, colosal. ☐ Familia: →bruto.

brutalidad (bru·ta·li·dad) [sustantivo femenino] **1** Crueldad muy grande. **2** Hecho o dicho que resulta tonto, poco adecuado o muy equivocado: *Es una brutalidad conducir diez horas seguidas.* ☐ Sinónimos: **1** atrocidad, crueldad, salvajada. **2** barbaridad. ☐ Familia: →bruto.

bruto, ta (bru·to, ta) ◼ [adjetivo] **1** Dicho del peso de un objeto, que incluye lo que pesa el recipiente más lo que pesa su contenido: *El peso bruto de un bote de mermelada es el peso de la mermelada más el peso del tarro.* ◼ [adjetivo o sustantivo] **2** Que actúa sin inteligencia: *No entiende nada porque es muy bruto.* ◼ [sustantivo] **3** Persona mala o que hace daño: *No juego con vosotros, porque sois unos brutos.* ☐ Sinónimos: **3** monstruo. ☐ Antónimos: **1** neto. ☐ Familia: brutal, brutalidad, embrutecer.

bucal (bu·cal) [adjetivo] De la boca o relacionado con ella: *higiene bucal.* ☐ [No varía en masculino y femenino]. ☐ Familia: →boca.

bucanero (bu·ca·ne·ro) [sustantivo masculino] Pirata que durante los siglos XVII y XVIII robaba en los barcos españoles que volvían de América, que es un continente.

búcaro (bú·ca·ro) [sustantivo masculino] **1** Recipiente más alto que ancho que se usa para poner flores. **2** Recipiente de barro, con un asa arriba, que se usa para mantener el agua fresca. ☐ SINÓNIMOS: **1** florero. **2** botijo.

buceador, ra (bu·ce·a·dor, do·ra) [sustantivo] Persona que bucea. ☐ SINÓNIMOS: buzo. ☐ FAMILIA: →buzo.

bucear (bu·ce·ar) [verbo] Nadar bajo el agua. ☐ FAMILIA: →buzo.

buceo (bu·ce·o) [sustantivo masculino] Actividad que consiste en permanecer bajo el agua nadando o realizando alguna actividad. ☐ FAMILIA: →buzo.

buche (bu·che) [sustantivo masculino] **1** Bolsa del aparato digestivo de las aves en la que reblandecen los alimentos. **2** Estómago de algunos animales. **3** Estómago de las personas: *Todo te lo echas al buche.* ☐ [El significado **3** es coloquial]. ☐ FAMILIA: embuchar, desembuchar.

bucle (bu·cle) [sustantivo masculino] Rizo largo.

bucólico, ca (bu·có·li·co, ca) ▪ [adjetivo] **1** Dicho de un tipo de poesía, que trata de temas de los pastores, de la naturaleza y de los sentimientos. ▪ [adjetivo o sustantivo] **2** De este tipo de poesía o relacionado con sus características: *personajes bucólicos.*

buda (bu·da) [sustantivo masculino] **1** En el budismo, persona que ha alcanzado la sabiduría. **2** Figura que representa a esta persona: *A la entrada de la academia hay un buda de bronce.* ☐ FAMILIA: budismo, budista.

budín (bu·dín) [sustantivo masculino] Comida que se hace mezclando varios alimentos y echándolos en un recipiente para que luego quede con su forma. ☐ SINÓNIMOS: pudin.

budismo (bu·dis·mo) [sustantivo masculino] Religión de los seguidores del hindú Buda, que se practica principalmente en India, China y Japón, que son países asiáticos. ☐ FAMILIA: →buda.

budista (bu·dis·ta) [adjetivo o sustantivo] Del budismo o relacionado con esta religión. ☐ [No varía en masculino y femenino]. ☐ FAMILIA: →buda.

buen (buen) [adjetivo] Bueno: *buen día; buen chico.* ☐ [Va generalmente delante de un sustantivo masculino singular]. ☐ ANTÓNIMOS: mal.

buenaventura (bue·na·ven·tu·ra) [sustantivo femenino] Anuncio de lo que le puede suceder a una persona en el futuro. ☐ [Su plural es «buenaventuras». Se escribe también «buena ventura»]. ☐ FAMILIA: →bueno. →ventura.

buenazo, za (bue·na·zo, za) [adjetivo o sustantivo] Dicho de una persona, que es muy buena y pacífica. ☐ FAMILIA: →bueno.

bueno, na (bue·no, na) ▪ [adjetivo] **1** Que es como debe ser o como nos gusta que sea: *Este libro es muy bueno.* **2** Que resulta adecuado para algo: *No es bueno que te dé el sol en la herida.* **3** Que tiene salud: *Iré a clase porque ya estoy buena.* **4** Que pasa de lo que se considera normal en tamaño, en cantidad o en fuerza: *Necesito un buen vaso de agua.* ▪ [adjetivo o sustantivo] **5** Dicho de una persona, que tiene cualidades morales buenas: *Eres la persona más buena que conozco.* ▪ **bueno** [interjección] **6** Se usa para indicar que se está de acuerdo con algo: *Bueno, jugamos a lo que tú dices.* **7** Se usa para indicar sorpresa, admiración o disgusto: *¡Bueno, mira quién ha venido!* ▪ **buenas** [interjección] **8** Se usa como saludo: *Buenas, quisiera un billete de tren.* ◆ [expresión] ‖ **de buenas** De buen humor: *Ni me hables, que hoy no estoy de buenas.* ‖ **estar bueno alguien** Tener un cuerpo físicamente atractivo. ‖ **por las buenas** De forma voluntaria y sin crear problemas: *Si no lo haces por las buenas, lo harás por las malas.* ☐ [Cuando «bueno» va delante de un sustantivo se cambia por «buen»: «buen chico». La expresión «estar bueno alguien» es coloquial]. ☐ SINÓNIMOS: **3** sano, saludable. **6** vale. ☐ ANTÓNIMOS: **1**-**3**, **5** malo. **1**, **5** perverso, maléfico. **2** nocivo, dañino, perjudicial, pernicioso. **5** malvado, maligno, vil. ☐ FAMILIA: buenazo, buenaventura, bonachón, bondad, bondadoso, bonanza, bonito, enhorabuena, nochebuena, hierbabuena.

buey (buey) [sustantivo masculino] Toro al que le han cortado los órganos sexuales. ☐ [Su plural es «bueyes»]. ☐ FAMILIA: bovino, boyero.

búfalo, la (bú·fa·lo, la) [sustantivo] **1** Animal asiático, de cuerpo robusto, cubierto de pelo, con los cuernos largos y hacia atrás. **2** Animal de color marrón, parecido a un toro pero con los cuernos más pequeños y con el cuello lleno de pelo muy largo: *El búfalo vive en América del Norte.* ◉ páginas 596-597. ☐ SINÓNIMOS: **2** bisonte.

bufanda (bu·fan·da) [sustantivo femenino] Prenda de vestir que se coloca alrededor del cuello para protegerlo del frío.

bufar (bu·far) [verbo] **1** Respirar con fuerza un animal como el toro o el caballo. **2** Mostrar enfado una persona en su forma de hablar: *Se fue bufando del taller porque no le habían arreglado el coche.* ☐ [El significado **2** es coloquial]. ☐ FAMILIA: bufido.

bufé (bu·fé) [sustantivo masculino] **1** Comida en la que todos los alimentos se sirven a la vez para elegir lo que cada uno prefiera: *Se ofreció un bufé a los asistentes a la conferencia.* **2** Lugar donde se sirve esa comida: *Acércate al bufé y trae dos copas, por favor.* ◆ [expresión] ‖ **bufé libre** El que permite repetir todas las veces que se quiera por el mismo precio. ☐ [No confundir con «bufete» (despacho de abogados)].

bufete (bu·fe·te) [sustantivo masculino] Despacho en el que un abogado atiende a sus clientes. ☐ [No confundir con «bufé» (comida en la que todos los alimentos se sirven a la vez; lugar donde se sirve esta comida)].

bufido (bu·fi·do) [sustantivo masculino] **1** Respiración fuerte y con ruido de algunos animales. **2** Forma de hablar de una persona cuando está muy enfadada. ☐ [El significado **2** es coloquial]. ☐ FAMILIA: →bufar.

bufón, na (bu·fón, fo·na) [sustantivo] Persona que se dedicaba a hacer reír y a divertir a otras personas: *Antiguamente, los reyes tenían bufones.* ☐ FAMILIA: bufonada.

bufonada (bu·fo·na·da) [sustantivo femenino] Hecho o dicho que divierte o que hace reír. ◻ Familia: →bufón.

buganvilla (bu·gan·vi·lla) [sustantivo femenino] Arbusto que tiene las ramas muy largas y las flores de color rojo, rosa o morado. ◉ **página 444**.

buhardilla (buhar·di·lla) [sustantivo femenino] Último piso de una casa que tiene el tejado inclinado. ◻ Familia: abuhardillado.

buhardilla

búho (bú·ho) [sustantivo masculino] Ave nocturna con el pico en forma de gancho, grandes ojos y unos mechones de plumas que parecen orejas. ◉ **páginas 116-117**.

buhonero, ra (buho·ne·ro, ra) [sustantivo] Persona que va de casa en casa vendiendo cosas de poco valor.

buitre (bui·tre) [sustantivo masculino] **1** Ave que tiene la cabeza y el cuello sin plumas y que se alimenta de animales muertos. ◉ **páginas 116-117**. **2** Persona que solo piensa en sí misma o que se aprovecha de los demás para conseguir algo: *Ese buitre se ha comido todos los bombones.* ◻ [El significado **2** es coloquial y despectivo].

bujía (bu·jí·a) [sustantivo femenino] Pieza que hace que se encienda el motor de un vehículo.

bula (bu·la) [sustantivo femenino] Documento firmado por el papa que concede derechos especiales a alguien. ◆ [expresión] ‖ **tener bula** Tener permiso o facilidades que otros no tienen para hacer algo: *Tengo bula para volver más tarde, pero mis hermanos no.*

bulbo (bul·bo) [sustantivo masculino] Tallo de algunas plantas que es redondeado y está enterrado en el suelo: *El ajo es un bulbo.*

buldócer (bul·dó·cer) [sustantivo masculino] Máquina con ruedas que sirve para igualar la superficie de un terreno. ◻ [Es una palabra de origen inglés. Su plural es «buldóceres». Es preferible escribir «buldócer» que la forma inglesa *bulldozer*].

bulería (bu·le·rí·a) [sustantivo femenino] Cante y baile flamenco, muy alegre, que se acompaña con palmas y con gritos. ◻ [Se usa más en plural].

bulevar (bu·le·var) [sustantivo masculino] Calle ancha que tiene un paseo central con árboles. ◻ Sinónimos: rambla.

búlgaro, ra (búl·ga·ro, ra) ▮ [adjetivo o sustantivo] **1** De Bulgaria, que es un país europeo. ▮ **búlgaro** [sustantivo masculino] **2** Lengua de este país.

bulimia (bu·li·mia) [sustantivo femenino] Sensación irresistible de ganas de comer continuas, generalmente producida por un trastorno nervioso: *La bulimia puede desencadenar problemas de salud muy graves.* ◻ Familia: bulímico.

bulímico, ca (bu·lí·mi·co, ca) ▮ [adjetivo] **1** De la bulimia o relacionado con esta sensación. ▮ [adjetivo o sustantivo] **2** Que está enfermo porque tiene bulimia. ◻ Familia: →bulimia.

bulla (bu·lla) [sustantivo femenino] Mucho ruido y gran movimiento de personas. ◻ Sinónimos: jaleo, trasiego, bullicio, barahúnda, follón. ◻ Familia: bullanguero.

bullanguero, ra (bu·llan·gue·ro, ra) [adjetivo o sustantivo] Aficionado a organizar jaleos y a divertirse. ◻ Familia: →bulla.

bulldozer [sustantivo masculino] → **buldócer**. ◻ [Es una palabra inglesa. Se pronuncia «buldózer»].

bullicio (bu·lli·cio) [sustantivo masculino] Mucho ruido y gran movimiento de personas. ◻ Sinónimos: alboroto, jaleo, trasiego, bulla. ◻ Familia: →bullir.

bullicioso, sa (bu·lli·cio·so, sa) [adjetivo] Que tiene mucho ruido o que se mueve mucho: *calle bulliciosa; niño bullicioso.* ◻ Familia: →bullir.

bullir (bu·llir) [verbo] **1** Calentar un líquido hasta una temperatura de más de cien grados: *El agua bulle a cien grados centígrados.* **2** Moverse o mezclarse sin ningún orden: *La gente bullía de un lado para otro.* ◻ [Es irregular y se conjuga como **MULLIR**]. ◻ Sinónimos: **1** hervir. ◻ Familia: bullicio, bullicioso, rebullir.

bullying [sustantivo masculino] Situación en la que un alumno o un grupo maltrata a un compañero de colegio de forma continuada: *Para defenderse del bullying hay que contar el problema cuanto antes a los profesores y a los padres.* ◻ [Es una palabra inglesa. Se pronuncia «búlin». Es preferible usar «acoso escolar»].

bulo (bu·lo) [sustantivo masculino] Mentira o noticia falsa que se cuenta con mala intención. ◻ Sinónimos: infundio.

bulto (bul·to) [sustantivo masculino] **1** Cosa que sobresale en una superficie y tiene forma redondeada. **2** Cosa que no se ve con claridad qué es: *¿Qué es ese bulto que se mueve en la oscuridad?* **3** Paquete, bolsa o maleta que se llevan como equipaje. ◆ [expresión] ‖ **escurrir el bulto** No hacer lo que se tiene que hacer: *No escurras el bulto y pon la mesa.* ◻ [La expresión es coloquial]. ◻ Sinónimos: **1** protuberancia. ◻ Familia: abultar, abultado.

bumerán o **búmeran** (bu·me·rán; bú·me·ran) [sustantivo masculino] Objeto de madera, duro, plano y con forma de curva, que se lanza y vuelve al lugar de partida. ◻ [Es una palabra de origen inglés. Es preferible escribir «bumerán» o «búmeran» que la forma inglesa *boomerang*].

bungaló (bun·ga·ló) [sustantivo masculino] Casa de campo o de playa de una sola planta y muy sencilla. ◻ [Es una palabra de origen inglés].

búnker (bún·ker) [sustantivo masculino] Refugio, construido generalmente bajo tierra, para protegerse de las bombas. ◻ [Es una palabra de origen alemán].

buñuelo (bu·ñue·lo) [sustantivo masculino] Pastel en forma de bola rellena de crema, de chocolate o de otras cosas.

buque (bu·que) [sustantivo masculino] Barco muy grande: *buque de guerra.* ◉ **página 362.** ☐ SINÓNIMOS: navío.

burbuja (bur·bu·ja) [sustantivo femenino] **1** Especie de globo de aire que se forma en algunas sustancias: *Me gustan los refrescos con burbujas.* **2** Flotador que se ata a la espalda. ☐ SINÓNIMOS: **1** pompa. ☐ FAMILIA: burbujear, burbujeo, burbujeante.

burbujeante (bur·bu·je·an·te) [adjetivo] Dicho de una bebida u otro líquido, que hace muchas burbujas. ☐ [No varía en masculino y femenino]. ☐ FAMILIA: →burbuja.

burbujear (bur·bu·je·ar) [verbo] Hacer o formar burbujas: *La gaseosa burbujea cuando la echas al vaso.* ☐ FAMILIA: →burbuja.

burbujeo (bur·bu·je·o) [sustantivo masculino] Formación de burbujas en un líquido y ruido que hacen. ☐ FAMILIA: →burbuja.

burdel (bur·del) [sustantivo masculino] Casa o local donde trabajan las prostitutas. ☐ SINÓNIMOS: prostíbulo.

burdeos (bur·de·os) ∎ [adjetivo o sustantivo masculino] **1** De color granate oscuro. ∎ [sustantivo masculino] **2** Tipo de vino francés. ☐ [No varía en singular y plural. Cuando es adjetivo, no varía en masculino y femenino].

burdo, da (bur·do, da) [adjetivo] **1** Con poca educación o poco delicado al tratar a los demás. **2** Poco fino, de poca calidad o hecho con materiales de poco valor: *tela burda.* ☐ SINÓNIMOS: basto.

burgalés, sa (bur·ga·lés, le·sa) [adjetivo o sustantivo] De la provincia española de Burgos o de su capital.

burgo (bur·go) [sustantivo masculino] Ciudad pequeña medieval. ☐ FAMILIA: burgués, burguesía, aburguesarse.

burgués, sa (bur·gués, gue·sa) [adjetivo o sustantivo] De la burguesía o relacionado con este grupo social. ☐ FAMILIA: →burgo.

burguesía (bur·gue·sí·a) [sustantivo femenino] Grupo social formado por las personas que tienen una buena posición económica. ☐ FAMILIA: →burgo.

buril (bu·ril) [sustantivo masculino] Instrumento terminado en punta que se usa para grabar metales. ☐ SINÓNIMOS: punzón.

burka (bur·ka) [sustantivo masculino] Prenda de vestir femenina formada por una tela que cubre el cuerpo entero y que tiene una parte con agujeritos a la altura de los ojos para poder ver: *Vi un documental sobre Afganistán en el que algunas mujeres llevaban burka.* ☐ [No confundir con «chador» (prenda de vestir que cubre la cabeza y el cuerpo y deja al descubierto la cara) ni con «hiyab» (velo que cubre el pelo, las orejas y el cuello y deja al descubierto la cara)].

burla (bur·la) [sustantivo femenino] Cosa que alguien hace o dice cuando se quiere reír de algo: *No me hagas burla.* ☐ SINÓNIMOS: mofa. ☐ FAMILIA: →burlar.

burladero (bur·la·de·ro) [sustantivo masculino] Valla que hay en las plazas de toros delante de la barrera y que sirve para que los toreros se refugien del toro: *El torero observaba al toro desde el burladero.* ☐ FAMILIA: →burlar.

burlar (bur·lar) [verbo] **1** Evitar algo gracias a la astucia: *Los ladrones burlaron a la policía y escaparon.* ∎ **burlarse 2** Reírse de algo y no tomarlo en serio: *No te burles de los demás.* ☐ SINÓNIMOS: **2** mofarse, guasearse. ☐ FAMILIA: burla, burladero, burlesco, burlón.

burlesco, ca (bur·les·co, ca) [adjetivo] Que hace reír o que expresa burla: *gesto burlesco.* ☐ FAMILIA: →burlar.

burlete (bur·le·te) [sustantivo masculino] Tira que se coloca en los bordes de las puertas y de las ventanas para evitar que entre el aire: *Coloca un burlete en la ventana, que entra frío.*

burlón, na (bur·lón, lo·na) [adjetivo o sustantivo] Que se burla de algo haciendo parecer que habla en serio: *palabras burlonas; persona burlona.* ☐ SINÓNIMOS: socarrón. ☐ FAMILIA: →burlar.

burocracia (bu·ro·cra·cia) [sustantivo femenino] **1** Conjunto de actividades propias de los organismos públicos: *Los funcionarios se encargan de los trámites de la burocracia.* **2** Exceso de normas y de trámites que retrasan la solución de un asunto. ☐ FAMILIA: burocrático.

burocrático, ca (bu·ro·crá·ti·co, ca) [adjetivo] De la burocracia o relacionado con este conjunto de actividades propias de organismos públicos: *trámites burocráticos.* ☐ FAMILIA: →burocracia.

burrada (bu·rra·da) [sustantivo femenino] Hecho o dicho que resulta tonto, poco adecuado o cruel. ◆ [expresión] ∥ **una burrada** Gran cantidad o mucho: *He comido una burrada.* ☐ [Es coloquial]. ☐ SINÓNIMOS: animalada, barbaridad. ☐ FAMILIA: →burro.

burro, rra (bu·rro, rra) ∎ [adjetivo o sustantivo] **1** Que tiene poca inteligencia: *¡Qué burro eres, no entiendes nada!* **2** Que tiene una idea fija y no se deja convencer: *Es muy burra y cuando quiere algo lo consigue.* ∎ [sustantivo] **3** Animal parecido al caballo, pero más pequeño: *Los burros rebuznan.* ◉ **páginas 596-597.** ◆ [expresión] ∥ **como un burro** Mucho: *Llevo días estudiando como un burro.* ∥ **no ver tres en un burro** Ver mal: *Sin gafas no veo tres en un burro.* ☐ [En los significados **1** y **2** es coloquial y se usa como insulto. Las expresiones son coloquiales]. ☐ SINÓNIMOS: borrico. **1** necio, tonto, bobo, estúpido. **2** testarudo, terco, tozudo. **3** asno, acémila, jumento. ☐ ANTÓNIMOS: **1** listo. ☐ FAMILIA: burrada, borrico.

bursátil (bur·sá·til) [adjetivo] De la bolsa o de las operaciones que se realizan en ella: *mercados bursátiles.* ☐ [No varía en masculino y femenino].

bus [sustantivo masculino] Autobús: *Voy en bus al colegio.* ☐ [Es coloquial]. ☐ FAMILIA: →autobús.

busca (bus·ca) ∎ [sustantivo masculino] **1** Pequeño aparato que suena como un teléfono cuando alguien quiere localizar al que lo lleva: *Muchos médicos llevan un busca para poder ser localizados en caso de urgencia.* ∎ [sustantivo femenino] **2** Acción que se realiza para encontrar algo o a alguien: *Hay orden de busca y captura de este delincuente.* ☐ SINÓNIMOS: **2** búsqueda. ☐ FAMILIA: →buscar.

buscador, ra (bus·ca·dor, do·ra) ∎ [adjetivo o sustantivo] **1** Que busca algo: *un buscador de oro.* ∎ **buscador** [sustantivo masculino] **2** En internet, programa para buscar información. ☐ FAMILIA: →buscar.

buscar (bus·car) [verbo] **1** Intentar encontrar algo. **2** Recoger a una persona en un sitio: *Vienen a buscarnos a las siete.* ☐ [La «c» se cambia en «qu» delante de «e» («busque»)]. ☐ Familia: busca, buscador, búsqueda, rebuscar, rebuscado.

búsqueda (bús·que·da) [sustantivo femenino] Acción que se realiza para encontrar algo o a alguien. ☐ Sinónimos: busca. ☐ Familia: →buscar.

busto (bus·to) [sustantivo masculino] **1** Escultura o pintura que solo representa a una persona de cintura para arriba. **2** Las dos partes del cuerpo de una mujer en que se produce la leche cuando tiene un hijo. ☐ Sinónimos: **2** pechos, tetas, senos.

butaca (bu·ta·ca) [sustantivo femenino] **1** Silla con brazos. **2** Asiento en el teatro o en el cine, sobre todo el situado en la planta baja.

butano (bu·ta·no) [sustantivo masculino] Un tipo de gas que se envasa en bombonas y se utiliza como combustible.

butifarra (bu·ti·fa·rra) [sustantivo femenino] Embutido de carne de cerdo de origen catalán.

buzo (bu·zo) [sustantivo masculino] **1** Persona que bucea. **2** Prenda de vestir para niños pequeños que cubre todo el cuerpo. ☐ Sinónimos: **1** buceador. ☐ Familia: bucear, buceador, buceo.

buzón (bu·zón) [sustantivo masculino] Especie de caja donde se echan las cartas para el correo. 👁 **página 172**.

c [sustantivo/femenino] Letra número tres del abecedario. 👁 **página 18**. ☐ [Su nombre es «ce». Delante de «e», «i», se pronuncia como una «z» o, en algunas partes de España y América, como una «s»: «cera», «cinta». Delante de «a», «o», «u», se pronuncia como una «k»: «cama», «copa», «cuna». Unida a una «h» forma el grupo «ch», como en «bache»].

cabal (ca·<u>bal</u>) [adjetivo] **1** Que es honrado y justo: *persona cabal*. **2** Exacto o completo: *Han pasado dos años cabales desde tu llegada a la ciudad*. ◆ [expresión] ‖ **estar alguien en sus cabales** Tener capacidad para saber cómo actuar: *Si estás en tus cabales, no entiendo por qué haces esas tonterías*. ☐ [No varía en masculino y femenino. La expresión es coloquial]. ☐ FAMILIA: descabalar, descabalado.

cábala (<u>cá</u>·ba·la) [sustantivo/femenino] Idea o cálculo que se basa en datos incompletos o hipótesis: *Se pasaron la tarde haciendo cábalas sobre su futuro*. ☐ [Se usa más en plural].

cábalas (<u>cá</u>·ba·las) ◆ [expresión] ‖ **hacer cábalas** Tratar de adivinar cómo será algo: *No hagas cábalas y espera a saber los resultados de los exámenes*.

cabalgada (ca·bal·<u>ga</u>·da) [sustantivo/femenino] Viaje largo que se hace a caballo. ☐ FAMILIA: →caballo.

cabalgadura (ca·bal·ga·<u>du</u>·ra) [sustantivo/femenino] Animal sobre el que se puede montar. ☐ SINÓNIMOS: montura. ☐ FAMILIA: →caballo.

cabalgar (ca·bal·<u>gar</u>) [verbo] Ir a caballo. ☐ [La «g» se cambia en «gu» delante de «e» («cabalgue»)]. ☐ SINÓNIMOS: montar. ☐ FAMILIA: →caballo.

cabalgata (ca·bal·<u>ga</u>·ta) [sustantivo/femenino] Desfile que se organiza para celebrar una fiesta y en el que suele haber bandas de música y personas a caballo o en carrozas. ☐ FAMILIA: →caballo.

caballa (ca·<u>ba</u>·lla) [sustantivo/femenino] Pez marino alargado, de color azul y verde con rayas negras en el lomo. 👁 **página 723**. ☐ [No confundir con «yegua» (hembra del caballo)].

caballar (ca·ba·<u>llar</u>) [adjetivo] Del caballo o relacionado con él: *ganado caballar*. ☐ [No varía en masculino y femenino]. ☐ SINÓNIMOS: hípico, equino. ☐ FAMILIA: →caballo.

caballería (ca·ba·lle·<u>rí</u>·a) [sustantivo/femenino] **1** Cuerpo del Ejército formado por soldados que van a caballo o en vehículos. **2** Animal que se usa para montar, como el caballo: *Los caballos, las mulas y los burros son caballerías*. **3** Profesión de los antiguos caballeros que iban por el mundo defendiendo la justicia y otros valores: *libro de caballería*. ☐ FAMILIA: →caballo.

caballeriza (ca·ba·lle·<u>ri</u>·za) [sustantivo/femenino] Lugar cubierto y preparado para tener caballos y otros animales. ☐ SINÓNIMOS: cuadra. ☐ FAMILIA: →caballo.

caballero (ca·ba·<u>lle</u>·ro) [sustantivo/masculino] **1** Hombre adulto: *ropa de caballero*. **2** Hombre amable y de buena educación: *Eres todo un caballero*. **3** Hombre que pertenecía a la clase de la nobleza: *Los hidalgos eran un tipo de caballeros*. **4** Personaje que iba por el mundo defendiendo la justicia y otros valores: *Don Quijote*

caballeroso, sa

quería ser caballero. ☐ [Se usa para referirse de forma educada a un hombre]. ☐ FAMILIA: →caballo.

caballeroso, sa (ca·ba·lle·ro·so, sa) [adjetivo] Propio de los caballeros por su amabilidad y buena educación. ☐ FAMILIA: →caballo.

caballete (ca·ba·lle·te) [sustantivo masculino] **1** Aparato con tres patas que sirve para colocar algo en posición vertical: *caballete de pintor*. **2** Soporte formado por una especie de barra apoyada en unas patas: *Hemos improvisado una mesa con una tabla y dos caballetes*. **3** Curva que suele tener la nariz en el medio. ☐ FAMILIA: →caballo.

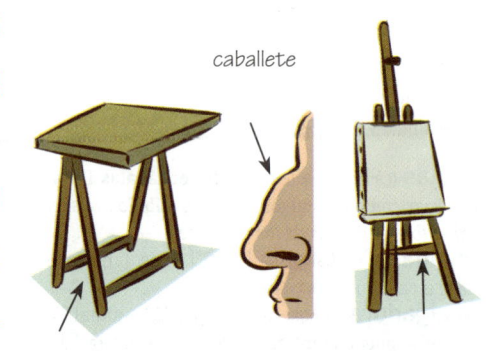

caballete

caballista (ca·ba·llis·ta) [sustantivo] Persona que monta a caballo y que entiende mucho de ellos. ☐ [No varía en masculino y femenino]. ☐ FAMILIA: →caballo.

caballitos (ca·ba·lli·tos) [sustantivo masculino plural] Diversión de feria formada por una serie de figuras de caballos y otras cosas que giran y sobre las que se suben las personas. ☐ SINÓNIMOS: tiovivo, carrusel. ☐ FAMILIA: →caballo.

caballo (ca·ba·llo) [sustantivo masculino] **1** Animal con pelos muy largos en el cuello y en la cola, muy útil como animal de carga y transporte: *La hembra del caballo es la yegua*. **2** Carta de la baraja española que representa a una persona montada en este animal. **3** Aparato de gimnasia con cuatro patas sobre las que se apoya una parte alargada que termina en punta por uno de sus extremos. **4** Una de las piezas del ajedrez. **5** Heroína, que es un tipo de droga. ◆ [expresión] ‖ **a caballo** En medio de dos cosas: *Ese escritor vivió a caballo de dos siglos*. ‖ **a mata caballo** → **a matacaballo.** ‖ **caballito de mar** Pez marino que nada en posición vertical y que tiene la cabeza parecida a la de un caballo y la cola enroscada hacia atrás. ‖ **caballo de batalla** Parte de un asunto que ofrece más problemas: *Mi caballo de batalla son las faltas de ortografía*. ☐ [El significado **5** es coloquial]. ☐ FAMILIA: caballero, caballeroso, caballería, caballeriza, caballitos, caballete, caballista, caballar, cabalgar, descabalgar, cabalgada, cabalgadura, cabalgata, matacaballo.

cabaña (ca·ba·ña) [sustantivo femenino] **1** Casa pequeña hecha en el campo. **2** Conjunto de ganado de un mismo tipo o de una misma zona.

cabaré (ca·ba·ré) [sustantivo masculino] Lugar en el que se baila, se sirven bebidas y se ofrecen espectáculos, generalmente por la noche. ☐ [Es una palabra de origen francés. Su plural es «cabarés». Se usa también «cabaret»].

cabaret (ca·ba·ret) [sustantivo masculino] → **cabaré.** ☐ [Es una palabra de origen francés. Su plural es «cabarets»].

cabás (ca·bás) [sustantivo masculino] Caja pequeña con un asa en la parte superior, que se usa para llevar libros y otras cosas al colegio. ☐ [Es una palabra de origen francés].

cabecear (ca·be·ce·ar) [verbo] **1** Dejar caer la cabeza sin querer, a causa del sueño: *Se quedó dormido viendo la película y no paró de cabecear*. **2** Golpear el balón con la cabeza. **3** Mover la cabeza de un lado a otro o de arriba abajo. ☐ FAMILIA: →cabeza.

cabecera (ca·be·ce·ra) [sustantivo femenino] **1** Parte de una cama donde se coloca la cabeza al dormir. **2** Asiento o parte principal de un lugar: *la cabecera de la mesa*. **3** Comienzo de un papel impreso donde vienen los datos generales: *En la cabecera del periódico aparece el nombre, la fecha y otros datos*. **4** Punto del que parte algo: *Cogí el autobús en la cabecera de la línea*. ☐ FAMILIA: →cabeza.

cabecero (ca·be·ce·ro) [sustantivo masculino] Pieza de la cama que está en la parte donde se coloca la cabeza. ☐ FAMILIA: →cabeza.

cabecilla (ca·be·ci·lla) [sustantivo] Persona que dirige las acciones de un grupo. ☐ [No varía en masculino y femenino]. ☐ SINÓNIMOS: jefe, líder, adalid. ☐ FAMILIA: →cabeza.

cabellera (ca·be·lle·ra) [sustantivo femenino] Conjunto de los cabellos de alguien, especialmente si son largos. ☐ FAMILIA: →cabello.

cabello (ca·be·llo) [sustantivo masculino] **1** Cada uno de los pelos de la cabeza de una persona: *En el peine siempre queda algún cabello*. **2** Conjunto de estos pelos: *Tengo los ojos azules y el cabello rubio*. ◆ [expresión] ‖ **cabello de ángel** Dulce en forma de hilos y de color parecido al amarillo. ☐ SINÓNIMOS: **2** pelo. ☐ FAMILIA: cabellera, cabelludo, capilar.

cabelludo, da (ca·be·llu·do, da) [adjetivo] De mucho cabello. ◆ [expresión] ‖ **cuero cabelludo** Mira en **cuero.** ☐ FAMILIA: →cabello.

caber (ca·ber) [verbo] **1** Poder meterse una cosa en otra: *No me cabe en el bolso*. **2** Poder pasar por un sitio: *Ese mueble no cabe por la puerta*. **3** Existir o ser posible: *No cabe duda de que alguien ha estado aquí*. **4** Tocar o corresponder: *¿A quién le cupo el honor de recibir el premio?* ◆ [expresión] ‖ **no caber alguien en sí** Sentirse muy contento o muy orgulloso. ☐ [Es irregular]. ☐ FAMILIA: cabida.

cabestrillo (ca·bes·tri·llo) [sustantivo masculino] Trozo de tela que cuelga del cuello para sujetar un brazo dañado. ☐ FAMILIA: →cabestro.

cabestro (ca·bes·tro) [sustantivo masculino] **1** Buey que se utiliza para guiar a los toros bravos y que suele llevar cencerro. **2** Cuerda que se ata a la cabeza de los caballos y sirve para dirigirlos. ☐ FAMILIA: cabestrillo.

cabeza (ca·be·za) ∎ [sustantivo femenino] **1** Parte del cuerpo que está sobre el cuello y en la que están los ojos, la boca, la nariz y las orejas. **2** Capacidad para pensar o para recordar: *No tengo cabeza para aprender tantos datos.* **3** Animal cuadrúpedo de algunas especies: *Ese ganadero tiene muchas cabezas de ganado.* **4** Cosa que está en el principio o en el extremo de algo: *La cabeza del tren es la locomotora.* ∎ [sustantivo] **5** Persona que dirige un grupo o una organización: *El cabeza del Gobierno es su presidente.* ◆ [expresión] ‖ **a la cabeza** En primer lugar: *El equipo que va a la cabeza de la clasificación está a punto de ganar el campeonato.* ‖ **andar de cabeza** Estar muy ocupado o tener muchas preocupaciones. ‖ **cabeza abajo** Con la parte superior hacia abajo. ‖ **cabeza cuadrada** Persona que actúa con reglas e ideas fijas. ‖ **cabeza de ajo** Conjunto de dientes de ajo que todavía están unidos. ‖ **cabeza de chorlito** Persona que piensa poco las cosas: *¡Pero, cabeza de chorlito, piensa un poco antes de decir disparates!* ‖ **cabeza de familia** Persona considerada como el jefe de una familia. ‖ **cabeza de jabalí** Alimento hecho con trozos de cabeza de ese animal. ‖ **cabeza dura** Persona a la que le cuesta entender las cosas o que insiste en mantener su opinión sin admitir otras razones. ‖ **cabeza hueca** Persona que tiene pocas ideas o poco sentido común. ‖ **cabeza loca** Persona que piensa poco las cosas y actúa de forma poco responsable. ‖ **cabeza rapada** Miembro de un grupo social formado por personas generalmente jóvenes, violentas y que llevan el pelo muy corto. ‖ **calentarle a alguien la cabeza** Hablarle de algo hasta que se canse o hasta que se preocupe por ello: *No me calientes más la cabeza con tus vacaciones.* ‖ **con la cabeza alta** Sin avergonzarse: *Puedo ir con la cabeza bien alta porque no he hecho nada malo.* ‖ **de cabeza** De manera decidida y sin una duda: *Si me propusieran ese trabajo, lo aceptaba de cabeza.* ‖ **estar mal de la cabeza** Estar loco o no razonar bien. ‖ **levantar cabeza** Salir de una mala situación: *Llevo una racha con muchos problemas y no levanto cabeza.* ‖ **llenar la cabeza de pájaros** Dar esperanzas que no tienen base: *Aprende a ser realista y no te llenes la cabeza de pájaros.* ‖ **meter algo en la cabeza** Tenerlo en el pensamiento o hacer que se tenga en el pensamiento: *Como se le meta algo en la cabeza, no para hasta que lo consigue.* ‖ **perder la cabeza** Volverse loco o dejar de razonar bien: *Esa chica me gusta tanto que me va a hacer perder la cabeza.* ‖ **por cabeza** Por persona: *¿A cuánto tocamos por cabeza?* ‖ **romperse la cabeza** Darle muchas vueltas a un asunto: *No te rompas la cabeza intentando*

CABER

INDICATIVO	SUBJUNTIVO
Presente yo quepo tú cabes / usted cabe él, ella cabe nosotros, tras cabemos vosotros, tras cabéis / ustedes caben ellos, ellas caben	**Presente** yo quepa tú quepas / usted quepa él, ella quepa nosotros, tras quepamos vosotros, tras quepáis / ustedes quepan ellos, ellas quepan
Pretérito imperfecto yo cabía tú cabías / usted cabía él, ella cabía nosotros, tras cabíamos vosotros, tras cabíais / ustedes cabían ellos, ellas cabían	**Pretérito imperfecto** yo cupiera o cupiese tú cupieras o cupieses / usted cupiera o cupiese él, ella cupiera o cupiese nosotros, tras cupiéramos o cupiésemos vosotros, tras cupierais o cupieseis / ustedes cupieran o cupiesen ellos, ellas cupieran o cupiesen
Pretérito perfecto simple yo cupe tú cupiste / usted cupo él, ella cupo nosotros, tras cupimos vosotros, tras cupisteis / ustedes cupieron ellos, ellas cupieron	**Futuro simple** yo cupiere tú cupieres / usted cupiere él, ella cupiere nosotros, tras cupiéremos vosotros, tras cupiereis / ustedes cupieren ellos, ellas cupieren
Futuro simple yo cabré tú cabrás / usted cabrá él, ella cabrá nosotros, tras cabremos vosotros, tras cabréis / ustedes cabrán ellos, ellas cabrán	**IMPERATIVO** cabe (tú) / quepa (usted) quepamos (nosotros, tras) cabed (vosotros, tras) / quepan (ustedes)
Condicional simple yo cabría tú cabrías / usted cabría él, ella cabría nosotros, tras cabríamos vosotros, tras cabríais / ustedes cabrían ellos, ellas cabrían	**FORMAS NO PERSONALES** **Infinitivo** **Gerundio** **Participio** caber cabiendo cabido

cabezada

entender lo que le pasa a María. ‖ **sentar la cabeza** Volverse sensato: *Hasta que no se casó, no sentó la cabeza.* ‖ **subírsele algo a alguien a la cabeza** Hacer que sienta demasiado orgullo por ello: *Se le ha subido la fama a la cabeza y ahora nos trata a todos como si fuéramos inferiores.* ‖ **traer de cabeza** Preocupar mucho o causar muchas molestias: *Los problemas de mis hijos me traen de cabeza.* ☐ [En el significado **5** no varía en masculino y femenino. Algunas de las expresiones son coloquiales]. ☐ SINÓNIMOS: **3** res. ☐ ANTÓNIMOS: **4** cola. ☐ FAMILIA: cabezazo, cabezada, cabezonería, cabezota, cabezudo, cabezón, cabezuela, cabecear, cabecera, cabecero, cabecilla, cabizbajo, encabezar, encabezamiento, descabezar, rompecabezas, reposacabezas.

cabezada (ca·be·za·da) [sustantivo femenino] **1** Movimiento que se hace al dejar caer la cabeza sin querer, a causa del sueño. **2** Sueño corto que se echa una persona sin acostarse: *Después de comer eché una cabezada.* ☐ FAMILIA: →cabeza.

cabezazo (ca·be·za·zo) [sustantivo masculino] Golpe dado con la cabeza. ■ FAMILIA: →cabeza.

cabezón, na (ca·be·zón, zo·na) ■ [adjetivo] **1** Que da dolor de cabeza. ■ [adjetivo o sustantivo] **2** Que no cambia de opinión por nada: *No te pongas cabezona.* ☐ [El significado **2** es coloquial]. ☐ SINÓNIMOS: **2** cabezudo, cabezota. ☐ FAMILIA: →cabeza.

cabezonería (ca·be·zo·ne·rí·a) [sustantivo femenino] Hecho propio de quien no cambia de opinión por nada: *Lo de no querer venir es una cabezonería tuya.* ☐ [Es coloquial]. ☐ FAMILIA: →cabeza.

cabezota (ca·be·zo·ta) [adjetivo o sustantivo] Que no cambia de opinión por nada. ☐ [No varía en masculino y femenino. Es coloquial]. ☐ SINÓNIMOS: cabezón, cabezudo, cerril. ☐ FAMILIA: →cabeza.

cabezudo, da (ca·be·zu·do, da) ■ [adjetivo] **1** Que no cambia de opinión por nada. ■ **cabezudo** [sustantivo masculino] **2** Figura que representa a una persona con una cabeza muy grande y que se suele sacar por las calles durante las fiestas populares: *gigantes y cabezudos.* ☐ [El significado **1** es coloquial]. ☐ SINÓNIMOS: **1** cabezón, cabezota. ☐ FAMILIA: →cabeza.

cabezuela (ca·be·zue·la) [sustantivo femenino] Conjunto de flores que nacen y crecen juntas en la misma parte de una planta: *La margarita tiene sus flores agrupadas en cabezuelas.* ☐ FAMILIA: →cabeza.

cabida (ca·bi·da) [sustantivo femenino] Capacidad o espacio para contener algo. ☐ FAMILIA: →caber.

cabildo (ca·bil·do) [sustantivo masculino] **1** Conjunto de sacerdotes que tienen un cargo en una catedral. **2** Conjunto formado por el alcalde y los concejales. ☐ SINÓNIMOS: **2** ayuntamiento, concejo.

cabina (ca·bi·na) [sustantivo femenino] **1** Lugar pequeño y cerrado en el que hay un teléfono público. **2** Cuarto pequeño y separado desde el que se controla una máquina o en el que se hacen trabajos para los que conviene estar aislado: *la cabina de un avión.* **3** Aparato parecido a una caja grande en el que viajan personas: *la cabina de un teleférico.*

cabizbajo, ja (ca·biz·ba·jo, ja) [adjetivo] Con la cabeza hacia abajo por estar triste, preocupado o avergonzado. ☐ FAMILIA: →cabeza. →bajo.

cable (ca·ble) [sustantivo masculino] **1** Hilo de metal que suele estar cubierto de plástico y por el que pasa la electricidad. **2** Especie de cuerda muy fuerte que se usa para sujetar grandes pesos. ◆ [expresión] ‖ **cruzársele los cables a alguien** Confundirse o actuar de manera poco razonable: *¿Es que se te han cruzado los cables para pensar semejante disparate?* ‖ **echar un cable a alguien** Ayudarle en una situación difícil: *No podré resolver este problema si alguien no me echa un cable.* ☐ [Las expresiones son coloquiales].

cabo (ca·bo) ■ [sustantivo] **1** Una de las categorías militares, por encima de la de soldado. ■ [sustantivo masculino] **2** Extremo de un objeto alargado. **3** Parte de terreno que se mete en el mar. 👁 páginas 576-577. **4** Cada uno de los hilos que forman una cuerda: *Esta cuerda es de tres cabos.* **5** Cuerda que suele usarse en los barcos para distintas tareas: *Las velas de los barcos se atan a los palos con cabos.* ◆ [expresión] ‖ **al cabo de** Después de un período de tiempo: *El médico me dijo que volviera al cabo de una semana.* ‖ **atar cabos** Relacionar datos para llegar a una conclusión: *Atando cabos, deduje que tú eras la chica que conoció ayer.* ‖ **cabo suelto** Cosa que queda sin resolver o sin terminar: *El trabajo está casi acabado, solo quedan algunos cabos sueltos.* ‖ **de cabo a rabo** De principio a fin y sin dejar nada: *Me sé la lección de cabo a rabo.* ‖ **llevar a cabo** Hacer o terminar: *Para llevar a cabo esa obra, se necesita mucho dinero.* ☐ [En el significado **1** no varía en masculino y femenino. Las expresiones «cabo suelto» y «de cabo a rabo» son coloquiales]. ☐ FAMILIA: recabar.

cabotaje (ca·bo·ta·je) [sustantivo masculino] Navegación entre dos puertos que se hace sin dejar de ver la costa.

cabra (ca·bra) [sustantivo femenino] Animal con unos cuernos vueltos hacia atrás y que sube fácilmente por montañas y lugares difíciles. 👁 páginas 596-597. ◆ [expresión] ‖ **cabra montés** La que es salvaje y vive en las montañas: *La cabra montés tiene los cuernos mucho más grandes que la doméstica.* ‖ **como una cabra** Muy loco: *Estás como una cabra.* ☐ [La expresión «como una cabra» es coloquial]. ☐ FAMILIA: cabrón, cabrito, cabritilla, cabrero, cabrío, caprino, cabrear, cabreo, encabritarse.

cabrear (ca·bre·ar) [verbo] Enfadar mucho. ☐ [Es coloquial]. ☐ FAMILIA: →cabra.

cabreo (ca·bre·o) [sustantivo masculino] Sentimiento que tenemos cuando nos enfadamos mucho. ☐ [Es coloquial]. ☐ FAMILIA: →cabra.

cabrero, ra (ca·bre·ro, ra) [sustantivo] Persona que cuida las cabras. ☐ FAMILIA: →cabra.

cabrío, a (ca·brí·o, a) [adjetivo] De las cabras o relacionado con ellas: *ganado cabrío.* ☐ FAMILIA: →cabra.

cabriola (ca·brio·la) [sustantivo femenino] **1** Vuelta que da una persona en el aire. **2** Salto que dan los que bailan, cruzando varias veces los pies en el aire. **3** Salto que da un caballo, moviendo las patas mientras se mantiene en el aire. ☐ SINÓNIMOS: **1** voltereta. **2** pirueta.

cabriolé (ca·brio·lé) [sustantivo masculino] Un tipo de coche de caballos.

cabritilla (ca·bri·ti·lla) [sustantivo femenino] Piel de cabrito o de cordero, preparada para poder hacer objetos con ella. ☐ FAMILIA: →cabra.

cabrito, ta (ca·bri·to, ta) ▌[adjetivo o sustantivo] **1** Que tiene mala intención y perjudica a los demás a propósito. ▌**cabrito** [sustantivo masculino] **2** Cría de la cabra hasta que deja de tomar leche: *La carne de cabrito es muy tierna.* ☐ [En el significado **1** es coloquial]. ☐ SINÓNIMOS: **2** choto. ☐ FAMILIA: →cabra.

cabrón, na (ca·brón, bro·na) ▌[adjetivo o sustantivo] **1** Mala persona. ▌**cabrón** [sustantivo masculino] **2** Macho de la cabra. ☐ [En el significado **1** es vulgar y se usa como insulto]. ☐ SINÓNIMOS: **2** macho cabrío. ☐ FAMILIA: →cabra.

caca (ca·ca) [sustantivo femenino] **1** Excremento que sale por el ano. **2** Cosa que tiene poco valor o poca calidad. ☐ [Es coloquial]. ☐ SINÓNIMOS: **2** porquería, basura. ☐ FAMILIA: →cagar.

cacahuete (ca·ca·hue·te) [sustantivo masculino] Fruto seco formado por una cáscara de color marrón claro, con varios granos dentro que se pueden comer: *Los panchitos son cacahuetes pelados y fritos.* 👁 **página 455**. ☐ [No debe decirse «cacahués» ni «cacahuet». No confundir con «alcahuete» (persona que busca novio para otra)]. ☐ SINÓNIMOS: maní.

cacao (ca·ca·o) [sustantivo masculino] **1** Semilla de un árbol tropical con la que se fabrica el chocolate. **2** Polvo que se hace con estas semillas y con azúcar, que se disuelve y sabe a chocolate: *leche con cacao.* **3** Bebida que se hace mezclando este polvo con un líquido: *Me tomé un cacao bien frío.* **4** Producto para curar los labios que están muy secos: *Date cacao en los labios para que no se te resequen.* **5** Situación sin orden, con gran movimiento de cosas y con mucho ruido. **6** Conjunto de cosas mezcladas y sin orden: *Tengo un cacao de ideas que no me aclaro.* ☐ [Los significados **5** y **6** son coloquiales]. ☐ SINÓNIMOS: **5** alboroto, bulla, bullicio, barullo, disloque. **5**, **6** lío, follón, jaleo, embrollo.

cacarear (ca·ca·re·ar) [verbo] **1** Emitir un gallo o una gallina su voz característica. **2** Hablar mucho de algo: *No deja de cacarear lo bueno que es su hijo.* ☐ [El significado **2** es coloquial]. ☐ FAMILIA: cacareo.

cacareo (ca·ca·re·o) [sustantivo masculino] Voz característica del gallo o la gallina. ☐ FAMILIA: →cacarear.

cacatúa (ca·ca·tú·a) [sustantivo femenino] **1** Ave con plumas de colores muy vivos que puede aprender a decir palabras: *La cacatúa tiene unas plumas en la cabeza que se abren como un abanico.* 👁 **páginas 116-117**. **2** Persona fea, vieja y de aspecto poco cuidado. ☐ [El significado **2** es coloquial].

cacereño, ña (ca·ce·re·ño, ña) [adjetivo o sustantivo] De la provincia española de Cáceres o de su capital.

cacería (ca·ce·rí·a) [sustantivo femenino] Excursión que se hace para cazar. ☐ FAMILIA: →cazar.

cacerola (ca·ce·ro·la) [sustantivo femenino] Recipiente de cocina con la base redonda, más ancho que alto y con dos asas, y que se usa para guisar. ☐ SINÓNIMOS: cazuela. ☐ FAMILIA: →cazo.

cacha (ca·cha) [sustantivo femenino] Pieza que cubre cada lado del mango de una navaja, de un cuchillo o de algunas armas de fuego.

cachalote (ca·cha·lo·te) [sustantivo masculino] Animal marino de gran tamaño, parecido a la ballena, pero con dientes.

cachalote

cacharrería (ca·cha·rre·rí·a) [sustantivo femenino] Lugar donde se venden cacharros. ☐ FAMILIA: →cacharro.

cacharro (ca·cha·rro) [sustantivo masculino] **1** Recipiente que se usa en la cocina o para otros usos. **2** Aparato viejo, estropeado o que funciona mal: *Este reloj es un cacharro.* ☐ [Se usa mucho para nombrar cosas de forma imprecisa: «¿De quién es este cacharro? Quita todos estos cacharros de aquí». El significado **2** es despectivo]. ☐ FAMILIA: cacharrería, escacharrar.

cachas (ca·chas) [adjetivo o sustantivo] Que está fuerte y tiene los músculos muy desarrollados. ☐ [No varía en masculino y femenino, ni en singular y plural. Se usa mucho en la expresión «estar cachas». Es coloquial]. ☐ SINÓNIMOS: fornido, fortachón.

cachava (ca·cha·va) [sustantivo femenino] Palo con un extremo curvo y que sirve para andar apoyándose en él: *Mi abuelo anda apoyado en una cachava.* ☐ SINÓNIMOS: cayado, garrota, garrote.

cachaza (ca·cha·za) [sustantivo femenino] Forma lenta o tranquila de hacer algo: *Como vayas con esa cachaza, vas a llegar tarde.* ☐ [Es coloquial].

caché (ca·ché) ▌[adjetivo o sustantivo femenino] **1** En un ordenador, memoria que guarda las últimas páginas visitadas para tener acceso rápido la próxima vez que se necesiten. ▌[sustantivo masculino] **2** Cantidad de dinero que cobra un profesional por sus actuaciones: *Ese actor tiene un caché altísimo.* **3** Refinamiento o elegancia: *Esa chica tiene mucho caché y todo el mundo se fija en ella.*

cachear (ca·che·ar) [verbo] Registrar a una persona, tocándole el cuerpo por encima de la ropa.

cachete (ca·che·te) [sustantivo masculino] **1** Golpe dado en la cara o en el culo con la mano abierta. **2** Cada una de las dos partes blandas de la cara que están debajo de los ojos y a los lados de la nariz: *Este niño tiene los cachetes regordetes.* ☐ Sinónimos: **2** carrillo.

cachiporra (ca·chi·po·rra) [sustantivo femenino] Palo con uno de los extremos muy abultado. ☐ Familia: →porra.

cachivache (ca·chi·va·che) [sustantivo masculino] Cualquier objeto, especialmente si es viejo o inútil: *¿Por qué no tiras todos esos cachivaches?* ☐ [Se usa mucho para nombrar cosas de forma imprecisa: «Tienes la habitación llena de cachivaches». Es coloquial y despectivo]. ☐ Sinónimos: trasto.

cacho (ca·cho) [sustantivo masculino] Parte que se separa de un todo: *¿Me das un cacho de bocadillo?* ☐ [Es coloquial]. ☐ Sinónimos: trozo, pedazo, porción, fracción, fragmento.

cachondearse (ca·chon·de·ar·se) [verbo] Reírse de algo o hacer burla de ello. ☐ [Es vulgar]. ☐ Sinónimos: burlarse, pitorrearse. ☐ Familia: →cachondo.

cachondeo (ca·chon·de·o) [sustantivo masculino] **1** Broma que se hace para divertirse o para reírse de algo. **2** Falta de orden: *Esta oficina es un cachondeo.* ☐ [Es vulgar]. ☐ Familia: →cachondo.

cachondo, da (ca·chon·do, da) [adjetivo o sustantivo] Que hace gracia o que se ríe por cualquier cosa. ☐ [Es vulgar]. ☐ Sinónimos: divertido. ☐ Antónimos: aburrido. ☐ Familia: cachondearse, cachondeo.

cachorro, rra (ca·cho·rro, rra) [sustantivo] Cría del perro y de otros animales.

cacique, ca (ca·ci·que, ca) [sustantivo] Persona poderosa que manda en un pueblo o en una comarca aprovechándose de los demás. ☐ [Para el femenino se usa más «la cacique»].

caco (ca·co) [sustantivo masculino] Ladrón que roba con habilidad. ☐ [Es coloquial].

cacofonía (ca·co·fo·ní·a) [sustantivo femenino] Repetición de varios sonidos que resulta desagradable oír: *En «Pedro o Óscar» se produce cacofonía.*

cactus (cac·tus) [sustantivo masculino] Planta de tallo grueso y verde con muchas espinas y que puede almacenar agua. ◉ **páginas 354-355.** ☐ [No varía en singular y plural].

cada (ca·da) [cuantificador] **1** Señala uno por uno todos los elementos de una serie: *Cada uno de vosotros puede hacer una pregunta.* **2** Señala uno de los elementos o grupo de elementos en que se divide algo: *Cada cuatro días me trae noticias nuevas.* **3** Se usa para dar más fuerza a lo que se dice: *Es mejor que te calles, porque estás diciendo cada tontería...* ☐ [No varía en masculino y femenino, ni en singular y plural].

cadalso (ca·dal·so) [sustantivo masculino] Tarima donde se realizaba una pena de muerte. ☐ Sinónimos: patíbulo.

cadáver (ca·dá·ver) [sustantivo masculino] Cuerpo sin vida. ☐ Sinónimos: restos mortales, cuerpo. ☐ Familia: cadavérico.

cadavérico, ca (ca·da·vé·ri·co, ca) [adjetivo] Del cadáver o con sus características: *rostro cadavérico.* ☐ Familia: →cadáver.

cadena (ca·de·na) [sustantivo femenino] **1** Conjunto de piezas que suelen tener forma de anillo y que van unidas unas con otras. **2** Conjunto de hechos o de cosas que se suceden unos a otros y que están relacionados entre sí: *Esa ley ha originado una cadena de protestas.* **3** Conjunto de tiendas del mismo tipo que pertenecen a una misma empresa: *cadena de supermercados.* **4** Cada uno de los conjuntos de programas de radio o de televisión emitidos por una misma empresa: *En España hay cadenas públicas y cadenas privadas de televisión.* ◆ [expresión] ‖ **cadena de música** Equipo de música formado por varios aparatos. ‖ **cadena perpetua** Pena que pone un juez y que consiste en quitar la libertad a una persona para siempre. ‖ **tirar de la cadena** Descargar la cisterna de un retrete. ☐ Sinónimos: **2** serie, sarta, sucesión. ☐ Familia: cadeneta, encadenar, desencadenante, desencadenar, concatenar, concatenación, minicadena.

cadencia (ca·den·cia) [sustantivo femenino] Serie regular de sonidos o movimientos.

cadeneta (ca·de·ne·ta) [sustantivo femenino] **1** Punto de labor en forma de cadena. **2** Cadena hecha con tiras de papel de varios colores, que se usa para decorar. ☐ Familia: →cadena.

cadera (ca·de·ra) [sustantivo femenino] Cada uno de los dos huesos del cuerpo que unen las piernas de las personas o las patas de los animales al tronco.

cadete (ca·de·te) ■ [adjetivo o sustantivo] **1** Que pertenece a una de las categorías deportivas, por encima de la de infantil. ■ [sustantivo] **2** Alumno de una academia militar. ☐ [No varía en masculino y femenino].

caducar (ca·du·car) [verbo] **1** Dejar de tener valor porque ha pasado el tiempo: *Mi carné de conducir está a punto de caducar.* **2** Dejar un producto de ser adecuado para comerlo o para usarlo: *Este yogur caduca mañana.* ☐ [La «c» se cambia en «qu» delante de «e» («caduque»)]. ☐ Familia: →caduco.

caducidad (ca·du·ci·dad) [sustantivo femenino] Pérdida del valor de algo porque ha pasado el tiempo: *fecha de caducidad.* ☐ Familia: →caduco.

caducifolio, lia (ca·du·ci·fo·lio, lia) [adjetivo] Dicho de un árbol, que pierde sus hojas cada año.

caduco, ca (ca·du·co, ca) [adjetivo] **1** Dicho de una hoja, que se cae en invierno. ◉ **página 90. 2** Que dura poco o que se estropea con el paso del tiempo: *Los derivados de la leche son productos caducos.* **3** Que se ha quedado viejo o que ya no vale debido al paso del tiempo: *ideas caducas.* ☐ Sinónimos: **3** anticuado, antiguo. ☐ Antónimos: **1** perenne. **3** moderno. ☐ Familia: caducar, caducidad.

caer (ca·er) [verbo] **1** Moverse de arriba abajo por el propio peso: *Cuando la fruta está madura, cae del árbol.* **2** Perder el equilibrio hasta dar en el suelo: *Resbalé con algo y me caí.* **3** Separarse algo del lugar al que estaba unido: *Se me ha caído un botón.* **4** Ir a parar a un lugar: *No sé cómo pudimos caer en un sitio así.*

5 Encontrarse en una desgracia o en un engaño: *No volveré a caer en tus trampas.* **6** Estar algo situado en un punto: *Esa calle cae por mi barrio.* **7** Perder de golpe la situación que se tenía: *El escándalo hizo caer a varios ministros.* **8** Dejar de existir algo: *Muchas personas han caído por defender sus ideas.* **9** Fracasar o ser vencido: *Nuestro equipo cayó ante el rival.* **10** Resultar algo de determinada manera o producir determinado efecto: *No me ha caído bien la comida.* **11** Colgar algo de determinada manera: *Las faldas de esa mesa caen haciendo tablas.* **12** Echarse sobre algo de manera rápida: *La policía cayó sobre los ladrones.* **13** Llegar a entender o a recordar algo: *No caigo en lo que me dices.* **14** Ocurrir, suceder o producirse algo: *Mi cumpleaños cae en sábado.* **15** Tocar o corresponder un premio o una tarea: *Nadie quería hacer ese trabajo y me cayó a mí.* **16** Empezar a ponerse el sol o a acabarse el día o la tarde: *caer la tarde.* ◆ [expresión] ǁ **caer bajo** Hacer algo que no es digno: *Nunca pensé que pudieras caer tan bajo.* ǁ **caer bien** o **mal a alguien** Resultarle simpático o poco simpático: *No la conozco mucho, pero me cae bien.* ǁ **dejar caer algo** Decirlo sin darle importancia, pero con intención: *Dejó caer que me había visto contigo, para ver cómo reaccionaba.* ǁ **dejarse caer** Presentarse en un lugar: *Déjate caer por aquí algún día.* ǁ **estar al caer** Estar a punto de llegar o de ocurrir: *Su boda está al caer.* ☐ [Es irregular]. ☐ SINÓNIMOS: **10** sentar. ☐ ANTÓNIMOS: **1**, **7** subir. **1** levantarse. **2** levantar. **8** aparecer, surgir. **9** vencer. ☐ FAMILIA: caída, caído, recaer, decaer, alicaído, paracaídas, paracaidista, paracaidismo.

café (ca·**fé**) [sustantivo masculino] **1** Semilla de color marrón con la que se hace una bebida que estimula: *café molido; café en grano.* **2** Bebida de color oscuro y sabor amargo que se prepara con estas semillas. **3** Local público donde se sirven esta y otras bebidas. ◆ [expresión] ǁ **café irlandés** El que se prepara con una bebida alcohólica y con nata. ǁ **café torrefacto** El que tiene un color más oscuro y un sabor más fuerte. ǁ **café vienés** El que se prepara con nata. ǁ **mal café** Mal humor. ☐ [Su plural es «cafés». La expresión «mal café» es coloquial]. ☐ SINÓNIMOS: **3** cafetería. ☐ FAMILIA: cafetería, cafetera, cafetero, cafeína, cafeto, descafeinado, cibercafé.

cafeína (ca·fe·í·na) [sustantivo femenino] Sustancia que tienen el café y otras plantas, y que estimula: *Tardé mucho en dormirme porque había tomado un refresco con cafeína.* ☐ FAMILIA: →café.

cafetería (ca·fe·te·rí·a) [sustantivo femenino] Local público donde se sirve café y otras bebidas. ☐ SINÓNIMOS: café. ☐ FAMILIA: →café.

CAER	
INDICATIVO	**SUBJUNTIVO**
Presente yo caigo tú caes / usted cae él, ella cae nosotros, tras caemos vosotros, tras caéis / ustedes caen ellos, ellas caen	**Presente** yo caiga tú caigas / usted caiga él, ella caiga nosotros, tras caigamos vosotros, tras caigáis / ustedes caigan ellos, ellas caigan
Pretérito imperfecto yo caía tú caías / usted caía él, ella caía nosotros, tras caíamos vosotros, tras caíais / ustedes caían ellos, ellas caían	**Pretérito imperfecto** yo cayera o cayese tú cayeras o cayeses / usted cayera o cayese él, ella cayera o cayese nosotros, tras cayéramos o cayésemos vosotros, tras cayerais o cayeseis / ustedes cayeran o cayesen ellos, ellas cayeran o cayesen
Pretérito perfecto simple yo caí tú caíste / usted cayó él, ella cayó nosotros, tras caímos vosotros, tras caísteis / ustedes cayeron ellos, ellas cayeron	**Futuro simple** yo cayere tú cayeres / usted cayere él, ella cayere nosotros, tras cayéremos vosotros, tras cayereis / ustedes cayeren ellos, ellas cayeren
Futuro simple yo caeré tú caerás / usted caerá él, ella caerá nosotros, tras caeremos vosotros, tras caeréis / ustedes caerán ellos, ellas caerán	**IMPERATIVO** cae (tú) / caiga (usted) caigamos (nosotros, tras) caed (vosotros, tras) / caigan (ustedes)
Condicional simple yo caería tú caerías / usted caería él, ella caería nosotros, tras caeríamos vosotros, tras caeríais / ustedes caerían ellos, ellas caerían	**FORMAS NO PERSONALES** **Infinitivo** **Gerundio** **Participio** caer cayendo caído

cafetero, ra (ca·fe·te·ro, ra) ■ [adjetivo] **1** Del café o relacionado con él: *producción cafetera*. ■ [adjetivo o sustantivo] **2** Que suele tomar mucho café. ■ **cafetera** [sustantivo femenino] **3** Máquina para hacer café o recipiente para servirlo. **4** Vehículo viejo y que no funciona bien. ☐ [El significado **4** es coloquial]. ☐ SINÓNIMOS: **4** tartana. ☐ FAMILIA: →café.

cafeto (ca·fe·to) [sustantivo masculino] Planta de la que se extrae el café. ☐ FAMILIA: →café.

cafre (ca·fre) [adjetivo o sustantivo] Muy bruto, violento o sin educación. ☐ [No varía en masculino y femenino. Es coloquial y se usa como insulto]. ☐ SINÓNIMOS: bestia.

cagado, da (ca·ga·do, da) ■ [adjetivo o sustantivo] **1** Que no se atreve a nada y siente miedo por cualquier cosa. ■ **cagada** [sustantivo femenino] **2** Excremento. **3** Cosa que tiene poco valor o poca calidad: *¡Vaya cagada de película!* ☐ [Es vulgar. El significado **3** es despectivo]. ☐ SINÓNIMOS: **1** cobarde, miedoso. **3** basura. ☐ ANTÓNIMOS: **1** valiente, valeroso. ☐ FAMILIA: →cagar.

cagalera (ca·ga·le·ra) [sustantivo femenino] Diarrea. ☐ [Es vulgar]. ☐ FAMILIA: →cagar.

cagar (ca·gar) [verbo] **1** Defecar. ■ **cagarse 2** Sentir mucho miedo. ◆ [expresión] ‖ **cagarla** Estropear algo o hacerlo mal. ‖ **cagarse en algo** Maldecirlo. ☐ [La «g» se cambia en «gu» delante de «e» («cague»). Es vulgar]. ☐ SINÓNIMOS: **2** acobardarse, asustarse. ☐ FAMILIA: caca, cagada, cagado, cagalera, cagón, cagarruta, cagueta.

cagarruta (ca·ga·rru·ta) [sustantivo femenino] Porción de excremento de algunos animales: *cagarrutas de oveja*. ☐ [Es coloquial]. ☐ FAMILIA: →cagar.

cagón, na (ca·gón, go·na) [adjetivo o sustantivo] **1** Que hace caca con mucha frecuencia. **2** Que no se atreve a nada y siente miedo por cualquier cosa. ☐ [Es vulgar. El significado **2** es despectivo]. ☐ SINÓNIMOS: **2** cobarde, miedoso. ☐ ANTÓNIMOS: **2** valiente, valeroso. ☐ FAMILIA: →cagar.

cagueta (ca·gue·ta) [adjetivo] Que no se atreve a nada y siente miedo por cualquier cosa. ☐ [No varía en masculino y femenino. Es vulgar]. ☐ SINÓNIMOS: cobarde. ☐ ANTÓNIMOS: valiente, valeroso. ☐ FAMILIA: →cagar.

caída (ca·í·da) [sustantivo femenino] Mira en **caído, da**.

caído, da (ca·í·do, da) ■ [adjetivo] **1** Dicho de una parte del cuerpo, que está más inclinada de lo normal: *ojos caídos; hombros caídos*. ■ [adjetivo o sustantivo] **2** Que ha muerto defendiendo algo en lo que creía: *los caídos por la libertad*. ■ **caída** [sustantivo femenino] **3** Movimiento que se hace de arriba abajo por el propio peso: *En otoño comienza la caída de las hojas*. **4** Pérdida del equilibrio hasta dar en el suelo: *Tuve una caída y me rompí una pierna*. **5** Pérdida del poder o de la situación que se tenía: *la caída del dictador*. **6** Destrucción o fin de algo: *la caída del Imperio romano*. **7** Pérdida de valor repentina y rápida: *la caída del dólar*. **8** Período de tiempo durante el cual se pone el sol: *la caída de la tarde*. **9** Manera de caer que tiene una tela a causa de su peso: *Para una falda así necesitas una tela con mucha caída*. ◆ [expresión] ‖ **caída de ojos** Forma de bajar los ojos: *Me gusta la caída de ojos que tiene este actor.* ☐ SINÓNIMOS: **5** declive. ☐ FAMILIA: →caer.

caimán (cai·mán) [sustantivo masculino] Animal, parecido al cocodrilo, que tiene la piel muy dura y la boca muy grande y con muchos dientes. ⦿ **páginas 354-355**.

caja (ca·ja) [sustantivo femenino] **1** Recipiente que suele tener tapa y que sirve para guardar cosas: *caja de cartón*. **2** Recipiente grande en el que se coloca a un muerto para enterrarlo. **3** Lugar de un comercio o de un banco donde se paga y se cobra: *En esta tienda, primero se cogen los productos y luego se pagan en caja todos juntos*. **4** Cosa que sirve para cubrir y proteger lo que tiene en su interior: *la caja del reloj*. ◆ [expresión] ‖ **caja de ahorros** Especie de banco para ahorrar. ‖ **caja de cambios** Aparato que permite cambiar de marcha en un vehículo: *Las cajas de cambios suelen tener seis marchas*. ‖ **caja de caudales** o **caja fuerte** La que está hecha con materiales muy fuertes y se usa para guardar dinero y objetos de valor: *Tienen las joyas en una caja fuerte*. ‖ **caja de música** La que produce música al abrirla. ‖ **caja negra** Aparato que llevan determinados medios de transporte y que registra datos sobre lo que pasa durante los trayectos. ‖ **caja registradora** La que se usa en los comercios para registrar y sumar el precio de las ventas. ‖ **caja tonta** Televisión. ‖ **con cajas destempladas** Con malos modos: *Me echaron de allí con cajas destempladas*. ☐ [La expresión «caja tonta» es coloquial]. ☐ SINÓNIMOS: **2** ataúd, féretro. ☐ FAMILIA: cajón, cajetilla, cajero, encajonar.

cajero, ra (ca·je·ro, ra) [sustantivo] Persona que trabaja en la caja de un comercio o de un banco. ◆ [expresión] ‖ **cajero automático** Máquina que sirve para que los clientes puedan sacar dinero del banco con una tarjeta. ☐ FAMILIA: →caja.

cajetilla (ca·je·ti·lla) [sustantivo femenino] Paquete de cigarrillos. ☐ FAMILIA: →caja.

cajón (ca·jón) [sustantivo masculino] Parte de un mueble que se puede meter y sacar de un hueco y en la que se pueden guardar cosas. ◆ [expresión] ‖ **cajón de sastre** Lugar donde hay un conjunto de cosas diversas y sin orden. ‖ **ser de cajón** Ser evidente: *Es de cajón que si la piscina está vacía no nos bañaremos*. ☐ [La expresión «cajón de sastre» es coloquial]. ☐ FAMILIA: cajonera.

cajonera (ca·jo·ne·ra) [sustantivo femenino] **1** En una mesa del colegio, parte en la que se guardan los libros. **2** Mueble formado por cajones, o conjunto de cajones de un mueble. ☐ FAMILIA: →cajón.

cal [sustantivo femenino] Sustancia de color blanco que se usa para fabricar cemento y para poner blancas las paredes. ◆ [expresión] ‖ **cerrar a cal y canto** Cerrar del todo. ‖ **dar una de cal y otra de arena** Hacer unas veces una cosa y otras, la contraria. ☐ FAMILIA: calcáreo, calizo, caliza, encalar, calcio, calcificar, descalcificar, calcita.

cala (ca·la) [sustantivo femenino] **1** Parte de la costa donde el mar se mete en la tierra: *Las calas son bahías pequeñas*.

calco

2 Trozo que se corta de una fruta para probarla: *Hazle una cala al melón, a ver si está maduro.* ☐ Familia: →calar.

calabacín (ca·la·ba·cín) [sustantivo masculino] Fruto de una planta que se cultiva en las huertas, que es alargado, con la piel de color verde oscuro y con la carne blanca: *El calabacín parece un pepino grande.* ◉ página 967. ☐ Familia: →calabaza.

calabaza (ca·la·ba·za) [sustantivo femenino] **1** Fruto de una planta que se cultiva en las huertas y que es redondo y grande y tiene la piel amarilla o naranja y muy dura. ◉ página 967. **2** Mala nota en un examen: *Tuve tres calabazas por no estudiar.* ◆ [expresión] ‖ **dar calabazas** Decir que no se quiere tener una relación de amor con quien lo ha pedido. ☐ [El significado **2** y la expresión son coloquiales]. ☐ Sinónimos: **2** suspenso. ☐ Antónimos: **2** aprobado. ☐ Familia: calabacín.

calabobos (ca·la·bo·bos) [sustantivo] Lluvia muy fina que cae de forma suave. ☐ [No varía en singular ni plural]. ☐ Sinónimos: llovizna, sirimiri. ☐ Familia: →calar. →bobo.

calabozo (ca·la·bo·zo) [sustantivo masculino] Parte de un edificio donde se mete a los prisioneros.

calada (ca·la·da) [sustantivo femenino] Chupada que se da al fumar. ☐ Familia: →calar.

calado (ca·la·do) [sustantivo masculino] **1** Adorno que se hace abriendo agujeros en una superficie: *Tengo una blusa con calados.* **2** Distancia entre la superficie y el fondo del agua: *Este río no es navegable porque tiene poco calado.* **3** Distancia entre la parte más baja de un barco y la superficie del agua: *Los barcos con mucho calado solo pueden navegar en aguas profundas.* ☐ Familia: →calar.

calafatear (ca·la·fa·te·ar) [verbo] Tapar las uniones que hay en la estructura de madera de un barco para que no entre el agua: *La brea se usa para calafatear los barcos.*

calamar (ca·la·mar) [sustantivo masculino] Animal marino con diez tentáculos que suelta un líquido negro cuando lo atacan.

calambre (ca·lam·bre) [sustantivo masculino] **1** Dolor repentino que se siente cuando un músculo se queda rígido. **2** Impresión que sentimos al tocar algo por donde pasa electricidad.

calamidad (ca·la·mi·dad) [sustantivo femenino] **1** Situación de desgracia o de sufrimiento. **2** Persona que todo lo hace mal o a la que todo le sale mal. ☐ [En el significado **1** se usa más en plural]. ☐ Sinónimos: **1** adversidad.

cálamo (cá·la·mo) [sustantivo masculino] **1** Pluma para escribir: *Cuando me inspiro, el cálamo vuela sobre el papel.* **2** Tallo de una planta: *Descansemos entre los cálamos a la ribera del río.* ☐ [Suele usarse en lenguaje literario].

calandria (ca·lan·dria) [sustantivo femenino] Pájaro de color pardo, con el vientre blanco, que tiene un canto fuerte y hace sus nidos en el suelo.

calaña (ca·la·ña) [sustantivo femenino] Mala condición o mala categoría. ☐ [Es coloquial y despectivo].

calar (ca·lar) [verbo] **1** Meterse un líquido en un cuerpo y pasar al otro lado: *Las goteras se producen cuando el agua cala el techo.* **2** Dejar un cuerpo que un líquido pase a través de él: *Los impermeables están hechos con tejidos que no calan.* **3** Introducirse o quedarse algo muy dentro: *Tus ideas calaron en mí y las he seguido.* **4** Darse cuenta de cómo es una persona o de cómo piensa de verdad: *Te calé enseguida y sé que mientes.* **5** Cortar una fruta para probarla: *calar un melón.* **6** Ponerse un sombrero en la cabeza bien metido: *Se caló la gorra hasta las orejas.* ■ **calarse 7** Mojarse la ropa del todo hasta llegar el agua al cuerpo: *Nos pilló un chaparrón y nos calamos.* **8** Pararse de pronto un motor: *El coche se cala mucho cuando está frío.* ☐ [El significado **4** es coloquial]. ☐ Sinónimos: **7** empapar. ☐ Familia: cala, calada, caleta, calado, calabobos, recalar.

calavera (ca·la·ve·ra) ■ [sustantivo masculino] **1** Hombre al que le gustan mucho las diversiones. ■ [sustantivo femenino] **2** Conjunto de los huesos que forman la cabeza. ☐ [No confundir con «carabela» (barco antiguo). El significado **1** es coloquial].

calcañar (cal·ca·ñar) [sustantivo masculino] Parte posterior de la planta del pie. ☐ Sinónimos: talón.

calcar (cal·car) [verbo] **1** Copiar algo, poniendo sobre ello el material donde se quiere hacer la copia: *He calcado un dibujo del libro.* **2** Hacer algo igual que otra cosa: *Los hijos calcan muchos gestos de sus padres.* ☐ [La «c» se cambia en «qu» delante de «e» («calque»)]. ☐ Sinónimos: **2** imitar, copiar. ☐ Familia: calco, calcomanía.

calcáreo, a (cal·cá·re·o, a) [adjetivo] Que tiene cal: *aguas calcáreas.* ☐ Familia: →cal.

calce (cal·ce) [sustantivo masculino] Pieza que se pone debajo de alguna cosa para que no se mueva: *Ponle un calce a la mesa, porque está coja.* ☐ Sinónimos: calzo.

calceta (cal·ce·ta) [sustantivo femenino] Tela de punto que se teje a mano.

calcetín (cal·ce·tín) [sustantivo masculino] Prenda de punto que cubre el pie y la pierna sin llegar a la rodilla. ☐ Familia: →calzar.

calcificar (cal·ci·fi·car) [verbo] **1** Dar las propiedades del calcio a un tejido orgánico: *El jarabe de calcio ayuda a calcificar los huesos.* ■ **calcificarse 2** Modificarse un tejido orgánico por la acumulación de calcio: *En los años de crecimiento los huesos se calcifican.* ☐ [La «c» se cambia en «qu» delante de «e» («calcifique»)]. ☐ Antónimos: **1** descalcificar. **2** descalcificarse. ☐ Familia: →cal.

calcinar (cal·ci·nar) [verbo] Quemar algo hasta que quede de color blanco. ☐ Sinónimos: abrasar.

calcio (cal·cio) [sustantivo masculino] Sustancia química de color blanco que se encuentra en los huesos: *La leche tiene mucho calcio.* ☐ Familia: →cal.

calcita (cal·ci·ta) [sustantivo femenino] Mineral transparente o de color blanco y que se parte fácilmente. ☐ Familia: →cal.

calco (cal·co) [sustantivo masculino] **1** Cosa que se hace copiando a otra: *el calco de un dibujo.* **2** Persona o cosa que se

calcomanía

parece mucho a otra: *Ese niño es un calco de su padre.* ☐ SINÓNIMOS: **1** copia, imitación, reproducción. ☐ FAMILIA: →calcar.

calcomanía (cal·co·ma·ní·a) [sustantivo femenino] Imagen que va puesta al revés en un papel, para que se pegue en la superficie donde se quiere poner. ☐ [No debe decirse «calcamonía»]. ☐ FAMILIA: →calcar.

calculador, ra (cal·cu·la·dor, do·ra) ■ [adjetivo o sustantivo] **1** Que actúa pensando solo en el beneficio que puede sacar: *persona calculadora.* ■ **calculadora** [sustantivo femenino] **2** Máquina que realiza operaciones matemáticas de forma automática. ☐ FAMILIA: →cálculo.

calcular (cal·cu·lar) [verbo] **1** Hacer operaciones matemáticas para obtener un resultado: *Calculé cuántos litros cabían en esta garrafa.* **2** Considerar algo como posible a partir de lo que se conoce: *Calculo que a esa hora ya estaré en casa.* **3** Pensar en algo con cuidado: *No hago nada sin calcular el riesgo que corro.* ☐ SINÓNIMOS: **2** suponer, creer, imaginar. ☐ FAMILIA: →cálculo.

cálculo (cál·cu·lo) [sustantivo masculino] **1** Conjunto de operaciones matemáticas que se hacen para obtener un resultado: *Si sabes el precio de un libro, el cálculo de lo que cuestan diez es fácil.* **2** Parte de las matemáticas que estudia estas operaciones: *Para ser contable hay que saber mucho cálculo.* **3** Juicio que se forma a partir de lo que se conoce: *Según mis cálculos, la fuente está por aquí.* **4** Especie de piedrecita que se forma en algunos órganos del cuerpo: *cálculos de riñón.* ☐ SINÓNIMOS: **1** cuenta, cómputo. ☐ FAMILIA: calcular, calculadora, calculador, incalculable.

caldear (cal·de·ar) [verbo] **1** Calentar un lugar. **2** Hacer perder la tranquilidad: *Su postura intransigente caldeó los ánimos de los asistentes.* ☐ FAMILIA: →cálido.

caldera (cal·de·ra) [sustantivo femenino] **1** Recipiente de metal cerrado, por donde pasa agua que se calienta para usarla en calefacción o en otros usos. **2** Recipiente de metal con el fondo redondo, que se usa para calentar o cocinar algo. ☐ [En el significado **1** es preferible usar «caldera de vapor» que «caldera a vapor»]. ☐ FAMILIA: →cálido.

calderilla (cal·de·ri·lla) [sustantivo femenino] Conjunto de monedas.

caldero (cal·de·ro) [sustantivo masculino] Cubo de metal con una sola asa. ☐ FAMILIA: →cálido.

calderón (cal·de·rón) [sustantivo masculino] **1** Signo que se usa para señalar un párrafo: *El signo ¶ es un calderón.* **2** Signo que se coloca sobre una nota musical o sobre un silencio para indicar que el intérprete puede prolongarlos cuanto quiera.

caldo (cal·do) [sustantivo masculino] **1** Líquido que se obtiene al cocer un alimento en agua: *Guarda el caldo de la verdura para hacer sopa.* **2** Vino u otra bebida que se obtiene de un fruto: *Con estas uvas se hacen los mejores caldos.* ◆ [expresión] ‖ **caldo de cultivo** Conjunto de circunstancias que hacen más fácil el desarrollo de algo. ‖ **caldo gallego** Comida que se prepara cociendo verduras, carne y otros productos con mucho líquido.

‖ **poner a caldo a alguien** Criticarlo o insultarlo mucho. ☐ [La expresión «poner a caldo a alguien» es coloquial]. ☐ FAMILIA: caldoso.

caldoso, sa (cal·do·so, sa) [adjetivo] Con mucho caldo. ☐ FAMILIA: →caldo.

calefacción (ca·le·fac·ción) [sustantivo femenino] Sistema que sirve para calentar un lugar. ☐ FAMILIA: calefactor.

calefactor, ra (ca·le·fac·tor, to·ra) ■ [sustantivo] **1** Persona que instala o repara aparatos de calefacción. ■ **calefactor** [sustantivo masculino] **2** Aparato de calefacción: *Tengo un calefactor en el baño.* ☐ FAMILIA: →calefacción.

caleidoscopio (ca·lei·dos·co·pio) [sustantivo masculino] Tubo que tiene en su interior cristales de colores y espejos inclinados que forman imágenes que se ven cuando miramos por uno de sus extremos y lo hacemos girar. ☐ [Se usa también «calidoscopio»].

calendario (ca·len·da·rio) [sustantivo masculino] **1** Lista de los días del año repartidos en meses y semanas. **2** Sistema de división del tiempo en años, meses y días: *El calendario romano no tenía los mismos meses que el nuestro.* **3** Organización de un período de tiempo, repartiendo en él las actividades que se tienen que hacer: *calendario escolar.* ☐ SINÓNIMOS: **1** almanaque.

calentador (ca·len·ta·dor) [sustantivo masculino] **1** Electrodoméstico que sirve para calentar el agua. **2** Cualquier objeto que sirve para calentar. **3** Media de lana, sin la parte del pie, que sirve para mantener calientes las piernas. ☐ FAMILIA: →calor.

calentamiento (ca·len·ta·mien·to) [sustantivo masculino] **1** Aumento de la temperatura. **2** Conjunto de ejercicios que se hacen para que los músculos entren en calor. ☐ ANTÓNIMOS: **1** enfriamiento. ☐ FAMILIA: →calor.

calentar (ca·len·tar) [verbo] **1** Dar calor y hacer aumentar la temperatura: *Hoy el sol calienta mucho.* **2** Enfadar mucho y poner nervioso: *¡No me calientes, que hoy no tengo paciencia!* **3** Pegar o dar azotes: *¡Como vuelvas a desobedecer, te caliento!* **4** Hacer ejercicios para que los músculos entren en calor: *Antes de jugar el partido, hay que calentar.* ☐ [Es irregular y se conjuga como ACERTAR. Los significados **2** y **3** son coloquiales]. ☐ SINÓNIMOS: **2** irritar, acalorarse. **3** azotar, golpear. ☐ ANTÓNIMOS: **1**, **2** enfriar. **1** refrigerar. **2** calmar, apaciguar, tranquilizar, serenar, sosegar. ☐ FAMILIA: →calor.

calentón (ca·len·tón) [sustantivo masculino] Hecho de calentar algo mucho y de forma muy rápida. ☐ FAMILIA: →calor.

calentura (ca·len·tu·ra) [sustantivo femenino] **1** Herida que sale en los labios. **2** Aumento de la temperatura del cuerpo por encima de lo normal: *Me he puesto el termómetro y tengo calentura.* ☐ SINÓNIMOS: **2** fiebre. ☐ FAMILIA: →calor.

calenturiento, ta (ca·len·tu·rien·to, ta) [adjetivo] **1** Que parece que tiene fiebre: *Tienes la frente calenturienta.* **2** Que tiene facilidad para crear ideas raras o complicadas: *mente calenturienta.* ☐ FAMILIA: →calor.

calesa (ca·le·sa) [sustantivo femenino] Coche de caballos con capota.

calendario

bimestre

ENERO
L	M	X	J	V	S	D
		1	2	3	4	5
6	7	8	9	10	11	12
13	14	15	16	17	18	19
20	21	22	23	24	25	26
27	28	29	30	31		

FEBRERO
L	M	X	J	V	S	D
					1	2
3	4	5	6	7	8	9
10	11	12	13	14	15	16
17	18	19	20	21	22	23
24	25	26	27	28		

MARZO
L	M	X	J	V	S	D
					1	2
3	4	5	6	7	8	9
10	11	12	13	14	15	16
17	18	19	20	21	22	23
24	25	26	27	28	29	30
31						

primavera

trimestre

ABRIL
L	M	X	J	V	S	D
	1	2	3	4	5	6
7	8	9	10	11	12	13
14	15	16	17	18	19	20
21	22	23	24	25	26	27
28	29	30				

MAYO
L	M	X	J	V	S	D
			1	2	3	4
5	6	7	8	9	10	11
12	13	14	15	16	17	18
19	20	21	22	23	24	25
26	27	28	29	30	31	

JUNIO
L	M	X	J	V	S	D
						1
2	3	4	5	6	7	8
9	10	11	12	13	14	15
16	17	18	19	20	21	22
23	24	25	26	27	28	29
30						

verano

semestre

JULIO
L	M	X	J	V	S	D
1	2	3	4	5	6	
7	8	9	10	11	12	13
14	15	16	17	18	19	20
21	22	23	24	25	26	27
28	29	30	31			

AGOSTO
L	M	X	J	V	S	D
			1	2	3	
4	5	6	7	8	9	10
11	12	13	14	15	16	17
18	19	20	21	22	23	24
25	26	27	28	29	30	31

SEPTIEMBRE
L	M	X	J	V	S	D
1	2	3	4	5	6	7
8	9	10	11	12	13	14
15	16	17	18	19	20	21
22	23	24	25	26	27	28
29	30					

otoño

OCTUBRE
L	M	X	J	V	S	D
	1	2	3	4	5	
6	7	8	9	10	11	12
13	14	15	16	17	18	19
20	21	22	23	24	25	26
27	28	29	30	31		

NOVIEMBRE
L	M	X	J	V	S	D
					1	2
3	4	5	6	7	8	9
10	11	12	13	14	15	16
17	18	19	20	21	22	23
24	25	26	27	28	29	30

DICIEMBRE
L	M	X	J	V	S	D
1	2	3	4	5	6	7
8	9	10	11	12	13	14
15	16	17	18	19	20	21
22	23	24	25	26	27	28
29	30	31				

invierno

DICIEMBRE → mes

L M X J V S D → días de la semana

semana

día

festivo

- lunes
- martes
- miércoles
- jueves
- viernes
- sábado
- domingo

caleta (ca·le·ta) [sustantivo femenino] Cala o playa pequeña. ☐ Familia: →calar.

calibrar (ca·li·brar) [verbo] **1** Medir el diámetro de tubo o de un cilindro: *calibrar un proyectil*. **2** Estudiar con detenimiento un asunto: *Antes de meternos en este negocio, calibraremos bien los riesgos*. ☐ Familia: →calibre.

calibre (ca·li·bre) [sustantivo masculino] **1** Anchura del tubo por el que sale la bala de un arma: *arma de gran calibre*. **2** Grueso de una bala o de otras cosas: *munición de pequeño calibre*. **3** Tamaño, importancia o clase: *¿Cómo puedes decir una mentira de semejante calibre?* ☐ Familia: calibrar.

calidad (ca·li·dad) [sustantivo femenino] **1** Conjunto de las propiedades que son características de algo: *la calidad del agua*. **2** Conjunto de cualidades que hacen que una cosa sea mejor que otra: *Esta tela no es de buena calidad*. ◆ [expresión] ‖ **calidad de vida** Conjunto de condiciones que hacen la vida más agradable. ‖ **de calidad** Muy bueno: *ropa de calidad*. ‖ **en calidad de** En condición de: *Te doy un consejo en calidad de amigo*.

cálido, da (cá·li·do, da) [adjetivo] **1** Que da calor: *El verano es cálido*. **2** Cariñoso y que hace sentirse bien aceptado: *una cálida ovación*. **3** Dicho de un color, que se parece al rojo o al amarillo: *La habitación estaba pintada en tonos cálidos*. ☐ Sinónimos: **1**, **2** caluroso. ☐ Antónimos: frío. ☐ Familia: caldear, caldera, caldero.

calidoscopio (ca·li·dos·co·pio) [sustantivo masculino] → **caleidoscopio**.

caliente (ca·lien·te) ■ [adjetivo] **1** Con temperatura alta. **2** Que da calor: *La lana es un tejido caliente*. **3** Que se acaba de hacer o que acaba de pasar: *Traigo una noticia caliente*. **4** Muy enfadado y nervioso: *Los dos están muy calientes y no me extrañaría que se pegaran*. **5** Con muchos problemas o con muchas luchas: *La frontera entre esos países es una zona caliente*. ■ [interjección] **6** Se usa para indicar que alguien está cerca de lo que busca: *Un niño buscaba algo con los ojos vendados y los demás le gritaban: «¡Caliente, caliente!»*. ◆ [expresión] ‖ **en caliente** Cuando algo acaba de pasar y aún se nota su efecto: *Ya te contestaré cuando me haya calmado porque, si lo hago en caliente, diré alguna barbaridad*. ☐ [No varía en masculino y femenino. Los significados **3** y **4** son coloquiales]. ☐ Sinónimos: **3** reciente, fresco. **5** conflictivo. ☐ Antónimos: **1**, **2** frío. ☐ Familia: →calor.

califa (ca·li·fa) [sustantivo masculino] Jefe musulmán sucesor de Mahoma. ☐ Familia: califato.

califato (ca·li·fa·to) [sustantivo masculino] **1** Cargo de califa. **2** Tiempo o lugar en el que gobierna un califa: *el califato de Córdoba*. ☐ Familia: →califa.

calificación (ca·li·fi·ca·ción) [sustantivo femenino] Valor que se da a algo. ☐ Sinónimos: nota. ☐ Familia: →calificar.

calificar (ca·li·fi·car) [verbo] **1** Considerar que a algo le corresponden determinadas cualidades: *El juez calificó los hechos como intolerables*. **2** Dar un valor a un examen o a un ejercicio: *La profesora calificó mi redacción con un sobresaliente*. ☐ [La «c» se cambia en «qu» delante de «e» («califique»)]. ☐ Familia: calificación, calificativo, descalificar.

calificativo, va (ca·li·fi·ca·ti·vo, va) [adjetivo o sustantivo masculino] Que indica una característica de algo o de alguien: *«Grande» y «barato» son adjetivos calificativos*. ☐ Familia: →calificar.

caligrafía (ca·li·gra·fí·a) [sustantivo femenino] **1** Forma de escribir característica de alguien. **2** Técnica de escribir a mano con letra bien hecha. ☐ Familia: →grafía.

calígrafo, fa (ca·lí·gra·fo, fa) [sustantivo] Persona que escribe a mano con letra bien hecha.

calima (ca·li·ma) [sustantivo femenino] Niebla poco espesa: *Con la calima no se ve bien el horizonte*. ☐ [Se usa también «calina»]. ☐ Sinónimos: bruma, neblina.

calina (ca·li·na) [sustantivo femenino] → **calima**.

cáliz (cá·liz) [sustantivo masculino] **1** Vaso sagrado en el que el sacerdote echa el vino durante la misa. **2** Parte exterior de una flor, formada por varias hojas que suelen ser verdes y que se unen al tallo. ☉ **página 444**. ☐ [Su plural es «cálices»].

caliza (ca·li·za) [sustantivo femenino] Mira en **calizo, za**.

calizo, za (ca·li·zo, za) [adjetivo] **1** Dicho de un terreno, que tiene cal: *tierra caliza*. ■ **caliza** [sustantivo femenino] **2** Roca de color blanco, de la que se obtiene la cal. ☐ Familia: →cal.

callado, da (ca·lla·do, da) [adjetivo] **1** Que habla poco o que cuenta pocas cosas. **2** Sin ruidos. ◆ [expresión] ‖ **dar la callada por respuesta** No contestar: *Cuando pregunto algo, no me gusta que me den la callada por respuesta*. ☐ [No confundir con «cayado» (palo en el que apoyarse)]. ☐ Sinónimos: **1** reservado, taciturno. **2** silencioso. ☐ Antónimos: **1** hablador, charlatán. **2** ruidoso. ☐ Familia: →callar.

callar (ca·llar) [verbo] **1** Dejar de hablar o de hacer ruido: *Cuando te calles, te diré lo que pasa*. **2** Dejar de producir un sonido o un ruido: *Cuando las campanas de la iglesia callaron, la misa comenzó*. **3** No decir lo que se sabe o lo que se siente: *Callé lo que pensaba porque sabía que podía molestarles*. ☐ Sinónimos: **2** enmudecer. ☐ Antónimos: **1** hablar, decir. **3** airear, manifestar, pregonar, proclamar, declarar, publicar. ☐ Familia: callado, acallar.

calle (ca·lle) [sustantivo femenino] **1** Parte de una población que está entre dos filas de edificios y tiene una zona para los vehículos y otra para las personas. **2** Zona de una población al aire libre. ☉ **página 172**. **3** Zona limitada por dos líneas paralelas: *Esta pista de atletismo tiene ocho calles*. **4** Conjunto de personas de una sociedad: *Por las encuestas se conoce la opinión de la calle*. ◆ [expresión] ‖ **dejar en la calle a alguien** Dejarlo sin trabajo ni medios para vivir. ‖ **en la calle** En libertad: *Ha pasado un tiempo en la cárcel, pero ya está en la calle*. ‖ **hacer la calle** Buscar clientes en la calle una persona que se dedica a mantener relaciones sexuales a cambio de dinero. ‖ **llevarse de calle a alguien**

Despertar en él amor o admiración. ‖ **traer a alguien por la calle de la amargura** Darle muchos disgustos o preocupaciones: *¡A ver si dejas de meterte en líos, que me traes por la calle de la amargura!* ☐ [Las expresiones «dejar en la calle a alguien», «hacer la calle» y «llevarse a calle a alguien» son coloquiales]. ☐ Familia: callejón, callejear, callejero, calleja, callejuela, bocacalle, encallar, pasacalle.

calleja (ca·lle·ja) [sustantivo femenino] Calle corta y estrecha. ☐ Sinónimos: callejuela. ☐ Familia: →calle.

callejear (ca·lle·je·ar) [verbo] Pasear por las calles sin dirección fija. ☐ Familia: →calle.

callejero, ra (ca·lle·je·ro, ra) ■ [adjetivo] **1** De la calle o relacionado con ella: *perro callejero*. ■ **callejero** [sustantivo masculino] **2** Guía de las calles de una población. ☐ Familia: →calle.

callejón (ca·lle·jón) [sustantivo masculino] **1** Calle estrecha y larga. **2** Espacio circular que hay en una plaza de toros delante de la primera fila de asientos. ◆ [expresión] ‖ **callejón sin salida** Situación difícil y a la que no se ve solución. ☐ Familia: →calle.

callejuela (ca·lle·jue·la) [sustantivo femenino] Calle corta y estrecha. ☐ Sinónimos: calleja. ☐ Familia: →calle.

callicida (ca·lli·ci·da) [sustantivo masculino] Sustancia que se usa para quitar los callos que salen en la piel. ☐ Familia: →callo.

callista (ca·llis·ta) [sustantivo] Persona que trabaja tratando los problemas de los pies. ☐ [No varía en masculino y femenino. No confundir con «podólogo» (médico que estudia las enfermedades y deformaciones de los pies)]. ☐ Sinónimos: pedicuro. ☐ Familia: →callo.

callo (ca·llo) ■ [sustantivo masculino] **1** Parte dura que se forma en los pies, en las manos o en otras zonas del cuerpo. **2** Persona muy fea. ■ **callos** [plural] **3** Comida hecha con trozos de estómago de carnero, de ternera o de vaca. ◆ [expresión] ‖ **dar el callo** Trabajar mucho: *Ese es un vago y no ha dado el callo en su vida.* ☐ [No confundir con «cayó», del verbo «caer». El significado **2** y la expresión son coloquiales]. ☐ Familia: callista, calloso, callicida, callosidad, encallecer.

callosidad (ca·llo·si·dad) [sustantivo femenino] Parte de la piel que se pone dura. ☐ Sinónimos: dureza. ☐ Familia: →callo.

calloso, sa (ca·llo·so, sa) [adjetivo] Que tiene callos: *manos callosas.* ☐ Familia: →callo.

calma (cal·ma) [sustantivo femenino] **1** Falta de actividad o de ruido. **2** Capacidad para mantenerse tranquilo y no perder los nervios: *No pierdas la calma.* ☐ Sinónimos: tranquilidad. **1** sosiego. **2** serenidad, paz. ☐ Antónimos: **1** actividad, trajín, movimiento. **2** nerviosismo. ☐ Familia: calmar, calmante.

calmante (cal·man·te) [sustantivo masculino] Medicina que hace disminuir el dolor o los nervios. ☐ Antónimos: estimulante. ☐ Familia: →calma.

calmar (cal·mar) [verbo] **1** Poner tranquilo o en paz. **2** Aliviar la fuerza de algo o hacer que se sienta menos: *Hay medicamentos que calman el dolor.* ☐ Sinónimos: aplacar. **1** tranquilizar, sosegar, serenar, apaciguar, enfriar, acallar. ☐ Antónimos: **1** preocupar, inquietar, irritar, soliviantar, desquiciar, sulfurar. ☐ Familia: →calma.

caló (ca·ló) [sustantivo masculino] Lengua de los gitanos.

calor (ca·lor) [sustantivo masculino] **1** Sensación que notamos en el cuerpo cuando hay una temperatura alta: *Me quité la chaqueta porque tenía calor.* **2** Temperatura alta en el ambiente: *Se esperan días de calor.* **3** Sensación de ser querido y bien recibido por los demás: *Los hijos necesitan el calor de sus padres.* **4** Energía con la que se hace o se defiende algo: *Defiende sus ideas con calor.* ◆ [expresión] ‖ **al calor de algo** Con su ayuda y protección: *Me gusta estar al calor de la familia.* ☐ Sinónimos: **4** ardor. ☐ Antónimos: **1**, **2** frío. ☐ Familia: caloría, calórico, calorífico, caluroso, cálido, acalorarse, acalorado, acaloramiento, calentar, caliente, recalentar, calentador, calentamiento, calentón, calenturiento, calentura.

caloría (ca·lo·rí·a) [sustantivo femenino] Medida de energía cuando se presenta en forma de calor. ☐ Familia: →calor.

calórico, ca (ca·ló·ri·co, ca) [adjetivo] Del calor o relacionado con él. ☐ Familia: →calor.

calorífico, ca (ca·lo·rí·fi·co, ca) [adjetivo] Del calor, relacionado con él o que lo produce: *La calefacción es un aparato calorífico.* ☐ Familia: →calor.

calumnia (ca·lum·nia) [sustantivo femenino] Hecho o dicho que es falso y se dice de alguien para perjudicarlo. ☐ Familia: →calumniar.

calumniar (ca·lum·niar) [verbo] Decir algo falso de una persona para perjudicarla: *Me has calumniado diciendo que yo robé ese libro.* ☐ [Es irregular y se conjuga como anunciar]. ☐ Familia: calumnia.

caluroso, sa (ca·lu·ro·so, sa) [adjetivo] **1** Que siente calor: *Siempre voy en manga corta porque soy muy calurosa.* **2** Que da calor: *En verano el tiempo es caluroso.* **3** Cariñoso y que hace sentirse bien aceptado: *Agradezco este caluroso recibimiento.* ☐ Sinónimos: **2**, **3** cálido. ☐ Antónimos: **1** friolero. **2**, **3** frío. ☐ Familia: →calor.

calva (cal·va) [sustantivo femenino] Mira en **calvo, va**.

calvario (cal·va·rio) [sustantivo masculino] Sufrimiento prolongado o serie larga de desgracias.

calvicie (cal·vi·cie) [sustantivo femenino] Falta de pelo en la cabeza. ☐ Familia: →calvo.

calvo, va (cal·vo, va) ■ [adjetivo o sustantivo] **1** Que no tiene pelo en la cabeza. ■ **calva** [sustantivo femenino] **2** Parte de la cabeza en la que se ha perdido el pelo: *Uso sombrero para que no se me vea la calva.* ☐ Familia: calvicie.

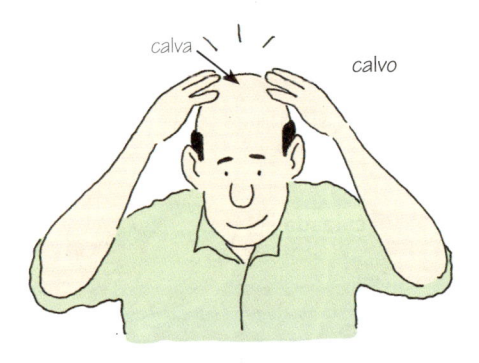

calle

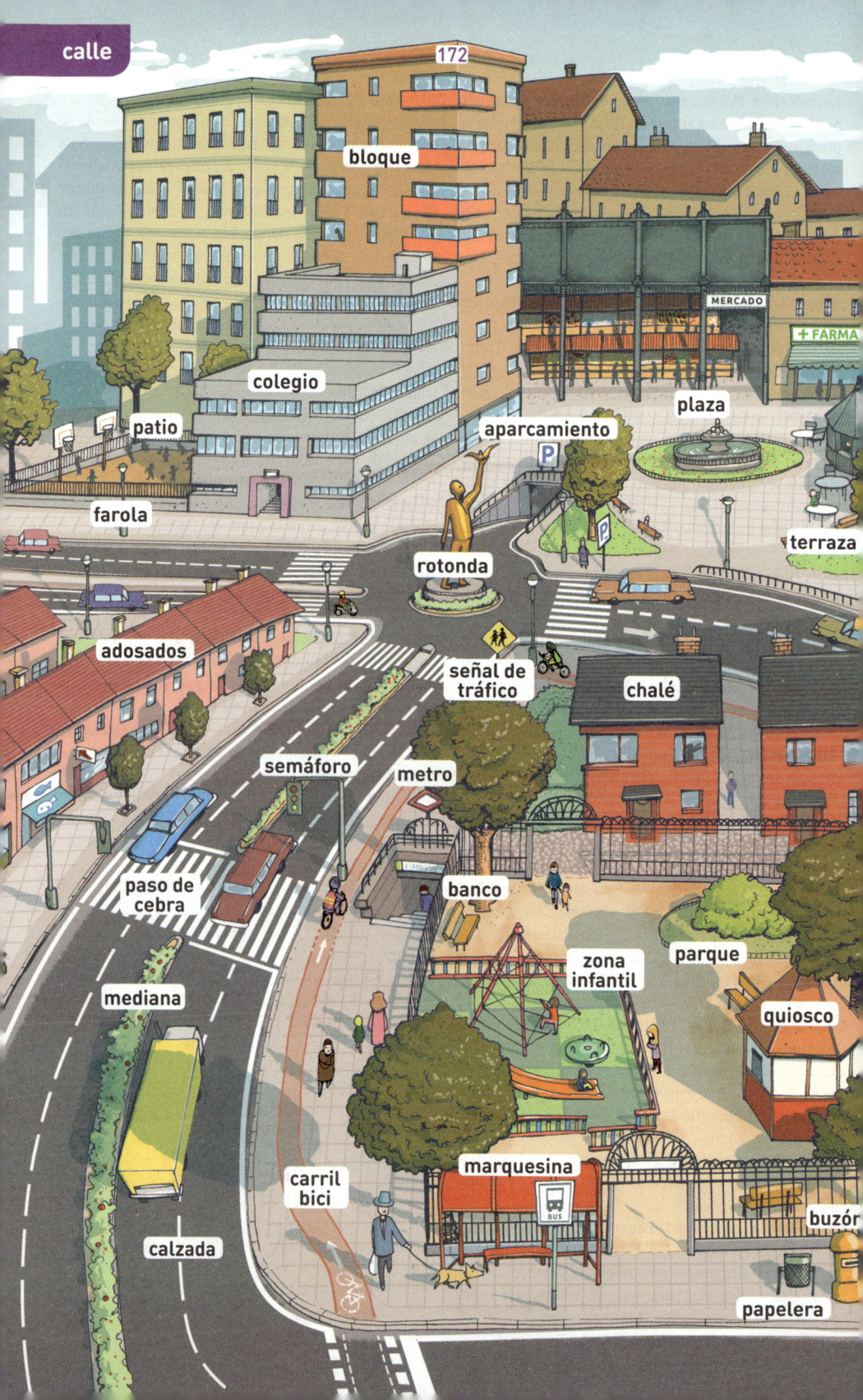

- bloque
- colegio
- patio
- farola
- plaza
- aparcamiento
- terraza
- rotonda
- adosados
- señal de tráfico
- chalé
- semáforo
- metro
- paso de cebra
- banco
- parque
- mediana
- zona infantil
- quiosco
- carril bici
- marquesina
- buzón
- calzada
- papelera

calzada (cal·za·da) [sustantivo femenino] **1** Zona que hay entre las aceras de una calle o entre los bordes de una carretera: *Los coches circulan por la calzada*. 👁 **página 172. 2** Camino ancho y preparado para andar por él: *Hemos ido a ver una antigua calzada romana*.

calzado (cal·za·do) [sustantivo masculino] Prenda que cubre el pie y lo protege del exterior: *Los zapatos, las zapatillas, las sandalias y las botas son tipos de calzado*. ☐ Familia: →calzar.

calzador (cal·za·dor) [sustantivo masculino] Objeto que sirve de ayuda para meter el pie en un zapato. ☐ Familia: →calzar.

calzar (cal·zar) [verbo] **1** Cubrir el pie con un zapato: *¡Cálzate, que vas a coger frío!* **2** Ponerse una prenda: *Se calzó los esquíes y se fue esquiando*. **3** Poner una pieza debajo de un mueble para que no se mueva: *Hay que calzar ese armario, porque cojea*. ☐ [La «z» se cambia en «c» delante de «e» («calce»)]. ☐ Familia: calzado, calzador, descalzar, descalzo, calzo, calcetín.

calzas (cal·zas) [sustantivo femenino plural] Antigua prenda de vestir masculina que cubría el muslo y la pierna.

calzo (cal·zo) [sustantivo masculino] Pieza que se pone debajo de alguna cosa para que no se mueva: *Puse un calzo en la mesa porque estaba coja*. ☐ Sinónimos: calce. ☐ Familia: →calzar.

calzo

calzón (cal·zón) [sustantivo masculino] Pantalón corto que suelen usar los hombres. ☐ [Significa lo mismo en singular que en plural]. ☐ Familia: calzoncillo, calzonazos.

calzonazos (cal·zo·na·zos) [sustantivo masculino] Hombre que se deja dominar con facilidad, especialmente por su mujer. ☐ [No varía en singular y plural. Es coloquial]. ☐ Familia: →calzón.

calzoncillo (cal·zon·ci·llo) [sustantivo masculino] Prenda de ropa interior masculina que se lleva debajo del pantalón. ☐ [Significa lo mismo en singular que en plural]. ☐ Familia: →calzón.

cama (ca·ma) [sustantivo femenino] **1** Mueble que se usa para dormir. **2** Lugar donde se echan a dormir los animales: *El granjero les cambia la cama a las vacas poniendo paja seca*. ◆ [expresión] ‖ **cama elástica** Superficie hecha con una tela fuerte sobre la que se salta y se rebota para hacer ejercicios. ‖ **cama nido** La que está formada por dos, de las cuales una se guarda debajo de la otra. ‖ **guardar cama** Estar en ella por enfermedad. ☐ Familia: camilla, camillero, camastro, camada, cubrecama.

camada (ca·ma·da) [sustantivo femenino] Conjunto de crías nacidas en un mismo parto: *una camada de gatitos*. ☐ Familia: →cama.

camafeo (ca·ma·fe·o) [sustantivo masculino] Piedra preciosa con una figura en relieve: *La dama del cuadro lleva al cuello un camafeo colgado de una cinta negra*.

camaleón (ca·ma·le·ón) [sustantivo masculino] **1** Animal con los ojos grandes y saltones, cuya piel cambia de color según el lugar en el que está. 👁 **página 818. 2** Persona que cambia de comportamiento o de opinión según le conviene. ☐ [El significado **2** es coloquial]. ☐ Familia: camaleónico.

camaleónico, ca (ca·ma·le·ó·ni·co, ca) [adjetivo] **1** Del camaleón o relacionado con él. **2** Dicho de una persona o de su forma de ser, que cambia mucho. ☐ [El significado **2** es coloquial]. ☐ Familia: →camaleón.

cámara (cá·ma·ra) ‖ [sustantivo] **1** Persona que trabaja grabando imágenes con un aparato: *El cámara siguió a los actores hasta su casa*. ‖ [sustantivo femenino] **2** Aparato que sirve para grabar imágenes: *cámara fotográfica; cámara de vídeo*. **3** Goma con aire a presión que hay en el interior de algunos objetos: *La cámara de la rueda está pinchada*. **4** Espacio hueco en el interior de algunas cosas: *Esta pared tiene humedad porque no tiene cámara de aire*. **5** Organismo que hace las leyes en algunos sistemas políticos: *En nuestro sistema político hay una Cámara Baja (el Congreso) y una Cámara Alta (el Senado)*. **6** Organismo que se ocupa de los asuntos propios de una profesión o de una actividad: *La Cámara de Comercio organiza cursillos de interés para los comerciantes*. **7** Habitación con distintos usos y que suele ser privada o de entrada limitada a determinadas personas. ◆ [expresión] ‖ **a cámara lenta** Muy despacio: *No vamos a llegar a tiempo si vienes a cámara lenta*. ‖ **cámara de gas** Lugar que se cierra del todo y en el que se mete a una persona para quitarle la vida con gases venenosos. ‖ **cámara frigorífica** Recinto preparado para conservar alimentos o productos a temperaturas muy bajas. ☐ [En el significado **1** no varía en masculino y femenino. En los significados **5** y **6** se escribe con mayúscula]. ☐ Familia: camarilla, camarote, camerino, recámara, camarada, camaradería, videocámara.

camarada (ca·ma·ra·da) [sustantivo] **1** Persona que tiene amistad con otra, porque suelen realizar la misma actividad. **2** Persona que tiene las mismas ideas políticas que otra. ☐ [No varía en masculino y femenino]. ☐ Sinónimos: correligionario. ☐ Familia: →cámara.

camaradería (ca·ma·ra·de·rí·a) [sustantivo femenino] Relación propia de los buenos compañeros o de los buenos amigos: *En nuestro equipo se respira un ambiente de camaradería*. ☐ Sinónimos: compañerismo. ☐ Familia: →cámara.

camarero, ra (ca·ma·re·ro, ra) ■ [sustantivo] **1** Persona que trabaja sirviendo bebidas y comidas en un bar o en otros locales. ■ **camarera** [sustantivo/femenino] **2** Especie de carrito que sirve para llevar varias cosas de la cocina a otro sitio.

camarilla (ca·ma·ri·lla) [sustantivo/femenino] Grupo de personas que influye en las decisiones que toma una autoridad. ☐ Familia: →cámara.

camarón (ca·ma·rón) [sustantivo/masculino] Animal marino parecido a la gamba, pero mucho más pequeño. ☐ Sinónimos: quisquilla.

camarote (ca·ma·ro·te) [sustantivo/masculino] Habitación con camas que tienen los barcos. ☐ Familia: →cámara.

camastro (ca·mas·tro) [sustantivo/masculino] Cama vieja o pobre. ☐ [Es despectivo]. ☐ Familia: →cama.

cambalache (cam·ba·la·che) [sustantivo/masculino] Intercambio de objetos de poco valor. ☐ [Es coloquial y despectivo].

cambiante (cam·bian·te) [adjetivo] Que cambia con frecuencia. ☐ [No varía en masculino y femenino]. ☐ Familia: →cambiar.

cambiar (cam·biar) [verbo] **1** Hacer que algo sea distinto: *Parece que va a cambiar el tiempo.* **2** Dar una cosa a cambio de otra: *Te cambio tu canica por tres de las mías.* **3** Poner una cosa en lugar de otra: *En mitad del partido cambiaron a un jugador.* **4** Pasar de una marcha a otra cuando se conduce: *Si no cambias la marcha, se calará el coche.* ■ **cambiarse** **5** Ponerse otra ropa. ☐ [Es irregular y se conjuga como ANUNCIAR]. ☐ Sinónimos: **1** transformar, alterar, mudar, convertir. **2** intercambiar, canjear. **3** sustituir. ☐ Familia: cambio, cambiante, cambiazo, intercambiar, intercambio, descambiar, recambiar, recambio.

cambiazo (cam·bia·zo) [sustantivo/masculino] Cambio que esconde un engaño. ☐ [Es coloquial]. ☐ Familia: →cambiar.

cambio (cam·bio) [sustantivo/masculino] **1** Proceso por el que algo se vuelve distinto: *Esta ciudad ha sufrido un gran cambio.* **2** Colocación de una cosa en lugar de otra: *Si perdemos hoy, habrá un cambio de entrenador.* **3** Hecho de dar una cosa por otra: *Sin el tique de compra no se hacen cambios.* **4** Dinero en monedas o en billetes de poco valor: *Te pago con este billete, porque no tengo cambio.* **5** Dinero que sobra del que se entrega para pagar algo: *El cajero del supermercado me dio mal el cambio.* ◆ [expresión] ‖ **a cambio de algo** En su lugar: *¿Qué me das a cambio de estos cromos?* ‖ **a la primera de cambio** De pronto y sin avisar: *Si te comprometes, no te puedes arrepentir a la primera de cambio.* ‖ **cambio de velocidades** Sistema que permite cambiar de marcha en un vehículo. ‖ **en cambio** Por el contrario: *Su hermano es un egoísta; en cambio, ella es una gran persona.* ☐ [Se usa cuando se habla por radio con una persona, para darle paso: «Aquí León Marino, necesito una respuesta. Cambio»]. ☐ Sinónimos: **1** transformación. **2** sustitución. **5** vuelta. ☐ Familia: →cambiar.

camboyano, na (cam·bo·ya·no, na) [adjetivo o sustantivo] De Camboya, que es un país asiático.

camelar (ca·me·lar) [verbo] Conseguir algo de una persona alabándola o engañándola: *Me camelé a mi hermana para que me dejara su ropa.* ☐ [Es coloquial]. ☐ Familia: camelo.

camelia (ca·me·lia) [sustantivo/femenino] Arbusto de hojas verdes muy brillantes, que tiene flores parecidas a las rosas pero con los pétalos más pequeños y duros, y que pueden ser de color blanco, rojo o rosa.

camellero, ra (ca·me·lle·ro, ra) [sustantivo] Persona que se dedica a cuidar o a conducir camellos. ☐ Familia: →camello.

camello, lla (ca·me·llo, lla) ■ [sustantivo] **1** Animal más grande que el caballo, de cuello largo y con dos grandes jorobas. ⊙ páginas 596-597. ■ **camello** [sustantivo/masculino] **2** Persona que vende droga en pequeñas cantidades. ☐ [En el significado **1**, no confundir con «dromedario» (solo tiene una joroba). El significado **2** es coloquial]. ☐ Familia: camellero.

camello

camelo (ca·me·lo) [sustantivo/masculino] Cosa que es falsa y se hace pasar por verdadera. ☐ [Es coloquial]. ☐ Familia: →camelar.

camerino (ca·me·ri·no) [sustantivo/masculino] Cuarto que hay en los teatros para que se preparen los actores antes de salir a actuar. ☐ Familia: →cámara.

camerunés, sa (ca·me·ru·nés, ne·sa) [adjetivo o sustantivo] De Camerún, que es un país africano.

camilla (ca·mi·lla) [sustantivo/femenino] **1** Cama estrecha y poco pesada, que se usa para llevar enfermos o heridos de un lugar a otro. **2** Mesa redonda y con cuatro patas, que suele estar cubierta con una tela que llega hasta el suelo. ☐ Sinónimos: **1** parihuela. ☐ Familia: →cama.

camillero, ra (ca·mi·lle·ro, ra) [sustantivo] Persona que lleva a otra en una camilla. ☐ Familia: →cama.

caminante (ca·mi·nan·te) [sustantivo] Persona que viaja a pie. ☐ [No varía en masculino y femenino]. ☐ Familia: →camino.

caminar (ca·mi·nar) [verbo] Ir de un lugar a otro dando pasos: *Iré a casa caminando en vez de en coche.* ☐ Sinónimos: andar. ☐ Familia: →camino.

caminata (ca·mi·na·ta) [sustantivo/femenino] Recorrido que se hace a pie y que suele ser cansado. ☐ Familia: →camino.

camino (ca·mi·no) [sustantivo/masculino] **1** Lugar por el que se va de un sitio a otro y que suele ser de tierra: *Ese camino llega hasta el parque.* **2** Conjunto de los lugares por los que se pasa para ir de un sitio a otro: *Siempre hago el mismo camino para ir al colegio.* **3** Medio que se sigue para llegar a un punto o a un fin: *Con ese razonamiento vas por mal camino.* ◆ [expresión] ‖ **abrirse camino** Ir venciendo las dificultades hasta conseguir algo. ‖ **camino de** En dirección a un lugar: *Camino de mi casa hay una panadería.* ‖ **camino de cabras** El que tiene muchas dificultades para andar por él. ‖ **de camino** De paso hacia un lugar: *Si no te pilla de camino, no me acompañes.* ‖ **llevar camino de algo** Tener muchas posibilidades de llegar a serlo: *Escribes bien y llevas camino de ser una gran escritora.* ☐ SINÓNIMOS: **2** trayecto, itinerario, recorrido, ruta. **3** canal. ☐ FAMILIA: caminar, caminante, caminata, encaminar, descaminado.

camión (ca·mión) [sustantivo masculino] Vehículo grande, con cuatro o más ruedas, que suele usarse para llevar cargas pesadas. ◉ **páginas 960-961.** ☐ FAMILIA: camionero, camioneta.

camionero, ra (ca·mio·ne·ro, ra) [sustantivo] Persona que trabaja conduciendo un camión. ☐ FAMILIA: →camión.

camioneta (ca·mio·ne·ta) [sustantivo femenino] **1** Vehículo parecido a un camión, pero más pequeño. **2** En algunas zonas, autobús. ☐ FAMILIA: →camión.

camisa (ca·mi·sa) [sustantivo femenino] Prenda de vestir de tela que cubre el cuerpo desde el cuello hasta más abajo de la cintura. ◆ [expresión] ‖ **camisa de fuerza** Prenda de tela fuerte que se pone a una persona para que no pueda mover los brazos. ‖ **meterse alguien en camisa de once varas** Ponerse a hacer algo de lo que no es capaz: *Haz solo lo que te han mandado y no te metas en camisa de once varas.* ‖ **no llegarle a alguien la camisa al cuerpo** Sentir mucho miedo. ☐ [Las expresiones «meterse en camisa de once varas» y «no llegar la camisa al cuerpo» son coloquiales]. ☐ FAMILIA: camiseta, camisón, camisero, camisería, descamisado.

camisería (ca·mi·se·rí·a) [sustantivo femenino] Tienda donde se venden camisas. ☐ FAMILIA: →camisa.

camisero, ra (ca·mi·se·ro, ra) ■ [adjetivo] **1** De la camisa o con sus características: *vestido camisero.* ■ [sustantivo] **2** Persona que hace o vende camisas. ☐ FAMILIA: →camisa.

camiseta (ca·mi·se·ta) [sustantivo femenino] Prenda de ropa interior o deportiva que cubre el cuerpo hasta más abajo de la cintura. ◆ [expresión] ‖ **sudar la camiseta** Practicar un deporte o realizar una actividad con mucho esfuerzo. ☐ [La expresión es coloquial]. ☐ FAMILIA: →camisa.

camisón (ca·mi·són) [sustantivo masculino] Prenda de dormir que cubre el cuerpo desde el cuello y cae suelta hacia abajo como un vestido. ☐ FAMILIA: →camisa.

camomila (ca·mo·mi·la) [sustantivo femenino] Planta que tiene flores de color blanco con el centro amarillo y que se usa para hacer infusiones. ☐ SINÓNIMOS: manzanilla.

camorra (ca·mo·rra) [sustantivo femenino] **1** Discusión o pelea violentas. **2** Nombre que se le da a la mafia italiana. ☐ [El significado **1** es coloquial]. ☐ SINÓNIMOS: **1** pelea. ☐ FAMILIA: camorrista.

camorrista (ca·mo·rris·ta) [adjetivo o sustantivo] Que provoca peleas con mucha facilidad. ☐ [No varía en masculino y femenino. Es coloquial]. ☐ FAMILIA: →camorra.

campal (cam·pal) ◆ [expresión] ‖ **batalla campal** Mira en **batalla**. ☐ FAMILIA: →campo.

campamento (cam·pa·men·to) [sustantivo masculino] **1** Conjunto de tiendas de campaña, vehículos y otras cosas que se preparan en un lugar al aire libre para pasar algún tiempo: *Puede ser peligroso montar un campamento cerca de un río.* **2** Período del servicio militar durante el que se recibe una preparación militar de base. ☐ FAMILIA: →campo.

campana (cam·pa·na) [sustantivo femenino] **1** Instrumento de metal que suena al ser golpeado por una pieza que cuelga en su interior: *Un monaguillo se encarga de tocar las campanas de la iglesia.* **2** Objeto con forma parecida a la de este instrumento: *Pon una campana de cristal sobre la tabla de quesos para que no se sequen.* ◆ [expresión] ‖ **campana extractora** Electrodoméstico que sirve para aspirar los humos de la cocina. ‖ **echar las campanas al vuelo** Alegrarse por un suceso y contarlo a todos mostrándose alegre. ‖ **oír campanas y no saber dónde** Conocer algo de manera poco exacta y solo por lo que se ha oído. ☐ [Las expresiones «echar las campanas al vuelo» y «oír campanas y no saber dónde» son coloquiales]. ☐ FAMILIA: campanada, campanario, campanero, campanilla.

campanada (cam·pa·na·da) [sustantivo femenino] **1** Golpe que se da a una campana y sonido que produce. **2** Noticia que sorprende mucho y que produce muchos comentarios: *Esa actriz dio la campanada cuando se casó por sorpresa.* ☐ [El significado **2** es coloquial]. ☐ FAMILIA: →campana.

campanario (cam·pa·na·rio) [sustantivo masculino] Torre en la que se colocan campanas. ☐ FAMILIA: →campana.

campanario

campanero, ra (cam·pa·ne·ro, ra) [sustantivo] Persona encargada de tocar las campanas. ☐ FAMILIA: →campana.

campanilla (cam·pa·ni·lla) [sustantivo femenino] **1** Campana pequeña que se hace sonar con la mano y que suele tener un mango. **2** Trozo pequeño de carne que cuelga en la entrada de la garganta: *Si abres mucho la boca, se*

campante

te ve la campanilla. **3** Planta cuyas flores tienen forma de campana. ◆ [expresión] ‖ **de campanillas** De mucha riqueza o de un nivel muy alto: *Me han invitado a una fiesta de campanillas e iré con traje largo.* ☐ [La expresión es coloquial]. ☐ Sinónimos: **2** úvula. ☐ Familia: →campana.

campante (cam·pan·te) [adjetivo] Tranquilo y sin preocupaciones. ☐ [No varía en masculino y femenino. Se usa mucho en la expresión «tan campante». Es coloquial].

campaña (cam·pa·ña) [sustantivo/femenino] **1** Conjunto de actividades que se organizan para conseguir un fin: *campaña electoral.* **2** Conjunto de operaciones militares que se hacen en una zona: *Las tropas de Napoleón fueron derrotadas en la campaña de Rusia.* ☐ [No confundir con «campiña» (terreno extenso y llano)]. ☐ Familia: →campo.

campar (cam·par) [verbo] Destacar entre varias cosas: *Tu simpatía campa por encima de todos tus defectos.*

campechano, na (cam·pe·cha·no, na) [adjetivo] De trato sencillo y amable.

campeón, na (cam·pe·ón, o·na) [sustantivo] **1** Persona o equipo que consiguen la victoria en una competición. **2** Persona que es mejor que las demás en una actividad: *Soy toda una campeona acertando adivinanzas.* ☐ Sinónimos: **1** ganador, vencedor. ☐ Antónimos: **1** perdedor. ☐ Familia: campeonato, subcampeón.

campeonato (cam·pe·o·na·to) [sustantivo/masculino] **1** Competición deportiva en la que el que gana recibe un premio: *campeonato de atletismo.* **2** Victoria conseguida en esta competición: *Al final nos llevamos el campeonato.* ◆ [expresión] ‖ **de campeonato** Extraordinario o muy bueno: *¡Hace un frío de campeonato!* ☐ [La expresión es coloquial]. ☐ Familia: →campeón.

campero, ra (cam·pe·ro, ra) [adjetivo] Del campo o relacionado con él: *merienda campera.* ☐ Familia: →campo.

campesino, na (cam·pe·si·no, na) ▌[adjetivo] **1** Del campo o propio de él: *vida campesina; costumbres campesinas.* ▌[adjetivo o sustantivo] **2** Dicho de una persona, que vive y trabaja en el campo. ☐ Sinónimos: **1** campestre, rural, rústico. ☐ Familia: →campo.

campestre (cam·pes·tre) [adjetivo] **1** Del campo o propio de él: *vida campestre; paisaje campestre.* **2** Que se hace en el campo: *comida campestre.* ☐ [No varía en masculino y femenino]. ☐ Sinónimos: **1** campesino, rural, rústico. ☐ Familia: →campo.

camping [sustantivo/masculino] **1** Lugar al aire libre, preparado para acampar en él. **2** Actividad que consiste en acampar en este tipo de lugares. ◆ [expresión] ‖ ***camping*** **gas** Bombona pequeña de gas, con un aparato para poder encender fuego y cocinar. ☐ [Es una palabra inglesa. Se pronuncia «kámpin». La expresión «*camping* gas» procede de la marca comercial «Campingaz®»].

campiña (cam·pi·ña) [sustantivo/femenino] Terreno extenso y llano. ☐ [No confundir con «campaña» (conjunto de actividades para conseguir un fin; conjunto de operaciones militares)]. ☐ Familia: →campo.

campo (cam·po) [sustantivo/masculino] **1** Terreno fuera de los núcleos de población: *Ayer pasamos el día en el campo.* **2** Tierra que se dedica al cultivo: *campo de regadío; campo de secano.* **3** Lugar preparado para practicar algunos deportes: *campo de fútbol.* **4** Terreno reservado para hacer determinados ejercicios: *campo de tiro.* **5** Conjunto de cosas que están relacionadas con una actividad o con una rama del saber: *Los estudios de geografía están dentro del campo de las ciencias sociales.* ◆ [expresión] ‖ **a campo traviesa** Atravesando el terreno por donde no hay caminos: *Si vamos a campo traviesa, tardaremos menos.* ‖ **campo de concentración** Lugar donde se mete a prisioneros por razones políticas o de guerra. ‖ **campo santo** → **camposanto**. ‖ **dejar el campo libre** Abandonar lo que se intenta, de modo que otros tengan posibilidad de conseguirlo: *El favorito al título se retiró y dejó el campo libre a los demás participantes.* ☐ Sinónimos: **3** cancha. **5** área, ámbito, reino. ☐ Familia: campesino, campestre, campero, campiña, campaña, campamento, campal, camposanto, acampar, acampada, descampado, escampar, centrocampista.

camposanto (cam·po·san·to) [sustantivo/masculino] Lugar en el que se entierra a los muertos. ☐ [Su plural es «camposantos». Se escribe también «campo santo»]. ☐ Sinónimos: cementerio. ☐ Familia: →campo. →santo.

campus (cam·pus) [sustantivo/masculino] Conjunto de terrenos y de edificios que pertenecen a una universidad. ☐ [No varía en singular y plural].

camuflaje (ca·mu·fla·je) [sustantivo/masculino] Hecho de esconder algo haciendo que parezca otra cosa: *uniforme de camuflaje.* ☐ Familia: →camuflar.

camuflar (ca·mu·flar) [verbo] Esconder algo haciendo que parezca otra cosa, para que no se note su presencia: *Algunos animales se camuflan tan bien que parecen plantas o rocas.* ☐ Familia: camuflaje.

can [sustantivo/masculino] Animal que vive con el hombre, le hace compañía y se usa para cazar. ☐ Sinónimos: perro. ☐ Familia: canino, canódromo.

cana (ca·na) [sustantivo/femenino] Mira en **cano, na**.

canadiense (ca·na·dien·se) [adjetivo o sustantivo] De Canadá, que es un país norteamericano. ☐ [No varía en masculino y femenino].

canal (ca·nal) [sustantivo/masculino] **1** Especie de camino que se hace para conducir el agua de un sitio a otro: *Este canal lleva el agua hasta esos campos.* **2** Paso estrecho que comunica dos mares: *el canal de la Mancha; el canal de Suez.* **3** Hundimiento alargado y estrecho: *Esa columna tiene una serie de canales que van de arriba abajo.* **4** Vía por la que se emiten programas de radio o de televisión: *En esta tele solo se ven tres canales.* **5** Medio que se sigue para hacer algo: *Si no lo consigo de esta manera, tendré que probar por otros canales.* ◆ [expresión] ‖ **abrir en canal** Abrir un cuerpo de arriba abajo. ☐ Sinónimos: **5** conducto, camino. ☐ Familia: canalizar, canalón, acanalado.

canalé (ca·na·lé) [sustantivo masculino] Tejido de punto que forma pequeños surcos.

canalizar (ca·na·li·zar) [verbo] **1** Abrir vías en un lugar para conducir líquidos o gases: *Van a canalizar la zona para que el agua corriente llegue a todas las casas.* **2** Hacer que una corriente de agua lleve un curso determinado: *Los ríos se canalizan para que no se desborden.* **3** Hacer que algo tome una dirección determinada: *Canaliza tu energía hacia actividades positivas.* ☐ [La «z» se cambia en «c» delante de e («canalice»)]. ☐ Sinónimos: **2** encauzar. **3** orientar, dirigir. ☐ Familia: →canal.

canalla (ca·na·lla) [adjetivo o sustantivo] Que es mala persona. ☐ [No varía en masculino y femenino. Se usa como insulto]. ☐ Sinónimos: bellaco. ☐ Familia: canallada.

canallada (ca·na·lla·da) [sustantivo femenino] Hecho o dicho propios de un canalla. ☐ Familia: →canalla.

canalón (ca·na·lón) [sustantivo masculino] Tubo que recoge el agua que cae sobre los tejados y la lleva hasta el suelo. ☐ [No confundir con «canelón» (tipo de pasta)]. ☐ Familia: →canal.

canana (ca·na·na) [sustantivo femenino] Cinturón que usan los cazadores, en el que se llevan los cartuchos. ☐ Sinónimos: cartuchera.

canapé (ca·na·pé) [sustantivo masculino] **1** Trozo pequeño de pan con algún alimento encima, que se suele tomar en fiestas o antes de las comidas. **2** Parte de una cama que se apoya sobre las patas.

canario, ria (ca·na·rio, ria) ▪ [adjetivo o sustantivo] **1** De la comunidad autónoma española de las islas Canarias. ▪ [sustantivo] **2** Pájaro pequeño, con plumas verdes o amarillas, que canta de forma agradable. ⊙ **páginas 116-117**.

canasta (ca·nas·ta) [sustantivo femenino] **1** Cesto que tiene la boca ancha y dos asas: *una canasta de uvas.* **2** En baloncesto, aro del que cuelga una red sin fondo, por donde tiene que pasar la pelota: *El balón entró en la canasta.* **3** Especie de poste que sujeta este aro: *En el pabellón de deportes hay canastas con ruedas para poder retirarlas del campo.* **4** Introducción del balón a través de ese aro: *Metieron varias canastas de tres puntos.* ☐ Sinónimos: **1, 2** cesta. **4** enceste. ☐ Familia: canasto, canastilla.

canastilla (ca·nas·ti·lla) [sustantivo femenino] Ropa que se prepara para un niño que va a nacer. ☐ Familia: →canasta.

canasto (ca·nas·to) [sustantivo masculino] Canasta alta y estrecha. ☐ Familia: →canasta.

cancela (can·ce·la) [sustantivo femenino] Reja que se pone delante de la entrada de algunas casas.

cancelar (can·ce·lar) [verbo] **1** Hacer que un documento u otra cosa dejen de valer: *cancelar una cuenta; cancelar un contrato.* **2** Decidir no hacer algo que se pensaba hacer: *cancelar un vuelo; cancelar una cita.* **3** Terminar de pagar una deuda: *cancelar una deuda.* ☐ Sinónimos: **1** anular. **2** suspender.

cáncer (cán·cer) ▪ [adjetivo o sustantivo] **1** Dicho de una persona, que pertenece a uno de los doce signos del Zodiaco: *Las personas que son cáncer han nacido entre el 22 de junio y el 22 de julio.* ▪ [sustantivo masculino] **2** Tumor perjudicial para la salud porque destruye las células del cuerpo. **3** Cosa que hace mucho daño y es difícil de parar: *Aquella injusticia se convirtió en un cáncer para la convivencia del grupo.* ☐ [En el significado **1** no varía en masculino y femenino, ni en singular y plural]. ☐ Familia: cancerígeno, canceroso.

cancerbero (can·cer·be·ro) [sustantivo masculino] En algunos deportes, miembro del equipo que defiende la portería. ☐ Sinónimos: guardameta, meta, portero.

cancerígeno, na (can·ce·rí·ge·no, na) [adjetivo] Que produce cáncer: *sustancias cancerígenas.* ☐ Familia: →cáncer.

canceroso, sa (can·ce·ro·so, sa) [adjetivo] Con cáncer o con sus características: *tumor canceroso.* ☐ Familia: →cáncer.

cancha (can·cha) [sustantivo femenino] Lugar preparado para practicar algunos deportes. ☐ Sinónimos: campo.

canciller (can·ci·ller) [sustantivo] **1** En algunos países, persona que dirige un Gobierno: *el canciller alemán.* **2** En algunos países, ministro de Asuntos Exteriores. ☐ [No varía en masculino y femenino]. ☐ Familia: cancillería.

cancillería (can·ci·lle·rí·a) [sustantivo femenino] **1** Cargo de un canciller. **2** Lugar desde el que se dirige la política exterior de un país: *El Ministerio de Asuntos Exteriores es una cancillería.* **3** Oficina especial de las embajadas de algunos países. ☐ Familia: →canciller.

canción (can·ción) [sustantivo femenino] **1** Composición que se canta. **2** Cosa que se dice de manera repetida o pesada: *¡No me vengas otra vez con la canción de que el profesor te tiene manía!* ☐ Sinónimos: **1** cantar. ☐ Familia: cancionero.

cancionero (can·cio·ne·ro) [sustantivo masculino] Libro en el que se recogen canciones y poemas. ☐ Familia: →canción.

candado (can·da·do) [sustantivo masculino] Objeto de metal que tiene un gancho y una cerradura y que sirve para asegurar el cierre de algo.

candado

candeal (can·de·al) [adjetivo] **1** Dicho del trigo, que tiene la espiga recta y cuadrada, y de cuyo grano se obtiene una harina muy blanca. **2** Dicho del pan, que está hecho con la harina de este tipo de trigo. ☐ [No varía en masculino y femenino].

candela (can·de·la) [sustantivo femenino] **1** Cilindro de cera con una cuerda por dentro que se prende para que dé luz.

2 Lumbre o fuego. ☐ SINÓNIMOS: **1** vela. ☐ FAMILIA: candelabro, candelero, encandilar.

candelabro (can·de·la·bro) [sustantivo masculino] Objeto con dos o más brazos que sirve para sujetar varias velas. ☐ FAMILIA: →candela.

candelabro

candelero (can·de·le·ro) [sustantivo masculino] Objeto que sirve para mantener derecha una vela. ◆ [expresión] ‖ **en (el) candelero** En un lugar destacado, de moda o con éxito. ☐ FAMILIA: →candela.

candente (can·den·te) [adjetivo] **1** Dicho de un cuerpo, que está rojo o blanco por causa del calor: *un metal candente*. **2** Dicho de un asunto, que es muy actual y que interesa a la gente: *un tema candente*. ☐ [No varía en masculino y femenino]. ☐ SINÓNIMOS: **1** incandescente.

candidato, ta (can·di·da·to, ta) [sustantivo] Persona que intenta conseguir un cargo o un premio: *Cada candidato a delegado de clase hace un discurso antes de la votación*. ☐ FAMILIA: candidatura.

candidatura (can·di·da·tu·ra) [sustantivo femenino] **1** Solicitud que se presenta para que alguien consiga un cargo o un premio: *Mi partido presentó mi candidatura a presidente de Gobierno*. **2** Conjunto de las personas por las que se presenta esta solicitud: *La candidatura de cada partido está formada por los miembros más destacados*. ☐ FAMILIA: →candidato.

candidez (can·di·dez) [sustantivo femenino] Sencillez y falta de malicia. ☐ SINÓNIMOS: inocencia. ☐ FAMILIA: →candor.

cándido, da (cán·di·do, da) [adjetivo] Sincero, simple y sin maldad. ☐ SINÓNIMOS: candoroso. ☐ ANTÓNIMOS: malicioso. ☐ FAMILIA: →candor.

candil (can·dil) [sustantivo masculino] Lámpara formada por un recipiente de aceite, con un pico en el borde y un asa en el extremo opuesto. ☐ FAMILIA: candilejas.

candilejas (can·di·le·jas) [sustantivo femenino plural] En un teatro, fila de luces colocadas en el borde del escenario más cercano al público. ☐ FAMILIA: →candil.

candor (can·dor) [sustantivo masculino] Carácter de la persona que es sincera, sencilla y tiene un alma pura: *el candor de una mirada*. ☐ FAMILIA: candoroso, cándido, candidez.

candoroso, sa (can·do·ro·so, sa) [adjetivo] Sincero, simple y sin maldad. ☐ SINÓNIMOS: cándido. ☐ ANTÓNIMOS: malicioso. ☐ FAMILIA: →candor.

canela (ca·ne·la) [sustantivo femenino] Parte externa de las ramas de un árbol, de color entre marrón y rojo y que se usa para dar sabor y olor a las comidas: *Le eché canela en polvo al arroz con leche*. ◆ [expresión] ‖ **ser canela en rama** o **ser canela fina** Ser muy bueno: *Tu hijo es canela en rama y va a ser una persona estupenda*. ☐ [La expresión es coloquial].

canelo (ca·ne·lo) [sustantivo masculino] Árbol de tronco liso, hojas verdes y flores blancas que tienen muy buen olor, cuya corteza se usa para dar sabor a los postres. ◆ [expresión] ‖ **hacer el canelo** Dejarse engañar o hacer algo que nadie va a agradecer. ☐ [La expresión es coloquial].

canelón (ca·ne·lón) [sustantivo masculino] Tipo de pasta en forma de tubo con un relleno que suele ser de carne picada. ☐ [Es una palabra de origen italiano. Se usa más en plural. No confundir con «canalón» (tubo que conduce el agua de los tejados al suelo)].

canesú (ca·ne·sú) [sustantivo masculino] Pieza de un vestido o de una camisa que une el cuello con el resto de la prenda. ☐ [Su plural es «canesús» o «canesúes»].

cangilón (can·gi·lón) [sustantivo masculino] En una noria, recipiente que sirve para sacar el agua.

cangrejo (can·gre·jo) [sustantivo masculino] Animal de mar o de río con una cáscara que cubre su cuerpo y fuertes pinzas en las patas delanteras.

canguelo (can·gue·lo) [sustantivo masculino] Miedo muy grande. ☐ [Es coloquial]. ☐ SINÓNIMOS: canguis.

canguis (can·guis) [sustantivo masculino] Miedo muy grande. ☐ [Es coloquial]. ☐ SINÓNIMOS: canguelo.

canguro (can·gu·ro) ■ [sustantivo] **1** Persona que trabaja cuidando niños cuando los padres tienen que salir. ■ [sustantivo masculino] **2** Animal que tiene grandes patas traseras con las que anda dando saltos y cuya hembra tiene una bolsa en el vientre donde lleva a sus crías. 👁 **páginas 596-597.** ☐ [En el significado **1** no varía en masculino y femenino, y es coloquial].

caníbal (ca·ní·bal) [adjetivo o sustantivo] Dicho de una persona, que come carne humana. ☐ [No varía en masculino y femenino]. ☐ SINÓNIMOS: antropófago. ☐ FAMILIA: canibalismo.

canibalismo (ca·ni·ba·lis·mo) [sustantivo masculino] Hecho de comer una persona carne humana. ☐ FAMILIA: →caníbal.

canica (ca·ni·ca) ■ [sustantivo femenino] **1** Bola pequeña de un material duro, que se usa para jugar. ■ **canicas** [plural] **2** Juego de niños que se hace con estas bolas: *Vamos a jugar a las canicas*.

caniche (ca·ni·che) [sustantivo] Perro de una raza que se caracteriza por ser de pequeño tamaño y por tener el pelo lanudo y rizado.

canícula (ca·ní·cu·la) [sustantivo femenino] Período más caluroso del año.

canijo, ja (ca·ni·jo, ja) [adjetivo o sustantivo] Muy pequeño o muy bajo. ☐ FAMILIA: encanijar.

canilla (ca·ni·lla) [sustantivo femenino] **1** Pierna de una persona, especialmente si es muy delgada. **2** Carrete en el que se enrolla el hilo en una máquina de coser o de tejer. ☐ Familia: →caña.

canino, na (ca·ni·no, na) ■ [adjetivo] **1** Del perro o con sus características. ■ **canino** [sustantivo masculino] **2** Diente fuerte y puntiagudo que tienen las personas y algunos animales. ☐ Sinónimos: **2** colmillo. ☐ Familia: →can.

canje (can·je) [sustantivo masculino] Cambio de una cosa por otra. ☐ Sinónimos: intercambio, trueque. ☐ Familia: →canjear.

canjear (can·je·ar) [verbo] Dar una cosa a cambio de otra: *Tengo un vale para canjearlo por una película.* ☐ Sinónimos: cambiar, intercambiar. ☐ Familia: canje.

cano, na (ca·no, na) ■ [adjetivo] **1** Que tiene el pelo blanco: *Mi abuela es una mujer cana.* **2** Dicho del pelo, que está blanco: *Mi padre tiene el pelo cano.* ■ **cana** [sustantivo femenino] **3** Cada pelo que se ha vuelto blanco: *No tengo canas.* ◆ [expresión] ‖ **echar una cana al aire** Salir a divertirse cuando no se tiene costumbre: *No suelo salir por las noches, pero de vez en cuando echo una cana al aire.* ‖ **peinar canas** Ser viejo: *No creas que soy tan joven, que ya peino canas.* ☐ [Las expresiones son coloquiales]. ☐ Familia: canoso.

canoa (ca·no·a) [sustantivo femenino] Barco de remos, pequeño, alargado y de poco peso. ◉ página 362.

canódromo (ca·nó·dro·mo) [sustantivo masculino] Lugar donde se celebran carreras de perros. ☐ Familia: →can.

canon (ca·non) [sustantivo masculino] **1** Regla o norma: *Ese pintor se aparta de todos los cánones del arte.* **2** Modelo ideal o de características perfectas: *Su altura se ajusta al canon de belleza actual.* **3** Impuesto que se paga por el uso de algo ajeno o público: *El Estado cobra un canon a las empresas instaladas en terrenos públicos.* ☐ Sinónimos: **2** prototipo. ☐ Familia: canónico, canónigo, canonizar.

canónico, ca (ca·nó·ni·co, ca) [adjetivo] Que está de acuerdo con los cánones o reglas establecidos por la Iglesia: *derecho canónico.* ☐ [No confundir con «canónigo» (sacerdote)]. ☐ Familia: →canon.

canónigo (ca·nó·ni·go) [sustantivo masculino] Sacerdote que tiene un cargo en una catedral. ☐ [No confundir con «canónico» (que está de acuerdo con las reglas de la Iglesia)]. ☐ Familia: →canon.

canonizar (ca·no·ni·zar) [verbo] Declarar santa a una persona la Iglesia católica: *El papa canonizó a un misionero.* ☐ [La «z» se cambia en «c» delante de «e» («canonice»)]. ☐ Familia: →canon.

canoso, sa (ca·no·so, sa) [adjetivo] Con canas. ☐ Familia: →cana.

cansado, da (can·sa·do, da) [adjetivo] **1** Que ha perdido fuerza o capacidad: *vista cansada.* **2** Que cansa. ☐ Sinónimos: **2** cansino, tedioso. ☐ Familia: →cansar.

cansancio (can·san·cio) [sustantivo masculino] **1** Sensación que tenemos cuando nos quedamos débiles o sin fuerzas. **2** Sensación que tenemos cuando algo nos aburre o nos cansa. ☐ Sinónimos: **1** fatiga. **2** aburrimiento, fastidio, hastío, tedio. ☐ Antónimos: **1** descanso. ☐ Familia: →cansar.

cansar (can·sar) [verbo] **1** Hacer que nos sintamos débiles o sin fuerzas: *Si te cansas de correr, para un poco.* **2** Aburrir o producir fastidio: *¡Me cansas con tantas preguntas!* ☐ Sinónimos: **1** fatigar. ☐ Antónimos: **2** entretener. ☐ Familia: cansado, cansancio, cansino, descansar, descanso, descansado, descansillo, incansable.

cansino, na (can·si·no, na) [adjetivo] **1** Que se mueve de forma lenta y con esfuerzo, debido al cansancio: *andar cansino.* **2** Que resulta pesado o que cansa: *un trabajo cansino.* ☐ Sinónimos: **2** cansado. ☐ Familia: →cansar.

cantábrico, ca (can·tá·bri·co, ca) [adjetivo] **1** De la comunidad autónoma española de Cantabria: *La capital cantábrica es Santander.* **2** Del mar Cantábrico, que baña el norte de la península ibérica: *La cornisa cantábrica va desde Galicia hasta el País Vasco.* ☐ Sinónimos: **1** cántabro. ☐ Familia: →cántabro.

cántabro, bra (cán·ta·bro, bra) [adjetivo o sustantivo] De la comunidad autónoma española de Cantabria. ☐ Sinónimos: cantábrico. ☐ Familia: cantábrico.

cantante (can·tan·te) [sustantivo] Persona que canta como profesión. ☐ [No varía en masculino y femenino]. ☐ Familia: →cantar.

cantaor, ra (can·ta·or, o·ra) [sustantivo] Persona que canta flamenco. ☐ Familia: →cantar.

cantar (can·tar) ■ [sustantivo masculino] **1** Composición que se canta: *La jota es un cantar típico de España.* ■ [verbo] **2** Producir con la voz sonidos que forman una melodía musical: *En Navidad cantamos villancicos.* **3** Producir un animal sonidos, especialmente si son agradables: *El ruiseñor canta muy bien.* **4** Soltar algo un olor muy fuerte o desagradable: *¡A ver si te lavas, que te cantan los pies!* **5** Decir algo en voz alta y con un tono especial: *Ya han cantado los premios de la lotería.* **6** Contar algo que era secreto: *El detenido ya cantó y dio los nombres de sus cómplices.* ◆ [expresión] ‖ **ser algo otro cantar** Ser una cosa distinta: *Cuando le enseñé el dibujo acabado, dijo: «Esto ya es otro cantar, porque antes estaba muy mal hecho».* ☐ [Los significados **4** y **6** y la expresión son coloquiales]. ☐ Sinónimos: **1** canción. **6** desembuchar. ☐ Familia: canción, canto, cantor, cante, cántico, cantante, cantarín, cantinela, canturrear, cantaor, cantautor.

cantarín, na (can·ta·rín, ri·na) [adjetivo] Que suele cantar mucho. ☐ Familia: →cantar.

cántaro (cán·ta·ro) [sustantivo masculino] Recipiente grande de barro o de metal que es más ancho por su parte central y que suele tener una o dos asas. ◆ [expresión] ‖ **llover a cántaros** Llover mucho.

cantautor, ra (can·tau·tor, to·ra) [sustantivo] Persona que canta y compone sus propias canciones. ☐ Familia: →cantar. →autor.

cante (can·te) [sustantivo masculino] **1** Canción popular andaluza: *cante flamenco.* **2** Olor muy fuerte o desagradable: *Abre la ventana, que hay aquí un cante que no se aguanta.* **3** Acción que llama mucho la atención: *Sería un cante que fueses a clase en pijama y zapatillas.*

cantera

◆ [expresión] ‖ **cante hondo** o **cante jondo** Canción de origen andaluz que se expresa de manera muy profunda y en tono de queja. ‖ **dar el cante** Llamar mucho la atención. ☐ [«Cante hondo» se pronuncia «kánte-jóndo». Los significados **2** y **3** y la expresión «dar el cante» son coloquiales]. ☐ Familia: →cantar.

cantera (can·te·ra) [sustantivo/femenino] **1** Lugar del que se extrae piedra u otros materiales que se usan para construcciones. **2** Lugar de donde salen personas preparadas para realizar una actividad: *Este jugador ha salido de la cantera del equipo.* ☐ Familia: →canto.

cantero (can·te·ro) [sustantivo/masculino] Persona que trabaja sacando piedra de una cantera o dándole forma para usarla en las construcciones. ☐ Familia: →canto.

cántico (cán·ti·co) [sustantivo/masculino] Poesía en la que se alaba algo. ☐ Familia: →cantar.

cantidad (can·ti·dad) ▪ [sustantivo/femenino] **1** Parte o número de unidades de algo: *¿Qué cantidad de harina necesitas para la tarta?* **2** Suma de dinero: *Para hacerte el regalo hemos puesto todos una pequeña cantidad.* **3** En matemáticas, conjunto de objetos de una misma clase que se pueden sumar o comparar con otros: *Treinta es una cantidad mayor que veinte.* ▪ [adverbio] **4** Mucho: *En la fiesta comimos cantidad.* ◆ [expresión] ‖ **cantidad de** o **en cantidad** Mucho o muchos: *Tengo cantidad de cosas que hacer.* ☐ [El significado **4** y la expresión son coloquiales]. ☐ Familia: →cuanto.

cantimplora (can·tim·plo·ra) [sustantivo/femenino] Recipiente que se usa para llevar agua en las excursiones.

cantimplora

cantina (can·ti·na) [sustantivo/femenino] Especie de bar donde se sirven bebidas y algunos alimentos.

cantinela (can·ti·ne·la) [sustantivo/femenino] Cosa que se repite tantas veces que molesta. ☐ [Es coloquial]. ☐ Familia: →cantar.

canto (can·to) [sustantivo/masculino] **1** Arte y técnica de cantar: *Estudio canto en el Conservatorio.* **2** Hecho de cantar algunos animales: *Me alegra oír el canto de los pájaros.* **3** Poesía en honor de algo: *Escribió un canto a la amistad.* **4** Lado o borde de algunas cosas: *Soy capaz de poner una moneda de canto.* **5** Trozo de piedra: *El camino está lleno de cantos y no se puede andar en bicicleta.* ◆ [expresión] ‖ **al canto** Se usa para decir que algo va a ocurrir de manera muy rápida y sin poderlo evitar: *Como se enfade el profesor, tenemos examen al canto.* ‖ **darse con un canto en los dientes** Estar contento con algo, porque podía ser peor: *No acabaré hoy, pero me doy con un canto en los dientes si termino mañana.* ‖ **faltar el canto de un duro** Faltar muy poco: *He quedado el segundo y me ha faltado el canto de un duro para ganar la carrera.* ☐ [Las expresiones son coloquiales]. ☐ Familia: **1-3** →cantar. **5** cantero, cantera, cantonera.

cantón (can·tón) [sustantivo/masculino] Forma en que se divide el territorio en algunos países: *los cantones suizos.* ☐ Familia: acantonar.

cantonera (can·to·ne·ra) [sustantivo/femenino] Pieza que se coloca en las esquinas de un objeto para protegerlas o como adorno: *una carpeta con cantoneras.* ☐ Familia: →canto.

cantor, ra (can·tor, to·ra) ▪ [adjetivo] **1** Dicho de un ave, que es capaz de emitir sonidos musicales. ▪ [sustantivo] **2** Persona que sabe cantar o que trabaja cantando. ☐ Familia: →cantar.

canturrear (can·tu·rre·ar) [verbo] Cantar en voz baja y de forma distraída. ☐ Familia: →cantar.

canutas (ca·nu·tas) ◆ [expresión] ‖ **pasarlas canutas** Pasarlo muy mal. ☐ [Es coloquial]. ☐ Sinónimos: pasarlas moradas.

canuto (ca·nu·to) [sustantivo/masculino] **1** Tubo pequeño y que suele estar abierto por sus dos extremos. **2** Cigarrillo que tiene droga mezclada con tabaco. ☐ [El significado **2** es coloquial]. ☐ Sinónimos: **2** porro.

caña (ca·ña) [sustantivo/femenino] **1** Tallo de algunas plantas: *La caña de bambú es hueca y muy dura.* **2** Planta que tiene el tallo hueco y las hojas anchas y ásperas: *La caña suele nacer en lugares húmedos.* **3** Vaso circular y un poco más ancho por arriba que por abajo: *una caña de cerveza.* ◆ [expresión] ‖ **caña de azúcar** Planta de hojas largas, de cuyo tallo se extrae el azúcar. ‖ **caña de pescar** Vara larga y delgada en la que se pone un hilo y un gancho y que sirve para pescar. ‖ **meter caña** Intentar que algo vaya más deprisa. ☐ [La expresión «meter caña» es coloquial]. ☐ Familia: cañaveral, cañizo, canilla.

cañada (ca·ña·da) [sustantivo/femenino] **1** Camino para los animales. **2** Paso entre dos montañas que están cerca.

cañamazo (ca·ña·ma·zo) [sustantivo/masculino] Tejido con los hilos muy separados que se usa para bordar sobre él. ☐ Familia: →cáñamo.

cáñamo (cá·ña·mo) [sustantivo/masculino] **1** Planta muy alta, con el tallo hueco, muchas ramas y flores verdes. **2** Hilo que se saca de esta planta y que se utiliza para fabricar telas o cuerdas. ☐ Familia: cañamón, cañamazo.

cañamón (ca·ña·món) [sustantivo/masculino] Semilla del cáñamo, que se usa mucho como alimento para los pájaros. ☐ Familia: →cáñamo.

cañaveral (ca·ña·ve·ral) [sustantivo/masculino] Terreno lleno de cañas. ☐ Familia: →caña.

cañería (ca·ñe·rí·a) [sustantivo/femenino] Conjunto de tubos por cuyo interior va un líquido o un gas. ☐ Sinónimos: tubería. ☐ Familia: →caño.

cañí (ca·ñí) ■ [adjetivo] **1** Típico o popular. ■ [adjetivo o sustantivo] **2** De etnia gitana. ☐ [No varía en masculino y femenino].

cañizo (ca·ñi·zo) [sustantivo masculino] Conjunto de cañas unidas que se utiliza como techo para cubrir algo. ☐ FAMILIA: →caña.

caño (ca·ño) [sustantivo masculino] **1** Tubo por el que sale el agua de una fuente: *En la plaza hay una fuente de cuatro caños.* **2** Tubo corto por cuyo interior va un líquido. ☐ FAMILIA: cañería.

caño

cañón (ca·ñón) [sustantivo] **1** Pieza hueca y larga con forma de tubo: *el cañón de la escopeta.* **2** Arma de gran tamaño y de gran anchura, que tiene forma de tubo: *El barco pirata disparó los cañones.* **3** Paso estrecho y profundo que hay entre dos montañas altas por donde suele correr un río: *Los cañones de los ríos se forman por la erosión.* **4** Parte hueca y central de la pluma de un ave. ☐ SINÓNIMOS: **3** desfiladero, quebrada. ☐ FAMILIA: cañonazo, encañonar.

cañonazo (ca·ño·na·zo) [sustantivo masculino] **1** Disparo hecho con un cañón. **2** En algunos deportes, disparo muy fuerte del balón. ☐ SINÓNIMOS: **2** trallazo. ☐ FAMILIA: →cañón.

caoba (ca·o·ba) ■ [adjetivo o sustantivo masculino] **1** De color marrón rojizo. ■ [sustantivo femenino] **2** Árbol americano cuya madera es muy buena para hacer muebles y es de color rojizo. ☐ [Cuando es adjetivo, no varía en masculino y femenino].

caos (ca·os) [sustantivo masculino] Falta total de orden. ☐ [No varía en singular y plural]. ☐ SINÓNIMOS: desbarajuste. ☐ FAMILIA: caótico.

caótico, ca (ca·ó·ti·co, ca) [adjetivo] Sin orden. ☐ FAMILIA: →caos.

capa (ca·pa) [sustantivo femenino] **1** Prenda de abrigo larga y suelta que se lleva sobre los hombros y encima de la ropa. **2** Pieza de tela con vuelo, de un color vivo y que se usa para torear. **3** Cosa que se extiende sobre algo y lo cubre: *una capa de polvo.* **4** Grupo social con un nivel económico y cultural determinado: *Las capas altas de la sociedad son las que tienen más dinero.* ◆ [expresión] ‖ **a capa y espada** Con mucha energía. ‖ **de capa caída** En decadencia o con pocos ánimos: *Lo encontré de capa caída porque tenía problemas.* ‖ **hacer alguien de su capa un sayo** Hacer lo que quiere en un asunto: *Debes contar con nosotros y no hacer siempre de tu capa un sayo.* ☐ [Las expresiones «de capa caída» y «hacer alguien de su capa un sayo» son coloquiales]. ☐ SINÓNIMOS: **2** capote. ☐ FAMILIA: capota, descapotable, encapotarse, encapotado, capote, capotazo, capear, capea.

capacho (ca·pa·cho) [sustantivo masculino] **1** Cesto de mimbre que se utiliza para llevar fruta. **2** Especie de cesto que se utiliza como cuna. ☐ SINÓNIMOS: **2** capazo.

capacidad (ca·pa·ci·dad) [sustantivo femenino] **1** Posibilidad de una cosa para contener otra dentro de sí: *Esta botella tiene una capacidad de un litro.* **2** Conjunto de condiciones que permiten realizar una actividad: *Esta persona ha demostrado su capacidad para los negocios.* ☐ SINÓNIMOS: **2** facultad. ☐ ANTÓNIMOS: **2** incapacidad. ☐ FAMILIA: →capaz.

capacitado, da (ca·pa·ci·ta·do, da) [adjetivo] Que tiene capacidad para hacer una cosa. ☐ FAMILIA: →capaz.

capacitar (ca·pa·ci·tar) [verbo] Dar la capacidad para hacer una cosa: *Este título me capacita para trabajar en guarderías.* ☐ SINÓNIMOS: habilitar. ☐ ANTÓNIMOS: incapacitar. ☐ FAMILIA: →capaz.

capar (ca·par) [verbo] Cortar o dejar inútiles los órganos sexuales masculinos. ☐ SINÓNIMOS: castrar.

caparazón (ca·pa·ra·zón) [sustantivo masculino] Cubierta dura que protege el cuerpo de algunos animales: *La tortuga tiene caparazón.*

caparazón

capataz (ca·pa·taz) [sustantivo] **1** Persona que manda a un grupo de trabajadores. **2** Persona que administra un terreno dedicado a la agricultura. ☐ [No varía en masculino y femenino. Su plural es «capataces»].

capaz (ca·paz) [adjetivo] **1** Que tiene capacidad para hacer algo bien: *No soy capaz de resolver este problema.* **2** Que se atreve a hacer algo: *¡No serás capaz de decirle esa barbaridad...!* **3** Que puede contener algo dentro de sí: *Necesitamos una sala capaz para quinientas personas.* ☐ [No varía en masculino y femenino. Su plural es «capaces»]. ☐ SINÓNIMOS: **1** diestro, hábil, mañoso. ☐ ANTÓNIMOS: **1, 2** incapaz. **1** inepto, negado, torpe. ☐ FAMILIA: capacidad, capacitar, capacitado, incapaz, incapacidad, incapacitar, recapacitar, discapacidad.

capazo (ca·pa·zo) [sustantivo masculino] **1** Cesto grande de esparto o de palma, con dos asas pequeñas. **2** Especie de cesto que se utiliza como cuna. ☐ SINÓNIMOS: **2** capacho.

capcioso, sa (cap·cio·so, sa) [adjetivo] **1** Dicho de una pregunta, que se hace para poner a una persona en una situación difícil: *Contestó como pudo a las* preguntas capciosas que le hicieron. **2** Que engaña o que produce error: *palabras capciosas*.

capea (ca·pe·a) [sustantivo/femenino] Fiesta en la que se torean toros de dos o tres años y los toreros son aficionados. ☐ Familia: →capa.

capear (ca·pe·ar) [verbo] **1** Torear con la capa. **2** Evitar con habilidad algo que molesta o que no gusta: *Procuré capear las preguntas indiscretas*. **3** Hacer una embarcación las maniobras adecuadas para seguir flotando cuando hay mal tiempo. ☐ Sinónimos: **2** torear. ☐ Familia: →capa.

capellán (ca·pe·llán) [sustantivo/masculino] Sacerdote que realiza sus funciones religiosas en una institución o establecimiento privado.

caperuza (ca·pe·ru·za) [sustantivo/femenino] **1** Gorro que termina en punta. **2** Pieza que se usa para cubrir el extremo de algo: *la caperuza del bolígrafo*. ☐ Sinónimos: capucha. **2** capuchón.

capicúa (ca·pi·cú·a) [adjetivo o sustantivo masculino] Que está formado por unidades ordenadas de forma que da igual leerlas de derecha a izquierda que al revés: *El número 2332 es un capicúa*. ☐ [Cuando es adjetivo, no varía en masculino y femenino].

capilar (ca·pi·lar) ▪ [adjetivo] **1** Del pelo o relacionado con él. ▪ [sustantivo/masculino] **2** Especie de tubo muy fino que une las arterias y las venas. ☐ [En el significado **1** no varía en masculino y femenino]. ☐ Familia: →cabello.

capilla (ca·pi·lla) [sustantivo/femenino] Parte de una iglesia dedicada a un santo o a una imagen. ♦ [expresión] ‖ **capilla ardiente** Lugar donde se vela a un cadáver antes de enterrarlo y donde se dicen las primeras oraciones por su alma.

capirote (ca·pi·ro·te) [sustantivo/masculino] Gorro con forma de cucurucho.

capital (ca·pi·tal) ▪ [adjetivo] **1** Que es lo más importante: *Trataremos primero los asuntos de interés capital*. ▪ [sustantivo/masculino] **2** Conjunto de riquezas o de dinero: *Tiene un importante capital en tierras*. ▪ [sustantivo/femenino] **3** Población principal de un país o de una zona. **4** Lugar que destaca en algún aspecto: *Esa ciudad es la capital de la moda*. ☐ [En el significado **1** no varía en masculino y femenino]. ☐ Sinónimos: **1** principal, fundamental, esencial, básico, primario. **2** patrimonio. ☐ Antónimos: **1** accesorio, secundario. ☐ Familia: capitalismo, capitalista.

capitalismo (ca·pi·ta·lis·mo) [sustantivo/masculino] Conjunto de ideas que defienden que los bienes privados son el principal medio para producir riqueza. ☐ Familia: →capital.

capitalista (ca·pi·ta·lis·ta) ▪ [adjetivo] **1** Del capitalismo o con sus características: *sistema capitalista*. ▪ [sustantivo] **2** Persona que tiene mucho dinero. ☐ [No varía en masculino y femenino]. ☐ Familia: →capital.

capitán, na (ca·pi·tán, ta·na) [sustantivo] **1** Persona que dirige un grupo. **2** Persona que dirige un barco o un avión. ▪ **capitán 3** Una de las categorías militares, por encima de la de teniente. ☐ [En el significado **3** no varía en masculino y femenino]. ☐ Familia: capitanear.

capitanear (ca·pi·ta·ne·ar) [verbo] Dirigir a un grupo: *La entrenadora capitaneó a su equipo hasta los Juegos Olímpicos*. ☐ Familia: →capitán.

capitel (ca·pi·tel) [sustantivo/masculino] Parte de arriba de una columna o de un pilar, que suele tener adornos.

capitoste (ca·pi·tos·te) [sustantivo/masculino] Persona que tiene poder o que manda sobre algo. ☐ [Es despectivo].

capitulación (ca·pi·tu·la·ción) [sustantivo/femenino] Hecho de rendirse bajo algunas condiciones un ejército, un país o una ciudad. ☐ Familia: →capítulo.

capitular (ca·pi·tu·lar) [verbo] **1** Rendirse bajo algunas condiciones un ejército, un país o una ciudad. **2** Abandonar una discusión por falta de razón o por estar ya cansado: *Capitulo, porque contigo no hay quien discuta*. ☐ Familia: →capítulo.

capítulo (ca·pí·tu·lo) [sustantivo/masculino] **1** Cada una de las grandes partes en que se divide un relato o un texto largo. **2** Tema o asunto que se tratan en algún momento. ♦ [expresión] ‖ **ser algo capítulo aparte** Merecer atención particular: *Primero leeremos la lección, porque estudiarla es capítulo aparte*. ☐ Sinónimos: **1** episodio. ☐ Familia: capitular, recapitular, capitulación.

capó (ca·pó) [sustantivo/masculino] Cubierta del motor de un coche.

capoeira [sustantivo/femenino] Deporte de origen brasileño en el que se combinan pasos de baile y movimientos de lucha. ☐ [Es una palabra portuguesa].

capón (ca·pón) [sustantivo/masculino] Golpe que da una persona en la cabeza de otra con los nudillos.

capota (ca·po·ta) [sustantivo/femenino] Cubierta de tela que llevan algunos vehículos. ☐ Familia: →capa.

capotazo (ca·po·ta·zo) [sustantivo/masculino] Pase que da el torero con el capote. ☐ Familia: →capa.

capote (ca·po·te) [sustantivo/masculino] Pieza de tela con vuelo, de un color vivo y que se usa para torear. ♦ [expresión] ‖ **echar un capote a alguien** Ayudarle cuando está en una situación difícil: *¿Puedes venir conmigo a la reunión por si necesito que me eches un capote?* ☐ [La expresión es coloquial]. ☐ Sinónimos: capa. ☐ Familia: →capa.

capricho (ca·pri·cho) [sustantivo/masculino] Deseo muy fuerte de algo que en realidad no se necesita y que se quiere tener enseguida. ☐ Sinónimos: antojo. ☐ Familia: caprichoso, encapricharse.

caprichoso, sa (ca·pri·cho·so, sa) ▪ [adjetivo] **1** Que no obedece a motivos razonables: *La suerte es caprichosa y puede tocarle a cualquiera*. ▪ [adjetivo o sustantivo] **2** Que tiene muchos caprichos: *A esa caprichosa cada día se le antoja algo distinto*. ☐ Familia: →capricho.

capricornio (ca·pri·cor·nio) [adjetivo o sustantivo] Dicho de una persona, que pertenece a uno de los doce signos del Zodiaco: *Las personas que son capricornio han nacido entre el 22 de diciembre y el 20 de enero*. ☐ [No varía en masculino y femenino].

caprino, na (ca·pri·no, na) [adjetivo] De la cabra o relacionado con ella: *ganado caprino*. ☐ Familia: →cabra.

cápsula (cáp·su·la) [sustantivo femenino] **1** Envoltura sin sabor que lleva dentro una medicina en polvo. **2** Parte de una nave del espacio donde van las personas que la conducen.

captar (cap·tar) [verbo] **1** Comprender con la inteligencia: *Es muy inteligente y capta enseguida todas mis explicaciones.* **2** Notar con los sentidos: *Los perros pueden captar sonidos que las personas no oímos.* **3** Traer hacia sí: *Estoy intentando captar su atención.* ☐ SINÓNIMOS: **1** entender. **2** percibir. **3** atraer.

captura (cap·tu·ra) [sustantivo femenino] Hecho de atrapar algo o a alguien. ☐ FAMILIA: →capturar.

capturar (cap·tu·rar) [verbo] Atrapar a alguien y quitarle la libertad. ☐ SINÓNIMOS: apresar, prender, detener, arrestar. ☐ ANTÓNIMOS: liberar, libertar, soltar. ☐ FAMILIA: captura.

capucha (ca·pu·cha) [sustantivo femenino] **1** Parte de algunas prendas de vestir que sirve para cubrir la cabeza: *la capucha del abrigo.* **2** Pieza que cubre la punta de algunos objetos: *la capucha del rotulador.* ☐ SINÓNIMOS: caperuza. **2** capuchón. ☐ FAMILIA: capuchón, capuchino, encapuchado.

capuchino, na (ca·pu·chi·no, na) ■ [adjetivo] **1** De una orden religiosa derivada de la orden franciscana o relacionado con ella. ■ [adjetivo o sustantivo] **2** Persona que pertenece a esta orden religiosa. ☐ FAMILIA: →capucha.

capuchón (ca·pu·chón) [sustantivo masculino] Pieza que cubre la punta de algunos objetos: *el capuchón del bolígrafo.* ☐ SINÓNIMOS: capucha, caperuza. ☐ FAMILIA: →capucha.

capullo (ca·pu·llo) [sustantivo masculino] **1** Flor que todavía no se ha abierto. **2** Especie de bolsa en la que se envuelven algunos insectos para hacerse adultos: *Del capullo del gusano de seda sale la mariposa.* **3** Persona que hace algo malo a otras. ☐ [El significado **3** es coloquial y se usa como insulto].

caqui (ca·qui) ■ [adjetivo o sustantivo masculino] **1** De color verde casi marrón. 👁 **página 234.** ■ [sustantivo masculino] **2** Fruto dulce con forma redondeada y de color rojo casi naranja: *Los caquis son parecidos a los tomates.* 👁 **página 453.** ☐ [Cuando es adjetivo, no varía en masculino y femenino].

cara (ca·ra) [sustantivo femenino] Mira en **caro, ra**.

carabela (ca·ra·be·la) [sustantivo femenino] Barco antiguo con tres palos para las velas. ☐ [No confundir con «calavera» (conjunto de los huesos de la cabeza)].

carabina (ca·ra·bi·na) [sustantivo femenino] **1** Arma de fuego, parecida al fusil. **2** Persona que acompaña a otra cuando esta va con un amigo de distinto sexo: *Antes, muchas parejas paseaban con una carabina que las vigilaba.* ☐ [El significado **2** es coloquial]. ☐ FAMILIA: carabinero.

carabinero (ca·ra·bi·ne·ro) [sustantivo masculino] **1** Guardia encargado de perseguir el contrabando. **2** Animal marino parecido al langostino pero más grande y de color rojo oscuro. ☐ FAMILIA: →carabina.

caracol (ca·ra·col) [sustantivo masculino] **1** Animal pequeño que guarda su cuerpo en una concha redonda y tiene cuatro cuernos que puede sacar y guardar. **2** Rizo del pelo.

caracola (ca·ra·co·la) [sustantivo femenino] **1** Concha grande de un caracol marino. **2** Bollo redondo y plano, con forma de espiral.

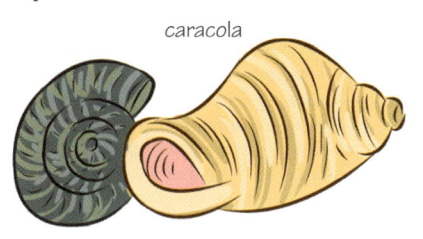

caracola

carácter (ca·rác·ter) [sustantivo masculino] **1** Característica importante de algo: *Tengo un problema de carácter grave.* **2** Conjunto de características que definen una forma de ser: *Nunca pierdes la calma, porque eres una persona de carácter tranquilo.* **3** Forma de ser de la persona que mantiene sus ideas con fuerza: *Eres una persona de mucho carácter.* **4** Signo que se usa para escribir: *Ese manuscrito está escrito en caracteres latinos.* ☐ [Su plural es «caracteres»]. ☐ SINÓNIMOS: **1** propiedad, cualidad. **2** natural, naturaleza, temperamento, talante. ☐ FAMILIA: caracterizar, característico.

característico, ca (ca·rac·te·rís·ti·co, ca) [adjetivo o sustantivo femenino] Que es propio de algo y lo hace distinto de otras cosas: *Ese pintor tiene un estilo característico.* ☐ FAMILIA: →carácter.

caracterizar (ca·rac·te·ri·zar) [verbo] **1** Hacer diferente una cosa de otra por tener determinadas características: *Lo que más caracteriza a los perros es el buen olfato.* ■ **caracterizarse** **2** Vestirse y arreglarse una persona como corresponde para representar a un personaje: *El actor se caracterizó de viejo mendigo.* ☐ [La «z» se cambia en «c» delante de «e» («caracterice»)]. ☐ FAMILIA: →carácter.

caradura (ca·ra·du·ra) [adjetivo o sustantivo] Que se aprovecha de los demás siempre que puede. ☐ [No varía en masculino y femenino. Su plural es «caraduras». Se usa mucho la forma abreviada «cara», que es coloquial: «No seas cara y ayúdame»]. ☐ SINÓNIMOS: carota, aprovechado, fresco. ☐ FAMILIA: →cara. →duro.

caramba (ca·ram·ba) [interjección] Se usa para indicar sorpresa, admiración o disgusto.

carámbano (ca·rám·ba·no) [sustantivo masculino] Trozo de hielo largo y puntiagudo: *En la fuente se han formado carámbanos por el frío.*

carambola (ca·ram·bo·la) [sustantivo femenino] **1** En el billar, hecho de que una bola que hemos golpeado toque a otra. **2** Casualidad que hace que algo salga bien. ☐ [El significado **2** es coloquial]. ☐ SINÓNIMOS: **2** chiripa, chamba.

caramelo (ca·ra·me·lo) [sustantivo masculino] **1** Dulce que suele ser como una bola dura, hecho de azúcar y con distintos sabores. **2** Azúcar fundido. ☐ FAMILIA: acaramelado.

carantoña (ca·ran·to·ña) [sustantivo femenino] Caricia u otra demostración de cariño.

caraqueño, ña (ca·ra·que·ño, ña) [adjetivo o sustantivo] De Caracas, que es la capital venezolana.

carátula (ca·rá·tu·la) [sustantivo femenino] **1** Cubierta o portada de un disco, de un libro o de otro objeto. **2** Pieza que sirve para cubrir la cara. ☐ SINÓNIMOS: **2** máscara, careta.

caravana (ca·ra·va·na) [sustantivo femenino] **1** Grupo de personas que viajan juntas, a pie o en algún vehículo: *Los indios atacaron a la caravana que iba al oeste*. **2** Fila de vehículos que circulan muy despacio porque hay mucho tráfico: *Tardamos en llegar porque había caravana*. **3** Remolque preparado para poder vivir en él: *En el camping había tiendas de campaña y caravanas*. 👁 **páginas 960-961**. ☐ FAMILIA: autocaravana.

caray (ca·ray) [interjección] Se usa para indicar sorpresa, admiración o disgusto: *¡Déjame en paz, caray!*

carbón (car·bón) [sustantivo masculino] Materia sólida, negra, que pesa poco y es fácil de quemar: *El carbón se usa como combustible*. ☐ FAMILIA: carbonilla, carboncillo, carbonera, carbonero, carbonizar, carbono, carbónico, bicarbonato, carburo, carburar, carburador, carburante, biocarburante, hidrocarburo.

carboncillo (car·bon·ci·llo) [sustantivo masculino] **1** Lápiz de madera hecho de carbón, que sirve para dibujar. **2** Dibujo hecho con este lápiz. ☐ FAMILIA: →carbón.

carbonera (car·bo·ne·ra) [sustantivo femenino] Mira en **carbonero, ra**.

carbonero, ra (car·bo·ne·ro, ra) ▌[sustantivo] **1** Persona que reparte o vende carbón. ▌**carbonera** [sustantivo femenino] **2** Lugar en el que se guarda el carbón. ☐ FAMILIA: →carbón.

carbónico, ca (car·bó·ni·co, ca) [adjetivo] Dicho de una mezcla o de una combinación, que contiene carbono: *Las bebidas carbónicas tienen burbujas*. ☐ FAMILIA: →carbón.

carbonilla (car·bo·ni·lla) [sustantivo femenino] Ceniza que deja el humo que sale cuando se quema carbón: *La chimenea está sucia de carbonilla*. ☐ FAMILIA: →carbón.

carbonizar (car·bo·ni·zar) [verbo] Quemar algo hasta que parezca carbón. ☐ [La «z» se cambia en «c» delante de «e» («carbonice»)]. ☐ FAMILIA: →carbón.

carbono (car·bo·no) [sustantivo masculino] Sustancia química que se encuentra en gran cantidad en la naturaleza: *El diamante y el carbón están compuestos de carbono*. ☐ FAMILIA: →carbón.

carburador (car·bu·ra·dor) [sustantivo masculino] Parte del motor de un vehículo en la que se mezcla el combustible con el aire. ☐ FAMILIA: →carbón.

carburante (car·bu·ran·te) [sustantivo masculino] Combustible líquido que se usa para hacer funcionar algunos motores: *La gasolina y el gasóleo son carburantes*. ☐ FAMILIA: →carbón.

carburar (car·bu·rar) [verbo] **1** Mezclar aire u otro gas con un carburante para producir calor o energía. **2** Funcionar bien: *Tu cabeza ya no carbura*. ☐ [El significado **2** es coloquial]. ☐ FAMILIA: →carbón.

carburo (car·bu·ro) [sustantivo masculino] Combinación del carbono con otros elementos: *lámpara de carburo*. ☐ FAMILIA: →carbón.

carca (car·ca) [adjetivo o sustantivo] Que tiene ideas muy anticuadas. ☐ [No varía en masculino y femenino. Es coloquial y despectivo]. ☐ SINÓNIMOS: retrógrado. ☐ ANTÓNIMOS: progresista, moderno.

carcaj (car·caj) [sustantivo masculino] Especie de caja para guardar las flechas, que se lleva colgada del hombro. ☐ [Su plural es «carcajes»].

carcajada (car·ca·ja·da) [sustantivo femenino] Risa que se suelta con fuerza y con ruido. ☐ SINÓNIMOS: risotada. ☐ FAMILIA: carcajearse.

carcajearse (car·ca·je·ar·se) [verbo] Reírse con fuerza y con ruido. ☐ FAMILIA: →carcajada.

carcamal (car·ca·mal) [adjetivo o sustantivo] Persona vieja y con muchos achaques. ☐ [No varía en masculino y femenino. Es coloquial y despectivo].

carcasa (car·ca·sa) [sustantivo femenino] Conjunto de piezas que sirven para sujetar algo. ☐ SINÓNIMOS: armazón, estructura.

cárcel (cár·cel) [sustantivo femenino] Lugar en el que se mete a una persona para castigarla por un delito. ☐ SINÓNIMOS: prisión, presidio, penal, penitenciaría. ☐ FAMILIA: carcelero, carcelario, encarcelar, excarcelar.

carcelario, ria (car·ce·la·rio, ria) [adjetivo] De la cárcel o relacionado con ella. ☐ SINÓNIMOS: penitenciario. ☐ FAMILIA: →cárcel.

carcelero, ra (car·ce·le·ro, ra) [sustantivo] Persona que se ocupa de vigilar a los presos en una cárcel. ☐ FAMILIA: →cárcel.

carcoma (car·co·ma) [sustantivo femenino] Insecto muy pequeño que se come la madera. ☐ FAMILIA: carcomer.

carcomer (car·co·mer) [verbo] **1** Comerse la carcoma la madera: *Estas vigas están carcomidas*. **2** Acabar poco a poco con la paciencia o con la salud de alguien: *Los celos me carcomen*. ☐ FAMILIA: →carcoma.

cardar (car·dar) [verbo] **1** Peinar el pelo desde la punta a la raíz para que quede hueco. **2** Limpiar y preparar la lana y otras materias antes de hilarlas. **3** Sacar el pelo de un tejido: *cardar un paño*. ☐ FAMILIA: →cardo.

cardenal (car·de·nal) [sustantivo masculino] **1** Sacerdote que forma parte del grupo de consejeros del papa: *Los cardenales eligen al papa*. **2** Mancha morada que se produce en la piel como resultado de un golpe. ☐ SINÓNIMOS: **2** moratón, hematoma. ☐ FAMILIA: →cárdeno.

cardenalicio, cia (car·de·na·li·cio, cia) [adjetivo] Del cardenal o relacionado con este sacerdote. ☐ FAMILIA: →cárdeno.

cárdeno, na (cár·de·no, na) [adjetivo] De color morado. ☐ FAMILIA: cardenal, cardenalicio.

cardiaco, ca o **cardíaco, ca** (car·dia·co, ca; car·dí·a·co, ca) ▌[adjetivo] **1** Del corazón o relacionado con este órgano: *ritmo cardiaco*. ▌[adjetivo o sustantivo] **2** Que está enfermo del corazón. ☐ FAMILIA: taquicardia.

cardias (car-dias) [sustantivo masculino] Abertura que comunica el estómago con el esófago, que es el tubo por el que bajan los alimentos. ☐ [No varía en singular y plural].

cardinal (car-di-nal) [adjetivo o sustantivo masculino] Que expresa una cantidad: *«Siete» es un número cardinal y «séptimo» es un número ordinal.* ☐ [No varía en masculino y femenino].

cardiología (car-dio-lo-gí-a) [sustantivo femenino] Ciencia que estudia las enfermedades del corazón. ☐ FAMILIA: cardiólogo.

cardiólogo, ga (car-dió-lo-go, ga) [sustantivo] Médico especializado en cardiología. ☐ FAMILIA: →cardiología.

cardo (car-do) [sustantivo masculino] Planta que tiene hojas grandes y muchas espinas. ◆ [expresión] ‖ **cardo borriquero** El que tiene las hojas rizadas y espinosas, y flores de color púrpura. ☐ FAMILIA: cardar, escardar.

cardo

carecer (ca-re-cer) [verbo] No tener algo: *carecer de sentido del humor.* ☐ [Es irregular y se conjuga como AGRADECER. No confundir con «adolecer» (tener un defecto o una enfermedad)]. ☐ ANTÓNIMOS: tener, poseer. ☐ FAMILIA: carencia, carente.

carencia (ca-ren-cia) [sustantivo femenino] Falta de algo o cantidad escasa de ello. ☐ SINÓNIMOS: escasez, pobreza, déficit. ☐ ANTÓNIMOS: abundancia, opulencia. ☐ FAMILIA: →carecer.

carente (ca-ren-te) [adjetivo] Que no tiene algo. ☐ [No varía en masculino y femenino]. ☐ SINÓNIMOS: desprovisto. ☐ FAMILIA: →carecer.

careo (ca-re-o) [sustantivo masculino] Hecho de colocar juntas a varias personas y hacerles preguntas para comparar lo que dicen: *El juez sometió a los testigos a un careo.* ☐ FAMILIA: →cara.

carestía (ca-res-tí-a) [sustantivo femenino] Precio elevado de las cosas: *La gente protesta por la carestía de la vida.* ☐ FAMILIA: →caro.

careta (ca-re-ta) [sustantivo femenino] Pieza que sirve para cubrir la cara. ☐ SINÓNIMOS: máscara, carátula. ☐ FAMILIA: →cara.

carey (ca-rey) [sustantivo masculino] **1** Tortuga grande que vive en el mar. **2** Material que se obtiene del caparazón de esta tortuga y que se usa para hacer peines y adornos. ☐ [Su plural es «careyes»]. ☐ SINÓNIMOS: **2** concha.

carga (car-ga) [sustantivo femenino] **1** Colocación de un peso sobre algo: *Yo me ocuparé de la carga y descarga del camión.* **2** Cosa que transporta un vehículo de un lugar a otro: *La carga que lleva esa cisterna es gasolina.* **3** Peso que descansa sobre una estructura: *Esa repisa no puede soportar tanta carga.* **4** Cosa que contiene algo en su interior y que se cambia cuando se acaba: *la carga de un bolígrafo.* **5** Cantidad de sustancia explosiva que se usa para volar algo o que se introduce en un arma de fuego: *Los mineros salieron de la mina antes de que explotaran las cargas.* **6** Ataque con fuerza que se hace contra alguien: *El capitán gritó a sus soldados: «A la carga».* **7** Cosa que produce preocupación y problemas: *No quiero ser una carga para mi familia.* ☐ SINÓNIMOS: **7** peso. ☐ ANTÓNIMOS: **1** descarga. ☐ FAMILIA: →cargar.

cargado, da (car-ga-do, da) [adjetivo] **1** Fuerte, denso o muy espeso: *café cargado; ambiente cargado.* **2** Dicho del tiempo, muy caluroso. ☐ FAMILIA: →cargar.

cargador (car-ga-dor) [sustantivo masculino] Pieza que sirve para cargar un objeto o para poner una carga: *cargador de tinta; cargador de una pistola.* ☐ FAMILIA: →cargar.

cargamento (car-ga-men-to) [sustantivo masculino] Conjunto de productos que lleva un vehículo: *Este barco lleva un cargamento de plátanos.* ☐ FAMILIA: →cargar.

cargante (car-gan-te) [adjetivo] Que produce molestia o que cansa mucho: *Haces tantas cosas para caer simpático que resultas cargante.* ☐ [No varía en masculino y femenino. Es coloquial]. ☐ FAMILIA: →cargar.

cargar (car-gar) [verbo] **1** Poner una carga sobre algo: *Hemos cargado el coche con patatas.* **2** Introducir una bala en un arma de fuego: *Los soldados cargaron los fusiles.* **3** Poner dentro de una cosa lo que necesita para funcionar: *Tengo que cargar la pluma, porque me he quedado sin tinta.* **4** Cansar o producir molestia: *Ese chico es un pesado y me carga mucho.* **5** Suspender un examen: *He cargado Lengua por poner faltas de ortografía.* **6** Atacar con fuerza contra alguien: *El ejército cargó contra el enemigo.* ∎ **cargarse 7** Romper algo o estropearlo: *¿Ya te has cargado el reloj?* **8** Matar: *Se cargó con el coche a un perro sin querer.* **9** Hacerse difícil de respirar el aire que hay en un lugar: *La habitación es pequeña y enseguida se carga el ambiente.* ◆ [expresión] ‖ **cargársela** Recibir un castigo: *Cuando sepa que has roto su disco favorito, te la vas a cargar.* ☐ [La «g» se cambia en «gu» delante de «e» («cargue»). Los significados **4**, **5**, **7** y **8** y la expresión son coloquiales]. ☐ ANTÓNIMOS: **1-3** descargar. ☐ FAMILIA: carga, cargamento, cargador, carguero, cargado, cargante, descargar, encargar, recargar, sobrecargar, montacargas, cargo.

cargo (car-go) [sustantivo masculino] **1** Empleo o categoría: *Mi madre ocupa el cargo de directora.* **2** Persona que tiene esta categoría: *La decisión fue tomada por los altos cargos de la empresa.* **3** Cuidado o dirección de algo: *Te dejo al cargo de la casa.* **4** Falta de la que se acusa a una persona: *Se han retirado todos los cargos contra el acusado.* ◆ [expresión] ‖ **cargo de conciencia** Sentimiento de culpabilidad que tiene una persona: *Después de enfadarme con él, me entró cargo de conciencia.* ‖ **hacerse cargo de algo** Ocuparse de ello: *Hazte cargo de los niños mientras yo bajo a la farmacia.* ☐ FAMILIA: →cargar.

carguero (car·gue·ro) [sustantivo masculino] Barco o tren que lleva una carga. ☐ FAMILIA: →cargar.

cariátide (ca·riá·ti·de) [sustantivo femenino] Columna en forma de estatua de mujer.

caribeño, ña (ca·ri·be·ño, ña) [adjetivo o sustantivo] Del mar Caribe, que está al este de América Central y al norte de América del Sur.

caribú (ca·ri·bú) [sustantivo masculino] Animal americano parecido al reno, pero más grande, que vive en zonas frías. ☐ [Su plural es «caribús» o «caribúes» (más culto)].

caricatura (ca·ri·ca·tu·ra) [sustantivo femenino] Dibujo que representa a una persona con algún rasgo de tamaño exagerado. ☐ FAMILIA: →cara.

caricatura

caricaturista (ca·ri·ca·tu·ris·ta) [sustantivo] Persona que se dedica a hacer caricaturas. ☐ [No varía en masculino y femenino]. ☐ FAMILIA: →cara.

caricaturizar (ca·ri·ca·tu·ri·zar) [verbo] Dibujar o describir algo exagerando alguna de sus características: *Ese cómic caricaturiza a los políticos.* ☐ [La «z» se cambia en «c» delante de «e» («caricaturice»)]. ☐ FAMILIA: →cara.

caricia (ca·ri·cia) [sustantivo femenino] **1** Demostración de cariño que consiste en rozar algo con la mano de manera suave. **2** Toque de algo que roza de manera suave y produce una sensación agradable: *la caricia del viento.* ☐ FAMILIA: acariciar.

caridad (ca·ri·dad) [sustantivo femenino] **1** Pena que se siente ante el dolor de los demás y que nos lleva a ayudarlos. **2** Ayuda que se da a quien lo necesita: *Esos mendigos viven de la caridad.* ☐ SINÓNIMOS: **1** piedad, compasión, misericordia. **2** beneficencia. ☐ ANTÓNIMOS: **1** crueldad. ☐ FAMILIA: caritativo.

caries (ca·ries) [sustantivo femenino] Especie de agujerito que se hace en los dientes y las muelas. ☐ [No varía en singular y plural].

carillón (ca·ri·llón) [sustantivo masculino] **1** Conjunto de campanas que al sonar producen una melodía. **2** Reloj que tiene este conjunto de campanas.

cariño (ca·ri·ño) [sustantivo masculino] **1** Sentimiento que tenemos por una persona a la que amamos. **2** Sentimiento que tenemos por una cosa que nos gusta: *Esta blusa está vieja, pero le tengo mucho cariño.* ☐ SINÓNIMOS: **1** querer, amor, afecto. **2** estima, aprecio. ☐ ANTÓNIMOS: **1** odio. ☐ FAMILIA: cariñoso, encariñarse.

cariñoso, sa (ca·ri·ño·so, sa) [adjetivo] Que siente amor o que lo expresa. ☐ SINÓNIMOS: amoroso, tierno. ☐ ANTÓNIMOS: descastado. ☐ FAMILIA: →cariño.

carisma (ca·ris·ma) [sustantivo masculino] Capacidad de una persona para atraer a la gente: *Tiene tanto carisma, que cuando habla nadie le interrumpe.* ☐ FAMILIA: carismático.

carismático, ca (ca·ris·má·ti·co, ca) [adjetivo] Que tiene mucha capacidad para atraer a la gente. ☐ FAMILIA: →carisma.

caritativo, va (ca·ri·ta·ti·vo, va) [adjetivo] Que siente o muestra pena ante el dolor de los demás y los ayuda y perdona. ☐ SINÓNIMOS: compasivo, misericordioso, piadoso. ☐ ANTÓNIMOS: cruel. ☐ FAMILIA: →caridad.

cariz (ca·riz) [sustantivo masculino] Aspecto que presenta una cosa.

carlinga (car·lin·ga) [sustantivo femenino] Parte del avión en la que van el piloto y la tripulación.

carmelita (car·me·li·ta) ▌[adjetivo] **1** De la orden religiosa del Carmen o del Carmelo, o relacionado con ella. ▌[adjetivo o sustantivo] **2** Persona que pertenece a esta orden religiosa. ☐ [No varía en masculino y femenino].

carmesí (car·me·sí) [sustantivo masculino] De color rojo oscuro muy vivo. ☐ [Su plural es «carmesís» o «carmesíes» (más culto). Cuando es adjetivo, no varía en masculino y femenino].

carmín (car·mín) ▌[adjetivo o sustantivo masculino] **1** De color rojo vivo. ▌[sustantivo masculino] **2** Barra que sirve para pintarse los labios. ☐ [Cuando es adjetivo, no varía en masculino y femenino]. ☐ SINÓNIMOS: **2** pintalabios.

carnada (car·na·da) [sustantivo femenino] Animal o trozo de carne que se utilizan como cebo para cazar y pescar. ☐ SINÓNIMOS: carnaza. ☐ FAMILIA: →carne.

carnal (car·nal) [adjetivo] **1** Dicho de un pariente, que es muy cercano a nosotros porque tiene antepasados comunes a los nuestros: *Somos primos carnales, porque tu madre y la mía son hermanas.* **2** Del cuerpo y de sus instintos sexuales, o relacionado con ellos: *amor carnal.* ☐ [No varía en masculino y femenino]. ☐ FAMILIA: →carne.

carnaval (car·na·val) [sustantivo masculino] Fiesta popular que se celebra en invierno y en la que la gente se viste con trajes de distintos personajes.

carnaza (car·na·za) [sustantivo femenino] Animal o trozo de carne que se utilizan como cebo para cazar y pescar. ☐ SINÓNIMOS: carnada. ☐ FAMILIA: →carne.

carne (car·ne) [sustantivo femenino] **1** Parte blanda del cuerpo de los animales formada por los músculos. **2** Esta parte del cuerpo de los animales, cuando se utiliza como alimento: *carne de ternera.* **3** Parte blanda de la fruta que está debajo de la piel: *La carne de los melocotones es más blanda que la de las manzanas.* **4** Cuerpo de una persona, en oposición al espíritu: *Quiero adelgazar, pero la carne es débil y como mucho.* ◆ [expresión]
‖ **carne de gallina** Piel de las personas cuando se pone con pequeños bultitos, por el frío o por el miedo u

otra emoción. ‖ **en carne viva** Sin piel y con sangre: *Me caí y me dejé la rodilla en carne viva.* ‖ **ser de carne y hueso** Ser sensible a lo que ocurre a nuestro alrededor: *Claro que lloro cuando veo alguna desgracia, porque soy de carne y hueso.* ☐ [No confundir con «carné» (documento que identifica a una persona)]. ☐ Familia: carnicero, carnicería, cárnico, carnívoro, carnada, carnaza, carnal, carnoso, encarnizado, encarnar, encarnación, reencarnarse, reencarnación.

carné (car·né) [sustantivo masculino] Documento en el que aparece el nombre de una persona y que es necesario para hacer determinadas cosas: *carné de conducir.* ☐ [Es una palabra de origen francés. Su plural es «carnés». No confundir con «carne» (parte blanda del cuerpo de un animal o de una fruta). Se usa también «carnet»].

carnero (car·ne·ro) [sustantivo masculino] Macho de la oveja: *Los carneros tienen los cuernos enrollados en espiral.*

carnet (car·net) [sustantivo masculino] → **carné**. ☐ [Es una palabra de origen francés. Su plural es «carnets»].

carnicería (car·ni·ce·rí·a) [sustantivo femenino] **1** Lugar en el que se vende carne. **2** Multitud de muertes producidas por la guerra o por una gran desgracia: *El ataque aéreo produjo una carnicería.* **3** Herida muy grande y con mucha sangre. ☐ [No debe decirse «carnecería»]. ☐ Familia: →carne.

carnicero, ra (car·ni·ce·ro, ra) ▮ [adjetivo o sustantivo] **1** Dicho de un animal, que mata a otros para comérselos: *El tigre es un animal carnicero.* ▮ [sustantivo] **2** Persona que vende carne. ☐ [En el significado **1**, no confundir con «carnívoro» (que se alimenta de carne)]. ☐ Familia: →carne.

cárnico, ca (cár·ni·co, ca) [adjetivo] De la carne que comemos o relacionado con ella: *productos cárnicos.* ☐ Familia: →carne.

carnívoro, ra (car·ní·vo·ro, ra) ▮ [adjetivo o sustantivo masculino] **1** Dicho de un animal, que se alimenta de carne. ⊙ **página 73.** ▮ [adjetivo] **2** Dicho de una planta, que se alimenta de insectos. ☐ [En el significado **1**, no confundir con «carnicero» (que mata a un animal para comérselo)]. ☐ Familia: →carne.

carnoso, sa (car·no·so, sa) [adjetivo] **1** De carne o que tiene mucha carne. **2** Dicho de un vegetal, que tiene la carne blanda y con mucha agua. ☐ Familia: →carne.

caro, ra (ca·ro, ra) ▮ [adjetivo] **1** Que tiene un precio muy alto. ▮ **cara** [sustantivo femenino] **2** Parte de la cabeza en la que están los ojos, la nariz y la boca. **3** Expresión que tiene esta parte de la cabeza: *Tienes cara de bueno.* **4** Cada una de las superficies planas de algo: *Siempre escribo por las dos caras de la hoja.* **5** Superficie principal de una moneda: *¿Lo echamos a cara o cruz?* **6** Aspecto de algo: *Esa tarta tiene una cara estupenda.* **7** Falta de vergüenza: *Pídele permiso tú, que tienes más cara que yo.* ▮ **caro** [adverbio] **8** A un precio más alto: *En esa tienda venden más caro que en esta.* ◆ [expresión] ‖ **cara de pocos amigos** La que tiene una persona cuando está enfadada: *¿Qué te pasa, que traes cara de pocos amigos?* ‖ **cara larga** La que muestra tristeza o enfado.

‖ **cruzar la cara** Dar una bofetada. ‖ **dar la cara** Responder de algo que hemos hecho. ‖ **echar en cara** Recordar a una persona algo que ya ha olvidado, para que se sienta mal. ‖ **plantar cara** Enfrentarse a una situación difícil. ☐ Sinónimos: **1** oneroso. **2** faz, rostro. **3** semblante. **4** lado. **5** anverso. **7** descaro. ☐ Antónimos: **1**, **8** barato. **1** regalado. **5** cruz, reverso. ☐ Familia: **1** carestía, encarecer. **2-7** careo, careta, caricatura, caricaturizar, caricaturista, carota, caradura, descaro, descarado, encarar, encarado.

carota (ca·ro·ta) [adjetivo o sustantivo] Dicho de una persona, que se aprovecha de los demás siempre que puede. ☐ [No varía en masculino y femenino]. ☐ Sinónimos: caradura, aprovechado, fresco. ☐ Familia: →cara.

carótida (ca·ró·ti·da) [sustantivo femenino] Cada una de las dos arterias que a través del cuello se encargan de llevar la sangre a la cabeza.

carpa (car·pa) [sustantivo femenino] **1** Pez de agua dulce, verdoso por encima y amarillento por debajo, con escamas grandes y una sola aleta dorsal. **2** Tela que cubre un lugar amplio y sirve como techo: *la carpa del circo.*

carpelo (car·pe·lo) [sustantivo masculino] Parte femenina de una planta que se reproduce mediante semillas.

carpeta (car·pe·ta) [sustantivo femenino] Cartulina gruesa y doblada que se usa para guardar papeles de manera ordenada. ☐ Familia: carpetazo.

carpetazo (car·pe·ta·zo) ◆ [expresión] ‖ **dar carpetazo** Dar por terminado un asunto. ☐ Familia: →carpeta.

carpintería (car·pin·te·rí·a) [sustantivo femenino] **1** Lugar en el que se hacen o se venden muebles de madera. **2** Conjunto de conocimientos necesarios para hacer muebles de madera. ☐ Familia: →carpintero.

carpintero, ra (car·pin·te·ro, ra) [sustantivo] Persona que trabaja haciendo muebles con la madera. ☐ Familia: carpintería.

carpo (car·po) [sustantivo masculino] Conjunto de los huesos de la muñeca de una persona. ⊙ **página 405.** ☐ Familia: metacarpo.

carraca (ca·rra·ca) [sustantivo femenino] **1** Instrumento de madera que produce un ruido seco. **2** Aparato viejo o que funciona mal. ☐ [El significado **2** es coloquial].

carraspear (ca·rras·pe·ar) [verbo] Toser un poco para aclarar la garganta. ☐ Familia: carraspeo, carraspera.

carraspeo (ca·rras·pe·o) [sustantivo masculino] Tos que se hace para aclarar la garganta. ☐ Familia: →carraspear.

carraspera (ca·rras·pe·ra) [sustantivo femenino] Sequedad y picor en la garganta que produce ganas de toser. ☐ Familia: →carraspear.

carrera (ca·rre·ra) [sustantivo femenino] **1** Marcha rápida a pie que se hace cuando se corre. **2** Competición de velocidad entre personas o entre animales: *carrera de caballos.* **3** Conjunto de estudios que permiten a una persona tener una profesión: *carrera de medicina.* **4** Profesión por la que se recibe un salario: *No ha tenido ningún problema en toda su carrera.* **5** Línea de puntos que se sueltan en una media: *Tengo una carrera en la media.*

carrerilla

◆ [expresión] ‖ **a la carrera** A gran velocidad: *Tendré que acabar este trabajo a la carrera.* ☐ FAMILIA: carrerilla.

carrerilla (ca·rre·ri·lla) ◆ [expresión] ‖ **de carrerilla** De memoria: *Me sé la lección de carrerilla.* ‖ **tomar carrerilla** Dar unos pasos hacia atrás para salir con más fuerza: *Tuve que tomar carrerilla para poder saltar la zanja.* ☐ [No confundir con «carretilla» (carro pequeño)]. ☐ FAMILIA: →carrera.

carreta (ca·rre·ta) [sustantivo/femenino] Carro pequeño de madera. ☐ FAMILIA: →carro.

carrete (ca·rre·te) [sustantivo/masculino] **1** Tubo pequeño y hueco que sirve para enrollar algo en él: *carrete de hilo.* **2** Película que se pone en una máquina para hacer fotografías: *Llevaré el carrete a revelar.* ◆ [expresión] ‖ **dar carrete a alguien** Darle conversación: *No le des carrete al vecino, porque se enrolla mucho y llegaremos tarde.* ☐ [La expresión es coloquial].

carretera (ca·rre·te·ra) [sustantivo/femenino] Mira en **carretero, ra**.

carretero, ra (ca·rre·te·ro, ra) ▪ [sustantivo] **1** Persona que conduce un carro. ▪ **carretera** [sustantivo/femenino] **2** Camino público por el que circulan los vehículos. ◆ [expresión] ‖ **fumar como un carretero** Fumar mucho. ☐ [La expresión es coloquial]. ☐ FAMILIA: →carro.

carretilla (ca·rre·ti·lla) [sustantivo/femenino] Carro pequeño que tiene una sola rueda y se lleva con las dos manos. 👁 **páginas 494-495**. ☐ [No confundir con «carrerilla», que se usa en las expresiones «de carrerilla» y «tomar carrerilla»]. ☐ FAMILIA: →carro.

carricoche (ca·rri·co·che) [sustantivo/masculino] Vehículo pequeño para llevar alguna cosa: *El heladero llevaba un carricoche con los helados.* ☐ FAMILIA: →carro. →coche.

carril (ca·rril) [sustantivo/masculino] Parte de una carretera por la que solo puede circular una fila de vehículos. ◆ [expresión] ‖ **carril bici** Camino o parte de una carretera preparados para que solo puedan circular bicicletas. 👁 **página 172.** ☐ FAMILIA: descarrilar, descarrilamiento, encarrilar, ferrocarril.

carrillo (ca·rri·llo) [sustantivo/masculino] Cada una de las dos partes blandas de la cara que están debajo de los ojos y a los lados de la nariz. ☐ SINÓNIMOS: mejilla, cachete.

carro (ca·rro) [sustantivo/masculino] **1** Vehículo formado por una estructura que va montada sobre dos ruedas y que se mueve porque tira de él algún animal. 👁 **páginas 960-961. 2** Vehículo con ruedas que se usa para llevar objetos de un lado a otro: *carro de la compra.* ◆ [expresión] ‖ **carro de combate** Vehículo de guerra, fuerte y pesado, que se usa para andar por terrenos difíciles. ‖ **parar el carro** Dejar de hablar o de actuar como se estaba haciendo. ☐ [La expresión «parar el carro» es coloquial]. ☐ FAMILIA: carretero, carreta, carretera, carretilla, carromato, carruaje, carroza, carrocería, carricoche.

carrocería (ca·rro·ce·rí·a) [sustantivo/femenino] Parte exterior de un vehículo. ☐ FAMILIA: →carro.

carromato (ca·rro·ma·to) [sustantivo/masculino] Carro grande cubierto por una tela y que es tirado por uno o varios animales. ☐ FAMILIA: →carro.

carroña (ca·rro·ña) [sustantivo/femenino] Carne de animales muertos: *El buitre se alimenta de carroña.*

carroza (ca·rro·za) ▪ [adjetivo o sustantivo] **1** Dicho de una persona, que es mayor o que tiene ideas que están pasadas de moda. ▪ [sustantivo] **2** Coche de caballos grande y con muchos adornos: *El hada madrina convirtió la calabaza en una carroza.* **3** Vehículo que se adorna para unas fiestas y que lleva gente: *desfile de carrozas.* ☐ [En el significado **1** no varía en masculino y femenino, y es coloquial]. ☐ FAMILIA: →carro.

carruaje (ca·rrua·je) [sustantivo/masculino] Vehículo formado por una estructura de madera o de hierro que va montada sobre unas ruedas. ☐ FAMILIA: →carro.

carrusel (ca·rru·sel) [sustantivo/masculino] Diversión de feria formada por una serie de figuras que giran y sobre las que se suben las personas. ☐ SINÓNIMOS: tiovivo, caballitos.

carta (car·ta) [sustantivo/femenino] **1** Papel escrito que se mete en un sobre y que se envía a una persona para comunicarle algo. **2** Cada una de las cartulinas de una baraja. **3** En un restaurante, lista de los platos y de las bebidas que se pueden elegir. **4** Imagen que representa en un plano cómo es la superficie de la Tierra o cómo es una parte de ella: *carta de navegación.* ◆ [expresión] ‖ **echar las cartas** Adivinar el futuro usando las cartas de la baraja. ‖ **tomar cartas en un asunto** Tomar parte en ello: *Si no dejáis de reñir, tomaré cartas en el asunto.* ☐ SINÓNIMOS: **2** naipe. **3** menú. **4** mapa. ☐ FAMILIA: cartero, cartearse, cartilla, cartapacio, cartografía, cartógrafo, cartomancia, abrecartas, descartar, descarte, encarte.

carta

cartabón (car·ta·bón) [sustantivo/masculino] Regla con forma de triángulo cuyos tres lados son de distinto tamaño, y dos de ellos forman un ángulo recto.

cartaginés, sa (car·ta·gi·nés, ne·sa) [adjetivo o sustantivo] De Cartago, que era una ciudad del norte del continente africano.

cartapacio (car·ta·pa·cio) [sustantivo/masculino] **1** Carpeta grande para guardar libros o papeles. **2** Cuaderno para tomar apuntes. ☐ FAMILIA: →carta.

cartearse (car·te·ar·se) [verbo] Escribirse cartas dos personas: *Me carteo desde hace años con una prima que vive en Alemania.* ☐ FAMILIA: →carta.

cartel (car·tel) [sustantivo/masculino] **1** Trozo grande de papel en el que hay escrito o dibujado algo para que lo vea la gente: *cartel de publicidad.* **2** Fama que tiene una persona: *Ese individuo no tiene buen cartel por aquí.* **3** Acuerdo entre varias empresas para evitar la competencia entre ellas. **4** Agrupación de personas que llevan a cabo acciones ilegales: *La policía persigue los carteles de la droga.* ◆ [expresión] ‖ **en cartel** Dicho de un espectáculo, que se está representando: *Esa obra de teatro ya lleva nueve meses en cartel.* ☐ [En los significados **3** y **4**, se usa también «cártel»]. ☐ Familia: cartelera.

cártel (cár·tel) [sustantivo masculino] → **cartel.**

cartelera (car·te·le·ra) [sustantivo femenino] **1** Superficie en la que se ponen fotografías de un espectáculo: *la cartelera del cine.* **2** En un periódico, sección en la que se anuncian los espectáculos: *Mira en la cartelera en qué cine ponen esa película.* ☐ Familia: →cartel.

cárter (cár·ter) [sustantivo masculino] En un automóvil, depósito del aceite.

cartera (car·te·ra) [sustantivo femenino] Mira en **cartero, ra.**

carterista (car·te·ris·ta) [sustantivo] Ladrón que roba carteras de bolsillo. ☐ [No varía en masculino y femenino].

cartero, ra (car·te·ro, ra) ▍ [sustantivo] **1** Persona que trabaja repartiendo las cartas que se mandan por correo. ▍ **cartera** [sustantivo femenino] **2** Especie de libro que cabe en un bolsillo y que se usa para llevar dinero y documentos. **3** Especie de bolsa que se usa para llevar libros o documentos: *Mi cartera se puede llevar a la espalda como una mochila.* ☐ Familia: →carta.

cartera

cartílago (car·tí·la·go) [sustantivo masculino] Tejido del cuerpo, duro y flexible: *En la oreja tenemos cartílagos.* ☐ Sinónimos: ternilla.

cartilla (car·ti·lla) [sustantivo femenino] **1** Libro que sirve para aprender a leer. **2** Especie de libro pequeño en el que se apuntan algunas cosas: *la cartilla del banco.* ◆ [expresión] ‖ **leerle la cartilla a alguien** Decirle lo que debe hacer: *Mis padres me leyeron la cartilla por llegar tarde del colegio.* ☐ [La expresión es coloquial]. ☐ Familia: →carta.

cartografía (car·to·gra·fí·a) [sustantivo femenino] Arte y técnica de hacer mapas geográficos. ☐ Familia: →carta.

cartógrafo, fa (car·tó·gra·fo, fa) [sustantivo] Persona que se dedica a la cartografía. ☐ Familia: →carta.

cartomancia (car·to·man·cia) [sustantivo femenino] Adivinación por medio de las cartas. ☐ Familia: →carta.

cartón (car·tón) [sustantivo masculino] **1** Especie de papel grueso que se usa para hacer cajas. **2** Recipiente hecho con este material: *Solo queda un cartón de leche.* ☐ Familia: acartonarse.

cartuchera (car·tu·che·ra) [sustantivo femenino] Cinturón en el que se llevan los cartuchos. ☐ Sinónimos: canana. ☐ Familia: →cartucho.

cartucho (car·tu·cho) [sustantivo masculino] **1** Tubo que se mete en un arma de fuego para que dispare. **2** Recipiente con forma de cilindro: *un cartucho de tinta; un cartucho de monedas.* ☐ Familia: cartuchera.

cartuja (car·tu·ja) [sustantivo femenino] Mira en **cartujo, ja.**

cartujo, ja (car·tu·jo, ja) ▍ [adjetivo o sustantivo] **1** De la Orden de la Cartuja o relacionado con ella. ▍ **cartuja** [sustantivo femenino] **2** Monasterio o convento de esta orden religiosa.

cartulina (car·tu·li·na) [sustantivo femenino] Cartón delgado y que se dobla fácilmente.

casa (ca·sa) [sustantivo femenino] **1** Edificio o lugar donde se vive. **2** Familia que vive en este lugar: *Yo soy el más pequeño de la casa.* **3** Conjunto de personas que tienen un mismo apellido y el mismo origen: *Felipe II pertenecía a la casa de Austria y Juan Carlos I, a la casa de Borbón.* **4** Establecimiento que se dedica a un fin determinado: *Esta casa fabrica telas.* **5** En deporte, campo de juego propio: *Si perdemos en casa seguro que perderemos el campeonato.* ◆ [expresión] ‖ **casa de citas** Lugar en el que se alquilan habitaciones para mantener relaciones sexuales. ‖ **casa de socorro** Especie de hospital en el que se prestan servicios médicos de urgencia. ‖ **como Pedro por su casa** Con mucha confianza: *En tu casa me siento a gusto y estoy como Pedro por su casa.* ‖ **de andar por casa** Que se hace de forma rápida o de cualquier manera: *El arreglo que te he hecho es solo de andar por casa.* ‖ **tirar la casa por la ventana** Hacer un gasto grande, aunque sea demasiado: *Celebraremos la boda de una forma sencilla, sin tirar la casa por la ventana.* ☐ [Las expresiones «como Pedro por su casa» y «tirar la casa por la ventana» son coloquiales]. ☐ Sinónimos: **1** hogar. ☐ Familia: casero, caseta, caserío, caserón, casona, casino, casilla, casillero, encasillar.

casaca (ca·sa·ca) [sustantivo femenino] Antigua prenda de vestir masculina parecida a una chaqueta, con la parte de atrás suelta hasta las rodillas.

casación (ca·sa·ción) [sustantivo femenino] Anulación de una sentencia dada por un juez o por un tribunal: *recurso de casación.*

casadero, ra (ca·sa·de·ro, ra) [adjetivo] Que está en edad de casarse. ☐ Familia: →casar.

casamentero, ra (ca·sa·men·te·ro, ra) [adjetivo o sustantivo] Que es aficionado a proponer o acordar bodas. ☐ Familia: →casar.

casamiento (ca·sa·mien·to) [sustantivo masculino] Ceremonia en la que dos personas se casan. ☐ Sinónimos: boda, nupcias. ☐ Familia: →casar.

casar (ca·sar) [verbo] **1** Unir en matrimonio a dos personas: *El sacerdote que casó a mis padres es un amigo de la familia.* **2** Colocar dos cosas de forma que se correspondan una con otra: *Tu historia no casa con la que me ha contado tu hermano.* ❚ **casarse 3** Unirse en matrimonio dos personas: *Mis padres se casaron hace quince años.* ◻ Sinónimos: **1**, **3** desposar. **2** cuadrar. ◻ Familia: casamiento, casadero, casamentero.

cascabel (cas·ca·bel) [sustantivo] [masculino] Bola de metal hueca que tiene algo dentro para que suene al moverla.

cascado, da (cas·ca·do, da) ❚ [adjetivo] **1** Que está muy gastado o que no tiene fuerza: *voz cascada.* ❚ **cascada** [sustantivo] [femenino] **2** Corriente de agua que cae desde cierta altura. ◻ Familia: →cascar.

cascada

cascajo (cas·ca·jo) [sustantivo] [masculino] **1** Conjunto de trozos de piedra y de otros materiales: *Los albañiles tiraron el cascajo de la obra al contenedor.* **2** Objeto viejo, roto o poco útil: *¡A ver cuándo tiras este cascajo de radio!* **3** Persona con muchos años y que ha perdido muchas de sus facultades: *Tu abuelo está ya hecho un cascajo.* ◻ [Los significados **2** y **3** son coloquiales]. ◻ Sinónimos: **1** cascote. ◻ Familia: →cascar.

cascanueces (cas·ca·nue·ces) [sustantivo] [masculino] Instrumento que se usa para partir nueces. ◻ [No varía en singular y plural]. ◻ Familia: →cascar. →nuez.

cascar (cas·car) [verbo] **1** Romper algo o hacerlo pedazos: *cascar un huevo.* **2** Pegar o dar una torta. **3** Hablar unas personas con otras: *Mis dos vecinos se pasan el día cascando en la puerta.* **4** Morir: *En la película iban cascando todos, uno detrás de otro.* ◻ [La «c» se cambia en «qu» delante de «e» («casque»). Los significados **2**, **3** y **4** son coloquiales]. ◻ Sinónimos: **3** charlar, conversar. ◻ Familia: cascado, cascajo, cascanueces.

cáscara (cás·ca·ra) [sustantivo] [femenino] Capa exterior y dura de algunas cosas que sirve para proteger su interior. ◉ ilustración en *huevo.* ◻ Familia: cascarón, descascarillar.

cascarón (cas·ca·rón) [sustantivo] [masculino] Cáscara del huevo de un ave. ◻ Familia: →cáscara.

cascarrabias (cas·ca·rra·bias) [sustantivo] Persona que se enfada y protesta por todo. ◻ [No varía en masculino y femenino, ni en singular y plural. Es coloquial]. ◻ Familia: →rabia.

cascarria (cas·ca·rria) [sustantivo] [femenino] Mancha seca de barro en la parte de la ropa que está más cerca del suelo.

casco (cas·co) ❚ [sustantivo] [masculino] **1** Pieza que cubre y protege la cabeza. **2** Botella vacía. **3** Parte de un barco que está sobre el agua. **4** Parte final y dura de las patas de los caballos. ❚ **cascos** [plural] **5** Cabeza: *¿Pero quién te ha metido en los cascos semejante tontería?* **6** Aparato con dos auriculares que se usa para escuchar algo individualmente y que una persona se pone en la cabeza. ◆ [expresión] ‖ **casco urbano** Conjunto de edificios de una ciudad. ‖ **ligero de cascos** Que actúa con poco juicio. ◻ [El significado **5** y la expresión «ligero de cascos» son coloquiales]. ◻ Familia: cascote, casquete, encasquetar, casquillo, encasquillarse, casquivano.

cascote (cas·co·te) [sustantivo] [masculino] Trozo de piedra o de otro material que resulta de derribar una construcción. ◻ Sinónimos: cascajo. ◻ Familia: →casco.

caserío (ca·se·rí·o) [sustantivo] [masculino] Casa grande de campo que está aislada. ◻ Familia: →casa.

casero, ra (ca·se·ro, ra) ❚ [adjetivo] **1** Que se hace en casa: *comida casera.* **2** Que se hace con confianza: *Haremos una celebración casera para festejar tu premio.* **3** Dicho de una persona, que disfruta mucho estando en su casa: *En mi familia somos muy caseros.* **4** Que ayuda al equipo que juega en su propio campo: *Ganaron porque el árbitro fue muy casero.* ❚ [sustantivo] **5** Dueño de una casa alquilada: *El arreglo de la calefacción lo pagará mi casero.* ◻ Familia: →casa.

caserón (ca·se·rón) [sustantivo] [masculino] Casa muy grande y con aspecto de estar abandonada. ◻ Familia: →casa.

caseta (ca·se·ta) [sustantivo] [femenino] **1** Casa pequeña y separada del resto: *la caseta del perro.* **2** Especie de cuarto pequeño y separado que usa una persona para algo: *En esta playa hay casetas para que la gente se cambie de ropa.* ◻ Familia: →casa.

casete (ca·se·te) ❚ [sustantivo] **1** Cajita de plástico que contiene una cinta en la que se registra el sonido.

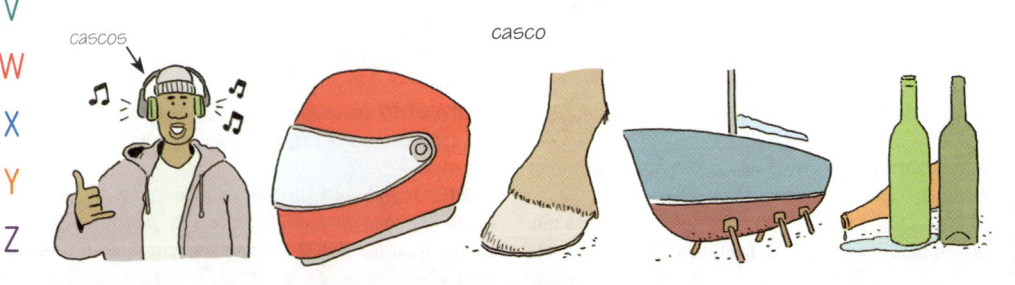

cascos

casco

■ [*sustantivo masculino*] **2** Radiocasete. □ [Es una palabra de origen francés. En el significado **1**, se puede decir «el casete» y «la casete» sin que cambie de significado. En el significado **2** es coloquial]. □ Sinónimos: **2** magnetófono. □ Familia: videocasete, radiocasete.

casi (ca·si) [*adverbio*] Con poca diferencia o de forma aproximada: *Casi se me cae. Tú y yo nacimos casi a la vez.*

casilla (ca·si·lla) [*sustantivo femenino*] **1** Cada una de las divisiones que tienen algunos muebles o algunas cajas: *El conserje del hotel cogió de la casilla la llave de mi habitación.* **2** Cada una de las divisiones en las que se colocan las piezas en algunos juegos: *casilla del parchís.* **3** Cada una de las partes en que están divididas algunas hojas de papel: *Si utilizas papel cuadriculado, debes escribir cada letra en una casilla.* ◆ [*expresión*] ‖ **sacar de sus casillas a alguien** Hacerle perder la paciencia: *Me saca de mis casillas que no atiendas cuando explico.* □ [La expresión es coloquial]. □ Familia: →casa.

casillero (ca·si·lle·ro) [*sustantivo masculino*] **1** Mueble con varios huecos para tener clasificados algunos objetos. **2** En deporte, tablón en el que se apuntan los tantos conseguidos por un equipo: *El casillero señalaba empate a dos al final de la primera parte.* □ Familia: →casa.

casino (ca·si·no) [*sustantivo masculino*] Lugar público en el que hay juegos, espectáculos, bailes y otras diversiones. □ Familia: →casa.

caso (ca·so) [*sustantivo masculino*] **1** Suceso o acontecimiento: *Te voy a contar un caso increíble.* **2** Combinación de situaciones que no se puede suponer que vayan a pasar y que no se pueden evitar: *Si se da el caso de que llueva, no saldremos.* **3** Asunto del que se trata: *Este abogado lleva casos de divorcios.* ◆ [*expresión*] ‖ **caso perdido** Persona de mala conducta. ‖ **en caso de que** Si ocurre: *En caso de que no puedas venir, llámame a casa.* ‖ **hacer caso** Prestar atención. ‖ **hacer caso omiso** No tener en cuenta. ‖ **ser un caso** Dicho de una persona, ser especial o única por alguna razón.

casona (ca·so·na) [*sustantivo femenino*] Casa grande y antigua. □ Familia: →casa.

caspa (cas·pa) [*sustantivo femenino*] Conjunto de escamas blancas que se forman en la raíz del cabello.

casquete (cas·que·te) [*sustantivo masculino*] Gorro que se ajusta a la cabeza. ◆ [*expresión*] ‖ **casquete polar** Parte del globo terráqueo que está entre el círculo polar y cada uno de los dos polos. □ Familia: →casco.

casquillo (cas·qui·llo) [*sustantivo masculino*] **1** Parte metálica de una bombilla, que permite conectarla con el circuito eléctrico. **2** Parte metálica en que se mete o se enrosca una bombilla eléctrica. **3** Cartucho metálico vacío: *La policía encontró tres casquillos de bala en el lugar del crimen.* □ Familia: →casco.

casquivano, na (cas·qui·va·no, na) [*adjetivo o sustantivo*] Que actúa con poco juicio y que no piensa lo que hace. □ Sinónimos: alocado. □ Antónimos: sensato. □ Familia: →casco. →vano.

casta (cas·ta) [*sustantivo femenino*] Mira en **casto, ta**.

castaña (cas·ta·ña) [*sustantivo femenino*] Mira en **castaño, ña**.

castañazo (cas·ta·ña·zo) [*sustantivo masculino*] Golpe muy fuerte. □ Sinónimos: porrazo, trompazo. □ [Es coloquial]. □ Familia: →castaña.

castañero, ra (cas·ta·ñe·ro, ra) [*sustantivo*] Persona que vende castañas. □ Familia: →castaña.

castañetear (cas·ta·ñe·te·ar) [*verbo*] Chocar los dientes de arriba contra los de abajo: *Me castañetean los dientes de frío.*

castaño, ña (cas·ta·ño, ña) ■ [*adjetivo*] **1** De un color marrón parecido al rojo: *pelo castaño.* ■ **castaño** [*sustantivo masculino*] **2** Árbol de tronco grueso, con hojas grandes, cuyo fruto es casi redondo y de color marrón oscuro, cubierto por una piel gruesa llena de espinas. ■ **castaña** [*sustantivo femenino*] **3** Fruto de este árbol. ◉ página 455. **4** Golpe o choque violentos: *Menuda castaña te diste contra el árbol.* **5** Cosa que resulta muy aburrida: *No vayas a ver esa película, porque es una castaña.* ◆ [*expresión*] ‖ **castaña pilonga** La que se ha secado y se guarda todo el año. ‖ **pasar algo de castaño oscuro** Ser muy grave: *Esa broma ya pasa de castaño oscuro.* ‖ **sacar las castañas del fuego** Poner solución a los problemas de otra persona: *No te metas en líos, porque ya no te sacaré las castañas del fuego.* □ [Los significados **4** y **5**, y las expresiones «pasar algo de castaño oscuro» y «sacar las castañas del fuego» son coloquiales]. □ Familia: castañero, castañazo.

castañuela (cas·ta·ñue·la) [*sustantivo femenino*] Instrumento musical formado por dos trozos de madera que se cogen con los dedos y que se hacen sonar chocando uno contra el otro. ◆ [*expresión*] ‖ **como unas castañuelas** Muy alegre. □ [Se usa más en plural. La expresión es coloquial].

castañuelas

castellano, na (cas·te·lla·no, na) ■ [*adjetivo o sustantivo*] **1** De las comunidades autónomas españolas de Castilla y León o de Castilla-La Mancha. **2** Del antiguo reino de Castilla, que estaba situado en la península ibérica. ■ **castellano** [*sustantivo masculino*] **3** Lengua hablada en España, Hispanoamérica y otras partes del mundo. □ Sinónimos: **3** español.

castellonense (cas·te·llo·nen·se) [*adjetivo o sustantivo*] De la provincia española de Castellón o de su capital. □ [No varía en masculino y femenino].

castidad (cas·ti·dad) [sustantivo femenino] **1** Forma de comportarse la persona que renuncia a todo placer sexual: *voto de castidad*. **2** Forma de actuar teniendo en cuenta lo que se considera justo en materia sexual según determinadas creencias. ☐ Familia: →casto.

castigar (cas·ti·gar) [verbo] Poner un castigo. ☐ [La «g» se cambia en «gu» delante de «e» («castigue»)]. ☐ Antónimos: premiar, recompensar. ☐ Familia: castigo.

castigo (cas·ti·go) [sustantivo masculino] **1** Obligación que se pone a una persona por haber hecho algo muy malo. **2** Persona o cosa que produce molestias. ☐ Antónimos: **1** premio, recompensa. ☐ Familia: →castigar.

castillo (cas·ti·llo) [sustantivo masculino] Edificio que tiene muros muy gruesos y que sirve para defenderse de los ataques del enemigo. 👁 páginas 194-195. ◆ [expresión] ‖ **castillos en el aire** Ilusiones que no tienen base real en la que apoyarse. ☐ [La expresión es coloquial].

casting [sustantivo] Prueba que debe superarse para poder trabajar en un espectáculo: *Participé en un* casting *para un musical infantil.* ☐ [Es una palabra inglesa. Se pronuncia «kástin»].

castizo, za (cas·ti·zo, za) ‖ [adjetivo] **1** Dicho del lenguaje, que es puro y sin mezcla de voces ni de expresiones extranjeras. ‖ [adjetivo o sustantivo] **2** Dicho de un madrileño o de un andaluz, que es simpático y tiene la gracia que se considera propia de su región.

casto, ta (cas·to, ta) ‖ [adjetivo] **1** Dicho de una persona, que renuncia a todo placer sexual o que se comporta teniendo en cuenta lo que se considera justo desde el punto de vista moral o religioso. ‖ **casta** [sustantivo femenino] **2** Especie, clase o condición: *un toro de casta*. ☐ Familia: **1** castidad. **2** descastado.

castor (cas·tor) [sustantivo masculino] Animal que tiene unos dientes muy largos, el cuerpo grueso, las patas cortas y la cola casi plana: *Los castores construyen presas en los ríos*.

castración (cas·tra·ción) [sustantivo femenino] Hecho de cortar o dejar inútiles los órganos sexuales masculinos. ☐ Familia: →castrar.

castrar (cas·trar) [verbo] Cortar o dejar inútiles los órganos sexuales masculinos. ☐ Sinónimos: capar. ☐ Familia: castración.

castrense (cas·tren·se) [adjetivo] Del ejército o relacionado con la vida o la profesión militares. ☐ [No varía en masculino y femenino]. ☐ Familia: →castro.

castro (cas·tro) [sustantivo masculino] Poblado celta fortificado. ☐ Familia: castrense.

casual (ca·sual) [adjetivo] Que sucede por casualidad: *encuentro casual*. ◆ [expresión] ‖ **por un casual** Por casualidad. ☐ [En el significado **1** no varía en masculino y femenino. No confundir con «causal» (que indica la causa de algo). La expresión es coloquial]. ☐ Sinónimos: accidental, fortuito, ocasional. ☐ Familia: casualidad.

casualidad (ca·sua·li·dad) [sustantivo femenino] Combinación de situaciones que no se pueden evitar: *Nos encontramos por casualidad*. ☐ [No confundir con «causalidad» (relación entre una causa y el efecto producido)]. ☐ Familia: →casual.

casulla (ca·su·lla) [sustantivo femenino] Prenda de vestir que usan los sacerdotes para decir misa y que se pone sobre el alba.

cata (ca·ta) [sustantivo femenino] **1** Prueba de una pequeña cantidad de comida o de bebida para ver cómo sabe: *Se dedica a la cata de vinos*. **2** Parte que se toma en esta prueba: *Tomé una cata de ese famoso queso*. ☐ Familia: →catar.

cataclismo (ca·ta·clis·mo) [sustantivo masculino] Desgracia muy grande, de origen natural, que produce grandes cambios en la Tierra o en parte de ella: *Un terremoto es un cataclismo*.

catacumbas (ca·ta·cum·bas) [sustantivo femenino plural] Lugar bajo tierra en el que los antiguos cristianos enterraban a sus muertos y en el que practicaban algunas ceremonias religiosas.

catador, ra (ca·ta·dor, do·ra) [sustantivo] Persona que trabaja probando vinos para informar sobre su calidad y sus propiedades. ☐ [No confundir con «enólogo» (persona especializada en la elaboración y las características del vino)]. ☐ Familia: →catar.

catafalco (ca·ta·fal·co) [sustantivo masculino] Construcción de madera que imita un ataúd y que se coloca en las iglesias en algunos funerales.

catalán, na (ca·ta·lán, la·na) ‖ [adjetivo o sustantivo] **1** De la comunidad autónoma española de Cataluña. ‖ **catalán** [sustantivo masculino] **2** Lengua de esta comunidad autónoma y de otros territorios.

catalejo (ca·ta·le·jo) [sustantivo masculino] Especie de tubo que sirve para ver lo que está muy lejos como si estuviera cerca.

catalejo

catalogar (ca·ta·lo·gar) [verbo] **1** Hacer un catálogo de libros, de manuscritos o de otras cosas. **2** Incluir a alguien en una clase o en un grupo: *Lo han catalogado de vago y por mucho que trabaje no consigue quitarse la etiqueta*. ☐ [La «g» se cambia en «gu» delante de «e» («catalogue»)]. ☐ Familia: →catálogo.

catálogo (ca·tá·lo·go) [sustantivo masculino] Lista ordenada en la que se incluyen, una por una, cosas que tienen algo en común: *catálogo de libros*. ☐ Familia: catalogar.

catana (ca·ta·na) [sustantivo femenino] Sable curvo de origen japonés.

cataplasma (ca·ta·plas·ma) ∎ [sustantivo femenino] **1** Sustancia que se pone en alguna parte del cuerpo para quitar o aliviar un dolor. ∎ [sustantivo] **2** Persona que aburre mucho o que es muy pesada. ☐ [En el significado **2** no varía en masculino y femenino y es coloquial].

catapulta (ca·ta·pul·ta) [sustantivo femenino] **1** Máquina militar que se usaba para lanzar piedras o flechas. **2** Hecho o cosa que lanza o da impulso a una actividad: *El bufete de abogados fue la catapulta para su carrera política.* ☐ FAMILIA: catapultar.

catapultar (ca·ta·pul·tar) [verbo] **1** Lanzar o tirar con fuerza. **2** Hacer que una persona triunfe rápidamente: *Esa película catapultó a la fama a ese actor.* ☐ FAMILIA: →catapulta.

catar (ca·tar) [verbo] Tomar una pequeña cantidad de comida o de bebida para ver cómo sabe: *catar vino.* ☐ SINÓNIMOS: probar. ☐ FAMILIA: cata, catador, catavino.

catarata (ca·ta·ra·ta) [sustantivo femenino] **1** Lugar en el que hay una caída de agua desde mucha altura. 👁 **página 809**. **2** Enfermedad de los ojos que consiste en una especie de nube que impide ver bien.

catarí (ca·ta·rí) [adjetivo o sustantivo] De Catar, que es un país asiático. ☐ [No varía en masculino y femenino. Su plural es «catarís» o «cataríes» (más culto)].

catarro (ca·ta·rro) [sustantivo masculino] Enfermedad en la que salen muchos mocos por la nariz. ☐ SINÓNIMOS: constipado, resfriado, enfriamiento. ☐ FAMILIA: acatarrarse.

catarsis (ca·tar·sis) [sustantivo femenino] Cambio en la forma de entender la vida que se produce por una experiencia profunda: *Hice un largo viaje que fue una catarsis para mí y empecé una nueva vida.* ☐ [No varía en singular y plural].

catastral (ca·tas·tral) [adjetivo] Relacionado con el catastro o lista de casas y terrenos de un lugar. ☐ [No varía en masculino y femenino]. ☐ FAMILIA: →catastro.

catastro (ca·tas·tro) [sustantivo masculino] **1** Lista de las casas y de los terrenos de un lugar. **2** Impuesto que se paga por poseer una casa o un terreno. ☐ FAMILIA: catastral.

catástrofe (ca·tás·tro·fe) [sustantivo femenino] Suceso que produce una desgracia y que cambia de forma grave el orden natural de las cosas. ☐ SINÓNIMOS: hecatombe. ☐ FAMILIA: catastrófico.

catastrófico, ca (ca·tas·tró·fi·co, ca) [adjetivo] **1** De una catástrofe o con sus características: *zona catastrófica.* **2** Desastroso o muy malo. ☐ FAMILIA: →catástrofe.

catavino (ca·ta·vi·no) [sustantivo masculino] Vaso o copa que se usa para catar vinos. ☐ FAMILIA: →catar. →vino.

cate (ca·te) [sustantivo masculino] Suspenso: *Me han dado las notas y tengo un cate en Lengua.* ☐ [Es coloquial]. ☐ ANTÓNIMOS: aprobado. ☐ FAMILIA: catear.

catear (ca·te·ar) [verbo] Suspender en una asignatura: *He cateado por no estudiar.* ☐ [Es coloquial]. ☐ ANTÓNIMOS: aprobar. ☐ FAMILIA: →cate.

catecismo (ca·te·cis·mo) [sustantivo masculino] Libro que explica las ideas y las creencias de los cristianos. ☐ FAMILIA: catequesis, catequista, catequizar, catecúmeno.

catecúmeno, na (ca·te·cú·me·no, na) [sustantivo] Persona que está aprendiendo la religión católica para recibir el bautismo. ☐ FAMILIA: →catecismo.

cátedra (cá·te·dra) [sustantivo femenino] **1** Cargo del profesor que tiene la categoría más alta. **2** Departamento de una universidad que se dedica a enseñar una asignatura. ☐ FAMILIA: catedrático.

catedral (ca·te·dral) [sustantivo femenino] Iglesia muy grande que es la principal de todas las de una zona.

catedrático, ca (ca·te·drá·ti·co, ca) [sustantivo] Profesor que tiene la categoría más alta. ☐ FAMILIA: →cátedra.

categoría (ca·te·go·rí·a) [sustantivo femenino] **1** Cada uno de los grados en que se divide algo: *primera categoría; categoría infantil.* **2** Condición de una persona o de una cosa respecto de otras: *categoría social; categoría gramatical.* ◆ [expresión] ‖ **de categoría** De gran importancia o de mucho valor: *Ganó el primer premio en un concurso de categoría.* ☐ FAMILIA: categórico.

categórico, ca (ca·te·gó·ri·co, ca) [adjetivo] Claro, firme y que no ofrece duda: *Fue categórico en su negativa.* ☐ SINÓNIMOS: rotundo. ☐ FAMILIA: →categoría.

catequesis (ca·te·que·sis) [sustantivo femenino] Explicación de las ideas y las creencias de religión. ☐ [No varía en singular y plural]. ☐ FAMILIA: →catecismo.

catequista (ca·te·quis·ta) [sustantivo] Persona que enseña las ideas y las creencias de religión. ☐ [No varía en masculino y femenino]. ☐ FAMILIA: →catecismo.

catequizar (ca·te·qui·zar) [verbo] Enseñar las ideas y las creencias de religión: *Muchos religiosos españoles fueron a América en la época de la colonización para catequizar a los indígenas.* ☐ [La «z» se cambia en «c» delante de «e» («catequice»)]. ☐ FAMILIA: →catecismo.

catering [sustantivo masculino] Servicio de abastecimiento de comidas preparadas: *Mi colegio tiene un servicio de catering para el comedor.* ☐ [Es una palabra inglesa. Se pronuncia «káterin»].

caterva (ca·ter·va) [sustantivo femenino] Grupo de personas o cosas que no tienen ningún orden o que producen molestias: *caterva de gamberros.* ☐ [Es despectivo].

catéter (ca·té·ter) [sustantivo masculino] En medicina, tubo delgado que se introduce por un conducto del cuerpo para explorar un órgano o para servir de guía a otros instrumentos.

cateto, ta (ca·te·to, ta) ∎ [adjetivo o sustantivo] **1** Que no tiene educación. ∎ **cateto** [sustantivo masculino] **2** En matemáticas, cada uno de los dos lados que forman el ángulo recto de un triángulo rectángulo. ☐ [El significado **1** es coloquial y despectivo].

catión (ca·tión) [sustantivo masculino] Átomo o conjunto de átomos que tienen una carga eléctrica positiva. ☐ ANTÓNIMOS: anión. ☐ FAMILIA: →ion.

cátodo (cá·to·do) [sustantivo masculino] Polo negativo de un conductor de electricidad. ☐ ANTÓNIMOS: ánodo.

castillo

- almena
- torre
- pozo
- camino de ronda
- aspillera
- centinela
- patio de armas
- muralla
- puente levadizo
- foso

castillo

Cardona (Barcelona)

Villena (Alicante)

Monterrey (Orense)

Guadamur (Toledo)

Manzanares el Real (Madrid)

Almansa (Albacete)

Peñafiel (Valladolid)

Aljafería (Zaragoza)

Molina de Aragón (Guadalajara)

Bellver (Palma de Mallorca)

catolicismo (ca·to·li·cis·mo) [sustantivo masculino] Religión cristiana que reconoce como mayor autoridad de la Iglesia al papa. ☐ Familia: →católico.

católico, ca (ca·tó·li·co, ca) [adjetivo o sustantivo] Del catolicismo o relacionado con él. ☐ Familia: catolicismo.

catorce (ca·tor·ce) ■ [numeral] **1** Indica 14 unidades: *Ha ganado catorce medallas.* ■ [sustantivo masculino] **2** Número 14: *Mi número favorito es el catorce.* ☐ [En el significado **1** no varía en masculino y femenino]. ☐ Familia: →cuatro.

catorceavo, va (ca·tor·ce·a·vo, va) [numeral] Dicho de una parte, que es una de las catorce en que se divide algo: *la catorceava parte de una tarta.* ☐ [No confundir con «decimocuarto» (que ocupa el lugar catorce en una serie)]. ☐ Familia: →cuatro.

catre (ca·tre) [sustantivo masculino] Cama estrecha y sencilla.

cauce (cau·ce) [sustantivo masculino] **1** Lugar por el que corren las aguas de un río. **2** Camino, medio o vía: *Encontraremos una solución dentro de los cauces señalados por la ley.* ☐ Sinónimos: **1** lecho. ☐ Familia: encauzar.

caucho (cau·cho) [sustantivo masculino] Sustancia elástica e impermeable que se obtiene a partir del jugo de algunas plantas tropicales y que se usa para fabricar algunos productos: *Las cubiertas de las ruedas de los coches son de caucho.* ☐ Sinónimos: goma. ☐ Familia: recauchutar, recauchutado.

caudal (cau·dal) ■ [adjetivo] **1** De la cola o relacionado con esta parte de los animales: *La aleta caudal de los peces les sirve para impulsarse.* ■ [sustantivo masculino] **2** Conjunto de riquezas: *Acumuló su caudal trabajando mucho.* **3** Cantidad de agua que corre: *En verano, este río tiene poco caudal.* ☐ [En el significado **1** no varía en masculino y femenino]. ☐ Familia: caudaloso, acaudalado.

caudaloso, sa (cau·da·lo·so, sa) [adjetivo] Dicho de un río, que lleva mucha cantidad de agua. ☐ Familia: →caudal.

caudillo (cau·di·llo) [sustantivo masculino] Hombre que manda a un grupo de gente y que la dirige. ☐ Familia: acaudillar.

causa (cau·sa) [sustantivo femenino] **1** Hecho, persona o cosa que se considera origen de algo: *Una infección es la causa de la fiebre que tienes.* **2** Razón que nos mueve a hacer algo: *Haces las cosas sin causa y luego te arrepientes.* ♦ [expresión] ‖ **hacer causa común** Unirse para conseguir un fin: *Hizo causa común con sus compañeros para luchar contra la injusticia.* ☐ Sinónimos: **1** origen. **2** motivo, móvil. ☐ Antónimos: **1** efecto, consecuencia, resultado. ☐ Familia: causar, causal, causalidad, causante.

causal (cau·sal) [adjetivo] Que indica la causa de algo: *En la frase «No vine porque llovía», «porque llovía» es una oración subordinada causal.* ☐ [No varía en masculino y femenino. No confundir con «casual» (que sucede por casualidad)]. ☐ Familia: →causa.

causalidad (cau·sa·li·dad) [sustantivo femenino] Relación que hay entre una causa y el efecto que produce. ☐ [No confundir con «casualidad» (situaciones que no se pueden evitar)]. ☐ Familia: →causa.

causante (cau·san·te) [adjetivo o sustantivo] Que es la causa de algo. ☐ [No varía en masculino y femenino]. ☐ Familia: →causa.

causar (cau·sar) [verbo] Producir un determinado efecto: *Tu noticia causó mucha sorpresa.* ☐ [Es irregular]. ☐ Sinónimos: producir, ocasionar, generar, motivar, acarrear, traer. ☐ Familia: →causa.

cáustico, ca (cáus·ti·co, ca) [adjetivo] Dicho de una sustancia, que se quema y destruye los tejidos: *La lejía es un producto cáustico.*

cautela (cau·te·la) [sustantivo femenino] Cuidado que se pone al hacer algo para evitar problemas. ☐ Sinónimos: precaución, prudencia. ☐ Antónimos: descuido, intemperancia. ☐ Familia: →cauto.

cautelar (cau·te·lar) [adjetivo] Que se establece para prevenir algo: *Como medida cautelar, recomendaron que usáramos mascarillas.* ☐ [No varía en masculino y femenino]. ☐ Familia: →cauto.

cauteloso, sa (cau·te·lo·so, sa) [adjetivo] Que actúa con cuidado para evitar problemas. ☐ Sinónimos: prudente, precavido, cauto. ☐ Antónimos: imprudente. ☐ Familia: →cauto.

cauterizar (cau·te·ri·zar) [verbo] Curar una herida quemando las zonas infectadas. ☐ [La «z» se cambia en «c» delante de «e» («cauterice»)].

cautivador, ra (cau·ti·va·dor, do·ra) [adjetivo] Que resulta muy atractivo o muy bonito: *mirada cautivadora.* ☐ Sinónimos: arrebatador. ☐ Familia: →cautivo.

cautivar (cau·ti·var) [verbo] Resultar algo muy atractivo o muy bonito: *Su agradable voz nos cautivó a todos.* ☐ Sinónimos: fascinar, subyugar, atraer. ☐ Antónimos: repeler, repugnar. ☐ Familia: →cautivo.

cautiverio (cau·ti·ve·rio) [sustantivo masculino] Cautividad: *Mi abuelo estuvo en cautiverio dos meses durante la guerra.* ☐ Familia: →cautivo.

cautividad (cau·ti·vi·dad) [sustantivo femenino] **1** Pérdida de la libertad producida por un enemigo: *Muchos soldados sufren cautividad durante una guerra.* **2** Tiempo que pasa una persona privada de libertad: *El secuestrado no pudo hablar con nadie durante su cautividad.* **3** Situación del animal que no vive en libertad: *Algunos animales no pueden vivir en cautividad.* ☐ Sinónimos: cautiverio. ☐ Familia: →cautivo.

cautivo, va (cau·ti·vo, va) [adjetivo o sustantivo] Que está en la cárcel. ☐ Sinónimos: preso, prisionero, recluso. ☐ Antónimos: libre. ☐ Familia: cautivar, cautivador, cautiverio, cautividad.

cauto, ta (cau·to, ta) [adjetivo] Que actúa con cuidado para evitar problemas. ☐ Sinónimos: prudente, precavido, cauteloso. ☐ Antónimos: imprudente. ☐ Familia: cauteloso, cautela, cautelar, incauto.

cava (ca·va) ■ [sustantivo masculino] **1** Un tipo de vino con gas: *El cava es parecido al champán.* ■ [sustantivo femenino] **2** Lugar bajo tierra en el que se elabora este vino: *Las cavas son cuevas húmedas y frescas.* ☐ [En el significado **1**, no confundir con «champán» o «champaña» (vino de origen francés)]. ☐ Familia: **2** →cavar.

cavar (ca·var) [verbo] **1** Hacer un agujero en la tierra. **2** Levantar la tierra o moverla: *Al comienzo de la*

cazador, ra

primavera conviene que caves el jardín. ☐ FAMILIA: cava, excavar, excavación, excavadora, socavar, socavón.

caverna (ca·ver·na) [sustantivo femenino] Espacio hueco y profundo que hay entre rocas o bajo tierra. ☐ SINÓNIMOS: gruta, cueva. ☐ FAMILIA: cavernoso, cavernícola.

cavernícola (ca·ver·ní·co·la) [adjetivo o sustantivo] Que vive en las cavernas: *El hombre prehistórico era cavernícola.* ☐ [No varía en masculino y femenino]. ☐ SINÓNIMOS: troglodita. ☐ FAMILIA: →caverna.

cavernoso, sa (ca·ver·no·so, sa) [adjetivo] De la caverna o con sus características. ☐ FAMILIA: →caverna.

caviar (ca·viar) [sustantivo masculino] Conjunto de pequeños huevos de un pez llamado esturión, que se comen y son salados.

cavidad (ca·vi·dad) [sustantivo femenino] Espacio hueco que hay en el interior de algo.

cavilación (ca·vi·la·ción) [sustantivo femenino] Hecho de pensar algo con mucho cuidado y atención: *Tras muchas cavilaciones encontramos la solución.* ☐ FAMILIA: →cavilar.

cavilar (ca·vi·lar) [verbo] Pensar algo con mucho cuidado: *Llevo días cavilando cómo solucionar este problema.* ☐ FAMILIA: cavilación, caviloso.

caviloso, sa (ca·vi·lo·so, sa) [adjetivo] Que piensa las cosas con mucho cuidado y atención. ☐ FAMILIA: →cavilar.

cayado (ca·ya·do) [sustantivo masculino] Palo con un extremo curvo que sirve para andar apoyándose en él. ☐ [No confundir con «callado», del verbo «callar»]. ☐ SINÓNIMOS: cachava, garrota, garrote.

cayado

caza (ca·za) ▌[sustantivo masculino] **1** Avión de pequeño tamaño y de gran velocidad. ▌[sustantivo femenino] **2** Búsqueda y persecución de un animal hasta atraparlo. **3** Conjunto de animales que se cazan: *caza mayor; caza menor.* ◆ [expresión] ‖ **andar a la caza** Intentar conseguir algo: *Voy a la caza de alguien que me ayude a mover estos muebles.* ☐ FAMILIA: →cazar.

cazador, ra (ca·za·dor, do·ra) ▌[adjetivo] **1** Dicho de un animal, que por instinto persigue y caza a otros: *El tigre es un animal cazador.* ▌[adjetivo o sustantivo] **2** Dicho de una persona, que caza como deporte. ▌**cazadora** [sustantivo femenino]

CAUSAR	
INDICATIVO	**SUBJUNTIVO**
Presente yo causo tú causas / usted causa él, ella causa nosotros, tras causamos vosotros, tras causáis / ustedes causan ellos, ellas causan	**Presente** yo cause tú causes / usted cause él, ella cause nosotros, tras causemos vosotros, tras causéis / ustedes causen ellos, ellas causen
Pretérito imperfecto yo causaba tú causabas / usted causaba él, ella causaba nosotros, tras causábamos vosotros, tras causabais / ustedes causaban ellos, ellas causaban	**Pretérito imperfecto** yo causara o causase tú causaras o causases / usted causara o causase él, ella causara o causase nosotros, tras causáramos o causásemos vosotros, tras causarais o causaseis / ustedes causaran o causasen ellos, ellas causaran o causasen
Pretérito perfecto simple yo causé tú causaste / usted causó él, ella causó nosotros, tras causamos vosotros, tras causasteis / ustedes causaron ellos, ellas causaron	**Futuro simple** yo causare tú causares / usted causare él, ella causare nosotros, tras causáremos vosotros, tras causareis / ustedes causaren ellos, ellas causaren
Futuro simple yo causaré tú causarás / usted causará él, ella causará nosotros, tras causaremos vosotros, tras causaréis / ustedes causarán ellos, ellas causarán	**IMPERATIVO** causa (tú) / cause (usted) causemos (nosotros, tras) causad (vosotros, tras) / causen (ustedes)
Condicional simple yo causaría tú causarías / usted causaría él, ella causaría nosotros, tras causaríamos vosotros, tras causaríais / ustedes causarían ellos, ellas causarían	**FORMAS NO PERSONALES** Infinitivo: causar Gerundio: causando Participio: causado

cazadora

3 Especie de chaqueta corta que se ajusta a la cintura. ☐ Familia: →cazar.

cazadora (ca·za·do·ra) [sustantivo femenino] Mira en **cazador, ra**.

cazalla (ca·za·lla) [sustantivo femenino] Bebida alcohólica seca y muy fuerte.

cazar (ca·zar) [verbo] **1** Buscar un animal y perseguirlo hasta atraparlo: *Han cazado un jabalí.* **2** Atrapar a una persona: *La policía cazó al ladrón.* **3** Entender el significado de algo: *Con solo verle la cara, cacé sus intenciones.* ☐ [La «z» se cambia en «c» delante de «e» («cace»). Los significados **2** y **3** son coloquiales]. ☐ Sinónimos: **3** coger. ☐ Familia: caza, cazador, cacería.

cazo (ca·zo) [sustantivo masculino] **1** Recipiente de cocina con un mango alargado, que se suele usar para calentar alimentos. ☞ ilustración en *menaje*. **2** Cubierto con forma de media esfera y con un mango largo, que se usa para servir los alimentos líquidos: *Ponme dos cazos de sopa, por favor.* **3** Persona fea o poco hábil: *Presume de guapo, pero a mí me parece un cazo.* ◆ [expresión] ‖ **meter el cazo** Equivocarse o hacer algo mal: *Has metido el cazo al preguntarme la hora de la fiesta delante de ella, porque no está invitada.* ☐ [El significado **3** y la expresión son coloquiales]. ☐ Familia: cazuela, cacerola, cazoleta.

cazoleta (ca·zo·le·ta) [sustantivo femenino] Recipiente redondeado y poco profundo: *la cazoleta de la sopa.* ☐ Familia: →cazo.

cazuela (ca·zue·la) [sustantivo femenino] Recipiente de cocina con la base redonda, más ancho que alto y con dos asas, que se usa para guisar. ☐ Sinónimos: cacerola. ☐ Familia: →cazo. ☞ ilustración en *menaje*.

cazurro, rra (ca·zu·rro, rra) [adjetivo] Que es torpe o que tiene problemas para entender las cosas. ☐ [Es coloquial]. ☐ Sinónimos: zoquete, cebollino.

CD [sustantivo masculino] → **disco compacto**. ☐ [Se pronuncia «zé-dé». Se escriben todas las letras con mayúscula. No varía en singular y plural: «el CD», «los CD»].

CD-ROM [sustantivo masculino] Disco de ordenador y de otros aparatos en el que se puede guardar mucha información: *Tengo guardadas las fotos del verano en un CD-ROM.* ☐ [Se pronuncia «zé-dé-rrón». Se escriben todas las letras con mayúscula. No varía en singular y plural: «el CD-ROM», «los CD-ROM»].

ce [sustantivo femenino] Nombre de la letra *c*.

cebada (ce·ba·da) [sustantivo femenino] Planta parecida al trigo cuyo grano se utiliza como alimento: *La cebada es un cereal que se usa para fabricar cerveza.*

cebar (ce·bar) [verbo] **1** Alimentar a un animal o a una persona hasta que se pongan gordos. **2** Aumentar el tamaño o la fuerza de algo: *Tus éxitos consiguieron cebar su odio por ti.* ▪ **cebarse 3** Mostrarse muy cruel: *Cuando vieron lo débil que era, se cebaron en él y le pegaron mucho.* ☐ Familia: cebo, cebón.

cebo (ce·bo) [sustantivo masculino] **1** Comida que se pone en las trampas para coger un animal. **2** Persona o cosa que sirve para atraer a alguien: *Estas ofertas son un cebo para conseguir clientes.* ☐ Familia: →cebar.

cebolla (ce·bo·lla) [sustantivo femenino] Planta que se cultiva en las huertas y que tiene una parte redonda enterrada en el suelo, formada por capas tiernas que se comen y tienen un sabor picante. ☞ **página 967**. ☐ Familia: cebolleta, cebollino.

cebolleta (ce·bo·lle·ta) [sustantivo femenino] Planta que es parecida a la cebolla, pero mucho más pequeña. ☐ Familia: →cebolla.

cebollino (ce·bo·lli·no) [sustantivo masculino] Planta parecida a la cebolla. ☐ Familia: →cebolla.

cebón, na (ce·bón, bo·na) [adjetivo o sustantivo] Animal que está cebado o engordado para comérselo. ☐ Familia: →cebar.

cebra (ce·bra) [sustantivo femenino] Animal africano que tiene el cuerpo con rayas blancas y negras. ☞ **páginas 354-355 y 596-597**.

cebú (ce·bú) [sustantivo masculino] Animal parecido al toro, con una o dos jorobas en la espalda. ☐ [Su plural es «cebús» o «cebúes» (más culto)].

cecear (ce·ce·ar) [verbo] Pronunciar la *s* como la *z*: *Si al leer «así» pronunciamos «ací», estamos ceceando.* ☐ Familia: ceceo.

ceceo (ce·ce·o) [sustantivo masculino] Hecho de pronunciar la *s* como *z*. ☐ Familia: →cecear.

cecina (ce·ci·na) [sustantivo femenino] Carne salada y secada al sol o al aire.

cedazo (ce·da·zo) [sustantivo masculino] Aro con una red fina que sirve para separar partes de distinto tamaño: *Pasé la harina por el cedazo para quitarle las impurezas.* ☐ Sinónimos: criba, tamiz.

cedé (ce·dé) [sustantivo masculino] → **disco compacto**.

ceder (ce·der) [verbo] **1** Dar algo o entregarlo: *Cedí mi asiento en el autobús a un anciano.* **2** Mostrarse dispuesto a hacer lo que se pide: *Si no cede uno de los dos, nunca terminarán la pelea.* **3** Perder fuerza: *Cuando ceda la lluvia, saldremos.* ☐ Sinónimos: **2** acceder, aceptar, plegarse, claudicar. **3** aflojar, debilitar. ☐ Antónimos: **1** quitar. **2** negarse. **3** apretar. ☐ Familia: cesión, interceder.

cederrón (ce·de·rrón) [sustantivo masculino] → **CD-ROM**. ☐ [Su plural es «cederrones»].

cedro (ce·dro) [sustantivo masculino] Árbol, parecido a un abeto, que se hace muy alto y que tiene el tronco grueso y derecho. ☞ **página 91**.

cédula (cé·du·la) [sustantivo femenino] Documento en el que se hace constar algo.

cefalea (ce·fa·le·a) [sustantivo femenino] Dolor de cabeza muy intenso y duradero.

céfiro (cé·fi·ro) [sustantivo masculino] Viento suave, especialmente el que viene del oeste.

cegar (ce·gar) [verbo] **1** Quitar la vista o dejar ciego: *El sol me cegó por un momento.* **2** Hacer perder la razón: *No dejes que el enfado te ciegue.* **3** Cubrir algo abierto: *cegar una ventana.* ☐ [Es irregular y se conjuga como ACERTAR. La «g» se cambia en «gu» delante de «e» («ciegue»)]. ☐ Sinónimos: **2** ofuscar. **3** cerrar. ☐ Familia: →ciego.

cegato, ta (ce·ga·to, ta) [adjetivo o sustantivo] Que ve poco o muy mal. ☐ [Es coloquial y despectivo]. ☐ Familia: →ciego.

ceguera (ce·gue·ra) [sustantivo femenino] Pérdida de la vista. ☐ Familia: →ciego.

ceilanés, sa (cei·la·nés, ne·sa) [adjetivo o sustantivo] De Sri Lanka, antes llamado Ceilán, que es un país asiático. ☐ Sinónimos: esrilanqués, cingalés.

ceja (ce·ja) [sustantivo femenino] Parte que está encima del ojo y que está cubierta de pelo. ◆ [expresión] ‖ **hasta las cejas** Del todo. ‖ **metérsele algo entre ceja y ceja a alguien** Tenerlo como idea fija: *Lo que se te mete entre ceja y ceja lo consigues.* ‖ **tener entre ceja y ceja a alguien** Sentir rechazo hacia él. ☐ [Las expresiones son coloquiales]. ☐ Familia: entrecejo, cejilla.

cejar (ce·jar) [verbo] Renunciar a conseguir algo: *No cejó en su empeño de conseguir trabajo a pesar de las dificultades.* ☐ [Se usa más en frases negativas].

cejilla (ce·ji·lla) [sustantivo femenino] Pieza que se pone para pisar a la vez todas las cuerdas de una guitarra y hacer su sonido más agudo. ☐ Familia: →ceja.

celada (ce·la·da) [sustantivo femenino] **1** Engaño o trampa para hacer daño a alguien: *El ejército enemigo les tendió una celada.* **2** Pieza de la armadura que cubría la cabeza. ☐ Sinónimos: **1** emboscada.

celador, ra (ce·la·dor, do·ra) [sustantivo] Persona que vigila y se encarga de mantener el orden en una cárcel o en un hospital.

celda (cel·da) [sustantivo femenino] **1** Habitación pequeña que hay en una cárcel. **2** Cada una de las habitaciones del edificio en el que viven algunos religiosos. **3** Cada uno de los espacios que las abejas forman en la colmena. ☐ Familia: celdilla.

celdilla (cel·di·lla) [sustantivo femenino] Cada una de las partes con forma de hexágono en las que está dividido un panal de abejas. ☐ Familia: →celda.

celebración (ce·le·bra·ción) [sustantivo femenino] **1** Hecho de realizar un acto solemne: *la celebración de los Juegos Olímpicos.* **2** Acto especial que se realiza para celebrar algo que nos pone alegres: *la celebración de mi cumpleaños.* ☐ Familia: →celebrar.

celebrar (ce·le·brar) [verbo] **1** Realizar un acto solemne: *Celebraron su matrimonio en la parroquia.* **2** Hacer una fiesta especial por algo que nos pone alegres: *Daré una fiesta para celebrar mi cumpleaños.* **3** Alegrarse por algo: *Celebro que todo te haya salido bien.* ☐ Sinónimos: **2** festejar. **3** congratular. ☐ Antónimos: **3** lamentar. ☐ Familia: celebración, concelebrar, célebre, celebridad.

célebre (cé·le·bre) [adjetivo] Que tiene fama y es muy conocido: *escritora célebre.* ☐ [No varía en masculino y femenino]. ☐ Sinónimos: famoso, sonado, acreditado. ☐ Antónimos: desconocido. ☐ Familia: →celebrar.

celebridad (ce·le·bri·dad) [sustantivo femenino] **1** Fama o popularidad: *Es un pintor de gran celebridad.* **2** Persona famosa: *Muchas celebridades asistieron al concierto.* ☐ Familia: →celebrar.

celeridad (ce·le·ri·dad) [sustantivo femenino] Velocidad con que se hace una cosa. ☐ Sinónimos: prontitud, presteza, rapidez. ☐ Familia: →acelerar.

celeste (ce·les·te) ▌ [adjetivo] **1** Del cielo o espacio en el que están las estrellas: *Las estrellas son cuerpos celestes.* ▌ [adjetivo o sustantivo masculino] **2** De color azul claro. ☐ [Cuando es adjetivo, no varía en masculino y femenino. No confundir con «celestial» (del cielo como lugar donde vive Dios)]. ☐ Familia: →cielo.

celestial (ce·les·tial) [adjetivo] **1** Del cielo o lugar donde vive Dios: *En el retablo de esa iglesia se representa a Dios con su corte celestial.* **2** Muy agradable: *música celestial; placer celestial.* ☐ [No varía en masculino y femenino. No confundir con «celeste» (del cielo como espacio en el que están las estrellas)]. ☐ Antónimos: infernal. ☐ Familia: →cielo.

celibato (ce·li·ba·to) [sustantivo masculino] Estado de la persona que no se ha casado, especialmente por motivos religiosos. ☐ Familia: →célibe.

célibe (cé·li·be) [adjetivo o sustantivo] Que no se ha casado, especialmente por motivos religiosos. ☐ [No varía en masculino y femenino]. ☐ Familia: celibato.

celinda (ce·lin·da) [sustantivo femenino] Planta que tiene flores blancas de olor agradable y que sirve para adornar.

celo (ce·lo) ▌ [sustantivo masculino] **1** Cuidado que se pone al hacer algo: *Pongo mucho celo en mi trabajo para que salga bien.* **2** Período en la vida de algunos animales durante el que aumenta el apetito sexual: *En primavera muchos animales se ponen en celo.* **3** Cinta de plástico transparente que pega por uno de sus lados. ▌ **celos** [plural] **4** Temor de que la persona que queremos prefiera a otra persona antes que a nosotros: *Los celos en una pareja suelen resultar nocivos.* **5** Envidia que siente una persona: *Mi hermano mayor tenía muchos celos de mí.* ☐ [El significado **3** procede de la marca comercial «Sellotape®»]. ☐ Sinónimos: **1** esmero, primor. ☐ Familia: **1, 2, 4, 5** celoso, recelar, recelo, receloso, celosía. **3** celofán.

celofán (ce·lo·fán) [sustantivo masculino] Papel transparente y fácil de doblar que se usa para envolver. ☐ [Procede de la marca comercial «Cellophane®»]. ☐ Familia: →celo.

celosía (ce·lo·sí·a) [sustantivo femenino] Reja que se pone para tapar una ventana u otros huecos, a través de la que uno puede ver sin que lo vean a él. ☐ Familia: →celo.

celoso, sa (ce·lo·so, sa) ▌ [adjetivo] **1** Que pone mucho cuidado al hacer algo: *Es muy celosa en su trabajo.* ▌ [adjetivo o sustantivo] **2** Que tiene celos: *La hermana mayor está celosa del pequeño.* ☐ Familia: →celo.

celta (cel·ta) ▌ [adjetivo o sustantivo] **1** De un antiguo pueblo que vivió en el centro y en el oeste de Europa, que es un continente. ▌ [sustantivo masculino] **2** Lengua que hablaba este pueblo. ☐ [En el significado **1** no varía en masculino y femenino]. ☐ Familia: céltico, celtíbero.

celtíbero, ra o **celtibero, ra** (cel·tí·be·ro, ra; cel·ti·be·ro, ra) ▌ [adjetivo o sustantivo] **1** De un antiguo pueblo que vivió en la península ibérica. ▌ **celtíbero** o **celtibero**

2 Lengua que hablaba este pueblo. □ FAMILIA: →celta. →ibero.

céltico, ca (cél·ti·co, ca) [adjetivo] De los celtas o relacionado con ellos. □ FAMILIA: →celta.

célula (cé·lu·la) [sustantivo femenino] **1** Unidad fundamental de los seres vivos que solo puede verse con un microscopio. **2** Grupo que puede actuar como una unidad dentro de una organización: *En esta empresa, cada departamento es una célula independiente.* □ FAMILIA: celular, unicelular, celulitis, celulosa, celuloide.

celular (ce·lu·lar) [adjetivo] De la célula o relacionado con ella: *membrana celular.* □ [No varía en masculino y femenino]. □ FAMILIA: →célula.

celulitis (ce·lu·li·tis) [sustantivo femenino] Aumento de grasa que aparece en algunas zonas del cuerpo, especialmente en los muslos. □ [No varía en singular y plural]. □ FAMILIA: →célula.

celuloide (ce·lu·loi·de) [sustantivo masculino] Material que se utiliza para hacer una película de fotografía o de cine. □ FAMILIA: →célula.

celulosa (ce·lu·lo·sa) [sustantivo femenino] Sustancia vegetal que se usa para fabricar papel y otros materiales. □ FAMILIA: →célula.

cementerio (ce·men·te·rio) [sustantivo masculino] **1** Lugar en el que se entierra a los muertos. **2** Lugar al que van a morir algunos animales: *cementerio de elefantes.* **3** Lugar donde se junta lo que ya no sirve: *cementerio de coches.* □ SINÓNIMOS: **1** camposanto.

cemento (ce·men·to) [sustantivo masculino] Material en polvo, usado en la construcción, que se mezcla con agua y se endurece cuando se seca. ◆ [expresión] ‖ **cemento armado** El que tiene barras de metal en su interior: *Los cimientos de las casas se hacen con cemento armado.*

cena (ce·na) [sustantivo femenino] Última comida del día, que se hace al final de la tarde o por la noche. □ FAMILIA: cenar, cenador.

cenador (ce·na·dor) [sustantivo masculino] Lugar pequeño y que suele ser redondo, que hay en algunos jardines. □ FAMILIA: →cena.

cenador

cenagal (ce·na·gal) [sustantivo masculino] Terreno lleno de barro o de cieno. □ SINÓNIMOS: ciénaga. □ FAMILIA: →cieno.

cenagoso, sa (ce·na·go·so, sa) [adjetivo] Lleno de barro o de cieno. □ FAMILIA: →cieno.

cenar (ce·nar) [verbo] Tomar la cena o tomar como cena: *Cenaré en casa. He cenado un huevo frito.* □ FAMILIA: →cena.

cencerro (cen·ce·rro) [sustantivo masculino] Campana pequeña que se ata al cuello de algunos animales para que suene cuando se mueven. ◆ [expresión] ‖ **estar como un cencerro** Estar muy loco. □ [La expresión es coloquial].

cenefa (ce·ne·fa) [sustantivo femenino] Banda con dibujos que se pone como adorno en una superficie.

cenicero (ce·ni·ce·ro) [sustantivo masculino] Recipiente donde se echan la ceniza y los restos del cigarro. □ FAMILIA: →ceniza.

ceniciento, ta (ce·ni·cien·to, ta) [adjetivo] De color grisáceo, como el de la ceniza. □ FAMILIA: →ceniza.

cenit o **cénit** (ce·nit; cé·nit) [sustantivo masculino] **1** Momento mejor de una cosa: *Con aquel éxito, llegó al cenit de su carrera.* **2** Punto del cielo que se encuentra justo encima de una persona.

ceniza (ce·ni·za) ▪ [sustantivo femenino] **1** Polvo de color gris que queda después de que algo se quema. ▪ **cenizas** [plural] **2** Restos de un cuerpo muerto después de haber sido quemado. □ FAMILIA: cenicero, incinerar, incineración, incineradora, cenizo, ceniciento.

cenizo (ce·ni·zo) [sustantivo masculino] **1** Persona que tiene mala suerte o que la trae. **2** Mala suerte: *¡Cómo te va a tocar la lotería con el cenizo que tienes...!* □ [Es coloquial]. □ FAMILIA: →ceniza.

censar (cen·sar) [verbo] Hacer la lista de los habitantes de un lugar o incluir a alguien en ella: *Como me he cambiado de ciudad tengo que ir a censarme.* □ SINÓNIMOS: empadronar. □ FAMILIA: →censo.

censo (cen·so) [sustantivo masculino] Lista de los habitantes de un lugar. ◆ [expresión] ‖ **censo electoral** Lista de los ciudadanos que pueden votar en las elecciones. □ SINÓNIMOS: padrón. □ FAMILIA: censar.

censura (cen·su·ra) [sustantivo femenino] **1** Juicio negativo que se hace de algo: *gesto de censura.* **2** Práctica que prohíbe que algo sea mostrado porque se considera que no debe conocerse: *La censura cortó varias escenas violentas de esa película.* □ SINÓNIMOS: **1** crítica. □ FAMILIA: censurar, censurable.

censurable (cen·su·ra·ble) [adjetivo] Que merece ser juzgado de forma negativa: *comportamiento censurable.* □ [No varía en masculino y femenino]. □ FAMILIA: →censura.

censurar (cen·su·rar) [verbo] **1** Juzgar algo de forma negativa: *Censuró mi comportamiento.* **2** Quitar algo porque se considera que no debe conocerse: *Censuraron algunas fotografías del libro.* □ SINÓNIMOS: **1** criticar, vituperar. □ FAMILIA: →censura.

centauro (cen·tau·ro) [sustantivo masculino] Ser imaginario que tiene cuerpo de caballo y cabeza y pecho de hombre.

centavo (cen·ta·vo) [sustantivo masculino] Un tipo de moneda: *Un dólar de Estados Unidos se divide en cien centavos.* □ FAMILIA: →ciento.

centella (cen·te·lla) [sustantivo femenino] **1** Rayo de poca fuerza. **2** Persona o cosa que es muy rápida: *Eres una centella resolviendo crucigramas.* ☐ Familia: centellear, centelleo.

centellear (cen·te·lle·ar) [verbo] Brillar con un ligero temblor: *Las estrellas centellean.* ☐ Sinónimos: titilar. ☐ Familia: →centella.

centelleo (cen·te·lle·o) [sustantivo masculino] Brillo con un ligero temblor. ☐ Familia: →centella.

centena (cen·te·na) [sustantivo femenino] Conjunto de cien unidades. ☐ Sinónimos: ciento, centenar. ☐ Familia: →ciento.

centenar (cen·te·nar) [sustantivo masculino] Conjunto de cien unidades. ☐ Sinónimos: ciento, centena. ☐ Familia: →ciento.

centenario, ria (cen·te·na·rio, ria) [adjetivo o] **1** Que tiene alrededor de cien años: *árbol centenario.* ▮ **centenario** [sustantivo masculino] **2** Día en el que se cumplen cien años o varios cientos de años desde que ocurrió un suceso. ☐ Familia: →ciento.

centeno (cen·te·no) [sustantivo masculino] Planta, parecida al trigo, cuyo grano se usa como alimento: *El centeno es un cereal.*

centesimal (cen·te·si·mal) [adjetivo] De cien partes o de cada una de las cien partes iguales en que se divide un todo: *Para medir la temperatura usamos una escala centesimal.* ☐ [No varía en masculino y femenino]. ☐ Familia: →ciento.

centésimo, ma (cen·té·si·mo, ma) [numeral] **1** Que ocupa el lugar número cien en una serie. **2** Dicho de una parte, que es una de las cien en que se divide algo: *la centésima parte del pastel.* ▮ **centésima** [sustantivo femenino] **3** Cada una de las cien partes en que se divide una unidad de medida: *Mi reloj tiene un cronómetro que mide los minutos, los segundos y las centésimas de segundo.* ☐ [No debe decirse «centésimo primera», sino «centésima primera», etc.]. ☐ Familia: →ciento.

centígrado, da (cen·tí·gra·do, da) [adjetivo] Dicho de una escala de temperatura, que está dividida en cien grados: *En la escala centígrada el agua hierve a cien grados.* ☐ Familia: →grado.

centigramo (cen·ti·gra·mo) [sustantivo masculino] Medida que sirve para pesar: *Un gramo tiene cien centigramos.* ☐ Familia: →gramo.

centilitro (cen·ti·li·tro) [sustantivo masculino] Medida de capacidad: *Un litro tiene cien centilitros.* ☐ Familia: →litro.

centímetro (cen·tí·me·tro) [sustantivo masculino] Medida de longitud: *Un metro tiene cien centímetros.* ☐ Familia: →metro.

céntimo (cén·ti·mo) [sustantivo masculino] Moneda que equivale a la centésima parte de otra: *Cien céntimos suman un euro.* ☐ Familia: →ciento.

centinela (cen·ti·ne·la) [sustantivo] **1** Persona que vigila por si ocurre algo: *Esta noche me quedo yo de centinela.* **2** Soldado que se ocupa de la vigilancia de un lugar. ◉ **páginas 194-195.** ☐ [No varía en masculino y femenino].

centolla (cen·to·lla) [sustantivo femenino] → **centollo.**

centollo (cen·to·llo) [sustantivo masculino] Animal marino, de cuerpo casi redondo y plano, que tiene patas largas. ☐ Sinónimos: centolla.

central (cen·tral) ▮ [adjetivo] **1** Que está en el centro. **2** Que es lo más importante: *Cuéntame el asunto central y olvida los detalles.* **3** Que sirve para todos los miembros de un conjunto: *calefacción central.* ▮ [sustantivo femenino] **4** Organización en la que están unidos varios servicios de un mismo tipo: *una central sindical.* **5** Oficina principal de una empresa: *la central del banco.* **6** Lugar en el que se produce energía eléctrica a partir de otras formas de energía: *central nuclear.* ☐ [En los significados **1**, **2** y **3** no varía en masculino y femenino]. ☐ Familia: →centro.

centralita (cen·tra·li·ta) [sustantivo femenino] **1** Aparato que permite pasar una llamada desde un teléfono a otro que se encuentra en el mismo edificio. **2** Lugar en el que se encuentra este aparato. ☐ Familia: →centro.

centralizar (cen·tra·li·zar) [verbo] Poner en un mismo lugar lo que antes estaba separado: *En este teléfono se centralizan todas las llamadas de los espectadores.* ☐ [La «z» se cambia en «c» delante de «e» («centralice»)]. ☐ Sinónimos: concentrar. ☐ Familia: →centro.

centrar (cen·trar) [verbo] **1** Colocar algo haciendo que su centro esté en el mismo sitio que el centro de otra cosa: *Centré la fotografía en el marco.* **2** Dirigir hacia un punto: *Centra tu atención en los estudios.* **3** Conseguir un estado de equilibrio con uno mismo: *Cuando cambié de ciudad, tardé un tiempo en centrarme.* **4** En algunos deportes, pasar el balón a un compañero para que continúe el ataque. ☐ Antónimos: **1, 3** descentrar. ☐ Familia: →centro.

céntrico, ca (cén·tri·co, ca) [adjetivo] Del centro o que está en el centro: *zona céntrica.* ☐ Familia: →centro.

centrifugadora (cen·tri·fu·ga·do·ra) [sustantivo femenino] Máquina que sirve para centrifugar. ☐ Familia: →centro.

centrifugar (cen·tri·fu·gar) [verbo] Escurrir mucho la ropa en la lavadora al dar vueltas muy deprisa. ☐ Familia: →centro.

centrífugo, ga (cen·trí·fu·go, ga) [adjetivo] Dicho de una fuerza, que separa del centro hacia fuera. ☐ Antónimos: centrípeto. ☐ Familia: →centro.

centrípeto, ta (cen·trí·pe·to, ta) [adjetivo] Dicho de una fuerza, que atrae hacia el centro lo de fuera. ☐ Antónimos: centrífugo. ☐ Familia: →centro.

centro (cen·tro) [sustantivo masculino] **1** Punto que está en el medio de algo. **2** Lugar al que se dirigen diversas acciones: *Con ese traje serás el centro de todas las miradas.* **3** Zona que tiene mayor actividad comercial en una población: *Tengo que ir al centro para hacer compras.* **4** Lugar en el que se desarrolla una actividad: *centro industrial; centro de enseñanza.* **5** Lugar que está a igual distancia de sus extremos: *El diámetro de una circunferencia tiene que pasar por su centro.* **6** Conjunto de ideas políticas que está entre la izquierda y la derecha: *partido de centro.* **7** En algunos deportes,

centroafricano, na forma de lanzar el balón a un compañero para que continúe el ataque. ◆ [expresión] ‖ **centro de mesa** Objeto de adorno que se coloca en el medio de una mesa. ☐ SINÓNIMOS: **5** medio. ☐ ANTÓNIMOS: **1** margen. **3** alrededores, afueras, contorno, extrarradio. ☐ FAMILIA: centrar, central, céntrico, centralita, centralizar, centroafricano, centroamericano, centroeuropeo, centrocampista, centrifugar, centrífugo, centrifugadora, centrípeto, descentralizar, descentrar, excéntrico, concéntrico, epicentro, baricentro.

centroafricano, na (cen·tro·a·fri·ca·no, na) [adjetivo o sustantivo] De la zona central de África, que es un continente. ☐ FAMILIA: →centro. →africano.

centroamericano, na (cen·tro·a·me·ri·ca·no, na) [adjetivo o sustantivo] De la zona central de América, que es un continente. ☐ FAMILIA: →centro. →americano.

centrocampista (cen·tro·cam·pis·ta) [sustantivo] En fútbol y otros deportes, jugador que está en el centro del campo. ☐ [No varía en masculino y femenino]. ☐ FAMILIA: →centro. →campo.

centroeuropeo, a (cen·tro·eu·ro·pe·o, a) [adjetivo o sustantivo] De la zona central de Europa, que es un continente. ☐ FAMILIA: →centro. →europeo.

centuplicar (cen·tu·pli·car) [verbo] Hacer cien veces mayor. ☐ [La «c» se cambia en «qu» delante de «e» («centuplique»)]. ☐ FAMILIA: →ciento.

céntuplo, pla (cén·tu·plo, pla) [adjetivo o sustantivo masculino] Que es cien veces mayor. ☐ FAMILIA: →ciento.

centuria (cen·tu·ria) [sustantivo femenino] **1** Período de tiempo de cien años. **2** En la antigua Roma, ejército de cien hombres. ☐ SINÓNIMOS: **1** siglo. ☐ FAMILIA: →ciento.

centurión (cen·tu·rión) [sustantivo masculino] En la antigua Roma, persona que dirigía un ejército de cien hombres. ☐ FAMILIA: →ciento.

cenutrio, tria (ce·nu·trio, tria) [sustantivo] Persona de poca habilidad o de poca inteligencia. ☐ [Es coloquial y se usa como insulto]. ☐ SINÓNIMOS: torpe.

ceñido, da (ce·ñi·do, da) [adjetivo] Apretado o muy pegado al cuerpo: *un jersey ceñido*. ☐ FAMILIA: →ceñir.

ceñir (ce·ñir) [verbo] **1** Rodear una parte del cuerpo con algo o ajustarlo a ella: *El soldado se ciñó la espada a la cintura*. **2** Ponerse una prenda de vestir muy pegada al cuerpo. ‖ **ceñirse 3** Limitarse a algo: *En este examen debéis ceñiros a lo que pide cada pregunta*. ☐ [Es irregular]. ☐ FAMILIA: ceñido.

ceño (ce·ño) [sustantivo masculino] Gesto que se hace en señal de enfado, arrugando la frente. ☐ FAMILIA: ceñudo.

ceñudo, da (ce·ñu·do, da) [adjetivo] Que arruga la frente como señal de enfado. ☐ FAMILIA: →ceño.

cepa (ce·pa) [sustantivo femenino] Tronco de la vid. ◆ [expresión] ‖ **de buena cepa** Con unas cualidades que se consideran

---

CEÑIR

INDICATIVO	SUBJUNTIVO
Presente yo ciño tú ciñes / usted ciñe él, ella ciñe nosotros, tras ceñimos vosotros, tras ceñís / ustedes ciñen ellos, ellas ciñen	**Presente** yo ciña tú ciñas / usted ciña él, ella ciña nosotros, tras ciñamos vosotros, tras ciñáis / ustedes ciñan ellos, ellas ciñan
Pretérito imperfecto yo ceñía tú ceñías / usted ceñía él, ella ceñía nosotros, tras ceñíamos vosotros, tras ceñíais / ustedes ceñían ellos, ellas ceñían	**Pretérito imperfecto** yo ciñera o ciñese tú ciñeras o ciñeses / usted ciñera o ciñese él, ella ciñera o ciñese nosotros, tras ciñéramos o ciñésemos vosotros, tras ciñerais o ciñeseis / ustedes ciñeran o ciñesen ellos, ellas ciñeran o ciñesen
Pretérito perfecto simple yo ceñí tú ceñiste / usted ciñó él, ella ciñó nosotros, tras ceñimos vosotros, tras ceñisteis / ustedes ciñeron ellos, ellas ciñeron	**Futuro simple** yo ciñere tú ciñeres / usted ciñere él, ella ciñere nosotros, tras ciñéremos vosotros, tras ciñereis / ustedes ciñeren ellos, ellas ciñeren
Futuro simple yo ceñiré tú ceñirás / usted ceñirá él, ella ceñirá nosotros, tras ceñiremos vosotros, tras ceñiréis / ustedes ceñirán ellos, ellas ceñirán	**IMPERATIVO** ciñe (tú) / ciña (usted) ciñamos (nosotros, tras) ceñid (vosotros, tras) / ciñan (ustedes)
Condicional simple yo ceñiría tú ceñirías / usted ceñiría él, ella ceñiría nosotros, tras ceñiríamos vosotros, tras ceñiríais / ustedes ceñirían ellos, ellas ceñirían	**FORMAS NO PERSONALES** **Infinitivo** **Gerundio** **Participio** ceñir ciñendo ceñido

muy buenas. ‖ **de pura cepa** Que tiene las características que se consideran propias de la clase en la que se incluye: *Soy zamorana de pura cepa.*

cepillar (ce·pi·llar) [verbo] **1** Limpiar con un cepillo: *Debes cepillarte los dientes después de cada comida.* **2** Peinar el pelo con un cepillo. **3** Poner lisa una madera con un cepillo: *El carpintero cepilló las tablas.* **4** Robar: *¿Quién me ha cepillado la pluma y el cuaderno?* ∎ **cepillarse 5** Matar: *El malo de la película acaba entre rejas por cepillarse a un policía.* **6** Suspender en un examen: *Mi hermano está enfadado porque se lo han cepillado.* **7** Terminar algo en poco tiempo: *Me gustó tanto el libro que me lo cepillé en una tarde.* **8** Tener relaciones sexuales con una persona. ☐ [Los significados **4**, **5**, **6** y **7** son coloquiales. El significado **8** es vulgar]. ☐ Antónimos: **6** aprobar. ☐ Familia: →cepillo.

cepillo (ce·pi·llo) [sustantivo][masculino] **1** Instrumento formado por un mango y una serie de pelos cortados al mismo nivel y que se usa para limpiar algo o peinar el pelo. **2** Caja o cestillo que se usa para recoger limosna en las iglesias: *Eché una limosna en el cepillo.* **3** Herramienta que sirve para dejar lisa la madera. ◆ [expresión] ‖ **a cepillo** Dicho del pelo, cortado de forma que queda muy corto y de punta. ☐ Familia: cepillar.

cepo (ce·po) [sustantivo][masculino] Trampa para cazar animales.

cepo

ceporro, rra (ce·po·rro, rra) [sustantivo] Persona poco inteligente. ◆ [expresión] ‖ **dormir como un ceporro** Dormir con un sueño muy pesado. ☐ [Es coloquial y se usa como insulto].

cera (ce·ra) [sustantivo][femenino] **1** Sustancia sólida, de color amarillo, que producen las abejas: *Las velas se hacen con cera.* **2** Materia que tiene características parecidas a las de esta sustancia: *Algunos muebles se limpian con cera para que brillen.* **3** Sustancia amarilla que se produce en los oídos. ◆ [expresión] ‖ **hacer la cera** Quitar los pelos con una sustancia que se extiende sobre la piel y que, cuando se endurece, se quita y los arranca. ☐ [No confundir con «acera» (lado de una calle)]. ☐ Sinónimos: **3** cerumen. ☐ Familia: encerar, encerado, cerumen.

cerámica (ce·rá·mi·ca) [sustantivo][femenino] **1** Técnica con la que se fabrican objetos con arcilla. **2** Objeto fabricado según esta técnica. ☐ Familia: ceramista.

ceramista (ce·ra·mis·ta) [sustantivo] Persona que hace objetos de cerámica. ☐ [No varía en masculino y femenino]. ☐ Familia: →cerámica.

cerbatana (cer·ba·ta·na) [sustantivo][femenino] Tubo estrecho y hueco que sirve para lanzar dardos o flechas soplando por uno de los extremos.

cerca (cer·ca) ∎ [sustantivo][femenino] **1** Construcción que se hace alrededor de un lugar para protegerlo o para marcarlo. ∎ [adverbio] **2** En una posición muy cercana: *Hay un parque cerca de mi casa.* ◆ [expresión] ‖ **cerca de** Casi o de forma aproximada: *Llegaré a casa cerca de las ocho.* ☐ [No debe decirse «cerca tuyo», «cerca mío», etc., sino «cerca de ti», «cerca de mí», etc.]. ☐ Sinónimos: **1** vallado. ☐ Antónimos: **2** lejos. ☐ Familia: **1** cercar, cercado, cerco. **2** cercano, cercanía, cercanías, acercar, acercamiento, acerca.

cercado (cer·ca·do) [sustantivo][masculino] Terreno que está rodeado por una cerca. ☐ Familia: →cerca.

cercanía (cer·ca·ní·a) ∎ [sustantivo][femenino] **1** Distancia corta o situación cercana. ∎ **cercanías** [plural] **2** Conjunto de zonas cercanas a un lugar: *tren de cercanías.* ☐ Sinónimos: **1** proximidad. **2** proximidades. ☐ Antónimos: **1** lejanía. ☐ Familia: →cerca.

cercanías (cer·ca·ní·as) [sustantivo][masculino] Tren que une una ciudad grande con localidades cercanas y que pasa con gran frecuencia. ☐ [No varía en singular y plural]. ☐ Familia: →cerca.

cercano, na (cer·ca·no, na) [adjetivo] **1** Que está a muy poca distancia: *La tienda que buscas está en una calle cercana.* **2** Dicho de una relación, que se basa en lazos estrechos o directos: *parientes cercanos.* ☐ Sinónimos: **1** próximo, vecino. ☐ Antónimos: lejano. **1** distante, remoto. ☐ Familia: →cerca.

cercar (cer·car) [verbo] **1** Colocar una línea de palos o de tablas alrededor de un lugar para protegerlo o para marcarlo. **2** Rodear un lugar para impedir la salida o la entrada de alguien: *El enemigo cercó la fortaleza.* ☐ [La «c» se cambia en «qu» delante de «e» («cerque»)]. ☐ Sinónimos: **1** vallar. **2** asediar, sitiar. ☐ Familia: →cerca.

cercenar (cer·ce·nar) [verbo] Cortar un miembro del cuerpo. ☐ Sinónimos: amputar.

cerciorarse (cer·cio·rar·se) [verbo] Asegurarse de la verdad de algo: *Creo que mi autobús sale a las seis, pero me cercioraré llamando a la estación.*

cerco (cer·co) [sustantivo][masculino] **1** Zona que rodea algo: *Límpiate la boca, porque después de beber te ha quedado un cerco de chocolate.* **2** Cosa que se pone alrededor de algo: *el cerco de la puerta.* **3** Acción que realiza un ejército al rodear un lugar para impedir la salida o la entrada de alguien: *La ciudad se rindió, porque no pudo resistir el cerco del enemigo.* ☐ Sinónimos: **2** marco. **3** sitio, asedio. ☐ Familia: →cerca.

cerdada (cer·da·da) [sustantivo][femenino] **1** Hecho que produce un daño a una persona. **2** Cosa que está sucia. ☐ [Es coloquial]. ☐ Sinónimos: guarrada. ☐ Familia: →cerdo.

cerdo, da (cer·do, da) ∎ [adjetivo o sustantivo] **1** Que está sucio o que es muy sucio. **2** Dicho de una persona, que tiene mala intención. ∎ [sustantivo] **3** Animal del que se sacan los jamones y que se cría para aprovechar su carne. ∎ **cerda** [sustantivo][femenino] **4** Pelo grueso y duro que tienen algunos animales: *El jabalí tiene el cuerpo cubierto de cerdas.* **5** Pelo de un cepillo: *Las cerdas de mi cepillo de dientes son muy suaves.* ◆ [expresión] ‖ **como un cerdo** Dicho de la forma de comer o sudar, muchísimo: *He cenado como un cerdo y ahora me encuentro fatal.* ☐ [En los significados **1** y **2** es coloquial y se usa como insulto. La expresión es despectiva]. ☐ Sinónimos: **1**, **3** cochino, marrano, puerco. **1-3** guarro. **3** gorrino. ☐ Antónimos: **1** limpio. ☐ Familia: cerdada.

cereal (ce·re·al) [sustantivo masculino] Planta que da frutos en forma de granos que se usan como alimento: *El trigo, el maíz y la cebada son tres tipos de cereales.*

cerebelo (ce·re·be·lo) [sustantivo masculino] Parte de la cabeza que controla la coordinación muscular y que está situada en la parte de atrás del cráneo. ☐ Familia: →cerebro.

cerebral (ce·re·bral) [adjetivo] **1** Del cerebro o relacionado con él. **2** Que actúa siguiendo su inteligencia y la razón: *Eres muy cerebral y no te dejas llevar por los sentimientos.* ☐ [No varía en masculino y femenino]. ☐ Familia: →cerebro.

cerebro (ce·re·bro) [sustantivo masculino] **1** Órgano principal del sistema nervioso, situado en el interior del cráneo, que controla las funciones más importantes del organismo: *El cerebro está protegido por los huesos del cráneo.* **2** Capacidad para pensar las cosas y para entenderlas: *Tienes un cerebro privilegiado.* **3** Persona de gran inteligencia, que destaca entre las demás: *Los encargados de ese proyecto científico son unos cerebros.* **4** Persona que piensa un plan o que lo dirige: *El teniente fue el cerebro de la operación de rescate.* ◆ [expresión] ‖ **cerebro electrónico** Máquina que es capaz de realizar una serie de operaciones siguiendo un orden parecido al humano. ‖ **lavar el cerebro** Hacer cambiar de opinión: *Te han lavado el cerebro y ya no tienes ideas propias.* ☐ Familia: cerebral, cerebelo.

ceremonia (ce·re·mo·nia) [sustantivo femenino] **1** Acto solemne que se celebra siguiendo ciertas reglas: *la ceremonia de entrega de premios.* **2** Acto que resulta muy formal y poco natural: *Me recibió en su casa con mucha ceremonia.* ☐ Familia: ceremonial, ceremonioso.

ceremonial (ce·re·mo·nial) ■ [adjetivo] **1** De la ceremonia o relacionado con ella. ■ [sustantivo masculino] **2** Conjunto de reglas que se siguen al hacer una ceremonia: *Tuvimos que acudir antes al acto de entrega de premios para que nos explicasen el ceremonial.* ☐ [En el significado **1** no varía en masculino y femenino]. ☐ Sinónimos: **2** protocolo. ☐ Familia: →ceremonia.

ceremonioso, sa (ce·re·mo·nio·so, sa) [adjetivo] **1** Que sigue las ceremonias teniendo en cuenta las reglas de estas: *acto ceremonioso.* **2** Que resulta muy formal y poco natural: *Me dio las gracias con palabras ceremoniosas, pero poco sinceras.* ☐ Familia: →ceremonia.

cereza (ce·re·za) [sustantivo femenino] Fruto pequeño, casi redondo, de piel lisa y roja, que tiene un hueso en el interior y un rabito fino y largo. 👁 **página 453**. ☐ Familia: cerezo.

cerezo (ce·re·zo) [sustantivo masculino] Árbol de tronco liso y flores blancas cuyo fruto es la cereza. 👁 **página 91**. ☐ Familia: →cereza.

cerilla (ce·ri·lla) [sustantivo femenino] Palito que tiene en un extremo una sustancia que se enciende cuando se frota contra una superficie áspera. ☐ Sinónimos: fósforo. ☐ Familia: cerillero.

cerillero, ra (ce·ri·lle·ro, ra) [sustantivo] Persona que vende cerillas. ☐ Familia: →cerilla.

cerner (cer·ner) [verbo] **1** Separar sustancias de distinto tamaño con una red fina que se sujeta a un aro. ■ **cernerse 2** Acercarse algo malo: *La desgracia se cernía sobre nosotros.* ☐ [Es irregular y se conjuga como ENTENDER. También se puede decir «cernir» o «cernirse»].

cernícalo (cer·ní·ca·lo) [sustantivo masculino] **1** Ave de cabeza abultada y plumaje rojizo con manchas o franjas negras. **2** Persona que no es educada o que tiene mala idea. ☐ [El significado **2** es coloquial].

cernir (cer·nir) [verbo] → **cerner.** ☐ [Es irregular y se conjuga como DISCERNIR].

cero (ce·ro) ■ [numeral] **1** Indica 0 unidades: *Me costó cero euros.* ■ [sustantivo masculino] **2** Número 0: *Has hecho un cero demasiado alargado.* ◆ [expresión] ‖ **al cero** Dicho del pelo, cortado al nivel de la piel. ‖ **de cero** Desde el principio: *Si no me cuentas la historia de cero, no me voy a enterar.* ‖ **ser un cero a la izquierda** No ser tenido en cuenta para nada. ☐ [En el significado **1** no varía en masculino y femenino. La expresión «ser un cero a la izquierda» es coloquial].

cerrado, da (ce·rra·do, da) [adjetivo] **1** Que tiene un acento muy marcado: *Habla un catalán cerrado.* **2** Que no está dispuesto a aceptar otras ideas o a relacionarse con los demás: *Tienes un carácter cerrado y no te gustan las novedades.* **3** Dicho del cielo, que está lleno de nubes. ☐ Antónimos: **2** abierto. **3** claro. ☐ Familia: →cerrar.

cerradura (ce·rra·du·ra) [sustantivo femenino] Mecanismo que sirve para cerrar algo con llave. ☐ Familia: →cerrar.

cerrajería (ce·rra·je·rí·a) [sustantivo femenino] Lugar donde se hacen o se venden cerraduras. ☐ Familia: →cerrar.

cerrajero, ra (ce·rra·je·ro, ra) [sustantivo] Persona que hace o arregla cerraduras. ☐ Familia: →cerrar.

cerrar (ce·rrar) [verbo] **1** Poner una puerta cubriendo el hueco de modo que no se pueda pasar. **2** Colocar un cierre de modo que asegure una puerta: *Cerré el pestillo y luego no lo podía abrir.* **3** Hacer lo necesario para que no se vea el interior de algo: *Cerré el sobre y pegué el sello.* **4** Empujar un cajón hacia adentro para meterlo del todo: *Cerré el cajón.* **5** Juntar las hojas de un libro o de algo parecido para que no puedan verse las páginas interiores: *Cuando acabé de leer, cerré el libro.* **6** Juntar los bordes de algo: *Cierra los ojos. Ya se me ha cerrado la herida.* **7** Poner juntas las partes de algo: *Mi abuela abre y cierra el abanico con mucha rapidez.* **8** Juntar sin dejar espacios: *Los jugadores del equipo se cerraron en su área.* **9** Cubrir algo abierto:

Hemos cerrado la terraza con cristales. **10** Ocupar el último lugar en una lista o en un conjunto: *Los organizadores del campeonato cierran el desfile.* **11** Escribir un signo detrás de la frase que se quiere destacar: *Si abres un signo de interrogación, tienes que cerrarlo al final de la pregunta.* **12** Impedir el paso o hacer imposible la circulación de algo: *Cierra el grifo.* **13** Dejar un local de desarrollar sus actividades: *Esta tienda cierra los domingos.* **14** Declarar acabada una actividad o ponerle fin: *El alcalde de la ciudad cerró el acto con un discurso.* **15** Sacar el dinero y hacer las operaciones necesarias para dejar de tener una cuenta en un banco: *cerrar una cuenta corriente.* **16** No tener una nueva posibilidad: *Si no estudias, se te cerrarán muchos trabajos.* ∎ **cerrarse 17** Tomar una curva poniéndose cerca del lado interior: *No te cierres mucho en las curvas.* **18** No querer relacionarse con los demás: *Cuando te sucede algo malo, te cierras y no nos dejas ayudarte.* ☐ [Es irregular y se conjuga como ACERTAR]. ☐ SINÓNIMOS: **9** cegar. **14** clausurar. ☐ ANTÓNIMOS: **1**-**16** abrir. **7** desplegar. **17**, **18** abrirse. ☐ FAMILIA: cerrado, cerradura, cerrojo, cerrajero, cerrajería, cierre, descerrajar, encerrar, encierro, encerrona, entrecerrar, cerrazón.

cerrazón (ce·rra·<u>zón</u>) [sustantivo femenino] Característica de la persona que no comprende las cosas o no hace nada por comprenderlas. ☐ SINÓNIMOS: terquedad. ☐ FAMILIA: →cerrar.

cerril (ce·<u>rril</u>) [adjetivo] Dicho de una persona, que se cierra en una actitud o en una opinión, sin admitir razones. ☐ [No varía en masculino y femenino]. ☐ SINÓNIMOS: tozudo.

cerro (<u>ce</u>·rro) [sustantivo masculino] Elevación del terreno más pequeña que un monte. ☐ SINÓNIMOS: promontorio.

cerrojo (ce·<u>rro</u>·jo) [sustantivo masculino] Cierre formado por dos piezas, una de las cuales se puede correr para meterla en la otra. ☐ FAMILIA: →cerrar.

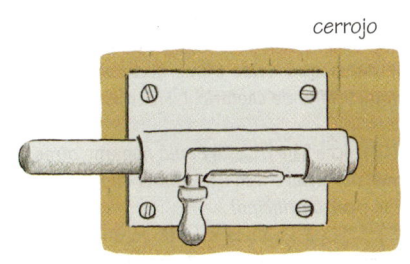

cerrojo

certamen (cer·<u>ta</u>·men) [sustantivo masculino] Competición para conseguir un premio en la que participan varias personas que han realizado una obra de arte o una obra científica: *certamen de pintura; certamen de poesía.*

certero, ra (cer·<u>te</u>·ro, ra) [adjetivo] **1** Dicho de un disparo, que da en el blanco. **2** Que resulta adecuado o correcto: *Hizo unos comentarios certeros sobre la situación.* ☐ FAMILIA: →cierto.

certeza (cer·<u>te</u>·za) [sustantivo] **1** Conocimiento claro y seguro que se tiene de algo: *No tenemos certeza de que vaya a llover mañana.* **2** Seguridad total que tenemos sobre algo: *Sé con certeza que me quieres.* ☐ SINÓNIMOS: certidumbre. ☐ ANTÓNIMOS: incertidumbre. ☐ FAMILIA: →cierto.

certidumbre (cer·ti·<u>dum</u>·bre) [sustantivo] Conocimiento claro y seguro que se tiene de algo: *Tengo la certidumbre de que hoy empezarán las obras.* ☐ SINÓNIMOS: certeza. ☐ ANTÓNIMOS: incertidumbre. ☐ FAMILIA: →cierto.

certificado, da (cer·ti·fi·<u>ca</u>·do, da) ∎ [adjetivo o sustantivo masculino] **1** Dicho de algo que se envía por correo, que se realiza asegurando que se va a entregar en mano a la persona a la que va dirigido. ∎ **certificado** [sustantivo] **2** Documento oficial en el que se asegura que lo que en él está escrito es cierto: *certificado médico.* ☐ FAMILIA: →certificar.

certificar (cer·ti·fi·<u>car</u>) [verbo] **1** Asegurar que algo es cierto o verdadero: *El médico certificó la causa de la muerte.* **2** Asegurar que algo que se envía por correo se entregará en mano a la persona a la que va dirigido: *Voy a certificar esta carta para que no se pierda cuando la envíen.* ☐ [La «c» se cambia en «qu» delante de «e» («certifique»)]. ☐ FAMILIA: certificado.

cerumen (ce·<u>ru</u>·men) [sustantivo masculino] Sustancia amarilla que se forma en el interior de las orejas. ☐ SINÓNIMOS: cera. ☐ FAMILIA: →cera.

cerval (cer·<u>val</u>) [adjetivo] Dicho del miedo, que es muy grande o muy fuerte: *Las serpientes me inspiran un miedo cerval.* ☐ [No varía en masculino y femenino]. ☐ FAMILIA: →ciervo.

cervato (cer·<u>va</u>·to) [sustantivo masculino] Cría del ciervo. ☐ FAMILIA: →ciervo.

cervecería (cer·ve·ce·<u>rí</u>·a) [sustantivo femenino] Lugar donde se vende o se toma cerveza. ☐ FAMILIA: →cerveza.

cerveza (cer·<u>ve</u>·za) [sustantivo femenino] Bebida alcohólica, de color amarillento y de sabor amargo, que forma una espuma blanca. ☐ FAMILIA: cervecería.

cervical (cer·vi·<u>cal</u>) [adjetivo] De la cerviz o relacionado con esta parte del cuello: *vértebras cervicales.* ☐ [No varía en masculino y femenino]. ☐ FAMILIA: →cerviz.

cerviz (cer·<u>viz</u>) [sustantivo femenino] Parte de atrás del cuello. ☐ [Su plural es «cervices»]. ☐ FAMILIA: cervical.

cesante (ce·<u>san</u>·te) [adjetivo o sustantivo] Dicho de un empleado, que ha dejado su trabajo porque quiere él o porque quiere su jefe. ☐ [No varía en masculino y femenino]. ☐ FAMILIA: →cesar.

cesar (ce·<u>sar</u>) [verbo] **1** Acabar algo o terminar: *Nos iremos en cuanto cese la tormenta.* **2** Dejar de hacer algo: *Cuando cese de hablar yo, podrás hablar tú.* **3** Dejar de realizar las funciones propias de un empleo: *Desde que cesó en la dirección del colegio, volvió a dar sus clases como hacía antes.* ☐ [En el significado **3**, no debe decirse «Han cesado al ministro en su cargo», sino «El ministro ha cesado en su cargo»]. ☐ SINÓNIMOS: **2** parar. ☐ FAMILIA: cese, cesante, incesante.

césar (cé·sar) [sustantivo masculino] Jefe más importante en la antigua Roma.

cesárea (ce·sá·re·a) [sustantivo femenino] Operación que se hace para sacar al niño de la madre cuando no puede nacer con normalidad.

cese (ce·se) [sustantivo masculino] Situación en la que se dejan de realizar las funciones propias de un empleo. ☐ FAMILIA: →cesar.

cesión (ce·sión) [sustantivo femenino] Renuncia que se hace de algo para que lo reciba otra persona: *El ayuntamiento acordó la cesión de una sala a la ONG.* ☐ FAMILIA: →ceder.

césped (cés·ped) [sustantivo masculino] **1** Hierba corta y espesa que cubre un terreno. **2** Terreno de juego de algunos deportes: *El público empezó a aplaudir cuando los jugadores saltaron al césped.* ☐ [Su plural es «céspedes»]. ☐ FAMILIA: cortacésped.

cesta (ces·ta) [sustantivo femenino] **1** Especie de cesto pequeño. **2** En baloncesto, aro del que cuelga una red sin fondo por donde tiene que pasar la pelota. ◆ [expresión] ‖ **cesta de la compra** Conjunto de alimentos que necesita una familia a diario. ☐ SINÓNIMOS: canasta. ☐ FAMILIA: cesto, encestar, enceste.

cesto (ces·to) [sustantivo masculino] Recipiente grande, más alto que ancho, que tiene dos asas. ☐ FAMILIA: baloncesto. →cesta.

cetáceo, a (ce·tá·ce·o, a) [adjetivo o sustantivo masculino] Del grupo de animales al que pertenecen la ballena y el delfín, que son mamíferos, viven en el mar y tienen forma parecida a la de los peces.

cetrería (ce·tre·rí·a) [sustantivo femenino] **1** Técnica de criar y preparar aves para la caza. **2** Caza que se hace con estas aves.

cetrino, na (ce·tri·no, na) [adjetivo] De color amarillo verdoso.

cetro (ce·tro) [sustantivo masculino] Especie de palo decorado con materiales preciosos que llevan los reyes.

cetro

ceutí (ceu·tí) [adjetivo o sustantivo] De la ciudad autónoma española de Ceuta. ☐ [No varía en masculino y femenino. Su plural es «ceutís» o «ceutíes» (más culto)].

chabacanería (cha·ba·ca·ne·rí·a) [sustantivo femenino] Hecho o dicho que resulta ordinario y nada elegante. ☐ ANTÓNIMOS: elegancia. ☐ FAMILIA: →chabacano.

chabacano, na (cha·ba·ca·no, na) [adjetivo o sustantivo] Que resulta ordinario y nada elegante. ☐ ANTÓNIMOS: fino, elegante. ☐ FAMILIA: chabacanería.

chabola (cha·bo·la) [sustantivo femenino] Especie de casa construida con materiales muy pobres y sin las condiciones adecuadas para vivir en ella.

chacal (cha·cal) [sustantivo masculino] Animal parecido al lobo, pero más pequeño, que suele alimentarse de animales muertos.

chacha (cha·cha) [sustantivo femenino] **1** Mujer que está en una casa para cuidar a los niños. **2** Mujer que trabaja haciendo las tareas de la casa a cambio de dinero. ☐ [Es coloquial]. ☐ SINÓNIMOS: **2** sirvienta.

cháchara (chá·cha·ra) [sustantivo femenino] Conversación sin importancia que se mantiene durante un rato: *Estuvimos de cháchara al salir de clase.* ☐ [Es coloquial]. ☐ SINÓNIMOS: charla.

chachi (cha·chi) ▌ [adjetivo] **1** Muy bueno o estupendo: *Eres un amigo chachi.* ▌ [adverbio] **2** Muy bien: *Nos lo hemos pasado chachi.* ☐ [Es coloquial. En el significado **1** no varía en masculino y femenino. En el significado **2** tampoco varía por ser adverbio]. ☐ SINÓNIMOS: chupi, guay.

chacolí (cha·co·lí) [sustantivo masculino] Vino agrio que es típico de las comunidades autónomas españolas del País Vasco y de Cantabria. ☐ [Su plural es «chacolís»].

chacota (cha·co·ta) [sustantivo femenino] Broma o burla sin mala intención: *No te tomes a chacota lo que te estoy diciendo.*

chador (cha·dor) [sustantivo masculino] Prenda de vestir femenina formada por una tela que cubre la cabeza y el cuerpo hasta los pies y deja al descubierto la cara: *Algunas mujeres musulmanas llevan chador.* ☐ [Es una palabra de origen persa. No confundir con «burka» (prenda de vestir que cubre el cuerpo entero y la cara) ni con «hiyab» (velo que cubre el pelo, las orejas y el cuello y deja al descubierto la cara)].

chafado, da (cha·fa·do, da) [adjetivo] **1** Aplastado. **2** Que se ha quedado sin fuerzas o sin ánimos. ☐ SINÓNIMOS: **2** abatido. ☐ FAMILIA: →chafar.

chafar (cha·far) [verbo] **1** Estropear o echar a perder: *chafar unos zapatos.* **2** Dejar a una persona hundida y sin saber qué hacer o qué decir: *El último contratiempo terminó de chafarlo.* ☐ [Es coloquial]. ☐ FAMILIA: chafado.

chaflán (cha·flán) [sustantivo masculino] Pared que une otras dos para que no formen esquina: *En el chaflán del edificio está la puerta principal.*

chal [sustantivo masculino] **1** Pañuelo más largo que ancho que se lleva sobre los hombros. **2** Prenda de abrigo en la que se envuelve a los niños cuando son muy pequeños. ☐ [Es una palabra de origen francés].

chalado, da (cha·la·do, da) [adjetivo o sustantivo] **1** Que está medio loco. **2** Que siente mucho amor por algo. ☐ [Es coloquial]. ☐ SINÓNIMOS: chiflado. **1** pirado, majareta, zumbado, tronado. ☐ FAMILIA: chaladura.

chaladura (cha·la·du·ra) [sustantivo femenino] Hecho o dicho propio de la persona que tiene poco juicio. ☐ [Es coloquial]. ☐ SINÓNIMOS: chifladura. ☐ FAMILIA: →chalado.

chalé (cha·lé) [sustantivo][masculino] Casa en la que vive una sola familia y que tiene un jardín alrededor. ⊙ página 172. ☐ [Es una palabra de origen francés. Su plural es «chalés». Se usa también «chalet»].

chalé

chaleco (cha·le·co) [sustantivo][masculino] Especie de chaqueta sin mangas. ♦ [expresión] ‖ **chaleco antibalas** El que sirve de protección contra las balas. ‖ **chaleco salvavidas** El que sirve para flotar en el agua.

chaleco

chalet (cha·let) [sustantivo][masculino] → **chalé**. ☐ [Es una palabra de origen francés. Su plural es «chalets»].

chalupa (cha·lu·pa) [sustantivo][femenino] Barca pequeña.

chamaco, ca (cha·ma·co, ca) [sustantivo] Niño o muchacho.

chamán (cha·mán) [sustantivo][masculino] Hechicero que se considera que tiene poderes para curar, adivinar y comunicarse con espíritus: *Toda la tribu confiaba en que el chamán curaría al niño enfermo.*

chamarilero, ra (cha·ma·ri·le·ro, ra) [sustantivo] Persona que compra o vende objetos viejos o usados.

chamba (cham·ba) [sustantivo][femenino] Suerte. ☐ [Es coloquial]. ☐ SINÓNIMOS: chiripa, carambola.

chambelán (cham·be·lán) [sustantivo][masculino] Antiguamente, noble que acompañaba y ayudaba al rey.

chambergo (cham·ber·go) [sustantivo][masculino] **1** Chaqueta que llega hasta la mitad del muslo. **2** Sombrero de ala ancha levantada en uno de los lados.

chamizo (cha·mi·zo) [sustantivo][masculino] Especie de casa hecha con materiales pobres y con el techo de paja.

champán (cham·pán) [sustantivo][masculino] Tipo de vino francés con gas. ☐ [Es una palabra de origen francés. No confundir con «cava» (vino de origen español). Se usa también «champaña»].

champaña (cham·pa·ña) [sustantivo][masculino] → **champán**. ☐ [Es una palabra de origen francés. No confundir con «cava» (vino de origen español)].

champiñón (cham·pi·ñón) [sustantivo][masculino] Seta de color blanquecino o pardo que se cultiva en lugares húmedos. ☐ [Es una palabra de origen francés].

champú (cham·pú) [sustantivo][masculino] Jabón líquido que se usa para lavar el pelo. ☐ [Su plural es «champús»].

chamuscar (cha·mus·car) [verbo] Quemar por la parte exterior: *No presté mucha atención y se terminó chamuscando el pan en el tostador.* ☐ [La «c» se cambia en «qu» delante de «e» («chamusque»)]. ☐ FAMILIA: chamusquina.

chamusquina (cha·mus·qui·na) ♦ [expresión] ‖ **oler a chamusquina** Dar algo la impresión de que esconde algún peligro o de que no va a salir bien. ☐ [Es coloquial]. ☐ FAMILIA: →chamuscar.

chanchullo (chan·chu·llo) [sustantivo][masculino] Actividad que se realiza sin tener en cuenta la ley o de manera poco honrada. ☐ [Es coloquial]. ☐ SINÓNIMOS: trapicheo.

chancla (chan·cla) [sustantivo][femenino] **1** Especie de zapato que solo tiene la parte de abajo y alguna cinta por arriba para sujetarlo al pie. **2** Especie de zapato que no tiene talón y que se usa dentro de casa. ☐ SINÓNIMOS: chancleta. ☐ FAMILIA: chancleta, chanclo.

chancleta (chan·cle·ta) [sustantivo][femenino] → **chancla**. ☐ FAMILIA: →chancla.

chanclo (chan·clo) [sustantivo][masculino] **1** Zapato de madera o de suela gruesa para protegerse del barro. **2** Zapato de goma que se pone sobre los zapatos normales para protegerse del barro o del agua. ☐ FAMILIA: →chancla.

chándal (chán·dal) [sustantivo][masculino] Prenda de vestir, formada por un pantalón largo y una chaqueta, que se usa para hacer deporte. ☐ [Es una palabra de origen francés. Su plural es «chándales»].

chanquete (chan·que·te) [sustantivo][masculino] Pez muy pequeño y de color claro.

chantaje (chan·ta·je) [sustantivo][masculino] **1** Amenaza que hace una persona a otra diciéndole que le va a suceder algo malo si no paga la cantidad de dinero que le pide. **2** Presión que se realiza sobre una persona para que se sienta en la obligación de actuar de determinada manera: *Me parece un chantaje decirme que, si no hago lo que tú quieres, ya no serás mi amigo.* ☐ [Es una palabra de origen francés]. ☐ FAMILIA: chantajear, chantajista.

chantajear (chan·ta·je·ar) [verbo] Hacer chantaje a alguien. ☐ FAMILIA: →chantaje.

chantajista (chan·ta·jis·ta) [sustantivo] Persona que amenaza a otra con algo malo si no le paga la cantidad de dinero que le pide. ☐ [No varía en masculino y femenino]. ☐ FAMILIA: →chantaje.

chantillí (chan·ti·llí) [sustantivo/masculino] Crema de nata.

chanza (chan·za) [sustantivo/femenino] Hecho o dicho gracioso.

chao (cha·o) [interjección] Se usa para despedirse: *¡Chao, me voy a casa!* [Es una palabra de origen italiano. Es coloquial]. ☐ SINÓNIMOS: adiós. ☐ ANTÓNIMOS: hola.

chapa (cha·pa) ■ [sustantivo/femenino] **1** Trozo delgado y plano de un material. **2** Parte de metal que cubre el exterior de un vehículo: *Me di un golpe con el coche y se abolló la chapa.* **3** Tapa de metal que tienen algunas botellas: *Colecciono chapas de refresco.* **4** Placa de metal que llevan los policías: *Los agentes de Policía llevan la chapa en la camisa del uniforme.* ■ **chapas** [plural] **5** Juego infantil que se juega con las tapas de metal de algunas botellas: *¿Quieres que juguemos a las chapas?* ◆ [expresión] ‖ **no dar ni chapa** No trabajar nada: *¡No das ni chapa y encima quieres aprobar y sacar buenas notas!* ☐ [La expresión es coloquial]. ☐ SINÓNIMOS: **1** hoja, lámina, plancha. ☐ FAMILIA: chapista, chapar, contrachapado, chapado.

chapado, da (cha·pa·do, da) ◆ [expresión] ‖ **chapado a la antigua** Dicho de una persona, que tiene ideas y costumbres antiguas o pasadas de moda. ☐ [Es coloquial]. ☐ FAMILIA: →chapa.

chapar (cha·par) [verbo] **1** Cubrir algo con chapas de metal o de otro material. **2** Cerrar un lugar: *Estuvimos en el bar hasta que chaparon.* ☐ [El significado **2** es coloquial]. ☐ FAMILIA: →chapa.

chaparro, rra (cha·pa·rro, rra) ■ [adjetivo o sustantivo] **1** Dicho de una persona, que es baja y gruesa. ■ **chaparro** [sustantivo/masculino] **2** Mata de roble o de encina de poca altura y con muchas ramas. ☐ [El significado **1** es coloquial]. ☐ SINÓNIMOS: **1** achaparrado. ☐ ANTÓNIMOS: **1** esbelto. ☐ FAMILIA: achaparrado.

chaparrón (cha·pa·rrón) [sustantivo/masculino] Lluvia fuerte que dura poco tiempo y que suele ir acompañada de mucho viento. ☐ SINÓNIMOS: chubasco, turbión.

chapeta (cha·pe·ta) [sustantivo/femenino] Mancha rosada que sale en las mejillas. ☐ SINÓNIMOS: roseta.

chapista (cha·pis·ta) [sustantivo] Persona que trabaja la chapa de metal. ☐ [No varía en masculino y femenino]. ☐ FAMILIA: →chapa.

chapotear (cha·po·te·ar) [verbo] Agitar las manos o los pies en el agua haciendo ruido. ☐ FAMILIA: chapoteo.

chapoteo (cha·po·te·o) [sustantivo/masculino] Movimiento que se hace con las manos o con los pies en el agua y produce ruido. ☐ FAMILIA: →chapotear.

chapucero, ra (cha·pu·ce·ro, ra) ■ [adjetivo] **1** Mal realizado o hecho sin cuidado. ■ [adjetivo o sustantivo] **2** Dicho de una persona, que hace los trabajos mal o sin cuidado. ☐ ANTÓNIMOS: concienzudo. ☐ FAMILIA: →chapuza.

chapurrear (cha·pu·rre·ar) [verbo] Hablar un idioma extranjero, pero con muchos fallos: *Acaba de llegar a París y chapurrea algo de francés.*

chapuza (cha·pu·za) [sustantivo/femenino] **1** Trabajo que se hace mal o sin cuidado. **2** Trabajo de poca importancia: *El portero de mi casa hace chapuzas de albañilería.* ◆ [expresión] ‖ **ser un chapuzas** Ser una persona que hace trabajos mal o sin cuidado. ☐ [La expresión no varía en singular y plural y es coloquial]. ☐ ANTÓNIMOS: **1** filigrana. ☐ FAMILIA: chapucero.

chapuzón (cha·pu·zón) [sustantivo/masculino] Baño rápido en el mar o en la piscina.

chaqué (cha·qué) [sustantivo/masculino] Prenda de vestir masculina, parecida a una chaqueta, pero con la parte de detrás más larga. ☐ [Es una palabra de origen francés. No confundir con «frac» (chaqueta que termina en dos picos y por delante llega hasta la cintura)].

chaqué

chaqueta (cha·que·ta) [sustantivo/femenino] Prenda exterior de vestir que cubre hasta más abajo de la cintura y que está abierta por delante. ◆ [expresión] ‖ **cambiar de chaqueta** Cambiar de ideas políticas por propio interés. ☐ [La expresión es coloquial]. ☐ FAMILIA: chaquetón, chaquetilla, chaquetero.

chaquetero, ra (cha·que·te·ro, ra) [adjetivo o sustantivo] Que cambia de ideas o de grupo según sus intereses. ☐ [Es coloquial]. ☐ FAMILIA: →chaqueta.

chaquetilla (cha·que·ti·lla) [sustantivo/femenino] Chaqueta corta que suele llevar adornos. ☐ FAMILIA: →chaqueta.

chaquetón (cha·que·tón) [sustantivo/masculino] Prenda de abrigo más larga que la chaqueta. ☐ FAMILIA: →chaqueta.

charanga (cha·ran·ga) [sustantivo/femenino] Banda de música que toca por las calles en las fiestas.

charca (char·ca) [sustantivo/femenino] Charco grande en el que queda el agua detenida de forma natural o artificial. ☐ SINÓNIMOS: poza. ☐ FAMILIA: →charco.

charco (char·co) [sustantivo/masculino] Agua que queda detenida en el suelo. ☐ FAMILIA: charca, encharcar.

charcutería (char·cu·te·rí·a) [sustantivo/femenino] Tienda en la que se vende jamón, chorizo y otros embutidos.

charla (char·la) [sustantivo/femenino] **1** Conversación que se mantiene durante un rato. **2** Exposición que se hace de un tema ante un público: *Nos han dado una charla en el colegio sobre música clásica.* ☐ FAMILIA: →charlar.

charlar (char·lar) [verbo] Hablar unas personas con otras: *Me encontré a un amigo y estuvimos charlando un rato.* ☐ SINÓNIMOS: conversar, platicar, departir. ☐ FAMILIA: charla, charlatán, charlatanería.

charlatán, na (char·la·tán, ta·na) [adjetivo o sustantivo] **1** Que habla mucho. ▪ **charlatán** [sustantivo masculino] **2** Persona que vende cosas por la calle anunciándolo a voces: *Un charlatán iba por el pueblo ofreciendo su producto contra la calvicie.* ☐ SINÓNIMOS: **1** hablador. ☐ ANTÓNIMOS: **1** callado, reservado, taciturno. ☐ FAMILIA: →charlar.

charlatanería (char·la·ta·ne·rí·a) [sustantivo femenino] Hecho de hablar mucho, pero de cosas que no son importantes o que no son verdad: *Lo que dice ese vendedor es pura charlatanería.* ☐ FAMILIA: →charlar.

charlestón (char·les·tón) [sustantivo masculino] Baile muy rápido y muy alegre que era típico de los años veinte.

charol (cha·rol) [sustantivo masculino] Piel que brilla mucho y con la que se hacen zapatos y bolsos.

charretera (cha·rre·te·ra) [sustantivo femenino] Pieza sujeta sobre el hombro de un uniforme militar, que tiene forma de pala y lleva flecos.

charro, rra (cha·rro, rra) ▪ [adjetivo] **1** De mal gusto o con demasiados adornos: *vestido charro.* ▪ [adjetivo o sustantivo] **2** De la provincia española de Salamanca.

chárter (chár·ter) [adjetivo o sustantivo masculino] Dicho de un avión o de un vuelo, que ha sido contratado por alguien, que no tiene horario de salida regular y que es más barato de lo normal. ☐ [Su plural es «chárteres». Cuando es adjetivo, no varía en masculino y femenino].

chascar (chas·car) [verbo] Dar chasquidos: *Chascó los dedos y apareció un sirviente.* ☐ [La «c» se cambia en «qu» delante de «e» («chasque»)]. ☐ SINÓNIMOS: chasquear. ☐ FAMILIA: chasquear, chasquido.

chascarrillo (chas·ca·rri·llo) [sustantivo masculino] Cuento o historia breve que se relata y que tiene gracia: *Conté algunos chascarrillos de mi pueblo y nos reímos mucho.*

chasco (chas·co) [sustantivo masculino] Sensación que se tiene cuando algo resulta al revés de como esperábamos y que nos pone tristes: *Me llevé un chasco cuando vi que no te gustó mi regalo.*

chasis (cha·sis) [sustantivo masculino] Parte baja de un coche que sostiene su parte exterior. ☐ [No varía en singular y plural].

chasquear (chas·que·ar) [verbo] Dar chasquidos: *chasquear la lengua.* ☐ SINÓNIMOS: chascar. ☐ FAMILIA: →chascar.

chasquido (chas·qui·do) [sustantivo masculino] **1** Ruido repentino que se produce al romperse algo. **2** Ruido que hacen algunas cosas al golpear con otras: *el chasquido del látigo.* ☐ FAMILIA: →chascar.

chat [sustantivo masculino] En internet, conversación que mantienen varias personas por escrito y en el mismo momento: *Se mete en chats para hablar con gente de distintos sitios.* ☐ [Es una palabra de origen inglés. Su plural es «chats»]. ☐ FAMILIA: chatear.

chatarra (cha·ta·rra) [sustantivo femenino] **1** Conjunto de trozos de metal que ya no valen. **2** Cualquier cosa vieja o de poco valor. **3** Conjunto de monedas de poco valor. ☐ [Los significados **2** y **3** son coloquiales]. ☐ FAMILIA: chatarrero.

chatarrero, ra (cha·ta·rre·ro, ra) [sustantivo] Persona que compra o almacena chatarra. ☐ FAMILIA: →chatarra.

chatear (cha·te·ar) [verbo] **1** Beber vino en los bares con un grupo de amigos: *De vez en cuando, mi tío sale a chatear con los amigos, aunque bebe mosto.* **2** En internet, conversar de forma escrita con un grupo de amigos: *Me gusta chatear con gente de todo el mundo.* ☐ FAMILIA: **1** →chato. **2** →chat.

chato, ta (cha·to, ta) ▪ [adjetivo] **1** Dicho de la nariz, que es pequeña y aplastada. ▪ [adjetivo o sustantivo] **2** Dicho de una persona, que tiene la nariz pequeña y aplastada. ▪ **chato** [sustantivo masculino] **3** Vino que se toma en un vaso bajo y ancho: *Se tomaron unos chatos antes de comer.* ☐ FAMILIA: **1, 2** achatar. **3** chatear.

chaval, la (cha·val, va·la) [sustantivo] Niño, muchacho o persona joven.

chaveta (cha·ve·ta) [sustantivo femenino] Cabeza: *Si te crees que voy a hacer eso es que estás mal de la chaveta.* ☐ [Es coloquial]. ☐ SINÓNIMOS: chola.

chavo (cha·vo) [sustantivo masculino] Antigua moneda española de cobre. ☐ SINÓNIMOS: ochavo.

che [sustantivo femenino] Nombre que se da a la unión de las letras *c* y *h* en español.

checo, ca (che·co, ca) ▪ [adjetivo o sustantivo] **1** De la República Checa, que es un país europeo: *Los checos pertenecían a la antigua Checoslovaquia.* ▪ **checo** [sustantivo masculino] **2** Lengua de este país. ☐ FAMILIA: checoslovaco.

checoslovaco, ca (che·cos·lo·va·co, ca) [adjetivo o sustantivo] De Checoslovaquia, que era un país europeo. ☐ FAMILIA: →checo. →eslovaco.

chef [sustantivo] Jefe de cocina. ☐ [Es una palabra de origen francés. No varía en masculino y femenino. Su plural es «chefs»].

chelín (che·lín) [sustantivo masculino] **1** Antigua moneda de Inglaterra, que es una región británica. **2** Moneda de Austria, que es un país europeo, hasta la adopción del euro: *El chelín dejó de ser válido en el año 2002.*

chelo (che·lo) [sustantivo masculino] Violonchelo: *Estoy aprendiendo a tocar el chelo.*

chepa (che·pa) [sustantivo femenino] Bulto que tienen algunas personas en la espalda: *Si te sientas torcido, te va a salir chepa.* ◆ [expresión] ‖ **subírsele a alguien a la chepa** Perderle el respeto: *Al principio soy muy serio con mis alumnos, porque no quiero que se me suban a la chepa.* ☐ [La expresión es coloquial]. ☐ SINÓNIMOS: corcova, giba, joroba. ☐ FAMILIA: cheposo.

cheposo, sa (che·po·so, sa) [adjetivo] Que tiene chepa o que tiene la espalda curva. ☐ FAMILIA: →chepa.

cheque (che·que) [sustantivo masculino] Documento por el que la persona que lo firma da una cantidad de dinero a otra cuyo nombre aparece escrito.

chequeo (che·que·o) [sustantivo masculino] Examen médico muy completo.

cheviot (che·viot) [sustantivo masculino] Lana de cordero escocés y tela hecha con ella: *chaqueta de cheviot.* ☐ [Su plural es «cheviots»].

chic [adjetivo] Muy elegante o muy de moda. ☐ [No varía en masculino y femenino. Su plural es «chics»].

chicano, na (chi·ca·no, na) [adjetivo o sustantivo] Que vive en Estados Unidos, que es un país norteamericano, pero tiene origen mexicano.

chicarrón, na (chi·ca·rrón, rro·na) [sustantivo] Persona joven muy grande o muy fuerte. ☐ [Es coloquial]. ☐ FAMILIA: →chico.

chicha (chi·cha) [sustantivo femenino] Carne: *Esta chuleta tiene poca chicha y mucho hueso.* ◆ [expresión] ‖ **no ser ni chicha ni limonada** No estar algo claro y bien definido. ☐ [Es coloquial].

chicharra (chi·cha·rra) [sustantivo femenino] Insecto de color verdoso y de cabeza grande cuyo macho produce un ruido característico. ☐ SINÓNIMOS: cigarra.

chicharro (chi·cha·rro) [sustantivo masculino] Pez de color verdoso por arriba y blanco o rojizo por abajo, con la cola en forma de horquilla. ☐ SINÓNIMOS: jurel.

chicharrón (chi·cha·rrón) ▋ [sustantivo masculino] **1** Resto que queda de freír la manteca o la grasa de algunos animales. ▋ **chicharrones** [masculino plural] **2** Alimento hecho con trozos de carne de distintas partes del cuerpo del cerdo.

chichón (chi·chón) [sustantivo masculino] Bulto redondo que sale en la cabeza después de haber recibido un golpe. ☐ FAMILIA: chichonera.

chichón

chichonera (chi·cho·ne·ra) [sustantivo femenino] Especie de casco que se utiliza para protegerse de los golpes en la cabeza, como el que usan los ciclistas. ☐ FAMILIA: →chichón.

chicle (chi·cle) [sustantivo masculino] Especie de goma que se mastica sin tragarla y que tiene sabor. ☐ SINÓNIMOS: goma de mascar.

chico, ca (chi·co, ca) ▋ [adjetivo] **1** Pequeño o de poco tamaño: *Esa blusa te queda chica.* ▋ [sustantivo] **2** Persona que no tiene mucha edad: *Una chica y un señor me preguntaron la hora.* ☐ ANTÓNIMOS: **1** grande. ☐ FAMILIA: chicarrón, chiquillo, chiquillada, chiquillería, achicar.

chiflado, da (chi·fla·do, da) [adjetivo o sustantivo] **1** Que está medio loco. **2** Que siente mucho amor por algo: *Mi hermana está chiflada por la música.* ☐ [Es coloquial]. ☐ FAMILIA: →chiflar.

chifladura (chi·fla·du·ra) [sustantivo femenino] Hecho o dicho propio de la persona que tiene poco juicio. ☐ [Es coloquial]. ☐ SINÓNIMOS: locura, chaladura. ☐ FAMILIA: →chiflar.

chiflar (chi·flar) [verbo] **1** Silbar o imitar el sonido de un silbido. **2** Gustar mucho: *Me chiflan las fresas con nata.* ▋ **chiflarse 3** Volverse loco. ☐ [Los significados **2** y **3** son coloquiales]. ☐ SINÓNIMOS: **3** enloquecer. ☐ FAMILIA: chiflado, chifladura.

chihuahua (chi·hua·hua) [sustantivo] Perro de una raza que se caracteriza por tener el cuerpo muy pequeño, las orejas grandes y la cabeza redondeada.

chilaba (chi·la·ba) [sustantivo femenino] Prenda de vestir larga y con capucha que usan los árabes.

chile (chi·le) [sustantivo masculino] Pimiento pequeño que tiene un sabor picante.

chileno, na (chi·le·no, na) [adjetivo o sustantivo] De Chile, que es un país sudamericano.

chillar (chi·llar) [verbo] **1** Dar gritos. **2** Levantar la voz: *No me chilles, que ya te he oído.* ☐ SINÓNIMOS: gritar. ☐ ANTÓNIMOS: susurrar. ☐ FAMILIA: chillido, chillón.

chillido (chi·lli·do) [sustantivo masculino] Sonido de la voz que se emite más fuerte de lo normal. ☐ SINÓNIMOS: grito. ☐ ANTÓNIMOS: susurro. ☐ FAMILIA: →chillar.

chillón, na (chi·llón, llo·na) ▋ [adjetivo] **1** Dicho de un sonido, que es agudo y no resulta agradable: *voz chillona.* **2** Dicho de un color, que es demasiado vivo o que está mal combinado con otros colores: *Los payasos suelen ir vestidos de colores chillones.* ▋ [adjetivo o sustantivo] **3** Que da muchos gritos: *Este niño es un chillón.* ☐ SINÓNIMOS: **1** estridente. ☐ ANTÓNIMOS: **2** apagado. ☐ FAMILIA: →chillar.

chimenea (chi·me·ne·a) [sustantivo femenino] **1** Tubo por el que sale el humo: *Un pájaro ha hecho un nido en la chimenea del tejado.* **2** En una habitación, espacio preparado para encender fuego y para que salga el humo: *Cuando hace frío, encendemos la chimenea del salón.* **3** En un volcán, lugar por donde salen la lava y otros materiales.

chimenea

chimpancé (chim·pan·cé) [sustantivo masculino] Mono con los brazos muy largos que tiene la cabeza grande y la nariz aplastada.

china (chi·na) [sustantivo femenino] Mira en **chino, na**.

chinarro (chi·na·rro) [sustantivo masculino] Piedra pequeña y redondeada. ☐ FAMILIA: →china.

chinazo (chi·na·zo) [sustantivo masculino] Golpe dado con una china o piedra pequeña. ☐ FAMILIA: →china.

chinchar (chin·char) [verbo] Molestar o enfadar: *No chinches a tu hermano.* ☐ [Es coloquial]. ☐ SINÓNIMOS: jorobar, fastidiar, incordiar. ☐ FAMILIA: →chinche.

chinche (chin·che) ▪ [adjetivo o sustantivo] **1** Que se enfada y se ofende por todo: *No seas chinche, que no te he dicho nada para que te enfades.* **2** Que se fija demasiado en cosas sin importancia: *No quiero que lo veas tú, porque eres tan chinche que le sacarás algún defecto.* ▪ [sustantivo femenino] **3** Insecto, de color oscuro y de cuerpo aplastado, que se alimenta de la sangre de otros animales. ◆ [expresión] ‖ **morir como chinches** Haber gran número de muertes. ☐ [En los significados **1** y **2** no varía en masculino y femenino. Los significados **1** y **2** y la expresión son coloquiales]. ☐ SINÓNIMOS: **1**, **2** quisquilloso. **1** chinchorrero, pejiguera. ☐ FAMILIA: chinchar, chinchorrero.

chincheta (chin·che·ta) [sustantivo femenino] Especie de clavo muy corto que tiene una cabeza grande y redonda y que se usa para sujetar algo en la pared: *Clavé el póster con chinchetas.*

chincheta

chinchilla (chin·chi·lla) [sustantivo femenino] Animal parecido al conejo, pero con el pelo y la cola más largos y muy suaves.

chinchín (chin·chín) [interjección] Se usa para acompañar un brindis, especialmente cuando se chocan los vasos al beber por algo.

chinchón (chin·chón) [sustantivo masculino] **1** Bebida alcohólica muy fuerte con sabor a anís. **2** Un juego de cartas.

chinchorrero, ra (chin·cho·rre·ro, ra) [adjetivo o sustantivo] Que se enfada o que se ofende por cosas sin importancia. ☐ FAMILIA: →chinche.

chinela (chi·ne·la) [sustantivo femenino] Zapatilla sin talón que se utiliza para andar por casa. ☐ SINÓNIMOS: pantufla.

chinesco, ca (chi·nes·co, ca) [adjetivo] De China o parecido a las cosas de este país asiático. ◆ [expresión] ‖ **sombras chinescas** Espectáculo que consiste en mover unas figuras detrás de una cortina blanca e iluminada desde el fondo del escenario: *Eres muy bueno haciendo sombras chinescas con las manos.* ☐ FAMILIA: →chino.

chingar (chin·gar) [verbo] **1** Estropearse alguna cosa. **2** Quitar o robar. ☐ [La «g» se cambia en «gu» delante de «e» («chingue»). Es coloquial]. ☐ SINÓNIMOS: **2** mangar.

chino, na (chi·no, na) ▪ [adjetivo o sustantivo] **1** De China, que es un país asiático. ▪ **chino** [sustantivo masculino] **2** Lengua de este y de otros países. **3** Lenguaje difícil de entender: *Los médicos hablan en chino y no me entero.* ▪ **chinos** [sustantivo masculino plural] **4** Juego que consiste en saber cuántas monedas esconden los demás en la mano. ▪ **china** [sustantivo femenino] **5** Piedra pequeña: *Se me ha metido una china en el zapato.* ◆ [expresión] ‖ **de chinos** Dicho de un trabajo, que es muy pesado o que exige mucha paciencia: *Arreglar un reloj me parece un trabajo de chinos.* ‖ **engañar como a un chino** Engañar por completo: *Me engañó como a un chino.* ‖ **tocarle la china a alguien** Corresponderle la peor parte en algo: *Siempre me toca la china.* ☐ [El significado **3** y las expresiones son coloquiales]. ☐ FAMILIA: **1** chinesco. **5** chinarro, chinazo, tirachinas, rechinar.

chip [sustantivo masculino] Placa pequeña compuesta por circuitos que se usa en muchos aparatos electrónicos: *La tarjeta de los teléfonos tiene un chip con toda la información.* ☐ [Es una palabra de origen inglés. Su plural es «chips»]. ☐ FAMILIA: microchip.

chipirón (chi·pi·rón) [sustantivo masculino] Animal marino parecido al calamar pero más pequeño, que suelta una especie de líquido negro cuando lo atacan.

chipriota (chi·prio·ta) [adjetivo o sustantivo] De Chipre, que es un país europeo. ☐ [No varía en masculino y femenino].

chiquero (chi·que·ro) [sustantivo masculino] Lugar en el que están metidos los toros antes de empezar una corrida.

chiquilicuatre (chi·qui·li·cua·tre) [sustantivo] Persona poco importante que siempre anda haciendo cosas y enredando. ☐ [No varía en masculino y femenino. Es coloquial y despectivo]. ☐ SINÓNIMOS: chiquilicuatro, chisgarabís.

chiquilicuatro (chi·qui·li·cua·tro) [sustantivo masculino] → **chiquilicuatre**. ☐ [Es coloquial y despectivo].

chiquillada (chi·qui·lla·da) [sustantivo femenino] Acción que resulta propia de un niño. ☐ SINÓNIMOS: chiquillería. ☐ FAMILIA: →chico.

chiquillería (chi·qui·lle·rí·a) [sustantivo femenino] **1** Conjunto de niños. **2** Acción que resulta propia de un niño. ☐ SINÓNIMOS: **2** chiquillada. ☐ FAMILIA: →chico.

chiquillo, lla (chi·qui·llo, lla) [sustantivo] Persona de pocos años. ☐ SINÓNIMOS: niño. ☐ FAMILIA: →chico.

chiribitas (chi·ri·bi·tas) [sustantivo femenino plural] Luces pequeñas que se ven durante un momento y que molestan un poco.

chirigota (chi·ri·go·ta) [sustantivo femenino] **1** Broma o burla sin mala intención. **2** Conjunto de gente que canta canciones divertidas en algunas fiestas. ☐ [El significado **1** es coloquial]. ☐ SINÓNIMOS: **1** chacota.

chirimbolo (chi·rim·bo·lo) [sustantivo masculino] Objeto de forma rara que no se sabe cómo llamar: *¿Qué es este chirimbolo de aquí?*

chirimiri (chi·ri·mi·ri) [sustantivo] → **sirimiri.**

chirimoya (chi·ri·mo·ya) [sustantivo femenino] Fruta muy dulce, de color verde por fuera y blanco por dentro, con grandes pepitas negras. ⊙ **página 453.** ☐ FAMILIA: chirimoyo.

chirimoyo (chi·ri·mo·yo) [sustantivo masculino] Árbol cuyo fruto es la chirimoya. ☐ FAMILIA: →chirimoya.

chiringuito (chi·rin·gui·to) [sustantivo masculino] Especie de casa pequeña que se pone en algunos lugares al aire libre y

chiripa

en la que se pueden tomar bebidas y comidas sencillas.

chiripa (chi·ri·pa) [sustantivo/femenino] Suerte: *Has metido el gol de chiripa.* ☐ [Es coloquial]. ☐ SINÓNIMOS: carambola, chamba.

chirla (chir·la) [sustantivo/femenino] Animal marino, parecido a la almeja, formado por dos conchas de color gris.

chirona (chi·ro·na) [sustantivo/femenino] Cárcel: *Está en chirona por robar.* ☐ [Es coloquial].

chirriante (chi·rrian·te) [adjetivo] Que produce un sonido agudo y desagradable. ☐ [No varía en masculino y femenino]. ☐ FAMILIA: →chirriar.

chirriar (chi·rriar) [verbo] Producir un sonido agudo que no resulta agradable: *La puerta chirría al abrirla.* ☐ [Es irregular y se conjuga como ENVIAR]. ☐ FAMILIA: chirrido, chirriante.

chirrido (chi·rri·do) [sustantivo/masculino] Sonido agudo que resulta poco agradable. ☐ FAMILIA: →chirriar.

chiscón (chis·cón) [sustantivo/masculino] Habitación pequeña o estrecha.

chisgarabís (chis·ga·ra·bís) [sustantivo/masculino] Persona poco importante que siempre anda haciendo cosas y enredando. ☐ [Su plural es «chisgarabises»].

chisme (chis·me) [sustantivo/masculino] **1** Información que se dice como si fuera verdad aunque no se tengan pruebas: *No me cuentes chismes de los demás, porque no me interesan.* **2** Cosa pequeña, de poco valor o que no resulta útil: *Tiene el sótano lleno de chismes que no sirven para nada.* ☐ [Es coloquial. Se usa mucho para nombrar cosas de forma imprecisa: «¿De quién es este chisme? Llévate estos chismes a otro sitio»]. ☐ SINÓNIMOS: **1** rumor, cuento, habladuría. ☐ FAMILIA: chismoso, chismorrear.

chismorrear (chis·mo·rre·ar) [verbo] Contar cosas de los demás sin tener pruebas de que son verdad: *No me gusta la gente que se junta para chismorrear de los demás.* ☐ FAMILIA: →chisme.

chismoso, sa (chis·mo·so, sa) [adjetivo o sustantivo] Que suele contar cosas de los demás sin tener pruebas de que sean verdad: *Nunca le cuentes un secreto a ese chismoso.* ☐ SINÓNIMOS: indiscreto. ☐ ANTÓNIMOS: discreto. ☐ FAMILIA: →chisme.

chispa (chis·pa) [sustantivo/femenino] **1** Parte encendida que salta de algo que se está quemando o de dos objetos que se rozan: *Al juntar los dos cables, saltaron chispas.* **2** Parte muy pequeña de algo: *A la ensalada le falta una chispa de sal.* **3** Gota pequeña de lluvia: *No abrí el paraguas porque solo caían unas chispas.* **4** Gracia, atractivo o habilidad: *Para contar bien un chiste hay que tener chispa.* ◆ [expresión] ‖ **echar chispas** Estar muy enfadado. ☐ [La expresión es coloquial]. ☐ SINÓNIMOS: **2** pizca. **4** ingenio. ☐ FAMILIA: chispazo, chispear, chisporrotear, chisporroteo, achispado, achisparse.

chispazo (chis·pa·zo) [sustantivo/masculino] Chispa que salta de algo que se está quemando o de un objeto eléctrico. ☐ FAMILIA: →chispa.

chispear (chis·pe·ar) [verbo] **1** Llover poco y con gotas pequeñas. **2** Brillar mucho: *Sus ojos chispearon de alegría cuando vio el regalo.* ☐ SINÓNIMOS: **1** lloviznar. ☐ FAMILIA: →chispa.

chisporrotear (chis·po·rro·te·ar) [verbo] Echar chispas el fuego o algo que se está quemando: *Me gusta oír chisporrotear los troncos de la hoguera.* ☐ FAMILIA: →chispa.

chisporroteo (chis·po·rro·te·o) [sustantivo/masculino] Conjunto de chispas que se desprenden de forma repetida del fuego o de algo que se está quemando. ☐ FAMILIA: →chispa.

chisquero (chis·que·ro) [sustantivo/masculino] Mechero pequeño y antiguo que tenía una mecha larga y que servía para encender fuego.

chistar (chis·tar) [verbo] **1** Llamar a una persona con el sonido *chis*. **2** Hablar o contestar a algo: *Su hermana se enfadó y él no chistó.* ☐ FAMILIA: rechistar.

chiste (chis·te) [sustantivo/masculino] **1** Historia corta o imagen que hace reír. **2** Suceso gracioso: *Es un chiste verte bailar.* **3** Gracia o atractivo: *No sé por qué te ríes, porque no le veo el chiste a lo que me estás contando.* ☐ FAMILIA: chistoso.

chistera (chis·te·ra) [sustantivo/femenino] Sombrero alto en forma de tubo, que tiene la parte de arriba plana: *El mago sacó un conejo de su chistera.* ☐ SINÓNIMOS: sombrero de copa.

chistoso, sa (chis·to·so, sa) ▌ [adjetivo] **1** Que tiene gracia. ▌ [adjetivo o sustantivo] **2** Dicho de una persona, que suele contar historias graciosas. ☐ SINÓNIMOS: **1** chusco, jocoso. ☐ FAMILIA: →chiste.

chita (chi·ta) ◆ [expresión] ‖ **a la chita callando** Sin que nadie se dé cuenta: *Tú, a la chita callando, siempre te sales con la tuya.*

chitón (chi·tón) [interjección] Se usa para mandar callar.

chivarse (chi·var·se) [verbo] Decir a los demás que alguien ha hecho algo malo: *Como me vuelvas a pegar, me chivaré a mamá.* ☐ [Es coloquial]. ☐ FAMILIA: →chivato.

chivatazo (chi·va·ta·zo) [sustantivo/masculino] Hecho de decir a los demás lo que alguien ha hecho. ☐ FAMILIA: →chivato.

chivato, ta (chi·va·to, ta) ▌ [adjetivo o sustantivo] **1** Dicho de una persona, que acusa a otra para perjudicarla. ▌ **chivato** [sustantivo/masculino] **2** Señal que avisa de que algo no es normal: *Tengo que echar gasolina, porque se me ha encendido el chivato del depósito.* ☐ SINÓNIMOS: **1** delator. **2** piloto. ☐ FAMILIA: chivatazo, chivarse.

chivo, va (chi·vo, va) [sustantivo] Cría de la cabra desde que deja de tomar leche hasta que ya es adulta. ◆ [expresión] ‖ **chivo expiatorio** Persona sobre la que cae la culpa de algo que realmente se ha hecho entre varios. ‖ **estar como una chiva** Estar muy loco: *A ese no le hagas caso porque está como una chiva.* ☐ [La expresión «estar como una chiva» es coloquial].

chocante (cho·can·te) [adjetivo] Que resulta extraño o que produce sorpresa: *Es muy chocante que no quiera* *venir con nosotros.* ☐ [No varía en masculino y femenino]. ☐ Sinónimos: sorprendente. ☐ Antónimos: normal, natural, habitual, ordinario. ☐ Familia: →chocar.

chocar (cho·car) [verbo] **1** Encontrarse un cuerpo con otro de forma violenta: *Al dar la vuelta a la esquina, choqué con uno que venía de frente.* **2** Ser contraria una cosa a otra o no estar de acuerdo con ella: *No se llevan bien porque son muy distintos y chocan.* **3** Producir sorpresa o resultar extraño: *Me choca que se haya ido sin despedirse.* **4** Unir o juntar las manos en señal de amistad: *¡Claro que te perdono, hombre, choca esos cinco!* [La «c» se cambia en «qu» delante de «e» («choque»)]. ☐ Sinónimos: **1** colisionar. **3** extrañar, sorprender. ☐ Familia: choque, chocante, entrechocar, parachoques.

chocarrero, ra (cho·ca·rre·ro, ra) [adjetivo] Que hace chistes o bromas de mal gusto.

chochear (cho·che·ar) [verbo] **1** Tener disminuida la capacidad para hacer algo debido a la edad: *Mi abuelo empieza a chochear y ya se olvida de las cosas.* **2** Mostrar un gran amor por algo: *Mi padre chochea cuando habla de sus hijos.* ☐ [Es coloquial]. ☐ Familia: →chocho.

chocho, cha (cho·cho, cha) ▪ [adjetivo] **1** Que ha perdido muchas facultades a causa de la vejez. **2** Que muestra un gran amor por algo: *El abuelo está chocho con sus nietos.* ▪ **chocho** [sustantivo masculino] **3** Semilla del altramuz, que se pone en remojo con agua y con sal para comerla. **4** Vulva. ☐ [El significado **4** es vulgar]. ☐ Familia: chochear.

chocolate (cho·co·la·te) [sustantivo masculino] **1** Alimento hecho con cacao y azúcar. **2** Bebida que se prepara con esta sustancia: *chocolate con churros.* **3** Hachís, que es un tipo de droga. ☐ [El significado **3** es coloquial]. ☐ Sinónimos: **3** costo. ☐ Familia: chocolatero, chocolatería, chocolatina.

chocolatería (cho·co·la·te·rí·a) [sustantivo femenino] Local público en el que se sirven chocolate líquido y otras bebidas. ☐ Familia: →chocolate.

chocolatero, ra (cho·co·la·te·ro, ra) ▪ [adjetivo o sustantivo] **1** Dicho de una persona, que suele tomar mucho chocolate. ▪ **chocolatera** [sustantivo femenino] **2** Recipiente para servir chocolate líquido. ☐ Familia: →chocolate.

chocolatina (cho·co·la·ti·na) [sustantivo femenino] Trozo delgado y pequeño de chocolate. ☐ Familia: →chocolate.

chófer (chó·fer) [sustantivo] Persona que trabaja conduciendo coches. ☐ [Es una palabra de origen francés. No varía en masculino y femenino].

chola (cho·la) [sustantivo femenino] Cabeza: *Me duele la chola.* ☐ [Es coloquial]. ☐ Sinónimos: chaveta.

chollo (cho·llo) [sustantivo masculino] Cosa que tiene valor y se logra sin esfuerzo o por poco dinero. ☐ Sinónimos: ganga.

chóped (chó·ped) [sustantivo masculino] Embutido parecido a la mortadela, que está preparado con una pasta de carne cocida. ☐ [Su plural es «chópedes»].

chopito (cho·pi·to) [sustantivo masculino] Animal marino parecido a la sepia, pero de menor tamaño.

chopo (cho·po) [sustantivo masculino] Árbol que tiene el tronco gris y que se queda sin hojas en invierno: *Hay chopos en muchos parques y en las orillas de los ríos.* 👁 página 91.

choque (cho·que) [sustantivo masculino] **1** Golpe violento que se dan dos o más cuerpos: *Afortunadamente, no hubo heridos en el choque de los dos coches.* **2** Falta de acuerdo entre dos partes: *El choque entre los dos bandos terminará en problemas.* **3** Disputa o pelea: *El choque entre los manifestantes y la policía produjo varios heridos.* **4** Estado nervioso que se produce en una persona después de una emoción o de una impresión muy fuertes. ☐ Sinónimos: **1** encontronazo. ☐ Familia: →chocar.

choricear (cho·ri·ce·ar) [verbo] Quitar o robar. ☐ [Es coloquial]. ☐ Sinónimos: chorizar, mangar, birlar, afanar. ☐ Familia: →chorizo.

chorizar (cho·ri·zar) [verbo] Quitar o robar. ☐ [La «z» se cambia en «c» delante de «e» («chorice»). Es coloquial]. ☐ Sinónimos: choricear, mangar, birlar. ☐ Familia: →chorizo.

chorizo, za (cho·ri·zo, za) ▪ [sustantivo] **1** Ladrón: *Un chorizo me robó el monedero.* ▪ **chorizo** [sustantivo masculino] **2** Embutido de color rojo y que se hace con carne de cerdo picada y con especias. ☐ [El significado **1** es coloquial]. ☐ Familia: chorizar, choricear.

chorlito (chor·li·to) [sustantivo masculino] Ave con las patas muy largas, que vive en las costas y que hace sus nidos en el suelo.

chorra (cho·rra) ▪ [adjetivo] **1** Dicho de una persona, que es tonta. ▪ [sustantivo femenino] **2** Buena suerte. ☐ [Es coloquial. En el significado **1** no varía en masculino y femenino]. ☐ Familia: chorrada.

chorrada (cho·rra·da) [sustantivo femenino] **1** Cosa tonta o sin importancia. **2** Objeto que no resulta útil o que tiene poco valor: *Cuando salgo de viaje compro alguna chorrada de recuerdo.* ☐ [Es coloquial]. ☐ Sinónimos: minucia. **1** niñería, pequeñez, pamplina, bobada, tontería, menudencia, zarandaja. ☐ Familia: →chorra.

chorrear (cho·rre·ar) [verbo] Caer o salir un líquido en gran cantidad. ☐ Familia: →chorro.

chorreo (cho·rre·o) [sustantivo masculino] **1** Hecho de caer o salir un líquido en gran cantidad: *chorreo de agua.* **2** Gasto continuo de alguna cosa: *chorreo de dinero.* ☐ Familia: →chorro.

chorretón (cho·rre·tón) [sustantivo masculino] **1** Líquido que sale de golpe de un agujero: *Se echó un chorretón de colonia encima.* **2** Señal que deja este líquido: *Cámbiate de camisa, que tienes un chorretón de grasa.* ☐ Familia: →chorro.

chorro (cho·rro) [sustantivo masculino] Líquido que sale por un agujero: *Si quieres refrescarte, pon la cabeza debajo del chorro de agua.* ◆ [expresión] ‖ **a chorros** En gran cantidad. ‖ **chorro de voz** Voz fuerte. ‖ **como los chorros del oro** Muy limpio: *Me gusta la limpieza y tengo la casa como los chorros del oro.* ☐ [La expresión «como los chorros del oro» es coloquial]. ☐ Familia: chorrear, chorreo, chorretón.

choteo (cho·te·o) [sustantivo masculino] Situación en la que todos se ríen de algo. ☐ [Es coloquial]. ☐ SINÓNIMOS: pitorreo. ☐ FAMILIA: →choto.

chotis (cho·tis) [sustantivo masculino] Baile popular de origen madrileño que se baila en pareja, y música que lo acompaña. ☐ [No varía en singular y plural].

choto, ta (cho·to, ta) [sustantivo] **1** Cría de la cabra. **2** Cría de la vaca. ◆ [expresión] ‖ **estar como una chota** Estar loco. ☐ [La expresión es coloquial]. ☐ SINÓNIMOS: **1** cabrito. **2** ternero. ☐ FAMILIA: choteo.

choza (cho·za) [sustantivo femenino] Casa pequeña y pobre, hecha de madera y que suele estar en el campo.

choza

christmas [sustantivo masculino] Tarjeta que se envía para felicitar la Navidad. ☐ [Es una palabra inglesa. Se pronuncia «krísmas»].

chubasco (chu·bas·co) [sustantivo masculino] Lluvia fuerte que dura poco tiempo y que suele ir acompañada de mucho viento. ☐ SINÓNIMOS: chaparrón, turbión. ☐ FAMILIA: chubasquero.

chubasquero (chu·bas·que·ro) [sustantivo masculino] Prenda de vestir que nos protege de la lluvia. ☐ SINÓNIMOS: impermeable. ☐ FAMILIA: →chubasco.

chuchería (chu·che·rí·a) [sustantivo femenino] **1** Alimento, generalmente dulce, que se come entre horas. **2** Objeto que tiene poco valor pero que es gracioso: *Te he traído una chuchería como recuerdo.*

chucho (chu·cho) [sustantivo masculino] Perro: *Me despertaron los ladridos de un chucho.* ☐ [Es despectivo].

chuchurrío, a (chu·chu·rrí·o, a) [adjetivo] Estropeado o en mal estado. ☐ [Es coloquial].

chufa (chu·fa) [sustantivo femenino] **1** Planta que tiene una raíz pequeña, arrugada y de color marrón: *Las chufas se usan para hacer horchata.* **2** Bofetón: *Como no te calles, te voy a dar una chufa.* ☐ [El significado **2** es coloquial].

chufla (chu·fla) [sustantivo femenino] Broma o cosa graciosa. ☐ [Es coloquial]. ☐ SINÓNIMOS: guasa.

chulada (chu·la·da) [sustantivo femenino] Cosa que resulta bonita y llama la atención. ☐ [Es coloquial]. ☐ FAMILIA: →chulo.

chulapo, pa (chu·la·po, pa) [sustantivo] Persona de algunos barrios típicos madrileños, que se caracteriza por una forma de hablar y de moverse especiales. ☐ FAMILIA: →chulo.

chulear (chu·le·ar) [verbo] **1** Hacer algo con chulería para dejar en ridículo a alguien: *A mí no me chulees.* **2** Presumir mucho: *Está todo el día chuleándose de su moto nueva.* ☐ SINÓNIMOS: **2** jactarse. ☐ FAMILIA: →chulo.

chulería (chu·le·rí·a) [sustantivo femenino] **1** Característica de las personas chulas. **2** Hecho o dicho típico de un chulo. ☐ FAMILIA: →chulo.

chulesco, ca (chu·les·co, ca) [adjetivo] Que es o parece propio de una persona demasiado orgullosa o insolente. ☐ FAMILIA: →chulo.

chuleta (chu·le·ta) ▌[adjetivo] **1** Que es orgulloso o que se cree superior a los demás: *No te pongas tan chuleta conmigo.* ▌[sustantivo femenino] **2** Trozo de carne de ternera, de cerdo o de cordero, con un poco de hueso. **3** Papel escrito que se lleva a un examen para copiar sin que el profesor lo vea. ☐ [En el significado **1** no varía en masculino y femenino. Los significados **1** y **3** son coloquiales]. ☐ FAMILIA: →chulo.

chulo, la (chu·lo, la) ▌[adjetivo] **1** Que es bonito o que llama la atención. ▌[adjetivo o sustantivo] **2** Que se cree superior a los demás: *Es un chulo que desprecia a los demás.* ▌**chulo** [sustantivo masculino] **3** Hombre que vive del dinero que ganan las prostitutas. ☐ [El significado **1** es coloquial]. ☐ SINÓNIMOS: **2** jactancioso. ☐ FAMILIA: chulada, chuleta, chulapo, chulear, chulería, chulesco.

chumbera (chum·be·ra) [sustantivo femenino] Planta que tiene los tallos verdes en forma de palas y llenos de espinas y que produce higos chumbos. ☐ SINÓNIMOS: nopal.

chungo, ga (chun·go, ga) ▌[adjetivo] **1** Que tiene mal aspecto o está en mal estado: *Desde que me caí tengo la rodilla chunga.* **2** Difícil o muy complicado: *Este ejercicio es muy chungo y no me sale.* ▌**chunga** [sustantivo femenino] **3** Situación en la que todos se ríen de algo: *Siempre estás de buen humor y con ganas de chunga.* ☐ [Es coloquial]. ☐ SINÓNIMOS: **2** crudo. **3** pitorreo, guasa. ☐ ANTÓNIMOS: **2** fácil, sencillo.

chupa (chu·pa) [sustantivo femenino] Especie de chaqueta o de abrigo corto: *una chupa vaquera.* ☐ [Es coloquial]. ☐ SINÓNIMOS: cazadora.

chupachús (chu·pa·chús) [sustantivo masculino] Bola de caramelo que tiene un palito para sostenerlo mientras se chupa. ☐ [Procede de la marca comercial «Chupa Chups®». Su plural es «chupachuses»].

chupado, da (chu·pa·do, da) ▌[adjetivo] **1** Muy flaco: *Después de la enfermedad, se ha quedado muy chupada.* **2** Muy fácil: *Este problema está chupado y lo haré en un momento.* ▌**chupada** [sustantivo femenino] **3** Presión que se hace con los labios y la lengua para sacar el jugo o la sustancia de algo: *Los cachorros daban fuertes chupadas a las tetas de su madre.* ☐ [Los significados **1** y **2** son coloquiales]. ☐ SINÓNIMOS: **2** tirado. ☐ FAMILIA: →chupar.

chupar (chu·par) [verbo] **1** Sacar el jugo o la sustancia de algo con los labios y con la lengua: *El bebé chupaba el biberón.* **2** Meter un líquido dentro de un cuerpo sólido: *Esta esponja chupa muy bien el agua.* **3** Tocar algo con la lengua: *Si el perro te ha chupado las manos, lávatelas.* **4** En algunos deportes, jugar una persona de tal forma que impide que participen los demás miembros de su equipo: *Ese futbolista chupa demasiado balón y no lo pasa a los demás.* **5** Obtener dinero con habilidad y engaños: *A ese individuo solo le interesa chupar dinero.* ∎ **chuparse 6** Tener que aguantar algo que no resulta agradable: *Tuve que chuparme un buen atasco.* ◆ [expresión] ‖ **chúpate esa** Se usa para expresar agrado ante algo que se dice y que sorprende negativamente a otro: *Yo ya lo sabía, ¡chúpate esa!* ☐ [Los significados **4**, **5** y **6** y las expresiones son coloquiales]. ☐ Familia: chupada, chupado, chupete, chupetear, chupetón, chupón, chupatintas, rechupete.

chupatintas (chu·pa·tin·tas) [sustantivo] Persona que trabaja en una oficina. ☐ [No varía en masculino y femenino, ni en singular y plural. Es coloquial y despectivo]. ☐ Familia: →chupar. →tinta.

chupete (chu·pe·te) [sustantivo masculino] Objeto que se da a los niños pequeños para que lo chupen y no lloren. ☐ Familia: →chupar.

chupetear (chu·pe·te·ar) [verbo] Chupar de forma repetida. ☐ Familia: →chupar.

chupetón (chu·pe·tón) [sustantivo masculino] Presión fuerte que se hace con los labios y con la lengua. ☐ Familia: →chupar.

chupi (chu·pi) ∎ [adjetivo] **1** Muy bueno o estupendo: *Ha sido una fiesta chupi.* ∎ [adverbio] **2** Muy bien: *Me lo he pasado chupi.* ☐ [Es coloquial. En el significado **1** no varía en masculino y femenino. En el significado **2** tampoco varía por ser adverbio]. ☐ Sinónimos: guay, chachi.

chupinazo (chu·pi·na·zo) [sustantivo masculino] **1** Disparo de fuegos artificiales: *Las fiestas de San Fermín empiezan con el famoso chupinazo.* **2** En fútbol, tiro muy fuerte.

chupón, na (chu·pón, po·na) [adjetivo o sustantivo] Dicho de una persona, que juega en un equipo pero no deja que participen los demás porque no pasa el balón. ☐ [Es coloquial]. ☐ Familia: →chupar.

churrasco (chu·rras·co) [sustantivo masculino] Trozo de carne asado sobre las brasas. ☐ Familia: →churruscar.

churrería (chu·rre·rí·a) [sustantivo femenino] Local público en el que se hacen y se venden churros. ☐ Familia: →churro.

churrero, ra (chu·rre·ro, ra) [sustantivo] Persona que hace o vende churros. ☐ Familia: →churro.

churrete (chu·rre·te) [sustantivo masculino] Señal de suciedad en la cara, en las manos o en otro sitio. ☐ Familia: →churro.

churro (chu·rro) [sustantivo masculino] **1** Dulce de forma alargada y fina que se suele comer con chocolate. **2** Cosa mal hecha o con mal aspecto: *Tienes que repetir el dibujo porque el que has hecho es un churro.* **3** Casualidad o situación favorable: *Llegué a tiempo de coger el tren por puro churro.* ☐ [Los significados **2** y **3** son coloquiales]. ☐ Familia: churrería, churrero, churrete.

churruscar (chu·rrus·car) [verbo] Quemar demasiado un alimento al cocinarlo: *Se me ha churruscado la carne.* ☐ [La «c» se cambia en «qu» delante de «e» («churrusque»)]. ☐ Familia: churrusco, churrasco.

churrusco (chu·rrus·co) [sustantivo masculino] Trozo de pan un poco quemado. ☐ Familia: →churruscar.

chusco, ca (chus·co, ca) ∎ [adjetivo] **1** Que tiene gracia. ∎ **chusco** [sustantivo masculino] **2** Trozo de pan. ☐ Sinónimos: **1** chistoso.

chusma (chus·ma) [sustantivo femenino] Gente poco agradable o sin educación. ☐ [Es coloquial].

chutar (chu·tar) [verbo] **1** Dar un golpe fuerte al balón con el pie. ∎ **chutarse 2** Inyectarse una dosis de droga. ◆ [expresión] ‖ **ir alguien que chuta** Conseguir más de lo que se esperaba: *Con esta propina va que chuta.* ☐ [El significado **2** y la expresión son coloquiales].

chuzo (chu·zo) [sustantivo masculino] Palo con un pincho de hierro, que se usa como arma y que solían llevar los serenos. ◆ [expresión] ‖ **caer chuzos de punta** Llover o nevar muy fuerte. ☐ [La expresión es coloquial].

cianuro (cia·nu·ro) [sustantivo masculino] Veneno muy rápido que tiene un olor muy fuerte.

ciático, ca (ciá·ti·co, ca) ∎ [adjetivo] **1** De la cadera o relacionado con ella: *nervio ciático.* ∎ **ciática** [sustantivo femenino] **2** Dolor muy grande en la cadera por tener algún problema en el nervio.

cibercafé (ci·ber·ca·fé) [sustantivo masculino] Local público donde hay ordenadores para navegar por internet: *Estuve toda la tarde navegando por internet en un cibercafé.* ☐ Familia: →café.

ciberdelincuente (ci·ber·de·lin·cuen·te) [adjetivo o sustantivo] Que comete un delito a través de internet. ☐ [No varía en masculino y femenino]. ☐ Familia: →delincuente.

ciberespacio (ci·be·res·pa·cio) [sustantivo masculino] Espacio artificial formado por una red informática: *Pasa mucho tiempo navegando por el ciberespacio.* ☐ Familia: →espacio.

cibernauta (ci·ber·nau·ta) [sustantivo] Persona que navega por la red informática. ☐ [No varía en masculino y femenino]. ☐ Sinónimos: internauta. ☐ Familia: →nave.

cibernético, ca (ci·ber·né·ti·co, ca) ∎ [adjetivo] **1** De la cibernética o relacionado con esta ciencia: *avances cibernéticos.* ∎ **cibernética** [sustantivo femenino] **2** Ciencia que permite diseñar sistemas mecánicos, electrónicos o informáticos a partir del estudio del comportamiento de los seres vivos: *Los robots son un producto de la cibernética.*

cicatería (ci·ca·te·rí·a) [sustantivo femenino] Falta de generosidad. ☐ Sinónimos: tacañería. ☐ Familia: →cicatero.

cicatero, ra (ci·ca·te·ro, ra) [adjetivo o sustantivo] Que no gasta porque lo único que quiere es tener muchas cosas. ☐ Sinónimos: tacaño. ☐ Familia: cicatería.

cicatriz (ci·ca·triz) [sustantivo femenino] **1** Señal que queda en la piel al curarse una herida. **2** Señal que una situación dolorosa deja en el ánimo de una persona: *Aunque rompimos hace tiempo, aún tengo cicatrices de aquel desengaño.* ☐ [Su plural es «cicatrices»]. ☐ Familia: cicatrizar.

cicatrizar (ci·ca·tri·zar) [verbo] Cerrarse y curarse una herida. ☐ [La «z» se cambia en «c» delante de «e» («cicatrice»)]. ☐ Familia: →cicatriz.

cicerone (ci·ce·ro·ne) [sustantivo] Persona que guía a otras por un lugar y les explica las cosas de interés. ☐ [No varía en masculino y femenino].

cíclico, ca (cí·cli·co, ca) [adjetivo] Que se repite de forma ordenada cada cierto tiempo. ☐ Familia: →ciclo.

ciclismo (ci·clis·mo) [sustantivo] Deporte que se practica con una bicicleta. ◉ **páginas 304-305**. ☐ Familia: →bicicleta.

ciclista (ci·clis·ta) ▮ [adjetivo] **1** Del ciclismo o relacionado con él: *vuelta ciclista*. ▮ [adjetivo o sustantivo] **2** Que va en bicicleta. **3** Que practica el ciclismo. ☐ [No varía en masculino y femenino]. ☐ Familia: →bicicleta.

ciclo (ci·clo) [sustantivo masculino] **1** Período de tiempo cuya cuenta se vuelve a empezar una vez terminado: *Tras la última crisis, comienza un ciclo económico más favorable*. **2** Serie de cosas que se repiten de forma ordenada: *Todos los años se repite el ciclo de las estaciones*. **3** Serie de actos que pertenecen al mundo de la cultura y que tienen un tema común: *En televisión están poniendo un ciclo de terror*. **4** Cada una de las partes en que se divide un plan de estudios y que suele comprender más de un curso: *Cuando hice tercero, comencé el segundo ciclo de la enseñanza primaria*. ☐ Familia: cíclico, reciclar, reciclaje.

ciclomotor (ci·clo·mo·tor) [sustantivo masculino] Vehículo parecido a una moto, pero que lleva pedales. ☐ Sinónimos: velomotor. ☐ Familia: →motor.

ciclón (ci·clón) [sustantivo masculino] **1** Viento muy fuerte que gira en grandes círculos. **2** Persona que tiene mucha energía y que actúa de manera rápida. ☐ Sinónimos: **1** huracán, tornado. ☐ Familia: anticiclón.

cíclope (cí·clo·pe) [sustantivo masculino] Gigante de la mitología con un solo ojo en la frente.

cíclope

ciclostil (ci·clos·til) [sustantivo masculino] Aparato que se utilizaba antes para copiar muchas veces un texto o un dibujo.

cicloturismo (ci·clo·tu·ris·mo) [sustantivo masculino] Viaje turístico que se hace en bicicleta. ☐ Familia: →bicicleta. →turismo.

cicuta (ci·cu·ta) [sustantivo femenino] Planta que tiene manchas rojas en el tallo y flores blancas, de cuyas hojas se saca un veneno.

cidra (ci·dra) [sustantivo femenino] Fruto grande y redondo parecido al limón, que se usa mucho en medicina.

ciego, ga (cie·go, ga) ▮ [adjetivo] **1** Que está dominado por algo que le impide actuar libremente: *Golpeó a su amigo porque estaba ciego de ira*. **2** Que ha comido o bebido mucho: *Nos hemos puesto ciegos de marisco*. **3** Que se siente de una forma muy fuerte o sin límites: *amor ciego; fe ciega*. **4** Dicho de un agujero o de un tubo, que están tapados y no tienen salida: *una puerta ciega*. ▮ [adjetivo o sustantivo] **5** Que tiene un defecto en la vista y no ve: *Muchos ciegos se dejan guiar por un perro*. ◆ [expresión] ▮▮ **a ciegas** Sin ver o sin saber algo: *No tenemos linterna y tendremos que ir a ciegas*. ☐ [El significado **2** es coloquial]. ☐ Sinónimos: **5** invidente. ☐ Antónimos: **5** vidente. ☐ Familia: cegar, cegato, ceguera.

cielo (cie·lo) ▮ [sustantivo masculino] **1** Espacio que rodea la Tierra y parece azul: *Hoy no hay nubes en el cielo*. **2** Según algunas tradiciones religiosas, lugar en el que vive Dios. **3** Persona o cosa que se considera muy buena o muy agradable. ▮ **cielos** [interjección] **4** Se usa para indicar sorpresa, admiración o disgusto: *¡Cielos, lo tarde que es!* ◆ [expresión] ▮▮ **cielo de la boca** Parte del interior de la boca que está encima de la lengua. ▮▮ **clamar algo al cielo** Producir disgusto por parecer poco justo: *Este castigo tan injusto clama al cielo*. ▮▮ **llovido del cielo** Llegado o sucedido en el momento más adecuado: *Has venido llovido del cielo, porque necesito tu ayuda*. ▮▮ **mover cielo y tierra** Hacer todo lo posible para conseguir un fin: *Movió cielo y tierra para lograr aquel trabajo*. ☐ [En el significado **2** también se escribe con mayúscula]. ☐ Antónimos: **2** infierno. ☐ Familia: celeste, celestial.

ciempiés (ciem·piés) [sustantivo masculino] Animal, parecido a un gusano, que tiene muchas patas. ☐ [No varía en singular y plural. No confundir con «cien pies»]. ☐ Familia: →ciento. →pie.

cien (cien) ▮ [numeral] **1** Indica 100 unidades: *Le ha enviado cien mensajes*. ▮ [sustantivo masculino] **2** Número 100: *El cien se escribe con dos ceros*. ◆ [expresión] ▮▮ **a cien** Muy nervioso: *Deja de hacer tonterías, que me pones a cien*. ▮▮ **cien por cien** Del todo o de principio a fin: *Lo que te he dicho es verdad al cien por cien*. ☐ [En el significado **1** no varía en masculino y femenino. La expresión «a cien» es coloquial]. ☐ Sinónimos: **1** ciento. ☐ Familia: →ciento.

ciénaga (cié·na·ga) [sustantivo femenino] Terreno lleno de barro o de cieno. ☐ Sinónimos: cenagal. ☐ Familia: →cieno.

ciencia (cien·cia) ▮ [sustantivo femenino] **1** Conocimiento cierto de lo que existe, que se logra mediante el estudio y la experiencia: *Para que la humanidad consiguiera llegar a la Luna, la ciencia tuvo que avanzar mucho*. **2** Conjunto de conocimientos organizado según un método, que forma una rama del saber: *La biología es la ciencia que estudia la vida*. **3** Conjunto de conocimientos que se poseen: *Mi abuela es una mujer de mucha ciencia*. **4** Habilidad para realizar algo: *No creo que se necesite mucha ciencia para hacer eso*. ∎ **ciencias** [plural] **5** Conjunto de conocimientos relacionados con las matemáticas y con la naturaleza: *Prefiero las asignaturas de ciencias que las de letras*. ◆ [expresión] ∥ **a ciencia cierta** Con toda seguridad: *Créete lo que te digo, porque lo sé a ciencia cierta*. ∥ **ciencia ficción** Conjunto de obras de literatura o de cine que tratan de la vida en el futuro. ∥ **ciencia infusa** La que se tiene sin haber estudiado: *No quiere estudiar y piensa que las cosas se pueden saber por ciencia infusa*. ∥ **ciencias exactas** Las de las matemáticas. ∥ **ciencias ocultas** Conjunto de conocimientos y de técnicas para estudiar los secretos de la naturaleza. ∥ **tener algo poca ciencia** Ser fácil de hacer. ☐ [La expresión «tener algo poca ciencia» es coloquial]. ☐ FAMILIA: científico.

cieno (cie·no) [sustantivo][masculino] Barro que se forma en el fondo de algunos ríos y lagos. ☐ FAMILIA: ciénaga, cenagal, cenagoso.

científico, ca (cien·tí·fi·co, ca) ∎ [adjetivo] **1** De la ciencia o relacionado con ella. ∎ [adjetivo o sustantivo] **2** Que se dedica al estudio de una o de varias ciencias. ☐ FAMILIA: →ciencia.

ciento (cien·to) [numeral] **1** Cien: *Vinieron ciento diez personas*. **2** Conjunto de cien unidades: *A la excursión fueron varios cientos de niños*. ◆ [expresión] ∥ **ciento y la madre** Gran cantidad de personas. ∥ **por ciento** Detrás de un número, indica que representa esa parte de un total de cien: *El cincuenta por ciento de veinte son diez*. ☐ [En el significado **2** se usa más en plural. La expresión «ciento y la madre» es coloquial]. ☐ SINÓNIMOS: **2** centena, centenar. ☐ FAMILIA: cien, centena, centenar, centenario, centésimo, centesimal, centavo, céntimo, céntuplo, centuplicar, porcentaje, centuria, centurión, doscientos, trescientos, cuatrocientos, quinientos, seiscientos, setecientos, ochocientos, novecientos, ciempiés.

ciernes (cier·nes) ◆ [expresión] ∥ **en ciernes** Que puede suceder o que acaba de comenzar: *un viaje en ciernes; una escritora en ciernes*.

cierre (cie·rre) [sustantivo][masculino] **1** Cosa que sirve para cerrar. **2** Fin de un proceso o de una actividad: *Al cierre de la emisión de televisión no se tenían más noticias del suceso*. **3** Hecho de cerrar lo que estaba abierto: *El juez ordenó el cierre de la discoteca*. ☐ SINÓNIMOS: **3** clausura. ☐ ANTÓNIMOS: **2**, **3** apertura. ☐ FAMILIA: →cerrar.

cierto, ta (cier·to, ta) ∎ [adjetivo] **1** Verdadero, seguro o que no se puede poner en duda: *Me engañaste, porque lo que me dijiste no era cierto*. **2** Delante de un nombre, indica que este es indeterminado: *Me lo ha dicho cierta persona*. ∎ **cierto** [adverbio] **3** Se usa para decir que algo es verdad: *«Cierto», contestó cuando le dije que ella era mayor que yo*. ◆ [expresión] ∥ **de cierto** Con seguridad: *¡Te digo que es verdad, lo sé de cierto!* ∥ **por cierto** Se usa para indicar que lo que se está diciendo nos ha recordado algo que vamos a decir. ☐ FAMILIA: incierto, certeza, certero, certidumbre, incertidumbre.

ciervo, va (cier·vo, va) [sustantivo] Animal de color marrón rojizo, que se alimenta de hierba y cuyo macho tiene unos cuernos muy grandes. ☞ **páginas 596-597**. ☐ SINÓNIMOS: venado. ☐ FAMILIA: cerval, cervato.

cierzo (cier·zo) [sustantivo][masculino] Viento que viene del norte.

cifra (ci·fra) [sustantivo][femenino] **1** Signo con el que se representa un número: *El número 262 tiene tres cifras*. **2** Cantidad: *La elevada cifra de faltas de asistencia sorprendió a la profesora*. ☐ SINÓNIMOS: número. **1** guarismo. ☐ FAMILIA: cifrar, descifrar, indescifrable.

cifrar (ci·frar) [verbo] **1** Escribir una cosa con un sistema de signos que no se entiende si no se conoce: *cifrar un mensaje*. **2** Valorar la cantidad de alguna cosa: *Han cifrado las pérdidas en varios miles de euros*. **3** Reducir varias cosas a una sola: *Mis ilusiones se cifran en viajar y recorrer mundo*. ☐ ANTÓNIMOS: **1** descifrar. ☐ FAMILIA: →cifra.

cigala (ci·ga·la) [sustantivo][femenino] Animal marino de color rosa, con la cáscara dura y con dos pinzas grandes: *La cigala es parecida al langostino, pero más grande*.

cigarra (ci·ga·rra) [sustantivo][femenino] Insecto de color verdoso, cuyo macho hace un ruido característico: *En verano es frecuente oír el canto de las cigarras*. ☐ SINÓNIMOS: chicharra.

cigarral (ci·ga·rral) [sustantivo][masculino] Casa toledana situada en el campo y con vistas a la ciudad, con huerta y árboles frutales: *Mis abuelos tienen un cigarral en Toledo*.

cigarrero, ra (ci·ga·rre·ro, ra) ∎ [sustantivo] **1** Persona que hace o vende cigarros. ∎ **cigarrera** [sustantivo][femenino] **2** Caja o mueblecito para guardar los cigarros. ☐ FAMILIA: →cigarro.

cigarrillo (ci·ga·rri·llo) [sustantivo][masculino] Cilindro delgado hecho de papel y lleno de tabaco picado que se fuma. ☐ SINÓNIMOS: cigarro, pitillo. ☐ FAMILIA: →cigarro.

cigarro (ci·ga·rro) [sustantivo][masculino] **1** Tabaco enrollado que se enciende por un extremo y se fuma por el otro. **2** Cilindro delgado hecho de papel y lleno de tabaco picado que se fuma. ☐ SINÓNIMOS: **2** cigarrillo, pitillo. ☐ FAMILIA: cigarrillo, cigarrero.

cigoñino (ci·go·ñi·no) [sustantivo][masculino] Cría de la cigüeña. ☐ FAMILIA: →cigüeña.

cigoto (ci·go·to) [sustantivo][masculino] Célula que procede de la unión de una célula reproductora masculina con otra femenina. ☐ [Se escribe también «zigoto»].

cigüeña (ci·güe·ña) [sustantivo][femenino] Ave de color blanco y negro, y de patas y pico largos, que hace sus nidos en sitios altos. ☞ **páginas 116-117**. ☐ FAMILIA: cigoñino.

cigüeñal (ci·güe·ñal) [sustantivo][masculino] Pieza de algunas máquinas que transforma el movimiento rectilíneo en circular, o al revés.

cilindrada (ci·lin·dra·da) [sustantivo][femenino] Capacidad que tienen los cilindros de un motor para guardar combustible: *Esta moto tiene una cilindrada de 500 centímetros cúbicos*. ☐ FAMILIA: →cilindro.

cilíndrico, ca (ci·lín·dri·co, ca) [adjetivo] Con forma de tubo. ☐ Familia: →cilindro.

cilindro (ci·lin·dro) [sustantivo masculino] **1** Cuerpo cuyas bases son dos círculos iguales y paralelos. 👁 **página 467**. **2** Aparato de una máquina que tiene esta forma y en cuyo interior hay una pieza que, al moverse, presiona a un líquido para que salga: *En el cilindro de un motor, el émbolo empuja al combustible.* ☐ Familia: cilíndrico, cilindrada.

cilio (ci·lio) [sustantivo masculino] Parte de algunas células que les permite moverse.

cima (ci·ma) [sustantivo femenino] **1** Parte más alta de una montaña. **2** Punto más alto al que se puede llegar. ☐ Sinónimos: cumbre, cúspide.

cimarrón, na (ci·ma·rrón, rro·na) [adjetivo o sustantivo] Dicho de un animal doméstico, que se escapa al campo y se hace salvaje: *caballo cimarrón.*

címbalo (cím·ba·lo) [sustantivo masculino] Instrumento musical antiguo parecido a los platillos.

cimborrio (cim·bo·rrio) [sustantivo masculino] Base de la cúpula de un edificio con forma de cilindro o de polígono.

cimbrar (cim·brar) [verbo] → **cimbrear**.

cimbrear (cim·bre·ar) [verbo] **1** Hacer moverse a un objeto largo y delgado sujetándolo por uno de los extremos: *El viento cimbreaba los juncos.* **2** Mover el cuerpo, o parte de él, a un lado y a otro: *Cimbreaba las caderas al andar.* ☐ [Se usa también «cimbrar»].

cimentar (ci·men·tar) [verbo] **1** Poner los cimientos de una construcción. **2** Poner las bases o los principios de algo: *El cariño y la confianza cimentan su relación.* ☐ [Puede usarse como regular («cimenta») o como irregular siguiendo el modelo de ACERTAR («cimienta»)]. ☐ Familia: →cimiento.

cimiento (ci·mien·to) [sustantivo masculino] **1** Parte de una construcción que está bajo tierra y sobre la que se apoya el resto. **2** Base o principio de algo: *El respeto y la comprensión son los cimientos de nuestra amistad.* ☐ [Se usa más en plural]. ☐ Familia: cimentar.

cinc [sustantivo masculino] Metal blando de color azul y que brilla mucho. ☐ [Se pronuncia «zink». Su plural es «cincs». Se escribe también «zinc»].

cincel (cin·cel) [sustantivo masculino] Herramienta alargada con un extremo puntiagudo, que se golpea con un martillo para trabajar piedras y metales. ☐ Familia: cincelar.

cincel

cincelar (cin·ce·lar) [verbo] Trabajar la piedra o el metal con el cincel: *La artista cinceló un hombre en el bloque de granito.* ☐ Familia: →cincel.

cincha (cin·cha) [sustantivo femenino] Correa con la que se ata la silla al cuerpo del caballo.

cinco (cin·co) ▪ [numeral] **1** Indica 5 unidades: *Ha ganado cinco premios.* ▪ [sustantivo masculino] **2** Número 5: *Mi número favorito es el cinco.* ◆ [expresión] ‖ **esos cinco** La mano: *Estamos de acuerdo, así que ¡choca esos cinco!* ‖ **no tener ni cinco** No tener dinero: *No puedo invitarte, porque no tengo ni cinco.* ☐ [En el significado **1** no varía en masculino y femenino. Las expresiones son coloquiales]. ☐ Familia: cincuenta, cincuentena, cincuentenario, quinto, quintuplicar, quíntuple, quinquenal, quinquenio, quinteto, quintilla, quintillizo, quince, quincena, quincenal, quinceavo, quincuagésimo, veinticinco.

cincuenta (cin·cuen·ta) ▪ [numeral] **1** Indica 50 unidades: *Tengo cincuenta primos.* ▪ [sustantivo masculino] **2** Número 50: *El cincuenta es mi número de la suerte.* ☐ [En el significado **1** no varía en masculino y femenino]. ☐ Familia: →cinco.

cincuentena (cin·cuen·te·na) [sustantivo femenino] Conjunto de cincuenta cosas. ☐ Familia: →cinco.

cincuentenario (cin·cuen·te·na·rio) [sustantivo masculino] Fecha en la que se cumplen los cincuenta años de algún hecho importante. ☐ Familia: →cinco.

cine (ci·ne) [sustantivo masculino] **1** Arte, técnica e industria de hacer películas: *director de cine.* **2** Película o conjunto de películas hechas según este arte: *Me gusta el cine de terror.* **3** Local en el que se ponen estas películas: *Tengo dos entradas para ir al cine.* ◆ [expresión] ‖ **de cine** Muy bueno o muy bien: *En la fiesta me lo he pasado de cine.* ☐ [Los significados **1** y **2** son la forma abreviada de «cinematografía», y los significados **1** y **3** son la forma abreviada de «cinematógrafo». La expresión es coloquial]. ☐ Familia: →cinematógrafo.

cineasta (ci·ne·as·ta) [sustantivo] Persona que trabaja en el cine, especialmente para dirigir películas. ☐ [No varía en masculino y femenino]. ☐ Familia: →cinematógrafo.

cinéfilo, la (ci·né·fi·lo, la) [adjetivo o sustantivo] Aficionado al cine. ☐ Familia: →cinematógrafo.

cinemascope (ci·ne·mas·co·pe) [sustantivo masculino] Técnica de cine que hace que las imágenes se vean más grandes y con más perspectiva. ☐ [Procede de la marca comercial «CinemaScope®»]. ☐ Familia: →cinematógrafo.

cinemática (ci·ne·má·ti·ca) [sustantivo femenino] Parte de la física que estudia el movimiento y las causas que lo producen.

cinematografía (ci·ne·ma·to·gra·fí·a) [sustantivo femenino] **1** Arte de hacer películas de cine: *un estudio de cinematografía.* **2** Conjunto de películas hechas según este arte: *la cinematografía europea.* ☐ Familia: →cinematógrafo.

cinematográfico, ca (ci·ne·ma·to·grá·fi·co, ca) [adjetivo] Del cine o relacionado con él. ☐ Familia: →cinematógrafo.

cinematógrafo (ci·ne·ma·tó·gra·fo) [sustantivo masculino] **1** Aparato que se utilizaba para hacer las películas antiguas. **2** Cine. ☐ Familia: cinéfilo, cinematografía, cinematográfico, cine, cineasta, cinemascope, multicine.

cinético, ca (ci·né·ti·co, ca) [adjetivo] Del movimiento o relacionado con él: *Hay una parte de la física que estudia la energía cinética.*

cingalés, sa (cin·ga·lés, le·sa) [adjetivo o sustantivo] De Sri Lanka, antes llamado Ceilán, que es un país asiático. ☐ Sinónimos: ceilanés, esrilanqués.

cíngaro, ra (cín·ga·ro, ra) [adjetivo o sustantivo] Del pueblo gitano de la zona europea central y del este.

cínico, ca (cí·ni·co, ca) [adjetivo o sustantivo] Que no tiene vergüenza para mentir y para defender lo que sabe que no merece ser defendido. ☐ Familia: cinismo.

cinismo (ci·nis·mo) [sustantivo masculino] Falta de vergüenza al mentir o al defender algo que se sabe que no merece ser defendido. ☐ Familia: →cínico.

cinta (cin·ta) [sustantivo femenino] **1** Trozo plano, largo y estrecho, hecho de un material que se dobla fácilmente: *cinta de pelo.* **2** Trozo largo y estrecho de un material especial, que sirve para registrar imágenes o sonidos: *cinta de vídeo.* **3** Aparato formado por una banda que se mueve y que sirve para llevar cosas: *cinta transportadora.* **4** Planta de hojas estrechas y largas, de color verde y blanco. **5** Pieza de carne de cerdo que tiene forma alargada: *cinta de lomo.* ◆ [expresión] ‖ **cinta métrica** La que tiene las divisiones del metro y sirve para saber las medidas de algo. ☐ Familia: cinto, precintar, precinto, videocinta.

cinto (cin·to) [sustantivo masculino] Cinta que se usa para sujetar una prenda de vestir a la cintura. ☐ Sinónimos: cinturón. ☐ Familia: →cinta.

cintura (cin·tu·ra) [sustantivo femenino] **1** Parte más estrecha del cuerpo humano, que está a la altura del estómago. **2** Parte de una prenda de vestir que rodea esta zona del cuerpo. ◆ [expresión] ‖ **meter en cintura a alguien** Hacerle entrar en razón. ☐ [La expresión es coloquial]. ☐ Sinónimos: **1** talle. ☐ Familia: cinturón, cinturilla.

cinturilla (cin·tu·ri·lla) [sustantivo femenino] Cinta de tela fuerte que se pone en la cintura de algunos vestidos, pantalones o faldas. ☐ Familia: →cintura.

cinturón (cin·tu·rón) [sustantivo masculino] **1** Cinta que se usa para sujetar una prenda de vestir a la cintura. **2** Conjunto de cosas que rodean algo: *Esta empresa está en el cinturón industrial de la ciudad.* **3** Categoría que indica el grado de habilidad que se ha conseguido en algunos deportes: *Mi primo hace yudo y es cinturón negro.* ◆ [expresión] ‖ **apretarse el cinturón** Gastar menos dinero. ‖ **cinturón de seguridad** El que está en algunos vehículos y sujeta al viajero al asiento. ☐ [La expresión «apretarse el cinturón» es coloquial]. ☐ Sinónimos: **1** cinto. ☐ Familia: →cintura.

ciprés (ci·prés) [sustantivo masculino] Árbol alto y recto que tiene las hojas de color verde oscuro. ◉ **página 91.**

circense (cir·cen·se) [adjetivo] Del circo o relacionado con este espectáculo: *números circenses.* ☐ [No varía en masculino y femenino]. ☐ Familia: →circo.

circo (cir·co) [sustantivo masculino] **1** Grupo de gente que actúa haciendo ejercicios de habilidad y de riesgo: *Ha llegado un circo a la ciudad.* **2** Lugar en el que se representa este espectáculo. **3** Lugar en el que antiguamente se celebraban carreras de carros y carreras de caballos: *Los antiguos circos romanos tenían una forma parecida a la de una pista de atletismo.* **4** Situación con la que se llama la atención: *Para organizar la fiesta no hacía falta montar todo este circo.* ☐ [El significado **4** es coloquial]. ☐ Sinónimos: **4** número, espectáculo. ☐ Familia: circense.

circuito (cir·cui·to) [sustantivo masculino] **1** Camino en forma de curva cerrada en el que suelen hacerse algunas carreras. **2** Recorrido que suele terminar en el punto de partida. **3** Conjunto de cables unidos por los que pasa la corriente eléctrica. ☐ Familia: cortocircuito, cortacircuitos.

circulación (cir·cu·la·ción) [sustantivo femenino] **1** Movimiento de personas o de automóviles, de un lugar a otro por las vías públicas. **2** Movimiento o paso de una cosa de unas personas a otras: *Hoy se ha puesto en circulación una nueva moneda.* **3** Paso por una vía cerrada, volviendo al lugar del que se había partido: *La circulación de la sangre se lleva a cabo por las arterias y las venas.* ☐ Familia: →círculo.

circular (cir·cu·lar) ‖ [adjetivo] **1** Del círculo o relacionado con esta figura: *Los anillos son circulares.* ‖ [sustantivo femenino] **2** Mensaje que una autoridad dirige a sus empleados: *En el tablón de anuncios hay una circular del director.* **3** Cada una de las cartas o avisos iguales que se entregan a varias personas para darles a conocer algo: *La profesora ha mandado una circular a los padres de los alumnos para informarles de la excursión.* ‖ [verbo] **4** Andar o moverse: *En la ciudad, los coches deben circular con mucha precaución.* **5** Correr o pasar algo de unas personas a otras: *Entre los periodistas circula el rumor de que este político va a dimitir.* ☐ [En el significado **1** no varía en masculino y femenino]. ☐ Sinónimos: **4** transitar. ☐ Familia: →círculo.

circulatorio, ria (cir·cu·la·to·rio, ria) [adjetivo] De la circulación o relacionado con ella. ☐ Familia: →círculo.

círculo (cír·cu·lo) [sustantivo masculino] **1** Superficie limitada por una circunferencia: *Las monedas son círculos.* ◉ **página 467. 2** Curva plana y cerrada, cuyos puntos están todos a la misma distancia del centro: *Los niños jugaban al corro formando un círculo.* **3** Asociación que realiza actividades de diversión relacionadas con la cultura o el deporte: *Soy miembro de un círculo de aficionados al cine.* **4** Parte de la sociedad que es diferente de las demás por la actividad que desarrolla o por otras razones: *En los círculos económicos se cree que la crisis ya está terminando.* ◆ [expresión] ‖ **círculo vicioso** Situación en la que no hay salida porque siempre se vuelve al mismo punto: *Si tú no*

circuncisión

hablas hasta que no hable él y él no habla hasta que no hables tú, estáis en un círculo vicioso. ☐ [En el significado **4** se usa más en plural]. ☐ SINÓNIMOS: **2** circunferencia. ☐ FAMILIA: circular, circulación, circulatorio, semicírculo, semicircular.

circuncisión (cir·cun·ci·sión) [sustantivo femenino] Corte circular que se hace en la piel del extremo del pene.

circundar (cir·cun·dar) [verbo] Rodear dando la vuelta: *Hay una autopista que circunda la ciudad.*

circunferencia (cir·cun·fe·ren·cia) [sustantivo femenino] **1** En matemáticas, curva plana y cerrada, cuyos puntos están todos a la misma distancia del centro: *Una anilla es una circunferencia.* **2** Distancia que hay alrededor de una superficie o de un lugar: *La circunferencia del tronco de este árbol es muy grande y no puedo rodearlo con los brazos.* ☐ SINÓNIMOS: **1** círculo. ☐ FAMILIA: semicircunferencia.

circunloquio (cir·cun·lo·quio) [sustantivo masculino] Hecho de decir una cosa con muchas más palabras de las necesarias.

circunscribir (cir·cuns·cri·bir) [verbo] **1** Reducir a unos límites determinados: *Tu campo de acción se circunscribe a esta área.* **2** En geometría, hacer una figura que contenga a otra, a la que toca en varios puntos. ☐ [Su participio es «circunscrito»]. ☐ FAMILIA: circunscripción, circunscrito.

circunscripción (cir·cuns·crip·ción) [sustantivo femenino] Zona en que está dividido un territorio: *circunscripción electoral.* ☐ FAMILIA: →circunscribir.

circunscrito, ta (cir·cuns·cri·to, ta) Participio irregular de **circunscribir**. ☐ FAMILIA: →circunscribir.

circunspecto, ta (cir·cuns·pec·to, ta) [adjetivo] Que actúa de manera seria y formal: *Se mostró circunspecto al darnos la noticia.*

circunstancia (cir·cuns·tan·cia) [sustantivo femenino] **1** Hecho que rodea a algo y puede influir en ello: *El acusado describió las circunstancias que provocaron el asesinato.* **2** Condición necesaria para algo: *Solo te lo diré si se cumplen determinadas circunstancias.* ☐ FAMILIA: circunstancial.

circunstancial (cir·cuns·tan·cial) [adjetivo] Que no es esencial. ☐ [No varía en masculino y femenino]. ☐ FAMILIA: →circunstancia.

circunvalación (cir·cun·va·la·ción) [sustantivo femenino] **1** Vuelta que se da a un lugar o a una ciudad: *La circunvalación de la ciudad puede llevarnos una hora.* **2** Vía que rodea una población: *Si vas por la circunvalación evitarás los problemas de tráfico del centro.*

cirio (ci·rio) [sustantivo masculino] **1** Vela de cera larga y gruesa. **2** Situación sin orden, con gran movimiento de cosas y con mucho ruido. ☐ [El significado **2** es coloquial]. ☐ SINÓNIMOS: **2** mogollón.

cirro (ci·rro) [sustantivo masculino] Nube blanca y ligera, formada por franjas alargadas, que se forma en las capas altas de la atmósfera.

cirrosis (ci·rro·sis) [sustantivo femenino] Enfermedad del hígado que se produce por la destrucción de sus células, que está causada principalmente por beber demasiado alcohol. ☐ [No varía en singular y plural].

ciruela (ci·rue·la) [sustantivo femenino] Fruto que tiene forma redonda y la piel lisa de color rojo, verde o amarillo, y un hueso en el interior. 👁 **páginas 453 y 455.** ☐ FAMILIA: ciruelo.

ciruelo (ci·rue·lo) [sustantivo masculino] Árbol que tiene flores blancas, cuyo fruto es la ciruela. ☐ FAMILIA: →ciruela.

cirugía (ci·ru·gí·a) [sustantivo femenino] Parte de la medicina que estudia la forma de curar enfermedades por medio de operaciones. ♦ [expresión] ‖ **cirugía plástica** La que trata de embellecer una parte del cuerpo. ☐ FAMILIA: cirujano.

cirujano, na (ci·ru·ja·no, na) [sustantivo] Médico que cura enfermedades por medio de operaciones. ☐ FAMILIA: →cirugía.

cisco (cis·co) [sustantivo masculino] **1** Carbón vegetal partido en trozos pequeños. **2** Situación en la que hay mucho ruido o mucho desorden. ♦ [expresión] ‖ **hacer cisco** Dejar muy triste o muy cansado. ☐ [El significado **2** y la expresión son coloquiales]. ☐ SINÓNIMOS: **2** lío, jaleo, follón.

cisma (cis·ma) [sustantivo masculino] División o separación que se produce en un grupo de personas que pertenecen a una misma Iglesia o religión.

cisne (cis·ne) [sustantivo masculino] Ave parecida a un pato, pero con el cuello muy largo, que suele tener las plumas blancas. 👁 **páginas 116-117.**

cisterna (cis·ter·na) [sustantivo femenino] **1** Parte de la taza del cuarto de baño en la que se almacena el agua: *Al tirar de la cadena, la cisterna se vacía.* **2** Recipiente que se usa para llevar líquidos: *camión cisterna.*

cistitis (cis·ti·tis) [sustantivo femenino] Inflamación de la vejiga, que produce escozor y muchas ganas de orinar. ☐ [No varía en singular y plural].

cita (ci·ta) [sustantivo femenino] **1** Encuentro entre dos o más personas que tiene lugar en un sitio y en una fecha determinados: *Esta tarde tengo una cita.* **2** Texto o idea que se usan como prueba de lo que se dice o se escribe: *Mi trabajo tiene numerosas citas de científicos famosos.* ☐ FAMILIA: →citar.

citación (ci·ta·ción) [sustantivo femenino] Aviso que hace un juez a una persona, para que vaya a un juzgado o a un tribunal. ☐ FAMILIA: →citar.

citar (ci·tar) [verbo] **1** Indicar a una persona el día, la hora y el lugar para verla: *El profesor ha citado a mis padres para mañana a las cinco.* **2** Decir el nombre de algo: *La profesora me pidió que citara cinco ríos de España.* ☐ SINÓNIMOS: **2** nombrar, mencionar. ☐ FAMILIA: cita, citación.

cítara (cí·ta·ra) [sustantivo femenino] Antiguo instrumento musical que se tocaba pulsando las cuerdas con una púa.

citología (ci·to·lo·gí·a) [sustantivo femenino] Análisis o examen de las células de un tejido orgánico: *citología vaginal.*

citoplasma (ci·to·plas·ma) [sustantivo masculino] Parte de la célula que rodea el núcleo.

cítrico, ca (cí·tri·co, ca) ▌ [adjetivo] **1** Del limón o relacionado con él: *producción cítrica.* **2** Dicho de un ácido, que tiene un sabor agrio y que se puede encontrar en muchas frutas: *El limón contiene ácido cítrico.* ▌**cítrico** [sustantivo/masculino] **3** Planta que produce frutas agrias o agridulces: *El limonero es un cítrico.* **4** Fruto de este tipo de plantas.

ciudad (ciu·dad) [sustantivo/femenino] **1** Población en la que viven muchas personas que generalmente se dedican a actividades no agrícolas. **2** Conjunto de edificios destinado a una determinada actividad: *ciudad universitaria; ciudad deportiva.* ☐ Familia: ciudadano, ciudadanía, ciudadela, conciudadano.

ciudadanía (ciu·da·da·ní·a) [sustantivo/femenino] Situación, derechos y deberes del ciudadano de un lugar. ☐ Familia: →ciudad.

ciudadano, na (ciu·da·da·no, na) ▌[adjetivo] **1** De la ciudad o de sus habitantes: *protesta ciudadana.* ▌[adjetivo o sustantivo] **2** Que ha nacido o que vive en una ciudad: *Todos los ciudadanos deben colaborar para que la ciudad esté limpia.* ▌[sustantivo] **3** Persona que tiene determinados derechos y deberes por ser miembro de un Estado: *Todos los ciudadanos somos iguales ante la ley.* ☐ Sinónimos: **1** civil. ☐ Familia: →ciudad.

ciudadela (ciu·da·de·la) [sustantivo/femenino] Lugar protegido que hay dentro de una ciudad. ☐ Familia: →ciudad.

ciudadrealeño, ña (ciu·dad·re·a·le·ño, ña) [adjetivo o sustantivo] De la provincia española de Ciudad Real o de su capital.

cívico, ca (cí·vi·co, ca) [adjetivo] Del civismo o que se comporta como un ciudadano que cumple sus obligaciones: *Todos tenemos que respetar unas normas cívicas mínimas.* ☐ Antónimos: incívico. ☐ Familia: →civil.

civil (ci·vil) ▌[adjetivo] **1** De la ciudad o de sus habitantes: *normas civiles.* ▌[adjetivo o sustantivo] **2** Que no es militar ni religioso: *población civil; cementerio civil.* ▌[sustantivo] **3** Persona que pertenece a la Guardia Civil: *Una pareja de civiles me pidió la documentación.* ☐ [No varía en masculino y femenino]. ☐ Sinónimos: **1** ciudadano. ☐ Familia: civilizar, civilización, civismo, cívico, civilizado, incívico.

civilización (ci·vi·li·za·ción) [sustantivo/femenino] **1** Conjunto de conocimientos, de creencias y de costumbres propias de un pueblo: *civilización egipcia.* **2** Educación o instrucción que se da a una persona o a un grupo: *Los romanos llevaron a cabo la civilización de muchos pueblos mediterráneos.* ☐ Sinónimos: **1** cultura. ☐ Familia: →civil.

civilizado, da (ci·vi·li·za·do, da) [adjetivo] **1** Dicho de una persona o de un pueblo, que han dejado de ser salvajes o de estar poco desarrollados porque han adquirido los conocimientos necesarios. **2** Que tiene educación y buenos modales: *un comportamiento civilizado.* ☐ Familia: →civil.

civilizar (ci·vi·li·zar) [verbo] **1** Sacar a un pueblo o a una persona de su estado salvaje o poco desarrollado dándoles los conocimientos necesarios: *Un niño que había vivido desde pequeño con los animales, se civilizó cuando fue recogido por los hombres.* **2** Educar o instruir a una persona: *Era un muchacho sin civilizar*

que ni saludaba a los que se encontraba en la escalera. ☐ [La «z» se cambia en «c» delante de «e» («civilice»)]. ☐ Familia: →civil.

civismo (ci·vis·mo) [sustantivo/masculino] Comportamiento del ciudadano que cumple sus obligaciones con la comunidad a la que pertenece: *Participar en las elecciones es un acto de civismo.* ☐ Familia: →civil.

cizaña (ci·za·ña) [sustantivo/femenino] Hierba mala que daña los sembrados. ◆ [expresión] ‖ **meter cizaña** Crear enemistades o problemas entre varias personas. ☐ Familia: encizañar.

clamar (cla·mar) [verbo] **1** Pedir algo con fuerza: *El acusado clamó piedad al juez.* **2** Quejarse o dar voces, generalmente para pedir ayuda: *Una persona se estaba ahogando y clamaba socorro.* **3** Tener necesidad de algo: *Mi casa clama por una restauración.* ☐ Familia: clamor, clamoroso, aclamar, aclamación, reclamar, declamar.

clamor (cla·mor) [sustantivo/masculino] **1** Ruido que producen los gritos o las voces dados por una multitud. **2** Palabras con que se expresa un dolor, una pena o un ruego. ☐ Sinónimos: **2** lamento. ☐ Familia: →clamar.

clamoroso, sa (cla·mo·ro·so, sa) [adjetivo] **1** Que hace el ruido producido por los gritos o las voces dados por una multitud: *multitud clamorosa; aplausos clamorosos.* **2** Extraordinario o muy grande: *un éxito clamoroso.* ☐ Familia: →clamar.

clan [sustantivo/masculino] **1** Grupo de personas que pertenecen a la misma familia y que están dirigidas por un jefe. **2** Grupo de personas que tienen intereses comunes.

clandestinidad (clan·des·ti·ni·dad) [sustantivo/femenino] Situación de la persona que se oculta por miedo a la ley o porque hace algo que no está permitido. ☐ Familia: →clandestino.

clandestino, na (clan·des·ti·no, na) [adjetivo] Que es secreto o que se hace sin el permiso necesario: *negocio clandestino.* ☐ Sinónimos: pirata, ilegal. ☐ Familia: clandestinidad.

claqué (cla·qué) [sustantivo/masculino] Baile de origen norteamericano que se caracteriza por los golpes que se dan con los zapatos en el suelo.

clara (cla·ra) [sustantivo/femenino] Mira en **claro, ra**.

claraboya (cla·ra·bo·ya) [sustantivo/femenino] Ventana abierta en el techo o en la parte superior de una pared. ☐ Sinónimos: tragaluz.

claraboya

clarear (cla·re·ar) [verbo] **1** Empezar a aparecer la luz del día: *En invierno me levanto cuando empieza a clarear.* **2** Mejorar el tiempo y quedar el cielo sin nubes ni niebla: *Después de la tormenta empezó a clarear.* ∎ **clarearse 3** Permitir un cuerpo que se vea algo a través de él: *Si la falda se clarea, ponte una combinación.* ☐ SINÓNIMOS: **1** amanecer. **1**, **2** aclarar. **2** abrir, despejarse. **3** transparentar. ☐ ANTÓNIMOS: **1** anochecer, oscurecer. **2** nublarse, cubrirse. ☐ FAMILIA: →claro.

clarete (cla·re·te) [adjetivo o sustantivo masculino] Dicho del vino, que es más claro que el tinto. ☐ FAMILIA: →claro.

claridad (cla·ri·dad) [sustantivo femenino] **1** Gran cantidad de luz. **2** Habilidad para hacer notar o comprender bien algo: *Os recomiendo este libro por su claridad.* **3** Orden o seguridad de la mente o de las ideas: *claridad de ideas.* **4** Característica de lo que se ve o se oye bien: *Te oigo con claridad.* ☐ SINÓNIMOS: **4** nitidez. ☐ ANTÓNIMOS: **1** oscuridad. ☐ FAMILIA: →claro.

clarificar (cla·ri·fi·car) [verbo] Aclarar o eliminar las dudas que impiden que algo se entienda: *Te haré unas preguntas para clarificar bien lo que me has explicado.* ☐ [La «c» se cambia en «qu» delante de «e» («clarifique»)]. ☐ FAMILIA: →claro.

clarín (cla·rín) [sustantivo masculino] Instrumento musical de viento, más pequeño que la trompeta y que emite sonidos más agudos.

clarinete (cla·ri·ne·te) [sustantivo masculino] Instrumento musical de viento, que es de madera y parecido a la flauta, pero más grande. 👁 **páginas 534-535**.

clarividencia (cla·ri·vi·den·cia) [sustantivo femenino] Capacidad para ver claras las cosas: *Su clarividencia en los negocios le ha permitido llegar muy lejos.* ☐ FAMILIA: →claro. →ver.

clarividente (cla·ri·vi·den·te) [adjetivo o sustantivo] Que tiene la capacidad de ver claras las cosas: *una mente clarividente.* ☐ [No varía en masculino y femenino]. ☐ FAMILIA: →claro. →ver.

claro, ra (cla·ro, ra) [adjetivo] **1** Que tiene luz o mucha luz: *Esta habitación es muy clara, porque tiene grandes ventanas.* **2** Que se ve o se nota bien: *Tienes una letra poco clara y no se entiende.* **3** Transparente, limpio o poco turbio: *De este manantial sale un agua clara y fresca.* **4** Demasiado líquido: *La mayonesa ha quedado un poco clara.* **5** Dicho de un color, que tiene mucho blanco en su mezcla: *azul claro; piel clara.* **6** Dicho de la mente o de las ideas, que son ordenadas y exactas: *Fue al examen con las ideas muy claras.* **7** Fácil de comprender: *Explícate de una forma más clara.* **8** Dicho de una persona, que es sincera y se explica de una forma que resulta fácil de comprender: *Creo que he sido clara al decir lo que pensaba.* **9** Dicho del tiempo, que no tiene nubes: *Si mañana hace un día claro, saldremos al campo.* **10** Dicho de un sonido, que es puro y limpio: *Este cantante tiene una voz muy clara.* **11** Que se muestra o se comprende de una forma perfecta: *Está muy claro que ese chico es un buen amigo tuyo.* ∎ **claro** [sustantivo masculino] **12** Espacio vacío en el interior de algo: *Pararon en un claro del bosque.* **13** Espacio de cielo que no tiene nubes: *Mañana predominarán los claros en toda la región.* ∎ **clara** [sustantivo femenino] **14** Parte transparente del huevo: *El merengue se hace con claras de huevo y azúcar.* 👁 **ilustración en** *huevo*. ∎ **claro** [adverbio] **15** De forma que no haya dudas: *Se les entendía muy bien porque hablaban claro.* ◆ [expresión] ∥ **a las claras** De forma pública o abierta: *Soy una persona muy sincera y lo digo todo a las claras.* ∥ **poner en claro** Aclarar o explicar algo: *Hasta que no ponga en claro todos estos datos, no comenzaré el trabajo.* ∥ **sacar en claro** Obtener una idea exacta de algo: *Por mucho que le preguntes, no sacarás nada en claro.* ☐ SINÓNIMOS: **1** luminoso. **8** franco. **9** raso. **11** evidente, obvio, palpable. ☐ ANTÓNIMOS: **1**, **5**, **9** oscuro. **3** turbio. **4** espeso. **7** intrincado, denso. **9** cerrado. ☐ FAMILIA: claridad, clarear, clarificar, clarividencia, clarividente, aclarar, aclarado, aclaración, esclarecer, preclaro, clarete, claroscuro.

claroscuro (cla·ros·cu·ro) [sustantivo masculino] En un cuadro, contraste y distribución adecuada de la luz y las sombras. ☐ FAMILIA: →claro. →oscuro.

clase (cla·se) [sustantivo femenino] **1** Naturaleza o tipo. **2** Grupo de estudiantes que reciben las lecciones y explicaciones juntos. **3** Cada una de las habitaciones en las que enseña un profesor: *En la clase hay ventanales que dan al patio.* **4** Lección que el profesor enseña cada día: *Al final de la clase le preguntamos las dudas al profesor.* **5** Asistencia a un centro de enseñanza: *Hoy es el último día de clase.* **6** Conjunto de personas que tienen el mismo trabajo o la misma posición económica: *clase media; clase baja.* **7** Categoría o característica por la que se diferencia una cosa de otra: *primera clase; segunda clase.* ☐ SINÓNIMOS: **1** género, especie. **3** aula. **5** colegio. ☐ FAMILIA: clasificar, clasificación, clasificador, clasista.

clasicismo (cla·si·cis·mo) [sustantivo masculino] Estilo literario o artístico que imita los modelos de la Antigüedad griega o romana. ☐ FAMILIA: →clásico.

clásico, ca (clá·si·co, ca) [adjetivo] **1** Que forma parte de lo establecido por el uso y la costumbre: *Siempre me das la clásica excusa del tráfico por haber llegado tarde.* **2** Dicho de la música, que es de carácter culto: *Mi madre toca el violín en una orquesta de música clásica.* **3** Característico o típico de algo o de alguien: *La sandía y el melón son clásicas frutas del verano.* ∎ [adjetivo o sustantivo] **4** Que se tiene como modelo y que se considera digno de ser copiado: *Esta película es un clásico del cine musical.* **5** De la literatura o el arte de la antigua Roma y de la antigua Grecia. ☐ FAMILIA: clasicismo, neoclásico, neoclasicismo.

clasificación (cla·si·fi·ca·ción) [sustantivo femenino] **1** Colocación de algo en un determinado grupo, según las características que tenga y la clase a la que pertenezca: *Tengo que hacer la clasificación de estos documentos para* *guardarlos ordenados.* **2** Lista en la que aparecen por orden los que participan en una competición: *He conseguido el primer puesto de la clasificación.* ☐ Familia: →clase.

clasificador, ra (cla·si·fi·ca·dor, do·ra) [adjetivo o sustantivo] **1** Que ordena en grupos o en clases. ∎ **clasificador** [sustantivo masculino] **2** Mueble o carpeta que se usa para guardar papeles y documentos ordenados. ☐ Familia: →clase.

clasificar (cla·si·fi·car) [verbo] **1** Ordenar en grupos o poner por clases: *He clasificado las fichas por orden alfabético.* ∎ **clasificarse 2** Obtener un determinado puesto en una competición o conseguir continuar en ella. ☐ [La «c» se cambia en «qu» delante de «e» («clasifique»)]. ☐ Familia: →clase.

clasista (cla·sis·ta) [adjetivo o sustantivo] Que tiene en cuenta las diferencias de clase social y desprecia a los que no pertenecen a la suya. ☐ [No varía en masculino y femenino]. ☐ Familia: →clase.

claudia (clau·dia) [sustantivo femenino] Tipo de ciruela, de color verde claro y muy dulce.

claudicar (clau·di·car) [verbo] Dejar de oponerse a algo o darse por vencido: *A pesar de las dificultades no claudicó y finalmente fundó un colegio.* ☐ [La «c» se cambia en «qu» delante de «e» («claudique»)]. ☐ Sinónimos: ceder, rendirse.

claustro (claus·tro) [sustantivo masculino] **1** Pasillo que rodea el patio principal de un edificio: *el claustro del monasterio.* **2** Conjunto de profesores de un colegio: *El claustro ha elaborado un programa de actividades culturales para este año.* ☐ Familia: claustrofobia.

claustro

claustrofobia (claus·tro·fo·bia) [sustantivo femenino] Temor o miedo muy grande a los espacios cerrados: *No puedo subir en ascensor porque tengo claustrofobia.* ☐ Familia: →claustro. →fobia.

cláusula (cláu·su·la) [sustantivo femenino] Cada una de las partes de un contrato o de un testamento.

clausura (clau·su·ra) [sustantivo femenino] **1** Acto solemne con el que se da por terminada una actividad: *Hoy será la clausura del congreso.* **2** Cierre de un local o de un edificio: *Se ha ordenado la clausura de varios restaurantes.* **3** Parte interior de un convento en el que no pueden entrar las personas que no pertenezcan a él si no tienen un permiso especial. **4** Obligación que tienen algunas personas religiosas de vivir en un lugar y no salir de él: *convento de clausura.* ☐ Sinónimos: **2** cierre. ☐ Antónimos: **1** inauguración. **1, 2** apertura. ☐ Familia: clausurar.

clausurar (clau·su·rar) [verbo] **1** Declarar acabada una actividad o ponerle fin. **2** Cerrar un edificio o declarar que no es adecuado para ser usado: *Han clausurado esa discoteca porque no cumplía las normas de seguridad.* ☐ Sinónimos: **1** cerrar. ☐ Antónimos: **1** abrir, inaugurar. ☐ Familia: →clausura.

clavar (cla·var) [verbo] **1** Introducir una cosa en otra apretando con fuerza: *Para clavar el clavo en la pared necesitas un martillo.* **2** Fijar con clavos: *¿Me ayudas a clavar el cuadro en la pared, por favor?* **3** Cobrar más de lo normal por algo: *En las tiendas de esta zona te clavan.* **4** Fijar, parar o poner: *El experto clavó los ojos en el tapiz y lo estudió con detalle.* ☐ [El significado **3** es coloquial]. ☐ Sinónimos: **1** hincar. ☐ Antónimos: **2** desclavar. ☐ Familia: →clavo.

clave (cla·ve) [sustantivo femenino] **1** Sistema de signos que sirve para mandar un mensaje secreto: *Este texto está en clave.* **2** Conjunto de reglas que explican este sistema: *No descifré el mensaje porque no conocía la clave.* **3** Conjunto de signos que sirven para hacer funcionar algo: *No sé la clave para abrir la caja fuerte.* **4** Explicación que permite entender algo: *Quisiera saber cuál es la clave del éxito.* **5** Persona o cosa que resulta muy importante para algo: *un puesto clave.* **6** Signo que se pone al principio del pentagrama de una obra musical para determinar el nombre de las notas escritas en él. 👁 **página 648.** ◆ [expresión] ∥ **en clave de** Con el carácter o con el tono de: *La película trata los problemas del país en clave de humor.* ☐ Sinónimos: **3** código.

clavel (cla·vel) [sustantivo masculino] Planta que tiene los tallos delgados y las hojas puntiagudas, y cuyas flores tienen el borde superior terminado en picos. 👁 **página 444.** ☐ Familia: clavellina.

clavellina (cla·ve·lli·na) [sustantivo femenino] Tipo de clavel que tiene las hojas y las flores más pequeñas. ☐ Familia: →clavel.

clavero (cla·ve·ro) [sustantivo masculino] Árbol tropical con la copa en forma de pirámide de cuyas flores secas se obtiene una especia llamada *clavo.* ☐ Familia: →clavo.

claveteado, da (cla·ve·te·a·do, da) [adjetivo] Adornado con clavos: *un baúl claveteado.* ☐ Familia: →clavo.

clavetear (cla·ve·te·ar) [verbo] **1** Adornar algo con clavos: *Voy a clavetear el arcón.* **2** Sujetar algo con clavos: *He claveteado esas tablas, para que no se caigan.* ☐ Familia: →clavo.

clavicémbalo (cla·vi·cém·ba·lo) [sustantivo masculino] Instrumento musical de cuerda, que se toca pulsando unas teclas.

clavícula (cla·ví·cu·la) [sustantivo femenino] Cada uno de los dos huesos alargados que están a ambos lados del cuello y que llegan hasta el hombro. 👁 **página 405.**

clavija (cla·vi·ja) [sustantivo/femenino] **1** Pieza que se mete en un agujero para sujetar algo o para unirlo: *Los escaladores fijan las cuerdas en las rocas con clavijas.* **2** Pieza de un instrumento musical que sirve para sujetar las cuerdas y tirar más o menos de ellas: *Para afinar la guitarra tienes que ir girando las clavijas.*

clavo (cla·vo) [sustantivo/masculino] **1** Pieza de metal larga y delgada con un extremo terminado en punta. ◉ **páginas 494-495. 2** Flor seca de un árbol, que se usa para dar sabor a las comidas. ◆ [expresión] ‖ **agarrarse a un clavo ardiendo** Hacer lo que sea para conseguir algo. ‖ **como un clavo** Fijo, exacto, puntual: *Cuando llegué yo, ya estaba él allí, como un clavo.* ‖ **dar en el clavo** Acertar o dar la respuesta correcta a algo. ‖ **no pegar ni clavo** No trabajar nada. ☐ [Las expresiones son coloquiales]. ☐ FAMILIA: **1** clavar, desclavar, clavetear, claveteado. **2** clavero.

claxon (cla·xon) [sustantivo/masculino] Instrumento que hace un ruido agudo cuando se toca o se aprieta. ☐ [Procede de la marca comercial «Klaxon®». Su plural es «cláxones»]. ☐ SINÓNIMOS: bocina, pito.

clemencia (cle·men·cia) [sustantivo/femenino] Pena que se siente ante el dolor de los demás y que nos lleva a no castigarlos con dureza por algo malo que han hecho. ☐ SINÓNIMOS: piedad, compasión, misericordia. ☐ ANTÓNIMOS: crueldad. ☐ FAMILIA: →clemente.

clemente (cle·men·te) [adjetivo] Que siente pena ante el dolor de los demás y los perdona fácilmente. ☐ [No varía en masculino y femenino]. ☐ ANTÓNIMOS: inclemente. ☐ FAMILIA: clemencia, inclemente, inclemencia.

clementina (cle·men·ti·na) [sustantivo/femenino] Tipo de mandarina que tiene la piel más roja, que no tiene pepitas y que es muy dulce.

cleptómano, na (clep·tó·ma·no, na) [adjetivo o sustantivo] Dicho de una persona, que padece una enfermedad que le hace robar cosas, aunque sean de poco valor.

clerical (cle·ri·cal) [adjetivo] Del clero o del clérigo. ☐ [No varía en masculino y femenino]. ☐ FAMILIA: →clero.

clérigo (clé·ri·go) [sustantivo/masculino] Hombre que es sacerdote o monje. ☐ SINÓNIMOS: eclesiástico. ☐ FAMILIA: →clero.

clero (cle·ro) [sustantivo/masculino] Grupo social formado principalmente por los sacerdotes y los monjes. ☐ FAMILIA: clerical, clérigo.

clic [sustantivo/masculino] Presión o golpe pequeños sobre el ratón de un ordenador: *Para entrar en este programa, pon el ratón sobre ese botón y haz dos veces clic.* ☐ [Su plural es «clics»]. ☐ FAMILIA: clicar.

clicar (cli·car) [verbo] Hacer clic con el ratón de un ordenador: *Para abrir ese archivo, tienes que clicar dos veces en el botón derecho del ratón.* ☐ [La «c» se cambia en «qu» delante de «e» («clique»)]. ☐ FAMILIA: →clic.

cliché (cli·ché) [sustantivo/masculino] **1** Material transparente a partir del cual se sacan en papel las fotografías. **2** Placa en la que se ha grabado algo para poder imprimirlo en otros sitios: *Los clichés que se usan en las imprentas suelen ser de aluminio o de cinc.* **3** Idea o expresión que se repite mucho: *Las palabras «tío» o «tía» son un cliché de los jóvenes.* ☐ SINÓNIMOS: **1** negativo.

cliente, ta (clien·te, ta) [sustantivo] **1** Persona que usa de forma habitual los servicios de otra persona o de una empresa. **2** Persona que compra en una tienda. ☐ [Para el femenino se usa también «la cliente»]. ☐ FAMILIA: clientela.

clientela (clien·te·la) [sustantivo/femenino] Conjunto de los clientes de una persona o de una tienda. ☐ FAMILIA: →cliente.

clima (cli·ma) [sustantivo/masculino] **1** Conjunto de las condiciones de temperatura y de lluvias que son propias de un lugar: *El desierto tiene un clima muy seco.* **2** Conjunto de condiciones que son propias de una situación o que rodean a una persona: *En la reunión había un clima un poco tenso.* ☐ [No confundir con «clímax» (punto más alto o más importante)]. ☐ FAMILIA: climático, bioclimático, climatizar, climatología, climatológico, aclimatarse, aclimatación, microclima.

climático, ca (cli·má·ti·co, ca) [adjetivo] Del clima o relacionado con él: *cambio climático.* ☐ FAMILIA: →clima.

climatizar (cli·ma·ti·zar) [verbo] Dar a un lugar cerrado la temperatura y las condiciones de ambiente necesarias para algo. ☐ SINÓNIMOS: acondicionar. ☐ FAMILIA: →clima.

climatología (cli·ma·to·lo·gí·a) [sustantivo/femenino] **1** Ciencia que estudia el clima. **2** Conjunto de las condiciones propias de un determinado clima: *una climatología húmeda.* ☐ FAMILIA: →clima.

climatológico, ca (cli·ma·to·ló·gi·co, ca) [adjetivo] De la climatología o del clima: *un estudio climatológico.* ☐ FAMILIA: →clima.

clímax (clí·max) [sustantivo/masculino] Punto más alto o más importante de algo. ☐ [No varía en singular y plural. No confundir con «clima» (conjunto de condiciones climáticas; conjunto de condiciones propias de una situación)].

clínex (clí·nex) [sustantivo/masculino] Pañuelo de papel. ☐ [Procede de la marca comercial «Kleenex®». No varía en singular y plural. Es preferible escribir «clínex» que la forma inglesa *kleenex*].

clínico, ca (clí·ni·co, ca) ■ [adjetivo] **1** Relacionado con la parte práctica de la medicina: *análisis clínicos.* ■ **clínico** [sustantivo/masculino] **2** Hospital en el que se enseña la parte práctica de la medicina: *Los últimos años de la carrera de medicina los estudió en un clínico.* ■ **clínica** [sustantivo/femenino] **3** Hospital, generalmente privado, en el que se cuida a los enfermos.

clip [sustantivo/masculino] **1** Objeto hecho con una barrita de metal o de plástico doblada y que se usa generalmente para sujetar papeles. **2** Sistema de cierre a presión formado por dos piezas que se sujetan en un sitio: *pendientes de clip.* **3** Película corta o trozo de una película, generalmente de tema musical. ☐ [Es una palabra de origen inglés. Su plural es «clips»]. ☐ FAMILIA: videoclip.

clítoris (clí·to·ris) [sustantivo/masculino] Órgano que se encuentra en la parte externa superior del órgano sexual femenino. ☐ [No varía en singular y plural].

cloaca (clo·a·ca) [sustantivo femenino] **1** Lugar que hay bajo tierra por donde se va el agua sucia y el agua que cae de la lluvia. **2** Lugar muy sucio. ☐ Sinónimos: **1** alcantarilla.

clon [sustantivo masculino] Conjunto de células idénticas que se obtienen a partir de una sola célula. ☐ [Su plural es «clones»]. ☐ Familia: clonar.

clonar (clo·nar) [verbo] Producir clones a partir de una única célula: *A veces clonan células vegetales para mejorar los cultivos.* ☐ Familia: →clon.

cloro (clo·ro) [sustantivo masculino] Sustancia química de color amarillo o verde y de olor fuerte, que se usa mucho para desinfectar el agua. ☐ Familia: clorofila, clorofílico, cloroformo.

clorofila (clo·ro·fi·la) [sustantivo femenino] Sustancia de color verde que se encuentra fundamentalmente en las plantas. ☐ Familia: →cloro.

clorofílico, ca (clo·ro·fí·li·co, ca) [adjetivo] De la clorofila o relacionado con esta sustancia: *la función clorofílica de las plantas.* ☐ Familia: →cloro.

cloroformo (clo·ro·for·mo) [sustantivo masculino] Líquido sin color, que tiene un olor agradable y que se usa en medicina para dormir a una persona y que no sienta dolor. ☐ Familia: →cloro.

clown [sustantivo] Payaso serio que suele formar pareja con otro más tonto y peor vestido. ☐ [Es una palabra inglesa. Se pronuncia «kláun»].

club [sustantivo masculino] **1** Asociación formada por un grupo de personas y que se dedica a determinadas actividades generalmente relacionadas con la cultura o con el deporte: *club deportivo.* **2** Lugar en el que se reúnen los miembros de esta asociación: *Hoy nos reuniremos en el club.* **3** Lugar de diversión donde se bebe y se baila y en el que suelen ofrecerse espectáculos musicales: *club nocturno.* ☐ [Su plural es «clubs» o «clubes»]. ☐ Familia: videoclub.

clueca (clue·ca) [adjetivo o sustantivo femenino] Dicho de una gallina, que está echada sobre los huevos para empollarlos.

coacción (co·ac·ción) [sustantivo femenino] Uso de la fuerza o del poder sobre una persona para obligarla a hacer algo: *La amenaza es una forma de coacción.* ☐ Sinónimos: presión. ☐ Familia: coaccionar.

coaccionar (co·ac·cio·nar) [verbo] Usar la fuerza o el poder para obligar a una persona a actuar de determinada manera. ☐ Sinónimos: presionar. ☐ Familia: →coacción.

coadjutor, ra (co·ad·ju·tor, to·ra) [sustantivo] Persona que ayuda a otra en un asunto o en un cargo determinado: *El párroco y su coadjutor se reunieron para preparar la asamblea.*

coagulación (co·a·gu·la·ción) [sustantivo femenino] Hecho de volverse sólidos la sangre u otro líquido. ☐ Familia: →coágulo.

coagular (co·a·gu·lar) [verbo] Transformar la sangre u otro líquido en una sustancia sólida: *Las costras se forman cuando la sangre se coagula.* ☐ Familia: →coágulo.

coágulo (co·á·gu·lo) [sustantivo masculino] Trozo de sangre o de otro líquido que se han vuelto sólidos: *Los coágulos de sangre pueden obstruir las venas.* ☐ Familia: coagular, coagulación.

coalición (co·a·li·ción) [sustantivo femenino] Asociación entre personas o países que tienen intereses comunes: *Los Gobiernos de coalición se componen de representantes de varios partidos.* ☐ Sinónimos: liga, confederación.

coartada (co·ar·ta·da) [sustantivo femenino] Prueba con la que el acusado de un delito demuestra que él no pudo hacerlo. ☐ Familia: coartar.

coartar (co·ar·tar) [verbo] Impedir que alguien actúe con libertad: *coartar un derecho.* ☐ Familia: coartada.

coatí (co·a·tí) [sustantivo masculino] Animal americano con la cola a rayas rojas y negras: *El coatí tiene un olfato muy fino.* ☐ [Su plural es «coatís» o «coatíes» (más culto)].

coautor, ra (co·au·tor, to·ra) [sustantivo] Persona que hace algo con otra o con otras: *Los dos compositores son coautores de este tema.* ☐ Familia: →autor.

coba (co·ba) [sustantivo femenino] Alabanza con la que se intenta conseguir algo: *No me des coba porque no te pienso dejar la cámara de fotos.* ☐ [Se usa mucho en la expresión «dar coba». Es coloquial].

cobalto (co·bal·to) [sustantivo masculino] Metal muy duro y de color blanco rojizo, que se emplea en medicina y para fabricar pinturas y esmaltes.

cobarde (co·bar·de) ▌ [adjetivo] **1** Que se ha hecho de forma poco valiente: *La víctima del cobarde asesinato estaba durmiendo cuando le dispararon.* ▌ [adjetivo o sustantivo] **2** Que siente miedo o que no tiene valor: *El muy cobarde me dejó solo y salió corriendo cuando oímos el ruido.* ☐ [No varía en masculino y femenino]. ☐ Sinónimos: **2** miedoso, asustadizo. ☐ Antónimos: **1** heroico. **2** gallardo, aguerrido, valiente, valeroso. ☐ Familia: cobardía, acobardar.

cobardía (co·bar·dí·a) [sustantivo femenino] Falta de ánimo para hacer frente a un peligro o a una situación. ☐ Antónimos: valentía, valor, coraje, gallardía. ☐ Familia: →cobarde.

cobaya (co·ba·ya) [sustantivo femenino] Animal mucho más pequeño que el conejo, con las orejas cortas y con la cola muy pequeña, que se usa en los laboratorios para hacer experimentos. ☐ [Se puede decir «el cobaya» y «la cobaya» sin que cambie de significado]. ☐ Sinónimos: conejillo de Indias.

cobertizo (co·ber·ti·zo) [sustantivo masculino] **1** Lugar cubierto que sirve para protegerse del exterior: *Los obreros guardan las herramientas en ese cobertizo.* **2** Especie de tejado que sale de una pared y que sirve para protegerse: *Esperó debajo del cobertizo a que parara de llover.* ☐ Familia: →cubrir.

cobertor (co·ber·tor) [sustantivo masculino] Manta o colcha de una cama. ☐ Familia: →cubrir.

cobertura (co·ber·tu·ra) [sustantivo femenino] **1** Cosa que sirve para cubrir o para tapar algo: *La tarta lleva una cobertura de chocolate.* **2** Extensión de territorio desde el que se puede disponer de algún servicio: *la cobertura de un teléfono móvil.* **3** Conjunto de personas y de

cobijar

medios que hacen posible informar sobre el desarrollo de un suceso: *Esta cadena de televisión se encarga de la cobertura de los Juegos Olímpicos.* □ Familia: →cubrir.

cobijar (co·bi·jar) [verbo] Dar a alguien protección o refugio: *Cobijó en su casa a un anciano que se había perdido.* □ [Siempre se escribe con «j»]. □ Sinónimos: refugiar, acoger. □ Familia: →cobijo.

cobijo (co·bi·jo) [sustantivo masculino] Lugar que sirve para protegerse de algún peligro. □ Sinónimos: refugio, resguardo. □ Familia: cobijar.

cobista (co·bis·ta) [adjetivo o sustantivo] Que adula o alaba demasiado a una persona. □ [No varía en masculino y femenino. Es coloquial]. □ Sinónimos: adulador.

cobra (co·bra) [sustantivo femenino] Serpiente venenosa que saca una especie de abanico en el cuello y se levanta para atacar. ◉ **página 818.**

cobrador, ra (co·bra·dor, do·ra) [sustantivo] Persona que trabaja cobrando el dinero que los demás deben. □ Familia: →cobrar.

cobrar (co·brar) [verbo] **1** Recibir una cantidad de dinero a cambio de algo: *¿Cuánto cobras al mes?* **2** Empezar a tener algo: *Los deportes están cobrando fuerza en el colegio.* **3** Recibir un castigo: *Si no dejas de dar la lata, vas a cobrar.* **4** Coger una pieza que se ha cazado: *El cazador enseñó a su perro a cobrar la caza.* ▮ **cobrarse 5** Producir la muerte: *La guerra se ha cobrado muchas víctimas.* □ Sinónimos: **2** adquirir. □ Antónimos: **1** pagar, abonar. **2** perder. □ Familia: cobro, cobrador, recobrar.

cobre (co·bre) [sustantivo masculino] Metal de color rojizo, que es muy buen conductor de la electricidad: *Los cables eléctricos están hechos de cobre.* □ Familia: cobrizo.

cobrizo, za (co·bri·zo, za) [adjetivo] De color rojizo, parecido al del cobre. □ Familia: →cobre.

cobro (co·bro) [sustantivo masculino] Hecho de recibir un dinero como pago de algo. ◆ [expresión] ‖ **a cobro revertido** Llamada telefónica que paga la persona que la recibe. □ Familia: →cobrar.

coca (co·ca) [sustantivo femenino] **1** Arbusto de flores blancas y frutos rojos, de cuyas hojas se extrae la cocaína. **2** Cocaína, que es un tipo de droga. □ [El significado **2** es coloquial]. □ Familia: →cocaína.

cocaína (co·ca·í·na) [sustantivo femenino] Droga que se obtiene de las hojas de la coca. □ [Se usa mucho la forma abreviada «coca», que es coloquial]. □ Familia: cocainómano, coca.

cocainómano, na (co·cai·nó·ma·no, na) [adjetivo o sustantivo] Adicto a la cocaína, que es una droga. □ Familia: →cocaína.

cocción (coc·ción) [sustantivo femenino] **1** Preparación de un alimento crudo metiéndolo en un líquido que hierve: *Las patatas necesitan poco tiempo de cocción.* **2** Uso del calor para secar el barro o la arcilla y que queden muy duros: *Los ladrillos deben tener una perfecta cocción para que luego sean resistentes.* □ Familia: →cocer.

cóccix (cóc·cix) [sustantivo masculino] → **coxis.** □ [No varía en singular y plural].

cocear (co·ce·ar) [verbo] Dar patadas un caballo o un animal parecido. □ Familia: →coz.

cocedero (co·ce·de·ro) [sustantivo masculino] Lugar donde se cuece algo: *cocedero de marisco.* □ Familia: →cocer.

cocer (co·cer) [verbo] **1** Calentar un líquido hasta una temperatura de cien grados: *Pon a cocer el agua para el té.* **2** Secar algo por medio de calor para que se quede duro: *El alfarero cuece los jarrones.* **3** Cocinar un alimento en un líquido que tiene una temperatura de cien grados. ▮ **cocerse 4** Prepararse en secreto: *Aquí se está cociendo algo.* **5** Sentir mucho calor: *Abre las ventanas, que me cuezo.* □ [Es irregular y se conjuga como mover. La «c» se cambia en «z» delante de «a», «o» («cueza»). Los significados **4** y **5** son coloquiales]. □ Sinónimos: **1**, **3** hervir. **5** achicharrarse, asarse. □ Familia: cocción, cocido, cocedero.

cochambre (co·cham·bre) [sustantivo femenino] Suciedad o porquería. □ Sinónimos: suciedad. □ Antónimos: limpieza. □ Familia: cochambroso.

cochambroso, sa (co·cham·bro·so, sa) [adjetivo] Muy sucio. □ Sinónimos: inmundo. □ Antónimos: limpio. □ Familia: →cochambre.

coche (co·che) [sustantivo masculino] **1** Vehículo con motor que se mueve por el suelo y sobre ruedas. ◉ **páginas 960-961. 2** Vehículo para viajeros tirado por caballos: *coche de caballos.* **3** Vagón de ferrocarril: *En el billete de tren pone que mi asiento está en el coche número veinte.* ◆ [expresión] ‖ **coche cama** Vagón de tren que tiene camas. ‖ **coche celular** El de la Policía que está preparado para llevar prisioneros. ‖ **coche de línea** Autobús que hace el recorrido entre dos poblaciones. ‖ **coche escoba** El que va cogiendo a las personas que participan en una carrera y no la terminan. ‖ **coche fúnebre** El que lleva los muertos al lugar en el que van a ser enterrados. ‖ **coche patrulla** El de la Policía. ‖ **coches de choque** Diversión de feria en la que hay unos coches eléctricos pequeños preparados para que puedan chocar entre sí. □ Sinónimos: **1** automóvil. □ Familia: cochero, carricoche, lavacoches.

cochero, ra (co·che·ro, ra) ▮ [sustantivo] **1** Persona que conduce un coche de caballos. ▮ **cochera** [sustantivo femenino] **2** Lugar en el que se guardan coches o autobuses. □ Sinónimos: **2** garaje. □ Familia: →coche.

cochinada (co·chi·na·da) [sustantivo femenino] **1** Hecho que produce un daño a una persona. **2** Cosa que está sucia. **3** Hecho o dicho que se considera contrario a la moral establecida. □ [Es coloquial]. □ Sinónimos: guarrada, marranada. **1** faena. □ Familia: →cochino.

cochinilla (co·chi·ni·lla) [sustantivo femenino] **1** Animal pequeño que vive en zonas húmedas, bajo las piedras, y que se hace una bola al tocarlo. **2** Insecto del que se obtiene un tinte rojizo.

cochinillo (co·chi·ni·llo) [sustantivo masculino] Cerdo que se alimenta todavía de la leche de su madre. □ Familia: →cochino.

cochino, na (co·chi·no, na) ■ [adjetivo o sustantivo] **1** Que está sucio o que es muy sucio. ■ [sustantivo] **2** Animal del que se sacan los jamones y que se cría para aprovechar su carne. ☐ [El significado **1** es coloquial]. ☐ SINÓNIMOS: guarro, gorrino, marrano, cerdo, puerco. ☐ ANTÓNIMOS: **1** limpio. ☐ FAMILIA: cochinillo, cochiquera, cochinada.

cochiquera (co·chi·que·ra) [sustantivo femenino] Lugar donde se crían los cerdos. ☐ SINÓNIMOS: pocilga, porqueriza. ☐ FAMILIA: →cochino.

cocido (co·ci·do) [sustantivo masculino] Comida que se prepara con carne, verduras y garbanzos. ☐ FAMILIA: →cocer.

cociente (co·cien·te) [sustantivo masculino] Resultado de una división en matemáticas.

cocina (co·ci·na) [sustantivo femenino] **1** Lugar en el que se prepara la comida. **2** Aparato que sirve para cocinar los alimentos: *cocina de gas; cocina eléctrica*. **3** Arte o técnica de preparar distintos platos: *libro de cocina*. **4** Conjunto de platos típicos de un lugar: *cocina valenciana*. ☐ FAMILIA: cocinar, cocinero.

cocinar (co·ci·nar) [verbo] Preparar un alimento para que se pueda comer, especialmente si se hace poniéndolo al fuego. ☐ SINÓNIMOS: guisar. ☐ FAMILIA: →cocina.

cocinero, ra (co·ci·ne·ro, ra) [sustantivo] Persona que cocina. ☐ FAMILIA: →cocina.

cocker [sustantivo] Perro de una raza que se caracteriza por tener las patas cortas, el pelo muy suave y las orejas largas, anchas y caídas. ☐ [Es una palabra inglesa. Se pronuncia «kóker»].

coco (co·co) [sustantivo masculino] **1** → **cocotero**. **2** Fruto del cocotero, que tiene una cáscara de madera muy dura y con largos pelos y la carne de dentro muy blanca. ◉ **página 453**. **3** Cabeza: *Me duele el coco*. **4** Personaje con el que se asusta a los niños: *Si no te lo comes todo, va a venir el coco*. **5** Persona muy fea: *Pintada de esta forma eres un coco*. ◆ [expresión] ‖ **comer el coco** Convencer a una persona o influir totalmente en ella. ‖ **comerse el coco** Preocuparse por algo o pensar mucho en ello. ☐ [Los significados **3** y **5** y las expresiones son coloquiales]. ☐ SINÓNIMOS: **3** mollera, cocorota. ☐ FAMILIA: **1, 2** cocotero. **3** comecocos.

cocodrilo (co·co·dri·lo) [sustantivo masculino] Animal con una gran boca con muchos dientes, la piel dura y la cola muy larga, que vive en los ríos pero que también puede estar en la tierra: *Los cocodrilos son reptiles*. ◉ **página 818**.

cocorota (co·co·ro·ta) [sustantivo femenino] Cabeza: *Me di un golpe en la cocorota y me ha salido un chichón*. ☐ [Es coloquial]. ☐ SINÓNIMOS: coco, mollera.

cocotero (co·co·te·ro) [sustantivo masculino] Árbol tropical cuyo fruto es el coco. ☐ SINÓNIMOS: coco. ☐ FAMILIA: →coco.

cóctel (cóc·tel) [sustantivo masculino] **1** Bebida preparada con una mezcla de bebidas alcohólicas y zumos. **2** Fiesta en la que se sirven bebidas y alimentos para picar: *Dio un cóctel el día de su boda*. ◆ [expresión] ‖ **cóctel de mariscos** Comida preparada con gambas y otros mariscos y que se suele tomar fría. ‖ **cóctel molotov** Explosivo que se suele preparar llenando una botella con un líquido que se quema fácilmente. ☐ [Es una palabra de origen inglés]. ☐ SINÓNIMOS: **1** combinado. ☐ FAMILIA: coctelera.

coctelera (coc·te·le·ra) [sustantivo femenino] Recipiente que se usa para mezclar un cóctel. ☐ FAMILIA: →cóctel.

codazo (co·da·zo) [sustantivo masculino] Golpe dado con el codo. ☐ FAMILIA: →codo.

codearse (co·de·ar·se) [verbo] Tener trato de igual a igual con otra persona: *Se codea con la aristocracia de la ciudad*. ☐ SINÓNIMOS: relacionarse. ☐ FAMILIA: →codo.

codeína (co·de·í·na) [sustantivo femenino] Sustancia que se emplea para aliviar un dolor: *La codeína se extrae del opio*.

codera (co·de·ra) [sustantivo femenino] **1** Pieza que cubre el codo en algunas prendas de vestir. **2** Deformación que aparece en la parte del codo de las prendas de vestir porque se estira mucho: *Este jersey está viejo y tiene coderas*. **3** Tela elástica que se pone en el codo para

cocinar

hornear, asar

hacer a la plancha

freír

hacer a la barbacoa

hervir

códice

protegerlo: *El jugador llevaba una codera en el brazo izquierdo.* ☐ Familia: →codo.

códice (có·di·ce) [sustantivo masculino] Libro antiguo escrito a mano.

codicia (co·di·cia) [sustantivo femenino] Deseo de tener cosas, especialmente riquezas. ☐ Sinónimos: avaricia. ☐ Familia: codiciar, codicioso.

codiciar (co·di·ciar) [verbo] Desear con fuerza algo, especialmente riquezas. ☐ [Es irregular y se conjuga como anunciar]. ☐ Familia: →codicia.

codicioso, sa (co·di·cio·so, sa) [adjetivo] Que desea tener muchas cosas, especialmente riquezas. ☐ Familia: →codicia.

codificar (co·di·fi·car) [verbo] Componer o transformar un mensaje mediante un conjunto de signos y de reglas: *Codificó el mensaje para que nadie pudiera entenderlo.* ☐ [La «c» se cambia en «qu» delante de «e» («codifique»)]. ☐ Antónimos: descodificar. ☐ Familia: →código.

código (có·di·go) [sustantivo masculino] **1** Conjunto ordenado de leyes: *código de circulación.* **2** Conjunto de signos que forman un mensaje o que sirven para hacer funcionar algo: *Para sacar dinero con tarjeta, necesitas un código secreto.* **3** Sistema de signos y de reglas que sirve para componer y comprender mensajes: *El sistema Braille es un código que permite a los ciegos leer.* ◆ [expresión] ‖ **código postal** Conjunto de números o de letras que usan en correos para cada población o para cada zona. ☐ Sinónimos: **2** clave. ☐ Familia: codificar, descodificar.

codillo (co·di·llo) [sustantivo masculino] Parte del cerdo y de otros animales en la que se unen la pata delantera y el pecho, y que se usa como alimento. ☐ Familia: →codo.

codo (co·do) [sustantivo masculino] Parte por la que se dobla el brazo. ◆ [expresión] ‖ **codo con codo** Junto con otra persona: *Si trabajamos codo con codo terminaremos pronto.* ‖ **empinar el codo** Beber alcohol. ‖ **hablar por los codos** Hablar mucho. ‖ **hincar los codos** Estudiar mucho. ☐ [Las expresiones «empinar el codo», «hablar por los codos» e «hincar los codos» son coloquiales]. ☐ Familia: codazo, codera, codillo, codearse, recodo, acodar, acodado.

codorniz (co·dor·niz) [sustantivo femenino] Ave de color marrón que tiene la cola muy corta y se alimenta de semillas. ☐ [Su plural es «codornices»].

coeficiente (co·e·fi·cien·te) [sustantivo masculino] **1** Número que se coloca a la izquierda de otros números y que los multiplica: *En «4(3+2)», el coeficiente es el 4.* **2** Grado en que se tiene algo o en que se da un fenómeno: *coeficiente intelectual.* ☐ Familia: →eficiente.

coetáneo, a (co·e·tá·ne·o, a) [adjetivo o sustantivo] Que tiene la misma edad o que es de la misma época: *Shakespeare fue coetáneo de Cervantes.* ☐ Sinónimos: contemporáneo.

coexistir (co·e·xis·tir) [verbo] Existir al mismo tiempo dos o más personas o dos o más cosas: *Cervantes y Shakespeare coexistieron en la misma época.* ☐ Familia: →existir.

cofa (co·fa) [sustantivo femenino] Lugar donde se subía el vigía de un barco para mirar a lo lejos: *El marino divisó tierra desde la cofa.*

cofia (co·fia) [sustantivo femenino] Especie de gorro que suele ser blanco y pequeño y que forma parte de algunos uniformes femeninos.

cofrade (co·fra·de) [sustantivo] Persona que pertenece a una cofradía. ☐ [No varía en masculino y femenino]. ☐ Familia: cofradía.

cofradía (co·fra·dí·a) [sustantivo femenino] Asociación de personas, especialmente de religiosos o de profesionales: *una cofradía de pescadores.* ☐ Familia: →cofrade.

cofre (co·fre) [sustantivo masculino] Caja con tapa y cerradura, que generalmente se usa para guardar objetos de valor.

cogedor (co·ge·dor) [sustantivo masculino] Objeto parecido a una pala y que se usa para recoger la basura. ☐ Sinónimos: recogedor. ☐ Familia: →coger.

coger (co·ger) [verbo] **1** Agarrar o tomar: *¿Puedo coger un caramelo? Coge bien la bolsa.* **2** Sorprender o encontrar en una determinada situación: *Lo cogí espiando por el ojo de la cerradura.* **3** Atrapar o quitar la libertad: *La policía ha conseguido coger al asesino.* **4** Obtener o lograr: *He cogido mucha soltura hablando inglés.* **5** Entender el significado de algo: *Vuelve a explicarme el chiste, porque no lo he cogido.* **6** Llenar un espacio u ocuparlo por completo: *Si llegamos pronto podremos coger el mejor sitio.* **7** Poder recibir una cadena de radio o de televisión: *Algunas emisoras se cogen muy mal en esta zona.* **8** Llegar a juntarse con algo que está delante: *El segundo corredor ha logrado coger al primero.* **9** Tomar por escrito lo que está diciendo alguien: *No he podido coger lo último que ha dicho el profesor.* **10** Empezar a sentir algo: *He cogido catarro.* **11** Herir un toro a alguien con los cuernos: *El toro cogió al torero.* **12** Estar o encontrarse en una determinada situación: *Ese cine me coge muy lejos de casa.* **13** Poder meterse una cosa en otra: *En esta sala cogen doscientas personas.* **14** Poder pasar por un sitio: *Este armario no coge por la puerta.* ☐ [La «g» se cambia en «j» delante de «a», «o» («coja»). Los significados **5**, **12** y **14** son coloquiales. El significado **13** es vulgar]. ☐ Sinónimos: **5** pillar, cazar. **8** alcanzar, atrapar. **10** contraer. **13**, **14** caber. ☐ Antónimos: **1**, **3** soltar. ☐ Familia: cogedor, cogida, recoger, acoger, encoger, escoger, sobrecoger.

cogida (co·gi·da) [sustantivo femenino] Herida que produce el toro al clavar los cuernos. ☐ Familia: →coger.

cogollo (co·go·llo) [sustantivo masculino] Parte interior y más apretada de algunas plantas.

cogorza (co·gor·za) [sustantivo femenino] Borrachera: *Lleva una cogorza que no puede ni hablar.* ☐ [Es coloquial]. ☐ Sinónimos: mona, moña.

cogote (co·go·te) [sustantivo masculino] Parte de atrás y de arriba del cuello. ☐ Familia: acogotar.

coherencia (co·he·ren·cia) [sustantivo femenino] Relación o unión lógica entre varias cosas: *No hay coherencia entre sus* *ideas y sus actos.* ☐ Sinónimos: trabazón, congruencia. ☐ Antónimos: incoherencia, incongruencia. ☐ Familia: →coherente.

coherente (co·he·ren·te) [adjetivo] Que está en relación con algo o de acuerdo con ello. ☐ [No varía en masculino y femenino]. ☐ Sinónimos: congruente, consecuente. ☐ Antónimos: incoherente, incongruente. ☐ Familia: coherencia, incoherente, incoherencia.

cohesión (co·he·sión) [sustantivo femenino] Unión entre personas o entre cosas. ☐ Familia: cohesionar.

cohesionar (co·he·sio·nar) [verbo] Dar cohesión o unir: *Algunas pequeñas empresas se cohesionan para poder afrontar mejor la crisis.* ☐ Familia: →cohesión.

cohete (co·he·te) [sustantivo masculino] **1** Tubo lleno de un material explosivo y que, al encenderlo, sube a gran altura y explota: *Los cohetes son un tipo de fuegos artificiales.* **2** Aparato o vehículo que se lanza al espacio: *Van a lanzar un cohete a la Luna.* ☞ **páginas 960-961.**

cohibir (cohi·bir) [verbo] Impedir que alguien haga o diga algo con libertad: *Le cohíbe estar entre desconocidos.* ☐ [Es irregular y se conjuga como PROHIBIR]. ☐ Sinónimos: inhibir.

cohorte (co·hor·te) [sustantivo femenino] Conjunto o serie: *La cantante entró acompañada por una cohorte de admiradores.*

coincidencia (coin·ci·den·cia) [sustantivo femenino] **1** Presencia de dos o más hechos que ocurren a la vez: *Pondremos las fechas de las citas de forma que no haya coincidencia.* **2** Parecido entre varias cosas: *Entre amigos, es normal que haya coincidencia de aficiones.* **3** Cosa que ocurre por casualidad al mismo tiempo o en el mismo lugar que otra: *Fue una coincidencia que estuviéramos allí en el momento de tu llegada.* ☐ Familia: →incidir.

coincidir (coin·ci·dir) [verbo] **1** Ocurrir una cosa al mismo tiempo que otra. **2** Adecuarse a algo perfectamente: *Si ese número coincide con el que ha salido en el sorteo, te ha tocado un premio.* **3** Encontrarse con alguien en un mismo lugar: *Siempre coincido con mi vecino en la parada del autobús.* ☐ Familia: →incidir.

coito (coi·to) [sustantivo masculino] Unión sexual entre dos personas. ☐ Sinónimos: acto sexual, cópula.

cojear (co·je·ar) [verbo] **1** Andar como si se tuviera una pierna más corta que otra, debido a un daño o a un defecto. **2** Moverse un mueble al tocarlo porque no se apoya bien en el suelo: *Si la mesa cojea, pon algo en la pata más corta.* ◆ [expresión] ‖ **cojear del mismo pie** Tener los mismos defectos: *Dices que yo digo mentiras, pero tú cojeas del mismo pie.* ‖ **saber de qué pie cojea alguien** Conocer sus defectos: *Te conozco muy bien y sé de qué pie cojeas.* ☐ [Las expresiones son coloquiales]. ☐ Sinónimos: **1** renquear. ☐ Familia: →cojo.

cojera (co·je·ra) [sustantivo femenino] Defecto que hace andar como si se tuviera una pierna más corta que otra. ☐ Familia: →cojo.

cojín (co·jín) [sustantivo masculino] Pieza de tela rellena de un material blando que se usa para sentarse encima o para apoyar una parte del cuerpo. ☐ Familia: cojinete.

cojinete (co·ji·ne·te) [sustantivo masculino] Pieza de hierro en la que se apoya y gira un eje: *El eje de la rueda gira sobre cojinetes.* ☐ Familia: →cojín.

cojo, ja (co·jo, ja) [adjetivo o sustantivo] **1** Que carece de una pierna o de una pata. **2** Que anda como si tuviera una pierna más corta que otra, a causa de un daño o de un defecto: *El perro anda cojo porque se ha clavado una espina.* ■ [adjetivo] **3** Dicho de un mueble, que se mueve porque no se apoya bien en el suelo. ☐ Sinónimos: **2** renqueante. ☐ Familia: cojear, cojera.

cojón (co·jón) [sustantivo masculino] Testículo. ☐ [Es vulgar y se usa mucho en expresiones malsonantes]. ☐ Familia: cojonudo, acojonar, descojonarse.

cojonudo, da (co·jo·nu·do, da) ■ [adjetivo] **1** Muy bueno o muy bien. ■ **cojonudo** [adverbio] **2** Muy bien. ☐ [Es vulgar]. ☐ Familia: →cojón.

col [sustantivo femenino] Planta que se cultiva en las huertas y cuya parte central es redonda y tiene las hojas blancas y verdes. ◆ [expresión] ‖ **col de Bruselas** Planta en cuyos tallos crecen una especie de bolas pequeñas y verdes. ☐ Sinónimos: berza. ☐ Familia: coliflor.

cola (co·la) [sustantivo femenino] **1** Parte final del cuerpo de algunos animales: *El perro mueve la cola cuando está contento.* **2** Conjunto de plumas largas y fuertes que tienen las aves en la parte de atrás de su cuerpo: *La cola del macho del pavo real es muy vistosa.* **3** Parte posterior o final de algo: *Cuando voy en tren, me gusta ir en el vagón de cola.* **4** Parte alargada de algo: *La novia arrastraba la cola del vestido.* **5** Conjunto de cosas colocadas en línea: *Hay cola para entrar en el cine.* **6** Sustancia que sirve para pegar. **7** Refresco de color oscuro y con gas: *Me gustan más los zumos que las bebidas de cola.* **8** Pene. ◆ [expresión] ‖ **cola de caballo** Forma de peinarse que consiste en atar todo el pelo en la parte de atrás de la cabeza. ‖ **traer cola** Traer consecuencias. ☐ [El significado **8** y la expresión «traer cola» son coloquiales]. ☐ Sinónimos: **1** rabo. **5** hilera, fila. **6** pegamento. ☐ Antónimos: **3** cabeza. ☐ Familia: colear, coleta, coletazo, coletilla, colilla, encolar.

colaboración (co·la·bo·ra·ción) [sustantivo femenino] **1** Hecho de trabajar junto con otras personas: *El incendio se apagó gracias a la colaboración de todos.* **2** Dinero que se da por voluntad propia: *Pedimos una pequeña colaboración para ayudar a la gente sin hogar.* **3** Ayuda para lograr algún fin: *Sin tu colaboración nunca hubiera podido solucionar mis problemas.* **4** Texto que escribe alguien que no forma parte del grupo de personas que trabajan fijas en una revista o en un periódico. ☐ Sinónimos: **3** contribución, cooperación. ☐ Familia: →labor.

colaborador, ra (co·la·bo·ra·dor, do·ra) [sustantivo] **1** Persona que trabaja con otra. **2** Persona que trabaja en una empresa, sin ser fijo en la plantilla. ☐ Familia: →labor.

colaborar (co·la·bo·rar) [verbo] **1** Trabajar con otras personas en algo: *En este trabajo hemos colaborado todos*. **2** Trabajar en un sitio sin formar parte del grupo de personas que están fijas: *En esta empresa hay personas que colaboran de vez en cuando*. **3** Ayudar para que se logre algún fin: *Si quieres que nos llevemos bien, debes colaborar*. ☐ Sinónimos: **1**, **3** cooperar. **3** contribuir. ☐ Familia: →labor.

colación (co·la·ción) [sustantivo] [femenino] Comida ligera que se suele tomar por la noche. ◆ [expresión] ‖ **sacar a colación** o **traer a colación** Mencionar algo o a alguien. ☐ [Las expresiones son coloquiales].

colada (co·la·da) [sustantivo] [femenino] **1** Lavado de la ropa sucia de una casa. **2** Ropa lavada: *Ya tendí la colada*. **3** Lava que cae por las laderas de un volcán: *La colada arrasó las viviendas del monte*.

colador (co·la·dor) [sustantivo] [masculino] Objeto que tiene agujeros y que sirve para separar la parte líquida y la parte sólida de algo. ☐ Familia: →colar.

colapsar (co·lap·sar) [verbo] Interrumpir o impedir el desarrollo de algo: *La actividad de muchas empresas se colapsó debido a la crisis económica*. ☐ Sinónimos: bloquear. ☐ Familia: →colapso.

colapso (co·lap·so) [sustantivo] [masculino] **1** Fallo del corazón a causa de la mala circulación de la sangre. **2** Interrupción o disminución de una actividad: *colapso de tráfico*. ☐ Familia: colapsar.

colar (co·lar) [verbo] **1** Separar las partes sólidas que hay en un líquido: *Si el café tiene posos, cuélalo*. **2** Introducir algo en un lugar: *He colado la pelota en la canasta*. **3** Pasar por verdadero algo que es falso: *La mentira que dije no coló*. **4** Ponerse alguien delante del lugar que le corresponde: *No te cueles, que estaba yo primera*. ▌ **colarse 5** Entrar con engaño en algún sitio: *Intentamos colarnos en el cine, pero nos pillaron*. **6** Equivocarse o decir algo que no es adecuado: *Si me acusaste, te has colado, porque yo no lo he roto*. **7** Sentir un gran amor por alguien: *Se ha colado por esa chica*. ☐ [Es irregular y se conjuga como CONTAR. Los significados **3**, **4**, **5**, **6** y **7** son coloquiales]. ☐ Familia: colador.

colateral (co·la·te·ral) ▌ [adjetivo] **1** Que está situado a ambos lados de un elemento principal: *El edificio tenía una nave principal y dos naves colaterales*. ▌ [adjetivo o sustantivo] **2** Dicho de una persona, que es pariente de otra por un ascendiente común, pero no de forma directa. ☐ [No varía en masculino y femenino]. ☐ Familia: →lado.

colcha (col·cha) [sustantivo] [femenino] Especie de manta que se pone sobre la cama como adorno. ☐ Sinónimos: cubrecama. ☐ Familia: colchón, colchoneta, colchonería, colchonero, acolchar, acolchado.

colchón (col·chón) [sustantivo] [masculino] **1** Superficie blanda que se pone sobre la cama para dormir en ella. **2** Capa hueca y blanda que cubre una superficie: *La vaca se tumbó sobre un colchón de pajas*. ☐ Familia: →colcha.

colchonería (col·cho·ne·rí·a) [sustantivo] [femenino] Tienda en la que se hacen o se venden colchones, almohadones y otros objetos parecidos. ☐ Familia: →colcha.

colchonero, ra (col·cho·ne·ro, ra) [adjetivo o sustantivo] Que se dedica a fabricar o a vender colchones. ☐ Familia: →colcha.

colchoneta (col·cho·ne·ta) [sustantivo] [femenino] **1** Superficie blanda y delgada que se coloca en el suelo para ponerse sobre ella: *la colchoneta del gimnasio*. **2** Especie de saco que se llena de aire para que flote en el agua: *No podemos meternos en la piscina con la colchoneta*. ☐ Familia: →colcha.

cole (co·le) [sustantivo] [masculino] Colegio. ☐ [Es coloquial]. ☐ Familia: →colegio.

colear (co·le·ar) [verbo] **1** Mover un animal la cola. **2** Durar o continuar un asunto o sus consecuencias: *Aún colea su enfado conmigo*. ☐ Familia: →cola.

colección (co·lec·ción) [sustantivo] [femenino] **1** Conjunto de cosas de la misma clase, especialmente si están ordenadas: *colección de cromos*. **2** Gran cantidad de algo: *El entrenador nos dijo que éramos una colección de vagos*. ☐ Familia: coleccionar, coleccionista, colecta, colector, recolectar, recolección, recolector, colectivo, colectividad.

coleccionar (co·lec·cio·nar) [verbo] Hacer una colección: *coleccionar sellos*. ☐ Familia: →colección.

coleccionista (co·lec·cio·nis·ta) [sustantivo] Persona que colecciona algo: *coleccionista de sellos*. ☐ [No varía en masculino y femenino]. ☐ Familia: →colección.

colecta (co·lec·ta) [sustantivo] [femenino] Conjunto de dinero que la gente da por propia voluntad para que sirva como ayuda. ☐ Familia: →colección.

colectividad (co·lec·ti·vi·dad) [sustantivo] Grupo de personas que están unidas por algo o que tienen las mismas características. ☐ Sinónimos: comunidad. ☐ Familia: →colección.

colectivo, va (co·lec·ti·vo, va) ▌ [adjetivo] **1** De un grupo de personas o que sirve para un grupo: *antena colectiva*. ▌ **colectivo** [sustantivo] [masculino] **2** Conjunto de personas que tienen un interés común: *El colectivo de actores se ha puesto en huelga*. ☐ Sinónimos: **1** general. ☐ Antónimos: **1** particular, personal, individual. ☐ Familia: →colección.

colector (co·lec·tor) [sustantivo] [masculino] Canal que recoge el agua u otra cosa que llega de otros canales: *Un colector subterráneo recoge las aguas sucias de las alcantarillas*. ☐ Familia: →colección.

colega (co·le·ga) [sustantivo] **1** Persona que tiene relación con otra de su misma profesión: *Asistir a los congresos me permite tener contacto con colegas extranjeros*. **2** Amigo o compañero. ☐ [No varía en masculino y femenino. El significado **2** es coloquial].

colegiado, da (co·le·gia·do, da) ▌ [adjetivo o sustantivo] **1** Que pertenece a un colegio o a una asociación que está reconocida oficialmente: *Los médicos están colegiados en el Colegio de Médicos*. ▌ **colegiado** [sustantivo] [masculino] **2** Persona que hace que se cumplan las reglas de un juego: *El colegiado sacó tarjeta roja al jugador*. ☐ Sinónimos: **2** árbitro. ☐ Familia: →colegio.

colegial, la (co·le·gial, gia·la) [sustantivo] Alumno que asiste a un colegio. ☐ FAMILIA: →colegio.
colegiarse (co·le·giar·se) [verbo] Hacerse miembro de un colegio formado por personas de la misma profesión: *Al terminar la carrera se colegió en el Colegio de Abogados.* ☐ [Es irregular y se conjuga como ANUNCIAR]. ☐ FAMILIA: →colegio.
colegiata (co·le·gia·ta) [sustantivo femenino] Tipo de iglesia en la que se celebran algunos actos religiosos especiales. ☐ FAMILIA: →colegio.
colegio (co·le·gio) [sustantivo masculino] **1** Un tipo de centro en el que se enseña: *Ese edificio es mi colegio.* 👁 **página 172**. **2** Asistencia a este tipo de centro: *Hoy es el último día de colegio.* **3** Asociación de personas que tienen una misma profesión: *Colegio de Árbitros.* ◆ [expresión] ‖ **colegio mayor** Edificio en el que viven algunos estudiantes de la universidad. ☐ [Se usa mucho la forma abreviada «cole», que es coloquial]. ☐ SINÓNIMOS: **2** clase. ☐ FAMILIA: colegial, colegiado, colegiarse, colegiata, cole.
cóleo (có·le·o) [sustantivo masculino] Planta con las hojas con manchas verdes y granates y con flores unidas en racimos.
coleóptero (co·le·óp·te·ro) [adjetivo o sustantivo masculino] Del grupo de los insectos al que pertenecen la mariquita y el escarabajo, que tienen una boca capaz de masticar, el caparazón muy duro y dos alas también duras que cubren otras dos más débiles.
cólera (có·le·ra) ∎ [sustantivo masculino] **1** Enfermedad infecciosa grave que produce fuertes dolores de tripa y hace devolver con frecuencia: *El cólera es muy contagioso.* ∎ [sustantivo femenino] **2** Ira muy violenta. ◆ [expresión] ‖ **montar en cólera** Enfadarse mucho. ☐ SINÓNIMOS: **2** furia. ☐ FAMILIA: colérico, encolerizar, encolerizado.
colérico, ca (co·lé·ri·co, ca) [adjetivo] Que se deja llevar por la cólera. ☐ SINÓNIMOS: iracundo. ☐ FAMILIA: →cólera.
colesterol (co·les·te·rol) [sustantivo masculino] Sustancia grasa que forma parte de los seres vivos y que, si se tiene en exceso, puede ser peligrosa para la salud porque dificulta la circulación de la sangre.
coleta (co·le·ta) [sustantivo femenino] Forma de peinarse que consiste en coger el pelo cerca de la cabeza y dejarlo suelto desde allí. ◆ [expresión] ‖ **cortarse la coleta** Dejar una costumbre o una profesión: *Ese torero se cortará hoy la coleta.* ☐ FAMILIA: →cola.
coletazo (co·le·ta·zo) [sustantivo masculino] **1** Golpe dado con la cola o con la coleta. **2** Última acción de algo antes de desaparecer: *Aunque el ciclón ya había pasado, todavía se notaban sus últimos coletazos.* ☐ FAMILIA: →cola.
coletilla (co·le·ti·lla) [sustantivo femenino] Palabras que se añaden a lo que se dice o a lo que se escribe para aclararlo o para darle importancia. ☐ FAMILIA: →cola.
colgado, da (col·ga·do, da) [adjetivo] **1** Que está solo y disgustado porque no ha sucedido lo que esperaba: *Mis amigos me dejaron colgada esperando en la puerta del local.* **2** Dicho de un asunto, que está pendiente o todavía no está solucionado: *He dejado varios asuntos colgados para poder venir.* **3** Que está bajo los efectos de una droga: *Cuando está colgado se vuelve muy violento.* ☐ [Los significados **1** y **3** son coloquiales]. ☐ SINÓNIMOS: **3** colocado. ☐ FAMILIA: →colgar.

colgadura (col·ga·du·ra) [sustantivo femenino] Tela que se usa para cubrir o adornar paredes, balcones, muebles y otros objetos. ☐ [Se usa más en plural]. ☐ FAMILIA: →colgar.
colgajo (col·ga·jo) [sustantivo masculino] Cosa que cuelga de forma fea y descuidada. ☐ FAMILIA: →colgar.
colgante (col·gan·te) ∎ [adjetivo] **1** Que cuelga: *puente colgante.* ∎ [sustantivo masculino] **2** Adorno que cuelga de una cadena. ☐ [En el significado **1** no varía en masculino y femenino]. ☐ FAMILIA: →colgar.
colgar (col·gar) [verbo] **1** Estar o poner una cosa suspendida de otra, de forma que no llegue al suelo: *La lámpara cuelga del techo.* **2** Quitar la vida a una persona atándole una cuerda alrededor del cuello y apretándola. **3** Dejar una profesión o una actividad: *Antes era boxeador, pero colgó los guantes y se retiró.* **4** Volver a colocar en su sitio la parte del teléfono por la que se habla. **5** Decir que algo es propio de una persona, aunque no sea verdad: *Me han colgado el mote de «Patito» porque dicen que soy muy torpe.* **6** Pasar un archivo de un ordenador a internet. ∎ **colgarse 7** Interrumpirse lo que estaba realizando un ordenador: *No des tantas órdenes al ordenador porque se va a colgar.* ☐ [Es irregular y se conjuga como CONTAR. La «g» se cambia en «gu» delante de «e» («cuelgue»). Los significados **2**, **5** y **7** son coloquiales]. ☐ SINÓNIMOS: **1** pender. **2** ahorcar. ☐ ANTÓNIMOS: **1**, **4** descolgar. ☐ FAMILIA: descolgar, colgado, colgante, colgadura, colgajo.
colibrí (co·li·brí) [sustantivo masculino] Pájaro muy pequeño, con un pico muy largo y delgado que puede introducir en las flores, y las plumas de colores muy vivos: *El colibrí se alimenta de insectos y del néctar de las flores.* ☐ [Su plural es «colibrís» o «colibríes» (más culto)].
cólico (có·li·co) [sustantivo masculino] Enfermedad del intestino que no es grave pero produce fuertes dolores y suele hacer devolver.
coliflor (co·li·flor) [sustantivo femenino] Planta que se cultiva en las huertas y que tiene una masa blanca y redonda en el centro, rodeada por hojas verdes. 👁 **página 967**. ☐ FAMILIA: →col. →flor.
colilla (co·li·lla) [sustantivo femenino] Parte de los cigarros que se deja sin fumar. ☐ FAMILIA: →cola.
colín (co·lín) [sustantivo masculino] Pieza de pan en forma de palito.
colina (co·li·na) [sustantivo femenino] Pequeña elevación del terreno. 👁 **página 809**. ☐ SINÓNIMOS: promontorio.

colina

colindante

colindante (co·lin·dan·te) [adjetivo] Que está junto a otra cosa: *municipios colindantes*. ☐ [No varía en masculino y femenino]. ☐ Sinónimos: contiguo, aledaño.

colirio (co·li·rio) [sustantivo masculino] Medicamento líquido que se echa en los ojos para aliviar algunas molestias y enfermedades.

colisión (co·li·sión) [sustantivo femenino] Choque violento entre dos vehículos o dos cosas. ☐ Sinónimos: golpe. ☐ Familia: colisionar.

colisionar (co·li·sio·nar) [verbo] Darse un golpe violento dos vehículos o dos cosas. ☐ Sinónimos: chocar. ☐ Familia: →colisión.

colitis (co·li·tis) [sustantivo femenino] Inflamación del colon que produce diarrea. ☐ [No varía en singular y plural]. ☐ Familia: →colon.

collado (co·lla·do) [sustantivo masculino] **1** Pequeña elevación del terreno menor que un monte. **2** Paso entre montañas que permite ir de un lado a otro de una sierra.

collage [sustantivo masculino] Cuadro que se hace pegando distintos materiales sobre un lienzo o sobre una tabla. ☐ [Es una palabra francesa. Se pronuncia «kolás»].

collar (co·llar) [sustantivo masculino] **1** Joya que se pone alrededor del cuello. **2** Especie de cinta o de banda que se pone alrededor del cuello de los perros o de otros animales. ☐ Familia: collarín, collera.

collarín (co·lla·rín) [sustantivo masculino] Aparato que se coloca alrededor del cuello para que no se muevan las vértebras de esa zona. ☐ Familia: →collar.

collera (co·lle·ra) [sustantivo femenino] Especie de collar relleno de paja que se coloca en el cuello de los bueyes para que no se lastimen cuando van tirando de algo. ☐ Familia: →collar.

collie [sustantivo masculino] Perro de una raza que se caracteriza por tener el pelo largo y el hocico alargado. ☐ [Es una palabra inglesa. Se pronuncia «kóli»].

colmar (col·mar) [verbo] **1** Llenar hasta que se pase de los límites: *Colmaste el vaso de agua y se ha derramado un poco*. **2** Dar algo en gran cantidad: *Cuando nos vio, nos colmó de besos*. **3** Satisfacer completamente las esperanzas o los deseos: *Conseguir aquel premio colmó mis ilusiones*. ☐ Sinónimos: **2** llenar, cubrir. ☐ Familia: colmo.

colmena (col·me·na) [sustantivo femenino] **1** Especie de caja en la que viven las abejas. **2** Lugar o edificio donde viven muchas personas: *Estos rascacielos son auténticas colmenas*.

colmillo (col·mi·llo) [sustantivo masculino] **1** Diente fuerte y puntiagudo que tienen las personas y algunos animales. **2** Diente de los elefantes que es muy grande y tiene forma de cuerno. ☐ Sinónimos: **1** canino.

colmillo

colmo (col·mo) [sustantivo masculino] Grado mayor al que se puede llegar en algo: *Eres el colmo de la vaquería*. ◆ [expresión] ‖ **y para colmo** Se usa antes de decir la última cosa de una serie: *He perdido el reloj y, para colmo, me han castigado*. ☐ Familia: →colmar.

colocación (co·lo·ca·ción) [sustantivo femenino] **1** Situación de algo en el lugar adecuado: *Me encargué de la colocación de los adornos de Navidad*. **2** Forma de estar colocado algo: *Si cambias la colocación de los muebles, la habitación parecerá más grande*. **3** Trabajo, empleo o destino: *Como no quería estudiar, sus padres le han buscado una colocación*. ☐ Familia: →colocar.

colocado, da (co·lo·ca·do, da) [adjetivo] **1** Que está en la posición adecuada o en el lugar que corresponde. **2** Que tiene un trabajo. **3** Que está bajo los efectos de una droga. ☐ [El significado **3** es coloquial]. ☐ Familia: →colocar.

colocar (co·lo·car) [verbo] **1** Poner en la posición adecuada o en el orden o el lugar que corresponde: *No sé dónde colocar este jarrón*. **2** Hacer que alguien acepte algo que resulta una molestia: *No me coloques otra vez la tarea de limpiar el polvo*. **3** Causar efecto una droga o ponerse bajo su efecto: *Algunas drogas colocan rápidamente. Colocarse es una forma muy peligrosa de no enfrentarse a un problema*. ∎ **colocarse 4** Empezar a trabajar. ☐ [La «c» se cambia en «qu» delante de «e» («coloque»). El significado **3** es coloquial]. ☐ Sinónimos: **1** ordenar. **2** encasquetar. ☐ Antónimos: **1** descolocar, desordenar. ☐ Familia: colocado, colocación, descolocar, recolocar.

colofón (co·lo·fón) [sustantivo masculino] Hecho o dicho que sirve para terminar algo: *Su intervención puso el colofón al acto*. ☐ Sinónimos: remate.

colombiano, na (co·lom·bia·no, na) [adjetivo o sustantivo] De Colombia, que es un país sudamericano.

colon (co·lon) [sustantivo masculino] Parte del intestino grueso de una persona o de algunos animales. ☐ [Se pronuncia «kólon»]. ☐ Familia: colitis.

colonia (co·lo·nia) [sustantivo femenino] **1** Líquido que nos ponemos para oler bien. **2** Lugar que está preparado para que pasen las vacaciones los niños: *Estas vacaciones me*

colmena

panal

iré a una colonia de verano. **3** Grupo de edificios que tienen una construcción o un aspecto semejantes: *Todos los vecinos participaron en las fiestas de la colonia.* **4** Conjunto de personas de un país o de una región que van a una zona para quedarse en ella: *la colonia de españoles en Francia.* **5** Zona bajo el control militar, político o económico de una nación extranjera más poderosa: *las antiguas colonias británicas.* **6** Grupo de seres vivos de una misma especie que viven en una misma zona o que tienen una organización característica: *En estas islas vive una colonia de focas.* ☐ FAMILIA: colonial, colono, colonizar, colonización, colonizador, colonialismo.

colonial ⟨co·lo·nial⟩ [adjetivo] De las zonas que están bajo el control militar, político o económico de una nación extranjera más poderosa. ☐ [No varía en masculino y femenino]. ☐ FAMILIA: →colonia.

colonialismo ⟨co·lo·nia·lis·mo⟩ [sustantivo masculino] Forma de dominación entre países que consiste en que un país poderoso tiene bajo su control un territorio que está fuera de sus fronteras. ☐ FAMILIA: →colonia.

colonización ⟨co·lo·ni·za·ción⟩ [sustantivo femenino] **1** Establecimiento de un control sobre una nación por parte de otra nación más poderosa. **2** Establecimiento de seres vivos en una zona en la que no hay nadie, con la intención de vivir en ella. ☐ FAMILIA: →colonia.

colonizador, ra ⟨co·lo·ni·za·dor, do·ra⟩ [adjetivo o sustantivo] Que coloniza. ☐ FAMILIA: →colonia.

colonizar ⟨co·lo·ni·zar⟩ [verbo] **1** Hacer propio un terreno para que se establezcan en él personas que no han nacido allí: *Las naciones europeas colonizaron territorios de Asia y África.* **2** Ocupar zonas en las que no suele vivir nadie para quedarse en ellas a vivir: *Las personas que colonizaron el oeste norteamericano querían civilizarlo y trabajar en él.* ☐ [La «z» se cambia en «c» delante de «e» («colonice»)]. ☐ FAMILIA: →colonia.

colono, na ⟨co·lo·no, na⟩ [sustantivo] Persona que se establece en una zona para trabajarla y vivir en ella. ☐ FAMILIA: →colonia.

coloquial ⟨co·lo·quial⟩ [adjetivo] Característico de la conversación o del lenguaje que se usa normalmente: *«Pis» es una palabra coloquial y «orina» es una palabra más culta.* ☐ [No varía en masculino y femenino]. ☐ FAMILIA: →coloquio.

coloquio ⟨co·lo·quio⟩ [sustantivo masculino] Conversación entre varias personas sobre un tema determinado. ☐ SINÓNIMOS: diálogo. ☐ FAMILIA: coloquial.

color ⟨co·lor⟩ ‖ [sustantivo masculino] **1** Característica de las cosas que se nota con la vista y que se produce porque los rayos de luz se reflejan en ellas: *Tengo un pantalón de color azul.* ☞ página 234. **2** Tono natural de la cara: *Parece que ya te has curado, porque tienes muy buen color.* **3** Sustancia preparada para pintar: *Para colorear el dibujo necesito colores.* **4** Característica propia de algo que lo diferencia de lo demás: *Las fiestas populares tienen mucho color.* ‖ **colores** [plural] **5** Conjunto de características que representan a un grupo o a un país: *Siempre defenderé nuestros colores.* ◆ [expresión] ‖ **de color** Dicho de una persona, que es mulata o tiene la piel muy oscura: *En África hay mucha gente de color.* ‖ **de color de rosa** De forma optimista: *Todo lo ve de color de rosa y nunca se preocupa por nada.* ‖ **no haber color** No haber comparación: *Entre estas marcas de coches no hay color, porque una es mucho mejor que la otra.* ‖ **ponerse alguien de mil colores** Ponerse pálido o rojo por vergüenza o por ira: *Cuando se dio cuenta de que había perdido la cartera, se puso de mil colores.* ‖ **sacar los colores** Poner rojo de vergüenza: *El profesor me llamó la atención delante de todos y me sacó los colores.* ☐ [Las expresiones «no haber color», «ponerse alguien de mil colores» y «sacar los colores» son coloquiales]. ☐ SINÓNIMOS: **4** colorido. ☐ FAMILIA: colorido, colorar, colorear, colorante, coloración, colorín, colorado, colorete, incoloro, decolorar, descolorido, bicolor, tricolor, multicolor.

coloración ⟨co·lo·ra·ción⟩ [sustantivo femenino] **1** Hecho de dar color a algo: *La coloración del pelo se lleva a cabo con un tinte.* **2** Conjunto de los colores de algo: *Estas flores tienen una coloración muy viva.* ☐ SINÓNIMOS: **2** colorido. ☐ FAMILIA: →color.

colorado, da ⟨co·lo·ra·do, da⟩ [adjetivo] De color más o menos rojo. ☐ SINÓNIMOS: encarnado. ☐ FAMILIA: →color.

colorante ⟨co·lo·ran·te⟩ [sustantivo masculino] Dicho de una sustancia, que da color. ☐ [Cuando es adjetivo, no varía en masculino y femenino]. ☐ FAMILIA: →color.

colorar ⟨co·lo·rar⟩ [verbo] → **colorear.** ☐ FAMILIA: →color.

colorear ⟨co·lo·re·ar⟩ [verbo] Pintar de colores. ☐ SINÓNIMOS: colorar. ☐ FAMILIA: →color.

colorete ⟨co·lo·re·te⟩ [sustantivo masculino] Sustancia que suele ser de tonos rojos y que sirve para dar color a la cara. ☐ FAMILIA: →color.

colorido ⟨co·lo·ri·do⟩ [sustantivo masculino] **1** Conjunto de los colores de algo. **2** Característica propia de algo que lo diferencia de lo demás: *Las fiestas de ahora han perdido el colorido que tenían antes.* ☐ SINÓNIMOS: **1** coloración. **2** color. ☐ FAMILIA: →color.

colorín ⟨co·lo·rín⟩ [sustantivo masculino] Color vivo o que llama la atención. ☐ [Se usa más en plural]. ☐ FAMILIA: →color.

colosal ⟨co·lo·sal⟩ [adjetivo] De tamaño, cantidad o calidad mayores de lo normal. ☐ [No varía en masculino y femenino]. ☐ SINÓNIMOS: extraordinario, imponente, formidable. ☐ FAMILIA: →coloso.

coloso ⟨co·lo·so⟩ [sustantivo masculino] **1** Estatua de tamaño mucho mayor que el natural. **2** Persona o cosa que destaca porque es muy grande, muy fuerte o muy importante: *Cervantes es un coloso de la literatura.* ☐ FAMILIA: colosal.

columna ⟨co·lum·na⟩ [sustantivo femenino] **1** Pieza vertical que sirve para apoyar sobre ella algo muy pesado: *Los arcos de la casa se apoyan en columnas.* **2** Persona o cosa que sirve de apoyo: *Mis padres son la columna de mi familia.* **3** Conjunto de cosas colocadas una sobre

colores

amarillo	azul turquesa
naranja	verde esmeralda
bermellón	verde claro
rojo	ocre
rosa	caqui
fucsia	marrón
morado	beis
violeta	blanco
azul marino	gris
azul celeste	negro

otra: *Haz la suma de los números de la primera columna.* **4** En una página, espacio escrito que tiene forma vertical y que está separado de otros por un espacio blanco: *Este diccionario está escrito a dos columnas.* **5** Masa de líquido o de gas que tiene forma vertical: *De la chimenea salía una columna de humo.* **6** Conjunto de personas o de vehículos colocados uno detrás de otro: *El capitán mandó avanzar a la primera columna de tanques.* ◆ [expresión] ‖ **columna vertebral** Conjunto de huesos que forman el eje del esqueleto de las personas y de algunos animales. ☞ **página 405.** ☐ SINÓNIMOS: **1**, **2** pilar. **2** base. ☐ FAMILIA: columnata, columnista.

columnata (co·lum·na·ta) [sustantivo femenino] Conjunto de columnas que sirven para sujetar o para adornar un edificio. ☐ FAMILIA: →columna.

columnista (co·lum·nis·ta) [sustantivo] Persona que escribe columnas para un periódico: *El columnista siempre firma los artículos que escribe.* ☐ [No varía en masculino y femenino]. ☐ FAMILIA: →columna.

columpiar (co·lum·piar) [verbo] Empujar algo hacia adelante y hacia atrás para que se balancee. ☐ [Es irregular y se conjuga como ANUNCIAR]. ☐ FAMILIA: →columpio.

columpio (co·lum·pio) [sustantivo masculino] Asiento colgado de un sitio alto y en el que nos sentamos para balancearnos. ☐ FAMILIA: columpiar.

colza (col·za) [sustantivo femenino] Planta con hojas amarillas, de cuyas semillas se extrae un aceite que se usa en la industria.

coma (co·ma) ■ [sustantivo masculino] **1** Estado de una persona que se produce por una enfermedad y que se caracteriza por no estar consciente y por no tener capacidad de movimiento. ■ [sustantivo femenino] **2** Signo parecido a una pequeña línea curva hacia abajo que usamos al escribir para separar diferentes grupos de palabras en un texto y, en matemáticas, para separar las unidades de los decimales: *Los incisos y las interjecciones se escriben entre comas.* ◆ [expresión] ‖ **sin faltar una coma** Sin que falte ningún detalle: *Repitió la lección sin que faltara una coma.* ☐ [En matemáticas puede usarse el punto y la coma para separar los números decimales, pero se recomienda separarlos con un punto: «5.2 o 5,2»]. ☐ FAMILIA: comillas, entrecomillar.

comadre (co·ma·dre) [sustantivo femenino] **1** Madrina de bautismo de un niño para los padres o para el padrino de este: *Mi madrina es comadre de mis padres.* **2** Madre de un niño para los padrinos de bautismo de este: *Mi madre es comadre de mis padrinos.* **3** Mujer a la que le gusta curiosear y chismorrear sobre los demás: *Las comadres se saben todos los cotilleos del barrio.* **4** Amiga íntima: *Las dos vecinas se han hecho comadres.* ☐ [Los significados **3** y **4** son coloquiales]. ☐ FAMILIA: →madre.

comadreja (co·ma·dre·ja) [sustantivo femenino] Animal que se alimenta de carne, es de color marrón y blanco y tiene las patas cortas.

comadreo (co·ma·dre·o) [sustantivo masculino] Hecho de contar chismes sobre los demás. ☐ [Es coloquial]. ☐ FAMILIA: →madre.

comadrona (co·ma·dro·na) [sustantivo femenino] Mujer que ayuda a las mujeres que están a punto de tener un hijo. ☐ SINÓNIMOS: matrona. ☐ FAMILIA: →madre.

comanche (co·man·che) [adjetivo o sustantivo] De un pueblo indio que vivió en el este de Estados Unidos, que es un país norteamericano. ☐ [No varía en masculino y femenino].

comandancia (co·man·dan·cia) [sustantivo femenino] **1** Territorio sobre el que tiene autoridad militar un comandante. **2** Puesto de mando u oficina de un comandante. ☐ FAMILIA: →mandar.

comandante (co·man·dan·te) [sustantivo] **1** Una de las categorías militares: *La categoría de comandante es superior a la de capitán.* **2** Piloto al mando de un avión o de otro tipo de naves: *El comandante saludó a los pasajeros del vuelo antes de despegar.* ☐ [No varía en masculino y femenino]. ☐ FAMILIA: →mandar.

comandar (co·man·dar) [verbo] Mandar sobre unas tropas, una plaza o una flota: *Un teniente coronel comandaba la fortaleza.* ☐ FAMILIA: →mandar.

comando (co·man·do) [sustantivo masculino] Grupo pequeño de personas que ha sido preparado para realizar operaciones que tienen mucho riesgo. ☐ FAMILIA: →mandar.

comarca (co·mar·ca) [sustantivo femenino] Zona en que se divide un territorio y que tiene unas características propias. ☐ FAMILIA: comarcal.

comarcal (co·mar·cal) [adjetivo] De las zonas en que se divide un lugar o relacionado con ellas: *límite comarcal.* ☐ [No varía en masculino y femenino]. ☐ FAMILIA: →comarca.

comba (com·ba) [sustantivo femenino] Cuerda que se usa para jugar saltando sobre ella mientras dos personas la mueven. ◆ [expresión] ‖ **no perder comba** No perder detalle de lo que se dice. ☐ [La expresión es coloquial]. ☐ SINÓNIMOS: saltador.

combar (com·bar) [verbo] Torcer o doblar un cuerpo plano o recto: *La humedad ha combado la puerta.*

combate (com·ba·te) [sustantivo masculino] **1** Lucha entre dos grupos. **2** Pelea entre animales o personas que tiene determinadas normas: *combate de boxeo.* **3** Lucha con la que se intenta terminar con algo: *En el combate contra la droga debemos participar todos.* ☐ SINÓNIMOS: **1**, **3** batalla. ☐ FAMILIA: →combatir.

combatiente (com·ba·tien·te) [sustantivo] Soldado que forma parte de un ejército. ☐ [No varía en masculino y femenino]. ☐ FAMILIA: →combatir.

combatir (com·ba·tir) [verbo] **1** Tener una lucha o pelear con fuerza. **2** Atacar algo para destruirlo o para que desaparezca: *Las medicinas combaten las enfermedades.* ☐ SINÓNIMOS: **1** contender. ☐ FAMILIA: combate, combativo, combatiente.

combativo, va (com·ba·ti·vo, va) [adjetivo] Que está dispuesto a luchar: *un ejército combativo.* ☐ FAMILIA: →combatir.

combinación (com·bi·na·ción) [sustantivo femenino] **1** Prenda de ropa femenina que se lleva debajo del vestido o de la falda. **2** Conjunto ordenado de números que sirven para hacer funcionar algo: *Yo sé la combinación de la caja fuerte.* **3** Unión de varias cosas para lograr un fin: *Tardo en llegar a casa, porque tengo mala combinación de autobuses.* ☐ SINÓNIMOS: **1** enagua. ☐ FAMILIA: →combinar.

combinado (com·bi·na·do) [sustantivo masculino] **1** Bebida preparada con una mezcla de bebidas alcohólicas y zumos. **2** Equipo que se forma con jugadores de otros equipos, para participar en una competición determinada: *La selección nacional es un combinado de los mejores jugadores de un país.* ☐ SINÓNIMOS: **1** cóctel. ☐ FAMILIA: →combinar.

combinar (com·bi·nar) [verbo] **1** Unir o mezclar cosas distintas para obtener un todo que tenga equilibrio entre sus partes. **2** Unir cosas distintas para lograr un fin: *Mis padres combinan sus horarios de trabajo para que nunca nos quedemos solos en casa.* ☐ SINÓNIMOS: **2** concertar. ☐ FAMILIA: combinación, combinado.

combustible (com·bus·ti·ble) ■ [adjetivo] **1** Que se quema fácilmente: *El alcohol es una sustancia combustible.* ■ [sustantivo masculino] **2** Sustancia que se puede quemar y de la que se aprovecha la energía que produce durante el proceso: *La gasolina es el combustible que usan los coches.* ☐ [En el significado **1** no varía en masculino y femenino]. ☐ ANTÓNIMOS: **1** incombustible. ☐ FAMILIA: →combustión.

combustión (com·bus·tión) [sustantivo femenino] **1** Hecho de arder o de quemarse una cosa. **2** Proceso para obtener calor o energía de una sustancia: *La combustión de la gasolina es lo que hace que el coche funcione.* ☐ FAMILIA: combustible, incombustible, biocombustible.

comecocos (co·me·co·cos) [sustantivo masculino] Persona o cosa que absorbe los pensamientos o la atención de alguien. ☐ [No varía en singular ni plural]. ☐ FAMILIA: →comer. →coco.

comedero (co·me·de·ro) [sustantivo masculino] Lugar o recipiente donde comen los animales. ☐ FAMILIA: →comer.

comedia (co·me·dia) [sustantivo femenino] **1** Obra de teatro que suele tratar temas agradables y que termina bien. **2** Acción que se realiza para que algo parezca verdad sin serlo: *Parecía muy apenado, pero su tristeza era pura comedia.* ☐ SINÓNIMOS: **2** pantomima. ☐ FAMILIA: comediante, comediógrafo, cómico, tragicomedia.

comediante, ta (co·me·dian·te, ta) [sustantivo] **1** Persona que representa un papel en el teatro o en el cine. **2** Persona que da a entender algo que no es verdad: *Menudo comediante eres, que nos has hecho creer a todos que te habías enfadado.* ☐ [Para el femenino se usa más «la comedianta». El significado **2** es coloquial]. ☐ SINÓNIMOS: **1** actor, cómico. ☐ FAMILIA: →comedia.

comedido, da (co·me·di·do, da) [adjetivo] Que actúa con cuidado o que es muy educado. ☐ SINÓNIMOS: prudente, ponderado. ☐ FAMILIA: →medir.

comedimiento (co·me·di·mien·to) [sustantivo masculino] Cuidado que se pone en la forma de hacer o de decir las cosas. ☐ SINÓNIMOS: moderación, prudencia. ☐ FAMILIA: →medir.

comediógrafo, fa (co·me·dió·gra·fo, fa) [sustantivo] Persona que escribe comedias. ☐ FAMILIA: →comedia.

comedor (co·me·dor) [sustantivo masculino] Habitación o lugar donde se come. ☐ FAMILIA: →comer.

comensal (co·men·sal) [sustantivo] Persona que come con otras en la misma mesa. ☐ [No varía en masculino y femenino]. ☐ FAMILIA: →mesa.

comentar (co·men·tar) [verbo] **1** Explicar algo para que se pueda comprender de una forma más fácil: *El profesor nos comentó la poesía para que la entendiéramos.* **2** Dar una opinión sobre algo: *Todos los periódicos comentan las declaraciones del presidente.* ☐ FAMILIA: comentario, comentarista.

comentario (co·men·ta·rio) [sustantivo masculino] **1** Explicación que se hace de algo para que sea más fácil de entender: *Este libro tiene un comentario al final de cada capítulo.* **2** Idea u opinión sobre algo: *Me molestaron los comentarios que hizo sobre ti.* ☐ FAMILIA: →comentar.

comentarista (co·men·ta·ris·ta) [sustantivo] Persona que hace o que escribe comentarios, especialmente en un medio de comunicación. ☐ [No varía en masculino y femenino]. ☐ FAMILIA: →comentar.

comenzar (co·men·zar) [verbo] **1** Tener principio: *Muchos cuentos comienzan con «Érase una vez...».* **2** Dar principio: *¿A quién le toca comenzar el juego?* ☐ [Es irregular y se conjuga como ACERTAR. La «z» se cambia en «c» delante de «e» («comience»)]. ☐ SINÓNIMOS: **1** empezar. **2** iniciar, acometer. ☐ ANTÓNIMOS: terminar, acabar, concluir, finalizar, expirar. **2** ultimar. ☐ FAMILIA: comienzo.

comer (co·mer) [verbo] **1** Tomar alimento: *Si comes tanto, vas a engordar.* **2** Tomar la comida principal del día: *En mi casa comemos a las tres.* **3** Gastar o destruir poco a poco: *La lejía se come el color de la ropa.* **4** En algunos juegos, quitarle una pieza al contrario: *Te he comido un alfil con mi reina.* **5** Molestar mucho y no dejar tranquilo: *Me están comiendo los mosquitos.* ■ **comerse 6** Hacer parecer más pequeño o menos importante: *Este mueble tan grande se come media habitación.* **7** Saltarse una parte de un texto: *Si al leer te comes una palabra, la frase ya no tiene sentido.* ◆ [expresión] ‖ **para comérselo** Muy guapo, muy atractivo o muy agradable: *Este bebé está para comérselo.* ‖ **sin comerlo ni beberlo** Sin esperarlo o sin haber tenido parte: *Estaba esperando el autobús y, sin comerlo ni beberlo, me vi envuelta en el atraco del banco.* ☐ [Las expresiones son coloquiales]. ☐ FAMILIA: comida, comedor, comedero, comestible, comilona, comilón, comistrajo, comidilla, comecocos, concomer, reconcomer.

comercial (co·mer·cial) ■ [adjetivo] **1** Del comercio o relacionado con esta actividad: *un centro comercial.*

2 Que se vende fácilmente: *Este diseño resulta muy comercial.* ■ [sustantivo] **3** Persona que trabaja vendiendo los productos de la empresa a la que representa: *Los comerciales suelen cobrar según la cantidad de productos que venden.* ☐ [No varía en masculino y femenino]. ☐ Familia: →comercio.

comercializar (co·mer·cia·li·zar) [verbo] **1** Poner a la venta un producto: *Estos almacenes han comercializado un nuevo ambientador.* **2** Adaptar y organizar un producto para que se pueda vender: *Es necesario dar publicidad a un producto para comercializarlo.* ☐ [La «z» se cambia en «c» delante de «e» («comercialice»)]. ☐ Familia: →comercio.

comerciante (co·mer·cian·te) [sustantivo] Persona que trabaja vendiendo productos. ☐ [No varía en masculino y femenino]. ☐ Sinónimos: mercader. ☐ Familia: →comercio.

comerciar (co·mer·ciar) [verbo] Comprar o vender productos: *Este anticuario comercia con muebles antiguos.* ☐ [Es irregular y se conjuga como ANUNCIAR]. ☐ Familia: →comercio.

comercio (co·mer·cio) [sustantivo] **1** Actividad que consiste en comprar o en vender algo: *Se dedica al comercio de objetos de arte.* **2** Tienda en la que se compran o se venden productos: *Trabajo de dependiente en el comercio de la esquina.* ☐ Familia: comerciar, comerciante, comercial, comercializar.

comestible (co·mes·ti·ble) ■ [adjetivo] **1** Que se puede comer y no hace daño. ■ [sustantivo masculino] **2** Producto que sirve de alimento: *una tienda de comestibles.* ☐ [En el significado **1** no varía en masculino y femenino]. ☐ Familia: →comer.

cometa (co·me·ta) ■ [sustantivo masculino] **1** Estrella que se mueve y que tiene una cola de luz. ■ [sustantivo femenino] **2** Juguete de tela o de papel que se hace volar al viento sujetándolo de una cuerda.

cometa

cometer (co·me·ter) [verbo] Realizar una falta o un delito: *cometer un robo.* ☐ Familia: cometido, comisión.

cometido (co·me·ti·do) [sustantivo masculino] Deber que se tiene que cumplir. ☐ Sinónimos: misión. ☐ Familia: →cometer.

comezón (co·me·zón) [sustantivo masculino] **1** Molestia que causa el picor. **2** Sensación de la persona que no está tranquila: *No saber el resultado del examen me produce una comezón insoportable.* ☐ Sinónimos: desazón. **1** picazón. **2** desasosiego.

cómic (có·mic) [sustantivo masculino] **1** Historia que se dibuja. **2** Libro o revista con estas historias: *Los tebeos son un tipo de cómic.* ☐ [Es una palabra de origen inglés. Su plural es «cómics»]. ☐ Sinónimos: **1** historieta.

comicios (co·mi·cios) [sustantivo masculino plural] Proceso por medio del cual se elige a los políticos que van a mandar el país: *No sé a quién votar en los próximos comicios generales.* ☐ Sinónimos: elecciones.

cómico, ca (có·mi·co, ca) ■ [adjetivo] **1** Que divierte y hace reír: *Con esa ropa de tu hermano mayor tienes un aspecto cómico.* **2** De las obras de teatro que tratan temas agradables y terminan bien: *Prefiero ver una obra cómica a una tragedia.* ■ [adjetivo o sustantivo] **3** Dicho de un actor, que representa papeles graciosos: *Los hermanos Marx fueron grandes cómicos.* ■ [sustantivo] **4** Persona que representa un papel en el teatro o en el cine: *Los cómicos siempre andan de un lado para otro con sus funciones.* **5** Persona que hace reír al público como profesión: *En esa sala de fiestas actúa un cómico muy divertido.* ☐ Sinónimos: **1** divertido, gracioso. **4** actor, comediante. **5** humorista. ☐ Antónimos: **1** serio, dramático. **1-3** trágico. ☐ Familia: →comedia.

comida (co·mi·da) [sustantivo femenino] **1** Conjunto de cosas que toman las personas y los animales para vivir. **2** Conjunto de alimentos que se toman generalmente al comienzo de la tarde: *Mi padre prepara la comida y mi madre, la cena.* **3** Tiempo durante el que se toman estos alimentos: *Durante la comida hablamos todos mucho.* ☐ Sinónimos: **1** alimento. ☐ Familia: →comer.

comidilla (co·mi·di·lla) [sustantivo femenino] Tema de conversación que da lugar a rumores: *Su boda es la comidilla del barrio.* ☐ Familia: →comer.

comienzo (co·mien·zo) [sustantivo masculino] **1** Primer momento o primera parte de algo: *No recuerdo el comienzo de la historia.* **2** Origen o causa de algo: *Aquella amistad fue el comienzo de un gran amor.* ◆ [expresión] ‖ **a comienzos** En los primeros momentos: *Me iré a comienzos de julio.* ☐ Sinónimos: principio. **1** inicio, origen. **2** raíz. ☐ Antónimos: **1** fin, final, término. **2** consecuencia, efecto. ☐ Familia: →comenzar.

comillas (co·mi·llas) [sustantivo femenino plural] Signo doble, formado por dos pequeñas líneas curvas o puntas de flecha, que usamos al escribir para destacar alguna palabra o recoger una cita: *La palabra «coche» está escrita entre comillas.* ☐ Familia: →coma.

comilón, na (co·mi·lón, lo·na) ■ [adjetivo o sustantivo] **1** Que come mucho. ■ **comilona** [sustantivo femenino] **2** Comida en la que hay una gran variedad de platos: *Nos invitó a una comilona.* ☐ [Es coloquial]. ☐ Sinónimos: **1** tripero. **2** festín. ☐ Familia: →comer.

comino (co·mi·no) [sustantivo masculino] **1** Planta de flores blancas o rojas cuya semilla se usa para cocinar o para hacer perfumes. **2** Persona de poca altura. ◆ [expresión] ‖ **un**

comisaría

comino Muy poco o nada. ☐ [El significado **2** y la expresión son coloquiales].

comisaría (co·mi·sa·rí·a) [sustantivo femenino] Oficina de Policía. ☐ Familia: comisario.

comisario, ria (co·mi·sa·rio, ria) [sustantivo] **1** Persona que recibe de otra persona la autoridad para llevar a cabo algo: *Los comisarios de la carrera descalificaron a uno de los corredores por empujar a otro.* **2** Policía con mayor categoría de una zona: *El comisario tomó la declaración al detenido.* ☐ Familia: →comisaría.

comisión (co·mi·sión) [sustantivo femenino] **1** Grupo de personas que reciben la orden de hacer algo: *Un grupo de alumnos forma la comisión que realiza el periódico del colegio.* **2** Dinero que se paga según lo que se haya vendido: *Este vendedor cobra una comisión según lo que venda.* ☐ Sinónimos: **1** comité. ☐ Familia: →cometer.

comistrajo (co·mis·tra·jo) [sustantivo masculino] Comida con mal aspecto o de poca calidad. ☐ [Es coloquial]. ☐ Familia: →comer.

comisura (co·mi·su·ra) [sustantivo femenino] Zona donde se unen los labios o los párpados.

comité (co·mi·té) [sustantivo masculino] Grupo de personas que representan a otras: *El comité de huelga se ha reunido con los representantes de la empresa.* ☐ Sinónimos: comisión.

comitiva (co·mi·ti·va) [sustantivo femenino] Conjunto de personas que van acompañando a otra en una ceremonia. ☐ Sinónimos: acompañamiento, corte, cortejo, séquito.

como (co·mo) ■ [adverbio] **1** Indica la manera en que se realiza algo: *Lo haré como me has dicho.* **2** Indica que una cosa es igual o parecida a otra: *Tengo una bici como la tuya.* **3** Indica cantidad aproximada: *Seremos como veinte o treinta.* **4** Se usa para introducir ejemplos: *Hay árboles, como el pino, que nunca pierden las hojas.* ■ [preposición] **5** Se usa para indicar que algo equivale o sustituye a otra cosa: *Usaron la ventana como puerta de salida.* ■ [conjunción] **6** Se usa para expresar una condición: *Como no vengas, me voy a enfadar.* **7** Se usa para expresar una causa: *Como tengo frío, me he puesto el abrigo.* **8** En correlación con *tan(to)* expresa una comparación: *Es tan guapa como su madre.* **9** En correlación con *tanto* se usa para unir palabras o frases: *Me gustan tanto el invierno como el verano.* ☐ [No confundir con «cómo», adverbio interrogativo o exclamativo].

cómo (có·mo) ■ [adverbio interrogativo] **1** Se usa para preguntar por el modo o manera: *¿Cómo te encuentras hoy? No sé cómo resolver este problema.* ■ [adverbio exclamativo] **2** Se usa para dar más fuerza a lo que se dice cuando se habla sobre la manera o el modo: *¡Cómo vives!* ■ [interjección] **3** Se usa para indicar sorpresa, admiración o disgusto: *¡Cómo! ¿Que no vas a venir con nosotros?* ◆ [expresión] ‖ **a cómo** A qué precio: *¿A cómo están los tomates?* ‖ **cómo no** Se usa para indicar que algo no puede ser de otra manera. ☐ [No confundir con «como», adverbio, preposición o conjunción].

cómoda (có·mo·da) [sustantivo femenino] Mira en **cómodo, da**.

comodidad (co·mo·di·dad) ■ [sustantivo femenino] **1** Cualidad de las cosas que producen una sensación de descanso o de bienestar: *la comodidad de un sillón.* **2** Ausencia de dificultades o de problemas: *Elegimos este piso porque lo podíamos pagar con comodidad.* ■ **comodidades** [plural] **3** Cosas que permiten vivir con descanso y de una forma agradable: *Este camping cuenta con todas las comodidades.* ☐ Sinónimos: **1** confort. ☐ Antónimos: incomodidad. ☐ Familia: →cómodo.

comodín (co·mo·dín) [sustantivo masculino] **1** Carta de la baraja que puede valer por cualquier otra. **2** Persona o cosa que puede servir para fines diversos.

cómodo, da (có·mo·do, da) ■ [adjetivo] **1** Que proporciona bienestar o descanso: *Mi cama es muy cómoda.* **2** Que puede usarse de manera fácil y sin esfuerzo: *Este coche es muy cómodo de conducir.* **3** De manera agradable o mejor: *En el sofá estarás más cómodo que en la silla.* ■ [adjetivo o sustantivo] **4** Que no quiere molestarse o hacer esfuerzos: *¡No seas tan cómoda y hazlo tú misma!* ■ **cómoda** [sustantivo femenino] **5** Mueble con cajones de arriba abajo y que suele usarse para guardar ropa. ☐ Antónimos: **1-3** incómodo. ☐ Familia: comodidad, comodón, incómodo, incomodar, incomodidad, acomodar, acomodador, acomodado, acomodo.

comodón, na (co·mo·dón, do·na) [adjetivo o sustantivo] Que no quiere molestarse o hacer esfuerzos. ☐ [Es coloquial]. ☐ Sinónimos: cómodo. ☐ Familia: →cómodo.

comoquiera (co·mo·quie·ra) ◆ [expresión] ‖ **comoquiera que** Como de todas maneras: *Comoquiera que terminará por enterarse, podemos decírselo ya.*

compacto, ta (com·pac·to, ta) ■ [adjetivo] **1** Que está formado por cosas muy juntas. ■ **compacto** [sustantivo masculino] **2** → **disco compacto**. ☐ Sinónimos: **1** denso.

compadecer (com·pa·de·cer) [verbo] Sentir pena o compasión ante el dolor de los demás o ante sus problemas: *Compadécete de mí y ayúdame, por favor.* ☐ [Es irregular y se conjuga como **AGRADECER**]. ☐ Sinónimos: apiadarse, condolerse. ☐ Familia: compasión, compasivo.

compadre (com·pa·dre) [sustantivo masculino] **1** Padrino de bautismo de un niño para los padres o para la madrina de este: *Mi padrino es compadre de mis padres.* **2** Padres de un niño para los padrinos de bautismo de este: *Mis padres son compadres de mis padrinos.* **3** Amigo o conocido: *Somos compadres de la facultad.* ☐ [El significado **3** es coloquial]. ☐ Familia: →padre.

compaginar (com·pa·gi·nar) [verbo] **1** Hacer dos actividades al mismo tiempo sin que una impida la otra: *Compagina el trabajo con los estudios y todavía tiene tiempo para salir.* ■ **compaginarse 2** Estar de acuerdo: *Lo que has hecho no se compagina con tu forma de ser.*

compañerismo (com·pa·ñe·ris·mo) [sustantivo masculino] Relación que tienen entre sí los buenos compañeros y los buenos amigos. ☐ Sinónimos: camaradería. ☐ Familia: →compañía.

compañero, ra (com·pa·ñe·ro, ra) [sustantivo] **1** Persona que comparte con otra una misma actividad o que está en su mismo grupo. **2** Cosa que hace juego con otra cosa: *No encuentro el compañero de este calcetín.* ☐ FAMILIA: →compañía.

compañía (com·pa·ñí·a) [sustantivo femenino] **1** Unión con alguien: *Llegó en compañía de toda su familia.* **2** Sensación que tiene la persona que está acompañada: *Tengo un animal de compañía.* **3** Persona o personas que acompañan a otra: *Dice que si ando con malas compañías, acabaré mal.* **4** Asociación de personas para hacer algo: *¿En qué compañía aérea vas a viajar?* **5** Grupo de actores que se unen para representar obras de teatro: *Toda la compañía salió al escenario para saludar.* **6** Grupo de soldados que forma parte de otro grupo mayor: *Una compañía suele estar bajo el mando de un capitán.* ☐ ANTÓNIMOS: **2** soledad. ☐ FAMILIA: compañero, compañerismo, acompañar, acompañante, acompañamiento.

comparable (com·pa·ra·ble) [adjetivo] Que se puede comparar con otra cosa. ☐ [No varía en masculino y femenino]. ☐ ANTÓNIMOS: incomparable. ☐ FAMILIA: →comparar.

comparación (com·pa·ra·ción) [sustantivo femenino] **1** Examen de dos o más cosas para ver en qué se parecen y en qué se diferencian. **2** Parecido entre varias cosas. ☐ SINÓNIMOS: **2** símil. ☐ FAMILIA: →comparar.

comparar (com·pa·rar) [verbo] Examinar dos o más cosas para ver lo que tienen semejante y lo que tienen diferente. ☐ FAMILIA: comparación, comparable, comparativo, incomparable.

comparativo, va (com·pa·ra·ti·vo, va) [adjetivo] Que sirve para comparar: *un estudio comparativo de los precios.* ☐ FAMILIA: →comparar.

comparecencia (com·pa·re·cen·cia) [sustantivo femenino] Hecho de presentarse una persona donde se ha acordado o donde está convocada: *La comparecencia de la presidenta tendrá lugar esta tarde.* ☐ FAMILIA: →aparecer.

comparecer (com·pa·re·cer) [verbo] Presentarse una persona en el lugar donde ha acordado: *El testigo no compareció ante el juez.* ☐ [Es irregular y se conjuga como AGRADECER]. ☐ FAMILIA: →aparecer.

comparsa (com·par·sa) ▌ [sustantivo] **1** Persona que no tiene poder y que depende de otra: *Es un comparsa del jefe.* **2** Actor de teatro, de cine o de otro espectáculo, que hace papeles poco importantes. ▌ [sustantivo femenino] **3** Conjunto de actores de una representación, que no hablan o que tienen papeles poco importantes. **4** Grupo de personas que van disfrazadas del mismo modo en alguna fiesta: *Durante los carnavales se celebró un desfile de comparsas.* ☐ [En los significados **1** y **2** no varía en masculino y femenino].

compartimento (com·par·ti·men·to) [sustantivo masculino] Cada una de las partes en que se divide un espacio: *los compartimentos de un vagón de tren.* ☐ [Se usa también «compartimiento»]. ☐ FAMILIA: →parte.

compartimiento (com·par·ti·mien·to) [sustantivo masculino] → **compartimento.**

compartir (com·par·tir) [verbo] **1** Tener o usar algo entre varias personas: *Todos los vecinos de la casa compartimos el ascensor. Compartiré mi comida contigo.* **2** Estar de acuerdo con algo: *Comparto tu opinión.* ☐ ANTÓNIMOS: **1** acaparar. ☐ FAMILIA: →parte.

compás (com·pás) [sustantivo masculino] **1** Instrumento formado por dos piezas unidas en un extremo y que sirve para dibujar círculos o curvas. **2** Signo que establece el ritmo en una obra musical. ◆ [expresión] ‖ **al compás** Al mismo ritmo: *Una pareja bailaba al compás de la música.* ☐ [Su plural es «compases»]. ☐ FAMILIA: acompasar, acompasado, descompasado.

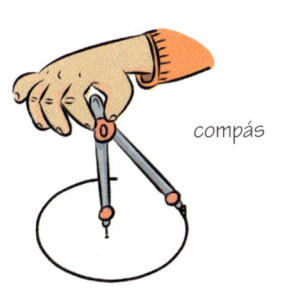

compás

compasión (com·pa·sión) [sustantivo femenino] Pena que se siente ante el dolor de los demás y que nos lleva a ayudarlos. ☐ SINÓNIMOS: piedad, misericordia, caridad, clemencia, conmiseración. ☐ ANTÓNIMOS: crueldad. ☐ FAMILIA: →compadecer.

compasivo, va (com·pa·si·vo, va) [adjetivo] Que siente pena ante el dolor de los demás y los ayuda. ☐ SINÓNIMOS: misericordioso, piadoso, caritativo. ☐ ANTÓNIMOS: cruel, sanguinario, desalmado. ☐ FAMILIA: →compadecer.

compatibilizar (com·pa·ti·bi·li·zar) [verbo] Hacer compatible: *Está contenta porque ha conseguido compatibilizar todas sus obligaciones.* ☐ [La «z» se cambia en «c» delante de «e» («compatibilice»)]. ☐ FAMILIA: →compatible.

compatible (com·pa·ti·ble) [adjetivo] Que puede ocurrir o existir junto con otra cosa. ☐ [No varía en masculino y femenino]. ☐ ANTÓNIMOS: incompatible. ☐ FAMILIA: compatibilizar, incompatible.

compatriota (com·pa·trio·ta) [sustantivo] Persona de la misma nación que otra. ☐ [No varía en masculino y femenino]. ☐ FAMILIA: →patria.

compendio (com·pen·dio) [sustantivo masculino] **1** Resumen de lo más importante de algo: *Esta obra es un compendio de la literatura universal.* **2** Suma de cosas: *Ese hombre es un compendio de virtudes.*

compenetración (com·pe·ne·tra·ción) [sustantivo femenino] Hecho de entenderse muy bien dos personas. ☐ FAMILIA: →penetrar.

compenetrarse (com·pe·ne·trar·se) [verbo] Entenderse muy bien una persona con otra: *Mis hermanos y yo nos compenetramos muy bien.* ☐ FAMILIA: →penetrar.

compensación (com·pen·sa·ción) [sustantivo femenino] **1** Dinero u otra cosa que se da a alguien por un daño o por una molestia que ha sufrido: *En compensación por cuidar al niño, te invito al cine.* **2** Hecho de anular o de igualar una cosa con su contrario: *La economía se recupera cuando hay una compensación de las ganancias y las pérdidas.* ☐ SINÓNIMOS: **1** indemnización. ☐ FAMILIA: →compensar.

compensar (com·pen·sar) [verbo] **1** Hacer que algo se iguale con otra cosa por medio de su contrario: *Compensa tu pesimismo con buen humor.* **2** Merecer la pena: *¿Te compensa irte hasta tan lejos a comprar?* ☐ ANTÓNIMOS: **1** descompensar. ☐ FAMILIA: compensación, descompensar, recompensar, recompensa.

competencia (com·pe·ten·cia) [sustantivo femenino] **1** Lucha para conseguir una misma cosa: *Existe mucha competencia entre los fabricantes de coches.* **2** Asunto que debe realizar alguien: *Una de las competencias de la directora del colegio es organizar el comedor.* **3** Capacidad que tiene alguien para hacer algo bien: *Nadie duda de la competencia de ese abogado.* ☐ SINÓNIMOS: **1** rivalidad, competitividad. ☐ ANTÓNIMOS: **3** incompetencia. ☐ FAMILIA: **1** →competir. **2** →competer.

competente (com·pe·ten·te) [adjetivo] **1** Que tiene la función o la obligación de hacer algo: *Comunicamos el robo a las autoridades competentes.* **2** Que es experto en algo o que sabe mucho sobre algo: *Es una cirujana muy competente.* ☐ [No varía en masculino y femenino]. ☐ ANTÓNIMOS: **2** incompetente. ☐ FAMILIA: →competer.

competer (com·pe·ter) [verbo] Afectar, interesar o corresponder una cosa a alguien: *Los temas militares competen al Ministerio de Defensa.* ☐ SINÓNIMOS: atañer, concernir. ☐ FAMILIA: competente, competencia, incompetente, incompetencia.

competición (com·pe·ti·ción) [sustantivo femenino] Prueba deportiva en la que se intenta conseguir la victoria: *una competición de atletismo.* ☐ FAMILIA: →competir.

competidor, ra (com·pe·ti·dor, do·ra) [adjetivo o sustantivo] Dicho de una persona, que compite con otras. ☐ FAMILIA: →competir.

competir (com·pe·tir) [verbo] Tener una lucha para conseguir una misma cosa: *Mi amigo y yo competimos por el mismo premio de pintura.* ☐ [Es irregular y se conjuga como PEDIR]. ☐ FAMILIA: competencia, competición, competidor, competitividad, competitivo.

competitividad (com·pe·ti·ti·vi·dad) [sustantivo femenino] Relación entre dos personas que luchan entre sí por conseguir algo. ☐ SINÓNIMOS: rivalidad, competencia. ☐ FAMILIA: →competir.

competitivo, va (com·pe·ti·ti·vo, va) [adjetivo] **1** Capaz de competir o de superar a otros: *Los productos deben ser competitivos para que tengan éxito.* **2** De la competición o relacionado con ella. ☐ FAMILIA: →competir.

compilación (com·pi·la·ción) [sustantivo femenino] Reunión en una sola obra de partes de varios libros o documentos: *una compilación de datos; una compilación de poemas.* ☐ FAMILIA: →compilar.

compilar (com·pi·lar) [verbo] Reunir en una sola obra partes de varios libros: *En este libro han compilado las recetas de los mejores cocineros del país.* ☐ FAMILIA: compilación.

compincharse (com·pin·char·se) [verbo] Ponerse de acuerdo dos o más personas para hacer algo malo: *Nos compinchamos para darle un susto.* ☐ FAMILIA: →pinche.

compinche (com·pin·che) [sustantivo] Amigo o compañero, especialmente de malas acciones. ☐ [No varía en masculino y femenino. Es coloquial]. ☐ FAMILIA: →pinche.

complacencia (com·pla·cen·cia) [sustantivo femenino] Satisfacción o placer con que alguien hace algo: *La madre miró con complacencia a sus hijos.* ☐ FAMILIA: →placer.

complacer (com·pla·cer) [verbo] **1** Gustar mucho: *Me complace que vengas a verme.* **2** Conseguir que alguien tenga lo que quiere: *Me gustaría complacerte, pero no puedo comprártelo.* ☐ [Es irregular y se conjuga como AGRADECER]. ☐ SINÓNIMOS: **1** agradar, gratificar. ☐ ANTÓNIMOS: **1** desagradar, disgustar. ☐ FAMILIA: →placer.

complaciente (com·pla·cien·te) [adjetivo] Que se muestra dispuesto a dar lo que se le pide y a agradar a los demás. ☐ [No varía en masculino y femenino]. ☐ FAMILIA: →placer.

complejidad (com·ple·ji·dad) [sustantivo femenino] Dificultad que tiene algo para ser entendido: *Dada la complejidad del poema, es necesario leerlo más de una vez.* ☐ FAMILIA: →complejo.

complejo, ja (com·ple·jo, ja) [adjetivo] **1** Difícil de entender: *Esta lección es muy compleja.* ■ **complejo** [sustantivo masculino] **2** Conjunto de edificios que tienen un mismo fin y que están en un mismo lugar: *un complejo turístico.* **3** Conjunto de ideas y sensaciones que influyen en el carácter de una persona y la hacen comportarse de determinada manera: *No seas bobo y no tengas complejo de feo.* ☐ SINÓNIMOS: **1** complicado, dificultoso. ☐ FAMILIA: complejidad, acomplejar, acomplejado.

complementar (com·ple·men·tar) [verbo] Añadir a una cosa algo para completarla: *Complementé los esquemas con una breve explicación.* ☐ FAMILIA: →completo.

complementario, ria (com·ple·men·ta·rio, ria) [adjetivo] Que sirve para completar algo: *un aporte complementario de vitaminas.* ☐ FAMILIA: →completo.

complemento (com·ple·men·to) [sustantivo masculino] **1** Cosa que se añade para completar algo: *La ensalada es un buen complemento para algunas comidas.* **2** Palabra o grupo de palabras que completan el significado de algún componente de la oración: *El complemento directo es un complemento del verbo.* ☐ FAMILIA: →completo.

completar (com·ple·tar) [verbo] Hacer que algo esté perfecto, terminado o entero: *Me faltó un poco de tiempo para completar el examen.* ☐ FAMILIA: →completo.

completivo, va (com·ple·ti·vo, va) [adjetivo] Dicho de una oración, que funciona como un sustantivo o un grupo nominal: *En «Dice que no vendrá», «que no vendrá» es una oración completiva.*

completo, ta (com·ple·to, ta) [adjetivo] **1** Lleno o sin ningún sitio libre: *La sala de cine estaba completa.* **2** Perfecto o terminado: *Has hecho un trabajo muy completo.* **3** Entero o con todas sus partes: *Me faltan dos cromos para tener completa la colección.* **4** Total o sin límites: *Nuestra actuación fue un completo éxito.* ☐ SINÓNIMOS: **3** íntegro. **4** absoluto. ☐ ANTÓNIMOS: incompleto. **3, 4** parcial. ☐ FAMILIA: completar, incompleto, complemento, complementar, complementario.

complexión (com·ple·xión) [sustantivo] [femenino] Conjunto de características que forman nuestro cuerpo: *una chica de complexión atlética.* ☐ SINÓNIMOS: constitución.

complicación (com·pli·ca·ción) [sustantivo] [femenino] Problema que hace más difícil una cosa. ☐ FAMILIA: →complicar.

complicado, da (com·pli·ca·do, da) [adjetivo] **1** Difícil de entender: *¡Qué historia tan complicada!* **2** Formado por muchas piezas: *Esta cámara de fotos es muy complicada.* ☐ SINÓNIMOS: **1** complejo, dificultoso. ☐ FAMILIA: →complicar.

complicar (com·pli·car) [verbo] **1** Hacer que algo sea difícil o que sea más difícil que antes: *No compliques más las cosas, que ya están muy liadas.* **2** Hacer que alguien participe en algo que se considera malo: *No me compliques en tus historias.* ☐ [La «c» se cambia en «qu» ante «e» («complique»)]. ☐ ANTÓNIMOS: **1** simplificar. ☐ FAMILIA: complicado, complicación.

cómplice (cóm·pli·ce) ▎[adjetivo] **1** Que muestra que hay unión entre dos personas para realizar un delito o una acción: *una mirada cómplice.* ▎[sustantivo] **2** Persona que ayuda a otra a realizar un delito. ☐ [No varía en masculino y femenino]. ☐ FAMILIA: complicidad.

complicidad (com·pli·ci·dad) [sustantivo] [femenino] Relación que se crea entre dos personas que realizan un delito o alguna otra acción. ☐ FAMILIA: →cómplice.

complot (com·plot) [sustantivo] [masculino] Unión secreta de varias personas para hacer algo contra alguien. ☐ [Es una palabra de origen francés. Su plural es «complots»]. ☐ SINÓNIMOS: conspiración, confabulación, conjura.

componenda (com·po·nen·da) [sustantivo] [femenino] Acuerdo o trato que se hace de manera poco honrada para conseguir algo. ☐ FAMILIA: →componer.

componente (com·po·nen·te) [sustantivo] Cada una de las cosas o personas que componen algo: *El oxígeno es un componente del agua. Es la nueva componente del equipo.* ☐ [Cuando se refiere a una cosa es masculino. Cuando se refiere a una persona se dice «el componente» y «la componente»]. ☐ FAMILIA: →componer.

componer (com·po·ner) [verbo] **1** Formar una cosa con varias partes: *Todos los que componemos el equipo somos amigos.* **2** Arreglar algo uniendo las partes que lo forman: *Yo te doy las piezas y tú compones el puzle.* **3** Hacer una obra musical: *He compuesto una canción muy bonita.* ▎**componerse** **4** Estar formado por determinadas partes: *Este libro se compone de diez fascículos.* ☐ [Es irregular y se conjuga como PONER. Su participio es «compuesto»]. ☐ SINÓNIMOS: **1** constituir, integrar. **4** constar. ☐ ANTÓNIMOS: **1** descomponer, deshacer. ☐ FAMILIA: componente, composición, compositor, compuesto, descomponer, recomponer, componenda, compostura.

comportamiento (com·por·ta·mien·to) [sustantivo] [masculino] Forma de ser y de actuar una persona. ☐ SINÓNIMOS: conducta, proceder. ☐ FAMILIA: →comportarse.

comportarse (com·por·tar·se) [verbo] Tener determinado comportamiento o actuar de determinada manera: *Te comportaste muy bien en la fiesta.* ☐ SINÓNIMOS: portarse, actuar, obrar, proceder, conducirse. ☐ FAMILIA: comportamiento.

composición (com·po·si·ción) [sustantivo] [femenino] **1** Conjunto de todas las partes que forman algo: *la composición del medicamento.* **2** Poema u obra musical: *una composición poética.* **3** Forma en que algo está compuesto y ordenado: *la composición de los elementos de un*

complementos del verbo

Los complementos del verbo son palabras o grupos de palabras que dependen del verbo y completan su significado.

TIPO	FUNCIÓN	CÓMO RECONOCERLO	EJEMPLOS
Complemento directo (también llamado *objeto directo*)	Completa el significado de un verbo transitivo y, por lo general, indica qué persona o qué cosa recibe directamente la acción del verbo.	Cuando se refiere a la tercera persona, puede sustituirse por los pronombres *lo, la, los, las.*	*Escribí una carta* (*La escribí*). *Compré libros* (*Los compré*).
Complemento indirecto (también llamado *objeto indirecto*)	Completa el significado de un verbo transitivo o intransitivo, y expresa el destinatario o beneficiario de la acción.	Cuando se refiere a la tercera persona, puede sustituirse por los pronombres *le, les.*	*Escribí una carta a María* (*Le escribí una carta*). *Compré libros a Luis y María* (*Les compré libros*).
Complemento circunstancial	Expresa las circunstancias en que se realiza la acción del verbo.	Se puede prescindir de él sin que cambie el significado de la oración de manera sustancial.	*Escribí una carta en el jardín. Compré libros ayer.*
Complemento agente	Indica quién realiza la acción de un verbo en pasiva.	Aparece solo en oraciones pasivas, y va precedido de la preposición *por.*	*La carta fue escrita por mí. Los libros fueron comprados por Luis y María.*

compositor, ra

cuadro. **4** Forma de hacer algunas palabras uniendo unas a otras: *«Abrelatas» es una palabra formada por composición.* ☐ FAMILIA: →componer.

compositor, ra (com·po·si·tor, to·ra) [sustantivo] Persona que hace obras musicales: *Esta mujer es una de las mejores compositoras actuales.* ☐ FAMILIA: →componer.

compostelano, na (com·pos·te·la·no, na) [adjetivo o sustantivo] De la ciudad española de Santiago de Compostela.

compostura (com·pos·tu·ra) [sustantivo femenino] Buena educación o buenos modales. ☐ FAMILIA: →componer.

compota (com·po·ta) [sustantivo femenino] Dulce hecho con fruta cocida con agua y azúcar: *compota de manzana.*

compra (com·pra) [sustantivo femenino] **1** Hecho de conseguir algo a cambio de dinero: *¿Quieres salir de compras conmigo?* **2** Cosa que se consigue a cambio de dinero: *Saca la compra y métela en la nevera.* ☐ ANTÓNIMOS: venta. ☐ FAMILIA: →comprar.

comprador, ra (com·pra·dor, do·ra) [sustantivo] Persona que compra algo. ☐ ANTÓNIMOS: vendedor. ☐ FAMILIA: →comprar.

comprar (com·prar) [verbo] Conseguir algo a cambio de dinero. ☐ SINÓNIMOS: adquirir. ☐ ANTÓNIMOS: vender. ☐ FAMILIA: compra, comprador, compraventa.

compraventa (com·pra·ven·ta) [sustantivo femenino] Actividad que consiste en comprar y vender, especialmente cosas usadas. ☐ FAMILIA: →comprar. →vender.

comprender (com·pren·der) [verbo] **1** Tener claro el significado de algo: *Comprendo muy bien lo que quieres decir.* **2** Encontrar natural o justo: *No comprendo tu rechazo hacia mí.* **3** Contener o incluir dentro de sí: *Este ciclo de enseñanza comprende dos cursos.* ☐ SINÓNIMOS: **1**, **2** entender. **1** captar. **3** abarcar. ☐ FAMILIA: comprensión, comprensible, comprensivo, incomprensión, incomprensible, incomprendido.

comprensible (com·pren·si·ble) [adjetivo] Que se puede comprender bien: *Es comprensible que estés cansada después de trabajar tanto.* ☐ [No varía en masculino y femenino. No confundir con «comprensivo» (que comprende las ideas de los demás)]. ☐ SINÓNIMOS: accesible, inteligible. ☐ ANTÓNIMOS: incomprensible. ☐ FAMILIA: →comprender.

comprensión (com·pren·sión) [sustantivo femenino] **1** Capacidad para entender algo: *El profesor de inglés valora tanto la comprensión oral como la escrita.* **2** Capacidad de una persona para ponerse en el lugar de los demás y entender y aceptar sus ideas o su comportamiento. ☐ ANTÓNIMOS: **2** incomprensión. ☐ FAMILIA: →comprender.

comprensivo, va (com·pren·si·vo, va) [adjetivo] Que acepta las ideas o el comportamiento de los demás porque sabe entenderlos: *Mis padres son muy comprensivos conmigo.* ☐ [No confundir con «comprensible» (que se puede comprender bien)]. ☐ FAMILIA: →comprender.

compresa (com·pre·sa) [sustantivo femenino] **1** Especie de tela que se usa para cubrir una herida o para poner frío o calor sobre una parte del cuerpo: *Me pusieron una compresa de agua fría en la frente para bajarme la fiebre.* **2** Especie de tela que usa la mujer para absorber la sangre cuando tiene el período.

compresor, ra (com·pre·sor, so·ra) ∎ [adjetivo o sustantivo] **1** Que aprieta algo para que ocupe menos espacio: *una venda compresora.* ∎ **compresor** [sustantivo masculino] **2** Aparato o máquina que sirve para reducir el espacio que ocupa un líquido o un gas. ☐ FAMILIA: →comprimir.

comprimido (com·pri·mi·do) [sustantivo masculino] Pastilla pequeña: *Estoy tomando unos comprimidos para el dolor.* ☐ FAMILIA: →comprimir.

comprimir (com·pri·mir) [verbo] Apretar algo o hacer que ocupe menos espacio: *Los ordenadores pueden comprimir la información para que quepan más datos en un disquete.* ☐ FAMILIA: compresor, comprimido.

comprobación (com·pro·ba·ción) [sustantivo femenino] Acción que se realiza para asegurarse de que algo es verdad o está bien hecho. ☐ SINÓNIMOS: constatación, demostración. ☐ FAMILIA: →probar.

comprobante (com·pro·ban·te) [sustantivo masculino] Documento que prueba algo: *un comprobante de compra.* ☐ SINÓNIMOS: resguardo, justificante. ☐ FAMILIA: →probar.

comprobar (com·pro·bar) [verbo] Asegurarse de que algo es verdad: *Fui a ver esa película para comprobar si era divertida o no.* ☐ [Es irregular y se conjuga como CONTAR]. ☐ SINÓNIMOS: constatar, demostrar. ☐ FAMILIA: →probar.

comprometedor, ra (com·pro·me·te·dor, do·ra) [adjetivo] **1** Que hace que alguien sienta la obligación de hacer algo: *una mirada comprometedora.* **2** Que pone algo en peligro o en una situación difícil: *unas fotos comprometedoras.* ☐ FAMILIA: →comprometer.

comprometer (com·pro·me·ter) [verbo] **1** Hacer que alguien sienta la obligación de hacer algo: *Me comprometió a quedarme con ellos hasta que tú llegaras.* **2** Poner algo en peligro o en una situación difícil: *Ese escándalo ha comprometido la fama de ese actor.* ∎ **comprometerse 3** Hacer la promesa de que se va a hacer algo: *Se comprometió a acompañarme.* **4** Darse la promesa de casarse: *Mi hermano y su novia se han comprometido.* ☐ SINÓNIMOS: **4** prometerse. ☐ FAMILIA: compromiso, comprometido, comprometedor.

comprometido, da (com·pro·me·ti·do, da) [adjetivo] **1** Difícil o con peligro: *Sus preguntas indiscretas me dejaron en una situación muy comprometida.* **2** Que se preocupa activamente por el bien de algo: *Es una persona muy comprometida con las organizaciones de ayuda a los más necesitados.* ☐ SINÓNIMOS: **1** delicado. ☐ FAMILIA: →comprometer.

compromiso (com·pro·mi·so) [sustantivo masculino] **1** Obligación que tiene una persona de hacer algo: *Todos tenemos el compromiso de cuidar la naturaleza.* **2** Situación que resulta difícil de resolver: *¡Vaya compromiso!, le dije que viniera esta tarde a casa y tengo que salir.* **3** Promesa de casarse: *El príncipe anunció su compromiso con la princesa.* ☐ SINÓNIMOS: **2** aprieto, apuro. ☐ FAMILIA: →comprometer.

compuerta (com·puer·ta) [sustantivo femenino] Plancha que se abre o se cierra en una presa para controlar el paso del agua: *Abrieron las compuertas del pantano para soltar agua.* ☐ FAMILIA: →puerta.

compuesto, ta (com·pues·to, ta) ■ **1** Participio irregular de **componer**. ■ [adjetivo] **2** Que está formado por varias partes. ■ **compuesto** [sustantivo masculino] **3** Sustancia formada por la mezcla de dos o más cosas: *El agua es un compuesto natural formado por hidrógeno y oxígeno.* ☐ ANTÓNIMOS: **2** simple. ☐ FAMILIA: →componer.

compungido, da (com·pun·gi·do, da) [adjetivo] Que está muy triste.

computador (com·pu·ta·dor) [sustantivo masculino] → **computadora.**

computadora (com·pu·ta·do·ra) [sustantivo femenino] Máquina que trabaja de forma automática y muy rápida con la información que se le proporciona. ☐ [Se usa también el masculino «computador»]. ☐ SINÓNIMOS: ordenador. ☐ FAMILIA: →cómputo.

computar (com·pu·tar) [verbo] Contar o calcular algo: *En la nota final computarán los trabajos y la asistencia a clase.* ☐ FAMILIA: →cómputo.

cómputo (cóm·pu·to) [sustantivo masculino] Conjunto de operaciones matemáticas que se hacen para obtener un resultado. ☐ SINÓNIMOS: cálculo, cuenta. ☐ FAMILIA: computar, computadora.

comulgar (co·mul·gar) [verbo] Tomar en la misa el pan consagrado. ☐ [La «g» se cambia en «gu» delante de «e» («comulgue»)]. ☐ FAMILIA: excomulgar.

común (co·mún) [adjetivo] **1** Que pertenece a varios y no es de uno solo: *Tenemos un amigo común.* **2** Que no sorprende, porque siempre es así: *Es común que llueva en las regiones húmedas.* **3** Que existe en gran cantidad: *El olivo es una planta común en el sur de España.* **4** Que no destaca y es como muchos otros: *Es un chico común, ni muy guapo ni muy feo.* ◆ [expresión] ‖ **en común** Que corresponde a dos o más personas: *Mis hermanos y yo tenemos muchas cosas en común.* ☐ [No varía en masculino y femenino]. ☐ SINÓNIMOS: **2** natural, habitual. **2-4** corriente. **2, 4** normal, ordinario. **2, 3** usual. ☐ ANTÓNIMOS: **2, 4** aislado. **2-4** anormal, raro, extraño, singular, excepcional, original. **2** sorprendente. **3, 4** único, especial, particular. ☐ FAMILIA: comunidad, comunismo, comunista, comunión, excomunión, comuna, comunal, comunitario, mancomunidad, descomunal.

comuna (co·mu·na) [sustantivo femenino] Grupo de personas que viven juntas y que comparten todos sus bienes. ☐ FAMILIA: →común.

comunal (co·mu·nal) [adjetivo] Que pertenece a todos los habitantes de un territorio: *tierras comunales.* ☐ [No varía en masculino y femenino]. ☐ FAMILIA: →común.

comunicación (co·mu·ni·ca·ción) ■ [sustantivo femenino] **1** Hecho de dar información por medio de signos o señales: *La comunicación entre personas puede hacerse de forma oral o escrita.* **2** Relación o unión que se establece entre dos o más cosas: *Las carreteras son vías de comunicación.* **3** Cualquier cosa que se hace saber: *El periódico ha publicado una comunicación del Gobierno sobre el asunto.* ■ **comunicaciones** [plural] **4** Conjunto de medios que sirven para unir lugares y personas: *Aún no se han restablecido las comunicaciones.* ☐ ANTÓNIMOS: **2** incomunicación. ☐ FAMILIA: →comunicar.

comunicado (co·mu·ni·ca·do) [sustantivo masculino] Nota o aviso que se comunica para que todos lo sepan. ☐ FAMILIA: →comunicar.

comunicante (co·mu·ni·can·te) [adjetivo o sustantivo] Que comunica. ☐ [No varía en masculino y femenino]. ☐ FAMILIA: →comunicar.

comunicar (co·mu·ni·car) [verbo] **1** Hacer llegar una información: *El profesor nos comunicó que el viernes no había clase. Los sordomudos se comunican con gestos.* **2** Hacer llegar una sensación o un estado de ánimo: *Su voz comunicaba tristeza.* **3** Unir dos o más lugares o cosas: *Los puentes comunican una orilla del río con la otra.* **4** Establecer una relación una persona con otra: *Logré comunicar con mi amiga después de llamarla por teléfono.* **5** Dar el teléfono de alguien la señal que indica que la línea está ocupada: *Cuando te llamé, tu teléfono comunicaba.* ☐ [La «c» se cambia en «qu» delante de «e» («comunique»)]. ☐ SINÓNIMOS: **1** decir, manifestar, hablar. **2** transmitir. **3** conectar. ☐ ANTÓNIMOS: **3** incomunicar. ☐ FAMILIA: comunicado, comunicación, comunicante, comunicativo, incomunicar, incomunicación, incomunicado, telecomunicación.

comunicativo, va (co·mu·ni·ca·ti·vo, va) [adjetivo] Que expresa lo que piensa y lo que siente con facilidad. ☐ SINÓNIMOS: extrovertido. ☐ FAMILIA: →comunicar.

comunidad (co·mu·ni·dad) [sustantivo femenino] Grupo de personas que están unidas por algo o que tienen las mismas características: *una comunidad de vecinos.* ◆ [expresión] ‖ **comunidad autónoma** En España, región que no depende del Gobierno de la nación en algunos aspectos: *Sevilla pertenece a la comunidad autónoma andaluza.* ☐ SINÓNIMOS: colectividad. ☐ FAMILIA: →común.

comunión (co·mu·nión) [sustantivo femenino] Hecho de recibir la eucaristía o de tomar en la misa un pan consagrado. ☐ FAMILIA: →común.

comunismo (co·mu·nis·mo) [sustantivo masculino] Conjunto de ideas que defienden que todos los bienes son de todas las personas. ☐ FAMILIA: →común.

comunista (co·mu·nis·ta) [adjetivo o sustantivo] Que defiende el comunismo o está relacionado con este sistema político. ☐ [No varía en masculino y femenino]. ☐ FAMILIA: →común.

comunitario, ria (co·mu·ni·ta·rio, ria) [adjetivo] De una comunidad o relacionado con ella: *Los socios comunitarios llegaron a un acuerdo.* ☐ FAMILIA: →común.

con [preposición] **1** Indica el instrumento o medio que se usa para hacer algo: *Golpeé el clavo con un martillo.* **2** Indica el modo o la manera de hacer algo o en la

conato

que algo se presenta: *Lo hice con muchas ganas. Es un libro con muchas ilustraciones.* **3** Indica compañía: *Saldré a pasear con mi hermano.* **4** Indica relación o unión: *Mi calle se junta con la tuya en la plaza.* **5** Introduce una causa: *Con las prisas, se me olvidaron las llaves.* **6** Introduce un hecho que, a pesar de lo esperado, no impide que otro suceda: *¡Qué bien me ha salido el dibujo, con lo patoso que soy...!* ☐ ANTÓNIMOS: **2**, **3** sin.

conato (co·na·to) [sustantivo masculino] Acción que no llega a realizarse por completo: *Hubo un conato de incendio, pero pudimos controlarlo.* ☐ SINÓNIMOS: amago.

concatenación (con·ca·te·na·ción) [sustantivo femenino] Unión de hechos o de ideas, unos detrás de otros. ☐ FAMILIA: →cadena.

concatenar (con·ca·te·nar) [verbo] Unir hechos o ideas: *Llegué tarde porque se concatenaron varias cosas: no sonó el despertador, no encontraba las llaves del coche y encima había atasco.* ☐ FAMILIA: →cadena.

concavidad (con·ca·vi·dad) [sustantivo femenino] Hueco en la parte central de una línea o de una superficie: *La concavidad del techo está causada por la humedad.* ☐ FAMILIA: →cóncavo.

cóncavo, va (cón·ca·vo, va) [adjetivo] Dicho de una línea o de una superficie, que es curva y tiene su parte central más hundida. ☐ ANTÓNIMOS: convexo. ☐ FAMILIA: concavidad.

concebir (con·ce·bir) [verbo] **1** Formar en la mente una idea: *El autor de este libro concibió el argumento mientras estaba prisionero.* **2** Empezar a formarse un hijo dentro del cuerpo de su madre: *Una mujer no puede concebir hasta que no haya tenido la primera menstruación.* **3** Empezar a sentir un deseo que se puede cumplir: *Si no estudias, no concibas esperanzas sobre ir en verano a la playa.* **4** Comprender o creer posible: *No concibo cómo te has podido portar tan mal.* ☐ [Es irregular y se conjuga como PEDIR]. ☐ SINÓNIMOS: **1** idear. ☐ FAMILIA: concepto, conceptualizar, conceptuar, concepción, inconcebible, anticonceptivo.

conceder (con·ce·der) [verbo] **1** Dar una persona lo que otra pide o quiere. **2** Dar a algo determinado valor o importancia: *No debes conceder importancia a esa bobería.* ☐ SINÓNIMOS: **1** otorgar. ☐ ANTÓNIMOS: **1** denegar. ☐ FAMILIA: concesión, concesionario, concesivo.

concejal, la (con·ce·jal, ja·la) [sustantivo] Persona que ayuda al alcalde en sus actividades. ☐ [Para el femenino se usa también «la concejal»]. ☐ FAMILIA: →concejo.

concejo (con·ce·jo) [sustantivo masculino] Conjunto formado por la persona que gobierna un pueblo o una ciudad y por las que la ayudan. ☐ SINÓNIMOS: ayuntamiento, cabildo. ☐ [No confundir con «consejo» (opinión que se considera que puede servir de ayuda; conjunto de personas que asesoran o toman decisiones)]. ☐ FAMILIA: concejal.

concelebrar (con·ce·le·brar) [verbo] Celebrar una misa varios sacerdotes juntos. ☐ FAMILIA: →celebrar.

concentración (con·cen·tra·ción) [sustantivo femenino] **1** Unión en un mismo lugar de lo que antes está separado: *En este hotel será la concentración de deportistas.* **2** Atención que se pone al hacer algo: *Estudio con concentración.* ☐ FAMILIA: →concentrar.

concentrar (con·cen·trar) [verbo] **1** Poner en un mismo lugar lo que antes estaba separado: *La gente se concentró a las puertas del estadio.* **2** Quitar el agua o el líquido a una sustancia: *Si hierves la salsa, lograrás concentrarla.* **3** Contener un gran número de algo: *Esa zona concentra los mejores restaurantes.* ∎ **concentrarse 4** Poner mucha atención al hacer algo: *Hoy me cuesta concentrarme en el estudio.* ☐ SINÓNIMOS: **1** centralizar. **2** condensar. **4** enfrascarse. ☐ FAMILIA: concentración, reconcentrado.

concéntrico, ca (con·cén·tri·co, ca) [adjetivo] Dicho de varias figuras geométricas, que tienen el mismo centro: *círculos concéntricos.* ☐ FAMILIA: →centro.

concepción (con·cep·ción) [sustantivo femenino] **1** Formación de una idea en la mente: *La concepción del argumento del libro llevó al autor mucho tiempo.* **2** Hecho de empezar a formarse un hijo dentro del cuerpo de su madre. **3** Modo de ver o de entender algo: *Tu concepción del mundo es muy idealista.* ☐ FAMILIA: →concebir.

concepto (con·cep·to) [sustantivo masculino] **1** Idea que se forma en la mente: *El concepto de justicia cambia en cada sociedad y en cada momento histórico.* **2** Opinión que se tiene sobre alguien o sobre algo: *Tengo un buen concepto de ti.* ☐ FAMILIA: →concebir.

conceptualizar (con·cep·tua·li·zar) [verbo] Organizar algo en conceptos o ideas. ☐ [La «z» se cambia en «c» delante de «e» («conceptualice»)]. ☐ FAMILIA: →concebir.

conceptuar (con·cep·tuar) [verbo] Calificar algo o formarse un concepto sobre algo: *Los críticos han conceptuado su obra de pintura abstracta.* ☐ [Es irregular y se conjuga como ACTUAR]. ☐ FAMILIA: →concebir.

concerniente (con·cer·nien·te) [adjetivo] Que afecta, que corresponde o que interesa a alguien: *En lo concerniente a tu salud, es mejor que consultes con un médico.* ☐ [No varía en masculino y femenino]. ☐ FAMILIA: →concernir.

concernir (con·cer·nir) [verbo] Afectar, interesar o corresponder una cosa a alguien: *A tu edad lo que te concierne es estudiar.* ☐ [Es irregular y se conjuga como DISCERNIR]. ☐ SINÓNIMOS: atañer, competer. ☐ FAMILIA: concerniente.

concertar (con·cer·tar) [verbo] **1** Acordar algo o ponerse de acuerdo en algo: *concertar una cita.* **2** Unir cosas distintas de forma que tengan un orden determinado para que todo salga bien: *El director concertó todos los instrumentos para que la orquesta sonara bien.* **3** Hacer que dos palabras tengan terminaciones gramaticales equivalentes: *El sustantivo concierta con el adjetivo en género y número.* ☐ [Es irregular y se conjuga como ACERTAR]. ☐ SINÓNIMOS: **2** coordinar, combinar. **3** concordar.

concertina (con·cer·ti·na) [sustantivo femenino] Instrumento musical de viento, parecido al acordeón pero más pequeño y sin teclas. ☐ Familia: →concierto.

concertista (con·cer·tis·ta) [sustantivo] Persona que toca en un concierto él solo. ☐ [No varía en masculino y femenino]. ☐ Familia: →concierto.

concesión (con·ce·sión) [sustantivo femenino] **1** Hecho de dar o permitir una cosa alguien que tiene autoridad para ello: *la concesión de un premio.* **2** Hecho de abandonar una actitud o una postura firme: *No haré más concesiones porque siempre cedo yo.* ☐ Familia: →conceder.

concesionario (con·ce·sio·na·rio) [sustantivo] Persona o empresa que tiene permiso para construir, vender o usar algo: *un concesionario de coches.* ☐ [No confundir con «confesionario» (lugar donde el sacerdote escucha las faltas de una persona)]. ☐ Familia: →conceder.

concesivo, va (con·ce·si·vo, va) [adjetivo] Dicho de una oración, que expresa un obstáculo, a pesar del cual se cumple la acción principal: *En la oración «Iré aunque llueva», «aunque llueva» es una oración concesiva.* ☐ Familia: →conceder.

concha (con·cha) [sustantivo femenino] **1** Pieza dura que cubre el cuerpo de algunos animales. **2** Material duro que se usa para hacer peines y otros objetos, y que se obtiene del caparazón de las tortugas. ☐ Sinónimos: **2** carey. ☐ Familia: desconchar, desconchón.

conchabarse (con·cha·bar·se) [verbo] Unirse varias personas en secreto para hacer algo contra alguien. ☐ [Es coloquial]. ☐ Sinónimos: confabularse, compincharse.

conciencia (con·cien·cia) [sustantivo femenino] **1** Conjunto de ideas de una persona sobre lo que está bien y lo que está mal: *Mi conciencia me dice que he actuado bien.* **2** → **consciencia.** ◆ [expresión] ‖ **a conciencia** Con todo el esfuerzo posible: *He limpiado mi habitación a conciencia.* ☐ Familia: →consciente.

concienciar (con·cien·ciar) [verbo] Hacer que alguien se dé cuenta de algo y piense en ello: *Hay que concienciar a la gente de la necesidad de cuidar el medioambiente.* ☐ [Es irregular y se conjuga como ANUNCIAR]. ☐ Familia: →consciente.

concienzudo, da (con·cien·zu·do, da) [adjetivo] **1** Dicho de un trabajo, que se hace con mucho esfuerzo e interés: *una investigación concienzuda.* **2** Dicho de una persona, que hace las cosas con mucha atención y cuidado: *Soy muy concienzuda trabajando.* ☐ Sinónimos: meticuloso. **1** exhaustivo. ☐ Antónimos: chapucero. **2** descuidado. ☐ Familia: →consciente.

concierto (con·cier·to) [sustantivo masculino] **1** Espectáculo musical en el que se tocan instrumentos o se cantan canciones. **2** Obra musical para varios instrumentos: *un concierto para viola y orquesta.* ☐ Familia: concertista, concertina, desconcierto, macroconcierto.

conciliábulo (con·ci·liá·bu·lo) [sustantivo masculino] Reunión de varias personas para tratar de un tema que se quiere mantener en secreto. ☐ Familia: →concilio.

conciliación (con·ci·lia·ción) [sustantivo femenino] Acuerdo entre personas o cosas que son contrarias u opuestas: *acto de conciliación.* ☐ Familia: →concilio.

conciliador, ra (con·ci·lia·dor, do·ra) [adjetivo] Que consigue poner de acuerdo a personas o cosas que son contrarias u opuestas: *palabras conciliadoras.* ☐ Familia: →concilio.

conciliar (con·ci·liar) [verbo] Poner de acuerdo a personas o cosas que son contrarias u opuestas: *conciliar posturas.* ☐ [Es irregular y se conjuga como ANUNCIAR]. ☐ Sinónimos: reconciliar. ☐ Antónimos: oponer. ☐ Familia: →concilio.

concilio (con·ci·lio) [sustantivo masculino] Reunión de obispos y otras personas de la Iglesia para tratar algún tema de religión: *El papa presidió el concilio de obispos en Roma.* ☐ Familia: conciliar, conciliación, conciliador, conciliábulo, reconciliar, reconciliación.

concisión (con·ci·sión) [sustantivo femenino] Manera breve, exacta y muy clara de decir algo. ☐ Familia: →conciso.

conciso, sa (con·ci·so, sa) [adjetivo] Dicho de una persona, que habla o escribe usando pocas palabras. ☐ Sinónimos: lacónico. ☐ Antónimos: prolijo. ☐ Familia: concisión.

concitar (con·ci·tar) [verbo] Hacer que una persona haga algo contra otra: *Sus palabras lo concitaron contra sus compañeros.* ☐ [No confundir con «suscitar» (producir o dar lugar)].

conciudadano, na (con·ciu·da·da·no, na) [sustantivo] Persona que vive en la misma ciudad que otras personas. ☐ Familia: →ciudad.

cónclave (cón·cla·ve) [sustantivo masculino] Reunión de los cardenales para elegir un nuevo papa.

concluir (con·cluir) [verbo] **1** Llegar algo al fin: *Cuando concluyó la reunión, todos abandonamos la sala.* **2** Dar fin a algo: *Cuando concluyas lo que estás haciendo, avísame.* **3** Llegar a una conclusión: *Uno de los asistentes concluyó que lo mejor para todos era colaborar.* ☐ [Es irregular y se conjuga como CONSTRUIR]. ☐ Sinónimos: **1, 2** acabar, terminar, finalizar. **1** quedar. **2** ultimar. ☐ Antónimos: **1, 2** empezar, comenzar. **2** iniciar. ☐ Familia: conclusión, concluyente.

conclusión (con·clu·sión) [sustantivo femenino] Resultado o consecuencia a los que se llega después de examinar algo: *Estuve pensando mucho y llegué a la misma conclusión que tú.* ◆ [expresión] ‖ **en conclusión** Para terminar: *En conclusión, ¿me dejas salir o no?* ☐ Familia: →concluir.

concluyente (con·clu·yen·te) [adjetivo] Que no admite discusión ni rechazo. ☐ [No varía en masculino y femenino]. ☐ Sinónimos: rotundo, tajante. ☐ Familia: →concluir.

concomer (con·co·mer) [verbo] Causar mucha impaciencia o angustia: *Me concome la incertidumbre de no saber si he aprobado.* ☐ Sinónimos: reconcomer. ☐ Familia: →comer.

concordancia (con·cor·dan·cia) [sustantivo femenino] **1** Acuerdo entre dos o más cosas: *Debes actuar en concordancia*

concordar

con tus ideas. **2** Relación que se establece entre algunas palabras: *Debe existir concordancia en género y número entre el adjetivo y el sustantivo.* ☐ Sinónimos: **1** conformidad. ☐ Antónimos: oposición. ☐ Familia: →concordar.

concordar (con·cor·dar) [verbo] **1** Estar de acuerdo una cosa con otra: *Tu versión de lo ocurrido concuerda con la mía.* **2** Tener dos palabras el mismo género, número o persona por existir alguna relación sintáctica entre ellas: *El artículo concuerda en género y número con el sustantivo.* ☐ [Es irregular y se conjuga como CONTAR]. ☐ Sinónimos: **2** concertar. ☐ Familia: concordancia, concordia.

concordia (con·cor·dia) [sustantivo femenino] Acuerdo, unión o buena relación entre varias personas. ☐ Familia: →concordar.

concreción (con·cre·ción) [sustantivo femenino] **1** Reducción de algo a lo más importante: *Es fundamental la concreción de las respuestas en el examen.* **2** Acumulación de partículas formando una masa: *Las estalactitas son concreciones de cal.* ☐ Familia: →concreto.

concretar (con·cre·tar) [verbo] Hacer que algo sea exacto y claro o que se reduzca a lo importante: *Concreta la respuesta y no te enrolles tanto.* ☐ Familia: →concreto.

concreto, ta (con·cre·to, ta) [adjetivo] **1** Que es uno en particular y no cualquier otro: *¿Quieres ver alguna película concreta?* **2** Que existe en el mundo material y se puede conocer por los sentidos: *Un objeto es algo concreto, frente a una idea, que es algo abstracto.* **3** Exacto o que consta solo de lo esencial: *No te extiendas y dame datos concretos.* ☐ Sinónimos: **1** determinado. ☐ Antónimos: **2** abstracto. ☐ Familia: concretar, concreción.

concubina (con·cu·bi·na) [sustantivo femenino] Mujer que mantiene una relación de amor con un hombre sin estar casada con él.

concurrencia (con·cu·rren·cia) [sustantivo femenino] Conjunto de personas que asisten a un lugar: *La corrida tuvo una gran concurrencia.* ☐ Sinónimos: público. ☐ Familia: →concurrir.

concurrido, da (con·cu·rri·do, da) [adjetivo] Con mucha gente: *¡Qué concurrida está la calle hoy!* ☐ Familia: →concurrir.

concurrir (con·cu·rrir) [verbo] **1** Acudir varias personas a un mismo lugar: *Al estadio concurrieron los aficionados de ambos equipos.* **2** Juntarse varias cosas en un mismo lugar o en un mismo tiempo: *En esta plaza concurren cinco calles.* ☐ Sinónimos: confluir. **2** converger. ☐ Antónimos: **2** divergir. ☐ Familia: concurrido, concurrencia.

concursante (con·cur·san·te) [sustantivo] Persona que participa en un concurso. ☐ [No varía en masculino y femenino]. ☐ Familia: →concurso.

concursar (con·cur·sar) [verbo] Participar en un concurso. ☐ Familia: →concurso.

concurso (con·cur·so) [sustantivo masculino] Competición entre varias personas para conseguir un premio o un trabajo. ☐ Familia: concursar, concursante.

condado (con·da·do) [sustantivo masculino] **1** Territorio sobre el que un conde tenía autoridad. **2** Forma en que se divide el territorio en algunos países. ☐ Familia: →conde.

conde (con·de) ■ [sustantivo masculino] **1** Título que poseen algunos hombres que pertenecen a la nobleza. ■ **condes** [sustantivo masculino plural] **2** Conjunto formado por el conde y la condesa. ☐ [El femenino es «condesa»]. ☐ Familia: condado, vizconde, vizcondesa.

condecoración (con·de·co·ra·ción) [sustantivo femenino] Hecho de dar un objeto a alguien como reconocimiento a algo que ha hecho. ☐ Familia: →condecorar.

condecorar (con·de·co·rar) [verbo] Dar a una persona un objeto como reconocimiento a algo que ha hecho: *Le condecoraron por su heroica actuación.* ☐ Familia: condecoración.

condena (con·de·na) [sustantivo femenino] **1** Castigo que se pone a la persona que ha cometido un delito. **2** Hecho de decir que algo es malo: *El presidente declaró su condena firme al terrorismo.* ☐ Antónimos: **1** perdón. ☐ Familia: →condenar.

condenación (con·de·na·ción) [sustantivo femenino] Hecho de ir al infierno. ☐ Familia: →condenar.

condenar (con·de·nar) [verbo] **1** Poner un castigo por haber hecho algo malo: *El juez condenó al ladrón a cinco años de cárcel.* **2** Decir que algo es malo: *Todos condenamos el atentado terrorista.* **3** Hacer que alguien haga algo que no quiere hacer: *Su promesa le condenó a tener que ir todos los días a verle.* ■ **condenarse 4** Ir al infierno. ☐ Antónimos: **1** perdonar, absolver. **1**, **2** disculpar. **4** salvar. ☐ Familia: condena, condenación.

condensación (con·den·sa·ción) [sustantivo femenino] Paso de un vapor a estado líquido o sólido. ☐ Antónimos: evaporación. ☐ Familia: →denso.

condensador, ra (con·den·sa·dor, do·ra) ■ [adjetivo] **1** Que condensa. ■ **condensador** [sustantivo masculino] **2** Aparato que sirve para convertir un gas en líquido o en sólido. **3** Aparato que sirve para almacenar electricidad. ☐ Familia: →denso.

condensar (con·den·sar) [verbo] **1** Convertir un gas en un líquido o en un sólido: *El vapor se condensa con el frío.* **2** Reducir el volumen de un líquido y hacerlo más espeso: *leche condensada.* **3** Resumir mucho un escrito u otra cosa: *Condensó en dos frases el argumento de la obra.* ☐ Sinónimos: **2** concentrar. ☐ Antónimos: **1** evaporarse. ☐ Familia: →denso.

condesa (con·de·sa) [sustantivo femenino] Título que poseen algunas mujeres que pertenecen a la nobleza. ☐ [El masculino es «conde»].

condescendencia (con·des·cen·den·cia) [sustantivo femenino] Capacidad de adaptarse al gusto o a la voluntad de otra persona: *La condescendencia facilita la convivencia de las personas.* ☐ Familia: →condescender.

condescender (con·des·cen·der) [verbo] Adaptarse al gusto o a la voluntad de otra persona: *Mi hermana condescendió a ayudarme.* ☐ [Es irregular y se conjuga como **ENTENDER**]. ☐ FAMILIA: condescendencia, condescendiente.

condescendiente (con·des·cen·dien·te) [adjetivo] Dicho de una persona, que se adapta al gusto o a la voluntad de otra. ☐ [No varía en masculino y femenino]. ☐ FAMILIA: →condescender.

condición (con·di·ción) ▍ [sustantivo femenino] **1** Hecho necesario para que algo ocurra: *Te acompaño con la condición de que me ayudes a acabar esto.* **2** Conjunto de características de una persona o de una cosa: *Los deportistas tienen buenas condiciones físicas.* **3** Situación en que se encuentra una persona o una cosa: *Con el pie escayolado no estás en condición de andar mucho.* ▍ **condiciones** [plural] **4** Capacidad de una persona para hacer algo bien: *Mi profesor de piano dice que tengo condiciones para la música.* ☐ SINÓNIMOS: **4** aptitud. ☐ FAMILIA: condicional, condicionante, condicionar, acondicionar, acondicionador, incondicional.

condicional (con·di·cio·nal) ▍ [adjetivo] **1** Con condiciones: *Los presos que tienen libertad condicional no pueden abandonar la ciudad donde viven.* **2** Dicho de una oración, que introduce una condición o un requisito: *En «Si vas a la calle, compra pan», «Si vas a la calle» es una oración condicional.* ▍ [sustantivo masculino] **3** Tiempo del verbo que se conjuga con las terminaciones *-ría, -rías, -ría, -ríamos, -ríais, -rían*: *El condicional del verbo «ganar» es «ganaría», «ganarías», etc.* ☐ [En los significados **1** y **2** no varía en masculino y femenino]. ☐ ANTÓNIMOS: **1** incondicional. ☐ FAMILIA: →condición.

condicionante (con·di·cio·nan·te) [adjetivo o sustantivo] Que condiciona: *unas circunstancias condicionantes.* ☐ [Cuando es adjetivo, no varía en masculino y femenino. Cuando es sustantivo, se puede decir «el condicionante» y «la condicionante» sin que cambie de significado]. ☐ FAMILIA: →condición.

condicionar (con·di·cio·nar) [verbo] **1** Hacer depender una cosa de otra: *Condicioné las vacaciones a las notas que obtuviera.* **2** Influir en la conducta de una persona: *La opinión de tus amigos te condiciona cuando tienes que elegir algo.* ☐ SINÓNIMOS: **2** determinar. ☐ FAMILIA: →condición.

condimentar (con·di·men·tar) [verbo] Dar gusto y sabor a la comida poniéndole sal y otros productos. ☐ SINÓNIMOS: aderezar, sazonar. ☐ FAMILIA: →condimento.

condimento (con·di·men·to) [sustantivo masculino] Sustancia que sirve para dar más sabor a la comida: *La sal y la pimienta son condimentos.* ☐ FAMILIA: condimentar.

condiscípulo, la (con·dis·cí·pu·lo, la) [sustantivo] Persona que es o ha sido compañera de estudios de otra. ☐ FAMILIA: →discípulo.

condolencia (con·do·len·cia) [sustantivo femenino] Pena que se siente ante el dolor de otra persona. ☐ SINÓNIMOS: pésame. ☐ FAMILIA: →dolor.

condolerse (con·do·ler·se) [verbo] Sentir pena o compasión ante el dolor de los demás o ante sus problemas: *Me conduelo de las desgracias de mis amigos e intento ayudarlos.* ☐ [Es irregular y se conjuga como **MOVER**]. ☐ SINÓNIMOS: compadecer. ☐ FAMILIA: →dolor.

condón (con·dón) [sustantivo masculino] Funda fina y elástica que se usa para cubrir el pene durante el acto sexual: *El uso del condón reduce el riesgo de contagio de enfermedades como el sida.* ☐ SINÓNIMOS: preservativo.

cóndor (cón·dor) [sustantivo masculino] Ave de gran tamaño, parecida al buitre, con la cabeza y el cuello sin plumas y las del cuerpo muy fuertes y oscuras.

cóndor

conducción (con·duc·ción) [sustantivo femenino] **1** Hecho de conducir un vehículo: *Le pusieron una multa por conducción peligrosa.* **2** Hecho de llevar algo a un lugar: *Unos obreros están poniendo las tuberías que sirven para la conducción del gas.* **3** Conjunto de tubos que se usan para llevar un líquido o un gas a un lugar: *Ya han arreglado las conducciones de agua.* ☐ FAMILIA: →conducir.

conducir (con·du·cir) [verbo] **1** Llevar o dirigir hacia un lugar: *El acomodador nos condujo a nuestros asientos.* **2** Llevar un vehículo: *Todavía no sé conducir.* **3** Llevar hasta un resultado: *El esfuerzo nos condujo a la victoria.* ▍ **conducirse 4** Tener determinado comportamiento: *Hace días que se conduce de forma extraña.* ☐ [Es irregular. Mira el cuadro en la página siguiente]. ☐ SINÓNIMOS: **1** guiar. **4** actuar, obrar, proceder, comportarse, portarse. ☐ FAMILIA: conducción, conductor, conducta, conducto, salvoconducto, reconducir.

conducta (con·duc·ta) [sustantivo femenino] Forma de ser y de actuar una persona. ☐ SINÓNIMOS: comportamiento, proceder. ☐ FAMILIA: →conducir.

conducto (con·duc·to) [sustantivo masculino] **1** Hueco o tubo que sirven para llevar algo a algún sitio: *Las venas son conductos por donde va la sangre.* **2** Medio que se sigue para hacer algo: *Se enteraron de la noticia por un conducto oficial.* ☐ SINÓNIMOS: **2** vía, canal. ☐ FAMILIA: →conducir.

conductor, ra (con·duc·tor, to·ra) ▍ [sustantivo] **1** Persona que conduce un vehículo. ▍ **conductor** [sustantivo masculino] **2** Cuerpo que permite el paso del calor o de la electricidad: *Los metales son buenos conductores.* ☐ SINÓNIMOS: **1** piloto. ☐ FAMILIA: →conducir.

conectar (co·nec·tar) [verbo] **1** Unir o poner en relación dos o más lugares o cosas: *Las carreteras conectan poblaciones.* **2** Hacer que se toquen dos o más cosas: *La radio no funciona porque hay dos cables que no están conectados.* **3** Hacer que empiece a funcionar un aparato eléctrico: *Conecté la tele para ver la película.* ☐ SINÓNIMOS: **1** comunicar. ☐ ANTÓNIMOS: desconectar. ☐ FAMILIA: conector, conexión, desconectar, desconexión.

conector, ra (co·nec·tor, to·ra) [adjetivo o sustantivo masculino] Que conecta. ☐ FAMILIA: →conectar.

conejera (co·ne·je·ra) [sustantivo femenino] Lugar en el que se crían conejos. ☐ FAMILIA: →conejo.

conejo, ja (co·ne·jo, ja) [sustantivo] Animal mamífero con las orejas largas y las patas de atrás muy grandes, que corre dando saltos. ◉ **páginas 596-597.** ◆ [expresión] ‖ **conejillo de Indias 1** Animal mucho más pequeño que el conejo, con las orejas cortas y con la cola muy pequeña, que se usa en los laboratorios para hacer experimentos. **2** Persona o animal sobre el que se prueba algo o sobre el que se hace algún experimento para ver qué sucede: *Mi hermano hizo un postre nuevo y nos usó a todos como conejillos de Indias para ver si estaba bueno.* ☐ FAMILIA: conejera.

conexión (co·ne·xión) [sustantivo femenino] **1** Relación o situación que existe entre dos cosas que se comunican: *Lo que dices no tiene ninguna conexión con lo que de verdad piensas.* **2** Unión de una cosa con otra de forma que se toquen: *Hay que pedir permiso al ayuntamiento para la conexión de los cables a la red eléctrica central.* ☐ SINÓNIMOS: contacto. ☐ FAMILIA: →conectar.

confabulación (con·fa·bu·la·ción) [sustantivo femenino] Unión secreta de varias personas para hacer algo contra alguien. ☐ SINÓNIMOS: complot, conspiración, conjura. ☐ FAMILIA: →confabularse.

confabularse (con·fa·bu·lar·se) [verbo] Unirse varias personas en secreto para hacer algo contra alguien. ☐ SINÓNIMOS: conspirar, conjurar. ☐ FAMILIA: confabulación.

confección (con·fec·ción) [sustantivo femenino] Hecho de realizar algo que está formado por varias partes, especialmente prendas de vestir. ☐ FAMILIA: confeccionar.

confeccionar (con·fec·cio·nar) [verbo] Hacer algo formado de varias partes: *En el colegio hemos confeccionado un mural.* ☐ SINÓNIMOS: elaborar. ☐ FAMILIA: →confección.

confederación (con·fe·de·ra·ción) [sustantivo femenino] Asociación entre personas o países que tienen algo en común. ☐ SINÓNIMOS: coalición. ☐ FAMILIA: confederado.

confederado, da (con·fe·de·ra·do, da) [adjetivo o sustantivo] Que pertenece a una confederación. ☐ FAMILIA: →confederación.

CONDUCIR

INDICATIVO

Presente
yo conduzco
tú conduces / usted conduce
él, ella conduce
nosotros, tras conducimos
vosotros, tras conducís / ustedes conducen
ellos, ellas conducen

Pretérito imperfecto
yo conducía
tú conducías / usted conducía
él, ella conducía
nosotros, tras conducíamos
vosotros, tras conducíais / ustedes conducían
ellos, ellas conducían

Pretérito perfecto simple
yo conduje
tú condujiste / usted condujo
él, ella condujo
nosotros, tras condujimos
vosotros, tras condujisteis / ustedes condujeron
ellos, ellas condujeron

Futuro simple
yo conduciré
tú conducirás / usted conducirá
él, ella conducirá
nosotros, tras conduciremos
vosotros, tras conduciréis / ustedes conducirán
ellos, ellas conducirán

Condicional simple
yo conduciría
tú conducirías / usted conduciría
él, ella conduciría
nosotros, tras conduciríamos
vosotros, tras conduciríais / ustedes conducirían
ellos, ellas conducirían

SUBJUNTIVO

Presente
yo conduzca
tú conduzcas / usted conduzca
él, ella conduzca
nosotros, tras conduzcamos
vosotros, tras conduzcáis / ustedes conduzcan
ellos, ellas conduzcan

Pretérito imperfecto
yo condujera o condujese
tú condujeras o condujeses / usted condujera o condujese
él, ella condujera o condujese
nosotros, tras condujéramos o condujésemos
vosotros, tras condujerais o condujeseis / ustedes condujeran o condujesen
ellos, ellas condujeran o condujesen

Futuro simple
yo condujere
tú condujeres / usted condujere
él, ella condujere
nosotros, tras condujéremos
vosotros, tras condujereis / ustedes condujeren
ellos, ellas condujeren

IMPERATIVO

conduce (tú) / conduzca (usted)
conduzcamos (nosotros, tras)
conducid (vosotros, tras) / conduzcan (ustedes)

FORMAS NO PERSONALES

Infinitivo	Gerundio	Participio
conducir	conduciendo	conducido

conferencia (con·fe·ren·cia) [sustantivo femenino] **1** Exposición pública de un tema: *Mañana hay una conferencia en el salón de actos.* **2** Conversación de varias personas para tratar un tema: *En la conferencia de paz han participado políticos de todo el mundo.* **3** Llamada de teléfono entre dos provincias o entre dos países. ☐ SINÓNIMOS: **1** ponencia. **2** congreso. ☐ FAMILIA: conferenciante.

conferenciante (con·fe·ren·cian·te) [sustantivo] Persona que habla en público sobre un tema. ☐ [No varía en masculino y femenino]. ☐ FAMILIA: →conferencia.

conferir (con·fe·rir) [verbo] Dar a una persona las cualidades o las condiciones necesarias para poder hacer algo: *Por la autoridad que me ha sido conferida, yo os declaro marido y mujer.* ☐ [Es irregular y se conjuga como SENTIR].

confesar (con·fe·sar) [verbo] **1** Decir algo que antes no se había querido decir: *El ladrón confesó su culpa.* **2** Decir a un sacerdote las faltas que se tienen: *Me confesé y me arrepentí de mis pecados.* **3** Oír un sacerdote las faltas de una persona: *El sacerdote confesó al moribundo.* ☐ [Es irregular y se conjuga como ACERTAR]. ☐ FAMILIA: confesor, confesión, confesonario.

confesión (con·fe·sión) [sustantivo femenino] **1** Hecho de decir algo que antes se había ocultado: *Los policías escucharon la confesión del delincuente.* **2** Hecho de decirle a un sacerdote las faltas que se han cometido. ☐ FAMILIA: →confesar.

confesionario (con·fe·sio·na·rio) [sustantivo masculino] Lugar de una iglesia donde el sacerdote escucha las confesiones de los fieles. ☐ [No confundir con «concesionario» (persona o empresa autorizada para construir, vender o usar algo). Se usa también «confesonario»]. ☐ FAMILIA: →confesar.

confesonario (con·fe·so·na·rio) [sustantivo masculino] → **confesionario.**

confesor (con·fe·sor) [sustantivo masculino] Sacerdote que confiesa a los fieles. ☐ FAMILIA: →confesar.

confeti (con·fe·ti) [sustantivo masculino] Papel cortado en trocitos muy pequeños y de varios colores que se lanza al aire en algunas fiestas. ☐ [Es una palabra de origen italiano. Su plural es «confetis». No confundir con «confite» (tipo de dulce)].

confiado, da (con·fia·do, da) [adjetivo] Que tiene mucha confianza en algo. ☐ ANTÓNIMOS: desconfiado, reticente, receloso. ☐ FAMILIA: →confiar.

confianza (con·fian·za) [sustantivo femenino] **1** Seguridad que se tiene en una persona o en una cosa: *Mis padres tienen mucha confianza en mí.* **2** Amistad o relación muy estrecha que tienen dos personas: *Tengo mucha confianza con mis amigos.* **3** Forma sencilla y natural de tratar a los demás: *Háblame con confianza.* ◆ [expresión] ‖ **de confianza** Dicho de una persona, que es conocida y se puede confiar en ella: *Soy de confianza y no le contaré tu secreto a nadie.* ‖ **en confianza** De manera secreta entre dos personas: *En confianza, te diré lo que realmente pienso de este asunto.* ☐ ANTÓNIMOS: **1** desconfianza, recelo. ☐ FAMILIA: →confiar.

confiar (con·fiar) [verbo] **1** Dejar algo al cuidado de una persona: *La profesora me ha confiado los canarios que tenemos en clase.* **2** Creer que algo sucederá: *Confío en que vendrá.* **3** Tener confianza en algo: *Confío mucho en mis hermanos.* ∎ **confiarse 4** Tener demasiada seguridad en algo: *Me confié en que tenía tiempo y casi llegué tarde.* ☐ [Es irregular y se conjuga como ENVIAR]. ☐ SINÓNIMOS: **2** esperar. **3** fiarse. ☐ ANTÓNIMOS: **2**, **3** desconfiar. **3** recelar. ☐ FAMILIA: confianza, confiado, desconfiar, desconfiado, desconfianza, confidencial, confidente, confidencia.

confidencia (con·fi·den·cia) [sustantivo femenino] Secreto que se le cuenta a alguien. ☐ FAMILIA: →confiar.

confidencial (con·fi·den·cial) [adjetivo] Que se hace o se dice en secreto y no debe ser conocido por otras personas: *información confidencial.* ☐ [No varía en masculino y femenino]. ☐ FAMILIA: →confiar.

confidente (con·fi·den·te) [sustantivo] **1** Persona de confianza a la que se cuentan cosas secretas: *Mi hermana es mi mejor confidente.* **2** Persona que sirve de espía y que informa sobre lo que ocurre en el bando contrario: *Algunos delincuentes son confidentes de la Policía.* ☐ [No varía en masculino y femenino]. ☐ FAMILIA: →confiar.

configuración (con·fi·gu·ra·ción) [sustantivo femenino] Forma o estructura que tiene algo. ☐ FAMILIA: →figura.

configurar (con·fi·gu·rar) [verbo] Dar una forma o una estructura determinadas: *He configurado el ordenador para poder imprimir con esta impresora.* ☐ FAMILIA: →figura.

confín (con·fín) [sustantivo masculino] Límite donde algo termina o donde se supone que termina. ☐ SINÓNIMOS: frontera. ☐ FAMILIA: →fin.

confinar (con·fi·nar) [verbo] Encerrar a una persona en un lugar del que no pueda salir: *Confinaron al poeta en una isla desierta.* ☐ FAMILIA: →fin.

confirmación (con·fir·ma·ción) [sustantivo femenino] **1** Hecho de asegurar algo o volver a decirlo para asegurarlo: *Llamé para hacer la confirmación del billete de avión.* **2** Sacramento por el que una persona bautizada en la Iglesia católica confirma su fe. ☐ SINÓNIMOS: **1** ratificación. ☐ FAMILIA: →firme.

confirmar (con·fir·mar) [verbo] **1** Asegurar algo o volver a decirlo para asegurarlo: *Nos confirmó que se iba de la ciudad.* **2** Comprobar que algo va a suceder como se pensaba: *Confirmé la hora de la consulta médica.* **3** Celebrar un acto en el que una persona bautizada en la Iglesia católica, se reafirma en su fe. ☐ SINÓNIMOS: **1** ratificar. **2** verificar, corroborar. ☐ FAMILIA: →firme.

confiscar (con·fis·car) [verbo] Quedarse el Estado o alguna otra autoridad con los bienes de alguien: *El Gobierno ha confiscado las propiedades del traficante apresado.* ☐ [La «c» se cambia en «qu» delante de «e» («confisque»)].

confite (con·fi·te) [sustantivo masculino] Dulce duro y pequeño que suele tener forma redonda y que está hecho de azúcar y otras cosas. ☐ [No confundir con «confeti» (papel de varios colores cortado en trocitos)]. ☐ Familia: confitería, confitero, confitura.

confitería (con·fi·te·rí·a) [sustantivo femenino] Lugar en el que se hacen o se venden dulces. ☐ Familia: →confite.

confitero, ra (con·fi·te·ro, ra) [sustantivo] Persona que hace o que vende dulces. ☐ Familia: →confite.

confitura (con·fi·tu·ra) [sustantivo femenino] Dulce hecho con frutas y azúcar: *La confitura es parecida a la mermelada.* ☐ Familia: →confite.

conflagración (con·fla·gra·ción) [sustantivo femenino] Lucha con armas entre grupos contrarios. ☐ Sinónimos: guerra.

conflictivo, va (con·flic·ti·vo, va) [adjetivo] Que tiene muchos problemas o los produce: *una situación conflictiva.* ☐ Sinónimos: caliente. ☐ Familia: →conflicto.

conflicto (con·flic·to) [sustantivo masculino] **1** Lucha o falta de acuerdo entre dos o más personas o grupos: *Entre esos dos países hay un conflicto armado.* **2** Problema o situación difícil: *Me gustaría que me aconsejaras sobre un conflicto que tengo.* ☐ Familia: conflictivo.

confluencia (con·fluen·cia) [sustantivo femenino] Unión de varias cosas o varias personas en un mismo lugar. ☐ Familia: →confluir.

confluir (con·fluir) [verbo] **1** Juntarse varias cosas en un mismo lugar o en un mismo tiempo: *En la plaza confluyen cuatro calles.* **2** Acudir muchas personas a un mismo lugar: *Los manifestantes confluyeron delante del ministerio.* ☐ [Es irregular y se conjuga como CONSTRUIR]. ☐ Sinónimos: concurrir. **1** converger. ☐ Antónimos: **1** divergir. ☐ Familia: confluencia.

conformarse (con·for·mar·se) [verbo] Aceptar algo que nos parece poco: *conformarse con un aprobado.* ☐ Familia: →conforme.

conforme (con·for·me) ∎ [adjetivo] **1** De acuerdo con algo: *No estoy conforme con esa decisión.* **2** Que acepta algo que parece poco y se aguanta con ello: *Me quedé conforme cuando me pidió disculpas.* ∎ [adverbio] **3** Dicho de la forma de hacer algo, del modo que se indica: *Esta comida está hecha conforme tú nos has dicho.* ☐ [En los significados **1** y **2** no varía en masculino y femenino. En el significado **3** tampoco varía por ser adverbio]. ☐ Sinónimos: **1** acorde. **3** según. ☐ Antónimos: **1** disconforme. ☐ Familia: conformarse, conformidad, conformismo, conformista, inconformista, disconforme.

conformidad (con·for·mi·dad) [sustantivo femenino] **1** Acuerdo entre dos o más personas o cosas: *¿Hay conformidad entre vosotros?* **2** Permiso para hacer algo que se pide: *La directora nos dio su conformidad para utilizar el salón de actos.* ◆ [expresión] ∥ **en conformidad con algo** De acuerdo con ello: *Su forma de actuar está en conformidad con su forma de pensar.* ☐ Sinónimos: **1** concordancia. **2** consentimiento. ☐ Familia: →conforme.

conformismo (con·for·mis·mo) [sustantivo masculino] Actitud de la persona que acepta algo que no le parece bueno y se aguanta con ello. ☐ Familia: →conforme.

conformista (con·for·mis·ta) [adjetivo o sustantivo] Que acepta algo que no le parece bueno y se aguanta con ello. ☐ [No varía en masculino y femenino]. ☐ Antónimos: inconformista. ☐ Familia: →conforme.

confort (con·fort) [sustantivo masculino] Comodidad. ☐ [Es una palabra de origen francés]. ☐ Familia: confortar, confortable, reconfortar, reconfortante.

confortable (con·for·ta·ble) [adjetivo] Que produce una sensación de descanso o de bienestar. ☐ [No varía en masculino y femenino]. ☐ Familia: →confort.

confortar (con·for·tar) [verbo] Dar fuerzas o ánimos: *Esta comida caliente te confortará.* ☐ Sinónimos: reconfortar. ☐ Familia: →confort.

confraternizar (con·fra·ter·ni·zar) [verbo] Tratar a otras personas como amigos y estar con ellas: *Los jugadores de los dos equipos acabaron por confraternizar.* ☐ [La «z» se cambia en «c» delante de «e» («confraternice»)]. ☐ Sinónimos: congeniar.

confrontación (con·fron·ta·ción) [sustantivo femenino] Comparación de una cosa con otra. ☐ Familia: →frente.

confrontar (con·fron·tar) [verbo] Comparar una cosa con otra: *El profesor confrontó los dos exámenes para ver si se habían copiado.* ☐ Familia: →frente.

confundir (con·fun·dir) [verbo] **1** Pensar que algo es otra cosa parecida: *No hay que confundir «intruso» con «recluso».* **2** Mezclar algo entre varias cosas de forma que quede escondido: *El ladrón se confundió entre la multitud y escapó.* **3** Dejar a alguien sin saber cómo actuar: *Tus palabras nos confundieron y no supimos qué decir.* ∎ **confundirse 4** Equivocarse o tener un error: *Me confundí de calle y me perdí.* ☐ Sinónimos: **3, 4** liar. **3** desorientar, despistar. ☐ Antónimos: **3** aclarar. ☐ Familia: confusión, confuso, inconfundible.

confusión (con·fu·sión) [sustantivo femenino] **1** Equivocación que se produce al pensar que una cosa es otra parecida: *Tuve una confusión en el número del portal y la carta no llegó a su destino.* **2** Mezcla de una cosa entre otras, de forma que quede escondida o poco clara: *¡Menuda confusión de ideas tienes!* **3** Situación de una persona que no sabe cómo actuar: *Sentí tal confusión que me puse rojo de vergüenza.* ☐ Sinónimos: **1** equivocación, error. **2** lío. **3** perplejidad, desconcierto. ☐ Antónimos: **2** nitidez. ☐ Familia: →confundir.

confuso, sa (con·fu·so, sa) [adjetivo] **1** Difícil de entender: *Las noticias son confusas y no sabemos lo que realmente ocurre.* **2** Difícil de ver o de oír: *En esta foto la imagen es muy confusa.* **3** Sin saber qué hacer o qué decir: *Los planes han cambiado y ahora estoy confusa.* ☐ Sinónimos: **1** intrincado. ☐ Antónimos: **2** nítido. ☐ Familia: →confundir.

conga (con·ga) [sustantivo femenino] Música popular de origen cubano que se baila formando una larga cadena.

congelación (con·ge·la·ción) [sustantivo femenino] Hecho de volverse sólido un líquido u otra cosa por efecto del frío: *La congelación de alimentos es un método para conservarlos.* ☐ FAMILIA: →congelar.

congelador (con·ge·la·dor) [sustantivo masculino] Aparato que sirve para que los alimentos se hielen y duren más tiempo. ☐ FAMILIA: →congelar.

congelar (con·ge·lar) [verbo] **1** Volver sólido un líquido por efecto del frío: *El agua se congela a cero grados centígrados.* **2** Hacer que algo se hiele: *Si congelas los alimentos, durarán más tiempo.* **3** Hacer que algo no pueda usarse o que se quede como está sin aumentar ni disminuir: *congelar una cuenta corriente; congelar los salarios.* ∎ **congelarse 4** Pasar mucho frío o ponerse muy frío: *Casi me congelo esperando el autobús.* ☐ [El significado **4** es coloquial]. ☐ SINÓNIMOS: **1** helar. **4** helarse. ☐ ANTÓNIMOS: **1**, **2** deshelar. **2**, **3** descongelar. ☐ FAMILIA: congelación, congelador, descongelar, anticongelante.

congénere (con·gé·ne·re) [adjetivo o sustantivo] Que es del mismo género, origen o clase que otro: *Pocos animales se comen a sus congéneres.* ☐ [No varía en masculino y femenino]. ☐ FAMILIA: →género.

congeniar (con·ge·niar) [verbo] Llevarse bien con alguien: *Es una persona tan agradable que congenia con todo el mundo.* ☐ [Es irregular y se conjuga como ANUNCIAR]. ☐ SINÓNIMOS: confraternizar. ☐ FAMILIA: →genio.

congénito, ta (con·gé·ni·to, ta) [adjetivo] Que se tiene desde antes de nacer: *enfermedad congénita.*

congestión (con·ges·tión) [sustantivo femenino] **1** Hecho de quedarse la sangre acumulada en una parte del cuerpo. **2** Hecho de impedir o hacer difícil la circulación por una zona. ☐ FAMILIA: congestionar, descongestionar.

congestionar (con·ges·tio·nar) [verbo] **1** Quedarse la sangre acumulada en una parte del cuerpo: *La cara se le congestionó.* **2** Impedir o hacer difícil la circulación por una zona: *El tráfico congestiona las calles del centro.* ☐ ANTÓNIMOS: **2** descongestionar. ☐ FAMILIA: →congestión.

conglomerado (con·glo·me·ra·do) [sustantivo masculino] Material que se hace uniendo trozos de diversos materiales: *muebles de conglomerado.* ☐ FAMILIA: →conglomerar.

conglomerar (con·glo·me·rar) [verbo] Unir cosas que son diferentes: *Un buen líder tiene que saber conglomerar las distintas opiniones de sus seguidores.* ☐ FAMILIA: conglomerado.

congoja (con·go·ja) [sustantivo femenino] Sensación que se tiene cuando estamos muy preocupados por algo o tenemos una pena muy fuerte y no podemos llorar. ☐ FAMILIA: acongojar, acongojado.

congoleño, ña (con·go·le·ño, ña) [adjetivo o sustantivo] **1** Del Congo, que es un país africano: *La capital congoleña es Brazzaville.* **2** De la República Democrática del Congo, que es un país africano: *La capital congoleña es Kinsasa.*

congraciarse (con·gra·ciar·se) [verbo] Ganarse el afecto de alguien: *Su amabilidad lo congració enseguida con el resto del equipo.* ☐ [Es irregular y se conjuga como ANUNCIAR]. ☐ FAMILIA: →gracia.

congratular (con·gra·tu·lar) [verbo] Alegrarse por algo: *Me congratula estar contigo el día de tu graduación.* ☐ SINÓNIMOS: celebrar.

congregación (con·gre·ga·ción) [sustantivo femenino] Grupo de religiosos que viven juntos. ☐ FAMILIA: →congregar.

congregar (con·gre·gar) [verbo] Unir en un mismo lugar a un gran número de personas: *El concierto de este cantante congregó admiradores de todo el mundo.* ☐ [La «g» se cambia en «gu» delante de «e» («congregue»)]. ☐ FAMILIA: congregación, congreso, congresista.

congresista (con·gre·sis·ta) [sustantivo] Persona que participa en un congreso. ☐ [No varía en masculino y femenino]. ☐ FAMILIA: →congregar.

congreso (con·gre·so) [sustantivo masculino] **1** Reunión de varias personas para tratar un tema. **2** Conjunto de personas que representan a una comunidad y que hacen las leyes con las que se gobierna un país: *El Congreso de los Diputados ha aprobado esta ley por mayoría.* **3** Edificio en el que se juntan estas personas: *Hemos visitado el Congreso con el colegio.* ☐ [En los significados **2** y **3** se escribe con mayúscula. En los significados **2** y **3**, no confundir con «Senado» (conjunto de personas que modifican o aprueban las leyes hechas por el Congreso; edificio donde se reúnen estas personas)]. ☐ SINÓNIMOS: **1** conferencia, simposio. ☐ FAMILIA: →congregar.

congrio (con·grio) [sustantivo masculino] Pez marino que se parece a la anguila, que tiene el cuerpo muy resbaladizo y sin escamas.

congruencia (con·gruen·cia) [sustantivo femenino] Relación lógica entre varias cosas y de acuerdo con la razón. ☐ SINÓNIMOS: coherencia. ☐ ANTÓNIMOS: incongruencia. ☐ FAMILIA: →congruente.

congruente (con·gruen·te) [adjetivo] Que tiene una relación lógica con algo o que está de acuerdo con ello: *Eres muy poco congruente, dices una cosa y haces lo contrario.* ☐ [No varía en masculino y femenino]. ☐ SINÓNIMOS: coherente, consecuente. ☐ ANTÓNIMOS: incongruente. ☐ FAMILIA: congruencia.

cónico, ca (có·ni·co, ca) [adjetivo] Del cono o con forma de cono: *Los cucuruchos de los helados son cónicos.* ☐ FAMILIA: →cono.

conífera (co·ní·fe·ra) [sustantivo femenino] Planta o árbol que tienen hojas que no se caen y frutos con forma de cono, como el pino y el abeto. ☐ FAMILIA: →cono.

conjetura (con·je·tu·ra) [sustantivo femenino] Idea que se forma una persona a partir de datos poco seguros: *Es mejor asegurarse y no hacer conjeturas.* ☐ SINÓNIMOS: suposición, hipótesis. ☐ FAMILIA: conjeturar.

conjeturar (con·je·tu·rar) [verbo] Suponer algo a partir de datos poco seguros: *Conjeturo que debe de tener problemas serios.* ☐ FAMILIA: →conjetura.

conjugación (con·ju·ga·ción) [sustantivo femenino] **1** Conjunto de todas las formas de un verbo: *Hoy hemos aprendido la conjugación del verbo «ir».* **2** Cada uno de los grupos en que se dividen los verbos: *En español, la primera conjugación la componen los verbos que* terminan en «-ar», la segunda, los que terminan en «-er» y la tercera, los que terminan en «-ir». ☐ FAMILIA: →conjugar.

conjugar (con·ju·gar) [verbo] **1** Poner un verbo en cada una de sus formas: *El presente de indicativo del verbo «beber» se conjuga así: «bebo», «bebes», «bebe», «bebemos», «bebéis», «beben».* **2** Unir varias cosas para que formen un todo: *Para que los estudios sean completos, hay que conjugar teoría y práctica.* ☐ [La «g» se cambia en «gu» delante de «e» («conjugue»)]. ☐ FAMILIA: conjugación.

conjunción (con·jun·ción) [sustantivo] [femenino] Clase de palabra que une dos palabras o frases: *En la frase «El ascensor sube y baja», «y» es una conjunción.*

conjuntiva (con·jun·ti·va) [sustantivo] [femenino] Mira en **conjuntivo, va**.

conjuntivitis (con·jun·ti·vi·tis) [sustantivo] [femenino] Picor y molestia que se producen cuando se inflaman los ojos. ☐ [No varía en singular y plural]. ☐ FAMILIA: →conjuntivo.

conjuntivo, va (con·jun·ti·vo, va) ◼ [adjetivo] **1** Que junta y une una cosa con otra: *tejido conjuntivo*. **2** De la conjunción o relacionado con ella. ◼ **conjuntiva** [sustantivo] [femenino] **3** Parte del interior del párpado que protege al ojo y le da humedad. ☐ FAMILIA: conjuntivitis.

conjunto, ta (con·jun·to, ta) ◼ [adjetivo] **1** Unido o combinado con otra cosa: *La fiesta fue un éxito gracias al trabajo conjunto de todos.* ◼ [sustantivo] [masculino] **2** Grupo de personas o de cosas que forman un todo o que tienen alguna característica común: *El asesino estaba entre el conjunto de los invitados.* **3** Prendas de vestir que quedan bien juntas: *Hoy llevo un conjunto de chaqueta y pantalón azul.* **4** Grupo de músicos y de personas

---

conjunción

Las conjunciones son palabras que unen y relacionan conjuntos de palabras u oraciones.

Mi madre y mi padre se conocieron en el extranjero. → La conjunción *y* relaciona los grupos nominales *mi madre* y *mi padre*.

Aprobé el examen, pero podría haber sacado más nota. → La conjunción *pero* relaciona las oraciones *aprobé el examen* y *podría haber sacado más nota*.

Las conjunciones se caracterizan por que:
- No varían en femenino o masculino ni en singular o plural.
- No aparecen nunca solas.

Según los elementos que relacionan, las conjunciones pueden ser de dos clases:
- **Conjunciones coordinantes:** relacionan palabras u oraciones del mismo nivel, sin que dependan unas de otras:
  Me encantan las naranjas y las manzanas. → La conjunción coordinante *y* relaciona *las naranjas* y *las manzanas*, que son dos grupos nominales que están en el mismo nivel (dentro del sujeto).
  ¿Quieres ir al cine o prefieres ir al teatro? → La conjunción coordinante *o* relaciona dos oraciones que están en el mismo nivel.
- **Conjunciones subordinantes:** relacionan una oración con otra que depende de ella.
  Yo creo que ha salido. → La conjunción subordinante *que* relaciona la oración principal *yo creo* con la oración subordinada *ha salido*.

---

que cantan: *un conjunto de rocanrol.* ☐ FAMILIA: subconjunto.

conjura (con·ju·ra) [sustantivo] [femenino] Unión secreta de varias personas para hacer algo contra alguien. ☐ SINÓNIMOS: conspiración, complot, confabulación, conjuración. ☐ FAMILIA: →conjurar.

conjuración (con·ju·ra·ción) [sustantivo] [femenino] → **conjura**. ☐ FAMILIA: →conjurar.

conjurar (con·ju·rar) [verbo] **1** Unirse varias personas en secreto para hacer algo contra alguien: *La tripulación se conjuró para quedarse con el botín.* **2** Llamar a un espíritu: *El hechicero conjuraba al dios de la guerra.* ☐ SINÓNIMOS: **1** conspirar, confabularse. ☐ FAMILIA: conjura, conjuración, conjuro.

conjuro (con·ju·ro) [sustantivo] [masculino] Fórmula mágica que se dice para conseguir que algo se cumpla. ☐ FAMILIA: →conjurar.

conllevar (con·lle·var) [verbo] Tener como consecuencia: *Conseguir lo que se quiere conlleva algún esfuerzo.* ☐ SINÓNIMOS: suponer, implicar. ☐ FAMILIA: →llevar.

conmemoración (con·me·mo·ra·ción) [sustantivo] [femenino] Acto público que se hace para recordar algo que se considera importante. ☐ FAMILIA: →memoria.

conmemorar (con·me·mo·rar) [verbo] Recordar algo que se considera importante con un acto público: *Hoy se conmemora la muerte de un escritor.* ☐ FAMILIA: →memoria.

conmemorativo, va (con·me·mo·ra·ti·vo, va) [adjetivo] Que recuerda algo que se considera importante. ☐ FAMILIA: →memoria.

conmigo (con·mi·go) [pronombre personal] Con la persona que habla: *¿Vendrás conmigo o te vas a quedar en casa?* ☐ [No varía en masculino y femenino].

conminar (con·mi·nar) [verbo] Exigir a alguien que cumpla una orden amenazándole con un castigo: *El juez conminó al acusado a permanecer en silencio.*

conmiseración (con·mi·se·ra·ción) [sustantivo] [femenino] Pena que sentimos ante el dolor de los demás y que nos lleva a ayudarlos. ☐ SINÓNIMOS: compasión.

conmoción (con·mo·ción) [sustantivo] [masculino] Impresión fuerte. ◆ [expresión] ‖ **conmoción cerebral** Pérdida del conocimiento por un golpe en la cabeza. ☐ FAMILIA: →mover.

conmocionar (con·mo·cio·nar) [verbo] Producir una impresión fuerte en una persona: *El accidente de avión conmocionó a los ciudadanos.* ☐ SINÓNIMOS: impresionar. ☐ FAMILIA: →mover.

conmovedor, ra (con·mo·ve·dor, do·ra) [adjetivo] Que produce una fuerte sensación en el ánimo. ☐ SINÓNIMOS: emocionante, emotivo. ☐ FAMILIA: →mover.

conmover (con·mo·ver) [verbo] Producir una sensación alegre o triste en el ánimo: *Me conmueve ver cómo juega con su hijo.* ☐ [Es irregular y se conjuga como **MOVER**]. ☐ SINÓNIMOS: afectar, impresionar, emocionar. ☐ FAMILIA: →mover.

conmutación (con·mu·ta·ción) [sustantivo] [femenino] Cambio de una cosa por otra. ☐ SINÓNIMOS: sustitución. ☐ FAMILIA: →conmutar.

conmutador, ra (con·mu·ta·dor, do·ra) [adjetivo] **1** Que cambia una cosa por otra. ■ **conmutador** [sustantivo masculino] **2** Aparato que cambia o que interrumpe la corriente eléctrica. ☐ Familia: →conmutar.

conmutar (con·mu·tar) [verbo] Cambiar una cosa por otra: *Le conmutaron la pena de diez años por una de cinco*. ☐ Sinónimos: sustituir. ☐ Familia: conmutador, conmutación, conmutativo.

conmutativo, va (con·mu·ta·ti·vo, va) [adjetivo o sustantivo femenino] Dicho de una propiedad matemática, que permite que los elementos de una operación cambien su orden sin que varíe el resultado: *La propiedad conmutativa dice que tres más dos es igual a dos más tres*. ☐ Familia: →conmutar.

connotación (con·no·ta·ción) [sustantivo] Significado secundario y subjetivo que tiene una palabra: *El adjetivo «caduco» aplicado a una persona tiene una connotación negativa*.

cono (co·no) [sustantivo masculino] **1** Cuerpo geométrico que tiene la base en forma de círculo y que acaba en punta: *Un pirulí tiene forma de cono*. ⊙ página 467. **2** Cualquier cosa que tiene una forma parecida a este cuerpo: *Me he comido un cono de chocolate*. ☐ Familia: cónico, conífera.

conocedor, ra (co·no·ce·dor, do·ra) [adjetivo o sustantivo] Que conoce bien algo o que entiende mucho de ello. ☐ Familia: →conocer.

conocer (co·no·cer) [verbo] **1** Estar informado de algo: *¿Conoces ya la noticia?* **2** Saber cómo es algo y reconocerlo entre otras cosas: *¿Conoces las distintas especies de árboles?* **3** Tener relación con una persona: *Preséntame a tu hermano, porque todavía no lo conozco*. ☐ [Es irregular y se conjuga como AGRADECER.] ☐ Sinónimos: **1** saber. ☐ Antónimos: **1, 2** ignorar, desconocer. ☐ Familia: conocedor, conocido, conocimiento, desconocer, desconocido, desconocimiento, reconocer, reconocido, reconocimiento, irreconocible, incógnita, incógnito.

conocido, da (co·no·ci·do, da) ■ [adjetivo] **1** Que se conoce de antes: *Esa es una noticia conocida por todos*. **2** Famoso o reconocido por mucha gente. ■ [sustantivo] **3** Persona con la que se tiene relación, sin que llegue a ser amigo. ☐ Antónimos: **1** nuevo. **1, 2** desconocido. ☐ Familia: →conocer.

conocimiento (co·no·ci·mien·to) ■ [sustantivo masculino] **1** Capacidad que tienen las personas para razonar y actuar de forma inteligente: *Haces tantas tonterías que parece que no tienes conocimiento*. **2** Capacidad que tenemos para darnos cuenta de lo que sucede a nuestro alrededor: *Se desmayó, pero enseguida recobró el conocimiento*. **3** Información que se tiene de algo: *¿Tienes conocimiento de la noticia?* ■ **conocimientos** [plural] **4** Conjunto de cosas que se aprenden sobre una materia: *Lee este artículo para ampliar tus conocimientos sobre volcanes*. ☐ Sinónimos: **2** consciencia, sentido. ☐ Antónimos: **3** desconocimiento. ☐ Familia: →conocer.

conque (con·que) [conjunción] **1** Se usa para expresar consecuencia: *Tenemos que acabar esto, conque ya puedes ayudarme*. **2** Se usa para dar más fuerza a lo que se dice indicando sorpresa o reproche: *¡Conque tenías tú lo que yo andaba buscando...!* ☐ [No confundir con «con que», preposición + pronombre relativo («Déjame el lápiz con que hiciste el dibujo») o preposición + conjunción («Me conformo con que vengas mañana»)].

conquense (con·quen·se) [adjetivo o sustantivo] De la provincia española de Cuenca o de su capital. ☐ [No varía en masculino y femenino].

conquista (con·quis·ta) [sustantivo femenino] **1** Hecho de conseguir un lugar u otra cosa mediante la fuerza o el esfuerzo: *Los alpinistas celebraron la conquista de la cumbre*. **2** Cosa que se consigue por la fuerza o con mucho esfuerzo: *Mi mejor conquista ha sido aprender a no rendirme nunca*. **3** Persona de cuyo amor o simpatía gozamos: *La actriz acudió a la fiesta con su última conquista amorosa*. ☐ Familia: →conquistar.

conquistador, ra (con·quis·ta·dor, do·ra) [sustantivo] **1** Persona que consigue un lugar luchando. **2** Persona que consigue de manera fácil el amor de muchas otras. ☐ Familia: →conquistar.

conquistar (con·quis·tar) [verbo] **1** Hacerse dueño de un lugar luchando: *conquistar tierras lejanas*. **2** Conseguir algo haciendo un esfuerzo: *conquistar un triunfo deportivo*. **3** Conseguir el amor o la simpatía de una persona: *El actor conquistó al público*. ☐ Sinónimos: **1** tomar, ocupar. ☐ Familia: conquista, conquistador, reconquista, reconquistar.

consabido, da (con·sa·bi·do, da) [adjetivo] **1** Que es sabido por todo el mundo. **2** Que siempre sucede así o siempre se hace así. ☐ Sinónimos: **2** habitual. ☐ Familia: →sabio.

consagración (con·sa·gra·ción) [sustantivo femenino] **1** Momento de la misa en el que el sacerdote consagra el pan y el vino. **2** Ofrecimiento que se hace a Dios. **3** Hecho de dedicarse con entusiasmo a algo: *El premio fue un reconocimiento a la consagración de toda una vida a la investigación*. **4** Hecho de conseguir fama en algo: *Este disco ha supuesto su consagración como cantante*. ☐ Familia: →sagrado.

consagrar (con·sa·grar) [verbo] **1** Transformar el pan y el vino en el cuerpo y sangre de Cristo mediante las palabras que pronuncia el sacerdote. **2** Ofrecer algo a Dios: *Consagró su vida a Dios*. **3** Dedicarse con entusiasmo a algo: *He consagrado los mejores años de mi vida a estudiar*. **4** Dar fama en una actividad: *Su última película la ha consagrado como directora de cine*. ☐ Familia: →sagrado.

consanguíneo, a (con·san·guí·ne·o, a) [adjetivo] Dicho de una persona, que es de la misma familia que otra. ☐ Familia: →sangre.

consanguinidad (con·san·gui·ni·dad) [sustantivo femenino] Relación de familia que hay entre varias personas: *Entre*

consciencia

mis primos y yo hay relación de consanguinidad. ☐ Familia: →sangre.

consciencia (cons·cien·cia) [sustantivo] Capacidad que tenemos para darnos cuenta de lo que sucede a nuestro alrededor. ☐ Sinónimos: conciencia, sentido, conocimiento. ☐ Antónimos: inconsciencia. ☐ Familia: →consciente.

consciente (cons·cien·te) [adjetivo] **1** Que se da cuenta de lo que pasa a su alrededor. **2** Que se hace queriendo: *Me enfadé porque sabía que me había hecho esa faena de manera consciente.* ☐ [No varía en masculino y femenino]. ☐ Sinónimos: **2** voluntario. ☐ Antónimos: inconsciente. **2** involuntario, subconsciente. ☐ Familia: consciencia, inconsciente, inconsciencia, subconsciente, concienciar, conciencia, concienzudo.

consecución (con·se·cu·ción) [sustantivo femenino] Hecho de conseguir algo. ☐ Familia: →conseguir.

consecuencia (con·se·cuen·cia) [sustantivo femenino] Resultado de algo: *El accidente ha sido consecuencia del mal estado de la carretera.* ♦ [expresión] ∥ **a consecuencia de** Como resultado de: *He tenido que guardar cama a consecuencia de la fiebre.* ∥ **en consecuencia** Según lo que ya se ha dicho o según lo que ha pasado: *Si nos has dicho cómo hay que hacer esto, en consecuencia tú también debes hacerlo así.* ☐ Sinónimos: fruto, producto, efecto. ☐ Antónimos: comienzo, principio, raíz, origen, causa. ☐ Familia: →conseguir.

consecuente (con·se·cuen·te) [adjetivo] Que está en relación con algo o de acuerdo con ello: *Es una persona consecuente y se comporta según su forma de pensar.* ☐ [No varía en masculino y femenino]. ☐ Sinónimos: coherente, congruente. ☐ Antónimos: inconsecuente. ☐ Familia: →conseguir.

consecutivo, va (con·se·cu·ti·vo, va) [adjetivo] **1** Que sigue a otra cosa. **2** Que expresa consecuencia: *En la frase «Hace tanto frío que se han congelado los charcos» hay una oración consecutiva, que es «que se han congelado los charcos».* ☐ Sinónimos: **1** seguido. ☐ Familia: →conseguir.

conseguir (con·se·guir) [verbo] Llegar a tener algo que se desea: *Conseguí llegar el primero.* ☐ [Es irregular y se conjuga como PEDIR. La «gu» se cambia en «g» delante de «a», «o»: («consiga»)]. ☐ Sinónimos: lograr, adquirir, obtener. ☐ Antónimos: perder. ☐ Familia: consecuencia, consecutivo, consecución, consecuente, inconsecuente.

consejería (con·se·je·rí·a) [sustantivo femenino] **1** Departamento del gobierno de una comunidad autónoma: *La Consejería de Sanidad supervisa los hospitales de cada comunidad.* **2** Lugar en el que funciona un consejo: *La información que necesitas pueden dártela en la consejería.* **3** Cargo de consejero: *Esta consejería la ocupa una economista.* ☐ [En el significado **1** se escribe con mayúscula. No confundir con «conserjería» (lugar donde está el conserje)]. ☐ Familia: →consejo.

consejero, ra (con·se·je·ro, ra) [sustantivo] Persona que informa o da consejos a otras sobre algún asunto. ☐ Sinónimos: asesor. ☐ Familia: →consejo.

consejo (con·se·jo) [sustantivo masculino] **1** Opinión que se da a alguien porque se considera que puede servirle de ayuda. **2** Conjunto de personas que asesoran a otras o que deciden sobre algunos asuntos. ♦ [expresión] ∥ **consejo de guerra** Tribunal de justicia formado por militares que tratan los asuntos del ejército. ☐ [En el significado **2** se escribe con mayúscula cuando se trata de un consejo que informa a un Gobierno: «El Consejo de Ministros se reúne todos los viernes». No confundir con «concejo» (conjunto formado por la persona que gobierna un pueblo o una ciudad y por las que la ayudan)]. ☐ Familia: consejería, consejero, aconsejar, aconsejable, desaconsejar.

consenso (con·sen·so) [sustantivo masculino] Decisión común de un grupo de personas. ☐ Sinónimos: unanimidad. ☐ Familia: consensuar.

consensuar (con·sen·suar) [verbo] Tomar una decisión de común acuerdo entre dos o más partes: *La ley fue consensuada por todos los partidos políticos.* ☐ [Es irregular y se conjuga como ACTUAR]. ☐ Familia: →consenso.

consentido, da (con·sen·ti·do, da) [adjetivo o sustantivo] Maleducado porque se le permite hacer todo lo que quiere. ☐ Sinónimos: malcriado. ☐ Familia: →sentir.

consentimiento (con·sen·ti·mien·to) [sustantivo masculino] Permiso que se nos da de hacer lo que pedimos. ☐ Sinónimos: autorización, conformidad. ☐ Familia: →sentir.

consentir (con·sen·tir) [verbo] **1** Dejar que algo se haga o suceda: *No consiento que insultes a mis amigos.* **2** Tratar a una persona con demasiada consideración, dejándola hacer lo que quiera: *Se dice que los abuelos consienten demasiado a sus nietos.* ☐ [Es irregular y se conjuga como SENTIR]. ☐ Sinónimos: **1** permitir, admitir, aceptar, tolerar, acceder. **2** mimar, malcriar. ☐ Antónimos: **1** prohibir, negar. ☐ Familia: →sentir.

conserje (con·ser·je) [sustantivo] Persona que vigila y cuida un edificio público. ☐ [No varía en masculino y femenino]. ☐ Sinónimos: ujier. ☐ Familia: conserjería.

conserjería (con·ser·je·rí·a) [sustantivo femenino] Lugar donde está el conserje dentro de un edificio público. ☐ [No confundir con «consejería» (departamento del gobierno de una comunidad autónoma)]. ☐ Familia: →conserje.

conserva (con·ser·va) [sustantivo femenino] Alimento que se mete en un recipiente de forma que se mantenga en buen estado durante mucho tiempo. ☐ Familia: →conservar.

conservación (con·ser·va·ción) [sustantivo femenino] Hecho de cuidar o de mantener algo para que dure mucho tiempo: *Todos debemos participar en la conservación de la naturaleza.* ☐ Familia: →conservar.

conservador, ra (con·ser·va·dor, do·ra) [adjetivo o sustantivo] Que no está a favor de los cambios. ☐ Sinónimos: tradicionalista. ☐ Antónimos: progresista. ☐ Familia: →conservar.

conservante (con·ser·van·te) [sustantivo masculino] Sustancia que se añade a algunos alimentos para que se mantengan en buen estado durante mucho tiempo: *La sal y el vinagre son dos conservantes naturales.* ☐ Familia: →conservar.

conservar (con·ser·var) [verbo] **1** Mantener algo durante algún tiempo: *Conservo los dibujos que hice de pequeño.* **2** Mantener en un determinado estado: *Hago ejercicio para conservarme en forma.* **3** Guardar algo para que esté en buen estado: *En este museo se conservan muebles muy antiguos.* **4** Preparar un alimento de forma que se mantenga en buen estado durante mucho tiempo: *En ese barco conservan el atún según lo pescan.* ☐ Familia: conserva, conservación, conservador, conservante, conservero.

conservatorio (con·ser·va·to·rio) [sustantivo masculino] Lugar donde se enseña música y otras artes relacionadas con ella.

conservero, ra (con·ser·ve·ro, ra) [adjetivo] De los alimentos en lata o relacionado con ellos: *la industria conservera.* ☐ Familia: →conservar.

considerable (con·si·de·ra·ble) [adjetivo] Grande o importante: *A la entrada del cine había una cantidad considerable de personas.* ☐ [No varía en masculino y femenino]. ☐ Sinónimos: respetable. ☐ Antónimos: escaso. ☐ Familia: →considerar.

consideración (con·si·de·ra·ción) [sustantivo femenino] Atención y respeto en la forma de tratar a alguien: *Debes tratar con consideración a los demás.* ☐ Sinónimos: deferencia. ☐ Antónimos: desconsideración. ☐ Familia: →considerar.

considerado, da (con·si·de·ra·do, da) [adjetivo] Que trata a los demás con atención y respeto. ☐ Antónimos: desconsiderado. ☐ Familia: →considerar.

considerar (con·si·de·rar) [verbo] **1** Pensar algo despacio y con atención: *Tengo que considerar si acepto o no tu ofrecimiento.* **2** Tener una opinión sobre algo: *Considero que debes pedirle perdón.* **3** Pensar que una persona es de determinada forma: *La considero muy lista.* ☐ Sinónimos: **1** meditar, reflexionar, recapacitar. **2** pensar, opinar, creer, encontrar, decir. ☐ Familia: consideración, considerado, considerable, desconsideración, desconsiderado, reconsiderar.

consigna (con·sig·na) [sustantivo femenino] **1** Orden que se da a una persona que pertenece a un grupo: *El partido dio la consigna de que todos votaran a favor.* **2** Lugar en una estación o en un aeropuerto donde se pueden dejar guardados los equipajes: *Dejé la maleta en la consigna de la estación y fui a buscar un hotel.* ☐ Familia: →consignar.

consignar (con·sig·nar) [verbo] Poner algo por escrito: *En el contrato debes consignar el precio del alquiler.* ☐ Familia: consigna.

consigo (con·si·go) [pronombre personal] Forma reflexiva que significa *con él, con ella, con ellos* o *con ellas*: *Se enfadó consigo misma.* ☐ [No varía en masculino y femenino, ni en singular y plural].

consiguiente (con·si·guien·te) [adjetivo] Que ocurre a partir de otra cosa porque está relacionado con ella: *Aceptó esa responsabilidad, con la consiguiente preocupación.* ♦ [expresión] ‖ **por consiguiente** Se usa para expresar consecuencia. ☐ [No varía en masculino y femenino]. ☐ Familia: →seguir.

consistencia (con·sis·ten·cia) [sustantivo femenino] **1** Unión entre las partes que forman alguna cosa y que la hacen más o menos firme o dura: *El hierro tiene más consistencia que la madera.* **2** Cualidad por la que algo es firme y seguro: *Tus razonamientos son absurdos y no tienen consistencia.* ☐ Familia: →consistir.

consistente (con·sis·ten·te) [adjetivo] **1** Duro, firme y seguro: *Bate bien la salsa hasta que esté consistente.* **2** Que contiene determinadas partes o características: *El parchís es un juego consistente en un tablero, varias fichas y varios dados.* ☐ [No varía en masculino y femenino]. ☐ Antónimos: **1** blando. ☐ Familia: →consistir.

consistir (con·sis·tir) [verbo] **1** Estar formado o compuesto por algo: *El premio consiste en un viaje a la playa.* **2** Tener algo como base: *El truco de esta comida consiste en que no cueza demasiado.* ☐ Sinónimos: **2** residir, radicar. ☐ Familia: consistencia, consistente.

consistorio (con·sis·to·rio) [sustantivo masculino] **1** En algunas ciudades españolas, ayuntamiento. **2** Reunión que celebra el papa a la que asisten los cardenales.

consola (con·so·la) [sustantivo femenino] **1** Aparato que sirve para reproducir videojuegos: *Me han comprado una consola para jugar.* **2** Mesa que se apoya en la pared y que solo sirve de adorno. ☐ Sinónimos: **1** videoconsola. ☐ Familia: videoconsola.

consolación (con·so·la·ción) [sustantivo femenino] Hecho de aliviar la pena y el dolor que siente una persona. ☐ Familia: →consolar.

consolador, ra (con·so·la·dor, do·ra) [adjetivo] Que alivia la pena o el dolor que se sienten: *Es consolador saber que cuento con tu ayuda.* ☐ Familia: →consolar.

consolar (con·so·lar) [verbo] Aliviar la pena o el dolor que siente una persona. ☐ [Es irregular y se conjuga como **CONTAR**]. ☐ Familia: consolador, consolación, consuelo, desconsuelo, desconsolar, desconsolado, inconsolable.

consolidación (con·so·li·da·ción) [sustantivo femenino] Hecho de hacer que algo sea más firme y sólido. ☐ Familia: →sólido.

consolidar (con·so·li·dar) [verbo] Hacer que algo sea más firme y sólido: *consolidar una amistad.* ☐ Familia: →sólido.

consomé (con·so·mé) [sustantivo masculino] Caldo de carne. ☐ [Es una palabra de origen francés].

consonante (con·so·nan·te) [sustantivo femenino] Letra que se pronuncia cuando el aire choca en alguna parte de la boca al salir: *La «t» y la «p» son dos consonantes.* ☐ [No confundir con «vocal» (letra que se pronuncia cuando el aire sale de la boca sin chocar con nada)]. ☐ Familia: →son.

consorcio (con·sor·cio) [sustantivo masculino] Unión de varias personas o de varias empresas para hacer negocios juntas.

consorte (con·sor·te) [sustantivo] Esposo o esposa: *El consorte de una mujer es su marido y la consorte de un hombre es su mujer.* ☐ [No varía en masculino y femenino]. ☐ Sinónimos: cónyuge.

conspiración (cons·pi·ra·ción) [sustantivo femenino] Unión secreta de varias personas para hacer algo contra alguien.

conspirador, ra

☐ Sinónimos: complot, confabulación, conjura. ☐ Familia: →conspirar.

conspirador, ra (cons·pi·ra·dor, do·ra) [sustantivo] Persona que se une a otras en secreto para hacer algo contra alguien. ☐ Familia: →conspirar.

conspirar (cons·pi·rar) [verbo] Unirse varias personas en secreto para hacer algo contra alguien. ☐ Sinónimos: confabularse, conjurar. ☐ Familia: conspiración, conspirador.

constancia (cons·tan·cia) [sustantivo] **1** Característica de la persona que no deja de hacer lo que ha empezado: *Voy bien en el curso gracias a mi constancia en el estudio.* **2** Seguridad o prueba de que algo ha ocurrido: *No hay constancia del paso de ese emperador por esta ciudad.* ☐ Sinónimos: **1** perseverancia, tesón. ☐ Familia: →constar.

constante (cons·tan·te) [adjetivo] **1** Que no deja de hacer lo que ha empezado: *Para aprender a escribir a máquina hay que ser constante y practicar todos los días.* **2** Que dura mucho o que permanece igual: *Tengo un dolor constante en la pierna y no puedo casi andar.* **3** Que se repite con frecuencia: *No puedo concentrarme porque me haces constantes preguntas.* ☐ [No varía en masculino y femenino]. ☐ Sinónimos: **1** perseverante. **2**, **3** continuo. ☐ Antónimos: **1** inconstante. **3** ocasional. ☐ Familia: →constar.

constar (cons·tar) [verbo] **1** Estar formado por determinadas partes: *Esta obra teatral consta de tres actos.* **2** Tener algo como cierto o sabido: *Me consta que estás equivocado.* **3** Estar anotado o escrito en algún sitio: *Aquí consta que viniste.* ☐ Sinónimos: **1** componerse. ☐ Familia: constante, constancia, inconstante.

constatación (cons·ta·ta·ción) [sustantivo femenino] Acción de asegurarse de que algo es verdad. ☐ Sinónimos: comprobación. ☐ Familia: →constatar.

constatar (cons·ta·tar) [verbo] Comprobar algo para asegurarse de que es verdad: *Antes de regañarle, constata que ha sido él.* ☐ Sinónimos: comprobar. ☐ Familia: constatación.

constelación (cons·te·la·ción) [sustantivo femenino] Conjunto de estrellas que forman una figura.

consternación (cons·ter·na·ción) [sustantivo femenino] Tristeza o dolor muy grandes. ☐ Familia: →consternar.

consternado, da (cons·ter·na·do, da) [adjetivo] Muy triste y desanimado. ☐ Familia: →consternar.

consternar (cons·ter·nar) [verbo] Causar mucha tristeza o mucho dolor: *Me consternó su muerte.* ☐ Familia: consternado, consternación.

constipado (cons·ti·pa·do) [sustantivo masculino] Enfermedad en la que salen muchos mocos por la nariz. ☐ Sinónimos: catarro, resfriado, enfriamiento. ☐ Familia: →constiparse.

constiparse (cons·ti·par·se) [verbo] Coger un resfriado. ☐ Sinónimos: resfriarse, acatarrarse. ☐ Familia: constipado.

constitución (cons·ti·tu·ción) [sustantivo femenino] **1** Ley fundamental por la que se organiza y se gobierna un Estado: *En la Constitución española se recogen los derechos y deberes de los ciudadanos.* **2** Conjunto de características que forman nuestro cuerpo: *Soy de constitución fuerte.* **3** Manera de estar formado algo: *Nos explicaron la constitución del sistema digestivo.* **4** Establecimiento de algo: *Mi familia ha participado en la constitución de esa asociación de vecinos.* ☐ [En el significado **1** se escribe con mayúscula cuando se trata de una constitución concreta]. ☐ Sinónimos: **2** complexión. ☐ Familia: →constituir.

constitucional (cons·ti·tu·cio·nal) [adjetivo] De la ley fundamental por la que se organiza y se gobierna un Estado, o que la respeta. ☐ [No varía en masculino y femenino]. ☐ Antónimos: anticonstitucional, inconstitucional. ☐ Familia: →constituir.

constituir (cons·ti·tuir) [verbo] **1** Formar una cosa con varias partes: *Dos cuentos y una lagartija constituyen todo mi tesoro.* **2** Ser o suponer: *La pesca constituye la única fuente de ingresos para muchas familias.* ☐ [Es irregular y se conjuga como CONSTRUIR]. ☐ Sinónimos: **1** componer, integrar. ☐ Familia: constitución, constitucional, anticonstitucional, inconstitucional, constituyente, reconstituyente.

constituyente (cons·ti·tu·yen·te) [adjetivo] **1** Que forma parte de algo: *El calcio y el fósforo son los constituyentes de los huesos.* **2** Dicho de las Cortes o de una asamblea, que reúnen a las personas que las forman para tomar una decisión importante: *La asamblea constituyente se encargó de elaborar el texto constitucional.* ☐ [No varía en masculino y femenino]. ☐ Familia: →constituir.

constreñir (cons·tre·ñir) [verbo] **1** Obligar por fuerza a una persona a hacer algo: *No pudo hablar porque la constriñeron a guardar silencio.* **2** Oprimir, reducir o limitar: *Muchas veces, la falta de medios constriñe la libertad de acción.* **3** En medicina, apretar y cerrar haciendo presión: *Le quitaron el tumor que le constreñía la arteria.* ☐ [Es irregular y se conjuga como CEÑIR].

construcción (cons·truc·ción) [sustantivo femenino] **1** Hecho de construir un edificio u otra cosa con los materiales necesarios para ello: *El alcalde ha aprobado la construcción del nuevo edificio.* **2** Obra que se construye: *Este puente es una de las construcciones más modernas.* ☐ Antónimos: **1** derrumbamiento, hundimiento, destrucción, derribo. ☐ Familia: →construir.

constructivo, va (cons·truc·ti·vo, va) [adjetivo] Que es bueno y sirve para mejorar. ☐ Familia: →construir.

constructor, ra (cons·truc·tor, to·ra) [adjetivo o sustantivo] Que se dedica a construir edificios y cosas parecidas. ☐ Familia: →construir.

construir (cons·truir) [verbo] **1** Hacer algo con los materiales necesarios para ello: *Van a construir un puente.* **2** Formar algo a partir de otra cosa: *Todos ayudamos a construir nuestro país.* **3** Ordenar las palabras o las frases siguiendo las leyes de la gramática: *El verbo «depender» se construye con la preposición «de».*

☐ [Es irregular]. ☐ Sinónimos: **2** elaborar. ☐ Antónimos: **1** derribar, derrumbar, hundir, derruir, demoler. **1, 2** destruir. ☐ Familia: construcción, constructor, constructivo, reconstruir, reconstrucción.

consuegro, gra (con·sue·gro, gra) [sustantivo] Lo que es una persona en relación con los suegros de su hija o de su hijo: *Los padres de mi marido son los consuegros de mis padres.* ☐ Familia: →suegro.

consuelo (con·sue·lo) [sustantivo] Persona o cosa que alivia la pena o el dolor que se sienten por algo. ☐ Antónimos: desconsuelo. ☐ Familia: →consolar.

cónsul (cón·sul) [sustantivo] Persona que trabaja en una ciudad extranjera para ocuparse de manera oficial de los asuntos de las personas que son de su mismo país pero viven en ese otro. ☐ [No varía en masculino y femenino, aunque el femenino también puede ser «la consulesa»]. ☐ Familia: consulado.

consulado (con·su·la·do) [sustantivo masculino] Lugar en el que trabaja un cónsul. ☐ Familia: →cónsul.

consulesa (con·su·le·sa) [sustantivo femenino] Mira en **cónsul**.

consulta (con·sul·ta) [sustantivo femenino] **1** Pregunta que se hace para saber algo: *Le he hecho una consulta al profesor y me ha aclarado las dudas.* **2** Búsqueda de una información: *El diccionario es un libro de consulta.* **3** Examen que hace un médico a los enfermos: *Esta pediatra no hace consultas a domicilio.* **4** Lugar donde el médico recibe a los enfermos: *La consulta de esta doctora está en la segunda planta del hospital.* ☐ Sinónimos: **4** consultorio. ☐ Familia: →consultar.

consultar (con·sul·tar) [verbo] **1** Pedir información o consejo sobre algo: *Consulté a varios médicos sobre mi enfermedad.* **2** Buscar información en algún sitio. ☐ Familia: consulta, consultor, consultorio.

consultor, ra (con·sul·tor, to·ra) [adjetivo o sustantivo] Que aconseja sobre temas legales, económicos o profesionales en general: *Acudieron a una consultora para que les ayudase.* ☐ Familia: →consultar.

consultorio (con·sul·to·rio) [sustantivo masculino] **1** Lugar donde el médico recibe a los enfermos. **2** Lugar donde se dan opiniones y consejos sobre algo: *un consultorio jurídico.* **3** Programa de radio o de televisión, o sección de una revista, donde se dan consejos. ☐ Sinónimos: **1** consulta. ☐ Familia: →consultar.

consumación (con·su·ma·ción) [sustantivo femenino] Hecho de realizar algo por completo: *Este premio supone la consumación de todas mis ilusiones.* ☐ Familia: →consumar.

consumado, da (con·su·ma·do, da) [adjetivo] Que es excelente o perfecto: *A los treinta años ya era un escritor consumado.* ☐ Familia: →consumar.

CONSTRUIR

INDICATIVO	SUBJUNTIVO
Presente yo construyo tú construyes / usted construye él, ella construye nosotros, tras construimos vosotros, tras construís / ustedes construyen ellos, ellas construyen	**Presente** yo construya tú construyas / usted construya él, ella construya nosotros, tras construyamos vosotros, tras construyáis / ustedes construyan ellos, ellas construyan
Pretérito imperfecto yo construía tú construías / usted construía él, ella construía nosotros, tras construíamos vosotros, tras construíais / ustedes construían ellos, ellas construían	**Pretérito imperfecto** yo construyera o construyese tú construyeras o construyeses / usted construyera o construyese él, ella construyera o construyese nosotros, tras construyéramos o construyésemos vosotros, tras construyerais o construyeseis / ustedes construyeran o construyesen ellos, ellas construyeran o construyesen
Pretérito perfecto simple yo construí tú construiste / usted construyó él, ella construyó nosotros, tras construimos vosotros, tras construisteis / ustedes construyeron ellos, ellas construyeron	**Futuro simple** yo construyere tú construyeres / usted construyere él, ella construyere nosotros, tras construyéremos vosotros, tras construyereis / ustedes construyeren ellos, ellas construyeren
Futuro simple yo construiré tú construirás / usted construirá él, ella construirá nosotros, tras construiremos vosotros, tras construiréis / ustedes construirán ellos, ellas construirán	**IMPERATIVO** construye (tú) / construya (usted) construyamos (nosotros, tras) construid (vosotros, tras) / construyan (ustedes)
Condicional simple yo construiría tú construirías / usted construiría él, ella construiría nosotros, tras construiríamos vosotros, tras construiríais / ustedes construirían ellos, ellas construirían	**FORMAS NO PERSONALES** **Infinitivo** — **Gerundio** — **Participio** construir — construyendo — construido

consumar (con·su·mar) [verbo] Hacer o realizar algo por completo: *Después de varias semanas de negociaciones se ha consumado el acuerdo entre los dos partidos.* ☐ Familia: consumado, consumación.

consumición (con·su·mi·ción) [sustantivo femenino] **1** Hecho de acabarse algo: *Dejé hervir el agua hasta su total consumición.* **2** Cosa que pedimos para comer o beber en un bar o en un restaurante: *Tengo un vale con el que me dan la segunda consumición gratis.* ☐ Familia: →consumir.

consumidor, ra (con·su·mi·dor, do·ra) [sustantivo] Persona que compra y usa un determinado producto. ☐ Familia: →consumir.

consumir (con·su·mir) [verbo] **1** Gastar un determinado producto: *Este coche consume mucha gasolina.* **2** Acabar con algo poco a poco: *Si no atizas el fuego, se consumirá.* ☐ Sinónimos: **1** usar. ☐ Familia: consumo, consumidor, consumición, consumismo.

consumismo (con·su·mis·mo) [sustantivo masculino] Tendencia a consumir o comprar cosas que no son necesarias. ☐ Familia: →consumir.

consumo (con·su·mo) [sustantivo masculino] Empleo habitual o gasto de un producto: *Ha aumentado el consumo de legumbres.* ☐ Sinónimos: uso. ☐ Familia: →consumir.

contabilidad (con·ta·bi·li·dad) [sustantivo femenino] Registro de las cuentas de una empresa o de una organización. ☐ Familia: →contar.

contabilizar (con·ta·bi·li·zar) [verbo] Contar o llevar la cuenta de algo: *Ya he contabilizado diez errores en el examen.* ☐ [La «z» se cambia en «c» delante de «e» («contabilice»)]. ☐ Familia: →contar.

contable (con·ta·ble) [sustantivo] Persona que lleva las cuentas de una empresa o de una organización. ☐ [No varía en masculino y femenino]. ☐ Familia: →contar.

contactar (con·tac·tar) [verbo] Ponerse en contacto con alguien. ☐ Familia: contacto.

contacto (con·tac·to) [sustantivo masculino] **1** Relación que se establece entre dos personas: *Mis padres mantienen el contacto con sus amigos del colegio.* **2** Unión de dos cosas de modo que se toquen: *Tienes que poner en contacto estos dos cables para que llegue la electricidad.* **3** Pieza que sirve para que dos cosas se toquen: *Si no das al contacto del coche, no se pondrá en marcha.* **4** Persona conocida que se tiene en algún sitio: *El espía tenía muchos contactos en la Policía.* ☐ Sinónimos: **2** conexión. ☐ Familia: →contactar.

contado (con·ta·do) ♦ [expresión] ‖ **al contado** Dicho de una forma de pago, que se hace toda de una vez: *Prefiero pagar lo que compro al contado en vez de a plazos.* ☐ Familia: →contar.

contador (con·ta·dor) [sustantivo masculino] Aparato que sirve para medir algo que se gasta: *el contador de agua.* ☐ Familia: →contar.

contagiar (con·ta·giar) [verbo] **1** Pasar una enfermedad de una persona o de un animal a otros: *El sarampión se contagia fácilmente.* **2** Hacer que otros tengan nuestro mismo estado de ánimo o sensación: *Se te ve tan feliz que contagias tu alegría.* ☐ [Es irregular y se conjuga como **ANUNCIAR**]. ☐ Familia: contagio, contagioso.

contagio (con·ta·gio) [sustantivo masculino] Paso de una enfermedad de una persona o de un animal a otros. ☐ Familia: →contagiar.

contagioso, sa (con·ta·gio·so, sa) [adjetivo] Que se pasa o se pega fácilmente de una persona a otra: *Tu risa es muy contagiosa.* ☐ Familia: →contagiar.

contaminación (con·ta·mi·na·ción) [sustantivo femenino] Suciedad del aire, del agua o de otra cosa. ☐ Sinónimos: polución. ☐ Familia: →contaminar.

contaminante (con·ta·mi·nan·te) [adjetivo o sustantivo masculino] Dicho de una sustancia, que contamina. ☐ [Cuando es adjetivo, no varía en masculino y femenino]. ☐ Familia: →contaminar.

contaminar (con·ta·mi·nar) [verbo] Ensuciar y estropear el aire, el agua u otra cosa. ☐ Familia: contaminación, contaminante.

contante (con·tan·te) ♦ [expresión] ‖ **contante y sonante** Dicho de la forma de tener el dinero, en metálico, no en cheque: *Hay que pagar en dinero contante y sonante porque no se fían de coger cheques.* ☐ Sinónimos: en metálico. ☐ Familia: →contar.

contar (con·tar) [verbo] **1** Dar un número a cada una de las cosas que forman un conjunto para saber cuántas hay: *Conté los días que faltaban para las vacaciones.* **2** Decir los números de forma ordenada: *Mi hermanito ya sabe contar hasta diez.* **3** Dar a conocer con palabras una historia o un suceso: *¿Me cuentas un cuento?* **4** Tener o poseer: *Este periódico cuenta ya veinte años. Este edificio cuenta con dos ascensores.* **5** Tener en cuenta algo: *Cuenta con mi ayuda para lo que necesites.* **6** Tener importancia: *Lo que cuenta no es la nota que has sacado, sino el esfuerzo que has hecho.* ☐ [Es irregular]. ☐ Sinónimos: **3** relatar, referir. ☐ Familia: cuenta, contador, contabilidad, contabilizar, contable, contante, contado, incontable, descontar, descontado, descuento, recuento, cuento, cuentista, cuentacuentos, cuentakilómetros, cuentarrevoluciones, cuentagotas.

contemplación (con·tem·pla·ción) [sustantivo femenino] **1** Hecho de mirar algo con atención o con placer: *la contemplación del paisaje.* **2** Atención y cuidados que se le dan a una persona: *Nos echaron de allí sin contemplaciones.* **3** Hecho de pensar en Dios y en las cosas sagradas: *Algunos religiosos llevan una vida de contemplación.* ☐ [En el significado **2** se usa más en plural]. ☐ Familia: →contemplar.

contemplar (con·tem·plar) [verbo] **1** Mirar algo con atención o con placer: *Contemplé el cuadro durante un rato.* **2** Considerar algo o tenerlo en cuenta: *Estamos contemplando la posibilidad de cambiarnos de casa.* ☐ Sinónimos: **1** admirar. ☐ Familia: contemplación, contemplativo.

contemplativo, va (con·tem·pla·ti·vo, va) [adjetivo] Dedicado a pensar en Dios y en las cosas sagradas. ☐ Familia: →contemplar.

contemporáneo, a (con·tem·po·rá·ne·o, a) ■ [adjetivo] **1** Del tiempo actual o relacionado con él: *Hemos visitado el museo de arte contemporáneo.* ■ [adjetivo o sustantivo] **2** Que existe a la vez que otra cosa o en el mismo tiempo: *Cervantes y Shakespeare fueron contemporáneos.* ☐ Sinónimos: **2** coetáneo. ☐ Familia: →tiempo.

contemporizar (con·tem·po·ri·zar) [verbo] Aceptar las opiniones de los demás aunque no se esté de acuerdo con ellas: *Aunque no esté de acuerdo, no me importa contemporizar con él con tal de no discutir.* ☐ [La «z» se cambia en «c» delante de «e» («contemporice»)]. ☐ Sinónimos: transigir. ☐ Familia: →tiempo.

contención (con·ten·ción) [sustantivo femenino] Acción de parar o de detener el movimiento de algo: *un muro de contención.* ☐ Familia: →contener.

contencioso, sa (con·ten·cio·so, sa) ■ [adjetivo o sustantivo] **1** Dicho de un asunto, que es el tema del que se trata en un juicio: *Los socios de la empresa mantienen un contencioso entre sí.* ■ **contencioso** [sustantivo masculino] **2** Conflicto o desacuerdo: *el contencioso norte-sur.*

contender (con·ten·der) [verbo] Tener una lucha o una pelea: *Varios partidos contendían por conseguir la mayoría absoluta en las elecciones.* ☐ [Es irregular y se conjuga como ENTENDER]. ☐ Sinónimos: combatir. ☐ Familia: contendiente, contienda.

contendiente (con·ten·dien·te) [adjetivo o sustantivo] Dicho de una persona, que lucha con otra para conseguir algo. ☐ [No varía en masculino y femenino]. ☐ Familia: →contender.

contenedor (con·te·ne·dor) [sustantivo masculino] **1** Recipiente grande que se usa para depositar en él basuras y que se puede transportar en camiones. **2** Especie de caja enorme que se usa para transportar mercancías. ☐ Familia: →contener.

contener (con·te·ner) [verbo] **1** Tener algo en el interior: *Esta caja vacía no contiene nada.* **2** Estar formado por algo: *Esta crema contiene ingredientes naturales.* **3** Impedir que se produzca alguna reacción natural: *Tenía ganas de llorar, pero contuve las lágrimas.* **4** Parar o detener el movimiento de algo: *Han construido un muro para contener las crecidas del río.* ■ **contenerse 5** Tener control sobre las propias acciones para no dejarnos llevar por los impulsos: *Me contuve y no dije lo que pensaba.* ☐ [Es irregular y se conjuga como TENER]. ☐ Sinónimos: **3** aguantar, reprimir. **4** cortar. **5** controlarse. ☐ Antónimos: **5** precipitarse. ☐ Familia: contenido, contenedor, contención, incontenible. →tener.

contenido (con·te·ni·do) [sustantivo masculino] **1** Cosa que está en el interior de un recipiente u otra cosa: *Se ha derramado el contenido de la lata.* **2** Asunto del que trata algo: *¿Cuál es el contenido del libro?* ☐ Familia: →contener.

CONTAR	
INDICATIVO	**SUBJUNTIVO**
Presente yo cuento tú cuentas / usted cuenta él, ella cuenta nosotros, tras contamos vosotros, tras contáis / ustedes cuentan ellos, ellas cuentan	**Presente** yo cuente tú cuentes / usted cuente él, ella cuente nosotros, tras contemos vosotros, tras contéis / ustedes cuenten ellos, ellas cuenten
Pretérito imperfecto yo contaba tú contabas / usted contaba él, ella contaba nosotros, tras contábamos vosotros, tras contabais / ustedes contaban ellos, ellas contaban	**Pretérito imperfecto** yo contara o contase tú contaras o contases / usted contara o contase él, ella contara o contase nosotros, tras contáramos o contásemos vosotros, tras contarais o contaseis / ustedes contaran o contasen ellos, ellas contaran o contasen
Pretérito perfecto simple yo conté tú contaste / usted contó él, ella contó nosotros, tras contamos vosotros, tras contasteis / ustedes contaron ellos, ellas contaron	**Futuro simple** yo contare tú contares / usted contare él, ella contare nosotros, tras contáremos vosotros, tras contareis / ustedes contaren ellos, ellas contaren
Futuro simple yo contaré tú contarás / usted contará él, ella contará nosotros, tras contaremos vosotros, tras contaréis / ustedes contarán ellos, ellas contarán	**IMPERATIVO** cuenta (tú) / cuente (usted) contemos (nosotros, tras) contad (vosotros, tras) / cuenten (ustedes)
Condicional simple yo contaría tú contarías / usted contaría él, ella contaría nosotros, tras contaríamos vosotros, tras contaríais / ustedes contarían ellos, ellas contarían	**FORMAS NO PERSONALES** Infinitivo: contar Gerundio: contando Participio: contado

contentar (con·ten·tar) [verbo] **1** Poner contento o satisfacer los deseos de alguien. ▌**contentarse 2** Aceptar algo o aguantarse con ello: *Nunca te contentas con lo que te dan.* ☐ Familia: →contento.

contento, ta (con·ten·to, ta) ▌ [adjetivo] **1** Que está alegre o satisfecho por haber conseguido algo deseado. ▌**contento** [sustantivo masculino] **2** Sensación que se tiene cuando algo nos hace felices o nos produce placer: *Demostré mi contento dando saltos y aplaudiendo.* ☐ Sinónimos: **1** alegre, alborozado, ufano. **2** alegría, gozo, dicha. ☐ Antónimos: descontento. **1** triste, mohíno. **2** tristeza, pena, dolor, pesar, sufrimiento. ☐ Familia: contentar, descontento.

contera (con·te·ra) [sustantivo femenino] Pieza de metal que se pone en un bastón en el extremo que se apoya en el suelo.

contestación (con·tes·ta·ción) [sustantivo femenino] Respuesta que se da a algo o a alguien. ☐ Antónimos: pregunta. ☐ Familia: →contestar.

contestador (con·tes·ta·dor) [sustantivo masculino] Aparato que se une a un teléfono y que guarda las llamadas que se hacen cuando no hay nadie en casa. ☐ Familia: →contestar.

contestar (con·tes·tar) [verbo] **1** Dar respuesta a algo. **2** Responder de mala manera: *Me castigaron por contestar a mi abuelo.* ☐ Sinónimos: responder. ☐ Antónimos: **1** preguntar, interrogar. ☐ Familia: contestación, contestador, contestón, contestatario.

contestatario, ria (con·tes·ta·ta·rio, ria) [adjetivo o sustantivo] Que se opone a todo o que protesta por todo. ☐ Familia: →contestar.

contestón, na (con·tes·tón, to·na) [adjetivo] Que contesta con malos modos. ☐ Familia: →contestar.

contexto (con·tex·to) [sustantivo masculino] **1** Texto del que forma parte una palabra o una frase. **2** Ambiente o conjunto de cosas que rodean algo. ☐ Sinónimos: **2** entorno. ☐ Familia: →texto.

contextualizar (con·tex·tua·li·zar) [verbo] Situar en un contexto determinado: *Para entender sus palabras tienes que contextualizarlas.* ☐ [La «z» se cambia en «c» delante de «e» («contextualice»)]. ☐ Familia: →texto.

contextura (con·tex·tu·ra) [sustantivo femenino] Forma que presenta una persona o una cosa: *Los deportistas suelen ser gente de contextura fuerte.* ☐ Familia: →textura.

contienda (con·tien·da) [sustantivo femenino] Batalla o lucha violentas. ☐ Familia: →contender.

contigo (con·ti·go) [pronombre personal] Con la persona a la que se habla: *¿Me dejas jugar contigo?* ☐ [No varía en masculino y femenino].

contiguo, gua (con·ti·guo, gua) [adjetivo] Que está junto a otra cosa: *habitaciones contiguas.* ☐ Sinónimos: aledaño, colindante.

continental (con·ti·nen·tal) [adjetivo] **1** Del continente o relacionado con él. **2** Dicho de un clima, que se caracteriza por tener inviernos fríos y veranos cálidos. ☐ [No varía en masculino y femenino]. ☐ Familia: →continente.

continente (con·ti·nen·te) [sustantivo masculino] Cada una de las grandes extensiones en las que se considera dividida la superficie terrestre: *Europa, América y Asia son continentes.* ☐ Familia: continental.

contingencia (con·tin·gen·cia) [sustantivo femenino] Cosa generalmente desfavorable que puede suceder: *El mal tiempo es una contingencia con la que debes contar en tu viaje.* ☐ Familia: →contingente.

contingente (con·tin·gen·te) ▌ [adjetivo o sustantivo masculino] **1** Que puede suceder. ▌ [sustantivo masculino] **2** Conjunto de fuerzas militares: *Enviaron a la zona un contingente de tropas.* ☐ [Cuando es adjetivo, no varía en masculino y femenino]. ☐ Familia: contingencia.

continuación (con·ti·nua·ción) [sustantivo femenino] Cosa que va después de otra con la que tiene relación: *Esta película es continuación de la otra.* ◆ [expresión] ‖ **a continuación** Justo después o justo detrás: *Cené y, a continuación, vi la película.* ☐ Familia: →continuo.

continuador, ra (con·ti·nua·dor, do·ra) [sustantivo] Persona que continúa lo que otra había empezado. ☐ Familia: →continuo.

continuar (con·ti·nuar) [verbo] **1** Seguir con algo que se estaba haciendo: *Cuando termine de merendar, continuaré estudiando.* **2** Estar durante un tiempo de determinada manera o mantenerse igual: *El buen tiempo continuará durante el fin de semana.* **3** Seguir o extenderse en un espacio: *Esta avenida continúa hasta la plaza.* ☐ [Es irregular y se conjuga como ACTUAR]. ☐ Sinónimos: **1** proseguir. **2** permanecer, perdurar, persistir. ☐ Antónimos: **1** interrumpir, abandonar, dejar, desistir. ☐ Familia: →continuo.

continuidad (con·ti·nui·dad) [sustantivo femenino] **1** Unión entre las partes de algo: *No hay continuidad entre los capítulos de esta serie.* **2** Hecho de perdurar algo: *Se ha cuestionado la continuidad del entrenador.* ☐ Familia: →continuo.

continuo, nua (con·ti·nuo, nua) [adjetivo] **1** Que no para o no se acaba: *un ruido continuo.* **2** Que no se corta ni se interrumpe y sigue hasta el final: *La línea continua de las carreteras indica que no se puede adelantar.* **3** Que se repite con frecuencia: *continuas llamadas de teléfono.* ◆ [expresión] ‖ **de continuo** Cada muy poco tiempo: *Si me interrumpes de continuo, no acabaré nunca.* ☐ Sinónimos: **1** permanente, duradero, incesante. **1, 3** constante. ☐ Antónimos: **1** momentáneo, pasajero, provisional. **2** discontinuo. ☐ Familia: continuar, continuador, continuación, continuidad, discontinuo.

contonearse (con·to·ne·ar·se) [verbo] Mover mucho los hombros y las caderas al andar: *Los modelos se contonean al desfilar sobre la pasarela.* ☐ Familia: contoneo.

contoneo (con·to·ne·o) [sustantivo masculino] Movimiento exagerado de los hombros y de las caderas al andar. ☐ Familia: →contonearse.

contorno (con·tor·no) [sustantivo masculino] **1** Línea que rodea una figura: *El contorno de un círculo es una circunferencia.* **2** Zona que rodea una población: *A la romería acudió* *toda la gente del contorno.* ☐ Sinónimos: **1** perfil, silueta. **2** alrededores, afueras. ☐ Antónimos: **2** centro.

contorsión (con·tor·sión) [sustantivo femenino] Movimiento brusco y forzado que se hace con el cuerpo o con una de sus partes. ☐ Familia: contorsionarse, contorsionista.

contorsionarse (con·tor·sio·nar·se) [verbo] Hacer un movimiento brusco o forzado con el cuerpo o con una de sus partes. ☐ Familia: →contorsión.

contorsionista (con·tor·sio·nis·ta) [sustantivo] Artista que trabaja en el circo y que hace movimientos difíciles con el cuerpo: *El contorsionista se metió en una pequeña caja.* ☐ [No varía en masculino y femenino]. ☐ Familia: →contorsión.

contra (con·tra) ▮ [sustantivo masculino] **1** Cosa que tiene algo de malo: *Debes analizar bien los pros y los contras del asunto.* ▮ [preposición] **2** Indica oposición o lucha: *Fui a una manifestación contra el racismo. Necesito algo contra la gripe.* **3** Indica apoyo en alguna cosa: *Coloca la silla contra la pared.* ◆ [expresión] ‖ **en contra de algo** En oposición a ello: *Estoy en contra de ese plan.* ☐ [No debe decirse «Contra más estudio, más sé», sino «Cuanto más estudio, más sé». No debe decirse «por contra», sino «por el contrario». En el significado **1** se usa mucho en plural]. ☐ Antónimos: **1** pro. ☐ Familia: contrario, contrariar, contrariedad, contrariado.

contraalmirante (con·tra·al·mi·ran·te) [sustantivo] Una de las categorías militares de la Marina de guerra. ☐ [No varía en masculino y femenino. Se usa también «contralmirante»]. ☐ Familia: →almirante.

contraatacar (con·tra·a·ta·car) [verbo] Hacer frente al ataque de un enemigo o de un rival con otro ataque: *Nuestro equipo contraatacó y consiguió dos puntos más.* ☐ [La «c» se cambia en «qu» delante de «e» («contraataque»). Se usa también «contratacar»]. ☐ Familia: →atacar.

contraataque (con·tra·a·ta·que) [sustantivo masculino] Ataque que hacemos para defendernos de un ataque enemigo. ☐ [Se usa también «contrataque»]. ☐ Sinónimos: contraofensiva. ☐ Familia: →atacar.

contrabajo (con·tra·ba·jo) [sustantivo masculino] Instrumento musical parecido a un violín o a un violonchelo, pero mucho más grande que ellos, y que se toca de pie y apoyándolo en el suelo. ◉ páginas 534-535.

contrabandista (con·tra·ban·dis·ta) [sustantivo] Persona que mete productos en un país sin cumplir con la ley. ☐ [No varía en masculino y femenino]. ☐ Familia: →contrabando.

contrabando (con·tra·ban·do) [sustantivo masculino] Hecho de meter productos en un país sin cumplir la ley. ☐ Familia: contrabandista.

contrabarrera (con·tra·ba·rre·ra) [sustantivo femenino] Segunda fila de asientos que hay en una plaza de toros. ☐ Familia: →barrera.

contracción (con·trac·ción) [sustantivo femenino] **1** Hecho de que algo se haga más pequeño o de que ocupe menos espacio: *La contracción es un movimiento del corazón.*

2 Unión de dos vocales de forma que queda una sola: *De la contracción de la preposición «a» y el artículo «el» resulta «al».* ☐ Antónimos: **1** dilatación. ☐ Familia: →contraer.

contrachapado, da (con·tra·cha·pa·do, da) [adjetivo o sustantivo masculino] Dicho de una tabla, que está formada por varias capas finas de madera pegadas entre sí: *madera de contrachapado.* ☐ Familia: →chapa.

contracorriente (con·tra·co·rrien·te) ◆ [expresión] ‖ **a contracorriente** En contra de la opinión de los demás. ☐ Familia: →correr.

contráctil (con·trác·til) [adjetivo] Que puede contraerse o hacerse más pequeño. ☐ [No varía en masculino y femenino]. ☐ Familia: →contraer.

contractura (con·trac·tu·ra) [sustantivo femenino] Contracción involuntaria y duradera de uno o más grupos de músculos. ☐ Familia: →contraer.

contracubierta (con·tra·cu·bier·ta) [sustantivo femenino] Parte interior de la cubierta o la tapa de un libro. ☐ Familia: →cubrir.

contradecir (con·tra·de·cir) [verbo] Llevar la contraria o decir lo contrario de lo que se ha dicho antes: *¿Por qué siempre me contradices en todo lo que digo?* ☐ [Es irregular y se conjuga como PREDECIR. Su participio es «contradicho»]. ☐ Familia: contradicción, contradictorio, contradicho. →decir.

contradicción (con·tra·dic·ción) [sustantivo femenino] Hecho o dicho que se opone a lo que se ha dicho o se ha hecho antes: *Decir una cosa y hacer la contraria es una contradicción.* ☐ Familia: →contradecir.

contradicho, cha (con·tra·di·cho, cha) Participio irregular de **contradecir**. ☐ Familia: →contradecir.

contradictorio, ria (con·tra·dic·to·rio, ria) [adjetivo] Que lleva la contraria o que dice o hace lo contrario de lo que se ha dicho o se ha hecho antes: *Las declaraciones de uno y otro son contradictorias.* ☐ Familia: →contradecir.

contraer (con·tra·er) [verbo] **1** Hacer algo más pequeño o hacer que ocupe menos espacio: *El frío contrae los metales.* **2** Empezar a tener una enfermedad o una mala costumbre: *Contrajo la gripe.* **3** Aceptar algo como una obligación: *Contrajiste un compromiso y debes cumplirlo.* ☐ [Es irregular y se conjuga como TRAER]. ☐ Sinónimos: **2** coger. ☐ Antónimos: **1** dilatar. ☐ Familia: contracción, contráctil, contractura.

contrafuerte (con·tra·fuer·te) [sustantivo masculino] **1** Pieza que se apoya contra un muro para reforzarlo. **2** Pieza de cuero que sirve para reforzar el zapato en la zona del talón. ☐ Familia: →fuerte.

contrahecho, cha (con·tra·he·cho, cha) [adjetivo] Que tiene algo deforme en el cuerpo. ☐ Sinónimos: deforme. ☐ Familia: →hacer.

contraindicación (con·train·di·ca·ción) [sustantivo femenino] Caso en el que algo puede resultar peligroso: *Casi todos los medicamentos tienen contraindicaciones para las mujeres embarazadas.* ☐ Familia: →índice.

contraindicado, da (con·train·di·ca·do, da) [adjetivo] Que resulta peligroso o malo en algunos casos. ☐ Familia: →índice.

contralmirante (con·tral·mi·ran·te) [sustantivo] → **contraalmirante.** ☐ [No varía en masculino y femenino]. ☐ Familia: →almirante.

contralto (con·tral·to) [sustantivo] Persona que canta con un tono de voz entre grave y agudo. ☐ [No varía en masculino y femenino].

contraluz (con·tra·luz) [sustantivo] Vista de una cosa cuando se mira de frente y la luz está por detrás de lo que se mira: *Intenté ver el contenido del sobre poniéndolo a contraluz.* ☐ [Se puede decir «el contraluz» y «la contraluz» sin que cambie de significado, aunque se usa más en masculino. Su plural es «contraluces»]. ☐ Familia: →luz.

contramaestre (con·tra·ma·es·tre) [sustantivo] Persona que en un barco está a las órdenes de un oficial y cuya tarea consiste en dirigir a los marineros. ☐ [No varía en masculino y femenino].

contraofensiva (con·tra·o·fen·si·va) [sustantivo] Ataque que se hace para defendernos de un ataque enemigo. ☐ Sinónimos: contraataque. ☐ Familia: →ofender.

contraorden (con·tra·or·den) [sustantivo femenino] Orden que hace que otra orden que se dio antes ya no valga. ☐ Familia: →orden.

contrapartida (con·tra·par·ti·da) [sustantivo femenino] Hecho o cosa que compensa algo negativo: *No pudimos salir el fin de semana porque mi hermano tenía trabajo, pero, como contrapartida, ayer me invitó al cine.* ☐ Familia: →parte.

contrapelo (con·tra·pe·lo) ◆ [expresión] ‖ **a contrapelo** Contra la dirección en la que crece el pelo. ☐ Familia: →pelo.

contrapesar (con·tra·pe·sar) [verbo] Hacer que el peso de algo se haga igual que el de otra cosa: *Pon en la derecha las dos mochilas para contrapesar los bultos.* ☐ Familia: →peso.

contrapeso (con·tra·pe·so) [sustantivo masculino] Cosa que sirve para que el peso o la fuerza de algo se hagan iguales que los de otra cosa. ☐ Familia: →peso.

contrapié (con·tra·pié) ◆ [expresión] ‖ **a contrapié** En mala posición para hacer algo: *El balón me pilló a contrapié y no pude hacer nada por detenerlo.* ☐ Familia: →pie.

contraponer (con·tra·po·ner) [verbo] Poner o estar una cosa en contra de otra: *contraponer dos resultados.* ☐ [Es irregular y se conjuga como PONER. Su participio es «contrapuesto»]. ☐ Familia: contraposición, contrapuesto.

contraportada (con·tra·por·ta·da) [sustantivo femenino] Última página de un periódico o de una revista. ☐ Familia: →portada.

contraposición (con·tra·po·si·ción) [sustantivo femenino] Oposición entre dos cosas. ☐ Familia: →contraponer.

contraproducente (con·tra·pro·du·cen·te) [adjetivo] Que produce un efecto contrario al que se espera. ☐ [No varía en masculino y femenino]. ☐ Familia: →producir.

contrapuesto, ta (con·tra·pues·to, ta) Participio irregular de **contraponer.** ☐ Familia: →contraponer.

contrariado, da (con·tra·ria·do, da) [adjetivo] Enfadado o de mal humor. ☐ Familia: →contra.

contrariar (con·tra·riar) [verbo] Enfadar o producir disgusto: *Me ha contrariado mucho que te burlaras de esa forma de tus compañeros.* ☐ [Es irregular y se conjuga como ENVIAR]. ☐ Familia: →contra.

contrariedad (con·tra·rie·dad) [sustantivo] Suceso negativo que no se espera y que no suele ser grave. ☐ Sinónimos: contratiempo, percance, accidente. ☐ Familia: →contra.

contrario, ria (con·tra·rio, ria) [adjetivo o sustantivo] **1** Que se opone a algo: *Soy contrario al uso de la violencia.* ∎ **contrario** [sustantivo masculino] **2** Persona o grupo que está en contra: *El equipo de tu colegio es nuestro contrario en el partido del domingo.* **3** Palabra cuyo significado es opuesto al de otra: *«Listo» es el contrario de «tonto».* ◆ [expresión] ‖ **al contrario** Al revés o de forma distinta del todo: *No he dicho que eso me guste, al contrario, lo odio.* ‖ **llevar la contraria a alguien** Oponerse a lo que dice: *Si yo digo blanco, él dice negro, porque siempre me lleva la contraria.* ☐ Sinónimos: **1** opuesto, antagónico, encontrado. **2** adversario, rival, enemigo. **3** antónimo. ☐ Antónimos: **1** adepto, partidario, simpatizante, adicto, aliado, correligionario. **3** sinónimo. ☐ Familia: →contra.

contrarreloj (con·tra·rre·loj) [adjetivo o sustantivo femenino] Dicho de una carrera, que se hace teniendo en cuenta el tiempo que se tarda en acabar: *Este ciclista ha batido un récord en la contrarreloj.* ☐ [Cuando es adjetivo, no varía en masculino y femenino, ni en singular y plural. Cuando es sustantivo su plural es «contrarrelojes»]. ☐ Familia: →reloj.

contrarrestar (con·tra·rres·tar) [verbo] Aliviar o anular el efecto o la influencia de algo: *Necesita un antídoto para contrarrestar los efectos del veneno.*

contrasentido (con·tra·sen·ti·do) [sustantivo masculino] Hecho extraño o raro: *Es un contrasentido que siempre vayas en taxi teniendo un coche nuevo.* ☐ Sinónimos: paradoja. ☐ Familia: →sentir.

contraseña (con·tra·se·ña) [sustantivo femenino] Palabra o señal secreta que permite reconocer a alguien como miembro de un grupo: *Si no me dices la contraseña, no te dejaré entrar.* ☐ Familia: →seña.

contrastar (con·tras·tar) [verbo] **1** Comparar una cosa con otra para ver sus diferencias: *Contrasta lo que yo te he contado con la versión de tus amigos y verás cómo digo la verdad.* **2** Mostrar gran diferencia: *El moreno de tu piel contrasta con la blancura de tu blusa.* ☐ Familia: contraste.

contraste (con·tras·te) [sustantivo masculino] Diferencia grande u oposición que hay entre dos cosas que se comparan. ☐ Familia: →contrastar.

contrata (con·tra·ta) [sustantivo femenino] Contrato para hacer una obra o para realizar un servicio por un precio determinado. ☐ Familia: →contrato.

contratacar (con·tra·ta·car) [verbo] → **contraatacar.**

contratación (con·tra·**ción**) [sustantivo/femenino] Hecho de hacer un contrato. ☐ Familia: →contrato.

contrataque (con·tra·**ta**·que) [sustantivo/masculino] → **contraataque**.

contratar (con·tra·**tar**) [verbo] Hacer un contrato para que alguien trabaje en un sitio a cambio de dinero. ☐ Familia: →contrato.

contratiempo (con·tra·**tiem**·po) [sustantivo/masculino] Suceso negativo que no se espera y que no suele ser grave. ☐ Sinónimos: percance, contrariedad, accidente. ☐ Familia: →tiempo.

contratista (con·tra·**tis**·ta) [sustantivo] Persona o empresa que firman un acuerdo para prestar un servicio o realizar una obra por un precio determinado. ☐ [No varía en masculino y femenino]. ☐ Familia: →contrato.

contrato (con·**tra**·to) [sustantivo/masculino] Acuerdo entre dos o más personas según el cual todos cumplirán lo que han dicho. ☐ Familia: contratar, contratación, contratista, contrata.

contravenir (con·tra·ve·**nir**) [verbo] Ir en contra de una ley o una orden. ☐ [Es irregular y se conjuga como VENIR]. ☐ Sinónimos: transgredir, infringir. ☐ Antónimos: obedecer, acatar. ☐ Familia: →venir.

contraventana (con·tra·ven·**ta**·na) [sustantivo/femenino] Puerta que cubre los cristales de las ventanas o de los balcones, para que no pase luz ni frío. ☐ Familia: →ventana.

contribución (con·tri·bu·**ción**) [sustantivo/femenino] **1** Cantidad de dinero que corresponde como impuesto: *Hay que pagar la contribución urbana todos los años dentro de un plazo.* **2** Ayuda para lograr un fin: *Una asociación ha pedido la contribución de todos para mandar ayuda a ese país en guerra.* ☐ Sinónimos: **2** colaboración, cooperación. ☐ Familia: →contribuir.

contribuir (con·tri·**buir**) [verbo] **1** Dar una cantidad de dinero para un fin: *Todos los años contribuyo con algún dinero a la lucha contra la droga.* **2** Ayudar para que se logre algún fin: *Todos debemos contribuir a la conservación de la naturaleza.* ☐ Sinónimos: **2** cooperar, colaborar. ☐ [Es irregular y se conjuga como CONSTRUIR]. ☐ Familia: contribución, contribuyente.

contribuyente (con·tri·bu·**yen**·te) [sustantivo] Persona que paga impuestos. ☐ [No varía en masculino y femenino]. ☐ Familia: →contribuir.

contrición (con·tri·**ción**) [sustantivo/femenino] Pena que se siente por haber ofendido a Dios: *acto de contrición.*

contrincante (con·trin·**can**·te) [sustantivo] Persona o grupo que lucha contra otros para conseguir algo. ☐ [No varía en masculino y femenino]. ☐ Sinónimos: adversario, oponente.

control (con·**trol**) [sustantivo/masculino] **1** Prueba que se hace para comprobar que algo es como debe ser: *Los coches deben pasar un control cada cierto tiempo para ver si están en buen estado.* **2** Poder para dirigir algo o para mandar sobre ello: *Tú no tienes ningún control sobre mí, así que no me digas lo que tengo que hacer.* **3** Lugar desde donde se controla algo: *Nos pidieron el pa-* saporte en un control de la frontera. **4** Objeto que sirve para dirigir algo o para ver cómo funciona: *Un piloto maneja los controles del avión.* **5** Examen que se hace para comprobar lo que saben los alumnos: *Nuestra profesora nos hace un control cada quince días.* ◆ [expresión] ‖ **control remoto** Aparato con el que se hace mover un objeto a distancia: *Me han regalado un coche que funciona por control remoto.* ☐ Antónimos: **2** descontrol. ☐ Familia: controlar, controlador, descontrol, descontrolado, descontrolar, incontrolable.

controlador, ra (con·tro·la·**dor**, **do**·ra) [adjetivo] **1** Que controla: *Carlos es muy controlador.* [adjetivo] **2** Persona que trabaja en un aeropuerto para controlar el tráfico de aviones. ☐ Familia: →control.

controlar (con·tro·**lar**) [verbo] **1** Comprobar que algo es como debe ser o que se hace bien: *En los aeropuertos hay personas que controlan la salida y la llegada de los aviones.* **2** Estar pendiente de lo que hacen los demás: *Mi vecino controla a todo el que sube y baja.* **3** Mandar sobre algo o dirigirlo: *El ejército controla la zona sur del país.* ▌ **controlarse 4** Tener control sobre las propias acciones para no dejarnos llevar por los impulsos: *Tuve que controlarme para no echarme a llorar.* ☐ Sinónimos: **4** contenerse. ☐ Familia: →control.

controversia (con·tro·**ver**·sia) [sustantivo/femenino] Discusión que dura mucho tiempo. ☐ Familia: controvertido.

controvertido, da (con·tro·ver·**ti**·do, da) [adjetivo] Que es discutido durante mucho tiempo. ☐ Familia: →controversia.

contumaz (con·tu·**maz**) [adjetivo] Que insiste en mantener un error. ☐ [No varía en masculino y femenino. Su plural es «contumaces»].

contundencia (con·tun·**den**·cia) [sustantivo/femenino] Capacidad para convencer por claridad o por decisión. ☐ Familia: →contusión.

contundente (con·tun·**den**·te) [adjetivo] **1** Que produce un daño sin causar herida ni rotura: *un golpe contundente.* **2** Que convence y no admite discusión: *una respuesta contundente.* ☐ [No varía en masculino y femenino]. ☐ Sinónimos: tajante. ☐ Familia: →contusión.

conturbar (con·tur·**bar**) [verbo] Hacer que alguien deje de estar tranquilo o que se preocupe por algo. ☐ Sinónimos: inquietar, alterar, perturbar. ☐ Familia: →turbar.

contusión (con·tu·**sión**) [sustantivo/femenino] Daño o lesión que se produce por un golpe: *Me caí y tengo una contusión en el brazo.* ☐ Familia: contundente, contundencia.

convalecencia (con·va·le·**cen**·cia) [sustantivo/femenino] Tiempo después de una enfermedad durante el que se recuperan fuerzas. ☐ Familia: →convalecer.

convalecer (con·va·le·**cer**) [verbo] Recuperar fuerzas después de una enfermedad: *Convalece de su enfermedad retirado de la ciudad.* ☐ [Es irregular y se conjuga como AGRADECER]. ☐ Familia: convalecencia, convaleciente.

convaleciente (con·va·le·**cien**·te) [adjetivo o sustantivo] Que está intentando volver a tener fuerzas después de una

convalidación

enfermedad. ☐ [No varía en masculino y femenino]. ☐ Familia: →convalecer.

convalidación (con·va·li·da·ción) [sustantivo femenino] Hecho de confirmar el valor de unos estudios que se han realizado en otro país o en otro centro de enseñanza. ☐ Familia: →valor.

convalidar (con·va·li·dar) [verbo] Confirmar el valor de unos estudios que se han realizado en otro país o en otro centro de enseñanza: *Hizo un curso en el extranjero y se lo han convalidado en su país.* ☐ Familia: →valor.

convencer (con·ven·cer) [verbo] **1** Conseguir que una persona cambie su opinión o su comportamiento: *Me convenció para que fuera con ella.* **2** Gustar o producir placer: *La película me convenció.* ☐ [La «c» se cambia en «z» delante de «a», «o» («convenza»)]. ☐ Familia: convencimiento, convicción, convincente.

convencimiento (con·ven·ci·mien·to) [sustantivo masculino] Seguridad que se tiene de algo. ☐ Sinónimos: convicción. ☐ Familia: →convencer.

convención (con·ven·ción) [sustantivo femenino] **1** Hecho que está admitido por todos por ser una costumbre o un acuerdo: *una convención social.* **2** Reunión de muchas personas en un lugar para un fin determinado. ☐ Sinónimos: **2** asamblea. ☐ Familia: convencional, convencionalismo.

convencional (con·ven·cio·nal) [adjetivo] **1** Que se establece por un acuerdo general o por una costumbre: *Las letras son signos convencionales que representan sonidos.* **2** Que no supone nada nuevo ni distinto de lo normal: *Es muy convencional en su forma de vestir.* ☐ [No varía en masculino y femenino]. ☐ Familia: →convención.

convencionalismo (con·ven·cio·na·lis·mo) [sustantivo masculino] Cosa que hacemos o pensamos por costumbre o porque sabemos que los demás lo aceptan. ☐ Familia: →convención.

conveniencia (con·ve·nien·cia) [sustantivo femenino] **1** Utilidad de algo: *Me hizo ver la conveniencia de comprar un coche.* **2** Hecho o cosa que es beneficioso o útil: *Solo buscas tu propia conveniencia.* ☐ Sinónimos: **2** interés. ☐ Familia: →convenir.

conveniente (con·ve·nien·te) [adjetivo] **1** Que es adecuado para algo o que es como debe ser: *No es conveniente que llames tan tarde.* **2** Que resulta bueno para algo: *Es conveniente aprender idiomas.* ☐ [No varía en masculino y femenino]. ☐ Sinónimos: **1** acertado, apropiado, oportuno. **2** útil. ☐ Antónimos: **1** incorrecto. **2** inútil. ☐ Familia: →convenir.

convenio (con·ve·nio) [sustantivo masculino] Acuerdo que se hace entre dos o más personas: *Ayer se firmó el convenio entre la empresa y los trabajadores.* ☐ Sinónimos: pacto. ☐ Familia: →convenir.

convenir (con·ve·nir) [verbo] **1** Ser adecuado para algo o resultar bueno para ello: *Si vas a esquiar, te conviene llevar ropa de abrigo.* **2** Ponerse de acuerdo en algo: *Los dos amigos convinieron en comer juntos.* ☐ [Es irregular y se conjuga como VENIR]. ☐ Sinónimos: **2** quedar, acordar, pactar. ☐ Familia: conveniente, conveniencia, convenio, inconveniente, inconveniencia, reconvenir.

convento (con·ven·to) [sustantivo masculino] Edificio en el que viven los miembros de una comunidad religiosa.

convergente (con·ver·gen·te) [adjetivo] Dicho de dos o más cosas, que se juntan en un mismo lugar: *calles convergentes.* ☐ [No varía en masculino y femenino]. ☐ Familia: →converger.

converger (con·ver·ger) [verbo] Juntarse varias cosas en un mismo lugar: *Todas estas calles convergen en la misma plaza.* ☐ [La «g» se cambia en «j» delante de «a», «o» («converja»). Se usa también «convergir»]. ☐ Sinónimos: concurrir, confluir. ☐ Antónimos: divergir. ☐ Familia: convergente.

convergir (con·ver·gir) [verbo] → **converger.** ☐ [La «g» se cambia en «j» delante de «a», «o» («converja»)].

conversación (con·ver·sa·ción) [sustantivo femenino] Hecho de hablar dos o más personas entre sí. ☐ Familia: →conversar.

conversador, ra (con·ver·sa·dor, do·ra) [adjetivo o sustantivo] Que sabe hacer interesante una conversación. ☐ Familia: →conversar.

conversar (con·ver·sar) [verbo] Hablar unas personas con otras. ☐ Sinónimos: platicar, charlar. ☐ Familia: conversación, conversador.

conversión (con·ver·sión) [sustantivo femenino] **1** Cambio que sucede en una cosa y hace que algo empiece a ser distinto: *Un milagro de Jesucristo fue la conversión del agua en vino en las bodas de Caná.* **2** Cambio de creencias: *Años atrás se produjo su conversión al catolicismo.* ☐ Sinónimos: **1** transformación. ☐ Familia: →convertir.

converso, sa (con·ver·so, sa) [adjetivo o sustantivo] Dicho de una persona, que ha adoptado otra religión: *En la España medieval hubo muchos judíos conversos.* ☐ Familia: →convertir.

convertidor (con·ver·ti·dor) [sustantivo masculino] **1** Aparato que se utiliza para cambiar el tipo de corriente eléctrica. **2** Aparato que se usa para convertir el hierro fundido en acero. ☐ Familia: →convertir.

convertir (con·ver·tir) [verbo] **1** Hacer que algo tenga un cambio y empiece a ser una cosa distinta: *Con el calor, la nieve se convierte en agua.* **2** Convencer a una persona para que adopte unas creencias nuevas: *El ejemplo es el mejor modo de convertir a los demás a nuestra religión.* ☐ [Es irregular y se conjuga como SENTIR]. ☐ Sinónimos: **1** transformar, trasformar, cambiar. ☐ Familia: conversión, converso, convertidor, reconversión.

convexo, xa (con·ve·xo, xa) [adjetivo] Dicho de una línea o de una superficie, que es curva y sobresale su parte central. ☐ Antónimos: cóncavo.

convicción (con·vic·ción) ▪ [sustantivo femenino] **1** Hecho de conseguir que alguien cambie de opinión: *Hablas muy bien y tienes mucho poder de convicción.* **2** Seguridad que se tiene de algo: *Tengo la convicción de que llegará a tiempo.* ■ **convicciones** [plural] **3** Conjunto de ideas que alguien tiene sobre algo y en las que cree con seguridad: *Aunque yo no tengo tus mismas convicciones, las respeto.* ☐ Sinónimos: **2** convencimiento, creencia. ☐ Familia: →convencer.

convicto, ta (con·vic·to, ta) [adjetivo] Dicho de una persona, que es culpable de un delito y se ha probado en un juicio.

convidado, da (con·vi·da·do, da) [sustantivo] Persona a la que se invita a una comida o a una bebida sin que pague nada. ☐ Sinónimos: invitado. ☐ Familia: →convidar.

convidar (con·vi·dar) [verbo] Invitar u ofrecer gratis una comida o una bebida: *Nos convidó a merendar en una cafetería.* ☐ Sinónimos: invitar. ☐ Familia: convidado, convite.

convincente (con·vin·cen·te) [adjetivo] Que convence o que tiene poder para convencer. ☐ [No varía en masculino y femenino]. ☐ Sinónimos: persuasivo. ☐ Familia: →convencer.

convite (con·vi·te) [sustantivo masculino] Comida u otra cosa a la que se invita a gente: *un convite de boda.* ☐ Familia: →convidar.

convivencia (con·vi·ven·cia) [sustantivo femenino] Vida en compañía de otras personas. ☐ Familia: →vivir.

convivir (con·vi·vir) [verbo] Vivir juntas varias personas. ☐ Familia: →vivir.

convocar (con·vo·car) [verbo] **1** Llamar a varias personas para que vayan a un lugar en una fecha determinada: *El director del colegio ha convocado una reunión de profesores.* **2** Anunciar las condiciones y la fecha de algo que se va a realizar: *Ya se ha convocado el concurso de poemas.* ☐ [La «c» se cambia en «qu» delante de «e» («convoque»)]. ☐ Antónimos: desconvocar. ☐ Familia: convocatoria, desconvocar.

convocatoria (con·vo·ca·to·ria) [sustantivo femenino] Hecho de llamar a varias personas para que vayan a un lugar en una fecha determinada. ☐ Familia: →convocar.

convoy (con·voy) [sustantivo masculino] **1** Conjunto de personas que acompañan y protegen a un grupo de barcos o de vehículos: *un convoy militar.* **2** Barcos o vehículos que van protegidos. ☐ [Su plural es «convoyes»].

convulsión (con·vul·sión) [sustantivo femenino] **1** Movimiento brusco de los músculos del cuerpo: *La fiebre le produce convulsiones.* **2** Impresión muy fuerte que puede cambiar la vida de alguien: *El inicio de la guerra supuso una verdadera convulsión para el país.* ☐ Familia: convulsivo.

convulsivo, va (con·vul·si·vo, va) [adjetivo] Que tiene convulsiones o las características de las convulsiones: *un movimiento convulsivo.* ☐ Familia: →convulsión.

conyugal (con·yu·gal) [adjetivo] De las personas que están casadas o relacionado con ellas. ☐ [No varía en masculino y femenino]. ☐ Familia: →cónyuge.

cónyuge (cón·yu·ge) [sustantivo] Esposo o esposa. ☐ [No varía en masculino y femenino]. ☐ Sinónimos: consorte. ☐ Familia: conyugal.

coñac (co·ñac) [sustantivo masculino] Bebida alcohólica muy fuerte. ☐ [Es una palabra de origen francés. Su plural es «coñacs»].

coño (co·ño) [sustantivo masculino] Vulva. ☐ [Es vulgar y se usa mucho en expresiones malsonantes].

cooperación (co·o·pe·ra·ción) [sustantivo femenino] Ayuda para lograr un fin. ☐ Sinónimos: colaboración, contribución. ☐ Familia: →operar.

cooperar (co·o·pe·rar) [verbo] **1** Trabajar con otras personas en algo: *He decidido cooperar con vosotros en ese trabajo.* **2** Ayudar para que se logre algún fin: *Agradecemos el esfuerzo de todos los que han cooperado en este proyecto.* ☐ Sinónimos: colaborar. **2** contribuir. ☐ Familia: →operar.

cooperativa (co·o·pe·ra·ti·va) [sustantivo femenino] Empresa en la que las pérdidas y las ganancias se reparten por igual entre todos los que la forman. ☐ Familia: →operar.

cooperativista (co·o·pe·ra·ti·vis·ta) [sustantivo] Persona que forma parte de una cooperativa. ☐ [No varía en masculino y femenino]. ☐ Familia: →operar.

coordenada (co·or·de·na·da) ■ [sustantivo femenino] **1** Línea que sirve para determinar la posición de un punto: *El piloto dio por radio las coordenadas de su situación.* ■ **coordenadas** [plural] **2** En matemáticas, eje horizontal y eje vertical que sirven para determinar la posición de un punto. ☐ [En el significado **1** se usa más en plural]. ☐ Familia: →orden.

coordinación (co·or·di·na·ción) [sustantivo femenino] **1** Hecho de combinar cosas distintas de forma que tengan un orden determinado: *coordinación de movimientos; coordinación de un grupo.* **2** Unión de palabras o frases utilizando conjunciones: *En la oración «Cantas bien, pero bailas mal» hay coordinación.* ☐ Familia: →coordinar.

coordinador, ra (co·or·di·na·dor, do·ra) [adjetivo o sustantivo] Que se ocupa de unir las distintas partes de algo de forma que tengan un orden determinado para que todo salga bien: *Yo soy el coordinador de este grupo de trabajo.* ☐ Familia: →coordinar.

coordinar (co·or·di·nar) [verbo] **1** Unir cosas distintas de forma que tengan un orden determinado para que todo salga bien: *Yo soy el encargado de coordinar el trabajo que hacemos en equipo.* **2** Hacer una cosa a la vez que otra y de forma que se mezclen con orden: *Cuando bailamos juntos, tenemos que coordinar nuestros movimientos.* **3** Unir palabras u oraciones parecidas: *En la oración «Canto y bailo», «y» coordina «canto» y «bailo».* ☐ Sinónimos: **1** concertar. ☐ Familia: coordinador, coordinación.

copa (co·pa) ■ [sustantivo femenino] **1** Especie de vaso que está unido a un pie largo y fino. **2** Conjunto de ramas y de hojas que forman la parte superior de un árbol. **3** Parte hueca de un sombrero o de otros objetos: *El*

copar

mago sacó un conejo de la copa de su sombrero. **4** Competición deportiva en la que se da un premio que tiene forma de vaso: *¿Cuándo se juega la final de la Copa del Rey de balonmano?* ∎ **copas** [plural] **5** En una baraja, tipo de carta que tiene dibujada esta especie de vaso. ☐ FAMILIA: copete, copón, encopetado.

copar (co·par) [verbo] Ocupar por completo: *Esta noticia copó la atención de todo el pueblo.*

copete (co·pe·te) [sustantivo masculino] **1** Mechón de pelo que cae sobre la frente. **2** Parte de un helado que sobresale del recipiente que lo contiene. ◆ [expresión] ‖ **de alto copete** Muy importante: *una dama de alto copete.* ☐ [La expresión es coloquial]. ☐ FAMILIA: →copa.

copia (co·pia) [sustantivo femenino] Cualquier cosa que se hace igual que otra o que se le parece mucho. ☐ SINÓNIMOS: calco, imitación, reproducción. ☐ FAMILIA: →copiar.

copiar (co·piar) [verbo] **1** Hacer algo igual que otra cosa: *copiar a un compañero.* **2** Escribir lo mismo que se ha visto en algún sitio: *copiar un discurso.* ☐ [Es irregular y se conjuga como **ANUNCIAR**]. ☐ SINÓNIMOS: **1** calcar, imitar. ☐ FAMILIA: copia, copista, fotocopia, fotocopiar, fotocopiadora, copión.

copiloto (co·pi·lo·to) [sustantivo] Persona que va al lado del conductor de un vehículo y le ayuda a conducir. ☐ [No varía en masculino y femenino]. ☐ FAMILIA: →piloto.

copión, na (co·pión, pio·na) [adjetivo o sustantivo] Que siempre copia las cosas o hace lo mismo que otra persona. ☐ [Es coloquial y despectivo]. ☐ FAMILIA: →copiar.

copioso, sa (co·pio·so, sa) [adjetivo] En gran cantidad. ☐ SINÓNIMOS: abundante, cuantioso, profuso. ☐ ANTÓNIMOS: escaso.

copista (co·pis·ta) [sustantivo] Persona que se dedicaba a copiar textos. ☐ [No varía en masculino y femenino]. ☐ FAMILIA: →copiar.

copla (co·pla) [sustantivo femenino] **1** Canción popular. **2** Dicho que se repite de forma continua y termina cansando: *¿Ya estás otra vez con la misma copla?* ☐ [El significado **2** es coloquial].

copo (co·po) [sustantivo masculino] **1** Gota de nieve. **2** Cualquier cosa que tiene esa forma: *He desayunado copos de maíz.*

copón (co·pón) [sustantivo masculino] Copa grande de metal que usan los sacerdotes durante la misa para depositar el pan consagrado. ☐ FAMILIA: →copa.

coproducción (co·pro·duc·ción) [sustantivo femenino] Trabajo que se hace entre varias personas: *la coproducción de una película.* ☐ FAMILIA: →producir.

cópula (có·pu·la) [sustantivo femenino] Unión sexual entre dos personas. ☐ SINÓNIMOS: coito. ☐ FAMILIA: →copular.

copular (co·pu·lar) [verbo] Unirse sexualmente el macho y la hembra. ☐ FAMILIA: cópula, copulativo.

copulativo, va (co·pu·la·ti·vo, va) [adjetivo] **1** Que une una palabra o una frase con otra: *En la frase «Bebí leche y comí galletas», «y» es una conjunción copulativa.* **2** Dicho de un verbo, que se combina con un atributo o grupo de palabras que indican las características del sujeto: *«Ser», «estar» y «parecer» son verbos copulativos.* **3** Dicho de una oración, que tiene como verbo *ser, estar* o *parecer*: *La oración «La fiesta es muy divertida» es copulativa.* ☐ FAMILIA: →copular.

copyright [sustantivo masculino] Derecho que tiene la persona que inventa algo para que no se lo copien o para que le paguen dinero si alguien lo copia. ☐ [Es una palabra inglesa. Se pronuncia «kopirráit». Es preferible usar «derecho de autor»].

coque (co·que) [sustantivo masculino] Combustible que se obtiene del carbón y que al quemarse produce energía.

coquetear (co·que·te·ar) [verbo] Intentar gustar a alguien. ☐ FAMILIA: →coqueto.

coqueteo (co·que·te·o) [sustantivo masculino] → **coquetería**. ☐ FAMILIA: →coqueto.

coquetería (co·que·te·rí·a) [sustantivo femenino] Ganas de gustar siempre a todo el mundo. ☐ SINÓNIMOS: coqueteo. ☐ FAMILIA: →coqueto.

coqueto, ta (co·que·to, ta) ∎ [adjetivo] **1** Agradable y bonito: *Llevas un vestido muy coqueto.* ∎ [adjetivo o sustantivo] **2** Que trata de gustar siempre a los demás. ∎ **coqueta** [sustantivo femenino] **3** Mueble formado por una mesa con cajones y un espejo, que sirve para peinarse y arreglarse. ☐ FAMILIA: coquetear, coqueteo, coquetería.

coquina (co·qui·na) [sustantivo femenino] Animal marino que tiene dos conchas de color gris con manchas rojizas y es parecido a la almeja.

coraje (co·ra·je) [sustantivo masculino] **1** Valor o fuerza que se tienen para hacer algo: *Debes sacar coraje y decirle la verdad.* **2** Ira o sensación nada agradable que tenemos cuando algo nos molesta mucho: *Me da mucho coraje que siempre tenga yo que hacerlo todo.* ☐ SINÓNIMOS: **1** valentía. **2** rabia. ☐ ANTÓNIMOS: **1** cobardía. ☐ FAMILIA: encorajinar.

coral (co·ral) ∎ [adjetivo] **1** Del coro o relacionado con él: *música coral.* ∎ [sustantivo femenino] **2** Grupo musical que canta sin instrumentos: *Una coral cantó varios villancicos.* ∎ [sustantivo masculino] **3** Animal que vive en el mar formando un grupo que parece una planta: *Buceé para ver los corales del fondo del mar.* ⊙ página 96. ☐ [En el significado **1** no varía en masculino y femenino]. ☐ SINÓNIMOS: **2** orfeón. ☐ FAMILIA: →coro.

coraza (co·ra·za) [sustantivo femenino] Pieza de metal que protege el pecho y la espalda. ☐ FAMILIA: acorazado.

coraza

corazón (co·ra·zón) [sustantivo masculino] **1** Órgano principal del aparato circulatorio que hace que la sangre se reparta adecuadamente por todo el cuerpo: *Los latidos son los movimientos del corazón.* **2** Figura parecida a este órgano: *Dibujé un corazón con el nombre de la chica que me gusta.* **3** Sentimientos que se tienen: *El que te dijo esa grosería no tiene corazón.* **4** Parte central o más importante de algo: *Vivo en el corazón de la ciudad.* **5** Dedo central de la mano: *El corazón es el dedo más largo.* ◉ **ilustración en mano.** ◆ [expresión] ‖ **de corazón** De verdad: *Deseo de corazón que tengas suerte.* ‖ **del corazón** Que trata de los sentimientos o de la vida íntima de las personas: *una revista del corazón.* ☐ Familia: corazonada, descorazonado, rompecorazones.

corazonada (co·ra·zo·na·da) [sustantivo femenino] Sensación de que algo va a ocurrir. ☐ Sinónimos: presentimiento, pálpito, premonición, presagio. ☐ Familia: →corazón.

corbata (cor·ba·ta) [sustantivo femenino] Tira de tela estrecha y larga que se usa como adorno y se ata bajo el cuello de la camisa para que caiga sobre el pecho.

corbeta (cor·be·ta) [sustantivo femenino] Barco ligero de guerra.

corcel (cor·cel) [sustantivo masculino] Caballo fuerte y bonito. ☐ [Suele usarse en el lenguaje literario].

corchea (cor·che·a) [sustantivo femenino] Figura musical que indica la duración de una nota. ☐ Familia: semicorchea. ◉ página 648.

corchete (cor·che·te) [sustantivo masculino] **1** Especie de gancho formado por dos piezas que sirve de cierre y que se suele poner en prendas de vestir: *Me han cosido un corchete en la cintura de la falda.* **2** Signo que usamos al escribir para añadir una explicación: *[Este ejemplo está escrito entre corchetes].*

corcho (cor·cho) [sustantivo masculino] **1** Material que se saca de la corteza de algunos árboles, que flota bien y pesa muy poco: *un mural de corcho para pinchar papeles.* **2** Objeto que sirve para cerrar botellas y que está hecho con este material. ☐ Familia: descorchar, acorchar, sacacorchos.

córcholis (cór·cho·lis) [interjección] Se usa para indicar sorpresa, admiración o disgusto. ☐ [Es coloquial].

corcova (cor·co·va) [sustantivo femenino] Bulto que tienen algunas personas en la espalda. ☐ Sinónimos: joroba, chepa.

cordaje (cor·da·je) [sustantivo masculino] Conjunto de cuerdas de un barco, de un instrumento musical o de otra cosa. ☐ Familia: →cuerda.

cordel (cor·del) [sustantivo masculino] Cuerda fina. ☐ Familia: →cuerda.

cordero, ra (cor·de·ro, ra) [sustantivo] Cría de la oveja cuando tiene menos de un año. ◉ **páginas 596-597.**

cordial (cor·dial) [adjetivo] Amable, simpático o cariñoso. ☐ [No varía en masculino y femenino]. ☐ Antónimos: áspero. ☐ Familia: cordialidad.

cordialidad (cor·dia·li·dad) [sustantivo femenino] Trato amable o cariñoso. ☐ Antónimos: aspereza. ☐ Familia: →cordial.

cordillera (cor·di·lle·ra) [sustantivo femenino] Conjunto de montañas unidas entre sí y con características comunes. ◉ **página 809.**

cordobés, sa (cor·do·bés, be·sa) [adjetivo o sustantivo] De la provincia española de Córdoba o de su capital.

cordón (cor·dón) [sustantivo masculino] **1** Cuerda muy fina: *los cordones de los zapatos.* **2** Conjunto de personas colocadas en línea para separar una cosa de otra: *Un cordón policial rodeaba el edificio.* ◆ [expresión] ‖ **cordón umbilical** Especie de cordón carnoso que une al hijo con la madre cuando está dentro de ella. ☐ Familia: cordoncillo, acordonar.

cordoncillo (cor·don·ci·llo) [sustantivo masculino] **1** Tipo de bordado que parece un cordón. **2** Raya estrecha que forma el tejido de algunas telas. **3** Adorno que se graba en el borde de algo: *el cordoncillo de una moneda.* ☐ Familia: →cordón.

cordura (cor·du·ra) [sustantivo femenino] Situación de una persona que piensa mucho antes de hacer o de decir algo. ☐ Antónimos: locura, demencia. ☐ Familia: →cuerdo.

coreano, na (co·re·a·no, na) ∎ [adjetivo o sustantivo] **1** De Corea del Norte o de Corea del Sur, que son países asiáticos. ∎ **coreano** [sustantivo masculino] **2** Lengua de estos países.

corear (co·re·ar) [verbo] Cantar o repetir algo varias personas a la vez: *Los aficionados corearon el nombre del portero cuando paró el penalti.* ☐ Familia: →coro.

coreografía (co·re·o·gra·fí·a) [sustantivo femenino] **1** Arte de crear o de dirigir un baile o una danza: *Me dedico a la coreografía.* **2** Pasos o movimientos que forman un baile o

coral

coreógrafo, fa

una danza: *Has hecho una buena coreografía.* ☐ Familia: coreógrafo.

coreógrafo, fa (co·re·ó·gra·fo, fa) [sustantivo] Persona que crea o dirige un baile o una danza. ☐ Familia: →coreografía.

corinto (co·rin·to) [adjetivo o sustantivo masculino] De color rojo oscuro con tonos violetas. ☐ [Cuando es adjetivo, no varía en masculino y femenino ni en singular y plural].

corista (co·ris·ta) ▌ [sustantivo] **1** Persona que canta en un coro. ▌ [sustantivo femenino] **2** Mujer que canta y baila en el coro de un espectáculo musical. ☐ [En el significado **1** no varía en masculino y femenino]. ☐ Familia: →coro.

cormorán (cor·mo·rán) [sustantivo masculino] Ave con las plumas oscuras, con el pico largo y aplastado, que vive en las costas.

cornada (cor·na·da) [sustantivo femenino] Herida hecha con un cuerno: *El torero recibió una cornada en la pierna.* ☐ Familia: →cuerno.

cornamenta (cor·na·men·ta) [sustantivo femenino] Conjunto de cuernos de un animal. ☐ Sinónimos: cuerna. ☐ Familia: →cuerno.

córnea (cór·ne·a) [sustantivo femenino] Mira en **córneo, a**.

cornear (cor·ne·ar) [verbo] Hacer una herida con los cuernos. ☐ Familia: →cuerno.

corneja (cor·ne·ja) [sustantivo femenino] Ave con las plumas negras, parecida al cuervo pero más pequeña.

córneo, a (cór·ne·o, a) ▌ [adjetivo] **1** Con la dureza y resistencia de los cuernos: *protuberancia córnea.* ▌ **córnea** [sustantivo femenino] **2** Membrana dura y transparente que está en la parte delantera del ojo. ☐ Familia: →cuerno.

córner (cór·ner) [sustantivo masculino] **1** En fútbol y en otros deportes, salida del balón fuera del terreno de juego por la línea de fondo del propio campo. **2** Hecho de volver a poner el balón en juego desde una esquina del campo. ☐ [Es una palabra de origen inglés. Su plural es «córneres»].

corneta (cor·ne·ta) [sustantivo femenino] Instrumento musical de viento y muy sencillo. ☐ Familia: cornetín.

corneta

cornetín (cor·ne·tín) [sustantivo masculino] Instrumento musical de viento parecido al clarín. ☐ Familia: →corneta.

cornezuelo (cor·ne·zue·lo) [sustantivo masculino] Hongo que vive en el centeno, alimentándose de él. ☐ Familia: →cuerno.

cornisa (cor·ni·sa) [sustantivo femenino] **1** Conjunto de piezas en las que acaba la parte superior de un edificio: *Con el viento se cayó parte de la cornisa de este edificio.* **2** Zona que está al borde de un lugar alto: *Esta carretera va por una cornisa al lado del mar.*

cornisa

cornudo, da (cor·nu·do, da) [adjetivo] Que tiene cuernos. ☐ Familia: →cuerno.

coro (co·ro) [sustantivo masculino] **1** Conjunto de personas que cantan juntas. ☞ página 681. **2** En una iglesia, lugar donde está el conjunto de personas que cantan. ◆ [expresión] ▌ **a coro** A la vez: *Contestamos todos a coro.* ☐ Familia: coral, corista, corear.

corola (co·ro·la) [sustantivo femenino] Parte de la flor que está formada por los pétalos. ☞ página 444.

corona (co·ro·na) [sustantivo femenino] **1** Objeto redondo que se pone en la cabeza. **2** Cualquier cosa que tiene esta forma: *Una corona de flores cubría el ataúd.* **3** Pieza con la que se mueven las agujas de un reloj: *Se me ha roto la corona del reloj y no puedo darle cuerda.* **4** Moneda de Dinamarca, que es un país europeo, y de otros países. ☐ Familia: coronar, coronación, coronilla, coronario.

coronación (co·ro·na·ción) [sustantivo femenino] Acto en el que se pone una corona al futuro rey. ☐ Familia: →corona.

coronar (co·ro·nar) [verbo] **1** Poner una corona en la cabeza. **2** Llegar a la parte más alta de algo o poner algo en ella: *Los alpinistas coronaron la cumbre de la montaña.* ☐ Familia: →corona.

coronario, ria (co·ro·na·rio, ria) [adjetivo] De los vasos sanguíneos que entran o salen del corazón, o relacionado con ellos: *enfermedad coronaria.* ☐ Familia: →corona.

coronel (co·ro·nel) [sustantivo] Una de las categorías militares, por encima de la de teniente. ☐ [No varía en masculino y femenino].

coronilla (co·ro·ni·lla) [sustantivo femenino] Parte más alta y posterior de la cabeza. ◆ [expresión] ▌ **hasta la coronilla** Tan cansado de algo que ya no se puede más. ☐ [La expresión es coloquial]. ☐ Familia: →corona.

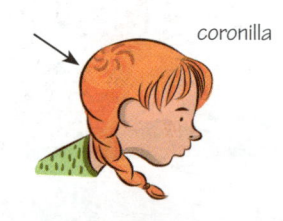

coronilla

corpachón (cor·pa·chón) [sustantivo] [masculino] Cuerpo muy grande de una persona. ☐ Familia: →cuerpo.

corpiño (cor·pi·ño) [sustantivo] [masculino] Prenda de vestir femenina, muy ajustada, que cubre el pecho y la espalda. ☐ Familia: →cuerpo.

corporación (cor·po·ra·ción) [sustantivo] [femenino] **1** Grupo de personas que tienen algún rasgo en común e iguales intereses y normas: *corporación municipal; corporación de médicos*. **2** Empresa grande que agrupa a otras más pequeñas: *corporación bancaria*. ☐ Familia: →cuerpo.

corporal (cor·po·ral) [adjetivo] Del cuerpo o relacionado con él: *la higiene corporal*. ☐ [No varía en masculino y femenino]. ☐ Familia: →cuerpo.

corporativo, va (cor·po·ra·ti·vo, va) [adjetivo] De una corporación o relacionado con ella: *asociación corporativa*. ☐ Familia: →cuerpo.

corpóreo, a (cor·pó·re·o, a) [adjetivo] Que tiene cuerpo o que tiene materia. ☐ Antónimos: incorpóreo. ☐ Familia: →cuerpo.

corpulencia (cor·pu·len·cia) [sustantivo] [femenino] Característica de las personas que tienen el cuerpo grande y fuerte. ☐ Familia: →cuerpo.

corpulento, ta (cor·pu·len·to, ta) [adjetivo] Con el cuerpo grande y fuerte. ☐ Familia: →cuerpo.

corpus (cor·pus) [sustantivo] [masculino] Conjunto ordenado de datos o textos en los que se puede basar una investigación. ☐ [No varía en singular y plural].

corpúsculo (cor·pús·cu·lo) [sustantivo] [masculino] Cuerpo muy pequeño: *Las moléculas y las partículas son corpúsculos*. ☐ Familia: →cuerpo.

corral (co·rral) [sustantivo] [masculino] **1** Lugar descubierto donde se mete a los animales domésticos o al ganado. **2** Lugar donde se hacían obras de teatro: *Los corrales eran patios entre varios edificios*.

correa (co·rre·a) [sustantivo] [femenino] Cinta de un material fuerte que se usa para atar algo. ☐ Familia: correaje, correoso.

correaje (co·rre·a·je) [sustantivo] [masculino] Conjunto de correas que hay en algo. ☐ Familia: →correa.

corrección (co·rrec·ción) [sustantivo] [femenino] **1** Hecho de señalar lo que está mal: *El profesor ha hecho la corrección de los ejercicios*. **2** Disminución de una falta: *Hay aparatos que permiten la corrección de algunos tipos de sordera*. **3** Educación o respeto de las reglas sociales: *Nos trataron con mucha corrección*. ☐ Antónimos: **3** incorrección. ☐ Familia: →corregir.

correccional (co·rrec·cio·nal) [sustantivo] [masculino] Centro penitenciario para los menores de dieciséis años. ☐ Familia: →corregir.

correctivo (co·rrec·ti·vo) [sustantivo] [masculino] Castigo suave. ☐ Familia: →corregir.

correcto, ta (co·rrec·to, ta) [adjetivo] **1** Sin errores: *Señalad con una «x» la respuesta correcta*. **2** Que actúa con educación y sigue las reglas sociales: *Tus amigos son gente muy correcta*. ☐ Sinónimos: **1** acertado. ☐ Antónimos: incorrecto. ☐ Familia: →corregir.

corrector, ra (co·rrec·tor, to·ra) [adjetivo o sustantivo] Que corrige: *Mi hermano es corrector de textos*. ☐ Familia: →corregir.

corredero, ra (co·rre·de·ro, ra) ▮ [adjetivo] **1** Dicho de una puerta o de una ventana, que se abre y se cierra deslizándola de un lado a otro. ▮ **corredera** [sustantivo] [femenino] **2** Insecto o cucaracha. ☐ Familia: →correr.

corredizo, za (co·rre·di·zo, za) [adjetivo] Dicho de un nudo, que puede apretarse o aflojarse con facilidad. ☐ Familia: →correr.

corredor, ra (co·rre·dor, do·ra) ▮ [sustantivo] **1** Persona que participa en una carrera. **2** Persona que trabaja vendiendo a una persona lo que ha comprado a otra: *un corredor de bolsa*. ▮ **corredor** [sustantivo] [masculino] **3** Parte estrecha y larga a la que dan las ventanas o las puertas de las distintas casas de un edificio. **4** Parte estrecha y larga a la que dan las habitaciones de una casa: *La segunda puerta del corredor es el cuarto de baño*. ☐ Sinónimos: **4** pasillo. ☐ Familia: →correr.

corregidor (co·rre·gi·dor) [sustantivo] [masculino] Antiguamente, persona nombrada por el rey que hacía las funciones de alcalde y de juez. ☐ Familia: →corregir.

corregir (co·rre·gir) [verbo] **1** Señalar lo que está mal. **2** Quitar una falta: *Mi abuelo usa gafas para corregir su vista cansada*. ☐ [Es irregular y se conjuga como PEDIR. La «g» se cambia en «j» delante de «a», «o» («corrija»)]. ☐ Sinónimos: **2** rectificar, enmendar. ☐ Familia: correcto, corrector, correctivo, corrección, incorrecto, incorrección, incorregible, corregidor, correccional.

correlación (co·rre·la·ción) [sustantivo] [femenino] Relación que tienen dos o más cosas entre sí. ☐ Familia: →relación.

correlativo, va (co·rre·la·ti·vo, va) [adjetivo] **1** Que sigue a otro en una lista: *El dos y el tres son números correlativos*. **2** Que tiene o que expresa una correlación. ☐ Familia: →relación.

correligionario, ria (co·rre·li·gio·na·rio, ria) [adjetivo o sustantivo] Dicho de una persona, que está en el mismo grupo que otra o que tiene sus mismas ideas. ☐ Sinónimos: camarada. ☐ Antónimos: contrario. ☐ Familia: →religión.

correo (co·rre·o) ▮ [sustantivo] [masculino] **1** Servicio público que se ocupa de llevar cartas y paquetes de un lugar a otro: *Envié un paquete por correo*. **2** Conjunto de las cartas y de los paquetes que se envían de un lugar a otro: *El cartero trae el correo todos los días*. ▮ **correos** [plural] **3** Edificio donde se reciben las cartas para repartirlas: *Fui a correos para recoger un libro que me enviaron*. ◆ [expresión] ‖ **correo basura** Correo electrónico con información publicitaria. ‖ **correo electrónico 1** Sistema informático que se utiliza para intercambiar mensajes por ordenador: *Ya he instalado en mi ordenador el correo electrónico*. **2** Dirección de internet que sirve para enviar y recibir mensajes por ordenador: *Tienes que darme tu correo electrónico para mandarte una foto*. **3** Mensaje escrito que se envía de un ordenador a otro: *¿Has leído el correo electrónico que te envié ayer?* ☐ [Es preferible usar la expresión «correo basura» que la

correoso, sa

palabra inglesa *spam*. Es preferible usar la expresión «correo electrónico» que la palabra inglesa *e-mail*. ☐ SINÓNIMOS: **2** correspondencia.

correoso, sa (co·rre·o·so, sa) [adjetivo] Que se estira y se dobla fácilmente: *un pan correoso.* ☐ FAMILIA: →correa.

correr (co·rrer) [verbo] **1** Andar de forma rápida y de manera que los dos pies queden un momento en el aire: *Tuve que correr porque llegaba tarde al colegio.* **2** Ir deprisa o hacer algo de forma rápida: *Haz la ensalada corriendo, que es muy tarde.* **3** Pasar el tiempo: *Corren los días y sigo sin saber nada de él.* **4** Salir un líquido de un sitio: *Deja correr el agua hasta que salga fría.* **5** Soplar el viento: *Menos mal que corre un poco de brisa...* **6** Pasar una noticia de unas personas a otras: *No sé si será verdad, pero la historia corre por todo el colegio.* **7** Corresponder a una persona hacer algo: *La bebida la llevas tú, porque la comida corre de mi cuenta.* **8** Participar en una carrera: *En esta carrera corren los mejores atletas del mundo.* **9** Mover de un lado a otro un objeto: *Corre las cortinas para que entre la luz.* **10** Extender un color fuera del lugar en el que estaba: *Las lágrimas te han corrido la pintura de los ojos.* **11** Estar en una determinada situación: *Quítate de ahí, porque corres peligro.* ∎ **correrse 12** Moverse una persona hacia la derecha o hacia la izquierda. ☐ SINÓNIMOS: **3** discurrir, transcurrir. ☐ ANTÓNIMOS: **9** descorrer. ☐ FAMILIA: corredor, corredizo, corredera, corredero, correrías, corretear, corrida, corrido, corrimiento, corriente, contracorriente, recorrer, recorrido, descorrer, correveidile.

correrías (co·rre·rí·as) [sustantivo femenino plural] Aventuras o diversiones: *Les conté mis correrías veraniegas.* ☐ SINÓNIMOS: andanza. ☐ FAMILIA: →correr.

correspondencia (co·rres·pon·den·cia) [sustantivo femenino] **1** Conjunto de las cartas y de los paquetes que se envían. **2** Comunicación por carta que se establece entre dos personas: *Mantengo correspondencia con un amigo francés.* **3** Relación entre las distintas partes de algo: *No hay correspondencia entre lo que dices y lo que haces.* ☐ SINÓNIMOS: **1** correo. ☐ FAMILIA: →corresponder.

corresponder (co·rres·pon·der) [verbo] **1** Devolver de forma parecida algo que se nos ha hecho o algo que se nos ha dado: *Correspondí a sus atenciones con un regalo.* **2** Ser algo una obligación de una persona: *A mí no me corresponde decirle a tu hermano lo que debe hacer.* **3** Tener una cosa relación con otra: *Tu forma de pensar no se corresponde con tu forma de actuar.* ☐ FAMILIA: correspondencia, correspondiente, corresponsal.

correspondiente (co·rres·pon·dien·te) [adjetivo] Que corresponde a algo o que tiene relación con ello. ☐ [No varía en masculino y femenino]. ☐ FAMILIA: →corresponder.

corresponsal (co·rres·pon·sal) [sustantivo] Periodista que trabaja en un lugar lejano para mandar las noticias que ocurren allí. ☐ [No varía en masculino y femenino]. ☐ FAMILIA: →corresponder.

corretear (co·rre·te·ar) [verbo] Correr de un lado a otro. ☐ FAMILIA: →correr.

correveidile (co·rre·vei·di·le) [sustantivo] Persona que se entera de las cosas de los demás y luego se las cuenta a otros. ☐ [No varía en masculino y femenino. Es coloquial]. ☐ SINÓNIMOS: alcahuete. ☐ FAMILIA: →correr. →ir. →decir.

corrida (co·rri·da) [sustantivo femenino] Mira en **corrido, da**.

corrido, da (co·rri·do, da) ∎ [adjetivo] **1** Avergonzado. ∎ **corrido** [sustantivo masculino] **2** Canción de origen mexicano que se acompaña con guitarras y trompetas. ∎ **corrida** [sustantivo femenino] **3** Espectáculo en el que se torean varios toros en una plaza. ☐ FAMILIA: →correr.

corriente (co·rrien·te) ∎ [adjetivo] **1** Que no destaca y es como muchos otros: *Necesito unos pantalones corrientes, para usarlos a diario.* **2** Que no sorprende porque siempre es así: *Es corriente que en verano haga calor.* **3** Que se usa mucho: *En España es muy corriente guisar con aceite de oliva.* **4** Que hay en gran cantidad: *Los cerezos son corrientes en esta zona.* **5** Dicho de un período de tiempo, que está pasando en ese momento: *El plazo de la matrícula acaba el quince del corriente mes.* ∎ [sustantivo femenino] **6** Energía eléctrica que va de un lugar a otro por hilos: *Si no enchufas la lámpara, no le llegará la corriente.* **7** Movimiento de un líquido o de un gas en una dirección determinada: *La balsa fue arrastrada por la corriente del río. Cierra la ventana, que hay corriente.* **8** Conjunto de ideas y pensamientos de un grupo distintos de los de otros grupos: *una corriente de pensamiento.* ♦ [expresión] ∥ **al corriente** Sabiendo todo lo que ha sucedido hasta el momento presente: *Un amigo me puso al corriente de lo que había pasado entre ellos.* ∥ **contra corriente** En contra de lo que piensa o hace la mayoría de la gente: *Te gusta llamar la atención y por eso siempre vas contra corriente.* ∥ **corriente y moliente** Muy normal: *Soy una persona corriente y moliente.* ☐ [Cuando es adjetivo, no varía en masculino y femenino. La expresión «corriente y moliente» es coloquial]. ☐ SINÓNIMOS: **1, 2** ordinario, normal. **1-4** común. **1** vulgar. **2, 3** habitual, usual. **2** natural. ☐ ANTÓNIMOS: **1** especial, particular, original. **1, 2** extraordinario, anormal, excepcional, singular. **1-4** raro. **1-3** extraño. **2** sorprendente. ☐ FAMILIA: →correr.

corrillo (co·rri·llo) [sustantivo masculino] Grupo de personas que hablan separadas del resto. ☐ FAMILIA: →corro.

corrimiento (co·rri·mien·to) [sustantivo masculino] Movimiento de un terreno: *un corrimiento de tierras.* ☐ FAMILIA: →correr.

corro (co·rro) [sustantivo masculino] **1** Conjunto de personas que se ponen en círculo. **2** Juego de niños que consiste en formar un círculo cogidos de las manos y girar cantando al mismo tiempo. ☐ FAMILIA: corrillo, acorralar.

corroborar (co·rro·bo·rar) [verbo] Comprobar o demostrar que algo es verdadero: *Presenté documentos que corroboraron mi declaración.* ☐ SINÓNIMOS: verificar, confirmar. ☐ ANTÓNIMOS: rebatir, refutar.

corroer (co·rro·er) [verbo] **1** Desgastar poco a poco una cosa: *El salitre ha ido corroyendo la chapa del coche*. **2** Causar malestar o preocupación: *La envidia les corroe*. ☐ [Es irregular y se conjuga como ROER]. ☐ FAMILIA: corrosión, corrosivo.

corromper (co·rrom·per) [verbo] **1** Estropear o echar a perder una materia. **2** Conseguir un favor de una persona a cambio de dinero: *Intentó corromper al testigo para que no declarara*. **3** Hacer malo a alguien: *Las malas compañías lo corrompieron*. ☐ SINÓNIMOS: **1** pudrir. **2** sobornar. **3** pervertir. ☐ FAMILIA: corrupción, corrupto, corruptor.

corrosión (co·rro·sión) [sustantivo femenino] Hecho de gastar poco a poco una cosa el agua, el viento o alguna sustancia: *la corrosión de los metales*. ☐ FAMILIA: →corroer.

corrosivo, va (co·rro·si·vo, va) [adjetivo] Que desgasta y rompe poco a poco una cosa: *El ácido es muy corrosivo*. ☐ FAMILIA: →corroer.

corrupción (co·rrup·ción) [sustantivo femenino] **1** Hecho de aceptar dinero de manera no legal, a cambio de un favor. **2** Hecho de dañar a una persona en sentido moral. **3** Cambio que estropea la forma o la estructura de algo: *Debemos evitar la corrupción del idioma*. ☐ SINÓNIMOS: **3** descomposición. ☐ FAMILIA: →corromper.

corrupto, ta (co·rrup·to, ta) [adjetivo] Dicho de una persona, que se puede conseguir algo de ella si se le paga un dinero. ☐ FAMILIA: →corromper.

corruptor, ra (co·rrup·tor, to·ra) [adjetivo o sustantivo] Que hace mala a otra persona: *corruptor de menores*. ☐ FAMILIA: →corromper.

corrusco (co·rrus·co) [sustantivo masculino] Extremo de una barra de pan. ☐ SINÓNIMOS: cuscurro, currusco.

corsario (cor·sa·rio) [sustantivo masculino] Pirata autorizado por su Gobierno para atacar barcos de países enemigos.

corsé (cor·sé) [sustantivo masculino] **1** Prenda de ropa interior, hecha de un material fuerte, que aprieta el cuerpo desde el pecho hasta el vientre. **2** Cosa que aprieta mucho y deja poca libertad: *Cuando las normas son muy rígidas, se convierten en un corsé*. ☐ [Es una palabra de origen francés]. ☐ FAMILIA: corsetería.

corsé

corsetería (cor·se·te·rí·a) [sustantivo femenino] Lugar en el que se hacen o se venden prendas de ropa interior. ☐ FAMILIA: →corsé.

corso, sa (cor·so, sa) [adjetivo o sustantivo] De la isla francesa de Córcega.

cortacésped (cor·ta·cés·ped) [sustantivo masculino] Máquina que sirve para cortar el césped. 👁 **páginas 494-495**. ☐ FAMILIA: →cortar. →césped.

cortacircuitos (cor·ta·cir·cui·tos) [sustantivo masculino] Aparato que interrumpe el paso de la corriente eléctrica. ☐ [No varía en singular y plural. No confundir con «cortocircuito» (descarga eléctrica debida al fallo de un aparato)]. ☐ FAMILIA: →cortar. →circuito.

cortadillo (cor·ta·di·llo) [sustantivo masculino] **1** Pastel que tiene forma cuadrada. **2** Terrón de azúcar. ☐ FAMILIA: →corto.

cortado, da (cor·ta·do, da) ■ [adjetivo o sustantivo] **1** Tan tímido o tan sorprendido que no sabe qué decir. ■ **cortado** [sustantivo masculino] **2** Café con un poco de leche. ☐ FAMILIA: →corto.

cortafrío (cor·ta·frí·o) [sustantivo masculino] Herramienta que se usa para cortar el hierro. ☐ FAMILIA: →cortar. →frío.

cortafuego (cor·ta·fue·go) [sustantivo masculino] → **cortafuegos**.

cortafuegos (cor·ta·fue·gos) [sustantivo masculino] Camino ancho que se hace en un campo o en una montaña, para que si hay un fuego no se extienda. ☐ [No varía en singular y plural: «el cortafuegos», «los cortafuegos», aunque se usa también «cortafuego» para el singular]. ☐ FAMILIA: →cortar. →fuego.

cortante (cor·tan·te) [adjetivo] **1** Que puede cortar: *un utensilio cortante*. **2** Que deja a alguien tan sorprendido que no sabe qué decir: *una respuesta cortante*. ☐ [No varía en masculino y femenino]. ☐ FAMILIA: →corto.

cortapisa (cor·ta·pi·sa) [sustantivo femenino] Dificultad para hacer algo. ☐ [Se usa más en plural]. ☐ SINÓNIMOS: impedimento.

cortaplumas (cor·ta·plu·mas) [sustantivo masculino] Cuchillo pequeño que se usa para abrir las cartas. ☐ [No varía en singular y plural]. ☐ FAMILIA: →cortar. →pluma.

cortapuros (cor·ta·pu·ros) [sustantivo masculino] Aparato que sirve para cortar la punta de los puros. ☐ [No varía en singular y plural]. ☐ FAMILIA: →cortar. →puro.

cortar (cor·tar) [verbo] **1** Hacer una abertura con algo afilado: *Me he cortado en un dedo al pelar las patatas*. **2** Separar una parte de algo con un instrumento afilado: *¿Me cortas una ración de tarta?* **3** Dividir algo en dos partes: *La calle principal corta el pueblo en dos barrios*. **4** Quitar una parte de algo: *Han cortado varios párrafos del texto porque no cabían en la página*. **5** Atravesar un gas o un líquido: *La flecha cortó el aire*. **6** Dividir en dos una baraja levantando una parte de sus cartas: *Antes de repartir las cartas, déjame que corte*. **7** Interrumpir algo: *Cortaron la película para poner anuncios. Hay que cortar la hemorragia cuanto antes*. **8** Poner una cosa de forma que se cruce con otra: *Dos líneas que se cortan forman una cruz*. **9** Estropear la piel y ponerla áspera: *Si no te secas bien las manos, se te cortarán*. **10** Estar afilado: *Cuidado con el cuchillo, porque corta mucho*. ■ **cortarse 11** Estropearse un líquido, separándose las partes que lo forman: *Esta leche se ha cortado y hay que tirarla*.

cortaúñas 272

12 Sentir vergüenza o quedarse sin saber qué decir: *Tiene mucho desparpajo y no se corta por nada.* □ Sinónimos: **7** contener, detener. □ Familia: cortacésped, cortacircuitos, cortafrío, cortafuegos, cortaplumas, cortapuros, cortaúñas. →corto.

cortaúñas (cor·ta·ú·ñas) [sustantivo masculino] Objeto de metal que sirve para cortarse las uñas. □ [No varía en singular y plural]. □ Familia: →cortar. →uña.

corte (cor·te) ∎ [sustantivo masculino] **1** Filo de un instrumento que corta: *La navaja se dobla de modo que el corte quede dentro del mango.* **2** Herida producida por un instrumento que corta: *Se hizo un corte al afeitarse.* **3** Técnica de cortar las piezas necesarias para hacer prendas de vestir: *Aprendió corte y confección, y ahora es modista.* **4** Tela necesaria para hacer una prenda de vestir: *He comprado un corte de tela para hacerme una falda.* **5** División de algo en dos partes: *El carpintero hizo un corte limpio de la tabla.* **6** Hecho de interrumpir algo o de detener su movimiento: *El corte de luz se debió a una avería.* **7** Vergüenza que se siente y que suele frenar para hacer algo: *Al final no le pedí el favor porque me daba corte.* **8** Trozo de helado de barra: *¿Te apetece un corte de chocolate?* **9** Estilo o carácter de algo: *Estos muebles son de corte clásico.* ∎ [sustantivo femenino] **10** Población en la que vive el rey: *La capital de este país es también la corte.* **11** Conjunto formado por la familia del rey y por las personas que lo acompañan. **12** Conjunto de personas que van acompañando a otra: *Ese cantante va a todas partes con una corte de personas a su servicio.* ∎ **Cortes** [sustantivo femenino plural] **13** Cámaras que hacen las leyes de un país: *El Senado y el Congreso de los Diputados forman las Cortes españolas.* ◆ [expresión] ∥ **corte de mangas** Gesto que se hace doblando el brazo por el codo para negar algo de manera poco educada. ∥ **dar un corte a alguien** Decirle algo que lo deje sin saber qué responder. ∥ **hacer la corte** Tener un hombre muchas atenciones con una mujer para empezar una relación de amor. □ [En el significado **13** se escribe con mayúscula. El significado **7** y las expresiones «corte de mangas» y «dar un corte a alguien» son coloquiales]. □ Sinónimos: **7** apuro, lacha. **12** comitiva, cortejo, séquito, acompañamiento. □ Familia: **5** →corto. **11** cortesano.

cortedad (cor·te·dad) [sustantivo femenino] Falta de inteligencia o de valor. □ Familia: →corto.

cortejar (cor·te·jar) [verbo] Tratar de forma amable a una mujer para conquistarla. □ Familia: cortejo.

cortejo (cor·te·jo) [sustantivo masculino] Conjunto de personas que van acompañando a otra en una ceremonia. □ Sinónimos: corte, comitiva, séquito, acompañamiento. □ Familia: →cortejar.

cortés (cor·tés) [adjetivo] Que se comporta de manera amable y con buena educación. □ [No varía en masculino y femenino]. □ Sinónimos: galante. □ Antónimos: descortés, rudo, tosco. □ Familia: cortesía, descortés, descortesía.

cortesano, na (cor·te·sa·no, na) ∎ [adjetivo] **1** De la corte o relacionado con ella. ∎ [sustantivo] **2** Persona que servía al rey en la corte. □ Familia: →corte.

cortesía (cor·te·sí·a) [sustantivo femenino] **1** Buena educación. **2** Acto con el que se demuestra atención o respeto por alguien: *Ha sido una cortesía por tu parte acompañarme.* **3** Cosa que se regala como una atención: *Este cenicero es una cortesía del restaurante.* □ Sinónimos: **1** urbanidad. **2** gentileza, galantería. □ Antónimos: **2** descortesía, grosería. □ Familia: →cortés.

corteza (cor·te·za) [sustantivo femenino] **1** Capa exterior y dura de algo: *la corteza del pan.* **2** Capa sólida de la Tierra que está en su superficie: *Por encima de la corteza terrestre está la atmósfera.* ◉ ilustración en *geosfera.* ◆ [expresión] ∥ **corteza de cerdo** Piel de cerdo que se cocina con aceite y que se suele comer como aperitivo. □ Familia: descortezar.

cortijo (cor·ti·jo) [sustantivo masculino] Casa con una gran extensión de tierras alrededor.

cortina (cor·ti·na) [sustantivo femenino] **1** Tela que se pone para cubrir las ventanas y otros huecos. **2** Cualquier cosa que no deja ver bien algo: *la cortina de humo del incendio.* □ Familia: cortinaje.

cortinaje (cor·ti·na·je) [sustantivo masculino] Conjunto o juego de cortinas. □ Familia: →cortina.

cortisona (cor·ti·so·na) [sustantivo femenino] Sustancia que sirve para evitar o curar inflamaciones.

corto, ta (cor·to, ta) ∎ [adjetivo] **1** De poca longitud o de poca extensión: *una falda muy corta.* **2** De poca duración: *unas cortas vacaciones.* **3** De poca cantidad: *un hijo de corta edad.* **4** Que no llega hasta donde se quiere: *La flecha no dio en la diana porque el lanzamiento se quedó corto.* **5** Que tiene poca inteligencia. ∎ **corto** [sustantivo masculino] **6** Cortometraje. ∎ **corta** [sustantivo femenino] **7** Hecho de cortar árboles. ◆ [expresión] ∥ **ni corto ni perezoso** Con decisión y sin pensarlo. □ [Se usa cuando se habla por radio con una persona, para darle paso: «Aquí León Marino, necesito una respuesta. Corto»]. □ Sinónimos: **1-3** reducido. **2**, **3** escaso. **2** breve. **7** tala. □ Antónimos: **1**, **2**, **4** largo. **1**, **2** extenso, prolongado. **1**, **3** crecido, cuantioso. **2** duradero. **3** numeroso. **6** largometraje. □ Familia: **1-5** cortar, cortante, cortado, cortadillo, corte, cortedad, acortar, recortar, recorte, recortable, entrecortado, paticorto. **6** →cortometraje.

cortocircuito (cor·to·cir·cui·to) [sustantivo masculino] Descarga eléctrica que se produce por algún fallo en un aparato o en un cable. □ [No confundir con «cortacircuitos» (aparato que interrumpe la corriente eléctrica)]. □ Familia: →circuito.

cortometraje (cor·to·me·tra·je) [sustantivo masculino] Película de cine de poca duración. □ [Se usa mucho la forma abreviada «corto»]. □ Antónimos: largometraje. □ Familia: corto.

coruñés, sa (co·ru·ñés, ñe·sa) [adjetivo o sustantivo] De la provincia española de La Coruña o de su capital.

corva (cor·va) [sustantivo femenino] Mira en **corvo, va.**

corvejón (cor·ve·jón) [sustantivo masculino] Parte de las patas traseras de algunos animales, que les sirve para poder doblarlas. ☐ FAMILIA: →corvo.

corveta (cor·ve·ta) [sustantivo femenino] Forma de caminar de un caballo utilizando solo las patas de atrás. ☐ FAMILIA: →corvo.

corvo, va (cor·vo, va) ■ [adjetivo] **1** Con forma de curva. ■ **corva** [sustantivo femenino] **2** Parte de atrás de la rodilla. ☐ SINÓNIMOS: **1** curvado. ☐ FAMILIA: corvejón, corveta.

corzo, za (cor·zo, za) [sustantivo] Animal parecido al ciervo pero más pequeño y de color gris rojizo.

cosa (co·sa) [sustantivo femenino] **1** Todo lo que existe o todo lo que nos imaginamos: *Estoy pensando una cosa más divertida...* **2** Objeto que no tiene vida: *Las rocas son cosas.* **3** Nada o casi nada: *No hay cosa que me detenga.* ◆ [expresión] ‖ **como quien no quiere la cosa** Como si se hiciera sin intención o sin dar importancia: *Se fue antes de tiempo como quien no quiere la cosa.* ‖ **como si tal cosa** Como si no hubiera pasado nada: *Le dimos la noticia y se quedó como si tal cosa.* ‖ **cosa de** De manera aproximada: *En cosa de 20 minutos vendrá a buscarnos.* ‖ **cosa fina** Muy bueno: *Esos bollos son cosa fina.* ‖ **cosa mala** Mucho o en cantidad: *Me apetece ir a verte cosa mala.* ‖ **ser cosa de hacer algo** Ser adecuado realizarlo: *Es cosa de ponernos a estudiar, que mañana tenemos examen.* ‖ **ser poca cosa** Ser poco importante o de poco valor: *Lo que me queda por hacer es poca cosa, lo terminaré enseguida.* ☐ [Se usa mucho para nombrar algo de forma imprecisa: «¿Qué es esa cosa? No sé de qué va la cosa. No te metas en mis cosas». El significado **3** se usa en frases negativas. Las expresiones son coloquiales].

cosaco, ca (co·sa·co, ca) ■ [adjetivo o sustantivo] **1** De un antiguo pueblo del sur de Rusia, que es un país europeo y asiático. ■ **cosaco** [sustantivo masculino] **2** Soldado ruso.

coscorrón (cos·co·rrón) [sustantivo masculino] Golpe dado en la cabeza y que duele mucho.

cosecha (co·se·cha) [sustantivo femenino] **1** Conjunto de frutos que se cogen de la tierra cuando están maduros. **2** Trabajo que consiste en coger estos frutos: *El dueño de la finca ha contratado jornaleros para la cosecha de los cereales.* ◆ [expresión] ‖ **ser algo de la cosecha de alguien** Haberlo inventado esa persona: *¿Ese chiste es de tu cosecha?* ☐ [La expresión es coloquial]. ☐ SINÓNIMOS: **2** recolección. ☐ FAMILIA: cosechar, cosechadora.

cosechadora (co·se·cha·do·ra) [sustantivo femenino] Máquina que sirve para cortar y recoger el trigo y otras plantas, y para separar el grano de la paja. ☐ FAMILIA: →cosecha.

cosechar (co·se·char) [verbo] **1** Coger los frutos de la tierra cuando están maduros: *La cebada se cosecha después del verano.* **2** Conseguir un resultado después de trabajar por ello: *Cosechó grandes triunfos.* ☐ SINÓNIMOS: **1** recolectar. ☐ FAMILIA: →cosecha.

coser (co·ser) [verbo] **1** Hacer una labor con aguja e hilo. **2** Unir algo con hilo: *Tengo que coser un botón.* **3** Unir con piezas de metal o con otra cosa: *Para coser las páginas de las revistas se suelen utilizar grapas.* **4** Producir muchas heridas con un arma: *Cosieron a balazos al malo de la película.* ◆ [expresión] ‖ **ser coser y cantar** Ser muy fácil: *Para mí, cocinar es coser y cantar.* ☐ [La expresión es coloquial]. ☐ ANTÓNIMOS: **2** descoser. ☐ FAMILIA: costura, costurero, descoser, descosido.

cosmético, ca (cos·mé·ti·co, ca) ■ [adjetivo o sustantivo] **1** Dicho de un producto, que se utiliza para el cuidado de la piel o del pelo. ■ **cosmética** [sustantivo femenino] **2** Arte de preparar y de utilizar estos productos.

cósmico, ca (cós·mi·co, ca) [adjetivo] Del universo o relacionado con él: *origen cósmico.* ☐ FAMILIA: →cosmos.

cosmonauta (cos·mo·nau·ta) [sustantivo] Persona que conduce una nave espacial. ☐ [No varía en masculino y femenino]. ☐ SINÓNIMOS: astronauta. ☐ FAMILIA: →cosmos. →nave.

cosmopolita (cos·mo·po·li·ta) ■ [adjetivo o sustantivo] **1** Dicho de una persona, que ha viajado mucho y conoce muchos países y costumbres diferentes. ■ [adjetivo] **2** Dicho de un lugar, que en él se mezclan personas y costumbres de muy distinto origen: *una ciudad cosmopolita.* ☐ [No varía en masculino y femenino]. ☐ FAMILIA: →cosmos.

cosmos (cos·mos) [sustantivo masculino] Conjunto de todo lo que existe. ☐ [No varía en singular y plural]. ☐ SINÓNIMOS: universo, creación, mundo, orbe. ☐ FAMILIA: cósmico, cosmonauta, cosmopolita.

coso (co·so) [sustantivo masculino] Espacio de forma circular en el que se celebran corridas de toros.

cosquillas (cos·qui·llas) [sustantivo femenino plural] Sensación que nos producen cuando nos rozan la piel de forma muy suave y que nos hace reír sin querer. ◆ [expresión] ‖ **buscarle las cosquillas a alguien** Hacerle perder la paciencia. ☐ [La expresión es coloquial]. ☐ FAMILIA: cosquillear, cosquilleo.

cosquillear (cos·qui·lle·ar) [verbo] Hacer cosquillas: *Cuando me da un beso su pelo me cosquillea en la oreja.* ☐ FAMILIA: →cosquillas.

cosquilleo (cos·qui·lle·o) [sustantivo masculino] Sensación que producen las cosquillas u otra parecida. ☐ FAMILIA: →cosquillas.

costa (cos·ta) [sustantivo femenino] Zona cerca del mar o de otros lugares con agua. ◆ [expresión] ‖ **a costa de** A fuerza de. ‖ **a toda costa** Cueste lo que cueste. ☐ FAMILIA: costero, guardacostas.

costado (cos·ta·do) [sustantivo masculino] **1** Cada uno de los dos lados del cuerpo que están debajo de los brazos, entre el pecho y la espalda. **2** Parte que está en uno de los lados de algo: *los costados del barco.* ◆ [expresión] ‖ **por los cuatro costados** Por todas partes: *El bosque ardía por los cuatro costados.* ☐ [La expresión es coloquial]. ☐ SINÓNIMOS: **2** flanco. ☐ FAMILIA: acostar, recostar, costalada, costalazo.

costal (cos·tal) [sustantivo masculino] Saco grande de tela fuerte, que sirve para transportar granos, semillas u otras cosas.

costalada (cos·ta·la·da) [sustantivo femenino] Golpe fuerte que se da uno al caer de espaldas o de lado. ☐ SINÓNIMOS: costalazo. ☐ FAMILIA: →costado.

costalazo (cos·ta·la·zo) [sustantivo masculino] → **costalada.** ☐ Familia: →costado.

costar (cos·tar) [verbo] **1** Tener algo determinado precio. **2** Producir algo una molestia o suponer un esfuerzo: *No me cuesta nada ayudarte.* ◆ [expresión] ‖ **costar caro** Traer malas consecuencias. ☐ [Es irregular y se conjuga como CONTAR]. ☐ Sinónimos: **1** valer. ☐ Familia: costo, costoso, coste, costear.

costarricense (cos·ta·rri·cen·se) [adjetivo o sustantivo] De Costa Rica, que es un país centroamericano. ☐ [No varía en masculino y femenino].

coste (cos·te) [sustantivo masculino] Dinero, esfuerzo u otra cosa que algo cuesta: *Fumar supone un alto coste para la salud.* ☐ Sinónimos: costo, precio, importe. ☐ Familia: →costar.

costear (cos·te·ar) [verbo] **1** Pagar los gastos de algo: *Trabajo para costearme la carrera.* **2** Evitar con habilidad algo que resulta difícil o peligroso: *Para triunfar hay que costear muchos obstáculos.* ☐ Sinónimos: **2** sortear, orillar. ☐ Familia: →costar.

costero, ra (cos·te·ro, ra) [adjetivo] De la costa o relacionado con ella. ☐ Familia: →costa.

costilla (cos·ti·lla) [sustantivo femenino] Cada uno de los huesos largos que protegen el corazón y los pulmones. 👁 página 405. ☐ Familia: costillar.

costillar (cos·ti·llar) [sustantivo masculino] Conjunto de costillas. ☐ Familia: →costilla.

costo (cos·to) [sustantivo masculino] **1** Dinero, esfuerzo u otra cosa que algo cuesta. **2** Hachís, que es un tipo de droga. ☐ [El significado 2 es coloquial]. ☐ Sinónimos: **1** coste, precio, importe. **2** chocolate. ☐ Familia: →costar.

costoso, sa (cos·to·so, sa) [adjetivo] Que cuesta mucho dinero o mucho esfuerzo. ☐ Sinónimos: oneroso. ☐ Familia: →costar.

costra (cos·tra) [sustantivo femenino] **1** Capa dura que se forma en la piel después de hacernos una herida. **2** Capa que cubre algo y que se ha puesto dura: *una costra de suciedad.*

costumbre (cos·tum·bre) ▪ [sustantivo femenino] **1** Acción que se realiza con frecuencia: *Lavarse los dientes es una buena costumbre.* ▪ **costumbres** [plural] **2** Conjunto de las prácticas propias de una persona o de un grupo: *A algunos extranjeros les cuesta entender las costumbres de nuestro país.* ☐ Sinónimos: **1** hábito, uso. ☐ Familia: acostumbrar, acostumbrado, desacostumbrar.

costura (cos·tu·ra) [sustantivo femenino] **1** Técnica de coser. **2** Unión de algo, cosiéndolo con hilo. ☐ Familia: →coser.

costurero, ra (cos·tu·re·ro, ra) ▪ [sustantivo] **1** Persona que trabaja cosiendo. ▪ **costurero** [sustantivo masculino] **2** Caja en la que se guardan las cosas que se usan para coser. ☐ Familia: →coser.

cota (co·ta) [sustantivo femenino] **1** En un plano, número que indica la altura de un punto sobre el nivel del mar o sobre otro plano de nivel. **2** Lugar que tiene esta altura: *Nevará en cotas superiores a los mil metros.* **3** Categoría o nivel de algo: *Este programa ha alcanzado cotas muy altas de audiencia.* **4** Antigua armadura que protegía el cuerpo. ☐ Familia: acotar.

cotarro (co·ta·rro) [sustantivo masculino] Situación o actividad: *Es ella la que maneja el cotarro.* ☐ [Es coloquial].

cotejar (co·te·jar) [verbo] Comparar dos cosas para ver qué es lo que tienen igual y qué es lo que tienen distinto: *Cotejaron el cuadro original y la copia, y las diferencias eran imperceptibles.* ☐ Familia: cotejo.

cotejo (co·te·jo) [sustantivo masculino] Hecho de comparar dos cosas para ver qué es lo que tienen igual y qué es lo que tienen distinto. ☐ Familia: →cotejar.

cotidiano, na (co·ti·dia·no, na) [adjetivo] Que sucede cada día o con mucha frecuencia. ☐ Sinónimos: diario.

cotiledón (co·ti·le·dón) [sustantivo masculino] Parte de una planta en la que se almacenan algunas sustancias que sirven para que el embrión se desarrolle en un primer momento. ☐ Familia: monocotiledóneo, dicotiledóneo.

cotilla (co·ti·lla) [adjetivo o sustantivo] Que intenta enterarse de asuntos de los demás y que los va contando a todos. ☐ [No varía en masculino y femenino. Es coloquial]. ☐ Familia: cotillear, cotilleo.

cotillear (co·ti·lle·ar) [verbo] **1** Hablar de los demás. **2** Tratar de enterarse de los asuntos de los demás: *¿Has estado cotilleando en mi habitación?* ☐ [Es coloquial]. ☐ Familia: →cotilla.

cotilleo (co·ti·lle·o) [sustantivo masculino] **1** Hecho de cotillear. **2** Cosa que se cuenta cuando se cotillea. ☐ [Es coloquial]. ☐ Familia: →cotilla.

cotillón (co·ti·llón) [sustantivo masculino] **1** Fiesta y baile que se celebra en un día especial. **2** Conjunto de adornos y objetos que se dan en esta fiesta: *Nos dieron un cotillón con globos y matasuegras.*

cotización (co·ti·za·ción) [sustantivo femenino] **1** Pago de una cantidad de dinero: *Para obtener una pensión de jubilación necesitas muchos años de cotización.* **2** Publicación del precio de los valores o de las acciones en la bolsa: *La cotización de las acciones de esta empresa ha descendido.* **3** Estima o prestigio de alguien o de algo: *Su cotización como jugador aumenta día a día.* ☐ Familia: →cotizar.

cotizar (co·ti·zar) [verbo] **1** Pagar una cantidad de dinero: *Cotizo todos los meses a un plan de jubilación.* **2** Publicar en la bolsa el precio de las acciones y de los valores: *Las acciones de esta empresa cotizan muy alto en la bolsa.* ▪ **cotizarse 3** Estar muy bien considerado y tener prestigio: *Saber idiomas se cotiza mucho para encontrar trabajo.* ☐ [La «z» se cambia en «c» delante de «e» («cotice»)]. ☐ Familia: cotización.

coto (co·to) [sustantivo masculino] Terreno limitado y reservado para un uso determinado: *un coto de caza.* ◆ [expresión] ‖ **poner coto a algo** Impedir que continúe.

cotorra (co·to·rra) [sustantivo femenino] **1** Ave con las alas y la cola largas y de varios colores, y que puede aprender algunas palabras. **2** Persona que habla mucho. ☐ [El significado **2** es coloquial]. ☐ Sinónimos: **2** parlanchín, charlatán, hablador, loro. ☐ Antónimos: **2** callado, reservado. ☐ Familia: cotorrear.

cotorrear (co·to·rre·ar) [verbo] Hablar mucho. ☐ [Es coloquial]. ☐ FAMILIA: →cotorra.

covacha (co·va·cha) [sustantivo femenino] **1** Cueva pequeña. **2** Casa o habitación pobre y sucia.

cowboy [sustantivo masculino] Pastor de vacas del oeste de Estados Unidos, que es un país norteamericano. ☐ [Es una palabra inglesa. Se pronuncia «káoboi» o «kaobói»].

coxis (co·xis) [sustantivo masculino] Hueso que forma la última parte de la columna vertebral. ☐ [No varía en singular y plural]. ☐ SINÓNIMOS: cóccix.

coyote (co·yo·te) [sustantivo masculino] Animal salvaje, parecido a un perro, que se alimenta de los animales que caza.

coyuntura (co·yun·tu·ra) [sustantivo femenino] Conjunto de circunstancias que se dan en una situación.

coz [sustantivo femenino] Patada que da un caballo o un animal parecido. ☐ [Su plural es «coces»]. ☐ FAMILIA: cocear.

CPU [sustantivo femenino] Parte del ordenador donde está todo lo que se necesita para que funcionen los programas. ☐ [Se pronuncia «zé-pé-ú». Se escriben todas las letras con mayúscula. No varía en singular y plural: «la CPU», «las CPU»].

craneal (cra·ne·al) [adjetivo] Del cráneo o relacionado con él. ☐ [No varía en masculino y femenino]. ☐ FAMILIA: →cráneo.

cráneo (crá·ne·o) [sustantivo masculino] Conjunto de los huesos de la cabeza. ◆ [expresión] ‖ **ir de cráneo** Ir por mal camino o con muchos problemas: *Vas de cráneo si crees que mintiendo serás más feliz.* ☐ [La expresión es coloquial]. ☐ FAMILIA: craneal.

crápula (crá·pu·la) [sustantivo masculino] Hombre al que le gustan mucho las diversiones.

craso, sa (cra·so, sa) [adjetivo] Dicho de un error, que es muy grave o muy grande.

cráter (crá·ter) [sustantivo masculino] Abertura en la parte alta de un volcán por donde puede salir fuego y otros materiales del interior de la Tierra.

creación (cre·a·ción) [sustantivo femenino] **1** Conjunto de todo lo que existe. **2** Hecho de organizar, de formar o de hacer aparecer algo: *¿En qué año se produjo la creación de esta empresa?* **3** Obra que se hace con arte y gracias a la capacidad de inventar: *La escultora expuso sus creaciones en una galería de arte.* ☐ SINÓNIMOS: **1** universo, cosmos, mundo, orbe. **2** fundación, establecimiento. ☐ ANTÓNIMOS: **2** destrucción. ☐ FAMILIA: →crear.

creador, ra (cre·a·dor, do·ra) [adjetivo o sustantivo] Que hace algo que no existía. ☐ SINÓNIMOS: hacedor, artífice. ☐ FAMILIA: →crear.

crear (cre·ar) [verbo] **1** Hacer que algo exista: *Según la Biblia, Dios creó el mundo en seis días.* **2** Organizar, formar o hacer aparecer algo: *Entre varios músicos crearon un grupo de gran éxito.* ☐ SINÓNIMOS: **2** fundar, establecer, instituir. ☐ ANTÓNIMOS: destruir. ☐ FAMILIA: creación, creador, creativo, creatividad, procrear, procreación, recrear, recreo, recreativo.

creatividad (cre·a·ti·vi·dad) [sustantivo femenino] Capacidad que tiene una persona para inventar y hacer cosas nuevas. ☐ FAMILIA: →crear.

creativo, va (cre·a·ti·vo, va) [adjetivo] Que tiene mucha capacidad para inventar y hacer cosas nuevas. ☐ FAMILIA: →crear.

crecer (cre·cer) [verbo] **1** Desarrollarse un ser vivo de forma natural: *Cuando crezcas podrás hacer las cosas que hacen los mayores.* **2** Hacerse mayor en tamaño, en cantidad o en otra cosa: *¡Cuánto ha crecido esta planta!* ∎ **crecerse 3** Tomar mayor fuerza o valor: *Cuando íbamos perdiendo, nos crecimos y conseguimos ganar el partido.* ☐ [Es irregular y se conjuga como AGRADECER]. ☐ SINÓNIMOS: **2** aumentar. ☐ ANTÓNIMOS: **2** mermar, reducir, disminuir, menguar. **3** achicarse, encogerse. ☐ FAMILIA: crecimiento, crecida, crecido, creciente, decreciente, acrecentar, creces.

creces (cre·ces) ◆ [expresión] ‖ **con creces** Más de lo necesario. ☐ FAMILIA: →crecer.

crecido, da (cre·ci·do, da) ∎ [adjetivo] **1** Grande o con gran cantidad de elementos: *Un crecido número de personas llenaba el salón.* ∎ **crecida** [sustantivo femenino] **2** Aumento de la cantidad de agua de un río: *La crecida del río provocó inundaciones.* ☐ SINÓNIMOS: **1** cuantioso, numeroso. ☐ ANTÓNIMOS: **1** escaso, corto. ☐ FAMILIA: →crecer.

creciente (cre·cien·te) [adjetivo] Que se hace cada vez más grande: *La luna en cuarto creciente tiene forma de «D».* ☐ [No varía en masculino y femenino]. ☐ ANTÓNIMOS: decreciente, menguante. ☐ FAMILIA: →crecer.

crecimiento (cre·ci·mien·to) [sustantivo masculino] **1** Desarrollo natural de un ser vivo: *La adolescencia es una fase en el crecimiento de una persona.* **2** Proceso por el que algo se hace mayor en tamaño, en cantidad o en otra cosa: *Se produjo un crecimiento de la economía.* ☐ SINÓNIMOS: **2** aumento, incremento. ☐ ANTÓNIMOS: **2** disminución. ☐ FAMILIA: →crecer.

credencial (cre·den·cial) [sustantivo femenino] Documento que asegura que una persona cumple con las condiciones necesarias para realizar una función: *Los periodistas presentaron sus credenciales.*

crédito (cré·di·to) [sustantivo masculino] **1** Dinero que se pide prestado a un banco. **2** Buena fama: *Desde que publicó ese libro, empezó a tener mucho crédito.* **3** Confianza que se tiene en una persona porque se sabe que pagará o devolverá lo que se le preste: *Yo tengo crédito en esa tienda.* ◆ [expresión] ‖ **a crédito** Que se da por adelantado y sin recibir dinero, para que se devuelva más tarde: *El tendero me da algunas cosas a crédito y se las pago cuando puedo.* ‖ **dar crédito a algo** Creerlo: *No puedo dar crédito a lo que me estás diciendo.* ☐ SINÓNIMOS: **2** prestigio. ☐ ANTÓNIMOS: **2** descrédito. ☐ FAMILIA: acreditar, acreditado, desacreditar, descrédito, acreditación.

credo (cre·do) [sustantivo masculino] Oración que contiene los contenidos más importantes en los que creen los cristianos. ☐ FAMILIA: →creer.

credulidad (cre·du·li·dad) [sustantivo femenino] Facilidad de una persona para creerse las cosas: *Eres un mentiroso y te* *aprovechas de mi credulidad.* ◻ Antónimos: incredulidad. ◻ Familia: →creer.

crédulo, la (cré·du·lo, la) [adjetivo] Que se cree lo que le dicen con mucha facilidad. ◻ Sinónimos: incauto, ingenuo, inocente. ◻ Antónimos: incrédulo. ◻ Familia: →creer.

creencia (cre·en·cia) ∎ [sustantivo femenino] **1** Seguridad que se siente de que algo es de determinada manera: *¿En qué se apoya esa creencia tuya de que existen extraterrestres?* ∎ **creencias** [plural] **2** Conjunto de ideas que tiene alguien sobre religión o sobre otra materia. ◻ Sinónimos: **1** convicción. ◻ Familia: →creer.

creer (cre·er) [verbo] **1** Considerar que algo es cierto: *Los ateos no creen en la existencia de Dios. Si tú lo dices, me lo creo.* **2** Considerar que alguien dice la verdad: *Me has mentido tantas veces que ya no te creo.* **3** Tener una opinión sobre algo: *Creo que todos debemos cuidar la naturaleza.* **4** Considerar algo como posible o pensar que algo es de determinada manera: *Creo que llegaré hacia las doce.* **5** Confiar en algo o en alguien: *Nadie creía en ella cuando empezó a pintar y ahora todos reconocen que es una artista genial.* ◆ [expresión] ‖ **ya lo creo** Se usa para dar a entender que algo es evidente. ◻ [Es irregular y se conjuga como LEER]. ◻ Sinónimos: **3** pensar, opinar, considerar, encontrar, decir. **4** calcular, suponer, imaginar. ◻ Antónimos: **1, 2, 5** dudar. ◻ Familia: creencia, creyente, credo, creíble, increíble, crédulo, incrédulo, credulidad, incredulidad, creído.

creíble (cre·í·ble) [adjetivo] Que se puede creer. ◻ [No varía en masculino y femenino]. ◻ Familia: →creer.

creído, da (cre·í·do, da) [adjetivo o sustantivo] Que se cree superior a los demás y lo muestra en su forma de actuar. ◻ [Es coloquial]. ◻ Sinónimos: vanidoso, endiosado. ◻ Familia: →creer.

crema (cre·ma) [sustantivo femenino] **1** Pasta dulce hecha con huevos, azúcar y otros productos: *pasteles de crema.* **2** Puré poco espeso: *crema de espárragos.* **3** Producto en forma de líquido muy espeso: *crema de zapatos.* ◻ Familia: cremoso, descremado.

cremación (cre·ma·ción) [sustantivo femenino] Hecho de quemar el cadáver de una persona. ◻ Sinónimos: incineración. ◻ Familia: crematorio.

cremallera (cre·ma·lle·ra) [sustantivo femenino] Cierre que se suele coser en prendas de vestir y que está formado por dos partes de tela con una serie de dientes que se unen o se separan al mover una pequeña pieza.

crematorio, ria (cre·ma·to·rio, ria) ∎ [adjetivo] **1** De la cremación o quema de cadáveres de personas: *horno crematorio.* ∎ **crematorio** [sustantivo masculino] **2** Lugar en el que se queman los cadáveres o las basuras. ◻ Familia: →cremación.

cremoso, sa (cre·mo·so, sa) [adjetivo] **1** Con las características de la crema. **2** Que tiene mucha crema: *un postre cremoso.* ◻ Familia: →crema.

crep [sustantivo] → **crepe.** ◻ [Se puede decir «el crep» y «la crep» sin que cambie de significado. Su plural es «creps»].

crepe (cre·pe) [sustantivo] Masa redonda y muy fina, hecha de leche, harina y huevo, y que se toma con mermelada u otras cosas por encima. ◻ [Es una palabra de origen francés. Se puede decir «el crepe» y «la crepe» sin que cambie de significado. Su plural es «crepes». Se usa también «crep»]. ◻ Familia: crepería.

crepería (cre·pe·rí·a) [sustantivo femenino] Local en el que se hacen y se venden crepes. ◻ Familia: →crepe.

crepitar (cre·pi·tar) [verbo] Hacer ruidos una madera al arder.

crepuscular (cre·pus·cu·lar) [adjetivo] Del crepúsculo o relacionado con él: *luz crepuscular.* ◻ [No varía en masculino y femenino]. ◻ Familia: →crepúsculo.

crepúsculo (cre·pús·cu·lo) [sustantivo masculino] Luz que hay desde que empieza a salir el sol hasta que se hace de día, y desde que empieza a ponerse el sol hasta que se hace de noche. ◻ Familia: crepuscular.

crespo, pa (cres·po, pa) [adjetivo] Dicho del pelo, que es muy rizado. ◻ Antónimos: lacio. ◻ Familia: encrespar, encrespado, crespón.

crespón (cres·pón) [sustantivo masculino] **1** Trozo de tela negra que se lleva en señal de luto. **2** Tela suave y ondulada. ◻ Familia: →crespo.

cresta (cres·ta) [sustantivo femenino] **1** Parte roja que tienen los gallos y otras aves sobre la cabeza. **2** Cualquier cosa que tiene esta forma: *Algunos punks llevan una cresta de pelo pintada de colores.* **3** Parte más alta de una ola o de otra cosa. ◆ [expresión] ‖ **estar en la cresta de la ola** Estar en el mejor momento.

creta (cre·ta) [sustantivo femenino] Roca de color blanco en la que se suelen encontrar los restos de animales que vivieron hace miles de años.

cretense (cre·ten·se) [adjetivo o sustantivo] De la isla griega de Creta. ◻ [No varía en masculino y femenino].

cretino, na (cre·ti·no, na) [adjetivo o sustantivo] Que no actúa con inteligencia. ◻ Antónimos: listo.

cretona (cre·to·na) [sustantivo femenino] Tela fuerte, generalmente de algodón, que se utiliza para tapizar.

creyente (cre·yen·te) [adjetivo o sustantivo] Que cree en Dios o que sigue una religión. ◻ [No varía en masculino y femenino]. ◻ Antónimos: ateo. ◻ Familia: →creer.

cría (crí·a) [sustantivo femenino] Mira en **crío, a.**

criadero (cria·de·ro) [sustantivo masculino] Lugar donde se crían animales. ◻ Familia: →criar.

criadilla (cria·di·lla) [sustantivo femenino] Testículo o parte de los órganos sexuales de algunos animales, que se utilizan como alimento: *criadillas de toro.*

criado, da (cria·do, da) [sustantivo] Persona que trabaja sirviendo a otras. ◻ Sinónimos: sirviente. ◻ Familia: →criar.

crianza (crian·za) [sustantivo femenino] **1** Hecho de dar a un niño o a una cría de animal los cuidados y alimentos necesarios para que se desarrollen. **2** Educación de una persona. ◻ Familia: →criar.

criar (criar) [verbo] **1** Alimentar a un niño con leche. **2** Dar a un hijo o a una cría los cuidados y alimentos necesarios para que se desarrollen. **3** Tener crías un animal: *Hemos juntado una pareja de canarios para ver si crían.* **4** Producir o empezar a tener: *Esta fruta ha criado moho.* ∎ **criarse 5** Crecer y desarrollarse una persona: *Me crie en tierras catalanas.* ☐ [Es irregular y se conjuga como ENVIAR]. ☐ FAMILIA: cría, crío, criatura, criadero, crianza, malcriar, malcriado, criado.

criatura (cria·tu·ra) [sustantivo femenino] **1** Niño que acaba de nacer o que tiene poco tiempo. **2** En algunas religiones, ser que ha sido hecho a partir de la nada: *Según el cristianismo, las personas son criaturas de Dios.* **3** Ser inventado o imaginado: *En la película salían unas extrañas criaturas verdes y con antenas.* ☐ FAMILIA: →criar.

criba (cri·ba) [sustantivo femenino] **1** Selección de lo que interesa entre muchos elementos: *Han hecho una primera criba para elegir a los candidatos.* **2** Aro con una red fina que sirve para separar partes de distinto tamaño. ☐ SINÓNIMOS: **2** tamiz, cedazo. ☐ FAMILIA: →cribar.

cribar (cri·bar) [verbo] **1** Seleccionar lo que interesa entre muchos elementos: *La asistente cribaba las llamadas telefónicas que recibía su jefa.* **2** Pasar algo por la criba para separar los materiales de distinto tamaño: *Los buscadores de oro cribaban la arena para encontrar las pepitas.* ☐ SINÓNIMOS: **2** tamizar. ☐ FAMILIA: criba.

cricket [sustantivo masculino] → **críquet.** ☐ [Es una palabra inglesa. Se pronuncia «kríket»].

cricrí (cri·crí) [interjección] Se usa para imitar el canto del grillo. ☐ [Es una onomatopeya].

crimen (cri·men) [sustantivo masculino] **1** Muerte o herida grave que una persona produce a otra. **2** Hecho que resulta muy perjudicial o que merece ser criticado: *Tener un perro y no cuidarlo me parece un crimen.* ☐ SINÓNIMOS: **1** asesinato. ☐ FAMILIA: criminal, criminalista, criminalizar, criminología, incriminar.

criminal (cri·mi·nal) ∎ [adjetivo] **1** Del crimen o relacionado con él: *el arma criminal.* **2** Que resulta muy malo: *Hoy hace un frío criminal.* ∎ [adjetivo o sustantivo] **3** Que ha matado a una persona con intención de hacerlo. ☐ [No varía en masculino y femenino. El significado **2** es coloquial]. ☐ SINÓNIMOS: **3** asesino. ☐ FAMILIA: →crimen.

criminalista (cri·mi·na·lis·ta) [adjetivo o sustantivo] Especializado en el estudio de los delitos o de los crímenes: *abogado criminalista.* ☐ [No varía en masculino y femenino]. ☐ FAMILIA: →crimen.

criminalizar (cri·mi·na·li·zar) [verbo] Atribuir características que se consideran propias de los criminales: *Algunos medios criminalizaron a los manifestantes.* ☐ [La «z» se cambia en «c» delante de «e» («criminalice»)]. ☐ FAMILIA: →crimen.

criminología (cri·mi·no·lo·gí·a) [sustantivo femenino] Ciencia que estudia los delitos, sus causas y sus castigos. ☐ FAMILIA: →crimen.

crin [sustantivo femenino] Conjunto de pelos que tienen algunos animales en la parte de atrás del cuello: *las crines del caballo.* ☐ [Significa lo mismo en singular que en plural].

crin

crío, a (crí·o, a) ∎ [sustantivo] **1** Niño que se está criando. **2** Persona muy joven: *En el parque hay varios críos jugando.* ∎ **cría** [sustantivo femenino] **3** Animal que se está criando. **4** Cuidados que se dan a las personas y a los animales para que se desarrollen: *Mi padre se dedica a la cría de canarios.* ☐ FAMILIA: →criar.

criollo, lla (crio·llo, lla) [adjetivo o sustantivo] **1** De Hispanoamérica: *lenguas criollas.* **2** Dicho de una persona, que tiene origen europeo pero ha nacido en Hispanoamérica.

cripta (crip·ta) [sustantivo femenino] **1** Lugar bajo tierra en el que se solía enterrar a los muertos. **2** En algunas iglesias, capilla que hay en el piso subterráneo. ☐ FAMILIA: críptico.

críptico, ca (críp·ti·co, ca) [adjetivo] Que resulta difícil de entender: *mensaje críptico.* ☐ FAMILIA: →cripta.

criptógamo, ma (crip·tó·ga·mo, ma) [adjetivo o sustantivo femenino] Dicho de una planta, que no tiene flores: *Los musgos y los helechos son plantas criptógamas.*

críquet (crí·quet) [sustantivo masculino] Deporte de origen inglés, que juegan dos equipos de once jugadores, con palas de madera y una pelota. ☐ [Es una palabra de origen inglés. Es preferible escribir «críquet» que la forma inglesa *cricket*].

crisálida (cri·sá·li·da) [sustantivo femenino] Insecto que está en fase de desarrollo y que todavía no es adulto.

crisantemo (cri·san·te·mo) [sustantivo masculino] Planta de tallo largo, con muchas flores que tienen pétalos pequeños de distintos colores.

crisis (cri·sis) [sustantivo femenino] **1** Situación difícil que puede influir de manera negativa en algo: *una crisis económica.* **2** Situación en la que se nota la falta de algo: *una crisis de ideales.* ☐ [No varía en singular y plural]. ☐ FAMILIA: crítico.

crisma (cris·ma) ∎ [sustantivo] **1** Mezcla de aceite y bálsamo que se consagra para utilizarlo luego en algunos sacramentos. ∎ [sustantivo femenino] **2** Cabeza humana: *Te vas a caer y te vas a romper la crisma.* ☐ [En el significado **1** se puede decir «el crisma» o «la crisma» sin que cambie de significado, aunque se usa más en masculino. El significado **2** es coloquial].

crisol (cri·sol) [sustantivo masculino] Recipiente que se usa para fundir materiales.

crispación (cris·pa·ción) [sustantivo femenino] Enfado muy grande de una persona. ☐ SINÓNIMOS: irritación. ☐ FAMILIA: →crispar.

crispar (cris·par) [verbo] **1** Enfadar o poner nervioso a alguien: *Su egoísmo me crispa.* **2** Contraerse de repente un músculo del cuerpo: *Las manos se le crisparon de dolor.* ☐ FAMILIA: crispación.

cristal (cris·tal) [sustantivo masculino] **1** Material duro y transparente que se rompe fácilmente: *un vaso de cristal.* **2** Hoja plana de este material: *el cristal de la ventana.* ☐ SINÓNIMOS: vidrio. ☐ FAMILIA: cristalero, cristalera, cristalería, cristalino, acristalar, cristalizar, cristalización, cristalografía.

cristalera (cris·ta·le·ra) [sustantivo femenino] Mira en **cristalero, ra**.

cristalería (cris·ta·le·rí·a) [sustantivo femenino] **1** Local en el que se fabrican o se venden objetos de cristal. **2** Conjunto de vasos, copas y otros recipientes de cristal. ☐ FAMILIA: →cristal.

cristalero, ra (cris·ta·le·ro, ra) ■ [sustantivo] **1** Persona que fabrica, coloca o vende cristales. ■ **cristalera** [sustantivo femenino] **2** Ventana o puerta de cristales. ☐ FAMILIA: →cristal.

cristalino, na (cris·ta·li·no, na) ■ [adjetivo] **1** Del cristal o con sus características: *un arroyo de aguas cristalinas.* ■ **cristalino** [sustantivo masculino] **2** Parte del ojo que es transparente y que está detrás de la pupila. ☐ SINÓNIMOS: **1** nítido. ☐ FAMILIA: →cristal.

cristalización (cris·ta·li·za·ción) [sustantivo femenino] **1** Hecho de tomar algo la estructura de un cristal. **2** Hecho de tomar una cosa una estructura definitiva: *la cristalización de los planes.* ☐ FAMILIA: →cristal.

cristalizar (cris·ta·li·zar) [verbo] **1** Tomar algo la estructura del cristal: *Cada mineral cristaliza de una forma determinada.* **2** Tener un plan el resultado que se quiere: *Costó muchos esfuerzos que el acuerdo cristalizara.* ☐ [La «z» se cambia en «c» delante de «e» («cristalice»)]. ☐ FAMILIA: →cristal.

cristalografía (cris·ta·lo·gra·fí·a) [sustantivo femenino] Ciencia que estudia las formas que tienen los cuerpos cuando se convierten en cristal. ☐ FAMILIA: →cristal.

cristiandad (cris·tian·dad) [sustantivo femenino] Conjunto de las personas que siguen la religión cristiana. ☐ FAMILIA: →cristiano.

cristianismo (cris·tia·nis·mo) [sustantivo masculino] Religión que afirma que hay un solo dios creador y salvador del mundo, y cuyas doctrinas fueron predicadas por Jesucristo: *El cristianismo considera el Nuevo Testamento un libro sagrado.* ☐ FAMILIA: →cristiano.

cristianizar (cris·tia·ni·zar) [verbo] **1** Convertir al cristianismo. **2** Dar a algo las características propias de lo que es cristiano: *Los misioneros cristianizaron ciertas tradiciones populares.* ☐ [La «z» se cambia en «c» delante de «e» («cristianice»)]. ☐ FAMILIA: →cristiano.

cristiano, na (cris·tia·no, na) [adjetivo o sustantivo] De la religión predicada por Jesucristo o relacionado con ella: *La cruz es el símbolo cristiano.* ◆ [expresión] ‖ **en cristiano** Con palabras que se entiendan: *¿Me lo podrías explicar en cristiano?* ☐ [La expresión es coloquial]. ☐ FAMILIA: cristianismo, cristiandad, cristianizar.

criterio (cri·te·rio) [sustantivo masculino] **1** Capacidad de una persona para juzgar o entender algo: *Cada uno opina sobre las cosas según su propio criterio.* **2** Regla que se toma para juzgar, para relacionar o para hacer clasificaciones: *¿Con qué criterio has ordenado esta lista de nombres?* ☐ SINÓNIMOS: **1** juicio, entendimiento. ☐ FAMILIA: →crítico.

criticar (cri·ti·car) [verbo] Juzgar algo de forma negativa. ☐ [La «c» se cambia en «qu» delante de «e» («critique»)]. ☐ SINÓNIMOS: censurar. ☐ FAMILIA: →crítico.

crítico, ca (crí·ti·co, ca) ■ [adjetivo] **1** Que critica o que muestra una opinión negativa. **2** Difícil y con importantes consecuencias para el futuro: *la fase crítica de una enfermedad.* ■ [sustantivo] **3** Persona que valora obras de arte u otra cosa como profesión. ■ **crítica** [sustantivo femenino] **4** Actividad que consiste en valorar algo teniendo en cuenta una serie de reglas o de valores: *la crítica teatral.* **5** Conjunto de personas que se dedican a esta actividad: *La crítica ha hecho grandes elogios a esta novela.* **6** Juicio que se hace sobre algo, especialmente si es negativo: *La novela ha recibido muchas críticas.* ☐ SINÓNIMOS: **2** decisivo. **6** censura. ☐ FAMILIA: **1** criticar, crítica, criticón, autocrítica, criterio. **2** →crisis.

criticón, na (cri·ti·cón, co·na) [adjetivo o sustantivo] Que lo critica todo. ☐ [Es coloquial]. ☐ FAMILIA: →crítico.

croar (cro·ar) [verbo] Emitir una rana o un sapo su voz característica.

croata (cro·a·ta) ■ [adjetivo o sustantivo] **1** De Croacia, que es un país europeo. ■ [sustantivo masculino] **2** Lengua de este país. ☐ [En el significado **1** no varía en masculino y femenino].

crocante (cro·can·te) [sustantivo masculino] Tipo de dulce que se hace con almendras tostadas y caramelo. ☐ SINÓNIMOS: guirlache.

crocanti (cro·can·ti) [sustantivo masculino] Helado cubierto por una capa de chocolate con trozos de almendra.

croissant [sustantivo masculino] → **cruasán**. ☐ [Es una palabra francesa. Se pronuncia «kruasán»].

crol [sustantivo masculino] Forma de nadar boca abajo, sacando los brazos del agua uno detrás de otro.

cromado (cro·ma·do) [sustantivo masculino] Baño de cromo, que es un metal sólido muy resistente al agua y al calor. ☐ FAMILIA: →cromo.

cromático, ca (cro·má·ti·co, ca) [adjetivo] De los colores o relacionado con ellos.

cromo (cro·mo) [sustantivo masculino] **1** Trozo de papel con una fotografía o con una imagen. **2** Metal sólido, parecido a la plata, muy resistente al agua y al calor. ◆ [expresión] ‖ **como un cromo** o **hecho un cromo** Con muchas heridas. ☐ [La expresión es coloquial]. ☐ FAMILIA: cromado, policromado.

cromosoma (cro·mo·so·ma) [sustantivo masculino] Especie de hilo que hay en el núcleo de la célula, donde se encuentra la información de los rasgos que se pasan de padres a hijos.

crónico, ca (cró·ni·co, ca) ■ [adjetivo] **1** Dicho de una enfermedad, que dura mucho o que se tiene de manera habitual: *Sufre una enfermedad crónica desde que nació.* **2** Que existe o se repite desde hace mucho tiempo: *El problema del ruido se ha convertido en algo crónico en las ciudades.* ■ **crónica** [sustantivo femenino] **3** Información sobre un tema actual: *¿Has leído esta crónica de sociedad?* ☐ Familia: **3** cronista.

cronista (cro·nis·ta) [sustantivo] Persona que escribe sobre un tema actual o histórico: *cronista deportivo.* ☐ [No varía en masculino y femenino]. ☐ Familia: →crónica.

crono (cro·no) [sustantivo masculino] Cronómetro. ☐ Familia: →cronómetro.

cronología (cro·no·lo·gí·a) [sustantivo femenino] **1** Serie de personas, de obras o de sucesos por orden de fechas. **2** Ciencia que fija el orden y las fechas de los sucesos. ☐ Familia: cronológico.

cronológico, ca (cro·no·ló·gi·co, ca) [adjetivo] Que sigue el orden en el que se han producido los hechos en el tiempo. ☐ Familia: →cronología.

cronometrar (cro·no·me·trar) [verbo] Medir el tiempo de forma muy exacta: *cronometrar una carrera.* ☐ Familia: →cronómetro.

cronómetro (cro·nó·me·tro) [sustantivo masculino] Reloj que sirve para medir el tiempo en unidades muy pequeñas. ☐ [Se usa mucho la forma abreviada «crono»]. ☐ Familia: cronometrar, crono.

croqueta (cro·que·ta) [sustantivo femenino] Especie de bola hecha con una masa y con pequeños trozos de comida, y que se fríe luego en aceite. ☐ [No debe decirse «cocreta»].

croquis (cro·quis) [sustantivo masculino] Dibujo rápido que se hace a ojo y sin detalles. ☐ [No varía en singular y plural].

cross [sustantivo masculino] Carrera que se hace atravesando el campo. ☐ [Es una palabra inglesa. Se pronuncia «kros»].

cruasán (crua·sán) [sustantivo masculino] Bollo con forma de media luna. ☐ [Es una palabra de origen francés. Su plural es «cruasanes». Es preferible escribir «cruasán» que la forma francesa *croissant*].

cruce (cru·ce) [sustantivo masculino] **1** Punto en el que se encuentran dos líneas: *Las plazas suelen estar en el cruce de varias calles.* **2** Paso señalado en una calle para que crucen las personas: *En ese cruce hay un semáforo.* **3** Hecho de mezclarse dos señales de teléfono, de radio o de televisión: *He llamado por teléfono, pero había un cruce de líneas y no he podido hablar bien.* **4** Unión de un animal con otro de distinta raza para que tengan crías: *Mi perro nació del cruce de un dálmata con un pastor alemán.* **5** Animal que nace de esta unión: *Los mulos son cruces de burros con yeguas.* ☐ Familia: →cruz.

crucería (cru·ce·rí·a) [sustantivo femenino] Sistema de construcción en el que se cruzan una serie de arcos para conseguir una bóveda. ☐ Familia: →cruz.

crucero (cru·ce·ro) [sustantivo masculino] Viaje en barco que se hace por diversión y parando en varios sitios. ☐ Familia: →cruz.

crucial (cru·cial) [adjetivo] Que es muy importante para el desarrollo de algo. ☐ [No varía en masculino y femenino]. ☐ Sinónimos: decisivo.

crucificar (cru·ci·fi·car) [verbo] Clavar a una persona en una cruz. ☐ [La «c» se cambia en «qu» delante de «e» («crucifique»)]. ☐ Familia: →cruz.

crucifijo (cru·ci·fi·jo) [sustantivo masculino] Imagen de Jesucristo en la cruz. ☐ Familia: →cruz.

crucifixión (cru·ci·fi·xión) [sustantivo femenino] Hecho de clavar a una persona en una cruz. ☐ Familia: →cruz.

crucigrama (cru·ci·gra·ma) [sustantivo masculino] Juego para escribir y que está formado por un conjunto de cuadros que hay que llenar con las letras. ☐ Familia: →cruz.

crudeza (cru·de·za) [sustantivo femenino] **1** Crueldad o realismo con que se muestra algo que puede ser desagradable: *Antes de ver la película nos avisaron de la crudeza de algunas imágenes.* **2** Dureza del clima: *La crudeza de los últimos inviernos ha sido grande.* ☐ Familia: →crudo.

crudo, da (cru·do, da) ■ [adjetivo] **1** Dicho de un alimento, que no está cocinado o que está muy poco cocinado. **2** Dicho de un color, que es parecido al color de los huesos, entre blanco y amarillo: *La lana natural tiene un color crudo.* **3** Muy frío y poco agradable: *un crudo invierno.* **4** Que no es nada agradable y resulta muy duro y cruel: *unas crudas imágenes de guerra.* **5** Difícil o muy complicado: *Si no vas a clase, lo tienes crudo para aprobar.* ■ **crudo** [sustantivo masculino] **6** Petróleo que no ha recibido tratamiento en la industria: *Para obtener gasolina hay que refinar el crudo.* ☐ [El significado **5** es coloquial]. ☐ Sinónimos: **5** chungo. ☐ Antónimos: **5** fácil, sencillo. ☐ Familia: crudeza, recrudecerse, recrudecimiento.

cruel (cruel) [adjetivo] **1** Que disfruta haciendo sufrir a los demás o que no se compadece de su dolor. **2** Muy duro o difícil de aguantar. ☐ [No varía en masculino y femenino]. ☐ Sinónimos: **1** sanguinario. **2** brutal, atroz, feroz. ☐ Antónimos: **1** compasivo, misericordioso, caritativo, piadoso. ☐ Familia: crueldad.

crueldad (cruel·dad) [sustantivo femenino] **1** Falta de compasión al ver sufrir a los demás. **2** Hecho o dicho que resulta cruel y da mucha pena: *Me parece una crueldad pegar a un animal.* ☐ Sinónimos: **2** atrocidad, brutalidad. ☐ Antónimos: **1** compasión, misericordia, caridad, piedad, clemencia. ☐ Familia: →cruel.

cruento, ta (cruen·to, ta) [adjetivo] Que se produce derramando mucha sangre. ☐ Sinónimos: sangriento.

crujido (cru·ji·do) [sustantivo masculino] Ruido que hacen algunas cosas cuando se rompen o cuando se aprietan. ☐ Familia: →crujir.

crujiente (cru·jien·te) [adjetivo] Que cruje. ☐ [No varía en masculino y femenino]. ☐ Familia: →crujir.

crujir (cru·jir) [verbo] Hacer algunas cosas un ruido cuando se rompen o cuando se aprietan: *Me encanta pisar las hojas que se caen de los árboles para hacerlas crujir.* ☐ [Siempre se escribe con «j»]. ☐ FAMILIA: crujido, crujiente.

crupier (cru·pier) [sustantivo] En un casino, persona que dirige las partidas y las apuestas. ☐ [No varía en masculino y femenino. Su plural es «crupieres»].

crustáceo, a (crus·tá·ce·o, a) [adjetivo o sustantivo masculino] Del grupo de animales al que pertenecen el cangrejo, la gamba y otros.

cruz [sustantivo femenino] **1** Figura formada por dos líneas que se cruzan: *El signo de la suma es una cruz.* **2** Cualquier cosa que tiene la forma de esta figura: *Una cruz es el símbolo del cristianismo.* **3** Hecho que hace sufrir o resulta una carga muy pesada: *Estos chicos tan desobedientes son mi cruz.* **4** Superficie de una moneda opuesta a la principal: *¿Qué pides: cara o cruz?* ☐ [Su plural es «cruces»]. ☐ SINÓNIMOS: **4** reverso. ☐ ANTÓNIMOS: **4** cara, anverso. ☐ FAMILIA: cruzar, cruce, crucero, crucería, crucificar, crucifijo, crucifixión, crucigrama, cruzada, cruzado, encrucijada, entrecruzar.

cruzado, da (cru·za·do, da) ▌ [adjetivo] **1** Que está puesto sobre algo formando una cruz o algo parecido. ▌ **cruzada** [sustantivo femenino] **2** Expedición militar que organizaban los cristianos para luchar contra los que no aceptaban su religión: *En la Edad Media, los países católicos organizaron cruzadas contra los musulmanes.* **3** Conjunto de actividades que se organizan para conseguir un fin importante: *una cruzada contra la violencia.* ☐ SINÓNIMOS: **1** atravesado. ☐ FAMILIA: →cruz.

cruzar (cru·zar) [verbo] **1** Ir de una parte a otra de un lugar: *Cruzó la ciudad de punta a punta.* **2** Poner una cosa sobre otra formando una cruz: *Cuando se sentó, cruzó las piernas.* **3** Juntar un animal con otro de distinta raza para que tengan crías: *Crucé mi perro con la perra del vecino.* **4** Cambiar palabras o gestos con otra persona: *Estamos enfadados y no nos cruzamos palabra.* ▌ **cruzarse 5** Pasar dos personas o dos cosas por el mismo sitio, pero en sentido contrario: *Me crucé con tu hermana en la escalera.* **6** Aparecer o ponerse delante: *Espero que no se cruce ningún problema.* **7** Mezclarse o confundirse una cosa con otra: *He ido tanto al cine que las películas se me cruzan en la mente.* ☐ [La «z» se cambia en «c» delante de «e» («cruce»)]. ☐ SINÓNIMOS: **1** atravesar. ☐ FAMILIA: →cruz.

cu [sustantivo femenino] Nombre de la letra *q*. ☐ [Su plural es «cus»].

cuaderno (cua·der·no) [sustantivo masculino] Especie de libro con las hojas en blanco para poder escribir en ellas. ☐ FAMILIA: encuadernar, encuadernación, desencuadernar.

cuadra (cua·dra) [sustantivo femenino] **1** Lugar cubierto y preparado para tener caballos. **2** Conjunto de caballos de un mismo dueño: *El caballo que ganó la carrera pertenece a una cuadra muy famosa.* **3** Lugar muy sucio. ☐ SINÓNIMOS: **1** caballeriza.

cuadrado, da (cua·dra·do, da) ▌ [adjetivo] **1** Con cuatro lados iguales y cuatro ángulos rectos. **2** Dicho de una persona, de cuerpo ancho y fuerte: *Llevaba como guardaespaldas a un tío cuadrado.* **3** Dicho de una unidad de longitud, que se convierte en una unidad de superficie: *metro cuadrado.* ▌ **cuadrado** [sustantivo masculino] **4** Figura plana con cuatro lados iguales y cuatro ángulos rectos: *El cuadrado es un polígono.* ◉ **página 467. 5** Resultado de multiplicar un número por sí mismo: *El cuadrado de 3 es 9.* ☐ [El significado **2** es coloquial]. ☐ FAMILIA: →cuadro.

cuadragésimo, ma (cua·dra·gé·si·mo, ma) [numeral] **1** Que ocupa el lugar número cuarenta en una serie: *Es la cuadragésima vez que te digo lo mismo.* **2** Una de las cuarenta partes en que se divide algo: *la cuadragésima parte.* ☐ FAMILIA: →cuatro.

cuadrante (cua·dran·te) [sustantivo masculino] **1** Cuarta parte de un círculo o de una circunferencia. **2** Instrumento que se utiliza en astronomía para medir ángulos. ☐ FAMILIA: →cuatro.

cuadrar (cua·drar) [verbo] **1** Hacer que dos cosas queden justas o se correspondan: *No me cuadran las cuentas.* ▌ **cuadrarse 2** Ponerse firme y con los pies unidos por los talones y separados por las puntas: *Los soldados tienen que cuadrarse delante de un superior.* ☐ SINÓNIMOS: **1** casar. ☐ FAMILIA: →cuadro.

cuádriceps (cuá·dri·ceps) [sustantivo masculino] Músculo que está en la parte de delante del muslo y que permite estirar las piernas. ◉ **página 647.** ☐ [No varía en singular y plural]. ☐ FAMILIA: →cuatro.

cuadrícula (cua·drí·cu·la) [sustantivo femenino] Conjunto de cuadrados que forman una especie de red. ☐ FAMILIA: →cuadro.

cuadriculado, da (cua·dri·cu·la·do, da) [adjetivo] **1** Con líneas que se cruzan formando cuadros. **2** Que obedece a un orden muy rígido: *Tiene una mente cuadriculada y para él, las cosas solo pueden ser buenas o malas, pero no regulares.* ☐ FAMILIA: →cuadro.

cuadricular (cua·dri·cu·lar) [verbo] **1** Dibujar líneas que se cruzan formando cuadros. **2** Dar a algo un orden muy rígido: *Ha cuadriculado su vida y tiene todo previsto.* ☐ FAMILIA: →cuadro.

cuadriga (cua·dri·ga) [sustantivo femenino] Carro tirado por cuatro caballos, que se usaba mucho en las carreras de la antigua Roma. ☐ [Se suele pronunciar «kuádriga»]. ☐ FAMILIA: →cuatro.

cuadrilátero, ra (cua·dri·lá·te·ro, ra) ▌ [adjetivo o sustantivo masculino] **1** Dicho de una figura plana, que tiene cuatro lados: *El cuadrado y el rectángulo son cuadriláteros.* ▌ **cuadrilátero** [sustantivo masculino] **2** Espacio en forma de cuadrado y limitado por cuerdas, donde se boxea. ☐ FAMILIA: →cuatro.

cuadrilla (cua·dri·lla) [sustantivo femenino] **1** Grupo de personas que se juntan para algo. **2** Conjunto de toreros a las órdenes de otro de más categoría. ☐ SINÓNIMOS: **1** panda.

cuadro (cua·dro) [sustantivo masculino] **1** Figura cuadrada: *una camisa de cuadros*. **2** Obra de pintura que se suele colgar en las paredes como adorno: *«Los borrachos» es un cuadro de Velázquez*. **3** Situación o suceso que producen una fuerte impresión: *¡Menudo cuadro tienen en esa casa, con todo el mundo en la cama y con fiebre!* **4** Conjunto de datos colocados de manera que se ve la relación entre ellos: *Hacer esquemas y cuadros ayuda a estudiar*. **5** Conjunto de personas que componen una organización o que la dirigen: *Mi pediatra pertenece al cuadro médico de ese hospital*. **6** Conjunto de instrumentos que permiten hacer funcionar una máquina: *el cuadro de mandos de un avión*. ◆ [expresión] ‖ **cuadro clínico** Conjunto de efectos producidos por una enfermedad: *El enfermo presenta un cuadro clínico muy grave*. ☐ FAMILIA: cuadrado, cuadrar, encuadrar, cuadrícula, cuadricular, cuadriculado, recuadro, encuadre.

cuadrúpedo, da (cua·drú·pe·do, da) [adjetivo o sustantivo masculino] Que tiene cuatro patas: *Los perros son animales cuadrúpedos*. ☐ FAMILIA: →cuatro.

cuádruple (cuá·dru·ple) [numeral] Que es cuatro veces mayor. ☐ [No varía en masculino y femenino]. ☐ FAMILIA: →cuatro.

cuadruplicar (cua·dru·pli·car) [verbo] Multiplicar algo por cuatro o hacerlo cuatro veces mayor. ☐ [La «c» se cambia en «qu» delante de «e» («cuadruplique»)]. ☐ FAMILIA: →cuatro.

cuajada (cua·ja·da) [sustantivo femenino] Parte grasa de la leche, que se prepara como alimento. ☐ FAMILIA: →cuajar.

cuajar (cua·jar) [verbo] **1** Hacer que un líquido se vuelva una masa sólida: *El requesón se hace cuajando la leche*. **2** Formar la nieve una capa sólida sobre una superficie: *Cuando nieva poco, es difícil que cuaje*. **3** Llegar algo a realizarse o a tener una forma: *De todos los planes que hice, no cuajó ninguno*. **4** Gustar algo y ser bien aceptado: *Ese producto no acaba de cuajar entre el público*. ■ **cuajarse** **5** Llenarse o cubrirse. ☐ [Siempre se escribe con «j». Los significados **3** y **4** son coloquiales]. ☐ FAMILIA: cuajada, cuajarón.

cuajarón (cua·ja·rón) [sustantivo masculino] Porción de sangre o de otro líquido cuajados o que se han hecho sólidos. ☐ FAMILIA: →cuajar.

cuajo (cua·jo) [sustantivo masculino] **1** Sustancia que se usa para hacer que un líquido se vuelva una masa sólida. **2** Demasiada calma al hacer algo. ◆ [expresión] ‖ **de cuajo** De raíz. ☐ [El significado **2** es coloquial].

cual (cual) ■ [pronombre relativo] **1** Se usa para sustituir el nombre de una persona o de una cosa de las que ya se ha hablado, y siempre va después de *el*, *la*, *lo*, *los* o *las*: *Voy con una amiga a la cual no conoces*. ■ [adverbio] **2** Como: *La hierba, cual alfombra de terciopelo, cubre todo el campo*. ◆ [expresión] ‖ **cada cual** Indica de forma separada a una persona en relación con las otras: *Yo os digo dónde está el museo y cada cual que vaya como pueda*. ‖ **tal cual** Así o de la misma forma: *Tú compórtate tal cual eres, y no te pongas nervioso*. ☐ [En el significado **1** no varía en masculino y femenino. En el significado **2** tampoco varía por ser adverbio. No confundir con «cuál», pronombre interrogativo. El significado **2** suele usarse en el lenguaje literario].

cuál (cuál) [pronombre interrogativo] Se usa para preguntar por algo o por alguien entre varios: *De todos tus libros, ¿cuál me dejarías?* ☐ [No varía en masculino y femenino. No confundir con «cual», pronombre relativo o adverbio].

cualesquiera (cua·les·quie·ra) [indefinido] Plural de **cualquiera**. ☐ [No varía en masculino y femenino].

cualidad (cua·li·dad) [sustantivo femenino] Característica propia de algo, que suele ser positiva. ☐ SINÓNIMOS: carácter, propiedad. ☐ FAMILIA: cualitativo, cualificación, cualificado.

cualificación (cua·li·fi·ca·ción) [sustantivo femenino] Preparación para desempeñar una actividad o una profesión: *No tenía la cualificación necesaria para el puesto*. ☐ FAMILIA: →cualidad.

cualificado, da (cua·li·fi·ca·do, da) [adjetivo] Que tiene las cualidades necesarias para algo. ☐ FAMILIA: →cualidad.

cualitativo, va (cua·li·ta·ti·vo, va) [adjetivo] De la cualidad o relacionado con ella: *cambio cualitativo*. ☐ FAMILIA: →cualidad.

cualquier (cual·quier) [indefinido] Cualquiera: *Déjame cualquier libro*. ☐ [No varía en masculino y femenino. Va siempre delante de un sustantivo singular].

cualquiera (cual·quie·ra) [indefinido] Se usa para hablar de una persona o de una cosa indistintas o que no están determinadas: *Que lo haga cualquiera de vosotros*. ☐ [No varía en masculino y femenino. Su plural es «cualesquiera». Cuando va delante de un sustantivo, se cambia por «cualquier»: «cualquier lápiz»; «cualquier cosa»].

cuan (cuan) [relativo] Cuanto: *Tropezó y cayó cuan larga era*.

cuán (cuán) [adverbio exclamativo] Se usa para valorar la fuerza o la intensidad de algo: *¡Cuán feliz me siento con vos!* ☐ [Suele usarse en el lenguaje literario].

cuando (cuan·do) ■ [adverbio relativo] **1** En el tiempo o en el momento en que: *Me saludó cuando me lo encontré*. ■ [conjunción] **2** Se usa para expresar una condición: *Cuando ella lo dice, será verdad*. ◆ [expresión] ‖ **de cuando en cuando** De tiempo en tiempo: *Solo voy al teatro de cuando en cuando*. ☐ [No confundir con «cuándo», adverbio interrogativo].

cuándo (cuán·do) [adverbio interrogativo] En qué tiempo o en qué momento: *¿Cuándo es tu cumpleaños? Dime cuándo te irás*. ☐ [No confundir con «cuando», adverbio relativo o conjunción].

cuantía (cuan·tí·a) [sustantivo femenino] Cantidad o medida. ☐ FAMILIA: →cuanto.

cuantificador (cuan·ti·fi·ca·dor) [sustantivo masculino] Clase de palabra que indica una cantidad, un número o un grado: *«Algunos» es un cuantificador indefinido porque indica una cantidad indeterminada*. ☐ FAMILIA: →cuanto.

cuantificar (cuan·ti·fi·car) [verbo] Expresar una cantidad: *En «tres niños», «tres» cuantifica a «niños»*. □ [La «c» se cambia en «qu» delante de «e» («cuantifique»)]. □ FAMILIA: →cuanto.

cuantioso, sa (cuan·tio·so, sa) [adjetivo] Grande y abundante. □ SINÓNIMOS: abundante, numeroso, profuso, copioso, crecido. □ ANTÓNIMOS: escaso, corto. □ FAMILIA: →cuanto.

cuantitativo, va (cuan·ti·ta·ti·vo, va) [adjetivo] De la cantidad o relacionado con ella: *aumento cuantitativo*. □ FAMILIA: →cuanto.

cuanto, ta (cuan·to, ta) [relativo] **1** Indica la totalidad de lo que ya se ha dicho, y equivale a *todo lo que*: *Llévate cuantos libros quieras. Lo que te ofrezco es cuanto te puedo dar*. **2** Indica una cantidad indeterminada: *Cuanto más miro la tarta, más ganas tengo de comerla*. ◆ [expresión] ‖ **cuanto antes** Lo antes posible: *Sube cuanto antes, por favor*. ‖ **en cuanto** Tan pronto como: *En cuanto acabes con eso, nos iremos*. ‖ **unos cuantos** Cantidad que no está determinada: *Me quedan unas cuantas páginas para acabar el libro*. □ [No confundir con «cuánto», interrogativo o exclamativo]. □ FAMILIA: cuantioso, cuantitativo, cuantificar, cuantificador, cuantía, cantidad.

cuánto, ta (cuán·to, ta) ■ [interrogativo] **1** Se usa para preguntar la cantidad de algo: *¿Cuántos años tienes? Dime a cuántas personas conoces*. ■ [exclamativo] **2** Se usa para dar mayor fuerza a lo que se dice cuando se refiere a una cantidad de algo: *¡Cuántos regalos me has traído!* □ [No confundir con «cuanto», relativo].

cuarenta (cua·ren·ta) ■ [numeral] **1** Indica 40 unidades: *Este mes he visto cuarenta películas*. ■ [sustantivo masculino] **2** Número 40: *El cuarenta es mi número favorito*. ◆ [expresión] ‖ **cantar las cuarenta a alguien** Llamarle la atención de manera clara por algo que ha hecho mal. □ [En el significado **1** no varía en masculino y femenino. La expresión es coloquial]. □ FAMILIA: →cuatro.

cuarentena (cua·ren·te·na) [sustantivo femenino] **1** Período de tiempo durante el que se aísla a una persona o a un animal enfermos para evitar que contagien a otros. **2** Conjunto de cuarenta unidades, días, meses o años. □ FAMILIA: →cuatro.

cuaresma (cua·res·ma) [sustantivo femenino] Período de tiempo en torno a cuarenta días durante el cual los cristianos se preparan para celebrar la muerte y resurrección de Jesucristo. □ [Se escribe con mayúscula].

cuarta (cuar·ta) [sustantivo femenino] Mira en **cuarto, ta**.

cuartear (cuar·te·ar) [verbo] **1** Dividir en cuatro partes: *Pedí que me cuartearan el pollo*. ■ **cuartearse 2** Hacerse aberturas largas y estrechas en una superficie por estar muy seca: *cuartearse la piel*. □ SINÓNIMOS: **2** agrietar. □ FAMILIA: →cuatro.

cuartel (cuar·tel) [sustantivo masculino] **1** Lugar donde viven los soldados. **2** Descanso que se da al enemigo en una lucha o en un enfrentamiento: *una guerra sin cuartel*. ◆ [expresión] ‖ **cuartel general** Lugar desde donde se lleva la dirección de una organización. □ SINÓNIMOS: **2** tregua. □ FAMILIA: cuartelillo, acuartelar, acuartelamiento.

cuartelillo (cuar·te·li·llo) [sustantivo masculino] Edificio de un puesto de policía, de la Guardia Civil, de los bomberos o de parte de una tropa. □ FAMILIA: →cuartel.

cuarterón (cuar·te·rón) [sustantivo masculino] Medida que se usaba para pesar: *Un cuarterón equivalía a la cuarta parte de una libra, es decir, a ciento quince gramos*. □ FAMILIA: →cuatro.

cuarteta (cuar·te·ta) [sustantivo femenino] Estrofa de cuatro versos de menos de ocho sílabas, que riman el primero con el tercero y el segundo con el cuarto. □ FAMILIA: →cuatro.

cuarteto (cuar·te·to) [sustantivo masculino] **1** Conjunto musical formado por cuatro instrumentos o por cuatro voces. **2** Estrofa de cuatro versos de más de ocho sílabas, que riman el primero con el cuarto y el segundo con el tercero. □ FAMILIA: →cuatro.

cuartilla (cuar·ti·lla) [sustantivo femenino] Hoja de papel para escribir. □ FAMILIA: →cuatro.

cuarto, ta (cuar·to, ta) ■ [numeral] **1** Que ocupa el lugar número cuatro en una serie. **2** Dicho de una parte, que es una de las cuatro en que se divide algo: *cuarto de kilo*. ■ **cuarto** [sustantivo masculino] **3** Cada una de las partes en que se divide una casa: *un cuarto de baño*. ■ **cuartos** [sustantivo masculino plural] **4** Dinero: *Tiene muchos cuartos*. ■ **cuarta** [sustantivo femenino] **5** Medida de longitud: *La palma de la mano extendida desde el meñique al pulgar mide aproximadamente una cuarta*. ◆ [expresión] ‖ **cuarto de estar** Habitación en la que está la familia de manera habitual: *En mi casa, la televisión está en el cuarto de estar*. □ [El significado **4** es coloquial]. □ SINÓNIMOS: **3** habitación, pieza, dependencia. **5** palmo. □ FAMILIA: decimocuarto. →cuatro.

cuarzo (cuar·zo) [sustantivo masculino] Mineral muy duro, que puede ser blanco, rosa o sin color: *El cuarzo se encuentra formando parte de muchas rocas*.

cuaternario, ria (cua·ter·na·rio, ria) [adjetivo o sustantivo masculino] De un período de la historia comenzado hace unos dos millones de años, en el que ha aparecido el hombre: *era cuaternaria*. □ FAMILIA: →cuatro.

cuatrillizo, za (cua·tri·lli·zo, za) [adjetivo o sustantivo] Que ha nacido a la vez que otros tres hermanos. □ FAMILIA: →cuatro.

cuatrimestral (cua·tri·mes·tral) [adjetivo] **1** Que sucede o se repite cada cuatro meses: *Esta revista es cuatrimestral y se publica tres veces al año*. **2** Que dura cuatro meses: *En esta academia, los cursos de inglés son cuatrimestrales*. □ [No varía en masculino y femenino]. □ FAMILIA: →cuatro. →mes.

cuatrimestre (cua·tri·mes·tre) [sustantivo masculino] Período de tiempo de cuatro meses. □ FAMILIA: →mes.

cuatrimotor (cua·tri·mo·tor) [sustantivo masculino] Avión que tiene cuatro motores. □ FAMILIA: →cuatro. →motor.

cuatrisílabo, ba (cua·tri·sí·la·bo, ba) [adjetivo o sustantivo masculino] De cuatro sílabas: *«Murciélago» es una palabra cuatrisílaba*. □ FAMILIA: →cuatro. →sílaba.

cuatro (cua·tro) ■ [numeral] **1** Indica 4 unidades: *Un cuadrado tiene cuatro lados*. ■ [sustantivo masculino] **2** Número 4: *Mi* *número favorito es el cuatro.* ☐ [En el significado **1** no varía en masculino y femenino]. ☐ FAMILIA: cuatrocientos, cuarenta, cuarentena, cuarto, cuadruplicar, cuádruple, cuadrilátero, cuadrúpedo, cuadrante, cuadriga, cuádriceps, cuaternario, cuatrillizo, cuatrimestral, cuatrimotor, cuatrisílabo, cuadragésimo, catorce, catorceavo, veinticuatro, cuartear, descuartizar, cuarteto, cuarteta, cuartilla, cuarterón.

cuatrocientos, tas (cua·tro·cien·tos, tas) ∎ [numeral] **1** Indica 400 unidades: *Este año he visto cuatrocientas películas.* ∎ [sustantivo masculino] **2** Número 400: *El cuatrocientos es mi número favorito.* ☐ FAMILIA: →cuatro. →ciento.

cuba (cu·ba) [sustantivo femenino] Recipiente de madera, formado por tablas curvas sujetas por unos aros de metal, que se usa para contener grandes cantidades de vino. ◆ [expresión] ∥ **como una cuba** Muy borracho. ☐ [La expresión es coloquial].

cubalibre (cu·ba·li·bre) [sustantivo masculino] Bebida alcohólica en la que se mezcla un refresco de cola con ron o con otro tipo de alcohol.

cubano, na (cu·ba·no, na) [adjetivo o sustantivo] De Cuba, que es un país centroamericano.

cubata (cu·ba·ta) [sustantivo masculino] Bebida alcohólica en la que se mezcla un refresco de cola con ron o con otro tipo de alcohol. ☐ [Es coloquial]. ☐ SINÓNIMOS: cubalibre.

cubertería (cu·ber·te·rí·a) [sustantivo femenino] Conjunto de cubiertos. ☐ FAMILIA: →cubierto.

cubeta (cu·be·ta) [sustantivo femenino] Recipiente poco profundo, generalmente rectangular, que se usa mucho en laboratorios químicos y fotográficos. ☐ FAMILIA: →cubo.

cúbico, ca (cú·bi·co, ca) [adjetivo] **1** Con forma de cubo. **2** Dicho de una unidad de longitud, que se convierte en una unidad de capacidad: *un metro cúbico.* ☐ FAMILIA: →cubo.

cubículo (cu·bí·cu·lo) [sustantivo masculino] Habitación o recinto muy pequeños.

cubierta (cu·bier·ta) [sustantivo femenino] Mira en **cubierto, ta**.

cubierto, ta (cu·bier·to, ta) ∎ **1** Participio irregular de **cubrir**. ∎ **cubierto** [sustantivo masculino] **2** Conjunto de cuchillo, cuchara y tenedor, o cada uno de estos objetos. **3** Comida para una persona que se sirve en un local: *¿Cuánto cuesta el cubierto en este restaurante?* ∎ **cubierta** [sustantivo femenino] **4** Cosa que se pone encima de algo para taparlo o para protegerlo: *La cubierta de esta choza está hecha con pajas.* **5** Parte exterior de un neumático. **6** Cada uno de los pisos de un barco, o el piso superior. ◉ **página 132.** ◆ [expresión] ∥ **a cubierto** Protegido de un daño o de un peligro: *En esta cueva estaremos a cubierto de la lluvia.* ☐ SINÓNIMOS: **4** techo, techado, revestimiento. ☐ ANTÓNIMOS: **1** descubierto. ☐ FAMILIA: cubertería.

cubil (cu·bil) [sustantivo masculino] Lugar que sirve de refugio o de escondite. ☐ SINÓNIMOS: guarida.

cubilete (cu·bi·le·te) [sustantivo masculino] Especie de vaso que se usa en algunos juegos para agitar el dado. ☐ FAMILIA: →cubo.

cubismo (cu·bis·mo) [sustantivo masculino] Corriente artística de principios del siglo XX, que utiliza principalmente las figuras geométricas para sus representaciones. ☐ FAMILIA: →cubo.

cubista (cu·bis·ta) [adjetivo o sustantivo] Del cubismo o relacionado con él. ☐ [No varía en masculino y femenino]. ☐ FAMILIA: →cubo.

cubito (cu·bi·to) [sustantivo masculino] Trozo pequeño de hielo, que se suele echar en las bebidas para que estén frías. ☐ [No confundir con «cúbito» (hueso del brazo)]. ☐ FAMILIA: →cubo.

cúbito (cú·bi·to) [sustantivo masculino] Hueso más largo de los dos que van desde la muñeca hasta el codo: *Los huesos del antebrazo son el cúbito y el radio.* ◉ **página 405.** ☐ [No confundir con «cubito» (trozo pequeño de hielo)].

cubo (cu·bo) [sustantivo masculino] **1** Recipiente con la boca más ancha que el fondo, con un asa superior y que se suele usar para llenarlo de agua. ◉ **páginas 494-495.** **2** Cuerpo geométrico limitado por seis cuadrados iguales: *Un dado tiene forma de cubo.* ◉ **página 467.** **3** En matemáticas, resultado de multiplicar un número dos veces por sí mismo: *El cubo de 3 es 27.* ☐ FAMILIA: cubito, cubilete, cubeta, cúbico, cubismo, cubista, tapacubos.

cubrecama (cu·bre·ca·ma) [sustantivo masculino] Especie de manta que se pone sobre la cama como adorno. ☐ SINÓNIMOS: colcha. ☐ FAMILIA: →cubrir. →cama.

cubrir (cu·brir) [verbo] **1** Poner algo encima de otra cosa, de modo que esta no se vea: *Se cubrió los ojos con la mano.* **2** Extender algo sobre una superficie: *He cubierto la tarta con nata.* **3** Proteger de un daño o de un peligro: *El policía se acercó al delincuente mientras sus compañeros lo cubrían.* **4** Hacer que una plaza de trabajo deje de estar libre, dándosela a una persona: *Las plazas de los que se jubilen se cubrirán con gente nueva.* **5** Ocuparse de un servicio o de una necesidad, poniendo los medios necesarios: *Se necesitan más voluntarios para cubrir las necesidades de atención médica de la población.* **6** En algunos deportes, defender una zona del campo: *Ese defensa cubrirá la banda derecha.* **7** Seguir el desarrollo de un acontecimiento para contarlo como noticia: *Los periódicos mandaron enviados especiales para cubrir las elecciones.* **8** Poner techo a un lugar: *Vamos a cubrir una parte de la terraza.* **9** Hacer el recorrido de una distancia: *El corredor cubrió los mil metros en un tiempo récord.* **10** Dar algo en gran cantidad: *En cuanto me vio, me cubrió de besos.* **11** Pagar una deuda: *Tuve que pedir un préstamo para cubrir los gastos del arreglo de la casa.* **12** Unirse sexualmente un animal macho a la hembra. ∎ **cubrirse 13** Ponerse el sombrero: *Llevaba el sombrero en la mano y al salir a la calle se cubrió.* **14** Llenarse el cielo de nubes: *Cuando se cubre así el cielo, no tarda en empezar a llover.* ☐ [Su participio es «cubierto»]. ☐ SINÓNIMOS: **1** tapar. **9** recorrer. **10** llenar, colmar. **12** montar. **14** nublarse. ☐ ANTÓNIMOS: **1** descubrir, destapar. **13** descubrirse. **14** abrir, despejarse, aclarar, clarear. ☐ FAMILIA: cubierta, cubierto, cobertizo, cobertor, cobertura, contracubierta, cubrecama, descubrir, recubrir, encubrir.

cucamonas (cu·ca·mo·nas) [sustantivo femenino plural] Caricias y otras demostraciones de cariño que se hacen a alguien para convencerlo de algo. ☐ [Es coloquial].

cucaña (cu·ca·ña) [sustantivo femenino] Palo largo que tiene jabón o grasa, por el que hay que subir para coger un premio que hay en lo alto.

cucaracha (cu·ca·ra·cha) [sustantivo femenino] Insecto de color negro que suele haber donde hay suciedad. ⊙ página 530.

cuchara (cu·cha·ra) [sustantivo femenino] Cubierto con el que se toman los alimentos líquidos y cremosos. ☐ FAMILIA: cucharada, cucharilla, cucharón.

cucharada (cu·cha·ra·da) [sustantivo femenino] Cantidad de alimento que cabe en una cuchara. ☐ FAMILIA: →cuchara.

cucharilla (cu·cha·ri·lla) [sustantivo femenino] Cuchara pequeña. ☐ FAMILIA: →cuchara.

cucharón (cu·cha·rón) [sustantivo masculino] Cubierto en forma de cuchara grande que se usa para servir. ☐ FAMILIA: →cuchara.

cuchichear (cu·chi·che·ar) [verbo] Decir algo en voz baja para que los demás no sepan de qué se habla: *Es de mala educación cuchichear en clase.* ☐ FAMILIA: cuchicheo.

cuchicheo (cu·chi·che·o) [sustantivo masculino] Conversación en voz baja para que los demás no sepan de qué se habla. ☐ FAMILIA: →cuchichear.

cuchilla (cu·chi·lla) [sustantivo femenino] Hoja de acero que se usa para cortar. ☐ FAMILIA: →cuchillo.

cuchillada (cu·chi·lla·da) [sustantivo femenino] Herida hecha con un cuchillo. ☐ FAMILIA: →cuchillo.

cuchillo (cu·chi·llo) [sustantivo masculino] Objeto que sirve para cortar y que tiene un mango y una hoja de metal con filo. ☐ FAMILIA: cuchilla, cuchillada, acuchillar.

cuchipanda (cu·chi·pan·da) [sustantivo femenino] Reunión de varias personas para comer y divertirse. ☐ [Es coloquial]. ☐ FAMILIA: →panda.

cuchitril (cu·chi·tril) [sustantivo masculino] Casa o habitación muy pequeñas y muy sucias. ☐ [Es despectivo]. ☐ SINÓNIMOS: covacha.

cuchufleta (cu·chu·fle·ta) [sustantivo femenino] Dicho gracioso. ☐ [Es coloquial].

cuclillas (cu·cli·llas) ◆ [expresión] ‖ **en cuclillas** Con el cuerpo doblado hasta casi sentarse en el suelo. ☐ FAMILIA: acuclillarse.

en cuclillas

cuclillo (cu·cli·llo) [sustantivo masculino] Ave pequeña, de plumas grises y cola negra con puntos blancos, cuya hembra pone los huevos en los nidos de otras aves. ☐ SINÓNIMOS: cuco.

cuco, ca (cu·co, ca) ▌ [adjetivo] **1** Bonito, agradable y gracioso: *¡Qué casa tan cuca tienes!* ▌ [adjetivo o sustantivo] **2** Que es listo y tiene habilidad para conseguir lo que quiere: *La muy cuca me engañó.* ▌ **cuco** [sustantivo masculino] **3** Ave pequeña, de plumas grises y cola negra con puntos blancos: *Los relojes de cuco se llaman así porque hacen un sonido parecido al del cuco.* ☐ [Los significados **1** y **2** son coloquiales]. ☐ SINÓNIMOS: **1** mono. **2** astuto, pillo, pícaro, zorro. **3** cuclillo. ☐ ANTÓNIMOS: **1** feo.

cucurucho (cu·cu·ru·cho) [sustantivo masculino] **1** Especie de bolsa de papel o de otro material, con un extremo acabado en punta. **2** Especie de gorro con esta forma.

cuello (cue·llo) [sustantivo masculino] **1** Parte del cuerpo de las personas y de los animales que une la cabeza con el tronco. **2** Pieza de una prenda de vestir que rodea a esta parte del cuerpo. **3** Parte superior y más estrecha de un recipiente: *el cuello de un jarrón.* ◆ [expresión] ‖ **cuello de botella** Lugar que resulta tan estrecho que hace difícil o lento el paso: *Esa calle tan estrecha se convierte en un cuello de botella cuando hay mucho tráfico.* ☐ FAMILIA: alzacuello.

cuenca (cuen·ca) [sustantivo femenino] **1** Territorio cuyas aguas van a parar a un mismo río, lago o mar. **2** Terreno rico en determinado mineral: *una mina de la cuenca asturiana.* **3** Terreno hundido y rodeado de montañas: *En la cuenca entre esas dos montañas hay varios pueblos.* **4** Cada uno de los huecos en los que están los ojos. ☐ SINÓNIMOS: **3** valle. **4** órbita.

cuenco (cuen·co) [sustantivo masculino] **1** Recipiente ancho y hondo, parecido a una taza grande sin asa. **2** Hueco de algunas cosas. ☐ SINÓNIMOS: **1** escudilla.

cuenta (cuen·ta) ▌ [sustantivo femenino] **1** Hecho de contar las unidades de un conjunto: *Empezaron una cuenta atrás desde diez y, al llegar a cero, despegó el cohete.* **2** Conjunto de operaciones matemáticas que se hacen para obtener un resultado: *Haz la cuenta, a ver cuánto suman todas estas cantidades.* **3** Papel en el que se pone la cantidad de dinero que hay que pagar: *Camarero, por favor, ¿nos trae la cuenta?* **4** Dinero que se tiene en un banco: *¿Tienes mucho dinero ahorrado en tu cuenta?* **5** Explicación que se da de algo que se ha hecho: *Cuando vuelvo de la compra, doy cuenta a mis padres de lo que me he gastado.* **6** Responsabilidad que alguien toma sobre algo: *Eso queda de mi cuenta y ya me encargaré yo de arreglarlo.* **7** Consideración o atención que se presta a algo: *Tendré en cuenta tus buenos consejos.* **8** Ganancia o consecuencia favorable que se obtiene de algo: *Para comprarte ropa, te trae más cuenta esperar a las rebajas.* **9** Bola pequeña y con un agujero en el centro que se usa para hacer collares o pulseras: *las cuentas de un collar.* ▌ **cuentas** [plural] **10** Asuntos o negocios entre varias personas: *¡A ver cuándo arreglamos esas cuentas que tenemos pendientes!* **11** Conjunto de las cantidades que se apuntan sobre lo que se gana y se gasta en una actividad comercial: *Los inspectores de Hacienda revisaron las cuentas de la empresa.* ◆ [expresión] ‖ **caer en la cuenta de algo** Tomar conciencia de ello: *Hasta que no me enseñaron su foto, no caí en la cuenta de quién era.* ‖ **cuenta corriente** La que se tiene en un banco y permite sacar o meter dinero en el momento. ‖ **dar cuenta de algo** Acabarlo o gastarlo del todo: *La tarta parecía muy grande, pero enseguida dimos cuenta de ella.* ‖ **darse cuenta de algo** Tomar consciencia de ello: *¿Es que no te das cuenta de que lo estás haciendo mal?* ‖ **estar fuera de cuentas** o **salir de cuentas** Haber cumplido una mujer embarazada el período para que el hijo nazca: *¿Cuándo sale de cuentas tu mujer?* ‖ **la cuenta de la vieja** La que se hace contando con los dedos o sin operaciones matemáticas complicadas. ‖ **por mi cuenta** Yo solo y como a mí me parezca: *Si nadie quiere acompañarme, me iré yo por mi cuenta.* ☐ [Las expresiones «dar cuenta de algo» y «la cuenta de la vieja» son coloquiales]. ☐ SINÓNIMOS: **2** cálculo, cómputo. **3** nota, factura, recibo. **8** beneficio, provecho. ☐ FAMILIA: →contar.

cuentacuentos (cuen·ta·cuen·tos) [sustantivo] Persona que cuenta historias a un público: *Hoy irá un cuentacuentos al colegio.* ☐ [No varía en masculino y femenino, ni en singular y plural]. ☐ FAMILIA: →contar.

cuentagotas (cuen·ta·go·tas) [sustantivo masculino] Objeto que suele tener un tubo de cristal con una goma en un extremo y que sirve para dejar caer un líquido gota a gota: *Algunos medicamentos se echan con cuentagotas.* ◆ [expresión] ‖ **con cuentagotas** En cantidades muy pequeñas: *Mi hermano nos repartió los bombones con cuentagotas.* ☐ [No varía en singular y plural. La expresión es coloquial]. ☐ FAMILIA: →contar. →gota.

cuentakilómetros (cuen·ta·ki·ló·me·tros) [sustantivo masculino] Aparato que registra los kilómetros que va haciendo un vehículo. ☐ [No varía en singular y plural]. ☐ FAMILIA: →contar. →kilómetro.

cuentarrevoluciones (cuen·ta·rre·vo·lu·cio·nes) [sustantivo masculino] Aparato que cuenta las revoluciones de un motor. ☐ [No varía en singular y plural]. ☐ FAMILIA: →contar. →revolución.

cuentista (cuen·tis·ta) ∎ [adjetivo o sustantivo] **1** Que suele contar mentiras o cosas difíciles de creer. ∎ [sustantivo] **2** Persona que escribe cuentos. ☐ [No varía en masculino y femenino. El significado **1** es coloquial]. ☐ FAMILIA: →contar.

cuento (cuen·to) [sustantivo masculino] **1** Historia corta que se suele contar por escrito. **2** Mentira o cosa inventada: *Esa excusa es un cuento y no hay quien se lo crea.* **3** Cosa que se dice como si fuera verdad aunque no se tengan pruebas: *No te creas los cuentos que te han contado sobre mí.* ◆ [expresión] ‖ **a cuento** A propósito de algo: *No sé por qué dices eso ahora, porque no viene a cuento de lo que estábamos ha-* blando. ‖ **cuento chino** Mentira muy grande: *Me dijo que era un pobre niño huérfano y luego resultó que era todo un cuento chino.* ‖ **el cuento de nunca acabar** Asunto que se va poniendo complicado y al que no se le ve el fin. ☐ [La expresión «el cuento de nunca acabar» es coloquial]. ☐ SINÓNIMOS: **3** rumor. ☐ FAMILIA: →contar.

cuerda (cuer·da) [sustantivo femenino] Mira en **cuerdo, da**.

cuerdo, da (cuer·do, da) ∎ [adjetivo o sustantivo] **1** Que está en su sano juicio. **2** Que pone cuidado y piensa antes de actuar: *Es una persona muy cuerda y no la creo capaz de algo tan insensato.* ∎ **cuerda** [sustantivo femenino] **3** Especie de hilo grueso formado por otros hilos más finos y enrollados. **4** Cada uno de los hilos que tienen algunos instrumentos musicales y que producen los sonidos: *El violín suena al rozar sus cuerdas con el arco.* **5** Conjunto de instrumentos musicales de una orquesta que se tocan haciendo sonar sus cuerdas: *En esta obra, las cuerdas tocan una melodía muy difícil.* 👁 página 681. **6** Pieza que tienen algunos objetos y que permite hacerlos funcionar: *¿Tu reloj es de pilas o de cuerda?* ◆ [expresión] ‖ **cuerda floja** Alambre que se usa para hacer ejercicios de equilibrio. ‖ **cuerdas vocales** Partes de piel que tenemos en la garganta y con las que producimos la voz: *La voz se produce al pasar el aire por las cuerdas vocales y hacerlas vibrar.* ‖ **en la cuerda floja** En una situación poco estable o con peligro: *Estás en la cuerda floja y lo mismo puedes aprobar que suspender.* ☐ [En el significado **5**, significa lo mismo en singular que en plural]. ☐ SINÓNIMOS: **2** sensato, juicioso. ☐ ANTÓNIMOS: **1**, **2** loco. **1** demente, perturbado. **2** insensato, alocado. ☐ FAMILIA: **1**, **2** cordura. **3** cordel, cordón, cordaje.

cuerna (cuer·na) [sustantivo femenino] Conjunto de cuernos de un animal. ☐ SINÓNIMOS: cornamenta. ☐ FAMILIA: →cuerno.

cuerno (cuer·no) ∎ [sustantivo masculino] **1** Cada una de las dos partes duras que salen a cada lado de la cabeza de algunos animales. **2** Cosa que tiene esta forma: *un cuerno de chocolate.* **3** Hecho de no ser fiel alguien a la persona con la que tiene una relación de amor. ∎ **cuernos** [interjección] **4** Se usa para indicar sorpresa, admiración o disgusto. ◆ [expresión] ‖ **irse algo al cuerno** Estropearse: *Discutimos y nuestra amistad se fue al cuerno.* ‖ **poner los cuernos a alguien** No serle fiel: *Dejó a su novio porque le ponía los cuernos con otra chica.* ‖ **romperse alguien los cuernos** Poner mucho esfuerzo en algo. ‖ **saber algo a cuerno quemado** Sentar muy mal. ☐ [En el significado **3** se usa mucho en plural. Las expresiones son coloquiales]. ☐ SINÓNIMOS: **1** asta. ☐ FAMILIA: cornada, cornamenta, cornear, cornudo, córneo, cornezuelo, cuerna, unicornio, tricornio.

cuero (cue·ro) [sustantivo masculino] Piel o pellejo de algunos animales, preparada en la industria para hacer prendas de vestir y otros objetos. ◆ [expresión] ‖ **cuero cabelludo** Piel en la que nace el cabello. ‖ **en cueros** Desnudo del todo.

cuerpo (cuer·po) [sustantivo masculino] **1** Cualquier cosa que tiene límites y que ocupa un lugar en el espacio: *El agua es un cuerpo líquido.* **2** Parte material de una persona o de un animal: *Hace mucho deporte y cuida mucho su cuerpo.* **3** Parte de una persona o de un animal comprendida entre la cabeza y las extremidades. **4** Restos mortales de una persona: *Los compañeros de la víctima llevaron el cuerpo a hombros hasta el cementerio.* **5** Parte de un vestido que cubre desde el cuello hasta la cintura: *un vestido de cuerpo ajustado.* **6** Cada una de las partes que forman un todo y que pueden ser consideradas por separado: *El edificio tiene tres cuerpos: uno central y dos alas laterales.* **7** Conjunto de personas que forman un grupo o que tienen una misma profesión: *el cuerpo de maestros de Educación Primaria.* **8** Carácter de lo que es grueso o espeso: *Para hacer una mayonesa, hay que batir el huevo con el aceite hasta que la mezcla tome cuerpo.* ◆ [expresión] ‖ **a cuerpo** Sin ninguna prenda de abrigo: *No salgas a cuerpo, que hace mucho frío.* ‖ **a cuerpo de rey** Con toda clase de atenciones para hacer que alguien se sienta cómodo: *Me trató a cuerpo de rey.* ‖ **cuerpo a cuerpo** Lucha que se produce de manera física y directa: *Hoy las guerras se hacen con complicados aparatos y es raro que se llegue al cuerpo a cuerpo.* ‖ **cuerpo del delito** Objeto con el que se ha realizado un delito: *El cuerpo del delito había sido una pistola.* ‖ **de cuerpo presente** Con el cuerpo de una persona muerta presente y preparado para ser llevado a enterrar: *una misa de cuerpo presente.* ‖ **en cuerpo y alma** Por completo o con el mayor interés: *Está dedicada en cuerpo y alma al cuidado de los enfermos.* ‖ **tomar cuerpo** Empezar a hacerse real o a tener una forma más clara: *Poco a poco van tomando cuerpo mis proyectos.* ☐ Sinónimos: **3** tronco. **4** cadáver. ☐ Familia: corporal, corpóreo, incorpóreo, corpachón, corpulento, corpulencia, corpúsculo, corporación, corporativo, corpiño, anticuerpo.

cuervo (cuer·vo) [sustantivo masculino] Pájaro de plumas negras y que se alimenta de carne.

cuesta (cues·ta) [sustantivo femenino] Terreno inclinado. ◆ [expresión] ‖ **a cuestas** Sobre la espalda o sobre los hombros. ‖ **cuesta de enero** Período de dificultades económicas que se suele pasar en ese mes debido a lo que se ha gastado en Navidad. ☐ Sinónimos: pendiente.

cuestación (cues·ta·ción) [sustantivo femenino] Petición de dinero para un fin benéfico: *una cuestación para los damnificados por el terremoto.*

cuestión (cues·tión) [sustantivo femenino] Asunto que ofrece dudas o que se presta a discusión: *Discutieron por una cuestión de dinero.* ◆ [expresión] ‖ **en cuestión** Se usa para indicar que una cosa o una persona son aquellas de las que se está tratando. ☐ Familia: cuestionar, cuestionario, incuestionable.

cuestionar (cues·tio·nar) [verbo] **1** Poner en duda: *Nadie cuestiona la verdad de esta noticia.* ❙ **cuestionarse** **2** Preguntarse sobre la verdad de algo o sobre si resulta conveniente o no: *¿Nunca te has cuestionado que a nadie nos gusta que nos molesten?* ☐ Familia: →cuestión.

cuestionario (cues·tio·na·rio) [sustantivo masculino] Lista de preguntas que se hacen para obtener datos sobre algo. ☐ Familia: →cuestión.

cueva (cue·va) [sustantivo femenino] Espacio hueco que hay entre peñas o debajo de la tierra. ☐ Sinónimos: gruta, caverna.

cuezo (cue·zo) ◆ [expresión] ‖ **meter el cuezo** Equivocarse o hacer algo mal. ☐ [Es coloquial].

cuidado (cui·da·do) [sustantivo masculino] **1** Interés que se pone para hacer algo bien o para evitar problemas: *Cógelo con cuidado, que se puede romper.* **2** Atención especial para conseguir el bienestar de alguien o el buen funcionamiento de algo: *Los enfermos necesitan cuidados médicos.* **3** Preocupación o temor de que ocurra algo: *Pierde cuidado, que yo me ocupo de todo.* ◆ [expresión] ‖ **de cuidado** Que tiene peligro o que debe ser tratado con atención: *El otro equipo es un rival de cuidado.* ‖ **traer sin cuidado** No preocupar o no importar: *Me trae sin cuidado lo que pienses de mí.* ☐ Sinónimos: **1** atención. **2** vigilancia. ☐ Antónimos: **1** descuido. ☐ Familia: →cuidar.

cuidador, ra (cui·da·dor, do·ra) [adjetivo o sustantivo] Persona que se dedica al cuidado de otra. ☐ Familia: →cuidar.

cuidadoso, sa (cui·da·do·so, sa) [adjetivo] Que pone mucho cuidado en lo que hace. ☐ Sinónimos: pulcro, meticuloso. ☐ Antónimos: descuidado. ☐ Familia: →cuidar.

cuidar (cui·dar) [verbo] **1** Ocuparse de algo o tratarlo con atención e interés: *Tengo los libros como nuevos porque los cuido mucho.* **2** Prestar atención especial a algo: *Hay varios guardas encargados de cuidar la entrada del palacio.* ❙ **cuidarse** **3** Tener cuidado de la propia salud: *Si no te cuidas más, terminarás enfermando.* ◆ [expresión] ‖ **cuidarse de algo** Evitar hacer algo que puede tener efectos negativos: *Cuídate mucho de llevarle la contraria a ese bruto.* ☐ Antónimos: **2** descuidar. **3** dejarse, descuidarse. ☐ Familia: cuidado, cuidador, cuidadoso, descuidar, descuido, descuidado.

cuita (cui·ta) [sustantivo femenino] Pena o tristeza que tiene una persona por algo determinado.

culata (cu·la·ta) [sustantivo femenino] Parte por donde se agarra un arma de fuego.

culebra (cu·le·bra) [sustantivo femenino] Animal de cuerpo muy alargado, sin pies y que se mueve arrastrándose. ☐ Sinónimos: serpiente. ☐ Familia: culebrón.

culebrón (cu·le·brón) [sustantivo masculino] Serie de televisión muy larga y con muchos capítulos, en la que se cuentan historias de amor muy complicadas. ☐ [Es coloquial]. ☐ Familia: →culebra.

culera (cu·le·ra) [sustantivo femenino] Parte de una prenda de vestir que cubre el culo y que por eso suele gastarse antes que el resto. ☐ Familia: →culo.

culinario, ria (cu·li·na·rio, ria) [adjetivo] De la cocina o relacionado con el arte de cocinar.

culmen (cul·men) [sustantivo masculino] Punto más alto de algo. ☐ Familia: culminar, culminación, culminante.

culminación (cul·mi·na·ción) [sustantivo femenino] **1** Llegada al punto más alto: *Aquel premio supuso la culminación de su carrera como actor*. **2** Fin de una actividad: *Este domingo es la culminación de la temporada teatral*. ☐ Familia: →culmen.

culminante (cul·mi·nan·te) [adjetivo] Que está en su punto más alto o en su momento más interesante. ☐ [No varía en masculino y femenino]. ☐ Familia: →culmen.

culminar (cul·mi·nar) [verbo] **1** Llegar al punto más alto. **2** Terminar una actividad: *La ceremonia culminó con unas palabras de la directora del colegio*. ☐ Familia: →culmen.

culo (cu·lo) [sustantivo masculino] **1** Parte del cuerpo sobre la que nos sentamos. **2** Agujero que tenemos en esta parte: *Los supositorios se ponen por el culo*. **3** Extremo inferior o posterior de algo: *el culo de una botella*. **4** Pequeña cantidad de un líquido que queda en el fondo de un vaso: *un culo de leche*. ♦ [expresión] ‖ **con el culo al aire** En una situación difícil. ‖ **culo de mal asiento** Persona que no sabe estar mucho tiempo en un mismo sitio o en una misma actividad. ☐ [Las expresiones son coloquiales]. ☐ Sinónimos: **1** nalgas. **2** ano. ☐ Familia: culera, culón, recular.

culón, na (cu·lón, lo·na) [adjetivo] Que tiene mucho culo. ☐ [Es coloquial]. ☐ Familia: →culo.

culote (cu·lo·te) [sustantivo masculino] Pantalón muy ajustado que llega hasta la rodilla: *Para montar en bici me pongo un culote*. ☐ [Es una palabra de origen francés. Es preferible usar «culote» que la palabra francesa *culotte*].

culotte [sustantivo masculino] → **culote**. ☐ [Es una palabra francesa. Se pronuncia «kulót»].

culpa (cul·pa) [sustantivo femenino] **1** Falta, error o delito cometidos. **2** Responsabilidad por haber hecho una falta. **3** Causa de un daño. ☐ Familia: culpar, culpabilizar, culpable, culpabilidad, disculpar, disculpa, exculpar.

culpabilidad (cul·pa·bi·li·dad) [sustantivo femenino] Responsabilidad de la persona que ha hecho algo malo. ☐ Antónimos: inocencia. ☐ Familia: →culpa.

culpabilizar (cul·pa·bi·li·zar) [verbo] → **culpar**. ☐ [La «z» se cambia en «c» delante de «e» («culpabilice»)]. ☐ Familia: →culpa.

culpable (cul·pa·ble) [adjetivo o sustantivo] **1** Que tiene la culpa de algo: *El exceso de velocidad es culpable de muchos accidentes de tráfico*. **2** Responsable de un delito: *culpable de un crimen*. ☐ [No varía en masculino y femenino]. ☐ Sinónimos: **1** responsable. ☐ Antónimos: inocente. ☐ Familia: →culpa.

culpar (cul·par) [verbo] Echar la culpa de algo a alguien. ☐ Sinónimos: culpabilizar, acusar, imputar. ☐ Antónimos: disculpar. ☐ Familia: →culpa.

cultivado, da (cul·ti·va·do, da) [adjetivo] Dicho de una persona, que tiene mucha cultura. ☐ Familia: →cultivar.

cultivador, ra (cul·ti·va·dor, do·ra) [adjetivo o sustantivo] Que cultiva. ☐ Familia: →cultivar.

cultivar (cul·ti·var) [verbo] **1** Cuidar la tierra y las plantas para que produzcan frutos. **2** Criar seres vivos con fines económicos o científicos: *En esta costa cultivan mejillones*. **3** Hacer lo necesario para que algo se mantenga y se desarrolle: *Las amistades hay que cultivarlas*. **4** Practicar un arte, una ciencia o una actividad: *Escribe novelas, pero también cultiva el teatro*. ☐ Sinónimos: **1** trabajar. ☐ Familia: cultivo, monocultivo, cultivador, cultivado.

cultivo (cul·ti·vo) [sustantivo masculino] **1** Trabajo de la tierra o cuidado de las plantas para que produzcan frutos: *el cultivo de la vid*. **2** Cría de seres vivos que se hace con fines económicos o científicos: *el cultivo de ostras*. **3** Actividad que se realiza para que algo se mantenga y se desarrolle: *ejercicios para el cultivo de la memoria*. **4** Práctica de un arte, de una ciencia o de una actividad: *el cultivo de la música*. ☐ Familia: →cultivar.

culto, ta (cul·to, ta) ■ [adjetivo] **1** Que tiene cultura. ■ **culto** [sustantivo masculino] **2** Conjunto de ceremonias que se hacen en señal de respeto a una divinidad: *En esa capilla se da culto a la Virgen de la Paloma*. **3** Admiración muy grande hacia algo: *rendir culto a un artista*. ☐ Sinónimos: **1** letrado. ☐ Antónimos: **1** inculto, analfabeto, ignorante. ☐ Familia: inculto, cultura, incultura, cultural, culturizar.

cultura (cul·tu·ra) [sustantivo femenino] **1** Conjunto de conocimientos conseguidos mediante el estudio. **2** Conjunto de conocimientos, de creencias y de costumbres propios de un pueblo. ☐ Sinónimos: **2** civilización. ☐ Antónimos: **1** incultura. ☐ Familia: →culto.

cultural (cul·tu·ral) [adjetivo] De la cultura o relacionado con ella: *actividades culturales*. ☐ [No varía en masculino y femenino]. ☐ Familia: →culto.

culturismo (cul·tu·ris·mo) [sustantivo masculino] Actividad que consiste en hacer muchos ejercicios para desarrollar los músculos del cuerpo humano.

culturizar (cul·tu·ri·zar) [verbo] Hacer que alguien tenga más cultura: *Ir al cine, leer o visitar museos son actividades que nos culturizan*. ☐ [La «z» se cambia en «c» delante de «e» («culturice»)]. ☐ Sinónimos: ilustrar. ☐ Familia: →culto.

cumbia (cum·bia) [sustantivo femenino] Baile y música rápidos de origen colombiano.

cumbre (cum·bre) [sustantivo femenino] **1** Parte más alta de un terreno: *la cumbre de una montaña*. **2** Punto más alto al que se puede llegar: *Ese actor está en la cumbre de la fama*. **3** Reunión de personas con mucho poder para tratar asuntos de especial importancia: *Habrá una cumbre de jefes de Estado*. ☐ Sinónimos: **1**, **2** cima. **2** cúspide. ☐ Familia: encumbrar.

cumpleaños (cum·ple·a·ños) [sustantivo masculino] Día en el que se cumple un número de años del nacimiento de una persona. ☐ [No varía en singular y plural]. ☐ Familia: →cumplir. →año.

cumplido, da (cum·pli·do, da) [adjetivo] **1** Que cumple las normas de buena educación. [cumplido [sustantivo masculino] **2** Palabra o acto amable. ☐ FAMILIA: →cumplir.

cumplidor, ra (cum·pli·dor, do·ra) [adjetivo] Que suele cumplir lo que dice o lo que debe hacer. ☐ FAMILIA: →cumplir.

cumplimentar (cum·pli·men·tar) [verbo] **1** Visitar o saludar a una autoridad en señal de respeto: *Los reyes fueron cumplimentados por los miembros del cuerpo diplomático*. **2** Rellenar un papel impreso escribiendo los datos que en él se piden: *Para matricularse en este centro debe usted cumplimentar estos impresos*. ☐ FAMILIA: →cumplir.

cumplimiento (cum·pli·mien·to) [sustantivo masculino] **1** Hecho de cumplir un deber o una obligación: *El cumplimiento de la ley es un deber de todos*. **2** Fin de un plazo o de un período de tiempo: *Si no pagas antes del cumplimiento del plazo, te pondrán una multa*. ☐ SINÓNIMOS: **2** vencimiento. ☐ FAMILIA: →cumplir.

cumplir (cum·plir) [verbo] **1** Hacer lo que se debe: *Las leyes hay que cumplirlas*. **2** Llevar a la práctica una promesa: *Hasta que no cumpla lo que nos ha prometido, no lo creeré*. **3** Hacer algo para quedar bien con alguien: *Me invitó a su cumpleaños solo por cumplir, porque no somos amigos*. **4** Llegar a tener una edad: *Mañana cumplo diez años*. **5** Terminarse el período de tiempo fijado para algo: *¿Cuándo se cumple el plazo de matrícula?* **cumplirse 6** Hacerse real algo: *¡Ojalá se cumplan tus deseos!* ☐ SINÓNIMOS: **2** realizar, efectuar, ejecutar. **6** realizarse. ☐ ANTÓNIMOS: **1**, **2** incumplir. ☐ FAMILIA: cumplidor, cumplido, cumplimiento, cumplimentar, cumpleaños, incumplir.

cúmulo (cú·mu·lo) [sustantivo masculino] **1** Conjunto de cosas reunidas: *un cúmulo de ideas*. **2** Nube blanca que parece un trozo de algodón: *Los cúmulos son típicos del verano*. ☐ FAMILIA: acumular, acumulador, acumulación.

cuna (cu·na) [sustantivo femenino] **1** Cama para niños muy pequeños. **2** Lugar de nacimiento de una persona: *Esta ciudad es la cuna de un famoso pintor*. **3** Conjunto de las personas de las que se desciende: *Es persona de noble cuna*. ☐ FAMILIA: acunar.

cundir (cun·dir) [verbo] **1** Extenderse un sentimiento: *El pánico cundió entre la población*. **2** Servir para mucho: *Este suavizante concentrado cunde mucho y tarda mucho en gastarse*.

cuneta (cu·ne·ta) [sustantivo femenino] Hoyo largo y estrecho que hay a los lados de un camino y al que va a parar el agua de lluvia.

cuña (cu·ña) [sustantivo femenino] **1** Pieza de madera o de metal, terminada en ángulo por uno de sus extremos, que se mete entre dos superficies: *Pon una cuña en la puerta para que se quede abierta*. **2** Especie de orinal de poca altura que usan los enfermos que están en cama. **3** Espacio corto en radio y en televisión, dedicado a la publicidad: *cuñas de publicidad*.

cuñado, da (cu·ña·do, da) [sustantivo] **1** Lo que es una persona en relación con los hermanos de su esposo o de su esposa: *Yo soy cuñada de la hermana de mi marido*. ⊙ **página 431. 2** Lo que es una persona en relación con el esposo o con la esposa de su hermano o de su hermana: *Yo soy cuñada de la mujer de mi hermano*.

cuño (cu·ño) [sustantivo masculino] Molde con el que se sellan las monedas, las medallas y otros objetos. ◆ [expresión] ‖ **de nuevo cuño** Nuevo o de reciente aparición. ☐ FAMILIA: acuñar.

cuota (cuo·ta) [sustantivo femenino] Cantidad de dinero que debe pagar cada persona por un servicio.

cuplé (cu·plé) [sustantivo masculino] Canción corta y poco seria que suele cantarse en los teatros y en las salas de espectáculos. ☐ FAMILIA: cupletista.

cupletista (cu·ple·tis·ta) [sustantivo femenino] Artista que canta cuplés. ☐ FAMILIA: →cuplé.

cupo (cu·po) [sustantivo masculino] **1** Parte de algo que corresponde a una persona o a un grupo de personas: *En la universidad hay un cupo de plazas para mayores de veinticinco años*. **2** Número de jóvenes de una localidad que van a la mili en un año.

cupón (cu·pón) [sustantivo masculino] Papel con un determinado valor, que se junta con otros iguales para cambiarlos por otra cosa.

cúpula (cú·pu·la) [sustantivo femenino] **1** Construcción en forma de media esfera que cubre un edificio. **2** Conjunto de las personas que dirigen una organización: *la cúpula de un partido político*. ☐ [En el significado **1**, no confundir con «bóveda» (que tiene forma alargada)].

cúpula

cura (cu·ra) [sustantivo masculino] **1** Sacerdote católico. [sustantivo femenino] **2** Proceso de dar a un enfermo las medicinas y cuidados necesarios para curarlo: *Las enfermeras me realizaban las curas todos los días cuando me quemé*. ☐ [El significado **1** es coloquial]. ☐ FAMILIA: →curar.

curación (cu·ra·ción) [sustantivo femenino] **1** Proceso por el que un enfermo vuelve a tener salud. **2** Preparación de algo para que se conserve mucho tiempo: *Los jamones se cuelgan donde les dé el aire durante el proceso de curación*. ☐ FAMILIA: →curar.

curandero, ra (cu·ran·de·ro, ra) [sustantivo] Persona que no es médico, pero realiza determinadas prácticas para curar a la gente. ☐ Familia: →curar.

curar (cu·rar) [verbo] **1** Dar los cuidados necesarios para que desaparezca una enfermedad o una herida: *Tomo un jarabe para que se me cure el catarro.* **2** Quitar un defecto o un mal: *Desde que murió su padre, tiene una pena que no se le cura.* **3** Preparar la carne o el pescado para que se conserven mucho tiempo: *En algunas zonas secan el pescado y lo curan con sal para que dure meses.* ∎ **curarse 4** Volver a tener salud. ☐ Sinónimos: **4** sanar. ☐ Antónimos: **4** enfermar. ☐ Familia: cura, curación, curativo, curandero, incurable.

curativo, va (cu·ra·ti·vo, va) [adjetivo] Que sirve para curar: *una infusión curativa.* ☐ Familia: →curar.

curda (cur·da) [sustantivo femenino] Mira en **curdo, da.**

curdo, da (cur·do, da) ∎ [adjetivo o sustantivo] **1** → **kurdo, da.** ∎ **curda** [sustantivo femenino] **2** Borrachera. ☐ [El significado **2** es coloquial]. ☐ Sinónimos: **2** merluza, tranca, melopea.

curia (cu·ria) ◆ [expresión] ∥ **curia romana** Conjunto de grupos y personas que ayudan al papa a dirigir la Iglesia católica: *la curia romana.*

curiosear (cu·rio·se·ar) [verbo] **1** Registrar o buscar algo que los demás no quieren enseñar: *Lo pillé curioseando entre mis cosas.* **2** Mirar por encima y sin mucho interés: *Entró en la tienda a curiosear y no compró nada.* ☐ Familia: →curioso.

curiosidad (cu·rio·si·dad) [sustantivo femenino] **1** Deseo de saber: *Su curiosidad por el mundo de los animales le llevó a estudiar veterinaria.* **2** Interés de una persona por saber lo que no es asunto suyo. **3** Cosa rara o interesante: *Me gusta que me cuenten historias y curiosidades de otros tiempos.* ☐ Familia: →curioso.

curioso, sa (cu·rio·so, sa) ∎ [adjetivo] **1** Que es raro o interesante y despierta curiosidad: *¡Mira qué libro tan curioso, con las tapas de madera!* **2** Limpio y con cuidado: *Siempre lleva la ropa muy curiosa.* ∎ [adjetivo o sustantivo] **3** Que siente curiosidad por lo que no es asunto suyo: *No seas tan curioso y no quieras enterarte de lo que no te importa.* ☐ Sinónimos: **2** aseado. ☐ Familia: curiosidad, curiosear.

currante (cu·rran·te) [sustantivo] Trabajador. ☐ [No varía en masculino y femenino. Es coloquial]. ☐ Familia: →currar.

currar (cu·rrar) [verbo] Trabajar. ☐ [Es coloquial]. ☐ Familia: curro, curre, currante.

curre (cu·rre) [sustantivo masculino] Trabajo. ☐ [Es coloquial]. ☐ Sinónimos: curro. ☐ Familia: →currar.

curricular (cu·rri·cu·lar) [adjetivo] Del currículo o relacionado con él: *Inglés es una asignatura curricular en esta carrera.* ☐ [No varía en masculino y femenino]. ☐ Familia: →currículo.

currículo (cu·rrí·cu·lo) [sustantivo masculino] **1** Escrito que hace una persona en el que indica algunos de sus datos personales, sus estudios y su experiencia laboral. **2** Plan de estudios o actividades para el desarrollo del alumno: *La nueva ley propone una reforma del currículo escolar.* ☐ Sinónimos: **1** currículum. ☐ Familia: curricular.

currículum (cu·rrí·cu·lum) [sustantivo masculino] Escrito que hace una persona en el que indica algunos de sus datos personales, sus estudios y su experiencia laboral. ☐ [Su plural es «currículums». Se dice también «currículum vítae»]. ☐ Sinónimos: currículo.

curro (cu·rro) [sustantivo masculino] Trabajo. ☐ [Es coloquial]. ☐ Sinónimos: curre. ☐ Familia: →currar.

currusco (cu·rrus·co) [sustantivo masculino] → **corrusco.**

curry [sustantivo masculino] Condimento procedente de la India, que es un país asiático, preparado con distintas especias. ☐ [Es una palabra inglesa].

cursar (cur·sar) [verbo] **1** Seguir una asignatura o un curso en un centro de enseñanza: *Cursó estudios de enfermería en la universidad.* **2** Tramitar un documento o una orden: *Tienes que cursar la solicitud de la beca.* ☐ Familia: **1** →curso.

cursi (cur·si) [adjetivo o sustantivo] Que pretende ser elegante y fino sin serlo. ☐ [No varía en masculino y femenino. Es coloquial]. ☐ Familia: cursilada, cursilería.

cursilada (cur·si·la·da) [sustantivo femenino] Hecho o cosa que pretende ser elegante y fina, pero no lo es. ☐ Sinónimos: cursilería. ☐ Familia: →cursi.

cursilería (cur·si·le·rí·a) [sustantivo femenino] **1** Hecho o cosa que pretende ser elegante y fina, pero no lo es. **2** Característica de las cosas que resultan ridículas aunque pretendan ser elegantes. ☐ Sinónimos: **1** cursilada. ☐ Familia: →cursi.

cursillo (cur·si·llo) [sustantivo masculino] Curso corto: *un cursillo de natación.* ☐ Familia: →curso.

cursiva (cur·si·va) [sustantivo femenino] Letra impresa que está inclinada hacia la derecha: *Este ejemplo está escrito en cursiva.* ☐ Sinónimos: bastardilla.

curso (cur·so) [sustantivo masculino] **1** Parte del año fijada para que los alumnos asistan a clase: *El nuevo curso comienza en septiembre.* **2** Cada una de las grandes partes en que se divide un ciclo de estudios: *Estoy en el cuarto curso de enseñanza primaria.* **3** Conjunto de alumnos que estudian una de estas partes. **4** Conjunto de estudios sobre una materia. **5** Marcha o desarrollo de algo: *Deja que las cosas sigan su curso.* **6** Movimiento del agua al correr por un lugar: *el curso de un río.* **7** Circulación de algo entre la gente: *Los billetes de curso legal solo los fabrica el Estado.* ☐ Familia: cursillo, cursar.

cursor (cur·sor) [sustantivo masculino] Señal que se mueve por la pantalla de un ordenador y que sirve para indicar dónde se está.

curtir (cur·tir) [verbo] **1** Preparar una piel para poder usarla en la fabricación de prendas de vestir y de otros objetos. **2** Poner el sol o el aire más morena o dura la piel de una persona. **3** Acostumbrar a una persona a hacer frente a los problemas: *Las dificultades curten a las personas.* ☐ Familia: encurtido.

curva (cur·va) [sustantivo femenino] Mira en **curvo, va.**

curvado, da (cur·va·do, da) [adjetivo] Con forma de curva. ☐ Sinónimos: corvo. ☐ Familia: →curvo.

curvar (cur·var) [verbo] Dar forma curva a algo: *El peso curvó la estantería.* ☐ Sinónimos: arquear, alabear. ☐ Familia: →curvo.

curvatura (cur·va·tu·ra) [sustantivo femenino] Forma curva: *la curvatura de un arco.* ☐ Familia: →curvo.

curvilíneo, a (cur·vi·lí·ne·o, a) [adjetivo] Que tiene forma curva o está formado por curvas. ☐ Antónimos: rectilíneo. ☐ Familia: →curvo. →línea.

curvo, va (cur·vo, va) ■ [adjetivo] **1** Que no es recto ni tiene ángulos: *Los bastones suelen tener el mango curvo.* ■ **curva** [sustantivo femenino] **2** Línea que no es recta ni tiene ángulos: *Una circunferencia es una curva cerrada.* **3** Cualquier cosa que tiene esta forma: *Las carreteras de montaña suelen tener muchas curvas.* ■ **curvas** [sustantivo femenino plural] **4** Formas del cuerpo femenino: *Con la ropa de punto se notan más las curvas.* ☐ [El significado 4 es coloquial]. ☐ Antónimos: **2** recta. ☐ Familia: curvar, curvado, curvatura, encorvarse, encorvado, curvilíneo.

cuscurro (cus·cu·rro) [sustantivo masculino] → **corrusco**.

cuscús (cus·cús) [sustantivo masculino] Plato de origen árabe que se hace con harina de trigo, carne y verduras.

cúspide (cús·pi·de) [sustantivo femenino] **1** Extremo o parte más altos de algo. **2** Punto más alto al que se puede llegar: *Con ese éxito alcanzó la cúspide de su carrera.* ☐ Sinónimos: cima, cumbre.

custodia (cus·to·dia) [sustantivo femenino] **1** Cuidado o protección de una cosa: *la custodia de los hijos.* **2** En el culto católico, pieza de mucho valor en la que se coloca la hostia sagrada para que la adoren los fieles. ☐ Familia: custodiar.

custodiar (cus·to·diar) [verbo] Guardar o cuidar con mucha atención: *custodiar una obra de arte.* ☐ [Es irregular y se conjuga como **ANUNCIAR**]. ☐ Sinónimos: vigilar, velar. ☐ Familia: →custodia.

cutáneo, a (cu·tá·ne·o, a) [adjetivo] De la piel o relacionado con ella: *erupción cutánea.* ☐ Familia: →cutis.

cutícula (cu·tí·cu·la) [sustantivo femenino] Capa fina de piel que cubre el borde de abajo de las uñas. ☐ Familia: →cutis.

cutis (cu·tis) [sustantivo masculino] Piel de la cara de las personas. ☐ [No varía en singular y plural]. ☐ Familia: cutáneo, cutícula.

cutre (cu·tre) [adjetivo] De baja calidad, sucio o descuidado: *un bar cutre.* ☐ [No varía en masculino y femenino. Es coloquial y despectivo].

cuyo, ya (cu·yo, ya) [relativo] Indica que el nombre anterior es el poseedor del nombre que le sigue: *Te puedo dejar el libro cuyo argumento te conté.* ☐ [No debe decirse «El chico que su hermana vive en Italia está aquí», sino «El chico cuya hermana vive en Italia está aquí»].

d [sustantivo/femenino] Letra número cuatro del abecedario. 👁 **página 18**. ☐ [Su nombre es «de»].

dactilar (dac·ti·lar) [adjetivo] De los dedos o relacionado con ellos: *huella dactilar*. ☐ [No varía en masculino y femenino]. ☐ SINÓNIMOS: digital. ☐ FAMILIA: →dedo.

dactilológico, ca (dac·ti·lo·ló·gi·co, ca) [adjetivo] De la técnica de hablar moviendo los dedos o relacionado con ella: *En las escuelas para sordomudos se enseña un alfabeto dactilológico*. ☐ FAMILIA: →dedo.

dádiva (dá·di·va) [sustantivo/femenino] Cosa que se da a alguien sin recibir nada a cambio. ☐ SINÓNIMOS: regalo. ☐ FAMILIA: →dar.

dadivoso, sa (da·di·vo·so, sa) [adjetivo] Que da cosas sin pedir nada a cambio. ☐ SINÓNIMOS: generoso. ☐ ANTÓNIMOS: egoísta, tacaño. ☐ FAMILIA: →dar.

dado (da·do) [sustantivo/masculino] Pieza con forma de cubo que tiene un número de puntos en cada una de sus caras y que se usa en algunos juegos. ◆ [expresión] ‖ **dado que** Se usa para expresar causa: *Cambiaré de tema, dado que no quieres hablar*.

daga (da·ga) [sustantivo/femenino] Espada con la hoja fina y corta.

dalia (da·lia) [sustantivo/femenino] Planta cuyas flores son muy grandes, de variados colores y con muchos pétalos.

dálmata (dál·ma·ta) [sustantivo] Perro de una raza que se caracteriza por ser de color blanco con manchas negras.

daltónico, ca (dal·tó·ni·co, ca) [adjetivo o sustantivo] Que no puede distinguir algunos colores.

dama (da·ma) ▪ [sustantivo/femenino] **1** Mujer o señora. ▪ **damas** [plural] **2** Juego en el que participan dos personas que pueden mover doce piezas iguales sobre un tablero de cuadros blancos y negros. ◆ [expresión] ‖ **dama de honor** Mujer que acompaña a otra en algunas ceremonias. ☐ [En el significado **1** se usa para referirse de forma muy educada a una mujer]. ☐ FAMILIA: damisela.

damasquinado (da·mas·qui·na·do) [sustantivo/masculino] Objeto de hierro o de acero con adornos de oro, de plata o de otro metal precioso.

damisela (da·mi·se·la) [sustantivo/femenino] Muchacha que presume de ser una señorita refinada. ☐ FAMILIA: →dama.

damnificado, da (dam·ni·fi·ca·do, da) [adjetivo o sustantivo] Que ha sufrido grandes daños como consecuencia de una gran desgracia: *El Estado ayudará a los damnificados por el terremoto*. ☐ FAMILIA: →dañar.

damnificar (dam·ni·fi·car) [verbo] Causar un daño: *La tormenta damnificó a varias ciudades*. ☐ [La «c» se cambia en «qu» delante de «e» («damnifique»)]. ☐ FAMILIA: →dañar.

danés, sa (da·nés, ne·sa) ▪ [adjetivo o sustantivo] **1** De Dinamarca, que es un país europeo. ▪ **danés** [sustantivo/masculino] **2** Lengua de este país.

dantesco, ca (dan·tes·co, ca) [adjetivo] Dicho de una situación, que asusta mucho o impresiona: *Los bomberos describieron el accidente como una escena dantesca*. ☐ SINÓNIMOS: espantoso.

danza (dan·za) [sustantivo femenino] Conjunto de movimientos que se hacen con el cuerpo al ritmo de la música. ◆ [expresión] ‖ **en danza** En continuo movimiento o actividad: *Estoy en danza desde las seis de la mañana.* ☐ [La expresión es coloquial]. ☐ Sinónimos: baile. ☐ Familia: →danzar.

danzar (dan·zar) [verbo] **1** Moverse al ritmo de una música. **2** Moverse de un lado para otro y sin parar: *Llevamos todo el día danzando.* ☐ [La «z» se cambia en «c» delante de «e» («dance»)]. ☐ Sinónimos: **1** bailar. ☐ Familia: danza, danzarín.

danzarín, na (dan·za·rín, ri·na) [adjetivo o sustantivo] Dicho de una persona, que baila muy bien. ☐ Familia: →danzar.

dañar (da·ñar) [verbo] Producir daño: *Las lluvias dañaron la cosecha.* ☐ Sinónimos: perjudicar, herir. ☐ Familia: daño, dañino, damnificar, damnificado, indemnizar, indemnización, indemne.

dañino, na (da·ñi·no, na) [adjetivo] Que produce daño: *Fumar es dañino para la salud.* ☐ Sinónimos: nocivo, perjudicial, pernicioso. ☐ Antónimos: bueno, saludable, inofensivo. ☐ Familia: →dañar.

daño (da·ño) [sustantivo masculino] **1** Dolor producido por algo. **2** Mal o pérdida producidos por algo: *El granizo ha ocasionado daños en las cosechas.* ☐ Sinónimos: **2** perjuicio. ☐ Familia: →dañar.

dar ▪ [verbo] **1** Hacer que algo pase a manos de otra persona: *¿Me das dinero?* **2** Proporcionar o suministrar: *Me han dado trabajo.* **3** Producir o tener un fruto: *Los manzanos dan manzanas.* **4** Transmitir o comunicar algo, enseñarlo o hacerlo saber: *Te daré una noticia. Le dio la enhorabuena.* **5** Poner un espectáculo en el cine o en la televisión: *¿Cuándo dan esa película?* **6** Poner una sustancia extendiéndola sobre algo: *Date crema en las manos.* **7** Celebrar u organizar: *Mañana doy una fiesta.* **8** Señalar una hora el reloj: *Ya han dado las diez.* **9** Golpear o chocar: *Me di contra la pared.* **10** Producirse una sensación, una reacción o una enfermedad: *Me dio un mareo. Me dio una inmensa alegría verte.* **11** Realizar una acción que supone contacto con algo o alguien: *Le dio una patada a la puerta. Dame un beso.* **12** Provocar un sentimiento: *Mi hijo me dio un disgusto enorme.* **13** Recibir una clase: *Doy inglés los martes.* **14** Accionar algún dispositivo dentro de un sistema para iniciar una acción en él: *Le dio al botón de pausa.* ▪ **darse** **15** Suceder o existir: *Se han dado varios casos de robo.* ▪ **dale** [interjección] **16** Se usa para indicar enfado porque alguien insiste mucho en algo que nos molesta: *¡Y dale!, que ya te he dicho que no te dejo ir.* ◆ [expresión] ‖ **dar a** Llegar o ir a parar: *Mi calle da*

DAR

INDICATIVO	SUBJUNTIVO
Presente yo doy tú das / usted da él, ella da nosotros, tras damos vosotros, tras dais / ustedes dan ellos, ellas dan	**Presente** yo dé tú des / usted dé él, ella dé nosotros, tras demos vosotros, tras deis / ustedes den ellos, ellas den
Pretérito imperfecto yo daba tú dabas / usted daba él, ella daba nosotros, tras dábamos vosotros, tras dabais / ustedes daban ellos, ellas daban	**Pretérito imperfecto** yo diera *o* diese tú dieras *o* dieses / usted diera *o* diese él, ella diera *o* diese nosotros, tras diéramos *o* diésemos vosotros, tras dierais *o* dieseis / ustedes dieran *o* diesen ellos, ellas dieran *o* diesen
Pretérito perfecto simple yo di tú diste / usted dio él, ella dio nosotros, tras dimos vosotros, tras disteis / ustedes dieron ellos, ellas dieron	**Futuro simple** yo diere tú dieres / usted diere él, ella diere nosotros, tras diéremos vosotros, tras diereis / ustedes dieren ellos, ellas dieren
Futuro simple yo daré tú darás / usted dará él, ella dará nosotros, tras daremos vosotros, tras daréis / ustedes darán ellos, ellas darán	**IMPERATIVO** da (tú) / dé (usted) demos (nosotros, tras) dad (vosotros, tras) / den (ustedes)
Condicional simple yo daría tú darías / usted daría él, ella daría nosotros, tras daríamos vosotros, tras daríais / ustedes darían ellos, ellas darían	**FORMAS NO PERSONALES** **Infinitivo** **Gerundio** **Participio** dar dando dado

a una plaza. ‖ **dar con** Conseguir algo o encontrarlo: *Ya he dado con la solución.* ‖ **dar de sí** Hacerse más ancha una prenda de vestir. ‖ **dar igual** o **dar lo mismo** No importar. ‖ **darle a algo** Dedicarse mucho a ello: *Ya no le doy al tenis, porque me lesioné la rodilla.* ‖ **darle a alguien por algo** Hacerlo mucho: *Ahora me da por leer novelas policiacas.* ‖ **dar por** Considerar o suponer: *Le dieron por muerto. Se dio por satisfecho.* ‖ **darse a algo** Entregarse del todo a ello: *En vacaciones me doy al deporte.* ‖ **dársela a alguien** Engañarlo: *A mí no me la das.* ‖ **para dar y tomar** En gran cantidad: *Había comida para dar y tomar.* ☐ [Es irregular. En el significado **11** suele tener verbos equivalentes: «dar besos» equivale a «besar», «dar saltos» equivale a «saltar», etc.]. ☐ Sinónimos: **1** entregar. **6** aplicar. **9** topar. ☐ Antónimos: **1, 2** quitar. **1** hurtar, robar. ☐ Familia: dádiva, dadivoso.

dardo (<u>dar</u>·do) [sustantivo masculino] Especie de flecha pequeña y delgada que se lanza con la mano.

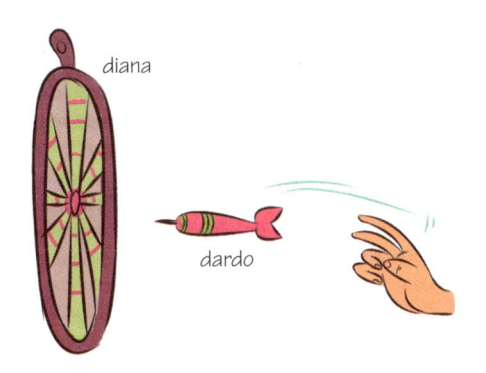

diana

dardo

dársena (<u>dár</u>·se·na) [sustantivo femenino] En un puerto, zona que se construye para facilitar la carga y la descarga de los barcos.

datación (da·ta·<u>ción</u>) [sustantivo femenino] Hecho de poner la fecha en algo: *En el hospital es obligatoria la datación de todos los medicamentos.* ☐ Familia: →datar.

datar (da·<u>tar</u>) [verbo] Poner la fecha a alguna cosa: *Esta capilla data del siglo XV.* ☐ Sinónimos: fechar. ☐ Familia: datación, dato.

dátil (<u>dá</u>·til) [sustantivo masculino] Fruto alargado, de color marrón y con un hueso dentro, que producen algunas palmeras. ⊚ **página 455**. ☐ Familia: datilera.

datilera (da·ti·<u>le</u>·ra) [sustantivo femenino] Palmera cuyo fruto es el dátil. ☐ Familia: →dátil.

dato (<u>da</u>·to) [sustantivo masculino] Información necesaria para conocer algo o para encontrar la solución a un problema: *datos personales.* ☐ Familia: →datar.

de ‖ [sustantivo femenino] **1** Nombre de la letra *d*. ‖ [preposición] **2** Indica posesión: *Este libro es de mi hermano.* **3** Indica el lugar del que viene o procede algo: *Ese ruido viene de la calle.* **4** Indica la característica propia de algo, como la materia, contenido, utilidad o cualidad: *Tengo un bolso de cuero. Esta botella es de litro.* **5** Indica el todo del que se toma una parte: *Dame un poco de pan.* **6** Indica profesión o cargo: *Trabaja de fontanero.* **7** Indica causa: *Lloro de pena.* **8** Indica el modo de hacer algo: *Te lo digo de corazón. Se puso de rodillas.* **9** Se usa antes del nombre de algo: *Nací en el mes de julio.* **10** Indica el lugar o el momento en que se inicia algo: *Fueron de su casa al colegio. Hago deporte de cinco a seis.*

deambular (de·am·bu·<u>lar</u>) [verbo] Andar sin ir a ningún sitio en especial. ☐ Sinónimos: errar, vagar.

debacle (de·<u>ba</u>·cle) [sustantivo femenino] Ruina, desastre o situación lamentable: *El terremoto ha producido una terrible debacle.*

debajo (de·<u>ba</u>·jo) [adverbio] En un lugar o en una posición inferiores: *Mis tíos viven debajo de mi casa.* ☐ [No debe decirse «debajo tuyo», «debajo mío», etc., sino «debajo de ti», «debajo de mí», etc.). ☐ Sinónimos: abajo. ☐ Antónimos: arriba, encima. ☐ Familia: →bajo.

debate (de·<u>ba</u>·te) [sustantivo masculino] Conversación en la que se cambian ideas u opiniones sobre un asunto. ☐ Sinónimos: discusión. ☐ Familia: →debatir.

debatir (de·ba·<u>tir</u>) [verbo] **1** Cambiar ideas u opiniones sobre un asunto: *En la reunión se debatieron diversas cuestiones.* ▪ **debatirse 2** Luchar de forma interna contra algo: *El enfermo se debatía entre la vida y la muerte.* ☐ [No confundir con «batir» (mezclar una sustancia; superar un límite; vencer a un contrario; explorar un terreno; mover algo con energía)]. ☐ Sinónimos: **1** discutir. ☐ Familia: debate.

debe (<u>de</u>·be) [sustantivo masculino] Parte de una cuenta bancaria donde aparecen las cantidades que tiene que pagar su titular. ☐ Antónimos: haber. ☐ Familia: →deber.

deber (de·<u>ber</u>) ▪ [sustantivo masculino] **1** Obligación que se debe cumplir: *Tu deber es aprender.* ▪ **deberes** [plural] **2** Tarea que un alumno tiene que hacer fuera de las horas de clase: *Después de merendar hago los deberes.* ▪ [verbo] **3** Tener la obligación de hacer algo o de ser de determinada manera: *Debes lavarte los dientes.* **4** Tener la obligación de dar una cantidad de dinero por haber recibido algo: *Me debes tres euros.* ▪ **deberse 5** Ser consecuencia: *Mi debilidad se debe a la falta de vitaminas.* ◆ [expresión] ‖ **deber de** Se usa para indicar posibilidad o suposición: *Deben de ser las diez.* ☐ Sinónimos: **4** adeudar. ☐ Antónimos: **4** pagar, satisfacer. ☐ Familia: debe, debido.

debido, da (de·<u>bi</u>·do, da) [adjetivo] Que es como debe ser: *el debido respeto.* ◆ [expresión] ‖ **debido a** A causa de: *No pude ir debido a la huelga.* ☐ Sinónimos: adecuado. ☐ Familia: →deber.

débil (<u>dé</u>·bil) [adjetivo] Sin fuerza o sin energía: *Tomo vitaminas porque estoy muy débil.* ☐ [No varía en masculino y femenino]. ☐ Sinónimos: flojo, endeble, mortecino. ☐ Antónimos: fuerte, intenso, potente, poderoso, robusto, vigoroso, recio. ☐ Familia: debilidad, debilitar, endeble.

debilidad

debilidad (de·bi·li·dad) [sustantivo femenino] **1** Falta de fuerza o de poder para hacer algo. **2** Amor especial que se siente por algo: *Siento debilidad por mis hijos.* **3** Cosa que nos gusta tanto que no podemos resistirnos a ella: *El chocolate es mi debilidad.* ☐ Sinónimos: **1** languidez. ☐ Antónimos: **1** fuerza, potencia, poderío. ☐ Familia: →débil.

debilitar (de·bi·li·tar) [verbo] Quitar fuerza o perderla: *La fiebre debilita mucho.* ☐ Sinónimos: aflojar, ceder, languidecer. ☐ Antónimos: reforzar, fortalecer, avivar, reavivar, vivificar, entonar. ☐ Familia: →débil.

debut (de·but) [sustantivo masculino] Primera actuación de alguien en público. ☐ [Es una palabra de origen francés. Su plural es «debuts»]. ☐ Familia: debutante, debutar.

debutante (de·bu·tan·te) [adjetivo o sustantivo] Que empieza a desempeñar una actividad. ☐ [No varía en masculino y femenino]. ☐ Familia: →debut.

debutar (de·bu·tar) [verbo] Hacer por primera vez una actividad, especialmente si es actuar en público: *Hoy debuta en nuestra ciudad una nueva compañía de teatro.* ☐ Familia: →debut.

década (dé·ca·da) [sustantivo femenino] Cada uno de los períodos de diez años en que se divide un siglo. ☐ [No confundir con «decenio» (período de diez años)]. ☐ Familia: →diez.

decadencia (de·ca·den·cia) [sustantivo femenino] Pérdida de las fuerzas o de las cualidades poco a poco: *La enfermedad causó su decadencia física.* ☐ Sinónimos: declive. ☐ Antónimos: auge, apogeo, esplendor, plenitud. ☐ Familia: →decaer.

decadente (de·ca·den·te) [adjetivo] **1** Que ha perdido las fuerzas o el esplendor: *una ciudad decadente.* **2** Que revaloriza cosas pasadas de moda: *un local de ambiente decadente.* ☐ [No varía en masculino y femenino]. ☐ Familia: →decaer.

decaer (de·ca·er) [verbo] Perder fuerza, importancia o cualidades poco a poco: *La fama de ese actor ha decaído mucho.* ☐ [Es irregular y se conjuga como CAER]. ☐ Sinónimos: degenerar, disminuir. ☐ Familia: decadencia, decadente, decaído.

decagonal (de·ca·go·nal) [adjetivo] Con diez lados y diez ángulos. ☐ [No varía en masculino y femenino]. ☐ Familia: →decágono.

decágono (de·cá·go·no) [sustantivo masculino] Figura plana con diez lados y diez ángulos. ☐ Familia: decagonal.

decagramo (de·ca·gra·mo) [sustantivo masculino] Medida que sirve para pesar: *Un decagramo tiene diez gramos.* ☐ Familia: →gramo.

decaído, da (de·ca·í·do, da) [adjetivo] **1** Sin fuerzas: *Después de su enfermedad está un poco decaído.* **2** Muy triste y sin ilusión: *Estoy decaída porque me ha salido todo mal.* ☐ Sinónimos: alicaído. ☐ Familia: →decaer.

decalitro (de·ca·li·tro) [sustantivo masculino] Medida de capacidad: *Un decalitro tiene diez litros.* ☐ Familia: →litro.

decálogo (de·cá·lo·go) [sustantivo masculino] Conjunto de normas o puntos básicos para realizar correctamente una actividad.

decámetro (de·cá·me·tro) [sustantivo masculino] Medida de longitud: *Un decámetro tiene diez metros.* ☐ Familia: →metro.

decano, na (de·ca·no, na) [sustantivo] **1** Persona más antigua de un grupo. **2** Persona que preside una facultad universitaria o un colegio profesional: *Soy el decano del Colegio de Abogados.*

decantarse (de·can·tar·se) [verbo] Decidirse por una posibilidad entre varias: *El jurado se decantó por dar el premio al ruso.* ☐ Sinónimos: optar.

decapitar (de·ca·pi·tar) [verbo] Cortar la cabeza.

decasílabo, ba (de·ca·sí·la·bo, ba) [adjetivo o sustantivo masculino] Dicho de un verso, que tiene diez sílabas: *El verso de Bécquer «Yo sé un himno gigante y extraño» es un decasílabo.* ☐ Familia: →diez. →sílaba.

decena (de·ce·na) [sustantivo] Conjunto de diez cosas. ☐ [No confundir con «docena» (conjunto de doce cosas)]. ☐ Familia: →diez.

decencia (de·cen·cia) [sustantivo femenino] Característica de las personas que actúan de acuerdo con los principios morales y sociales aceptados de forma general. ☐ Sinónimos: decoro. ☐ Antónimos: desvergüenza. ☐ Familia: →decente.

decenio (de·ce·nio) [sustantivo masculino] Período de tiempo de diez años. ☐ [No confundir con «década» (período de diez años en que se divide un siglo)]. ☐ Familia: →diez.

decente (de·cen·te) [adjetivo] **1** Que está de acuerdo con los principios morales y sociales aceptados de forma general: *Puedes fiarte de ella, porque es una persona decente.* **2** Limpio o de buena calidad: *La comida era decente.* ☐ [No varía en masculino y femenino]. ☐ Antónimos: indecente. **1** obsceno. ☐ Familia: decencia, indecente, adecentar.

decepción (de·cep·ción) [sustantivo femenino] Pérdida de la ilusión o de la esperanza: *¡Qué decepción cuando me di cuenta de que me había mentido!* ☐ Sinónimos: desilusión, desengaño, desencanto. ☐ Antónimos: ilusión. ☐ Familia: decepcionante, decepcionar.

decepcionante (de·cep·cio·nan·te) [adjetivo] Que decepciona. ☐ [No varía en masculino y femenino]. ☐ Familia: →decepción.

decepcionar (de·cep·cio·nar) [verbo] Quitar o perder las ilusiones o las esperanzas: *Me decepcionó la película, porque creí que sería más divertida.* ☐ Sinónimos: defraudar. ☐ Familia: →decepción.

decibelio (de·ci·be·lio) [sustantivo masculino] Unidad que se usa para medir la intensidad de un sonido.

decidido, da (de·ci·di·do, da) [adjetivo] **1** Que tiene decisión y valor para hacer algo: *persona decidida.* **2** Firme o estable: *paso decidido.* ☐ Sinónimos: **1** emprendedor, atrevido. ☐ Antónimos: **1** indeciso. ☐ Familia: →decidir.

decidir (de·ci·dir) [verbo] **1** Tomar una decisión: *He decidido no salir hoy.* **2** Ser la causa más importante del desarrollo de algo: *Tu comportamiento decidirá si pasas de curso o si tienes que repetir.* ☐ Sinónimos: **1** resolver. ☐ Familia: decisión, decisivo, decidido, indecisión, indeciso.

decigramo (de·ci·gra·mo) [sustantivo masculino] Medida que sirve para pesar: *Un gramo tiene diez decigramos.* ☐ Familia: →gramo.

decilitro (de·ci·li·tro) [sustantivo masculino] Medida de capacidad: *Un litro tiene diez decilitros.* ☐ Familia: →litro.

décima (dé·ci·ma) [sustantivo femenino] Mira en **décimo, ma**.

decimal (de·ci·mal) ▌ [adjetivo] **1** Que se basa en grupos de diez unidades: *Nuestro sistema de numeración es decimal.* ▌ [adjetivo o sustantivo masculino] **2** Dicho de un número, que expresa una cantidad no entera: *8,3 es un número decimal.* ▌ [sustantivo masculino] **3** Número que está a la derecha del punto o de la coma: *En el número 7,86 los decimales son 8 y 6.* ☐ [Cuando es adjetivo, no varía en masculino y femenino]. ☐ Familia: →diez.

decímetro (de·cí·me·tro) [sustantivo masculino] Medida de longitud: *Un metro tiene diez decímetros.* ☐ Familia: →metro.

décimo, ma (dé·ci·mo, ma) ▌ [numeral] **1** Que ocupa el lugar número diez en una serie. **2** Dicho de una parte, que es una de las diez en que se divide algo: *la décima parte del pastel.* ▌ **décimo** [sustantivo masculino] **3** Papel que tiene escrito un número y que se compra para participar en un juego en el que toca dinero: *un décimo de lotería.* ▌ **décima** [sustantivo femenino] **4** Cada una de las diez partes en que se divide una unidad de medida: *Tienes unas décimas de fiebre.* ☐ [Se usa para formar los números ordinales compuestos del 11 al 19: «décimo tercero», «décimo cuarto», «décimo quinto», etc. Estos ordinales compuestos pueden escribirse también en una sola palabra: «decimotercero», «decimocuarto», «decimoquinto», etc.]. ☐ Familia: decimoprimero, decimosegundo, decimotercero, decimocuarto, decimoquinto, decimosexto, decimoséptimo, decimoctavo, decimonoveno, decimonónico, undécimo, duodécimo.

decimoctavo, va (de·ci·moc·ta·vo, va) [numeral] Que ocupa el lugar número dieciocho en una serie. ☐ [No confundir con «dieciochoavo» (una de las dieciocho partes en que algo se divide). Se escribe también «décimo octavo»]. ☐ Familia: →décimo. →octavo.

decimocuarto, ta (de·ci·mo·cuar·to, ta) [numeral] Que ocupa el lugar número catorce en una serie. ☐ [No confundir con «catorceavo» (una de las catorce partes en que algo se divide). Se escribe también «décimo cuarto»]. ☐ Familia: →décimo. →cuarto.

decimonónico, ca (de·ci·mo·nó·ni·co, ca) [adjetivo] Del siglo XIX o relacionado con él: *novela decimonónica.* ☐ Familia: →décimo. →nueve.

decimonoveno, na (de·ci·mo·no·ve·no, na) [numeral] Que ocupa el lugar número diecinueve en una serie. ☐ [No confundir con «diecinueveavo» (una de las diecinueve partes en que algo se divide). Se escribe también «décimo noveno»]. ☐ Familia: →décimo. →noveno.

decimoprimero, ra (de·ci·mo·pri·me·ro, ra) [numeral] Que ocupa el lugar número once en una serie. ☐ [No confundir con «onceavo» (una de las once partes en que algo se divide). Se escribe también «décimo primero»]. ☐ Sinónimos: undécimo. ☐ Familia: →décimo. →primero.

decimoquinto, ta (de·ci·mo·quin·to, ta) [numeral] Que ocupa el lugar número quince en una serie. ☐ [No confundir con «quinceavo» (una de las quince partes en que algo se divide). Se escribe también «décimo quinto»]. ☐ Familia: →décimo. →quinto.

decimosegundo, da (de·ci·mo·se·gun·do, da) [numeral] Que ocupa el lugar número doce en una serie. ☐ [No confundir con «doceavo» (una de las doce partes en que algo se divide). Se escribe también «décimo segundo»]. ☐ Sinónimos: duodécimo. ☐ Familia: →décimo. →segundo.

decimoséptimo, ma (de·ci·mo·sép·ti·mo, ma) [numeral] Que ocupa el lugar número diecisiete en una serie. ☐ [No confundir con «diecisieteavo» (una de las diecisiete partes en que algo se divide). Se escribe también «décimo séptimo»]. ☐ Familia: →décimo. →séptimo.

decimosexto, ta (de·ci·mo·sex·to, ta) [numeral] Que ocupa el lugar número dieciséis en una serie. ☐ [No confundir con «dieciseisavo» (una de las dieciséis partes en que algo se divide). Se escribe también «décimo sexto»]. ☐ Familia: →décimo. →sexto.

decimotercero, ra (de·ci·mo·ter·ce·ro, ra) [numeral] Que ocupa el lugar número trece en una serie. ☐ [No confundir con «treceavo» (una de las trece partes en que algo se divide). Se escribe también «décimo tercero»]. ☐ Familia: →décimo. →tercero.

decir (de·cir) [verbo] **1** Expresar algo con palabras: *Dime qué piensas.* **2** Tener una opinión sobre algo: *Yo digo que viene seguro.* **3** Dar por nombre o llamar: *Todos me dicen «Tito».* **4** Indicar o mostrar: *Esa cara tan seria no dice nada bueno.* ▌ **decirse 5** Hablar uno consigo mismo: *Me dije: «Acércate y salúdalo».* ◆ [expresión] ‖ **diga** o **dígame** Se usa cuando cogemos el teléfono para que el que ha llamado sepa que ya estamos escuchando. ‖ **el qué dirán** Opinión que tiene la gente: *Voy a ir contigo porque somos amigos y no me importa el qué dirán.* ‖ **es decir** Se usa para introducir una explicación a lo dicho antes: *Un perro es un animal cuadrúpedo, es decir, que tiene cuatro patas.* ‖ **querer decir** Significar o indicar: *«Divertirse» quiere decir «pasarlo bien».* ☐ [Es irregular. Mira el cuadro en la página siguiente. Su participio es «dicho»]. ☐ Sinónimos: **1** comunicar, manifestar. **2** creer, pensar, opinar, considerar. ☐ Antónimos: **1** callar. ☐ Familia: dicho, redicho, contradecir, desdecir, predecir, maldecir, maldición, maldito, maledicencia, bendecir, entredicho, susodicho, correveidile.

decisión (de·ci·sión) [sustantivo femenino] **1** Determinación que toma una persona después de haber meditado sobre un asunto: *Hemos tomado la decisión de comprar una casa.* **2** Seguridad en la forma de actuar. ☐ Antónimos: **2** indecisión, vacilación. ☐ Familia: →decidir.

decisivo, va (de·ci·si·vo, va) [adjetivo] Que tiene importantes consecuencias para el futuro: *Este partido es decisivo, porque si lo ganamos seremos campeones.* ☐ Sinónimos: crítico, crucial. ☐ Familia: →decidir.

declamar (de·cla·mar) [verbo] Decir un poema u otro texto literario en voz alta: *Nunca vi declamar ese*

declaración

poema con tanto sentimiento. □ Sinónimos: recitar. □ Familia: →clamar.

declaración (de·cla·ra·ción) [sustantivo femenino] Hecho de decir algo para que se sepa. □ Familia: →declarar.

declarar (de·cla·rar) [verbo] **1** Anunciar algo para que lo sepa todo el mundo. **2** Decir lo que se posee para pagar los impuestos correspondientes: *En la aduana hay que declarar las compras hechas en el extranjero.* **3** Dar un cargo o un premio a alguien: *El jurado declaró vencedor al caballo número siete.* ■ **declararse 4** Decir una persona a otra que la ama. **5** Reconocer un estado o una condición: *declararse independientes.* **6** Producirse o empezar: *Se declaró un incendio.* □ Sinónimos: **1, 5** proclamar. **1** pregonar, publicar, divulgar, airear. □ Antónimos: **1** callar, ocultar. □ Familia: declaración.

declinar (de·cli·nar) [verbo] **1** Perder cualidades poco a poco: *Empieza a declinar la belleza de ese actor.* **2** Llegar algo al fin: *Ya está declinando el día.* **3** Rechazar algo: *declinar una invitación.* □ Sinónimos: **2** acabar. **3** rehusar.

declive (de·cli·ve) [sustantivo masculino] **1** Terreno o superficie inclinados. **2** Pérdida de las fuerzas o de las cualidades que se produce poco a poco: *Con aquella enfermedad comenzó el declive de su salud.* □ Sinónimos: **2** caída, decadencia. □ Antónimos: **2** auge.

decolorar (de·co·lo·rar) [verbo] Quitarle a algo todo o parte del color: *El sol ha decolorado las cortinas.* □ Sinónimos: desteñir. □ Familia: →color.

decomisar (de·co·mi·sar) [verbo] Confiscar en nombre del Estado un conjunto de objetos de contrabando: *La policía decomisó un alijo de tabaco.* □ Familia: →decomiso.

decomiso (de·co·mi·so) [sustantivo masculino] Mercancía de contrabando que se queda el Estado. □ Familia: decomisar, decomisos.

decomisos (de·co·mi·sos) [sustantivo masculino] Tienda en la que se venden a bajo precio las mercancías de contrabando que se ha quedado el Estado. □ [No varía en singular y plural]. □ Familia: decomiso.

decoración (de·co·ra·ción) [sustantivo femenino] Colocación de adornos o de otras cosas, para hacer una cosa más bella o para crear un ambiente determinado. □ Familia: →decorar.

decorado (de·co·ra·do) [sustantivo masculino] Conjunto de las cosas necesarias para hacer que un lugar parezca otro: *El decorado representa un palacio.* □ Familia: →decorar.

decorador, ra (de·co·ra·dor, do·ra) [sustantivo] Persona que se dedica a la decoración. □ Familia: →decorar.

decorar (de·co·rar) [verbo] **1** Poner adornos en una cosa para hacerla más bella: *Hemos decorado la habita-*

DECIR	
INDICATIVO	**SUBJUNTIVO**
Presente yo digo tú dices / usted dice él, ella dice nosotros, tras decimos vosotros, tras decís / ustedes dicen ellos, ellas dicen	**Presente** yo diga tú digas / usted diga él, ella diga nosotros, tras digamos vosotros, tras digáis / ustedes digan ellos, ellas digan
Pretérito imperfecto yo decía tú decías / usted decía él, ella decía nosotros, tras decíamos vosotros, tras decíais / ustedes decían ellos, ellas decían	**Pretérito imperfecto** yo dijera *o* dijese tú dijeras *o* dijeses / usted dijera *o* dijese él, ella dijera *o* dijese nosotros, tras dijéramos *o* dijésemos vosotros, tras dijerais *o* dijeseis / ustedes dijeran *o* dijesen ellos, ellas dijeran *o* dijesen
Pretérito perfecto simple yo dije tú dijiste / usted dijo él, ella dijo nosotros, tras dijimos vosotros, tras dijisteis / ustedes dijeron ellos, ellas dijeron	**Futuro simple** yo dijere tú dijeres / usted dijere él, ella dijere nosotros, tras dijéremos vosotros, tras dijereis / ustedes dijeren ellos, ellas dijeren
Futuro simple yo diré tú dirás / usted dirá él, ella dirá nosotros, tras diremos vosotros, tras diréis / ustedes dirán ellos, ellas dirán	**IMPERATIVO** di (tú) / diga (usted) digamos (nosotros, tras) decid (vosotros, tras) / digan (ustedes)
Condicional simple yo diría tú dirías / usted diría él, ella diría nosotros, tras diríamos vosotros, tras diríais / ustedes dirían ellos, ellas dirían	**FORMAS NO PERSONALES** **Infinitivo** **Gerundio** **Participio** decir diciendo dicho

ción con guirnaldas. **2** Servir de adorno: *Estos cuadros decoran mucho la sala.* ☐ Familia: decoración, decorado, decorador, decorativo, decoro.

decorativo, va (de·co·ra·ti·vo, va) [adjetivo] Que sirve de adorno. ☐ Sinónimos: ornamental. ☐ Familia: →decorar.

decoro (de·co·ro) [sustantivo masculino] Característica de las personas que actúan de acuerdo con los principios morales y sociales aceptados de forma general. ☐ Sinónimos: decencia. ☐ Familia: →decorar.

decreciente (de·cre·cien·te) [adjetivo] Que va de más a menos. ☐ [No varía en masculino y femenino]. ☐ Sinónimos: menguante. ☐ Antónimos: creciente. ☐ Familia: →crecer.

decrépito, ta (de·cré·pi·to, ta) [adjetivo] Que tiene muchos años y ha perdido muchas de sus capacidades. ☐ Sinónimos: viejo. ☐ Antónimos: joven. ☐ Familia: decrepitud.

decrepitud (de·cre·pi·tud) [sustantivo femenino] Vejez extrema, especialmente si se han perdido muchas capacidades. ☐ Familia: →decrépito.

decretar (de·cre·tar) [verbo] Decidir una cosa alguien que tiene autoridad para hacerlo: *El ayuntamiento decretó el cierre del local.* ☐ Sinónimos: ordenar, dictar. ☐ Familia: decreto, decretazo.

decretazo (de·cre·ta·zo) [sustantivo masculino] Orden dada por una autoridad y que supone un cambio brusco no siempre aceptado por la mayoría. ☐ [Es coloquial]. ☐ Familia: →decretar.

decreto (de·cre·to) [sustantivo masculino] Orden que da una autoridad. ☐ Sinónimos: mandato. ☐ Familia: →decretar.

dedal (de·dal) [sustantivo masculino] Cosa que se pone en el dedo para empujar la aguja al coser. ☐ Familia: →dedo.

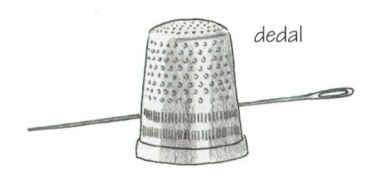

dedal

dedicación (de·di·ca·ción) [sustantivo femenino] **1** Empleo del tiempo en una actividad determinada: *Trabajo en una oficina con dedicación absoluta.* **2** Ofrecimiento de algo en honor a alguien: *El pueblo está de acuerdo con la dedicación de la iglesia a la Virgen.* ☐ Familia: →dedicar.

dedicar (de·di·car) [verbo] **1** Emplear algo para una cosa determinada: *Dedico los fines de semana a estar con mi familia.* **2** Ofrecer algo en honor a alguien: *Esta ermita está dedicada a san Antonio.* **3** Escribir unas palabras en un objeto que se ofrece como regalo a alguien: *Le regalé un libro y se lo dediqué.* ∎ **dedicarse 4** Tener como profesión: *Los médicos se dedican a curar enfermedades.* **5** Ocuparse haciendo algo: *Esta tarde me dedicaré a ordenar mis cajones.* ☐ [La «c» se cambia en «qu» delante de «e» («dedique»)]. ☐ Familia: dedicación, dedicatoria.

dedicatoria (de·di·ca·to·ria) [sustantivo femenino] Palabras que se escriben en algo que se le ofrece como regalo a al-guien: *Los libros que me regalan tienen dedicatorias.* ☐ Familia: →dedicar.

dedillo (de·di·llo) ◆ [expresión] ∥ **al dedillo** Muy bien: *Me sé la lección al dedillo.* ☐ [Es coloquial]. ☐ Familia: →dedo.

dedo (de·do) [sustantivo masculino] Cada una de las cinco partes alargadas que hay en las manos y en los pies. ◆ [expresión] ∥ **a dedo** Elegido por la decisión personal de una persona: *No me eligieron a dedo, sino por votación.* ∥ **chuparse el dedo** Ser fácil de engañar. ∥ **hacer dedo** Viajar sin pagar en el coche de alguien al que se le hace una seña para que pare. ∥ **no mover un dedo** No tomarse la menor molestia en hacer algo: *No movió un dedo para ayudarme.* ∥ **poner el dedo en la llaga** Señalar el punto más delicado de una cuestión: *Pusiste el dedo en la llaga al decirle esas cosas.* ☐ [Las expresiones son coloquiales]. ☐ Familia: dedal, dedillo, digital, digitalizar, dígito, dactilar, dactilológico, artiodáctilo.

deducción (de·duc·ción) [sustantivo femenino] **1** Conclusión o resultado a los que se llega a partir de una serie de datos. **2** Descuento de una cantidad. ☐ Familia: →deducir.

deducir (de·du·cir) [verbo] **1** Llegar a una conclusión a partir de una serie de datos: *Por tu cara tan seria deduzco que te has enfadado.* **2** Restar una cantidad a algo: *Del total deduce lo que yo te debo.* ☐ [Es irregular y se conjuga como CONDUCIR]. ☐ Sinónimos: **1** argüir, inferir. ☐ Familia: deducción.

defecar (de·fe·car) [verbo] Hacer caca. ☐ [La «c» se cambia en «qu» delante de «e» («defeque»)].

defectivo, va (de·fec·ti·vo, va) [adjetivo] Dicho de un verbo, que no se usa en todos los modos, tiempos o personas: *El verbo «soler» es defectivo.* ☐ Familia: →defecto.

defecto (de·fec·to) [sustantivo masculino] Cosa que hace que algo no esté del todo bien. ◆ [expresión] ∥ **en su defecto** Si no hay: *Se puede pagar con dinero o, en su defecto, con tarjeta de crédito.* ☐ Sinónimos: falta, imperfección, tara. ☐ Familia: defectuoso, defectivo.

defectuoso, sa (de·fec·tuo·so, sa) [adjetivo] Que no es perfecto o que tiene algún defecto. ☐ Sinónimos: imperfecto. ☐ Antónimos: perfecto. ☐ Familia: →defecto.

defender (de·fen·der) [verbo] **1** Impedir que algo sufra un daño o un peligro. **2** Mantener una idea dando razones a su favor: *Este es un buen proyecto y voy a defenderlo.* **3** Impedir la acción de algo: *La ropa nos defiende del frío.* **4** Hablar en favor de una persona para que no la castiguen: *El abogado defendía al acusado.* ∎ **defenderse 5** Tener los conocimientos suficientes para saber actuar en determinada situación: *Me defiendo en inglés.* ☐ [Es irregular y se conjuga como ENTENDER]. ☐ Sinónimos: **1** guarnecer, proteger, amparar. ☐ Antónimos: **1** atacar. ☐ Familia: defensa, defensivo, defensor, indefenso.

defensa (de·fen·sa) [sustantivo femenino] **1** Hecho de proteger algo de un daño o de un peligro: *Si me necesitas, iré en tu defensa.* **2** Cosa que impide el desarrollo de algo:

defensivo, va

defensas contra la gripe. **3** Abogado que representa a una persona acusada en un juicio: *La defensa llamó a sus testigos a declarar.* ☐ ANTÓNIMOS: **1** ataque. ☐ FAMILIA: →defender.

defensivo, va (de·fen·si·vo, va) [adjetivo] Que sirve para defender. ◆ [expresión] ‖ **a la defensiva** En una situación en la que solo se piensa en defenderse: *Siempre está a la defensiva.* ☐ ANTÓNIMOS: ofensivo. ☐ FAMILIA: →defender.

defensor, ra (de·fen·sor, so·ra) [adjetivo o sustantivo] Que defiende. ☐ FAMILIA: →defender.

deferencia (de·fe·ren·cia) [sustantivo] Atención y respeto en la forma de tratar a alguien: *Tuvo la deferencia de acompañarme a casa.* ☐ SINÓNIMOS: consideración.

deficiencia (de·fi·cien·cia) [sustantivo] Falta o defecto: *deficiencias físicas.* ☐ FAMILIA: →deficiente.

deficiente (de·fi·cien·te) ▌ [adjetivo] **1** Que no llega al nivel normal o al nivel que se pide. ▌ [adjetivo o sustantivo] **2** Dicho de una persona, que tiene algún defecto físico o psíquico. ☐ [No varía en masculino y femenino]. ☐ FAMILIA: deficiencia.

déficit (dé·fi·cit) [sustantivo masculino] **1** Situación que se produce cuando se gasta más dinero del que se gana o se recibe. **2** Falta de algo. ☐ [Su plural es «déficits»]. ☐ SINÓNIMOS: **2** escasez, carencia. ☐ ANTÓNIMOS: superávit. **2** abundancia. ☐ FAMILIA: deficitario.

deficitario, ria (de·fi·ci·ta·rio, ria) [adjetivo] Que implica falta de algo o que se gasta más de lo que se gana o se recibe: *Este negocio es deficitario: no gano para pagar los gastos.* ☐ FAMILIA: →déficit.

definición (de·fi·ni·ción) [sustantivo femenino] Explicación del significado de una palabra. ☐ FAMILIA: →definir.

definir (de·fi·nir) [verbo] **1** Explicar el significado de una palabra. ▌ **definirse 2** Mostrar una persona su pensamiento o su forma de ser: *Se define políticamente como una persona de izquierdas.* ☐ FAMILIA: definición, definitivo, indefinido, autodefinido.

definitivo, va (de·fi·ni·ti·vo, va) [adjetivo] Que ya no puede cambiarse: *Este es el dibujo definitivo.* ◆ [expresión] ‖ **en definitiva** En conclusión: *No piensa hacerlo, en definitiva, que lo tengo que hacer yo.* ☐ FAMILIA: →definir.

deflación (de·fla·ción) [sustantivo femenino] Bajada general del precio de las cosas: *En momentos de crisis económicas graves suele haber deflación.* ☐ [No confundir con «inflación» (subida de los precios de las cosas)].

deforestación (de·fo·res·ta·ción) [sustantivo femenino] Eliminación de las plantas que tenía un terreno de forma natural: *La deforestación favorece la erosión del terreno.* ☐ FAMILIA: →forestal.

deforestar (de·fo·res·tar) [verbo] Eliminar las plantas que tenía un terreno de forma natural: *Muchos terrenos se han deforestado para ampliar las tierras de cultivo.* ☐ FAMILIA: →forestal.

deformación (de·for·ma·ción) [sustantivo femenino] Cambio de la forma natural de una cosa. ☐ FAMILIA: →deformar.

deformar (de·for·mar) [verbo] Cambiar la forma natural de algo: *Tengo los pies muy anchos y siempre deformo los zapatos.* ☐ ANTÓNIMOS: formar. ☐ FAMILIA: deforme, deformación, deformidad.

deforme (de·for·me) [adjetivo] Que no tiene la forma normal. ☐ [No varía en masculino y femenino]. ☐ SINÓNIMOS: contrahecho. ☐ FAMILIA: →deformar.

deformidad (de·for·mi·dad) [sustantivo femenino] **1** Característica de lo que es deforme: *La deformidad de su rostro me asusta.* **2** Cosa que es deforme: *La chepa es una deformidad de la columna vertebral.* ☐ FAMILIA: →deformar.

defraudar (de·frau·dar) [verbo] **1** Resultar una cosa peor de lo que se esperaba: *La novela me defraudó.* **2** No pagar lo que se debe: *defraudar a Hacienda.* ☐ [Es irregular y se conjuga como CAUSAR]. ☐ SINÓNIMOS: **1** desilusionar, decepcionar. ☐ ANTÓNIMOS: **1** satisfacer. ☐ FAMILIA: →fraude.

defunción (de·fun·ción) [sustantivo femenino] Muerte de una persona. ☐ SINÓNIMOS: fallecimiento, óbito.

degeneración (de·ge·ne·ra·ción) [sustantivo femenino] Paso a un estado peor en el que se han perdido las características positivas que había: *la degeneración de las costumbres.* ☐ FAMILIA: →generar.

degenerado, da (de·ge·ne·ra·do, da) [adjetivo o sustantivo] Con un comportamiento mental y moral que no es normal. ☐ SINÓNIMOS: depravado. ☐ FAMILIA: →generar.

degenerar (de·ge·ne·rar) [verbo] Pasar a un estado peor o perder las cualidades que se tenían: *Mi catarro degeneró en bronquitis.* ☐ SINÓNIMOS: decaer, empeorar. ☐ ANTÓNIMOS: mejorar. ☐ FAMILIA: →generar.

deglución (de·glu·ción) [sustantivo femenino] Hecho de tragar un alimento. ☐ FAMILIA: →deglutir.

deglutir (de·glu·tir) [verbo] Tragar un alimento. ☐ FAMILIA: deglución.

degollar (de·go·llar) [verbo] Cortar el cuello o la garganta. ☐ [Es irregular y se conjuga como CONTAR. La «g» se cambia en «gü» delante de «e» («degüelle»)].

degradación (de·gra·da·ción) [sustantivo femenino] **1** Hecho de perder el empleo, la categoría o el privilegio que tiene una persona: *El delito supuso la degradación de dos militares.* **2** Reducción o desgaste de las características de algo: *La degradación de sus facultades mentales se debe a la edad.* ☐ FAMILIA: →grado.

degradar (de·gra·dar) [verbo] **1** Bajar a una persona de categoría en el trabajo o en el ejército: *Los oficiales que huyeron ante el enemigo serán degradados a soldados rasos.* **2** Hacer que una persona sienta vergüenza ante los demás: *La falta de recursos económicos ha degradado la vida de muchas familias.* ☐ SINÓNIMOS: **2** humillar. ☐ ANTÓNIMOS: **1** ascender. ☐ FAMILIA: →grado.

degustación (de·gus·ta·ción) [sustantivo femenino] Hecho de probar un alimento o una bebida. ☐ FAMILIA: →gusto.

degustar (de·gus·tar) [verbo] Probar un alimento o una bebida: *degustar un menú.* ☐ FAMILIA: →gusto.

dehesa (de·he·sa) [sustantivo] [femenino] Tierra cercada en la que se alimenta el ganado.

deidad (dei·dad) [sustantivo] [femenino] Ser superior o sobrenatural al que se adora. ☐ SINÓNIMOS: dios, divinidad. ☐ FAMILIA: →dios.

dejadez (de·ja·dez) [sustantivo] [femenino] Falta de cuidado de uno mismo. ☐ SINÓNIMOS: abandono. ☐ FAMILIA: →dejar.

dejado, da (de·ja·do, da) [adjetivo] Que no tiene cuidado con sus cosas o con su aspecto. ☐ SINÓNIMOS: abandonado. ☐ FAMILIA: →dejar.

dejar (de·jar) [verbo] **1** Dar permiso para hacer algo: *¿Me dejas ir a tu casa?* **2** Dar algo por voluntad propia: *Dejó lo que tenía a los pobres.* **3** Poner a una persona al cuidado de algo: *Déjame a los niños.* **4** Poner en un lugar: *Te he dejado el libro en la mesa.* **5** No molestar a una persona o hacer que se quede sola: *Déjame un rato.* **6** Marcharse de un lugar: *Cuando dejé tu casa, me fui a la mía.* **7** Renunciar a seguir haciendo algo: *Dejé mis estudios de piano.* **8** Entregar algo a alguien con la condición de que nos lo devuelva: *Te dejo el rotulador.* **9** Interrumpir una acción: *Dejad ya de gritar.* ▌ **dejarse 10** No cuidarse uno mismo: *No te dejes y arréglate.* ◆ [expresión] ‖ **dejar bastante que desear** Ser peor de lo que se pensaba: *Esa película deja bastante que desear.* ‖ **dejarse caer** Presentarse en un sitio: *Déjate caer por casa.* ☐ [Siempre se escribe con «j». La expresión «dejarse caer» es coloquial]. ☐ SINÓNIMOS: **6, 7** abandonar. **7** desistir. **8** prestar. **10** descuidarse, abandonarse. ☐ ANTÓNIMOS: **7** seguir, continuar, proseguir. **10** cuidarse. ☐ FAMILIA: dejadez, dejado, deje.

deje (de·je) [sustantivo] [masculino] Modo de hablar característico de cada zona: *deje andaluz.* ☐ FAMILIA: →dejar.

del Unión de *de* y *el.* ☐ [No debe escribirse «Vengo de el cole», sino «Vengo del cole»].

delantal (de·lan·tal) [sustantivo] [femenino] Prenda que se pone por delante del cuerpo y encima de la ropa para no mancharla. ☐ SINÓNIMOS: mandil. ☐ FAMILIA: →delante.

delante (de·lan·te) [adverbio] En un lugar más adelantado: *Aparqué delante de tu casa.* ◆ [expresión] ‖ **delante de alguien** En su presencia: *No digas nada delante de ella.* ☐ [No debe decirse «delante mío», sino «delante de mí», ni «más delante», sino «más adelante»]. ☐ SINÓNIMOS: antes. ☐ ANTÓNIMOS: detrás, atrás, después. ☐ FAMILIA: delantero, adelante, adelantar, adelantamiento, adelanto, adelantado, delantal.

delantero, ra (de·lan·te·ro, ra) ▌ [adjetivo] **1** Que está delante: *asientos delanteros.* ▌ [sustantivo] **2** En fútbol y otros deportes, jugador que tiene como misión atacar al equipo contrario. ▌ **delantera** [sustantivo] [femenino] **3** Parte anterior de algo: *Tienes la delantera de la blusa sucia.* **4** Distancia que lleva una persona que va delante de otra: *Los primeros corredores nos llevan mucha delantera.* **5** Pecho de la mujer. ☐ [El significado **5** es coloquial]. ☐ SINÓNIMOS: **1** anterior. ☐ ANTÓNIMOS: **1** posterior. ☐ FAMILIA: →delante.

delatar (de·la·tar) [verbo] **1** Contar a alguien que una persona ha realizado un delito: *No seas chivato y no me delates.* **2** Hacer que se vea algo que quiere ocultarse: *Cuando estoy asustado, los nervios me delatan.* ☐ FAMILIA: delator.

delator, ra (de·la·tor, to·ra) [adjetivo o] [sustantivo] Que acusa a una persona de lo que ha cometido. ☐ SINÓNIMOS: chivato. ☐ FAMILIA: →delatar.

delegación (de·le·ga·ción) [sustantivo] [femenino] **1** Hecho de dejar que una persona realice la función que corresponde a otra: *El contrato lo firma el jefe de personal por delegación del director de la empresa.* **2** Conjunto de delegados: *delegación de alumnos.* **3** Oficina del delegado. ☐ FAMILIA: →delegar.

delegado, da (de·le·ga·do, da) [adjetivo o] [sustantivo] Dicho de una persona, que representa a otra u otras: *delegado de clase.* ☐ FAMILIA: →delegar.

delegar (de·le·gar) [verbo] Dejar que una persona realice la función que corresponde a otra: *Delegó en su compañero sus tareas mientras estaba de vacaciones.* ☐ [La «g» se cambia en «gu» delante de «e» («delegue»)]. ☐ FAMILIA: delegado, delegación.

deleitar (de·lei·tar) [verbo] Producir satisfacción o placer, o sentirlos: *Me deleito cada tarde viendo la puesta de sol.* ☐ [Es irregular y se conjuga como PEINAR]. ☐ SINÓNIMOS: gozar, agradar. ☐ ANTÓNIMOS: disgustar, desagradar. ☐ FAMILIA: →deleite.

deleite (de·lei·te) [sustantivo] [masculino] Sensación que se tiene cuando algo nos produce mucho placer. ☐ SINÓNIMOS: gozo, fruición. ☐ ANTÓNIMOS: disgusto. ☐ FAMILIA: deleitar.

deletrear (de·le·tre·ar) [verbo] Pronunciar una a una las letras que forman una palabra: *Como no sabía escribir mi apellido, me pidió que lo deletreara.* ☐ FAMILIA: →letra.

delfín (del·fín) [sustantivo] [masculino] Animal mamífero y marino, parecido a un pez, que tiene la boca con forma de pico y que salta mucho sobre el agua. ◉ **páginas 596-597**.

delgadez (del·ga·dez) [sustantivo] [femenino] Falta de carnes que tiene una persona o un animal. ☐ ANTÓNIMOS: gordura, obesidad. ☐ FAMILIA: →delgado.

delgado, da (del·ga·do, da) [adjetivo] **1** Que tiene pocas carnes. **2** Fino y más plano que grueso. ☐ SINÓNIMOS: **1** flaco, enclenque, enjuto. ☐ ANTÓNIMOS: gordo, grueso. **1** obeso. ☐ FAMILIA: delgadez, adelgazar, adelgazamiento.

deliberación (de·li·be·ra·ción) [sustantivo] [femenino] Hecho de pensar o discutir algo antes de tomar una decisión. ☐ FAMILIA: →deliberar.

deliberado, da (de·li·be·ra·do, da) [adjetivo] Que tiene una intención determinada: *un olvido deliberado.* ☐ SINÓNIMOS: intencionado. ☐ FAMILIA: →deliberar.

deliberar (de·li·be·rar) [verbo] Pensar o discutir algo antes de tomar una decisión: *El jurado se reunió a deliberar para poder dar el veredicto.* ☐ FAMILIA: deliberación, deliberado.

delicadeza (de·li·ca·de·za) [sustantivo] [femenino] Atención o gran cuidado al hacer algo. ☐ FAMILIA: →delicado.

delicado, da

delicado, da (de·li·ca·do, da) [adjetivo] **1** Que tiene poca fuerza: *Después de la operación estoy algo delicada.* **2** Que es atento o que muestra buena educación. **3** Que se rompe o se estropea fácilmente. **4** Que puede dar problemas: *un asunto delicado.* ☐ Sinónimos: **2** fino. **3** frágil. **4** comprometido. ☐ Antónimos: **2** ordinario, basto, grosero, rudo, tosco. ☐ Familia: delicadeza.

delicia (de·li·cia) [sustantivo femenino] **1** Placer grande que se siente por algo: *¡Qué delicia produce pasear por el campo!* **2** Cosa que produce mucho placer: *Esta tarta de fresas es una delicia.* ☐ Familia: delicioso.

delicioso, sa (de·li·cio·so, sa) [adjetivo] Que resulta muy agradable o que produce placer. ☐ Familia: →delicia.

delictivo, va (de·lic·ti·vo, va) [adjetivo] Que implica delito. ☐ Familia: →delito.

delimitar (de·li·mi·tar) [verbo] Señalar los límites de alguna cosa: *delimitar las funciones de un trabajador.* ☐ Sinónimos: acotar. ☐ Familia: →límite.

delincuencia (de·lin·cuen·cia) [sustantivo femenino] Conjunto de delitos cometidos: *Esta zona es muy tranquila y no hay delincuencia.* ☐ Familia: →delinquir.

delincuente (de·lin·cuen·te) [adjetivo o sustantivo] Que realiza un delito. ☐ [No varía en masculino y femenino]. ☐ Sinónimos: maleante, malhechor. ☐ Familia: →delinquir.

delineante (de·li·ne·an·te) [sustantivo] Persona que hace dibujos de planos. ☐ [No varía en masculino y femenino].

delinear (de·li·ne·ar) [verbo] Dibujar las líneas de una figura: *El arquitecto delineaba el plano del edificio.* ☐ Familia: →línea.

delinquir (de·lin·quir) [verbo] Realizar un delito. ☐ [La «qu» se cambia en «c» delante de «a», «o» («delinca»)]. ☐ Familia: delincuencia, delincuente.

delirante (de·li·ran·te) [adjetivo] **1** Que delira: *un enfermo delirante.* **2** Semejante a un delirio porque no tiene sentido y parece irreal: *Tuve un sueño delirante y disparatado.* ☐ [No varía en masculino y femenino]. ☐ Familia: →delirar.

delirar (de·li·rar) [verbo] Ver o decir cosas raras y disparatadas: *El enfermo tenía tanta fiebre que deliraba.* ☐ Familia: delirante, delirio.

delirio (de·li·rio) [sustantivo masculino] Disparate que se hace o se dice porque se pierde la razón un momento. ◆ [expresión] ‖ **delirios de grandeza** Actitud de la persona que quiere cosas muy buenas que están fuera de su alcance y que cree que se las merece. ☐ Sinónimos: desvarío. ☐ Familia: →delirar.

delito (de·li·to) [sustantivo masculino] **1** Acción que se realiza en contra de la ley: *Robar es un delito.* **2** Falta o error graves: *Es un delito tirar comida.* ☐ Familia: delictivo.

delta (del·ta) [sustantivo masculino] Terreno con forma de triángulo que hay en la desembocadura de algunos ríos. ◉ **páginas 576-577**.

deltoides (del·toi·des) [sustantivo masculino] Músculo que está en la parte superior del hombro y que permite levantar el brazo. ◉ **página 647**. ☐ [No varía en singular y plural].

demacrado, da (de·ma·cra·do, da) [adjetivo] Mucho más delgado de lo normal y con mala cara. ☐ Sinónimos: desmejorado. ☐ Antónimos: saludable.

demagogia (de·ma·go·gia) [sustantivo femenino] Actitud con la que se intenta conseguir el apoyo de la gente con halagos y con promesas aunque no se puedan cumplir. ☐ Familia: demagógico.

demagógico, ca (de·ma·gó·gi·co, ca) [adjetivo] Que intenta conseguir el apoyo de la gente con halagos y con promesas aunque no se puedan cumplir: *un discurso demagógico.* ☐ Familia: →demagogia.

demanda (de·man·da) [sustantivo femenino] **1** Ruego o solicitud que se hace para pedir algo: *Venimos en demanda de justicia.* **2** Escrito que se presenta ante un juez contra alguien para pedir algo a lo que se tiene derecho: *demanda judicial.* ☐ Sinónimos: **1** petición. ☐ Familia: →demandar.

demandante (de·man·dan·te) ■ [adjetivo] **1** Que pide o solicita algo. ■ [sustantivo] **2** Persona que pide una cosa en un juicio. ☐ [No varía en masculino y femenino]. ☐ Familia: →demandar.

demandar (de·man·dar) [verbo] **1** Pedir o solicitar: *Los trabajadores demandan unas condiciones de trabajo dignas.* **2** Presentar ante el juez un escrito para pedir algo a lo que se tiene derecho: *Demandó a la empresa por no respetar el contrato.* ☐ Familia: demanda, demandante.

demarcación (de·mar·ca·ción) [sustantivo femenino] Cada una de las partes en que se divide una zona o una ciudad. ☐ Familia: →marcar.

demás (de·más) [adjetivo o pronombre] Indica personas o cosas que quedan del grupo del que se habla: *He cogido unas cuantas cartas y he dejado las demás en la mesa. He visto en el zoo tigres, leones y demás animales salvajes.* ◆ [expresión] ‖ **los demás** Las otras personas que forman parte de un grupo: *La culpa es tuya, no se la eches a los demás.* ☐ [No varía en masculino y femenino, ni en singular y plural. No confundir con «de más», preposición + adverbio («Me devolvieron dos euros de más»)]. ☐ Familia: además, demasía, demasiado.

demasía (de·ma·sí·a) ◆ [expresión] ‖ **en demasía** Demasiado o más de lo normal. ☐ Familia: →demás.

demasiado, da (de·ma·sia·do, da) [indefinido] Más de lo debido: *Viajas demasiado. Hay demasiada gente.* ☐ [No debe decirse «demasiado de grande», sino «demasiado grande»]. ☐ Familia: →demás.

demencia (de·men·cia) [sustantivo femenino] Enfermedad mental que lleva a las personas a hacer cosas sin sentido. ☐ Sinónimos: locura. ☐ Antónimos: cordura. ☐ Familia: →demente.

demencial (de·men·cial) [adjetivo] Que no tiene ningún sentido ni orden y parece enloquecido: *un razonamiento demencial; un tráfico demencial.* ☐ [No varía en masculino y femenino]. ☐ Familia: →demente.

demente (de·men·te) [adjetivo o sustantivo] Que está mal de la cabeza. ☐ [No varía en masculino y femenino]. ☐ Sinónimos: loco. ☐ Antónimos: cuerdo. ☐ Familia: demencia, demencial.

democracia (de·mo·cra·cia) [sustantivo femenino] **1** Sistema de gobierno en el que el pueblo tiene el poder y elige a sus gobernantes. **2** Estado o país que tiene este sistema de gobierno. ☐ FAMILIA: demócrata, democrático, antidemocrático.

demócrata (de·mó·cra·ta) [adjetivo o sustantivo] Dicho de una persona, que defiende la democracia como sistema de gobierno. ☐ [No varía en masculino y femenino. No confundir con «democrático» (que sigue las normas de la democracia)]. ☐ FAMILIA: →democracia.

democrático, ca (de·mo·crá·ti·co, ca) [adjetivo] De la democracia o que sigue las normas de esta forma de gobierno. ☐ [No confundir con «demócrata» (que defiende la democracia)]. ☐ ANTÓNIMOS: antidemocrático. ☐ FAMILIA: →democracia.

demografía (de·mo·gra·fí·a) [sustantivo femenino] Estudio de la población. ☐ FAMILIA: demográfico.

demográfico, ca (de·mo·grá·fi·co, ca) [adjetivo] De la demografía o relacionado con este estudio de la población. ☐ FAMILIA: →demografía.

demoledor, ra (de·mo·le·dor, do·ra) [adjetivo o sustantivo] Que destruye o derriba. ☐ FAMILIA: →demoler.

demoler (de·mo·ler) [verbo] Destruir una construcción echándola abajo: *demoler un edificio.* ☐ [Es irregular y se conjuga como MOVER]. ☐ SINÓNIMOS: derribar, derruir, derrumbar. ☐ ANTÓNIMOS: construir. ☐ FAMILIA: demoledor, demolición.

demolición (de·mo·li·ción) [sustantivo femenino] Destrucción de una construcción echándola abajo. ☐ FAMILIA: →demoler.

demonio (de·mo·nio) [sustantivo masculino] **1** En algunas religiones, espíritu maligno que se opone a Dios. **2** Persona muy mala o muy traviesa. ∎ **demonios** [interjección] **3** Se usa para expresar sorpresa o disgusto: *¡Demonios, me he olvidado tu libro!* ◆ [expresión] ‖ **como un demonio** Mucho: *Estos pimientos pican como un demonio.* ‖ **del demonio** Se usa para exagerar el sentido negativo de algo: *Hace un frío del demonio.* ‖ **llevarse a alguien los demonios** Enfadarse mucho. ☐ [Los significados **2** y **3** y las expresiones «como un demonio» y «del demonio» son coloquiales]. ☐ SINÓNIMOS: **1**, **2** diablo. **3** diablos. ☐ ANTÓNIMOS: **2** ángel. ☐ FAMILIA: endemoniado.

demora (de·mo·ra) [sustantivo femenino] **1** Llegada a un lugar más tarde de lo esperado: *Perdón por mi demora.* **2** Tiempo posterior al momento señalado para que ocurra algo, cuando eso no ha ocurrido: *El tren lleva una demora de 30 minutos.* ☐ SINÓNIMOS: retraso. ☐ FAMILIA: →demorar.

demorar (de·mo·rar) [verbo] **1** Dejar algo para hacerlo más tarde: *Demoré mi vuelta porque no había billetes.* ∎ **demorarse 2** Pararse o entretenerse durante un tiempo: *Me demoré viendo escaparates.* ☐ SINÓNIMOS: **1** atrasar, retrasar, retardar. ☐ ANTÓNIMOS: **1** anticipar, adelantar. **2** apresurarse. ☐ FAMILIA: demora.

demostración (de·mos·tra·ción) [sustantivo femenino] **1** Hecho o cosa que muestra algo o prueba que es verdad: *La factura es la demostración de la compra.* **2** Acto que se realiza para enseñar algo de manera práctica: *Nos hizo una demostración de cómo se usaba.* ☐ SINÓNIMOS: **1** comprobación. ☐ FAMILIA: →mostrar.

demostrar (de·mos·trar) [verbo] **1** Hacer ver con pruebas que algo es verdad: *Me demostró que era cierto.* **2** Mostrar o dejar ver: *Tus preguntas demuestran que tienes mucho interés.* **3** Enseñar algo de manera práctica: *Te voy a demostrar cómo se usa este horno.* ☐ [Es irregular y se conjuga como CONTAR]. ☐ SINÓNIMOS: **1** comprobar, verificar. **2** manifestar. ☐ FAMILIA: →mostrar.

demostrativo, va (de·mos·tra·ti·vo, va) ∎ [adjetivo] **1** Que muestra o señala algo. ∎ [adjetivo o sustantivo masculino] **2** Dicho de una clase de palabra, que se usa para señalar y determinar la distancia a la que algo está del hablante: *«Esto» es un pronombre demostrativo.* ☐ FAMILIA: →mostrar.

demudar (de·mu·dar) [verbo] Cambiar el color o la expresión de la cara por una fuerte impresión: *Cuando vio a su hijo herido, se le demudó el color.* ☐ FAMILIA: →mudar.

denario (de·na·rio) [sustantivo masculino] Antigua moneda romana.

denegación (de·ne·ga·ción) [sustantivo femenino] Respuesta negativa que se da a una petición: *Le comunicaron la denegación de la ayuda que había solicitado.* ☐ FAMILIA: →negar.

denegar (de·ne·gar) [verbo] No dar a alguien lo que pide: *denegar un permiso.* ☐ [Es irregular y se conjuga como ACERTAR. La «g» se cambia en «gu» delante de «e» («deniegue»)]. ☐ ANTÓNIMOS: conceder, otorgar. ☐ FAMILIA: →negar.

denigrante (de·ni·gran·te) [adjetivo] Que hace que una persona sienta vergüenza ante los demás o se sienta ofendido. ☐ [No varía en masculino y femenino]. ☐ SINÓNIMOS: humillante. ☐ FAMILIA: →denigrar.

denigrar (de·ni·grar) [verbo] **1** Dañar la buena opinión que se tiene sobre alguien: *El escándalo denigró su buena fama.* **2** Ofender o insultar gravemente: *Ese chico denigraba a los alumnos más pequeños con sus burlas.* ☐ SINÓNIMOS: **1** desprestigiar. **2** humillar. ☐ FAMILIA: denigrante.

denominación (de·no·mi·na·ción) [sustantivo femenino] Nombre que se da a una cosa. ☐ FAMILIA: →denominar.

denominador (de·no·mi·na·dor) [sustantivo masculino] En matemáticas, número que indica en cuántas partes iguales se ha dividido algo: *En la fracción 3/5, el denominador es 5.* ☐ FAMILIA: →denominar.

denominar (de·no·mi·nar) [verbo] Dar un nombre a una cosa: *Nuestra asociación se denominará «Niños por la paz».* ☐ FAMILIA: denominador, denominación.

denotar (de·no·tar) [verbo] Significar o indicar algo: *Esas ojeras denotan cansancio.* ☐ SINÓNIMOS: manifestar, revelar. ☐ FAMILIA: →nota.

densidad (den·si·dad) [sustantivo femenino] Característica de una cosa que tiene muy unidas o muy juntas las partes que la forman: *La densidad del aceite es mayor que la del agua.* ☐ FAMILIA: →denso.

denso, sa (den·so, sa) [adjetivo] **1** Que está formado por cosas muy juntas: *niebla densa*. **2** Que tiene muchos conceptos y por ello resulta difícil de comprender: *Esta lección es muy densa*. ☐ Sinónimos: **1** espeso, tupido, compacto. ☐ Antónimos: **1** ralo. **2** claro. ☐ Familia: densidad, condensar, condensación, condensador.

dentado, da (den·ta·do, da) [adjetivo] Con dientes o con puntas semejantes a ellos: *filo dentado*. ☐ Familia: →diente.

dentadura (den·ta·du·ra) [sustantivo femenino] Conjunto de dientes que hay en la boca. ☐ Familia: →diente.

dental (den·tal) [adjetivo] De los dientes o relacionado con ellos: *higiene dental*. ☐ [No varía en masculino y femenino]. ☐ Familia: →diente.

dentellada (den·te·lla·da) [sustantivo femenino] Hecho de cortar algo con los dientes. ☐ Familia: →diente.

dentera (den·te·ra) [sustantivo femenino] Sensación desagradable que se nota en los dientes cuando se oye un sonido muy agudo o cuando se toma algo muy agrio. ☐ Sinónimos: grima. ☐ Familia: →diente.

dentífrico, ca (den·tí·fri·co, ca) [adjetivo o sustantivo masculino] Que se usa para lavarse los dientes. ☐ Sinónimos: pasta de dientes. ☐ Familia: →diente.

dentista (den·tis·ta) [sustantivo] Persona que cuida y arregla los problemas de los dientes. ☐ [No varía en masculino y femenino]. ☐ Sinónimos: odontólogo. ☐ Familia: →diente.

dentro (den·tro) [adverbio] En el interior: *¿Qué llevas dentro de esa bolsa?* ◆ [expresión] ‖ **dentro de** Después de un período de tiempo o mientras dura: *Vendré a verte dentro de una semana*. ☐ [No debe decirse «dentro mío», «dentro tuyo», etc., sino «dentro de ti», «dentro de mí», etc., ni «más dentro», sino «más adentro»]. ☐ Sinónimos: adentro. ☐ Antónimos: fuera, afuera. ☐ Familia: adentro, adentros, adentrarse.

denuncia (de·nun·cia) [sustantivo femenino] **1** Acción de comunicar a un policía o a otra autoridad que se ha cometido un delito. **2** Acción de contar algo que se considera malo e injusto: *Este informe es una denuncia de los malos tratos*. ☐ Familia: →denunciar.

denunciar (de·nun·ciar) [verbo] **1** Comunicar un delito a un policía o a otra autoridad. **2** Dar a conocer algo que se considera malo: *Este periodista denuncia en un reportaje un caso de soborno*. ☐ [Es irregular y se conjuga como **ANUNCIAR**]. ☐ Familia: denuncia.

deparar (de·pa·rar) [verbo] Traer o dar: *No sé qué nos deparará el futuro*. ☐ Familia: →parar.

departamento (de·par·ta·men·to) [sustantivo masculino] Cada una de las partes en que se dividen algunas cosas: *El vagón tiene departamentos*. ☐ [No confundir con «apartamento» (piso pequeño)]. ☐ Sinónimos: sección.

departir (de·par·tir) [verbo] Hablar con tranquilidad unas personas con otras: *Mi abuelo departía cada tarde con sus amigos*. ☐ Sinónimos: dialogar, charlar.

dependencia (de·pen·den·cia) [sustantivo femenino] **1** Necesidad que se tiene de algo para poder vivir: *dependencia de la familia*. **2** Relación que existe entre dos cosas que tienen algo en común: *No hay dependencia entre estos dos hechos*. **3** Cada una de las habitaciones que tiene un edificio o una casa. ☐ Sinónimos: cuarto. ☐ Antónimos: **1**, **2** independencia. ☐ Familia: →depender.

depender (de·pen·der) [verbo] **1** Estar bajo el poder o bajo la autoridad de algo: *Mis hermanos y yo dependemos de nuestros padres*. **2** Ocurrir algo si se da determinada condición: *Que salgamos esta tarde depende de si hace frío o no*. **3** Estar necesitado de algo para vivir: *Las personas dependemos del aire que respiramos*. ☐ Antónimos: **1** independizarse. ☐ Familia: dependiente, independiente, dependencia, independencia, independizar, drogodependiente.

dependienta (de·pen·dien·ta) [sustantivo femenino] Mira en **dependiente**.

dependiente (de·pen·dien·te) ▌ [adjetivo] **1** Que depende de algo: *A principios del siglo XIX, Cuba era un país dependiente de España*. ▌ [sustantivo] **2** Persona que trabaja en una tienda atendiendo a los clientes. ☐ [Como sustantivo, no varía en masculino y femenino, aunque el femenino también puede ser «la dependienta»]. ☐ Antónimos: **1** independiente. ☐ Familia: →depender.

depilar (de·pi·lar) [verbo] Quitar los pelos de la piel de una persona: *depilarse las cejas*. ☐ Familia: →pelo.

deplorable (de·plo·ra·ble) [adjetivo] Que causa mucha pena o disgusto: *Tu comportamiento es deplorable*. ☐ [No varía en masculino y femenino]. ☐ Sinónimos: lamentable. ☐ Familia: →deplorar.

deplorar (de·plo·rar) [verbo] Lamentar mucho algo que causa pena o disgusto: *Todos deploramos la muerte de aquellos mineros*. ☐ Familia: deplorable.

deponer (de·po·ner) [verbo] **1** Echar a una persona de un trabajo o de una categoría. **2** Dejar o abandonar: *deponer las armas*. ☐ [Es irregular y se conjuga como **PONER**. Su participio es «depuesto»]. ☐ Sinónimos: **1** destituir. ☐ Familia: deposición, depuesto.

deportar (de·por·tar) [verbo] Expulsar a una persona de un país y enviarla a otro. ☐ Familia: →portar.

deporte (de·por·te) [sustantivo masculino] Ejercicio físico que se suele practicar como juego o como competición y siguiendo determinadas reglas. ⊙ páginas 304-305. ☐ Familia: deportista, deportivo, deportividad, polideportivo.

deportista (de·por·tis·ta) [adjetivo o sustantivo] Que practica algún deporte. ☐ [No varía en masculino y femenino]. ☐ Familia: →deporte.

deportividad (de·por·ti·vi·dad) [sustantivo femenino] Comportamiento que tiene una persona que sigue las reglas correctas de un deporte. ☐ Familia: →deporte.

deportivo, va (de·por·ti·vo, va) ▌ [adjetivo] **1** Del deporte o relacionado con él: *club deportivo*. **2** Que sigue las reglas correctas en la práctica de un deporte. **3** Dicho de una prenda de vestir, que es cómoda o que no es seria y formal. ▌ **deportivo** [sustantivo masculino] **4** Coche preparado para correr mucho. ▌ **deportiva** [sustantivo femenino] **5** Zapatilla para hacer deporte. ☐ Familia: →deporte.

deposición (de·po·si·ción) [sustantivo femenino] **1** Expulsión de excrementos. **2** Hecho de expulsar a una persona de su cargo. ☐ SINÓNIMOS: **2** destitución. ☐ FAMILIA: →deponer.

depositar (de·po·si·tar) [verbo] **1** Dejar algo en un sitio determinado para que se quede en él: *Depositó sus ahorros en el banco.* **2** Poner nuestra confianza u otra cosa parecida en alguien. ☐ FAMILIA: depósito.

depósito (de·pó·si·to) [sustantivo masculino] **1** Lugar o recipiente donde se guarda algo: *depósito de gasolina.* **2** Conjunto de cosas que se dejan en un lugar para que estén en él: *Tengo en el banco un depósito de dinero.* ☐ FAMILIA: →depositar.

depravado, da (de·pra·va·do, da) [adjetivo o sustantivo] Con un comportamiento mental y moral que no es normal. ☐ SINÓNIMOS: degenerado.

depre (de·pre) ■ [adjetivo] **1** Deprimido. ■ [sustantivo femenino] **2** Depresión. ☐ [No varía en masculino y femenino. Es coloquial]. ☐ FAMILIA: →deprimir.

depreciar (de·pre·ciar) [verbo] Bajar el precio o el valor de algo: *La construcción de la fábrica depreciará el valor de los pisos de alrededor.* ☐ [Es irregular y se conjuga como ANUNCIAR]. ☐ SINÓNIMOS: devaluar. ☐ FAMILIA: →precio.

depredador, ra (de·pre·da·dor, do·ra) [adjetivo o sustantivo] Dicho de un animal, que caza otros animales para alimentarse.

depresión (de·pre·sión) [sustantivo femenino] **1** Estado en el que estamos cuando sentimos mucha tristeza y no tenemos ganas de hacer nada. **2** Hueco que hay entre dos superficies elevadas: *Ese río atraviesa una depresión que hay entre dos montañas.* **3** Caída del valor de algo o pérdida de la situación que se tenía: *depresión económica.* ☐ [En el significado **1** se usa mucho la forma abreviada «depre», que es coloquial]. ☐ ANTÓNIMOS: **1** euforia. ☐ FAMILIA: →deprimir.

depresivo, va (de·pre·si·vo, va) ■ [adjetivo] **1** Que deprime o produce mucha tristeza: *un ambiente triste y depresivo.* ■ [adjetivo o sustantivo] **2** Dicho de una persona, que se deprime a menudo: *una personalidad depresiva.* ☐ SINÓNIMOS: **1** deprimente. ☐ FAMILIA: →deprimir.

deprimente (de·pri·men·te) [adjetivo] Que deprime o produce mucha tristeza: *una historia deprimente.* ☐ [No varía en masculino y femenino]. ☐ SINÓNIMOS: depresivo. ☐ FAMILIA: →deprimir.

deprimido, da (de·pri·mi·do, da) [adjetivo] Que siente mucha tristeza y no tiene ganas de hacer nada. ☐ [Se usa mucho la forma abreviada «depre», que es coloquial]. ☐ ANTÓNIMOS: eufórico. ☐ FAMILIA: →deprimir.

deprimir (de·pri·mir) [verbo] Producir mucha tristeza y dejar sin ganas de hacer nada: *La noticia de la catástrofe nos deprimió muchísimo.* ☐ FAMILIA: deprimido, depresión, depre, depresivo, deprimente.

deprisa (de·pri·sa) [adverbio] De manera muy rápida. ☐ SINÓNIMOS: aprisa. ☐ ANTÓNIMOS: despacio. ☐ FAMILIA: →prisa.

depuesto, ta (de·pues·to, ta) Participio irregular de **deponer**. ☐ FAMILIA: →deponer.

depuradora (de·pu·ra·do·ra) [sustantivo femenino] Aparato que sirve para limpiar un líquido, especialmente el agua. ☐ FAMILIA: →puro.

depurar (de·pu·rar) [verbo] Limpiar algo para dejarlo puro: *El agua de esta piscina se depura con sal.* ☐ SINÓNIMOS: purificar. ☐ FAMILIA: →puro.

derbi (der·bi) [sustantivo masculino] Partido, generalmente de fútbol, en el que se enfrentan dos equipos de la misma ciudad o de ciudades cercanas. ☐ [Es una palabra de origen inglés. Su plural es «derbis»].

derecho, cha (de·re·cho, cha) ■ [adjetivo] **1** Que está situado en el lado opuesto al que correspondería al corazón de una persona: *mano derecha.* **2** Que no está inclinado hacia un lado ni hacia otro: *Siempre andas muy derecha.* **3** Directo, sin cambiar de dirección o sin pararse: *Ve derecha al grano.* ■ **derecho** [sustantivo masculino] **4** Conjunto de leyes y reglas que controlan las relaciones entre las personas y que todo el mundo debe cumplir. **5** Posibilidad que tenemos para hacer algo, para recibirlo o para pedirlo: *Todos los ciudadanos tenemos derechos y deberes.* **6** Parte principal o más perfecta de algo: *el derecho de una tela.* ■ **derecha** [sustantivo femenino] **7** Pierna o mano que no están situadas en el lado del corazón: *Escribo con la derecha.* **8** Dirección que corresponde al lado derecho: *Tuerce por la primera calle a la derecha.* **9** Conjunto de ideas políticas que, por lo general, defienden la mínima intervención del Estado en los asuntos sociales y económicos: *Hay partidos de derechas y de izquierdas.* ■ **derecho** [adverbio] **10** Sin cambiar de dirección: *Si vais derecho por aquí, llegaréis enseguida.* ◆ [expresión] ‖ **a derechas** Bien o como debe ser: *Hoy no hago nada a derechas.* ☐ SINÓNIMOS: **2, 3** recto. ☐ ANTÓNIMOS: **1** izquierdo. **2** torcido. **6** revés. **7** zurda. **7-9** izquierda.

deriva (de·ri·va) [sustantivo femenino] Desvío del rumbo que sigue un barco. ◆ [expresión] ‖ **a la deriva** Sin un rumbo fijo: *El barco iba a la deriva.* ☐ FAMILIA: →derivar.

derivación (de·ri·va·ción) [sustantivo femenino] Hecho de venir una cosa de otra: *La palabra «lechero» proviene de «leche» por derivación.* ☐ FAMILIA: →derivar.

derivado, da (de·ri·va·do, da) ■ [adjetivo] **1** Que se forma a partir de algo: *palabras derivadas.* ■ **derivado** [sustantivo masculino] **2** Producto que se obtiene a partir de otro: *La gasolina es un derivado del petróleo.* ☐ FAMILIA: →derivar.

derivar (de·ri·var) [verbo] Venir una cosa de otra: *La palabra «papelera» deriva de «papel».* ☐ SINÓNIMOS: emanar, provenir. ☐ FAMILIA: derivado, derivación, deriva.

dermatólogo, ga (der·ma·tó·lo·go, ga) [sustantivo] Médico especialista en las enfermedades de la piel. ☐ FAMILIA: →dermis.

dermis (der·mis) [sustantivo femenino] Capa más gruesa de la piel. ☐ [No varía en singular y plural]. ☐ FAMILIA: epidermis, dermatólogo.

deportes

baloncesto	balonmano	fútbol	voleibol
atletismo	salto de altura	salto de longitud	salto con pértiga
lanzamiento de peso	halterofilia	tiro con arco	esgrima
 gimnasia rítmica	patinaje	 *hockey* sobre hielo	 esquí
 natación	 natación sincronizada	 waterpolo	

deportes

tenis	bádminton	*squash*	béisbol
ciclismo	equitación	taekwondo	boxeo
golf	escalada	salto de trampolín	submarinismo
esquí acuático	*rafting*	remo	piragüismo
vela	surf	*windsurf*	

derogar (de·ro·gar) [verbo] Decir que algo ha dejado de valer, especialmente una ley: *El partido de la oposición asegura que derogará la ley si llega al Gobierno en las próximas elecciones.*

derramamiento (de·rra·ma·mien·to) [sustantivo masculino] Hecho de derramar algo: *derramamiento de aceite.* ☐ SINÓNIMOS: derrame. ☐ FAMILIA: →derramar.

derramar (de·rra·mar) [verbo] Tirar o caerse algo que hay en un recipiente, de forma que se extienda. ☐ SINÓNIMOS: verter. ☐ FAMILIA: derrame, derramamiento.

derrame (de·rra·me) [sustantivo masculino] 1 Acumulación de un líquido del cuerpo o salida de este líquido al exterior: *derrame cerebral.* 2 Hecho de derramar algo. ☐ SINÓNIMOS: 2 derramamiento. ☐ FAMILIA: →derramar.

derrapar (de·rra·par) [verbo] Moverse un vehículo o sus ruedas resbalando sobre el suelo y desviándose hacia un lado.

derredor (de·rre·dor) ◆ [expresión] ‖ **en derredor** Alrededor o en círculo.

derrengado, da (de·rren·ga·do, da) [adjetivo] 1 Con mucho dolor en la espalda o en el lomo. 2 Muy cansado después de un esfuerzo. ☐ SINÓNIMOS: 2 baldado. ☐ FAMILIA: →derrengar.

derrengar (de·rren·gar) [verbo] 1 Hacer daño en la espalda o en el lomo: *Derrengó a su padre al colgarse de su cuello.* 2 Cansar mucho: *Este trabajo me derrenga cada día más.* ☐ [La «g» se cambia en «gu» delante de «e» («derrengue»)]. ☐ FAMILIA: derrengado.

derretir (de·rre·tir) [verbo] 1 Hacer que algo sólido pase a ser líquido por medio del calor: *Con la llegada de la primavera empieza a derretirse la nieve de la sierra.* ∎ **derretirse** 2 Sentir mucho amor por alguien: *Se derretía de amor cada vez que miraba a su bebé.* ☐ [Es irregular y se conjuga como PEDIR]. ☐ SINÓNIMOS: 1 deshelar.

derribar (de·rri·bar) [verbo] 1 Hacer que algo caiga al suelo. 2 Destruir una construcción echándola abajo. 3 Hacer que una persona pierda su poder: *El pueblo se sublevó para derribar al tirano.* ☐ SINÓNIMOS: 1, 2 abatir. 2 derrumbar, hundir, demoler, derruir. ☐ ANTÓNIMOS: 1, 2 levantar. 2 construir, alzar. ☐ FAMILIA: derribo.

derribo (de·rri·bo) [sustantivo masculino] Destrucción de una construcción. ☐ SINÓNIMOS: hundimiento, derrumbamiento. ☐ ANTÓNIMOS: construcción. ☐ FAMILIA: →derribar.

derrocar (de·rro·car) [verbo] Hacer caer un sistema de gobierno o a la persona que ocupa un puesto elevado: *derrocar al rey.* ☐ [La «c» se cambia en «qu» delante de «e» («derroque»)].

derrochador, ra (de·rro·cha·dor, do·ra) [adjetivo o sustantivo] Que derrocha o gasta algo en más cantidad de la necesaria. ☐ FAMILIA: →derrochar.

derrochar (de·rro·char) [verbo] 1 Gastar algo en más cantidad de la necesaria. 2 Tener algo bueno en gran cantidad: *Derrochas simpatía.* ☐ SINÓNIMOS: 1 disipar, despilfarrar, dilapidar. ☐ ANTÓNIMOS: 1 ahorrar. ☐ FAMILIA: derroche, derrochador.

derroche (de·rro·che) [sustantivo masculino] Uso que se hace de algo, gastando más de lo necesario. ☐ SINÓNIMOS: despilfarro. ☐ ANTÓNIMOS: ahorro. ☐ FAMILIA: →derrochar.

derrota (de·rro·ta) [sustantivo femenino] Hecho de ser vencido por un contrario o por un enemigo. ☐ ANTÓNIMOS: victoria, triunfo. ☐ FAMILIA: →derrotar.

derrotar (de·rro·tar) [verbo] Vencer a un contrario o a un enemigo. ☐ SINÓNIMOS: batir. ☐ FAMILIA: derrota, derrotista.

derrotero (de·rro·te·ro) [sustantivo masculino] 1 Camino o medio para conseguir lo que nos proponemos. 2 Dirección que debe seguir una nave.

derrotista (de·rro·tis·ta) [adjetivo o sustantivo] Que siempre ve el lado malo de las cosas. ☐ [No varía en masculino y femenino]. ☐ SINÓNIMOS: pesimista, negativo. ☐ ANTÓNIMOS: optimista, positivo. ☐ FAMILIA: →derrotar.

derruir (de·rruir) [verbo] Destruir una construcción echándola abajo: *derruir un edificio.* ☐ [Es irregular y se conjuga como CONSTRUIR]. ☐ SINÓNIMOS: derribar, derrumbar, demoler. ☐ ANTÓNIMOS: construir.

derrumbamiento (de·rrum·ba·mien·to) [sustantivo masculino] Caída o destrucción de una construcción. ☐ SINÓNIMOS: hundimiento. ☐ ANTÓNIMOS: construcción. ☐ FAMILIA: →derrumbar.

derrumbar (de·rrum·bar) [verbo] 1 Destruir una construcción echándola abajo. 2 Poner a una persona tan triste que se sienta vencida: *No dejes que los contratiempos te derrumben.* ☐ SINÓNIMOS: hundir. 1 derribar, derruir, demoler. 2 desmoronar. ☐ ANTÓNIMOS: 1 construir, levantar. ☐ FAMILIA: derrumbamiento.

desabastecido, da (de·sa·bas·te·ci·do, da) [adjetivo] Sin alimentos u otras cosas que resultan necesarias. ☐ FAMILIA: →abasto.

desaborido, da (de·sa·bo·ri·do, da) ∎ [adjetivo] 1 Sin sabor o sin sustancia. ∎ [adjetivo o sustantivo] 2 Sin gracia o poco interesante. ☐ SINÓNIMOS: insípido, insulso. 1 desabrido. 2 aburrido. ☐ ANTÓNIMOS: 1 sabroso. 2 gracioso. ☐ FAMILIA: →sabor.

desabrido, da (de·sa·bri·do, da) [adjetivo] 1 Sin sabor o sin sustancia. 2 Dicho del clima, que es desagradable. 3 Dicho de una persona, que es desagradable y áspera al tratar con los demás. ☐ SINÓNIMOS: 1 desaborido, insulso, insípido. 3 adusto, hosco, antipático.

desabrigado, da (de·sa·bri·ga·do, da) [adjetivo] Que lleva poca ropa para protegerse del frío. ☐ FAMILIA: →abrigo.

desabrochar (de·sa·bro·char) [verbo] Sacar los botones del hueco en el que están para que algo quede abierto. ☐ ANTÓNIMOS: abrochar. ☐ FAMILIA: →broche.

desacato (de·sa·ca·to) [sustantivo masculino] Falta de respeto a una autoridad: *Lo acusaron de desacato al tribunal.* ☐ FAMILIA: →acatar.

desacertado, da (de·sa·cer·ta·do, da) [adjetivo] Que está equivocado o no ha acertado en algo. ☐ FAMILIA: →acertar.

desacierto (de·sa·cier·to) [sustantivo masculino] **1** Falta de habilidad para hacer bien algo: *Has fracasado porque enfocaste el proyecto con desacierto.* **2** Cosa que se hace o dice y sale mal: *Fue un desacierto salir al campo con tanta lluvia.* ☐ SINÓNIMOS: torpeza. **2** fallo. ☐ ANTÓNIMOS: acierto. **1** tino, destreza. ☐ FAMILIA: →acertar.

desaconsejar (de·sa·con·se·jar) [verbo] Aconsejar no hacer, o considerar poco recomendable: *El mecánico me desaconsejó que comprara ese coche porque consume mucho.* ☐ [Siempre se escribe con «j»]. ☐ ANTÓNIMOS: aconsejar. ☐ FAMILIA: →consejo.

desacostumbrar (de·sa·cos·tum·brar) [verbo] Perder la costumbre de hacer algo: *Después de tanto tiempo trabajando de noche, me he desacostumbrado a madrugar.* ☐ ANTÓNIMOS: acostumbrar. ☐ FAMILIA: →costumbre.

desacreditar (de·sa·cre·di·tar) [verbo] Quitar o disminuir la reputación de alguien o el valor de algo: *Los rumores sobre un posible dopaje intentan desacreditar a ese ciclista.* ☐ SINÓNIMOS: acreditar. ☐ FAMILIA: →crédito.

desactivar (de·sac·ti·var) [verbo] Hacer que algo no funcione: *desactivar un explosivo.* ☐ ANTÓNIMOS: activar. ☐ FAMILIA: →activo.

desacuerdo (de·sa·cuer·do) [sustantivo masculino] Falta de acuerdo. ☐ SINÓNIMOS: discordancia, discrepancia. ☐ ANTÓNIMOS: acuerdo. ☐ FAMILIA: →acordar.

desafiar (de·sa·fiar) [verbo] **1** Decir una persona a otra que participe contra ella en una lucha o en una competición: *Te desafío a una carrera.* **2** Enfrentarse a una situación oponiéndose a ella: *Los conductores que van a tanta velocidad desafían a la muerte.* ☐ [Es irregular y se conjuga como ENVIAR]. ☐ SINÓNIMOS: **1** retar. ☐ FAMILIA: desafío.

desafinar (de·sa·fi·nar) [verbo] Sonar mal un instrumento musical o la voz de una persona. ☐ ANTÓNIMOS: afinar, templar. ☐ FAMILIA: →fino.

desafío (de·sa·fí·o) [sustantivo masculino] **1** Hecho de decir una persona a otra que participe contra ella en una lucha o en una competición: *Acepto el desafío.* **2** Acto que se quiere realizar, aunque sea muy difícil: *Es un desafío para mí ganar ese concurso.* ☐ SINÓNIMOS: reto. ☐ FAMILIA: →desafiar.

desaforado, da (de·sa·fo·ra·do, da) [adjetivo] Muy grande o más grande de lo normal: *un grito desaforado.* ☐ SINÓNIMOS: enorme, desmesurado. ☐ ANTÓNIMOS: diminuto. ☐ FAMILIA: →foro.

desafortunado, da (de·sa·for·tu·na·do, da) [adjetivo] **1** Que no es feliz o que no tiene buena suerte. **2** Que no es como conviene que sea para acabar bien: *A pesar de mis desafortunados comentarios, no debes enfadarte.* ☐ SINÓNIMOS: **1** infortunado. ☐ ANTÓNIMOS: afortunado. **1** agraciado. ☐ FAMILIA: →fortuna.

desagradable (de·sa·gra·da·ble) [adjetivo] Que no resulta agradable. ☐ [No varía en masculino y femenino]. ☐ SINÓNIMOS: desapacible. ☐ ANTÓNIMOS: agradable. ☐ FAMILIA: →agradar.

desagradar (de·sa·gra·dar) [verbo] No gustar, no resultar agradable o no parecer bien. ☐ SINÓNIMOS: disgustar. ☐ ANTÓNIMOS: agradar, gustar, gratificar, deleitar. ☐ FAMILIA: →agradar.

desagradecido, da (de·sa·gra·de·ci·do, da) [adjetivo] Que no reconoce los favores que se le han hecho y no corresponde a ellos de alguna manera. ☐ SINÓNIMOS: ingrato. ☐ ANTÓNIMOS: agradecido. ☐ FAMILIA: →gracia.

desagrado (de·sa·gra·do) [sustantivo masculino] Sensación que produce algo que no nos gusta. ☐ ANTÓNIMOS: agrado. ☐ FAMILIA: →agradar.

desagravio (de·sa·gra·vio) [sustantivo masculino] Intento de hacer algo bueno por una persona a la que se había ofendido o insultado. ☐ FAMILIA: →agraviar.

desaguar (de·sa·guar) [verbo] **1** Sacar el agua que hay en un lugar: *Cada vez que llueve, hay que desaguar el sótano porque se inunda.* **2** Entrar un río en el mar: *Ese río desagua en el mar.* ☐ [Es irregular y se conjuga como AVERIGUAR]. ☐ SINÓNIMOS: **2** desembocar. ☐ FAMILIA: →agua.

desagüe (de·sa·güe) [sustantivo masculino] Tubo por donde sale el agua de un sitio: *desagüe del lavabo.* ☐ FAMILIA: →agua.

desaguisado (de·sa·gui·sa·do) [sustantivo masculino] Daño grande: *Se me cayó la huevera y menudo desaguisado monté.* ☐ SINÓNIMOS: destrozo. ☐ FAMILIA: →guisa.

desahogado, da (de·sa·ho·ga·do, da) [adjetivo] **1** Amplio y con mucho espacio libre. **2** Que no le falta el dinero. ☐ FAMILIA: →ahogar.

desahogar (de·sa·ho·gar) [verbo] **1** Contar a alguien una pena para sentirse mejor. **2** Mostrar de forma brusca un sentimiento: *Desahogó su rabia dando un portazo.* **3** Dejar espacio libre en un lugar: *Quitaremos el armario para desahogar tu dormitorio.* ▌ **desahogarse** **4** Hacer algo para sentirse mejor cuando se tiene un problema. ☐ [La «g» se cambia en «gu» delante de «e» («desahogue»)]. ☐ SINÓNIMOS: **1** explayarse. ☐ FAMILIA: →ahogar.

desahogo (de·sa·ho·go) [sustantivo masculino] **1** Disminución de una pena, de un sentimiento o de un trabajo: *Llora si te sirve de desahogo.* **2** Situación en la que no hay problemas económicos: *Vive con desahogo.* ☐ SINÓNIMOS: **1** alivio. **2** holgura. ☐ FAMILIA: →ahogar.

desahuciar (de·sahu·ciar) [verbo] **1** Obligar a una persona a salir de una vivienda, con una acción legal: *El edificio fue declarado en ruina y desahuciaron a los inquilinos.* **2** Determinar que un enfermo no tiene curación: *A pesar de que los médicos lo desahuciaron, despertó del coma y ya está en casa.* ☐ [Es irregular. Mira el cuadro en la página siguiente]. ☐ FAMILIA: desahucio.

desahucio (de·sahu·cio) [sustantivo masculino] Expulsión de alguien de su vivienda, con una acción legal. ☐ FAMILIA: →desahuciar.

desairar (de·sai·rar) [verbo] Tratar mal a una persona y no mostrar interés en lo que dice o en lo que hace: *Le di el regalo ilusionado, pero me desairó dejándolo en*

desaire

la mesa sin abrirlo. ☐ [Es irregular y se conjuga como **BAILAR**]. ☐ FAMILIA: desaire.

desaire (de·**sai**·re) [sustantivo masculino] Falta de interés o de consideración. ☐ SINÓNIMOS: menosprecio. ☐ FAMILIA: →desairar.

desajustar (de·sa·jus·**tar**) [verbo] **1** Separar lo que estaba unido: *Este tornillo se ha desajustado.* **2** Hacer que varias cosas no combinen bien o no se correspondan: *Se ha desajustado el reloj.* ☐ ANTÓNIMOS: ajustar. ☐ FAMILIA: →justo.

desajuste (de·sa·**jus**·te) [sustantivo masculino] Hecho de estar algo desajustado. ☐ ANTÓNIMOS: ajuste. ☐ FAMILIA: →justo.

desalar (de·sa·**lar**) [verbo] Quitar la sal de un alimento: *desalar bacalao.* ☐ ANTÓNIMOS: salar. ☐ FAMILIA: →sal.

desalentar (de·sa·len·**tar**) [verbo] Quitar las fuerzas, las energías o los ánimos: *Me desalienta ver que mis esfuerzos no sirven para nada.* ☐ [Es irregular y se conjuga como **ACERTAR**]. ☐ SINÓNIMOS: abatir, desanimar, desmoralizar. ☐ ANTÓNIMOS: animar, alentar. ☐ FAMILIA: →alentar.

desaliento (de·sa·**lien**·to) [sustantivo masculino] Falta de fuerzas, de energías o de ánimos. ☐ SINÓNIMOS: desánimo. ☐ FAMILIA: →alentar.

desaliñado, da (de·sa·li·**ña**·do, da) [adjetivo] Sucio y con mal aspecto. ☐ SINÓNIMOS: desastrado, desaseado. ☐ ANTÓNIMOS: limpio, pulcro. ☐ FAMILIA: →aliñar.

desalmado, da (de·sal·**ma**·do, da) [adjetivo o sustantivo] Que es cruel o muy malo. ☐ ANTÓNIMOS: bondadoso, compasivo. ☐ FAMILIA: →alma.

desalojar (de·sa·lo·**jar**) [verbo] Dejar vacío un lugar, haciendo que los que estaban en él se vayan: *desalojar una vivienda.* ☐ [Siempre se escribe con «j»]. ☐ FAMILIA: →alojar.

desalojo (de·sa·**lo**·jo) [sustantivo masculino] Hecho de dejar vacío un lugar, haciendo que los que estaban en él se vayan. ☐ FAMILIA: →alojar.

desamparar (de·sam·pa·**rar**) [verbo] Dejar a alguien sin protección y sin ayuda: *Esa ley desampara a los periodistas que denuncian casos de corrupción.* ☐ SINÓNIMOS: desasistir, desatender. ☐ ANTÓNIMOS: amparar. ☐ FAMILIA: →amparar.

desamparo (de·sam·**pa**·ro) [sustantivo masculino] Falta de protección y de ayuda. ☐ ANTÓNIMOS: amparo. ☐ FAMILIA: →amparar.

desandar (de·san·**dar**) [verbo] Volver atrás en el camino que ya se ha recorrido: *Se me cayeron las llaves y tuve que desandar el camino para ver si las encontraba.* ☐ [Es irregular y se conjuga como **ANDAR**]. ☐ SINÓNIMOS: retroceder. ☐ ANTÓNIMOS: avanzar. ☐ FAMILIA: →andar.

desangelado, da (de·san·ge·**la**·do, da) [adjetivo] Sin adorno o sin gracia: *Como aún no tienen muebles, el piso está desangelado.* ☐ FAMILIA: →ángel.

DESAHUCIAR

INDICATIVO	SUBJUNTIVO
Presente yo desahucio tú desahucias / usted desahucia él, ella desahucia nosotros, tras desahuciamos vosotros, tras desahuciáis / ustedes desahucian ellos, ellas desahucian	**Presente** yo desahucie tú desahucies / usted desahucie él, ella desahucie nosotros, tras desahuciemos vosotros, tras desahuciéis / ustedes desahucien ellos, ellas desahucien
Pretérito imperfecto yo desahuciaba tú desahuciabas / usted desahuciaba él, ella desahuciaba nosotros, tras desahuciábamos vosotros, tras desahuciabais / ustedes desahuciaban ellos, ellas desahuciaban	**Pretérito imperfecto** yo desahuciara o desahuciase tú desahuciaras o desahuciases / usted desahuciara o desahuciase él, ella desahuciara o desahuciase nosotros, tras desahuciáramos o desahuciásemos vosotros, tras desahuciarais o desahuciaseis / ustedes desahuciaran o desahuciasen ellos, ellas desahuciaran o desahuciasen
Pretérito perfecto simple yo desahucié tú desahuciaste / usted desahució él, ella desahució nosotros, tras desahuciamos vosotros, tras desahuciasteis / ustedes desahuciaron ellos, ellas desahuciaron	**Futuro simple** yo desahuciare tú desahuciares / usted desahuciare él, ella desahuciare nosotros, tras desahuciáremos vosotros, tras desahuciareis / ustedes desahuciaren ellos, ellas desahuciaren
Futuro simple yo desahuciaré tú desahuciarás / usted desahuciará él, ella desahuciará nosotros, tras desahuciaremos vosotros, tras desahuciaréis / ustedes desahuciarán ellos, ellas desahuciarán	

IMPERATIVO
desahucia (tú) / desahucie (usted) desahuciemos (nosotros, tras) desahuciad (vosotros, tras) / desahucien (ustedes)

Condicional simple
yo desahuciaría
tú desahuciarías / usted desahuciaría
él, ella desahuciaría
nosotros, tras desahuciaríamos
vosotros, tras desahuciaríais / ustedes desahuciarían
ellos, ellas desahuciarían

FORMAS NO PERSONALES		
Infinitivo desahuciar	**Gerundio** desahuciando	**Participio** desahuciado

desangrarse (de·san·grar·se) [verbo] Perder gran cantidad de sangre. ☐ Familia: →sangre.

desanimar (de·sa·ni·mar) [verbo] Hacer perder el ánimo o las fuerzas: *No te desanimes y lucha por lo que deseas*. ☐ Sinónimos: abatir, amilanar, desalentar, desmoralizar. ☐ Antónimos: animar, alentar. ☐ Familia: →ánimo.

desánimo (de·sá·ni·mo) [sustantivo masculino] Falta de ánimo, de fuerzas o de energía. ☐ Sinónimos: desaliento. ☐ Familia: →ánimo.

desapacible (de·sa·pa·ci·ble) [adjetivo] Que no resulta agradable ni tranquilo. ☐ [No varía en masculino y femenino]. ☐ Sinónimos: desagradable. ☐ Antónimos: apacible. ☐ Familia: →paz.

desaparecer (de·sa·pa·re·cer) [verbo] **1** Dejar de estar algo donde antes estaba o dejar de verse. **2** Dejar de existir algo: *Mis abuelos ya han desaparecido*. ☐ [Es irregular y se conjuga como AGRADECER]. ☐ Antónimos: aparecer, brotar, surgir. **2** subsistir. ☐ Familia: desaparición.

desaparición (de·sa·pa·ri·ción) [sustantivo femenino] Ausencia de algo que antes estaba: *La policía investiga la desaparición de unos documentos*. ☐ Antónimos: aparición. ☐ Familia: →desaparecer.

desapasionado, da (de·sa·pa·sio·na·do, da) [adjetivo] Que no muestra interés. ☐ Antónimos: apasionado, entusiasta. ☐ Familia: →pasión.

desapego (de·sa·pe·go) [sustantivo masculino] Falta de cariño o amor por algo. ☐ Antónimos: apego. ☐ Familia: →pegar.

desapercibido, da (de·sa·per·ci·bi·do, da) [adjetivo] Que no se nota o que no se ve. ☐ Sinónimos: inadvertido. ☐ Familia: →percibir.

desaprensivo, va (de·sa·pren·si·vo, va) [adjetivo o sustantivo] Que hace daño a los demás y no los respeta. ☐ Sinónimos: malvado. ☐ Familia: →aprensión.

desaprobar (de·sa·pro·bar) [verbo] No aprobar algo o considerarlo negativo. ☐ [Es irregular y se conjuga como CONTAR]. ☐ Sinónimos: reprobar. ☐ Antónimos: aprobar. ☐ Familia: →aprobar.

desaprovechar (de·sa·pro·ve·char) [verbo] Aprovechar mal algo: *No desaproveches las oportunidades*. ☐ Sinónimos: desperdiciar, malgastar. ☐ Antónimos: aprovechar. ☐ Familia: →provecho.

desarmar (de·sar·mar) [verbo] **1** Separar las piezas que forman un objeto: *desarmar un ordenador*. **2** Quitar las armas: *desarmar a un delincuente*. ☐ Sinónimos: **1** desmontar. ☐ Antónimos: armar. **1** montar. ☐ Familia: →arma.

desarme (de·sar·me) [sustantivo masculino] Hecho de reducir un país su ejército y el número de sus armas. ☐ Familia: →arma.

desarraigado, da (de·sa·rrai·ga·do, da) [adjetivo] Dicho de una persona, que no siente cariño por nadie ni se siente unida al lugar donde ha nacido o donde vive. ☐ Antónimos: arraigado. ☐ Familia: →raíz.

desarraigo (de·sa·rrai·go) [sustantivo masculino] Falta de relación de una persona con lo que la rodea: *Algunos emigrantes tienen un fuerte sentimiento de desarraigo*. ☐ Familia: →raíz.

desarrapado, da (de·sa·rra·pa·do, da) [adjetivo o sustantivo] Que tiene la ropa rota y vieja. ☐ [Se escribe también «desharrapado»]. ☐ Sinónimos: andrajoso, harapiento.

desarreglo (de·sa·rre·glo) [sustantivo masculino] Falta de orden o cambio que resulta perjudicial: *desarreglos digestivos*. ☐ Familia: →arreglar.

desarrollar (de·sa·rro·llar) [verbo] **1** Aumentar o hacer más grande: *El deporte desarrolla los músculos*. **2** Explicar de forma amplia y con muchos detalles: *El conferenciante desarrolló los puntos más importantes*. **3** Hacer las operaciones necesarias para llegar a la solución de un problema matemático: *Has desarrollado bien el problema, pero el resultado está mal*. ∎ **desarrollarse 4** Hacer que algo tenga una situación mejor: *Unos países se han desarrollado más que otros*. **5** Suceder o tener lugar: *La película se desarrolla en un país oriental*. ☐ Familia: desarrollo, subdesarrollo, subdesarrollado.

desarrollo (de·sa·rro·llo) [sustantivo masculino] **1** Proceso por el que algo aumenta o se hace más grande: *desarrollo mental y físico*. **2** Proceso por el que algo llega a tener una situación mejor: *países en vías de desarrollo*. **3** Proceso durante el cual se realiza algo: *He seguido en directo el desarrollo de la firma del tratado*. ☐ Familia: →desarrollar.

desarropar (de·sa·rro·par) [verbo] Quitar la ropa: *Entró en la habitación del niño para comprobar que no se había desarropado*. ☐ Antónimos: arropar. ☐ Familia: →ropa.

desarticular (de·sar·ti·cu·lar) [verbo] **1** Deshacer algo que está organizado: *La policía desarticuló una banda de delincuentes*. **2** Separar algo que está encajado. ☐ Familia: →articular.

desaseado, da (de·sa·se·a·do, da) [adjetivo] Sucio y con mal aspecto. ☐ Sinónimos: desastrado, desaliñado. ☐ Familia: →asear.

desasistir (de·sa·sis·tir) [verbo] Dejar a alguien sin protección y sin ayuda: *Fueron detenidos por desasistir a su hijo*. ☐ Sinónimos: desamparar, desatender. ☐ Antónimos: asistir. ☐ Familia: →asistir.

desasnar (de·sas·nar) [verbo] Enseñar a una persona para que sea menos inculta. ☐ [Es coloquial]. ☐ Familia: →asno.

desasosiego (de·sa·so·sie·go) [sustantivo masculino] Estado en el que no se está tranquilo: *Tu tardanza me produjo desasosiego*. ☐ Sinónimos: intranquilidad, inquietud, comezón, desazón. ☐ Antónimos: sosiego. ☐ Familia: →sosegar.

desastrado, da (de·sas·tra·do, da) [adjetivo o sustantivo] Sucio y mal vestido. ☐ Sinónimos: desaliñado, astroso, desaseado. ☐ Antónimos: limpio, pulcro, atildado. ☐ Familia: →desastre.

desastre (de·sas·tre) [sustantivo masculino] **1** Suceso que produce un gran daño o mucha destrucción: *desastre ecológico*. **2** Hecho o cosa que sale mal o tiene mala calidad: *La fiesta fue un desastre*. **3** Persona que tiene poca habilidad para hacer algo: *Soy un desastre cocinando.* ☐ Familia: desastrado, desastroso.

desastroso, sa (de·sas·tro·so, sa) [adjetivo] **1** Que produce un gran daño o mucha destrucción. **2** Muy malo o muy mal hecho. ☐ Familia: →desastre.

desatar (de·sa·tar) [verbo] **1** Soltar las cuerdas que sujetan algo. **2** Producir algo de forma violenta: *La tormenta desató un fuerte vendaval.* ■ **desatarse** **3** Perder el miedo a hacer algo y empezar a hacerlo como si siempre se hubiera hecho. ☐ Sinónimos: **2** desencadenar. ☐ Antónimos: **1** atar. ☐ Familia: →atar.

desatascar (de·sa·tas·car) [verbo] Quitar lo que impide el paso por un lugar estrecho: *desatascar el fregadero.* ☐ [La «c» se cambia en «qu» delante de «e» («desatasque»)]. ☐ Sinónimos: desatrancar. ☐ Antónimos: atascar, atrancar. ☐ Familia: →atascar.

desatender (de·sa·ten·der) [verbo] **1** Dejar a alguien sin protección y sin ayuda: *desatender a un enfermo.* **2** No prestar atención: *desatender al profesor.* ☐ [Es irregular y se conjuga como ENTENDER]. ☐ Sinónimos: **1** desasistir, desamparar. ☐ Antónimos: atender. ☐ Familia: →atender.

desatento, ta (de·sa·ten·to, ta) [adjetivo o sustantivo] **1** Que no tiene amabilidad ni buena educación. **2** Que no presta atención. ☐ Sinónimos: **1** descortés, desconsiderado. ☐ Familia: →atender.

desatino (de·sa·ti·no) [sustantivo masculino] Error o disparate. ☐ Familia: →tino.

desatornillar (de·sa·tor·ni·llar) [verbo] Sacar un tornillo dándole vueltas. ☐ Sinónimos: destornillar. ☐ Antónimos: atornillar. ☐ Familia: →tornillo.

desatrancar (de·sa·tran·car) [verbo] **1** Quitar lo que impide el paso por un lugar estrecho: *Desatranqué la cañería.* **2** Quitar lo que cierra una puerta o una ventana. ☐ [La «c» se cambia en «qu» delante de «e» («desatranque»)]. ☐ Sinónimos: **1** desatascar. ☐ Antónimos: atrancar. **1** atascar. ☐ Familia: →atrancar.

desautorizar (de·sau·to·ri·zar) [verbo] Quitar el poder o la autoridad a alguien: *El presidente desautorizó al ministro y negó que se fuese a hacer lo que este había anunciado.* ☐ [La «z» se cambia en «c» delante de «e» («desautorice»)]. ☐ Antónimos: autorizar. ☐ Familia: →autorizar.

desavenencia (de·sa·ve·nen·cia) [sustantivo femenino] Falta de acuerdo entre varias personas. ☐ Sinónimos: discrepancia.

desayunar (de·sa·yu·nar) [verbo] Tomar el desayuno. ☐ Familia: →ayunar.

desayuno (de·sa·yu·no) [sustantivo masculino] Primera comida del día, que se hace después de levantarse por la mañana. ☐ Familia: →ayunar.

desazón (de·sa·zón) [sustantivo femenino] **1** Sensación de la persona que no está tranquila. **2** Sensación de picor que molesta mucho. ☐ Sinónimos: comezón. **1** inquietud, desasosiego.

desbancar (des·ban·car) [verbo] Quitar a una persona o a un equipo su posición: *Hemos desbancado a ese equipo.* ☐ [La «c» se cambia en «qu» delante de «e» («desbanque»)]. ☐ Familia: →banco.

desbandada (des·ban·da·da) [sustantivo femenino] Hecho de escapar o de huir sin orden: *Los pájaros salieron en desbandada.* ☐ Familia: →desbandarse.

desbandarse (des·ban·dar·se) [verbo] Escapar o huir sin orden: *Los pasajeros se desbandaron al iniciarse el fuego en la estación.* ☐ Familia: desbandada.

desbarajuste (des·ba·ra·jus·te) [sustantivo masculino] Falta de orden: *No encuentro nada en todo este desbarajuste.* ☐ Sinónimos: desorden, desorganización, caos. ☐ Antónimos: orden, organización.

desbaratar (des·ba·ra·tar) [verbo] Deshacer o estropear algo: *Se desbarataron los planes.*

desbarrar (des·ba·rrar) [verbo] Hacer o decir cosas sin sentido: *¡Deja ya de desbarrar y de decir tantos disparates!* ☐ Sinónimos: desvariar.

desbloquear (des·blo·que·ar) [verbo] Deshacer o levantar un bloqueo: *desbloquear un ordenador; desbloquear unas negociaciones.* ☐ Familia: →bloque.

desbocarse (des·bo·car·se) [verbo] Correr un caballo como si estuviera loco y sin obedecer a nadie: *La yegua se desbocó y acabó tirando al jinete.* ☐ [La «c» se cambia en «qu» delante de «e» («desboque»)]. ☐ Familia: →boca.

desbordamiento (des·bor·da·mien·to) [sustantivo masculino] Salida de algo por encima de los bordes del recipiente que lo contiene: *El desbordamiento del río provocó inundaciones.* ☐ Familia: →borde.

desbordante (des·bor·dan·te) [adjetivo] Que no tiene límites: *Siento una alegría desbordante al volverte a ver.* ☐ [No varía en masculino y femenino]. ☐ Familia: →borde.

desbordar (des·bor·dar) [verbo] **1** Salirse algo por encima de los bordes del recipiente que lo contiene. **2** Ir más allá de un límite: *Esta situación me desborda.* ■ **desbordarse 3** Expresar con fuerza un sentimiento que no se puede contener. ☐ Sinónimos: **1** rebosar. **2** superar. ☐ Familia: →borde.

desbrozar (des·bro·zar) [verbo] Limpiar un lugar de ramas, de hojas secas y de todo lo que estorbe: *desbrozar una finca.* ☐ [La «z» se cambia en «c» delante de «e» («desbroce»)].

descabalado, da (des·ca·ba·la·do, da) [adjetivo] Que está incompleto o que falta alguna de sus partes: *Este par de guantes está descabalado porque perdí uno.* ☐ Familia: →cabal.

descabalar (des·ca·ba·lar) [verbo] Desorganizar o estropear algo: *El viaje se ha descabalado por culpa del mal tiempo.* ☐ Familia: →cabal.

descabalgar (des·ca·bal·gar) [verbo] Bajar del caballo. ☐ [La «g» se cambia en «gu» delante de «e» («descabalgue»)]. ☐ Familia: →caballo.

descabellado, da (des·ca·be·lla·do, da) [adjetivo] Que no tiene sentido: *ideas descabelladas.* ☐ Sinónimos: disparatado, absurdo. ☐ Antónimos: razonable, racional, lógico. ☐ Familia: →descabellar.

descabellar (des·ca·be·llar) [verbo] Matar a un toro de forma rápida clavándole la punta de la espada en la parte de atrás del cuello. ☐ Familia: descabellado.

descabezar (des·ca·be·zar) [verbo] Quitar la cabeza: *Al detener al último de los jefes, han descabezado la organización.* □ [La «z» se cambia en «c» delante de «e» («descabece»)]. □ FAMILIA: →cabeza.

descacharrar (des·ca·cha·rrar) [verbo] → **escacharrar.**

descafeinado, da (des·ca·fei·na·do, da) [adjetivo o sustantivo masculino] Dicho del café, que no tiene cafeína o que tiene muy poca. □ FAMILIA: →café.

descalabrar (des·ca·la·brar) [verbo] **1** Hacer una herida en la cabeza a una persona: *Se cayó de la bicicleta y se descalabró.* **2** Causar un daño grave: *La denegación de la beca ha descalabrado todos mis planes.* □ FAMILIA: descalabro.

descalabro (des·ca·la·bro) [sustantivo masculino] Daño grave: *Hizo un mal negocio y tuvo un gran descalabro económico.* □ FAMILIA: →descalabrar.

descalcificar (des·cal·ci·fi·car) [verbo] Disminuir la cantidad de calcio que hay en los huesos: *Toma leche para evitar que se le descalcifiquen los huesos.* □ [La «c» se cambia en «qu» delante de «e» («descalcifique»)]. □ ANTÓNIMOS: calcificar. □ FAMILIA: →cal.

descalificar (des·ca·li·fi·car) [verbo] **1** Quitar a alguien la buena fama o la autoridad que tiene: *Su mal comportamiento lo descalifica para este trabajo.* **2** Eliminar de una competición a un participante. □ [La «c» se cambia en «qu» delante de «e» («descalifique»)]. □ SINÓNIMOS: **1** desprestigiar, desacreditar. □ FAMILIA: →calificar.

descalzar (des·cal·zar) [verbo] Quitar los zapatos de los pies. □ [La «z» se cambia en «c» delante de «e» («descalce»)]. □ FAMILIA: →calzar.

descalzo, za (des·cal·zo, za) [adjetivo] Sin zapatos en los pies. □ FAMILIA: →calzar.

descamar (des·ca·mar) [verbo] **1** → **escamar. ■ descamarse 2** Caerse la piel en forma de escamas. □ FAMILIA: →escama.

descambiar (des·cam·biar) [verbo] Cambiar algo que se ha comprado o devolverlo. □ [Es irregular y se conjuga como **ANUNCIAR**. Es coloquial]. □ FAMILIA: →cambiar.

descaminado, da (des·ca·mi·na·do, da) [adjetivo] Equivocado o confundido. □ FAMILIA: →camino.

descamisado, da (des·ca·mi·sa·do, da) [adjetivo] Que no lleva camisa o que la lleva desabrochada. □ FAMILIA: →camisa.

descampado (des·cam·pa·do) [sustantivo masculino] Lugar al aire libre en el que no hay plantas ni construcciones. □ FAMILIA: →campo.

descampado

descansado, da (des·can·sa·do, da) [adjetivo] **1** Que no supone mucho trabajo o esfuerzo: *una vida descansada.* **2** Que no está cansado. □ FAMILIA: →cansar.

descansar (des·can·sar) [verbo] **1** Parar en un trabajo: *Decidí descansar un rato.* **2** Dormir o hacer otra cosa para volver a tener las fuerzas que se habían perdido. **3** Quedar tranquilo. **4** Apoyar algo sobre una cosa: *Descansa la cabeza sobre mi hombro.* **5** Estar enterrado: *Mis abuelos descansan en ese cementerio.* □ SINÓNIMOS: **4** gravitar. □ FAMILIA: →cansar.

descansillo (des·can·si·llo) [sustantivo masculino] Parte de una escalera donde se acaban los escalones y donde se puede hacer una parada antes de continuar subiendo. □ SINÓNIMOS: rellano. □ FAMILIA: →cansar.

descanso (des·can·so) [sustantivo masculino] **1** Parada en el trabajo: *Haré un descanso y luego seguiré estudiando.* **2** Sensación que tenemos cuando volvemos a tener la fuerza o la tranquilidad que habíamos perdido: *¡Qué descanso saber que estás bien!* **3** Espacio de tiempo con el que se interrumpe un espectáculo: *En el primer descanso de la película iré al baño.* □ SINÓNIMOS: **3** intermedio. □ ANTÓNIMOS: **2** cansancio, fatiga. □ FAMILIA: →cansar.

descapotable (des·ca·po·ta·ble) [sustantivo masculino] Coche con un techo que se puede doblar y quitar. □ FAMILIA: →capa.

descapotable

descarado, da (des·ca·ra·do, da) [adjetivo o sustantivo] Que habla o actúa de manera atrevida o faltando al respeto: *No seas descarado y no contestes tan mal.* □ ANTÓNIMOS: modoso, recatado. □ FAMILIA: →cara.

descarga (des·car·ga) [sustantivo femenino] **1** Hecho de quitar o de sacar una carga de algún lugar. **2** Paso de electricidad de un cuerpo a otro: *Al tocar la nevera, me dio una descarga.* □ ANTÓNIMOS: **1** carga. □ FAMILIA: →descargar.

descargador, ra (des·car·ga·dor, do·ra) [sustantivo] Persona que trabaja descargando mercancías. □ FAMILIA: →descargar.

descargar (des·car·gar) [verbo] **1** Quitar o sacar la carga que hay en algún sitio. **2** Acabarse lo que hay dentro de una cosa, de forma que ya no sirve: *Las pilas se han descargado.* **3** Disparar un arma de fuego. **4** Dar un golpe con mucha fuerza: *Descargó un puñetazo sobre la mesa.* **5** Soltar una persona lo que siente:

descaro

No descargues tu mal humor sobre los demás. **6** Grabar en el ordenador una información que aparece en internet. ☐ [La «g» se cambia en «gu» delante de «e» («descargue»)]. ☐ SINÓNIMOS: **6** bajar. ☐ ANTÓNIMOS: **1**-**3** cargar. ☐ FAMILIA: descarga, descargador.

descaro (des·ca·ro) [sustantivo masculino] Falta de vergüenza o de respeto. ☐ SINÓNIMOS: cara, valor, frescura, insolencia, desvergüenza, desfachatez. ☐ ANTÓNIMOS: recato. ☐ FAMILIA: →cara.

descarriado, da (des·ca·rria·do, da) [adjetivo] **1** Que se ha apartado del camino o de las normas que debe seguir: *Eres un chico descarriado por culpa de las malas compañías.* **2** Dicho de un animal, que se ha apartado del rebaño.

descarriarse (des·ca·rriar·se) [verbo] **1** Apartarse una persona del camino que debe seguir: *Las malas compañías hicieron que se descarriara.* **2** Apartarse un animal del rebaño: *El pastor evita que se descarríen las ovejas.* ☐ [Es irregular y se conjuga como ENVIAR].

descarrilamiento (des·ca·rri·la·mien·to) [sustantivo masculino] Hecho de salirse un tren de la vía. ☐ FAMILIA: →carril.

descarrilar (des·ca·rri·lar) [verbo] Salir un tren de la vía. ☐ FAMILIA: →carril.

descartar (des·car·tar) [verbo] **1** Rechazar o no tener en cuenta algo o a alguien: *Descartó la posibilidad de hacer otro cambio.* ∎ **descartarse** **2** Dejar un jugador las cartas que no le sirven. ☐ SINÓNIMOS: **1** desechar. ☐ FAMILIA: →carta.

descarte (des·car·te) [sustantivo masculino] **1** Rechazo de las cartas de la baraja que no sirven al jugador. **2** Rechazo de lo que no se admite: *Los descartes en pesca son una práctica que impide el aprovechamiento de peces que ya se han pescado.* ☐ FAMILIA: →carta.

descascarillar (des·cas·ca·ri·llar) [verbo] **1** Quitar la cáscara a determinados frutos: *El arroz que comemos ha sido descascarillado.* **2** Quitar parte de la capa que cubre algo: *La humedad ha descascarillado las paredes.* ☐ SINÓNIMOS: **2** desconchar. ☐ FAMILIA: →cáscara.

descastado, da (des·cas·ta·do, da) [adjetivo o sustantivo] Que muestra poco cariño a su familia o a sus amigos o que no corresponde al cariño que le dan. ☐ ANTÓNIMOS: cariñoso. ☐ FAMILIA: →casta.

descendencia (des·cen·den·cia) [sustantivo femenino] Conjunto de hijos, nietos y demás personas que descienden de una misma persona. ☐ SINÓNIMOS: progenie. ☐ FAMILIA: →descender.

descendente (des·cen·den·te) [adjetivo] Que baja o que va hacia abajo. ☐ [No varía en masculino y femenino. No confundir con «descendiente» (hijo, nieto u otra persona que desciende de una misma persona)]. ☐ ANTÓNIMOS: ascendente. ☐ FAMILIA: →descender.

descender (des·cen·der) [verbo] **1** Ir a un lugar más bajo: *Descendí al sótano por la escalera.* **2** Disminuir en cantidad, en valor o en otra cosa: *La temperatura ha descendido un poco.* **3** Venir una persona o un animal de otro: *Yo desciendo de una familia andaluza.* ☐ [Es irregular y se conjuga como ENTENDER]. ☐ SINÓNIMOS: **1**, **2** bajar. ☐ ANTÓNIMOS: **1**, **2** ascender, subir. ☐ FAMILIA: descenso, descendente, descendiente, descendencia.

descendiente (des·cen·dien·te) [sustantivo] Hijo, nieto u otra persona que desciende de una misma persona. ☐ [No varía en masculino y femenino. No confundir con «descendente» (que baja)]. ☐ ANTÓNIMOS: ascendiente, antepasado, antecesor, progenitor. ☐ FAMILIA: →descender.

descenso (des·cen·so) [sustantivo masculino] **1** Terreno que baja. **2** Paso a un lugar más bajo. **3** Disminución de la cantidad, del valor o de otra cosa. ☐ SINÓNIMOS: bajada. ☐ ANTÓNIMOS: subida. **2**, **3** ascenso. **3** alza. ☐ FAMILIA: →descender.

descentralizar (des·cen·tra·li·zar) [verbo] Hacer que algo que antes dependía de un jefe o de un Gobierno central pase a depender de distintos Gobiernos o jefes: *En España la Educación se descentralizó para que fuese competencia de las comunidades autónomas.* ☐ [La «z» se cambia en «c» delante de «e» («descentralice»)]. ☐ FAMILIA: →centro.

descentrar (des·cen·trar) [verbo] **1** Descolocar algo de manera que no esté en el centro: *Al limpiar el marco, se ha descentrado la foto.* **2** Hacer que alguien pierda la atención o impedir que se adapte a una situación: *Las preocupaciones lo han descentrado.* ☐ SINÓNIMOS: **2** distraer. ☐ ANTÓNIMOS: centrar. ☐ FAMILIA: →centro.

descerrajar (des·ce·rra·jar) [verbo] Abrir una puerta rompiendo la cerradura: *Me dejé las llaves dentro de casa y tuve que llamar a un cerrajero para que descerrajase la puerta.* ☐ [Siempre se escribe con «j»]. ☐ FAMILIA: →cerrar.

descifrar (des·ci·frar) [verbo] Descubrir el significado de algo: *Necesito la clave para descifrar este mensaje.* ☐ SINÓNIMOS: descodificar. ☐ ANTÓNIMOS: cifrar. ☐ FAMILIA: →cifra.

desclavar (des·cla·var) [verbo] Quitar los clavos que sujetan algo: *Para desmontar la estantería hay que desclavar las baldas.* ☐ ANTÓNIMOS: clavar. ☐ FAMILIA: →clavo.

descocado, da (des·co·ca·do, da) [adjetivo] Atrevido en la forma de vestir: *Con ese escote vas demasiado descocada.* ☐ [Es coloquial].

descodificar (des·co·di·fi·car) [verbo] Transformar un mensaje que no se entiende, mediante un conjunto de signos y de reglas, para poder entenderlo: *Para ver ese programa necesitas un aparato que descodifique la imagen.* ☐ [La «c» se cambia en «qu» delante de «e» («descodifique»)]. ☐ SINÓNIMOS: descifrar. ☐ ANTÓNIMOS: codificar. ☐ FAMILIA: →código.

descojonarse (des·co·jo·nar·se) [verbo] Reírse mucho. ☐ [Es vulgar]. ☐ FAMILIA: →cojón.

descolgar (des·col·gar) [verbo] **1** Bajar algo que está colgado o quitarlo de donde está: *Descolgué el abrigo del perchero.* **2** Bajar despacio algo que está atado a una cuerda. **3** Levantar de su sitio la parte del teléfono por la que se habla o se oye. ∎ **descolgarse** **4** Separarse una persona de un grupo: *Un ciclista se descolgó del pelotón.* ☐ [Es irregular y se conjuga como CONTAR. La «g» se cambia en «gu» delante de «e» («descuelgue»)]. ☐ ANTÓNIMOS: **1**, **3** colgar. ☐ FAMILIA: →colgar.

descollar (des·co·**llar**) [verbo] Destacar o distinguirse una cosa o una persona entre las demás: *Descuella en inteligencia entre todos sus compañeros.* ☐ [Es irregular y se conjuga como CONTAR].

descolocar (des·co·lo·**car**) [verbo] Poner en una posición o en una situación que no son las adecuadas: *¿Quién me ha descolocado los discos?* ☐ [La «c» se cambia en «qu» delante de «e» («descoloque»)]. ☐ SINÓNIMOS: desordenar. ☐ ANTÓNIMOS: colocar, ordenar. ☐ FAMILIA: →colocar.

descolorido, da (des·co·lo·**ri**·do, da) [adjetivo] Con un tono más claro que su color normal: *una tela descolorida.* ☐ SINÓNIMOS: apagado. ☐ FAMILIA: →color.

descompasado, da (des·com·pa·**sa**·do, da) [adjetivo] Que ha perdido el compás o el ritmo. ☐ ANTÓNIMOS: acompasado. ☐ FAMILIA: →compás.

descompensar (des·com·pen·**sar**) [verbo] Perder o hacer que algo pierda el equilibrio: *Las fuerzas de los equipos se descompensaron cuando expulsaron al jugador.* ☐ ANTÓNIMOS: compensar. ☐ FAMILIA: →compensar.

descomponer (des·com·po·**ner**) [verbo] **1** Separar las partes que forman un todo: *Al descomponer el agua se obtiene oxígeno e hidrógeno.* **2** Estropearse un alimento o un cuerpo de forma que huele mal. ■ **descomponerse 3** Cambiar el color o la expresión una persona: *Se te ha descompuesto la cara por el susto.* ☐ [Es irregular y se conjuga como PONER. Su participio es «descompuesto»]. ☐ SINÓNIMOS: **1** desintegrar. **3** desencajarse. ☐ ANTÓNIMOS: **1** componer. ☐ FAMILIA: descomposición, descompuesto.

descomposición (des·com·po·si·**ción**) [sustantivo femenino] **1** Separación de las partes de algo. **2** Cambio que estropea la forma o la estructura de algo. **3** Diarrea. ☐ SINÓNIMOS: **2** corrupción. ☐ FAMILIA: →descomponer.

descompuesto, ta (des·com·**pues**·to, ta) Participio irregular de **descomponer**. ☐ FAMILIA: →descomponer.

descomunal (des·co·mu·**nal**) [adjetivo] Muy grande o más grande de lo normal. ☐ [No varía en masculino y femenino]. ☐ SINÓNIMOS: enorme, desmesurado, desmedido, gigantesco. ☐ ANTÓNIMOS: diminuto, enano, insignificante. ☐ FAMILIA: →común.

desconcertar (des·con·cer·**tar**) [verbo] Producir tanta sorpresa que no se sabe cómo actuar: *Tus palabras me han desconcertado y no sé qué decir.* ☐ [Es irregular y se conjuga como ACERTAR].

desconchar (des·con·**char**) [verbo] Quitar parte de la capa que cubre una superficie: *desconchar la pintura.* ☐ SINÓNIMOS: descascarillar. ☐ FAMILIA: →concha.

desconchón (des·con·**chón**) [sustantivo masculino] Parte en la que se ha caído la capa que cubre una superficie: *La pintura del salón está llena de desconchones.* ☐ FAMILIA: →concha.

desconcierto (des·con·**cier**·to) [sustantivo masculino] **1** Situación de una persona que no sabe cómo actuar. **2** Falta de orden o de organización: *Había un gran desconcierto en la estación a causa de la huelga.* ☐ SINÓNIMOS: **1** confusión. **2** desorden. ☐ FAMILIA: →concierto.

desconectar (des·co·nec·**tar**) [verbo] **1** Hacer que deje de funcionar un aparato eléctrico. **2** Separar dos o más cosas, o hacer que dejen de tener relación: *Me desconecté de mis amigos porque ya no tenemos nada en común.* ☐ SINÓNIMOS: **1** apagar. ☐ ANTÓNIMOS: conectar. **1** encender. ☐ FAMILIA: →conectar.

desconexión (des·co·ne·**xión**) [sustantivo femenino] Falta de unión o de relación entre personas o entre cosas. ☐ FAMILIA: →conectar.

desconfiado, da (des·con·**fia**·do, da) [adjetivo o sustantivo] Que no tiene confianza en algo. ☐ SINÓNIMOS: reticente, receloso. ☐ ANTÓNIMOS: confiado. ☐ FAMILIA: →confiar.

desconfianza (des·con·**fian**·za) [sustantivo femenino] Falta de confianza. ☐ SINÓNIMOS: prevención, recelo. ☐ ANTÓNIMOS: confianza. ☐ FAMILIA: →confiar.

desconfiar (des·con·**fiar**) [verbo] **1** No tener confianza en una persona: *Desconfío de él, porque ya me engañó una vez.* **2** No creer que algo va a suceder: *Con esta lesión desconfío de que vaya a jugar la próxima semana.* ☐ [Es irregular y se conjuga como ENVIAR]. ☐ SINÓNIMOS: **1** recelar. ☐ ANTÓNIMOS: confiar. **1** fiarse. ☐ FAMILIA: →confiar.

descongelar (des·con·ge·**lar**) [verbo] **1** Hacer que algo que está como el hielo deje de estarlo: *Hay que descongelar el pescado si queremos comerlo hoy.* **2** Hacer que algo deje de estar congelado: *descongelar los salarios.* ☐ ANTÓNIMOS: congelar. ☐ FAMILIA: →congelar.

descongestionar (des·con·ges·tio·**nar**) [verbo] Disminuir o quitar lo que hace difícil la circulación por una zona o cualquier cosa que tapa o impide el paso: *Estas gotas te descongestionarán la nariz.* ☐ ANTÓNIMOS: congestionar. ☐ FAMILIA: →congestión.

desconocer (des·co·no·**cer**) [verbo] No conocer: *Desconozco su nombre.* ☐ [Es irregular y se conjuga como AGRADECER]. ☐ SINÓNIMOS: ignorar. ☐ ANTÓNIMOS: conocer, saber. ☐ FAMILIA: →conocer.

desconocido, da (des·co·no·**ci**·do, da) ■ [adjetivo] **1** Muy distinto o muy cambiado: *Has crecido tanto que estás desconocido.* ■ [adjetivo o sustantivo] **2** Que no se conoce. **3** Que no es famoso o que no es muy conocido por la gente: *Esta actriz desconocida se hará famosa pronto.* ☐ ANTÓNIMOS: **2**, **3** conocido. **3** acreditado, célebre, famoso. ☐ FAMILIA: →conocer.

desconocimiento (des·co·no·ci·**mien**·to) [sustantivo masculino] Falta de conocimiento o de información sobre algo. ☐ ANTÓNIMOS: conocimiento. ☐ FAMILIA: →conocer.

desconsideración (des·con·si·de·ra·**ción**) [sustantivo femenino] Falta de consideración o de amabilidad y respeto: *Es una desconsideración que nos hagas esperar dos horas.* ☐ ANTÓNIMOS: consideración. ☐ FAMILIA: →considerar.

desconsiderado, da (des·con·si·de·**ra**·do, da) [adjetivo] Que trata a los demás con poco respeto. ☐ SINÓNIMOS:

desconsolado, da

desatento. ☐ ANTÓNIMOS: considerado. ☐ FAMILIA: →considerar.

desconsolado, da (des·con·so·la·do, da) [adjetivo] Muy triste y sin consuelo. ☐ FAMILIA: →consolar.

desconsolar (des·con·so·lar) [verbo] Causar una pena muy grande: *Me desconsuela verte llorar.* ☐ [Es irregular y se conjuga como CONTAR]. ☐ SINÓNIMOS: afligir. ☐ ANTÓNIMOS: alegrar. ☐ FAMILIA: →consolar.

desconsuelo (des·con·sue·lo) [sustantivo] Pena muy grande que parece que nunca se va a acabar: *Lloraba con desconsuelo.* ☐ ANTÓNIMOS: consuelo. ☐ FAMILIA: →consolar.

descontado (des·con·ta·do) ◆ [expresión] ‖ **dar algo por descontado** No dudar de ello o tenerlo por seguro: *Doy por descontado que vendrás.* ☐ FAMILIA: →contar.

descontar (des·con·tar) [verbo] Quitar una cantidad de otra: *Descontaré este dinero de lo que te debo.* ☐ [Es irregular y se conjuga como CONTAR]. ☐ FAMILIA: →contar.

descontento, ta (des·con·ten·to, ta) ■ [adjetivo] **1** Que no está contento. ■ **descontento** [sustantivo masculino] **2** Sentimiento que tenemos cuando algo no nos hace felices: *Los alumnos mostraron su descontento cuando supieron que no habría excursión.* ☐ ANTÓNIMOS: contento. ☐ FAMILIA: →contento.

descontrol (des·con·trol) [sustantivo masculino] Falta de control o de orden: *Se estropearon los semáforos y el descontrol del tráfico era total.* ☐ ANTÓNIMOS: control. ☐ FAMILIA: →control.

descontrolado, da (des·con·tro·la·do, da) [adjetivo] Que ha perdido el control. ☐ FAMILIA: →control.

descontrolar (des·con·tro·lar) [verbo] **1** Hacer que se pierda el control de algo: *El apagón ha descontrolado el tráfico.* ■ **descontrolarse 2** Perder una persona el control de sí misma: *Cuando duermo mal al día siguiente me descontrolo y se me olvida hasta comer.* **3** Perder un mecanismo su ritmo normal de funcionamiento: *Una brújula se descontrola si le acercas un imán.* ☐ FAMILIA: →control.

desconvocar (des·con·vo·car) [verbo] Anular algo que se iba a hacer: *La huelga ha sido desconvocada.* ☐ [La «c» se cambia en «qu» delante de «e» («desconvoque»)]. ☐ ANTÓNIMOS: convocar. ☐ FAMILIA: →convocar.

descorazonado, da (des·co·ra·zo·na·do, da) [adjetivo] Que ha perdido el ánimo y la esperanza: *Está descorazonado porque nadie lo apoyó.* ☐ FAMILIA: →corazón.

descorchar (des·cor·char) [verbo] **1** Abrir una botella sacando el corcho que la cierra: *descorchar el champán.* **2** Quitar el corcho al alcornoque. ☐ FAMILIA: →corcho.

descorrer (des·co·rrer) [verbo] **1** Recoger una cortina o algo parecido. **2** Mover un cerrojo para que se pueda abrir lo que estaba cerrando. ☐ ANTÓNIMOS: correr. ☐ FAMILIA: →correr.

descortés (des·cor·tés) [adjetivo] Que no tiene amabilidad ni buena educación. ☐ [No varía en masculino y femenino]. ☐ SINÓNIMOS: desatento. ☐ ANTÓNIMOS: cortés, galante. ☐ FAMILIA: →cortés.

descortesía (des·cor·te·sí·a) [sustantivo femenino] Acto con el que se demuestra mala educación o falta de respeto por alguien: *Es una descortesía no ceder el asiento al anciano.* ☐ SINÓNIMOS: grosería. ☐ ANTÓNIMOS: cortesía, galantería, gentileza. ☐ FAMILIA: →cortés.

descortezar (des·cor·te·zar) [verbo] Quitar la corteza: *descortezar un árbol.* ☐ [La «z» se cambia en «c» delante de «e» («descortece»)]. ☐ FAMILIA: →corteza.

descoser (des·co·ser) [verbo] Soltar el hilo con el que algo estaba cosido: *Se me ha descosido un botón.* ☐ ANTÓNIMOS: coser. ☐ FAMILIA: →coser.

descosido, da (des·co·si·do, da) [adjetivo o sustantivo masculino] Que tiene suelto el hilo con el que estaba cosido. ◆ [expresión] ‖ **como un descosido** Mucho o con exceso: *Comes como un descosido.* ☐ [La expresión es coloquial]. ☐ FAMILIA: →coser.

descoyuntar (des·co·yun·tar) [verbo] Hacer que se salga un hueso de su sitio: *Me descoyunté un brazo al intentar mover yo solo la lavadora.* ☐ SINÓNIMOS: dislocarse.

descrédito (des·cré·di·to) [sustantivo masculino] Pérdida o disminución de la buena fama: *Esos rumores le han hecho caer en el descrédito.* ☐ SINÓNIMOS: desprestigio. ☐ ANTÓNIMOS: crédito. ☐ FAMILIA: →crédito.

descremado, da (des·cre·ma·do, da) [adjetivo] Sin la crema o sin la grasa: *leche descremada.* ☐ SINÓNIMOS: desnatado. ☐ FAMILIA: →crema.

describir (des·cri·bir) [verbo] **1** Decir cómo es algo, explicando sus partes o sus cualidades: *Descríbeme cómo es tu casa.* **2** Hacer una figura un cuerpo al

descorchar

moverse: *La Tierra describe una elipse alrededor del Sol.* ☐ [Su participio es «descrito».] FAMILIA: descrito, descripción, descriptivo, indescriptible.

descripción (des·crip·ción) [sustantivo femenino] Explicación de las partes o de las cualidades de algo por medio del lenguaje. ☐ FAMILIA: →describir.

descriptivo, va (des·crip·ti·vo, va) [adjetivo] Que describe algo o que lo explica por medio del lenguaje. ☐ FAMILIA: →describir.

descrito, ta (des·cri·to, ta) Participio irregular de **describir**. ☐ FAMILIA: →describir.

descuajaringar (des·cua·ja·rin·gar) [verbo] **1** Romper un objeto o desunir sus partes: *El niño estuvo jugando con la radio y la descuajaringó.* ▪ **descuajaringarse 2** Reírse mucho: *Se descuajaringa viendo cómo baila su hijo pequeño.* **3** Cansarse mucho: *Si te descuajaringas con tan poco esfuerzo, es que ya estás viejo.* ☐ [La «g» se cambia en «gu» delante de «e» («descuajaringue»). Se usa también «descuajeringar». Los significados **2** y **3** son coloquiales]. ☐ SINÓNIMOS: **1** desvencijar. **2** troncharse, desternillarse. ☐ ANTÓNIMOS: **1** armar.

descuajeringar (des·cua·je·rin·gar) [verbo] → **descuajaringar**. ☐ [La «g» se cambia en «gu» delante de «e» («descuajeringue»)].

descuartizar (des·cuar·ti·zar) [verbo] Dividir un cuerpo en varios trozos: *descuartizar una pieza de carne.* ☐ [La «z» se cambia en «c» delante de «e» («descuartice»)]. ☐ FAMILIA: →cuatro.

descubierto, ta (des·cu·bier·to, ta) Participio irregular de **descubrir**. ◆ [expresión] ‖ **al descubierto** A la vista: *La investigación puso al descubierto el engaño.* ☐ ANTÓNIMOS: cubierto, encubierto. ☐ FAMILIA: →descubrir.

descubridor, ra (des·cu·bri·dor, do·ra) [sustantivo] Persona que descubre o encuentra algo que no era conocido. ☐ FAMILIA: →descubrir.

descubrimiento (des·cu·bri·mien·to) [sustantivo masculino] **1** Conocimiento de lo que estaba escondido o no se conocía: *el descubrimiento de la penicilina.* **2** Persona o cosa que se encuentra o se descubre: *El científico presentó en la conferencia su último descubrimiento.* ☐ SINÓNIMOS: hallazgo. ☐ FAMILIA: →descubrir.

descubrir (des·cu·brir) [verbo] **1** Dar con algo que no se conocía: *La penicilina fue descubierta por Fleming.* **2** Quitar lo que cubre algo para que se vea: *El alcalde descubrió la nueva estatua.* **3** Dar a conocer algo que se escondía: *Nunca descubriré mi secreto.* ▪ **descubrirse 4** Quitarse el sombrero. ☐ [Su participio es «descubierto»]. ☐ SINÓNIMOS: **1** encontrar. **2, 3** destapar. **3** desvelar. ☐ ANTÓNIMOS: **2** cubrir. **2, 3** tapar, esconder, ocultar. **3** encubrir. **4** cubrirse. ☐ FAMILIA: descubrimiento, descubridor, descubierto.

descuento (des·cuen·to) [sustantivo masculino] **1** Disminución del precio de un producto. **2** Tiempo que a veces se añade al final del tiempo reglamentario de un partido. ☐ SINÓNIMOS: **1** rebaja. ☐ FAMILIA: →contar.

descuidado, da (des·cui·da·do, da) [adjetivo] **1** Que no pone cuidado en lo que hace: *Lo pierdes todo porque eres muy descuidado.* **2** Sin el cuidado necesario: *Tienes el jardín muy descuidado.* **3** Sin estar atento: *La pregunta me pilló descuidada y no pude contestar.* ☐ SINÓNIMOS: **3** desprevenido. ☐ ANTÓNIMOS: **1** cuidadoso, meticuloso, concienzudo, precavido. ☐ FAMILIA: →cuidar.

descuidar (des·cui·dar) [verbo] **1** No prestar la atención adecuada a algo: *No debes descuidar los estudios.* ▪ **descuidarse 2** Dejar de cuidar de uno mismo: *Cuando está deprimido se descuida mucho.* ☐ SINÓNIMOS: **2** abandonarse, dejarse. ☐ ANTÓNIMOS: **1** cuidar. **2** cuidarse. ☐ FAMILIA: →cuidar.

descuido (des·cui·do) [sustantivo masculino] Falta de cuidado al hacer algo: *El incendio se produjo por un descuido.* ☐ SINÓNIMOS: imprudencia. ☐ ANTÓNIMOS: cuidado, atención, prudencia, precaución, cautela. ☐ FAMILIA: →cuidar.

desde (des·de) [preposición] Indica el punto, el tiempo o el espacio a partir del que se empieza a contar algo: *Te vi desde el otro lado de la calle.* ◆ [expresión] ‖ **desde luego** Sin duda: *Desde luego, tienes razón en todo lo que dices.*

desdecir (des·de·cir) [verbo] **1** No ser propio de algo o de alguien: *Esa grosería desdice de tu educación.* **2** Quedar mal con lo que está alrededor: *Ese cuadro desdice del resto de la decoración.* ▪ **desdecirse 3** Negar lo que se ha dicho antes o decir una cosa distinta: *Se desdijo de lo que había declarado horas antes.* ☐ [Es irregular y se conjuga como PREDECIR. Su participio es «desdicho»]. ☐ SINÓNIMOS: **2** desentonar. **3** retractarse. ☐ ANTÓNIMOS: **3** reafirmarse. ☐ FAMILIA: desdicho. →decir.

desdén (des·dén) [sustantivo masculino] Sentimiento que tenemos cuando algo no importa o no interesa, y se desprecia. ☐ SINÓNIMOS: desprecio, menosprecio. ☐ FAMILIA: desdeñar, desdeñoso.

desdentado, da (des·den·ta·do, da) [adjetivo] Que ha perdido todos o alguno de sus dientes. ☐ FAMILIA: →diente.

desdeñar (des·de·ñar) [verbo] Rechazar algo o tratarlo sin consideración: *desdeñar un premio.* ☐ ANTÓNIMOS: aceptar. ☐ FAMILIA: →desdén.

desdeñoso, sa (des·de·ño·so, sa) [adjetivo o sustantivo] Que rechaza algo con desprecio. ☐ FAMILIA: →desdén.

desdibujarse (des·di·bu·jar·se) [verbo] Verse mal o con poca claridad: *Las casas se desdibujan entre la niebla.* ☐ [Se escribe siempre con «j»]. ☐ FAMILIA: →dibujar.

desdicha (des·di·cha) [sustantivo femenino] Desgracia o mala suerte. ☐ SINÓNIMOS: fatalidad. ☐ ANTÓNIMOS: dicha, fortuna. ☐ FAMILIA: →dicha.

desdichado, da (des·di·cha·do, da) [adjetivo o sustantivo] Que tiene mala suerte. ☐ ANTÓNIMOS: afortunado, dichoso. ☐ FAMILIA: →dicha.

desdicho, cha (des·di·cho, cha) Participio irregular de **desdecir**. ☐ FAMILIA: →desdecir.

desdoblar (des·do·blar) [verbo] Extender lo que estaba doblado: *desdoblar una sábana.* ☐ SINÓNIMOS: desplegar. ☐ ANTÓNIMOS: doblar. ☐ FAMILIA: →doble.

deseable (de·se·a·ble) [adjetivo] Que merece ser deseado: *Sería deseable que no hubiera pobreza.* ☐ [No varía en masculino y femenino]. ☐ Familia: →desear.

desear (de·se·ar) [verbo] Tener muchas ganas de conseguir algo: *Desearía no tener que madrugar mañana.* ◆ [expresión] ‖ **dejar mucho que desear** Tener muchos errores que se pueden evitar: *Tu trabajo deja mucho que desear, así que debes repetirlo.* ☐ Sinónimos: querer, apetecer. ☐ Familia: deseo, deseable, indeseable, deseoso, desiderativo.

desechar (de·se·char) [verbo] **1** Rechazar algo o no admitirlo: *Se desechó el plan porque era imposible de hacer.* **2** Dejar de usar algo porque ya no vale: *Deseché tres vestidos que estaban ya muy viejos.* **3** Dejar de pensar en algo que no resulta agradable: *Desecha tus temores, porque no va a pasar nada.* ☐ Sinónimos: **1** descartar. ☐ Antónimos: **2** aprovechar. ☐ Familia: desecho.

desecho (de·se·cho) [sustantivo masculino] **1** Resto de algo que ya no sirve: *Aquí no se pueden tirar desechos.* **2** Cosa que es mala y no merece ninguna admiración: *La droga ha convertido a muchos jóvenes en desechos humanos.* ☐ [No confundir con «deshecho», del verbo «deshacer»]. ☐ Familia: →desechar.

desembalar (de·sem·ba·lar) [verbo] Quitar el papel o la caja en la que está envuelto algo: *desembalar un paquete.* ☐ Antónimos: embalar. ☐ Familia: →embalar.

desembarazarse (de·sem·ba·ra·zar·se) [verbo] Librarse de alguien o de algo que molesta: *En cuanto pueda desembarazarme de los periodistas, paso a buscarte.* ☐ [La «z» se cambia en «c» delante de «e» («desembarace»)]. ☐ Sinónimos: zafarse. ☐ Familia: →embarazo.

desembarcar (de·sem·bar·car) [verbo] Salir de un barco, de un tren o de un avión, o sacar algo de ellos: *No han desembarcado la mercancía.* ☐ [La «c» se cambia en «qu» delante de «e» («desembarque»)]. ☐ Antónimos: embarcar. ☐ Familia: →barca.

desembarco (de·sem·bar·co) [sustantivo masculino] Hecho de salir de un barco o de sacar lo que hay en él. ☐ Familia: →barca.

desembocadura (de·sem·bo·ca·du·ra) [sustantivo femenino] Lugar por donde un río entra en el mar o en otro río. ⦿ páginas 576-577. ☐ Familia: →boca.

desembocar (de·sem·bo·car) [verbo] **1** Entrar un río en el mar o en otro río: *El Tajo desemboca en el Atlántico.* **2** Acabar o tener salida: *Mi calle desemboca en una plaza.* ☐ [La «c» se cambia en «qu» delante de «e» («desemboque»)]. ☐ Sinónimos: **1** desaguar. **2** salir. ☐ Antónimos: nacer. ☐ Familia: →boca.

desembolsar (de·sem·bol·sar) [verbo] Pagar o entregar una cantidad de dinero: *Para comprar el coche tuve que desembolsar todos mis ahorros.* ☐ Familia: →bolso.

desembolso (de·sem·bol·so) [sustantivo masculino] Entrega o pago de una cantidad de dinero: *La reparación del coche me supuso un gran desembolso.* ☐ Familia: →bolso.

desembuchar (de·sem·bu·char) [verbo] Contar algo que se tenía callado. ☐ [Es coloquial]. ☐ Sinónimos: cantar. ☐ Antónimos: callar. ☐ Familia: →buche.

desempaquetar (de·sem·pa·que·tar) [verbo] Sacar algo del paquete en el que está: *Desempaqueta el teléfono, que estoy deseando usarlo.* ☐ Antónimos: empaquetar. ☐ Familia: →paquete.

desemparejado, da (de·sem·pa·re·ja·do, da) [adjetivo] Que no tiene pareja. ☐ Sinónimos: desparejado. ☐ Familia: →par.

desempatar (de·sem·pa·tar) [verbo] Deshacer la igualdad en el número de votos o de puntos que tienen dos contrarios: *Los equipos desempataron en el último momento.* ☐ Antónimos: empatar. ☐ Familia: →empatar.

desempate (de·sem·pa·te) [sustantivo masculino] Cambio de un resultado en el que había igualdad en el número de votos o de puntos. ☐ Antónimos: empate. ☐ Familia: →empatar.

desempeñar (de·sem·pe·ñar) [verbo] **1** Realizar las funciones propias de un trabajo: *Desempeño el cargo de presidenta.* **2** Representar un papel en una obra de cine o de teatro. ☐ Sinónimos: **2** interpretar. ☐ Familia: →empeñar.

desempeño (de·sem·pe·ño) [sustantivo masculino] Hecho de realizar las funciones propias de un trabajo: *Es muy responsable en el desempeño de su tarea.* ☐ Familia: →empeñar.

desempleado, da (de·sem·ple·a·do, da) [adjetivo o sustantivo] Que está sin trabajo. ☐ Sinónimos: parado. ☐ Antónimos: empleado. ☐ Familia: →emplear.

desempleo (de·sem·ple·o) [sustantivo masculino] Falta de trabajo: *El desempleo ha crecido por la crisis económica.* ☐ Sinónimos: paro. ☐ Antónimos: empleo. ☐ Familia: →emplear.

desempolvar (de·sem·pol·var) [verbo] **1** Volver a usar algo o traer a la memoria algo olvidado: *El periódico desempolvó una historia que pasó hace años.* **2** Quitar el polvo. ☐ Familia: →polvo.

desencadenante (de·sen·ca·de·nan·te) [adjetivo o sustantivo masculino] Que origina o provoca un suceso: *La lluvia fue el principal desencadenante del accidente.* ☐ [Cuando es adjetivo, no varía en masculino y femenino]. ☐ Familia: →cadena.

desencadenar (de·sen·ca·de·nar) [verbo] **1** Producir algo de forma violenta: *Se desencadenó una tormenta.* **2** Soltar o quitar las cadenas. ☐ Sinónimos: **1** desatar. ☐ Antónimos: **2** encadenar. ☐ Familia: →cadena.

desencajar (de·sen·ca·jar) [verbo] **1** Separar o arrancar algo de donde está: *Se han desencajado las patas de la mesa.* ∎ **desencajarse 2** Cambiar el color o la expresión una persona: *Se asustó tanto que se le desencajó la cara.* ☐ [Siempre se escribe con «j»]. ☐ Sinónimos: **2** descomponerse. ☐ Antónimos: **1** encajar. ☐ Familia: →encajar.

desencanto (de·sen·can·to) [sustantivo masculino] Pérdida de la ilusión o de la admiración que se sentía por algo. ☐ Sinónimos: decepción, desilusión. ☐ Familia: →encantar.

desenchufar (de·sen·chu·far) [verbo] Quitar el enchufe que une un aparato eléctrico a la red eléctrica. ☐ Antónimos: enchufar. ☐ Familia: →enchufar.

desencuadernar (de·sen·cua·der·nar) [verbo] Quitar la cubierta de un libro y desunir sus hojas. ☐ Familia: →cuaderno.

desencuentro (de·sen·cuen·tro) [sustantivo masculino] **1** Encuentro que fracasa o que no sale como se esperaba: *La cita entre los líderes fue un total desencuentro y no hubo acuerdo.* **2** Desacuerdo o falta de entendimiento: *Nos llevamos muy bien y nunca hemos tenido un desencuentro.* ☐ Familia: →encontrar.

desenfadado, da (de·sen·fa·da·do, da) [adjetivo] Sin seriedad y con sentido del humor: *ropa desenfadada.* ☐ Sinónimos: informal. ☐ Antónimos: formal. ☐ Familia: →enfadar.

desenfado (de·sen·fa·do) [sustantivo masculino] Naturalidad y falta de seriedad. ☐ Familia: →enfadar.

desenfocar (de·sen·fo·car) [verbo] Hacer que una imagen no se vea bien o que sea borrosa: *Al mover la cámara se desenfocó la imagen.* ☐ [La «c» se cambia en «qu» delante de «e» («desenfoque»)]. ☐ Antónimos: enfocar. ☐ Familia: →foco.

desenfrenado, da (de·sen·fre·na·do, da) [adjetivo] Que no tiene freno o que no tiene moderación: *una vida desenfrenada.* ☐ Familia: →freno.

desenfreno (de·sen·fre·no) [sustantivo masculino] Falta de freno o de moderación: *Lleva una vida llena de desenfreno.* ☐ Familia: →freno.

desenfundar (de·sen·fun·dar) [verbo] Sacar algo que está dentro de la funda: *El pistolero desenfundó la pistola.* ☐ Antónimos: enfundar. ☐ Familia: →funda.

desenganchar (de·sen·gan·char) [verbo] Soltar lo que estaba enganchado: *Desengánchame la cremallera, que no puedo bajarla.* ☐ Antónimos: enganchar. ☐ Familia: →gancho.

desengañar (de·sen·ga·ñar) [verbo] Hacer que alguien vea el engaño o el error en el que está: *Lo creía persona de confianza, pero aquella indiscreción suya me desengañó.* ☐ Antónimos: engañar. ☐ Familia: →engañar.

desengaño (de·sen·ga·ño) [sustantivo masculino] Pérdida de la esperanza y de la confianza que se había puesto en algo o en alguien: *¡Qué desengaño cuando vi que me había mentido!* ☐ Sinónimos: decepción, desilusión. ☐ Familia: →engañar.

desenlace (de·sen·la·ce) [sustantivo masculino] Parte de un suceso en la que se resuelve una situación: *En el desenlace de la película, todo se arregló.*

desenmascarar (de·sen·mas·ca·rar) [verbo] Quitarle a una persona lo que le cubre la cara para saber quién es: *El protagonista desenmascaró al bandido.* ☐ Familia: →máscara.

desenredar (de·sen·re·dar) [verbo] Poner en orden algo que no lo tenía: *Cepíllate el pelo para desenredarlo.* ☐ Antónimos: enredar. ☐ Familia: →red.

desenrollar (de·sen·ro·llar) [verbo] Extender algo que está envuelto sobre sí mismo: *¿Me ayudas a desenrollar la alfombra, por favor?* ☐ Antónimos: enrollar. ☐ Familia: →rollo.

desenroscar (de·sen·ros·car) [verbo] Quitar algo haciéndolo girar sobre sí mismo: *Desenroscó el tapón de la botella.* ☐ [La «c» se cambia en «qu» delante de «e» («desenrosque»)]. ☐ Antónimos: enroscar. ☐ Familia: →rosca.

desentenderse (de·sen·ten·der·se) [verbo] **1** No querer ocuparse de algo: *Ayúdame y no te desentiendas del trabajo.* **2** Hacer creer una persona que no se entera de algo: *Cuando le preguntas por los estudios, se desentiende.* ☐ [Es irregular y se conjuga como ENTENDER]. ☐ Sinónimos: **1** despreocuparse. ☐ Familia: →entender.

desentendido, da (de·sen·ten·di·do, da) ◆ [expresión] ‖ **hacerse el desentendido** Hacer creer una persona que no se entera de lo que le dicen. ☐ Familia: →entender.

desenterrar (de·sen·te·rrar) [verbo] **1** Sacar algo que está bajo tierra: *desenterrar un tesoro.* **2** Traer a la memoria algo que estaba olvidado: *desenterrar un recuerdo.* ☐ [Es irregular y se conjuga como ACERTAR]. ☐ Antónimos: **1** enterrar, inhumar. ☐ Familia: →tierra.

desentonar (de·sen·to·nar) [verbo] **1** Cantar con un tono que no es el adecuado. **2** Quedar mal con lo que está alrededor: *Si vas a la fiesta en zapatillas, desentonarás.* ☐ Sinónimos: **2** desdecir, disonar. ☐ Antónimos: **1** entonar. ☐ Familia: →tono.

desentrañar (de·sen·tra·ñar) [verbo] Averiguar o llegar al fondo de algo difícil de comprender: *No fuimos capaces de desentrañar aquel misterio.* ☐ Familia: →entraña.

desentrenado, da (de·sen·tre·na·do, da) [adjetivo] Que le falta entrenamiento o que ha perdido la costumbre de hacer algo. ☐ Familia: →entrenar.

desentumecer (de·sen·tu·me·cer) [verbo] Quitar la rigidez de una parte del cuerpo: *Vamos a hacer ejercicios de calentamiento para desentumecernos.* ☐ [Es irregular y se conjuga como AGRADECER]. ☐ Antónimos: entumecer. ☐ Familia: →entumecer.

desenvainar (de·sen·vai·nar) [verbo] Sacar la espada, el puñal o un arma parecida de la funda donde se guardan. ☐ [Es irregular y se conjuga como BAILAR]. ☐ Antónimos: envainar. ☐ Familia: →vaina.

desenvoltura (de·sen·vol·tu·ra) [sustantivo femenino] Facilidad o gracia en la forma de actuar o de hablar. ☐ Familia: →envolver.

desenvolver (de·sen·vol·ver) [verbo] **1** Quitar lo que cubre o rodea algo: *Desenvolvió el regalo.* ‖ **desenvolverse 2** Saber actuar en un ambiente: *Sabe desenvolverse en público.* ☐ [Es irregular y se conjuga como MOVER. Su participio es «desenvuelto»]. ☐ Antónimos: **1** envolver. ☐ Familia: →envolver.

desenvuelto, ta (de·sen·vuel·to, ta) ▪ **1** Participio irregular de **desenvolver**. ▪ [adjetivo] **2** Que tiene mucha

deseo 318

facilidad para actuar o para hablar: *Es un chico muy desenvuelto y con mucho desparpajo.* ☐ ANTÓNIMOS: **1** envuelto. ☐ FAMILIA: →envolver.

deseo (de·se·o) [sustantivo masculino] **1** Ganas de tener o de conseguir algo. **2** Cosa que se desea: *Mi mayor deseo es hacerte feliz.* ◆ [expresión] ‖ **arder en deseos de algo** Desearlo mucho. ☐ FAMILIA: →desear.

deseoso, sa (de·se·o·so, sa) [adjetivo] Que desea mucho hacer algo. ☐ FAMILIA: →desear.

desequilibrado, da (de·se·qui·li·bra·do, da) ■ [adjetivo] **1** Que no tiene equilibrio: *Tengo desequilibradas las ruedas del coche.* ■ [adjetivo o sustantivo] **2** Que tiene alguna enfermedad mental o nerviosa. ☐ FAMILIA: →equilibrar.

desequilibrar (de·se·qui·li·brar) [verbo] Perder o hacer perder el equilibrio: *Me desequilibré y casi me caigo.* ☐ FAMILIA: →equilibrar.

desequilibrio (de·se·qui·li·brio) [sustantivo masculino] Falta de equilibrio. ☐ ANTÓNIMOS: equilibrio. ☐ FAMILIA: →equilibrar.

deserción (de·ser·ción) [sustantivo femenino] Abandono de un puesto, una obligación o un grupo: *En el ejército la deserción es un delito grave.* ☐ FAMILIA: →desertar.

desertar (de·ser·tar) [verbo] Abandonar un soldado el ejército sin tener permiso para hacerlo. ☐ FAMILIA: deserción, desertor.

desértico, ca (de·sér·ti·co, ca) [adjetivo] Del desierto o relacionado con él: *zona desértica.* ☐ FAMILIA: →desierto.

desertor, ra (de·ser·tor, to·ra) [adjetivo o sustantivo] **1** Dicho de un soldado, que abandona el ejército sin tener permiso para hacerlo. **2** Que abandona un grupo, una obligación o una idea. ☐ FAMILIA: →desertar.

desesperación (de·ses·pe·ra·ción) [sustantivo femenino] **1** Pérdida total de esperanza. **2** Sensación que tenemos cuando algo nos enfada o nos molesta mucho: *Los atascos de coches me producen verdadera desesperación.* ☐ FAMILIA: →esperar.

desesperada (de·ses·pe·ra·da) ◆ [expresión] ‖ **a la desesperada** Como última solución para conseguir algo: *Me metí por un camino de piedras a la desesperada, porque no veía otra forma de salir del atasco.* ☐ FAMILIA: →esperar.

desesperante (de·ses·pe·ran·te) [adjetivo] Que hace perder la calma o la paciencia: *Tu lentitud es desesperante.* ☐ [No varía en masculino y femenino]. ☐ FAMILIA: →esperar.

desesperar (de·ses·pe·rar) [verbo] **1** Hacer perder la calma o la paciencia: *Me desespera que llegues tan tarde.* **2** Perder la esperanza: *Confía en tus posibilidades y no dejes que un tropiezo te desespere.* ☐ ANTÓNIMOS: **2** esperar. ☐ FAMILIA: →esperar.

desestabilizar (de·ses·ta·bi·li·zar) [verbo] Hacer que algo pierda su estabilidad: *La tormenta desestabilizó el avión.* ☐ [La «z» se cambia en «c» delante de «e» («desestabilice»)]. ☐ ANTÓNIMOS: estabilizar. ☐ FAMILIA: →estar.

desestimar (de·ses·ti·mar) [verbo] **1** No admitir o no conceder una petición: *El juez desestimó nuestra solicitud.* **2** No apreciar el valor de algo: *No desestimes nunca la ayuda que te presten.* ☐ ANTÓNIMOS: **2** estimar. ☐ FAMILIA: →estimar.

desfachatez (des·fa·cha·tez) [sustantivo femenino] Falta de vergüenza o de respeto: *¡Qué desfachatez, llamarme mentiroso!* ☐ [Su plural es «desfachateces»]. ☐ SINÓNIMOS: atrevimiento, descaro, insolencia.

desfallecer (des·fa·lle·cer) [verbo] Perder las fuerzas o el ánimo: *Si no como algo, desfallezco.* ☐ [Es irregular y se conjuga como AGRADECER]. ☐ FAMILIA: →fallecer.

desfallecimiento (des·fa·lle·ci·mien·to) [sustantivo masculino] Pérdida de las fuerzas, del ánimo o del valor. ☐ SINÓNIMOS: desmayo. ☐ FAMILIA: →fallecer.

desfasado, da (des·fa·sa·do, da) [adjetivo] Que no se adapta a la realidad del momento: *ideas desfasadas.* ☐ FAMILIA: →fase.

desfase (des·fa·se) [sustantivo masculino] **1** Falta de adaptación a la realidad del momento: *Tienes mucho desfase en temas de actualidad.* **2** Diferencia que existe entre dos cosas que no van al mismo tiempo: *desfase horario.* ☐ FAMILIA: →fase.

desfavorable (des·fa·vo·ra·ble) [adjetivo] Que está en contra o no es favorable: *viento desfavorable.* ☐ [No varía en masculino y femenino]. ☐ SINÓNIMOS: adverso. ☐ ANTÓNIMOS: favorable. ☐ FAMILIA: →favor.

desfigurar (des·fi·gu·rar) [verbo] Cambiar el aspecto de algo, estropeándolo o haciéndolo más feo: *El golpe le desfiguró la cara.* ☐ FAMILIA: →figura.

desfiladero (des·fi·la·de·ro) [sustantivo masculino] Paso muy estrecho entre montañas. ☐ SINÓNIMOS: cañón, quebrada. ☐ FAMILIA: →fila.

desfilar (des·fi·lar) [verbo] **1** Marchar los soldados en fila o con orden. **2** Pasar una cosa detrás de otra: *Todos los recuerdos desfilaron por mi mente.* ☐ FAMILIA: →fila.

desfile (des·fi·le) [sustantivo masculino] Acto en el que varias personas pasan en orden y una detrás de otra: *desfile de moda.* ☐ FAMILIA: →fila.

desfogar (des·fo·gar) [verbo] Demostrar con fuerza un sentimiento o un estado de ánimo: *Estaba nerviosa y me desfogué tirando un jarrón.* ☐ [La «g» se cambia en «gu» delante de «e» («desfogue»)]. ☐ ANTÓNIMOS: reprimir. ☐ FAMILIA: →fuego.

desgajar (des·ga·jar) [verbo] Separar una cosa de otra a la que estaba unida: *La rama se desgajó por el peso de los frutos.* ☐ [Siempre se escribe con «j»]. ☐ FAMILIA: →gajo.

desgana (des·ga·na) [sustantivo femenino] **1** Falta de ganas de comer. **2** Falta de interés o de deseo por algo: *Haces las cosas con desgana.* ☐ SINÓNIMOS: **2** apatía. ☐ ANTÓNIMOS: **1** glotonería, gula. **2** afán, ansia, ahínco, empeño, brío, vitalidad. ☐ FAMILIA: →gana.

desganado, da (des·ga·na·do, da) [adjetivo] Que no tiene ganas de nada: *No prepares comida porque estoy desganada.* ☐ ANTÓNIMOS: brioso. ☐ FAMILIA: →gana.

desgañitarse (des·ga·ñi·tar·se) [verbo] Forzar la voz para gritar muy fuerte: *Me desgañité llamándolo, pero él no me oyó.* ☐ [Es coloquial].

desgarbado, da (des·gar·ba·do, da) [adjetivo] Sin gracia en la forma de andar o de moverse. ☐ Antónimos: garboso. ☐ Familia: →garbo.

desgarrado, da (des·ga·rra·do, da) [adjetivo] Muy intenso o con mucho sentimiento: *voz desgarrada.* ☐ Familia: →garra.

desgarrador, ra (des·ga·rra·dor, do·ra) [adjetivo] Que produce una gran pena o una gran compasión. ☐ Sinónimos: desolador. ☐ Familia: →garra.

desgarrar (des·ga·rrar) [verbo] **1** Romper algo tirando de ello: *Se me desgarró el vestido.* **2** Producir una gran pena o una gran compasión. ☐ Sinónimos: **1** rasgar. ☐ Familia: →garra.

desgarro (des·ga·rro) [sustantivo masculino] Roto que se hace al tirar con fuerza de algo: *desgarro muscular.* ☐ Sinónimos: desgarrón. ☐ Familia: →garra.

desgarrón (des·ga·rrón) [sustantivo masculino] Roto que se hace al tirar con fuerza de algo. ☐ Sinónimos: desgarro. ☐ Familia: →garra.

desgastar (des·gas·tar) [verbo] Ir gastando poco a poco: *Se me ha desgastado la suela del zapato.* ☐ Familia: →gastar.

desgaste (des·gas·te) [sustantivo masculino] **1** Pérdida del tamaño o de la cantidad de algo por el uso. **2** Pérdida de las fuerzas o del ánimo. ☐ Familia: →gastar.

desglosar (des·glo·sar) [verbo] Separar las partes de un todo: *Desglosé el capítulo en varios apartados para estudiarlo.* ☐ Familia: →glosa.

desgracia (des·gra·cia) [sustantivo femenino] **1** Mala suerte: *Por desgracia no he conseguido entradas.* **2** Hecho que produce una pena o un daño muy grandes: *Estoy triste porque ha ocurrido una desgracia.* ◆ [expresión] ‖ **caer en desgracia** Perder el favor o la consideración de alguien. ☐ Sinónimos: **1** fatalidad. **2** sinsabor. ☐ Familia: →gracia.

desgraciado, da (des·gra·cia·do, da) ■ [adjetivo] **1** Que produce desgracias: *Se quedó ciego en un desgraciado accidente.* ■ [adjetivo o sustantivo] **2** Que está triste y sin ayuda: *Llora porque se siente muy desgraciada.* **3** Mala persona: *No quiero saber nada de ese desgraciado.* ☐ [En el significado **3** es coloquial y se usa como insulto]. ☐ Sinónimos: **2** infeliz. ☐ Antónimos: **1**, **2** afortunado, dichoso, feliz. ☐ Familia: →gracia.

desgraciar (des·gra·ciar) [verbo] **1** Estropear algo: *He vuelto a desgraciar el patín saltando desde ese muro.* **2** Herir a alguien: *Me caí por la escalera y casi me desgracio.* ☐ [Es irregular y se conjuga como ANUNCIAR]. ☐ Familia: →gracia.

desgranar (des·gra·nar) [verbo] Sacar el grano de un fruto: *desgranar una mazorca de maíz.* ☐ Familia: →grano.

desgravación (des·gra·va·ción) [sustantivo femenino] Descuento de una cantidad de dinero en un impuesto. ☐ Familia: →gravar.

desgravar (des·gra·var) [verbo] Descontar una cantidad de dinero en un impuesto: *Vivo de alquiler y la cantidad que pago desgrava al hacer la declaración de la renta.* ☐ Familia: →gravar.

desgreñado, da (des·gre·ña·do, da) [adjetivo] Muy despeinado. ☐ Familia: →greña.

desgreñar (des·gre·ñar) [verbo] Despeinar o desordenar el pelo: *El viento me ha desgreñado el peinado.* ☐ Familia: →greña.

desguace (des·gua·ce) [sustantivo masculino] **1** Separación de todas las piezas de algo: *Aquí se dedican al desguace de electrodomésticos.* **2** Lugar donde se llevan los vehículos y los aparatos viejos para ser desguazados. ☐ Familia: →desguazar.

desguarnecer (des·guar·ne·cer) [verbo] Dejar sin protección o sin defensa: *El ataque enemigo desguarneció la parte norte de la ciudad.* ☐ [Es irregular y se conjuga como AGRADECER]. ☐ Antónimos: guarnecer, amparar. ☐ Familia: →guarnecer.

desguazar (des·gua·zar) [verbo] Deshacer o desmontar las piezas de algo: *Dejé el coche en la calle y me lo han desguazado.* ☐ [La «z» se cambia en «c» delante de «e» («desguace»)]. ☐ Familia: →desguace.

deshabitado, da (de·sha·bi·ta·do, da) [adjetivo] Dicho de un lugar, que estuvo ocupado por gente que vivía en él, pero que ya no lo está. ☐ Familia: →habitar.

deshacer (de·sha·cer) [verbo] **1** Destruir, romper o separar las partes que forman algo: *Tengo que deshacer la mitad del jersey que estoy tejiendo.* **2** Hacer que un acuerdo ya no sea válido: *Desharemos el trato cuando los dos queramos.* **3** Hacer que algo sólido pase a ser líquido. ◆ [expresión] ‖ **deshacerse de algo** Quedar libre de ello: *Deshazte de todo lo que no utilices.* ☐ [Es irregular y se conjuga como HACER. Su participio es «deshecho»]. ☐ Antónimos: **1**, **2** hacer. **1** componer, montar, armar. ☐ Familia: →hacer.

desharrapado, da (de·sha·rra·pa·do, da) [adjetivo o sustantivo] → **desarrapado, da.**

deshecho, cha (de·she·cho, cha) Participio irregular de **deshacer**. ☐ [No confundir con «desecho», del verbo «desechar», ni con el sustantivo «desecho» (resto de algo que ya no sirve)]. ☐ Antónimos: hecho. ☐ Familia: →hacer.

deshelar (de·she·lar) [verbo] Hacer que algo que está helado pase a ser líquido por medio del calor: *deshelar un glaciar.* ☐ [Es irregular y se conjuga como ACERTAR]. ☐ Sinónimos: derretir. ☐ Antónimos: congelar. ☐ Familia: →helar.

desheredar (de·she·re·dar) [verbo] Dejar sin herencia a alguien que debía tenerla. ☐ Familia: →heredar.

deshidratar (de·shi·dra·tar) [verbo] Quitar el agua que hay en un cuerpo: *deshidratar la leche.* ☐ Familia: →hidratar.

deshielo (des·hie·lo) [sustantivo masculino] Paso de algo helado al estado líquido. ☐ Familia: →helar.

deshilachar (de·shi·la·char) [verbo] Dejar el borde de una tela con los hilos colgando: *El borde de la chaqueta se ha empezado a deshilachar.* ☐ Familia: →hilo.

deshilar (de·shi·lar) [verbo] Sacar hilos de una tela: *Deshilé la orilla del mantel para hacerle flecos.* ☐ FAMILIA: →hilo.

deshinchar (de·shin·char) [verbo] **1** Quitar el aire o el gas que llena algo: *Deshincha el flotador y guárdalo.* ∎ **deshincharse 2** Reducirse el tamaño de algo para volver a ser normal: *Ya se me ha deshinchado el tobillo.* **3** Perder alguien los ánimos o las fuerzas que tenía: *Poco a poco me fui deshinchando.* ☐ SINÓNIMOS: **1**, **3** desinflar. ☐ ANTÓNIMOS: **1** hinchar, inflar. **2** hincharse. ☐ FAMILIA: →hinchar.

deshojar (de·sho·jar) [verbo] Arrancar las hojas de algo: *deshojar un libro.* ☐ [Siempre se escribe con «j»]. ☐ FAMILIA: →hoja.

deshollinador, ra (de·sho·lli·na·dor, do·ra) [sustantivo] Persona que limpia las chimeneas y les saca el hollín producido por el fuego. ☐ FAMILIA: →hollín.

deshollinar (de·sho·lli·nar) [verbo] Limpiar de una chimenea el hollín que produce el fuego. ☐ FAMILIA: →hollín.

deshonesto, ta (de·sho·nes·to, ta) [adjetivo] Que actúa sin honradez o que tiene mala intención: *una proposición deshonesta.* ☐ ANTÓNIMOS: honesto, honrado. ☐ FAMILIA: →honesto.

deshonor (de·sho·nor) [sustantivo masculino] **1** Pérdida del honor: *Aquel escándalo provocó el deshonor de la familia.* **2** Hecho que no se considera digno o supone una ofensa: *Para él, pedir perdón era un deshonor.* ☐ FAMILIA: →honor.

deshonra (de·shon·ra) [sustantivo femenino] Pérdida del respeto que los demás sienten por una persona. ☐ ANTÓNIMOS: honra. ☐ FAMILIA: →honrar.

deshonrar (de·shon·rar) [verbo] Hacer que una persona pierda el respeto que los demás sienten por ella: *Tu mal comportamiento te deshonra.* ☐ ANTÓNIMOS: honrar. ☐ FAMILIA: →honrar.

deshonroso, sa (de·shon·ro·so, sa) [adjetivo] Que hace que una persona pierda el respeto que los demás sentían hacia ella: *Sentir miedo no es algo deshonroso.* ☐ ANTÓNIMOS: honroso. ☐ FAMILIA: →honrar.

deshora (de·sho·ra) ◆ [expresión] ‖ **a deshora** En un momento en el que no debe hacerse: *Siempre telefoneas a deshora, cuando estoy durmiendo.* ☐ FAMILIA: →hora.

deshoras (de·sho·ras) ◆ [expresión] ‖ **a deshoras** → **a deshora.**

deshuesar (des·hue·sar) [verbo] Quitar los huesos: *deshuesar un jamón.* ☐ FAMILIA: →hueso.

desiderativo, va (de·si·de·ra·ti·vo, va) [adjetivo] Que expresa deseo: *oraciones desiderativas.* ☐ FAMILIA: →desear.

desidia (de·si·dia) [sustantivo femenino] Falta de ganas o falta de interés: *Trabajas con desidia.*

desierto, ta (de·sier·to, ta) ∎ [adjetivo] **1** Que está vacío del todo o sin habitantes: *En vacaciones, la ciudad se queda casi desierta.* **2** Dicho de un premio o de un trabajo, que no se dan a nadie: *El primer premio quedó desierto.* ∎ **desierto** [sustantivo masculino] **3** Terreno en el que hay pocas lluvias, pocas plantas y pocos animales. ◉ **páginas 354-355.** ☐ FAMILIA: →desértico.

designación (de·sig·na·ción) [sustantivo femenino] **1** Elección o nombramiento de alguien para un fin. **2** Nombre que se da a una cosa. ☐ SINÓNIMOS: **1** nombramiento. ☐ FAMILIA: →designar.

designar (de·sig·nar) [verbo] Elegir a alguien para que realice una actividad: *Me han designado delegado de clase.* ☐ SINÓNIMOS: nombrar. ☐ FAMILIA: designación.

designio (de·sig·nio) [sustantivo masculino] Plan o idea que tiene alguien de hacer algo: *designios divinos.*

desigual (de·si·gual) [adjetivo] **1** Que no es igual: *El desarrollo del partido ha sido muy desigual.* **2** Que no es liso o llano: *Por este camino tan desigual no se puede patinar.* ☐ [No varía en masculino y femenino]. ☐ SINÓNIMOS: **1** diferente, dispar. ☐ ANTÓNIMOS: igual. ☐ FAMILIA: →igual.

desigualdad (de·si·gual·dad) [sustantivo femenino] Falta de igualdad: *desigualdad social.* ☐ ANTÓNIMOS: igualdad. ☐ FAMILIA: →igual.

desilusión (de·si·lu·sión) [sustantivo femenino] Pérdida de la ilusión o de la esperanza: *Me llevé una gran desilusión cuando supe que no vendrías.* ☐ SINÓNIMOS: decepción, desengaño, desencanto. ☐ ANTÓNIMOS: ilusión. ☐ FAMILIA: →ilusión.

desilusionar (de·si·lu·sio·nar) [verbo] Quitar las ilusiones o perderlas: *Me desilusionó esta novela, porque la esperaba más divertida.* ☐ SINÓNIMOS: defraudar. ☐ ANTÓNIMOS: ilusionar. ☐ FAMILIA: →ilusión.

desinencia (de·si·nen·cia) [sustantivo femenino] Terminación que se añade a la raíz de una palabra: *Las desinencias verbales dan información sobre tiempo y persona.*

desinfectante (de·sin·fec·tan·te) [adjetivo o sustantivo masculino] Que hace desaparecer lo que puede producir una infección: *El agua oxigenada es un desinfectante.* ☐ [Cuando es adjetivo, no varía en masculino y femenino]. ☐ FAMILIA: →infectar.

desinfectar (de·sin·fec·tar) [verbo] Hacer desaparecer de un lugar los gérmenes que pueden producir una infección: *desinfectar una herida.* ☐ SINÓNIMOS: esterilizar. ☐ ANTÓNIMOS: infectar. ☐ FAMILIA: →infectar.

desinflar (de·sin·flar) [verbo] **1** Quitar el aire o el gas a algo: *Se ha desinflado la rueda.* **2** Perder alguien los ánimos o las ilusiones de forma rápida: *Con tantos problemas me he desinflado.* ☐ SINÓNIMOS: deshinchar. ☐ ANTÓNIMOS: **1** inflar, hinchar. ☐ FAMILIA: →inflar.

desinformado, da (de·sin·for·ma·do, da) [adjetivo] Que no está bien informado o que carece de información. ☐ FAMILIA: →informar.

desintegración (de·sin·te·gra·ción) [sustantivo femenino] Separación de los elementos que forman parte de un todo. ☐ FAMILIA: →íntegro.

desintegrar (de·sin·te·grar) [verbo] Separar las partes que componen algo: *La explosión desintegró las rocas.*

□ Sinónimos: desunir, descomponer. □ Antónimos: integrar, unir. □ Familia: →íntegro.

desinterés (de·sin·te·rés) [sustantivo masculino] Falta de interés o de atención. □ Antónimos: interés. □ Familia: →interés.

desinteresado, da (de·sin·te·re·sa·do, da) [adjetivo] Que no actúa en su propio interés: *Las personas desinteresadas ayudan sin pedir nada a cambio.* □ Antónimos: interesado. □ Familia: →interés.

desintoxicar (de·sin·to·xi·car) [verbo] Curar a una persona que tiene problemas de salud por haber respirado, bebido o comido algo perjudicial. □ [La «c» se cambia en «qu» delante de «e» («desintoxique»)]. □ Antónimos: intoxicar. □ Familia: →tóxico.

desistir (de·sis·tir) [verbo] Renunciar a seguir haciendo algo: *Te busqué en la fiesta, pero al final desistí de encontrarte.* □ Sinónimos: abandonar, dejar. □ Antónimos: seguir, proseguir, continuar.

deslavazado, da (des·la·va·za·do, da) [adjetivo] Desordenado o sin unión entre sus partes: *Tu razonamiento está muy deslavazado.*

desleal (des·le·al) [adjetivo o sustantivo] Que traiciona o que engaña a los demás. □ [No varía en masculino y femenino]. □ Sinónimos: traidor. □ Antónimos: leal. □ Familia: →leal.

deslealtad (des·le·al·tad) [sustantivo femenino] Comportamiento de la persona que engaña a los demás y los traiciona. □ Sinónimos: infidelidad. □ Antónimos: lealtad. □ Familia: →leal.

desleír (des·le·ír) [verbo] Hacer que una sustancia sólida se mezcle totalmente con un líquido: *Desleí el chocolate en leche.* □ [Es irregular y se conjuga como SONREÍR]. □ Sinónimos: disolver, diluir.

deslenguado, da (des·len·gua·do, da) [adjetivo o sustantivo] Que habla faltando al respeto o con palabras groseras. □ Sinónimos: malhablado. □ Familia: →lengua.

desligar (des·li·gar) [verbo] Separar una cosa del resto o hacerla independiente: *Tienes que aprender a desligar tus sentimientos de tus obligaciones.* □ [La «g» se cambia en «gu» delante de «e» («desligue»)]. □ Familia: →ligar.

desliz (des·liz) [sustantivo masculino] Fallo o equivocación que se comete sin querer. □ [Su plural es «deslices»]. □ Sinónimos: tropiezo. □ Familia: →deslizar.

deslizamiento (des·li·za·mien·to) [sustantivo masculino] Movimiento suave de algo sobre una superficie lisa. □ Familia: →deslizar.

deslizante (des·li·zan·te) [adjetivo] Que desliza o que se desliza: *una superficie deslizante; unos zapatos deslizantes.* □ [No varía en masculino y femenino]. □ Familia: →deslizar.

deslizar (des·li·zar) [verbo] **1** Mover algo de forma suave por una superficie lisa: *El patinador se deslizaba por la pista.* **2** Dar o poner algo intentando que nadie lo note: *Un compañero me deslizó una nota cuando nadie nos veía.* □ [La «z» se cambia en «c» delante de «e» («deslice»)]. □ Familia: deslizamiento, aerodeslizador, desliz, deslizante.

deslucido, da (des·lu·ci·do, da) [adjetivo] Que ha perdido su buen aspecto o que no ha tenido el resultado esperado. □ Familia: →luz.

deslucir (des·lu·cir) [verbo] Perder la gracia o el atractivo: *La lluvia ha hecho que la fiesta desluzca.* □ [Es irregular y se conjuga como LUCIR]. □ Antónimos: lucirse. □ Familia: →luz.

deslumbrante (des·lum·bran·te) [adjetivo] **1** Que da una luz tan fuerte que impide la visión. **2** Que impresiona porque es muy bonito. □ [No varía en masculino y femenino]. □ Familia: →lumbre.

deslumbrar (des·lum·brar) [verbo] **1** Impedir la visión a causa de una luz muy fuerte: *El coche que venía de frente me deslumbró.* **2** Impresionar a una persona algo que es muy bonito: *No te dejes deslumbrar por el éxito.* □ Familia: →lumbre.

desmadejado, da (des·ma·de·ja·do, da) [adjetivo] Débil o sin fuerzas: *Estoy desmadejado porque no he comido.* □ Sinónimos: flojo.

desmadrarse (des·ma·drar·se) [verbo] Actuar sin moderación o con demasiada libertad: *Se desmadró el día de su cumpleaños, pero es muy formal.* □ [Es coloquial]. □ Familia: →madre.

desmadre (des·ma·dre) [sustantivo masculino] Falta de control o de moderación: *Con este desmadre es imposible enterarse de nada.* □ [Es coloquial]. □ Familia: →madre.

desmán (des·mán) [sustantivo masculino] Exceso o abuso: *La policía intentó evitar que ocurrieran desmanes durante la manifestación.*

desmandarse (des·man·dar·se) [verbo] Actuar sin control o hacer lo que se quiere: *Sus padres le dejaron solo el fin de semana y se desmandó.* □ Familia: →mandar.

desmantelar (des·man·te·lar) [verbo] Deshacer algo que está montado o que está organizado: *desmantelar una banda.*

desmaquillarse (des·ma·qui·llar·se) [verbo] Quitarse el maquillaje. □ Familia: →maquillar.

desmarcarse (des·mar·car·se) [verbo] **1** Librarse un jugador de la vigilancia de otro del equipo contrario: *El delantero consiguió desmarcarse de los defensas y marcó un gol.* **2** Separarse o alejarse del resto: *Se desmarcó de sus compañeros para poder destacar.* □ [La «c» se cambia en «qu» delante de «e» («desmarque»)]. □ Familia: →marcar.

desmayarse (des·ma·yar·se) [verbo] Perder el sentido y el conocimiento durante un momento. □ Sinónimos: desvanecerse. □ Familia: desmayo.

desmayo (des·ma·yo) [sustantivo masculino] **1** Pérdida del sentido y de las fuerzas: *He tenido un desmayo.* **2** Pérdida del ánimo o del valor: *Los bomberos trabajaron sin desmayo hasta apagar el incendio.* □ Sinónimos: **1** desvanecimiento. **2** desfallecimiento. □ Familia: →desmayarse.

desmedido, da (des·me·di·do, da) [adjetivo] Sin medida o muy grande. □ Sinónimos: enorme, desmesurado, descomunal, exagerado. □ Familia: →medir.

desmejorado, da (des·me·jo·ra·do, da) [adjetivo] Con peor aspecto o con peor salud que en otro momento. □ SINÓNIMOS: demacrado. □ FAMILIA: →mejor.

desmemoriado, da (des·me·mo·ria·do, da) [adjetivo o sustantivo] Que tiene poca memoria. □ FAMILIA: →memoria.

desmentido (des·men·ti·do) [sustantivo masculino] **1** Hecho de afirmar o de demostrar que algo que se ha dicho no es verdad: *El desmentido de la noticia ha sorprendido a todos.* **2** Nota en que se dice públicamente que algo es falso: *El actor ha publicado un desmentido sobre la acusación.* □ FAMILIA: →mentir.

desmentir (des·men·tir) [verbo] Decir o demostrar que no es verdad lo que alguien ha dicho: *desmentir una noticia.* □ [Es irregular y se conjuga como SENTIR]. □ ANTÓNIMOS: ratificar. □ FAMILIA: →mentir.

desmenuzar (des·me·nu·zar) [verbo] Deshacer algo dividiéndolo en partes muy pequeñas: *Desmenuzó el pan y se lo echó a los pajaritos.* □ [La «z» se cambia en «c» delante de «e» («desmenuce»)]. □ SINÓNIMOS: desmigajar.

desmerecer (des·me·re·cer) [verbo] **1** Perder valor: *El vestido desmerece mucho con esos zapatos tan feos.* **2** Ser inferior a algo con lo que se compara. □ [Es irregular y se conjuga como AGRADECER]. □ FAMILIA: →merecer.

desmesura (des·me·su·ra) [sustantivo femenino] Exageración o falta de moderación. □ ANTÓNIMOS: mesura. □ FAMILIA: →mesura.

desmesurado, da (des·me·su·ra·do, da) [adjetivo] Muy grande o más grande de lo normal. □ SINÓNIMOS: enorme, desaforado, descomunal, desmedido, exagerado. □ ANTÓNIMOS: diminuto. □ FAMILIA: →mesura.

desmigajar (des·mi·ga·jar) [verbo] Deshacer algo dividiéndolo en migajas o partes muy pequeñas: *desmigajar una galleta.* □ [Siempre se escribe con «j»]. □ SINÓNIMOS: desmenuzar. □ FAMILIA: →miga.

desmigar (des·mi·gar) [verbo] Deshacer el pan en migas o quitarle la miga. □ [La «g» se cambia en «gu» delante de «e» («desmigue»)]. □ FAMILIA: →miga.

desmochar (des·mo·char) [verbo] Quitar la parte superior de algo: *El cañonazo desmochó la torre de la iglesia.* □ FAMILIA: →mocho.

desmontable (des·mon·ta·ble) [adjetivo] Que está compuesto por piezas que se pueden separar unas de otras. □ [No varía en masculino y femenino]. □ FAMILIA: →montar.

desmontar (des·mon·tar) [verbo] **1** Separar las piezas que forman algo: *desmontar una bici.* **2** Bajar de un animal o de un vehículo: *desmontar un caballo.* □ SINÓNIMOS: **1** desarmar. □ ANTÓNIMOS: montar. **1** armar. □ FAMILIA: →montar.

desmoralizar (des·mo·ra·li·zar) [verbo] Quitar las fuerzas, las energías o los ánimos: *La nota del examen me desmoralizó.* □ [La «z» se cambia en «c» delante de «e» («desmoralice»)]. □ SINÓNIMOS: desalentar, desanimar. □ ANTÓNIMOS: animar, alentar. □ FAMILIA: →moral.

desmoronar (des·mo·ro·nar) [verbo] **1** Deshacer poco a poco: *Las lluvias y el viento van desmoronando el muro.* **2** Hacer que una persona se sienta vencida: *Al saber la triste noticia, se desmoronó.* □ SINÓNIMOS: **2** hundir, derrumbar.

desmotivar (des·mo·ti·var) [verbo] Perder o hacer perder el interés por algo: *Un suspenso no me va a desmotivar y estudiaré más.* □ ANTÓNIMOS: motivar. □ FAMILIA: →motivo.

desnatado, da (des·na·ta·do, da) [adjetivo] Que no tiene nata porque se la han quitado: *leche desnatada.* □ SINÓNIMOS: descremado. □ FAMILIA: →nata.

desnivel (des·ni·vel) [sustantivo masculino] **1** Falta de igualdad: *Hay un gran desnivel entre países ricos y pobres.* **2** Diferencia de alturas entre dos o más puntos: *Entre la cima de la montaña y el valle hay un gran desnivel.* □ FAMILIA: →nivel.

desnivelar (des·ni·ve·lar) [verbo] Hacer que una cosa deje de estar en el nivel en el que está otra: *desnivelar el marcador.* □ ANTÓNIMOS: nivelar. □ FAMILIA: →nivel.

desnucar (des·nu·car) [verbo] Matar de un golpe en la nuca. □ [La «c» se cambia en «qu» delante de «e» («desnuque»). No debe decirse «esnucar»]. □ FAMILIA: →nuca.

desnudar (des·nu·dar) [verbo] Dejar desnudo o quitar la ropa. □ SINÓNIMOS: desvestir. □ ANTÓNIMOS: vestir. □ FAMILIA: →desnudo.

desnudez (des·nu·dez) [sustantivo femenino] Hecho de no llevar ropa, adornos o riquezas. □ FAMILIA: →desnudo.

desnudo, da (des·nu·do, da) ▌[adjetivo] **1** Sin vestido. **2** Sin lo que cubre o adorna algo: *Tengo las paredes de mi casa desnudas, sin cuadros.* ▌**desnudo** [sustantivo masculino] **3** En una obra artística, figura humana que no tiene puesto ningún vestido: *Este pintor pinta desnudos.* □ ANTÓNIMOS: **1** vestido. □ FAMILIA: desnudar, desnudez, nudista, nudismo.

desnutrición (des·nu·tri·ción) [sustantivo femenino] Debilidad del organismo que se produce por no alimentarse bien. □ FAMILIA: →nutrir.

desnutrido, da (des·nu·tri·do, da) [adjetivo] Que no está bien alimentado. □ FAMILIA: →nutrir.

desobedecer (de·so·be·de·cer) [verbo] No hacer caso a una orden o a la persona que la da. □ [Es irregular y se conjuga como AGRADECER]. □ ANTÓNIMOS: obedecer. □ FAMILIA: →obedecer.

desobediencia (de·so·be·dien·cia) [sustantivo femenino] Forma de actuar de la persona que no cumple lo que hay que hacer. □ ANTÓNIMOS: obediencia. □ FAMILIA: →obedecer.

desobediente (de·so·be·dien·te) [adjetivo o sustantivo] Que no cumple lo que se le manda. □ [No varía en masculino y femenino]. □ ANTÓNIMOS: obediente, dócil, sumiso. □ FAMILIA: →obedecer.

desocupado, da (de·so·cu·pa·do, da) [adjetivo] **1** Que no tiene cosas o personas dentro. **2** Que está sin nada que hacer. □ SINÓNIMOS: **1** vacío. **2** ocioso. □ ANTÓNIMOS: ocupado. **1** lleno. **2** atareado. □ FAMILIA: →ocupar.

desocupar (de·so·cu·par) [verbo] Dejar un lugar libre de las cosas o de las personas que lo ocupaban: *Hay que* *desocupar esta sala.* ☐ ANTÓNIMOS: ocupar. ☐ FAMILIA: →ocupar.

desodorante (de·so·do·**ran**·te) [adjetivo o sustantivo masculino] Que quita el mal olor. ☐ [Cuando es adjetivo, no varía en masculino y femenino]. ☐ FAMILIA: →olor.

desoír (de·so·**ír**) [verbo] No hacer caso de algo: *desoír un consejo.* ☐ [Es irregular y se conjuga como **OÍR**]. ☐ ANTÓNIMOS: seguir. ☐ FAMILIA: →oír.

desolación (de·so·la·**ción**) [sustantivo femenino] **1** Destrucción completa: *Las guerras siembran la desolación a su paso.* **2** Sensación que se tiene cuando se sufre mucho o cuando se está muy triste: *Me miró con desolación al darme la triste noticia.* **3** Falta de personas y de cosas en un lugar: *¡Qué desolación hay en un pueblo abandonado!* ☐ FAMILIA: desolado, desolador.

desolado, da (de·so·**la**·do, da) [adjetivo] **1** Dicho de una persona, con mucho sufrimiento o mucha tristeza: *Me quedé desolado ante la noticia del accidente.* **2** Dicho de un lugar, que está tan vacío que produce tristeza. ☐ FAMILIA: →desolación.

desolador, ra (de·so·la·**dor**, **do**·ra) [adjetivo] Que causa gran tristeza o sufrimiento. ☐ SINÓNIMOS: desgarrador. ☐ FAMILIA: →desolación.

desollar (de·so·**llar**) [verbo] **1** Quitar la piel de algo: *desollar un conejo.* **2** Arruinar a una persona o causarle daño. ☐ [Es irregular y se conjuga como **CONTAR**]. ☐ SINÓNIMOS: **1** despellejar.

desorbitado, da (de·sor·bi·**ta**·do, da) [adjetivo] Muy grande o exagerado: *precios desorbitados.* ☐ FAMILIA: →orbe.

desorden (de·**sor**·den) [sustantivo masculino] **1** Falta de orden o de organización. **2** Problema producido por grupos de personas que van contra el orden establecido: *La policía intenta evitar los desórdenes callejeros.* ☐ [En el significado **2** se usa más en plural]. ☐ SINÓNIMOS: **1** desorganización, desbarajuste, desconcierto. ☐ ANTÓNIMOS: **1** orden, organización. ☐ FAMILIA: →orden.

desordenado, da (de·sor·de·**na**·do, da) [adjetivo] Que no tiene orden. ☐ ANTÓNIMOS: ordenado. ☐ FAMILIA: →orden.

desordenar (de·sor·de·**nar**) [verbo] Quitar el orden que algo tenía: *No me desordenes nada.* ☐ SINÓNIMOS: descolocar, desorganizar. ☐ ANTÓNIMOS: ordenar, organizar, colocar, recoger. ☐ FAMILIA: →orden.

desorganización (de·sor·ga·ni·za·**ción**) [sustantivo femenino] Falta de organización o de orden. ☐ SINÓNIMOS: desorden, desbarajuste. ☐ ANTÓNIMOS: organización, orden. ☐ FAMILIA: →organizar.

desorganizar (de·sor·ga·ni·**zar**) [verbo] Quitar la organización que algo tenía: *Procura no desorganizar el fichero cuando lo consultes.* ☐ [La «z» se cambia en «c» delante de «e» («desorganice»)]. ☐ SINÓNIMOS: desordenar. ☐ ANTÓNIMOS: organizar, ordenar, regular. ☐ FAMILIA: →organizar.

desorientación (de·so·rien·ta·**ción**) [sustantivo femenino] Hecho de encontrarse una persona sin saber dónde está o sin saber qué hacer. ☐ FAMILIA: →orientar.

desorientar (de·so·rien·**tar**) [verbo] Hacer que alguien no sepa dónde está o que no sepa qué hacer: *En esta zona me desoriento porque todas las calles son iguales.* ☐ SINÓNIMOS: confundir, despistar. ☐ ANTÓNIMOS: orientar, encaminar. ☐ FAMILIA: →orientar.

desovar (de·so·**var**) [verbo] Soltar los huevos las hembras de los peces, de los insectos y de otros animales: *Los salmones viven en el mar, pero desovan en los ríos.* ☐ FAMILIA: →huevo.

despabilado, da (des·pa·bi·**la**·do, da) [adjetivo] → **espabilado, da.**

despachar (des·pa·**char**) [verbo] **1** Vender algo a un cliente en una tienda: *Despacha a ese señor, que lleva un rato esperando.* **2** Resolver o terminar un asunto: *Los ministros despacharon todos los asuntos del día.* **3** Echar a una persona de un lugar: *Despachó a su ayudante porque trabajaba poco y mal.* ▌ **despacharse 4** Decir una persona sin rodeos lo que piensa: *Se despachó a gusto contra las nuevas medidas de tráfico.* ☐ [Los significados **3** y **4** son coloquiales]. ☐ FAMILIA: despacho.

despacho (des·**pa**·cho) [sustantivo masculino] **1** Habitación para estudiar, para hacer ciertos trabajos o para recibir clientes. **2** Establecimiento en el que se venden determinadas cosas: *despacho de pan.* ☐ FAMILIA: →despachar.

despachurrar (des·pa·chu·**rrar**) [verbo] Apretar algo hasta que quede plano o hasta romperlo: *Me gusta despachurrar los guisantes con el tenedor.* ☐ [Se usa también «espachurrar»]. ☐ SINÓNIMOS: aplastar.

despacio (des·**pa**·cio) [adverbio] De manera lenta: *Comer despacio es muy sano.* ☐ ANTÓNIMOS: aprisa, deprisa.

despampanante (des·pam·pa·**nan**·te) [adjetivo] Que llama mucho la atención. ☐ [No varía en masculino y femenino].

despanzurrar (des·pan·zu·**rrar**) [verbo] **1** Reventar o aplastar algo haciendo que se extienda: *Me senté sobre la tarta y la despanzurré.* **2** Romper o abrir la panza a un animal o a una persona: *Casi se despanzurra al tirarse del trampolín.* ☐ [Es coloquial]. ☐ FAMILIA: →panza.

desparasitar (des·pa·ra·si·**tar**) [verbo] Quitar los parásitos: *Tengo que llevar a mi perro al veterinario para que lo desparasite.* ☐ FAMILIA: →parásito.

desparejado, da (des·pa·re·**ja**·do, da) [adjetivo] Que no tiene pareja: *un calcetín desparejado.* ☐ [Siempre se escribe con «j»]. ☐ SINÓNIMOS: desemparejado. ☐ FAMILIA: →par.

desparpajo (des·par·**pa**·jo) [sustantivo masculino] Capacidad para hablar o para actuar de manera atrevida y sin dificultad.

desparramar (des·pa·rra·**mar**) [verbo] Separar y extender algo que está junto: *Se volcó la papelera y se desparramaron los papeles.* ☐ SINÓNIMOS: esparcir, desperdigar. ☐ ANTÓNIMOS: reunir, agrupar, juntar.

despatarrar (des·pa·ta·**rrar**) [verbo] Abrir mucho las piernas. ☐ FAMILIA: →pata.

despavorido, da (des·pa·vo·ri·do, da) [adjetivo] Que tiene mucho miedo: *Salí despavorido cuando oí un ruido extraño.* ☐ Familia: →pavor.

despecho (des·pe·cho) [sustantivo masculino] Sensación de disgusto y de rabia que siente una persona contra otra por algo que ha pasado: *Como le quité la novia, ahora me critica por despecho.* ☐ Sinónimos: resentimiento. ☐ Familia: →pecho.

despechugado, da (des·pe·chu·ga·do, da) [adjetivo] Con mucho escote en el pecho. ☐ Familia: →pecho.

despectivo, va (des·pec·ti·vo, va) [adjetivo o sustantivo masculino] Que indica desprecio o rechazo: *La palabra «gentuza» es un sustantivo despectivo.*

despedazar (des·pe·da·zar) [verbo] Romper algo en trozos y de manera violenta: *Los leones cazaron una gacela y la despedazaron.* ☐ [La «z» se cambia en «c» delante de «e» («despedace»)]. ☐ Sinónimos: destrozar. ☐ Familia: →pedazo.

despedida (des·pe·di·da) [sustantivo femenino] **1** Hecho de despedirse: *Llegó el momento de la despedida.* **2** Expresión o gesto con el que alguien se despide: *La carta termina con una despedida emocionante.* ☐ Sinónimos: **1** adiós. ☐ Familia: →despedir.

despedir (des·pe·dir) [verbo] **1** Decir adiós a una persona. **2** Echar a una persona de su trabajo. **3** Producir algo y echarlo hacia fuera: *El volcán despedía humo.* ▪ **despedirse 4** Renunciar a algo: *Si no estudias, despídete de ver la tele.* ☐ [Es irregular y se conjuga como PEDIR]. ☐ Sinónimos: **3** emitir, lanzar, emanar, proyectar. ☐ Antónimos: **1** recibir. **2** emplear. ☐ Familia: despedida, despido.

despegado, da (des·pe·ga·do, da) [adjetivo] Poco cariñoso. ☐ Familia: →pegar.

despegar (des·pe·gar) [verbo] **1** Separar lo que está pegado: *despegar un cromo.* **2** Separarse del suelo un avión u otro vehículo aéreo y empezar a volar: *despegar un cohete.* ☐ [La «g» se cambia en «gu» delante de «e» («despegue»)]. ☐ Sinónimos: **1** desprender. ☐ Antónimos: **1** pegar, adherir. **2** aterrizar. ☐ Familia: →pegar.

despegue (des·pe·gue) [sustantivo masculino] Hecho de separarse del suelo un avión u otro vehículo aéreo y de empezar a volar. ☐ Antónimos: aterrizaje. ☐ Familia: →pegar.

despeinar (des·pei·nar) [verbo] Estropear la colocación del pelo. ☐ [Es irregular y se conjuga como PEINAR]. ☐ Antónimos: peinar. ☐ Familia: →peine.

despejar (des·pe·jar) [verbo] **1** Dejar un lugar libre de las cosas que lo ocupan o que molestan: *Despeja un poco la mesa.* **2** Quitar o hacer desaparecer: *Sus aclaraciones despejaron mis dudas.* **3** En algunos deportes, enviar la pelota lejos del área propia: *Un defensa despejó el balón.* ▪ **despejarse 4** Mejorar el tiempo y quedar el cielo sin nubes ni niebla. **5** Sentirse despierto y descansado: *Salí a dar una vuelta para despejarme un poco.* ☐ [Siempre se escribe con «j»]. ☐ Sinónimos: **4** aclarar, clarear, abrir. ☐ Antónimos: **4** nublarse, cubrirse, encapotarse.

despellejar (des·pe·lle·jar) [verbo] **1** Quitar la piel de algo: *Me caí y me despellejé la rodilla.* **2** Criticar a una persona de manera muy negativa: *No le caigo bien y me despelleja cuando puede.* ☐ [Siempre se escribe con «j». El significado **2** es coloquial]. ☐ Sinónimos: **1** desollar. ☐ Familia: →piel.

despeluchar (des·pe·lu·char) [verbo] Quitar o estropear el pelo que tiene un objeto: *El perro ha despeluchado la alfombra.* ☐ Familia: →pelo.

despenalizar (des·pe·na·li·zar) [verbo] Hacer que deje de ser delito algo que sí lo era. ☐ [La «z» se cambia en «c» delante de «e» («despenalice»)]. ☐ Familia: →pena.

despendolarse (des·pen·do·lar·se) [verbo] Actuar de forma alocada: *Cuando te dejan sola en casa te despendolas.* ☐ [Es coloquial].

despensa (des·pen·sa) [sustantivo femenino] Parte de una casa en la que se guardan los alimentos.

despeñadero (des·pe·ña·de·ro) [sustantivo masculino] Sitio alto y lleno de peñas desde el que es fácil caerse. ☐ Familia: →peña.

despeñar (des·pe·ñar) [verbo] Tirar algo por un sitio alto y lleno de peñas: *Un coche se despeñó por un acantilado.* ☐ Familia: →peña.

desperdiciar (des·per·di·ciar) [verbo] Aprovechar mal algo: *No desperdicies ninguna oportunidad.* ☐ [Es irregular y se conjuga como ANUNCIAR]. ☐ Sinónimos: perder, malgastar, desaprovechar. ☐ Antónimos: aprovechar. ☐ Familia: desperdicio.

desperdicio (des·per·di·cio) [sustantivo masculino] **1** Parte que sobra de algo y que no se puede aprovechar. **2** Mal uso que se hace de algo: *¡Qué desperdicio de papel!* ☐ Sinónimos: **1** despojos. ☐ Familia: →desperdiciar.

desperdigar (des·per·di·gar) [verbo] Separar y extender algo que está junto: *Al entrar a la fiesta nos desperdigamos.* ☐ [La «g» se cambia en «gu» delante de «e» («desperdigue»)]. ☐ Sinónimos: desparramar, diseminar, dispersar, disgregar. ☐ Antónimos: reunir, juntar.

desperezarse (des·pe·re·zar·se) [verbo] Extender los miembros del cuerpo para quitar la sensación de sueño. ☐ [La «z» se cambia en «c» delante de «e» («despereces»)]. ☐ Sinónimos: estirarse. ☐ Familia: →pereza.

desperfecto (des·per·fec·to) [sustantivo masculino] Daño o defecto sin importancia. ☐ Familia: →perfecto.

despertador (des·per·ta·dor) [sustantivo masculino] Reloj que hace sonar una alarma a una hora fijada para despertar a alguien. ☐ Familia: →despierto.

despertar (des·per·tar) ▪ [sustantivo masculino] **1** Momento en el que se deja de dormir. **2** Principio del desarrollo de una actividad: *La aparición de ese ciclista supuso el despertar de la afición por ese deporte.* ▪ [verbo] **3** Hacer que alguien deje de dormir. **4** Hacer sentir algo: *Despertó en mí mucha curiosidad.* **5** Hacerse más listo, más hábil o más atento: *Como no despiertes, vas a sufrir más de un desengaño.* ☐ [Como verbo, es irregular y se conjuga como ACERTAR]. ☐ Sinónimos: **3**, **5** espabilar. ☐ Antónimos: **3** dormir. ☐ Familia: →despierto.

despiadado, da (des·pia·da·do, da) [adjetivo] Cruel o sin piedad. ☐ Sinónimos: inhumano. ☐ Familia: →piedad.

despido (des·pi·do) [sustantivo masculino] Hecho de despedir a una persona de su trabajo. ☐ Antónimos: empleo. ☐ Familia: →despedir.

despiece (des·pie·ce) [sustantivo masculino] Separación de algo en partes o en piezas. ☐ Familia: →pieza.

despierto, ta (des·pier·to, ta) [adjetivo] **1** Que no está dormido. **2** Listo y con una inteligencia viva y clara. ☐ Sinónimos: espabilado. **2** avispado, vivo. ☐ Antónimos: **2** torpe. ☐ Familia: despertar, despertador, radiodespertador.

despilfarrar (des·pil·fa·rrar) [verbo] Gastar algo en más cantidad de la necesaria. ☐ Sinónimos: derrochar, disipar, dilapidar. ☐ Antónimos: ahorrar. ☐ Familia: despilfarro.

despilfarro (des·pil·fa·rro) [sustantivo masculino] Uso que se hace de algo, gastando más de lo necesario: *Hay que evitar el despilfarro de papel.* ☐ Sinónimos: derroche. ☐ Antónimos: ahorro. ☐ Familia: →despilfarrar.

despintar (des·pin·tar) [verbo] **1** Quitar la pintura. **2** Cambiar la forma o la apariencia de algo: *El paso del tiempo despinta los malos recuerdos.* ◆ [expresión] ‖ **no despintársele algo a alguien** Conservar con claridad su recuerdo: *A mí no se me despinta una cara.* ☐ Familia: →pintar.

despistado, da (des·pis·ta·do, da) [adjetivo o sustantivo] Que no se da cuenta de lo que ocurre a su alrededor porque no presta atención. ☐ Sinónimos: distraído, abstraído. ☐ Antónimos: atento. ☐ Familia: →despistar.

despistar (des·pis·tar) [verbo] **1** Hacer que alguien no sepa qué hacer o por dónde ir: *Estas casas todas iguales me despistan.* ■ **despistarse 2** Dejar de prestar atención: *Me despisté en el autobús y tuve que bajarme una parada después.* ☐ Sinónimos: **1** desorientar, confundir. **2** distraer. ☐ Antónimos: **1** orientar, encaminar. ☐ Familia: despiste, despistado.

despiste (des·pis·te) [sustantivo masculino] Falta de atención o fallo producido por no prestar atención: *¡Qué despiste, me he dejado los libros en casa!* ☐ Sinónimos: distracción. ☐ Familia: →despistar.

desplante (des·plan·te) [sustantivo masculino] Hecho o dicho que se utiliza para ofender y para mostrarse superior a los demás: *Creo que no merezco estos desplantes.*

desplazamiento (des·pla·za·mien·to) [sustantivo masculino] Cambio de lugar: *La lluvia dificulta los desplazamientos por carretera.* ☐ Familia: →plaza.

desplazar (des·pla·zar) [verbo] **1** Mover algo y cambiarlo de lugar. **2** Quitar algo del lugar o de la función que tenía, generalmente para sustituirlo: *Ha venido una persona nueva y me ha desplazado.* ☐ [La «z» se cambia en «c» delante de «e» («desplace»)]. ☐ Familia: →plaza.

desplegar (des·ple·gar) [verbo] **1** Extender algo que estaba doblado: *Mi paraguas se despliega automáticamente.* **2** Extender un conjunto de personas por un terreno: *Los soldados se desplegaron por la zona.* **3** Poner algo en práctica: *Desplegó todos sus encantos para conseguir apoyo.* ☐ [Es irregular y se conjuga como ACERTAR. La «g» se cambia en «gu» delante de «e» («despliegue»)]. ☐ Sinónimos: **1** desdoblar, abrir. ☐ Antónimos: **1** plegar. ☐ Familia: →plegar.

despliegue (des·plie·gue) [sustantivo masculino] **1** Hecho de extender algo que estaba doblado: *El marinero realizó el despliegue de las velas.* **2** Hecho de extender un conjunto de personas por un terreno: *despliegue de las tropas.* **3** Exposición pública de algo para que sea conocido y admirado: *despliegue de medios.* ☐ Familia: →plegar.

desplomarse (des·plo·mar·se) [verbo] **1** Caerse lo que está levantado: *desplomarse un edificio.* **2** Venirse abajo un negocio. ☐ Familia: desplome.

desplome (des·plo·me) [sustantivo masculino] **1** Caída de algo que estaba levantado: *el desplome de un edificio.* **2** Desaparición o destrucción de algo: *el desplome de la economía.* ☐ Familia: →desplomarse.

desplumar (des·plu·mar) [verbo] **1** Quitar las plumas a un ave. **2** Quitarle a una persona el dinero que tiene: *Juego muy mal a las cartas y siempre me despluman.* ☐ [El significado **2** es coloquial]. ☐ Sinónimos: **1** pelar. ☐ Antónimos: **1** emplumar. ☐ Familia: →pluma.

despoblado (des·po·bla·do) [sustantivo masculino] Lugar que se ha quedado sin habitantes. ☐ Antónimos: poblado. ☐ Familia: →poblar.

despoblar (des·po·blar) [verbo] Dejar un lugar sin la población o sin las cosas que lo ocupaban: *Muchos pueblos se han despoblado.* ☐ [Es irregular y se conjuga como CONTAR]. ☐ Antónimos: poblar. ☐ Familia: →poblar.

despojar (des·po·jar) [verbo] **1** Dejar sin algo que antes se tenía: *Un ladrón despojó a un hombre de todo su dinero.* ■ **despojarse 2** Quitarse: *Se despojó de la ropa.* ☐ [Siempre se escribe con «j»]. ☐ Sinónimos: **1** quitar, privar, usurpar, desposeer, expoliar. ☐ Antónimos: **1** proporcionar, proveer, facilitar, suministrar, surtir. ☐ Familia: despojo.

despojo (des·po·jo) [sustantivo masculino] **1** Pérdida de lo que se tiene: *Los ladrones hicieron un buen despojo de la casa.* ■ **despojos** [plural] **2** Parte que sobra de algo. **3** Hígado, corazón y otros órganos internos de las aves. ☐ Sinónimos: **2** desperdicio. **3** menudillos. ☐ Familia: →despojar.

desportillar (des·por·ti·llar) [verbo] Romper un trozo del borde de algo: *desportillar un vaso.* ☐ Sinónimos: mellar.

desposar (des·po·sar) [verbo] Unir en matrimonio. ☐ [No confundir con «esposar» (poner las esposas a alguien)]. ☐ Sinónimos: casar. ☐ Familia: →esposo.

desposeer (des·po·se·er) [verbo] Quitar a una persona lo que tiene: *Teme que lo desposean de alguna de sus fincas por no pagar las deudas.* ☐ [Es irregular y se conjuga como LEER]. ☐ Sinónimos: despojar, expoliar. ☐ Antónimos: restituir. ☐ Familia: →poseer.

desposorio (des·po·so·rio) [sustantivo masculino] Casamiento o promesa de matrimonio. ☐ [Significa lo mismo en singular que en plural]. ☐ Familia: →esposo.

déspota (dés·po·ta) [sustantivo] **1** Persona que se aprovecha del poder que tiene para obligar a los demás a que hagan lo que quiere. **2** Persona que gobierna un país sin más norma que su voluntad. ☐ [No varía en masculino y femenino]. ☐ Sinónimos: tirano. ☐ Familia: despótico, despotismo.

despótico, ca (des·pó·ti·co, ca) [adjetivo] Del déspota o relacionado con él. ☐ Familia: →déspota.

despotismo (des·po·tis·mo) [sustantivo masculino] **1** Uso excesivo de poder o de fuerza con los demás. **2** Poder absoluto que no está limitado por la ley. ☐ Familia: →déspota.

despotricar (des·po·tri·car) [verbo] Hablar mal de algo: *Deja ya de despotricar de él.* ☐ [La «c» se cambia en «qu» delante de «e» («despotrique»). Es coloquial]. ☐ Antónimos: alabar.

despreciable (des·pre·cia·ble) [adjetivo] Que merece ser rechazado o despreciado. ☐ [No varía en masculino y femenino]. ☐ Familia: →despreciar.

despreciar (des·pre·ciar) [verbo] **1** Rechazar algo o no reconocer su valor: *No desprecies su ayuda.* **2** Sentir rechazo hacia alguien: *Nadie tiene derecho a despreciar a los demás.* ☐ [Es irregular y se conjuga como ANUNCIAR]. ☐ Antónimos: admirar, apreciar, estimar. **2** adorar. ☐ Familia: desprecio, despreciable.

desprecio (des·pre·cio) [sustantivo masculino] Rechazo de algo o de alguien: *No debes tratar a nadie con desprecio.* ☐ Sinónimos: desdén. ☐ Antónimos: aprecio, admiración, estima. ☐ Familia: →despreciar.

desprender (des·pren·der) [verbo] **1** Separar algo de donde estaba pegado o unido: *Se desprendió el póster de la pared.* **2** Echar fuera de sí: *Esas flores desprenden un olor muy agradable.* ■ **desprenderse 3** Quedarse sin algo: *Se desprendió de sus riquezas.* ☐ Sinónimos: **1** despegar. **2** soltar, emanar. **3** prescindir. ☐ Antónimos: **1** prender, pegar, adherir. ☐ Familia: →prender.

desprendido, da (des·pren·di·do, da) [adjetivo] Que da mucho de lo que tiene. ☐ Sinónimos: espléndido, generoso. ☐ Antónimos: tacaño. ☐ Familia: →prender.

desprendimiento (des·pren·di·mien·to) [sustantivo masculino] **1** Hecho de separarse algo de donde estaba unido o pegado: *Un desprendimiento de rocas provocó un accidente.* **2** Forma de ser de la persona que da lo que tiene sin buscar nada a cambio: *Sus regalos son una muestra de su desprendimiento.* ☐ Sinónimos: **2** generosidad. ☐ Antónimos: **2** egoísmo. ☐ Familia: →prender.

despreocuparse (des·pre·o·cu·par·se) [verbo] **1** Eliminar una preocupación. **2** No ocuparse de algo: *No debes despreocuparte de tus responsabilidades.* ☐ Sinónimos: **2** desentenderse. ☐ Antónimos: **1** inquietarse, preocupar. **2** ocuparse. ☐ Familia: →ocupar.

desprestigiar (des·pres·ti·giar) [verbo] Hacer que alguien pierda la buena fama o quitarle la autoridad que tiene: *No intentes desprestigiarme ante mis amigos; ellos confían en mí.* ☐ [Es irregular y se conjuga como ANUNCIAR]. ☐ Sinónimos: descalificar, desacreditar, denigrar. ☐ Familia: →prestigio.

desprestigio (des·pres·ti·gio) [sustantivo masculino] Pérdida de la buena fama de algo. ☐ Sinónimos: descrédito. ☐ Antónimos: prestigio. ☐ Familia: →prestigio.

desprevenido, da (des·pre·ve·ni·do, da) [adjetivo] Sin estar atento: *Me pilló desprevenida y no supe qué contestarle.* ☐ Sinónimos: descuidado. ☐ Familia: →prevenir.

desproporción (des·pro·por·ción) [sustantivo femenino] Falta de proporción o equilibrio entre las distintas partes. ☐ Antónimos: proporción. ☐ Familia: →proporción.

desproporcionado, da (des·pro·por·cio·na·do, da) [adjetivo] Que no tiene equilibrio entre sus distintas partes. ☐ Antónimos: proporcionado. ☐ Familia: →proporción.

despropósito (des·pro·pó·si·to) [sustantivo masculino] Cosa que sucede o se dice en el peor momento. ☐ Familia: →proponer.

desprovisto, ta (des·pro·vis·to, ta) [adjetivo] Sin algo: *Es un mueble sencillo y desprovisto de adornos.* ☐ Sinónimos: falto, carente. ☐ Antónimos: provisto, dotado. ☐ Familia: →proveer.

después (des·pués) [adverbio] **1** En un tiempo posterior: *Después de la cena se fueron a bailar.* **2** En un lugar posterior: *Mi casa está justo después de la parada de autobús.* **3** En un orden posterior o en una categoría inferior: *¿Qué pone después en el menú?* ◆ [expresión] ‖ **después de todo** A pesar de todo o teniendo todo en cuenta: *Después de todo, no es tan grave.* ☐ Sinónimos: **1** luego. **2** detrás. ☐ Antónimos: **1, 2** antes, delante.

despuntar (des·pun·tar) [verbo] **1** Quitar la punta de algo o estropearla. **2** Empezar a salir una planta o una de sus partes: *Ya despuntan los primeros brotes de las rosas.* **3** Empezar a aparecer la luz del día. **4** Notarse más o quedar por encima: *Es muy lista y despunta en todo.* ☐ Sinónimos: **4** destacar, sobresalir, resaltar. ☐ Familia: →punta.

desquiciar (des·qui·ciar) [verbo] Enfadar mucho y poner nervioso: *Me desquician las injusticias.* ☐ [Es irregular y se conjuga como ANUNCIAR]. ☐ Sinónimos: exasperar. ☐ Antónimos: calmar. ☐ Familia: →quicio.

desquitarse (des·qui·tar·se) [verbo] Hacer algo para quitar el efecto de lo que ha ocurrido antes: *Iré a todas las fiestas para desquitarme del tiempo que he estado en cama.* ☐ Familia: →quitar.

desquite (des·qui·te) [sustantivo masculino] Venganza del daño recibido. ☐ Familia: →quitar.

destacamento (des·ta·ca·men·to) [sustantivo masculino] Grupo de soldados que se separa del resto para realizar una misión determinada. ☐ Familia: →destacar.

destacar (des·ta·car) [verbo] **1** Hacer que algo se note más: *Subrayé las ideas que quería destacar.* **2** Notarse más o quedar por encima: *Paula destaca entre sus compañeros.* **3** Enviar a alguien a un sitio para que realice una acción determinada: *El periódico ha destacado un corresponsal a la zona de guerra.* ☐ [La «c» se cambia en «qu» delante de «e» («destaque»)]. ☐ Sinónimos: **1, 2** resaltar. **1** acentuar, pronunciar, subrayar, poner de relieve, realzar. **2** despuntar, sobresalir. ☐ Antónimos: **1** disimular. ☐ Familia: destacamento.

destajo (des·ta·jo) ◆ [expresión] ‖ **a destajo** Dicho de una forma de trabajar, que se hace muy deprisa y sin descanso para tardar el menor tiempo posible. ☐ Familia: →tajo.

destapar (des·ta·par) [verbo] **1** Quitar la tapa de algo o lo que lo cubre. **2** Quitar la ropa que cubre a una persona. **3** Dar a conocer algo que se escondía: *La prensa destapó el fraude.* ☐ Sinónimos: **2, 3** descubrir. **3** desvelar. ☐ Antónimos: tapar. **1** cubrir. **3** esconder, ocultar. ☐ Familia: →tapa.

destartalado, da (des·tar·ta·la·do, da) [adjetivo] Estropeado o medio roto.

destellar (des·te·llar) [verbo] Despedir destellos: *Las estrellas destellan en la noche.* ☐ Familia: destello.

destello (des·te·llo) [sustantivo masculino] Rayo de luz muy fuerte y breve: *El diamante producía destellos.* ☐ Familia: →destellar.

destemplado, da (des·tem·pla·do, da) [adjetivo] **1** Dicho de una persona, que no se encuentra bien y siente frío. **2** Dicho del tiempo, que es desagradable. ☐ Familia: →templar.

destemplar (des·tem·plar) [verbo] **1** Producir o sentir sensación de frío o de malestar: *Algo me ha sentado mal y me ha destemplado.* **2** Desafinar un instrumento musical: *Destempló el violín porque no sabía tocarlo.* ☐ Antónimos: **2** templar, afinar. ☐ Familia: →templar.

destensar (des·ten·sar) [verbo] Disminuir la presión sobre algo: *destensar un cable.* ☐ Sinónimos: aflojar. ☐ Antónimos: tensar. ☐ Familia: →tenso.

desteñir (des·te·ñir) [verbo] **1** Quitarle a algo el color: *La lejía destiñe la ropa de color.* **2** Manchar algo al perder color: *Ese pantalón lávalo aparte porque destiñe.* ☐ [Es irregular y se conjuga como CEÑIR]. ☐ Sinónimos: **1** decolorar. ☐ Antónimos: teñir. ☐ Familia: →teñir.

desternillarse (des·ter·ni·llar·se) [verbo] Reírse mucho: *Es tan bueno contando chistes que nos desternillamos con ella.* ☐ Sinónimos: partirse.

desterrar (des·te·rrar) [verbo] **1** Echar a una persona de su tierra como castigo y para que no vuelva a ella: *desterrar a un traidor.* **2** Acabar del todo con algo: *desterrar el tabaco.* ☐ [Es irregular y se conjuga como ACERTAR]. ☐ Sinónimos: **1** proscribir. ☐ Antónimos: **1** repatriar. ☐ Familia: →tierra.

destiempo (des·tiem·po) ◆ [expresión] ‖ **a destiempo** Fuera de tiempo o en un momento poco adecuado. ☐ Familia: →tiempo.

destierro (des·tie·rro) [sustantivo masculino] Situación de la persona que se ha marchado de su tierra para no volver. ☐ Familia: →tierra.

destilación (des·ti·la·ción) [sustantivo femenino] Proceso por el que se separa de un líquido la parte que más se evapora, por medio del calor. ☐ Familia: →destilar.

destilar (des·ti·lar) [verbo] **1** Separar la parte de un líquido que más se evapora por medio del calor: *Para hacer los licores hay que destilar el alcohol.* **2** Soltar un líquido gota a gota: *La herida destila pus.* ☐ Familia: destilación, destilería.

destilería (des·ti·le·rí·a) [sustantivo femenino] Lugar en el que se destilan algunas sustancias. ☐ Familia: →destilar.

destinar (des·ti·nar) [verbo] **1** Dar a algo un uso o una función determinados: *Destinaré mis ahorros a comprarme una bicicleta.* **2** Mandar a una persona a un lugar para realizar su trabajo. **3** Dirigir algo a alguien: *Me ha llegado una carta que habían destinado a otra persona.* ☐ Familia: destino, destinatario, predestinar, predestinado.

destinatario, ria (des·ti·na·ta·rio, ria) [sustantivo] Persona que tiene que recibir algo: *En la carta está el nombre de su destinatario.* ☐ Familia: →destinar.

destino (des·ti·no) [sustantivo masculino] **1** Punto hacia el que algo se dirige: *El avión salió con destino a París.* **2** Uso o función que se da a algo: *¿Qué destino se dará al dinero recaudado?* **3** Lugar al que se manda a una persona para realizar su trabajo: *Me han dado un destino cerca de mi casa.* **4** Fuerza desconocida que hace que los hechos se produzcan como se producen, sin poderlo evitar: *El destino no quiso que yo fuera actor.* ☐ Sinónimos: **3** puesto, plaza. **4** fortuna, hado. ☐ Antónimos: **1** origen, nacimiento. ☐ Familia: →destinar.

destitución (des·ti·tu·ción) [sustantivo femenino] Hecho de expulsar a una persona de un trabajo o de una categoría. ☐ Sinónimos: deposición. ☐ Familia: →destituir.

destituir (des·ti·tuir) [verbo] Echar a una persona de un trabajo o de una categoría: *El ministro destituyó al director general.* ☐ [Es irregular y se conjuga como CONSTRUIR]. ☐ Sinónimos: deponer. ☐ Familia: destitución.

destornillador (des·tor·ni·lla·dor) [sustantivo masculino] Herramienta que sirve para apretar tornillos o para sacarlos. ◉ **páginas 494-495.** ☐ Familia: →tornillo.

destornillar (des·tor·ni·llar) [verbo] Sacar un tornillo dándole vueltas. ☐ Sinónimos: desatornillar. ☐ Antónimos: atornillar. ☐ Familia: →tornillo.

destreza (des·tre·za) [sustantivo femenino] Capacidad que tiene una persona para hacer algo bien: *Tengo destreza para hacer trabajos manuales.* ☐ Sinónimos: habilidad, maestría, arte, mano, facilidad, tino. ☐ Antónimos: torpeza, desacierto. ☐ Familia: →diestro.

destripar (des·tri·par) [verbo] **1** Sacar las tripas a una persona o a un animal. **2** Abrir un objeto y sacar lo que tiene en su interior: *Destripó la radio para intentar arreglarla.* **3** Estropear algo que se está contando porque se dice el final antes de tiempo: *No me cuentes el final de la película, que la destripas.* ☐ [El significado **3** es coloquial]. ☐ Familia: →tripa.

destronar (des·tro·nar) [verbo] Hacer que un rey o una reina dejen de serlo. ☐ Familia: →trono.

destrozar (des·tro·zar) [verbo] **1** Romper algo en trozos y de manera violenta: *El coche se destrozó al caer por el barranco.* **2** Estropear del todo: *Por fregar sin guantes,*

destrozo

se me han destrozado las manos. **3** Destruir o causar mucho daño: *La noticia del accidente ha destrozado a la familia.* **4** Cansar mucho: *Tanto pasear me ha destrozado.* ☐ [La «z» se cambia en «c» delante de «e» («destroce»)]. ☐ Sinónimos: **1** despedazar. **1, 3** destruir. **2** romper. **4** agotar. ☐ Antónimos: **2** arreglar, reparar. ☐ Familia: →trozo.

destrozo (des·tro·zo) [sustantivo masculino] Daño muy grande: *El temporal causó grandes destrozos.* ☐ Sinónimos: desaguisado. ☐ Familia: →trozo.

destrozón, na (des·tro·zón, zo·na) [adjetivo o sustantivo] Que rompe las cosas con mucha facilidad. ☐ Familia: →trozo.

destrucción (des·truc·ción) [sustantivo femenino] Proceso de deshacer algo por completo o de dejarlo hecho ruinas. ☐ Antónimos: construcción, establecimiento, fundación. ☐ Familia: →destruir.

destructivo, va (des·truc·ti·vo, va) [adjetivo] Que tiene capacidad para destruir. ☐ Familia: →destruir.

destructor, ra (des·truc·tor, to·ra) ∎ [adjetivo o sustantivo] **1** Que destruye. ∎ **destructor** [sustantivo masculino] **2** Barco de guerra rápido y preparado para hacer ataques. ☐ Familia: →destruir.

destruir (des·truir) [verbo] **1** Deshacer algo por completo o dejarlo hecho ruinas: *Los terremotos destruyen ciudades enteras.* **2** Hacer desaparecer algo o acabar con ello: *No dejes que los celos destruyan nuestra amistad.* ☐ [Es irregular y se conjuga como CONSTRUIR]. ☐ Sinónimos: destrozar, arruinar. ☐ Antónimos: construir, establecer, fundar. ☐ Familia: destrucción, destructor, destructivo, indestructible.

desunión (de·su·nión) [sustantivo femenino] Falta de unión, especialmente entre las personas. ☐ Familia: →unir.

desunir (de·su·nir) [verbo] Separar lo que estaba unido: *desunir los vagones de un tren.* ☐ Sinónimos: desintegrar, disociar. ☐ Antónimos: unir, juntar, reunir, agrupar, pegar. ☐ Familia: →unir.

desusado, da (de·su·sa·do, da) [adjetivo] **1** Raro o poco frecuente: *Hace un frío desusado para esta época del año.* **2** Anticuado o que ya no se usa: *costumbres desusadas.* ☐ Familia: →usar.

desuso (de·su·so) [sustantivo masculino] Situación de lo que ya no se usa: *Las palabras caen en desuso con el tiempo.* ☐ Antónimos: uso. ☐ Familia: →usar.

desvaído, da (des·va·í·do, da) [adjetivo] **1** Poco exacto o poco claro: *un paisaje desvaído.* **2** Dicho de un color, que es pálido o apagado: *rosa desvaído.*

desvalido, da (des·va·li·do, da) [adjetivo o sustantivo] Que no puede valerse por sí mismo: *Encontraron abandonado a un niño desvalido.* ☐ Familia: →valer.

desvalijar (des·va·li·jar) [verbo] Robar todo lo que hay en un lugar. ☐ [Siempre se escribe con «j»]. ☐ Familia: →valija.

desván (des·ván) [sustantivo masculino] Parte de una casa que está justo debajo del tejado y que suele usarse para guardar cosas. ☐ Sinónimos: sobrado.

desvanecer (des·va·ne·cer) [verbo] **1** Quitar algo poco a poco: *Tus explicaciones desvanecieron mis dudas.* ∎ **desvanecerse 2** Perder el sentido por un momento: *Le bajó la tensión y se desvaneció.* ☐ [Es irregular y se conjuga como AGRADECER]. ☐ Sinónimos: **2** desmayarse. ☐ Familia: desvanecimiento.

desvanecimiento (des·va·ne·ci·mien·to) [sustantivo masculino] Pérdida del sentido y de las fuerzas durante un momento. ☐ Sinónimos: vahído, desmayo. ☐ Familia: →desvanecer.

desvariar (des·va·riar) [verbo] Hacer o decir cosas sin sentido: *La fiebre te hace desvariar.* ☐ [Es irregular y se conjuga como ENVIAR]. ☐ Sinónimos: desbarrar. ☐ Familia: desvarío.

desvarío (des·va·rí·o) [sustantivo masculino] Disparate que se hace o se dice porque se pierde la razón un momento. ☐ Sinónimos: delirio. ☐ Familia: →desvariar.

desvelar (des·ve·lar) [verbo] **1** Quitar el sueño. **2** Dar a conocer algo que se escondía. ∎ **desvelarse 3** Poner mucho esfuerzo y cuidado en algo: *Mis padres se desvelan para que tengamos lo que necesitemos.* ☐ Sinónimos: **2** descubrir, destapar. ☐ Antónimos: **2** tapar, esconder, ocultar. ☐ Familia: →velar.

desvelo (des·ve·lo) [sustantivo masculino] **1** Cuidado y preocupación que se pone en lo que hacemos: *Los padres cuidan a sus hijos con desvelo.* **2** Pérdida del sueño cuando se necesita dormir: *¡Cuántos desvelos he sufrido pensando en ti!* ☐ Familia: →velar.

desvencijar (des·ven·ci·jar) [verbo] Romper o separar las partes que forman algo: *El viento ha desvencijado las ventanas de esa casa abandonada.* ☐ [Siempre se escribe con «j»]. ☐ Sinónimos: descuajaringar.

desventaja (des·ven·ta·ja) [sustantivo femenino] Circunstancia que hace que algo sea peor que otra cosa o esté en peor situación: *Vivir en una gran ciudad tiene ventajas y desventajas.* ☐ Sinónimos: inconveniente. ☐ Antónimos: ventaja, primacía, pro. ☐ Familia: →ventaja.

desvergonzado, da (des·ver·gon·za·do, da) [adjetivo o sustantivo] Que actúa sin vergüenza ni educación. ☐ Antónimos: vergonzoso. ☐ Familia: →vergüenza.

desvergüenza (des·ver·güen·za) [sustantivo femenino] Falta de vergüenza o de respeto. ☐ Sinónimos: descaro, sinvergonzonería, frescura. ☐ Antónimos: vergüenza, decencia. ☐ Familia: →vergüenza.

desvestir (des·ves·tir) [verbo] Dejar desnudo o quitar la ropa. ☐ Sinónimos: desnudar. ☐ Antónimos: vestir. ☐ Familia: →vestir.

desviación (des·via·ción) [sustantivo femenino] **1** Cambio de la dirección o de la posición de algo: *Tengo una pequeña desviación de columna.* **2** Camino que se separa de otro más importante: *Al pueblo se llega por la primera desviación a la izquierda.* ☐ Sinónimos: desvío. ☐ Familia: →desviar.

desviar (des·viar) [verbo] Hacer que algo cambie la dirección que lleva: *La policía desviaba los coches por calles secundarias para evitar el atasco.* ☐ [Es irregular y se conjuga como ENVIAR]. ☐ Familia: desvío, desviación.

desvincular (des·vin·cu·lar) [verbo] Quitar o perder la unión o la relación: *Cuando se jubiló se desvinculó de la empresa.* ☐ Familia: →vincular.

desvío (des·ví·o) [sustantivo masculino] **1** Cambio en la dirección que llevaba algo: *Esta acequia permite el desvío del agua del río hasta la huerta.* **2** Camino que se separa de otro más importante: *En el primer desvío de la autopista hay una gasolinera.* ☐ Sinónimos: desviación. ☐ Familia: →desviar.

desvirtuar (des·vir·tuar) [verbo] Quitar o disminuir el valor de algo: *Muchas fiestas populares se han desvirtuado y han perdido su sentido original.* ☐ [Es irregular y se conjuga como ACTUAR]. ☐ Familia: →virtud.

desvivirse (des·vi·vir·se) [verbo] Mostrar mucho interés y cariño por una persona: *Mis padres se desviven por mí.* ☐ Familia: →vivir.

detallar (de·ta·llar) [verbo] Contar algo por partes y con todo detalle: *Te he detallado todos mis gastos.* ☐ Sinónimos: pormenorizar, especificar. ☐ Familia: →detalle.

detalle (de·ta·lle) [sustantivo masculino] **1** Parte pequeña de algo, que no es importante pero lo completa: *Cuéntame los detalles.* **2** Cosa que se hace o se regala para ser amable: *Te he traído un detalle.* ☐ Familia: detallar, detallista.

detallista (de·ta·llis·ta) [adjetivo o sustantivo] Que se fija mucho en los detalles. ☐ [No varía en masculino y femenino]. ☐ Familia: →detalle.

detectar (de·tec·tar) [verbo] Notar algo que no se ve a simple vista: *En los análisis me han detectado falta de vitaminas.* ☐ Familia: detector.

detective (de·tec·ti·ve) [sustantivo] Persona que hace investigaciones parecidas a las de la Policía para descubrir alguna cosa. ☐ [No varía en masculino y femenino].

detector (de·tec·tor) [sustantivo masculino] Aparato que sirve para detectar lo que no se ve a simple vista: *un detector de metales.* ☐ Familia: →detectar.

detención (de·ten·ción) [sustantivo femenino] **1** Hecho de quitar a alguien la libertad durante un período de tiempo y por orden de una autoridad. **2** Parada del desarrollo o del movimiento de algo. ☐ Sinónimos: **1** arresto. ☐ Familia: →detener.

detener (de·te·ner) [verbo] **1** Impedir que siga el desarrollo de algo: *Se intenta detener el crecimiento del paro.* **2** Impedir que algo se siga moviendo: *Debes detener el coche ante un semáforo en rojo.* **3** Quitar a alguien su libertad, generalmente por un tiempo corto: *La policía ha detenido a los ladrones.* ☐ [Es irregular y se conjuga como TENER]. ☐ Sinónimos: **1** suspender, interrumpir, atajar, cortar. **2** frenar. **3** capturar, apresar, prender, arrestar. ☐ Antónimos: **3** liberar, libertar, soltar. ☐ Familia: detención, detenimiento, detenido. →tener.

detenido, da (de·te·ni·do, da) ▪ [adjetivo] **1** Que necesita un estudio detallado: *Hice un detenido análisis del proyecto.* ▪ [adjetivo o sustantivo] **2** Que está preso. ☐ Familia: →detener.

detenimiento (de·te·ni·mien·to) ◆ [expresión] ‖ **con detenimiento** Despacio y con cuidado: *Fíjate con detenimiento en todos los detalles.* ☐ Familia: →detener.

detergente (de·ter·gen·te) [sustantivo masculino] Producto que se usa para limpiar.

deteriorar (de·te·rio·rar) [verbo] Estropear o dejar algo en malas condiciones. ☐ Familia: deterioro.

deterioro (de·te·rio·ro) [sustantivo masculino] Daño que algo sufre: *Esa escultura ha sufrido graves deterioros.* ☐ Familia: →deteriorar.

determinación (de·ter·mi·na·ción) [sustantivo femenino] **1** Decisión que se toma o elección que se hace: *Hemos tomado la determinación de irnos de vacaciones.* **2** Ánimo, valor o energía para hacer algo sin dudar: *Si actúas con determinación conseguirás lo que te propones.* **3** Establecimiento de los límites: *determinación de un área de trabajo.* **4** Conocimiento de algo a través de sus características: *La determinación del problema hizo posible su rápida solución.* ☐ Sinónimos: **1, 2** resolución. ☐ Antónimos: **2** vacilación, indecisión. ☐ Familia: →determinar.

determinado, da (de·ter·mi·na·do, da) [adjetivo] **1** Que tiene límites claros o fijos: *No tengo una idea determinada de lo que quiero.* **2** Que es uno en particular y no cualquier otro: *¿Te sirve cualquier bolígrafo o quieres uno determinado?* ☐ Sinónimos: **2** concreto. ☐ Antónimos: indeterminado, indefinido. ☐ Familia: →determinar.

determinante (de·ter·mi·nan·te) [sustantivo masculino] Clase de palabra que acompaña a un nombre y limita su significado: *Los artículos funcionan como determinantes.* ☐ [Mira el cuadro en la página siguiente]. ☐ Familia: →determinar.

determinar (de·ter·mi·nar) [verbo] **1** Fijar o establecer los límites de algo con exactitud: *El forense ya ha determinado a qué hora murió la víctima.* **2** Hacer que algo sea de una manera: *La educación de las personas determina su forma de ser.* **3** Limitar el significado de un nombre: *En la frase «Quiero ese libro», «ese» determina a «libro» señalando el libro de que se trata.* ☐ Sinónimos: **2** condicionar. ☐ Familia: determinado, determinante, indeterminado, determinación, predeterminar.

detestable (de·tes·ta·ble) [adjetivo] Muy malo o digno de ser rechazado. ☐ [No varía en masculino y femenino]. ☐ Familia: →detestar.

detestar (de·tes·tar) [verbo] Sentir gran rechazo hacia algo que no nos gusta nada. ☐ Sinónimos: aborrecer, odiar. ☐ Antónimos: amar, apreciar, adorar, estimar, querer. ☐ Familia: detestable.

detonación (de·to·na·ción) [sustantivo femenino] Explosión o estallido muy fuerte. ☐ Familia: →detonar.

detonador, ra (de·to·na·dor, do·ra) ▪ [adjetivo o sustantivo] **1** Que provoca una explosión. ▪ **detonador** [sustantivo masculino] **2** Mecanismo que sirve para hacer estallar un explosivo. ☐ Familia: →detonar.

detonar (de·to·nar) [verbo] **1** Explotar o hacer un ruido muy fuerte: *Cuando la bomba detonó, no había nadie cerca.* **2** Producir una explosión: *Este mecanismo sirve para detonar la bomba.* ☐ Familia: detonación, detonador.

detractor, ra (de·trac·tor, to·ra) [sustantivo] Persona que critica o que no está de acuerdo con algo.

detrás (de·trás) [adverbio] En un lugar posterior o más retrasado. ◆ [expresión] ‖ **por detrás** Cuando alguien no está o no puede oír: *No me critiques por detrás.* ☐ [No debe decirse

detrimento

«detrás mío», «detrás tuyo», etc., sino «detrás de mí», «detrás de ti», etc., ni «más detrás», sino «más atrás». ☐ SINÓNIMOS: atrás, después. ☐ ANTÓNIMOS: antes, delante. ☐ FAMILIA: →tras.

detrimento (de·tri·men·to) ◆ [expresión] ‖ **en detrimento** En perjuicio o en daño: *Los excesos con el alcohol van en detrimento de tu salud.*

detrito (de·tri·to) [sustantivo masculino] → **detritus**.

detritus (de·tri·tus) [sustantivo masculino] Materia que se produce cuando se descompone un cuerpo sólido. ☐ [No varía en singular y plural. Se usa también «detrito»].

deuda (deu·da) [sustantivo femenino] **1** Obligación que se ha aceptado cumplir: *Estoy en deuda contigo por lo que me has*

determinante

Los determinantes son las palabras que acompañan al sustantivo para presentarlo e indicar a qué persona o cosa en concreto se refiere.

    este coche → El sustantivo *coche* se refiere a cualquier coche, pero el determinante *este* concreta el coche al que nos referimos.

Los determinantes tienen el mismo género y número que el sustantivo al que acompañan:

    la directora   **ese** libro
    aquel día   **vuestras** casas
    unos meses   **dos** libros

Hay determinantes de distintos tipos:

TIPOS	DEFINICIÓN	FORMAS	EJEMPLOS	EXPLICACIÓN
artículos determinados	Aparecen delante de un sustantivo e indican que se hace referencia a un ser u objeto conocido.	el, la, los, las	Cuéntame **el** cuento de todas las noches.	Nos referimos a un cuento concreto.
artículos indeterminados	Aparecen delante de un sustantivo e indican que se hace referencia a un ser u objeto no conocido o identificado.	un, una, unos, unas	Cuéntame **un** cuento.	No nos referimos a ningún cuento en particular.
demostrativos	Indican la distancia que hay entre la persona que habla y aquello a lo que se refiere, que puede estar:			
	• cerca de quien habla	este, esta, estos, estas	Quita **esta** silla de aquí, por favor.	Nos referimos a una silla que estamos viendo y tenemos cerca.
	• ni cerca ni lejos de quien habla	ese, esa, esos, esas	Acércame **esa** silla, por favor.	Nos referimos a una silla que vemos, pero que no está cerca de nosotros.
	• lejos de quien habla	aquel, aquella, aquellos, aquellas	Acércame **aquella** silla, por favor.	Nos referimos a una silla que está lejos de nosotros.
indefinidos	Indican una cantidad imprecisa.	algún, alguna, algunos, algunas, mucho, mucha, muchos, muchas, demasiado, demasiados, bastante, bastantes	En la sala había **muchas** sillas.	Nos referimos a un número alto de sillas, pero no se indica el dato concreto.
posesivos	Indican a quién pertenece lo nombrado por el sustantivo.	mi, mis, mío, mía, míos, mías; tu, tus, tuyo, tuya, tuyos, tuyas; su, sus, suyo, suya, suyos, suyas; nuestro, nuestra, nuestros, nuestras; vuestro, vuestra, vuestros, vuestras	¿Alguien ha visto **mi** lápiz?	Con el posesivo *mi* estamos indicando que el lápiz pertenece al hablante.
numerales cardinales	Indican una cantidad exacta.	uno, dos, tres…	Me he comido **dos** manzanas.	Indicamos la cantidad exacta de manzanas que me he comido.
numerales ordinales	Indican el lugar que ocupa el nombre en una serie ordenada.	primero, segundo, tercero…	Llegué en **cuarto** lugar a la meta.	Indicamos el lugar o puesto que ocupé al llegar a la meta, dentro del conjunto de participantes.

ayudado. **2** Dinero que se tiene que pagar a alguien: *No he pagado mis deudas porque no tengo dinero.* ☐ FAMILIA: deudor, adeudar, endeudar.

deudor, ra (deu·dor, do·ra) [adjetivo o sustantivo] Que debe algo. ☐ ANTÓNIMOS: acreedor. ☐ FAMILIA: →deuda.

devaluar (de·va·luar) [verbo] Bajar el valor o el precio de algo: *devaluar la moneda.* ☐ [Es irregular y se conjuga como **ACTUAR**]. ☐ SINÓNIMOS: depreciar. ☐ ANTÓNIMOS: revaluar. ☐ FAMILIA: →valor.

devanar (de·va·nar) [verbo] Enrollar hilo o lana alrededor de un algo: *Devané la madeja de lana y formé un ovillo.*

devastador, ra (de·vas·ta·dor, do·ra) [adjetivo] Que destruye por completo. ☐ FAMILIA: →devastar.

devastar (de·vas·tar) [verbo] Destruir por completo: *El fuego devastó la ciudad.* ☐ SINÓNIMOS: asolar, arrasar. ☐ FAMILIA: devastador.

devenir (de·ve·nir) [sustantivo masculino] Transcurso del tiempo que se entiende como un proceso o un cambio: *El devenir de los años ha ido modificando algunas costumbres antiguas.*

devoción (de·vo·ción) [sustantivo femenino] **1** Amor y respeto religiosos: *orar con devoción.* **2** Admiración o interés especial que se siente hacia algo: *sentir devoción por una persona.* ☐ FAMILIA: devoto.

devolución (de·vo·lu·ción) [sustantivo femenino] Hecho de devolver algo. ☐ FAMILIA: →devolver.

devolver (de·vol·ver) [verbo] **1** Entregar a su dueño lo que nos había prestado: *Devuélveme el boli.* **2** Hacer volver al estado o a la situación que se tenían: *Un buen descanso te devolverá las fuerzas.* **3** Corresponder a un favor o a una ofensa: *Te devolveré el favor cuando necesites ayuda.* **4** Expulsar por la boca lo que estaba en el estómago. **5** Dar a la persona que paga algo el dinero que sobra de lo que ha dado: *Pagué y me devolvieron cuatro euros.* **6** Volver a dar una compra a la persona que la ha vendido, a cambio del dinero que nos costó: *Me compré un jersey, pero lo devolví porque estaba roto.* ☐ [Es irregular y se conjuga como **MOVER**. Su participio es «devuelto»]. ☐ SINÓNIMOS: **4** arrojar, vomitar. ☐ FAMILIA: devuelto, devolución.

devorar (de·vo·rar) [verbo] **1** Comer con muchas ganas y tragando deprisa. **2** Comer un animal a otro. **3** Hacer desaparecer algo por completo: *Las llamas devoraron los árboles.* **4** Dedicarse con muchas ganas a hacer algo que gusta: *Le gusta tanto leer que devora los libros que caen en sus manos.* ☐ SINÓNIMOS: **1** engullir.

devoto, ta (de·vo·to, ta) [adjetivo o sustantivo] **1** Que siente amor y respeto religiosos. **2** Que tiene mucho interés por algo o que lo muestra: *Soy una devota admiradora de esa cantante.* ☐ SINÓNIMOS: **2** ferviente, fervoroso. ☐ FAMILIA: →devoción.

devuelto, ta (de·vuel·to, ta) ■ **1** Participio irregular de **devolver**. ■ **devuelto** [sustantivo masculino] **2** Contenido del estómago que se expulsa por la boca. ☐ [El significado **2** es coloquial]. ☐ SINÓNIMOS: **2** vómito. ☐ FAMILIA: →devolver.

día (dí·a) [sustantivo masculino] **1** Período de tiempo de veinticuatro horas: *Hace dos días que no lo veo.* 👁 **página 169**. **2** Período de tiempo en el que el sol nos da luz: *En invierno, los días son más cortos que en verano.* **3** Momento u ocasión para hacer algo: *Llegará el día en que seas mayor.* ◆ [expresión] ‖ **al día** Sabiendo todo lo que ha sucedido hasta el momento presente: *Estoy al día de lo que sucede.* ‖ **al otro día** Un día después: *Un día me llamó por teléfono y al otro día nos vimos.* ‖ **buenos días** Se usa para saludar por la mañana. ‖ **día de precepto** Día en el que la Iglesia católica dispone que se oiga misa. ‖ **el día de mañana** En el futuro: *Me gustaría saber qué seré el día de mañana.* ‖ **el otro día** Uno de los días que acaban de pasar: *El otro día estuve en el circo.* ☐ SINÓNIMOS: **1** jornada. ☐ ANTÓNIMOS: **2** noche. ☐ FAMILIA: diario, diurno, mediodía.

diabetes (dia·be·tes) [sustantivo] Enfermedad de las personas que tienen mucha azúcar en la sangre. ☐ [No varía en singular y plural. No debe decirse «diabetis»]. ☐ FAMILIA: diabético.

diabético, ca (dia·bé·ti·co, ca) ■ [adjetivo] **1** De la diabetes o relacionado con esta enfermedad. ■ [adjetivo o sustantivo] **2** Que está enfermo de diabetes. ☐ FAMILIA: →diabetes.

diablesa (dia·ble·sa) [sustantivo femenino] → **diablo, bla**. ☐ FAMILIA: →diablo.

diablo, bla (dia·blo, bla) ■ [sustantivo] **1** En algunas religiones, espíritu maligno que se opone a Dios. **2** Persona muy mala o traviesa. ■ **diablos** [interjección] **3** Se usa para indicar sorpresa o disgusto: *¡Diablos, he olvidado las llaves!* ◆ [expresión] ‖ **del diablo** o **de mil diablos** Se usa para exagerar lo negativo de algo: *Hace un frío de mil diablos.* ‖ **irse algo al diablo** Estropearse: *El negocio se fue al diablo.* ☐ [Se usa también el femenino «diablesa». Las expresiones son coloquiales]. ☐ SINÓNIMOS: **1** demonio. **3** demonios. ☐ ANTÓNIMOS: **2** ángel. ☐ FAMILIA: diablura, diabólico, endiablado, diablesa, diábolo.

diablura (dia·blu·ra) [sustantivo femenino] Falta pequeña y sin importancia: *Es muy travieso y no para de hacer diabluras.* ☐ SINÓNIMOS: travesura. ☐ FAMILIA: →diablo.

diabólico, ca (dia·bó·li·co, ca) [adjetivo] **1** Del diablo o relacionado con él: *figura diabólica.* **2** Muy malo. ☐ [El significado **2** es coloquial]. ☐ SINÓNIMOS: **1** satánico. ☐ FAMILIA: →diablo.

diábolo (diá·bo·lo) [sustantivo masculino] Juguete que consiste en una figura formada por dos conos unidos por sus vértices, que se hace girar sobre una cuerda sujeta a unos palos. ☐ FAMILIA: →diablo.

diábolo

diácono (diá·co·no) [sustantivo masculino] Hombre religioso que tiene un grado menor que el de sacerdote.

diadema (dia·de·ma) [sustantivo femenino] Adorno en forma de media corona que se pone en la cabeza para sujetar el pelo.

diadema

diáfano, na (diá·fa·no, na) [adjetivo] **1** Que permite pasar la luz casi en su totalidad: *El agua es una sustancia diáfana.* **2** Claro o limpio: *una explicación diáfana.*

diafragma (dia·frag·ma) [sustantivo masculino] **1** En un mamífero, músculo que separa el abdomen del tórax. **2** En una cámara fotográfica, disco pequeño con un agujero que se abre o se cierra para que entre más o menos luz.

diagnosticar (diag·nos·ti·car) [verbo] Decir qué enfermedad tiene un enfermo a partir de un reconocimiento médico: *La doctora me auscultó y me diagnosticó una pulmonía.* ☐ [La «c» se cambia en «qu» delante de «e» («diagnostique»)]. ☐ FAMILIA: diagnóstico.

diagnóstico (diag·nós·ti·co) [sustantivo masculino] Reconocimiento de la enfermedad que tiene una persona a partir de las pruebas que se le han realizado. ☐ FAMILIA: →diagnosticar.

diagonal (dia·go·nal) [adjetivo o sustantivo femenino] Dicho de una línea, que une dos esquinas de una figura que no están seguidas: *La diagonal de un cuadrado lo divide en dos triángulos iguales.* ☐ [Cuando es adjetivo, no varía en masculino y femenino].

diagrama (dia·gra·ma) [sustantivo masculino] Dibujo que representa algo por medio de figuras geométricas o de signos. ☐ SINÓNIMOS: gráfico.

dialéctico, ca (dia·léc·ti·co, ca) ▍ [adjetivo] **1** De la dialéctica o relacionado con esta parte de la filosofía. ▍ **dialéctica** [sustantivo femenino] **2** Parte de la filosofía que estudia el razonamiento. **3** Arte y técnica de dialogar y convencer con la palabra.

dialecto (dia·lec·to) [sustantivo masculino] Variedad de una lengua que se habla en una zona: *El andaluz es un dialecto del español.*

diálisis (diá·li·sis) [sustantivo femenino] Tratamiento médico para eliminar el exceso de sustancias perjudiciales en la sangre que ocurre por un fallo en el riñón. ☐ [No varía en singular y plural].

dialogar (dia·lo·gar) [verbo] Hablar dos o más personas, escuchándose unas a otras. ☐ [La «g» se cambia en «gu» delante de «e» («dialogue»)]. ☐ SINÓNIMOS: departir. ☐ FAMILIA: →diálogo.

diálogo (diá·lo·go) [sustantivo masculino] Conversación entre dos o más personas, de forma que cada una escucha lo que dicen las otras. ☐ SINÓNIMOS: coloquio. ☐ ANTÓNIMOS: monólogo. ☐ FAMILIA: dialogar.

diamante (dia·man·te) [sustantivo masculino] Piedra preciosa, transparente y muy dura que se usa para hacer joyas.

diámetro (diá·me·tro) [sustantivo masculino] Línea que pasa por el centro de un círculo y lo divide en dos partes iguales. ☐ FAMILIA: →metro.

diana (dia·na) [sustantivo femenino] **1** Superficie circular que se usa como blanco para disparar sobre ella. **2** Punto del centro de esta superficie. 👁 ilustración en *dardo*.

diapasón (dia·pa·són) [sustantivo masculino] Instrumento en forma de horquilla que produce un sonido al ser golpeado y que se suele usar para afinar los instrumentos musicales.

diapositiva (dia·po·si·ti·va) [sustantivo femenino] Fotografía pequeña y transparente que está colocada en un cartón o en un plástico duro y que se ve con un proyector. ☐ SINÓNIMOS: filmina.

diario, ria (dia·rio, ria) ▍ [adjetivo] **1** Que sucede cada día o con mucha frecuencia: *Tómate una pastilla diaria.* ▍ **diario** [sustantivo masculino] **2** Especie de revista en la que se dan las noticias del día. **3** Libro en el que se escribe lo que ocurre cada día. ◆ [expresión] ‖ **a diario** Todos los días. ☐ SINÓNIMOS: **1** cotidiano. **2** periódico. ☐ FAMILIA: →día.

diarrea (dia·rre·a) [sustantivo femenino] Problema del intestino que hace que los excrementos sean más líquidos de lo normal.

diástole (diás·to·le) [sustantivo femenino] Movimiento de dilatación del corazón y de las arterias, que se produce cuando la sangre entra en ellos. ☐ ANTÓNIMOS: sístole.

dibujante (di·bu·jan·te) [sustantivo] Persona que se dedica a dibujar. ☐ [No varía en masculino y femenino]. ☐ FAMILIA: →dibujar.

dibujar (di·bu·jar) [verbo] **1** Hacer dibujos. **2** Describir con palabras: *En el libro se dibuja la vida en un pueblo.* ▍ **dibujarse 3** Mostrarse o dejarse ver: *A lo lejos se dibujaba una casa.* ☐ [Se escribe siempre con «j»]. ☐ SINÓNIMOS: **1** pintar. ☐ FAMILIA: dibujo, dibujante, desdibujarse.

dibujo (di·bu·jo) [sustantivo masculino] **1** Técnica y arte de hacer figuras con líneas y colores. **2** Imagen hecha según este arte. **3** Forma de combinarse las líneas o las figuras que adornan un objeto: *Las baldosas del suelo hacen un dibujo muy bonito.* ◆ [expresión] ‖ **dibujos animados** Película de cine en la que los personajes están pintados. ☐ FAMILIA: →dibujar.

diccionario (dic·cio·na·rio) [sustantivo masculino] Libro en el que se explica lo que significan las palabras de una lengua o de un tema determinado, normalmente siguiendo el orden del alfabeto.

dicha (di·cha) [sustantivo femenino] Mira en **dicho, cha**.

dicharachero, ra (di·cha·ra·che·ro, ra) [adjetivo] Que tiene mucha gracia al hablar.

dicho, cha (di·cho, cha) ■ **1** Participio irregular de **decir**. ■ **dicho** [sustantivo masculino] **2** Conjunto de palabras con las que expresamos algo: *Los refranes son dichos populares.* ■ **dicha** [sustantivo femenino] **3** Sensación que se tiene cuando algo nos gusta mucho o nos produce mucho placer: *¡Qué dicha volver a verte!* **4** Buena suerte: *salir con dicha de un asunto.* ☐ Sinónimos: **3** contento, alegría, gozo, felicidad. **4** fortuna. ☐ Antónimos: **3** pena, dolor, pesar, sufrimiento, tristeza. **4** desdicha. ☐ Familia: **1, 2** →decir. **3, 4** dichoso, desdicha, desdichado.

dichoso, sa (di·cho·so, sa) [adjetivo] **1** Que es feliz o que tiene buena suerte. **2** Que produce felicidad: *un acontecimiento dichoso.* ☐ [Se usa para dar más fuerza a lo que se dice: «No hay forma de abrir esta dichosa cerradura»]. ☐ Sinónimos: feliz, gozoso, venturoso. ☐ Antónimos: desgraciado. **1** desdichado, infeliz. ☐ Familia: →dicha.

diciembre (di·ciem·bre) [sustantivo masculino] Duodécimo y último mes del año, posterior a noviembre: *El mes de diciembre tiene 31 días.*

dicotiledóneo, a (di·co·ti·le·dó·ne·o, a) [adjetivo o sustantivo femenino] Dicho de una planta, que tiene un embrión con dos cotiledones, como las legumbres. ☐ Familia: →cotiledón.

dictado (dic·ta·do) [sustantivo masculino] Ejercicio que consiste en escribir un texto que alguien lee. ☐ Familia: →dictar.

dictador, ra (dic·ta·dor, do·ra) [sustantivo] **1** Persona que gobierna un país con todo el poder y sin respetar las libertades de los demás. **2** Persona que se aprovecha de su autoridad: *Eres una dictadora y no me dejas opinar.* ☐ Familia: →dictar.

dictadura (dic·ta·du·ra) [sustantivo femenino] **1** Forma de gobierno en la que el poder lo tiene una sola persona. **2** Estado o país que tiene esta forma de gobierno: *España fue durante años una dictadura.* ☐ Familia: →dictar.

dictamen (dic·ta·men) [sustantivo masculino] Opinión que alguien da sobre algo, sobre todo si es un especialista. ☐ Familia: →dictar.

dictaminar (dic·ta·mi·nar) [verbo] Dar alguien su opinión sobre algo, sobre todo si es un especialista: *El médico dictaminó que esa enfermedad no era grave.* ☐ Familia: →dictar.

dictar (dic·tar) [verbo] **1** Decir un texto en voz alta para que alguien lo escriba. **2** Dar una ley o una orden: *El juez dictó sentencia.* ☐ Sinónimos: **2** decretar. ☐ Familia: dictado, dictador, dictadura, dictamen, dictaminar.

didáctico, ca (di·dác·ti·co, ca) ■ [adjetivo] **1** Que sirve para enseñar o que ayuda a enseñar: *juguetes didácticos.* ■ **didáctica** [sustantivo femenino] **2** Conjunto de métodos y técnicas de enseñanza. ☐ Sinónimos: **1** formativo, pedagógico. ☐ Familia: autodidacto.

diecinueve (die·ci·nue·ve) ■ [numeral] **1** Indica 19 unidades: *Tengo diecinueve camisas distintas.* ■ [sustantivo masculino] **2** Número 19: *El diecinueve es mi número favorito.* ☐ [En el significado **1** no varía en masculino y femenino]. ☐ Familia: →diez. →nueve.

diecinueveavo, va (die·ci·nue·ve·a·vo, va) [numeral] Dicho de una parte, que es una de las diecinueve partes en que se divide algo: *la diecinueveava parte de una tarta.* ☐ [No confundir con «decimonoveno» (que ocupa el lugar diecinueve en una serie)]. ☐ Familia: →diez. →nueve.

dieciochavo, va (die·cio·cha·vo, va) [numeral] → **diecio-choavo, va.**

dieciocho (die·cio·cho) ■ [numeral] **1** Indica 18 unidades: *Este mes he visto dieciocho películas.* ■ [sustantivo masculino] **2** Número 18: *El dieciocho es mi número de la suerte.* ☐ [En el significado **1** no varía en masculino y femenino]. ☐ Familia: →diez. →ocho.

dieciochoavo, va (die·cio·cho·a·vo, va) [numeral] Dicho de una parte, que es una de las dieciocho en que se divide algo: *la dieciochoava parte de la tarta.* ☐ [No confundir con «decimoctavo» (que ocupa el lugar dieciocho en una serie). Se usa también «dieciochavo»]. ☐ Familia: →diez. →ocho.

dieciséis (die·ci·séis) ■ [numeral] **1** Indica 16 unidades: *He comprado dieciséis libros.* ■ [sustantivo masculino] **2** Número 16: *Escribió un dieciséis en la pizarra.* ☐ [En el significado **1** no varía en masculino y femenino]. ☐ Familia: →diez. →seis.

dieciseisavo, va (die·ci·sei·sa·vo, va) [numeral] Dicho de una parte, que es una de las dieciséis en que se divide algo: *la dieciseisava parte de una pizza.* ☐ [No confundir con «decimosexto» (que ocupa el lugar dieciséis en una serie)]. ☐ Familia: →diez. →seis.

diecisiete (die·ci·sie·te) ■ [numeral] **1** Indica 17 unidades: *He cambiado diecisiete cromos.* ■ [sustantivo masculino] **2** Número 17: *Tiene un diecisiete pintado en la espalda.* ☐ [En el significado **1** no varía en masculino y femenino]. ☐ Familia: →diez. →siete.

diecisieteavo, va (die·ci·sie·te·a·vo, va) [numeral] Dicho de una parte, que es una de las diecisiete en que se divide algo: *la diecisieteava parte de una tarta.* ☐ [No confundir con «decimoséptimo» (que ocupa el lugar diecisiete en una serie)]. ☐ Familia: →diez. →siete.

diedro (die·dro) [sustantivo masculino] En matemáticas, un tipo de ángulo formado por dos planos que se cortan.

diente (dien·te) [sustantivo masculino] **1** Cada una de las piezas blancas y duras que tienen en la boca las personas y algunos animales: *Hay que lavarse los dientes.* **2** Cada una de las partes puntiagudas que hay en el borde de algunos objetos: *Mi tenedor tiene cuatro dientes.* ◆ [expresión] ∥ **dar diente con diente** Tiritar: *Me voy a poner el abrigo porque estoy dando diente con diente.* ∥ **diente de ajo** Cada una de las partes en que se divide la cabeza del ajo. ∥ **diente de leche** Cada uno de los dientes que salen cuando somos pequeños y luego se caen. ∥ **hablar entre dientes** Hablar en voz baja. ∥ **poner los dientes largos** Dar envidia. ☐ [La expresión «dar diente con diente» es coloquial]. ☐ Familia: dental, dentadura, dentado, desdentado, dentista, dentellada, dentera, dentífrico, mondadientes, rechinadientes.

diéresis (dié·re·sis) [sustantivo femenino] Signo que ponemos sobre la *u* en *gue* y *gui* cuando hay que pronunciar esta vocal: *«Cigüeña» lleva diéresis sobre la «u»*. ☐ [No varía en singular y plural].

diésel (dié·sel) [sustantivo masculino] **1** Combustible parecido a la gasolina, que se saca del petróleo y que se usa para hacer funcionar algunos motores. **2** Tipo de motor que funciona con este combustible. **3** Coche que tiene este motor.

diestro, tra (dies·tro, tra) ▌[adjetivo] **1** Que tiene capacidad para hacer muy bien alguna cosa: *Eres un pintor muy diestro con el pincel*. **2** Que tiene más habilidad con la mano o con la pierna derechas: *Yo soy diestra y tú eres zurda*. ▌**diestro** [sustantivo masculino] **3** Persona que se dedica a torear: *El diestro cortó dos orejas*. ◆ [expresión] ‖ **a diestro y siniestro** A todos lados o sin orden: *Un loco tiraba piedras a diestro y siniestro*. ☐ Sinónimos: **1** capaz, hábil, mañoso. **3** torero. ☐ Antónimos: **1** torpe, inepto, negado. **2** zurdo. ☐ Familia: destreza, adiestrar, adiestramiento, ambidiestro.

dieta (die·ta) [sustantivo femenino] **1** Conjunto de comidas o bebidas que debe tomar una persona para no engordar o para no ponerse enferma. **2** Conjunto de comidas o bebidas que toma una persona normalmente. ☐ Sinónimos: **1** régimen. ☐ Familia: dietético.

dietético, ca (die·té·ti·co, ca) ▌[adjetivo] **1** De la dieta o relacionado con ella: *productos dietéticos*. ▌**dietética** [sustantivo femenino] **2** Ciencia que estudia la alimentación más adecuada para conservar la salud. ☐ Familia: →dieta.

diez (diez) ▌[numeral] **1** Indica 10 unidades: *Me he comprado diez libros*. ▌[sustantivo masculino] **2** Número 10: *El diez es mi número favorito*. ☐ [En el significado **1** no varía en masculino y femenino. Su plural es «dieces»]. ☐ Familia: decena, décimo, decimal, década, decasílabo, decenio, dieciséis, dieciseisavo, diecisiete, diecisieteavo, dieciocho, dieciochoavo, diecinueve, diecinueveavo, diezmar, diezmilésimo.

diezmar (diez·mar) [verbo] **1** Causar muchas muertes en una población: *Las guerras diezman los pueblos*. **2** Hacer disminuir o causar bajas: *Las lesiones han diezmado al equipo*. ☐ Familia: →diez.

diezmilésimo, ma (diez·mi·lé·si·mo, ma) [numeral] Dicho de una parte, que es una de las diez mil en que se divide algo: *la diezmilésima parte de un milímetro*. ☐ Familia: →diez. →mil.

difamación (di·fa·ma·ción) [sustantivo femenino] Hecho de decir cosas que no son verdad sobre alguien, para que pierda su buena fama. ☐ Familia: →difamar.

difamar (di·fa·mar) [verbo] Decir de alguien cosas que no son verdad para que pierda su honor o su buena fama. ☐ Familia: difamación.

diferencia (di·fe·ren·cia) [sustantivo femenino] **1** Característica que hace que una cosa no sea igual a otra. **2** Falta de acuerdo entre dos o más personas: *Para llevaros bien tenéis que superar vuestras diferencias*. **3** En matemáticas, resultado de restar dos números. ☐ Sinónimos: **1** distinción. **3** resto. ☐ Familia: →diferente.

diferencial (di·fe·ren·cial) [adjetivo] De la diferencia o relacionado con ella: *rasgo diferencial*. ☐ [No varía en masculino y femenino]. ☐ Familia: →diferente.

diferenciar (di·fe·ren·ciar) [verbo] **1** Ser capaz de ver la diferencia que hay entre dos o más cosas: *Debes diferenciar lo bueno de lo malo*. **2** Tener algo una característica que lo hace diferente a otra cosa: *Estos libros se diferencian en el papel*. ☐ [Es irregular y se conjuga como **ANUNCIAR**]. ☐ Sinónimos: distinguir. ☐ Familia: →diferente.

diferente (di·fe·ren·te) [adjetivo] Que no es igual. ☐ [No varía en masculino y femenino]. ☐ Sinónimos: distinto, desigual, dispar. ☐ Antónimos: igual, idéntico. ☐ Familia: diferenciar, diferencia, diferencial.

diferido (di·fe·ri·do) ◆ [expresión] ‖ **en diferido** Emitido después de haber sido grabado: *El partido se jugó a las cinco, pero lo transmitieron a las diez en diferido*. ☐ Antónimos: en directo, en vivo. ☐ Familia: →diferir.

diferir (di·fe·rir) [verbo] **1** Ser diferente: *Nuestras opiniones difieren en este punto*. **2** Retrasar algo o dejarlo para más tarde: *Van a diferir la entrevista hasta el mes próximo*. **3** No estar de acuerdo con algo: *Difiero de todo lo que has dicho*. ☐ [Es irregular y se conjuga como **SENTIR**]. ☐ Sinónimos: **1**, **3** discrepar. **2** aplazar. ☐ Familia: diferido.

difícil (di·fí·cil) [adjetivo] **1** Que se hace con mucho trabajo o con mucho esfuerzo: *Este problema es muy difícil*. **2** Que es poco probable que ocurra: *Es difícil que llueva*. **3** Dicho de una persona, que es complicada de tratar: *Es una persona difícil y caprichosa*. ☐ [No varía en masculino y femenino]. ☐ Antónimos: **1** sencillo. **1**, **2** fácil. ☐ Familia: dificultad, dificultar, dificultoso.

dificultad (di·fi·cul·tad) [sustantivo femenino] **1** Impedimento para que algo se pueda realizar de una forma rápida o fácil: *Los tímidos tienen dificultad para hacer amigos*. **2** Problema o situación difícil. ☐ Sinónimos: **2** atolladero. ☐ Antónimos: **1** facilidad. ☐ Familia: →difícil.

dificultar (di·fi·cul·tar) [verbo] Hacer difícil la realización de algo: *El temporal dificultaba el rescate de los náufragos*. ☐ Sinónimos: estorbar, entorpecer, obstaculizar. ☐ Antónimos: facilitar, simplificar, propiciar. ☐ Familia: →difícil.

dificultoso, sa (di·fi·cul·to·so, sa) [adjetivo] Que resulta difícil. ☐ Sinónimos: complicado, complejo. ☐ Antónimos: fácil, sencillo. ☐ Familia: →difícil.

difteria (dif·te·ria) [sustantivo femenino] Enfermedad infecciosa que produce fiebre y unas membranas en la garganta que impiden la respiración.

difuminar (di·fu·mi·nar) [verbo] **1** Hacer que una línea o un color queden menos marcados o con menos tono: *Difuminó los contornos de la figura*. **2** Hacer que algo quede menos claro: *La niebla difumina los contornos del paisaje*. ☐ Familia: →difumino.

difumino (di·fu·mi·no) [sustantivo masculino] Rollito de papel suave terminado en punta, que se usa para difuminar. ☐ Familia: difuminar.

difundir (di·fun·dir) [verbo] Extender o hacer que algo llegue a muchos lugares o muchas personas: *difundir un rumor.* ☐ SINÓNIMOS: divulgar, propagar, expandir. ☐ FAMILIA: difusión, difuso.

difunto, ta (di·fun·to, ta) [sustantivo] Persona que está muerta.

difusión (di·fu·sión) [sustantivo femenino] Proceso por el que algo se extiende o llega más lejos: *La televisión ayuda a la difusión de las noticias.* ☐ FAMILIA: radiodifusión. →difundir.

difuso, sa (di·fu·so, sa) [adjetivo] Poco preciso o poco claro: *una imagen difusa.* ☐ FAMILIA: →difundir.

digerir (di·ge·rir) [verbo] Convertir el alimento que se ha comido en sustancias que puedan ser aprovechadas por el organismo: *La fruta se digiere fácilmente.* ☐ [Es irregular y se conjuga como SENTIR]. ☐ FAMILIA: digestión, digestivo, indigestión, indigesto, indigestarse.

digestión (di·ges·tión) [sustantivo femenino] Proceso que se desarrolla en el organismo para obtener de los alimentos que tomamos las sustancias que se pueden aprovechar. ☐ FAMILIA: →digerir.

digestivo, va (di·ges·ti·vo, va) ■ [adjetivo] **1** Que está relacionado con el proceso por el que el organismo obtiene de los alimentos las sustancias que necesita: *aparato digestivo.* ■ [adjetivo o sustantivo masculino] **2** Que ayuda al organismo a obtener de los alimentos las sustancias que necesita: *Las infusiones son muy digestivas.* ☐ FAMILIA: →digerir.

digital (di·gi·tal) [adjetivo] **1** De los dedos o relacionado con ellos: *huella digital.* **2** Dicho de un sistema o de un instrumento, que utiliza información que se transmite solo por medio de dos números o de otra pareja de elementos: *Un reloj digital es el que marca las horas y los minutos con números que van cambiando.* ☐ [No varía en masculino y femenino]. ☐ SINÓNIMOS: **1** dactilar. ☐ ANTÓNIMOS: **2** analógico. ☐ FAMILIA: →dedo.

digitalizar (di·gi·ta·li·zar) [verbo] Transformar cualquier tipo de información en una serie de números: *Cualquier fotografía se puede digitalizar para manipularla en el ordenador.* ☐ [La «z» se cambia en «c» delante de «e» («digitalice»)]. ☐ FAMILIA: →dedo.

dígito (dí·gi·to) [sustantivo masculino] Número que se representa con una sola cifra: *Los números del 0 al 9 son dígitos.* ☐ FAMILIA: →dedo.

dignarse (dig·nar·se) [verbo] Hacer lo que alguien desea que hagamos: *Dígnate pasar por casa de vez en cuando.* ☐ FAMILIA: →digno.

dignatario, ria (dig·na·ta·rio, ria) [sustantivo] Persona que tiene un cargo importante. ☐ FAMILIA: →digno.

dignidad (dig·ni·dad) [sustantivo femenino] **1** Forma de actuar de las personas serias y que merecen respeto: *Compórtate con dignidad.* **2** Categoría de algunas personas: *Tiene la dignidad de obispo.* ☐ SINÓNIMOS: **1** pundonor. ☐ FAMILIA: →digno.

digno, na (dig·no, na) [adjetivo] **1** Que merece algo: *Ayudar a los demás es digno de admiración.* **2** Que actúa de modo que merece respeto y admiración: *Es una persona muy digna.* **3** Que tiene el valor que le corresponde: *Todos tenemos derecho a una vivienda digna.* ☐ SINÓNIMOS: **1** acreedor. **2** honroso. ☐ ANTÓNIMOS: **1, 3** indigno. ☐ FAMILIA: dignarse, dignatario, dignidad, indigno, indignar, indignante, indignación, fidedigno.

dilación (di·la·ción) [sustantivo femenino] Retraso en hacer algo. ☐ SINÓNIMOS: tardanza.

dilapidar (di·la·pi·dar) [verbo] Gastar más dinero de lo necesario: *Dilapidaron sus ahorros con la compra de la casa.* ☐ SINÓNIMOS: derrochar, despilfarrar, disipar. ☐ ANTÓNIMOS: ahorrar.

dilatación (di·la·ta·ción) [sustantivo femenino] Hecho de que algo se haga más grande o de que ocupe más espacio. ☐ SINÓNIMOS: expansión. ☐ ANTÓNIMOS: contracción. ☐ FAMILIA: →dilatar.

dilatar (di·la·tar) [verbo] Hacer que algo sea más grande o que ocupe más espacio: *Los cuerpos se dilatan por el calor.* ☐ ANTÓNIMOS: contraer. ☐ FAMILIA: dilatación.

dilema (di·le·ma) [sustantivo masculino] Situación en la que se encuentra la persona que tiene que elegir entre varias cosas: *Estoy en un dilema y no sé qué hacer.*

diligencia (di·li·gen·cia) [sustantivo femenino] **1** Coche grande de caballos que servía para llevar viajeros. **2** Cuidado y velocidad con la que se hace algo: *Trabajas con mucha diligencia.* ☐ ANTÓNIMOS: **2** lentitud, pesadez. ☐ FAMILIA: →diligente.

diligencia

diligente (di·li·gen·te) [adjetivo] **1** Que se ofrece para hacer algo y lo hace bien: *una persona muy diligente.* **2** Que actúa deprisa: *Acudió diligente a mi llamada.* ☐ [No varía en masculino y femenino]. ☐ FAMILIA: diligencia.

dilucidar (di·lu·ci·dar) [verbo] Explicar y aclarar algo: *Todavía no se han dilucidado los hechos.* ☐ SINÓNIMOS: esclarecer. ☐ FAMILIA: →luz.

diluir (di·luir) [verbo] Hacer que una sustancia se mezcle totalmente con un líquido: *El cacao se diluye bien en leche caliente.* ☐ [Es irregular y se conjuga como CONSTRUIR]. ☐ SINÓNIMOS: disolver, desleír.

diluviar (di·lu·viar) [verbo] Llover mucho. ☐ [Es irregular y se conjuga como ANUNCIAR]. ☐ FAMILIA: →diluvio.

diluvio (di·lu·vio) [sustantivo masculino] Lluvia que cae en gran cantidad. ☐ FAMILIA: diluviar.

dimanar (di·ma·nar) [verbo] Tener origen o tener principio: *Antes se creía que el poder de los reyes dimanaba de Dios.* ☐ SINÓNIMOS: provenir, proceder, nacer. ☐ FAMILIA: →manar.

dimensión (di·men·sión) [sustantivo femenino] **1** Tamaño o importancia de algo: *incendio de grandes dimensiones.* **2** Cada una de las magnitudes que sirven para definir un fenómeno o un objeto: *El espacio tiene tres dimensiones: longitud, anchura y altura.* ☐ SINÓNIMOS: **1** magnitud. ☐ FAMILIA: tridimensional.

diminutivo, va (di·mi·nu·ti·vo, va) [adjetivo o sustantivo masculino] Que indica disminución: *«Cochecito» y «cochecico» son diminutivos de «coche».* ☐ FAMILIA: →diminuto.

diminuto, ta (di·mi·nu·to, ta) [adjetivo] Muy pequeño o más pequeño de lo normal. ☐ SINÓNIMOS: enano. ☐ ANTÓNIMOS: enorme, gigante, gigantesco, ingente, desaforado, desmesurado, descomunal. ☐ FAMILIA: diminutivo.

dimisión (di·mi·sión) [sustantivo femenino] Hecho de renunciar al trabajo o al cargo que se tiene. ☐ FAMILIA: →dimitir.

dimitir (di·mi·tir) [verbo] Renunciar al trabajo o al cargo que se tiene. ☐ [No debe decirse «El presidente ha dimitido al ministro», sino «El presidente ha hecho dimitir al ministro» o «El ministro ha dimitido»]. ☐ FAMILIA: dimisión.

dinámico, ca (di·ná·mi·co, ca) ■ [adjetivo] **1** Dicho de una persona, que es activa y tiene mucha energía. **2** De la fuerza que produce movimiento o relacionado con ella. ■ **dinámica** [sustantivo femenino] **3** Parte de la mecánica que estudia el movimiento de los cuerpos en relación con las fuerzas que lo producen. **4** Conjunto de hechos o de fuerzas que actúan en algún sentido: *Cuando entras en la dinámica del poder es difícil salir de ella.* ☐ FAMILIA: aerodinámico. →dinamo.

dinamismo (di·na·mis·mo) [sustantivo masculino] Energía, rapidez y gran actividad. ☐ FAMILIA: →dinamo.

dinamita (di·na·mi·ta) [sustantivo femenino] **1** Explosivo que se hace mezclando distintas sustancias. **2** Persona o cosa que sorprende y llama mucho la atención: *Esta noticia es dinamita.* ☐ [El significado **2** es coloquial]. ☐ FAMILIA: dinamitar.

dinamitar (di·na·mi·tar) [verbo] Destruir o volar con dinamita. ☐ FAMILIA: →dinamita.

dinamizar (di·na·mi·zar) [verbo] Hacer que algo se desarrolle con más rapidez o con más intensidad: *Las nuevas inversiones han dinamizado la economía.* ☐ [La «z» se cambia en «c» delante de «e» («dinamice»)]. ☐ FAMILIA: →dinamo.

dinamo o **dínamo** (di·na·mo; dí·na·mo) [sustantivo femenino] Máquina que transforma la energía mecánica en energía eléctrica. ☐ FAMILIA: dinámico, dinamismo, dinamizar, dinamómetro.

dinamómetro (di·na·mó·me·tro) [sustantivo masculino] Instrumento que sirve para medir la fuerza. ☐ FAMILIA: →dinamo. →metro.

dinastía (di·nas·tí·a) [sustantivo femenino] **1** Conjunto de reyes que pertenecen a la misma familia: *la dinastía de los Borbones.* **2** Conjunto de personas de la misma familia que destacan por algo: *Su padre pertenece a una dinastía de empresarios.* ☐ SINÓNIMOS: **2** saga.

dineral (di·ne·ral) [sustantivo masculino] Gran cantidad de dinero. ☐ FAMILIA: →dinero.

dinero (di·ne·ro) [sustantivo masculino] **1** Conjunto de billetes y monedas que se usan para comprar. **2** Conjunto de bienes y de riquezas. ◆ [expresión] ‖ **de dinero** Muy rico. ‖ **dinero negro** El que se tiene, pero sin declararlo al Estado. ☐ FAMILIA: dineral, adinerado.

dinosaurio (di·no·sau·rio) [sustantivo masculino] Animal de gran tamaño que vivió hace muchos años. ☐ FAMILIA: →saurio.

dintel (din·tel) [sustantivo] Parte superior de una puerta o de una ventana, que se apoya sobre las dos piezas que están a los lados: *Al entrar me di con el dintel de la puerta en la frente.* ☐ [No confundir con «umbral» (parte inferior de una puerta)].

dintel

diñar (di·ñar) ◆ [expresión] ‖ **diñarla** Morir. ☐ [Es vulgar].

diócesis (dió·ce·sis) [sustantivo femenino] Conjunto de territorios o parroquias bajo las órdenes de un obispo. ☐ [No varía en singular y plural]. ☐ SINÓNIMOS: sede, obispado.

dioptría (diop·trí·a) [sustantivo femenino] Unidad que se utiliza para medir la falta de visión de un ojo.

dios, sa (dios, dio·sa) [sustantivo] **1** En religión, ser superior o sobrenatural al que se adora. **2** Persona muy admirada y querida, y considerada superior a las demás. ◆ [expresión] ‖ **a la buena de Dios** Sin cuidado. ‖ **como Dios manda** Como la sociedad dice que debe ser. ☐ [En el significado **1** se escribe con mayúscula cuando se trata del dios de las religiones monoteístas. Las expresiones son coloquiales]. ☐ SINÓNIMOS: **1** divinidad, deidad. ☐ FAMILIA: endiosar, endiosado, adiós, deidad, divinidad, divino.

dióxido (dió·xi·do) [sustantivo masculino] Compuesto químico cuya molécula tiene dos átomos de oxígeno: *dióxido de carbono.* ☐ FAMILIA: →óxido.

diplodoco (di·plo·do·co) [sustantivo masculino] → **diplodocus**.

diplodocus (di·plo·do·cus) [sustantivo masculino] Dinosaurio de gran tamaño, que tenía la cabeza pequeña y el cuello y la cola muy largos. ☐ [No varía en singular y plural. Se usa también «diplodoco»].

diploma (di·plo·ma) [sustantivo masculino] Documento que prueba que se tiene un título o que se ha ganado un premio. ☐ FAMILIA: diplomado, diplomatura.

diplomacia (di·plo·ma·cia) [sustantivo femenino] **1** Actividad de los países que se relacionan entre sí para ayudarse y defender sus intereses: *Los embajadores y los cónsules*

dirigir

son los encargados de la diplomacia de un país. **2** Habilidad para hacer o decir algo sin que los demás se molesten: *Pídeselo con diplomacia.* ☐ SINÓNIMOS: **2** tacto, tiento. ☐ FAMILIA: diplomático.

diplomado, da (di·plo·ma·do, da) [adjetivo o sustantivo] Dicho de una persona, que tiene un diploma que demuestra que ha estudiado una carrera de tres años. ☐ FAMILIA: →diploma.

diplomático, ca (di·plo·má·ti·co, ca) [adjetivo] **1** Que tiene que ver con las relaciones de unos países con otros: *cuerpo diplomático.* **2** Que sabe tratar a los demás con habilidad y cortesía para no molestarlos: *persona diplomática.* ▌[sustantivo] **3** Persona que trabaja en todo lo que tiene que ver con las relaciones de un país con los demás: *El embajador es un diplomático.* ☐ FAMILIA: →diplomacia.

diplomatura (di·plo·ma·tu·ra) [sustantivo femenino] Título que se obtiene en una universidad después de haber estudiado una carrera de tres años. ☐ FAMILIA: →diploma.

diptongo (dip·ton·go) [sustantivo masculino] Conjunto de dos vocales que se pronuncian en una misma sílaba: *La combinación «ie» de «tierra» es un diptongo.* ☐ [No confundir con «hiato» (vocales que se pronuncian en sílabas diferentes)].

diputación (di·pu·ta·ción) [sustantivo femenino] **1** Conjunto de los diputados. **2** Lugar en el que se reúnen los diputados. ☐ [En el significado **1** se escribe con mayúscula]. ☐ FAMILIA: →diputado.

diputado, da (di·pu·ta·do, da) [sustantivo] Persona elegida por los ciudadanos para que los represente y haga las leyes que gobiernan un país. ☐ FAMILIA: diputación.

dique (di·que) [sustantivo masculino] Muro que se construye para contener las aguas. ☐ SINÓNIMOS: escollera, espigón.

dique

dirección (di·rec·ción) [sustantivo femenino] **1** Camino que sigue algo en su movimiento: *Para llegar a la fuente sigue en esa dirección.* **2** Hecho de dirigir a alguien en un trabajo o en una acción: *La dirección de la obra de teatro corre a cargo de un famoso director.* **3** Persona o conjunto de personas que dirigen a otras en una empresa o en un grupo. **4** Lugar en el que trabaja el director. **5** Calle, número y piso donde vive una persona. **6** Conjunto de piezas de un automóvil que permiten conducirlo o llevarlo hacia un lugar. ◆ [expresión] ▌ **dirección asistida** Conjunto de piezas de un automóvil que hacen más fácil el movimiento del coche al girar. ☐ SINÓNIMOS: **1** rumbo. **5** señas, domicilio. ☐ FAMILIA: →dirigir.

directivo, va (di·rec·ti·vo, va) ▌[adjetivo o sustantivo] **1** Que dirige o gobierna algo: *junta directiva.* ▌ **directiva** [sustantivo femenino] **2** Grupo de personas que dirige una sociedad o una empresa. ☐ FAMILIA: →dirigir.

directo, ta (di·rec·to, ta) [adjetivo] **1** Que se dirige a un punto sin cambiar de dirección: *La flecha fue directa a la diana.* **2** Que se hace sin que intervenga nada: *No recibí la noticia de forma directa, sino por los periódicos.* ◆ [expresión] ▌ **en directo** Dicho de un programa de radio o de televisión, que se hace al mismo tiempo que lo oímos o lo vemos. ☐ SINÓNIMOS: **1** recto. ☐ ANTÓNIMOS: indirecto. ☐ FAMILIA: →dirigir.

director, ra (di·rec·tor, to·ra) [sustantivo] Persona que lleva la dirección de algo: *director de cine; director del colegio.* ☐ FAMILIA: →dirigir.

directorio (di·rec·to·rio) [sustantivo masculino] **1** Lista de personas, departamentos, lugares o cosas semejantes, con la indicación de algunos datos como puede ser el cargo o la localización para llegar a ellos: *A la entrada del edificio hay un directorio con las empresas que tienen una oficina en él y la planta en la que están.* **2** Conjunto de ficheros que se guardan bajo un mismo nombre en un ordenador. ☐ FAMILIA: →dirigir.

directriz (di·rec·triz) [sustantivo femenino] Conjunto de normas o de instrucciones que deben seguirse: *las directrices de una empresa.* ☐ [Su plural es «directrices»]. ☐ FAMILIA: →dirigir.

dirigente (di·ri·gen·te) [adjetivo o sustantivo] Que dirige algo, especialmente un país o una empresa. ☐ [No varía en masculino y femenino]. ☐ FAMILIA: →dirigir.

dirigible (di·ri·gi·ble) [sustantivo masculino] Especie de globo muy grande y alargado que puede llevar pasajeros y que se dirige con un timón. ☐ SINÓNIMOS: zepelín. ☐ FAMILIA: →dirigir.

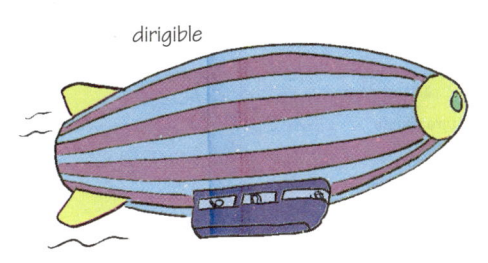

dirigible

dirigir (di·ri·gir) [verbo] **1** Llevar hacia un fin o hacia un lugar determinados: *El piloto dirigió la avioneta hacia la pista de despegue.* **2** Mostrar un camino por medio de consejos o de señas: *No sé ir, así que dirígeme mientras conduzco.* **3** Poner algo en una dirección

discapacidad

determinada o darle determinado destino: *Este producto va dirigido a un público joven.* **4** Llevar la dirección de un grupo de personas para que hagan un trabajo juntas: *Me encantaría dirigir una orquesta.* ☐ [La «g» se cambia en «j» delante de «a», «o» («dirija»)]. ☐ SINÓNIMOS: **1**, **3** encaminar. **3** canalizar. ☐ FAMILIA: dirección, directo, director, directorio, directriz, subdirector, directivo, dirigente, dirigible, indirecta, indirecto, teledirigido, bidireccional.

discapacidad (dis·ca·pa·ci·dad) [sustantivo femenino] Limitación de una persona para realizar ciertas actividades debido a una deficiencia física o psíquica. ☐ FAMILIA: →capaz.

discernir (dis·cer·nir) [verbo] Distinguir entre dos o más cosas viendo sus diferencias: *Debes discernir entre el bien y el mal.* ☐ [Es irregular].

disciplina (dis·ci·pli·na) [sustantivo femenino] **1** Obediencia a las reglas de comportamiento propias de una profesión o de un grupo. **2** Ciencia, arte o técnica que tratan un tema concreto: *La biología es una disciplina.* ☐ FAMILIA: disciplinado, indisciplinado.

disciplinado, da (dis·ci·pli·na·do, da) [adjetivo] Que obedece o cumple las leyes. ☐ ANTÓNIMOS: indisciplinado. ☐ FAMILIA: →disciplina.

discípulo, la (dis·cí·pu·lo, la) [sustantivo] Persona que aprende de otra. ☐ FAMILIA: condiscípulo.

disc-jockey [sustantivo] → **pinchadiscos**. ☐ [Es una palabra inglesa. No varía en masculino y femenino].

disco (dis·co) [sustantivo masculino] **1** Figura circular y plana: *lanzadores de disco.* **2** Plástico circular que se usa para oír música. **3** Aparato con luces de colores que hay en las carreteras para regular la circulación. ◆ [expresión] ‖ **disco compacto** El que se graba y se oye por medio de un rayo láser y tiene muy buena calidad de sonido. ‖ **disco duro** En un ordenador, sistema en el que se mete la información y que tiene mucha capacidad de memoria. ☐ [Como sinónimo de la expresión «disco compacto» se usa también «CD» o «cedé». Puede usarse «compacto» con el significado de «disco compacto»]. ☐ SINÓNIMOS: **3** semáforo. ☐ FAMILIA: discografía, disquete, pinchadiscos, tocadiscos, giradiscos, discoteca.

discografía (dis·co·gra·fí·a) [sustantivo femenino] Conjunto de las obras musicales de un autor o de un tema. ☐ FAMILIA: →disco.

díscolo, la (dís·co·lo, la) [adjetivo o sustantivo] Que es rebelde y desobediente. ☐ ANTÓNIMOS: obediente, dócil.

disconforme (dis·con·for·me) [adjetivo] Que no está de acuerdo con algo. ☐ [No varía en masculino y femenino]. ☐ ANTÓNIMOS: conforme. ☐ FAMILIA: →conforme.

discontinuo, nua (dis·con·ti·nuo, nua) [adjetivo] Que se corta o se interrumpe: *línea discontinua.* ☐ ANTÓNIMOS: continuo. ☐ FAMILIA: →continuo.

DISCERNIR

INDICATIVO	SUBJUNTIVO
Presente yo discierno tú disciernes / usted discierne él, ella discierne nosotros, tras discernimos vosotros, tras discernís / ustedes disciernen ellos, ellas disciernen	**Presente** yo discierna tú disciernas / usted discierna él, ella discierna nosotros, tras discernamos vosotros, tras discernáis / ustedes disciernan ellos, ellas disciernan
Pretérito imperfecto yo discernía tú discernías / usted discernía él, ella discernía nosotros, tras discerníamos vosotros, tras discerníais / ustedes discernían ellos, ellas discernían	**Pretérito imperfecto** yo discerniera o discerniese tú discernieras o discernieses / usted discerniera o discerniese él, ella discerniera o discerniese nosotros, tras discerniéramos o discerniésemos vosotros, tras discernierais o discernieseis / ustedes discernieran o discerniesen ellos, ellas discernieran o discerniesen
Pretérito perfecto simple yo discerní tú discerniste / usted discernió él, ella discernió nosotros, tras discernimos vosotros, tras discernisteis / ustedes discernieron ellos, ellas discernieron	**Futuro simple** yo discerniere tú discernieres / usted discerniere él, ella discerniere nosotros, tras discerniéremos vosotros, tras discerniereis / ustedes discernieren ellos, ellas discernieren
Futuro simple yo discerniré tú discernirás / usted discernirá él, ella discernirá nosotros, tras discerniremos vosotros, tras discerniréis / ustedes discernirán ellos, ellas discernirán	**IMPERATIVO** discierne (tú) / discierna (usted) discernamos (nosotros, tras) discernid (vosotros, tras) / disciernan (ustedes)
Condicional simple yo discerniría tú discernirías / usted discerniría él, ella discerniría nosotros, tras discerniríamos vosotros, tras discerniríais / ustedes discernirían ellos, ellas discernirían	**FORMAS NO PERSONALES** **Infinitivo** **Gerundio** **Participio** discernir discerniendo discernido

discordancia (dis·cor·dan·cia) [sustantivo/femenino] Falta de relación o de acuerdo entre varias cosas o entre varias personas. □ SINÓNIMOS: desacuerdo, discrepancia.

discordante (dis·cor·dan·te) [adjetivo] **1** Opuesto o diferente: *Tienen opiniones discordantes y no se pondrán de acuerdo.* **2** Dicho de una voz o de un instrumento, que no suena en armonía con otros. □ [No varía en masculino y femenino].

discordia (dis·cor·dia) [sustantivo/femenino] Situación que se da entre personas que tienen ideas o deseos muy distintos.

discoteca (dis·co·te·ca) [sustantivo/femenino] **1** Lugar en el que se escucha música y se baila. **2** Colección de discos. □ FAMILIA: →disco.

discreción (dis·cre·ción) [sustantivo/femenino] Cualidad de la persona que actúa con juicio y de forma sensata y no habla de lo que no debe. □ ANTÓNIMOS: indiscreción. □ FAMILIA: discreto, indiscreto, indiscreción.

discrepancia (dis·cre·pan·cia) [sustantivo/femenino] Diferencia de opinión o de ideas entre varias personas. □ SINÓNIMOS: discordancia, desacuerdo, divergencia, desavenencia. □ FAMILIA: →discrepar.

discrepante (dis·cre·pan·te) [adjetivo] Que discrepa. □ [No varía en masculino y femenino]. □ FAMILIA: →discrepar.

discrepar (dis·cre·par) [verbo] **1** No estar de acuerdo en algo: *Discrepo de tus ideas.* **2** Ser diferente una cosa de otra: *Esta revista discrepa de esa en el tratamiento de algunos temas.* □ SINÓNIMOS: diferir. **1** disentir. □ FAMILIA: discrepancia, discrepante.

discreto, ta (dis·cre·to, ta) [adjetivo] **1** Que actúa con juicio y de manera sensata y no habla de lo que no debe: *Es muy discreto y sabe guardar un secreto.* **2** Que no llama la atención: *colores discretos.* □ ANTÓNIMOS: **1** chismoso, indiscreto. **2** rimbombante, llamativo. □ FAMILIA: →discreción.

discriminación (dis·cri·mi·na·ción) [sustantivo/femenino] Hecho de considerar que una persona es inferior a otras y de no admitir sus derechos. □ FAMILIA: →discriminar.

discriminar (dis·cri·mi·nar) [verbo] Considerar que una persona es inferior a otras y no admitir sus derechos: *Los países que no permiten el voto femenino discriminan a las mujeres.* □ FAMILIA: discriminación, indiscriminado.

disculpa (dis·cul·pa) [sustantivo/femenino] Conjunto de palabras que se dicen para que nos perdonen algo: *Acepta mis disculpas.* ◆ [expresión] ‖ **pedir disculpas** Pedir perdón. □ SINÓNIMOS: perdón, excusa. □ FAMILIA: →culpa.

disculpar (dis·cul·par) [verbo] Olvidar las faltas de alguien: *Le pedí perdón y me disculpó.* □ SINÓNIMOS: perdonar, dispensar. □ ANTÓNIMOS: condenar, culpar. □ FAMILIA: →culpa.

discurrir (dis·cu·rrir) [verbo] **1** Pensar con atención para inventar algo o para encontrar una respuesta: *Para hallar la solución tienes que discurrir un poco.* **2** Pasar por un sitio: *Ese río discurre entre dos montañas.* **3** Pasar el tiempo: *Los días discurrían despacio.* □ SINÓNIMOS: **3** correr, transcurrir. □ FAMILIA: discurso.

discurso (dis·cur·so) [sustantivo/masculino] **1** Palabras que se dicen en público: *El discurso fue muy aplaudido.* **2** Paso del tiempo: *el discurso de los días.* □ FAMILIA: →discurrir.

discusión (dis·cu·sión) [sustantivo/femenino] Conversación en la que cada persona defiende sus ideas. □ SINÓNIMOS: debate. □ FAMILIA: →discutir.

discutible (dis·cu·ti·ble) [adjetivo] Que no está claro y se puede discutir. □ [No varía en masculino y femenino]. □ ANTÓNIMOS: indiscutible, incuestionable. □ FAMILIA: →discutir.

discutir (dis·cu·tir) [verbo] **1** Tener una conversación con alguien en la que cada uno defiende sus ideas: *Discutí con ella porque no estábamos de acuerdo.* **2** Analizar un asunto con atención desde distintos puntos de vista: *En la reunión discutimos el nuevo proyecto.* **3** Expresar una opinión contraria a lo que dice alguien: *Arrestaron al soldado por discutir las órdenes del capitán.* □ SINÓNIMOS: **1** pelear, reñir, regañar, debatir. □ FAMILIA: discusión, discutible, indiscutible.

disecar (di·se·car) [verbo] Preparar un animal muerto para que se conserve con el aspecto que tenía cuando estaba vivo. □ [La «c» se cambia en «qu» delante de «e» («diseque»)].

disección (di·sec·ción) [sustantivo/femenino] Corte de un cadáver o de una planta para estudiar su estructura o sus órganos. □ FAMILIA: →diseccionar.

diseccionar (di·sec·cio·nar) [verbo] Cortar un cadáver o una planta en partes para examinarlas: *En las prácticas de biología tuve que diseccionar una rana.* □ FAMILIA: disección.

diseminar (di·se·mi·nar) [verbo] Separar y extender algo que está junto: *El labrador disemina las semillas.* □ SINÓNIMOS: desperdigar, dispersar, disgregar. □ ANTÓNIMOS: reunir, agrupar.

disentería (di·sen·te·rí·a) [sustantivo/femenino] Enfermedad infecciosa del intestino que produce dolor de tripa y diarrea.

disentir (di·sen·tir) [verbo] No estar de acuerdo en algo: *Mi hermano y yo nos queremos mucho a pesar de que disentimos en muchas cosas.* □ [Es irregular y se conjuga como **SENTIR**]. □ SINÓNIMOS: divergir, discrepar. □ FAMILIA: →sentir.

diseñador, ra (di·se·ña·dor, do·ra) [sustantivo] Persona que se dedica al diseño. □ FAMILIA: →diseño.

diseñar (di·se·ñar) [verbo] Dibujar algo para decir cómo puede hacerse: *diseñar una casa.* □ FAMILIA: →diseño.

diseño (di·se·ño) [sustantivo/masculino] Dibujo que enseña cómo puede ser algo que se va a hacer: *Haz un diseño del vestido, para que veamos cómo es.* □ FAMILIA: diseñar, diseñador.

disertación (di·ser·ta·ción) [sustantivo/femenino] Discurso sobre una materia. □ FAMILIA: →disertar.

disertar (di·ser·tar) [verbo] Razonar acerca de algo siguiendo un método, especialmente si se hace en público: *El conferenciante disertó sobre temas de actualidad.* ☐ FAMILIA: disertación.

disfraz (dis·fraz) [sustantivo masculino] **1** Prenda de vestir que nos ponemos para parecer algo distinto de lo que somos. **2** Cosa que sirve para esconder algo: *Su sonrisa es solo un disfraz, porque yo sé que está triste.* ☐ [Su plural es «disfraces»]. ☐ FAMILIA: disfrazar.

disfrazar (dis·fra·zar) [verbo] **1** Poner a una persona un traje para que parezca otra cosa distinta de lo que es: *Me disfracé de pastor.* **2** Esconder algo mostrando otra cosa en su lugar: *Disfrazó su envidia con una sonrisa falsa.* ☐ [La «z» se cambia en «c» delante de «e» («disfrace»)]. ☐ SINÓNIMOS: **2** tapar. ☐ FAMILIA: →disfraz.

disfrutar (dis·fru·tar) [verbo] **1** Sentir mucho placer o alegría: *Ayer disfruté mucho en el cine.* **2** Tener algo bueno: *Espero que disfrutes de una buena salud.* ☐ SINÓNIMOS: gozar. ☐ ANTÓNIMOS: **1** sufrir. ☐ FAMILIA: disfrute.

disfrute (dis·fru·te) [sustantivo masculino] Hecho de usar o aprovechar algo bueno, útil o agradable: *Todos los trabajadores tienen derecho al disfrute de unas vacaciones.* ☐ FAMILIA: →disfrutar.

disgregar (dis·gre·gar) [verbo] Separar y extender algo que está junto: *disgregar a los manifestantes.* ☐ [La «g» se cambia en «gu» delante de «e» («disgregue»)]. ☐ SINÓNIMOS: dispersar, desperdigar, diseminar. ☐ ANTÓNIMOS: agrupar, reunir.

disgustar (dis·gus·tar) [verbo] **1** Poner triste o producir pena o enfado: *Me disgusta que te vayas sin despedirte.* **2** No gustar o no parecer bien: *Me disgusta el sabor de esta fruta.* ☐ SINÓNIMOS: **2** desagradar. ☐ ANTÓNIMOS: **2** gustar, agradar, complacer, deleitar. ☐ FAMILIA: →gusto.

disgusto (dis·gus·to) [sustantivo masculino] **1** Sentimiento que tenemos cuando algo nos pone tristes o nos produce pena o enfado: *¡Vaya disgusto me he llevado al saber que no venías!* **2** Enfado que se produce entre dos personas cuando una de ellas hace algo que a la otra no le gusta: *Como te portes mal, vamos a tener un disgusto.* **3** Daño grave: *Si juegas con cerillas, tendrás un disgusto.* ◆ [expresión] ‖ **a disgusto** Sin ganas o sin estar cómodo: *Me siento a disgusto en este lugar.* ☐ SINÓNIMOS: **1** sinsabor. ☐ ANTÓNIMOS: **1** gusto, satisfacción, deleite. ☐ FAMILIA: →gusto.

disidente (di·si·den·te) [adjetivo o sustantivo] Dicho de una persona que se separa de un grupo porque tiene otras ideas: *disidente político.* ☐ [No varía en masculino y femenino]. ☐ ANTÓNIMOS: simpatizante, partidario.

disimular (di·si·mu·lar) [verbo] **1** Intentar que algo se note lo menos posible: *Disimulé mi enfado.* **2** Hacer como si no se supiera algo: *No disimules, que ella me ha dicho que te contó su secreto.* ☐ ANTÓNIMOS: **1** acentuar, pronunciar, resaltar, destacar, subrayar, poner de relieve. ☐ FAMILIA: →simular.

disimulo (di·si·mu·lo) [sustantivo masculino] Habilidad que se tiene para hacer algo de forma que los demás no se den cuenta: *Dile con disimulo que tiene un roto en el pantalón.* ☐ FAMILIA: →simular.

disipado, da (di·si·pa·do, da) [adjetivo o sustantivo] Que solo se dedica a la diversión y a los placeres: *una vida disipada.* ☐ FAMILIA: →disipar.

disipar (di·si·par) [verbo] **1** Hacer desaparecer algo: *Mis dudas se disiparon.* **2** Gastar más dinero del necesario: *Disipó la herencia en dos meses.* ☐ SINÓNIMOS: **2** derrochar, despilfarrar, dilapidar. ☐ ANTÓNIMOS: **2** ahorrar. ☐ FAMILIA: disipado.

dislexia (dis·le·xia) [sustantivo femenino] Problema que tienen algunas personas para poder leer y escribir bien. ☐ FAMILIA: disléxico.

disléxico, ca (dis·lé·xi·co, ca) [adjetivo o sustantivo] Que padece dislexia, que es un problema que tienen algunas personas para poder leer y escribir bien. ☐ FAMILIA: →dislexia.

dislocarse (dis·lo·car·se) [verbo] Salirse un hueso de su sitio. ☐ [La «c» se cambia en «qu» delante de «e» («disloque»)]. ☐ SINÓNIMOS: descoyuntar. ☐ FAMILIA: disloque.

disloque (dis·lo·que) [sustantivo masculino] Situación sin orden, con gran movimiento de cosas y con mucho ruido: *La fiesta fue un disloque total.* ☐ [Es coloquial]. ☐ SINÓNIMOS: jaleo, follón, cacao. ☐ FAMILIA: →dislocarse.

disminución (dis·mi·nu·ción) [sustantivo femenino] Proceso por el que algo se hace menor en tamaño, en cantidad o en otra cosa. ☐ SINÓNIMOS: recorte, reducción, mengua. ☐ ANTÓNIMOS: aumento, incremento, crecimiento. ☐ FAMILIA: →disminuir.

disminuido, da (dis·mi·nui·do, da) [adjetivo o sustantivo] Que tiene un defecto físico o mental que le impide hacer cosas que pueden hacer los demás. ☐ FAMILIA: →disminuir.

disminuir (dis·mi·nuir) [verbo] Hacer menor en tamaño, en cantidad o en otra cosa. ☐ [Es irregular y se conjuga como **CONSTRUIR**]. ☐ SINÓNIMOS: recortar, reducir, menguar, aminorar, decaer, achicar, limitar. ☐ ANTÓNIMOS: aumentar, reforzar, acrecentar, incrementar, agrandar, crecer. ☐ FAMILIA: disminución, disminuido.

disociar (di·so·ciar) [verbo] Separar lo que estaba unido. ☐ [Es irregular y se conjuga como **ANUNCIAR**]. ☐ SINÓNIMOS: desunir. ☐ ANTÓNIMOS: asociar, unir, juntar. ☐ FAMILIA: →socio.

disolución (di·so·lu·ción) [sustantivo femenino] **1** Hecho de hacer que una sustancia se mezcle totalmente con un líquido. **2** Líquido que resulta de esta mezcla. ☐ FAMILIA: →disolver.

disolvente (di·sol·ven·te) [sustantivo masculino] Sustancia que se emplea para disolver algo: *El aguarrás es un disolvente de la pintura.* ☐ FAMILIA: →disolver.

disolver (di·sol·ver) [verbo] **1** Hacer que una sustancia se mezcle totalmente con un líquido: *El azúcar se disuelve en el agua.* **2** Hacer que se separe un grupo de personas: *Ese grupo de música se ha disuelto.* ☐ [Es irregular y se conjuga como **MOVER**. Su participio es «disuelto». ☐ Sinónimos: **1** desleír, diluir. ☐ Familia: disuelto, disolución, disolvente.

disonancia (di·so·nan·cia) [sustantivo femenino] Sonido que resulta desagradable para el oído. ☐ Familia: →son.

disonante (di·so·nan·te) [adjetivo] Dicho de un sonido, que suena mal. ☐ [No varía en masculino y femenino]. ☐ Familia: →son.

disonar (di·so·nar) [verbo] **1** Sonar de manera desagradable para el oído: *Esa flauta disuena.* **2** Quedar mal con lo que está alrededor: *El sofá disuena en el nuevo salón.* ☐ [Es irregular y se conjuga como **CONTAR**]. ☐ Sinónimos: **2** desentonar. ☐ Familia: →son.

dispar (dis·par) [adjetivo] Que no es igual. ☐ [No varía en masculino y femenino]. ☐ Sinónimos: diferente, distinto, desigual. ☐ Antónimos: igual, idéntico. ☐ Familia: →par.

disparado, da (dis·pa·ra·do, da) [adjetivo] Con mucha prisa. ☐ Familia: →disparar.

disparador (dis·pa·ra·dor) [sustantivo masculino] **1** Pieza que pone en funcionamiento una cámara fotográfica: *Para hacer la foto, solo tienes que apretar el disparador.* **2** Pieza que sujeta el mecanismo que sirve para disparar un arma. ☐ Familia: →disparar.

disparar (dis·pa·rar) [verbo] **1** Lanzar una bala u otra cosa con un arma. **2** Lanzar con fuerza una cosa: *El futbolista disparó el balón.* **3** Hacer que un aparato haga algo de pronto: *Si aprietas este botón, la cámara se dispara.* ▌ **dispararse 4** Aumentar algo de golpe: *El precio de la gasolina se ha disparado.* ☐ Familia: disparo, disparador, disparado.

disparatado, da (dis·pa·ra·ta·do, da) [adjetivo] **1** Que no tiene sentido: *idea disparatada.* **2** Que se sale de lo normal: *un precio disparatado.* ☐ Sinónimos: **1** absurdo, irracional, descabellado. ☐ Antónimos: razonable, racional, lógico. ☐ Familia: →disparate.

disparate (dis·pa·ra·te) [sustantivo masculino] **1** Hecho o dicho que no tiene sentido: *Solo dices disparates.* **2** Cosa que es tan grande que se sale de lo normal: *¿Dónde vas con ese disparate de bocadillo?* ☐ Sinónimos: **1** absurdo. ☐ Familia: disparatado.

disparidad (dis·pa·ri·dad) [sustantivo femenino] Falta de igualdad de una persona o cosa respecto de otra: *disparidad de criterios.* ☐ Familia: →par.

disparo (dis·pa·ro) [sustantivo masculino] **1** Hecho de lanzar una bala u otra cosa con un arma. **2** Hecho de lanzar algo con fuerza: *El portero no pudo parar el disparo del delantero.* ☐ Familia: →disparar.

dispensar (dis·pen·sar) [verbo] **1** Perdonar las faltas de alguien. **2** Permitir que alguien no cumpla una obligación: *Te dispenso del examen porque estás enferma.* **3** Dar u ofrecer: *El público le dispensó una calurosa acogida.* ☐ Sinónimos: **1** disculpar. **2** eximir. **3** rendir. ☐ Antónimos: **3** negar. ☐ Familia: dispensario.

dispensario (dis·pen·sa·rio) [sustantivo masculino] Lugar más pequeño que un hospital, donde se hacen curas rápidas o de poca importancia. ☐ Familia: →dispensar.

dispersar (dis·per·sar) [verbo] Separar y extender algo que está junto: *La multitud se dispersó.* ☐ Sinónimos: diseminar, desperdigar, disgregar. ☐ Antónimos: reunir, agrupar. ☐ Familia: →disperso.

disperso, sa (dis·per·so, sa) [adjetivo] Separado y extendido: *Su ropa estaba dispersa por toda la habitación.* ☐ Familia: dispersar.

displicente (dis·pli·cen·te) [adjetivo o sustantivo] Que muestra mal humor y falta de interés o de afecto. ☐ [No varía en masculino y femenino].

disponer (dis·po·ner) [verbo] **1** Poner algo de manera adecuada para un fin: *Hemos dispuesto la mesa para comer.* **2** Decidir que se haga algo y la manera en que debe hacerse: *Haré lo que tú dispongas.* **3** Usar algo como si fuera nuestro: *Dispón del teléfono cuando quieras.* ▌ **disponerse 4** Estar a punto de hacer algo: *Me disponía a salir cuando sonó el teléfono.* ☐ [Es irregular y se conjuga como **PONER**. Su participio es «dispuesto»]. ☐ Sinónimos: **1** arreglar, preparar. **4** aprestarse. ☐ Familia: dispuesto, disponible, dispositivo, disposición, predisponer, indisponer.

disponible (dis·po·ni·ble) [adjetivo] Que puede ser usado o que está libre para hacer algo: *El teléfono está disponible.* ☐ [No varía en masculino y femenino]. ☐ Familia: →disponer.

disposición (dis·po·si·ción) [sustantivo femenino] **1** Manera adecuada de poner algo: *No me gusta la disposición de los capítulos de este libro.* **2** Actitud ante algo: *Es una persona con muy buena disposición.* **3** Orden que da una autoridad: *disposiciones municipales.* ◆ [expresión] ∥ **última disposición** Declaración que hace una persona de la forma en la que quiere que se repartan sus bienes después de que haya muerto. ☐ Sinónimos: **3** mandato. ☐ Familia: →disponer.

dispositivo (dis·po·si·ti·vo) [sustantivo masculino] Mecanismo o sistema preparados para conseguir algo: *Cuando este dispositivo se activa, suena una alarma.* ☐ Familia: →disponer.

dispuesto, ta (dis·pues·to, ta) ▌ **1** Participio irregular de **disponer**. ▌ [adjetivo] **2** Preparado para hacer algo. **3** Que se presta fácilmente para hacer algo: *Es una persona muy dispuesta y te ayudará.* ☐ Sinónimos: **2** listo. ☐ Familia: →disponer.

disputa (dis·pu·ta) [sustantivo femenino] **1** Discusión violenta sobre algo. **2** Lucha o pelea para conseguir algo. ☐ Sinónimos: enfrentamiento, pugna. ☐ Familia: →disputar.

disputar (dis·pu·tar) [verbo] **1** Luchar varias personas para conseguir algo: *Dos escritores se disputan el primer premio.* **2** Discutir de forma violenta sobre algo: *Dos conductores están disputando en la calle porque quieren aparcar en el mismo sitio.* ☐ Sinónimos: pugnar. ☐ Familia: disputa.

disquete (dis·que·te) [sustantivo masculino] Disco de ordenador en el que se mete la información. ☐ [Es una palabra de origen inglés]. ☐ Familia: →disco.

distancia (dis·tan·cia) [sustantivo femenino] **1** Espacio que hay entre dos cosas: *Hay un parque a poca distancia de mi casa.*

distanciar

2 Diferencia grande entre personas o cosas: *Hay mucha distancia entre nuestras formas de pensar.* ◆ [expresión] ‖ **a distancia** Desde lejos: *mando a distancia.* ‖ **guardar las distancias** Evitar confianzas en la relación con una persona. ☐ Familia: →distar.

distanciar (dis·tan·ciar) [verbo] Separar algo o hacer que haya más distancia. ☐ [Es irregular y se conjuga como ANUNCIAR]. ☐ Familia: →distar.

distante (dis·tan·te) [adjetivo] **1** Que está lejos en el espacio o en el tiempo: *ciudades distantes.* **2** Que trata a alguien de manera fría, poco cariñosa o evitando confianzas. ☐ [No varía en masculino y femenino]. ☐ Sinónimos: **1** lejano, remoto. ☐ Antónimos: **1** cercano, próximo. ☐ Familia: →distar.

distar (dis·tar) [verbo] **1** Estar separado de algo en el espacio o en el tiempo: *El colegio dista de mi casa doscientos metros.* **2** Ser diferente una cosa de otra: *Mi forma de ser dista mucho de la tuya.* ☐ Familia: distante, distancia, distanciar.

distensión (dis·ten·sión) [sustantivo femenino] Lesión de un músculo por haberlo estirado bruscamente.

distinción (dis·tin·ción) [sustantivo femenino] **1** Característica que hace que una cosa no sea igual a otra: *No hago distinción al educar a un niño o a una niña.* **2** Característica que hace que una persona sea elegante o educada: *Te mueves con mucha distinción.* ☐ Sinónimos: **1** diferencia. ☐ Familia: →distinto.

distingo (dis·tin·go) [sustantivo masculino] Diferencia en el trato que se le da a una persona respecto de otra: *No hagas distingos conmigo.* ☐ Familia: →distinto.

distinguido, da (dis·tin·gui·do, da) [adjetivo] **1** Que destaca entre los demás: *un distinguido escritor.* **2** Muy elegante. ☐ Familia: →distinto.

distinguir (dis·tin·guir) [verbo] **1** Ser capaz de ver la diferencia que hay entre dos o más cosas. **2** Ser capaz de ver, de oír o de oler algo, a pesar de las dificultades: *Entre tanta gente, no distingo a mi hermano.* **3** Tener algo una característica que lo hace diferente de otra cosa: *La inteligencia distingue a este alumno.* **4** Tratar a alguien de una forma especial: *El profesor distingue a ese alumno.* ■ **distinguirse 5** Destacar entre otros por algo. ☐ [La «gu» se cambia en «g» delante de «a», «o» («distinga»)]. ☐ Sinónimos: **1, 3** diferenciar. **5** sobresalir. ☐ Familia: →distinto.

distintivo (dis·tin·ti·vo) [sustantivo masculino] Cosa que sirve para mostrar que se pertenece a un grupo: *El rojo es el distintivo de mi equipo.* ☐ Sinónimos: insignia. ☐ Familia: →distinto.

distinto, ta (dis·tin·to, ta) [adjetivo] Que no es igual. ☐ Sinónimos: diferente, dispar, diverso. ☐ Antónimos: igual, idéntico. ☐ Familia: distinción, distintivo, distinguir, distinguido, distingo, indistinto.

distorsionar (dis·tor·sio·nar) [verbo] Ver o entender algo de forma distinta a como es en realidad: *La avería distorsiona las imágenes.*

distracción (dis·trac·ción) [sustantivo femenino] **1** Falta de atención o fallo producido por no prestar atención. **2** Actividad que se realiza como diversión o para pasar el tiempo. ☐ Sinónimos: **1** despiste. **2** diversión, entretenimiento, juego, pasatiempo. ☐ Familia: →distraer.

distraer (dis·tra·er) [verbo] **1** Hacer perder la atención: *Escúchame y no te distraigas.* **2** Divertir o hacer pasar un rato agradable: *Me distraje un rato leyendo.* ☐ [Es irregular y se conjuga como TRAER]. ☐ Sinónimos: **1** despistar, descentrar. **2** entretener, recrear. ☐ Antónimos: **1** fijarse, enfrascarse. **2** aburrir. ☐ Familia: distracción, distraído.

distraído, da (dis·tra·í·do, da) [adjetivo o sustantivo] Que no presta atención a lo que ocurre a su alrededor. ☐ Sinónimos: despistado, abstraído, ausente. ☐ Antónimos: atento. ☐ Familia: →distraer.

distribución (dis·tri·bu·ción) [sustantivo femenino] **1** División de algo entre varias personas de forma que a cada una le toque una parte. **2** Colocación o situación de las partes de un todo: *No me gusta la distribución de esta casa.* **3** Hecho de llevar un producto a distintos lugares: *Mi empresa se dedica a la distribución de productos lácteos.* ☐ Sinónimos: reparto. ☐ Familia: →distribuir.

distribuidor, ra (dis·tri·bui·dor, do·ra) ■ [adjetivo o sustantivo] **1** Que distribuye. ■ **distribuidora** [sustantivo femenino] **2** Empresa que se dedica a repartir un producto. ☐ Familia: →distribuir.

distribuir (dis·tri·buir) [verbo] **1** Dividir algo entre varias personas de forma que a cada una le toque una parte: *Distribuiré el trabajo para que todos hagamos algo.* **2** Colocar o extender algo del modo más adecuado: *Distribuye bien la pintura.* **3** Llevar un producto a distintos lugares: *Las tuberías distribuyen el agua por la ciudad.* ☐ [Es irregular y se conjuga como CONSTRUIR]. ☐ Sinónimos: repartir. ☐ Familia: distribuidor, distribución, distributivo.

distributivo, va (dis·tri·bu·ti·vo, va) [adjetivo] **1** De la distribución o relacionado con ella. **2** Que indica distribución o reparto: *En la oración «O vienes o te vas», la partícula «o» es distributiva.* ☐ Familia: →distribuir.

distrito (dis·tri·to) [sustantivo masculino] Cada una de las partes en que se divide una zona o una ciudad.

disturbio (dis·tur·bio) [sustantivo masculino] Suceso más o menos violento que ocurre en la calle e interrumpe el orden público. ☐ Familia: antidisturbios.

disuadir (di·sua·dir) [verbo] Convencer a alguien para que no haga algo. ☐ Antónimos: inducir. ☐ Familia: disuasorio.

disuasorio, ria (di·sua·so·rio, ria) [adjetivo] Que trata de hacer cambiar la intención de hacer algo: *Una multa de aparcamiento es una medida disuasoria para evitar que los conductores aparquen mal el coche.* ☐ Familia: →disuadir.

disuelto, ta (di·suel·to, ta) Participio irregular de **disolver**. ☐ Familia: →disolver.

disyuntivo, va (dis·yun·ti·vo, va) ■ [adjetivo] **1** Que introduce dos posibilidades diferentes: *La frase «¿Estudias o trabajas?» es disyuntiva.* ■ **disyuntiva** [sustantivo femenino] **2** Alternativa entre dos posibilidades por una de las cuales hay que optar: *Me encuentro en la disyuntiva de ir o de quedarme.*

diu (diu) [sustantivo masculino] Aparato que se coloca en el útero de una mujer para no tener hijos.

diurético, ca (diu·ré·ti·co, ca) [adjetivo o sustantivo masculino] Dicho de un medicamento, que facilita la eliminación de la orina.

diurno, na (diur·no, na) [adjetivo] Del día o relacionado con él. ☐ FAMILIA: →día.

divagar (di·va·gar) [verbo] Hablar o escribir sin un propósito fijo o apartándose del asunto principal que se está tratando: *El profesor nos pidió que no divagásemos en el examen y que nos centrásemos en lo importante.* ☐ [La «g» se cambia en «gu» delante de «e» («divague»)]. ☐ FAMILIA: →vagar.

diván (di·ván) [sustantivo masculino] Asiento alargado en el que una persona puede tumbarse.

divergencia (di·ver·gen·cia) [sustantivo femenino] **1** Separación que se va haciendo poco a poco. **2** Diferencia de opinión o de ideas. ☐ SINÓNIMOS: discrepancia. ☐ FAMILIA: →divergir.

divergente (di·ver·gen·te) [adjetivo] **1** Que diverge o se va separando poco a poco. **2** Que no está de acuerdo: *opiniones divergentes.* ☐ [No varía en masculino y femenino]. ☐ FAMILIA: →divergir.

divergir (di·ver·gir) [verbo] **1** Separarse varias cosas poco a poco: *Esas calles paralelas comienzan a divergir a partir de la plaza.* **2** No estar de acuerdo en algo: *Divergimos en gustos, pero estamos muy enamorados.* ☐ [La «g» se cambia en «j» delante de «a», «o» («diverja»)]. ☐ SINÓNIMOS: **2** disentir. ☐ ANTÓNIMOS: **1** converger, concurrir, confluir. ☐ FAMILIA: divergencia, divergente.

diversidad (di·ver·si·dad) [sustantivo femenino] **1** Diferencia que hay entre las cosas de una misma clase: *España se caracteriza por la diversidad de su paisaje.* **2** Gran cantidad de cosas distintas: *diversidad de opiniones.* ☐ SINÓNIMOS: variedad. **2** pluralidad. ☐ FAMILIA: →diverso.

diversificar (di·ver·si·fi·car) [verbo] Convertir algo que era uniforme y único en múltiple y diverso: *Diversificaron las actividades para que acudiera más gente al encuentro.* ☐ [La «c» se cambia en «qu» antes de «e» («diversifique»)]. ☐ FAMILIA: →diverso.

diversión (di·ver·sión) [sustantivo femenino] Actividad que se realiza para divertirse o para pasar el tiempo. ☐ SINÓNIMOS: juego, distracción, entretenimiento, pasatiempo. ☐ FAMILIA: →divertir.

diverso, sa (di·ver·so, sa) [adjetivo] Que no es igual o no es parecido. ☐ SINÓNIMOS: distinto, variopinto. ☐ FAMILIA: diversidad, diversificar, biodiversidad.

divertido, da (di·ver·ti·do, da) [adjetivo] Que hace reír o hace pasar un rato agradable. ☐ SINÓNIMOS: cómico, gracioso. ☐ ANTÓNIMOS: aburrido, serio, pesado. ☐ FAMILIA: →divertir.

divertir (di·ver·tir) [verbo] Hacer reír o hacer pasar un rato agradable: *Ven a la fiesta y nos divertiremos.* ☐ [Es irregular y se conjuga como **SENTIR**]. ☐ ANTÓNIMOS: aburrir. ☐ FAMILIA: divertido, diversión.

dividendo (di·vi·den·do) [sustantivo masculino] **1** En una división matemática, cantidad que se divide por otra llamada *divisor.* **2** En economía, parte de los beneficios de una empresa que se reparte entre algunas personas relacionadas con ella. ☐ FAMILIA: →dividir.

dividir (di·vi·dir) [verbo] **1** Separar algo en varias partes. **2** Repartir algo en partes iguales. **3** Hacer que se enfaden y se separen dos o más personas: *Los problemas dividen a muchas familias.* ☐ ANTÓNIMOS: **1** unificar. ☐ FAMILIA: división, divisible, indivisible, divisor, dividendo, subdividir, subdivisión.

divieso (di·vie·so) [sustantivo masculino] Grano gordo que sale en la piel. ☐ SINÓNIMOS: forúnculo.

divinidad (di·vi·ni·dad) [sustantivo femenino] En religión, ser superior o sobrenatural al que se adora. ☐ SINÓNIMOS: dios, deidad. ☐ FAMILIA: →dios.

divino, na (di·vi·no, na) [adjetivo] **1** De los dioses o relacionado con ellos. **2** Muy bonito o muy bueno. ☐ FAMILIA: →dios.

divisa (di·vi·sa) [sustantivo femenino] **1** Dinero que procede de un país extranjero: *El turismo deja muchas divisas en nuestro país.* **2** Señal que sirve para distinguir una cosa de otra: *Los toros llevan una divisa con los colores de su ganadería.* ☐ FAMILIA: →divisar.

divisar (di·vi·sar) [verbo] Ver algo a lo lejos: *divisar un pájaro.* ☐ SINÓNIMOS: avistar. ☐ FAMILIA: divisa.

divisible (di·vi·si·ble) [adjetivo] Que se puede dividir. ☐ [No varía en masculino y femenino]. ☐ ANTÓNIMOS: indivisible. ☐ FAMILIA: →dividir.

división (di·vi·sión) [sustantivo femenino] **1** Separación de algo en varias partes: *La división de la herencia fue motivo de discusiones.* **2** En matemáticas, operación que consiste en repartir una cantidad en partes iguales. **3** Falta de unión entre personas o cosas que antes estaban unidas: *división de opiniones.* **4** Cada uno de los grupos en que se divide algo: *Mi equipo juega en primera división.* ☐ SINÓNIMOS: **1** partición. ☐ FAMILIA: →dividir.

divisor (di·vi·sor) [sustantivo masculino] En una división matemática, cantidad por la que se divide otra llamada *dividendo.* ☐ FAMILIA: →dividir.

divorciarse (di·vor·ciar·se) [verbo] Separarse dos personas que estaban casadas para dejar de vivir juntas. ☐ [Es irregular y se conjuga como **ANUNCIAR**]. ☐ FAMILIA: divorcio.

divorcio (di·vor·cio) [sustantivo masculino] Situación que se produce cuando dos personas casadas se separan para no vivir juntas. ☐ FAMILIA: →divorciarse.

divulgación (di·vul·ga·ción) [sustantivo femenino] Hecho de decir algo para que todo el mundo lo conozca o lo pueda entender. ☐ FAMILIA: →divulgar.

divulgar (di·vul·gar) [verbo] Decir algo para que lo conozca todo el mundo: *Los periodistas divulgan las noticias.* ☐ [La «g» se cambia en «gu» delante de «e» («divulgue»)]. ☐ SINÓNIMOS: publicar, pregonar, proclamar, declarar, airear, difundir, esparcir. ☐ FAMILIA: divulgación.

DNI [sustantivo masculino] Documento con un número, que contiene el nombre, la dirección y otros datos de una persona y que sirve para identificarla. ☐ [Se pronuncia «dé·éne·í». Se escriben todas las letras con mayúscula. No varía en singular y plural: «el DNI», «los DNI».

do [sustantivo masculino] Una de las siete notas musicales. ◉ página 648.

dóberman (dó·ber·man) [sustantivo] Perro de una raza que se caracteriza por ser fuerte, ágil y delgada, con el pelo corto y duro, y que suele ser muy buen perro guardián. ☐ [Es una palabra de origen alemán].

dobladillo (do·bla·di·llo) [sustantivo masculino] Borde de una tela que se cose hacia adentro. ☐ FAMILIA: →doble.

doblaje (do·bla·je) [sustantivo masculino] Hecho de traducir de un idioma a otro lo que dicen los actores en una película. ☐ FAMILIA: →doble.

doblar (do·blar) [verbo] **1** Hacer que una parte de un objeto quede encima de otra: *¿Me ayudas a doblar las sábanas?* **2** Torcer algo recto: *Doblas las piernas.* **3** Cambiar de dirección: *Cuando llegues a esa calle, dobla a la derecha.* **4** Hacer que algo sea dos veces mayor: *doblar el esfuerzo.* **5** Tener dos veces la edad de alguien: *Mi hermana mayor me dobla la edad.* **6** Traducir las voces de los actores de una película. **7** Tocar una campana para avisar que alguien ha muerto. ☐ SINÓNIMOS: **3** torcer. ☐ ANTÓNIMOS: **1** desdoblar. **2** enderezar. ☐ FAMILIA: →doble.

doble (do·ble) ■ [numeral] **1** Que consta de dos o que es adecuado para dos: *habitaciones dobles.* **2** Que es dos veces mayor. ■ [sustantivo] **3** Persona que es casi igual a otra: *el doble de un actor.* ■ [adverbio] **4** Dos veces o dos veces más: *Hoy he trabajado doble.* ☐ [En los significados **1**, **2** y **3** no varía en masculino y femenino. En el significado **4** tampoco varía por ser adverbio]. ☐ FAMILIA: doblar, doblez, dobladillo, doblaje, desdoblar, doblegar, redoble, redoblar, duplicar, duplicado, reduplicar. →dos.

doblegar (do·ble·gar) [verbo] Hacer que alguien renuncie a sus ideas y que obedezca a otra persona: *doblegar la voluntad.* ☐ [La «g» se cambia en «gu» delante de «e» («doblegue»)]. ☐ FAMILIA: →doble.

doblez (do·blez) ■ [sustantivo masculino] **1** Parte por la que se dobla algo: *Cuando plancho los pañuelos, les hago varios dobleces.* ■ [sustantivo femenino] **2** Forma de actuar en la que se muestra lo contrario de lo que se siente: *Les hablé sin doblez.* ☐ [Su plural es «dobleces»]. ☐ FAMILIA: →doble.

doblón (do·blón) [sustantivo masculino] Antigua moneda española de oro.

doce (do·ce) ■ [numeral] **1** Indica 12 unidades: *El año tiene doce meses.* ■ [sustantivo masculino] **2** Número 12: *El doce es un número par.* ☐ [En el significado **1** no varía en masculino y femenino]. ☐ FAMILIA: →dos.

doceavo, va (do·ce·a·vo, va) [numeral] Dicho de una parte, que es una de las doce en que se divide algo: *la doceava parte de una tortilla.* ☐ [No confundir con «decimosegundo» (que ocupa en lugar número doce en una serie)]. ☐ SINÓNIMOS: duodécimo. ☐ FAMILIA: →dos.

docena (do·ce·na) [sustantivo femenino] Conjunto de doce cosas. ☐ [No confundir con «decena» (conjunto de diez cosas)]. ☐ FAMILIA: →doce.

docencia (do·cen·cia) [sustantivo femenino] Actividad a la que se dedica un profesor. ☐ FAMILIA: →docente.

docente (do·cen·te) ■ [adjetivo] **1** De la actividad a la que se dedica un profesor o relacionado con ella. ■ [adjetivo o sustantivo] **2** Que tiene como trabajo enseñar una ciencia a sus alumnos. ☐ [No varía en masculino y femenino]. ☐ SINÓNIMOS: **2** profesor, maestro, educador. ☐ FAMILIA: docencia.

dócil (dó·cil) [adjetivo] **1** Dulce o fácil de educar: *Mi perro es muy dócil.* **2** Que cumple lo que se le manda: *Es un niño muy dócil.* ☐ [No varía en masculino y femenino]. ☐ SINÓNIMOS: sumiso. **2** obediente. ☐ ANTÓNIMOS: díscolo, indomable, indómito, rebelde. **2** desobediente. ☐ FAMILIA: docilidad.

docilidad (do·ci·li·dad) [sustantivo femenino] Característica de la persona que es fácil de educar y que cumple lo que se le manda. ☐ SINÓNIMOS: sumisión. ☐ ANTÓNIMOS: rebeldía. ☐ FAMILIA: →dócil.

docto, ta (doc·to, ta) [adjetivo o sustantivo] Que sabe muchas cosas porque las ha estudiado.

doctor, ra (doc·tor, to·ra) [sustantivo] **1** Persona que ha estudiado medicina y trabaja curando. **2** Persona que tiene el grado universitario más alto. ☐ SINÓNIMOS: **1** médico. ☐ FAMILIA: doctorado.

doctorado (doc·to·ra·do) [sustantivo masculino] **1** Título universitario que obtienen las personas han realizado unos estudios determinados después de terminar la carrera. **2** Estudios necesarios para obtener este título: *Mi hermano está haciendo el doctorado.* ☐ FAMILIA: →doctor.

doctrina (doc·tri·na) [sustantivo femenino] Conjunto de ideas o de creencias sobre un tema: *la doctrina católica.* ☐ FAMILIA: adoctrinar.

documentación (do·cu·men·ta·ción) [sustantivo femenino] **1** Papel con información que sirve para probar algo o mostrar quiénes somos. **2** Información que nos ayuda a saber más sobre un tema. ☐ FAMILIA: →documento.

documental (do·cu·men·tal) [adjetivo o sustantivo masculino] Que informa sobre algo de forma real, sin inventar nada: *un programa documental sobre animales.* ☐ [Cuando es adjetivo, no varía en masculino y femenino]. ☐ FAMILIA: →documento.

documentar (do·cu·men·tar) [verbo] Informar sobre algo: *Ese libro documenta la vida de Picasso.* ☐ FAMILIA: →documento.

documento (do·cu·men·to) [sustantivo masculino] **1** Papel con información que sirve para probar algo: *documento nacional de identidad.* **2** Escrito que informa sobre un hecho o un asunto: *Esta novela es un buen documento sobre las costumbres medievales.* ☐ FAMILIA: documentar, documental, documentación, indocumentado.

dodecaedro (do·de·ca·e·dro) [sustantivo masculino] Cuerpo geométrico que tiene doce caras. ◉ página 467. ☐ FAMILIA: →doce.

dogma (dog·ma) [sustantivo masculino] **1** Afirmación que no se puede negar ni poner en duda: *un dogma de fe.* **2** Conjun-

dominio

to de ideas que son la base de una religión o de una ciencia. ☐ FAMILIA: dogmático.

dogmático, ca (dog·má·ti·co, ca) ∎ [adjetivo] **1** De los dogmas o relacionado con ellos. ∎ [adjetivo o sustantivo] **2** Dicho de una persona, que no acepta una idea o una opinión distinta de la suya. ☐ SINÓNIMOS: **2** intransigente. ☐ FAMILIA: →dogma.

dogo, ga (do·go, ga) [sustantivo] Perro de una raza que se caracteriza por ser grande y por tener el pelo oscuro o blanco con manchas negras.

dólar (dó·lar) [sustantivo masculino] Moneda de Estados Unidos, que es un país norteamericano, y de otros países.

dolencia (do·len·cia) [sustantivo femenino] Malestar que sentimos cuando hemos perdido la salud. ☐ SINÓNIMOS: enfermedad. ☐ FAMILIA: →dolor.

doler (do·ler) [verbo] **1** Hacer sentir dolor en una parte del cuerpo: *Me duele la cabeza.* **2** Hacer sentir pena: *Tus críticas me duelen.* ☐ [Es irregular y se conjuga como MOVER]. ☐ FAMILIA: →dolor.

dolmen (dol·men) [sustantivo masculino] Construcción prehistórica formada por una piedra horizontal colocada sobre un grupo de piedras verticales.

dolmen

dolor (do·lor) [sustantivo masculino] **1** Sensación molesta que tenemos cuando algo nos hace daño: *dolor de tripa.* **2** Sentimiento que tenemos cuando algo nos da pena: *dolor por la pérdida de un ser querido.* ☐ SINÓNIMOS: **2** tristeza, pesar, sufrimiento. ☐ ANTÓNIMOS: **2** alegría, gozo, contento, dicha, felicidad. ☐ FAMILIA: doler, dolencia, dolorido, doloroso, indolente, condolencia, condolerse, adolecer, indoloro.

dolorido, da (do·lo·ri·do, da) [adjetivo] Con dolor: *Tengo todo el cuerpo dolorido.* ☐ [No confundir con «doloroso» (que produce dolor)]. ☐ FAMILIA: →dolor.

doloroso, sa (do·lo·ro·so, sa) [adjetivo] Que produce dolor. ☐ [No confundir con «dolorido» (que tiene dolor)]. ☐ SINÓNIMOS: penoso, triste. ☐ FAMILIA: →dolor.

domador, ra (do·ma·dor, do·ra) [sustantivo] Persona que educa animales y les enseña a hacer determinadas cosas. ☐ FAMILIA: →domar.

domar (do·mar) [verbo] Educar a un animal para que obedezca a las personas o para que aprenda a hacer determinadas cosas: *En ese rancho doman caballos salvajes.* ☐ SINÓNIMOS: amaestrar. ☐ FAMILIA: domador, indomable, redomado, indómito.

domesticar (do·mes·ti·car) [verbo] Educar a un animal para que pueda vivir con las personas. ☐ [La «c» se cambia en «qu» delante de «e» («domestique»)]. ☐ FAMILIA: →doméstico.

doméstico, ca (do·més·ti·co, ca) [adjetivo] **1** De la casa, del hogar o relacionado con ellos: *tareas domésticas.* **2** Dicho de un animal, que vive normalmente con las personas. ☐ ANTÓNIMOS: **2** salvaje. ☐ FAMILIA: domesticar, electrodoméstico.

domiciliar (do·mi·ci·liar) [verbo] Autorizar un pago o un cobro para que se realice en una cuenta bancaria: *Ya he domiciliado mi nómina en la cuenta corriente.* ☐ FAMILIA: →domicilio.

domicilio (do·mi·ci·lio) [sustantivo masculino] Ciudad, calle y edificio donde se vive. ☐ SINÓNIMOS: dirección, señas. ☐ FAMILIA: domiciliar.

dominante (do·mi·nan·te) [adjetivo o sustantivo] Dicho de una persona, que tiene más poder que otras. ☐ [No varía en masculino y femenino]. ☐ FAMILIA: →dominar.

dominar (do·mi·nar) [verbo] **1** Mandar o tener poder sobre algo: *Los árabes dominaron a muchos pueblos mediterráneos.* **2** No dejar que se note un estado de ánimo: *Dominé mis ganas de llorar.* **3** Tener muchos conocimientos de una determinada materia: *Mi hermana domina las matemáticas.* **4** Ver una zona desde un lugar alto: *Desde ese rascacielos se domina la ciudad.* ☐ SINÓNIMOS: **2** aguantar, reprimir. ☐ FAMILIA: dominio, dominante, predominar, predominio, predominante.

domingo (do·min·go) [sustantivo masculino] Séptimo día de la semana. 👁 **página 169.** ☐ FAMILIA: dominguero, dominical, dominico.

dominguero, ra (do·min·gue·ro, ra) [sustantivo] Persona que suele ir al campo o a la playa los domingos y días de fiesta, cuando va todo el mundo. ☐ [Es despectivo]. ☐ FAMILIA: →domingo.

dominical (do·mi·ni·cal) ∎ [adjetivo] **1** Del domingo o relacionado con él. ∎ [sustantivo masculino] **2** Revista que sale los domingos con algunos periódicos. ☐ [En el significado **1** no varía en masculino y femenino]. ☐ FAMILIA: →domingo.

dominicano, na (do·mi·ni·ca·no, na) [adjetivo o sustantivo] De la República Dominicana, que es un país centroamericano, o de Santo Domingo, que es su capital.

dominico, ca (do·mi·ni·co, ca) [adjetivo o sustantivo] De la Orden de Santo Domingo o relacionado con ella: *Santo Tomás de Aquino fue un dominico.* ☐ FAMILIA: →domingo.

dominio (do·mi·nio) [sustantivo masculino] **1** Poder que se tiene sobre algo: *El domador tenía un total dominio de sus leones.* **2** Territorio que se tiene: *Con el descubrimiento de América aumentaron los dominios españoles.* **3** Conocimiento grande de una materia: *un total dominio del inglés.* ◆ [expresión] ‖ **de dominio público** Conocido por la mayoría de la gente: *Tu boda es de dominio público.* ☐ SINÓNIMOS: **2** posesión, propiedad, tenencia. ☐ FAMILIA: →dominar.

dominó (do·mi·nó) [sustantivo masculino] Juego de mesa formado por veintiocho piezas rectangulares divididas en dos cuadrados.

dominó

don [sustantivo] **1** Tratamiento de respeto que se da a los hombres: *don Javier*. **2** Habilidad que se tiene para hacer algo: *Tienes el don de hacer sentirse bien a la gente*. **3** Regalo que se da a alguien. ◆ [expresión] ‖ **don de gentes** Habilidad para tratar con las personas. ‖ **don nadie** Persona poco importante. ☐ [En el significado **1**, el femenino es «doña». La expresión «don nadie» es despectiva]. ☐ SINÓNIMOS: **2**, **3** gracia. ☐ FAMILIA: donar, donación, donante, donativo.

donación (do·na·ción) [sustantivo femenino] Cosa que se da sin recibir nada a cambio: *donación de sangre*. ☐ FAMILIA: →don.

donante (do·nan·te) [sustantivo] Persona que da algo sin recibir nada a cambio: *donante de órganos*. ☐ [No varía en masculino y femenino]. ☐ FAMILIA: →don.

donar (do·nar) [verbo] Dar algo porque se quiere y sin recibir nada a cambio: *Donó todos sus bienes a los más necesitados*. ☐ FAMILIA: →don.

donativo (do·na·ti·vo) [sustantivo masculino] Cantidad de dinero que se da sin recibir nada a cambio. ☐ FAMILIA: →don.

doncel (don·cel) [sustantivo masculino] Hombre joven que no se ha casado. ☐ [Suele usarse en el lenguaje literario].

doncella (don·ce·lla) [sustantivo femenino] **1** Mujer joven que no se ha casado. **2** Mujer que trabaja haciendo todas las tareas de una casa menos las de la cocina.

donde (don·de) [adverbio relativo] **1** Indica el lugar en el que algo está: *Lo encontré donde lo habías dejado*. **2** Indica el lugar hacia el que algo se dirige: *Fui donde me dijiste*. ☐ [No confundir con «dónde», adverbio interrogativo]. ☐ SINÓNIMOS: **2** adonde. ☐ FAMILIA: adonde, dondequiera, adondequiera.

dónde (dón·de) [adverbio interrogativo] **1** En qué lugar: *¿Dónde vives?* **2** A qué lugar: *¿Dónde vas?* ☐ [No debe decirse «¿Adónde estás?», sino «¿Dónde estás?». No confundir con «donde», adverbio relativo]. ☐ SINÓNIMOS: **2** adónde.

dondequiera (don·de·quie·ra) [adverbio indefinido] En cualquier parte. ☐ FAMILIA: →donde, →querer.

donjuán (don·juán) [sustantivo masculino] Hombre que conquista fácilmente a las mujeres. ☐ [Su plural es «donjuanes»].

donostiarra (do·nos·tia·rra) [adjetivo o sustantivo] De la ciudad española de San Sebastián. ☐ [No varía en masculino y femenino].

dónut (dó·nut) [sustantivo masculino] Bollo blando con forma de rosquilla, cubierto de azúcar o de chocolate. ☐ [Procede de la marca comercial «Donuts®». Su plural es «dónuts»].

doña (do·ña) [sustantivo femenino] Tratamiento de respeto que se da a las mujeres: *doña Teresa*. ☐ [El masculino es «don»].

dopaje (do·pa·je) [sustantivo masculino] Uso de drogas en el deporte para obtener mejores resultados: *El dopaje está prohibido*. ☐ FAMILIA: →doparse.

doparse (do·par·se) [verbo] Tomar drogas al realizar un deporte para tener mejores resultados: *Cuando se descubrió que ese ciclista se dopaba, le quitaron todos los títulos que había ganado durante su carrera*. ☐ FAMILIA: dopaje, antidopaje.

dorada (do·ra·da) [sustantivo femenino] Mira en **dorado, da**.

dorado, da (do·ra·do, da) [adjetivo] **1** Del color del oro o parecido a él. **2** Dicho de un período de tiempo, que es muy bueno: *edad dorada*. ▪ **dorada** [sustantivo femenino] **3** Pez marino de color gris azulado, con los lados amarillos plateados y una mancha dorada sobre la frente. ☐ FAMILIA: →oro.

dorar (do·rar) [verbo] **1** Cocinar un alimento de forma que tome un color parecido al del oro: *dorar la cebolla*. **2** Cubrir con oro o dar un aspecto parecido: *dorar un anillo*. ☐ FAMILIA: →oro.

dormilón, na (dor·mi·lón, lo·na) [adjetivo o sustantivo] Que duerme mucho o que disfruta durmiendo. ☐ FAMILIA: →dormir.

dormir (dor·mir) [verbo] **1** Cerrar los ojos y empezar a descansar, sin darnos cuenta de lo que pasa a nuestro alrededor. **2** Pasar la noche en un lugar: *El coche duerme en la calle porque no tenemos garaje*. **3** Aburrir tanto que produce sueño. ▪ **dormirse 4** Hacer algo de forma muy lenta: *¡No te duermas por el camino!* **5** Perder una parte del cuerpo la capacidad de sentir: *Se me ha dormido una pierna*. ☐ [Es irregular]. ☐ ANTÓNIMOS: **1** despertar. ☐ FAMILIA: dormilón, dormitorio, dormitar, duermevela, adormecer, adormilarse.

dormitar (dor·mi·tar) [verbo] Dormir con un sueño poco profundo. ☐ FAMILIA: →dormir.

dormitorio (dor·mi·to·rio) [sustantivo masculino] Cuarto donde se duerme. ☐ SINÓNIMOS: alcoba. ☐ FAMILIA: →dormir.

dorsal (dor·sal) ▪ [adjetivo] **1** Del dorso o la espalda o relacionado con ellos: *la espina dorsal; músculos dorsales*. ⦿ **página 647**. ▪ [sustantivo masculino] **2** Trozo de tela con un número que llevan las personas que participan en algunos deportes. ☐ [En el significado **1** no varía en masculino y femenino]. ☐ FAMILIA: →dorso.

dorso (dor·so) [sustantivo masculino] Parte posterior de algo o parte contraria a la que se considera principal: *dorso de la mano*. ☐ SINÓNIMOS: reverso. ☐ FAMILIA: dorsal.

dos ▪ [numeral] **1** Indica 2 unidades: *Me he leído dos libros este mes*. ▪ [sustantivo masculino] **2** Número 2: *El dos es un número par*. ◆ [expresión] ‖ **cada dos por tres** Con mucha frecuencia: *Cada dos por tres vamos de excursión*. ‖ **una de dos** Se usa para oponer dos cosas de las que hay que elegir una: *Una de dos: o me ayudas o te pones a estudiar*. ☐ [En el significado **1** no varía en masculino y femenino]. □ Familia: doble, doce, docena, doceavo, doscientos, dualidad, dúo, duodécimo, veintidós.

doscientos, tas (dos·cien·tos, tas) ∎ [numeral] **1** Indica 200 unidades: *Han pasado doscientos años desde aquel día.* ∎ [sustantivo masculino] **2** Número 200: *El doscientos es el número premiado.* □ Familia: →dos. →ciento.

dosel (do·sel) [sustantivo masculino] Especie de techo de adorno que se pone sobre una cama, un trono, un altar o algo semejante.

dosier (do·sier) [sustantivo masculino] Conjunto de papeles y documentos sobre un asunto. □ [Es una palabra de origen francés. Su plural es «dosieres». Es preferible escribir «dosier» que la forma francesa *dossier*].

dosificar (do·si·fi·car) [verbo] Usar algo poco a poco: *Dosifica tus fuerzas para no cansarte.* □ [La «c» se cambia en «qu» delante de «e» («dosifique»)]. □ Familia: →dosis.

dosis (do·sis) [sustantivo femenino] Cantidad de una medicina o de otra sustancia que debe tomarse cada vez. □ [No varía en singular y plural]. □ Familia: dosificar, sobredosis.

dossier [sustantivo masculino] → **dosier.** □ [Es una palabra francesa. Se pronuncia «dosiér»].

dotación (do·ta·ción) [sustantivo femenino] **1** Hecho de dar algo y aquello que se da: *La dotación de la beca me permite estudiar.* **2** Conjunto de personas que conducen un barco o un avión y prestan algún servicio en ellos: *La dotación de un barco está formada por marineros y oficiales.* □ Familia: →dotar.

dotado, da (do·ta·do, da) [adjetivo] **1** Con lo necesario para hacer algo: *El nuevo hospital está dotado con los últimos adelantos tecnológicos.* **2** Que tiene cualidades y capacidad para hacer algo: *dotado para la pintura.* □ Sinónimos: **1** provisto. □ Antónimos: **1** desprovisto, falto.

dotar (do·tar) [verbo] **1** Dar cualidades: *La naturaleza dotó al hombre de la facultad de hablar.* **2** Dar algo que resulta necesario o que permite mejorar: *Han dotado al colegio con un equipo de ordenadores.* □ Sinónimos: **2** equipar, proveer. □ Familia: dotación, superdotado.

dote (do·te) ∎ [sustantivo] **1** Conjunto de cosas que tradicionalmente llevaba una mujer cuando se casaba o cuando se hacía religiosa. ∎ **dotes** [sustantivo femenino plural] **2** Cualidades que tiene alguien para hacer una actividad: *Tengo dotes para la música.* □ [En el significado **1**, se puede decir «el dote» o «la dote» sin que cambie de significado, aunque se usa más en femenino].

draga (dra·ga) [sustantivo femenino] Máquina que se utiliza para limpiar el fondo de las aguas de los puertos. □ Familia: dragar.

dragar (dra·gar) [verbo] Limpiar el fondo de las aguas de los puertos y de las zonas en las que se puede

DORMIR	
INDICATIVO	**SUBJUNTIVO**

Presente
yo duermo
tú duermes / usted duerme
él, ella duerme
nosotros, tras dormimos
vosotros, tras dormís / ustedes duermen
ellos, ellas duermen

Presente
yo duerma
tú duermas / usted duerma
él, ella duerma
nosotros, tras durmamos
vosotros, tras durmáis / ustedes duerman
ellos, ellas duerman

Pretérito imperfecto
yo dormía
tú dormías / usted dormía
él, ella dormía
nosotros, tras dormíamos
vosotros, tras dormíais / ustedes dormían
ellos, ellas dormían

Pretérito imperfecto
yo durmiera o durmiese
tú durmieras o durmieses / usted durmiera o durmiese
él, ella durmiera o durmiese
nosotros, tras durmiéramos o durmiésemos
vosotros, tras durmierais o durmieseis / ustedes durmieran o durmiesen
ellos, ellas durmieran o durmiesen

Pretérito perfecto simple
yo dormí
tú dormiste / usted durmió
él, ella durmió
nosotros, tras dormimos
vosotros, tras dormisteis / ustedes durmieron
ellos, ellas durmieron

Futuro simple
yo durmiere
tú durmieres / usted durmiere
él, ella durmiere
nosotros, tras durmiéremos
vosotros, tras durmiereis / ustedes durmieren
ellos, ellas durmieren

Futuro simple
yo dormiré
tú dormirás / usted dormirá
él, ella dormirá
nosotros, tras dormiremos
vosotros, tras dormiréis / ustedes dormirán
ellos, ellas dormirán

IMPERATIVO

duerme (tú) / duerma (usted)
durmamos (nosotros, tras)
dormid (vosotros, tras) / duerman (ustedes)

Condicional simple
yo dormiría
tú dormirías / usted dormiría
él, ella dormiría
nosotros, tras dormiríamos
vosotros, tras dormiríais / ustedes dormirían
ellos, ellas dormirían

FORMAS NO PERSONALES

Infinitivo   **Gerundio**   **Participio**
dormir   durmiendo   dormido

drago

navegar. ☐ [La «g» se cambia en «gu» delante de «e» («drague»)]. ☐ Familia: →draga.

drago (dra·go) [sustantivo masculino] Árbol propio de la comunidad autónoma española de las islas Canarias, muy alto y con el tronco grueso y liso, que vive muchos años.

dragón (dra·gón) [sustantivo masculino] **1** Animal imaginario de gran tamaño que echa fuego por la boca. **2** Animal parecido al lagarto, con una piel que forma una especie de alas que le ayudan en los saltos, y que suele vivir subido a los árboles.

dragón

drama (dra·ma) [sustantivo masculino] **1** Obra de teatro. **2** Obra de teatro o de cine que suele tratar temas tristes. **3** Suceso o situación que producen dolor o pena: *¡Menudo drama, tener que mantener a cinco hijos y no tener trabajo!* ☐ Sinónimos: **2**, **3** tragedia. ☐ Familia: dramático, dramatizar, dramaturgia, dramaturgo, melodrama.

dramático, ca (dra·má·ti·co, ca) [adjetivo] **1** Del teatro o relacionado con él: *arte dramático*. **2** Que produce dolor o pena: *un dramático accidente*. **3** Que cuenta algo de forma que parece más importante o más doloroso de lo que realmente es: *No te pongas dramático por una tontería así.* ■ **dramática** [sustantivo femenino] **4** Género literario formado por las obras de teatro. ☐ Sinónimos: **2** trágico. **4** dramaturgia. ☐ Antónimos: **2** cómico. ☐ Familia: →drama.

dramatizar (dra·ma·ti·zar) [verbo] Exagerar algo para que parezca más importante o más doloroso de lo que realmente es: *No dramatices que solo te has manchado un poco.* ☐ [La «z» se cambia en «c» delante de «e» («dramatice»)]. ☐ Familia: →drama.

dramaturgia (dra·ma·tur·gia) [sustantivo femenino] → **dramática**. ☐ Familia: →drama.

dramaturgo, ga (dra·ma·tur·go, ga) [sustantivo] Persona que escribe obras de teatro. ☐ Familia: →drama.

drástico, ca (drás·ti·co, ca) [adjetivo] Rápido, severo y enérgico: *medidas drásticas*.

drenaje (dre·na·je) [sustantivo masculino] **1** Hecho de eliminar el agua acumulada en un lugar a través de zanjas o cañerías: *El sistema de drenaje evita que se encharque el agua.* **2** Operación médica para extraer los líquidos acumulados en una herida o en una parte del cuerpo: *La cirujana le practicó un drenaje para evitar la infección.* **3** Tubo, gasa u otro material que se utiliza en esta operación: *La enfermera me cambió el drenaje que me habían puesto en la herida.* ☐ Familia: →drenar.

drenar (dre·nar) [verbo] **1** Dejar salir el agua que queda acumulada en un lugar: *Después de las inundaciones tuvieron que drenar los campos.* **2** En medicina, dar salida a los líquidos que quedan acumulados en el cuerpo: *Tuvieron que drenarme la herida para sacarme el pus.* ☐ Familia: drenaje.

driblar (dri·blar) [verbo] En algunos deportes, hacer un jugador un movimiento rápido para no dejarse quitar el balón: *El jugador dribló a dos defensas.*

droga (dro·ga) [sustantivo femenino] Sustancia que produce cambios en la forma de ser de una persona y que, si se toma bastantes veces, hace que se necesite para vivir: *Las drogas han causado muchas muertes entre los jóvenes.* ☐ Familia: drogar, drogadicto, drogadicción, drogodependiente.

drogadicción (dro·ga·dic·ción) [sustantivo femenino] Dependencia física o psíquica de una droga. ☐ Familia: →droga.

drogadicto, ta (dro·ga·dic·to, ta) [adjetivo o sustantivo] Adicto a las drogas. ☐ Sinónimos: toxicómano, drogodependiente. ☐ Familia: →droga.

drogar (dro·gar) [verbo] Dar una droga o tomarla. ☐ [La «g» se cambia en «gu» delante de «e» («drogue»)]. ☐ Familia: →droga.

drogodependiente (dro·go·de·pen·dien·te) [adjetivo o sustantivo] → **drogadicto, ta**. ☐ [No varía en masculino y femenino]. ☐ Familia: →droga. →depender.

droguería (dro·gue·rí·a) [sustantivo femenino] Tienda en la que se venden productos para limpiar.

dromedario (dro·me·da·rio) [sustantivo masculino] Animal parecido al camello, pero con una sola joroba. ◉ páginas 354-355. ☐ [No confundir con «camello» (con dos jorobas)].

dromedario

druida (drui·da) [sustantivo masculino] Sacerdote de los antiguos galos o celtas.

drupa (dru·pa) [sustantivo femenino] Fruto que tiene una sola semilla que está rodeada por un hueso: *El melocotón es una drupa.*

dualidad (dua·li·dad) [sustantivo femenino] Hecho de existir dos aspectos, características o fenómenos distintos en una misma persona o en una misma cosa. ☐ Familia: →dos.

dubitativo, va (du·bi·ta·ti·vo, va) [adjetivo] Que muestra o expresa duda: *«Tal vez vuelva mañana» es una frase dubitativa.* ☐ SINÓNIMOS: indeciso, dudoso. ☐ ANTÓNIMOS: seguro. ☐ FAMILIA: →dudar.

duble (du·ble) [sustantivo masculino] Juego que consiste en saltar con rapidez mientras dos personas hacen que una cuerda pase por encima de la cabeza y por debajo de los pies. ☐ [Se usa más en plural].

dublinés, sa (du·bli·nés, ne·sa) [adjetivo o sustantivo] De Dublín, que es la capital irlandesa.

ducado (du·ca·do) [sustantivo masculino] **1** Territorio en el que gobierna un duque. **2** Antigua moneda española de oro. ☐ FAMILIA: →duque.

ducha (du·cha) [sustantivo femenino] Mira en **ducho, cha**.

duchar (du·char) [verbo] Lavar el cuerpo entero de forma que el agua caiga encima: *Me ducho todos los días.* ☐ FAMILIA: ducha.

ducho, cha (du·cho, cha) ■ [adjetivo] **1** Que tiene experiencia y conoce algo muy bien. ■ **ducha** [sustantivo femenino] **2** Forma de lavarse el cuerpo entero echando agua por encima. **3** Aparato que tiene pequeños agujeros por donde sale el agua en gotas. ☐ FAMILIA: **2** →duchar.

dúctil (dúc·til) [adjetivo] **1** Dicho de un metal, que se deforma fácilmente. **2** Dicho de una persona, que se conforma fácilmente con todo y se adapta muy bien a los cambios. ☐ [No varía en masculino y femenino].

duda (du·da) [sustantivo femenino] **1** Falta de seguridad que se tiene sobre si algo es verdad o no, o sobre si algo debe hacerse o no. **2** Cosa que no entendemos bien y necesitamos que se nos explique. ☐ SINÓNIMOS: **1** vacilación, incertidumbre, indecisión, interrogante. ☐ ANTÓNIMOS: **1** seguridad, firmeza. ☐ FAMILIA: →dudar.

dudar (du·dar) [verbo] **1** Tener dudas a la hora de decidir entre varias opciones: *No dudes entre venir a mi cumpleaños o quedarte en casa.* **2** No sentir confianza en alguien o tener alguna sospecha sobre él: *Me ofendes si dudas de mí.* **3** Pensar que algo es poco probable que suceda o que sea verdad: *Dudo que lo haya hecho él.* ☐ SINÓNIMOS: **1** vacilar. ☐ ANTÓNIMOS: **2**, **3** creer. ☐ FAMILIA: duda, dudoso, dubitativo, indudable.

dudoso, sa (du·do·so, sa) [adjetivo] **1** Que produce dudas o sospechas. **2** Que duda o que no actúa con seguridad. **3** Poco probable. ☐ SINÓNIMOS: **2** dubitativo. ☐ ANTÓNIMOS: **1** inequívoco. **1, 2** seguro. ☐ FAMILIA: →dudar.

duelo (due·lo) [sustantivo masculino] **1** Lucha o pelea entre dos personas porque una de ellas ha enfadado a la otra: *Los dos caballeros se retaron en duelo.* **2** Dolor ante la muerte de una persona cuando se manifiesta al exterior: *La ropa negra es una señal de duelo.*

duende (duen·de) [sustantivo masculino] Ser imaginario que suele cumplir los deseos de las personas o hacer travesuras de poca importancia.

dueño, ña (due·ño, ña) [sustantivo] Persona que posee algo. ☐ SINÓNIMOS: propietario, amo. ☐ FAMILIA: adueñarse.

duermevela (duer·me·ve·la) [sustantivo] Sueño ligero o que se interrumpe frecuentemente: *Pasé la noche en duermevela.* ☐ [Se puede decir «el duermevela» y «la duermevela» sin que cambie de significado]. ☐ FAMILIA: →dormir. →velar.

dulce (dul·ce) ■ [adjetivo] **1** Del sabor del azúcar. **2** Suave, agradable o que produce placer: *un dulce sueño.* **3** Amable o cariñoso en la forma de tratar a los demás: *Es una persona muy dulce.* ■ [sustantivo masculino] **4** Alimento hecho con azúcar: *Los bombones y los caramelos son tipos de dulce.* ☐ [En los significados **1**, **2** y **3** no varía en masculino y femenino]. ☐ ANTÓNIMOS: **1-3** amargo. ☐ FAMILIA: dulzor, dulzura, dulcificar, endulzar, agridulce.

dulcificar (dul·ci·fi·car) [verbo] Hacer más dulce: *dulcificar la manera de hablar.* ☐ [La «c» se cambia en «qu» delante de «e» («dulcifique»)]. ☐ FAMILIA: →dulce.

dulzaina (dul·zai·na) [sustantivo femenino] Instrumento musical de viento parecido a una flauta.

dulzor (dul·zor) [sustantivo masculino] Sabor parecido al del azúcar: *el dulzor de los higos.* ☐ [No confundir con «dulzura» (característica de las cosas suaves y agradables)]. ☐ FAMILIA: →dulce.

dulzura (dul·zu·ra) [sustantivo femenino] Característica de lo que es suave o agradable: *Me habló con dulzura.* ☐ [No confundir con «dulzor» (característica de las cosas dulces como el azúcar)]. ☐ SINÓNIMOS: suavidad. ☐ ANTÓNIMOS: aspereza, dureza. ☐ FAMILIA: →dulce.

duna (du·na) [sustantivo femenino] Montaña de arena que se forma por acción del viento en el desierto y en la playa. 👁 **páginas 354-355**.

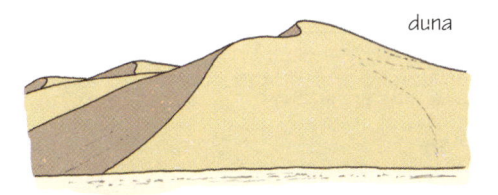

duna

dúo (dú·o) [sustantivo masculino] **1** Conjunto formado por dos músicos o por dos instrumentos musicales: *El famoso pianista actuó formando dúo con un violonchelista.* **2** Obra musical que se toca con dos instrumentos o se canta a dos voces: *Lo que más me gustó del recital fue el dúo final para tenor y soprano.* **3** Conjunto formado por dos personas que siempre trabajan o hacen otra cosa juntas: *Los dos amigos forman un dúo inseparable.* ☐ FAMILIA: →dos.

duodécimo, ma (duo·dé·ci·mo, ma) [numeral] **1** Que ocupa el lugar número doce en una serie: *Mi prima vive en el duodécimo piso.* **2** Dicho de una parte, que es una de las doce en que se divide algo: *la duodécima parte de la herencia.* ☐ SINÓNIMOS: **1** decimosegundo. **2** doceavo. ☐ FAMILIA: →dos. →décimo.

duodeno (duo·de·no) [sustantivo masculino] Primera parte del intestino delgado de los mamíferos, que está unida al estómago.

dúplex (dú·plex) [sustantivo masculino] Casa formada por dos pisos que están uno encima del otro, comunicados entre sí por una escalera interior. ☐ [No varía en singular y plural].

duplicado (du·pli·<u>ca</u>·do) [sustantivo masculino] Copia que se hace de algo: *duplicado de una llave.* ☐ FAMILIA: →doble.

duplicar (du·pli·<u>car</u>) [verbo] **1** Multiplicar algo por dos o hacerlo dos veces más grande: *duplicar las ganancias.* **2** Hacer una copia de algo: *duplicar un documento.* ☐ [La «c» se cambia en «qu» delante de «e» («duplique»)]. ☐ FAMILIA: →doble.

duque (<u>du</u>·que) ∎ [sustantivo masculino] **1** Título que poseen algunos hombres que pertenecen a la nobleza. ∎ **duques** [sustantivo masculino plural] **2** Conjunto formado por el duque y la duquesa. ☐ [El femenino es «duquesa»]. ☐ FAMILIA: →ducado.

duquesa (du·<u>que</u>·sa) [sustantivo femenino] Título que poseen algunas mujeres que pertenecen a la nobleza. ☐ [El masculino es «duque»].

duración (du·ra·<u>ción</u>) [sustantivo femenino] Período de tiempo que dura algo: *La duración de la película es de dos horas.* ☐ FAMILIA: →durar.

duradero, ra (du·ra·<u>de</u>·ro, ra) [adjetivo] Que dura mucho tiempo. ☐ SINÓNIMOS: continuo, permanente. ☐ ANTÓNIMOS: corto, breve, fugaz, efímero. ☐ FAMILIA: →durar.

durante (du·<u>ran</u>·te) [preposición] Indica el tiempo a lo largo del cual se hace algo o sucede algo: *Podemos dormir durante el viaje.* ☐ FAMILIA: →durar.

durar (du·<u>rar</u>) [verbo] **1** Ocupar algo un período de tiempo o extenderse en él: *El viaje dura dos horas.* **2** Permanecer algo con las características que debe tener o mantenerlas: *Los alimentos en conserva duran mucho tiempo.* ☐ FAMILIA: duración, duradero, durante, perdurar, perdurable.

dureza (du·<u>re</u>·za) [sustantivo femenino] **1** Característica de las cosas que son duras. **2** Característica de las personas fuertes y que aguantan mucho. **3** Característica de lo que no es suave, agradable o amable: *La dureza de las imágenes del accidente me impresionó mucho.* **4** Parte de la piel que se pone dura: *Los callos son durezas.* ☐ SINÓNIMOS: **1, 3** rudeza. **3** aspereza, severidad. **4** callosidad. ☐ ANTÓNIMOS: **1** blandura. **3** suavidad, dulzura. ☐ FAMILIA: →duro.

duro, ra (<u>du</u>·ro, ra) ∎ [adjetivo] **1** Que no es blando y no se hunde al apretarlo: *Las piedras son muy duras.* **2** Fuerte o que aguanta mucho: *Es una persona muy dura.* **3** Que resulta poco agradable o poco amable: *Me has hecho mucho daño con tus duras críticas.* **4** Difícil de mover: *Los pedales de la bici están muy duros.* ∎ **duro** [sustantivo masculino] **5** Moneda de España hasta la adopción del euro: *Un duro equivalía a cinco pesetas.* ∎ **duro** [adverbio] **6** Con fuerza o con energía: *Trabajé duro.* ☐ SINÓNIMOS: **2** recio. **3** áspero, severo. ☐ ANTÓNIMOS: **1-3** blando. **1** tierno. **3** suave. ☐ FAMILIA: dureza, endurecer, caradura.

DVD [sustantivo masculino] **1** Disco que puede contener gran cantidad de imágenes y sonidos grabados: *Algunas películas se venden en cinta y en DVD.* **2** Aparato que permite ver y oír uno de estos discos: *¿Puedes meter la película en el DVD?* ☐ [Se pronuncia «dé-úbe-dé». Se escriben todas las letras con mayúscula. No varía en singular y plural: «el DVD», «los DVD»].

e ▮ [sustantivo femenino] **1** Letra número cinco del abecedario. 👁 página 18. ▮ [conjunción] **2** Se usa en vez de la conjunción *y* delante de palabras que empiezan por *i-* o por *hi-*: *Fue un espectáculo maravilloso e impresionante.* ☐ [En el significado **1** su plural es «es» (más recomendado) o «ees». No confundir con «eh», interjección, ni con «he», del verbo «haber»].

ea (e·a) [interjección] Se usa para dar ánimos o para dormir a los niños: *¡Ea, arréglate, que nos tenemos que ir!*

ebanista (e·ba·nis·ta) [sustantivo] Persona que hace objetos con maderas valiosas. ☐ [No varía en masculino y femenino]. ☐ Familia: →ébano.

ebanistería (e·ba·nis·te·rí·a) [sustantivo femenino] **1** Lugar donde se trabaja haciendo objetos con maderas valiosas. **2** Arte de hacer objetos con maderas valiosas. ☐ Familia: →ébano.

ébano (é·ba·no) [sustantivo masculino] Tipo de madera dura, negra en el centro y blanquecina en los extremos. ☐ Familia: ebanista, ebanistería.

e-book [sustantivo masculino] → **libro digital** o **libro electrónico**. ☐ [Es una palabra inglesa. Se pronuncia «íbuk» o «ibúk»].

ebrio, bria (e·brio, bria) [adjetivo o sustantivo] Dicho de una persona, que está bajo los efectos del alcohol que ha tomado. ☐ Sinónimos: borracho, bebido. ☐ Antónimos: sobrio, sereno.

ebullición (e·bu·lli·ción) [sustantivo femenino] Momento en que se producen burbujas en un líquido al calentarse a una determinada temperatura: *La temperatura de ebullición del agua es de cien grados centígrados.* ☐ Sinónimos: hervor.

eccema (ec·ce·ma) [sustantivo masculino] Enfermedad de la piel que provoca la aparición de escamas, ampollas y manchas rojizas, y que produce picor. ☐ [Se escribe también «eczema»].

echar (e·char) [verbo] **1** Poner o dejar caer un objeto en un lugar: *Echó abono a las macetas.* **2** Hacer salir a alguien de un lugar: *Nos enfadamos y me echó de su casa.* **3** Expulsar a alguien del trabajo o institución al que pertenecía: *La echaron del trabajo.* **4** Despedir de sí o emitir: *El motor del coche echa mucho humo.* **5** Poner o colocar: *Se echó el saco al hombro.* **6** Aplicar una sustancia sobre algo: *Le echó alcohol en la herida.* **7** Tender en la cama, generalmente para descansar: *Me voy a echar un rato, a ver si se me pasa el dolor de cabeza.* **8** Empezar a tener algo un ser vivo: *¡Vaya tripa estás echando!* **9** Gastar un determinado tiempo en algo: *Había tanto tráfico que echamos más de dos horas en salir de la ciudad.* **10** Calcular de forma aproximada alguna magnitud, como la edad: *¿Cuántos años me echas?* **11** Jugar o realizar alguna actividad entre varios: *¿Echamos una partida a las cartas?* **12** Representar o emitir un espectáculo: *¿Qué echan hoy en la tele?* **13** Cerrar algo por medio de algún objeto destinado a este uso: *Por las noches siempre echo el cerrojo.* **14** Decir o pronunciar un discurso: *¡Vaya sermón nos echó cuando supo que lo habíamos roto* *nosotros!* **15** Mover una parte del cuerpo en alguna dirección: *Si echas la cabeza hacia atrás se te caerá el sombrero.* **16** Realizar una determinada acción: *¡Menuda mirada nos echó cuando nos reímos!* ▌**echarse 17** Dirigir el cuerpo en alguna dirección: *Échate para allá para que quepamos todos en el banco.* **18** Tirarse sobre algo: *Durante los bombardeos, la gente que iba por la calle se echaba a tierra.* **19** Establecer una relación con una persona: *El otro día nos dijeron que te habías echado novio.* ◆ [expresión] ▌ **echar a** Empezar a hacer algo: *Cuando lo vi vestido de payaso me eché a reír.* ▌ **echar de menos** o **echar en falta** Notar la falta de algo: *Cuando mis padres no están, los echo mucho de menos.* ▌ **echarse atrás** No cumplir un acuerdo: *Me había prometido que me ayudaría, pero se echó atrás en el último momento.* ☐ SINÓNIMOS: **1** tirar, arrojar. **18** abalanzarse, arrojarse, lanzarse.

eclesiástico, ca (e·cle·siás·ti·co, ca) [adjetivo] **1** De la Iglesia y de los clérigos o relacionado con ellos. ▌ **eclesiástico** [sustantivo masculino] **2** Sacerdote o monje. ☐ SINÓNIMOS: **2** clérigo. ☐ FAMILIA: →iglesia.

eclipsar (e·clip·sar) [verbo] **1** Tapar un astro a otro: *La Luna eclipsó al Sol.* **2** Hacer que algo pierda su valor o su atractivo: *Es tan lista que eclipsa a todos los demás.* ▌ **eclipsarse 3** Sufrir un astro un eclipse: *El Sol se eclipsó y parecía que era de noche.* ☐ FAMILIA: →eclipse.

eclipse (e·clip·se) [sustantivo masculino] Situación en la que el Sol o la Luna desaparecen de la vista y que se produce al ponerse otro astro delante del Sol: *El eclipse lunar se produce cuando la Tierra se pone entre la Luna y el Sol, y el eclipse solar se produce cuando la Luna se pone entre el Sol y la Tierra.* ☐ FAMILIA: eclipsar.

eco (e·co) [sustantivo masculino] **1** Sonido que se repite al chocar contra un cuerpo duro: *Si gritas desde la entrada de la cueva, oirás el eco.* **2** Sonido débil y poco claro: *Los ecos del bombardeo se oían desde muy lejos.* **3** Noticia vaga que se tiene de algo: *Nos han llegado ecos del éxito de este escritor.* **4** Efecto o importancia que algo adquiere: *La huelga no tuvo eco entre la población.* ☐ SINÓNIMOS: **1**, **4** resonancia. **4** repercusión. ☐ FAMILIA: ecografía.

ecoetiqueta (e·co·e·ti·que·ta) [sustantivo femenino] Etiqueta que llevan los productos que se fabrican sin dañar el medioambiente. ☐ FAMILIA: →ecología. →etiqueta.

ecografía (e·co·gra·fí·a) [sustantivo femenino] Prueba médica que se utiliza para ver nuestro cuerpo por dentro. ☐ FAMILIA: →eco. →grafía.

ecología (e·co·lo·gí·a) [sustantivo femenino] **1** Ciencia que estudia las relaciones de los seres vivos entre sí y con su medioambiente. **2** Relación que existe entre las personas y la naturaleza. **3** Defensa de la naturaleza y del medioambiente. ☐ FAMILIA: ecológico, ecologismo, ecologista, ecosistema, ecotasa, ecoturismo, ecoetiqueta.

ecológico, ca (e·co·ló·gi·co, ca) [adjetivo] De la ecología o relacionado con ella: *El petróleo que salió del barco produjo un desastre ecológico.* ☐ FAMILIA: →ecología.

ecologismo (e·co·lo·gis·mo) [sustantivo masculino] Movimiento social que defiende la necesidad de proteger el medioambiente. ☐ FAMILIA: →ecología.

ecologista (e·co·lo·gis·ta) [adjetivo o sustantivo] Que defiende la necesidad de proteger el medioambiente. ☐ [No varía en masculino y femenino]. ☐ SINÓNIMOS: verde. ☐ FAMILIA: →ecología.

economato (e·co·no·ma·to) [sustantivo masculino] Tienda en la que se venden productos a un precio más barato del normal y que generalmente solo pueden utilizar un grupo restringido de personas. ☐ FAMILIA: →economía.

economía (e·co·no·mí·a) [sustantivo femenino] **1** Ciencia que estudia todo lo relacionado con los bienes y con el dinero para usarlos de la mejor manera posible. **2** Forma en que se organizan los bienes y el dinero para obtener beneficios: *una economía socialista; una economía capitalista.* **3** Conjunto de bienes y de dinero que se tienen: *Mi economía no me permite comprar todo lo que quiero.* **4** Propósito de ahorrar tiempo, dinero o esfuerzo: *Este mes tendremos que hacer una gran economía en los gastos.* ◆ [expresión] ▌ **economía sumergida** Conjunto de actividades económicas realizadas fuera de la ley y del control del Estado. ☐ FAMILIA: económico, economizar, economista, economato.

económico, ca (e·co·nó·mi·co, ca) [adjetivo] **1** De la economía o relacionado con ella: *graves problemas económicos.* **2** Que cuesta poco dinero o que gasta poco: *Ir en autobús resulta más económico que ir en taxi.* ☐ SINÓNIMOS: **2** barato. ☐ FAMILIA: →economía.

economista (e·co·no·mis·ta) [sustantivo] Persona especializada en economía. ☐ [No varía en masculino y femenino]. ☐ FAMILIA: →economía.

economizar (e·co·no·mi·zar) [verbo] Intentar ahorrar tiempo, dinero o esfuerzo: *No economices esfuerzos, e inténtalo con todas tus ganas.* ☐ [La «z» se cambia en «c» delante de «e» («economice»)]. ☐ SINÓNIMOS: ahorrar. ☐ ANTÓNIMOS: gastar. ☐ FAMILIA: →economía.

ecosistema (e·co·sis·te·ma) [sustantivo masculino] Conjunto de seres vivos y el medioambiente en el que se desarrollan: *El ecosistema desértico contrasta con el ecosistema de la sabana.* ⊙ **páginas 354-355.** ☐ FAMILIA: →ecología. →sistema.

ecotasa (e·co·ta·sa) [sustantivo femenino] Impuesto que tiene que pagar el que utiliza energías que contaminan: *Gracias a la ecotasa se ha reducido la contaminación atmosférica.* ☐ FAMILIA: →ecología. →tasar.

ecoturismo (e·co·tu·ris·mo) [sustantivo masculino] Viaje turístico que se hace en contacto con la naturaleza y respetando el medioambiente. ☐ FAMILIA: →ecología. →turismo.

ecuación (e·cua·ción) [sustantivo femenino] En matemáticas, igualdad que contiene algún número que no se conoce representado por una o varias letras: *$3x + y = 7$ es una ecuación.*

ecuador (e·cua·dor) [sustantivo masculino] Círculo más grande que rodea la Tierra y que la divide en dos hemisferios: *El ecuador está a la misma distancia del polo norte que del polo sur.* ⊙ *ilustración en* **hemisferio**. ☐ Familia: ecuatorial.

ecuánime (e·cuá·ni·me) [adjetivo] Que trata a los demás de forma justa e imparcial: *Fue ecuánime y no se dejó llevar por sus preferencias.* ☐ [No varía en masculino y femenino].

ecuatorial (e·cua·to·rial) [adjetivo] Del ecuador, que es el círculo más grande que rodea la Tierra, o relacionado con él: *la selva ecuatorial.* ☐ [No varía en masculino y femenino]. ☐ Familia: →ecuador.

ecuatoriano, na (e·cua·to·ria·no, na) [adjetivo o sustantivo] De Ecuador, que es un país sudamericano.

ecuestre (e·cues·tre) [adjetivo] **1** Del caballo o relacionado con él: *deporte ecuestre.* **2** Dicho de un cuadro o de una escultura, que representa a una figura montada a caballo: *retrato ecuestre.* ☐ [No varía en masculino y femenino].

eczema (ec·ze·ma) [sustantivo masculino] → **eccema**.

edad (e·dad) [sustantivo femenino] **1** Tiempo de vida que ha pasado desde el nacimiento: *Tengo diez años de edad.* **2** Cada uno de los períodos de la vida humana: *Durante la edad infantil se aprenden muchas cosas.* **3** Tiempo que dura algo desde el comienzo de su existencia: *Los científicos están estudiando la edad de estos fósiles.* **4** Cada uno de los grandes períodos de tiempo en los que se divide la historia: *Edad Media; Edad Moderna.* ◆ [expresión] ‖ **de edad** Con bastantes años: *Los ancianos son personas de edad.* ‖ **edad del pavo** La que se tiene cuando se está dejando de ser niño: *Está en la edad del pavo y ya empieza a coquetear.* ‖ **mayor de edad** Dicho de una persona, que tiene más de dieciocho años: *Para poder votar hay que ser mayor de edad.* ‖ **menor de edad** Dicho de una persona, que todavía no tiene dieciocho años: *Si eres menor de edad no puedes sacar el carné de conducir.* ‖ **tercera edad** Período de la vida de una persona que comienza alrededor de los sesenta y cinco años: *Al lado de mi casa hay una residencia para personas de la tercera edad.* ☐ [En el significado **4** se escribe con mayúscula].

edén (e·dén) [sustantivo masculino] **1** Según la Biblia, lugar donde vivían Adán y Eva, que fueron el primer hombre y la primera mujer creados por Dios. **2** Lugar bonito, tranquilo y agradable. ☐ Sinónimos: paraíso.

edición (e·di·ción) [sustantivo femenino] **1** Publicación de una obra. **2** Conjunto de ejemplares que se hacen de una obra, producidas a partir del mismo modelo: *En cada nueva edición del libro se corrigen los errores que había en las anteriores.* **3** Exposición u otro acto parecido que se celebra de forma periódica: *la pasada edición del festival de cine.* ☐ Familia: →editar.

edicto (e·dic·to) [sustantivo masculino] **1** Orden o mandato dados por una autoridad: *un edicto judicial.* **2** Aviso que se publica para que los ciudadanos tengan conocimiento de él: *En el edicto, el alcalde anuncia cortes de agua.*

edificación (e·di·fi·ca·ción) [sustantivo femenino] **1** Construcción de un edificio. **2** Edificio o conjunto de edificios. ☐ Familia: →edificio.

edificante (e·di·fi·can·te) [adjetivo] Que da buen ejemplo y que inspira buenos sentimientos: *una conducta edificante.* ☐ [No varía en masculino y femenino]. ☐ Familia: →edificio.

edificar (e·di·fi·car) [verbo] Construir un edificio: *En este parque no se puede edificar.* ☐ [La «c» se cambia en «qu» delante de «e» («edifique»)]. ☐ Familia: →edificio.

edificio (e·di·fi·cio) [sustantivo masculino] Construcción en la que se vive o en la que se realiza alguna actividad: *Los rascacielos son edificios muy altos.* ☐ Familia: edificar, edificación, edificante.

editar (e·di·tar) [verbo] Publicar una obra en papel o en versión digital: *Han editado un nuevo libro de mi escritora favorita.* ☐ Familia: edición, editor, editorial, reedición, inédito.

editor, ra (e·di·tor, to·ra) [sustantivo] Persona o empresa que publican obras en papel o en versión digital. ☐ Familia: →editar.

editorial (e·di·to·rial) ‖ [adjetivo] **1** Que está relacionado con el proceso que se sigue para publicar una obra: *En el proceso editorial intervienen muchas personas.* ‖ [sustantivo masculino] **2** Artículo de un periódico que suele aparecer sin firmar y que trata temas actuales: *En el editorial suele aparecer la opinión de la dirección del periódico sobre un asunto.* ‖ [sustantivo femenino] **3** Empresa que se dedica a publicar obras en papel o en versión digital. ☐ [En el significado **1** no varía en masculino y femenino]. ☐ Familia: →editar.

edredón (e·dre·dón) [sustantivo masculino] Especie de manta que suele estar rellena de algodón, plumas de ave u otro material.

educación (e·du·ca·ción) [sustantivo femenino] **1** Desarrollo de las capacidades morales y de la inteligencia de una persona: *Los padres se encargan de la educación de los hijos.* **2** Comportamiento de una persona, que indica si está bien o mal educada: *Ten más educación y tápate la boca cuando tosas.* ◆ [expresión] ‖ **educación especial** La que se da a personas con necesidades especiales por sus características físicas o psíquicas. ‖ **educación física** Conjunto de materias y ejercicios para conseguir el desarrollo del cuerpo mediante la gimnasia y el deporte. ☐ Sinónimos: **2** modales. ☐ Familia: →educar.

educado, da (e·du·ca·do, da) [adjetivo] Que tiene buena educación: *Es un chico tan educado que no me lo imagino gritando y diciendo palabrotas.* ☐ Antónimos: maleducado, grosero, zafio. ☐ Familia: →educar.

educador, ra (e·du·ca·dor, do·ra) [sustantivo] Persona que se dedica a educar o a enseñar. ☐ Sinónimos: maestro, profesor, docente. ☐ Familia: →educar.

ecosistemas terrestres

DESIERTO CÁLIDO: duna, oasis, dromedario, palmera, cactus, alacrán, serpiente

SELVA: boa, mono, tucán, caimán, tapir

355   ecosistemas terrestres

- albatros
- pingüino
- oso polar
- foca
- narval

DESIERTO FRÍO

- acacia
- jirafa
- ñu
- elefante
- cebra

SABANA

educar (e·du·car) [verbo] **1** Hacer que una persona desarrolle sus facultades mentales y sus conocimientos: *En los colegios se educa a los niños y a las niñas.* **2** Enseñar a una persona las reglas de la buena educación: *A ver si educas mejor a tu hijo y le enseñas que no hay que decir palabrotas.* **3** Hacer que la voz, el oído o los sentidos se desarrollen o sean mejores: *Quiere ser cantante y asiste a clases para educar la voz.* ☐ [La «c» se cambia en «qu» delante de «e» («eduque»)]. ☐ Sinónimos: **1** instruir, ilustrar. ☐ Familia: educación, educado, educador, maleducar, maleducado.

edulcorante (e·dul·co·ran·te) [adjetivo o sustantivo masculino] Que endulza alimentos o medicamentos. ☐ [Cuando es adjetivo, no varía en masculino y femenino]. ☐ Sinónimos: sacarina.

efe (e·fe) [sustantivo femenino] Nombre de la letra *f*.

efectividad (e·fec·ti·vi·dad) [sustantivo femenino] **1** Capacidad de producir el resultado que se desea o se espera: *Estas pastillas son de gran efectividad contra el dolor.* **2** Realidad o validez: *Un justificante que no esté firmado carece de efectividad.* ☐ Sinónimos: **1** eficacia. ☐ Familia: →efecto.

efectivo, va (e·fec·ti·vo, va) [adjetivo] **1** Que produce el efecto deseado: *medidas efectivas contra el fuego.* **2** Real, verdadero o válido: *El nuevo nombramiento no será efectivo hasta mañana.* ▪ **efectivo** [sustantivo masculino] **3** Dinero en moneda o en billetes: *¿Pagará con tarjeta o en efectivo?* ▪ **efectivos** [masculino plural] **4** Conjunto de fuerzas militares o semejantes que están mandados por una sola persona o que tienen un mismo deber. ☐ Sinónimos: **1** eficaz. ☐ Familia: →efecto.

efecto (e·fec·to) ▪ [sustantivo masculino] **1** Cosa producida por una causa: *Cuando el calmante te haga efecto, ya no te dolerá la muela.* **2** Impresión producida en el ánimo: *Me causó muy mal efecto verlo llegar con esa pinta.* **3** Movimiento que se da a una cosa al lanzarla y que hace que cambie la dirección al moverse: *Chutó con efecto y metió un golazo.* **4** Cosa que parece real sin serlo: *Utilizaron un ventilador para simular el efecto del viento.* ▪ **efectos** [plural] **5** Bienes o cosas que pertenecen a una persona: *En esta bolsa llevo mis efectos personales.* ◆ [expresión] ‖ **efectos especiales** Trucos que se usan en algunos espectáculos para producir una impresión en el público: *Lo mejor de la película son los efectos especiales.* ‖ **en efecto** Se usa para afirmar algo: *En efecto, yo llegué la primera.* ‖ **surtir efecto** Dar el resultado deseado: *Este tratamiento no ha surtido efecto; tendremos que darte otro.* ☐ Sinónimos: **1** consecuencia. ☐ Antónimos: **1** causa, origen, principio, comienzo. ☐ Familia: efectuar, efectividad, efectivo.

efectuar (e·fec·tuar) [verbo] Llevar algo a la práctica: *El avión efectuó el despegue sin problemas.* ☐ [Es irregular y se conjuga como ACTUAR]. ☐ Sinónimos: ejecutar, cumplir, realizar, llevar a cabo. ☐ Familia: →efecto.

efeméride (e·fe·mé·ri·de) [sustantivo femenino] Conjunto de acontecimientos importantes que han ocurrido en el mismo día y en el mismo mes, pero en años diferentes: *Hoy celebramos la efeméride de la aprobación de la Constitución.* ☐ [Se usa también «efemérides» para el singular: «la efemérides»].

efemérides (e·fe·mé·ri·des) [sustantivo femenino] → **efeméride**. ☐ [No varía en singular y plural: «la efemérides», «las efemérides»].

efervescencia (e·fer·ves·cen·cia) [sustantivo femenino] **1** Hecho de desprenderse burbujas a través de un líquido. **2** Agitación o nerviosismo grandes: *un ambiente de efervescencia política.* ☐ Familia: →efervescente.

efervescente (e·fer·ves·cen·te) [adjetivo] Que se deshace en el agua y forma burbujas: *Esta pastilla es efervescente.* ☐ [No varía en masculino y femenino]. ☐ Familia: efervescencia.

eficacia (e·fi·ca·cia) [sustantivo femenino] Capacidad de algo para producir el efecto deseado: *trabajar con eficacia.* ☐ Sinónimos: efectividad. ☐ Antónimos: ineficacia. ☐ Familia: →eficaz.

eficaz (e·fi·caz) [adjetivo] Que tiene la capacidad para producir el efecto que se desea: *Este medicamento es muy eficaz contra el catarro.* ☐ [No varía en masculino y femenino. Su plural es «eficaces». No confundir con «eficiente» (que solo se aplica a personas)]. ☐ Sinónimos: efectivo, poderoso. ☐ Antónimos: vano, ineficaz. ☐ Familia: eficacia, ineficacia, ineficaz.

eficiencia (e·fi·cien·cia) [sustantivo femenino] Capacidad de una persona para hacer las cosas muy bien: *La directora del colegio ha demostrado su eficiencia durante años.* ☐ Familia: →eficiente.

eficiente (e·fi·cien·te) [adjetivo] Dicho de una persona, que hace las cosas muy bien. ☐ [No varía en masculino y femenino. No confundir con «eficaz» (que se aplica a cosas y personas)]. ☐ Antónimos: incompetente. ☐ Familia: eficiencia, coeficiente.

efigie (e·fi·gie) [sustantivo femenino] Imagen o representación de una persona: *En algunas monedas aparece la efigie del rey.* ☐ [No confundir con «esfinge» (animal imaginario con cabeza humana y cuerpo de león)]. ☐ Sinónimos: figura.

efímero, ra (e·fí·me·ro, ra) [adjetivo] Que dura poco tiempo: *Algunas flores tienen una vida efímera.* ☐ Sinónimos: breve, pasajero, fugaz. ☐ Antónimos: eterno, duradero, permanente.

efluvio (e·flu·vio) [sustantivo masculino] Olor, vapor o emisión de partículas pequeñas que se desprenden de un cuerpo: *Hasta aquí llegan los efluvios del vertedero.* ☐ [Se usa más en plural].

efusión (e·fu·sión) [sustantivo femenino] Demostración intensa del sentimiento de alegría: *Se saludaron con gran efusión después de mucho tiempo sin verse.* ☐ Sinónimos: efusividad. ☐ Familia: efusivo, efusividad.

efusividad (e·fu·si·vi·dad) [sustantivo femenino] Demostración intensa del sentimiento de alegría: *La profesora recibió con efusividad a los alumnos a la vuelta de vacaciones.* ☐ Sinónimos: efusión. ☐ Familia: →efusión.

efusivo, va (e·fu·si·vo, va) [adjetivo] Que exterioriza mucho el cariño y otros sentimientos: *Me saludó muy* *efusiva porque hacía mucho que no nos veíamos.* □ Familia: →efusión.

egipcio, cia (e·gip·cio, cia) ▪ [adjetivo o sustantivo] **1** De Egipto, que es un país africano. ▪ **egipcio** [sustantivo masculino] **2** Lengua de este país.

égloga (é·glo·ga) [sustantivo femenino] Poema en el que se habla de la naturaleza, de la vida en el campo y del amor.

egoísmo (e·go·ís·mo) [sustantivo masculino] Forma de ser de la persona que solo se interesa por sus asuntos y no se preocupa por los demás. □ Antónimos: altruismo, generosidad, desprendimiento. □ Familia: egoísta.

egoísta (e·go·ís·ta) [adjetivo o sustantivo] Dicho de una persona, que hace solo lo que le conviene. □ [No varía en masculino y femenino]. □ Antónimos: altruista, abnegado, dadivoso. □ Familia: →egoísmo.

egregio, gia (e·gre·gio, gia) [adjetivo] Muy importante: *El protagonista caracteriza un personaje egregio aliado del rey.*

eh [interjección] Se usa para llamar la atención o para preguntar: *¡Eh, esperadme!* □ [No confundir con «e» (letra) ni con «he», del verbo «haber»].

eje (e·je) [sustantivo masculino] **1** Línea que divide algo por la mitad: *La Tierra gira sobre su eje.* **2** Barra que atraviesa un cuerpo que gira y que lo sujeta mientras da vueltas: *Los ejes del coche unen cada pareja de ruedas por su centro.* **3** Persona o cosa que se considera muy importante o el centro de algo: *La familia es el eje de su vida.*

eje

ejecución (e·je·cu·ción) [sustantivo femenino] **1** Acción con que se lleva a cabo algo: *El salto de la patinadora fue de una ejecución perfecta.* **2** Acto en el que se da muerte a una persona porque así lo ha decidido la ley. **3** Hecho de tocar una pieza musical. □ Sinónimos: **3** interpretación. □ Familia: →ejecutar.

ejecutar (e·je·cu·tar) [verbo] **1** Llevar a la práctica algo: *Ejecutó las órdenes recibidas.* **2** Dar muerte a una persona porque así lo ha decidido la ley. **3** Tocar una pieza musical. □ Sinónimos: **1** efectuar, cumplir, realizar, llevar a cabo. **2** ajusticiar. **3** interpretar. □ Familia: ejecución, ejecutivo.

ejecutivo, va (e·je·cu·ti·vo, va) ▪ [adjetivo] **1** Que tiene capacidad para llevar a cabo algo: *En un país, el Gobierno tiene el poder ejecutivo.* ▪ [sustantivo] **2** Persona que ocupa un puesto en la dirección de una empresa: *Los ejecutivos de la empresa se reunieron para elaborar un nuevo plan de ventas.* ▪ **ejecutiva** [sustantivo femenino] **3** Grupo de personas que dirigen una empresa o una sociedad: *la ejecutiva del club.* □ Familia: →ejecutar.

ejemplar (e·jem·plar) ▪ [adjetivo] **1** Que es digno de ser tomado como modelo: *una vida ejemplar.* **2** Que sirve de ejemplo para que otros aprendan: *Se merece un castigo ejemplar.* ▪ [sustantivo masculino] **3** Cada una de las copias sacadas de un mismo modelo: *Se han agotado todos los ejemplares de esta novela.* **4** Individuo de una especie, de una raza o de un género: *En el zoo había varios ejemplares de cebras.* □ [En los significados **1** y **2** no varía en masculino y femenino]. □ Familia: →ejemplo.

ejemplificar (e·jem·pli·fi·car) [verbo] Demostrar o aclarar algo con ejemplos: *El profesor ejemplificó su explicación para que la entendiéramos mejor.* □ [La «c» se cambia en «qu» delante de «e» («ejemplifique»)]. □ Familia: →ejemplo.

ejemplo (e·jem·plo) [sustantivo masculino] **1** Persona o cosa que se pone como modelo para ser imitado o evitado, según se considere bueno o malo: *Mis padres son unas personas honradas y un ejemplo para todos nosotros.* **2** Cosa que se dice para aclarar algo o para afirmarlo: *Te pondré un ejemplo para que entiendas lo que digo.* ◆ [expresión] ‖ **dar ejemplo** Hacer que los demás nos imiten por nuestras obras: *Debemos ser generosos y dar ejemplo a los demás.* ‖ **por ejemplo** Se usa para introducir una información que aclara o afirma lo que estamos diciendo: *Imaginemos un objeto circular, por ejemplo, un anillo.* □ Familia: ejemplar, ejemplificar.

ejercer (e·jer·cer) [verbo] **1** Practicar una profesión: *Mi padre es abogado, pero no ejerce.* **2** Producir una acción o tener una determinada influencia: *Tus amigos ejercen una buena influencia en ti.* **3** Hacer uso de un derecho: *Siempre que hay votaciones ejerzo mi derecho al voto.* □ [La «c» se cambia en «z» delante de «a», «o» («ejerza»)]. □ Familia: ejercitar, ejercicio.

ejercicio (e·jer·ci·cio) [sustantivo masculino] **1** Trabajo práctico que sirve para fijar lo que se ha explicado: *Tengo que hacer dos ejercicios de matemáticas.* **2** Práctica de algo: *Se dedica al ejercicio de la medicina.* **3** Conjunto de movimientos que se hacen con el cuerpo para mantenerlo en forma: *Hago media hora de ejercicio todos los días.* **4** Actividad que se hace para desarrollar una capacidad: *Aprenderse los números de teléfono es un buen ejercicio para la memoria.* **5** Prueba o examen que hay que aprobar: *La oposición consta de un ejercicio práctico y otro teórico.* □ Familia: →ejercer.

ejercitar (e·jer·ci·tar) [verbo] **1** Preparar a una persona o a un animal para que realice una actividad: *Los caballeros antiguos se ejercitaban en el uso de la espada.* **2** Usar algo de forma repetida para conseguir cierta habilidad: *Si no ejercitas la memoria, cada vez serás capaz de recordar menos cosas.* □ Sinónimos: **1** adiestrar, instruir. □ Familia: →ejercer.

ejército (e·jér·ci·to) [sustantivo masculino] **1** Conjunto de soldados de un país. **2** Conjunto numeroso de algo: *un ejército de hormigas.* □ [En el significado **1** se escribe con mayúscula].

el, la [artículo] Acompaña a los nombres conocidos y sirve para saber su género y su número: *Aquí está el paraguas. Dame los libros que hay en la mesa.* ☐ [Su plural es «los, las». Se usa «el» en vez de «la» con los sustantivos femeninos que empiezan por «a» o «ha» tónica: «el agua». No confundir con «él», pronombre personal].

él, ella (él, e·lla) [pronombre personal] Representa la tercera persona del singular: *Yo vengo solo, pero él traerá más gente. Lo he hecho por ella.* ☐ [Su plural es «ellos, ellas». No confundir con «el», artículo].

elaboración (e·la·bo·ra·ción) [sustantivo femenino] Fabricación de un producto o de un aparato con los medios adecuados: *Para la elaboración del queso se necesita leche.* ☐ SINÓNIMOS: producción. ☐ FAMILIA: →elaborar.

elaborar (e·la·bo·rar) [verbo] **1** Fabricar algo por medio de un trabajo adecuado: *En estas bodegas se elaboran buenos vinos.* **2** Formar una idea complicada en la mente: *Te voy a contar la teoría que he elaborado sobre ese asunto.* ☐ SINÓNIMOS: **1** producir, confeccionar. **2** construir. ☐ FAMILIA: elaboración.

elasticidad (e·las·ti·ci·dad) [sustantivo femenino] **1** Capacidad que tiene un cuerpo para ser estirado y volver después a tener su forma anterior: *Necesito una goma de gran elasticidad.* **2** Capacidad de las personas para doblarse y estirarse mucho: *Los gimnastas tienen una gran elasticidad.* ☐ FAMILIA: →elástico.

elástico, ca (e·lás·ti·co, ca) ∎ [adjetivo] **1** Dicho de un cuerpo, que puede ser estirado y después puede volver a tener su forma anterior: *una goma elástica.* ∎ **elástico** [sustantivo masculino] **2** Cinta o tejido que tienen esta propiedad: *el elástico de las mangas de un jersey.* ☐ FAMILIA: elasticidad.

ele (e·le) ∎ [sustantivo femenino] **1** Nombre de la letra *l.* ∎ [interjección] **2** Se usa para indicar que algo nos parece bien: *¡Ele, ahí queda eso!* ☐ [El significado **2** es coloquial].

e-learning [sustantivo masculino] Aprendizaje de cualquier materia a través de internet: *Hay muchos cursos e-learning para aprender inglés desde casa.* ☐ [Es una palabra inglesa. Se pronuncia «í-lérnin». Es preferible usar «aprendizaje en línea»].

elección (e·lec·ción) ∎ [sustantivo femenino] **1** Hecho de decidirse por lo que se considera más adecuado: *Decidirte a venir ha sido una buena elección.* **2** Posibilidad de elegir: *Lo hice porque no tenía elección.* ∎ **elecciones** [plural] **3** Proceso por medio del cual se elige a los políticos que van a gobernar el país: *El presidente del Gobierno pertenece al partido que ganó las elecciones.* ☐ SINÓNIMOS: **2** opción. **3** comicios. ☐ FAMILIA: →elegir.

elector, ra (e·lec·tor, to·ra) [adjetivo o sustantivo] Que tiene la capacidad o el derecho de elegir a las personas que gobernarán en un país: *Los electores acudieron a votar.* ☐ FAMILIA: →elegir.

electorado (e·lec·to·ra·do) [sustantivo masculino] Conjunto de personas que pueden votar en unas elecciones. ☐ FAMILIA: →elegir.

electoral (e·lec·to·ral) [adjetivo] De las elecciones o relacionado con ellas: *la campaña electoral.* ☐ [No varía en masculino y femenino]. ☐ FAMILIA: →elegir.

electricidad (e·lec·tri·ci·dad) [sustantivo femenino] Forma de energía gracias a la cual funcionan muchos aparatos: *Gracias a la electricidad podemos encender las bombillas, la vitrocerámica o la televisión.* ☐ FAMILIA: →eléctrico.

electricista (e·lec·tri·cis·ta) [sustantivo] Persona que coloca y arregla todo lo necesario para que pueda usarse la electricidad. ☐ [No varía en masculino y femenino]. ☐ FAMILIA: →eléctrico.

eléctrico, ca (e·léc·tri·co, ca) [adjetivo] De la electricidad o relacionado con ella: *La corriente eléctrica va por cables.* ☐ FAMILIA: electricidad, electricista, electrizar, electrocutar, electrón, electrónico, electrólisis, electrolito, electrodo, electrodoméstico, electroscopio, hidroeléctrico.

electrizar (e·lec·tri·zar) [verbo] **1** Producir electricidad en un cuerpo: *Puedes electrizar un bolígrafo si lo frotas con el jersey.* **2** Producir entusiasmo: *Las palabras de la conferenciante electrizaron al auditorio.* ☐ [La «z» se cambia en «c» delante de «e» («electrice»)]. ☐ FAMILIA: →eléctrico.

electrocardiograma (e·lec·tro·car·dio·gra·ma) [sustantivo masculino] Prueba médica que se hace para ver el ritmo de los latidos del corazón.

electrocutar (e·lec·tro·cu·tar) [verbo] Recibir una descarga eléctrica que puede producir la muerte: *Se electrocutó al pisar un cable de alta tensión.* ☐ FAMILIA: →eléctrico.

electrodo (e·lec·tro·do) [sustantivo masculino] Extremo de un cuerpo conductor de una corriente eléctrica. ☐ FAMILIA: →eléctrico.

electrodoméstico (e·lec·tro·do·més·ti·co) [sustantivo masculino] Aparato que se usa en el hogar y que funciona con electricidad: *La lavadora y la nevera son electrodomésticos.* ☐ FAMILIA: →eléctrico. →doméstico.

electroencefalograma (e·lec·tro·en·ce·fa·lo·gra·ma) [sustantivo masculino] Prueba médica que se hace para saber si existe algún daño o alguna enfermedad en el cerebro. ☐ FAMILIA: →encéfalo.

electroimán (e·lec·troi·mán) [sustantivo masculino] Mecanismo que transforma la energía de la corriente eléctrica en energía magnética. ☐ FAMILIA: →imán.

electrólisis o **electrolisis** (e·lec·tró·li·sis; e·lec·tro·li·sis) [sustantivo femenino] Reacción que se produce al pasar una corriente eléctrica a través de una disolución en agua. ☐ [No varía en singular y plural]. ☐ FAMILIA: →eléctrico.

electrolito o **electrólito** (e·lec·tro·li·to; e·lec·tró·li·to) [sustantivo masculino] Sustancia que, disuelta en agua, conduce la corriente eléctrica: *La sal es un electrolito.* ☐ FAMILIA: →eléctrico.

electrón (e·lec·trón) [sustantivo masculino] Partícula de un átomo con carga eléctrica negativa. ☐ ANTÓNIMOS: protón. ☐ FAMILIA: →eléctrico.

electrónico, ca (e·lec·tró·ni·co, ca) ■ [adjetivo] **1** De la electrónica o relacionado con esta parte de la física. **2** Relacionado con internet: *mensaje electrónico; comercio electrónico; libro electrónico.* ■ **electrónica** [sustantivo femenino] **3** Parte de la física que estudia cosas que tienen que ver con la electricidad: *Esta experta en electrónica trabaja con ordenadores.* ☐ Familia: →eléctrico.

electroscopio (e·lec·tros·co·pio) [sustantivo masculino] Aparato que se usa para saber si un cuerpo tiene electricidad. ☐ Familia: →eléctrico.

elefante, ta (e·le·fan·te, ta) [sustantivo] Animal muy grande y de color gris que tiene dos enormes colmillos y una larga trompa: *Los elefantes viven en Asia y en África.* ◉ páginas 354-355 y 596-597.

elegancia (e·le·gan·cia) [sustantivo femenino] Cualidad de lo que resulta correcto y adecuado: *Ese actor viste con mucha elegancia.* ☐ Antónimos: chabacanería. ☐ Familia: →elegante.

elegante (e·le·gan·te) [adjetivo] Que resulta agradable y apropiado: *¡Qué traje tan elegante para ir a la fiesta!* ☐ [No varía en masculino y femenino]. ☐ Antónimos: chabacano. ☐ Familia: elegancia.

elegía (e·le·gí·a) [sustantivo femenino] Poema en el que el autor se lamenta por la muerte de alguien.

elegir (e·le·gir) [verbo] **1** Decidirse por una cosa entre varias: *No sé qué libro elegir de la biblioteca.* **2** Escoger a una persona por medio de una votación: *Mis compañeros me han elegido como delegada de curso.* ☐ [Es irregular y se conjuga como PEDIR. La «g» se cambia en «j» delante de «a», «o» («elija»). Tiene dos participios: uno regular («elegido») y otro irregular («electo»)]. ☐ Sinónimos: **1** optar, escoger. ☐ Familia: elección, elector, electoral, electorado, reelegir.

elemental (e·le·men·tal) [adjetivo] Sencillo o fundamental: *Tengo conocimientos elementales de inglés, pero no sé nada de francés.* ☐ [No varía en masculino y femenino]. ☐ Sinónimos: rudimentario. ☐ Familia: →elemento.

elemento (e·le·men·to) [sustantivo masculino] **1** Pieza que forma parte de un todo: *Un conjunto está formado por un número determinado de elementos.* **2** Base para hacer algo: *No opines si no tienes suficientes elementos de juicio.* **3** Medio en el que vive y se desarrolla un ser vivo: *El aire es el elemento en el que viven muchas aves.* **4** Individuo: *¡Menudo elemento está hecho ese pillo!* ☐ [El significado **4** es coloquial]. ☐ Familia: elemental.

elevación (e·le·va·ción) [sustantivo femenino] **1** Zona en la que el terreno está más alto que lo que tiene alrededor: *Desde esa pequeña elevación podremos ver el valle.* **2** Movimiento de algo hacia arriba. ☐ Familia: →elevar.

elevado, da (e·le·va·do, da) [adjetivo] **1** Que tiene una distancia de arriba abajo mayor de lo que es habitual: *una elevada estatura.* **2** De un valor o una categoría mayor de lo normal: *Tiene un elevado cargo en la empresa.* ☐ Sinónimos: alto. ☐ Antónimos: **1** bajo. ☐ Familia: →elevar.

elevador (e·le·va·dor) [sustantivo masculino] Aparato que sirve para subir y bajar mercancías. ☐ Familia: →elevar.

elevar (e·le·var) [verbo] **1** Mover algo hacia arriba o colocarlo en un lugar más alto: *Los helicópteros se pueden elevar en vertical sobre el suelo.* **2** Dirigir un escrito o una petición a la autoridad que corresponda: *La asociación de vecinos elevó sus solicitudes al alcalde.* ☐ Sinónimos: **1** levantar, alzar. ☐ Antónimos: **1** bajar. ☐ Familia: elevación, elevado, elevador.

elidir (e·li·dir) [verbo] Suprimir un sonido o una palabra: *En «Yo comí pescado y tú, carne», se ha elidido el verbo «comiste».* ☐ [No confundir con «eludir» (evitar algo que molesta o que no se quiere hacer)]. ☐ Familia: →elipsis.

eliminación (e·li·mi·na·ción) [sustantivo femenino] Hecho de destruir algo o de hacerlo desaparecer. ☐ Familia: →eliminar.

eliminar (e·li·mi·nar) [verbo] **1** Quitar o hacer desaparecer: *El desodorante elimina el mal olor.* **2** Quitar a una persona o a un grupo de donde estaba: *Eliminaron a nuestro equipo porque perdió el partido.* ☐ Sinónimos: **1** suprimir, erradicar. ☐ Familia: eliminación, eliminatorio.

eliminatorio, ria (e·li·mi·na·to·rio, ria) ■ [adjetivo] **1** Que sirve para quitar a una persona o a un grupo de donde estaban por no haber sido seleccionados: *Estas pruebas son eliminatorias y, si no pasas una, no puedes hacer la siguiente.* ■ **eliminatoria** [sustantivo femenino] **2** En una competición, prueba que sirve para quitar a una persona o a un grupo de donde estaban: *Mi equipo perdió la eliminatoria y no podrá jugar la final.* ☐ Familia: →eliminar.

elipse (e·lip·se) [sustantivo femenino] Curva cerrada y plana con forma ovalada. ☐ [No confundir con «elipsis» (recurso lingüístico que consiste en la eliminación de una o más palabras de una oración sin cambiar su significado)]. ☐ Familia: elíptico.

elipsis (e·lip·sis) [sustantivo femenino] Hecho de eliminar una o más palabras de una oración sin cambiar su significado. ☐ [No varía en singular y plural. No confundir con «elipse» (curva cerrada con forma ovalada)]. ☐ Familia: elíptico, elidir, elisión.

elíptico, ca (e·líp·ti·co, ca) [adjetivo] **1** De la elipse o relacionado con esta figura: *curva elíptica.* **2** De la elipsis o relacionado con este recurso lingüístico: *sujeto elíptico; frase elíptica.* ☐ Familia: **1** →elipse. **2** →elipsis.

elisión (e·li·sión) [sustantivo femenino] Hecho de eliminar un sonido de una palabra, o palabras de un enunciado: *La contracción «al» se forma por elisión de la «e» del artículo en «a el».* ☐ Familia: →elipsis.

élite (é·li·te) [sustantivo femenino] Grupo pequeño formado por las personas que más destacan o que son más importantes en una actividad determinada: *La selección está formada por la élite de los deportistas.* ☐ Familia: elitista.

elitista (e·li·tis·ta) [adjetivo o sustantivo] De la élite o relacionado con este grupo de personas destacadas: *una actitud elitista.* ☐ [No varía en masculino y femenino]. ☐ Familia: →élite.

élitro (é·li·tro) [sustantivo masculino] Cada una de las alas de algunos insectos, que son duras y sirven para proteger las alas que están debajo: *Las mariquitas tienen los élitros rojos con puntos negros.*

elixir (e·li·xir) [sustantivo masculino] **1** Líquido que tiene medicinas generalmente disueltas en alcohol: *un elixir para hacer gárgaras.* **2** Bebida que tiene propiedades maravillosas: *¿Te imaginas que existiera el elixir de la eterna juventud?*

elle (e·lle) [sustantivo femenino] Nombre que se da en español a la doble ele.

ello (e·llo) [pronombre personal] Representa la tercera persona del singular: *Tenemos que acabar el trabajo hoy, así que ¡a ello!* ☐ [Es neutro].

ellos, ellas (e·llos, e·llas) [pronombre personal] Representa la tercera persona del plural: *Nosotros queremos quedarnos, son ellas las que se quieren ir. Espero que sus padres no se vayan sin ellos.*

elocuencia (e·lo·cuen·cia) [sustantivo femenino] Capacidad que tienen algunas personas para expresarse y para convencer con sus palabras o con sus gestos. ☐ Familia: →elocuente.

elocuente (e·lo·cuen·te) [adjetivo] Que es capaz de expresarse de tal manera que convence a los demás: *Fue tan elocuente exponiendo su plan que convenció a todos.* ☐ [No varía en masculino y femenino]. ☐ Familia: elocuencia, grandilocuente, grandilocuencia.

elogiar (e·lo·giar) [verbo] Decir cosas buenas de alguien: *Elogió tu habilidad tocando el piano.* ☐ [Es irregular y se conjuga como ANUNCIAR]. ☐ Sinónimos: alabar, ponderar, encomiar, enaltecer, sublimar, loar, aplaudir. ☐ Antónimos: ofender, vilipendiar. ☐ Familia: elogio, elogioso.

elogio (e·lo·gio) [sustantivo masculino] Cosa buena que se dice de alguien: *Con tantos elogios me voy a poner colorada.* ☐ Sinónimos: alabanza, loa, encomio. ☐ Antónimos: ofensa. ☐ Familia: →elogiar.

elogioso, sa (e·lo·gio·so, sa) [adjetivo] Que dice cosas buenas de alguien: *un comentario elogioso.* ☐ Familia: →elogiar.

elucubración (e·lu·cu·bra·ción) [sustantivo femenino] **1** Pensamiento, reflexión o trabajo que se llevan a cabo para crear o imaginar algo: *Para escribir esa obra necesitó muchas horas de elucubración.* **2** Imaginación sin mucho sentido: *Lo que dices no son más que elucubraciones.* ☐ Familia: →elucubrar.

elucubrar (e·lu·cu·brar) [verbo] **1** Pensar o reflexionar mucho sobre algo: *Estuve elucubrando la manera de solucionar el problema.* **2** Imaginar cosas: *¡Deja ya de elucubrar!* ☐ Familia: elucubración.

eludir (e·lu·dir) [verbo] Evitar algo que molesta o que no se quiere hacer: *No debemos eludir nuestras responsabilidades.* ☐ [No confundir con «elidir» (suprimir una letra o una palabra)]. ☐ Sinónimos: evitar. ☐ Familia: ineludible.

e-mail [sustantivo masculino] → **correo electrónico**. ☐ [Es una palabra inglesa. Se pronuncia «iméil»].

emanación (e·ma·na·ción) [sustantivo femenino] Salida de gases o de olores de un cuerpo: *Se intoxicaron por una emanación de gas.* ☐ Familia: →manar.

emanar (e·ma·nar) [verbo] **1** Proceder o tener origen: *En épocas antiguas, los reyes consideraban que su poder emanaba de Dios.* **2** Salir una sustancia de un cuerpo: *Las flores emanan perfume.* ☐ Sinónimos: **1** derivar, provenir. **2** despedir, desprender, exhalar. ☐ Familia: →manar.

emancipación (e·man·ci·pa·ción) [sustantivo femenino] Hecho de hacerse independiente o de liberarse de algo de lo que se depende: *Mi hermano mayor trabaja y ha conseguido su emancipación.* ☐ Familia: →emanciparse.

emanciparse (e·man·ci·par·se) [verbo] Hacerse independiente o liberarse de aquello de lo que se depende: *Los hijos no pueden emanciparse de sus padres hasta que no son mayores de edad.* ☐ Familia: emancipación.

embadurnar (em·ba·dur·nar) [verbo] Untar o manchar una superficie con una sustancia: *El niño se embadurnó con chocolate.* ☐ Sinónimos: untar.

embajada (em·ba·ja·da) [sustantivo femenino] Lugar en el que trabaja un embajador. ☐ Sinónimos: legación. ☐ Familia: embajador.

embajador, ra (em·ba·ja·dor, do·ra) [sustantivo] **1** Persona que representa al Gobierno de su país en el extranjero. **2** Persona que representa a un grupo o a una actividad fuera de los círculos habituales: *Esta directora se ha convertido en la embajadora del cine español en el extranjero.* ☐ Familia: →embajada.

embalaje (em·ba·la·je) [sustantivo masculino] Caja o papel con que se envuelve un objeto para protegerlo durante su transporte: *Se ha roto el embalaje de tu paquete.* ☐ Familia: →embalar.

embalar (em·ba·lar) [verbo] **1** Envolver un objeto de forma que quede protegido y se pueda llevar de un lugar a otro sin romperse ni estropearse. ▎**embalarse 2** Aumentar mucho la velocidad: *Me embalé al bajar la cuesta en bici.* ☐ Antónimos: **1** desembalar. ☐ Familia: **1** embalaje, desembalar. **2** →bala.

embalsamar (em·bal·sa·mar) [verbo] Preparar un cuerpo muerto con unas sustancias especiales que evitan que se estropee: *Los egipcios embalsamaban a los muertos.* ☐ Familia: →bálsamo.

embalse (em·bal·se) [sustantivo masculino] Depósito que se construye para almacenar el agua de un río o de un arroyo. ☐ Sinónimos: pantano, presa.

embarazada (em·ba·ra·za·da) [adjetivo o sustantivo femenino] Dicho de una mujer, que va a tener un hijo. ☐ [«Embarazada» o «encinta» se prefiere para mujeres, y «preñada» se usa más para animales]. ☐ Familia: →embarazo.

embarazo (em·ba·ra·zo) [sustantivo masculino] **1** Estado en el que se encuentra una mujer que va a tener un niño. **2** Sensación de vergüenza que produce algo: *Que me riñeran en público me produjo un gran embarazo.* ☐ Familia: embarazada, embarazoso, desembarazarse.

embarazoso, sa (em·ba·ra·zo·so, sa) [adjetivo] Que no resulta cómodo porque produce una sensación de vergüenza: *Me resultó embarazoso encontrármelo en el cine porque yo le había dicho que no iba a salir esa tarde.* ☐ Sinónimos: incómodo. ☐ Familia: →embarazo.

embarcación (em·bar·ca·ción) [sustantivo femenino] Vehículo que va por el agua. ⊙ página 362. ☐ Sinónimos: nave, barco. ☐ Familia: →barca.

embarcadero (em·bar·ca·de·ro) [sustantivo masculino] Lugar preparado para que las personas o las mercancías puedan subir a un barco. ☐ Familia: →barca.

embarcadero

embarcar (em·bar·car) [verbo] Subir a un barco, a un tren o a un avión. ☐ [La «c» se cambia en «qu» delante de «e» («embarque»)]. ☐ Antónimos: desembarcar. ☐ Familia: →barca.

embargar (em·bar·gar) [verbo] **1** Retener los bienes de alguien por orden de alguna autoridad: *Si no pagas tus deudas te pueden embargar el sueldo.* **2** Invadir a alguien un sentimiento o una sensación: *La emoción me embargaba y no podía hablar.* ☐ [La «g» se cambia en «gu» delante de «e» («embargue»)]. ☐ Familia: embargo.

embargo (em·bar·go) [sustantivo masculino] **1** Hecho de impedir una autoridad que una persona pueda usar sus bienes: *Procedieron al embargo de su piso porque no pagaba el dinero que debía.* **2** Situación en la que un Gobierno no permite el comercio con otro país: *El Gobierno ha decretado el embargo económico a ese país como medida de presión para que cese la guerra.* ♦ [expresión] ‖ **sin embargo** Se usa para indicar una oposición: *No me gusta ir a la playa, sin embargo, iré para acompañarte.* ☐ [«Sin embargo» va generalmente escrito entre comas]. ☐ Familia: →embargar.

embarque (em·bar·que) [sustantivo masculino] Subida o entrada de personas o de mercancías en un barco, en un avión o en un tren: *Sin la tarjeta de embarque no te permiten subir al avión.* ☐ Familia: →barca.

embarrar (em·ba·rrar) [verbo] Llenar, cubrir o manchar de barro: *Los niños se embarraron jugando en el parque.* ☐ Familia: →barro.

embarullar (em·ba·ru·llar) [verbo] Mezclar o confundir unas cosas con otras: *Al hablar embarullas tanto las cosas que no entiendo lo que dices.* ☐ Antónimos: aclarar. ☐ Familia: →barullo.

embate (em·ba·te) [sustantivo masculino] Golpe fuerte y violento: *Se oía el embate de las olas contra el acantilado.*

embaucador, ra (em·bau·ca·dor, do·ra) [adjetivo o sustantivo] Que engaña a las personas y se aprovecha de ellas. ☐ Familia: →embaucar.

embaucar (em·bau·car) [verbo] Engañar a una persona aprovechándose de ella: *No te dejes embaucar por ellos.* ☐ [Es irregular y se conjuga como CAUSAR. La «c» se cambia en «qu» delante de «e» («embauque»)]. ☐ Familia: embaucador.

embeber (em·be·ber) [verbo] **1** Absorber un líquido: *La bayeta embebe el agua.* ▌ **embeberse 2** Poner mucho interés en una actividad o estar muy concentrado en algo: *Se embebió en la lectura y no nos oyó llegar.* ☐ Familia: →beber.

embelesar (em·be·le·sar) [verbo] Producir o sentir un placer tan grande que se olvida todo lo demás: *Me embeleso escuchando música clásica.* ☐ Sinónimos: extasiar, embriagar, encandilar. ☐ Familia: embeleso.

embeleso (em·be·le·so) [sustantivo masculino] Placer tan grande que se olvida todo lo demás: *Los padres miraban a sus hijos con embeleso.* ☐ Sinónimos: éxtasis. ☐ Familia: →embelesar.

embellecedor, ra (em·be·lle·ce·dor, do·ra) [adjetivo] Que embellece: *En las perfumerías puedes encontrar muchos productos embellecedores.* ☐ Familia: →bello.

embellecer (em·be·lle·cer) [verbo] Hacer que algo esté más bello o más bonito: *Colocaron guirnaldas y luces de colores para embellecer las calles.* ☐ [Es irregular y se conjuga como AGRADECER]. ☐ Sinónimos: adornar. ☐ Antónimos: afear. ☐ Familia: →bello.

embestida (em·bes·ti·da) [sustantivo femenino] Hecho de lanzarse con fuerza contra algo o contra alguien: *La embestida del toro derribó al torero.* ☐ Familia: →embestir.

embestir (em·bes·tir) [verbo] Lanzarse con fuerza o con violencia contra algo: *El toro embistió al torero.* ☐ [Es irregular y se conjuga como PEDIR. No confundir con «envestir» (conceder un cargo importante)]. ☐ Sinónimos: acometer. ☐ Familia: embestida.

emblema (em·ble·ma) [sustantivo masculino] Símbolo que representa a alguien o algo: *El emblema de mi colegio es un escudo con rayas.* ☐ Sinónimos: símbolo.

embobado, da (em·bo·ba·do, da) [adjetivo] Que está tan concentrado o tan entretenido con algo que no se da cuenta de lo que hay alrededor: *Se queda embobado escuchándote.* ☐ Familia: →bobo.

embobarse (em·bo·bar·se) [verbo] Prestar tanta atención a algo que no nos damos cuenta de lo que hay alrededor: *Se embobó viendo su programa favorito en la tele.* ☐ Familia: →bobo.

embolado (em·bo·la·do) [sustantivo masculino] Asunto difícil de resolver: *No sé cómo salir de este embolado.* ☐ [Es coloquial]. ☐ Sinónimos: papeleta. ☐ Familia: →bola.

émbolo (ém·bo·lo) [sustantivo masculino] En un tubo, pieza que al moverse hace que se mueva también el líquido o el gas que hay dentro de él: *Para poner una inyección hay que empujar el émbolo de la jeringuilla.*

embarcaciones

- acorazado
- ferri
- buque
- yate
- submarino
- portaaviones
- kayak
- velero
- balsa
- canoa

embolsarse (em·bol·sar·se) [verbo] Ganar una cantidad de dinero: *Le tocó la lotería y se embolsó un buen premio.* ☐ FAMILIA: →bolso.

emborrachar (em·bo·rra·char) [verbo] Poner o ponerse borracho: *Si bebes alcohol te emborracharás.* ☐ FAMILIA: →borracho.

emborronar (em·bo·rro·nar) [verbo] Manchar un papel con rayas o con tinta. ☐ FAMILIA: →borrón.

emboscada (em·bos·ca·da) [sustantivo femenino] Operación que consiste en esconderse en un lugar para atacar por sorpresa. ☐ SINÓNIMOS: celada.

emboscar (em·bos·car) [verbo] **1** Esconder a un grupo de soldados en un lugar para realizar un ataque por sorpresa: *El capitán emboscó a sus soldados en el camino.* ▪ **emboscarse 2** Meterse o esconderse entre ramas: *Se emboscaron en la maleza para darnos un susto.* ☐ [La «c» se cambia en «qu» delante de «e» («embosque»)]. ☐ FAMILIA: →bosque.

embotado, da (em·bo·ta·do, da) [adjetivo] Dicho de una capacidad, que se ha debilitado o que es menos eficaz: *Tengo la cabeza embotada y no puedo pensar.* ☐ FAMILIA: →embotar.

embotar (em·bo·tar) [verbo] Debilitar una capacidad o un sentido, o hacerlos menos eficaces: *El miedo me embota los sentidos.* ☐ FAMILIA: embotado.

embotellamiento (em·bo·te·lla·mien·to) [sustantivo masculino] **1** Proceso en el que se mete un líquido en botellas: *el embotellamiento del vino.* **2** Gran cantidad de tráfico, de forma que no se puede ir deprisa: *un embotellamiento de tráfico.* ☐ SINÓNIMOS: **2** atasco. ☐ FAMILIA: →botella.

embotellar (em·bo·te·llar) [verbo] Meter un líquido en botellas. ☐ FAMILIA: →botella.

embozo (em·bo·zo) [sustantivo masculino] **1** Parte de la sábana de arriba que se dobla hacia fuera: *Mis sábanas tienen el embozo bordado.* **2** Parte de una prenda de vestir que tapa la cara: *el embozo de una capa.*

embrague (em·bra·gue) [sustantivo masculino] Pieza de un vehículo que permite cambiar de marcha: *El embrague del coche es un pedal que está al lado del freno.*

embravecer (em·bra·ve·cer) [verbo] Agitarse con violencia el mar o el viento. ☐ [Es irregular y se conjuga como AGRADECER]. ☐ FAMILIA: →bravo.

embravecido, da (em·bra·ve·ci·do, da) [adjetivo] Dicho del mar o del viento, que se agita con violencia: *El barco naufragó en un mar embravecido.* ☐ FAMILIA: →bravo.

embriagador, ra (em·bria·ga·dor, do·ra) [adjetivo] **1** Que pone borracho: *bebida embriagadora.* **2** Que produce un placer tan grande que se pierden los sentidos: *perfume embriagador.* ☐ FAMILIA: →embriagar.

embriagar (em·bria·gar) [verbo] **1** Poner borracho. **2** Producir un placer tan grande que se pierden los sentidos: *No se dejó embriagar por la fama.* ☐ [La «g» se cambia en «gu» delante de «e» («embriague»)]. ☐ SINÓNIMOS: **2** embelesar, extasiar. ☐ FAMILIA: embriaguez, embriagador.

embriaguez (em·bria·guez) [sustantivo femenino] Estado de la persona que está borracha. ☐ FAMILIA: →embriagar.

embrión (em·brión) [sustantivo masculino] Primer momento en el desarrollo de un ser vivo: *En los primeros meses de embarazo, el embrión se convierte en feto.*

embrollar (em·bro·llar) [verbo] Mezclar un conjunto de cosas sin ningún orden: *No me embrolles los papeles, que luego los tengo que volver a ordenar.* ☐ SINÓNIMOS: enredar. ☐ FAMILIA: embrollo.

embrollo (em·bro·llo) [sustantivo masculino] **1** Situación sin orden, con gran movimiento de cosas y con mucho ruido: *¡Menudo embrollo se formó cuando hubo gente que quiso colarse en la fila...!* **2** Conjunto de cosas mezcladas y sin orden: *Con este embrollo de ropa no me extraña que no encuentres la bufanda.* ☐ SINÓNIMOS: lío, jaleo, follón. ☐ FAMILIA: →embrollar.

embrujar (em·bru·jar) [verbo] Usar poderes mágicos contra alguien para conseguir algo: *La hechicera embrujó al príncipe y lo convirtió en piedra.* ☐ SINÓNIMOS: hechizar, encantar. ☐ FAMILIA: →brujo.

embrujo (em·bru·jo) [sustantivo masculino] **1** Acto que se realiza para conseguir algo usando poderes mágicos: *El embrujo de la hechicera no hizo efecto.* **2** Fuerza misteriosa que tiene una persona para atraer a alguien: *Su personalidad tiene un embrujo especial.* ☐ SINÓNIMOS: **1** encantamiento, hechizo. ☐ FAMILIA: →brujo.

embrutecer (em·bru·te·cer) [verbo] Hacer que una persona se vuelva bruta: *Si estás todo el día sin hacer nada te vas a embrutecer.* ☐ [Es irregular y se conjuga como AGRADECER]. ☐ FAMILIA: →bruto.

embuchar (em·bu·char) [verbo] **1** Meter la carne picada en la tripa de un animal para hacer embutido: *El carnicero embuchó la carne con especias para hacer chorizo.* **2** Alimentar a un ave metiéndole comida en el buche. ▪ **embucharse 3** Comer con muchas ganas y tragando deprisa: *En diez minutos se embuchó toda la comida que le habían servido.* ☐ SINÓNIMOS: **3** engullir. ☐ FAMILIA: →buche.

embudo (em·bu·do) [sustantivo masculino] Objeto de boca ancha y redonda, terminado en un tubo estrecho y que se usa para pasar líquidos de un recipiente a otro.

embudo

embuste (em·bus·te) [sustantivo masculino] Cosa que se dice sabiendo que no es verdad e intentando que lo parezca. ☐ SINÓNIMOS: mentira, patraña, falsedad. ☐ ANTÓNIMOS: verdad. ☐ FAMILIA: embustero.

embustero, ra (em·bus·te·ro, ra) [adjetivo o sustantivo] Que dice muchas mentiras. ☐ SINÓNIMOS: mentiroso, falso, farsante. ☐ ANTÓNIMOS: sincero, veraz. ☐ FAMILIA: →embuste.

embutido (em·bu·ti·do) [sustantivo masculino] Alimento que se hace metiendo en una tripa un relleno de carne picada y especias o de otra cosa: *El chorizo y el salchichón son embutidos.* ☐ FAMILIA: →embutir.

embutir (em·bu·tir) [verbo] Meter una cosa dentro de otra apretando mucho: *Embutió la carne en la tripa para hacer el chorizo.* ☐ FAMILIA: embutido.

eme (e·me) [sustantivo femenino] Nombre de la letra *m*.

emergencia (e·mer·gen·cia) [sustantivo femenino] Hecho que ocurre sin que se espere y hace que se necesite algo con urgencia: *La cirujana nos aconsejó que llamásemos si surgía alguna emergencia.* ☐ FAMILIA: →emerger.

emerger (e·mer·ger) [verbo] Salir a la superficie de un líquido: *El submarino emergió de las aguas.* ☐ [La «g» se cambia en «j» delante de «a», «o» («emerja»)]. ☐ ANTÓNIMOS: hundir, sumergir. ☐ FAMILIA: emergencia.

emeritense (e·me·ri·ten·se) [adjetivo] De la ciudad española de Mérida. ☐ [No varía en masculino y femenino].

emigración (e·mi·gra·ción) [sustantivo femenino] Salida de personas de un lugar para ir a vivir y a trabajar a otro. ☐ SINÓNIMOS: éxodo. ☐ ANTÓNIMOS: inmigración. ☐ FAMILIA: →migrar.

emigrante (e·mi·gran·te) [sustantivo] Persona que sale de un lugar para irse a vivir y a trabajar a otro. ☐ [No varía en masculino y femenino]. ☐ ANTÓNIMOS: inmigrante. ☐ FAMILIA: →migrar.

emigrar (e·mi·grar) [verbo] Salir de un lugar para irse a vivir o a trabajar a otro: *Muchos españoles emigraron a Alemania en los años sesenta.* ☐ ANTÓNIMOS: inmigrar. ☐ FAMILIA: →migrar.

eminencia (e·mi·nen·cia) [sustantivo femenino] **1** Tratamiento que se da a los cardenales católicos. **2** Persona que destaca mucho en una actividad determinada: *Este profesor es una eminencia en arte.* ☐ FAMILIA: →eminente.

eminente (e·mi·nen·te) [adjetivo] Que destaca en una actividad determinada: *Me operó una eminente cirujana.* ☐ [No varía en masculino y femenino]. ☐ SINÓNIMOS: eximio. ☐ FAMILIA: eminencia.

emir (e·mir) [sustantivo masculino] Príncipe o jefe de una comunidad árabe. ☐ FAMILIA: emirato.

emirato (e·mi·ra·to) [sustantivo masculino] **1** Título o cargo de emir. **2** Tiempo durante el cual gobierna un emir. **3** Territorio en el que gobierna un emir. ☐ FAMILIA: →emir.

emisario, ria (e·mi·sa·rio, ria) [sustantivo] Persona que se envía para llevar un mensaje o para tratar algún tema con otra persona. ☐ FAMILIA: →emitir.

emisión (e·mi·sión) [sustantivo femenino] **1** Producción de algo echándolo hacia fuera: *Las emisiones de humo de las fábricas contaminan el aire.* **2** Producción de una señal haciendo que llegue a su destino a través del aire: *La emisión del informativo de la radio es a las nueve de la noche.* **3** Proceso de producir dinero u otras cosas y de ponerlos en circulación: *una emisión de sellos.* ☐ FAMILIA: →emitir.

emisor, ra (e·mi·sor, so·ra) [adjetivo o sustantivo] **1** Que emite: *El Sol es un cuerpo emisor de luz y de calor.* ■ **emisora** [sustantivo femenino] **2** Lugar desde donde se emiten programas o señales: *una emisora de radio.* ☐ FAMILIA: →emitir.

emisora (e·mi·so·ra) [sustantivo femenino] Mira en **emisor, ra**.

emitir (e·mi·tir) [verbo] **1** Producir y echar hacia fuera: *Los faros emiten luz.* **2** Expresar una opinión u otra cosa: *Los votantes emiten sus votos en los colegios electorales.* **3** Producir una señal y hacerla llegar a su destino a través del aire: *Esta cadena de televisión emite muy buenas películas.* **4** Producir dinero u otras cosas y ponerlos en circulación: *Solo son legales los billetes que emite el banco nacional.* ☐ SINÓNIMOS: **1** despedir, lanzar, arrojar, irradiar. ☐ FAMILIA: emisión, emisora, emisor, emisario.

emoción (e·mo·ción) [sustantivo femenino] Sensación muy fuerte producida en el ánimo: *La despedida nos hizo llorar de emoción.* ☐ FAMILIA: emocional, emocionar, emocionante, emotividad, emotivo.

emocional (e·mo·cio·nal) [adjetivo] **1** De la emoción o relacionado con ella: *Cuando alguien comprende los sentimientos de los demás está usando su inteligencia emocional.* **2** Que se deja llevar por las emociones: *una persona muy emocional.* ☐ [No varía en masculino y femenino]. ☐ FAMILIA: →emoción.

emocionante (e·mo·cio·nan·te) [adjetivo] Que produce una sensación muy fuerte en el ánimo: *El acto de homenaje fue muy emocionante.* ☐ [No varía en masculino y femenino]. ☐ SINÓNIMOS: conmovedor, emotivo. ☐ FAMILIA: →emoción.

emocionar (e·mo·cio·nar) [verbo] Producir una sensación muy fuerte en el ánimo: *Nos emocionó con sus palabras. Me emocioné al despedirme de mis padres.* ☐ SINÓNIMOS: conmover. ☐ FAMILIA: →emoción.

emoticono (e·mo·ti·co·no) [sustantivo masculino] Símbolo gráfico que se utiliza en los correos electrónicos y en los mensajes de teléfonos móviles y que representa el estado de ánimo de la persona que escribe: *El emoticono :-) significa «estoy feliz».* ☐ FAMILIA: →icono.

emotividad (e·mo·ti·vi·dad) [sustantivo femenino] **1** Capacidad de producir una sensación muy fuerte en el ánimo: *La ceremonia fue de una gran emotividad.* **2** Hecho de ser sensible a las emociones: *No pudo controlar su emotividad y se le saltaron las lágrimas.* ☐ FAMILIA: →emoción.

emotivo, va (e·mo·ti·vo, va) [adjetivo] **1** Que está relacionado con los sentimientos: *Cuando murieron sus padres, sufrió trastornos emotivos.* **2** Que produce una fuerte sensación en el ánimo: *Le hicieron un* recibimiento caluroso y muy emotivo. **3** Que suele sentir sensaciones fuertes en el ánimo: *Soy muy emotivo y todo me conmueve.* ☐ SINÓNIMOS: **2** emocionante, conmovedor. **3** sensible. ☐ ANTÓNIMOS: **3** insensible. ☐ FAMILIA: →emoción.

empacar (em·pa·car) [verbo] Meter algo en un paquete: *Empacaron todas sus pertenencias para la mudanza.* ☐ [La «c» se cambia en «qu» delante de «e» («empaque»)]. ☐ SINÓNIMOS: empaquetar. ☐ FAMILIA: →paca.

empachar (em·pa·char) [verbo] Producir molestias de estómago algo de lo que se ha comido demasiado: *No comas tanto, que te vas a empachar.* ☐ FAMILIA: empacho.

empacho (em·pa·cho) [sustantivo masculino] Molestia en el estómago producida por haber comido demasiado. ☐ FAMILIA: →empachar.

empadronamiento (em·pa·dro·na·mien·to) [sustantivo masculino] Hecho de apuntar a una persona en el padrón, que es la lista de los habitantes de un lugar. ☐ FAMILIA: →padrón.

empadronar (em·pa·dro·nar) [verbo] Apuntar a alguien en el padrón, que es la lista de los habitantes de un lugar: *Cuando nace un niño, hay que empadronarlo.* ☐ SINÓNIMOS: censar. ☐ FAMILIA: →padrón.

empalagar (em·pa·la·gar) [verbo] **1** Hartar o resultar desagradable una comida por ser demasiado dulce: *Los pasteles me empalagan.* **2** Molestar o hartar algo por ser demasiado amable: *Tantos elogios me empalagan.* ☐ [La «g» se cambia en «gu» delante de «e» («empalague»)]. ☐ FAMILIA: empalagoso.

empalagoso, sa (em·pa·la·go·so, sa) ■ [adjetivo] **1** Dicho de un alimento, que resulta demasiado dulce: *Para mí, la miel es un poco empalagosa.* ■ [adjetivo o sustantivo] **2** Dicho de una persona, que molesta porque se pone demasiado cariñosa. ☐ SINÓNIMOS: **2** pegajoso, meloso. ☐ FAMILIA: →empalagar.

empalidecer (em·pa·li·de·cer) [verbo] Ponerse pálido: *Empalideció cuando escuchó la mala noticia.* ☐ [Es irregular y se conjuga como **AGRADECER**]. ☐ SINÓNIMOS: palidecer. ☐ FAMILIA: →pálido.

empalizada (em·pa·li·za·da) [sustantivo femenino] Valla hecha con palos clavados en el suelo. ☐ FAMILIA: →palo.

empalmar (em·pal·mar) [verbo] **1** Unir dos cosas de forma que una quede a continuación de la otra: *Tuvimos que empalmar dos cables porque uno solo era demasiado corto.* **2** Seguir una cosa a otra sin que quede espacio entre ellas: *Este tren va hasta la frontera y allí empalma con otro que te llevará hasta tu destino.* ☐ SINÓNIMOS: **1** enlazar. ☐ FAMILIA: empalme.

empalme (em·pal·me) [sustantivo masculino] **1** Unión de dos cosas de forma que una quede a continuación de la otra: *un empalme de dos tuberías.* **2** Combinación de un vehículo público con otros: *Esta línea del metro tiene empalme con otras dos.* ☐ SINÓNIMOS: **1** enlace. ☐ FAMILIA: →empalmar.

empanada (em·pa·na·da) [sustantivo femenino] Comida hecha con dos capas de pan y un relleno que se cuece todo junto: *una empanada de bonito.* ◆ [expresión] ‖ **empanada mental** Mezcla de ideas en la mente: *¡Tienes una empanada mental que no te entiendes ni tú!* ☐ [La expresión es coloquial]. ☐ FAMILIA: →pan.

empanadilla (em·pa·na·di·lla) [sustantivo femenino] Especie de pastel pequeño que se hace doblando una masa de pan sobre sí misma y metiéndole un relleno. ☐ FAMILIA: →pan.

empanar (em·pa·nar) [verbo] Cubrir por completo un alimento con pan rallado: *Este pan rallado es para empanar los filetes.* ☐ FAMILIA: →pan.

empantanado, da (em·pan·ta·na·do, da) [adjetivo] **1** Inundado de agua, como un pantano: *Las tierras se han quedado empantanadas después de las lluvias.* **2** Desordenado o revuelto: *No dejes la habitación empantanada cuando te vayas.* ☐ [El significado **2** es coloquial]. ☐ FAMILIA: →pantano.

empañar (em·pa·ñar) [verbo] **1** Hacer que algo deje de estar claro o de brillar: *El vapor de agua empaña los cristales.* **2** Estropear algo o hacer que destaque menos: *Aquel escándalo empañó su buen nombre.* ☐ SINÓNIMOS: **2** oscurecer.

empapar (em·pa·par) [verbo] **1** Mojar algo del todo: *La lluvia ha empapado la ropa tendida.* **2** Absorber un líquido con una materia: *Las fregonas empapan bien el agua.* ☐ SINÓNIMOS: **1** calarse.

empapelado (em·pa·pe·la·do) [sustantivo masculino] **1** Papel que se utiliza para cubrir una pared o una superficie: *El empapelado del salón está ya muy viejo.* **2** Hecho de cubrir una superficie con papel: *No hemos tardado mucho en el empapelado del cuarto.* ☐ FAMILIA: →papel.

empapelar (em·pa·pe·lar) [verbo] Cubrir una superficie con papel: *Hemos empapelado la habitación.* ☐ FAMILIA: →papel.

empaque (em·pa·que) [sustantivo masculino] **1** Forma de actuar de una persona cuando quiere parecer importante: *hablar con empaque.* **2** Elegancia o distinción en el aspecto: *vestir con empaque.*

empaquetar (em·pa·que·tar) [verbo] Meter algo en un paquete: *Empaquetaré tus libros y te los enviaré por correo.* ☐ SINÓNIMOS: empacar. ☐ ANTÓNIMOS: desempaquetar. ☐ FAMILIA: →paquete.

emparedado (em·pa·re·da·do) [sustantivo masculino] Bocadillo hecho con pan de molde. ☐ SINÓNIMOS: sándwich.

emparejamiento (em·pa·re·ja·mien·to) [sustantivo masculino] Unión de dos para formar una pareja. ☐ FAMILIA: →par.

emparejar (em·pa·re·jar) [verbo] Unir formando una pareja: *emparejar los calcetines.* ☐ [Siempre se escribe con «j». No confundir con «aparejar» (preparar lo necesario para algo)]. ☐ FAMILIA: →par.

emparentar (em·pa·ren·tar) [verbo] Contraer una relación familiar por medio del matrimonio: *Al casarse con una duquesa emparentó con la nobleza.* ☐ [Puede usarse como regular («emparenta») o como irregular

empastar

siguiendo el modelo de ACERTAR («emparienta»)]. ☐ FAMILIA: →pariente.

empastar (em·pas·tar) [verbo] Llenar con una pasta especial los agujeros que se hacen en los dientes cuando se pican: *La dentista me dijo que me tenía que empastar una muela.* ☐ FAMILIA: →pasta.

empaste (em·pas·te) [sustantivo masculino] Relleno de los agujeros que se hacen en los dientes cuando se pican: *El dentista me ha hecho varios empastes.* ☐ FAMILIA: →pasta.

empatar (em·pa·tar) [verbo] Obtener dos contrarios el mismo número de votos o de puntos: *Los dos equipos empataron y tendrán que jugar la prórroga.* ☐ ANTÓNIMOS: desempatar. ☐ FAMILIA: empate, desempatar, desempate.

empate (em·pa·te) [sustantivo masculino] Igualdad en el número de votos o de puntos que obtienen dos contrarios: *El partido terminó en empate a cero goles.* ☐ ANTÓNIMOS: desempate. ☐ FAMILIA: →empatar.

empatía (em·pa·tí·a) [sustantivo femenino] Sentimiento que hace que una persona se identifique con el estado de ánimo de otra: *A él no le ha pasado nada, pero se siente triste por empatía con los afectados.* ☐ FAMILIA: empático.

empático, ca (em·pá·ti·co, ca) [adjetivo] Dicho de una persona, que se identifica con los sentimientos de otras. ☐ FAMILIA: →empatía.

empecinarse (em·pe·ci·nar·se) [verbo] Mantener una idea fija y no querer cambiarla: *Se empecinó en ir y no pudimos hacerle cambiar de opinión.* ☐ SINÓNIMOS: empeñarse, obcecarse, obstinarse.

empedernido, da (em·pe·der·ni·do, da) [adjetivo] Que no puede abandonar una actitud, una costumbre o un vicio: *un fumador empedernido.*

empedrado, da (em·pe·dra·do, da) ▌[adjetivo] **1** Dicho del suelo, cubierto de piedras. **2** Dicho del cielo, cubierto de nubes pequeñas y muy juntas. ▌**empedrado** [sustantivo masculino] **3** Conjunto de piedras que cubren el suelo: *Tropecé porque el empedrado de la calle estaba en mal estado.* ☐ FAMILIA: →piedra.

empedrar (em·pe·drar) [verbo] Cubrir el suelo con piedras de manera que no queden huecos entre ellas. ☐ [Es irregular y se conjuga como ACERTAR]. ☐ FAMILIA: →piedra.

empeine (em·pei·ne) [sustantivo masculino] Parte superior del pie desde el tobillo hasta los dedos.

empeine

talón

empellón (em·pe·llón) [sustantivo masculino] Empujón fuerte que se da con el cuerpo.

empeñar (em·pe·ñar) [verbo] **1** Entregar algo para que nos presten dinero por ello y con la condición de que nos lo devuelvan cuando nosotros devolvamos el dinero. **2** Dedicar un período de tiempo a una actividad: *Empeñé varios años de mi vida en estudiar una carrera.* ▌ **empeñarse 3** Insistir mucho en algo: *Se empeñó en acompañarme a casa.* **4** Llenarse de deudas: *Se empeñó por comprarse un chalé de lujo.* ☐ SINÓNIMOS: **3** empecinarse. ☐ FAMILIA: empeño, desempeñar, desempeño.

empeño (em·pe·ño) [sustantivo masculino] **1** Deseo o interés muy grandes por hacer algo: *Pusieron mucho empeño en aquel trabajo.* **2** Cambio de una cosa por dinero, con la condición de que nos la devuelvan cuando nosotros devolvamos el dinero: *una casa de empeños.* ☐ SINÓNIMOS: **1** afán, ansia, ahínco, aplicación. ☐ ANTÓNIMOS: **1** desgana. ☐ FAMILIA: →empeñar.

empeoramiento (em·pe·o·ra·mien·to) [sustantivo masculino] Cambio de algo para peor: *un empeoramiento del tiempo.* ☐ ANTÓNIMOS: mejoría. ☐ FAMILIA: →peor.

empeorar (em·pe·o·rar) [verbo] Pasar a un estado peor: *Mi inglés ha empeorado porque hace mucho que no lo practico.* ☐ SINÓNIMOS: degenerar, agravar. ☐ ANTÓNIMOS: mejorar, adelantar, avanzar, progresar. ☐ FAMILIA: →peor.

empequeñecer (em·pe·que·ñe·cer) [verbo] Hacer más pequeño o menos importante: *La sequía ha empequeñecido la cosecha de este año.* ☐ [Es irregular y se conjuga como AGRADECER]. ☐ ANTÓNIMOS: engrandecer. ☐ FAMILIA: →pequeño.

emperador (em·pe·ra·dor) [sustantivo masculino] **1** Soberano de algunos países: *Carlos V fue rey de España y emperador de Alemania.* **2** Pez marino de piel oscura y sin escamas, con la cabeza grande y la mandíbula superior en forma de espada. ☐ [El femenino del significado **1** es «emperatriz»]. ☐ SINÓNIMOS: **2** pez espada. ☐ FAMILIA: →imperio.

emperatriz (em·pe·ra·triz) [sustantivo femenino] Soberana o mujer del soberano de algunos países: *Sissí fue emperatriz de Austria.* ☐ [Su plural es «emperatrices». El masculino es «emperador»]. ☐ FAMILIA: →imperio.

emperifollar (em·pe·ri·fo·llar) [verbo] Adornar demasiado a una persona: *No te emperifolles tanto para ir a la fiesta.* ☐ [Es coloquial y despectivo]. ☐ FAMILIA: →perifollo.

emperrarse (em·pe·rrar·se) [verbo] Insistir mucho en algo: *Cuando se emperra en algo, no para hasta conseguirlo.* ☐ [Es coloquial]. ☐ SINÓNIMOS: empeñarse. ☐ FAMILIA: →perra.

empezar (em·pe·zar) [verbo] **1** Tener principio: *La película empieza a las seis.* **2** Dar principio: *Fue ella la que empezó la discusión.* **3** Abrir un producto para usarlo: *¿Puedo empezar el paquete de galletas?* ☐ [Es irregular y se conjuga como ACERTAR. La «z» se cambia en «c» delante de «e» («empiece»)]. ☐ SINÓNIMOS: **1, 2** comenzar. **2** iniciar. ☐ ANTÓNIMOS: terminar, acabar. **1, 2** concluir, finalizar. **2** ultimar. ☐ FAMILIA: empiece.

empiece (em·pie·ce) [sustantivo masculino] Momento o parte en que algo comienza: *Le pedí al carnicero que no me diera el empiece del lomo.* ☐ [Es coloquial]. ☐ SINÓNIMOS: principio, inicio, comienzo. ☐ ANTÓNIMOS: fin, final, término. ☐ FAMILIA: →empezar.

empinado, da (em·pi·na·do, da) [adjetivo] Con mucha pendiente: *una cuesta muy empinada.* ☐ FAMILIA: →empinar.

empinar (em·pi·nar) [verbo] **1** Poner algo derecho o vertical: *En algunos tramos, el camino se empina y cuesta subirlo.* **2** Tomar bebidas alcohólicas en gran cantidad. ∎ **empinarse 3** Ponerse una persona sobre las puntas de los pies para llegar a más altura: *Si me empino, parezco más alta.* ☐ [El significado **2** es coloquial y se usa más en la expresión «empinar el codo»]. ☐ SINÓNIMOS: **3** erguirse. ☐ ANTÓNIMOS: **3** agacharse. ☐ FAMILIA: empinado.

empírico, ca (em·pí·ri·co, ca) [adjetivo o sustantivo] Que se basa en la experiencia: *un método empírico de investigación.*

emplasto (em·plas·to) [sustantivo masculino] **1** Mezcla blanda y pegajosa que se pone en alguna parte del cuerpo para quitar dolores. **2** Cosa blanda y pegajosa de mal aspecto. ☐ FAMILIA: →plasta.

emplazamiento (em·pla·za·mien·to) [sustantivo masculino] **1** Colocación o situación en un lugar determinado: *Esa casa tiene un buen emplazamiento.* **2** Hecho de citar a una persona en un lugar y un tiempo determinados: *un emplazamiento para un juicio.* ☐ [En el significado **1**, no confundir con «enclave» (zona con características propias dentro que se incluye en otra mayor)]. ☐ FAMILIA: →plazo.

emplazar (em·pla·zar) [verbo] **1** Colocar o situar algo en un lugar determinado. **2** Citar a una persona en un lugar y en una fecha determinados para hacer algo: *El acusado fue emplazado el próximo día 20 en el juzgado.* ☐ [La «z» se cambia en «c» delante de «e» («emplace»)]. ☐ FAMILIA: →plazo.

empleado, da (em·ple·a·do, da) [sustantivo] Persona que trabaja en un lugar a cambio de un sueldo. ◆ [expresión] ǁ **dar algo por bien empleado** Estar conforme con ello a pesar de lo que haya costado: *Si consigo mi propósito, daré por bien empleado el esfuerzo.* ǁ **empleado del hogar** Persona que trabaja para otra haciendo las tareas de la casa. ǁ **estarle algo bien empleado a alguien** Merecerlo: *Si te muerde el perro te estará bien empleado, por tirarle del rabo.* ☐ ANTÓNIMOS: desempleado. ☐ FAMILIA: →emplear.

emplear (em·ple·ar) [verbo] **1** Coger algo para hacer alguna cosa: *Emplea los cubiertos y no comas con las manos.* **2** Dar trabajo a una persona: *Los hoteles emplean a más trabajadores en vacaciones.* **3** Llenar el tiempo haciendo algo: *El ejercicio era fácil y no empleé mucho tiempo en hacerlo.* ☐ SINÓNIMOS: **1** usar, utilizar. **3** ocupar, invertir. ☐ ANTÓNIMOS: **2** despedir. ☐ FAMILIA: empleo, pluriempleo, empleado, desempleo, desempleado.

empleo (em·ple·o) [sustantivo masculino] **1** Uso de algo para un fin: *El empleo de maquinaria moderna ha facilitado el trabajo en el campo.* **2** Hecho de dar trabajo a una persona: *El Gobierno tomará medidas para apoyar el empleo y luchar contra el paro.* **3** Actividad que se realiza a cambio de un sueldo: *Encontró un empleo en una tienda.* ☐ SINÓNIMOS: **3** trabajo, oficio, profesión. ☐ ANTÓNIMOS: **2** despido, paro. **3** desempleo. ☐ FAMILIA: →emplear.

emplumar (em·plu·mar) [verbo] Echar plumas un ave. ☐ ANTÓNIMOS: desplumar. ☐ FAMILIA: →pluma.

empobrecer (em·po·bre·cer) [verbo] Hacer más pobre: *La crisis económica empobreció a muchas familias.* ☐ [Es irregular y se conjuga como AGRADECER]. ☐ ANTÓNIMOS: enriquecer. ☐ FAMILIA: →pobre.

empobrecimiento (em·po·bre·ci·mien·to) [sustantivo masculino] Proceso por el que alguien se hace más pobre de lo que era. ☐ ANTÓNIMOS: enriquecimiento. ☐ FAMILIA: →pobre.

empollar (em·po·llar) [verbo] **1** Calentar un ave los huevos para que se desarrolle el ser que hay dentro: *Las gallinas empollan los huevos sentándose sobre ellos.* **2** Estudiar mucho: *Ayer me pasé toda la tarde empollando.* ☐ [El significado **2** es coloquial]. ☐ SINÓNIMOS: **1** incubar. ☐ FAMILIA: →pollo.

empollón, na (em·po·llón, llo·na) [adjetivo o sustantivo] Que estudia mucho. ☐ [Es coloquial].

emponzoñar (em·pon·zo·ñar) [verbo] **1** Poner veneno en algo: *La bruja emponzoñó la manzana.* **2** Estropear o echar a perder: *Las mentiras emponzoñaron nuestra relación.* ☐ SINÓNIMOS: envenenar. ☐ FAMILIA: →ponzoña.

emporio (em·po·rio) [sustantivo masculino] Lugar que destaca por alguna actividad: *Esta ciudad es un verdadero emporio cultural.*

empotrado, da (em·po·tra·do, da) [adjetivo] Metido en la pared o dentro de otra cosa: *un armario empotrado.* ☐ FAMILIA: →empotrar.

empotrar (em·po·trar) [verbo] **1** Meter algo en la pared o en el suelo: *Estamos haciendo una obra para empotrar los armarios.* **2** Meter algo en una superficie al chocar contra ella: *Se quedó sin frenos y empotró el coche contra el muro.* ☐ FAMILIA: empotrado.

emprendedor, ra (em·pren·de·dor, do·ra) [adjetivo] Que tiene decisión y valor para hacer algo: *Es una persona muy emprendedora y siempre está haciendo cosas nuevas.* ☐ SINÓNIMOS: decidido. ☐ FAMILIA: →emprender.

emprender (em·pren·der) [verbo] Empezar a realizar una actividad: *Emprendimos el viaje muy animados.* ☐ FAMILIA: emprendedor, reemprender.

empresa (em·pre·sa) [sustantivo femenino] **1** Organización dedicada a realizar actividades o servicios que den ganancias económicas: *una empresa de fabricación de calzado.* **2** Actividad difícil de realizar y para la que se necesita decisión y esfuerzo: *Arreglar la economía de este país es una empresa que llevará años.* ☐ SINÓNIMOS: **1** entidad. ☐ FAMILIA: empresario.

empresario, ria (em·pre·sa·rio, ria) [sustantivo] Persona que tiene o que dirige una empresa. ☐ FAMILIA: →empresa.

empujar (em·pu·jar) [verbo] **1** Hacer fuerza contra algo para moverlo: *Tuvimos que empujar mucho para poder abrir la puerta.* **2** Hacer presión sobre una persona para que haga algo: *Mis padres siempre me empujan a estudiar.* ☐ [Siempre se escribe con «j»]. ☐ SINÓNIMOS: **2** impulsar. ☐ FAMILIA: empuje, empujón.

empuje (em·pu·je) [sustantivo masculino] **1** Fuerza que se hace sobre algo: *La presa no aguantó el empuje de las aguas y se rompió.* **2** Energía y decisión que tiene una persona para hacer lo que se propone: *Es una mujer de gran empuje.* ☐ FAMILIA: →empujar.

empujón (em·pu·jón) [sustantivo masculino] **1** Impulso que se da de manera rápida y repentina sobre algo para moverlo: *Me dieron un empujón en el autobús.* **2** Adelanto rápido e importante que se consigue en una actividad, dedicándole mayor esfuerzo: *Ayer le di un buen empujón a la lectura del libro.* ☐ FAMILIA: →empujar.

empuñadura (em·pu·ña·du·ra) [sustantivo femenino] En algunas armas y objetos, parte por la que se agarran con la mano: *empuñadura de la espada; empuñadura del bastón.* ☐ SINÓNIMOS: mango, puño. ☐ FAMILIA: →puño.

empuñar (em·pu·ñar) [verbo] Coger un objeto por el mango: *Empuñó la espada y se dispuso a defenderse.* ☐ FAMILIA: →puño.

emular (e·mu·lar) [verbo] Imitar a una persona intentando ser igual o mejor que ella.

emulsión (e·mul·sión) [sustantivo femenino] Mezcla de dos líquidos sin disolverse completamente el uno en el otro: *una emulsión de agua y aceite.*

en [preposición] **1** Indica lugar: *Vivo en un pueblo. Busca en ese cajón.* **2** Indica tiempo: *Ese escritor nació en el siglo pasado.* **3** Indica modo: *Habla en voz baja.* **4** Indica el medio de transporte con que se viaja: *Vine en bicicleta.* **5** Indica la materia de la que trata algo: *Pienso en ti. Soy experto en artes marciales.*

enagua (e·na·gua) [sustantivo femenino] Prenda de ropa interior femenina parecida a un vestido o a una falda. ☐ [Significa lo mismo en singular que en plural]. ☐ SINÓNIMOS: combinación.

enajenación (e·na·je·na·ción) [sustantivo femenino] **1** Transmisión de los derechos que se tienen sobre algo: *enajenación de bienes.* **2** Pérdida de la razón o de los sentidos: *un estado de enajenación mental.* ☐ SINÓNIMOS: locura. ☐ FAMILIA: →ajeno.

enajenado, da (e·na·je·na·do, da) [adjetivo o sustantivo] Que ha perdido la razón. ☐ SINÓNIMOS: loco. ☐ FAMILIA: →ajeno.

enajenar (e·na·je·nar) [verbo] **1** Hacer que alguien pierda la razón o los sentidos: *El suceso la enajenó y perdió el control de sí misma.* **2** Transmitir a otra persona los derechos que se tienen sobre algo: *El ayuntamiento enajenó algunos terrenos a favor de la ONG.* ☐ FAMILIA: →ajeno.

enaltecer (e·nal·te·cer) [verbo] **1** Hacer que alguien o algo sea mejor o más grande: *Tu generosidad te enaltece.* **2** Alabar a alguien o algo: *Siempre enaltece el trabajo de sus compañeros.* ☐ [Es irregular y se conjuga como AGRADECER]. ☐ SINÓNIMOS: **2** elogiar. ☐ ANTÓNIMOS: **1** envilecer. ☐ FAMILIA: →alto.

enamoradizo, za (e·na·mo·ra·di·zo, za) [adjetivo] Que se enamora con facilidad. ☐ FAMILIA: →amor.

enamorado, da (e·na·mo·ra·do, da) [adjetivo o sustantivo] **1** Que siente amor por alguien: *Los dos enamorados vivían felices y contentos.* **2** Que se siente muy atraído por algo: *Soy una enamorada del teatro.* ☐ FAMILIA: →amor.

enamorar (e·na·mo·rar) [verbo] **1** Hacer que una persona sienta amor por otra: *Se enamoraron y vivieron felices.* **2** Hacer que una persona se sienta muy atraída por algo: *Este lugar enamora a todo el que lo conoce.* ☐ FAMILIA: →amor.

enano, na (e·na·no, na) ■ [adjetivo] **1** Muy pequeño o más pequeño de lo normal: *Esta habitación es enana.* ■ [sustantivo] **2** Persona con una estatura muy baja, especialmente si padece un trastorno del crecimiento: *Los enanos suelen medir poco más de un metro.* **3** Niño pequeño: *¿A qué hora salen los enanos de la guardería?* **4** Ser imaginario con figura de persona muy baja y que suele tener poderes mágicos: *¿Te sabes el cuento de Blancanieves y los siete enanitos?* ♦ [expresión] ‖ **como un enano** Mucho o muy bien: *En la fiesta disfruté como un enano.* ☐ [El significado **3** y la expresión son coloquiales]. ☐ SINÓNIMOS: **1** diminuto. ☐ ANTÓNIMOS: **1** enorme, gigantesco, descomunal. **1, 2** gigante.

enarbolar (e·nar·bo·lar) [verbo] Levantar en alto una bandera u otro objeto parecido.

enardecer (e·nar·de·cer) [verbo] **1** Hacer más violenta una lucha: *El combate se enardeció.* **2** Entusiasmar o gustar mucho: *La conferenciante enardeció a su auditorio.* ☐ [Es irregular y se conjuga como AGRADECER]. ☐ FAMILIA: →arder.

encabezamiento (en·ca·be·za·mien·to) [sustantivo masculino] Expresión que se pone al empezar a escribir algo: *En el encabezamiento de la carta pone: «Muy señores míos».* ☐ FAMILIA: →cabeza.

encabezar (en·ca·be·zar) [verbo] **1** Estar en el primer lugar de algo: *¿Qué equipo encabeza la clasificación?* **2** Poner una expresión para empezar a escribir algo: *Encabecé la carta con un «Querida familia».* ☐ [La «z» se cambia en «c» delante de «e» («encabece»)]. ☐ FAMILIA: →cabeza.

encabritarse (en·ca·bri·tar·se) [verbo] Ponerse un caballo sobre las patas de atrás levantando las de delante. ☐ FAMILIA: →cabra.

encadenar (en·ca·de·nar) [verbo] **1** Atar o sujetar algo con cadenas: *Encadenaron a los prisioneros para que no se escaparan.* **2** Unir unas cosas con otras relacionándolas: *En algunos pasatiempos hay que encadenar unas palabras con otras.* ☐ ANTÓNIMOS: **1** desencadenar. ☐ FAMILIA: →cadena.

encajar (en·ca·jar) [verbo] **1** Poner algo en una cosa de forma que no sobre espacio: *Para hacer un puzle tienes que encajar cada pieza en su lugar.* **2** Decir algo en medio de una conversación: *encajar un comentario oportuno.* **3** Aceptar algo que no es agradable: *Supo encajar aquella desgracia y rehacer su vida.* **4** Acostumbrarse a una situación: *Ese chico no encaja bien en nuestra pandilla.* **5** Estar de acuerdo dos cosas entre sí: *Lo que dices no encaja con lo que me habían contado.* ☐ [Siempre se escribe con «j». Los significados **2**, **3** y **4** son coloquiales]. ☐ SINÓNIMOS: **1** ajustar, acoplar. ☐ ANTÓNIMOS: **1** desencajar. ☐ FAMILIA: encaje, desencajar.

encaje (en·ca·je) [sustantivo masculino] Tela fina adornada con agujeros que forman figuras: *El vestido tenía una puntilla de encaje.* ☐ FAMILIA: →encajar.

encajonar (en·ca·jo·nar) [verbo] Meter o dejar algo en un sitio muy estrecho: *Nos encajonaron contra la pared y no nos dejaban salir.* ☐ FAMILIA: →caja.

encalar (en·ca·lar) [verbo] Cubrir con cal una pared u otra superficie para ponerla blanca. ☐ SINÓNIMOS: enjalbegar. ☐ FAMILIA: →cal.

encallar (en·ca·llar) [verbo] Tropezar un barco con piedras o arena, quedando atascado: *El velero encalló en las rocas de la costa.* ☐ FAMILIA: →calle.

encallecer (en·ca·lle·cer) [verbo] **1** Salir callos en la piel o en una parte del cuerpo: *Se le encallecieron las manos de trabajar con la azada.* **2** Hacerse duro o insensible: *Los sufrimientos lo encallecieron.* ☐ [Es irregular y se conjuga como AGRADECER]. ☐ FAMILIA: →callo.

encaminar (en·ca·mi·nar) [verbo] **1** Dirigir algo en una dirección determinada: *Encaminó sus pasos hacia el pueblo.* ❚ **encaminarse 2** Tomar una dirección determinada: *Al salir de clase me encaminé hacia mi casa.* ☐ SINÓNIMOS: dirigir, **1** orientar. ☐ ANTÓNIMOS: **1** desorientar. ☐ FAMILIA: →camino.

encandilar (en·can·di·lar) [verbo] Producir mucha admiración de manera que se olvida todo lo demás: *Nos encandiló con sus historias.* ☐ SINÓNIMOS: embelesar. ☐ FAMILIA: →candela.

encanijar (en·ca·ni·jar) [verbo] Hacer que un niño no crezca y que se quede débil y flaco. ☐ [Siempre se escribe con «j»]. ☐ FAMILIA: →canijo.

encantado, da (en·can·ta·do, da) [adjetivo] Muy contento o con mucha satisfacción: *Estoy encantada con mi familia.* ☐ FAMILIA: →encantar.

encantador, ra (en·can·ta·dor, do·ra) ❚ [adjetivo] **1** Que resulta muy agradable: *Esa amiga tuya es encantadora.* ❚ [sustantivo] **2** Persona que usa poderes mágicos para conseguir algo: *El encantador de serpientes consiguió que la cobra bailara al son de la música.* ☐ SINÓNIMOS: **2** brujo, hechicero, mago. ☐ FAMILIA: →encantar.

encantamiento (en·can·ta·mien·to) [sustantivo masculino] Acto que se realiza para conseguir algo usando poderes mágicos: *El príncipe se convirtió en sapo porque fue víctima de un encantamiento.* ☐ SINÓNIMOS: hechizo, embrujo. ☐ FAMILIA: →encantar.

encantar (en·can·tar) [verbo] **1** Gustar o atraer mucho: *Me encanta estar con los amigos.* **2** Usar poderes mágicos para conseguir algo: *El hada encantó a la princesa con su varita mágica.* ☐ SINÓNIMOS: hechizar, **2** embrujar. ☐ ANTÓNIMOS: **1** espantar, horrorizar, horripilar. ☐ FAMILIA: encanto, encantamiento, encantador, encantado, desencanto.

encanto (en·can·to) ❚ [sustantivo masculino] **1** Conjunto de cualidades que hacen que algo o alguien nos gusten: *un lugar con mucho encanto.* **2** Persona o cosa que tiene estas cualidades: *Ese chico es un encanto.* ❚ **encantos** [plural] **3** Conjunto de características que gustan de una persona: *Desplegó todos sus encantos y nos cautivó.* ☐ SINÓNIMOS: **1** atractivo. **2** primor. ☐ FAMILIA: →encantar.

encañonar (en·ca·ño·nar) [verbo] Apuntar a alguien con un arma de fuego. ☐ FAMILIA: →cañón.

encapotado, da (en·ca·po·ta·do, da) [adjetivo] Dicho del cielo, que está cubierto de nubes. ☐ FAMILIA: →capa.

encapotarse (en·ca·po·tar·se) [verbo] Cubrirse el cielo de nubes oscuras. ☐ SINÓNIMOS: nublarse. ☐ ANTÓNIMOS: despejarse. ☐ FAMILIA: →capa.

encapricharse (en·ca·pri·char·se) [verbo] Tener un deseo fuerte de conseguir algo: *Me encapriché de un pantalón que vi en el escaparate.* ☐ FAMILIA: →capricho.

encapuchado, da (en·ca·pu·cha·do, da) [adjetivo o sustantivo] Que lleva la cabeza y la cara cubiertas con una capucha. ☐ FAMILIA: →capucha.

encarado, da (en·ca·ra·do, da) [adjetivo] Que tiene buen o mal aspecto: *Me seguía un individuo mal encarado y me asusté.* ☐ FAMILIA: →cara.

encaramar (en·ca·ra·mar) [verbo] Subir a un lugar alto o difícil de alcanzar: *Me encaramé a un árbol.* ☐ ANTÓNIMOS: bajar.

encarar (en·ca·rar) [verbo] **1** Hacer frente a una dificultad: *Debes encarar los problemas tú solo.* **2** Poner cara a cara dos cosas o dos personas: *Encara las dos mangas de la camiseta para ver si están igual de largas.* ❚ **encararse 3** Enfrentarse a alguien: *Se encaró con ellos para defenderme.* ☐ SINÓNIMOS: **1** afrontar. ☐ FAMILIA: →cara.

encarcelar (en·car·ce·lar) [verbo] Meter a una persona en la cárcel. ☐ ANTÓNIMOS: excarcelar. ☐ FAMILIA: →cárcel.

encarecer (en·ca·re·cer) [verbo] **1** Hacer más caro. **2** Alabar o recomendar mucho: *Encareció mucho tus virtudes.* **3** Pedir con mucho interés: *Me encareció que cuidara de ellos.* ☐ [Es irregular y se conjuga como AGRADECER]. ☐ SINÓNIMOS: **3** rogar. ☐ ANTÓNIMOS: **1** abaratar. ☐ FAMILIA: →caro.

encargado, da (en·car·ga·do, da) [sustantivo] Persona que se ocupa de algo: *Si no está el jefe, pregúntale al encargado.* ☐ FAMILIA: →encargar.

encargar (en·car·gar) [verbo] **1** Pedir a alguien que haga algo: *La vecina me ha encargado que le recoja el correo mientras ella no esté.* **2** Pedir que nos traigan algo desde otro sitio: *¿Han traído ya el libro que encargué?* ■ **encargarse 3** Ocuparse de algo o hacerse responsable de ello: *Vete tranquila, que yo me encargo de todo.* ▢ [La «g» se cambia en «gu» delante de «e» («encargue»)]. ▢ FAMILIA: encargo, encargado.

encargo (en·car·go) [sustantivo masculino] **1** Solicitud de que nos hagan algo o nos traigan algo desde otro sitio. **2** Cosa que se pide de esta manera: *Ya puede usted pasar a recoger su encargo.* ▢ FAMILIA: →encargar.

encariñarse (en·ca·ri·ñar·se) [verbo] Empezar a querer mucho algo o a alguien: *Enseguida me encariñé con ellos.* ▢ FAMILIA: →cariño.

encarnación (en·car·na·ción) [sustantivo femenino] **1** Representación o personificación de un concepto o de un personaje: *Esa mujer es la encarnación del bien.* **2** Hecho de tomar forma material una idea o un ser espiritual: *En Navidad los cristianos celebran el misterio de la encarnación.* ▢ FAMILIA: →carne.

encarnado, da (en·car·na·do, da) [adjetivo o sustantivo masculino] De color rojo. ▢ SINÓNIMOS: colorado.

encarnar (en·car·nar) [verbo] **1** Personificar o representar un concepto o un personaje: *Este actor encarna un personaje muy interesante.* **2** Tomar forma material una idea o un ser espiritual: *Según la mitología, Júpiter se encarnó en un toro para raptar a la ninfa Europa.* ■ **encarnarse 3** Clavarse las uñas en la carne al crecer, produciendo dolor. ▢ FAMILIA: →carne.

encarnizado, da (en·car·ni·za·do, da) [adjetivo] Dicho de una pelea o de una discusión, que es muy dura o muy violenta. ▢ FAMILIA: →carne.

encarrilar (en·ca·rri·lar) [verbo] **1** Colocar un tren u otro vehículo sobre los carriles. **2** Llevar por buen camino: *Encarriló su vida después de una época alocada e irresponsable.* ▢ SINÓNIMOS: **2** encauzar. ▢ FAMILIA: →carril.

encarte (en·car·te) [sustantivo masculino] Hoja o folleto que se mete entre las hojas de un libro, de un periódico o de una revista, para repartirlo con ellos. ▢ FAMILIA: →carta.

encasillar (en·ca·si·llar) [verbo] Clasificar a una persona de una determinada manera: *Este actor no quiere que lo encasillen como galán.* ▢ FAMILIA: →casa.

encasquetar (en·cas·que·tar) [verbo] **1** Colocar algo en la cabeza encajándolo bien: *Me encasqueté el sombrero.* **2** Dar a alguien una cosa que resulta molesta: *Me encasquetó el trabajo a mí.* ▢ SINÓNIMOS: **2** colocar. ▢ FAMILIA: →casco.

encasquillarse (en·cas·qui·llar·se) [verbo] **1** Quedarse un mecanismo atascado o enganchado: *Se ha encasquillado esta cerradura.* **2** Quedarse una persona callada sin saber qué decir: *En el examen oral me puse nervioso y me encasquillé.* ▢ FAMILIA: →casco.

encauzar (en·cau·zar) [verbo] **1** Hacer que una corriente de agua lleve un curso determinado. **2** Llevar por buen camino: *El equipo encauzó el partido y al final ganó.* ▢ [Es irregular y se conjuga como CAUSAR. La «z» se cambia en «c» delante de «e» («encauce»)]. ▢ SINÓNIMOS: **1** canalizar. **2** encarrilar. ▢ FAMILIA: →cauce.

encéfalo (en·cé·fa·lo) [sustantivo masculino] Conjunto de órganos que están en el interior del cráneo y que tiene distintas funciones en el sistema nervioso: *El encéfalo está formado principalmente por el cerebro y el cerebelo.* ▢ FAMILIA: electroencefalograma.

encendedor (en·cen·de·dor) [sustantivo masculino] Aparato que sirve para encender fuego por medio de una llama o de una chispa. ▢ SINÓNIMOS: mechero. ▢ FAMILIA: →encender.

encender (en·cen·der) [verbo] **1** Hacer que algo eche fuego: *Enciende la chimenea, que hace frío.* **2** Hacer que empiece a funcionar un aparato: *Enciende la lámpara, que no veo.* ▢ [Es irregular y se conjuga como ENTENDER]. ▢ ANTÓNIMOS: apagar. **1** extinguir. **2** desconectar. ▢ FAMILIA: encendedor, encendido.

encendido, da (en·cen·di·do, da) ■ [adjetivo] **1** De color rojo muy fuerte: *Estaba todo encendido de vergüenza.* **2** Excitado o enfadado: *una discusión encendida.* ■ **encendido** [sustantivo masculino] **3** Hecho de encenderse un motor: *El encendido del coche no funciona.* ▢ SINÓNIMOS: **2** acalorado. ▢ ANTÓNIMOS: **2** sosegado. ▢ FAMILIA: →encender.

encerado (en·ce·ra·do) [sustantivo masculino] Superficie sobre la que se escribe con tiza. ▢ SINÓNIMOS: pizarra. ▢ FAMILIA: →cera.

encerar (en·ce·rar) [verbo] Dar cera a una superficie: *encerar el suelo.* ▢ FAMILIA: →cera.

encerrar (en·ce·rrar) [verbo] **1** Meter algo en un lugar: *Cuando viene él, tenemos que encerrar al perro, porque le da miedo.* **2** Contener algo dentro o incluirlo: *Nadie sabe qué significado encierran esas misteriosas palabras.* ▢ [Es irregular y se conjuga como ACERTAR]. ▢ FAMILIA: →cerrar.

encerrona (en·ce·rro·na) [sustantivo femenino] Situación que se prepara para forzar a una persona a hacer algo que no quiere: *Mi hermana me preparó una encerrona y tuve que ordenar yo sola la habitación.* ▢ FAMILIA: →cerrar.

encestar (en·ces·tar) [verbo] Introducir el balón en la canasta de baloncesto. ▢ FAMILIA: →cesta.

enceste (en·ces·te) [sustantivo masculino] Introducción del balón en la canasta de baloncesto. ▢ SINÓNIMOS: canasta. ▢ FAMILIA: →cesta.

encharcar (en·char·car) [verbo] Cubrir algo con un líquido o tener algo más líquido del necesario: *Si riegas demasiado el jardín, lo vas a encharcar.* ▢ [La «c» se cambia en «qu» delante de «e» («encharque»)]. ▢ FAMILIA: →charco.

enchufado, da (en·chu·fa·do, da) [sustantivo] Persona que consigue algo por enchufe y no porque lo merezca. ▢ [Es coloquial y despectivo]. ▢ FAMILIA: →enchufar.

enchufar (en·chu·far) [verbo] **1** Unir un aparato eléctrico a la red por medio del enchufe: *Si no enchufas el flexo, no funciona.* **2** Unir el extremo de un tubo a otro objeto: *Enchufó la manguera a la boca de riego.* **3** Dirigir algo hacia un punto: *Nos enchufó la manguera y nos empapó.* **4** Proporcionar a una persona las influencias necesarias para que consiga algo sin que lo merezca: *Lo han contratado porque lo ha enchufado su padre.* ☐ [Los significados **3** y **4** son coloquiales. El significado **4** es despectivo]. ☐ ANTÓNIMOS: **1** desenchufar. ☐ FAMILIA: enchufe, enchufado, desenchufar.

enchufe (en·chu·fe) [sustantivo masculino] **1** Pieza que sirve para unir un aparato a la red eléctrica: *La plancha tiene un cable con un enchufe en el extremo.* **2** Influencia para conseguir algo sin merecerlo: *Entró en la empresa por enchufe y no por méritos propios.* ☐ [El significado **2** es coloquial y despectivo]. ☐ FAMILIA: →enchufar.

encía (en·cí·a) [sustantivo femenino] Parte de la boca en la que salen los dientes.

encía

encíclica (en·cí·cli·ca) [sustantivo femenino] Carta solemne que el papa dirige a todos los fieles de la Iglesia católica para tratar algún tema religioso.

enciclopedia (en·ci·clo·pe·dia) [sustantivo femenino] Obra en la que se explican gran cantidad de conocimientos, clasificados por temas o por orden alfabético. ☐ FAMILIA: enciclopédico.

enciclopédico, ca (en·ci·clo·pé·di·co, ca) [adjetivo] De la enciclopedia o con sus características: *saber enciclopédico.* ☐ FAMILIA: →enciclopedia.

encierro (en·cie·rro) [sustantivo masculino] **1** Introducción de algo o de alguien en un lugar, sobre todo si es voluntario: *El encierro de los despedidos en la fábrica dura ya varios días.* **2** Lugar en el que se encierra algo o a alguien: *Cervantes estuvo en la cárcel y escribió parte de su obra en el encierro.* **3** Fiesta popular en la que se lleva a los toros por un recorrido hasta el lugar donde serán toreados: *Son famosos los encierros pamploneses de San Fermín.* ☐ FAMILIA: →cerrar.

encima (en·ci·ma) [adverbio] **1** En un lugar o en una posición superiores: *Los puentes se construyen encima de los ríos.* **2** Sobre algo: *Pon el jarrón encima de la mesa.* **3** Por si fuera poco: *Me insultó y, encima, casi me pega.* **4** Muy cerca: *Tenemos encima las vacaciones.* ◆ [expresión] ‖ **estar alguien encima de algo** Estar muy pendiente de ello: *Si fueras más responsable, no tendrían que estar encima de ti para que estudiaras.* ‖ **por encima** De manera poco profunda y sin entrar en detalles: *Cuéntame por encima de qué va la película.* ☐ SINÓNIMOS: **1** arriba. **3** además. ☐ ANTÓNIMOS: **1** abajo. **1, 2** debajo. ☐ FAMILIA: encimera.

encimera (en·ci·me·ra) [sustantivo femenino] Tabla que cubre la parte de arriba de los muebles de la cocina. ☐ FAMILIA: →encima.

encina (en·ci·na) [sustantivo femenino] Árbol de tronco grueso con hojas verdes por una cara y casi blancas por la otra: *Las encinas dan bellotas.* ⊙ **página 91.** ☐ FAMILIA: encinar.

encinar (en·ci·nar) [sustantivo masculino] Lugar con muchas encinas. ☐ FAMILIA: →encina.

encinta (en·cin·ta) [adjetivo] Dicho de una mujer, que va a tener un hijo. ☐ [«Encinta» o «embarazada» se prefiere para mujeres y «preñada» se usa más para animales].

encizañar (en·ci·za·ñar) [verbo] Crear enemistades o problemas entre varias personas: *Trató de encizañarnos contándome mentiras sobre él.* ☐ SINÓNIMOS: enemistar, meter cizaña. ☐ FAMILIA: →cizaña.

enclavado, da (en·cla·va·do, da) [adjetivo] Colocado o situado en un lugar: *El palacio está enclavado en una colina.* ☐ FAMILIA: →enclavar.

enclavar (en·cla·var) [verbo] Colocar o situar: *El hotel se enclava en el centro de la ciudad.* ☐ FAMILIA: enclave, enclavado.

enclave (en·cla·ve) [sustantivo masculino] Zona o grupo de gente con características propias que se incluye en otro mayor: *Esta ciudad tiene importantes enclaves turísticos.* ☐ [No confundir con «emplazamiento» (colocación de algo en un lugar)]. ☐ FAMILIA: →enclavar.

enclenque (en·clen·que) [adjetivo] Muy débil, enfermizo o muy flaco. ☐ [No varía en masculino y femenino]. ☐ SINÓNIMOS: delgado. ☐ ANTÓNIMOS: robusto, vigoroso, fornido.

encoger (en·co·ger) [verbo] **1** Disminuir de tamaño: *Lavé el jersey y encogió.* **2** Doblar o meter hacia dentro una parte del cuerpo: *Encoge las piernas, que quiero pasar.* ∎ **encogerse 3** Perder el ánimo o el valor: *¡Confía en tu capacidad y no te encojas ante las dificultades!* ☐ [La «g» se cambia en «j» delante de «a», «o» («encoja»)]. ☐ FAMILIA: →coger. ☐ SINÓNIMOS: **3** achicarse. ☐ ANTÓNIMOS: **1** estirar, agrandar. **2** estirarse. **3** crecerse.

encolar (en·co·lar) [verbo] Poner cola sobre algo para pegarlo: *Hay que encolar las patas de esta silla o se romperán.* ☐ FAMILIA: →cola.

encolerizado, da (en·co·le·ri·za·do, da) [adjetivo] Que está muy enfadado. ☐ FAMILIA: →cólera.

encolerizar (en·co·le·ri·zar) [verbo] Enfadar mucho. ☐ [La «z» se cambia en «c» delante de «e» («encolerice»)]. ☐ SINÓNIMOS: encorajinar, exacerbar, enojar. ☐ FAMILIA: →cólera.

encomendar (en·co·men·dar) [verbo] **1** Pedir a alguien que haga algo: *Me han encomendado la búsqueda de ese dato.* **2** Poner bajo el cuidado o la responsabilidad de alguien: *Se encomendó a Dios antes de morir.*

encomiable

[Es irregular y se conjuga como **ACERTAR**]. ☐ FAMILIA: encomienda.

encomiable (en·co·mia·ble) [adjetivo] Que merece alabanza o elogio: *una actitud encomiable*. ☐ [No varía en masculino y femenino]. ☐ FAMILIA: →encomiar.

encomiar (en·co·miar) [verbo] Decir cosas muy buenas de alguien: *La directora encomió el esfuerzo que todos habíamos realizado.* ☐ [Es irregular y se conjuga como **ANUNCIAR**]. ☐ SINÓNIMOS: elogiar, alabar. ☐ FAMILIA: encomio, encomiable.

encomienda (en·co·mien·da) [sustantivo femenino] Encargo de la realización de algo: *Me dejó la encomienda de cuidar de los suyos.* ☐ FAMILIA: →encomendar.

encomio (en·co·mio) [sustantivo masculino] Cosa que se dice para elogiar mucho a alguien. ☐ SINÓNIMOS: alabanza, elogio. ☐ FAMILIA: →encomiar.

enconar (en·co·nar) [verbo] Hacer que aumente el odio o el rencor entre dos o más personas: *Tus insultos enconaron aún más vuestra relación.* ☐ FAMILIA: encono.

encono (en·co·no) [sustantivo masculino] Odio o rencor entre dos o más personas: *No hables con encono de tus compañeros.* ☐ FAMILIA: →enconar.

encontradizo, za (en·con·tra·di·zo, za) ◆ [expresión] ‖ **hacerse el encontradizo** Ir al encuentro de una persona sin que parezca que se ha hecho a propósito. ☐ FAMILIA: →encontrar.

encontrado, da (en·con·tra·do, da) [adjetivo] Que se opone a algo: *opiniones encontradas.* ☐ SINÓNIMOS: opuesto, contrario. ☐ FAMILIA: →encontrar.

encontrar (en·con·trar) [verbo] **1** Dar con algo que se busca: *Perdí el reloj, pero ya lo he encontrado.* **2** Dar con algo que no se conocía o que no se buscaba: *¡Qué sorpresa encontrarte aquí!* **3** Tener una opinión sobre algo: *Encuentro que esa película no es buena.* ∎ **encontrarse 4** Estar en el lugar o en el modo indicados: *Si no te encuentras bien, ve al médico.* **5** Juntarse dos o más cosas en un lugar: *¿Dónde te parece que nos encontremos esta tarde?* ◆ [expresión] ‖ **encontrarse con algo** Verse en esa situación sin esperarlo: *Pensaba que irían todos y, cuando llegué, me encontré con que estaba yo sola.* ☐ [Es irregular y se conjuga como **CONTAR**]. ☐ SINÓNIMOS: **1** hallar. **2** descubrir. **4** hallarse. ☐ ANTÓNIMOS: **1** perder, extraviar. ☐ FAMILIA: encuentro, encontronazo, encontradizo, encontrado, desencuentro, reencontrar, reencuentro.

encontronazo (en·con·tro·na·zo) [sustantivo masculino] Golpe fuerte o violento entre dos cosas: *Iba corriendo distraída y tuve un encontronazo con un señor.* ☐ SINÓNIMOS: choque. ☐ FAMILIA: →encontrar.

encopetado, da (en·co·pe·ta·do, da) [adjetivo] Que presume mucho de sí mismo o de su categoría social: *Desde que ha ascendido, se ha vuelto muy encopetado.* ☐ [Es despectivo]. ☐ SINÓNIMOS: vanidoso. ☐ ANTÓNIMOS: modesto, humilde. ☐ FAMILIA: →copa.

encorajinar (en·co·ra·ji·nar) [verbo] Enfadar mucho y con mucha rabia: *Se encorajinó cuando descubrió que le habían mentido.* ☐ SINÓNIMOS: encolerizar. ☐ FAMILIA: →coraje.

encorvado, da (en·cor·va·do, da) [adjetivo] **1** Que tiene forma curva: *La tabla está encorvada por el peso.* **2** Que va con la espalda inclinada hacia delante. ☐ ANTÓNIMOS: recto. ☐ FAMILIA: →curvo.

encorvarse (en·cor·var·se) [verbo] Doblar una persona la espalda hacia delante: *Según pasaban los años, la ancianita se iba encorvando.* ☐ FAMILIA: →curvo.

encrespado, da (en·cres·pa·do, da) [adjetivo] **1** Dicho del mar, que tiene muchas olas. **2** Dicho de una persona, que está muy enfadada. **3** Dicho del pelo, que está rizado o muy tieso. ☐ FAMILIA: →crespo.

encrespar (en·cres·par) [verbo] **1** Agitar o levantar las olas del mar: *El viento encrespó el mar.* **2** Enfadar mucho: *Me encrespa que llegues tan tarde.* **3** Poner el pelo rizado o muy tieso: *Con la lluvia se me encrespa el pelo.* ☐ FAMILIA: →crespo.

encrucijada (en·cru·ci·ja·da) [sustantivo femenino] **1** Lugar en el que se cruzan varios caminos. **2** Situación en la que es difícil decidir. ☐ FAMILIA: →cruz.

encuadernación (en·cua·der·na·ción) [sustantivo femenino] **1** Operación que consiste en unir las hojas de un libro y ponerles una cubierta. **2** Cubierta que se pone para proteger las hojas del libro: *La encuadernación de este diccionario es de un material flexible.* ☐ FAMILIA: →cuaderno.

encuadernar (en·cua·der·nar) [verbo] Unir las hojas de un libro y ponerles una cubierta: *He encuadernado todos los trabajos de este curso.* ☐ FAMILIA: →cuaderno.

encuadrar (en·cua·drar) [verbo] **1** Poner un marco o un cuadro alrededor de una cosa como adorno: *Compró un marco dorado para encuadrar el dibujo.* **2** Incluir dentro de unos límites: *La obra de teatro se encuadra en la fiesta de fin de curso.* ☐ SINÓNIMOS: enmarcar. ☐ FAMILIA: →cuadro.

encuadre (en·cua·dre) [sustantivo masculino] Espacio que capta el objetivo de una cámara: *Te haré aquí una foto, que hay un encuadre precioso.* ☐ FAMILIA: →cuadro.

encubierto, ta (en·cu·bier·to, ta) Participio irregular de **encubrir**. ☐ ANTÓNIMOS: descubierto. ☐ FAMILIA: →encubrir.

encubridor, ra (en·cu·bri·dor, do·ra) [adjetivo o sustantivo] Que esconde algo para que no se descubra. ☐ FAMILIA: →encubrir.

encubrir (en·cu·brir) [verbo] Esconder u ocultar algo para que no se descubra: *encubrir a un ladrón.* ☐ [Su participio es «encubierto»]. ☐ SINÓNIMOS: tapar. ☐ ANTÓNIMOS: descubrir. ☐ FAMILIA: encubridor, encubierto.

encuentro (en·cuen·tro) [sustantivo masculino] **1** Presencia de dos o más cosas en un lugar y al mismo tiempo: *un encuentro de todos los primos.* **2** Competición deportiva: *un encuentro de balonmano.* ☐ FAMILIA: →encontrar.

encuesta (en·cues·ta) [sustantivo femenino] Conjunto de preguntas que se le hacen a una persona sobre un asunto.

encumbrar (en·cum·brar) [verbo] Colocar a una persona en un puesto más alto o en mejor posición: *El premio encumbró a ese escritor.* ☐ FAMILIA: →cumbre.

encurtido (en·cur·ti·do) [sustantivo masculino] Alimento que se conserva en vinagre: *Los pepinillos y las berenjenas en vinagre son encurtidos.* ☐ FAMILIA: →curtir.

endeble (en·de·ble) [adjetivo] Débil, con poca fuerza o poco resistente: *carácter endeble; estantería endeble.* ☐ [No varía en masculino y femenino]. ☐ SINÓNIMOS: débil, flojo. ☐ ANTÓNIMOS: fuerte. ☐ FAMILIA: →débil.

endecasílabo, ba (en·de·ca·sí·la·bo, ba) [adjetivo o sustantivo masculino] Dicho de un verso, que tiene once sílabas. ☐ FAMILIA: →sílaba.

endémico, ca (en·dé·mi·co, ca) [adjetivo] Dicho de una enfermedad o de un problema, que es habitual o muy frecuente: *En esta zona, el cólera es una enfermedad endémica.*

endemoniado, da (en·de·mo·nia·do, da) ▌ [adjetivo] **1** Muy malo: *Hace un frío endemoniado.* ▌ [adjetivo o sustantivo] **2** Dicho de una persona, que está dominada por un espíritu maligno. ☐ SINÓNIMOS: **2** poseso, poseído. ☐ FAMILIA: →demonio.

enderezar (en·de·re·zar) [verbo] Poner recto lo que estaba torcido: *enderezar un alambre.* ☐ [La «z» se cambia en «c» delante de «e» («enderece»)]. ☐ ANTÓNIMOS: torcer, doblar.

endeudar (en·deu·dar) [verbo] Llenar de deudas: *Se endeudaron al comprar la casa.* ☐ [Es irregular y se conjuga como ADEUDAR]. ☐ FAMILIA: →deuda.

endiablado, da (en·dia·bla·do, da) [adjetivo] Muy malo: *una letra endiablada.* ☐ [Es coloquial]. ☐ FAMILIA: →diablo.

endibia (en·di·bia) [sustantivo femenino] Planta que se cultiva en las huertas, que tiene las hojas lisas y acabadas en punta y que es de sabor amargo. 👁 **página 967.** ☐ [Se escribe también «endivia»].

endilgar (en·dil·gar) [verbo] Dar a alguien una cosa que resulta molesta: *Siempre me endilgas lo que no quieres hacer.* ☐ [La «g» se cambia en «gu» delante de «e» («endilgue»). Es coloquial]. ☐ SINÓNIMOS: encasquetar, colocar, endosar.

endiosado, da (en·dio·sa·do, da) [adjetivo] Que se cree superior a los demás y lo muestra en su forma de actuar. ☐ SINÓNIMOS: vanidoso. ☐ FAMILIA: →dios.

endiosar (en·dio·sar) [verbo] Considerar como un dios: *Hay gente que endiosa a sus ídolos deportivos.* ☐ FAMILIA: →dios.

endivia (en·di·via) [sustantivo femenino] → **endibia.**

endocarpio (en·do·car·pio) [sustantivo masculino] Lugar donde está encerrada la semilla de algunos frutos: *En el melocotón, el endocarpio es el hueso.*

endocrino, na (en·do·cri·no, na) ▌ [adjetivo] **1** De las hormonas o relacionado con estas sustancias que regulan algunas funciones del organismo. ▌ [sustantivo] **2** Médico especialista en las enfermedades relacionadas con estas sustancias: *He ido al endocrino porque tengo problemas de tiroides.* ☐ FAMILIA: endocrinología.

endocrinología (en·do·cri·no·lo·gí·a) [sustantivo femenino] Parte de la medicina que estudia las hormonas o sustancias que regulan algunas funciones del organismo. ☐ FAMILIA: →endocrino.

endosar (en·do·sar) [verbo] Dar a alguien una cosa que resulta molesta: *No me endoses eso, que es un rollo.* ☐ SINÓNIMOS: colocar.

endulzar (en·dul·zar) [verbo] **1** Poner dulce un alimento. **2** Hacer que algo sea más agradable: *Las visitas me endulzaron los días que pasé en el hospital.* ☐ [La «z» se cambia en «c» delante de «e» («endulce»)]. ☐ FAMILIA: →dulce.

endurecer (en·du·re·cer) [verbo] Poner duro: *No pises el cemento hasta que no se endurezca.* ☐ [Es irregular y se conjuga como AGRADECER]. ☐ ANTÓNIMOS: ablandar, reblandecer. ☐ FAMILIA: →duro.

ene (e·ne) [sustantivo femenino] Nombre de la letra *n.*

enea (e·ne·a) [sustantivo femenino] Planta de hojas largas y estrechas, que crece en lugares húmedos y que se usa para hacer cestas y sillas. ☐ SINÓNIMOS: anea.

enebro (e·ne·bro) [sustantivo masculino] Arbusto con flores rojizas y madera fuerte y olorosa. ☐ SINÓNIMOS: junípero.

enemigo, ga (e·ne·mi·go, ga) ▌ [adjetivo] **1** Que no es amigo. ▌ [sustantivo] **2** Persona o conjunto de personas que están en contra: *El espía pasaba información al enemigo.* ☐ SINÓNIMOS: **1** hostil. **2** adversario, contrario, rival. ☐ ANTÓNIMOS: amigo. **2** partidario, adepto, adicto, aliado. ☐ FAMILIA: enemistad, enemistar.

enemistad (e·ne·mis·tad) [sustantivo femenino] Oposición hacia algo: *La enemistad entre los dos países fue el origen de la guerra.* ☐ SINÓNIMOS: rivalidad, hostilidad. ☐ ANTÓNIMOS: amistad. ☐ FAMILIA: →enemigo.

enemistar (e·ne·mis·tar) [verbo] Enfadar a varias personas o dejar de ser amigos: *Se enemistó con sus vecinos.* ☐ SINÓNIMOS: pelearse, reñir, encizañar. ☐ FAMILIA: →enemigo.

energético, ca (e·ner·gé·ti·co, ca) [adjetivo] De la energía o que la produce: *central energética; alimento energético.* ☐ FAMILIA: →energía.

energía (e·ner·gí·a) [sustantivo femenino] **1** Capacidad para actuar o para producir el efecto que se desea: *Si comes bien tendrás energías para hacer deporte.* **2** Fuerza o carácter: *Tienes que gritar con más energía para que te oigan.* **3** Capacidad de la materia que permite cambiar el estado de las cosas: *La electricidad, el calor y la luz son fuentes de energía.* ☐ ANTÓNIMOS: **2** apatía. ☐ FAMILIA: enérgico, energético.

enérgico, ca (e·nér·gi·co, ca) [adjetivo] Que tiene energía o que la demuestra: *Es una persona enérgica y con mucho carácter.* ☐ SINÓNIMOS: vigoroso. ☐ ANTÓNIMOS: flojo. ☐ FAMILIA: →energía.

energúmeno, na (e·ner·gú·me·no, na) [sustantivo] Persona que da muchos gritos o que no tiene educación.

enero (e·ne·ro) [sustantivo masculino] Primer mes del año, anterior a febrero: *El mes de enero tiene 31 días.*

enervar (e·ner·var) [verbo] **1** Poner muy nervioso: *Los atascos del tráfico me enervan.* **2** Quitar fuerza: *La fiebre ha enervado al paciente.*

enésimo, ma (e·né·si·mo, ma) [adjetivo] Que se ha repetido muchas veces: *Es la enésima vez que te digo que estudies.*

enfadar (en·fa·dar) [verbo] Hacer que una persona pierda el buen humor: *¡No te enfades!* ☐ FAMILIA: enfado, desenfado, desenfadado.

enfado (en·fa·do) [sustantivo masculino] Disgusto que tiene una persona por algo: *¡Menudo enfado cogió cuando se enteró de que la habías engañado!* ☐ FAMILIA: →enfadar.

enfangado, da (en·fan·ga·do, da) [adjetivo] Que está cubierto de barro o de suciedad. ☐ FAMILIA: →fango.

enfangar (en·fan·gar) [verbo] Cubrir de fango algo o meterlo en él: *Las inundaciones han enfangado las calles. Al meterse en el charco, se enfangó las botas.* ☐ [La «g» se cambia en «gu» delante de «e» («enfangue»)]. ☐ FAMILIA: →fango.

énfasis (én·fa·sis) [sustantivo masculino] Fuerza con la que se dice algo para darle más importancia: *Me dijo con énfasis que ella podía hacerlo sola.* ☐ [No varía en singular y plural]. ☐ FAMILIA: enfatizar, enfático.

enfático, ca (en·fá·ti·co, ca) [adjetivo] Con énfasis: *un comentario enfático.* ☐ FAMILIA: →énfasis.

enfatizar (en·fa·ti·zar) [verbo] **1** Destacar o resaltar poniendo énfasis: *El profesor enfatizó en la reunión el esfuerzo que estás haciendo para sacar buena nota.* **2** Expresarse con énfasis: *El actor enfatizó su monólogo al hablar de su primer amor.* ☐ [La «z» se cambia en «c» delante de «e» («enfatice»)]. ☐ FAMILIA: →énfasis.

enfermar (en·fer·mar) [verbo] Perder la salud: *Mi compañero ha enfermado y no vendrá a trabajar hoy.* ☐ ANTÓNIMOS: sanar, curarse. ☐ FAMILIA: →enfermo.

enfermedad (en·fer·me·dad) [sustantivo femenino] Alteración que tenemos cuando hemos perdido la salud: *La gripe es una enfermedad muy común.* ☐ SINÓNIMOS: dolencia. ☐ FAMILIA: →enfermo.

enfermería (en·fer·me·rí·a) [sustantivo femenino] **1** Lugar en el que se asiste a los enfermos y a los heridos. **2** Conjunto de conocimientos necesarios para poder asistir a los enfermos y a los heridos: *Este año acabo mis estudios de enfermería.* ☐ [En el significado **1**, no confundir con «botiquín» (lugar donde se guarda lo necesario para prestar los primeros auxilios)]. ☐ FAMILIA: →enfermo.

enfermero, ra (en·fer·me·ro, ra) [sustantivo] Persona que trabaja cuidando enfermos y colaborando con los médicos. ☐ FAMILIA: →enfermo.

enfermizo, za (en·fer·mi·zo, za) [adjetivo] **1** Con las características propias de un enfermo: *color enfermizo.* **2** Que tiene tendencia a ponerse enfermo: *persona enfermiza.* ☐ FAMILIA: →enfermo.

enfermo, ma (en·fer·mo, ma) [adjetivo o sustantivo] Que tiene problemas de salud y no está bien. ☐ SINÓNIMOS: paciente. ☐ ANTÓNIMOS: sano. ☐ FAMILIA: enfermar, enfermedad, enfermero, enfermería, enfermizo.

enfervorizar (en·fer·vo·ri·zar) [verbo] Producir mucho entusiasmo: *La gente se enfervorizó con el discurso.* ☐ [La «z» se cambia en «c» delante de «e» («enfervorice»)]. ☐ FAMILIA: →fervor.

enfilar (en·fi·lar) [verbo] **1** Tomar una dirección o dirigir hacia ella: *enfilar a la derecha; enfilar las armas.* **2** Tener manía a una persona: *Tu hermano me ha enfilado y no me puede ni ver.* ☐ FAMILIA: →filo.

enfocar (en·fo·car) [verbo] **1** Hacer que una imagen se vea clara y bien: *¿Has enfocado bien la cámara de fotos?* **2** Dirigir una luz sobre algo: *El acomodador enfocó con la linterna nuestros asientos.* **3** Estudiar un asunto: *No sé cómo enfocar el problema.* ☐ [La «c» se cambia en «qu» delante de «e» («enfoque»)]. ☐ ANTÓNIMOS: **1** desenfocar. ☐ FAMILIA: →foco.

enfoque (en·fo·que) [sustantivo masculino] **1** Hecho de ajustar una imagen para que se vea de forma clara: *¿Puedes mejorar el enfoque de esa fotografía?* **2** Planteamiento o estudio de un asunto: *Me gusta el enfoque que has dado a tu comentario de texto.* ☐ FAMILIA: →foco.

enfrascarse (en·fras·car·se) [verbo] Dedicarse con mucha atención a una actividad: *Se enfrasca en la lectura y no se entera de nada más.* ☐ [La «c» se cambia en «qu» delante de «e» («enfrasque»)]. ☐ SINÓNIMOS: concentrarse. ☐ ANTÓNIMOS: distraerse. ☐ FAMILIA: →frasco.

enfrentamiento (en·fren·ta·mien·to) [sustantivo masculino] Lucha o discusión: *un enfrentamiento armado.* ☐ SINÓNIMOS: pugna, batalla, disputa. ☐ FAMILIA: →frente.

enfrentar (en·fren·tar) [verbo] **1** Poner frente a frente: *¿Qué equipos se enfrentan hoy?* **2** Hacer frente a una situación difícil: *Enfréntate a tus problemas y búscales solución.* ☐ FAMILIA: →frente.

enfrente (en·fren·te) [adverbio] **1** En la parte que está delante: *Mi colegio está enfrente de mi casa.* **2** En contra, en lucha o en la parte opuesta: *Mi hermano ganó el partido de tenis, aunque tenía enfrente al mejor jugador del torneo.* ☐ [Se escribe también «en frente»]. ☐ FAMILIA: →frente.

enfriamiento (en·fria·mien·to) [sustantivo masculino] **1** Hecho de enfriar algo. **2** Enfermedad que se produce generalmente por cambios repentinos de temperatura. ☐ SINÓNIMOS: constipado, catarro, resfriado. ☐ ANTÓNIMOS: **1** calentamiento. ☐ FAMILIA: →frío.

enfriar (en·friar) [verbo] **1** Dar frío y hacer disminuir la temperatura: *Sopla la sopa para enfriarla un poco.* **2** Poner tranquilo o en paz: *Volveremos a hablar de esto cuando se enfríen los ánimos y estés más calmado.* ■ **enfriarse 3** Ponerse enfermo por culpa del frío. ☐ [Es irregular y se conjuga como ENVIAR]. ☐ SINÓNIMOS: **1** refrigerar. **2** calmar, apaciguar, serenar, sosegar. ☐ ANTÓNIMOS: **1**, **2** calentar. ☐ FAMILIA: →frío.

enfundar (en·fun·dar) [verbo] Meter algo en la cubierta que le corresponde: *El policía enfundó su arma.* ☐ Antónimos: desenfundar. ☐ Familia: →funda.

enfurecer (en·fu·re·cer) [verbo] Enfadar mucho: *Me enfurece que me cuentes esas mentiras.* ☐ [Es irregular y se conjuga como AGRADECER]. ☐ Sinónimos: enojar, sulfurar. ☐ Familia: →furia.

enfurecido, da (en·fu·re·ci·do, da) [adjetivo] Muy enfadado. ☐ Familia: →furia.

enfurecimiento (en·fu·re·ci·mien·to) [sustantivo masculino] Hecho de enfadarse. ☐ Familia: →furia.

enfurruñarse (en·fu·rru·ñar·se) [verbo] Enfadarse un poco: *Venga, no te enfurruñes.* ☐ [Es coloquial].

engalanar (en·ga·la·nar) [verbo] Adornar algo para que quede muy bonito.

enganchar (en·gan·char) [verbo] **1** Sujetar algo con un gancho: *Los vagones del tren se enganchan a la locomotora.* **2** Atraer a una persona o ganarse su voluntad: *Este tipo de publicidad engancha a los más jóvenes.* **3** Coger o atrapar: *¡Como enganche a quien me ha desordenado todo...!* ☐ [Los significados **2** y **3** son coloquiales]. ☐ Antónimos: **1** desenganchar. **3** soltar. ☐ Familia: →gancho.

enganche (en·gan·che) [sustantivo masculino] Cosa que sirve para sujetar algo y que no se suelte: *Se me ha roto el enganche de la pulsera.* ☐ Familia: →gancho.

enganchón (en·gan·chón) [sustantivo masculino] Roto que se hace en una prenda de vestir al engancharse con algo. ☐ Familia: →gancho.

engañar (en·ga·ñar) [verbo] **1** Hacer creer algo que no es cierto: *Me engañaron cuando me dijeron que eran hermanos.* **2** Producir una falsa impresión: *La foto engaña, porque pareces más alto de lo que en realidad eres.* **3** Aliviar una necesidad por un momento: *engañar el hambre.* **4** No ser fiel a la persona querida: *Las personas celosas tienen miedo de que su pareja les engañe.*
▌ **engañarse 5** Equivocarse o creerse como cierto algo que no es verdad: *Me engañé pensando que eras mi amigo.* ☐ Antónimos: **1** desengañar. ☐ Familia: engaño, desengañar, desengaño, engañoso, engañifa.

engañifa (en·ga·ñi·fa) [sustantivo femenino] Cosa que se hace con mentiras para conseguir algo de una persona. ☐ [Es coloquial]. ☐ Sinónimos: engaño. ☐ Familia: →engañar.

engaño (en·ga·ño) [sustantivo masculino] **1** Cosa que se hace con mentiras para conseguir algo de una persona: *Descubrí el engaño y no caí en la trampa.* **2** Falsa impresión: *Me pareció verte en el cine, pero fue un engaño de la vista.* ☐ Familia: →engañar.

engañoso, sa (en·ga·ño·so, sa) [adjetivo] Que hace creer algo que no es cierto. ☐ Antónimos: verdadero. ☐ Familia: →engañar.

engarce (en·gar·ce) [sustantivo masculino] **1** Unión de una cosa con otras para formar una cadena. **2** Pieza que rodea y asegura una piedra preciosa en una joya: *Este anillo tiene tres engarces de diamante.* ☐ Familia: →engarzar.

engarzar (en·gar·zar) [verbo] **1** Unir una cosa con otras para formar una cadena: *engarzar eslabones; engarzar ideas.* **2** Encajar en una superficie una piedra preciosa. ☐ [La «z» se cambia en «c» delante de «e» («engarce»)]. ☐ Sinónimos: unir. **2** engastar. ☐ Familia: engarce.

engastar (en·gas·tar) [verbo] Encajar en una superficie una piedra preciosa: *Quiero engastar una esmeralda en esta pulsera.* ☐ Sinónimos: engarzar.

engatusar (en·ga·tu·sar) [verbo] Conseguir algo de una persona por medio de halagos: *¡No intentes engatusarme para que te deje ir a la fiesta!*

engendrar (en·gen·drar) [verbo] **1** Producir un hijo: *Esa mujer es estéril y no puede engendrar hijos.* **2** Producir algo o dar origen a ello: *La envidia engendra muchos odios.* ☐ Familia: engendro.

engendro (en·gen·dro) [sustantivo masculino] Persona muy fea. ☐ [Es despectivo]. ☐ Familia: →engendrar.

englobar (en·glo·bar) [verbo] Contener o incluir dentro de sí: *El precio del viaje engloba el avión y el hotel.* ☐ Sinónimos: abarcar. ☐ Familia: →globo.

engolar (en·go·lar) [verbo] Dar a la voz un tono más grave del que tiene normalmente: *Algunos cantantes de ópera engolan la voz.*

engolosinar (en·go·lo·si·nar) [verbo] Hacer que a alguien le guste algo o le parezca atractivo: *No le gusta su trabajo pero le engolosina el sueldo que le pagan.* ☐ Familia: →goloso.

engomar (en·go·mar) [verbo] Extender pegamento sobre una superficie: *Antes de colocar el papel, hay que engomarlo.* ☐ Familia: →goma.

engordar (en·gor·dar) [verbo] Poner o ponerse más gordo. ☐ Antónimos: adelgazar. ☐ Familia: →gordo.

engorde (en·gor·de) [sustantivo masculino] Hecho de alimentar mucho a los animales para ponerlos más gordos. ☐ Familia: →gordo.

engorro (en·go·rro) [sustantivo masculino] Molestia muy grande: *Es un engorro sacar al perro con este frío.* ☐ [Es coloquial]. ☐ Sinónimos: pejiguera, fastidio. ☐ Familia: engorroso.

engorroso, sa (en·go·rro·so, sa) [adjetivo] Que resulta muy molesto o muy lioso. ☐ [Es coloquial]. ☐ Familia: →engorro.

engranaje (en·gra·na·je) [sustantivo masculino] Conjunto de piezas con dientes que se encajan entre sí: *La cadena y el piñón de la bicicleta forman un engranaje.* ☐ Familia: →engranar.

engranar (en·gra·nar) [verbo] Encajar unos en otros los dientes de varias piezas: *El reloj no anda porque las ruedas del mecanismo no engranan bien.* ☐ Familia: engranaje.

engrandecer (en·gran·de·cer) [verbo] Hacer más grande o más importante: *engrandecer el territorio, engrandecer un palacio.* ☐ [Es irregular y se conjuga como AGRADECER]. ☐ Antónimos: empequeñecer. ☐ Familia: →grande.

engrasar (en·gra·sar) [verbo] Poner grasa sobre alguna cosa para que funcione mejor: *Hay que engrasar este cerrojo.* ☐ Familia: →grasa.

engrase (en·gra·se) [sustantivo masculino] Hecho de poner grasa sobre alguna cosa para que funcione mejor: *el engrase de un motor.* ☐ Familia: →grasa.

engreído, da (en·gre·í·do, da) [adjetivo] Que muestra demasiado orgullo. ☐ Sinónimos: orgulloso, soberbio, presuntuoso, ufano. ☐ Antónimos: humilde, modesto. ☐ Familia: engreimiento.

engreimiento (en·grei·mien·to) [sustantivo masculino] Actitud de la persona que se cree mejor que los demás. ☐ Sinónimos: orgullo, soberbia, vanidad. ☐ Antónimos: humildad. ☐ Familia: →engreído.

engrosar (en·gro·sar) [verbo] Hacer mayor en tamaño, en cantidad o en otra cosa: *Si no estudias, engrosarás la lista de los suspendidos.* ☐ [Puede usarse como regular («engrosa») o como irregular siguiendo el modelo de CONTAR («engruesa»)]. ☐ Familia: →grueso.

engrudo (en·gru·do) [sustantivo masculino] Mezcla de harina y agua que se usa para pegar materiales ligeros.

engullir (en·gu·llir) [verbo] Comer con muchas ganas y tragando deprisa. ☐ [Es irregular y se conjuga como MULLIR]. ☐ Sinónimos: devorar, embucharse.

enhebrar (e·nhe·brar) [verbo] Pasar un hilo por el ojo de una aguja. ☐ Familia: →hebra.

enhiesto, ta (e·nhies·to, ta) [adjetivo] Levantado o derecho.

enhorabuena (e·nho·ra·bue·na) [sustantivo femenino] Palabras que se dicen a una persona para expresarle que nos sentimos felices por lo que le ha ocurrido. ☐ Sinónimos: felicitación. ☐ Familia: →hora. →bueno.

enigma (e·nig·ma) [sustantivo masculino] Persona o cosa que resulta difícil de entender o de resolver: *En todos los libros de misterio, el enigma se resuelve al final.* ☐ Sinónimos: interrogante. ☐ Familia: enigmático.

enigmático, ca (e·nig·má·ti·co, ca) [adjetivo] Que resulta difícil de entender o de resolver: *persona enigmática.* ☐ Familia: →enigma.

enjabonado, da (en·ja·bo·na·do, da) ▌ [adjetivo] **1** Con jabón: *Coge tú el teléfono, que yo tengo las manos enjabonadas.* ▌ **enjabonado** [sustantivo masculino] **2** Hecho de extender jabón sobre una cosa. ☐ Familia: →jabón.

enjabonar (en·ja·bo·nar) [verbo] Dar jabón a algo: *Después de enjabonarte, tienes que enjuagarte.* ☐ Sinónimos: jabonar. ☐ Familia: →jabón.

enjaezar (en·ja·e·zar) [verbo] Poner adornos a los caballos: *Enjaezó la yegua para la feria.* ☐ Familia: →jaez.

enjalbegar (en·jal·be·gar) [verbo] Cubrir con cal una pared u otra superficie para ponerla blanca. ☐ [La «g» se cambia en «gu» delante de «e» («enjalbegue»)]. ☐ Sinónimos: encalar.

enjambre (en·jam·bre) [sustantivo masculino] Conjunto de abejas.

enjaular (en·jau·lar) [verbo] Meter dentro de una jaula. ☐ [Es irregular y se conjuga como CAUSAR]. ☐ Familia: →jaula.

enjoyado, da (en·jo·ya·do, da) [adjetivo] Que lleva muchas joyas. ☐ Familia: →joya.

enjuagar (en·jua·gar) [verbo] **1** Aclarar algo con agua limpia o con otro líquido: *Después de dar jabón a la ropa, enjuágala bien.* ▌ **enjuagarse 2** Limpiarse la boca con agua o con otro líquido: *Después de cepillarme los dientes me enjuago la boca con un elixir.* ☐ [La «g» se cambia en «gu» delante de «e» («enjuague»). No confundir con «enjugar» (secar las lágrimas o el sudor)].

enjugar (en·ju·gar) [verbo] Secar algo, especialmente las lágrimas o el sudor: *Enjúgate las lágrimas con mi pañuelo.* ☐ [La «g» se cambia en «gu» delante de «e» («enjugue»). No confundir con «enjuagar» (aclarar algo con agua)].

enjuiciamiento (en·jui·cia·mien·tc) [sustantivo masculino] Hecho de analizar y juzgar una cuestión para dar una opinión sobre ella. ☐ Familia: →juez.

enjuiciar (en·jui·ciar) [verbo] Decir si está bien o si está mal lo que ha hecho una persona: *No debes enjuiciar a nadie que no conozcas bien.* ☐ [Es irregular y se conjuga como ANUNCIAR]. ☐ Sinónimos: juzgar. ☐ Familia: →juez.

enjundia (en·jun·dia) [sustantivo femenino] Valor o interés: *Fue un discurso de mucha enjundia.*

enjuto, ta (en·ju·to, ta) [adjetivo] Muy delgado: *rostro enjuto.* ☐ Sinónimos: flaco, delgado. ☐ Antónimos: gordo, obeso.

enlace (en·la·ce) [sustantivo masculino] **1** Unión de cosas distintas: *el enlace de la carretera con la autopista.* **2** Persona o cosa que une o relaciona una cosa con otra: *Las conjunciones son enlaces que unen una oración con otra.* **3** Ceremonia en la que dos personas se casan: *El enlace se celebró en una ermita.* **4** En internet, vínculo que permite ir de una página web a otras, al hacer clic en algún dibujo o en alguna palabra. ☐ Sinónimos: **1** empalme. **2** atadura. **3** boda. **4** hipervínculo. ☐ Familia: →lazo.

enlatar (en·la·tar) [verbo] Meter un alimento en una lata: *enlatar espárragos.* ☐ Familia: →lata.

enlazar (en·la·zar) [verbo] **1** Relacionar cosas diferentes: *No sé cómo enlazar tantos datos.* **2** Unir con otra cosa: *Esta carretera enlaza con la autopista.* **3** Atrapar a un animal con un lazo. ☐ [La «z» se cambia en «c» delante de «e» («enlace»)]. ☐ Sinónimos: **1** hilar. **2** empalmar. ☐ Familia: →lazo.

enloquecer (en·lo·que·cer) [verbo] Volver o volverse loco: *Don Quijote enloqueció leyendo libros de caballería.* ☐ [Es irregular y se conjuga como AGRADECER]. ☐ Familia: →loco.

enlosar (en·lo·sar) [verbo] Cubrir el suelo con piedras grandes, delgadas y planas. ☐ Familia: →losa.

enlucido (en·lu·ci·do) [sustantivo masculino] Capa de yeso u otra sustancia parecida, con la que se cubre un muro o un techo: *El enlucido de la fachada está muy estropeado.*

enmadrado, da (en·ma·dra·do, da) [adjetivo o sustantivo] Que está acostumbrado a estar siempre con su madre y no sabe separarse de ella. ☐ Familia: →madre.

enmarañar (en·ma·ra·ñar) [verbo] **1** Mezclar un conjunto de cosas sin ningún orden: *enmarañar los papeles.* **2** Hacer más complicado: *La discusión se enmarañó y*

enriquecer

terminó en una bronca. ☐ SINÓNIMOS: enredar. ☐ FAMILIA: →maraña.

enmarcar (en·mar·*car*) [verbo] **1** Poner un marco o un cuadro alrededor de una cosa como adorno: *enmarcar una foto.* **2** Incluir dentro de unos límites: *enmarcar en rojo una palabra.* ☐ [La «c» se cambia en «qu» delante de «e» («enmarque»)]. ☐ SINÓNIMOS: encuadrar. ☐ FAMILIA: →marco.

enmascarado, da (en·mas·ca·*ra*·do, da) [adjetivo o sustantivo] Que lleva la cara tapada con algo que impide saber quién es. ☐ FAMILIA: →máscara.

enmascarar (en·mas·ca·*rar*) [verbo] **1** Tapar la cara con una máscara. **2** Intentar que algo se note lo menos posible: *No enmascares tus planes detrás de esa aparente bondad.* ☐ FAMILIA: →máscara.

enmendar (en·men·*dar*) [verbo] Cambiar un comportamiento o hacer desaparecer un error: *Leer te ayudará a enmendar las faltas de ortografía.* ☐ [Es irregular y se conjuga como ACERTAR]. ☐ SINÓNIMOS: corregir, rectificar. ☐ FAMILIA: enmienda.

enmienda (en·*mien*·da) [sustantivo femenino] Corrección de un error: *No se admiten impresos con enmiendas ni tachones.* ☐ FAMILIA: →enmendar.

enmohecer (en·mo·he·*cer*) [verbo] Cubrir o cubrirse de moho, que es una especie de polvo que les sale a los alimentos cuando se han estropeado: *La humedad ha enmohecido el pan.* ☐ [Es irregular y se conjuga como AGRADECER]. ☐ FAMILIA: →moho.

enmoquetar (en·mo·que·*tar*) [verbo] Poner moqueta. ☐ FAMILIA: →moqueta.

enmudecer (en·mu·de·*cer*) [verbo] Perder el habla o hacer que una persona no pueda hablar: *La sorpresa me enmudeció.* ☐ [Es irregular y se conjuga como AGRADECER]. ☐ SINÓNIMOS: callar. ☐ ANTÓNIMOS: hablar. ☐ FAMILIA: →mudo.

ennegrecer (en·ne·gre·*cer*) [verbo] Poner de color negro o poner más oscuro: *El humo de la chimenea ha ennegrecido la pintura de las paredes.* ☐ [Es irregular y se conjuga como AGRADECER]. ☐ FAMILIA: →negro.

ennoblecer (en·no·ble·*cer*) [verbo] Hacer noble: *Tu bondad te ennoblece.* ☐ [Es irregular y se conjuga como AGRADECER]. ☐ FAMILIA: →noble.

enojar (e·no·*jar*) [verbo] Enfadar mucho a una persona: *Me enojó que no vinieras a mi fiesta.* ☐ [Siempre se escribe con «j»]. ☐ SINÓNIMOS: enfurecer, sulfurar, encolerizar. ☐ FAMILIA: enojo, enojoso.

enojo (e·*no*·jo) [sustantivo masculino] Disgusto grande que una persona tiene por algo. ☐ FAMILIA: →enojar.

enojoso, sa (e·no·*jo*·so, sa) [adjetivo] Que enfada mucho. ☐ FAMILIA: →enojar.

enólogo, ga (e·*nó*·lo·go, ga) [sustantivo] Persona especializada en la elaboración y las características del vino. ☐ [No confundir con «catador» (persona que trabaja probando vinos)].

enorgullecer (e·nor·gu·lle·*cer*) [verbo] Llenar de orgullo: *Me enorgullezco de ti.* ☐ [Es irregular y se conjuga como AGRADECER]. ☐ FAMILIA: →orgullo.

enorme (e·*nor*·me) [adjetivo] Muy grande o más grande de lo normal. ☐ [No varía en masculino y femenino]. ☐ SINÓNIMOS: gigante, gigantesco, ingente, desaforado, desmesurado, descomunal, desmedido. ☐ ANTÓNIMOS: diminuto, enano. ☐ FAMILIA: enormidad.

enormidad (e·nor·mi·*dad*) [sustantivo femenino] Tamaño, cantidad o calidad muy grandes: *La enormidad de ese monumento es impresionante.* ☐ FAMILIA: →enorme.

enquistarse (en·quis·*tar*·se) [verbo] Formarse un bulto en una parte del cuerpo. ☐ FAMILIA: →quiste.

enraizar (en·rai·*zar*) [verbo] Empezar una planta a echar raíces en la tierra. ☐ [Es irregular y se conjuga como AISLAR. La «z» cambia en «c» ante «e» («enraíce»)]. ☐ SINÓNIMOS: agarrar, prender, arraigar. ☐ FAMILIA: →raíz.

enrarecer (en·ra·re·*cer*) [verbo] **1** Poner menos puro el aire: *Abre la ventana, porque el aire se ha enrarecido.* **2** Hacer que una situación sea peor: *El ambiente de trabajo se ha enrarecido desde que nos peleamos.* ☐ [Es irregular y se conjuga como AGRADECER]. ☐ FAMILIA: →raro.

enredadera (en·re·da·*de*·ra) [sustantivo femenino] Planta que tiene los tallos largos y que crece y sube agarrándose a las cosas: *La hiedra es una enredadera.* ☐ FAMILIA: →red.

enredar (en·re·*dar*) [verbo] **1** Mezclar un conjunto de cosas sin ningún orden: *Se me enreda mucho el pelo.* **2** Hacer participar a una persona en un asunto, especialmente si es contra su voluntad: *Me enredaron para ir a la fiesta.* **3** Perder el tiempo sin darse cuenta: *Me enredé ordenando mi habitación.* **4** Hacer que algo sea más complicado: *No enredes más las cosas.* ☐ SINÓNIMOS: **1**, **4** enmarañar. **1** embrollar. ☐ ANTÓNIMOS: **1** desenredar. ☐ FAMILIA: →red.

enredo (en·*re*·do) [sustantivo masculino] **1** Mezcla de cosas distintas sin ningún orden: *enredo de cables.* **2** Problema que tiene difícil solución: *No sé cómo salir de este enredo.* **3** Mentira o engaño que producen problemas: *Las películas de enredo son muy divertidas.* ☐ FAMILIA: →red.

enredoso, sa (en·re·*do*·so, sa) [adjetivo] Complicado porque está muy enredado: *Este es un problema muy enredoso.* ☐ FAMILIA: →red.

enrejado (en·re·*ja*·do) [sustantivo masculino] Conjunto de barras de metal que se ponen en una casa como medida de seguridad o como adorno. ☐ FAMILIA: →reja.

enrejar (en·re·*jar*) [verbo] Poner barras de metal en una casa como medida de seguridad o como adorno. ☐ [Siempre se escribe con «j»]. ☐ FAMILIA: →reja.

enrevesado, da (en·re·ve·*sa*·do, da) [adjetivo] **1** Confuso o difícil de entender: *un texto enrevesado.* **2** Que tiene muchas vueltas o rodeos: *un camino enrevesado.*

enriquecedor, ra (en·ri·que·ce·*dor*, *do*·ra) [adjetivo] Que hace más rico algo: *una experiencia enriquecedora.* ☐ FAMILIA: →rico.

enriquecer (en·ri·que·*cer*) [verbo] Hacer rico o más rico: *Mi tío se enriqueció en el extranjero.* ☐ [Es irregular y se conjuga como AGRADECER]. ☐ ANTÓNIMOS: empobrecer. ☐ FAMILIA: →rico.

enriquecimiento (en·ri·que·ci·**mien**·to) [sustantivo masculino] **1** Proceso por el que alguien se hace más rico de lo que era: *El turismo ha causado el enriquecimiento del pueblo.* **2** Mejora o aumento de las propiedades de algo: *La lectura contribuye al enriquecimiento del vocabulario.* ☐ ANTÓNIMOS: **1** empobrecimiento. ☐ FAMILIA: →rico.

enrojecer (en·ro·je·**cer**) [verbo] Poner de color rojo: *El sol enrojeció sus mejillas.* ☐ [Es irregular y se conjuga como AGRADECER]. ☐ FAMILIA: →rojo.

enrojecimiento (en·ro·je·ci·**mien**·to) [sustantivo masculino] Hecho de poner de color rojo: *El sol puede ocasionar el enrojecimiento de la piel.* ☐ FAMILIA: →rojo.

enrolarse (en·ro·**lar**·se) [verbo] Entrar en el Ejército o en otra organización: *Se enroló en la Marina.* ☐ FAMILIA: →rol.

enrollar (en·ro·**llar**) [verbo] **1** Poner algo dándole vueltas alrededor de una cosa: *enrollar el hilo.* **2** Convencer o confundir: *Me enrollaron para que fuera con ellos.* **3** Gustar o interesar mucho: *Este libro enrolla cantidad.* ■ **enrollarse** **4** Extenderse demasiado al hablar o al escribir: *Contesta a lo que se te pregunta y no te enrolles.* **5** Perder el tiempo sin darse cuenta: *Me enrollé buscando una cosa en el desván.* **6** Establecer relaciones de amor poco serias y pasajeras: *Se conocieron y se enrollaron, pero ahora ya no salen juntos.* **7** Tener habilidad para relacionarse con la gente: *Tú te enrollas bien y enseguida haces amigos.* ☐ [Los significados 2, 3, 4, 5, 6 y 7 son coloquiales]. ☐ SINÓNIMOS: **5** enredar. **6** ligar. ☐ ANTÓNIMOS: **1** desenrollar. ☐ FAMILIA: →rollo.

enronquecer (en·ron·que·**cer**) [verbo] Poner la voz ronca: *Si no dejas de gritar vas a enronquecer.* ☐ [Es irregular y se conjuga como AGRADECER]. ☐ FAMILIA: →ronco.

enroscar (en·ros·**car**) [verbo] Colocar algo haciéndolo girar sobre sí mismo: *enroscar un tapón.* ☐ [La «c» se cambia en «qu» delante de «e» («enrosque»)]. ☐ ANTÓNIMOS: desenroscar. ☐ FAMILIA: →rosca.

ensaimada (en·sai·**ma**·da) [sustantivo femenino] Bollo en forma de caracol con azúcar por encima.

ensalada (en·sa·**la**·da) [sustantivo femenino] Comida fría que se hace con lechuga, tomate y otros alimentos cortados en trozos. ☐ FAMILIA: →sal.

ensaladera (en·sa·la·**de**·ra) [sustantivo femenino] Fuente en la que se sirve la ensalada. ☐ FAMILIA: →sal.

ensaladilla (en·sa·la·**di**·lla) [sustantivo femenino] Comida fría preparada con trozos de patata cocida y otros alimentos y que va cubierta de mayonesa. ☐ [También se llama «ensaladilla rusa»]. ☐ FAMILIA: →sal.

ensalmo (en·**sal**·mo) ◆ [expresión] ‖ **como por ensalmo** Con mucha rapidez y sin saber cómo: *En cuanto te vi llegar, como por ensalmo, se me quitó la angustia que tenía.*

ensalzar (en·sal·**zar**) [verbo] Alabar o elogiar algo: *El vendedor ensalzó las cualidades del producto.* ☐ [La «z» se cambia en «c» delante de «e» («ensalce»)]. ☐ FAMILIA: →alzar.

ensamblaje (en·sam·**bla**·je) [sustantivo masculino] Unión de dos o más piezas que encajan entre sí. ☐ FAMILIA: →ensamblar.

ensamblar (en·sam·**blar**) [verbo] Unir varias piezas que encajan entre sí: *Para montar la estantería tienes que ensamblar las tablas.* ☐ FAMILIA: ensamblaje.

ensanchamiento (en·san·cha·**mien**·to) [sustantivo masculino] Aumento de la anchura de algo: *el ensanchamiento de la carretera.* ☐ SINÓNIMOS: ensanche. ☐ ANTÓNIMOS: estrechamiento. ☐ FAMILIA: →ancho.

ensanchar (en·san·**char**) [verbo] Hacer más ancho o más amplio: *ensanchar una falda.* ☐ ANTÓNIMOS: estrechar. ☐ FAMILIA: →ancho.

ensanche (en·**san**·che) [sustantivo masculino] Aumento de la anchura de algo: *el ensanche de un puente.* ☐ SINÓNIMOS: ensanchamiento. ☐ ANTÓNIMOS: estrechamiento. ☐ FAMILIA: →ancho.

ensangrentar (en·san·gren·**tar**) [verbo] Manchar algo con sangre: *La camisa se había ensangrentado debido a la hemorragia.* ☐ [Es irregular y se conjuga como ACERTAR]. ☐ FAMILIA: →sangre.

ensañarse (en·sa·**ñar**·se) [verbo] Disfrutar causando daño o dolor a alguien que no puede defenderse: *Los cobardes se ensañan con los más débiles.* ☐ FAMILIA: →saña.

ensartar (en·sar·**tar**) [verbo] **1** Atravesar una cosa con un objeto puntiagudo o con un hilo: *Ensartó las cuentas para hacerse un collar.* **2** Decir muchas cosas una detrás de otra: *Ensartó un chiste detrás de otro.* ☐ FAMILIA: →sarta.

ensayar (en·sa·**yar**) [verbo] **1** Hacer algo varias veces para que salga bien: *ensayar una obra de teatro.* **2** Hacer pruebas con algo para ver si funciona: *Están ensayando un material nuevo.* ☐ SINÓNIMOS: **1** practicar. **2** probar. ☐ FAMILIA: ensayo.

ensayo (en·**sa**·yo) [sustantivo masculino] Prueba que se hace varias veces para que algo salga bien: *los ensayos de una función.* ☐ FAMILIA: →ensayar.

enseguida (en·se·**gui**·da) [adverbio] A continuación o en el mismo momento: *No te vayas, que vuelvo enseguida.* ☐ FAMILIA: →seguir.

ensenada (en·se·**na**·da) [sustantivo femenino] Entrada del mar en la costa, más pequeña que una bahía. ☐ FAMILIA: →seno.

enseña (en·**se**·ña) [sustantivo femenino] Objeto que muestra que se pertenece a un grupo: *El uniforme lleva la enseña del equipo.* ☐ SINÓNIMOS: insignia. ☐ FAMILIA: →seña.

enseñanza (en·se·**ñan**·za) ■ [sustantivo femenino] **1** Proceso para enseñar algo: *Me dedico a la enseñanza del inglés.* **2** Cosa que sirve de ejemplo o de aviso: *De todo se pueden sacar enseñanzas.* ■ **enseñanzas** [plural] **3** Conjunto de ideas o de principios que una persona enseña a otra: *Nunca olvido las enseñanzas de mis padres y de mis maestros.* ☐ FAMILIA: →enseñar.

enseñar (en·se·**ñar**) [verbo] **1** Comunicar conocimientos a una persona para que los aprenda: *Hoy nos han enseñado a multiplicar.* **2** Servir de ejemplo o de aviso:

Tu traición me enseñó que no debo fiarme de ti. **3** Decir algo usando señales, gestos u otra cosa: *Una señora muy amable nos enseñó el camino.* **4** Mostrar o dejar ver: *¿Quieres que te enseñe mi cicatriz?* ☐ SINÓNIMOS: **3** indicar. ☐ FAMILIA: enseñanza.

enseres (en·se·res) [sustantivo masculino plural] Conjunto de muebles o de instrumentos que hay en un lugar o que son necesarios para hacer algo: *enseres de cocina; enseres de trabajo.*

ensillar (en·si·llar) [verbo] Ponerle la silla de montar a un caballo. ☐ FAMILIA: →silla.

ensimismamiento (en·si·mis·ma·mien·to) [sustantivo masculino] Estado de una persona que se queda pensando en sus cosas, sin darse cuenta de lo que pasa a su alrededor: *Era tal su ensimismamiento, que no oyó el timbre.* ☐ FAMILIA: →mismo.

ensimismarse (en·si·mis·mar·se) [verbo] Quedarse una persona pensando en sus cosas sin darse cuenta de lo que pasa a su alrededor: *Debes prestar atención a las explicaciones y no ensimismarte.* ☐ FAMILIA: →mismo.

ensombrecer (en·som·bre·cer) [verbo] **1** Cubrir de sombra: *El día se ensombreció con las nubes.* **2** Poner triste: *Se te ensombreció la cara cuando supiste la mala noticia.* ☐ [Es irregular y se conjuga como AGRADECER]. ☐ SINÓNIMOS: **2** entristecer, apenar. ☐ FAMILIA: →sombra.

ensoñador, ra (en·so·ña·dor, do·ra) [adjetivo] Que fomenta la ilusión: *música ensoñadora.* ☐ FAMILIA: →sueño.

ensordecedor, ra (en·sor·de·ce·dor, do·ra) [adjetivo] Dicho de un sonido, que suena muy fuerte: *música ensordecedora.* ☐ SINÓNIMOS: atronador. ☐ FAMILIA: →sordo.

ensordecer (en·sor·de·cer) [verbo] **1** Quedarse sordo o hacer que alguien se quede sordo: *Con la edad ha ido ensordeciendo.* **2** Impedir que alguien pueda oír momentáneamente: *El ruido de la sirena nos ensordeció.* ☐ [Es irregular y se conjuga como AGRADECER]. ☐ FAMILIA: →sordo.

ensortijado, da (en·sor·ti·ja·do, da) [adjetivo] **1** Dicho del pelo, que es muy rizado. **2** Lleno de sortijas o de joyas: *dedos ensortijados.* ☐ ANTÓNIMOS: **1** liso. ☐ FAMILIA: →sortija.

ensuciar (en·su·ciar) [verbo] Poner sucia una superficie dejando señales sobre ella: *Te has ensuciado la camisa de tomate.* ☐ [Es irregular y se conjuga como ANUNCIAR]. ☐ SINÓNIMOS: manchar, guarrear. ☐ ANTÓNIMOS: limpiar. ☐ FAMILIA: →sucio.

ensueño (en·sue·ño) [sustantivo masculino] Cosa muy bonita que no es real: *Tienes tanta fantasía que vives en un ensueño.* ◆ [expresión] ‖ **de ensueño** Fantástico o muy bueno: *Este es un lugar de ensueño.* ☐ FAMILIA: →sueño.

entablar (en·ta·blar) [verbo] Empezar una relación o una conversación: *entablar una amistad.*

entablillar (en·ta·bli·llar) [verbo] Sujetar con tablas y con vendas un miembro roto, para que no se mueva: *Me entablillaron el brazo roto.* ☐ FAMILIA: →tabla.

entallar (en·ta·llar) [verbo] Ajustar una prenda de vestir al talle o a la cintura: *Me entallaron la chaqueta porque me quedaba grande.* ☐ FAMILIA: →talle.

entarimado (en·ta·ri·ma·do) [sustantivo masculino] Suelo cubierto con tablas alargadas y gruesas. ☐ FAMILIA: →tarima.

entarimar (en·ta·ri·mar) [verbo] Cubrir el suelo con tablas o con tarima. ☐ FAMILIA: →tarima.

ente (en·te) [sustantivo masculino] **1** Cosa o ser que existe o puede existir: *En la película un ente de otro planeta atacaba la Tierra.* **2** Organismo o empresa: *un ente público.* ☐ FAMILIA: entidad.

entendederas (en·ten·de·de·ras) [sustantivo femenino plural] Capacidad que tienen las personas para comprender, conocer y razonar: *No lo entiende porque es una persona de pocas entendederas.* ☐ [Es coloquial]. ☐ SINÓNIMOS: entendimiento. ☐ FAMILIA: →entender.

entender (en·ten·der) [verbo] **1** Tener claro el significado de algo: *Si no entendéis algo, os lo explico.* **2** Encontrar natural o justo: *Entiendo que no quieras venir, porque es un rollo de visita.* **3** Saber o tener conocimientos: *Entiendo poco de mecánica.* **4** Creer o considerar: *Entiendo que debéis hablar para solucionar el problema.* ▌ **entenderse 5** Llevarse bien una persona con otra: *Somos amigos y nos entendemos muy bien.* ☐ [Es irregular. Mira el cuadro en la página siguiente]. ☐ SINÓNIMOS: **1, 2** comprender. **1** captar. ☐ FAMILIA: entendimiento, entendido, entendederas, sobreentender, desentenderse, desentendido, malentendido.

entendido, da (en·ten·di·do, da) [adjetivo o sustantivo] Que sabe mucho de algo: *Los entendidos en la materia dicen que eso no debe hacerse así.* ☐ SINÓNIMOS: versado, enterado. ☐ FAMILIA: →entender.

entendimiento (en·ten·di·mien·to) [sustantivo masculino] **1** Capacidad que tienen las personas para comprender, conocer y razonar. **2** Capacidad de una persona para saber lo que está bien y lo que está mal. **3** Acuerdo o relación de amistad entre dos personas: *Las dos partes llegaron a un entendimiento.* ☐ SINÓNIMOS: **1** mente, inteligencia, raciocinio, intelecto. **2** juicio, criterio, razón. ☐ FAMILIA: →entender.

enterado, da (en·te·ra·do, da) [adjetivo o sustantivo] Que sabe mucho de algo: *Presume de enterado, pero no sabe nada.* ☐ SINÓNIMOS: entendido. ☐ FAMILIA: →enterarse.

enterarse (en·te·rar·se) [verbo] **1** Informarse de algo o ponerse al corriente: *Me enteré de que te habías casado.* **2** Notar o darse cuenta de algo: *No me enteré de nada porque estaba dormida.* ☐ FAMILIA: enterado.

entereza (en·te·re·za) [sustantivo femenino] Valor y fuerza necesarios para hacer frente a las dificultades: *Demostró mucha entereza cuando murió su abuela.* ☐ SINÓNIMOS: temple, aplomo. ☐ FAMILIA: →entero.

enternecedor, ra (en·ter·ne·ce·dor, do·ra) [adjetivo] Que causa ternura. ☐ FAMILIA: →tierno.

enternecer (en·ter·ne·cer) [verbo] Hacer que una persona se comporte de una manera menos dura: *Cuando lo vi llorar me enternecí.* ☐ [Es irregular y se conjuga como AGRADECER]. ☐ SINÓNIMOS: ablandar. ☐ FAMILIA: →tierno.

entero, ra (en·te·ro, ra) ∎ [adjetivo] **1** Con todas las partes y sin que falte ningún trozo: *He oído el disco entero.* **2** Dicho de una persona, que tiene fuerza de ánimo y puede vencer las desgracias: *Tienes que ser más entero e intentar salir adelante.* ∎ [adjetivo o sustantivo masculino] **3** Dicho de un número, que no tiene decimales. ☐ FAMILIA: entereza.

enterrador, ra (en·te·rra·dor, do·ra) [sustantivo] Persona que trabaja enterrando a los muertos. ☐ SINÓNIMOS: sepulturero. ☐ FAMILIA: →tierra.

enterramiento (en·te·rra·mien·to) [sustantivo] **1** Acto en el que se entierra a un muerto. **2** Lugar donde está enterrado un muerto. ☐ SINÓNIMOS: **1** entierro. **2** sepultura. ☐ FAMILIA: →tierra.

enterrar (en·te·rrar) [verbo] Poner bajo tierra: *El perro enterró el hueso en el jardín. Lo enterraron en el cementerio del pueblo.* ☐ [Es irregular y se conjuga como ACERTAR]. ☐ ANTÓNIMOS: desenterrar, exhumar. ☐ FAMILIA: →tierra.

entidad (en·ti·dad) [sustantivo femenino] **1** Organización dedicada a realizar actividades o servicios que den ganancias: *entidad bancaria.* **2** Valor o importancia: *Ha montado un negocio de gran entidad.* ☐ SINÓNIMOS: **1** empresa. ☐ FAMILIA: →ente.

entierro (en·tie·rro) [sustantivo masculino] Acto en el que se entierra a un muerto. ☐ SINÓNIMOS: enterramiento. ☐ FAMILIA: →tierra.

entoldado (en·tol·da·do) [sustantivo masculino] **1** Conjunto de toldos que se colocan para dar sombra o para proteger: *Hemos colocado un entoldado en la terraza.* **2** Lugar cubierto con toldos: *Estuvimos comiendo en el entoldado del jardín.* ☐ FAMILIA: →toldo.

entomología (en·to·mo·lo·gí·a) [sustantivo femenino] Parte de la zoología que estudia los insectos.

entonación (en·to·na·ción) [sustantivo femenino] **1** Conjunto de cambios del tono de la voz para expresar lo que se siente: *una entonación alegre.* **2** Forma de cantar de acuerdo con el tono: *Tiene buena voz, pero una malísima entonación.* ☐ FAMILIA: →tono.

entonar (en·to·nar) [verbo] **1** Cantar con el tono adecuado: *Canto muy mal porque no sé entonar.* **2** Dar fuerzas a un organismo: *Me tomé un vaso de leche para entonarme.* ☐ SINÓNIMOS: **2** tonificar. ☐ ANTÓNIMOS: **1** desentonar. **2** debilitar. ☐ FAMILIA: →tono.

entonces (en·ton·ces) [adverbio] **1** Indica un tiempo o un momento: *Fue entonces cuando te vi entrar.* **2** En tal caso o siendo así: *Si no quiere carne, entonces querrá pescado, ¿no?*

ENTENDER	
INDICATIVO	**SUBJUNTIVO**
Presente yo entiendo tú entiendes / usted entiende él, ella entiende nosotros, tras entendemos vosotros, tras entendéis / ustedes entienden ellos, ellas entienden	**Presente** yo entienda tú entiendas / usted entienda él, ella entienda nosotros, tras entendamos vosotros, tras entendáis / ustedes entiendan ellos, ellas entiendan
Pretérito imperfecto yo entendía tú entendías / usted entendía él, ella entendía nosotros, tras entendíamos vosotros, tras entendíais / ustedes entendían ellos, ellas entendían	**Pretérito imperfecto** yo entendiera o entendiese tú entendieras o entendieses / usted entendiera o entendiese él, ella entendiera o entendiese nosotros, tras entendiéramos o entendiésemos vosotros, tras entendierais o entendieseis / ustedes entendieran o entendiesen ellos, ellas entendieran o entendiesen
Pretérito perfecto simple yo entendí tú entendiste / usted entendió él, ella entendió nosotros, tras entendimos vosotros, tras entendisteis / ustedes entendieron ellos, ellas entendieron	**Futuro simple** yo entendiere tú entendieres / usted entendiere él, ella entendiere nosotros, tras entendiéremos vosotros, tras entendiereis / ustedes entendieren ellos, ellas entendieren
Futuro simple yo entenderé tú entenderás / usted entenderá él, ella entenderá nosotros, tras entenderemos vosotros, tras entenderéis / ustedes entenderán ellos, ellas entenderán	**IMPERATIVO** entiende (tú) / entienda (usted) entendamos (nosotros, tras) entended (vosotros, tras) / entiendan (ustedes)
Condicional simple yo entendería tú entenderías / usted entendería él, ella entendería nosotros, tras entenderíamos vosotros, tras entenderíais / ustedes entenderían ellos, ellas entenderían	**FORMAS NO PERSONALES** **Infinitivo**: entender **Gerundio**: entendiendo **Participio**: entendido

entontecer (en·ton·te·cer) [verbo] Volver tonto: *El golpe en la cabeza te ha entontecido.* □ [Es irregular y se conjuga como **AGRADECER**]. □ SINÓNIMOS: atontar. □ FAMILIA: →tonto.

entorchado (en·tor·cha·do) [sustantivo masculino] Cuerda o hilo de seda cubiertos por otro de metal, que se usa para hacer bordados y para fabricar las cuerdas de los instrumentos musicales: *La chaqueta lleva un entorchado en las mangas.*

entornar (en·tor·nar) [verbo] Cerrar algo un poco pero no del todo: *Entornó la puerta.* □ ANTÓNIMOS: entreabrir.

entorno (en·tor·no) [sustantivo masculino] Ambiente o conjunto de cosas que rodean algo: *Hay que cuidar el entorno y mantenerlo limpio.* □ SINÓNIMOS: contexto.

entorpecer (en·tor·pe·cer) [verbo] **1** Volver poco hábil o poco ligero: *La vejez entorpece a las personas.* **2** Retrasar o poner dificultades a algo: *Un coche aparcado en doble fila entorpecía el tráfico.* □ [Es irregular y se conjuga como **AGRADECER**]. □ SINÓNIMOS: **2** estorbar, dificultar, obstaculizar. □ ANTÓNIMOS: **2** promover. □ FAMILIA: →torpe.

entrada (en·tra·da) [sustantivo femenino] **1** Paso hacia el interior: *Está prohibida la entrada a menores de dieciocho años.* **2** Lugar por el que se entra a un sitio: *Te espero a la entrada del parque.* **3** Parte de una casa que está cerca de la puerta principal. **4** Ingreso de una persona en un grupo determinado: *la entrada de un nuevo socio en la agrupación.* **5** Cantidad de gente que va a un espectáculo: *El concierto fue un éxito y tuvo una gran entrada.* **6** Billete que da derecho a entrar en un sitio para ver un espectáculo o a visitar un lugar: *¿Cuánto vale la entrada al museo?* **7** Comienzo de algo: *la entrada de la primavera.* **8** Parte sin pelo que está a los lados de la cabeza de una persona. **9** Cantidad de dinero que se da por adelantado cuando se firman algunos contratos: *Para comprar el piso, primero tenemos que pagar una entrada.* □ SINÓNIMOS: **2** acceso. **3** zaguán, recibidor. □ ANTÓNIMOS: **2** salida. □ FAMILIA: →entrar.

entramado (en·tra·ma·do) [sustantivo masculino] Estructura de una construcción: *El techo se hundió porque el entramado estaba en mal estado.* □ SINÓNIMOS: armazón. □ FAMILIA: →tramar.

entramparse (en·tram·par·se) [verbo] Llenarse de deudas: *Se entrampó cuando invirtió en aquel negocio.* □ [Es coloquial]. □ SINÓNIMOS: empeñarse. □ FAMILIA: →trampa.

entrante (en·tran·te) ■ [adjetivo] **1** Que entra o que comienza: *Te deseo lo mejor para el año entrante.* ■ [sustantivo masculino] **2** Plato que se toma en primer lugar: *El camarero nos sugirió la ensalada como entrante.* **3** Parte del borde de una cosa que entra hacia el interior de otra: *El mar hace un entrante en la costa.* □ [En el significado **1** no varía en masculino y femenino]. □ FAMILIA: →entrar.

entraña (en·tra·ña) ■ [sustantivo femenino] **1** Órgano que está en el interior del cuerpo: *Los buitres comían las entrañas del animal muerto.* ■ **entrañas** [plural] **2** Parte más interior y oculta de algo: *La lava del volcán procede de las entrañas de la tierra.* **3** Cosas buenas que sienten las personas: *Es un asesino sin entrañas.* □ SINÓNIMOS: **1** víscera. □ FAMILIA: entrañable, entrañar, desentrañar.

entrañable (en·tra·ña·ble) [adjetivo] Íntimo o muy querido: *una amistad entrañable.* □ [No varía en masculino y femenino]. □ FAMILIA: →entraña.

entrañar (en·tra·ñar) [verbo] Contener o tener como consecuencia: *El trabajo de los bomberos entraña un gran riesgo.* □ FAMILIA: →entraña.

entrar (en·trar) [verbo] **1** Ir o pasar de fuera adentro o al interior de algo: *Entra en casa, que en la calle hace frío.* **2** Meterse algo muy adentro en una cosa: *Golpea el clavo con fuerza para que entre hasta el fondo.* **3** Caber o poderse meter en un lugar: *En un coche entran al menos cinco personas.* **4** Estar incluido en algo o formar parte de ello: *En el precio de la matrícula entra un seguro de accidentes.* **5** Formar parte de un grupo de personas: *No podrás entrar en el equipo si no vienes a entrenar.* **6** Tomar parte en algo: *No quiso entrar en la discusión.* **7** Empezar a sentir algo: *Me entraron ganas de reír.* **8** Comenzar algo o tener principio: *La primavera entra el veintiuno de marzo.* **9** Ser una prenda de vestir lo suficientemente ancha para que quepa: *Estos pantalones no me entran.* □ SINÓNIMOS: **2** penetrar, adentrarse. **5** meter, ingresar. **6** intervenir. **8** iniciar. □ ANTÓNIMOS: **1** salir. □ FAMILIA: entrada, entrante.

entre (en·tre) [preposición] **1** Indica situación, estado o punto que están en medio de algo: *Me acosté entre las diez y las once.* **2** Indica que algo está realizado por dos o más personas o cosas: *Si lo hacemos entre los dos, terminaremos antes.* **3** Indica relación: *Entre nosotras no hay secretos.*

entreabierto, ta (en·tre·a·bier·to, ta) Participio irregular de **entreabrir**. □ FAMILIA: →abrir.

entreabrir (en·tre·a·brir) [verbo] Abrir un poco: *entreabrir la puerta; entreabrir los ojos.* □ [Su participio es «entreabierto»]. □ ANTÓNIMOS: entrecerrar, entornar. □ FAMILIA: →abrir.

entreacto (en·tre·ac·to) [sustantivo masculino] Pausa entre las distintas partes de una obra de teatro. □ FAMILIA: →acto.

entrecejo (en·tre·ce·jo) [sustantivo masculino] Espacio que separa las dos cejas: *Siempre arrugas el entrecejo cuando te enfadas.* □ FAMILIA: →ceja.

entrecerrar (en·tre·ce·rrar) [verbo] Cerrar un poco: *Entrecerró la puerta.* □ [Es irregular y se conjuga como **ACERTAR**]. □ ANTÓNIMOS: entreabrir. □ FAMILIA: →cerrar.

entrechocar (en·tre·cho·car) [verbo] Chocar una cosa con otra varias veces: *Los bambús entrechocaban agitados por el viento.* □ [La «c» se cambia en «qu» delante de «e» («entrechoque»)]. □ FAMILIA: →chocar.

entrecomillar (en·tre·co·mi·llar) [verbo] Escribir una palabra entre comillas para destacarla: *La palabra «casa» está entrecomillada.* ☐ FAMILIA: →coma.

entrecortado, da (en·tre·cor·ta·do, da) [adjetivo] Dicho de un sonido, que se emite con cortes: *Tenías la voz entrecortada por el llanto.* ☐ FAMILIA: →corto.

entrecot (en·tre·cot) [sustantivo masculino] Filete gordo que se saca de la zona de las costillas del animal. ☐ [Es una palabra de origen francés. Su plural es «entrecots»].

entrecruzar (en·tre·cru·zar) [verbo] Cruzar dos cosas entre sí: *Las calles se entrecruzan unas con otras.* ☐ [La «z» se cambia en «c» delante de «e» («entrecruce»)]. ☐ FAMILIA: →cruz.

entredicho (en·tre·di·cho) ◆ [expresión] ‖ **en entredicho** Con dudas sobre la honradez o sobre la sinceridad de algo o de alguien: *poner en entredicho; quedar en entredicho.* ☐ FAMILIA: →decir.

entrega (en·tre·ga) [sustantivo femenino] **1** Hecho de dar algo a una persona: *la entrega de premios.* **2** Esfuerzo o preocupación que se pone al hacer algo: *Trabajé con una gran entrega.* **3** Cada una de las partes que forman un libro que no se publica de una sola vez: *Con la primera entrega de la enciclopedia te regalan un vídeo.* **4** Parte de un todo que se da de una vez: *Recibió mil euros en dos entregas de quinientos cada una.* ☐ SINÓNIMOS: **3** fascículo. ☐ FAMILIA: →entregar.

entregar (en·tre·gar) [verbo] **1** Poner algo en poder de una persona: *¿A quién hay que entregar este paquete?* ▪ **entregarse 2** Dedicarse por entero a algo: *Se ha entregado a su familia.* **3** Declararse vencido o sin fuerzas para continuar: *El general se entregó al enemigo.* ☐ [La «g» se cambia en «gu» delante de «e» («entregue»)]. ☐ SINÓNIMOS: **1** dar. **2** volcarse. ☐ ANTÓNIMOS: **1** quitar. ☐ FAMILIA: entrega.

entrelazar (en·tre·la·zar) [verbo] Unir dos cosas cruzándolas entre sí: *Los novios entrelazaron las manos.* ☐ FAMILIA: →lazo.

entremés (en·tre·més) [sustantivo masculino] Plato que se suele tomar frío y que se sirve antes de los platos fuertes. ☐ [Se usa más en plural].

entremeter (en·tre·me·ter) [verbo] **1** Meter una cosa entre otras: *Entremetió el dinero en la ropa.* ▪ **entremeterse 2** Meterse en los asuntos de los demás sin permiso. ☐ SINÓNIMOS: **2** entrometerse. ☐ FAMILIA: →meter.

entremezclar (en·tre·mez·clar) [verbo] Mezclar algo sin que quede demasiado unido: *entremezclar hilos.* ☐ FAMILIA: →mezclar.

entrenador, ra (en·tre·na·dor, do·ra) [sustantivo] Persona que se dedica a preparar a otras personas para que puedan realizar una actividad: *Soy entrenadora de un equipo de voleibol.* ☐ FAMILIA: →entrenar.

entrenamiento (en·tre·na·mien·to) [sustantivo masculino] Preparación que se lleva a cabo para realizar una actividad: *Me lesioné durante el entrenamiento de baloncesto.* ☐ FAMILIA: →entrenar.

entrenar (en·tre·nar) [verbo] Preparar a una persona para practicar una actividad: *Me entreno todos los días para correr la maratón.* ☐ FAMILIA: entrenador, entrenamiento, desentrenado.

entrepierna (en·tre·pier·na) [sustantivo femenino] Parte interior de la zona más alta de las piernas. ☐ FAMILIA: →pierna.

entreplanta (en·tre·plan·ta) [sustantivo femenino] Planta construida entre otras dos. ☐ FAMILIA: →planta.

entresacar (en·tre·sa·car) [verbo] Sacar algo de entre otras cosas: *Entresacaron los juguetes del baúl desordenado.* ☐ [La «c» se cambia en «qu» delante de «e» («entresaque»)]. ☐ FAMILIA: →sacar.

entresijos (en·tre·si·jos) [sustantivo masculino plural] Cosa que está escondida o en el interior: *Quiero conocer los entresijos de esta cuestión.*

entresuelo (en·tre·sue·lo) [sustantivo masculino] **1** Planta de algunos edificios que está situada entre el bajo y el primero. **2** En un cine o en un teatro, planta que está sobre el patio de butacas. ☐ FAMILIA: →suelo.

entretanto (en·tre·tan·to) [adverbio] Mientras ocurre algo: *Voy a comprar y, entretanto, tú arregla la casa.* ☐ [Se escribe también «entre tanto»].

entretener (en·tre·te·ner) [verbo] **1** Divertir o hacer pasar un rato agradable: *Hacer puzles me entretiene mucho.* **2** Perder el tiempo o hacer que una persona deje de prestar atención a lo que estaba haciendo: *No me entretengas, que tengo mucho que hacer.* ☐ [Es irregular y se conjuga como TENER]. ☐ SINÓNIMOS: **1** distraer, recrear, amenizar. ☐ ANTÓNIMOS: **1** aburrir, cansar. ☐ FAMILIA: entretenimiento, entretenido. →tener.

entretenido, da (en·tre·te·ni·do, da) [adjetivo] **1** Que distrae y resulta agradable: *un juego muy entretenido.* **2** Que está pasándoselo bien y no se aburre: *Estoy muy entretenido leyendo un libro.* ☐ SINÓNIMOS: **1** ameno. ☐ ANTÓNIMOS: **1** pesado, aburrido. ☐ FAMILIA: →entretener.

entretenimiento (en·tre·te·ni·mien·to) [sustantivo masculino] Actividad que se realiza como diversión o para pasar el tiempo: *Coleccionar sellos es un entretenimiento para mí.* ☐ SINÓNIMOS: diversión, distracción, juego, pasatiempo. ☐ FAMILIA: →entretener.

entrever (en·tre·ver) [verbo] **1** No ver bien una cosa porque está lejos o por falta de luz: *A pesar de la niebla, pudimos entrever el barco a lo lejos.* **2** Anunciar o adivinar que va a pasar algo: *Todos entrevieron que no ganaría el concurso.* ☐ [Es irregular y se conjuga como VER. Su participio es «entrevisto»]. ☐ SINÓNIMOS: **1** vislumbrar. ☐ FAMILIA: →ver.

entreverado, da (en·tre·ve·ra·do, da) [adjetivo] Que está mezclado con otra cosa: *El jamón entreverado de tocino está muy bueno.*

entrevista (en·tre·vis·ta) [sustantivo femenino] **1** Encuentro entre dos o más personas para hablar sobre un asunto determinado. **2** Conversación que tiene una persona con otra que le hace una serie de preguntas. ☐ Sinónimos: **2** interviú. ☐ Familia: →entrevistar.

entrevistar (en·tre·vis·tar) [verbo] **1** Hacer preguntas a una persona para informar sobre sus opiniones al público: *Esta famosa periodista ha entrevistado a importantes personajes del mundo de la política.* ∎ **entrevistarse 2** Juntarse dos o más personas para hablar sobre un asunto: *Me entrevisté con la directora.* ☐ Familia: entrevista.

entristecer (en·tris·te·cer) [verbo] Poner triste: *Me entristece pensar que no volveré a verlo.* ☐ [Es irregular y se conjuga como AGRADECER]. ☐ Sinónimos: apenar, afligir, atribular, ensombrecer. ☐ Antónimos: alegrar. ☐ Familia: →triste.

entrometerse (en·tro·me·ter·se) [verbo] Meterse en los asuntos de los demás sin permiso: *No te entrometas en mis asuntos.* ☐ Sinónimos: inmiscuirse, entremeterse. ☐ Familia: →meter.

entrometido, da (en·tro·me·ti·do, da) [adjetivo] Que se mete en los asuntos de los demás sin permiso. ☐ Familia: →meter.

entroncar (en·tron·car) [verbo] **1** Tener relación algo o alguien con otra cosa o con otra persona. **2** Tener una relación de familia con alguien: *Su familia entronca con una rama aristocrática del pueblo.* ☐ [La «c» se cambia en «qu» delante de «e» («entronque»)]. ☐ Familia: →tronco.

entronizar (en·tro·ni·zar) [verbo] Poner a alguien en un trono. ☐ [La «z» se cambia en «c» delante de «e» («entronice»)]. ☐ Familia: →trono.

entubar (en·tu·bar) [verbo] Poner tubos a una persona o a una cosa: *Le entubaron durante la operación para que pudiera respirar bien.* ☐ Familia: →tubo.

entuerto (en·tuer·to) [sustantivo masculino] Daño o mal que se le causa a alguien: *Intentó arreglar el entuerto regalándome un ramo de flores.*

entumecer (en·tu·me·cer) [verbo] Poner rígida una parte del cuerpo: *Se me han entumecido las manos por el frío.* ☐ [Es irregular y se conjuga como AGRADECER]. ☐ Sinónimos: agarrotar. ☐ Antónimos: desentumecer. ☐ Familia: desentumecer.

enturbiar (en·tur·biar) [verbo] **1** Poner turbia el agua: *La tormenta enturbió el agua del río.* **2** Estropear algo o hacer que sea poco agradable: *No dejes que la envidia enturbie vuestra amistad.* ☐ [Es irregular y se conjuga como ANUNCIAR]. ☐ Familia: →turbio.

entusiasmar (en·tu·sias·mar) [verbo] **1** Gustar mucho: *Me entusiasma la música clásica.* ∎ **entusiasmarse 2** Sentir un gran interés hacia algo: *Se entusiasmó con la idea de ir al zoo.* ☐ Sinónimos: apasionarse. ☐ Familia: →entusiasmo.

entusiasmo (en·tu·sias·mo) [sustantivo masculino] **1** Sensación muy alegre producida por algo: *Sentí un gran entusiasmo al recibir el premio.* **2** Interés con que se hace algo: *Trabajan con mucho entusiasmo.* ☐ Sinónimos: **1** júbilo, regocijo. ☐ Familia: entusiasmar, entusiasta.

entusiasta (en·tu·sias·ta) ∎ [adjetivo] **1** Que demuestra mucho interés: *Su último libro ha recibido críticas entusiastas.* ∎ [adjetivo o sustantivo] **2** Que siente un gran interés hacia algo: *Es un entusiasta de los deportes de invierno.* ☐ [No varía en masculino y femenino]. ☐ Sinónimos: apasionado. ☐ Antónimos: desapasionado. ☐ Familia: →entusiasmo.

enumeración (e·nu·me·ra·ción) [sustantivo femenino] Exposición ordenada de las partes que forman un todo: *Me hizo una enumeración de todos los niños de su clase.* ☐ Familia: →número.

enumerar (e·nu·me·rar) [verbo] Nombrar por orden todas las partes que forman un todo: *No sé si podría enumerar todas las capitales de Europa.* ☐ [No confundir con «numerar» (señalar con un número)]. ☐ Familia: →número.

enunciación (e·nun·cia·ción) [sustantivo femenino] **1** Hecho de expresar una idea de forma corta y clara: *Comenzó la conferencia con una enunciación de los puntos que se tratarían.* **2** Exposición de la información necesaria para resolver un problema: *Lee la enunciación del problema para saber qué datos tienes.* ☐ Sinónimos: **2** enunciado. ☐ Familia: →enunciar.

enunciado (e·nun·cia·do) [sustantivo masculino] **1** Información necesaria para resolver un problema. **2** En lengua, conjunto mínimo de palabras que puede transmitir un mensaje: *«¡Silencio!» es un enunciado y «Quiero un pastel», otro.* ☐ Sinónimos: **1** enunciación. ☐ Familia: →enunciar.

enunciar (e·nun·ciar) [verbo] **1** Expresar una idea de forma corta y clara: *Enunciaré brevemente los temas que voy a tratar.* **2** Exponer la información necesaria para resolver un problema: *Al enunciar el problema, el profesor olvidó dar un dato.* ☐ [Es irregular y se conjuga como ANUNCIAR]. ☐ Familia: enunciado, enunciación, enunciativo.

enunciativo, va (e·nun·cia·ti·vo, va) [adjetivo] Dicho de una oración, que afirma o niega algo: *«Hoy no llueve» es una oración enunciativa negativa.* ☐ Familia: →enunciar.

envainar (en·vai·nar) [verbo] Meter la espada, el puñal o un arma parecida en la funda donde se guardan. ☐ [Es irregular y se conjuga como BAILAR]. ☐ Antónimos: desenvainar. ☐ Familia: →vaina.

envalentonarse (en·va·len·to·nar·se) [verbo] Hacerse el valiente: *Se envalentonaron al ver que su rival era más débil.* ☐ Antónimos: acobardar, asustar. ☐ Familia: →valor.

envarado, da (en·va·ra·do, da) [adjetivo] Que se cree superior a los demás y lo demuestra: *Se cree muy elegante y tiene una forma de andar un poco envarada.* ☐ Sinónimos: altivo, arrogante. ☐ Familia: →vara.

envasar (en·va·sar) [verbo] Poner en su recipiente un producto para guardarlo y conservarlo: *envasar el vino en botellas*. ☐ FAMILIA: envase.

envase (en·va·se) [sustantivo masculino] Recipiente que se usa para guardar y conservar un producto: *Compré leche en envases de cartón*. ☐ FAMILIA: →envasar.

envejecer (en·ve·je·cer) [verbo] Hacer o hacerse viejo. ☐ [Es irregular y se conjuga como AGRADECER]. ☐ ANTÓNIMOS: rejuvenecer. ☐ FAMILIA: →viejo.

envejecimiento (en·ve·je·ci·mien·to) [sustantivo masculino] Cambio que sufren las personas o las cosas al hacerse viejas. ☐ FAMILIA: →viejo.

envenenamiento (en·ve·ne·na·mien·to) [sustantivo masculino] Daño producido por haber tomado un veneno: *El envenenamiento le produjo la muerte instantáneamente*. ☐ FAMILIA: →veneno.

envenenar (en·ve·ne·nar) [verbo] **1** Dar o poner veneno. **2** Estropear algo o dañarlo: *Los celos envenenaron aquella relación*. ☐ SINÓNIMOS: emponzoñar. ☐ FAMILIA: →veneno.

envergadura (en·ver·ga·du·ra) [sustantivo femenino] **1** Importancia de algo: *un problema de gran envergadura*. **2** Distancia entre los extremos de las alas de un ave o de un avión. **3** Anchura que tiene una vela.

envés (en·vés) [sustantivo masculino] Parte de abajo de la hoja de una planta. ☐ ANTÓNIMOS: haz.

envestir (en·ves·tir) [verbo] → **investir**. ☐ [Es irregular y se conjuga como PEDIR. No confundir con «embestir» (lanzarse con violencia contra algo)].

enviado, da (en·via·do, da) [sustantivo] Persona a la que se manda a un lugar para que haga algo: *La televisión mandó un enviado especial al lugar de los hechos*. ☐ FAMILIA: →enviar.

enviar (en·viar) [verbo] Hacer ir o hacer llegar a un lugar: *He enviado una carta a mis padres*. ☐ [Es irregular]. ☐ SINÓNIMOS: mandar. ☐ FAMILIA: envío, enviado.

enviciar (en·vi·ciar) [verbo] **1** Hacer que una persona tenga un vicio. ∎ **enviciarse 2** Dedicarse demasiado a algo: *Se ha enviciado con la consola*. ☐ [Es irregular y se conjuga como ANUNCIAR]. ☐ FAMILIA: →vicio.

envidia (en·vi·dia) [sustantivo femenino] **1** Enfado que se siente cuando alguien consigue algo bueno: *La envidia es uno de los peores sentimientos*. **2** Deseo de tener algo que no se posee: *¡Qué envidia me da verte comer ese helado!* ☐ FAMILIA: envidiar, envidioso, envidiable.

envidiable (en·vi·dia·ble) [adjetivo] Que se puede envidiar o desear. ☐ [No varía en masculino y femenino]. ☐ FAMILIA: →envidia.

ENVIAR	
INDICATIVO	**SUBJUNTIVO**
Presente yo envío tú envías / usted envía él, ella envía nosotros, tras enviamos vosotros, tras enviáis / ustedes envían ellos, ellas envían	**Presente** yo envíe tú envíes / usted envíe él, ella envíe nosotros, tras enviemos vosotros, tras enviéis / ustedes envíen ellos, ellas envíen
Pretérito imperfecto yo enviaba tú enviabas / usted enviaba él, ella enviaba nosotros, tras enviábamos vosotros, tras enviabais / ustedes enviaban ellos, ellas enviaban	**Pretérito imperfecto** yo enviara *o* enviase tú enviaras *o* enviases / usted enviara *o* enviase él, ella enviara *o* enviase nosotros, tras enviáramos *o* enviásemos vosotros, tras enviarais *o* enviaseis / ustedes enviaran *o* enviasen ellos, ellas enviaran *o* enviasen
Pretérito perfecto simple yo envié tú enviaste / usted envió él, ella envió nosotros, tras enviamos vosotros, tras enviasteis / ustedes enviaron ellos, ellas enviaron	**Futuro simple** yo enviare tú enviares / usted enviare él, ella enviare nosotros, tras enviáremos vosotros, tras enviareis / ustedes enviaren ellos, ellas enviaren
Futuro simple yo enviaré tú enviarás / usted enviará él, ella enviará nosotros, tras enviaremos vosotros, tras enviaréis / ustedes enviarán ellos, ellas enviarán	**IMPERATIVO** envía (tú) / envíe (usted) enviemos (nosotros, tras) enviad (vosotros, tras) / envíen (ustedes)
Condicional simple yo enviaría tú enviarías / usted enviaría él, ella enviaría nosotros, tras enviaríamos vosotros, tras enviaríais / ustedes enviarían ellos, ellas enviarían	**FORMAS NO PERSONALES** **Infinitivo** **Gerundio** **Participio** enviar enviando enviado

envidiar (en·vi·diar) [verbo] **1** Tener o sentir envidia hacia una persona. **2** Desear algo que no se tiene: *Envidio tu buena suerte.* ☐ [Es irregular y se conjuga como ANUNCIAR]. ☐ FAMILIA: →envidia.

envidioso, sa (en·vi·dio·so, sa) [adjetivo o sustantivo] Que tiene o siente envidia de las cosas buenas que les pasan a los demás. ☐ FAMILIA: →envidia.

envilecer (en·vi·le·cer) [verbo] Hacer vil o muy malo: *Es un hombre muy honrado; el dinero no lo envilecerá.* ☐ [Es irregular y se conjuga como AGRADECER]. ☐ ANTÓNIMOS: enaltecer. ☐ FAMILIA: →vil.

envío (en·ví·o) [sustantivo masculino] **1** Hecho de mandar algo o de hacerlo llegar a un lugar: *el envío de un paquete.* **2** Cosa que se envía: *Tengo que ir a correos a recoger un envío.* ☐ FAMILIA: →enviar.

envite (en·vi·te) [sustantivo masculino] **1** Empujón o golpe fuerte hacia adelante: *Un envite del toro derribó al caballo.* **2** Apuesta de algunos juegos de cartas: *No debes aceptar el envite si llevas malas cartas.*

enviudar (en·viu·dar) [verbo] Quedarse sin esposo o sin esposa porque han muerto. ☐ FAMILIA: →viudo.

envoltorio (en·vol·to·rio) [sustantivo masculino] Cosa que envuelve o cubre algo por fuera: *el envoltorio de un caramelo.* ☐ SINÓNIMOS: envoltura. ☐ FAMILIA: →envolver.

envoltura (en·vol·tu·ra) [sustantivo femenino] Cosa que envuelve o cubre algo por fuera: *la envoltura del regalo.* ☐ SINÓNIMOS: envoltorio. ☐ FAMILIA: →envolver.

envolver (en·vol·ver) [verbo] **1** Cubrir algo rodeándolo con una cosa: *La niebla envolvía las calles.* **2** Mezclar a una persona en un asunto: *Se vio envuelta en un asunto muy feo.* ☐ [Es irregular y se conjuga como MOVER. Su participio es «envuelto»]. ☐ ANTÓNIMOS: **1** desenvolver. ☐ FAMILIA: envoltura, envoltorio, envuelto, desenvolver, desenvoltura, desenvuelto.

envuelto, ta (en·vuel·to, ta) Participio irregular de **envolver**. ☐ ANTÓNIMOS: desenvuelto. ☐ FAMILIA: →envolver.

enyesar (en·ye·sar) [verbo] **1** Cubrir algo con yeso: *El albañil enyesó la pared.* **2** Envolver con escayola una parte del cuerpo para impedir que se mueva: *Me han enyesado la pierna que me rompí.* ☐ SINÓNIMOS: **2** escayolar. ☐ FAMILIA: →yeso.

enzarzar (en·zar·zar) [verbo] Comenzar una discusión o una pelea: *Se enzarzaron en una discusión estúpida.* ☐ [La «z» cambia en «c» delante de «e» («enzarce»)]. ☐ FAMILIA: →zarza.

eñe (e·ñe) [sustantivo femenino] Nombre de la letra ñ.

eólico, ca (e·ó·li·co, ca) [adjetivo] Del viento o relacionado con él: *energía eólica.*

épica (é·pi·ca) [sustantivo femenino] Mira en **épico, ca**.

epiceno (e·pi·ce·no) [adjetivo o sustantivo masculino] Dicho de un nombre, que se usa igual para el masculino y para el femenino: *«Búho» es un sustantivo epiceno y se dice «el búho macho» y «el búho hembra».*

epicentro (e·pi·cen·tro) [sustantivo masculino] Zona de la superficie terrestre en la que más se nota un terremoto. ☐ FAMILIA: →centro.

épico, ca (é·pi·co, ca) [adjetivo] **1** De la épica o relacionado con ella. ▪ **épica** [sustantivo femenino] **2** Poesía en la que se cuentan los hechos importantes de un héroe.

epidemia (e·pi·de·mia) [sustantivo femenino] **1** Enfermedad que ataca a un gran número de personas o de animales a la vez: *una epidemia de gripe.* **2** Cualquier cosa mala que se extiende de manera rápida: *El consumo de drogas es una epidemia en esta sociedad.*

epidermis (e·pi·der·mis) [sustantivo femenino] Capa más externa de la piel. ☐ [No varía en singular y plural]. ☐ FAMILIA: →dermis.

epifanía (e·pi·fa·ní·a) [sustantivo femenino] Fiesta religiosa en la que se celebra la llegada de los Reyes Magos para adorar a Jesús. ☐ [Se escribe con mayúscula].

epigastrio (e·pi·gas·trio) [sustantivo masculino] Parte del cuerpo que está situada entre el pecho y el ombligo: *El estómago está en el epigastrio.*

epiglotis (e·pi·glo·tis) [sustantivo femenino] Parte posterior de la lengua que impide que los alimentos que van de la boca al estómago pasen al aparato respiratorio. ☐ [No varía en singular y plural]. ☐ FAMILIA: →glotis.

epígrafe (e·pí·gra·fe) [sustantivo masculino] **1** Título de un texto. **2** Resumen que se pone al principio de un capítulo o de un apartado de un libro.

epilepsia (e·pi·lep·sia) [sustantivo femenino] Enfermedad del sistema nervioso que produce ataques repentinos y movimientos bruscos del cuerpo: *ataques de epilepsia.* ☐ FAMILIA: epiléptico.

epiléptico, ca (e·pi·lép·ti·co, ca) [adjetivo] **1** De la epilepsia o relacionado con esta enfermedad del sistema nervioso. ▪ [adjetivo o sustantivo] **2** Que está enfermo de epilepsia. ☐ FAMILIA: →epilepsia.

epílogo (e·pí·lo·go) [sustantivo masculino] Parte final de un libro o de un relato. ☐ ANTÓNIMOS: prólogo.

episcopado (e·pis·co·pa·do) [sustantivo masculino] **1** Cargo o categoría que tiene un obispo. **2** Conjunto de obispos. ☐ SINÓNIMOS: **1** obispado. ☐ FAMILIA: →obispo.

episcopal (e·pis·co·pal) [adjetivo] Del obispo o relacionado con él. ☐ [No varía en masculino y femenino]. ☐ SINÓNIMOS: obispal. ☐ FAMILIA: →obispo.

episodio (e·pi·so·dio) [sustantivo masculino] Cada una de las partes en que se divide un relato. ☐ SINÓNIMOS: capítulo.

epístola (e·pís·to·la) [sustantivo femenino] Carta que se envía a una persona para comunicarle algo: *San Pedro y san Pablo escribieron epístolas a otros cristianos.* ☐ [Suele usarse en el lenguaje literario]. ☐ FAMILIA: epistolario.

epistolario (e·pis·to·la·rio) [sustantivo masculino] Libro en el que se recoge una colección de cartas escritas a distintas personas. ☐ FAMILIA: →epístola.

epitafio (e·pi·ta·fio) [sustantivo masculino] Frase o inscripción que se ponen en la tumba de una persona.

epitelial (e·pi·te·lial) [adjetivo] Del epitelio o relacionado con este tejido del cuerpo. ☐ [No varía en masculino y femenino]. ☐ FAMILIA: →epitelio.

epitelio (e·pi·te·lio) [sustantivo masculino] Tejido que recubre los órganos del cuerpo. ☐ FAMILIA: epitelial.

epíteto (e·pí·te·to) [sustantivo masculino] Adjetivo que expresa una cualidad típica del nombre al que acompaña: *En «nieve blanca», «blanca» es un epíteto.*

época (é·po·ca) [sustantivo femenino] Espacio de tiempo que se caracteriza por algo: *mi época de estudiante.* ☐ SINÓNIMOS: era, tiempo.

epopeya (e·po·pe·ya) [sustantivo femenino] **1** Poema muy largo en el que se cuentan los hechos importantes de un pueblo o de un héroe. **2** Acción que se realiza con mucha dificultad o después de mucho sufrimiento: *El rescate de los prisioneros fue una verdadera epopeya.*

equidad (e·qui·dad) [sustantivo femenino] Hecho de dar a cada persona lo que le corresponde: *No hubo favoritismos y el reparto se hizo con equidad.*

equilátero, ra (e·qui·lá·te·ro, ra) [adjetivo] Que tiene los lados iguales: *triángulo equilátero.* ☐ FAMILIA: →lado.

equilibrado, da (e·qui·li·bra·do, da) [adjetivo] Que actúa con cuidado y tiene capacidad para saber lo que está bien y lo que está mal: *Nunca pensé que una persona tan equilibrada cometiera esa locura.* ☐ FAMILIA: →equilibrar.

equilibrar (e·qui·li·brar) [verbo] Poner un cuerpo en equilibrio: *Si pones el mismo peso en cada plato de la balanza, esta se equilibra.* ☐ FAMILIA: equilibrio, equilibrado, equilibrista, desequilibrar, desequilibrio, desequilibrado.

equilibrio (e·qui·li·brio) ■ [sustantivo masculino] **1** Estado de un cuerpo sometido a dos o más fuerzas iguales: *Los brazos de la balanza permanecen en equilibrio porque en los dos platos hay el mismo peso.* **2** Situación de un cuerpo que tiene poca base para apoyarse, pero no se cae: *El payaso llevaba un palo en equilibrio sobre la nariz.* **3** Relación adecuada entre las partes que forman un todo: *En este bosque hay un equilibrio entre árboles de hoja perenne y árboles de hoja caduca.* ■ **equilibrios** [plural] **4** Acción que se realiza para vencer una situación difícil: *Con este sueldo tan escaso tengo que hacer equilibrios para llegar a fin de mes.* ☐ [En el significado **4** se usa mucho la expresión «hacer equilibrios»]. ☐ SINÓNIMOS: **3** armonía. ☐ ANTÓNIMOS: **1-3** desequilibrio. ☐ FAMILIA: →equilibrar.

equilibrista (e·qui·li·bris·ta) [adjetivo o sustantivo] Dicho de una persona, que realiza con habilidad ejercicios en los que hay que mantener el equilibrio: *El equilibrista andaba sobre un alambre a varios metros del suelo.* ☐ [No varía en masculino y femenino]. ☐ FAMILIA: →equilibrar.

equino, na (e·qui·no, na) [adjetivo] Del caballo o relacionado con él: *peste equina.* ☐ SINÓNIMOS: caballar, hípico.

equinoccio (e·qui·noc·cio) [sustantivo masculino] Momento del año en el que el día y la noche duran lo mismo: *equinoccio de primavera; equinoccio de otoño.* ☐ ANTÓNIMOS: solsticio.

equinodermo, ma (e·qui·no·der·mo, ma) [adjetivo o sustantivo masculino] Dicho de un animal marino, que tiene el cuerpo de forma simétrica, y la piel gruesa y con orificios por los que pasa el agua del mar: *La estrella de mar es un equinodermo.*

equipaje (e·qui·pa·je) [sustantivo masculino] Conjunto de cosas que se llevan metidas en bolsos y maletas cuando se viaja. ☐ FAMILIA: →equipar.

equipar (e·qui·par) [verbo] Proporcionar lo necesario para hacer una actividad: *Los escaladores se equiparon con cuerdas y botas.* ☐ SINÓNIMOS: dotar. ☐ FAMILIA: equipo, equipaje, portaequipajes.

equiparar (e·qui·pa·rar) [verbo] Considerar dos o más cosas iguales o parecidas: *Su talento se puede equiparar al del mejor músico del momento.*

equipo (e·qui·po) [sustantivo masculino] **1** Conjunto de objetos necesarios para realizar una actividad o una función determinadas: *un equipo de música.* **2** Grupo de personas organizadas para realizar una actividad determinada: *mi equipo de colaboradores.* **3** Cada uno de los grupos deportivos que participan en una competición: *un equipo de baloncesto.* ☐ FAMILIA: →equipar.

equis (e·quis) [sustantivo femenino] Nombre de la letra *x*.

equitación (e·qui·ta·ción) [sustantivo femenino] Actividad deportiva que se realiza montando a caballo. ◉ páginas 304-305.

equivalencia (e·qui·va·len·cia) [sustantivo femenino] Igualdad entre varias cosas. ☐ FAMILIA: →equivaler.

equivalente (e·qui·va·len·te) [adjetivo o sustantivo masculino] Igual o con el mismo valor que otra cosa. ☐ [No varía en masculino y femenino]. ☐ FAMILIA: →equivaler.

equivaler (e·qui·va·ler) [verbo] Ser igual que otra cosa: *Un metro equivale a cien centímetros.* ☐ [Es irregular y se conjuga como **VALER**]. ☐ FAMILIA: equivalente, equivalencia.

equivocación (e·qui·vo·ca·ción) [sustantivo femenino] Cosa que se hace o se dice de forma equivocada. ☐ SINÓNIMOS: equívoco, confusión, error, yerro. ☐ FAMILIA: →equivocar.

equivocar (e·qui·vo·car) [verbo] **1** Tomar una cosa por otra debido a un error o a la falta de atención: *Me equivoqué y cogí tu chaqueta en lugar de la mía.* **2** Hacer caer en un error a una persona: *No me hables mientras escribo, porque me equivocas.* ☐ [La «c» se cambia en «qu» delante de «e» («equivoque»)]. ☐ ANTÓNIMOS: **1** acertar, atinar. ☐ FAMILIA: equivocación, equívoco, inequívoco.

equívoco, ca (e·quí·vo·co, ca) ■ [adjetivo] **1** Que se puede entender de varios modos: *Una frase equívoca puede provocar una gran confusión.* ■ **equívoco** [sustantivo masculino] **2** Cosa que se hace o se dice de forma equivocada. ☐ SINÓNIMOS: **1** ambiguo. **2** equivocación. ☐ ANTÓNIMOS: **1** inequívoco. ☐ FAMILIA: →equivocar.

era (e·ra) [sustantivo femenino] **1** Gran período de la historia con unas características comunes, que se empieza a contar a partir de un suceso muy importante: *la era cristiana.* **2** Espacio de tierra llana que se usa para realizar algunas labores del campo: *Llevamos el trigo* *a la era para trillarlo y separar el grano de la paja.* ☐ Sinónimos: **1** época.

erección (e·rec·**ción**) [sustantivo femenino] Hecho de que se levante o se ponga rígido algo. ☐ Familia: →erigir.

eremita (e·re·**mi**·ta) [sustantivo masculino] **1** Persona que vive en una ermita y que cuida de ella. **2** Persona que vive sola y separada del resto del mundo. ☐ Sinónimos: **2** ermitaño.

erguir (er·**guir**) [verbo] **1** Levantar o poner derecha una parte del cuerpo: *El perro irguió la cabeza*. ∎ **erguirse 2** Levantarse o ponerse derecho: *En la ciudad, los edificios se yerguen sobre el asfalto*. ☐ [Es irregular]. ☐ Sinónimos: **2** alzarse, empinarse.

erial (e·**rial**) [adjetivo o sustantivo masculino] Dicho de un terreno, que no está cultivado. ☐ [Cuando es adjetivo, no varía en masculino y femenino].

erigir (e·ri·**gir**) [verbo] Levantar o fundar un edificio o una construcción: *El emperador mandó erigir un templo*. ☐ [La «g» se cambia en «j» delante de «a», «o» («erija»)]. ☐ Familia: erección.

erisipela (e·ri·si·**pe**·la) [sustantivo femenino] Infección de la piel que produce manchas rojas y fiebre.

erizar (e·ri·**zar**) [verbo] Levantar o poner tieso el pelo: *Cuando oí aquel horrible grito se me erizó el pelo*. ☐ [La «z» se cambia en «c» delante de «e» («erice»)]. ☐ Familia: →erizo.

erizo (e·**ri**·zo) [sustantivo masculino] Animal que tiene cuatro patas y el cuerpo más o menos redondo y cubierto de espinas: *Los erizos son mamíferos que se alimentan de insectos*. ◆ [expresión] ‖ **erizo de mar** Animal marino que tiene el cuerpo redondeado y un caparazón cubierto de espinas. ☐ Familia: erizar.

erizo

ermita (er·**mi**·ta) [sustantivo femenino] Iglesia pequeña que suele estar situada a las afueras de un pueblo. ☐ Familia: ermitaño.

ermitaño, ña (er·mi·**ta**·ño, ña) [sustantivo] Persona que vive sola y separada del resto del mundo. ☐ Sinónimos: eremita. ☐ Familia: →ermita.

ERGUIR	
INDICATIVO	**SUBJUNTIVO**
Presente yo **yergo** tú **yergues** / usted **yergue** él, ella **yergue** nosotros, tras **erguimos** vosotros, tras **erguís** / ustedes **yerguen** ellos, ellas **yerguen**	**Presente** yo **yerga** tú **yergas** / usted **yerga** él, ella **yerga** nosotros, tras **irgamos** vosotros, tras **irgáis** / ustedes **yergan** ellos, ellas **yergan**
Pretérito imperfecto yo **erguía** tú **erguías** / usted **erguía** él, ella **erguía** nosotros, tras **erguíamos** vosotros, tras **erguíais** / ustedes **erguían** ellos, ellas **erguían**	**Pretérito imperfecto** yo **irguiera** o **irguiese** tú **irguieras** o **irguieses** / usted **irguiera** o **irguiese** él, ella **irguiera** o **irguiese** nosotros, tras **irguiéramos** o **irguiésemos** vosotros, tras **irguierais** o **irguieseis** / ustedes **irguieran** o **irguiesen** ellos, ellas **irguieran** o **irguiesen**
Pretérito perfecto simple yo **erguí** tú **erguiste** / usted **irguió** él, ella **irguió** nosotros, tras **erguimos** vosotros, tras **erguisteis** / ustedes **irguieron** ellos, ellas **irguieron**	**Futuro simple** yo **irguiere** tú **irguieres** / usted **irguiere** él, ella **irguiere** nosotros, tras **irguiéremos** vosotros, tras **irguiereis** / ustedes **irguieren** ellos, ellas **irguieren**
Futuro simple yo **erguiré** tú **erguirás** / usted **erguirá** él, ella **erguirá** nosotros, tras **erguiremos** vosotros, tras **erguiréis** / ustedes **erguirán** ellos, ellas **erguirán**	**IMPERATIVO** **yergue** (tú) / **yerga** (usted) **irgamos** (nosotros, tras) **erguid** (vosotros, tras) / **yergan** (ustedes)
Condicional simple yo **erguiría** tú **erguirías** / usted **erguiría** él, ella **erguiría** nosotros, tras **erguiríamos** vosotros, tras **erguiríais** / ustedes **erguirían** ellos, ellas **erguirían**	**FORMAS NO PERSONALES** **Infinitivo** **Gerundio** **Participio** erguir irguiendo erguido

erosión (e·ro·sión) [sustantivo] [femenino] Desgaste que se produce poco a poco en una superficie por la acción del agua y del viento. ☐ FAMILIA: erosionar.

erosionar (e·ro·sio·nar) [verbo] Producir el desgaste de un cuerpo por la acción del agua y del viento: *La nieve y la lluvia han erosionado la roca de la montaña.* ☐ FAMILIA: →erosión.

erótico, ca (e·ró·ti·co, ca) [adjetivo] Del erotismo o relacionado con él. ☐ FAMILIA: erotismo.

erotismo (e·ro·tis·mo) [sustantivo] [masculino] Carácter de lo que tiene la capacidad de excitar el deseo de los sentidos. ☐ FAMILIA: →erótico.

erradicar (e·rra·di·car) [verbo] Quitar o hacer desaparecer: *Algunas enfermedades ya están erradicadas.* ☐ [La «c» se cambia en «qu» delante de «e» («erradique»)]. ☐ SINÓNIMOS: eliminar, suprimir. ☐ FAMILIA: →raíz.

errante (e·rran·te) [adjetivo] Que va de un lugar a otro: *vida errante.* ☐ [No varía en masculino y femenino]. ☐ SINÓNIMOS: ambulante. ☐ FAMILIA: →errar.

errar (e·rrar) [verbo] **1** No acertar debido a un error o a la falta de atención: *El pistolero erró el tiro.* **2** Andar sin ir a ningún sitio en especial: *Un niño erraba perdido por las calles.* ☐ [Es irregular. No confundir con «herrar» (poner herraduras a un caballo)]. ☐ SINÓNIMOS: **1** fallar, marrar. **2** vagar, deambular. ☐ ANTÓNIMOS: **1** acertar, atinar. ☐ FAMILIA: **1** error, errata, erróneo. **2** errante.

errata (e·rra·ta) [sustantivo] [femenino] Error que se comete al escribir un texto: *Escribir «cohce» en lugar de «coche» es una errata.* ☐ SINÓNIMOS: gazapo. ☐ FAMILIA: →errar.

erre (e·rre) [sustantivo] [femenino] Nombre de la letra *r*. ◆ [expresión] ‖ **erre que erre** Sin dejar de insistir: *Aunque se lo diga, él sigue erre que erre haciéndolo mal.* ☐ [La expresión es coloquial].

erróneo, a (e·rró·ne·o, a) [adjetivo] Que contiene error: *una respuesta errónea.* ☐ FAMILIA: →errar.

error (e·rror) [sustantivo] [masculino] **1** Equivocación que se produce al pensar que una cosa es otra parecida: *Llamé por error al portal que no era.* **2** Cosa que se hace o se dice de forma equivocada: *En el dictado cometí tres errores.* ☐ SINÓNIMOS: equivocación, fallo, yerro, falta. **1** confusión. ☐ FAMILIA: →errar.

eructar (e·ruc·tar) [verbo] Echar los gases del estómago por la boca y haciendo ruido. ☐ FAMILIA: eructo.

eructo (e·ruc·to) [sustantivo] [masculino] Salida de los gases del estómago por la boca y con ruido. ☐ SINÓNIMOS: regüeldo. ☐ FAMILIA: →eructar.

erudición (e·ru·di·ción) [sustantivo] [femenino] Conocimiento amplio que se tiene de algo porque se ha estudiado mucho sobre ello. ☐ FAMILIA: →erudito.

ERRAR

INDICATIVO	SUBJUNTIVO
Presente yo yerro tú yerras / usted yerra él, ella yerra nosotros, tras erramos vosotros, tras erráis / ustedes yerran ellos, ellas yerran	**Presente** yo yerre tú yerres / usted yerre él, ella yerre nosotros, tras erremos vosotros, tras erréis / ustedes yerren ellos, ellas yerren
Pretérito imperfecto yo erraba tú errabas / usted erraba él, ella erraba nosotros, tras errábamos vosotros, tras errabais / ustedes erraban ellos, ellas erraban	**Pretérito imperfecto** yo errara *o* errase tú erraras *o* errases / usted errara *o* errase él, ella errara *o* errase nosotros, tras erráramos *o* errásemos vosotros, tras errarais *o* erraseis / ustedes erraran *o* errasen ellos, ellas erraran *o* errasen
Pretérito perfecto simple yo erré tú erraste / usted erró él, ella erró nosotros, tras erramos vosotros, tras errasteis / ustedes erraron ellos, ellas erraron	**Futuro simple** yo errare tú errares / usted errare él, ella errare nosotros, tras erráremos vosotros, tras errareis / ustedes erraren ellos, ellas erraren
Futuro simple yo erraré tú errarás / usted errará él, ella errará nosotros, tras erraremos vosotros, tras erraréis / ustedes errarán ellos, ellas errarán	**IMPERATIVO** yerra (tú) / yerre (usted) erremos (nosotros, tras) errad (vosotros, tras) / yerren (ustedes)
Condicional simple yo erraría tú errarías / usted erraría él, ella erraría nosotros, tras erraríamos vosotros, tras erraríais / ustedes errarían ellos, ellas errarían	**FORMAS NO PERSONALES** **Infinitivo** errar **Gerundio** errando **Participio** errado

erudito, ta (e·ru·di·to, ta) [adjetivo o sustantivo] Que sabe mucho de un tema porque ha estudiado mucho sobre ello. ☐ Familia: erudición.

erupción (e·rup·ción) [sustantivo femenino] **1** Conjunto de granos que aparece en la piel por una enfermedad. **2** Salida a la superficie de la Tierra de materiales que proceden del interior: *la erupción de un volcán*.

esbelto, ta (es·bel·to, ta) [adjetivo] Alto y delgado, o con una figura elegante. ☐ Sinónimos: espigado. ☐ Antónimos: achaparrado.

esbirro, rra (es·bi·rro, rra) [sustantivo] Persona a quien se paga para que haga algo malo o para que mate a alguien. ☐ Sinónimos: sicario.

esbozar (es·bo·zar) [verbo] **1** Hacer un dibujo solo con los rasgos más importantes: *Esbozó mi retrato en cuatro líneas*. **2** Explicar de forma breve y general una idea: *Esbozó sus planes sin entrar en detalles*. **3** Comenzar un gesto sin hacerlo de forma clara: *Al vernos llegar, esbozó una sonrisa*. ☐ [La «z» se cambia en «c» delante de «e» («esboce»)]. ☐ Familia: →esbozo.

esbozo (es·bo·zo) [sustantivo masculino] Primer plan o proyecto de una obra, que se hace de forma provisional y sin dar detalles. ☐ Sinónimos: bosquejo. ☐ Familia: esbozar.

escabechado, da (es·ca·be·cha·do, da) [adjetivo] Que tiene escabeche. ☐ Familia: →escabeche.

escabechar (es·ca·be·char) [verbo] Poner un alimento en escabeche: *escabechar pescado*. ☐ Familia: →escabeche.

escabeche (es·ca·be·che) [sustantivo masculino] Líquido que se prepara con vinagre para conservar algunos alimentos: *bonito en escabeche*. ☐ Familia: escabechar, escabechado, escabechina.

escabechina (es·ca·be·chi·na) [sustantivo femenino] **1** Grandes destrozos o daños: *Me hice una escabechina al afeitarme*. **2** Hecho de que haya muchos suspensos en un examen. ☐ [Es coloquial]. ☐ Familia: →escabeche.

escabroso, sa (es·ca·bro·so, sa) [adjetivo] **1** Dicho de un terreno, que tiene mucha pendiente o que ofrece muchas dificultades para ir por él: *Es difícil andar por un camino tan escabroso*. **2** Dicho de un asunto, que es difícil tratarlo o hablar de él: *Trato de evitar los temas escabrosos*. **3** Que se considera poco adecuado o poco moral: *Hay ciertas escenas escabrosas de la película que los niños no deben ver*. ☐ Sinónimos: **1** abrupto. ☐ Antónimos: **1** liso, llano.

escabullirse (es·ca·bu·llir·se) [verbo] Conseguir salir de un peligro o de algún problema: *Los ladrones se escabulleron por la ventana*. ☐ [Es irregular y se conjuga como mullir]. ☐ Sinónimos: escapar, zafarse.

escacharrar (es·ca·cha·rrar) [verbo] Romper o estropear algo: *Escacharré la radio de un porrazo*. ☐ [Es coloquial. Se usa también «descacharrar»]. ☐ Sinónimos: averiarse, descuajaringar. ☐ Antónimos: arreglar, reparar. ☐ Familia: →cacharro.

escafandra (es·ca·fan·dra) [sustantivo femenino] **1** Especie de traje que usan los buzos para permanecer mucho tiempo debajo del agua. **2** Traje que usan los que van en una nave espacial cuando tienen que salir al exterior.

escafandra

escala (es·ca·la) [sustantivo femenino] **1** Serie ordenada de cosas distintas de la misma clase: *la escala de colores*. **2** División que tienen algunos instrumentos que sirven para medir: *la escala de un termómetro*. **3** Proporción entre el tamaño real de algo y el que tiene en un mapa: *Los mapas representan el terreno a escala*. **4** Tamaño en que se desarrolla un plan o una idea: *un robo a gran escala*. **5** Escalera formada por dos cuerdas en las que se meten las barras que sirven de escalones. 👁 **ilustración en** *escalera*. **6** Lugar en el que un barco o un avión hacen una parada en su trayecto: *Este avión va de Madrid a París, pero hace una escala en Barcelona*. ☐ Familia: escalón, escalonado, escalonar, escalera, escalerilla, escalinata, escalar, escalada, escalador, escalafón.

escalada (es·ca·la·da) [sustantivo femenino] **1** Deporte que consiste en subir a la parte más alta de una montaña usando los pies y las manos. 👁 **páginas 304-305**. **2** Aumento rápido de algo: *una escalada de violencia*. ☐ Familia: →escala.

escalador, ra (es·ca·la·dor, do·ra) [sustantivo] Persona que practica la escalada. ☐ Familia: →escala.

escalafón (es·ca·la·fón) [sustantivo masculino] Clasificación que se hace de las personas según su importancia, su cargo o su antigüedad: *escalafón social*. ☐ Familia: →escala.

escalar (es·ca·lar) [verbo] **1** Subir hasta la parte más alta de una montaña usando los pies y las manos. **2** Subir hasta llegar a una determinada categoría: *Entró en el banco de secretaria y fue escalando puestos hasta llegar a directora*. ☐ Familia: →escala.

escaldado, da (es·cal·da·do, da) [adjetivo] Que ha aprendido de algo malo que le ha ocurrido antes: *Salí escaldado del último negocio y no quiero ni oír hablar de otro nuevo*. ☐ [Es coloquial]. ☐ Familia: →escaldar.

escaldar (es·cal·dar) [verbo] **1** Bañar algo en agua hirviendo: *Hay que escaldar los tomates para quitarles la piel*. **2** Abrasar o quemar con algo muy caliente. ☐ Familia: escaldado.

escaleno (es·ca·le·no) [adjetivo] Dicho de un triángulo, que tiene sus tres lados distintos.

escalera (es·ca·le·ra) [sustantivo femenino] **1** Serie de escalones colocados uno a continuación de otro y a diferente altura, que sirve para subir y bajar a un lugar. **2** Instrumento que puede moverse de sitio y que está formado por una serie de barras paralelas que sirven de escalones, unidas a dos barras verticales, que se usa para llegar a lugares altos. ◆ [expresión] ‖ **escalera de caracol** La que tiene forma circular. ☐ Familia: →escala.

escalerilla (es·ca·le·ri·lla) [sustantivo femenino] Escalera pequeña y que a veces puede ponerse y quitarse. ☐ Familia: →escala.

escaléxtric (es·ca·léx·tric) [sustantivo masculino] Juego con coches que se mueven a distancia y que tiene carreteras y otras cosas hechas en pequeño tamaño pero como las de verdad. ☐ [Procede de la marca comercial «Scalextric®»].

escalfar (es·cal·far) [verbo] Cocer en agua hirviendo un huevo sin la cáscara.

escalinata (es·ca·li·na·ta) [sustantivo femenino] Escalera ancha que hay en la entrada de algunos edificios. ☐ Familia: →escala.

escalofriante (es·ca·lo·frian·te) [adjetivo] Que produce una sensación parecida a la del frío porque da miedo o porque sorprende mucho: *una noticia escalofriante*. ☐ [No varía en masculino y femenino]. ☐ Familia: →frío.

escalofrío (es·ca·lo·frí·o) [sustantivo masculino] Sensación parecida a la del frío que se produce de forma rápida y solo durante un momento: *La fiebre produce escalofríos*. ☐ Familia: →frío.

escalón (es·ca·lón) [sustantivo masculino] Cada una de las partes de una escalera donde se apoya el pie. ☐ Sinónimos: peldaño. ☐ Familia: →escala.

escalonado, da (es·ca·lo·na·do, da) [adjetivo] Que tiene forma de escalón: *una pirámide escalonada*. ☐ Familia: →escala.

escalonar (es·ca·lo·nar) [verbo] **1** Repartir algo de tramo en tramo: *Escalonaron teléfonos de socorro a lo largo de la autopista*. **2** Distribuir en el tiempo algo que se hace más de una vez: *Cuando tengo exámenes escalono mis horas de estudio*. ☐ Familia: →escala.

escalope (es·ca·lo·pe) [sustantivo masculino] Trozo de carne que se cubre de huevo y pan y se cocina en aceite.

escama (es·ca·ma) [sustantivo femenino] Cada una de las placas duras y brillantes que cubren el cuerpo de los peces y de otros animales. ☐ Familia: escamoso, descamar, escamar, escamado.

escamas

escamado, da (es·ca·ma·do, da) [adjetivo] Que sospecha o desconfía de algo. ☐ [Es coloquial]. ☐ Familia: →escama.

escamar (es·ca·mar) [verbo] **1** Hacer que se tengan sospechas o se desconfíe: *Me escamó que no quisiera enseñarme la foto*. **2** Quitar las escamas a un pez. ☐ [En el significado 2 se usa también «descamar». El significado 1 es coloquial]. ☐ Sinónimos: **1** mosquear. ☐ Familia: →escama.

escamoso, sa (es·ca·mo·so, sa) [adjetivo] Que tiene escamas: *La piel de los peces y de los reptiles es escamosa*. ☐ Familia: →escama.

escamotear (es·ca·mo·te·ar) [verbo] **1** Ocultar algo de manera intencionada: *Escamoteó los datos al resto de los socios*. **2** Hacer desaparecer algo que está a la vista con habilidad: *El mago metió la paloma bajo su chistera y la escamoteó*.

escampar (es·cam·par) [verbo] Desaparecer las nubes después de una tormenta y dejar de llover: *Después

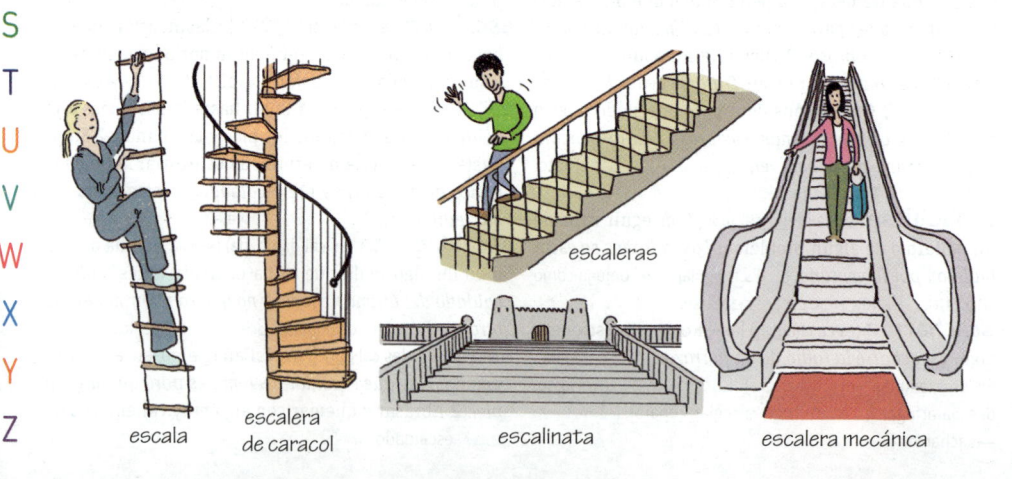

escala

escalera de caracol

escaleras

escalinata

escalera mecánica

de la tormenta escampó y pudimos salir a jugar. ◻ Familia: →campo.

escanciar (es·can·ciar) [verbo] Servir el vino u otra bebida en un vaso: *La sidra se escancia alejando mucho la botella del vaso.* ◻ [Es irregular y se conjuga como **anunciar**].

escandalizar (es·can·da·li·zar) [verbo] **1** Provocar escándalo: *No chilles tanto y deja de escandalizar.* ■ **escandalizarse 2** Mostrar sorpresa y enfado por algo que no nos ha gustado. ◻ [La «z» se cambia en «c» delante de «e» («escandalice»)]. ◻ Sinónimos: **2** rasgarse las vestiduras. ◻ Familia: →escándalo.

escándalo (es·cán·da·lo) [sustantivo masculino] **1** Forma de actuar que está en contra de lo que se acepta como bueno. **2** Ruido grande: *No armes tanto escándalo.* ◻ Familia: escandaloso, escandalizar.

escandaloso, sa (es·can·da·lo·so, sa) ■ [adjetivo] **1** Que asusta o que va en contra de lo que se considera bueno: *Los políticos intentan evitar cualquier asunto escandaloso que dañe su imagen.* ■ [adjetivo o sustantivo] **2** Que hace mucho ruido: *No seas tan escandaloso, que molestas a los vecinos.* ◻ Sinónimos: **2** ruidoso, estrepitoso. ◻ Antónimos: **2** silencioso. ◻ Familia: →escándalo.

escandinavo, va (es·can·di·na·vo, va) [adjetivo o sustantivo] De Suecia, de Noruega o de Finlandia, que son países europeos.

escanear (es·ca·ne·ar) [verbo] Copiar con un escáner: *Si escaneas la foto, la podrás ver en la pantalla de tu ordenador.* ◻ Familia: →escáner.

escáner (es·cá·ner) [sustantivo masculino] **1** Aparato de rayos X conectado a un ordenador que sirve para explorar el interior de un cuerpo o de un objeto: *El escáner se utiliza mucho en medicina.* **2** Aparato que permite copiar una imagen que estaba en papel para verla con un ordenador. ◻ [Es una palabra de origen inglés. Su plural es «escáneres»]. ◻ Familia: escanear.

escaño (es·ca·ño) [sustantivo masculino] **1** Asiento que hay en un parlamento. **2** Puesto que ocupa un miembro del Parlamento.

escapada (es·ca·pa·da) [sustantivo femenino] **1** Viaje corto que se hace para divertirse o para descansar. **2** Hecho de adelantarse una persona al grupo en que está corriendo: *El ciclista hizo una escapada de varios kilómetros.* ◻ Familia: →escapar.

escapar (es·ca·par) [verbo] **1** Conseguir salir de un lugar deprisa o de manera oculta: *Logré escapar de allí sin ser visto.* **2** Conseguir evitar un peligro o un problema: *Escapé del atropello por un pelo.* **3** Quedar un asunto fuera de la influencia de algo: *Me parece algo tan raro que escapa a mi comprensión.* **4** Pasar algo bueno sin haberlo aprovechado: *Dejó escapar una buena oportunidad.* ■ **escaparse 5** Pasar inadvertido un error: *Revisad el dictado para que no se os escapen faltas de ortografía.* **6** Irse un vehículo y no poder montarse en él: *Se nos escapó el autobús y llegamos tarde.* **7** Salirse un gas o un líquido por una abertura: *El agua se escapa por esta rendija.* ◆ [expresión] ‖ **escapársele algo a alguien** Decirlo sin que se dé cuenta: *No quería decirte lo que te iba a regalar, pero se me escapó.* ◻ Sinónimos: **2** escabullirse. ◻ Familia: escapada, escapatoria, escape.

escaparate (es·ca·pa·ra·te) [sustantivo masculino] Ventana de una tienda con grandes cristales y que sirve para que los productos se vean desde la calle.

escapatoria (es·ca·pa·to·ria) [sustantivo femenino] Forma de escapar de una situación difícil: *Te he pillado y no tienes escapatoria.* ◻ Familia: →escapar.

escape (es·ca·pe) [sustantivo masculino] **1** Salida o modo de salvarse de una determinada situación: *El ladrón no tenía escape porque lo habían rodeado.* **2** Salida de un gas o de un líquido por una abertura: *un escape de gas.* ◻ Sinónimos: **2** fuga. ◻ Familia: →escapar.

escapulario (es·ca·pu·la·rio) [sustantivo masculino] Objeto formado por dos trozos de tela con una imagen religiosa, que se cuelga del cuello con dos cintas.

escapulario

escaquearse (es·ca·que·ar·se) [verbo] Desaparecer para evitar una situación difícil o una obligación: *¡Ayuda como el resto! ¡No te escaquees!* ◻ [Es coloquial].

escarabajo (es·ca·ra·ba·jo) [sustantivo masculino] Insecto negro con el cuerpo duro. ◉ página 530.

escaramuza (es·ca·ra·mu·za) [sustantivo femenino] Pelea o batalla poco importante: *una escaramuza callejera.* ◻ Sinónimos: refriega.

escarbar (es·car·bar) [verbo] **1** Mover la tierra con las manos o con las patas para hacer un pequeño agujero: *El perro escarbó en el jardín.* **2** Meter los dedos en alguna parte del cuerpo: *Es una guarrería que te escarbes en la nariz.* **3** Investigar en algún asunto para descubrir algo: *El periodista escarbó en la vida del político.*

escarcha (es·car·cha) [sustantivo femenino] Capa helada que se forma sobre algo cuando hace mucho frío. ◻ Familia: escarchado.

escarchado, da (es·car·cha·do, da) [adjetivo] **1** Que tiene escarcha. **2** Dicho de una fruta, que está cubierta por una capa de almíbar. ◻ Familia: →escarcha.

escardar (es·car·dar) [verbo] Arrancar los cardos y las malas hierbas de un terreno sembrado. ◻ Familia: →cardo.

escarlata (es·car·la·ta) [adjetivo o sustantivo masculino] De color rojo muy fuerte. ☐ [Cuando es adjetivo, no varía en masculino y femenino]. ☐ Familia: escarlatina.

escarlatina (es·car·la·ti·na) [sustantivo femenino] Enfermedad infecciosa y contagiosa, propia de los niños, que produce fiebre alta, inflamación de la garganta y manchas de color rojo en la piel. ☐ Familia: →escarlata.

escarmentar (es·car·men·tar) [verbo] **1** Aprender de los errores anteriores: *¿A pesar de lo malo que te pusiste por comer tanto chocolate, aún no has escarmentado?* **2** Castigar para evitar que se repita lo que se ha hecho: *Mi madre me mandó a la cama sin cenar para escarmentarme.* ☐ [Es irregular y se conjuga como ACERTAR]. ☐ Familia: escarmiento.

escarmiento (es·car·mien·to) [sustantivo masculino] **1** Lección que se aprende de los errores anteriores y hace que no volvamos a repetirlos: *Espero que el dolor de tripa te sirva de escarmiento para no volver a comerte tú solo un kilo de pasteles.* **2** Castigo que se da a una persona para evitar que repita lo que ha hecho: *Como escarmiento por lo que has hecho, no verás la tele en toda la semana.* ☐ Familia: →escarmentar.

escarnecer (es·car·ne·cer) [verbo] Ofender con insultos o humillar a alguien. ☐ [Es irregular y se conjuga como AGRADECER]. ☐ Sinónimos: insultar. ☐ Familia: →escarnio.

escarnio (es·car·nio) [sustantivo masculino] Insulto y ofensa: *Sus palabras fueron un escarnio.* ☐ Familia: escarnecer.

escarola (es·ca·ro·la) [sustantivo femenino] Planta parecida a la lechuga, pero con las hojas rizadas y más duras, que se puede comer.

escarpado, da (es·car·pa·do, da) [adjetivo] Dicho de un terreno, que tiene mucha pendiente y es muy difícil subir por él: *No pudimos subir por las escarpadas laderas del monte.*

escarpia (es·car·pia) [sustantivo femenino] Clavo en forma de ele mayúscula, que se usa para colgar cosas: *Pon una escarpia para colgar el cuadro.* ☐ Sinónimos: alcayata.

escasear (es·ca·se·ar) [verbo] Haber algo en poca cantidad: *En las zonas en guerra escasean los alimentos y los medicamentos.* ☐ Familia: →escaso.

escasez (es·ca·sez) [sustantivo femenino] **1** Falta de algo o poca cantidad de ello: *La sequía provoca escasez de agua.* **2** Falta de las cosas necesarias para vivir: *Vivir con escasez.* ☐ [Su plural es «escaseces»]. ☐ Sinónimos: pobreza. **1** carencia, déficit. **2** miseria, necesidad. ☐ Antónimos: riqueza, opulencia. **1** abundancia, profusión. ☐ Familia: →escaso.

escaso, sa (es·ca·so, sa) [adjetivo] **1** Poco abundante: *escasas fuerzas.* **2** De poca duración: *un tiempo escaso.* **3** Que no es del todo lo que se dice porque falta un poco: *Tardó dos minutos escasos.* ☐ Sinónimos: reducido. **1** módico. **1**, **2** corto. **2** breve. ☐ Antónimos: **1** abundante, cuantioso, numeroso, considerable, profuso, copioso, crecido. **2** largo, extenso. ☐ Familia: escasear, escasez.

escatimar (es·ca·ti·mar) [verbo] Dar la menor cantidad posible de algo: *Para este proyecto no hemos escatimado medios.* ☐ Antónimos: prodigar.

escay (es·cay) [sustantivo masculino] Material parecido al cuero o a la piel que se utiliza para tapicería. ☐ [Procede de la marca comercial «Skai®». Su plural es «escáis»].

escayola (es·ca·yo·la) [sustantivo femenino] Polvo de color blanco que se moja para hacer una pasta y que se queda duro cuando se seca: *una escultura de escayola.* ☐ Familia: escayolar.

escayolar (es·ca·yo·lar) [verbo] Envolver una parte del cuerpo con una especie de tela que se queda dura cuando se seca, para impedir que se mueva: *Me rompí el brazo y me lo escayolaron.* ☐ Sinónimos: enyesar. ☐ Familia: →escayola.

escena (es·ce·na) [sustantivo femenino] **1** Parte de un teatro donde actúan los actores: *La actriz salió a escena muy nerviosa.* **2** Parte de una obra de teatro o de una película que tienen unidad porque representan un mismo lugar o una misma situación. **3** Situación o suceso que ocurren: *Se vivieron escenas de entusiasmo.* ☐ Sinónimos: **1** escenario. ☐ Familia: escenario, escenificar, escenificación, escenografía.

escenario (es·ce·na·rio) [sustantivo masculino] **1** Parte de un teatro o de un lugar parecido donde se representa un espectáculo: *Los actores saludaron desde el escenario.* **2** Lugar en el que ocurre un hecho: *el escenario del crimen.* ☐ Sinónimos: **1** escena. ☐ Familia: →escena.

escenificación (es·ce·ni·fi·ca·ción) [sustantivo femenino] Puesta en escena de una obra literaria o de una historia. ☐ Familia: →escena.

escenificar (es·ce·ni·fi·car) [verbo] Poner en escena una obra literaria o una historia: *Escenificaremos una obra de Shakespeare en el taller de teatro.* ☐ [La «c» se cambia en «qu» delante de «e» («escenifique»)]. ☐ Familia: →escena.

escenografía (es·ce·no·gra·fí·a) [sustantivo femenino] **1** Arte de hacer decorados. **2** Decorados que se utilizan en una obra de teatro o en una película. ☐ Familia: →escena.

escepticismo (es·cep·ti·cis·mo) [sustantivo masculino] Imposibilidad o dificultad de una persona para creer algo: *Muestra un gran escepticismo ante los resultados de ese medicamento.* ☐ Antónimos: fe. ☐ Familia: →escéptico.

escéptico, ca (es·cép·ti·co, ca) [adjetivo] Que no cree o que no confía en algo: *Se mostró escéptico cuando le dije que iba a dejar de fumar.* ☐ Familia: escepticismo.

escindir (es·cin·dir) [verbo] Separar o dividir: *Escindieron su asociación y cada uno siguió por su cuenta.* ☐ Familia: escisión.

escisión (es·ci·sión) [sustantivo femenino] Separación o división. ☐ Familia: →escindir.

esclarecer (es·cla·re·cer) [verbo] Explicar y aclarar algo: *La Policía tratará de esclarecer las causas del incendio.* ☐ [Es irregular y se conjuga como AGRADECER]. ☐ Sinónimos: dilucidar. ☐ Familia: →claro.

esclava (es·cla·va) [sustantivo femenino] Mira en **esclavo, va**.

esclavina (es·cla·vi·na) [sustantivo femenino] Capa corta que se ata al cuello y que cubre los hombros.

esclavitud (es·cla·vi·tud) [sustantivo femenino] Situación de la persona que vive sin libertad como si fuera propiedad de otra: *La abolición de la esclavitud ha sido un logro a favor de los derechos humanos.* ☐ ANTÓNIMOS: libertad. ☐ FAMILIA: →esclavo.

esclavizar (es·cla·vi·zar) [verbo] Quitar la libertad a una persona y considerarla como una propiedad. ☐ [La «z» se cambia en «c» delante de «e» («esclavice»)]. ☐ ANTÓNIMOS: libertar, liberar. ☐ FAMILIA: →esclavo.

esclavo, va (es·cla·vo, va) ■ [adjetivo o sustantivo] **1** Que no tiene libertad y vive como si fuera propiedad de una persona: *Los esclavos eran personas que se podían comprar y vender.* **2** Que depende mucho de una actividad o que vive pensando solo en ella: *ser un esclavo del trabajo.* ■ **esclava** [sustantivo femenino] **3** Pulsera que suele tener en su parte central una placa con el nombre de una persona. ☐ ANTÓNIMOS: **1** libre. ☐ FAMILIA: esclavitud, esclavizar.

esclerótica (es·cle·ró·ti·ca) [sustantivo femenino] Membrana o piel muy fina de color blanquecino que cubre el ojo.

esclusa (es·clu·sa) [sustantivo femenino] Espacio que hay en un canal de navegación, que tiene unas puertas que dejan entrar y salir el agua para aumentar o disminuir su nivel y facilitar el paso de los barcos.

escoba (es·co·ba) [sustantivo femenino] Utensilio que se usa para barrer y que está formado por un palo y una serie de pelos duros en un extremo. ☐ FAMILIA: escobón, escobilla, escobero, escobazo.

escobazo (es·co·ba·zo) [sustantivo masculino] Golpe que se da con una escoba. ☐ FAMILIA: →escoba.

escobero (es·co·be·ro) [sustantivo masculino] Mueble para guardar las escobas. ☐ FAMILIA: →escoba.

escobilla (es·co·bi·lla) [sustantivo femenino] Especie de cepillo pequeño que sirve para limpiar algunas cosas: *la escobilla del váter.* ☐ FAMILIA: →escoba.

escobón (es·co·bón) [sustantivo masculino] Escoba grande con el palo muy largo. ☐ FAMILIA: →escoba.

escocedura (es·co·ce·du·ra) [sustantivo femenino] Mancha roja que sale en una parte del cuerpo y que pica o duele: *Le salió una escocedura al bebé por el roce del pañal.* ☐ FAMILIA: →escocer.

escocer (es·co·cer) [verbo] **1** Producir una sensación dolorosa y parecida al picor: *La herida me escuece mucho.* ■ **escocerse 2** Ponerse roja una parte del cuerpo y picar o doler: *Al bebé se le escuece el culete.* ☐ [Es irregular y se conjuga como MOVER. La «c» se cambia en «z» delante de «a», «o» («escueza»)]. ☐ FAMILIA: escocedura, escozor.

escocés, sa (es·co·cés, ce·sa) ■ [adjetivo] **1** Dicho de una tela o de una prenda de vestir, que tiene cuadros de distintos colores: *falda escocesa.* ■ [adjetivo o sustantivo] **2** De Escocia, que es una región británica. ■ **escocés** [sustantivo masculino] **3** Lengua de esta región.

escoger (es·co·ger) [verbo] Decidirse por una cosa entre varias: *Entre ir al cine o al teatro, no sé qué escoger.* ☐ [La «g» se cambia en «j» delante de «a», «o» («escoja»)]. ☐ SINÓNIMOS: elegir, optar. ☐ FAMILIA: escogido.

escogido, da (es·co·gi·do, da) [adjetivo] Que se considera lo mejor en relación con algo de la misma especie. ☐ SINÓNIMOS: selecto. ☐ FAMILIA: →escoger.

escolanía (es·co·la·ní·a) [sustantivo femenino] Grupo de niños que cantan en el coro de una iglesia o de un monasterio. ☐ FAMILIA: →escuela.

escolapio, pia (es·co·la·pio, pia) [adjetivo o sustantivo] De la Orden de las Escuelas Pías o relacionado con ella: *San José de Calasanz fundó los escolapios.*

escolar (es·co·lar) [adjetivo o sustantivo] Del estudiante, de la escuela o relacionado con ellos: *edad escolar; un libro para escolares de primer ciclo.* ☐ [No varía en masculino y femenino]. ☐ FAMILIA: →escuela.

escolaridad (es·co·la·ri·dad) [sustantivo femenino] Tiempo durante el que se asiste a la escuela: *certificado de escolaridad.* ☐ FAMILIA: →escuela.

escolarizar (es·co·la·ri·zar) [verbo] Hacer que una persona pueda ir a la escuela o que reciba una educación: *Este año han sido escolarizados más de mil niños en la provincia.* ☐ [La «z» se cambia en «c» delante de «e» («escolarice»)]. ☐ FAMILIA: →escuela.

escoliosis (es·co·lio·sis) [sustantivo femenino] Desviación de la columna vertebral hacia un lado. ☐ [No varía en singular y plural].

escollera (es·co·lle·ra) [sustantivo femenino] Muro que se construye para contener las aguas. ☐ SINÓNIMOS: dique, espigón. ☐ FAMILIA: →escollo.

escollo (es·co·llo) [sustantivo masculino] **1** Conjunto de piedras o de otros materiales duros que están en el fondo del mar y llegan muy cerca de la superficie. **2** Dificultad que hace que algo resulte complicado o imposible de hacer: *Hay que vencer muchos escollos para llegar al final.* ☐ SINÓNIMOS: **1** arrecife. **2** barrera, obstáculo. ☐ FAMILIA: escollera.

escolta (es·col·ta) ■ [sustantivo] **1** Persona que acompaña a otra para protegerla: *El rey asistió al acto acompañado de dos escoltas.* ■ [sustantivo femenino] **2** Hecho de acompañar a una persona para protegerla. **3** Conjunto de personas que acompañan a otra para protegerla: *La escolta del presidente era muy numerosa.* ☐ [En el significado **1** no varía en masculino y femenino]. ☐ FAMILIA: escoltar.

escoltar (es·col·tar) [verbo] Acompañar a una persona para protegerla: *Tres guardaespaldas escoltaban a la ministra.* ☐ FAMILIA: →escolta.

escombrera (es·com·bre·ra) [sustantivo femenino] Lugar en el que se tiran los escombros. ☐ FAMILIA: →escombro.

escombro (es·com·bro) [sustantivo masculino] Material para tirar que queda después de hacer una obra o después de destruir un edificio. ☐ [Se usa más en plural]. ☐ FAMILIA: escombrera.

esconder (es·con·der) [verbo] Poner algo de forma que no se vea o no se encuentre con facilidad: *He escondido tu regalo hasta el día de tu cumpleaños.* ☐ SINÓNIMOS: ocultar. ☐ ANTÓNIMOS: presentar, mostrar, descubrir, desvelar, destapar, exponer. ☐ FAMILIA: escondido, escondite, escondrijo.

escondido, da (es·con·di·do, da) [adjetivo] Que no se ve o que no se encuentra con facilidad: *El libro estaba escondido entre otros.* ◆ [expresión] ‖ **a escondidas** De forma que no se den cuenta los demás: *No me gusta que me cojas cosas a escondidas.* ☐ Sinónimos: oculto. ☐ Familia: →esconder.

escondite (es·con·di·te) [sustantivo] **1** Lugar donde se puede esconder algo: *Ese árbol hueco es un buen escondite.* **2** Juego de niños que consiste en que uno de ellos busque a otros que se han escondido. ☐ Sinónimos: **1** escondrijo. ☐ Familia: →esconder.

escondrijo (es·con·dri·jo) [sustantivo] Lugar donde se puede esconder algo. ☐ Sinónimos: escondite. ☐ Familia: →esconder.

escopeta (es·co·pe·ta) [sustantivo] Arma de fuego que tiene uno o dos tubos largos por los que salen las balas y que sirve para cazar. ☐ Familia: escopetado.

escopetado, da (es·co·pe·ta·do, da) [adjetivo] Con mucha prisa: *Salí de clase escopetada.* ☐ [Es coloquial]. ☐ Sinónimos: disparado. ☐ Familia: →escopeta.

escoplo (es·co·plo) [sustantivo] Herramienta formada por una barra de hierro terminada en punta y unida a un mango, que se usa para trabajar la madera o la piedra.

escorar (es·co·rar) [verbo] Inclinarse un barco hacia un lado por la fuerza del viento: *El barco escoró tanto por la fuerza del viento que parecía que iba a volcar.*

escorbuto (es·cor·bu·to) [sustantivo] Enfermedad que provoca debilidad, heridas y manchas en la piel: *El escorbuto está causado por la falta de vitamina C.*

escoria (es·co·ria) [sustantivo] **1** Cosa que se considera lo peor de algo: *Me trataron como si fuera escoria.* **2** Residuo que queda después de quemarse el carbón. **3** Material que lanzan los volcanes al exterior. **4** Restos que quedan al fundir metales.

escoriación (es·co·ria·ción) [sustantivo] Irritación o herida pequeña en la piel.

escorpio (es·cor·pio) [adjetivo o sustantivo] Dicho de una persona, que pertenece a uno de los doce signos del Zodiaco: *Las personas que son escorpio han nacido entre el 24 de octubre y el 22 de noviembre.* ☐ [No varía en masculino y femenino. Se usa también «escorpión»].

escorpión (es·cor·pión) ▪ [adjetivo o sustantivo] **1** → **escorpio**. ▪ [sustantivo masculino] **2** Animal cuyas patas delanteras son pinzas y cuya cola acaba con un aguijón venenoso en forma de gancho. ☐ [En el significado **1** no varía en masculino y femenino]. ☐ Sinónimos: **2** alacrán.

escorpión

escorzo (es·cor·zo) [sustantivo] En una obra artística, especialmente en pintura y escultura, representación de una figura cuando una parte de ella está vuelta o girada.

escotado, da (es·co·ta·do, da) [adjetivo] Que tiene mucho escote. ☐ Familia: →escote.

escote (es·co·te) [sustantivo] Abertura de una prenda de vestir hecha en el cuello y por la que se ve parte del pecho o de la espalda. ◆ [expresión] ‖ **a escote** Pagando cada persona la parte que le corresponde de algo que se compra entre todos: *Cuando salimos juntos, todos ponemos dinero y pagamos los gastos a escote.* ☐ Familia: escotado.

escotilla (es·co·ti·lla) [sustantivo] Cada una de las aberturas que hay en la cubierta de un barco: *Cerraron las escotillas del submarino antes de sumergirse.*

escozor (es·co·zor) [sustantivo] Sensación dolorosa y parecida al picor: *El agua de la piscina me produce escozor en los ojos.* ☐ Familia: →escocer.

escriba (es·cri·ba) [sustantivo] Persona que se dedicaba a escribir a mano: *Los escribas copiaban los textos sobre pergaminos.* ☐ Familia: →escribir.

escribano (es·cri·ba·no) [sustantivo] Persona que hacía antiguamente las funciones del notario. ☐ Familia: →escribir.

escribir (es·cri·bir) [verbo] **1** Hacer letras u otros signos de manera que se formen palabras. **2** Hacer un texto o una obra musical: *Este compositor ha escrito una melodía muy bonita.* **3** Comunicar algo por medio de letras: *Escribí a mi abuelo.* ☐ [Su participio es «escrito»]. ☐ Familia: escrito, escritor, escritura, escritorio, escriba, escribano, manuscrito, suscribir.

escrito, ta (es·cri·to, ta) ▪ **1** Participio irregular de **escribir**. ▪ **escrito** [sustantivo masculino] **2** Papel o libro que alguien ha escrito: *Entregadme vuestros escritos.* ◆ [expresión] ‖ **por escrito** Poniendo palabras en un papel: *El profesor nos dio por escrito una lista de libros.* ☐ Familia: →escribir.

escritor, ra (es·cri·tor, to·ra) [sustantivo] Persona que se dedica a escribir obras de literatura o textos de interés. ☐ Familia: →escribir.

escritorio (es·cri·to·rio) [sustantivo] Mueble preparado para poder escribir y guardar papeles. ☐ Familia: →escribir.

escritura (es·cri·tu·ra) [sustantivo] **1** Sistema que se usa para escribir: *El idioma japonés utiliza una escritura diferente al español.* **2** Documento en el que se registra un acuerdo y que tiene la firma de las personas que lo hacen: *Cuando se compra una casa, un notario tiene que hacer las escrituras.* **3** Libro en el que se recogen los textos sagrados de los cristianos y los judíos: *Leyeron un pasaje de las Escrituras.* ☐ [En el significado **3** se suele escribir con mayúscula y en plural significa lo mismo que en singular]. ☐ Sinónimos: **3** biblia. ☐ Familia: →escribir.

escroto (es·cro·to) [sustantivo masculino] Bolsa de piel que contiene los testículos.

escrúpulo (es·crú·pu·lo) [sustantivo masculino] **1** Duda o temor que se tienen sobre si algo es bueno o no: *No me atrevo a hacer eso porque tengo escrúpulos.* **2** Cuidado que se pone en cumplir o hacer algo: *Siempre hago con mayor escrúpulo los encargos de otros que los míos.* ■ **escrúpulos** [plural] **3** Sensación de asco que produce lo que no se sabe si está limpio del todo: *Tengo muchos escrúpulos y nunca bebo del vaso de otro.* ☐ Familia: escrupuloso.

escrupuloso, sa (es·cru·pu·lo·so, sa) ■ [adjetivo] **1** Que hace las cosas o cumple las normas con mucho cuidado: *Es muy escrupulosa en el cumplimiento de sus obligaciones.* ■ [adjetivo o sustantivo] **2** Que siente asco por todo lo que no sabe si está muy limpio: *Soy muy escrupuloso y me dan asco los servicios públicos.* ☐ Familia: →escrúpulo.

escrutador, ra (es·cru·ta·dor, do·ra) [adjetivo] Que examina algo cuidadosamente: *mirada escrutadora; ojos escrutadores.* ☐ Familia: →escrutar.

escrutar (es·cru·tar) [verbo] **1** Contar los votos de una elección: *Cuando terminen de escrutar todos los votos sabremos quién es el ganador.* **2** Examinar con mucha atención: *El redactor escrutó el artículo para corregir las erratas.* ☐ Familia: escrutador, escrutinio.

escrutinio (es·cru·ti·nio) [sustantivo masculino] **1** Recuento que se hace de los votos de unas elecciones o de los boletos de una quiniela: *En el escrutinio de la quiniela no ha aparecido ningún máximo acertante.* **2** Examen cuidadoso que se hace de algo: *El escrutinio del lugar permitió encontrar nuevas pistas.* ☐ Familia: →escrutar.

escuadra (es·cua·dra) [sustantivo femenino] **1** Regla con tres lados y un ángulo recto: *Las escuadras tienen forma de triángulo.* **2** Cualquier cosa que tiene la forma de ángulo recto: *Metió un golazo por la escuadra derecha.* **3** Conjunto de barcos de guerra: ☐ Sinónimos: **3** armada. ☐ Familia: escuadrilla, escuadrón.

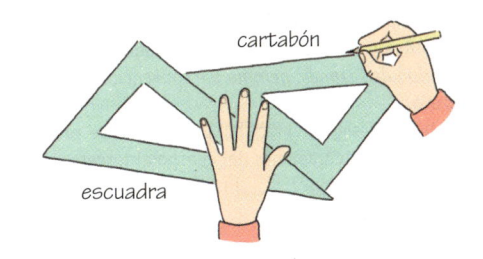

cartabón
escuadra

escuadrilla (es·cua·dri·lla) [sustantivo femenino] **1** Conjunto de barcos de pequeño tamaño. **2** Conjunto de aviones que realizan un mismo vuelo dirigidos por un jefe. ☐ Familia: →escuadra.

escuadrón (es·cua·drón) [sustantivo masculino] **1** Unidad de caballería mandada por un capitán. **2** Unidad del Ejército del Aire que equivale a un batallón. ☐ Familia: →escuadra.

escuálido, da (es·cuá·li·do, da) [adjetivo] Muy delgado: *Te estás quedando escuálido de no comer.* ☐ Sinónimos: esquelético. ☐ Antónimos: gordo.

escualo (es·cua·lo) [sustantivo masculino] Pez marino que tiene una boca muy grande, como el tiburón.

escucha (es·cu·cha) ♦ [expresión] ‖ **a la escucha** Atento o dispuesto para escuchar: *No cuelgues el teléfono y permanece a la escucha, que ahora te contesto.* ☐ Familia: →escuchar.

escuchar (es·cu·char) [verbo] **1** Oír con atención: *Todos escuchamos las explicaciones de la profesora.* **2** Hacer caso de un consejo o de un aviso: *No escuchó mis consejos.* ☐ [No confundir con «oír» (percibir un sonido)]. ☐ Familia: escucha.

escuchimizado, da (es·cu·chi·mi·za·do, da) [adjetivo] Muy delgado y muy débil: *Estás escuchimizado y deberías comer más.*

escudarse (es·cu·dar·se) [verbo] Utilizar algo como pretexto para librarse de un riesgo o de un peligro: *Se escuda en que está enfermo para no ir a clase.* ☐ Familia: →escudo.

escudería (es·cu·de·rí·a) [sustantivo femenino] Conjunto de vehículos, pilotos y personal técnico que forman un equipo en una competición de coches o de motos. ☐ Familia: →escudo.

escudero (es·cu·de·ro) [sustantivo masculino] Persona que servía a un caballero o a un noble y le llevaba las armas: *Sancho Panza era el escudero de don Quijote.* ☐ Familia: →escudo.

escudilla (es·cu·di·lla) [sustantivo femenino] Recipiente parecido a una taza grande sin asa: *Se tomó la sopa en una escudilla.* ☐ Sinónimos: cuenco, tazón.

escudo (es·cu·do) [sustantivo masculino] **1** Arma que se sujeta en el brazo y que sirve para proteger el cuerpo de un golpe o de un ataque. **2** Persona o cosa que sirve de protección o de defensa: *La escolta formó un escudo alrededor del presidente.* **3** Imagen u objeto que representa a un grupo de personas: *Tengo una camiseta con el escudo de mi equipo.* **4** Moneda de Portugal, que es un país europeo, hasta la adopción del euro. ☐ Familia: escudero, escudería, escudarse.

escudriñar (es·cu·dri·ñar) [verbo] Examinar algo con mucha atención para descubrir detalles: *Escudriñó el dibujo hasta que encontró la firma del pintor.*

escuela (es·cue·la) [sustantivo femenino] **1** Lugar en el que se enseña alguna materia: *una escuela de danza.* **2** Conjunto de personas que siguen las ideas de otra y han aprendido sus enseñanzas. ☐ Familia: escolar, escolaridad, escolarizar, escolanía, preescolar, extraescolar, autoescuela.

escueto, ta (es·cue·to, ta) [adjetivo] De pocas palabras: *No me enteré porque el mensaje era muy escueto.* ☐ Antónimos: prolijo.

esculpir (es·cul·pir) [verbo] **1** Hacer una imagen trabajando un material duro: *Ese escultor esculpe en piedra.* **2** Poner palabras en un material duro: *La familia mandó esculpir en la losa el nombre del fallecido.* ☐ Sinónimos: **2** grabar. ☐ Familia: escultura, escultor.

escultor, ra (es·cul·tor, to·ra) [sustantivo] Persona que se dedica a hacer esculturas. ☐ FAMILIA: →esculpir.

escultura (es·cul·tu·ra) [sustantivo femenino] **1** Arte que consiste en hacer imágenes trabajando con materiales duros. **2** Obra que se hace con un material duro: *una escultura de bronce.* ☐ SINÓNIMOS: estatua. ☐ FAMILIA: →esculpir.

escupidera (es·cu·pi·de·ra) [sustantivo femenino] Recipiente que se usa para escupir en él. ☐ FAMILIA: →escupir.

escupir (es·cu·pir) [verbo] Expulsar saliva o alguna cosa por la boca: *Escupir es de mala educación.* ☐ FAMILIA: escupitajo, escupidera.

escupitajo (es·cu·pi·ta·jo) [sustantivo masculino] Saliva que se expulsa por la boca. ☐ SINÓNIMOS: gargajo, esputo. ☐ FAMILIA: →escupir.

escurreplatos (es·cu·rre·pla·tos) [sustantivo masculino] Mueble de cocina en el que se colocan los platos después de lavarlos para que suelten toda el agua. ☐ [No varía en singular y plural]. ☐ FAMILIA: →escurrir. →plato.

escurridizo, za (es·cu·rri·di·zo, za) [adjetivo] **1** Que resbala o escapa fácilmente: *Los peces tienen la piel muy escurridiza.* **2** Que hace resbalar: *un suelo escurridizo.* ☐ SINÓNIMOS: resbaladizo. ☐ FAMILIA: →escurrir.

escurridor (es·cu·rri·dor) [sustantivo masculino] Colador con agujeros grandes que sirve para separar la parte líquida y la parte sólida de algunos alimentos. ☐ FAMILIA: →escurrir.

escurrir (es·cu·rrir) [verbo] **1** Soltar una cosa el líquido que tiene o hacer que lo suelte: *Escurre bien la ropa antes de tenderla.* **2** Resbalar algo por encima de una superficie: *La suela de estas zapatillas escurre mucho.* ■ **escurrirse 3** Escaparse una cosa de entre las manos: *Se me escurrió el plato y se hizo añicos.* **4** Irse o escaparse alguien de algún lugar sin que los demás se den cuenta: *Me escurrí de la reunión porque tenía prisa.* ☐ FAMILIA: escurridor, escurridizo, escurreplatos.

escusado (es·cu·sa·do) [sustantivo masculino] → **excusado.**

esdrújulo, la (es·drú·ju·lo, la) [adjetivo] Dicho de una palabra, que tiene el acento en la antepenúltima sílaba: *«Cántaro» es una palabra esdrújula y por eso lleva tilde.* ☐ FAMILIA: sobresdrújulo.

ese, esa (e·se, e·sa) [demostrativo] **1** Señala lo que no está cerca ni lejos: *Este perro es un galgo y ese otro es un pastor alemán.* ■ **ese** [sustantivo femenino] **2** Nombre de la letra *s.* **3** Cualquier cosa que tiene la forma de esta letra: *andar haciendo eses.* ☐ [En el significado **1** su plural es «esos, esas» («esos niños, esas niñas»). En los significados **2** y **3** su plural es «eses» («las eses»)].

esencia (e·sen·cia) [sustantivo femenino] **1** Lo propio y más importante de algo: *No te quedes en los detalles e intenta llegar a la esencia de las cosas.* **2** Sustancia a la que se le ha quitado el agua y que suele tener mucho olor: *Las esencias de naranja y de limón se usan en pastelería para dar sabor.* ☐ FAMILIA: esencial.

esencial (e·sen·cial) [adjetivo] Que es lo propio de algo o lo más importante: *Haz un resumen de las ideas esenciales del texto.* ☐ [No varía en masculino y femenino].

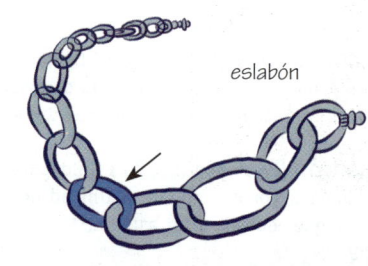

☐ SINÓNIMOS: principal, fundamental, trascendental, capital, básico, primario, primordial. ☐ ANTÓNIMOS: accesorio, secundario, trivial, fútil. ☐ FAMILIA: →esencia.

esfera (es·fe·ra) [sustantivo femenino] **1** Cuerpo geométrico redondo y con volumen: *Una naranja tiene forma de esfera.* ☞ **página 467. 2** Superficie redonda y plana: *La esfera de mi reloj tiene los números dorados.* **3** Clase o ambiente de una persona: *las altas esferas de la sociedad.* ☐ FAMILIA: esférico, hemisferio, planisferio.

esférico, ca (es·fé·ri·co, ca) [adjetivo] Con forma de esfera: *El balón de baloncesto es esférico.* ☐ SINÓNIMOS: redondo. ☐ FAMILIA: →esfera.

esfinge (es·fin·ge) [sustantivo femenino] Animal imaginario con cabeza, cuello y pecho humanos, y cuerpo y patas de león. ☐ [No confundir con «efigie» (imagen o representación de una persona)].

esfínter (es·fín·ter) [sustantivo masculino] Músculo que abre o cierra algunos orificios del cuerpo: *el esfínter del ano.*

esforzado, da (es·for·za·do, da) [adjetivo] Que requiere mucho esfuerzo: *Realiza una esforzada labor en favor de los minusválidos.* ☐ FAMILIA: →fuerza.

esforzar (es·for·zar) [verbo] **1** Dar fuerza o someter a un esfuerzo: *Si lees con poca luz, tienes que esforzar la vista.* **2** Poner mucho esfuerzo para conseguir algo: *Me esforzaré todo lo que pueda para aprobar.* ☐ [Es irregular y se conjuga como **CONTAR.** La «z» se cambia en «c» delante de «e» («esfuerce»)]. ☐ SINÓNIMOS: **2** afanarse. ☐ FAMILIA: →fuerza.

esfuerzo (es·fuer·zo) [sustantivo masculino] Trabajo físico o intelectual que empleamos con energía para conseguir algo: *Con esfuerzo conseguirás lo que te propongas.* ☐ FAMILIA: →fuerza.

esfumarse (es·fu·mar·se) [verbo] Desaparecer o irse: *Sus problemas se esfumaron cuando consiguió el trabajo.*

esgrima (es·gri·ma) [sustantivo femenino] Deporte en el que dos personas luchan con espada o florete. ☞ **páginas 304-305.** ☐ FAMILIA: →esgrimir.

esgrimir (es·gri·mir) [verbo] **1** Sostener un arma para atacar o para defenderse. **2** Utilizar algo no material como medio para atacar o para defenderse: *Esgrimió todo tipo de razones, pero no me convenció.* ☐ FAMILIA: esgrima.

esguince (es·guin·ce) [sustantivo masculino] Lesión que se produce en algunas articulaciones del cuerpo al torcerse.

eslabón (es·la·bón) [sustantivo masculino] Cada una de las piezas que forman una cadena.

eslabón

escultura

ARTE PREHISTÓRICO 
Venus de Willendorf

ARTE EGIPCIO 
estatua de Raherka y Meresankh

ARTE CHINO 
guerreros de Xi'an

ARTE GRIEGO 
Venus de Milo

ARTE ROMANO 
Apolo de Belvedere

ARTE INCA  
estatuilla inca

ARTE AZTECA 
diosa de la lluvia

ARTE MAYA 
estela

ARTE INDIO 
buda

ARTE POLINESIO 
moái

ARTE ROMÁNICO 
Cristo de San Damián

ARTE GÓTICO 
Virgen Blanca

ARTE RENACENTISTA 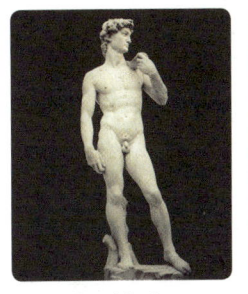
David, de Miguel Ángel

ARTE BARROCO 
Éxtasis de santa Teresa, de Bernini

ARTE MODERNO 
El pensador, de Rodin

ARTE CONTEMPORÁNEO 
La mano, de Botero

eslalon (es·la·lon) [sustantivo masculino] Competición de esquí en la que se sigue un camino marcado con banderitas. ☐ [Es una palabra de origen noruego].

eslogan (es·lo·gan) [sustantivo masculino] Frase corta y fácil de recordar que sirve para hacer publicidad de algo. ☐ [Es una palabra de origen inglés].

eslora (es·lo·ra) [sustantivo femenino] Longitud de un barco desde la proa a la popa: *Este pesquero tiene veinte metros de eslora.*

eslovaco, ca (es·lo·va·co, ca) ■ [adjetivo o sustantivo] **1** De Eslovaquia, que es un país europeo. ■ **eslovaco** [sustantivo masculino] **2** Lengua de este país. ☐ FAMILIA: checoslovaco.

esloveno, na (es·lo·ve·no, na) ■ [adjetivo o sustantivo] **1** De Eslovenia, que es un país europeo. ■ **esloveno** [sustantivo masculino] **2** Lengua de este país.

esmaltar (es·mal·tar) [verbo] Cubrir una superficie con una pintura brillante. ☐ FAMILIA: →esmalte.

esmalte (es·mal·te) [sustantivo masculino] **1** Pintura brillante que se da sobre algunos objetos: *Algunas baldosas tienen una capa de esmalte.* **2** Líquido que se usa para pintar las uñas. **3** Sustancia dura y blanca que cubre los dientes. ☐ SINÓNIMOS: **2** pintaúñas. ☐ FAMILIA: esmaltar.

esmerado, da (es·me·ra·do, da) [adjetivo] Que está hecho con mucho cuidado o que pone mucho cuidado en lo que hace: *un esmerado trabajo; un estudiante esmerado.* ☐ FAMILIA: →esmerarse.

esmeralda (es·me·ral·da) [sustantivo femenino] Piedra de color verde azulado que se usa para hacer joyas.

esmerarse (es·me·rar·se) [verbo] Poner mucho cuidado en lo que se hace para que quede lo mejor posible: *Me esmeré tanto en el ejercicio que la profesora me felicitó.* ☐ FAMILIA: esmero, esmerado.

esmerilado, da (es·me·ri·la·do, da) [adjetivo] Que está pulido con un tipo de mineral muy duro: *cristal esmerilado.*

esmero (es·me·ro) [sustantivo masculino] Cuidado grande que se pone en lo que se hace para que quede lo mejor posible. ☐ SINÓNIMOS: primor, pulcritud, celo. ☐ FAMILIA: →esmerarse.

esmirriado, da (es·mi·rria·do, da) [adjetivo] Muy delgado o muy débil: *Es un chico bajito y esmirriado.*

esmog (es·mog) [sustantivo masculino] Niebla contaminada con humo y otras partículas: *El esmog se produce en las grandes ciudades.*

esmoquin (es·mo·quin) [sustantivo masculino] Chaqueta de hombre con el cuello largo y casi siempre de seda. ☐ [Es una palabra de origen inglés. Su plural es «esmóquines»].

esmoquin

esnob (es·nob) [adjetivo o sustantivo] Persona que, para darse importancia, sigue las modas, las costumbres y las ideas que considera más modernas y elegantes. ☐ [No varía en masculino y femenino. Su plural es «esnobs». Es despectivo]. ☐ FAMILIA: esnobismo.

esnobismo (es·no·bis·mo) [sustantivo masculino] Tendencia a seguir las modas, las costumbres y las ideas más modernas y elegantes, para darse importancia. ☐ [Es despectivo]. ☐ FAMILIA: →esnob.

eso (e·so) [pronombre demostrativo] Señala lo que no está cerca ni lejos: *¿Me das eso de ahí?* ◆ [expresión] ‖ **a eso de** Alrededor de: *Vinieron a eso de las diez.* ‖ **por eso** Debido a esa razón: *Es húngara; por eso tiene ese acento.* ‖ **y eso que** A pesar de que: *No vino, y eso que le apetecía mucho.* ☐ [Es neutro].

esófago (e·só·fa·go) [sustantivo masculino] Especie de tubo del aparato digestivo por el que bajan los alimentos hasta el estómago.

espabilado, da (es·pa·bi·la·do, da) ■ [adjetivo] **1** Que no está dormido: *Aunque es tarde, hoy estoy muy espabilado.* ■ [adjetivo o sustantivo] **2** Listo y con una inteligencia viva y clara: *Como eres tan espabilada, lo harás bien.* ☐ [Se usa también «despabilado»]. ☐ SINÓNIMOS: despierto. **2** avispado. ☐ ANTÓNIMOS: **2** torpe. ☐ FAMILIA: →espabilar.

espabilar (es·pa·bi·lar) [verbo] **1** Despertar del todo o quitar el sueño: *Hasta que no me lavo la cara, no me espabilo.* **2** Hacer más listo y hábil: *Los hermanos mayores han espabilado al pequeño.* **3** Darse prisa o hacer algo más deprisa: *Si no nos espabilamos, perderemos el tren.* ☐ SINÓNIMOS: **2** despertar. ☐ FAMILIA: espabilado.

espachurrar (es·pa·chu·rrar) [verbo] → **despachurrar**.

espaciador (es·pa·cia·dor) [sustantivo masculino] Tecla de la máquina de escribir y del teclado del ordenador que sirve para dejar espacios en blanco. ☐ FAMILIA: →espacio.

espacial (es·pa·cial) [adjetivo] Del espacio o relacionado con él: *una nave espacial.* ☐ [No varía en masculino y femenino]. ☐ FAMILIA: →espacio.

espaciar (es·pa·ciar) [verbo] **1** Dejar espacio entre dos o más cosas: *espaciar las palabras.* **2** Aumentar el espacio de tiempo que transcurre entre dos o más acciones: *Ha espaciado sus visitas y ya solo viene una vez al mes.* ☐ [Es irregular y se conjuga como ANUNCIAR]. ☐ FAMILIA: →espacio.

espacio (es·pa·cio) [sustantivo masculino] **1** Parte del universo que se encuentra más allá de la Tierra: *Me gustaría viajar en un cohete por el espacio.* **2** Extensión que hay entre dos límites: *Entre dos renglones hay un pequeño espacio.* **3** Lugar que ocupa algo: *¿Me dejáis espacio para sentarme?* **4** Período de tiempo: *Habló por espacio de una hora.* **5** Programa de radio o de televisión: *un espacio documental sobre animales.* ☐ FAMILIA: espacioso, espaciar, espaciador, espacial, aeroespacial, ciberespacio.

espacioso, sa (es·pa·cio·so, sa) [adjetivo] Muy extenso o con mucho espacio: *una habitación espaciosa.*

☐ Sinónimos: amplio. ☐ Antónimos: reducido. ☐ Familia: →espacio.

espada (es·pa·da) ▪ [sustantivo femenino] **1** Arma parecida a un cuchillo muy largo y delgado. ▪ **espadas** [plural] **2** Palo de la baraja que tiene dibujada esta arma. ◆ [expresión] ‖ **entre la espada y la pared** En una situación difícil: *Estoy entre la espada y la pared, porque haga lo que haga voy a tener problemas.* ☐ Familia: espadachín, espadaña.

espadachín (es·pa·da·chín) [sustantivo masculino] Persona que sabe luchar muy bien con la espada. ☐ Familia: →espada.

espadaña (es·pa·da·ña) [sustantivo femenino] Campanario formado por una sola pared que tiene huecos abiertos para colocar las campanas. ☐ Familia: →espada.

espagueti (es·pa·gue·ti) [sustantivo masculino] Tipo de pasta hecha de harina, con forma larga y delgada. ☐ [Es una palabra de origen italiano. Su plural es «espaguetis»].

espalda (es·pal·da) [sustantivo femenino] **1** Parte de atrás del cuerpo, que va desde los hombros hasta la cintura. **2** Parte posterior de algo: *El parque está a la espalda de este edificio.* **3** Forma de nadar tumbado boca arriba. ◆ [expresión] ‖ **a espaldas de alguien** En ausencia suya o a escondidas de él. ‖ **dar la espalda a alguien** Dejar de prestarle ayuda: *Me dio la espalda en el momento en que más lo necesitaba.* ☐ [En el significado **1** es lo mismo en singular que en plural]. ☐ Familia: espalderas, guardaespaldas, respaldar, respaldo.

espalderas (es·pal·de·ras) [sustantivo femenino plural] Aparato formado por barras de madera horizontales que se pega a la pared y se usa para hacer ejercicios de gimnasia. ☐ Familia: →espalda.

espalderas

espanglish [sustantivo masculino] Variedad lingüística que mezcla español e inglés. ☐ [Se pronuncia «espánglis»].

espantajo (es·pan·ta·jo) [sustantivo masculino] **1** Cosa que se pone para espantar o asustar. **2** Persona mal vestida y de aspecto ridículo. ☐ [El significado **2** es coloquial]. ☐ Familia: →espantar.

espantapájaros (es·pan·ta·pá·ja·ros) [sustantivo masculino] Muñeco que se pone en los campos sembrados para que no se acerquen los pájaros. ☐ [No varía en singular y plural]. ☐ Familia: →espantar. →pájaro.

espantar (es·pan·tar) [verbo] **1** Producir mucho miedo o mucho rechazo: *Me espanta ver sangre.* **2** Echar de un lugar: *El ruido espantó a los pájaros.* ☐ Sinónimos: **1** horrorizar, horripilar. ☐ Antónimos: atraer. **1** encantar. ☐ Familia: espanto, espantoso, espantajo, espantapájaros.

espanto (es·pan·to) [sustantivo masculino] **1** Miedo o susto muy grandes producidos por algo: *Todos miraban el incendio con espanto.* **2** Persona o cosa que molesta mucho o produce mucho rechazo: *El tráfico de esta ciudad es un espanto.* ☐ Sinónimos: **1** horror, terror. ☐ Antónimos: **2** hermosura, preciosidad. ☐ Familia: →espantar.

espantoso, sa (es·pan·to·so, sa) [adjetivo] **1** Que da miedo o que es muy feo: *¡Qué película tan espantosa!* **2** Muy grande o muy fuerte: *Tengo una cantidad de trabajo espantosa.* ☐ Sinónimos: horrendo. **1** espeluznante, terrorífico, horripilante, dantesco. **2** terrible, horroroso. ☐ Familia: →espantar.

español, la (es·pa·ñol, ño·la) [adjetivo o sustantivo] **1** De España, que es un país europeo. ▪ **español** [sustantivo masculino] **2** Lengua hablada en este país, en Hispanoamérica y en otras partes del mundo. ☐ Sinónimos: **1** hispánico. **2** castellano.

esparadrapo (es·pa·ra·dra·po) [sustantivo masculino] Cinta de tela o de papel que se pega por una de sus caras y se usa para sujetar vendas y gasas.

esparcimiento (es·par·ci·mien·to) [sustantivo masculino] **1** Diversión o distracción. **2** Hecho de separar y extender algo que está junto. ☐ Familia: →esparcir.

esparcir (es·par·cir) [verbo] **1** Separar y extender algo que está junto: *El viento ha esparcido los papeles por el jardín.* **2** Extender una noticia o algo parecido: *El rumor se esparció por todo el colegio.* ☐ [La «c» se cambia en «z» delante de «a», «o» («esparza»)]. ☐ Sinónimos: **1** desparramar. **2** divulgar. ☐ Antónimos: **1** juntar, amontonar, agrupar, reunir. ☐ Familia: esparcimiento.

espárrago (es·pá·rra·go) [sustantivo masculino] **1** Brote tierno de una planta, que es de color blanco o verde y que se puede comer. ◉ página 967. **2** Planta de la que nacen estos brotes. ◆ [expresión] ‖ **mandar algo a freír espárragos** Dejar de ocuparse de ello: *Se hartó y lo mandó todo a freír espárragos.* ☐ [La expresión es coloquial]. ☐ Sinónimos: **2** esparraguera. ☐ Familia: esparraguera.

esparraguera (es·pa·rra·gue·ra) [sustantivo femenino] Planta con flores de color blanco y con frutos redondos y rojos, cuyos brotes son los espárragos. ☐ Sinónimos: espárrago. ☐ Familia: →espárrago.

esparto (es·par·to) [sustantivo masculino] Planta de hojas largas y fuertes que se usa para fabricar cuerdas y otros objetos.

espasmo (es·pas·mo) [sustantivo masculino] Contracción brusca de los músculos que se produce de forma involuntaria: *Me dio un espasmo y se me quedó la pierna agarrotada.*

espatarrarse (es·pa·ta·rrar·se) [verbo] Abrirse mucho de piernas: *Me caí y me espatarré.* ☐ [Es coloquial]. ☐ Sinónimos: despatarrarse. ☐ Familia: →pata.

espátula (es·pá·tu·la) [sustantivo/femenino] Especie de pala pequeña, con la parte de metal plana y los bordes afilados: *El albañil utiliza una espátula para extender el yeso.* 👁 páginas 494-495.

espátula

especia (es·pe·cia) [sustantivo] Sustancia vegetal que se usa para dar olor y sabor a las comidas: *La pimienta y el orégano son especias.* ☐ [No confundir con «especie» (grupo de cosas de una misma clase)].

especial (es·pe·cial) [adjetivo] **1** Raro o distinto de lo normal: *Nunca he conocido a nadie tan especial como tú.* **2** Adecuado para algo concreto: *Uso un champú especial para cabellos grasos.* ☐ [No varía en masculino y femenino]. ☐ Sinónimos: **1** particular, singular, excepcional. ☐ Antónimos: **1** común, corriente, normal. ☐ Familia: especialidad, especialista, especializarse, especialización.

especialidad (es·pe·cia·li·dad) [sustantivo/femenino] **1** Parte de una ciencia, de un arte o de una actividad: *Estudió medicina y eligió la especialidad de cirugía.* **2** Aquello en lo que se destaca: *La especialidad de esa pastelería son las tartas de nata.* ☐ Familia: →especial.

especialista (es·pe·cia·lis·ta) ■ [adjetivo o sustantivo] **1** Que se dedica a una rama de una ciencia o de un arte y tiene en ella especiales conocimientos: *El médico de cabecera me mandó al especialista del oído.* **2** Que tiene mucha habilidad para hacer algo: *Soy especialista en hacer bizcochos.* ■ [sustantivo] **3** En cine, persona que sustituye a los actores principales en las escenas de peligro. ☐ [No varía en masculino y femenino]. ☐ Sinónimos: **1**, **2** experto. ☐ Familia: →especial.

especialización (es·pe·cia·li·za·ción) [sustantivo/femenino] Hecho de dedicarse especialmente a algo. ☐ Familia: →especial.

especializarse (es·pe·cia·li·zar·se) [verbo] Dedicarse especialmente a algo: *Estudié biología y me especialicé en botánica.* ☐ [La «z» se cambia en «c» delante de «e» («especialice»)]. ☐ Familia: →especial.

especie (es·pe·cie) [sustantivo/femenino] **1** Grupo que forman las cosas que tienen caracteres comunes: *la especie animal.* **2** Algo parecido a otra cosa: *Un edredón es una especie de manta.* ☐ [No confundir con «especia» (sustancia vegetal para condimentar las comidas)]. ☐ Sinónimos: **1** clase, tipo, género.

especificación (es·pe·ci·fi·ca·ción) [sustantivo/femenino] **1** Hecho de fijar o señalar de manera exacta. **2** Explicación detallada de algo. ☐ Familia: →específico.

especificar (es·pe·ci·fi·car) [verbo] **1** Fijar o señalar de manera exacta: *No especificó el día de su llegada.* **2** Explicar con detalle: *El manual de instrucciones especifica cómo se programa el vídeo.* ☐ [La «c» se cambia en «qu» delante de «e» («especifique»)]. ☐ Sinónimos: **1** precisar. **2** detallar, pormenorizar. ☐ Familia: →específico.

especificativo, va (es·pe·ci·fi·ca·ti·vo, va) [adjetivo] Dicho de un adjetivo, que especifica o concreta al sustantivo al que acompaña: *En «ganado lanar», «lanar» es un adjetivo especificativo porque selecciona un tipo de ganado.* ☐ Familia: →específico.

específico, ca (es·pe·cí·fi·co, ca) [adjetivo] **1** Que es propio de algo y sirve para distinguirlo de otras personas o cosas: *La capacidad de hablar es específica de los seres humanos.* **2** Dicho de un medicamento, que es apropiado para tratar una enfermedad determinada.* ☐ Familia: especificar, especificación, especificativo.

espécimen (es·pé·ci·men) [sustantivo/masculino] Modelo que reúne las características de su especie: *El león del zoo es un buen espécimen de su raza.* ☐ [Su plural es «especímenes»].

espectacular (es·pec·ta·cu·lar) [adjetivo] Muy grande o que produce una gran impresión: *Fue un partido espectacular, con más de doce goles.* ☐ [No varía en masculino y femenino]. ☐ Sinónimos: impresionante. ☐ Familia: →espectáculo.

espectáculo (es·pec·tá·cu·lo) [sustantivo/masculino] **1** Función o diversión públicas: *En el teatro no se permitía la entrada una vez empezado el espectáculo.* **2** Situación con la que se llama la atención: *¡Pórtate bien y no des el espectáculo!* ☐ Familia: espectacular, espectador.

espectador, ra (es·pec·ta·dor, do·ra) [sustantivo] Persona que asiste a un espectáculo. ☐ Familia: →espectáculo.

espectro (es·pec·tro) [sustantivo/masculino] Ser imaginario que creemos ver como si fuera real: *Salió corriendo porque creyó ver el espectro de un antepasado.* ☐ Sinónimos: fantasma, visión.

especulación (es·pe·cu·la·ción) [sustantivo/femenino] **1** Actividad que consiste en pensar algo despacio y con atención: *Los científicos hacen especulaciones sobre la existencia de vida en otros planetas.* **2** Consideración de que algo es de determinada manera aunque no se tengan pruebas: *No debes creerlo porque es una mera especulación.* **3** Compra de bienes a bajo precio para luego venderlos más caros: *La especulación de los terrenos hace que suban los precios de las viviendas.* ☐ Sinónimos: **1** reflexión, meditación. **2** suposición, hipótesis. ☐ Familia: →especular.

especular (es·pe·cu·lar) [verbo] **1** Pensar algo despacio y con atención: *Los científicos especulan sobre el origen del hombre.* **2** Considerar que algo es de determinada manera aunque no se tengan pruebas: *Deja de especular y pregúntale a él directamente.* **3** Comprar bienes a bajo precio para luego venderlos más caros: *No se debe especular con nada.* ☐ Sinónimos: **1** meditar, reflexionar. **2** suponer. ☐ Familia: especulación.

espejismo (es·pe·jis·mo) [sustantivo masculino] Imagen de algo que se ve, pero que no existe en realidad: *En el desierto se ven espejismos.* ☐ FAMILIA: →espejo.

espejo (es·pe·jo) [sustantivo masculino] Cristal pintado por la parte de atrás en el que se refleja lo que se pone delante: *Se maquilló mirándose al espejo.* ☐ FAMILIA: espejismo.

espeleología (es·pe·le·o·lo·gí·a) [sustantivo femenino] Actividad que consiste en explorar cuevas y otras zonas que están bajo tierra. ☐ FAMILIA: espeleólogo.

espeleólogo, ga (es·pe·le·ó·lo·go, ga) [sustantivo] Persona que se dedica a explorar cuevas y otras zonas que están bajo tierra. ☐ FAMILIA: →espeleología.

espeluznante (es·pe·luz·nan·te) [adjetivo] Que produce mucho miedo o rechazo: *Fue un crimen espeluznante.* ☐ [No varía en masculino y femenino.] ☐ SINÓNIMOS: espantoso, horrible, horrendo, terrible.

espera (es·pe·ra) [sustantivo femenino] Estancia en un lugar mientras esperamos la llegada de alguien o de algo: *La espera en el aeropuerto fue larga porque el avión venía con retraso.* ☐ FAMILIA: →esperar.

esperanto (es·pe·ran·to) [sustantivo masculino] Idioma inventado para que puedan utilizarlo todas las personas del mundo.

esperanza (es·pe·ran·za) [sustantivo femenino] Confianza de que ocurra lo que se desea: *No te rindas y no pierdas la esperanza.* ☐ FAMILIA: esperanzado, esperanzador.

esperanzado, da (es·pe·ran·za·do, da) [adjetivo] Que tiene esperanza de que algo ocurra como se desea. ☐ FAMILIA: →esperanza.

esperanzador, ra (es·pe·ran·za·dor, do·ra) [adjetivo] Que da esperanza o que hace tenerla: *Fue muy esperanzador saber que la operación había salido bien.* ☐ SINÓNIMOS: prometedor. ☐ FAMILIA: →esperanza.

esperar (es·pe·rar) [verbo] **1** Pensar que se va a conseguir lo que se desea: *Espero llevarme bien con mis nuevos compañeros.* **2** Creer que algo se puede producir: *No me esperaba esa reacción de ti.* **3** Permanecer en un lugar hasta que llegue alguien o suceda algo: *Mis padres vinieron a esperarme al aeropuerto.* **4** Estar a punto de suceder algo: *¡Buena te espera como llegues tarde!* ◆ [expresión] ‖ **de aquí te espero** Extraordinario o muy grande: *Pasamos un miedo de aquí te espero.* ☐ [La expresión es coloquial.] ☐ SINÓNIMOS: **1** confiar. **3** aguardar. ☐ ANTÓNIMOS: **1** desesperar. ☐ FAMILIA: espera, esperanza, inesperado, desesperar, desesperación, desesperante, desesperada.

esperma (es·per·ma) [sustantivo] Líquido que contiene las células sexuales masculinas. ☐ [Se puede decir «el esperma» y «la esperma» sin que cambie de significado, aunque se usa más en masculino]. ☐ SINÓNIMOS: semen. ☐ FAMILIA: espermatozoide, espermafito.

espermafito, ta o **espermáfito, ta** (es·per·ma·fi·to, ta; es·per·má·fi·to, ta) [adjetivo o sustantivo femenino] Dicho de una planta, que se reproduce por semillas, como la patata o el rosal. ☐ SINÓNIMOS: fanerógamo. ☐ FAMILIA: →esperma.

espermatozoide (es·per·ma·to·zoi·de) [sustantivo masculino] Célula sexual masculina que puede fecundar el óvulo: *Los espermatozoides se forman en los testículos.* ☐ FAMILIA: →esperma.

esperpento (es·per·pen·to) [sustantivo masculino] Persona o cosa que es muy fea, ridícula o tiene mal aspecto: *Vas hecho un esperpento.*

espesar (es·pe·sar) [verbo] **1** Hacer un líquido más espeso: *No espeses tanto la salsa.* ∎ **espesarse 2** Hacerse algo más apretado o juntarse más sus partes: *En la selva, la vegetación se espesa tanto que es difícil pasar.* ☐ ANTÓNIMOS: aclarar. ☐ FAMILIA: →espeso.

espeso, sa (es·pe·so, sa) [adjetivo] **1** Que está poco líquido y casi parece una masa: *Me gusta el puré espeso.* **2** Formado por cosas que están muy juntas o apretadas: *un bosque espeso.* ☐ SINÓNIMOS: **2** denso, tupido. ☐ ANTÓNIMOS: **1** claro. **2** ralo. ☐ FAMILIA: espesar, espesor, espesura.

espesor (es·pe·sor) [sustantivo masculino] **1** Anchura de un cuerpo: *Estos ladrillos tienen un espesor de diez centímetros.* **2** Carácter de lo que está espeso y casi parece una masa: *La niebla tenía tal espesor que no se veía nada.* ☐ SINÓNIMOS: **1** grosor, grueso. ☐ FAMILIA: →espeso.

espesura (es·pe·su·ra) [sustantivo femenino] Lugar muy lleno de árboles y de plantas: *la espesura del bosque.* ☐ FAMILIA: →espeso.

espetar (es·pe·tar) [verbo] **1** Decir de repente algo que sorprende o que molesta: *Me espetó que estaba harta de mis tonterías.* **2** Atravesar el pescado, el pollo u otro alimento con un pincho para ponerlos a asar. ☐ SINÓNIMOS: **1** soltar. ☐ FAMILIA: espetón.

espetón (es·pe·tón) [sustantivo masculino] Pincho con el que se atraviesa el pescado, el pollo u otro alimento para ponerlos a asar. ☐ FAMILIA: →espetar.

espía (es·pí·a) [sustantivo] Persona que observa o escucha a otros con atención y procurando que no se den cuenta, para contar después lo que descubra. ☐ [No varía en masculino y femenino.] ☐ FAMILIA: espiar, espionaje.

espiar (es·piar) [verbo] Observar o escuchar a otros con atención y procurando que no se den cuenta: *El detective espió al sospechoso durante meses.* ☐ [Es irregular y se conjuga como **ENVIAR**.] ☐ SINÓNIMOS: vigilar, acechar. ☐ FAMILIA: →espía.

espichar (es·pi·char) [verbo] Morir. ☐ [Es coloquial.] ☐ SINÓNIMOS: palmar.

espiga (es·pi·ga) [sustantivo femenino] Conjunto de flores o de pequeños frutos que crecen a lo largo de un tallo común: *El trigo crece formando espigas.* ☐ FAMILIA: espigar, espigado, espigón, espiguilla.

espiga

espigado, da

espigado, da (es·pi·ga·do, da) [adjetivo] Dicho de una persona, que es alta y delgada. ☐ Sinónimos: esbelto. ☐ Antónimos: achaparrado. ☐ Familia: →espiga.

espigar (es·pi·gar) [verbo] **1** Recoger las espigas que han quedado en un terreno ya segado: *Tras la siega, se espigan los trigales.* **2** Empezar el cereal a echar espiga: *Este año el trigo ha espigado muy pronto.* **3** Buscar y recoger datos o información en distintos sitios: *Para hacer este trabajo he tenido que espigar noticias en los periódicos.* ‖ **espigarse 4** Crecer mucho una persona: *Tu hija se ha espigado mucho desde el verano pasado.* ☐ [La «g» se cambia en «gu» delante de «e» («espigue»)]. ☐ Familia: →espiga.

espigón (es·pi·gón) [sustantivo masculino] Muro que se construye a la orilla de un río o del mar para contener las aguas. ☐ Sinónimos: dique, escollera, malecón. ☐ Familia: →espiga.

espiguilla (es·pi·gui·lla) [sustantivo femenino] Dibujo que imita una espiga: *tejido de espiguilla.* ☐ Familia: →espiga.

espina (es·pi·na) [sustantivo femenino] **1** Especie de púa que tienen algunas plantas: *las espinas del rosal.* **2** Cada uno de los huesos largos y con punta que forman el esqueleto de un pez. **3** Cosa que pone muy triste o produce mucho dolor: *Aún tengo clavada la espina de esa traición.* ◆ [expresión] ‖ **dar algo mala espina** Hacer pensar que puede ocurrir algo malo: *Me da muy mala espina que estén tardando tanto en venir.* ‖ **espina dorsal** Conjunto de huesos que forman el eje del esqueleto de las personas y de algunos animales. ☐ Familia: espinal, espinoso, espino, espinazo.

espinaca (es·pi·na·ca) [sustantivo femenino] Planta que se cultiva en las huertas, de hojas verdes, estrechas y suaves. 👁 página 967.

espinal (es·pi·nal) [adjetivo] De la médula o de la columna vertebral: *Tiene una lesión en la región espinal.* ☐ [No varía en masculino y femenino]. ☐ Familia: →espina.

espinazo (es·pi·na·zo) [sustantivo masculino] Conjunto de huesos que forman el eje del esqueleto de las personas y de algunos animales. ◆ [expresión] ‖ **doblar el espinazo** Trabajar mucho y con esfuerzo. ☐ [La expresión es coloquial]. ☐ Sinónimos: espina dorsal, columna vertebral. ☐ Familia: →espina.

espinilla (es·pi·ni·lla) [sustantivo femenino] **1** Parte de delante del hueso de la pierna entre el tobillo y la rodilla. **2** Grano pequeño y con grasa que sale en la piel. ☐ Familia: espinillera.

espinillera (es·pi·ni·lle·ra) [sustantivo femenino] Pieza que se pone en la pierna para proteger la espinilla. ☐ Familia: →espinilla.

espino (es·pi·no) [sustantivo masculino] **1** Planta que tiene espinas en las ramas. **2** Alambre con pinchos que se usa para hacer cercas. ☐ Familia: →espina.

espinoso, sa (es·pi·no·so, sa) [adjetivo] **1** Con espinas: *un matorral espinoso.* **2** Delicado, difícil o que puede causar problemas: *una pregunta espinosa.* ☐ Familia: →espina.

espionaje (es·pio·na·je) [sustantivo masculino] Conjunto de actividades que se realizan para obtener información secreta. ☐ Sinónimos: vigilancia. ☐ Familia: →espía.

espira (es·pi·ra) [sustantivo femenino] Cada una de las vueltas de una espiral. ☐ Familia: espiral.

espiración (es·pi·ra·ción) [sustantivo femenino] Expulsión del aire de los pulmones. ☐ Antónimos: inspiración. ☐ Familia: →espirar.

espiral (es·pi·ral) [sustantivo femenino] **1** Línea curva que gira alrededor de un punto y se separa cada vez más de él: *Un muelle tiene forma de espiral.* **2** Cualquier cosa que tiene la forma de esta línea: *Mi cuaderno tiene una espiral de alambre.* **3** Proceso en el que algo va aumentando cada vez más y sin poderlo frenar: *una espiral de violencia.* ☐ Familia: →espira.

espiral

espirar (es·pi·rar) [verbo] Echar el aire de los pulmones al respirar. ☐ [No confundir con «expirar» (dejar de vivir; acabar un período de tiempo)]. ☐ Antónimos: aspirar, inspirar. ☐ Familia: espiración.

espiritismo (es·pi·ri·tis·mo) [sustantivo masculino] **1** Creencia según la cual los espíritus de los muertos pueden entrar en comunicación con los vivos. **2** Conjunto de prácticas para establecer esa comunicación. ☐ Familia: →espíritu.

espíritu (es·pí·ri·tu) [sustantivo masculino] **1** Parte no material de una persona, de la que depende la capacidad de sentir y de pensar: *La cultura enriquece el espíritu.* **2** Alma de una persona muerta: *Dice que puede comunicarse con los espíritus.* **3** Ser con inteligencia pero sin cuerpo: *Los ángeles son espíritus celestiales.* **4** Ánimo o energía en la forma de actuar: *¡Pon un poco más de espíritu en lo que haces!* ☐ Familia: espiritual, espiritualidad, espiritismo.

espiritual (es·pi·ri·tual) [adjetivo] **1** Del espíritu o relacionado con esta parte de una persona: *vida espiritual.* **2** Dicho de una persona, que es muy sensible a todo lo relacionado con la religión y el espíritu: *Las personas espirituales no suelen vivir deslumbradas por la riqueza.* ☐ [No varía en masculino y femenino]. ☐ Familia: →espíritu.

espiritualidad (es·pi·ri·tua·li·dad) [sustantivo femenino] **1** Característica de lo que es espiritual. **2** Sensibilidad hacia todo lo relacionado con la religión y el espíritu, más que hacia lo material: *Es una persona de profunda espiritualidad.* ☐ Familia: →espíritu.

espita (es·pi·ta) [sustantivo femenino] Tubo pequeño que se coloca en un recipiente y que tiene una llave que permite o impide la salida de su contenido: *Acuérdate de cerrar la espita del gas.*

espléndido, da (es·plén·di·do, da) ▪ [adjetivo] **1** Muy bueno o de grandes cualidades: *La película fue espléndida.* **2** Que da mucho de lo que tiene: *Es muy espléndido con todos.* ▪ **espléndido** [adverbio] **3** Muy bien: *Lo habéis hecho espléndido todos.* ☐ Sinónimos: **1** magnífico. **2** generoso, desprendido, rumboso. ☐ Antónimos: **1** horrible, horroroso, horrendo. ☐ Familia: →esplendor.

esplendor (es·plen·dor) [sustantivo masculino] **1** Riqueza, medios o cualidades que hacen brillar algo: *Celebraron la ceremonia con gran esplendor.* **2** Situación en la que algo ha desarrollado sus cualidades hasta un punto muy alto: *un siglo de esplendor en arte.* ☐ Sinónimos: **2** auge, apogeo, plenitud. ☐ Antónimos: **2** decadencia. ☐ Familia: espléndido.

espliego (es·plie·go) [sustantivo masculino] Planta de hojas estrechas y flores azules con muy buen olor, que se usan para hacer perfumes. ☐ Sinónimos: lavanda.

espolear (es·po·le·ar) [verbo] Picar al caballo con la espuela para que ande o para que obedezca. ☐ Familia: →espuela.

espoleta (es·po·le·ta) [sustantivo femenino] Mecanismo que sirve para hacer estallar la carga explosiva de una bomba o de una granada.

espoliar (es·po·liar) [verbo] → **expoliar**. ☐ [Es irregular y se conjuga como ANUNCIAR].

espolio (es·po·lio) [sustantivo masculino] → **expolio**.

espolón (es·po·lón) [sustantivo masculino] **1** Hueso pequeño que tienen los machos de algunas aves en sus patas y que sobresale. **2** Bulto que sobresale en la parte de atrás de las patas de las caballerías. **3** Muro que se construye en la orilla de un río, del mar o al borde de un barranco, para proteger el terreno: *Había olas tan altas que pasaban el espolón.* ☐ Familia: →espuela.

espolvorear (es·pol·vo·re·ar) [verbo] Esparcir sobre una superficie una sustancia en polvo: *El pastelero espolvoreó la tarta con azúcar.* ☐ Familia: →polvo.

esponja (es·pon·ja) [sustantivo femenino] **1** Material suave, ligero y con muchos agujeros, que absorbe bien el agua: *Cuando te bañes, frótate bien con la esponja.* **2** Animal marino cuyo esqueleto se usa para fabricar algunos de estos objetos. 👁 página 96. ☐ Familia: esponjoso, esponjar.

esponjar (es·pon·jar) [verbo] **1** Poner algo blando y poco apretado, como una esponja: *La masa del bizcocho se va esponjando al cocerse.* ▪ **esponjarse 2** Ponerse orgullosa una persona: *Se esponja cuando le hablan bien de su hijo.* ☐ [Siempre se escribe con «j»]. ☐ Antónimos: **1** apelmazar. ☐ Familia: →esponja.

esponjoso, sa (es·pon·jo·so, sa) [adjetivo] Blando, ligero y suave: *un bizcocho muy esponjoso.* ☐ Familia: →esponja.

esponsales (es·pon·sa·les) [sustantivo masculino plural] Promesa de casarse que se hacen en público dos personas. ☐ Familia: →esposo.

espontaneidad (es·pon·ta·nei·dad) [sustantivo femenino] Modo de actuar natural, sincero y sin pensar antes lo que se va a hacer: *Los niños se comportan con espontaneidad.* ☐ Antónimos: afectación. ☐ Familia: →espontáneo.

espontáneo, a (es·pon·tá·ne·o, a) ▪ [adjetivo] **1** Natural, sincero y sin haberlo pensado antes: *Respondió de forma espontánea.* ▪ [sustantivo] **2** Persona que asiste a una corrida de toros o a otro espectáculo y que participa en ellos de pronto y sin que le den permiso. ☐ Antónimos: **1** estudiado. ☐ Familia: espontaneidad.

espora (es·po·ra) [sustantivo femenino] Célula reproductora que no necesita ser fecundada, como la de los musgos o la de los helechos.

esporádico, ca (es·po·rá·di·co, ca) [adjetivo] Que se produce con poca frecuencia y sin que se sepa cuándo va a suceder: *encuentros esporádicos.* ☐ Sinónimos: ocasional.

esposar (es·po·sar) [verbo] Ponerle las esposas a una persona. ☐ [No confundir con «desposar» (casar o unir en matrimonio)]. ☐ Familia: →esposas.

esposas (es·po·sas) [sustantivo femenino plural] Mira en **esposo, sa**.

esposo, sa (es·po·so, sa) ▪ [sustantivo] **1** Lo que es una persona en relación con aquella con la que está casada. ▪ **esposos** [sustantivo masculino plural] **2** Conjunto formado por dos personas que están casadas. ▪ **esposas** [sustantivo femenino plural] **3** Conjunto de dos piezas de metal en forma de anillos y unidas por una cadena, que se usa para sujetar a los detenidos. ☐ Familia: esposar, desposar, desposorio, esponsales.

espray (es·pray) [sustantivo masculino] **1** Líquido que está en un recipiente a presión y que cuando se lanza al exterior sale en gotas muy pequeñas. **2** Envase que contiene este líquido. ☐ [Es una palabra de origen inglés. Su plural es «espráis». Es preferible escribir «espray» que la forma inglesa *spray*]. ☐ Sinónimos: aerosol.

esprint (es·print) [sustantivo masculino] Último esfuerzo de los que participan en una carrera para conseguir mayor velocidad y llegar primero. ☐ [Es una palabra de origen inglés. Su plural es «esprints». Es preferible escribir «esprint» que la forma inglesa *sprint*]. ☐ Familia: esprínter, esprintar.

esprintar (es·prin·tar) [verbo] Realizar un esfuerzo al final de una carrera para conseguir más velocidad: *El atleta esprintó cuando se aproximaba a la línea de meta.* ☐ [Es una palabra de origen inglés]. ☐ Familia: →esprint.

esprínter (es·prín·ter) [sustantivo] Deportista que corre una distancia a mucha velocidad. ☐ [Es una palabra de origen inglés. No varía en masculino y femenino. Su plural es «esprínteres». Es preferible escribir «esprínter» que la forma inglesa *sprinter*]. ☐ Familia: →esprint.

espuela (es·pue·la) [sustantivo femenino] Pieza de metal con una rueda con dientes que se sujeta al talón de la bota y que sirve para picar al caballo para que corra más. ☐ Familia: espolear, espolón.

espuela

espuerta (es·puer·ta) [sustantivo femenino] Cesta de esparto, de palma o de otro material, con dos asas pequeñas. ◆ [expresión] ‖ **a espuertas** En gran cantidad: *Está ganando dinero a espuertas*. ☐ [La expresión es coloquial].

espuma (es·pu·ma) [sustantivo femenino] **1** Capa de pequeñas burbujas que se forma en la superficie de algunos líquidos: *La cerveza tiene espuma blanca*. **2** Producto de aspecto semejante a esta capa: *espuma de afeitar*. **3** Tela muy ligera que se ajusta muy bien: *leotardos de espuma*. **4** Material muy blando y elástico: *un colchón de espuma*. ☐ Familia: espumoso, espumarajo, gomaespuma.

espumadera (es·pu·ma·de·ra) [sustantivo femenino] Especie de pala redonda con agujeros que se usa en la cocina.

espumadera

espumarajo (es·pu·ma·ra·jo) [sustantivo masculino] Saliva que se echa en gran cantidad por la boca: *El perro echaba espumarajos como si estuviera rabioso*. ☐ Familia: →espuma.

espumillón (es·pu·mi·llón) [sustantivo masculino] Especie de cinta con flecos, de colores muy vivos y brillantes, que se usa como adorno en Navidad.

espumoso, sa (es·pu·mo·so, sa) [adjetivo] Que tiene o que hace mucha espuma. ☐ Familia: →espuma.

esputo (es·pu·to) [sustantivo masculino] Saliva, flema o sangre que se expulsan por la boca. ☐ Sinónimos: gargajo, escupitajo.

esqueje (es·que·je) [sustantivo masculino] Trozo de una planta que se une al tallo de otra o que se mete en la tierra para que nazca una planta nueva.

esquela (es·que·la) [sustantivo femenino] Nota que informa de la muerte de una persona y que suele aparecer en los periódicos.

esquelético, ca (es·que·lé·ti·co, ca) [adjetivo] Muy delgado. ☐ Sinónimos: famélico, escuálido. ☐ Familia: →esqueleto.

esqueleto (es·que·le·to) [sustantivo masculino] **1** Conjunto de los huesos de una persona o de un animal. **2** Conjunto de piezas que sirven para sujetar algo: *Las vigas son el esqueleto de una casa*. ◆ [expresión] ‖ **mover el esqueleto** Bailar: *El sábado fuimos a una discoteca a mover el esqueleto*. ☐ [La expresión es coloquial]. ☐ Sinónimos: **2** armadura, armazón, estructura. ☐ Familia: esquelético.

esquema (es·que·ma) [sustantivo masculino] **1** Cuadro que se hace destacando los puntos fundamentales de algo y sin anotar los detalles: *un esquema de la lección*. **2** Conjunto de líneas y signos con que se representa algo: *El plano de una casa es un esquema de su estructura*. ☐ Familia: esquematizar, esquemático.

esquemático, ca (es·que·má·ti·co, ca) [adjetivo] Que está hecho de manera sencilla, destacando los puntos fundamentales y sin entrar en detalles. ☐ Familia: →esquema.

esquematizar (es·que·ma·ti·zar) [verbo] Representar algo de manera sencilla, destacando los puntos fundamentales y sin entrar en detalles: *Deberías esquematizar el temario del examen para no olvidar nada*. ☐ [La «z» se cambia en «c» delante de «e» («esquematice»)]. ☐ Familia: →esquema.

esquí (es·quí) [sustantivo masculino] **1** Tabla alargada que se sujeta al pie y que sirve para moverse resbalando sobre la nieve o sobre el agua. **2** Deporte que se practica con estas tablas. ⊙ páginas 304-305. ◆ [expresión] ‖ **esquí acuático** El que se practica sobre el agua, con ayuda de un pequeño barco que tira del que lo practica. ⊙ páginas 304-305. ☐ [Su plural es «esquíes» o «esquís»]. ☐ Familia: esquiar, esquiador, telesquí.

esquiador, ra (es·quia·dor, do·ra) [sustantivo] Persona que practica el esquí. ☐ Familia: →esquí.

esquiar (es·quiar) [verbo] Moverse sobre la nieve o sobre el agua con esquíes. ☐ [Es irregular y se conjuga como ENVIAR]. ☐ Familia: →esquí.

esquijama (es·qui·ja·ma) [sustantivo masculino] Especie de pijama de punto que se pega al cuerpo.

esquila (es·qui·la) [sustantivo femenino] **1** Campana pequeña que se ata al cuello de algunos animales para que suene

esqueleto

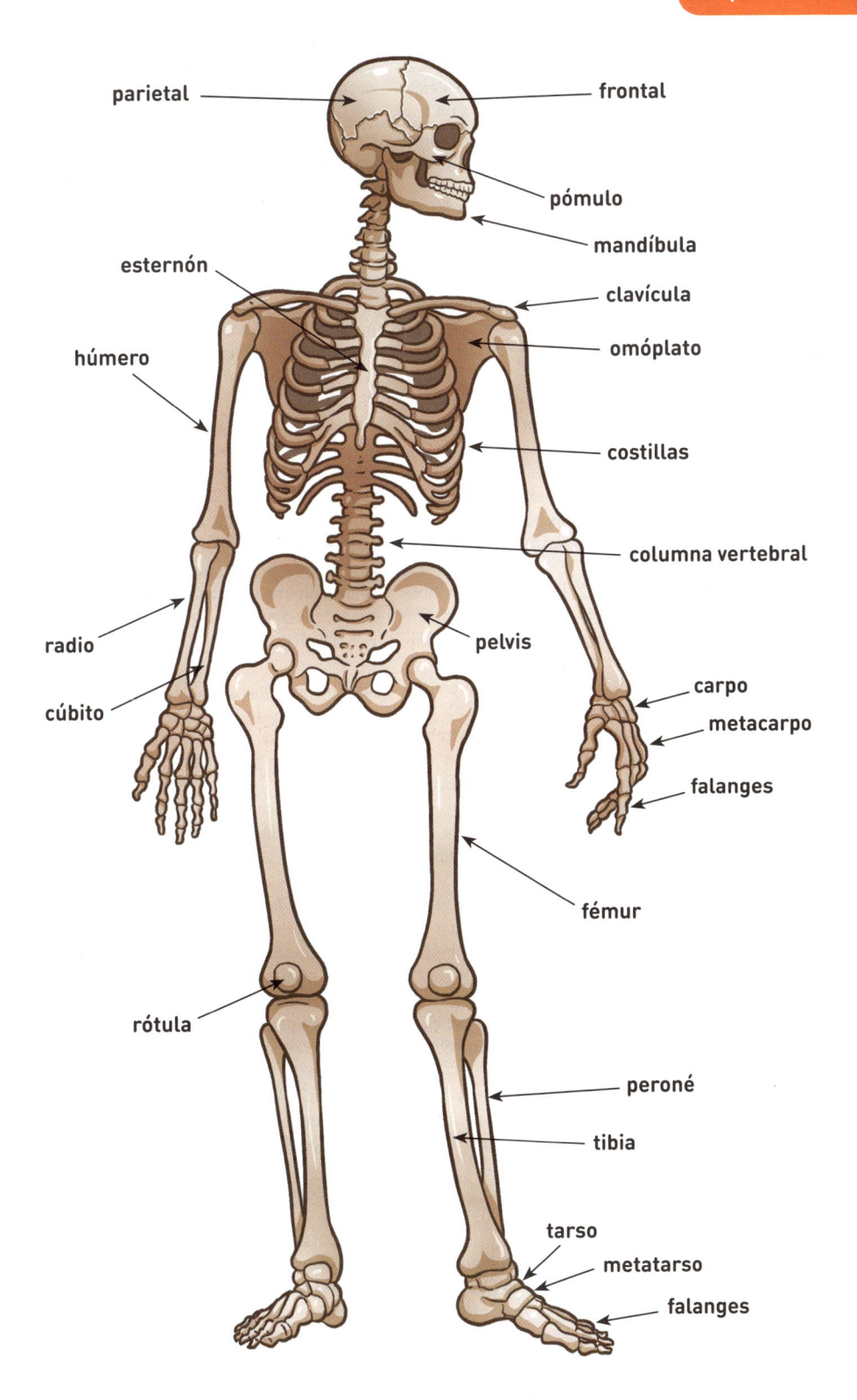

- parietal
- frontal
- pómulo
- mandíbula
- esternón
- clavícula
- omóplato
- húmero
- costillas
- columna vertebral
- radio
- pelvis
- cúbito
- carpo
- metacarpo
- falanges
- fémur
- rótula
- peroné
- tibia
- tarso
- metatarso
- falanges

esquilador, ra

cuando se mueven. **2** Corte del pelo o de la lana de un animal: *época de esquila*. ☐ Familia: →esquilar.

esquilador, ra (es·qui·la·dor, do·ra) ▮ [sustantivo] **1** Persona que se dedica a cortarle el pelo o la lana a un animal. ▮ **esquiladora** [sustantivo/femenino] **2** Máquina que sirve para cortarle el pelo o la lana a un animal. ☐ Familia: →esquilar.

esquilar (es·qui·lar) [verbo] Cortarle el pelo o la lana a un animal. ☐ Sinónimos: trasquilar. ☐ Familia: esquila, esquilador, trasquilar, trasquilón.

esquilmar (es·quil·mar) [verbo] **1** Dejar algo totalmente acabado o seco: *Los pescadores furtivos han esquilmado esta parte del río y no hay peces.* **2** Dejar a alguien sin dinero: *Esquilmó a su padre para pagar sus deudas de juego.*

esquimal (es·qui·mal) [adjetivo o sustantivo] De un pueblo que vive en zonas del extremo norte de la Tierra: *La casa típica de los esquimales es el iglú.* ☐ [No varía en masculino y femenino].

esquina (es·qui·na) [sustantivo/femenino] Parte exterior o interior del ángulo que forman dos paredes o dos lados de algo: *Te espero en la esquina de esas dos calles.* ☐ Familia: esquinazo.

esquinazo (es·qui·na·zo) [sustantivo/masculino] Esquina de un edificio. ◆ [expresión] ▮ **dar esquinazo** Dejar a una persona o evitar encontrarse con ella. ☐ [La expresión es coloquial]. ☐ Familia: →esquina.

esquirla (es·quir·la) [sustantivo/femenino] Trozo que se desprende al romperse algo duro, especialmente un hueso.

esquirol (es·qui·rol) [sustantivo] Persona que trabaja cuando hay huelga: *Los huelguistas estaban muy enfadados con los esquiroles.* ☐ [No varía en masculino y femenino. Es despectivo].

esquivar (es·qui·var) [verbo] Evitar un golpe u otra cosa con habilidad: *El delantero hizo un regate y esquivó al defensa.* ☐ Familia: →esquivo.

esquivo, va (es·qui·vo, va) [adjetivo] Que evita relacionarse con otras personas: *Es una persona esquiva y distante con sus compañeros.* ☐ Sinónimos: huraño. ☐ Antónimos: sociable. ☐ Familia: esquivar.

esquizofrenia (es·qui·zo·fre·nia) [sustantivo/femenino] Enfermedad mental que hace que una persona crea que tiene varias personalidades a la vez y que se comporte de forma extraña. ☐ Familia: esquizofrénico.

esquizofrénico, ca (es·qui·zo·fré·ni·co, ca) ▮ [adjetivo] **1** De la esquizofrenia o relacionado con esta enfermedad mental. ▮ [adjetivo o sustantivo] **2** Que padece esquizofrenia. ☐ Familia: →esquizofrenia.

esrilanqués, sa (es·ri·lan·qués, que·sa) [adjetivo o sustantivo] De Sri Lanka, antes llamado Ceilán, que es un país asiático. ☐ Sinónimos: ceilanés, cingalés.

estabilidad (es·ta·bi·li·dad) [sustantivo/femenino] Cualidad por la que algo se mantiene firme, seguro o con buen equilibrio: *Las vigas dan estabilidad a la construcción.* ☐ Sinónimos: firmeza, seguridad, solidez. ☐ Familia: →estar.

estabilizar (es·ta·bi·li·zar) [verbo] Hacer que algo se quede estable: *El tiempo por fin se ha estabilizado tras el paso del huracán.* ☐ [La «z» se cambia en «c» delante de «e» («estabilice»)]. ☐ Antónimos: desestabilizar. ☐ Familia: →estar.

estable (es·ta·ble) [adjetivo] Que no se tambalea: *Esta mesa es poco estable y cojea.* ☐ [No varía en masculino y femenino]. ☐ Familia: →estar.

establecer (es·ta·ble·cer) [verbo] **1** Organizar, formar o hacer aparecer algo, generalmente con intención de que continúe: *Estableceremos aquí el campamento.* **2** Fijar algo como orden o como principio: *La Constitución establece que todos los españoles somos iguales ante la ley.* ▮ **establecerse 3** Quedarse en un lugar para vivir: *Encontró trabajo en esta ciudad y se estableció aquí.* ☐ [Es irregular y se conjuga como AGRADECER]. ☐ Sinónimos: **1** fundar, crear, instituir. **2** ordenar. ☐ Antónimos: **1** destruir. ☐ Familia: establecimiento, restablecer, restablecimiento.

establecimiento (es·ta·ble·ci·mien·to) [sustantivo/masculino] **1** Hecho de formar, de organizar o de hacer aparecer algo: *el establecimiento de relaciones diplomáticas entre dos países.* **2** Lugar en el que se desarrolla una actividad comercial, una industria o una profesión: *Las tiendas son establecimientos comerciales.* ☐ Sinónimos: **1** creación, fundación. ☐ Antónimos: **1** destrucción. ☐ Familia: →establecer.

establo (es·ta·blo) [sustantivo/masculino] Lugar cubierto en el que se guarda el ganado.

estaca (es·ta·ca) [sustantivo/femenino] Palo grueso que suele acabar en punta para poder clavarlo. ☐ Familia: estacazo, estacada.

estacada (es·ta·ca·da) ◆ [expresión] ▮ **dejar en la estacada a alguien** Abandonarlo en un peligro o en una situación difícil. ☐ Familia: →estaca.

estacazo (es·ta·ca·zo) [sustantivo/masculino] Golpe muy fuerte, generalmente dado con un palo. ☐ Familia: →estaca.

estación (es·ta·ción) [sustantivo/femenino] **1** Cada uno de los cuatro grandes períodos de tiempo en que se divide el año: *La primavera, el verano, el otoño y el invierno son las estaciones del año.* **2** Sitio en el que suele parar el tren u otros vehículos públicos para que suban y bajen viajeros: *¿En qué estación de metro te bajas?* **3** Conjunto de terrenos y de aparatos necesarios para realizar una actividad determinada: *una estación de esquí.* ◆ [expresión] ▮ **estación de servicio** Lugar en el que hay gasolinera y otros servicios para los que viajan en coche. ☐ Familia: estacionar, estacionamiento, estacionario.

estacionamiento (es·ta·cio·na·mien·to) [sustantivo/masculino] **1** Parada de un vehículo en un lugar para dejarlo allí durante cierto tiempo: *Está prohibido el estacionamiento en doble fila.* **2** Lugar señalado y preparado para aparcar en él los vehículos. ☐ Sinónimos: aparcamiento. ☐ Familia: →estación.

estacionar (es·ta·cio·nar) [verbo] **1** Parar un vehículo en un lugar y dejarlo allí durante un tiempo: *En esta calle está prohibido estacionar.* ▪ **estacionarse 2** Quedarse algo estable y sin cambios: *El estado del enfermo se ha estacionado.* ☐ Sinónimos: **1** aparcar. ☐ Familia: →estación.

estacionario, ria (es·ta·cio·na·rio, ria) [adjetivo] Que no cambia: *El paciente se encuentra en estado estacionario.* ☐ Familia: →estación.

estadio (es·ta·dio) [sustantivo masculino] **1** Recinto preparado para celebrar competiciones deportivas y que tiene asientos para el público. **2** Cada uno de los períodos por los que se pasa en un proceso: *los estadios de una enfermedad.* ☐ Sinónimos: **2** fase, etapa. ☐ Familia: →estar.

estadista (es·ta·dis·ta) [sustantivo] **1** Jefe de Estado: *En la cumbre estarán presentes todos los estadistas europeos.* **2** Persona que sabe mucho de política y de relaciones entre los países. ☐ [No varía en masculino y femenino]. ☐ Familia: →estado.

estadístico, ca (es·ta·dís·ti·co, ca) ▪ [adjetivo] **1** De la estadística o relacionado con esta ciencia. ▪ **estadística** [sustantivo femenino] **2** Ciencia que se ocupa de obtener informaciones sobre algo y de expresarlas con números para poder sacar conclusiones: *En estadística se usan mucho las encuestas.* **3** Conjunto de las informaciones tratadas según esta ciencia: *Según las estadísticas, la población de este país ha crecido un diez por ciento.*

estado (es·ta·do) [sustantivo masculino] **1** Situación, circunstancia o condición en la que se encuentra algo que puede cambiar: *Mi estado de salud es muy bueno.* **2** Clase o situación de una persona en la sociedad: *¿Cuál es tu estado civil: soltero o casado?* **3** Forma en la que puede encontrarse la materia: *El hielo es agua en estado sólido.* **4** Conjunto de los órganos de gobierno de un país: *Los colegios públicos pertenecen al Estado.* **5** Territorio y población de cada país independiente: *Las elecciones tendrán lugar en todo el Estado.* **6** En algunos sistemas políticos, cada uno de los territorios que tienen leyes propias pero están sometidos a un Gobierno general: *Estados Unidos es un país formado por diversos estados.* ◆ [expresión] ‖ **en estado** Dicho de una mujer, embarazada: *Mi hermana está en estado.* ☐ [En los significados **4** y **5** se escribe con mayúscula]. ☐ Familia: estatal, estadista.

estadounidense (es·ta·dou·ni·den·se) [adjetivo o sustantivo] De los Estados Unidos de América, que es un país norteamericano. ☐ [No varía en masculino y femenino]. ☐ Sinónimos: norteamericano.

estafa (es·ta·fa) [sustantivo femenino] Delito que consiste en hacer algo para obtener una ganancia por medio de engaño. ☐ Familia: →estafar.

estafador, ra (es·ta·fa·dor, do·ra) [sustantivo] Persona que engaña a alguien para obtener una ganancia. ☐ Sinónimos: timador. ☐ Familia: →estafar.

estafar (es·ta·far) [verbo] Hacer algo para obtener una ganancia por medio de engaño: *Te han estafado, este cuadro no es original.* ☐ Familia: estafa, estafador.

estafeta (es·ta·fe·ta) [sustantivo femenino] Oficina de correos.

estalactita (es·ta·lac·ti·ta) [sustantivo femenino] Bloque que se forma en las cuevas, que cuelga del techo y termina en una punta hacia abajo. ☐ [No confundir con «estalagmita» (la que sube desde el suelo)]. ◉ **ilustración en** *estalagmita*.

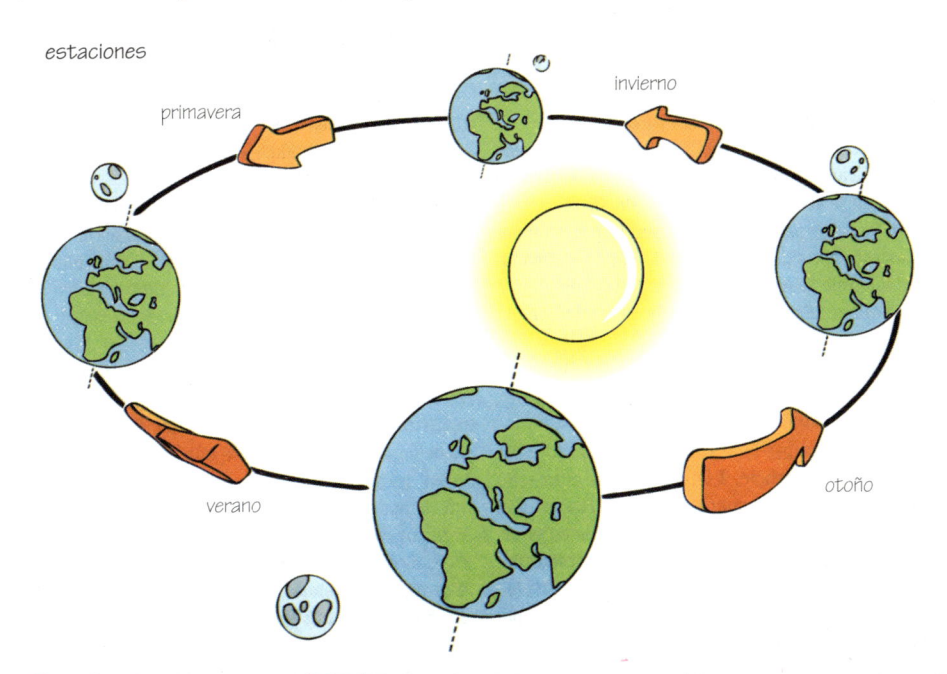

estaciones — primavera — invierno — otoño — verano

estalagmita (es·ta·lag·mi·ta) [sustantivo femenino] Bloque que se forma en las cuevas, que se apoya en el suelo y termina en una punta hacia arriba. ☐ [No confundir con «estalactita» (la que cuelga del techo)].

estalactitas

estalagmitas

estallar (es·ta·llar) [verbo] **1** Romperse algo o explotar haciendo mucho ruido: *estallar un globo.* **2** Abrirse algo de golpe debido a una fuerte presión: *He comido tanto que me van a estallar los pantalones.* **3** Ocurrir algo de manera repentina y violenta: *estallar una revolución.* **4** Expresar de manera repentina algo que se siente con fuerza: *estallar de alegría.* ☐ SINÓNIMOS: **1** reventar. **4** prorrumpir. ☐ FAMILIA: estallido, restallar.

estallido (es·ta·lli·do) [sustantivo masculino] **1** Hecho de explotar algo haciendo mucho ruido: *el estallido de una bomba.* **2** Producción de un suceso de manera repentina y violenta: *un estallido de protestas.* **3** Manifestación repentina de algo que se siente con fuerza: *un estallido de alegría.* ☐ SINÓNIMOS: **1** zambombazo, reventón. ☐ FAMILIA: →estallar.

estambre (es·tam·bre) [sustantivo masculino] Órgano masculino de una flor. ◉ **página 444.**

estamento (es·ta·men·to) [sustantivo masculino] Grupo de personas que se dedican a una misma actividad o que son de la misma clase social: *estamento eclesiástico.*

estampa (es·tam·pa) [sustantivo femenino] **1** Imagen impresa en papel: *Las estampas del libro son fotografías de monumentos famosos.* **2** Aspecto exterior de una persona o de un animal: *Ese toro tiene muy buena estampa.* ☐ FAMILIA: estampar, estampado, estampilla.

estampado, da (es·tam·pa·do, da) [adjetivo] Dicho de una tela, que tiene diferentes figuras y colores. ☐ ANTÓNIMOS: liso. ☐ FAMILIA: →estampa.

estampar (es·tam·par) [verbo] **1** Imprimir algo sobre papel, tela u otra superficie. **2** Poner la firma o un sello en un documento: *Estampa tu firma en el contrato.* **3** Marcar una cosa en otra: *Estampó su pie en el cemento blando.* **4** Arrojar con violencia un objeto haciéndolo chocar contra algo: *Estampó la copa de vino contra el suelo.* **5** Dar con fuerza un beso o un golpe: *Al verme, me estampó dos besos.* ☐ [El significado **4** es coloquial]. ☐ SINÓNIMOS: **4** estrellar. **5** plantar. ☐ FAMILIA: →estampa.

estampida (es·tam·pi·da) [sustantivo femenino] Hecho de salir corriendo de repente un grupo de animales o de personas. ◆ [expresión] ‖ **de estampida** o **en estampida** De repente o muy deprisa: *Se enteró de la noticia y salió de estampida.* ☐ FAMILIA: estampido.

estampido (es·tam·pi·do) [sustantivo masculino] Ruido muy fuerte. ☐ FAMILIA: →estampida.

estampilla (es·tam·pi·lla) [sustantivo femenino] Sello que sirve para marcar sobre un papel el letrero o la firma que lleva grabados. ☐ FAMILIA: →estampa.

estancar (es·tan·car) [verbo] Detener un líquido en un lugar e impedir que corra: *El agua de este río está estancada.* ☐ [La «c» se cambia en «qu» delante de «e» («estanque»)]. ☐ FAMILIA: →estanque.

estancia (es·tan·cia) [sustantivo femenino] **1** Tiempo que se pasa en un lugar: *Mi estancia en la ciudad fue breve.* **2** Habitación o cuarto de una casa: *Visité las estancias del palacio.* ☐ SINÓNIMOS: **2** aposento. ☐ FAMILIA: →estar.

estanco (es·tan·co) [sustantivo masculino] Tienda en la que se vende tabaco, sellos y otros productos. ☐ FAMILIA: estanquero.

estand (es·tand) [sustantivo masculino] Puesto provisional y desmontable en el que se expone o se vende un producto: *En las exposiciones y en las ferias suele haber muchos estands.* ☐ [Es una palabra de origen inglés. Su plural es «estands». Es preferible escribir «estand» que la forma inglesa *stand*].

estándar (es·tán·dar) [adjetivo] Que sigue un modelo muy extendido: *una medida estándar.* ☐ [Es una palabra de origen inglés. No varía en masculino y femenino. Su plural es «estándares». Es preferible escribir «estándar» que la forma inglesa *standard*].

estandarte (es·tan·dar·te) [sustantivo masculino] Trozo de tela que suele ser cuadrado, que cuelga de un palo y en el que aparece un escudo. ☐ FAMILIA: portaestandarte.

estanque (es·tan·que) [sustantivo masculino] Lugar artificial en el que hay agua detenida. ☐ FAMILIA: estancar.

estanquero, ra (es·tan·que·ro, ra) [sustantivo] Persona que trabaja en una tienda en la que se vende tabaco, sellos y otros productos. ☐ FAMILIA: →estanco.

estante (es·tan·te) [sustantivo masculino] Tabla de un mueble sobre la que se colocan las cosas: *Las toallas están en el segundo estante del armario.* ☐ SINÓNIMOS: anaquel, balda. ☐ FAMILIA: estantería.

estantería (es·tan·te·rí·a) [sustantivo femenino] Mueble formado por estantes. ☐ FAMILIA: →estante.

estaño (es·ta·ño) [sustantivo masculino] Metal parecido al plomo, pero de color más claro, que se usa para soldar metales.

estar (es·tar) [verbo] **1** Existir o hallarse en un lugar, en un tiempo o en una situación: *España está en Europa. Estamos en verano.* **2** Encontrarse de una manera: *Ahora estoy bien. ¿Está dormido? Todo está sucio.* **3** Quedar o sentar una prenda de vestir: *El pantalón me está estrecho.* ▌ **estarse 4** Quedarse haciendo algo: *Cada vez que vienes, te estás dos horas viendo la tele.* ◆ [expresión]

‖ **estar a** Costar: *¿A cuánto está el jamón?* ‖ **estar al caer** o **al llegar** Estar a punto de suceder algo: *Deben de estar al llegar*. ‖ **estar para algo** Estar bien dispuesto a ello: *Hoy no estoy para bromas*. ‖ **estar por ver algo** No haber certeza de que ocurra o de que sea cierto: *Está por ver quién gana la carrera*. ☐ [Es irregular. El significado 3 es coloquial]. ☐ Familia: estado, estancia, estadio, bienestar, malestar, estable, estabilidad, estabilizar, desestabilizar.

estatal (es·ta·tal) [adjetivo] Del Estado o relacionado con él. ☐ [No varía en masculino y femenino]. ☐ Antónimos: privado. ☐ Familia: →estado.

estático, ca (es·tá·ti·co, ca) [adjetivo] Que permanece en un mismo estado, quieto o sin sufrir cambios: *una bicicleta estática*.

estatua (es·ta·tua) [sustantivo femenino] Figura hecha en piedra o en otro material duro y que representa a un modelo: *En el centro de la plaza hay una estatua de un rey en mármol*. ☐ Sinónimos: escultura.

estatura (es·ta·tu·ra) [sustantivo femenino] Altura de una persona desde los pies hasta la cabeza. ☐ Sinónimos: talla.

estatuto (es·ta·tu·to) [sustantivo masculino] Conjunto de normas por las que se rige un grupo de personas o una actividad: *estatuto de los trabajadores; estatuto de autonomía*.

este, esta (es·te, es, ta) ▌ [demostrativo] **1** Señala lo que está más cerca: *¿De quién es este pañuelo que tengo aquí?* ▌ **este** [sustantivo masculino] **2** Punto cardinal por donde sale el sol. **3** Viento que viene de ese lugar: *Un este suave movía las olas*. ☐ [En el significado **1** su plural es «estos, estas» («estos libros, estas películas»). En los significados **2** y **3** su plural es «estes», aunque suele usarse solo en singular]. ☐ Sinónimos: **2** oriente. **2, 3** levante. ☐ Antónimos: **2** oeste, poniente, occidente.

estela (es·te·la) [sustantivo femenino] **1** Señal que deja tras sí en el agua o en el aire un cuerpo en movimiento. **2** Monumento conmemorativo, generalmente de piedra, que está adornado con inscripciones.

estela

estelar (es·te·lar) [adjetivo] **1** De las estrellas o relacionado con ellas. **2** Extraordinario o de gran categoría: *una actuación estelar*. ☐ [No varía en masculino y femenino]. ☐ Familia: →estrella.

ESTAR	
INDICATIVO	**SUBJUNTIVO**
Presente yo **estoy** tú **estás** / usted **está** él, ella **está** nosotros, tras **estamos** vosotros, tras **estáis** / ustedes **están** ellos, ellas **están**	**Presente** yo **esté** tú **estés** / usted **esté** él, ella **esté** nosotros, tras **estemos** vosotros, tras **estéis** / ustedes **estén** ellos, ellas **estén**
Pretérito imperfecto yo **estaba** tú **estabas** / usted **estaba** él, ella **estaba** nosotros, tras **estábamos** vosotros, tras **estabais** / ustedes **estaban** ellos, ellas **estaban**	**Pretérito imperfecto** yo **estuviera** *o* **estuviese** tú **estuvieras** *o* **estuvieses** / usted **estuviera** *o* **estuviese** él, ella **estuviera** *o* **estuviese** nosotros, tras **estuviéramos** *o* **estuviésemos** vosotros, tras **estuvierais** *o* **estuvieseis** / ustedes **estuvieran** *o* **estuviesen** ellos, ellas **estuvieran** *o* **estuviesen**
Pretérito perfecto simple yo **estuve** tú **estuviste** / usted **estuvo** él, ella **estuvo** nosotros, tras **estuvimos** vosotros, tras **estuvisteis** / ustedes **estuvieron** ellos, ellas **estuvieron**	**Futuro simple** yo **estuviere** tú **estuvieres** / usted **estuviere** él, ella **estuviere** nosotros, tras **estuviéremos** vosotros, tras **estuviereis** / ustedes **estuvieren** ellos, ellas **estuvieren**
Futuro simple yo **estaré** tú **estarás** / usted **estará** él, ella **estará** nosotros, tras **estaremos** vosotros, tras **estaréis** / ustedes **estarán** ellos, ellas **estarán**	**IMPERATIVO**
	está (tú) / **esté** (usted) **estemos** (nosotros, tras) **estad** (vosotros, tras) / **estén** (ustedes)
Condicional simple yo **estaría** tú **estarías** / usted **estaría** él, ella **estaría** nosotros, tras **estaríamos** vosotros, tras **estaríais** / ustedes **estarían** ellos, ellas **estarían**	**FORMAS NO PERSONALES**
	Infinitivo **Gerundio** **Participio** estar estando estado

estenotipia (es·te·no·ti·pia) [sustantivo femenino] Técnica de escribir muy rápido usando una máquina que tiene signos especiales.

estentóreo, a (es·ten·tó·re·o, a) [adjetivo] Muy fuerte o ruidoso: *Salían del local voces estentóreas.* ☐ [No confundir con «ostentoso» (llamativo por sus riquezas, comodidades o adornos innecesarios; que se hace para que lo vean los demás)].

estepa (es·te·pa) [sustantivo femenino] Terreno llano y sin cultivar, seco y con poca vegetación.

estera (es·te·ra) [sustantivo femenino] Tejido grueso hecho de esparto, de junco o de otro material, que se utiliza para cubrir el suelo. ☐ Familia: esterilla.

estercolero (es·ter·co·le·ro) [sustantivo masculino] Lugar en el que se recoge y se amontona el estiércol. ☐ Familia: →estiércol.

estéreo (es·té·re·o) [adjetivo] Estereofónico. ☐ [No varía en masculino y femenino]. ☐ Familia: →estereofónico.

estereofónico, ca (es·te·re·o·fó·ni·co, ca) [adjetivo] Que permite escuchar separados los sonidos que forman una música: *Con un aparato estereofónico, el sonido que sale por cada altavoz es diferente.* ☐ [Se usa mucho la forma abreviada «estéreo»]. ☐ Familia: estéreo.

estereotipado, da (es·te·re·o·ti·pa·do, da) [adjetivo] Que se repite siempre de la misma manera: *«Muy señor mío» es una fórmula estereotipada que se usa para encabezar cartas.*

estéril (es·té·ril) [adjetivo] **1** Que no puede tener hijos. **2** Que no da fruto o que no produce nada: *Fue un esfuerzo estéril intentar convencerte, porque tú ya habías tomado tu decisión.* ☐ [No varía en masculino y femenino. En el significado **1**, no confundir con «impotente» (hombre que no puede realizar el acto sexual completo)]. ☐ Antónimos: fecundo. **1** prolífico. ☐ Familia: esterilidad, esterilizar, esterilización.

esterilidad (es·te·ri·li·dad) [sustantivo femenino] Característica de lo que es estéril. ☐ Familia: →estéril.

esterilización (es·te·ri·li·za·ción) [sustantivo femenino] **1** Proceso para eliminar los gérmenes que pueden causar enfermedades: *Es aconsejable la esterilización del biberón antes de prepararlo para el niño.* **2** Procedimiento para hacer que una persona o un animal no puedan tener hijos. ☐ Familia: →estéril.

esterilizar (es·te·ri·li·zar) [verbo] **1** Eliminar los gérmenes que pueden causar enfermedades: *esterilizar un biberón.* **2** Hacer que una persona o un animal no puedan tener hijos. ☐ [La «z» se cambia en «c» delante de «e» («esterilice»)]. ☐ Sinónimos: **1** desinfectar. ☐ Familia: →estéril.

esterilla (es·te·ri·lla) [sustantivo femenino] Alfombra pequeña que se utiliza para tumbarse. ☐ Familia: →estera.

esternocleidomastoideo (es·ter·no·clei·do·mas·toi·de·o) [sustantivo masculino] Músculo del cuello que permite girar e inclinar la cabeza hacia los lados. ☞ página 647.

esternón (es·ter·nón) [sustantivo masculino] Hueso plano con forma alargada y terminado en punta, que está en la parte de delante del pecho. ☞ página 405.

estertor (es·ter·tor) [sustantivo masculino] Respiración que se realiza con dificultad y que es propia de los moribundos.

estético, ca (es·té·ti·co, ca) ▮ [adjetivo] **1** De la belleza o relacionado con ella. **2** Que tiene un bello aspecto o resulta muy bonito: *un edificio muy estético.* ▮ **estética** [sustantivo femenino] **3** Aspecto externo de una cosa teniendo en cuenta su belleza: *Estos edificios nuevos tienen una estética muy moderna.* ☐ Antónimos: **2** feo, antiestético. ☐ Familia: antiestético.

estiaje (es·tia·je) [sustantivo masculino] Nivel más bajo que tiene una corriente o una extensión de agua en verano. ☐ Familia: →estío.

estibador, ra (es·ti·ba·dor, do·ra) [sustantivo] Persona que trabaja en la carga, descarga y distribución de las mercancías de los barcos. ☐ Familia: →estibar.

estibar (es·ti·bar) [verbo] **1** Cargar y descargar las mercancías de un barco o distribuir de forma adecuada sus pesos: *Para estibar el barco utilizamos grúas muy potentes.* **2** Colocar una serie de objetos de forma que ocupen el menor espacio posible: *Hay que estibar el equipaje para que quepa en el maletero.* ☐ Familia: estibador.

estiércol (es·tiér·col) [sustantivo masculino] Sustancia natural que se echa en la tierra para que dé más fruto y que está formada por una mezcla de excrementos de animales con restos vegetales. ☐ Familia: estercolero.

estigma (es·tig·ma) [sustantivo masculino] **1** Marca o señal en el cuerpo. **2** Motivo de mala fama. **3** En una flor, parte superior del pistilo en la que se recoge el polen. **4** En los insectos, abertura que hay en el abdomen para respirar.

estilarse (es·ti·lar·se) [verbo] Estar de moda: *Este año se estilan mucho los tejidos vaqueros.* ☐ Familia: →estilo.

estilete (es·ti·le·te) [sustantivo masculino] **1** Puñal con la hoja muy estrecha. **2** Instrumento terminado en punta que se usaba para escribir sobre tablas enceradas. ☐ Familia: →estilo.

estilista (es·ti·lis·ta) [sustantivo] **1** Persona que se ocupa del estilo y de la imagen, especialmente en una revista o en un espectáculo. **2** Escritor que usa un estilo cuidado y elegante. ☐ [No varía en masculino y femenino]. ☐ Familia: →estilo.

estilizar (es·ti·li·zar) [verbo] Hacer delgado: *Este traje estiliza mi figura.* ☐ [La «z» se cambia en «c» delante de «e» («estilice»)]. ☐ Familia: →estilo.

estilo (es·ti·lo) [sustantivo masculino] **1** Manera de hacer algo: *Tienes un estilo curioso de andar.* **2** Conjunto de características que hacen que una cosa sea diferente de otras de su especie: *La catedral de Burgos es de estilo gótico.* **3** Forma de practicar un deporte: *¿Sabes nadar a estilo mariposa?* ◆ [expresión] ‖ **por el estilo** Parecido: *Tu casa y la mía son por el estilo.* ☐ Familia: estilarse, estilista, estilizar, estilete.

estilográfica (es·ti·lo·grá·fi·ca) [sustantivo femenino] Instrumento que sirve para escribir con tinta. ☐ [Se dice también «pluma estilográfica».] ☐ Sinónimos: pluma.

estima (es·ti·ma) [sustantivo femenino] Sentimiento que se tiene hacia alguien que nos gusta: *Tengo mucha estima a tu familia.* ☐ Sinónimos: simpatía, aprecio, afecto, cariño. ☐ Antónimos: antipatía, desprecio, odio. ☐ Familia: →estimar.

estimable (es·ti·ma·ble) [adjetivo] Que destaca por sus cualidades o por su importancia: *Este cuadro es de una calidad estimable.* ☐ [No varía en masculino y femenino]. ☐ Sinónimos: notable, importante, grande. ☐ Familia: →estimar.

estimación (es·ti·ma·ción) [sustantivo femenino] Reconocimiento del valor de algo. ☐ Sinónimos: aprecio, valoración, evaluación. ☐ Familia: →estimar.

estimado, da (es·ti·ma·do, da) [adjetivo] **1** Que tiene un valor reconocido: *Eres un colaborador muy estimado en la empresa.* **2** Que es amado o apreciado por alguien: *Estimada amiga: Hoy te escribo...* **3** Calculado o considerado. ☐ Familia: →estimar.

estimar (es·ti·mar) [verbo] **1** Reconocer el valor de algo: *Estimo el esfuerzo que has hecho.* **2** Sentir amor hacia alguien: *Eres mi amigo y te estimo mucho.* **3** Juzgar o considerar: *Estimo que tienes razón.* ☐ Sinónimos: **1,** apreciar. **1** valorar. **2** amar, querer, adorar. ☐ Antónimos: **1, 2** despreciar. **1** desestimar. **2** odiar, detestar, aborrecer. ☐ Familia: estima, estimable, estimación, estimado, desestimar, inestimable, subestimar, sobrestimar.

estimulante (es·ti·mu·lan·te) ▮ [adjetivo] **1** Que estimula: *un baño estimulante.* ▮ [adjetivo o sustantivo masculino] **2** Dicho de una sustancia o de un medicamento, que hacen que aumente la actividad de los órganos: *El café es un estimulante.* ☐ [Cuando es adjetivo, no varía en masculino y femenino]. ☐ Antónimos: **2** calmante. ☐ Familia: →estimular.

estimular (es·ti·mu·lar) [verbo] **1** Empujar a hacer algo: *Mis padres me estimulan a que haga deporte porque es muy sano.* **2** Producir aumento de una actividad: *El ejercicio estimula las ganas de comer.* ☐ Familia: estímulo, estimulante.

estímulo (es·tí·mu·lo) [sustantivo masculino] Cosa que empuja a hacer algo: *Saber que mis padres estaban entre el público fue mi mejor estímulo durante la carrera.* ☐ Familia: →estimular.

estío (es·tí·o) [sustantivo masculino] Estación del año entre la primavera y el otoño. ☐ Sinónimos: verano. ☐ Familia: estival, estiaje.

estirar (es·ti·rar) [verbo] **1** Hacer más largo un objeto tirando de sus extremos con fuerza. ▮ **estirarse 2** Extender los miembros del cuerpo: *No te estires en público, que es de mala educación.* ☐ Sinónimos: **2** desperezarse. ☐ Antónimos: **1** encoger. **2** encogerse. ☐ Familia: estirón.

estirón (es·ti·rón) [sustantivo masculino] Proceso por el que una persona crece mucho en poco tiempo. ☐ Familia: →estirar.

estirpe (es·tir·pe) [sustantivo femenino] Conjunto de antepasados y descendientes de una persona: *Desciende de una estirpe noble.* ☐ Sinónimos: genealogía, linaje.

estival (es·ti·val) [adjetivo] Del estío o relacionado con esta estación del año. ☐ [No varía en masculino y femenino]. ☐ Sinónimos: veraniego. ☐ Familia: →estío.

esto (es·to) [pronombre demostrativo] Señala lo que está más cerca: *¿Qué te parece esto que tengo aquí?* ◆ [expresión] ‖ **en esto** Mientras ocurre lo que se dice: *Estábamos hablando y, en esto, llegó tu primo.* ☐ [Es neutro].

estocada (es·to·ca·da) [sustantivo femenino] Herida que se hace con una espada o con un estoque. ☐ Familia: →estoque.

estofa (es·to·fa) [sustantivo femenino] Clase o condición: *Este bar está lleno de gente de baja estofa.* ☐ [Es despectivo]. ☐ Sinónimos: ralea.

estofado (es·to·fa·do) [sustantivo masculino] Guiso que se hace cociendo a fuego lento carne con aceite, cebolla y otros alimentos.

estoico, ca (es·toi·co, ca) [adjetivo o sustantivo] Que acepta las dificultades como si no se pudieran evitar.

estola (es·to·la) [sustantivo femenino] **1** Pieza larga de piel o de tela que se pone alrededor del cuello o sobre los hombros. **2** Tira larga y estrecha que el sacerdote se pone colgando del cuello para decir misa.

estoma (es·to·ma) [sustantivo masculino] Cada una de las aberturas microscópicas que hay en las hojas de las plantas y que les sirven para respirar.

estomacal (es·to·ma·cal) [adjetivo] Del estómago o relacionado con él. ☐ [No varía en masculino y femenino]. ☐ Sinónimos: gástrico. ☐ Familia: →estómago.

estomagante (es·to·ma·gan·te) [adjetivo] Que molesta mucho y resulta insoportable: *Tus bromas me parecen estomagantes.* ☐ [No varía en masculino y femenino. Es coloquial]. ☐ Familia: →estómago.

estómago (es·tó·ma·go) [sustantivo masculino] Órgano del aparato digestivo, con forma de bolsa y situado en la parte superior del abdomen, donde se digieren los alimentos: *Si como mucho, me dolerá el estómago.* ☐ Familia: estomacal, estomagante.

estomatología (es·to·ma·to·lo·gí·a) [sustantivo femenino] Parte de la medicina que estudia las enfermedades de la boca.

estonio, nia (es·to·nio, nia) ▮ [adjetivo o sustantivo] **1** De Estonia, que es un país europeo. ▮ **estonio** [sustantivo masculino] **2** Lengua de este país.

estopa (es·to·pa) [sustantivo femenino] Material que se usa para fabricar telas y cuerdas.

estoque (es·to·que) [sustantivo masculino] Espada que se usa para matar a los toros en las corridas. ☐ Familia: estocada.

estor (es·tor) [sustantivo masculino] Cortina que se recoge de forma vertical y se levanta o se baja tirando de una cuerdecita. ☐ [Es una palabra de origen francés. Su plural es «estores»].

estorbar (es·tor·bar) [verbo] **1** Producir molestias: *No os paréis ahí, porque estorbáis a los que quieren salir.* **2** Retrasar o poner dificultades a algo: *Un*

estorbo

camión en doble fila estorbaba el paso por esa calle. ☐ SINÓNIMOS: **1** molestar. **2** dificultar, entorpecer. ☐ FAMILIA: estorbo.

estorbo (es·tor·bo) [sustantivo masculino] Persona o cosa que molesta: *Esa silla en mitad del pasillo es un estorbo.* ☐ FAMILIA: →estorbar.

estornudar (es·tor·nu·dar) [verbo] Echar por la nariz y por la boca el aire contenido en los pulmones de forma violenta y haciendo ruido: *Tengo alergia al polen y me paso el día estornudando.* ☐ FAMILIA: estornudo.

estornudo (es·tor·nu·do) [sustantivo masculino] Salida del aire contenido en los pulmones por la nariz y por la boca de forma violenta y haciendo ruido. ☐ FAMILIA: →estornudar.

estrabismo (es·tra·bis·mo) [sustantivo masculino] Defecto de la vista que consiste en que un ojo mira en distinta dirección que el otro. ☐ SINÓNIMOS: bizquera.

estrado (es·tra·do) [sustantivo masculino] Lugar un poco elevado sobre el resto, en el que se colocan las personas más importantes de una reunión.

estrafalario, ria (es·tra·fa·la·rio, ria) [adjetivo o sustantivo] Que resulta raro por su modo de pensar o por su forma de actuar: *Tienes una forma de vestir muy estrafalaria.* ☐ [Es coloquial]. ☐ SINÓNIMOS: grotesco.

estragado, da (es·tra·ga·do, da) [adjetivo] **1** Que tiene malestar en el estómago por haber comido alimentos fuertes o en mucha cantidad. **2** Estropeado o deteriorado: *un cuerpo estragado.* ☐ FAMILIA: →estrago.

estrago (es·tra·go) [sustantivo masculino] Daño o ruina causados por una desgracia: *La droga causa estragos en las familias.* ☐ [Se usa más en plural]. ☐ FAMILIA: estragado.

estrambótico, ca (es·tram·bó·ti·co, ca) [adjetivo] Raro y fuera de lo común. ☐ SINÓNIMOS: extravagante.

estrangular (es·tran·gu·lar) [verbo] Ahogar a alguien apretándole el cuello hasta impedirle la respiración: *El asesino trató de estrangular a su víctima con las manos.*

estraperlo (es·tra·per·lo) [sustantivo masculino] Comercio ilegal de productos que solo puede controlar el Estado porque son muy escasos: *Durante las posguerras el estraperlo es muy frecuente.*

estratagema (es·tra·ta·ge·ma) [sustantivo femenino] Engaño hecho con habilidad. ☐ SINÓNIMOS: trampa. ☐ FAMILIA: →estrategia.

estratega (es·tra·te·ga) [sustantivo] Persona especializada en estrategia. ☐ [No varía en masculino y femenino]. ☐ FAMILIA: →estrategia.

estrategia (es·tra·te·gia) [sustantivo femenino] Idea que se tiene para dirigir un asunto o para conseguir un fin: *No sé qué estrategia utilizar para que mis padres me dejen ir a tu fiesta.* ☐ FAMILIA: estratégico, estratagema, estratega.

estratégico, ca (es·tra·té·gi·co, ca) [adjetivo] **1** De la estrategia o relacionado con ella: *Los militares reciben formación estratégica.* **2** Dicho de un lugar, que es fundamental o muy importante para algo: *Instalaron su negocio en un punto estratégico.* ☐ FAMILIA: →estrategia.

estrato (es·tra·to) [sustantivo masculino] **1** Capa mineral que forma los terrenos compuestos por sedimentos. **2** Clase o nivel social. **3** Nube baja con forma de banda paralela al horizonte.

estratosfera (es·tra·tos·fe·ra) [sustantivo femenino] Zona de la atmósfera que se extiende entre los diez y los cincuenta kilómetros de altura. ⊚ ilustración en **atmósfera**.

estraza (es·tra·za) ◆ [expresión] ‖ **papel de estraza** Mira en **papel**.

estrechamiento (es·tre·cha·mien·to) [sustantivo masculino] Disminución de la anchura de algo: *un estrechamiento de la carretera.* ☐ ANTÓNIMOS: ensanchamiento, ensanche. ☐ FAMILIA: →estrecho.

estrechar (es·tre·char) [verbo] **1** Hacer que una cosa sea más estrecha: *Tengo que estrecharme la ropa, porque he adelgazado mucho.* **2** Hacer más íntima una relación: *El acuerdo ayudará a estrechar los lazos de amistad que existen entre estos países.* **3** Apretar con los brazos o con la mano en señal de amor: *Me estrechó entre sus brazos.* ▮ **estrecharse 4** Juntarse mucho para que sobre sitio: *Si os estrecháis un poco, podré sentarme con vosotros.* ☐ SINÓNIMOS: **4** apretarse. ☐ ANTÓNIMOS: **1** ensanchar. ☐ FAMILIA: →estrecho.

estrechez (es·tre·chez) [sustantivo femenino] **1** Falta de anchura. **2** Falta de medios económicos: *Pasaron muchas estrecheces durante la guerra.* ☐ [Su plural es «estrecheces». El significado 2 se usa más en plural]. ☐ SINÓNIMOS: **2** apreturas. ☐ ANTÓNIMOS: **2** holgura. ☐ FAMILIA: →estrecho.

estrecho, cha (es·tre·cho, cha) ▮ [adjetivo] **1** Que tiene menos distancia de lado a lado de lo que es habitual: *un camino estrecho.* **2** Que queda muy apretado: *Estos pantalones me están estrechos.* **3** Riguroso o severo: *estar bajo estrecha vigilancia.* **4** Dicho de una relación, que es muy íntima: *una estrecha amistad.* ▮ **estrecho** [sustantivo masculino] **5** Extensión de agua que separa dos costas próximas y que comunica dos mares: *el estrecho de Gibraltar.* ☐ SINÓNIMOS: **1** angosto. **2** justo. ☐ ANTÓNIMOS: **1**, **2** ancho. **2** amplio. ☐ FAMILIA: estrechar, estrechamiento, estrechez.

estrella (es·tre·lla) [sustantivo femenino] **1** Cuerpo que hay en el cielo y que brilla con luz propia, excepto la Luna. **2** Signo con esta figura y que tiene diferentes significados: *un hotel de tres estrellas.* **3** Suerte o destino favorable: *Nació con estrella, porque todo le sale bien.* **4** Persona que destaca mucho en una actividad: *una estrella de cine.* ◆ [expresión] ‖ **estrella de mar** Animal marino con el cuerpo plano y con cinco brazos. ⊚ página 96. ‖ **estrella fugaz** Cuerpo luminoso que aparece en el cielo moviéndose y que desaparece rápido. ‖ **ver las estrellas** Sentir mucho dolor: *Me pillé un dedo y vi las estrellas.* ☐ [La expresión «ver las estrellas» es coloquial]. ☐ SINÓNIMOS: **4** as, astro. ☐ FAMILIA: estrellar, estrellado, estelar.

estrellado, da (es·tre·lla·do, da) [adjetivo] Con estrellas o en forma de estrella: *cielo estrellado*. ☐ Familia: →estrella.

estrellar (es·tre·llar) [verbo] **1** Lanzar un objeto con fuerza contra otro: *Estrelló un vaso contra la pared.* ■ **estrellarse 2** Sufrir un golpe violento: *Se estrelló contra un árbol, pero no le pasó nada.* ☐ Familia: →estrella.

estremecedor, ra (es·tre·me·ce·dor, do·ra) [adjetivo] Que estremece, conmueve o altera. ☐ Familia: →estremecer.

estremecer (es·tre·me·cer) [verbo] Producir una fuerte impresión en el ánimo: *Me estremece pensar lo que podría haber ocurrido en el accidente.* ☐ [Es irregular y se conjuga como AGRADECER]. ☐ Familia: estremecimiento, estremecedor.

estremecimiento (es·tre·me·ci·mien·to) [sustantivo masculino] Temblor que se produce en una persona o en una cosa y que dura poco: *El estremecimiento del suelo se debió a un terremoto.* ☐ Familia: →estremecer.

estrenar (es·tre·nar) [verbo] **1** Usar por primera vez: *Hoy estreno esta camisa.* **2** Representar un espectáculo por primera vez en un lugar: *Hoy estrenan la última película de mi actriz preferida.* ☐ Familia: estreno, reestrenar, reestreno.

estreno (es·tre·no) [sustantivo masculino] **1** Uso de algo por primera vez: *ropa de estreno.* **2** Primera vez que se representa un espectáculo en un lugar: *Asistí al estreno de esa obra de teatro.* ☐ Familia: →estrenar.

estreñido, da (es·tre·ñi·do, da) [adjetivo] Que tiene dificultades para defecar: *Tengo que tomar laxantes porque estoy estreñido.* ☐ Familia: →estreñir.

estreñimiento (es·tre·ñi·mien·to) [sustantivo masculino] Dificultad para defecar: *Tómate un zumo de naranja para combatir el estreñimiento.* ☐ Familia: →estreñir.

estreñir (es·tre·ñir) [verbo] Hacer que cueste mucho esfuerzo defecar: *El yogur natural estriñe.* ☐ [Es irregular y se conjuga como CEÑIR]. ☐ Familia: estreñimiento, estreñido.

estrépito (es·tré·pi·to) [sustantivo masculino] Ruido muy fuerte. ☐ Sinónimos: estruendo, fragor. ☐ Familia: estrepitoso.

estrepitoso, sa (es·tre·pi·to·so, sa) [adjetivo] **1** Que hace mucho ruido: *un golpe estrepitoso.* **2** Muy grande: *Hicieron el ridículo más estrepitoso.* ☐ Sinónimos: **1** ruidoso, escandaloso, estruendoso. ☐ Antónimos: **1** silencioso. ☐ Familia: →estrépito.

estrés (es·trés) [sustantivo masculino] Estado de nervios o de preocupación que se produce por trabajar mucho más de lo normal. ☐ [Es una palabra de origen inglés. Su plural es «estreses»]. ☐ Familia: estresar.

estresar (es·tre·sar) [verbo] Causar o sentir estrés: *Las tensiones en el trabajo me estresan. Cuando tengo muchas cosas que hacer me estreso.* ☐ Familia: →estrés.

estría (es·trí·a) [sustantivo femenino] **1** En una superficie, línea hundida más o menos profunda: *Las ruedas de los coches tienen estrías para que no patinen.* **2** En la piel, línea más clara que aparece cuando esta se ha estirado demasiado: *Después del embarazo me quedaron estrías en la tripa.* ☐ Familia: estriado.

estriado, da (es·tria·do, da) [adjetivo] Con estrías: *columna estriada.* ☐ Familia: →estría.

estribación (es·tri·ba·ción) [sustantivo femenino] Conjunto de montañas bajas que se extienden a los lados de una cordillera. ☐ [Se usa más en plural].

estribar (es·tri·bar) [verbo] Tener como causa: *El éxito de este libro estriba en el interés del argumento.* ☐ Sinónimos: radicar. ☐ Familia: →estribo.

estribillo (es·tri·bi·llo) [sustantivo masculino] Frase o conjunto de frases que se repiten en una canción.

estribo (es·tri·bo) [sustantivo masculino] **1** Cada una de las dos piezas que cuelgan a los lados de una silla de montar y en las que se apoyan los pies. **2** Escalón que tienen algunos vehículos y que sirve para subir o para bajar de ellos. ◆ [expresión] ‖ **perder los estribos** Perder la paciencia y enfadarse mucho: *Nunca pierde los estribos con sus hijos.* ☐ Familia: estribar.

estribor (es·tri·bor) [sustantivo masculino] Parte derecha de un barco. ⊚ **página 132.** ☐ Antónimos: babor.

estricnina (es·tric·ni·na) [sustantivo femenino] Sustancia venenosa que se saca de algunas plantas: *Los matarratas tienen estricnina.*

estricto, ta (es·tric·to, ta) [adjetivo] **1** Que debe cumplirse con exactitud y sin excepción: *una prohibición estricta.* **2** Que cumple exactamente lo que se le ordena: *Es una persona estricta en sus obligaciones.* ☐ Antónimos: flexible.

estridente (es·tri·den·te) [adjetivo] **1** Dicho de un sonido, que es demasiado agudo y no resulta agradable. **2** Que no resulta agradable porque destaca mucho. ☐ [No varía en masculino y femenino]. ☐ Sinónimos: **1** chillón.

estrofa (es·tro·fa) [sustantivo femenino] Conjunto de versos con una estructura común: *Este poema tiene tres estrofas.*

estropajo (es·tro·pa·jo) [sustantivo masculino] Trozo de un material áspero que se usa para fregar. ☐ Familia: estropajoso.

estropajoso, sa (es·tro·pa·jo·so, sa) [adjetivo] **1** Áspero y seco como el estropajo: *pelo estropajoso.* **2** Dicho de la forma de hablar, que no se entiende bien y resulta poco clara. ☐ [Es coloquial]. ☐ Antónimos: **1** sedoso. ☐ Familia: →estropajo.

estropear (es·tro·pe·ar) [verbo] **1** Poner algo en malas condiciones: *Si golpeas la pelota con los zapatos nuevos, los vas a estropear.* **2** Echar a perder algo: *El mal tiempo nos estropeó la excursión.* ☐ Antónimos: **1** arreglar, reparar, sanear. ☐ Familia: estropicio.

estropicio (es·tro·pi·cio) [sustantivo masculino] Rotura de algo haciendo mucho ruido o mucho destrozo: *El niño hizo un buen estropicio al tirar la estantería.* ☐ Familia: →estropear.

estructura (es·truc·tu·ra) [sustantivo femenino] **1** Orden en que están colocadas las partes que forman un todo: *La estructura básica de este diccionario es el orden*

estructurar

alfabético. **2** Conjunto de piezas que sirven para sujetar algo: *La estructura de un edificio está formada por las vigas, las columnas y los cimientos.* ☐ SINÓNIMOS: **2** armadura, armazón, esqueleto, carcasa. ☐ FAMILIA: estructurar, reestructurar, reestructuración.

estructurar (es·truc·tu·rar) [verbo] Distribuir y ordenar las partes de algo: *El texto está estructurado en tres partes: inicio, nudo y desenlace.* ☐ FAMILIA: →estructura.

estruendo (es·truen·do) [sustantivo masculino] Ruido muy fuerte. ☐ SINÓNIMOS: estrépito, fragor. ☐ FAMILIA: estruendoso.

estruendoso, sa (es·truen·do·so, sa) [adjetivo] Con mucho ruido. ☐ SINÓNIMOS: ruidoso, estrepitoso. ☐ ANTÓNIMOS: silencioso. ☐ FAMILIA: →estruendo.

estrujar (es·tru·jar) [verbo] Apretar algo con fuerza o con violencia: *Estruja bien el limón para sacarle todo el zumo.* ☐ [Siempre se escribe con «j»].

estuario (es·tua·rio) [sustantivo masculino] Desembocadura de un río en el mar cuando es muy ancha.

estucado (es·tu·ca·do) [sustantivo masculino] Operación que consiste en cubrir una superficie con una mezcla de materiales antes de pintarla o en colocar sobre ella adornos hechos con esta mezcla. ☐ FAMILIA: →estuco.

estuche (es·tu·che) [sustantivo masculino] Caja que se usa para guardar algo: *un estuche con lápices de colores; el estuche de un collar.*

estuco (es·tu·co) [sustantivo masculino] Mezcla de yeso y otros materiales que se usa para recubrir paredes y para hacer adornos en muros y techos. ☐ FAMILIA: estucado.

estudiado, da (es·tu·dia·do, da) [adjetivo] Poco natural: *gestos estudiados.* ☐ SINÓNIMOS: afectado, artificioso, forzado. ☐ ANTÓNIMOS: natural, espontáneo. ☐ FAMILIA: →estudio.

estudiante (es·tu·dian·te) [sustantivo] Persona que se dedica a estudiar. ☐ [No varía en masculino y femenino]. ☐ FAMILIA: →estudio.

estudiantil (es·tu·dian·til) [adjetivo] De los estudiantes o relacionado con ellos: *residencia estudiantil.* ☐ [No varía en masculino y femenino]. ☐ FAMILIA: →estudio.

estudiantina (es·tu·dian·ti·na) [sustantivo femenino] Conjunto musical formado por estudiantes que van vestidos con medias negras y con capa. ☐ SINÓNIMOS: tuna. ☐ FAMILIA: →estudio.

estudiar (es·tu·diar) [verbo] **1** Aprender cosas leyéndolas, escuchándolas o viéndolas: *Tengo que estudiar la tabla de multiplicar del cinco.* **2** Ir a un colegio, a una escuela o a un instituto: *En vacaciones no estudio.* **3** Observar con mucha atención: *La abogada está estudiando el caso de su defendido.* ☐ [Es irregular y se conjuga como **ANUNCIAR**]. ☐ FAMILIA: →estudio.

estudio (es·tu·dio) ▌[sustantivo masculino] **1** Esfuerzo que se hace con la mente para comprender las cosas o aprenderlas: *Todos los días dedico alguna hora al estudio.* **2** Habitación en la que se trabaja o en la que se estudia: *Tengo el ordenador en el estudio.* **3** Conjunto de edificios y de locales en los que se ruedan películas de cine o en los que se graban programas de radio o de televisión. **4** Apartamento pequeño. ▌**estudios** [plural] **5** Conjunto de materias que se estudian para obtener un título: *los estudios de medicina.* ☐ FAMILIA: estudiar, estudioso, estudiado, estudiante, estudiantil, estudiantina.

estudioso, sa (es·tu·dio·so, sa) ▌[adjetivo] **1** Que estudia mucho. ▌[sustantivo] **2** Persona que se dedica al estudio de algo: *Un botánico es un estudioso de las plantas.* ☐ FAMILIA: →estudio.

estufa (es·tu·fa) [sustantivo femenino] Aparato que se usa para calentar espacios cerrados.

estupefacción (es·tu·pe·fac·ción) [sustantivo femenino] Situación de una persona que está tan sorprendida que no sabe cómo actuar: *Me miró con cara de estupefacción cuando le dije que no volvería nunca.* ☐ SINÓNIMOS: pasmo, asombro, perplejidad. ☐ FAMILIA: →estupefacto.

estupefaciente (es·tu·pe·fa·cien·te) [adjetivo o sustantivo masculino] Dicho de una sustancia, que altera la sensibilidad y puede producir alucinaciones, depresión, sueño o euforia, y cuyo consumo crea adicción: *La heroína es una droga estupefaciente.* ☐ [Cuando es adjetivo, no varía en masculino y femenino]. ☐ FAMILIA: →estupefacto.

estupefacto, ta (es·tu·pe·fac·to, ta) [adjetivo] Que está tan sorprendido que no sabe cómo actuar: *La noticia me dejó estupefacta.* ☐ SINÓNIMOS: atónito, pasmado. ☐ FAMILIA: estupefaciente, estupefacción.

estupendo, da (es·tu·pen·do, da) ▌[adjetivo] **1** Muy bueno o extraordinario. ▌**estupendo** [adverbio] **2** Muy bien: *Ese chico juega estupendo al fútbol.* ☐ SINÓNIMOS: sensacional, fenomenal.

estupidez (es·tu·pi·dez) [sustantivo femenino] Cosa que dice o hace una persona que no actúa con inteligencia. ☐ [Su plural es «estupideces»]. ☐ SINÓNIMOS: idiotez, tontería. ☐ FAMILIA: →estúpido.

estúpido, da (es·tú·pi·do, da) [adjetivo o sustantivo] Que no actúa con inteligencia: *No seas estúpido y fíate de tus padres.* ☐ [Se usa como insulto]. ☐ SINÓNIMOS: imbécil, idiota, burro, necio. ☐ ANTÓNIMOS: listo. ☐ FAMILIA: estupidez.

estupor (es·tu·por) [sustantivo masculino] Sorpresa o impresión fuertes que nos produce algo que no esperábamos: *La gente escuchaba con estupor la noticia.* ☐ SINÓNIMOS: asombro.

esturión (es·tu·rión) [sustantivo masculino] Pez marido de gran tamaño y de color gris, del que se saca el caviar.

etapa (e·ta·pa) [sustantivo femenino] **1** Parte en que se divide un recorrido: *La primera etapa de nuestra excursión será desde aquí al río.* **2** Espacio de tiempo: *Guardo buenos recuerdos de mi etapa de estudiante.* ☐ SINÓNIMOS: **2** período, estadio, fase.

etcétera (et·cé·te·ra) Se usa al final de una frase cuando se han citado varias cosas y no se quieren nombrar más. ☐ [Su abreviatura es «etc.»].

éter (é·ter) [sustantivo masculino] Sustancia que se usa como anestesia y que tiene un fuerte olor. ☐ FAMILIA: etéreo.

etéreo, a (e·té·re·o, a) [adjetivo] Vago, poco preciso o delicado: *Esos conceptos son tan etéreos que no acabo de comprenderlos.* ☐ FAMILIA: →éter.

eternidad (e·ter·ni·dad) [sustantivo femenino] **1** Todo el tiempo: *Ninguna cosa material puede durar toda la eternidad.* **2** Vida de la persona después de la muerte: *¿Crees en la eternidad?* **3** Espacio de tiempo muy largo: *Hace una eternidad que no sé nada de ellos.* ☐ FAMILIA: →eterno.

eternizar (e·ter·ni·zar) [verbo] **1** Hacer eterno. ∎ **eternizarse 2** Tardar mucho en hacer algo: *Te eternizas arreglándote.* ☐ FAMILIA: →eterno.

eterno, na (e·ter·no, na) [adjetivo] **1** Que no tiene principio ni fin: *Soy cristiano y creo que Dios es eterno.* **2** Que dura siempre: *Mi amor por ti es eterno.* **3** Que se repite con frecuencia: *¿Ya estás con tu eterno mal humor?* ☐ ANTÓNIMOS: **2** efímero, perecedero. ☐ FAMILIA: eternidad, eternizar, sempiterno.

ético, ca (é·ti·co, ca) ∎ [adjetivo] **1** Que actúa según las reglas que sirven como modelo de comportamiento: *No es ético hablar mal de alguien que no puede defenderse.* ∎ **ética** [sustantivo femenino] **2** Conjunto de reglas que sirven como modelo de comportamiento: *La ética impide que se cometan abusos con las personas.*

etílico, ca (e·tí·li·co, ca) [adjetivo] Del alcohol que tienen las bebidas alcohólicas o relacionado con él: *intoxicación etílica.*

etimología (e·ti·mo·lo·gí·a) [sustantivo femenino] Origen de una palabra: *La etimología de «toro» es la palabra latina «taurus».* ☐ FAMILIA: etimológico.

etimológico, ca (e·ti·mo·ló·gi·co, ca) [adjetivo] De la etimología o relacionado con el origen de las palabras. ☐ FAMILIA: →etimología.

etíope (e·tí·o·pe) [adjetivo o sustantivo] De Etiopía, que es un país africano. ☐ [No varía en masculino y femenino].

etiqueta (e·ti·que·ta) [sustantivo femenino] **1** Trozo de papel que se pega o se sujeta a un objeto y en el que se anotan sus características: *En la etiqueta del pantalón pone qué talla es.* **2** Conjunto de reglas que se siguen en los actos públicos o cuando se trata con personas con las que no se tiene confianza: *Si asistes a una audiencia con los reyes, debes saludarlos siguiendo la etiqueta.* ◆ [expresión] ∥ **de etiqueta** Dicho de una prenda de vestir, que es adecuada para asistir a actos muy serios: *El chaqué es una prenda masculina de etiqueta.* ☐ SINÓNIMOS: **2** protocolo. ☐ FAMILIA: etiquetar, ecoetiqueta.

etiquetar (e·ti·que·tar) [verbo] **1** Poner la etiqueta a un producto: *Después de envasar el producto, se etiqueta.* **2** Poner a una persona un adjetivo que la caracterice: *La etiquetaron de egoísta porque no quiso esperar a nadie.* ☐ FAMILIA: →etiqueta.

etnia (et·nia) [sustantivo femenino] Conjunto de personas con rasgos físicos, como el color de la piel, y costumbres sociales y culturales semejantes. ☐ FAMILIA: étnico, etnología, etnológico.

étnico, ca (ét·ni·co, ca) [adjetivo] De una etnia o de un pueblo, o relacionado con ellos: *luchas étnicas.* ☐ FAMILIA: →etnia.

etnología (et·no·lo·gí·a) [sustantivo femenino] Ciencia que estudia las etnias y los pueblos. ☐ FAMILIA: →etnia.

etnológico, ca (et·no·ló·gi·co, ca) [adjetivo] De la etnología o relacionado con ella. ☐ FAMILIA: →etnia.

etrusco, ca (e·trus·co, ca) ∎ [adjetivo o sustantivo] **1** De Etruria, que era una antigua región italiana. ∎ **etrusco** [sustantivo masculino] **2** Lengua de esta región.

eucalipto (eu·ca·lip·to) [sustantivo masculino] Árbol de tronco recto que tiene unas hojas que dan mucho olor y que se usan para hacer medicamentos. ☐ SINÓNIMOS: eucaliptus.

eucaliptus (eu·ca·lip·tus) [sustantivo masculino] → **eucalipto.** ☐ [No varía en singular y plural].

eucaristía (eu·ca·ris·tí·a) [sustantivo femenino] Sacramento en el que el sacerdote ofrece el cuerpo y la sangre de Jesucristo en el pan y el vino consagrados: *Toda la familia asistió al sacramento de la eucaristía el domingo por la tarde.*

eufemismo (eu·fe·mis·mo) [sustantivo masculino] Palabra o expresión que se dice en lugar de otra que resulta poco suave, grosera o malsonante: *«Rellenito» es un eufemismo que se usa en lugar de «gordo».*

euforia (eu·fo·ria) [sustantivo femenino] Alegría o bienestar muy grandes: *La euforia se apoderó de nosotros cuando nos dieron el premio.* ☐ SINÓNIMOS: júbilo. ☐ ANTÓNIMOS: depresión. ☐ FAMILIA: eufórico.

eufórico, ca (eu·fó·ri·co, ca) [adjetivo] Que está muy contento o que se encuentra muy bien. ☐ SINÓNIMOS: exultante. ☐ ANTÓNIMOS: deprimido. ☐ FAMILIA: →euforia.

eureka (eu·re·ka) [interjección] Se usa para indicar que se ha encontrado lo que se buscaba.

euro (eu·ro) [sustantivo masculino] Moneda de la Unión Europea.

europeo, a (eu·ro·pe·o, a) [adjetivo o sustantivo] De Europa, que es un continente. ☐ FAMILIA: centroeuropeo.

euskaldún (eus·kal·dún) [adjetivo o sustantivo] Dicho de una persona, que habla euskera. ☐ [Es una palabra de origen euskera. No varía en masculino y femenino].

euskera (eus·ke·ra) ∎ [adjetivo] **1** Del euskera o relacionado con esta lengua: *«Pelotari» es una palabra euskera que se usa también en castellano.* ∎ [sustantivo masculino] **2** Lengua hablada en el País Vasco y Navarra, que son comunidades autónomas españolas, y en otros territorios. ☐ [Se escribe también «eusquera»]. ☐ SINÓNIMOS: **2** vasco, vascuence.

eusquera (eus·que·ra) [sustantivo masculino] → **euskera.**

eutanasia (eu·ta·na·sia) [sustantivo femenino] Fin que se pone a la vida de alguien que sufre alguna enfermedad que se sabe que no puede curarse: *La eutanasia está prohibida en la mayoría de los países.*

evacuación (e·va·cua·ción) [sustantivo femenino] Proceso que se sigue para hacer salir de un lugar a todas las personas que están en él: *Los bomberos procedieron a la evacuación de la zona inundada.* ☐ FAMILIA: →evacuar.

evacuar (e·va·cuar) [verbo] **1** Hacer salir de un lugar a todas las personas que están dentro de él: *Hoy nos han evacuado del colegio porque han llamado diciendo que había una bomba.* **2** Defecar: *Los laxantes ayudan a evacuar.* ☐ [Es irregular. Se conjuga como ACTUAR («evacúa») o como AVERIGUAR («evacua»)]. ☐ SINÓNIMOS: **2** excretar. ☐ FAMILIA: evacuación.

evadir (e·va·dir) [verbo] **1** Evitar cumplir algo que se tiene la obligación de hacer: *Evadir el pago de los impuestos es un delito.* **2** Sacar dinero del país de forma no legal: *Lo acusaron de evadir varios miles de euros.* ▪ **evadirse 3** Escaparse de un sitio: *Cinco presos se han evadido de la cárcel.* ☐ SINÓNIMOS: **3** fugarse, huir. ☐ FAMILIA: evasión, evasivo.

evaluación (e·va·lua·ción) [sustantivo femenino] **1** Proceso por el que se pone nota a los conocimientos de un alumno: *La profesora me felicitó por mi trabajo en esta evaluación.* **2** Proceso por el que se calcula el valor de algo: *Hicieron la evaluación de los gastos del mes.* ☐ SINÓNIMOS: **2** valoración, estimación. ☐ FAMILIA: →evaluar.

evaluar (e·va·luar) [verbo] **1** Poner nota a los conocimientos de un alumno: *Este profesor evalúa a sus alumnos teniendo en cuenta la actitud en clase, los ejercicios y los exámenes.* **2** Calcular el valor de algo: *Un experto evaluará los daños causados en el coche por el accidente.* ☐ [Es irregular y se conjuga como ACTUAR]. ☐ SINÓNIMOS: **2** valorar. ☐ FAMILIA: evaluación, autoevaluación.

evangélico, ca (e·van·gé·li·co, ca) ▪ [adjetivo] **1** Del Evangelio o relacionado con él. ▪ [adjetivo o sustantivo] **2** Dicho de algunas Iglesias, que son protestantes. ☐ FAMILIA: →evangelio.

evangelio (e·van·ge·lio) [sustantivo masculino] Relato de la vida de Jesucristo escrita por los apóstoles: *El Evangelio cuenta los hechos y dichos de Jesucristo.* ☐ [Se escribe con mayúscula]. ☐ FAMILIA: evangelista, evangélico, evangelizar.

evangelista (e·van·ge·lis·ta) [sustantivo masculino] Cada uno de los cuatro autores que escribieron la historia de los hechos y dichos de Jesucristo: *San Mateo, san Marcos, san Lucas y san Juan son los cuatro evangelistas.* ☐ FAMILIA: →evangelio.

evangelizar (e·van·ge·li·zar) [verbo] Enseñar la doctrina del Evangelio y la fe cristiana. ☐ [La «z» se cambia en «c» delante de «e» («evangelice»)]. ☐ FAMILIA: →evangelio.

evaporación (e·va·po·ra·ción) [sustantivo femenino] Paso de un líquido a vapor: *la evaporación del agua.* ☐ ANTÓNIMOS: condensación. ☐ FAMILIA: →vapor.

evaporarse (e·va·po·rar·se) [verbo] **1** Pasar una sustancia de líquido a vapor: *Si dejas hervir mucho tiempo el agua, se evaporará.* **2** Desaparecer o dejar de estar: *Con aquella triste noticia, se evaporó la alegría.* ☐ SINÓNIMOS: **1** vaporizar. ☐ ANTÓNIMOS: **1** condensar. ☐ FAMILIA: →vapor.

evasión (e·va·sión) [sustantivo femenino] **1** Hecho de irse del lugar en el que se está encerrado: *Los prisioneros prepararon su evasión.* **2** Hecho de evitar algo que se tiene obligación de hacer: *Te pueden meter en la cárcel por evasión del pago de impuestos.* ☐ SINÓNIMOS: **1** fuga, huida. ☐ FAMILIA: →evadir.

evasiva (e·va·si·va) [sustantivo femenino] Mira en **evasivo, va**.

evasivo, va (e·va·si·vo, va) ▪ [adjetivo] **1** Que intenta evitar una dificultad, un daño o un peligro: *Respondió a los periodistas con respuestas evasivas.* ▪ **evasiva** [sustantivo femenino] **2** Medio que se emplea para evitar una dificultad, un daño o un peligro: *Déjate de evasivas y dime si lo aceptas.* ☐ FAMILIA: →evadir.

evento (e·ven·to) [sustantivo masculino] Suceso importante o que no se espera: *Reacciona con tranquilidad ante cualquier evento.* ☐ SINÓNIMOS: acontecimiento. ☐ FAMILIA: eventual, eventualidad.

eventual (e·ven·tual) ▪ [adjetivo] **1** Que no es seguro porque depende de las circunstancias: *Hemos tomado medidas eventuales para solucionar los cortes de luz.* ▪ [adjetivo o sustantivo] **2** Persona que trabaja en una empresa por un tiempo determinado: *No soy un trabajador fijo, sino eventual.* ☐ [No varía en masculino y femenino]. ☐ FAMILIA: →evento.

eventualidad (e·ven·tua·li·dad) [sustantivo femenino] **1** Característica de lo que no es seguro o depende de las circunstancias: *La eventualidad de su contrato hace que se sienta inseguro.* **2** Hecho que puede ocurrir, pero no es seguro que suceda: *Si vas a llegar tarde por cualquier eventualidad, llámame.* ☐ FAMILIA: →evento.

evidencia (e·vi·den·cia) [sustantivo femenino] Característica de lo que es evidente: *No hay ninguna evidencia de que haya sido un robo.* ◆ [expresión] ‖ **en evidencia** En ridículo: *Cuando dices esas tonterías, quedas en evidencia.* ☐ FAMILIA: →evidente.

evidenciar (e·vi·den·ciar) [verbo] Hacer evidente o claro: *Ese comportamiento evidencia tu falta de educación.* ☐ [Es irregular y se conjuga como ANUNCIAR]. ☐ FAMILIA: →evidente.

evidente (e·vi·den·te) [adjetivo] Que se ve de manera clara y no ofrece dudas: *Es evidente que tenías hambre, porque no has dejado ni las migas.* ☐ [No varía en masculino y femenino]. ☐ SINÓNIMOS: claro, obvio, patente, ostensible, palpable, inequívoco. ☐ FAMILIA: evidencia, evidenciar.

evitar (e·vi·tar) [verbo] **1** Impedir que suceda algo malo: *Han puesto semáforos en este cruce tan peligroso para evitar accidentes.* **2** Intentar no hacer algo: *Necesitas reposo, así que evita levantarte de la cama.* **3** Tratar de no tener relación con una persona: *Me evita para no pedirme perdón por lo que me hizo.* ☐ SINÓNIMOS: **2** eludir. ☐ FAMILIA: inevitable.

evocación (e·vo·ca·ción) [sustantivo femenino] Hecho de traer algo a la memoria o a la imaginación. ☐ FAMILIA: →evocar.

evocar (e·vo·car) [verbo] Traer a la memoria o a la imaginación: *Esta música me evoca los días felices que pasé aquel verano.* ☐ [La «c» se cambia en «qu» delante de «e» («evoque»)]. ☐ SINÓNIMOS: rememorar. ☐ FAMILIA: evocación.

evolución (e·vo·lu·ción) [sustantivo femenino] Desarrollo o cambio por el que se pasa poco a poco de un estado a otro. ☐ Sinónimos: transformación. ☐ Familia: evolucionar.

evolucionar (e·vo·lu·cio·nar) [verbo] Desarrollarse o cambiar, pasando poco a poco de un estado a otro: *Las especies animales evolucionan a lo largo del tiempo.* ☐ Sinónimos: transformar. ☐ Familia: →evolución.

ex [sustantivo] Persona que ya no es pareja sentimental de otra: *Mi tía hace años que no ve a su ex.* ☐ [No varía en masculino y femenino, ni en singular y plural. Como prefijo, mira el cuadro de la palabra «prefijo»].

exabrupto (e·xa·brup·to) [sustantivo masculino] Expresión poco amable que se dice con malos modales: *Le llamé la atención y me contestó con un exabrupto.*

exacerbar (e·xa·cer·bar) [verbo] **1** Hacer más fuerte o más vivo un sentimiento o un dolor: *Los ruidos de la calle exacerbaron mi dolor de cabeza.* **2** Enfadar mucho: *Me exacerbé cuando supe que la excursión se suspendía.* ☐ Sinónimos: **1** avivar. **2** exasperar, encolerizar. ☐ Antónimos: **1** mitigar, aliviar. ☐ Familia: →acerbo.

exactitud (e·xac·ti·tud) [sustantivo femenino] Manera exacta y clara: *Dime con exactitud cuánto mides.* ☐ Sinónimos: precisión. ☐ Familia: →exacto.

exacto, ta (e·xac·to, ta) [adjetivo] Que es lo que se dice o lo que hace falta, y nada más ni nada menos: *El avión salió a la hora exacta.* ☐ Sinónimos: justo, preciso. ☐ Antónimos: inexacto, impreciso, vago. ☐ Familia: exactitud, inexacto.

exageración (e·xa·ge·ra·ción) [sustantivo femenino] Aumento muy grande de la cantidad o de la importancia de algo: *Es una exageración que traigas tres tartas si solo somos cuatro personas.* ☐ Familia: →exagerar.

exagerado, da (e·xa·ge·ra·do, da) ∎ [adjetivo] **1** Muy grande: *Tengo un hambre exagerada.* ∎ [adjetivo o sustantivo] **2** Que aumenta la cantidad o la importancia de algo: *Eres un exagerado, porque te lo he pedido dos veces y no doce, como tú dices.* ☐ Sinónimos: **1** abultado, desmedido, desmesurado. ☐ Familia: →exagerar.

exagerar (e·xa·ge·rar) [verbo] Aumentar la cantidad o la importancia de algo: *Exageras si dices que había veinte personas, porque solo éramos cinco.* ☐ Sinónimos: abultar, hinchar, inflar. ☐ Familia: exagerado, exageración.

exaltación (e·xal·ta·ción) [sustantivo femenino] **1** Alabanza que se hace de una persona o de sus cualidades. **2** Estado de una persona que está muy excitada por la alegría o por el enfado. ☐ Sinónimos: **2** nerviosismo. ☐ Antónimos: **2** serenidad. ☐ Familia: →exaltar.

exaltado, da (e·xal·ta·do, da) [adjetivo o sustantivo] Que pierde la calma con facilidad. ☐ Familia: →exaltar.

exaltar (e·xal·tar) [verbo] **1** Alabar mucho para dar importancia: *En su discurso exaltó el trabajo del equipo.* **2** Aumentar la fuerza de un sentimiento: *Las injusticias exaltan su rabia.* ∎ **exaltarse 3** Perder la calma una persona cuando algo le interesa mucho o le enfada: *Se exalta mucho cuando habla de política.* ☐ Familia: exaltado, exaltación.

examen (e·xa·men) [sustantivo masculino] **1** Prueba que se hace para saber los conocimientos de una persona sobre una materia. **2** Estudio de algo que se hace viendo sus partes con atención: *un examen médico.* ☐ Sinónimos: **2** análisis, inspección, exploración. ☐ Familia: examinar, examinador.

examinador, ra (e·xa·mi·na·dor, do·ra) [sustantivo] Persona que examina. ☐ Familia: →examen.

examinar (e·xa·mi·nar) [verbo] **1** Hacer una prueba a una persona para saber los conocimientos que tiene sobre una materia. **2** Estudiar atentamente y con cuidado algo: *El mecánico examinó el motor.* ☐ Sinónimos: **2** analizar. ☐ Familia: →examen.

exánime (e·xá·ni·me) [adjetivo] **1** Muerto o sin vida. **2** Muy débil o sin fuerzas. ☐ [No varía en masculino y femenino]. ☐ Sinónimos: **2** exhausto. ☐ Antónimos: **1** vivo. ☐ Familia: →ánima.

exasperante (e·xas·pe·ran·te) [adjetivo] Que exaspera o enfada mucho. ☐ [No varía en masculino y femenino]. ☐ Familia: →exasperar.

exasperar (e·xas·pe·rar) [verbo] Enfadar mucho y poner nervioso: *Me exaspera la lentitud con que haces todo.* ☐ Sinónimos: irritar, soliviantar, desquiciar, exacerbar. ☐ Familia: exasperante.

excarcelar (ex·car·ce·lar) [verbo] Sacar a una persona de la cárcel por orden del juez o de otra autoridad. ☐ Antónimos: encarcelar. ☐ Familia: →cárcel.

excavación (ex·ca·va·ción) [sustantivo femenino] Proceso por el que se hace un gran agujero en un terreno: *Los arqueólogos encuentran objetos del pasado en sus excavaciones.* ☐ Familia: →cavar.

excavadora (ex·ca·va·do·ra) [sustantivo femenino] Máquina que sirve para hacer grandes agujeros en la tierra. ☐ Familia: →cavar.

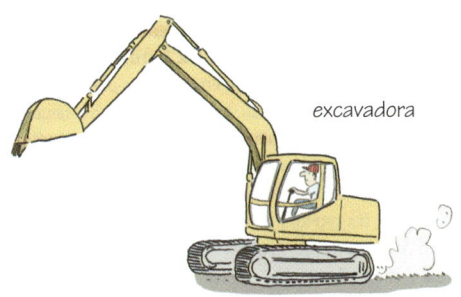

excavadora

excavar (ex·ca·var) [verbo] Hacer un gran agujero en la tierra: *No dejaremos de excavar hasta encontrar el tesoro.* ☐ Familia: →cavar.

excedencia (ex·ce·den·cia) [sustantivo femenino] Situación de la persona que deja su trabajo durante un tiempo. ☐ Familia: →exceder.

exceder (ex·ce·der) [verbo] **1** Ser mejor o tener alguna característica en mayor cantidad que los demás: *Tu hija excede en altura a todos los de su clase.* **2** Pasar

excelencia

un límite o una cantidad: *La temperatura excedió los cuarenta grados.* ■ **excederse 3** Pasarse de lo que sería bueno: *Te has excedido con el regalo.* ☐ Sinónimos: **1** aventajar. **1**, **2** superar. **2** sobrepasar, rebasar. **3** extralimitarse. ☐ Familia: exceso, excesivo, excedencia.

excelencia (ex·ce·len·cia) [sustantivo femenino] **1** Característica de lo que destaca por sus buenas cualidades: *En el anuncio destacan la excelencia del producto.* **2** Tratamiento de cortesía que se da a algunas personas: *su excelencia el embajador.* ◆ [expresión] ‖ **por excelencia** Indica que algo es lo más representativo: *La pasta es la comida italiana por excelencia.* ☐ Familia: →excelente.

excelente (ex·ce·len·te) [adjetivo] Que destaca por sus buenas cualidades: *Mis padres son unas personas excelentes.* ☐ [No varía en masculino y femenino]. ☐ Familia: excelencia, excelentísimo.

excelentísimo, ma (ex·ce·len·tí·si·mo, ma) [adjetivo] Tratamiento de cortesía que se da a las personas que tienen el título de excelencia, y que se antepone a *señor* o *señora*: *el excelentísimo señor embajador.* ☐ Familia: →excelente.

excelso, sa (ex·cel·so, sa) [adjetivo] Extraordinario o de gran categoría: *un excelso poeta.* ☐ Sinónimos: sublime, insigne. ☐ Antónimos: ínfimo.

excéntrico, ca (ex·cén·tri·co, ca) [adjetivo o sustantivo] Que tiene un carácter raro o fuera de lo habitual: *Es muy excéntrico y le gusta llamar la atención.* ☐ Familia: →centro.

excepción (ex·cep·ción) [sustantivo femenino] Cosa que se aparta de la regla general: *Tú que dibujas muy bien eres la excepción de la casa, porque todos pintamos fatal.* ◆ [expresión] ‖ **de excepción** Extraordinario o fuera de lo normal: *El portero jugó un partido de excepción y paró tres penaltis.* ☐ Familia: excepcional, excepto, exceptuar.

excepcional (ex·cep·cio·nal) [adjetivo] **1** Muy bueno o extraordinario: *El entrenador me felicitó porque había jugado un partido excepcional.* **2** Raro o muy poco frecuente: *Es excepcional que en casa nos acostemos más tarde de las once.* ☐ [No varía en masculino y femenino]. ☐ Sinónimos: **1** particular. **2** aislado, único, singular, especial. ☐ Antónimos: corriente, común. **2** normal. ☐ Familia: →excepción.

excepto (ex·cep·to) [conjunción] Sin tener en cuenta algo: *Irán todos, excepto tú y yo.* ☐ Sinónimos: salvo. ☐ Familia: →excepción.

exceptuar (ex·cep·tuar) [verbo] Dejar una cosa fuera de la regla común: *Tenéis que repetir todos el ejercicio, y no exceptúo a nadie.* ☐ [Es irregular y se conjuga como ACTUAR]. ☐ Sinónimos: excluir. ☐ Familia: →excepción.

excesivo, va (ex·ce·si·vo, va) [adjetivo] Que va más allá de lo que se considera normal o razonable: *Es excesivo que nos hagan leer un libro tan gordo para mañana.* ☐ Sinónimos: exorbitante, extremado. ☐ Familia: →exceder.

exceso (ex·ce·so) [sustantivo masculino] Cosa que pasa los límites de lo normal o de lo debido: *Me multaron por exceso de velocidad.* ☐ Sinónimos: abuso. ☐ Antónimos: moderación. ☐ Familia: →exceder.

excitación (ex·ci·ta·ción) [sustantivo femenino] Estado nervioso y agitado: *Nunca tomo café, porque me produce excitación.* ☐ Familia: →excitar.

excitante (ex·ci·tan·te) [adjetivo o sustantivo masculino] Que excita: *El café es un excitante y, si lo tomas por la noche, no podrás dormir.* ☐ [Cuando es adjetivo, no varía en masculino y femenino]. ☐ Familia: →excitar.

excitar (ex·ci·tar) [verbo] **1** Poner muy nervioso: *¡Cálmate y no te excites, que tampoco es para tanto!* **2** Producir un aumento de la actividad: *Esta música excita mi imaginación.* ☐ Familia: excitación, excitante.

exclamación (ex·cla·ma·ción) [sustantivo femenino] **1** Palabra o expresión que se pronuncia con fuerza y que expresa lo que se siente: *Dejó escapar una exclamación de alegría.* **2** Signo doble que usamos al escribir para indicar una emoción o reforzar lo que decimos: «*¡Oh!*» está escrito entre exclamaciones. *¡No olvides abrir la exclamación!* ☐ Familia: →exclamar.

exclamar (ex·cla·mar) [verbo] Decir algo con fuerza para expresar lo que se siente: «*¡Dios mío!*», exclamé sorprendida. ☐ Familia: exclamación, exclamativo.

exclamativo, va (ex·cla·ma·ti·vo, va) ■ [adjetivo] **1** Que permite expresar con fuerza lo que se siente: «*¡Qué miedo!*» *es un enunciado exclamativo.* ■ [adjetivo o sustantivo masculino] **2** Dicho de una clase de palabra, que sirve para expresar una exclamación: «*Qué*» *es un adverbio exclamativo en* «*¡Qué bonito!*». ☐ Familia: →exclamar.

excluir (ex·cluir) [verbo] Dejar fuera algo o quitarlo del lugar que ocupaba: *Me excluyeron del grupo y no me dejaron ir con ellos.* ☐ [Es irregular y se conjuga como CONSTRUIR]. ☐ Sinónimos: exceptuar. ☐ Antónimos: incluir. ☐ Familia: exclusión, exclusivo.

exclusión (ex·clu·sión) [sustantivo femenino] Rechazo o eliminación de algo, dejándolo fuera del lugar que ocupaba. ☐ Antónimos: inclusión. ☐ Familia: →excluir.

exclusivo, va (ex·clu·si·vo, va) ■ [adjetivo] **1** Único, solo o sin igual: *un modelo exclusivo.* ■ **exclusiva** [sustantivo femenino] **2** Noticia que se publica en un solo medio de información: *Esta revista publica la exclusiva de la boda del cantante.* ☐ Familia: →excluir.

excomulgar (ex·co·mul·gar) [verbo] Apartar a una persona de la comunidad católica y negarle el derecho a recibir los sacramentos. ☐ [La «g» se cambia en «gu» delante de «e» («excomulgue»)]. ☐ Familia: →comulgar.

excomunión (ex·co·mu·nión) [sustantivo femenino] Hecho de apartar a una persona de la comunidad católica y de negarle el derecho a recibir los sacramentos. ☐ Familia: →común.

excremento (ex·cre·men·to) [sustantivo masculino] Residuos del alimento que, tras haberse hecho la digestión, se expulsan por el ano: *Los excrementos de algunos animales se usan como abono.* ☐ Sinónimos: heces.

excretar (ex·cre·tar) [verbo] Expulsar del cuerpo los excrementos u otras sustancias sobrantes. □ Sinónimos: evacuar. □ Familia: excretor.

excretor, ra (ex·cre·tor, to·ra) [adjetivo] Que sirve para excretar: *aparato excretor*. □ Familia: →excretar.

exculpar (ex·cul·par) [verbo] Liberar de una culpa: *La juez exculpó al acusado por falta de pruebas*. □ Familia: →culpa.

excursión (ex·cur·sión) [sustantivo femenino] Viaje corto que se hace a un sitio para divertirse o para ver algo. □ Familia: excursionista.

excursionista (ex·cur·sio·nis·ta) [sustantivo] Persona que hace excursiones. □ [No varía en masculino y femenino]. □ Familia: →excursión.

excusa (ex·cu·sa) [sustantivo femenino] Cosa que se dice para que nos disculpen por algo: *Llegó tarde y puso la excusa de que había tardado mucho el autobús*. □ Sinónimos: disculpa. □ Familia: →excusar.

excusado (ex·cu·sa·do) [sustantivo masculino] Habitación en la que nos aseamos y que tiene lavabo e inodoro. □ [Se escribe también «escusado»]. □ Sinónimos: servicio. □ Familia: →excusar.

excusar (ex·cu·sar) [verbo] **1** Disculpar una falta: *Se excusó por haber llegado tarde*. **2** Librar o evitar: *Te excuso de ir a la compra porque estarás muy cansado*. □ Familia: excusa, excusado.

exención (e·xen·ción) [sustantivo femenino] Liberación de una carga o de una obligación: *Me comunicaron por carta la exención de pagar una multa*. □ Familia: →eximir.

exento, ta (e·xen·to, ta) [adjetivo] Libre de algo, especialmente de una obligación: *Debido a un problema físico, estoy exenta de hacer gimnasia*. □ Familia: →eximir.

exequias (e·xe·quias) [sustantivo femenino plural] Conjunto de actos que se celebran en honor a un muerto. □ Sinónimos: funeral.

exhalación (e·xha·la·ción) [sustantivo femenino] Hecho de lanzar un suspiro o una queja: *Se oyó una exhalación de dolor cuando se golpeó*. ◆ [expresión] ‖ **como una exhalación** Muy rápido: *Los bólidos pasaban como una exhalación*. □ Familia: →exhalar.

exhalar (e·xha·lar) [verbo] **1** Despedir o echar un gas o un olor: *Las flores exhalan un agradable aroma*. **2** Lanzar un suspiro o una queja: *Exhaló un suspiro de alegría cuando terminó el trabajo*. □ Sinónimos: **1** emanar. □ Familia: exhalación.

exhaustivo, va (e·xhaus·ti·vo, va) [adjetivo] Que se hace de manera completa o muy a fondo: *un reconocimiento médico exhaustivo*. □ Sinónimos: concienzudo. □ Familia: →exhausto.

exhausto, ta (e·xhaus·to, ta) [adjetivo] Muy cansado: *Terminé exhausta la carrera*. □ Sinónimos: exánime, extenuado. □ Familia: exhaustivo.

exhibición (e·xhi·bi·ción) [sustantivo femenino] Exposición pública de un conjunto de cosas: *He ido a ver una exhibición de gimnasia*. □ Sinónimos: muestra. □ Familia: →exhibir.

exhibir (e·xhi·bir) [verbo] **1** Mostrar o enseñar algo en público: *En este cine solo exhiben películas españolas*. ‖ **exhibirse 2** Dejarse ver en público para llamar la atención: *Se exhibió por todo el barrio con su nuevo coche deportivo*. □ Familia: exhibición.

exhortación (e·xhor·ta·ción) [sustantivo femenino] Estímulo con palabras para que alguien haga algo. □ Familia: →exhortar.

exhortar (e·xhor·tar) [verbo] Estimular con palabras a alguien a hacer algo: *Mis padres me exhortan constantemente a que estudie*. □ Familia: exhortación, exhortativo.

exhortativo, va (e·xhor·ta·ti·vo, va) [adjetivo] Que expresa una exhortación: *«Siéntate ahí» es una oración exhortativa*. □ Familia: →exhortar.

exhumar (e·xhu·mar) [verbo] Desenterrar un cadáver. □ Antónimos: inhumar, enterrar.

exigencia (e·xi·gen·cia) [sustantivo femenino] **1** Cosa que se pide con fuerza y energía: *Si las exigencias de los trabajadores no son atendidas, habrá huelga*. **2** Necesidad obligada de algo: *Por exigencias de la programación, la película prevista se emitirá otro día*. □ Familia: →exigir.

exigente (e·xi·gen·te) [adjetivo o sustantivo] Que pide algo y no se conforma con menos de lo que ha pedido: *Es un profesor muy exigente y nos hace estudiar mucho*. □ [No varía en masculino y femenino]. □ Familia: →exigir.

exigir (e·xi·gir) [verbo] **1** Pedir con fuerza algo a lo que se tiene derecho: *Los trabajadores exigen un aumento de las medidas de seguridad en el trabajo*. **2** Necesitar algo de forma obligatoria: *Este problema exige una rápida solución*. □ [La «g» se cambia en «j» delante de «a», «o» («exija»)]. □ Sinónimos: **1** reclamar, reivindicar. □ Familia: exigencia, exigente.

exiguo, gua (e·xi·guo, gua) [adjetivo] Que es escaso o que no es suficiente: *un sueldo exiguo*. □ Sinónimos: insuficiente, parco. □ Antónimos: abundante, suficiente.

exiliado, da (e·xi·lia·do, da) [adjetivo o sustantivo] Que ha abandonado su país, generalmente por motivos políticos. □ Familia: →exiliarse.

exiliarse (e·xi·liar·se) [verbo] Abandonar el país en el que se ha nacido, generalmente por motivos políticos: *Su abuelo se exilió a Francia para no ser perseguido*. □ [Es irregular y se conjuga como **ANUNCIAR**]. □ Familia: exilio, exiliado.

exilio (e·xi·lio) [sustantivo masculino] Marcha del país en el que se ha nacido, generalmente por motivos políticos. □ Familia: →exiliarse.

eximio, mia (e·xi·mio, mia) [adjetivo] Muy bueno o que destaca por alguna cualidad: *un eximio investigador*. □ Sinónimos: insigne, eminente, excelente. □ [Suele usarse en el lenguaje literario].

eximir (e·xi·mir) [verbo] Librar de una carga o de una obligación: *El desconocimiento de la ley no exime de su cumplimiento*. □ Sinónimos: dispensar. □ Familia: exento, exención.

existencia (e·xis·ten·cia) ▪ [sustantivo femenino] **1** Hecho de existir: *No conocía la existencia de este tipo de bacteria.* **2** Vida humana: *A lo largo de su existencia nunca hizo mal a nadie.* ▪ **existencias** [plural] **3** Conjunto de productos almacenados para ser usados o vendidos: *Al final de cada mes hacemos recuento de las existencias de la tienda.* ☐ [En el significado **3**, es preferible usar «existencias» que la palabra inglesa *stock*]. ☐ Familia: →existir.

existencial (e·xis·ten·cial) [adjetivo] De la existencia o relacionado con ella: *problema existencial.* ☐ [No varía en masculino y femenino]. ☐ Familia: →existir.

existente (e·xis·ten·te) [adjetivo] Que existe. ☐ [No varía en masculino y femenino]. ☐ Antónimos: inexistente. ☐ Familia: →existir.

existir (e·xis·tir) [verbo] **1** Ser una cosa real y verdadera: *No creo que existan los fantasmas.* **2** Tener vida o estar vivo: *Mis tatarabuelos ya no existen.* **3** Haber o encontrarse: *No sé si aún existen paisajes sin explorar.* ☐ Familia: existencia, existencial, existente, inexistente, coexistir.

éxito (é·xi·to) [sustantivo masculino] **1** Resultado muy bueno: *El experimento no tuvo éxito.* **2** Cosa que es bien recibida por la gente: *Este libro ha sido un éxito.* ☐ Antónimos: fracaso. **1** frustración.

éxodo (é·xo·do) [sustantivo masculino] Salida de personas de un lugar para ir a otro: *En el Antiguo Testamento se narra el éxodo del pueblo judío.* ☐ Sinónimos: emigración.

exonerar (e·xo·ne·rar) [verbo] Aliviar o descargar de un peso o de una obligación: *Me han exonerado del pago de la matrícula.*

exorbitante (e·xor·bi·tan·te) [adjetivo] Que sobrepasa lo que se considera normal: *precios exorbitantes.* ☐ [No varía en masculino y femenino]. ☐ Sinónimos: excesivo.

exorcismo (e·xor·cis·mo) [sustantivo masculino] Conjunto de palabras y expresiones que se dicen para expulsar un espíritu maligno de algún sitio.

exótico, ca (e·xó·ti·co, ca) [adjetivo] **1** Extranjero, especialmente si es de un país lejano y poco conocido: *Me gustaría viajar por países exóticos.* **2** Extraño o raro: *una bebida exótica.* ☐ Familia: exotismo.

exotismo (e·xo·tis·mo) [sustantivo masculino] Característica de lo que es exótico. ☐ Familia: →exótico.

expandir (ex·pan·dir) [verbo] Hacer que algo sea más grande o que ocupe más espacio: *La noticia se expandió rápidamente.* ☐ Sinónimos: propagar, difundir. ☐ Familia: expansión, expansionarse.

expansión (ex·pan·sión) [sustantivo femenino] **1** Hecho de que algo se haga más grande o de que ocupe más espacio: *la expansión de una epidemia; la expansión de un pueblo.* **2** Diversión o descanso: *Necesito un momento de expansión.* ☐ Sinónimos: **1** dilatación, extensión. ☐ Familia: →expandir.

expansionarse (ex·pan·sio·nar·se) [verbo] Distraerse o divertirse: *Necesitamos hacer una escapada para expansionarnos un poco.* ☐ Sinónimos: explayarse. ☐ Familia: →expandir.

expectación (ex·pec·ta·ción) [sustantivo femenino] Interés que despierta algo que va a suceder: *El estreno de esta ópera ha despertado una gran expectación.* ☐ Familia: expectativa, expectante.

expectante (ex·pec·tan·te) [adjetivo] Que espera algo con curiosidad o con interés: *Estoy expectante esperando el final de la película.* ☐ [No varía en masculino y femenino]. ☐ Familia: →expectación.

expectativa (ex·pec·ta·ti·va) [sustantivo femenino] Esperanza o posibilidad de conseguir algo: *No tengo muchas expectativas de ganar el concurso.* ◆ [expresión] ∥ **a la expectativa** Sin hacer nada hasta ver qué sucede: *Estoy a la expectativa, esperando qué va a pasar.* ☐ Familia: →expectación.

expectorante (ex·pec·to·ran·te) [adjetivo o sustantivo masculino] Que facilita la expulsión de flemas y otras mucosidades: *jarabe expectorante.* ☐ [Cuando es adjetivo, no varía en masculino y femenino]. ☐ Familia: →expectorar.

expectorar (ex·pec·to·rar) [verbo] Arrancar y expulsar por la boca flemas y otras mucosidades del aparato respiratorio: *El médico me ha recetado un jarabe que ayuda a expectorar.* ☐ Familia: expectorante.

expedición (ex·pe·di·ción) [sustantivo femenino] **1** Viaje que se realiza con un fin determinado: *La universidad organizó una expedición a la Antártida para hacer un estudio de la zona.* **2** Conjunto de personas que realizan este viaje: *La expedición decidió descansar un rato.* ☐ Familia: →expedir.

expedicionario, ria (ex·pe·di·cio·na·rio, ria) [adjetivo o sustantivo] Que forma parte de un grupo de personas que realiza un viaje con un fin determinado. ☐ Familia: →expedir.

expedientar (ex·pe·dien·tar) [verbo] Someter a una persona a una investigación para sancionarla por algo que ha hecho: *Le han expedientado por insultar al profesor.* ☐ Familia: →expedir.

expediente (ex·pe·dien·te) [sustantivo masculino] **1** Escrito en el que están los servicios que ha realizado un trabajador o las notas que ha obtenido un estudiante: *Las becas se conceden a los que tienen un buen expediente.* **2** Conjunto de documentos que tienen información sobre un asunto: *Los expedientes de multas de tráfico están archivados por orden alfabético.* **3** Investigación para decidir qué hacer cuando alguien ha hecho algo mal: *Han abierto un expediente a ese jugador por faltar a los entrenamientos.* ☐ Familia: →expedir.

expedir (ex·pe·dir) [verbo] **1** Enviar o mandar algo: *expedir un paquete.* **2** Poner por escrito un documento: *expedir un cheque.* ☐ [Es irregular y se conjuga como PEDIR]. ☐ Familia: expediente, expedientar, expeditivo, expedición, expedicionario.

expeditivo, va (ex·pe·di·ti·vo, va) [adjetivo] Que tiene facilidad o rapidez para solucionar un asunto sin detenerse ante nada: *Contrató a un abogado expeditivo para agilizar los trámites de su divorcio.* ☐ Sinónimos: resuelto. ☐ Familia: →expedir.

expeler (ex·pe·ler) [verbo] Arrojar o hacer salir, generalmente con fuerza: *Al respirar, expeles el aire de los pulmones.* ☐ Sinónimos: expulsar. ☐ Antónimos: succionar.

expendedor, ra (ex·pen·de·dor, do·ra) [adjetivo o sustantivo] Que vende o distribuye un producto: *expendedora de tabaco; expendedor de billetes.* ☐ Familia: →expender.

expendeduría (ex·pen·de·du·rí·a) [sustantivo femenino] Tienda donde se venden productos que tienen prohibida la venta libre, como el tabaco y los sellos. ☐ Familia: →expender.

expender (ex·pen·der) [verbo] **1** Vender algo: *Este producto solo se expende en locales autorizados.* **2** Despachar una entrada o un billete: *En la taquilla expenden los billetes de tren.* ☐ Familia: expendedor, expendeduría, expensas.

expensas (ex·pen·sas) ◆ [expresión] ‖ **a expensas de alguien** Por cuenta suya: *Como no trabajo, vivo a expensas de mis padres.* ☐ Familia: →expender.

experiencia (ex·pe·rien·cia) [sustantivo femenino] **1** Conocimiento que se adquiere con la práctica o a lo largo de la vida: *La experiencia se adquiere con los años.* **2** Hecho de vivir algo o de llevarlo a cabo: *Me contó sus experiencias en la granja.* ☐ Sinónimos: **2** vivencia. ☐ Antónimos: **1** inexperiencia. ☐ Familia: experimentar, experimento, experimental, experimentación, experimentado, experto, inexperiencia, inexperto.

experimentación (ex·pe·ri·men·ta·ción) [sustantivo femenino] **1** Hecho de realizar una serie de operaciones para descubrir, demostrar o comprobar algo. **2** Método que la ciencia usa para investigar. ☐ Familia: →experiencia.

experimentado, da (ex·pe·ri·men·ta·do, da) [adjetivo] Dicho de una persona, que tiene experiencia: *un conductor experimentado.* ☐ Familia: →experiencia.

experimental (ex·pe·ri·men·tal) [adjetivo] **1** Que se basa en la experiencia o en los experimentos: *La física es una ciencia experimental.* **2** Que sirve de experimento o que todavía está a prueba: *un modelo experimental.* ☐ [No varía en masculino y femenino]. ☐ Familia: →experiencia.

experimentar (ex·pe·ri·men·tar) [verbo] **1** Realizar una serie de operaciones para descubrir, demostrar o comprobar algo: *Se está experimentando una nueva vacuna.* **2** Sentir o notar una sensación: *Experimenté una gran alegría.* **3** Sufrir un cambio: *El tiempo experimentará una ligera mejoría.* ☐ Familia: →experiencia.

experimento (ex·pe·ri·men·to) [sustantivo masculino] Operación para descubrir, comprobar o demostrar algo, generalmente de carácter científico: *En el laboratorio del colegio hacemos experimentos químicos.* ☐ Familia: →experiencia.

experto, ta (ex·per·to, ta) ∎ [adjetivo o sustantivo] **1** Que tiene una gran experiencia o una gran habilidad para hacer algo: *Me operó un experto cirujano.* ∎ [sustantivo] **2** Persona que se dedica a una rama de una ciencia o de un arte y tiene en ella especiales conocimientos: *Un grupo de expertos decidirá si esta central nuclear puede seguir en funcionamiento.* ☐ Sinónimos: especialista. **1** maestro. **2** perito. ☐ Antónimos: **1** inexperto, novato, principiante. ☐ Familia: →experiencia.

expirar (ex·pi·rar) [verbo] **1** Dejar de vivir: *El enfermo expiró rodeado de sus familiares y amigos.* **2** Acabar o llegar a su fin un período de tiempo: *Mañana expira el plazo de matrícula.* ☐ [No confundir con «espirar» (echar el aire de los pulmones)]. ☐ Sinónimos: **1** morir. **2** extinguirse. ☐ Antónimos: **1** nacer, vivir. **2** comenzar.

explanada (ex·pla·na·da) [sustantivo femenino] Espacio de terreno llano. ☐ Familia: →plano.

explayarse (ex·pla·yar·se) [verbo] **1** Alargarse mucho al hablar o al escribir: *Si te explayas, te saldrá una carta muy larga.* **2** Contar a alguien una pena para sentirse mejor: *Me explayé con un amigo.* **3** Distraerse o divertirse: *Vamos al campo para explayarnos.* ☐ Sinónimos: **2** desahogar. **3** expansionarse.

explicación (ex·pli·ca·ción) [sustantivo femenino] **1** Exposición de algo para que resulte fácil de comprender: *las explicaciones del profesor.* **2** Razón que se ofrece como disculpa: *Tu forma de actuar no tiene explicación.* **3** Información que aclara algo: *Por muchas explicaciones que me des, no sé a qué persona te refieres.* ☐ Sinónimos: **2** justificación. ☐ Familia: →explicar.

explicar (ex·pli·car) [verbo] **1** Contar algo para que resulte fácil de comprender: *La profesora nos explicó la lección.* **2** Declarar, expresar o dar a conocer algo: *Uno de los accidentados explicó lo que había pasado.* ∎ **explicarse 3** Llegar a comprender la razón de algo: *No me explico cómo pudo suceder algo así.* **4** Hacerse entender: *Explícate mejor, que no te entiendo.* ☐ [La «c» se cambia en «qu» delante de «e» («explique»). No confundir con «explicitar» (hacer explícito algo)]. ☐ Sinónimos: **2** exponer. ☐ Familia: explicación, explicativo, inexplicable.

explicativo, va (ex·pli·ca·ti·vo, va) [adjetivo] Que explica o que introduce una explicación: *adjetivo explicativo; oración explicativa.* ☐ Familia: →explicar.

explicitar (ex·pli·ci·tar) [verbo] Hacer explícito: *En la carta al director debes explicitar los motivos de tu queja.* ☐ [No confundir con «explicar» (contar algo para que resulte fácil de comprender)]. ☐ Familia: →explícito.

explícito, ta (ex·plí·ci·to, ta) [adjetivo] Que se expresa o se explica claramente: *Nos lo dijo de forma explícita y sin rodeos.* ☐ Antónimos: implícito. ☐ Familia: explicitar.

exploración (ex·plo·ra·ción) [sustantivo femenino] Reconocimiento de algo, que se realiza a fondo y con atención. ☐ Sinónimos: reconocimiento, examen. ☐ Familia: →explorar.

explorador, ra (ex·plo·ra·dor, do·ra) [sustantivo] Persona que examina con atención un terreno que es poco conocido. ☐ Familia: →explorar.

explorar (ex·plo·rar) [verbo] **1** Ir por un terreno observándolo con atención para descubrir lo que hay en él. **2** Examinar algo a fondo: *El médico me exploró el abdomen.* ☐ Sinónimos: **1** batir. **2** reconocer, inspeccionar. ☐ Familia: exploración, explorador.

explosión (ex·plo·sión) [sustantivo][femenino] **1** División violenta de algo en trozos, que se acompaña de la salida de gran cantidad de energía en forma de calor, de luz y de gases: *La explosión de la caldera produjo el incendio del edificio.* **2** Demostración violenta o desarrollo repentino de algo: *una explosión de alegría; explosión demográfica.* ☐ FAMILIA: →explotar.

explosionar (ex·plo·sio·nar) [verbo] **1** Provocar una explosión: *La policía explosionó la bomba que estaba colocada en el coche.* **2** Hacer explosión: *Al explosionar, la bomba solo produjo daños materiales.* ☐ SINÓNIMOS: **2** explotar. ☐ FAMILIA: →explotar.

explosivo, va (ex·plo·si·vo, va) ■ [adjetivo] **1** Que llama la atención y produce una gran impresión: *unas declaraciones explosivas.* ■ [adjetivo o sustantivo masculino] **2** Que puede hacer explosión: *un artefacto explosivo; un explosivo muy potente.* ☐ FAMILIA: →explotar.

explotación (ex·plo·ta·ción) [sustantivo][femenino] **1** Conjunto de terrenos y de edificios en los que se tiene un negocio o una industria: *una explotación ganadera.* **2** Proceso por medio del cual se obtienen ganancias a partir de algo: *la explotación de una mina.* **3** Abuso del trabajo de los demás para obtener ganancias: *La esclavitud es el máximo ejemplo de explotación humana.* ☐ FAMILIA: →explotar.

explotador, ra (ex·plo·ta·dor, do·ra) [adjetivo o sustantivo] Dicho de una persona, que explota a los que trabajan para él. ☐ FAMILIA: →explotar.

explotar (ex·plo·tar) [verbo] **1** Hacer explosión: *La bomba explotó, pero no produjo víctimas.* **2** Mostrarse o expresarse de forma violenta y repentina: *Estaba tan nerviosa que exploté y me puse a llorar.* **3** Aprovechar algo para obtener frutos o ganancias: *No sé cuál es la empresa que explota esta mina.* **4** Abusar del trabajo de otra persona para conseguir ganancias: *Nadie tiene derecho a explotar a los demás.* ☐ SINÓNIMOS: **1** explosionar. ☐ FAMILIA: explotación, explotador, explosión, explosivo, explosionar.

expoliar (ex·po·liar) [verbo] Dejar sin algo que antes se tenía: *Después del ataque, los soldados expoliaron todo el pueblo.* ☐ [Es irregular y se conjuga como ANUNCIAR. Se escribe también «espoliar».] ☐ SINÓNIMOS: despojar, desposeer. ☐ ANTÓNIMOS: restituir. ☐ FAMILIA: expolio.

expolio (ex·po·lio) [sustantivo][masculino] Hecho de dejar sin algo que antes se tenía. ☐ [Se escribe también «espolio».] ☐ FAMILIA: →expoliar.

exponente (ex·po·nen·te) [sustantivo][masculino] **1** En una potencia matemática, número de pequeño tamaño que se coloca en la parte superior derecha de otro, para indicar las veces que este último debe multiplicarse por sí mismo: *En la potencia 2^3, el exponente es el 3.* **2** Ejemplo representativo de algo: *Este grupo es el mejor exponente de la música actual.* ☐ FAMILIA: →exponer.

exponer (ex·po·ner) [verbo] **1** Mostrar al público: *En este museo exponen la obra de un famoso pintor.* **2** Declarar, expresar o dar a conocer algo: *Expuso las razones por las que había actuado así.* **3** Arriesgar o poner en peligro: *Los bomberos exponen su vida por salvar la de los demás.* ☐ [Es irregular y se conjuga como PONER. Su participio es «expuesto».] ☐ SINÓNIMOS: **1** presentar. **2** explicar. **3** jugarse. ☐ ANTÓNIMOS: **1, 2** ocultar, esconder. ☐ FAMILIA: exposición, expositor, expuesto, exponente.

exportación (ex·por·ta·ción) [sustantivo][femenino] Venta de un producto a un país extranjero. ☐ ANTÓNIMOS: importación. ☐ FAMILIA: →exportar.

exportador, ra (ex·por·ta·dor, do·ra) [adjetivo] Que vende productos a un país extranjero. ☐ ANTÓNIMOS: importador. ☐ FAMILIA: →exportar.

exportar (ex·por·tar) [verbo] Vender un producto a un país extranjero: *Desde España se exportan frutas y hortalizas a otros países de Europa.* ☐ ANTÓNIMOS: importar. ☐ FAMILIA: exportación, exportador.

exposición (ex·po·si·ción) [sustantivo][femenino] **1** Presentación de algo al público para que sea visto: *una exposición de pintura.* **2** Conjunto de los objetos que se exponen: *Esta exposición consta de cien cuadros.* **3** Explicación de un tema o de unas ideas para darlos a conocer: *La profesora acabó su exposición con un ejemplo.* ☐ FAMILIA: →exponer.

expositor (ex·po·si·tor) [sustantivo][masculino] Mueble en el que se coloca lo que queremos que se vea bien: *Los expositores de esta tienda están muy bien adornados.* ☐ FAMILIA: →exponer.

exprés (ex·prés) [adjetivo] **1** Dicho de algunos electrodomésticos, que funcionan de forma rápida y usando la presión: *La olla exprés es muy rápida.* **2** Dicho del café, que está preparado de forma rápida y usando la presión: *El café exprés es fuerte y concentrado.* **3** Que se hace o que se entrega de forma rápida: *En correos hay un servicio exprés para envíos urgentes.* ☐ [No varía en masculino y femenino, ni en singular y plural].

expresamente (ex·pre·sa·men·te) [adverbio] Con la intención que se indica: *He venido expresamente para verte.* ☐ FAMILIA: →expresar.

expresar (ex·pre·sar) [verbo] **1** Dar a conocer algo: *Con el lenguaje se expresa el pensamiento.* **2** Mostrar un estado de ánimo: *Esta poesía expresa el amor del poeta por la naturaleza.* ■ **expresarse 3** Darse a entender por medio de la palabra: *Te expresas muy bien en inglés.* ☐ FAMILIA: expresión, expresivo, expresividad, expreso, expresamente, inexpresivo.

expresión (ex·pre·sión) [sustantivo][femenino] **1** Declaración de lo que se quiere dar a conocer: *Un beso es una expresión de cariño.* **2** Palabra o conjunto de palabras: *Debes utilizar expresiones sencillas cuando hables con niños pequeños.* **3** Forma o gesto que expresan algo: *Tenía una expresión de preocupación en la cara.* ☐ FAMILIA: →expresar.

expresionismo (ex·pre·sio·nis·mo) [sustantivo][masculino] Movimiento artístico europeo que se caracteriza por que el artista expresa sus sentimientos y sensaciones con mucha intensidad.

expresividad (ex·pre·si·vi·dad) [sustantivo femenino] Capacidad para manifestar o mostrar con rapidez o energía un pensamiento, un sentimiento o una sensación. ☐ FAMILIA: →expresar.

expresivo, va (ex·pre·si·vo, va) [adjetivo] Que muestra con fuerza lo que siente: *Hizo un gesto muy expresivo de alegría.* ☐ ANTÓNIMOS: inexpresivo. ☐ FAMILIA: →expresar.

expreso, sa (ex·pre·so, sa) ■ [adjetivo] **1** Que está expresado de forma clara: *Tengo orden expresa de no dejar entrar a nadie.* ■ **expreso** [sustantivo masculino] **2** Tren de viajeros que solo para en las estaciones más importantes del recorrido. ☐ FAMILIA: →expresar.

exprimidor (ex·pri·mi·dor) [sustantivo masculino] Aparato que se usa para sacar el zumo que hay en el interior de algunas frutas. ☐ FAMILIA: →exprimir.

exprimidor

exprimir (ex·pri·mir) [verbo] **1** Sacar el líquido que está en el interior de una fruta: *exprimir naranjas.* **2** Conseguir todo lo que se pueda de algo: *Por más que me exprimo el cerebro, no encuentro la solución.* ☐ [El significado **2** es coloquial]. ☐ FAMILIA: exprimidor.

expropiar (ex·pro·piar) [verbo] Quitar una propiedad de forma legal a cambio de un dinero o de otro terreno: *El Ministerio de Fomento ha comenzado a expropiar los terrenos de esta zona para ampliar la carretera.* ☐ [Es irregular y se conjuga como ANUNCIAR]. ☐ SINÓNIMOS: requisar. ☐ FAMILIA: →propio.

expuesto, ta (ex·pues·to, ta) ■ **1** Participio irregular de **exponer**. ■ [adjetivo] **2** Que resulta arriesgado o que supone algún peligro: *Me parece muy expuesto que lleves tanto dinero encima.* **3** Que se muestra o se da a conocer: *Las razones expuestas no son suficientes para que aceptemos el plan.* ☐ FAMILIA: →exponer.

expulsar (ex·pul·sar) [verbo] Hacer salir de un lugar: *El volcán expulsa lava.* ☐ SINÓNIMOS: expeler. ☐ ANTÓNIMOS: succionar. ☐ FAMILIA: expulsión.

expulsión (ex·pul·sión) [sustantivo femenino] **1** Marcha obligatoria de un lugar: *la expulsión de un jugador del terreno de juego.* **2** Salida de algo que está en el interior: *la expulsión de la lava del volcán.* ☐ ANTÓNIMOS: **1** admisión. ☐ FAMILIA: →expulsar.

expurgar (ex·pur·gar) [verbo] Quitar lo malo o lo que no sirve, especialmente suprimir palabras o párrafos en un texto: *Siglos atrás, muchos textos eran expurgados antes de su publicación.* ☐ [La «g» se cambia en «gu» delante de «e» («expurgue»)]. ☐ FAMILIA: →purgar.

exquisitez (ex·qui·si·tez) [sustantivo femenino] **1** Característica de lo que es exquisito. **2** Cosa que resulta exquisita: *Este postre es una verdadera exquisitez.* ☐ [Su plural es «exquisiteces»]. ☐ FAMILIA: →exquisito.

exquisito, ta (ex·qui·si·to, ta) [adjetivo] Muy bueno o extraordinario. ☐ FAMILIA: exquisitez.

extasiar (ex·ta·siar) [verbo] Producir o sentir un placer tan grande que se olvida todo lo demás: *Se extasió ante la belleza del atardecer.* ☐ [Es irregular y se conjuga como ENVIAR]. ☐ SINÓNIMOS: embelesar, embriagar. ☐ FAMILIA: →éxtasis.

éxtasis (éx·ta·sis) [sustantivo masculino] Estado de la persona que siente un placer tan grande que se olvida de todo lo demás: *Contemplé con éxtasis aquella obra de arte.* ☐ [No varía en singular y plural]. ☐ SINÓNIMOS: embeleso. ☐ FAMILIA: extasiar.

extender (ex·ten·der) [verbo] **1** Hacer que algo aumente y ocupe una superficie mayor: *Extiende bien la pintura por toda la pared.* **2** Separar algo que estaba junto, de forma que ocupe más espacio: *Extendió los papeles por toda la mesa.* **3** Poner por escrito un documento: *Extendí un cheque.* ■ **extenderse 4** Ocupar una cantidad de espacio o de terreno: *La finca se extiende hasta el valle.* **5** Durar cierto tiempo: *La Edad Media se extendió hasta el siglo XV.* ☐ [Es irregular y se conjuga como ENTENDER]. ☐ FAMILIA: →extenso.

extensión (ex·ten·sión) [sustantivo femenino] **1** Aumento del espacio ocupado por algo: *Los bomberos procuraban evitar la extensión del incendio a otras zonas.* **2** Superficie o espacio ocupados por algo: *Este país ocupa una gran extensión de terreno.* **3** Cada una de las líneas de teléfono que van unidas a un mismo aparato: *Nuestro departamento tiene la extensión número trece.* ☐ SINÓNIMOS: **1** expansión. ☐ FAMILIA: →extenso.

extensivo, va (ex·ten·si·vo, va) [adjetivo] Que se puede extender o aplicar a otras personas o cosas: *Hago extensivo mi agradecimiento al resto del equipo.* ☐ FAMILIA: →extenso.

extenso, sa (ex·ten·so, sa) [adjetivo] Muy grande, muy amplio o con más extensión de lo normal. ☐ ANTÓNIMOS: reducido, breve, escaso. ☐ FAMILIA: extender, extensión, extensivo.

extenuado, da (ex·te·nua·do, da) [adjetivo] Muy débil o muy cansado: *Acabé la carrera extenuada.* ☐ SINÓNIMOS: exhausto. ☐ FAMILIA: →extenuar.

extenuante (ex·te·nuan·te) [adjetivo] Que debilita o deja muy cansado: *La clase de gimnasia ha sido extenuante.* ☐ [No varía en masculino y femenino]. ☐ FAMILIA: →extenuar.

extenuar (ex·te·nuar) [verbo] Dejar débil o muy cansado: *El esprint final me extenuó.* ☐ [Es irregular y se conjuga como ACTUAR]. ☐ SINÓNIMOS: agotar. ☐ FAMILIA: extenuado, extenuante.

exterior (ex·te·rior) ▪ [adjetivo] **1** Que está en la parte de afuera: *La corteza es la capa exterior de los árboles.* ▪ [sustantivo masculino] **2** Dicho de una casa o de sus habitaciones, que tienen ventanas que dan a la calle: *Mi dormitorio es exterior.* ▪ [sustantivo masculino] **3** Parte de fuera de una cosa: *Salgamos al exterior de la casa para ver el jardín.* ▪ **exteriores** [masculino plural] **4** Espacios al aire libre en los que se ruedan escenas de cine o de televisión: *los exteriores de una película.* ☐ [Cuando es adjetivo, no varía en masculino y femenino.] ☐ SINÓNIMOS: **1** externo. ☐ ANTÓNIMOS: **1-3** interior. **1** interno. ☐ FAMILIA: externo, exteriorizar, externalizar.

exteriorizar (ex·te·rio·ri·zar) [verbo] Manifestar lo que se piensa o lo que se siente: *Nunca exterioriza sus sentimientos.* ☐ [La «z» se cambia en «c» delante de «e» («exteriorice»)]. ☐ FAMILIA: →exterior.

exterminar (ex·ter·mi·nar) [verbo] Acabar por completo con todos los seres vivos que hay en un sitio: *Hemos llamado a una empresa para que extermine las ratas del sótano.* ☐ FAMILIA: exterminio.

exterminio (ex·ter·mi·nio) [sustantivo masculino] Destrucción de todos los seres vivos de una misma clase que hay en un sitio: *Este producto garantiza el exterminio de las cucarachas.* ☐ FAMILIA: →exterminar.

externalizar (ex·ter·na·li·zar) [verbo] Encargar una entidad a otra un servicio que hasta ese momento realizaba ella: *El ayuntamiento ha externalizado el servicio de limpieza encargándoselo a una empresa privada.* ☐ [La «z» se cambia en «c» delante de «e» («externalice»)]. ☐ FAMILIA: →exterior.

externo, na (ex·ter·no, na) ▪ [adjetivo] **1** Que está en la parte de afuera de algo o que está fuera de algo: *La cáscara es la parte externa del huevo.* **2** Que se desarrolla fuera de una zona determinada: *Este es un problema externo a la empresa.* ▪ [adjetivo o sustantivo] **3** Dicho de una persona, que no vive en el lugar en el que trabaja o en el que estudia: *He contratado un trabajador externo que viene tres horas al día.* ☐ SINÓNIMOS: **1** exterior. **2** extrínseco. ☐ ANTÓNIMOS: interno. **1, 2** interior. ☐ FAMILIA: →exterior.

extinción (ex·tin·ción) [sustantivo femenino] **1** Hecho de apagar un fuego o algo parecido: *la extinción de un incendio.* **2** Fin total de algo que ha ido disminuyendo poco a poco: *Las ballenas están en peligro de extinción.* ☐ FAMILIA: →extinguir.

extinguir (ex·tin·guir) [verbo] **1** Desaparecer o hacer que acabe un fuego: *extinguir el fuego.* **2** Acabar algo totalmente después de haber disminuido poco a poco: *Muchas especies animales se han extinguido por culpa de los seres humanos.* ▪ **extinguirse 3** Acabar o llegar a su fin un plazo o un contrato. ☐ [La «gu» se cambia en «g» delante de «a», «o» («extinga»)]. ☐ SINÓNIMOS: **1** apagar, sofocar. **3** expirar. ☐ ANTÓNIMOS: **1** prender, encender. ☐ FAMILIA: extinción, extintor.

extintor (ex·tin·tor) [sustantivo masculino] Aparato que se usa para apagar un fuego. ☐ FAMILIA: →extinguir.

extirpar (ex·tir·par) [verbo] Arrancar algo o cortarlo por la base: *Me han extirpado el apéndice.*

extorsión (ex·tor·sión) [sustantivo femenino] Hecho de quitarle algo a alguien por la fuerza o con amenazas: *El chantaje es una forma de extorsión.* ☐ FAMILIA: extorsionar.

extorsionar (ex·tor·sio·nar) [verbo] Quitar algo a alguien por la fuerza o con amenazas: *Le extorsionaron a cambio de no contar nada de su pasado.* ☐ FAMILIA: →extorsión.

extra (ex·tra) ▪ [adjetivo] **1** Que tiene una calidad mayor que la normal: *He traído jamón extra y está riquísimo.* ▪ [adjetivo o sustantivo masculino] **2** Que se añade a algo o se da de más: *El periódico del domingo traía un extra sobre teatro.* ▪ [sustantivo] **3** En cine o en teatro, persona que toma parte en una obra pero que no tiene un papel importante. ▪ [sustantivo femenino] **4** Paga extraordinaria que se recibe normalmente en el verano y en Navidad: *la extra de Navidad.* ☐ [Cuando es adjetivo, no varía en masculino y femenino. En el significado **3**, no varía en masculino y femenino. En el significado **1** no varía en singular y plural]. ☐ SINÓNIMOS: **1** extraordinario. **4** extraordinaria.

extracción (ex·trac·ción) [sustantivo femenino] **1** Hecho de sacar algo fuera del lugar en el que estaba metido: *la extracción de una muela.* **2** Proceso que se sigue para obtener una sustancia a partir del cuerpo que la contiene: *la extracción del aceite de oliva.* ☐ SINÓNIMOS: **2** obtención. ☐ FAMILIA: →extraer.

extracto (ex·trac·to) [sustantivo masculino] **1** Resumen en el que aparece lo más importante de algo: *extracto bancario.* **2** Sustancia concentrada que se saca evaporando algunos líquidos: *extracto de pino.* ☐ FAMILIA: →extraer.

extractor, ra (ex·trac·tor, to·ra) [adjetivo o sustantivo masculino] Que sirve para sacar algo fuera: *un extractor de humos.* ☐ FAMILIA: →extraer.

extradición (ex·tra·di·ción) [sustantivo femenino] Hecho de entregar a una persona refugiada en un país a las autoridades de otro que la solicita: *la extradición de terroristas.*

extraer (ex·tra·er) [verbo] **1** Poner fuera algo que estaba dentro de un lugar: *Metió la mano en el bolsillo y extrajo un billete.* **2** Sacar como consecuencia o como resultado: *De lo que te ha pasado puedes extraer muchas enseñanzas.* **3** Obtener una sustancia a partir del cuerpo que la contiene: *El aceite de oliva se extrae de las aceitunas.* ☐ [Es irregular y se conjuga como TRAER]. ☐ SINÓNIMOS: **1** sacar. ☐ ANTÓNIMOS: **1** meter. ☐ FAMILIA: extracción, extracto, extractor.

extraescolar (ex·tra·es·co·lar) [adjetivo] Dicho de una actividad, que se desarrolla fuera del horario escolar, pero que está dentro del programa de educación del alumno: *Los viajes culturales de mi colegio son actividades extraescolares.* ☐ [No varía en masculino y femenino]. ☐ FAMILIA: →escuela.

extralimitarse (ex·tra·li·mi·tar·se) [verbo] Pasarse de lo que está permitido o de lo que se debe hacer: *El portero se extralimitó en sus funciones cuando te prohibió* la entrada en mi casa. □ SINÓNIMOS: excederse. □ FAMILIA: →límite.

extranjerismo (ex·tran·je·ris·mo) [sustantivo masculino] Palabra o expresión que se utiliza en una lengua aunque sea de otro idioma. □ SINÓNIMOS: barbarismo. □ FAMILIA: →extranjero.

extranjero, ra (ex·tran·je·ro, ra) ■ [adjetivo o sustantivo] **1** De un país que no es el propio: *turistas extranjeros*. ■ **extranjero** [sustantivo masculino] **2** País o conjunto de países distintos del propio: *Pasaré las vacaciones en el extranjero*. □ FAMILIA: extranjerismo.

extranjis (ex·tran·jis) ◆ [expresión] ‖ **de extranjis** En secreto: *Mi abuelo me dio los bombones de extranjis*. □ [Es coloquial].

extrañar (ex·tra·ñar) [verbo] **1** Producir sorpresa o resultar extraño: *Me extraña que no hayan llegado todavía*. **2** Echar de menos o echar en falta: *Cuando estoy muchos días fuera de casa, extraño a mi familia*. **3** Considerar algo como nuevo o distinto de lo normal: *Cuando duermo en un hotel, extraño la cama y me cuesta coger el sueño*. □ SINÓNIMOS: **1** chocar, sorprender. □ FAMILIA: →extraño.

extrañeza (ex·tra·ñe·za) [sustantivo femenino] Sorpresa o admiración que produce algo que resulta raro o extraño. □ FAMILIA: →extraño.

extraño, ña (ex·tra·ño, ña) ■ [adjetivo] **1** Que es distinto de lo habitual o de lo acostumbrado: *Es extraño que no haya llegado, porque ya es muy tarde*. **2** De una naturaleza o condición distintas a las de la cosa de la que forma parte: *Las lentillas te molestan porque son cuerpos extraños a los ojos*. ■ [adjetivo o sustantivo] **3** Que no es conocido: *No quiero que hables con gente extraña*. ■ **extraño** [sustantivo masculino] **4** Movimiento rápido que no se espera: *El coche hizo un extraño y se salió de la carretera*. □ SINÓNIMOS: **1** anormal, raro, inusual, insólito. □ ANTÓNIMOS: **1** natural, normal, común, habitual, usual, corriente, ordinario. □ FAMILIA: extrañar, extrañeza.

extraordinario, ria (ex·tra·or·di·na·rio, ria) ■ [adjetivo] **1** De tamaño, cantidad o calidad mayores de lo normal: *Me pareció una película extraordinaria*. **2** Que está fuera de lo normal: *Los milagros son hechos extraordinarios*. ■ **extraordinaria** [sustantivo femenino] **3** Dinero que se recibe dos o tres veces al año, además del sueldo: *Con la extraordinaria del verano me iré de vacaciones*. □ [En el significado **3** se usa mucho la forma abreviada «extra»]. □ SINÓNIMOS: **1** colosal, imponente, formidable, bárbaro, extra. □ ANTÓNIMOS: **1, 2** corriente, ordinario. □ FAMILIA: →ordinario.

extrapolar (ex·tra·po·lar) [verbo] **1** Aplicar una conclusión a un campo diferente a aquel en el que ha sido obtenida: *No se pueden extrapolar los resultados del examen del primer trimestre para decir cuál será la nota final del curso*. **2** Sacar una expresión del contexto en el que fue hecha: *Extrapolaron una frase de la entrevista para cambiar el sentido de lo que dijo*.

extrarradio (ex·tra·rra·dio) [sustantivo masculino] Zona que rodea una población. □ SINÓNIMOS: afueras. □ ANTÓNIMOS: centro. □ FAMILIA: →radio.

extraterrestre (ex·tra·te·rres·tre) [adjetivo o sustantivo] Que viene de fuera de la Tierra: *Dice que vio bajar a unos extraterrestres de un platillo volante*. □ [No varía en masculino y femenino]. □ FAMILIA: →tierra.

extravagancia (ex·tra·va·gan·cia) [sustantivo femenino] Hecho o cosa que resulta raro o poco frecuente: *Esa peluca verde es una extravagancia*. □ SINÓNIMOS: rareza. □ FAMILIA: →extravagante.

extravagante (ex·tra·va·gan·te) [adjetivo o sustantivo] Raro y fuera de lo común. □ [No varía en masculino y femenino]. □ SINÓNIMOS: grotesco, estrambótico. □ FAMILIA: extravagancia.

extraviar (ex·tra·viar) [verbo] **1** Dejar de tener algo que teníamos, no encontrarlo en su sitio o no saber dónde está: *Se me ha extraviado la cartera*. **2** No encontrar el camino: *Me extravié en el monte*. □ [Es irregular y se conjuga como ENVIAR]. □ SINÓNIMOS: **1** perder. **2** perderse. □ ANTÓNIMOS: **1** encontrar. **2** orientarse. □ FAMILIA: extravío.

extravío (ex·tra·ví·o) [sustantivo masculino] Pérdida de algo que teníamos y que no sabemos dónde está: *Denuncié el extravío de la cartera*. □ FAMILIA: →extraviar.

extremado, da (ex·tre·ma·do, da) [adjetivo] Que va más allá de lo que se considera normal o razonable: *Su cortesía es extremada*. □ SINÓNIMOS: excesivo. □ FAMILIA: →extremo.

extremar (ex·tre·mar) [verbo] **1** Llevar al extremo o al mayor grado: *Al conducir, hay que extremar las precauciones para evitar accidentes*. **2** Poner el máximo cuidado al hacer algo: *Se extremaron en los preparativos y la fiesta fue un éxito*. □ FAMILIA: →extremo.

extremaunción (ex·tre·maun·ción) [sustantivo femenino] Sacramento en el que el sacerdote hace el signo de la cruz a las personas que están muy enfermas: *El sacramento de la unción de los enfermos antes se llamaba «extremaunción»*. □ FAMILIA: →ungir.

extremeño, ña (ex·tre·me·ño, ña) [adjetivo o sustantivo] De la comunidad autónoma española de Extremadura.

extremidad (ex·tre·mi·dad) [sustantivo femenino] Cada uno de los brazos y de las piernas de una persona, o de las patas y las alas de un animal: *Los brazos son las extremidades superiores*. □ FAMILIA: →extremo.

extremista (ex·tre·mis·ta) [adjetivo o sustantivo] Que tiene ideas que son extremas o exageradas: *partido extremista*. □ [No varía en masculino y femenino]. □ ANTÓNIMOS: moderado. □ FAMILIA: →extremo.

extremo, ma (ex·tre·mo, ma) ■ [adjetivo] **1** Muy grande o muy fuerte: *En este país, en invierno hace un frío extremo*. **2** Que se encuentra en el límite de algo: *un partido político de extrema izquierda*. **3** Que está lejos en el espacio o en el tiempo: *los barrios extremos de la ciudad*. ■ **extremo** [sustantivo masculino] **4** Parte que está en el principio o en el fin de una cosa: *los dos extremos de una cuerda*. **5** Límite o punto al que puede llegar una

extremoso, sa

cosa: *Amó a los suyos hasta el extremo de renunciar a todo por ellos.* ◆ [expresión] ‖ **en último extremo** En último caso: *En último extremo, si pierdo el autobús, cogeré un taxi.* ☐ ANTÓNIMOS: **2** medio. ☐ FAMILIA: extremidad, extremar, extremado, extremista, extremoso.

extremoso, sa (ex·tre·mo·so, sa) [adjetivo] Que no se modera y no tiene término medio en sus sentimientos o en sus acciones. ☐ FAMILIA: →extremo.

extrínseco, ca (ex·trín·se·co, ca) [adjetivo] Que no es propio o característico de algo o que es externo a algo: *El plan fracasó por motivos extrínsecos a él, no porque fuera malo.* ☐ SINÓNIMOS: externo. ☐ ANTÓNIMOS: intrínseco.

extrovertido, da (ex·tro·ver·ti·do, da) [adjetivo o sustantivo] Que tiene un carácter abierto y expresa sus sentimientos. ☐ SINÓNIMOS: abierto, comunicativo. ☐ ANTÓNIMOS: introvertido, retraído. ☐ FAMILIA: →verter.

exuberancia (e·xu·be·ran·cia) [sustantivo femenino] Abundancia o desarrollo extraordinarios de algo: *Me impresionó la exuberancia de la vegetación de la selva.* ☐ FAMILIA: →exuberante.

exuberante (e·xu·be·ran·te) [adjetivo] Muy abundante o muy desarrollado: *La hiedra que tapa esa fachada es exuberante.* ☐ [No varía en masculino y femenino]. ☐ FAMILIA: exuberancia.

exultante (e·xul·tan·te) [adjetivo] Que está muy contento o que se encuentra muy bien. ☐ [No varía en masculino y femenino]. ☐ SINÓNIMOS: eufórico.

eyacular (e·ya·cu·lar) [verbo] Lanzar con rapidez y con fuerza el contenido de un órgano, de una cavidad o de un conducto: *Al eyacular el semen, los espermatozoides inician el recorrido hacia el óvulo femenino.*

f [sustantivo femenino] Letra número seis del abecedario. ◉ **página 18.** ☐ [Su nombre es «efe»].

fa [sustantivo masculino] Una de las siete notas musicales. ◉ **página 648.**

fabada (fa·ba·da) [sustantivo femenino] Guiso de origen asturiano que se prepara con judías, chorizo, morcilla y otros ingredientes.

fábrica (fá·bri·ca) [sustantivo femenino] Lugar donde se hacen muchas cosas iguales con máquinas: *una fábrica de muebles.* ☐ Sinónimos: factoría. ☐ Familia: →fabricar.

fabricación (fa·bri·ca·ción) [sustantivo femenino] **1** Producción de muchas cosas iguales con máquinas: *la fabricación de coches.* **2** Construcción de un edificio o de un aparato: *¿Cuánto tiempo han tardado en la fabricación de este cohete espacial?* ☐ Sinónimos: producción. ☐ Familia: →fabricar.

fabricante (fa·bri·can·te) [sustantivo] Persona o grupo de personas que se dedica a la fabricación de productos. ☐ [No varía en masculino y femenino]. ☐ Familia: →fabricar.

fabricar (fa·bri·car) [verbo] **1** Hacer muchas cosas iguales con máquinas: *Este modelo de coche no se fabrica en España.* **2** Construir objetos: *Con unas cuerdas y unos vasos de plástico nos fabricamos una especie de teléfono.* ☐ [La «c» se cambia en «qu» delante de «e» («fabrique»)]. ☐ Sinónimos: producir. ☐ Familia: fábrica, fabricante, fabricación, prefabricado.

fábula (fá·bu·la) [sustantivo femenino] Cuento en el que los personajes son animales y que sirve para enseñarnos algo: *la fábula de la zorra y las uvas.* ◆ [expresión] ‖ **de fábula** Muy bien o muy bueno: *Me lo pasé de fábula en la fiesta.* ☐ [La expresión es coloquial]. ☐ Familia: fabuloso, fabulista, fabulación, fabular.

fabulación (fa·bu·la·ción) [sustantivo femenino] Invención o imaginación de una historia: *Este niño tiene mucha capacidad de fabulación.* ☐ Familia: →fábula.

fabular (fa·bu·lar) [verbo] Inventar o imaginar una historia: *A partir de un suceso real, fabuló un cuento de terror.* ☐ Familia: →fábula.

fabulista (fa·bu·lis·ta) [sustantivo] Persona que escribe fábulas. ☐ [No varía en masculino y femenino]. ☐ Familia: →fábula.

fabuloso, sa (fa·bu·lo·so, sa) [adjetivo] Que gusta mucho porque se considera que es extraordinario: *He leído un libro fabuloso.* ☐ Sinónimos: maravilloso, fantástico. ☐ Familia: →fábula.

facción (fac·ción) [sustantivo femenino] **1** Conjunto de personas que se separa de un grupo: *Este partido político es una facción de otro anterior.* **2** Cada una de las partes de la cara: *Tienes un rostro de facciones suaves.* ☐ [En el significado **2** se usa más en plural].

faceta (fa·ce·ta) [sustantivo femenino] Cada una de las formas en que se puede ver o estudiar algo: *Aún me quedan por conocer muchas facetas de tu carácter.* ☐ Sinónimos: aspecto. ☐ Familia: polifacético.

facha (fa·cha) [sustantivo femenino] Aspecto exterior de una persona: *¡Qué buena facha tienes con ese traje!* ☐ [Es coloquial]. ☐ Sinónimos: apariencia, pinta, pelaje.

fachada

fachada (fa·cha·da) [sustantivo femenino] Parte exterior de un edificio.

fachada

facial (fa·cial) [adjetivo] De la cara o relacionado con ella: *una crema facial.* ☐ [No varía en masculino y femenino]. ☐ FAMILIA: →faz.

fácil (fá·cil) [adjetivo] **1** Que se hace con poco trabajo o con poco esfuerzo: *Aprenderse esta lección es muy fácil.* **2** Que es posible que ocurra: *Es fácil que hoy vayamos al cine.* ☐ [No varía en masculino y femenino]. ☐ SINÓNIMOS: **1** sencillo. **2** probable. ☐ ANTÓNIMOS: difícil. **1** dificultoso. ☐ FAMILIA: facilidad, facilitar, facilongo.

facilidad (fa·ci·li·dad) ∎ [sustantivo femenino] **1** Capacidad para hacer algo sin trabajo o sin esfuerzo: *No es difícil usarlo y aprenderás con facilidad.* **2** Capacidad para hacer algo bien: *Tengo facilidad para estudiar idiomas.* ∎ **facilidades** [plural] **3** Medios que hacen que algo nos resulte más fácil de pagar: *Aquí le damos todo tipo de facilidades para pagar sus compras.* ☐ SINÓNIMOS: **2** habilidad, destreza, maña, arte, mano. ☐ ANTÓNIMOS: **1, 2** dificultad. **2** torpeza. ☐ FAMILIA: →fácil.

facilitar (fa·ci·li·tar) [verbo] **1** Hacer que algo sea más fácil: *Los electrodomésticos facilitan las tareas del hogar.* **2** Dar algo que resulta necesario: *Mis padres me facilitaron el dinero para los libros.* ☐ SINÓNIMOS: **1** simplificar. **2** proporcionar, suministrar, proveer, abastecer, surtir. ☐ ANTÓNIMOS: **1** dificultar, obstaculizar. **2** quitar, privar, despojar. ☐ FAMILIA: →fácil.

facilongo, ga (fa·ci·lon·go, ga) [adjetivo] Muy fácil. ☐ [Es coloquial]. ☐ FAMILIA: →fácil.

facsímil (fac·sí·mil) [sustantivo masculino] Publicación que copia o reproduce exactamente el original: *Mi madre tiene una edición facsímil de un libro medieval. En la biblioteca puedes encontrar facsímiles de obras muy antiguas y de gran valor.* ☐ [Cuando es adjetivo, no varía en masculino y femenino. Se usa también «facsímile»].

facsímile (fac·sí·mi·le) [adjetivo o sustantivo masculino] → **facsímil**.

factible (fac·ti·ble) [adjetivo] Que se puede hacer. ☐ [No varía en masculino y femenino]. ☐ FAMILIA: →hacer.

factor (fac·tor) [sustantivo masculino] **1** Cada uno de los elementos o circunstancias que influyen en algo: *Uno de los factores del éxito es el trabajo y el esfuerzo continuos.* **2** En matemáticas, cada una de las cantidades con que se hace una multiplicación: *El orden en que multipliquemos los factores no altera el resultado.* ☐ FAMILIA: factoría.

factoría (fac·to·rí·a) [sustantivo femenino] Lugar donde se hacen muchos productos iguales con máquinas: *una factoría de coches.* ☐ SINÓNIMOS: fábrica. ☐ FAMILIA: →factor.

factura (fac·tu·ra) [sustantivo femenino] Papel en el que aparece escrita la cantidad de dinero que una persona ha pagado por algo: *Si quiere usted cambiar el jersey, tiene que traernos la factura.* ☐ SINÓNIMOS: recibo, cuenta, nota. ☐ FAMILIA: →facturar.

facturación (fac·tu·ra·ción) [sustantivo femenino] **1** Entrega y registro de un equipaje o de una mercancía para que sean enviados a su destino: *En la estación de autobuses hay un mostrador para la facturación de equipajes.* **2** Elaboración de una factura: *La facturación de los libros que he comprado me la harán mañana.* ☐ FAMILIA: →facturar.

facturar (fac·tu·rar) [verbo] **1** Entregar el equipaje en un aeropuerto o en una estación para que llegue a su destino: *Tenemos que estar pronto en el aeropuerto para facturar las maletas.* **2** Pasar la cuenta de lo que se ha vendido o comprado: *Esta empresa factura muchos millones al año.* ☐ FAMILIA: factura, facturación, manufacturar, manufactura.

facultad (fa·cul·tad) [sustantivo femenino] **1** Conjunto de condiciones que permiten realizar una actividad: *Tienes buenas facultades para la danza.* **2** Poder para hacer algo: *Tú no tienes ninguna facultad para decirme lo que tengo que hacer.* **3** Cada uno de los edificios de una universidad en los que se estudian carreras distintas: *la Facultad de Historia.* ☐ SINÓNIMOS: **1** capacidad. ☐ FAMILIA: facultar, facultativo.

facultar (fa·cul·tar) [verbo] Dar a alguien la capacidad, la autorización o el poder para hacer algo: *Este documento me faculta para usar tu tarjeta de compras.* ☐ FAMILIA: →facultad.

facultativo, va (fa·cul·ta·ti·vo, va) ∎ [adjetivo] **1** Que se puede hacer o no: *La asistencia a la conferencia es facultativa, no obligatoria.* **2** Indicado o realizado por un médico: *el parte facultativo.* ∎ [sustantivo] **3** Médico o cirujano. ☐ FAMILIA: →facultad.

faena (fa·e·na) [sustantivo femenino] **1** Mala acción que se hace contra alguien: *Ha sido una faena que no me avisaras.* **2** Cada una de las cosas que una persona tiene que hacer: *En mi familia, todos colaboramos en las faenas de la casa.* ☐ SINÓNIMOS: **1** jugada, jugarreta. **2** quehacer, tarea, ocupación, trabajo, labor. ☐ FAMILIA: faenar.

faenar (fa·e·nar) [verbo] Trabajar en el mar o en el campo: *Los pescadores salieron a faenar por la noche.* ☐ FAMILIA: →faena.

fagocito (fa·go·ci·to) [sustantivo masculino] Célula que destruye partículas perjudiciales para el organismo.

fagot (fa·got) [sustantivo masculino] Instrumento musical de viento parecido a la flauta: *El fagot se suele colocar en la parte central de la orquesta.* 👁 **páginas 534-535.** ☐ [Su plural es «fagots»].

faisán (fai·sán) [sustantivo masculino] Ave del tamaño de un gallo, con la cola muy larga. 👁 **páginas 116-117.**

faja (fa·ja) [sustantivo femenino] **1** Prenda de ropa interior que se lleva alrededor de la cintura. **2** Tira larga y estrecha de cualquier material: *Algunos trajes regionales de hombre llevan una faja roja alrededor de la cintura.* ☐ Familia: fajín, refajo.

fajín (fa·jín) [sustantivo masculino] Faja pequeña que se usa en algunos uniformes o como adorno. ☐ Familia: →faja.

fajita (fa·ji·ta) [sustantivo femenino] Comida mexicana que se hace con tiras de carne asada que se sirven sobre una tortilla hecha de maíz.

fajo (fa·jo) [sustantivo masculino] Conjunto de cosas largas y estrechas puestas unas sobre otras y atadas con una cinta: *un fajo de billetes.*

falacia (fa·la·cia) [sustantivo femenino] Engaño o mentira que se usa para hacer daño a alguien: *No te creas todas las falacias que van contando por ahí.* ☐ Familia: →falaz.

falange (fa·lan·ge) [sustantivo femenino] Cada uno de los huesos de los dedos. 👁 **página 405.**

falaz (fa·laz) [adjetivo] Embustero o mentiroso. ☐ [No varía en masculino y femenino. Su plural es «falaces»]. ☐ Familia: falacia.

falda (fal·da) [sustantivo femenino] **1** Prenda de vestir que cae desde la cintura. **2** Tela que se usa para cubrir una mesa redonda: *las faldas de la mesa camilla.* **3** Parte baja de una montaña: *un pueblo en la falda de la montaña.* 👁 **página 809.** **4** Una parte de la carne de vaca que se come: *un kilo de falda de ternera.* ☐ Familia: minifalda, faldón.

faldón (fal·dón) [sustantivo masculino] **1** En algunas prendas de vestir, parte que cuelga desde la cintura hacia abajo: *En verano llevo la camisa con los faldones por fuera del pantalón.* **2** Especie de falda larga que se pone a los bebés. ☐ Familia: →falda.

falla (fa·lla) [sustantivo femenino] **1** Corte o hundimiento que se produce en el terreno cuando se mueven dos bloques de la corteza terrestre: *El terremoto ha causado grandes fallas en la zona.* **2** Muñeco que se construye en la ciudad de Valencia y en otros pueblos de la Comunidad Valenciana para ser quemado en las calles la noche del 19 de marzo, día de San José, que es el patrón de Valencia. ☐ Familia: fallero.

fallar (fa·llar) [verbo] **1** No acertar o hacer mal algo: *Fallé el tiro a canasta y no encesté.* **2** No funcionar algo o no dar el resultado esperado: *Este reloj falla, porque atrasa media hora.* ☐ Sinónimos: **1** errar. ☐ Antónimos: **1** acertar, atinar. ☐ Familia: fallo, fallido, infalible.

fallecer (fa·lle·cer) [verbo] Dejar de vivir una persona: *Falleció en accidente de tráfico.* ☐ [Es irregular y se conjuga como AGRADECER]. ☐ Sinónimos: morir, perecer. ☐ Familia: fallecimiento, desfallecer, desfallecimiento.

fallecimiento (fa·lle·ci·mien·to) [sustantivo masculino] Muerte de una persona. ☐ Sinónimos: defunción, óbito. ☐ Antónimos: nacimiento. ☐ Familia: →fallecer.

fallero, ra (fa·lle·ro, ra) [adjetivo] **1** De las fallas valencianas o relacionado con ellas: *las corridas falleras.* ▪ [sustantivo] **2** Persona que construye las fallas valencianas. **3** Persona que participa en estas fiestas: *la fallera mayor.* ☐ Familia: →falla.

fallido, da (fa·lli·do, da) [adjetivo] Que no da el resultado que se pretende: *un intento fallido.* ☐ Familia: →fallar.

fallo (fa·llo) [sustantivo masculino] **1** Acción que sale mal o tiene un mal resultado: *El accidente se debió a un fallo del motor.* **2** Cosa que se hace o se dice de forma equivocada: *Si leyeses más, no tendrías tantos fallos en ortografía.* ☐ Sinónimos: **1** desacierto, torpeza. **2** error, falta. ☐ Antónimos: acierto. ☐ Familia: →fallar.

falsear (fal·se·ar) [verbo] Cambiar algo para que deje de ser verdad: *Falseó los datos en beneficio propio.* ☐ Familia: →falso.

falsedad (fal·se·dad) [sustantivo femenino] Hecho o dicho que no es verdad: *Deja de decir falsedades y no mientas más.* ☐ Sinónimos: mentira, embuste. ☐ Antónimos: verdad. ☐ Familia: →falso.

falsete (fal·se·te) [sustantivo masculino] Voz más aguda que la natural: *Cuando los hombres imitan la voz de las mujeres hablan en falsete.* ☐ Familia: →falso.

falsificación (fal·si·fi·ca·ción) [sustantivo femenino] Copia que se hace de algo intentando que parezca verdadera o auténtica: *La falsificación de billetes es un delito.* ☐ Familia: →falso.

falsificar (fal·si·fi·car) [verbo] Hacer una copia de algo intentando que parezca verdadera o auténtica: *falsificar una firma.* ☐ [La «c» se cambia en «qu» delante de «e» («falsifique»)]. ☐ Familia: →falso.

falsilla (fal·si·lla) [sustantivo femenino] Hoja con líneas que se pone debajo de un papel para no torcerse al escribir. ☐ Familia: →falso.

falso, sa (fal·so, sa) ▪ [adjetivo] **1** Que no es verdadero: *un dato falso; una joya falsa.* ▪ [adjetivo o sustantivo] **2** Dicho de una persona, que no dice la verdad: *No seas falso y reconoce que no te apetece venir.* ☐ Sinónimos: **1** aparente. **2** hipócrita, embustero. ☐ Antónimos: **1** verdadero, auténtico. **2** sincero, veraz. ☐ Familia: falsear, falsedad, falsificar, falsificación, falsilla, falsete.

falta (fal·ta) [sustantivo femenino] Mira en **falto, ta.**

faltar (fal·tar) [verbo] **1** No haber algo: *Aquí falta una silla.* **2** No haber suficiente de algo: *Me faltan tres euros para poder pagarlo todo.* **3** No ir a un sitio o no cumplir una obligación: *Falté a la cita porque estaba enfermo.* **4** Ofender o molestar a alguien: *Nadie tiene derecho a faltar a los demás.* **5** Quedar tiempo para que ocurra algo: *Faltan diez días para las vacaciones.* **6** Quedar algo sin hacer: *Ya solo me falta peinarme.* ◆ [expresión] ‖ **no faltaba más** Se usa para dar más fuerza a lo que se ha dicho: *¡Por supuesto que te ayudaré, no faltaba más!* ☐ Sinónimos: **5** restar. ☐ Antónimos: **2** bastar. ☐ Familia: falto, faltón.

falto, ta (fal·to, ta) ▪ [adjetivo] **1** Que no tiene lo necesario para algo: *estar falto de tiempo*. ▪ **falta** [sustantivo femenino] **2** Ausencia de algo o de alguien: *Aquí hay falta de espacio para todos. Se notó mucho tu falta en la fiesta.* **3** Cosa que se hace o se dice de forma equivocada: *Leyendo se aprende a no tener faltas de ortografía.* **4** Cosa que hace que algo no esté del todo bien: *Esa tela está llena de faltas.* **5** Acción que va en contra de una regla o de una ley: *Tocar el balón con la mano es una falta en fútbol.* ◆ [expresión] ‖ **echar en falta** Echar de menos: *Cuando llegué al colegio eché en falta la mochila.* ‖ **hacer falta** Necesitar o ser necesario: *Me hace falta un papel y un lápiz para poder escribir.* ‖ **sin falta** De manera segura o puntual: *No te preocupes, que estaré allí sin falta.* ☐ Sinónimos: **1** desprovisto. **3** fallo, error. **4** defecto, tara, imperfección. ☐ Antónimos: **1** provisto, dotado. ☐ Familia: →faltar.

faltón, na (fal·tón, to·na) [adjetivo] Que falta al respeto a los demás: *No seas faltón y deja de insultar a la gente.* ☐ [Es coloquial]. ☐ Familia: →faltar.

faltriquera (fal·tri·que·ra) [sustantivo femenino] Bolso pequeño que se lleva atado a la cintura.

fama (fa·ma) [sustantivo femenino] **1** Gloria que se consigue por haber hecho algo importante o por ser muy conocido: *Es una novelista de fama mundial.* **2** Opinión que los demás tienen de una persona: *Tengo fama de tranquilo.* ☐ Sinónimos: reputación. **1** honra, honor. ☐ Familia: famoso.

famélico, ca (fa·mé·li·co, ca) [adjetivo] **1** Que tiene mucha hambre: *Hoy vengo famélica.* **2** Muy delgado: *un perro famélico.* ☐ Sinónimos: **2** esquelético. ☐ Antónimos: **2** gordo.

familia (fa·mi·lia) [sustantivo femenino] **1** Grupo formado por los padres y sus hijos: *En mi familia todos somos rubios.* **2** Conjunto de todas las personas que tienen una relación familiar entre sí: *A la boda de mi hermano vino toda mi familia y así pude ver a mis tíos y primos.* **3** Conjunto de hijos o de descendientes de una persona: *Al año de casados tuvieron familia.* **4** Conjunto de personas o de cosas con una característica común: *La palabra «famoso» es de la misma familia que la palabra «fama».* ☐ Sinónimos: **2** parentela. ☐ Familia: familiar, familiaridad, familiarizar, unifamiliar.

familiar (fa·mi·liar) ▪ [adjetivo] **1** De la familia o relacionado con ella: *Las navidades son unas fiestas muy familiares.* **2** Que resulta conocido: *Este paisaje me resulta familiar.* **3** Que resulta sencillo: *«¡Hola!» es un saludo más familiar que «¡Buenos días!».* **4** Que es de un tamaño mayor de lo normal: *Este paquete de galletas es familiar y sale más barato.* ▪ [sustantivo masculino] **5** Persona que pertenece a la misma familia que otra: *Celebraron su boda con sus familiares y amigos.* ☐ [Cuando es adjetivo, no varía en masculino y femenino]. ☐ Sinónimos: **5** pariente. ☐ Familia: →familia.

familiaridad (fa·mi·lia·ri·dad) [sustantivo femenino] Trato sencillo, como el que se tiene con la familia: *Me gusta ir a tu casa porque me tratáis con familiaridad.* ☐ Familia: →familia.

familiarizar (fa·mi·lia·ri·zar) [verbo] **1** Hacer que algo resulte familiar: *La televisión nos familiariza con lugares y costumbres muy lejanos.* ▪ **familiarizarse 2** Llegar a tener trato familiar con alguien: *En dos días se familiarizó con todos.* ☐ [La «z» se cambia en «c» delante de «e» («familiarice»)]. ☐ Familia: →familia.

famoso, sa (fa·mo·so, sa) [adjetivo o sustantivo] Que tiene fama y es muy conocido: *Este cantante es muy famoso.* ☐ Sinónimos: célebre, sonado, acreditado. ☐ Antónimos: desconocido. ☐ Familia: →fama.

fan [sustantivo] Persona que admira y apoya a algo o a alguien con mucho interés: *un club de fanes de la actriz.* ☐ [Es una palabra de origen inglés. No varía en masculino y femenino. Su plural es «fanes»]. ☐ Sinónimos: seguidor, hincha.

fanal (fa·nal) [sustantivo masculino] **1** Farol grande que se usa en los puertos y en los barcos como señal. **2** Campana de cristal que sirve para proteger un objeto del polvo, de la luz o del aire: *En casa de mi abuelo hay una imagen de la Virgen dentro de un fanal.*

fanático, ca (fa·ná·ti·co, ca) [adjetivo o sustantivo] **1** Que cree que lo que él piensa es lo mejor y lo único verdadero: *Los fanáticos no aceptan que haya gente que piense de manera diferente a la suya.* **2** Que se dedica demasiado a algo: *Soy una fanática de la pintura.* ☐ Familia: fanatismo.

fanatismo (fa·na·tis·mo) [sustantivo masculino] Admiración y defensa de una creencia, una idea o una persona, con una pasión exagerada. ☐ Familia: →fanático.

fandango (fan·dan·go) [sustantivo masculino] Música popular de origen español que se baila acompañada de guitarra y castañuelas.

fanega (fa·ne·ga) [sustantivo femenino] **1** Medida de capacidad para semillas: *Una fanega equivale a 55,5 litros.* **2** Medida de superficie: *Una fanega equivale a 6460 metros cuadrados.*

fanerógamo, ma (fa·ne·ró·ga·mo, ma) [adjetivo o sustantivo femenino] Dicho de una planta, que se reproduce por semillas, como la patata o el rosal. ☐ Sinónimos: espermafito.

fanfarrón, na (fan·fa·rrón, rro·na) [adjetivo o sustantivo] Que presume de algo que no es cierto: *No seas fanfarrona y reconoce que estás muerta de miedo.* ☐ [Es despectivo]. ☐ Sinónimos: fantasma. ☐ Familia: fanfarronear, fanfarronada.

fanfarronada (fan·fa·rro·na·da) [sustantivo femenino] Cosa que hace o dice un fanfarrón. ☐ [Es despectivo]. ☐ Familia: →fanfarrón.

fanfarronear (fan·fa·rro·ne·ar) [verbo] Presumir de algo que no es cierto: *Le encanta fanfarronear sobre sus hazañas.* ☐ [Es despectivo]. ☐ Familia: →fanfarrón.

fango (fan·go) [sustantivo masculino] Barro que se forma en el fondo del agua: *Los fondos de los pantanos tienen fango.* ☐ Sinónimos: lodo. ☐ Familia: fangoso, enfangado, enfangar.

431 familia

- abuelo
- abuela
- tía
- tío
- padre
- madre
- primo
- yo
- marido
- cuñada
- hermano
- yerno
- hija
- nuera
- hijo
- sobrina
- nieto
- nieta

fangoso, sa (fan·go·so, sa) [adjetivo] Lleno de fango o de barro: *terreno fangoso.* ☐ FAMILIA: →fango.

fantasear (fan·ta·se·ar) [verbo] Imaginar cosas fantásticas: *Deja de fantasear y vuelve a la realidad.* ☐ FAMILIA: →fantasía.

fantasía (fan·ta·sí·a) [sustantivo femenino] **1** Capacidad para inventar o imaginar cosas: *Los niños tienen mucha fantasía.* **2** Algo que uno se inventa: *Esas bobadas solo son fantasías tuyas.* ☐ FAMILIA: fantasear, fantasioso, fantástico.

fantasioso, sa (fan·ta·sio·so, sa) [adjetivo] Que tiene mucha fantasía y se inventa e imagina muchas cosas. ☐ FAMILIA: →fantasía.

fantasma (fan·tas·ma) ▪ [adjetivo] **1** Dicho de un lugar, que está abandonado: *un pueblo fantasma.* ▪ [adjetivo o sustantivo] **2** Dicho de una persona, que presume de algo que no es cierto: *No me creo nada de lo que me cuente ese fantasma.* ▪ [sustantivo masculino] **3** Espíritu de una persona muerta que se aparece a los vivos: *En el cuento, había un castillo en el que vivía un fantasma que iba vestido con una sábana blanca.* ☐ [Cuando es adjetivo, no varía en masculino y femenino. El significado 2 es coloquial]. ☐ SINÓNIMOS: **2** fanfarrón, farolero. **3** espectro, visión, aparecido. ☐ FAMILIA: fantasmal, fantasmagórico.

fantasmagórico, ca (fan·tas·ma·gó·ri·co, ca) [adjetivo] De los fantasmas o relacionado con ellos: *seres fantasmagóricos.* ☐ SINÓNIMOS: fantasmal. ☐ FAMILIA: →fantasma.

fantasmal (fan·tas·mal) [adjetivo] De los fantasmas o relacionado con ellos: *una visión fantasmal.* ☐ [No varía en masculino y femenino]. ☐ SINÓNIMOS: fantasmagórico. ☐ FAMILIA: →fantasma.

fantástico, ca (fan·tás·ti·co, ca) ▪ [adjetivo] **1** Que no es real sino que es un invento de la imaginación: *Las hadas y los gnomos son seres fantásticos.* **2** Que es muy bueno o que se considera extraordinario: *Tengo unos amigos fantásticos.* ▪ **fantástico** [adverbio] **3** Muy bien: *Lo pasamos fantástico juntos.* ☐ SINÓNIMOS: **2** fabuloso, maravilloso. ☐ FAMILIA: →fantasía.

fantoche (fan·to·che) [sustantivo masculino] Persona de aspecto ridículo: *Así vestido vas hecho un fantoche.* ☐ [Es despectivo].

fanzine (fan·zi·ne) [sustantivo masculino] Revista hecha por aficionados y generalmente con poco dinero. ☐ [Es una palabra de origen inglés].

faquir (fa·quir) [sustantivo masculino] **1** En la India, que es un país asiático, persona que lleva una vida de oración y vive de limosnas: *Los faquires suelen ser musulmanes o hindúes.* **2** Artista de circo que se tumba sobre clavos, come fuego y hace cosas parecidas sin sufrir daño ni sentir dolor.

farándula (fa·rán·du·la) [sustantivo femenino] Ambiente y profesión de los actores y de los comediantes: *el mundo de la farándula.*

faraón (fa·ra·ón) [sustantivo masculino] Rey del antiguo Egipto.

fardar (far·dar) [verbo] Presumir mucho de algo delante de los demás: *¡Cómo fardas de bici nueva, eh!* ☐ [Es coloquial].

fardo (far·do) [sustantivo masculino] Paquete grande y apretado de ropa o de otras cosas.

farero, ra (fa·re·ro, ra) [sustantivo] Persona que se dedica a mantener y a vigilar un faro. ☐ FAMILIA: →faro.

farfullar (far·fu·llar) [verbo] Hablar muy deprisa o de forma que no se entienda bien: *¿Qué farfullas a mis espaldas?* ☐ SINÓNIMOS: mascullar.

faringe (fa·rin·ge) [sustantivo femenino] Especie de tubo que está en la garganta y que sirve para conducir los alimentos hacia el estómago: *La faringe forma parte del aparato digestivo.* ☐ [No confundir con «laringe» (órgano que contiene las cuerdas vocales)]. ☐ FAMILIA: faringitis.

faringitis (fa·rin·gi·tis) [sustantivo femenino] Inflamación de la faringe. ☐ [No varía en singular y plural]. ☐ FAMILIA: →faringe.

fariseo, a (fa·ri·se·o, a) ▪ [adjetivo o sustantivo] **1** Que no dice lo que piensa de verdad, especialmente en los temas de religión y de moral. ▪ **fariseo** [sustantivo masculino] **2** Miembro de un grupo judío de los tiempos de Jesucristo. ☐ SINÓNIMOS: **1** hipócrita.

farmacéutico, ca (far·ma·céu·ti·co, ca) ▪ [adjetivo] **1** De la farmacia o relacionado con ella: *un producto farmacéutico.* ▪ [sustantivo] **2** Persona que prepara y vende medicinas en una farmacia. ☐ SINÓNIMOS: **2** boticario. ☐ FAMILIA: →fármaco.

farmacia (far·ma·cia) [sustantivo femenino] **1** Tienda en la que se hacen y se venden medicinas. **2** Ciencia que estudia cómo se preparan los medicamentos y de qué está compuesto cada uno. ☐ SINÓNIMOS: **1** botica. ☐ FAMILIA: →fármaco.

fármaco (fár·ma·co) [sustantivo masculino] Sustancia que tomamos para prevenir o curar una enfermedad. ☐ SINÓNIMOS: medicina, medicamento. ☐ FAMILIA: farmacia, farmacéutico, parafarmacia.

faro (fa·ro) [sustantivo masculino] **1** Torre alta que, con una luz, señala a los barcos por la noche dónde está la costa. 👁 páginas 576-577. **2** Luz delantera de los vehículos. ☐ FAMILIA: farero, farol, farola, farolillo, farolero.

farol (fa·rol) [sustantivo masculino] **1** Especie de caja transparente que tiene una luz en su interior y sirve para alumbrar. **2** Mentira exagerada con la que una persona intenta engañar a otra: *Eso de que puedes correr cuatro horas sin parar es un farol.* ☐ [El significado 2 es coloquial]. ☐ FAMILIA: →faro.

farola (fa·ro·la) [sustantivo femenino] Farol grande y colocado en alto que sirve para alumbrar las calles y carreteras. 👁 página 172. ☐ FAMILIA: →faro.

farolero, ra (fa·ro·le·ro, ra) ▪ [adjetivo o sustantivo] **1** Dicho de una persona, que miente para presumir de algo que no es cierto. ▪ [sustantivo] **2** Persona que trabajaba encendiendo y apagando los faroles de la calle. ☐ [El significado **1** es coloquial]. ☐ SINÓNIMOS: **1** fantasma. ☐ FAMILIA: →faro.

farolillo (fa·ro·li·llo) [sustantivo masculino] Farol de papel que sirve para adornar. ☐ FAMILIA: →faro.

farra (fa·rra) [sustantivo femenino] Diversión alegre y con ruido en la que participa mucha gente. ☐ SINÓNIMOS: juerga, jolgorio.

farragoso, sa (fa·rra·go·so, sa) [adjetivo] Desordenado, confuso, que no se comprende bien.

farruco, ca (fa·rru·co, ca) [adjetivo] Cabezota y atrevido: *No te pongas farruco, porque no llevas la razón.* ☐ [Es coloquial].

farsa (far·sa) [sustantivo femenino] **1** Obra de teatro que hace reír al público. **2** Mentira o engaño con que intentamos ocultar algo: *Me enfadé mucho cuando supe que todo aquello que me habían contado era una farsa.* ☐ FAMILIA: farsante.

farsante (far·san·te) [adjetivo o sustantivo] Que suele decir mentiras: *Eres un farsante y no pienso creerme nada de lo que me digas.* ☐ [No varía en masculino y femenino]. ☐ SINÓNIMOS: embustero. ☐ FAMILIA: →farsa.

fascículo (fas·cí·cu·lo) [sustantivo masculino] Cada una de las partes que forman un libro que no se publica de una sola vez: *Me estoy comprando una enciclopedia por fascículos semanales.* ☐ SINÓNIMOS: entrega.

fascinación (fas·ci·na·ción) [sustantivo femenino] Atracción muy fuerte. ☐ FAMILIA: →fascinar.

fascinante (fas·ci·nan·te) [adjetivo] Que resulta muy atractivo: *Es una novela fascinante.* ☐ [No varía en masculino y femenino]. ☐ SINÓNIMOS: apasionante. ☐ FAMILIA: →fascinar.

fascinar (fas·ci·nar) [verbo] Gustar mucho o resultar muy atractivo o muy bonito: *Me fascinan las novelas de amor.* ☐ SINÓNIMOS: cautivar, subyugar. ☐ ANTÓNIMOS: repugnar, repeler. ☐ FAMILIA: fascinación, fascinante.

fascismo (fas·cis·mo) [sustantivo masculino] Movimiento político y social de origen italiano que se basaba en una forma de gobierno totalitaria. ☐ FAMILIA: fascista.

fascista (fas·cis·ta) [adjetivo o sustantivo] Del fascismo o relacionado con este movimiento político. ☐ [No varía en masculino y femenino]. ☐ FAMILIA: →fascismo.

fase (fa·se) [sustantivo femenino] **1** Período de tiempo en que se divide algo: *Los campeonatos de natación entran hoy en su fase final.* **2** Cada una de las formas en que puede verse la Luna: *Las fases de la Luna son cuarto creciente, luna llena, cuarto menguante y luna nueva.* ☐ SINÓNIMOS: **1** estadio, etapa. ☐ FAMILIA: desfase, desfasado.

fashion [adjetivo] De última moda: *Me compré un vestido muy fashion.* ☐ [Es una palabra inglesa. Se pronuncia «fásion». No varía en masculino y femenino].

fast food [sustantivo masculino] Comida que se compra hecha y que se prepara en poco tiempo. ☐ [Es una expresión inglesa. Se pronuncia «fás-fúd». Es preferible usar «comida rápida»].

fastidiar (fas·ti·diar) [verbo] **1** Molestar o disgustar: *Me fastidia mucho que llegues tarde.* ❙ **fastidiarse 2** Aguantarse o sufrir con paciencia un contratiempo: *Si no te gusta la sopa, te fastidias y te la tomas.* ☐ [Es irregular y se conjuga como ANUNCIAR]. ☐ SINÓNIMOS: **1** importunar. ☐ ANTÓNIMOS: **1** agradar, gustar, gratificar. ☐ FAMILIA: fastidio, fastidioso.

fastidio (fas·ti·dio) [sustantivo masculino] **1** Cosa que molesta o disgusta: *Es un fastidio tener que madrugar todos los días.* **2** Sentimiento que tenemos cuando algo nos aburre o nos cansa: *Me causa fastidio estar sin nada que hacer.* ☐ SINÓNIMOS: **1** incordio. **2** aburrimiento, cansancio, hastío, tedio. ☐ FAMILIA: →fastidiar.

fastidioso, sa (fas·ti·dio·so, sa) [adjetivo] Que molesta o disgusta: *¡Qué trabajo más fastidioso!* ☐ FAMILIA: →fastidiar.

fastuoso, sa (fas·tuo·so, sa) [adjetivo] Muy rico y lujoso: *Vive en una mansión fastuosa.*

fatal (fa·tal) ❙ [adjetivo] **1** Muy malo: *Hoy hace un tiempo fatal para salir de excursión.* ❙ [adverbio] **2** Muy mal: *Tengo gripe y me encuentro fatal.* ☐ [En el significado **1** no varía en masculino y femenino. En el significado **2** tampoco varía por ser adverbio]. ☐ SINÓNIMOS: **1** fatídico, nefasto. ☐ FAMILIA: fatalidad, fatídico.

fatalidad (fa·ta·li·dad) [sustantivo femenino] Mala suerte: *¡Qué fatalidad, he olvidado las llaves en casa!* ☐ SINÓNIMOS: desgracia, desdicha. ☐ ANTÓNIMOS: fortuna. ☐ FAMILIA: →fatal.

fatídico, ca (fa·tí·di·co, ca) [adjetivo] **1** Muy malo: *El fatídico accidente causó muchas muertes.* **2** Que anuncia un futuro negativo: *Tuve un sueño fatídico.* ☐ SINÓNI-

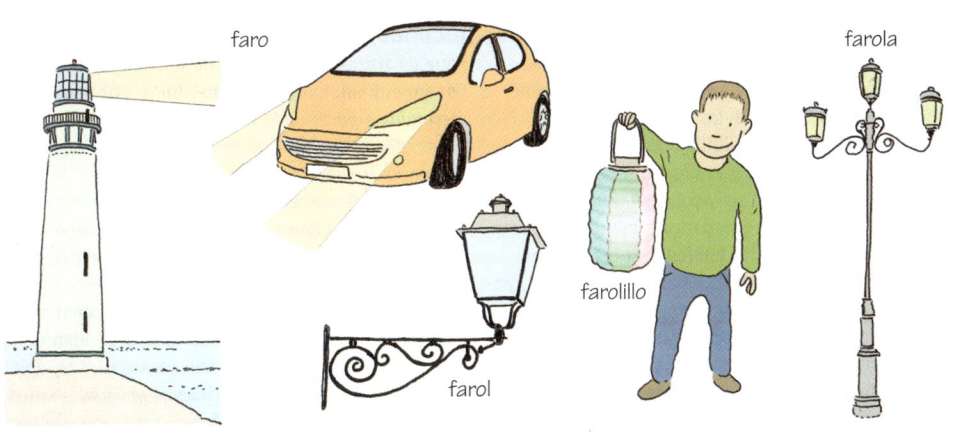

fatiga

mos: **1** fatal, nefasto. □ Antónimos: **1** afortunado. □ Familia: →fatal.

fatiga (fa·ti·ga) [sustantivo femenino] Sensación que tenemos cuando nos quedamos débiles o sin fuerzas: *Sentía una gran fatiga y me acosté pronto.* □ Sinónimos: cansancio. □ Antónimos: descanso. □ Familia: →fatigar.

fatigar (fa·ti·gar) [verbo] Hacer que nos sintamos débiles o sin fuerzas: *A mi abuelo le fatiga mucho subir escaleras.* □ [La «g» se cambia en «gu» delante de «e» («fatigue»)]. □ Sinónimos: cansar. □ Familia: fatiga, infatigable.

fauces (fau·ces) [sustantivo femenino plural] La boca y los dientes de animales muy fieros: *El león enseñó sus fauces al domador.*

fauna (fau·na) [sustantivo femenino] **1** Conjunto de los animales característicos de una zona: *El oso pardo es un animal típico de la fauna asturiana.* **2** Grupo de gente, especialmente el que tiene unas determinadas características: *¡Menuda fauna se junta en ese bar...!* □ [El significado **2** es despectivo].

fausto, ta (faus·to, ta) [adjetivo] Feliz o afortunado: *La boda fue un fausto acontecimiento.*

favor (fa·vor) [sustantivo masculino] **1** Ayuda que se da a alguien: *Agradezco mucho el favor que me has hecho.* **2** Apoyo que una persona recibe de otras: *El cantante contaba con el favor de su público.* ♦ [expresión] ‖ **a favor de algo** De acuerdo con ello: *Yo estoy a favor de hacer lo que nos digan.* ‖ **por favor** Se usa para pedir las cosas de una forma educada: *¿Me pasas el salero, por favor?* □ Familia: favorecer, favorable, desfavorable, favorito, favoritismo.

favorable (fa·vo·ra·ble) [adjetivo] **1** Que beneficia: *Hoy sopla un viento favorable para salir con el velero.* **2** Que se siente dispuesto a hacer algo: *Mis padres no se mostraron favorables a dejarme ir solo.* □ [No varía en masculino y femenino]. □ Sinónimos: **1** propicio. □ Antónimos: desfavorable. **1** adverso. □ Familia: →favor.

favorecer (fa·vo·re·cer) [verbo] **1** Ayudar o beneficiar: *La suerte nos favoreció.* **2** Hacer que una persona esté más guapa: *El color azul te favorece mucho.* □ [Es irregular y se conjuga como AGRADECER]. □ Sinónimos: propiciar. **1** beneficiar. □ Familia: →favor.

favoritismo (fa·vo·ri·tis·mo) [sustantivo masculino] Trato especial que se tiene hacia una persona, pero que es injusto. □ Familia: →favor.

favorito, ta (fa·vo·ri·to, ta) ‖ [adjetivo] **1** Que se prefiere: *Mi comida favorita son los macarrones.* ‖ [adjetivo o sustantivo] **2** Que tiene muchas posibilidades de ganar en una competición: *Ese caballo es el favorito de la carrera.* □ Sinónimos: **1** preferido. □ Familia: →favor.

fax [sustantivo masculino] **1** Sistema que permite mandar información escrita a través del teléfono: *El fax es como un sistema de fotocopias pero a través de un cable.* **2** Aparato que permite mandar mensajes con este sistema: *¿Me das tu número de fax?* **3** Papel con la información reproducida a través de ese sistema: *Te acaba de llegar este fax.* □ [Es la forma abreviada de «telefax». Su plural es «faxes»]. □ Familia: →telefax.

faz [sustantivo femenino] Parte de la cabeza en la que están la nariz, la boca y los ojos. □ [Su plural es «faces»]. □ Sinónimos: rostro, cara, semblante. □ Familia: antifaz, facial.

fe [sustantivo femenino] **1** Hecho de creer en Dios: *La fe consiste en la fidelidad total a Jesucristo y a su mensaje.* **2** Confianza total que una persona tiene en algo o en alguien: *Mis padres tienen mucha fe en mí.* □ Antónimos: **2** escepticismo. □ Familia: fiel, fidelidad, fidedigno, infiel, infidelidad, fidelizar, fehaciente.

fealdad (fe·al·dad) [sustantivo femenino] Cualidad de lo que no resulta agradable de ver ni de oír: *La fealdad del monstruo del cuento ocultaba un gran corazón.* □ Antónimos: belleza, hermosura. □ Familia: →feo.

febrero (fe·bre·ro) [sustantivo masculino] Segundo mes del año, entre enero y marzo: *El mes de febrero tiene 28 días, salvo los años bisiestos, que tiene 29.*

febril (fe·bril) [adjetivo] **1** De la fiebre o relacionado con ella: *estado febril.* **2** Muy agitado o con mucha energía: *actividad febril.* □ [No varía en masculino y femenino]. □ Familia: →fiebre.

fecal (fe·cal) [adjetivo] De los excrementos o relacionado con ellos: *heces fecales.* □ [No varía en masculino y femenino].

fecha (fe·cha) [sustantivo femenino] Día, mes y año en que ocurre algo. □ Familia: fechar.

fechar (fe·char) [verbo] Poner la fecha: *Es necesario fechar todos los documentos antes de archivarlos.* □ Sinónimos: datar. □ Familia: →fecha.

fechoría (fe·cho·rí·a) [sustantivo femenino] Mala acción: *Fueron castigados por sus fechorías.*

fécula (fé·cu·la) [sustantivo femenino] Sustancia que se encuentra en muchos productos vegetales, como el arroz y la patata.

fecundación (fe·cun·da·ción) [sustantivo femenino] Unión de una célula masculina y una célula femenina para dar origen a un nuevo ser. □ Familia: →fecundo.

fecundar (fe·cun·dar) [verbo] Unirse una célula masculina a una célula femenina para crear un nuevo ser: *El espermatozoide fecunda al óvulo.* □ Familia: →fecundo.

fecundidad (fe·cun·di·dad) [sustantivo femenino] Capacidad para dar frutos o para tener hijos. □ Sinónimos: fertilidad. □ Familia: →fecundo.

fecundo, da (fe·cun·do, da) [adjetivo] **1** Dicho de la tierra, que da frutos. **2** Dicho de una mujer o de la hembra de un animal, que puede tener hijos: *Las mujeres son fecundas a partir de la primera menstruación.* □ Sinónimos: fértil. □ Antónimos: estéril. □ Familia: fecundar, fecundación, fecundidad.

federación (fe·de·ra·ción) [sustantivo femenino] Unión de varios grupos, asociaciones o países: *Nuestro equipo de baloncesto pertenece a la federación madrileña.* □ Familia: →federar.

federal (fe·de·ral) [adjetivo] Que está formado por varios estados con leyes propias, pero que dependen de un Gobierno central para algunas cosas: *una república federal.* □ [No varía en masculino y femenino]. □ Familia: →federar.

federar (fe·de·rar) [verbo] **1** Unir varios grupos, asociaciones o países por medio de una alianza o de un pacto. ▪ **federarse 2** Inscribirse en una federación: *Me he federado para jugar en la liga profesional.* ☐ Familia: federación, federal.

fehaciente (fe·ha·cien·te) [adjetivo] Que puede creerse como verdad: *pruebas fehacientes.* ☐ [No varía en masculino y femenino]. ☐ Familia: →fe. →hacer.

feldespato (fel·des·pa·to) [sustantivo masculino] Mineral muy duro y brillante, de color blanco, amarillento o rojizo, que se encuentra en el granito y en otras rocas.

felicidad (fe·li·ci·dad) [sustantivo femenino] Sensación que se tiene cuando algo nos gusta mucho o nos produce mucho placer. ◆ [expresión] ‖ **felicidades** Se usa para felicitar a alguien por algo: *¡Felicidades por tu cumpleaños!* ☐ Sinónimos: dicha, gozo, alegría. ☐ Antónimos: pena, tristeza, dolor, pesar, sufrimiento. ☐ Familia: →feliz.

felicitación (fe·li·ci·ta·ción) [sustantivo femenino] Palabras con las que deseamos a alguien que sea feliz o le decimos que nos alegramos por algo bueno que le ha ocurrido: *He recibido muchas felicitaciones por mi cumpleaños.* ☐ Sinónimos: enhorabuena, parabién. ☐ Familia: →feliz.

felicitar (fe·li·ci·tar) [verbo] **1** Decirle a alguien que estamos contentos por algo bueno que le ha pasado: *¡Te felicito por el nuevo hermanito!* **2** Desearle a alguien que sea feliz: *Felicítame, que hoy es mi cumpleaños.* ☐ Familia: →feliz.

feligrés, sa (fe·li·grés, gre·sa) [sustantivo] Persona que pertenece a una parroquia determinada. ☐ Sinónimos: parroquiano.

felino, na (fe·li·no, na) [adjetivo o sustantivo masculino] Del grupo de animales al que pertenecen el gato, el león y otros: *El puma y la pantera son felinos.*

feliz (fe·liz) [adjetivo] **1** Que está contento y alegre: *Vivo feliz con mi familia.* **2** Que produce felicidad: *El día de la boda de mi hermano fue muy feliz para todos.* ☐ [No varía en masculino y femenino. Su plural es «felices»]. ☐ Sinónimos: gozoso, dichoso. **1** afortunado. ☐ Antónimos: desgraciado. **1** mísero, pobre, infeliz. ☐ Familia: felicidad, felicitar, felicitación, infeliz.

felpa (fel·pa) [sustantivo femenino] Tela suave con pelo por una de sus caras y que seca muy bien: *Las toallas son de felpa.* ☐ Familia: felpudo.

felpudo (fel·pu·do) [sustantivo masculino] Alfombra pequeña que se coloca en la entrada de las casas para limpiar las suelas de los zapatos antes de entrar. ☐ Familia: →felpa.

felpudo

femenino, na (fe·me·ni·no, na) ▪ [adjetivo] **1** Dicho de un animal, del sexo de las hembras: *Los óvulos son las células sexuales femeninas.* **2** Dicho de una planta, con órganos de los que nacen otras plantas de la misma especie: *Las flores femeninas desarrollan en su interior los frutos.* **3** De la mujer o relacionado con ella: *ropa femenina.* ▪ [adjetivo o sustantivo masculino] **4** Del género que tienen las palabras que suelen llevar delante los artículos *la, las, una* y *unas*: *«Culebra» es un sustantivo femenino.* ☐ Antónimos: masculino. **3** varonil. ☐ Familia: afeminado, feminista.

feminista (fe·mi·nis·ta) [adjetivo o sustantivo] Que defiende que la mujer es igual que el hombre y tiene los mismos derechos que él. ☐ [No varía en masculino y femenino]. ☐ Antónimos: machista. ☐ Familia: →femenino.

fémur (fé·mur) [sustantivo masculino] Hueso de la pierna que va desde la cadera a la rodilla. 👁 **página 405**.

fenecer (fe·ne·cer) [verbo] Dejar de vivir. ☐ [Es irregular y se conjuga como AGRADECER]. ☐ Sinónimos: morir.

fenicio, cia (fe·ni·cio, cia) ▪ [adjetivo o sustantivo] **1** De Fenicia, que era una antigua región asiática. ▪ **fenicio** [sustantivo masculino] **2** Lengua que se hablaba en esta región.

fenomenal (fe·no·me·nal) ▪ [adjetivo] **1** Muy bueno o extraordinario: *Mis amigos son gente fenomenal.* ▪ [adverbio] **2** Muy bien: *Cantas fenomenal.* ☐ [En el significado **1** no varía en masculino y femenino. En el significado **2** tampoco varía por ser adverbio]. ☐ Sinónimos: estupendo. ☐ Familia: →fenómeno.

fenómeno (fe·nó·me·no) [sustantivo masculino] **1** Cualquier cosa que ocurre: *Los terremotos son fenómenos de la naturaleza.* **2** Persona o cosa que destaca porque es extraordinaria y muy buena: *Esta niña es un fenómeno en matemáticas.* ☐ Familia: fenomenal.

feo, a (fe·o, a) [adjetivo] Que no es agradable de ver ni de oír: *Es muy feo que digas palabrotas.* ◆ [expresión] ‖ **hacer un feo** Tener un detalle de desprecio hacia alguien: *Me pasé la tarde guisando para ella y me hizo el feo de no probar la comida.* ☐ Sinónimos: antiestético. ☐ Antónimos: bonito, bello, hermoso, precioso, lindo, apuesto, atractivo, mono, estético. ☐ Familia: fealdad, afear.

féretro (fé·re·tro) [sustantivo masculino] Caja en la que se coloca a un muerto para enterrarlo. ☐ Sinónimos: caja, ataúd.

feria (fe·ria) [sustantivo femenino] **1** Mercado que se celebra en un lugar público para comprar y vender todo tipo de productos: *la feria del libro; una feria ganadera.* **2** Lugar con muchas atracciones para que la gente se divierta: *En las fiestas de mi pueblo se monta una feria con una noria gigantesca.* ☐ Familia: feriante.

feriante (fe·rian·te) [adjetivo o sustantivo] Que va a una feria para comprar o vender productos: *Los feriantes ya han vendido todas sus reses en la feria del ganado.* ☐ [No varía en masculino y femenino]. ☐ Familia: →feria.

fermentación (fer·men·ta·ción) [sustantivo femenino] Transformación de una sustancia por la acción de microorganismos: *El vino se produce por la fermentación del zumo de uva.* ☐ Familia: →fermentar.

fermentar (fer·men·tar) [verbo] Transformarse una sustancia por la acción de microorganismos: *Cuando la leche fermenta se hace el yogur.* ☐ FAMILIA: fermentación.

ferocidad (fe·ro·ci·dad) [sustantivo femenino] Característica de los animales feroces. ☐ FAMILIA: →fiero.

feroz (fe·roz) [adjetivo] **1** Dicho de un animal, que es muy peligroso para las personas: *¿Te sabes el cuento de «Caperucita y el lobo feroz»?* **2** Muy duro o difícil de aguantar: *Cometieron un feroz asesinato.* **3** Mucho o enorme: *Tengo un hambre feroz.* ☐ [No varía en masculino y femenino. Su plural es «feroces».] ☐ SINÓNIMOS: **1** fiero. **2**, **3** brutal, atroz. **2** cruel. ☐ FAMILIA: →fiero.

férreo, a (fé·rre·o, a) [adjetivo] **1** Del ferrocarril o relacionado con él: *línea férrea.* **2** Del hierro o con sus características: *estructura férrea.* **3** Muy resistente o muy fuerte: *voluntad férrea.* ☐ ANTÓNIMOS: **3** frágil. ☐ FAMILIA: ferrocarril, ferroviario, ferretero, ferretería, aferrar. →hierro.

ferretería (fe·rre·te·rí·a) [sustantivo femenino] Tienda en la que se venden herramientas, cacharros y otros objetos de metal. ☐ FAMILIA: →férreo.

ferretero, ra (fe·rre·te·ro, ra) [sustantivo] Dueño de una ferretería o persona que trabaja en ella. ☐ FAMILIA: →férreo.

ferri (fe·rri) [sustantivo masculino] Barco que hace viajes de ida y vuelta entre dos puntos, llevando viajeros y vehículos. 👁 **página 362.** ☐ [Es una palabra de origen inglés. Su plural es «ferris». Es preferible escribir «ferri» que la forma inglesa *ferry*]. ☐ SINÓNIMOS: transbordador.

ferrocarril (fe·rro·ca·rril) [sustantivo masculino] Vehículo formado por varios vagones, que circula sobre vías y que se usa para llevar personas y cosas de una ciudad a otra. ☐ SINÓNIMOS: tren. ☐ FAMILIA: →férreo. →carril.

ferroviario, ria (fe·rro·via·rio, ria) ■ [adjetivo] **1** Del ferrocarril o relacionado con este medio de transporte: *la red ferroviaria.* ■ [sustantivo] **2** Persona que trabaja en una compañía de ferrocarril. ☐ FAMILIA: →férreo. →viario.

ferry (fe·rry) [sustantivo masculino] → **ferri.** ☐ [Es una palabra inglesa. Se pronuncia «férri»].

fértil (fér·til) [adjetivo] **1** Dicho de un terreno, que da muchos frutos. **2** Dicho de una mujer o de la hembra de un animal, que puede tener hijos. ☐ [No varía en masculino y femenino]. ☐ SINÓNIMOS: fecundo. ☐ FAMILIA: fertilidad, fertilizante, fertilizar.

fertilidad (fer·ti·li·dad) [sustantivo femenino] Capacidad para dar frutos o para tener hijos. ☐ SINÓNIMOS: fecundidad. ☐ FAMILIA: →fértil.

fertilizante (fer·ti·li·zan·te) [sustantivo masculino] Sustancia que se echa en la tierra para que dé más frutos. ☐ SINÓNIMOS: abono. ☐ FAMILIA: →fértil.

fertilizar (fer·ti·li·zar) [verbo] Hacer que la tierra dé más frutos: *Fertilicé la tierra con abonos.* ☐ [La «z» se cambia en «c» delante de «e» («fertilice»)]. ☐ FAMILIA: →fértil.

ferviente (fer·vien·te) [adjetivo] Que tiene mucho interés por algo o que lo muestra: *Soy un ferviente admirador de esta cantante.* ☐ [No varía en masculino y femenino]. ☐ SINÓNIMOS: fervoroso, devoto. ☐ FAMILIA: →fervor.

fervor (fer·vor) [sustantivo masculino] **1** Sentimiento religioso muy intenso. **2** Entusiasmo e interés muy grandes: *Siente verdadero fervor por los animales.* ☐ FAMILIA: ferviente, fervoroso, enfervorizar.

fervoroso, sa (fer·vo·ro·so, sa) [adjetivo] Que tiene mucho interés por algo o que lo muestra: *Es un católico fervoroso y va todos los días a misa.* ☐ SINÓNIMOS: ferviente, devoto. ☐ FAMILIA: →fervor.

festejar (fes·te·jar) [verbo] Celebrar con una fiesta: *Festejé el premio con toda mi familia.* ☐ [Se escribe siempre con «j»]. ☐ SINÓNIMOS: celebrar. ☐ FAMILIA: →festejo.

festejo (fes·te·jo) [sustantivo masculino] Fiesta que se realiza para celebrar algo: *El pueblo celebró el día de su patrón con grandes festejos.* ☐ FAMILIA: festejar.

festín (fes·tín) [sustantivo masculino] Comida en la que hay gran variedad de platos: *En la boda nos dieron un gran festín.*

festival (fes·ti·val) [sustantivo masculino] Conjunto de actuaciones y espectáculos: *el festival de fin de curso; un festival de cine.* ☐ FAMILIA: →fiesta.

festividad (fes·ti·vi·dad) [sustantivo femenino] Fiesta con que se celebra algo: *La festividad de San José es el día 19 de marzo.* ☐ FAMILIA: →fiesta.

festivo, va (fes·ti·vo, va) ■ [adjetivo] **1** Alegre y divertido: *Contó lo que le había pasado en un tono festivo que nos hizo reír.* ■ [adjetivo o sustantivo masculino] **2** Día en que no se trabaja: *Hoy es festivo y no abren las tiendas.* 👁 **página 169.** ☐ ANTÓNIMOS: **2** laborable. ☐ FAMILIA: →fiesta.

festón (fes·tón) [sustantivo masculino] Bordado o dibujo que adorna el borde de algo: *Este mantel lleva un festón en el borde.*

fetén (fe·tén) ■ [adjetivo] **1** Muy bueno o estupendo: *Es una chica fetén.* ■ [adverbio] **2** Muy bien: *Nos lo hemos pasado fetén.* ☐ [Es coloquial. En el significado **1** no varía en masculino y femenino. En el significado **2** tampoco varía por ser adverbio].

fetiche (fe·ti·che) [sustantivo masculino] **1** Figura a la que se adora porque se le atribuyen poderes sobrenaturales: *En algunas tribus los fetiches se consideraban auténticos dioses.* **2** Objeto que se cree que trae buena suerte. ☐ SINÓNIMOS: **2** amuleto, talismán.

fétido, da (fé·ti·do, da) [adjetivo] Que huele muy mal. ☐ SINÓNIMOS: maloliente, hediondo, pestilente, apestoso.

feto (fe·to) [sustantivo masculino] Hijo cuando todavía está en la tripa de la madre: *Los fetos se alimentan de la madre.*

feudal (feu·dal) [adjetivo] Del feudo, del feudalismo o relacionado con ellos: *señor feudal.* ☐ [No varía en masculino y femenino]. ☐ FAMILIA: →feudo.

feudalismo (feu·da·lis·mo) [sustantivo masculino] Forma de organización política y social de la Edad Media en la que los vasallos debían ser fieles a su señor. ☐ FAMILIA: →feudo.

feudo (feu·do) [sustantivo masculino] En la Edad Media, tierra que un señor entregaba a un vasallo, para que la trabajara: *El señor feudal concedía un feudo a sus vasallos a cambio de fidelidad y de unos servicios determinados.* ☐ Familia: feudal, feudalismo.

fiabilidad (fia·bi·li·dad) [sustantivo femenino] **1** Confianza que inspira una persona. **2** Probabilidad de que algo funcione bien. ☐ Familia: →fiar.

fiable (fia·ble) [adjetivo] Que ofrece seguridad o que es digno de confianza: *datos fiables.* ☐ [No varía en masculino y femenino]. ☐ Sinónimos: fidedigno. ☐ Familia: →fiar.

fiambre (fiam·bre) [sustantivo masculino] **1** Alimento preparado para comerlo frío después de asado o cocido: *La mortadela y el chorizo son dos tipos de fiambre.* **2** Cuerpo de una persona muerta. ☐ [El significado **2** es coloquial]. ☐ Sinónimos: **2** cadáver. ☐ Familia: fiambrera.

fiambrera (fiam·bre·ra) [sustantivo femenino] Recipiente que se cierra de forma que no puede entrar aire y que sirve para llevar comida. ☐ Sinónimos: tartera. ☐ Familia: →fiambre.

fiambrera

fianza (fian·za) [sustantivo femenino] Cosa que alguien entrega a otra persona, como garantía de que va a cumplir algo: *Al alquilar el coche nos cobraron una fianza, pero luego nos la devolvieron.* ☐ Familia: →fiar.

fiar (fiar) [verbo] **1** Vender sin cobrar el dinero en ese mismo momento: *En esta tienda no se fía a nadie y hay que pagar al contado.* ■ **fiarse 2** Tener confianza en algo o en alguien: *Tú fíate de mí, que ya verás qué bien lo hago.* ☐ [Es irregular y se conjuga como ENVIAR]. ☐ Sinónimos: **2** confiar. ☐ Antónimos: **2** desconfiar. ☐ Familia: fiable, fiabilidad, fianza, afianzar.

fiasco (fias·co) [sustantivo masculino] **1** Chasco o fracaso: *El concierto al aire libre resultó un fiasco debido a la lluvia.* **2** Fraude o estafa: *El periódico informa hoy de un nuevo fiasco financiero.*

fibra (fi·bra) [sustantivo femenino] **1** Especie de hilo que forma los músculos y otros tejidos de los animales o de las plantas: *Los alimentos con fibra son muy sanos.* **2** Hilo que se obtiene de forma artificial y que se usa para hacer telas: *¿Esta camiseta es de algodón o de fibra?* ☐ Familia: fibroso.

fibroso, sa (fi·bro·so, sa) [adjetivo] Que tiene mucha fibra: *un tejido fibroso.* ☐ Familia: →fibra.

ficción (fic·ción) [sustantivo femenino] Historia inventada: *Me gustan las novelas de ficción.* ☐ Familia: ficticio.

ficha (fi·cha) [sustantivo femenino] **1** Objeto pequeño, generalmente delgado y plano, que se usa para cosas muy distintas: *Al parchís se juega con un tablero, unas fichas y un dado.* **2** Hoja de papel donde están escritos los datos de una persona o de una cosa: *Todos los libros de la biblioteca tienen hecha una ficha con el título y el autor.* ☐ Familia: fichar, fichaje, fichero.

fichaje (fi·cha·je) [sustantivo masculino] Hecho de contratar a un deportista: *El fichaje del nuevo portero se realizará la próxima semana.* ☐ Familia: →ficha.

fichar (fi·char) [verbo] **1** Anotar en un papel los datos de una persona o de una cosa: *El bibliotecario se ocupa de fichar todos los libros que llegan a la biblioteca.* **2** Contratar a un deportista: *Mi equipo ha fichado a un extranjero para la próxima liga.* **3** Pasar una tarjeta especial por una máquina para contar cuánto tiempo se trabaja cada día: *En el trabajo tengo que fichar todos los días a la entrada y a la salida.* ☐ Familia: →ficha.

fichero (fi·che·ro) [sustantivo masculino] **1** Conjunto de fichas ordenadas. **2** Lugar donde se guardan en orden las fichas. **3** En informática, conjunto de datos grabados con un mismo nombre. ☐ Sinónimos: **2**, **3** archivo. ☐ Familia: →ficha.

ficticio, cia (fic·ti·cio, cia) [adjetivo] Que no es real, aunque lo parece: *un mundo ficticio.* ☐ Familia: →ficción.

ficus (fi·cus) [sustantivo masculino] Planta de hojas grandes, fuertes y de color verde oscuro. ☐ [No varía en singular y plural].

fidedigno, na (fi·de·dig·no, na) [adjetivo] Que es digno de confianza o de ser creído: *fuentes fidedignas.* ☐ Sinónimos: fiable. ☐ Familia: →fe. →digno.

fidelidad (fi·de·li·dad) [sustantivo femenino] **1** Comportamiento del que nunca engaña a los demás ni los traiciona: *Mantener la fidelidad entre amigos es muy importante.* **2** Comportamiento del animal que no abandona a su amo. **3** Exactitud en la reproducción o imitación de algo: *Mi equipo de música es de alta fidelidad.* ☐ Sinónimos: **1**, **2** lealtad. ☐ Antónimos: **1** traición, perfidia, infidelidad. ☐ Familia: →fe.

fidelizar (fi·de·li·zar) [verbo] Conseguir que un cliente consuma habitualmente los productos o servicios de una empresa: *Con los cupones de descuento el supermercado intenta fidelizar a los clientes.* ☐ [La «z» se cambia en «c» delante de «e» («fidelice»)]. ☐ Familia: →fe.

fideo (fi·de·o) [sustantivo masculino] **1** Pasta en forma de hilo que se usa para hacer sopa. **2** Persona muy delgada: *Mi hermana pequeña es un fideo.* ☐ [El significado **2** es coloquial].

fiebre (fie·bre) [sustantivo femenino] **1** Subida de la temperatura del cuerpo a causa de una enfermedad. **2** Afición muy grande por algo: *Me ha entrado la fiebre por las motos y veo todas las carreras que hay por la tele.* ☐ Sinónimos: **1** calentura. ☐ Familia: febril.

fiel (fiel) ■ [adjetivo] **1** Dicho de una persona, que nunca engaña a los demás ni los traiciona: *Eres una amiga fiel.* **2** Dicho de un animal, que no abandona a su amo: *El perro es un animal muy fiel.* **3** Que imita otra cosa y se le parece mucho: *un relato fiel de los hechos.*

fieltro 438

[adjetivo o sustantivo] **4** Dicho de una persona, que sigue una religión: *Los fieles abarrotaban el templo.* □ [No varía en masculino y femenino]. □ Sinónimos: **1**, **2** leal. □ Antónimos: **1** traidor, traicionero, pérfido. **1**, **4** infiel. □ Familia: →fe.

fieltro (fiel·tro) [sustantivo masculino] Tela gruesa que no está tejida, sino que resulta de unir lana o pelo: *Muchos sombreros están hechos de fieltro.*

fiera (fie·ra) [sustantivo femenino] Mira en **fiero, ra**.

fiereza (fie·re·za) [sustantivo femenino] Característica de los animales fieros o salvajes: *la fiereza del león.* □ Familia: →fiero.

fiero, ra (fie·ro, ra) [adjetivo] **1** Dicho de un animal, que es muy peligroso para las personas: *¡Qué tigre tan fiero!* ■ **fiera** [sustantivo] **2** Persona muy buena en una actividad: *Mi hermano es un fiera jugando al baloncesto.* ■ [sustantivo] **3** Animal salvaje: *Lo que más me gusta del circo son las fieras.* **4** Persona cruel, muy violenta o con muy mal genio: *Mi vecino es una fiera y se enfada por todo.* □ [En el significado **2** no varía en masculino y femenino. Los significados **2** y **4** son coloquiales]. □ Sinónimos: **1** feroz. □ Familia: feroz, ferocidad, fiereza.

fiesta (fies·ta) [sustantivo femenino] **1** Reunión de personas para divertirse o para celebrar algo: *mi fiesta de cumpleaños.* **2** Día en que no se trabaja: *Mañana es fiesta.* **3** Día en que se celebra algo: *El veinticinco de diciembre es la fiesta de Navidad.* □ Familia: festivo, festividad, festival, aguafiestas.

figura (fi·gu·ra) [sustantivo femenino] **1** Aspecto exterior de algo: *Tengo una goma de borrar con figura de coche.* **2** Representación de algo o de alguien: *una figura de porcelana; una figura geométrica.* **3** Persona que destaca en una actividad: *Esa actriz es una auténtica figura del teatro.* □ Sinónimos: **1** forma. **2** efigie. □ Familia: figurar, figurado, figurativo, figurín, desfigurar, configurar, configuración.

figurado, da (fi·gu·ra·do, da) [adjetivo] Dicho del significado de una palabra, que es distinto del sentido exacto y propio de esa palabra: *Si alguien dice que «se muere por un pastel», hay que entenderlo en sentido figurado.* □ Antónimos: literal. □ Familia: →figura.

figurar (fi·gu·rar) [verbo] **1** Dar a entender algo que no es cierto: *Mi madre figuró no darse cuenta, pero me vio.* **2** Estar en algún sitio: *¿Figura tu nombre en la lista?* **3** Destacar o sobresalir entre los demás: *Lo que más le gusta en esta vida es ir a fiestas y figurar.* ■ **figurarse 4** Imaginar algo como si fuera cierto: *Figúrate lo que habría pasado si nos hubieran pillado.* □ Sinónimos: **1** fingir, aparentar. □ Familia: →figura.

figurativo, va (fi·gu·ra·ti·vo, va) [adjetivo] Que representa de forma exacta las cosas reales: *El arte figurativo se opone al arte abstracto.* □ Antónimos: abstracto. □ Familia: →figura.

figurín (fi·gu·rín) [sustantivo masculino] **1** Persona muy bien vestida: *Vas hecho un figurín.* **2** Dibujo que sirve como modelo para hacer prendas de vestir y adornos: *El vestido me lo hago siguiendo el figurín de una revista.* **3** Revista que contiene estos dibujos: *En este figurín hay muchos modelos de faldas.* □ Familia: →figura.

fijación (fi·ja·ción) [sustantivo femenino] **1** Colocación de un objeto de manera que quede sujeto y no se pueda mover: *la fijación de unos estantes.* **2** Hecho de decidir algo de manera definitiva: *la fijación de los horarios.* **3** Manía o idea que no se puede quitar de la mente: *Tiene una verdadera fijación con el trabajo.* □ Sinónimos: **3** obsesión. □ Familia: →fijo.

fijador (fi·ja·dor) [sustantivo masculino] Producto que sirve para fijar algo: *Me he comprado un fijador para el pelo.* □ Familia: →fijo.

fijar (fi·jar) [verbo] **1** Sujetar algo de manera que no se pueda mover: *¿Has fijado bien la estantería?* **2** Decidir algo de manera definitiva: *Todavía no hemos fijado dónde vamos a vivir.* **3** Dirigir la atención o la mirada a un punto fijo: *fijar la vista en un punto.* ■ **fijarse 4** Darse cuenta de algo o prestarle atención: *¿Te has fijado en la tontería que ha dicho?* □ [Se escribe siempre con «j»]. □ Sinónimos: **2** precisar. □ Antónimos: **4** distraerse. □ Familia: →fijo.

fijeza (fi·je·za) [sustantivo femenino] Modo firme y continuo de hacer algo: *mirar con fijeza.* □ Familia: →fijo.

fijo, ja (fi·jo, ja) ■ [adjetivo] **1** Que está seguro y no se mueve: *¿Está bien fijo ese estante?* **2** Firme o estable: *un trabajo fijo.* ■ **fijo** [adverbio] **3** Sin duda: *Fijo que voy a tu fiesta.* □ Sinónimos: **1** sujeto. **2**. **3** seguro. □ Antónimos: **1** suelto. □ Familia: fijar, fijeza, fijación, fijador.

fila (fi·la) ■ [sustantivo femenino] **1** Conjunto de cosas o personas colocadas en línea: *¡Qué fila hay para sacar las entradas!* ■ **filas** [plural] **2** Ejército: *Mi hermano tiene dieciocho años y ha sido llamado a filas.* ◆ [expresión] ‖ **fila india** La formada por varias personas colocadas una detrás de otra. □ Sinónimos: **1** hilera, cola. □ Familia: desfile, desfilar, desfiladero.

filamento (fi·la·men·to) [sustantivo masculino] Cuerpo o elemento en forma de hilo muy fino: *el filamento de la bombilla.* □ Familia: →hilo.

filántropo, pa (fi·lán·tro·po, pa) [sustantivo] Persona buena que siempre ayuda a los demás.

filarmónico, ca (fi·lar·mó·ni·co, ca) [adjetivo] Que es muy aficionado a la música. □ Familia: →armonía.

filatelia (fi·la·te·lia) [sustantivo femenino] Afición a coleccionar sellos. □ Familia: filatélico.

filatélico, ca (fi·la·té·li·co, ca) [adjetivo] De la filatelia o relacionado con esta afición. □ Familia: →filatelia.

filete (fi·le·te) [sustantivo masculino] **1** Trozo delgado de carne para comer: *un filete de ternera.* **2** Trozo de pescado, delgado y sin espinas: *un filete de merluza.*

filiación (fi·lia·ción) [sustantivo femenino] **1** Datos de una persona, como son su nombre y el de sus padres, y el lugar y la fecha en que nació. **2** Dependencia de una doctrina, de una corporación o de otra persona o cosa: *una organización de filiación comunista.* □ [No confundir con «afiliación» (hecho de entrar a formar parte de un grupo)]. □ Familia: →filial.

filial (fi·lial) ◼ [adjetivo] **1** De los hijos o relacionado con ellos: *Lo que sentimos por nuestros padres es amor filial.* ◼ [adjetivo o sustantivo femenino] **2** Dicho de una tienda o de una empresa, que depende de otra principal: *Esta sucursal es una filial del banco.* ☐ [Cuando es adjetivo, no varía en masculino y femenino]. ☐ FAMILIA: filiación, afiliarse, afiliación, afiliado.

filibustero (fi·li·bus·te·ro) [sustantivo masculino] Pirata del siglo XVII, que navegaba por algunos mares.

filigrana (fi·li·gra·na) [sustantivo femenino] **1** Dibujo o adorno hechos con hilos de oro o de plata, unidos y cruzados: *Tengo unos pendientes con filigranas de oro.* **2** Cosa que se hace con mucho cuidado y atención: *El delantero hacía filigranas con el balón.* ☐ ANTÓNIMOS: **2** chapuza.

filipino, na (fi·li·pi·no, na) [adjetivo o sustantivo] De Filipinas, que es un país asiático.

filisteo, a (fi·lis·te·o, a) [adjetivo o sustantivo] De un antiguo pueblo que era enemigo de los israelitas.

film [sustantivo masculino] → **filme**. ☐ [Es una palabra de origen inglés. Su plural es «films»]. ☐ FAMILIA: → filme.

filmar (fil·mar) [verbo] Grabar las imágenes de una película con cámaras de cine: *Han filmado en Madrid algunas escenas de su nueva película.* ☐ SINÓNIMOS: rodar. ☐ FAMILIA: → filme.

filme (fil·me) [sustantivo masculino] Película de cine. ☐ [Es una palabra de origen inglés. Su plural es «filmes». Se usa también «film»]. ☐ SINÓNIMOS: película. ☐ FAMILIA: film, filmar, filmina, filmoteca, telefilme.

filmina (fil·mi·na) [sustantivo femenino] Fotografía pequeña y transparente que está colocada en un cartón o en un plástico duro. ☐ SINÓNIMOS: diapositiva. ☐ FAMILIA: → filme.

filmoteca (fil·mo·te·ca) [sustantivo femenino] Local en el que se guardan y se proyectan películas que normalmente no se pueden ver en otros cines. ☐ FAMILIA: → filme.

filo (fi·lo) [sustantivo masculino] Borde afilado que corta: *el filo de un cuchillo.* ☐ FAMILIA: afilar, afilado, afilador, enfilar.

filología (fi·lo·lo·gí·a) [sustantivo femenino] Ciencia que estudia la lengua y la literatura. ☐ FAMILIA: filólogo.

filólogo, ga (fi·ló·lo·go, ga) [sustantivo] Persona especializada en filología. ☐ FAMILIA: → filología.

filón (fi·lón) [sustantivo masculino] **1** Mineral que aparece entre las grietas de un terreno: *Encontraron un filón de oro en la mina.* **2** Persona o cosa que tiene mucho valor, porque puede proporcionar grandes ganancias: *Este periodista es un filón para su periódico.* ☐ SINÓNIMOS: **1** veta. **2** mina.

filosofar (fi·lo·so·far) [verbo] Reflexionar sobre temas propios de la filosofía: *Pasaban horas filosofando sobre el sentido de la vida.* ☐ FAMILIA: → filosofía.

filosofía (fi·lo·so·fí·a) [sustantivo femenino] **1** Ciencia que trata sobre temas como qué es lo propio y lo más importante de las cosas, y cuáles son las propiedades, las causas y los efectos de las cosas. **2** Forma de pensar o de entender las cosas: *Tienes una filosofía de la vida distinta a la mía.* **3** Tranquilidad para enfrentarse a las dificultades: *Me tomo las cosas con mucha filosofía.* ☐ FAMILIA: filosofar, filósofo.

filósofo, fa (fi·ló·so·fo, fa) [sustantivo] Persona que se dedica al estudio de la filosofía. ☐ FAMILIA: → filosofía.

filoxera (fi·lo·xe·ra) [sustantivo femenino] Insecto parecido al pulgón, que ataca a las hojas y a las raíces de las vides.

filtración (fil·tra·ción) [sustantivo femenino] **1** Paso de una sustancia por un filtro para quitarle lo que no sirve o lo que es malo: *En algunas ciudades es necesaria la filtración del agua antes de beberla.* **2** Paso de un líquido a través de un sólido: *En esta habitación hay filtraciones de agua cuando llueve.* ☐ FAMILIA: → filtro.

filtrar (fil·trar) [verbo] **1** Hacer pasar una sustancia por un filtro para quitarle lo que no sirve o lo que es malo: *La boquilla de los cigarros filtra el alquitrán del tabaco.* ◼ **filtrarse 2** Pasar algo a través de un cuerpo sólido: *Pusimos un aislante en el techo para que no se filtrara la humedad.* ☐ FAMILIA: → filtro.

filtro (fil·tro) [sustantivo masculino] **1** Material que, al ser atravesado por una sustancia, se usa para separar la parte que no sirve: *El filtro de la cafetera impide que los granos de café molido se mezclen con el agua.* **2** Material que impide el paso de determinados rayos de luz: *Unas buenas gafas de sol tienen un filtro para que el sol no haga daño a los ojos.* ☐ FAMILIA: filtrar, filtración, infiltrar.

fin [sustantivo masculino] **1** Parte o momento en que algo termina: *el fin de las vacaciones.* **2** Objetivo que queremos conseguir cuando hacemos algo: *No sé con qué fin has venido.* ◆ [expresión] ‖ **a fin de cuentas** o **al fin y al cabo** Sin embargo, después de todo: *Al fin y al cabo, yo solo hice lo que me pediste.* ‖ **en fin** En resumen: *En fin, que eso fue lo que nos pasó.* ‖ **fin de año** Última noche del año. ‖ **fin de semana** Sábado y domingo. ☐ SINÓNIMOS: **1** final, término. **2** objeto, objetivo, finalidad. ☐ ANTÓNIMOS: **1** iniciación, comienzo, principio, inicio. ☐ FAMILIA: final, finalidad, finalista, finalizar, finito, finiquitar, semifinal, semifinalista, sinfín, confín, confinar.

final (fi·nal) ◼ [adjetivo] **1** Que termina algo: *La parte final de la película es muy emocionante.* **2** Que expresa finalidad: *En «Iré para verte», «para verte» tiene valor final.* ◼ [sustantivo masculino] **3** Parte o momento en que algo termina: *Al final del libro, el protagonista se salva.* ◼ [sustantivo femenino] **4** Última fase de una competición: *El equipo que gane la final será el ganador del torneo.* ☐ [En los significados **1** y **2** no varía en masculino y femenino]. ☐ SINÓNIMOS: **3** fin, término. ☐ ANTÓNIMOS: **3** inicio, principio, comienzo, origen, nacimiento. ☐ FAMILIA: → fin.

finalidad (fi·na·li·dad) [sustantivo femenino] Objetivo que queremos conseguir cuando hacemos algo: *¿Con qué finalidad lo hiciste?* ☐ SINÓNIMOS: objetivo, fin, objeto. ☐ FAMILIA: → fin.

finalista (fi·na·lis·ta) [adjetivo o sustantivo] Que participa en la última fase de una competición: *Los dos finalistas del torneo se enfrentarán esta tarde.* ☐ [No varía en masculino y femenino]. ☐ FAMILIA: → fin.

finalizar (fi·na·li·zar) [verbo] **1** Dar fin a algo: *Ya hemos finalizado los preparativos*. **2** Llegar algo a su fin: *¿Cuándo finalizan las clases?* ☐ [La «z» se cambia en «c» delante de «e» («finalice»)]. ☐ SINÓNIMOS: acabar, terminar, concluir. **1** ultimar. ☐ ANTÓNIMOS: empezar, comenzar. **1** iniciar. ☐ FAMILIA: →fin.

financiar (fi·nan·ciar) [verbo] Pagar los gastos de una actividad: *Mi hermano ha pedido un préstamo al banco para financiar las obras de su tienda*. ☐ FAMILIA: →finanzas.

financiero, ra (fi·nan·cie·ro, ra) [adjetivo o sustantivo] **1** De las finanzas o relacionado con este conjunto de actividades: *actividad financiera*. ∎ [sustantivo] **2** Persona que se dedica a las finanzas. ☐ FAMILIA: →finanzas.

finanzas (fi·nan·zas) [sustantivo femenino plural] **1** Conjunto de actividades relacionadas con el dinero, a las que se dedican los bancos y otras empresas. **2** Cantidad de dinero que se tiene: *Mis finanzas no andan muy bien*. ☐ FAMILIA: financiero, financiar.

finca (fin·ca) [sustantivo femenino] Terreno o edificio que alguien posee en el campo o en la ciudad.

fingimiento (fin·gi·mien·to) [sustantivo masculino] Hecho de dar a entender algo que no es cierto. ☐ FAMILIA: →fingir.

fingir (fin·gir) [verbo] Dar a entender algo que no es cierto: *Fingí que no les oía, pero me enteré de todo*. ☐ [La «g» se cambia en «j» delante de «a», «o» («finja»)]. ☐ SINÓNIMOS: figurar, aparentar. ☐ FAMILIA: fingimiento.

finiquitar (fi·ni·qui·tar) [verbo] **1** Pagar completamente una cuenta o una deuda: *Con este pago, finiquitamos el préstamo del banco*. **2** Terminar o dar por acabado: *El presentador finiquitó el programa con un consejo para los telespectadores*. ☐ FAMILIA: →fin.

finito, ta (fi·ni·to, ta) [adjetivo] Que tiene límite o fin: *un número finito*. ☐ ANTÓNIMOS: infinito. ☐ FAMILIA: →fin.

finlandés, sa (fin·lan·dés, de·sa) ∎ [adjetivo o sustantivo] **1** De Finlandia, que es un país europeo. ∎ **finlandés** [sustantivo masculino] **2** Lengua de este país.

fino, na (fi·no, na) [adjetivo] **1** Delgado, poco grueso: *un filete fino; una tela fina*. **2** Que muestra buena educación: *Las personas finas no dicen tacos*. **3** Dicho de un sentido, que está muy desarrollado: *Este perro de caza tiene un olfato muy fino*. **4** Delicado y de buena calidad: *Este anillo es de oro fino*. **5** Muy hábil en algo: *Tu explicación fue muy fina y acertada*. ☐ SINÓNIMOS: **2** delicado. **3** agudo. ☐ ANTÓNIMOS: **2** ordinario, grosero, chabacano, rudo, zafio, soez. **2, 4** basto, tosco. **4** rústico. ☐ FAMILIA: finura, finolis, afinar, desafinar, refinar.

finolis (fi·no·lis) [adjetivo o sustantivo] Que presume de que es muy fino, pero no lo es. ☐ [No varía en masculino y femenino, ni en singular y plural. Es coloquial y despectivo]. ☐ FAMILIA: →fino.

finta (fin·ta) [sustantivo femenino] Movimiento rápido y ágil que se hace en algunos deportes para engañar al contrario: *El jugador hizo una finta y metió gol*.

finura (fi·nu·ra) [sustantivo femenino] **1** Delgadez. **2** Cortesía y buena educación de una persona. **3** Buena calidad de algo. ☐ ANTÓNIMOS: **2** rudeza. ☐ FAMILIA: →fino.

fiordo (fior·do) [sustantivo masculino] Valle muy estrecho y profundo producido por un glaciar, que está situado en la costa y en el que ha entrado el mar.

firma (fir·ma) [sustantivo femenino] **1** Nombre y apellidos de una persona cuando los escribe ella misma: *Mi firma es mi nombre con un garabato*. **2** Nombre legal de una empresa: *Trabajo para una importante firma de calzado deportivo*. ☐ [En el significado **1**, no confundir con «rúbrica» (conjunto de rayas que se añaden al nombre y apellidos en la firma)]. ☐ FAMILIA: →firmar.

firmamento (fir·ma·men·to) [sustantivo masculino] Espacio en el que están las estrellas.

firmante (fir·man·te) [adjetivo o sustantivo] Que firma: *El abajo firmante se compromete a cumplir lo señalado en este documento*. ☐ [No varía en masculino y femenino]. ☐ FAMILIA: →firmar.

firmar (fir·mar) [verbo] Escribir la firma: *firmar un documento; firmar un cuadro*. ☐ FAMILIA: firma, firmante.

firme (fir·me) [adjetivo] **1** Que está bien sujeto y no se mueve ni se cae: *Pasa sin miedo por ese puente, porque es muy firme*. **2** Que no duda ni se deja dominar: *Se mantuvo firme en sus propósitos*. ∎ [sustantivo masculino] **3** Suelo de las carreteras: *¡Cuidado, que el firme está resbaladizo!* ☐ [En los significados **1** y **2** no varía en masculino y femenino]. ☐ SINÓNIMOS: **1, 2** seguro. ☐ ANTÓNIMOS: **1, 2** vacilante. ☐ FAMILIA: firmeza, confirmar, confirmación.

firmeza (fir·me·za) [sustantivo femenino] Cualidad por la que algo se mantiene firme, seguro o con buen equilibrio: *Me admira la firmeza con que tomas tus decisiones*. ☐ SINÓNIMOS: estabilidad, seguridad, solidez. ☐ ANTÓNIMOS: vacilación, duda. ☐ FAMILIA: →firme.

fiscal (fis·cal) [adjetivo] **1** Que está relacionado con los impuestos que se deben pagar: *Las inspecciones fiscales intentan evitar delitos económicos*. ∎ [sustantivo] **2** Persona que acusa a alguien en un juicio: *La fiscal pidió diez años de cárcel para el acusado*. ☐ [No varía en masculino y femenino]. ☐ FAMILIA: →fisco.

fiscalía (fis·ca·lí·a) [sustantivo femenino] **1** Profesión del fiscal: *Ejerce la fiscalía desde muy joven*. **2** Oficina de un fiscal. ☐ FAMILIA: →fisco.

fisco (fis·co) [sustantivo masculino] **1** Conjunto de organismos del Estado que se dedican a recaudar impuestos. **2** Conjunto de bienes y riquezas del Estado. ☐ FAMILIA: fiscal, fiscalía.

fisgar (fis·gar) [verbo] Buscar algo que los demás no quieren que se encuentre: *¿Quién te ha dado permiso para fisgar en mis cajones?* ☐ [La «g» se cambia en «gu» delante de «e» («fisgue»). Es coloquial]. ☐ SINÓNIMOS: husmear, curiosear, fisgonear. ☐ FAMILIA: fisgón.

fisgón, na (fis·gón, go·na) [adjetivo o sustantivo] Que busca algo que los demás no quieren que se encuentre: *No quiero que ese fisgón entre en mi cuarto*. ☐ [Es coloquial]. ☐ SINÓNIMOS: curioso. ☐ FAMILIA: →fisgar.

fisgonear (fis·go·ne·ar) [verbo] Buscar algo que los demás no quieren que se encuentre: *¿Quién ha estado fisgoneando en mi armario?* ☐ [Es coloquial]. ☐ SINÓNIMOS: husmear, fisgar, curiosear.

físico, ca (fí·si·co, ca) ■ [adjetivo] **1** De la física o relacionado con esta ciencia: *una ley física*. **2** Del cuerpo humano o relacionado con él: *Es muy deportista y tiene mucha fuerza física*. ■ [sustantivo] **3** Persona especializada en física. ■ **físico** [sustantivo masculino] **4** Aspecto de una persona: *Ese actor tiene un físico muy atractivo*. ■ **física** [sustantivo femenino] **5** Ciencia que estudia los cuerpos que hay en el universo, sus formas, de qué se componen y otros fenómenos parecidos: *La física nuclear estudia la composición del átomo*. ☐ FAMILIA: astrofísico, metafísico.

fisiología (fi·sio·lo·gí·a) [sustantivo femenino] Ciencia que estudia las funciones de los seres vivos. ☐ FAMILIA: fisiológico.

fisiológico, ca (fi·sio·ló·gi·co, ca) [adjetivo] De la fisiología o relacionado con esta ciencia. ☐ FAMILIA: →fisiología.

fisión (fi·sión) [sustantivo femenino] División del núcleo de un átomo, que libera una gran cantidad de energía.

fisioterapeuta (fi·sio·te·ra·peu·ta) [sustantivo] Persona que trata algunas enfermedades físicas con masajes y con otras técnicas: *Después del accidente, un fisioterapeuta le ayudó a recuperarse*. ☐ [No varía en masculino y femenino]. ☐ FAMILIA: →fisioterapia.

fisioterapia (fi·sio·te·ra·pia) [sustantivo femenino] Tratamiento de algunas enfermedades físicas que consiste en la aplicación de masajes, de gimnasia y de otras técnicas: *Los deportistas acuden a sesiones de fisioterapia para recuperarse de sus lesiones*. ☐ FAMILIA: fisioterapeuta.

fisonomía (fi·so·no·mí·a) [sustantivo femenino] **1** Aspecto exterior de una persona. **2** Aspecto externo de algo, especialmente de un lugar: *Está cambiando mucho la fisonomía de mi ciudad*. ☐ FAMILIA: fisonomista.

fisonomista (fi·so·no·mis·ta) [adjetivo o sustantivo] Que tiene facilidad para recordar o para distinguir a las personas por el aspecto de su cara: *Soy muy buena fisonomista y nunca me olvido de una cara nueva*. ☐ [No varía en masculino y femenino]. ☐ FAMILIA: →fisonomía.

fístula (fís·tu·la) [sustantivo femenino] Conducto que se abre en la piel y que no se cierra por sí solo: *Se me ha infectado la herida y me ha salido una fístula por la que sale pus*.

fisura (fi·su·ra) [sustantivo femenino] Grieta o raja: *Hay algunas fisuras en la pared que debemos reparar*.

flaccidez (flac·ci·dez) [sustantivo femenino] → **flacidez**.

fláccido, da (flác·ci·do, da) [adjetivo] → **flácido, da**.

flacidez (fla·ci·dez) [sustantivo femenino] Blandura o debilidad de los músculos: *Se operó para corregir la flacidez de sus piernas*. ☐ [Se usa también «flaccidez»]. ☐ FAMILIA: →flácido.

flácido, da (flá·ci·do, da) [adjetivo] Blando o sin fuerza: *Si no haces deporte se te va a quedar el cuerpo flácido*. ☐ [Se usa también «fláccido»]. ☐ FAMILIA: flacidez.

flaco, ca (fla·co, ca) [adjetivo] Con pocas carnes: *Debes comer más, que estás muy flaco*. ☐ SINÓNIMOS: delgado, enjuto. ☐ ANTÓNIMOS: gordo, obeso. ☐ FAMILIA: flaquear, flaqueza.

flagelar (fla·ge·lar) [verbo] Azotar o golpear con un látigo.

flagrante (fla·gran·te) [adjetivo] **1** Que es tan claro y evidente que no necesita pruebas: *Este es un caso de flagrante injusticia*. **2** Que ocurre en este momento: *Descubrieron al ladrón en un flagrante delito*. ☐ [No varía en masculino y femenino. No confundir con «fragante» (que huele bien)].

flamante (fla·man·te) [adjetivo] Nuevo y con muy buen aspecto: *Llegó en un flamante coche deportivo*. ☐ [No varía en masculino y femenino].

flamear (fla·me·ar) [verbo] **1** Echar llamas: *En el centro del círculo, la hoguera flameaba e iluminaba sus rostros*. **2** Moverse una vela o una bandera a causa del viento: *La bandera flameaba sin cesar en el extremo del mástil*. ☐ FAMILIA: →llama.

flamenco, ca (fla·men·co, ca) ■ [adjetivo] **1** Que falta al respeto a los demás: *No te pongas flamenca conmigo*. ■ **flamenco** [sustantivo masculino] **2** Forma de cantar y de bailar de origen andaluz: *Me gusta mucho bailar flamenco*. **3** Ave con las patas y el cuello muy largos, y con las plumas en tonos rosas: *El flamenco es parecido a una cigüeña*. ⊚ **páginas 116-117**. ☐ [El significado **1** es coloquial y se usa mucho en la expresión «ponerse flamenco»].

flan [sustantivo masculino] Dulce que se hace en un molde con huevos, leche y azúcar. ◆ [expresión] ‖ **estar hecho un flan** Estar muy nervioso. ☐ [La expresión es coloquial].

flanco (flan·co) [sustantivo masculino] Cada uno de los lados de una persona o cosa: *Nos atacaron por el flanco derecho de la embarcación*. ☐ SINÓNIMOS: costado, lateral. ☐ FAMILIA: flanquear.

flanquear (flan·que·ar) [verbo] Estar colocado a los lados de una persona o cosa: *Varios policías flanqueaban el coche oficial*. ☐ [No confundir con «franquear» (dejar el paso libre; atravesar un lugar; poner sellos)]. ☐ FAMILIA: →flanco.

flaquear (fla·que·ar) [verbo] **1** Perder fuerza poco a poco: *La memoria flaquea con los años*. **2** Desanimarse o aflojar en una actividad: *No podemos flaquear ahora que llegamos a la cima*. ☐ SINÓNIMOS: **1** flojear. ☐ FAMILIA: →flaco.

flaqueza (fla·que·za) [sustantivo femenino] **1** Debilidad o falta de carnes en el cuerpo: *La llevamos al pediatra porque su flaqueza nos tenía preocupados*. **2** Debilidad o falta de fuerza, de vigor o de resistencia: *En el último tramo de la carrera el ciclista dio señales de flaqueza*. **3** Acción cometida por esta debilidad: *Dejarme convencer fue una flaqueza de la que me arrepiento*. ☐ FAMILIA: →flaco.

flash [sustantivo masculino] Luz que se enciende en una cámara de fotos cuando se hacen fotografías en sitios con poca luz. ☐ [Es una palabra inglesa. Se pronuncia «flas»].

flato (fla·to) [sustantivo masculino] Acumulación de gases en el aparato digestivo, que causa dolor. ☐ FAMILIA: flatulento.

flatulento, ta (fla·tu·len·to, ta) ■ [adjetivo] **1** Que produce flato. ■ [adjetivo o sustantivo] **2** Que padece flato. ☐ FAMILIA: →flato.

flauta

flauta (flau·ta) [sustantivo femenino] Instrumento musical que consiste en un tubo con agujeros y que se toca soplando. 👁 **páginas 534-535.** ☐ Familia: flautista, aflautado.

flautista (flau·tis·ta) [sustantivo] Persona que toca la flauta. ☐ [No varía en masculino y femenino]. ☐ Familia: →flauta.

flax [sustantivo masculino] Golosina líquida para congelar. ☐ [Procede de la marca comercial «Burmar Flax®». Se pronuncia «flas»].

flebitis (fle·bi·tis) [sustantivo femenino] Inflamación de las venas: *Padece flebitis en las piernas.* ☐ [No varía en singular y plural].

flecha (fle·cha) [sustantivo femenino] **1** Arma que se dispara con un arco y que consiste en una barrita delgada con una punta afilada en uno de sus extremos. **2** Cualquier cosa con esa forma: *Para salir de aquí, siga la dirección de las flechas.* ☐ Sinónimos: **1** saeta. ☐ Familia: flechazo.

flechazo (fle·cha·zo) [sustantivo masculino] **1** Herida hecha con una flecha. **2** Amor que una persona siente por otra de repente. ☐ Familia: →flecha.

fleco (fle·co) [sustantivo masculino] Adorno formado por una serie de hilos que cuelgan de una tela: *Mi bufanda termina en flecos por los dos extremos.* ☐ [Se usa más en plural]. ☐ Familia: flequillo.

flema (fle·ma) [sustantivo femenino] **1** Moco que se expulsa por la boca: *Está acatarrado y tiene muchas flemas.* **2** Calma o tranquilidad para hacer las cosas: *No pierdas la flema nunca.* ☐ Familia: flemático.

flemático, ca (fle·má·ti·co, ca) [adjetivo] Que actúa con mucha calma y tranquilidad. ☐ Familia: →flema.

flemón (fle·món) [sustantivo masculino] Bulto que sale en la cara porque se ha hinchado la encía.

flemón

flequillo (fle·qui·llo) [sustantivo masculino] Pelo que cae sobre la frente. ☐ Familia: →fleco.

fletar (fle·tar) [verbo] Alquilar o contratar un vehículo para transportar personas o mercancías: *El equipo fletó un avión para viajar solos.*

flexibilidad (fle·xi·bi·li·dad) [sustantivo femenino] **1** Capacidad para doblarse sin romperse: *Las gimnastas tienen mucha flexibilidad.* **2** Capacidad para adaptarse a las situaciones o a los deseos de los demás: *Mi jefa aplica las normas con mucha flexibilidad.* ☐ Antónimos: rigidez. ☐ Familia: →flexión.

flexibilizar (fle·xi·bi·li·zar) [verbo] Hacer flexible o dar mayor flexibilidad: *Al final flexibilizó su postura y permitió a su hijo ir de campamento.* ☐ [La «z» se cambia en «c» delante de «e» («flexibilice»)]. ☐ Familia: →flexión.

flexible (fle·xi·ble) [adjetivo] **1** Que se dobla fácilmente sin romperse: *El plástico es una materia flexible.* **2** Que puede cambiar según sean la situación o los deseos de los demás: *Es una persona flexible y se adapta bien a los demás.* ☐ [No varía en masculino y femenino]. ☐ Antónimos: rígido. **2** riguroso, estricto, inflexible. ☐ Familia: →flexión.

flexión (fle·xión) [sustantivo femenino] Movimiento que consiste en doblar una parte del cuerpo. ☐ Familia: flexionar, flexible, flexibilidad, flexibilizar, inflexible, flexo, inflexión, genuflexión.

flexionar (fle·xio·nar) [verbo] Doblar una parte del cuerpo: *Me duele la rodilla cuando flexiono la pierna.* ☐ Familia: →flexión.

flexo (fle·xo) [sustantivo masculino] Lámpara para poner encima de una mesa y que solo ilumine una parte de ella. ☐ Familia: →flexión.

flexo

flipar (fli·par) [verbo] Gustar mucho o entusiasmar: *Tu mochila me flipa un montón, colega.* ☐ [Es coloquial].

flojear (flo·je·ar) [verbo] Perder fuerza poco a poco: *No debes flojear en los estudios.* ☐ Sinónimos: flaquear. ☐ Familia: →flojo.

flojedad (flo·je·dad) [sustantivo femenino] → **flojera.** ☐ Familia: →flojo.

flojera (flo·je·ra) [sustantivo femenino] **1** Debilidad. **2** Pereza y falta de interés en lo que se hace. ☐ [Se usa también «flojedad»]. ☐ Familia: →flojo.

flojo, ja (flo·jo, ja) [adjetivo] **1** Poco apretado o poco tirante: *Llevas muy flojos los cordones de los zapatos.* **2** Sin fuerza o sin energía: *Después de la gripe me quedé muy flojo.* **3** Con poco interés: *Tienes que estudiar más, porque vas muy flojo en Lengua.* ☐ Sinónimos: **2** desmadejado, endeble, débil. ☐ Antónimos: **1**, **2** fuerte. **1** apretado, tirante. **2** potente, enérgico, poderoso, intenso. ☐ Familia: aflojar, flojear, flojedad, flojera.

flor [sustantivo femenino] **1** Parte de la planta donde se encuentran los órganos para la reproducción: *El clavel es una flor.* 👁 **página 444. 2** Alabanza o piropo: *A todos nos gusta que nos echen flores.* **3** Lo mejor de algo: *A tu edad* estás en la flor de la vida. ◆ [expresión] ‖ **a flor de piel** En la superficie: *Hoy tengo los nervios a flor de piel.* ‖ **ni flores** Ni idea: *Yo de francés, ni flores, porque nunca lo he estudiado.* ☐ [En el significado **2** se usa más en plural. La expresión «ni flores» es coloquial]. ☐ FAMILIA: flora, floral, floración, florecer, florecimiento, floreado, florero, florido, floripondio, florista, floristería, floreciente, floritura, aflorar, inflorescencia, coliflor.

flora (flo·ra) [sustantivo/femenino] Conjunto de las plantas características de una zona: *El cactus es típico de la flora del desierto.* ☐ FAMILIA: →flor.

floración (flo·ra·ción) [sustantivo/femenino] **1** Abertura de las flores de una planta: *En primavera se produce la floración de muchas plantas.* **2** Época en la que florecen las plantas: *Durante la floración el jardín está lleno de rosas.* ☐ FAMILIA: →flor.

floral (flo·ral) [adjetivo] De las flores o relacionado con ellas: *una ofrenda floral.* ☐ [No varía en masculino y femenino]. ☐ FAMILIA: →flor.

floreado, da (flo·re·a·do, da) [adjetivo] Adornado con flores: *un vestido floreado.* ☐ FAMILIA: →flor.

florecer (flo·re·cer) [verbo] **1** Echar flores una planta. **2** Desarrollarse o nacer algo: *En esta zona están floreciendo los negocios textiles.* ☐ [Es irregular y se conjuga como AGRADECER]. ☐ FAMILIA: →flor.

floreciente (flo·re·cien·te) [adjetivo] Que va muy bien: *un negocio floreciente.* ☐ [No varía en masculino y femenino]. ☐ FAMILIA: →flor.

florecimiento (flo·re·ci·mien·to) [sustantivo/masculino] Hecho de florecer una planta o de desarrollarse algo. ☐ FAMILIA: →flor.

florero (flo·re·ro) [sustantivo/masculino] Recipiente más alto que ancho que se usa para poner flores. ☐ SINÓNIMOS: jarrón, búcaro. ☐ FAMILIA: →flor.

florete (flo·re·te) [sustantivo/masculino] Espada de hoja estrecha y sin filo cortante que se usa en el deporte de la esgrima.

florido, da (flo·ri·do, da) [adjetivo] Con muchas flores: *un campo florido.* ☐ FAMILIA: →flor.

florín (flo·rín) [sustantivo/masculino] Moneda de los Países Bajos, que es un país europeo, hasta la adopción del euro.

floripondio (flo·ri·pon·dio) [sustantivo/masculino] Adorno exagerado. ☐ [Es despectivo]. ☐ FAMILIA: →flor.

florista (flo·ris·ta) [sustantivo] Persona que trabaja vendiendo plantas y flores. ☐ [No varía en masculino y femenino]. ☐ FAMILIA: →flor.

floristería (flo·ris·te·rí·a) [sustantivo/femenino] Tienda donde se venden plantas y flores. ☐ FAMILIA: →flor.

floritura (flo·ri·tu·ra) [sustantivo/femenino] Cosa que se añade como adorno, pero que no es necesario: *Lo que afea el mueble es toda esa floritura que le han puesto en las esquinas.* ☐ [Se usa más en plural]. ☐ FAMILIA: →flor.

flota (flo·ta) [sustantivo/femenino] Conjunto de barcos o de otro tipo de vehículos que pertenecen a un mismo pueblo o a una misma empresa: *La flota canaria pesca en aguas atlánticas.* ☐ FAMILIA: flotar, flotador, flotante, flote, flotilla.

flotador (flo·ta·dor) [sustantivo/masculino] Objeto que sirve para hacer que algo flote en el agua. ☐ FAMILIA: →flota.

flotante (flo·tan·te) [adjetivo] Que flota: *casa flotante.* ☐ [No varía en masculino y femenino]. ☐ FAMILIA: →flota.

flotar (flo·tar) [verbo] **1** Estar algo en un líquido sin hundirse: *La madera flota en el agua.* **2** Estar algo en el aire sin tocar el suelo: *El humo del cigarro flotaba por la habitación.* **3** Notarse algo en el ambiente: *La alegría flotaba en la casa.* ☐ FAMILIA: →flota.

flote (flo·te) ◆ [expresión] ‖ **a flote** Libre de apuros o de peligros: *Lograré superar la mala racha y salir a flote.* ☐ FAMILIA: →flota.

flotilla (flo·ti·lla) [sustantivo/femenino] Conjunto de barcos o de aviones pequeños: *una flotilla de lanchas.* ☐ FAMILIA: →flota.

fluctuación (fluc·tua·ción) [sustantivo/femenino] Hecho de crecer y disminuir el valor o la cantidad de algo de forma más o menos regular. ☐ SINÓNIMOS: oscilación. ☐ FAMILIA: →fluctuar.

fluctuar (fluc·tuar) [verbo] Crecer y disminuir el valor de algo de forma más o menos regular: *El precio del dinero fluctúa a lo largo del año.* ☐ [Es irregular y se conjuga como ACTUAR]. ☐ ANTÓNIMOS: mantener. ☐ FAMILIA: fluctuación.

fluidez (flui·dez) [sustantivo/femenino] **1** Facilidad y claridad al hablar o al escribir: *Hablas francés con mucha fluidez.* **2** Facilidad para moverse: *Los vehículos circulan con fluidez.* ☐ FAMILIA: →fluir.

fluido, da (flui·do, da) ▌ [adjetivo] **1** Dicho de la forma de hablar o de escribir, que se hace con facilidad y claridad: *Tiene un estilo fluido.* **2** Que se mueve de forma fácil: *circulación fluida.* ▌ **fluido** [sustantivo/masculino] **3** Líquido o gas: *El agua es un fluido.* **4** Corriente eléctrica. ☐ SINÓNIMOS: **4** luz. ☐ FAMILIA: →fluir.

fluir (fluir) [verbo] **1** Correr un líquido o un gas: *El agua del manantial fluye entre las rocas.* **2** Salir las palabras o las ideas con mucha facilidad. ☐ [Es irregular y se conjuga como CONSTRUIR]. ☐ FAMILIA: fluido, fluidez, flujo, afluir, confluir, reflujo.

flujo (flu·jo) [sustantivo/masculino] **1** Aparición de un líquido o de un gas en el exterior, o movimiento de estos a través de un lugar: *La herida me produjo un flujo de sangre.* **2** Movimiento de personas o de cosas de un lugar a otro: *El flujo de emigrantes aumenta en épocas de crisis.* **3** Subida de la marea: *El flujo de la marea cubrió la playa.* ☐ ANTÓNIMOS: **3** reflujo. ☐ FAMILIA: →fluir.

flúor (flú·or) [sustantivo/masculino] Elemento químico de color amarillento que se emplea para muchas cosas distintas: *El flúor es muy bueno para combatir la caries.* ☐ FAMILIA: fluorescente.

fluorescente (fluo·res·cen·te) [sustantivo/masculino] Tubo de cristal que emite luz y que funciona porque tiene un gas en su interior. ☐ [No confundir con «fosforescente» (que brilla en la oscuridad)]. ☐ FAMILIA: →flúor.

fluvial (flu·vial) [adjetivo] De los ríos o relacionado con ellos: *navegación fluvial.* ☐ [No varía en masculino y femenino].

flores

PARTES DE UNA FLOR

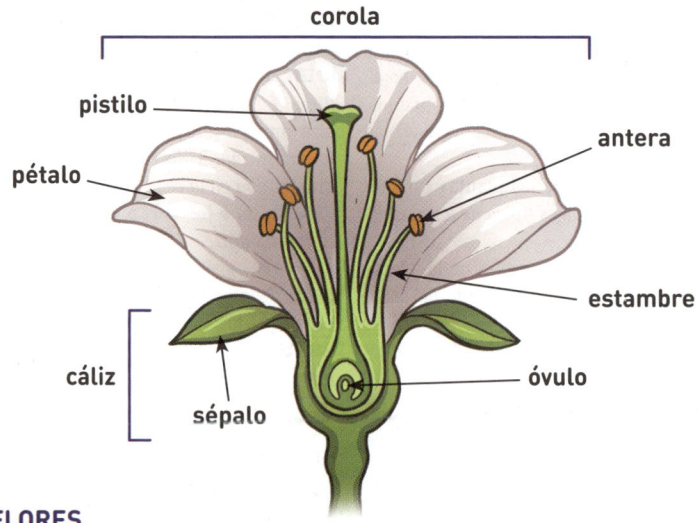

- corola
- pistilo
- antera
- pétalo
- estambre
- cáliz
- óvulo
- sépalo

TIPOS DE FLORES

- amapola
- buganvilla 
- jacinto 
- rosa 
- clavel 
- margarita 
- flor de la jara 
- nenúfar 
- tulipán 
- orquídea 
- azalea 
- begonia 
- geranio 
- azahar 
- flor del almendro 
- girasol

fobia (fo·bia) [sustantivo/femenino] **1** Temor o miedo muy grande a algo: *Tengo fobia a los lugares cerrados*. **2** Odio hacia una persona. ☐ ANTÓNIMOS: **2** simpatía. ☐ FAMILIA: claustrofobia, hidrofobia, xenofobia, xenófobo.

foca (fo·ca) [sustantivo/femenino] Animal que vive en zonas muy frías y que tiene una gruesa capa de grasa bajo la piel: *Las focas son mamíferos*. 👁 **páginas 354-355 y 596-597**.

focalizar (fo·ca·li·zar) [verbo] Encaminar diferentes cosas hacia un determinado fin o concentrarlas en una dirección determinada: *Tienes que focalizar tus intereses para decidir qué quieres estudiar*. ☐ [La «z» se cambia en «c» delante de «e» («focalice»)]. ☐ FAMILIA: →foco.

foco (fo·co) [sustantivo/masculino] **1** Lámpara eléctrica que da mucha luz. **2** Punto de donde sale algo que se extiende en distintas direcciones: *Esta hoguera es un foco de calor*. ☐ FAMILIA: enfocar, desenfocar, enfoque, bifocal, focalizar.

fofo, fa (fo·fo, fa) [adjetivo] Blando y sin una forma definida.

fogata (fo·ga·ta) [sustantivo/femenino] Fuego que se hace al aire libre. ☐ SINÓNIMOS: hoguera. ☐ FAMILIA: →fuego.

fogón (fo·gón) [sustantivo/masculino] Sitio para hacer fuego y guisar en una cocina: *La muchacha colocó la olla sobre el fogón*. ☐ FAMILIA: →fuego.

fogonazo (fo·go·na·zo) [sustantivo/masculino] Luz muy fuerte y que dura muy poco: *Me asustó el fogonazo del flash*. ☐ SINÓNIMOS: ráfaga. ☐ FAMILIA: →fuego.

fogoso, sa (fo·go·so, sa) [adjetivo] Que tiene mucha fuerza y energía: *un caballo fogoso; una pelea fogosa*. ☐ SINÓNIMOS: impetuoso, vehemente. ☐ FAMILIA: →fuego.

fogueo (fo·gue·o) ◆ [expresión] ‖ **de fogueo** Dicho de una bala, que está hueca y explota sin causar daño: *Los cartuchos de fogueo se usan para acostumbrar a la tropa al ruido del combate*. ☐ FAMILIA: →fuego.

foie-gras [sustantivo/masculino] → **fuagrás.** ☐ [Es una palabra francesa. Se pronuncia «fuagrás»].

folclore (fol·clo·re) [sustantivo/masculino] Conjunto de tradiciones de un pueblo. ☐ [Es una palabra de origen inglés. Se escribe también «folklore»]. ☐ FAMILIA: folclórico.

folclórico, ca (fol·cló·ri·co, ca) ■ [adjetivo] **1** Del folclore o relacionado con él: *leyendas folclóricas*. ■ [sustantivo] **2** Persona que canta o baila música flamenca. ☐ FAMILIA: →folclore.

folículo (fo·lí·cu·lo) [sustantivo/masculino] **1** Glándula en forma de pequeño saco situada en el interior de la piel o de las mucosas: *Cada pelo de nuestro cuerpo nace de un folículo*. **2** Fruto sencillo y seco, que se abre por un solo lado y que tiene varias semillas dentro.

folio (fo·lio) [sustantivo/masculino] Hoja grande de papel. ☐ FAMILIA: portafolios.

folklore (fol·klo·re) [sustantivo/masculino] → **folclore.** ☐ [Es una palabra de origen inglés].

follaje (fo·lla·je) [sustantivo/masculino] Conjunto de hojas y ramas de los árboles y de otras plantas: *Muchos pájaros viven en el follaje del bosque*.

folletín (fo·lle·tín) [sustantivo/masculino] **1** Película o libro de tema sentimental y con un argumento complicado. **2** Situación que posee las características de estos libros o de estas películas. ☐ [El significado **2** es coloquial]. ☐ FAMILIA: →folleto.

folleto (fo·lle·to) [sustantivo/masculino] Papel impreso en el que se da información sobre algo: *Fui a una agencia de viajes a pedir folletos sobre Asturias*. ☐ FAMILIA: folletín.

follón (fo·llón) [sustantivo/masculino] **1** Mucho ruido y gran movimiento de personas: *¡Menudo follón se montó a la salida del cine!* **2** Conjunto de cosas mezcladas y sin orden: *¡Qué follón tienes en el armario!* ☐ SINÓNIMOS: lío, jaleo, embrollo. **1** bulla, bullicio, alboroto, algarabía, pitote.

fomentar (fo·men·tar) [verbo] Aumentar la actividad o la intensidad de algo: *El Gobierno ha tomado medidas para fomentar el empleo*. ☐ FAMILIA: fomento.

fomento (fo·men·to) [sustantivo/masculino] Aumento de la actividad o de la intensidad de algo: *El Gobierno tomará medidas para el fomento del ahorro*. ☐ FAMILIA: →fomentar.

fonda (fon·da) [sustantivo/femenino] Establecimiento en el que se da comida y alojamiento a cambio de poco dinero. ☐ SINÓNIMOS: posada, hostal, hospedería.

fondeadero (fon·de·a·de·ro) [sustantivo/masculino] Lugar profundo donde puede dejarse un barco. ☐ FAMILIA: →fondo.

fondear (fon·de·ar) [verbo] Sujetar un barco en el fondo del agua con un ancla o con un peso grande: *Los marineros fondearon el barco cerca de la costa*. ☐ FAMILIA: →fondo.

fondista (fon·dis·ta) [sustantivo] Deportista que participa en carreras de largo recorrido. ☐ [No varía en masculino y femenino]. ☐ FAMILIA: →fondo.

fondo (fon·do) [sustantivo/masculino] **1** Parte de abajo de una cosa hueca: *El fondo de una caja es la parte opuesta a la tapa*. **2** Distancia que hay desde la superficie de algo hasta la parte contraria: *Esta piscina tiene mucho fondo*. **3** Parte opuesta a la entrada de un lugar: *En el fondo del salón hay una estantería*. **4** Superficie sobre la cual hay figuras dibujadas: *un retrato sobre un fondo verde*. **5** Lo más importante de algo: *En el fondo de este asunto había un problema de dinero*. **6** Conjunto de dinero que se reúne entre varios: *Si todos ponemos dinero tendremos un fondo para comprar el regalo*. **7** En deporte, resistencia física: *El maratón es una carrera de fondo, no de velocidad*. ◆ [expresión] ‖ **a fondo** Hasta el máximo: *Me he estudiado a fondo la lección*. ‖ **bajos fondos** Parte más peligrosa de una ciudad: *No debes pasear solo por los bajos fondos*. ☐ SINÓNIMOS: **2** profundidad. ☐ ANTÓNIMOS: **1** superficie. ☐ FAMILIA: fondear, fondeadero, fondista, fondón, trasfondo.

fondón, na (fon·dón, do·na) [adjetivo o sustantivo] Dicho de una persona, que ha perdido agilidad por haber engordado. ☐ [Es coloquial]. ☐ FAMILIA: →fondo.

fonema (fo·ne·ma) [sustantivo/masculino] Sonido cuya sustitución dentro de una palabra implica un cambio de significado: *«Lata» y «pata» se distinguen por un fonema*.

fonendoscopio (fo·nen·dos·co·pio) [sustantivo masculino] Aparato que usan los médicos para oír los sonidos del interior del cuerpo.

fonética (fo·ne·má·ti·ca) [sustantivo femenino] Parte de la gramática que estudia los sonidos de una lengua.

fonoteca (fo·no·te·ca) [sustantivo femenino] Local en el que se guardan y se pueden oír discos y cintas de música.

fontanería (fon·ta·ne·rí·a) [sustantivo femenino] **1** Conjunto de conocimientos necesarios para arreglar grifos, cañerías y otras instalaciones parecidas. **2** Conjunto de grifos, cañerías y aparatos necesarios para llevar el agua a las casas y poder usarla: *La fontanería de este piso es de buena calidad.* **3** Tienda en la que se venden estos conductos y aparatos. ☐ FAMILIA: →fontanero.

fontanero, ra (fon·ta·ne·ro, ra) [sustantivo] Persona que trabaja arreglando grifos, cañerías y otras instalaciones parecidas. ☐ FAMILIA: fontanería.

footing [sustantivo masculino] Ejercicio físico que consiste en correr a un ritmo moderado y constante. ☐ [Es una palabra francesa. Se pronuncia «fútin»].

forajido, da (fo·ra·ji·do, da) [sustantivo] Persona que vive huyendo de la justicia: *Un grupo de forajidos asaltó la diligencia.*

foráneo, a (fo·rá·ne·o, a) [adjetivo] Que es de fuera o de otro lugar: *costumbres foráneas.*

forastero, ra (fo·ras·te·ro, ra) [adjetivo o sustantivo] Que es de otro país o de otro lugar: *Todo el pueblo se preguntaba quién sería aquel forastero.*

forcejear (for·ce·je·ar) [verbo] Luchar con una persona para intentar soltarse de ella: *Forcejearon hasta que uno de los dos logró escapar.* ☐ [Se escribe siempre con «j»]. ☐ FAMILIA: forcejeo.

forcejeo (for·ce·je·o) [sustantivo masculino] Movimiento que se hace con fuerza para intentar soltarse de una persona. ☐ FAMILIA: →forcejear.

forense (fo·ren·se) [sustantivo] Médico que examina los cadáveres para determinar cuál ha sido la causa de su muerte. ☐ [No varía en masculino y femenino].

forestal (fo·res·tal) [adjetivo] De los bosques o relacionado con ellos: *un guardia forestal.* ☐ [No varía en masculino y femenino]. ☐ FAMILIA: deforestar, deforestación.

forja (for·ja) [sustantivo femenino] **1** Lugar en el que se utiliza el fuego para calentar los metales y darles una forma determinada. **2** Hecho de golpear un metal cuando está caliente para darle forma: *La forja del hierro se hace cuando está al rojo vivo.* ☐ SINÓNIMOS: **1** fragua. ☐ FAMILIA: →forjar.

forjar (for·jar) [verbo] **1** Golpear un metal cuando está caliente para darle forma: *El herrero forja el hierro.* **2** Imaginar o inventar algo: *Año tras año fue forjando en su mente lo que quería ser de mayor.* ☐ [Se escribe siempre con «j»]. ☐ FAMILIA: forja.

forma (for·ma) ▌[sustantivo femenino] **1** Aspecto exterior de algo: *Este pastel tiene forma de corazón.* **2** Manera de hacer algo: *Lo dijo de tal forma que no lo entendí.* **3** Estado físico o mental de una persona: *Estoy en forma porque hago mucho deporte.* **4** Hoja de pan fina y redonda que el sacerdote consagra en la misa: *Al comulgar tomamos la sagrada forma.* ▌**formas** [plural] **5** Conjunto de modales de una persona: *Si no me lo pides con buenas formas no te lo daré.* ☐ SINÓNIMOS: **1** figura **2**, **5** modo. **4** hostia. **5** manera. ☐ FAMILIA: formar, formación, formal, informal, formalidad, formalizar, formalismo formato, formativo, deformar, reformar, malformación.

formación (for·ma·ción) [sustantivo femenino] **1** Hecho de crear o de dar forma a algo: *La formación de las olas es debida al viento.* **2** Hecho de enseñar algo para poder realizar una actividad: *Tienes muy mala formación en matemáticas.* **3** Conjunto de personas colocadas en filas: *Los soldados desfilaron en formación.* ☐ SINÓNIMOS: **2** preparación. ☐ FAMILIA: →forma.

formal (for·mal) [adjetivo] Que tiene capacidad para saber lo que está bien y lo que está mal: *Sed formales y portaos bien.* ☐ [No varía en masculino y femenino]. ☐ SINÓNIMOS: juicioso, sensato. ☐ ANTÓNIMOS: informal, desenfadado. ☐ FAMILIA: →forma.

formalidad (for·ma·li·dad) [sustantivo femenino] Buen comportamiento y capacidad para saber lo que está bien y lo que está mal: *¡Comportaos con un poco más de formalidad!* ☐ FAMILIA: →forma.

formalismo (for·ma·lis·mo) [sustantivo masculino] Cumplimiento riguroso de las normas, las tradiciones o el método recomendados: *Mi abuelo hablaba de usted a su padre debido al formalismo de la época.* ☐ FAMILIA: →forma.

formalizar (for·ma·li·zar) [verbo] Hacer que algo sea serio, estable o legal: *formalizar una relación.* ☐ [La «z» se cambia en «c» delante de «e» («formalice»)]. ☐ FAMILIA: →forma.

formar (for·mar) [verbo] **1** Dar forma a algo: *Ya está hecha la masa y ahora tenemos que formar las rosquillas.* **2** Crear o hacer algo: *Hemos formado un conjunto musical.* **3** Enseñar a alguien para que pueda realizar una actividad: *Los padres son responsables de formar a los hijos.* **4** Colocar en filas: *El profesor de Educación Física nos formó para desfilar por el patio.* ☐ SINÓNIMOS: **3** preparar, ilustrar. ☐ ANTÓNIMOS: **1** deformar. ☐ FAMILIA: →forma.

formativo, va (for·ma·ti·vo, va) [adjetivo] Que sirve para formar o enseñar. ☐ SINÓNIMOS: didáctico. ☐ FAMILIA: →forma.

formato (for·ma·to) [sustantivo masculino] Tamaño y forma de un libro, de una fotografía o de otros objetos: *Este libro tiene un formato de bolsillo.* ☐ FAMILIA: →forma.

formenterano, na (for·men·te·ra·no, na) [adjetivo o sustantivo] De la isla española de Formentera.

formica (for·mi·ca) [sustantivo femenino] Lámina de material plástico con la que se forran algunas maderas: *Los muebles de mi cocina son de formica.* ☐ [Procede de la marca comercial «Formica®»].

formidable (for·mi·da·ble) [adjetivo] De tamaño, cantidad o calidad mayores de lo normal: *Es una mujer formidable en su trabajo.* ☐ [No varía en masculino y femenino]. ◻ Sinónimos: extraordinario, colosal, imponente.

formol (for·mol) [sustantivo/masculino] Líquido de olor fuerte que se usa para desinfectar y para conservar animales muertos.

formón (for·món) [sustantivo/masculino] Herramienta con mucho filo y con un mango, que usan los carpinteros. ◻ Sinónimos: gubia.

fórmula (fór·mu·la) [sustantivo/femenino] **1** Expresión formada por letras y números y que se usa para resolver algo: *una fórmula matemática*. **2** Manera práctica de resolver algo difícil: *¡Ojalá encontremos la fórmula de hacerlo sin que se den cuenta!* **3** Receta para preparar una medicina. **4** Cada una de las categorías en que se dividen las carreras de coches: *una carrera de fórmula 1*. ◻ Familia: formular, formulario.

formular (for·mu·lar) [verbo] Expresar algo con palabras: *formular un deseo*. ◻ Familia: →fórmula.

formulario (for·mu·la·rio) [sustantivo/masculino] Papel con espacios en blanco que deben llenarse para solicitar o para resolver algo: *Para matricularme he tenido que rellenar un formulario*. ◻ Sinónimos: impreso. ◻ Familia: →fórmula.

fornido, da (for·ni·do, da) [adjetivo] Dicho de una persona, que está fuerte. ◻ Sinónimos: vigoroso. ◻ Antónimos: enclenque.

foro (fo·ro) [sustantivo/masculino] **1** Plaza de las antiguas ciudades romanas en la que se hacían los juicios y otras reuniones importantes. **2** En el escenario de un teatro, fondo o parte más alejada de los espectadores: *Los actores salían a escena por el foro*. **3** Reunión de varias personas para tratar un tema determinado: *Se ha organizado un foro sobre el desempleo*. ◻ Familia: aforo, desaforado.

forofo, fa (fo·ro·fo, fa) [sustantivo] Persona que tiene mucha afición por algo: *Soy una forofa del baloncesto*. ◻ [Es coloquial]. ◻ Sinónimos: aficionado, seguidor, hincha.

forraje (fo·rra·je) [sustantivo/masculino] Hierba con la que se alimenta al ganado.

forrar (fo·rrar) [verbo] **1** Cubrir algo por dentro o por fuera con tela, papel o plástico para que no se estropee: *forrar un libro*. ▪ **forrarse 2** Hacerse muy rico: *Ese tipo se ha forrado con ese negocio*. ◻ [El significado **2** es coloquial]. ◻ Familia: forro.

forro (fo·rro) [sustantivo/masculino] Tela, papel o plástico con que se cubre algo por dentro o por fuera para que no se estropee: *el forro de un abrigo*. ◻ Familia: →forrar.

fortachón, na (for·ta·chón, cho·na) [adjetivo/sustantivo] Dicho de una persona, que está fuerte. ◻ [Es coloquial]. ◻ Sinónimos: fornido, vigoroso, cachas. ◻ Antónimos: enclenque. ◻ Familia: →fuerte.

fortalecer (for·ta·le·cer) [verbo] Hacer más fuerte: *El deporte fortalece los músculos*. ◻ [Es irregular y se conjuga como **AGRADECER**]. ◻ Sinónimos: vivificar, vigorizar, reavivar. ◻ Antónimos: debilitar. ◻ Familia: →fuerte.

fortaleza (for·ta·le·za) [sustantivo/femenino] **1** Fuerza física o psíquica: *Tiene una gran fortaleza física*. **2** Especie de castillo que sirve para protegerse de un ataque enemigo. ◻ Sinónimos: **2** alcázar. ◻ Familia: →fuerte.

fortificación (for·ti·fi·ca·ción) [sustantivo/femenino] **1** Hecho de proteger un lugar del ataque de los enemigos con murallas y otras construcciones. **2** Construcción hecha para proteger un lugar: *Las fortificaciones que defendían la plaza eran tan sólidas que resistieron el bombardeo*. ◻ Familia: →fortificar.

fortificar (for·ti·fi·car) [verbo] Proteger un lugar del ataque de los enemigos con murallas y otras construcciones. ◻ [La «c» se cambia en «qu» delante de «e» («fortifique»)]. ◻ Familia: fortificación.

fortín (for·tín) [sustantivo/masculino] Fuerte pequeño o fortaleza: *Esa torre es un fortín del enemigo*. ◻ Familia: →fuerte.

fortuito, ta (for·tui·to, ta) [adjetivo] Que sucede por casualidad: *encuentro fortuito*. ◻ Sinónimos: casual, accidental, ocasional.

fortuna (for·tu·na) [sustantivo/femenino] **1** Gran cantidad de dinero: *Esa casa cuesta una fortuna*. **2** Casualidad o fuerza que hace que sucedan las cosas de una determinada manera: *La fortuna ha querido que volviéramos a encontrarnos*. **3** Buena suerte: *Has tenido mucha fortuna al salir ileso del accidente*. ◻ Sinónimos: **2**, **3** suerte. **2** destino. **3** dicha. ◻ Antónimos: **3** desdicha, fatalidad. ◻ Familia: afortunado, desafortunado, infortunado.

forúnculo (fo·rún·cu·lo) [sustantivo/masculino] Grano gordo que sale en la piel. ◻ Sinónimos: divieso.

forzado, da (for·za·do, da) [adjetivo] Poco natural: *una simpatía forzada*. ◻ Sinónimos: artificioso, afectado, estudiado. ◻ Familia: →fuerza.

forzar (for·zar) [verbo] **1** Romper un objeto empleando la fuerza: *Los ladrones entraron en la casa forzando la cerradura*. **2** Obligar a alguien a hacer algo que no quiere hacer: *Me forzaron a ir con ellos*. **3** Obligar una persona a otra a mantener relaciones sexuales con ella contra su voluntad y por la fuerza. ◻ [Es irregular y se conjuga como **CONTAR**. La «z» se cambia en «c» delante de «e» («fuerce»)]. ◻ Sinónimos: **3** violar, abusar. ◻ Familia: →fuerza.

forzoso, sa (for·zo·so, sa) [adjetivo] Que es obligatorio o necesario: *Es forzoso que vayas*. ◻ Familia: →fuerza.

forzudo, da (for·zu·do, da) [adjetivo o sustantivo] Dicho de una persona, que tiene mucha fuerza física. ◻ Familia: →fuerza.

fosa (fo·sa) [sustantivo/femenino] **1** Hoyo en el que se entierra a los muertos. **2** Agujero muy profundo en la tierra o en el mar: *A las fosas marinas apenas llega la luz del sol*. ◆ [expresión] ‖ **fosas nasales** Agujeros de la nariz.

fosfato (fos·fa·to) [sustantivo/masculino] Sustancia que tiene fósforo y que se usa como abono. ◻ Familia: →fósforo.

fosforescente (fos·fo·res·cen·te) [adjetivo] Que brilla en la oscuridad: *Mi despertador tiene los números de color verde fosforescente*. ◻ [No varía en masculino y femenino. No confundir con «fluorescente» (tubo de cristal que emite luz)].

fosforito (fos·fo·ri·to) [adjetivo] Fosforescente: *Tengo un rotulador naranja fosforito.* ☐ [Es coloquial. No varía en masculino y femenino].

fósforo (fós·fo·ro) [sustantivo/masculino] **1** Palito que tiene en un extremo una sustancia que se enciende cuando se frota contra una superficie áspera. **2** Sustancia presente en seres vivos y minerales que da luz en la oscuridad: *Los huesos tienen mucho fósforo.* ☐ SINÓNIMOS: **1** cerilla. ☐ FAMILIA: fosfato.

fósil (fó·sil) [sustantivo/masculino] Resto de un animal o de una planta que vivió hace millones de años: *Los fósiles tienen apariencia de piedras.* ☐ FAMILIA: fosilizarse.

fosilizarse (fo·si·li·zar·se) [verbo] Convertirse en piedra los restos de animales y plantas que vivieron hace millones de años. ☐ [La «z» se cambia en «c» delante de «e» («fosilice»)]. ☐ FAMILIA: →fósil.

foso (fo·so) [sustantivo/masculino] **1** Hoyo grande y estrecho que se hace en la tierra: *El castillo estaba rodeado por un foso.* 👁 **páginas 194-195. 2** En un teatro, zona situada debajo del escenario y donde suele colocarse la orquesta. ☐ SINÓNIMOS: **1** zanja.

foto (fo·to) [sustantivo/femenino] Fotografía: *¿Te has traído la cámara de fotos?* ☐ [Es coloquial]. ☐ FAMILIA: fotocopia, fotocopiadora, fotocopiar. →fotografía.

fotocopia (fo·to·co·pia) [sustantivo/femenino] Copia de un papel escrito, que se obtiene con una cámara especial. ☐ FAMILIA: →foto. →copiar.

fotocopiadora (fo·to·co·pia·do·ra) [sustantivo/femenino] Máquina que sirve para hacer fotocopias. ☐ FAMILIA: →foto. →copiar.

fotocopiar (fo·to·co·piar) [verbo] Hacer fotocopia de un papel. ☐ [Es irregular y se conjuga como **ANUNCIAR**]. ☐ FAMILIA: →foto. →copiar.

fotogénico, ca (fo·to·gé·ni·co, ca) [adjetivo] Que sale muy bien en las fotografías: *Me encanta hacerme fotos porque soy muy fotogénica.* ☐ FAMILIA: →fotografía.

fotografía (fo·to·gra·fí·a) [sustantivo/femenino] **1** Imagen que se obtiene con una cámara especial: *¿Te apetece ver mi álbum de fotografías?* **2** Técnica consistente en obtener ese tipo de imágenes: *un curso de fotografía en blanco y negro.* ☐ [En el significado **1** se usa mucho la forma abreviada «foto», que es coloquial]. ☐ FAMILIA: foto, fotografiar, fotográfico, fotógrafo, fotogénico, fotomatón, fotonovela.

fotografiar (fo·to·gra·fiar) [verbo] Hacer fotografías. ☐ [Es irregular y se conjuga como **ENVIAR**]. ☐ FAMILIA: →fotografía.

fotográfico, ca (fo·to·grá·fi·co, ca) [adjetivo] De la fotografía o relacionado con esta técnica: *cámara fotográfica.* ☐ FAMILIA: →fotografía.

fotógrafo, fa (fo·tó·gra·fo, fa) [sustantivo] Persona que se dedica a hacer fotografías. ☐ FAMILIA: →fotografía.

fotomatón (fo·to·ma·tón) [sustantivo/masculino] Cabina preparada para hacer fotografías de pequeño tamaño y en muy poco tiempo. ☐ [Procede de la marca comercial «Photomaton®»]. ☐ FAMILIA: →fotografía.

fotonovela (fo·to·no·ve·la) [sustantivo/femenino] Relato formado por una serie de fotos acompañadas de un texto breve o de diálogos, para poder seguir el argumento. ☐ FAMILIA: →fotografía. →novela.

fotoprotección (fo·to·pro·tec·ción) [sustantivo/femenino] Protección contra los efectos de los rayos del sol: *Necesito una crema con fotoprotección.* ☐ FAMILIA: →proteger.

fotoprotector (fo·to·pro·tec·tor) [sustantivo/masculino] Crema que protege la piel de los efectos de los rayos del sol. ☐ FAMILIA: →proteger.

fotosíntesis (fo·to·sín·te·sis) [sustantivo/femenino] Proceso por el que las plantas verdes transforman en alimento las sustancias que absorben de la tierra, utilizando la luz del sol. ☐ [No varía en singular y plural]. ☐ FAMILIA: →síntesis.

fototropismo (fo·to·tro·pis·mo) [sustantivo/masculino] Reacción de las plantas ante la luz, como en el caso del movimiento del girasol.

fox terrier (fox te·rrier) [sustantivo] Perro de una raza que se caracteriza por ser de pequeño tamaño y por tener las orejas un poco caídas. ☐ [Es una palabra de origen inglés. Se pronuncia «fóx-terriér»].

frac [sustantivo/masculino] Chaqueta de hombre que por delante termina en dos picos que llegan hasta la cintura y por detrás, en dos picos más largos. ☐ [Su plural es «fracs». No confundir con «chaqué» (chaqueta que no termina en dos picos)].

frac

fracasado, da (fra·ca·sa·do, da) [adjetivo o sustantivo] Que no ha conseguido lo que quería en la vida: *Tantos tropiezos en su vida sentimental y profesional lo han convertido en un fracasado.* ☐ FAMILIA: →fracasar.

fracasar (fra·ca·sar) [verbo] No tener éxito: *La expedición fracasó a causa del mal tiempo.* ☐ ANTÓNIMOS: triunfar, fructificar. ☐ FAMILIA: fracaso, fracasado.

fracaso (fra·ca·so) [sustantivo/masculino] Resultado malo y distinto del que se esperaba: *No hay que rendirse ante los fracasos.* ☐ ANTÓNIMOS: éxito, triunfo. ☐ FAMILIA: →fracasar.

fracción (frac·ción) [sustantivo/femenino] **1** Cada una de las partes que se separan de un todo: *Un cronómetro mide hasta las fracciones de segundo.* **2** Expresión matemática que indica en cuántas partes se ha dividido la unidad y cuántas partes se cogen de ella: *La fracción 2/3 se lee «dos tercios»*. ☐ Sinónimos: **2** quebrado. ☐ Familia: fraccionar, fraccionario.

fraccionar (frac·cio·nar) [verbo] Dividir en partes: *Fraccionaremos el pago del ordenador en tres plazos*. ☐ Familia: →fracción.

fraccionario, ria (frac·cio·na·rio, ria) [adjetivo] De la fracción o relacionado con ella: *número fraccionario*. ☐ Familia: →fracción.

fractura (frac·tu·ra) [sustantivo femenino] Hecho de que algo se rompa: *una fractura de tibia*. ☐ Sinónimos: rotura. ☐ Familia: →fracturar.

fracturar (frac·tu·rar) [verbo] Romper algo duro: *Me fracturé la muñeca izquierda*. ☐ Familia: fractura.

fragancia (fra·gan·cia) [sustantivo femenino] Olor agradable: *la fragancia de las flores*. ☐ Sinónimos: aroma, perfume. ☐ Antónimos: peste, hedor, pestilencia.

fragante (fra·gan·te) [adjetivo] Que tiene un olor agradable. ☐ [No varía en masculino y femenino. No confundir con «flagrante» (evidente)]. ☐ Sinónimos: aromático, oloroso.

fragata (fra·ga·ta) [sustantivo femenino] Un tipo de barco de guerra.

frágil (frá·gil) [adjetivo] Que se rompe o se estropea fácilmente: *El vidrio es un material muy frágil*. ☐ [No varía en masculino y femenino]. ☐ Sinónimos: delicado. ☐ Antónimos: resistente, inquebrantable, férreo. ☐ Familia: fragilidad.

fragilidad (fra·gi·li·dad) [sustantivo femenino] Facilidad para romperse o estropearse. ☐ Familia: →frágil.

fragmentar (frag·men·tar) [verbo] Dividir en partes: *Los cambios bruscos de temperatura hacen que la roca se fragmente*. ☐ Sinónimos: trocear, segmentar. ☐ Antónimos: unir. ☐ Familia: →fragmento.

fragmento (frag·men·to) [sustantivo masculino] Parte que se separa de un todo: *El jarrón se cayó y se rompió en fragmentos*. ☐ Sinónimos: pedazo, trozo. ☐ Familia: fragmentar.

fragor (fra·gor) [sustantivo masculino] Ruido fuerte y continuo: *el fragor de la tormenta*. ☐ Sinónimos: estruendo, estrépito. ☐ Antónimos: silencio.

fragua (fra·gua) [sustantivo femenino] Lugar en el que se utiliza el fuego para calentar los metales y darles una forma determinada. ☐ Sinónimos: forja. ☐ Familia: fraguar.

fraguar (fra·guar) [verbo] **1** Planear o idear algo: *Aquella tarde se fraguó el proyecto*. **2** Endurecerse el cemento, el yeso o una masa parecida: *Cuando fragüe la masa pondremos otra hilera de ladrillos*. ☐ [Es irregular y se conjuga como **averiguar**]. ☐ Familia: →fragua.

fraile (frai·le) [sustantivo masculino] Hombre que pertenece a ciertas órdenes religiosas: *la orden de los frailes franciscanos*. ☐ [Delante de un nombre de persona se usa la forma abreviada «fray»]. ☐ Familia: frailecillo.

frailecillo (frai·le·ci·llo) [sustantivo masculino] Ave que tiene el pico grande y rayas de colores muy vivos. ☐ Familia: →fraile.

frambuesa (fram·bue·sa) [sustantivo femenino] Fruta parecida a la fresa, pero más pequeña. 👁 página 453.

francés, sa (fran·cés, ce·sa) ▌ [adjetivo o sustantivo] **1** De Francia, que es un país europeo. ▌ **francés** [sustantivo masculino] **2** Lengua de este y de otros países.

franciscano, na (fran·cis·ca·no, na) [adjetivo o sustantivo] De la Orden de San Francisco de Asís o relacionado con ella.

franco, ca (fran·co, ca) ▌ [adjetivo] **1** Que habla con claridad y de forma sincera: *Sé franco conmigo y dime lo que piensas*. ▌ **franco** [sustantivo masculino] **2** Moneda de Francia, que es un país europeo, y de otros países hasta la adopción del euro. **3** Moneda de Suiza, que es un país europeo, y de otros países. ☐ Sinónimos: **1** claro. ☐ Antónimos: **1** solapado, hipócrita. ☐ Familia: franqueza, franquear, franqueo, infranqueable, franquicia.

francotirador, ra (fran·co·ti·ra·dor, do·ra) [sustantivo] Persona que dispara sobre un blanco desde un lugar oculto y alejado. ☐ Familia: →tirar.

franela (fra·ne·la) [sustantivo femenino] Tejido fino de lana o de algodón, con pelillo por una de sus caras: *camisa de franela*.

franja (fran·ja) [sustantivo femenino] Superficie más larga que ancha: *La bandera italiana tiene tres franjas verticales: verde, blanca y roja*.

franquear (fran·que·ar) [verbo] **1** Dejar el paso libre apartando lo que lo impida: *Un guardaespaldas franqueó la salida del actor*. **2** Atravesar un lugar a pesar de las dificultades: *Los soldados consiguieron franquear el territorio enemigo*. **3** Poner sellos en algo para enviarlo por correo: *Debes franquear el paquete antes de enviarlo*. ☐ [No confundir con «flanquear» (estar colocado a los lados de una persona o cosa)]. ☐ Familia: →franco.

franqueo (fran·que·o) [sustantivo masculino] **1** Colocación de los sellos necesarios para enviar algo por correo: *El franqueo de un paquete se hace en una oficina de correos*. **2** Cantidad de dinero que se paga por estos sellos: *Esta carta tiene el franqueo pagado*. ☐ Familia: →franco.

franqueza (fran·que·za) [sustantivo femenino] Sinceridad y claridad al hablar: *Me dijo con total franqueza que le había molestado mi actitud*. ☐ Sinónimos: sinceridad. ☐ Antónimos: hipocresía. ☐ Familia: →franco.

franquicia (fran·qui·cia) [sustantivo femenino] **1** Privilegio que se concede a una persona o a una empresa para no tener que pagar determinados derechos o impuestos: *Los organismos oficiales tienen franquicia postal y no pagan sus envíos por correo*. **2** Contrato por el que una empresa autoriza a una persona a utilizar su marca. ☐ Familia: →franco.

frasco (fras·co) [sustantivo masculino] Recipiente, generalmente de cristal: *un frasco de colonia*. ☐ Familia: enfrascarse.

frase (fra·se) [sustantivo femenino] Conjunto de palabras que tiene sentido completo: *Esta frase tiene cinco palabras*. ☐ Sinónimos: oración. ☐ Familia: parafrasear.

fraternal (fra·ter·nal) [adjetivo] Con las características que se consideran propias de los hermanos: *un amor fraternal*. ☐ [No varía en masculino y femenino]. ☐ Familia: →hermano.

fraternidad (fra·ter·ni·dad) [sustantivo femenino] Relación de amor que existe entre los hermanos: *Debería haber fraternidad entre todos los seres humanos.* ☐ FAMILIA: →hermano.

fraterno, na (fra·ter·no, na) [adjetivo] De los hermanos o relacionado con ellos: *El amor fraterno es el que yo siento por mis hermanos.* ☐ FAMILIA: →hermano.

fratricida (fra·tri·ci·da) [adjetivo o sustantivo] Que mata a un hermano. ☐ [No varía en masculino y femenino]. ☐ FAMILIA: →hermano.

fraude (frau·de) [sustantivo masculino] Engaño que se hace para obtener algo en beneficio propio: *El fraude es un delito castigado por la ley.* ☐ FAMILIA: defraudar, fraudulento.

fraudulento, ta (frau·du·len·to, ta) [adjetivo] Que es engañoso o que supone un fraude: *El concurso que anunciaban en internet era fraudulento.* ☐ FAMILIA: →fraude.

fray (fray) [sustantivo masculino] Fraile: *fray Jerónimo.* ☐ [Se usa siempre delante de un nombre de persona].

frazada (fra·za·da) [sustantivo femenino] Manta de cama con mucho pelo.

frecuencia (fre·cuen·cia) [sustantivo femenino] Repetición de algo muy a menudo: *Viene con frecuencia a visitarnos.* ☐ FAMILIA: →frecuente.

frecuentar (fre·cuen·tar) [verbo] Ir a un sitio o ver a una persona muy a menudo: *¿Frecuentas mucho esta cafetería?* ☐ FAMILIA: →frecuente.

frecuente (fre·cuen·te) [adjetivo] **1** Que se repite muy a menudo: *La gente ya está harta de sus frecuentes mentiras.* **2** Que resulta normal: *Hoy ya no es frecuente que los hombres lleven sombrero.* ☐ [No varía en masculino y femenino]. ☐ ANTÓNIMOS: insólito. ☐ FAMILIA: frecuentar, frecuencia.

fregadero (fre·ga·de·ro) [sustantivo masculino] Pila para fregar los cacharros en la cocina. ☐ FAMILIA: →fregar.

fregado (fre·ga·do) [sustantivo masculino] **1** Hecho de limpiar con agua y jabón, frotando muy fuerte. **2** Asunto complicado o difícil: *¡En menudo fregado te has metido!* ☐ [El significado **2** es coloquial]. ☐ SINÓNIMOS: **2** enredo. ☐ FAMILIA: →fregar.

fregar (fre·gar) [verbo] Limpiar con agua y jabón, frotando muy fuerte: *¿A quién le toca fregar hoy los cacharros?* ☐ [Es irregular y se conjuga como ACERTAR. La «g» se cambia en «gu» delante de «e» («friegue»)]. ☐ FAMILIA: fregadero, fregado, fregona, friega, friegaplatos.

fregona (fre·go·na) [sustantivo femenino] Instrumento de limpieza con un mango largo y que sirve para fregar el suelo. ☐ SINÓNIMOS: mocho. ☐ FAMILIA: →fregar.

freidora (frei·do·ra) [sustantivo femenino] Electrodoméstico que sirve para freír los alimentos. ☐ FAMILIA: →freír.

freiduría (frei·du·rí·a) [sustantivo femenino] Establecimiento en el que se fríe pescado y otros alimentos para venderlos o servirlos allí mismo. ☐ FAMILIA: →freír.

freír (fre·ír) [verbo] **1** Cocinar un alimento con aceite muy caliente: *He aprendido a freír un huevo.* ∎ **freírse 2** Pasar mucho calor: *Hace tanto calor que me estoy friendo.* ◆ [expresión] ‖ **freír a alguien** Molestarlo mucho y muy seguido: *Los mosquitos me están friendo a picotazos.* ☐ [Es irregular y se conjuga como SONREÍR. Tiene dos participios: uno regular («freído») y otro irregular («frito»). El significado **2** y la expresión son coloquiales]. ☐ FAMILIA: frito, fritada, fritura, fritanga, freidora, freiduría, refrito, sofrito.

fréjol (fré·jol) [sustantivo masculino] Planta que se cultiva en las huertas, cuyo fruto es verde, alargado y con los extremos terminados en punta. ☐ SINÓNIMOS: judía, frijol.

frenar (fre·nar) [verbo] **1** Hacer que un vehículo se pare o vaya más despacio: *Frena, que el semáforo está rojo.* **2** Impedir que algo siga actuando: *Esta medicina frena la subida de la fiebre.* ☐ SINÓNIMOS: **2** detener. ☐ ANTÓNIMOS: **1** acelerar. **2** activar, avivar, precipitar. ☐ FAMILIA: →freno.

frenazo (fre·na·zo) [sustantivo masculino] Parada brusca. ☐ ANTÓNIMOS: acelerón. ☐ FAMILIA: →freno.

frenesí (fre·ne·sí) [sustantivo masculino] **1** Pasión muy grande: *Te quiere con frenesí.* **2** Locura o actividad excesiva: *Cuando se inspira, trabaja con frenesí y se olvida hasta de comer.* ☐ [Su plural es «frenesís» o «frenesíes» (más culto)].

frenético, ca (fre·né·ti·co, ca) [adjetivo] **1** Muy enfadado: *Me pone frenético que me lleven la contraria.* **2** Muy rápido: *Llevamos un ritmo de trabajo frenético.*

frenillo (fre·ni·llo) [sustantivo masculino] Membrana que sujeta algunos órganos, como la lengua. ☐ FAMILIA: →freno.

freno (fre·no) [sustantivo masculino] Pieza que sirve para hacer que un vehículo vaya más despacio. ☐ ANTÓNIMOS: acelerador. ☐ FAMILIA: frenar, frenazo, frenillo, desenfrenado, desenfreno, refrenar.

frente (fren·te) [sustantivo masculino] **1** Parte de delante: *el frente de un edificio.* **2** Zona donde se lucha en una guerra: *Hubo muchos muertos en el frente.* ∎ [sustantivo femenino] **3** Parte de la cara que está entre las cejas y el pelo: *El flequillo tapa la frente.* ◆ [expresión] ‖ **de frente 1** Con decisión y sin dar rodeos. **2** Hacia adelante. ‖ **en frente** → **enfrente.** ‖ **hacer frente** Oponerse o enfrentarse: *Debes hacer frente a los problemas que te surjan.* ☐ FAMILIA: frontal, frontón, frontispicio, enfrentar, enfrentamiento, enfrente, confrontar, confrontación, afrontar.

fresa (fre·sa) [sustantivo femenino] Planta cuyo fruto es pequeño, carnoso y de color rojo: *De postre tomé fresas con nata.* ⊙ página 453. ☐ FAMILIA: fresón.

fresca (fres·ca) [sustantivo femenino] Mira en **fresco, ca**.

frescales (fres·ca·les) [sustantivo] Persona que se aprovecha de los demás siempre que puede: *No seas frescales y ayúdanos.* ☐ [No varía en masculino y femenino, ni en singular y plural. Es coloquial]. ☐ SINÓNIMOS: fresco, carota, caradura, jeta, aprovechado. ☐ FAMILIA: →fresco.

fresco, ca (fres·co, ca) ∎ [adjetivo] **1** Un poco frío: *Hace una mañana muy fresca.* **2** Dicho de un alimento, que se tiene que consumir pronto porque, si no, se estropea: *leche fresca.* **3** Dicho de una tela, que no da calor: *El algodón es más fresco que la lana.* **4** Reciente o que

frivolidad

acaba de ocurrir: *Traigo noticias frescas de tu casa.* **5** Que está joven y se conserva bien físicamente: *Los niños tienen una belleza fresca y sana.* **6** Que no está cansado: *Por las mañanas estoy más fresca que por las tardes.* **7** Que no se preocupa ni se pone nervioso por nada: *La regañé, pero se quedó tan fresca.* ∎ [adjetivo o sustantivo] **8** Que se aprovecha de los demás siempre que puede: *No seas fresco y ayúdanos.* ∎ **fresco** [sustantivo masculino] **9** Tiempo frío: *Abrígate, que hoy hace fresco.* **10** Pintura que se hace directamente sobre las paredes y techos: *Admiró los frescos del techo del palacio.* ∎ **fresca** [sustantivo femenino] **11** Tiempo frío en los días de calor, a primera o última hora del día: *En verano me levanto con la fresca.* **12** Cosa que se dice sin tener respeto a los demás: *¡Ni se te ocurra volverme a soltar una fresca!* ◆ [expresión] ‖ **traer al fresco** No preocupar: *Me trae al fresco lo que los demás digan de mí.* □ [El significado **12** y la expresión son coloquiales]. □ SINÓNIMOS: **4** reciente. **8** caradura, carota, aprovechado. □ FAMILIA: frescura, frescor, frescales, fresquera, refrescar, refresco, refrescante, fresquilla.

frescor (fres·cor) [sustantivo masculino] Temperatura agradable aunque un poco fría. □ SINÓNIMOS: frescura. □ FAMILIA: →fresco.

frescura (fres·cu·ra) [sustantivo femenino] **1** Falta de vergüenza o de respeto: *¡Menuda frescura, no intentes colarte!* **2** Temperatura agradable aunque un poco fría: *la frescura del agua.* □ SINÓNIMOS: **1** descaro, desvergüenza. **2** frescor. □ FAMILIA: →fresco.

fresno (fres·no) [sustantivo masculino] Árbol de hojas compuestas y verdes que crece en zonas húmedas, cuya madera es muy apreciada porque es muy flexible. ◉ **página 91**.

fresón (fre·són) [sustantivo masculino] Fruta parecida a la fresa, pero más grande. □ FAMILIA: →fresa.

fresquera (fres·que·ra) [sustantivo femenino] Mueble o espacio situados en un lugar fresco, en los que se conservan los alimentos. □ FAMILIA: →fresco.

fresquilla (fres·qui·lla) [sustantivo femenino] Fruta parecida al melocotón, pero más blanda. □ FAMILIA: →fresco.

frialdad (frial·dad) [sustantivo femenino] **1** Sensación causada por la falta de calor: *la frialdad del invierno.* **2** Sentimiento que tenemos cuando algo no nos importa o no le damos valor: *Me miró con frialdad y no me saludó siquiera.* □ SINÓNIMOS: **2** indiferencia, acritud. □ ANTÓNIMOS: **2** interés. □ FAMILIA: →frío.

fricción (fric·ción) [sustantivo femenino] **1** Frote de una superficie varias veces y con fuerza: *Me di unas fricciones de alcohol sobre el tobillo hinchado.* **2** Roce de una cosa con otra: *La fricción del viento sobre el coche hace disminuir la velocidad de este.* □ FAMILIA: friccionar.

friccionar (fric·cio·nar) [verbo] Frotar una superficie varias veces y con fuerza: *friccionar los músculos.* □ FAMILIA: →fricción.

friega (frie·ga) [sustantivo femenino] Masaje que se da en alguna parte del cuerpo para aliviar o quitar un dolor: *Las friegas de alcohol son buenas para bajar la fiebre.* □ FAMILIA: →fregar.

friegaplatos (frie·ga·pla·tos) [sustantivo masculino] Electrodoméstico que sirve para lavar los platos y otros cacharros de cocina. □ [No varía en singular ni plural. Es coloquial]. □ SINÓNIMOS: lavavajillas. □ FAMILIA: →fregar. →plato.

frigorífico (fri·go·rí·fi·co) [sustantivo masculino] Electrodoméstico que sirve para conservar fríos los alimentos y las bebidas. □ SINÓNIMOS: nevera, refrigerador.

frijol o **fríjol** (fri·jol; frí·jol) [sustantivo masculino] Planta que se cultiva en las huertas, cuyo fruto es verde, alargado y con los extremos terminados en punta. □ SINÓNIMOS: fréjol, judía.

frío, a (frí·o, a) ∎ [adjetivo] **1** Con una temperatura más baja de lo normal: *Hoy el día está muy frío.* **2** Dicho de una persona, que no manifiesta sus sentimientos: *Es un hombre frío y poco afectuoso.* **3** Dicho de un color, que se parece al azul o al verde: *Las paredes de un hospital suelen estar pintadas en tonos fríos.* ∎ **frío** [sustantivo masculino] **4** Sensación que notamos en el cuerpo cuando hay una temperatura baja: *Se puso el abrigo porque tenía frío.* **5** Temperatura muy baja: *Cuando nieva hace mucho frío.* ◆ [expresión] ‖ **coger frío** Resfriarse: *Dormí sin arroparme y cogí frío.* ‖ **quedarse frío** Quedarse sorprendido y sin saber qué hacer: *Me quedé frío del susto.* □ ANTÓNIMOS: **1-3** cálido. **1, 2** caluroso. **1** caliente. **4, 5** calor. □ FAMILIA: frialdad, friolero, enfriar, enfriamiento, refrigerar, refrigerio, refrigeración, refrigerador, resfriarse, resfriado, cortafrío, escalofrío, escalofriante.

friolero, ra (frio·le·ro, ra) ∎ [adjetivo] **1** Que siente mucho frío: *Soy tan friolera que duermo con cuatro mantas.* ∎ **friolera** [sustantivo femenino] **2** Gran cantidad de dinero: *Lo acusaron de haber robado la friolera de un millón de euros.* □ [El significado **2** es coloquial]. □ ANTÓNIMOS: **1** caluroso. □ FAMILIA: →frío.

frisar (fri·sar) [verbo] Acercarse a una edad: *Mi padre frisa los cuarenta.*

friso (fri·so) [sustantivo masculino] Franja que se coloca en las paredes como adorno o como protección, especialmente la que va en la parte inferior. □ SINÓNIMOS: zócalo.

fritada (fri·ta·da) [sustantivo femenino] Conjunto de alimentos fritos: *una fritada de pescado.* □ SINÓNIMOS: fritura. □ FAMILIA: →freír.

fritanga (fri·tan·ga) [sustantivo femenino] Conjunto de alimentos fritos que se han cocinado con mucha grasa: *No me gusta comer en ese bar porque huele mucho a fritanga.* □ [Es despectivo]. □ FAMILIA: →freír.

frito, ta (fri·to, ta) ∎ **1** Participio irregular de **freír**. ∎ [adjetivo] **2** Dormido: *En cuanto me acosté me quedé frita.* □ [El significado **2** es coloquial y se usa mucho en la expresión «quedarse frito»]. □ SINÓNIMOS: **2** roque. □ ANTÓNIMOS: **2** despierto. □ FAMILIA: →freír.

fritura (fri·tu·ra) [sustantivo femenino] Conjunto de alimentos fritos. □ SINÓNIMOS: fritada. □ FAMILIA: →freír.

frivolidad (fri·vo·li·dad) [sustantivo femenino] Característica de la persona que solo quiere divertirse y no se preocupa de cuestiones más serias. □ ANTÓNIMOS: seriedad. □ FAMILIA: →frívolo.

frívolo, la (frí·vo·lo, la) [adjetivo] Que solo quiere divertirse y no se preocupa de cuestiones más serias. ☐ FAMILIA: frivolidad.

fronda (fron·da) [sustantivo femenino] Lugar en el que hay muchas hojas y ramas: *La fronda que hay en la orilla del río proporciona una agradable sombra.* ☐ FAMILIA: frondoso.

frondoso, sa (fron·do·so, sa) [adjetivo] Con muchas plantas y ramas: *un árbol frondoso.* ☐ FAMILIA: →fronda.

frontal (fron·tal) [adjetivo] **1** De la frente o relacionado con ella: *hueso frontal.* 👁 **página 405. 2** De la parte de delante: *la fachada frontal de un edificio.* ☐ [No varía en masculino y femenino]. ☐ FAMILIA: →frente.

frontera (fron·te·ra) [sustantivo femenino] Límite o separación entre dos países o entre dos cosas: *Los Pirineos son la frontera de Francia con España.* ☐ SINÓNIMOS: confín. ☐ FAMILIA: fronterizo.

fronterizo, za (fron·te·ri·zo, za) [adjetivo] **1** De la frontera o relacionado con ella: *línea fronteriza.* **2** Dicho de un país, que tiene frontera con otro: *Portugal es un país fronterizo con España.* ☐ FAMILIA: →frontera.

frontispicio (fron·tis·pi·cio) [sustantivo masculino] **1** Fachada o parte delantera de un edificio. **2** En arquitectura, pieza en forma de triángulo que ocupa la parte superior de una fachada. ☐ SINÓNIMOS: **2** frontón. ☐ FAMILIA: →frente.

frontón (fron·tón) [sustantivo masculino] **1** Lugar donde se juega a lanzar una pelota contra una pared y a golpearla cuando vuelve. **2** En arquitectura, pieza en forma de triángulo que ocupa la parte superior de una fachada. ☐ SINÓNIMOS: **2** frontispicio. ☐ FAMILIA: →frente.

frotación (fro·ta·ción) [sustantivo femenino] Hecho de pasar muchas veces una cosa sobre otra con fuerza. ☐ SINÓNIMOS: frotamiento. ☐ FAMILIA: →frotar.

frotamiento (fro·ta·mien·to) [sustantivo masculino] Hecho de pasar muchas veces una cosa sobre otra con fuerza. ☐ SINÓNIMOS: frotación. ☐ FAMILIA: →frotar.

frotar (fro·tar) [verbo] Pasar muchas veces una cosa sobre otra con fuerza: *Froté bien los cacharros con el estropajo.* ☐ FAMILIA: frotación, frotamiento.

fructífero, ra (fruc·tí·fe·ro, ra) [adjetivo] Que resulta útil o bueno para algo: *Mis esfuerzos han sido fructíferos y he conseguido lo que quería.* ☐ SINÓNIMOS: provechoso, beneficioso. ☐ FAMILIA: →fruta.

fructificar (fruc·ti·fi·car) [verbo] **1** Dar fruto una planta. **2** Producir algo un buen resultado: *Si las conversaciones de paz fructifican, pronto acabará la guerra.* ☐ [La «c» se cambia en «qu» delante de «e» («fructifique»)]. ☐ ANTÓNIMOS: **2** fracasar. ☐ FAMILIA: →fruta.

fructosa (fruc·to·sa) [sustantivo femenino] Azúcar que se encuentra principalmente en la miel y en las frutas: *Mi madre se toma el yogur con fructosa.* ☐ FAMILIA: →fruta.

frugal (fru·gal) [adjetivo] Dicho de una comida, que es poco abundante: *Mis cenas son muy frugales.* ☐ [No varía en masculino y femenino]. ☐ SINÓNIMOS: ligero. ☐ ANTÓNIMOS: opíparo.

fruición (frui·ción) [sustantivo femenino] Placer y satisfacción muy grandes: *Leo con fruición las cartas de mi novio.* ☐ SINÓNIMOS: gozo, deleite.

fruncir (frun·cir) [verbo] **1** Arrugar la frente o las cejas para mostrar sorpresa, enfado o preocupación: *Frunció el entrecejo en señal de desconfianza.* **2** Hacer pliegues pequeños en una tela: *La modista fruncirá el corpiño para que quede más ajustado.* ☐ [La «c» se cambia en «z» delante de «a», «o» («frunza»)].

fruslería (frus·le·rí·a) [sustantivo femenino] Cosa que tiene poca importancia o poco valor: *Cuando mi abuela viene a casa, siempre me trae alguna fruslería.* ☐ SINÓNIMOS: pequeñez, bagatela.

frustración (frus·tra·ción) [sustantivo femenino] **1** Fracaso en el intento de conseguir algo: *Aquel accidente supuso la frustración de todos sus sueños.* **2** Sensación que se tiene cuando algo no ocurre como se esperaba: *¡Qué frustración saber que no me han elegido!* ☐ ANTÓNIMOS: **1** éxito, triunfo.

frustrar (frus·trar) [verbo] **1** Quitar a alguien la alegría o las esperanzas: *No dejes que nada te frustre.* **2** Hacer fracasar un intento: *La tormenta frustró nuestros planes de ir de excursión.* ☐ SINÓNIMOS: **2** abortar.

fruta (fru·ta) [sustantivo femenino] Fruto comestible que producen algunas plantas: *La naranja es una fruta.* ☐ FAMILIA: fruto, frutal, frutería, frutero, lavafrutas, fructífero, fructificar, infructuoso, fructosa.

frutal (fru·tal) [adjetivo o sustantivo masculino] Dicho de un árbol, que da fruta: *El naranjo es un árbol frutal.* ☐ [Cuando es adjetivo, no varía en masculino y femenino]. ☐ FAMILIA: →fruta.

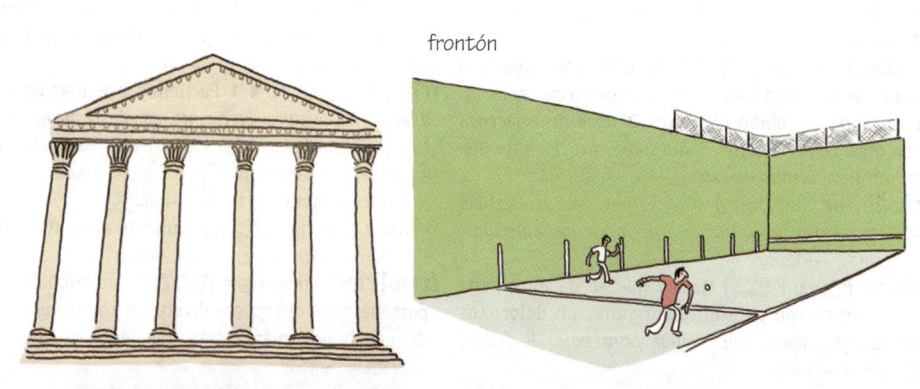

frontón

frutas

piña	melón	coco	sandía
mango	aguacate	papaya	kiwi
manzana	melocotón	albaricoque	ciruela
naranja	mandarina	limón	pera
higo	chirimoya	granada	plátano
pomelo	caqui	níspero	membrillo
frambuesa	mora	fresa	cereza	uva

frutería (fru·te·rí·a) [sustantivo femenino] Tienda donde se vende fruta. ☐ FAMILIA: →fruta.

frutero, ra (fru·te·ro, ra) ■ [sustantivo] **1** Persona que vende fruta. ■ **frutero** [sustantivo masculino] **2** Recipiente para colocar y servir la fruta. ☐ FAMILIA: →fruta.

fruto (fru·to) [sustantivo masculino] **1** Parte de la planta que tiene dentro las semillas: *Las nueces son frutos secos*. **2** Producto de las plantas y de la tierra: *Durante la cosecha se recoge el fruto de los campos*. **3** Cosa que es resultado de algo: *Este despiste ha sido fruto del cansancio*. **4** Ganancia o beneficio que se obtiene de algo: *Hay que aprender a sacar fruto de los propios errores*. ☐ SINÓNIMOS: **3** producto, consecuencia. **4** provecho. ☐ FAMILIA: →fruta.

fuagrás (fua·grás) [sustantivo] Alimento en forma de pasta que se hace con el hígado de algunos animales. ☐ [Es una palabra de origen francés. Su plural es «fuagrases». Es preferible escribir «fuagrás» que la forma francesa *foie-gras*].

fucsia (fuc·sia) [sustantivo masculino / adjetivo] De un color rosa muy vivo. 👁 **página 234**. ☐ [Cuando es adjetivo, no varía en masculino y femenino].

fuego (fue·go) [sustantivo masculino] **1** Calor y luz que se desprenden de una materia que arde: *El fuego sirve para alumbrar*. **2** Esta materia que arde, cuando es tan grande que destruye todo lo que encuentra: *Los bomberos apagaron el fuego del rascacielos*. **3** Disparo de un arma: *Los bandidos hicieron fuego para defenderse*. **4** Parte de una cocina donde se calientan los alimentos: *Pon el puré en el fuego*. ♦ [expresión] ‖ **a fuego lento** Poco a poco. ‖ **fuegos artificiales** Cohetes y otro tipo de luces que se encienden en el cielo. ‖ **jugar con fuego** Hacer algo peligroso para divertirse: *Conducir demasiado rápido es jugar con fuego*. ☐ SINÓNIMOS: **2** incendio. **4** hogar, lumbre. ☐ FAMILIA: fogata, fogón, fogonazo, fogoso, desfogar, cortafuegos, fogueo, tragafuegos.

fuel (fuel) [sustantivo masculino] Combustible líquido que se usa, entre otras cosas, para hacer funcionar la calefacción. ☐ [Es una palabra de origen inglés].

fuelle (fue·lle) [sustantivo masculino] **1** Objeto que sirve para hacer que un fuego arda más: *Con el fuelle se aviva el fuego de la chimenea*. **2** En algunos instrumentos musicales, mecanismo que permite la entrada y la salida del aire: *Los acordeones tienen fuelle*. **3** Capacidad que tiene una persona para respirar o para resistir haciendo ejercicio físico: *Después de correr dos kilómetros me quedé sin fuelle*. ☐ [El significado 3 es coloquial].

fuelle

fuente (fuen·te) [sustantivo femenino] **1** Lugar donde sale el agua que va por debajo de la tierra. **2** Especie de plato grande donde se sirven los alimentos. **3** Cualquier cosa que da inicio a algo: *El agua es una fuente de energía*.

fuera (fue·ra) ■ [adverbio] **1** En el exterior: *Te llamaron cuando estabas fuera. No dejes las cosas fuera de su sitio*. **2** A o hacia el exterior: *El balón salió fuera del campo*. **3** Que no está dentro de unos límites o dentro de cierta actividad: *Las solicitudes que se entreguen fuera de plazo no serán atendidas*. ■ [interjección] **4** Se usa para indicar rechazo: *A nadie le gustó lo que dijo y empezaron a gritarle: ¡Fuera, fuera!* ♦ [expresión] ‖ **fuera de** Excepto: *Fuera de algunos errores, el trabajo está bien hecho*. ‖ **fuera de sí** Muy nervioso o sin control sobre uno mismo: *Cuando se enfada, se pone fuera de sí*. ☐ [No debe decirse «más fuera», sino «más afuera»]. ☐ SINÓNIMOS: **1, 2** afuera. ☐ ANTÓNIMOS: **1** dentro. **1, 2** adentro. ☐ FAMILIA: afuera, afueras, fueraborda.

fueraborda (fue·ra·bor·da) ■ [sustantivo masculino] **1** Motor con una hélice que se coloca en la parte posterior y exterior de un barco. ■ [sustantivo] **2** Barco que tiene este tipo de motor. ☐ [En el significado **2**, se puede decir «el fueraborda» y «la fueraborda» sin que cambie de significado]. ☐ FAMILIA: →fuera. →borda.

fuero (fue·ro) [sustantivo masculino] **1** Ley especial o privilegio que se dan a un lugar o a una persona: *Muchas ciudades medievales tenían sus propios fueros*. **2** Juez o autoridad a quien corresponde juzgar un caso: *Los casos de divorcio deben someterse al fuero civil*. **3** Obra que reúne una serie de leyes: *El llamado «Fuero Juzgo» contenía las leyes romanas y visigodas*. ♦ [expresión] ‖ **fuero interno** La propia conciencia de alguien: *En mi fuero interno sé que me equivoqué*.

fuerte (fuer·te) ■ [adjetivo] **1** Que tiene mucha fuerza y resiste mucho: *una persona fuerte; un material fuerte*. **2** Que no se rinde fácilmente: *Tienes que ser fuerte y luchar contra las dificultades*. **3** Con efectos muy intensos o muy vivos: *un fuerte dolor de cabeza*. **4** Que tiene mucha importancia: *una fuerte cantidad de dinero*. **5** Muy bien sujeto o muy apretado: *No puedo desatar el nudo porque está muy fuerte*. ■ [sustantivo masculino] **6** Lugar rodeado de un muro para defenderse de los ataques enemigos: *Los soldados que se refugiaron en el fuerte huían de los indios*. **7** Actividad en la que destaca una persona: *Mi fuerte son las matemáticas*. ■ [adverbio] **8** Con intensidad o en exceso: *Ayer cené muy fuerte*. ☐ [Cuando es adjetivo, no varía en masculino y femenino. En el significado **8** tampoco varía por ser adverbio]. ☐ SINÓNIMOS: **1** recio, vigoroso. ☐ ANTÓNIMOS: **1-3, 5** flojo. **1** endeble, mortecino. **1, 2** débil. **3** tenue. ☐ FAMILIA: fortalecer, fortaleza, fortachón, fortificar, fortín, aguafuerte, contrafuerte.

fuerza (fuer·za) ■ [sustantivo femenino] **1** Capacidad para hacer que un cuerpo se mueva, se pare o cambie de forma: *Para que un cuerpo en reposo se mueva, hay que aplicarle*

frutos secos y frutas secas

FRUTOS SECOS

- piñón
- almendra
- anacardo
- avellana
- castaña
- cacahuete
- nuez
- pistacho
- pipa de girasol
- pipa de calabaza

FRUTAS SECAS

- ciruela
- pasa
- dátil
- higo seco
- orejón

una fuerza. **2** Cualidades físicas que hacen que algo se mueva: *Mi hermano tiene mucha fuerza y levanta él solo un sillón.* **3** Intensidad con que algo se manifiesta: *La fuerza de su amor les trajo la felicidad.* ∎ **fuerzas** [plural] **4** Conjunto de soldados en un país: *Ya han cesado los ataques de las fuerzas enemigas.* ◆ [expresión] ‖ **a fuerza de algo** Habiéndolo usado mucho: *Todo lo conseguí a fuerza de trabajo.* ‖ **a la fuerza** Contra la propia voluntad: *No me puedes obligar a hacerlo a la fuerza.* ‖ **fuerza bruta** Violencia física: *Nunca debemos emplear la fuerza bruta contra los demás.* ‖ **fuerza de voluntad** Capacidad para conseguir determinado resultado: *Con fuerza de voluntad conseguirás lo que te propongas.* ‖ **fuerza mayor** Algo que no se puede evitar: *Razones de fuerza mayor me obligaron a suspender la fiesta.* ‖ **fuerza pública** o **fuerzas de orden público** Conjunto formado por la Policía y otras instituciones encargadas de velar por el cumplimiento de las normas: *La fuerza pública tenía orden de no intervenir en la manifestación.* ☐ SINÓNIMOS: **2** vitalidad. **3** potencia. ☐ ANTÓNIMOS: **2**, **3** debilidad. ☐ FAMILIA: forzar, forzoso, forzudo, forzado, reforzar, refuerzo, esforzar, esforzado, esfuerzo.

fuet (fuet) [sustantivo masculino] Embutido parecido al salchichón que es de origen catalán. ☐ [Su plural es «fuets»].

fuga (fu·ga) [sustantivo femenino] **1** Hecho de irse de un lugar en el que se está encerrado: *La fuga de los presos se produjo por la noche.* **2** Salida de un gas o de un líquido por una abertura: *Si hay una fuga de gas es peligroso encender una cerilla.* ☐ SINÓNIMOS: **1** huida, evasión. **2** escape. ☐ FAMILIA: →fugarse.

fugacidad (fu·ga·ci·dad) [sustantivo femenino] Carácter de lo que dura muy poco o de lo que pasa y desaparece muy pronto: *El poeta se lamentaba de la fugacidad de la juventud.* ☐ FAMILIA: →fugarse.

fugarse (fu·gar·se) [verbo] Escaparse o irse de un lugar en el que se está encerrado: *¡Alerta, el prisionero se ha fugado!* ☐ [La «g» se cambia en «gu» delante de «e» («fugue»)]. ☐ SINÓNIMOS: huir, evadirse. ☐ FAMILIA: fuga, fugacidad, fugitivo, tránsfuga.

fugaz (fu·gaz) [adjetivo] **1** Que pasa y desaparece muy rápido: *una estrella fugaz.* **2** Que dura muy poco: *una visita fugaz.* ☐ [No varía en masculino y femenino. Su plural es «fugaces»]. ☐ SINÓNIMOS: **2** efímero. ☐ ANTÓNIMOS: permanente. **2** duradero. ☐ FAMILIA: →fugarse.

fugitivo, va (fu·gi·ti·vo, va) [adjetivo o sustantivo] Que huye. ☐ FAMILIA: →fugarse.

fulano, na (fu·la·no, na) [sustantivo] Palabra que se usa para nombrar a una persona cualquiera: *No me importa nada saber si vino fulano o mengano.* ☐ SINÓNIMOS: mengano, zutano, perengano.

fular (fu·lar) [sustantivo masculino] Pañuelo largo para el cuello, de tela muy fina. ☐ [Es una palabra de origen francés. Su plural es «fulares»].

fulgor (ful·gor) [sustantivo masculino] Brillo muy intenso: *el fulgor de los fuegos artificiales.* ☐ FAMILIA: refulgente, refulgir.

fulgurante (ful·gu·ran·te) [adjetivo] Muy rápido o con mucho éxito: *Hizo una carrera fulgurante.* ☐ [No varía en masculino y femenino].

fullero, ra (fu·lle·ro, ra) [adjetivo o sustantivo] Que hace trampas. ☐ SINÓNIMOS: tramposo, marrullero.

fulminante (ful·mi·nan·te) [adjetivo] Muy rápido y de efectos inmediatos: *Murió de un fulminante ataque al corazón.* ☐ [No varía en masculino y femenino]. ☐ FAMILIA: →fulminar.

fulminar (ful·mi·nar) [verbo] **1** Matar o destruir de forma muy rápida: *Murió fulminado por un rayo.* **2** Desanimar o criticar a una persona: *Me fulminó con la mirada.* ☐ FAMILIA: fulminante.

fumador, ra (fu·ma·dor, do·ra) [adjetivo o sustantivo] Que fuma. ☐ FAMILIA: →fumar.

fumar (fu·mar) [verbo] Aspirar y echar el humo del tabaco: *Fumar es malo para la salud.* ☐ FAMILIA: fumador.

fumigar (fu·mi·gar) [verbo] Echar un producto en un lugar para matar bichos e insectos: *fumigar una finca; fumigar una casa.* ☐ [La «g» se cambia en «gu» delante de «e» («fumigue»)].

fumista (fu·mis·ta) [sustantivo] Persona que limpia y arregla chimeneas, cocinas o estufas. ☐ [No varía en masculino y femenino].

funámbulo, la (fu·nám·bu·lo, la) [sustantivo] Artista de circo que hace ejercicios de equilibrio sobre el alambre.

función (fun·ción) [sustantivo femenino] **1** Aquello para lo que algo sirve: *La función de este perro es vigilar la casa.* **2** Cada vez que se representa una obra de teatro o un espectáculo: *¿A qué hora empieza la función de circo?* ☐ SINÓNIMOS: **2** representación. ☐ FAMILIA: funcionar, funcionamiento, funcionario, funcional.

funcional (fun·cio·nal) [adjetivo] **1** De las funciones biológicas o psíquicas, o relacionado con ellas: *La traumatóloga dijo que tendrá una rápida recuperación funcional de la rodilla.* **2** Que ha sido hecho pensando en la utilidad, en la facilidad o en la comodidad de su uso: *Este sofá no es muy bonito, pero es muy funcional porque es comodísimo.* ☐ [No varía en masculino y femenino]. ☐ FAMILIA: →función.

funcionamiento (fun·cio·na·mien·to) [sustantivo masculino] Hecho de que algo realice la función que tiene: *El funcionamiento de un reloj de arena es muy sencillo.* ☐ FAMILIA: →función.

funcionar (fun·cio·nar) [verbo] Hacer una cosa lo que tiene que hacer porque es para lo que sirve: *El reloj se ha parado y no funciona.* ☐ FAMILIA: →función.

funcionario, ria (fun·cio·na·rio, ria) [sustantivo] Persona que trabaja para el Estado y no en una empresa privada: *Mi hermano aprobó las oposiciones y ahora es funcionario.* ☐ FAMILIA: →función.

funda (fun·da) [sustantivo femenino] Cosa que sirve para tapar algo y protegerlo: *la funda de las gafas; la funda del colchón.* ☐ FAMILIA: enfundar, desenfundar.

fundación (fun·da·ción) [sustantivo femenino] **1** Creación de una ciudad, una institución o una empresa: *Este año es el* *aniversario de la fundación del club.* **2** Organización creada con fines culturales, religiosos o de ayuda a los demás: *Esta fundación concede becas a los estudiantes que quieran hacer la tesis.* ☐ SINÓNIMOS: **1** establecimiento, creación. **2** patronato. ☐ ANTÓNIMOS: **1** destrucción. ☐ FAMILIA: →fundar.

fundador, ra (fun·da·dor, do·ra) [adjetivo o sustantivo] Que funda: *el fundador de una empresa.* ☐ FAMILIA: →fundar.

fundamental (fun·da·men·tal) [adjetivo] Que es muy importante y muy necesario: *Para aprender es fundamental estudiar.* ☐ [No varía en masculino y femenino]. ☐ SINÓNIMOS: básico, esencial, trascendental, capital, principal, primario, primordial, sustancial, trascendente. ☐ ANTÓNIMOS: secundario, accesorio, trivial. ☐ FAMILIA: →fundar.

fundamentar (fun·da·men·tar) [verbo] Establecer algo sobre una base: *Empleó todo tipo de datos para fundamentar su tesis.* ☐ SINÓNIMOS: basar, apoyar, asentar. ☐ FAMILIA: →fundar.

fundamento (fun·da·men·to) [sustantivo] Cada uno de los puntos principales en que se basa un estudio o una idea: *Los fundamentos de su teoría son muy claros.* ☐ SINÓNIMOS: principio. ☐ FAMILIA: →fundar.

fundar (fun·dar) [verbo] **1** Crear una ciudad, una institución o una empresa: *Muchas ciudades antiguas se fundaban a la orilla de los ríos.* **2** Basar algo en datos que demuestren que es cierto: *¿En qué te fundas para decir que te engañé?* ☐ SINÓNIMOS: **1** crear, establecer, instituir. **2** apoyar, sustentar. ☐ ANTÓNIMOS: **1** destruir. ☐ FAMILIA: fundación, fundador, fundamentar, fundamento, fundamental, infundado, infundio.

fundición (fun·di·ción) [sustantivo femenino] Lugar en el que los metales se convierten en líquido por efecto del calor. ☐ FAMILIA: →fundir.

fundir (fun·dir) [verbo] **1** Convertir un sólido en líquido por efecto del calor: *fundir el hierro.* **2** Unir o mezclar dos o más cosas diferentes: *Los dos grupos musicales se han fundido en uno solo.* **3** Gastar el dinero muy deprisa: *¿Ya te has fundido la paga?* ∎ **fundirse 4** Estropearse un aparato eléctrico: *Se ha fundido la bombilla.* ☐ [El significado **3** es coloquial]. ☐ FAMILIA: fundición, refundir.

fúnebre (fú·ne·bre) [adjetivo] **1** Relacionado con los difuntos: *El coche fúnebre transportó el féretro hasta el cementerio.* **2** Muy triste: *Daba pena ver el aspecto tan fúnebre que tenía.* ☐ [No varía en masculino y femenino]. ☐ FAMILIA: →funeral.

funeral (fu·ne·ral) [sustantivo masculino] Ceremonia que se celebra en honor a un muerto: *Esta tarde voy a misa porque es el funeral por mi abuelo.* ☐ [Significa lo mismo en singular que en plural]. ☐ SINÓNIMOS: exequias. ☐ FAMILIA: funeraria, fúnebre, funerala.

funerala (fu·ne·ra·la) ◆ [expresión] ∥ **ojo a la funerala** Mira en **ojo**. ☐ FAMILIA: →funeral.

funeraria (fu·ne·ra·ria) [sustantivo femenino] Empresa que se ocupa de enterrar a los muertos. ☐ FAMILIA: →funeral.

funesto, ta (fu·nes·to, ta) [adjetivo] Triste, desgraciado o con malas consecuencias: *Perdió la vida en un funesto accidente.*

fungicida (fun·gi·ci·da) [adjetivo o sustantivo masculino] Que sirve para destruir los hongos: *una crema fungicida.* ☐ [Cuando es adjetivo, no varía en masculino y femenino]. ☐ FAMILIA: →hongo.

funicular (fu·ni·cu·lar) [sustantivo] Vehículo que se desplaza arrastrado por un cable o una cadena: *Este tren es un funicular que sube hasta la cima de la montaña.* ☐ SINÓNIMOS: remonte.

funk [sustantivo masculino] Música moderna popular, parecida al *jazz.* ☐ [Es una palabra inglesa. Se pronuncia «fank». Se usa también *funky*].

funky [sustantivo] → **funk**. ☐ [Es una palabra inglesa. Se pronuncia «fánki»].

furgón (fur·gón) [sustantivo masculino] Vehículo largo que se usa para transportar cosas: *un furgón policial.* ☐ FAMILIA: furgoneta.

furgoneta (fur·go·ne·ta) [sustantivo femenino] Vehículo más pequeño que un camión pero más grande que un coche, que sirve para transportar mercancías. ⊙ **páginas 960-961.** ☐ FAMILIA: →furgón.

furia (fu·ria) [sustantivo femenino] **1** Enfado tan grande que no se puede controlar: *Se puso rojo de furia y empezó a gritar.* **2** Violencia, fuerza o energía de algo: *La furia de la tempestad hizo naufragar el barco.* ☐ SINÓNIMOS: **1** ira, cólera. **2** furor. ☐ FAMILIA: furioso, furibundo, furor, enfurecer, enfurecido, enfurecimiento.

furibundo, da (fu·ri·bun·do, da) [adjetivo] **1** Muy enfadado: *Me lanzó una mirada furibunda.* **2** Que está muy entusiasmado por algo: *Soy una furibunda seguidora del balonmano.* ☐ SINÓNIMOS: **1** furioso. ☐ FAMILIA: →furia.

furioso, sa (fu·rio·so, sa) [adjetivo] **1** Tan enfadado que no se puede controlar: *Cuando vio que había sido engañado se puso furioso.* **2** Con mucha energía o con mucha fuerza: *Un viento furioso derribó varios árboles.* ☐ SINÓNIMOS: **1** furibundo. ☐ FAMILIA: →furia.

furor (fu·ror) [sustantivo masculino] Violencia, fuerza o energía de algo: *el furor de las olas.* ◆ [expresión] ∥ **hacer furor** Estar muy de moda: *Este año, el color rojo hace furor.* ☐ SINÓNIMOS: furia. ☐ FAMILIA: →furia.

furtivo, va (fur·ti·vo, va) [adjetivo] A escondidas y sin permiso: *La caza furtiva está prohibida.*

fusa (fu·sa) [sustantivo femenino] Figura musical que indica la duración de una nota. ☐ FAMILIA: semifusa. ⊙ **página 648.**

fuselaje (fu·se·la·je) [sustantivo masculino] Parte de un avión en la que van los pasajeros y las mercancías.

fusible (fu·si·ble) [sustantivo masculino] Especie de hilo que se funde cuando pasa demasiada corriente eléctrica: *Se fundió el fusible y nos quedamos sin luz.* ☐ SINÓNIMOS: plomos.

fusil (fu·sil) [sustantivo masculino] Arma de fuego que tiene un largo cañón por donde salen las balas. ☐ FAMILIA: fusilar, fusilamiento.

fusilamiento (fu·si·la·mien·to) [sustantivo masculino] Muerte dada a una persona con disparos de fusil. ☐ FAMILIA: →fusil.

fusilar (fu·si·lar) [verbo] Matar a una persona con disparos de fusil. ☐ Familia: →fusil.

fusión (fu·sión) [sustantivo][femenino] **1** Conversión de un sólido en líquido por efecto del calor: *La fusión del hierro se produce a temperaturas elevadísimas.* **2** Mezcla o unión de dos cosas diferentes: *La fusión de estos dos partidos políticos ha dado lugar a un nuevo partido.* ☐ Familia: fusionar.

fusionar (fu·sio·nar) [verbo] Unir dos o más cosas diferentes hasta formar una sola cosa: *Estas dos empresas se han fusionado.* ☐ Familia: →fusión.

fusta (fus·ta) [sustantivo][femenino] Vara flexible que tiene una correa sujeta a uno de sus extremos y que se usa para golpear a los caballos: *El jinete golpeó al caballo con la fusta para que corriera más.* ☐ Familia: fustigar.

fuste (fus·te) [sustantivo][masculino] Parte larga de una columna, que está entre el capitel y la basa.

fustigar (fus·ti·gar) [verbo] Golpear a un caballo con una vara flexible para que corra más deprisa. ☐ [La «g» se cambia en «gu» delante de «e» («fustigue»)]. ☐ Familia: →fusta.

futbito (fut·bi·to) [sustantivo][masculino] Deporte parecido al fútbol, que se juega en un campo más pequeño. ☐ Familia: →fútbol.

fútbol (fút·bol) [sustantivo][masculino] Deporte que se juega entre dos equipos de once jugadores y que consiste en meter goles moviendo el balón sin tocarlo con las manos. 👁 **páginas 304-305.** ◆ [expresión] ‖ **fútbol sala** El que se juega entre dos equipos de cinco jugadores y en un campo y con un balón más pequeños. ☐ [Es una palabra de origen inglés]. ☐ Sinónimos: balompié. ☐ Familia: futbolista, futbolín, futbito.

futbolín (fut·bo·lín) [sustantivo][masculino] Especie de mesa con muñecos que imitan a un equipo de fútbol, en la que se juega como si se hiciera un partido de fútbol. ☐ [Procede de la marca comercial «Futbolín®»]. ☐ Familia: →fútbol.

futbolista (fut·bo·lis·ta) [sustantivo] Persona que juega al fútbol. ☐ [No varía en masculino y femenino]. ☐ Familia: →fútbol.

fútil (fú·til) [adjetivo] De poca importancia: *un asunto fútil.* ☐ [No varía en masculino y femenino]. ☐ Sinónimos: insignificante, trivial. ☐ Antónimos: importante, esencial.

futuro, ra (fu·tu·ro, ra) ▪ [adjetivo] **1** Que todavía no ha sucedido: *En los días futuros recogeremos el fruto de lo que hagamos ahora.* ▪ **futuro** [sustantivo][masculino] **2** Tiempo que todavía no ha llegado: *En el futuro quiero ser abogada.* **3** Tiempo del verbo que indica que la acción se realizará en un momento posterior al del habla: *El futuro de indicativo del verbo «llevar» es «llevaré», «llevarás», etc.* ☐ Sinónimos: **2** mañana, porvenir. ☐ Antónimos: pasado. **1**, **3** pretérito. **2** ayer.

G g

g [sustantivo femenino] Letra número siete del abecedario. 👁 **página 18.** ☐ [Su nombre es «ge». Delante de «e», «i», se pronuncia como una «j»: «gente», «girar». Delante de «a», «o», «u», se pronuncia suave: «gato», «gordo», «guapo». Cuando escribimos «gue» o «gui», la «u» no se lee: «guerra», «guitarra». Cuando escribimos «güe» o «güi», la «u» sí se lee: «cigüeña», «pingüino»].

gabán (ga·bán) [sustantivo masculino] Abrigo de tela fuerte.

gabardina (ga·bar·di·na) [sustantivo femenino] Prenda de vestir larga que se usa cuando llueve.

gabarra (ga·ba·rra) [sustantivo femenino] Barco pequeño que se utiliza para cargar o descargar cosas en un puerto.

gabinete (ga·bi·ne·te) [sustantivo masculino] **1** Habitación que se usa para estudiar o para recibir visitas. **2** Conjunto de los ministros de un Estado. **3** Departamento que se encarga de determinados asuntos del gobierno de un Estado: *el gabinete de Defensa.* **4** Habitación o local que se usa para ejercer una profesión: *gabinete médico.* ☐ SINÓNIMOS: **3** ministerio.

gacela (ga·ce·la) [sustantivo femenino] Animal de color marrón y blanco, que tiene dos cuernos largos y finos y que se alimenta de hierba.

gaceta (ga·ce·ta) [sustantivo femenino] Especie de revista en la que se tratan temas de cultura, de ciencia o de otro tipo.

gachas (ga·chas) [sustantivo femenino plural] Mira en **gacho, cha**.

gacho, cha (ga·cho, cha) ∎ [adjetivo] **1** Inclinado hacia abajo: *cabeza gacha.* ∎ **gachas** [sustantivo femenino plural] **2** Comida que se hace con harina, agua y sal, a la que se pueden añadir más cosas. ☐ FAMILIA: agachar.

gaditano, na (ga·di·ta·no, na) [adjetivo o sustantivo] De la provincia española de Cádiz o de su capital.

gafar (ga·far) [verbo] Traer mala suerte: *Cree que ha perdido el concurso porque alguien le ha gafado.* ☐ [Es coloquial]. ☐ FAMILIA: →gafe.

gafas (ga·fas) [sustantivo femenino plural] Aparato formado por dos cristales, que se apoya en la nariz y en las orejas y que sirve para ver mejor. ☐ FAMILIA: gafotas.

gafe (ga·fe) [adjetivo o sustantivo] Que lleva consigo la mala suerte: *Debo de ser gafe, porque siempre que voy de excursión, llueve.* ☐ [No varía en masculino y femenino]. ☐ FAMILIA: gafar.

gafotas (ga·fo·tas) [sustantivo] Persona que usa gafas. ☐ [No varía en masculino y femenino, ni en singular y plural. Es coloquial y despectivo]. ☐ FAMILIA: →gafas.

gag [sustantivo masculino] Representación de una situación graciosa: *El humorista hizo un gag muy divertido.* ☐ [Es una palabra de origen inglés. Su plural es «gags»].

gaita (gai·ta) [sustantivo femenino] **1** Instrumento musical de viento, formado por una especie de bolsa con aire que suena al apretarla: *La gaita es típica de la música gallega y asturiana.* 👁 **páginas 534-535. 2** Cosa que molesta o resulta poco agradable: *Tener que ir a entrenar con*

gaitero, ra

este frío es una gaita. ☐ [El significado **2** es coloquial]. ☐ Familia: gaitero.

gaita

gaitero, ra (gai·te·ro, ra) [sustantivo] Persona que toca la gaita. ☐ Familia: →gaita.

gaje (ga·je) ◆ [expresión] ‖ **gajes del oficio** Molestias que tiene una profesión u otra cosa: *Que tengamos que trabajar tanto son gajes del oficio.*

gajo (ga·jo) [sustantivo masculino] Cada una de las partes en las que está dividido el interior de algunos frutos: *un gajo de naranja.* ☐ Familia: desgajar.

gajo

gala (ga·la) [sustantivo femenino] Mira en **galo, la**.

galáctico, ca (ga·lác·ti·co, ca) [adjetivo] De la galaxia o relacionado con ella: *viaje galáctico.* ☐ Familia: →galaxia.

galán (ga·lán) [sustantivo masculino] **1** Hombre guapo y atractivo. **2** Actor que hace un papel principal de hombre guapo y atractivo. ☐ Familia: galante, galantería.

galante (ga·lan·te) [adjetivo] Muy amable y atento con las mujeres. ☐ [No varía en masculino y femenino]. ☐ Sinónimos: cortés. ☐ Antónimos: descortés. ☐ Familia: →galán.

galantería (ga·lan·te·rí·a) [sustantivo femenino] Palabras o hechos amables y atentos: *Tuvo la galantería de acompañarme a casa.* ☐ Sinónimos: cortesía, gentileza. ☐ Antónimos: descortesía. ☐ Familia: →galán.

galápago (ga·lá·pa·go) [sustantivo masculino] Animal parecido a la tortuga, pero con los dedos unidos por una membrana.

galardón (ga·lar·dón) [sustantivo masculino] Cosa buena que se da a alguien para reconocer que ha hecho algo bueno. ☐ Sinónimos: premio. ☐ Familia: galardonar, galardonado.

galardonado, da (ga·lar·do·na·do, da) [adjetivo o sustantivo] Que ha recibido un premio o una recompensa. ☐ Familia: →galardón.

galardonar (ga·lar·do·nar) [verbo] Dar un premio o una recompensa a alguien para reconocer que ha hecho algo bueno: *Marie Curie fue galardonada con el Premio Nobel de Física en 1903.* ☐ Sinónimos: premiar. ☐ Familia: →galardón.

galaxia (ga·la·xia) [sustantivo femenino] Sistema formado por estrellas, polvo y gas que giran alrededor de un núcleo central: *La Vía Láctea es una galaxia.* ☐ Familia: galáctico.

galbana (gal·ba·na) [sustantivo femenino] Pereza o pocas ganas de hacer algo. ☐ [Es coloquial].

galena (ga·le·na) [sustantivo femenino] Mineral blando, de color gris y con mucho brillo.

galeón (ga·le·ón) [sustantivo masculino] Antiguo barco grande de vela con tres o cuatro palos.

galeote (ga·le·o·te) [sustantivo masculino] Antiguamente, persona que era castigada a remar en un barco. ☐ Familia: →galera.

galera (ga·le·ra) [sustantivo femenino] Barco antiguo de vela y remo. ☐ Familia: galeote.

galería (ga·le·rí·a) [sustantivo femenino] **1** Especie de pasillo que da luz a las habitaciones interiores: *las galerías de la cárcel.* **2** Camino largo y estrecho que está bajo tierra: *las galerías de la mina.* **3** Especie de calle cubierta a la que dan varios establecimientos comerciales: *galería de alimentación.* ◆ [expresión] ‖ **galería de arte** Establecimiento comercial en el que se venden y se muestran al público cuadros y otros objetos de arte.

galés, sa (ga·lés, le·sa) ▪ [adjetivo o sustantivo] **1** De Gales, que es una región británica. ▪ **galés** [sustantivo masculino] **2** Lengua de esta región.

galgo, ga (gal·go, ga) [sustantivo] Perro de una raza que se caracteriza por tener el cuerpo muy delgado y la cola larga y por ser muy rápido.

galicismo (ga·li·cis·mo) [sustantivo masculino] Palabra o expresión del francés usada en otra lengua: *La palabra «croissant» es un galicismo.* ☐ Familia: →galo.

galimatías (ga·li·ma·tí·as) [sustantivo masculino] Cosa que resulta desordenada o difícil de entender: *Este problema es un verdadero galimatías.* ☐ [No varía en singular y plural].

gallardete (ga·llar·de·te) [sustantivo masculino] Bandera estrecha en forma de triángulo.

gallardía (ga·llar·dí·a) [sustantivo femenino] **1** Valor y decisión en la forma de actuar. **2** Elegancia en la forma de moverse. ☐ Sinónimos: **1** valentía. ☐ Antónimos: **1** cobardía. ☐ Familia: →gallardo.

gallardo, da (ga·llar·do, da) [adjetivo] **1** Que actúa con valor y decisión. **2** Que resulta elegante o que tiene buena presencia. ☐ Sinónimos: bizarro. **1** valeroso, valiente. **2** apuesto. ☐ Antónimos: **1** cobarde. ☐ Familia: gallardía.

gallego, ga (ga·lle·go, ga) ∎ [adjetivo o sustantivo] **1** De la comunidad autónoma española de Galicia. ∎ **gallego** [sustantivo masculino] **2** Lengua de esta comunidad.

galleta (ga·lle·ta) [sustantivo femenino] **1** Dulce delgado y seco, hecho de harina, azúcar y otros ingredientes. **2** Golpe fuerte. ☐ [El significado **2** es coloquial].

gallina (ga·lli·na) ∎ [adjetivo o sustantivo] **1** Dicho de una persona, que es cobarde o que tiene miedo. ∎ [sustantivo femenino] **2** Ave de granja que pone huevos. ⊙ **páginas 116-117.** ☐ [En el significado **1** no varía en masculino y femenino, y es coloquial]. ☐ SINÓNIMOS: **1** miedoso, cobarde. ☐ ANTÓNIMOS: **1** valiente, valeroso. ☐ FAMILIA: →gallo.

gallináceo, a (ga·lli·ná·ce·o, a) [adjetivo o sustantivo femenino] Del grupo de animales al que pertenece la gallina: *El pavo es una gallinácea.* ☐ FAMILIA: →gallo.

gallinero (ga·lli·ne·ro) [sustantivo masculino] **1** Lugar en el que duermen las gallinas y otras aves de corral. **2** Lugar en el que hay mucho ruido. **3** En algunos teatros, conjunto de asientos del piso más alto. ☐ [Los significados **2** y **3** son coloquiales]. ☐ FAMILIA: →gallo.

gallo (ga·llo) ∎ [adjetivo o sustantivo masculino] **1** Dicho de un hombre, que se considera superior a los demás o que se cree muy valiente: *El jefe de la banda es un gallito.* ∎ [sustantivo masculino] **2** Macho de la gallina. ⊙ **páginas 116-117. 3** Pez marino parecido al lenguado, que vive echado siempre del mismo lado sobre la arena del fondo del mar. **4** Nota aguda y poco agradable que se emite al hablar o al cantar: *Al cantante le salió un gallo.* ☐ [En el significado **1** se usa mucho el diminutivo «gallito», que es coloquial. El significado **4** es coloquial]. ☐ FAMILIA: gallina, gallinero, gallináceo.

galo, la (ga·lo, la) ∎ [adjetivo o sustantivo] **1** De la Galia, nombre con el que los romanos llamaban a la actual Francia, que es un país europeo. ∎ **gala** [sustantivo femenino] **2** Ropa elegante y muy buena: *Lució sus mejores galas en la fiesta.* **3** Fiesta o ceremonia a la que hay que ir con este tipo de ropa: *Llegaron tarde a la gala que ofrecía el embajador.* **4** Actuación de un artista: *La cantante tiene previsto realizar veinte galas este verano.* ◆ [expresión] ‖ **hacer gala** Presumir de algo o mostrarlo: *Hizo gala de sus buenos modales.* ‖ **tener a gala** Presumir de algo de lo que se está orgulloso: *Tiene a gala ser muy puntual.* ☐ FAMILIA: galicismo.

galón (ga·lón) [sustantivo masculino] Especie de cinta que llevan en el brazo los uniformes militares para indicar los diferentes grados.

galopada (ga·lo·pa·da) [sustantivo femenino] Carrera del caballo a galope. ☐ FAMILIA: →galopar.

galopante (ga·lo·pan·te) [adjetivo] Dicho de una enfermedad, que avanza y se desarrolla muy rápidamente: *una neumonía galopante.* ☐ [No varía en masculino y femenino]. ☐ FAMILIA: →galopar.

galopar (ga·lo·par) [verbo] Andar los caballos muy deprisa. ☐ FAMILIA: galope, galopada, galopante.

galope (ga·lo·pe) [sustantivo masculino] Modo de andar los caballos con el que van más deprisa: *ir al galope.* ☐ FAMILIA: →galopar.

galvanizado, da (gal·va·ni·za·do, da) [adjetivo] Dicho de un metal, cubierto con una capa de otro metal distinto para que no se oxide. ☐ FAMILIA: →galvanizar.

galvanizar (gal·va·ni·zar) [verbo] Cubrir un metal con otro, especialmente con cinc, para que no se oxide. ☐ [La «z» se cambia en «c» delante de «e» («galvanice»)]. ☐ FAMILIA: galvanizado.

gama (ga·ma) [sustantivo femenino] **1** Serie de cosas distintas pero con alguna característica común: *gama de colores.* **2** Escala musical.

gamba (gam·ba) [sustantivo femenino] Animal marino con una cáscara de color rosa que cubre su cuerpo y unas antenas muy largas. ◆ [expresión] ‖ **meter la gamba** Hacer algo poco adecuado: *Siempre metes la gamba y lo estropeas todo.* ☐ [La expresión es coloquial].

gamberrada (gam·be·rra·da) [sustantivo femenino] Mala acción que se hace contra alguien o contra algo. ☐ FAMILIA: →gamberro.

gamberro, rra (gam·be·rro, rra) [adjetivo o sustantivo] Que no tiene educación o que no se comporta como un buen ciudadano. ☐ SINÓNIMOS: vándalo. ☐ FAMILIA: gamberrada.

gameto (ga·me·to) [sustantivo masculino] Célula sexual masculina o femenina de una planta o de un animal.

gamo (ga·mo) [sustantivo masculino] Animal de color marrón rojizo, con pequeñas manchas blancas, con cuernos en forma de pala y que se alimenta de hierba.

gamuza (ga·mu·za) [sustantivo femenino] **1** Trapo suave que se usa para limpiar. **2** Animal parecido a la cabra que vive en zonas montañosas. **3** Piel curtida de este animal o tejido que se parece a ella: *una chaqueta de gamuza.* ☐ SINÓNIMOS: **2** rebeco.

gana (ga·na) [sustantivo femenino] Deseo o voluntad de algo: *Tengo ganas de irme de vacaciones.* ◆ [expresión] ‖ **darle a alguien la (real) gana** Querer hacerlo por deseo propio, con razón o sin ella: *Si lo hace mal es porque le da la gana, no porque no sepa.* ☐ [Significa lo mismo en singular que en plural. La expresión es coloquial]. ☐ FAMILIA: desgana, desganado.

ganadería (ga·na·de·rí·a) [sustantivo femenino] **1** Conjunto de cuidados que se dan al ganado que se cría para explotarlo. **2** Ganado que pertenece a una persona. ☐ FAMILIA: →ganado.

ganadero, ra (ga·na·de·ro, ra) ∎ [adjetivo] **1** Del ganado o relacionado con estos animales. ∎ [sustantivo] **2** Persona que posee ganado. ☐ FAMILIA: →ganado.

ganado (ga·na·do) [sustantivo masculino] Conjunto de animales cuadrúpedos que se crían para explotarlos: *ganado bovino.* ☐ SINÓNIMOS: grey. ☐ FAMILIA: ganadería, ganadero.

ganador, ra (ga·na·dor, do·ra) [adjetivo o sustantivo] Que gana. ☐ SINÓNIMOS: vencedor, campeón. ☐ ANTÓNIMOS: perdedor. ☐ FAMILIA: →ganar.

ganancia (ga·nan·cia) [sustantivo femenino] Beneficio económico que se obtiene de algo. ☐ [Se usa más en plural]. ☐ ANTÓNIMOS: pérdida. ☐ FAMILIA: →ganar.

ganancial (ga·nan·cial) [adjetivo] Dicho de los bienes de un matrimonio, que pertenecen tanto al marido como a la mujer. ☐ [No varía en masculino y femenino]. ☐ FAMILIA: →ganar.

ganar (ga·nar) [verbo] **1** Lograr bienes o riquezas: *En esta profesión se gana mucho.* **2** Recibir un dinero como sueldo. **3** Conseguir algo: *Este físico ganó el Premio Nobel.* **4** Conseguir que alguien sienta algo por nosotros: *Se ganó al niño jugando con él durante toda la tarde.* **5** Tener alguna ventaja sobre los demás: *Te gano en experiencia.* ∎ **ganarse 6** Hacerse digno de algo: *Te vas a ganar una torta.* ☐ SINÓNIMOS: **5** superar, aventajar. **6** merecer, granjearse. ☐ ANTÓNIMOS: **1**, **3** perder. ☐ FAMILIA: ganador, ganancia, ganancial.

ganchillo (gan·chi·llo) [sustantivo masculino] **1** Aguja que termina en un gancho y que se usa para hacer labores. **2** Labor que se hace con este tipo de aguja. ☐ FAMILIA: →gancho.

gancho (gan·cho) [sustantivo masculino] **1** Pieza curva y generalmente puntiaguda que sirve para coger o colgar algo: *En las carnicerías, los jamones cuelgan de ganchos.* **2** Fuerza o atractivo para la gente: *Este actor tiene gancho.* ☐ [El significado **2** es coloquial]. ☐ SINÓNIMOS: **1** garfio. **2** garra. ☐ FAMILIA: ganchudo, ganchillo, enganchar, enganche, enganchón, desenganchar, reengancharse, reenganche.

ganchudo, da (gan·chu·do, da) [adjetivo] Con forma de gancho: *nariz ganchuda.* ☐ FAMILIA: →gancho.

gandul, la (gan·dul, du·la) [adjetivo o sustantivo] Que no quiere trabajar aunque tenga que hacerlo. ☐ SINÓNIMOS: holgazán, vago, perezoso, haragán. ☐ ANTÓNIMOS: trabajador, laborioso. ☐ FAMILIA: gandulear.

gandulear (gan·du·le·ar) [verbo] No trabajar cuando hay que hacerlo: *En lugar de estudiar, se pasa el día gunduleando.* ☐ SINÓNIMOS: vaguear, holgazanear. ☐ ANTÓNIMOS: trabajar. ☐ FAMILIA: →gandul.

ganga (gan·ga) [sustantivo femenino] Cosa que tiene valor y se logra sin esfuerzo o por poco dinero: *Este piso tan barato es una ganga.* ☐ SINÓNIMOS: chollo.

ganglio (gan·glio) [sustantivo masculino] Conjunto de células que forman un órgano pequeño en forma ovalada: *ganglios nerviosos.*

gangoso, sa (gan·go·so, sa) [adjetivo] Que habla como si lo hiciera por la nariz, generalmente por un defecto.

gangrena (gan·gre·na) [sustantivo femenino] Muerte de una parte del cuerpo a causa de una infección o porque la sangre no circula por ella. ☐ FAMILIA: gangrenarse.

gangrenarse (gan·gre·nar·se) [verbo] Morirse una parte del cuerpo a causa de una infección o porque la sangre no circula por ella: *Hubo que amputar el pie porque se gangrenó.* ☐ FAMILIA: →gangrena.

gangster [sustantivo masculino] → **gánster**. ☐ [Es una palabra inglesa. Se pronuncia «gánster»].

gansada (gan·sa·da) [sustantivo femenino] Cosa que se hace o dice para que los demás se rían. ☐ [Es coloquial]. ☐ SINÓNIMOS: tontería, bobada, gracia. ☐ FAMILIA: →ganso.

ganso, sa (gan·so, sa) ∎ [sustantivo] **1** Ave parecida al pato, con la parte superior del cuerpo de color gris y la parte inferior blanca. 👁 páginas 116-117. ∎ [adjetivo o sustantivo] **2** Que hace tonterías para hacer reír. **3** Que tiene poca habilidad y es un poco descuidado. ☐ [Los significados **2** y **3** son coloquiales]. ☐ SINÓNIMOS: **1** oca, ánsar. ☐ FAMILIA: gansada.

gánster (gáns·ter) [sustantivo masculino] Miembro de una banda organizada que comete delitos y actúa de forma ilegal en las grandes ciudades. ☐ [Es una palabra de origen inglés. Su plural es «gánsteres». No confundir con «hámster» (tipo de ratón). Es preferible escribir «gánster» que la forma inglesa *gangster*].

ganzúa (gan·zú·a) [sustantivo femenino] Alambre fuerte doblado en forma de gancho, que se usa para abrir puertas en lugar de hacerlo con la llave.

ganzúa

gañán (ga·ñán) [sustantivo masculino] **1** Hombre que trabaja en el campo. **2** Hombre rudo o poco delicado.

gañote (ga·ño·te) [sustantivo masculino] Parte superior de la garganta. ☐ [Es coloquial]. ☐ SINÓNIMOS: gaznate.

garabatear (ga·ra·ba·te·ar) [verbo] Dibujar líneas mal hechas que no significan nada: *El niño garabateó su nombre en el papel.* ☐ SINÓNIMOS: pintarrajear. ☐ FAMILIA: →garabato.

garabato (ga·ra·ba·to) [sustantivo masculino] Conjunto de letras o dibujos mal hechos. ☐ FAMILIA: garabatear.

garaje (ga·ra·je) [sustantivo masculino] **1** Local generalmente cubierto en el que se aparcan coches. **2** Taller en el que se arreglan automóviles. ☐ SINÓNIMOS: **1** cochera.

garantía (ga·ran·tí·a) [sustantivo femenino] **1** Cosa que sirve para asegurar que se va a cumplir una obligación: *Te dejo el coche como garantía de que te devolveré la moto.* **2** Compromiso de un vendedor de que su producto durará determinado tiempo sin estropearse o de que lo arreglará gratuitamente en caso de que se estropee: *Esta plancha tiene una garantía de un año.* **3** Seguridad que se da de que se va a cumplir lo que se había dicho: *No tengo garantías de que me devuelvan el dinero.* ☐ FAMILIA: garantizar.

garantizar (ga·ran·ti·zar) [verbo] Asegurar que algo se va a cumplir: *Te garantizo que no volveré a llegar tarde*. ☐ [La «z» se cambia en «c» delante de «e» («garantice»)]. ☐ Familia: →garantía.

garbanzo (gar·ban·zo) [sustantivo masculino] Planta que se cultiva en las huertas, cuya semilla es redonda y de color marrón claro, y que se cocina cuando ya está seca. 👁 **página 566.** ◆ [expresión] ‖ **ser el garbanzo negro** Destacar por las cualidades negativas.

garbeo (gar·be·o) [sustantivo masculino] Paseo. ☐ [Es coloquial]. ☐ Familia: →garbo.

garbo (gar·bo) [sustantivo masculino] Gracia en la forma de andar o de actuar. ☐ Sinónimos: salero. ☐ Familia: garboso, desgarbado, garbeo.

garboso, sa (gar·bo·so, sa) [adjetivo] Que tiene gracia al andar o al actuar. ☐ Sinónimos: saleroso. ☐ Antónimos: soso, desgarbado. ☐ Familia: →garbo.

gardenia (gar·de·nia) [sustantivo femenino] Arbusto con espinas, con hojas de color verde brillante y flores blancas que huelen muy bien.

garduña (gar·du·ña) [sustantivo femenino] Animal mamífero que tiene la cabeza pequeña, el cuello largo y las patas cortas, y que se alimenta de las crías de otros animales.

garete (ga·re·te) ◆ [expresión] ‖ **irse algo al garete** Fracasar o estropearse. ☐ [Es coloquial].

garfio (gar·fio) [sustantivo masculino] Gancho generalmente puntiagudo, que sirve para coger o colgar algo. ☐ Sinónimos: gancho.

gargajo (gar·ga·jo) [sustantivo masculino] Saliva que se expulsa por la boca. ☐ Sinónimos: esputo, escupitajo.

garganta (gar·gan·ta) [sustantivo femenino] **1** Zona delantera del cuello: *Los jerséis de cuello alto cubren la garganta*. **2** Parte interna del cuello, que se corresponde con esta zona: *Me duele la garganta*. **3** Paso estrecho entre montañas: *El río discurre por una profunda garganta*. ☐ Sinónimos: **3** quebrada. ☐ Familia: gargantilla.

gargantilla (gar·gan·ti·lla) [sustantivo femenino] Collar corto que rodea el cuello. ☐ Familia: →garganta.

gárgara (gár·ga·ra) [sustantivo femenino] Acción de mantener un líquido en la garganta, con la boca hacia arriba, sin tragarlo y echando el aire para moverlo. ◆ [expresión] ‖ **mandar algo a hacer gárgaras** Rechazarlo o dejarlo abandonado. ☐ [En el significado **1** se usa más en plural. La expresión es coloquial]. ☐ Sinónimos: gargarismo. ☐ Familia: gargarismo.

gargarismo (gar·ga·ris·mo) [sustantivo masculino] **1** Acción de mantener un líquido en la garganta, con la boca hacia arriba, sin tragarlo y echando el aire para moverlo. **2** Líquido medicinal para realizar esta acción. ☐ [En el significado **1** se usa más en plural]. ☐ Sinónimos: **1** gárgara. ☐ Familia: →gárgara.

gárgola (gár·go·la) [sustantivo femenino] Adorno que hay en algunos tejados o fuentes, por el que cae agua y que suele representar una figura imaginaria.

garita (ga·ri·ta) [sustantivo femenino] Especie de torre o de cuarto pequeño que sirve para que se protejan los soldados o las personas que vigilan algo.

garita

garito (ga·ri·to) [sustantivo masculino] **1** Local clandestino en el que se organizan juegos y apuestas. **2** Establecimiento público de diversión que tiene mala reputación. ☐ [El significado **2** es frecuentemente coloquial].

garra (ga·rra) [sustantivo femenino] **1** Mano o pie de un animal, con fuertes uñas. **2** Fuerza o atractivo para la gente: *Este cantante tiene mucha garra*. ☐ Sinónimos: **1** zarpa. ☐ Familia: desgarrar, desgarrado, desgarrador, desgarrón, desgarro.

garrafa (ga·rra·fa) [sustantivo femenino] Recipiente que tiene el cuello largo y un asa. ☐ Familia: garrafón.

garrafa

garrafal (ga·rra·fal) [adjetivo] Dicho especialmente de un error, muy grande o muy grave. ☐ [No varía en masculino y femenino].

garrafón (ga·rra·fón) [sustantivo masculino] Recipiente de forma más o menos redonda y generalmente de vidrio, que está protegido por una cubierta: *un garrafón de vino*. ☐ Familia: →garrafa.

garrapata (ga·rra·pa·ta) [sustantivo femenino] Animal pequeño, de forma más o menos redonda, que vive sobre otros animales y se alimenta de la sangre que les chupa.

garrapiñado, da (ga·rra·pi·ña·do, da) [adjetivo] Dicho de los frutos secos, que están bañados con una capa de azúcar hecha caramelo: *almendras garrapiñadas*.

garrocha (ga·rro·cha) [sustantivo femenino] Palo largo que termina en punta y que se utiliza para picar los toros en las corridas.

garrota (ga·rro·ta) [sustantivo femenino] Palo grueso y fuerte que sirve para andar apoyándose en él. ☐ SINÓNIMOS: garrote, cachava, cayado. ☐ FAMILIA: garrote, garrotazo.

garrotazo (ga·rro·ta·zo) [sustantivo masculino] Golpe dado con un palo grueso. ☐ FAMILIA: →garrota.

garrote (ga·rro·te) [sustantivo masculino] Palo grueso y fuerte que sirve para andar apoyándose en él. ☐ SINÓNIMOS: garrota, cachava, cayado. ☐ FAMILIA: →garrota.

garzo, za (gar·zo, za) ▪ [adjetivo] **1** Dicho de los ojos, que son de color azul. ▪ **garza** [sustantivo femenino] **2** Ave de color gris, con las patas largas y finas, con el cuello largo en forma de ese y con el pico también largo.

gas ▪ [sustantivo masculino] **1** Materia en un estado parecido al del aire. **2** Combustible en este estado: *bombona de gas*. ▪ **gases** [plural] **3** Aire que se acumula en el organismo después de comer los alimentos. ☐ FAMILIA: gaseoso, gasóleo, gasoil, antigás, gasoducto.

gasa (ga·sa) [sustantivo femenino] **1** Tela que absorbe muy bien y se usa para cubrir heridas y para otras cosas. **2** Tela muy ligera y transparente.

gaseoso, sa (ga·se·o·so, sa) ▪ [adjetivo] **1** Que se encuentra en estado de gas. **2** Que contiene gases: *refrescos gaseosos*. ▪ **gaseosa** [sustantivo femenino] **3** Bebida que tiene gas y que parece agua con azúcar. ☐ FAMILIA: →gas.

gasoducto (ga·so·duc·to) [sustantivo masculino] Tubo ancho y muy largo para conducir un gas a un sitio que está lejos. ☐ FAMILIA: →gas.

gasoil (ga·soil) [sustantivo masculino] → **gasóleo.** ☐ [Es una palabra de origen inglés]. ☐ FAMILIA: →gas.

gasóleo (ga·só·le·o) [sustantivo masculino] Combustible parecido a la gasolina, que se saca del petróleo y que se usa para hacer funcionar algunos motores. ☐ SINÓNIMOS: gasoil, diésel. ☐ FAMILIA: →gas.

gasolina (ga·so·li·na) [sustantivo femenino] Combustible que se quema fácilmente y que se usa para hacer funcionar algunos motores. ☐ FAMILIA: gasolinera.

gasolinera (ga·so·li·ne·ra) [sustantivo femenino] Establecimiento en el que se vende gasolina y otros combustibles. ☐ FAMILIA: →gasolina.

gastado, da (gas·ta·do, da) [adjetivo] **1** Que se ha acabado. **2** Estropeado por el uso o por el paso del tiempo. ☐ SINÓNIMOS: **2** usado. ☐ FAMILIA: →gastar.

gastador, ra (gas·ta·dor, do·ra) [adjetivo o sustantivo] Dicho de una persona, que gasta mucho dinero. ☐ FAMILIA: →gastar.

gastar (gas·tar) [verbo] **1** Emplear el dinero en algo: *Se gastó en libros todo el dinero que tenía*. **2** Acabar por el uso o por el paso del tiempo: *Este boli ya se ha gastado*. **3** Usar o llevar de forma habitual: *Siempre gasto zapatos planos*. ☐ ANTÓNIMOS: **1** ahorrar, economizar. ☐ FAMILIA: gasto, gastado, gastador, malgastar, desgastar, desgaste.

gasto (gas·to) [sustantivo masculino] Empleo de dinero en algo: *El gasto en comida es muy grande. Tengo muchos gastos*. ☐ FAMILIA: →gastar.

gástrico, ca (gás·tri·co, ca) [adjetivo] Del estómago o relacionado con él: *jugos gástricos*. ☐ SINÓNIMOS: estomacal. ☐ FAMILIA: gastritis.

gastritis (gas·tri·tis) [sustantivo femenino] Inflamación del estómago. ☐ [No varía en singular y plural]. ☐ FAMILIA: →gástrico.

gastronomía (gas·tro·no·mí·a) [sustantivo femenino] Arte o técnica de preparar una buena comida.

gatear (ga·te·ar) [verbo] Andar de rodillas y apoyando las palmas de las manos en el suelo: *El bebé se metió debajo de la mesa gateando*. ☐ FAMILIA: →gato.

gatera (ga·te·ra) [sustantivo femenino] Agujero pequeño hecho en una pared o en una puerta para que pasen los gatos u otros animales. ☐ FAMILIA: →gato.

gatillo (ga·ti·llo) [sustantivo masculino] Pieza de un arma de fuego que se aprieta con el dedo para disparar.

gato, ta (ga·to, ta) ▪ [sustantivo] **1** Animal mamífero que suele vivir con el hombre, que maúlla, tiene el pelo suave y caza ratones. ▪ **gato** [sustantivo masculino] **2** Máquina que sirve para levantar grandes pesos a poca altura: *Cuando se pinchó la rueda, subimos el coche con el gato para cambiarla*. ◆ [expresión] ‖ **a gatas** Apoyando las manos y las rodillas al andar. ‖ **haber gato encerrado** Haber algo secreto. ‖ **llevarse el gato al agua** Ganar o triunfar. ☐ [Las expresiones son coloquiales]. ☐ FAMILIA: gatera, gatear, pelagatos.

gaucho, cha (gau·cho, cha) [adjetivo o sustantivo] De los campesinos de las llanuras argentinas, uruguayas y brasileñas: *Los gauchos son pastores de ganado*.

gavilán (ga·vi·lán) [sustantivo masculino] Ave que tiene las plumas de color gris y la cola larga y se alimenta de ratones y pequeños animales. ⊙ páginas 116-117.

gavilla (ga·vi·lla) [sustantivo femenino] Conjunto de ramas o de cosas semejantes que se atan juntas: *gavilla de trigo*.

gaviota (ga·vio·ta) [sustantivo femenino] Ave de color blanco y gris que se alimenta de peces y vive en la costa. ⊙ páginas 116-117.

gay (gay) [adjetivo o sustantivo masculino] Dicho de un hombre, que siente atracción sexual por otros hombres. ☐ [Es una palabra de origen inglés. Su plural es «gais»].

gayumbos (ga·yum·bos) [sustantivo masculino plural] Calzoncillo. ☐ [Es coloquial].

gazapo (ga·za·po) [sustantivo masculino] **1** Cría del conejo. **2** Error que se comete al hablar o al escribir. ☐ SINÓNIMOS: **2** errata.

gazmoñería (gaz·mo·ñe·rí·a) [sustantivo femenino] Actitud del que aparenta ser demasiado fino y muy delicado. ☐ FAMILIA: →gazmoño.

gazmoño, ña (gaz·mo·ño, ña) [adjetivo] Que aparenta ser demasiado fino y muy delicado. ☐ FAMILIA: gazmoñería.

gaznate (gaz·na·te) [sustantivo masculino] Parte superior de la garganta. ☐ [Es coloquial]. ☐ SINÓNIMOS: gañote.

gazpacho (gaz·pa·cho) [sustantivo masculino] Sopa fría que se hace con pan, aceite, tomate, pepino y ajo y otros ingredientes.

gazuza (ga·zu·za) [sustantivo femenino] Hambre. ☐ [Es coloquial].

ge [sustantivo femenino] Nombre de la letra g.

géiser (géi·ser) [sustantivo masculino] Fuente natural de agua caliente.

gel [sustantivo masculino] **1** Producto transparente parecido a una crema: *Este medicamento lo hay en aerosol y en gel.* **2** Jabón líquido. ☐ FAMILIA: gelatina, gelatinoso.

gelatina (ge·la·ti·na) [sustantivo femenino] Alimento sólido y transparente: *gelatina de fresa.* ☐ FAMILIA: →gel.

gelatinoso, sa (ge·la·ti·no·so, sa) [adjetivo] Con gelatina o con sus características: *El pegamento es gelatinoso.* ☐ FAMILIA: →gel.

gélido, da (gé·li·do, da) [adjetivo] Muy frío: *aire gélido.* ☐ SINÓNIMOS: helado, glacial. ☐ ANTÓNIMOS: abrasador, ardiente, tórrido. ☐ FAMILIA: →helar.

gema (ge·ma) [sustantivo femenino] **1** Piedra preciosa. **2** Tallo nuevo que empieza a aparecer en una planta. ☐ SINÓNIMOS: **2** yema, brote.

gemelo, la (ge·me·lo, la) ▮ [adjetivo] **1** Dicho de dos cosas, que son iguales y que se colocan juntas: *camas gemelas.* ▮ [adjetivo o sustantivo] **2** Que ha nacido a la vez que su hermano y que tiene un aspecto casi igual: *Los hermanos gemelos se originan a partir del mismo óvulo y son siempre del mismo sexo.* ▮ **gemelo** [sustantivo masculino] **3** Adorno formado por dos piezas unidas por una cadena y que sirve para abrochar las mangas de la camisa. **4** Cada uno de los dos músculos que forman la parte de atrás de la pierna, debajo de la rodilla. 👁 página 647. ▮ **gemelos** [sustantivo masculino plural] **5** Aparato que está formado por dos tubos y que permite ver lo que está lejos como si estuviera cerca. ☐ [En el significado 2, no confundir con «mellizo» (que se ha originado de distinto óvulo que su hermano)]. ☐ SINÓNIMOS: **5** anteojos, prismáticos.

gemido (ge·mi·do) [sustantivo masculino] Sonido con que se expresa un dolor o una pena. ☐ SINÓNIMOS: quejido, queja, lamento, ay. ☐ FAMILIA: →gemir.

géminis (gé·mi·nis) [adjetivo o sustantivo] Dicho de una persona, que pertenece a uno de los doce signos del Zodiaco: *Las personas que son géminis nacen entre el 22 de mayo y el 21 de junio.* ☐ [No varía en masculino y femenino, ni en singular y plural].

gemir (ge·mir) [verbo] Expresar con la voz un dolor o una pena: *La viuda gemía de pena.* ☐ [Es irregular y se conjuga como PEDIR]. ☐ SINÓNIMOS: quejarse. ☐ FAMILIA: gemido.

gen [sustantivo masculino] Parte de un cromosoma que hace que los hijos tengan rasgos comunes a los padres. ☐ FAMILIA: genético, genoma, transgénico.

gendarme (gen·dar·me) [sustantivo masculino] Agente de Policía en Francia, que es un país europeo, y en otros países.

genealogía (ge·ne·a·lo·gí·a) [sustantivo femenino] Conjunto de antepasados y descendientes de una persona. ☐ SINÓNIMOS: estirpe, linaje. ☐ FAMILIA: genealógico.

genealógico, ca (ge·ne·a·ló·gi·co, ca) [adjetivo] De la genealogía o relacionado con ella: *árbol genealógico.* ☐ FAMILIA: →genealogía.

generación (ge·ne·ra·ción) [sustantivo femenino] Conjunto de las personas que tienen una edad parecida y que por eso han recibido una misma educación y han vivido las mismas cosas. ☐ FAMILIA: →generar.

generador, ra (ge·ne·ra·dor, do·ra) [adjetivo o sustantivo masculino] Que produce fuerza, energía u otra cosa. ☐ [Cuando es adjetivo el femenino también puede ser «generatriz»]. ☐ FAMILIA: →generar.

general (ge·ne·ral) ▮ [adjetivo] **1** De un grupo de personas: *La sorpresa fue general.* **2** Que ocurre o se usa con mucha frecuencia o de forma normal: *Ese error es muy general.* **3** Que no entra en detalles: *introducción general.* **4** Dicho de una persona, que es responsable máxima de la dirección de algo: *directora general.* ▮ [sustantivo] **5** Una de las categorías militares, por encima del coronel. ☐ [No varía en masculino y femenino]. ☐ SINÓNIMOS: **1** colectivo. ☐ ANTÓNIMOS: **1** particular, personal, individual. ☐ FAMILIA: →género.

generalidad (ge·ne·ra·li·dad) ▮ [sustantivo femenino] **1** Conjunto formado por una mayoría de personas o de cosas: *La generalidad del público aplaudió su actuación.* ▮ **generalidades** [plural] **2** Cosas generales o poco precisas: *Respondió con generalidades.* ☐ FAMILIA: →género.

generalizar (ge·ne·ra·li·zar) [verbo] **1** Extender algo o hacerlo público o normal: *Se ha generalizado el uso de la minifalda.* **2** Considerar un conjunto de personas por lo que es alguno de los individuos que lo forman: *Es injusto que generalices y digas que todos somos unos vagos.* ☐ [La «z» se cambia en «c» delante de «e» («generalice»)]. ☐ FAMILIA: →género.

generar (ge·ne·rar) [verbo] Tener como efecto: *La sequía está generando hambre en muchas zonas.* ☐ SINÓNIMOS: producir, ocasionar, causar, traer. ☐ FAMILIA: generación, generador, generatriz, regenerar, regeneración, degeneración, degenerar, degenerado.

generatriz (ge·ne·ra·triz) [adjetivo o sustantivo femenino] Dicho de una línea o de una figura geométrica, que al moverse produce otro cuerpo geométrico. ☐ [Su plural es «generatrices»]. ☐ FAMILIA: →generar.

genérico, ca (ge·né·ri·co, ca) [adjetivo] Que es común a los elementos de un conjunto: *«Árbol» es un nombre genérico que incluye al pino, al cerezo y a otros.* ☐ FAMILIA: →género.

género (gé·ne·ro) [sustantivo masculino] **1** Conjunto de seres que tienen una o varias características comunes: *género humano.* **2** Naturaleza o tipo: *No contestaré a preguntas de ese género.* **3** Producto que se compra o se vende: *En esta frutería tienen buen género.* **4** En literatura, categoría en la que se agrupan las obras que tienen algunos rasgos comunes: *género literario.* **5** Propiedad de algunas palabras por las que las clasifica en masculinas, femeninas y neutras: *La palabra «manzana» es de género femenino.* ☐ SINÓNIMOS: **2** clase, especie. **3** artículo, mercancía. ☐ FAMILIA: general, generalizar, generalidad, genérico, congénere.

generosidad (ge·ne·ro·si·dad) [sustantivo femenino] Forma de ser de la persona que da lo que tiene sin buscar nada a cambio. ☐ SINÓNIMOS: desprendimiento. ☐ ANTÓNIMOS: egoísmo, tacañería. ☐ FAMILIA: →generoso.

generoso, sa (ge·ne·ro·so, sa) [adjetivo] Que da lo que tiene sin buscar nada a cambio. ☐ SINÓNIMOS: espléndido, desprendido, dadivoso, rumboso. ☐ ANTÓNIMOS: tacaño, egoísta, avaro, ruin. ☐ FAMILIA: generosidad.

génesis (gé·ne·sis) [sustantivo femenino] Principio u origen de una cosa: *la génesis de la Tierra*. ☐ [No varía en singular y plural].

genético, ca (ge·né·ti·co, ca) ■ [adjetivo] **1** De la genética o relacionado con esta ciencia. ■ **genética** [sustantivo femenino] **2** Ciencia que estudia la transmisión de los rasgos de padres a hijos. ☐ FAMILIA: →gen.

genial (ge·nial) ■ [adjetivo] **1** Muy bueno, estupendo o extraordinario: *Eres una chica genial*. ■ [adverbio] **2** Muy bien o de forma extraordinaria: *El concierto estuvo genial*. ☐ [En el significado **1** no varía en masculino y femenino. En el significado **2** tampoco varía por ser adverbio]. ☐ FAMILIA: →genio.

genialidad (ge·nia·li·dad) [sustantivo femenino] **1** Capacidad de hacer cosas nuevas o muy buenas: *Nadie discute la genialidad de este músico*. **2** Hecho o dicho que es propio de un genio: *Tu idea es una genialidad*. ☐ FAMILIA: →genio.

genio (ge·nio) [sustantivo masculino] **1** Forma de ser de una persona: *una persona de genio tranquilo*. **2** Mal humor: *No tengas tanto genio y ríete de la situación*. **3** Persona que posee la capacidad de hacer cosas dignas de admiración: *un genio de la pintura*. **4** Personaje imaginario que aparece en los cuentos: *El genio concedió tres deseos al príncipe*. ☐ FAMILIA: genial, genialidad, congeniar.

genital (ge·ni·tal) ■ [adjetivo] **1** Que sirve para la producción de seres de la misma especie: *órganos genitales*. ■ **genitales** [sustantivo masculino plural] **2** Órganos de la reproducción sexual. ☐ [En el significado **1** no varía en masculino y femenino].

genoma (ge·no·ma) [sustantivo masculino] Conjunto de los cromosomas que hay en una célula, en los que se encuentra la información de las características que pasan de padres a hijos. ☐ FAMILIA: →gen.

gente (gen·te) [sustantivo femenino] Conjunto de personas. ☐ FAMILIA: gentío, gentuza, gentil, gentileza.

gentil (gen·til) [adjetivo] Amable o atento. ☐ [No varía en masculino y femenino]. ☐ FAMILIA: →gente.

gentileza (gen·ti·le·za) [sustantivo femenino] Detalle que demuestra atención o respeto por alguien. ☐ SINÓNIMOS: cortesía, galantería. ☐ ANTÓNIMOS: grosería, descortesía. ☐ FAMILIA: →gente.

gentilicio (gen·ti·li·cio) [adjetivo o sustantivo masculino] Dicho de una palabra, que expresa el origen o el lugar de donde es una persona o una cosa: *«Gaditano» es el gentilicio de los naturales de Cádiz*.

gentío (gen·tí·o) [sustantivo masculino] Gran cantidad de personas. ☐ SINÓNIMOS: multitud, muchedumbre. ☐ FAMILIA: →gente.

gentuza (gen·tu·za) [sustantivo femenino] Gente poco agradable y que no se considera digna de respeto. ☐ [Es despectivo]. ☐ SINÓNIMOS: chusma. ☐ FAMILIA: →gente.

genuflexión (ge·nu·fle·xión) [sustantivo femenino] Movimiento que se hace al doblar una rodilla hasta el suelo como signo de respeto: *Al entrar en la iglesia hice una genuflexión*. ☐ FAMILIA: →flexión.

genuino, na (ge·nui·no, na) [adjetivo] Que no es falso. ☐ SINÓNIMOS: auténtico.

geografía (ge·o·gra·fí·a) [sustantivo femenino] Ciencia que estudia los ríos, las montañas y otros aspectos de la Tierra. ☐ FAMILIA: geógrafo, geográfico.

geográfico, ca (ge·o·grá·fi·co, ca) [adjetivo] De la geografía o relacionado con esta ciencia. ☐ FAMILIA: →geografía.

geógrafo, fa (ge·ó·gra·fo, fa) [sustantivo] Persona especializada en geografía. ☐ FAMILIA: →geografía.

geología (ge·o·lo·gí·a) [sustantivo femenino] Ciencia que estudia de qué está compuesta la Tierra y cómo se ha formado. ☐ FAMILIA: geólogo, geológico.

geológico, ca (ge·o·ló·gi·co, ca) [adjetivo] De la geología o relacionado con esta ciencia: *era geológica*. ☐ FAMILIA: →geología.

geólogo, ga (ge·ó·lo·go, ga) [sustantivo] Persona especializada en geología. ☐ FAMILIA: →geología.

geometría (ge·o·me·trí·a) [sustantivo femenino] Parte de las matemáticas que estudia los tipos de líneas, planos y figuras. ☐ FAMILIA: geométrico.

geométrico, ca (ge·o·mé·tri·co, ca) [adjetivo] De la geometría o relacionado con esta parte de las matemáticas. ☐ FAMILIA: →geometría.

georgiano, na (ge·or·gia·no, na) ■ [adjetivo o sustantivo] **1** De Georgia, que es un país asiático. ■ **georgiano** [sustantivo masculino] **2** Lengua de este país.

geosfera (ge·os·fe·ra) [sustantivo femenino] Parte sólida de la Tierra: *En la geosfera se pueden distinguir tres capas: la corteza, el manto y el núcleo*.

geosfera

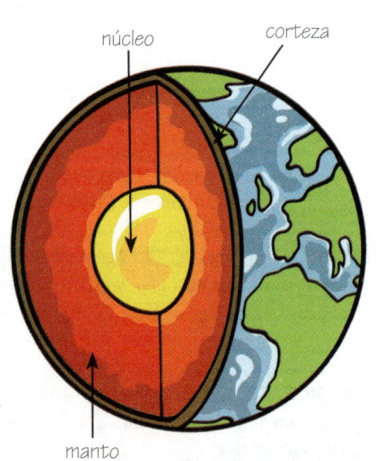

geometría

FIGURAS GEOMÉTRICAS

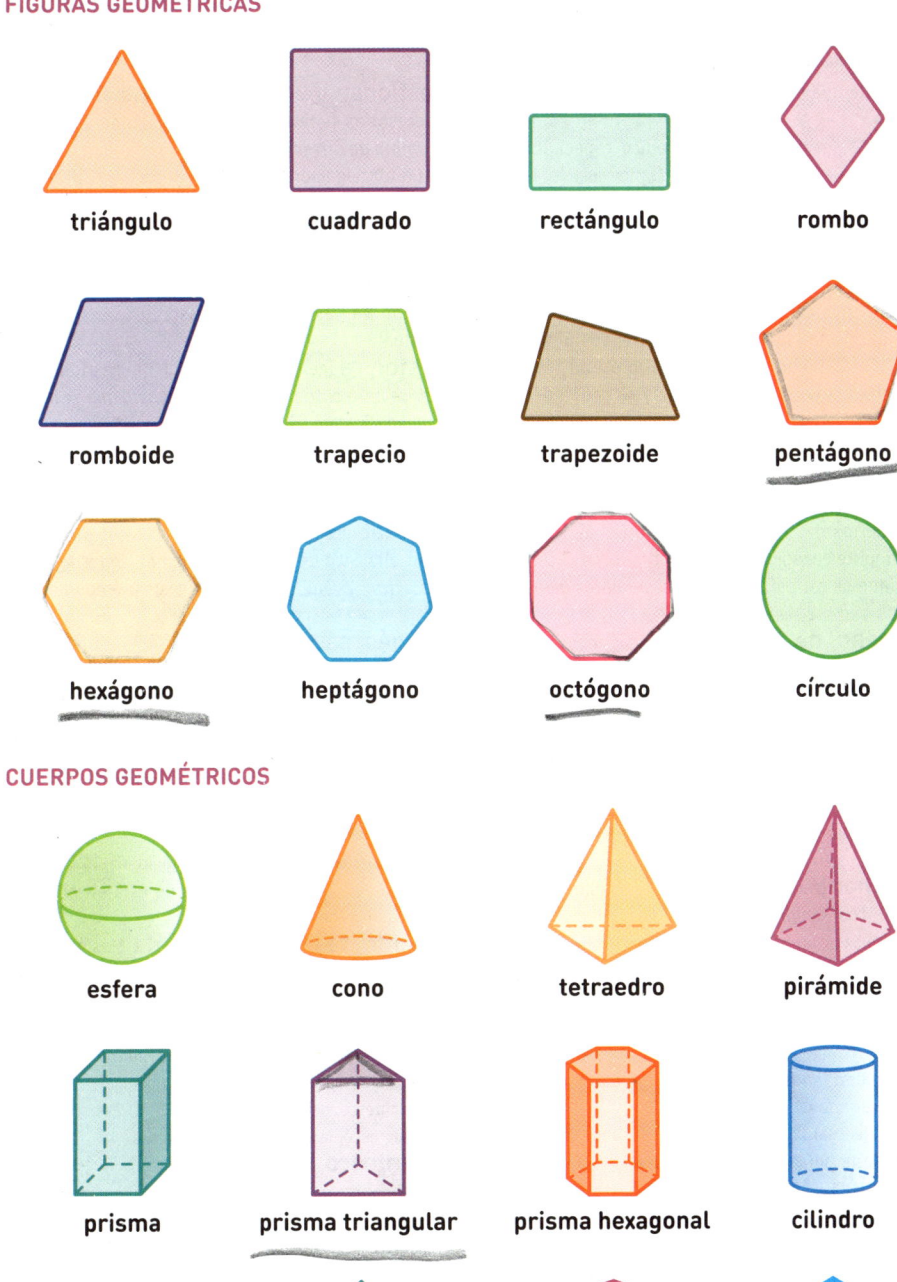

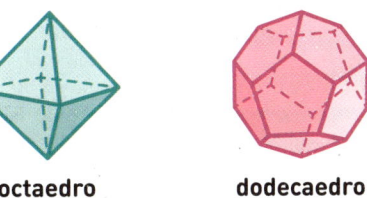

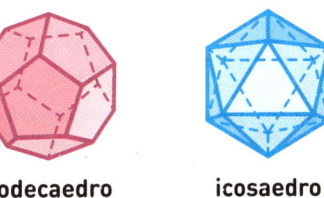

| triángulo | cuadrado | rectángulo | rombo |

| romboide | trapecio | trapezoide | pentágono |

| hexágono | heptágono | octógono | círculo |

CUERPOS GEOMÉTRICOS

| esfera | cono | tetraedro | pirámide |

| prisma | prisma triangular | prisma hexagonal | cilindro |

| cubo | octaedro | dodecaedro | icosaedro |

geranio (ge·ra·nio) [sustantivo masculino] Planta cuyas flores forman grupos y que suele cultivarse en macetas. ◉ página 444.

gerente (ge·ren·te) [sustantivo] Persona que dirige los negocios de una empresa. ☐ [No varía en masculino y femenino].

geriatra (ge·ria·tra) [sustantivo] Médico especializado en geriatría. ☐ [No varía en masculino y femenino]. ☐ Familia: →geriatría.

geriatría (ge·ria·trí·a) [sustantivo femenino] Ciencia que estudia la vejez y sus enfermedades. ☐ Familia: geriatra, geriátrico.

geriátrico, ca (ge·riá·tri·co, ca) [adjetivo] **1** De la geriatría o relacionado con esta parte de la medicina. ■ [adjetivo o sustantivo] **2** Dicho de un sanatorio o una residencia, que acoge a personas ancianas y se ocupa de su cuidado. ☐ Familia: →geriatría.

gerifalte (ge·ri·fal·te) [sustantivo masculino] Persona muy importante. ☐ [Es coloquial].

germánico, ca (ger·má·ni·co, ca) [adjetivo] **1** De la antigua Germania, que era el territorio del centro del continente europeo: *pueblos germánicos*. **2** De Alemania, que es un país europeo: *costumbres germánicas*. ☐ Sinónimos: **2** alemán, germano.

germano, na (ger·ma·no, na) [adjetivo o sustantivo] **1** De la antigua Germania, que era el territorio del centro del continente europeo. **2** De Alemania, que es un país europeo. ☐ Sinónimos: **2** alemán, germánico.

germen (ger·men) [sustantivo masculino] **1** Principio u origen de algo nuevo: *El germen del trigo es la parte de la semilla de la que brota este cereal*. **2** Ser vivo muy pequeño que puede producir o extender una enfermedad. ☐ Familia: germinar.

germinar (ger·mi·nar) [verbo] Salir una planta de su semilla: *Las semillas germinan con calor y humedad*. ☐ Sinónimos: brotar, nacer. ☐ Familia: →germen.

gerundense (ge·run·den·se) [adjetivo o sustantivo] De la provincia española de Gerona o de su capital. ☐ [No varía en masculino y femenino].

gerundio (ge·run·dio) [sustantivo masculino] Forma del verbo, que termina en *-ando* o en *-iendo*: *El gerundio de «cantar» es «cantando»*.

gesta (ges·ta) [sustantivo femenino] Conjunto de hechos importantes de una persona o de un pueblo.

gestación (ges·ta·ción) [sustantivo femenino] Desarrollo de un nuevo ser vivo dentro del cuerpo de la madre. ☐ Familia: →gestar.

gestar (ges·tar) [verbo] **1** Llevar una hembra a su cría dentro de ella hasta el momento del parto. ■ **gestarse 2** Formarse o desarrollarse una cosa: *El plan se gestó a largo de muchos meses*. ☐ Familia: gestación.

gesticular (ges·ti·cu·lar) [verbo] Hacer gestos: *Cuando habla, gesticula mucho con las manos*. ☐ Familia: →gesto.

gestión (ges·tión) [sustantivo femenino] **1** Acción que se realiza para conseguir algo: *Hice varias gestiones para conseguir el permiso*. **2** Dirección u organización de una empresa o de un negocio: *La gestión de la fábrica corre a mi cargo*. ☐ Sinónimos: **1** trámite. ☐ Familia: gestionar, gestor.

gestionar (ges·tio·nar) [verbo] **1** Realizar las acciones necesarias para conseguir algo: *Ya he gestionado tu cambio de dirección*. **2** Dirigir u organizar una empresa o un negocio: *Mi hermana gestiona su propio negocio*. ☐ Sinónimos: **1** tramitar. ☐ Familia: →gestión.

gesto (ges·to) [sustantivo masculino] **1** Movimiento de la cara o de las manos con el que se expresa algo. **2** Acción que alguien realiza en beneficio de alguien: *Has tenido un gesto muy generoso*. ☐ Familia: gesticular, gestual.

gestor, ra (ges·tor, to·ra) [adjetivo o sustantivo] Que gestiona: *Un gestor se hará cargo de la empresa hasta que se nombre el nuevo director*. ☐ Familia: →gestión.

gestoría (ges·to·rí·a) [sustantivo femenino] Oficina en la que se resuelven asuntos relacionados con los documentos legales.

gestual (ges·tual) [adjetivo] **1** De los gestos o relacionado con ellos: *La crítica ha alabado la riqueza gestual de la actriz*. **2** Que se hace con gestos: *lenguaje gestual*. ☐ [No varía en masculino y femenino]. ☐ Familia: →gesto.

ghanés, sa (gha·nés, ne·sa) [adjetivo o sustantivo] De Ghana, que es un país africano.

giba (gi·ba) [sustantivo femenino] **1** Bulto que tienen algunas personas en la espalda. **2** Bulto que tienen algunos animales en el cuerpo. ☐ Sinónimos: joroba. **1** chepa.

gibón (gi·bón) [sustantivo masculino] Mono asiático con los brazos muy largos y sin cola, que camina derecho y que vive en los árboles.

gibraltareño, ña (gi·bral·ta·re·ño, ña) [adjetivo o sustantivo] De Gibraltar, que es un territorio que está en el sur de la península ibérica.

gigante, ta (gi·gan·te, ta) ■ [adjetivo] **1** Más grande de lo normal. ■ [sustantivo] **2** Persona mucho más alta de lo normal. **3** Figura que representa a una persona muy alta y que se suele sacar por las calles durante las fiestas populares: *gigantes y cabezudos*. ☐ [En el significado **1** no varía en masculino y femenino]. ☐ Sinónimos: **1** gigantesco, enorme. ☐ Antónimos: **1, 2** enano. **1** diminuto, microscópico. ☐ Familia: gigantesco.

gigantesco, ca (gi·gan·tes·co, ca) [adjetivo] Más grande de lo normal. ☐ Sinónimos: gigante, enorme, descomunal. ☐ Antónimos: diminuto, enano. ☐ Familia: →gigante.

gijonés, sa (gi·jo·nés, ne·sa) [adjetivo o sustantivo] De la ciudad española de Gijón.

gilipollas (gi·li·po·llas) [adjetivo o sustantivo] Tonto. ☐ [No varía en masculino y femenino, ni en singular y plural. Es vulgar, despectivo y se usa como insulto].

gimnasia (gim·na·sia) [sustantivo femenino] Conjunto de ejercicios que se hacen como deporte o para mantenerse en forma. ◆ [expresión] ‖ **gimnasia rítmica** La que se hace acompañada de música con algunos aparatos, como la cuerda, el aro, la pelota, la cinta o las mazas.

👁 páginas 304-305. ☐ FAMILIA: gimnasio, gimnasta, gimnástico.

gimnasio (gim·na·sio) [sustantivo masculino] Lugar preparado para hacer gimnasia con distintos aparatos o para practicar algún deporte. ☐ FAMILIA: →gimnasia.

gimnasta (gim·nas·ta) [sustantivo] Persona que practica algún tipo de gimnasia. ☐ [No varía en masculino y femenino]. ☐ FAMILIA: →gimnasia.

gimnástico, ca (gim·nás·ti·co, ca) [adjetivo] De la gimnasia o relacionado con ella: *ejercicio gimnástico*. ☐ FAMILIA: →gimnasia.

gimnospermo, ma (gim·nos·per·mo, ma) [adjetivo o sustantivo femenino] Dicho de una planta, que tiene flores solo masculinas o solo femeninas. ☐ ANTÓNIMOS: angiospermo.

gimotear (gi·mo·te·ar) [verbo] Llorar sin fuerza: *Me enfadaré si no dejas de gimotear*. ☐ SINÓNIMOS: lloriquear.

ginebra (gi·ne·bra) [sustantivo femenino] Bebida alcohólica transparente.

gineceo (gi·ne·ce·o) [sustantivo masculino] **1** Órgano femenino de una flor. **2** Parte de la casa destinada a las mujeres en la antigua Grecia. ☐ SINÓNIMOS: **1** pistilo. ☐ ANTÓNIMOS: **1** androceo.

ginecología (gi·ne·co·lo·gí·a) [sustantivo femenino] Parte de la medicina que estudia los órganos sexuales de la mujer. ☐ FAMILIA: ginecólogo.

ginecólogo, ga (gi·ne·có·lo·go, ga) [sustantivo] Médico especialista en ginecología. ☐ FAMILIA: →ginecología.

ginseng [sustantivo masculino] Arbusto asiático, cuya raíz se utiliza para curar. ☐ [Es una palabra china. Se pronuncia «yínsen» o «yinsén»].

gira (gi·ra) [sustantivo femenino] **1** Viaje que se hace por distintos lugares, volviendo al lugar de origen. **2** Viaje que se hace para actuar en distintos lugares: *una gira teatral; la gira de los Rolling*. ☐ FAMILIA: →girar.

giradiscos (gi·ra·dis·cos) [sustantivo masculino] Plato de un tocadiscos, sobre el que se coloca el disco para escucharlo. ☐ [No varía en singular y plural]. ☐ FAMILIA: →girar. →disco.

girar (gi·rar) [verbo] **1** Mover algo alrededor de un punto o dar vueltas sobre él. **2** Torcer, o cambiar la dirección que se llevaba: *Gira por la primera calle a la izquierda*. **3** Mandar a un lugar una cantidad de dinero por correo o por un sistema parecido. ☐ SINÓNIMOS: **2** virar. ☐ FAMILIA: giro, gira, giratorio, autogiro, giradiscos, girasol.

girasol (gi·ra·sol) [sustantivo masculino] Planta que tiene la flor amarilla y que se mueve siguiendo la luz del sol, cuyas semillas son las pipas. 👁 página 444. ☐ FAMILIA: →girar. →sol.

giratorio, ria (gi·ra·to·rio, ria) [adjetivo] Que gira o se mueve alrededor de algo: *puerta giratoria*. ☐ FAMILIA: →girar.

girl scout [sustantivo femenino] → **scout**. ☐ [Es una expresión inglesa. Se pronuncia «guérl-eskáut»].

giro (gi·ro) [sustantivo masculino] **1** Movimiento en círculo o alrededor de un punto. **2** Cambio de dirección: *giro a la izquierda*. **3** Aspecto que toma una conversación o un asunto. ☐ SINÓNIMOS: **1** vuelta, rotación. **2** viraje. ☐ FAMILIA: →girar.

gitano, na (gi·ta·no, na) [adjetivo o sustantivo] De un pueblo de origen hindú que conserva sus rasgos físicos y culturales.

glaciación (gla·cia·ción) [sustantivo femenino] Hecho de cubrirse de hielo una zona muy grande de la Tierra. ☐ FAMILIA: →glaciar.

glacial (gla·cial) [adjetivo] **1** Muy frío: *viento glacial*. **2** Dicho de un lugar, que está situado en los extremos de la superficie terrestre: *zona glacial*. ☐ [No varía en masculino y femenino. No confundir con «glaciar» (masa de hielo)]. ☐ SINÓNIMOS: **1** helado, gélido. ☐ ANTÓNIMOS: **1** abrasador, ardiente, tórrido. ☐ FAMILIA: →glaciar.

glaciar (gla·ciar) [sustantivo masculino] Masa de hielo que se forma en lo alto de las montañas y que forma una especie de río. 👁 **página 809**. ☐ [No confundir con «glacial» (muy frío; situado en los extremos de la superficie terrestre)]. ☐ FAMILIA: glacial, glaciación.

gladiador, ra (gla·dia·dor, do·ra) [sustantivo] Persona que luchaba contra otra o contra animales salvajes para divertir al público.

gladiolo o **gladíolo** (gla·dio·lo; gla·dí·o·lo) [sustantivo masculino] Planta con hojas en forma de espada que salen de la raíz y flores que forman una espiga.

glande (glan·de) [sustantivo masculino] Parte final del órgano sexual masculino.

glándula (glán·du·la) [sustantivo femenino] Órgano de los seres vivos, que produce sustancias que el cuerpo necesita o que expulsa, como el sudor, las lágrimas y las hormonas.

glaseado, da (gla·se·a·do, da) [adjetivo] Dicho de un pastel, que está cubierto con una capa de almíbar y azúcar.

glicerina (gli·ce·ri·na) [sustantivo femenino] Líquido espeso y sin color que se utiliza en la fabricación de explosivos y de productos de belleza. ☐ FAMILIA: nitroglicerina.

global (glo·bal) [adjetivo] En conjunto y sin ser dividido en partes: *visión global*. ☐ [No varía en masculino y femenino]. ☐ FAMILIA: →globo.

globalización (glo·ba·li·za·ción) [sustantivo femenino] **1** Hecho de extenderse los mercados y las empresas más allá de las fronteras de un país, hasta alcanzar una dimensión mundial: *Que esa empresa española pueda tener su fábrica a miles de kilómetros de aquí es consecuencia de la globalización*. **2** Integración de una serie de datos o de hechos en un planteamiento global o general: *La solución de la pobreza en el mundo pasa por una globalización de las políticas sociales*. ☐ FAMILIA: →globo.

globo (glo·bo) [sustantivo masculino] **1** Objeto de goma que se hincha si se llena de aire. **2** Vehículo que vuela y que está formado por una especie de bolsa hinchada con aire y por un cesto en el que van los viajeros y la carga. 👁 **páginas 960-961**. **3** Objeto más o menos redondo

glóbulo

con el que se cubre la luz de algunas lámparas. ☐ Familia: global, englobar, globalización.

glóbulo (gló·bu·lo) [sustantivo masculino] Cada una de las células que hay en la sangre: *glóbulos rojos y blancos*.

gloria (glo·ria) [sustantivo femenino] **1** Fama que una persona logra por sus cualidades o por sus buenas acciones. **2** Persona que logra esta fama: *Esta escritora es una de las glorias de la literatura*. **3** Placer producido por algo: *Da gloria verlo*. **4** Desarrollo muy grande de algo: *época de gloria*. **5** En algunas religiones, vida al lado de Dios después de la muerte. ☐ Familia: glorioso, glorificar, vanagloria.

glorieta (glo·rie·ta) [sustantivo femenino] Plaza redonda en donde desembocan varias calles.

glorificar (glo·ri·fi·car) [verbo] Dar gloria o alabar: *El salmo glorifica el nombre de Dios*. ☐ [La «c» se cambia en «qu» delante de «e» («glorifique»)]. ☐ Familia: →gloria.

glorioso, sa (glo·rio·so, sa) [adjetivo] Que tiene gloria o que la da: *hazaña gloriosa*. ☐ Familia: →gloria.

glosa (glo·sa) [sustantivo femenino] Explicación o comentario sobre un texto difícil de entender. ☐ Familia: glosar, glosario, desglosar.

glosar (glo·sar) [verbo] Añadir explicaciones o comentarios a un texto que es difícil de entender. ☐ Familia: →glosa.

glosario (glo·sa·rio) [sustantivo masculino] Vocabulario donde se explican las palabras difíciles que hay en un texto. ☐ Familia: →glosa.

glotis (glo·tis) [sustantivo femenino] Abertura que hay en la laringe cerca de las cuerdas vocales que están en la garganta. ☐ [No varía en singular y plural]. ☐ Familia: epiglotis.

glotón, na (glo·tón, to·na) [adjetivo o sustantivo] Que come mucho y con muchas ganas. ☐ Familia: glotonería.

glotonería (glo·to·ne·rí·a) [sustantivo femenino] Ganas excesivas de comer. ☐ Sinónimos: gula. ☐ Antónimos: desgana. ☐ Familia: →glotón.

glucosa (glu·co·sa) [sustantivo femenino] Azúcar que se halla en la miel, en la fruta y en la sangre de las personas y de los animales.

glúteo (glú·te·o) [sustantivo masculino] Músculo que, junto con otros dos, forma cada una de las dos mitades de carne del culo. ◉ página 647.

gnomo (gno·mo) [sustantivo masculino] Personaje imaginario de pequeño tamaño que vive en los bosques y tiene poderes mágicos. ☐ [Se pronuncia «nómo». Se escribe también «nomo»].

gobernación (go·ber·na·ción) [sustantivo femenino] Hecho de dirigir con autoridad un grupo o una comunidad: *la gobernación del país*. ☐ Familia: →gobernar.

gobernador, ra (go·ber·na·dor, do·ra) [sustantivo] Jefe superior de una provincia o de una zona. ☐ Familia: →gobernar.

gobernante, ta (go·ber·nan·te, ta) ▌ [adjetivo o sustantivo] **1** Dicho de una persona, que manda incluso donde no le corresponde. ▌ **gobernanta** [sustantivo femenino] **2** En un hotel, mujer que se encarga de la limpieza y del orden.

▌ **gobernante** [sustantivo] **3** Persona que gobierna un país o que forma parte del conjunto de personas que lo gobiernan. ☐ [En el significado **3** no varía en masculino y femenino. El significado **1** es coloquial]. ☐ Familia: →gobernar.

gobernar (go·ber·nar) [verbo] Dirigir a una persona o a una comunidad: *El nuevo presidente gobernará el país durante cuatro años*. ☐ [Es irregular y se conjuga como ACERTAR]. ☐ Familia: gobierno, gobernante, gobernanta, gobernador, gobernación, gubernamental, gubernativo.

gobierno (go·bier·no) [sustantivo masculino] **1** Hecho de dirigir una comunidad o un grupo: *La democracia es una forma de gobierno*. **2** Conjunto de personas que dirigen un Estado: *Mañana hay una reunión del Gobierno*. ☐ [En el significado **2** se escribe con mayúscula]. ☐ Familia: →gobernar.

goce (go·ce) [sustantivo masculino] Sensación que se tiene cuando algo produce mucho placer o mucha alegría. ☐ Familia: →gozar.

godo, da (go·do, da) [adjetivo o sustantivo] De un antiguo pueblo germánico que vivía en los actuales territorios español e italiano. ☐ Familia: visigodo, ostrogodo.

gofio (go·fio) [sustantivo masculino] Harina tostada de maíz, trigo o cebada: *Cuando fui a Canarias, comí gofio con plátano machacado*.

gol [sustantivo masculino] En algunos deportes, introducción del balón en el lugar donde se encuentra el portero. ☐ Familia: golear, goleada, goleador.

gola (go·la) [sustantivo femenino] Adorno hecho con tela doblada que se ponía antiguamente alrededor del cuello: *Los caballeros de los siglos XVI y XVII llevaban gola*.

goleada (go·le·a·da) [sustantivo femenino] Gran cantidad de goles que un equipo marca a otro durante un partido: *ganar por goleada*. ☐ Familia: →gol.

goleador, ra (go·le·a·dor, do·ra) [adjetivo o sustantivo] Que marca muchos goles o que lo hace con facilidad. ☐ Familia: →gol.

golear (go·le·ar) [verbo] Meter un equipo muchos goles al equipo contrario. ☐ Familia: →gol.

goleta (go·le·ta) [sustantivo femenino] Barco de vela ligero que tiene dos o tres palos.

golf [sustantivo masculino] Deporte que consiste en meter una pequeña pelota en distintos agujeros del suelo golpeándola con una especie de palo. ◉ páginas 304-305. ☐ [Su plural es «golfs»]. ☐ Familia: golfista.

golfear (gol·fe·ar) [verbo] Tener malas costumbres o hacer cosas malas: *¿Cuándo dejarás de golfear para ponerte en serio a estudiar?* ☐ Familia: →golfo.

golfista (gol·fis·ta) [sustantivo] Persona que juega al golf. ☐ [No varía en masculino y femenino]. ☐ Familia: →golf.

golfo, fa (gol·fo, fa) ▌ [adjetivo o sustantivo] **1** Que tiene malas costumbres o que hace cosas malas. ▌ **golfo** [sustantivo masculino] **2** Parte del mar que entra en la tierra y forma una curva grande en la costa. ◉ páginas 576-577. ☐ Familia: golfear.

gollete (go·lle·te) [sustantivo masculino] Cuello de una botella o de un recipiente parecido.

golondrina (go·lon·dri·na) [sustantivo/femenino] Pájaro de cuerpo negro y pecho blanco, que tiene la cola terminada en dos puntas y que vive en lugares donde hace calor. ☐ Familia: golondrino.

golondrino (go·lon·dri·no) [sustantivo/masculino] **1** Cría de la golondrina. **2** Bulto muy doloroso que sale debajo del brazo. ☐ Familia: →golondrina.

golosina (go·lo·si·na) [sustantivo/femenino] Dulce de pequeño tamaño. ☐ Familia: →goloso.

goloso, sa (go·lo·so, sa) [adjetivo o sustantivo] Que disfruta mucho comiendo dulces. ☐ Familia: golosina, engolosinar.

golpe (gol·pe) [sustantivo/masculino] **1** Choque repentino y violento de un cuerpo contra otro. **2** Hecho que sucede de pronto y produce mucho dolor: *La muerte de esa chica tan joven ha sido un duro golpe.* **3** Ataque que se realiza con la intención de robar: *La policía ha detenido a los autores del golpe.* **4** Conjunto de palabras graciosas que se dicen durante una conversación: *Nos reímos mucho con ella porque tiene golpes muy buenos.* **5** Momento en el que aparecen de manera repentina y con fuerza las señales de una enfermedad o de algo que se siente: *golpe de tos.* ◆ [expresión] ‖ **de golpe** De forma repentina. ‖ **de un golpe** De una sola vez. ‖ **golpe bajo** Cosa que se hace o se dice con mala intención. ‖ **golpe de Estado** Intento violento de hacerse con el gobierno de un país. ‖ **golpe de vista** Visión rápida de algo: *Al primer golpe de vista supe que no estabas allí.* ‖ **no dar golpe** No trabajar nada. ☐ Sinónimos: **1** colisión. **3** atraco. **4** salida, ocurrencia. **5** ataque, acceso. ☐ Familia: golpear, golpetear, golpeteo, golpista, agolparse.

golpear (gol·pe·ar) [verbo] Dar golpes. ☐ Sinónimos: pegar. ☐ Familia: →golpe.

golpetear (gol·pe·te·ar) [verbo] Dar varios golpes seguidos y poco fuertes: *Deja de golpetear la mesa, me pones nervioso.* ☐ Familia: →golpe.

golpeteo (gol·pe·te·o) [sustantivo/masculino] Serie de golpes poco fuertes: *Se oye el golpeteo de la lluvia en el cristal.* ☐ Familia: →golpe.

golpista (gol·pis·ta) ▌ [adjetivo] **1** Del golpe de Estado o relacionado con él: *intento golpista.* ▌ [adjetivo o sustantivo] **2** Que participa en un golpe de Estado o que lo apoya. ☐ [No varía en masculino y femenino]. ☐ Familia: →golpe.

goma (go·ma) [sustantivo/femenino] **1** Hilo elástico que se usa para sujetar o atar cosas. **2** Objeto que se usa para quitar lo que se ha escrito o dibujado en un papel. **3** Sustancia elástica e impermeable que se obtiene a partir del jugo de algunas plantas tropicales y que se usa para fabricar algunos productos: *sandalias de goma.* ◆ [expresión] ‖ **goma de mascar** Chicle. ☐ Sinónimos: **3** caucho. ☐ Familia: gomina, engomar, gominola, gomaespuma.

gomaespuma (go·ma·es·pu·ma) [sustantivo/femenino] Sustancia elástica y esponjosa que se utiliza para hacer cojines, colchones y otros objetos. ☐ Familia: →goma. →espuma.

gomero, ra (go·me·ro, ra) [adjetivo o sustantivo] De la isla española de La Gomera.

gomet (go·met) [sustantivo/masculino] Pegatina que se utiliza en trabajos escolares. ☐ [Es una palabra de origen catalán. Su plural es «gomets»].

gomina (go·mi·na) [sustantivo/femenino] Producto que se da en el cabello para que no se mueva. ☐ Familia: →goma.

gominola (go·mi·no·la) [sustantivo/femenino] Caramelo blando hecho con un tipo de goma que tiene distintos sabores y colores. ☐ [Procede de la marca comercial «Gominolas®»]. ☐ Familia: →goma.

gónada (gó·na·da) [sustantivo/femenino] Órgano del aparato reproductor que produce las células sexuales o gametos: *Los testículos son las gónadas masculinas y los ovarios, las femeninas.*

góndola (gón·do·la) [sustantivo/femenino] Barca alargada, pequeña y que es característica de la ciudad italiana de Venecia. ☐ Familia: gondolero.

góndola

gondolero, ra (gon·do·le·ro, ra) [sustantivo] Persona que conduce una góndola. ☐ Familia: →góndola.

gong [sustantivo/masculino] Instrumento formado por un disco de metal que se cuelga en posición vertical y se golpea con una especie de palo. ☐ [Su plural es «gongs»].

gordinflas (gor·din·flas) [adjetivo o sustantivo] Gordo. ☐ [No varía en masculino y femenino, ni en singular y plural. Es coloquial]. ☐ Familia: →gordo.

gordinflón, na (gor·din·flón, flo·na) [adjetivo o sustantivo] Gordo. ☐ [Es coloquial]. ☐ Familia: →gordo.

gordo, da (gor·do, da) ▌ [adjetivo] **1** Que es más grande de lo normal o que hace más bulto. **2** Grave o importante: *Tengo un problema gordo.* ▌ [adjetivo o sustantivo] **3** Dicho de una persona o de un animal, que tiene muchas carnes o grasas. ▌ **gordo** [sustantivo/masculino] **4** Premio más grande que se da en la lotería, especialmente en la de Navidad. **5** Grasa de la carne: *Quiero filetes sin gordo.* ◆ [expresión] ‖ **caer gordo** Resultar poco simpático. ‖ **ni gorda** Nada o casi nada: *No veo ni gorda.* ☐ [Las expresiones son coloquiales]. ☐ Sinónimos: **1, 3** grueso. **3** orondo. ☐ Antónimos: **1, 3** delgado. **3** flaco, famélico, escuálido, enjuto. ☐ Familia: gordura, gordinflas, gordinflón, regordete, engordar, engorde.

gordura (gor·du·ra) [sustantivo/femenino] Gran cantidad de carnes o grasas que tiene una persona o un animal. ☐ Antónimos: delgadez. ☐ Familia: →gordo.

gore (go·re) [adjetivo] Dicho de una película, que tiene muchas escenas en las que se ven heridas y sangre.

gorgojo

[Es una palabra de origen inglés. No varía en masculino y femenino].

gorgojo (gor·go·jo) [sustantivo masculino] Insecto muy pequeño que se alimenta de plantas, especialmente de las semillas.

gorgorito (gor·go·ri·to) [sustantivo masculino] Serie de sonidos cortos y seguidos que se hacen con un tono de voz muy agudo, sobre todo al cantar.

gorila (go·ri·la) [sustantivo masculino] **1** Mono africano de gran tamaño. **2** Persona que protege a otra usando la fuerza física si es necesario: *El cantante iba rodeado de sus gorilas.* ☐ [El significado **2** es coloquial]. ☐ SINÓNIMOS: **2** guardaespaldas, matón.

gorjear (gor·je·ar) [verbo] **1** Cantar algunos pájaros. **2** Emitir sonidos agudos con la garganta: *El bebé gorjeaba en su cuna.* ☐ SINÓNIMOS: **1** trinar. ☐ FAMILIA: gorjeo.

gorjeo (gor·je·o) [sustantivo masculino] **1** Canto característico de algunos pájaros. **2** Sonidos agudos que se hacen con la garganta. ☐ SINÓNIMOS: **1** trino. ☐ FAMILIA: →gorjear.

gorra (go·rra) [sustantivo femenino] Prenda de vestir que se usa para cubrir la cabeza y que suele tener por delante una parte más larga que protege la cara del sol. ◆ [expresión] ‖ **con la gorra** De manera fácil y sin esfuerzo: *Ese problema lo hago yo con la gorra.* ‖ **de gorra** Gratis: *Siempre come de gorra.* ☐ [Las expresiones son coloquiales]. ☐ FAMILIA: →gorro.

gorrino, na (go·rri·no, na) ◆ [adjetivo o sustantivo] **1** Que está sucio o que es muy sucio. ∎ [sustantivo] **2** Animal del que se sacan los jamones y que se cría para aprovechar su carne. ☐ [El significado **1** es coloquial]. ☐ SINÓNIMOS: cerdo, cochino, marrano, guarro. ☐ ANTÓNIMOS: **1** limpio.

gorrión, na (go·rrión, rrio·na) [sustantivo] Pájaro muy común en España, que es de color pardo y tiene manchas negras o rojizas. ◉ **páginas 116-117**.

gorro (go·rro) [sustantivo masculino] Prenda de vestir que se usa para cubrir la cabeza y que sirve para evitar el frío. ◆ [expresión] ‖ **hasta el gorro** Muy harto: *Estoy hasta el gorro de esperarte.* ☐ [La expresión es coloquial]. ☐ FAMILIA: gorra.

gorrón, na (go·rrón, rro·na) [adjetivo o sustantivo] Que se deja invitar siempre y nunca paga nada. ☐ [Es coloquial].

gota (go·ta) [sustantivo femenino] **1** Parte muy pequeña y casi redonda de un líquido: *gotas de lluvia.* **2** Cantidad muy pequeña de algo. ◆ [expresión] ‖ **gota fría** Masa de aire muy frío que se forma en la atmósfera. ‖ **sudar la gota gorda** Esforzarse mucho. ☐ [El significado **2** y la expresión «sudar la gota gorda» son coloquiales]. ☐ SINÓNIMOS: **2** pizca, chispa. ☐ FAMILIA: gotear, goteo, gotera, goterón, cuentagotas.

gotear (go·te·ar) [verbo] Caer un líquido gota a gota. ☐ FAMILIA: →gota.

goteo (go·te·o) [sustantivo masculino] Caída de un líquido gota a gota. ☐ FAMILIA: →gota.

gotera (go·te·ra) [sustantivo femenino] Sitio en el techo por donde se cuela el agua. ☐ FAMILIA: →gota.

goterón (go·te·rón) [sustantivo masculino] Gota grande de agua de lluvia. ☐ FAMILIA: →gota.

gótico, ca (gó·ti·co, ca) ∎ [adjetivo] **1** Del gótico o con características de este estilo: *catedral gótica.* ∎ **gótico** [sustantivo masculino] **2** En arte, estilo europeo que se desarrolló entre los siglos XII y XV.

gourmet [sustantivo] Persona entendida en comida y en vinos. ☐ [Es una palabra francesa. Se pronuncia «gurmé». No varía en masculino y femenino].

gozada (go·za·da) [sustantivo femenino] Placer muy fuerte producido por algo: *¡Qué gozada!* ☐ [Es coloquial]. ☐ FAMILIA: →gozar.

gozar (go·zar) [verbo] **1** Sentir mucho placer o alegría: *Los niños gozan en la playa.* **2** Tener algo bueno: *Yo gozo de tu amistad.* ☐ [La «z» se cambia en «c» delante de «e» («goce»)]. ☐ SINÓNIMOS: disfrutar. **1** deleitar. ☐ ANTÓNIMOS: **1** sufrir. ☐ FAMILIA: gozo, goce, gozada, gozoso.

gozne (goz·ne) [sustantivo masculino] Pieza de metal que permite que las puertas se abran o se cierren. ☐ SINÓNIMOS: bisagra.

gozo (go·zo) [sustantivo masculino] Sensación que se tiene cuando algo nos produce mucho placer. ☐ SINÓNIMOS: alegría, contento, dicha, fruición, alborozo, deleite, felicidad. ☐ ANTÓNIMOS: pena, tristeza, dolor, sufrimiento, pesar. ☐ FAMILIA: →gozar.

gozoso, sa (go·zo·so, sa) [adjetivo] **1** Que siente gozo. **2** Que produce gozo. ☐ SINÓNIMOS: dichoso, feliz. ☐ ANTÓNIMOS: triste. ☐ FAMILIA: →gozar.

GPS [sustantivo masculino] Sistema que permite conocer la posición que ocupan una persona o un vehículo, aunque estén en movimiento: *Algunos taxistas llevan GPS para poder localizar mejor las calles.* ☐ [Se pronuncia «gé-pé-ése». Se escriben todas las letras con mayúscula. No varía en singular y plural: «el GPS», «los GPS»].

grabación (gra·ba·ción) [sustantivo femenino] **1** Acto en el que se registran imágenes o sonidos en un disco o en una cinta de modo que se puedan ver o escuchar de nuevo: *estudio de grabación.* **2** Disco o cinta en los que se registran estas imágenes o estos sonidos. ☐ FAMILIA: →grabar.

grabado (gra·ba·do) [sustantivo masculino] Imagen hecha en una superficie usando medios especiales. ☐ FAMILIA: →grabar.

grabadora (gra·ba·do·ra) [sustantivo femenino] Aparato que sirve para grabar sonidos en una cinta. ☐ FAMILIA: →grabar.

grabar (gra·bar) [verbo] **1** Hacer letras o imágenes en una superficie con herramientas especiales: *Grabé mi nombre en la medalla.* **2** Registrar una imagen o un sonido en un disco o en una cinta de modo que se puedan ver o escuchar de nuevo: *He grabado la boda de mi hermana.* ∎ **grabarse** **3** Fijarse algo en la memoria: *Aquel grito se me grabó y no consigo olvidarlo.* ☐ [No confundir con «gravar» (imponer un impuesto)]. ☐ SINÓNIMOS: **1** esculpir. ☐ FAMILIA: grabación, grabadora, grabado.

gracia (gra·cia) ∎ [sustantivo femenino] **1** Hecho o dicho que resulta divertido o hace reír: *Deja de hacer gracias.* **2** Capacidad que tiene algo para divertir o hacer reír: *Tienes mucha gracia contando chistes.* **3** Habilidad que se tiene al hacer algo: *Andas con mucha gracia.* **4** Conjunto de características que hacen agradable a una persona o a una cosa: *Ese actor no es guapo, pero su cara tiene cierta gracia.* **5** Regalo o favor que se da a una persona: *El hada madrina concedió tres gracias a la princesa.* ■ **gracias** [interjección] **6** Se usa para agradecer un favor o un bien que alguien nos ha hecho. ◆ [expresión] ‖ **gracias a** A causa de algo o por medio de ello: *Gracias a vuestra ayuda he podido terminar a tiempo.* ‖ **gracias a Dios** Se usa para expresar alegría o alivio por algo: *¡Gracias a Dios no hubo heridos!* ☐ SINÓNIMOS: **3**, **5** don. ☐ FAMILIA: desgracia, desgraciar, desgraciado, congraciarse, agradecer, agradecido, agradecimiento, desagradecido, agraciado, gracioso.

grácil (grá·cil) [adjetivo] Dicho del cuerpo de una persona, delgado o delicado. ☐ [No varía en masculino y femenino].

gracioso, sa (gra·cio·so, sa) [adjetivo] Que tiene gracia. ☐ SINÓNIMOS: jocoso, cómico, divertido. ☐ ANTÓNIMOS: insulso, insípido, soso, desaborido. ☐ FAMILIA: →gracia.

grada (gra·da) [sustantivo femenino] Asiento largo para el público, que hay en determinados lugares. ☐ FAMILIA: graderío, gradería.

grada

gradación (gra·da·ción) [sustantivo femenino] Ordenación de algo que va de más a menos o de menos a más. ☐ FAMILIA: →grado.

gradería (gra·de·rí·a) [sustantivo femenino] Conjunto de gradas. ☐ SINÓNIMOS: graderío. ☐ FAMILIA: →grada.

graderío (gra·de·rí·o) [sustantivo masculino] Conjunto de gradas que hay en determinados lugares. ☐ SINÓNIMOS: gradería. ☐ FAMILIA: →grada.

grado (gra·do) [sustantivo masculino] **1** Cada uno de los estados, valores, características y situaciones que algo puede tener y a los que se puede poner un número: *quemaduras de segundo grado.* **2** Medida que sirve para saber lo grande o pequeño que es un ángulo: *Un ángulo recto mide noventa grados.* **3** Título que se obtiene al acabar determinados niveles de estudio: *Para ser profesor en un instituto se tiene que tener el grado de licenciado.* **4** En una serie, grupo formado por personas con las mismas características: *Los capitanes pertenecen al grado de los oficiales.* **5** Cada una de las formas con que se expresa la intensidad del significado de un adjetivo o de un adverbio: *grados positivo, comparativo y superlativo.* ◆ [expresión] ‖ **grado centígrado** Medida de temperatura: *El agua hierve a cien grados centígrados.* ☐ FAMILIA: gradación, degradar, gradual, graduar, graduación, graduable, centígrado, degradación.

graduable (gra·dua·ble) [adjetivo] Que se le puede dar un grado determinado: *Esta calefacción es graduable.* ☐ [No varía en masculino y femenino]. ☐ FAMILIA: →grado.

graduación (gra·dua·ción) [sustantivo femenino] **1** Control de la cantidad o de la calidad de algo: *la graduación del sonido.* **2** Medida de la cantidad o de la calidad de algo: *graduación de la vista.* **3** Aumento o disminución de algo, poco a poco: *Durante la carrera hizo una graduación del esfuerzo.* **4** Cantidad de grados que hay en algo: *cerveza de poca graduación.* **5** Categoría de un militar: *La graduación de general es más alta que la de coronel.* **6** Hecho de conseguir un título al terminar unos estudios: *Al terminar la carrera hicimos una fiesta de graduación.* ☐ FAMILIA: →grado.

gradual (gra·dual) [adjetivo] Que se desarrolla poco a poco: *Hoy habrá un aumento gradual de las temperaturas.* ☐ [No varía en masculino y femenino]. ☐ SINÓNIMOS: progresivo. ☐ ANTÓNIMOS: brusco. ☐ FAMILIA: →grado.

graduar (gra·duar) [verbo] **1** Dar un grado determinado: *Con este dispositivo se gradúa la temperatura.* **2** Hacer algo aumentando la acción poco a poco: *Gradúa tus fuerzas para poder acabar la carrera.* **3** Ver los grados que tiene algo: *El oculista me graduó la vista.* ☐ [Es irregular y se conjuga como **ACTUAR**]. ☐ FAMILIA: →grado.

graffiti [sustantivo masculino plural] → **grafiti**. ☐ [Es una palabra italiana. Se pronuncia «grafiti»].

grafía (gra·fí·a) [sustantivo femenino] Signo escrito con el que se representa algo. ☐ FAMILIA: gráfico, caligrafía, ortografía, mecanografía, taquigrafía, biografía, bibliografía, bibliográfico, hagiografía, topografía, ecografía, tipografía.

gráfica (grá·fi·ca) [sustantivo femenino] → **gráfico, ca**.

gráfico, ca (grá·fi·co, ca) ■ [adjetivo] **1** De los signos que representan algo: *artes gráficas.* **2** Dicho de una explicación, que es clara y fácil de comprender. ■ **gráfico** [sustantivo masculino] **3** Dibujo que representa algo por medio de figuras geométricas o de signos: *Las líneas de colores de este gráfico muestran los resultados de las elecciones.* ☐ [En el significado **3** se usa también el femenino «gráfica»]. ☐ SINÓNIMOS: **3** diagrama. ☐ FAMILIA: →grafía.

grafiti (gra·fi·ti) [sustantivo masculino] Escrito o dibujo que se hacen a mano en una pared: *Hacer grafitis en la calle es ilegal.* ☐ [Es una palabra de origen italiano. Su plural es «grafitis». Es preferible escribir «grafiti» que la forma italiana *graffiti*].

grafito (gra·fi·to) [sustantivo masculino] Tipo de carbón negro y brillante que se utiliza para hacer las minas de los lápices.

grafología (gra·fo·lo·gí·a) [sustantivo femenino] Técnica para conocer el carácter de una persona a través de su letra.

grafólogo, ga (gra·fó·lo·go, ga) [sustantivo] Persona que se dedica a la grafología.

gragea (gra·ge·a) [sustantivo femenino] Pastilla de medicamento muy pequeña, redonda y de color.

grajo, ja (gra·jo, ja) [sustantivo] Ave parecida al cuervo, con las plumas de color negro azulado y el pico negro y afilado.

gramática (gra·má·ti·ca) [sustantivo femenino] Mira en **gramático, ca**.

gramatical (gra·ma·ti·cal) [adjetivo] De la gramática o relacionado con esta ciencia. ☐ [No varía en masculino y femenino]. ☐ FAMILIA: →gramática.

gramático, ca (gra·má·ti·co, ca) ■ [sustantivo] **1** Persona especializada en gramática. ■ **gramática** [sustantivo femenino] **2** Ciencia que estudia la forma de las palabras de una lengua y sus combinaciones. **3** Libro en el que se pueden estudiar estas cosas: *una gramática inglesa*. ☐ FAMILIA: gramatical.

gramíneo, a (gra·mí·ne·o, a) [adjetivo o sustantivo femenino] Dicho de una planta, que tiene el tallo en forma cilíndrica, hojas alargadas y flores sencillas en espiga, como el maíz y otros cereales.

gramo (gra·mo) [sustantivo masculino] Medida que sirve para pesar: *Mil gramos equivalen a un kilogramo*. ☐ FAMILIA: miligramo, centigramo, decigramo, decagramo, hectogramo, kilogramo.

gramófono (gra·mó·fo·no) [sustantivo masculino] Aparato antiguo en el que se ponían los discos para escucharlos. ☐ [Procede de la marca comercial «Gramophone®»].

gramófono

gramola (gra·mo·la) [sustantivo femenino] **1** Aparato antiguo en el que se ponían los discos y que tenía dentro un altavoz. **2** Aparato en el que, al meter una moneda, suena el disco seleccionado. ☐ [Procede de la marca comercial «Gramola®»].

gran [adjetivo] Grande: *Hoy es un gran día*. ☐ [Va siempre delante de un sustantivo singular. No varía en masculino y femenino].

grana (gra·na) [adjetivo o sustantivo masculino] De color rojo oscuro. ☐ [Cuando es adjetivo, no varía en masculino y femenino]. ☐ SINÓNIMOS: granate.

granada (gra·na·da) [sustantivo femenino] Mira en **granado, da**.

granadino, na (gra·na·di·no, na) ■ [adjetivo o sustantivo] **1** De la provincia española de Granada o de su capital. ■ **granadina** [sustantivo femenino] **2** Refresco hecho con zumo de granada. ☐ FAMILIA: →granada.

granado, da (gra·na·do, da) ■ [adjetivo] **1** Muy importante o principal: *Invitaron a la boda a lo más granado de la ciudad*. **2** Dicho de un fruto, que ya está maduro. ■ **granado** [sustantivo masculino] **3** Árbol muy alto con ramas delgadas, hojas brillantes y flores grandes de color rojo. ■ **granada** [sustantivo femenino] **4** Fruto amarillo por fuera que por dentro tiene muchos granos rojos y muy jugosos. ⊙ página 453. **5** Bomba pequeña que se arroja con la mano. ☐ FAMILIA: granadino, granadina, lanzagranadas.

granate (gra·na·te) ■ [adjetivo o sustantivo masculino] **1** De color rojo oscuro. ■ [sustantivo masculino] **2** Piedra preciosa, generalmente de color rojo, que se usa para hacer joyas. ☐ [Cuando es adjetivo, no varía en masculino y femenino]. ☐ SINÓNIMOS: **1** grana.

grancanario, ria (gran·ca·na·rio, ria) [adjetivo o sustantivo] De la isla española de Gran Canaria.

grande (gran·de) ■ [adjetivo] **1** Que destaca por su tamaño o por sus cualidades. **2** De mucha importancia: *fiesta grande*. **3** Que ya es adulto. ■ [sustantivo] **4** Persona noble o de clase social elevada: *los grandes de España*. ◆ [expresión] ‖ **a lo grande** Con mucho lujo. ☐ [Cuando «grande» va delante de un sustantivo singular, se cambia por «gran»: «gran amigo» (pero «amigo grande»). No varía en masculino y femenino]. ☐ SINÓNIMOS: **1** estimable. **2** importante, notable. ☐ ANTÓNIMOS: **1-3** pequeño. **1** chico. ☐ FAMILIA: grandeza, grandioso, grandiosidad, grandullón, grandilocuente, grandilocuencia, agrandar, engrandecer.

grandeza (gran·de·za) [sustantivo femenino] Característica de lo que destaca por su tamaño o por sus cualidades. ☐ FAMILIA: →grande.

grandilocuencia (gran·di·lo·cuen·cia) [sustantivo femenino] Capacidad de expresarse con un estilo tan culto que no es natural. ☐ FAMILIA: →grande. →elocuente.

grandilocuente (gran·di·lo·cuen·te) [adjetivo] Que tiene la capacidad de expresarse con un estilo tan culto que no es natural. ☐ [No varía en masculino y femenino]. ☐ FAMILIA: →grande. →elocuente.

grandiosidad (gran·dio·si·dad) [sustantivo femenino] Capacidad que tiene algo para destacar por sus cualidades. ☐ FAMILIA: →grande.

grandioso, sa (gran·dio·so, sa) [adjetivo] Que produce una gran impresión por el tamaño o por las cualidades que tiene: *espectáculo grandioso*. ☐ FAMILIA: →grande.

grandullón, na (gran·du·llón, llo·na) [adjetivo o sustantivo] Dicho de un chico, que es muy grande o que está muy alto para la edad que tiene. ☐ [Es coloquial]. ☐ FAMILIA: →grande.

granel (gra·nel) ◆ [expresión] ‖ **a granel** Sin envase o sin empaquetar.

granero (gra·ne·ro) [sustantivo masculino] Lugar en el que se guarda el grano. ☐ FAMILIA: →grano.

granito (gra·ni·to) [sustantivo masculino] Roca muy dura que está compuesta por pequeños trozos de cuarzo, de feldespato y de mica. ☐ Familia: →grano.

granizado, da (gra·ni·za·do, da) [adjetivo o sustantivo] Dicho de un refresco, que tiene hielo muy picado: *granizado de limón*. ☐ Familia: →granizo.

granizar (gra·ni·zar) [verbo] Caer granizo. ☐ [La «z» se cambia en «c» delante de «e» («granice»)]. ☐ Familia: →granizo.

granizo (gra·ni·zo) [sustantivo masculino] Agua helada que cae de las nubes en forma de granos de hielo. ☐ Familia: granizar, granizado.

granja (gran·ja) [sustantivo femenino] **1** Casa de campo que además tiene edificios para la gente y el ganado. **2** Conjunto de todo lo necesario para la cría de algunos animales: *granja de gallinas*. ☐ Familia: granjero.

granjearse (gran·je·ar·se) [verbo] Conseguir una persona que los demás tengan un sentimiento determinado hacia ella: *Me he granjeado la simpatía de mis vecinos*. ☐ Sinónimos: ganarse.

granjero, ra (gran·je·ro, ra) [sustantivo] Persona que tiene una granja o que cuida de ella. ☐ Familia: →granja.

grano (gra·no) [sustantivo masculino] **1** Semilla y fruto de algunas plantas: *granos de maíz*. **2** Parte muy pequeña de algo: *grano de arena*. **3** Bulto muy pequeño que aparece sobre la piel: *Me ha salido un grano en la barbilla*. ◆ [expresión] ‖ **ir al grano** Contar lo fundamental de algo, sin quedarse en detalles sin importancia. ☐ [La expresión es coloquial]. ☐ Familia: granero, granulado, granito, desgranar.

granuja (gra·nu·ja) [adjetivo o sustantivo] **1** Que engaña a los demás para conseguir algo. **2** Travieso o pillo. ☐ [No varía en masculino y femenino].

granulado, da (gra·nu·la·do, da) [adjetivo] Que está formado por granos pequeños: *detergente granulado*. ☐ Familia: →grano.

grapa (gra·pa) [sustantivo femenino] Hilo de metal que se clava y se dobla para unir varios objetos. ☐ Familia: grapar, grapadora, quitagrapas.

grapadora (gra·pa·do·ra) [sustantivo femenino] Aparato que sirve para grapar. ☐ Familia: →grapa.

grapar (gra·par) [verbo] Unir con grapas: *Grapa las hojas para que no se pierdan*. ☐ Familia: →grapa.

grasa (gra·sa) [sustantivo femenino] Mira en **graso, sa**.

grasiento, ta (gra·sien·to, ta) [adjetivo] Con mucha grasa. ☐ Sinónimos: untuoso. ☐ Familia: →grasa.

graso, sa (gra·so, sa) ▮ [adjetivo] **1** Que tiene grasa o que está formado por ella: *pelo graso*. ▮ **grasa** [sustantivo femenino] **2** Sustancia que hay en los animales y en las plantas que es resbaladiza y pringosa: *grasa animal; grasa vegetal*. **3** Sustancia que se pone en algunas piezas de una máquina para que funcionen bien: *Me he manchado el pantalón con la grasa de la cadena de la bici*. ☐ Sinónimos: **1** untuoso. ☐ Antónimos: **1** seco. ☐ Familia: grasiento, engrasar, engrase.

gratificación (gra·ti·fi·ca·ción) [sustantivo femenino] Cosa que se da para recompensar por algo. ☐ Sinónimos: recompensa. ☐ Familia: →grato.

gratificar (gra·ti·fi·car) [verbo] **1** Recompensar a alguien por algo: *Quien dé alguna información será gratificado*. **2** Gustar mucho: *Los baños de espuma me gratifican*. ☐ [La «c» se cambia en «qu» delante de «e» («gratifique»)]. ☐ Sinónimos: **1** recompensar. **2** complacer, agradar. ☐ Antónimos: **2** desagradar, fastidiar. ☐ Familia: →grato.

gratinar (gra·ti·nar) [verbo] Tostar por encima un alimento en el horno.

gratis (gra·tis) ▮ [adjetivo] **1** Que no cuesta dinero. ▮ [adverbio] **2** Sin pagar nada. ☐ [En el significado **1** no varía en masculino y femenino, ni en singular y plural. En el significado **2** tampoco varía por ser adverbio]. ☐ Sinónimos: **1** gratuito. ☐ Familia: gratuito, gratuidad.

gratitud (gra·ti·tud) [sustantivo femenino] Sentimiento que tenemos cuando reconocemos un favor recibido y queremos corresponder a él: *No sé cómo mostrarte mi gratitud por tu ayuda*. ☐ Antónimos: ingratitud. ☐ Familia: →grato.

grato, ta (gra·to, ta) [adjetivo] Que produce placer: *gratos recuerdos*. ☐ Sinónimos: agradable. ☐ Familia: ingrato, gratitud, ingratitud, gratificar, gratificación.

gratuidad (gra·tui·dad) [sustantivo femenino] **1** Concesión o uso de algo sin tener que pagar nada por ello: *La Constitución española establece la gratuidad de la enseñanza obligatoria*. **2** Falta de base o de fundamento: *No me gusta la gratuidad de tus comentarios, le criticas sin conocerle*. ☐ Familia: →gratis.

gratuito, ta (gra·tui·to, ta) [adjetivo] **1** Que no cuesta dinero. **2** Sin base o sin fundamento: *No hagas comentarios gratuitos sobre quién es el culpable*. ☐ Sinónimos: **1** gratis. ☐ Familia: →gratis.

grava (gra·va) [sustantivo femenino] Conjunto de piedras pequeñas que se usan para cubrir y poner llano el suelo. ☐ Familia: gravilla.

gravamen (gra·va·men) [sustantivo masculino] Impuesto o tributo sobre un inmueble o sobre un conjunto de riquezas: *gravamen sobre bienes inmuebles*. ☐ Familia: →gravar.

gravar (gra·var) [verbo] Imponer un gravamen o tributo: *El Gobierno estudia gravar el consumo del alcohol*. ☐ [No confundir con «grabar» (esculpir algo en una superficie; registrar una imagen o un sonido en un soporte)]. ☐ Familia: gravamen, desgravación, desgravar.

grave (gra·ve) [adjetivo] **1** Que tiene mucha importancia: *herida grave*. **2** Dicho de una persona, que está muy enferma. **3** Dicho de una palabra, que tiene el acento en la penúltima sílaba: *«Carácter» es una palabra grave*. **4** Que se parece más al sonido de un trueno que al de un silbido: *El tambor tiene un sonido grave*. ☐ [No varía en masculino y femenino]. ☐ Sinónimos: **1** serio. **3** llano. ☐ Antónimos: **4** agudo. ☐ Familia: agravar, gravedad, gravitar, ingrávido, agravante.

gravedad (gra·ve·dad) [sustantivo femenino] **1** Importancia que algo tiene: *La gravedad de la lesión le impide moverse.* **2** Fuerza con la que la Tierra atrae a todos los cuerpos que están sobre su superficie o próximos a ella. ☐ Familia: →grave.

gravidez (gra·vi·dez) [sustantivo femenino] Embarazo de la mujer.

gravilla (gra·vi·lla) [sustantivo femenino] Grava fina. ☐ Familia: →grava.

gravitación (gra·vi·ta·ción) [sustantivo femenino] **1** Fuerza que ejercen entre sí dos cuerpos que están separados y que hace que se atraigan: *ley de la gravitación universal.* **2** Movimiento de un cuerpo por el efecto de esta fuerza: *La gravitación de la Luna se produce alrededor de la Tierra.*

gravitar (gra·vi·tar) [verbo] **1** Moverse un cuerpo por la fuerza de la gravedad: *La Tierra gravita alrededor del Sol.* **2** Apoyarse una cosa pesada sobre algo: *El peso de la cúpula gravita sobre los muros.* ☐ Sinónimos: **2** descansar. ☐ Familia: →grave.

gravoso, sa (gra·vo·so, sa) [adjetivo] Que es muy molesto o que produce mucho gasto.

graznar (graz·nar) [verbo] Emitir algunas aves su voz característica, como el cuervo. ☐ Familia: graznido.

graznido (graz·ni·do) [sustantivo masculino] Voz característica de algunas aves, como el cuervo. ☐ Familia: →graznar.

greca (gre·ca) [sustantivo femenino] Adorno formado por una línea en la que se repite el mismo dibujo, que suele ser geométrico: *Los azulejos de la cocina tienen una greca.*

grecolatino, na (gre·co·la·ti·no, na) [adjetivo] De las culturas griega y latina. ☐ Familia: →griego. →latino.

grecorromano, na (gre·co·rro·ma·no, na) [adjetivo] De los pueblos griego y romano. ☐ Familia: →griego. →romano.

gregario, ria (gre·ga·rio, ria) [adjetivo] **1** Dicho de un animal, que vive en grupo. **2** Dicho de una persona, que hace siempre lo que dicen los demás. ☐ Familia: →grey.

gregoriano, na (gre·go·ria·no, na) [adjetivo o sustantivo masculino] De un tipo de canto o de música religiosos, o relacionado con ellos.

grelo (gre·lo) [sustantivo masculino] Hoja de la planta del nabo, que es tierna y se puede comer.

gremio (gre·mio) [sustantivo masculino] **1** Agrupación formada por personas que tienen el mismo oficio o profesión: *el gremio de los médicos.* **2** Conjunto de personas que están en la misma situación o que tienen la misma profesión o estado social: *el gremio de los parados.*

greña (gre·ña) [sustantivo femenino] Pelo mal arreglado: *¿Por qué no te cortas esas greñas?* ◆ [expresión] ‖ **andar a la greña** Estar siempre peleando. ☐ [En el significado **1** se usa más en plural]. ☐ Familia: desgreñar, desgreñado.

gres [sustantivo masculino] Sustancia dura y resistente que se utiliza para hacer baldosas, vajillas y otros objetos.

gresca (gres·ca) [sustantivo femenino] Pelea, discusión o alboroto: *Se montó una buena gresca y acabaron pegándose.*

grey (grey) [sustantivo femenino] Rebaño o conjunto de cabezas de ganado: *El pastor reunió su grey al anochecer.* ☐ [Su plural es «greyes». Suele usarse en el lenguaje literario]. ☐ Sinónimos: ganado. ☐ Familia: gregario.

griego, ga (grie·go, ga) [adjetivo o sustantivo] **1** De Grecia, que es un país europeo. ∎ **griego** [sustantivo masculino] **2** Lengua de este país. ☐ Sinónimos: **1** heleno. ☐ Familia: grecolatino, grecorromano.

grieta (grie·ta) [sustantivo femenino] Abertura larga y estrecha: *Hay una grieta en la pared.* ☐ Familia: agrietar.

grifo (gri·fo) [sustantivo masculino] **1** Objeto que sirve para abrir y cerrar el paso de un líquido. **2** Animal imaginario con cabeza y alas de águila y cuerpo de león.

grill [sustantivo masculino] **1** Instrumento que está formado por unas barras de metal y que sirve para cocinar alimentos al fuego. **2** Parte de arriba de algunos hornos que se enciende para tostar los alimentos. ☐ [Es una palabra inglesa. En el significado **1**, es preferible usar «parrilla»].

grillado, da (gri·lla·do, da) [adjetivo] Que está medio loco. ☐ [Es coloquial]. ☐ Sinónimos: pirado, chiflado.

grillete (gri·lle·te) [sustantivo masculino] Pieza de metal que se utilizaba para sujetar una cadena a los tobillos de un preso.

grillo, lla (gri·llo, lla) [sustantivo] Insecto de color negro y de cabeza redonda que produce un sonido agudo y siempre igual, generalmente por las noches. 👁 página 530.

grima (gri·ma) [sustantivo femenino] Sensación desagradable que parece un escalofrío: *Me da grima raspar la pizarra con las uñas.* ☐ Sinónimos: dentera.

gringo, ga (grin·go, ga) [sustantivo] Persona nacida en Estados Unidos, que es un país norteamericano. ☐ [Es coloquial y despectivo].

gripal (gri·pal) [adjetivo] De la gripe o relacionado con esta enfermedad: *afección gripal.* ☐ [No varía en masculino y femenino]. ☐ Familia: →gripe.

gripar (gri·par) [verbo] Dejar de funcionar un motor porque sus piezas no puedan moverse bien: *El coche no arrancaba porque el motor se había gripado.*

gripe (gri·pe) [sustantivo femenino] Enfermedad infecciosa cuyas principales características son la fiebre y la sensación de encontrarse mal. ☐ Familia: gripal, griposo.

griposo, sa (gri·po·so, sa) [adjetivo] Que tiene gripe. ☐ Familia: →gripe.

gris ∎ [adjetivo] **1** Triste o demasiado normal: *día gris.* ∎ [adjetivo o sustantivo masculino] **2** Del color que resulta de mezclar el blanco con el negro. ☐ [Cuando es adjetivo, no varía en masculino y femenino]. ☐ Familia: grisáceo.

grisáceo, a (gri·sá·ce·o, a) [adjetivo] De color parecido al gris. ☐ Familia: →gris.

grisú (gri·sú) [sustantivo masculino] Mezcla de gases que se encuentra a veces en las minas de carbón y que puede producir una explosión.

gritar (gri·tar) [verbo] **1** Dar gritos: *Cuando apareció el cantante, sus fanes gritaron emocionados.* **2** Hablar muy alto: *Había tanto ruido que tuve que gritar para que me oyera.* ☐ SINÓNIMOS: chillar. ☐ FAMILIA: grito, griterío.

griterío (gri·te·rí·o) [sustantivo masculino] Conjunto de voces altas que producen mucho ruido. ☐ SINÓNIMOS: vocerío. ☐ FAMILIA: →gritar.

grito (gri·to) [sustantivo masculino] **1** Sonido de la voz que se emite más fuerte de lo normal. **2** Palabra que se emite de esta forma. ◆ [expresión] ‖ **a grito pelado** o **a gritos** Dando voces: *Tus amigos te llaman a grito pelado.* ‖ **el último grito** Lo más moderno: *Este ordenador es el último grito.* ‖ **pedir a gritos** Necesitar con urgencia. ☐ [Las expresiones «a grito pelado» y «pedir a gritos» son coloquiales]. ☐ SINÓNIMOS: **1** chillido. ☐ FAMILIA: →gritar.

grogui (gro·gui) [adjetivo] **1** Que está casi dormido. **2** Atontado y sin saber qué pasa: *Me mareé en el coche y salí un poco grogui.* ☐ [Es una palabra de origen inglés. No varía en masculino y femenino. Es coloquial].

grosella (gro·se·lla) [sustantivo femenino] Fruto de color rojo vivo y sabor dulce un poco ácido, formado por una especie de granos.

grosella

grosería (gro·se·rí·a) [sustantivo femenino] Falta de educación. ☐ SINÓNIMOS: descortesía. ☐ ANTÓNIMOS: cortesía, gentileza. ☐ FAMILIA: →grosero.

grosero, ra (gro·se·ro, ra) [adjetivo o sustantivo] Que no tiene educación. ☐ SINÓNIMOS: maleducado, basto, ordinario, zafio, soez. ☐ ANTÓNIMOS: educado, fino, modoso, delicado. ☐ FAMILIA: grosería.

grosor (gro·sor) [sustantivo masculino] Anchura de un cuerpo: *Quiero los zapatos con una suela de más grosor.* ☐ SINÓNIMOS: espesor, grueso. ☐ FAMILIA: →grueso.

grotesco, ca (gro·tes·co, ca) [adjetivo] Que produce risa porque es muy raro o fuera de lo común. ☐ SINÓNIMOS: extravagante, ridículo.

grúa (grú·a) [sustantivo femenino] **1** Máquina que se usa para elevar grandes pesos y transportarlos a distancias cortas. **2** Vehículo automóvil que se usa para remolcar otros vehículos.

grueso, sa (grue·so, sa) ■ [adjetivo] **1** Que es más grande de lo normal o que hace más bulto. ■ [adjetivo o sustantivo] **2** Dicho de una persona, que tiene muchas carnes o grasas. ■ **grueso** [sustantivo masculino] **3** Anchura de una cosa. **4** Parte principal o más importante de algo: *El grueso del ejército atacó la ciudad.* ☐ SINÓNIMOS: **1**, **2** gordo. **2** orondo. **3** espesor, grosor. ☐ ANTÓNIMOS: **1**, **2** delgado. ☐ FAMILIA: grosor, engrosar.

grulla (gru·lla) [sustantivo femenino] Ave de gran tamaño, con el cuello largo y negro y con la cola pequeña, que tiene las plumas de color gris y que suele apoyarse en el suelo con una sola pata. ⊙ **páginas 116-117**.

grumete (gru·me·te) [sustantivo masculino] Muchacho que va en un barco ayudando a hacer algunas tareas.

grumo (gru·mo) [sustantivo masculino] Parte dura que queda en una masa líquida: *Bate bien la salsa para que no queden grumos.* ☐ FAMILIA: grumoso.

grumoso, sa (gru·mo·so, sa) [adjetivo] Que no se ha mezclado bien y está lleno de grumos: *papilla grumosa.* ☐ FAMILIA: →grumo.

gruñido (gru·ñi·do) [sustantivo masculino] **1** Voz característica del cerdo y de otros animales. **2** Sonido con el que se expresa disgusto o mal humor. ☐ FAMILIA: →gruñir.

gruñir (gru·ñir) [verbo] **1** Emitir el cerdo y otros animales su voz característica. **2** Mostrar disgusto por algo o quejarse de ello: *No gruñas tanto.* ☐ [Es irregular y se conjuga como **MULLIR**]. ☐ FAMILIA: gruñido, gruñón.

gruñón, na (gru·ñón, ño·na) [adjetivo o sustantivo] Que protesta o se queja con frecuencia. ☐ FAMILIA: →gruñir.

grupa (gru·pa) [sustantivo femenino] Parte posterior del lomo de los animales que se montan: *la grupa del caballo.*

grupo (gru·po) [sustantivo masculino] **1** Conjunto de personas, de animales o de cosas que están juntos. **2** Conjunto de palabras que forman una unidad dentro de una oración gramatical. ☐ SINÓNIMOS: **2** sintagma. ☐ FAMILIA: agrupar, agrupación, reagrupar.

grúa

gruta (gru·ta) [sustantivo femenino] Espacio hueco que hay entre rocas o debajo de la tierra. ☐ SINÓNIMOS: cueva, caverna.

gruyer (gru·yer) [sustantivo masculino] Queso suave, de color amarillo y con agujeros.

gua (gua) [sustantivo masculino] **1** Juego de canicas. **2** Agujero pequeño que se hace en el suelo para meter las canicas.

guacamayo (gua·ca·ma·yo) [sustantivo masculino] Ave americana con plumas de colores muy vivos y una cola larga.

guadalajareño, ña (gua·da·la·ja·re·ño, ña) [adjetivo o sustantivo] De la provincia española de Guadalajara o de su capital.

guadaña (gua·da·ña) [sustantivo femenino] Herramienta que se usa para cortar la hierba a ras de suelo y que está formada por un mango largo al que se sujeta una cuchilla curva. ◉ páginas 494-495.

guagua (gua·gua) [sustantivo femenino] Autobús.

gualda (gual·da) [adjetivo o sustantivo masculino] De color amarillo dorado. ☐ [Cuando es adjetivo, no varía en masculino y femenino].

gualdrapa (gual·dra·pa) [sustantivo femenino] Tela larga que se usa para cubrir y adornar la parte posterior del lomo de los caballos.

guanche (guan·che) ■ [adjetivo o sustantivo] **1** De un antiguo pueblo que vivía en la actual comunidad autónoma española de las islas Canarias. ■ [sustantivo masculino] **2** Lengua que hablaba este pueblo. ☐ [En el significado **1** no varía en masculino y femenino].

guano (gua·no) [sustantivo masculino] Conjunto de excrementos de algunas aves marinas que se utiliza como abono.

guantada (guan·ta·da) [sustantivo femenino] Golpe dado con la mano abierta. ☐ SINÓNIMOS: guantazo. ☐ FAMILIA: →guante.

guantazo (guan·ta·zo) [sustantivo masculino] Golpe dado con la mano abierta. ☐ SINÓNIMOS: guantada. ☐ FAMILIA: →guante.

guante (guan·te) [sustantivo masculino] Prenda que sirve para proteger las manos. ◆ [expresión] ‖ **echar el guante** Coger: *La policía ya le echó el guante al ladrón.* ☐ [La expresión es coloquial]. ☐ FAMILIA: guantazo, guantera, guantada.

guantera (guan·te·ra) [sustantivo femenino] En un automóvil, espacio cerrado que está a la derecha del conductor y que sirve para guardar objetos. ☐ FAMILIA: →guante.

guapo, pa (gua·po, pa) [adjetivo] **1** Dicho de una persona, que resulta atractiva o que tiene una cara bella. **2** Bien vestido o bien arreglado.

guaraní (gua·ra·ní) [adjetivo o sustantivo] **1** De un pueblo indio que vive en Paraguay, que es un país sudamericano, y en territorios vecinos. ■ [sustantivo masculino] **2** Lengua de este pueblo. ☐ [No varía en masculino y femenino. Su plural es «guaranís» o «guaraníes» (más culto)].

guarda (guar·da) [sustantivo] Persona que se ocupa del cuidado de algo: *Le pregunté al guarda del parque dónde estaba la salida.* ☐ [No varía en masculino y femenino. No confundir con «guardia» (persona que trabaja vigilando o defendiendo algo y que suele ir armada)]. ☐ FAMILIA: →guardar.

guardabarrera (guar·da·ba·rre·ra) [sustantivo] Persona que vigila un paso a nivel en una línea de ferrocarril. ☐ [No varía en masculino y femenino]. ☐ FAMILIA: →guardar. →barrera.

guardabarros (guar·da·ba·rros) [sustantivo masculino] En algunos vehículos, pieza curva que está colocada sobre cada una de sus ruedas para evitar que salpiquen y manchen a quien va montado en ellos. ☐ [No varía en singular y plural]. ☐ FAMILIA: →guardar. →barro.

guardabosque (guar·da·bos·que) [sustantivo] → **guardabosques.** ☐ [No varía en masculino y femenino].

guardabosques (guar·da·bos·ques) [sustantivo] Persona que cuida los bosques. ☐ [No varía en masculino y femenino, ni en singular y plural: «el guardabosques», «los guardabosques», aunque se usa también «guardabosque» para el singular]. ☐ FAMILIA: →guardar. →bosque.

guardacoches (guar·da·co·ches) [sustantivo] Persona que aparca y vigila los coches de otros. ☐ [No varía en masculino y femenino, ni en singular y plural].

guardacostas (guar·da·cos·tas) [sustantivo masculino] Barco pequeño que vigila las costas. ☐ [No varía en singular y plural]. ☐ FAMILIA: →guardar. →costa.

guardaespaldas (guar·da·es·pal·das) [sustantivo] Persona que protege a otra usando la fuerza física si es necesario. ☐ [No varía en masculino y femenino, ni en singular y plural]. ☐ FAMILIA: →guardar. →espalda.

guardagujas (guar·da·gu·jas) [sustantivo] Persona que se encarga de mover el mecanismo que permite que los trenes cambien de vía. ☐ [No varía en masculino y femenino, ni en singular y plural]. ☐ FAMILIA: →guardar. →aguja.

guardameta (guar·da·me·ta) [sustantivo] En algunos deportes, miembro del equipo que defiende la portería. ☐ [No varía en masculino y femenino]. ☐ SINÓNIMOS: portero, meta, cancerbero. ☐ FAMILIA: →guardar. →meta.

guardamuebles (guar·da·mue·bles) [sustantivo masculino] Lugar donde se guardan los muebles. ☐ [No varía en singular y plural]. ☐ FAMILIA: →guardar. →mueble.

guardapolvo (guar·da·pol·vo) [sustantivo masculino] **1** Prenda de vestir que se pone sobre la ropa para que no se ensucie. **2** Cubierta de tela o de otro material que se pone sobre una cosa para que no se ensucie. ☐ FAMILIA: →guardar. →polvo.

guardar (guar·dar) [verbo] **1** Cuidar de algo o defenderlo. **2** Colocar algo en un lugar seguro o adecuado: *Guardé las gafas en la funda.* **3** Conservar o tener: *Guardo los recortes de periódico en los que hablan de ti.* **4** Cumplir algo que tenemos la obligación de obedecer: *Nos multaron por no guardar los límites de velocidad.* **5** No gastar algo y dejarlo aparte: *He guardado parte del dinero del premio.* ■ **guardarse 6** Tener cuidado con algo o evitarlo: *Guárdate de las malas compañías.* ☐ FAMILIA: guarda, guardia, guardián, guardería, guardagujas, guardabarrera, guardabarros, guardabosques, guardacostas, guardameta, guardamuebles, guardaespaldas, guardapolvo, guardarropa, resguardar, resguardo, aguardar, salvaguardar, salvaguarda, retaguardia, vanguardia.

guardarropa (guar·da·rro·pa) [sustantivo masculino] Lugar donde se dejan los abrigos y otros objetos. ◻ FAMILIA: →guardar. →ropa.

guardería (guar·de·rí·a) [sustantivo femenino] Centro en el que se cuida a niños pequeños que aún no están en edad escolar. ◻ SINÓNIMOS: jardín de infancia. ◻ FAMILIA: →guardar.

guardia (guar·dia) ∎ [sustantivo] **1** Persona que tiene como trabajo cuidar de algo o defenderlo y que suele ir armada: *guardia urbano*. ∎ [sustantivo femenino] **2** Conjunto de personas armadas que se ocupan de la defensa de algo: *la guardia personal de la reina*. **3** Servicio en el que hay que cuidar algo o defenderlo: *Mientras unos duermen, otros haremos guardia*. **4** Servicio especial que se presta fuera del horario de trabajo obligatorio: *médico de guardia*. **5** Situación de defensa o de vigilancia: *Seguid en guardia, porque no ha pasado el peligro*. ◻ [En el significado **1** no varía en masculino y femenino. En el significado **1**, no confundir con «guarda» (persona que se ocupa del cuidado de algo)]. ◻ FAMILIA: →guardar.

guardián, na (guar·dián, dia·na) [sustantivo] Persona que guarda algo y cuida de ello. ◻ FAMILIA: →guardar.

guarecer (gua·re·cer) [verbo] Proteger de algo: *Nos guarecimos de la nevada en un refugio*. ◻ [Es irregular y se conjuga como AGRADECER]. ◻ FAMILIA: guarida.

guarida (gua·ri·da) [sustantivo femenino] Lugar que sirve de refugio. ◻ SINÓNIMOS: cubil. ◻ FAMILIA: →guarecer.

guarismo (gua·ris·mo) [sustantivo masculino] Signo con el que se representa un número: *El número 356 está formado por tres guarismos*. ◻ SINÓNIMOS: cifra.

guarnecer (guar·ne·cer) [verbo] **1** Poner adornos a algo: *Guarneció el vestido con unas lentejuelas*. **2** Proteger o defender un lugar: *Varios soldados guarnecían el castillo*. ◻ [Es irregular y se conjuga como AGRADECER]. ◻ SINÓNIMOS: **1** adornar. **2** proteger, defender. ◻ ANTÓNIMOS: **2** desguarnecer. ◻ FAMILIA: guarnición, desguarnecer.

guarnición (guar·ni·ción) [sustantivo femenino] **1** Conjunto de alimentos con que se acompaña una comida principal: *guarnición de patatas*. **2** Conjunto de personas que defiende un lugar. **3** Conjunto de adornos que se ponen a una prenda de vestir y a otros objetos: *guarnición de encaje*. ◻ SINÓNIMOS: **1** acompañamiento. ◻ FAMILIA: →guarnecer.

guarrada (gua·rra·da) [sustantivo femenino] **1** Hecho que produce un daño a una persona: *No te perdonaré otra guarrada así*. **2** Cosa que está sucia o para tirar. **3** Acción que se considera contraria a las normas morales que acepta la mayoría. ◻ [Es coloquial]. ◻ SINÓNIMOS: marranada, cochinada, cerdada. **2** porquería. **2, 3** guarrería. ◻ FAMILIA: →guarro.

guarrear (gua·rre·ar) [verbo] Poner sucia una superficie dejando señales sobre ella: *Le lavó las manos al niño para que no guarreara el mantel*. ◻ SINÓNIMOS: manchar, ensuciar. ◻ FAMILIA: →guarro.

guarrería (gua·rre·rí·a) [sustantivo femenino] **1** Cosa que está sucia o para tirar: *Tienes el cuaderno hecho una guarrería*, todo arrugado. **2** Acción que se considera contraria a las normas morales que acepta la mayoría. ◻ [Es coloquial]. ◻ SINÓNIMOS: guarrada, marranada. **1** porquería, suciedad. ◻ FAMILIA: →guarro.

guarro, rra (gua·rro, rra) ∎ [adjetivo o sustantivo] **1** Que está sucio o que es muy sucio. **2** Dicho de una persona, que tiene mala intención: *No te fíes de ese guarro*. ∎ [sustantivo] **3** Animal del que se sacan los jamones y que se cría para aprovechar su carne. ◻ [Los significados **1** y **2** son coloquiales]. ◻ SINÓNIMOS: cerdo. **1, 3** cochino, marrano, gorrino, puerco. ◻ ANTÓNIMOS: **1** limpio. ◻ FAMILIA: guarrada, guarrería, guarrear.

guasa (gua·sa) [sustantivo femenino] Situación en la que todos se ríen de algo: *No te tomes a guasa algo tan serio*. ◻ [Es coloquial]. ◻ SINÓNIMOS: pitorreo, burla, chunga, chufla. ◻ FAMILIA: guasón, guasearse.

guasearse (gua·se·ar·se) [verbo] Reírse mucho de algo y no tomarlo en serio: *No debes guasearte de él delante de todos*. ◻ [Es coloquial]. ◻ SINÓNIMOS: burlarse. ◻ FAMILIA: →guasa.

guasón, na (gua·són, so·na) [adjetivo o sustantivo] Que se toma todo a broma o es aficionado a bromear. ◻ [Es coloquial]. ◻ FAMILIA: →guasa.

guata (gua·ta) [sustantivo femenino] Trozo fino de algodón que se utiliza como relleno para cojines, para prendas de vestir o para otras cosas. ◻ FAMILIA: guateado.

guateado, da (gua·te·a·do, da) [adjetivo] Que está relleno con trozos finos de algodón. ◻ FAMILIA: →guata.

guatemalteco, ca (gua·te·mal·te·co, ca) [adjetivo o sustantivo] De Guatemala, que es un país centroamericano, o de su capital.

guateque (gua·te·que) [sustantivo masculino] Fiesta que se celebra en una casa y en la que se come, se bebe y se baila.

guau (guau) [interjección] **1** Se usa para indicar admiración o alegría: *¡Guau, hemos vuelto a ganar!* **2** Se usa para imitar el ladrido de un perro. ◻ [El significado **2** es una onomatopeya].

guay (guay) ∎ [adjetivo] **1** Muy bueno o estupendo: *¡Qué mochila más guay llevas!* ∎ [adverbio] **2** Muy bien: *Lo has hecho guay*. ◻ [Es coloquial. En el significado **1** no varía en masculino y femenino. En el significado **2** tampoco varía por ser adverbio]. ◻ SINÓNIMOS: chachi, chupi.

guayaba (gua·ya·ba) [sustantivo femenino] Fruta con sabor dulce y con muchas semillas en su interior.

guayabera (gua·ya·be·ra) [sustantivo femenino] Chaqueta o camisa larga y de tela fina que se lleva por encima del pantalón.

gubernamental (gu·ber·na·men·tal) [adjetivo] Del Gobierno de un país o relacionado con él. ◻ [No varía en masculino y femenino]. ◻ FAMILIA: →gobernar.

gubernativo, va (gu·ber·na·ti·vo, va) [adjetivo] Dicho de una norma, que viene del Gobierno. ◻ FAMILIA: →gobernar.

gubia (gu·bia) [sustantivo femenino] Herramienta con mucho filo y con un mango, que usan los carpinteros. ◻ SINÓNIMOS: formón.

guedeja (gue·de·ja) [sustantivo femenino] **1** Pelo largo o mechón de pelo. **2** Pelo del león.

guepardo (gue·par·do) [sustantivo masculino] Animal salvaje de color claro con manchas oscuras.

guerra (gue·rra) [sustantivo femenino] Lucha con armas que se realiza entre grupos contrarios. ◆ [expresión] ‖ **dar guerra** Causar molestia: *Si das guerra, no te llevo al zoo.* ☐ [La expresión es coloquial]. ☐ SINÓNIMOS: conflagración. ☐ FAMILIA: guerrear, guerrero, guerrilla, guerrillero, posguerra.

guerrear (gue·rre·ar) [verbo] Hacer la guerra. ☐ FAMILIA: →guerra.

guerrera (gue·rre·ra) [sustantivo femenino] Mira en **guerrero, ra**.

guerrero, ra (gue·rre·ro, ra) ■ [adjetivo] **1** De la guerra o relacionado con ella. ■ [sustantivo] **2** Persona que lucha en la guerra. ■ **guerrera** [sustantivo femenino] **3** Chaqueta abrochada desde el cuello, que forma parte de algunos uniformes militares. ☐ SINÓNIMOS: **1** bélico. ☐ FAMILIA: →guerra.

guerrilla (gue·rri·lla) [sustantivo femenino] Grupo de personas que no pertenecen al Ejército pero que luchan con armas contra el enemigo, aprovechando su conocimiento del terreno y los ataques por sorpresa. ☐ FAMILIA: →guerra.

guerrillero, ra (gue·rri·lle·ro, ra) [sustantivo] Persona que lucha en una guerrilla. ☐ FAMILIA: →guerra.

gueto (gue·to) [sustantivo masculino] Lugar donde vive un conjunto de personas de un mismo origen que están apartadas del resto de la sociedad.

guía (guí·a) ■ [sustantivo] **1** Persona que conduce a otras: *el guía de un museo.* ■ [sustantivo femenino] **2** Cosa que dirige algo o da información para ayudar a hacer algo: *Este ejercicio sirve de guía para hacer el resto.* **3** Libro u otra cosa en los que se da información sobre algo: *guía de teléfonos.* **4** Cosa que sirve para que algo vaya por donde debe moverse: *La persiana se ha salido de sus guías.* ☐ [En el significado **1** no varía en masculino y femenino]. ☐ FAMILIA: →guiar.

guiar (guiar) [verbo] **1** Llevar o dirigir hacia un lugar o hacia una situación. ■ **guiarse 2** Dejarse llevar: *A veces conviene guiarse por los impulsos.* ☐ [Es irregular y se conjuga como ENVIAR]. ☐ SINÓNIMOS: **1** conducir. ☐ FAMILIA: guía, audioguía.

güija (güi·ja) [sustantivo femenino] Tabla con un alfabeto sobre la que se desliza un objeto para ir formando mensajes: *La güija se usa en sesiones de espiritismo.* ☐ [Es preferible escribir «güija» que la forma *ouija*].

guijarro (gui·ja·rro) [sustantivo masculino] Piedra pequeña, redondeada y lisa. ☐ FAMILIA: →guijo.

guijo (gui·jo) [sustantivo masculino] Conjunto de piedras pequeñas que se usan para hacer caminos. ☐ FAMILIA: guijarro.

guillotina (gui·llo·ti·na) [sustantivo femenino] **1** Máquina compuesta por una cuchilla que se usaba para matar a una persona cortándole la cabeza. **2** Instrumento que se usa para cortar algo de golpe: *Vimos en la imprenta cómo cortaban el papel con la guillotina.* ☐ FAMILIA: guillotinar.

guillotinar (gui·llo·ti·nar) [verbo] **1** Cortar la cabeza a alguien con la guillotina: *El rey francés Luis XVI fue guillotinado.* **2** Cortar papel u otra cosa con una guillotina: *En la imprenta guillotinaron las hojas para que quedaran todas iguales.* ☐ FAMILIA: →guillotina.

guinda (guin·da) [sustantivo femenino] **1** Fruto pequeño de forma redonda y de color rojo, que tiene un hueso duro en el interior. **2** Cualquier cosa que pone el fin a algo y es lo mejor o lo peor de todo: *Aquella mala contestación fue la guinda que hizo que me enfadara.* ☐ FAMILIA: guindo.

guindilla (guin·di·lla) [sustantivo femenino] Fruto de forma alargada, de color rojo o verde y que es muy picante.

guindo (guin·do) [sustantivo masculino] Árbol alto con las hojas oscuras y las flores blancas, cuyo fruto es la guinda. ◆ [expresión] ‖ **caerse del guindo** Darse cuenta de algo. ☐ [La expresión es coloquial]. ☐ FAMILIA: →guinda.

guineano, na (gui·ne·a·no, na) [adjetivo o sustantivo] De Guinea, o de Guinea-Bisáu, o de Guinea Ecuatorial, que son países africanos.

guiñapo (gui·ña·po) [sustantivo masculino] **1** Tela o prenda de vestir rotas y sucias. **2** Persona que está muy débil o muy cansada.

guiñar (gui·ñar) [verbo] Cerrar un ojo un momento, mientras el otro permanece abierto: *Me guiñó el ojo para hacerme saber que estaba bromeando.* ☐ FAMILIA: guiño.

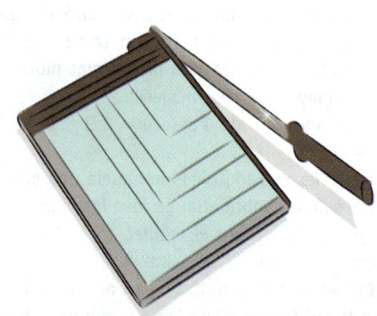

guillotina

guiño (gui·ño) [sustantivo masculino] Cierre rápido de un ojo mientras el otro permanece abierto. ☐ Familia: →guiñar.

guiñol (gui·ñol) [sustantivo masculino] Especie de teatro en el que los personajes son unos muñecos que maneja una persona a la que no se ve y que introduce su mano en el interior de estos.

guion (guion) [sustantivo masculino] **1** Escrito donde se apunta algo de forma clara para que sirva de ayuda: *Me hice un guion con los puntos que debía tratar.* **2** Texto que contiene lo que hay que decir o hacer en una película o en un programa de radio o de televisión. **3** Signo que usamos al escribir para partir las palabras al final de una línea o para separar fechas: *El signo - es un guion.* ☐ Familia: guionista.

guionista (guio·nis·ta) [sustantivo] Persona que escribe el texto de una película o de un programa de radio o de televisión. ☐ [No varía en masculino y femenino]. ☐ Familia: →guion.

guipar (gui·par) [verbo] Entender el significado de algo. ☐ [Es coloquial]. ☐ Sinónimos: pillar.

guipuzcoano, na (gui·puz·co·a·no, na) [adjetivo o sustantivo] De la provincia española de Guipúzcoa.

guirigay (gui·ri·gay) [sustantivo masculino] Mucho ruido y gran movimiento de personas: *¡Menudo guirigay se forma a la salida del colegio!* ☐ [Su plural es «guirigáis» o «guirigayes». Es coloquial]. ☐ Sinónimos: alboroto, bulla, bullicio, lío, jaleo, follón, trasiego.

guirlache (guir·la·che) [sustantivo masculino] Un tipo de dulce que se hace con almendras tostadas y caramelo. ☐ Sinónimos: crocante.

guirnalda (guir·nal·da) [sustantivo femenino] Especie de cinta que se usa como adorno y que suele estar hecha con flores o con papeles.

guirnalda

guisa (gui·sa) [sustantivo femenino] Manera de hacer algo: *Se vistió de tal guisa que nadie lo reconoció.* ☐ Sinónimos: modo. ☐ Familia: desaguisado.

guisado (gui·sa·do) [sustantivo masculino] Plato que se suele preparar con trozos de carne, patatas, verduras y otros ingredientes cocidos al fuego. ☐ Sinónimos: guiso. ☐ Familia: →guiso.

guisante (gui·san·te) [sustantivo masculino] Planta que se cultiva en las huertas cuya semilla es verde, redonda y pequeña. ☉ **páginas 566 y 967.**

guisar (gui·sar) [verbo] Preparar un alimento para que se pueda comer, especialmente si se hace cociéndolo al fuego con varios ingredientes: *El cocinero guisó las verduras y la carne en una olla a presión.* ☐ Sinónimos: cocinar. ☐ Familia: →guiso.

guiso (gui·so) [sustantivo masculino] Plato que se suele preparar con trozos de carne, patatas, verduras y otros ingredientes cocidos al fuego. ☐ Sinónimos: guisado. ☐ Familia: guisar, guisado.

güisqui (güis·qui) [sustantivo masculino] Bebida alcohólica de color marrón claro. ☐ [Es una palabra de origen inglés. Es preferible escribir «güisqui» que la forma inglesa *whisky*].

guita (gui·ta) [sustantivo femenino] **1** Cuerda fina. **2** Dinero. ☐ [El significado **2** es coloquial].

guitarra (gui·ta·rra) [sustantivo femenino] Instrumento musical formado por una caja de madera en forma de ocho, con un agujero en el centro, y por un brazo, que se toca al pulsar sus cuerdas. ☉ **páginas 534-535.** ☐ Familia: guitarrista.

guitarrista (gui·ta·rris·ta) [sustantivo] Persona que toca la guitarra. ☐ [No varía en masculino y femenino]. ☐ Familia: →guitarra.

güito (güi·to) [sustantivo masculino] Hueso de la aceituna, del albaricoque y de otros frutos pequeños.

gula (gu·la) [sustantivo femenino] Ganas de comer y beber solo por gusto, no por necesidad. ☐ Sinónimos: glotonería. ☐ Antónimos: desgana. ☐ Familia: gulusmear.

gulusmear (gu·lus·me·ar) [verbo] Andar probando la comida antes de la hora de comer: *Me encanta gulusmear mientras cocino.* ☐ Familia: →gula.

gurruño (gu·rru·ño) [sustantivo masculino] Cosa que está mal doblada y llena de arrugas.

gurú (gu·rú) [sustantivo] **1** Jefe o director espiritual de un grupo religioso de inspiración oriental: *Aprendió a meditar con un gurú hindú.* **2** Persona que, en determinadas actividades profesionales, predice lo que va a ocurrir: *Está considerada la gurú de la moda europea.* ☐ [No varía en masculino y femenino].

gusanillo (gu·sa·ni·llo) [sustantivo masculino] **1** Hilo o alambre en espiral. **2** Falta de tranquilidad por algo que se ha hecho: *Tengo el gusanillo de no saber si lo hice bien o no.* ♦ [expresión] ‖ **matar el gusanillo** Quitar el hambre con algo de comer. ☐ [El significado **2** y la expresión son coloquiales]. ☐ Familia: →gusano.

gusano (gu·sa·no) [sustantivo masculino] **1** Animal de cuerpo alargado y blando, y que no tiene esqueleto ni patas, como las lombrices. **2** Persona mala y despreciable. ☐ [El significado **2** es despectivo]. ☐ Familia: gusanillo.

gusarapo (gu·sa·ra·po) [sustantivo masculino] Animal parecido al gusano que se cría en los líquidos.

gustar (gus·tar) [verbo] **1** Resultar agradable: *Me gustas mucho.* **2** Parecer bien: *Me gusta tu idea.* ☐ Antónimos: disgustar, desagradar, fastidiar. ☐ Familia: →gusto.

gustazo (gus·ta·zo) [sustantivo masculino] Placer muy grande que alguien se da haciendo algo que no es habitual. ☐ [Es coloquial]. ☐ Familia: →gusto.

gustillo (gus·ti·llo) [sustantivo masculino] Sensación o impresión que deja algo. ☐ Familia: →gusto.

gusto (gus·to) [sustantivo masculino] **1** Capacidad para sentir los sabores: *el sentido del gusto.* **2** Sabor de las cosas. **3** Sensación agradable que se siente cuando algo gusta mucho. **4** Voluntad o decisión propias: *He venido por mi gusto.* **5** Capacidad que tiene una persona para sentir lo que es bello y lo que es feo: *Tú y yo tenemos gustos diferentes.* **6** Cualidad que hace que algo resulte bello o feo: *buen o mal gusto.* ◆ [expresión] ‖ **a gusto** Bien o sin problemas: *Estoy muy a gusto con tu familia.* ‖ **con mucho gusto** Se usa cuando nos mostramos dispuestos a hacer lo que se nos pide: *Te llevaré a casa con mucho gusto.* ☐ [Se usa mucho para responder de forma educada a una presentación: «—Os presento a Virginia. —Mucho gusto»]. ☐ Sinónimos: **3** placer. **5** afición, inclinación. ☐ Antónimos: **3** disgusto. ☐ Familia: gustar, gustoso, gustazo, gustillo, degustar, degustación, regusto, disgustar, disgusto.

gustoso, sa (gus·to·so, sa) [adjetivo] Dicho de una persona, que hace algo contento y sin que le importe hacerlo. ☐ Familia: →gusto.

gutural (gu·tu·ral) [adjetivo] De la garganta o relacionado con ella: *sonidos guturales.* ☐ [No varía en masculino y femenino].

gymkhana [sustantivo femenino] → **yincana**. ☐ [Es una palabra inglesa. Se pronuncia «yinkána»].

h [sustantivo femenino] Letra número ocho del abecedario. ⊚ **página 18.** ☐ [Su nombre es «hache». No se pronuncia, excepto en algunas palabras de origen extranjero, como «hámster» o «yihad»].

haba (ha·ba) [sustantivo femenino] **1** Planta que se cultiva en las huertas y cuyo fruto es parecido a la judía, pero más grande. **2** Semilla de esta planta. ⊚ **páginas 566 y 967.** ☐ [Aunque es femenino, como empieza por «a» tónica o acentuada, se usa con «el», «un», «ningún» y «algún»: «el haba», «las habas»]. ☐ Familia: habichuela, habón.

habanera (ha·ba·ne·ra) [sustantivo femenino] Baile y música populares de origen cubano. ☐ Familia: →habano.

habano (ha·ba·no) [sustantivo masculino] Puro hecho en Cuba, que es un país centroamericano. ☐ Familia: habanera.

haber (ha·ber) ▌ [sustantivo masculino] **1** Parte de una cuenta bancaria donde aparecen las cantidades que tiene su titular o que se ingresan. ▌ [verbo] **2** Ocurrir o tener lugar: *Los domingos no hay clase.* **3** Existir o estar presente: *En el zoo hay animales.* ◆ [expresión] ‖ **haber de hacer algo** Tener obligación: *He de hacer un recado.* ‖ **haber que hacer algo** Ser obligatorio hacerlo: *Hay que comprar tomates.* ‖ **no hay de qué** Se usa para contestar cuando alguien nos da las gracias. ☐ [Cuando es verbo, es irregular (mira el cuadro en la página siguiente), y seguido del participio de un verbo, sirve para conjugarlo en los tiempos compuestos: «he llorado», «habíamos tenido», «habrán venido». Con el significado **2** y **3** no debe decirse «habían coches», sino «había coches». No confundir con la expresión «a ver» (veamos)]. ☐ Antónimos: **1** debe.

habichuela (ha·bi·chue·la) [sustantivo femenino] **1** Planta que se cultiva en las huertas, cuyo fruto es verde, alargado y con los extremos terminados en punta. **2** Semilla de esta planta: *Hoy hemos comido arroz con habichuelas.* ☐ Sinónimos: judía, alubia. ☐ Familia: →haba.

hábil (há·bil) [adjetivo] **1** Que tiene capacidad para hacer algo bien: *Eres muy hábil jugando al baloncesto.* **2** Que es adecuado para algo: *Con una hábil respuesta evitó decir la verdad.* ☐ [No varía en masculino y femenino]. ☐ Sinónimos: **1** capaz, mañoso, diestro, habilidoso. ☐ Antónimos: **1** inepto, negado, torpe. ☐ Familia: habilidad, habilitar, rehabilitar, rehabilitación, inhabilitar.

habilidad (ha·bi·li·dad) [sustantivo femenino] Capacidad para hacer algo bien: *Tengo habilidad para los trabajos manuales.* ☐ Sinónimos: facilidad, destreza, arte, mano. ☐ Antónimos: torpeza. ☐ Familia: →hábil.

habilidoso, sa (ha·bi·li·do·so, sa) [adjetivo] Que es hábil, es decir que tiene capacidad para hacer algo bien. ☐ Sinónimos: hábil, manitas. ☐ Antónimos: torpe.

habilitar (ha·bi·li·tar) [verbo] **1** Preparar algo para un determinado fin: *Habilitaron ese viejo garaje como sala de juegos.* **2** Dar poder o autoridad a alguien para hacer algo: *Lo habilitaron para que se hiciera cargo de la dirección del equipo.* ☐ Sinónimos: **2** autorizar, capacitar. ☐ Familia: →hábil.

habitabilidad (ha·bi·ta·bi·li·dad) [sustantivo femenino] Conjunto de características que hacen que se pueda vivir en un lugar: *Van a reformar este edificio porque sus condi-*

habitable

ciones de habitabilidad no son buenas. ☐ Familia: →habitar.

habitable (ha·bi·ta·ble) [adjetivo] Que reúne las condiciones necesarias para vivir. ☐ [No varía en masculino y femenino]. ☐ Antónimos: inhabitable. ☐ Familia: →habitar.

habitación (ha·bi·ta·ción) [sustantivo femenino] Cada una de las partes en que se divide una casa. ☐ Sinónimos: cuarto, pieza. ☐ Familia: →habitar.

habitáculo (ha·bi·tá·cu·lo) [sustantivo masculino] **1** Edificio o lugar, generalmente de pequeño tamaño, destinados a ser habitados. **2** Parte que ocupan el conductor y los viajeros en un vehículo. ☐ Familia: →habitar.

habitante (ha·bi·tan·te) [sustantivo masculino] Persona o animal que vive en un lugar. ☐ Sinónimos: morador. ☐ Familia: →habitar.

habitar (ha·bi·tar) [verbo] Ocupar un lugar y hacer vida en él: *¿Quién habita en la casa que hay junto al lago?* ☐ Sinónimos: vivir, residir, poblar. ☐ Familia: habitación, habitáculo, habitante, habitable, habitabilidad, inhabitable, deshabitado, hábitat.

hábitat (há·bi·tat) [sustantivo masculino] Zona con unas condiciones naturales determinadas y en la que vive una especie animal o vegetal. ☐ [Su plural es «hábitats»]. ☐ Familia: →habitar.

hábito (há·bi·to) [sustantivo masculino] **1** Acción que se realiza con frecuencia: *Lavarse los dientes después de comer es un buen hábito.* **2** Vestido característico de un grupo de religiosos. ☐ Sinónimos: **1** costumbre, uso. ☐ Familia: habitual, habituar.

habitual (ha·bi·tual) [adjetivo] Que sucede o se hace a menudo y de la misma manera: *Todos los días salgo de mi casa a la hora habitual para ir al colegio.* ☐ [No varía en masculino y femenino]. ☐ Sinónimos: común, natural, usual, normal, ordinario, corriente, consabido, acostumbrado. ☐ Antónimos: anormal, raro, sorprendente, extraño, chocante, inusual, inusitado. ☐ Familia: →hábito.

habituar (ha·bi·tuar) [verbo] Conseguir que algo se realice por costumbre: *Cuando te habitúes a madrugar, no te costará trabajo.* ☐ [Es irregular y se conjuga como actuar]. ☐ Sinónimos: acostumbrar. ☐ Familia: →hábito.

habla (ha·bla) [sustantivo femenino] **1** Capacidad de hablar: *Del susto, me quedé sin habla.* **2** Forma de hablar: *el habla infantil.* ☐ [Aunque es femenino, como empieza por «a» tónica o acentuada, se usa con «el», «un», «ningún» y «algún»: «el habla», «las hablas»]. ☐ Familia: →hablar.

hablador, ra (ha·bla·dor, do·ra) [adjetivo o sustantivo] Que habla mucho y sin control. ☐ Sinónimos: charlatán, locuaz.

HABER	
INDICATIVO	**SUBJUNTIVO**
Presente yo he tú has / usted ha él, ella ha [1] nosotros, tras hemos vosotros, tras habéis / ustedes han ellos, ellas han	**Presente** yo haya tú hayas / usted haya él, ella haya nosotros, tras hayamos vosotros, tras hayáis / ustedes hayan ellos, ellas hayan
Pretérito imperfecto yo había tú habías / usted había él, ella había nosotros, tras habíamos vosotros, tras habíais / ustedes habían ellos, ellas habían	**Pretérito imperfecto** yo hubiera o hubiese tú hubieras o hubieses / usted hubiera o hubiese él, ella hubiera o hubiese nosotros, tras hubiéramos o hubiésemos vosotros, tras hubierais o hubieseis / ustedes hubieran o hubiesen ellos, ellas hubieran o hubiesen
Pretérito perfecto simple yo hube tú hubiste / usted hubo él, ella hubo nosotros, tras hubimos vosotros, tras hubisteis / ustedes hubieron ellos, ellas hubieron	**Futuro simple** yo hubiere tú hubieres / usted hubiere él, ella hubiere nosotros, tras hubiéremos vosotros, tras hubiereis / ustedes hubieren ellos, ellas hubieren
Futuro simple yo habré tú habrás / usted habrá él, ella habrá nosotros, tras habremos vosotros, tras habréis / ustedes habrán ellos, ellas habrán	
Condicional simple yo habría tú habrías / usted habría él, ella habría nosotros, tras habríamos vosotros, tras habríais / ustedes habrían ellos, ellas habrían	**FORMAS NO PERSONALES** **Infinitivo** haber **Gerundio** habiendo **Participio** habido

[1] Cuando **haber** se usa como impersonal, la 3.ª persona del singular es **hay.**

☐ Antónimos: callado, reservado, lacónico, taciturno. ☐ Familia: →hablar.

habladuría (ha·bla·du·rí·a) [sustantivo femenino] Cosa que se dice como si fuera verdad con el fin de criticar, aunque no se tengan pruebas. ☐ [Se usa más en plural]. ☐ Sinónimos: rumor. ☐ Familia: →hablar.

hablante (ha·blan·te) [sustantivo] Persona que habla una lengua o un lenguaje. ☐ [No varía en masculino y femenino]. ☐ Familia: hispanohablante. →hablar.

hablar (ha·blar) [verbo] **1** Decir palabras. **2** Conocer una lengua lo suficiente como para usarla: *Sé hablar inglés.* **3** Dirigir la palabra a alguien: *Se enfadó conmigo y no me habla.* **4** Comunicarse de alguna manera: *Los mudos hablan con las manos.* ◆ [expresión] ‖ **ni hablar** Se usa para negar con energía: *Les pedí a mis padres una moto y me dijeron que ni hablar.* ☐ Sinónimos: **1** comunicarse. ☐ Antónimos: **1** callar, enmudecer. ☐ Familia: habla, hablador, hablante, malhablado, habladuría.

habón (ha·bón) [sustantivo masculino] Bulto rojo que sale en la piel, generalmente producido por la picadura de un insecto. ☐ Sinónimos: roncha. ☐ Familia: →haba.

hacedor, ra (ha·ce·dor, do·ra) [adjetivo o sustantivo] Que hace algo. ☐ Sinónimos: creador. ☐ Familia: →hacer.

hacendado, da (ha·cen·da·do, da) [adjetivo o sustantivo] Que tiene muchas propiedades y tierras. ☐ Familia: →hacienda.

hacendoso, sa (ha·cen·do·so, sa) [adjetivo] Que hace bien las tareas de la casa. ☐ Antónimos: holgazán, haragán. ☐ Familia: →hacer.

hacer (ha·cer) [verbo] **1** Fabricar, producir o crear: *En su empresa se dedican a hacer tapones.* **2** Realizar o completar una acción o una actividad: *hacer los ejercicios; hacer aeróbic.* **3** Mandar que alguien realice una actividad: *Nos hicieron ir una hora antes.* **4** Producir determinada causa o determinado efecto: *El viento hizo que cayera el árbol. El zapato me hace daño.* **5** Preparar o arreglar: *Haz la cama.* **6** Dar a entender algo o fingir: *No hagas como si no lo hubieras entendido. No te hagas el sordo.* **7** Cumplir una determinada edad: *Mañana hago nueve años.* **8** Estar el tiempo de una determinada manera: *Hoy hace mucho frío.* **9** Haber pasado determinado período de tiempo: *Hace dos meses que terminaron las vacaciones.* **10** Emitir sonidos que no sean palabras: *El gato hace «miau».* **11** Representar o desempeñar un papel: *Hizo de Caperucita en la función.* **12** Actuar: *Hizo bien yendo.* ▪ **hacerse 13** Llegar a ser o convertirse: *Mi hermano ya se ha hecho mayor. Se ha hecho de noche.* **14** Acostumbrarse a algo: *Ya me he hecho a mi nueva moto. No me hago a este nuevo horario.* **15** Ponerse a un lado: *Hazte un poco más a la izquierda.* ◆ [expresión] ‖ **hacerse con algo** Conseguirlo: *¿Dónde te has hecho con ese jersey?* ‖ **qué se le va a hacer** Se usa cuando algo ya no se puede evitar: *¡Qué se le va a hacer! Al menos lo has intentado.* ☐ [Es irregular (mira el cuadro en la página siguiente). Su participio es «hecho»]. ☐ Antónimos: **1**, **5** deshacer. ☐ Familia: hecho, deshacer, deshecho, rehacer, rehecho, quehacer, malhechor, bienhechor, benefactor, hacedor, hacendoso, hazmerreír, hechura, contrahecho, factible, fehaciente.

hacha (ha·cha) [sustantivo femenino] Herramienta formada por un palo que tiene un trozo de metal afilado y cortante en un extremo: *El leñador cortaba la leña con un hacha.* 👁 páginas 494-495. ☐ [Aunque es femenino, como empieza por «a» tónica o acentuada, se usa con «el», «un», «ningún» y «algún»: «el hacha», «las hachas»]. ☐ Familia: hachazo.

hachazo (ha·cha·zo) [sustantivo masculino] Golpe dado con un hacha o corte que se hace con ella. ☐ Familia: →hacha.

hache (ha·che) [sustantivo femenino] Nombre de la letra *h*. ◆ [expresión] ‖ **por hache o por be** Por una u otra razón: *Por hache o por be, siempre terminamos en el mismo sitio.* ☐ [La expresión es coloquial].

hachís (ha·chís) [sustantivo masculino] Droga que se obtiene de la resina de una variedad del cáñamo. ☐ [Se pronuncia «jachís». No varía en singular y plural].

hacia (ha·cia) [preposición] **1** Indica el punto al que se dirige u orienta algo: *Ese avión va hacia el aeropuerto.* **2** Indica tiempo o lugar aproximados: *La fiesta empezará hacia las cinco.* ☐ [No debe decirse «hacia bajo», sino «hacia abajo»]. ☐ Sinónimos: **1** para. **2** sobre.

hacienda (ha·cien·da) [sustantivo femenino] **1** Conjunto de las propiedades y del dinero que alguien tiene. **2** Terreno o campos que alguien tiene. **3** Ministerio que se encarga de la economía de un país. ☐ [En el significado **3** se escribe con mayúscula]. ☐ Sinónimos: **1** bienes. ☐ Familia: hacendado.

hacinamiento (ha·ci·na·mien·to) [sustantivo masculino] Cantidad enorme de personas, animales o cosas que están en un espacio muy pequeño. ☐ Familia: →hacinar.

hacinar (ha·ci·nar) [verbo] Acumular o amontonar en un espacio muy pequeño: *Han ampliado las instalaciones de acogida para que no se hacinen los refugiados de países en guerra.* ☐ Familia: hacinamiento.

hacker [sustantivo] Persona aficionada a los ordenadores que entra en un sistema informático sin autorización. ☐ [Es una palabra inglesa. Se pronuncia «jáker». No varía en masculino y femenino. Es preferible usar «pirata informático»].

hada (ha·da) [sustantivo femenino] Personaje imaginario representado en forma de mujer que tiene poderes mágicos y suele llevar una varita. ☐ [Aunque es femenino, como empieza por «a» tónica o acentuada, se usa con «el», «un», «ningún» y «algún»: «el hada», «las hadas»].

hado (ha·do) [sustantivo masculino] Fuerza desconocida que hace que los hechos se produzcan como se producen, sin poderlo evitar. ☐ Sinónimos: destino, sino.

hagiografía (ha·gio·gra·fí·a) [sustantivo femenino] Historia de la vida de un santo. ☐ Familia: →grafía.

haitiano, na (hai·tia·no, na) [adjetivo o sustantivo] De Haití, que es un país centroamericano.

hala (ha·la) [interjección] Se usa para indicar sorpresa o disgusto o para dar ánimos: *¡Hala, cuánto corres!* ☐ Sinónimos: ala, ale.

halagador, ra (ha·la·ga·dor, do·ra) [adjetivo] Que gusta, que agrada o que hace sentir bien: *palabras halagadoras*. ☐ FAMILIA: →halagar.

halagar (ha·la·gar) [verbo] **1** Gustar, agradar o hacer sentir bien: *Me halaga que quieras que esté en tu equipo*. **2** Decir a una persona lo que creemos que le agrada, para conseguir algo de ella: *Si me halagas así, pensaré que me vas a pedir alguna cosa*. ☐ [La «g» se cambia en «gu» delante de «e» («halague»)]. ☐ SINÓNIMOS: **2** alabar, adular, lisonjear. ☐ FAMILIA: halagador, halago, halagüeño.

halago (ha·la·go) [sustantivo masculino] **1** Cosa que se dice para agradar a alguien: *colmar de halagos a alguien*. **2** Alabanza que se hace a una persona, diciéndole lo que creemos que le agrada. ☐ SINÓNIMOS: **2** adulación, lisonja. ☐ FAMILIA: →halagar.

halagüeño, ña (ha·la·güe·ño, ña) [adjetivo] **1** Que va a ir bien: *unas perspectivas halagüeñas*. **2** Que halaga o hace sentir bien: *unas palabras halagüeñas*. ☐ SINÓNIMOS: **1** prometedor. ☐ FAMILIA: →halagar.

halcón (hal·cón) [sustantivo masculino] Ave rapaz con el pico curvo y las garras fuertes que se usaba antiguamente para cazar otras aves.

hálito (há·li·to) [sustantivo masculino] Aliento o aire que sale de la boca al respirar. ☐ [Suele usarse en el lenguaje literario]. ☐ FAMILIA: halitosis.

halitosis (ha·li·to·sis) [sustantivo femenino] Mal olor del aliento. ☐ [No varía en singular y plural]. ☐ FAMILIA: →hálito.

hall [sustantivo masculino] → **vestíbulo.** ☐ [Es una palabra inglesa. Se pronuncia «jol»].

hallar (ha·llar) [verbo] **1** Encontrar algo que se busca: *En el texto hallarás la respuesta*. **2** Descubrir o inventar: *hallar una vacuna*. **3** Notar u observar: *El capitán halló muy preocupados a sus hombres*. ■ **hallarse 4** Estar en un lugar: *Nos hallamos a quince millas de la costa*. ☐ SINÓNIMOS: **1** encontrar. **4** encontrarse. ☐ ANTÓNIMOS: **1** perder. ☐ FAMILIA: hallazgo.

hallazgo (ha·llaz·go) [sustantivo masculino] Descubrimiento de lo que estaba escondido, perdido o no se conocía: *Esa vacuna ha sido un gran hallazgo*. ☐ SINÓNIMOS: descubrimiento. ☐ ANTÓNIMOS: pérdida. ☐ FAMILIA: →hallar.

halo (ha·lo) [sustantivo masculino] **1** Aro de luz que rodea al Sol, a la Luna y a otros cuerpos. **2** Círculo de luz que se representa en algunas imágenes religiosas alrededor de la cabeza. ☐ SINÓNIMOS: **2** aureola.

halógeno, na (ha·ló·ge·no, na) [adjetivo o sustantivo] Dicho de una lámpara o de una bombilla, que da una luz brillante y blanca.

halterofilia (hal·te·ro·fi·lia) [sustantivo femenino] Deporte que consiste en levantar pesas. ⊙ páginas 304-305.

HACER

INDICATIVO

Presente
yo hago
tú haces / usted hace
él, ella hace
nosotros, tras hacemos
vosotros, tras hacéis / ustedes hacen
ellos, ellas hacen

Pretérito imperfecto
yo hacía
tú hacías / usted hacía
él, ella hacía
nosotros, tras hacíamos
vosotros, tras hacíais / ustedes hacían
ellos, ellas hacían

Pretérito perfecto simple
yo hice
tú hiciste / usted hizo
él, ella hizo
nosotros, tras hicimos
vosotros, tras hicisteis / ustedes hicieron
ellos, ellas hicieron

Futuro simple
yo haré
tú harás / usted hará
él, ella hará
nosotros, tras haremos
vosotros, tras haréis / ustedes harán
ellos, ellas harán

Condicional simple
yo haría
tú harías / usted haría
él, ella haría
nosotros, tras haríamos
vosotros, tras haríais / ustedes harían
ellos, ellas harían

SUBJUNTIVO

Presente
yo haga
tú hagas / usted haga
él, ella haga
nosotros, tras hagamos
vosotros, tras hagáis / ustedes hagan
ellos, ellas hagan

Pretérito imperfecto
yo hiciera o hiciese
tú hicieras o hicieses / usted hiciera o hiciese
él, ella hiciera o hiciese
nosotros, tras hiciéramos o hiciésemos
vosotros, tras hicierais o hicieseis / ustedes hicieran o hiciesen
ellos, ellas hicieran o hiciesen

Futuro simple
yo hiciere
tú hicieres / usted hiciere
él, ella hiciere
nosotros, tras hiciéremos
vosotros, tras hiciereis / ustedes hicieren
ellos, ellas hicieren

IMPERATIVO

haz (tú) / haga (usted)
hagamos (nosotros, tras)
haced (vosotros, tras) / hagan (ustedes)

FORMAS NO PERSONALES

Infinitivo	Gerundio	Participio
hacer	haciendo	hecho

hamaca (ha·ma·ca) [sustantivo femenino] **1** Pieza de tela o red alargada y resistente que se cuelga de sus extremos y sirve de cama o columpio: *Colgué la hamaca de dos árboles.* **2** Especie de silla con el asiento y el respaldo de tela: *Tomo el sol en una hamaca.* ☐ SINÓNIMOS: **2** tumbona.

hamaca

hambre (ham·bre) [sustantivo femenino] **1** Ganas y necesidad de comer: *No tengo hambre.* **2** Falta de alimentos: *Debemos acabar con el hambre en el mundo.* **3** Deseo muy grande de hacer o conseguir algo: *El equipo tiene hambre de victoria.* ☐ [Aunque es femenino, como empieza por «a» tónica o acentuada, se usa con «el», «un», «ningún» y «algún»: «el hambre», «las hambres»]. ☐ SINÓNIMOS: **1** apetito. ☐ FAMILIA: hambriento.

hambriento, ta (ham·brien·to, ta) [adjetivo o sustantivo] Que tiene mucha hambre. ☐ FAMILIA: →hambre.

hambruna (ham·bru·na) [sustantivo femenino] Hambre o escasez de alimentos generalizadas: *La última sequía provocó una gran hambruna en la zona.*

hamburguesa (ham·bur·gue·sa) [sustantivo femenino] Filete de carne picada que frecuentemente se come entre dos trozos redondos de pan blando. ☐ FAMILIA: hamburguesería.

hamburguesería (ham·bur·gue·se·rí·a) [sustantivo femenino] Lugar en el que se hacen, se venden y se toman hamburguesas. ☐ FAMILIA: →hamburguesa.

hampa (ham·pa) [sustantivo femenino] Grupo de delincuentes que hacen cosas fuera de la ley. ☐ [Aunque es femenino, como empieza por «a» tónica o acentuada, se usa con «el», «un», «ningún» y «algún»: «el hampa», «las hampas»].

hámster (háms·ter) [sustantivo masculino] Animal parecido al ratón que se tiene como mascota. ☐ [Se pronuncia «jámster». Su plural es «hámsteres». No confundir con «gánster» (miembro de una banda organizada de delincuentes)].

hándicap (hán·di·cap) [sustantivo masculino] Circunstancia que hace que algo resulte difícil o imposible de hacer. ☐ [Es una palabra de origen inglés. Se pronuncia «jándikap». Su plural es «hándicaps»]. ☐ SINÓNIMOS: obstáculo.

hangar (han·gar) [sustantivo masculino] Lugar que se utiliza para guardar o arreglar aviones.

haragán, na (ha·ra·gán, ga·na) [adjetivo o sustantivo] Que no quiere trabajar aunque tenga que hacerlo. ☐ SINÓNIMOS: holgazán, vago, perezoso, gandul. ☐ ANTÓNIMOS: trabajador, hacendoso. ☐ FAMILIA: haraganear.

haraganear (ha·ra·ga·ne·ar) [verbo] No querer trabajar cuando hay que hacerlo: *En lugar de pasarte el día haraganeando, podrías ayudarme un poco.* ☐ SINÓNIMOS: vaguear, holgazanear, zanganear. ☐ ANTÓNIMOS: trabajar. ☐ FAMILIA: →haragán.

harakiri (ha·ra·ki·ri) [sustantivo masculino] En Japón, forma ritual de suicidarse una persona rajándose el vientre. ☐ [Es una palabra de origen japonés. Se escribe también «haraquiri»].

harapiento, ta (ha·ra·pien·to, ta) [adjetivo] Que tiene la ropa rota y vieja. ☐ SINÓNIMOS: andrajoso, desarrapado. ☐ FAMILIA: →harapo.

harapo (ha·ra·po) [sustantivo masculino] Ropa rota y vieja. ☐ SINÓNIMOS: andrajo. ☐ FAMILIA: harapiento.

haraquiri (ha·ra·qui·ri) [sustantivo masculino] → **harakiri**. ☐ [Es una palabra de origen japonés].

hardware [sustantivo masculino] Conjunto de aparatos de los que se compone un ordenador: *El monitor, el teclado y la impresora forman parte del hardware.* ☐ [Es una palabra inglesa. Se pronuncia «járgüer»].

harén (ha·rén) [sustantivo masculino] **1** Entre los musulmanes, conjunto de las mujeres que viven bajo la dependencia de un jefe de familia. **2** Parte de la casa donde viven estas mujeres. ☐ [Su plural es «harenes»].

harina (ha·ri·na) [sustantivo femenino] Polvo que se obtiene moliendo trigo u otras semillas de los cereales y que se utiliza para cocinar. ☐ FAMILIA: harinoso.

harinoso, sa (ha·ri·no·so, sa) [adjetivo] **1** De la harina o relacionado con ella. **2** Que tiene mucha harina. ☐ FAMILIA: →harina.

hartar (har·tar) [verbo] **1** Satisfacer por completo una necesidad: *Comió hasta hartar su hambre.* **2** Cansar a alguien hasta la pérdida de paciencia o interés: *Por muchas preguntas que me hagas, no me hartarás nunca.* ☐ SINÓNIMOS: **1** saciar. **2** aburrir. ☐ FAMILIA: →harto.

hartazgo (har·taz·go) [sustantivo masculino] Sensación que se tiene cuando se hace algo con exceso o durante muchas horas seguidas. ☐ SINÓNIMOS: hartura. ☐ FAMILIA: →harto.

harto, ta (har·to, ta) [adjetivo] **1** Cansado o aburrido. **2** Que ha comido o bebido mucho. ☐ SINÓNIMOS: ahíto. **2** lleno. ☐ FAMILIA: hartar, hartazgo, hartura.

hartura (har·tu·ra) [sustantivo femenino] **1** Sensación que se tiene cuando se hace algo con exceso o durante muchas horas seguidas: *¡Qué hartura de dulces me he dado!* **2** Abundancia exagerada de algo: *Había tal hartura de bebidas que sobraron muchas.* ☐ SINÓNIMOS: **1** hartazgo. ☐ FAMILIA: →harto.

hasta (has·ta) ▌[adverbio] **1** Indica que lo que se dice a continuación nos sorprende porque no lo esperábamos: *La pregunta era tan fácil que hasta yo sabía la respuesta.* ▌[preposición] **2** Indica el límite o el fin de algo: *Fueron hasta el parque y volvieron. Me quedo hasta que me vengan a buscar.* ◆ [expresión] ∥ **hasta luego** Se usa cuando nos despedimos de alguien. ☐ [No confundir con «asta» (cuerno de un animal; mástil de una bandera; palo de una lanza o flecha)]. ☐ SINÓNIMOS: **1** incluso, aun.

hastiar (has·tiar) [verbo] Causar hastío o provocar aburrimiento o repugnancia: *Me hastían las películas largas en las que no ocurre nada.* ☐ FAMILIA: →hastío.

hastío (has·tí·o) [sustantivo masculino] Sentimiento que tenemos cuando algo nos aburre o nos cansa. ☐ SINÓNIMOS: aburrimiento, cansancio, fastidio, tedio. ☐ FAMILIA: hastiar.

hatajo (ha·ta·jo) [sustantivo masculino] **1** Conjunto pequeño de animales: *hatajo de ovejas*. **2** Grupo de personas o cosas: *hatajo de mentiras*. ☐ [No confundir con «atajo» (camino más corto para ir a un sitio). El significado **2** es despectivo].

hatillo (ha·ti·llo) [sustantivo masculino] Paquete formado por ropa y otras cosas envueltas en un trozo de tela. ☐ SINÓNIMOS: hato, lío.

hatillo

hato (ha·to) [sustantivo masculino] **1** Paquete formado por ropa y otras cosas envueltas en un trozo de tela. **2** Porción de ganado: *Un hato de ovejas recorría la vía principal*. ☐ SINÓNIMOS: **1** hatillo, lío.

haya (ha·ya) [sustantivo femenino] Árbol muy alto, característico de climas húmedos, que tiene el tronco grueso y liso y cuyas hojas se caen en invierno. ⊙ página 91. ☐ [Aunque es femenino, como empieza por «a» tónica o acentuada, se usa con «el», «un», «ningún» y «algún»: «el haya», «las hayas». No confundir con «aya» (persona que cuida a los niños de una familia); con «halla», del verbo «hallar», ni con «haya», del verbo «haber»]. ☐ FAMILIA: hayedo.

hayedo (ha·ye·do) [sustantivo masculino] Lugar con muchas hayas. ☐ FAMILIA: →haya.

haz ■ [sustantivo masculino] **1** Conjunto de cosas alargadas que se atan juntas: *un haz pequeño de leña*. **2** Conjunto de rayos de luz que salen de un punto: *Un haz de luz iluminó la cara del actor*. ■ [sustantivo femenino] **3** Parte de las hojas de las plantas que se considera el derecho: *En el haz de la hoja, los nervios se notan menos que en el envés*. ☐ [Su plural es «haces». En el significado **3**, aunque es femenino, como empieza por «a» tónica o acentuada, se usa con «el», «un», «ningún» y «algún»: «el haz», «las haces»]. ☐ ANTÓNIMOS: **3** envés.

haz

hazaña (ha·za·ña) [sustantivo femenino] Hecho o acción importante y heroico. ☐ SINÓNIMOS: proeza.

hazmerreír (haz·me·rre·ír) ◆ [expresión] ‖ **ser el hazmerreír** Resultar tan ridículo que hace reír. ☐ FAMILIA: →hacer. →reír.

hebilla (he·bi·lla) [sustantivo femenino] Pieza que suele tener un ganchito y que sirve para apretar un cinturón o una correa.

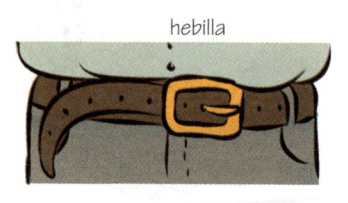

hebilla

hebra (he·bra) [sustantivo femenino] **1** Porción de hilo que se pone en una aguja para coser. **2** Hilo de algunas fibras vegetales o animales: *Estas judías verdes tienen hebras*. ◆ [expresión] ‖ **pegar la hebra** Hablar con alguien mucho rato. ☐ [La expresión es coloquial]. ☐ SINÓNIMOS: **1** hilo. ☐ FAMILIA: enhebrar.

hebreo, a (he·bre·o, a) ■ [adjetivo] **1** De la religión judía o relacionado con ella. ■ [adjetivo o sustantivo] **2** De un pueblo que habitó en Palestina, que es una región asiática. ■ **hebreo** [sustantivo masculino] **3** Lengua de ese pueblo, que actualmente se habla en Israel y en otras partes del mundo. ☐ SINÓNIMOS: **1**, **2** israelita. **1** judío.

hecatombe (he·ca·tom·be) [sustantivo femenino] Suceso que produce desgracias porque hay muchos daños y muchas muertes: *El terremoto fue una auténtica hecatombe*. ☐ SINÓNIMOS: catástrofe.

heces (he·ces) [sustantivo femenino plural] Residuos del alimento que, tras haberse hecho la digestión, se expulsan por el ano: *heces fecales*. ☐ SINÓNIMOS: excremento.

hechicería (he·chi·ce·rí·a) [sustantivo femenino] Conjunto de poderes supersticiosos, supuestamente mágicos, que se utilizan para dominar los acontecimientos y a las personas. ☐ SINÓNIMOS: magia, brujería. ☐ FAMILIA: →hechizar.

hechicero, ra (he·chi·ce·ro, ra) [adjetivo o sustantivo] Que usa la hechicería para dominar los acontecimientos y a las personas: *el hechicero de la tribu*. ☐ SINÓNIMOS: brujo, encantador, mago. ☐ FAMILIA: →hechizar.

hechizar (he·chi·zar) [verbo] **1** Usar poderes mágicos para conseguir algo: *La bruja hechizó al príncipe y lo convirtió en rana*. **2** Gustar y atraer muchísimo: *Me hechizan tus ojos negros*. ☐ [La «z» se cambia en «c» delante de «e» («hechice»)]. ☐ SINÓNIMOS: encantar. **1** embrujar. ☐ FAMILIA: hechizo, hechicero, hechicería.

hechizo (he·chi·zo) [sustantivo masculino] Acto que se realiza para conseguir algo usando supuestos poderes mágicos: *un hechizo de amor*. ☐ SINÓNIMOS: encantamiento, embrujo, sortilegio. ☐ FAMILIA: →hechizar.

hecho, cha (he·cho, cha) ■ **1** Participio irregular de **hacer**. ■ [adjetivo] **2** Que ha alcanzado el desarrollo completo, que está terminado o que ha llegado a la madurez: *Hasta finales de verano estas peras no estarán hechas. Me gustan los filetes muy hechos. Nos pagan según el trabajo hecho.* ■ **hecho** [sustantivo masculino] **3** Cosa que se hace: *Menos palabras y más hechos.* **4** Cosa que ocurre o sucede: *Aquí se produjo un hecho muy curioso.* ◆ [expresión] ‖ **de hecho** En efecto: *Me dijo que no vendría y, de hecho, así ha sido.* ‖ **hecho y derecho** Dicho de una persona, que ya es adulta: *un hombre hecho y derecho.* □ [No confundir con «echo», del verbo «echar»: «Te echo de menos»]. □ SINÓNIMOS: **3** obra, acción, acto. **4** suceso, acontecimiento. □ ANTÓNIMOS: **1** deshecho. □ FAMILIA: →hacer.

hechura (he·chu·ra) [sustantivo femenino] Forma de estar hecha u organizada alguna cosa: *la hechura del vestido.* □ [Se usa más en plural]. □ FAMILIA: →hacer.

hectárea (hec·tá·re·a) [sustantivo femenino] Medida de superficie: *Una hectárea equivale a diez mil metros cuadrados.* □ FAMILIA: →área.

hectogramo (hec·to·gra·mo) [sustantivo masculino] Medida que sirve para pesar: *Un hectogramo tiene cien gramos.* □ FAMILIA: →gramo.

hectolitro (hec·to·li·tro) [sustantivo masculino] Medida de capacidad: *Un hectolitro tiene cien litros.* □ FAMILIA: →litro.

hectómetro (hec·tó·me·tro) [sustantivo masculino] Medida de longitud: *Un hectómetro tiene cien metros.* □ FAMILIA: →metro.

hediondo, da (he·dion·do, da) [adjetivo] Que huele muy mal. □ SINÓNIMOS: maloliente, fétido, pestilente, apestoso. □ FAMILIA: →hedor.

hedor (he·dor) [sustantivo masculino] Olor desagradable y muy fuerte. □ SINÓNIMOS: peste, pestilencia. □ ANTÓNIMOS: aroma, perfume, fragancia. □ FAMILIA: hediondo.

hegemonía (he·ge·mo·ní·a) [sustantivo femenino] Dominio o supremacía de algo sobre otra cosa, especialmente de un país sobre otro.

hégira (hé·gi·ra) [sustantivo femenino] Fecha a partir de la cual los musulmanes comienzan a contar los años, por ser cuando Mahoma huyó de La Meca a la ciudad de Medina: *La hégira ocurrió en el año 622 de la era cristiana.* □ [Se escribe también «héjira»].

héjira (hé·ji·ra) [sustantivo femenino] → **hégira**.

helada (he·la·da) [sustantivo femenino] Mira en **helado, da**.

heladería (he·la·de·rí·a) [sustantivo femenino] Lugar en el que se hacen o se venden helados. □ FAMILIA: →helar.

heladero, ra (he·la·de·ro, ra) [sustantivo] Persona que hace o vende helados. □ FAMILIA: →helar.

helado, da (he·la·do, da) ■ [adjetivo] **1** Muy frío. **2** Dicho de una persona, que está bajo el efecto de una impresión fuerte: *La noticia nos dejó helados.* ■ **helado** [sustantivo masculino] **3** Dulce hecho con leche, azúcar y otros ingredientes que se mezclan y se hielan. ■ **helada** [sustantivo femenino] **4** Hecho o efecto de helarse el agua del ambiente porque hace mucho frío: *Esta noche ha caído una buena helada.* □ SINÓNIMOS: **1** glacial, gélido. □ ANTÓNIMOS: **1** ardiente, abrasador, tórrido. □ FAMILIA: →helar.

helar (he·lar) [verbo] **1** Volverse sólido un líquido por efecto del frío: *El agua de los charcos se ha helado.* **2** Producirse una helada al haber una temperatura ambiental inferior a cero grados: *Esta noche ha helado.* ■ **helarse 3** Pasar mucho frío o ponerse muy frío. **4** Estropearse una planta por el frío. □ [Es irregular y se conjuga como ACERTAR]. □ SINÓNIMOS: **1** congelar. **3** congelarse. □ FAMILIA: helado, heladero, heladería, helada, hielo, deshielo, deshelar, gélido.

helecho (he·le·cho) [sustantivo masculino] Planta sin flores, con largas hojas verdes, que crece en zonas húmedas y con sombra.

helénico, ca (he·lé·ni·co, ca) [adjetivo] De la antigua Grecia o relacionado con ella: *ruinas helénicas.* □ FAMILIA: →heleno.

heleno, na (he·le·no, na) [adjetivo o sustantivo] De Grecia, que es un país europeo. □ SINÓNIMOS: griego. □ FAMILIA: helénico.

hélice (hé·li·ce) [sustantivo femenino] Mecanismo que gira y produce movimiento: *las hélices de los helicópteros.* □ FAMILIA: helicóptero.

hélice

helicóptero (he·li·cóp·te·ro) [sustantivo masculino] Vehículo que vuela gracias a una gran hélice que tiene en el techo y que gira movida por un motor. ◉ **páginas 960-961.** □ FAMILIA: →hélice.

helio (he·lio) [sustantivo masculino] Gas no inflamable que se usa sobre todo para inflar dirigibles y globos que pueden llevar pasajeros.

helipuerto (he·li·puer·to) [sustantivo masculino] Pista preparada para que puedan despegar y aterrizar helicópteros. □ [No confundir con «aeropuerto» (para los aviones)]. □ FAMILIA: →puerto.

hematíe (he·ma·tí·e) [sustantivo masculino] Célula de la sangre que se encarga de transportar el oxígeno: *Los hematíes también se llaman glóbulos rojos.* □ FAMILIA: hematoma.

hematoma (he·ma·to·ma) [sustantivo masculino] Mancha morada que se produce en la piel como resultado de un golpe. □ SINÓNIMOS: moratón, cardenal. □ FAMILIA: →hematíe.

hembra (hem·bra) [sustantivo femenino] Ser vivo de sexo femenino. □ ANTÓNIMOS: macho.

hemeroteca (he·me·ro·te·ca) [sustantivo femenino] Especie de biblioteca en la que hay muchos periódicos y revistas para que la gente los lea o los consulte.

hemiciclo

hemiciclo (he·mi·ci·clo) [sustantivo masculino] Espacio en forma de medio círculo con asientos ordenados en escalera: *La sala de sesiones del Congreso de los Diputados es un hemiciclo.*

hemiciclo

hemisferio (he·mis·fe·rio) [sustantivo masculino] Cada una de las dos mitades en que se considera dividida la Tierra: *hemisferio norte.* ☐ FAMILIA: →esfera.

hemofilia (he·mo·fi·lia) [sustantivo femenino] Enfermedad hereditaria que consiste especialmente en que la sangre no para de salir al hacerse una herida, pues no coagula. ☐ FAMILIA: hemofílico.

hemofílico, ca (he·mo·fí·li·co, ca) ■ [adjetivo] **1** De la hemofilia o relacionado con esta enfermedad. ■ [adjetivo o sustantivo] **2** Que está enfermo de hemofilia. ☐ FAMILIA: →hemofilia.

hemoglobina (he·mo·glo·bi·na) [sustantivo femenino] Sustancia que da el color rojo a la sangre y que es la encargada de transportar el oxígeno.

hemorragia (he·mo·rra·gia) [sustantivo femenino] Salida abundante de sangre por cualquier parte del cuerpo: *hemorragia nasal.*

hemorroide (he·mo·rroi·de) [sustantivo femenino] Inflamación en el ano cuando se hinchan las venas de esa zona. ☐ SINÓNIMOS: almorrana.

henchir (hen·chir) [verbo] **1** Llenar un espacio vacío con algo y aumentar su volumen: *Ahora que estáis en la montaña, henchid vuestros pulmones de aire puro.* ■ **henchirse 2** Hartarse de comida o de bebida: *Comió dulces hasta henchirse.* ☐ [Es irregular y se conjuga como PEDIR].

hender (hen·der) [verbo] → **hendir**. ☐ [Es irregular y se conjuga como ENTENDER].

hendidura (hen·di·du·ra) [sustantivo femenino] Corte o abertura más o menos profundos: *Ha aparecido una hendidura en la pared.* ☐ FAMILIA: →hendir.

hendidura

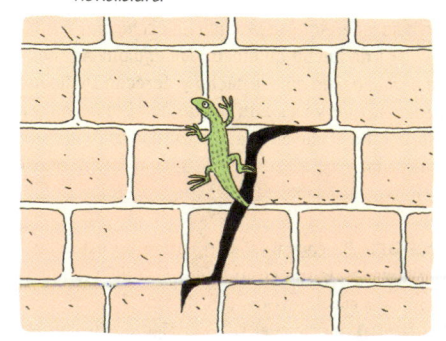

hendir (hen·dir) [verbo] Hacer una hendidura o atravesar algo: *El hacha hendió el leño.* ☐ [Es irregular y se conjuga como DISCERNIR. Se usa también «hender»]. ☐ FAMILIA: hendidura.

heno (he·no) [sustantivo masculino] Planta parecida a la hierba, pero más alta, con el tallo alargado y hueco: *El heno se utiliza como alimento para el ganado una vez que se siega y se seca.*

hepático, ca (he·pá·ti·co, ca) [adjetivo] Del hígado o relacionado con él. ☐ FAMILIA: →hepatitis.

hepatitis (he·pa·ti·tis) [sustantivo femenino] Enfermedad que produce inflamación del hígado. ☐ [No varía en singular y plural]. ☐ FAMILIA: hepático.

heptaedro (hep·ta·e·dro) [sustantivo masculino] Cuerpo o figura geométrico que tiene siete caras.

heptagonal (hep·ta·go·nal) [adjetivo] Con siete lados y siete ángulos. ☐ [No varía en masculino y femenino]. ☐ FAMILIA: →heptágono.

heptágono (hep·tá·go·no) [sustantivo masculino] Figura plana con siete lados y siete ángulos. 👁 página 467. ☐ FAMILIA: heptagonal.

hemisferio
paralelo
hemisferio norte
hemisferio sur
ecuador

meridiano
meridiano de Greenwich

heptasílabo, ba (hep·ta·sí·la·bo, ba) [adjetivo o sustantivo masculino] Dicho de un verso, que tiene siete sílabas. ☐ FAMILIA: →sílaba.

heráldica (he·rál·di·ca) [sustantivo femenino] Estudio de los antiguos escudos de armas de una familia.

heraldo (he·ral·do) [sustantivo masculino] Antiguamente, persona que transmitía los mensajes o anunciaba las cosas importantes.

herbáceo, a (her·bá·ce·o, a) [adjetivo] Dicho de una planta, que es parecida a la hierba. ☐ FAMILIA: →hierba.

herbicida (her·bi·ci·da) [adjetivo o sustantivo masculino] Dicho de una sustancia química, que destruye las hierbas o que impide que se desarrollen. ☐ [Cuando es adjetivo, no varía en masculino y femenino]. ☐ FAMILIA: →hierba.

herbívoro, ra (her·bí·vo·ro, ra) [adjetivo o sustantivo masculino] Dicho de un animal, que se alimenta de hierbas y otros vegetales. ◉ **página 73.** ☐ FAMILIA: →hierba.

herbolario (her·bo·la·rio) [sustantivo masculino] Lugar en el que se venden hierbas y plantas que se utilizan como medicinas. ☐ FAMILIA: →hierba.

herciano, na (her·cia·no, na) [adjetivo] Dicho de una onda, que permite la transmisión de los sonidos y de las imágenes de radio y de televisión. ☐ [Es preferible escribir «herciano» que «hertziano»].

heredad (he·re·dad) [sustantivo femenino] Conjunto de todas las tierras o propiedades que tiene una persona: *Los abuelos nos dejaron una gran heredad en el pueblo.* ☐ FAMILIA: →heredar.

heredar (he·re·dar) [verbo] **1** Recibir lo que nos deja una persona al morir. **2** Recibir algo que procede de otra persona o de una situación anterior: *Como es el pequeño de la casa, ha heredado toda la ropa de sus hermanos mayores.* **3** Tener alguna característica con la que hemos nacido porque es propia de nuestros padres o de nuestra familia: *Has heredado la sonrisa de tu padre.* ☐ FAMILIA: herencia, heredero, heredad, desheredar, hereditario.

heredero, ra (he·re·de·ro, ra) [adjetivo o sustantivo] Que recibe o tiene derecho a recibir lo que otra persona le deja al morir. ☐ FAMILIA: →heredar.

hereditario, ria (he·re·di·ta·rio, ria) [adjetivo] De la herencia o relacionado con ella. ☐ FAMILIA: →heredar.

hereje (he·re·je) [sustantivo] Persona que defiende unas ideas que no están de acuerdo con los dogmas de una religión. ☐ [No varía en masculino y femenino]. ☐ FAMILIA: herejía, herético.

herejía (he·re·jí·a) [sustantivo femenino] Conjunto de ideas que no están de acuerdo con los dogmas de una religión. ☐ FAMILIA: →hereje.

herencia (he·ren·cia) [sustantivo femenino] Conjunto de cosas que se heredan. ☐ FAMILIA: →heredar.

herético, ca (he·ré·ti·co, ca) [adjetivo] De la herejía, del hereje o relacionado con ellos. ☐ FAMILIA: →hereje.

herido, da (he·ri·do, da) ■ [adjetivo o sustantivo] **1** Que tiene heridas. ■ **herida** [sustantivo femenino] **2** Corte, rotura o golpe que se hace en la piel y que suele sangrar: *La herida ya ha empe-*

zado a cicatrizar. **3** Pena o daño producidos en el ánimo: *Deja de hurgar en la herida y olvida ya lo que te hizo.* ☐ ANTÓNIMOS: **1** ileso. ☐ FAMILIA: →herir.

herir (he·rir) [verbo] **1** Hacer una herida a una persona. **2** Producir una impresión dolorosa en una persona: *Esas imágenes pueden herir la sensibilidad de los espectadores.* ☐ [Es irregular y se conjuga como SENTIR]. ☐ SINÓNIMOS: dañar, lastimar. **1** lesionar. **2** vulnerar. ☐ FAMILIA: herida, herido, malherir, hiriente, zaherir.

hermafrodita (her·ma·fro·di·ta) [adjetivo] Que tiene los dos sexos: *Las estrellas de mar y los caracoles son hermafroditas.* ☐ [No varía en masculino y femenino].

hermanar (her·ma·nar) [verbo] Unir o juntar algo estableciendo una buena relación: *Las dos ciudades se han hermanado en un acto oficial.* ☐ FAMILIA: →hermano.

hermanastro, tra (her·ma·nas·tro, tra) [sustantivo] Lo que es una persona en relación con otra con la que comparte el padre o la madre. ☐ FAMILIA: →hermano.

hermandad (her·man·dad) [sustantivo femenino] **1** Relación de familia entre hermanos. **2** Relación de amistad y de afecto: *la hermandad de los pueblos.* **3** Grupo de personas que se reúnen con fines benéficos o religiosos. ☐ FAMILIA: →hermano.

hermano, na (her·ma·no, na) [sustantivo] **1** Lo que es una persona en relación con otra que tiene sus mismos padres. ◉ **página 431. 2** Persona que pertenece a una comunidad religiosa. ☐ FAMILIA: hermanastro, hermanar, hermandad, fraterno, fraternal, fraternidad, fratricida.

hermético, ca (her·mé·ti·co, ca) [adjetivo] Que se cierra por completo y no deja salir ni entrar nada: *recipiente hermético.* ☐ FAMILIA: hermetismo.

hermetismo (her·me·tis·mo) [sustantivo masculino] Carácter de lo que es cerrado o difícil de entender. ☐ FAMILIA: →hermético.

hermoso, sa (her·mo·so, sa) [adjetivo] **1** Muy agradable de ver o de oír. **2** Muy bueno o muy noble: *Fue un gesto hermoso ofrecernos tu ayuda.* **3** Grande: *Hemos comprado unos tomates muy hermosos.* **4** Dicho de una persona, que está sana y fuerte. ☐ SINÓNIMOS: **1** precioso, bonito, lindo. **1**, **2** bello. ☐ ANTÓNIMOS: **1** feo. **3** pequeño. ☐ FAMILIA: hermosura.

hermosura (her·mo·su·ra) [sustantivo femenino] Persona o cosa que resulta agradable de ver o de oír. ☐ SINÓNIMOS: belleza, preciosidad. ☐ ANTÓNIMOS: fealdad. ☐ FAMILIA: →hermoso.

hernia (her·nia) [sustantivo femenino] Enfermedad que se produce cuando se sale un órgano, o parte de él, del lugar donde debería estar: *una hernia de ombligo.* ☐ FAMILIA: herniarse.

herniarse (her·niar·se) [verbo] **1** Hacerse o sufrir una hernia. **2** Trabajar demasiado: *No vas a herniarte por echarme una mano.* ☐ [Es irregular y se conjuga como ANUNCIAR]. El significado **2** es coloquial]. ☐ FAMILIA: →hernia.

héroe (hé·ro·e) [sustantivo masculino] Hombre que ha conseguido la admiración de los demás por sus acciones extraordinarias y llenas de valor. ☐ [El femenino es «heroína»]. ☐ FAMILIA: heroína, heroico, heroísmo, heroicidad.

heroicidad (he·roi·ci·dad) [sustantivo femenino] Acción que es digna de admiración por el valor o el esfuerzo necesarios para hacerla. ☐ SINÓNIMOS: proeza. ☐ FAMILIA: →héroe.

heroico, ca (he·roi·co, ca) [adjetivo] Digno de admiración por su valor y esfuerzo. ☐ ANTÓNIMOS: cobarde. ☐ FAMILIA: →héroe.

heroína (he·ro·í·na) [sustantivo femenino] **1** Mujer que ha conseguido la admiración de los demás por sus acciones extraordinarias y llenas de valor. **2** Droga que se obtiene de la morfina y que tiene aspecto similar al polvo blanco. ☐ [El masculino del significado **1** es «héroe»]. ☐ FAMILIA: **1** →héroe. **2** heroinómano.

heroinómano, na (he·roi·nó·ma·no, na) [adjetivo o sustantivo] Dicho de una persona, que es adicta a la heroína. ☐ FAMILIA: →heroína.

heroísmo (he·ro·ís·mo) [sustantivo masculino] Conjunto de cualidades propias de un héroe, como el valor: *Los bomberos demostraron su heroísmo durante el terremoto.* ☐ FAMILIA: →héroe.

herpes (her·pes) [sustantivo masculino] Erupción que aparece en la piel y es producida por un virus. ☐ [No varía en singular y plural].

herradura (he·rra·du·ra) [sustantivo femenino] Pieza de hierro en forma de «u» que se pone a los caballos en las pezuñas para que no se hagan daño al andar. ☐ FAMILIA: →hierro.

herradura

herraje (he·rra·je) [sustantivo masculino] Conjunto de piezas de metal con las que se adorna o se asegura un objeto: *los herrajes del baúl.* ☐ FAMILIA: →hierro.

herramienta (he·rra·mien·ta) [sustantivo femenino] Objeto generalmente de hierro o de acero que se coge con la mano y se usa para realizar un trabajo, como el martillo o las tenazas. ◉ **páginas 494-495**. ☐ SINÓNIMOS: instrumento, útil.

herrar (he·rrar) [verbo] Poner herraduras a un caballo. ☐ [Es irregular y se conjuga como ACERTAR. No confundir con «errar» (fallar; andar sin rumbo)]. ☐ FAMILIA: →hierro.

herreño, ña (he·rre·ño, ña) [adjetivo o sustantivo] De la isla española de El Hierro.

herrería (he·rre·rí·a) [sustantivo femenino] Lugar donde se trabaja el hierro: *En la herrería se fabrican marcos para las ventanas.* ☐ FAMILIA: →hierro.

herrero, ra (he·rre·ro, ra) [sustantivo] Persona que trabaja dando forma al hierro. ☐ FAMILIA: →hierro.

herrumbre (he·rrum·bre) [sustantivo femenino] Capa oxidada que se forma en el hierro a causa de la humedad. ☐ SINÓNIMOS: óxido, orín. ☐ FAMILIA: →hierro.

herrumbroso, sa (he·rrum·bro·so, sa) [adjetivo] Con herrumbre. ☐ FAMILIA: →hierro.

hertziano, na (hert·zia·no, na) [adjetivo] → **herciano**.

hervidero (her·vi·de·ro) [sustantivo masculino] Conjunto abundante y ruidoso de personas o animales que van de un lado a otro: *Las calles eran un hervidero de gente.* ☐ FAMILIA: →hervir.

hervir (her·vir) [verbo] **1** Calentar un líquido hasta una temperatura de más de cien grados: *El agua hierve a cien grados centígrados.* **2** Cocinar un alimento en un líquido: *Pon a hervir la pasta con un poquito de sal.* ☐ [Es irregular y se conjuga como SENTIR]. ☐ SINÓNIMOS: cocer. **1** bullir. ☐ FAMILIA: hervidero, hervor.

hervor (her·vor) [sustantivo masculino] Momento en que se producen burbujas en un líquido al calentarse a una determinada temperatura. ☐ SINÓNIMOS: ebullición. ☐ FAMILIA: →hervir.

heterodoxia (he·te·ro·do·xia) [sustantivo femenino] Hecho de no estar de acuerdo con los principios de una determinada forma de pensar, de una ideología o de una religión. ☐ ANTÓNIMOS: ortodoxia. ☐ FAMILIA: heterodoxo.

heterodoxo, xa (he·te·ro·do·xo, xa) [adjetivo o sustantivo] Que no está de acuerdo con los principios de una determinada forma de pensar o de una ideología: *una actitud heterodoxa.* ☐ ANTÓNIMOS: ortodoxo. ☐ FAMILIA: →heterodoxia.

heterogéneo, a (he·te·ro·gé·ne·o, a) [adjetivo] Formado por partes que tienen características diferentes: *La macedonia es una mezcla heterogénea de frutas.* ☐ SINÓNIMOS: variopinto. ☐ ANTÓNIMOS: homogéneo.

heterosexual (he·te·ro·se·xual) [adjetivo o sustantivo] Que siente atracción sexual por personas del sexo distinto al suyo. ☐ [No varía en masculino y femenino]. ☐ FAMILIA: →sexo.

heterótrofo, fa (he·te·ró·tro·fo, fa) [adjetivo o sustantivo] Dicho de un organismo, que se nutre de otros seres vivos. ☐ ANTÓNIMOS: autótrofo.

hexaedro (he·xa·e·dro) [sustantivo masculino] Cuerpo o figura geométrico que tiene seis caras.

hexagonal (he·xa·go·nal) [adjetivo] Con seis lados y seis ángulos. ☐ [No varía en masculino y femenino]. ☐ FAMILIA: →hexágono.

hexágono (he·xá·go·no) [sustantivo masculino] Figura plana con seis lados y seis ángulos. ◉ **página 467**. ☐ FAMILIA: hexagonal.

hexasílabo, ba (he·xa·sí·la·bo, ba) [adjetivo o sustantivo masculino] Dicho de un verso, que tiene seis sílabas. ☐ FAMILIA: →sílaba.

hiato (hia·to) [sustantivo masculino] Conjunto de dos vocales seguidas que se pronuncian en sílabas distintas: *En «autovía» las vocales «ía» forman un hiato.* ◻ [No confundir con «diptongo» (vocales que se pronuncian en una misma sílaba)].

hibernación (hi·ber·na·ción) [sustantivo femenino] Estado de algunos animales en el invierno, durante el que permanecen como si estuvieran dormidos. ◻ Familia: →invierno.

hibernar (hi·ber·nar) [verbo] Pasar un animal el invierno como si estuviera dormido: *La marmota y el lirón hibernan varios meses.* ◻ Familia: →invierno.

híbrido, da (hí·bri·do, da) [adjetivo o sustantivo masculino] **1** Dicho de un animal o de una planta, que proceden del cruce de distintas especies. **2** Que se produce por la mezcla de cosas distintas: *Un poema híbrido está compuesto de verso y prosa.*

hidalgo, ga (hi·dal·go, ga) ▮ [adjetivo] **1** De los hidalgos o relacionado con estos nobles: *una familia hidalga.* ▮ [sustantivo] **2** Persona que pertenecía a la clase más baja dentro de la nobleza.

hidra (hi·dra) [sustantivo femenino] Animal parecido a una serpiente que vive en las charcas pegado a las plantas acuáticas.

hidratación (hi·dra·ta·ción) [sustantivo femenino] Cuidado de la piel para que no se quede seca. ◻ Familia: →hidratar.

hidratante (hi·dra·tan·te) [adjetivo o sustantivo femenino] Que hidrata: *una crema hidratante.* ◻ [Cuando es adjetivo, no varía en masculino y femenino]. ◻ Familia: →hidratar.

hidratar (hi·dra·tar) [verbo] Proporcionar a algo el grado de humedad necesario: *Después de tomar el sol es necesario hidratar la piel.* ◻ Familia: hidratación, hidratante, deshidratar, hidrato.

hidrato (hi·dra·to) [sustantivo masculino] Sustancia que resulta al mezclar otra sustancia con agua. ◆ [expresión] ‖ **hidrato de carbono** Sustancia que se encuentra en algunos alimentos y que da energía a los seres vivos. ◻ Familia: hidratar.

hidráulico, ca (hi·dráu·li·co, ca) [adjetivo] Que se mueve por medio del agua o de otro líquido: *frenos hidráulicos.*

hidroavión (hi·dro·a·vión) [sustantivo masculino] Avión que puede posarse y mantenerse sobre el agua. ◻ Familia: →avión.

hidroavión

hidrocarburo (hi·dro·car·bu·ro) [sustantivo masculino] Sustancia química formada por carbono e hidrógeno, por ejemplo el petróleo. ◻ Familia: →carbón.

hidroeléctrico, ca (hi·dro·e·léc·tri·co, ca) [adjetivo] De la energía eléctrica que se obtiene por la fuerza del agua que está en movimiento. ◻ Familia: →eléctrico.

hidrófilo, la (hi·dró·fi·lo, la) [adjetivo] Que absorbe el agua con facilidad: *algodón hidrófilo.*

hidrofobia (hi·dro·fo·bia) [sustantivo femenino] **1** Temor o miedo muy grande al agua. **2** Enfermedad infecciosa que sufren algunos animales y que se transmite a las personas o a otros animales por mordedura. ◻ Sinónimos: **2** rabia. ◻ Familia: →fobia.

hidrógeno (hi·dró·ge·no) [sustantivo masculino] Gas que pesa menos que el aire y que, junto con el oxígeno, forma el agua.

hidrografía (hi·dro·gra·fí·a) [sustantivo femenino] Parte de la geografía que estudia los ríos, mares, océanos, lagos y aguas subterráneas.

hidromasaje (hi·dro·ma·sa·je) [sustantivo masculino] Masaje que se hace con chorros de agua caliente y de aire. ◻ Familia: →masaje.

hidrosfera (hi·dros·fe·ra) [sustantivo femenino] Capa de la Tierra que está formada por los ríos, mares, océanos, lagos y aguas subterráneas. ◻ [No confundir con «atmósfera» (capa que rodea la Tierra formada por una mezcla de gases) ni con «litosfera» (capa exterior de la Tierra que forma la corteza terrestre)].

hidróxido (hi·dró·xi·do) [sustantivo masculino] Sustancia química que está formada por hidrógeno y oxígeno. ◻ Familia: →óxido.

hiedra (hie·dra) [sustantivo femenino] Planta trepadora de hojas verdes cuyas ramas se pegan a las superficies en las que se apoyan: *El muro del jardín está cubierto de hiedra.* ◻ [Se escribe también «yedra»].

hiel (hiel) [sustantivo femenino] **1** Líquido de color amarillento y de sabor amargo, producido por el hígado, que interviene en la digestión. **2** Sentimiento desagradable o amargo: *¡Cuánta hiel y cuánto odio hay en sus palabras!* ◻ Sinónimos: **1** bilis.

hielo (hie·lo) [sustantivo masculino] Agua que se ha vuelto sólida por el frío. ◻ Familia: →helar.

hiena (hie·na) [sustantivo femenino] Animal salvaje, parecido a un perro, con el pelo marrón o gris, que no caza y se alimenta de animales muertos: *La hiena vive en África y Asia.*

hiena

herramientas y otros útiles

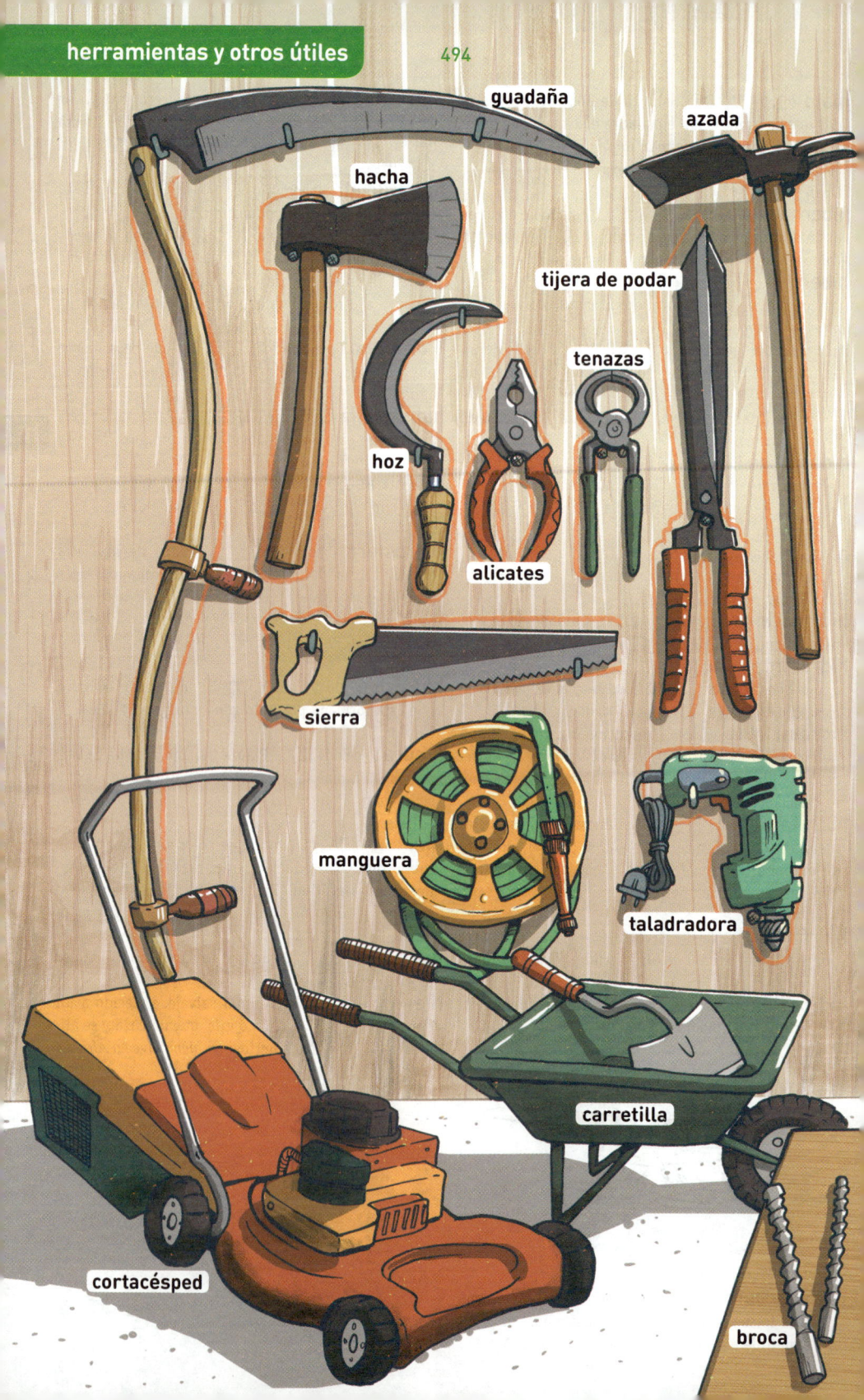

- guadaña
- azada
- hacha
- tijera de podar
- hoz
- alicates
- tenazas
- sierra
- manguera
- taladradora
- cortacésped
- carretilla
- broca

495 **herramientas y otros útiles**

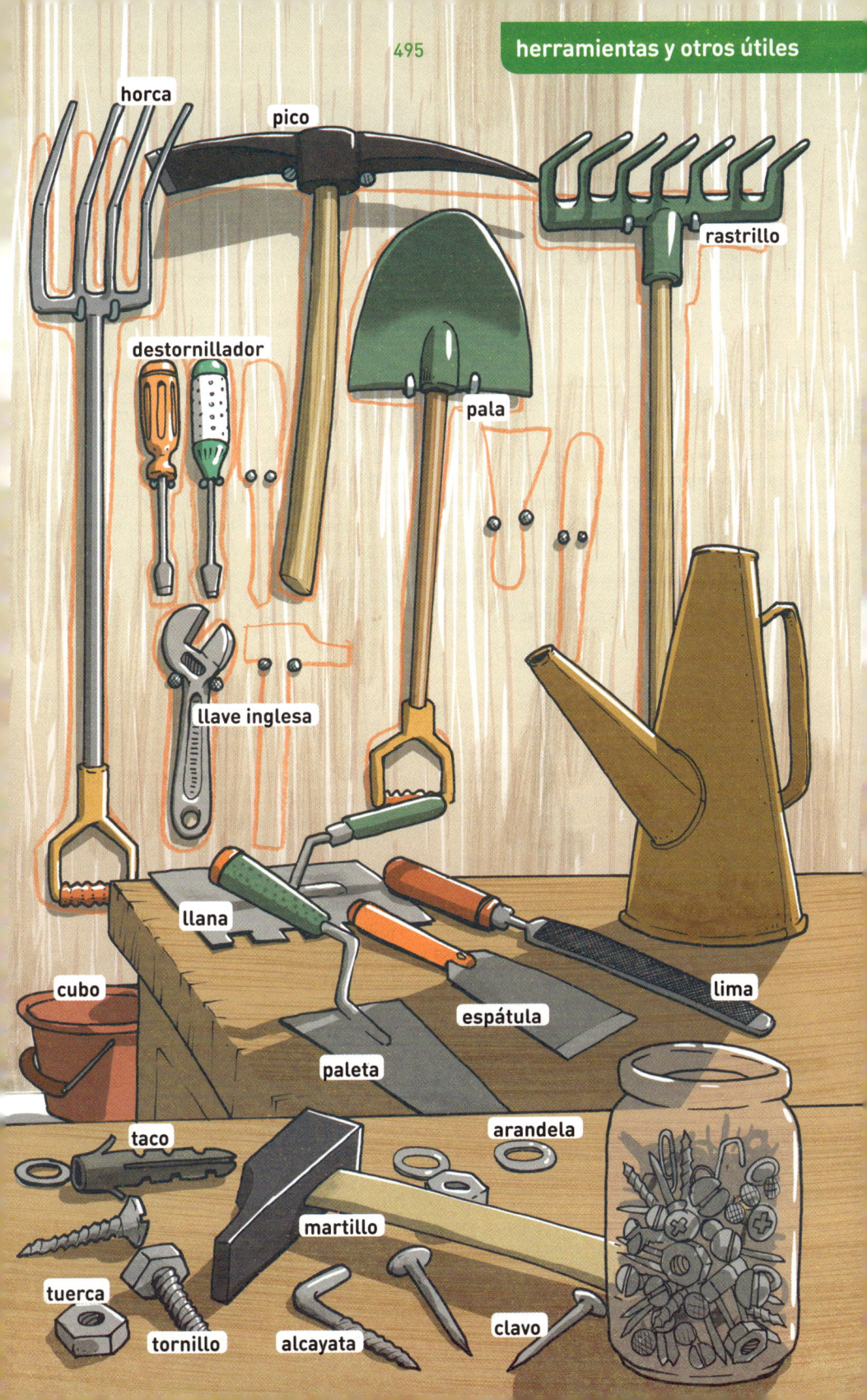

- horca
- pico
- rastrillo
- destornillador
- pala
- llave inglesa
- llana
- espátula
- lima
- cubo
- paleta
- taco
- arandela
- martillo
- tuerca
- tornillo
- alcayata
- clavo

hierático, ca (hie·rá·ti·co, ca) [adjetivo] Que es rígido, severo, solemne o inexpresivo en su aspecto exterior: *Aguantó la regañina con gesto hierático.*

hierba (hier·ba) [sustantivo femenino] Conjunto de plantas verdes, generalmente bajas, que crecen en el suelo. ◆ [expresión] ‖ **hierba buena** → **hierbabuena**. ☐ [Se escribe también «yerba»]. ☐ FAMILIA: herbáceo, herbívoro, herbicida, herbolario, hierbabuena.

hierbabuena (hier·ba·bue·na) [sustantivo femenino] Planta de olor agradable que se usa para cocinar y para hacer infusiones. ☐ [Su plural es «hierbabuenas». Se escribe también «hierba buena» o «yerbabuena»]. ☐ FAMILIA: →hierba. →bueno.

hierro (hie·rro) [sustantivo masculino] **1** Metal de color oscuro y muy duro, pero que se deforma muy fácilmente cuando se calienta. **2** Cualquier pieza hecha con este metal: *Me arañé con los hierros de la jaula.* ◆ [expresión] ‖ **de hierro** Que tiene gran fortaleza y resistencia: *Tiene una salud de hierro y nunca se resfría.* ☐ [No confundir con «yerro» (lo que se hace o se dice de forma equivocada)]. ☐ FAMILIA: herrar, herrero, herradura, herraje, herrería, herrumbre, herrumbroso, férreo.

hígado (hí·ga·do) [sustantivo masculino] Órgano que se encuentra en la parte derecha y central del cuerpo y desempeña funciones como la eliminación de sustancias perjudiciales de la sangre.

higiene (hi·gie·ne) [sustantivo femenino] Cuidado y limpieza necesarios para conservar la salud y prevenir enfermedades. ☐ FAMILIA: higiénico, antihigiénico.

higiénico, ca (hi·gié·ni·co, ca) [adjetivo] De la higiene o relacionado con lo que hay que hacer para estar limpio: *Lavarse las manos antes de comer es una medida higiénica.* ☐ ANTÓNIMOS: antihigiénico. ☐ FAMILIA: →higiene.

higo (hi·go) [sustantivo masculino] Fruto de la higuera, blando y muy dulce, con la piel verde, negra o morada, y muchas pepitas muy pequeñas dentro: *Las higueras primero dan brevas y luego, higos.* ◉ páginas 453 y 455. ◆ [expresión] ‖ **de higos a brevas** Con poca frecuencia: *Veo a mis tíos de higos a brevas.* ‖ **estar hecho un higo** Tener muchas arrugas. ‖ **higo chumbo** Fruto de la chumbera, de forma redondeada, con la piel dura y con espinas. ☐ [Las expresiones «de higos a brevas» y «estar hecho un higo» son coloquiales]. ☐ FAMILIA: higuera.

higuera (hi·gue·ra) [sustantivo femenino] Árbol con el tronco de color gris y las hojas grandes y ásperas, cuyos frutos son el higo y la breva. ◉ página 91. ☐ FAMILIA: →higo.

hijastro, tra (hi·jas·tro, tra) [sustantivo] Lo que es una persona en relación con otra que se ha casado de nuevo con su madre o con su padre: *El hijo de mi marido es mi hijastro.* ☐ FAMILIA: →hijo.

hijo, ja (hi·jo, ja) [sustantivo] Lo que es una persona en relación con sus padres. ◉ página 431. ☐ SINÓNI-

MOS: vástago. ☐ FAMILIA: hijastro, ahijado, prohijar, filial.

hilado (hi·la·do) [sustantivo masculino] Acción por la que algo se convierte en hilo. ☐ FAMILIA: →hilo.

hilandero, ra (hi·lan·de·ro, ra) [sustantivo] Persona que trabaja hilando. ☐ FAMILIA: →hilo.

hilar (hi·lar) [verbo] **1** Convertir en hilo: *Antes se hilaba la lana de las ovejas en casa.* **2** Relacionar cosas diferentes: *El detective hiló todos los datos y descubrió al culpable.* ☐ SINÓNIMOS: **2** enlazar. ☐ FAMILIA: →hilo.

hilaridad (hi·la·ri·dad) [sustantivo femenino] Risa ruidosa que se provoca en una reunión.

hilatura (hi·la·tu·ra) [sustantivo femenino] Técnica para transformar algunas materias en hilo. ☐ FAMILIA: →hilo.

hilera (hi·le·ra) [sustantivo femenino] Conjunto de cosas colocadas en línea: *En el almacén había una hilera de cajas.* ☐ SINÓNIMOS: fila, cola. ☐ FAMILIA: →hilo.

hilo (hi·lo) [sustantivo masculino] **1** Fibra que se pone en una aguja para coser: *una bobina de hilo.* **2** Un tipo de tela: *Estas sábanas son de hilo.* **3** Materia muy delgada y larga: *Este alambre está formado por varios hilos metálicos.* **4** Líquido que sale poco a poco: *un hilo de agua.* **5** Evolución o desarrollo de lo que se dice o de lo que ocurre: *Si no estás atento, perderás el hilo de la historia.* ☐ SINÓNIMOS: **1** hebra. ☐ FAMILIA: hilar, hilatura, hilado, hilandero, deshilachar, deshilar, filamento, hilera.

hilván (hil·ván) [sustantivo masculino] **1** Costura con puntadas largas. **2** Hilo con el que se hacen estas puntadas. ☐ FAMILIA: hilvanar.

hilvanar (hil·va·nar) [verbo] **1** Coser con puntadas largas una tela: *He hilvanado el bajo de los pantalones para que puedas coserlo tú.* **2** Enlazar o coordinar ideas, frases o palabras: *Si hilvanas bien todos los datos, podrás sacar conclusiones acertadas.* ☐ FAMILIA: →hilván.

himno (him·no) [sustantivo masculino] Música y canción que se usan para alabar algo: *himno nacional.*

hincapié (hin·ca·pié) ◆ [expresión] ‖ **hacer hincapié** Insistir mucho: *El profesor hizo hincapié en esta lección.* ☐ FAMILIA: →hincar. →pie.

hincar (hin·car) [verbo] Introducir una cosa en otra apretando con fuerza: *Hinqué un palo en el suelo.* ☐ [La «c» se cambia en «qu» delante de «e» («hinque»)]. ☐ SINÓNIMOS: clavar. ☐ FAMILIA: hincapié.

hincha (hin·cha) [sustantivo] Persona que admira y apoya con mucho interés a otra: *Soy hincha del equipo de hockey de mi ciudad.* ☐ [No varía en masculino y femenino]. ☐ SINÓNIMOS: seguidor, fan.

hinchable (hin·cha·ble) [adjetivo] Que se puede hinchar o llenar de aire u otra cosa: *pelota hinchable.* ☐ [No varía en masculino y femenino]. ☐ FAMILIA: →hinchar.

hinchada (hin·cha·da) [sustantivo femenino] Mira en **hinchado, da**.

hinchado, da (hin·cha·do, da) ▪ [adjetivo] **1** Lleno de aire o de otra cosa: *Los globos muy hinchados po-*

drían explotar. **2** Con más importancia o cantidad de lo que en realidad tiene: *Propusieron unas cifras tan hinchadas que no les han aceptado el presupuesto.* **3** Dicho de una parte del cuerpo, que ha aumentado su tamaño: *Tengo una crema para relajar las piernas hinchadas.* ∎ **hinchada** [sustantivo femenino] **4** Conjunto de seguidores o aficionados: *La hinchada animó a su equipo durante el partido.* ☐ Familia: →hinchar.

hinchar (hin·char) [verbo] **1** Llenar algo con aire o con otra cosa: *Hinché un globo.* **2** Aumentar la cantidad o la importancia de algo: *El periodista hinchó la noticia.* ∎ **hincharse 3** Aumentar de tamaño una parte del cuerpo: *Me di un golpe y se me hinchó la rodilla.* ◆ [expresión] ‖ **hincharse a algo** Hacer algo en gran cantidad: *Me hinché a comer.* ☐ Sinónimos: **1**, **2** inflar. **2**, **3** abultar. **2** exagerar. ☐ Antónimos: **1** deshinchar, desinflar. **3** deshincharse. ☐ Familia: hinchable, hinchado, hinchazón, deshinchar.

hinchazón (hin·cha·zón) [sustantivo femenino] Aumento de tamaño de una parte del cuerpo. ☐ Familia: →hinchar.

hindi (hin·di) [sustantivo masculino] Lengua hablada en la India, que es un país asiático.

hindú (hin·dú) [adjetivo o sustantivo] **1** De la India, que es un país asiático. **2** → **hinduista**. ☐ [No varía en masculino y femenino. Su plural es «hindús» o «hindúes» (más culto)]. ☐ Sinónimos: indio. ☐ Familia: hinduismo.

hinduismo (hin·duis·mo) [sustantivo masculino] Religión que se practica mayoritariamente en la India, que es un país asiático. ☐ Familia: →hindú.

hinduista (hin·duis·ta) [adjetivo o sustantivo] Del hinduismo o relacionado con esta religión: *Algunos ritos hinduistas son antiquísimos.* ☐ [No varía en masculino y femenino]. ☐ Familia: →hindú.

hinojo (hi·no·jo) [sustantivo masculino] Planta con flores amarillas, que se utiliza en medicina y para dar sabor a la comida. ◆ [expresión] ‖ **de hinojos** De rodillas.

hipar (hi·par) [verbo] **1** Tener hipo: *Me dio un susto para que dejara de hipar.* **2** Llorar haciendo sonidos parecidos al hipo: *El final de la película fue tan triste que todos acabamos hipando.* ☐ Familia: →hipo.

híper (hí·per) [sustantivo masculino] Hipermercado: *En el híper hago la compra de todo el mes.* ☐ [No varía en singular y plural. Es coloquial].

hiperactivo, va (hi·pe·rac·ti·vo, va) [adjetivo o sustantivo] Que tiene una actividad excesiva. ☐ Familia: →activo.

hipérbaton (hi·pér·ba·ton) [sustantivo masculino] Forma de expresar algo cambiando el orden normal que tienen las palabras en la frase: *La oración «de limpias aguas hay un río» es un hipérbaton.* ☐ [Su plural es «hipérbatos»].

hipérbole (hi·pér·bo·le) [sustantivo femenino] Forma de expresar algo exagerándolo mucho: *La oración «Ya me lo has dicho ochocientas mil veces» es una hipérbole.*

hipermercado (hi·per·mer·ca·do) [sustantivo masculino] Tienda muy grande en la que se vende de todo, que suele estar en las afueras de las ciudades y que generalmente tiene un gran aparcamiento para coches. ☐ [Se usa mucho la forma abreviada «híper», que es coloquial]. ☐ Familia: →mercado.

hipermetropía (hi·per·me·tro·pí·a) [sustantivo femenino] Defecto de la vista que impide ver bien lo que está cerca.

hipertensión (hi·per·ten·sión) [sustantivo femenino] Tensión arterial excesivamente alta. ☐ Familia: →tenso.

hipervínculo (hi·per·vín·cu·lo) [sustantivo masculino] En internet, enlace que permite ir de una página web a otras al hacer clic en algún dibujo o en alguna palabra. ☐ Sinónimos: enlace. ☐ Familia: →vincular.

hip-hop [sustantivo masculino] Movimiento cultural popular cuya música es el rap: *El grafiti es una forma de expresión del hip-hop.* ☐ [Es una palabra inglesa. Se pronuncia «jíp-jóp»].

hípico, ca (hí·pi·co, ca) [adjetivo] **1** Del caballo o relacionado con él: *competiciones hípicas.* ∎ **hípica** [sustantivo femenino] **2** Deporte que se practica con un caballo: *La hípica es un deporte olímpico.* ☐ Sinónimos: **1** caballar, equino. ☐ Familia: hipódromo.

hípido (hí·pi·do) [sustantivo masculino] Sonido repetido que se hace a veces al llorar. ☐ Familia: →hipo.

hipnotizar (hip·no·ti·zar) [verbo] Hacer que alguien se duerma profundamente para que obedezca las órdenes de otro: *El mago hipnotizó al invitado y le hizo bailar en el escenario.* ☐ [La «z» se cambia en «c» delante de «e» («hipnotice»)].

hipo (hi·po) [sustantivo masculino] Ruido repetido que no se puede controlar al respirar. ☐ Familia: hipar, hípido.

hipocresía (hi·po·cre·sí·a) [sustantivo femenino] Característica de la persona que no dice lo que piensa de verdad. ☐ Antónimos: sinceridad, franqueza. ☐ Familia: hipócrita.

hipócrita (hi·pó·cri·ta) [adjetivo o sustantivo] Que no dice lo que piensa de verdad. ☐ [No varía en masculino y femenino]. ☐ Sinónimos: falso, solapado, fariseo. ☐ Antónimos: sincero, franco. ☐ Familia: →hipocresía.

hipódromo (hi·pó·dro·mo) [sustantivo masculino] Lugar en el que se celebran carreras de caballos. ☐ Familia: →hípico.

hipopótamo (hi·po·pó·ta·mo) [sustantivo masculino] Animal mamífero de cuerpo muy grande, patas cortas y piel gruesa que vive en los ríos africanos. 👁 **páginas 596-597**.

hipoteca (hi·po·te·ca) [sustantivo femenino] Contrato que sirve para asegurar la devolución de una cantidad de dinero que ha prestado un banco. ☐ Familia: hipotecar.

hipotecar (hi·po·te·car) [verbo] **1** Imponer unos impuestos a una propiedad para asegurar el pago de una cantidad de dinero que se ha pedido prestada a un banco: *Hipotecó sus fincas para pagar sus deudas.* **2** Condicionar, obstaculizar o poner limitaciones: *Hipotecó su vida al aceptar aquel trabajo.* ☐ [La «c» se cambia en «qu» delante de «e» («hipoteque»)]. □ Familia: →hipoteca.

hipotenusa (hi·po·te·nu·sa) [*sustantivo femenino*] Lado de un triángulo rectángulo que está enfrente del ángulo recto.

hipótesis (hi·pó·te·sis) [*sustantivo femenino*] Explicación que puede ser válida aunque no se tengan pruebas. □ [No varía en singular y plural]. □ Sinónimos: suposición, supuesto, especulación, conjetura. □ Familia: hipotético.

hipotético, ca (hi·po·té·ti·co, ca) [*adjetivo*] De la hipótesis, que la expresa o que está basado en ella: *Con esos argumentos que me das solo puedo darte una respuesta hipotética.* □ Familia: →hipótesis.

hippie [*adjetivo o sustantivo*] → **jipi**. □ [Es una palabra inglesa. Se pronuncia «jípi». No varía en masculino y femenino].

hippy [*adjetivo o sustantivo*] → **jipi**. □ [Es una palabra inglesa. Se pronuncia «jípi». No varía en masculino y femenino].

hiriente (hi·rien·te) [*adjetivo*] Que hiere o que hace daño: *palabras hirientes.* □ [No varía en masculino y femenino]. □ Sinónimos: acerado. □ Familia: →herir.

hirsuto, ta (hir·su·to, ta) [*adjetivo*] **1** Dicho del pelo, que es duro y tieso: *barba hirsuta.* **2** Que está cubierto de este tipo de pelo o de espinas: *pecho hirsuto.*

hisopo (hi·so·po) [*sustantivo masculino*] Utensilio que se utiliza para esparcir agua bendita y que está formado por un palo corto terminado en una bola con agujeros: *El hisopo se utiliza en algunas ceremonias religiosas.*

hispalense (his·pa·len·se) [*adjetivo o sustantivo*] De la provincia española de Sevilla o de su capital. □ [No varía en masculino y femenino]. □ Sinónimos: sevillano.

hispánico, ca (his·pá·ni·co, ca) [*adjetivo*] De España, que es un país europeo, y de los países que hablan español. □ Sinónimos: español. □ Familia: →hispano.

hispanidad (his·pa·ni·dad) [*sustantivo femenino*] Conjunto de países y pueblos que hablan español. □ Familia: →hispano.

hispano, na (his·pa·no, na) [*adjetivo o sustantivo*] **1** Hispanoamericano. **2** Relacionado con la población de origen hispanoamericano que vive en los Estados Unidos de América, que es un país norteamericano. □ Familia: hispánico, hispanidad, hispanoamericano, hispanohablante.

hispanoamericano, na (his·pa·no·a·me·ri·ca·no, na) ▪ [*adjetivo*] **1** De España y América: *acuerdo hispanoamericano.* ▪ [*adjetivo o sustantivo*] **2** De las naciones americanas que tienen como lengua oficial el español. □ [En el significado 2 se usa mucho la forma abreviada «hispano»]. □ Familia: →hispano. →americano.

hispanohablante (his·pa·no·ha·blan·te) [*adjetivo o sustantivo*] Que habla español. □ [No varía en masculino y femenino]. □ Familia: →hispano. →hablante.

histeria (his·te·ria) [*sustantivo femenino*] Estado de nervios exagerado que se produce ante una situación que no es habitual. □ Sinónimos: histerismo. □ Antónimos: tranquilidad. □ Familia: histérico, histerismo.

histérico, ca (his·té·ri·co, ca) [*adjetivo o sustantivo*] Que está muy excitado o nervioso y ha perdido el control. □ Familia: →histeria.

histerismo (his·te·ris·mo) [*sustantivo masculino*] Estado de nervios exagerado que se produce ante una situación que no es habitual. □ Sinónimos: histeria. □ Familia: →histeria.

historia (his·to·ria) [*sustantivo femenino*] **1** Relato real o inventado en el que se cuenta una serie de aventuras o de sucesos: *Te contaré la historia de cuando me rompí la pierna.* **2** Conjunto de acontecimientos pasados: *la historia de España.* **3** Ciencia que estudia estos acontecimientos: *una profesora de historia.* □ Familia: historieta, historial, histórico, historiador, prehistoria, prehistórico.

historiador, ra (his·to·ria·dor, do·ra) [*sustantivo*] Persona especializada en historia. □ Familia: →historia.

historial (his·to·rial) [*sustantivo masculino*] Conjunto de datos importantes sobre una persona: *el historial médico.* □ Familia: →historia.

histórico, ca (his·tó·ri·co, ca) [*adjetivo*] **1** De la historia o relacionado con ella: *Una buena biografía tiene que tener referencias históricas.* **2** Digno de formar parte de la historia: *un triunfo histórico.* □ Familia: →historia.

historieta (his·to·rie·ta) [*sustantivo femenino*] **1** Historia que se dibuja: *¿No has leído nunca las historietas de Astérix?* **2** Narración breve de un suceso de poca importancia. □ Sinónimos: **1** cómic. □ Familia: →historia.

histrión (his·trión) [*sustantivo masculino*] **1** Actor de teatro que actuaba disfrazado: *El histrión era típico del teatro grecolatino.* **2** Hombre que se expresa de forma muy exagerada. □ [El femenino es «histrionisa»]. □ Familia: histrionisa.

histriónico, ca (his·trió·ni·co, ca) [*adjetivo*] Del histrión o con características de este tipo de actor: *Sus gestos histriónicos lo convierten en un fantoche.*

histrionisa (his·trio·ni·sa) [*sustantivo femenino*] **1** Actriz de teatro que actuaba disfrazada. **2** Mujer que se expresa de forma muy exagerada. □ [El masculino es «histrión»]. □ Familia: →histrión.

hit [*sustantivo masculino*] Disco, vídeo u otro producto que tienen mucho éxito: *En dos semanas su disco se ha convertido en un hit.* □ [Es una palabra inglesa. Se pronuncia «jit»].

hito (hi·to) [*sustantivo masculino*] **1** Acontecimiento o hecho importante: *La llegada a la luna fue un hito en la historia del hombre.* **2** Poste, generalmente de piedra, que se pone para señalar algo en una carretera o en un terreno: *hito kilométrico.* □ Sinónimos: **2** mojón.

hiyab (hi·yab) [*sustantivo masculino*] Velo que cubre el pelo, las orejas y el cuello y deja al descubierto la cara. □ [Es una palabra de origen árabe. Se pronuncia «jiyáb». Su plural es «hiyabs». No confundir con «burka» (prenda de vestir que cubre el cuerpo entero y la cara) ni con «chador» (prenda de vestir que cubre la cabeza y el cuerpo y deja al descubierto la cara)].

hobby [*sustantivo masculino*] Actividad que nos gusta hacer en el tiempo libre. □ [Es una palabra inglesa. Se pronuncia «jóbi». Es preferible usar «afición»].

hocico (ho·ci·co) [sustantivo masculino] Parte que sobresale de la cabeza de un animal, en la que están la boca y la nariz. ☐ Sinónimos: morro.

hocico

hockey [sustantivo masculino] Deporte en el que se juega con una bola pequeña o un disco que se golpean con un bastón: *El hockey se puede jugar sobre hierba o sobre hielo*. ☐ [Es una palabra inglesa. Se pronuncia «jókei». No confundir con «yóquey» (jinete profesional)].

hockey

hogar (ho·gar) [sustantivo masculino] 1 Lugar en el que se vive. 2 Familia con la que se vive: *Quiere casarse y formar un hogar*. 3 Parte de una casa donde se hace fuego. ☐ Sinónimos: 1 casa. 3 fuego. ☐ Familia: hogareño.
hogareño, ña (ho·ga·re·ño, ña) [adjetivo] 1 Del hogar o relacionado con él: *ambiente hogareño*. 2 Dicho de una persona, que disfruta estando en casa y viviendo en familia. ☐ Familia: →hogar.
hogaza (ho·ga·za) [sustantivo femenino] Pan grande de forma redondeada.

hogaza

hoguera (ho·gue·ra) [sustantivo femenino] Fuego que se hace al aire libre. ☐ Sinónimos: fogata.
hoja (ho·ja) [sustantivo femenino] 1 Parte verde y delgada que nace del tallo de una planta: *Las hojas del pino pinchan*. 👁 **página 90**. 2 Cada una de las partes que forman la corola de una flor: *Hay margaritas de hojas blancas y de hojas amarillas*. 3 Pieza de papel en la que se escribe. 4 En un instrumento, parte de metal que corta: *hoja de una navaja*. 5 Trozo delgado y plano de un material: *hoja metálica*. 6 Parte movible que se abre y se cierra de una puerta o una ventana. ◆ [expresión] ‖ **hoja de lata** → **hojalata.** ☐ Sinónimos: 2 pétalo. 5 lámina, plancha, chapa. ☐ Familia: hojarasca, hojear, deshojar, milhojas, hojalata.

hoja

hojalata (ho·ja·la·ta) [sustantivo femenino] Trozo delgado y plano de metal: *Los botes de conserva son de hojalata*. ☐ [Se usa también «hoja de lata»]. ☐ Sinónimos: lata. ☐ Familia: →hoja.
hojaldre (ho·jal·dre) [sustantivo masculino] Masa comestible que, cuando se cuece u hornea, forma muchas hojas delgadas superpuestas.
hojarasca (ho·ja·ras·ca) [sustantivo femenino] Conjunto de hojas secas que han caído de los árboles. ☐ Familia: →hoja.
hojear (ho·je·ar) [verbo] Pasar las hojas de un libro. ☐ [No confundir con «ojear» (mirar de manera rápida)]. ☐ Familia: →hoja.
hola (ho·la) [interjección] Se usa para saludar. ☐ [No confundir con «ola» (cantidad de agua que se mueve en el mar)]. ☐ Antónimos: adiós.
holandés, sa (ho·lan·dés, de·sa) ∎ [adjetivo o sustantivo] 1 De Holanda, que es un país europeo. ∎ **holandés** [sustantivo masculino] 2 Variedad del neerlandés que se habla en este país. ☐ Sinónimos: 1 neerlandés.
holgado, da (hol·ga·do, da) [adjetivo] 1 Que no queda apretado: *un vestido holgado*. 2 Con suficiente tiempo o espacio: *Vamos holgados de tiempo*. 3 Con recursos económicos suficientes: *Desde que les tocó la lotería, su situación es más holgada*. ☐ Sinónimos: 1 amplio. ☐ Familia: →holgar.

holganza

holganza (hol·gan·za) [sustantivo femenino] Descanso y tiempo libre: *Necesito unos días de holganza*. ☐ Familia: →holgar.

holgar (hol·gar) [verbo] **1** No trabajar y estar ocioso. **2** Sobrar o no ser necesario: *Huelga decir que estoy a tu disposición*. ☐ [Es irregular y se conjuga como CONTAR. La «g» se cambia en «gu» delante de «e» («huelgue»)]. ☐ Familia: holgado, holganza, holgura.

holgazán, na (hol·ga·zán, za·na) [adjetivo o sustantivo] Que no quiere trabajar aunque tenga que hacerlo. ☐ Sinónimos: vago, perezoso, haragán, gandul. ☐ Antónimos: trabajador, laborioso, hacendoso. ☐ Familia: holgazanear, holgazanería.

holgazanear (hol·ga·za·ne·ar) [verbo] No querer trabajar cuando hay que hacerlo. ☐ Sinónimos: vaguear, haraganear, zanganear. ☐ Antónimos: trabajar. ☐ Familia: →holgazán.

holgazanería (hol·ga·za·ne·rí·a) [sustantivo femenino] Falta de ganas de trabajar. ☐ Sinónimos: pereza, vagancia, vaguería. ☐ Familia: →holgazán.

holgura (hol·gu·ra) [sustantivo femenino] **1** Amplitud o espacio suficiente o más que suficiente: *Ganamos el partido con holgura. La puerta es ancha y podrás pasar el mueble con holgura*. **2** Espacio vacío que queda entre dos cosas que deben encajar: *No se sujeta porque hay mucha holgura entre las piezas*. **3** Situación en la que no hay problemas económicos: *Desde que me ascendieron vivimos con mucha holgura*. ☐ Sinónimos: **3** desahogo. ☐ Antónimos: **3** estrechez. ☐ Familia: →holgar.

hollar (ho·llar) [verbo] Pisar un lugar o dejar huella en él: *hollar la nieve*. ☐ [Es irregular y se conjuga como CONTAR]. ☐ Familia: →huella.

hollejo (ho·lle·jo) [sustantivo masculino] Piel fina que cubre algunas frutas y legumbres: *el hollejo de la uva*.

hollín (ho·llín) [sustantivo masculino] Polvo negro producido por el fuego y que mancha mucho. ☐ Sinónimos: tizne. ☐ Familia: deshollinar, deshollinador.

holocausto (ho·lo·caus·to) [sustantivo masculino] Matanza de seres humanos.

holograma (ho·lo·gra·ma) [sustantivo masculino] Fotografía que cambia según el lugar desde el que se mira y que da la sensación de estar hecha en relieve.

hombre (hom·bre) [sustantivo masculino] **1** Persona de sexo masculino. **2** Persona adulta de sexo masculino: *Soy un niño, pero cuando sea un hombre viajaré mucho*. **3** Miembro de la especie humana: *El hombre es un animal racional*. ◆ [expresión] ‖ **hombre rana** Buceador. ☐ [En los significados **1** y **2**, el femenino es «mujer»]. ☐ Sinónimos: **1** varón. **3** mortal. ☐ Familia: hombría, hombruno, humano, inhumano, sobrehumano, superhombre, humanidad, humanitario, humanismo, humanista, humanizar.

hombrera (hom·bre·ra) [sustantivo femenino] **1** Pieza que se pone en el hombro debajo de la ropa para realzarlo. **2** Cinta con la que se sujeta en los hombros una prenda de vestir. ☐ Sinónimos: **2** tirante. ☐ Familia: →hombro.

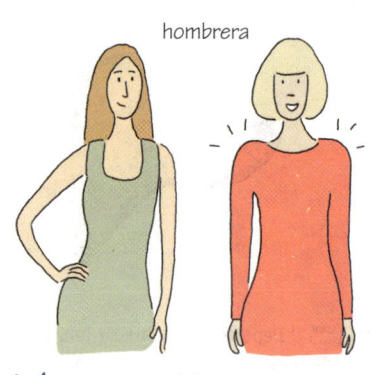

hombrera

hombría (hom·brí·a) [sustantivo] Conjunto de características que se consideran tradicionalmente positivas y propias de un hombre. ☐ Sinónimos: virilidad. ☐ Familia: →hombre.

hombro (hom·bro) [sustantivo masculino] **1** Parte en la que se une el brazo con el cuerpo. **2** Parte de una prenda de vestir que cubre esta zona. ◆ [expresión] ‖ **arrimar el hombro** Ayudar, especialmente si se trabaja intensamente: *Es muy trabajador y siempre está dispuesto a arrimar el hombro*. ‖ **encogerse de hombros** Mover los hombros en señal de indiferencia o de extrañeza. ‖ **cargado de hombros** Con los hombros un poco inclinados hacia delante. ☐ Familia: hombrera.

hombruno, na (hom·bru·no, na) [adjetivo] Que tiene las características que tradicionalmente se consideran propias de un hombre. ☐ Familia: →hombre.

homenaje (ho·me·na·je) [sustantivo masculino] Acto que se celebra en honor de alguien. ☐ Familia: homenajear.

homenajear (ho·me·na·je·ar) [verbo] Hacer un acto en honor de alguien: *Homenajearon a la artista cuando se retiró*. ☐ Familia: →homenaje.

homicida (ho·mi·ci·da) [adjetivo o sustantivo] Que ha causado la muerte de una persona. ☐ [No varía en masculino y femenino]. ☐ Familia: homicidio.

homicidio (ho·mi·ci·dio) [sustantivo masculino] Muerte que una persona le produce a otra. ☐ Familia: →homicida.

homilía (ho·mi·lí·a) [sustantivo femenino] Explicación que un sacerdote católico dirige a los fieles en la misa. ☐ Sinónimos: sermón.

homófono, na (ho·mó·fo·no, na) [adjetivo o sustantivo masculino] **1** Dicho de una palabra, que se pronuncia igual que otra de significado distinto: *«Vaca» y «baca» son palabras homófonas*. **2** Dicho de una letra, que se pronuncia igual que otra: *La «b» y la «v» son letras homófonas en español*.

homogeneizar (ho·mo·ge·nei·zar) [verbo] Cambiar las características de varios elementos para que formen un conjunto uniforme: *El cocinero homogeneizó la crema para que no quedaran grumos*. ☐ [Es irregular y se conjuga como PEINAR. La «z» se cambia en «c» delante de «e» («homogeneice»)]. ☐ Familia: →homogéneo.

homogéneo, a (ho·mo·gé·ne·o, a) [adjetivo] **1** Formado por partes que tienen características iguales o parecidas: *un grupo homogéneo de personas.* **2** Dicho de una sustancia o una mezcla, que es uniforme: *Mezcla bien la masa hasta que quede homogénea.* ☐ Antónimos: heterogéneo, varicopinto. ☐ Familia: homogeneizar.

homologar (ho·mo·lo·gar) [verbo] **1** Hacer que una cosa sea igual o tenga el mismo valor que otra. **2** Reconocer una autoridad que algo es adecuado para un fin: *Hasta que no homologuen ese tipo de casco para la moto, no puedes conducir con él.* ☐ [La «g» se cambia en «gu» delante de «e» («homologue»)]. ☐ Familia: →homólogo.

homólogo, ga (ho·mó·lo·go, ga) ■ [adjetivo] **1** Dicho de una parte del cuerpo de un ser vivo, que es semejante a la de otro por su origen o por su estructura, aunque su aspecto y función sean diferentes: *Las alas de las aves y las patas delanteras de los mamíferos son homólogas.* **2** Dicho de uno de los lados de una figura geométrica, que está colocado en el mismo orden o posición que en otra figura semejante: *Las hipotenusas de dos triángulos rectángulos son homólogas entre sí.* ■ [adjetivo o sustantivo] **3** Dicho de una persona, que desempeña funciones semejantes a otra: *El presidente se entrevistó con su homólogo francés.* ☐ Familia: homologar.

homónimo, ma (ho·mó·ni·mo, ma) ■ [adjetivo] **1** Dicho de una persona o de una cosa, que tiene el mismo nombre que otra: *La ciudad española de «Guadalajara» es homónima de la «Guadalajara» mexicana.* ■ [adjetivo o sustantivo femenino] **2** Dicho de una palabra, que tiene la misma forma que otra de significado y origen distintos: *«Hoz» con el significado de «herramienta» y «hoz» como «curva de un río» son palabras homónimas.*

homosexual (ho·mo·se·xual) [adjetivo o sustantivo] Dicho de una persona, que siente atracción sexual por otras de su mismo sexo. ☐ [No varía en masculino y femenino]. ☐ Familia: →sexo.

homosexualidad (ho·mo·se·xua·li·dad) [sustantivo femenino] **1** Atracción sexual por personas del mismo sexo: *La homosexualidad se da tanto entre mujeres como entre hombres.* **2** Práctica de relaciones sexuales con personas del mismo sexo: *En algunas sociedades aún se persigue la homosexualidad.* ☐ Familia: →sexo.

honda (hon·da) [sustantivo femenino] Mira en **hondo, da**.

hondo, da (hon·do, da) ■ [adjetivo] **1** Que tiene el fondo muy separado de la superficie: *Este pozo es muy hondo.* **2** Dicho de un sentimiento, profundo e intenso: *Cuando se fue su amigo sintió una pena muy honda.* ■ **honda** [sustantivo femenino] **3** Instrumento hecho con un trozo largo y estrecho de cuero, o de un material parecido, que se usa para lanzar piedras. ☐ [No confundir «honda» con «onda» (curva que se forma en algunas superficies)]. ☐ Sinónimos: **1** profundo. ☐ Familia: hondura, hondonada, ahondar.

hondonada (hon·do·na·da) [sustantivo femenino] Parte de un terreno que está más bajo que todo lo que lo rodea. ☐ Familia: →hondo.

hondura (hon·du·ra) [sustantivo femenino] Distancia que hay entre la superficie de algo y su fondo: *la hondura de un pozo.* ◆ [expresión] ‖ **meterse en honduras** o **entrar en honduras** Tratar de temas difíciles o complicados. ☐ Sinónimos: profundidad. ☐ Familia: →hondo.

hondureño, ña (hon·du·re·ño, ña) [adjetivo o sustantivo] De Honduras, que es un país centroamericano.

honestidad (ho·nes·ti·dad) [sustantivo femenino] Característica de las personas que actúan de manera recta y justa. ☐ Sinónimos: honradez, rectitud, integridad. ☐ Familia: →honesto.

honesto, ta (ho·nes·to, ta) [adjetivo] **1** Puro o sin mala intención: *mirada honesta.* **2** Que actúa con honradez y buena voluntad. ☐ Sinónimos: **2** honrado, recto, justo, íntegro. ☐ Antónimos: deshonesto. **1** indecente. **2** injusto. ☐ Familia: honestidad, deshonesto.

hongo (hon·go) [sustantivo masculino] **1** Ser vivo que no es ni animal ni vegetal y que crece en lugares muy húmedos. **2** Afección de la piel. ☐ Sinónimos: **1** seta. ☐ Familia: fungicida.

honor (ho·nor) ■ [sustantivo masculino] **1** Comportamiento de la persona que hace siempre lo que debe: *Las personas de honor siempre dicen la verdad.* **2** Prestigio que se consigue por haber hecho algo importante: *En su carrera ha conseguido grandes honores.* **3** Demostración de aprecio que hace que una persona se sienta alabada: *Es un honor ser tu padrino.* **4** Buena opinión que se tiene de una persona que se comporta de acuerdo con la moral establecida: *Mancharon su honor con insultos y mentiras.* ■ **honores** [sustantivo masculino plural] **5** Demostración pública que se hace a una persona por cortesía o como reconocimiento a sus méritos: *Al vicepresidente se le rindieron honores de jefe de Estado.* ◆ [expresión] ‖ **hacer honor a algo** Demostrar ser digno de algo o ponerlo de manifiesto: *El jugador hizo honor a su condición de favorito.* ☐ Sinónimos: **2** fama. **2-4** honra. ☐ Familia: deshonor, honorable, honorario, honorífico, pundonor.

honorable (ho·no·ra·ble) [adjetivo] Que es digno de ser respetado. ☐ [No varía en masculino y femenino]. ☐ Sinónimos: respetable, venerable, augusto. ☐ Familia: →honor.

honorario, ria (ho·no·ra·rio, ria) ■ [adjetivo] **1** Dicho de un cargo, que se tiene como un honor: *miembro honorario.* ■ **honorarios** [sustantivo masculino plural] **2** Dinero que se recibe por la realización de un trabajo: *Los honorarios de esa dentista son muy elevados.* ☐ Familia: →honor.

honorífico, ca (ho·no·rí·fi·co, ca) [adjetivo] Que da honor, mérito o fama: *Le dieron un premio honorífico como reconocimiento a toda su carrera profesional.* ☐ Familia: →honor.

honra (hon·ra) [sustantivo femenino] **1** Buena opinión que se tiene de una persona que se comporta de acuerdo con la moral establecida: *Limpió su honra con buenas acciones.*

honradez

2 Demostración de aprecio que hace que una persona se sienta alabada: *Tengo la honra de inaugurar la exposición.* **3** Gloria que se consigue por haber hecho algo importante: *El caballero obtuvo una gran honra con sus hazañas.* ☐ SINÓNIMOS: honor. **3** fama. ☐ ANTÓNIMOS: **1**, **2** deshonra. ☐ FAMILIA: →honrar.

honradez (hon·ra·dez) [sustantivo femenino] Forma de ser de las personas que actúan de manera recta y justa. ☐ SINÓNIMOS: honestidad, rectitud. ☐ FAMILIA: →honrar.

honrado, da (hon·ra·do, da) [adjetivo] **1** Que actúa de forma recta y justa: *Las personas honradas no engañan a nadie.* **2** Que se realiza de forma digna: *Fue un gesto honrado admitir tu equivocación.* ☐ SINÓNIMOS: honesto, recto, justo, íntegro. ☐ ANTÓNIMOS: injusto, deshonesto. ☐ FAMILIA: →honrar.

honrar (hon·rar) [verbo] **1** Respetar a una persona: *Debes honrar siempre a tus padres.* **2** Reconocer el esfuerzo de una persona: *Con el homenaje se honra a este científico.* **3** Ser motivo de orgullo: *Te honra ser una persona tan sincera.* ◼ **honrarse 4** Sentirse orgulloso de algo: *Me honra presentaros a nuestro invitado de hoy.* ☐ ANTÓNIMOS: **1** vilipendiar, deshonrar. ☐ FAMILIA: honra, honradez, honrado, honroso, deshonrar, deshonra, deshonroso.

honroso, sa (hon·ro·so, sa) [adjetivo] Que proporciona la admiración y el respeto de la gente. ☐ SINÓNIMOS: digno. ☐ ANTÓNIMOS: deshonroso. ☐ FAMILIA: →honrar.

hora (ho·ra) [sustantivo femenino] **1** Período de tiempo que equivale a sesenta minutos. **2** Momento justo para hacer algo: *Es hora de merendar.* **3** Momento determinado del día: *¿A qué hora llega el tren?* **4** Últimos momentos de la vida: *Cuando el enfermo vio que le llegaba su hora quiso ver a su familia.* ◆ [expresión] ‖ **a buenas horas** Se usa para indicar que algo resulta inútil porque llega fuera de tiempo: *¡A buenas horas me lo traes, si ya no me hace falta!* ‖ **hora punta** Aquella en la que hay más tráfico o en la que se hace mayor uso de un servicio: *Si vas al centro, intenta evitar la hora punta.* ‖ **horas muertas** Tiempo que pasa sin hacer nada, realizando una misma actividad o en una actividad poco importante: *Pasamos las horas muertas leyendo historietas.* ☐ [El plural de «hora punta» es «horas punta»]. ☐ FAMILIA: horario, deshora, enhorabuena.

horadar (ho·ra·dar) [verbo] Hacer agujeros en una superficie atravesándola: *horadar la roca; horadar la madera.* ☐ SINÓNIMOS: taladrar, perforar.

horario, ria (ho·ra·rio, ria) ◼ [adjetivo] **1** De las horas o relacionado con ellas: *señales horarias.* ◼ **horario** [sustantivo masculino] **2** Cuadro en el que se indican las horas en las que se deben hacer determinadas cosas. ☐ FAMILIA: →hora.

horca (hor·ca) [sustantivo femenino] **1** Instrumento con el que se mata a una persona colgándola del cuello con una cuerda. **2** Herramienta formada por un palo terminado en dos o más puntas, que se usa para amontonar la paja. ⊙ **páginas 494-495.** ☐ [No confundir con «orca» (animal marino)]. ☐ FAMILIA: ahorcar, horcajadas.

horcajadas (hor·ca·ja·das) ◆ [expresión] ‖ **a horcajadas** Forma de sentarse, con una pierna colgando a cada lado: *montar a caballo a horcajadas.* ☐ FAMILIA: →horca.

horchata (hor·cha·ta) [sustantivo femenino] Bebida dulce de color blanco que se toma muy fría y se hace con chufas.

horda (hor·da) [sustantivo femenino] Grupo de personas que actúa sin control y sin disciplina.

horizontal (ho·ri·zon·tal) [adjetivo] Paralelo al suelo o al horizonte. ☐ [No varía en masculino y femenino]. ☐ ANTÓNIMOS: vertical. ☐ FAMILIA: →horizonte.

horizonte (ho·ri·zon·te) [sustantivo masculino] Línea en la que la tierra o el mar parece que se juntan con el cielo. ☐ FAMILIA: horizontal.

horma (hor·ma) [sustantivo femenino] Instrumento que se introduce en un objeto y que sirve para darle forma.

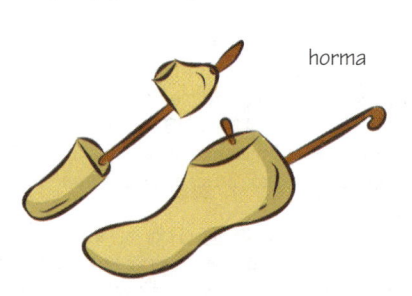

horma

hormiga (hor·mi·ga) [sustantivo femenino] **1** Insecto pequeño, con el cuerpo generalmente de color negro, que vive debajo del suelo. ⊙ **página 530.** **2** Persona muy trabajadora y ahorradora. ☐ FAMILIA: hormiguero, hormigueo.

hormigón (hor·mi·gón) [sustantivo masculino] Masa hecha con arena, agua y cemento, que se usa en la construcción y se endurece al secarse. ☐ FAMILIA: hormigonera.

hormigonera (hor·mi·go·ne·ra) [sustantivo femenino] Máquina que se usa para fabricar el hormigón con que se hace una construcción. ☐ FAMILIA: →hormigón.

hormigueo (hor·mi·gue·o) [sustantivo masculino] Sensación de picor o de cosquillas en una parte del cuerpo: *Se me ha dormido un pie y siento un hormigueo muy molesto.* ☐ FAMILIA: →hormiga.

hormiguero (hor·mi·gue·ro) [sustantivo masculino] Agujero en el que viven las hormigas formado por una red de túneles. ☐ FAMILIA: →hormiga.

hormona (hor·mo·na) [sustantivo femenino] Sustancia que producen algunos órganos y que sirve para regular ciertas funciones del organismo: *hormona de crecimiento.* ☐ FAMILIA: hormonal.

hormonal (hor·mo·nal) [adjetivo] De las hormonas o relacionado con ellas. ☐ [No varía en masculino y femenino]. ☐ FAMILIA: →hormona.

hornacina (hor·na·ci·na) [sustantivo] [femenino] Hueco de la pared que se utiliza para meter dentro algún objeto de adorno. ☐ SINÓNIMOS: nicho.

hornacina

hornada (hor·na·da) [sustantivo] [femenino] **1** Cantidad de pan o de otras cosas que se cuecen al mismo tiempo en el horno. **2** Conjunto de personas que acaban los estudios o consiguen un trabajo al mismo tiempo. ☐ FAMILIA: →horno.

hornear (hor·ne·ar) [verbo] Meter en el horno para asar o cocer: *Después de preparar la carne, hornéala durante diez minutos.* ☐ FAMILIA: →horno.

hornillo (hor·ni·llo) [sustantivo] [masculino] Aparato pequeño que se usa para cocinar alimentos. ☐ SINÓNIMOS: infiernillo. ☐ FAMILIA: →horno.

horno (hor·no) [sustantivo] [masculino] **1** Aparato en cuyo interior se meten los alimentos para cocinarlos. **2** Lugar en el que se hace y se vende pan. **3** Aparato que se usa para cocer o fundir distintos materiales. ◆ [expresión] ‖ **alto horno** El que se usa para fundir minerales de hierro. ☐ SINÓNIMOS: **2** panadería, tahona, panificadora. ☐ FAMILIA: hornillo, hornada, hornear.

horóscopo (ho·rós·co·po) [sustantivo] [masculino] **1** Predicción del futuro que los astrólogos realizan según la posición de las estrellas el día del nacimiento. **2** Signo que tiene cada persona según la época del año en la que haya nacido: *Si nací el 14 de junio, mi horóscopo es géminis.*

horquilla (hor·qui·lla) [sustantivo] [femenino] Especie de gancho que sirve para sujetar el pelo.

horrendo, da (ho·rren·do, da) [adjetivo] **1** Que produce un miedo muy grande. **2** Muy feo, muy malo o nada agradable. **3** Muy grande o muy fuerte. ☐ SINÓNIMOS: espantoso. **1** espeluznante, terrorífico, horrible, tremebundo. **1**, **3** terrible. **2**, **3** horroroso. ☐ ANTÓNIMOS: **2** espléndido, magnífico. ☐ FAMILIA: →horror.

hórreo (hó·rre·o) [sustantivo] [masculino] Construcción de madera o de piedra que se utiliza para guardar el grano y otros productos: *Los hórreos son típicos de Galicia y Asturias.*

hórreo

horrible (ho·rri·ble) [adjetivo] **1** Que produce un miedo muy grande. **2** Muy feo, muy malo o nada agradable. **3** Muy grande o muy fuerte. ☐ [No varía en masculino y femenino. Los significados **2** y **3** son coloquiales]. ☐ SINÓNIMOS: horrendo, espantoso. **1** espeluznante, horripilante. **2**, **3** horroroso. ☐ ANTÓNIMOS: **2** magnífico. ☐ FAMILIA: →horror.

horripilante (ho·rri·pi·lan·te) [adjetivo] Que produce mucho miedo o que no gusta nada. ☐ [No varía en masculino y femenino]. ☐ SINÓNIMOS: espantoso, horrible. ☐ FAMILIA: →horror.

horripilar (ho·rri·pi·lar) [verbo] Producir mucho miedo o mucho rechazo: *Le horripila montar en avión.* ☐ SINÓNIMOS: horrorizar, espantar. ☐ ANTÓNIMOS: encantar. ☐ FAMILIA: →horror.

horror (ho·rror) [sustantivo] [masculino] **1** Miedo muy grande. **2** Sensación que produce pena o rechazo: *los horrores de la guerra.* ☐ SINÓNIMOS: **1** terror, espanto, pánico. ☐ FAMILIA: horrorizar, horroroso, horrible, horrendo, horripilar, horripilante.

horrorizar (ho·rro·ri·zar) [verbo] Producir mucho miedo o mucho rechazo: *Cuando era pequeño me horrorizaba la oscuridad.* ☐ [La «z» se cambia en «c» delante de «e» («horrorice»)]. ☐ SINÓNIMOS: horripilar, espantar. ☐ ANTÓNIMOS: encantar. ☐ FAMILIA: →horror.

horroroso, sa (ho·rro·ro·so, sa) [adjetivo] **1** Muy feo, muy malo o nada agradable. **2** Muy grande o muy fuerte. ☐ SINÓNIMOS: horrendo. **2** terrible, espantoso. ☐ ANTÓNIMOS: **1** espléndido, magnífico. ☐ FAMILIA: →horror.

hortaliza (hor·ta·li·za) [sustantivo] [femenino] Planta que se cultiva en una huerta para tomarla como alimento: *El tomate y la lechuga son hortalizas.* ☐ FAMILIA: →huerto.

hortelano, na (hor·te·la·no, na) [sustantivo] Persona que cultiva una huerta. ☐ FAMILIA: →huerto.

hortensia (hor·ten·sia) [sustantivo] [femenino] Arbusto con hojas de color verde brillante y flores agrupadas que pierden poco a poco su color rosa o azul hasta quedar casi blancas.

hortera (hor·te·ra) [adjetivo o sustantivo] Que se considera vulgar y nada elegante. ☐ [No varía en masculino y femenino. Es coloquial y despectivo]. ☐ SINÓNIMOS: macarra.

horticultura (hor·ti·cul·tu·ra) [sustantivo] [femenino] Cultivo de las huertas y de los huertos. ☐ FAMILIA: →huerto.

hosco, ca (hos·co, ca) [adjetivo] Que es desagradable y áspero: *modales hoscos.* ☐ SINÓNIMOS: huraño, adusto, desabrido. ☐ ANTÓNIMOS: sociable.

hospedaje (hos·pe·da·je) [sustantivo] [masculino] **1** Permiso que se da a una persona para pasar la noche en una casa que no es la suya. **2** Lugar donde alguien se hospeda. ☐ SINÓNIMOS: alojamiento, albergue. **2** hospedería. ☐ FAMILIA: →huésped.

hospedar (hos·pe·dar) [verbo] Dar o tomar alojamiento: *Durante el viaje, nos hospedaremos en un albergue juvenil.* ☐ SINÓNIMOS: alojar, albergar. ☐ FAMILIA: →huésped.

hospedería (hos·pe·de·rí·a) [sustantivo] [femenino] Establecimiento en el que se da comida o alojamiento a cambio de dinero. ☐ SINÓNIMOS: hostal, posada, fonda, hospedaje. ☐ FAMILIA: →huésped.

hospicio (hos·pi·cio) [sustantivo] [masculino] Lugar benéfico donde se recoge a personas pobres, sobre todo a niños huérfanos o abandonados. ☐ FAMILIA: →huésped.

hospital (hos·pi·tal) [sustantivo masculino] Lugar en el que se asiste a los enfermos. ☐ Familia: hospitalizar, hospitalización, hospitalario, hospitalidad, inhóspito.

hospitalario, ria (hos·pi·ta·la·rio, ria) [adjetivo] **1** Que recibe de forma amable y atenta a otras personas: *un pueblo hospitalario*. **2** Del hospital o relacionado con él: *personal hospitalario*. ☐ Familia: →hospital.

hospitalidad (hos·pi·ta·li·dad) [sustantivo femenino] Forma amable de recibir a las personas: *Nos trataron con mucha hospitalidad*. ☐ Familia: →hospital.

hospitalización (hos·pi·ta·li·za·ción) [sustantivo femenino] Ingreso de un paciente en un hospital. ☐ Familia: →hospital.

hospitalizar (hos·pi·ta·li·zar) [verbo] Ingresar una persona en un hospital para recibir allí cuidados médicos: *Hospitalizaron al enfermo para hacerle algunas pruebas*. ☐ [La «z» se cambia en «c» delante de «e» («hospitalice»)]. ☐ Sinónimos: ingresar. ☐ Familia: →hospital.

hostal (hos·tal) [sustantivo masculino] Establecimiento en el que se da comida o alojamiento a cambio de dinero, más pequeño y con menos lujo que un hotel. ☐ Sinónimos: posada, fonda, hospedería, hostería. ☐ Familia: hostería, hostelería.

hostelería (hos·te·le·rí·a) [sustantivo femenino] Conjunto de hoteles, restaurantes y personas que se dedican a dar alojamiento y comida a cambio de dinero: *trabajar en el negocio de la hostelería*. ☐ Familia: →hostal.

hostería (hos·te·rí·a) [sustantivo femenino] Lugar en el que se da comida o alojamiento a cambio de dinero, más pequeño y con menos lujo que un hotel. ☐ Sinónimos: hostal. ☐ Familia: →hostal.

hostia (hos·tia) [sustantivo femenino] **1** Hoja de pan fina y redonda que el sacerdote consagra en la misa. **2** Golpe fuerte. ☐ [El significado **2** es vulgar y se usa mucho en expresiones malsonantes]. ☐ Sinónimos: **1** forma.

hostigar (hos·ti·gar) [verbo] **1** Azotar con un látigo o con algo parecido: *El jinete hostigó al caballo para que corriera más rápido*. **2** Molestar a una persona para conseguir algo: *No deja de hostigarme para que le cuente dónde estuve*. ☐ [La «g» se cambia en «gu» delante de «e» («hostigue»)].

hostil (hos·til) [adjetivo] Que no es contrario o enemigo: *ambiente hostil*. ☐ [No varía en masculino y femenino]. ☐ Sinónimos: enemigo. ☐ Familia: hostilidad.

hostilidad (hos·ti·li·dad) [sustantivo femenino] Oposición entre varias cosas: *La hostilidad entre los dos países los llevó a la guerra*. ☐ Sinónimos: enemistad, rivalidad. ☐ Antónimos: amistad. ☐ Familia: →hostil.

hotel (ho·tel) [sustantivo masculino] Lugar en el que se da comida o alojamiento a cambio de dinero. ☐ Familia: hotelero, motel, apartotel.

hotelero, ra (ho·te·le·ro, ra) [adjetivo] **1** Del hotel o relacionado con él: *La oferta hotelera de la zona es muy amplia*. ▮ [sustantivo] **2** Persona que dirige un hotel. ☐ Familia: →hotel.

hoy (hoy) [adverbio] **1** En el día que estamos: *¿Hoy es martes?* **2** En el tiempo que estamos: *Hoy se curan más enfermedades que en el pasado*.

hoya (ho·ya) [sustantivo femenino] **1** Hoyo grande que hay en la tierra. **2** Llanura extensa rodeada de montañas. ☐ [No confundir con «olla» (recipiente que se utiliza para cocinar)]. ☐ Familia: →hoyo.

hoyo (ho·yo) [sustantivo masculino] Agujero que se hace en la tierra. ☐ [No confundir con «oyó», del verbo «oír»]. ☐ Familia: hoya, hoyuelo.

hoyuelo (ho·yue·lo) [sustantivo masculino] Hoyo pequeño que tienen algunas personas en la barbilla o que se forma en las mejillas al reír. ☐ Familia: →hoyo.

hoz [sustantivo femenino] **1** Herramienta que tiene una hoja curva y se usa para cortar los cereales y las hierbas. 👁 **páginas 494-495**. **2** Paso estrecho y profundo que hay entre dos montañas: *Las hoces se forman por efecto de la erosión*. ☐ [Su plural es «hoces»].

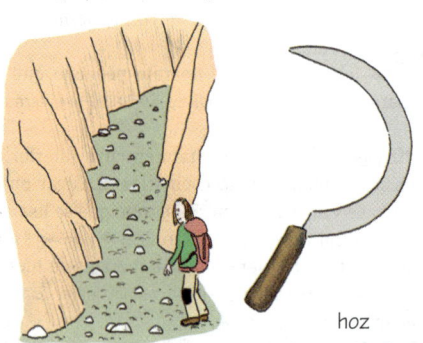

hoz

hozar (ho·zar) [verbo] Mover y levantar la tierra con el hocico algunos animales, como el cerdo y el jabalí. ☐ [La «z» se cambia en «c» delante de «e» («hoce»)].

hucha (hu·cha) [sustantivo femenino] Recipiente en el que se guarda dinero para ahorrar. ☐ Sinónimos: alcancía.

hueco, ca (hue·co, ca) ▮ [adjetivo] **1** Que no tiene nada en su interior: *tubos huecos*. ▮ **hueco** [sustantivo masculino] **2** Abertura o espacio en el que no hay nada: *el hueco de la escalera*. **3** Espacio que no está ocupado: *Hacedme un hueco entre vosotros dos*. ☐ Sinónimos: **1** vacío. **3** sitio, lugar. ☐ Antónimos: **1** macizo, relleno. ☐ Familia: ahuecar, oquedad.

huelga (huel·ga) [sustantivo femenino] Hecho de no trabajar para protestar por algo. ☐ Familia: huelguista.

huelguista (huel·guis·ta) [sustantivo] Trabajador que decide no trabajar para protestar por algo. ☐ [No varía en masculino y femenino]. ☐ Familia: →huelga.

huella (hue·lla) [sustantivo femenino] Marca que alguien o algo deja en un sitio: *Seguimos las huellas del perro*. ☐ Familia: hollar.

huérfano, na (huér·fa·no, na) [adjetivo o sustantivo] Que no tiene padre, madre o ninguno de los dos. ☐ Familia: orfanato, orfandad, orfelinato.

huero, ra (hue·ro, ra) [adjetivo] **1** Dicho de un huevo, que no produce cría porque no está fecundado por el macho. **2** Que no tiene contenido: *un discurso huero*.

huerta (huer·ta) [sustantivo femenino] Terreno en el que se cultivan legumbres, verduras y árboles que dan frutas. ☐ [No confundir con «huerto» (que es más pequeño)]. ☐ Familia: →huerto.

huertano, na (huer·ta·no, na) [adjetivo o sustantivo] Que vive en la huerta o en una zona donde hay muchas huertas: *Los valencianos y los murcianos son huertanos.* ☐ Familia: →huerto.

huerto (huer·to) [sustantivo masculino] Terreno pequeño en el que se cultivan legumbres, verduras y árboles que dan frutas. ☐ [No confundir con «huerta» (que es más grande)]. ☐ Familia: huerta, huertano, hortaliza, hortelano, horticultura.

hueso (hue·so) [sustantivo masculino] **1** Cada una de las piezas duras del esqueleto. **2** Parte dura que hay en el interior de algunos frutos: *hueso de aceituna.* **3** Persona dura y difícil de tratar: *Mi padre dice que su jefe es un hueso.* ☐ [El significado **3** es coloquial]. ☐ Familia: huesudo, deshuesar, óseo, osamenta, osario, quebrantahuesos.

huésped (hués·ped) [sustantivo] Persona que se aloja en una casa que no es la suya: *Los huéspedes del hotel pueden desayunar en la habitación.* ☐ [No varía en masculino y femenino]. ☐ Familia: hospedar, hospedaje, hospedería, hospicio.

hueste (hues·te) [sustantivo femenino] Conjunto de seguidores o de defensores de algo o de alguien: *El líder habló a sus huestes.* ☐ [Se usa más en plural].

huesudo, da (hue·su·do, da) [adjetivo] Tan delgado que se le notan mucho los huesos. ☐ Familia: →hueso.

hueva (hue·va) [sustantivo femenino] Masa que forman los huevecillos de algunos peces, como el salmón, y que está dentro de una especie de bolsa. ☐ [Se usa más en plural]. ☐ Familia: →huevo.

huevera (hue·ve·ra) [sustantivo femenino] Mira en **huevero, ra**.

huevería (hue·ve·rí·a) [sustantivo femenino] Tienda en la que se venden huevos. ☐ Familia: →huevo.

huevero, ra (hue·ve·ro, ra) ▪ [sustantivo] **1** Persona que vende huevos. ▪ **huevera** [sustantivo femenino] **2** Recipiente en el que se guardan los huevos. **3** Copa pequeña que se utiliza para colocar el huevo cocido o pasado por agua. ☐ Familia: →huevo.

huevo (hue·vo) [sustantivo masculino] **1** Cuerpo redondeado que ponen las aves y algunos animales, y de donde salen las crías cuando ya están formadas. **2** Testículo. ☐ [El significado **2** es vulgar y se usa mucho en expresiones malsonantes]. ☐ Familia: hueva, huevero, huevería, ovíparo, ovovivíparo, desovar, oval, óvalo, ovalado, ovario, óvulo, ovular, ovulación.

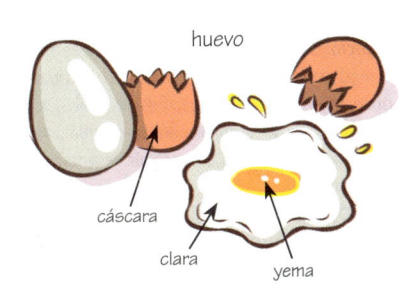

huevo
cáscara
clara
yema

huida (hui·da) [sustantivo femenino] **1** Hecho de escapar de un sitio. **2** Hecho de apartarse de algo que no gusta o que es perjudicial. ☐ Sinónimos: **1** fuga, evasión. ☐ Familia: →huir.

huidizo, za (hui·di·zo, za) [adjetivo] Que huye o que tiende a huir: *una mirada huidiza.* ☐ Familia: →huir.

huir (huir) [verbo] **1** Escapar de un sitio. **2** Evitar a una persona: *Desde que discutimos, me huye.* ☐ [Es irregular y se conjuga como CONSTRUIR]. ☐ Sinónimos: **1** evadirse, fugarse. **2** rehuir. ☐ Antónimos: **1** quedarse. ☐ Familia: huida, huidizo, rehuir, ahuyentar.

hula-hoop [sustantivo masculino] Aro que se hace girar alrededor de la cintura. ☐ [Procede de la marca comercial «Hula Hoop®». Se pronuncia «julajóp»].

hule (hu·le) [sustantivo masculino] Tela con un lado cubierto por una capa de plástico o impermeable que se usa para proteger lo que está debajo: *Debajo del mantel ponemos un hule.*

hulla (hu·lla) [sustantivo femenino] Tipo de carbón que se usa como combustible y para obtener alquitrán.

humanidad (hu·ma·ni·dad) ▪ [sustantivo femenino] **1** Conjunto de todos los seres humanos: *La humanidad ha progresado mucho.* **2** Consideración y buenos sentimientos hacia los demás: *Eres una mujer de gran humanidad.* ▪ **humanidades** [plural] **3** Conjunto de disciplinas que están relacionadas con el ser humano y con su pensamiento, como la literatura, la filosofía o la historia. ☐ Sinónimos: **1** sociedad. **3** letras. ☐ Familia: →hombre.

humanismo (hu·ma·nis·mo) [sustantivo masculino] **1** Movimiento cultural europeo entre los siglos XIV y XVI, que se caracteriza por la consideración del ser humano como centro de todas las cosas y por el interés en el estudio de las ciencias relacionadas con las personas. **2** Comportamiento de la persona que se preocupa por los demás: *La directora ha destacado siempre por su humanismo.* ☐ Familia: →hombre.

humanista (hu·ma·nis·ta) ▪ [adjetivo] **1** Del humanismo o con las características de este movimiento cultural. ▪ [adjetivo o sustantivo] **2** Que se dedica al estudio de las disciplinas que están relacionadas con las personas y con su pensamiento. ☐ [No varía en masculino y femenino]. ☐ Familia: →hombre.

humanitario, ria (hu·ma·ni·ta·rio, ria) [adjetivo] Que ayuda a los demás y se preocupa por ellos: *asociación humanitaria.* ☐ Sinónimos: solidario. ☐ Familia: →hombre.

humanizar (hu·ma·ni·zar) [verbo] Hacer más humano y más agradable: *Las condiciones de trabajo se han humanizado en los últimos tiempos.* ☐ [La «z» se cambia en «c» delante de «e» («humanice»)]. ☐ Familia: →hombre.

humano, na (hu·ma·no, na) ▪ [adjetivo] **1** De los hombres y mujeres: *lenguaje humano.* **2** Que tiene consideración hacia los demás: *Es muy humano y no soporta ver sufrir a nadie.* ▪ [sustantivo] **3** Miembro de la humanidad: *En esa novela de ciencia ficción, un humano se fue en una nave marciana.* ☐ Antónimos: **2** inhumano. ☐ Familia: →hombre.

humareda (hu·ma·re·da) [sustantivo femenino] Gran cantidad de humo. ☐ FAMILIA: →humo.

humeante (hu·me·an·te) [adjetivo] Que echa humo. ☐ [No varía en masculino y femenino]. ☐ FAMILIA: →humo.

humear (hu·me·ar) [verbo] Echar humo: *El caldo recién hecho humeaba.* ☐ FAMILIA: →humo.

humedad (hu·me·dad) [sustantivo femenino] **1** Cantidad de agua que hay en un lugar: *En las zonas pantanosas hay mucha humedad en el ambiente.* **2** Señal que deja el agua en una pared o en el techo. ☐ ANTÓNIMOS: **1** sequedad. ☐ FAMILIA: →húmedo.

humedal (hu·me·dal) [sustantivo masculino] Zona inundada de forma temporal o permanente, con agua salada o dulce, estancada o en movimiento: *Las marismas, los pantanos y los manglares son humedales.* ☐ FAMILIA: →húmedo.

humedecer (hu·me·de·cer) [verbo] Poner húmedo: *Humedecí un pañuelo para refrescarme la frente.* ☐ [Es irregular y se conjuga como AGRADECER]. ☐ ANTÓNIMOS: secar. ☐ FAMILIA: →húmedo.

húmedo, da (hú·me·do, da) [adjetivo] **1** Que no está seco del todo. **2** Con muchas lluvias: *clima húmedo.* ☐ ANTÓNIMOS: seco. **1** reseco. ☐ FAMILIA: humedad, humedecer, humedal, humidificar, humidificador.

húmero (hú·me·ro) [sustantivo masculino] Hueso largo que está entre el hombro y el codo. 👁 **página 405.**

humidificador (hu·mi·di·fi·ca·dor) [sustantivo masculino] Aparato que sirve para mantener húmedo el ambiente. ☐ FAMILIA: →húmedo.

humidificar (hu·mi·di·fi·car) [verbo] Aumentar la humedad de algo: *Para conservar las plantas humidifico el ambiente.* ☐ [La «c» se cambia en «qu» delante de «e» («humidifique»)]. ☐ FAMILIA: →húmedo.

humildad (hu·mil·dad) [sustantivo femenino] Forma de ser de una persona que reconoce sus defectos y no se cree mejor que los demás. ☐ SINÓNIMOS: modestia, sencillez. ☐ ANTÓNIMOS: altanería, vanidad, orgullo, soberbia, jactancia, engreimiento. ☐ FAMILIA: →humilde.

humilde (hu·mil·de) [adjetivo] **1** Que reconoce sus defectos y no se cree mejor que los demás: *Esa corredora ha ganado muchas medallas, pero es muy humilde y no presume de ello.* **2** Que no pertenece a una clase social alta: *Procedo de una familia muy humilde.* ☐ [No varía en masculino y femenino]. ☐ SINÓNIMOS: **1** modesto, sencillo. ☐ ANTÓNIMOS: **1** vanidoso, orgulloso, soberbio, ufano, engreído, altanero. ☐ FAMILIA: humildad.

humillación (hu·mi·lla·ción) [sustantivo femenino] Sentimiento que tiene una persona cuando es avergonzada por otra. ☐ FAMILIA: →humillar.

humillante (hu·mi·llan·te) [adjetivo] Que hace que una persona sienta vergüenza ante los demás: *castigo humillante.* ☐ [No varía en masculino y femenino]. ☐ SINÓNIMOS: denigrante. ☐ FAMILIA: →humillar.

humillar (hu·mi·llar) [verbo] Hacer que una persona sienta vergüenza ante los demás: *Me humilló gritándome delante de mis compañeros.* ☐ SINÓNIMOS: degradar, denigrar. ☐ FAMILIA: humillación, humillante.

humo (hu·mo) [sustantivo masculino] **1** Gas que sale cuando hay fuego. **2** Vapor que sale de un líquido cuando está muy caliente. ▌ **humos** [plural] **3** Actitud que tiene una persona al creerse mejor que los demás: *No me gusta que tengas tantos humos y presumas así.* ☐ SINÓNIMOS: **3** vanidad, orgullo, soberbia. ☐ ANTÓNIMOS: **3** sencillez, modestia. ☐ FAMILIA: humareda, humeante, humear, ahumar, ahumado.

humor (hu·mor) [sustantivo masculino] **1** Estado de ánimo: *Estoy de buen humor.* **2** Capacidad de ver el lado divertido de las cosas: *sentido del humor.* ◆ [expresión] ▌ **humor negro** Capacidad de reírse de la muerte y de lo desagradable. ▌ **mal humor** Estado de ánimo que tiene una persona cuando se enfada por algo o cuando le han dado un disgusto: *Estoy de mal humor porque no puedo salir.* ☐ [En la expresión «mal humor» se escribe también «malhumor»]. ☐ SINÓNIMOS: **2** humorismo. ☐ FAMILIA: humorista, humorismo, humorístico, malhumorado.

humorismo (hu·mo·ris·mo) [sustantivo masculino] Estilo que presenta el lado divertido o gracioso de las cosas: *El libro está escrito con mucho humorismo.* ☐ SINÓNIMOS: humor. ☐ FAMILIA: →humor.

humorista (hu·mo·ris·ta) [sustantivo] Persona que trabaja haciendo reír al público. ☐ [No varía en masculino y femenino]. ☐ SINÓNIMOS: cómico. ☐ FAMILIA: →humor.

humorístico, ca (hu·mo·rís·ti·co, ca) [adjetivo] Del humor o relacionado con él: *un dibujo humorístico.* ☐ FAMILIA: →humor.

humus (hu·mus) [sustantivo masculino] Tipo de tierra que contiene estiércol y restos vegetales y animales, y que se usa como abono para las plantas. ☐ [No varía en singular y plural]. ☐ SINÓNIMOS: mantillo.

hundimiento (hun·di·mien·to) [sustantivo masculino] **1** Introducción de un cuerpo en un líquido o en otra cosa: *el hundimiento de un barco.* **2** Derrota o fracaso: *el hundimiento de un negocio.* **3** Destrucción o caída de una construcción: *el hundimiento de una casa.* ☐ SINÓNIMOS: **3** derrumbamiento, derribo. ☐ ANTÓNIMOS: **3** construcción. ☐ FAMILIA: →hundir.

hundir (hun·dir) [verbo] **1** Meter un cuerpo en un líquido o en otra cosa: *Las ruedas del carro se hundieron en el barro.* **2** Hacer que una persona se sienta vencida: *Si queremos ganar, no podemos hundirnos.* **3** Destruir una construcción echándola abajo: *La riada hundió el puente.* **4** Hacer fracasar o llevar a la ruina: *hundir un negocio.* **5** Hacer que una superficie se meta hacia dentro al apretarla o golpearla: *El granizo hundió un poco la chapa del coche.* ☐ SINÓNIMOS: **1** sumergir. **2**, **3** derrumbar. **2** desmoronar. **3** derribar. **4** quebrar. ☐ ANTÓNIMOS: **1** emerger. **3** construir, levantar. ☐ FAMILIA: hundimiento.

húngaro, ra (hún·ga·ro, ra) ▌ [adjetivo o sustantivo] **1** De Hungría, que es un país europeo. ▌ **húngaro** [sustantivo masculino] **2** Lengua de este país. ☐ SINÓNIMOS: magiar.

huno, na (hu·no, na) [adjetivo o sustantivo] De un antiguo pueblo de origen asiático: *Los hunos lucharon contra los romanos en el siglo v.*

huracán (hu·ra·cán) [sustantivo masculino] Viento muy fuerte que gira en grandes círculos y que suele producirse en las zonas tropicales. ☐ SINÓNIMOS: ciclón, tornado. ☐ FAMILIA: huracanado.

huracanado, da (hu·ra·ca·na·do, da) [adjetivo] Muy fuerte o con las características propias de un huracán: *viento huracanado.* ☐ FAMILIA: →huracán.

huraño, ña (hu·ra·ño, ña) [adjetivo] Que no está a gusto con la gente y prefiere estar solo. ☐ SINÓNIMOS: hosco, esquivo, insociable. ☐ ANTÓNIMOS: sociable.

hurgar (hur·gar) [verbo] **1** Tocar de forma repetida en el mismo sitio escarbando: *No te hurgues la herida, que se te va a infectar.* **2** Buscar en algún sitio para encontrar algo: *¿Quién ha estado hurgando en el cajón?* ☐ [La «g» se cambia en «gu» delante de «e» («hurgue»)].

hurón (hu·rón) [sustantivo masculino] Animal pequeño, con el cuerpo alargado y las patas cortas, que despide un olor desagradable y se emplea para cazar conejos. 👁 **páginas 596-597.**

hurra (hu·rra) [interjección] Se usa para indicar alegría o satisfacción: *¡Hurra! ¡Hemos llegado!*

hurtadillas (hur·ta·di·llas) ◆ [expresión] ‖ **a hurtadillas** A escondidas y sin que nadie se dé cuenta: *Se retrasó mucho y entró en casa a hurtadillas.* ☐ FAMILIA: →hurtar.

hurtar (hur·tar) [verbo] Coger sin permiso y con disimulo algo que no es nuestro sin utilizar la violencia: *El ladrón hurtó el bolso a una clienta del bar.* ☐ SINÓNIMOS: robar, quitar, sustraer. ☐ ANTÓNIMOS: dar. ☐ FAMILIA: hurto, hurtadillas.

hurto (hur·to) [sustantivo masculino] **1** Hecho de coger sin permiso algo que no es nuestro sin usar la violencia ni la fuerza: *denunciar el hurto de una cartera.* **2** Cosa que se ha cogido sin permiso: *Escondía los hurtos en un garaje.* ☐ FAMILIA: →hurtar.

husky [sustantivo masculino] Perro de una raza que se caracteriza por tener las orejas en punta, los ojos pardos o azules y el pelaje suave y muy espeso, generalmente de color blanco y gris. ☐ [Es una palabra inglesa. Se pronuncia «jáski»].

husmear (hus·me·ar) [verbo] **1** Buscar con el olfato: *Los perros de los cazadores husmeaban el rastro del conejo.* **2** Buscar algo que los demás no quieren que se encuentre: *No seas cotilla y no vuelvas a husmear en mi habitación.* ☐ [El significado **2** es coloquial]. ☐ SINÓNIMOS: **1** olfatear. **2** fisgar, curiosear, fisgonear.

huso (hu·so) [sustantivo masculino] Instrumento redondeado y alargado, más estrecho en los extremos, que se utiliza para enrollar el hilo que se va hilando. ◆ [expresión] ‖ **huso horario** Cada una de las veinticuatro partes imaginarias e iguales en que se divide la superficie terrestre y en las cuales rige la misma hora: *Tu país y el mío están en husos horarios distintos: cuando son las siete aquí, allí son las ocho.*

huy (huy) [interjección] → **uy.**

i [sustantivo femenino] Letra número nueve del abecedario. 👁 página 18. ◆ [expresión] ‖ **i griega** Nombre de la letra *y*. ‖ **i (latina)** Nombre de la letra *i*. ☐ [Su plural es «íes». Como sinónimo de la expresión «i griega» se usa también «ye»].

ibérico, ca (i·bé·ri·co, ca) [adjetivo] De la península que ocupan España y Portugal o relacionado con ella. ☐ FAMILIA: →ibero.

ibero, ra o **íbero, ra** (i·be·ro, ra; í·be·ro, ra) ■ [adjetivo o sustantivo] **1** De un antiguo pueblo que vivía en la península ibérica. ■ **ibero** o **íbero** [sustantivo masculino] **2** Lengua que hablaba este pueblo. ☐ FAMILIA: ibérico, iberoamericano, celtíbero.

iberoamericano, na (i·be·ro·a·me·ri·ca·no, na) [adjetivo o sustantivo] Del conjunto de países americanos que tienen como lengua el español o el portugués. ☐ FAMILIA: →ibero. →americano.

íbice (í·bi·ce) [sustantivo masculino] Cabra montés que vive en las montañas españolas.

ibicenco, ca (i·bi·cen·co, ca) [adjetivo o sustantivo] De la isla española de Ibiza.

iceberg (i·ce·berg) [sustantivo masculino] Gran masa de hielo que flota en el mar. ☐ [Es una palabra de origen inglés. Su plural es «icebergs»].

iceberg

icónico, ca (i·có·ni·co, ca) [adjetivo] Del icono o relacionado con él: *lenguaje icónico*. ☐ FAMILIA: →icono.

icono (i·co·no) [sustantivo masculino] **1** Signo que se parece a aquello que representa: *Algunas señales de tráfico, como la que indica una curva a la derecha, son iconos*. **2** Imagen religiosa pintada sobre una tabla, típica del estilo bizantino. ☐ FAMILIA: emoticono, icónico.

icosaedro (i·co·sa·e·dro) [sustantivo masculino] Cuerpo geométrico que tiene veinte caras. 👁 **página 467**.

ictericia (ic·te·ri·cia) [sustantivo femenino] Color amarillo que toma la piel por alguna enfermedad del hígado.

ida (i·da) [sustantivo femenino] Mira en **ido, da**.

idea (i·de·a) [sustantivo femenino] **1** Representación que no existe en el mundo real, sino solo en la mente: *Convénceme con hechos, no con ideas*. **2** Imagen que se forma en la mente: *No me hago idea de cómo es tu casa*. **3** Intención o propósito de hacer algo: *Eso no ha ocurrido por casualidad, sino que está hecho con idea*. **4** Plan que se tiene para realizar algo: *Mi idea es ir mañana* de excursión. **5** Opinión o juicio formados sobre algo: *No estoy de acuerdo con tus ideas políticas.* ◆ [expresión] ‖ **hacerse a la idea de algo** Aceptarlo: *Voy a cambiar de barrio y me estoy haciendo a la idea.* ‖ **idea peregrina** La que es muy rara o que es una tontería. ‖ **mala idea** Mala intención. ‖ **no tener ni idea** No saber nada. ☐ Familia: idear, ideal, idealista, idealismo, idealizar, ideograma, ideología, idílico.

ideal (i·de·al) ▪ [adjetivo] **1** De las ideas o relacionado con ellas: *El mundo ideal no siempre coincide con el real.* **2** Que se considera perfecto: *peso ideal.* ▪ [sustantivo masculino] **3** Aquello a lo que se aspira porque se considera bueno: *Cada uno debe luchar por sus ideales.* ☐ [En los significados **1** y **2** no varía en masculino y femenino]. ☐ Sinónimos: **2** idóneo. ☐ Familia: →idea.

idealismo (i·de·a·lis·mo) [sustantivo masculino] Forma de ser de las personas que actúan con la idea de cómo deberían ser las cosas y no de cómo son en realidad. ☐ Familia: →idea.

idealista (i·de·a·lis·ta) [adjetivo o sustantivo] Que no actúa de acuerdo con el mundo real, sino con la idea de cómo deberían ser las cosas: *Es un idealista y cree que todo el mundo es bueno.* ☐ [No varía en masculino y femenino]. ☐ Familia: →idea.

idealizar (i·de·a·li·zar) [verbo] Considerar una cosa o una persona mejor de lo que es: *No debes idealizarlo o acabará decepcionándote.* ☐ [La «z» se cambia en «c» delante de «e» («idealice»)]. ☐ Familia: →idea.

idear (i·de·ar) [verbo] Pensar en la forma en que se puede realizar algo: *El prisionero ideó un plan para escapar.* ☐ Sinónimos: proyectar, planear, concebir, ingeniar. ☐ Familia: →idea.

ídem (í·dem) [adjetivo o pronombre] Lo mismo: *Si todos vais al cine, yo ídem.* ☐ [Es una palabra que viene del latín].

idéntico, ca (i·dén·ti·co, ca) [adjetivo] Igual o muy parecido. ☐ Antónimos: distinto, dispar, diferente. ☐ Familia: identidad, identificar.

identidad (i·den·ti·dad) [sustantivo femenino] Conjunto de características que permiten reconocer algo o saber qué es: *carné de identidad.* ☐ Familia: →idéntico.

identificar (i·den·ti·fi·car) [verbo] **1** Reconocer algo que se ha encontrado: *La policía ya ha identificado el cadáver.* **2** Considerar que varias cosas distintas son la misma: *Hay gente que identifica tener mucho dinero con ser feliz.* ▪ **identificarse 3** Dar la información personal necesaria para ser reconocido. **4** Estar de acuerdo con alguien: *Me identifico completamente con tu forma de pensar.* ☐ [La «c» se cambia en «qu» delante de «e» («identifique»)]. ☐ Familia: →idéntico.

ideograma (i·de·o·gra·ma) [sustantivo masculino] Símbolo que representa una palabra o una frase: *La escritura china utiliza ideogramas.* ☐ Familia: →idea.

ideología (i·de·o·lo·gí·a) [sustantivo femenino] Conjunto de ideas de una persona o de un grupo. ☐ Familia: →idea.

idílico, ca (i·dí·li·co, ca) [adjetivo] Agradable, hermoso y tranquilo: *un paisaje idílico.* ☐ [No confundir con «idóneo» (muy adecuado)]. ☐ Familia: →idea.

idilio (i·di·lio) [sustantivo masculino] Relación amorosa.

idioma (i·dio·ma) [sustantivo masculino] Lengua de un pueblo o nación.

idiosincrasia (i·dio·sin·cra·sia) [sustantivo femenino] Manera de ser propia de una persona o de un pueblo.

idiota (i·dio·ta) [adjetivo o sustantivo] Que no actúa con inteligencia. ☐ [No varía en masculino y femenino. Es despectivo y se usa como insulto]. ☐ Sinónimos: necio, estúpido, imbécil. ☐ Antónimos: listo. ☐ Familia: idiotez.

idiotez (i·dio·tez) [sustantivo femenino] Cosa que hace o dice una persona que no actúa con inteligencia. ☐ [Su plural es «idioteces»]. ☐ Sinónimos: estupidez. ☐ Familia: →idiota.

ido, da (i·do, da) ▪ [adjetivo] **1** Que no presta atención: *Estás un poco ida y no me escuchas.* ▪ **ida** [sustantivo femenino] **2** Marcha de un lugar: *billete de ida y vuelta.* ☐ Sinónimos: **2** abandono. ☐ Antónimos: **2** llegada, venida, vuelta, regreso. ☐ Familia: →ir.

idolatrar (i·do·la·trar) [verbo] Amar demasiado a una persona o cosa. ☐ Familia: →ídolo.

ídolo (í·do·lo) [sustantivo masculino] **1** Imagen de un dios: *Esa tribu adoraba a un ídolo hecho con piedras.* **2** Persona o cosa que es muy amada o muy admirada: *Ese cantante es el ídolo de mi hermano.* ☐ Familia: idolatrar.

idóneo, a (i·dó·ne·o, a) [adjetivo] Muy adecuado: *Eres la persona idónea para este trabajo.* ☐ [No confundir con «idílico» (agradable, hermoso y tranquilo)]. ☐ Sinónimos: ideal.

iglesia (i·gle·sia) [sustantivo femenino] **1** Edificio destinado al culto cristiano. **2** Comunidad formada por todos los cristianos. **3** Cada una de las creencias religiosas cristianas: *Iglesia protestante.* ☐ [En los significados **2** y **3** se escribe con mayúscula]. ☐ Familia: eclesiástico.

iglú (i·glú) [sustantivo masculino] Casa construida con bloques de hielo donde viven los esquimales. ☐ [Es una palabra de origen esquimal. Su plural es «iglús» o «iglúes» (más culto)].

iglú

ignorancia (ig·no·ran·cia) [sustantivo femenino] Falta de conocimiento sobre algo. ☐ Antónimos: sabiduría. ☐ Familia: →ignorar.

ignorante (ig·no·ran·te) [adjetivo o sustantivo] Que no sabe nada o que sabe muy pocas cosas. ☐ [No varía en masculino y femenino]. ☐ Sinónimos: inculto. ☐ Antónimos: culto, versado, letrado. ☐ Familia: →ignorar.

ignorar (ig·no·rar) [verbo] **1** No conocer algo: *Ignoro lo que dijo, porque yo no estaba allí.* **2** No hacer caso de

igual

algo o de alguien, o no prestarles atención: *Si no te cae bien, ignóralo.* □ Sinónimos: **1** desconocer. □ Antónimos: **1** saber, conocer. □ Familia: ignorancia, ignorante.

igual (i·gual) ■ [adjetivo] **1** Que tiene las mismas características que otra cosa: *Mi hermana y yo dormimos en dos camas iguales.* **2** Muy parecido: *Tu hermana es igual que tu padre.* **3** Liso o que no tiene diferencias de altura: *Para jugar necesitamos un terreno que esté igual.* ■ [sustantivo] **4** Persona que tiene la misma categoría que otra o que pertenece a su misma clase social: *El jefe nos trata como a iguales.* ■ [sustantivo masculino] **5** Signo que se usa en matemáticas y está formado por dos rayitas: *El signo «=» es un igual.* ■ [adverbio] **6** Quizá: *Igual voy al cine esta tarde.* **7** De la misma manera: *Esos dos chicos hablan igual.* □ [En los significados **1**, **2**, **3** y **4** no varía en masculino y femenino. En los significados **6** y **7** tampoco varía por ser adverbio. No debe decirse «igual como», sino «igual que». El significado **6** es coloquial.] □ Antónimos: **1**, **2** diferente, distinto. **1** variopinto, dispar. **1-3** desigual. □ Familia: igualar, igualdad, igualitario, desigual, desigualdad, inigualable.

igualar (i·gua·lar) [verbo] **1** Hacer que dos o más cosas sean iguales o parecidas: *Me he cortado el pelo para igualar las puntas.* **2** Poner llano o liso: *Han igualado el camino porque tenía baches.* □ Sinónimos: **2** aplanar, allanar, nivelar. □ Familia: →igual.

igualdad (i·gual·dad) [sustantivo femenino] Parecido entre una cosa y otra: *igualdad de derechos.* □ Sinónimos: uniformidad. □ Antónimos: desigualdad. □ Familia: →igual.

igualitario, ria (i·gua·li·ta·rio, ria) [adjetivo] Que contiene igualdad o tiende a ella: *Los derechos y los deberes deben ser igualitarios.* □ Familia: →igual.

iguana (i·gua·na) [sustantivo femenino] Animal con cuatro patas y con cola, que tiene el cuerpo cubierto de escamas: *La iguana es un reptil.* ⊙ página 818.

ijada (i·ja·da) [sustantivo femenino] Espacio entre las costillas y los huesos de las caderas.

ikurriña (i·ku·rri·ña) [sustantivo femenino] Bandera oficial de la comunidad autónoma española del País Vasco. □ [Es una palabra de origen euskera].

ilegal (i·le·gal) [adjetivo] Que no es legal. □ [No varía en masculino y femenino]. □ Sinónimos: clandestino, pirata, ilícito. □ Antónimos: lícito, legal, legítimo. □ Familia: →ley.

ilegalizar (i·le·ga·li·zar) [verbo] Declarar ilegal: *Si se ilegaliza un partido, su funcionamiento pasa a ser un delito.* □ [La «z» se cambia en «c» delante de «e» («ilegalice»)]. □ Antónimos: legalizar. □ Familia: →ley.

ilegible (i·le·gi·ble) [adjetivo] Que no se puede leer porque no se entiende: *letra ilegible.* □ [No varía en masculino y femenino]. □ Antónimos: legible. □ Familia: →leer.

ilegítimo, ma (i·le·gí·ti·mo, ma) [adjetivo] **1** Que va contra la ley. **2** Que ha nacido fuera del matrimonio. □ Antónimos: legítimo. **1** lícito. □ Familia: →ley.

íleon (í·le·on) [sustantivo masculino] Parte final del intestino delgado.

ileso, sa (i·le·so, sa) [adjetivo] Que no ha sufrido ningún daño: *Salí ilesa del accidente.* □ Antónimos: herido. □ Familia: →lesión.

ilícito, ta (i·lí·ci·to, ta) [adjetivo] Que no está permitido por la ley. □ Sinónimos: ilegal. □ Antónimos: lícito, legal, legítimo. □ Familia: →lícito.

ilimitado, da (i·li·mi·ta·do, da) [adjetivo] Que no tiene límite o fin: *número ilimitado.* □ Antónimos: limitado. □ Familia: →límite.

ilion (i·lion) [sustantivo masculino] Uno de los huesos de la cadera que forman la pelvis.

ilógico, ca (i·ló·gi·co, ca) [adjetivo] Que no está de acuerdo con la razón ni con el sentido común. □ Sinónimos: absurdo, irracional. □ Antónimos: lógico. □ Familia: →lógico.

iluminación (i·lu·mi·na·ción) [sustantivo femenino] **1** Hecho de poner luz en un lugar: *Yo me encargo de la iluminación del local.* **2** Cantidad de luz que hay en un lugar: *No leas si no hay buena iluminación.* □ Familia: →iluminar.

iluminar (i·lu·mi·nar) [verbo] **1** Llenar de luz un lugar: *Cuando la sala se iluminó, vieron que estaba vacía.* **2** Adornar con luces: *Ya hemos iluminado el árbol de Navidad.* □ Sinónimos: **1** alumbrar. □ Familia: iluminación, luminaria, luminotecnia.

ilusión (i·lu·sión) [sustantivo femenino] **1** Falsa imagen de las cosas producida por la imaginación o por los sentidos: *Aquí no hay nadie, son solo ilusiones tuyas.* **2** Esperanza que es difícil que se cumpla: *Mi mayor ilusión es dar la vuelta al mundo.* **3** Alegría y satisfacción: *¡Qué ilusión que te hayas acordado de mí!* □ Sinónimos: **1** alucinación. **2** sueño. □ Antónimos: **2** desilusión, decepción. □ Familia: ilusionar, iluso, ilusorio, ilusionante, desilusionar, desilusión, ilusionista, ilusionismo.

ilusionante (i·lu·sio·nan·te) [adjetivo] Que produce ilusión: *Este nuevo curso es ilusionante.* □ [No varía en masculino y femenino]. □ Familia: →ilusión.

ilusionar (i·lu·sio·nar) [verbo] **1** Producir ilusiones o esperanzas: *Se ha ilusionado mucho con su próximo viaje.* **2** Producir alegría y satisfacción: *Nos ilusiona verte feliz.* □ Antónimos: desilusionar. □ Familia: →ilusión.

ilusionismo (i·lu·sio·nis·mo) [sustantivo masculino] Técnica de producir efectos engañosos mediante trucos: *Ese mago es una estrella del ilusionismo.* □ Familia: →ilusión.

ilusionista (i·lu·sio·nis·ta) [sustantivo] Persona que produce efectos engañosos mediante trucos. □ [No varía en masculino y femenino]. □ Sinónimos: prestidigitador. □ Familia: →ilusión.

iluso, sa (i·lu·so, sa) [adjetivo o sustantivo] **1** Que se deja engañar fácilmente. **2** Que se ilusiona con cosas imposibles. □ Sinónimos: **1** ingenuo, inocente. **2** soñador. □ Antónimos: **1** astuto. **2** realista. □ Familia: →ilusión.

ilusorio, ria (i·lu·so·rio, ria) [adjetivo] Que no es real: *¿Pero no te das cuenta de que tus esperanzas son ilusorias?* □ Familia: →ilusión.

ilustración (i·lus·tra·ción) [sustantivo femenino] **1** Hecho de adornar con imágenes un texto. **2** Imagen que hay en un texto: *Este diccionario lleva ilustraciones.* **3** Movimiento cultural europeo del siglo XVIII, que defendía que la razón, la ciencia y la educación eran elementos esenciales para el progreso. ☐ [En el significado **3** se escribe con mayúscula]. ☐ Familia: →ilustrar.

ilustrar (i·lus·**trar**) [verbo] **1** Dibujar las imágenes que van con un texto. **2** Aclarar con ejemplos y con otras explicaciones: *Ilustré mi explicación con algunos casos concretos.* **3** Dar educación o cultura a una persona. ☐ Sinónimos: **3** formar, educar, culturizar. ☐ Familia: ilustración. **3** →ilustre.

ilustre (i·lus·tre) [adjetivo] **1** Que tiene un origen digno de ser respetado: *una familia ilustre.* **2** Famoso o muy conocido: *un pintor ilustre.* ☐ [No varía en masculino y femenino]. ☐ Sinónimos: preclaro. ☐ Familia: ilustrar.

imagen (i·**ma**·gen) [sustantivo femenino] **1** Figura que representa algo: *En la capilla hay una imagen de la Virgen.* **2** Aspecto y forma de actuar de una persona: *Los modelos tienen que cuidar mucho su imagen.* ☐ Familia: imaginar, imaginación, imaginario, inimaginable.

imaginación (i·ma·gi·na·**ción**) [sustantivo femenino] **1** Capacidad para representar algo en la mente: *La imaginación infantil es enorme.* **2** Creencia de que es real algo que no existe: *No nos sigue nadie, son solo imaginaciones tuyas.* **3** Habilidad para tener ideas nuevas: *Hay que tener mucha imaginación para escribir una novela.* ☐ Sinónimos: **1, 3** inventiva. ☐ Familia: →imagen.

imaginar (i·ma·gi·**nar**) [verbo] **1** Inventar algo o representarlo en la mente. **2** Considerar que algo es posible a partir de lo que se conoce: *Me imagino que iré esta tarde.* ☐ Sinónimos: **2** calcular, creer, suponer. ☐ Familia: →imagen.

imaginario, ria (i·ma·gi·**na**·rio, ria) [adjetivo] Que solo existe en la imaginación: *Los duendes son seres imaginarios.* ☐ Antónimos: real. ☐ Familia: →imagen.

imán (i·**mán**) [sustantivo masculino] Mineral u otra materia que tiene la propiedad de atraer al hierro y otros metales. ☐ Familia: imantar, electroimán.

imantar (i·man·**tar**) [verbo] Transmitir a un cuerpo las propiedades del imán. ☐ Sinónimos: magnetizar. ☐ Familia: →imán.

imbatible (im·ba·**ti**·ble) [adjetivo] Que no puede ser derrotado o superado. ☐ [No varía en masculino y femenino]. ☐ Sinónimos: invencible. ☐ Familia: →batir.

imbécil (im·**bé**·cil) [adjetivo o sustantivo] Que no actúa con inteligencia. ☐ [No varía en masculino y femenino. Es despectivo y se usa como insulto]. ☐ Sinónimos: necio, estúpido, idiota. ☐ Antónimos: listo.

imberbe (im·**ber**·be) [adjetivo o sustantivo masculino] Que todavía no tiene barba o que tiene poca. ☐ [Cuando es adjetivo, no varía en masculino y femenino]. ☐ Sinónimos: barbilampiño, lampiño. ☐ Antónimos: barbudo. ☐ Familia: →barba.

imbuir (im·**buir**) [verbo] Fijar una idea o un sentimiento en una persona: *Mi padre me imbuyó la responsabilidad en el trabajo.* ☐ [Es irregular y se conjuga como CONSTRUIR]. ☐ Sinónimos: infundir, inculcar.

imitación (i·mi·ta·**ción**) [sustantivo femenino] **1** Acción que se realiza copiando un modelo: *Yo hago imitaciones de cantantes.* **2** Cosa que se ha hecho copiando otra cosa o se le parece mucho: *Este cuadro es una imitación.* ☐ Sinónimos: **2** copia, calco, reproducción. ☐ Familia: →imitar.

imitador, ra (i·mi·ta·**dor**, **do**·ra) [adjetivo o sustantivo] Dicho de una persona, que hace algo igual que otra: *Eres muy buen imitador de voces famosas.* ☐ Familia: →imitar.

imitar (i·mi·**tar**) [verbo] **1** Hacer algo igual que otra persona. **2** Parecerse a algo: *Esta tela imita el terciopelo.* ☐ Sinónimos: **1** calcar, copiar, mimetizar. ☐ Familia: imitación, imitador.

impaciencia (im·pa·**cien**·cia) [sustantivo femenino] Sentimiento que tenemos cuando queremos que ocurra algo lo antes posible. ☐ Antónimos: paciencia. ☐ Familia: →paciente.

impacientarse (im·pa·cien·**tar**·se) [verbo] Ponerse nervioso cuando se espera algo: *Me impacienté cuando vi que no llegabas.* ☐ Familia: →paciente.

impaciente (im·pa·**cien**·te) [adjetivo] Nervioso porque tiene muchas ganas de que ocurra algo. ☐ [No varía en masculino y femenino]. ☐ Antónimos: paciente. ☐ Familia: →paciente.

impactar (im·pac·**tar**) [verbo] **1** Chocar violentamente un objeto contra otro: *La pelota impactó en el cristal de la ventana.* **2** Causar una gran impresión o un gran desconcierto: *La llegada del hombre a la Luna impactó al mundo.* ☐ Sinónimos: **2** impresionar. ☐ Familia: impacto.

impacto (im·**pac**·to) [sustantivo masculino] **1** Golpe violento entre dos cuerpos: *impacto de bala.* **2** Fuerte impresión producida en el ánimo: *Ese asesinato ha causado un gran impacto en la población.* ☐ Familia: →impactar.

impago (im·**pa**·go) [sustantivo masculino] Omisión del pago de una deuda económica: *impago de impuestos.* ☐ Familia: →pagar.

impar (im·**par**) [adjetivo o sustantivo masculino] Que no se puede dividir por dos. ☐ [Cuando es adjetivo, no varía en masculino y femenino]. ☐ Sinónimos: non. ☐ Antónimos: par. ☐ Familia: →par.

imparable (im·pa·**ra**·ble) [adjetivo] Que no se puede detener: *Este año nuestro equipo está imparable.* ☐ [No varía en masculino y femenino]. ☐ Familia: →parar.

imparcial (im·par·**cial**) [adjetivo] Que no está ni a favor ni en contra de algo. ☐ [No varía en masculino y femenino]. ☐ Antónimos: parcial. ☐ Familia: →parte.

imparcialidad (im·par·cia·li·**dad**) [sustantivo femenino] Hecho de no estar ni a favor ni en contra de algo. ☐ Antónimos: parcialidad. ☐ Familia: →parte.

impartir (im·par·**tir**) [verbo] Comunicar o transmitir a los demás: *impartir clases.* ☐ Familia: →parte.

impasible (im·pa·**si**·ble) [adjetivo] Que no muestra lo que siente: *gesto impasible.* ☐ [No varía en masculino y femenino. No confundir con «impávido» (que no siente miedo ante un peligro)].

impasse [sustantivo masculino] Situación sin salida: *Las negociaciones están en un impasse.* ☐ [Es una palabra francesa. Se pronuncia «impás»].

impávido, da (im·pá·vi·do, da) [adjetivo] Que no tiene miedo ante un peligro. ☐ [No confundir con «impasible» (que no muestra lo que siente)]. ☐ FAMILIA: →pavor.

impecable (im·pe·ca·ble) [adjetivo] Que no tiene ningún defecto. ☐ [No varía en masculino y femenino].

impedido, da (im·pe·di·do, da) [adjetivo o sustantivo] Dicho de una persona, que no puede mover alguna parte de su cuerpo: *Mi primo está impedido en una silla de ruedas.* ☐ SINÓNIMOS: paralítico, imposibilitado. ☐ FAMILIA: →impedir.

impedimento (im·pe·di·men·to) [sustantivo masculino] Dificultad para hacer algo: *Puso muchos impedimentos a mi propuesta.* ☐ SINÓNIMOS: obstáculo, traba, cortapisa, rémora. ☐ FAMILIA: →impedir.

impedir (im·pe·dir) [verbo] Poner dificultades para que se realice una acción o no dejar que se haga: *Impediré que cometas el error de dejar de estudiar.* ☐ [Es irregular y se conjuga como PEDIR]. ☐ SINÓNIMOS: vedar, obstaculizar. ☐ ANTÓNIMOS: permitir, propiciar. ☐ FAMILIA: impedido, impedimento.

impenetrable (im·pe·ne·tra·ble) [adjetivo] **1** Dicho de un lugar, que es difícil de atravesar: *Las puertas blindadas hacen que la casa sea impenetrable.* **2** Dicho de una persona, que es muy difícil de conocer: *Eres impenetrable y nunca sé lo que estás pensando.* ☐ [No varía en masculino y femenino]. ☐ FAMILIA: →penetrar.

impepinable (im·pe·pi·na·ble) [adjetivo] Que no admite ninguna duda: *pruebas impepinables.* ☐ [No varía en masculino y femenino. Es coloquial]. ☐ ANTÓNIMOS: dudoso.

imperante (im·pe·ran·te) [adjetivo] **1** Que impera. **2** Dicho de un signo del Zodiaco, que domina durante el año. ☐ [No varía en masculino y femenino]. ☐ FAMILIA: →imperio.

imperar (im·pe·rar) [verbo] Mandar o dominar: *El miedo imperaba en la ciudad ocupada.* ☐ FAMILIA: →imperio.

imperativo, va (im·pe·ra·ti·vo, va) ∎ [adjetivo] **1** Que manda o que expresa una obligación: *oración imperativa.* ∎ **imperativo** [sustantivo masculino] **2** Uno de los tres grupos o modos en que se dividen los tiempos de los verbos: *El imperativo del verbo «subir» es «sube tú», «suba usted», «subamos nosotros», «subid vosotros», «suban ustedes».*

imperceptible (im·per·cep·ti·ble) [adjetivo] Que no se nota nada o casi nada: *una cicatriz imperceptible.* ☐ [No varía en masculino y femenino]. ☐ ANTÓNIMOS: acusado, llamativo, pronunciado, perceptible. ☐ FAMILIA: →percibir.

imperdible (im·per·di·ble) (im·per·di·ble) [sustantivo masculino] Especie de alfiler doblado que se abrocha metiendo uno de sus extremos en el otro. ☐ FAMILIA: →perder.

imperdonable (im·per·do·na·ble) [adjetivo] Que no se puede perdonar. ☐ [No varía en masculino y femenino]. ☐ FAMILIA: →perdón.

imperecedero, ra (im·pe·re·ce·de·ro, ra) [adjetivo] Que no acaba: *La fama de este pintor es imperecedera.* ☐ ANTÓNIMOS: perecedero. ☐ FAMILIA: →perecer.

imperfección (im·per·fec·ción) [sustantivo femenino] **1** Falta de perfección. **2** Defecto que hace que algo no esté del todo bien. ☐ SINÓNIMOS: **2** tara, falta. ☐ ANTÓNIMOS: **1** perfección. ☐ FAMILIA: →perfecto.

imperfecto, ta (im·per·fec·to, ta) [adjetivo] **1** Que no es perfecto. **2** Dicho de un tiempo verbal, que expresa una acción que no está terminada. ☐ SINÓNIMOS: **1** defectuoso. ☐ ANTÓNIMOS: perfecto. ☐ FAMILIA: →perfecto.

imperial (im·pe·rial) [adjetivo] Del emperador, del imperio o relacionado con ellos: *ciudad imperial.* ☐ [No varía en masculino y femenino]. ☐ FAMILIA: →imperio.

imperialismo (im·pe·ria·lis·mo) [sustantivo masculino] Conjunto de ideas que defienden el dominio de un país sobre otros por medio de la fuerza. ☐ FAMILIA: →imperio.

imperialista (im·pe·ria·lis·ta) [adjetivo o sustantivo] Que defiende la idea del dominio de un país sobre otros por medio de la fuerza: *Los países imperialistas tratan siempre de imponer sus condiciones.* ☐ [No varía en masculino y femenino]. ☐ FAMILIA: →imperio.

impericia (im·pe·ri·cia) [sustantivo femenino] Falta de habilidad para hacer algo. ☐ SINÓNIMOS: torpeza, ineptitud. ☐ ANTÓNIMOS: pericia. ☐ FAMILIA: →pericia.

imperio (im·pe·rio) [sustantivo masculino] **1** Forma de organización de un Estado que tiene poder sobre otros pueblos. **2** Conjunto de pueblos o de países que están bajo la autoridad de un Estado: *Se dice que el imperio de Felipe II era tan grande que en él no se ponía el sol.* ☐ FAMILIA: imperial, imperialismo, imperialista, imperar, imperante, imperioso, emperador, emperatriz.

imperioso, sa (im·pe·rio·so, sa) [adjetivo] Que es muy necesario o urgente: *una necesidad imperiosa.* ☐ FAMILIA: →imperio.

impermeable (im·per·me·a·ble) ∎ [adjetivo] **1** Que impide que pase el agua: *tela impermeable.* ∎ [sustantivo masculino] **2** Prenda de vestir que nos protege de la lluvia. ☐ [En el significado **1** no varía en masculino y femenino]. ☐ SINÓNIMOS: **2** chubasquero. ☐ ANTÓNIMOS: **1** permeable. ☐ FAMILIA: →permeable.

impersonal (im·per·so·nal) [adjetivo] **1** Que no es original ni propio de una persona: *El estilo de sus cartas es muy impersonal.* **2** Que no se dirige a ninguna persona en concreto: *Habló a toda la clase de forma impersonal, sin mirar a nadie.* **3** Dicho de una oración o de un verbo, que no tiene un sujeto determinado: *La oración «Se vive bien aquí» es impersonal porque no tiene sujeto.* ☐ [No varía en masculino y femenino]. ☐ FAMILIA: →persona.

impertinente (im·per·ti·nen·te) [adjetivo o sustantivo] Que molesta porque resulta poco oportuno: *un comentario imperti-*

imperdible

nente. ☐ [No varía en masculino y femenino]. ☐ FAMILIA: →pertinente.

imperturbable (im·per·tur·ba·ble) [adjetivo] Que mantiene la tranquilidad en todo momento. ☐ [No varía en masculino y femenino]. ☐ FAMILIA: →turbar.

ímpetu (ím·pe·tu) [sustantivo masculino] Fuerza o violencia grandes: *Las olas chocaban con ímpetu contra las rocas.* ☐ FAMILIA: impetuoso.

impetuoso, sa (im·pe·tuo·so, sa) [adjetivo] **1** Que tiene mucha fuerza o violencia: *viento impetuoso.* **2** Que actúa deprisa y sin pensar en las consecuencias. ☐ SINÓNIMOS: **1** fogoso. **2** impulsivo. ☐ FAMILIA: →ímpetu.

impío, a (im·pí·o, a) [adjetivo o sustantivo] **1** Que no tiene piedad: *No puedo aceptar un acto tan impío y perverso.* **2** Hostil o contrario a la religión. ☐ ANTÓNIMOS: **1** piadoso. ☐ FAMILIA: →pío.

implacable (im·pla·ca·ble) [adjetivo] Con tanta fuerza que resulta difícil de debilitar: *Ante las injusticias me muestro implacable.* ☐ [No varía en masculino y femenino]. ☐ FAMILIA: →aplacar.

implantar (im·plan·tar) [verbo] **1** Hacer que algo nuevo empiece a funcionar: *Has implantado una nueva moda.* **2** Colocar un órgano o una pieza artificial en un ser vivo por medios quirúrgicos: *Sigo vivo gracias a que me implantaron el riñón de un donante recién fallecido.* ☐ FAMILIA: →planta.

implante (im·plan·te) [sustantivo masculino] Pieza u órgano que se implanta en un ser vivo: *un implante dental.* ☐ FAMILIA: →planta.

implicar (im·pli·car) [verbo] **1** Tener como consecuencia: *Aceptar un alto cargo implica gran responsabilidad.* **2** Meter a una persona en un asunto: *Los ladrones implicaron a otro miembro de la banda en el robo.* ☐ [La «c» se cambia en «qu» delante de «e» («implique»)]. ☐ SINÓNIMOS: **1** suponer, conllevar. **2** involucrar. ☐ FAMILIA: implícito.

implícito, ta (im·plí·ci·to, ta) [adjetivo] Que se sobreentiende aunque no se diga de forma clara: *Tu petición estaba implícita en tus palabras.* ☐ ANTÓNIMOS: explícito. ☐ FAMILIA: →implicar.

implorar (im·plo·rar) [verbo] Pedir algo con ruegos. ☐ SINÓNIMOS: suplicar.

impoluto, ta (im·po·lu·to, ta) [adjetivo] Limpio y sin mancha: *una camisa impoluta.*

imponente (im·po·nen·te) [adjetivo] Que produce una gran impresión porque tiene el tamaño, la cantidad o la calidad mayores de lo normal: *una catedral imponente.* ☐ [No varía en masculino y femenino]. ☐ SINÓNIMOS: extraordinario, colosal, formidable. ☐ FAMILIA: →imponer.

imponer (im·po·ner) [verbo] **1** Hacer que algo se haga o se cumpla de forma obligatoria: *El profesor impuso orden en la clase.* **2** Producir respeto, miedo o sorpresa: *Es una persona tan seria que impone mucho.* **3** Colocar o señalar lo que corresponde: *Le impusieron una medalla por salvar a muchas personas.* ▌ **imponerse 4** Ponerse alguien por delante o por encima de otros porque es mejor: *El corredor consiguió imponerse en la carrera.* ☐ [Es irregular y se conjuga como PONER. Su participio es «impuesto»]. ☐ FAMILIA: impuesto, imponente, imposición. →poner.

importación (im·por·ta·ción) [sustantivo femenino] Introducción en un país de un producto extranjero. ☐ ANTÓNIMOS: exportación. ☐ FAMILIA: →importar.

importador, ra (im·por·ta·dor, do·ra) [adjetivo o sustantivo] Que introduce en un país un producto extranjero: *España es un país importador de coches alemanes.* ☐ ANTÓNIMOS: exportador. ☐ FAMILIA: →importar.

importancia (im·por·tan·cia) [sustantivo femenino] **1** Valor, interés o influencia. **2** Categoría de una persona: *Participarán en la conferencia personas de gran importancia en el mundo de la cultura.* ◆ [expresión] ‖ **darse importancia** Creerse superior a los demás. ☐ FAMILIA: →importar.

importante (im·por·tan·te) [adjetivo] Que destaca por sus cualidades o por su importancia. ☐ [No varía en masculino y femenino]. ☐ SINÓNIMOS: grande, estimable, notable, significativo. ☐ ANTÓNIMOS: insignificante, fútil, anodino, baladí. ☐ FAMILIA: →importar.

importar (im·por·tar) [verbo] **1** Tener valor, interés o influencia: *No me importa lo que dices.* **2** Introducir en un país un producto extranjero: *Los países europeos importan petróleo de los países árabes.* ☐ [Se usa para pedir algo de forma educada: «¿Te importa pasarme la sal?»]. ☐ ANTÓNIMOS: **2** exportar. ☐ FAMILIA: **1** importancia, importante, importe. **2** importador, importación.

importe (im·por·te) [sustantivo masculino] Dinero que algo cuesta. ☐ SINÓNIMOS: precio, costo, coste, montante. ☐ FAMILIA: →importar.

importunar (im·por·tu·nar) [verbo] Molestar continuamente: *No debes importunarle con tantas preguntas.* ☐ SINÓNIMOS: fastidiar. ☐ FAMILIA: →oportuno.

imposibilidad (im·po·si·bi·li·dad) [sustantivo femenino] Falta de medios para hacer algo: *Ante la imposibilidad de comprar la casa, alquilamos un piso.* ☐ ANTÓNIMOS: posibilidad. ☐ FAMILIA: →poder.

imposibilitado, da (im·po·si·bi·li·ta·do, da) [adjetivo o sustantivo] Dicho de una persona, que no tiene movimiento en alguna parte de su cuerpo. ☐ SINÓNIMOS: impedido, paralítico. ☐ FAMILIA: →poder.

imposible (im·po·si·ble) ▌ [adjetivo] **1** Que molesta mucho y no se puede aguantar: *Cuando vienen visitas, el perro se pone imposible.* ▌ [adjetivo o sustantivo masculino] **2** Que no es posible o que resulta muy difícil. ◆ [expresión] ‖ **hacer lo imposible** Hacer todo lo que se puede para lograr algo. ☐ [Cuando es adjetivo, no varía en masculino y femenino]. ☐ SINÓNIMOS: **1** inaguantable. ☐ ANTÓNIMOS: **2** posible, viable. ☐ FAMILIA: →poder.

imposición (im·po·si·ción) [sustantivo femenino] **1** Obligación que se manda cumplir: *Estoy cansada de tus imposiciones y no pienso hacerte caso.* **2** Colocación de algo que corresponde: *La imposición de medallas a los ganadores será el jueves.* ☐ FAMILIA: →imponer.

impostor, ra (im·pos·tor, to·ra) [adjetivo o sustantivo] Que se hace pasar por lo que no es.

impotencia (im·po·ten·cia) [sustantivo femenino] **1** Falta de fuerza o poder para hacer algo. **2** En un hombre, falta de capacidad para realizar el acto sexual completo. ☐ Familia: →poder.

impotente (im·po·ten·te) [adjetivo] **1** Que no tiene fuerza o poder para hacer algo. ■ [adjetivo o sustantivo masculino] **2** Dicho de un hombre, que no tiene la capacidad para realizar el acto sexual completo. ☐ [Cuando es adjetivo, no varía en masculino y femenino. En el significado **2**, no confundir con «estéril» (que no puede tener hijos)]. ☐ Familia: →poder.

impracticable (im·prac·ti·ca·ble) [adjetivo] **1** Que no se puede hacer: *operación impracticable.* **2** Dicho de un camino o de un lugar, que no se puede atravesar. ☐ [No varía en masculino y femenino]. ☐ Antónimos: **2** practicable. ☐ Familia: →práctico.

impreciso, sa (im·pre·ci·so, sa) [adjetivo] Poco exacto: *Con datos tan imprecisos no puedo saber de quién me hablas.* ☐ Sinónimos: inexacto, vago. ☐ Antónimos: preciso, exacto, justo. ☐ Familia: →preciso.

impredecible (im·pre·de·ci·ble) [adjetivo] **1** Dicho de un hecho, que no se puede predecir. **2** Dicho de una persona, que tiene un comportamiento difícil de prever: *Mi padre es impredecible, así que no sé lo que hará.* ☐ [No varía en masculino y femenino]. ☐ Antónimos: predecible. ☐ Familia: →predecir.

impregnar (im·preg·nar) [verbo] Mojar algo de forma que no admita más líquido: *Impregné un algodón con aceite para engrasar una fuente.*

imprenta (im·pren·ta) [sustantivo femenino] **1** Técnica de imprimir textos o imágenes. **2** Máquina con que se imprime. **3** Taller o lugar en el que se imprime. ☐ Sinónimos: **1, 3** tipografía. ☐ Familia: →imprimir.

imprescindible (im·pres·cin·di·ble) [adjetivo] Que es completamente necesario para algo: *Para entrar aquí es imprescindible tener el carné de socio.* ☐ [No varía en masculino y femenino]. ☐ Sinónimos: necesario, indispensable, preciso. ☐ Familia: →prescindir.

impresentable (im·pre·sen·ta·ble) [adjetivo o sustantivo] Que no es digno de ser presentado. ☐ [No varía en masculino y femenino]. ☐ Antónimos: presentable. ☐ Familia: →presente.

impresión (im·pre·sión) [sustantivo femenino] **1** Copia de un texto o de una imagen por medio de diversas técnicas: *Ha encargado la impresión de las tarjetas de visita a una imprenta.* **2** Efecto que algo produce en una persona o en un animal: *Se desmayó por la impresión que le causó la noticia.* **3** Opinión o idea formadas sobre algo: *Pórtate bien si quieres que la gente tenga una buena impresión de ti.* ☐ Familia: →imprimir.

impresionante (im·pre·sio·nan·te) [adjetivo] Que produce admiración o una gran impresión. ☐ [No varía en masculino y femenino]. ☐ Sinónimos: espectacular, alucinante. ☐ Familia: →imprimir.

impresionar (im·pre·sio·nar) [verbo] Producir una impresión fuerte en una persona: *Aquel accidente me impresionó mucho.* ☐ Sinónimos: afectar, conmover, conmocionar, impactar. ☐ Familia: →imprimir.

impresionismo (im·pre·sio·nis·mo) [sustantivo masculino] Corriente artística que trata de reproducir las impresiones producidas por la naturaleza. ☐ Familia: →imprimir.

impreso, sa (im·pre·so, sa) ■ [adjetivo] **1** Que ha sido imprimido en papel por medio de diversas técnicas: *Los periódicos son una serie de hojas con noticias impresas.* ■ **impreso** [sustantivo masculino] **2** Libro u hoja escrita hechos con diversas técnicas: *Hay en la biblioteca valiosos impresos del siglo XVI.* **3** Papel que hay que llenar para solicitar o resolver algo: *Para solicitar la beca rellené un impreso.* ☐ Sinónimos: **3** formulario. ☐ Familia: →imprimir.

impresor, ra (im·pre·sor, so·ra) ■ [sustantivo] **1** Persona que trabaja imprimiendo textos e imágenes. ■ **impresora** [sustantivo femenino] **2** Máquina que está comunicada con un ordenador y que copia en papel la información que recibe de este. ☐ Familia: →imprimir.

imprevisible (im·pre·vi·si·ble) [adjetivo] Que no se puede saber que va a pasar. ☐ [No varía en masculino y femenino]. ☐ Antónimos: previsible. ☐ Familia: →prever.

imprevisto, ta (im·pre·vis·to, ta) [adjetivo o sustantivo masculino] Que sorprende porque no se espera: *un problema imprevisto.* ☐ Sinónimos: inesperado. ☐ Familia: →prever.

imprimir (im·pri·mir) [verbo] Copiar un texto o una imagen por medio de diversas técnicas: *¿Has imprimido el trabajo para entregárselo al profesor?* ☐ Familia: imprenta, impreso, impresora, impresor, impresión, reimprimir, reimpresión, impresionar, impresionante, impresionismo.

improbable (im·pro·ba·ble) [adjetivo] Que posiblemente no ocurra. ☐ [No varía en masculino y femenino]. ☐ Antónimos: probable. ☐ Familia: →probar.

ímprobo, ba (ím·pro·bo, ba) [adjetivo] Dicho de un trabajo o de un esfuerzo, que es muy grande o excesivo.

impronta (im·pron·ta) [sustantivo femenino] Huella o marca que queda en alguna cosa: *Los maestros dejan su impronta en sus discípulos.*

improperio (im·pro·pe·rio) [sustantivo masculino] Insulto grave.

impropio, pia (im·pro·pio, pia) [adjetivo] Que no es propio de algo o que no resulta adecuado para ello: *Es impropio de ti ese comportamiento tan grosero.* ☐ Sinónimos: indigno. ☐ Antónimos: propio. ☐ Familia: →propio.

improvisación (im·pro·vi·sa·ción) [sustantivo femenino] Acción que se realiza sin haberla preparado. ☐ Familia: →improvisar.

improvisar (im·pro·vi·sar) [verbo] Hacer algo o realizarlo en el momento en que se piensa, usando solo lo que se tiene a mano: *Con dos palos y una manta improvisamos una camilla para llevar al herido.* ☐ Familia: improviso, improvisación.

improviso (im·pro·vi·so) ◆ [expresión] ‖ **de improviso** De forma repentina y sin avisar. ☐ Familia: →improvisar.

imprudencia (im·pru·den·cia) [sustantivo femenino] Falta de cuidado al hacer algo, que puede tener consecuencias graves: *El incendio se debió a la imprudencia de un vecino.* ☐ Sinónimos: descuido, temeridad, insensatez, intemperancia. ☐ Antónimos: precaución, cautela, prudencia. ☐ Familia: →prudente.

imprudente (im·pru·den·te) [adjetivo] Que no actúa con el cuidado necesario para evitar problemas: *No seas imprudente y no conduzcas a tanta velocidad.* ☐ [No varía en masculino y femenino]. ☐ Sinónimos: temerario, alocado, loco. ☐ Antónimos: cauteloso, cauto, precavido, prudente, sensato. ☐ Familia: →prudente.

impuesto, ta (im·pues·to, ta) ∎ **1** Participio irregular de **imponer**. ∎ **impuesto** [sustantivo masculino] **2** Cantidad de dinero que se paga de forma obligatoria al Estado, a las comunidades autónomas o a los ayuntamientos. ☐ Sinónimos: **2** tributo. ☐ Familia: →imponer.

impugnar (im·pug·nar) [verbo] Combatir o solicitar que invaliden una decisión oficial: *Impugnaron el testamento de la abuela alegando locura.* ☐ Familia: →pugna.

impulsar (im·pul·sar) [verbo] **1** Empujar algo para que tenga movimiento: *Los remos sirven para impulsar la barca.* **2** Estimular a hacer algo: *Mi amor por los animales me impulsó a estudiar veterinaria.* ☐ Sinónimos: **1** propulsar. **2** empujar, promover. ☐ Familia: impulso, impulsor, impulsivo.

impulsivo, va (im·pul·si·vo, va) [adjetivo] Que actúa deprisa y sin pensar en las consecuencias. ☐ Sinónimos: impetuoso. ☐ Familia: →impulsar.

impulso (im·pul·so) [sustantivo masculino] **1** Fuerza que produce un movimiento: *En el columpio me doy impulso yo sola.* **2** Motivo o deseo que llevan a actuar de una forma repentina y sin pensar en las consecuencias: *Al pasar ante la pastelería sentí el impulso de comprarme un bollo.* ☐ Familia: →impulsar.

impulsor, ra (im·pul·sor, so·ra) [adjetivo o sustantivo] Que empuja para que algo se mueva o salga adelante: *Tú has sido el impulsor de todos estos cambios.* ☐ Familia: →impulsar.

impune (im·pu·ne) [adjetivo] Que queda sin castigo. ☐ [No varía en masculino y femenino].

impureza (im·pu·re·za) [sustantivo femenino] **1** Sustancia que se encuentra mezclada con otra: *No bebas de esa agua porque tiene impurezas.* **2** Falta de pureza. ☐ Familia: →puro.

impuro, ra (im·pu·ro, ra) [adjetivo] Que no es puro. ☐ Antónimos: puro. ☐ Familia: →puro.

imputar (im·pu·tar) [verbo] Culpar a alguien de un hecho o de un delito: *La policía le imputa un delito de robo con fuerza.* ☐ Sinónimos: achacar, acusar.

inacabable (i·na·ca·ba·ble) [adjetivo] Que no termina nunca: *Los deberes me parecen inacabables.* ☐ [No varía en masculino y femenino]. ☐ Sinónimos: interminable. ☐ Familia: →acabar.

inaccesible (i·nac·ce·si·ble) [adjetivo] **1** Dicho de un lugar, que es difícil de alcanzar: *La cima de la montaña es inaccesible.* **2** Dicho de una persona, que es difícil de tratar: *Es un profesor inaccesible y no creo que te deje ver el examen.* **3** Que no se entiende bien: *un tema inaccesible.* ☐ [No varía en masculino y femenino]. ☐ Antónimos: accesible. ☐ Familia: →acceder.

inaceptable (i·na·cep·ta·ble) [adjetivo] Que no se puede aceptar. ☐ [No varía en masculino y femenino]. ☐ Sinónimos: intolerable. ☐ Antónimos: aceptable. ☐ Familia: →aceptar.

inactivar (i·nac·ti·var) [verbo] Detener un proceso: *El nuevo medicamento trata de inactivar la enfermedad.* ☐ Antónimos: activar. ☐ Familia: →activo.

inactividad (i·nac·ti·vi·dad) [sustantivo femenino] Falta de actividad. ☐ Antónimos: actividad. ☐ Familia: →activo.

inactivo, va (i·nac·ti·vo, va) [adjetivo] Sin acción o sin movimiento: *Mientras no me quiten la escayola estoy inactiva.* ☐ Antónimos: activo. ☐ Familia: →activo.

inadaptado, da (i·na·dap·ta·do, da) [adjetivo o sustantivo] Que no se adapta a la sociedad o a las distintas situaciones que puede haber. ☐ Familia: →adaptar.

inadecuado, da (i·na·de·cua·do, da) [adjetivo] Que no es como debe ser: *Este libro es inadecuado para niños de esa edad.* ☐ Sinónimos: inapropiado. ☐ Antónimos: adecuado, apropiado, indicado. ☐ Familia: →adecuar.

inadmisible (i·nad·mi·si·ble) [adjetivo] Que no se puede admitir. ☐ [No varía en masculino y femenino]. ☐ Antónimos: aceptable, pasable, admisible. ☐ Familia: →admitir.

inadvertido, da (i·nad·ver·ti·do, da) [adjetivo] Que no se nota o que sucede sin darnos cuenta de ello. ☐ [Se usa mucho en la expresión «pasar inadvertido»]. ☐ Sinónimos: desapercibido. ☐ Familia: →advertir.

inagotable (i·na·go·ta·ble) [adjetivo] Que no se puede acabar porque no tiene fin. ☐ [No varía en masculino y femenino]. ☐ Sinónimos: interminable. ☐ Familia: →agotar.

inaguantable (i·na·guan·ta·ble) [adjetivo] Que no se puede aguantar. ☐ [No varía en masculino y femenino]. ☐ Sinónimos: insoportable, insufrible, imposible. ☐ Antónimos: soportable. ☐ Familia: →aguantar.

inalámbrico, ca (i·na·lám·bri·co, ca) [adjetivo o sustantivo masculino] Dicho de un teléfono o de un micrófono, que no tienen cable. ☐ Familia: →alambre.

inalcanzable (i·nal·can·za·ble) [adjetivo] Que no se puede alcanzar o conseguir: *meta inalcanzable.* ☐ [No varía en masculino y femenino]. ☐ Familia: →alcanzar.

inalterable (i·nal·te·ra·ble) [adjetivo] Que no cambia: *Este material permanece inalterable con los cambios de temperatura.* ☐ [No varía en masculino y femenino]. ☐ Sinónimos: inmutable. ☐ Familia: →alterar.

inamovible (i·na·mo·vi·ble) [adjetivo] Que no puede moverse ni ser movido. ☐ [No varía en masculino y femenino]. ☐ Antónimos: movible, móvil. ☐ Familia: →mover.

inanición (i·na·ni·ción) [sustantivo/femenino] Debilidad muy grande producida por la falta de alimentos.

inanimado, da (i·na·ni·ma·do, da) [adjetivo] Que no tiene vida: *Las piedras son seres inanimados.* ☐ ANTÓNIMOS: animado. ☐ FAMILIA: →ánimo.

inapropiado, da (i·na·pro·pia·do, da) [adjetivo] Que no sirve bien para alguna cosa: *Es un vestido inapropiado para esta época del año.* ☐ SINÓNIMOS: inadecuado. ☐ ANTÓNIMOS: apropiado, adecuado, indicado. ☐ FAMILIA: →propio.

inaudito, ta (i·nau·di·to, ta) [adjetivo] Que sorprende tanto que no se puede creer: *Es inaudito que te hayan despedido.* ☐ FAMILIA: →oír.

inauguración (i·nau·gu·ra·ción) [sustantivo/femenino] Acto con el que se celebra el comienzo de algo: *La inauguración de la feria será mañana.* ☐ SINÓNIMOS: apertura. ☐ ANTÓNIMOS: clausura. ☐ FAMILIA: →inaugurar.

inaugural (i·nau·gu·ral) [adjetivo] Que sirve para dar comienzo a algo: *sesión inaugural.* ☐ [No varía en masculino y femenino]. ☐ SINÓNIMOS: inicial. ☐ FAMILIA: →inaugurar.

inaugurar (i·nau·gu·rar) [verbo] Hacer que algo empiece con una celebración: *El director inauguró el curso con un discurso.* ☐ SINÓNIMOS: abrir. ☐ ANTÓNIMOS: clausurar. ☐ FAMILIA: inauguración, inaugural.

inca (in·ca) [adjetivo o sustantivo] De un antiguo pueblo indio que vivía en el oeste sudamericano. ☐ [No varía en masculino y femenino].

incalculable (in·cal·cu·la·ble) [adjetivo] Que es tan grande que no se puede calcular. ☐ [No varía en masculino y femenino]. ☐ FAMILIA: →cálculo.

incandescente (in·can·des·cen·te) [adjetivo] Dicho de un cuerpo, que está rojo por causa del calor: *metal incandescente.* ☐ [No varía en masculino y femenino]. ☐ SINÓNIMOS: candente.

incansable (in·can·sa·ble) [adjetivo] Que no se cansa. ☐ [No varía en masculino y femenino]. ☐ SINÓNIMOS: infatigable. ☐ FAMILIA: →cansar.

incapacidad (in·ca·pa·ci·dad) [sustantivo/femenino] Falta de capacidad para hacer algo. ☐ ANTÓNIMOS: capacidad. ☐ FAMILIA: →capaz.

incapacitar (in·ca·pa·ci·tar) [verbo] Quitar a alguien o a algo la capacidad para hacer alguna cosa: *El accidente lo incapacitó para trabajar en el campo.* ☐ ANTÓNIMOS: capacitar. ☐ FAMILIA: →capaz.

incapaz (in·ca·paz) [adjetivo] **1** Que no tiene capacidad para hacer algo. **2** Que no se atreve a hacer algo. ☐ [No varía en masculino y femenino. Su plural es «incapaces»]. ☐ ANTÓNIMOS: capaz. ☐ FAMILIA: →capaz.

incauto, ta (in·cau·to, ta) [adjetivo o sustantivo] Que no tiene malicia y se deja engañar fácilmente. ☐ SINÓNIMOS: crédulo, pardillo. ☐ FAMILIA: →cauto.

incendiar (in·cen·diar) [verbo] Destruir con fuego algo que no tiene que quemarse. ☐ [Es irregular y se conjuga como ANUNCIAR]. ☐ FAMILIA: incendio, incendiario, antiincendios.

incendiario, ria (in·cen·dia·rio, ria) ■ [adjetivo] **1** Que puede provocar un incendio: *Los indios dispararon flechas incendiarias.* ■ [adjetivo o sustantivo] **2** Dicho de una persona, que provoca incendios a propósito. ☐ SINÓNIMOS: **2** pirómano. ☐ FAMILIA: →incendiar.

incendio (in·cen·dio) [sustantivo/masculino] Fuego grande que destruye todo lo que encuentra. ☐ FAMILIA: →incendiar.

incensario (in·cen·sa·rio) [sustantivo/masculino] Recipiente donde se quema el incienso. ☐ FAMILIA: →incienso.

incentivar (in·cen·ti·var) [verbo] **1** Estimular a una persona con recompensas para que mejore su rendimiento: *La posibilidad de hacer un viaje de fin de curso incentiva a los alumnos.* **2** Impulsar o promover una actividad mediante recompensas: *El Gobierno incentiva la creación de empresas con ayudas a los emprendedores.*

incertidumbre (in·cer·ti·dum·bre) [sustantivo/femenino] Falta de seguridad que se tiene sobre algo: *Había gran incertidumbre porque nadie sabía quién iba a ser el ganador.* ☐ SINÓNIMOS: duda, vacilación. ☐ ANTÓNIMOS: certeza, certidumbre. ☐ FAMILIA: →cierto.

incesante (in·ce·san·te) [adjetivo] Que no para o no acaba. ☐ [No varía en masculino y femenino]. ☐ SINÓNIMOS: continuo. ☐ FAMILIA: →cesar.

incesto (in·ces·to) [sustantivo/masculino] Relación sexual entre personas que son familiares muy cercanos.

incidencia (in·ci·den·cia) [sustantivo/femenino] **1** Suceso que ocurre mientras se desarrolla algo y que no forma parte esencial de ello: *Cuéntame las incidencias del fin de semana.* **2** Influencia que tiene una cosa en otra: *Está demostrada la incidencia de la contaminación en los problemas respiratorios.* ☐ FAMILIA: →incidir.

incidente (in·ci·den·te) [sustantivo/masculino] Suceso que influye en un asunto del que no forma parte: *Durante el viaje hubo algún incidente que nos retrasó.* ☐ FAMILIA: →incidir.

incidir (in·ci·dir) [verbo] **1** Caer en una falta o en un error: *Espero que no vuelvas a incidir en este error.* **2** Insistir en algo: *El entrenador incidió en que era necesario esforzarse más.* **3** Producir un efecto en otra cosa: *Tu falta de atención en clase incidirá en tus notas.* ☐ SINÓNIMOS: **1** incurrir. **3** repercutir. ☐ FAMILIA: incidencia, incidente, reincidir, reincidencia, reincidente, coincidir, coincidencia.

incienso (in·cien·so) [sustantivo/masculino] Sustancia que se saca de algunos árboles y que desprende un olor agradable cuando se quema. ☐ FAMILIA: incensario.

incierto, ta (in·cier·to, ta) [adjetivo] Que no se sabe bien cómo va a ser: *El futuro es siempre incierto.* ☐ FAMILIA: →cierto.

incineración (in·ci·ne·ra·ción) [sustantivo/femenino] Hecho de quemar alguna cosa, especialmente el cadáver de una persona. ☐ SINÓNIMOS: cremación. ☐ FAMILIA: →ceniza.

incineradora (in·ci·ne·ra·do·ra) [sustantivo/femenino] Lugar donde se quema la basura. ☐ FAMILIA: →ceniza.

incinerar (in·ci·ne·rar) [verbo] Quemar algo hasta convertirlo en cenizas. ☐ FAMILIA: →ceniza.

incipiente (in·ci·pien·te) [adjetivo] Que está empezando: *incipiente calvicie.* ☐ [No varía en masculino y femenino].

incisión (in·ci·sión) [sustantivo femenino] Corte hecho con un instrumento cortante: *La cirujana hizo una incisión con el bisturí.* ☐ Familia: →inciso.

incisivo, va (in·ci·si·vo, va) ■ [adjetivo] **1** Que sirve para cortar o abrir. **2** Que critica con mala intención: *un comentario incisivo.* ■ **incisivo** [sustantivo masculino] **3** Cada uno de los dientes delanteros. ☐ Sinónimos: **2** acerado. ☐ Familia: →inciso.

inciso (in·ci·so) [sustantivo masculino] **1** Comentario que se intercala en un discurso o en una conversación y que tiene poca relación con el tema central de estos: *La profesora hizo un inciso para rogar silencio.* **2** Frase que va en medio de otra: *En la frase «Mañana, si nada nos lo impide, nos iremos», «si nada nos lo impide» es un inciso.* ☐ Familia: incisión, incisivo.

incitar (in·ci·tar) [verbo] Impulsar a hacer algo, especialmente si es algo malo: *incitar a la violencia.* ☐ Sinónimos: instigar.

incívico, ca (in·cí·vi·co, ca) [adjetivo] Que no se comporta como un buen ciudadano. ☐ Antónimos: cívico. ☐ Familia: →civil.

inclemencia (in·cle·men·cia) [sustantivo femenino] Cualquier fenómeno relacionado con el tiempo frío, lluvioso y desagradable. ☐ [Se usa más en plural]. ☐ Familia: →clemente.

inclemente (in·cle·men·te) [adjetivo] **1** Que no siente pena ante el dolor de los demás y no perdona fácilmente. **2** Dicho del clima, que es duro o extremo. ☐ [No varía en masculino y femenino]. ☐ Antónimos: **1** clemente. ☐ Familia: →clemente.

inclinación (in·cli·na·ción) [sustantivo femenino] **1** Desviación de la posición vertical u horizontal: *Esta pared tiene una pequeña inclinación.* **2** Dirección que toma algo: *la inclinación de un partido político.* **3** Interés que se siente por algo que nos gusta hacer: *inclinación por la lectura.* ☐ Sinónimos: **2** tendencia. **3** afición, gusto. ☐ Familia: →inclinar.

inclinar (in·cli·nar) [verbo] **1** Poner algo en una posición no vertical: *Para llenar el vaso tienes que inclinar la jarra.* **2** Hacer que una persona se decida: *Su mirada me inclina a pensar que es inocente.* ■ **inclinarse 3** Tender a algo o mostrar interés por ello: *Me incliné por la chaqueta negra.* ☐ Sinónimos: **1** reclinar. ☐ Familia: inclinación.

incluir (in·cluir) [verbo] **1** Poner una cosa dentro de otra o hacer que forme parte de ella: *Me incluyó en la lista de los invitados.* **2** Tener o llevar dentro de sí: *El precio incluye el viaje y el hotel.* ☐ [Es irregular y se conjuga como CONSTRUIR]. ☐ Antónimos: **1** excluir. ☐ Familia: incluso, inclusión, inclusive.

inclusión (in·clu·sión) [sustantivo femenino] Hecho de meter algo dentro de otra cosa. ☐ Antónimos: exclusión. ☐ Familia: →incluir.

inclusive (in·clu·si·ve) [adverbio] Indica que se tienen en cuenta los límites que se citan: *La tienda estará cerrada del 10 al 15 de este mes, ambos inclusive.* ☐ Familia: →incluir.

incluso (in·clu·so) [adverbio] **1** Indica que lo que se dice a continuación nos sorprende porque no esperábamos que se incluyera: *Fui incluso yo, que nunca voy a estos espectáculos. Nos engañó a todos, incluso a mí.* **2** Indica más fuerza en una comparación: *Esta canción es mala, pero esa es incluso peor.* **3** Se usa para expresar una dificultad que no impide que algo se realice: *Incluso sin tener ni idea, lo haré mejor que tú.* ☐ Sinónimos: **1** hasta. **2, 3** aun. ☐ Familia: →incluir.

incógnita (in·cóg·ni·ta) [sustantivo femenino] Hecho o cosa que no se conoce: *El futuro es siempre una incógnita.* ☐ Familia: →conocer.

incógnito (in·cóg·ni·to) ◆ [expresión] ‖ **de incógnito** De forma que nadie lo reconozca: *Voy de incógnito.* ☐ Familia: →conocer.

incoherencia (in·co·he·ren·cia) [sustantivo femenino] Falta de relación lógica entre varias cosas. ☐ Sinónimos: incongruencia. ☐ Antónimos: coherencia. ☐ Familia: →coherente.

incoherente (in·co·he·ren·te) [adjetivo] Que no tiene una relación lógica con algo o que no tiene sentido: *palabras incoherentes.* ☐ [No varía en masculino y femenino]. ☐ Sinónimos: incongruente. ☐ Antónimos: coherente. ☐ Familia: →coherente.

incoloro, ra (in·co·lo·ro, ra) [adjetivo] Sin color: *El agua es incolora.* ☐ Familia: →color.

incombustible (in·com·bus·ti·ble) [adjetivo] **1** Que no se puede quemar: *un material incombustible.* **2** Dicho de una persona, que no se cansa a pesar de hacer muchas cosas o de realizar muchos esfuerzos. ☐ [No varía en masculino y femenino]. ☐ Antónimos: **1** combustible. ☐ Familia: →combustión.

incomodar (in·co·mo·dar) [verbo] Producir molestias o incomodidad: *Me incomoda que me vigiles todo el tiempo.* ☐ Familia: →cómodo.

incomodidad (in·co·mo·di·dad) [sustantivo femenino] Cosa que impide que algo resulte cómodo. ☐ Antónimos: comodidad. ☐ Familia: →cómodo.

incómodo, da (in·có·mo·do, da) [adjetivo] **1** Que no proporciona bienestar o descanso: *Este sillón es muy incómodo.* **2** Que no resulta agradable: *Ha sido muy incómodo rechazar su ofrecimiento.* **3** Que no se siente bien: *Estoy incómodo porque me aprieta el pantalón.* ☐ Sinónimos: **2** embarazoso. ☐ Antónimos: cómodo. ☐ Familia: →cómodo.

incomparable (in·com·pa·ra·ble) [adjetivo] Que no se puede comparar con otra cosa: *una belleza incomparable.* ☐ [No varía en masculino y femenino]. ☐ Antónimos: comparable. ☐ Familia: →comparar.

incompatible (in·com·pa·ti·ble) [adjetivo] Que no puede ocurrir o existir junto con otra cosa: *Mi horario era incompatible con el tuyo.* ☐ [No varía en masculino y femenino]. ☐ Antónimos: compatible. ☐ Familia: →compatible.

incompetencia (in·com·pe·ten·cia) [sustantivo femenino] Incapacidad de alguien para hacer algo bien. ☐ SINÓNIMOS: ineptitud. ☐ ANTÓNIMOS: competencia. ☐ FAMILIA: →competer.

incompetente (in·com·pe·ten·te) [adjetivo o sustantivo] Que no sabe hacer bien su trabajo. ☐ [No varía en masculino y femenino]. ☐ SINÓNIMOS: inepto. ☐ ANTÓNIMOS: competente, eficiente. ☐ FAMILIA: →competer.

incompleto, ta (in·com·ple·to, ta) [adjetivo] Que no está completo. ☐ ANTÓNIMOS: completo, íntegro. ☐ FAMILIA: →completo.

incomprendido, da (in·com·pren·di·do, da) [adjetivo o sustantivo] Que no es comprendido por los demás o que tiene unas cualidades que no se le reconocen: *Fue una escritora incomprendida mientras vivió.* ☐ [No confundir con «incomprensible» (difícil de comprender)]. ☐ FAMILIA: →comprender.

incomprensible (in·com·pren·si·ble) [adjetivo] Difícil de comprender. ☐ [No varía en masculino y femenino. No confundir con «incomprendido» (que no es comprendido por los demás)]. ☐ SINÓNIMOS: ininteligible. ☐ ANTÓNIMOS: comprensible, accesible. ☐ FAMILIA: →comprender.

incomprensión (in·com·pren·sión) [sustantivo femenino] Falta de la capacidad necesaria para comprender y aceptar las ideas y el comportamiento de los demás. ☐ ANTÓNIMOS: comprensión. ☐ FAMILIA: →comprender.

incomunicación (in·co·mu·ni·ca·ción) [sustantivo femenino] Falta de relación entre varias personas, cosas o lugares. ☐ ANTÓNIMOS: comunicación. ☐ FAMILIA: →comunicar.

incomunicado, da (in·co·mu·ni·ca·do, da) [adjetivo] Que no se puede relacionar con otras personas, cosas o lugares: *un pueblo incomunicado por la nieve.* ☐ FAMILIA: →comunicar.

incomunicar (in·co·mu·ni·car) [verbo] Dejar un lugar o una persona sin posibilidad de comunicarse con otros: *El temporal de nieve ha incomunicado varios pueblos.* ☐ [La «c» se cambia en «qu» delante de «e» («incomunique»)]. ☐ SINÓNIMOS: aislar. ☐ ANTÓNIMOS: comunicar. ☐ FAMILIA: →comunicar.

inconcebible (in·con·ce·bi·ble) [adjetivo] Que no se puede concebir o pensar. ☐ [No varía en masculino y femenino]. ☐ FAMILIA: →concebir.

incondicional (in·con·di·cio·nal) ■ [adjetivo] **1** Sin condiciones: *apoyo incondicional.* ■ [sustantivo] **2** Persona totalmente partidaria de otra, de una idea o de un movimiento: *Este candidato solo cuenta con los votos de sus incondicionales.* ☐ [No varía en masculino y femenino]. ☐ SINÓNIMOS: **2** adepto. ☐ ANTÓNIMOS: **1** condicional. ☐ FAMILIA: →condición.

inconformista (in·con·for·mis·ta) [adjetivo o sustantivo] Que no se conforma o no está de acuerdo con nada. ☐ [No varía en masculino y femenino]. ☐ ANTÓNIMOS: conformista. ☐ FAMILIA: →conforme.

inconfundible (in·con·fun·di·ble) [adjetivo] Que no se puede confundir. ☐ [No varía en masculino y femenino]. ☐ FAMILIA: →confundir.

incongruencia (in·con·gruen·cia) [sustantivo femenino] Falta de relación lógica entre varias cosas. ☐ SINÓNIMOS: incoherencia. ☐ ANTÓNIMOS: congruencia, coherencia. ☐ FAMILIA: →incongruente.

incongruente (in·con·gruen·te) [adjetivo] Que no tiene una relación lógica con algo: *Tu comportamiento es incongruente con tu forma de pensar.* ☐ [No varía en masculino y femenino]. ☐ SINÓNIMOS: incoherente. ☐ ANTÓNIMOS: congruente, coherente. ☐ FAMILIA: incongruencia.

inconmensurable (in·con·men·su·ra·ble) [adjetivo] Que no se puede medir porque es muy grande. ☐ [No varía en masculino y femenino].

inconsciencia (in·cons·cien·cia) [sustantivo femenino] **1** Falta de la capacidad para darnos cuenta de lo que sucede a nuestro alrededor. **2** Cosa que se hace o se dice sin pensarlo bien antes. ☐ ANTÓNIMOS: consciencia. ☐ FAMILIA: →consciente.

inconsciente (in·cons·cien·te) ■ [adjetivo] **1** Dicho de una persona, que está en un estado en el que no se da cuenta de lo que ocurre a su alrededor: *Se dio un golpe en la cabeza y cayó al suelo inconsciente.* **2** Que se hace sin querer: *Respiramos de forma inconsciente.* ■ [adjetivo o sustantivo] **3** Que actúa sin pensar. ☐ [No varía en masculino y femenino]. ☐ SINÓNIMOS: **2** involuntario. ☐ ANTÓNIMOS: **1, 2** consciente. **2** voluntario. ☐ FAMILIA: →consciente.

inconsecuente (in·con·se·cuen·te) [adjetivo o sustantivo] Que no actúa de acuerdo con sus ideas. ☐ [No varía en masculino y femenino]. ☐ ANTÓNIMOS: consecuente. ☐ FAMILIA: →conseguir.

inconsolable (in·con·so·la·ble) [adjetivo] Sin consuelo: *una pena inconsolable.* ☐ [No varía en masculino y femenino]. ☐ FAMILIA: →consolar.

inconstante (in·cons·tan·te) [adjetivo] **1** Que cambia continuamente en su forma de actuar o de pensar. **2** Que dura poco o cambia continuamente. ☐ [No varía en masculino y femenino]. ☐ SINÓNIMOS: **1** veleidoso. ☐ ANTÓNIMOS: constante. ☐ FAMILIA: →constar.

inconstitucional (in·cons·ti·tu·cio·nal) [adjetivo] Que no respeta la Constitución, que es la ley fundamental de un Estado. ☐ [No varía en masculino y femenino]. ☐ SINÓNIMOS: anticonstitucional. ☐ ANTÓNIMOS: constitucional. ☐ FAMILIA: →constituir.

incontable (in·con·ta·ble) [adjetivo] Que no se puede contar: *Las estrellas del cielo son incontables.* ☐ [No varía en masculino y femenino]. ☐ FAMILIA: →contar.

incontenible (in·con·te·ni·ble) [adjetivo] Que no se puede frenar o impedir: *una risa incontenible.* ☐ [No varía en masculino y femenino]. ☐ SINÓNIMOS: incontrolable. ☐ FAMILIA: →contener.

incontrolable (in·con·tro·la·ble) [adjetivo] Que no se puede controlar. ☐ [No varía en masculino y femenino]. ☐ SINÓNIMOS: incontenible. ☐ FAMILIA: →control.

inconveniencia (in·con·ve·nien·cia) [sustantivo femenino] Hecho o dicho que resulta inoportuno o poco adecuado. ☐ FAMILIA: →convenir.

inconveniente (in·con·ve·nien·te) [sustantivo masculino] Dificultad que existe para hacer algo: *No tengo inconveniente en acompañarte*. ☐ Sinónimos: objeción, pero, observación, reparo, desventaja. ☐ Familia: →convenir.

incordiar (in·cor·diar) [verbo] Molestar o enfadar. ☐ [Es irregular y se conjuga como **ANUNCIAR**. Es coloquial]. ☐ Sinónimos: chinchar, jorobar, fastidiar. ☐ Familia: →incordio.

incordio (in·cor·dio) [sustantivo masculino] Persona o cosa que molesta o fastidia: *Es un incordio tener que esperar tanto tiempo*. ☐ Sinónimos: fastidio. ☐ Familia: incordiar.

incorporar (in·cor·po·rar) [verbo] **1** Hacer que una cosa forme parte de otra: *Esta carretera se incorpora a la autopista*. **2** Levantar la cabeza o la parte superior del cuerpo: *El enfermero incorporó al enfermo para darle agua*. ▪ **incorporarse 3** Empezar a trabajar en un grupo o empresa: *Me incorporaré a mi nuevo puesto el lunes*. ☐ Familia: reincorporar, reincorporación.

incorpóreo, a (in·cor·pó·re·o, a) [adjetivo] Que no tiene cuerpo o no tiene materia. ☐ Antónimos: corpóreo. ☐ Familia: →cuerpo.

incorrección (in·co·rrec·ción) [sustantivo femenino] **1** Error o defecto. **2** Falta de educación o de respeto a las reglas sociales. ☐ Antónimos: **2** corrección. ☐ Familia: →corregir.

incorrecto, ta (in·co·rrec·to, ta) [adjetivo] Que no es correcto. ☐ Antónimos: correcto, acertado, adecuado, conveniente. ☐ Familia: →corregir.

incorregible (in·co·rre·gi·ble) [adjetivo] Que no se puede corregir. ☐ [No varía en masculino y femenino]. ☐ Familia: →corregir.

incredulidad (in·cre·du·li·dad) [sustantivo femenino] Imposibilidad o dificultad de una persona para creer algo. ☐ Antónimos: credulidad. ☐ Familia: →creer.

incrédulo, la (in·cré·du·lo, la) [adjetivo o sustantivo] Que no se cree nada. ☐ Antónimos: crédulo. ☐ Familia: →creer.

increíble (in·cre·í·ble) [adjetivo] Que no se puede creer. ☐ [No varía en masculino y femenino]. ☐ Sinónimos: inverosímil. ☐ Antónimos: verosímil. ☐ Familia: →creer.

incrementar (in·cre·men·tar) [verbo] Aumentar o hacer mayor: *El número de comedores sociales se ha incrementado en los últimos años*. ☐ Sinónimos: acrecentar. ☐ Antónimos: disminuir. ☐ Familia: incremento.

incremento (in·cre·men·to) [sustantivo masculino] Aumento de algo. ☐ Sinónimos: crecimiento. ☐ Antónimos: disminución. ☐ Familia: →incrementar.

increpar (in·cre·par) [verbo] Llamar la atención a alguien porque ha hecho algo mal: *Los peatones increparon al conductor que se saltó el semáforo*. ☐ Sinónimos: reprender.

incriminar (in·cri·mi·nar) [verbo] Acusar a una persona de un delito o de una falta graves: *Lo han incriminado de un asesinato*. ☐ Familia: →crimen.

incrustación (in·crus·ta·ción) [sustantivo femenino] Introducción de algo en una cosa para que se quede dentro. ☐ Familia: →incrustar.

incrustar (in·crus·tar) [verbo] Hacer que algo entre en una cosa y que se quede allí: *El ebanista incrustó trozos de marfil en el marco del cuadro*. ☐ Familia: incrustación.

incubadora (in·cu·ba·do·ra) [sustantivo femenino] Lugar de un hospital donde se pone a los niños que nacen antes de tiempo o con algún problema. ☐ Familia: →incubar.

incubadora

incubar (in·cu·bar) [verbo] **1** Calentar un ave los huevos hasta que nazca el ser que hay dentro. **2** Desarrollar una enfermedad sin que se note: *Estoy incubando la gripe*. ☐ Sinónimos: **1** empollar. ☐ Familia: incubadora.

incuestionable (in·cues·tio·na·ble) [adjetivo] Que no ofrece dudas ni se presta a discusión. ☐ [No varía en masculino y femenino]. ☐ Sinónimos: indiscutible. ☐ Antónimos: discutible. ☐ Familia: →cuestión.

inculcar (in·cul·car) [verbo] Fijar un sentimiento o una idea en el ánimo o en la memoria de una persona: *Mis padres me han inculcado el respeto por las personas mayores*. ☐ [La «c» se cambia en «qu» delante de «e» («inculque»)]. ☐ Sinónimos: imbuir.

inculto, ta (in·cul·to, ta) [adjetivo o sustantivo] Que no tiene cultura. ☐ Sinónimos: ignorante, analfabeto. ☐ Antónimos: culto, letrado. ☐ Familia: →culto.

incultura (in·cul·tu·ra) [sustantivo femenino] Falta de cultura. ☐ Antónimos: cultura. ☐ Familia: →culto.

incumbir (in·cum·bir) [verbo] Estar un asunto o una obligación a cargo de alguien: *El bienestar social incumbe al Estado. Tus problemas no me incumben*.

incumplir (in·cum·plir) [verbo] No cumplir algo: *incumplir las normas*. ☐ Sinónimos: quebrantar, infringir. ☐ Antónimos: cumplir. ☐ Familia: →cumplir.

incurable (in·cu·ra·ble) [adjetivo] Que no se puede curar. ☐ [No varía en masculino y femenino]. ☐ Familia: →curar.

incurrir (in·cu·rrir) [verbo] Cometer una falta o un delito: *incurrir en un error*. ☐ Sinónimos: incidir. ☐ Familia: incursión.

incursión (in·cur·sión) [sustantivo femenino] **1** Entrada de un ejército en una zona enemiga. **2** Entrada en un terreno desconocido o nuevo. ☐ Familia: →incurrir.

indagar (in·da·gar) [verbo] Intentar descubrir algo que no se sabe: *Indagaremos hasta descubrir la identidad del asesino*. ☐ [La «g» se cambia en «gu» delante de «e» («indague»)]. ☐ Sinónimos: inquirir.

indecente (in·de·cen·te) ▪ [adjetivo] **1** Sucio o de mala calidad. ▪ [adjetivo o sustantivo] **2** Que va en contra de las normas morales o de lo que se considera bueno. ☐ [No varía en masculino y femenino]. ☐ SINÓNIMOS: **2** obsceno, procaz. ☐ ANTÓNIMOS: decente. **2** honesto. ☐ FAMILIA: →decente.

indecisión (in·de·ci·sión) [sustantivo femenino] Falta de seguridad al elegir algo. ☐ SINÓNIMOS: duda, vacilación. ☐ ANTÓNIMOS: decisión, resolución, determinación. ☐ FAMILIA: →decidir.

indeciso, sa (in·de·ci·so, sa) [adjetivo o sustantivo] Que duda o que tiene problemas para decidirse. ☐ SINÓNIMOS: dubitativo. ☐ ANTÓNIMOS: decidido. ☐ FAMILIA: →decidir.

indefenso, sa (in·de·fen·so, sa) [adjetivo o sustantivo] Que no tiene defensas o protección. ☐ SINÓNIMOS: inerme. ☐ FAMILIA: →defender.

indefinido, da (in·de·fi·ni·do, da) ▪ [adjetivo] **1** Que tiene características que no son muy claras: *Tengo una blusa de un color indefinido entre gris y marrón*. ▪ [adjetivo o sustantivo masculino] **2** Dicho de una clase de palabra, que indica de manera indeterminada los miembros que se toman de un grupo: *«Alguno» es un pronombre indefinido*. ☐ SINÓNIMOS: **1** indeterminado. ☐ ANTÓNIMOS: **1** determinado. ☐ FAMILIA: →definir.

indemne (in·dem·ne) [adjetivo] Sin daños: *Salió indemne del accidente*. ☐ [No varía en masculino y femenino]. ☐ FAMILIA: →dañar.

indemnización (in·dem·ni·za·ción) [sustantivo femenino] Dinero u otra cosa que se da a alguien por un daño que ha sufrido. ☐ SINÓNIMOS: compensación. ☐ FAMILIA: →dañar.

indemnizar (in·dem·ni·zar) [verbo] Dar a una persona dinero u otra cosa por un daño que ha recibido: *La empresa indemnizó a los heridos en el accidente*. ☐ FAMILIA: →dañar.

independencia (in·de·pen·den·cia) [sustantivo femenino] **1** Situación en la que no se depende de nada y se tiene libertad en la forma de actuar: *Pienso hacerlo, con independencia de lo que tú opines*. **2** Situación de un Estado que se gobierna él mismo y no depende de otro: *La India consiguió la independencia en 1947*. ☐ ANTÓNIMOS: **1** dependencia. ☐ FAMILIA: →depender.

independiente (in·de·pen·dien·te) ▪ [adjetivo] **1** Que no está unido a nada: *habitaciones independientes*. ▪ [adjetivo o sustantivo] **2** Que actúa con libertad y no está sujeto a ninguna idea determinada ni a ninguna persona: *periodista independiente*. ☐ [No varía en masculino y femenino]. ☐ ANTÓNIMOS: dependiente. ☐ FAMILIA: →depender.

independizar (in·de·pen·di·zar) [verbo] **1** Separar una cosa de otra. ▪ **independizarse 2** Dejar de depender de otros: *Ese país se independizó el siglo pasado*. ☐ [La «z» se cambia en «c» delante de «e» («independice»)]. ☐ ANTÓNIMOS: **2** depender. ☐ FAMILIA: →depender.

indescifrable (in·des·ci·fra·ble) [adjetivo] Que es difícil de entender: *una letra indescifrable*. ☐ [No varía en masculino y femenino]. ☐ FAMILIA: →cifra.

indescriptible (in·des·crip·ti·ble) [adjetivo] Que no se puede explicar cómo es porque produce una gran impresión: *emoción indescriptible*. ☐ [No varía en masculino y femenino]. ☐ FAMILIA: →describir.

indeseable (in·de·se·a·ble) [adjetivo o sustantivo] Que no gusta nada y se considera muy malo. ☐ [No varía en masculino y femenino]. ☐ FAMILIA: →desear.

indestructible (in·des·truc·ti·ble) [adjetivo] Que no se puede destruir. ☐ [No varía en masculino y femenino]. ☐ FAMILIA: →destruir.

indeterminado, da (in·de·ter·mi·na·do, da) [adjetivo] Que no se sabe muy bien cuál es: *Había un número indeterminado de personas*. ☐ SINÓNIMOS: indefinido. ☐ ANTÓNIMOS: determinado. ☐ FAMILIA: →determinar.

indicación (in·di·ca·ción) [sustantivo femenino] **1** Conjunto de palabras, gestos o señales que sirven para indicar algo. **2** Consejo que se da para realizar algo: *Si no sigues las indicaciones del médico, no mejorarás*. ☐ FAMILIA: →índice.

indicado, da (in·di·ca·do, da) [adjetivo] Que es bueno, conveniente o adecuado para algo: *Este medicamento es el más indicado para hacer bajar la fiebre*. ☐ SINÓNIMOS: apropiado. ☐ ANTÓNIMOS: inapropiado, inadecuado. ☐ FAMILIA: →índice.

indicador, ra (in·di·ca·dor, do·ra) [adjetivo o sustantivo masculino] Que muestra o dice algo por medio de señales: *indicador de temperatura*. ☐ FAMILIA: →índice.

indicar (in·di·car) [verbo] **1** Mostrar o decir algo con señales, gestos u otra cosa: *Un peatón me indicó cómo llegar a esta calle*. **2** Dar un consejo o mandar algo. ☐ [La «c» se cambia en «qu» delante de «e» («indique»)]. ☐ SINÓNIMOS: **1** enseñar. ☐ FAMILIA: →índice.

indicativo, va (in·di·ca·ti·vo, va) ▪ [adjetivo] **1** Que indica algo: *La flecha es una señal indicativa de dirección*. ▪ **indicativo** [sustantivo masculino] **2** Uno de los tres grupos o modos en que se dividen los tiempos de los verbos: *El futuro de indicativo del verbo «nadar» es «nadaré», «nadarás», etc*. ☐ FAMILIA: →índice.

índice (ín·di·ce) [sustantivo masculino] **1** Lista ordenada de cosas: *Busca en el índice del libro en qué página empieza la lección tres*. **2** Dedo segundo de la mano o del pie, empezando a contar desde el más gordo. ⊙ **ilustración en mano**. ☐ FAMILIA: indicar, indicación, indicativo, indicado, indicio, indicador, contraindicación, contraindicado.

indicio (in·di·cio) [sustantivo masculino] Cosa que permite suponer algo: *El suelo mojado de la calle es un indicio de que ha llovido*. ☐ SINÓNIMOS: señal, signo, síntoma, asomo. ☐ FAMILIA: →índice.

indiferencia (in·di·fe·ren·cia) [sustantivo femenino] Sentimiento que tenemos cuando algo no nos importa o no le damos valor: *Me miró con indiferencia, como si no me conociera*. ☐ SINÓNIMOS: frialdad. ☐ ANTÓNIMOS: interés. ☐ FAMILIA: →indiferente.

indiferente (in·di·fe·ren·te) [adjetivo] **1** Que no tiene una opinión distinta sobre las distintas opciones que se plantean: *Me es indiferente ir al cine o al teatro*. **2** Que no le afecta algo: *La noticia le dejó indiferente*. **3** Que no tiene importancia porque no produce ningún cambio: *Que llueva les es indiferente porque llevan paraguas.* ☐ [No varía en masculino y femenino]. ☐ Familia: indiferencia.

indígena (in·dí·ge·na) [adjetivo o sustantivo] Que ha nacido en el lugar del que se está hablando y pertenece al grupo que ha vivido allí desde siempre. ☐ [No varía en masculino y femenino]. ☐ Sinónimos: nativo, natural, aborigen.

indigente (in·di·gen·te) [adjetivo o sustantivo] Que no tiene lo necesario para vivir. ☐ [No varía en masculino y femenino. No confundir con «ingente» (muy grande)]. ☐ Sinónimos: pobre, necesitado, mendigo. ☐ Antónimos: rico.

indigestarse (in·di·ges·tar·se) [verbo] Sentar mal una comida. ☐ Familia: →digerir.

indigestión (in·di·ges·tión) [sustantivo femenino] Molestias en el estómago que se producen cuando comemos mucho o cuando comemos algo que nos sienta mal. ☐ Familia: →digerir.

indigesto, ta (in·di·ges·to, ta) [adjetivo] Dicho de un alimento, que sienta mal. ☐ Familia: →digerir.

indignación (in·dig·na·ción) [sustantivo femenino] Ira que se siente por algo que se considera malo y que no es justo. ☐ Familia: →digno.

indignante (in·dig·nan·te) [adjetivo] Que causa mucho enfado porque es injusto. ☐ [No varía en masculino y femenino]. ☐ Familia: →digno.

indignar (in·dig·nar) [verbo] Enfadar mucho algo que no se considera justo: *Me indigna que me hayas mentido.* ☐ Familia: →digno.

indigno, na (in·dig·no, na) [adjetivo] **1** Que no es propio de algo o que no se corresponde con sus cualidades: *Ese mal comportamiento es indigno de una buena persona.* **2** Que no merece alguna cosa: *Eres indigno del cariño de tus amigos.* ☐ Sinónimos: **1** impropio. ☐ Antónimos: digno. **1** propio. ☐ Familia: →digno.

indio, dia (in·dio, dia) [adjetivo o sustantivo] **1** De la India, que es un país asiático. **2** De los pueblos que vivían en el continente americano antes de que fuera descubierto. ◆ [expresión] ‖ **hacer el indio** Hacer cosas para que los demás se rían. ☐ [La expresión es coloquial]. ☐ Sinónimos: **1** hindú.

indirecto, ta (in·di·rec·to, ta) ∎ [adjetivo] **1** Que no es directo: *Me enteré de forma indirecta de tu llegada, porque tú no me avisaste.* ∎ **indirecta** [sustantivo femenino] **2** Cosa que se da a entender sin decirlo de forma clara: *Lo que tengas que decirme dímelo cara a cara y sin indirectas.* ☐ Sinónimos: **2** insinuación. ☐ Antónimos: **1** directo. ☐ Familia: →dirigir.

indisciplinado, da (in·dis·ci·pli·na·do, da) [adjetivo] Que no obedece o que no se porta bien. ☐ Antónimos: disciplinado. ☐ Familia: →disciplina.

indiscreción (in·dis·cre·ción) [sustantivo femenino] Hecho de contar lo que debería callarse. ☐ Antónimos: discreción. ☐ Familia: →discreción.

indiscreto, ta (in·dis·cre·to, ta) [adjetivo] Que cuenta cosas que debe callar. ☐ Sinónimos: chismoso. ☐ Antónimos: discreto. ☐ Familia: →discreción.

indiscriminado, da (in·dis·cri·mi·na·do, da) [adjetivo] Que es igual para todos: *El profesor nos trata a todos de forma indiscriminada.* ☐ Familia: →discriminar.

indiscutible (in·dis·cu·ti·ble) [adjetivo] Que no ofrece dudas porque se ve claramente. ☐ [No varía en masculino y femenino]. ☐ Sinónimos: incuestionable. ☐ Antónimos: discutible. ☐ Familia: →discutir.

indispensable (in·dis·pen·sa·ble) [adjetivo] Necesario para algo: *El oxígeno es indispensable para vivir.* ☐ [No varía en masculino y femenino]. ☐ Sinónimos: necesario, imprescindible, preciso.

indisponer (in·dis·po·ner) [verbo] **1** Poner a una persona en contra de otra: *Me indispusiste con mi hermano al contarle esas mentiras sobre mí.* **2** Producir malestar una cosa que se ha comido. ☐ [Es irregular y se conjuga como PONER. Su participio es «indispuesto»]. ☐ Sinónimos: **1** malmeter. ☐ Familia: indispuesto. →poner.

indispuesto, ta (in·dis·pues·to, ta) Participio irregular de **indisponer**. ☐ Familia: →indisponer.

indistinto, ta (in·dis·tin·to, ta) [adjetivo] Que no se distingue o no se diferencia de otra cosa: *Es indistinto que venga hoy o mañana porque estaré aquí los dos días.* ☐ Familia: →distinto.

individual (in·di·vi·dual) [adjetivo] Para una sola persona o propio de cada persona: *habitación individual.* ☐ [No varía en masculino y femenino]. ☐ Sinónimos: personal, particular. ☐ Antónimos: colectivo, general. ☐ Familia: →individuo.

individualista (in·di·vi·dua·lis·ta) [adjetivo o sustantivo] Que piensa o actúa sin tener en cuenta a los demás. ☐ [No varía en masculino y femenino]. ☐ Familia: →individuo.

individualizar (in·di·vi·dua·li·zar) [verbo] Diferenciar un ser de otro, atribuyéndole determinadas características: *Su talento y su inteligencia lo individualizan de todos sus compañeros.* ☐ [La «z» se cambia en «c» delante de «e» («individualice»)]. ☐ Familia: →individuo.

individuo, dua (in·di·vi·duo, dua) ∎ [sustantivo] **1** Persona a la que no se conoce o cuyo nombre no se quiere decir: *Un individuo me preguntó la hora.* **2** Persona que no resulta nada agradable. ∎ **individuo** [sustantivo masculino] **3** Persona o animal que se consideran en sí mismos y separados de los demás: *Todos los individuos tenemos los mismos derechos y deberes.* ☐ [El significado **2** es despectivo]. ☐ Sinónimos: **1** sujeto, tipo. ☐ Familia: individual, individualista, individualizar.

indivisible (in·di·vi·si·ble) [adjetivo] Que no se puede dividir. ☐ [No varía en masculino y femenino]. ☐ Antónimos: divisible. ☐ Familia: →dividir.

indocumentado, da (in·do·cu·men·ta·do, da) [adjetivo] Que no lleva los documentos oficiales para probar algo. ☐ Familia: →documento.

índole (ín·do·le) [sustantivo femenino] Naturaleza o forma de ser: *El problema es de índole política.*

indolente (in·do·len·te) [adjetivo o sustantivo] **1** Que es perezoso. **2** Que no es sensible. ☐ [No varía en masculino y femenino]. ☐ Familia: →dolor.

indoloro, ra (in·do·lo·ro, ra) [adjetivo] Que no produce dolor: *La limpieza de boca es indolora.* ☐ Familia: →dolor.

indomable (in·do·ma·ble) [adjetivo] Que no se deja educar o dominar: *animal indomable.* ☐ [No varía en masculino y femenino]. ☐ Sinónimos: indómito. ☐ Antónimos: dócil. ☐ Familia: →domar.

indómito, ta (in·dó·mi·to, ta) [adjetivo] Que no se deja educar o dominar. ☐ Sinónimos: indomable. ☐ Antónimos: dócil. ☐ Familia: →domar.

indonesio, sia (in·do·ne·sio, sia) ■ [adjetivo o sustantivo] **1** De Indonesia, que es un país asiático. ■ **indonesio** [sustantivo masculino] **2** Lengua de este país.

inducción (in·duc·ción) [sustantivo femenino] Hecho de impulsar a alguien a hacer algo: *Lo condenaron por inducción al robo.* ☐ Familia: →inducir.

inducir (in·du·cir) [verbo] Impulsar a alguien a hacer algo o a pensar algo: *inducir al delito; inducir al error.* ☐ [Es irregular y se conjuga como CONDUCIR]. ☐ Antónimos: disuadir. ☐ Familia: inducción.

indudable (in·du·da·ble) [adjetivo] Que es cierto del todo y no admite ninguna duda: *Es indudable que tienes razón.* ☐ [No varía en masculino y femenino]. ☐ Sinónimos: innegable. ☐ Familia: →dudar.

indulgencia (in·dul·gen·cia) [sustantivo femenino] **1** Actitud de perdón hacia una persona que ha hecho algo malo: *Te he tratado con indulgencia y te he perdonado.* **2** En la Iglesia católica, perdón de las penas impuestas por los pecados cometidos. ☐ Familia: →indultar.

indulgente (in·dul·gen·te) [adjetivo] Que sabe comprender y perdonar. ☐ [No varía en masculino y femenino]. ☐ Familia: →indultar.

indultar (in·dul·tar) [verbo] Perdonar a una persona el castigo de un delito. ☐ Familia: indulto, indulgencia, indulgente.

indulto (in·dul·to) [sustantivo masculino] Perdón que se concede a alguien al quitarle el castigo de un delito. ☐ Familia: →indultar.

indumentaria (in·du·men·ta·ria) [sustantivo femenino] Ropa que usan las personas para vestirse: *La indumentaria va cambiando según las épocas.* ☐ Sinónimos: vestimenta, vestidura, atavío, atuendo.

industria (in·dus·tria) [sustantivo femenino] Actividad económica que consiste en fabricar productos o prepararlos para darles distintos usos: *industria textil.* ☐ Familia: industrial, industrializar.

industrial (in·dus·trial) [adjetivo o sustantivo] De la industria o relacionado con ella: *polígono industrial.* ☐ [No varía en masculino y femenino]. ☐ Familia: →industria.

industrializar (in·dus·tria·li·zar) [verbo] Poner industrias en un lugar o mejorar las que ya hay. ☐ [La «z» se cambia en «c» delante de «e» («industrialice»)]. ☐ Familia: →industria.

inédito, ta (i·né·di·to, ta) ■ [adjetivo] **1** Dicho de un escritor, que no ha publicado nada. **2** Nuevo o desconocido: *Esta investigación es un hecho inédito.* ■ [sustantivo masculino] **3** Que no ha sido publicado: *poemas inéditos.* ☐ Familia: →editar.

ineficacia (i·ne·fi·ca·cia) [sustantivo femenino] Falta de capacidad para producir el efecto deseado. ☐ Antónimos: eficacia. ☐ Familia: →eficaz.

ineficaz (i·ne·fi·caz) [adjetivo] Que no tiene capacidad para producir el efecto que se desea: *Ese insecticida es ineficaz contra las cucarachas.* ☐ [No varía en masculino y femenino. Su plural es «ineficaces»]. ☐ Sinónimos: vano. ☐ Antónimos: eficaz. ☐ Familia: →eficaz.

ineludible (i·ne·lu·di·ble) [adjetivo] Que no se puede evitar o dejar de hacer: *compromiso ineludible.* ☐ [No varía en masculino y femenino]. ☐ Sinónimos: inevitable, inexorable, insoslayable. ☐ Familia: →eludir.

ineptitud (i·nep·ti·tud) [sustantivo femenino] Falta de capacidad para hacer algo bien. ☐ Sinónimos: impericia, incompetencia. ☐ Familia: →inepto.

inepto, ta (i·nep·to, ta) [adjetivo o sustantivo] Que no es nada hábil en algo: *Soy un inepto para el baile.* ☐ Sinónimos: negado, torpe, incompetente. ☐ Antónimos: hábil, capaz, diestro, mañoso. ☐ Familia: ineptitud.

inequívoco, ca (i·ne·quí·vo·co, ca) [adjetivo] Que no admite duda. ☐ Sinónimos: evidente. ☐ Antónimos: equívoco, dudoso. ☐ Familia: →equivocar.

inercia (i·ner·cia) [sustantivo femenino] **1** Fuerza que hace que los cuerpos sigan en movimiento cuando son empujados, o que sigan quietos si no se les empuja, hasta que otra fuerza lo impida: *La inercia hace que cuando un coche frena, tú te muevas hacia delante.* **2** Forma de hacer las cosas sin pensar y por costumbre: *Después de comer veo la tele por inercia, porque los programas no me interesan.*

inerme (i·ner·me) [adjetivo] Que no tiene armas ni defensa: *El explorador se encontró inerme ante el león.* ☐ [No varía en masculino y femenino. No confundir con «inerte» (sin vida o sin movimiento)]. ☐ Sinónimos: indefenso. ☐ Familia: →arma.

inerte (i·ner·te) [adjetivo] Sin vida o sin movimiento: *cuerpo inerte.* ☐ [No varía en masculino y femenino. No confundir con «inerme» (sin armas)].

inesperado, da (i·nes·pe·ra·do, da) [adjetivo] Que sorprende porque no se espera. ☐ Sinónimos: imprevisto, insospechado. ☐ Familia: →esperar.

inestimable (i·nes·ti·ma·ble) [adjetivo] Que es tan grande que resulta difícil darle el suficiente valor: *Conseguí recuperarme gracias a tu inestimable ayuda.* ☐ [No varía en masculino y femenino]. ☐ Familia: →estimar.

inevitable (i·ne·vi·ta·ble) [adjetivo] Que no se puede evitar. ☐ [No varía en masculino y femenino]. ☐ Sinónimos: insoslayable, inexorable, ineludible. ☐ Familia: →evitar.

inexacto, ta (i·ne·xac·to, ta) [adjetivo] No exacto o poco exacto. ☐ Sinónimos: impreciso, vago. ☐ Antónimos: exacto, preciso. ☐ Familia: →exacto.

inexistente (i·ne·xis·ten·te) [adjetivo] Que no existe. □ [No varía en masculino y femenino]. □ ANTÓNIMOS: existente. □ FAMILIA: →existir.

inexorable (i·ne·xo·ra·ble) [adjetivo] Que no puede ser evitado: *El paso de los años es inexorable.* □ [No varía en masculino y femenino]. □ SINÓNIMOS: inevitable, insoslayable, ineludible.

inexperiencia (i·nex·pe·rien·cia) [sustantivo femenino] Falta de práctica para hacer algo. □ ANTÓNIMOS: experiencia. □ FAMILIA: →experiencia.

inexperto, ta (i·nex·per·to, ta) [adjetivo o sustantivo] Que no tiene experiencia: *Aún soy inexperta manejando ordenadores.* □ SINÓNIMOS: novato, principiante. □ ANTÓNIMOS: experto, maestro. □ FAMILIA: →experiencia.

inexplicable (i·nex·pli·ca·ble) [adjetivo] Que no se puede explicar o que no se puede entender. □ [No varía en masculino y femenino]. □ FAMILIA: →explicar.

inexpresivo, va (i·nex·pre·si·vo, va) [adjetivo] Que no expresa lo que siente: *rostro inexpresivo.* □ ANTÓNIMOS: expresivo. □ FAMILIA: →expresar.

infalible (in·fa·li·ble) [adjetivo] Que no falla nunca: *remedio infalible.* □ [No varía en masculino y femenino]. □ FAMILIA: →fallar.

infame (in·fa·me) [adjetivo o sustantivo] Muy malo: *una persona infame.* □ [No varía en masculino y femenino]. □ FAMILIA: infamia.

infamia (in·fa·mia) [sustantivo femenino] 1 Deshonra o pérdida de la buena fama: *La infamia cayó sobre la familia cuando se descubrió el escándalo.* 2 Hecho o dicho que es malo o despreciable: *Esas afirmaciones no son más que infamias contra mí.* □ SINÓNIMOS: 2 vileza. □ FAMILIA: →infame.

infancia (in·fan·cia) [sustantivo femenino] 1 Primer período de la vida de una persona, desde que nace hasta los doce o catorce años. 2 Conjunto de los niños: *Los derechos de la infancia deben respetarse.* □ SINÓNIMOS: 1 niñez. □ FAMILIA: infantil.

infante, ta (in·fan·te, ta) [sustantivo] Hermano de un príncipe o de una princesa herederos del trono. □ FAMILIA: infantería.

infantería (in·fan·te·rí·a) [sustantivo femenino] Grupo del Ejército que está formado por soldados que van a pie. □ FAMILIA: →infante.

infantil (in·fan·til) ▪ [adjetivo] 1 De la infancia o relacionado con ella: *literatura infantil.* ▪ [adjetivo o sustantivo] 2 Que pertenece a una de las categorías deportivas, por encima de la de alevín. □ [No varía en masculino y femenino]. □ SINÓNIMOS: 1 pueril. □ FAMILIA: →infancia.

infarto (in·far·to) [sustantivo masculino] Parada del corazón que puede producir la muerte.

infatigable (in·fa·ti·ga·ble) [adjetivo] Que no pierde el ánimo ni las fuerzas. □ [No varía en masculino y femenino]. □ SINÓNIMOS: incansable. □ FAMILIA: →fatigar.

infección (in·fec·ción) [sustantivo femenino] Enfermedad producida por microbios y que se puede contagiar. □ FAMILIA: →infectar.

infeccioso, sa (in·fec·cio·so, sa) [adjetivo] De la infección o que la produce: *enfermedad infecciosa.* □ FAMILIA: →infectar.

infectar (in·fec·tar) [verbo] 1 Producir una infección: *Se te va a infectar la herida.* 2 Contagiar una enfermedad. □ [No confundir con «infestar» (ocupar algo un espacio produciendo molestias)]. □ ANTÓNIMOS: 1 desinfectar. □ FAMILIA: infección, infeccioso, desinfectar, desinfectante.

infeliz (in·fe·liz) [adjetivo o sustantivo] 1 Que no es feliz, está triste o sufre. 2 Que tiene un carácter débil y es demasiado bueno: *Ese chico es un infeliz y todo el mundo se aprovecha de él.* □ [No varía en masculino y femenino. Su plural es «infelices»]. □ SINÓNIMOS: 1 pobre, desgraciado. □ ANTÓNIMOS: 1 feliz, afortunado, dichoso. □ FAMILIA: →feliz.

inferior (in·fe·rior) [adjetivo] 1 Más bajo o más abajo: *Estoy en un curso inferior al tuyo.* 2 Más pequeño en cantidad: *un número inferior de personas.* □ [No varía en masculino y femenino. No debe decirse «más inferior», sino «inferior»]. □ ANTÓNIMOS: superior. □ FAMILIA: inferioridad.

inferioridad (in·fe·rio·ri·dad) [sustantivo femenino] Estado o condición de lo que es inferior en cantidad o en calidad: *No ganaremos porque estamos en inferioridad de condiciones.* □ ANTÓNIMOS: superioridad, primacía. □ FAMILIA: →inferior.

inferir (in·fe·rir) [verbo] 1 Llegar a una conclusión a partir de una serie de datos: *De tu herida en la rodilla infiero que te has dado un golpe.* 2 Causar un daño: *Con sus palabras le infirió mucha tristeza.* □ [Es irregular y se conjuga como SENTIR]. □ SINÓNIMOS: 1 deducir, argüir.

infernal (in·fer·nal) [adjetivo] 1 Del infierno o relacionado con él. 2 Muy malo o muy desagradable. □ [No varía en masculino y femenino]. □ ANTÓNIMOS: celestial. □ FAMILIA: →infierno.

infestar (in·fes·tar) [verbo] Llenar algo un lugar, ocupándolo del todo y produciendo molestias: *Las hormigas infestan el jardín.* □ [No confundir con «infectar» (producir una infección; contagiar una enfermedad)]. □ SINÓNIMOS: invadir.

infidelidad (in·fi·de·li·dad) [sustantivo femenino] Comportamiento del que engaña a los demás y los traiciona. □ SINÓNIMOS: deslealtad. □ ANTÓNIMOS: fidelidad, lealtad. □ FAMILIA: →fe.

infiel (in·fiel) ▪ [adjetivo] 1 Que no es fiel. ▪ [adjetivo o sustantivo] 2 Que no tiene la fe que se considera verdadera: *Los cristianos consideraban infieles a los musulmanes.* □ [No varía en masculino y femenino]. □ ANTÓNIMOS: fiel. □ FAMILIA: →fe.

infiernillo (in·fier·ni·llo) [sustantivo masculino] Aparato pequeño que se usa para calentar. □ SINÓNIMOS: hornillo. □ FAMILIA: →infierno.

infierno (in·fier·no) [sustantivo masculino] 1 Según algunas tradiciones religiosas, lugar al que van los que han muerto separados de Dios. 2 Lugar o situación muy desagradables: *Esa casa es un infierno con tantas peleas.* ◆ [expresión] ‖ **mandar algo al infierno** Rechazarlo o dejar de ocuparse de ello. □ [En el significado **1** también se

infijo, ja

escribe con mayúscula. La expresión es coloquial]. ☐ Antónimos: **1** cielo. **2** paraíso. ☐ Familia: infernal, infiernillo.

infijo, ja (in·fi·jo, ja) [adjetivo o sustantivo masculino] Dicho de un grupo de letras, que se pone en el interior de una palabra para formar otras palabras distintas: *El infijo «-ar-» forma derivados como «humareda» y «polvareda».*

infiltrar (in·fil·trar) [verbo] **1** Hacer pasar un líquido a través de un cuerpo sólido: *La lluvia se infiltra por el tejado.* ∎ **infiltrarse 2** Meterse una persona en un lugar de forma secreta: *Un policía se infiltró en la banda de atracadores para desarticularla.* ☐ Familia: →filtro.

ínfimo, ma (ín·fi·mo, ma) [adjetivo] Muy poco o muy malo: *calidad ínfima.* ☐ Sinónimos: mínimo, pésimo. ☐ Antónimos: excelso.

infinidad (in·fi·ni·dad) [sustantivo femenino] Gran cantidad de algo: *En el cielo hay infinidad de estrellas.* ☐ Sinónimos: sinfín, sinnúmero. ☐ Familia: →infinito.

infinitivo (in·fi·ni·ti·vo) [sustantivo masculino] Forma del verbo que termina en *-ar, -er* o *-ir*: *«Amar», «temer» y «partir» son infinitivos.*

infinito, ta (in·fi·ni·to, ta) ∎ [adjetivo] **1** Que no tiene límite o fin: *Las combinaciones que pueden hacerse con los números son infinitas.* **2** Que tiene muchos elementos o es muy grande: *Tengo infinitas ganas de verte.* ∎ **infinito** [sustantivo masculino] **3** Lugar que no tiene fin ni límites: *Estaba mirando al infinito.* ☐ Antónimos: **1** finito. ☐ Familia: infinidad.

inflación (in·fla·ción) [sustantivo femenino] Subida general del precio de las cosas: *La inflación provoca que el dinero valga cada vez menos.* ☐ [No confundir con «deflación» (bajada de los precios de las cosas)]. ☐ Familia: →inflar.

inflacionista (in·fla·cio·nis·ta) [adjetivo] De la inflación o relacionado con la subida de los precios de las cosas: *una tendencia inflacionista.* ☐ [No varía en masculino y femenino].

inflamable (in·fla·ma·ble) [adjetivo] Que puede empezar a arder fácilmente y de pronto. ☐ [No varía en masculino y femenino]. ☐ Familia: →inflamar.

inflamación (in·fla·ma·ción) [sustantivo femenino] Aumento de tamaño de una parte del cuerpo: *Ponte hielo para evitar la inflamación del tobillo.* ☐ Familia: →inflamar.

inflamar (in·fla·mar) [verbo] **1** Excitar los ánimos de alguien: *Se inflamó de rabia y salió gritando.* ∎ **inflamarse 2** Empezar a arder algo de pronto: *La gasolina se inflamó y provocó una gran explosión.* **3** Producirse un bulto en una parte del cuerpo: *Se le ha inflamado la rodilla debido al golpe.* ☐ Antónimos: **2** apagar. ☐ Familia: inflamable, antiinflamatorio, inflamación.

inflar (in·flar) [verbo] **1** Llenar algo con aire o con otra cosa. **2** Aumentar la cantidad o la importancia de algo: *Es un exagerado y le gusta inflar las historias.* ◆ [expresión] ∥ **inflarse a algo** Hacerlo en gran cantidad: *Me he inflado a palomitas.* ☐ [La expresión es coloquial]. ☐ Sinónimos: **2** abultar, exagerar, hinchar. ☐ Antónimos: **1** deshinchar, desinflar. ☐ Familia: inflación, inflacionista, desinflar.

inflexible (in·fle·xi·ble) [adjetivo] Que no cambia de opinión o que no acepta los cambios. ☐ [No varía en masculino y femenino]. ☐ Sinónimos: rígido. ☐ Antónimos: flexible. ☐ Familia: →flexión.

inflexión (in·fle·xión) [sustantivo femenino] **1** Cambio en el tono de la voz: *Los actores hacen inflexiones de voz al leer poemas.* **2** En matemáticas, punto en el que una curva matemática pasa de un valor máximo a un valor mínimo. ☐ Familia: →flexión.

infligir (in·fli·gir) [verbo] Hacer que alguien sufra un castigo o una pena: *El secuestrador infligía duros castigos a sus víctimas.* ☐ [La «g» se cambia en «j» delante de «a», «o» («inflija»). No confundir con «infringir» (no cumplir una ley o una orden)].

inflorescencia (in·flo·res·cen·cia) [sustantivo femenino] Grupo de flores nacidas en una misma rama, como en el geranio. ☐ Familia: →flor.

influencia (in·fluen·cia) ∎ [sustantivo femenino] **1** Poder que se tiene sobre algo: *No tienes ninguna influencia sobre mí, así que haré lo que yo quiera.* ∎ **influencias** [plural] **2** Conjunto de personas conocidas que pueden conseguir algo: *Si tienes influencias en esa empresa conseguirás el trabajo.* ☐ Sinónimos: **1** influjo. **2** relaciones. ☐ Familia: →influir.

influenciar (in·fluen·ciar) [verbo] Ejercer influencia sobre una persona: *No te dejes influenciar por la opinión de un desconocido.* ☐ Familia: →influir.

influir (in·fluir) [verbo] Producir un cambio o un efecto: *Mis padres han influido mucho en mi forma de ser.* ☐ [Es irregular y se conjuga como **CONSTRUIR**]. ☐ Familia: influencia, influjo, influyente, influenciar.

influjo (in·flu·jo) [sustantivo masculino] Poder o efecto que se tiene sobre algo: *Las mareas se deben al influjo de la Luna.* ☐ Sinónimos: influencia. ☐ Familia: →influir.

influyente (in·flu·yen·te) [adjetivo] Que tiene influencia o poder. ☐ [No varía en masculino y femenino]. ☐ Familia: →influir.

información (in·for·ma·ción) [sustantivo femenino] **1** Conjunto de noticias o de datos sobre alguna cosa: *Necesito información sobre este tema.* **2** Lugar donde se pueden conseguir datos sobre algo: *Pregunté el horario de los trenes en información.* ☐ Familia: →informar.

informal (in·for·mal) ∎ [adjetivo] **1** Que es menos serio de lo que se podría ser: *Viste de manera informal, con vaqueros y camisetas.* ∎ [adjetivo o sustantivo] **2** Que no cumple sus obligaciones. ☐ [No varía en masculino y femenino]. ☐ Sinónimos: **1** desenfadado. ☐ Antónimos: formal. ☐ Familia: →forma.

informar (in·for·mar) [verbo] Dar noticias o datos sobre algo: *La radio informa de las noticias del día.* ☐ Familia: información, informe, informativo, informática, informático, informatizar, desinformado.

informático, ca (in·for·má·ti·co, ca) ∎ [adjetivo] **1** Relacionado con la informática o con los ordenadores: *programa informático.* ∎ [adjetivo o sustantivo] **2** Que se dedica a la informática: *Quiero ser informático porque me gustan los ordenadores.* ∎ **informática** [sustantivo femenino] **3** Conjunto de conocimientos necesarios para guardar información en los ordenadores y trabajar con ella. ☐ Familia: →informar.

informativo, va (in·for·ma·ti·vo, va) ■ [adjetivo] **1** Que informa sobre algo: *folleto informativo.* ■ **informativo** [sustantivo masculino] **2** Programa de radio y televisión que da las noticias que han ocurrido. ☐ Familia: →informar.

informatizar (in·for·ma·ti·zar) [verbo] Organizar por medios informáticos algo: *Informatizó la contabilidad de la empresa.* ☐ [La «z» se cambia en «c» delante de «e» («informatice»)]. ☐ Familia: →informar.

informe (in·for·me) [sustantivo masculino] Conjunto de informaciones o de datos sobre algo: *informe policial.* ☐ Familia: →informar.

infortunado, da (in·for·tu·na·do, da) [adjetivo] Que tiene mala suerte. ☐ Sinónimos: desafortunado. ☐ Antónimos: afortunado. ☐ Familia: →fortuna.

infracción (in·frac·ción) [sustantivo femenino] Hecho de no cumplir una ley o una orden. ☐ Familia: →infringir.

infraganti (in·fra·gan·ti) [adverbio] → **in fraganti.**

in fraganti (in fra·gan·ti) [adverbio] En el momento en que se está realizando algo que se quiere ocultar: *Los pillaron in fraganti comiendo pasteles.* ☐ [Se escribe también «infraganti»].

infranqueable (in·fran·que·a·ble) [adjetivo] Que no se puede atravesar o que no tiene el paso libre: *un río infranqueable.* ☐ [No varía en masculino y femenino]. ☐ Familia: →franco.

infrarrojo, ja (in·fra·rro·jo, ja) [adjetivo o sustantivo masculino] Dicho de un rayo, que no se ve pero que produce calor: *La alarma funciona con un sistema de infrarrojos.* ☐ Familia: →rojo.

infringir (in·frin·gir) [verbo] No cumplir una ley o una orden: *Le retiraron el carné de conducir por infringir reiteradamente las normas de circulación.* ☐ [La «g» se cambia en «j» delante de «a», «o» («infrinja»). No confundir con «infligir» (hacer que alguien sufra un castigo o una pena)]. ☐ Sinónimos: violar, vulnerar, contravenir, incumplir. ☐ Antónimos: obedecer, acatar. ☐ Familia: infracción.

infructuoso, sa (in·fruc·tuo·so, sa) [adjetivo] Que no produce los resultados esperados: *Fue una reunión infructuosa y no se llegó a un acuerdo.* ☐ Familia: →fruta.

infundado, da (in·fun·da·do, da) [adjetivo] Que no tiene base o razones sólidas: *sospechas infundadas.* ☐ Sinónimos: vano. ☐ Familia: →fundar.

infundio (in·fun·dio) [sustantivo masculino] Mentira o noticia falsa que se cuenta con mala intención. ☐ Sinónimos: bulo. ☐ Familia: →fundar.

infundir (in·fun·dir) [verbo] Producir en alguien un sentimiento: *Tu hermano me infunde confianza.* ☐ Sinónimos: inspirar, imbuir.

infusión (in·fu·sión) [sustantivo femenino] Bebida que se hace cociendo plantas en agua: *infusión de manzanilla.*

ingeniar (in·ge·niar) [verbo] Pensar o inventar cosas con mucha imaginación: *He ingeniado la manera de salir de aquí.* ◆ [expresión] ‖ **ingeniárselas** Encontrar el modo de resolver un problema o de conseguir algo: *Ya me las ingeniaré para conseguir entradas.* ☐ [Es irregular y se conjuga como **ANUNCIAR**]. ☐ Sinónimos: idear. ☐ Familia: →ingenio.

ingeniería (in·ge·nie·rí·a) [sustantivo femenino] Conjunto de conocimientos y técnicas que permiten aprovechar los descubrimientos científicos y los recursos naturales para beneficio de las personas. ◆ [expresión] ‖ **ingeniería genética** Conjunto de técnicas que permiten manipular los genes para crear especies nuevas. ☐ Familia: →ingeniero.

ingeniero, ra (in·ge·nie·ro, ra) [sustantivo] Persona que hace los planos de puentes, aeropuertos, aviones y otras cosas. ☐ Familia: ingeniería.

ingenio (in·ge·nio) [sustantivo masculino] **1** Capacidad que tiene una persona para inventar cosas. **2** Gracia, atractivo o habilidad. ☐ Sinónimos: **2** chispa. ☐ Familia: ingenioso, ingeniar.

ingenioso, sa (in·ge·nio·so, sa) [adjetivo] **1** Que tiene capacidad para inventar cosas. **2** Que tiene gracia: *comentarios ingeniosos.* **3** Que está hecho con mucha habilidad: *invento ingenioso.* ☐ Familia: →ingenio.

ingente (in·gen·te) [adjetivo] Muy grande: *He recibido una cantidad ingente de cartas.* ☐ [No varía en masculino y femenino. No confundir con «indigente» (persona que no tiene lo necesario para vivir)]. ☐ Sinónimos: enorme. ☐ Antónimos: diminuto.

ingenuidad (in·ge·nui·dad) [sustantivo femenino] Falta de malicia. ☐ Sinónimos: inocencia. ☐ Antónimos: astucia. ☐ Familia: →ingenuo.

ingenuo, nua (in·ge·nuo, nua) [adjetivo o sustantivo] Que no tiene mala intención y resulta fácil de engañar. ☐ Sinónimos: inocente, iluso, pardillo, crédulo. ☐ Antónimos: astuto, resabiado. ☐ Familia: ingenuidad.

ingerir (in·ge·rir) [verbo] Tragar comida, bebida o medicinas. ☐ [Es irregular y se conjuga como **SENTIR**]. ☐ Familia: ingesta.

ingesta (in·ges·ta) [sustantivo femenino] Introducción en el estómago de alimentos, medicamentos u otras sustancias a través de la boca. ☐ Familia: →ingerir.

ingle (in·gle) [sustantivo femenino] Parte en la que se une la pierna con el cuerpo.

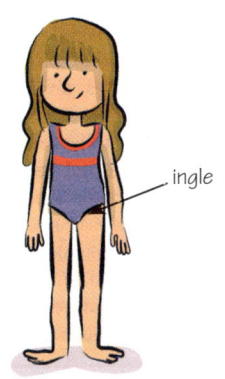

inglés, sa (in·glés, gle·sa) ■ [adjetivo o sustantivo] **1** De Inglaterra, que es una región británica. ■ **inglés** [sustantivo masculino] **2** Lengua hablada en Gran Bretaña, en Estados Unidos y en otros países. ☐ [En el significado **1**, no confundir con «británico» (de Gran Bretaña)].

ingratitud (in·gra·ti·tud) [sustantivo femenino] Forma de actuar de la persona que no agradece los favores que se le hacen. ☐ ANTÓNIMOS: gratitud. ☐ FAMILIA: →grato.

ingrato, ta (in·gra·to, ta) [adjetivo] **1** Que resulta desagradable o que no merece el esfuerzo que hemos hecho: *un trabajo ingrato*. **2** Que no agradece los favores que se le han hecho: *Eres una persona ingrata y no te ayudaré más*. ☐ SINÓNIMOS: **2** desagradecido. ☐ ANTÓNIMOS: **2** agradecido. ☐ FAMILIA: →grato.

ingrávido, da (in·grá·vi·do, da) [adjetivo] Que no está bajo la influencia o bajo el efecto de las leyes de la gravedad: *Los astronautas flotan porque en el espacio son cuerpos ingrávidos*. ☐ FAMILIA: →grave.

ingrediente (in·gre·dien·te) [sustantivo masculino] Cada una de las sustancias con las que se prepara una comida u otra cosa.

ingresar (in·gre·sar) [verbo] **1** Empezar a formar parte de un grupo de personas: *ingresar en una asociación*. **2** Entrar en un hospital para recibir allí cuidados médicos. **3** Meter dinero en una cuenta que se tiene en un banco. ☐ SINÓNIMOS: **1** afiliarse, entrar. **2** hospitalizar. ☐ FAMILIA: ingreso.

ingreso (in·gre·so) [sustantivo masculino] **1** Entrada de una persona en algún sitio o en algún grupo para estar allí un tiempo. **2** Hecho de meter dinero en la cuenta de un banco. ■ **ingresos** [plural] **3** Cantidad de dinero que se recibe cada cierto tiempo. ☐ FAMILIA: →ingresar.

inhabilitar (in·ha·bi·li·tar) [verbo] **1** Declarar a una persona no apta para desempeñar cargos públicos o para ejercer determinados derechos: *La condena inhabilita al acusado para ejercer la medicina durante siete años*. **2** Incapacitar a una persona o a una cosa para realizar una función determinada: *La parálisis lo inhabilita para conducir*. ☐ FAMILIA: →hábil.

inhabitable (in·ha·bi·ta·ble) [adjetivo] Que no reúne las condiciones necesarias para vivir. ☐ [No varía en masculino y femenino]. ☐ ANTÓNIMOS: habitable. ☐ FAMILIA: →habitar.

inhalar (in·ha·lar) [verbo] Respirar un gas u otras sustancias: *Inhalar gases tóxicos puede producir la muerte*.

inherente (i·nhe·ren·te) [adjetivo] Propio o característico de algo, de forma que van siempre unidos: *La contaminación es un problema inherente al desarrollo industrial*. ☐ [No varía en masculino y femenino].

inhibidor, ra (i·nhi·bi·dor, do·ra) [adjetivo o sustantivo] Que suspende de forma temporal una función o una actividad del organismo: *Cuando estuve embarazada me dieron un medicamento inhibidor de la náusea*. ☐ FAMILIA: →inhibir.

inhibir (i·nhi·bir) [verbo] Impedir que alguien haga o diga algo con libertad: *Me inhibo mucho cuando hablo en público*. ☐ SINÓNIMOS: cohibir. ☐ FAMILIA: inhibidor.

inhóspito, ta (i·nhós·pi·to, ta) [adjetivo] Dicho de un lugar, que no es cómodo ni agradable. ☐ ANTÓNIMOS: acogedor. ☐ FAMILIA: →hospital.

inhumano, na (i·nhu·ma·no, na) [adjetivo] Tan cruel que no es propio de las personas. ☐ SINÓNIMOS: despiadado. ☐ ANTÓNIMOS: humano. ☐ FAMILIA: →hombre.

inhumar (i·nhu·mar) [verbo] Enterrar un cadáver. ☐ ANTÓNIMOS: exhumar, desenterrar.

iniciación (i·ni·cia·ción) [sustantivo femenino] **1** Comienzo de algo: *La iniciación de las obras será mañana*. **2** Primeros conocimientos sobre algo: *Me he apuntado a un curso de iniciación a la informática*. **3** Prueba que debe pasar una persona para ser admitida en algunos grupos o en algunos lugares: *rito de iniciación*. ☐ ANTÓNIMOS: **1** término, fin, terminación. ☐ FAMILIA: →iniciar.

inicial (i·ni·cial) ■ [adjetivo] **1** Del origen de algo o de su comienzo: *El ciclista salió con una diferencia inicial de cuatro minutos*. ■ [sustantivo femenino] **2** Letra con la que empieza una palabra. ☐ [En el significado **1** no varía en masculino y femenino]. ☐ SINÓNIMOS: **1** inaugural. ☐ FAMILIA: →iniciar.

iniciar (i·ni·ciar) [verbo] **1** Dar comienzo. **2** Dar los primeros conocimientos sobre algo: *Mis padres me iniciaron en la música*. ☐ [Es irregular y se conjuga como ANUNCIAR]. ☐ SINÓNIMOS: **1** empezar, acometer, comenzar, entrar. ☐ ANTÓNIMOS: **1** terminar, acabar, ultimar, concluir, finalizar. ☐ FAMILIA: inicio, inicial, iniciativa, iniciación, reiniciar.

iniciativa (i·ni·cia·ti·va) [sustantivo femenino] **1** Idea que se propone para hacer algo: *La iniciativa de ir de excursión fue mía*. **2** Capacidad para inventar o empezar algo. ◆ [expresión] ‖ **tomar la iniciativa** Ser el primero en hacer algo: *Como nadie se atrevía a hablar, yo tomé la iniciativa*. ☐ FAMILIA: →iniciar.

inicio (i·ni·cio) [sustantivo masculino] Primer momento o primera parte de algo. ☐ SINÓNIMOS: comienzo, principio. ☐ ANTÓNIMOS: fin, final, término. ☐ FAMILIA: →iniciar.

inigualable (i·ni·gua·la·ble) [adjetivo] Que no tiene igual. ☐ [No varía en masculino y femenino]. ☐ FAMILIA: →igual.

inimaginable (i·ni·ma·gi·na·ble) [adjetivo] Que no se puede imaginar. ☐ [No varía en masculino y femenino]. ☐ FAMILIA: →imagen.

ininteligible (i·nin·te·li·gi·ble) [adjetivo] Que es difícil de entender: *Tu letra es ininteligible*. ☐ [No varía en masculino y femenino]. ☐ SINÓNIMOS: incomprensible. ☐ ANTÓNIMOS: inteligible. ☐ FAMILIA: →inteligente.

ininterrumpido, da (i·nin·te·rrum·pi·do, da) [adjetivo] Continuo o sin cortes. ☐ FAMILIA: →interrumpir.

injertar (in·jer·tar) [verbo] **1** Unir a una rama o al tronco de una planta un trozo de otra para que nazca: *Injertaron los limoneros para obtener distintas variedades de limón*. **2** Poner un trozo de piel o de otro tejido en una parte del cuerpo que esté herida para que se unan: *Los médicos han injertado piel del muslo en la quemadura.* ☐ FAMILIA: injerto.

injerto (in·jer·to) [sustantivo masculino] **1** Unión del trozo de una planta a una rama o al tronco de otra para que nazca: *Voy a hacer unos injertos en los frutales.* **2** Planta o fruto que resultan de esta unión: *La nectarina es un injerto de melocotonero y ciruelo.* **3** Unión de un trozo de tejido vivo a una parte del cuerpo que está herida: *Me quemé una pierna y me tuvieron que hacer un injerto de piel.* ☐ FAMILIA: →injertar.

injuria (in·ju·ria) [sustantivo femenino] Ofensa o insulto muy graves que se hacen a una persona. ☐ SINÓNIMOS: agravio.

injusticia (in·jus·ti·cia) [sustantivo femenino] Falta de justicia. ☐ ANTÓNIMOS: justicia, equidad. ☐ FAMILIA: →justo.

injusto, ta (in·jus·to, ta) [adjetivo] **1** Que no es como debe ser según el derecho o la razón: *Es injusto que a él le traigas un regalo y a mí, no.* ▪ [adjetivo o sustantivo] **2** Que actúa sin honradez ni justicia. ☐ ANTÓNIMOS: justo. **2** honrado, recto, íntegro, honesto. ☐ FAMILIA: →justo.

inmadurez (in·ma·du·rez) [sustantivo femenino] Incapacidad para saber cómo actuar o para saber lo que está bien y lo que está mal. ☐ SINÓNIMOS: insensatez. ☐ ANTÓNIMOS: madurez. ☐ FAMILIA: →maduro.

inmaduro, ra (in·ma·du·ro, ra) [adjetivo] **1** Dicho de una persona, que se comporta como un niño. **2** Dicho de un fruto, que no ha alcanzado su desarrollo completo. ☐ SINÓNIMOS: **2** verde. ☐ ANTÓNIMOS: maduro. ☐ FAMILIA: →maduro.

inmaterial (in·ma·te·rial) [adjetivo] Que no tiene materia o que no se puede ver ni tocar: *Los sentimientos y las ideas son inmateriales.* ☐ [No varía en masculino y femenino]. ☐ ANTÓNIMOS: material. ☐ FAMILIA: →materia.

inmediaciones (in·me·dia·cio·nes) [sustantivo femenino plural] Terrenos que rodean un lugar: *Hay una cueva en las inmediaciones del pueblo.* ☐ SINÓNIMOS: alrededores, aledaños. ☐ FAMILIA: →inmediato.

inmediato, ta (in·me·dia·to, ta) [adjetivo] **1** Que sucede después de algo sin que pase nada de tiempo: *Mi respuesta fue inmediata.* **2** Que está justo al lado: *Mi amiga vive en la casa inmediata a la mía.* ◆ [expresión] ‖ **de inmediato** Muy pronto o en el mismo momento. ☐ SINÓNIMOS: **2** junto. ☐ ANTÓNIMOS: **2** lejano. ☐ FAMILIA: inmediaciones.

inmejorable (in·me·jo·ra·ble) [adjetivo] Que no se puede mejorar. ☐ [No varía en masculino y femenino]. ☐ FAMILIA: →mejor.

inmemorial (in·me·mo·rial) [adjetivo] Tan antiguo que no se recuerda cuándo comenzó: *tiempos inmemoriales.* ☐ [No varía en masculino y femenino]. ☐ FAMILIA: →memoria.

inmensidad (in·men·si·dad) [sustantivo femenino] **1** Extensión tan grande que no tiene principio ni fin: *la inmensidad del océano.* **2** Cantidad o número muy grande. ☐ SINÓNIMOS: **2** montón. ☐ FAMILIA: →inmenso.

inmenso, sa (in·men·so, sa) [adjetivo] Muy grande: *Este parque es inmenso.* ☐ ANTÓNIMOS: pequeño. ☐ FAMILIA: inmensidad.

inmersión (in·mer·sión) [sustantivo femenino] Introducción de algo en un líquido: *El submarino cerró las escotillas y se preparó para la inmersión.* ☐ FAMILIA: inmerso.

inmerso, sa (in·mer·so, sa) [adjetivo] **1** Que está dentro de un líquido. **2** Que no se da cuenta de lo que pasa porque está muy concentrado: *Estaba inmerso en mis cosas y no te oí llegar.* ☐ SINÓNIMOS: **2** abstraído. ☐ FAMILIA: →inmersión.

inmigración (in·mi·gra·ción) [sustantivo femenino] Llegada de personas a un lugar para vivir en él. ☐ ANTÓNIMOS: emigración. ☐ FAMILIA: →migrar.

inmigrante (in·mi·gran·te) [adjetivo o sustantivo] Persona que llega a un lugar para quedarse a vivir en él. ☐ [No varía en masculino y femenino]. ☐ ANTÓNIMOS: emigrante. ☐ FAMILIA: →migrar.

inmigrar (in·mi·grar) [verbo] Llegar a un lugar para quedarse a vivir en él: *Las grandes ciudades acogen a mucha gente que inmigra.* ☐ ANTÓNIMOS: emigrar. ☐ FAMILIA: →migrar.

inminente (in·mi·nen·te) [adjetivo] Que está a punto de ocurrir. ☐ [No varía en masculino y femenino].

inmiscuirse (in·mis·cuir·se) [verbo] Meterse en los asuntos de los demás sin permiso: *No debes inmiscuirte en su vida.* ☐ [Es irregular y se conjuga como **CONSTRUIR**]. ☐ SINÓNIMOS: entrometerse.

inmobiliario, ria (in·mo·bi·lia·rio, ria) ▪ [adjetivo] **1** De los edificios o relacionado con ellos: *negocio inmobiliario.* ▪ **inmobiliaria** [sustantivo femenino] **2** Empresa que construye, vende o alquila viviendas. ☐ FAMILIA: →mueble.

inmolar (in·mo·lar) [verbo] Matar a un animal o a una persona para ofrecérsela a un dios. ☐ SINÓNIMOS: sacrificar.

inmoral (in·mo·ral) [adjetivo] Que se opone a los valores que se consideran buenos. ☐ [No varía en masculino y femenino]. ☐ ANTÓNIMOS: moral. ☐ FAMILIA: →moral.

inmortal (in·mor·tal) [adjetivo] **1** Que no puede morir: *Solo Dios es inmortal.* **2** Que no se olvida nunca o que siempre tendrá valor: *Las obras de arte hacen inmortales a sus autores.* ☐ [No varía en masculino y femenino]. ☐ ANTÓNIMOS: **1** mortal. ☐ FAMILIA: →muerte.

inmortalizar (in·mor·ta·li·zar) [verbo] Hacer que algo dure siempre o que no se olvide: *Ese artista inmortalizó en sus cuadros el paisaje de esta región.* ☐ [La «z» se cambia en «c» delante de «e» («inmortalice»)]. ☐ FAMILIA: →muerte.

inmóvil (in·mó·vil) [adjetivo] Que no se mueve. ☐ [No varía en masculino y femenino]. ☐ SINÓNIMOS: quieto, yerto. ☐ ANTÓNIMOS: móvil, movible. ☐ FAMILIA: →mover.

inmovilizar (in·mo·vi·li·zar) [verbo] Impedir que algo o que alguien se mueva. ☐ [La «z» se cambia en «c» delante de «e» («inmovilice»)]. ☐ FAMILIA: →mover.

inmueble (in·mue·ble) [sustantivo masculino] Casa o edificio. ☐ FAMILIA: →mueble.

inmundicia (in·mun·di·cia) [sustantivo femenino] Suciedad o basura. ☐ Familia: →inmundo.

inmundo, da (in·mun·do, da) [adjetivo] Muy sucio: *Tuvimos que dormir en un hotel inmundo*. ☐ Sinónimos: cochambroso. ☐ Antónimos: limpio. ☐ Familia: inmundicia.

inmune (in·mu·ne) [adjetivo] Que no puede ser atacado por una determinada enfermedad: *Soy inmune al sarampión, porque estoy vacunada*. ☐ [No varía en masculino y femenino]. ☐ Familia: inmunidad, inmunizar.

inmunidad (in·mu·ni·dad) [sustantivo femenino] **1** Estado de un cuerpo cuando es resistente a una determinada enfermedad: *La inmunidad se puede conseguir con vacunas*. **2** Ventaja que tienen algunas personas o algunos lugares para no cumplir determinadas obligaciones o determinadas penas: *inmunidad diplomática*. ☐ Familia: →inmune.

inmunizar (in·mu·ni·zar) [verbo] Hacer que a un cuerpo no le afecten determinadas enfermedades: *Hay que vacunar a los niños para inmunizarlos contra el sarampión*. ☐ [La «z» se cambia en «c» delante de «e» («inmunice»)]. ☐ Familia: →inmune.

inmutable (in·mu·ta·ble) [adjetivo] Que no cambia. ☐ [No varía en masculino y femenino]. ☐ Sinónimos: inalterable. ☐ Familia: →inmutarse.

inmutarse (in·mu·tar·se) [verbo] Preocuparse o ponerse muy nervioso: *Ni se inmutó cuando le dijeron que había suspendido*. ☐ Sinónimos: alterarse. ☐ Familia: inmutable.

innato, ta (in·na·to, ta) [adjetivo] Que se tiene desde el nacimiento: *Tu afición por los deportes es algo innato*. ☐ Familia: →nacer.

innecesario, ria (in·ne·ce·sa·rio, ria) [adjetivo] Que no es necesario o que está de más. ☐ Sinónimos: superfluo. ☐ Antónimos: necesario. ☐ Familia: →necesidad.

innegable (in·ne·ga·ble) [adjetivo] Que es cierto del todo y no se puede negar. ☐ [No varía en masculino y femenino]. ☐ Sinónimos: indudable. ☐ Familia: →negar.

innovación (in·no·va·ción) [sustantivo femenino] Cambio o diferencia con respecto a lo anterior: *Han introducido muchas innovaciones en el campo de la informática*. ☐ Sinónimos: novedad. ☐ Familia: →nuevo.

innovador, ra (in·no·va·dor, do·ra) [adjetivo o sustantivo] Que innova. ☐ Familia: →nuevo.

innovar (in·no·var) [verbo] Introducir una novedad en algo que ya existía: *Han innovado la crema que uso para tomar el sol, porque ahora tiene más protección*. ☐ Familia: →nuevo.

innumerable (in·nu·me·ra·ble) [adjetivo] En una cantidad tan grande que no se puede contar: *Recibí innumerables felicitaciones*. ☐ [No varía en masculino y femenino]. ☐ Familia: →número.

inocencia (i·no·cen·cia) [sustantivo femenino] **1** Falta de mala intención. **2** Falta de culpa en un delito. ☐ Sinónimos: **1** ingenuidad, candidez. ☐ Antónimos: **1** astucia. **2** culpabilidad. ☐ Familia: →inocente.

inocentada (i·no·cen·ta·da) [sustantivo femenino] Broma de poca importancia que consiste en hacer creer algo que es mentira. ☐ Familia: →inocente.

inocente (i·no·cen·te) [adjetivo] **1** Que no debe molestar, porque se hace sin mala intención: *No te enfades por ese comentario inocente*. [adjetivo o sustantivo] **2** Que no tiene la culpa. **3** Que no tiene mala intención y resulta fácil de engañar. ☐ [No varía en masculino y femenino]. ☐ Sinónimos: **3** ingenuo, iluso, crédulo, pardillo. ☐ Antónimos: **2** culpable. **3** astuto. ☐ Familia: inocencia, inocentada.

inocular (i·no·cu·lar) [verbo] Introducir una sustancia en un organismo: *Algunas arañas inoculan veneno al picar*.

inocuo, cua (i·no·cuo, cua) [adjetivo] Que no hace daño: *Este colirio es inocuo*.

inodoro, ra (i·no·do·ro, ra) [adjetivo] **1** Que no tiene olor: *El agua es un líquido inodoro*. **inodoro** [sustantivo masculino] **2** Recipiente conectado con una tubería y provisto de una cisterna con agua, que sirve para evacuar los excrementos. ☐ Sinónimos: **2** retrete. ☐ Familia: →olor.

inodoro

inofensivo, va (i·no·fen·si·vo, va) [adjetivo] Que no produce daño: *No le tengas miedo al perro, porque es inofensivo*. ☐ Antónimos: dañino, perjudicial. ☐ Familia: →ofender.

inolvidable (i·nol·vi·da·ble) [adjetivo] Difícil o imposible de olvidar: *un día inolvidable*. ☐ [No varía en masculino y femenino]. ☐ Familia: →olvidar.

inopia (i·no·pia) ◆ [expresión] ‖ **estar en la inopia** Estar distraído y no darse cuenta de lo que pasa alrededor. ☐ [Es coloquial].

inoportuno, na (i·no·por·tu·no, na) [adjetivo] Que sucede o se dice en el peor momento. ☐ Antónimos: oportuno. ☐ Familia: →oportuno.

inorgánico, ca (i·nor·gá·ni·co, ca) [adjetivo] **1** Dicho de un cuerpo, que no tiene vida: *Los minerales son cuerpos inorgánicos*. **2** Dicho de una sustancia química, que no tiene carbono: *El bicarbonato es un compuesto inorgánico*. ☐ Antónimos: orgánico. ☐ Familia: →órgano.

inoxidable (i·no·xi·da·ble) [adjetivo] Dicho de un metal, que no se estropea con el agua: *acero inoxidable*. ☐ [No varía en masculino y femenino]. ☐ Familia: →óxido.

inquebrantable (in·que·bran·ta·ble) [adjetivo] Que no se rompe o que se mantiene firme: *confianza inquebran-*

table. ☐ [No varía en masculino y femenino]. ☐ Sinónimos: sólido, resistente. ☐ Antónimos: frágil. ☐ Familia: →quebrantar.

inquietante (in·quie·**tan**·te) [adjetivo] Que quita la tranquilidad: *noticias inquietantes.* ☐ [No varía en masculino y femenino]. ☐ Familia: →quieto.

inquietar (in·quie·**tar**) [verbo] Hacer que alguien deje de estar tranquilo: *Me inquieta no tener noticias suyas.* ☐ Sinónimos: preocupar, perturbar, azorar, conturbar, intranquilizar. ☐ Antónimos: calmar, sosegar, tranquilizar, despreocuparse. ☐ Familia: →quieto.

inquieto, ta (in·**quie**·to, ta) [adjetivo] **1** Que no está tranquilo. **2** Que no puede estarse quieto. ☐ Sinónimos: **1** nervioso, intranquilo, alborotado. ☐ Antónimos: tranquilo. ☐ Familia: →quieto.

inquietud (in·quie·**tud**) [sustantivo femenino] **1** Sensación de la persona que no está tranquila: *Siento cierta inquietud por si no llego a tiempo.* **2** Interés que tiene una persona por conocer cosas nuevas. ☐ Sinónimos: **1** preocupación, desasosiego, desazón. ☐ Familia: →quieto.

inquilino, na (in·qui·**li**·no, na) [sustantivo] Persona que vive en una casa que no es suya a cambio de pagar una cantidad de dinero.

inquina (in·**qui**·na) [sustantivo femenino] Antipatía o mala voluntad hacia alguien. ☐ Sinónimos: manía, ojeriza.

inquirir (in·qui·**rir**) [verbo] Intentar descubrir algo que no se sabe: *Los policías inquirieron las causas del accidente.* ☐ [Es irregular y se conjuga como ADQUIRIR]. ☐ Sinónimos: indagar. ☐ Familia: inquisitivo.

inquisitivo, va (in·qui·si·**ti**·vo, va) [adjetivo] Que intenta descubrir algo que no se sabe: *una mirada inquisitiva.* ☐ Familia: →inquirir.

insaciable (in·sa·**cia**·ble) [adjetivo] Que no se acaba o es difícil de satisfacer: *hambre insaciable.* ☐ [No varía en masculino y femenino]. ☐ Familia: →saciar.

insalubre (in·sa·**lu**·bre) [adjetivo] Malo para la salud. ☐ [No varía en masculino y femenino]. ☐ Sinónimos: insano. ☐ Antónimos: sano, saludable. ☐ Familia: →salud.

insalvable (in·sal·**va**·ble) [adjetivo] Que no se puede salvar o superar: *obstáculos insalvables.* ☐ [No varía en masculino y femenino]. ☐ Familia: →salvar.

insano, na (in·**sa**·no, na) [adjetivo] Malo para la salud. ☐ Sinónimos: insalubre, perjudicial. ☐ Antónimos: sano, saludable. ☐ Familia: →sano.

insatisfecho, cha (in·sa·tis·**fe**·cho, cha) [adjetivo] Que no está contento o no está conforme con algo. ☐ Antónimos: satisfecho. ☐ Familia: →satisfacer.

inscribir (ins·cri·**bir**) [verbo] Apuntar algo en una lista para un determinado fin: *Mis padres me han inscrito en un gimnasio.* ☐ [Su participio es «inscrito»]. ☐ Familia: inscrito, inscripción.

inscripción (ins·crip·**ción**) [sustantivo femenino] **1** Hecho de apuntar algo en una lista para un determinado fin: *plazo de inscripción.* **2** Palabras que se escriben en piedra, en metal o en otro material: *Encontraron una piedra con inscripciones fenicias.* ☐ Sinónimos: **1** registro. ☐ Familia: →inscribir.

inscrito, ta (ins·**cri**·to, ta) Participio irregular de **inscribir**. ☐ Familia: →inscribir.

insecticida (in·sec·ti·**ci**·da) [sustantivo masculino] Producto que sirve para matar insectos. ☐ Familia: →insecto.

insectívoro, ra (in·sec·**tí**·vo·ro, ra) [adjetivo o sustantivo] Dicho de un ser vivo, que se alimenta de insectos. ☐ Familia: →insecto.

insecto (in·**sec**·to) [sustantivo masculino] Animal de pequeño tamaño que tiene antenas y suele tener alas, como la mariposa, el mosquito o la hormiga. ⌾ **página 530**. ☐ Familia: insecticida, insectívoro.

inseguridad (in·se·gu·ri·**dad**) [sustantivo femenino] Ausencia de seguridad: *Los vecinos protestan por la inseguridad que hay de noche en las calles.* ☐ Antónimos: seguridad. ☐ Familia: →seguro.

inseguro, ra (in·se·**gu**·ro, ra) [adjetivo] **1** Que actúa sin seguridad: *Es una persona insegura sin confianza en sí misma.* **2** Que no es firme o estable: *Su situación económica es insegura.* **3** Que tiene peligro o que puede producir daño: *Este coche es más inseguro que el tuyo.* ☐ Antónimos: seguro. ☐ Familia: →seguro.

insensatez (in·sen·sa·**tez**) [sustantivo femenino] Cualidad del que no sabe cómo actuar o del que no sabe distinguir lo que está bien y lo que está mal: *Salir de viaje con esta nevada es una insensatez.* ☐ [Su plural es «insensateces»]. ☐ Sinónimos: temeridad, imprudencia, inmadurez. ☐ Antónimos: sensatez. ☐ Familia: →sensato.

insensato, ta (in·sen·**sa**·to, ta) [adjetivo o sustantivo] Que no sabe lo que hay que hacer o no sabe distinguir lo que está bien y lo que está mal. ☐ Sinónimos: alocado. ☐ Antónimos: sensato, juicioso, cuerdo. ☐ Familia: →sensato.

insensibilidad (in·sen·si·bi·li·**dad**) [sustantivo femenino] Falta de sensibilidad: *La anestesia te produce insensibilidad.* ☐ Familia: →sensible.

insensible (in·sen·**si**·ble) [adjetivo] **1** Que no siente nada. **2** Que se nota muy poco: *un cambio insensible.* ☐ [No varía en masculino y femenino]. ☐ Antónimos: sensible. **1** emotivo. ☐ Familia: →sensible.

inseparable (in·se·pa·**ra**·ble) [adjetivo] Que es muy difícil de separar de otra cosa: *amigos inseparables.* ☐ [No varía en masculino y femenino]. ☐ Familia: →separar.

insertar (in·ser·**tar**) [verbo] Meter una cosa dentro de otra o entre otras: *Hay que insertar la moneda en la máquina antes de pulsar el botón.* ☐ Familia: reinserción.

inservible (in·ser·**vi**·ble) [adjetivo] Que no sirve para nada. ☐ [No varía en masculino y femenino]. ☐ Sinónimos: inútil. ☐ Familia: →servir.

insigne (in·**sig**·ne) [adjetivo] Célebre y muy bueno: *un insigne cirujano.* ☐ [No varía en masculino y femenino]. ☐ Sinónimos: excelso, eximio.

insignia (in·**sig**·nia) [sustantivo femenino] Objeto que muestra que se pertenece a un grupo: *Llevo la insignia de mi equipo*

insectos

mosca	mosquito	libélula
abeja	avispa	luciérnaga
cucaracha	escarabajo	grillo
hormiga	mariposa	mariquita
langosta	mantis	oruga

en la solapa de la chaqueta. ☐ Sinónimos: enseña, distintivo.

insignificancia (in·sig·ni·fi·can·cia) [sustantivo femenino] Cosa sin importancia o de poco valor: *No te enfades por esas insignificancias.* ☐ Sinónimos: pequeñez, minucia. ☐ Familia: →signo.

insignificante (in·sig·ni·fi·can·te) [adjetivo] Tan pequeño que no tiene casi importancia: *problema insignificante.* ☐ [No varía en masculino y femenino]. ☐ Sinónimos: trivial, fútil, anodino, baladí. ☐ Antónimos: importante, significativo, trascendental, magno, descomunal. ☐ Familia: →signo.

insinuación (in·si·nua·ción) [sustantivo femenino] Cosa que se da a entender sin decirlo de forma clara: *Habla claro y déjate de insinuaciones.* ☐ Sinónimos: indirecta. ☐ Familia: →insinuar.

insinuante (in·si·nuan·te) [adjetivo] Que da a entender algo sin decirlo de una manera clara: *una mirada insinuante.* ☐ [No varía en masculino y femenino]. ☐ Familia: →insinuar.

insinuar (in·si·nuar) [verbo] Dar a entender algo sin decirlo de una manera clara: *¿Estás insinuando que no ganaré la carrera?* ☐ [Es irregular y se conjuga como actuar]. ☐ Familia: insinuación, insinuante.

insípido, da (in·sí·pi·do, da) ■ [adjetivo] **1** Sin sabor o con poco sabor: *El agua es insípida.* ■ [adjetivo o sustantivo] **2** Sin gracia: *Eres un insípido, porque nunca quieres bailar.* ☐ Sinónimos: soso, insulso, desaborido. **1** desabrido. **2** aburrido. ☐ Antónimos: **2** gracioso. ☐ Familia: →sabor.

insistencia (in·sis·ten·cia) [sustantivo femenino] Repetición de algo muchas veces: *Llamé con insistencia, pero no me abrían.* ☐ Familia: →insistir.

insistente (in·sis·ten·te) [adjetivo] Que insiste mucho. ☐ [No varía en masculino y femenino]. ☐ Familia: →insistir.

insistir (in·sis·tir) [verbo] **1** Repetir algo varias veces: *Si no te abre la puerta a la primera, insiste hasta que abra.* **2** Destacar la importancia de algo: *El profesor insistió en que participáramos en clase.* **3** Mantenerse en una idea: *Insisto en que yo tengo razón.* ☐ Sinónimos: **1** reiterar. **3** persistir. ☐ Familia: insistente, insistencia.

insociable (in·so·cia·ble) [adjetivo] Que no está cómodo con la gente y prefiere estar solo. ☐ [No varía en masculino y femenino]. ☐ Sinónimos: huraño. ☐ Antónimos: sociable. ☐ Familia: →socio.

insolación (in·so·la·ción) [sustantivo femenino] Estado de una persona que se siente mal porque le ha dado mucho el sol.

insolencia (in·so·len·cia) [sustantivo femenino] **1** Falta de respeto. **2** Hecho o dicho que ofende: *¿No dejarás nunca de decir insolencias?* ☐ Sinónimos: **1** atrevimiento, descaro, desfachatez. **2** insulto, ofensa. ☐ Familia: →insolente.

insolente (in·so·len·te) [adjetivo o sustantivo] Que ofende porque falta al respeto o porque resulta atrevido. ☐ [No varía en masculino y femenino]. ☐ Familia: insolencia.

insolidario, ria (in·so·li·da·rio, ria) [adjetivo o sustantivo] Que no ayuda a los demás. ☐ Antónimos: solidario. ☐ Familia: →solidario.

insólito, ta (in·só·li·to, ta) [adjetivo] Poco frecuente: *Que nieve en una playa del sur es un hecho insólito.* ☐ Sinónimos: raro, extraño. ☐ Antónimos: frecuente, normal, ordinario.

insoluble (in·so·lu·ble) [adjetivo] **1** Que no se puede disolver: *Las grasas son insolubles en el agua.* **2** Que no se puede resolver: *un problema insoluble.* ☐ [No varía en masculino y femenino]. ☐ Familia: →solución.

insolvente (in·sol·ven·te) [adjetivo] Que no puede pagar sus deudas. ☐ [No varía en masculino y femenino]. ☐ Antónimos: solvente. ☐ Familia: →resolver.

insomnio (in·som·nio) [sustantivo masculino] Falta de sueño cuando hay que dormir.

insonorizar (in·so·no·ri·zar) [verbo] Proteger un lugar para que no entren ni salgan ruidos: *insonorizar un local.* ☐ [La «z» se cambia en «c» delante de «e» («insonorice»)]. ☐ Familia: →son.

insoportable (in·so·por·ta·ble) [adjetivo] Que no se puede aguantar. ☐ [No varía en masculino y femenino]. ☐ Sinónimos: inaguantable, insufrible. ☐ Antónimos: soportable. ☐ Familia: →soportar.

insoslayable (in·sos·la·ya·ble) [adjetivo] Que no puede ser evitado: *obligación insoslayable.* ☐ [No varía en masculino y femenino]. ☐ Sinónimos: inevitable, inexorable, ineludible. ☐ Familia: →soslayar.

insospechado, da (in·sos·pe·cha·do, da) [adjetivo] Que sorprende porque no se espera: *Lo encontrarás en el momento más insospechado.* ☐ Sinónimos: inesperado. ☐ Familia: →sospechar.

insostenible (in·sos·te·ni·ble) [adjetivo] **1** Que no se puede aguantar más: *una situación insostenible.* **2** Que no se puede defender con razones porque no tiene sentido: *Tus hipótesis son insostenibles.* ☐ [No varía en masculino y femenino]. ☐ Familia: →sostén.

inspección (ins·pec·ción) [sustantivo femenino] Estudio atento y detallado que se hace de algo. ☐ Sinónimos: examen, revisión. ☐ Familia: inspeccionar, inspector.

inspeccionar (ins·pec·cio·nar) [verbo] Examinar algo con atención: *La policía inspeccionó la zona en busca de pistas.* ☐ Sinónimos: explorar, reconocer. ☐ Familia: →inspección.

inspector, ra (ins·pec·tor, to·ra) [sustantivo] Persona que tiene autoridad para examinar algo con mucha atención: *La inspectora del Ministerio de Educación y Cultura vino a ver cómo daban las clases los profesores.* ☐ Familia: →inspección.

inspiración (ins·pi·ra·ción) [sustantivo femenino] **1** Introducción de aire en los pulmones. **2** Estímulo que anima a un artista a crear algo: *Este pintor encuentra la inspiración en el paisaje.* ☐ Sinónimos: **1** aspiración. **2** musa. ☐ Antónimos: **1** espiración. ☐ Familia: →inspirar.

inspirar (ins·pi·rar) [verbo] **1** Introducir aire en los pulmones: *En cuanto llegué al campo, inspiré profundamente el aire puro.* **2** Hacer sentir algo: *Esa persona me inspira terror.* **3** Estimular a un artista a crear: *La infancia inspira a muchos poetas.* ☐ Sinónimos:

instalación

1 aspirar. **2** mover, sugerir, infundir. ☐ ANTÓNIMOS: **1** espirar. ☐ FAMILIA: inspiración.

instalación (ins·ta·la·ción) [sustantivo femenino] **1** Preparación de algo en un sitio para que pueda ser usado: *la instalación de la luz*. **2** Colocación de una persona en un lugar: *El ayuntamiento se encargará de la instalación provisional de los refugiados*. **3** Lugar que posee todo lo necesario para que se realice algo en él: *instalaciones deportivas*. ☐ FAMILIA: →instalar.

instalar (ins·ta·lar) [verbo] **1** Colocar algo en un lugar o prepararlo para que pueda ser usado: *Hoy instalarán el aire acondicionado*. **2** Colocar a una persona en un lugar: *Instalaremos a los invitados en tu habitación*. ☐ FAMILIA: instalación.

instancia (ins·tan·cia) [sustantivo femenino] Escrito en el que se hace una solicitud o se pide algo a una autoridad: *He hecho una instancia solicitando una beca*. ◆ [expresión] ‖ **a instancias de alguien** Por sus ruegos: *He accedido a venir a instancias de mi madre*. ‖ **en última instancia** Si no queda otra solución: *En última instancia, puedes coger un taxi*. ☐ SINÓNIMOS: solicitud. ☐ FAMILIA: →instar.

instantáneo, a (ins·tan·tá·ne·o, a) ■ [adjetivo] **1** Que se hace en el momento: *sopa instantánea*. ■ **instantánea** [sustantivo femenino] **2** Fotografía que se obtiene en el momento: *El fotógrafo de la boda sacará instantáneas de los invitados*. ☐ FAMILIA: →instante.

instante (ins·tan·te) [sustantivo masculino] Período muy corto de tiempo: *Espérame que termino en un instante*. ☐ SINÓNIMOS: momento. ☐ FAMILIA: instantáneo.

instar (ins·tar) [verbo] Insistir para que algo se realice rápidamente: *El profesor nos instó a que entregásemos el trabajo en el plazo indicado*. ☐ FAMILIA: instancia.

instaurar (ins·tau·rar) [verbo] Crear o establecer una ley, una costumbre o una forma de gobierno: *Votaron para que no se instaure la pena de muerte*. ☐ [Es irregular y se conjuga como CAUSAR].

instigar (ins·ti·gar) [verbo] Impulsar a hacer algo, especialmente si es algo malo: *Ellos me instigaron a que robara el cuadro*. ☐ [La «g» se cambia en «gu» delante de «e» («instigue»)]. ☐ SINÓNIMOS: incitar.

instintivo, va (ins·tin·ti·vo, va) [adjetivo] Que se hace por instinto: *Los animales saben de forma instintiva quiénes son sus enemigos*. ☐ FAMILIA: →instinto.

instinto (ins·tin·to) [sustantivo masculino] Impulso que hace que las personas o los animales actúen de determinada manera sin haberlo aprendido y sin pensarlo: *Los bebés saben mamar por instinto*. ☐ FAMILIA: instintivo.

institución (ins·ti·tu·ción) [sustantivo femenino] Organización que tiene funciones de interés público: *Los colegios son instituciones de enseñanza*. ☐ FAMILIA: →instituir.

instituir (ins·ti·tuir) [verbo] Organizar, formar o hacer aparecer algo: *La directora instituyó un premio de poesía*. ☐ [Es irregular y se conjuga como CONSTRUIR]. ☐ SINÓNIMOS: establecer, crear, fundar. ☐ FAMILIA: institución, instituto.

instituto (ins·ti·tu·to) [sustantivo masculino] **1** Centro en el que se enseñan determinadas materias. **2** Lugar en el que se prestan determinados servicios: *instituto de belleza*. **3** Nombre que reciben algunas asociaciones de personas: *Mi tía pertenece a un instituto de religiosas que se dedican a la enseñanza*. ☐ FAMILIA: →instituir.

institutriz (ins·ti·tu·triz) [sustantivo femenino] Mujer que se ocupa de la educación de los niños en el hogar de estos. ☐ [Su plural es «institutrices»].

instrucción (ins·truc·ción) ■ [sustantivo femenino] **1** Hecho de enseñar los conocimientos necesarios para una actividad: *Mi padre se dedica a la instrucción de pilotos de aviones*. **2** Conjunto de conocimientos que posee una persona: *Si quieres ser una persona culta, debes tener una buena instrucción*. ■ **instrucciones** [plural] **3** Reglas necesarias para conseguir algo: *instrucciones de uso*. ☐ FAMILIA: →instruir.

instructivo, va (ins·truc·ti·vo, va) [adjetivo] Que sirve para enseñar: *juegos instructivos*. ☐ FAMILIA: →instruir.

instructor, ra (ins·truc·tor, to·ra) [sustantivo] Persona que se dedica a enseñar alguna actividad: *instructor de vuelo*. ☐ FAMILIA: →instruir.

instruido, da (ins·trui·do, da) [adjetivo] Que tiene muchos conocimientos. ☐ SINÓNIMOS: versado. ☐ FAMILIA: →instruir.

instruir (ins·truir) [verbo] **1** Preparar a una persona o a un animal para que realicen determinada actividad: *El teniente instruye a sus soldados sobre cómo deben desfilar*. **2** Dar educación a una persona. ☐ [Es irregular y se conjuga como CONSTRUIR]. ☐ SINÓNIMOS: **1** adiestrar, ejercitar, aleccionar. **2** educar. ☐ FAMILIA: instruido, instrucción, instructivo, instructor.

instrumental (ins·tru·men·tal) ■ [adjetivo] **1** De un instrumento o relacionado con él: *música instrumental*. ■ [sustantivo masculino] **2** Conjunto de instrumentos: *instrumental médico*. ☐ [No varía en masculino y femenino]. ☐ FAMILIA: →instrumento.

instrumento (ins·tru·men·to) [sustantivo masculino] **1** Objeto que se usa para realizar un trabajo: *El lápiz, la regla y la goma son instrumentos de dibujo*. **2** Persona o cosa que sirve como medio para conseguir un fin: *El dinero es el instrumento que usamos para comprar cosas*. **3** Objeto que sirve para producir sonidos musicales: *La guitarra y el arpa son instrumentos de cuerda*. 👁 **páginas 534-535.** ☐ SINÓNIMOS: **1** herramienta. ☐ FAMILIA: instrumental.

insubordinar (in·su·bor·di·nar) [verbo] Hacer que un grupo de personas se ponga en contra de una autoridad: *La falta de comida insubordinó a las masas*. ☐ SINÓNIMOS: sublevar. ☐ FAMILIA: →orden.

insuficiente (in·su·fi·cien·te) [adjetivo] Que no es suficiente. ☐ [No varía en masculino y femenino]. ☐ SINÓNIMOS: exiguo. ☐ ANTÓNIMOS: suficiente, bastante. ☐ FAMILIA: →suficiente.

insufrible (in·su·fri·ble) [adjetivo] Que no se puede aguantar o sufrir: *un dolor insufrible*. ☐ [No varía en masculino y femenino]. ☐ Sinónimos: insoportable, inaguantable. ☐ Antónimos: soportable. ☐ Familia: →sufrir.

insulina (in·su·li·na) [sustantivo femenino] **1** Sustancia que produce el cuerpo y que regula la cantidad de azúcar que hay en la sangre: *La falta de insulina provoca diabetes*. **2** Medicamento que sirve para regular la cantidad de azúcar de la sangre: *Los diabéticos se inyectan insulina*.

insulso, sa (in·sul·so, sa) [adjetivo] **1** Sin sabor o con poco sabor: *La comida sin sal es insulsa*. **2** Sin gracia o poco interesante: *Es una película insulsa*. ☐ Sinónimos: soso, insípido, desaborido. **1** desabrido. ☐ Antónimos: **1** sabroso, suculento. **2** gracioso, interesante.

insultar (in·sul·tar) [verbo] Ofender a alguien con palabras o acciones. ☐ Sinónimos: escarnecer, agraviar. ☐ Familia: →insulto.

insulto (in·sul·to) [sustantivo masculino] **1** Palabra o expresión que se dice para ofender a una persona. **2** Hecho o dicho que ofende a una persona: *El ministro consideró un insulto que el embajador no lo saludara*. ☐ Sinónimos: insolencia, agravio. ☐ Familia: insultar.

insuperable (in·su·pe·ra·ble) [adjetivo] Imposible de superar por su calidad o por su dificultad. ☐ [No varía en masculino y femenino]. ☐ Familia: →superior.

insurrección (in·su·rrec·ción) [sustantivo femenino] Movimiento de protesta de un grupo de personas en contra de una autoridad. ☐ Sinónimos: sublevación, levantamiento.

intachable (in·ta·cha·ble) [adjetivo] Que no admite ser criticado: *conducta intachable*. ☐ [No varía en masculino y femenino]. ☐ Sinónimos: irreprochable. ☐ Familia: →tachar.

intacto, ta (in·tac·to, ta) [adjetivo] **1** Que no ha sido tocado: *La nieve que hay en los tejados está intacta*. **2** Que no ha sufrido daño: *Se me cayó el espejo, pero quedó intacto*.

integración (in·te·gra·ción) [sustantivo femenino] **1** Unión y adaptación de alguien a un grupo: *integración social*. **2** Formación o composición de un conjunto: *Mezcla los componentes hasta su total integración*. ☐ Familia: →íntegro.

integral (in·te·gral) [adjetivo] **1** Completo o que incluye todo lo necesario: *Una formación integral incluye teoría y práctica*. **2** Dicho de un alimento, que está elaborado con cereales que conservan la cáscara de sus granos: *pan integral; arroz integral*. ☐ [No varía en masculino y femenino]. ☐ Sinónimos: **1** íntegro. ☐ Familia: →íntegro.

integrante (in·te·gran·te) [adjetivo o sustantivo] Que forma parte de algo: *Los integrantes del grupo de música subieron al escenario*. ☐ [No varía en masculino y femenino]. ☐ Familia: →íntegro.

integrar (in·te·grar) [verbo] **1** Formar una cosa con varias partes: *El equipo lo integramos once jugadores*. **2** Hacer que una persona se una a un grupo y se encuentre bien en él. ☐ Sinónimos: **1** componer, constituir. ☐ Antónimos: **1** desintegrar. ☐ Familia: →íntegro.

integridad (in·te·gri·dad) [sustantivo femenino] Honradez en la forma de actuar. ☐ Sinónimos: honestidad, rectitud, rectitud. ☐ Familia: →íntegro.

íntegro, gra (ín·te·gro, gra) [adjetivo] **1** Entero o con todas sus partes: *La versión íntegra de esa película dura tres horas*. **2** Que actúa con honradez y buena voluntad: *Un juez debe ser una persona íntegra*. ☐ Sinónimos: **1** completo, integral. **2** honesto, honrado, recto, justo. ☐ Antónimos: **1** incompleto. **2** injusto. ☐ Familia: integrar, integral, integración, integrante, integridad, desintegración, reintegrar, reintegro.

intelecto (in·te·lec·to) [sustantivo masculino] Capacidad de las personas para comprender, conocer y razonar las cosas. ☐ Sinónimos: inteligencia, entendimiento. ☐ Familia: →inteligente.

intelectual (in·te·lec·tual) ▮ [adjetivo] **1** De la inteligencia o relacionado con ella: *actividades intelectuales*. ▮ [adjetivo o sustantivo] **2** Dicho de una persona, que se dedica a actividades que se realizan con la inteligencia: *Los científicos y los escritores son intelectuales*. ☐ [No varía en masculino y femenino]. ☐ Familia: →inteligente.

inteligencia (in·te·li·gen·cia) [sustantivo femenino] Capacidad de las personas para comprender, conocer y razonar las cosas. ☐ Sinónimos: entendimiento, mente, intelecto. ☐ Familia: →inteligente.

inteligente (in·te·li·gen·te) [adjetivo] **1** Que tiene inteligencia: *Los científicos buscan vida inteligente en otros planetas*. **2** Que muestra mucha inteligencia: *Su discurso fue divertido e inteligente*. ☐ [No varía en masculino y femenino]. ☐ Antónimos: mentecato. ☐ Familia: inteligencia, intelectual, inteligible, ininteligible, intelecto.

inteligible (in·te·li·gi·ble) [adjetivo] Que puede ser entendido: *Explícalo de forma clara e inteligible*. ☐ [No varía en masculino y femenino]. ☐ Sinónimos: comprensible. ☐ Antónimos: ininteligible. ☐ Familia: →inteligente.

intemperancia (in·tem·pe·ran·cia) [sustantivo femenino] Falta de cuidado o moderación al hacer algo, que puede tener consecuencias graves. ☐ Sinónimos: imprudencia. ☐ Antónimos: prudencia, cautela.

intemperie (in·tem·pe·rie) ◆ [expresión] ‖ **a la intemperie** Al aire libre: *Dormimos a la intemperie*.

intención (in·ten·ción) [sustantivo femenino] **1** Idea que se tiene de hacer algo: *Tengo la intención de ir al cine hoy*. **2** Mala idea con la que se hace o se dice algo: *Me dijo con toda intención que mi vestido era horrible*. ☐ Familia: intencionado, intencional, bienintencionado, malintencionado.

intencionado, da (in·ten·cio·na·do, da) [adjetivo] Que tiene una intención determinada. ◆ [expresión] ‖ **bien intencionado** → **bienintencionado, da**. ‖ **mal intencionado** → **malintencionado, da**. ☐ Sinónimos: deliberado. ☐ Familia: →intención.

intencional (in·ten·cio·nal) [adjetivo] **1** Deliberado, premeditado o hecho a propósito: *No fue un encuentro*

instrumentos musicales

- arpa
- piano
- laúd
- contrabajo
- violín
- violonchelo
- guitarra
- clarinete
- fagot
- flauta
- oboe
- saxofón
- trompeta
- trompa
- trombón

instrumentos musicales

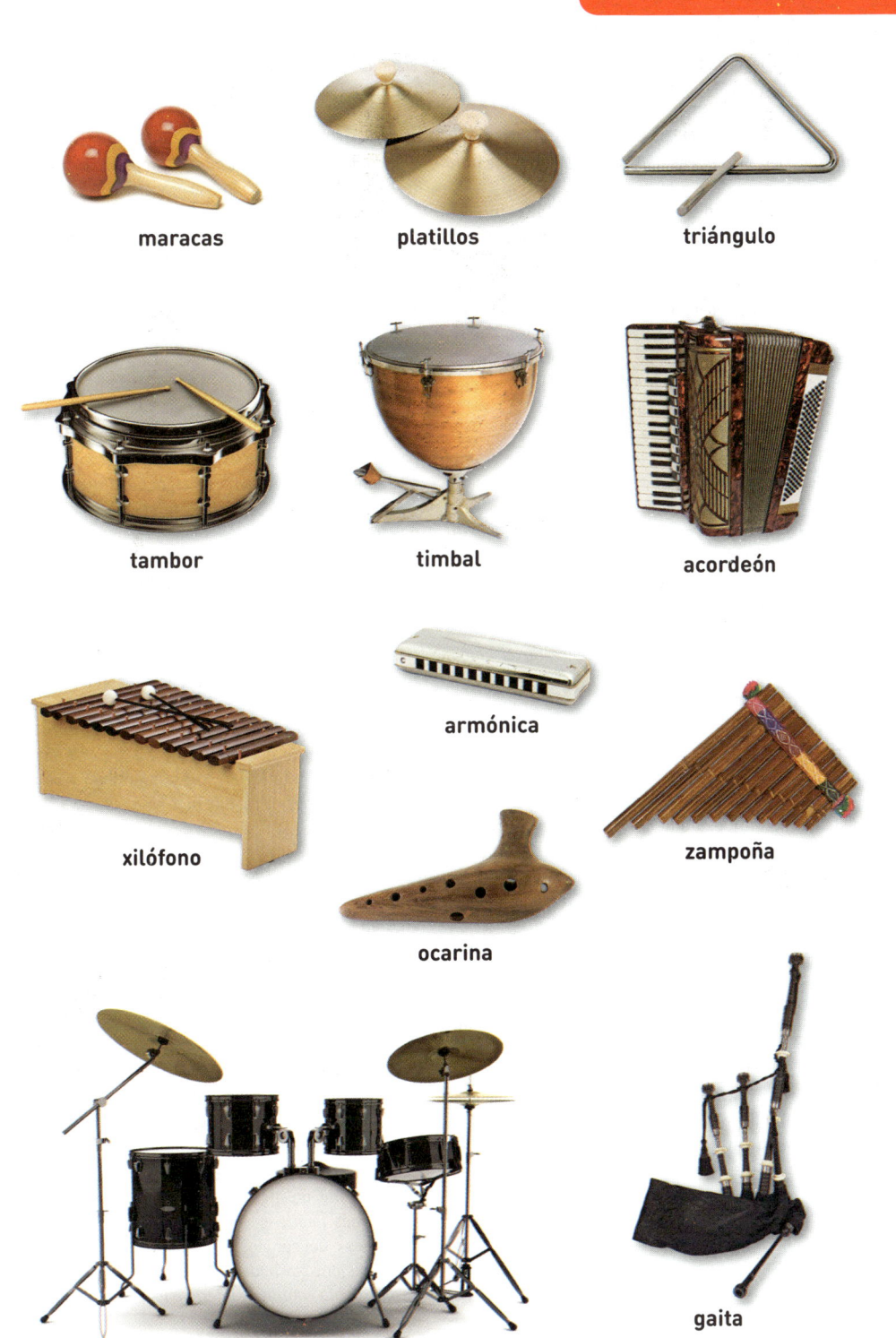

- maracas
- platillos
- triángulo
- tambor
- timbal
- acordeón
- xilófono
- armónica
- zampoña
- ocarina
- batería
- gaita

intensidad

intencional, *no sabía que iba a estar allí*. **2** De la intención o relacionado con ella: *una postura intencional*. ☐ [No varía en masculino y femenino]. ☐ Familia: →intención.

intensidad (in·ten·si·dad) [sustantivo femenino] Energía o fuerza que algo tiene: *La intensidad de las lluvias aumentará estos días*. ☐ Familia: →intenso.

intensificar (in·ten·si·fi·car) [verbo] Aumentar la intensidad: *Se han intensificado las protestas por las nuevas medidas*. ☐ [La «c» se cambia en «qu» delante de «e» («intensifique»)]. ☐ Familia: →intenso.

intensivo, va (in·ten·si·vo, va) [adjetivo] **1** Que intensifica o hace adquirir mayor intensidad: *La sal es un ingrediente intensivo del sabor de los alimentos*. **2** Que se realiza de forma intensa o en un espacio de tiempo inferior a lo normal: *un curso intensivo*. ☐ Familia: →intenso.

intenso, sa (in·ten·so, sa) [adjetivo] Muy fuerte o muy grande: *dolor intenso*. ☐ Antónimos: débil, flojo, apagado. ☐ Familia: intensidad, intensificar, intensivo.

intentar (in·ten·tar) [verbo] Hacer lo posible para realizar una acción: *Intenta venir, por favor*. ☐ Familia: intento.

intento (in·ten·to) [sustantivo masculino] **1** Propósito que se tiene de realizar algo: *intento de cooperación*. **2** Cosa que se intenta: *Al tercer intento conseguí encestar el balón*. ☐ Familia: →intentar.

interaccionar (in·te·rac·cio·nar) [verbo] Actuar de forma conjunta dos o más objetos, sustancias, agentes o personas: *Si este medicamento interacciona con este otro, disminuirá su eficacia*. ☐ Familia: →acción.

interactivo, va (in·te·rac·ti·vo, va) [adjetivo] Dicho de un sistema, de un juego o de un programa informático, que ofrece la posibilidad de que la persona que lo utiliza actúe como si dialogara con el ordenador: *Ese museo tiene una web interactiva que te permite hacer un recorrido virtual por las distintas salas y recibir una explicación de la obra de arte que más te interese*. ☐ Familia: →activo.

interactuar (in·te·rac·tuar) [verbo] Actuar de forma recíproca un ordenador y su usuario: *En algunos programas informáticos, el usuario puede interactuar con los elementos que se le ofrecen en pantalla*. ☐ [Es irregular y se conjuga como ACTUAR]. ☐ Familia: →acto.

intercalar (in·ter·ca·lar) [verbo] Poner una cosa entre otras que forman una serie: *En este diccionario se intercalan páginas en color con páginas en blanco y negro*.

intercambiar (in·ter·cam·biar) [verbo] Dar una cosa a cambio de otra: *Los capitanes intercambiaron los banderines de sus equipos*. ☐ [Es irregular y se conjuga como ANUNCIAR]. ☐ Sinónimos: cambiar, canjear. ☐ Familia: →cambio.

intercambio (in·ter·cam·bio) [sustantivo masculino] **1** Hecho de dar una cosa por otra: *Podemos hacer intercambio de libros*. **2** Cambio que hacen dos organismos o dos países, prestándose servicios el uno al otro: *Fue a estudiar a otro país por un programa de intercambio cultural*. ☐ Sinónimos: **1** canje, trueque. ☐ Familia: →cambiar.

interceder (in·ter·ce·der) [verbo] Hablar en favor de una persona: *Intercedí por ti ante el profesor para que no te castigara*. ☐ Sinónimos: abogar, mediar. ☐ Familia: →ceder.

interceptar (in·ter·cep·tar) [verbo] **1** Detener algo antes de que llegue a su destino: *El defensa interceptó el balón y evitó el gol*. **2** Impedir o hacer más difícil el paso por un lugar: *El camión interceptaba la salida y no se podía pasar*. ☐ Sinónimos: **2** obstruir.

intercostal (in·ter·cos·tal) [adjetivo] Que está entre dos costillas: *músculos intercostales*. ⊙ **página 647**. ☐ [No varía en masculino y femenino].

interés (in·te·rés) [sustantivo masculino] **1** Cosa que es beneficiosa para una persona: *Debes estudiar por tu propio interés*. **2** Valor o importancia de algo: *Cuéntame las noticias de más interés*. **3** Ganas con las que se hace algo que queremos que salga bien: *Si pones interés en aprender, te resultará fácil*. **4** Cantidad que se paga por el uso de un dinero recibido como préstamo: *Tuvieron que pagar muchos intereses por el dinero que les prestaron para el coche*. ☐ Sinónimos: **1** conveniencia. ☐ Antónimos: **3** desinterés, indiferencia, frialdad. ☐ Familia: interesar, interesado, interesante, desinterés, desinteresado.

interesado, da (in·te·re·sa·do, da) [adjetivo o sustantivo] **1** Que tiene interés en algo o que lo muestra. **2** Que actúa solo por su propio interés: *Eres muy interesado y no ayudas si no puedes conseguir algo a cambio*. ☐ Sinónimos: **1** atento. ☐ Antónimos: **2** desinteresado. ☐ Familia: →interés.

interesante (in·te·re·san·te) [adjetivo] Que interesa a alguien: *Es interesante lo que dices*. ◆ [expresión] ∥ **hacerse alguien el interesante** Comportarse de una forma especial para llamar la atención. ☐ [En el significado **1** no varía en masculino y femenino]. ☐ Antónimos: insulso. ☐ Familia: →interés.

interesar (in·te·re·sar) [verbo] **1** Producir interés: *Me interesa saber cómo acabó la película*. **2** Hacer que alguien tenga interés por algo: *Los padres deben interesar a sus hijos en la lectura*. **3** Tener importancia: *Interesa que sepas hablar inglés*. ∥ **interesarse 4** Mostrar interés por algo. ☐ Familia: →interés.

interferencia (in·ter·fe·ren·cia) [sustantivo femenino] **1** Cambio en el desarrollo de algo a causa de un obstáculo: *No quiero más interferencias en mi vida*. **2** Corte de las imágenes o del sonido en el teléfono, en la radio o en la televisión: *No pude seguir hablando por teléfono porque había continuas interferencias*. ☐ Familia: →interferir.

interferir (in·ter·fe·rir) [verbo] **1** Ser un obstáculo para algo: *No quiero que nadie interfiera mi trabajo*. **2** Producir una interferencia: *La señal de la radio interfiere*

interrogación

la línea telefónica. ☐ [Es irregular y se conjuga como SEN-TIR]. ☐ FAMILIA: interferencia.

interior (in·te·rior) ◼ [adjetivo] **1** Que está en la parte de dentro o que está dentro de algo. ◼ [adjetivo o sustantivo masculino] **2** Dicho de una casa o de sus habitaciones, que no tiene ventanas que den a la calle. ◼ [sustantivo masculino] **3** Parte de dentro de una cosa: *Parece un coche pequeño, pero tiene un interior muy amplio.* **4** Conciencia o pensamientos íntimos de una persona: *Sé en mi interior que no he hecho bien.* ☐ [Cuando es adjetivo, no varía en masculino y femenino]. ☐ SINÓNIMOS: **1** interno. ☐ ANTÓNIMOS: **1-3** exterior. **1** externo. ☐ FAMILIA: →interno.

interiorizar (in·te·rio·ri·zar) [verbo] **1** No manifestar un sentimiento: *No se desahoga porque interioriza sus penas.* **2** Asimilar de manera profunda un pensamiento o una creencia: *Para consolidar el aprendizaje hay que interiorizar lo aprendido.* ☐ [La «z» se cambia en «c» delante de «e» («interiorice»)]. ☐ FAMILIA: →interno.

interjección (in·ter·jec·ción) [sustantivo femenino] Clase de palabra que sirve para expresar un estado de ánimo o para llamar a alguien: *«¡Eh!», «¡jolín!» y «¡bravo!» son interjecciones.* ☐ [Las interjecciones se escriben entre signos de exclamación].

interlocutor, ra (in·ter·lo·cu·tor, to·ra) [sustantivo] Persona que toma parte en una conversación. ☐ FAMILIA: →locutor.

intermediario, ria (in·ter·me·dia·rio, ria) [adjetivo o sustantivo] **1** Que actúa entre dos partes en lucha para intentar que se consiga la paz o que lleguen a un acuerdo. **2** Que lleva los artículos desde la persona que los produce hasta la persona que los compra: *Los fruteros son los intermediarios entre los agricultores y los consumidores.* ☐ FAMILIA: →medio.

intermedio, dia (in·ter·me·dio, dia) ◼ [adjetivo] **1** Que está situado entre dos o más cosas: *una talla intermedia.* ◼ **intermedio** [sustantivo masculino] **2** Espacio de tiempo que hay entre dos partes de una película o de otra cosa. ☐ SINÓNIMOS: **2** descanso. ☐ FAMILIA: →medio.

interminable (in·ter·mi·na·ble) [adjetivo] Que dura tanto que parece que no tiene fin. ☐ [No varía en masculino y femenino]. ☐ SINÓNIMOS: inagotable, inacabable. ☐ FAMILIA: →terminar.

intermitente (in·ter·mi·ten·te) ◼ [adjetivo] **1** Que se interrumpe y vuelve a seguir, generalmente a intervalos regulares: *luz intermitente; sonido intermitente.* ◼ [sustantivo masculino] **2** Luz que está situada a los lados de un automóvil y que se enciende y se apaga una y otra vez para indicar un cambio de dirección. ☐ [En el significado **1** no varía en masculino y femenino].

internacional (in·ter·na·cio·nal) [adjetivo] **1** De varias naciones o relacionado con ellas: *competición internacional.* **2** Que es conocido en todas partes: *Este es un director de cine internacional.* ☐ [No varía en masculino y femenino]. ☐ SINÓNIMOS: mundial, universal. ☐ FAMILIA: →nación.

internado (in·ter·na·do) [sustantivo masculino] Centro en el que viven personas internas. ☐ FAMILIA: →interno.

internar (in·ter·nar) [verbo] **1** Llevar o ir al interior de un lugar: *No os internéis en el bosque.* **2** Meter a una persona en un lugar para que permanezca en él: *Le internaron en un colegio inglés.* ☐ FAMILIA: →interno.

internauta (in·ter·nau·ta) [sustantivo] Persona que navega por la red informática. ☐ [No varía en masculino y femenino]. ☐ SINÓNIMOS: cibernauta. ☐ FAMILIA: →nave.

internet (in·ter·net) [sustantivo] Red mundial de ordenadores conectados entre sí para poder intercambiar información entre todos ellos. ☐ [También se escribe con mayúscula. Se puede decir «el internet» y «la internet» sin que cambie de significado].

interno, na (in·ter·no, na) ◼ [adjetivo] **1** Que está dentro de algo: *órgano interno.* ◼ [adjetivo o sustantivo] **2** Dicho de una persona, que vive en el lugar en el que trabaja o en el que estudia: *alumno interno.* ◼ [sustantivo] **3** Persona que está en la cárcel. ☐ SINÓNIMOS: **1** interior, intrínseco. **3** preso. ☐ ANTÓNIMOS: **1** exterior. **1, 2** externo. ☐ FAMILIA: internar, internado, interior, interiorizar.

interpelar (in·ter·pe·lar) [verbo] **1** Pedir o exigir explicaciones: *El inspector interpeló a toda la familia, pero nadie confesó.* **2** Plantear en un Parlamento una discusión ajena a los proyectos de ley o a las proposiciones: *La diputada interpeló al Gobierno sobre el adelanto de las elecciones.* ☐ FAMILIA: →apelar.

interponer (in·ter·po·ner) [verbo] Poner entre dos cosas o entre dos personas: *Me interpuse entre los dos para que no se pegaran.* ☐ [Es irregular y se conjuga como PONER. Su participio es «interpuesto»]. ☐ FAMILIA: interpuesto. →poner.

interpretación (in·ter·pre·ta·ción) [sustantivo femenino] **1** Explicación del significado de algo: *La frase «El gato está en el garaje» tiene dos interpretaciones, porque «gato» puede ser un animal o una herramienta.* **2** Hecho de representar un papel de cine, de televisión o de teatro: *Esa actriz recibió un premio por su interpretación.* **3** Hecho de tocar una pieza musical: *El público aplaudió la interpretación de la orquesta.* ☐ SINÓNIMOS: **3** ejecución. ☐ FAMILIA: →interpretar.

interpretar (in·ter·pre·tar) [verbo] **1** Entender el significado de algo: *Has interpretado mal mis palabras.* **2** Representar un papel de cine, de televisión o de teatro. **3** Tocar o cantar una pieza musical. ☐ SINÓNIMOS: **2** desempeñar. **3** ejecutar. ☐ FAMILIA: interpretación, intérprete, malinterpretar.

intérprete (in·tér·pre·te) [sustantivo] **1** Persona que representa papeles de cine o de teatro. **2** Persona que toca una pieza musical o que la canta. **3** Persona que traduce para otros. ☐ [No varía en masculino y femenino]. ☐ FAMILIA: →interpretar.

interpuesto, ta (in·ter·pues·to, ta) Participio irregular de **interponer**. ☐ FAMILIA: →interponer.

interrogación (in·te·rro·ga·ción) [sustantivo femenino] Signo doble que usamos al escribir para indicar dónde empieza y termina una pregunta: *¿Sabes?, en espa-*

interrogante

es obligatorio escribir interrogación al principio y al final de la pregunta. ☐ FAMILIA: →interrogar.

interrogante (in·te·rro·gan·te) [sustantivo] Cuestión que produce dudas o que no está clara y se pregunta: *La existencia de extraterrestres plantea serios interrogantes.* ☐ [Se puede decir «el interrogante» y «la interrogante» sin que cambie de significado]. ☐ SINÓNIMOS: enigma, duda. ☐ FAMILIA: →interrogar.

interrogar (in·te·rro·gar) [verbo] Hacer muchas preguntas: *La policía interrogó a los sospechosos.* ☐ [La «g» se cambia en «gu» delante de «e» («interrogue»)]. ☐ SINÓNIMOS: preguntar. ☐ ANTÓNIMOS: contestar, responder. ☐ FAMILIA: interrogación, interrogante, interrogativo, interrogatorio.

interrogativo, va (in·te·rro·ga·ti·vo, va) [adjetivo] **1** Que expresa una pregunta: *frase interrogativa.* ■ [adjetivo o sustantivo masculino] **2** Dicho de una clase de palabra, que introduce una pregunta: *«Quién» es un pronombre interrogativo.* ☐ FAMILIA: →interrogar.

interrogatorio (in·te·rro·ga·to·rio) [sustantivo masculino] Serie de preguntas que se hacen a una persona para aclarar un asunto. ☐ FAMILIA: →interrogar.

interrumpir (in·te·rrum·pir) [verbo] **1** Impedir la continuación de algo: *Interrumpieron el partido porque nevaba demasiado.* **2** Cortar una conversación: *Haz el favor de no interrumpirme más.* ☐ SINÓNIMOS: **1** detener, suspender. ☐ ANTÓNIMOS: **1** proseguir, continuar, seguir. ☐ FAMILIA: interruptor, interrupción, ininterrumpido.

interrupción (in·te·rrup·ción) [sustantivo femenino] Hecho o cosa que impide la continuación de algo. ☐ FAMILIA: →interrumpir.

interruptor (in·te·rrup·tor) [sustantivo masculino] Aparato que se usa para abrir o cerrar el paso de corriente eléctrica. ☐ FAMILIA: →interrumpir.

interruptor

intersección (in·ter·sec·ción) [sustantivo femenino] **1** Punto o lugar en el que se cortan dos líneas, dos planos o dos cuerpos: *Hubo un accidente en la intersección de las dos carreteras.* **2** En matemáticas, conjunto formado por los elementos comunes de varios conjuntos.

interurbano, na (in·te·rur·ba·no, na) [adjetivo] Que se establece entre dos o más ciudades o entre dos o más pueblos: *llamadas interurbanas.* ☐ FAMILIA: →urbe.

intervalo (in·ter·va·lo) [sustantivo masculino] Espacio que hay entre dos momentos o entre dos puntos: *Entre clase y clase intervalo de cinco minutos.*

nción (in·ter·ven·ción) [sustantivo femenino] **1** Hecho de tomar parte en algo: *A mi profesor le gusta que hagamos intervenciones en clase.* **2** Hecho de abrir un cuerpo vivo para quitarle un órgano o para curar una parte enferma: *intervención quirúrgica.* ☐ SINÓNIMOS: **1** participación. **2** operación. ☐ FAMILIA: →intervenir.

intervenir (in·ter·ve·nir) [verbo] **1** Tomar parte en algo: *¿Quiénes van a intervenir en esa reunión?* **2** Controlar un teléfono para saber qué dicen los que hablan sin que ellos lo sepan. **3** Realizar una operación médica. ☐ [Es irregular y se conjuga como VENIR]. ☐ SINÓNIMOS: **1** participar, entrar. **3** operar. ☐ FAMILIA: intervención, interventor.

interventor, ra (in·ter·ven·tor, to·ra) [sustantivo] **1** Persona que controla las cuentas y comprueba que todas las operaciones se hagan de acuerdo con la ley. **2** Persona que trabaja en el tren o en el metro y que comprueba que todos los viajeros tienen un billete. ☐ SINÓNIMOS: **2** revisor. ☐ FAMILIA: →intervenir.

interviú (in·ter·viú) [sustantivo] Conversación que tiene una persona con otra que le hace una serie de preguntas: *El periódico publicaba la interviú que hice al actor.* ☐ [Es una palabra de origen inglés. Se puede decir «el interviú» y «la interviú» sin que cambie de significado, aunque se usa más en femenino. Su plural es «interviús»]. ☐ SINÓNIMOS: entrevista.

intestino (in·tes·ti·no) [sustantivo masculino] Especie de tubo que está en el interior del cuerpo, debajo del estómago. ☐ SINÓNIMOS: tripa.

intifada (in·ti·fa·da) [sustantivo femenino] Rebelión popular palestina.

intimar (in·ti·mar) [verbo] Entablar una amistad íntima: *En el instituto intimó con los compañeros.* ☐ [No confundir con «intimidar» (causar miedo)]. ☐ FAMILIA: →íntimo.

intimidación (in·ti·mi·da·ción) [sustantivo femenino] Hecho de amenazar o de provocar miedo: *Está acusado de robo con intimidación porque sacó una navaja.* ☐ SINÓNIMOS: amenaza. ☐ FAMILIA: →intimidar.

intimidad (in·ti·mi·dad) [sustantivo femenino] **1** Amistad íntima o muy estrecha: *No hay secretos entre nosotros porque tenemos una gran intimidad.* **2** Parte privada de la vida de una persona: *No me gusta que te metas en mi intimidad.* ☐ FAMILIA: →íntimo.

intimidar (in·ti·mi·dar) [verbo] Causar miedo: *No trates de intimidarme con amenazas.* ☐ [No confundir con «intimar» (entablar una amistad íntima)]. ☐ SINÓNIMOS: asustar, atemorizar, amilanar, amedrentar. ☐ FAMILIA: intimidación.

íntimo, ma (ín·ti·mo, ma) ■ [adjetivo] **1** Profundo, interno o reservado: *sentimientos íntimos.* **2** Que hace fácil la relación entre las personas: *ambiente íntimo.* ■ [sustantivo] **3** Amigo de confianza. ☐ FAMILIA: intimidad, intimar.

intolerable (in·to·le·ra·ble) [adjetivo] Que no se puede tolerar o permitir: *Es intolerable que pegues a todos tus amigos.* ☐ [No varía en masculino y femenino]. ☐ SINÓNIMOS: inaceptable. ☐ ANTÓNIMOS: tolerable. ☐ FAMILIA: →tolerar.

intolerancia (in·to·le·ran·cia) [sustantivo femenino] Falta de respeto y de comprensión hacia las opiniones de los demás.

☐ Sinónimos: intransigencia. ☐ Antónimos: tolerancia. ☐ Familia: →tolerar.

intolerante (in·to·le·ran·te) [adjetivo] Que no acepta las opiniones de los demás. ☐ [No varía en masculino y femenino]. ☐ Antónimos: tolerante. ☐ Familia: →tolerar.

intoxicación (in·to·xi·ca·ción) [sustantivo femenino] Daño en la salud que se produce por respirar, beber o comer algo perjudicial. ☐ Familia: →tóxico.

intoxicar (in·to·xi·car) [verbo] Producir problemas de salud por respirar, beber o comer algo perjudicial. ☐ [La «c» se cambia en «qu» delante de «e» («intoxique»)]. ☐ Antónimos: desintoxicar. ☐ Familia: →tóxico.

intranquilidad (in·tran·qui·li·dad) [sustantivo femenino] Situación en la que no se está tranquilo. ☐ Sinónimos: desasosiego. ☐ Antónimos: tranquilidad, serenidad, sosiego. ☐ Familia: →tranquilo.

intranquilizar (in·tran·qui·li·zar) [verbo] Hacer que alguien deje de estar tranquilo: *Los resultados del análisis le intranquilizan.* ☐ [La «z» se cambia en «c» delante de «e» («intranquilice»)]. ☐ Sinónimos: inquietar. ☐ Antónimos: tranquilizar. ☐ Familia: →tranquilo.

intranquilo, la (in·tran·qui·lo, la) [adjetivo] Que no está tranquilo. ☐ Sinónimos: inquieto. ☐ Antónimos: tranquilo. ☐ Familia: →tranquilo.

intranscendente (in·tras·cen·den·te) [adjetivo] → **intrascendente**. ☐ [No varía en masculino y femenino].

intransigencia (in·tran·si·gen·cia) [sustantivo femenino] Falta de respeto y de comprensión hacia las opiniones de los demás. ☐ Sinónimos: intolerancia. ☐ Familia: →transigir.

intransigente (in·tran·si·gen·te) [adjetivo] **1** Que no acepta una idea o una opinión distinta de la suya. **2** Que no acepta que otra persona se pueda equivocar o que cometa un error. ☐ [No varía en masculino y femenino]. ☐ Sinónimos: **1** dogmático. ☐ Antónimos: transigente. **1** liberal. ☐ Familia: →transigir.

intransitable (in·tran·si·ta·ble) [adjetivo] Dicho de un lugar, que no permite el paso por él: *El camino estaba intransitable.* ☐ [No varía en masculino y femenino]. ☐ Familia: →tránsito.

intransitivo, va (in·tran·si·ti·vo, va) [adjetivo] Dicho de un verbo o de una oración, que no lleva complemento directo: *El verbo «reír» es intransitivo.* ☐ Antónimos: transitivo. ☐ Familia: →transitivo.

intrascendente (in·tras·cen·den·te) [adjetivo] Que no es importante o que no tiene consecuencias: *Fue un hecho tan intrascendente que todo el mundo lo olvidó.* ☐ [No varía en masculino y femenino. Se usa también «intranscendente»]. ☐ Sinónimos: irrelevante. ☐ Antónimos: trascendente, relevante. ☐ Familia: →trascender.

intratable (in·tra·ta·ble) [adjetivo] Dicho de una persona, que no se puede tratar con ella porque es muy antipática o muy maleducada. ☐ [No varía en masculino y femenino]. ☐ Sinónimos: arisco. ☐ Antónimos: tratable. ☐ Familia: →tratar.

intrépido, da (in·tré·pi·do, da) [adjetivo] Que no se detiene ante el peligro o ante las dificultades: *Un intrépido explorador descubrió una mina de oro.* ☐ Sinónimos: arrojado.

intriga (in·tri·ga) [sustantivo femenino] **1** Acción secreta para conseguir un fin. **2** Conjunto de sucesos que despiertan el interés de la persona que los está siguiendo: *película de intriga.* **3** Curiosidad grande por saber algo: *Se quedó con la intriga de saber quién era.* ☐ Familia: →intrigar.

intrigar (in·tri·gar) [verbo] **1** Actuar en secreto para conseguir algo: *¿Queréis dejar de intrigar contra mí?* **2** Producir interés y curiosidad: *Me intriga saber cómo te has enterado.* ☐ [La «g» se cambia en «gu» delante de «e» («intrigue»)]. ☐ Familia: intriga.

intrincado, da (in·trin·ca·do, da) [adjetivo] Sin orden y difícil de entender. ☐ Sinónimos: confuso. ☐ Antónimos: claro.

intríngulis (in·trín·gu·lis) [sustantivo femenino] Dificultad que tiene una cosa: *El problema tiene su intríngulis.* ☐ [No varía en singular y plural. Es coloquial].

intrínseco, ca (in·trín·se·co, ca) [adjetivo] Que es propio o característico de algo: *El estudio es un deber intrínseco del estudiante.* ☐ Sinónimos: interno. ☐ Antónimos: extrínseco.

introducción (in·tro·duc·ción) [sustantivo femenino] **1** Colocación de algo en el interior de una cosa o entre varias cosas. **2** Parte inicial que va antes de algo y le sirve de presentación o de preparación: *la introducción de un libro.* ☐ Sinónimos: **2** prólogo. ☐ Familia: →introducir.

introducir (in·tro·du·cir) [verbo] **1** Meter algo en el interior de una cosa o entre varias cosas: *Debes introducir una moneda antes de marcar el número.* **2** Poner algo en uso por primera vez: *Los españoles introdujeron el caballo en América.* ☐ [Es irregular y se conjuga como CONDUCIR]. ☐ Familia: introducción.

intromisión (in·tro·mi·sión) [sustantivo femenino] Hecho de intervenir en los asuntos de los demás sin tener permiso: *Perdonad mi intromisión, pero no puedo seguir oyéndoos sin participar.* ☐ Familia: →meter.

introvertido, da (in·tro·ver·ti·do, da) [adjetivo o sustantivo] Que se concentra en su mundo interior y habla poco con los demás. ☐ Sinónimos: retraído. ☐ Antónimos: extrovertido. ☐ Familia: →verter.

intruso, sa (in·tru·so, sa) [adjetivo o sustantivo] Que se ha introducido en un lugar sin derecho o sin permiso: *Llamé a la policía porque había un intruso en el jardín.*

intuición (in·tui·ción) [sustantivo femenino] Capacidad para saber algo sin que nadie lo diga o sin que haya ninguna razón clara para saberlo: *Tuve la intuición de que no vendrías.* ☐ Familia: →intuir.

intuir (in·tuir) [verbo] Tener la sensación de que algo ocurre o de que va a ocurrir: *Intuyo que algo raro está pasando.* ☐ [Es irregular y se conjuga como CONSTRUIR]. ☐ Sinónimos: presentir. ☐ Familia: intuición, intuitivo.

intuitivo, va (in·tui·ti·vo, va) [adjetivo] Que se guía por la intuición y no por la razón. ☐ Familia: →intuir.

inundación

inundación (i·nun·da·ción) [sustantivo femenino] Situación de un lugar cuando el agua lo ha cubierto. ☐ Familia: →inundar.

inundar (i·nun·dar) [verbo] **1** Cubrir el agua un lugar: *Las lluvias inundaron el garaje.* **2** Llenar un lugar por completo con algo: *Durante las fiestas, los turistas inundan el pueblo.* ☐ Sinónimos: **1** anegar. ☐ Familia: inundación.

inusitado, da (i·nu·si·ta·do, da) [adjetivo] Extraño o poco habitual: *Hace un calor inusitado para esta época del año.* ☐ Sinónimos: raro. ☐ Antónimos: habitual. ☐ Familia: →usar.

inusual (i·nu·sual) [adjetivo] Que no se usa o no se practica habitualmente: *Es un comportamiento inusual en él.* [No varía en masculino y femenino]. ☐ Sinónimos: raro, extraño. ☐ Antónimos: usual, habitual, normal. ☐ Familia: →usar.

inútil (i·nú·til) [adjetivo] Que no sirve. ☐ [No varía en masculino y femenino]. ☐ Sinónimos: inservible. ☐ Antónimos: útil, conveniente. ☐ Familia: →útil.

inutilizar (i·nu·ti·li·zar) [verbo] Hacer que algo ya no sirva: *Hemos inutilizado el interruptor para que no se pueda encender la luz.* ☐ [La «z» se cambia en «c» delante de «e» («inutilice»)]. ☐ Familia: →útil.

invadir (in·va·dir) [verbo] **1** Entrar en un lugar por la fuerza y ocuparlo: *Durante las guerras se suelen invadir territorios de otros países.* **2** Llenar algo ocupándolo del todo: *Los aficionados invadieron el terreno de juego cuando acabó el partido.* ☐ Sinónimos: **2** infestar. ☐ Familia: invasión, invasor.

invalidar (in·va·li·dar) [verbo] Decir que algo no vale: *Invalidaron la votación porque alguien votó dos veces.* ☐ Sinónimos: anular. ☐ Familia: →valer.

inválido, da (in·vá·li·do, da) [adjetivo o sustantivo] Dicho de una persona, que tiene problemas físicos o psíquicos que le impiden moverse bien. ☐ Familia: →valer.

invariable (in·va·ria·ble) [adjetivo] Que no varía o no cambia: *«Azul» es invariable en género y no cambia en masculino y en femenino.* ☐ [No varía en masculino y femenino]. ☐ Antónimos: variable. ☐ Familia: →variar.

invasión (in·va·sión) [sustantivo femenino] **1** Entrada en un lugar por la fuerza para quedarse en él: *La guerra empezó por la invasión de un pueblo a otro.* **2** Asistencia de muchas cosas juntas a un lugar, de forma que producen molestias: *Ayer hubo una invasión de mosquitos en el jardín.* ☐ Sinónimos: **1** ocupación. **2** plaga. ☐ Familia: →invadir.

invasor, ra (in·va·sor, so·ra) [adjetivo o sustantivo] Que entra en un lugar por la fuerza para ocuparlo: *ejército invasor.* ☐ Familia: →invadir.

invencible (in·ven·ci·ble) [adjetivo] Que no puede ser vencido. ☐ [No varía en masculino y femenino]. ☐ Sinónimos: imbatible. ☐ Familia: →vencer.

invención (in·ven·ción) [sustantivo femenino] **1** Hecho de crear o de descubrir algo nuevo: *la invención de la imprenta.* **2** Cosa que se crea o se descubre: *El coche es una gran invención.* **3** Hecho de presentar algo falso como real: *Se dedica a la invención de cuentos, es un mentiroso.* ☐ Familia: →inventar.

inventar (in·ven·tar) [verbo] **1** Crear algo nuevo o descubrirlo: *Los chinos inventaron la pólvora.* **2** Presentar algo falso como real: *No te inventes más excusas.* ☐ Familia: invento, invención, inventor, inventiva, inventario.

inventario (in·ven·ta·rio) [sustantivo masculino] Lista ordenada de las cosas que pertenecen a una persona o a un grupo de personas: *Haré el inventario del material que hay en el almacén.* ☐ Familia: →inventar.

inventiva (in·ven·ti·va) [sustantivo femenino] Capacidad o facilidad para inventar. ☐ Sinónimos: imaginación. ☐ Familia: →inventar.

invento (in·ven·to) [sustantivo masculino] **1** Cosa que ha sido creada o descubierta y que antes no existía: *El avión fue un invento que cambió la forma de viajar.* **2** Cosa que es falsa pero se presenta como si fuera verdad: *Eso que me cuentas es un invento y no me lo creo.* ☐ Familia: →inventar.

inventor, ra (in·ven·tor, to·ra) [adjetivo o sustantivo] Que inventa o que se dedica a inventar. ☐ Familia: →inventar.

invernadero (in·ver·na·de·ro) [sustantivo masculino] Lugar cubierto y preparado para cultivar plantas. ☐ Familia: →invierno.

invernadero

invernal (in·ver·nal) [adjetivo] Del invierno o relacionado con él: *deporte invernal.* ☐ [No varía en masculino y femenino]. ☐ Familia: →invierno.

inverosímil (in·ve·ro·sí·mil) [adjetivo] Que no se puede creer porque no parece verdad. ☐ [No varía en masculino y femenino]. ☐ Sinónimos: increíble. ☐ Antónimos: verosímil. ☐ Familia: →verosímil.

inversión (in·ver·sión) [sustantivo femenino] **1** Cambio que se hace en el orden de algo. **2** Dinero que se invierte en algo, con la intención de conseguir ganancias. **3** Ocupación del tiempo en una actividad determinada. ☐ Familia: →invertir.

inverso, sa (in·ver·so, sa) [adjetivo] Contrario en el orden o en la dirección: *Para desenroscar una tuerca debes girarla en sentido inverso a como la has enroscado.* ◆ [expresión] ‖ **a la inversa** Al contrario: *Hoy cocino yo y friegas tú, y mañana a la inversa.* ☐ Familia: →invertir.

inversor, ra (in·ver·sor, so·ra) [adjetivo o sustantivo] Que invierte una cantidad de dinero. ☐ Familia: →invertir.

invertebrado, da (in·ver·te·bra·do, da) [adjetivo o sustantivo masculino] Dicho de un animal, que no tiene esqueleto. 👁 **página 73**. ☐ Antónimos: vertebrado. ☐ Familia: →vértebra.

invertir (in·ver·tir) [verbo] **1** Cambiar el orden de algo: *Si inviertes el orden de los números que sumas, el resultado es el mismo.* **2** Emplear una cantidad de dinero en algo, con la intención de conseguir ganancias: *Mis padres han invertido sus ahorros en un negocio.* **3** Llenar el tiempo haciendo algo: *Hemos invertido cuatro meses en este proyecto.* ☐ [Es irregular y se conjuga como **SENTIR**]. ☐ Sinónimos: **3** emplear, ocupar. ☐ Familia: inversión, inverso, inversor.

investigación (in·ves·ti·ga·ción) [sustantivo femenino] Trabajo de estudio que se realiza para aclarar o descubrir algo. ☐ Sinónimos: pesquisa. ☐ Familia: →investigar.

investigador, ra (in·ves·ti·ga·dor, do·ra) [sustantivo] Persona que investiga. ☐ Familia: →investigar.

investigar (in·ves·ti·gar) [verbo] **1** Hacer lo necesario para descubrir cómo y por qué ha ocurrido algo: *La policía está investigando un robo.* **2** Estudiar algo para aclararlo o descubrirlo: *Se investiga sobre el sida para encontrar un medicamento que lo cure.* ☐ [La «g» se cambia en «gu» delante de «e» («investigue»)]. ☐ Familia: investigación, investigador.

investir (in·ves·tir) [verbo] Conceder una dignidad o un cargo importante a una persona: *Invistió al exministro con el título de marqués.* ☐ [Es irregular y se conjuga como **PEDIR**. Se usa también «envestir»].

inviable (in·via·ble) [adjetivo] Que no puede ser o que no puede hacerse: *un plan inviable.* ☐ [No varía en masculino y femenino]. ☐ Antónimos: viable. ☐ Familia: →viable.

invidente (in·vi·den·te) [adjetivo o sustantivo] Que tiene un defecto en la vista y no ve. ☐ [No varía en masculino y femenino]. ☐ Sinónimos: ciego. ☐ Antónimos: vidente. ☐ Familia: →ver.

invierno (in·vier·no) [sustantivo masculino] Estación del año entre el otoño y la primavera: *El invierno es la estación más fría de todas.* 👁 **página 169; ilustración en** *estación*. ☐ Familia: invernal, invernadero, hibernar, hibernación.

invisible (in·vi·si·ble) [adjetivo] Que no se puede ver. ☐ [No varía en masculino y femenino]. ☐ Antónimos: visible. ☐ Familia: →ver.

invitación (in·vi·ta·ción) [sustantivo femenino] **1** Hecho de invitar a una persona: *Acepté mi invitación de venir al cine.* **2** Tarjeta con la que se invita a algo: *Toma la invitación para mi fiesta de cumpleaños.* ☐ Familia: →invitar.

invitado, da (in·vi·ta·do, da) [adjetivo o sustantivo] Que ha recibido una invitación. ☐ Sinónimos: convidado. ☐ Familia: →invitar.

invitar (in·vi·tar) [verbo] **1** Comunicar a una persona el deseo de que esté con nosotros cuando celebremos algo: *Os invito a mi fiesta de cumpleaños.* **2** Pagar lo que otros toman: *Me invitó a un bollo.* **3** Animar a hacer algo: *Este sol invita a ir de excursión.* ☐ Sinónimos: **2** convidar. ☐ Familia: invitación, invitado.

invocar (in·vo·car) [verbo] **1** Llamar a una divinidad o a un espíritu para pedir algo. **2** Mencionar algo o a alguien para que nos ayude a conseguir algo: *Invocó a su amistad para que le ayudara.* ☐ [La «c» se cambia en «qu» delante de «e» («invoque»)].

involucrar (in·vo·lu·crar) [verbo] Meter a una persona en un asunto: *No me involucres en ese asunto tan raro.* ☐ Sinónimos: implicar.

involuntario, ria (in·vo·lun·ta·rio, ria) [adjetivo] Que se hace sin querer. ☐ Sinónimos: inconsciente, automático. ☐ Antónimos: voluntario, consciente. ☐ Familia: →voluntad.

invulnerable (in·vul·ne·ra·ble) [adjetivo] Que no puede ser herido ni afectado por algo. ☐ [No varía en masculino y femenino]. ☐ Antónimos: vulnerable. ☐ Familia: →vulnerar.

inyección (in·yec·ción) [sustantivo femenino] Sustancia que se introduce en el cuerpo con una aguja para curar una enfermedad. ☐ [No confundir con «jeringuilla» (instrumento que se usa para poner inyecciones)]. ☐ Familia: →inyectar.

inyectar (in·yec·tar) [verbo] **1** Meter un líquido en el cuerpo con una aguja para curar una enfermedad. **2** Dar algo que sirve de estímulo: *Las palabras del entrenador inyectaron moral al equipo.* ☐ Sinónimos: **1** pinchar. ☐ Familia: inyección.

ion (ion) [sustantivo masculino] Átomo o conjunto de átomos que tienen carga eléctrica. ☐ Familia: anión, catión, ionosfera.

ionosfera (io·nos·fe·ra) [sustantivo femenino] Última capa de la atmósfera. ☐ Familia: →ion.

ir [verbo] **1** Moverse de un lugar a otro: *Hoy nos vamos al pueblo.* **2** Tener una dirección: *Esta carretera va de Orense a León.* **3** Asistir a un lugar: *Voy al cole por las mañanas.* **4** Funcionar o marchar: *Este reloj ya no va bien.* **5** Actuar o encontrarse de determinada forma: *Voy muy bien de la gripe.* **6** Arreglarse o vestirse: *Siempre voy con jersey.* **7** Estar colocado: *¿Dónde va el tenedor, a la izquierda o a la derecha del plato?* **8** Ser adecuado o quedar bien: *Te va muy bien el pelo corto.* **9** Gustar o agradar: *Me va mucho hacer excursiones.* **10** Existir diferencia entre dos cosas que se comparan: *Del cuatro al nueve van cinco.* **11** Arriesgar o jugarse: *¿Cuánto te va a que llego antes que tú?* **12** Ser algo de determinada manera o desarrollarse así: *Lo que te he dicho iba en broma.* ▪ **irse 13** Abandonar un lugar por decisión propia. **14** Morirse: *La casa está muy triste desde que se nos fue la abuelita.* **15** Gastarse algo: *Se me va el tiempo en tonterías.* ◆ [expresión] ‖ **ir a hacer algo** Estar a punto de hacerlo o de ocurrir: *Va a llover.* ‖ **ir alguien a lo suyo** Ocuparse solo de sus asuntos. ‖ **ir de algo** Parecerlo o querer tenerlo: *Tú vas de listo, pero no sabes muchas cosas.* ‖ **ir detrás de algo** Quererlo conseguirlo: *Hace un año que voy detrás de una bici de carreras.* ‖ **ir sobre algo** Tratar de ello:

ira

La película va sobre unos niños que se pierden en un bosque. ‖ **qué va** Se usa para decir que las cosas no son como otra persona dice: *No me he aburrido, qué va, lo pasé muy bien con ellos.* ‖ **ser el no va más** Ser lo mejor que puede haber. ☐ [Es irregular. Su participio es «ido». No debe decirse «Ves a tu cuarto», sino «Ve a tu cuarto»]. ☐ SINÓNIMOS: **13** marcharse, ausentarse. ☐ ANTÓNIMOS: **1, 13** llegar. **13** acudir. ☐ FAMILIA: ida, ido, correveidile, vaivén.

ira (i·ra) [sustantivo o femenino] Enfado muy fuerte o violento. ☐ SINÓNIMOS: furia. ☐ FAMILIA: airado, iracundo, irascible.

iracundo, da (i·ra·cun·do, da) [adjetivo] Que se deja llevar por la ira. ☐ SINÓNIMOS: colérico. ☐ FAMILIA: →ira.

iraní (i·ra·ní) [adjetivo o sustantivo] De Irán, que es un país asiático. ☐ [No varía en masculino y femenino. Su plural es «iranís» o «iraníes» (más culto)].

iraquí (i·ra·quí) [adjetivo o sustantivo] De Irak, que es un país asiático. ☐ [No varía en masculino y femenino. Su plural es «iraquís» o «iraquíes» (más culto). No debe escribirse «irakí»].

irascible (i·ras·ci·ble) [adjetivo] Que se enfada fácilmente. ☐ [No varía en masculino y femenino]. ☐ FAMILIA: →ira.

iris (i·ris) [sustantivo masculino] Disco situado en el centro del ojo y que puede ser de distintos colores: *La pupila está en el centro del iris.* ◆ [expresión] ‖ **arco iris** → **arcoíris.** ☐ FAMILIA: arcoíris.

irlandés, sa (ir·lan·dés, de·sa) ■ [adjetivo o sustantivo] **1** De Irlanda, que es un país europeo. ■ **irlandés** [sustantivo masculino] **2** Lengua de este país.

ironía (i·ro·ní·a) [sustantivo femenino] Palabras que se dicen con la intención de expresar justo lo contrario: *Es una ironía que le digas a una persona tan gorda que se la va a llevar el viento.* ☐ FAMILIA: irónico, ironizar.

irónico, ca (i·ró·ni·co, ca) [adjetivo] Que tiene ironía. ☐ FAMILIA: →ironía.

ironizar (i·ro·ni·zar) [verbo] Ridiculizar o hablar con ironía: *Este novelista ironiza las costumbres de sus contemporáneos. No ironices sobre la situación, porque es bastante triste.* ☐ [La «z» se cambia en «c» delante de «e» («ironice»)]. ☐ FAMILIA: →ironía.

irracional (i·rra·cio·nal) [adjetivo o sustantivo] **1** Que no tiene la capacidad de la razón: *Los animales son seres irracionales.* **2** Que no tiene sentido: *Querer estar a la vez en casa y en la playa es algo irracional.* ☐ [No varía en masculino y femenino]. ☐ SINÓNIMOS: **2** disparatado, absurdo, ilógico. ☐ ANTÓNIMOS: racional. **2** razonable, lógico. ☐ FAMILIA: →razón.

irradiar (i·rra·diar) [verbo] **1** Despedir luz, calor u otro tipo de energía. **2** Transmitir un sentimiento o un pensamiento: *Los novios irradiaban felicidad por los cuatro costados.* ☐ [Es irregular y se conjuga como ANUNCIAR]. ☐ SINÓNIMOS: **1** emitir. ☐ FAMILIA: →rayo.

IR

INDICATIVO

Presente
yo voy
tú vas / usted va
él, ella va
nosotros, tras vamos
vosotros, tras vais / ustedes van
ellos, ellas van

Pretérito imperfecto
yo iba
tú ibas / usted iba
él, ella iba
nosotros, tras íbamos
vosotros, tras ibais / ustedes iban
ellos, ellas iban

Pretérito perfecto simple
yo fui
tú fuiste / usted fue
él, ella fue
nosotros, tras fuimos
vosotros, tras fuisteis / ustedes fueron
ellos, ellas fueron

Futuro simple
yo iré
tú irás / usted irá
él, ella irá
nosotros, tras iremos
vosotros, tras iréis / ustedes irán
ellos, ellas irán

Condicional simple
yo iría
tú irías / usted iría
él, ella iría
nosotros, tras iríamos
vosotros, tras iríais / ustedes irían
ellos, ellas irían

SUBJUNTIVO

Presente
yo vaya
tú vayas / usted vaya
él, ella vaya
nosotros, tras vayamos
vosotros, tras vayáis / ustedes vayan
ellos, ellas vayan

Pretérito imperfecto
yo fuera *o* fuese
tú fueras *o* fueses / usted fuera *o* fuese
él, ella fuera *o* fuese
nosotros, tras fuéramos *o* fuésemos
vosotros, tras fuerais *o* fueseis / ustedes fueran *o* fuesen
ellos, ellas fueran *o* fuesen

Futuro simple
yo fuere
tú fueres / usted fuere
él, ella fuere
nosotros, tras fuéremos
vosotros, tras fuereis / ustedes fueren
ellos, ellas fueren

IMPERATIVO

ve (tú) / vaya (usted)
vayamos *o* vamos (nosotros, tras)
id (vosotros, tras) / vayan (ustedes)

FORMAS NO PERSONALES

Infinitivo	Gerundio	Participio
ir	yendo	ido

irreal (i·rre·al) [adjetivo] Que no existe de verdad. ☐ [No varía en masculino y femenino]. ☐ ANTÓNIMOS: real. ☐ FAMILIA: →real.

irrealizable (i·rre·a·li·za·ble) [adjetivo] Que no se puede realizar. ☐ [No varía en masculino y femenino]. ☐ FAMILIA: →realizar.

irreconocible (i·rre·co·no·ci·ble) [adjetivo] Que no se puede saber qué es: *Con el pelo así estás irreconocible.* ☐ [No varía en masculino y femenino]. ☐ FAMILIA: →conocer.

irreflexivo, va (i·rre·fle·xi·vo, va) [adjetivo o sustantivo] **1** Que se hace sin pensar: *un acto irreflexivo.* **2** Que no piensa las cosas antes de hacerlas. ☐ ANTÓNIMOS: **2** reflexivo. ☐ FAMILIA: →reflexión.

irrefutable (i·rre·fu·ta·ble) [adjetivo] Que no se puede negar o contradecir: *pruebas irrefutables.* ☐ [No varía en masculino y femenino].

irregular (i·rre·gu·lar) [adjetivo] **1** Que no es regular: *«Venir» es un verbo irregular.* **2** Que no se hace de acuerdo con una ley o con una regla establecida: *Han denunciado la actuación irregular de ese político.* ☐ [No varía en masculino y femenino]. ☐ ANTÓNIMOS: regular. ☐ FAMILIA: →regla.

irregularidad (i·rre·gu·la·ri·dad) [sustantivo femenino] **1** Característica de lo que tiene cambios o fallos en su forma o en su desarrollo: *La irregularidad del equipo hace que pierda muchos partidos.* **2** Cosa que tiene cambios o fallos en su forma o en su desarrollo: *Detectaron algunas irregularidades en la votación.* ☐ ANTÓNIMOS: **1** regularidad. ☐ FAMILIA: →regla.

irrelevante (i·rre·le·van·te) [adjetivo] Que no es importante o que no tiene consecuencias: *datos irrelevantes.* ☐ [No varía en masculino y femenino]. ☐ SINÓNIMOS: intrascendente. ☐ ANTÓNIMOS: relevante. ☐ FAMILIA: →relevar.

irremediable (i·rre·me·dia·ble) [adjetivo] Que no se puede evitar ni hacer nada para que no sea así. ☐ [No varía en masculino y femenino]. ☐ FAMILIA: →remediar.

irreparable (i·rre·pa·ra·ble) [adjetivo] Que no se puede reparar. ☐ [No varía en masculino y femenino]. ☐ FAMILIA: →reparar.

irreprimible (i·rre·pri·mi·ble) [adjetivo] Que no se puede contener o impedir: *Me dio un ataque de risa irreprimible.* ☐ [No varía en masculino y femenino]. ☐ FAMILIA: →reprimir.

irreprochable (i·rre·pro·cha·ble) [adjetivo] Que no puede ser criticado. ☐ [No varía en masculino y femenino]. ☐ SINÓNIMOS: intachable. ☐ FAMILIA: →reprochar.

irresistible (i·rre·sis·ti·ble) [adjetivo] **1** Que no se puede resistir. **2** Dicho de una persona, que es muy guapa y gusta mucho. ☐ [No varía en masculino y femenino]. ☐ FAMILIA: →resistir.

irrespetuoso, sa (i·rres·pe·tuo·so, sa) [adjetivo] Que no muestra respeto hacia alguien o hacia algo. ☐ SINÓNIMOS: irreverente. ☐ ANTÓNIMOS: respetuoso, reverente. ☐ FAMILIA: →respetar.

irrespirable (i·rres·pi·ra·ble) [adjetivo] Que no se puede respirar o que se respira muy mal. ☐ [No varía en masculino y femenino]. ☐ FAMILIA: →respirar.

irresponsable (i·rres·pon·sa·ble) [adjetivo o sustantivo] Que no es responsable y no cumple sus deberes o sus obligaciones. ☐ [No varía en masculino y femenino]. ☐ ANTÓNIMOS: responsable. ☐ FAMILIA: →responsable.

irreverente (i·rre·ve·ren·te) [adjetivo] Que no muestra respeto hacia alguien o hacia algo. ☐ [No varía en masculino y femenino]. ☐ SINÓNIMOS: irrespetuoso. ☐ ANTÓNIMOS: reverente. ☐ FAMILIA: →reverente.

irreversible (i·rre·ver·si·ble) [adjetivo] Que no puede volver a ser como antes o que no se puede solucionar: *daños irreversibles.* ☐ [No varía en masculino y femenino]. ☐ ANTÓNIMOS: reversible. ☐ FAMILIA: →reverso.

irrigar (i·rri·gar) [verbo] **1** Regar un terreno. **2** Llegar la sangre a una parte del cuerpo: *Las venas y las arterias irrigan los tejidos del cuerpo.* ☐ [La «g» se cambia en «gu» delante de «e» («irrigue»)].

irrisorio, ria (i·rri·so·rio, ria) [adjetivo] **1** Que da risa. **2** Muy pequeño o sin importancia: *una propina irrisoria.* ☐ SINÓNIMOS: ridículo. ☐ FAMILIA: →reír.

irritable (i·rri·ta·ble) [adjetivo] Que se enfada o se pone nervioso fácilmente. ☐ [No varía en masculino y femenino]. ☐ FAMILIA: →irritar.

irritación (i·rri·ta·ción) [sustantivo femenino] **1** Estado de una parte del cuerpo que se pone roja y pica o duele: *El polvo me produce irritación en los ojos.* **2** Enfado grande. ☐ SINÓNIMOS: **2** crispación. ☐ FAMILIA: →irritar.

irritar (i·rri·tar) [verbo] **1** Enfadar mucho y poner nervioso. **2** Poner roja una parte del cuerpo, de forma que pica o duele: *Cuando estoy constipada se me irrita la nariz.* ☐ SINÓNIMOS: **1** acalorarse, exasperar, soliviantar. ☐ ANTÓNIMOS: **1** calmar, apaciguar, serenar, tranquilizar, sosegar. ☐ FAMILIA: irritación, irritable.

irrompible (i·rrom·pi·ble) [adjetivo] Que no se rompe o es muy difícil de romper. ☐ [No varía en masculino y femenino]. ☐ FAMILIA: →romper.

irrumpir (i·rrum·pir) [verbo] Entrar o aparecer de repente o con violencia: *La policía irrumpió en el bar y detuvo a dos hombres.* ☐ FAMILIA: irrupción.

irrupción (i·rrup·ción) [sustantivo femenino] Aparición violenta o que se produce de repente: *La irrupción de los hinchas en el campo provocó el pánico.* ☐ FAMILIA: →irrumpir.

isla (is·la) [sustantivo femenino] Parte de tierra que está rodeada de agua por todas partes. ◉ páginas 576-577. ☐ FAMILIA: islote, aislar, aislado, aislamiento, aislante, isleño.

islam (is·lam) [sustantivo masculino] Religión predicada por Mahoma y que defiende la existencia de un solo dios: *El libro sagrado del islam es el Corán.* ☐ SINÓNIMOS: islamismo. ☐ FAMILIA: islámico, islamismo, islamización.

islámico, ca (is·lá·mi·co, ca) [adjetivo] Del islam o relacionado con esta religión. ☐ FAMILIA: →islam.

islamismo (is·la·mis·mo) [sustantivo masculino] Religión que fue predicada por Mahoma, cuyo dios es Alá. ☐ SINÓNIMOS: islam. ☐ FAMILIA: →islam.

islamización (is·la·mi·za·ción) [sustantivo femenino] Difusión o adopción de la religión, de la cultura o de las costumbres islámicas. ☐ FAMILIA: →islam.

islandés, sa (is·lan·dés, de·sa) ▮ [adjetivo o sustantivo] **1** De Islandia, que es un país europeo. ▮ **islandés** [sustantivo masculino] **2** Lengua de este país.

isleño, ña (is·le·ño, ña) [adjetivo o sustantivo] De una isla o relacionado con ella: *clima isleño*. ☐ FAMILIA: →isla.

islote (is·lo·te) [sustantivo masculino] Isla pequeña y que no tiene población. ☐ FAMILIA: →isla.

isósceles (i·sós·ce·les) [adjetivo] Dicho de una figura geométrica, que tiene dos lados iguales: *triángulo isósceles*. ☐ [No varía en masculino y femenino, ni en singular y plural].

isquion (is·quion) [sustantivo masculino] Uno de los tres huesos de la cadera que forman la pelvis. ☐ [No debe pronunciarse «isquión», sino «ísquion»].

israelí (is·ra·e·lí) [adjetivo o sustantivo] De Israel, que es un país asiático. ☐ [No varía en masculino y femenino. Su plural es «israelís» o «israelíes» (más culto). No confundir con «israelita» (relacionado con la religión judía; de un antiguo pueblo de Palestina)]. ☐ FAMILIA: israelita.

israelita (is·ra·e·li·ta) ▮ [adjetivo] **1** De la religión judía o relacionado con ella. ▮ [adjetivo o sustantivo] **2** De un antiguo pueblo de Palestina, que es una región asiática. ☐ [No varía en masculino y femenino. No confundir con «israelí» (del actual Israel)]. ☐ SINÓNIMOS: hebreo. **1** judío. ☐ FAMILIA: →israelí.

istmo (ist·mo) [sustantivo masculino] Trozo de tierra, largo y estrecho, que une dos continentes o una península con un continente: *El istmo de Panamá une América del Norte con América del Sur*. ◉ páginas 576-577.

italiano, na (i·ta·lia·no, na) ▮ [adjetivo o sustantivo] **1** De Italia, que es un país europeo. ▮ **italiano** [sustantivo masculino] **2** Lengua de este país.

itinerante (i·ti·ne·ran·te) [adjetivo] Que va de un lugar a otro sin establecerse en ningún sitio fijo: *un campamento itinerante*. ☐ [No varía en masculino y femenino]. ☐ FAMILIA: →itinerario.

itinerario (i·ti·ne·ra·rio) [sustantivo masculino] Conjunto de los lugares por los que se pasa para ir de un sitio a otro: *Cambiamos el itinerario porque la carretera estaba en obras*. ☐ SINÓNIMOS: camino, trayecto, ruta, recorrido. ☐ FAMILIA: itinerante.

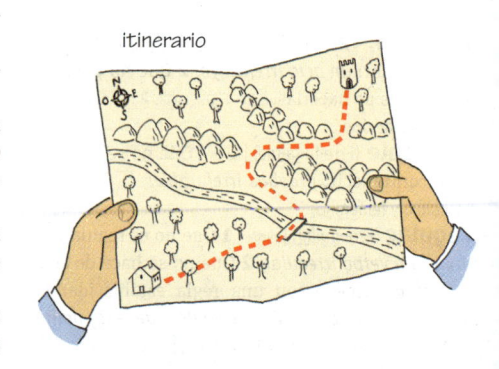

itinerario

izar (i·zar) [verbo] Subir una bandera o la vela de un barco tirando de una cuerda. ☐ [La «z» se cambia en «c» delante de «e» («ice»)]. ☐ ANTÓNIMOS: arriar.

izquierdo, da (iz·quier·do, da) ▮ [adjetivo] **1** Que está situado en el lado que correspondería al corazón de una persona: *la mano izquierda*. ▮ **izquierda** [sustantivo femenino] **2** Pierna o mano que están situadas en el lado del corazón: *Como soy zurda, escribo con la izquierda*. **3** Dirección que corresponde al lado izquierdo: *Gira a la izquierda*. **4** Conjunto de ideas políticas que, por lo general, defienden la intervención del Estado en los asuntos sociales y económicos: *Hay partidos de izquierdas y de derechas*. ☐ SINÓNIMOS: **2** zurda. ☐ ANTÓNIMOS: **1** derecho. **2-4** derecha.

j [sustantivo femenino] Letra número diez del abecedario. ◉ **página 18.** ☐ [Su nombre es «jota»].

jabalí (ja·ba·lí) [sustantivo masculino] Animal salvaje parecido al cerdo, pero con el pelo más duro y dos colmillos puntiagudos que le salen hacia fuera, a los lados de la boca: *La hembra del jabalí es la jabalina.* ☐ [Su plural es «jabalís» o «jabalíes» (más culto)]. ☐ FAMILIA: jabato.

jabalí

jabato

jabalina (ja·ba·li·na) [sustantivo femenino] **1** Especie de lanza que se usa en un deporte que consiste en ver quién la tira más lejos: *El lanzamiento de jabalina es una prueba de atletismo.* **2** Hembra del jabalí.

jabato, ta (ja·ba·to, ta) ▌ [adjetivo o sustantivo] **1** Valiente o atrevido: *Un jabato como yo no le tiene miedo a nada.* ▌ **jabato** [sustantivo masculino] **2** Cría del jabalí. ☐ [El significado **1** es coloquial]. ☐ FAMILIA: →jabalí.

jabón (ja·bón) [sustantivo masculino] Sustancia que se usa para lavar con agua: *Me lavé la cara con agua y jabón.* ☐ FAMILIA: jabonera, jaboncillo, jabonoso, jabonar, enjabonar, enjabonado.

jabonar (ja·bo·nar) [verbo] Dar jabón en algo: *Jabónate bien las manos.* ☐ SINÓNIMOS: enjabonar. ☐ FAMILIA: →jabón.

jaboncillo (ja·bon·ci·llo) [sustantivo masculino] Jabón que se utiliza para marcar sobre las telas el lugar por donde estas se han de cortar o coser. ☐ FAMILIA: →jabón.

jabonera (ja·bo·ne·ra) [sustantivo femenino] Recipiente en el que se coloca o se guarda el jabón. ☐ FAMILIA: →jabón.

jabonoso, sa (ja·bo·no·so, sa) [adjetivo] Con jabón o con las características de este: *agua jabonosa.* ☐ FAMILIA: →jabón.

jabugo (ja·bu·go) [sustantivo masculino] Jamón de muy buena calidad originario de Jabugo, que es un pueblo de Huelva: *Nos pusieron de aperitivo un plato de jabugo.*

jaca (ja·ca) [sustantivo femenino] Hembra del caballo. ☐ SINÓNIMOS: yegua.

jacinto (ja·cin·to) [sustantivo masculino] Planta con las hojas largas y brillantes, cuyas flores están agrupadas en una espiga, pueden ser de muchos colores y tienen un olor fuerte y agradable. ◉ **página 444.**

jaco (ja·co) [sustantivo masculino] Caballo que tiene mal aspecto.

jactancia (jac·tan·cia) [sustantivo femenino] Orgullo que muestra alguien que se cree superior a los demás. ☐ SINÓNIMOS: arrogancia, altivez. ☐ ANTÓNIMOS: humildad. ☐ FAMILIA: →jactarse.

jactancioso, sa (jac·tan·cio·so, sa) [adjetivo o sustantivo] Que presume mucho: *No me gusta el tono jactancioso con que habla.* □ SINÓNIMOS: vanidoso, presuntuoso, chulo.

jactarse (jac·tar·se) [verbo] Sentirse superior a los demás y mostrárselo a todos: *Nunca se jacta de sus éxitos.* □ SINÓNIMOS: presumir, pavonearse, vanagloriarse, chulear. □ FAMILIA: jactancia.

jacuzzi [sustantivo masculino] Bañera con un sistema de corrientes de agua que se utiliza para hidromasajes. □ [Procede de la marca comercial «Jacuzzi®». Se pronuncia «yakúsi»].

jadeante (ja·de·an·te) [adjetivo] Que respira con dificultad porque está cansado: *Después de la carrera llegué jadeante.* □ [No varía en masculino y femenino]. □ FAMILIA: →jadear.

jadear (ja·de·ar) [verbo] Respirar con dificultad por estar cansado: *Subí corriendo las escaleras y llegué a casa jadeando.* □ FAMILIA: jadeo, jadeante.

jadeo (ja·de·o) [sustantivo masculino] Respiración que se realiza con dificultad por el cansancio: *Solo se oía el jadeo del perro que venía corriendo.* □ FAMILIA: →jadear.

jaez (ja·ez) [sustantivo masculino] **1** Adorno que se pone a los caballos. **2** Clase o condición de una persona: *Despreciaban a las personas de ese jaez.* □ [Su plural es «jaeces». En el significado **1** se usa más en plural]. □ FAMILIA: enjaezar.

jaguar (ja·guar) [sustantivo masculino] Animal salvaje de piel amarilla con manchas negras, parecido al leopardo.

jalar (ja·lar) [verbo] **1** Comer: *Se jaló todo lo que le pusieron.* **2** Correr mucho: *¡Cómo jala esta moto!* □ [Es coloquial]. □ SINÓNIMOS: **1** jamar.

jalea (ja·le·a) [sustantivo femenino] Sustancia dulce y espesa que se hace con el zumo de algunas frutas. ◆ [expresión] ∥ **jalea real** Sustancia que producen las abejas y que tiene muchas vitaminas.

jalear (ja·le·ar) [verbo] Dar ánimo con palmas y gritos: *El público jaleaba al equipo local durante el partido.* □ SINÓNIMOS: animar. □ FAMILIA: jaleo.

jaleo (ja·le·o) [sustantivo masculino] **1** Mucho ruido y gran movimiento de personas: *¿Qué pasa en la calle, que hay tanto jaleo?* **2** Conjunto de cosas mezcladas y sin orden: *¡Menudo jaleo de papeles!* □ SINÓNIMOS: lío, embrollo, follón. **1** alboroto, bulla, bullicio, algarabía, bochinche, trasiego, pitote. □ FAMILIA: →jalear.

jalón (ja·lón) [sustantivo masculino] **1** Cosa que ocurre y que suele ser importante en la vida de alguien: *El paso por la universidad será un jalón muy importante en mi vida.* **2** Palo con una punta metálica que se clava en la tierra para señalar un punto. □ SINÓNIMOS: **1** acontecimiento. □ FAMILIA: jalonar.

jalonar (ja·lo·nar) [verbo] **1** Producirse un hecho importante en la vida de alguien: *Diversos éxitos jalonan su carrera artística.* **2** Marcar un terreno con jalones o palos de punta metálica: *El topógrafo midió y jalonó el terreno.* □ FAMILIA: →jalón.

jamacuco (ja·ma·cu·co) [sustantivo masculino] Malestar sin importancia que se tiene de repente: *Cuando se enteró de que había ganado el premio le dio un jamacuco.* □ [Es coloquial].

jamaicano, na (ja·mai·ca·no, na) [adjetivo o sustantivo] De Jamaica, que es un país centroamericano. □ SINÓNIMOS: jamaiquino.

jamaiquino, na (ja·mai·qui·no, na) [adjetivo o sustantivo] → **jamaicano.**

jamar (ja·mar) [verbo] Comer: *Se jamó el filete rápidamente.* □ [Es coloquial]. □ SINÓNIMOS: jalar.

jamás (ja·más) [adverbio] En ningún momento: *Jamás me olvidaré de ti.* □ SINÓNIMOS: nunca. □ ANTÓNIMOS: siempre.

jamba (jam·ba) [sustantivo femenino] Cada una de las dos piezas verticales que hay en el marco de una puerta o de una ventana.

jamelgo (ja·mel·go) [sustantivo masculino] Caballo muy delgado y de mal aspecto. □ SINÓNIMOS: rocín.

jamón (ja·món) [sustantivo masculino] Pata del cerdo y su carne: *Los jamones se curan al aire libre para su consumo.* ◆ [expresión] ∥ **jamón (de) York** El que está cocido y es de color rosa. ∥ **jamón serrano** El que está curado, pero no cocido. ∥ **y un jamón** Se usa para negar o rechazar algo: *Cuando le pedí el libro, me dijo: «¡Y un jamón!».* □ [La expresión «y un jamón» es coloquial]. □ FAMILIA: jamonero.

jamonero (ja·mo·ne·ro) ∎ [adjetivo o sustantivo masculino] **1** Dicho de un cuchillo, que se utiliza para cortar jamón serrano. ∎ [sustantivo masculino] **2** Soporte en el que se pone un jamón para poder cortarlo fácilmente. □ FAMILIA: →jamón.

japonés, sa (ja·po·nés, ne·sa) ∎ [adjetivo o sustantivo] **1** De Japón, que es un país asiático. ∎ **japonés** [sustantivo masculino] **2** Lengua de este país. □ SINÓNIMOS: **1** nipón.

japuta (ja·pu·ta) [sustantivo femenino] Pez marino que tiene el cuerpo aplastado y la cabeza pequeña. □ SINÓNIMOS: palometa.

jaque (ja·que) [sustantivo masculino] Jugada de ajedrez en que se amenaza con una pieza al rey o a la reina del contrario. ◆ [expresión] ∥ **jaque mate** Jugada de ajedrez que supone el fin de la partida, porque el rey no puede escaparse. ∥ **poner en jaque** o **traer en jaque** Molestar a alguien todo el tiempo o no dejarle tranquilo: *Tu hijo me trae en jaque.*

jaqueca (ja·que·ca) [sustantivo femenino] Dolor fuerte de cabeza. □ SINÓNIMOS: migraña.

jara (ja·ra) [sustantivo femenino] Arbusto de hojas pegajosas, que tiene las flores grandes y blancas y un olor intenso. ⊚ página 444.

jarabe (ja·ra·be) [sustantivo masculino] Medicina líquida: *un jarabe para la tos.*

jarana (ja·ra·na) [sustantivo femenino] **1** Diversión alegre y con ruido en la que participa mucha gente: *Estuvimos de jarana.* **2** Pelea o disputa. □ [Es coloquial]. □ SINÓNIMOS: **1** juerga, jolgorio, parranda, farra. **2** bronca, riña.

jarcha (jar·cha) [sustantivo/femenino] Poema muy breve escrito en mozárabe, que se ponía al final de algunas composiciones escritas en árabe o en hebreo.

jardín (jar·dín) [sustantivo/masculino] Lugar en el que se cultivan plantas como adorno. ◆ [expresión] ‖ **jardín de infancia** Centro en el que se cuida a niños pequeños que aún no están en edad escolar. ☐ Familia: ajardinar, jardinero, jardinería.

jardinera (jar·di·ne·ra) [sustantivo/femenino] Mira en **jardinero, ra**.

jardinería (jar·di·ne·rí·a) [sustantivo/femenino] Conjunto de conocimientos necesarios para cuidar plantas y jardines. ☐ Familia: →jardín.

jardinero, ra (jar·di·ne·ro, ra) ▪ [sustantivo] **1** Persona que cuida de un jardín. ▪ **jardinera** [femenino] **2** Recipiente grande en el que se cultivan plantas. ☐ Familia: →jardín.

jareta (ja·re·ta) [sustantivo/femenino] **1** Doblez estrecho que se hace en una prenda de vestir y que sirve de adorno: *una blusa con jaretas*. **2** Dobladillo hueco que se hace en una tela y por el que se pasa una goma o una cinta: *La jareta de la bolsa del pan se ha roto y se ha salido la cinta*.

jarra (ja·rra) [sustantivo/femenino] Recipiente más alto que ancho, con una o dos asas, que se usa para contener un líquido: *Llené la jarra de agua*. ◆ [expresión] ‖ **en jarras** Con las manos en la cintura y los codos separados del cuerpo. ☐ Familia: jarro, jarrón, jarrear.

jarrear (ja·rre·ar) [verbo] Llover mucho y con mucha fuerza. ☐ Familia: →jarra.

jarro (ja·rro) [sustantivo/masculino] Jarra con una sola asa. ◆ [expresión] ‖ **llover a jarros** Llover mucho y con fuerza: *Ahora no puedo salir, porque está lloviendo a jarros*. ‖ **un jarro de agua fría** Una desilusión o un disgusto: *Que no viniera con nosotros al viaje fue un jarro de agua fría para todos*. ☐ Familia: bocajarro. →jarra.

jarrón (ja·rrón) [sustantivo/masculino] Recipiente más alto que ancho que se usa para poner flores. ☐ Sinónimos: florero. ☐ Familia: →jarra.

jarro

jarra

jarrón

jaspe (jas·pe) [sustantivo/masculino] Piedra de color rojo, amarillo o marrón que se usa para hacer joyas y adornos. ☐ Familia: jaspeado.

jaspeado, da (jas·pe·a·do, da) [adjetivo] Con manchas pequeñas de distinta forma y color. ☐ Familia: →jaspe.

jaula (jau·la) [sustantivo/femenino] Especie de caja hecha con barras o con palos, que sirve para tener animales dentro. ☐ Familia: enjaular.

jaula

jauría (jau·rí·a) [sustantivo/femenino] Conjunto de perros que van juntos en una cacería.

jazmín (jaz·mín) [sustantivo/masculino] Planta con tallos muy largos y flores blancas o amarillas con un olor muy agradable: *Los jazmines son plantas que trepan por las paredes*.

jazz [sustantivo/masculino] Música que tiene muchos cambios de ritmo, que se toca con gran libertad y cuyos instrumentos típicos son el contrabajo y el saxofón. ☐ [Es una palabra inglesa. Se pronuncia «yas»].

jean [sustantivo/masculino] → **pantalón vaquero** o **pantalón tejano**. ☐ [Es una palabra inglesa. Se pronuncia «yin»].

jeep [sustantivo/masculino] Vehículo duro y ligero que se emplea para ir por terrenos muy difíciles. ☐ [Es una palabra inglesa. Se pronuncia «yip». Es preferible usar «todoterreno»].

jefatura (je·fa·tu·ra) [sustantivo/femenino] **1** Categoría de jefe. **2** Oficina donde está la policía. ☐ Familia: →jefe.

jefe, fa (je·fe, fa) [sustantivo] Persona que manda o dirige a un grupo: *Yo soy la jefa de la pandilla*. ☐ Sinónimos: patrón, patrono, superior, adalid, cabecilla, líder. ☐ Antónimos: subordinado. ☐ Familia: jefatura.

jején (je·jén) [sustantivo/masculino] Insecto muy pequeño parecido al mosquito: *El jején abunda en las playas de algunas regiones americanas*.

jengibre (jen·gi·bre) [sustantivo/masculino] Planta cuyo rizoma se utiliza en medicina y para dar más sabor a los alimentos.

jeque (je·que) [sustantivo/masculino] Jefe que gobierna una comunidad en un país musulmán.

jerarca (je·rar·ca) [sustantivo] Persona que tiene más categoría o más importancia dentro de un grupo. ☐ [No varía en masculino y femenino]. ☐ Familia: jerarquía, jerárquico.

jerarquía (je·rar·quí·a) [sustantivo/femenino] **1** Organización dentro de un grupo según la categoría o importancia de cada uno: *El papa está a la cabeza de la jerarquía de la Iglesia católica*. **2** Cada una de las categorías que hay en los grupos que siguen este modo de organización: *Las jerarquías militares son tropa, suboficiales, oficiales, jefes y generales*. ☐ Familia: →jerarca.

jerárquico, ca (je·rár·qui·co, ca) [adjetivo] De la jerarquía o relacionado con ella. □ FAMILIA: →jerarca.

jerga (jer·ga) [sustantivo femenino] Lenguaje informal que usan entre sí los miembros de un grupo: *la jerga de los abogados.* □ SINÓNIMOS: argot.

jergón (jer·gón) [sustantivo masculino] Colchón relleno de paja o de hierba que se usa para dormir.

jeringuilla (je·rin·gui·lla) [sustantivo femenino] Instrumento formado por un tubo hueco, un émbolo y una aguja, que se usa para introducir medicamentos en la sangre o en los músculos. □ [No confundir con «inyección» (la sustancia que se inyecta)].

jeringuilla

jeroglífico, ca (je·ro·glí·fi·co, ca) ▪ [adjetivo] **1** Dicho de la escritura, que se escribe con imágenes en vez de con letras: *Los egipcios utilizaron la escritura jeroglífica.* ▪ **jeroglífico** [sustantivo masculino] **2** Juego que consiste en descubrir una palabra o una frase con la ayuda de una serie de imágenes: *Me dibujó un sol y una persona fea y supe que la respuesta del jeroglífico era «solfeo».* **3** Cosa que es difícil de entender: *Las instrucciones de este juego son un jeroglífico, porque están mal explicadas.*

jersey (jer·sey) [sustantivo masculino] Prenda de vestir de punto que cubre el cuerpo hasta la cintura. □ [Su plural es «jerséis»]. □ SINÓNIMOS: suéter, pulóver.

jesuita (je·sui·ta) [sustantivo adjetivo masculino] De la Compañía de Jesús, orden religiosa fundada por san Ignacio de Loyola. □ [Cuando es adjetivo, no varía en masculino y femenino].

jeta (je·ta) ▪ [adjetivo o sustantivo] **1** Dicho de una persona, que se aprovecha de los demás siempre que puede: *No seas jeta y no intentes que te haga yo los deberes.* ▪ [sustantivo femenino] **2** Falta de vergüenza: *Eso pídeselo tú, que tienes mucha jeta.* **3** Cara de una persona: *No pongas esa jeta, que no te he pedido nada raro.* □ [Es coloquial. En el significado **1** no varía en masculino y femenino]. □ SINÓNIMOS: **1** aprovechado, caradura, carota, fresco, frescales. **2** morro, cara, descaro. **2, 3** rostro. **3** faz.

jíbaro, ra (jí·ba·ro, ra) [adjetivo o sustantivo] De un pueblo indio que vive en Ecuador y Perú, que son países sudamericanos.

jibia (ji·bia) [sustantivo femenino] Animal marino parecido al calamar pero más grande, que tiene diez brazos. □ SINÓNIMOS: sepia.

jícara (jí·ca·ra) [sustantivo femenino] Taza pequeña que se suele utilizar para tomar chocolate.

jienense (jie·nen·se) [adjetivo o sustantivo] De la provincia española de Jaén o de su capital. □ [No varía en masculino y femenino. Se escribe también «jiennense»].

jiennense (jien·nen·se) [adjetivo o sustantivo] → **jienense**. □ [No varía en masculino y femenino].

jijona (ji·jo·na) [sustantivo masculino] Turrón blando que se hace con almendra molida y miel.

jilguero (jil·gue·ro) [sustantivo masculino] Pájaro que tiene las plumas marrones, las alas amarillas y negras, y la cabeza blanca con una mancha negra en lo alto y otra roja alrededor del pico: *Los jilgueros cantan muy bien.* ◉ páginas 116-117.

jinete (ji·ne·te) [sustantivo] Persona que monta a caballo. □ [No varía en masculino y femenino. Cuando la jinete es una mujer también se le llama «amazona»].

jipi (ji·pi) [adjetivo o sustantivo] De un movimiento juvenil que está en contra de la violencia y a favor de vivir en contacto con la naturaleza. □ [No varía en masculino y femenino. Es preferible escribir «jipi» que las formas inglesas *hippy* y *hippie*].

jirafa (ji·ra·fa) [sustantivo femenino] Animal con el cuello muy largo y el pelo de color amarillo con manchas marrones: *Las jirafas comen las hojas más altas de los árboles.* ◉ páginas 354-355 y 596-597.

jirón (ji·rón) [sustantivo masculino] **1** Trozo roto de una tela o de una prenda de vestir: *Los seguidores hicieron jirones la camisa del artista.* **2** Parte pequeña que se ha arrancado o separado de una cosa: *Después de la tormenta solo quedaron unos jirones de nubes.*

jo [interjección] Se usa para indicar sorpresa, admiración o disgusto: *¡Jo, qué guantes más bonitos tienes!* □ [Es coloquial].

jobar (jo·bar) [interjección] Se usa para indicar sorpresa, admiración o disgusto. □ [Es coloquial].

jockey [sustantivo] → **yóquey**. □ [Es una palabra inglesa. Se pronuncia «yókei». No varía en masculino y femenino].

jocoso, sa (jo·co·so, sa) [adjetivo] Que tiene gracia: *un comentario jocoso.* □ SINÓNIMOS: gracioso, chistoso.

joder (jo·der) [verbo] **1** Realizar el acto sexual. **2** Fastidiar. □ [Es vulgar. Se usa mucho como interjección].

jofaina (jo·fai·na) [sustantivo femenino] Recipiente muy ancho y poco profundo. □ SINÓNIMOS: palangana.

jolgorio (jol·go·rio) [sustantivo masculino] Diversión alegre y con mucho ruido: *¡Menudo jolgorio había en mi casa el día de mi cumpleaños!* □ SINÓNIMOS: juerga, farra, pachanga.

jolín (jo·lín) [interjección] Se usa para indicar sorpresa, admiración o disgusto. □ [Es coloquial].

jolines (jo·li·nes) [interjección] Se usa para indicar sorpresa, admiración o disgusto. □ [Es coloquial].

jopé o **jope** (jo·pé; jo·pe) [interjección] Se usa para indicar sorpresa, admiración o disgusto: *¡Jopé, qué suerte!* □ [Es coloquial].

jordano, na (jor·da·no, na) [adjetivo o sustantivo] De Jordania, que es un país asiático.

jornada (jor·na·da) [sustantivo femenino] **1** Tiempo del día o de la semana durante el que se trabaja: *Mi jornada laboral es de siete horas.* **2** Período de tiempo de veinticuatro horas: *En el telediario se dicen las noticias* más importantes de la jornada. ◆ [expresión] ‖ **jornada intensiva** La que se realiza en el trabajo sin parar para comer: *Por la tarde no trabajo porque tengo jornada intensiva de 8 a 15.30.* ☐ SINÓNIMOS: **2** día. ☐ FAMILIA: →jornal.

jornal (jor·nal) [sustantivo] [masculino] Dinero que se gana por cada día de trabajo. ☐ SINÓNIMOS: salario, sueldo, paga. ☐ FAMILIA: jornada, jornalero.

jornalero, ra (jor·na·le·ro, ra) [sustantivo] Persona que trabaja por un salario diario: *Muchos jornaleros del campo solo encuentran trabajo en determinadas épocas del año.* ☐ SINÓNIMOS: bracero. ☐ FAMILIA: →jornal.

joroba (jo·ro·ba) ▌[sustantivo] [femenino] **1** Bulto que tienen algunas personas en la espalda. **2** Bulto que tienen algunos animales en el cuerpo: *Los camellos tienen dos jorobas.* ▌[interjección] **3** Se usa para indicar sorpresa, admiración o disgusto. ☐ [El significado **3** es coloquial]. ☐ SINÓNIMOS: **1** chepa, corcova. **1, 2** giba. ☐ FAMILIA: jorobado, jorobar.

jorobado, da (jo·ro·ba·do, da) [adjetivo o] **1** Que tiene joroba. **2** Que está molesto o fastidiado: *Estoy jorobado del estómago.* ☐ [El significado **2** es coloquial]. ☐ FAMILIA: →joroba.

jorobar (jo·ro·bar) [verbo] Molestar o enfadar: *Me joroba que no me hagas caso cuando te hablo.* ☐ [Es coloquial]. ☐ SINÓNIMOS: fastidiar, incordiar, chinchar, repatear. ☐ FAMILIA: →joroba.

jota (jo·ta) [sustantivo] [femenino] **1** Nombre de la letra *j*. **2** Baile, música y canción populares de origen español. ◆ [expresión] ‖ **ni jota** Nada o casi nada: *No he entendido ni jota.* ☐ [La expresión es coloquial].

joven (jo·ven) ▌[adjetivo] **1** De la juventud o relacionado con ella: *ropa joven*. ▌[adjetivo o] [sustantivo] **2** Que tiene pocos años: *una mujer joven; una planta joven.* ☐ [No varía en masculino y femenino]. ☐ SINÓNIMOS: mozo. **1** juvenil. ☐ ANTÓNIMOS: viejo. **2** anciano, decrépito. ☐ FAMILIA: juventud, juvenil, rejuvenecer, jovial.

jovial (jo·vial) [adjetivo] Alegre, de buen humor: *carácter jovial.* ☐ [No varía en masculino y en femenino]. ☐ SINÓNIMOS: animado. ☐ ANTÓNIMOS: serio. ☐ FAMILIA: →joven.

joya (jo·ya) [sustantivo] [femenino] **1** Adorno que se ponen las personas y que está hecho con piedras y metales preciosos. **2** Persona o cosa que vale mucho: *Este libro es una joya.* ☐ SINÓNIMOS: alhaja. **2** tesoro. ☐ ANTÓNIMOS: **2** baratija. ☐ FAMILIA: joyero, joyería, enjoyado.

joyería (jo·ye·rí·a) [sustantivo] [femenino] Lugar en el que se hacen o se venden joyas. ☐ FAMILIA: →joya.

joyero, ra (jo·ye·ro, ra) ▌[sustantivo] **1** Persona que hace o vende joyas. ▌ **joyero** [sustantivo] [masculino] **2** Caja en la que se guardan joyas. ☐ FAMILIA: →joya.

joystick [sustantivo] [masculino] Mando de control especial para algunos ordenadores y otros aparatos, que se puede mover en todas direcciones: *Cuando juego con mi consola utilizo el joystick.* ☐ [Es una palabra inglesa. Se pronuncia «yóistik»].

juanete (jua·ne·te) [sustantivo] [masculino] Bulto que sale en el hueso del dedo gordo del pie.

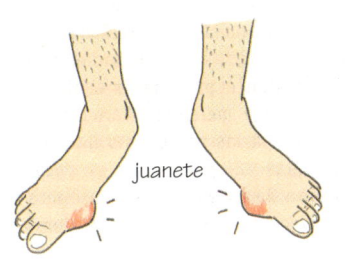

juanete

jubilación (ju·bi·la·ción) [sustantivo] **1** Hecho de dejar de trabajar porque se ha llegado a la edad que establece la ley o por problemas de salud. **2** Dinero que cobra una persona que se ha jubilado. ☐ SINÓNIMOS: retiro. **2** pensión. ☐ FAMILIA: →jubilar.

jubilado, da (ju·bi·la·do, da) [adjetivo o] Que ha dejado de trabajar porque ha llegado a la edad que establece la ley o porque tiene algún problema de salud. ☐ SINÓNIMOS: retirado. ☐ FAMILIA: →jubilar.

jubilar (ju·bi·lar) [verbo] **1** Hacer que una persona deje de trabajar porque ha llegado a la edad que establece la ley o por problemas de salud: *Mi abuela se jubiló a los sesenta y cinco años.* **2** Dejar de usar algo porque ya no vale: *Voy a tener que jubilar esta carpeta porque está muy rota.* ☐ [El significado **2** es coloquial]. ☐ SINÓNIMOS: **1** retirarse. **2** desechar, tirar. ☐ ANTÓNIMOS: **2** aprovechar. ☐ FAMILIA: jubilación, jubilado.

júbilo (jú·bi·lo) [sustantivo] [masculino] Sensación muy alegre que se expresa con gestos: *Se abrazaron con júbilo cuando ganaron.* ☐ SINÓNIMOS: regocijo, entusiasmo, euforia.

jubón (ju·bón) [sustantivo] [masculino] Antigua prenda de vestir que cubría desde los hombros hasta la cintura.

judaísmo (ju·da·ís·mo) [sustantivo] [masculino] Religión basada en la ley de Moisés, que cree en un solo dios y espera la llegada de un Mesías: *En el judaísmo, el sábado es el día sagrado.* ☐ FAMILIA: →judío.

judería (ju·de·rí·a) [sustantivo] [femenino] Barrio en el que habitaban los judíos. ☐ FAMILIA: →judío.

judía (ju·dí·a) [sustantivo] [femenino] Mira en **judío, a**.

judicial (ju·di·cial) [adjetivo] Del juez, de la justicia o relacionado con ellos: *una investigación judicial.* ☐ [No varía en masculino y femenino]. ☐ FAMILIA: →juez.

judío, a (ju·dí·o, a) ▌[adjetivo o] [sustantivo] **1** Del judaísmo o relacionado con esta religión. ▌ **judía** [sustantivo] [femenino] **2** Planta con hojas grandes y flores blancas que se cultiva en las huertas. **3** Fruto de esta planta, que es verde, alargado y con los extremos terminados en punta: *Trocea unas judías verdes para hacer la comida.* 👁 **páginas 566 y 967**. **4** Semilla de esta planta, que se cocina cuando está ya seca: *Las judías blancas son legumbres.* ☐ SINÓNIMOS: **1** hebreo, israelita. **2** fréjol, frijol. **2, 4** habichuela, alubia. ☐ FAMILIA: judaísmo, judería.

judo (ju·do) [sustantivo masculino] → **yudo**. □ [Es una palabra de origen japonés].

judoca (ju·do·ca) [sustantivo] → **yudoca**. □ [Es una palabra de origen japonés. No varía en masculino y femenino].

juego (jue·go) [sustantivo masculino] **1** Actividad que se realiza como diversión o para pasar el tiempo: *Dejad el juego y venid a merendar*. **2** Actividad que sirve para divertir a las personas y que tiene determinadas reglas: *El parchís es un juego de mesa*. **3** Conjunto de cosas que se usan para un mismo fin: *un juego de herramientas*. **4** Combinación de cosas que produce un efecto agradable: *juego de luces*. **5** Movimiento que tienen las partes de algo si están unidas entre sí: *Tengo una lesión y no puedo hacer bien el juego de la rodilla*. **6** Cada una de las partes en que se divide un partido: *Ya solo nos falta un juego para terminar el partido de tenis*. ◆ [expresión] ‖ **a juego** Que combina bien: *Tengo unos guantes a juego con el abrigo*. ‖ **fuera de juego** Posición de un jugador de fútbol cuando está por delante de los defensas del equipo contrario. ‖ **hacer juego** Combinar bien por el color o por la forma: *Las cortinas hacen juego con el sofá*. ‖ **juego de manos** El que consiste en hacer aparecer o desaparecer algo con las manos y ante la vista de los demás: *El mago hizo un juego de manos y sacó una flor de un pañuelo*. ‖ **juego de niños** Actividad que es muy fácil de hacer: *Hacer los deberes cuando me sé la lección es un juego de niños*. ‖ **juegos malabares** Mira en **malabar**. □ SINÓNIMOS: **1** diversión, distracción, entretenimiento, pasatiempo. □ FAMILIA: videojuego.

juerga (juer·ga) [sustantivo femenino] Diversión alegre y con ruido: *El otro día estuvimos de juerga hasta muy tarde*. □ SINÓNIMOS: jolgorio, farra. □ FAMILIA: juerguista.

juerguista (juer·guis·ta) [adjetivo o sustantivo] Aficionado a las juergas. □ [No varía en masculino y femenino]. □ SINÓNIMOS: vividor. □ FAMILIA: →juerga.

jueves (jue·ves) [sustantivo masculino] Cuarto día de la semana. ⊙ página 169. ◆ [expresión] ‖ **no ser nada del otro jueves** Ser muy normal: *No sé por qué este libro es tan famoso, si no es nada del otro jueves*. □ [No varía en singular y plural].

juez, za (juez, jue·za) [sustantivo] **1** Persona que tiene poder, según la ley, para decir si algo está bien o mal hecho y para poner un castigo cuando no se cumplen las leyes. **2** Persona que da determinado valor a lo que alguien ha realizado: *los jueces de un concurso*. **3** Persona que hace que se cumplan las reglas de algo: *El juez anuló la carrera porque llovía demasiado*. ◆ [expresión] ‖ **juez de línea** Persona que hace que se cumplan las reglas de fútbol desde fuera del campo: *El juez de línea es el ayudante del árbitro*. ‖ **juez de silla** Persona que hace cumplir las reglas de algunos deportes: *En el tenis y en el voleibol el árbitro es el juez de silla*. □ [Su plural es «jueces, juezas». Para el femenino se usa también «la juez»]. □ SINÓNIMOS: **3** árbitro. □ FAMILIA: juzgar, juzgado, juicio, juicioso, judicial, prejuicio, prejuzgar, enjuiciamiento, enjuiciar, sojuzgar.

jugada (ju·ga·da) [sustantivo femenino] **1** Cada una de las veces que juega una persona en un juego: *Si caes en esta casilla, estarás una jugada sin tirar el dado*. **2** Cada una de las acciones que se hacen en un juego: *las mejores jugadas del partido*. **3** Mala acción que se hace contra alguien: *Como vuelvas a hacerme una jugada así, no seré más tu amigo*. □ SINÓNIMOS: **3** faena, jugarreta. □ FAMILIA: →jugar.

jugador, ra (ju·ga·dor, do·ra) [sustantivo] Persona que juega a algo: *Los jugadores de baloncesto suelen ser muy altos*. □ FAMILIA: →jugar.

jugar (ju·gar) [verbo] **1** Hacer algo como diversión o para pasar el tiempo: *¿Puedo ir a jugar al jardín?* **2** Participar en un juego o en un deporte: *Nunca juego a la lotería*; *¿Jugamos al tenis?* **3** No tomar en serio algo importante: *No puedes jugar con los sentimientos de los demás*. ◆ [expresión] ‖ **jugar limpio** No hacer trampas ni engaños: *Con mis amigos siempre juego limpio*. ▪ **jugarse** **5** Arriesgar o poner en peligro: *Los bomberos se juegan la vida para salvar a los demás*. ‖ **jugar sucio** Engañar y hacer trampas: *No tienes amigos porque siempre juegas sucio*. □ [Es irregular]. □ SINÓNIMOS: **5** exponer. □ FAMILIA: juego, jugada, jugarreta, jugador, juguete, juguetería, juguetón, juguetear.

jugarreta (ju·ga·rre·ta) [sustantivo femenino] Mala acción que se hace contra alguien: *Como vuelvas a hacerme una jugarreta, no me volveré a fiar de ti*. □ SINÓNIMOS: jugada, faena. □ FAMILIA: →jugar.

juglar (ju·glar) [sustantivo masculino] Hombre que antiguamente entretenía a la gente recitando poemas, cantando o bailando. □ [El femenino es «juglaresa»].

juglaresa (ju·gla·re·sa) [sustantivo femenino] Mujer que antiguamente entretenía a la gente recitando poemas, cantando o bailando. □ [El masculino es «juglar»].

jugo (ju·go) [sustantivo masculino] **1** Líquido de un vegetal o de un animal: *La naranja es una fruta que tiene mucho jugo*. **2** Líquido que producen algunos órganos del cuerpo: *El estómago produce jugos para hacer la digestión*. **3** Valor o interés: *Es un libro muy bueno y con mucho jugo*. □ FAMILIA: jugoso.

jugoso, sa (ju·go·so, sa) [adjetivo] Que tiene jugo: *La sandía es una fruta muy jugosa*. □ ANTÓNIMOS: seco. □ FAMILIA: →jugo.

juguete (ju·gue·te) [sustantivo masculino] Objeto que sirve para jugar. □ FAMILIA: →jugar.

juguetear (ju·gue·te·ar) [verbo] Jugar con algo sin poner mucha atención en ello: *Mientras me escuchaba, jugueteaba con unas monedas*. □ FAMILIA: →jugar.

juguetería (ju·gue·te·rí·a) [sustantivo femenino] Tienda en la que se venden juguetes. □ FAMILIA: →jugar.

juguetón, na (ju·gue·tón, to·na) [adjetivo] Que está siempre jugando. □ Familia: →jugar.

juicio (jui·cio) [sustantivo masculino] **1** Capacidad de una persona para saber lo que está bien y lo que está mal. **2** Idea que se tiene sobre algo: *No te formes juicios equivocados sobre mí.* **3** Forma de actuar sabiendo lo que se hace: *Si tuvieras más juicio no harías tantas tonterías.* **4** Acto en el que un juez juzga un hecho y dice la sentencia: *Ha comenzado ya el juicio sobre el robo del banco.* □ Sinónimos: **1** razón, criterio, entendimiento, raciocinio. **2** opinión. **3** sensatez, madurez. □ Familia: →juez.

juicioso, sa (jui·cio·so, sa) [adjetivo o sustantivo] Que tiene capacidad para saber lo que está bien y lo que está mal, y actúa de forma razonable y sensata: *Sé que no harás tonterías, porque eres un niño muy juicioso.* □ Sinónimos: sensato, cuerdo, formal. □ Antónimos: insensato, alocado, loco. □ Familia: →juez.

julio (ju·lio) [sustantivo masculino] Séptimo mes del año, entre junio y agosto: *El mes de julio tiene 31 días.*

jumento, ta (ju·men·to, ta) [sustantivo] Animal parecido al caballo, pero más pequeño. □ Sinónimos: asno, burro, acémila.

junco (jun·co) [sustantivo masculino] **1** Planta con tallos flexibles, largos y lisos de color verde oscuro, que crece en lugares húmedos. **2** Barco pequeño con velas rectangulares: *El junco es un barco típico de los países asiáticos.* □ Familia: junquillo.

junco

jungla (jun·gla) [sustantivo femenino] Selva propia del clima tropical: *En la jungla hay muchos animales salvajes.*

junio (ju·nio) [sustantivo masculino] Sexto mes del año, entre mayo y julio: *El mes de junio tiene 30 días.*

júnior (jú·nior) ∎ [adjetivo] **1** Dicho de una persona, que es más joven que otra de su familia que tiene el

---

JUGAR	
INDICATIVO	**SUBJUNTIVO**
Presente yo juego tú juegas / usted juega él, ella juega nosotros, tras jugamos vosotros, tras jugáis / ustedes juegan ellos, ellas juegan	**Presente** yo juegue tú juegues / usted juegue él, ella juegue nosotros, tras juguemos vosotros, tras juguéis / ustedes jueguen ellos, ellas jueguen
Pretérito imperfecto yo jugaba tú jugabas / usted jugaba él, ella jugaba nosotros, tras jugábamos vosotros, tras jugabais / ustedes jugaban ellos, ellas jugaban	**Pretérito imperfecto** yo jugara o jugase tú jugaras o jugases / usted jugara o jugase él, ella jugara o jugase nosotros, tras jugáramos o jugásemos vosotros, tras jugarais o jugaseis / ustedes jugaran o jugasen ellos, ellas jugaran o jugasen
Pretérito perfecto simple yo jugué tú jugaste / usted jugó él, ella jugó nosotros, tras jugamos vosotros, tras jugasteis / ustedes jugaron ellos, ellas jugaron	**Futuro simple** yo jugare tú jugares / usted jugare él, ella jugare nosotros, tras jugáremos vosotros, tras jugareis / ustedes jugaren ellos, ellas jugaren
Futuro simple yo jugaré tú jugarás / usted jugará él, ella jugará nosotros, tras jugaremos vosotros, tras jugaréis / ustedes jugarán ellos, ellas jugarán	**IMPERATIVO** juega (tú) / juegue (usted) juguemos (nosotros, tras) jugad (vosotros, tras) / jueguen (ustedes)
Condicional simple yo jugaría tú jugarías / usted jugaría él, ella jugaría nosotros, tras jugaríamos vosotros, tras jugaríais / ustedes jugarían ellos, ellas jugarían	**FORMAS NO PERSONALES** **Infinitivo** **Gerundio** **Participio** jugar jugando jugado

junípero

mismo nombre: *Mi padre es «Pepe» y mi hermano «Pepe júnior»*. ■ [adjetivo o sustantivo] **2** Que pertenece a una de las categorías deportivas, por encima de la de juvenil. ☐ [Es una palabra de origen inglés. Se pronuncia «yúnior»].

junípero (ju·ní·pe·ro) [sustantivo masculino] Arbusto con flores rojizas y madera fuerte y olorosa. ☐ SINÓNIMOS: enebro.

junquillo (jun·qui·llo) [sustantivo masculino] Moldura o tira de madera para decorar que se pone alrededor de algo: *Pusieron junquillos alrededor de los cristales de la puerta.* ☐ FAMILIA: →junco.

junta (jun·ta) [sustantivo] Mira en **junto, ta**.

juntar (jun·tar) [verbo] **1** Poner algo de manera que se forme un conjunto: *Junté todos los caramelos en una caja.* **2** Poner muy cerca varias cosas: *Junta los pies y salta.* ■ **juntarse 3** Ser amigo de alguien: *Ya no me junto con ellos, porque nos hemos enfadado.* ☐ [El significado **3** es coloquial]. ☐ SINÓNIMOS: **1** agrupar, reunir, amontonar. **2** unir, pegar, arrimar, acercar, aproximar. **3** ajuntar. ☐ ANTÓNIMOS: **1, 2** desunir, separar. **1** esparcir, desperdigar, desparramar, disociar. **2** apartar, alejar. ☐ FAMILIA: →junto.

junto, ta (jun·to, ta) ■ [adjetivo] **1** Que está a muy poca distancia: *Mi cama y la tuya están juntas.* **2** Que va en compañía o a la vez: *Vamos juntas a todas partes.* ■ **junta** [sustantivo femenino] **3** Grupo de personas que se reúnen para tratar un asunto: *una junta de vecinos.* **4** Parte por donde se unen dos cosas: *El agua se escapa por la junta de las tuberías.* ■ **junto** [adverbio] **5** En una posición muy cercana: *Mi casa está junto a un parque.* **6** Al mismo tiempo: *Junto con las imágenes, se oía música.* ☐ SINÓNIMOS: **1** inmediato, próximo, cercano. **4** juntura. ☐ ANTÓNIMOS: **1** lejano. ☐ FAMILIA: juntar, juntura, ajuntar, adjuntar, adjunto.

juntura (jun·tu·ra) [sustantivo femenino] **1** Parte por donde se unen dos cosas: *El agua se sale por la juntura de las tuberías.* **2** Pieza que se coloca entre dos tubos o dos partes de un aparato para unirlos: *La juntura de la manguera no encaja bien y se sale el agua.* ☐ SINÓNIMOS: **1** junta. ☐ FAMILIA: →junto.

jura (ju·ra) [sustantivo femenino] Ceremonia y acto por el que una persona se compromete a ser fiel y a obedecer algo: *jura de bandera.* ☐ FAMILIA: →jurar.

jurado (ju·ra·do) [sustantivo masculino] Grupo de personas que juzga algo: *Los miembros del jurado han decidido ya quién es el ganador del concurso.* ☐ FAMILIA: →jurar.

juramentar (ju·ra·men·tar) [verbo] Hacer que una persona dé su palabra de honor o haga una promesa seria: *Siempre se juramenta a los testigos en los juicios.* ☐ FAMILIA: →jurar.

juramento (ju·ra·men·to) [sustantivo masculino] Promesa muy seria. ☐ FAMILIA: →jurar.

jurar (ju·rar) [verbo] **1** Prometer algo de forma muy seria, asegurando que es verdad: *Te juro que yo no he roto el jarrón.* **2** Prometer que se va a ser fiel a algo: *Los diputados deben jurar la Constitución.* ☐ FAMILIA: jura, juramento, jurado, juramentar, jurídico, jurista, jurisdicción, abjurar, perjurar, perjurio.

jurel (ju·rel) [sustantivo masculino] Pez de color verdoso por arriba y blanco o rojizo por abajo, con la cola en forma de horquilla. ☐ SINÓNIMOS: chicharro.

jurídico, ca (ju·rí·di·co, ca) [adjetivo] Del derecho, de las leyes o relacionado con ellos: *El lenguaje jurídico es muy complicado.* ☐ FAMILIA: →jurar.

jurisdicción (ju·ris·dic·ción) [sustantivo femenino] **1** Autoridad o poder para gobernar o para hacer cumplir las normas: *Los jueces no tienen jurisdicción para elaborar las leyes, solo para aplicarlas.* **2** Territorio que está bajo una autoridad: *Esa finca no entra dentro de esta jurisdicción municipal.* ☐ FAMILIA: →jurar.

jurista (ju·ris·ta) [sustantivo] Persona que se dedica a estudiar y a interpretar las leyes. ☐ [No varía en masculino y femenino]. ☐ FAMILIA: →jurar.

justa (jus·ta) [sustantivo femenino] Mira en **justo, ta**.

justicia (jus·ti·cia) [sustantivo femenino] **1** Forma de actuar conforme a la ley y a lo que debe hacerse: *Hay que actuar con justicia y honradez.* **2** Conjunto de personas que pueden poner en práctica las leyes: *El ladrón acabó en manos de la justicia.* ☐ ANTÓNIMOS: **1** injusticia. ☐ FAMILIA: →justo.

justiciero, ra (jus·ti·cie·ro, ra) [adjetivo] Que castiga o que es muy severo con quien no cumple con la justicia: *El protagonista de la película era un valiente justiciero.* ☐ FAMILIA: →justo.

justificación (jus·ti·fi·ca·ción) [sustantivo femenino] Razón o prueba que se dan como causa de algo: *Espero que tengas justificación para tu retraso.* ☐ SINÓNIMOS: explicación. ☐ FAMILIA: →justo.

justificado, da (jus·ti·fi·ca·do, da) ■ [adjetivo] **1** Con razones o con motivos justos y válidos: *Dame una explicación justificada de tu comportamiento.* ■ **justificado** [sustantivo masculino] **2** Formato del texto de una página en el que todas las líneas son igual de largas: *El justificado de la página se hace muy fácilmente con el ordenador.* ☐ FAMILIA: →justo.

justificante (jus·ti·fi·can·te) [sustantivo masculino] Prueba que demuestra algo: *Tengo un justificante del médico para que no me pongan falta por haber faltado a clase.* ☐ SINÓNIMOS: comprobante, resguardo. ☐ FAMILIA: →justo.

justificar (jus·ti·fi·car) [verbo] Dar razones o pruebas para demostrar algo: *El profesor exige que siempre justifiquemos nuestras faltas de asistencia a clase.* ☐ [La «c» se cambia en «qu» delante de «e» («justifique»)]. ☐ FAMILIA: →justo.

justo, ta (jus·to, ta) ■ [adjetivo] **1** Como debe ser según el derecho o la razón: *No es justo que a ti te hayan puesto menos nota que a mí si yo hice peor el examen.* **2** Que es lo que se dice o lo que hace falta, y nada más ni nada menos: *Tengo dos euros justos. Diez minutos es el tiempo justo que necesito para vestirme.* **3** Que queda muy apretado: *Estos pantalones me quedan muy justos.* ■ [adjetivo o sustantivo] **4** Que actúa con honradez y justicia: *Mi abuelo es una persona muy justa.* ■ **justa** [sustantivo femenino] **5** Lucha a caballo y con lanza entre caballeros: *En la Edad Media se organizaban justas para animar los torneos.* ∎ **justo** [adverbio] **6** Precisamente, exactamente: *Bajaré a la calle justo a las tres.* ☐ Sinónimos: **2** exacto, preciso. **3** estrecho. **4** honesto, honrado, recto, íntegro. ☐ Antónimos: **1**, **4** injusto. **2** impreciso. **3** amplio, ancho. ☐ Familia: justicia, justificar, justificado, justificación, justificante, justiciero, injusto, injusticia, ajustar, ajuste, desajustar, desajuste, reajustar, reajuste, ajusticiar.

juvenil (ju·ve·nil) ∎ [adjetivo] **1** De la juventud o relacionado con ella: *literatura juvenil.* ∎ [adjetivo o sustantivo] **2** Que pertenece a una de las categorías deportivas, por encima de la de cadete. ☐ [No varía en masculino y femenino]. ☐ Sinónimos: **1** joven, mozo. ☐ Familia: →joven.

juventud (ju·ven·tud) [sustantivo femenino] **1** Período de la vida de una persona que va desde la niñez hasta la edad adulta. **2** Conjunto de características de los jóvenes: *Todavía no me dejan trabajar a causa de mi juventud.* **3** Conjunto de los jóvenes: *Dice mi abuelo que la juventud de hoy está loca.* ☐ Sinónimos: **1** mocedad. ☐ Antónimos: **1**, **2** vejez. ☐ Familia: →joven.

juzgado (juz·ga·do) [sustantivo masculino] Lugar en el que se hacen los juicios. ☐ Familia: →juez.

juzgar (juz·gar) [verbo] Decir si está bien o si está mal lo que ha hecho una persona: *Los jueces son los encargados de juzgar a los acusados de un delito.* ☐ [La «g» se cambia en «gu» delante de «e» («juzgue»)]. ☐ Sinónimos: enjuiciar, procesar. ☐ Familia: →juez.

k [sustantivo femenino] Letra número once del abecedario. ◉ **página 18.** ☐ [Su nombre es «ka»].

ka [sustantivo femenino] Nombre de la letra *k*.

kale borroka (ka·le bo·rro·ka) [sustantivo femenino] Actos de violencia callejera en la comunidad autónoma española del País Vasco y otras zonas cercanas. ☐ [Es una expresión del euskera].

kamikaze (ka·mi·ka·ze) [sustantivo masculino] **1** Piloto japonés que en la guerra arriesgaba su vida en alguna misión suicida para destruir al enemigo. **2** Persona que realiza alguna acción en la que pone en peligro su vida.

kan [sustantivo masculino] Jefe de algunos países asiáticos.

karaoke (ka·ra·o·ke) [sustantivo masculino] Bar donde la gente puede salir a cantar a un pequeño escenario: *Mis hermanos mayores estuvieron en un karaoke y dicen que, cuando salieron a cantar, todo el mundo los aplaudió.* ☐ [Es una palabra de origen japonés].

kárate (ká·ra·te) [sustantivo masculino] Deporte en el que dos personas se pelean sin armas, usando las manos, los codos y los pies: *El kárate tiene su origen en Japón.* ☐ [Es una palabra de origen japonés]. ☐ Familia: karateca.

karateca (ka·ra·te·ca) [sustantivo] Persona que hace kárate: *Los karatecas llevan kimonos blancos.* ☐ [No varía en masculino y femenino]. ☐ Familia: →kárate.

kart [sustantivo masculino] Coche de carreras para una sola persona. ☐ [Es una palabra de origen inglés. Su plural es «karts»].

katiuska (ka·tius·ka) [sustantivo femenino] Bota de goma que llega hasta debajo de la rodilla y que se usa los días de lluvia: *Cuando llueve, me pongo las katiuskas y así puedo saltar en todos los charcos.* ☐ [Es una palabra de origen ruso].

kayak (ka·yak) [sustantivo masculino] Barco de remos, pequeño, alargado y de poco peso: *El kayak es la canoa que usan los esquimales.* ◉ **página 362.** ☐ [Es una palabra de origen inglés. Su plural es «kayaks»].

kazajo, ja (ka·za·jo, ja) [adjetivo o sustantivo] De Kazajistán, que es un país asiático.

keniano, na (ke·nia·no, na) [adjetivo o sustantivo] De Kenia, que es un país africano. ☐ Sinónimos: keniata.

keniata (ke·nia·ta) [adjetivo o sustantivo] → **keniano.** ☐ [No varía en masculino y femenino].

kermés (ker·més) [sustantivo femenino] Fiesta popular al aire libre, generalmente para conseguir dinero para los pobres. ☐ [Se escribe también «quermés»].

kétchup (két·chup) [sustantivo masculino] Salsa de tomate: *Me tomé un perrito caliente con kétchup y mostaza.* ☐ [Es una palabra de origen inglés. Su plural es «kétchups»].

kilo (ki·lo) [sustantivo masculino] **1** Kilogramo: *¿A cuánto está el kilo de uvas, por favor?* **2** Un millón de pesetas: *Esta casa cuesta dos kilos.* ☐ [El significado **2** es coloquial].

kilogramo (ki·lo·gra·mo) [sustantivo masculino] Medida que sirve para pesar: *Un kilogramo tiene mil gramos.* ☐ [Se usa mucho la forma abreviada «kilo»]. ☐ Familia: →gramo.

kilolitro (ki·lo·li·tro) [sustantivo masculino] Medida de capacidad: *Un kilolitro tiene mil litros.* ☐ Familia: →litro.

kilometraje (ki·lo·me·tra·je) [sustantivo masculino] **1** Medida de una distancia en kilómetros. **2** Número de kilómetros recorridos: *Aunque parece un coche nuevo, tiene mucho kilometraje*. ☐ FAMILIA: →kilómetro.

kilométrico, ca (ki·lo·mé·tri·co, ca) [adjetivo] **1** Del kilómetro o relacionado con esta unidad de longitud. **2** Muy largo: *He traído una cuerda de saltar kilométrica*. ☐ FAMILIA: →kilómetro.

kilómetro (ki·ló·me·tro) [sustantivo masculino] Medida de longitud: *Un kilómetro tiene mil metros*. ☐ FAMILIA: kilométrico, kilometraje, cuentakilómetros.

kilovatio (ki·lo·va·tio) [sustantivo masculino] Unidad que se usa para medir la potencia eléctrica: *Un kilovatio tiene mil vatios*. ☐ FAMILIA: →vatio.

kimono (ki·mo·no) [sustantivo masculino] **1** Prenda de vestir típica japonesa, que es una especie de bata hasta los pies, abierta por delante y muy ancha. **2** Conjunto de chaqueta y pantalón muy anchos que se usa para practicar algunos deportes, como el yudo. ☐ [Es una palabra de origen japonés. Se escribe también «quimono»].

kimono

kiosco (kios·co) [sustantivo masculino] → **quiosco**.

kit [sustantivo masculino] Conjunto de cosas o de piezas que sirven para hacer algo: *un kit de limpieza*. ☐ [Es una palabra de origen inglés. Su plural es «kits»]. ☐ SINÓNIMOS: set.

kiwi (ki·wi) [sustantivo masculino] Fruta verde, en forma de huevo, con la piel llena de pelos y con muchas pepitas negras por dentro. ⊙ página 453. ☐ [Se pronuncia «kígüi»].

kleenex [sustantivo masculino] → **clínex**. ☐ [Procede de la marca comercial «Kleenex®». Se pronuncia «klínex»].

KO ▌ [adjetivo] **1** Sin fuerzas para continuar: *Después del segundo gol, el equipo quedó KO y no supo reaccionar para remontar el resultado*. ▌ [sustantivo masculino] **2** Derrota de un boxeador que ocurre cuando está más de diez segundos en el suelo: *Este boxeador ha ganado sus dos últimos combates por KO*. ☐ [Se pronuncia «káo». Se escriben todas las letras con mayúscula. El significado **1** no varía en masculino y femenino, y es coloquial. No varía en singular y plural: «el KO», «los KO»].

koala (ko·a·la) [sustantivo masculino] Animal parecido a un oso, pero más pequeño, que es de color gris, no tiene cola y que posee una especie de bolsa en la que lleva a sus crías. ⊙ páginas 596-597.

kosovar (ko·so·var) [adjetivo o sustantivo] De Kósovo, que es una región balcánica. ☐ [No varía en masculino y femenino].

kung-fu (kung·fu) [sustantivo masculino] Lucha entre dos personas usando las manos y los pies. ☐ [Es una palabra de origen chino. Se pronuncia «kunfú»].

kurdo, da (kur·do, da) [adjetivo o sustantivo] Del Kurdistán, que es una región asiática. ☐ [Se escribe también «curdo»].

kuwaití (ku·wai·tí) [adjetivo o sustantivo] De Kuwait, que es un país asiático. ☐ [Se pronuncia «kubaití». No varía en masculino y femenino. Su plural es «kuwaitís» o «kuwaitíes» (más culto)].

l [sustantivo femenino] Letra número doce del abecedario. 👁 **página 18.** ☐ [Su nombre es «ele». Cuando es doble, se pronuncia como en «pollo» y, al escribirla, nunca se puede dividir: «po-llo» (y no «pol-lo»)].

la ▪ [artículo] **1** Es el femenino de *el*: *Aquí están las canicas.* ▪ [pronombre personal] **2** Es el femenino de *lo*: *Deja de buscar tu cartera, que la tengo yo.* ▪ [sustantivo masculino] **3** Una de las siete notas musicales. 👁 **página 648.**

laberinto (la·be·rin·to) [sustantivo masculino] **1** Lugar formado por muchos caminos que se cruzan y en el cual es muy difícil encontrar la salida. **2** Parte del oído interno del hombre y de otros animales.

laberinto

labia (la·bia) [sustantivo femenino] Facilidad que tiene una persona para hablar y expresarse. ☐ [Es coloquial]. ☐ Sinónimos: elocuencia.

labial (la·bial) [adjetivo] De los labios o relacionado con ellos. ☐ [No varía en masculino y femenino]. ☐ Familia: →labio.

labio (la·bio) [sustantivo masculino] **1** Cada uno de los dos bordes de color rosa que cierran la boca. **2** Borde exterior de algunas cosas: *Engánchalo bien con los labios del clip.* ☐ Familia: labial, pintalabios.

labor (la·bor) [sustantivo femenino] **1** Cada una de las cosas que una persona tiene que hacer: *La labor del jardinero es cuidar el jardín.* **2** Trabajo del campo para preparar y cultivar la tierra. **3** Obra que se hace a mano con hilo o con lana: *labores de costura.* ☐ Sinónimos: **1** trabajo, quehacer, tarea, ocupación, faena. ☐ Familia: laborable, laboral, laborar, laborioso, laboratorio, colaborar, colaboración, colaborador.

laborable (la·bo·ra·ble) [adjetivo o sustantivo masculino] Día en que se trabaja. ☐ [Cuando es adjetivo, no varía en masculino y femenino]. ☐ Antónimos: festivo. ☐ Familia: →labor.

laboral (la·bo·ral) [adjetivo] Del trabajo o relacionado con él: *Tengo problemas laborales.* ☐ [No varía en masculino y femenino]. ☐ Familia: →labor.

laborar (la·bo·rar) [verbo] Cultivar la tierra: *Cada día hay menos gente que labora los campos.* ☐ Familia: →labor.

laboratorio (la·bo·ra·to·rio) [sustantivo masculino] Lugar con los instrumentos y aparatos necesarios para hacer una investigación o un trabajo técnico: *El médico envió la muestra de sangre al laboratorio para que la analizaran.* ☐ Familia: →labor.

laborioso, sa (la·bo·rio·so, sa) [adjetivo] **1** Que trabaja mucho. **2** Que se realiza con mucho trabajo o esfuerzo: *Es un trabajo muy laborioso y exige mucha atención.* ☐ Sinónimos: **1** trabajador. **2** trabajoso. ☐ Antónimos: **1** holgazán, vago, perezoso, gandul. ☐ Familia: →labor.

labrador, ra (la·bra·dor, do·ra) [adjetivo o sustantivo masculino] Que se dedica a los trabajos del campo. ☐ Sinónimos: labriego. ☐ Familia: →labrar.

labrantío, a (la·bran·tí·o, a) [adjetivo o sustantivo masculino] Dicho de un terreno, que se puede cultivar. ☐ Familia: →labrar.

labranza (la·bran·za) [sustantivo femenino] Cultivo de los campos: *aperos de labranza.* ☐ Familia: →labrar.

labrar (la·brar) [verbo] **1** Trabajar un material para darle forma o para adornarlo: *labrar un metal.* **2** Mover la tierra haciendo surcos para sembrarla. **3** Conseguir o preparar: *labrarse el futuro.* ☐ Sinónimos: **1** tallar. **2** arar. ☐ Familia: labrador, labranza, labrantío, labriego.

labriego, ga (la·brie·go, ga) [sustantivo] Persona que se dedica a los trabajos del campo. ☐ Sinónimos: labrador. ☐ Familia: →labrar.

laca (la·ca) [sustantivo femenino] **1** Producto que se pone en el pelo para que dure más el peinado. **2** Sustancia dura y brillante que se saca de algunos árboles y que se usa para pintar. ☐ Familia: lacar.

lacar (la·car) [verbo] Pintar algo con laca. ☐ [La «c» se cambia en «qu» delante de «e» («laque»)]. ☐ Familia: →laca.

lacayo (la·ca·yo) [sustantivo masculino] Antiguo criado que tenía como trabajo principal acompañar a su amo.

lacayo

lacha (la·cha) [sustantivo femenino] Vergüenza que se siente por algo. ☐ [Es coloquial.] ☐ Sinónimos: apuro.

lacio, cia (la·cio, cia) [adjetivo] **1** Dicho del cabello, que es liso y cae sin formar ondas ni rizos. **2** Dicho de una planta, estropeada o sin fuerzas: *Riega esa planta, porque ya tiene las hojas lacias.* ☐ Sinónimos: **1** liso. ☐ Antónimos: **1** crespo.

lacón (la·cón) [sustantivo masculino] Jamón cocido que se saca de la pata de delante de un cerdo.

lacónico, ca (la·có·ni·co, ca) [adjetivo] Dicho de una persona, que habla o escribe usando pocas palabras: *Es muy lacónico en sus respuestas.* ☐ Sinónimos: conciso. ☐ Antónimos: hablador, locuaz, prolijo.

lacra (la·cra) [sustantivo femenino] **1** Señal o huella que una enfermedad o un daño físico dejan en una persona: *Después del accidente le quedaron muchas lacras físicas.* **2** Vicio o defecto perjudicial: *La droga es una lacra para la sociedad.*

lacrar (la·crar) [verbo] Cerrar un sobre o un paquete utilizando el lacre, que es una sustancia que, al fundirse, actúa como un pegamento. ☐ Familia: →lacre.

lacre (la·cre) [sustantivo masculino] Sustancia hecha de una pasta parecida al pegamento que, al fundirse, se utiliza para cerrar sobres y paquetes. ☐ Familia: lacrar.

lacrimógeno, na (la·cri·mó·ge·no, na) [adjetivo] Que hace llorar: *gases lacrimógenos.* ☐ Sinónimos: lacrimoso. ☐ Familia: →lágrima.

lacrimoso, sa (la·cri·mo·so, sa) [adjetivo] **1** Con lágrimas: *ojos lacrimosos.* **2** Que hace llorar: *una película lacrimosa.* ☐ Sinónimos: **2** lacrimógeno. ☐ Familia: →lágrima.

lactancia (lac·tan·cia) [sustantivo femenino] **1** Período de la vida de algunos seres vivos durante el que se alimentan de leche: *La lactancia de los bebés suele durar seis meses.* **2** Forma de alimentación durante este período: *la lactancia materna.* ☐ Familia: →leche.

lactante (lac·tan·te) ■ [adjetivo o sustantivo] **1** Dicho de un niño o de un mamífero, que se halla en el período de lactancia. ■ [adjetivo o sustantivo femenino] **2** Dicho de una mujer o de un mamífero hembra, que amamanta. ☐ [En el significado **1** no varía en masculino y femenino]. ☐ Familia: →leche.

lácteo, a (lác·te·o, a) [adjetivo] De la leche o derivado de ella: *productos lácteos.* ☐ Familia: →leche.

lactosa (lac·to·sa) [sustantivo femenino] Hidrato de carbono, de sabor dulce, que abunda en la leche. ☐ Familia: →leche.

lacustre (la·cus·tre) [adjetivo] De los lagos o relacionado con ellos: *zona lacustre.* ☐ [No varía en masculino y femenino]. ☐ Familia: →lago.

ladear (la·de·ar) [verbo] Inclinar o torcer hacia un lado: *Ladeó la cabeza y sonrió.* ☐ Familia: →lado.

ladera (la·de·ra) [sustantivo femenino] Lado inclinado de una montaña. ☐ Familia: →lado.

ladino, na (la·di·no, na) [adjetivo] Que consigue todo lo que quiere porque es muy listo y esconde sus verdaderas intenciones: *Es muy ladino para los negocios.* ☐ Sinónimos: astuto, sagaz.

lado (la·do) [sustantivo masculino] **1** Mitad derecha o izquierda de un cuerpo: *El corazón está en el lado izquierdo.* **2** Cada una de las dos superficies planas de algo: *los dos lados de una medalla.* **3** Sitio o lugar: *¿Nos vamos a otro lado?* **4** Aspecto que se destaca al considerar algo: *Si lo miras por ese lado, creo que tienes razón.* **5** En matemáticas, cada una de las líneas que forman una figura: *Los triángulos tienen tres lados.* ◆ [expresión] ‖ **al lado** Muy cerca: *Vivo aquí al lado.* ‖ **dar de lado a**

ladrar

alguien Rechazarlo o apartarse de él: *Todos te dan de lado porque eres un mentiroso.* ☐ Sinónimos: **2** cara. ☐ Familia: ladera, ladear, lateral, unilateral, colateral, bilateral, equilátero.

ladrar (la·drar) [verbo] Emitir el perro su voz característica. ☐ Familia: ladrido.

ladrido (la·dri·do) [sustantivo masculino] Voz característica del perro. ☐ Familia: →ladrar.

ladrillo (la·dri·llo) [sustantivo masculino] Pieza de color rojo que se usa para construir muros o paredes: *Los ladrillos están hechos de barro cocido.*

ladrón, na (la·drón, dro·na) [adjetivo o sustantivo] **1** Que roba. ∎ **ladrón** [sustantivo masculino] **2** Enchufe que permite conectar a la corriente eléctrica varios aparatos a la vez.

lagartija (la·gar·ti·ja) [sustantivo femenino] Animal de color verde y de pequeño tamaño, que tiene las patas cortas y el cuerpo alargado y terminado en una larga cola. 👁 página 818. ☐ Familia: →lagarto.

lagarto (la·gar·to) [sustantivo masculino] Animal de color verde, que tiene las patas cortas y el cuerpo alargado, cubierto de escamas y terminado en una cola. ☐ Familia: lagartija.

lago (la·go) [sustantivo masculino] Gran cantidad de agua que está en una zona hundida del terreno: *¿Vienes a pescar al lago?* 👁 página 809. ☐ Familia: laguna, lacustre.

lágrima (lá·gri·ma) [sustantivo femenino] **1** Cada una de las gotas de agua que salen por los ojos cuando lloramos. **2** Cualquier cosa que tiene esta forma: *De la lámpara del comedor cuelgan lágrimas de cristal.* ◆ [expresión] ∥ **lágrimas de cocodrilo** Las que caen sin que estemos tristes de verdad: *Con tus lágrimas de cocodrilo no conseguirás conmoverme.* ∥ **llorar a lágrima viva** Llorar mucho. ∥ **saltársele a alguien las lágrimas** Emocionarse mucho y estar a punto de llorar. ☐ Familia: lagrimal, lagrimear, lacrimoso, lacrimógeno.

lagrimal (la·gri·mal) [sustantivo masculino] Parte del ojo que está cerca de la nariz y por donde caen las lágrimas. ☐ Familia: →lágrima.

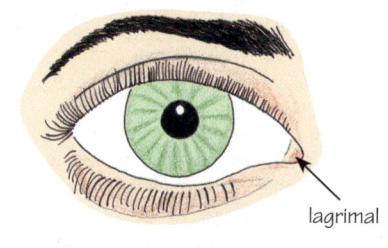

lagrimal

lagrimear (la·gri·me·ar) [verbo] Tener los ojos llenos de lágrimas sin poder evitarlo: *Los ojos me lagrimean cuando estoy mucho tiempo con el ordenador.* ☐ Familia: →lágrima.

laguna (la·gu·na) [sustantivo femenino] **1** Lago pequeño. **2** Información que no se sabe o no se recuerda, pese a lo esperado: *El golpe en la cabeza le produjo lagunas en la memoria.* ☐ Familia: →lago.

laico, ca (lai·co, ca) ∎ [adjetivo] **1** Independiente de la influencia religiosa: *colegio laico; Estado laico.* ∎ [adjetivo o sustantivo] **2** Que no es sacerdote ni pertenece a una orden religiosa. ☐ Sinónimos: **2** seglar, secular.

laísmo (la·ís·mo) [sustantivo masculino] Uso de las formas *la* o *las* como complemento indirecto en lugar de *le* o *les*: *En «la dije una cosa»* hay un caso de laísmo. ☐ Familia: →lo.

laísta (la·ís·ta) [adjetivo o sustantivo] Que usa las formas *la* o *las* cuando tendría que usar *le* o *les*. ☐ [No varía en masculino y femenino]. ☐ Familia: →lo.

lamentable (la·men·ta·ble) [adjetivo] Que causa pena o disgusto: *Después del incendio la casa quedó en un estado lamentable.* ☐ [No varía en masculino y femenino]. ☐ Sinónimos: deplorable. ☐ Familia: →lamentar.

lamentación (la·men·ta·ción) [sustantivo femenino] **1** Expresión de un dolor o una pena: *Se oían las lamentaciones del enfermo.* **2** Queja acompañada de llanto o de otras muestras de dolor: *Déjate de lamentaciones e intenta arreglar lo que has hecho.* ☐ Sinónimos: **1** lamento. ☐ Familia: →lamentar.

lamentar (la·men·tar) [verbo] **1** Sentir pena o disgusto por alguna cosa: *lamentar una muerte.* ∎ **lamentarse 2** Quejarse o mostrar pena o disgusto: *Deberías dejar de lamentarte por lo sucedido e intentar solucionarlo.* ☐ Antónimos: **1** celebrar. ☐ Familia: lamento, lamentación, lamentable.

lamento (la·men·to) [sustantivo masculino] Palabras y sonidos con que se expresa un dolor o una pena. ☐ Sinónimos: queja, quejido, gemido, ay, lamentación, clamor. ☐ Familia: →lamentar.

lamer (la·mer) [verbo] Pasar la lengua repetidas veces sobre algo: *El perro lamió a su amo.* ☐ Sinónimos: relamer. ☐ Familia: lametazo, lametón, relamer, relamido.

lametazo (la·me·ta·zo) [sustantivo masculino] → **lametón**. ☐ Familia: →lamer.

lametón (la·me·tón) [sustantivo masculino] Cada una de las veces que se pasa la lengua con fuerza sobre algo: *El perro me dio un lametón.* ☐ Sinónimos: lametazo. ☐ Familia: →lamer.

lámina (lá·mi·na) [sustantivo femenino] **1** Trozo delgado y plano de un material: *He forrado la pared con láminas de corcho.* **2** Papel en el que se ha imprimido una imagen: *He comprado un marco para colgar estas láminas en la pared.* ☐ Sinónimos: **1** plancha, hoja, chapa.

lámpara (lám·pa·ra) [sustantivo femenino] Aparato que produce luz. ☐ Familia: lamparilla, lamparón.

lamparilla (lam·pa·ri·lla) [sustantivo femenino] Pequeña vela que flota en un recipiente con aceite y que se suele poner en los altares. ☐ Familia: →lámpara.

lamparón (lam·pa·rón) [sustantivo masculino] Señal de suciedad en la ropa: *Llevas la camisa llena de lamparones.* ☐ [Es coloquial]. ☐ Familia: →lámpara.

lampiño, ña (lam·pi·ño, ña) [adjetivo] **1** Dicho de un hombre, que no tiene barba o que tiene muy poca. **2** Que tiene poco pelo por el cuerpo: *Esa chica tiene las piernas lampiñas.* ☐ Sinónimos: **1** barbilampiño, imberbe. ☐ Antónimos: **1** barbudo. **2** peludo. ☐ Familia: barbilampiño.

lamprea (lam·pre·a) [sustantivo femenino] Pez marino parecido a una serpiente, con el cuerpo en forma de tubo y sin escamas.

lana (la·na) [sustantivo femenino] **1** Pelo que cubre el cuerpo de algunos animales y que se usa para tejer: *la lana de las ovejas*. **2** Hilo elaborado a partir de este pelo: *un ovillo de lana*. ☐ Familia: lanar, lanudo.

lanar (la·nar) [adjetivo] Dicho de algunos animales, que tienen lana: *ganado lanar*. ☐ [No varía en masculino y femenino]. ☐ Familia: →lana.

lance (lan·ce) [sustantivo masculino] **1** Algo interesante o importante que ocurre en la vida real o en una historia: *En un lance de la película, la protagonista muere envenenada*. **2** Situación difícil: *Hay que superar muchos lances en la vida*. **3** Pelea o disputa: *Los dos caballeros se enfrentaron en un lance de honor*. ☐ Sinónimos: **3** riña.

lancero (lan·ce·ro) [sustantivo masculino] Soldado que va armado con una lanza. ☐ Familia: →lanza.

lancha (lan·cha) [sustantivo femenino] Barca que suele tener motor.

landa (lan·da) [sustantivo femenino] Terreno muy grande en el que hay muchas plantas silvestres.

landó (lan·dó) [sustantivo masculino] Coche de cuatro ruedas, tirado por caballos, que lleva una capota plegable.

langosta (lan·gos·ta) [sustantivo femenino] **1** Animal marino que tiene el cuerpo alargado y cubierto por una especie de cáscara de color oscuro, y una cola larga y gruesa: *La langosta es más grande que el langostino*. **2** Insecto que puede volar y saltar, que se alimenta de vegetales y que se desplaza en grupos. 👁 **página 530**. ☐ Familia: langostino.

langosta

langostino (lan·gos·ti·no) [sustantivo masculino] Animal marino que tiene el cuerpo alargado y cubierto por una especie de cáscara, parecido a una gamba pero más grande. ☐ Familia: →langosta.

languidecer (lan·gui·de·cer) [verbo] **1** Hacerse débil o perder fuerza: *La luz de la vela languidecía*. **2** Perder el ánimo, el valor o la energía: *Languidecía lejos de su casa y de su familia*. ☐ [Es irregular y se conjuga como agradecer]. ☐ Sinónimos: **1** debilitar. ☐ Familia: →lánguido.

languidez (lan·gui·dez) [sustantivo femenino] **1** Falta de fuerzas: *la languidez de un enfermo*. **2** Falta de ánimo, de valor o de energía: *La muerte de su amigo le ha dejado en un estado de languidez*. ☐ Sinónimos: **1** debilidad. ☐ Familia: →lánguido.

lánguido, da (lán·gui·do, da) [adjetivo] **1** Que está débil y sin fuerzas: *Es una chica lánguida y delgada*. **2** Que no tiene el ánimo, el valor o la energía suficientes: *una mirada lánguida*. ☐ Familia: languidez, languidecer.

lanolina (la·no·li·na) [sustantivo femenino] Sustancia grasa que se saca de la lana de las ovejas y que se utiliza para el cuidado de la piel: *jabón de lanolina*.

lanudo, da (la·nu·do, da) [adjetivo] Con muchas lanas: *una oveja lanuda*. ☐ Familia: →lana.

lanza (lan·za) [sustantivo femenino] Arma formada por una barra larga con la punta de metal. ☐ Familia: lanzar, lancero, lanzamiento, lanzado, lanzadera, lanzador.

lanzadera (lan·za·de·ra) [sustantivo femenino] **1** Instrumento con un tubo en el que se enrolla un hilo y que se utiliza para tejer. **2** Vehículo espacial: *Las lanzaderas se utilizan para transportar una carga al espacio*. ☐ Familia: →lanza.

lanzado, da (lan·za·do, da) ▪ [adjetivo] **1** Muy rápido: *Los coches salieron lanzados*. ▪ [adjetivo o sustantivo] **2** Muy atrevido: *Como es muy lanzada, aceptó mi ofrecimiento sin dudar*. ☐ Familia: →lanza.

lanzador, ra (lan·za·dor, do·ra) [sustantivo] Persona que participa en una prueba deportiva en la que se lanza un objeto: *lanzadora de jabalina*. ☐ Familia: →lanza.

lanzagranadas (lan·za·gra·na·das) [sustantivo masculino] Arma que consiste en un tubo abierto por los dos extremos y que sirve para tirar proyectiles. ☐ [No varía en singular y plural]. ☐ Sinónimos: bazuca. ☐ Familia: →lanzar. →granada.

lanzallamas (lan·za·lla·mas) [sustantivo masculino] Arma que sirve para lanzar un chorro de fuego a corta distancia. ☐ [No varía en singular y plural]. ☐ Familia: →llama.

lanzamiento (lan·za·mien·to) [sustantivo masculino] **1** Hecho de lanzar algo para que salga con fuerza en una dirección: *el lanzamiento de un cohete espacial*. **2** Anuncio que se hace para dar a conocer algo: *el lanzamiento de esta nueva colonia*. **3** Prueba deportiva que consiste en lanzar un determinado objeto lo más lejos posible: *lanzamiento de peso*. 👁 **páginas 304-305**. ☐ Sinónimos: **2** promoción. ☐ Familia: →lanza.

lanzar (lan·zar) [verbo] **1** Soltar un objeto con fuerza para que salga en una dirección: *Lánzame el balón*. **2** Dirigir algo contra una persona: *Me lanzó una mirada amenazadora*. **3** Dar a conocer algo que resulta nuevo o sacarlo a la venta: *Han lanzado al mercado un nuevo modelo de coche*. **4** Producir algo y echarlo hacia fuera con fuerza: *El volcán en erupción lanza lava*. ▪ **lanzarse 5** Empezar a hacer algo con mucho ánimo y sin reflexionar: *Antes de lanzarte, piensa bien cómo vas a hacerlo*. **6** Tirarse sobre algo: *Se lanzó hacia mí para abrazarme*. ☐ [La «z» se cambia en «c» delante de

lanzaroteño, ña

«e» («lance»)]. ☐ Sinónimos: **1** arrojar, echar, tirar. **3** promocionar. **4** despedir, emitir. **6** arrojarse, echarse, precipitarse, abalanzarse. ☐ Familia: lanzagranadas. →lanza.

lanzaroteño, ña (lan·za·ro·te·ño, ña) [adjetivo o sustantivo] De la isla española de Lanzarote.

lapa (la·pa) [sustantivo femenino] **1** Animal marino con la concha en forma de cono, que vive pegado en las rocas de las costas. **2** Persona que nos resulta pesada porque está a todas horas con nosotros: *No seas una lapa y déjame en paz un ratito.*

lapicero (la·pi·ce·ro) [sustantivo masculino] Especie de palo de madera que sirve para escribir y dibujar. ☐ Sinónimos: lápiz. ☐ Familia: →lápiz.

lápida (lá·pi·da) [sustantivo femenino] Piedra plana en la que se escribe algo: *En las lápidas de los cementerios están escritos los nombres de las personas que están enterradas.* ☐ Familia: lapidario.

lapidario, ria (la·pi·da·rio, ria) [adjetivo] Dicho de una frase, que es solemne o muy seria. ☐ Familia: →lápida.

lápiz (lá·piz) [sustantivo masculino] Especie de palo de madera que sirve para escribir y dibujar: *lápices de colores.* ☐ [Su plural es «lápices»]. ☐ Sinónimos: lapicero. ☐ Familia: lapicero, afilalápices.

lapo (la·po) [sustantivo masculino] Saliva que se expulsa por la boca. ☐ [Es vulgar]. ☐ Sinónimos: escupitajo, gargajo, esputo.

lapso (lap·so) [sustantivo masculino] **1** Período de tiempo: *En un lapso de una semana todo empezó a ir mal.* **2** Equivocación que se comete por descuido. ☐ Sinónimos: **2** lapsus.

lapsus (lap·sus) [sustantivo masculino] Equivocación que se comete por descuido: *Tuve un lapsus y se me olvidó decirte que no podía ir.* ☐ [No varía en singular y plural]. ☐ Sinónimos: lapso.

largar (lar·gar) [verbo] **1** Decir algo de forma poco adecuada o poco oportuna: *Nos largó un cuento que nadie creyó.* **2** Dar un golpe: *Se enfadó conmigo y me largó un porrazo.* **3** Echar o despedir a una persona de un lugar: *Me han largado del trabajo.* **4** Hablar demasiado: *No se te puede contar nada porque todo lo largas.* ❚ **largarse 5** Abandonar un lugar: *Me largué de allí.* ☐ [La «g» se cambia en «gu» delante de «e» («largue»). Es coloquial]. ☐ Sinónimos: **5** abrirse, irse, marcharse. ☐ Antónimos: **4** callar. **5** llegar. ☐ Familia: →largo.

largo, ga (lar·go, ga) ❚ [adjetivo] **1** Que tiene una longitud mayor de lo normal o de lo necesario: *Tienes el pelo muy largo.* **2** Que dura mucho tiempo: *un largo viaje.* **3** Dicho de un precio, que es más de lo que se indica: *diez euros largos.* ❚ **largo** [sustantivo masculino] **4** Distancia más grande de una superficie plana: *un largo de piscina.* ◆ [expresión] ‖ **a la larga** Después de algún tiempo: *A la larga, me lo agradecerás.* ‖ **a lo largo** Por el espacio o tiempo que ocupa o dura una cosa: *Lo puedes hacer a lo largo del día.* ‖ **dar largas** Retrasar algo con algún propósito: *Cuando le pregunto, siempre me da largas.* ‖ **largo y tendido** Durante mucho tiempo: *Hablamos largo y tendido del asunto.* ☐ Antónimos: **1**, **2** corto. **2** breve, escaso. ☐ Familia: largar, larguirucho, alargar, alargado, alargador, larguero, largometraje, patilargo.

largometraje (lar·go·me·tra·je) [sustantivo masculino] Película de cine que dura mucho tiempo. ☐ Antónimos: cortometraje. ☐ Familia: →largo.

larguero (lar·gue·ro) [sustantivo masculino] Palo horizontal que une los dos postes verticales de una portería. ☐ Sinónimos: travesaño. ☐ Familia: →largo.

larguirucho, cha (lar·gui·ru·cho, cha) [adjetivo] Dicho de una persona, que es muy alta y delgada. ☐ [Es despectivo]. ☐ Familia: →largo.

laringe (la·rin·ge) [sustantivo femenino] Órgano en forma de tubo situado en la garganta en el que se encuentran las cuerdas vocales. ☐ [No confundir con «faringe» (órgano que sirve para conducir los alimentos hasta el estómago)].

larva (lar·va) [sustantivo femenino] Animal joven que tiene un aspecto muy diferente al del adulto porque está en una fase de desarrollo anterior: *Los gusanos de seda son larvas de mariposas.*

lasaña (la·sa·ña) [sustantivo femenino] Comida que consiste en varias capas de pasta en forma de rectángulo, que se intercalan con otras capas de carne o pescado, besamel y queso: *lasaña de carne.* ☐ [Es una palabra de origen italiano].

lasca (las·ca) [sustantivo femenino] Trozo de piedra pequeño y plano.

lascivo, va (las·ci·vo, va) [adjetivo o sustantivo] Que está dominado por un deseo sexual que no puede controlar. ☐ Sinónimos: lujurioso.

láser (lá·ser) [sustantivo masculino] Un tipo de rayo de luz: *rayo láser.*

lástima (lás·ti·ma) [sustantivo femenino] **1** Sensación de pena que se siente hacia alguien que sufre: *Me da mucha lástima verte sufrir así.* **2** Cualquier cosa que produce esta sensación: *Es una lástima que no hayas llegado a tiempo.* ☐ Familia: →lastimar.

lastimar (las·ti·mar) [verbo] **1** Hacer una herida a una persona. **2** Producir una impresión dolorosa en una persona: *Me lastimó mucho saber que no confiabas en mí.* ☐ Sinónimos: herir. **1** lesionar. ☐ Familia: lástima, lastimoso, lastimero.

lastimero, ra (las·ti·me·ro, ra) [adjetivo] Que da lástima: *quejas lastimeras.* ☐ Sinónimos: lastimoso. ☐ Familia: →lastimar.

lastimoso, sa (las·ti·mo·so, sa) [adjetivo] Que tiene un aspecto muy estropeado o muy malo: *Le presté el libro nuevo y me lo devolvió en un estado lastimoso.* ☐ Sinónimos: lastimero. ☐ Familia: →lastimar.

lastre (las·tre) [sustantivo masculino] **1** Peso que se pone en el fondo de un barco para que se hunda más: *El lastre ayuda a que el movimiento de las olas se note menos.* **2** Peso que llevan los globos en los que se viaja para que al soltarlo puedan subir. **3** Dificultad o problema: *La violencia es un lastre social.* ☐ Sinónimos: **3** rémora.

lata (la·ta) [sustantivo femenino] **1** Hoja muy delgada de metal: *envases de lata*. **2** Recipiente hecho de este material: *una lata de guisantes*. **3** Cualquier cosa que aburre, cansa o resulta demasiado larga: *Esta película es una lata*. ◆ [expresión] ‖ **dar la lata** Molestar o aburrir: *No me des más la lata*. ☐ [El significado **3** y la expresión son coloquiales]. ☐ SINÓNIMOS: **1** hojalata. **3** rollo, pesadez, petardo, tostón, tabarra, muermo. ☐ FAMILIA: latoso, abrelatas, enlatar.

latente (la·ten·te) [adjetivo] Que existe y es real aunque esté oculto o escondido: *Ese es un problema latente que tarde o temprano aparecerá*. ☐ [No varía en masculino y femenino]. ☐ ANTÓNIMOS: manifiesto. ☐ FAMILIA: →latir.

lateral (la·te·ral) ▪ [adjetivo] **1** Que está situado en un lado: *puertas laterales*. ▪ [sustantivo masculino] **2** Parte situada en un lado: *El banquillo está en uno de los laterales del campo*. ☐ [En el significado **1** no varía en masculino y femenino]. ☐ SINÓNIMOS: **2** flanco. ☐ FAMILIA: →lado.

látex (lá·tex) [sustantivo masculino] Líquido parecido a la leche, que se saca de los cortes hechos a diferentes plantas y que se usa para fabricar algunos productos: *guantes de látex*.

latido (la·ti·do) [sustantivo masculino] Cada uno de los golpes producidos por el movimiento del corazón. ☐ SINÓNIMOS: palpitación. ☐ FAMILIA: →latir.

latifundio (la·ti·fun·dio) [sustantivo masculino] Terreno de gran tamaño y que es propiedad de una sola persona. ☐ ANTÓNIMOS: minifundio.

latigazo (la·ti·ga·zo) [sustantivo masculino] **1** Golpe dado con un látigo. **2** Dolor fuerte y que dura poco tiempo: *Me dio un latigazo en el estómago y me doblé de dolor*. ☐ FAMILIA: →látigo.

látigo (lá·ti·go) [sustantivo masculino] Objeto formado por una cuerda atada a un palo, que se usa para dar golpes. ☐ FAMILIA: latigazo.

latín (la·tín) [sustantivo masculino] Lengua que hablaban los antiguos romanos. ☐ FAMILIA: latino.

latino, na (la·ti·no, na) ▪ [adjetivo] **1** Del latín o relacionado con esta lengua. ▪ [adjetivo o sustantivo] **2** De los países en los que se hablan lenguas derivadas del latín o relacionado con ellos: *Los portugueses, los españoles y los italianos somos latinos*. ☐ FAMILIA: grecolatino. →latín.

latinoamericano, na (la·ti·no·a·me·ri·ca·no, na) [adjetivo o sustantivo] Del conjunto de países americanos con lenguas de origen latino: *Los países de América que tienen como idioma el francés, el español o el portugués son latinoamericanos*.

latir (la·tir) [verbo] Moverse el corazón: *Cuando terminó la carrera, su corazón latía a mil por hora*. ☐ SINÓNIMOS: palpitar. ☐ FAMILIA: latido, latente.

latitud (la·ti·tud) [sustantivo femenino] **1** Distancia de un punto en relación con la línea del ecuador: *Los paralelos miden la latitud*. **2** Lugar o zona: *¡Hacía mucho que no te veíamos por estas latitudes!* ☐ [En el significado **2** se usa más en plural].

latón (la·tón) [sustantivo masculino] Tipo de metal de color dorado que sirve para hacer recipientes y otros objetos: *El latón se obtiene mezclando cobre y cinc*.

latoso, sa (la·to·so, sa) [adjetivo o sustantivo] Que aburre o cansa mucho. ☐ SINÓNIMOS: pesado, aburrido. ☐ ANTÓNIMOS: ameno. ☐ FAMILIA: →lata.

laúd (la·úd) [sustantivo masculino] Instrumento musical de cuerda, parecido a la guitarra pero más pequeño. ◉ **páginas 534-535.**

laúd

laudes (lau·des) [sustantivo masculino plural] Oración católica que se reza después de los maitines.

laurel (lau·rel) [sustantivo masculino] Árbol con las hojas alargadas y terminadas en punta, que se usan para dar sabor a la comida. ◆ [expresión] ‖ **dormirse en los laureles** Reducir el esfuerzo porque se confía en lograr el éxito: *Si queréis ganar la liga este año, no os durmáis en los laureles y entrenad mucho*.

lava (la·va) [sustantivo femenino] Material líquido, espeso y muy caliente que lanzan los volcanes al exterior.

lavable (la·va·ble) [adjetivo] Que se puede lavar sin que se estropee: *una pintura lavable*. ☐ [No varía en masculino y femenino]. ☐ FAMILIA: →lavar.

lavabo (la·va·bo) [sustantivo masculino] **1** Especie de recipiente que hay en el cuarto de baño y en el que nos lavamos las manos y la cara. **2** Habitación en la que nos aseamos y que tiene lavabo e inodoro. ☐ SINÓNIMOS: **2** servicio. ☐ FAMILIA: →lavar.

lavacoches (la·va·co·ches) [sustantivo] Persona que trabaja lavando coches. ☐ [No varía en masculino y femenino, ni en singular y plural]. ☐ FAMILIA: →lavar. →coche.

lavadero (la·va·de·ro) [sustantivo masculino] Lugar en el que se lava ropa. ☐ FAMILIA: →lavar.

lavado (la·va·do) [sustantivo masculino] Limpieza que se hace con agua o con otro líquido: *una máquina de lavado de coches*. ☐ FAMILIA: →lavar.

lavadora (la·va·do·ra) [sustantivo femenino] Electrodoméstico que sirve para lavar la ropa. ☐ FAMILIA: →lavar.

lavafrutas (la·va·fru·tas) [sustantivo masculino] Recipiente en el que se lava la fruta. ☐ [No varía en singular y plural]. ☐ FAMILIA: →lavar. →fruta.

lavanda (la·van·da) [sustantivo femenino] **1** Planta de hojas estrechas y flores azules con muy buen olor, que se usan

lavandería

para hacer perfumes. **2** Perfume que se hace con las flores de esta planta: *agua de lavanda.* □ SINÓNIMOS: **1** espliego.

lavandería (la·van·de·rí·a) [sustantivo/femenino] Lugar con grandes lavadoras al que la gente lleva la ropa a lavar. □ FAMILIA: →lavar.

lavandero, ra (la·van·de·ro, ra) [sustantivo] Persona que trabaja lavando ropa. □ FAMILIA: →lavar.

lavaplatos (la·va·pla·tos) [sustantivo/masculino] Electrodoméstico que sirve para lavar los platos y otros cacharros de cocina. □ [No varía en singular y plural]. □ SINÓNIMOS: lavavajillas. □ FAMILIA: →lavar. →plato.

lavar (la·var) [verbo] Limpiar con agua algo que está sucio: *Este jersey se puede lavar en la lavadora.* □ FAMILIA: lavable, lavabo, lavado, lavativa, lavatorio, lavadero, lavadora, lavandero, lavandería, lavacoches, lavafrutas, lavaplatos, lavavajillas.

lavativa (la·va·ti·va) [sustantivo/femenino] **1** Líquido que se introduce por el ano para ayudar a expulsar los excrementos y limpiar el intestino. **2** Instrumento que se utiliza para introducir este líquido. □ FAMILIA: →lavar.

lavatorio (la·va·to·rio) [sustantivo/masculino] Ceremonia católica en la que un sacerdote lava los pies a doce personas en recuerdo de lo que hizo Jesucristo con sus apóstoles. □ FAMILIA: →lavar.

lavavajillas (la·va·va·ji·llas) [sustantivo/masculino] **1** Electrodoméstico que sirve para lavar los platos y otros cacharros de cocina. **2** Producto que se usa para lavar la vajilla. □ [No varía en singular y plural]. □ SINÓNIMOS: **1** lavaplatos. □ FAMILIA: →lavar. →vajilla.

laxante (la·xan·te) [adjetivo o sustantivo masculino] Dicho de una sustancia, que se toma para ayudar a defecar. □ [Cuando es adjetivo, no varía en masculino y femenino].

lazada (la·za·da) [sustantivo/femenino] Lazo que se suelta tirando de una punta: *Se ató los zapatos con una lazada.* □ FAMILIA: →lazo.

lazada

lazarillo (la·za·ri·llo) [sustantivo/masculino] Persona o animal que guían a un ciego.

lazo (la·zo) [sustantivo/masculino] **1** Especie de nudo que sirve para sujetar algo y adornarlo: *El regalo venía envuelto con un lazo azul.* **2** Cuerda con un nudo en uno de sus extremos y que se usa para atrapar animales: *Los vaqueros manejaban muy bien el lazo.* **3** Relación estrecha entre personas: *Entre nosotros existen fuertes lazos de amistad.* □ SINÓNIMOS: **3** nudo, vínculo, ligadura. □ FAMILIA: lazada, enlazar, enlace, entrelazar.

le [pronombre/personal] Representa la tercera persona y se usa como complemento indirecto: *No le digas nada a tu hermana.* □ [No varía en masculino y femenino. Su plural es «les»]. □ FAMILIA: leísmo, leísta.

leal (le·al) [adjetivo] **1** Dicho de una persona, que nunca engaña a los demás ni los traiciona. **2** Dicho de un animal, que no abandona a su amo: *un perro leal.* □ [No varía en masculino y femenino]. □ SINÓNIMOS: fiel. □ ANTÓNIMOS: **1** traidor, traicionero, pérfido, desleal. □ FAMILIA: lealtad, desleal, deslealtad.

lealtad (le·al·tad) [sustantivo/femenino] **1** Comportamiento del que nunca engaña a los demás ni los traiciona: *Es muy querido por todos debido a su sentido de la lealtad.* **2** Comportamiento del animal que no abandona a su amo: *la lealtad de mi perro.* □ SINÓNIMOS: fidelidad. □ ANTÓNIMOS: **1** traición, perfidia, deslealtad, infidelidad. □ FAMILIA: →leal.

lebrel (le·brel) [sustantivo/masculino] Perro de una raza que se caracteriza por ser grande, delgado y muy veloz.

lección (lec·ción) [sustantivo/femenino] **1** Cada una de las partes en que se divide una asignatura: *El profesor nos explicó la lección.* **2** Hecho o dicho que nos enseña algo o sirve para que aprendamos de nuestros errores: *Espero que esto te sirva de lección y que no vuelvas a hacer tantas tonterías.* □ FAMILIA: aleccionar, aleccionador, lectivo.

lechal (le·chal) [adjetivo o sustantivo masculino] Dicho de un cordero, que todavía se alimenta de la leche de su madre. □ [Cuando es adjetivo, no varía en masculino y femenino]. □ SINÓNIMOS: recental. □ FAMILIA: →leche.

lechazo (le·cha·zo) [sustantivo/masculino] Cordero que todavía se alimenta de la leche de su madre. □ FAMILIA: →leche.

leche (le·che) [sustantivo/femenino] **1** Líquido blanco que se forma en el pecho de las hembras de algunos animales: *leche de vaca.* **2** Golpe. ◆ [expresión] ‖ **leche condensada** La que está mezclada con azúcar y es más espesa. ‖ **leche merengada** Bebida hecha con leche, azúcar, canela y clara de huevo. ‖ **mala leche** Mala intención: *Se enfadó y nos miró con muy mala leche.* □ [El significado **2** es vulgar y se usa mucho en expresiones malsonantes]. □ FAMILIA: lechal, lechero, lechería, lactancia, lactante, lácteo, lactosa, lechoso, lechón, lechazo.

lechera (le·che·ra) [sustantivo/femenino] Mira en **lechero, ra**.

lechería (le·che·rí·a) [sustantivo/femenino] Tienda en la que se vende leche y productos derivados de ella. □ FAMILIA: →leche.

lechero, ra (le·che·ro, ra) ■ [adjetivo] **1** De la leche o relacionado con ella: *una central lechera.* **2** Dicho de una vaca, que se cría para aprovechar su leche. ■ [sustantivo] **3** Persona que vende leche o la reparte por las casas. ■ **lechera** [sustantivo/femenino] **4** Recipiente que se usa para llevar la leche o para guardarla. □ FAMILIA: →leche.

lecho (le·cho) [sustantivo/masculino] **1** Cama preparada para descansar o para dormir. **2** Lugar por el que corren las aguas de un río. □ [El significado **1** suele usarse en el lenguaje literario]. □ SINÓNIMOS: **2** cauce.

lechón (le·chón) [sustantivo masculino] Cerdo que se alimenta todavía de la leche de su madre. ☐ Familia: →leche.

lechoso, sa (le·cho·so, sa) [adjetivo] **1** Que se parece a la leche. **2** Dicho de una planta o de un fruto, que tienen un jugo parecido a la leche: *El higo es un fruto lechoso*. ☐ Familia: →leche.

lechuga (le·chu·ga) [sustantivo femenino] Planta de hojas verdes que se cultiva en las huertas y se come en ensalada. 👁 página 967. ☐ Familia: lechuguino.

lechuguino, na (le·chu·gui·no, na) [sustantivo] Persona que se arregla demasiado y que es muy presumida. ☐ [Es despectivo]. ☐ Familia: →lechuga.

lechuza (le·chu·za) [sustantivo femenino] Ave nocturna con el pico en forma de gancho, los ojos grandes y las plumas de color claro. 👁 páginas 116-117.

lectivo, va (lec·ti·vo, va) [adjetivo] Dicho de un período de tiempo, que se emplea en dar clases: *horas lectivas; día lectivo*. ☐ Familia: →lección.

lector, ra (lec·tor, to·ra) ■ [adjetivo o sustantivo] **1** Que lee o es aficionado a la lectura. ■ **lector** [sustantivo masculino] **2** Aparato que reconoce determinadas señales y las interpreta para extraer los datos necesarios: *Los lectores de este supermercado leen los códigos de barras*. ◆ [expresión] ‖ **lector (de libros) electrónico** Aparato portátil que permite la lectura de libros en formato electrónico. ☐ Familia: →leer.

lectura (lec·tu·ra) [sustantivo femenino] **1** Actividad que consiste en comprender un texto escrito después de haber pasado la vista por él. **2** Escrito que se lee: *Los cuentos de hadas son mi lectura favorita*. ☐ Familia: →leer.

leer (le·er) [verbo] **1** Pasar la vista por un texto escrito para comprender lo que hay en él: *Estoy leyendo un libro de aventuras*. **2** Comprender el significado de algunos signos: *Los sordos saben leer el movimiento de los labios*. **3** Adivinar algo o llegar a conocerlo: *Me has leído el pensamiento*. ☐ [Es irregular. Mira el cuadro en la página siguiente]. ☐ Familia: lectura, lector, leído, legible, ilegible, releer.

legación (le·ga·ción) [sustantivo femenino] **1** Mensaje o misión que tiene que cumplir un legado, que es una persona que representa a una autoridad o a un Gobierno. **2** Personas que trabajan para este legado: *Toda la legación fue convocada para recibir al nuevo embajador*. **3** Lugar en el que trabaja un legado: *La legación española está en una calle muy céntrica*. ☐ Sinónimos: **3** embajada. ☐ Familia: →legar.

legado (le·ga·do) [sustantivo masculino] **1** Cosa que deja una persona cuando se muere: *Uno de los herederos renunció al legado*. **2** Conocimientos o costumbres que se dejan a las personas que nacen después de nosotros: *un legado cultural*. **3** Persona que representa a una autoridad o a un Gobierno: *El emperador envió a uno de sus legados para tratar el asunto*. ☐ Familia: →legar.

legajo (le·ga·jo) [sustantivo masculino] Conjunto de papeles que se atan y se guardan juntos porque tratan de un mismo tema.

legal (le·gal) [adjetivo] **1** De la ley o relacionado con ella: *trámites legales*. **2** Dicho de una persona, que es leal o merece confianza. ☐ [No varía en masculino y femenino. El significado **2** es coloquial]. ☐ Antónimos: ilegal. ☐ Familia: →ley.

legalidad (le·ga·li·dad) [sustantivo femenino] Carácter de lo que está de acuerdo con la ley: *la legalidad de un acuerdo*. ☐ Familia: →ley.

legalización (le·ga·li·za·ción) [sustantivo femenino] Hecho de conseguir que algo sea legal o esté de acuerdo con la ley. ☐ Familia: →ley.

legalizar (le·ga·li·zar) [verbo] Hacer que algo sea legal o esté de acuerdo con la ley: *Hay gente que está a favor y gente que está en contra de que se legalice el consumo de drogas*. ☐ [La «z» se cambia en «c» delante de «e» («legalice»)]. ☐ Sinónimos: legitimar. ☐ Antónimos: ilegalizar. ☐ Familia: →ley.

légamo (lé·ga·mo) [sustantivo masculino] Barro que se forma en el fondo de las aguas. ☐ Sinónimos: limo.

legaña (le·ga·ña) [sustantivo femenino] Líquido que se forma en los ojos y que se pone duro cuando se seca: *Al levantarme, tenía los ojos llenos de legañas*. ☐ [Se usa más en plural]. ☐ Familia: legañoso.

legañoso, sa (le·ga·ño·so, sa) [adjetivo] Que tiene legañas: *Lávate esos ojos legañosos*. ☐ Sinónimos: pitañoso. ☐ Familia: →legaña.

legar (le·gar) [verbo] **1** Dar una persona todas sus cosas cuando se muere: *Legó toda su fortuna a un orfanato*. **2** Transmitir o contar unas costumbres o

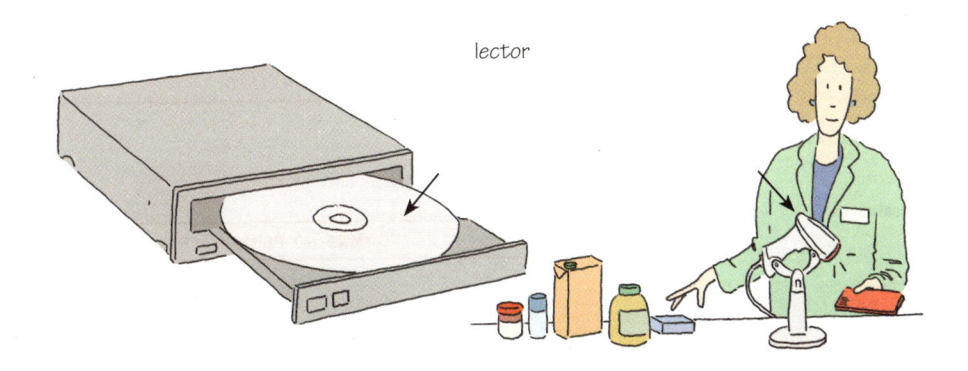

lector

unos conocimientos a las personas que nacen después de nosotros: *Las culturas clásicas nos legaron su forma de entender el mundo.* **3** Poner a una persona para representar a otra: *La presidenta legó a su secretario para que la sustituyera.* ☐ [La «g» se cambia en «gu» delante de «e» («legue»)]. ☐ FAMILIA: legado, legación.

legendario, ria (le·gen·da·rio, ria) [adjetivo] **1** De las leyendas o relacionado con ellas: *un héroe legendario.* **2** Que tiene mucha fama y popularidad: *un actor legendario.* ☐ FAMILIA: →leyenda.

leggings [sustantivo masculino plural] Pantalones elásticos, muy finos y muy ajustados. ☐ [Es una palabra inglesa. Se pronuncia «léguins». Es preferible usar «malla»].

legible (le·gi·ble) [adjetivo] Que se puede leer porque se entiende: *una letra legible.* ☐ [No varía en masculino y femenino]. ANTÓNIMOS: ilegible. ☐ FAMILIA: →leer.

legión (le·gión) [sustantivo femenino] **1** Grupo del Ejército que está formado por un tipo de soldados profesionales. **2** Grupo del ejército de los antiguos romanos. **3** Gran cantidad de personas o de animales: *Una legión de aficionados esperaba al equipo campeón en el aeropuerto.* ☐ FAMILIA: legionario.

legionario (le·gio·na·rio) [sustantivo masculino] Soldado que pertenece a la legión. ☐ FAMILIA: →legión.

legislación (le·gis·la·ción) [sustantivo femenino] Conjunto de leyes por las que se gobierna un Estado o por las que se controla una actividad. ☐ FAMILIA: →ley.

legislar (le·gis·lar) [verbo] Hacer las leyes: *En España, el Parlamento se ocupa de legislar.* ☐ FAMILIA: →ley.

legislativo, va (le·gis·la·ti·vo, va) [adjetivo] De la legislación o relacionado con este conjunto de leyes: *el poder legislativo.* ☐ FAMILIA: →ley.

legislatura (le·gis·la·tu·ra) [sustantivo femenino] Tiempo que dura el Gobierno que se ha elegido por votación popular: *La duración máxima de una legislatura en España es de cuatro años.* ☐ FAMILIA: →ley.

legitimar (le·gi·ti·mar) [verbo] **1** Hacer que algo sea legal o esté de acuerdo con la ley: *La democracia legitimó los partidos políticos.* **2** Comprobar que una firma o un documento son auténticos: *El notario legitimó las firmas del contrato.* ☐ SINÓNIMOS: **1** legalizar. ☐ FAMILIA: →ley.

legitimidad (le·gi·ti·mi·dad) [sustantivo femenino] **1** Carácter de lo que está de acuerdo con la ley: *Sus propuestas políticas se caracterizan por la legitimidad y el respeto a la justicia.* **2** Carácter de lo que es justo desde el punto de vista de la razón o de la moral: *El filósofo defendió la legitimidad del deseo del hombre a tener una vida digna.* **3** Carácter de lo que es auténtico o

LEER

INDICATIVO	SUBJUNTIVO
Presente yo leo tú lees / usted lee él, ella lee nosotros, tras leemos vosotros, tras leéis / ustedes leen ellos, ellas leen	**Presente** yo lea tú leas / usted lea él, ella lea nosotros, tras leamos vosotros, tras leáis / ustedes lean ellos, ellas lean
Pretérito imperfecto yo leía tú leías / usted leía él, ella leía nosotros, tras leíamos vosotros, tras leíais / ustedes leían ellos, ellas leían	**Pretérito imperfecto** yo leyera o leyese tú leyeras o leyeses / usted leyera o leyese él, ella leyera o leyese nosotros, tras leyéramos o leyésemos vosotros, tras leyerais o leyeseis / ustedes leyeran o leyesen ellos, ellas leyeran o leyesen
Pretérito perfecto simple yo leí tú leíste / usted leyó él, ella leyó nosotros, tras leímos vosotros, tras leísteis / ustedes leyeron ellos, ellas leyeron	**Futuro simple** yo leyere tú leyeres / usted leyere él, ella leyere nosotros, tras leyéremos vosotros, tras leyereis / ustedes leyeren ellos, ellas leyeren
Futuro simple yo leeré tú leerás / usted leerá él, ella leerá nosotros, tras leeremos vosotros, tras leeréis / ustedes leerán ellos, ellas leerán	

IMPERATIVO
lee (tú) / lea (usted) leamos (nosotros, tras) leed (vosotros, tras) / lean (ustedes)

Condicional simple
yo leería
tú leerías / usted leería
él, ella leería
nosotros, tras leeríamos
vosotros, tras leeríais / ustedes leerían
ellos, ellas leerían

FORMAS NO PERSONALES		
Infinitivo leer	**Gerundio** leyendo	**Participio** leído

verdadero: *la legitimidad de una firma.* ☐ FAMILIA: →ley.

legítimo, ma (le·gí·ti·mo, ma) [adjetivo] **1** De acuerdo con la ley: *Yo soy el dueño legítimo de esta finca.* **2** Que es justo desde el punto de vista de la razón o de la moral: *No es legítimo enriquecerse aprovechándose de los débiles.* **3** Auténtico o verdadero: *oro legítimo.* ☐ SINÓNIMOS: **2** lícito. ☐ ANTÓNIMOS: ilegítimo. **1** ilícito, ilegal. ☐ FAMILIA: →ley.

lego, ga (le·go, ga) [adjetivo o sustantivo] **1** Que no entiende de algo: *Soy lega en esa materia.* ∎ [adjetivo o sustantivo masculino] **2** Dicho de un religioso, que no puede realizar algunas funciones. ☐ SINÓNIMOS: **1** profano.

legrar (le·grar) [verbo] En medicina, raspar o limpiar el interior de un organismo.

legua (le·gua) [sustantivo femenino] Medida de longitud: *Una legua equivale aproximadamente a cinco kilómetros y medio.* ◆ [expresión] ∥ **a la legua** Desde muy lejos o de forma clara: *Con esa camisa de color amarillo chillón se te ve a la legua.*

leguleyo, ya (le·gu·le·yo, ya) [sustantivo] Persona que se ocupa de temas legales sin saber demasiado de ellos. ☐ [Es despectivo].

legumbre (le·gum·bre) [sustantivo femenino] Tipo de planta que tiene el fruto encerrado en una especie de bolsa alargada: *Los garbanzos, las lentejas y los guisantes son legumbres.* ☐ FAMILIA: leguminosa. ⦿ **página 566.**

leguminosa (le·gu·mi·no·sa) [sustantivo femenino] Planta de la que se obtiene la legumbre o fruto alargado que lleva en su interior unas semillas: *La lenteja y el garbanzo vienen de la leguminosa.* ☐ FAMILIA: →legumbre.

leído, da (le·í·do, da) [adjetivo] Que es muy culto o que sabe mucho. ☐ FAMILIA: →leer.

leísmo (le·ís·mo) [sustantivo masculino] Uso de las formas *le* o *les* como complemento directo en lugar de *lo, la, los* o *las*: *En «el libro le leí»* hay un caso de leísmo. ☐ FAMILIA: →le.

leísta (le·ís·ta) [adjetivo o sustantivo] Que usa las formas *le* o *les* cuando tendría que usar *lo, la, los, las.* ☐ [No varía en masculino y femenino]. ☐ FAMILIA: →le.

lejanía (le·ja·ní·a) [sustantivo femenino] Distancia larga o lejana: *En la lejanía se veían varias personas a caballo.* ☐ ANTÓNIMOS: cercanía, proximidad. ☐ FAMILIA: →lejos.

lejano, na (le·ja·no, na) [adjetivo] **1** Que está lejos en el espacio o en el tiempo. **2** Dicho de una relación, que se basa en lazos indirectos: *un pariente lejano.* ☐ SINÓNIMOS: **1** distante, remoto. ☐ ANTÓNIMOS: cercano. **1** inmediato, junto, próximo. ☐ FAMILIA: →lejos.

lejía (le·jí·a) [sustantivo femenino] Líquido que limpia tanto que mata hasta los microbios: *La lejía desinfecta, pero también se come los colores de la ropa.*

lejos (le·jos) [adverbio] A gran distancia. ☐ ANTÓNIMOS: cerca. ☐ FAMILIA: lejano, lejanía, alejar, alejamiento.

lelo, la (le·lo, la) [adjetivo o sustantivo] Que actúa con poca inteligencia. ☐ [Es despectivo y se usa como insulto]. ☐ SINÓNIMOS: tonto, bobo. ☐ FAMILIA: alelado.

lema (le·ma) [sustantivo masculino] **1** Frase corta que enseña algo. **2** Palabra que se define o se explica en un diccionario. ☐ SINÓNIMOS: **1** máxima.

lencería (len·ce·rí·a) [sustantivo femenino] **1** Ropa interior que llevan las mujeres. **2** Tienda o lugar en el que se vende este tipo de ropa.

lengua (len·gua) [sustantivo femenino] **1** Órgano muscular móvil situado en el interior de la boca, muy importante para ingerir alimentos y para hablar. **2** Cualquier cosa con forma estrecha y alargada: *una lengua de tierra.* **3** Conjunto de signos usados por una comunidad de personas para comunicarse: *En España se hablan distintas lenguas.* ◆ [expresión] ∥ **irse alguien de la lengua** Hablar más de lo debido: *Esto es un secreto, así que no te vayas de la lengua.* ∥ **lengua de gato** Chocolatina o bizcocho duro que tiene forma estrecha y alargada. ∥ **lengua materna** El primer idioma que aprende una persona. ∥ **tirar de la lengua a alguien** Intentar que diga lo que queremos saber. ☐ FAMILIA: lenguaje, lingüístico, lingüista, bilingüe, bilingüismo, trabalenguas, deslenguado, lengüeta.

lenguado (len·gua·do) [sustantivo masculino] Pez marino que tiene el cuerpo casi plano y que vive echado siempre del mismo lado.

lenguaje (len·gua·je) [sustantivo masculino] **1** Capacidad que permite a las personas comunicarse y expresar su pensamiento. **2** Sistema que sirve para comunicar algo: *Los animales tienen su propio lenguaje.* **3** Modo particular de hablar que es propio de determinadas personas o de determinadas situaciones: *el lenguaje de los médicos.* ☐ FAMILIA: →lengua.

lengüeta (len·güe·ta) [sustantivo femenino] **1** Tira sobre la que se abrochan los cordones de un zapato: *Cuando te pongas las zapatillas deportivas, tienes que estirar bien la lengüeta.* **2** Pieza fina y pequeña por la que se sopla en algunos instrumentos musicales de viento: *El clarinete tiene lengüeta.* ☐ FAMILIA: →lengua.

lengüeta

lente (len·te) [sustantivo femenino] Pieza de cristal transparente que se usa para ver algo: *Los telescopios tienen lentes de aumento.* ◆ [expresión] ∥ **lente de contacto** Especie de cristal que se pone en el ojo para ver mejor. ☐ FAMILIA: lentilla.

legumbres

566

guisante

garbanzo

judía verde y alubia

lenteja

haba

soja

lenteja (len·te·ja) [sustantivo femenino] Planta que se cultiva en las huertas y que tiene unas semillas redondas, planas y de color marrón, que se cocinan cuando ya están secas. ☐ FAMILIA: lentejuela.

lentejuela (len·te·jue·la) [sustantivo femenino] Adorno pequeño y redondo que se cose a la ropa: *un traje de fiesta con lentejuelas*. ☐ FAMILIA: →lenteja.

lentilla (len·ti·lla) [sustantivo femenino] Especie de cristal pequeño que se pone en el ojo para ver mejor. ☐ SINÓNIMOS: lente de contacto. ☐ FAMILIA: →lente.

lentitud (len·ti·tud) [sustantivo femenino] Forma lenta o tranquila de hacer algo: *andar con lentitud.* ☐ SINÓNIMOS: pesadez, parsimonia. ☐ ANTÓNIMOS: rapidez, prontitud, diligencia, velocidad, prisa, vivacidad, viveza. ☐ FAMILIA: →lento.

lento, ta (len·to, ta) [adjetivo] **1** Que se mueve muy despacio: *La tortuga es un animal lento.* **2** Que tarda mucho tiempo en hacer las cosas: *Eres tan lento que siempre terminas de comer el último.* ☐ ANTÓNIMOS: rápido, veloz, vertiginoso, raudo. **1** apresurado, presuroso. ☐ FAMILIA: lentitud.

leña (le·ña) [sustantivo femenino] Madera de los árboles que se corta en trozos y se usa para hacer fuego. ◆ [expresión] ‖ **dar leña** Pegar o golpear. ‖ **echar leña al fuego** Dar más motivos para que algo malo continúe: *No eches más leña al fuego, que ya están muy enfadados.* ☐ [La expresión «dar leña» es coloquial]. ☐ FAMILIA: leñador, leñazo, leñera, leño, leñoso.

leñador, ra (le·ña·dor, do·ra) [sustantivo] Persona que trabaja cortando o vendiendo leña. ☐ FAMILIA: →leña.

leñazo (le·ña·zo) [sustantivo masculino] **1** Golpe fuerte. **2** Choque fuerte. ☐ [Es coloquial]. ☐ FAMILIA: →leña.

leñera (le·ñe·ra) [sustantivo femenino] Lugar en el que se guarda la leña. ☐ FAMILIA: →leña.

leño (le·ño) [sustantivo masculino] Trozo de árbol cortado y sin ramas. ☐ FAMILIA: →leña.

leñoso, sa (le·ño·so, sa) [adjetivo] Con las características de la madera: *tronco leñoso.* ☐ FAMILIA: →leña.

leo (le·o) [adjetivo o sustantivo] Dicho de una persona, que pertenece a uno de los doce signos del Zodiaco: *Las personas que son leo han nacido entre el 23 de julio y el 22 de agosto.* ☐ [No varía en masculino y femenino].

león, na (le·ón, o·na) [sustantivo] **1** Animal salvaje de color marrón claro, que tiene unos dientes y unas uñas muy fuertes, cuyo macho tiene una gran melena. ⊙ **páginas 596-597. 2** Persona muy valiente o que tiene mucho genio. ☐ FAMILIA: leonera, leonino.

leonera (le·o·ne·ra) [sustantivo femenino] **1** Lugar donde hay mucho desorden: *Tu habitación parece una leonera.* **2** Lugar donde se guarda a los leones. ☐ [El significado **1** es coloquial]. ☐ FAMILIA: →león.

leonés, sa (le·o·nés, ne·sa) [adjetivo o sustantivo] **1** De la provincia española de León o de su capital. **2** Del antiguo reino de León, que estaba situado en la península ibérica.

leonino, na (le·o·ni·no, na) [adjetivo] **1** Del león o con sus características: *una melena leonina.* **2** Dicho de un acuerdo, que resulta abusivo para una de las partes: *un contrato leonino.* ☐ FAMILIA: →león.

leopardo (le·o·par·do) [sustantivo masculino] Animal salvaje parecido a un gato, pero más grande, generalmente de color amarillo con manchas negras, que vive en las selvas asiáticas y africanas. ⊙ **páginas 596-597.**

leopardo

leotardo (le·o·tar·do) [sustantivo masculino] Prenda de vestir que se ajusta a las piernas y las cubre desde los pies hasta la cintura. ☐ [Significa lo mismo en singular que en plural].

leporino, na (le·po·ri·no, na) [adjetivo] Dicho del labio superior de una persona, que está partido.

lepra (le·pra) [sustantivo femenino] Enfermedad infecciosa que produce muchas heridas en la piel. ☐ FAMILIA: leproso.

leproso, sa (le·pro·so, sa) [adjetivo o sustantivo] Que tiene lepra: *Antes, los leprosos tenían que vivir en lugares apartados para no contagiar a nadie.* ☐ FAMILIA: →lepra.

lerdo, da (ler·do, da) [adjetivo] Que es lento y torpe para comprender o para hacer algo.

leridano, na (le·ri·da·no, na) [adjetivo o sustantivo] De la provincia española de Lérida o de su capital.

lesbiana (les·bia·na) [sustantivo femenino] Mujer que siente atracción sexual por otras mujeres: *Las lesbianas no se sienten atraídas por los hombres.*

lesión (le·sión) [sustantivo femenino] Problema físico que es producido por un golpe o por una enfermedad: *Tengo una lesión en el tobillo y no puedo jugar.* ☐ FAMILIA: lesionar, ileso.

lesionar (le·sio·nar) [verbo] Hacer una herida a una persona: *Me lesioné en el partido y tengo que llevar el tobillo vendado dos semanas.* ☐ SINÓNIMOS: herir, lastimar. ☐ FAMILIA: →lesión.

letal (le·tal) [adjetivo] Que puede producir la muerte: *gas letal.* ☐ [No varía en masculino y femenino]. ☐ SINÓNIMOS: mortal, mortífero.

letanía (le·ta·ní·a) [sustantivo femenino] Oración que recita una persona y que es repetida o contestada por los demás. ☐ [Se usa mucho en plural].

letargo (le·tar·go) [sustantivo masculino] Estado de reposo en el que viven algunos animales en determinadas épocas y en el que se detiene su actividad. ☐ FAMILIA: aletargar.

letón, na (le·tón, to·na) ∎ [adjetivo o sustantivo] **1** De Letonia, que es un país europeo. ∎ **letón** [sustantivo masculino] **2** Lengua de este país.

letra (le·tra) ❚ [sustantivo femenino] **1** Signo gráfico con que se representa un sonido: *La palabra «café» tiene cuatro letras.* **2** Forma de escribir este signo: *Tienes muy buena letra.* **3** En una pieza musical, conjunto de palabras que se cantan: *¿Te sabes la letra de esa canción?* **4** Cada uno de los documentos que obligan a una persona a pagar lo que ha comprado: *Nos quedan cinco letras del piso por pagar.* ❚ **letras** [plural] **5** Conjunto de ciencias que están relacionadas con las personas y con su pensamiento: *La lengua, la literatura, el arte y la historia forman parte de las letras.* ☐ SINÓNIMOS: **5** humanidades. ☐ FAMILIA: letrero, deletrear, letrado.

letrado, da (le·tra·do, da) ❚ [adjetivo] **1** Que tiene cultura. ❚ [sustantivo] **2** Persona que trabaja aconsejando a otras en asuntos legales y defendiéndolas en los juicios. ☐ SINÓNIMOS: **1** culto. **2** abogado. ☐ ANTÓNIMOS: **1** inculto, analfabeto, ignorante. ☐ FAMILIA: →letra.

letrero (le·tre·ro) [sustantivo masculino] Texto breve escrito en un lugar para indicar algo: *En la puerta de su despacho hay un letrero con su nombre.* ☐ SINÓNIMOS: rótulo. ☐ FAMILIA: →letra.

letrina (le·tri·na) [sustantivo femenino] Lugar en el que se evacuan los excrementos en un campamento o en un cuartel.

leucemia (leu·ce·mia) [sustantivo femenino] Enfermedad que se caracteriza por un aumento anormal de glóbulos blancos en la sangre.

leucocito (leu·co·ci·to) [sustantivo masculino] Célula de la sangre que se encarga de destruir los microbios perjudiciales: *Los leucocitos también se llaman glóbulos blancos.*

levadizo, za (le·va·di·zo, za) [adjetivo] Que se puede levantar: *puente levadizo.*

levadura (le·va·du·ra) [sustantivo femenino] Sustancia blanca que hace que la masa de algunos alimentos quede más hueca y esponjosa: *Los bizcochos y el pan llevan levadura.*

levantamiento (le·van·ta·mien·to) [sustantivo masculino] **1** Acción de levantar algo: *levantamiento de pesas.* **2** Movimiento de protesta que inicia un grupo de personas en contra de una autoridad. ☐ SINÓNIMOS: **2** alzamiento, rebelión, insurrección. ☐ FAMILIA: →levantar.

levantar (le·van·tar) [verbo] **1** Mover de abajo hacia arriba: *Si queréis hacer alguna pregunta, levantad la mano.* **2** Poner derecho o en posición vertical: *Quien haya tirado esa silla que la levante.* **3** Construir un edificio o un monumento: *Han levantado una casa enfrente de la mía.* **4** Producir o dar lugar: *Me estáis levantando dolor de cabeza.* **5** Iniciar un movimiento de protesta contra una autoridad: *El pueblo se levantó contra el Gobierno.* **6** Poner fin a un castigo: *Me han levantado el castigo y ya puedo salir.* **7** Quitar algo que se había montado: *Mañana temprano levantaremos el campamento y nos iremos.* **8** Emitir la voz con fuerza: *Si no levantas un poco la voz no te oigo bien.* **9** Dar fuerza o hacer más fuerte: *levantar el ánimo.* ❚ **levantarse 10** Dejar la cama después de haber dormido. **11** Empezar a producirse: *Se ha levantado un viento muy fuerte.* ☐ SINÓNIMOS: **1**, **9** subir. **1** elevar. **1**, **3**, **5**, **8** alzar. **4** suscitar. **5** amotinar, sublevar, soliviantar. ☐ ANTÓNIMOS: **1** bajar, agachar. **1**, **2** caer. **2** abatir. **2**, **3** derribar, derrumbar. **3** hundir. **10** acostar. ☐ FAMILIA: levantamiento, levantisco.

levante (le·van·te) [sustantivo masculino] **1** Punto cardinal por donde sale el sol. **2** Viento que viene del este. ☐ SINÓNIMOS: **1** este. **1** oriente. ☐ ANTÓNIMOS: poniente. **1** oeste, occidente. ☐ FAMILIA: levantino.

levantino, na (le·van·ti·no, na) [adjetivo o sustantivo] De Levante, que es una región del este de España. ☐ FAMILIA: →levante.

levantisco, ca (le·van·tis·co, ca) [adjetivo] Que es rebelde y no se deja dominar. ☐ FAMILIA: →levantar.

levar (le·var) [verbo] Subir un ancla del fondo del mar: *El capitán del barco ordenó levar anclas para zarpar.*

leve (le·ve) [adjetivo] **1** Sin importancia o poco grave: *herida leve.* **2** Suave o de poca fuerza: *leve viento.* **3** De poco peso: *No puedo levantar ni el más leve paquete porque tengo mal la espalda.* ☐ [No varía en masculino y femenino]. ☐ SINÓNIMOS: ligero. ☐ ANTÓNIMOS: **2**, **3** pesado. ☐ FAMILIA: levedad.

levedad (le·ve·dad) [sustantivo femenino] **1** Poca importancia o poca gravedad: *Debido a la levedad de su enfermedad no está tomando medicinas.* **2** Suavidad o poca fuerza. **3** Poco peso. ☐ SINÓNIMOS: **3** ligereza. ☐ FAMILIA: →leve.

levita (le·vi·ta) [sustantivo femenino] Prenda de abrigo más larga que una chaqueta y que usaban los hombres antiguamente.

levitar (le·vi·tar) [verbo] Subir y quedarse flotando en el aire: *El mago hizo levitar a un niño.*

lexema (le·xe·ma) [sustantivo masculino] Parte de una palabra que es común a varias palabras de la misma familia: *En palabras como «beber», «bebedor» y «bebida» el lexema es «beb-».* ☐ SINÓNIMOS: raíz. ☐ FAMILIA: →léxico.

léxico, ca (lé·xi·co, ca) ❚ [adjetivo] **1** De las palabras de una lengua o relacionado con ellas. ❚ **léxico** [sustantivo masculino] **2** Conjunto de palabras que se utilizan en una ciencia, en una profesión o en una materia: *el léxico de la caza.* ☐ SINÓNIMOS: **2** terminología. ☐ FAMILIA: lexema.

ley (ley) [sustantivo femenino] **1** Conjunto de causas que hacen que una cosa sea siempre igual: *la ley de la gravedad.* **2** Conjunto de normas que hay que cumplir porque se ha fijado así: *leyes de tráfico.* ◆ [expresión] ‖ **de ley** Dicho del oro o de la plata, que no son falsos. ‖ **tomar ley a algo** Tomarle cariño: *Le tomé ley al pueblo de mi esposa y nos construimos una casa allí.* ☐ [Su plural es «leyes»]. ☐ FAMILIA: legal, ilegal, legalidad, legalizar, legalización, legislación, legítimo, ilegítimo, legitimar, legitimidad, legislar, legislativo, legislatura, ilegalizar.

leyenda (le·yen·da) [sustantivo] [femenino] Historia que cuenta sucesos imaginarios que se suelen basar en un hecho real: *una leyenda medieval.* ☐ FAMILIA: legendario.

lezna (lez·na) [sustantivo] [femenino] Herramienta de hierro con una punta afilada y un mango de madera que se utiliza para hacer agujeros en cueros o materiales duros.

liana (lia·na) [sustantivo] [femenino] Planta de la selva que tiene el tallo largo y delgado, y que sube por los árboles.

liana

liante (lian·te) [adjetivo o sustantivo] Que convence fácilmente a los demás utilizando todo tipo de trucos. ☐ [No varía en masculino y femenino. Es coloquial]. ☐ FAMILIA: →lío.

liar (liar) [verbo] **1** Atar una cosa con cuerdas o sujetarla con algo parecido: *Lie los periódicos viejos y los vendí al peso.* **2** Envolver el tabaco en un papel para hacer un cigarrillo. **3** Dejar a una persona sin saber cómo actuar: *Con tantas explicaciones solo consiguieron liarme más.* **4** Mezclar o confundir unas cosas con otras: *No líes lo que pasó con lo que te gustaría que hubiera pasado.* ■ **liarse 5** Hacer algo durante mucho tiempo seguido: *Nos liamos a hablar y llegué tarde a mi casa.* **6** Equivocarse o tener un error: *Me lie y no supe cómo terminar el ejercicio.* **7** Tener relaciones de amor una persona con otra sin estar casados entre sí: *Este actor está liado con una cantante muy famosa.* ☐ [Es irregular y se conjuga como ENVIAR. Los significados 3, 4, 5, 6, y 7 son coloquiales]. ☐ SINÓNIMOS: **3**, **6** confundir. **4** embarullar, embrollar. ☐ ANTÓNIMOS: **3**, **4** aclarar. **6** aclararse. ☐ FAMILIA: →lío.

libanés, sa (li·ba·nés, ne·sa) [adjetivo o sustantivo] Del Líbano, que es un país asiático.

libar (li·bar) [verbo] Chupar un insecto el néctar que tienen las flores.

libelo (li·be·lo) [sustantivo] [masculino] Texto en el que se dicen cosas ofensivas y que no son verdad para criticar algo con mucha dureza. ☐ SINÓNIMOS: panfleto.

libélula (li·bé·lu·la) [sustantivo] [femenino] Insecto que tiene el cuerpo estrecho y alargado, con cuatro alas grandes, y que suele vivir junto a los ríos y estanques. ◉ **página 530.**

libélula

liberación (li·be·ra·ción) [sustantivo] [femenino] Hecho de dar libertad o de quitar una carga o una obligación: *la liberación de los presos.* ☐ FAMILIA: →libre.

liberal (li·be·ral) ■ [adjetivo] **1** Dicho de una profesión, que no se realiza con esfuerzo físico: *La medicina es una profesión liberal.* ■ [adjetivo o sustantivo] **2** Dicho de una persona, que respeta y acepta las ideas de otra. ☐ [No varía en masculino y femenino]. ☐ ANTÓNIMOS: **2** intransigente. ☐ FAMILIA: →libre.

liberalidad (li·be·ra·li·dad) [sustantivo] [femenino] Respeto que se tiene hacia las ideas de otra persona: *Acepta las críticas con mucha liberalidad y sin enfadarse.* ☐ FAMILIA: →libre.

liberalismo (li·be·ra·lis·mo) [sustantivo] [masculino] **1** Movimiento social e intelectual que defiende la libertad de las personas frente al poder del Estado. **2** Actitud de la persona que es liberal y acepta las opiniones de los demás. ☐ FAMILIA: →libre.

liberalizar (li·be·ra·li·zar) [verbo] Hacer más liberal en el ámbito político, social o económico: *Ha liberalizado sus costumbres y ya no es tan estricto. Al liberalizarse la política han surgido nuevos partidos.* ☐ [La «z» se cambia en «c» delante de «e» («liberalice»)]. ☐ FAMILIA: →libre.

liberar (li·be·rar) [verbo] **1** Dejar ir o dar la libertad: *Los secuestradores liberaron a sus rehenes.* **2** Quitar una carga o una obligación: *La lectura me libera de las preocupaciones.* ☐ SINÓNIMOS: **1** libertar, soltar. ☐ ANTÓNIMOS: **1** apresar, prender, capturar, detener, arrestar, esclavizar, subyugar. ☐ FAMILIA: →libre.

líbero (lí·be·ro) [sustantivo] [masculino] Jugador de la defensa de un equipo de fútbol que no tiene una posición fija en el campo ni tiene que marcar a otro jugador del equipo contrario. ☐ [Es una palabra de origen italiano].

libertad (li·ber·tad) ■ [sustantivo] [femenino] **1** Capacidad que poseen las personas para hacer o no hacer algo: *Tu libertad te permite elegir lo que quieres hacer.* **2** Condición del que no está preso o no es esclavo: *El juez lo declaró inocente y lo dejó en libertad.* **3** Permiso

libertador, ra

para hacer algo: *libertad de expresión*. **4** Confianza en el trato: *Puedes hablar conmigo con toda libertad.* ■ **libertades** [plural] **5** Exceso de confianza: *Me sorprende que te tomes esas libertades conmigo, porque acabamos de conocernos.* ☐ Antónimos: **2** esclavitud. ☐ Familia: →libre.

libertador, ra (li·ber·ta·dor, do·ra) [adjetivo o sustantivo] Dicho de una persona, que da la libertad a otros. ☐ Familia: →libre.

libertar (li·ber·tar) [verbo] Dejar ir o dar la libertad: *Cuando se abolió la esclavitud, libertaron a los esclavos.* ☐ Sinónimos: liberar, soltar. ☐ Antónimos: apresar, prender, detener, capturar, arrestar, esclavizar, subyugar. ☐ Familia: →libre.

libertinaje (li·ber·ti·na·je) [sustantivo masculino] Falta de respeto hacia la ley, la moral o la libertad de los demás. ☐ Familia: →libre.

libertino, na (li·ber·ti·no, na) [adjetivo o sustantivo] Que actúa con falta de respeto hacia la ley, la moral o la libertad de los demás. ☐ Familia: →libre.

libidinoso, sa (li·bi·di·no·so, sa) [adjetivo o sustantivo] Que está dominado por un deseo sexual que no puede controlar. ☐ Sinónimos: lujurioso. ☐ Familia: →libido.

libido (li·bi·do) [sustantivo femenino] Deseo sexual de una persona. ☐ [No confundir con «lívido» (que está muy pálido)]. ☐ Familia: libidinoso.

libio, bia (li·bio, bia) [adjetivo o sustantivo] De Libia, que es un país africano.

libra (li·bra) ■ [adjetivo o sustantivo] **1** Uno de los doce signos del Zodiaco: *Las personas que son libra han nacido entre el 23 de septiembre y el 23 de octubre.* ■ [sustantivo femenino] **2** Moneda de algunos países: *La libra esterlina es la moneda de Gran Bretaña.* **3** Medida antigua que servía para pesar. ☐ [En el significado **1** no varía en masculino y femenino].

librado, da (li·bra·do, da) ◆ [expresión] ‖ **salir bien librado** o **salir mal librado** Obtener un resultado bueno o malo: *Creo que saldré bien librado del examen.* ☐ Familia: →libre.

librar (li·brar) [verbo] **1** Sacar de un peligro o evitar un daño: *Al final se libró de la regañina.* **2** Tener el día libre una persona que trabaja: *Libro los domingos.* ☐ Sinónimos: **1** salvar, zafarse. ☐ Familia: →libre.

libre (li·bre) [adjetivo] **1** Que puede hacer o no hacer algo sin que nadie le obligue: *Eres libre para pensar lo que quieras.* **2** Que no es esclavo, que no está preso o que no está sometido: *Por fin dejaron ir libres a los rehenes secuestrados.* **3** Que no cuesta dinero: *entrada libre.* **4** Dicho de una parte del cuerpo, que puede realizar sus funciones sin nada que se lo impida: *Dame algún paquete, que ya tengo las manos libres y puedo cogerlos.* **5** Que no está ocupado por nadie: *una plaza libre.* **6** Dicho de un período de tiempo, que no está dedicado al trabajo: *un rato libre.* **7** Que no sigue ninguna orden o ninguna regla: *El tema de la redacción es libre.* ◆ [expresión] ‖ **por libre** De forma independiente o sin contar con los demás: *Mi hermano va por libre y hace lo que le apetece.* ☐ [No varía en masculino y femenino]. ☐ Antónimos: **2** esclavo, preso, prisionero, recluso, cautivo. **5** ocupado. ☐ Familia: librar, librado, libertad, libertar, libertador, libertino, libertinaje, liberar, liberación, liberal, liberalidad, liberalismo, liberalizar.

librea (li·bre·a) [sustantivo femenino] Uniforme muy elegante que usan los porteros o conserjes en ocasiones especiales.

librería (li·bre·rí·a) [sustantivo] **1** Tienda en la que se venden libros. **2** Mueble o estantería para colocar libros. ☐ Sinónimos: **2** biblioteca. ☐ Familia: →libro.

librero, ra (li·bre·ro, ra) [sustantivo] Persona que trabaja vendiendo libros. ☐ Familia: →libro.

libreta (li·bre·ta) [sustantivo femenino] Libro pequeño que se usa para apuntar cosas: *libreta de teléfonos.* ◆ [expresión] ‖ **libreta de ahorros** La que tiene una persona que ha metido su dinero en un banco. ☐ Familia: →libro.

libreto (li·bre·to) [sustantivo masculino] Texto de una ópera o una zarzuela. ☐ Familia: →libro.

libro (li·bro) [sustantivo masculino] Conjunto de hojas unidas en las que hay textos escritos o imágenes: *libro de matemáticas.* ◆ [expresión] ‖ **libro de caballerías** El que cuenta las aventuras de los antiguos caballeros. ‖ **libro de escolaridad** El que tiene apuntadas las notas obtenidas por un alumno en cada curso. ‖ **libro de familia** El que tiene apuntados los nacimientos y las muertes de los miembros de una familia. ‖ **libro digital** o **libro electrónico 1** Versión digital de una obra impresa que se puede leer desde el ordenador o desde otros aparatos especiales. **2** Aparato electrónico portátil que permite la lectura de estas obras en formato electrónico. ‖ **libro de texto** El que se usa en clase como guía de estudio. ☐ [Es preferible usar las expresiones «libro digital» o «libro electrónico» que la palabra inglesa *e-book*]. ☐ Familia: librería, librero, libreta, libreto, sujetalibros.

licántropo, pa (li·cán·tro·po, pa) [adjetivo o sustantivo] Dicho de una persona, que se convierte en lobo: *Algunas personas creen que hay licántropos y otras dicen que es imposible.*

licencia (li·cen·cia) [sustantivo femenino] Permiso para hacer algo: *Para poder construir en esta zona hace falta una licencia del ayuntamiento.* ☐ Sinónimos: autorización. ☐ Antónimos: veto. ☐ Familia: licenciado, licenciar, licenciatura, licencioso.

licenciado, da (li·cen·cia·do, da) ■ [adjetivo o sustantivo] **1** Dicho de una persona, que ha terminado una carrera en la universidad: *Mi hermana es licenciada en biología.* ■ [adjetivo o sustantivo] **2** Dicho de un soldado, que ha terminado el servicio militar. ☐ Familia: →licencia.

licenciar (li·cen·ciar) [verbo] **1** Terminar de hacer el servicio militar. **2** Obtener o sacar un título académico: *Se ha licenciado en periodismo.* ☐ [Es irregular y se conjuga como **ANUNCIAR**]. ☐ FAMILIA: →licencia.

licenciatura (li·cen·cia·tu·ra) [sustantivo femenino] Título que se obtiene en una universidad después de haber estudiado una carrera de más de tres años. ☐ FAMILIA: →licencia.

licencioso, sa (li·cen·cio·so, sa) [adjetivo] Que no cumple con lo que se considera tradicionalmente aceptable: *Lleva una vida licenciosa.* ☐ FAMILIA: →licencia.

liceo (li·ce·o) [sustantivo masculino] **1** Asociación o centro cultural: *En el liceo hay una exposición muy interesante.* **2** Nombre que reciben los institutos en algunos países: *En Francia a los institutos se les llama liceos.*

lichi (li·chi) [sustantivo masculino] Fruta de origen tropical y de color blanco.

lícito, ta (lí·ci·to, ta) [adjetivo] **1** Que está de acuerdo con la ley: *No es lícito edificar aquí sin un permiso.* **2** Que es justo desde el punto de vista de la razón o de la moral: *No es lícito engañar a los demás.* ☐ SINÓNIMOS: **2** legítimo. ☐ ANTÓNIMOS: **1** ilegal, ilegítimo, ilícito. ☐ FAMILIA: ilícito.

licor (li·cor) [sustantivo masculino] Bebida alcohólica: *licor de melocotón.*

licra (li·cra) [sustantivo femenino] Tipo de tela elástica y brillante que se utiliza para hacer prendas de vestir: *un bañador de licra.* ☐ [Procede de la marca comercial «Lycra®». Es preferible escribir «licra» que la forma inglesa *lycra*].

licuadora (li·cua·do·ra) [sustantivo femenino] Aparato que sirve para convertir las frutas y las verduras en líquido. ☐ FAMILIA: →líquido.

licuar (li·cuar) [verbo] **1** Convertir en líquido un cuerpo sólido o gaseoso: *Me he comprado una licuadora para licuar la fruta.* **2** Hacer pasar a estado líquido un cuerpo en estado gaseoso: *Para extraer oxígeno de la atmósfera hay que licuar el aire.* ☐ [Es irregular. Se conjuga como **ACTUAR** («licúa») o como **AVERIGUAR** («licua»)]. ☐ FAMILIA: →líquido.

lid ▌[sustantivo femenino] **1** Discusión o lucha: *Antiguamente los caballeros medievales peleaban en las lides.* ▌**lides** [plural] **2** Asuntos, actividades o cosas que hacer: *No soy experta en estas lides.* ☐ [El significado **1** suele usarse en el lenguaje literario]. ☐ SINÓNIMOS: **1** liza, enfrentamiento. ☐ FAMILIA: lidiar, lidia.

líder (lí·der) [adjetivo o sustantivo] **1** Dicho de una persona, que dirige un grupo o que tiene influencia sobre él: *La cantante es la líder de este grupo musical.* **2** Dicho de una persona, que ocupa el primer lugar en una clasificación: *Mi equipo es el líder de la liga.* ☐ [No varía en masculino y femenino]. ☐ SINÓNIMOS: **1** cabecilla, jefe. ☐ FAMILIA: liderar, liderazgo.

liderar (li·de·rar) [verbo] **1** Dirigir un grupo o influir en él: *Este prestigioso político ha liderado varios partidos.* **2** Ocupar la primera posición en una clasificación: *Está orgulloso de liderar la carrera ciclista durante tantas etapas.* ☐ FAMILIA: →líder.

liderazgo (li·de·raz·go) [sustantivo masculino] **1** Hecho de ser líder o ejercer las actividades propias de este: *Nuestro equipo arrebató el liderazgo al campeón.* **2** Situación de dominio ejercido en un ámbito determinado: *Una nueva empresa ha acabado con el liderazgo de la nuestra.* ☐ FAMILIA: →líder.

lidia (li·dia) [sustantivo femenino] Arte de torear toros. ☐ SINÓNIMOS: toreo. ☐ FAMILIA: →lid.

lidiar (li·diar) [verbo] **1** Ponerse frente a un toro en la plaza, hacerlo obedecer y darle muerte según determinadas reglas: *En una corrida se suelen lidiar seis toros.* **2** Luchar o pelear para conseguir algo: *Tuvimos que lidiar con nuestros padres para que nos dejaran ir.* ☐ [Es irregular y se conjuga como **ANUNCIAR**]. ☐ SINÓNIMOS: **1** torear. ☐ FAMILIA: →lid.

liebre (lie·bre) [sustantivo femenino] Animal parecido al conejo, pero con las orejas más largas.

liendre (lien·dre) [sustantivo femenino] Huevo de algunos animales parásitos como el piojo.

lienzo (lien·zo) [sustantivo masculino] **1** Tela fuerte que está preparada para pintar sobre ella. **2** Pintura hecha sobre esta tela.

liga (li·ga) [sustantivo femenino] **1** Cinta que sirve para sujetar algo: *Si se te caen las medias, ponte unas ligas de goma.* **2** Competición deportiva en la que participan varios equipos que deben jugar todos contra todos: *liga de fútbol.* **3** Asociación entre personas o países que tienen algo en común: *liga ecologista.* ☐ SINÓNIMOS: **3** coalición. ☐ FAMILIA: →ligar.

ligadura (li·ga·du·ra) [sustantivo femenino] **1** Unión o relación de una cosa con otra. **2** Cuerda o correa que sirve para atar algo. **3** Relación estrecha entre personas: *Acabó con las ligaduras familiares y se fue de casa.* ☐ SINÓNIMOS: **3** lazo. ☐ FAMILIA: →ligar.

ligamento (li·ga·men·to) [sustantivo masculino] Membrana que une entre sí los huesos de las articulaciones: *los ligamentos de la rodilla.* ☐ FAMILIA: →ligar.

ligar (li·gar) [verbo] **1** Unir o relacionar una cosa con otra: *Nos liga una fuerte amistad.* **2** Establecer relaciones de amor poco serias y pasajeras: *Tus amigos han estado ligando en la discoteca.* **3** Reunir las cartas de la baraja adecuadas para conseguir una buena jugada: *En esta partida paso, porque no he ligado nada.* ◆ [expresión] ‖ **ligarla** En algunos juegos, ser el encargado de buscar o de atrapar a los demás. ☐ [La «g» se cambia en «gu» delante de «e» («ligue»). El significado **2** y la expresión son coloquiales]. ☐ SINÓNIMOS: **2** enrollarse. ☐ FAMILIA: ligadura, ligazón, ligamento, liga, liguero, desligar. **2** ligue, ligón.

ligazón (li·ga·zón) [sustantivo femenino] Unión o relación muy estrecha de una cosa con otra. ☐ FAMILIA: →ligar.

ligereza (li·ge·re·za) [sustantivo femenino] **1** Poco peso: *A pesar de su ligereza, estas mantas abrigan mucho.* **2** Cosa que se hace o dice sin pensarla bien o de forma poco seria: *Me parece una ligereza que dejes de ir a clase por esa tontería.* ☐ SINÓNIMOS: **1** levedad. ☐ FAMILIA: →ligero.

ligero, ra (li·ge·ro, ra) [adjetivo] **1** De poco peso: *una bolsa ligera.* **2** Suave o de poca fuerza: *una ligera brisa.* **3** Sin importancia o poco grave: *Tengo un ligero dolor de cabeza.* **4** Rápido o ágil de movimientos: *Si vamos a paso ligero llegaremos antes.* **5** Que abriga poco: *Este jersey es muy ligero.* **6** Que no engorda o que no resulta pesado para hacer la digestión: *una cena ligera.* ◆ [expresión] ‖ **a la ligera** Sin pensar o sin reflexionar: *No digas las cosas tan a la ligera.* ☐ SINÓNIMOS: **1-3** leve. **1, 3** liviano. **4** apresurado. **6** frugal. ☐ ANTÓNIMOS: **1, 2** pesado. ☐ FAMILIA: ligereza, aligerar, ultraligero.

light [adjetivo] **1** Dicho de un alimento, que engorda menos de lo habitual: *Los refrescos light no tienen azúcar y tienen menos calorías.* **2** Suave o menos fuerte de lo habitual: *tabaco light.* ☐ [Es una palabra inglesa. Se pronuncia «láit». No varía en masculino y femenino. En el significado **1**, es preferible usar «bajo en calorías». En el significado **2**, es preferible usar «suave»].

lignito (lig·ni·to) [sustantivo masculino] Carbón que se utiliza como combustible.

ligón, na (li·gón, go·na) [adjetivo o sustantivo] Que intenta establecer siempre alguna relación de amor poco seria y pasajera: *Eres un ligón y siempre vas rodeado de chicas.* ☐ [Es coloquial]. ☐ FAMILIA: →ligar.

ligue (li·gue) [sustantivo masculino] **1** Relación de amor poco seria y pasajera. **2** Persona con la que se establece esta relación. ☐ FAMILIA: →ligar.

liguero, ra (li·gue·ro, ra) ∎ [adjetivo] **1** De una liga o relacionado con esta competición deportiva: *Mi equipo fue el campeón liguero del año pasado.* ∎ **liguero** [sustantivo masculino] **2** Prenda de ropa interior femenina que consiste en una especie de faja de la que cuelgan unos enganches que sirven para sujetar las medias. ☐ FAMILIA: →ligar.

lija (li·ja) [sustantivo femenino] Papel fuerte que tiene una de sus caras muy áspera: *La lija se usa para dejar lisa una superficie.* ☐ FAMILIA: lijar.

lijar (li·jar) [verbo] Pasar un papel que tiene una de sus caras muy áspera por encima de la superficie de un objeto para dejarla muy lisa: *lijar una puerta.* ☐ [Siempre se escribe con «j»]. ☐ FAMILIA: →lija.

lila (li·la) ∎ [adjetivo o sustantivo masculino] **1** De color morado claro. **2** Tonto y fácil de engañar: *Te han timado porque eres un lila.* ∎ [sustantivo femenino] **3** Flor pequeña, de color morado o blanco y de mucho olor. ☐ [Cuando es adjetivo, no varía en masculino y femenino. El significado **2** es coloquial].

liliputiense (li·li·pu·tien·se) [adjetivo o sustantivo] Dicho de una persona, que es muy baja. ☐ [No varía en masculino y femenino].

lima (li·ma) [sustantivo femenino] **1** Herramienta que tiene la superficie rayada y que sirve para dejar un objeto liso: *lima de uñas.* ⊙ **páginas 494-495**. **2** Persona que come mucho: *Mi hermano es una lima y se come cuatro filetes.* **3** Árbol cuyo fruto es parecido al limón, pero más verde, más pequeño y más ácido. **4** Fruto de este árbol. ☐ [El significado **2** es coloquial]. ☐ FAMILIA: limar, limaduras.

lima

limaduras (li·ma·du·ras) [sustantivo femenino plural] Trozos que se desprenden cuando se lima algo. ☐ FAMILIA: →lima.

limar (li·mar) [verbo] **1** Dejar un objeto liso frotándolo con una herramienta que tiene la superficie rayada o muy áspera: *Mi madre se lima las uñas antes de pintárselas.* **2** Hacer algo para que una cosa sea mejor o más perfecta: *limar una idea.* **3** Hacer que algo se vuelva más débil o que desaparezca: *Para trabajar juntos debéis limar vuestras diferencias.* ☐ FAMILIA: →lima.

limbo (lim·bo) [sustantivo masculino] **1** Según la tradición cristiana, lugar donde se decía que iban las almas de los niños que morían sin bautizar. **2** Parte ancha y plana de la hoja de una planta.

limeño, ña (li·me·ño, ña) [adjetivo o sustantivo] De Lima, que es la capital peruana.

limitación (li·mi·ta·ción) [sustantivo femenino] **1** Hecho de poner un límite al tamaño, la cantidad o la fuerza de algo: *la limitación de la velocidad en las carreteras.* **2** Carencia que dificulta o impide el desarrollo de algo: *Todos tenemos limitaciones que debemos disculparnos unos a otros.* ☐ FAMILIA: →límite.

limitado, da (li·mi·ta·do, da) [adjetivo] **1** Que tiene límite o fin. **2** Que es poco inteligente. ☐ ANTÓNIMOS: **1** ilimitado. ☐ FAMILIA: →límite.

limitar (li·mi·tar) [verbo] **1** Marcar dónde empieza y dónde acaba una cosa: *Un muro de piedra limita la finca de mis tíos.* **2** Poner un límite al tamaño, a la cantidad o a la fuerza de algo: *Han limitado la velocidad máxima en carretera.* **3** Estar un lugar justo al lado de otro: *España limita con Francia y con Portugal.* ∎ **limitarse 4** Centrarse en una acción y no hacer nada más: *Limítate a hacer tu trabajo.* ☐ SINÓNIMOS: **2** acortar, abreviar, disminuir, restringir. **3** lindar. ☐ FAMILIA: →límite.

límite (lí·mi·te) [sustantivo masculino] **1** Línea o borde que señala el lugar en el que empieza una cosa y acaba otra: *los límites de una finca*. **2** Punto extremo al que se puede llegar: *límite de velocidad*. ☐ SINÓNIMOS: **1** linde, lindero. **2** tope. ☐ FAMILIA: limitar, limitado, ilimitado, limitación, limítrofe, delimitar, extralimitarse.

limítrofe (li·mí·tro·fe) [adjetivo] Dicho de un lugar, que limita con otro: *España y Portugal son países limítrofes*. ☐ [No varía en masculino y femenino]. ☐ FAMILIA: →límite.

limo (li·mo) [sustantivo masculino] Barro que se forma en el fondo de las aguas: *Al barro del suelo no lo llamamos «limo»*. ☐ SINÓNIMOS: légamo.

limón (li·món) [sustantivo masculino] Fruto amarillo que está dividido en gajos y tiene sabor ácido. 👁 **página 453**. ☐ FAMILIA: limonero, limonar, limonada.

limonada (li·mo·na·da) [sustantivo femenino] Bebida que está hecha con limón. ☐ FAMILIA: →limón.

limonar (li·mo·nar) [sustantivo masculino] Terreno plantado de limoneros. ☐ FAMILIA: →limón.

limonero (li·mo·ne·ro) [sustantivo masculino] Árbol cuyo fruto es el limón. ☐ FAMILIA: →limón.

limosna (li·mos·na) [sustantivo femenino] Dinero que se da a los pobres.

limpiabotas (lim·pia·bo·tas) [sustantivo] Persona que trabaja limpiando los zapatos a otras personas. ☐ [No varía en masculino y femenino, ni en singular y plural]. ☐ FAMILIA: →limpiar. →bota.

limpiador (lim·pia·dor) [sustantivo masculino] Producto que se usa para limpiar. ☐ FAMILIA: →limpio.

limpiaparabrisas (lim·pia·pa·ra·bri·sas) [sustantivo masculino] Aparato automático que tienen los automóviles para limpiar los cristales. ☐ [No varía en singular y plural]. ☐ FAMILIA: →limpiar. →brisa.

limpiar (lim·piar) [verbo] **1** Quitar la suciedad. **2** Quitar lo que resulta perjudicial o lo que estorba: *Mi padre me limpió el pescado y le quitó las espinas*. **3** Dejar sin dinero: *Estuvo jugando a las cartas en el casino hasta que lo limpiaron*. ☐ [Es irregular y se conjuga como ANUNCIAR. El significado **3** es coloquial]. ☐ ANTÓNIMOS: **1** manchar, ensuciar. ☐ FAMILIA: limpiabotas, limpiaparabrisas. →limpio.

límpido, da (lím·pi·do, da) [adjetivo] Limpio, claro o transparente: *aguas límpidas*. ☐ [Suele usarse en el lenguaje literario]. ☐ FAMILIA: →limpio.

limpieza (lim·pie·za) [sustantivo femenino] **1** Falta de suciedad. **2** Eliminación de la suciedad, de lo perjudicial o de lo que estorba: *Hicimos limpieza general en casa*. ☐ ANTÓNIMOS: **1** suciedad, roña, cochambre. ☐ FAMILIA: →limpio.

limpio, pia (lim·pio, pia) [adjetivo] **1** Que no tiene suciedad. **2** Que cuida de su higiene y de su aspecto. **3** Que actúa con honradez y respetando las leyes: *Tu comportamiento ha sido limpio*. **4** Claro y bien determinado: *En la televisión nueva, las imágenes se ven muy limpias*. **5** Sin dinero: *Tu hermano me ha pedido dinero y me ha dejado limpio*. ▪ **limpio** [adverbio] **6** Con limpieza o con corrección: *Ese equipo no juega limpio*. ☐ [El significado **5** es coloquial]. ☐ SINÓNIMOS: **4** neto. ☐ ANTÓNIMOS: **1-3, 6** sucio. **1** inmundo, cochambroso, mugriento. **2** desaliñado, desastrado. ☐ FAMILIA: limpiar, limpiador, limpieza, límpido.

limusina (li·mu·si·na) [sustantivo femenino] Coche lujoso y muy grande.

linaje (li·na·je) [sustantivo masculino] Conjunto de antepasados y descendientes de una persona. ☐ SINÓNIMOS: estirpe, genealogía.

linaza (li·na·za) [sustantivo femenino] Tipo de aceite que se saca de la semilla del lino y que se utiliza para fabricar pinturas. ☐ FAMILIA: →lino.

lince (lin·ce) [sustantivo masculino] **1** Animal salvaje parecido al gato, pero más grande y con muy buena vista. **2** Persona muy lista. ☐ [El significado **2** es coloquial].

lince

linchamiento (lin·cha·mien·to) [sustantivo masculino] Muerte con que se castiga a una persona sospechosa sin un juicio previo. ☐ FAMILIA: →linchar.

linchar (lin·char) [verbo] Matar a una persona un grupo de gente sin haberla juzgado la autoridad. ☐ FAMILIA: linchamiento.

lindar (lin·dar) [verbo] Estar un lugar justo al lado de otro: *Mi casa linda con la tuya*. ☐ SINÓNIMOS: limitar. ☐ FAMILIA: linde, lindero.

linde (lin·de) [sustantivo] Línea o borde que señala el lugar en el que empieza una cosa y acaba otra: *Esta valla indica la linde entre las dos fincas*. ☐ [Se puede decir «el linde» y «la linde» sin que cambie de significado, aunque se usa más en femenino]. ☐ SINÓNIMOS: límite, lindero. ☐ FAMILIA: →lindar.

lindero, ra (lin·de·ro, ra) ▪ [adjetivo] **1** Que limita con algo. ▪ **lindero** [sustantivo masculino] **2** Línea o borde que señala el lugar en el que empieza una cosa y acaba otra. ☐ SINÓNIMOS: **2** linde, límite. ☐ FAMILIA: →lindar.

lindeza (lin·de·za) [sustantivo femenino] **1** Hecho o dicho agradable: *Ayudar a tu hermano con los deberes ha sido una lindeza por tu parte*. **2** Hecho o dicho desagradable y con mala intención: *El jugador fue expulsado por las lindezas que le dijo al árbitro*. ☐ FAMILIA: →lindo.

lindo, da (lin·do, da) [adjetivo] Muy agradable de ver o de oír. ◆ [expresión] ‖ **de lo lindo** Mucho o en exceso: *Nos divertimos de lo lindo en la fiesta*. ☐ [La expresión es

línea

coloquial]. ☐ SINÓNIMOS: precioso, bello, bonito, hermoso. ☐ ANTÓNIMOS: feo. ☐ FAMILIA: lindeza.

línea (lí·ne·a) [sustantivo femenino] **1** Marca delgada y alargada: *Traza una línea para subrayar el título.* **2** Serie de cosas colocadas una al lado de otra o una detrás de otra: *Te has saltado dos líneas y por eso no entiendes el texto.* **3** Servicio de transportes que tiene un recorrido fijo: *línea de metro.* **4** Figura delgada de una persona: *No como dulces para no perder la línea.* **5** Manera de hacer las cosas: *¡Muy bien, sigue trabajando en esa línea!* **6** Comunicación telefónica: *No puedo llamar por teléfono porque no hay línea.* **7** Conjunto de productos con características comunes: *una línea de productos de belleza.* ◆ [expresión] ‖ **en línea** Que se puede consultar en cualquier momento: *un servicio de información en línea.* ‖ **en líneas generales** Sin entrar en detalles: *En líneas generales tu trabajo está bien hecho.* ☐ [Es preferible usar «en línea» que la expresión inglesa *on line*]. ☐ SINÓNIMOS: **1** raya. ☐ FAMILIA: lineal, alinear, alineación, delinear, tiralíneas, aerolínea, curvilíneo, rectilíneo.

lineal (li·ne·al) [adjetivo] De la línea, con líneas o relacionado con ellas: *un dibujo lineal.* ☐ [No varía en masculino y femenino]. ☐ FAMILIA: →línea.

linfa (lin·fa) [sustantivo femenino] Líquido sin color en el que están los glóbulos blancos dentro del cuerpo de una persona. ☐ FAMILIA: linfático.

linfático, ca (lin·fá·ti·co, ca) [adjetivo] De la linfa o relacionado con este líquido que hay dentro del cuerpo de una persona: *vasos linfáticos.* ☐ FAMILIA: →linfa.

lingotazo (lin·go·ta·zo) [sustantivo masculino] Trago que se da a una bebida alcohólica. ☐ [Es coloquial].

lingote (lin·go·te) [sustantivo masculino] Barra de algunos metales: *lingote de oro.*

lingüista (lin·güis·ta) [sustantivo] Persona especializada en lingüística. ☐ [No varía en masculino y femenino]. ☐ FAMILIA: →lengua.

lingüístico, ca (lin·güís·ti·co, ca) ▪ [adjetivo] **1** Del lenguaje y de las lenguas o relacionado con ellos. ▪ **lingüística** [sustantivo femenino] **2** Ciencia que estudia el lenguaje y las lenguas. ☐ FAMILIA: →lengua.

linimento (li·ni·men·to) [sustantivo masculino] Medicina que se extiende por la piel con un masaje.

link [sustantivo masculino] En internet, vínculo que permite ir de una página web a otra, al hacer clic en algún dibujo o en alguna palabra. ☐ [Es una palabra inglesa. Se pronuncia «link». Es preferible usar «enlace»].

lino (li·no) [sustantivo masculino] **1** Planta con flores azuladas. **2** Tipo de hilo que se saca del tallo de esta planta, con el que se hacen telas finas y que se arrugan mucho. ☐ FAMILIA: linaza.

linóleo (li·nó·le·o) [sustantivo masculino] Material que se utiliza para cubrir suelos.

linotipia (li·no·ti·pia) [sustantivo femenino] **1** Máquina de imprenta que se utilizaba para componer textos. **2** Técnica de componer textos con esta máquina. ☐ [Procede de la marca comercial «Linotype®»].

linterna (lin·ter·na) [sustantivo femenino] Objeto que se coge con una mano y que sirve para proyectar luz: *El acomodador iluminó nuestros asientos con la linterna.*

lío (lí·o) [sustantivo masculino] **1** Situación en la que hay mucho ruido y gran movimiento de personas: *¡Menudo lío había en casa el día de la boda!* **2** Conjunto de cosas mezcladas y sin orden: *Este lío no hay quien lo entienda.* **3** Conjunto de cosas atadas: *Hice un lío de ropa para meterlo en la maleta.* ☐ SINÓNIMOS: **1** alboroto. **1, 2** jaleo, follón, embrollo. **2** confusión. **3** hato, hatillo. ☐ FAMILIA: liar, lioso, liante.

lioso, sa (lio·so, sa) [adjetivo] Complicado o difícil de entender. ☐ FAMILIA: →lío.

liquen (li·quen) [sustantivo masculino] Ser vivo formado por un hongo y un alga, que vive en zonas húmedas: *Los líquenes crecen en los troncos de los árboles.*

liquidación (li·qui·da·ción) [sustantivo femenino] **1** Pago de algo que se debe: *la liquidación de las facturas.* **2** Venta de algo en una tienda a un precio muy barato: *En esa tienda hay liquidación por cierre de negocio.* **3** Hecho de gastarse o acabarse algo por completo: *El acuerdo supone la liquidación de los enfrentamientos entre los dos países.* ☐ SINÓNIMOS: **2** saldo. ☐ FAMILIA: →liquidar.

liquidar (li·qui·dar) [verbo] **1** Pagar lo que se debe: *liquidar una deuda.* **2** Gastar o consumir por completo: *¿Os habéis liquidado la botella de zumo?* **3** Matar. **4** Vender las cosas de una tienda a un precio más barato: *En esa tienda están liquidando la ropa de verano.* ☐ [Los significados **2** y **3** son coloquiales]. ☐ SINÓNIMOS: **1, 4** saldar. ☐ FAMILIA: liquidación.

líquido, da (lí·qui·do, da) [adjetivo o sustantivo masculino] Dicho de una materia, que está en un estado parecido al del agua. ☐ FAMILIA: licuadora, licuar.

lira (li·ra) [sustantivo femenino] **1** Antiguo instrumento musical con forma de «U», que se tocaba pulsando las cuerdas con las manos o con una púa. **2** Moneda de Italia, que es un país europeo, y de otros países hasta la adopción del euro.

lira

lírico, ca (lí·ri·co, ca) ▪ [adjetivo] **1** Dicho de una pieza musical, que tiene algunas partes cantadas: *La ópera y la zarzuela son composiciones líricas.* ▪ [adjetivo o sustantivo femenino] **2** De la poesía o relacionado con ella: *género lírico.* ☐ SINÓNIMOS: **2** poético.

lirio (li·rio) [*sustantivo masculino*] Planta de jardín que tiene tallos largos y verdes de los cuales salen unas flores grandes y de colores fuertes.

lirón (li·rón) [*sustantivo masculino*] **1** Animal muy parecido al ratón y que tiene el pelo de color amarillo por la espalda y blanco por el vientre, la cola larga, y que trepa a los árboles y pasa todo el invierno dormido. **2** Persona que duerme mucho. □ [El significado **2** es coloquial]. □ SINÓNIMOS: **2** marmota.

lis ◆ [*expresión*] ‖ **flor de lis** Flor parecida a un lirio que aparece en algunos escudos.

lisboeta (lis·bo·e·ta) [*adjetivo o sustantivo*] De Lisboa, que es la capital portuguesa. □ [No varía en masculino y femenino].

lisiado, da (li·sia·do, da) [*adjetivo o sustantivo*] Dicho de una persona, que tiene una lesión permanente en los brazos o en las piernas.

liso, sa (li·so, sa) [*adjetivo*] **1** Dicho de un terreno, que es muy igual o que no tiene diferencias de altura: *Una llanura es un terreno liso*. **2** Que no tiene partes que salen más que otras o que no tiene arrugas: *Plancha bien la tela para que quede lisa*. **3** Que no tiene adornos o que es de un solo color: *Llevo una camisa blanca lisa*. **4** Dicho del pelo, que no tiene rizos. □ SINÓNIMOS: **1** llano. **4** lacio. □ ANTÓNIMOS: **1** abrupto, escabroso. **2** rugoso. **3** estampado. **4** ensortijado. □ FAMILIA: alisar.

lisonja (li·son·ja) [*sustantivo femenino*] Alabanza exagerada: *No conseguirás nada a pesar de tus lisonjas*. □ SINÓNIMOS: halago. □ FAMILIA: lisonjear, lisonjero.

lisonjear (li·son·je·ar) [*verbo*] Alabar demasiado a una persona, diciéndole lo que creemos que le agrada: *Por mucho que me lisonjees, no te compraré esa videoconsola*. □ [Siempre se escribe con «j»]. □ SINÓNIMOS: halagar, adular. □ FAMILIA: →lisonja.

lisonjero, ra (li·son·je·ro, ra) [*adjetivo o sustantivo*] Que alaba demasiado a alguien, diciéndole cosas agradables. □ FAMILIA: →lisonja.

lista (lis·ta) [*sustantivo femenino*] Mira en **listo, ta**.

listado, da (lis·ta·do, da) [*adjetivo*] **1** Con líneas o rayas de colores. ■ **listado** [*sustantivo masculino*] **2** Lista de personas o de cosas. □ FAMILIA: →lista.

listín (lis·tín) [*sustantivo masculino*] Lista de teléfonos o de direcciones. □ FAMILIA: →lista.

listo, ta (lis·to, ta) [*adjetivo*] **1** Que entiende las cosas de forma fácil y rápida. **2** Preparado para hacer algo: *Ya estoy listo para salir*. ■ [*adjetivo o sustantivo*] **3** Que sabe lo que quiere y actúa con inteligencia para conseguirlo. ■ **lista** [*sustantivo femenino*] **4** Serie de personas, de cosas o de sucesos, hecha generalmente en forma de columna: *Estoy en la lista de aprobados*. **5** Raya o línea de color distinto al del fondo: *Tengo una camiseta blanca con listas naranjas*. ◆ [*expresión*] ‖ **lista negra** La que está formada por las cosas contra las que se tiene algo: *Si no te vienes, te apunto en mi lista negra*. ‖ **pasar lista** Leer en voz alta los nombres de varias personas para ver si están todas presentes. □ SINÓNIMOS: **1** vivaz, vivo. **2** dispuesto. □ ANTÓNIMOS: **1** torpe, romo. **3** mentecato. □ FAMILIA: **4** listín, alistarse, listado, listón.

listón (lis·tón) [*sustantivo masculino*] Trozo de tabla largo y estrecho. ◆ [*expresión*] ‖ **poner el listón alto** Marcar un límite muy difícil de superar: *Ese actor ha puesto el listón muy alto*. □ FAMILIA: →lista.

litera (li·te·ra) [*sustantivo femenino*] **1** Mueble formado por dos o más camas puestas una encima de otra. **2** Cada una de las camas que forman este mueble. **3** Vehículo antiguo en el que viajaban una o dos personas y que era llevado por varias personas.

literal (li·te·ral) [*adjetivo*] **1** Dicho del significado de una expresión, que es el sentido exacto y propio de esa expresión: *Si te digo «me muero por verte», no te lo tomes en sentido literal*. **2** Que repite exactamente las palabras de algo o de alguien: *Nos dio una cita literal del autor*. □ [No varía en masculino y femenino]. □ ANTÓNIMOS: **1** figurado.

literario, ria (li·te·ra·rio, ria) [*adjetivo*] De la literatura o relacionado con este arte: *una obra literaria*. □ FAMILIA: →literatura.

literato, ta (li·te·ra·to, ta) [*sustantivo*] Persona que se dedica a la literatura o a su estudio. □ FAMILIA: →literatura.

literatura (li·te·ra·tu·ra) [*sustantivo femenino*] Conjunto de obras escritas usando el lenguaje de una manera especial: *Los poemas, las novelas y las obras de teatro forman parte de la literatura*. □ FAMILIA: literario, literato.

litigio (li·ti·gio) [*sustantivo masculino*] **1** Disputa en la que decide un juez. **2** Discusión o pelea. □ SINÓNIMOS: **1** pleito.

litografía (li·to·gra·fí·a) [*sustantivo femenino*] **1** Técnica de imprimir imágenes hechas en una piedra o en un metal. **2** Copia de una imagen que se consigue con esta técnica.

litoral (li·to·ral) [*adjetivo*] **1** De la orilla del mar o de su costa: *ciudad litoral*. ■ [*sustantivo masculino*] **2** Zona de terreno que toca con el mar: *Los pueblos del litoral tienen un clima suave*. ◉ **páginas 576-577**. □ [En el significado **1** no varía en masculino y femenino].

litosfera (li·tos·fe·ra) [*sustantivo femenino*] Capa exterior de la Tierra que forma la corteza terrestre. □ [No confundir con «atmósfera» (capa que rodea la Tierra formada por una mezcla de gases) ni con «hidrosfera» (capa de la Tierra formada por todas las aguas)].

litro (li·tro) [*sustantivo masculino*] Medida de capacidad: *En esta botella caben dos litros*. □ FAMILIA: mililitro, centilitro, decilitro, decalitro, hectolitro, kilolitro, litrona.

litrona (li·tro·na) [*sustantivo femenino*] Botella de cerveza de un litro. □ [Es coloquial]. □ FAMILIA: →litro.

lituano, na (li·tua·no, na) ■ [*adjetivo o sustantivo*] **1** De Lituania, que es un país europeo. ■ **lituano** [*sustantivo masculino*] **2** Lengua de este país.

liturgia (li·tur·gia) [*sustantivo femenino*] Modo de celebrar los ritos religiosos: *la liturgia de la misa católica*. □ FAMILIA: litúrgico.

litúrgico, ca (li·túr·gi·co, ca) [*adjetivo*] De la liturgia o relacionado con ella. □ FAMILIA: →liturgia.

litoral

faro

acantilado

isla

archipiélago

bahía

litoral

- cabo
- golfo
- desembocadura
- delta
- península
- istmo
- puerto
- playa

liviano, na

liviano, na (li·*via*·no, na) [adjetivo] **1** De poco peso. **2** Sin importancia o poco grave. ☐ SINÓNIMOS: ligero.

lívido, da (*lí*·vi·do, da) [adjetivo] Dicho de una persona, que está muy pálida. ☐ [No confundir con «libido» (deseo sexual de una persona)].

liza (*li*·za) [sustantivo femenino] Discusión o lucha.

llaga (*lla*·ga) [sustantivo femenino] Herida que echa un poco de sangre y que sale en la piel. ☐ SINÓNIMOS: úlcera.

llama (*lla*·ma) [sustantivo femenino] **1** Gases luminosos que se producen cuando algo se quema. **2** Animal que tiene el pelo largo y que en algunos países sudamericanos se usa para llevar carga. ☐ FAMILIA: llamarada, lanzallamas, flamear.

llama

llamada (lla·*ma*·da) [sustantivo femenino] **1** Voz, gesto o sonido con los que se intenta atraer la atención de una persona o de un animal: *Este perro acude a la llamada del guardia.* **2** Cada vez que se llama por teléfono: *Hice varias llamadas desde una cabina.* ☐ FAMILIA: →llamar.

llamador (lla·ma·*dor*) [sustantivo masculino] Botón, timbre o instrumento para llamar a la puerta. ☐ FAMILIA: →llamar.

llamamiento (lla·ma·*mien*·to) [sustantivo masculino] Hecho de llamar la atención de un grupo de gente para algo: *La asociación hizo un llamamiento a la solidaridad.* ☐ FAMILIA: →llamar.

llamar (lla·*mar*) [verbo] **1** Dirigirse a una persona por medio de palabras o de gestos. **2** Marcar el número de teléfono de una persona para hablar con ella. **3** Pedir la presencia de alguien en un lugar: *Aprieta este botón si quieres llamar a la azafata.* **4** Dar nombre o tenerlo: *He llamado «Fofi» a mi perro.* **5** Nombrar con una palabra: *¿Cómo se llama esto en inglés?* **6** Golpear una puerta o hacer que suene un timbre. ☐ SINÓNIMOS: **3** reclamar. ☐ FAMILIA: llamada, llamador, llamativo, llamamiento.

llamarada (lla·ma·*ra*·da) [sustantivo femenino] Llama grande que sale de forma repentina y se apaga rápidamente. ☐ FAMILIA: →llama.

llamativo, va (lla·ma·*ti*·vo, va) [adjetivo] Que destaca mucho: *Siempre viste de una forma muy llamativa.* ☐ ANTÓNIMOS: imperceptible, discreto. ☐ FAMILIA: →llamar.

llana (*lla*·na) [sustantivo femenino] Mira en **llano, na**.

llaneza (lla·*ne*·za) [sustantivo femenino] Característica de lo que es sencillo o natural: *Me llamó la atención la llaneza de tus palabras.* ☐ FAMILIA: →llano.

llano, na (*lla*·no, na) ▌ [adjetivo] **1** Dicho de un terreno, que es muy igual o que no tiene diferencias de altura. **2** Dicho de una palabra, que tiene el acento en la penúltima sílaba: *«Cuna» y «árbol» son palabras llanas.* **3** Sencillo, natural o fácil de tratar. **4** Dicho de un ángulo, que mide 180 grados. ▌ **llano** [sustantivo masculino] **5** Terreno sin diferencia de alturas: *Este pueblo está en un llano.* ▌ **llana** [sustantivo femenino] **6** Herramienta formada por una plancha metálica y un mango, que se usa para extender el yeso. ⊙ **páginas 494-495.** ☐ SINÓNIMOS: **1** liso. **2** grave. ☐ ANTÓNIMOS: **1** abrupto, escabroso, accidentado. ☐ FAMILIA: llaneza, llanura, allanar, allanamiento, rellano.

llanta (*llan*·ta) [sustantivo femenino] Pieza metálica de la rueda de un coche o de un carro.

llanto (*llan*·to) [sustantivo masculino] Salida de lágrimas que suele ir acompañada de lamentos: *El llanto del bebé cesó cuando lo cogí en brazos.* ☐ SINÓNIMOS: lloro.

llanura (lla·*nu*·ra) [sustantivo femenino] Terreno llano y muy grande. ☐ SINÓNIMOS: planicie. ☐ FAMILIA: →llano.

llave (*lla*·ve) [sustantivo femenino] **1** Objeto que se usa para abrir o cerrar una cerradura. **2** Objeto que sirve para dar cuerda a un mecanismo: *Para que la muñeca ande, dale cuerda con la llave.* **3** Herramienta que sirve para apretar o aflojar tuercas o tornillos. **4** Mecanismo que sirve para permitir o para impedir el paso de algo: *He cerrado la llave de paso del gas y la del agua.* **5** En algunos instrumentos musicales, pieza que abre o cierra el paso del aire: *En algunas flautas, los sonidos se producen al abrir o cerrar las llaves.* **6** Movimiento que sirve para hacer caer a un contrario o para impedir que se mueva: *una llave de yudo.* **7** Signo que usamos al escribir para introducir una explicación o una clasificación: *{Este ejemplo está escrito entre llaves}.* ◆ [expresión] ‖ **llave de contacto** La que pone en funcionamiento un mecanismo: *Sin la llave de contacto, el coche no puede arrancar.* ‖ **llave inglesa** La que se puede adaptar al tamaño de la tuerca. ⊙ **páginas 494-495.** ☐ FAMILIA: llavín, llavero.

llavero (lla·*ve*·ro) [sustantivo masculino] Objeto en el que se llevan las llaves. ☐ FAMILIA: →llave.

llavín (lla·*vín*) [sustantivo masculino] Llave pequeña. ☐ FAMILIA: →llave.

llegada (lle·*ga*·da) [sustantivo femenino] **1** Entrada en un lugar: *Esperábamos tu llegada ayer.* **2** Aparición o comienzo de algo: *Con la llegada del invierno vienen los primeros fríos.* **3** Lugar en el que termina una carrera deportiva: *Los periodistas esperaban a los corredores en la llegada.* ☐ SINÓNIMOS: **2** venida. **3** meta. ☐ ANTÓNIMOS: **1** ida, abandono, marcha. **1, 3** salida. ☐ FAMILIA: →llegar.

llegar (lle·*gar*) [verbo] **1** Aparecer en un lugar: *No llegues tarde.* **2** Alcanzar el final de un recorrido: *Gané la carrera porque llegué el primero.* **3** Durar hasta un momento determinado: *Si os coméis ahora los turrones,* no llegarán a Navidad. **4** Empezar o tener lugar: *Ha llegado la hora de tomar una decisión.* **5** Conseguir un objetivo: *Mi abuelo llegó a ser un escritor muy conocido.* **6** Alcanzar una situación o una cantidad: *Esta camisa no llega a seis euros.* **7** Extenderse hasta un punto determinado: *El pelo le llega hasta la cintura.* ▌ **llegarse 8** Acercarse a un lugar: *Me llegué hasta la esquina para ver si venías.* ◆ [expresión] ‖ **llegar lejos** Alcanzar el éxito: *Esta chica pinta muy bien y creo que llegará lejos.* ☐ [La «g» se cambia en «gu» delante de «e» («llegue»)]. ☐ Antónimos: **1** marcharse. **1, 2** irse. **2** salir. ☐ Familia: llegada, allegado.

llenar (lle·nar) [verbo] **1** Ocupar un lugar que estaba vacío: *He llenado de caramelos la caja.* **2** Dar algo en gran cantidad: *Cuando me vio me llenó de besos.* **3** Satisfacer por completo: *El nuevo trabajo no me acaba de llenar.* **4** Escribir la información que se pide en un papel que tiene los espacios señalados para ello: *Llena el impreso y entrégalo en ese despacho.* ▌ **llenarse 5** Quedarse lleno por haber comido o bebido demasiado. ☐ Sinónimos: **2** colmar, cubrir. **4** rellenar. ☐ Antónimos: **1** vaciar. ☐ Familia: →lleno.

lleno, na (lle·no, na) [adjetivo] **1** Ocupado de manera total: *Tiene el armario lleno de juguetes.* **2** Dicho de una persona, que está un poco gorda: *Hace régimen porque dice que está algo lleno.* **3** Que ha comido o bebido mucho. ◆ [expresión] ‖ **de lleno** Totalmente. ☐ Sinónimos: **1** pleno. **3** ahíto, harto. ☐ Antónimos: **1** vacío, desocupado. ☐ Familia: llenar, rellenar, relleno.

llevadero, ra (lle·va·de·ro, ra) [adjetivo] Que no resulta difícil de soportar: *Es un dolor llevadero.* ☐ Familia: →llevar.

llevar (lle·var) [verbo] **1** Transportar algo a otro lugar: *Este autobús me lleva hasta casa.* **2** Conducir o dirigir hacia un determinado lugar: *Esta carretera lleva a mi pueblo.* **3** Ponerse una prenda de vestir: *Me gusta mucho el vestido que llevas.* **4** Tener, poseer o contener: *Llevo un pañuelo en el bolsillo.* **5** Sufrir o soportar: *Lleva su enfermedad con mucho ánimo.* **6** Dar o aportar: *La madre es la que lleva dinero a casa, porque el padre no trabaja.* **7** Necesitar, consumir o exigir: *La modista dijo que hacerme el vestido le llevaría dos días.* **8** Hacerse cargo de algo o dirigirlo: *El director es el que lleva lo relativo a los contratos.* **9** Conducir un medio de transporte: *¿Puedes llevar tú el coche?* **10** Seguir una música: *Cuando oigo música, siempre llevo el compás con el pie.* **11** Haber pasado un determinado tiempo haciendo algo: *Llevo tres horas esperándote.* **12** Sobrepasar en una determinada cantidad: *Le llevo tres años a mi hermano.* **13** Haber realizado una determinada acción: *Lleva comidos ya tres platos de macarrones.* ▌ **llevarse 14** Sentir una emoción o una sensación: *¡Vaya susto me llevé!* **15** En matemáticas, reservar una cantidad para añadirla al resultado siguiente: *Diez y cuatro son catorce, más dos que me llevaba, dieciséis.* **16** Estar de moda: *Este año se llevan las faldas largas.* **17** Entenderse dos o más personas: *Se acaban de conocer y ya se llevan de maravilla.* ◆ [expresión] ‖ **llevarse por delante** Arrastrar con fuerza o atropellar: *Se lo llevó por delante un camión y lo tuvieron que ingresar en el hospital.* ☐ Sinónimos: **3** usar. **16** usarse. ☐ Antónimos: **1** traer. ☐ Familia: llevadero, conllevar, sobrellevar.

llorar (llo·rar) [verbo] **1** Derramar lágrimas: *Siempre que pelo cebollas me lloran los ojos.* **2** Quejarse mucho: *¡Basta ya de quejas! Deja de llorar y valora lo que tienes.* ☐ Familia: lloro, lloroso, llorón, lloriquear, llorica, llorera.

llorera (llo·re·ra) [sustantivo femenino] Hecho de llorar mucho. ☐ Familia: →llorar.

llorica (llo·ri·ca) [sustantivo] Persona que llora con frecuencia y por cualquier motivo. ☐ [No varía en masculino y femenino. Es despectivo]. ☐ Familia: →llorar.

lloriquear (llo·ri·que·ar) [verbo] Llorar sin fuerza o de mentira. ☐ Sinónimos: gimotear. ☐ Familia: →llorar.

lloro (llo·ro) [sustantivo masculino] Salida de lágrimas que suele ir acompañada de lamentos: *Los lloros del bebé nos despertaron.* ☐ Sinónimos: llanto. ☐ Familia: →llorar.

llorón, na (llo·rón, ro·na) [adjetivo o sustantivo] Que llora mucho y con facilidad. ☐ Familia: →llorar.

llave

lloroso, sa (llo·ro·so, sa) [adjetivo] Que tiene señales de haber llorado o de estar a punto de llorar: *ojos llorosos*. ☐ Familia: →llorar.

llover (llo·ver) [verbo] **1** Caer agua de las nubes en forma de gotas. **2** Caer algo de forma abundante: *Me llueven las ofertas de trabajo*. ◆ [expresión] ‖ **como llovido del cielo** Llegado sin que se espere: *El dinero de la lotería me ha venido como llovido del cielo*. ‖ **llover sobre mojado** Pasar algo que hace que una situación molesta resulte todavía peor: *Me he enfadado porque, aunque esto no haya sido nada, llueve sobre mojado*. ☐ [Es irregular y se conjuga como MOVER]. ☐ Familia: →lluvia.

llovizna (llo·viz·na) [sustantivo femenino] Lluvia muy fina que cae de forma suave. ☐ Sinónimos: calabobos. ☐ Familia: →lluvia.

lloviznar (llo·viz·nar) [verbo] Llover de forma suave, con gotas muy finas. ☐ Sinónimos: chispear. ☐ Familia: →lluvia.

lluvia (llu·via) [sustantivo femenino] **1** Caída de gotas de agua de las nubes: *Se esperan fuertes lluvias*. **2** Agua o gotas de agua que caen de las nubes: *Me gusta que la lluvia me dé en la cara*. **3** Gran cantidad de algo: *Los periodistas recibieron al presidente con una lluvia de preguntas*. ☐ Familia: lluvioso, llover, llovizna, lloviznar, pluviómetro.

lluvioso, sa (llu·vio·so, sa) [adjetivo] Con lluvias frecuentes: *un día lluvioso*. ☐ Familia: →lluvia.

lo ▌ [artículo] **1** Acompaña a adjetivos, adverbios y oraciones determinándolos: *Lo que te dije era una tontería*. ▌ [pronombre personal] **2** Con verbos como *estar*, *ser* o *parecer* se usa para sustituir a su atributo: *Este chico es muy listo, pero ese no lo es tanto*. ☐ [Es neutro. No tiene plural].

lo, la [pronombre personal] Representa la tercera persona y se usa como complemento directo: *Me dijiste que trajera las flores, pero las he perdido*. ☐ Familia: laísmo, laísta, loísmo, loísta.

loa (lo·a) [sustantivo femenino] Alabanza. ☐ Sinónimos: elogio. ☐ Familia: →loar.

loable (lo·a·ble) [adjetivo] Digno de alabanza. ☐ [No varía en masculino y femenino]. ☐ Familia: →loar.

loar (lo·ar) [verbo] Decir cosas buenas de alguien. ☐ Sinónimos: elogiar. ☐ Familia: loable, loa.

lobanillo (lo·ba·ni·llo) [sustantivo masculino] Bulto, generalmente de grasa, que sale en alguna parte del cuerpo.

lobato (lo·ba·to) [sustantivo masculino] Cría del lobo. ☐ Sinónimos: lobezno. ☐ Familia: →lobo.

lobezno (lo·bez·no) [sustantivo masculino] Cría del lobo. ☐ Sinónimos: lobato. ☐ Familia: →lobo.

lobo, ba (lo·bo, ba) [sustantivo] Animal salvaje parecido al perro. ◆ [expresión] ‖ **lobo de mar** Marinero con mucha experiencia. ☐ Familia: lobato, lobezno.

lóbrego, ga (ló·bre·go, ga) [adjetivo] Muy oscuro o triste: *sótano lóbrego*. ☐ Sinónimos: tenebroso, lúgubre, siniestro, tétrico. ☐ Antónimos: alegre, luminoso.

lóbulo (ló·bu·lo) [sustantivo masculino] **1** Parte de abajo de la oreja. **2** Parte redondeada que sobresale de algunas cosas: *Las hojas del trébol están formadas por tres lóbulos*.

local (lo·cal) ▌ [adjetivo] **1** Propio o característico de un lugar: *una fiesta local*. **2** De una zona o de una región: *En el ayuntamiento se tratan temas locales*. **3** Que pertenece o que afecta solo a una parte de un todo: *anestesia local*. ▌ [sustantivo masculino] **4** Lugar cubierto y cerrado que suele estar en la parte baja de un edificio: *En este local van a poner una tienda de discos*. ☐ [En los significados **1**, **2** y **3** no varía en masculino y femenino]. ☐ Familia: →lugar.

localidad (lo·ca·li·dad) [sustantivo femenino] **1** Ciudad o pueblo en los que viven personas. **2** Plaza para un espectador: *Cada espectador se sentó en su localidad*. **3** Billete que da derecho a ocupar una de estas plazas: *Las localidades van numeradas*. ☐ Sinónimos: **1** población. ☐ Familia: →lugar.

localización (lo·ca·li·za·ción) [sustantivo femenino] Lugar donde está alguien o algo. ☐ Sinónimos: paradero, ubicación. ☐ Familia: →lugar.

localizar (lo·ca·li·zar) [verbo] Saber el lugar en el que se encuentra algo que se busca: *La policía localizó el coche robado a las afueras de la ciudad*. ☐ [La «z» se cambia en «c» delante de «e» («localice»)]. ☐ Familia: →lugar.

loción (lo·ción) [sustantivo femenino] Sustancia o líquido que se usan para cuidar la piel o el pelo: *una loción para después del afeitado*.

loco, ca (lo·co, ca) ▌ [adjetivo] **1** Muy grande o muy intenso: *Tengo unas ganas locas de que lleguen las vacaciones*. **2** Que siente mucho amor por algo o por alguien: *Está loca por un chico de su clase*. ▌ [adjetivo o sustantivo] **3** Que está mal de la cabeza. **4** Que no piensa las cosas que hace o que se pone en peligro sin darse cuenta. ◆ [expresión] ‖ **ni loco** De ninguna manera: *No pienso ir a su fiesta ni loco*. ‖ **volver loco** Gustar mucho: *Me vuelven loca los helados de chocolate*. ☐ [Las expresiones son coloquiales]. ☐ Sinónimos: **3** demente, enajenado, perturbado. **4** alocado, imprudente. ☐ Antónimos: **3**, **4** cuerdo. **4** sensato, juicioso. ☐ Familia: locura, alocado, enloquecer.

locomoción (lo·co·mo·ción) [sustantivo femenino] Movimiento de un lugar a otro: *El tren es un medio de locomoción*. ☐ Familia: →mover.

locomotor, ra (lo·co·mo·tor, to·ra) ▌ [adjetivo] **1** Que está relacionado con el movimiento: *aparato locomotor*. ▌ **locomotora** [sustantivo femenino] **2** Máquina de un tren que arrastra los vagones. ☐ Familia: →motor.

locuaz (lo·cuaz) [adjetivo] Que habla mucho. ☐ [No varía en masculino y femenino. Su plural es «locuaces»]. ☐ Sinónimos: hablador. ☐ Antónimos: taciturno, lacónico.

locución (lo·cu·ción) [sustantivo femenino] Frase formada siempre por las mismas palabras, y que tienen un significado especial: *La expresión «lobo de mar» es una locución*.

locura (lo·cu·ra) [sustantivo femenino] **1** Enfermedad que tienen las personas que no están bien de la cabeza. **2** Hecho propio de la persona que tiene poco juicio. ◆ [expresión] ‖ **con locura** Muchísimo. ‖ **de locura** Extraordinario o fuera de lo normal: *Tiene una casa de locura*. ☐ [Las

lorza

expresiones son coloquiales]. ◻ Sinónimos: **1** demencia, enajenación. ◻ Antónimos: **1** cordura. ◻ Familia: →loco.

locutor, ra (lo·cu·tor, to·ra) [sustantivo] Persona que trabaja dando noticias por la radio o por la televisión o hablando por un micrófono. ◻ Familia: interlocutor, locutorio.

locutorio (lo·cu·to·rio) [sustantivo masculino] **1** En una cárcel o en un convento, lugar donde se recibe a las visitas. **2** Lugar cerrado en el que hay uno o varios teléfonos públicos. ◻ Familia: →locutor.

lodazal (lo·da·zal) [sustantivo masculino] Terreno lleno de barro. ◻ Sinónimos: barrizal. ◻ Familia: →lodo.

loden (lo·den) [sustantivo masculino] Abrigo hecho con una tela muy gruesa de lana que impide el paso del agua.

lodo (lo·do) [sustantivo masculino] Barro fino que se forma con el agua. ◻ Sinónimos: fango. ◻ Familia: lodazal.

logaritmo (lo·ga·rit·mo) [sustantivo masculino] En matemáticas, exponente a que se debe elevar un número o base positivos para obtener una cantidad determinada: *El logaritmo de 100 en base 10 es el número 2.*

lógico, ca (ló·gi·co, ca) ▌ [adjetivo] **1** Normal o natural, porque está de acuerdo con la razón o con el sentido común: *Es lógico que si ayer trabajaste tú hasta muy tarde, hoy me quede yo.* ▌ **lógica** [sustantivo femenino] **2** Sentido o significado de acuerdo con la razón: *Lo que me pides no tiene ninguna lógica.* ◻ Sinónimos: **1** racional, razonable. **2** sentido. ◻ Antónimos: **1** irracional, disparatado, absurdo, descabellado, ilógico. ◻ Familia: ilógico.

logo (lo·go) [sustantivo masculino] Logotipo.

logotipo (lo·go·ti·po) [sustantivo masculino] Imagen o conjunto de palabras que representan a un grupo de personas: *Tengo varios sobres con el logotipo de la empresa.* ◻ [Se usa mucho la forma abreviada «logo»].

lograr (lo·grar) [verbo] Llegar a tener lo que se desea: *Al final logré llegar a la meta.* ◻ Sinónimos: conseguir, adquirir, obtener. ◻ Antónimos: perder. ◻ Familia: logro, malograrse.

logro (lo·gro) [sustantivo masculino] Hecho de conseguir lo que se desea. ◻ Familia: →lograr.

logroñés, sa (lo·gro·ñés, ñe·sa) [adjetivo o sustantivo] De la ciudad española de Logroño.

loísmo (lo·ís·mo) [sustantivo masculino] Uso de las formas *lo* o *los* como complemento indirecto en lugar de *le* o *les*: En «*dalo un golpe*» hay un caso de loísmo. ◻ Familia: →lo.

loísta (lo·ís·ta) [adjetivo o sustantivo] Que usa las formas *lo* o *los* cuando tendría que usar *le* o *les*. ◻ [No varía en masculino y femenino]. ◻ Familia: →lo.

loma (lo·ma) [sustantivo femenino] Montaña pequeña.

lombarda (lom·bar·da) [sustantivo femenino] Planta de color morado, muy parecida al repollo.

lombriz (lom·briz) [sustantivo femenino] Gusano de color blanco o rojo que tiene el cuerpo dividido en anillos. ◻ [Su plural es «lombrices»].

lomo (lo·mo) [sustantivo masculino] **1** Parte del cuerpo de algunos animales que está entre el cuello y las patas de atrás: *Cuando montas un caballo te sientas en los lomos.* **2** Carne de esta parte del animal: *Hoy he comido lomo de cerdo.* **3** Parte de un libro en la que van unidas las hojas: *En el lomo de un libro suele estar escrito el título.*

lona (lo·na) [sustantivo femenino] **1** Tela fuerte y resistente: *Los toldos están hechos de lona.* **2** En algunos deportes, suelo sobre el que se hace una competición: *El boxeador quedó tendido en la lona.*

loncha (lon·cha) [sustantivo femenino] Trozo ancho, alargado y de poco grosor que se corta de un alimento más grande: *una loncha de jamón.*

londinense (lon·di·nen·se) [adjetivo o] De Londres, que es la capital británica. ◻ [No varía en masculino y femenino].

longaniza (lon·ga·ni·za) [sustantivo femenino] Especie de chorizo largo y muy delgado, hecho de carne de cerdo picada y especias.

longevidad (lon·ge·vi·dad) [sustantivo femenino] Hecho de vivir muchos años. ◻ Familia: →longevo.

longevo, va (lon·ge·vo, va) [adjetivo] Que vive muchos años: *una anciana longeva.* ◻ Familia: longevidad.

longitud (lon·gi·tud) [sustantivo femenino] **1** Distancia más grande de una superficie plana: *La longitud de esta pista de atletismo es de cuatrocientos metros.* **2** Distancia que existe desde un punto de la superficie de la Tierra hasta el meridiano cero, y que es perpendicular a la línea del ecuador: *La longitud se mide en grados este-oeste.* ◻ Familia: longitudinal.

longitudinal (lon·gi·tu·di·nal) [adjetivo] De la longitud o relacionado con esta distancia: *un corte longitudinal.* ◻ [No varía en masculino y femenino]. ◻ Familia: →longitud.

longuis (lon·guis) ◆ [expresión] ‖ **hacerse el longuis** Hacerse el despistado para no hacer alguna cosa. ◻ [Es coloquial. Se dice también «hacerse el longui»].

lonja (lon·ja) [sustantivo femenino] En un puerto, lugar donde se vende el pescado.

lontananza (lon·ta·nan·za) ◆ [expresión] ‖ **en lontananza** A lo lejos: *En lontananza se veía una casita.*

look [sustantivo masculino] Aspecto exterior de una persona: *Se ha cortado el pelo y tiene un nuevo look.* ◻ [Es una palabra inglesa. Se pronuncia «luk»].

lord [sustantivo masculino] Título que se da a algunas personas importantes en Gran Bretaña, que es un país europeo. ◻ [Su plural es «lores»].

loro (lo·ro) [sustantivo masculino] **1** Ave que aprende a decir palabras y que tiene plumas de colores. ⦿ **páginas 116-117. 2** Persona fea. **3** Persona que habla mucho. **4** Aparato de radio o radiocasete. ◆ [expresión] ‖ **estar al loro** Estar enterado de algo: *Si no estás al loro de lo que pasa, no opines.* ◻ [Los significados **2**, **3** y **4** y la expresión son coloquiales]. ◻ Sinónimos: **1** papagayo. **3** cotorra, parlanchín.

lorza (lor·za) [sustantivo femenino] Trozo de tela que se cose doblado en una prenda de vestir y que generalmente sirve de adorno.

losa (lo·sa) [sustantivo/femenino] **1** Piedra grande, delgada y plana que sirve para cubrir el suelo. **2** Cosa que supone una dura carga difícil de soportar: *Después de lo que hice, siento una losa sobre mi conciencia.* ☐ FAMILIA: loseta, enlosar.

loseta (lo·se·ta) [sustantivo/femenino] Pieza fina hecha con un material duro que se usa para cubrir suelos. ☐ SINÓNIMOS: baldosa. ☐ FAMILIA: →losa.

lote (lo·te) [sustantivo/masculino] Conjunto de cosas que tienen características parecidas: *un lote de libros.*

lotería (lo·te·rí·a) [sustantivo/femenino] **1** Juego de azar en el que se premian los billetes cuyos números coinciden con otros números sacados de un bombo. **2** Billete que se compra para jugar a este juego: *En el trabajo me han regalado lotería.* **3** Asunto en el que interviene la suerte: *Comprar melones es una lotería porque a veces salen buenos y a veces no.* ◆ [expresión] ‖ **lotería primitiva** La que da el premio máximo cuando los seis números elegidos, del uno al cuarenta y nueve, coinciden con los que se sacan del bombo. ‖ **tocar a alguien la lotería** Sucederle algo muy bueno: *Con una familia tan buena como la mía, me ha tocado la lotería.*

loto (lo·to) ▌[sustantivo/masculino] **1** Planta acuática de hojas grandes, cuya flor es blanca y desprende muy buen olor. ▌[sustantivo/femenino] **2** Juego en el que se consigue el premio máximo cuando los seis números elegidos coinciden con los que se han sacado del bombo. ☐ SINÓNIMOS: **2** lotería primitiva.

loza (lo·za) [sustantivo/femenino] Material hecho con un barro muy fino, cocido y pintado, que sirve para fabricar objetos.

lozanía (lo·za·ní·a) [sustantivo/femenino] Buena salud o buen aspecto. ☐ FAMILIA: →lozano.

lozano, na (lo·za·no, na) [adjetivo] Que tiene o muestra buena salud. ☐ SINÓNIMOS: saludable, lustroso. ☐ FAMILIA: lozanía.

lubina (lu·bi·na) [sustantivo/femenino] Pez marino de cuerpo alargado y color gris oscuro por arriba y blanco por abajo, que vive en las zonas rocosas que hay cerca de la desembocadura de los ríos. ◉ **página 723.**

lubricante (lu·bri·can·te) [sustantivo/masculino] Sustancia que se pone en una superficie para que esté resbaladiza o para que roce mejor con otra. ☐ SINÓNIMOS: lubrificante. ☐ FAMILIA: →lubricar.

lubricar (lu·bri·car) [verbo] Poner una sustancia en una superficie para que resbale más o para que roce mejor con otra: *lubricar un motor; lubricar una cerradura.* ☐ [La «c» se cambia en «qu» delante de «e» («lubrique»)]. ☐ SINÓNIMOS: lubrificar. ☐ FAMILIA: lubricante, lubrificante, lubrificar.

lubrificante (lu·bri·fi·can·te) [sustantivo/masculino] Sustancia que se pone en una superficie para que esté resbaladiza o para que roce mejor con otra. ☐ SINÓNIMOS: lubricante. ☐ FAMILIA: →lubricar.

lubrificar (lu·bri·fi·car) [verbo] Poner una sustancia en una superficie para que resbale más o para que roce mejor con otra: *lubrificar una bisagra.* ☐ [La «c» se cambia en «qu» delante de «e» («lubrifique»)]. ☐ SINÓNIMOS: lubricar. ☐ FAMILIA: →lubricar.

lucense (lu·cen·se) [adjetivo o sustantivo] De la provincia española de Lugo o de su capital. ☐ [No varía en masculino y femenino].

lucero (lu·ce·ro) [sustantivo/masculino] Estrella grande que brilla en el cielo. ☐ FAMILIA: →luz.

lucha (lu·cha) [sustantivo/femenino] **1** Combate en el que se suelen usar la fuerza o las armas. **2** Trabajo o esfuerzo para conseguir algo: *Es impresionante ver su lucha contra la enfermedad.* ◆ [expresión] ‖ **lucha libre** Deporte en el que dos personas se pelean sin armas. ☐ FAMILIA: →luchar.

luchador, ra (lu·cha·dor, do·ra) ▌[adjetivo o sustantivo] **1** Que no se rinde con facilidad ante las dificultades. ▌[sustantivo] **2** Persona que practica el deporte de la lucha. ☐ FAMILIA: →luchar.

luchar (lu·char) [verbo] **1** Pelear usando la fuerza o las armas: *Los dos ejércitos lucharon con valentía.* **2** Esforzarse mucho por conseguir algo: *Debes luchar por alcanzar tus sueños.* ☐ FAMILIA: lucha, luchador.

lucidez (lu·ci·dez) [sustantivo/femenino] Claridad para pensar y entender las cosas. ☐ FAMILIA: →luz.

lúcido, da (lú·ci·do, da) [adjetivo] Que piensa y entiende rápidamente las cosas. ☐ FAMILIA: →luz.

luciérnaga (lu·ciér·na·ga) [sustantivo/femenino] Insecto que vuela y que despide una luz de color verde. ◉ **página 530.** ☐ FAMILIA: →luz.

lucimiento (lu·ci·mien·to) [sustantivo/masculino] Hecho de producir muy buena impresión o de mostrar mucho las cualidades de alguien: *Esa música está pensada para el lucimiento del solista.* ☐ FAMILIA: →luz.

lucio (lu·cio) [sustantivo/masculino] Pez que vive en los ríos y en los lagos y se alimenta de otros peces, de ranas y de sapos. ◉ **página 723.**

lucir (lu·cir) [verbo] **1** Brillar o dar luz: *Las estrellas lucen en el cielo.* **2** Dar algo el resultado que se espera: *No me lució nada el tiempo que había estudiado, porque el examen me salió mal.* **3** Mostrar algo presumiendo: *Va al teatro a lucir los modelitos.* ▌ **lucirse 4** Quedar muy bien o producir una buena impresión: *Me voy a lucir con el dibujo que he hecho.* ☐ [Es irregular]. ☐ ANTÓNIMOS: **4** deslucir. ☐ FAMILIA: →luz.

lucrarse (lu·crar·se) [verbo] Obtener un beneficio de un negocio o de un encargo: *No me parece ético que la gente se meta en política con el único afán de lucrarse.* ☐ FAMILIA: →lucro.

lucrativo, va (lu·cra·ti·vo, va) [adjetivo] Que produce ganancias o beneficios: *un negocio muy lucrativo.* ☐ FAMILIA: →lucro.

lucro (lu·cro) [sustantivo/masculino] Ganancia o beneficio que se saca de una cosa, especialmente de un negocio. ☐ FAMILIA: lucrativo, lucrarse.

lúdico, ca (lú·di·co, ca) [adjetivo] Del juego o de las diversiones, o relacionado con ellos.

lumbago

luego (lue·go) ■ [adverbio] **1** En un tiempo posterior: *Primero voy yo y luego tú.* ■ [conjunción] **2** Se usa para expresar consecuencia: *Hay muchas nubes, luego va a llover.* ◆ [expresión] ‖ **desde luego** Sin duda: *Desde luego que quiero ir a esa fiesta.* ‖ **hasta luego** Se usa como despedida. ☐ Sinónimos: **1** después.

lugar (lu·gar) [sustantivo masculino] **1** Espacio adecuado para algo: *Este no es un buen lugar para construir una casa.* **2** Espacio que puede ser ocupado: *Busco un lugar para poder sentarme.* **3** Población o zona: *Las fiestas del lugar son muy conocidas en toda la comarca.* ☞ páginas 584-585. **4** Posición o sitio ocupados: *El corredor español entró en primer lugar.* ◆ [expresión] ‖ **dar lugar a algo** Ser la causa de ello: *Sus insultos dieron lugar a una pelea.* ‖ **en buen lugar** o **en mal lugar** Bien o mal considerado: *Con esa actitud quedas en muy mal lugar.* ‖ **en lugar de** En vez de: *Si me caigo, en lugar de reírte, podías ayudarme.* ‖ **estar fuera de lugar** No ser oportuno: *Creo que lo que has dicho está fuera de lugar.* ‖ **tener lugar** Suceder: *La entrega de premios tendrá lugar el viernes.* ☐ Sinónimos: **1**, **2** sitio. **2** hueco. ☐ Familia: lugareño, local, localidad, localizar, localización.

lugareño, ña (lu·ga·re·ño, ña) [sustantivo] Persona que ha nacido en una población pequeña o que vive en ella. ☐ Familia: →lugar.

lugarteniente (lu·gar·te·nien·te) [sustantivo] Persona que sustituye a otra en un trabajo: *el lugarteniente del alcalde.* ☐ [No varía en masculino y femenino]. ☐ Familia: →teniente.

lúgubre (lú·gu·bre) [adjetivo] Que es triste, oscuro o está relacionado con la muerte: *relato lúgubre.* ☐ [No varía en masculino y femenino]. ☐ Sinónimos: tenebroso, siniestro, lóbrego, tétrico. ☐ Antónimos: luminoso.

lujo (lu·jo) [sustantivo masculino] **1** Riqueza y comodidades que no son necesarias: *Tiene un coche de lujo.* **2** Cosa que no todo el mundo puede conseguir: *Tener tres meses enteros de vacaciones es un lujo para la mayoría de la gente.* **3** Gran cantidad de cosas que no son necesarias: *Me explicó su aventura con todo lujo de detalles.* ☐ Familia: lujoso.

lujoso, sa (lu·jo·so, sa) [adjetivo] Con riquezas y comodidades que no son necesarias: *Pasamos la noche en un lujoso hotel.* ☐ Sinónimos: ostentoso. ☐ Familia: →lujo.

lujuria (lu·ju·ria) [sustantivo femenino] Deseo sexual que no se puede controlar. ☐ Familia: lujurioso.

lujurioso, sa (lu·ju·rio·so, sa) [adjetivo o sustantivo] Que está dominado por un deseo sexual que no puede controlar. ☐ Sinónimos: lascivo, libidinoso. ☐ Familia: →lujuria.

lumbago (lum·ba·go) [sustantivo masculino] Dolor en la parte baja de la espalda. ☐ Familia: →lumbar.

LUCIR

INDICATIVO	SUBJUNTIVO
Presente yo luzco tú luces / usted luce él, ella luce nosotros, tras lucimos vosotros, tras lucís / ustedes lucen ellos, ellas lucen	**Presente** yo luzca tú luzcas / usted luzca él, ella luzca nosotros, tras luzcamos vosotros, tras luzcáis / ustedes luzcan ellos, ellas luzcan
Pretérito imperfecto yo lucía tú lucías / usted lucía él, ella lucía nosotros, tras lucíamos vosotros, tras lucíais / ustedes lucían ellos, ellas lucían	**Pretérito imperfecto** yo luciera o luciese tú lucieras o lucieses / usted luciera o luciese él, ella luciera o luciese nosotros, tras luciéramos o luciésemos vosotros, tras lucierais o lucieseis / ustedes lucieran o luciesen ellos, ellas lucieran o luciesen
Pretérito perfecto simple yo lucí tú luciste / usted lució él, ella lució nosotros, tras lucimos vosotros, tras lucisteis / ustedes lucieron ellos, ellas lucieron	**Futuro simple** yo luciere tú lucieres / usted luciere él, ella luciere nosotros, tras luciéremos vosotros, tras luciereis / ustedes lucieren ellos, ellas lucieren
Futuro simple yo luciré tú lucirás / usted lucirá él, ella lucirá nosotros, tras luciremos vosotros, tras luciréis / ustedes lucirán ellos, ellas lucirán	**IMPERATIVO** luce (tú) / luzca (usted) luzcamos (nosotros, tras) lucid (vosotros, tras) / luzcan (ustedes)
Condicional simple yo luciría tú lucirías / usted luciría él, ella luciría nosotros, tras luciríamos vosotros, tras luciríais / ustedes lucirían ellos, ellas lucirían	**FORMAS NO PERSONALES** **Infinitivo** **Gerundio** **Participio** lucir luciendo lucido

lugares de interés

Stonehenge (Gran Bretaña)

Gran Pirámide de Guiza (Egipto)

Templo de Artemisa (Turquía)

Acrópolis (Grecia)

Gran Muralla (China)

Gran Plaza (Bélgica)

La Alhambra (España)

Tombuctú (Mali)

Coliseo (Italia)

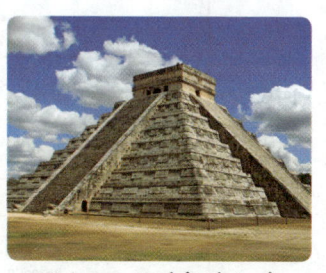

Chichen Itzá (México)

Petra (Jordania)

lugares de interés

Mezquita de Samarcanda (Uzbekistán)

Ópera de Sídney (Australia)

Ruinas de Machu Pichu (Perú)

Catedral de San Basilio (Rusia)

La Casa Blanca (Estados Unidos)

Taj Mahal (India)

Estatua del Cristo Redentor (Brasil)

Estatua de la Libertad (Estados Unidos)

Big Ben (Gran Bretaña)

Torre Eiffel (Francia)

lumbar (lum·bar) [adjetivo] De la zona que está en la parte baja de la espalda: *región lumbar*. ☐ [No varía en masculino y femenino]. ☐ Familia: lumbago.

lumbre (lum·bre) [sustantivo] Fuego con llamas que generalmente se hace para cocinar o para calentarse. ☐ Sinónimos: fuego. ☐ Familia: alumbrar, alumbrado, deslumbrar, deslumbrante, relumbrar, lumbrera.

lumbrera (lum·bre·ra) [sustantivo] Persona que destaca porque es muy inteligente. ☐ Familia: →lumbre.

luminaria (lu·mi·na·ria) [sustantivo] 1 Conjunto de luces que se ponen en las calles cuando hay alguna fiesta. 2 Luz que arde en las iglesias junto al sagrario. ☐ Familia: →iluminar.

luminiscencia (lu·mi·nis·cen·cia) [sustantivo] Capacidad que tiene un cuerpo para emitir luz: *la luminiscencia de las luciérnagas*. ☐ Familia: →luminoso.

luminosidad (lu·mi·no·si·dad) [sustantivo] Gran cantidad de luz o de claridad. ☐ Familia: →luminoso.

luminoso, sa (lu·mi·no·so, sa) [adjetivo] 1 Que despide luz: *un cartel luminoso*. 2 Que tiene luz o mucha luz: *una habitación luminosa*. 3 Dicho de una idea, oportuna o brillante. ☐ Sinónimos: 2 claro. ☐ Antónimos: 2 oscuro, tenebroso, lúgubre, lóbrego. ☐ Familia: luminosidad, luminiscencia.

luminotecnia (lu·mi·no·tec·nia) [sustantivo] Técnica de poner luz artificial en un lugar. ☐ Familia: →iluminar.

luna (lu·na) [sustantivo] 1 Satélite que está en el cielo y que da vueltas alrededor de un planeta: *El planeta Júpiter tiene doce lunas, mientras que la Tierra solo tiene una*. 2 Lámina de cristal: *De un pelotazo rompieron la luna del escaparate*. ◆ [expresión] ‖ **en la luna** Muy distraído: *Siempre estás en la luna*. ‖ **luna creciente** Fase durante la cual la Luna se ve en forma de «D»: *La luna creciente está entre la luna nueva y la luna llena*. ‖ **luna de miel** Viaje que hacen las personas que se acaban de casar. ‖ **luna llena** Fase durante la cual la Luna se ve completamente redonda. ‖ **luna menguante** Fase durante la cual la Luna se ve en forma de «C». ‖ **luna nueva** Fase durante la cual la Luna no se ve. ☐ [Cuando se trata de la luna que gira alrededor de la Tierra, se escribe con mayúscula: «Los astronautas van a la Luna»]. ☐ Sinónimos: 1 satélite. ☐ Familia: lunar, lunático, plenilunio, alunizar, alunizaje, luneta.

lunar (lu·nar) ▪ [adjetivo] 1 De la Luna o relacionado con este satélite de la Tierra: *El cohete aterrizó en la superficie lunar*. ▪ [sustantivo masculino] 2 Mancha redonda y oscura que aparece en la piel. 3 Dibujo o mancha en forma de círculo que destaca del fondo: *Me he comprado una blusa de lunares*. ☐ [En el significado 1 no varía en masculino y femenino]. ☐ Sinónimos: 3 mota. ☐ Familia: →luna.

lunático, ca (lu·ná·ti·co, ca) [adjetivo o sustantivo] Dicho de una persona, que tiene un carácter muy variable. ☐ Familia: →luna.

lunes (lu·nes) [sustantivo masculino] Primer día de la semana. ⊙ **página 169**. ☐ [No varía en singular y plural].

luneta (lu·ne·ta) [sustantivo] Cristal de la ventana de atrás de un coche. ◆ [expresión] ‖ **luneta térmica** Cristal de atrás del coche que tiene una especie de hilos para quitar el vaho cuando se empaña. ☐ Familia: →luna.

lupa (lu·pa) [sustantivo] Especie de cristal que sirve para ver las cosas con un tamaño mayor que el real.

lúpulo (lú·pu·lo) [sustantivo masculino] Planta que se utiliza para dar olor y sabor a la cerveza.

lusitano, na (lu·si·ta·no, na) [adjetivo o sustantivo] 1 De la antigua Lusitania, que era una zona de la península ibérica. 2 De Portugal, que es un país europeo. ☐ Sinónimos: 2 portugués, luso. ☐ Familia: →luso.

luso, sa (lu·so, sa) [adjetivo o sustantivo] De Portugal, que es un país europeo. ☐ Sinónimos: lusitano, portugués. ☐ Familia: lusitano.

lustrar (lus·trar) [verbo] Dar brillo a una superficie frotándola mucho: *lustrar los zapatos*. ☐ Familia: →lustre.

lustre (lus·tre) [sustantivo masculino] 1 Brillo: *Sácale lustre a los zapatos con este cepillo*. 2 Buen aspecto o buena salud. ☐ Familia: lustrar, lustroso.

lustro (lus·tro) [sustantivo masculino] Período de tiempo de cinco años. ☐ Sinónimos: quinquenio.

lustroso, sa (lus·tro·so, sa) [adjetivo] 1 Que tiene brillo. 2 Que tiene o muestra buena salud. ☐ Sinónimos: 2 lozano. ☐ Familia: →lustre.

luterano, na (lu·te·ra·no, na) [adjetivo o sustantivo] Que sigue la doctrina religiosa protestante de Lutero.

luto (lu·to) [sustantivo masculino] 1 Signo de tristeza o de dolor por la muerte de una persona: *Las banderas llevan un lazo negro como señal de luto*. 2 Ropa de color negro que

la luna

| luna llena | cuarto menguante | luna nueva | cuarto creciente |

se usa como señal de dolor por la muerte de alguien. **3** Período de tiempo durante el que se muestra dolor por la muerte de alguien: *Habrá tres días de luto oficial por las personas que murieron en el accidente.*

luxación (lu·xa·ción) [sustantivo femenino] Resultado de salirse un hueso de su sitio: *Tengo una luxación en la cadera.*

luxemburgués, sa (lu·xem·bur·gués, gue·sa) [adjetivo o sustantivo] De Luxemburgo, que es un país europeo, o de su capital.

luz ▌[sustantivo femenino] **1** Forma de energía que alumbra y hace posible la visión: *La luz se propaga a más velocidad que el sonido.* **2** Claridad que despiden algunos cuerpos: *la luz de las velas.* **3** Aparato o dispositivo para alumbrar: *Enciende la luz.* **4** Corriente eléctrica: *Tengo que pagar el recibo de la luz.* ▌**luces** [plural] **5** Claridad de ideas: *Mi hermano tiene muy pocas luces.* ◆ [expresión] ‖ **a todas luces** Sin ninguna duda. ‖ **dar a luz** Tener un hijo una mujer. ‖ **luz verde** Permiso para hacer algo: *La empresa ya me ha dado luz verde para empezar el proyecto.* ‖ **sacar a la luz** Dar a conocer: *Este periódico ha sacado a la luz los negocios sucios de este político.* ‖ **ver la luz** Nacer: *Esta revista vio la luz hace exactamente un año.* ☐ [Su plural es «luces». «Dar a luz» se prefiere para mujeres, y «parir» se usa más para animales]. ☐ Sinónimos: **4** fluido. ☐ Familia: lucir, lucero, luciérnaga, trasluz, contraluz, tragaluz, lúcido, lucidez, traslucir, translúcido, relucir, reluciente, deslucir, deslucido, dilucidar, lucimiento.

lycra [sustantivo femenino] → **licra.** ☐ [Procede de la marca comercial «Lycra®». Se pronuncia «líkra»].

m [sustantivo femenino] Letra número trece del abecedario. ⊙ página 18. ☐ [Su nombre es «eme»].

macabro, bra (ma·ca·bro, bra) [adjetivo] Que está relacionado con los aspectos más desagradables de la muerte.

macaco, ca (ma·ca·co, ca) [sustantivo] **1** Mono de pequeño tamaño que tiene el pelo de color casi amarillento. **2** Persona pequeña o de poca importancia. ☐ [El significado **2** es despectivo].

macanudo, da (ma·ca·nu·do, da) ▌[adjetivo] **1** Extraordinario o muy bueno. ▌ **macanudo** [adverbio] **2** Muy bien. ☐ [Es coloquial].

macarra (ma·ca·rra) ▌[adjetivo o sustantivo] **1** Que se considera feo y poco elegante. ▌[sustantivo] **2** Persona que resulta violenta por su aspecto o por su comportamiento. ☐ [No varía en masculino y femenino. Es coloquial y despectivo]. ☐ SINÓNIMOS: **1** hortera.

macarrón (ma·ca·rrón) [sustantivo masculino] **1** Tipo de pasta, hecha de harina de trigo, que tiene forma de tubo. **2** Tubo fino que sirve para llevar algo por su interior: *Los cables de la luz que van por las paredes están protegidos por un macarrón.* ☐ [Es una palabra de origen italiano].

macarrónico, ca (ma·ca·rró·ni·co, ca) [adjetivo] Dicho de un idioma, que se habla muy mal.

macedonio, nia (ma·ce·do·nio, nia) ▌[adjetivo o sustantivo] **1** De Macedonia, que es un país europeo. ▌ **macedonia** [sustantivo femenino] **2** Postre que se hace mezclando trozos de frutas.

maceración (ma·ce·ra·ción) [sustantivo femenino] Hecho de ablandar una cosa golpeándola o metiéndola en un líquido: *Mi padre tuvo en maceración la carne durante dos horas antes de hacer el guiso.* ☐ FAMILIA: →macerar.

macerar (ma·ce·rar) [verbo] Ablandar una cosa golpeándola o metiéndola en un líquido: *He puesto a macerar las cerezas en aguardiente.* ☐ FAMILIA: maceración.

maceta (ma·ce·ta) [sustantivo femenino] Recipiente en el que se cultivan plantas. ☐ SINÓNIMOS: tiesto. ☐ FAMILIA: macetero.

macetero (ma·ce·te·ro) [sustantivo masculino] Recipiente para colocar macetas. ☐ FAMILIA: →maceta.

machacar (ma·cha·car) [verbo] **1** Deshacer o aplastar a golpes: *Machaqué los ajos en el mortero.* **2** Destruir algo o acabar con ello: *Has machacado estos zapatos por jugar al fútbol con ellos.* **3** Vencer por mucha ventaja: *Hemos machacado al otro equipo.* **4** Insistir mucho sobre una cosa: *Estuvo machacándome todo el día para que lo dejara ir al cine.* ☐ [La «c» se cambia en «qu» delante de «e» («machaque»). Los significados **3** y **4** son coloquiales]. ☐ FAMILIA: machacón.

machacón, na (ma·cha·cón, co·na) [adjetivo o sustantivo] Que se repite tanto que llega a ser pesado: *música machacona.* ☐ FAMILIA: →machacar.

machete (ma·che·te) [sustantivo masculino] Cuchillo grande y fuerte.

machete

machista (ma·chis·ta) [adjetivo o sustantivo] Que considera al hombre superior a la mujer: *Las actitudes machistas deberían desterrarse de la sociedad.* [No varía en masculino y femenino]. ANTÓNIMOS: feminista. FAMILIA: →macho.

macho (ma·cho) [sustantivo masculino] Ser vivo de sexo masculino: *El caballo es el macho de la yegua.* ◆ [expresión] ‖ **macho cabrío** El que es la pareja de la cabra: *El macho cabrío tiene cuernos muy grandes.* ANTÓNIMOS: hembra. FAMILIA: machista, marimacho.

macillo (ma·ci·llo) [sustantivo masculino] Mazo pequeño: *El sonido del piano se produce cuando el macillo golpea una cuerda.* FAMILIA: →mazo.

macizo, za (ma·ci·zo, za) [adjetivo] **1** Que no tiene huecos en su interior: *oro macizo.* [adjetivo o sustantivo] **2** Que tiene un cuerpo que se considera atractivo: *Ese actor está macizo.* **macizo** [sustantivo masculino] **3** Grupo de montañas: *el Macizo Galaico.* **4** Grupo de plantas que se pone como decoración en un jardín: *un macizo de rosas.* [El significado 2 es coloquial]. ANTÓNIMOS: **1** vacío, hueco.

macroconcierto (ma·cro·con·cier·to) [sustantivo masculino] Concierto que se realiza para mucha gente. FAMILIA: →concierto.

macuto (ma·cu·to) [sustantivo masculino] Especie de saco que se lleva colgado del hombro.

madeja (ma·de·ja) [sustantivo femenino] Hilo enrollado en vueltas iguales y grandes.

madera (ma·de·ra) [sustantivo femenino] **1** Materia que se saca del tronco de los árboles: *mesa de madera.* **2** Capacidad natural que tiene una persona para realizar una actividad: *Tienes madera de artista.* FAMILIA: madero, maderero.

maderero, ra (ma·de·re·ro, ra) [adjetivo] De la madera o relacionado con ella: *industria maderera.* FAMILIA: →madera.

madero (ma·de·ro) [sustantivo masculino] Pieza larga de madera. FAMILIA: →madera.

madrastra (ma·dras·tra) [sustantivo femenino] Lo que es una mujer en relación con los hijos que no son suyos, pero sí de su marido. [El masculino es «padrastro»]. FAMILIA: →madre.

madraza (ma·dra·za) [sustantivo femenino] Madre muy buena y cariñosa. [El masculino es «padrazo». Es coloquial]. FAMILIA: →madre.

madre (ma·dre) [sustantivo femenino] **1** Lo que es una mujer en relación con su hijo o una hembra en relación con su cría: *Mi madre se llama Nieves y mi padre, Manuel.* 👁 **página 431**. **2** Causa u origen: *La experiencia es la madre de la ciencia.* **3** Tratamiento que se da a algunas religiosas: *¿A qué hora es la misa hoy, madre?* [El masculino es «padre»]. FAMILIA: madraza, madrastra, madrina, madreperla, madreselva, materno, maternal, maternidad, matrona, matriarcado, matriarcal, matriz, enmadrado, comadre, comadreo, comadrona, desmadrarse, desmadre.

madreperla (ma·dre·per·la) [sustantivo femenino] Animal marino, que tiene dos conchas de nácar casi circulares y que suele tener en su interior una perla. FAMILIA: →madre. →perla.

madrépora (ma·dré·po·ra) [sustantivo femenino] Animal marino que vive en colonias y cuyo esqueleto forma islas de coral.

madreselva (ma·dre·sel·va) [sustantivo femenino] Arbusto trepador, de tallos largos y flores muy olorosas. FAMILIA: →madre. →selva.

madrigal (ma·dri·gal) [sustantivo masculino] Un tipo de poema de amor.

madriguera (ma·dri·gue·ra) [sustantivo femenino] **1** Agujero bajo tierra en el que viven algunos animales: *Vimos salir un conejo de su madriguera.* **2** Lugar en el que se esconde una persona.

madriguera

madrileño, ña (ma·dri·le·ño, ña) [adjetivo o sustantivo] De la comunidad autónoma española de Madrid, de esta provincia o de su capital.

madrina (ma·dri·na) [sustantivo femenino] Lo que es una mujer en relación con una persona a la que acompaña al recibir algunos honores: *madrina de boda.* [El masculino es «padrino»]. FAMILIA: →madre.

madroño (ma·dro·ño) [sustantivo masculino] Arbusto con flores blancas y con unos frutos redondos y rojos que se pueden comer.

madrugada (ma·dru·ga·da) [sustantivo femenino] Momento del día en el que sale el sol. SINÓNIMOS: alba, amanecer. FAMILIA: →madrugar.

madrugador, ra (ma·dru·ga·dor, do·ra) [adjetivo o sustantivo] Que tiene costumbre de levantarse temprano. SINÓNIMOS: tempranero. FAMILIA: →madrugar.

madrugar (ma·dru·gar) [verbo] Levantarse temprano: *Me gusta madrugar para aprovechar el día.* □ [La «g» se cambia en «gu» delante de «e» («madrugue»)]. □ Familia: madrugada, madrugador, madrugón.

madrugón (ma·dru·gón) [sustantivo masculino] Hecho de levantarse muy temprano. □ [Es coloquial. Se usa mucho en las expresiones «darse un madrugón» o «pegarse un madrugón»]. □ Familia: →madrugar.

maduración (ma·du·ra·ción) [sustantivo femenino] Hecho de hacerse maduro un fruto, una persona o una idea. □ Familia: →maduro.

madurar (ma·du·rar) [verbo] **1** Ponerse maduro un fruto: *La fruta debe madurar en el árbol.* **2** Crecer y desarrollarse una persona en todos los aspectos: *Según vayas madurando irás aceptando responsabilidades.* **3** Meditar una idea: *madurar un plan.* □ Familia: →maduro.

madurez (ma·du·rez) [sustantivo femenino] **1** Forma de actuar de una persona madura. **2** Período de la vida de una persona desde que es joven hasta que es vieja. □ Sinónimos: **1** juicio, sensatez. □ Antónimos: **1** inmadurez. □ Familia: →maduro.

maduro, ra (ma·du·ro, ra) [adjetivo] **1** Dicho de un fruto, que ha alcanzado su desarrollo completo. **2** Dicho de una persona, que ha crecido y se ha desarrollado en todos los aspectos. □ Sinónimos: **2** adulto. □ Antónimos: inmaduro. **1** verde. □ Familia: madurar, madurez, maduración, inmaduro, inmadurez, prematuro.

maestría (ma·es·trí·a) [sustantivo femenino] Capacidad para hacer algo bien: *Tienes gran maestría para pintar.* □ Sinónimos: destreza, arte, pericia. □ Antónimos: torpeza. □ Familia: →maestro.

maestro, tra (ma·es·tro, tra) ■ [adjetivo] **1** Que destaca de los demás por ser muy bueno o por ser muy importante: *obra maestra.* ■ [sustantivo] **2** Persona que tiene como trabajo enseñar una ciencia a sus alumnos: *La maestra nos ha enseñado hoy a multiplicar.* **3** Persona que sabe mucho de algo: *Eres un maestro en informática.* **4** Persona que dirige el desarrollo de una actividad: *maestro de ceremonias.* ■ **maestro** [sustantivo masculino] **5** Torero. □ Sinónimos: **2** profesor, educador, docente. **3** experto. □ Antónimos: **3** novato, inexperto, principiante. □ Familia: amaestrar, amaestrado, maestría.

mafia (ma·fia) [sustantivo femenino] **1** Organización criminal que hace seguir sus propias leyes mediante la violencia. **2** Grupo que para conseguir algo emplea métodos que no están permitidos: *El jurado de ese concurso es una mafia y siempre da el premio a algún amigo suyo.* □ [El significado **2** es despectivo]. □ Familia: mafioso.

mafioso, sa (ma·fio·so, sa) [adjetivo o sustantivo] De la mafia o relacionado con ella. □ Familia: →mafia.

magdalena (mag·da·le·na) [sustantivo femenino] Bollo pequeño que se cuece en un molde de papel.

magenta (ma·gen·ta) [sustantivo masculino] Color rosa oscuro fuerte. □ [Es una palabra de origen italiano].

magia (ma·gia) [sustantivo femenino] **1** Conjunto de conocimientos necesarios para conseguir algo usando poderes especiales: *Las brujas sabían mucho de magia.* **2** Habilidad para hacer algo fuera de lo normal: *Ese futbolista tiene magia con el balón.* **3** Conjunto de cualidades que algo posee y que hace que guste mucho a los demás: *una ciudad con magia.* ◆ [expresión] ‖ **magia negra** La que se usa para hacer daño a alguien. □ Sinónimos: **1** hechicería. □ Familia: →mago.

magiar (ma·giar) ■ [adjetivo o sustantivo] **1** De Hungría, que es un país europeo. ■ [sustantivo masculino] **2** Lengua de este país. ■ [En el significado **1** no varía en masculino y femenino]. □ Sinónimos: húngaro.

mágico, ca (má·gi·co, ca) [adjetivo] **1** De la magia o relacionado con ella: *una varita mágica.* **2** Estupendo o extraordinario: *una noche mágica.* □ Familia: →mago.

magín (ma·gín) [sustantivo masculino] Imaginación o capacidad que tiene una persona para pensar o para inventar cosas. □ [Es coloquial].

magisterio (ma·gis·te·rio) [sustantivo masculino] **1** Profesión de un maestro o de un profesor: *Mi profesor ejerce el magisterio desde hace muchos años.* **2** Conjunto de estudios que se realizan para conseguir el título de maestro. □ Familia: magistral, magistrado, magistratura.

magistrado, da (ma·gis·tra·do, da) [sustantivo] Miembro de un tribunal superior de justicia. □ Familia: →magisterio.

magistral (ma·gis·tral) [adjetivo] Hecho con habilidad y con arte: *El torero realizó una faena magistral.* □ [No varía en masculino y femenino]. □ Familia: →magisterio.

magistratura (ma·gis·tra·tu·ra) [sustantivo femenino] **1** Conjunto de magistrados, que son los miembros de un tribunal superior de justicia. **2** Cargo o profesión de magistrado. **3** Tiempo durante el que un magistrado ejerce su cargo. □ Familia: →magisterio.

magma (mag·ma) [sustantivo masculino] Masa de rocas fundidas que se encuentra en el interior de la Tierra.

magnánimo, ma (mag·ná·ni·mo, ma) [adjetivo] Que perdona con facilidad: *Fue magnánimo y olvidó todo lo que le habían hecho.* □ Familia: →magno.

magnate (mag·na·te) [sustantivo] Persona muy importante o con mucho poder en los negocios, en la industria o en las finanzas: *un magnate del petróleo.* □ [No varía en masculino y femenino]. □ Familia: →magno.

magnesia (mag·ne·sia) [sustantivo femenino] Sustancia blanca que se usa en medicina para formar algunas sales. □ Familia: →magnesio.

magnesio (mag·ne·sio) [sustantivo masculino] Metal blanco que al arder produce una luz muy brillante. □ Familia: magnesia.

magnético, ca (mag·né·ti·co, ca) [adjetivo] Que puede atraer o rechazar otros metales. □ Familia: magnetismo, magnetizar, magnetoscopio.

magnetismo (mag·ne·tis·mo) [sustantivo masculino] **1** Fuerza que tienen los imanes para atraer a los metales. **2** Atrac-

mal

magnetita (mag·ne·ti·ta) [sustantivo femenino] Mineral de hierro muy pesado que atrae determinados metales.

magnetizar (mag·ne·ti·zar) [verbo] Transmitir a un cuerpo las propiedades del imán. ☐ [La «z» se cambia en «c» delante de «e» («magnetice»)]. ☐ SINÓNIMOS: imantar. ☐ FAMILIA: →magnético.

...tivo o interés que una persona despierta en los demás: *magnetismo personal*. ☐ FAMILIA: →magnético.

magnetofón (mag·ne·to·fón) [sustantivo masculino] → **magnetófono**. ☐ [Procede de la marca comercial «Magnetophon®»].

magnetófono (mag·ne·tó·fo·no) [sustantivo masculino] Aparato que sirve para poner cintas y escucharlas. ☐ [Procede de la marca comercial «Magnetophon®». Se usa también «magnetofón»].

magnetoscopio (mag·ne·tos·co·pio) [sustantivo masculino] Aparato que permite grabar, ver y oír imágenes y sonidos de la televisión grabados en una cinta magnética. ☐ SINÓNIMOS: vídeo. ☐ FAMILIA: →magnético.

magnificar (mag·ni·fi·car) [verbo] Ensalzar o elogiar en exceso: *Mi abuela magnificó mis notas delante de sus amigas*. ☐ [La «c» se cambia en «qu» antes de «e» («magnifique»)]. ☐ FAMILIA: →magno.

magnífico, ca (mag·ní·fi·co, ca) [adjetivo] Muy bueno o de grandes cualidades. ☐ SINÓNIMOS: espléndido. ☐ ANTÓNIMOS: horroroso, horrendo. ☐ FAMILIA: →magno.

magnitud (mag·ni·tud) [sustantivo femenino] **1** Tamaño o importancia de algo: *Ha habido una catástrofe de gran magnitud*. **2** Propiedad física que puede ser objeto de medida: *La velocidad es una magnitud física*. ☐ FAMILIA: →magno.

magno, na (mag·no, na) [adjetivo] Muy grande o muy importante: *magno imperio*. ☐ SINÓNIMOS: magnífico, extraordinario, colosal. ☐ ANTÓNIMOS: insignificante. ☐ [Suele usarse en el lenguaje literario]. ☐ FAMILIA: magnífico, magnitud, magnánimo, magnate, magnificar.

magnolia (mag·no·lia) [sustantivo femenino] **1** Árbol de hojas grandes y perennes, y flores blancas muy olorosas. **2** Flor de este árbol.

mago, ga (ma·go, ga) [sustantivo] **1** Persona que hace trucos de magia: *El mago sacó un ramo de flores de un huevo*. **2** Persona que usa poderes mágicos para conseguir algo: *Merlín fue un famoso mago*. **3** Persona que tiene especial habilidad para realizar una actividad: *Este futbolista es un mago con el balón*. ☐ SINÓNIMOS: **1** prestidigitador. **2** hechicero, brujo, encantador. ☐ FAMILIA: magia, mágico.

magrebí (ma·gre·bí) [adjetivo o sustantivo] Del Magreb, que es una región africana que se extiende por los países de Marruecos, Argelia y Túnez. ☐ [No varía en masculino y femenino. Su plural es «magrebís» o «magrebíes» (más culto)].

magro, gra (ma·gro, gra) ■ [adjetivo] **1** Con poca grasa o sin ella: *carne magra*. ■ **magro** [sustantivo masculino] **2** Carne de cerdo que no tiene grasa: *un kilo de magro*.

magulladura (ma·gu·lla·du·ra) [sustantivo femenino] Daño o señal que queda en una parte del cuerpo a causa de un golpe. ☐ FAMILIA: →magullar.

magullar (ma·gu·llar) [verbo] Golpear apretando con violencia una parte del cuerpo: *Se magulló la pierna al caerse*. ☐ FAMILIA: magulladura.

mahometano, na (ma·ho·me·ta·no, na) [adjetivo o sustantivo] De la religión que fue predicada por Mahoma. ☐ SINÓNIMOS: musulmán.

mahonesa (ma·ho·ne·sa) [sustantivo femenino] → **mayonesa**.

maillot (mai·llot) [sustantivo masculino] Prenda de vestir deportiva que se pega al cuerpo: *Los ciclistas usan maillot*. ☐ [Es una palabra de origen francés. Su plural es «maillots»].

maitines (mai·ti·nes) [sustantivo masculino plural] Oración católica que se reza antes del amanecer.

maître [sustantivo] En un restaurante, camarero principal: *El maître nos recomendó la especialidad de la casa*. ☐ [Es una palabra francesa. No varía en masculino y femenino. Se pronuncia «métre»].

maíz (ma·íz) [sustantivo masculino] Planta cuyo grano se usa como alimento: *Las palomitas son granos de maíz tostado*. ☐ [Su plural es «maíces»]. ☐ FAMILIA: maizal.

maizal (mai·zal) [sustantivo masculino] Campo de maíz. ☐ FAMILIA: →maíz.

majada (ma·ja·da) [sustantivo femenino] Lugar en el que se recoge el ganado por la noche.

majadería (ma·ja·de·rí·a) [sustantivo femenino] Hecho o dicho propio de una persona que actúa con poca inteligencia. ☐ FAMILIA: →majadero.

majadero, ra (ma·ja·de·ro, ra) [adjetivo o sustantivo] Que actúa con poca inteligencia. ☐ FAMILIA: majadería.

majar (ma·jar) [verbo] Deshacer o aplastar a golpes un fruto: *Hay que majar los dientes de ajo para echarlos en la salsa*.

majara (ma·ja·ra) [adjetivo o sustantivo] → **majareta**. ☐ [No varía en masculino y femenino. Es coloquial].

majareta (ma·ja·re·ta) [adjetivo o sustantivo] Que está medio loco. ☐ [No varía en masculino y femenino. Es coloquial. Se usa también «majara»]. ☐ SINÓNIMOS: chalado, pirado, chiflado.

majestad (ma·jes·tad) [sustantivo femenino] Tratamiento que se da a los reyes. ☐ [Se usa más en las expresiones «su majestad» o «vuestra majestad»]. ☐ FAMILIA: majestuoso.

majestuoso, sa (ma·jes·tuo·so, sa) [adjetivo] Que provoca mucha admiración y un gran respeto: *paso majestuoso*. ☐ FAMILIA: →majestad.

majo, ja (ma·jo, ja) [adjetivo] Que resulta agradable porque posee alguna cualidad destacada: *una chica maja*; *un piso majo*.

majorero, ra (ma·jo·re·ro, ra) [adjetivo o sustantivo] De la isla española de Fuerteventura.

majorette [sustantivo femenino] Mujer que desfila en algunas fiestas públicas. ☐ [Es una palabra francesa. Se pronuncia «mayorét»].

majuela (ma·jue·la) [sustantivo femenino] Fruto del majuelo. ☐ FAMILIA: majuelo.

majuelo (ma·jue·lo) [sustantivo masculino] **1** Arbusto con espinas, con flores blancas y olorosas y con frutos rojos. **2** Viña nueva: *vino de majuelo*. ☐ FAMILIA: →majuela.

mal ■ [adjetivo] **1** Malo: *Pasé un mal rato cuando me quedé encerrado en el ascensor*. ■ [sustantivo masculino] **2** Lo contrario de bien: *Los héroes luchan por acabar con el mal.* **3** Daño moral o físico: *No me gustan esos amigos con los que vas, porque te hacen mucho mal.* **4** Enfermedad o desgracia: *En cuanto encuentres trabajo se acabarán todos tus males.* ▮ [adverbio] **5** De mala manera o de manera contraria a como debe ser: *Tienes que repetir los ejercicios porque los has hecho muy mal.* ◆ [expresión] ‖ **mal de ojo** Daño que se cree que puede hacer una persona a otra por mirarla de una determinada manera: *Parece que me han echado mal de ojo, porque me sale todo al revés.* ‖ **menos mal** Se usa para indicar que nos alegramos porque ha ocurrido lo contrario de lo que temíamos: *Menos mal que hoy no ha llovido.* ☐ [En el significado **1** va siempre delante de un sustantivo masculino singular]. ☐ ANTÓNIMOS: **1** buen. **2**, **3**, **5** bien. ☐ FAMILIA: malo, maldad, malvado, maligno, malicia, malévolo, maléfico, maleante, maltrecho, maltratar, maleza, malhablado, malhechor, malherir, malhumor, malmeter, malintencionado, malinterpretar, maldecir, malcriar, maloliente, malparado, malpensado, malqueda, malsano, malsonante, maleducar, malentendido, malestar, malgastar, malvender, malformación, malvivir.

malabar (ma·la·bar) ◆ [expresión] ‖ **juegos malabares** Ejercicios de habilidad y equilibrio que consisten en lanzar objetos al aire y cogerlos sin que se caigan. ☐ SINÓNIMOS: malabarismo. ☐ FAMILIA: malabarismo, malabarista.

malabarismo (ma·la·ba·ris·mo) ▮ [sustantivo masculino] **1** Ejercicio de habilidad y equilibrio que consiste en lanzar objetos al aire y cogerlos sin que se caigan. ▮ **malabarismos** [plural] **2** Acción que se hace a pesar de ser muy complicada y difícil: *Para conseguir una entrada hice verdaderos malabarismos.* ☐ SINÓNIMOS: **1** juegos malabares. ☐ FAMILIA: →malabar.

malabarista (ma·la·ba·ris·ta) [sustantivo] Persona que realiza juegos que consisten en lanzar objetos al aire y cogerlos sin que se le caigan. ☐ [No varía en masculino y femenino]. ☐ FAMILIA: →malabar.

malabarista

malagueño, ña (ma·la·gue·ño, ña) [adjetivo o sustantivo] De la provincia española de Málaga o de su capital.

malandrín, na (ma·lan·drín, dri·na) [adjetivo o sustantivo] Muy malo. ☐ SINÓNIMOS: perverso.

malaquita (ma·la·qui·ta) [sustantivo femenino] Mineral verde y brillante que se usa para hacer adornos o joyas.

malaria (ma·la·ria) [sustantivo femenino] Enfermedad transmitida por la picadura de un mosquito y que produce fiebre muy alta que aparece y desaparece. ☐ SINÓNIMOS: paludismo.

malasio, sia (ma·la·sio, sia) [adjetivo o sustantivo] De Malasia, que es un país asiático. ☐ FAMILIA: malayo.

malayo, ya (ma·la·yo, ya) ▮ [adjetivo o sustantivo] **1** De un pueblo que vive en Malasia, que es un país asiático, y otras zonas cercanas a Asia. ▮ **malayo** [sustantivo masculino] **2** Lengua de este pueblo. ☐ FAMILIA: →malasio.

malcriado, da (mal·cria·do, da) [adjetivo o sustantivo] Maleducado porque le permiten hacer todo lo que quiere. ☐ SINÓNIMOS: consentido. ☐ FAMILIA: →malcriar.

malcriar (mal·criar) [verbo] Educar mal a un niño por dejarle hacer todo lo que quiere. ☐ [Es irregular y se conjuga como ENVIAR]. ☐ SINÓNIMOS: consentir. ☐ FAMILIA: malcriado. →mal. →criar.

maldad (mal·dad) [sustantivo femenino] **1** Carácter de lo que es malo. **2** Acción mala: *Algún día pagará sus maldades.* ☐ ANTÓNIMOS: **1** bondad. ☐ FAMILIA: →mal.

maldecir (mal·de·cir) [verbo] Decir maldiciones: *Estaba tan enfadado que no paraba de maldecir.* ☐ [Es irregular y se conjuga como BENDECIR. Su participio es «maldecido»]. ☐ SINÓNIMOS: blasfemar. ☐ ANTÓNIMOS: bendecir. ☐ FAMILIA: maldito, maldición, maledicencia. →mal. →decir.

maldición (mal·di·ción) ▮ [sustantivo femenino] **1** Castigo para que le suceda algo malo a alguien: *Se cumplió la maldición de la bruja y el príncipe se convirtió en una bestia.* **2** Expresión de enfado muy fuerte: *Empezó a soltar maldiciones y a decir palabrotas.* ▮ [interjección] **3** Se usa para indicar disgusto: *¡Maldición, me he olvidado tu encargo en casa!* ☐ ANTÓNIMOS: **1** bendición. ☐ FAMILIA: →maldecir.

maldito, ta (mal·di·to, ta) ▮ [adjetivo] **1** Que produce enfado o molestia: *¡Ya no arranca ese maldito coche!* ▮ [adjetivo o sustantivo] **2** Que ha recibido una maldición: *un lugar maldito.* ◆ [expresión] ‖ **maldita sea** Se usa para indicar enfado o disgusto: *¡Maldita sea, he perdido las llaves!* ☐ FAMILIA: →maldecir.

maleable (ma·le·a·ble) [adjetivo] **1** Dicho de un metal, que puede descomponerse en láminas fácilmente: *El oro es un metal muy maleable.* **2** Dicho de una persona, que se deja influir con facilidad: *Es muy maleable y no tiene personalidad.* ☐ [No varía en masculino y femenino].

maleante (ma·le·an·te) [adjetivo o sustantivo] Que hace cosas que la ley no permite: *Una pandilla de maleantes destrozó el local.* ☐ [No varía en masculino y femenino]. ☐ SINÓNIMOS: delincuente. ☐ FAMILIA: →mal.

malecón (ma·le·cón) [sustantivo masculino] **1** Muro que se construye a la orilla de un río o del mar para contener las aguas. **2** Muro de un puerto, que se construye para proteger una zona de las olas. ☐ SINÓNIMOS: **1** espigón. **2** rompeolas.

maledicencia (ma·le·di·cen·cia) [sustantivo femenino] Hecho de maldecir o de hablar mal de los demás. ☐ Familia: →maldecir.

maleducado, da (ma·le·du·ca·do, da) [adjetivo o sustantivo] Que no tiene educación. ☐ Sinónimos: grosero, zafio. ☐ Antónimos: educado, modoso. ☐ Familia: →maleducar.

maleducar (ma·le·du·car) [verbo] Educar mal a una persona porque se le permite casi todo. ☐ [La «c» se cambia en «qu» delante de «e» («maleduque»)]. ☐ Familia: maleducado. →mal. →educar.

maleficio (ma·le·fi·cio) [sustantivo masculino] Acto que se realiza para causar daño a alguien usando poderes mágicos: *Un hada rompió el maleficio de la bruja.* ☐ Familia: →maléfico.

maléfico, ca (ma·lé·fi·co, ca) [adjetivo] Que causa daño: *una influencia maléfica.* ☐ Antónimos: bueno. ☐ Familia: maleficio. →mal.

malentendido (ma·len·ten·di·do) [sustantivo masculino] Error al entender algo: *Nos enfadamos pero fue todo un malentendido.* ☐ [Su plural es «malentendidos»]. ☐ Familia: →mal. →entender.

malestar (ma·les·tar) [sustantivo femenino] Sensación que tenemos cuando nos sentimos a disgusto o no nos sentimos cómodos. ☐ Antónimos: bienestar. ☐ Familia: →mal. →estar.

maleta (ma·le·ta) ■ [sustantivo] **1** Persona que es poco hábil al realizar una actividad: *Eres un maleta jugando al voleibol.* ■ [sustantivo femenino] **2** Especie de caja con asa, que sirve para guardar la ropa cuando se va de viaje. ☐ [En el significado **1** no varía en masculino y femenino, y es coloquial]. ☐ Familia: maletín, maletero.

maletero (ma·le·te·ro) [sustantivo masculino] **1** En un vehículo, espacio en el que se mete el equipaje. **2** En una casa, lugar en el que se guardan las maletas y otros objetos que no se usan a diario. ☐ Familia: →maleta.

maletilla (ma·le·ti·lla) [sustantivo] Persona joven que está aprendiendo a torear. ☐ [No varía en masculino y femenino].

maletín (ma·le·tín) [sustantivo masculino] Especie de maleta pequeña que se usa para llevar documentos. ☐ Familia: →maleta.

malevolencia (ma·le·vo·len·cia) [sustantivo femenino] Mala voluntad o mala intención. ☐ Antónimos: benevolencia. ☐ Familia: →malévolo.

malévolo, la (ma·lé·vo·lo, la) [adjetivo o sustantivo] Con intención de hacer daño: *un comentario malévolo.* ☐ Antónimos: benevolente, benévolo. ☐ Familia: malevolencia. →mal.

maleza (ma·le·za) [sustantivo femenino] Conjunto de hierbas que crecen sin orden en un terreno. ☐ Familia: →mal.

malformación (mal·for·ma·ción) [sustantivo femenino] Defecto de nacimiento en alguna parte del cuerpo. ☐ Familia: →mal. →forma.

malgastar (mal·gas·tar) [verbo] Aprovechar mal algo: *No malgastes el tiempo.* ☐ Sinónimos: desperdiciar, desaprovechar. ☐ Antónimos: aprovechar. ☐ Familia: →mal. →gastar.

malhablado, da (ma·lha·bla·do, da) [adjetivo o sustantivo] Que habla con poca educación o diciendo palabrotas. ☐ Sinónimos: deslenguado. ☐ Familia: →mal. →hablar.

malhechor, ra (ma·lhe·chor, cho·ra) [sustantivo] Persona que comete delitos de forma habitual. ☐ Sinónimos: delincuente. ☐ Antónimos: bienhechor. ☐ Familia: →mal. →hacer.

malherido, da (ma·lhe·ri·do, da) [adjetivo] Herido con gravedad. ☐ Familia: →malherir.

malherir (ma·lhe·rir) [verbo] Herir gravemente: *Fue malherido por unos malhechores.* ☐ [Es irregular y se conjuga como **sentir**]. ☐ Familia: malherido. →mal. →herir.

malhumor (ma·lhu·mor) [sustantivo masculino] → **mal humor.** ☐ Familia: malhumorado. →mal. →humor.

malhumorado, da (ma·lhu·mo·ra·do, da) [adjetivo] Que está enfadado por algo. ☐ Familia: →malhumor.

malí (ma·lí) [adjetivo o sustantivo] De Mali, que es un país africano. ☐ [No varía en masculino y femenino. Su plural es «malís» o «malíes» (más culto)]. ☐ Sinónimos: maliense.

malicia (ma·li·cia) [sustantivo femenino] **1** Mala intención: *Me has empujado con malicia.* **2** Habilidad y astucia para conseguir lo que queremos: *Con un poco de malicia consigue lo que quiere.* ☐ Familia: malicioso, maliciar. →mal.

maliciar (ma·li·ciar) [verbo] Sospechar algo: *Malicié que me iban a delatar.* ☐ [Es irregular y se conjuga como **anunciar**]. ☐ Familia: →malicia.

malicioso, sa (ma·li·cio·so, sa) ■ [adjetivo] **1** Con mala intención: *un comentario malicioso.* ■ [adjetivo o sustantivo] **2** Que suele pensar mal de los demás. ☐ Antónimos: **1** candoroso, cándido. ☐ Familia: →malicia.

maliense (ma·lien·se) [adjetivo o sustantivo] De Mali, que es un país africano. ☐ [No varía en masculino y femenino]. ☐ Sinónimos: malí.

maligno, na (ma·lig·no, na) [adjetivo] **1** Que es tan grave que puede producir la muerte: *un tumor maligno.* **2** Muy malo: *una influencia maligna.* ☐ Sinónimos: **2** perverso, malvado. ☐ Antónimos: benigno. **2** bueno. ☐ Familia: →mal.

malintencionado, da (ma·lin·ten·cio·na·do, da) [adjetivo o sustantivo] Que tiene mala intención. ☐ [Se escribe también «mal intencionado»]. ☐ Familia: →mal. →intención.

malinterpretar (ma·lin·ter·pre·tar) [verbo] Interpretar errónea o equivocadamente: *Malinterpretó mis palabras y creyó que lo estaba criticando.* ☐ Familia: →mal. →interpretar.

malla (ma·lla) [sustantivo femenino] **1** Tela parecida a una red: *Las naranjas venían en una malla roja.* **2** Tela formada por la unión de pequeños anillos de metal y que se ponían los guerreros medievales debajo de las armaduras. **3** Prenda de vestir, elástica y fina, que se pega al cuerpo: *Uso una malla para hacer gimnasia.* ☐ [En el significado **3** es lo mismo en singular que en plural].

mallorquín, na (ma·llor·quín, qui·na) [adjetivo o sustantivo] De la isla española de Mallorca.

malmeter (mal·me·ter) [verbo] Poner a una persona en contra de otra: *Me malmetió con mis compañeros.* ☐ SINÓNIMOS: indisponer. ☐ FAMILIA: →mal. →meter.

malo, la (ma·lo, la) ■ [adjetivo] **1** Que no tiene las cualidades propias de su naturaleza: *Esta manzana está mala.* **2** Que no es como debe ser o como nos gusta que sea: *Hoy he tenido un día muy malo.* **3** Perjudicial o con efectos negativos: *Fumar es malo para la salud.* **4** Enfermo: *Ayer no vine al cole porque estaba malo.* **5** Que hace mucho ruido o que no se queda quieto: *Niño, no seas malo y deja de revolver.* **6** Que anuncia una desgracia: *Es mala señal que haya salido del examen con esa cara tan triste.* ■ [adjetivo o sustantivo] **7** Dicho de una persona, que no tiene cualidades morales buenas: *No se puede confiar en ella, porque es una mala persona.* ◆ [expresión] ‖ **de malas** De mal humor: *Está de malas porque no ha podido irse al campo.* ‖ **poner malo** Enfadar mucho: *Me pone malo que me mientas.* ‖ **ponerse mala** Tener una mujer la regla. ‖ **por las malas** A la fuerza: *Me obligó a comérmelo por las malas.* ☐ [Cuando «malo» va delante de un sustantivo masculino singular, se cambia por «mal»: «mal amigo, mala amiga»]. ☐ ANTÓNIMOS: bueno. ☐ FAMILIA: →mal.

malograrse (ma·lo·grar·se) [verbo] Estropearse o no conseguirse algo que se espera o se desea: *Se malograron nuestros planes.* ☐ FAMILIA: →lograr.

maloliente (ma·lo·lien·te) [adjetivo] Que huele mal. ☐ [No varía en masculino y femenino]. ☐ SINÓNIMOS: hediondo, fétido. ☐ FAMILIA: →mal. →olor.

malparado, da (mal·pa·ra·do, da) [adjetivo] Con muchos daños: *Salí muy malparada del accidente.* ☐ FAMILIA: →mal. →parar.

malpensado, da (mal·pen·sa·do, da) [adjetivo o sustantivo] Que imagina cosas malas de los demás o que interpreta negativamente lo que los demás dicen o hacen. ☐ [Se escribe también «mal pensado»]. ☐ FAMILIA: →mal. →pensar.

malqueda (mal·que·da) [sustantivo] Persona que no cumple lo que se compromete a hacer: *Eres un malqueda y tenías que haber llamado para decir que no venías.* ☐ [No varía en masculino y femenino. Es coloquial]. ☐ FAMILIA: →mal. →quedar.

malsano, na (mal·sa·no, na) [adjetivo] Malo para la salud o para la moral: *curiosidad malsana.* ☐ FAMILIA: →mal. →sano.

malsonante (mal·so·nan·te) [adjetivo] Dicho de una palabra o de una expresión, que es vulgar y grosera: *Los tacos son expresiones malsonantes.* ☐ [No varía en masculino y femenino]. ☐ FAMILIA: →mal. →son.

malta (mal·ta) [sustantivo femenino] Cereal tostado que se usa para hacer algunas bebidas.

maltés, sa (mal·tés, te·sa) ■ [adjetivo] **1** De Malta, que es un país europeo. ■ **maltés** [sustantivo masculino] **2** Lengua de este país.

maltratar (mal·tra·tar) [verbo] Tratar mal. ☐ SINÓNIMOS: vilipendiar. ☐ ANTÓNIMOS: agasajar. ☐ FAMILIA: maltrato. →mal. →tratar.

maltrato (mal·tra·to) [sustantivo masculino] Trato que ocasiona daño o perjuicio. ☐ [Su plural es «maltratos». Se escribe también «mal trato»]. ☐ FAMILIA: →maltratar.

maltrecho, cha (mal·tre·cho, cha) [adjetivo] Que está en mal estado por haber sido tratado mal: *Le dieron una paliza y lo dejaron maltrecho.* ☐ FAMILIA: →mal.

malva (mal·va) ■ [adjetivo o sustantivo masculino] **1** Del color que resulta de mezclar morado y rosa: *El malva es como el violeta pálido.* ■ [sustantivo femenino] **2** Planta silvestre que tiene flores de este color, reunidas en grupos. ◆ [expresión] ‖ **como una malva** Muy obediente: *Le llamaron la atención por no hacer caso y ahora está como una malva.* ‖ **criar malvas** Estar muerto y enterrado. ☐ [Cuando es adjetivo, no varía en masculino y femenino. Las expresiones son coloquiales].

malvado, da (mal·va·do, da) [adjetivo o sustantivo] Muy malo. ☐ SINÓNIMOS: perverso, maligno, desaprensivo. ☐ ANTÓNIMOS: bueno. ☐ FAMILIA: →mal.

malvender (mal·ven·der) [verbo] Vender algo por menos dinero del que vale: *Malvendió su casa para poder hacer frente a las deudas.* ☐ FAMILIA: →mal. →vender.

malvivir (mal·vi·vir) [verbo] Vivir con dificultades económicas: *Perdió todo su dinero y ahora malvive como puede.* ☐ FAMILIA: →mal. →vivir.

mama (ma·ma) [sustantivo femenino] Parte del cuerpo de las mujeres en la que se produce la leche cuando tienen un hijo. ☐ SINÓNIMOS: teta, seno, pecho, ubre. ☐ FAMILIA: mamar, mamífero, amamantar.

mamá (ma·má) [sustantivo femenino] Madre: *Mamá, ¿cuándo viene papá?* ☐ [El masculino es «papá». Es coloquial]. ☐ FAMILIA: premamá, mamitis.

mamar (ma·mar) [verbo] Tomar un hijo la leche del pecho de su madre. ☐ FAMILIA: →mama.

mamarracho (ma·ma·rra·cho) [sustantivo masculino] Persona o cosa que es tan fea o tan rara que produce risa: *Vino hecha un mamarracho.* ☐ [Es coloquial]. ☐ SINÓNIMOS: adefesio.

mambo (mam·bo) [sustantivo masculino] Baile y música de origen cubano.

mamífero, ra (ma·mí·fe·ro, ra) [adjetivo o sustantivo masculino] Dicho de un animal, que se alimenta de la leche de su madre: *Los hombres somos mamíferos.* ◉ **páginas 596-597**. ☐ FAMILIA: →mama.

mamitis (ma·mi·tis) [sustantivo femenino] Ganas de estar siempre con la madre. ☐ [No varía en singular y plural. Es coloquial]. ☐ FAMILIA: →mamá.

mamotreto (ma·mo·tre·to) [sustantivo masculino] **1** Libro muy gordo. **2** Objeto grande y poco útil: *Quita este mamotreto que no hace más que estorbar.* ☐ [Es coloquial y despectivo]. ☐ SINÓNIMOS: **2** armatoste.

mamporro (mam·po·rro) [sustantivo masculino] Golpe fuerte. ☐ [Es coloquial].

mandíbula

mamut (ma·mut) [sustantivo masculino] Especie de elefante que vivió hace varios miles de años y que era muy peludo. ☐ [Su plural es «mamuts»].

mamut

maná (ma·ná) [sustantivo masculino] Según la Biblia, alimento milagroso que envió Dios a los hebreos cuando atravesaban el desierto: *El maná cayó del cielo.*

manada (ma·na·da) [sustantivo femenino] Conjunto de animales que viven juntos: *una manada de búfalos.*

mánager (má·na·ger) [sustantivo] Persona que se ocupa de los asuntos económicos y profesionales de un artista o de un deportista. ☐ [Es una palabra de origen inglés. Se pronuncia «mánayer». No varía en masculino y femenino, ni en singular y plural. Es preferible usar «representante»].

manantial (ma·nan·tial) [sustantivo masculino] Corriente de agua que nace de forma natural. ☐ Familia: →manar.

manar (ma·nar) [verbo] Salir un líquido de alguna parte: *El agua manaba entre las rocas.* ☐ Familia: manantial, dimanar, emanar, emanación.

manatí (ma·na·tí) [sustantivo masculino] Animal acuático de color gris, con una gruesa capa de grasa bajo la piel, parecido a la foca pero más gordo. ☐ [Su plural es «manatís» o «manatíes» (más culto)].

manazas (ma·na·zas) [sustantivo] Persona que no tiene habilidad para hacer trabajos con las manos. ☐ [No varía en masculino y femenino, ni en singular y plural. Es coloquial]. ☐ Antónimos: manitas. ☐ Familia: →mano.

mancebo, ba (man·ce·bo, ba) ■ [sustantivo] **1** Persona que ayuda a despachar en una farmacia. ■ [sustantivo masculino] **2** Mozo o muchacho: *La doncella se enamoró de un guapo mancebo.* ☐ [En el significado **2** suele usarse en el lenguaje literario].

mancha (man·cha) [sustantivo femenino] **1** Señal de suciedad: *una mancha de chocolate.* **2** Señal pequeña que destaca por su color o por su aspecto: *Las jirafas son amarillas con manchas marrones.* **3** Cualquier cosa que estropea algo bueno: *una mancha en el expediente.* ☐ Sinónimos: **2** pinta. ☐ Familia: manchar, manchado, quitamanchas, mancillar.

manchado, da (man·cha·do, da) [adjetivo] Sucio o con manchas. ☐ Familia: →mancha.

manchar (man·char) [verbo] Poner sucia una superficie dejando señales sobre ella: *He manchado la alfombra.*

☐ Sinónimos: ensuciar, guarrear. ☐ Antónimos: limpiar. ☐ Familia: →mancha.

manchego, ga (man·che·go, ga) [adjetivo o sustantivo] De la Mancha, que es una región española.

mancillar (man·ci·llar) [verbo] Perjudicar o dañar el honor o la buena fama: *No mancilles el buen nombre de nuestra familia casándote con ese rufián. Su honor se manchilló cuando se descubrió el engaño.* ☐ Familia: →mancha.

manco, ca (man·co, ca) [adjetivo o sustantivo] Que no tiene uno o ambos brazos. ◆ [expresión] ‖ **no quedarse manco** o **no ser manco** Ser tan bueno como otro: *Tu hermana corre mucho, pero tú no te quedas manca.* ☐ [La expresión es coloquial].

mancomunidad (man·co·mu·ni·dad) [sustantivo femenino] Grupo de personas o de entidades que unen sus fuerzas o sus bienes para conseguir algo. ☐ Familia: →común.

mandado, da (man·da·do, da) ■ [sustantivo] **1** Persona que cumple las órdenes que recibe y que no tiene autoridad para tomar decisiones: *Solo soy un mandado.* ■ **mandado** [sustantivo masculino] **2** Tarea que se encarga a alguien: *Voy a hacer unos mandados y enseguida vuelvo.* ☐ Sinónimos: **2** recado. ☐ Familia: →mandar.

mandamás (man·da·más) [sustantivo] Persona que manda en un grupo: *Es el mandamás de la banda.* ☐ [No varía en masculino y femenino. Es coloquial]. ☐ Familia: →mandar.

mandamiento (man·da·mien·to) [sustantivo masculino] Orden o mandato que hay que cumplir: *los mandamientos de la ley de Dios.* ☐ Familia: →mandar.

mandar (man·dar) [verbo] **1** Dar la orden de hacer algo: *El profesor mandó que nos callásemos.* **2** Gobernar o dirigir: *Aquí mando yo.* **3** Hacer ir o hacer llegar: *Mi madre me mandó a comprar el pan.* ☐ Sinónimos: **1** ordenar. **3** enviar. ☐ Antónimos: **1** obedecer. ☐ Familia: mandamiento, mandato, mando, mandado, mandón, marimandón, mandamás, mandatario, comandante, comandancia, comandar, comando, desmandarse.

mandarín (man·da·rín) [sustantivo masculino] **1** En algunos países asiáticos, persona que tiene un alto cargo. **2** Variedad del chino que se habla en la mayor parte de China, que es un país asiático.

mandarina (man·da·ri·na) [sustantivo femenino] Fruta parecida a la naranja, pero más pequeña. ⊙ **página 453.**

mandatario, ria (man·da·ta·rio, ria) [sustantivo] Gobernante o alto cargo político: *Se han reunido los máximos mandatarios europeos.* ☐ Familia: →mandar.

mandato (man·da·to) [sustantivo masculino] **1** Orden que da una autoridad: *Luchaban por mandato del rey.* **2** Tiempo durante el cual manda una autoridad: *El mandato de este ministro duró cuatro años.* ☐ Sinónimos: **1** disposición, decreto, precepto. ☐ Familia: →mandar.

mandíbula (man·dí·bu·la) [sustantivo femenino] Cada uno de los dos huesos que forman la boca: *La raíz de los dientes está en las mandíbulas.* ⊙ **página 405.** ◆ [expresión] ‖ **reír a mandíbula batiente** Reír mucho: *La película era muy divertida y nos reímos a mandíbula batiente.* ☐ [La expresión es coloquial].

mamíferos

tigre	león	jirafa
elefante	burro	oveja y cordero
vaca	cebra	oso
mono	canguro	conejo
cabra	delfín	leopardo

mamíferos

rinoceronte	ardilla	ciervo
foca	pantera	hurón
camello	hipopótamo	koala
armadillo	búfalo	ballena
ratón	murciélago	zorro

mandil (man·dil) [sustantivo][masculino] Prenda que se pone por delante del cuerpo y encima de la ropa para no mancharla. ☐ SINÓNIMOS: delantal.

mandioca (man·dio·ca) [sustantivo][femenino] Arbusto tropical americano, que tiene las flores amarillas y una raíz muy gruesa de la que se extrae harina y almidón.

mando (man·do) [sustantivo][masculino] **1** Poder para mandar sobre algo: *En un barco, el capitán tiene el mando.* **2** Persona o asociación que tienen este poder: *Los mandos de la Policía estudian nuevas medidas.* **3** Dispositivo que sirve para hacer funcionar un aparato: *mando a distancia.* ☐ SINÓNIMOS: **1, 2** autoridad. ☐ FAMILIA: →mandar.

mandoble (man·do·ble) [sustantivo][masculino] Golpe dado con la mano.

mandolina (man·do·li·na) [sustantivo][femenino] Instrumento musical de cuerda, parecido a la guitarra pero más pequeño y con cuatro cuerdas dobles.

mandón, na (man·dón, do·na) [adjetivo o][sustantivo] Que manda más de lo que debe mandar. ☐ [Es coloquial]. ☐ SINÓNIMOS: marimandón. ☐ FAMILIA: →mandar.

mandrágora (man·drá·go·ra) [sustantivo][femenino] Planta con hojas grandes, con flores blancas y rojizas y con una raíz muy gruesa de la que se sacan sustancias que producen sueño.

mandril (man·dril) [sustantivo][masculino] Mono africano de gran tamaño, con la cabeza grande y el hocico largo con rayas azules a ambos lados.

manduca (man·du·ca) [sustantivo][femenino] Comida: *Saca la manduca que ya tengo gazuza.* ☐ [Es coloquial].

manecilla (ma·ne·ci·lla) [sustantivo][femenino] Varita delgada que sirve para señalar algo: *las manecillas del reloj.* ☐ FAMILIA: →mano.

manejable (ma·ne·ja·ble) [adjetivo] Que se maneja con facilidad. ☐ [No varía en masculino y femenino]. ☐ FAMILIA: →manejar.

manejar (ma·ne·jar) [verbo] **1** Usar, especialmente si es con las manos: *¿Sabes manejar esta máquina de fotos?* **2** Gobernar o dirigir: *Los padres deben saber manejar a sus hijos.* ◼ **manejarse 3** Moverse sin dificultades: *Me duele el pie, pero me manejo bien sin bastón.* ☐ [Siempre se escribe con «j»]. ☐ FAMILIA: manejo, manejable.

manejo (ma·ne·jo) [sustantivo][masculino] **1** Uso de algo, especialmente si se hace con las manos. **2** Acción que se hace con habilidad para conseguir algo: *Traman algo porque se traen muchos manejos y secretitos.* ☐ FAMILIA: →manejar.

manera (ma·ne·ra) [sustantivo][femenino] **1** Forma particular de hacer algo: *Esa no es manera de sentarse.* **2** Conjunto de modales de una persona: *buenas maneras.* ◆ [expresión] ‖ **de manera que** Se usa para expresar consecuencia: *Yo te he avisado, de manera que yo no tengo la culpa si te pasa algo.* ‖ **de todas maneras** A pesar de todo: *De todas maneras, podías habérmelo dicho antes.* ☐ SINÓNIMOS: modo, forma. ☐ FAMILIA: amanerado, sobremanera.

manga (man·ga) ◼ [sustantivo][femenino] **1** Parte de una prenda de vestir que cubre el brazo. **2** Tubo largo de un material impermeable que sirve para echar un líquido por uno de sus extremos: *Regué el jardín con una manga.* **3** Parte en la que se dividen algunas competiciones deportivas: *La esquiadora española hizo el mejor tiempo de la segunda manga.* **4** Especie de bolsa con un agujero que sirve para echar la nata en algunos pasteles: *Puse mi nombre en la tarta con la manga.* **5** Fruta tropical parecida al mango. ◼ [sustantivo][masculino] **6** Cómic de origen japonés que tiene un dibujo sencillo. ◆ [expresión] ‖ **manga ancha** Tolerancia ante las faltas o errores propios o ajenos. ‖ **manga por hombro** Sin orden: *Arregla tu habitación, que la tienes manga por hombro.* ‖ **sacarse algo de la manga** Inventárselo. ☐ [Las expresiones «manga por hombro» y «sacarse algo de la manga» son coloquiales]. ☐ SINÓNIMOS: **2** manguera. ☐ FAMILIA: remangar, bocamanga.

manganeso (man·ga·ne·so) [sustantivo][masculino] Metal de color grisáceo brillante, duro pero fácil de romper, que resiste al fuego.

mangar (man·gar) [verbo] Quitar o robar. ☐ [La «g» se cambia en «gu» delante de «e» («mangue»). Es coloquial]. ☐ SINÓNIMOS: afanar, birlar, trincar, choricear, chorizar, chingar.

manglar (man·glar) [sustantivo][masculino] Terreno de las costas tropicales, que suele estar inundado por las aguas del mar y en el que se desarrollan plantas.

mango (man·go) [sustantivo][masculino] **1** Parte estrecha y alargada por la que se agarra algo con la mano: *el mango de la sartén.* **2** Árbol que da un fruto con forma de pera, pero más gordo. **3** Fruto de este árbol. ◉ página 453. ☐ SINÓNIMOS: **1** empuñadura, puño. ☐ FAMILIA: manguito.

mangonear (man·go·ne·ar) [verbo] Meterse en los asuntos de los demás para decirles cómo actuar: *Deja de mangonear en mi vida.* ☐ [Es coloquial].

mangosta (man·gos·ta) [sustantivo][femenino] Animal pequeño, de pelo rojizo o gris, con el cuerpo alargado, las patas cortas y la cola larga, que se alimenta de otros animales.

manguera (man·gue·ra) [sustantivo][femenino] Tubo largo de un material impermeable que sirve para echar un líquido por uno de sus extremos. ◉ páginas 494-495. ☐ SINÓNIMOS: manga.

manguera

manguito (man·gui·to) [sustantivo masculino] **1** Media manga que cubre desde el codo hasta la muñeca: *Los manguitos se usaban para no mancharse las mangas de la camisa.* **2** Tubo hueco que sirve para unir dos piezas en forma de cilindro. ☐ Familia: →mango.

maní (ma·ní) [sustantivo masculino] Fruto seco formado por una cáscara de color marrón claro, con varios granos dentro que se pueden comer. ☐ [Su plural es «manís» o «maníes» (más culto)]. ☐ Sinónimos: cacahuete.

manía (ma·ní·a) [sustantivo femenino] **1** Costumbre que se tiene de hacer algo siempre de la misma manera: *Tengo la manía de beber dos vasos de agua antes de comer.* **2** Mala voluntad que se tiene contra una persona: *Me tienes manía.* ☐ Sinónimos: **2** ojeriza, inquina. ☐ Familia: maniático, maniaco.

maniaco, ca o **maníaco, ca** (ma·nia·co, ca; ma·ní·a·co, ca) [sustantivo] Persona que sufre una manía o una enfermedad mental. ☐ Familia: →manía.

maniatar (ma·nia·tar) [verbo] Atar las manos a una persona. ☐ Familia: →mano. →atar.

maniático, ca (ma·niá·ti·co, ca) [adjetivo o sustantivo] Que hace cosas por costumbre y siempre de la misma manera. ☐ Familia: →manía.

manicomio (ma·ni·co·mio) [sustantivo masculino] Hospital para personas que tienen enfermedades de la mente. ☐ Sinónimos: psiquiátrico.

manicuro, ra (ma·ni·cu·ro, ra) [sustantivo] **1** Persona que cuida y arregla las manos y las uñas. ▮ **manicura** [sustantivo femenino] **2** Hecho de cuidar y arreglar las manos y las uñas: *Me he hecho la manicura.* ☐ Familia: →mano.

manido, da (ma·ni·do, da) [adjetivo] Dicho de un tema, que se ha hablado demasiado sobre él y resulta poco original. ☐ Sinónimos: trillado.

manifestación (ma·ni·fes·ta·ción) [sustantivo femenino] **1** Expresión pública de una idea: *El entrenador hizo unas manifestaciones a la prensa.* **2** Señal que hace que se vea o se note algo: *La risa es una manifestación de alegría.* **3** Conjunto de personas que se reúnen en un lugar público para pedir algo: *Ha habido una manifestación de agricultores.* ☐ Sinónimos: **2** muestra. ☐ Familia: →manifestar.

manifestante (ma·ni·fes·tan·te) [sustantivo] Persona que se reúne con otras en un lugar público para pedir algo o protestar por algo. ☐ [No varía en masculino y femenino]. ☐ Familia: →manifestar.

manifestar (ma·ni·fes·tar) [verbo] **1** Expresar algo de manera pública: *El actor manifestó que esta había sido su mejor película.* **2** Enseñar o dejar ver: *Su rostro manifestaba cansancio.* ▮ **manifestarse 3** Reunirse en un lugar público para pedir algo: *Los trabajadores se manifestaron frente al ministerio.* ☐ [Es irregular y se conjuga como ACERTAR]. ☐ Sinónimos: **1** comunicar, decir. **2** demostrar, denotar, mostrar. ☐ Antónimos: **1** callar. **2** ocultar. ☐ Familia: manifestación, manifestante, manifiesto.

manifiesto, ta (ma·ni·fies·to, ta) ▮ [adjetivo] **1** Que es tan claro que no tiene duda: *Recibió la noticia con una alegría manifiesta.* ▮ **manifiesto** [sustantivo masculino] **2** Escrito en el que alguien expresa sus ideas o sus planes: *el manifiesto comunista.* ☐ Sinónimos: **1** patente. ☐ Antónimos: **1** latente. ☐ Familia: →manifestar.

manija (ma·ni·ja) [sustantivo femenino] Mango o manivela que hace más fácil el uso de un instrumento: *la manija de la puerta.* ☐ Sinónimos: manilla. ☐ Familia: →mano.

manilla (ma·ni·lla) [sustantivo femenino] **1** Aguja que marca la hora en un reloj. **2** Mango o manivela que hace más fácil el uso de un instrumento. ☐ Sinónimos: **2** manija. ☐ Familia: →mano.

manillar (ma·ni·llar) [sustantivo masculino] En un vehículo de dos ruedas, parte en la que se apoyan las manos para controlar la dirección. ☐ Familia: →mano.

maniobra (ma·nio·bra) ▮ [sustantivo femenino] **1** Operación que se realiza para controlar la marcha de un vehículo: *Hice varias maniobras para aparcar el coche.* **2** Acción que se hace con habilidad para conseguir un fin: *Cambiar de tema fue una hábil maniobra para distraernos.* ▮ **maniobras** [plural] **3** Conjunto de operaciones que realiza un ejército como ejercicio: *maniobras militares.* ☐ Familia: →mano. →obrar.

maniobrar (ma·nio·brar) [verbo] Realizar operaciones que sirven para controlar la marcha de un vehículo: *Maniobré con rapidez para no atropellar al perro.* ☐ Familia: →mano. →obrar.

manipulación (ma·ni·pu·la·ción) [sustantivo femenino] **1** Cambio que se hace para conseguir algo: *manipulación genética.* **2** Trabajo que se hace con las manos o con algunos instrumentos: *manipulación de alimentos.* ☐ Familia: →mano.

manipulador, ra (ma·ni·pu·la·dor, do·ra) [adjetivo o sustantivo] Que manipula. ☐ Familia: →mano.

manipular (ma·ni·pu·lar) [verbo] **1** Manejar algo con astucia para conseguir lo que queremos: *Manipuló la información.* **2** Trabajar algo con las manos o con algunos instrumentos: *Para manipular estas sustancias hay que ponerse guantes especiales.* ☐ Familia: →mano.

maniquí (ma·ni·quí) ▮ [sustantivo] **1** Persona que trabaja poniéndose prendas de vestir para mostrarlas. ▮ [sustantivo masculino] **2** Figura con forma de persona que se usa para mostrar la ropa. ☐ [En el significado **1** no varía en masculino y femenino. Su plural es «maniquís» o «maniquíes» (más culto)]. ☐ Sinónimos: **1** modelo.

manirroto, ta (ma·ni·rro·to, ta) [adjetivo o sustantivo] Que gasta demasiado dinero. ☐ Familia: →mano.

manitas (ma·ni·tas) [adjetivo o sustantivo] Dicho de una persona, que tiene mucha habilidad con las manos. ◆ [expresión] ▮ **hacer manitas** Acariciarse las manos dos personas: *Unos novios hacían manitas en el parque.* ☐ [No varía en masculino y femenino, ni en singular y plural]. ☐ Sinónimos: habilidoso. ☐ Familia: →mano.

manivela (ma·ni·ve·la) [sustantivo/femenino] Pieza doblada en ángulo recto y que se hace girar para mover algo. ☐ Familia: →mano.

manivela

manjar (man·jar) [sustantivo/masculino] Alimento exquisito.

mano (ma·no) [sustantivo/femenino] **1** Parte en que termina el brazo y que nos sirve para agarrar las cosas: *Yo escribo con la mano derecha.* **2** Capacidad para hacer algo bien: *Tienes muy buena mano para cuidar a los niños.* **3** Poder o influencia sobre algo: *A ti te hará caso porque tienes mucha mano sobre ella.* **4** Estado de las cosas en las que ha participado alguien para hacerlas: *En la decoración se nota la mano de tu madre.* **5** Capa de alguna sustancia que se da sobre una superficie: *Dale a la puerta una mano de barniz.* **6** Especie de palo con el que se golpean algunos alimentos en el mortero: *Pásame la mano y el mortero, que voy a machacar unos ajos.* **7** Cada una de las veces que se reparten las cartas en algunos juegos: *Esta mano la gano yo.* **8** Persona que está a la derecha del que reparte las cartas en algunos juegos: *Empiezas pidiendo carta tú, que eres mano.* ◆ [expresión] ‖ **abrir la mano** Ser más tolerante. ‖ **a mano 1** Sin usar máquinas: *Este vestido está hecho a mano.* **2** Cerca: *Si tienes un boli a mano pásamelo, por favor.* ‖ **con la mano en el corazón** Con sinceridad. ‖ **con las manos en la masa** En mitad de lo que se está realizando. ‖ **de segunda mano** Ya usado: *un coche de segunda mano.* ‖ **echar una mano** Ayudar. ‖ **en mano** En persona: *Dale esta carta a tu padre en mano.* ‖ **frotarse las manos** Alegrarse o sentir satisfacción. ‖ **írsele la mano a alguien** Pasarse: *Se te ha ido la mano con la sal.* ‖ **mano a mano** Trabajando juntas dos personas: *Ese libro lo hicieron mano a mano dos famosos escritores.* ‖ **mano de obra** Trabajo manual realizado por un obrero: *Lo más caro de la reforma ha sido la mano de obra.* ‖ **mano de santo** Remedio que resulta muy eficaz: *Esta infusión es mano de santo para el dolor de estómago.* ‖ **mano izquierda** Habilidad para tratar asuntos difíciles: *Háblale con mano izquierda porque se enfada enseguida.* ‖ **meter mano** Tocar a una persona con intenciones sexuales. ‖ **tener algo entre manos** Estar ocupado en ello. ‖ **tener la mano larga** Pegar a los demás sin motivo. ☐ [La expresión «meter mano» es vulgar]. ☐ Sinónimos: **2** habilidad, facilidad, destreza, arte. ☐ Antónimos: **2** torpeza. ☐ Familia: manosear, manotear, manoteo, manotazo, manopla, manojo, manilla, manillar, manitas, manicuro, manicura, manazas, manecilla, manija, manivela, manipular,

manipulación, manipulador, maniatar, manirroto, maniobra, maniobrar, manual, manualidad, manufacturar, manubrio, manuscrito, pasamanos, balonmano, amanuense.

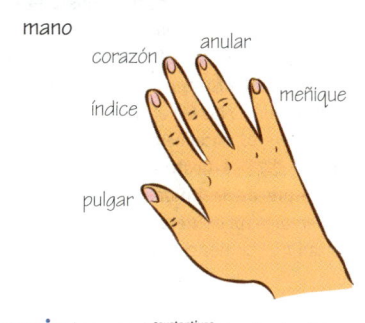

mano
corazón anular
índice meñique
pulgar

manojo (ma·no·jo) [sustantivo/masculino] Conjunto de cosas generalmente alargadas que se pueden coger con la mano: *un manojo de espárragos.* ◆ [expresión] ‖ **ser un manojo de nervios** Ser muy nervioso. ☐ [La expresión es coloquial]. ☐ Familia: →mano.

manoletina (ma·no·le·ti·na) [sustantivo/femenino] Zapato bajo, de punta redondeada, parecido al que usan los toreros.

manómetro (ma·nó·me·tro) [sustantivo/masculino] Instrumento que sirve para medir la presión de un líquido o de un gas en un recipiente cerrado.

manopla (ma·no·pla) [sustantivo/femenino] Prenda que sirve para proteger las manos, sin separar los dedos. ☐ Familia: →mano.

manopla

manosear (ma·no·se·ar) [verbo] Tocar con las manos repetidamente: *No manosees el pan.* ☐ Sinónimos: sobar. ☐ Familia: →mano.

manotazo (ma·no·ta·zo) [sustantivo/masculino] Golpe dado con la mano. ☐ Familia: →mano.

manotear (ma·no·te·ar) [verbo] Mover mucho las manos al hablar. ☐ Familia: →mano.

manoteo (ma·no·te·o) [sustantivo/masculino] Movimiento continuo de las manos al hablar. ☐ Familia: →mano.

mansalva (man·sal·va) ◆ [expresión] ‖ **a mansalva** En gran cantidad: *Había gente a mansalva en el concierto.*

mansedumbre (man·se·dum·bre) [sustantivo/femenino] Falta de movimiento o de violencia. ☐ Familia: →manso.

mansión (man·sión) [sustantivo/femenino] Casa muy grande y lujosa.

manso, sa (man·so, sa) [adjetivo] Dicho de un animal, que no es violento o que deja que el hombre se ponga cerca de él. ☐ Antónimos: bravo. ☐ Familia: mansedumbre, amansar.

manta (man·ta) ■ [sustantivo] **1** Persona poco hábil: *No me dejan jugar porque dicen que soy un manta.* ■ [sustantivo/femenino] **2** Pieza de tela gruesa que sirve para dar calor. **3** Pez que tiene el cuerpo muy plano y con forma de rombo. ◉ **página 723.** ◆ [expresión] ‖ **a manta** En gran cantidad: *Llueve a manta.* ‖ **liarse la manta a la cabeza** Decidirse a hacer algo sin pensar en las consecuencias. ☐ [En el significado **1** no varía en masculino y femenino. Las expresiones son coloquiales]. ☐ Familia: mantear, mantilla, manto, mantón, mantillo.

mantear (man·te·ar) [verbo] Lanzar al aire a una persona que está sobre una manta sujeta por varias personas. ☐ Familia: →manta.

manteca (man·te·ca) [sustantivo/femenino] **1** Grasa de algunos animales: *manteca de cerdo.* **2** Sustancia grasa que se obtiene de algunos frutos: *manteca de cacao.* ☐ Sinónimos: **1** unto, sebo. ☐ Familia: mantecada, mantecado, mantecoso, mantequilla, mantequera, mantequería.

mantecada (man·te·ca·da) [sustantivo/femenino] Bollo pequeño que se suele cocer en un molde de papel cuadrado. ☐ Familia: →manteca.

mantecado (man·te·ca·do) [sustantivo/masculino] **1** Dulce elaborado con manteca de cerdo: *En Navidad tomamos turrones, polvorones y mantecados.* **2** Helado hecho con leche, huevos y azúcar. ☐ Familia: →manteca.

mantecoso, sa (man·te·co·so, sa) [adjetivo] Con manteca o con sus características: *un pastel mantecoso; un queso mantecoso.* ☐ Familia: →manteca.

mantel (man·tel) [sustantivo/masculino] Pieza de tela con la que se cubre la mesa durante las comidas. ☐ Familia: mantelería, salvamanteles.

mantelería (man·te·le·rí·a) [sustantivo/femenino] Conjunto formado por un mantel y servilletas que hacen juego. ☐ Familia: →mantel.

mantener (man·te·ner) [verbo] **1** Sujetar algo o evitar que se caiga: *Mantén esta tela en alto.* **2** Conservar sin cambios: *No como mucho para mantener mi peso.* **3** Continuar una acción: *Mantuvimos una discusión muy interesante.* **4** Defender o hacer permanecer: *Mantengo que fuiste tú quien lo hizo.* **5** Dar el dinero o los alimentos necesarios para vivir: *Desde que murieron sus padres, los mantiene una tía suya.* **6** Seguir teniendo o conservar: *Esta buena noticia te ayudará a mantener la esperanza.* ☐ [Es irregular y se conjuga como TENER]. ☐ Antónimos: **2** fluctuar. ☐ Familia: mantenimiento, manutención. →tener.

mantenimiento (man·te·ni·mien·to) [sustantivo/masculino] **1** Hecho de conservar o de sujetar algo, para que no se caiga o no se estropee: *gimnasia de mantenimiento.* **2** Conjunto de cuidados que necesita algo para seguir funcionando: *Llama al encargado de mantenimiento para que arregle el ascensor.* **3** Hecho de continuar una acción: *Tenemos fe en el mantenimiento de las conversaciones para llegar a la paz en las zonas de guerra.* **4** Hecho de dar lo necesario para vivir, especialmente los alimentos: *Me encargo del mantenimiento de mi familia.* ☐ Sinónimos: **4** manutención.

mantequera (man·te·que·ra) [sustantivo/femenino] Recipiente para guardar la mantequilla. ☐ Familia: →manteca.

mantequería (man·te·que·rí·a) [sustantivo/femenino] Tienda en la que se vende mantequilla y otros productos que se obtienen de la leche. ☐ Familia: →manteca.

mantequilla (man·te·qui·lla) [sustantivo/femenino] Alimento blando que se obtiene de la grasa de la leche de la vaca. ☐ Familia: →manteca.

mantilla (man·ti·lla) [sustantivo/femenino] Prenda de vestir que se pone sobre la cabeza y cae sobre los hombros, y que suele ser de encaje. ☐ Familia: →manta.

mantillo (man·ti·llo) [sustantivo/masculino] Tipo de tierra que contiene estiércol y restos vegetales y animales, y que se usa como abono para las plantas. ☐ Sinónimos: humus. ☐ Familia: →manta.

mantis (man·tis) [sustantivo/femenino] Insecto de cuerpo verdoso, muy delgado y alargado, cuya hembra suele devorar al macho después de haberse unido a él para reproducirse. ☐ [Se dice también «mantis religiosa»]. ☐ Sinónimos: santateresa. ◉ **página 530.**

manto (man·to) [sustantivo/masculino] **1** Prenda de vestir amplia, parecida a la capa, que cubre desde los hombros hasta los pies. **2** Una de las partes que forman la estructura de la Tierra. ◉ **ilustración en geosfera.** ☐ Familia: →manta.

mantón (man·tón) [sustantivo/masculino] Prenda de vestir que se echa sobre los hombros. ☐ Familia: →manta.

mantilla   manto   mantón

manual (ma·nual) ■ [adjetivo] **1** Que se realiza con las manos: *trabajos manuales.* ■ [sustantivo/masculino] **2** Libro en el que se encuentra lo más importante de una materia: *manual de botánica.* ☐ [En el significado **1** no varía en masculino y femenino]. ☐ Familia: →mano.

manualidad (ma·nua·li·dad) [sustantivo/femenino] Trabajo realizado con las manos. ☐ [Se usa más en plural]. ☐ Familia: →mano.

manubrio (ma·nu·brio) [sustantivo masculino] Mango que al girar hace que funcione un instrumento. ☐ FAMILIA: →mano.

manufactura (ma·nu·fac·tu·ra) [sustantivo femenino] **1** Obra hecha a mano o con ayuda de máquinas. **2** Fábrica en la que se hacen estos productos: *En Cataluña hay muchas manufacturas textiles.* ☐ FAMILIA: →facturar.

manufacturar (ma·nu·fac·tu·rar) [verbo] Fabricar algo a mano o con ayuda de máquinas. ☐ FAMILIA: →mano. →facturar.

manuscrito, ta (ma·nus·cri·to, ta) ■ [adjetivo] **1** Escrito a mano: *nota manuscrita.* ■ **manuscrito** [sustantivo masculino] **2** Texto escrito a mano: *Antes de que se inventara la imprenta solo había manuscritos.* ☐ FAMILIA: →mano. →escribir.

manutención (ma·nu·ten·ción) [sustantivo femenino] Hecho de dar lo necesario para vivir, especialmente los alimentos. ☐ SINÓNIMOS: mantenimiento. ☐ FAMILIA: →mantener.

manzana (man·za·na) [sustantivo femenino] **1** Fruta casi redonda, de carne blanca y piel delgada, verde, roja o amarilla. ⊙ *página 453.* **2** Espacio urbano que está limitado por calles por todos sus lados: *Mi colegio está a dos manzanas.* ☐ FAMILIA: manzano.

manzanilla (man·za·ni·lla) [sustantivo femenino] Planta que tiene flores de color blanco con el centro amarillo y que se usa para hacer infusiones. ☐ SINÓNIMOS: camomila.

manzano (man·za·no) [sustantivo masculino] Árbol cuyo fruto es la manzana. ⊙ *página 91.* ☐ FAMILIA: →manzana.

maña (ma·ña) [sustantivo femenino] Mira en **maño, ña**.

mañana (ma·ña·na) [sustantivo masculino] **1** Tiempo que todavía no ha llegado: *Mucha gente ahorra pensando en el mañana.* ■ [sustantivo femenino] **2** Período de tiempo que está entre la noche y la tarde: *Son las nueve de la mañana.* ■ [adverbio] **3** En el día posterior al de hoy: *Si hoy es lunes, mañana será martes.* **4** En un tiempo futuro: *Hoy la empresa va bien, pero, mañana, quién sabe.* ◆ [expresión] ‖ **hasta mañana** Se usa para despedirse hasta el día siguiente. ‖ **pasado mañana** En el día posterior al de mañana: *Si hoy es domingo, pasado mañana será martes.* ☐ SINÓNIMOS: **1** futuro, porvenir. ☐ ANTÓNIMOS: **1** pasado. **1, 3, 4** ayer. ☐ FAMILIA: mañanero, matinal, matutino.

mañanero, ra (ma·ña·ne·ro, ra) [adjetivo] De la mañana o relacionado con ella: *sol mañanero.* ☐ FAMILIA: →mañana.

maño, ña (ma·ño, ña) ■ [adjetivo o sustantivo] **1** Aragonés. ■ **maña** [sustantivo femenino] **2** Capacidad para hacer algo bien: *tener maña para patinar.* **3** Habilidad para conseguir lo que se desea: *No uses tus mañas para convencerme.* ☐ [El significado **1** es coloquial]. ☐ SINÓNIMOS: **2, 3** arte. **2** facilidad. ☐ ANTÓNIMOS: **2** torpeza. ☐ FAMILIA: **2** mañoso.

mañoso, sa (ma·ño·so, sa) [adjetivo] Que tiene maña. ☐ SINÓNIMOS: capaz, hábil, diestro. ☐ ANTÓNIMOS: torpe, negado, inepto. ☐ FAMILIA: →maña.

mapa (ma·pa) [sustantivo masculino] Imagen que representa en un plano cómo es la superficie de la Tierra o cómo es una parte de ella. ⊙ *páginas 604-605.* ☐ SINÓNIMOS: carta. ☐ FAMILIA: mapamundi.

mapache (ma·pa·che) [sustantivo masculino] Animal americano de color gris y con la cola larga con rayas blancas y oscuras: *Los mapaches tienen una mancha negra alrededor de los ojos.*

mapamundi (ma·pa·mun·di) [sustantivo masculino] Mapa en el que se representa toda la superficie de la Tierra. ⊙ *páginas 606-607.* ☐ [Su plural es «mapamundis»]. ☐ FAMILIA: →mapa. →mundo.

maqueta (ma·que·ta) [sustantivo femenino] Copia exacta de un objeto que se hace a un tamaño reducido. ☐ SINÓNIMOS: modelo.

maquillador, ra (ma·qui·lla·dor, do·ra) [sustantivo] Persona que trabaja maquillando a los demás. ☐ FAMILIA: →maquillar.

maquillaje (ma·qui·lla·je) [sustantivo masculino] Conjunto de pinturas que se usan para dar color a la cara. ☐ FAMILIA: →maquillar.

maquillar (ma·qui·llar) [verbo] Dar pinturas en la cara: *Maquillaron tanto al actor que no lo reconocimos.* ☐ SINÓNIMOS: pintarse. ☐ FAMILIA: maquillaje, maquillador, desmaquillarse.

máquina (má·qui·na) [sustantivo femenino] **1** Aparato que aprovecha una fuerza o que la produce, y que tiene diferentes usos: *máquina de coser.* **2** Locomotora del tren. ◆ [expresión] ‖ **a toda máquina** A gran velocidad. ☐ FAMILIA: maquinaria, maquinilla, maquinista, maquinar.

maquinar (ma·qui·nar) [verbo] Preparar en secreto un plan contra alguien: *Siempre estás maquinando alguna travesura.* ☐ SINÓNIMOS: urdir. ☐ FAMILIA: →máquina.

maquinaria (ma·qui·na·ria) [sustantivo femenino] Conjunto de máquinas que se usan para un fin determinado. ☐ FAMILIA: →máquina.

maquinilla (ma·qui·ni·lla) [sustantivo femenino] Máquina pequeña que se usa para afeitar la barba: *maquinilla eléctrica.* ☐ FAMILIA: →máquina.

maquinista (ma·qui·nis·ta) [sustantivo] Persona que conduce un tren. ☐ [No varía en masculino y femenino]. ☐ FAMILIA: →máquina.

mar [sustantivo] **1** Masa de agua salada que cubre la mayor parte de la superficie de la Tierra: *La ballena y el tiburón viven en el mar.* **2** Cada una de las partes en que se considera dividida esta masa de agua: *mar Mediterráneo.* **3** Lago de gran extensión: *el mar Negro.* ◆ [expresión] ‖ **alta mar** Parte del mar que está muy lejos de la costa: *Los barcos balleneros pasan mucho tiempo en alta mar.* ‖ **a mares** En gran cantidad: *Está lloviendo a mares.* ‖ **hacerse a la mar** Salir del puerto para navegar: *Este barco se hace a la mar a las ocho de la mañana.* ‖ **la mar de** Mucho o muy: *Hemos hecho la mar de cosas.* ☐ [Se puede decir «el mar» y «la mar» sin que cambie de significado, pero en plural solo se puede decir «los mares»]. ☐ FAMILIA: marino, marinero, marítimo, marisma, marea, maremoto, marejada, marejadilla, marear, mareo, marisco, mariscada, submarino, submarinismo, submarinista, amerizar, amarar, ultramar, ultramarino, bajamar, pleamar.

marabú (ma·ra·bú) [sustantivo][masculino] Ave africana parecida a la cigüeña con las patas y el pico largos. ☐ [Su plural es «marabús» o «marabúes» (más culto)].

marabunta (ma·ra·bun·ta) [sustantivo][femenino] **1** Conjunto formado por un gran número de hormigas que se comen todo lo que encuentran a su paso: *La marabunta es un peligro para las cosechas*. **2** Grupo de gente que produce mucho jaleo.

maraca (ma·ra·ca) [sustantivo][femenino] Instrumento musical formado por un mango y una especie de bola hueca que tiene algo en su interior y suena al agitarlo. 👁 **páginas 534-535**.

maracas

marajá (ma·ra·já) [sustantivo][masculino] Antiguo rey o príncipe de algunos países de la India, que es un país asiático. ☐ [Es una palabra de origen inglés].

maraña (ma·ra·ña) [sustantivo][femenino] Conjunto desordenado de hilos, de pelos o de cosas parecidas: *una maraña de cables*. ☐ FAMILIA: enmarañar.

maratón (ma·ra·tón) [sustantivo] **1** Carrera que consiste en correr una distancia de aproximadamente cuarenta y dos kilómetros. **2** Competición o espectáculo que dura más de lo normal: *Esta maratón de baloncesto dura veinticuatro horas seguidas*. ☐ [Se puede decir «el maratón» y «la maratón» sin que cambie de significado].

maravedí (ma·ra·ve·dí) [sustantivo][masculino] Antigua moneda española. ☐ [Su plural es «maravedís» o «maravedíes» (más culto)].

maravilla (ma·ra·vi·lla) [sustantivo][femenino] Persona o cosa que es extraordinaria o muy buena. ◆ [expresión] ‖ **a las mil maravillas** Muy bien: *La cena salió a las mil maravillas*. ☐ SINÓNIMOS: prodigio, portento, alhaja. ☐ FAMILIA: maravilloso, maravillar.

maravillar (ma·ra·vi·llar) [verbo] Producir mucha sorpresa o admiración: *Me maravilla lo bien que hablas inglés*. ☐ SINÓNIMOS: asombrar, admirar, sorprender. ☐ FAMILIA: maravilla.

maravilloso, sa (ma·ra·vi·llo·so, sa) [adjetivo] Que produce mucha admiración porque es extraordinario: *¡Qué paisaje tan maravilloso!* ☐ SINÓNIMOS: fabuloso, fantástico. ☐ FAMILIA: maravilla.

marca (mar·ca) [sustantivo][femenino] **1** Señal que permite reconocer algo. **2** Nombre que una fábrica da a sus productos: *marca de coches*. **3** Señal dejada por algo: *Cuando estoy morena, se me nota la marca del bañador*. **4** Mejor resultado que se ha registrado en un deporte: *El nadador español ha mejorado su marca*. ☐ SINÓNIMOS: **4** plusmarca, récord. ☐ FAMILIA: marcar.

marcado, da (mar·ca·do, da) [adjetivo] Que se nota mucho: *Habla bien español, pero con un marcado acento alemán*. ☐ FAMILIA: marcar.

marcador (mar·ca·dor) [sustantivo][masculino] En deporte, lugar en el que se anotan los tantos conseguidos por un equipo. ☐ FAMILIA: marcar.

marcaje (mar·ca·je) [sustantivo][masculino] En algunos deportes, hecho de que un jugador se coloque cerca de otro para dificultarle el juego. ☐ FAMILIA: marcar.

marcapasos (mar·ca·pa·sos) [sustantivo][masculino] Aparato electrónico que sirve para que el corazón pueda latir de forma adecuada. ☐ [No varía en singular y plural]. ☐ FAMILIA: paso.

marcar (mar·car) [verbo] **1** Señalar algo con un signo para reconocerlo: *Marco la ropa con mi inicial*. **2** Dejar una huella muy grande en algo: *Aquella mujer marcó su vida*. **3** Señalar una cantidad: *El termómetro marca siete grados*. **4** Determinar o fijar: *marcar el paso*. **5** Destacar: *Con esa falda tan estrecha se te marcan las caderas*. **6** Conseguir un tanto: *El equipo marcó un gol*. ☐ [La «c» se cambia en «qu» delante de «e» («marque»)]. ☐ FAMILIA: marca, marcador, marcado, marcaje, plusmarca, plusmarquista, demarcación, desmarcarse, remarcar.

marcha (mar·cha) [sustantivo][femenino] **1** Salida de un lugar: *Nos entristeció tu marcha*. **2** Desarrollo de algo: *Las reuniones de los alumnos con los profesores contribuirán a la buena marcha del curso*. **3** Energía o ganas de hacer muchas cosas: *Tienes mucha marcha*. **4** Ambiente que hay en un lugar: *Aquí hay mucha marcha*. **5** Movimiento que hace un grupo de personas que van juntas a un mismo lugar: *Hicimos una marcha a un pueblo de la sierra*. **6** Música que sirve para acompañar el paso: *marcha militar*. **7** Tipo de carrera en la que no se pueden tener levantados del suelo los dos pies a la vez: *Los corredores de marcha atlética andan de una forma extraña*. **8** En un vehículo, cada una de las posiciones del cambio de velocidades: *Mi coche tiene cinco marchas*. ◆ [expresión] ‖ **a marchas forzadas** Con prisa: *Terminé el trabajo a marchas forzadas*. ‖ **a toda marcha** A gran velocidad: *Si queremos llegar a tiempo, tendremos que ir a toda marcha*. ‖ **marcha atrás 1** En un vehículo, posición del cambio de velocidades que lo hace retroceder: *Para meter la marcha atrás en este coche tienes que apretar la palanca*. **2** Acción de retroceder un vehículo: *De ese callejón solo puedes sacar el camión marcha atrás*. ‖ **sobre la marcha** A medida que se va haciendo algo: *Decidiremos sobre la marcha qué hacer esta tarde*. ☐ [Los significados 3 y 4 son coloquiales]. ☐ ANTÓNIMOS: **1** llegada. ☐ FAMILIA: marchar.

mapa físico de España

mapa político de España

mapamundi político

606

ESCALA
0 — 1000 — 2000 — 3000 — 4000 km

- Mar de Beaufort
- Bahía de Baffin
- Groenlandia (Dinamarca)
- Mar de Groenlandia
- Jan Mayen (Noruega)
- OCÉ...
- Islas F... (Dinam...)
- ISLANDIA — Reikiavik
- Mar de Bering
- Islas Aleutianas (EE. UU.)
- Alaska (EE. UU.)
- Golfo de Alaska
- Bahía de Hudson
- CANADÁ — Ottawa
- Dublín — IRLANDA
- ESTADOS UNIDOS DE AMÉRICA — Washington D. C.
- OCÉANO ATLÁNTICO
- PORTUGAL — Lisboa
- Islas Azores (Portugal)
- ESP...
- Isla de Madeira (Portugal)
- Rab...
- Islas Bermudas (Reino Unido)
- MARRUECOS
- Islas Canarias (España)
- Golfo de México
- BAHAMAS — Nasáu
- SAHARA OCCIDENTAL
- MÉXICO — México D. F.
- CUBA — La Habana
- REP. DOMINICANA — Santo Domingo
- Puerto Príncipe — HAITÍ
- Puerto Rico (EE. UU.)
- MAURITANIA — Nuakchot
- Islas Hawái (EE. UU.)
- Belmopán — BELICE
- GUATEMALA — Ciudad de Guatemala
- HONDURAS — Tegucigalpa
- JAMAICA — Kingston
- A. y B.
- Guadalupe (Francia)
- CABO VERDE — Praia
- SAL. — San Salvador
- NICARAGUA — Managua
- Mar Caribe
- C. y N.
- Martinica (Francia)
- BARBADOS — Bridgetown
- SENEGAL — Dakar
- Banjul — GAMBIA
- Bisáu — GUINEA-BISÁU
- GUINEA — Conakri
- OCÉANO PACÍFICO
- COSTA RICA — San José
- PANAMÁ — Panamá
- V. y G.
- S.
- TRINIDAD Y TOBAGO — Puerto España
- SIERRA LEONA — Freetown
- Monrovia — LIBERIA
- COSTA DE MARFIL — Yamusukro
- VENEZUELA — Caracas
- Georgetown — GUYANA
- Paramaribo — SURINAM
- Guayana Francesa (Francia)
- COLOMBIA — Bogotá
- ECUADOR — Quito
- Islas Galápagos (Ecuador)
- KIRIBATI
- PERÚ — Lima
- BRASIL — Brasilia
- Isla Ascensión (Reino Unido)
- BOLIVIA — La Paz
- Islas Cook (Nueva Zelanda)
- Polinesia Francesa (Francia)
- Islas Pitcairn (Reino Unido)
- Isla San Félix (Chile)
- Isla Sala y Gómez (Chile)
- Isla de Pascua (Chile)
- Isla San Ambrosio (Chile)
- PARAGUAY — Asunción
- URUGUAY — Montevideo
- CHILE — Santiago de Chile
- ARGENTINA — Buenos Aires
- Isla R... (Reino...)
- Islas Malvinas (Reino Unido)
- Islas Georgias del Sur (Reino Unido)
- Islas Shetland del Sur (Reino Unido)
- Islas Sandwich del Sur (Reino Unido)
- Islas Orcadas del Sur (Reino Unido)
- OCÉAN...

● Capital de Estado — Límite internacional

Abreviaturas de Estados y sus capitales

A.	Albania (Tirana)	G. E.	Guinea Ecuatorial (Malabo)
A. y B.	Antigua y Barbuda (Saint Jonh's)	H.	Hungría (Budapest)
AND.	Andorra (Andorra la Vieja)	L.	Liechtenstein (Vaduz)
AU.	Austria (Viena)	LU.	Luxemburgo (Luxemburgo)
B.	Bélgica (Bruselas)	M.	Macedonia (Skopie)
B. F.	Burkina Faso (Uagadugú)	MO.	Mónaco (Mónaco)
B.-H.	Bosnia-Herzegovina (Sarajevo)	MT.	Montenegro (Podgorica)
C.	Croacia (Zagreb)	P. B.	Países Bajos (Ámsterdam)
C. y N.	San Cristóbal y Nieves (Basseterre)	R. CH.	República Checa (Praga)
CP.	Chipre (Nicosia)	S.	Suiza (Berna)
D.	Dominica (Roseau)	S. L.	Santa Lucía (Castries)
E. A. U.	Emiratos Árabes Unidos (Abu Dabi)	S. M.	San Marino (San Marino)
E.	Eslovaquia (Bratislava)	SAL.	El Salvador (San Salvador)
ES.	Eslovenia (Liubliana)	SER.	Serbia (Belgrado)
G.	Granada (Saint George)	V. y G.	San Vicente y las Granadinas (Kingstown)

mapamundi político

marchamo (mar·cha·mo) [sustantivo masculino] Marca que se pone a un producto o a un objeto después de haber sido analizado o revisado: *Los embutidos deben llevar el marchamo del Ministerio de Sanidad.*

marchante (mar·chan·te) [sustantivo] Persona que compra y vende cuadros y otras obras de arte. ☐ [No varía en masculino y femenino].

marchar (mar·char) [verbo] **1** Ir de un lugar a otro: *¿A qué hora marcháis hacia Madrid?* **2** Desarrollarse o funcionar: *Las cosas no marchan bien.* **3** Funcionar un aparato: *Este coche marcha estupendamente.* ▌ **marcharse 4** Abandonar un lugar por decisión propia: *Me marché de la ciudad y me fui a vivir al campo.* ☐ SINÓNIMOS: **3** andar. **4** irse, ausentarse. ☐ ANTÓNIMOS: **1**, **4** permanecer. **4** quedarse, acudir, llegar, presentarse. ☐ FAMILIA: marcha, marchoso.

marchitar (mar·chi·tar) [verbo] Estropearse una planta u otra cosa: *marchitarse una flor.* ☐ SINÓNIMOS: mustiar. ☐ FAMILIA: marchito.

marchito, ta (mar·chi·to, ta) [adjetivo] Sin fuerza o sin belleza. ☐ SINÓNIMOS: mustio. ☐ FAMILIA: →marchitar.

marchoso, sa (mar·cho·so, sa) [adjetivo o sustantivo] Alegre o divertido: *Aunque los veas tan serios, mis padres son muy marchosos.* ☐ [Es coloquial]. ☐ SINÓNIMOS: animado. ☐ FAMILIA: →marchar.

marcial (mar·cial) [adjetivo] Del ejército, de la guerra o relacionado con ellos: *paso marcial.* ☐ [No varía en masculino y femenino].

marciano, na (mar·cia·no, na) [adjetivo o sustantivo] De Marte o relacionado con este planeta.

marco (mar·co) [sustantivo masculino] **1** Pieza que se pone alrededor de algunas cosas: *el marco de una foto.* **2** Ambiente que rodea algo: *marco familiar.* **3** Moneda de Alemania, que es un país europeo, y de otros países hasta la adopción del euro. ☐ SINÓNIMOS: **1** cerco. ☐ FAMILIA: enmarcar.

marea (ma·re·a) [sustantivo femenino] **1** Movimiento por el que las aguas del mar suben y bajan cada cierto tiempo: *marea alta; marea baja.* **2** Gran cantidad de algo: *Una marea de admiradores esperaba la llegada de la actriz.* ◆ [expresión] ▌ **marea negra** Petróleo que se derrama en el mar a causa de un accidente. ☐ FAMILIA: →mar.

marear (ma·re·ar) [verbo] **1** Producir una sensación en la que sentimos que perdemos el equilibrio y tenemos ganas de devolver: *Leer cuando voy en coche me marea.* **2** Cansar o molestar mucho: *Me estás mareando con tantas preguntas.* ☐ [El significado **2** es coloquial]. ☐ FAMILIA: →mar.

marejada (ma·re·ja·da) [sustantivo femenino] Agitación del mar que produce grandes olas y que es menos fuerte que el temporal. ☐ FAMILIA: →mar.

marejadilla (ma·re·ja·di·lla) [sustantivo femenino] Marejada que no es muy fuerte. ☐ FAMILIA: →mar.

maremoto (ma·re·mo·to) [sustantivo masculino] Terremoto que se produce en el mar. ☐ FAMILIA: →mar.

marengo (ma·ren·go) [adjetivo o sustantivo masculino] Dicho del color gris, que es muy oscuro. ☐ [Cuando es adjetivo, no varía en masculino y femenino].

mareo (ma·re·o) [sustantivo masculino] **1** Sensación que tenemos cuando sentimos que perdemos el equilibrio y nos entran ganas de devolver. **2** Cosa que aburre o cansa mucho. ☐ [El significado **2** es coloquial]. ☐ FAMILIA: →mar.

marfil (mar·fil) [sustantivo masculino] Material duro de color casi blanco del que están formados los dientes de algunos animales: *Los colmillos de los elefantes son de marfil.*

margarina (mar·ga·ri·na) [sustantivo femenino] Sustancia blanda, fabricada con grasas vegetales y animales, parecida a la mantequilla.

margarita (mar·ga·ri·ta) [sustantivo femenino] Planta cuyas flores tienen pétalos blancos y el centro amarillo. 👁 **página 444.**

margen (mar·gen) ▌ [sustantivo masculino] **1** Límite o extremo: *los márgenes de la carretera.* **2** Espacio en blanco que se deja en una página entre sus bordes y la parte escrita. **3** Diferencia que existe entre cómo se supone que es una cosa y cómo es esa cosa de verdad: *Los cálculos no son exactos porque tienen un margen de error.* **4** Límite de espacio o de tiempo: *Me han dado dos días de margen para presentar la solicitud.* ▌ [sustantivo femenino] **5** Borde de un río. ◆ [expresión] ▌ **al margen** Fuera o separado: *Me dejaron al margen del asunto.* ☐ SINÓNIMOS: **1**, **5** orilla. **5** ribera. ☐ ANTÓNIMOS: **1** centro. ☐ FAMILIA: marginar, marginado, marginal.

marginado, da (mar·gi·na·do, da) [sustantivo] Persona que no es aceptada por la sociedad o por un grupo y a la que se le trata peor que a los demás: *Muchos marginados tienen que vivir en la calle.* ☐ FAMILIA: →margen.

marginal (mar·gi·nal) [adjetivo] Que está al margen: *grupos marginales.* ☐ [No varía en masculino y femenino]. ☐ FAMILIA: →margen.

marginar (mar·gi·nar) [verbo] Dejar a una persona sola y separada del resto, tratándola peor que a los demás: *No tenemos derecho a marginar a nadie.* ☐ FAMILIA: →margen.

maría (ma·rí·a) [sustantivo femenino] **1** Asignatura fácil de aprobar. **2** Mujer sencilla y de poco nivel cultural, que está muy pendiente de la limpieza del hogar. ☐ [El significado **1** es coloquial. El significado **2** es coloquial y despectivo].

mariachi (ma·ria·chi) [sustantivo masculino] **1** Baile y música populares de origen mexicano. **2** Orquesta que toca esta música. **3** Cada uno de los músicos de esta orquesta.

marianista (ma·ria·nis·ta) [adjetivo o sustantivo] De la Compañía de María y de las Hijas de María Inmaculada, que son congregaciones religiosas, o relacionado con ellas: *Los marianistas se han dedicado tradicionalmente a la enseñanza.* ☐ [No varía en masculino y femenino].

mariano, na (ma·ria·no, na) [adjetivo] De la Virgen María o relacionado con su culto: *oración mariana.*

marica (ma·ri·ca) [sustantivo masculino] **1** Dicho de un hombre, que tiene las características que de manera tradicional se han considerado propias de las mujeres.

marquetería

2 Dicho de un hombre, que siente amor por otros hombres. ☐ [Cuando es adjetivo, no varía en masculino y femenino. Es coloquial y despectivo]. ☐ SINÓNIMOS: **2** homosexual.

marido (ma·ri·do) [sustantivo masculino] Lo que es un hombre en relación con la persona con la que está casado. ◉ **página 431**.

marihuana (ma·ri·hua·na) [sustantivo femenino] Droga que se obtiene de las hojas de una variedad del cáñamo.

marimacho (ma·ri·ma·cho) [adjetivo o sustantivo masculino] Dicho de una mujer, que por su aspecto o por sus modales parece un hombre. ☐ [Cuando es adjetivo, no varía en masculino y femenino. Es coloquial y despectivo]. ☐ FAMILIA: →macho.

marimandón, na (ma·ri·man·dón, do·na) [adjetivo o sustantivo] Que manda más de lo que debe mandar. ☐ [Es coloquial]. ☐ SINÓNIMOS: mandón. ☐ FAMILIA: →mandar.

marimorena (ma·ri·mo·re·na) [sustantivo femenino] Discusión con mucho ruido: *Unos chicos se intentaron colar y se armó la marimorena*. ☐ [Es coloquial. Se usa mucho en la expresión «armarse la marimorena»].

marina (ma·ri·na) [sustantivo femenino] Mira en **marino, na**.

marinero, ra (ma·ri·ne·ro, ra) ▌[adjetivo] **1** De la marina, de los marineros o relacionado con ellos: *pueblo marinero*. **2** Dicho de una prenda de vestir, que es parecida a la que llevan los marineros: *un traje marinero*. ▌[sustantivo] **3** Persona que realiza los trabajos de un barco. ☐ [En el significado **3**, no confundir con «marino» (persona que se dedica a navegar)]. ☐ FAMILIA: →mar.

marino, na (ma·ri·no, na) ▌[adjetivo] **1** Del mar o relacionado con él: *fauna marina*. ▌[sustantivo] **2** Persona que se dedica a navegar. ▌**marina** [sustantivo femenino] **3** Conjunto de buques de una nación: *la Marina española*. ☐ [En el significado **2**, no confundir con «marinero» (persona que realiza los trabajos de un barco). En el significado **3** se escribe con mayúscula]. ☐ SINÓNIMOS: **3** armada. ☐ FAMILIA: aguamarina. →mar.

marioneta (ma·rio·ne·ta) [sustantivo femenino] Muñeco que es movido por medio de unos hilos.

mariposa (ma·ri·po·sa) [sustantivo femenino] **1** Insecto que tiene dos pares de alas grandes y de colores. ◉ **página 530**. **2** Forma de nadar moviendo los dos brazos a la vez hacia adelante.

mariquita (ma·ri·qui·ta) [sustantivo femenino] Insecto de color rojo con puntos negros. ◉ **página 530**.

marisabidillo, lla (ma·ri·sa·bi·di·llo, lla) [sustantivo] Persona que cree que sabe más de lo que realmente sabe. ☐ [Es coloquial]. ☐ FAMILIA: →sabio.

mariscada (ma·ris·ca·da) [sustantivo femenino] Comida en la que se toman mariscos. ☐ FAMILIA: →mar.

mariscal (ma·ris·cal) [sustantivo masculino] En algunos países, categoría militar de grado máximo.

marisco (ma·ris·co) [sustantivo masculino] Animal marino que no tiene huesos: *Los langostinos son mariscos*. ☐ FAMILIA: →mar.

marisma (ma·ris·ma) [sustantivo femenino] Terreno más bajo que el nivel del mar, que se inunda con las aguas del mar o de los ríos: *las marismas del Guadalquivir*. ☐ FAMILIA: →mar.

marital (ma·ri·tal) [adjetivo] Del matrimonio o relacionado con él: *vida marital*. ☐ [No varía en masculino y femenino]. ☐ SINÓNIMOS: matrimonial.

marítimo, ma (ma·rí·ti·mo, ma) [adjetivo] Del mar o relacionado con él: *paseo marítimo*. ☐ FAMILIA: →mar.

marketing (mar·ke·ting) [sustantivo masculino] Conjunto de técnicas que permiten que un producto se venda mejor. ☐ [Es una palabra inglesa. Se pronuncia «márketin»].

marmita (mar·mi·ta) [sustantivo femenino] Olla de metal que tiene tapa y una o dos asas.

mármol (már·mol) [sustantivo masculino] Material muy duro que se usa para hacer figuras o para cubrir una superficie: *suelo de mármol*. ☐ FAMILIA: marmolista, marmóreo.

marmolista (mar·mo·lis·ta) [sustantivo] Persona que trabaja el mármol: *Hemos encargado la lápida al marmolista*. ☐ [No varía en masculino y femenino]. ☐ FAMILIA: →mármol.

marmóreo, a (mar·mó·re·o, a) [adjetivo] De mármol o con sus características. ☐ FAMILIA: →mármol.

marmota (mar·mo·ta) [sustantivo femenino] **1** Animal de patas cortas y orejas pequeñas que está cubierto por mucho pelo, y que pasa el invierno durmiendo en su madriguera. **2** Persona que duerme mucho. ☐ [El significado **2** es coloquial]. ☐ SINÓNIMOS: **2** lirón.

maroma (ma·ro·ma) [sustantivo femenino] Cuerda muy gruesa.

marqués, sa (mar·qués, que·sa) ▌[sustantivo] **1** Título que poseen algunas personas que pertenecen a la nobleza: *El título de un marqués es superior al de un conde*. ▌**marqueses** [sustantivo masculino plural] **2** Conjunto formado por el marqués y la marquesa.

marquesina (mar·que·si·na) [sustantivo femenino] Cubierta que protege del sol, de la lluvia o del viento, como la que hay en la entrada de un edificio o en una parada de autobús. ◉ **página 172**.

marquesina

marquetería (mar·que·te·rí·a) [sustantivo femenino] **1** Técnica que consiste en hacer adornos en la madera con piezas de otros materiales. **2** Técnica que consiste en hacer objetos con dibujos y calados empleando una madera fina y una sierra especial.

marranada (ma·rra·na·da) [sustantivo femenino] **1** Cosa que está sucia o para tirar: *El cuaderno está hecho una marranada.* **2** Hecho o dicho que se considera contrario a la moral establecida. **3** Hecho que produce un daño a una persona: *No te perdono la marranada que me hiciste.* ☐ [Es coloquial]. ☐ SINÓNIMOS: guarrada, cochinada. **1** porquería. **1, 2** guarrería. ☐ FAMILIA: →marrano.

marrano, na (ma·rra·no, na) ■ [adjetivo o sustantivo] **1** Que está sucio o que es muy sucio: *No seas marrano y lávate.* ■ [sustantivo] **2** Animal del que se sacan los jamones y que se cría para aprovechar su carne. ☐ [El significado **1** es coloquial y se usa como insulto]. ☐ SINÓNIMOS: cerdo, cochino, guarro, puerco. ☐ ANTÓNIMOS: **1** limpio. ☐ FAMILIA: marranada.

marrar (ma·rrar) [verbo] Fallar o no acertar: *El cazador marró el disparo.* ☐ SINÓNIMOS: errar.

marras (ma·rras) ◆ [expresión] ‖ **de marras** De siempre o ya conocido: *Ayer casi me mordió un perro y hoy me he enterado de que el perro de marras es tuyo.* ☐ [Es coloquial].

marrón (ma·rrón) [adjetivo o sustantivo masculino] Del color de la tierra: *El chocolate es marrón.* ☞ página 234. ☐ [Cuando es adjetivo, no varía en masculino y femenino. No debe usarse referido al pelo: «pelo castaño», no «pelo marrón»].

marroquí (ma·rro·quí) [adjetivo o sustantivo] De Marruecos, que es un país africano. ☐ [No varía en masculino y femenino. Su plural es «marroquís» o «marroquíes» (más culto)]. ☐ FAMILIA: marroquinería.

marroquinería (ma·rro·qui·ne·rí·a) [sustantivo femenino] **1** Fabricación de objetos de piel o de cuero. **2** Conjunto de estos objetos: *La sección de marroquinería está en la primera planta.* ☐ FAMILIA: →marroquí.

marrullero, ra (ma·rru·lle·ro, ra) [adjetivo o sustantivo] Que hace trampas para conseguir algo. ☐ SINÓNIMOS: tramposo, fullero.

marsopa (mar·so·pa) [sustantivo femenino] Animal marino parecido al delfín pero más pequeño y con el hocico más chato.

marsupial (mar·su·pial) [adjetivo o sustantivo masculino] Dicho de un animal, que se caracteriza por que las hembras tienen una bolsa por delante del cuerpo en la que llevan a las crías cuando son muy pequeñas: *Los canguros son mamíferos marsupiales.* ☐ [Cuando es adjetivo, no varía en masculino y femenino].

marta (mar·ta) [sustantivo femenino] Animal con el cuerpo alargado, las patas cortas y el pelo muy suave.

martes (mar·tes) [sustantivo masculino] Segundo día de la semana. ☞ página 169. ☐ [No varía en singular y plural].

martillazo (mar·ti·lla·zo) [sustantivo masculino] Golpe fuerte dado con un martillo. ☐ FAMILIA: →martillo.

martillear (mar·ti·lle·ar) [verbo] Dar golpes con el martillo o con otra cosa. ☐ FAMILIA: →martillo.

martilleo (mar·ti·lle·o) [sustantivo masculino] Hecho de dar muchos golpes seguidos con un martillo o con otra cosa. ☐ FAMILIA: →martillo.

martillo (mar·ti·llo) [sustantivo masculino] **1** Herramienta compuesta por una cabeza de hierro y por un mango de madera, que sirve para golpear: *Necesito clavos y un martillo para colgar el cuadro.* ☞ páginas 494-495. **2** Bola de hierro que se lanza con una cadena que tiene atada: *El lanzamiento de martillo es una prueba de atletismo.* ☐ FAMILIA: martillazo, martillear, martilleo.

martingala (mar·tin·ga·la) [sustantivo femenino] Medio para conseguir lo que se quiere mediante engaños. ☐ SINÓNIMOS: treta, artimaña, ardid.

martín pescador (mar·tín pes·ca·dor) [sustantivo masculino] Ave de plumas verdes y rojas, y de pico largo, que vive en las orillas de los ríos y lagunas y se alimenta de peces.

mártir (már·tir) [sustantivo] **1** Persona que muere o sufre algún daño por defender sus creencias religiosas. **2** Persona que sufre un trabajo largo y pesado. ☐ [No varía en masculino y femenino]. ☐ FAMILIA: martirio, martirizar.

martirio (mar·ti·rio) [sustantivo masculino] **1** Muerte o daño que se sufren por defender las creencias religiosas. **2** Persona o cosa que hace sufrir mucho: *Estos zapatos son un martirio.* ☐ FAMILIA: →mártir.

martirizar (mar·ti·ri·zar) [verbo] **1** Quitar la vida o torturar: *Los romanos martirizaban a los cristianos por razones religiosas.* **2** Producir dolor, pena o muchas molestias: *Estos zapatos me martirizan.* ☐ [La «z» se cambia en «c» delante de «e» («martirice»)]. ☐ FAMILIA: →mártir.

maruja (ma·ru·ja) [sustantivo femenino] Mujer que se dedica solo a las tareas de la casa y al cuidado de la familia. ☐ [Es coloquial y despectivo].

marxismo (mar·xis·mo) [sustantivo masculino] Conjunto de ideas políticas que quiere acabar con las diferencias que existen entre las clases sociales. ☐ FAMILIA: marxista.

marxista (mar·xis·ta) [adjetivo o sustantivo] Que quiere acabar con las diferencias que existen entre las clases sociales. ☐ [No varía en masculino y femenino]. ☐ FAMILIA: →marxismo.

marzo (mar·zo) [sustantivo masculino] Tercer mes del año, entre febrero y abril: *El mes de marzo tiene 31 días.*

mas [conjunción] Se usa para indicar una dificultad: *Necesito su ayuda, mas no sé cómo pedírsela.* ☐ [No confundir con «más», sustantivo o indefinido]. ☐ SINÓNIMOS: pero.

más ■ [sustantivo masculino] **1** Signo con forma de cruz, que se usa en matemáticas y que se pone entre dos cantidades para indicar que se suman. ■ [indefinido] **2** En mayor cantidad o en mayor grado: *Tengo más lápices de colores en casa. Soy más bajo que tú.* **3** Seguido de una cantidad, indica que pasa por encima de esta: *Llegas con más de media hora de retraso.* **4** Se usa para resaltar una cualidad: *¡Qué chico más simpático...!* ◆ [expresión] ‖ **es más** Se usa para dar mayor fuerza a una frase: *No quiero oírte; es más, no me interesa nada lo que dices.* ‖ **más bien** Por el contrario: *Este pantalón no te queda grande, más bien te está estrecho.* ∥ **por más que** Aunque: *Por más que me lo repitas, no te voy a hacer caso.* ∥ **sin más ni más** Sin motivo o de forma repentina. ∥ **tener sus más y sus menos** Tener problemas: *Eran socios, pero se separaron porque tenían sus más y sus menos.* ☐ [No confundir con «mas», conjunción. No confundir «de más» con «demás», adjetivo o pronombre]. ☐ ANTÓNIMOS: **1-3** menos.

masa (ma·sa) [sustantivo femenino] **1** Mezcla espesa y blanda, formada por la unión de un líquido y una materia en polvo: *masa para bizcocho.* **2** Cantidad de materia que posee un cuerpo: *La masa se mide en kilogramos.* **3** Cantidad de materia: *Un océano es una gran masa de agua salada.* **4** Conjunto formado por un gran número de personas o de cosas: *una masa de gente.* ◆ [expresión] ∥ **en masa** Participando todos los miembros de un conjunto: *Vino a verme toda mi familia en masa.* ☐ FAMILIA: masilla, amasar, amasijo, argamasa.

masacrar (ma·sa·crar) [verbo] Cometer una matanza humana o un asesinato colectivo: *Los bombardeos masacraron a la población civil.* ☐ FAMILIA: masacre.

masacre (ma·sa·cre) [sustantivo femenino] Matanza de personas que no pueden defenderse. ☐ FAMILIA: →masacrar.

masái (ma·sái) [adjetivo o sustantivo] De una tribu del este de África, que es un continente. ☐ [No varía en masculino y femenino].

masaje (ma·sa·je) [sustantivo masculino] Presión que se realiza con las manos sobre alguna zona del cuerpo. ☐ FAMILIA: masajista, masajear, hidromasaje.

masajear (ma·sa·je·ar) [verbo] Dar un masaje: *Si te duelen los pies, masajéalos un poco.* ☐ FAMILIA: →masaje.

masajista (ma·sa·jis·ta) [sustantivo] Persona que se dedica a dar masajes. ☐ [No varía en masculino y femenino]. ☐ FAMILIA: →masaje.

mascar (mas·car) [verbo] Partir, deshacer y ablandar los alimentos en partes más pequeñas con los dientes: *mascar chicle.* ☐ [La «c» se cambia en «qu» delante de «e» («masque»)]. ☐ SINÓNIMOS: masticar.

máscara (más·ca·ra) [sustantivo femenino] **1** Pieza con la forma de la cara de una persona o de un animal y que se pone para cubrir esta parte de la cabeza: *una máscara de carnaval.* **2** Aparato que cubre la cara o parte de ella y que sirve para evitar que se aspiren ciertos gases: *máscara de gas.* ☐ SINÓNIMOS: **1** careta, carátula. ☐ FAMILIA: mascarilla, mascarada, mascarón, enmascarado, enmascarar, desenmascarar.

mascarada (mas·ca·ra·da) [sustantivo femenino] Fiesta a la que asisten personas disfrazadas. ☐ FAMILIA: →máscara.

mascarilla (mas·ca·ri·lla) [sustantivo femenino] **1** Pieza de tela que cubre la nariz y la boca: *Los médicos y enfermeros se ponen mascarilla cuando operan a un paciente.* **2** Aparato que se coloca sobre la boca y la nariz para aspirar ciertos gases: *mascarilla de oxígeno.* **3** Capa de productos de belleza que se extienden sobre la cara durante cierto tiempo: *mascarilla hidratante.* ☐ FAMILIA: →máscara.

mascarón (mas·ca·rón) [sustantivo masculino] Cara de formas raras o fantásticas que se usa como adorno en obras de arquitectura: *La fuente del parque está decorada con mascarones.* ◆ [expresión] ∥ **mascarón de proa** Figura que se coloca como adorno en la proa de un barco. ☐ FAMILIA: →máscara.

mascota (mas·co·ta) [sustantivo femenino] **1** Animal que se tiene en las casas para hacer compañía. **2** Figura que representa a un grupo o a un acontecimiento.

masculino, na (mas·cu·li·no, na) [adjetivo] **1** Dicho de un animal, del sexo de los machos: *El espermatozoide es la célula sexual masculina.* **2** Dicho de un órgano de una planta, que puede fecundar a otras plantas: *Los estambres de las flores son masculinos.* **3** Del hombre o relacionado con él: *voz masculina.* ∎ [adjetivo o sustantivo masculino] **4** Del género que tienen las palabras que suelen llevar delante el artículo *el, los, un* y *unos*: *Las palabras «perro» y «coche» son sustantivos masculinos.* ☐ ANTÓNIMOS: femenino.

mascullar (mas·cu·llar) [verbo] Decir palabras en voz baja de forma que no se entiendan bien. ☐ SINÓNIMOS: farfullar.

masía (ma·sí·a) [sustantivo femenino] Casa típica catalana.

masilla (ma·si·lla) [sustantivo femenino] Pasta blanda que se usa para tapar agujeros o para sujetar cristales. ☐ FAMILIA: →masa.

masivo, va (ma·si·vo, va) [adjetivo] **1** Que agrupa a muchos individuos: *celebración masiva.* **2** Que se hace en gran cantidad: *La tala masiva de árboles ha acabado con muchos bosques.*

masón, na (ma·són, so·na) [sustantivo] Persona que pertenece a una asociación secreta cuyos miembros se consideran hermanos. ☐ FAMILIA: masonería.

masonería (ma·so·ne·rí·a) [sustantivo femenino] Asociación secreta cuyos miembros se consideran hermanos y se ayudan unos a otros. ☐ FAMILIA: →masón.

masoquista (ma·so·quis·ta) [adjetivo o sustantivo] Que disfruta cuando los demás le hacen daño. ☐ [No varía en masculino y femenino].

máster (más·ter) [sustantivo masculino] Curso especializado, dirigido a personas que tienen un título universitario, para mejorar su formación. ☐ [Es una palabra de origen inglés. Su plural es «másteres»].

masticación (mas·ti·ca·ción) [sustantivo femenino] Hecho de partir y deshacer los alimentos con los dientes. ☐ FAMILIA: →masticar.

masticador, ra (mas·ti·ca·dor, do·ra) [adjetivo o sustantivo] Que mastica o que sirve para masticar: *El saltamontes tiene un aparato bucal masticador.* ☐ FAMILIA: →masticar.

masticar (mas·ti·car) [verbo] Partir, deshacer y ablandar los alimentos en partes más pequeñas con los dientes: *Es de mala educación masticar el chicle con la boca abierta.* ☐ [La «c» se cambia en «qu» delante de «e» («mastique»)]. ☐ SINÓNIMOS: mascar. ☐ FAMILIA: masticación, masticador.

mástil (más·til) [sustantivo] [masculino] **1** En un barco, palo largo y vertical donde se sujeta una vela. ◉ **página 132**. **2** Palo donde se sujeta una bandera. **3** Pieza estrecha y larga donde van sujetas las cuerdas de algunos instrumentos, como la guitarra. ☐ Sinónimos: **2** asta.

mastín, na (mas·tín, ti·na) [sustantivo] Perro de una raza que se caracteriza por ser grande y muy fuerte, con el pelo corto y la cabeza con orejas largas y caídas.

mastodonte (mas·to·don·te) [sustantivo] [masculino] Persona o cosa de gran tamaño.

mastuerzo (mas·tuer·zo) [sustantivo] [masculino] Hombre torpe o de ideas fijas. ☐ [Se usa como insulto].

masturbarse (mas·tur·bar·se) [verbo] Darse placer sexual tocándose los órganos genitales.

mata (ma·ta) [sustantivo] [femenino] **1** Planta de tallo bajo que se divide en ramas: *mata de tomillo*. **2** Planta de poca altura: *Hemos cogido estos tomates de unas matas de la huerta*. ◆ [expresión] ‖ **mata de pelo** Cabello abundante. ☐ Familia: matorral, matojo.

matacaballo (ma·ta·ca·ba·llo) ◆ [expresión] ‖ **a matacaballo** Muy deprisa y sin poner cuidado: *Hice los problemas a matacaballo y los tuve todos mal*. ☐ [Se usa también «a mata caballo». Es coloquial]. ☐ Familia: →matar. →caballo.

matadero (ma·ta·de·ro) [sustantivo] [masculino] Lugar en el que se matan animales que sirven para alimentar al hombre. ☐ Familia: →matar.

matador, ra (ma·ta·dor, do·ra) ‖ [adjetivo] **1** Feo o de mal gusto: *El vestido que se puso para la cena era matador*. ‖ [sustantivo] **2** Torero. ☐ [El significado **1** es coloquial]. ☐ Familia: →matar.

matadura (ma·ta·du·ra) [sustantivo] [femenino] Golpe o herida de poca importancia. ☐ Familia: →matar.

matamoscas (ma·ta·mos·cas) [sustantivo] [masculino] Utensilio que sirve para matar moscas y mosquitos. ☐ [No varía en singular y plural]. ☐ Familia: →matar. →mosca.

matanza (ma·tan·za) [sustantivo] [femenino] **1** Multitud de muertes producidas de forma violenta. **2** Hecho de matar el cerdo y de preparar su carne para que sirva de alimento. **3** Conjunto de productos que se obtienen del cerdo después de esta tarea: *chorizo de matanza*. ☐ Familia: →matar.

matar (ma·tar) [verbo] **1** Quitar la vida: *Un coche atropelló a un gato y lo mató*. **2** Pasar el tiempo haciendo algo: *Mientras te esperaba, maté el tiempo viendo escaparates*. **3** Destruir o hacer desaparecer: *Esa triste noticia mató mis esperanzas*. **4** Molestar o hacer sufrir mucho: *Estos zapatos nuevos me están matando*. ‖ **matarse 5** Morirse o perder la vida: *Sus padres se mataron en un accidente de coche*. **6** Trabajar mucho o hacer un esfuerzo muy grande: *No te mates preparando la cena, con unos bocadillos nos basta*. ◆ [expresión] ‖ **a matar** Fatal o muy mal: *Se llevan a matar*. ‖ **matarlas callando** Hacer algo malo en secreto y actuar como si no se hubiera hecho nada. ☐ [El significado **4** y las expresiones son coloquiales]. ☐ Antónimos: **1** resucitar, revivir. ☐ Familia: matadero, matanza, matador, matadura, matarife, matón, matacaballo, matamoscas, matarratas, matasanos, matasellos, rematar, remate.

matarife (ma·ta·ri·fe) [sustantivo] [masculino] Persona que trabaja en un matadero matando animales que sirven para alimentar al hombre. ☐ Familia: →matar.

matarratas (ma·ta·rra·tas) [sustantivo] [masculino] Veneno que sirve para matar ratas y ratones. ☐ [No varía en singular y plural]. ☐ Sinónimos: raticida. ☐ Familia: →matar. →rata.

matasanos (ma·ta·sa·nos) [sustantivo] Médico. ☐ [No varía en masculino y femenino, ni en singular y plural. Es coloquial y despectivo]. ☐ Familia: →matar. →sano.

matasellos (ma·ta·se·llos) [sustantivo] [masculino] Marca que se pone a los sellos de una carta para que no puedan ser usados más veces. ☐ [No varía en singular y plural]. ☐ Familia: →matar. →sello.

matasellos

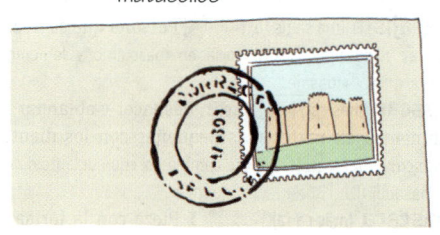

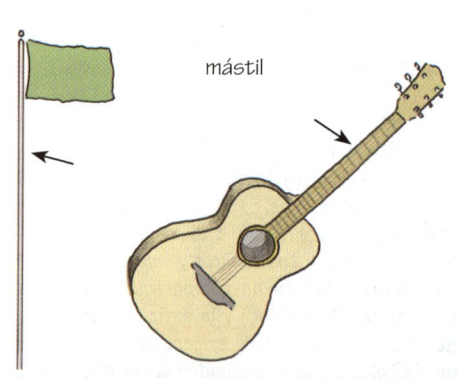

mástil

matasuegras (ma·ta·sue·gras) [sustantivo masculino] Tubo de papel enrollado que se estira cuando se sopla por un extremo. ☐ [No varía en singular y plural].

mate (ma·te) ■ [adjetivo] **1** Que no brilla: *color mate*. ■ [sustantivo masculino] **2** Planta que se usa para hacer infusiones: *En casa de mis amigos argentinos siempre me dan de beber infusión de mate*. ☐ [En el significado **1** no varía en masculino y femenino]. ☐ ANTÓNIMOS: **1** brillante.

matemático, ca (ma·te·má·ti·co, ca) ■ [adjetivo] **1** De la matemática o relacionado con esta ciencia: *operación matemática*. **2** Exacto o perfecto: *precisión matemática*. ■ [sustantivo] **3** Persona especializada en matemáticas. ■ **matemática** [sustantivo femenino] **4** Ciencia que estudia los números, sus relaciones y sus propiedades. ☐ [En el significado **4** se usa más en plural].

materia (ma·te·ria) [sustantivo femenino] **1** Sustancia de la que están hechas las cosas: *La madera es una materia que arde muy bien*. **2** Tema del que se habla: *En materia de barcos, lo sé todo*. **3** Conjunto de conocimientos relacionados que se enseñan en un colegio a los alumnos: *Matemáticas es la materia que mejor se me da este curso*. **4** Lo opuesto al espíritu: *Para algunos, el cuerpo es materia y el alma, espíritu*. ◆ [expresión] ‖ **materia gris** Cerebro. ‖ **materia prima** La que se usa en la fabricación de productos: *La materia prima de estos muebles es la madera*. ☐ FAMILIA: material, materialista, materialismo, materialmente, inmaterial, materializar.

material (ma·te·rial) ■ [adjetivo] **1** De la materia o relacionado con ella: *valor material*. **2** Del cuerpo o de los sentidos: *Un objeto es algo material, pero un pensamiento, no*. **3** Que realiza una acción de manera directa y personal: *Ya han descubierto al autor material de ese crimen*. ■ [sustantivo masculino] **4** Materia con la que se hace algo: *El mármol, la piedra y el bronce son materiales muy usados en escultura*. ☐ [En los significados **1**, **2** y **3** no varía en masculino y femenino]. ☐ SINÓNIMOS: **2** sensible. ☐ ANTÓNIMOS: **1** inmaterial. ☐ FAMILIA: →materia.

materialismo (ma·te·ria·lis·mo) [sustantivo masculino] Aprecio muy grande hacia las cosas materiales. ☐ FAMILIA: →materia.

materialista (ma·te·ria·lis·ta) [adjetivo o sustantivo] Que considera las cosas materiales como lo más importante que hay. ☐ [No varía en masculino y femenino]. ☐ FAMILIA: →materia.

materializar (ma·te·ria·li·zar) [verbo] **1** Hacer realidad un proyecto: *Si me toca la lotería materializaré mis sueños*. ■ **materializarse 2** Hacerse materialista una persona: *Se ha materializado y ahora solo piensa en ganar dinero*. ☐ [La «z» se cambia en «c» delante de «e» («materialice»)]. ☐ FAMILIA: →materia.

materialmente (ma·te·rial·men·te) [adverbio] De hecho o en realidad: *Es materialmente imposible llegar a tiempo a la reunión, porque empezó hace media hora*. ☐ FAMILIA: →materia.

maternal (ma·ter·nal) [adjetivo] Con las características que se consideran propias de una madre: *cariño maternal*. ☐ [No varía en masculino y femenino]. ☐ FAMILIA: →madre.

maternidad (ma·ter·ni·dad) [sustantivo femenino] **1** Estado de la mujer que es madre. **2** Hospital para las mujeres que van a dar a luz. ☐ FAMILIA: →madre.

materno, na (ma·ter·no, na) [adjetivo] De la madre o relacionado con ella: *leche materna*. ☐ FAMILIA: →madre.

matinal (ma·ti·nal) [adjetivo] De la mañana o relacionado con ella: *programación matinal*. ☐ [No varía en masculino y femenino]. ☐ SINÓNIMOS: matutino. ☐ FAMILIA: →mañana.

matiz (ma·tiz) [sustantivo masculino] **1** Cada uno de los tonos que tiene un mismo color. **2** Aspecto que proporciona determinado carácter a algo: *La palabra «matasanos» tiene un matiz despectivo*. **3** Detalle que no cambia la naturaleza de una cosa. ☐ [Su plural es «matices»]. ☐ FAMILIA: matizar, matización.

matización (ma·ti·za·ción) [sustantivo femenino] **1** Combinación de diversos colores con la debida proporción. **2** Explicación de los aspectos o de los detalles característicos de algo: *Tus matizaciones irónicas me molestan*. ☐ FAMILIA: →matiz.

matizar (ma·ti·zar) [verbo] **1** Dar un tono a un color. **2** Señalar los aspectos o los detalles característicos de algo: *Tuvo que matizar sus explicaciones para que le entendiéramos*. ☐ [La «z» se cambia en «c» delante de «e» («matice»)]. ☐ SINÓNIMOS: **2** puntualizar. ☐ FAMILIA: →matiz.

matojo (ma·to·jo) [sustantivo masculino] Mata de poca altura y muy espesa. ☐ FAMILIA: →mata.

matón (ma·tón) [sustantivo masculino] Persona que protege a otra usando la fuerza física si es necesario: *Llegó rodeado de sus matones*. ☐ [Es coloquial y despectivo]. ☐ SINÓNIMOS: guardaespaldas, gorila. ☐ FAMILIA: →matar.

matorral (ma·to·rral) [sustantivo masculino] Conjunto espeso de plantas de tallos bajos. ☐ FAMILIA: →mata.

matraca (ma·tra·ca) [sustantivo femenino] Instrumento que produce mucho ruido al moverlo: *En algunas procesiones de Semana Santa se hace ruido con matracas*. ◆ [expresión] ‖ **dar la matraca** Molestar repitiendo mucho una cosa. ☐ [La expresión es coloquial].

matraz (ma·traz) [sustantivo masculino] Recipiente de vidrio en forma de esfera con un cuello largo y estrecho, que se usa en los laboratorios. ☐ [Su plural es «matraces»].

matriarcado (ma·triar·ca·do) [sustantivo masculino] Forma de organización social en la que mandan las mujeres. ☐ ANTÓNIMOS: patriarcado. ☐ FAMILIA: →madre.

matriarcal (ma·triar·cal) [adjetivo] Del matriarcado o relacionado con esta forma de organización social. ☐ [No varía en masculino y femenino]. ☐ FAMILIA: →madre.

matrícula (ma·trí·cu·la) [sustantivo femenino] **1** Registro del nombre de una persona en una lista oficial para un fin determinado: *Empezó el plazo de matrícula en el instituto*. **2** Placa con números y letras que tienen los vehículos delante y detrás. ◆ [expresión] ‖ **matrícula de honor**

matricular

Nota más alta que puede obtener un alumno en una materia. ◻ FAMILIA: matricular.

matricular (ma·tri·cu·lar) [verbo] Incluir en una lista oficial para un fin determinado: *Me he matriculado en inglés en una academia.* ◻ FAMILIA: →matrícula.

matrimonial (ma·tri·mo·nial) [adjetivo] Del matrimonio o relacionado con él. ◻ [No varía en masculino y femenino]. ◻ SINÓNIMOS: marital. ◻ FAMILIA: →matrimonio.

matrimonio (ma·tri·mo·nio) [sustantivo masculino] **1** Unión de dos personas mediante ciertos ritos o formalidades legales en los que ambas prometen llevar una vida en común: *Mis padres celebraron su matrimonio en una catedral.* **2** Pareja de dos personas que están casadas entre sí: *Fui de excursión con los hijos de un matrimonio amigo de mi madre.* ◻ FAMILIA: matrimonial, prematrimonial.

matriz (ma·triz) [sustantivo femenino] **1** Parte del cuerpo de las mujeres o de las hembras de algunos animales donde se desarrollan los hijos antes de nacer. **2** Molde en el que se funden objetos que han de ser iguales: *Para hacer las monedas se utiliza una matriz.* ◻ [Su plural es «matrices»]. ◻ SINÓNIMOS: **1** útero. ◻ FAMILIA: →madre.

matrona (ma·tro·na) [sustantivo femenino] Mujer que ayuda a las mujeres que están a punto de tener un hijo. ◻ SINÓNIMOS: comadrona. ◻ FAMILIA: →madre.

matutino, na (ma·tu·ti·no, na) [adjetivo] De la mañana o relacionado con ella: *horario matutino.* ◻ SINÓNIMOS: matinal. ◻ FAMILIA: →mañana.

maullar (mau·llar) [verbo] Emitir el gato su voz característica. ◻ [Es irregular y se conjuga como **AUNAR**]. ◻ SINÓNIMOS: mayar. ◻ FAMILIA: maullido.

maullido (mau·lli·do) [sustantivo masculino] Voz característica del gato. ◻ SINÓNIMOS: mayido. ◻ FAMILIA: →maullar.

mauritano, na (mau·ri·ta·no, na) [adjetivo o sustantivo] De Mauritania, que es un país africano.

mausoleo (mau·so·le·o) [sustantivo masculino] Construcción muy grande y con mucho lujo en la que se entierra a una persona.

maxilar (ma·xi·lar) ◼ [adjetivo] **1** De la mandíbula o relacionado con ella. ◼ [adjetivo o sustantivo masculino] **2** Dicho de un hueso, que forma parte de la mandíbula. ◻ [Cuando es adjetivo, no varía en masculino y femenino].

máxima (má·xi·ma) [sustantivo femenino] Mira en **máximo, ma**.

máxime (má·xi·me) [adverbio] Con mayor motivo: *Siempre debes ayudar a los demás, máxime si están en dificultades.* ◻ FAMILIA: →máximo.

maximizar (ma·xi·mi·zar) [verbo] **1** En una función matemática, encontrar su valor máximo: *Para obtener el resultado final, solo queda maximizar esta función.* **2** Hacer más grande: *Deberíamos maximizar los beneficios. Algunos programas informáticos tienen la opción de maximizar pantalla.* ◻ [La «z» se cambia en «c» delante de «e» («maximice»)]. ◻ FAMILIA: →máximo.

máximo, ma (má·xi·mo, ma) ◼ [adjetivo] **1** Lo más grande: *Nuestro equipo consiguió la máxima puntuación.* ◼ **máximo** [sustantivo masculino] **2** Punto más alto al que algo puede llegar: *Pon el fuego al máximo.* ◼ **máxima** [sustantivo femenino] **3** Frase corta que enseña algo: *Mi abuelo me repite una máxima tras otra.* **4** Temperatura más alta a la que se llega: *Para mañana se espera una máxima de treinta grados.* ◻ SINÓNIMOS: **3** lema. ◻ ANTÓNIMOS: **1, 2** mínimo. **4** mínima. ◻ FAMILIA: máxime, maximizar.

maya (ma·ya) [adjetivo o sustantivo] De un antiguo pueblo indio que vivía en la península mexicana del Yucatán. ◻ [No varía en masculino y femenino].

mayar (ma·yar) [verbo] Emitir el gato su voz característica. ◻ SINÓNIMOS: maullar. ◻ FAMILIA: mayido.

mayido (ma·yi·do) [sustantivo masculino] Voz característica del gato. ◻ SINÓNIMOS: maullido. ◻ FAMILIA: →mayar.

mayo (ma·yo) [sustantivo masculino] Quinto mes del año, entre abril y junio: *El mes de mayo tiene 31 días.*

mayonesa (ma·yo·ne·sa) [sustantivo femenino] Salsa que se hace con huevo y aceite y que sirve para acompañar algunos alimentos. ◻ [No confundir con «bayonesa» (pastel relleno de cabello de ángel). Se usa también «mahonesa»].

mayor (ma·yor) [adjetivo] **1** Más grande: *Mi coche es mayor que el tuyo.* **2** Dicho de una persona, que tiene más edad que otra: *Tengo dos hermanos mayores.* **3** Dicho de una persona, que tiene muchos años: *Mis abuelos ya son muy mayores.* **4** Que tiene alguna autoridad sobre otros: *cocinero mayor.* **5** Dicho de una persona, que es adulta: *Cuando sea mayor seré piloto.* ◆ [expresión] ‖ **al por mayor** En gran cantidad: *En este almacén se venden cosas al por mayor.* ‖ **pasar a mayores** Empezar a ser grave: *Si el problema pasa a mayores será difícil de solucionar.* ◻ [No varía en masculino y femenino. En el significado **1** no debe decirse «Este coche es más mayor que ese», sino «Este coche es mayor que ese»]. ◻ ANTÓNIMOS: **1-3, 5** menor. ◻ FAMILIA: mayoría, mayoritario, mayoral, mayorista, mayúscula, mayúsculo.

mayoral (ma·yo·ral) [sustantivo masculino] Jefe de un grupo de trabajadores del campo. ◻ FAMILIA: →mayor.

mayordomo, ma (ma·yor·do·mo, ma) [sustantivo] Criado principal que organiza una casa y dirige las tareas de los demás criados.

mayoría (ma·yo·rí·a) [sustantivo femenino] **1** Parte más grande de un todo: *La mayoría de los niños de esta clase tiene nueve años.* **2** En una votación, mayor número de votos a favor: *Mi propuesta se aprobó por mayoría.* ◆ [expresión] ‖ **mayoría de edad** Situación de la persona que ya ha llegado a la edad legal necesaria para poder tener todos sus derechos. ◻ ANTÓNIMOS: minoría. ◻ FAMILIA: →mayor.

mayorista (ma·yo·ris·ta) [sustantivo] Persona que compra o vende productos en gran cantidad. ◻ [No varía en masculino y femenino]. ◻ FAMILIA: →mayor.

mayoritario, ria (ma·yo·ri·ta·rio, ria) [adjetivo] De la mayoría o relacionado con ella: *opinión mayoritaria.* ◻ ANTÓNIMOS: minoritario. ◻ FAMILIA: →mayor.

mayúsculo, la (ma·yús·cu·lo, la) ◼ [adjetivo] **1** Muy grande: *Me he dado un susto mayúsculo.* ◼ [adjetivo o sustantivo femenino] **2** Dicho de una letra, que es de gran tamaño y que se utiliza al principio de un nombre propio y después de un punto: *Como «Javier» es un nombre propio, se escribe con jota mayúscula.* ☐ ANTÓNIMOS: minúsculo. ☐ FAMILIA: →mayor.

maza (ma·za) [sustantivo/femenino] **1** Arma de hierro que tenía forma de palo y terminaba en una bola. **2** Herramienta parecida a esta arma antigua: *La gimnasta hizo muy bien el ejercicio de mazas.* ☐ FAMILIA: →mazo.

mazacote (ma·za·co·te) [sustantivo/masculino] Cosa que está demasiado apretada o resulta grande y pesada: *La tarta me quedó hecha un mazacote.*

mazapán (ma·za·pán) [sustantivo/masculino] Tipo de dulce hecho con almendras y azúcar, que es típico de Navidad.

mazazo (ma·za·zo) [sustantivo/masculino] **1** Golpe dado con una maza o con un mazo. **2** Impresión o sorpresa poco agradable: *La mala noticia fue un mazazo para todos.* ☐ FAMILIA: →mazo.

mazmorra (maz·mo·rra) [sustantivo/femenino] Prisión que está en un sótano.

mazo (ma·zo) [sustantivo/masculino] **1** Martillo grande de madera. **2** Conjunto de objetos que forman un grupo: *un mazo de cartas.* ☐ FAMILIA: maza, mazazo, macillo.

mazorca (ma·zor·ca) [sustantivo/femenino] Fruto alargado de algunos cereales como el maíz, que está formado por muchos granos juntos. ☐ SINÓNIMOS: panoja.

mazurca (ma·zur·ca) [sustantivo/femenino] Música de origen polaco que se baila en parejas.

me [pronombre/personal] Representa la primera persona del singular y se usa como complemento directo o indirecto: *Me vio en el parque. Mi tío me trajo un regalo.* ☐ [No varía en masculino y femenino. Se usa en las formas de primera persona del singular de algunos verbos: «me fugaré»].

meada (me·a·da) [sustantivo/femenino] Orina. ☐ [Es vulgar]. ☐ FAMILIA: →mear.

meandro (me·an·dro) [sustantivo/masculino] Curva que hace un río.

mear (me·ar) [verbo] **1** Orinar. ∎ **mearse 2** Reírse mucho: *No podíamos parar de reír... Nos meábamos de la risa.* ☐ [Es vulgar]. ☐ FAMILIA: meada, meón.

meca (me·ca) [sustantivo/femenino] Lugar que se considera el centro de una actividad: *París ha sido la meca de la moda.*

mecachis (me·ca·chis) [interjección] Se usa para indicar sorpresa, admiración o disgusto: *¡Mecachis, olvidé la cartera en casa!* ☐ [Es coloquial].

mecánico, ca (me·cá·ni·co, ca) ∎ [adjetivo] **1** De las máquinas o relacionado con ellas: *problema mecánico.* **2** Que se realiza con máquinas: *En esta fábrica, el proceso de fabricación es totalmente mecánico.* **3** Que se hace sin pensar, generalmente porque ya se ha hecho muchas veces: *Por las mañanas hago todo de forma mecánica, porque voy dormida.* ∎ [sustantivo] **4** Persona que trabaja arreglando máquinas: *El mecánico me arregló el coche.* ∎ **mecánica** [sustantivo/femenino] **5** Conjunto de conocimientos necesarios para poder dar movimiento a una máquina. ☐ FAMILIA: mecanismo, mecanizar, mecanización.

mecanismo (me·ca·nis·mo) [sustantivo/masculino] **1** Conjunto de piezas que, combinadas entre sí, producen un efecto: *el mecanismo de un reloj.* **2** Forma en que algo funciona: *No entiendo el mecanismo de tu mente.* ☐ FAMILIA: →mecánico.

mecanización (me·ca·ni·za·ción) [sustantivo/femenino] Hecho de empezar a usar máquinas para hacer una actividad. ☐ FAMILIA: →mecánico.

mecanizar (me·ca·ni·zar) [verbo] Empezar a usar máquinas para hacer una actividad: *mecanizar la agricultura.* ☐ [La «z» se cambia en «c» delante de «e» («mecanice»)]. ☐ SINÓNIMOS: automatizar. ☐ FAMILIA: →mecánico.

mecano (me·ca·no) [sustantivo/masculino] Juguete formado por una serie de piezas que encajan entre sí y con las que se pueden hacer diferentes construcciones. ☐ [Procede de la marca comercial «Meccano®»].

mecanografía (me·ca·no·gra·fí·a) [sustantivo/femenino] Técnica de escribir a máquina. ☐ FAMILIA: mecanografiar, mecanógrafo.

mecanografiar (me·ca·no·gra·fiar) [verbo] Escribir a máquina. ☐ [Es irregular y se conjuga como ENVIAR]. ☐ FAMILIA: →mecanografía.

mecanógrafo, fa (me·ca·nó·gra·fo, fa) [sustantivo] Persona que trabaja escribiendo a máquina. ☐ FAMILIA: →mecanografía.

mecedora (me·ce·do·ra) [sustantivo/femenino] Silla con brazos que se balancea hacia delante y hacia atrás. ☐ FAMILIA: →mecer.

mecedora

mecenas (me·ce·nas) [sustantivo] Persona o asociación que protege actividades relacionadas con el arte o con la cultura. ☐ [No varía en masculino y femenino, ni en singular y plural].

mecer (me·cer) [verbo] Mover suavemente de un lado a otro: *La madre meció a su hijo para dormirlo.* ☐ [La «c» se cambia en «z» delante de «a», «o» («meza»)]. ☐ FAMILIA: mecedora.

mecha (me·cha) [sustantivo/femenino] **1** Cuerda torcida sobre sí misma y que arde fácilmente: *Las velas se encienden por la mecha.* **2** Grupo de pelos pintado de otro color: *Tengo el pelo oscuro, pero llevo mechas rubias.* ◆ [expresión] ∥ **aguantar mecha** Sufrir sin quejarse. ∥ **a toda mecha** A gran velocidad. ☐ [Las expresiones son coloquiales]. ☐ FAMILIA: mechero.

mechero (me·che·ro) [sustantivo masculino] Aparato que sirve para encender fuego y que funciona con gas o con gasolina: *No tengo mechero, pero tengo cerillas.* ☐ Sinónimos: encendedor. ☐ Familia: →mecha.

mechón (me·chón) [sustantivo masculino] Grupo de pelos.

medalla (me·da·lla) [sustantivo femenino] Objeto de metal, plano y con alguna figura en sus caras. ☐ Familia: medallón.

medallón (me·da·llón) [sustantivo masculino] **1** Joya que se lleva colgada del cuello. **2** Trozo redondo y grueso de un alimento: *Hoy he cenado medallones de merluza.* ☐ Familia: →medalla.

media (me·dia) [sustantivo] Mira en **medio, dia**.

mediación (me·dia·ción) [sustantivo femenino] **1** Hecho de intervenir una persona en favor de alguien: *Lo conseguí por mediación de un amigo.* **2** Hecho de intervenir una persona en una discusión para poner paz entre los que discuten: *La mediación del profesor puso fin a la pelea.* ☐ Familia: →mediar.

mediado, da (me·dia·do, da) [adjetivo] Hacia la mitad: *La botella de vino está mediada.* ◆ [expresión] ‖ **a mediados de** Hacia la mitad: *A mediados de abril me voy de vacaciones.* ☐ Familia: →mediar.

mediador, ra (me·dia·dor, do·ra) [sustantivo] Persona que interviene en una negociación o en una disputa para hacer respetar los derechos de las dos partes. ☐ Familia: →mediar.

mediana (me·dia·na) [sustantivo femenino] Mira en **mediano, na**.

medianero, ra (me·dia·ne·ro, ra) [adjetivo] Que está en medio de dos cosas. ☐ Familia: →medio.

medianía (me·dia·ní·a) [sustantivo femenino] Persona que no tiene cualidades que destaquen demasiado: *Como estudiante es una medianía.* ☐ Familia: →medio.

mediano, na (me·dia·no, na) ■ [adjetivo] **1** De una calidad o de un tamaño que están en medio de dos extremos: *talla mediana.* ■ **mediana** [sustantivo femenino] **2** Zona que está en medio de una carretera y en la que no está permitida la circulación: *la mediana de una autovía.* 👁 página 172. ☐ Familia: →medio.

medianoche (me·dia·no·che) [sustantivo femenino] **1** Parte del día que está alrededor de las doce de la noche. **2** Bollo pequeño y redondo que suele partirse en dos mitades para poner algún alimento en medio: *una medianoche de jamón.* ☐ [Su plural es «medianoches». En el significado **1** se escribe también «media noche».] ☐ Antónimos: **1** mediodía. ☐ Familia: →medio. →noche.

mediante (me·dian·te) [preposición] Indica que algo se utiliza como ayuda para realizar otra cosa: *Todo lo consigues mediante engaños.* ☐ Familia: →medio.

mediar (me·diar) [verbo] **1** Intervenir una persona en favor de alguien. **2** Intervenir una persona en una discusión para poner paz entre los que discuten. **3** Llegar algo aproximadamente a la mitad: *Mediaba el invierno cuando llegaron las primeras nieves.* **4** Estar entre dos o más cosas: *Entre tú y yo media una diferencia de edad de dos años.* ☐ [Es irregular y se conjuga como ANUNCIAR]. ☐ Sinónimos: **1** interceder. **2** terciar. ☐ Familia: mediación, mediador, mediado.

mediático, ca (me·diá·ti·co, ca) [adjetivo] De los medios de comunicación o relacionado con ellos: *una campaña mediática.* ☐ Familia: →medio.

mediatriz (me·dia·triz) [sustantivo femenino] Recta perpendicular al punto medio de un segmento, que lo divide en dos partes exactamente iguales. ☐ Familia: →medio.

medicación (me·di·ca·ción) [sustantivo femenino] **1** Conjunto de medicamentos y medios para curar una enfermedad. **2** Hecho de dar medicinas para curar una enfermedad: *La medicación solo deben realizarla los médicos.* ☐ Familia: →médico.

medicamento (me·di·ca·men·to) [sustantivo masculino] Sustancia que tomamos para prevenir o curar una enfermedad. ☐ Sinónimos: medicina, fármaco. ☐ Familia: →médico.

medicar (me·di·car) [verbo] Recetar o dar medicinas a un enfermo: *No soy partidaria de medicar a un paciente por un simple catarro. Se intoxicó por medicarse sin contar con el médico.* ☐ [La «c» se cambia en «qu» antes de «e» («medique»)]. ☐ Familia: →médico.

medicina (me·di·ci·na) [sustantivo femenino] **1** Ciencia que estudia las enfermedades. **2** Sustancia que tomamos para prevenir o curar una enfermedad: *Los jarabes y las pastillas son medicinas.* **3** Cualquier cosa que sirve como solución contra un mal: *La lectura es la mejor medicina para el aburrimiento.* ☐ Sinónimos: **2** medicamento, fármaco. **3** remedio, antídoto. ☐ Familia: →médico.

medicinal (me·di·ci·nal) [adjetivo] Que sirve para curar: *propiedades medicinales.* ☐ [No varía en masculino y femenino]. ☐ Familia: →médico.

medición (me·di·ción) [sustantivo femenino] Comparación de algo con una unidad para saber el número de veces que la contiene: *medición de un terreno.* ☐ Sinónimos: medida. ☐ Familia: →medir.

médico, ca (mé·di·co, ca) ■ [adjetivo] **1** De la medicina o relacionado con ella: *receta médica.* ■ [sustantivo] **2** Persona que ha estudiado medicina y trabaja curando enfermos. ◆ [expresión] ‖ **médico de cabecera** El que ve al enfermo de manera habitual y no es el especialista. ☐ Sinónimos: **2** doctor. ☐ Familia: medicina, medicinal, medicamento, medicación, medicar.

medida (me·di·da) [sustantivo femenino] **1** Cada una de las unidades que se usan para conocer longitudes, áreas o capacidades: *El metro es una medida de longitud.* **2** Acción de determinar el número de veces que algo contiene una unidad: *Los relojes sirven para la medida del tiempo.* **3** Número que expresa el resultado de hacer esta operación: *¿Cuáles son tus medidas?* **4** Acción que sirve para evitar que algo ocurra: *El profesor ha tomado medidas para que no copiemos en los exámenes.* **5** Grado, cantidad o fuerza: *Intentaré cumplir lo prometido en la medida en que me sea posible.* ◆ [expresión] ‖ **a medida** Adecuado para lo que se necesita: *traje a medida.* ‖ **a medida que** Al mismo tiempo o a la vez: *A medida que se acerca el verano, los días son más largos.* ☐ Sinónimos: **2** medición. ☐ Familia: →medir.

medieval (me·die·val) [adjetivo] Del período de la historia que comprende los siglos v al xv. ☐ [No varía en masculino y femenino]. ☐ FAMILIA: →medio.

medio, dia (me·dio, dia) ■ [adjetivo] **1** Dicho de una parte, que es una de las dos mitades en que algo se divide: *medio kilo; media manzana.* **2** Entre dos extremos o entre dos cosas: *talla media.* **3** Que tiene las características que se consideran propias de un grupo: *el ciudadano medio.* ■ **medio** [sustantivo masculino] **4** Lugar que está a igual distancia de sus extremos: *Pon el florero en medio de la mesa.* **5** Momento o situación que está entre dos momentos o entre dos situaciones: *Se desmayó en medio de la ceremonia.* **6** Cosa que sirve para conseguir un determinado fin: *Los medios que utilizó para lograr el contrato no eran legales.* **7** Lugar en el que vive y se desarrolla un ser vivo: *medio acuático.* ■ **medios** [sustantivo masculino plural] **8** Ambiente o círculo social: *Es un pintor muy conocido en medios artísticos.* ■ **media** [sustantivo femenino] **9** Prenda de ropa interior femenina muy fina, que cubre el pie y la pierna hasta la cintura. **10** Prenda de vestir que cubre el pie y llega hasta debajo de la rodilla: *Los jugadores de mi equipo de balonmano llevan medias verdes.* **11** Cantidad que resulta de sumar una serie de cantidades y dividir por el número de cantidades que hemos sumado: *La media entre 4, 8 y 6 es 6, y se halla sumando los tres números y dividiéndolos entre 3.* ■ **medio** [adverbio] **12** No del todo o no completamente: *Iba medio dormida.* ◆ [expresión] ‖ **a medias** A partes iguales: *Haremos el trabajo a medias.* ‖ **medio ambiente** → **medioambiente.** ‖ **por medio de algo** Con su ayuda o valiéndose de ello: *Logré el trabajo por medio de un anuncio.* ‖ **quitar de en medio a alguien** Matarlo o hacerlo desaparecer. ☐ [El plural de «medio ambiente» es «medios ambientes». La expresión «quitar de en medio a alguien» es coloquial]. ☐ SINÓNIMOS: **4** centro. **9** panti. ☐ ANTÓNIMOS: **2** extremo. ☐ FAMILIA: mediana, mediano, medianero, medianía, mediatriz, mediante, mediocre, mediocridad, promedio, medieval, mitad, intermedio, intermediario, mediático, medianoche.

medioambiente (me·dio·am·bien·te) [sustantivo masculino] Conjunto de condiciones que rodean a un ser vivo e influyen en él. ☐ [Su plural es «medioambientes». Se escribe también «medio ambiente»].

mediocre (me·dio·cre) [adjetivo o sustantivo] Que resulta poco importante o poco interesante: *un equipo mediocre.* ☐ [No varía en masculino y femenino]. ☐ FAMILIA: →medio.

mediocridad (me·dio·cri·dad) [sustantivo femenino] Característica de lo que es mediocre. ☐ FAMILIA: →medio.

mediodía (me·dio·dí·a) [sustantivo masculino] **1** Parte del día que está alrededor de las doce de la mañana. **2** Punto cardinal que está a la derecha cuando miramos hacia donde sale el sol: *En el mediodía español está Andalucía.* ☐ SINÓNIMOS: **2** sur. ☐ ANTÓNIMOS: **1** medianoche. **2** norte. ☐ FAMILIA: →día.

medir (me·dir) [verbo] **1** Intentar saber la extensión de algo, comparándolo con la unidad: *La regla sirve para medir.* **2** Estudiar algo para conocerlo: *Mide tus fuerzas para no agotarte al principio.* **3** Tener una determinada extensión: *Esta habitación mide diez metros de largo.* ☐ [Es irregular y se conjuga como PEDIR]. ☐ FAMILIA: medida, medición, desmedido, comedido, comedimiento.

meditabundo, da (me·di·ta·bun·do, da) [adjetivo] Que está pensativo y absorto. ☐ FAMILIA: →meditar.

meditación (me·di·ta·ción) [sustantivo femenino] Actividad que consiste en pensar algo despacio y con atención. ☐ SINÓNIMOS: reflexión, especulación. ☐ FAMILIA: →meditar.

meditar (me·di·tar) [verbo] Pensar algo despacio y con atención: *Meditaré lo que me has dicho y mañana te contestaré.* ☐ SINÓNIMOS: considerar, reflexionar, especular. ☐ FAMILIA: meditación, meditabundo, premeditación, premeditado, premeditar.

mediterráneo, a (me·di·te·rrá·ne·o, a) [adjetivo] Del mar Mediterráneo, que baña algunas costas de Europa, África y Asia o relacionado con él.

médium (mé·dium) [sustantivo] Persona a la que se considera capaz de comunicarse con los espíritus. ☐ [No varía en masculino y femenino. Su plural es «médiums»].

medrar (me·drar) [verbo] Mejorar de posición social o económica: *Desde que empezó a trabajar ha medrado mucho.*

medroso, sa (me·dro·so, sa) [adjetivo] Que siente miedo por cualquier cosa. ☐ SINÓNIMOS: miedoso. ☐ ANTÓNIMOS: valiente.

médula (mé·du·la) [sustantivo femenino] **1** Sustancia blanquecina que hay dentro de los huesos: *médula ósea.* **2** Parte central o más importante de algo. ◆ [expresión] ‖ **médula espinal** Parte del sistema nervioso de la que nacen los nervios: *La médula espinal está protegida por la columna vertebral.* ☐ SINÓNIMOS: **1** tuétano. **2** meollo. ☐ FAMILIA: medular.

medular (me·du·lar) [adjetivo] De la médula o relacionado con esta sustancia que hay dentro de los huesos. ☐ [No varía en masculino y femenino]. ☐ FAMILIA: →médula.

medusa (me·du·sa) [sustantivo femenino] Animal marino con forma de seta y con tentáculos, que es casi transparente cuando está en el agua.

medusa

megafonía (me·ga·fo·ní·a) [sustantivo femenino] **1** Técnica que se ocupa de los aparatos necesarios para aumentar la

megáfono

fuerza de un sonido: *Para el concierto de esta noche necesitamos un especialista en megafonía.* **2** Conjunto de los aparatos que aumentan la fuerza de un sonido: *Se ha estropeado la megafonía de la sala.* ☐ Familia: →megáfono.

megáfono (me·gá·fo·no) [sustantivo masculino] Aparato que aumenta la fuerza de un sonido. ☐ Familia: megafonía.

megáfono

megalítico, ca (me·ga·lí·ti·co, ca) [adjetivo] Relacionado con los monumentos construidos en la prehistoria con grandes piedras: *la cultura megalítica.*

mejicano, na (me·ji·ca·no, na) [adjetivo o sustantivo] → **mexicano, na.**

mejilla (me·ji·lla) [sustantivo femenino] Cada una de las dos partes blandas de la cara que están debajo de los ojos y a los lados de la nariz. ☐ Sinónimos: carrillo.

mejillón (me·ji·llón) [sustantivo masculino] Animal marino que tiene dos conchas negras.

mejor (me·jor) ▌[adjetivo] **1** Más bueno: *Tu novela es mejor que la suya.* ▌[adverbio] **2** Más que bien: *Hoy ya me encuentro mejor.* **3** Indica que se prefiere otra cosa: *Mejor vamos al cine mañana.* ◆ [expresión] ‖ **a lo mejor** Indica duda o posibilidad: *A lo mejor este año no me voy de vacaciones.* ☐ [En el significado **1** no varía en masculino y femenino. En los significados **2** y **3** tampoco varía por ser adverbio]. ☐ Antónimos: **1**, **2** peor. ☐ Familia: mejora, mejorar, mejoría, desmejorado, inmejorable.

mejora (me·jo·ra) [sustantivo femenino] **1** Cambio que se realiza para hacer algo mejor: *Vamos a hacer mejoras en casa.* **2** Progreso, aumento o adelantamiento: *Los trabajadores reclaman una mejora de los salarios.* ☐ Familia: →mejor.

mejorar (me·jo·rar) [verbo] **1** Pasar a un estado mejor: *Sé que intentas mejorar, pero no te esfuerzas lo suficiente.* **2** Hacer algo mejor: *Voy a una academia para mejorar mi inglés.* ☐ Sinónimos: **1** adelantar, avanzar, progresar. **2** perfeccionar. ☐ Antónimos: **1** degenerar, empeorar. ☐ Familia: →mejor.

mejoría (me·jo·rí·a) [sustantivo femenino] Cambio para mejor. ☐ Antónimos: empeoramiento. ☐ Familia: →mejor.

mejunje (me·jun·je) [sustantivo masculino] Sustancia que resulta de mezclar varias cosas y que tiene un aspecto o un sabor poco agradables.

melancolía (me·lan·co·lí·a) [sustantivo femenino] Pena tranquila y profunda que dura mucho tiempo: *Cuando le entra la melancolía, se pasa el rato mirando por la ventana.* ☐ Familia: melancólico.

melancólico, ca (me·lan·có·li·co, ca) [adjetivo] Con una pena muy honda y tranquila. ☐ Sinónimos: sombrío. ☐ Familia: →melancolía.

melanina (me·la·ni·na) [sustantivo femenino] Sustancia oscura que hay en el cuerpo y que da color a la piel, al pelo y a los ojos.

melaza (me·la·za) [sustantivo femenino] Líquido dulce y espeso que queda de la fabricación del azúcar. ☐ Familia: →miel.

melé (me·lé) [sustantivo femenino] Jugada de *rugby* en la que varios jugadores en grupo luchan por conseguir la pelota.

melena (me·le·na) [sustantivo femenino] **1** Pelo largo y suelto. **2** Pelo que rodea la cabeza del león: *Las leonas no tienen melena.* ☐ Familia: melenudo.

melenudo, da (me·le·nu·do, da) [adjetivo o sustantivo] Que tiene el pelo largo. ☐ Familia: →melena.

melifluo, flua (me·li·fluo, flua) [adjetivo] Dulce y suave en su comportamiento o en su forma de hablar: *voz meliflua.* ☐ Familia: →miel.

melillense (me·li·llen·se) [adjetivo o sustantivo] De la ciudad autónoma española de Melilla. ☐ [No varía en masculino y femenino].

melindre (me·lin·dre) [sustantivo masculino] Cuidado o asco exagerados: *No hagas tantos melindres y cómete el pescado.* ☐ Familia: melindroso.

melindroso, sa (me·lin·dro·so, sa) [adjetivo o sustantivo] Que hace melindres o ascos a todo. ☐ Sinónimos: remilgado. ☐ Familia: →melindre.

mella (me·lla) [sustantivo femenino] **1** Roto en el borde de un objeto. **2** Hueco que deja un diente cuando se cae. ◆ [expresión] ‖ **hacer mella** Tener influencia sobre alguien o impresionarle: *Tus palabras hicieron mella en él.* ☐ Familia: →mellar.

mellado, da (me·lla·do, da) [adjetivo] Que carece de uno o varios dientes. ☐ Familia: →mellar.

mellar (me·llar) [verbo] Romper un trozo del borde de algo: *mellar la hoja de un cuchillo.* ☐ Sinónimos: desportillar. ☐ Familia: mella, mellado.

mellizo, za (me·lli·zo, za) [adjetivo o sustantivo] Que ha nacido a la vez que su hermano. ☐ [No confundir con «gemelo» (que se ha originado del mismo óvulo que su hermano)].

melocotón (me·lo·co·tón) [sustantivo masculino] Fruta redonda y de color amarillo con manchas rojizas, que tiene la piel con pelusa. ◉ página 453. ☐ Familia: melocotonero.

melocotonero (me·lo·co·to·ne·ro) [sustantivo masculino] Árbol cuyo fruto es el melocotón. ☐ Familia: →melocotón.

melodía (me·lo·dí·a) [sustantivo femenino] Serie de sonidos diferentes ordenados según una idea musical determinada: *Interpreté con la guitarra una conocida melodía.* ☐ Familia: melódico, melodioso, melómano.

melódico, ca (me·ló·di·co, ca) [adjetivo] De la melodía o relacionado con ella. ☐ Familia: →melodía.

melodioso, sa (me·lo·dio·so, sa) [adjetivo] Que resulta agradable de oír: *canto melodioso.* ☐ Familia: →melodía.

mendigo, ga

melodrama (me·lo·dra·ma) [sustantivo masculino] Obra de teatro o de cine que exagera mucho los aspectos más tristes o más dolorosos. ☐ Familia: →drama.

melómano, na (me·ló·ma·no, na) [adjetivo o sustantivo] Que es muy aficionado a la música. ☐ Familia: →melodía.

melón (me·lón) [sustantivo masculino] **1** Planta cuyo fruto es grande, de color amarillo o verde, y con muchas pepitas dentro. 👁 página 453. **2** Cabeza: *Me di un golpe en el melón.* ☐ [El significado **2** es coloquial]. ☐ Familia: melonar, melonero.

melonar (me·lo·nar) [sustantivo masculino] Terreno plantado de melones. ☐ Familia: →melón.

melonero, ra (me·lo·ne·ro, ra) [sustantivo] Persona que cultiva o vende melones. ☐ Familia: →melón.

melopea (me·lo·pe·a) [sustantivo femenino] **1** Borrachera. **2** Canción monótona y aburrida. ☐ [El significado **1** es coloquial]. ☐ Sinónimos: **1** merluza, tranca, curda.

meloso, sa (me·lo·so, sa) [adjetivo] Dicho de una persona, demasiado dulce o amable. ☐ Sinónimos: empalagoso, zalamero. ☐ Familia: →miel.

membrana (mem·bra·na) [sustantivo femenino] Especie de piel muy delgada: *Los murciélagos tienen membranas en las alas.* ☐ Familia: membranoso.

membranoso, sa (mem·bra·no·so, sa) [adjetivo] Delgado, elástico, resistente o con las características de una membrana. ☐ Familia: →membrana.

membrete (mem·bre·te) [sustantivo masculino] Nombre o dirección de una persona o de una empresa, que aparecen impresos en la parte superior del papel de escribir.

membrillo (mem·bri·llo) [sustantivo masculino] **1** Árbol que da un fruto de color amarillo y con el que se hace un tipo de dulce. **2** Fruto de este árbol. 👁 página 453. **3** Dulce que se fabrica con este fruto.

memez (me·mez) [sustantivo femenino] Hecho o dicho propio de una persona que no actúa con inteligencia. ☐ [Su plural es «memeces»]. ☐ Familia: →memo.

memo, ma (me·mo, ma) [adjetivo o sustantivo] Que actúa con poca inteligencia. ☐ [Se usa como insulto]. ☐ Sinónimos: mentecato. ☐ Antónimos: listo. ☐ Familia: memez.

memorable (me·mo·ra·ble) [adjetivo] Digno de ser recordado: *un hecho memorable.* ☐ [No varía en masculino y femenino]. ☐ Familia: →memoria.

memoria (me·mo·ria) [sustantivo femenino] **1** Capacidad de recordar algo: *Tengo muy mala memoria.* **2** Presencia en la mente de algo pasado: *No guardo memoria de todo lo que me ha pasado.* **3** Estudio que se hace sobre algo: *Después de la investigación hice una memoria.* **4** Dispositivo de un aparato electrónico que sirve para guardar información y usarla después: *la memoria de un ordenador.* ∎ **memorias** [plural] **5** Relato sobre los recuerdos de una persona: *Escribió en sus memorias la verdad de lo que pasó.* ◆ [expresión] ‖ **de memoria** Usando solo esta capacidad de la mente: *No aprendas la lección de memoria.* ‖ **memoria de elefante** La que es capaz de recordar muchas cosas. ☐ Sinónimos: **2** recuerdo. ☐ Antónimos: **2** olvido. ☐ Familia: memorizar, desmemoriado, inmemorial, memorable, memorístico, conmemorar, conmemoración, conmemorativo, rememorar.

memorístico, ca (me·mo·rís·ti·co, ca) [adjetivo] Que utiliza la memoria mucho más que la razón: *estudio memorístico.* ☐ Familia: →memoria.

memorizar (me·mo·ri·zar) [verbo] Fijar algo en la memoria: *Memoricé tu dirección.* ☐ [La «z» se cambia en «c» delante de «e» («memorice»)]. ☐ Familia: →memoria.

mena (me·na) [sustantivo femenino] Roca que tiene un mineral valioso.

menaje (me·na·je) [sustantivo masculino] Conjunto de muebles, aparatos y otros objetos de una casa: *He comprado unas ollas y unas sartenes en la sección de menaje del supermercado.*

mención (men·ción) [sustantivo femenino] Recuerdo que se hace de algo o de alguien nombrándolo: *No hagas mención de mi nombre delante de ella.* ☐ Familia: mencionar.

mencionar (men·cio·nar) [verbo] Hablar de algo: *Nadie ha mencionado ese asunto.* ☐ Sinónimos: nombrar, citar, mentar. ☐ Familia: →mención.

menda (men·da) [sustantivo] Persona a la que nos referimos sin decir su nombre: *Vinieron unos mendas con unas pintas extrañas.* ☐ [No varía en masculino y femenino. Es coloquial].

mendicidad (men·di·ci·dad) [sustantivo femenino] **1** Hecho de pedir dinero. **2** Situación del mendigo. ☐ Familia: →mendigo.

mendigar (men·di·gar) [verbo] **1** Pedir limosna. **2** Pedir algo humillándose: *Vengo a mendigar tu perdón.* ☐ [La «g» se cambia en «gu» delante de «e» («mendigue»)]. ☐ Familia: →mendigo.

mendigo, ga (men·di·go, ga) [sustantivo] Persona que pide dinero porque no tiene lo necesario para vivir.

menaje de cocina

cazo   cazuela   sartén   olla

mendrugo

mendrugo □ SINÓNIMOS: pordiosero, pobre, indigente. □ FAMILIA: mendigar, mendicidad.

mendrugo (men·dru·go) [sustantivo/masculino] **1** Trozo de pan duro. **2** Persona tonta o con poca inteligencia: *No te enfades por las tonterías que dice ese mendrugo.* □ [El significado **2** es coloquial].

menear (me·ne·ar) [verbo] Mover de un lado a otro: *Menea el árbol para que caiga la pelota.* ◆ [expresión] ‖ **de no te menees** Muy grande o importante: *Se armó un escándalo de no te menees.* □ [Es coloquial]. □ SINÓNIMOS: sacudir. □ FAMILIA: meneo.

meneo (me·ne·o) [sustantivo/masculino] Movimiento de uno a otro lado: *Si no se despierta, dale un meneo.* □ FAMILIA: →menear.

menester (me·nes·ter) [sustantivo/masculino] Ocupación o empleo: *Se ocupa de la casa y de otros menesteres.* ◆ [expresión] ‖ **ser menester** Ser necesario o imprescindible. □ SINÓNIMOS: tarea. □ FAMILIA: menesteroso.

menesteroso, sa (me·nes·te·ro·so, sa) [adjetivo o sustantivo] Que no tiene lo necesario para vivir o que necesita mucho alguna cosa. □ FAMILIA: →menester.

menestra (me·nes·tra) [sustantivo/femenino] Comida hecha con varios tipos de verduras.

mengano, na (men·ga·no, na) [sustantivo] Palabra que se usa para nombrar a una persona cualquiera. □ SINÓNIMOS: fulano, zutano, perengano.

mengua (men·gua) [sustantivo/femenino] Disminución del tamaño, de la cantidad o de otra cosa: *La crisis ha producido mengua de beneficios.* □ SINÓNIMOS: reducción, merma, disminución. □ ANTÓNIMOS: aumento. □ FAMILIA: →menguar.

menguante (men·guan·te) [adjetivo] Que se hace cada vez más pequeño: *La luna en cuarto menguante tiene forma de «C».* □ [No varía en masculino y femenino]. □ SINÓNIMOS: decreciente. □ ANTÓNIMOS: creciente.

menguar (men·guar) [verbo] **1** Hacerse más pequeño: *Mis ahorros van menguando poco a poco.* **2** Disminuir la parte iluminada de la Luna: *Hoy la Luna empieza a menguar.* □ [Es irregular y se conjuga como **AVERIGUAR**]. □ SINÓNIMOS: **1** disminuir, reducir, mermar. □ ANTÓNIMOS: **1** aumentar, crecer. □ FAMILIA: mengua.

menhir (men·hir) [sustantivo/masculino] Piedra muy grande y alargada que está puesta de pie en el suelo: *Los menhires son monumentos de la prehistoria.*

menhir

meninge (me·nin·ge) [sustantivo/femenino] Piel muy fina que cubre el encéfalo y la médula espinal. □ [Se usa más en plural]. □ FAMILIA: meningitis.

meningitis (me·nin·gi·tis) [sustantivo/femenino] Enfermedad que se produce por una inflamación de las meninges. □ [No varía en singular y plural]. □ FAMILIA: →meninge.

menisco (me·nis·co) [sustantivo/masculino] Especie de hueso en forma de media luna que está en el interior de la rodilla.

menopausia (me·no·pau·sia) [sustantivo/femenino] **1** Cese natural de la menstruación de la mujer. **2** Período de la vida de una mujer en el que se produce este cese de la menstruación.

menor (me·nor) ▌[adjetivo] **1** Más pequeño: *La hormiga es menor que el elefante.* **2** Dicho de una persona, que tiene menos edad que otra: *hermana menor.* ▌[adjetivo o sustantivo] **3** Dicho de una persona, que todavía no ha llegado a la edad legal necesaria para tener todos sus derechos: *Si eres menor, todavía no puedes votar.* ◆ [expresión] ‖ **al por menor** En poca cantidad: *venta al por menor.* □ [Cuando es adjetivo, no varía en masculino y femenino]. □ ANTÓNIMOS: mayor. □ FAMILIA: menos, minoría, minoritario, minorista, minúscula, mínimo, aminorar, pormenorizar, minimizar.

menorquín, na (me·nor·quín, qui·na) [adjetivo o sustantivo] De la isla española de Menorca.

menos (me·nos) ▌[sustantivo] **1** Signo con forma de raya horizontal que se usa en matemáticas y que se pone entre dos cantidades para indicar que se restan. ▌[indefinido] **2** En menor cantidad o en menor grado: *Tengo menos canicas que ayer. Tú eres menos friolera que yo.* **3** Seguido de una cantidad, indica que no se llega a ella: *Esto costará menos de cinco euros.* ▌[conjunción] **4** Fuera de algo o excepto algo: *Me gustan todas las verduras menos las alcachofas.* ◆ [expresión] ‖ **a menos que** Se usa para expresar una condición: *No te volveré a hablar a menos que me pidas perdón.* ‖ **ser lo de menos** No tener importancia. □ ANTÓNIMOS: **1-3** más. □ FAMILIA: menoscabar, menospreciar. →menor.

menoscabar (me·nos·ca·bar) [verbo] Hacer disminuir una cosa buena: *Tus acusaciones menoscaban mi buena reputación.* □ FAMILIA: →menos.

menospreciar (me·nos·pre·ciar) [verbo] Dar a una cosa menos importancia de la que tiene: *Mi éxito les sorprendió porque me habían menospreciado.* □ [Es irregular y se conjuga como **ANUNCIAR**]. □ FAMILIA: menosprecio. →menos. →precio.

menosprecio (me·nos·pre·cio) [sustantivo/masculino] Falta de interés o de consideración: *Tratan a los demás con menosprecio.* □ SINÓNIMOS: desdén, desaire. □ ANTÓNIMOS: aprecio. □ FAMILIA: →menospreciar.

mensaje (men·sa·je) [sustantivo/masculino] **1** Noticia o información que se hace llegar a alguien: *Tengo un mensaje para ti.* **2** Idea profunda que se intenta hacer llegar a alguien: *Me gustan mucho las películas con mensaje.* □ SINÓNIMOS: **1** recado. □ FAMILIA: mensajero, mensajería.

mensajería (men·sa·je·rí·a) [sustantivo/femenino] Servicio de reparto de mensajes y paquetes. ☐ Familia: →mensaje.

mensajero, ra (men·sa·je·ro, ra) ∎ [adjetivo] **1** Que lleva un mensaje: *paloma mensajera*. ∎ [sustantivo] **2** Persona que lleva mensajes o paquetes a otras personas: *Los mensajeros de esta empresa suelen ir en moto*. ☐ Familia: →mensaje.

menstruación (mens·trua·ción) [sustantivo/femenino] Pérdida de sangre que sufre la mujer una vez al mes. ☐ Sinónimos: período, regla. ☐ Familia: menstrual.

menstrual (mens·trual) [adjetivo] De la menstruación o relacionado con ella: *dolor menstrual*. ☐ [No varía en masculino y femenino]. ☐ Familia: →menstruación.

mensual (men·sual) [adjetivo] **1** Que se repite cada mes: *una revista mensual*. **2** Que dura un mes: *un abono mensual*. ☐ [No varía en masculino y femenino]. ☐ Familia: →mes.

mensualidad (men·sua·li·dad) [sustantivo/femenino] Cantidad de dinero que se recibe o que se paga cada mes. ☐ Familia: →mes.

menta (men·ta) [sustantivo/femenino] Planta cuyas hojas tienen un olor agradable y se usan para hacer infusiones. ☐ Familia: mentolado.

mental (men·tal) [adjetivo] De la mente o relacionado con ella: *enfermo mental*. ☐ [No varía en masculino y femenino]. ☐ Familia: →mente.

mentalidad (men·ta·li·dad) [sustantivo/femenino] Forma de pensar: *Tienes una mentalidad muy anticuada*. ☐ Familia: →mente.

mentalizar (men·ta·li·zar) [verbo] Hacer que alguien tome consciencia de algo: *Ya he mentalizado a los niños para que se porten bien*. ☐ [La «z» se cambia en «c» delante de «e» («mentalice»)]. ☐ Familia: →mente.

mentar (men·tar) [verbo] Nombrar una cosa o a una persona: *No mientes dónde has estado porque se enfadará*. ☐ [Es irregular y se conjuga como ACERTAR]. ☐ Sinónimos: mencionar.

mente (men·te) [sustantivo/femenino] **1** Capacidad que tienen las personas para comprender, conocer y razonar: *una mente despierta*. **2** Pensamiento, imaginación o voluntad: *No puedo quitarme de la mente lo que me has contado*. ☐ Sinónimos: **1** entendimiento, inteligencia. ☐ Familia: mental, mentalizar, mentalidad, mentecato.

mentecato, ta (men·te·ca·to, ta) [adjetivo o sustantivo] Que actúa con poca inteligencia. ☐ Antónimos: inteligente, listo. ☐ Familia: →mente.

mentir (men·tir) [verbo] Decir mentiras. ☐ [Es irregular y se conjuga como SENTIR]. ☐ Familia: mentira, mentiroso, mentirijillas, desmentido, desmentir.

mentira (men·ti·ra) [sustantivo/femenino] Afirmación que no es verdad: *Le gusta decir mentiras y engañar a los demás*. ☐ Sinónimos: falsedad, embuste. ☐ Antónimos: verdad. ☐ Familia: →mentir.

mentirijillas (men·ti·ri·ji·llas) ◆ [expresión] ‖ **de mentirijillas** De mentiras o de broma: *No me enfadé con tu comentario porque sabía que lo habías dicho de mentirijillas*. ☐ [Es coloquial]. ☐ Familia: →mentir.

mentiroso, sa (men·ti·ro·so, sa) [adjetivo o sustantivo] Que suele decir mentiras. ☐ Sinónimos: embustero. ☐ Antónimos: sincero, veraz. ☐ Familia: →mentir.

mentolado, da (men·to·la·do, da) [adjetivo] Que tiene sabor a menta: *tabaco mentolado*. ☐ Familia: →menta.

mentón (men·tón) [sustantivo/masculino] Parte de la cara que está debajo de la boca y que sale un poco hacia afuera. ☐ Sinónimos: barbilla.

menú (me·nú) [sustantivo/masculino] **1** Conjunto de platos que forman una comida: *El menú está compuesto por un primer plato, un segundo plato y un postre*. **2** En un restaurante, lista de los platos y de las bebidas que se pueden elegir. ☐ [Su plural es «menús»]. ☐ Sinónimos: **2** carta.

menudencia (me·nu·den·cia) [sustantivo/femenino] Cosa sin importancia o de poco valor. ☐ Sinónimos: minucia, tontería, pequeñez. ☐ Familia: →menudo.

menudillos (me·nu·di·llos) [sustantivo/masculino plural] Hígado, corazón y otros órganos internos de las aves. ☐ Sinónimos: despojos. ☐ Familia: →menudo.

menudo, da (me·nu·do, da) [adjetivo] **1** Delgado o de pequeño tamaño: *¡Qué niña tan menuda!* **2** De poca importancia: *problemas menudos*. **3** Se usa para expresar que algo es grande o importante: *¡Menuda película vimos ayer!* ◆ [expresión] ‖ **a menudo** De forma frecuente: *En esta zona llueve a menudo*. ☐ [El significado **3** es coloquial y va siempre delante de un sustantivo]. ☐ Familia: menudencia, menudillos.

meñique (me·ñi·que) [sustantivo/masculino] Dedo más pequeño de la mano o del pie. ◉ **ilustración en** *mano*.

meollo (me·o·llo) [sustantivo/masculino] Parte más importante de una cosa: *el meollo de la cuestión*. ☐ Sinónimos: médula.

meón, na (me·ón, o·na) [adjetivo o sustantivo] Que orina mucho o con frecuencia. ☐ [Es coloquial]. ☐ Familia: →mear.

mequetrefe (me·que·tre·fe) [sustantivo] Persona de poco juicio que se mete en los asuntos de los demás. ☐ [No varía en masculino y femenino. Es coloquial].

mercachifle (mer·ca·chi·fle) [sustantivo] Vendedor de poca importancia. ☐ [No varía en masculino y femenino. Es despectivo]. ☐ Familia: →mercado.

mercader (mer·ca·der) [sustantivo] Persona que trabaja vendiendo cosas: *Cuando estuve en Egipto le compré este traje a un mercader*. ☐ [No varía en masculino y femenino]. ☐ Sinónimos: comerciante. ☐ Familia: →mercado.

mercadillo (mer·ca·di·llo) [sustantivo/masculino] Mercado en el que se venden cosas baratas y que se celebra determinados días de la semana. ☐ Familia: →mercado.

mercado (mer·ca·do) [sustantivo/masculino] **1** Lugar en el que se venden comestibles: *Ve al mercado a comprar pescado y patatas*. **2** Conjunto de operaciones de compra y venta. **3** Grupo de personas que pueden comprar un producto: *Este producto se dirige al mercado infantil*. ◆ [expresión] ‖ **mercado negro** El que está fuera de la ley. ☐ Sinónimos: **1** plaza. ☐ Familia: mercadillo, mercancía, mercader, mercante, mercantil, hipermercado, supermercado, mercachifle.

mercancía (mer·can·cí·a) [sustantivo/femenino] Producto que se compra o se vende: *un tren de mercancías*. ☐ Sinónimos: artículo, género. ☐ Familia: →mercado.

mercante (mer·can·te) ∎ [adjetivo] **1** Del comercio que se realiza por el mar: *marina mercante*. ∎ [sustantivo/masculino] **2** Barco que se dedica a llevar pasajeros y productos para el comercio. ☐ [En el significado **1** no varía en masculino y femenino]. ☐ Familia: →mercado.

mercantil (mer·can·til) [adjetivo] Del comercio o relacionado con él: *Derecho Mercantil*. ☐ [No varía en masculino y femenino]. ☐ Familia: →mercado.

merced (mer·ced) [sustantivo/femenino] **1** Favor o recompensa: *El rey concedió una merced al prisionero*. **2** Forma de tratamiento antigua que significa lo mismo que *usted*: *Se hará lo que vuestra merced desee*. ◆ [expresión] ‖ **a merced de** Bajo el poder o bajo el control de: *El barco navega a merced del viento*. ☐ Familia: mercedario.

mercedario, ria (mer·ce·da·rio, ria) [adjetivo o sustantivo] De la Orden de la Merced o relacionado con ella. ☐ [No confundir con «mercenario» (soldado que lucha por dinero)]. ☐ Familia: →merced.

mercenario, ria (mer·ce·na·rio, ria) [adjetivo o sustantivo] Dicho de un soldado, que lucha por dinero, no por sus ideas. ☐ [No confundir con «mercedario» (religioso de la Orden de la Merced)].

mercería (mer·ce·rí·a) [sustantivo/femenino] Tienda en la que se venden objetos que se usan para coser: *En la mercería compro hilo y botones*. ☐ Familia: mercero.

mercero, ra (mer·ce·ro, ra) [sustantivo] Persona que trabaja en una mercería. ☐ Familia: →mercería.

merchandising [sustantivo/masculino] Actividades que se hacen para que un producto sea conocido y se compre mucho. ☐ [Es una palabra inglesa. Se pronuncia «merchandáisin»].

mercromina (mer·cro·mi·na) [sustantivo/femenino] Líquido de color rojo que se pone en las heridas para que no se infecten. ☐ [Procede de la marca comercial «Mercromina®»].

mercurio (mer·cu·rio) [sustantivo/masculino] Metal líquido muy pesado que tiene el color de la plata: *En el interior de los termómetros hay mercurio*.

merecedor, ra (me·re·ce·dor, do·ra) [adjetivo] Digno de algo: *Eres merecedor de mi confianza*. ☐ Familia: →merecer.

merecer (me·re·cer) [verbo] Ser o hacerse digno de algo: *Te mereces el premio porque has estudiado mucho*. ☐ [Es irregular y se conjuga como **AGRADECER**]. ☐ Sinónimos: ganarse. ☐ Familia: merecido, merecedor, desmerecer.

merecido (me·re·ci·do) [sustantivo/masculino] Castigo que se considera justo: *¡Os daré vuestro merecido, malvados!* ☐ [Se usa mucho en la expresión «dar a alguien su merecido»]. ☐ Familia: →merecer.

merendar (me·ren·dar) [verbo] Tomar una comida ligera a media tarde: *Yo suelo merendar pan con chocolate*. ☐ [Es irregular y se conjuga como **ACERTAR**]. ☐ Familia: →merienda.

merendero (me·ren·de·ro) [sustantivo/masculino] Lugar al aire libre en el que se come: *Fuimos al campo y comimos en un merendero*. ☐ Familia: →merienda.

merendola (me·ren·do·la) [sustantivo/femenino] Buena merienda: *Celebró su cumpleaños con una merendola*. ☐ [Es coloquial]. ☐ Familia: →merienda.

merengada (me·ren·ga·da) ◆ [expresión] ‖ **leche merengada** Mira en **leche**. ☐ Familia: →merengue.

merengue (me·ren·gue) [sustantivo/masculino] **1** Dulce que se hace con clara de huevo y azúcar, generalmente de color blanco. **2** Un tipo de música que se baila en algunos países caribeños. ☐ Familia: merengada.

meridiano (me·ri·dia·no) [sustantivo/masculino] Cada uno de los círculos iguales que rodean la Tierra de arriba abajo: *Los meridianos pasan por los polos y son perpendiculares a los paralelos terrestres*. ☉ ilustración en **hemisferio**. ☐ Familia: meridional.

meridional (me·ri·dio·nal) [adjetivo o sustantivo] Del sur: *España está en la zona meridional de Europa*. ☐ [No varía en masculino y femenino]. ☐ Antónimos: septentrional. ☐ Familia: →meridiano.

merienda (me·rien·da) [sustantivo/femenino] Comida ligera que se hace a media tarde. ◆ [expresión] ‖ **merienda de negros** Situación en la que hay mucho ruido y falta orden: *La reunión fue una merienda de negros*. ☐ [La expresión es coloquial]. ☐ Familia: merendar, merendero, merendola.

merino, na (me·ri·no, na) [adjetivo o sustantivo] Dicho de una oveja, que tiene la lana corta, fina, rizada y muy suave.

mérito (mé·ri·to) [sustantivo/masculino] Esfuerzo o acción por los que alguien se merece algo bueno: *El mérito de todos nuestros logros es tuyo*. ☐ Familia: meritorio.

meritorio, ria (me·ri·to·rio, ria) [adjetivo] Que merece un premio o un elogio: *Ayudar a los demás es algo muy meritorio*. ☐ Familia: →mérito.

merluzo, za (mer·lu·zo, za) ∎ [adjetivo o sustantivo] **1** Que es poco hábil o que tiene poca inteligencia. ∎ **merluza** [sustantivo/femenino] **2** Pez marino de color gris plateado que tiene el cuerpo largo: *Cené una rodaja de merluza hervida*. **3** Borrachera: *¡Vaya merluza llevas!* ☐ [Los significados **1** y **3** son coloquiales]. ☐ Sinónimos: **3** tranca, curda, melopea.

merma (mer·ma) [sustantivo/femenino] Disminución o pérdida. ☐ Sinónimos: mengua. ☐ Antónimos: aumento. ☐ Familia: →mermar.

mermar (mer·mar) [verbo] Hacer disminuir en tamaño, en cantidad o en otra cosa: *Este error no debe mermar tus esperanzas*. ☐ Sinónimos: reducir, menguar. ☐ Antónimos: aumentar, crecer. ☐ Familia: merma.

mermelada (mer·me·la·da) [sustantivo/femenino] Dulce que se hace con fruta cocida y azúcar.

mero, ra (me·ro, ra) ∎ [adjetivo] **1** Puro o simple: *Lo que dije fue un mero comentario*. ∎ **mero** [sustantivo/masculino] **2** Pez marino con los ojos y la boca grandes y que suele vivir en el mar Cantábrico y en el Mediterráneo, que bañan la península ibérica.

merodear (me·ro·de·ar) [verbo] Andar alrededor de un lugar curioseando con malas intenciones: *Un perro merodea la casa*. ☐ Sinónimos: acechar.

metalúrgico, ca

mes [sustantivo masculino] Cada uno de los doce períodos de tiempo en que se divide un año. ⊙ **página 169.** □ Familia: mensual, mensualidad, sietemesino, trimestre, trimestral, semestre, semestral, bimensual, bimestre, bimestral, cuatrimestral, cuatrimestre.

mesa (me·sa) [sustantivo femenino] **1** Mueble formado por una tabla que se apoya sobre una o varias patas. **2** Comida o alimentos: *Es amante de la buena mesa.* ◆ [expresión] ‖ **de mesa** Que es adecuado para ser comido o bebido durante las comidas: *vino de mesa.* ‖ **mesa camilla** La redonda y con cuatro patas: *En el cuarto de estar de mi casa hay una mesa camilla.* ‖ **mesa redonda** Grupo de personas que se juntan para hablar sobre un tema. □ Familia: mesilla, sobremesa, comensal.

mesarse (me·sar·se) [verbo] Tirarse del pelo o de la barba en señal de dolor o de rabia: *mesarse los cabellos.*

meseta (me·se·ta) [sustantivo femenino] Terreno llano que se encuentra a una determinada altura: *la meseta castellana.* ⊙ **página 809.**

mesías (me·sí·as) [sustantivo masculino] Persona enviada por Dios: *Los judíos esperaban la llegada de un mesías.* □ [No varía en singular y plural. Se escribe con mayúscula cuando se refiere a Jesucristo].

mesilla (me·si·lla) [sustantivo femenino] Mesa pequeña que se coloca al lado de la cama. □ Familia: →mesa.

mesnada (mes·na·da) [sustantivo femenino] En la Edad Media, conjunto de soldados que estaba al servicio de un rey o de un noble.

mesón (me·són) [sustantivo masculino] Lugar decorado de forma tradicional, en el que se sirven comidas y bebidas. □ Familia: mesonero.

mesonero, ra (me·so·ne·ro, ra) [sustantivo] Persona que es dueña de un mesón. □ Familia: →mesón.

mesosfera (me·sos·fe·ra) [sustantivo femenino] Zona de la atmósfera que se extiende entre los cincuenta y los ochenta kilómetros de altura. ⊙ **ilustración en** *atmósfera*.

mestizaje (mes·ti·za·je) [sustantivo masculino] Mezcla de razas o de culturas distintas. □ Familia: →mestizo.

mestizo, za (mes·ti·zo, za) ▪ [adjetivo] **1** Dicho de un animal, que resulta del cruce de dos razas diferentes. ▪ [adjetivo o sustantivo] **2** Dicho de una persona, que es hijo de un hombre blanco y de una mujer india, o hijo de una mujer blanca y de un hombre indio. □ Familia: mestizaje.

mesura (me·su·ra) [sustantivo femenino] Tranquilidad o moderación. □ Antónimos: desmesura. □ Familia: desmesura, desmesurado.

meta (me·ta) ▪ [sustantivo masculino] **1** En algunos deportes, miembro del equipo que defiende la portería. ▪ [sustantivo femenino] **2** Lugar en el que termina una carrera deportiva: *En una carrera gana el que llegue primero a la meta.* **3** En algunos deportes, espacio entre dos postes por donde tiene que entrar el balón para conseguir un punto. **4** Fin u objetivo que se quiere lograr: *Estoy orgullosa porque he logrado una de las metas que me había propuesto.* □ Sinónimos: **1** guardameta, cancerbero, portero.

2 llegada. **3** portería. □ Antónimos: **2** salida. □ Familia: guardameta.

metabolismo (me·ta·bo·lis·mo) [sustantivo masculino] Proceso por el cual los seres vivos obtienen energía de los alimentos. □ Familia: metabolizar.

metabolizar (me·ta·bo·li·zar) [verbo] Transformar el organismo una sustancia mediante cambios químicos y biológicos: *El cuerpo metaboliza los alimentos para transformarlos en energía.* □ [La «z» se cambia en «c» delante de «e» («metabolice»)]. □ Familia: →metabolismo.

metacarpo (me·ta·car·po) [sustantivo masculino] Conjunto de los huesos de la mano de una persona o de las patas delanteras de algunos animales. ⊙ **página 405.** □ Familia: →carpo.

metacrilato (me·ta·cri·la·to) [sustantivo masculino] Plástico duro y transparente parecido al cristal.

metadona (me·ta·do·na) [sustantivo femenino] Medicamento con efectos parecidos a los de la heroína, que se utiliza para desintoxicar a los drogadictos.

metafísico, ca (me·ta·fí·si·co, ca) ▪ [adjetivo] **1** De la metafísica o relacionado con esta ciencia. ▪ **metafísica** [sustantivo femenino] **2** Ciencia que estudia el ser y la existencia en general. □ Familia: →física.

metáfora (me·tá·fo·ra) [sustantivo femenino] Forma de expresar algo usando una palabra con el significado de otra, porque están muy relacionadas: *En algunos poemas, «las perlas» es una metáfora de «los dientes», por la blancura.* □ Familia: metafórico.

metafórico, ca (me·ta·fó·ri·co, ca) [adjetivo] De la metáfora o relacionado con esta forma de expresar algo. □ Familia: →metáfora.

metal (me·tal) [sustantivo masculino] Material que brilla y que es buen conductor del calor y de la electricidad: *El hierro y la plata son metales.* ◆ [expresión] ‖ **metal precioso** El que tiene gran valor y se usa para hacer joyas: *El oro es un metal precioso.* □ Familia: metálico, metalizar, metalizado, metalúrgico, metalurgia.

metálico, ca (me·tá·li·co, ca) [adjetivo] De metal o del metal: *objeto metálico.* ◆ [expresión] ‖ **en metálico** Con dinero y en el momento. □ Familia: →metal.

metalizado, da (me·ta·li·za·do, da) [adjetivo] Que brilla como el metal: *Mi coche es azul metalizado.* □ Familia: →metal.

metalizar (me·ta·li·zar) [verbo] **1** Dar a un cuerpo alguna de las propiedades del metal: *metalizar plásticos.* **2** Cubrir con una capa fina de metal: *Han metalizado la puerta de aluminio.* □ [La «z» se cambia en «c» delante de «e» («metalice»)]. □ Familia: →metal.

metalurgia (me·ta·lur·gia) [sustantivo femenino] Técnica de extraer los metales de los minerales que los contienen. □ Familia: →metal.

metalúrgico, ca (me·ta·lúr·gi·co, ca) ▪ [adjetivo] **1** De la metalurgia o relacionado con esta técnica de extraer metales: *industrias metalúrgicas.* ▪ [sustantivo] **2** Persona que trabaja usando esta técnica. □ Familia: →metal.

metamórfico, ca (me·ta·mór·fi·co, ca) [adjetivo] Dicho de un mineral o de una roca, que ha sufrido cambios dentro de la tierra. ☐ Familia: →metamorfosis.

metamorfosis (me·ta·mor·fo·sis) [sustantivo femenino] **1** Serie de cambios que sufren algunos animales a lo largo de su desarrollo: *El renacuajo es una fase de la metamorfosis de la rana*. **2** Cambio de una cosa en otra: *Desde el accidente, has sufrido una metamorfosis*. ☐ [No varía en singular y plural]. ☐ Sinónimos: **2** transformación. ☐ Familia: metamórfico.

metano (me·ta·no) [sustantivo masculino] Un tipo de gas que arde fácilmente cuando está en contacto con el aire.

metástasis (me·tás·ta·sis) [sustantivo femenino] Extensión de una enfermedad a varias zonas del cuerpo. ☐ [No varía en singular y plural].

metatarso (me·ta·tar·so) [sustantivo masculino] Conjunto de los huesos del pie de una persona o de las patas traseras de algunos animales. ⊙ página 405. ☐ Familia: →tarso.

metazoo (me·ta·zo·o) [adjetivo o sustantivo masculino] Dicho de un animal, que está formado por muchas células.

metedura (me·te·du·ra) [sustantivo femenino] Introducción de una cosa dentro de otra, entre otras o en algún sitio. ☐ Familia: →meter.

meteorito (me·te·o·ri·to) [sustantivo masculino] Trozo de un cuerpo sólido que va por el espacio y que cae en la Tierra. ☐ Sinónimos: aerolito. ☐ Familia: →meteoro.

meteoro (me·te·o·ro) [sustantivo masculino] Fenómeno del tiempo: *La lluvia y la nieve son meteoros*. ☐ Familia: meteorito, meteorología, meteorólogo.

meteorología (me·te·o·ro·lo·gí·a) [sustantivo femenino] Conjunto de conocimientos que sirven para saber cómo se producen la nieve, la lluvia y otros fenómenos del tiempo. ☐ Familia: →meteoro.

meteorólogo, ga (me·te·o·ró·lo·go, ga) [sustantivo] Persona especializada en meteorología: *El hombre del tiempo es un meteorólogo*. ☐ Familia: →meteoro.

metepatas (me·te·pa·tas) [sustantivo] Persona que suele hacer o decir cosas que no resultan adecuadas. ☐ [No varía en masculino y femenino, ni en singular y plural. Es coloquial]. ☐ Familia: →meter. →pata.

meter (me·ter) [verbo] **1** Introducir en algo o poner dentro de algún sitio: *Mete la ropa sucia en la lavadora. Para que funcione hay que meter una moneda*. **2** Ocupar, usar o dedicar: *He metido mucho tiempo en este proyecto*. **3** Dejar a una persona en un centro para que viva allí: *Lo metieron en la cárcel*. **4** Hacer que una persona tome parte en algo: *Me vas a meter en un lío*. **5** Producir una sensación: *Intentó meterme miedo*. **6** Hacer aguantar algo que no resulta agradable: *Ese pesado nos mete siempre unos rollos horribles*. **7** Quitar un trozo de tela a una prenda de vestir: *Méteme un poco el bajo de la falda*. **8** Hacer creer a alguien algo que no es verdad: *Me metió una trola y yo me la creí*. **9** Poner algo de forma que rodee otra cosa: *Métete el anillo en el dedo*. **10** Dar un golpe: *Las cosas no se solucionan metiendo patadas*. **11** Hacer comprender algo a fuerza de insistir: *A ver si con estos ejercicios consigo meterme en la cabeza la lección*. ■ **meterse 12** Molestar a alguien ofendiéndolo: *No te metas conmigo*. **13** Tomar parte en algo: *No estaba hablando contigo, así que no te metas en esto*. **14** Dejarse llevar por una sensación: *Me meto tanto en las películas que las vivo mucho*. **15** Formar parte de un grupo de personas: *Por fin conseguí meterse en el coro*. ◆ [expresión] **16** ‖ **a todo meter** Muy rápido. ☐ [Los significados **7** y **12** y la expresión son coloquiales]. ☐ Sinónimos: **15** entrar. ☐ Antónimos: **1** extraer. **1, 3, 7, 9, 11** sacar. ☐ Familia: arremeter, arremetida, entrometerse, entrometido, entremeter, intromisión, remeter, malmeter, metepatas, metomentodo, meticón, metijón, metedura.

meticón, na (me·ti·cón, co·na) [adjetivo o sustantivo] Que se interesa por cosas que no tienen por qué importarle. ☐ [Es coloquial y despectivo]. ☐ Sinónimos: metomentodo, metijón. ☐ Familia: →meter.

meticuloso, sa (me·ti·cu·lo·so, sa) [adjetivo] **1** Dicho de una persona, que hace todo con mucho cuidado y detalle: *Soy muy meticulosa*. **2** Que está hecho con mucho cuidado y detalle: *un trabajo muy meticuloso*. ☐ Sinónimos: concienzudo. **1** cuidadoso. ☐ Antónimos: **1** descuidado.

metijón, na (me·ti·jón, jo·na) [adjetivo o sustantivo] Que se interesa por cosas que no tienen por qué importarle. ☐ [Es coloquial y despectivo]. ☐ Sinónimos: metomentodo, meticón. ☐ Familia: →meter.

metódico, ca (me·tó·di·co, ca) [adjetivo] Que hace las cosas de forma muy ordenada. ☐ Familia: →método.

método (mé·to·do) [sustantivo masculino] Forma ordenada de hacer algo. ☐ Sinónimos: sistema. ☐ Familia: metódico, metodología.

metodología (me·to·do·lo·gí·a) [sustantivo femenino] Conjunto de métodos seguidos para hacer una cosa. ☐ Familia: →método.

metomentodo (me·to·men·to·do) [adjetivo o sustantivo] Que se interesa por cosas que no tienen por qué importarle. ☐ [No varía en masculino y femenino, ni en singular y plural. Es coloquial]. ☐ Sinónimos: entrometido, meticón, metijón. ☐ Familia: →meter. →todo.

metonimia (me·to·ni·mia) [sustantivo femenino] Forma de llamar a una cosa con el nombre de otra con la que tiene una relación determinada: *Si dices «un tinto» por «un vino tinto», estás usando una metonimia*.

metralla (me·tra·lla) [sustantivo femenino] Conjunto de piezas de metal que se disparan con un arma o que se ponen en un explosivo. ☐ Familia: metralleta, ametrallar, ametrallador.

metralleta (me·tra·lle·ta) [sustantivo femenino] Arma de fuego que dispara muchas balas seguidas a gran velocidad. ☐ Familia: →metralla.

métrico, ca (mé·tri·co, ca) ■ [adjetivo] **1** Del metro o relacionado con esta unidad de longitud: *sistema métrico* *decimal*. **2** De la métrica o relacionado con esta forma de medir versos. ▪ **métrica** [sustantivo/femenino] **3** Estudio de los distintos tipos de verso. ☐ FAMILIA: →metro.

metro (me·tro) [sustantivo/masculino] **1** Medida de longitud: *El metro tiene cien centímetros*. **2** Objeto que sirve para medir longitudes: *Los carpinteros usan un metro plegable*. **3** Tren que generalmente va por debajo del suelo y que se usa para llevar personas en algunas ciudades. 👁 **página 172**. ◆ [expresión] ‖ **metro cuadrado** Medida de superficie que equivale al área de un cuadrado que tiene un metro de lado. ☐ [En el significado **3** es la forma abreviada de «metropolitano».] ☐ FAMILIA: milímetro, milimetrado, centímetro, decímetro, decámetro, hectómetro, kilómetro, diámetro, altímetro, amperímetro, dinamómetro, métrico, métrica, metrónomo. **3** metrobús.

metrobús (me·tro·bús) [sustantivo/masculino] Tarjeta que permite viajar en metro y en autobús un número determinado de veces. ☐ FAMILIA: →metro.

metrónomo (me·tró·no·mo) [sustantivo/masculino] Aparato que señala un ritmo y que sirve para marcar el compás en música. ☐ FAMILIA: →metro.

metrópoli (me·tró·po·li) [sustantivo/femenino] **1** Ciudad principal o muy importante. **2** País del que dependen otras ciudades o países: *Las colonias querían independizarse de la metrópoli*. ☐ [Se usa también «metrópolis» para el singular: «la metrópolis».] ☐ FAMILIA: metropolitano. →polis.

metrópolis (me·tró·po·lis) [sustantivo/femenino] → **metrópoli**. ☐ [No varía en singular y plural: «la metrópolis», «las metrópolis».]

metropolitano, na (me·tro·po·li·ta·no, na) ▪ [adjetivo] **1** De la metrópoli o relacionado con ella. ▪ **metropolitano** [sustantivo/masculino] **2** Metro: *El metropolitano va por debajo de la tierra*. ☐ FAMILIA: →metrópoli.

metrosexual (me·tro·se·xual) [sustantivo/masculino] Hombre que cuida mucho su aspecto físico. ☐ FAMILIA: →sexo.

mexicano, na (me·xi·ca·no, na) [adjetivo o sustantivo] De México, que es un país americano. ☐ [Se escribe también «mejicano».]

mezcla (mez·cla) [sustantivo/femenino] Unión de cosas distintas para formar un todo. ☐ FAMILIA: →mezclar.

mezclar (mez·clar) [verbo] **1** Juntar una cosa con otra hasta que no puedan reconocerse como diferentes: *Si mezclas blanco y rojo obtendrás el color rosa*. **2** Dejar sin orden algo que estaba ordenado: *No mezcles las fotos porque las he ordenado por fechas*. **3** Meter a una persona en un asunto que no le interesa directamente: *No me mezcles en tus cosas*. ▪ **mezclarse 4** Relacionarse una persona con otras: *No te mezcles con ellos*. **5** Unirse a un grupo o a una familia diferentes: *La nobleza no solía mezclarse con el pueblo*. ☐ FAMILIA: mezcla, mezcolanza, entremezclar.

mezcolanza (mez·co·lan·za) [sustantivo/femenino] Mezcla extraña o complicada. ☐ [Es coloquial.] ☐ FAMILIA: →mezclar.

mezquindad (mez·quin·dad) [sustantivo/femenino] Hecho o dicho propio de una persona mezquina. ☐ FAMILIA: →mezquino.

mezquino, na (mez·qui·no, na) [adjetivo o sustantivo] **1** Tacaño o que no quiere gastarse el dinero. **2** Despreciable o muy malo: *una acción mezquina*. ☐ FAMILIA: mezquindad.

mezquita (mez·qui·ta) [sustantivo/femenino] Edificio en el que rezan las personas de religión musulmana.

mi ▪ [posesivo] **1** Mío: *Te presentaré a mis padres*. ▪ [sustantivo/masculino] **2** Una de las siete notas musicales. 👁 **página 648**. ☐ [No varía en masculino y femenino. No confundir con «mí», pronombre personal. Va siempre delante de un sustantivo].

mí [pronombre/personal] Detrás de preposición, representa la primera persona del singular: *Ese bollo es para mí. No me eches la culpa a mí*. ☐ [No varía en masculino y femenino. No confundir con «mi», posesivo].

miasma (mias·ma) [sustantivo] Sustancia perjudicial que sueltan los cuerpos enfermos o las cosas podridas. ☐ [Se puede decir «el miasma» y «la miasma» sin que cambie de significado. Se usa más en plural.]

miau (miau) [interjección] Se usa para imitar el maullido de un gato. ☐ [Es una onomatopeya].

mica (mi·ca) [sustantivo/femenino] Mira en **mico, ca**.

michelín (mi·che·lín) [sustantivo/masculino] Grasa que tienen algunas personas alrededor de la cintura. ☐ [Procede de la marca comercial «Michelin®». Es coloquial].

mico, ca (mi·co, ca) ▪ [sustantivo] **1** Mono de cola larga con la que se cuelga de los árboles. ▪ **mico** [sustantivo/masculino] **2** Persona de poca edad o de pequeña estatura: *No sé cómo dejas que ese mico te insulte*. ▪ **mica** [sustantivo/femenino] **3** Mineral que forma capas transparentes. ◆ [expresión] ‖ **volverse mico** Necesitar mucho tiempo o mucho esfuerzo para hacer algo: *Me volví mico intentando descifrar tu carta*. ☐ [El significado **2** y la expresión son coloquiales].

micra (mi·cra) [sustantivo/femenino] Medida de longitud muy pequeña: *Un milímetro tiene mil micras*.

micro (mi·cro) [sustantivo/masculino] Micrófono: *Cogí el micro y dije unas palabras*. ☐ [Es coloquial.] ☐ FAMILIA: →micrófono.

microbio (mi·cro·bio) [sustantivo/masculino] **1** Ser vivo tan pequeño que solo se puede ver con un microscopio: *Los virus son microbios*. **2** Persona muy pequeña. ☐ [El significado **2** es despectivo]. ☐ SINÓNIMOS: **1** microorganismo.

microbús (mi·cro·bús) [sustantivo/masculino] Autobús pequeño.

microchip (mi·cro·chip) [sustantivo/masculino] Chip pequeño. ☐ [Es una palabra de origen inglés. Su plural es «microchips».] ☐ FAMILIA: →chip.

microclima (mi·cro·cli·ma) [sustantivo/masculino] Conjunto de condiciones climáticas particulares de un espacio reducido y aislado del medio general: *En mi pueblo la temperatura siempre es la más alta de la comarca debido a su microclima*. ☐ FAMILIA: →clima.

microfilm (mi·cro·film) [sustantivo/masculino] → **microfilme**. ☐ [Es una palabra de origen inglés. Su plural es «microfilms».]

microfilme (mi·cro·fil·me) [sustantivo/masculino] Película de pequeño tamaño, en la que se graban imágenes o documentos que luego pueden verse ampliados. ☐ [Es una palabra de origen inglés. Su plural es «microfilmes». Se usa también «microfilm»].

micrófono (mi·cró·fo·no) [sustantivo masculino] Aparato que permite aumentar la fuerza de un sonido, emitirlo y registrarlo. ☐ [Se usa mucho la forma abreviada «micro», que es coloquial]. ☐ Familia: micro.

microondas (mi·cro·on·das) [sustantivo masculino] Aparato eléctrico en cuyo interior se meten los alimentos para que se calienten rápidamente. ☐ [No varía en singular y plural]. ☐ Familia: →onda.

microorganismo (mi·cro·or·ga·nis·mo) [sustantivo masculino] Ser vivo tan pequeño que solo se puede ver con un microscopio. ☐ Sinónimos: microbio. ☐ Familia: →órgano.

microscópico, ca (mi·cros·có·pi·co, ca) [adjetivo] Que solo puede verse con un microscopio: *organismos microscópicos*. ☐ Antónimos: gigante. ☐ Familia: →microscopio.

microscopio (mi·cros·co·pio) [sustantivo masculino] Instrumento que sirve para poder ver las cosas que son muy pequeñas: *Las bacterias se pueden ver con un microscopio*. ☐ Familia: microscópico.

microscopio

miedica (mie·di·ca) [adjetivo o sustantivo] Miedoso. ☐ [No varía en masculino y femenino. Es coloquial y despectivo]. ☐ Sinónimos: cobarde. ☐ Antónimos: valiente, valeroso. ☐ Familia: →miedo.

miedo (mie·do) [sustantivo masculino] **1** Sensación que sentimos cuando suponemos que puede pasarnos algo malo: *Me da miedo la oscuridad*. **2** Temor de que ocurra lo contrario de lo que se desea: *Tengo miedo de que llueva*. ◆ [expresión] ‖ **de miedo** Muy bueno o muy bien: *Me lo pasé de miedo*. ☐ [La expresión es coloquial]. ☐ Sinónimos: temor. ☐ Familia: miedoso, miedica, quitamiedos.

miedoso, sa (mie·do·so, sa) [adjetivo o sustantivo] Que siente miedo por cualquier cosa. ☐ Sinónimos: cobarde, medroso, asustadizo. ☐ Antónimos: valiente, valeroso. ☐ Familia: →miedo.

miel (miel) ∎ [sustantivo femenino] **1** Sustancia muy dulce que producen las abejas. ∎ **mieles** [plural] **2** Sensación agradable que da el éxito: *Este campeón ya ha saboreado las mieles del triunfo*. ☐ Familia: meloso, melifluo, melaza.

mielina (mie·li·na) [sustantivo femenino] Sustancia que hay en los nervios, que sirve para transmitir de forma rápida los impulsos nerviosos.

miembro (miem·bro) [sustantivo masculino] **1** Extremidad que va unida al cuerpo: *Los miembros inferiores de una persona son las piernas*. **2** Persona o grupo que forman parte de un conjunto: *España es miembro de la Unión Europea*. **3** Cada parte que se une a otras cosas y forma un todo con ellas: *El sujeto y el predicado son miembros de la oración*. ◆ [expresión] ‖ **miembro viril** Pene.

mientras (mien·tras) ∎ [adverbio] **1** Durante el tiempo en el que algo sucede o se realiza: *Yo iré a comprar y, mientras, tú puedes barrer la casa*. ∎ [conjunción] **2** Se usa para introducir una acción que sucede a la vez que otra: *Tú estudia mientras yo recojo todo*. ◆ [expresión] ‖ **mientras que** Se usa para expresar oposición: *Aquí hace sol, mientras que allí está lloviendo*. ☐ [En el significado **1** también se usa «mientras tanto»].

miércoles (miér·co·les) [sustantivo masculino] Tercer día de la semana. ⊙ **página 169.** ☐ [No varía en singular y plural].

mierda (mier·da) ∎ [sustantivo femenino] **1** Excremento. **2** Suciedad: *Llevas las manos llenas de mierda*. **3** Cosa que tiene poco valor o poca calidad: *Te han cobrado demasiado por esta mierda*. ∎ [interjección] **4** Se usa para expresar disgusto o rechazo: *¡Mierda, me he vuelto a manchar la camisa!* ◆ [expresión] ‖ **irse algo a la mierda** Estropearse. ‖ **mandar algo a la mierda** Rechazarlo o dejar de ocuparse de ello. ☐ [Es vulgar]. ☐ Sinónimos: **3** basura.

mies (mies) [sustantivo femenino] Cereal maduro, como el trigo o la cebada.

miga (mi·ga) ∎ [sustantivo femenino] **1** Parte interna y blanda del pan. **2** Trozo o cantidad pequeños de algo: *No ha quedado ni una miga de chocolate*. **3** Importancia o interés de algo: *Este asunto tiene mucha miga*. ∎ **migas** [plural] **4** Comida que se hace con trozos de pan cocinados con aceite o con grasa. ◆ [expresión] ‖ **hacer buenas migas** Llevarse bien dos o más personas. ☐ [La expresión es coloquial]. ☐ Sinónimos: **2** migaja. ☐ Familia: migaja, migar, desmigar, desmigajar.

migaja (mi·ga·ja) [sustantivo femenino] Trozo o cantidad pequeños de algo, especialmente si son de pan: *Echo migajas de pan a los pajaritos*. ☐ Sinónimos: miga. ☐ Familia: →miga.

migar (mi·gar) [verbo] **1** Hacer trocitos pequeños con el pan: *Migaremos el pan y se lo echaremos a los peces*. **2** Echar trozos de pan en un líquido: *Migaron la leche para dar de comer al gatito*. ☐ [La «g» se cambia en «gu» delante de «e» («migue»)]. ☐ Familia: →miga.

migración (mi·gra·ción) [sustantivo femenino] **1** Movimiento de personas que se van a vivir a otro lugar: *La pobreza es la causa de la migración en busca de una vida mejor*. **2** Viaje periódico que realizan algunos animales de unas zonas a otras: *La migración de las aves es periódica*. ☐ Familia: →migrar.

migraña (mi·gra·ña) [sustantivo femenino] Dolor fuerte de cabeza. ☐ Sinónimos: jaqueca.

migrar (mi·grar) [verbo] **1** Irse una persona a vivir a otro lugar: *Su familia migró del campo a la ciudad hace muchos años*. **2** Viajar un animal periódicamente de una zona a otra: *En verano las ballenas migran a aguas frías.* ☐ FAMILIA: migración, migratorio, emigrar, emigración, emigrante, inmigrar, inmigración, inmigrante.

migratorio, ria (mi·gra·to·rio, ria) [adjetivo] De la migración o relacionado con este movimiento: *aves migratorias.* ☐ FAMILIA: →migrar.

mijo (mi·jo) [sustantivo masculino] **1** Cereal de hojas planas y anchas y fruto en forma de espiga. **2** Semilla de este cereal que se usa para la alimentación de los animales.

mil ■ [numeral] **1** Indica 1000 unidades: *Esta ciudad tiene mil habitantes.* **2** Conjunto de 1000 unidades: *Tengo varios miles de sellos.* ■ [sustantivo masculino] **3** Número 1000: *El mil tiene tres ceros.* ☐ [En los significados **1** y **2** no varía en masculino y femenino. En el significado **2** se usa más en plural]. ☐ SINÓNIMOS: **2** millar. ☐ FAMILIA: milenario, milenio, milésimo, diezmilésimo, millón, millar, millardo, milhojas, milrayas.

milagrero, ra (mi·la·gre·ro, ra) [adjetivo] **1** Que hace milagros. **2** Que constantemente cree que suceden milagros. ☐ [El significado **2** es despectivo]. ☐ SINÓNIMOS: **1** milagroso. ☐ FAMILIA: →milagro.

milagro (mi·la·gro) [sustantivo masculino] **1** Hecho que no se puede explicar por las leyes de la naturaleza y en el que se considera que ha habido intervención divina o sobrenatural. **2** Cosa que resulta muy rara: *Es un milagro que con la caravana que había hayamos llegado a tiempo.* ◆ [expresión] ‖ **de milagro** Por poco o por casualidad: *He llegado a clase de milagro.* ☐ SINÓNIMOS: **2** prodigio. ☐ FAMILIA: milagroso, milagrero.

milagroso, sa (mi·la·gro·so, sa) [adjetivo] **1** Que hace milagros: *un agua milagrosa.* **2** Que resulta extraordinario o maravilloso: *Es milagroso que no os hicieseis nada en el accidente.* ☐ SINÓNIMOS: **1** milagrero. **2** prodigioso. ☐ FAMILIA: →milagro.

milano (mi·la·no) [sustantivo masculino] Ave grande que tiene las plumas marrones y la cola larga: *El milano es un ave rapaz.* ☐ FAMILIA: amilanar.

milenario, ria (mi·le·na·rio, ria) ■ [adjetivo] **1** Que tiene alrededor de mil años: *una ciudad milenaria.* ■ **milenario** [sustantivo masculino] **2** Día en el que se cumplen mil o varios miles de años de un suceso: *En el año 2492 se celebrará el milenario de la llegada de Colón a América.* ☐ FAMILIA: →mil.

milenio (mi·le·nio) [sustantivo masculino] Período de tiempo de mil años. ☐ FAMILIA: →mil.

milésimo, ma (mi·lé·si·mo, ma) ■ [numeral] **1** Que ocupa el lugar número mil en una serie. **2** Dicho de una parte, que es una de las mil en que se divide algo: *la milésima parte del premio.* ■ **milésima** [sustantivo femenino] **3** Cada una de las mil partes en que se divide una unidad de medida: *milésimas de segundo.* ☐ FAMILIA: →mil.

milhojas (mil·ho·jas) [sustantivo] Dulce formado por varias capas entre las que se suele poner nata, merengue o crema. ☐ [No varía en singular y plural. Se puede decir «el milhojas» y «la milhojas» sin que cambie de significado]. ☐ FAMILIA: →mil. →hoja.

mili (mi·li) [sustantivo femenino] Servicio que presta un ciudadano a su país siendo soldado durante un período de tiempo determinado. ☐ [Es la forma abreviada de «milicia» y es coloquial]. ☐ SINÓNIMOS: servicio militar, milicia. ☐ FAMILIA: →militar.

milibar (mi·li·bar) [sustantivo masculino] Unidad que mide la presión de la atmósfera.

milicia (mi·li·cia) [sustantivo femenino] Mili.

miligramo (mi·li·gra·mo) [sustantivo masculino] Medida que sirve para pesar: *Un gramo tiene mil miligramos.* ☐ FAMILIA: →gramo.

mililitro (mi·li·li·tro) [sustantivo masculino] Medida de capacidad: *Un litro tiene mil mililitros.* ☐ FAMILIA: →litro.

milimetrado, da (mi·li·me·tra·do, da) [adjetivo] **1** Dicho de un papel, que está dividido en cuadraditos de un milímetro. **2** Dicho de una idea o de un plan, que está muy calculado y muy pensado. ☐ FAMILIA: →metro.

milímetro (mi·lí·me·tro) [sustantivo masculino] Medida de longitud: *Un metro tiene mil milímetros.* ☐ FAMILIA: →metro.

militante (mi·li·tan·te) [sustantivo] Persona que es miembro de un partido político. ☐ [No varía en masculino y femenino]. ☐ FAMILIA: →militar.

militar (mi·li·tar) ■ [adjetivo] **1** Del ejército o de la guerra: *desfile militar.* ■ [sustantivo] **2** Persona que sirve en el ejército: *Los militares visten de uniforme.* ■ [verbo] **3** Formar parte de un partido político o de una asociación. ☐ [En los significados **1** y **2** no varía en masculino y femenino]. ☐ FAMILIA: militante, mili.

milla (mi·lla) [sustantivo femenino] Medida de longitud: *Una milla equivale aproximadamente a 1609 metros.* ◆ [expresión] ‖ **milla náutica** Medida de longitud que se usa en el mar: *Una milla náutica equivale a 1852 metros.*

millar (mi·llar) [sustantivo masculino] Conjunto de mil unidades. ☐ SINÓNIMOS: mil. ☐ FAMILIA: →mil.

millardo (mi·llar·do) [sustantivo numeral] Número 1 000 000 000: *Un millardo son mil millones.* ☐ FAMILIA: →mil.

millón (mi·llón) [sustantivo numeral] Número 1 000 000. ☐ [Se usa con la preposición «de» cuando después va el nombre de algo: «un millón de pesetas»; cuando después va otro numeral, no se pone la preposición «de»: «un millón cien mil pesetas»]. ☐ FAMILIA: millonésimo, millonada, millonario, multimillonario, billón, trillón. →mil.

millonada (mi·llo·na·da) [sustantivo femenino] Cantidad muy grande de dinero: *Esta casa cuesta una millonada.* ☐ [Es coloquial]. ☐ FAMILIA: →millón.

millonario, ria (mi·llo·na·rio, ria) ■ [adjetivo] **1** Que alcanza uno o más millones: *premio millonario.* ■ [adjetivo sustantivo] **2** Que tiene uno o más millones: *Quisiera ser millonario.* ☐ FAMILIA: →millón.

millonésimo, ma (mi·llo·né·si·mo, ma) [numeral] **1** Que ocupa el lugar número un millón en una serie. **2** Dicho de una parte, que constituye un todo o una unidad con otras 999 999 iguales que ella: *Una micra es la millonésima parte de un metro.* ☐ FAMILIA: →millón.

milonga (mi·lon·ga) [sustantivo femenino] **1** Baile y música de origen argentino. **2** Mentira o engaño. ☐ [El significado **2** es coloquial].

milrayas (mil·ra·yas) [adjetivo o sustantivo masculino] Dicho de una tela, que tiene el fondo de color claro con muchas rayas finas. ☐ [No varía en singular y plural]. ☐ Familia: →mil. →raya.

mimar (mi·mar) [verbo] **1** Mostrar amor y ganas de agradar: *A todos nos gusta que nos mimen.* **2** Tratar a un niño con demasiada consideración, dejándole hacer lo que quiera: *Lo mimaron demasiado y ahora es muy egoísta.* **3** Tratar con mucho cuidado: *mimar mucho la ropa.* ☐ Sinónimos: **2** consentir. ☐ Familia: →mimo.

mimbre (mim·bre) [sustantivo] Arbusto que crece en las orillas de los ríos, y cuyas ramas son largas y delgadas y se usan para hacer objetos: *una cesta de mimbre.* ☐ [Se puede decir «el mimbre» y «la mimbre» sin que cambie de significado, aunque se usa más en masculino]. ☐ Sinónimos: mimbrera.

mimbrera (mim·bre·ra) [sustantivo femenino] → **mimbre.**

mimetismo (mi·me·tis·mo) [sustantivo masculino] Propiedad de algunos animales, como el camaleón, que les permite hacerse parecidos a otras cosas para que no se les vea. ☐ Familia: →mimo.

mimetizar (mi·me·ti·zar) [verbo] **1** Hacer algo igual que otra persona. ▪ **mimetizarse 2** Cambiar de aspecto un animal para confundirse con el entorno y pasar inadvertido: *Si un animal se mimetiza entre la maleza, es difícil descubrir su presencia.* ☐ Sinónimos: **1** imitar. ☐ Familia: →mimo.

mímica (mí·mi·ca) [sustantivo femenino] Arte que consiste en comunicar algo mediante gestos y movimientos del cuerpo. ☐ Familia: →mimo.

mimo (mi·mo) [sustantivo masculino] **1** Demostración de amor y ternura. **2** Ganas de que nos demuestren amor o de que nos presten atención: *Mi hermanito tiene mucho mimo.* **3** Cuidado con que se trata o se hace algo: *Este jabón trata la piel con mimo.* **4** Tipo de teatro en el que no se usan palabras, sino solo gestos. **5** Persona que actúa usando solo los gestos: *Los domingos vamos al parque a ver a los mimos.* ☐ Sinónimos: **4** pantomima. ☐ Familia: mimar, mimoso, mímica, mimetismo, mimetizar.

mimosa (mi·mo·sa) [sustantivo femenino] Mira en **mimoso, sa.**

mimoso, sa (mi·mo·so, sa) ▪ [adjetivo] **1** Que tiene ganas de que le presten atención o de que cumplan sus deseos: *niño mimoso.* ▪ **mimosa** [sustantivo femenino] **2** Planta de flores pequeñas y amarillas que tienen un olor agradable. ☐ Familia: →mimo.

mina (mi·na) [sustantivo femenino] **1** Terreno del que se extraen minerales. **2** Barra fina que llevan los lápices en su interior. **3** Persona o cosa que se considera que tiene valor, porque puede proporcionar gran cantidad de algo: *Este cantante es una mina.* **4** Bomba que se entierra o que se pone bajo el agua. ☐ Sinónimos: **3** filón. ☐ Familia: minero, minería, mineral, mineralogía, minar, bocamina, portaminas.

minar (mi·nar) [verbo] **1** Enterrar bombas en una zona para que exploten al pasar por encima. **2** Destruir poco a poco o quitar las fuerzas: *La pena fue minando su salud.* ☐ Sinónimos: **2** socavar. ☐ Familia: →mina.

minarete (mi·na·re·te) [sustantivo masculino] Torre de una mezquita desde la que se llama a los musulmanes a la oración.

mineral (mi·ne·ral) ▪ [adjetivo] **1** Que pertenece a la sustancia que forma las piedras o que está compuesto de ella: *El yeso, el oro y la sal son sustancias minerales.* ▪ [sustantivo masculino] **2** Sustancia que forma las piedras: *De las minas se sacan minerales.* ☐ [En el significado **1** no varía en masculino y femenino]. ☐ Familia: →mina.

mineralogía (mi·ne·ra·lo·gí·a) [sustantivo femenino] Parte de la geología que estudia los minerales. ☐ Familia: →mina.

minería (mi·ne·rí·a) [sustantivo femenino] Técnica o industria de extraer minerales. ☐ Familia: →mina.

minero, ra (mi·ne·ro, ra) ▪ [adjetivo] **1** De los terrenos de los que se extraen minerales o relacionado con ellos: *industria minera.* ▪ [sustantivo] **2** Persona que trabaja extrayendo minerales. ☐ Familia: →mina.

mini (mi·ni) [sustantivo femenino] Minifalda. ☐ [Es coloquial].

miniatura (mi·nia·tu·ra) [sustantivo femenino] **1** Copia de algo en tamaño muy pequeño: *He hecho un coche en miniatura.* **2** Pintura de pequeño tamaño y generalmente hecha con mucho detalle.

minicadena (mi·ni·ca·de·na) [sustantivo femenino] Cadena de música cuyos aparatos son de pequeño tamaño y no pueden separarse. ☐ Familia: →cadena.

minifalda (mi·ni·fal·da) [sustantivo femenino] Falda muy corta que queda por encima de las rodillas. ☐ [Se usa mucho la forma abreviada «mini», que es coloquial]. ☐ Familia: →falda.

minifundio (mi·ni·fun·dio) [sustantivo masculino] Terreno de poco tamaño. ☐ Antónimos: latifundio.

minimizar (mi·ni·mi·zar) [verbo] **1** Quitar importancia: *No minimices tú un éxito reconocido por todos.* **2** Reducir a lo mínimo o disminuir todo lo posible: *Algunos programas informáticos tienen la opción de minimizar pantalla.* ☐ [La «z» se cambia en «c» delante de «e» («minimice»)]. ☐ Familia: →menor.

mínimo, ma (mí·ni·mo, ma) ▪ [adjetivo] **1** Lo más pequeño: *No haces el mínimo esfuerzo por ayudarme.* ▪ **mínimo** [sustantivo masculino] **2** Punto más bajo al que puede llegar algo: *La calefacción está al mínimo.* ▪ **mínima** [sustantivo femenino] **3** Temperatura más baja a la que se llega: *Se espera para hoy una mínima de dos grados.* ☐ Sinónimos: **1** ínfimo. ☐ Antónimos: **1, 2** máximo. **3** máxima. ☐ Familia: →menor.

minino, na (mi·ni·no, na) [sustantivo] Gato. ☐ [Es coloquial].

minio (mi·nio) [sustantivo masculino] Polvo de color rojo anaranjado, con el que se hace una pintura que se usa para evitar que se oxiden los objetos de metal.

ministerial (mi·nis·te·rial) [adjetivo] De un ministerio o de alguno de sus ministros. ☐ [No varía en masculino y femenino]. ☐ Familia: →ministro.

ministerio (mi·nis·te·rio) [sustantivo masculino] **1** Departamento que se encarga de determinados asuntos del gobierno de un Estado: *Ministerio de Industria*. **2** Edificio en el que trabaja un ministro: *Entregué los impresos en el ministerio*. **3** Función o empleo que se considera noble o de gran categoría: *Ese sacerdote ejerce su ministerio en una parroquia*. ☐ [En el significado **1** se escribe con mayúscula]. ☐ Sinónimos: **1** gabinete. ☐ Familia: →ministro.

ministro, tra (mi·nis·tro, tra) [sustantivo] **1** Persona que dirige un departamento que se encarga de determinados asuntos del gobierno del Estado: *El ministro de Asuntos Exteriores ha dimitido*. **2** Persona que tiene una función o un empleo que se considera noble o de una gran categoría: *Los sacerdotes son los ministros de la Iglesia*. ◆ [expresión] ‖ **primer ministro** Jefe de Gobierno de algunos países. ☐ Familia: ministerio, ministerial.

minoría (mi·no·rí·a) [sustantivo] **1** Parte menor de un todo: *Los niños somos minoría en clase*. **2** En una votación, conjunto de votos distintos de la mayoría: *Una minoría ha votado en blanco*. ☐ Antónimos: mayoría. ☐ Familia: →menor.

minorista (mi·no·ris·ta) [sustantivo] Persona que vende productos en pequeña cantidad. ☐ [No varía en masculino y femenino]. ☐ Familia: →menor.

minoritario, ria (mi·no·ri·ta·rio, ria) [adjetivo] De la minoría o relacionado con ella: *grupo minoritario*. ☐ Antónimos: mayoritario. ☐ Familia: →menor.

minucia (mi·nu·cia) [sustantivo femenino] Cosa sin importancia o de poco valor. ☐ Sinónimos: menudencia, insignificancia, pequeñez, tontería.

minucioso, sa (mi·nu·cio·so, sa) [adjetivo] Que se preocupa por los más pequeños detalles.

minuendo (mi·nuen·do) [sustantivo masculino] Cantidad a la que se resta otra llamada sustraendo: *En la resta «7 – 3 = 4», 7 es el minuendo*.

minúsculo, la (mi·nús·cu·lo, la) ▌[adjetivo] **1** Muy pequeño o poco importante: *No te preocupes por ese detalle minúsculo*. ▌[adjetivo o sustantivo femenino] **2** Dicho de una letra, que es de pequeño tamaño y que se utiliza normalmente: *En «Luis», todas las letras son minúsculas menos la «L»*. ☐ Antónimos: mayúsculo. ☐ Familia: →menor.

minusvalía (mi·nus·va·lí·a) [sustantivo femenino] **1** Disminución del valor de un bien: *La minusvalía de sus acciones en bolsa casi lo lleva a la ruina*. **2** Situación de desventaja para un individuo, como consecuencia de una limitación física o psíquica que impide su normal funcionamiento: *Su minusvalía no le ha impedido estudiar una carrera*. ☐ Familia: →valer.

minusválido, da (mi·nus·vá·li·do, da) [adjetivo o sustantivo] Dicho de una persona, que tiene problemas físicos o psíquicos que le impiden hacer determinadas cosas. ☐ Familia: →valer.

minuta (mi·nu·ta) [sustantivo femenino] **1** Factura que presenta un profesional con sus honorarios por un trabajo realizado. **2** Borrador que se hace de un contrato antes de su escritura definitiva.

minutero (mi·nu·te·ro) [sustantivo masculino] Aguja de un reloj que señala los minutos. ☐ Familia: →minuto.

minuto (mi·nu·to) [sustantivo masculino] Período de tiempo que equivale a sesenta segundos: *Una hora tiene sesenta minutos*. ☐ Familia: minutero.

mío, a (mí·o, a) [posesivo] Indica que algo pertenece a la primera persona del singular: *Este libro es mío*. ☐ [Cuando va delante de un sustantivo, se cambia por «mi»: «mi balón», «mi casa»].

miocardio (mio·car·dio) [sustantivo masculino] Tejido muscular del corazón: *infarto de miocardio*.

miope (mio·pe) [adjetivo o sustantivo] Que tiene un defecto en la vista que le impide ver bien lo que está lejos. ☐ [No varía en masculino y femenino]. ☐ Sinónimos: corto de vista. ☐ Familia: miopía.

miopía (mio·pí·a) [sustantivo femenino] Defecto de la vista que impide ver bien lo que está lejos. ☐ Familia: →miope.

mira (mi·ra) [sustantivo femenino] **1** Pieza de un instrumento que permite dirigir la vista a un punto. **2** Intención u objetivo de algo. ◆ [expresión] ‖ **con miras a algo** Con ese propósito: *Estoy ahorrando con miras a irme de vacaciones*. ☐ Familia: →mirar.

mirado, da (mi·ra·do, da) ▌[adjetivo] **1** Que tiene cuidado: *Es muy mirado con sus cosas*. ▌**mirada** [femenino] **2** Examen rápido y por encima que se hace de algo con la vista: *Échale una mirada a mi trabajo y di qué te parece*. **3** Forma de mirar: *una mirada fría*. ☐ Familia: →mirar.

mirador (mi·ra·dor) [sustantivo masculino] **1** Lugar situado en un alto y desde el que se puede ver un paisaje. **2** Balcón cubierto y cerrado con cristales. **3** Especie de habitación estrecha cubierta con cristales, que suele estar en la parte alta de un edificio y desde la que se puede ver el exterior. ☐ Familia: →mirar.

mirador

miraguano (mi·ra·gua·no) [sustantivo masculino] **1** Palmera de poca altura, con hojas grandes en forma de abanico, de cuyo fruto se saca una materia algodonosa. **2** Materia algodonosa que suele usarse como relleno para almohadas.

miramiento (mi·ra·mien·to) [sustantivo masculino] Consideración o respeto hacia algo: *No tendré más miramientos contigo*. ☐ Familia: →mirar.

mirar (mi·rar) [verbo] **1** Observar o fijar la vista en algo: *Mira esta foto.* **2** Buscar o intentar encontrar algo: *Mira en el armario, a ver si lo encuentras.* **3** Registrar o examinar: *El médico me miró y me dijo que no tenía nada malo.* **4** Considerar o tener en cuenta: *Mira bien lo que haces.* **5** Estar colocado en dirección a un lugar: *Mi casa mira al norte.* ☐ Familia: mira, mirón, mirador, mirilla, miramiento, mirada, mirado.

miriápodo, da (mi·riá·po·do, da) [adjetivo o sustantivo masculino] Dicho de un animal, que no tiene esqueleto, que tiene el cuerpo alargado y dividido en anillos, y que vive en la tierra: *El ciempiés es un miriápodo.*

mirilla (mi·ri·lla) [sustantivo femenino] Agujero pequeño hecho en una puerta, que sirve para poder ver lo que hay al otro lado. ☐ Familia: →mirar.

miriñaque (mi·ri·ña·que) [sustantivo masculino] Prenda de tela rígida, que usaban las mujeres debajo de la falda para darle vuelo.

mirlo (mir·lo) [sustantivo masculino] Pájaro de color oscuro y pico amarillo que suele vivir en los jardines y que come insectos, semillas y frutos. 👁 páginas 116-117.

mirón, na (mi·rón, ro·na) [adjetivo o sustantivo] Que mira algo con mucha curiosidad o con mucho interés. ☐ [Es despectivo]. ☐ Familia: →mirar.

mirra (mi·rra) [sustantivo femenino] Sustancia pegajosa de algunas plantas que tiene un olor muy agradable y que se usa para hacer perfumes.

mirto (mir·to) [sustantivo masculino] Arbusto de hojas verdes y frutos negros, cuyas flores tienen un olor muy fuerte.

misa (mi·sa) [sustantivo femenino] Ceremonia en la que el sacerdote católico celebra la eucaristía. ◆ [expresión] ‖ **ir algo a misa** Ser cierto o tenerse que hacer de forma obligatoria: *Aquí, lo que dice la jefa va a misa.* ‖ **misa del gallo** La que se celebra la noche anterior al día de Navidad. ☐ Familia: misal.

misal (mi·sal) [sustantivo masculino] Libro que contiene el orden y el modo de celebrar la misa. ☐ Familia: →misa.

miscelánea (mis·ce·lá·ne·a) [sustantivo femenino] **1** Mezcla de cosas distintas: *El nuevo programa es una miscelánea de concursos y actuaciones.* **2** Obra en la que se tratan temas variados: *Estoy leyendo una miscelánea sobre temas de actualidad.*

miserable (mi·se·ra·ble) ▪ [adjetivo] **1** Que no es feliz o que se siente triste. **2** Que tiene poco valor o poca importancia: *No discutáis por una cosa tan miserable.* ▪ [adjetivo o sustantivo] **3** Muy malo: *Ese miserable es el que me engañó.* **4** Que no quiere gastar el dinero, sino guardarlo. ☐ [No varía en masculino y femenino. Los significados 3 y 4 son despectivos]. ☐ Sinónimos: **1**, **2**, **4** mísero. ☐ Antónimos: **4** generoso, espléndido. ☐ Familia: →miseria.

miseria (mi·se·ria) [sustantivo femenino] **1** Falta de las cosas necesarias para vivir. **2** Desgracia o pena: *Nos contó las miserias que había pasado en la guerra.* **3** Cantidad que resulta de poco valor o de poca importancia: *Has dejado una miseria de propina.* **4** Forma de ser de las personas que no quieren gastar dinero: *Su miseria es tal que tiene mucho dinero, pero va hecho un pordiosero.* ☐ Sinónimos: **1** pobreza, escasez, necesidad, penuria. ☐ Antónimos: **1** riqueza. ☐ Familia: miserable, mísero.

misericordia (mi·se·ri·cor·dia) [sustantivo femenino] Pena que se siente ante el dolor de los demás y que nos lleva a ayudarlos y perdonarlos. ☐ Sinónimos: piedad, caridad, compasión, clemencia. ☐ Antónimos: crueldad. ☐ Familia: misericordioso.

misericordioso, sa (mi·se·ri·cor·dio·so, sa) [adjetivo o sustantivo] Que siente o muestra misericordia. ☐ Sinónimos: compasivo, caritativo, piadoso. ☐ Antónimos: cruel. ☐ Familia: →misericordia.

mísero, ra (mí·se·ro, ra) ▪ [adjetivo] **1** Que tiene poco valor o poca importancia: *No os peleéis por un mísero caramelo.* **2** Que no es feliz y se siente triste. ▪ [adjetivo o sustantivo] **3** Que no quiere gastar el dinero, sino guardarlo. ☐ Sinónimos: miserable. ☐ Antónimos: **2** feliz. **3** generoso, espléndido. ☐ Familia: →miseria.

misil (mi·sil) [sustantivo masculino] Arma de gran tamaño, que tiene forma alargada y que explota al llegar a su objetivo. ☐ Familia: antimisil.

misión (mi·sión) [sustantivo femenino] **1** Deber que se tiene que cumplir: *Educar a los hijos es una misión de los padres.* **2** Orden de hacer algo: *misión secreta.* **3** Lugar al que van algunos religiosos para dar a conocer la religión cristiana: *Mi hermana se ha ido de misiones a África.* ☐ Sinónimos: **1** cometido. ☐ Familia: misionero.

misionero, ra (mi·sio·ne·ro, ra) [sustantivo] Persona que enseña la religión cristiana en sitios en donde no la conocen. ☐ Familia: →misión.

misiva (mi·si·va) [sustantivo femenino] Carta que se envía a alguien.

mismo, ma (mis·mo, ma) ▪ [adjetivo] **1** Que es ese y no otro diferente: *Siempre me levanto a la misma hora.* **2** Exactamente igual: *Nuestros coches son de la misma marca.* **3** Muy parecido o de igual clase: *Tu hermano y tú tenéis los mismos ojos.* ▪ **mismo** [adverbio] **4** Exactamente o en este momento: *Ahora mismo lo acabo.* ☐ [Se usa mucho para dar más fuerza a lo que se dice: «Lo he hecho yo mismo»]. ☐ Familia: ensimismarse, ensimismamiento.

miss [sustantivo femenino] Mujer que ha ganado un premio de belleza. ☐ [Es una palabra inglesa].

míster (mís·ter) [sustantivo masculino] **1** Entrenador de un equipo de fútbol. **2** Ganador de un concurso de belleza masculina. ☐ [Es una palabra de origen inglés].

misterio (mis·te·rio) [sustantivo masculino] **1** Cosa que está escondida y no tiene una explicación fácil: *Lo que ha ocurrido es un misterio.* **2** Asunto secreto que se calla y no se da a conocer a los demás: *No quisimos desvelar el misterio.* **3** Cosa que no se comprende pero se cree: *Los cristianos creen en el misterio de la Santísima Trinidad.* ☐ Familia: misterioso.

misterioso, sa (mis·te·rio·so, sa) [adjetivo] Que tiene misterio. ☐ Familia: →misterio.

místico, ca (mís·ti·co, ca) ■ [adjetivo o sustantivo] **1** Que dedica su vida al desarrollo del espíritu. ■ **mística** [sustantivo femenino] **2** Doctrina que trata de la experiencia directa con Dios.

mistral (mis·tral) [sustantivo masculino] Viento frío del noroeste que sopla en la costa mediterránea francesa.

mitad (mi·tad) [sustantivo femenino] **1** Cada una de las dos partes iguales en que se divide un todo: *la mitad de una tortilla*. **2** En un todo, punto o lugar que está a la misma distancia de sus extremos: *Voy por la mitad del libro*. ☐ FAMILIA: →medio.

mítico, ca (mí·ti·co, ca) [adjetivo] Del mito o relacionado con él: *personaje mítico*. ☐ FAMILIA: →mito.

mitificar (mi·ti·fi·car) [verbo] **1** Convertir en mito: *Ese personaje histórico ha sido mitificado y muchas de sus hazañas no fueron reales*. **2** Admirar y valorar excesivamente: *Cuando iba al colegio, mitificaba a los profesores*. ☐ [La «c» se cambia en «qu» delante de «e» («mitifique»)]. ☐ FAMILIA: →mito.

mitigar (mi·ti·gar) [verbo] Disminuir o suavizar algo: *Me tomé una pastilla para mitigar el dolor*. ☐ [La «g» se cambia en «gu» delante de «e» («mitigue»)]. ☐ ANTÓNIMOS: exacerbar.

mitin (mi·tin) [sustantivo masculino] Acto público en el que una o varias personas pronuncian discursos que tratan temas políticos o sociales. ☐ [Es una palabra de origen inglés].

mito (mi·to) [sustantivo masculino] **1** Relato en el que se cuentan historias de dioses y seres fantásticos: *Las sirenas forman parte de los mitos de la antigüedad*. **2** Persona o cosa que llega a ser un modelo o entra a formar parte de la historia: *Ese cantante es un mito en su país*. ☐ FAMILIA: mitología, mítico, mitificar.

mitología (mi·to·lo·gí·a) [sustantivo femenino] Conjunto de relatos que cuentan historias imaginarias sobre los dioses y los héroes de pueblos antiguos. ☐ FAMILIA: →mito.

mitón (mi·tón) [sustantivo masculino] Guante de punto que deja al descubierto los dedos.

mitra (mi·tra) [sustantivo femenino] Gorro alto terminado en punta, que utilizan los obispos y los arzobispos en las grandes celebraciones.

mixomatosis (mi·xo·ma·to·sis) [sustantivo femenino] Enfermedad de los conejos, que produce hinchazones en la piel. ☐ [No varía en singular y plural].

mixto, ta (mix·to, ta) [adjetivo] Formado por cosas de distinta naturaleza: *colegio mixto*. ☐ FAMILIA: mixtura.

mixtura (mix·tu·ra) [sustantivo femenino] Mezcla de varios elementos. ☐ FAMILIA: →mixto.

mnemotecnia (mne·mo·tec·nia) [sustantivo femenino] Método que permite aumentar la capacidad de la memoria. ☐ FAMILIA: mnemotécnico.

mnemotécnico, ca (mne·mo·téc·ni·co, ca) [adjetivo] De la mnemotecnia o relacionado con este método para aumentar la capacidad de la memoria: *ejercicios mnemotécnicos*. ☐ FAMILIA: →mnemotecnia.

mobbing [sustantivo masculino] Situación en la que un compañero de trabajo maltrata psicológicamente y de forma continuada a otro: *En este último año se han denunciado varios casos de* mobbing. ☐ [Es una palabra inglesa. Se pronuncia «móbin». Es preferible usar «acoso laboral»].

mobiliario (mo·bi·lia·rio) [sustantivo masculino] Conjunto de muebles con unas características comunes. ☐ FAMILIA: →mueble.

moca (mo·ca) [sustantivo] → **moka**. ☐ [Se puede decir «el moca» y «la moca» sin que cambie de significado].

mocasín (mo·ca·sín) [sustantivo masculino] Zapato blando de piel.

mocedad (mo·ce·dad) [sustantivo femenino] Período de la vida de una persona que va desde la niñez hasta la edad adulta. ☐ SINÓNIMOS: juventud. ☐ FAMILIA: →mozo.

mochila (mo·chi·la) [sustantivo femenino] Especie de bolsa de tela fuerte que se lleva a la espalda colgada de los hombros.

mocho, cha (mo·cho, cha) ■ [adjetivo] **1** Que no tiene punta o que está sin terminar: *La torre del campanario está mocha*. ■ **mocho** [sustantivo masculino] **2** Instrumento de limpieza que sirve para fregar el suelo. ☐ SINÓNIMOS: **2** fregona. ☐ FAMILIA: desmochar.

mochuelo (mo·chue·lo) [sustantivo masculino] **1** Ave parecida al búho, pero más pequeña, que caza de noche. **2** Tarea que resulta pesada o difícil de hacer: *Nadie quería fregar los cacharros y yo cargué con el mochuelo*. **3** Culpa de la que nadie quiere hacerse responsable: *Alguien rompió el cristal y me cargaron el mochuelo a mí*. ☐ [Los significados **2** y **3** son coloquiales y se usan mucho en las expresiones «cargar el mochuelo a alguien» o «cargar con el mochuelo»].

moción (mo·ción) [sustantivo femenino] Propuesta o petición que se hace en una reunión. ◆ [expresión] ‖ **moción de censura** Petición que presenta un número mínimo de personas para sustituir al jefe de Gobierno o a sus colaboradores por un candidato que han elegido antes. ☐ FAMILIA: →mover.

moco (mo·co) [sustantivo masculino] Líquido espeso que sale por la nariz. ◆ [expresión] ‖ **llorar a moco tendido** Llorar mucho. ‖ **tirarse el moco** Darse importancia. ☐ [Las expresiones son coloquiales]. ☐ FAMILIA: mocoso, moquear, mucosa, mucosidad, moquillo, soplamocos.

mocoso, sa (mo·co·so, sa) ■ [adjetivo] **1** Que tiene la nariz llena de mocos. ■ [adjetivo o sustantivo] **2** Que se comporta como un niño atrevido y malcriado. ☐ [El significado **2** es despectivo]. ☐ FAMILIA: →moco.

mod [adjetivo o sustantivo] De un grupo caracterizado por su afición a la música pop. ☐ [Es una palabra de origen inglés. No varía en masculino y femenino].

moda (mo·da) [sustantivo femenino] Costumbre que suele durar poco tiempo y que es característica de un momento: *Eso ya no está de moda*.

modales (mo·da·les) [sustantivo masculino plural] Comportamiento de una persona que indica si está bien o mal educada. ☐ SINÓNIMOS: educación, ademanes. ☐ FAMILIA: →modo.

modalidad (mo·da·li·dad) [sustantivo femenino] Forma de hacer algo: *modalidades de pago*. ☐ SINÓNIMOS: variante. ☐ FAMILIA: →modo.

modelado (mo·de·la·do) [sustantivo masculino] Arte o técnica de dar forma a una materia blanda. ☐ FAMILIA: →modelo.

modelar (mo·de·lar) [verbo] **1** Dar forma a una materia blanda: *Me gusta modelar la arcilla.* **2** Hacer cambiar algo poco a poco para que se parezca a un modelo: *El carácter y la personalidad se van modelando con los años.* ☐ Familia: →modelo.

modélico, ca (mo·dé·li·co, ca) [adjetivo] Que sirve o puede servir de modelo: *un comportamiento modélico.* ☐ Familia: →modelo.

modelismo (mo·de·lis·mo) [sustantivo masculino] Arte y técnica de hacer copias exactas de un objeto a un tamaño reducido. ☐ Familia: aeromodelismo.

modelo (mo·de·lo) ■ [sustantivo] **1** Persona que trabaja poniéndose prendas de vestir para mostrarlas: *Para ser modelo hay que tener una buena figura.* **2** Persona que se presta para servir de ejemplo para que la pinten, hagan su figura o le hagan fotografías: *Los modelos de los pintores deben estarse muy quietos.* ■ [sustantivo masculino] **3** Cualquier cosa que sirve como ejemplo para hacer algo: *niño modelo.* **4** Copia de un objeto hecha en un tamaño pequeño: *Colecciono modelos de barcos.* **5** Cada objeto que está fabricado de acuerdo con unas características comunes a otros: *Estos dos coches son modelos distintos de la misma marca.* ☐ [En los significados **1** y **2** no varía en masculino y femenino]. ☐ Sinónimos: **1** maniquí. **4** maqueta. ☐ Familia: modelar, modelado, modelismo, remodelar, modélico.

módem (mó·dem) [sustantivo masculino] Aparato que permite que dos ordenadores se envíen información, normalmente por vía telefónica. ☐ [Su plural es «módems»].

moderación (mo·de·ra·ción) [sustantivo femenino] **1** Disminución de la fuerza de algo. **2** Prudencia en la forma de hacer las cosas: *Debes comer con moderación.* ☐ Sinónimos: **2** sobriedad, comedimiento. ☐ Antónimos: **2** exceso. ☐ Familia: →moderar.

moderado, da (mo·de·ra·do, da) [adjetivo] **1** Que no es ni poco ni mucho o está en medio de los extremos: *Se espera un aumento moderado de las temperaturas.* **2** Que tiene ideas que no son extremas o que están en el punto medio: *partido moderado.* ☐ Antónimos: **2** extremista. ☐ Familia: →moderar.

moderador, ra (mo·de·ra·dor, do·ra) [sustantivo] Persona que dirige una conversación dando la palabra por orden a quien corresponda. ☐ Familia: →moderar.

moderar (mo·de·rar) [verbo] **1** Disminuir la fuerza de algo que se considera mayor de lo normal: *moderar la velocidad.* **2** Dirigir una conversación dando la palabra a la persona que lo solicita: *moderar un debate.* ☐ Familia: moderado, moderador, moderación.

modernidad (mo·der·ni·dad) [sustantivo femenino] Conjunto de características de lo que se considera moderno: *A todos les sorprende la modernidad de las ideas de mi abuela.* ☐ [No confundir con «modernismo» (movimiento artístico)]. ☐ Familia: →moderno.

modernismo (mo·der·nis·mo) [sustantivo masculino] Movimiento artístico que se desarrolló en Hispanoamérica y en España a finales del siglo XIX y principios del XX, que daba mucha importancia a la belleza y a las culturas exóticas. ☐ [No confundir con «modernidad» (conjunto de características o de personas que se consideran modernas)]. ☐ Familia: →moderno.

modernista (mo·der·nis·ta) [adjetivo o sustantivo] Del modernismo o relacionado con este movimiento. ☐ [No varía en masculino y femenino]. ☐ Familia: →moderno.

modernizar (mo·der·ni·zar) [verbo] Dar las características de lo que se considera moderno: *modernizar la maquinaria.* ☐ [La «z» se cambia en «c» delante de «e» («modernice»)]. ☐ Sinónimos: actualizar. ☐ Familia: →moderno.

moderno, na (mo·der·no, na) [adjetivo] **1** De ahora o de un tiempo reciente: *Los coches modernos corren más que los antiguos.* **2** Que está al día de las nuevas ideas o de los nuevos adelantos: *Mi madre tiene una forma de pensar muy moderna.* ☐ Antónimos: antiguo, anticuado, caduco. **1** vetusto. ☐ Familia: modernizar, modernismo, modernista, modernidad.

modestia (mo·des·tia) [sustantivo femenino] **1** Forma de ser de una persona que no se cree mejor que las demás. **2** Situación en la que se tiene lo justo para vivir: *Vivimos con modestia, pero muy felices.* ☐ Sinónimos: **1** humildad, sencillez. ☐ Antónimos: **1** altanería, vanidad, orgullo, soberbia, presunción, vanagloria, humos. ☐ Familia: →modesto.

modesto, ta (mo·des·to, ta) [adjetivo] **1** Que no se cree mejor que los demás. **2** Sencillo o con pocos medios: *Mi padre trabaja en una empresa modesta.* ☐ Sinónimos: **1** sencillo, humilde. ☐ Antónimos: **1** vanidoso, orgulloso, soberbio, engreído, altanero. ☐ Familia: modestia.

módico, ca (mó·di·co, ca) [adjetivo] Dicho de una cantidad de dinero, escasa o poco abundante: *un módico precio.* ☐ Sinónimos: escaso.

modificación (mo·di·fi·ca·ción) [sustantivo femenino] Cambio o diferencia pequeños. ☐ Sinónimos: variación, transformación, alteración, novedad. ☐ Familia: →modo.

modificador (mo·di·fi·ca·dor) [sustantivo masculino] Palabra o conjunto de palabras que determinan el sentido de otra: *En «la casa mía», el posesivo funciona de modificador de «casa».* ☐ Familia: →modo.

modificar (mo·di·fi·car) [verbo] Cambiar algo sin hacer que varíe mucho: *Si modificas un par de cosas, el trabajo estará perfecto.* ☐ [La «c» se cambia en «qu» delante de «e» («modifique»)]. ☐ Sinónimos: alterar, variar, transformar. ☐ Familia: →modo.

modismo (mo·dis·mo) [sustantivo masculino] Frase formada siempre por las mismas palabras y que tiene un significado especial: *La expresión «no dar pie con bola» es un modismo que significa «equivocarse».* ☐ Familia: →modo.

modisto, ta (mo·dis·to, ta) [sustantivo] Persona que trabaja haciendo prendas de vestir que ella misma ha pensado.

modo (mo·do) [sustantivo masculino] **1** Forma particular de hacer algo: *Creo que te saldría mejor si lo hicieras de otro modo.* **2** Cada uno de los tres grupos en que se dividen los tiempos de los verbos según la actitud del hablante hacia lo dicho: *En español, los modos del verbo son «indicativo», «subjuntivo» e «imperativo».* **3** Conjunto de modales de una persona: *Tienes muy malos modos.* ◆ [expresión] ‖ **a modo de** Como si fuera: *Se puso la carpeta a modo de paraguas para no mojarse.* ☐ [En el significado **3** se usa más en plural]. ☐ SINÓNIMOS: **1**, **3** manera, forma. **1** guisa. ☐ FAMILIA: modales, modificar, modificador, modificación, modalidad, modismo.

modorra (mo·do·rra) [sustantivo femenino] Ganas de dormir o sensación de sueño. ☐ SINÓNIMOS: somnolencia. ☐ FAMILIA: amodorrar.

modoso, sa (mo·do·so, sa) [adjetivo] Que es respetuoso y correcto. ☐ ANTÓNIMOS: maleducado, grosero, descarado.

modular (mo·du·lar) ▌ [adjetivo] **1** De un módulo o relacionado con él: *una estantería modular.* ▌ [verbo] **2** Cambiar el tono de la voz al hablar o al cantar: *Tienes que aprender a modular bien la voz.* ☐ [En el significado **1** no varía en masculino y femenino]. ☐ FAMILIA: →módulo.

módulo (mó·du·lo) [sustantivo masculino] Cada una de las piezas iguales que forman parte de un conjunto: *La estantería tiene tres módulos.* ☐ FAMILIA: modular.

mofa (mo·fa) [sustantivo femenino] Cosa que alguien hace o dice cuando se quiere reír de algo. ☐ SINÓNIMOS: burla. ☐ FAMILIA: mofarse.

mofarse (mo·far·se) [verbo] Reírse de algo y no tomarlo en serio: *No te mofes de los defectos de los demás.* ☐ SINÓNIMOS: burlarse. ☐ FAMILIA: →mofa.

mofeta (mo·fe·ta) [sustantivo femenino] Animal de cola larga y de pelo negro con rayas blancas, que suelta un líquido que huele muy mal para defenderse de sus enemigos.

moflete (mo·fle·te) [sustantivo masculino] Mejilla gordita. ☐ FAMILIA: mofletudo.

mofletudo, da (mo·fle·tu·do, da) [adjetivo] Que tiene los mofletes muy gordos. ☐ FAMILIA: →moflete.

mogollón (mo·go·llón) ▌ [sustantivo masculino] **1** Gran cantidad de algo: *Tengo mogollón de caramelos.* **2** Gran movimiento de personas: *Vaya mogollón hay en la calle.* ▌ [adverbio] **3** Mucho: *La película me gustó mogollón.* ☐ [Es coloquial]. ☐ SINÓNIMOS: **2** follón, vorágine, cirio.

mohín (mo·hín) [sustantivo masculino] Gesto que se hace para expresar pena o disgusto. ☐ FAMILIA: mohíno.

mohíno, na (mo·hí·no, na) [adjetivo] Que siente pena o disgusto por algo: *El niño está mohíno porque no ha venido su primo.* ☐ SINÓNIMOS: triste. ☐ ANTÓNIMOS: contento, alegre. ☐ FAMILIA: →mohín.

moho (mo·ho) [sustantivo masculino] Especie de polvo que sale en los alimentos cuando se han estropeado. ☐ FAMILIA: mohoso, enmohecer.

mohoso, sa (mo·ho·so, sa) [adjetivo] Que está estropeado y se ha cubierto de moho. ☐ FAMILIA: →moho.

moisés (moi·sés) [sustantivo masculino] Cesto de mimbre que se usa de cuna para bebés. ☐ [Su plural es «moiseses»].

mojadura (mo·ja·du·ra) [sustantivo femenino] Hecho de mojarse con agua o con otro líquido. ☐ SINÓNIMOS: remojón. ☐ FAMILIA: →mojar.

mojama (mo·ja·ma) [sustantivo femenino] Tira de atún salada y seca.

mojar (mo·jar) [verbo] **1** Poner algo húmedo con agua o con otro líquido: *Pisé un charco y me mojé.* **2** Bañar un alimento en otro alimento líquido: *Me gusta mojar el bizcocho en la leche.* ▌ **mojarse 3** Tomar parte en un asunto o dar la opinión que se tiene de él: *No dice lo que piensa porque no quiere mojarse.* ☐ [Se escribe siempre con «j». El significado **3** es coloquial]. ☐ ANTÓNIMOS: **1** secar. ☐ FAMILIA: remojar, remojo, remojón, mojadura, moje, mojicón.

moje (mo·je) [sustantivo masculino] Caldo o salsa de un guiso. ☐ FAMILIA: →mojar.

mojicón (mo·ji·cón) [sustantivo masculino] **1** Bollo o bizcocho pequeño que se suele tomar con café o con chocolate. **2** Golpe que se da en la cara con la mano. ☐ [El significado **2** es coloquial]. ☐ FAMILIA: →mojar.

mojigatería (mo·ji·ga·te·rí·a) [sustantivo femenino] Actitud del que se escandaliza por cualquier cosa y tiene unos criterios morales demasiado estrictos. ☐ SINÓNIMOS: puritanismo. ☐ FAMILIA: →mojigato.

mojigato, ta (mo·ji·ga·to, ta) [adjetivo o sustantivo] Dicho de una persona, que tiene unos criterios morales demasiado estrictos. ☐ SINÓNIMOS: timorato. ☐ FAMILIA: mojigatería.

mojón (mo·jón) [sustantivo masculino] **1** Poste, generalmente de piedra, que señala alguna cosa en una carretera o en un terreno. **2** Porción compacta de excremento humano que se expele de una vez. ☐ [El significado **2** es coloquial]. ☐ SINÓNIMOS: **1** hito.

moka (mo·ka) [sustantivo] **1** Clase de café de muy buena calidad. **2** Crema que se hace con café, mantequilla, azúcar y vainilla y que se usa para hacer pasteles y tartas. ☐ [Se puede decir «el moka» y «la moka» sin que cambie de significado. Se escribe también «moca»].

molar (mo·lar) ▌ [adjetivo] **1** De las muelas o relacionado con ellas: *extracción molar.* ▌ [sustantivo masculino] **2** Diente grande de la parte de atrás de la boca, que sirve para masticar los alimentos. ▌ [verbo] **3** Gustar o agradar mucho: *Me molan tus zapatillas nuevas.* ☐ [En el significado **1** no varía en masculino y femenino. El significado **3** es coloquial]. ☐ SINÓNIMOS: **2** muela. ☐ FAMILIA: **1**, **2** →muela. **3** molón.

moldavo, va (mol·da·vo, va) [adjetivo o sustantivo] De Moldavia, que es un país europeo.

molde (mol·de) [sustantivo masculino] Recipiente en el que se pone algo para que tome su forma: *Saca el flan del molde.* ☐ FAMILIA: moldear, moldura, amoldar.

moldear (mol·de·ar) [verbo] **1** Hacer una figura con un molde: *Estuve moldeando figuritas de escayola.* **2** Dar forma a algo: *El escultor moldeó la piedra.* **3** Formar el carácter de una persona o mejorarlo: *La educación moldeó su carácter.* ☐ FAMILIA: →molde.

moldura (mol·du·ra) [sustantivo femenino] **1** Parte saliente y continua que sirve de adorno o de unión en la fachada de

mole

un edificio o en el techo de una habitación: *El techo del salón tiene molduras de escayola.* **2** Marco de un cuadro. ☐ FAMILIA: →molde.

mole (mo·le) [sustantivo masculino] **1** Comida típica mexicana que se prepara con pasta y con carne. [sustantivo femenino] **2** Cosa muy grande y que pesa mucho: *Este edificio es una mole de cemento.*

molécula (mo·lé·cu·la) [sustantivo femenino] Conjunto de átomos: *Dos átomos de hidrógeno y uno de oxígeno forman una molécula de agua.*

moler (mo·ler) [verbo] **1** Golpear algo hasta hacerlo polvo o trozos muy pequeños: *El trigo se muele para hacer harina.* **2** Hacer daño con golpes: *Ese boxeador molió a su contrincante.* ☐ [Es irregular y se conjuga como MOVER]. ☐ FAMILIA: molino, molinero, molinillo, molinete, molienda.

molestar (mo·les·tar) [verbo] **1** Producir molestia. **2** Producir enfado con algo que se ha hecho: *Se molestó porque le dije la verdad.* ☐ SINÓNIMOS: **1** estorbar. ☐ FAMILIA: molestia, molesto.

molestia (mo·les·tia) [sustantivo femenino] **1** Sentimiento que tenemos cuando algo nos perjudica o nos hace cambiar de costumbres: *Ayudarte no me causa ninguna molestia.* **2** Cualquier cosa que produce este perjuicio: *Sacar al perro todos los días no es molestia para mí.* **3** Dolor poco fuerte: *tener molestias en la rodilla.* ☐ FAMILIA: →molestar.

molesto, ta (mo·les·to, ta) [adjetivo] **1** Que produce molestia: *un ruido molesto.* **2** Que siente molestia: *Estoy molesta contigo porque no me felicitaste.* ☐ FAMILIA: →molestar.

molicie (mo·li·cie) [sustantivo femenino] Excesiva comodidad en la forma de vivir: *Lleva una vida de molicie y no hace nada.*

molienda (mo·lien·da) [sustantivo femenino] Operación que consiste en golpear algo hasta hacerlo polvo o trozos muy pequeños: *la molienda del trigo.* ☐ FAMILIA: →moler.

molinero, ra (mo·li·ne·ro, ra) [sustantivo] Persona que trabaja moliendo grano. ☐ FAMILIA: →moler.

molinete (mo·li·ne·te) [sustantivo masculino] **1** Aparato con brazos que giran y solo dejan pasar a las personas de una en una. **2** Juguete con aspas que giran con el viento. ☐ SINÓNIMOS: **1** torniquete. **2** molinillo. ☐ FAMILIA: →moler.

molinillo (mo·li·ni·llo) [sustantivo masculino] **1** Aparato de cocina que se usa para moler los granos de café. **2** Juguete formado por un palo y una pieza en forma de «X» que gira con el viento. ☐ SINÓNIMOS: **2** molinete. ☐ FAMILIA: →moler.

molino (mo·li·no) [sustantivo masculino] Lugar que se usa para moler el grano. ☐ FAMILIA: →moler.

molla (mo·lla) [sustantivo femenino] **1** Parte de una pieza de carne que tiene menos grasa o menos desperdicio. **2** Grasa acumulada en alguna parte del cuerpo de una persona: *El pantalón te aprieta y te salen mollas por la cintura.*

mollar (mo·llar) [adjetivo] Dicho de un fruto, que es blando y fácil de partir. ☐ [No varía en masculino y femenino].

molleja (mo·lle·ja) [sustantivo femenino] **1** En un ave, estómago: *Las aves trituran los alimentos en la molleja.* **2** En el ganado, algunas glándulas comestibles: *Me encantan las mollejas de ternera.*

mollera (mo·lle·ra) [sustantivo femenino] Cabeza humana. ◆ [expresión] ‖ **ser duro de mollera** Ser torpe para entender las cosas. ☐ [Es coloquial]. ☐ SINÓNIMOS: coco, cocorota.

molón, na (mo·lón, lo·na) [adjetivo] Que gusta o que agrada mucho. ☐ [Es coloquial]. ☐ FAMILIA: →molar.

molusco (mo·lus·co) [sustantivo masculino] Animal que vive en el agua, que tiene el cuerpo blando y suele estar cubierto por una concha: *Los mejillones y los calamares son moluscos.*

momentáneo, a (mo·men·tá·ne·o, a) [adjetivo] Que solo dura cierto tiempo. ☐ SINÓNIMOS: pasajero. ☐ ANTÓNIMOS: permanente, continuo. ☐ FAMILIA: →momento.

momento (mo·men·to) [sustantivo masculino] **1** Período muy corto de tiempo: *Acabo en un momento.* **2** Período de tiempo concreto en el que sucede algo: *Esa actriz es la mejor del momento.* **3** Ocasión buena para algo: *Ya llegará el momento de irnos de viaje.* ◆ [expresión] ‖ **al momento** Enseguida. ‖ **de momento** Por ahora: *De momento no puedo ir contigo.* ‖ **por momentos** Poco a poco y de forma continua: *Se está estropeando el día por momentos.* ☐ SINÓNIMOS: **1** instante. **3** oportunidad. ☐ FAMILIA: momentáneo.

momia (mo·mia) [sustantivo femenino] Muerto que mantiene un aspecto parecido a cuando estaba vivo: *una momia egipcia.*

momia

momio (mo·mio) [sustantivo masculino] Cosa que tiene valor y se logra sin esfuerzo o por poco dinero. ☐ [Es coloquial]. ☐ SINÓNIMOS: ganga, chollo, bicoca.

mona (mo·na) [sustantivo femenino] Mira en **mono, na**.

monacal (mo·na·cal) [adjetivo] De los monjes, de las monjas o relacionado con ellos: *vida monacal.* ☐ [No varía en masculino y femenino].

monada (mo·na·da) [sustantivo femenino] Cosa que resulta bonita o graciosa: *Ese vestido es una monada.* ☐ SINÓNIMOS: monería. ☐ FAMILIA: →mono.

monaguillo, lla (mo·na·gui·llo, lla) [sustantivo masculino] Niño que ayuda a un sacerdote durante la misa.

monarca (mo·nar·ca) [sustantivo] Persona que tiene la autoridad más alta en determinados sistemas políticos. ☐ [En plural, no significa «el rey y la reina», por eso no debe decirse «Han venido los monarcas españoles», sino «Han venido el monarca español y su esposa». No varía en masculino y femenino]. ☐ Sinónimos: rey. ☐ Familia: monarquía, monárquico.

monarquía (mo·nar·quí·a) [sustantivo femenino] **1** Sistema de gobierno en el que la autoridad más alta pasa de padres a hijos y la tiene una sola persona: *El sistema de gobierno en España es una monarquía parlamentaria.* **2** Estado o país que tiene este sistema de gobierno: *En Europa hay varias monarquías.* ☐ Familia: →monarca.

monárquico, ca (mo·nár·qui·co, ca) [adjetivo] **1** De la monarquía, del monarca o relacionado con ellos. ▌ [adjetivo o sustantivo] **2** Partidario de la monarquía. ☐ Familia: →monarca.

monasterio (mo·nas·te·rio) [sustantivo masculino] Edificio grande en el que vive una comunidad religiosa. ☐ Familia: monástico.

monástico, ca (mo·nás·ti·co, ca) [adjetivo] De los monjes, del monasterio o relacionado con ellos: *vida monástica.* ☐ Familia: →monasterio.

monda (mon·da) [sustantivo femenino] Piel que se quita de un fruto: *mondas de patatas.* ♦ [expresión] ‖ **ser la monda** Ser muy divertido. ☐ [La expresión es coloquial]. ☐ Sinónimos: mondadura, peladura. ☐ Familia: →mondar.

mondadientes (mon·da·dien·tes) [sustantivo masculino] Trozo pequeño de madera que se usa para pinchar alimentos o para limpiarse los restos de comida que quedan entre los dientes. ☐ [No varía en singular y plural]. ☐ Sinónimos: palillo. ☐ Familia: →mondar. →diente.

mondadura (mon·da·du·ra) [sustantivo femenino] Piel o cáscara que se pela: *mondaduras de limón.* ☐ Sinónimos: monda, peladura. ☐ Familia: →mondar.

mondar (mon·dar) [verbo] **1** Quitar la piel a un fruto: *mondar una naranja.* ▌ **mondarse 2** Reírse mucho: *Nos mondamos de la risa con sus chistes.* ☐ [El significado 2 es coloquial]. ☐ Sinónimos: **1** pelar. **2** partirse, desternillarse. ☐ Familia: monda, mondo, mondadientes, mondadura.

mondo (mon·do) ♦ [expresión] ‖ **mondo y lirondo** Sin nada que lo acompañe: *Cené un filete mondo y lirondo.* ☐ [Es coloquial]. ☐ Familia: →mondar.

mondongo (mon·don·go) [sustantivo masculino] Conjunto de intestinos de un animal, especialmente del cerdo.

moneda (mo·ne·da) [sustantivo femenino] **1** Pieza redonda y de metal que sirve para comprar cosas. **2** Unidad de dinero de un país: *La peseta era la moneda española hasta febrero del año 2002.* ☐ Familia: monedero, monetario.

monedero (mo·ne·de·ro) [sustantivo masculino] Especie de bolsa pequeña donde se llevan las monedas. ☐ Familia: →moneda.

monegasco, ca (mo·ne·gas·co, ca) [adjetivo o sustantivo] De Mónaco, que es un país europeo.

monería (mo·ne·rí·a) [sustantivo femenino] **1** Gesto gracioso que hace un niño pequeño. **2** Cosa que resulta bonita o graciosa. ☐ Sinónimos: **2** monada. ☐ Familia: →mono.

monetario, ria (mo·ne·ta·rio, ria) [adjetivo] De la moneda o relacionado con ella. ☐ Familia: →moneda.

mongol, la (mon·gol, go·la) ▌ [adjetivo o sustantivo] **1** De Mongolia, que es un país asiático. ▌ **mongol** [sustantivo masculino] **2** Lengua de este país.

mongólico, ca (mon·gó·li·co, ca) [adjetivo o sustantivo] Que tiene una enfermedad que no permite el desarrollo normal mental y físico. ☐ [No debe usarse como insulto].

monicaco, ca (mo·ni·ca·co, ca) [sustantivo] Persona baja o de pocos años: *El monicaco de tu hijo no para de chillar.* ☐ [Es coloquial]. ☐ Familia: →mono.

monigote (mo·ni·go·te) [sustantivo] Muñeco o figura ridículos: *No pierdas el tiempo dibujando monigotes.*

monitor, ra (mo·ni·tor, to·ra) ▌ [sustantivo] **1** Persona que dirige a otras que están aprendiendo a realizar alguna actividad: *monitor de gimnasia.* ▌ **monitor** [sustantivo masculino] **2** Aparato donde se registran imágenes y que se usa para controlar algo: *el monitor de un ordenador.* ☐ Familia: monitorizar.

monitorizar (mo·ni·to·ri·zar) [verbo] Controlar a un paciente a través de un monitor para hacer un seguimiento de su estado: *Durante el parto me monitorizaron para controlar las contracciones del útero.* ☐ [La «z» se cambia en «c» delante de «e» («monitorice»)]. ☐ Familia: →monitor.

monja (mon·ja) [sustantivo femenino] Mujer que pertenece a determinada comunidad religiosa.

monje (mon·je) [sustantivo masculino] Hombre que pertenece a determinada comunidad religiosa.

mono, na (mo·no, na) ▌ [adjetivo] **1** Guapo, bonito o gracioso: *Con ese corte de pelo estás muy mona.* ▌ [sustantivo] **2** Animal con pelo en el cuerpo, que se cuelga de las ramas de los árboles y que anda a cuatro patas o solo con dos. ◉ páginas 354-355 y 596-597. ▌ **mono** [sustantivo masculino] **3** Prenda de vestir de una sola pieza que cubre el cuerpo y las piernas: *Mi padre es mecánico y trabaja con un mono azul.* **4** Situación en la que una persona necesita algo con urgencia: *Cuando los drogadictos están con el mono, se ponen muy nerviosos.* ▌ **mona** [sustantivo femenino] **5** Borrachera. ♦ [expresión] ‖ **el último mono** La persona menos importante. ‖ **mona de Pascua** Pastel que se hace en los días próximos a la fiesta cristiana de Pascua de Resurrección. ☐ [Los significados 4 y 5, y la expresión «el último mono» son coloquiales]. ☐ Sinónimos: **2** simio. **5** cogorza, moña, pedo, trompa. ☐ Antónimos: **1** feo. ☐ Familia: monada, monería, monicaco, pintamonas.

monociclo (mo·no·ci·clo) [sustantivo masculino] Vehículo que está formado por una barra vertical con un sillín y una sola rueda, y que se mueve con pedales: *En el circo, un payaso montado en un monociclo nos hizo reír.*

monocotiledóneo, a (mo·no·co·ti·le·dó·ne·o, a) [adjetivo o sustantivo femenino] Dicho de una planta, que tiene un embrión con un solo cotiledón, como el trigo. ☐ Familia: →cotiledón.

monóculo (mo·nó·cu·lo) [sustantivo masculino] Cristal que se pone en un solo ojo para ver mejor. ☐ FAMILIA: →ojo.

monocultivo (mo·no·cul·ti·vo) [sustantivo masculino] Cultivo de una sola especie vegetal. ☐ FAMILIA: →cultivar.

monogamia (mo·no·ga·mia) [sustantivo femenino] Hecho de estar casado con una sola persona. ☐ ANTÓNIMOS: poligamia.

monográfico, ca (mo·no·grá·fi·co, ca) [adjetivo] Que trata de un único tema: *curso monográfico*.

monolito (mo·no·li·to) [sustantivo masculino] Monumento de piedra de una sola pieza.

monólogo (mo·nó·lo·go) [sustantivo masculino] **1** Discurso de una persona que habla sola. **2** Obra literaria o parte de ella en la que un personaje habla solo. ☐ SINÓNIMOS: soliloquio. ☐ ANTÓNIMOS: **1** diálogo.

monomio (mo·no·mio) [sustantivo masculino] Expresión matemática formada por un número y una letra: *La expresión «2x» es un monomio*.

monopatín (mo·no·pa·tín) [sustantivo masculino] Tabla de madera con ruedas sobre la que alguien se sube para moverse de un lugar a otro. ☐ [Es preferible usar «monopatín» que la palabra inglesa *skate*]. ☐ FAMILIA: →patín.

monopolio (mo·no·po·lio) [sustantivo masculino] **1** Hecho de que solo una empresa pueda fabricar y vender un producto o realizar un servicio determinado. **2** Influencia o poder exclusivo sobre una cosa: *Ese partido tiene el monopolio del poder político*. ☐ FAMILIA: monopolizar.

monopolizar (mo·no·po·li·zar) [verbo] Poder una empresa fabricar y vender un producto o realizar un servicio determinado solo ella. ☐ [La «z» se cambia en «c» delante de «e» («monopolice»)]. ☐ FAMILIA: →monopolio.

monorraíl (mo·no·rra·íl) [adjetivo masculino] Dicho de un tren, que circula sobre un solo raíl. ☐ [Cuando es adjetivo, no varía en masculino y femenino]. ☐ FAMILIA: →raíl.

monosílabo, ba (mo·no·sí·la·bo, ba) [adjetivo o sustantivo masculino] Que tiene una sola sílaba: *«Mar» y «pez» son palabras monosílabas*. ☐ FAMILIA: →sílaba.

monoteísmo (mo·no·te·ís·mo) [sustantivo masculino] Creencia religiosa que admite la existencia de un solo dios. ☐ ANTÓNIMOS: politeísmo. ☐ FAMILIA: monoteísta.

monoteísta (mo·no·te·ís·ta) [adjetivo o sustantivo] Que cree en un solo dios. ☐ [No varía en masculino y femenino]. ☐ ANTÓNIMOS: politeísta. ☐ FAMILIA: →monoteísmo.

monotonía (mo·no·to·ní·a) [sustantivo femenino] Falta de variedad o de cambios. ☐ FAMILIA: →tono.

monótono, na (mo·nó·to·no, na) [adjetivo] Que aburre porque siempre es igual: *trabajo monótono*. ☐ FAMILIA: →tono.

monóxido (mo·nó·xi·do) [sustantivo masculino] Compuesto químico cuya molécula tiene un átomo de oxígeno: *El monóxido de carbono es contaminante*. ☐ FAMILIA: →óxido.

monseñor (mon·se·ñor) [sustantivo masculino] Tratamiento que se da a algunas autoridades de la Iglesia. ☐ FAMILIA: →señor.

monserga (mon·ser·ga) [sustantivo femenino] Explicación fastidiosa y pesada: *Déjate de monsergas, que ya estoy harta de oírte*. ☐ [Es coloquial].

monstruo (mons·truo) [sustantivo masculino] **1** Personaje imaginario que da mucho miedo: *El príncipe luchó contra un monstruo*. **2** Persona o cosa que resulta muy fea o muy grande: *¡Vaya monstruo de edificio!* **3** Persona muy mala: *Esos crímenes solo los pudo cometer un monstruo*. **4** Persona que tiene grandes cualidades para hacer algo: *Tú eres el monstruo que marcó los siete goles del partido*. ☐ [El significado **4** es coloquial]. ☐ SINÓNIMOS: **3** bruto, bestia. ☐ FAMILIA: monstruoso, monstruosidad.

monstruosidad (mons·truo·si·dad) [sustantivo femenino] **1** Característica de lo que es muy grande o muy feo. **2** Cosa muy mala: *Es una monstruosidad que pegues a un bebé*. ☐ FAMILIA: →monstruo.

monstruoso, sa (mons·truo·so, sa) [adjetivo] **1** Muy grande o muy feo: *edificio monstruoso*. **2** Propio de una persona muy mala: *Pegar a un animal indefenso es algo monstruoso*. ☐ FAMILIA: →monstruo.

monta (mon·ta) [sustantivo femenino] **1** Importancia o valor de algo: *Es un negocio de poca monta*. **2** Hecho o técnica de montar un caballo o un animal parecido. ☐ FAMILIA: →montar.

montacargas (mon·ta·car·gas) [sustantivo masculino] Aparato que sirve para subir y bajar cosas pesadas. ☐ [No varía en singular y plural]. ☐ FAMILIA: →montar. →cargar.

montado, da (mon·ta·do, da) ■ [adjetivo] **1** Que está construido: *La estantería montada ya está en su sitio*. **2** Que está subido en algún sitio: *Los niños montados en el coche que no se bajen*. **3** Que va a caballo: *la Policía montada*. ■ **montado** [sustantivo masculino] **4** Bocadillo pequeño: *un montado de lomo*. ☐ FAMILIA: →montar.

montador, ra (mon·ta·dor, do·ra) [sustantivo] **1** Persona que monta muebles, máquinas o aparatos. **2** Persona que se dedica a montar películas de cine o programas de radio y televisión. ☐ FAMILIA: →montar.

montaje (mon·ta·je) [sustantivo masculino] **1** Hecho de juntar las piezas que forman algo. **2** Colocación de todo lo necesario para que un espectáculo se realice: *He visto el último montaje de un famoso director de teatro*. **3** Acción que se prepara para que parezca otra cosa que no es: *Todo ha sido un montaje para gastarte una broma*. ☐ FAMILIA: →montar.

montante (mon·tan·te) [sustantivo masculino] **1** Dinero que algo cuesta: *El montante de la reparación asciende a dos mil euros*. **2** Ventana que hay sobre la puerta de una habitación. ☐ SINÓNIMOS: **1** importe. ☐ FAMILIA: →montar.

montaña (mon·ta·ña) [sustantivo femenino] **1** Gran elevación natural del terreno. ⊙ **página 809**. **2** Montón de cosas puestas unas sobre otras: *una montaña de papeles*. ◆ [expresión] ‖ **montaña rusa** Diversión de feria formada por grandes subidas y bajadas por las que se va a gran velocidad. ☐ SINÓNIMOS: **1** monte. ☐ FAMILIA: →monte.

montañero, ra (mon·ta·ñe·ro, ra) [sustantivo] Persona que practica un deporte que consiste en andar por las montañas. ☐ FAMILIA: →monte.

montañés, sa (mon·ta·ñés, ñe·sa) [adjetivo o sustantivo] Que vive en las montañas o que está en ellas. ☐ Familia: →monte.

montañismo (mon·ta·ñis·mo) [sustantivo masculino] Deporte que consiste en andar por las montañas. ☐ [No confundir con «alpinismo» (que consiste en escalar montañas)]. ☐ Familia: →monte.

montañoso, sa (mon·ta·ño·so, sa) [adjetivo] Que tiene muchas montañas: *región montañosa*. ☐ Familia: →monte.

montar (mon·tar) [verbo] **1** Juntar las piezas que forman algo: *He montado la estantería.* **2** Poner lo necesario en un lugar para ocuparlo o vivir en él: *Mis nuevos vecinos ya han montado su casa.* **3** Establecer un negocio para que empiece a funcionar: *Estos abogados han montado un despacho.* **4** Hacer o realizar: *¡Menuda fiesta montamos!* **5** Poner una piedra preciosa en un anillo o en otra joya. **6** Batir la nata u otra sustancia parecida hasta ponerlas espesas. **7** Hacer todo lo necesario para que un espectáculo o una exposición puedan realizarse: *Este grupo ha montado dos obras de teatro.* **8** Elegir y colocar las escenas rodadas de una película, dándole su forma última: *El director eligió las escenas para montar la película.* **9** Unirse sexualmente un animal macho a la hembra. **10** Subir o ponerse encima de un animal o de una cosa: *Me monté en los coches de choque.* **11** Ir a caballo o sobre otro animal parecido: *Mi padre aprendió a montar cuando era pequeño.* **12** Subir en un vehículo o usarlo: *Nos montamos en tren para ir a la playa.* **13** Conducir un vehículo de dos ruedas: *No sé montar en bici.* ☐ Sinónimos: **1** armar. **9** cubrir. **11** cabalgar. ☐ Antónimos: **1, 10, 12** desmontar. **1** desarmar, deshacer. **12** bajar, apear. ☐ Familia: monta, montaje, montura, montado, montador, montante, montacargas, desmontar, desmontable, remontar, remonte.

montaraz (mon·ta·raz) [adjetivo] Que vive o que se ha criado en los montes. ☐ [No varía en masculino y femenino. Su plural es «montaraces»]. ☐ Familia: →monte.

monte (mon·te) [sustantivo masculino] Gran elevación natural del terreno. ☐ Sinónimos: montaña. ☐ Familia: montés, montería, montaraz, montaña, montañoso, montañero, montañismo, montañés, montículo, saltamontes, pasamontañas.

montenegrino, na (mon·te·ne·gri·no, na) [adjetivo o sustantivo] De Montenegro, que es un país europeo.

montera (mon·te·ra) [sustantivo femenino] Gorro que usan los toreros.

montería (mon·te·rí·a) [sustantivo femenino] Excursión que se hace para cazar animales de gran tamaño, como ciervos o jabalíes. ☐ Familia: →monte.

montés (mon·tés) [adjetivo] Que vive o que se cría en el monte: *cabra montés.* ☐ [No varía en masculino y femenino]. ☐ Familia: →monte.

montículo (mon·tí·cu·lo) [sustantivo masculino] Montón pequeño: *montículo de arena.* ☐ Familia: →monte.

montón (mon·tón) [sustantivo masculino] **1** Conjunto de cosas puestas unas sobre otras: *Haz un montón de tierra.* **2** Gran cantidad de algo: *Tiene un montón de discos.* ◆ [expresión] ‖ **del montón** Que no destaca porque es igual a muchos otros. ☐ [La expresión es coloquial]. ☐ Sinónimos: **2** inmensidad. ☐ Familia: amontonar.

montura (mon·tu·ra) [sustantivo femenino] **1** Animal sobre el que se puede ir montado: *El jinete subió de un salto sobre su montura.* **2** Objeto sobre el que se coloca o se monta una cosa: *la montura de las gafas.* ☐ Sinónimos: **1** cabalgadura. ☐ Familia: →montar.

monumental (mo·nu·men·tal) [adjetivo] **1** De un monumento o relacionado con él: *ciudad monumental.* **2** Muy grande: *Me echó una bronca monumental.* ☐ [No varía en masculino y femenino. El significado **2** es coloquial]. ☐ Familia: →monumento.

monumento (mo·nu·men·to) [sustantivo masculino] **1** Construcción que posee gran valor histórico: *Visité el palacio, el castillo y otros monumentos.* ◉ páginas monument. **2** Obra dedicada a alguien y que se coloca en un sitio público para que la gente la vea: *Esa escultura es un monumento al anterior alcalde.* ☐ Familia: monumental.

monzón (mon·zón) [sustantivo masculino] Viento que sopla en el sudeste asiático y que es frío y seco en invierno, y húmedo y cálido en verano.

moña (mo·ña) [sustantivo femenino] **1** Lazo o adorno que se pone en la cabeza. **2** Borrachera. ☐ [El significado **2** es coloquial]. ☐ Sinónimos: **2** cogorza, mona.

moño (mo·ño) [sustantivo masculino] Conjunto de cabellos que se peinan enrollándolos sobre sí mismos y dejándolos bien sujetos. ◆ [expresión] ‖ **hasta el moño** Cansado o aburrido de algo hasta no poder más. ☐ [La expresión es coloquial].

moquear (mo·que·ar) [verbo] Echar mocos por la nariz. ☐ Familia: →moco.

moqueta (mo·que·ta) [sustantivo femenino] Tela fuerte con la que se cubren paredes o suelos. ☐ Familia: enmoquetar.

moquillo (mo·qui·llo) [sustantivo masculino] Enfermedad contagiosa de los perros y de otros animales, que produce fiebre e inflamación de las vías respiratorias. ☐ Familia: →moco.

mora (mo·ra) [sustantivo femenino] Mira en **moro, ra**.

morada (mo·ra·da) [sustantivo femenino] Mira en **morado, da**.

morado, da (mo·ra·do, da) ▪ [adjetivo o sustantivo masculino] **1** Del color que tiene la piel cuando nos hemos dado un golpe: *Con el rojo y el azul se forma el morado.* ◉ página 234. ▪ **morada** [femenino] **2** Lugar en el que vive una persona o un animal. ◆ [expresión] ‖ **pasarlas moradas** Pasarlo muy mal. ‖ **ponerse morado** Comer o beber mucho. ☐ [Las expresiones son coloquiales]. ☐ Familia: →mora.

morador, ra (mo·ra·dor, do·ra) [adjetivo o sustantivo] Persona o animal que vive en un lugar. ☐ Sinónimos: habitante. ☐ Familia: →morar.

moral (mo·ral) ▪ [adjetivo] **1** Relacionado con el conjunto de valores y de reglas de conducta que se consideran buenos: *principios morales.* ▪ [sustantivo femenino] **2** Conjunto de valores y de reglas de conducta que se consideran buenos: *Mi moral me impide aprovecharme de los demás.*

moraleja

3 Ánimo o confianza en uno mismo: *El entrenador nos levantó la moral.* □ [En el significado **1** no varía en masculino y femenino]. □ Antónimos: **1** inmoral, amoral. □ Familia: moralidad, moraleja, amoral, inmoral, desmoralizar.

moraleja (mo·ra·le·ja) [sustantivo] [femenino] Lección que se aprende de una historia que se nos cuenta para enseñarnos algo: *Las fábulas suelen tener una moraleja final.* □ Familia: →moral.

moralidad (mo·ra·li·dad) [sustantivo] [femenino] Acuerdo o coincidencia con los valores morales establecidos. □ Familia: →moral.

morar (mo·rar) [verbo] Habitar o vivir. □ Familia: morador.

moratón (mo·ra·tón) [sustantivo] [masculino] Mancha morada que se produce en la piel como resultado de un golpe. □ Sinónimos: cardenal, hematoma. □ Familia: →mora.

morbo (mor·bo) [sustantivo] [masculino] Atracción que produce lo prohibido, lo cruel o lo desagradable: *Esta noticia tiene mucho morbo.* □ Familia: morboso.

morboso, sa (mor·bo·so, sa) [adjetivo] **1** Que siente o produce atracción por lo prohibido, lo cruel o lo desagradable: *película morbosa.* **2** De la enfermedad o relacionado con ella: *síntomas morbosos.* □ Familia: →morbo.

morcilla (mor·ci·lla) [sustantivo] [femenino] Alimento preparado con sangre cocida y mezclada con cebollas o con arroz.

morcillo (mor·ci·llo) [sustantivo] [masculino] Parte alta de las patas de las vacas, que tiene mucha carne.

mordaz (mor·daz) [adjetivo] Que critica con mala intención. □ [No varía en masculino y femenino. Su plural es «mordaces»]. □ Sinónimos: sarcástico. □ Familia: →morder.

mordaza (mor·da·za) [sustantivo] [femenino] Objeto que se pone en la boca a una persona para que no pueda hablar o dar gritos. □ Familia: →morder.

mordaza

mordedor, ra (mor·de·dor, do·ra) ▪ [adjetivo] **1** Que muerde. ▪ **mordedor** [sustantivo] [masculino] **2** Aparato de goma o de plástico que utilizan los bebés para morder. □ Familia: →morder.

mordedura (mor·de·du·ra) [sustantivo] [femenino] Hecho de apretar algo con los dientes. □ Sinónimos: mordisco. □ Familia: →morder.

morder (mor·der) [verbo] Apretar algo con los dientes. □ [Es irregular y se conjuga como **MOVER**]. □ Familia: mordisco, mordedura, mordedor, mordisquear, mordaz, mordaza, amordazar, remorder, remordimiento.

mordisco (mor·dis·co) [sustantivo] [masculino] **1** Hecho de apretar algo con los dientes: *Yo como las manzanas a mordiscos.* **2** Trozo de comida que corta con los dientes: *¿Me das un mordisco de tu bocadillo?* □ Sinónimos: bocado. **1** mordedura. □ Familia: →morder.

mordisquear (mor·dis·que·ar) [verbo] Morder de forma repetida y con poca fuerza: *Tiene la manía de mordisquear el bolígrafo cuando está nervioso.* □ Familia: →morder.

morena (mo·re·na) [sustantivo] [femenino] Mira en **moreno, na**.

moreno, na (mo·re·no, na) ▪ [adjetivo] **1** De color parecido al marrón: *azúcar morena.* ▪ [adjetivo o] [sustantivo] **2** Que tiene el pelo negro o casi negro: *Mi hermano es rubio, pero yo soy moreno.* **3** Que tiene la piel oscura o del color que adquiere cuando se toma el sol: *Me he puesto muy moreno en la playa.* ▪ **morena** [sustantivo] [femenino] **4** Pez marino con fuertes dientes y el cuerpo alargado. ◉ página 723.

morera (mo·re·ra) [sustantivo] [femenino] Árbol que produce moras y de cuyas hojas se alimentan los gusanos de seda. □ Familia: →mora.

morfema (mor·fe·ma) [sustantivo] [masculino] Parte de una palabra que sirve para diferenciar palabras que tienen una misma raíz: *En «niño» y en «niña», «-o» y «-a» son morfemas que indican el género.*

morfina (mor·fi·na) [sustantivo] [femenino] Sustancia que se usa en medicina para calmar el dolor o para dormir a las personas.

morfología (mor·fo·lo·gí·a) [sustantivo] [femenino] Parte de la gramática que estudia cómo se forman las palabras. □ Familia: morfológico.

morfológico, ca (mor·fo·ló·gi·co, ca) [adjetivo] De la morfología o relacionado con esta parte de la gramática. □ Familia: →morfología.

moribundo, da (mo·ri·bun·do, da) [adjetivo o] [sustantivo] Que está muriendo o a punto de morir. □ Familia: →muerte.

morir (mo·rir) [verbo] **1** Dejar de vivir. **2** Acabar, terminar o llegar a su fin: *Este río muere en el mar.* **3** Sentir algo con mucha fuerza: *Me muero de ganas de bailar.* □ [Es irregular y se conjuga como **DORMIR**. Su participio es «muerto»]. □ Sinónimos: **1** fallecer, fenecer, expirar, sucumbir. □ Antónimos: **1, 2** nacer. **1** vivir, revivir, subsistir. □ Familia: →muerte.

morisco, ca (mo·ris·co, ca) [adjetivo o] [sustantivo] Dicho de un musulmán, que se quedó en España cuando terminó la dominación musulmana y se convirtió al cristianismo. □ Familia: →moro.

mormón, na (mor·món, mo·na) [adjetivo o] [sustantivo] De un movimiento religioso estadounidense.

moro, ra (mo·ro, ra) ▪ [adjetivo o] [sustantivo] **1** Del norte de África, que es un continente, o relacionado con esta zona. **2** Musulmán que vivió en España entre los siglos VIII y XV. ▪ **mora** [sustantivo] [femenino] **3** Fruto formado por una especie de granos, que puede ser blanco o morado. ◉ página 453. ◆ [expresión] ‖ **no hay moros en la costa** Se usa para indicar que no hay nadie molesto que nos esté viendo u oyendo. □ [La expresión es coloquial]. □ Familia:

1, 2 moruno, morisco. **3** morera, morado, moratón, amoratarse, zarzamora.

moroso, sa (mo·ro·so, sa) [adjetivo o sustantivo] Que tarda mucho en pagar lo que debe.

morral (mo·rral) [sustantivo masculino] Bolsa que usan los cazadores y los pastores para llevar las provisiones.

morralla (mo·rra·lla) [sustantivo femenino] Mezcla de cosas inútiles o de poco valor.

morrena (mo·rre·na) [sustantivo] Conjunto de piedras y barro acumulados y transportados por un glaciar.

morriña (mo·rri·ña) [sustantivo femenino] Sensación de pena que se siente por estar lejos de la tierra donde se nació. ☐ [Es una palabra de origen gallego].

morrión (mo·rrión) [sustantivo masculino] Casco de una armadura con los bordes levantados.

morro (mo·rro) ■ [sustantivo masculino] **1** Parte de la cabeza de un animal en la que está la boca. **2** Parte de algo que destaca por delante: *el morro del coche*. **3** Falta de vergüenza: *Tienes mucho morro*. ■ **morros** [plural] **4** Labios: *Límpiate los morros*. ◆ [expresión] ‖ **a morro** Dicho de una forma de beber, que se toma del recipiente y no se usa vaso: *No bebas a morro de la botella*. ‖ **de morros** Muy enfadado: *Estoy de morros porque no me han dejado jugar*. ☐ [Los significados **3** y **4** y las expresiones son coloquiales]. ☐ SINÓNIMOS: **1** hocico. **3** jeta, rostro, cara, descaro, papo.

morrocotudo, da (mo·rro·co·tu·do, da) [adjetivo] Muy grande, muy importante o muy difícil: *Me has dado un susto morrocotudo*. ☐ [Es coloquial].

morrón (mo·rrón) ■ [adjetivo] **1** Dicho de un pimiento, que es rojo, muy grueso y con mucha carne. ■ [sustantivo masculino] **2** Golpe muy fuerte: *Me resbalé y me di un buen morrón*. ☐ [El significado **2** es coloquial]. ☐ SINÓNIMOS: **2** porrazo.

morsa (mor·sa) [sustantivo femenino] Animal parecido a la foca, que vive en el mar y que tiene dos dientes muy largos que le salen de la boca.

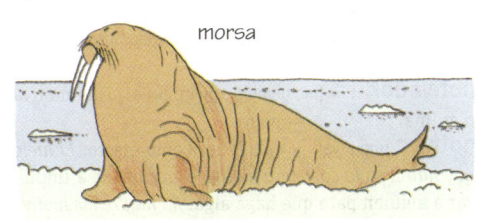

morsa

morse (mor·se) [sustantivo masculino] Sistema de puntos y líneas que sirve para comunicarse a grandes distancias por medio de hilos eléctricos.

mortadela (mor·ta·de·la) [sustantivo femenino] Embutido de color rosa que generalmente se come partido fino.

mortaja (mor·ta·ja) [sustantivo femenino] Vestidura que se pone a un muerto para enterrarlo. ☐ FAMILIA: → amortajar.

mortal (mor·tal) ■ [adjetivo] **1** Que tiene que morir: *Los seres humanos somos mortales*. **2** Que puede producir la muerte: *un veneno mortal*. **3** Muy fuerte o muy grande: *Hace un frío mortal*. ■ [sustantivo masculino] **4** Miembro de la especie humana: *Tú no eres mejor que los demás mortales*. ☐ [En los significados **1**, **2** y **3** no varía en masculino y femenino]. ☐ SINÓNIMOS: **2** mortífero, letal. **4** hombre. ☐ ANTÓNIMOS: **1** inmortal. ☐ FAMILIA: → muerte.

mortalidad (mor·ta·li·dad) [sustantivo femenino] Número de personas que mueren en un lugar o en un tiempo determinados, en relación con el total de la población. ☐ FAMILIA: → muerte.

mortandad (mor·tan·dad) [sustantivo femenino] Gran cantidad de muertes debidas a una catástrofe: *Las guerras causan una gran mortandad*. ☐ FAMILIA: → muerte.

mortecino, na (mor·te·ci·no, na) [adjetivo] Que tiene poca fuerza: *luz mortecina*. ☐ SINÓNIMOS: débil. ☐ ANTÓNIMOS: fuerte. ☐ FAMILIA: → muerte.

mortero (mor·te·ro) [sustantivo masculino] **1** Recipiente redondo en el que se aplastan alimentos: *Machaca los ajos en el mortero*. **2** Arma parecida a un tubo, que se usa para lanzar bombas. ☐ [En el significado **1**, no confundir con «almirez» (mortero de metal)].

mortífero, ra (mor·tí·fe·ro, ra) [adjetivo] Que puede producir la muerte: *arma mortífera*. ☐ SINÓNIMOS: mortal, letal. ☐ FAMILIA: → muerte.

mortificación (mor·ti·fi·ca·ción) [sustantivo femenino] Molestia o disgusto que produce mucho dolor: *Sus reproches solo buscan mi mortificación*. ☐ FAMILIA: → muerte.

mortificar (mor·ti·fi·car) [verbo] **1** Producir molestias o disgustos que causan mucho dolor: *No te mortifiques más con esos horribles pensamientos*. **2** Hacer sufrir al cuerpo para controlar la voluntad: *Algunos santos se mortificaban con ayunos*. ☐ [La «c» se cambia en «qu» delante de «e» («mortifique»)]. ☐ SINÓNIMOS: **1** angustiar. ☐ FAMILIA: → muerte.

mortuorio, ria (mor·tuo·rio, ria) [adjetivo] De una persona muerta o relacionado con ella: *cámara mortuoria*. ☐ FAMILIA: → muerte.

moruno, na (mo·ru·no, na) [adjetivo] Del norte de África, que es un continente, o relacionado con esta zona: *costumbres morunas*. ◆ [expresión] ‖ **pincho moruno** Mira en **pincho**. ☐ FAMILIA: → moro.

mosaico (mo·sai·co) [sustantivo masculino] Obra hecha con piezas de diversos materiales o de diversos colores, pegadas en una superficie para formar una imagen.

mosaico

mosca (mos·ca) [sustantivo femenino] Insecto que vuela y que suele molestar a las personas y a los animales. ⊙ página 530. ◆ [expresión] ‖ **con la mosca detrás de la oreja** Con sospechas. ‖ **mosquita muerta** Persona que parece inocente, pero no lo es. ‖ **por si las moscas** Por lo que pueda pasar. ☐ [Las expresiones son coloquiales]. ☐ Familia: moscardón, mosquito, mosquitero, moscón, matamoscas, mosqueo, mosquear.

moscardón (mos·car·dón) [sustantivo masculino] Insecto parecido a la mosca, pero más grande. ☐ Sinónimos: moscón. ☐ Familia: →mosca.

moscatel (mos·ca·tel) ■ [adjetivo] **1** Dicho de una uva, que es blanca, grande y muy dulce: *La uva moscatel es muy olorosa.* ■ [adjetivo o sustantivo masculino] **2** Dicho de un vino, que se hace con esta uva: *El moscatel es un vino dulce.* ☐ [Cuando es adjetivo no varía en masculino y femenino].

moscón (mos·cón) [sustantivo masculino] **1** Insecto parecido a la mosca, pero más grande. **2** Persona que resulta molesta y pesada. ☐ [El significado 2 es coloquial]. ☐ Sinónimos: **1** moscardón. ☐ Familia: →mosca.

moscovita (mos·co·vi·ta) [adjetivo o sustantivo] De Moscú, que es la capital rusa. ☐ [No varía en masculino y femenino].

mosquear (mos·que·ar) [verbo] **1** Hacer que se tengan sospechas: *Me mosquea que no me haya llamado.* **2** Molestar o enfadar un poco: *No te mosquees por esa tontería.* ☐ [Es coloquial]. ☐ Sinónimos: **1** escamar. ☐ Familia: →mosca.

mosqueo (mos·que·o) [sustantivo masculino] Sospecha o enfado que se tienen por algo: *Me pillé un buen mosqueo porque no me avisaron.* ☐ [Es coloquial]. ☐ Familia: →mosca.

mosquete (mos·que·te) [sustantivo masculino] Arma de fuego antigua que se apoyaba en una especie de palo clavado en el suelo. ☐ Familia: mosquetero, mosquetón.

mosquetero (mos·que·te·ro) [sustantivo masculino] Antiguo soldado que pertenecía a un grupo del Ejército francés. ☐ Familia: →mosquete.

mosquetón (mos·que·tón) [sustantivo masculino] **1** Arma de fuego más corta que una escopeta. **2** Anilla que se abre y se cierra y que se utiliza al subir montañas para sujetar la cuerda a la roca. ☐ Familia: →mosquete.

mosquitera (mos·qui·te·ra) [sustantivo femenino] → **mosquitero**.

mosquitero (mos·qui·te·ro) [sustantivo masculino] Tela muy fina que se coloca en algún sitio para impedir que pasen los mosquitos. ☐ Sinónimos: mosquitera. ☐ Familia: →mosca.

mosquito (mos·qui·to) [sustantivo masculino] Insecto más pequeño que la mosca y que pica. ⊙ página 530. ☐ Familia: →mosca.

mostacho (mos·ta·cho) [sustantivo masculino] Bigote grande. ☐ [Significa lo mismo en singular que en plural].

mostaza (mos·ta·za) [sustantivo femenino] Salsa de color amarillo que pica mucho.

mosto (mos·to) [sustantivo masculino] Bebida que se obtiene de la uva antes de hacerse vino y que no tiene alcohol.

mostrador (mos·tra·dor) [sustantivo masculino] Especie de mesa alargada sobre la que se ponen las bebidas en un bar o sobre la que se enseñan los productos en una tienda. ☐ Familia: →mostrar.

mostrar (mos·trar) [verbo] **1** Poner algo en presencia de alguien: *El dependiente nos mostró varios vestidos.* **2** Indicar o enseñar mediante una explicación o una demostración: *Mi padre me mostró cómo funcionaba la lavadora.* **3** Dar a conocer una sensación o una cualidad: *Mostrar alegría.* ■ **mostrarse 4** Comportarse de una determinada manera: *Desde hace unos días se muestra muy raro conmigo.* ☐ [Es irregular y se conjuga como CONTAR]. ☐ Sinónimos: **1** presentar. **3** manifestar. ☐ Antónimos: **1**, **3** ocultar, esconder. ☐ Familia: mostrador, muestra, muestrario, demostrar, demostración, demostrativo.

mota (mo·ta) [sustantivo femenino] **1** Parte muy pequeña de un material: *mota de polvo.* **2** Señal redonda o muy pequeña que destaca por su color: *La tela es azul con motas blancas.* ☐ Sinónimos: **2** lunar. ☐ Familia: moteado.

mote (mo·te) [sustantivo masculino] Nombre que se da a una persona y que sustituye al verdadero. ☐ Sinónimos: apodo, alias. ☐ Familia: motejar.

moteado, da (mo·te·a·do, da) [adjetivo] Con motas o lunares: *Me he comprado un vestido moteado.* ☐ Familia: →mota.

motejar (mo·te·jar) [verbo] Poner un mote o un apodo a una persona, o decir algo malo de ella. ☐ [Siempre se escribe con «j»]. ☐ Familia: →mote.

motel (mo·tel) [sustantivo masculino] Hotel de carretera. ☐ Familia: →hotel.

motín (mo·tín) [sustantivo masculino] Movimiento violento de protesta contra una autoridad. ☐ Sinónimos: revuelta. ☐ Familia: amotinar.

motivación (mo·ti·va·ción) [sustantivo femenino] **1** Hecho de conseguir que alguien quiera hacer algo: *La motivación del alumno en clase es muy importante.* **2** Razón que mueve a una persona a hacer algo: *Siguen investigando las motivaciones del asesinato.* ☐ Sinónimos: **2** motivo. ☐ Familia: →motivo.

motivador, ra (mo·ti·va·dor, do·ra) [adjetivo] Que motiva o anima. ☐ Familia: →motivo.

motivar (mo·ti·var) [verbo] **1** Tener como efecto: *El hielo que había en la carretera motivó el accidente.* **2** Impulsar a alguien para que haga algo: *Mi madre me motivó para que estudiara más.* ☐ Sinónimos: **1** producir, ocasionar, causar, traer. **2** animar. ☐ Antónimos: **2** desmotivar. ☐ Familia: →motivo.

motivo (mo·ti·vo) [sustantivo masculino] **1** Razón que nos mueve a hacer algo: *No tienes motivos para enfadarte.* **2** Tema central de una obra de arte o imagen que se repite en una cosa: *El motivo de este cuadro es una escena de caza.* ☐ Sinónimos: **1** causa, móvil, motivación. ☐ Familia: motivar, motivación, motivador, desmotivar.

moto (mo·to) [sustantivo femenino] Motocicleta. ◆ [expresión] ‖ **estar como una moto** Estar loco o muy nervioso: *Hoy me dan las notas y estoy como una moto.* ☐ Familia: →motor.

motocarro (mo·to·ca·rro) [sustantivo masculino] Vehículo con tres ruedas y un pequeño motor que se usa para transportar cosas poco pesadas. ☐ FAMILIA: →motor.

motocicleta (mo·to·ci·cle·ta) [sustantivo femenino] Vehículo de dos ruedas y con motor. 👁 **páginas 960-961.** ☐ [Se usa mucho la forma abreviada «moto»]. ☐ FAMILIA: →motor.

motociclismo (mo·to·ci·clis·mo) [sustantivo masculino] Deporte que se practica con motocicletas. ☐ SINÓNIMOS: motorismo. ☐ FAMILIA: →motor.

motociclista (mo·to·ci·clis·ta) [sustantivo] Persona que practica un deporte con motos. ☐ [No varía en masculino y femenino]. ☐ FAMILIA: →motor.

motocross [sustantivo masculino] Tipo de carrera con motos que se realiza en un camino de tierra con muchas subidas y bajadas. ☐ [Es una palabra francesa. Se pronuncia «motokrós»]. ☐ FAMILIA: →motor.

motor, ra (mo·tor, to·ra) ∎ [adjetivo o sustantivo masculino] **1** Que hace que algo funcione o se desarrolle: *Para algunas personas, el motor de la vida es el amor.* ∎ **motor** [sustantivo masculino] **2** Máquina que cambia el movimiento en otra forma de energía: *Esta lancha neumática se mueve porque tiene un motor.* ∎ **motora** [sustantivo femenino] **3** Barco de pequeño tamaño movido por esta máquina: *En el puerto había varias motoras.* ☐ [No debe decirse «motor a gasolina», sino «motor de gasolina». Cuando es adjetivo el femenino también puede ser «motriz»]. ☐ FAMILIA: motriz, moto, motorismo, motorista, motorizado, motocarro, motocicleta, motociclismo, motociclista, *motocross*, ciclomotor, locomotora, locomotor, velomotor, bimotor, trimotor, cuatrimotor.

motorismo (mo·to·ris·mo) [sustantivo masculino] Deporte que se practica con motocicletas. ☐ SINÓNIMOS: motociclismo. ☐ FAMILIA: →motor.

motorista (mo·to·ris·ta) [sustantivo] Persona que conduce una moto. ☐ [No varía en masculino y femenino]. ☐ FAMILIA: →motor.

motorizado, da (mo·to·ri·za·do, da) [adjetivo] **1** Que funciona con motor: *un vehículo motorizado.* **2** Que tiene vehículo propio: *Desde que estás motorizado ya no te veo en el autobús.* ☐ FAMILIA: →motor.

motriz (mo·triz) [adjetivo] Que hace que algo se mueva o funcione: *fuerza motriz.* ☐ [Su plural es «motrices». Es el femenino del adjetivo «motor»]. ☐ FAMILIA: →motor.

mountain bike [sustantivo femenino] → **bicicleta de montaña.** ☐ [Es una palabra inglesa. Se pronuncia «móntan-báik»].

mousse [sustantivo] Dulce ligero y blando que parece espuma: mousse *de chocolate.* ☐ [Es una palabra francesa. Se pronuncia «mus». Se puede decir «el *mousse*» y «la *mousse*» sin que cambie de significado].

movedizo, za (mo·ve·di·zo, za) [adjetivo] Poco seguro o poco firme: *arenas movedizas.* ☐ FAMILIA: →mover.

mover (mo·ver) [verbo] **1** Cambiar de posición o de lugar: *Moví la silla para estar más cerca de la mesa.* **2** Hacer movimientos: *Para volar, las aves necesitan mover las alas.* **3** Hacer sentir algo: *El mal aspecto de este chico mueve a la compasión.* **4** Hacer actuar de determinada forma: *A ese actor lo mueve el deseo de triunfar.* **5** Hacer lo necesario para conseguir o resolver algo: *mover un asunto.* ∎ **moverse 6** Andar o ir de un sitio a otro: *Cuando voy al centro de la ciudad me muevo en autobús.* **7** Darse prisa: *Muévete, que vamos a llegar tarde.* **8** Actuar en un ambiente o ir con frecuencia a determinados sitios: *Mis hermanos con sus amigos, siempre se mueven por la misma zona.* ☐ [Es irregular. Mira el cuadro en la página siguiente]. ☐ SINÓNIMOS: **3** inspirar. ☐ FAMILIA: movimiento, movedizo, movida, móvil, inmóvil, movilidad, movilizar, movilización, inmovilizar, movible, inamovible, remover, conmover, conmovedor, moción, conmoción, conmocionar, locomoción.

movible (mo·vi·ble) [adjetivo] Que puede moverse o ser movido. ☐ [No varía en masculino y femenino]. ☐ SINÓNIMOS: móvil. ☐ ANTÓNIMOS: inamovible, inmóvil. ☐ FAMILIA: →mover.

movida (mo·vi·da) [sustantivo] **1** Juerga o ambiente de diversión: *En esta playa hay mucha movida en verano.* **2** Jaleo o bullicio debido a algún incidente o a algún acontecimiento: *Mañana empieza la movida electoral.* ☐ [Es coloquial]. ☐ FAMILIA: →mover.

móvil (mó·vil) ∎ [adjetivo] **1** Que puede moverse o ser movido: *una silla móvil.* ∎ [sustantivo masculino] **2** Razón que nos mueve a hacer algo: *el móvil del crimen.* **3** Objeto decorativo formado por figuras que están en equilibrio: *Colgué un móvil del techo de mi habitación.* **4** Teléfono que se puede llevar a cualquier parte. ☐ [En el significado **1** no varía en masculino y femenino]. ☐ SINÓNIMOS: **1** movible. **2** motivo, causa. ☐ ANTÓNIMOS: **1** inmóvil, inamovible. ☐ FAMILIA: →mover.

movilidad (mo·vi·li·dad) [sustantivo femenino] Capacidad de poderse mover. ☐ FAMILIA: →mover.

movilización (mo·vi·li·za·ción) [sustantivo femenino] Hecho de ponerse en movimiento: *Ante el aviso de bomba, la movilización de la policía fue inmediata.* ☐ FAMILIA: →mover.

movilizar (mo·vi·li·zar) [verbo] Poner en movimiento: *Todos los bomberos de la zona se movilizaron para apagar el incendio.* ☐ [La «z» se cambia en «c» delante de «e» («movilice»)]. ☐ FAMILIA: →mover.

movimiento (mo·vi·mien·to) [sustantivo masculino] **1** Cambio de lugar o de posición: *El movimiento de la Tierra alrededor del Sol nos parece muy lento.* **2** Cambio que se nota en algo que se agita o que no se está quieto: *Mira el movimiento del agua al cocer.* **3** Gran cantidad de acciones y de personas que se mueven de manera continua: *En esta zona hay mucho movimiento.* **4** Conjunto de expresiones o acciones religiosas, sociales o de otro tipo que tienen características comunes: *movimiento obrero.* **5** Salidas y entradas de dinero que se anotan en una cuenta del banco: *Me anotaron en la cartilla todos los movimientos del mes.* **6** Parte de una obra musical que se diferencia de las demás por sus características: *El primer movimiento de esta composición era más rápido que el segundo.* ☐ SINÓNIMOS: **3** actividad, trajín. ☐ ANTÓNIMOS: **2** reposo. **3** calma. ☐ FAMILIA: →mover.

mozalbete (mo·zal·be·te) [sustantivo masculino] Muchacho joven. ☐ FAMILIA: →mozo.

mozárabe (mo·zá·ra·be) [adjetivo o sustantivo] **1** De los cristianos que vivían en zona musulmana durante la dominación musulmana en España. ▪ [sustantivo masculino] **2** Lengua que hablaban estos cristianos. ☐ [En el significado **1** no varía en masculino y femenino].

mozo, za (mo·zo, za) [adjetivo] **1** De la juventud o relacionado con ella: *años mozos*. ▪ [adjetivo o sustantivo] **2** Que tiene pocos años: *Los mozos de mi pueblo corren delante del toro en los encierros*. ▪ **mozo** [sustantivo masculino] **3** Persona que trabaja llevando cosas pesadas y haciendo otras cosas parecidas. **4** Joven que ha sido llamado para hacer el servicio militar. ☐ SINÓNIMOS: **1, 2** joven. **1** juvenil. **2** zagal. ☐ ANTÓNIMOS: **2** anciano, viejo. ☐ FAMILIA: mocedad, mozalbete.

mozzarella [sustantivo femenino] Queso fresco de color pálido y sabor suave: *La mozzarella se elabora con leche de búfala o de vaca*. ☐ [Es una palabra italiana. Se pronuncia «motsaréla»].

MP3 [sustantivo masculino] **1** Sistema informático que permite reducir el tamaño de los archivos de sonido: *Hemos pasado las canciones del disco a MP3 para que ocupen menos*. **2** Aparato portátil que permite escuchar los sonidos grabados con este sistema: *Me han regalado un MP3 por mi cumpleaños*. ☐ [Se pronuncia «éme-pé-trés». Se escriben todas las letras con mayúscula. No varía en singular y plural: «el MP3», «los MP3»].

mu [interjección] Se usa para imitar la voz de un toro o de una vaca. ☐ [Es una onomatopeya].

muchacho, cha (mu·cha·cho, cha) [sustantivo] Niño o joven.

muchedumbre (mu·che·dum·bre) [sustantivo femenino] Gran cantidad de personas. ☐ SINÓNIMOS: multitud, gentío. ☐ FAMILIA: →mucho.

mucho, cha (mu·cho, cha) [indefinido] Más de lo normal: *Tengo muchas ganas de ir al cine. Vamos mucho al zoo*. ◆ [expresión] ‖ **por mucho que** Aunque: *Por mucho que lo repitas, no me lo creo*. ☐ [Cuando «mucho» va delante de un adjetivo o de un adverbio, se cambia por «muy»: «muy fuerte». Son excepciones «más», «menos», «antes», «después», «mayor», «menor», «mejor» y «peor»]. ☐ ANTÓNIMOS: poco. ☐ FAMILIA: muchedumbre, multitud, multitudinario.

mucosa (mu·co·sa) [sustantivo femenino] Capa que cubre los orificios del cuerpo que están en contacto con el exterior para que siempre estén húmedos. ☐ FAMILIA: →moco.

mucosidad (mu·co·si·dad) [sustantivo femenino] Moco o sustancia viscosa: *El caracol deja un rastro de mucosidad al desplazarse*. ☐ FAMILIA: →moco.

MOVER	
INDICATIVO	**SUBJUNTIVO**
Presente yo muevo tú mueves / usted mueve él, ella mueve nosotros, tras movemos vosotros, tras movéis / ustedes mueven ellos, ellas mueven	**Presente** yo mueva tú muevas / usted mueva él, ella mueva nosotros, tras movamos vosotros, tras movais / ustedes muevan ellos, ellas muevan
Pretérito imperfecto yo movía tú movías / usted movía él, ella movía nosotros, tras movíamos vosotros, tras movíais / ustedes movían ellos, ellas movían	**Pretérito imperfecto** yo moviera o moviese tú movieras o movieses / usted moviera o moviese él, ella moviera o moviese nosotros, tras moviéramos o moviésemos vosotros, tras movierais o movieseis / ustedes movieran o moviesen ellos, ellas movieran o moviesen
Pretérito perfecto simple yo moví tú moviste / usted movió él, ella movió nosotros, tras movimos vosotros, tras movisteis / ustedes movieron ellos, ellas movieron	**Futuro simple** yo moviere tú movieres / usted moviere él, ella moviere nosotros, tras moviéremos vosotros, tras moviereis / ustedes movieren ellos, ellas movieren
Futuro simple yo moveré tú moverás / usted moverá él, ella moverá nosotros, tras moveremos vosotros, tras moveréis / ustedes moverán ellos, ellas moverán	**IMPERATIVO** mueve (tú) / mueva (usted) movamos (nosotros, tras) moved (vosotros, tras) / muevan (ustedes)
Condicional simple yo movería tú moverías / usted movería él, ella movería nosotros, tras moveríamos vosotros, tras moveríais / ustedes moverían ellos, ellas moverían	**FORMAS NO PERSONALES** **Infinitivo** **Gerundio** **Participio** mover moviendo movido

muda (mu·da) [sustantivo femenino] Mira en **mudo, da**.

mudanza (mu·dan·za) [sustantivo femenino] Cambio de una casa a otra distinta, a la que nos llevamos todas nuestras cosas. □ FAMILIA: →mudar.

mudar (mu·dar) [verbo] **1** Cambiar, variar o hacer distinto. **2** Cambiar de ropa para poner otra limpia: *Me mudo todos los días.* **3** Cambiar la piel u otras partes del cuerpo y salir otras nuevas: *Algunas serpientes mudan la piel.* ■ **mudarse 4** Cambiarse de casa: *Hace dos años que nos mudamos a esta casa.* □ FAMILIA: mudanza, demudar.

mudéjar (mu·dé·jar) [adjetivo o sustantivo] De los musulmanes que vivían en zona cristiana durante la dominación musulmana en España. □ [No varía en masculino y femenino].

mudo, da (mu·do, da) ■ [adjetivo] **1** Sin palabras, sin voz o sin sonido: *cine mudo.* ■ [adjetivo o sustantivo] **2** Que no puede hablar con palabras: *He aprendido a comunicarme con las manos para poder hablar con un amigo mudo.* ■ **muda** [sustantivo femenino] **3** Conjunto de ropa interior que nos cambiamos de una vez. □ FAMILIA: enmudecer, sordomudo, tartamudo, tartamudear, tartamudez, mutismo.

mueble (mue·ble) [sustantivo masculino] Objeto que hay en las casas y en otros lugares y que tiene un uso concreto: *Los armarios y las camas son muebles.* □ FAMILIA: amueblar, mobiliario, inmobiliario, inmueble, guardamuebles.

mueca (mue·ca) [sustantivo femenino] Gesto que se hace con la cara para expresar algo o para hacer reír. □ SINÓNIMOS: visaje.

mueca

muela (mue·la) [sustantivo femenino] Cada uno de los dientes grandes que sirven para aplastar los alimentos y que están en la parte posterior de la boca. ◆ [expresión] ‖ **muela del juicio** Cada uno de los cuatro dientes que salen en los extremos de la dentadura cuando somos mayores. □ SINÓNIMOS: molar. □ FAMILIA: sacamuelas, molar, premolar.

muelle (mue·lle) [sustantivo masculino] **1** Hilo de metal en forma de rizo y que, si se aplasta, ocupa menos espacio. **2** En un puerto y en otros lugares parecidos, construcción que se hace junto al agua para poder subir y bajar al barco. **3** En una estación de tren o en otros lugares, elevación hecha para poder subir y bajar al tren. □ SINÓNIMOS: **1** resorte.

muérdago (muér·da·go) [sustantivo masculino] Planta con el tallo verdoso que se suele utilizar como adorno navideño.

muermo (muer·mo) [sustantivo masculino] **1** Cualquier cosa que aburre, cansa o resulta demasiado larga: *Ese programa de televisión es un muermo.* **2** Estado en el que se tiene una sensación de aburrimiento y de sueño: *Tengo tal muermo encima que no tengo ganas de hacer nada.* □ [Es coloquial]. □ SINÓNIMOS: **1** rollo, tostón, pesadez, petardo, peñazo, lata.

muerte (muer·te) [sustantivo femenino] Fin de la vida. ◆ [expresión] ‖ **a muerte** De manera muy fuerte: *Estas dos familias se odian a muerte.* ‖ **de mala muerte** Malo o de muy mal aspecto: *Entramos en un bar de mala muerte.* □ [Las expresiones son coloquiales]. □ ANTÓNIMOS: nacimiento. □ FAMILIA: muerto, morir, mortal, inmortal, mortalidad, mortandad, mortuorio, moribundo, mortífero, mortecino, mortificar, mortificación, inmortalizar.

muerto, ta (muer·to, ta) ■ **1** Participio irregular de **morir**. ■ [adjetivo] **2** Sin actividad, o poco alegre y poco vivo: *En invierno, las playas están muertas.* **3** Tan cansado que ya no puede hacer nada: *He estudiado tanto que estoy muerto.* ■ [adjetivo o sustantivo] **4** Sin vida: *En el accidente de coche hubo tres muertos.* ■ **muerto** [sustantivo masculino] **5** Trabajo que resulta pesado o difícil de hacer: *Nadie quería cargar con el muerto.* □ [Los significados **3** y **5** son coloquiales]. □ ANTÓNIMOS: **2**, **4** vivo. □ FAMILIA: →muerte.

muesca (mues·ca) [sustantivo femenino] Hueco o corte que se hace como señal o para poder encajar algo: *Las piezas tenían muescas para unir unas con otras.*

muesli (mues·li) [sustantivo masculino] Alimento compuesto por cereales y frutos secos que se mezcla con la leche: *Siempre desayuno leche con muesli.*

muestra (mues·tra) [sustantivo femenino] **1** Parte o pequeña cantidad de algo, que tiene las características del todo del que se saca: *una muestra de la tela.* **2** Modelo que se toma para ser copiado: *Hice la letra igual a la de la muestra que me dio la maestra.* **3** Señal que hace que se vea o se note algo: *muestras de alegría.* **4** Exposición pública de un conjunto de cosas del mismo tipo: *muestra de automóviles.* □ SINÓNIMOS: **3** manifestación. **4** exhibición. □ FAMILIA: →mostrar.

muestrario (mues·tra·rio) [sustantivo masculino] Conjunto de productos que se usa para mostrar sus características. □ FAMILIA: →mostrar.

muflón (mu·flón) [sustantivo masculino] Animal parecido al carnero, cuyo macho tiene unos cuernos muy grandes hacia atrás y en forma de círculo.

mugido (mu·gi·do) [sustantivo masculino] Voz característica del toro o de la vaca. □ SINÓNIMOS: bramido. □ FAMILIA: →mugir.

mugir (mu·gir) [verbo] Emitir el toro o la vaca su voz característica. □ [La «g» se cambia en «j» delante de «a», «o» («muja»)]. □ SINÓNIMOS: bramar. □ FAMILIA: mugido.

mugre (mu·gre) [sustantivo femenino] Suciedad que parece que está pegada a una superficie. □ FAMILIA: mugriento.

mugriento, ta (mu·grien·to, ta) [adjetivo] Que tiene mugre y está muy sucio. □ ANTÓNIMOS: limpio. □ FAMILIA: →mugre.

mujer (mu·jer) [sustantivo femenino] **1** Persona de sexo femenino: *Mujeres y hombres tenemos iguales derechos y deberes.* **2** Persona adulta de sexo femenino: *Esta mujer está embarazada.* **3** Lo que es una persona de sexo femenino en relación con la persona con la que está casada: *Cada invitado puede venir con su mujer o con su marido.* ☐ ANTÓNIMOS: **1**, **2** varón. ☐ FAMILIA: mujeriego, mujeril, mujerío.

mujeriego, ga (mu·je·rie·go, ga) [adjetivo o sustantivo masculino] Dicho de un hombre, que es muy aficionado a las mujeres. ☐ FAMILIA: →mujer.

mujeril (mu·je·ril) [adjetivo] De la mujer o relacionado con ella. ☐ [No varía en masculino y femenino]. ☐ FAMILIA: →mujer.

mujerío (mu·je·rí·o) [sustantivo masculino] Conjunto de muchas mujeres. ☐ FAMILIA: →mujer.

muladar (mu·la·dar) [sustantivo masculino] Lugar lleno de suciedad.

mulato, ta (mu·la·to, ta) [adjetivo o sustantivo] Que ha nacido de un padre blanco y una madre negra, o de un padre negro y una madre blanca.

muleta (mu·le·ta) [sustantivo femenino] **1** Objeto que se usa para andar cuando alguien se ha roto una pierna. **2** Tela roja que usan los toreros cuando torean. ☐ FAMILIA: muletilla.

muletilla (mu·le·ti·lla) [sustantivo femenino] Palabra o expresión que una persona repite cada cierto tiempo: *Cuando hablas, usas mucho la muletilla «o sea».* ☐ FAMILIA: →muleta.

muletón (mu·le·tón) [sustantivo masculino] Tela de lana o de algodón que se suele poner como protección debajo de las sábanas y de los manteles.

mulillas (mu·li·llas) [sustantivo femenino plural] Conjunto de mulas que arrastran y sacan fuera de la plaza a los toros que están ya muertos. ☐ FAMILIA: →mulo.

mullido, da (mu·lli·do, da) ▌ [adjetivo] **1** Blando y esponjoso: *un sillón mullido.* ▌ **mullido** [sustantivo masculino] **2** Materia blanda que se utiliza para rellenar algo: *El mullido de mi almohada es de plumas.* ☐ FAMILIA: →mullir.

mullir (mu·llir) [verbo] Poner blando algo que estaba muy apretado: *Mullir un cojín.* ☐ [Es irregular]. ☐ FAMILIA: mullido.

mulo, la (mu·lo, la) [sustantivo] Animal parecido al caballo, pero más pequeño: *Los mulos son hijos de yegua y burro, o de caballo y burra.* ☐ SINÓNIMOS: acémila. ☐ FAMILIA: mulillas.

multa (mul·ta) [sustantivo femenino] Dinero que una autoridad dice que hay que pagar como castigo por haber hecho algo mal: *multa de tráfico.* ☐ FAMILIA: →multar.

multar (mul·tar) [verbo] Poner una multa: *Le multaron por exceso de velocidad.* ☐ FAMILIA: multa.

multicine (mul·ti·ci·ne) [sustantivo masculino] Cine que tiene varias

---

MULLIR

INDICATIVO	SUBJUNTIVO
Presente yo mullo tú mulles / usted mulle él, ella mulle nosotros, tras mullimos vosotros, tras mullís / ustedes mullen ellos, ellas mullen	**Presente** yo mulla tú mullas / usted mulla él, ella mulla nosotros, tras mullamos vosotros, tras mulláis / ustedes mullan ellos, ellas mullan
Pretérito imperfecto yo mullía tú mullías / usted mullía él, ella mullía nosotros, tras mullíamos vosotros, tras mullíais / ustedes mullían ellos, ellas mullían	**Pretérito imperfecto** yo mullera o mullese tú mulleras o mulleses / usted mullera o mullese él, ella mullera o mullese nosotros, tras mulléramos o mullésemos vosotros, tras mullerais o mulleseis / ustedes mulleran o mullesen ellos, ellas mulleran o mullesen
Pretérito perfecto simple yo mullí tú mulliste / usted mulló él, ella mulló nosotros, tras mullimos vosotros, tras mullisteis / ustedes mulleron ellos, ellas mulleron	**Futuro simple** yo mullere tú mulleres / usted mullere él, ella mullere nosotros, tras mulléremos vosotros, tras mullereis / ustedes mulleren ellos, ellas mulleren
Futuro simple yo mulliré tú mullirás / usted mullirá él, ella mullirá nosotros, tras mulliremos vosotros, tras mulliréis / ustedes mullirán ellos, ellas mullirán	

IMPERATIVO
mulle (tú) / mulla (usted) mullamos (nosotros, tras) mullid (vosotros, tras) / mullan (ustedes)

Condicional simple
yo mulliría
tú mullirías / usted mulliría
él, ella mulliría
nosotros, tras mulliríamos
vosotros, tras mulliríais / ustedes mullirían
ellos, ellas mullirían

FORMAS NO PERSONALES
Infinitivo   **Gerundio**   **Participio** mullir   mullendo   mullido

muñón

salas con distintas películas en cada una. □ Familia: →cinematógrafo.

multicolor (mul·ti·co·lor) [adjetivo] De muchos colores. □ [No varía en masculino y femenino]. □ Sinónimos: policromado. □ Familia: →color.

multimillonario, ria (mul·ti·mi·llo·na·rio, ria) ∎ [adjetivo] **1** De muchos millones: *un contrato multimillonario*. ∎ [adjetivo o sustantivo] **2** Que es inmensamente rico. □ Familia: →millón.

multinacional (mul·ti·na·cio·nal) [adjetivo o sustantivo femenino] Dicho de una empresa, que tiene sucursales repartidas por varios países. □ [Cuando es adjetivo, no varía en masculino y femenino]. □ Familia: →nación.

múltiple (múl·ti·ple) [adjetivo] De muchas maneras o con muchas partes: *Me hice una fractura múltiple en la pierna*. □ [No varía en masculino y femenino. Cuando está en plural, significa «varios» o «muchos»: «Se han recibido múltiples quejas»]. □ Familia: multiplicar, múltiplo, multiplicación, multiplicador, multiplicando, multiplicativo, submúltiplo.

multiplicación (mul·ti·pli·ca·ción) [sustantivo femenino] En matemáticas, operación que consiste en sumar un mismo número las veces que se indiquen. □ Familia: →múltiple.

multiplicador (mul·ti·pli·ca·dor) [sustantivo masculino] En una multiplicación, cantidad por la que se multiplica otra llamada *multiplicando*: *En la operación 2 x 3 el multiplicador es 3*. □ Familia: →múltiple.

multiplicando (mul·ti·pli·can·do) [sustantivo masculino] En una multiplicación, cantidad que hay que multiplicar por otra llamada *multiplicador*: *En la operación 2 x 3, el multiplicando es 2*. □ Familia: →múltiple.

multiplicar (mul·ti·pli·car) [verbo] **1** Hacer varias veces mayor: *Multiplicar las ganancias*. **2** Realizar una operación que consiste en sumar un mismo número las veces que se indique: *El resultado de multiplicar 4 por 2 es 8*. ∎ **multiplicarse 3** Aumentar mucho el número de algo: *Se te van a multiplicar los problemas*. □ [La «c» se cambia en «qu» delante de «e» («multiplique»)]. □ Sinónimos: **3** proliferar. □ Familia: →múltiple.

multiplicativo, va (mul·ti·pli·ca·ti·vo, va) [adjetivo] Que multiplica o aumenta. □ Familia: →múltiple.

múltiplo (múl·ti·plo) [adjetivo o sustantivo masculino] Dicho de un número, que contiene a otro un número exacto de veces: *El número 6 es múltiplo de 2 y de 3*. □ [Cuando es adjetivo, no varía en masculino y femenino]. □ Familia: →múltiple.

multitud (mul·ti·tud) [sustantivo femenino] Gran cantidad de personas: *Una multitud esperaba al cantante en el aeropuerto*. □ Sinónimos: muchedumbre, gentío. □ Familia: →mucho.

multitudinario, ria (mul·ti·tu·di·na·rio, ria) [adjetivo] De la multitud o relacionado con ella: *asistencia multitudinaria*. □ Familia: →mucho.

multiuso (mul·tiu·so) [adjetivo] Que sirve para varios usos: *una navaja multiuso*. □ [No varía en singular y plural]. □ Familia: →usar.

mundanal (mun·da·nal) [adjetivo] → **mundano, na**. □ [No varía en masculino y femenino. Suele usarse en el lenguaje literario]. □ Familia: →mundo.

mundano, na (mun·da·no, na) [adjetivo] **1** Del mundo o relacionado con él. **2** De un ambiente social de lujo y fiestas o relacionado con él. □ [Se usa también «mundanal»]. □ Familia: →mundo.

mundial (mun·dial) ∎ [adjetivo] **1** Que es conocido en todas partes: *fama mundial*. **2** Del mundo entero o relacionado con él: *organización mundial*. ∎ [sustantivo masculino] **3** Competición deportiva en la que pueden participar personas de todos los países. □ [En los significados **1** y **2** no varía en masculino y femenino]. □ Sinónimos: **1** universal, internacional. □ Familia: →mundo.

mundo (mun·do) [sustantivo masculino] **1** Conjunto de todo lo que existe: *En la Biblia se dice que Dios creó el mundo en seis días*. **2** Parte de este conjunto: *el mundo de la pintura*. **3** Conjunto de personas: *De este grupo conozco a todo el mundo*. ◆ [expresión] ‖ **caérsele a alguien el mundo encima** Sentirse muy mal por algo que ha sucedido. ‖ **de mundo** Que ha vivido todo tipo de experiencias. ‖ **el otro mundo** Lugar al que se va después de la muerte. ‖ **no ser algo nada del otro mundo** No ser especial, sino normal y corriente. ‖ **tercer mundo** Conjunto formado por los países más pobres. □ Sinónimos: **1** universo, cosmos, creación, orbe. □ Familia: mundial, mundanal, mundano, tercermundista, mapamundi.

munición (mu·ni·ción) [sustantivo femenino] Bala u otra cosa parecida que se pone en las armas de fuego.

municipal (mu·ni·ci·pal) [adjetivo] Del municipio o relacionado con él: *piscina municipal*. □ [No varía en masculino y femenino]. □ Familia: →municipio.

municipio (mu·ni·ci·pio) [sustantivo masculino] Cada uno de los pueblos y ciudades que forman una provincia. □ Familia: municipal.

muñeca (mu·ñe·ca) Mira en **muñeco, ca**.

muñeco, ca (mu·ñe·co, ca) ∎ [sustantivo] **1** Juguete con figura de persona. ∎ **muñeca** [sustantivo femenino] **2** Parte donde se unen el brazo y la mano. □ Familia: **2** muñequera.

muñeira (mu·ñei·ra) [sustantivo femenino] Baile y música populares de origen gallego.

muñequera (mu·ñe·que·ra) [sustantivo femenino] Especie de tela elástica que se pone en la muñeca para protegerla. □ Familia: →muñeca.

muñequera

muñón (mu·ñón) [sustantivo masculino] Parte que queda en el cuerpo después de que se haya cortado un miembro.

mural

mural (mu·ral) [sustantivo masculino] Obra u objeto que se colocan en una pared y que a veces sirven de exposición e información sobre una materia. □ Familia: →muro.

muralla (mu·ra·lla) [sustantivo femenino] Construcción que rodea un lugar y que sirve de defensa. □ Sinónimos: muro. □ Familia: →muro.

murciano, na (mur·cia·no, na) [adjetivo o sustantivo] De la comunidad autónoma española de Murcia, de esta provincia o de su capital.

murciélago (mur·cié·la·go) [sustantivo masculino] Animal mamífero de pequeño tamaño, que vuela y que vive por la noche. ◉ páginas 596-597.

murciélago

murga (mur·ga) [sustantivo femenino] Grupo de músicos que actúan en la calle: *Durante los carnavales, las murgas invaden las calles de Cádiz.* ◆ [expresión] ‖ **dar la murga** Molestar al repetir mucho algo. □ [La expresión es coloquial].

murmullo (mur·mu·llo) [sustantivo masculino] Sonido suave y continuo. □ Sinónimos: susurro, rumor. □ Familia: →murmurar.

murmuración (mur·mu·ra·ción) [sustantivo femenino] Comentario con mala intención que se hace sobre alguien. □ Familia: →murmurar.

murmurar (mur·mu·rar) [verbo] **1** Hablar mal de alguien que no está presente: *¿Qué estás murmurando de mi amigo?* **2** Hablar en voz muy baja. ∎ **murmurarse 3** Extenderse entre la gente una noticia que no se sabe si es cierta: *Se murmura que mi maestro se va de este colegio.* □ Sinónimos: **2** susurrar, bisbisear, musitar. **3** rumorearse. □ Antónimos: **2** vociferar, vocear. □ Familia: murmullo, murmuración.

muro (mu·ro) [sustantivo masculino] **1** Construcción vertical que se usa para hacer casas. **2** Construcción que rodea un lugar y que sirve de defensa. □ Sinónimos: **1** pared. **2** muralla. □ Familia: muralla, amurallado, mural.

mus [sustantivo masculino] Juego de cartas.

musa (mu·sa) [sustantivo femenino] Persona o cosa que estimula a un artista a crear: *La mujer de este pintor fue su musa.* □ Sinónimos: inspiración.

musaraña (mu·sa·ra·ña) [sustantivo femenino] Animal muy pequeño y parecido al ratón, pero con el hocico muy puntiagudo, que se alimenta de insectos. ◆ [expresión] ‖ **pensar en las musarañas** o **mirar a las musarañas** Estar con la mente en otro lugar y no darse cuenta de lo que sucede alrededor. □ [La expresión es coloquial].

muscular (mus·cu·lar) [adjetivo] De los músculos o relacionado con ellos: *dolor muscular.* □ [No varía en masculino y femenino]. □ Familia: →músculo.

musculatura (mus·cu·la·tu·ra) [sustantivo femenino] **1** Conjunto de músculos del cuerpo: *La musculatura de las piernas permite que andemos.* **2** Grado de desarrollo y fortaleza de los músculos: *He conseguido una gran musculatura yendo al gimnasio.* □ Familia: →músculo.

músculo (mús·cu·lo) [sustantivo masculino] Cada uno de los órganos del cuerpo que permiten moverse a las personas y a la mayoría de los animales. □ Familia: muscular, musculoso, musculatura.

musculoso, sa (mus·cu·lo·so, sa) [adjetivo] Que tiene los músculos muy desarrollados. □ Familia: →músculo.

muselina (mu·se·li·na) [sustantivo femenino] Tela muy fina y transparente.

museo (mu·se·o) [sustantivo masculino] Lugar en el que se guardan y se enseñan objetos de valor.

musgo (mus·go) [sustantivo masculino] Planta muy pequeña, que nace en lugares húmedos y que suele formar una capa sobre algo.

música (mú·si·ca) [sustantivo femenino] Mira en **músico, ca**.

musical (mu·si·cal) ∎ [adjetivo] **1** De la música o relacionado con ella: *instrumento musical.* ∎ [adjetivo o sustantivo masculino] **2** Dicho de una película o de un espectáculo, que tiene escenas cantadas o bailadas. □ [Cuando es adjetivo, no varía en masculino y femenino]. □ Familia: →música.

músico, ca (mú·si·co, ca) ∎ [sustantivo] **1** Persona que toca un instrumento musical. ∎ **música** [sustantivo femenino] **2** Arte que consiste en combinar sonidos y en saber cantarlos o tocarlos con algún instrumento: *Estudio música en el conservatorio.* ◉ página 648. **3** Obra hecha según esta arte: *Mi hermano hizo la letra de esta canción y yo, la música.* ◆ [expresión] ‖ **con la música a otra parte** Se usa para indicar a alguien que se vaya y deje de molestar. □ [La expresión es coloquial]. □ Familia: musical.

musitar (mu·si·tar) [verbo] Hablar en voz muy baja: *Musitaba palabras que nadie pudo oír.* □ Sinónimos: susurrar, murmurar, bisbisear. □ Antónimos: vocear, vociferar.

muslamen (mus·la·men) [sustantivo masculino] Muslos de una persona. □ [Es coloquial]. □ Familia: →muslo.

muslo (mus·lo) [sustantivo masculino] **1** Parte de una pierna o de una pata que va desde la cadera hasta la rodilla. **2** En un ave, parte de la pata con más carne: *un muslo de pollo.* □ Familia: muslamen.

mustélido, da (mus·té·li·do, da) [adjetivo o sustantivo masculino] Dicho de un animal, que tiene el cuerpo pequeño y alargado y las patas cortas: *La nutria y el visón son mustélidos.*

mustiar (mus·tiar) [verbo] Quedarse sin fuerza o sin belleza: *Las flores se mustian si las arrancas.* □ [Es irregular y se conjuga como **ANUNCIAR**]. □ Sinónimos: marchitar. □ Familia: →mustio.

mustio, tia (mus·tio, tia) [adjetivo] Sin fuerza o sin belleza. □ Sinónimos: marchito. □ Familia: mustiar.

musulmán, na (mu·sul·mán, ma·na) [adjetivo o sustantivo] De la religión que fue predicada por Mahoma. □ Sinónimos: mahometano.

músculo

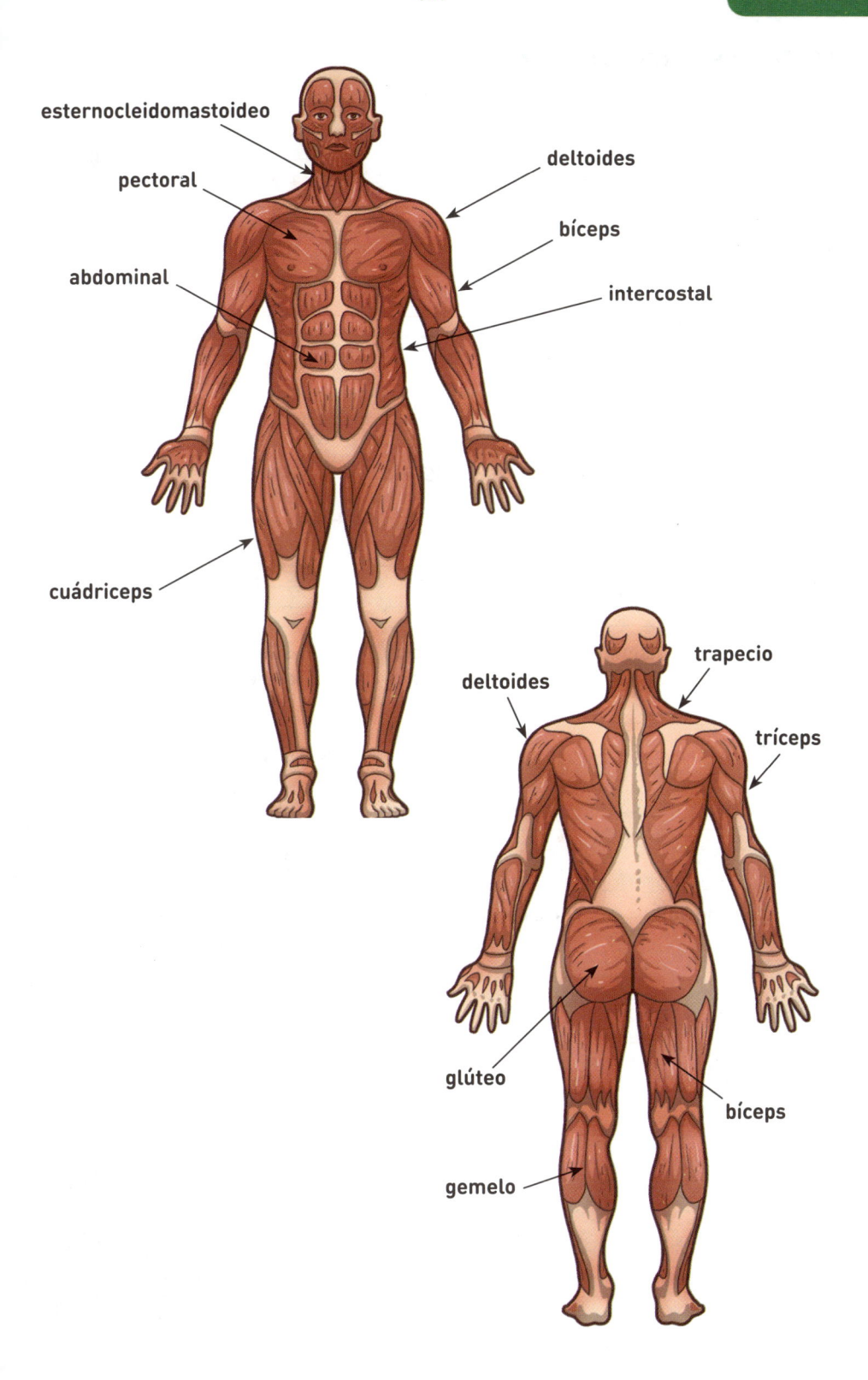

- esternocleidomastoideo
- pectoral
- abdominal
- cuádriceps
- deltoides
- bíceps
- intercostal
- trapecio
- deltoides
- tríceps
- glúteo
- bíceps
- gemelo

música

PENTAGRAMA Y NOTAS MUSICALES

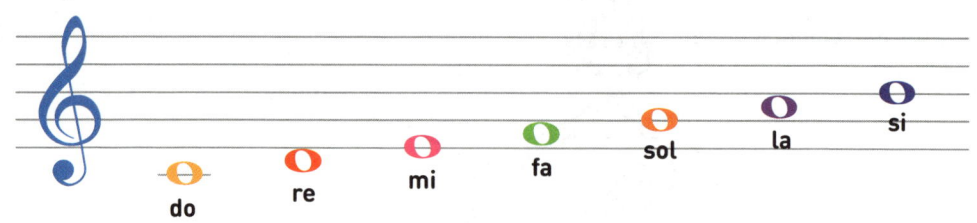

do · re · mi · fa · sol · la · si

FIGURAS MUSICALES

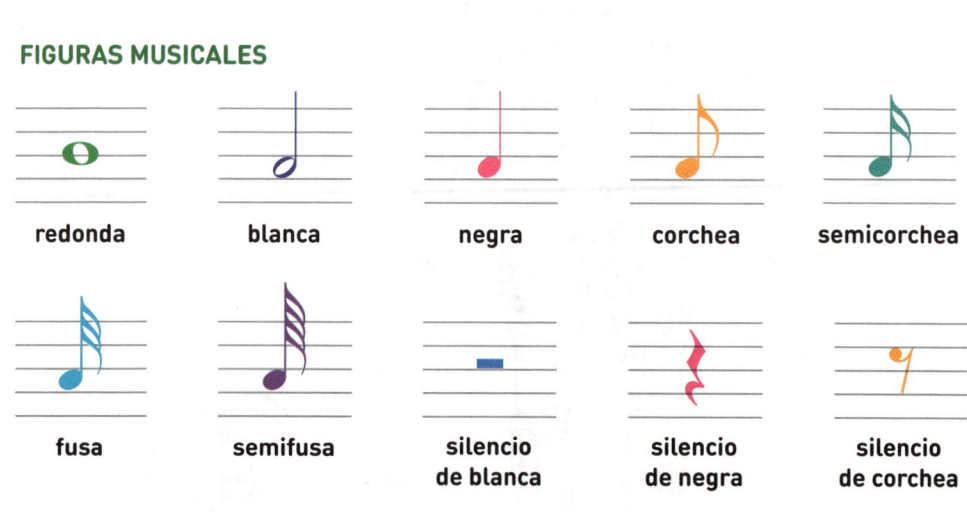

- redonda
- blanca
- negra
- corchea
- semicorchea
- fusa
- semifusa
- silencio de blanca
- silencio de negra
- silencio de corchea

CLAVES

- clave de sol
- clave de fa

ALTERACIONES

- bemol
- sostenido
- becuadro

mutilación (mu·ti·la·ción) [sustantivo femenino] Corte de una parte de algo. ☐ Familia: →mutilar.

mutilado, da (mu·ti·la·do, da) [adjetivo o sustantivo] Dicho de una persona, que no tiene una parte del cuerpo: *mutilados de guerra*. ☐ Familia: →mutilar.

mutilar (mu·ti·lar) [verbo] Cortar una parte de un todo: *Se mutiló una mano en el accidente*. ☐ Familia: mutilado, mutilación.

mutismo (mu·tis·mo) [sustantivo masculino] Silencio: *No salió de su mutismo en toda la tarde*. ☐ Familia: →mudo.

mutualidad (mu·tua·li·dad) [sustantivo femenino] Asociación en la que cada miembro paga una cantidad de dinero a cambio de poder recibir un servicio cuando lo necesite. ☐ Familia: →mutuo.

mutuo, tua (mu·tuo, tua) [adjetivo] Que se produce de igual manera entre las dos personas de las que se habla: *La amistad es un sentimiento mutuo entre tú y yo*. ☐ Familia: mutualidad.

muy (muy) [adverbio] Mucho: *Este parque es muy grande*. ☐ [Va siempre delante de un adjetivo o de un adverbio, pero no puede ir delante de «más», «menos», «antes», «después», «menor», «mejor» y «peor»].

n [sustantivo femenino] Letra número catorce del abecedario. ⊙ **página 18.** ☐ [Su nombre es «ene»].

nabo (na·bo) [sustantivo masculino] Planta que se cultiva en las huertas, con una raíz parecida a la zanahoria, pero más gruesa y blanca. ⊙ **página 967.**

nácar (ná·car) [sustantivo masculino] Material duro y blanco del que están formadas las conchas marinas: *botones de nácar.* ☐ FAMILIA: nacarado.

nacarado, da (na·ca·ra·do, da) [adjetivo] De color blanco como el del nácar. ☐ FAMILIA: →nácar.

nacer (na·cer) [verbo] **1** Salir una persona o un animal del vientre de su madre. **2** Salir un animal del huevo. **3** Salir una planta de su semilla. **4** Aparecer el sol o la luna por el horizonte: *El sol nace por el este.* **5** Empezar, tener origen o tener principio: *Este río nace en las montañas.* ☐ [Es irregular y se conjuga como AGRADECER]. ☐ SINÓNIMOS: **3**, **5** brotar. **3** germinar. **5** proceder, provenir, venir, dimanar, obedecer. ☐ ANTÓNIMOS: **1**-**3**, **5** morir. **4** ponerse. **5** desembocar. ☐ FAMILIA: nacimiento, naciente, natal, natalidad, nato, neonato, innato, nativo, natividad, prenatal, renacer, renacimiento, renacentista.

naciente (na·cien·te) [adjetivo] Que empieza a aparecer: *Las áreas rurales muestran mucho interés por la naciente industria agropecuaria.* ☐ [No varía en masculino y femenino]. ☐ FAMILIA: →nacer.

nacimiento (na·ci·mien·to) [sustantivo masculino] **1** Comienzo de la vida de un nuevo ser: *fecha de nacimiento.* **2** Comienzo, origen o principio de algo: *El nacimiento de este arroyo es un manantial.* **3** Grupo de figuras con el que se representa cómo nació Jesucristo: *En Navidad ponemos un nacimiento con figuritas de arcilla.* ☐ SINÓNIMOS: **3** belén. ☐ ANTÓNIMOS: **1** fallecimiento, óbito, muerte. **2** final, término, destino. ☐ FAMILIA: →nacer.

nación (na·ción) [sustantivo femenino] **1** Conjunto de personas que viven en un país: *El presidente del Gobierno se dirigió a la nación en un mensaje televisivo.* **2** Lugar en el que vive este grupo de personas: *La nación portuguesa está al oeste de la nación española.* ☐ SINÓNIMOS: **1** pueblo. **2** país, patria. ☐ FAMILIA: nacional, internacional, nacionalidad, nacionalizar, nacionalismo, nacionalista, multinacional.

nacional (na·cio·nal) [adjetivo] De una nación o relacionado con ella. ☐ [No varía en masculino y femenino]. ☐ FAMILIA: →nación.

nacionalidad (na·cio·na·li·dad) [sustantivo femenino] Situación del que pertenece a una determinada nación: *nacionalidad española.* ☐ FAMILIA: →nación.

nacionalismo (na·cio·na·lis·mo) [sustantivo masculino] **1** Conjunto de ideas que defienden todo lo que se considera propio o característico de una nación. **2** Movimiento político de un pueblo que se quiere convertir en un Estado autónomo. ☐ FAMILIA: →nación.

nacionalista (na·cio·na·lis·ta) [adjetivo o sustantivo] Del nacionalismo o que lo defiende. ☐ [No varía en masculino y femenino]. ☐ FAMILIA: →nación.

nacionalizar (na·cio·na·li·zar) [verbo] **1** Hacer que el Estado sea dueño de algo que pertenece a una persona o a una empresa: *nacionalizar los transportes públicos*. ■ **nacionalizarse 2** Obtener la nacionalidad de un país: *Mi amiga brasileña se ha nacionalizado española*. □ [La «z» se cambia en «c» delante de «e» («nacionalice»)]. □ ANTÓNIMOS: **1** privatizar. □ FAMILIA: →nación.

nada (na·da) ■ [indefinido] **1** Ninguna cosa: *No quiero nada, gracias*. **2** Muy poco o de ninguna manera: *No lo estás haciendo nada bien*. ■ [sustantivo femenino] **3** Ausencia o falta total de cualquier cosa: *Una gran guerra podría reducirnos a la nada*. ◆ [expresión] ‖ **de nada 1** Se usa para contestar cuando alguien nos da las gracias: *Cuando te digan «gracias» hay que contestar «de nada»*. **2** Poco importante: *No llores, que es una herida de nada*. □ ANTÓNIMOS: **1** todo.

nadador, ra (na·da·dor, do·ra) [sustantivo] Persona que nada. □ FAMILIA: →nadar.

nadar (na·dar) [verbo] **1** Desplazarse por el agua moviendo brazos y piernas y flotando. **2** Flotar en un líquido: *¡Mira cómo nada ese palo en el río!* **3** Tener mucha cantidad de algo: *nadar en dinero*. □ SINÓNIMOS: **2** sobrenadar. □ FAMILIA: nado, nadador, natación, sobrenadar.

nadie (na·die) [pronombre indefinido] Ninguna persona: *No ha venido nadie*. □ [No varía en masculino y femenino].

nado (na·do) ◆ [expresión] ‖ **a nado** Nadando: *Cruzó el río a nado*. □ FAMILIA: →nadar.

naftalina (naf·ta·li·na) [sustantivo femenino] Sustancia de la que se hacen unas bolitas de color blanco y olor muy fuerte que se ponen entre la ropa para que las polillas no la estropeen.

nailon (nai·lon) [sustantivo masculino] Material artificial que se usa para hacer cuerdas, plásticos y telas. □ [Procede de la marca comercial «Nylon®». Es preferible escribir «nailon» que la forma inglesa *nylon*].

naipe (nai·pe) [sustantivo masculino] Cada una de las cartas de una baraja. □ SINÓNIMOS: carta.

nalga (nal·ga) [sustantivo femenino] Cada una de las dos mitades de carne que forman el culo. □ SINÓNIMOS: culo.

nana (na·na) [sustantivo femenino] Canción que se canta a los niños pequeños para dormirlos.

nanay (na·nay) [interjección] Se usa para negar: *Nanay, eso no te lo dejo*. □ [Es coloquial].

napa (na·pa) [sustantivo femenino] Piel de algunos animales preparada para hacer prendas de vestir: *Me he comprado una chaqueta de napa*.

napia (na·pia) [sustantivo femenino] Nariz: *¡Menudas napias tiene ese señor...!* □ [Significa lo mismo en singular que en plural. Es coloquial].

napolitana (na·po·li·ta·na) [sustantivo femenino] Pastel con forma de rectángulo relleno de crema o chocolate.

naranja (na·ran·ja) ■ [adjetivo o sustantivo masculino] **1** Del color que resulta de mezclar rojo y amarillo. ◉ **página 234**. ■ [sustantivo femenino] **2** Fruto redondo, dividido en gajos y de ese color: *El zumo de naranja me gusta mucho*. ◉ **página 453**. ◆ [expresión] ‖ **media naranja** Persona que se entiende perfectamente con otra: *Sigo soltero porque aún no he encontrado a mi media naranja*. □ [Cuando es adjetivo, no varía en masculino y femenino]. □ SINÓNIMOS: **1** anaranjado. □ FAMILIA: naranjo, naranjal, naranjero, naranjada, anaranjado.

naranjada (na·ran·ja·da) [sustantivo femenino] Bebida que sabe a naranja. □ FAMILIA: →naranja.

naranjal (na·ran·jal) [sustantivo masculino] Terreno plantado de naranjos. □ FAMILIA: →naranja.

naranjero, ra (na·ran·je·ro, ra) [adjetivo] De la naranja o relacionado con ella: *industria naranjera*. □ FAMILIA: →naranja.

naranjo (na·ran·jo) [sustantivo masculino] Árbol cuyo fruto es la naranja y cuya flor es el azahar. ◉ **página 91**. □ FAMILIA: →naranja.

narcisista (nar·ci·sis·ta) [adjetivo o sustantivo] Dicho de una persona, que siente una exagerada admiración por sí misma o que cuida en exceso su aspecto. □ [No varía en masculino y femenino]. □ FAMILIA: →narciso.

narciso (nar·ci·so) [sustantivo masculino] Planta de hojas alargadas que tiene una flor amarilla o blanca con forma de campana. □ FAMILIA: narcisista.

narco (nar·co) [sustantivo] Narcotraficante. □ [No varía en masculino y femenino. Es coloquial]. □ FAMILIA: →narcótico.

narcótico, ca (nar·có·ti·co, ca) [adjetivo o sustantivo masculino] Dicho de una sustancia, que produce sueño y hace que los músculos se relajen: *Algunos narcóticos son drogas*. □ FAMILIA: narco, narcotizar, narcotráfico, narcotraficante.

narcotizar (nar·co·ti·zar) [verbo] Producir sueño con un narcótico. □ [La «z» se cambia en «c» delante de «e» («narcotice»)]. □ FAMILIA: →narcótico.

narcotraficante (nar·co·tra·fi·can·te) [adjetivo o sustantivo] Que trafica con drogas en grandes cantidades. □ [No varía en masculino y femenino. Como sustantivo, se usa mucho la forma abreviada «narco»]. □ FAMILIA: →narcótico. →tráfico.

narcotráfico (nar·co·trá·fi·co) [sustantivo masculino] Compra y venta de drogas de forma ilegal. □ FAMILIA: →narcótico. →tráfico.

nardo (nar·do) [sustantivo masculino] Planta que se cultiva en los jardines y cuyas flores son blancas y muy olorosas.

narigudo, da (na·ri·gu·do, da) [adjetivo o sustantivo] Que tiene la nariz muy grande. □ SINÓNIMOS: narizotas. □ FAMILIA: →nariz.

nariz (na·riz) ■ [sustantivo femenino] **1** Parte de la cara que está entre los ojos y la boca y que sirve para respirar. ■ **narices** [interjección] **2** Se usa para expresar sorpresa o disgusto: *¡Te he dicho que no, narices!* ◆ [expresión] ‖ **de las narices** Se usa detrás de algunas palabras cuando se les quiere dar un valor de desprecio: *Este pesado de las narices me va a volver loca*. ‖ **estar hasta las narices** Estar muy harto: *Estoy hasta las narices de que nunca me ayudes*. ‖ **meter las narices en algo** Intentar participar en ello aunque no sea asunto nuestro: *No metas las narices en mis asuntos*. □ [Su plural es «narices». Significa lo mismo en sigular que en plural. Las expresiones son coloquiales]. □ FAMILIA: narigudo, narizotas, nasal, nasalizado.

narizotas (na·ri·zo·tas) [sustantivo] Persona que tiene la nariz muy grande. ☐ [No varía en masculino y femenino, ni en singular y plural]. ☐ SINÓNIMOS: narigudo. ☐ FAMILIA: →nariz.

narración (na·rra·ción) [sustantivo] Historia que se cuenta con palabras. ☐ SINÓNIMOS: relato. ☐ FAMILIA: →narrar.

narrador, ra (na·rra·dor, do·ra) [sustantivo] Persona que cuenta una historia. ☐ FAMILIA: →narrar.

narrar (na·rrar) [verbo] Contar una historia: *En esta novela se narran las aventuras de un pirata.* ☐ SINÓNIMOS: referir, relatar. ☐ FAMILIA: narrador, narración, narrativo.

narrativo, va (na·rra·ti·vo, va) [adjetivo] De la narración o relacionado con ella: *Un cuento es una obra narrativa.* ☐ FAMILIA: →narrar.

narval (nar·val) [sustantivo masculino] Animal marino de gran tamaño y de color grisáceo que vive en el mar y que tiene un diente muy grande. ⊚ **páginas 354-355.**

nasal (na·sal) [adjetivo] De la nariz o relacionado con ella: *tabique nasal.* ☐ [No varía en masculino y femenino]. ☐ FAMILIA: →nariz.

nasalizado, da (na·sa·li·za·do, da) [adjetivo] Dicho de un sonido, que se pronuncia echando el aire por la nariz: *La «a» de «canto» es un sonido nasalizado.* ☐ FAMILIA: →nariz.

nata (na·ta) [sustantivo femenino] Mira en **nato, ta**.

natación (na·ta·ción) [sustantivo femenino] Deporte o ejercicio que consiste en nadar. ⊚ **páginas 304-305.** ◆ [expresión] ‖ **natación sincronizada** Deporte que consiste en la realización de una serie de ejercicios artísticos en el agua. ⊚ **páginas 304-305.** ☐ FAMILIA: →nadar.

natal (na·tal) [adjetivo] Del nacimiento o relacionado con él: *ciudad natal.* ☐ [No varía en masculino y femenino]. ☐ FAMILIA: →nacer.

natalidad (na·ta·li·dad) [sustantivo femenino] Número de personas que nacen en un lugar o en un tiempo determinados, en relación con el total de la población: *La natalidad en Europa ha descendido.* ☐ FAMILIA: →nacer.

natatorio, ria (na·ta·to·rio, ria) [adjetivo] Que sirve para poder nadar: *Las aletas son las partes natatorias de los peces.*

natillas (na·ti·llas) [sustantivo femenino plural] Dulce elaborado con huevos, leche y azúcar, y que se come con cuchara.

natividad (na·ti·vi·dad) [sustantivo femenino] Nacimiento, especialmente el de Jesucristo y el de la Virgen María. ☐ [Se escribe con mayúscula cuando se trata de la festividad]. ☐ FAMILIA: →nacer.

nativo, va (na·ti·vo, va) [adjetivo o sustantivo] Que ha nacido en el lugar del que se está hablando: *Mi profesor de inglés es nativo de Inglaterra.* ☐ SINÓNIMOS: natural, indígena, aborigen. ☐ FAMILIA: →nacer.

nato, ta (na·to, ta) [adjetivo] **1** Dicho de una cualidad, que se tiene desde el nacimiento: *Esa chica es una organizadora nata.* ∎ **nata** [sustantivo femenino] **2** Sustancia espesa que se forma en la superficie de la leche: *Si dejas enfriar la leche, se formará nata.* **3** Crema que se hace mezclando esta sustancia con azúcar: *Me encantan los pasteles rellenos de nata.* ☐ FAMILIA: **1** →nacer. **2** desnatado, semidesnatado.

natural (na·tu·ral) [adjetivo] **1** Que es resultado solo de la acción de la naturaleza, sin que haya participado el ser humano ni ningún poder mágico: *El arcoíris es un fenómeno natural.* **2** Que está relacionado con las propiedades características de las cosas: *Las ciencias naturales estudian cómo es el universo.* **3** Que se hace sin añadir productos artificiales: *zumo de naranja natural.* **4** Que actúa de forma sencilla y sincera: *Aunque era la primera vez que nos veía, fue muy natural con nosotros.* **5** Que no sorprende, porque siempre sucede así: *Si comes demasiado es natural que engordes.* ∎ [adjetivo o sustantivo masculino] **6** Que ha nacido en un pueblo o en una nación: *Yo soy natural de un pueblecito de Zamora.* ∎ [sustantivo masculino] **7** Conjunto de características que definen una determinada forma de ser: *Soy de natural optimista y no pienso que las cosas salgan mal.* ☐ [Cuando es adjetivo, no varía en masculino y femenino]. ☐ SINÓNIMOS: **5** normal, común, habitual, usual, ordinario, corriente. **6** nativo, indígena. **7** carácter, naturaleza. ☐ ANTÓNIMOS: **1** sobrenatural. **1**, **3**, **4** artificial. **1**, **3** sintético. **4** afectado, artificioso, estudiado. **5** sorprendente, extraño, anormal, chocante. ☐ FAMILIA: naturaleza, naturalidad, naturalista, naturista, sobrenatural.

naturaleza (na·tu·ra·le·za) [sustantivo femenino] **1** Conjunto de todo lo que forma el universo y existe con independencia de la intervención del ser humano: *Debemos proteger la naturaleza.* **2** Conjunto de características propias de una determinada forma de ser: *El amor y el odio son sentimientos de la naturaleza humana.* **3** Conjunto de propiedades que determinan un género o un tipo de algo: *Fue un error de tal naturaleza que no se pudo arreglar.* **4** Lugar situado en el campo, lejos de las grandes ciudades: *Tengo una casita en las montañas, en plena naturaleza.* ☐ SINÓNIMOS: **2** natural, carácter, temperamento. ☐ FAMILIA: →natural.

naturalidad (na·tu·ra·li·dad) [sustantivo femenino] Sencillez y sinceridad en la forma de actuar: *Dime con naturalidad lo que piensas.* ☐ ANTÓNIMOS: artificiosidad. ☐ FAMILIA: →natural.

naturalista (na·tu·ra·lis·ta) [sustantivo] Persona que se dedica al estudio de las ciencias naturales. ☐ [No varía en masculino y femenino]. ☐ FAMILIA: →natural.

naturista (na·tu·ris·ta) [adjetivo o sustantivo] Dicho de una persona, que trata de tener buena salud utilizando los medios de la naturaleza. ☐ [No varía en masculino y femenino]. ☐ FAMILIA: →natural.

naufragar (nau·fra·gar) [verbo] Hundirse un barco. ☐ [La «g» se cambia en «gu» delante de «e» («naufrague»)]. ☐ FAMILIA: →náufrago.

naufragio (nau·fra·gio) [sustantivo masculino] Accidente que consiste en que un barco se hunde. ☐ Familia: →náufrago.

naufragio

náufrago, ga (náu·fra·go, ga) [sustantivo] Persona que viajaba en un barco que se ha hundido: *El barco se hundió en alta mar y los náufragos se refugiaron en una isla.* ☐ Familia: naufragar, naufragio.

náusea (náu·se·a) [sustantivo femenino] Movimiento repentino y rápido del estómago que se tiene cuando se está a punto de vomitar: *Olía tan mal que empecé a sentir náuseas.* ☐ [Se usa más en plural]. ☐ Sinónimos: arcada. ☐ Familia: nauseabundo.

nauseabundo, da (nau·se·a·bun·do, da) [adjetivo] Que produce ganas de vomitar: *Viene un olor nauseabundo del cubo de la basura.* ☐ Sinónimos: repugnante, asqueroso. ☐ Familia: →náusea.

náutico, ca (náu·ti·co, ca) ■ [adjetivo] **1** De la navegación o relacionado con ella: *deporte náutico.* ■ **náutica** [sustantivo femenino] **2** Conjunto de conocimientos necesarios para poder navegar: *Si no sabes nada de náutica, no podrás ser patrón de yate.* ☐ Sinónimos: **2** navegación. ☐ Familia: →nave.

navaja (na·va·ja) [sustantivo femenino] **1** Cuchillo que se dobla de forma que la parte que corta quede dentro del mango. **2** Animal marino con dos conchas estrechas y largas que parece una caña cuando está cerrado. ☐ Familia: navajazo, navajada, navajero.

navaja

navajada (na·va·ja·da) [sustantivo femenino] Herida hecha con una navaja. ☐ Sinónimos: navajazo. ☐ Familia: →navaja.

navajazo (na·va·ja·zo) [sustantivo masculino] Herida hecha con una navaja. ☐ Sinónimos: navajada. ☐ Familia: →navaja.

navajero, ra (na·va·je·ro, ra) [sustantivo] Delincuente que va armado con una navaja. ☐ Familia: →navaja.

naval (na·val) [adjetivo] De los barcos o relacionado con ellos: *las fuerzas navales.* ☐ [No varía en masculino y femenino]. ☐ Familia: →nave.

navarro, rra (na·va·rro, rra) [adjetivo o sustantivo] De la Comunidad Foral de Navarra, que es una comunidad autónoma española.

nave (na·ve) [sustantivo femenino] **1** Vehículo que va por el agua: *Varias naves entraron en el puerto.* **2** Vehículo que vuela por el aire o por el espacio: *Los astronautas viajan en naves espaciales.* **3** En un edificio, espacio amplio y alargado que se extiende entre dos muros: *El altar mayor de la catedral está en la nave central.* **4** Edificio grande de un solo piso que se usa como fábrica o para almacenar cosas: *nave industrial.* ☐ Sinónimos: **1** embarcación, barco. ☐ Familia: navegar, navegador, navegación, navegable, navegante, naval, navío, naviero, náutico, aeronave, aeronáutico, aeronauta, astronave, astronauta, astronáutica, cibernauta, cosmonauta, internauta.

navegable (na·ve·ga·ble) [adjetivo] Con las aguas lo suficientemente profundas como para que los barcos puedan navegar por ellas: *Este río no es navegable.* ☐ [No varía en masculino y femenino]. ☐ Familia: →nave.

navegación (na·ve·ga·ción) [sustantivo femenino] **1** Movimiento de un barco en el agua: *Las barcas de remos no son seguras para la navegación en alta mar.* **2** Conjunto de conocimientos necesarios para poder navegar: *experto en navegación.* ☐ Sinónimos: **2** náutica. ☐ Familia: →nave.

navegador (na·ve·ga·dor) [sustantivo masculino] En internet, programa que permite navegar por las redes informáticas y que permite ver las páginas web. ☐ Familia: →nave.

navegante (na·ve·gan·te) [sustantivo] Persona que navega. ☐ [No varía en masculino y femenino]. ☐ Familia: →nave.

navegar (na·ve·gar) [verbo] **1** Viajar en barco o en una nave por el aire: *Nunca he navegado en yate.* **2** Moverse un barco por el agua o una nave por el aire: *El barco navegaba a toda velocidad.* **3** Utilizar una red informática o desplazarse por ella: *Me gusta mucho navegar por internet.* ☐ [La «g» se cambia en «gu» delante de «e» («navegue»)]. ☐ Familia: →nave.

navidad (na·vi·dad) [sustantivo femenino] Período de tiempo en el que se celebra el nacimiento de Jesucristo. ☐ [Se escribe con mayúscula. Significa lo mismo en singular que en plural]. ☐ Familia: navideño.

navideño, ña (na·vi·de·ño, ña) [adjetivo] De la Navidad o relacionado con ella: *El turrón es un dulce navideño.* ☐ Familia: →navidad.

naviero, ra (na·vie·ro, ra) ■ [adjetivo] **1** De los barcos o relacionado con ellos: *industria naviera.* ■ [sustantivo] **2** Empresa o persona que tiene barcos. ☐ Familia: →nave.

navío (na·ví·o) [sustantivo masculino] Barco muy grande. ☐ Sinónimos: buque. ☐ Familia: →nave.

nazareno (na·za·re·no) [sustantivo masculino] Persona que en las procesiones de Semana Santa va vestida con una túnica larga y, generalmente, morada.

nazi (na·zi) [adjetivo o sustantivo] Del nazismo o relacionado con este movimiento político: *Los nazis mataron a muchas personas en los campos de concentración.* ☐ [No varía en masculino y femenino]. ☐ Familia: →nazismo.

nazismo (na·zis·mo) [sustantivo masculino] Movimiento político que apareció en Alemania, que es un país europeo, y que se basaba en la creencia de que el pueblo alemán era superior a otros pueblos: *El nazismo persiguió las etnias que consideraba inferiores.* ☐ Familia: nazi.

neblina (ne·bli·na) [sustantivo femenino] Niebla poco espesa. ☐ Sinónimos: bruma, calima. ☐ Familia: →niebla.

nebuloso, sa (ne·bu·lo·so, sa) ■ [adjetivo] **1** Con muchas nubes o con mucha niebla. ■ **nebulosa** [sustantivo femenino] **2** Nube grande y luminosa formada por materia que hay en el espacio.

necedad (ne·ce·dad) [sustantivo femenino] Hecho o dicho propios de una persona que actúa sin inteligencia. ☐ Familia: →necio.

necesario, ria (ne·ce·sa·rio, ria) [adjetivo] Que se necesita para algo: *La harina es necesaria para hacer pan.* ☐ Sinónimos: preciso, imprescindible, indispensable. ☐ Antónimos: superfluo, innecesario. ☐ Familia: →necesidad.

neceser (ne·ce·ser) [sustantivo masculino] Bolsa para guardar el peine, el jabón, el cepillo de dientes y otros objetos parecidos. ☐ [Es una palabra de origen francés]. ☐ Familia: →necesidad.

neceser

necesidad (ne·ce·si·dad) [sustantivo femenino] **1** Aquello sin lo que no se puede estar: *Comer es una necesidad.* **2** Grandes ganas de hacer algo: *¿No sientes la necesidad de hacer travesuras de vez en cuando?* **3** Falta de las cosas necesarias para vivir: *Se arruinaron y están pasando muchas necesidades.* ◆ [expresión] ‖ **hacer alguien sus necesidades** Orinar o defecar. ☐ Sinónimos: **3** pobreza, miseria, escasez. ☐ Antónimos: **3** riqueza. ☐ Familia: necesario, necesitar, necesitado, innecesario, neceser.

necesitado, da (ne·ce·si·ta·do, da) [adjetivo o sustantivo] Que no tiene lo necesario para vivir: *Debemos ayudar a los más necesitados.* ☐ Sinónimos: pobre, indigente. ☐ Antónimos: rico, acaudalado, adinerado, acomodado. ☐ Familia: →necesidad.

necesitar (ne·ce·si·tar) [verbo] Tener necesidad de algo o no poder estar sin ello: *Necesitamos respirar para vivir.* ☐ Sinónimos: precisar. ☐ Familia: →necesidad.

necio, cia (ne·cio, cia) [adjetivo o sustantivo] Que no actúa con inteligencia: *No seas necio y deja de decir tonterías.* ☐ Sinónimos: tonto, bobo, imbécil, idiota, mentecato, estúpido. ☐ Antónimos: listo, sabio. ☐ Familia: necedad.

nécora (né·co·ra) [sustantivo femenino] Animal marino muy parecido al cangrejo.

necrológico, ca (ne·cro·ló·gi·co, ca) [adjetivo] Que hace referencia a una persona que ha muerto hace poco tiempo: *nota necrológica.*

necrópolis (ne·cró·po·lis) [sustantivo femenino] Antiguo cementerio muy grande. ☐ [No varía en singular y plural]. ☐ Familia: →polis.

néctar (néc·tar) [sustantivo masculino] **1** Jugo muy dulce que producen las flores y que algunos insectos chupan. **2** Bebida muy dulce que se suele sacar de las frutas: *néctar de naranja; néctar de melocotón.* ☐ Familia: nectarina.

nectarina (nec·ta·ri·na) [sustantivo femenino] Fruta que es un cruce de melocotón y ciruela. ☐ Familia: →néctar.

neerlandés, sa (ne·er·lan·dés, de·sa) ■ [adjetivo] **1** De Holanda, que es un país europeo. ■ **neerlandés** [sustantivo masculino] **2** Lengua hablada en los Países Bajos y en el norte de Bélgica, que son países europeos. ☐ Sinónimos: **1** holandés.

nefasto, ta (ne·fas·to, ta) [adjetivo] Muy malo, muy triste o con terribles efectos: *Hoy he tenido un día nefasto y todo me ha salido mal.* ☐ Sinónimos: fatídico, fatal. ☐ Antónimos: afortunado.

negación (ne·ga·ción) [sustantivo femenino] **1** Palabra o expresión que se usa para decir que no: *«No» y «nunca» son negaciones.* **2** Rechazo de la existencia de algo: *El ateísmo se basa en la negación de Dios.* ☐ Antónimos: afirmación. **1** asentimiento. ☐ Familia: →negar.

negado, da (ne·ga·do, da) [adjetivo o sustantivo] Poco hábil en algo: *Soy una negada para el dibujo.* ☐ Sinónimos: inepto, torpe. ☐ Antónimos: hábil, capaz, mañoso, diestro. ☐ Familia: →negar.

negar (ne·gar) [verbo] **1** Decir que no: *Negó con la cabeza.* **2** Decir que algo no es cierto: *Negó todas las acusaciones.* **3** No dar lo que se pide: *Pedí permiso para llegar tarde y me lo negaron.* ■ **negarse 4** No querer hacer algo: *Me niego a hacerlo todo yo.* ☐ [Es irregular y se conjuga como **ACERTAR**. La «g» se cambia en «gu» delante de «e» («niegue»)]. ☐ Sinónimos: **1** rechazar. **3** prohibir, vedar. **4** rehusar. ☐ Antónimos: **1, 2** afirmar, aceptar, admitir. **1** asentir. **3** consentir, dispensar. **4** acceder, ceder. ☐ Familia: negación, negado, negativo, innegable, denegación, denegar, renegar, renegado.

negativo, va (ne·ga·ti·vo, va) ■ [adjetivo] **1** Que sirve para decir que no: *respuesta negativa.* **2** Que resulta malo o poco favorable: *resultado negativo.* **3** Que siempre ve el lado malo de las cosas: *No seas tan negativo y no pienses que todo va a salir mal.* ■ **negativo** [sustantivo masculino] **4** Material transparente a partir del cual se sacan en papel las copias de las fotografías: *Con el negativo, las fotos se pueden repetir.* ■ **negativa** [sustantivo femenino] **5** Negación o rechazo de algo que se pide: *No acepto negativas* *a mi invitación.* ☐ Sinónimos: **3** pesimista, derrotista. **4** cliché. ☐ Antónimos: **1** afirmativo. **2**, **3** positivo. **3** optimista. ☐ Familia: →negar.

negligencia (ne·gli·gen·cia) [sustantivo/femenino] Falta de cuidado, de atención o de interés al hacer algo: *El accidente ocurrió por negligencia del conductor.* ☐ Familia: →negligente.

negligente (ne·gli·gen·te) [adjetivo o sustantivo] Que no pone cuidado o no presta atención al hacer algo: *Tienes muchos errores y eres un negligente.* ☐ [No varía en masculino y femenino]. ☐ Familia: negligencia.

negociación (ne·go·cia·ción) [sustantivo] **1** Trato con alguien para comprar o vender algo. **2** Intento de ponerse de acuerdo sobre un asunto: *Continúan las negociaciones internacionales.* ☐ Familia: →negociar.

negociante (ne·go·cian·te) [adjetivo o sustantivo] Que se dedica a hacer negocios. ☐ [No varía en masculino y femenino]. ☐ Familia: →negociar.

negociar (ne·go·ciar) [verbo] **1** Tratar con alguien para comprar o vender algo: *Estamos negociando la compra de un piso.* **2** Intentar ponerse de acuerdo sobre un asunto: *Hemos negociado que unos hacen la comida y otros friegan los cacharros.* ☐ [Es irregular y se conjuga como **anunciar**]. ☐ Familia: negocio, negociante, negociación.

negocio (ne·go·cio) [sustantivo/masculino] **1** Actividad con la que se espera ganar dinero: *Le han salido mal los negocios y se ha arruinado.* **2** Local comercial: *En la esquina han abierto un negocio de ordenadores.* ☐ Familia: →negociar.

negro, gra (ne·gro, gra) ▌[adjetivo] **1** De color muy oscuro: *Esas nubes tan negras traen tormenta.* **2** Triste, malo o con poca suerte: *He tenido un día negro y todo me ha salido mal.* **3** Enfadado o de muy mal humor: *Me tienes negro porque me echas la culpa de todo.* ▌[adjetivo o sustantivo] **4** Dicho de una persona, que se caracteriza por el color oscuro de la piel y por el pelo rizado: *Mi madre es negra y yo soy mulato.* ▌[sustantivo masculino] **5** Del color del carbón: *Las noches sin luna son muy negras.* 👁 **página 234.** ▌**negra** [sustantivo/femenino] **6** Figura musical que indica la duración de una nota. 👁 **página 648.** ◆ [expresión] ‖ **tener la negra** Tener muy mala suerte: *Mi equipo tiene la negra y pierde siempre.* ☐ [La expresión es coloquial]. ☐ Antónimos: **1**, **5** blanco. ☐ Familia: negrura, negruzco, renegrido, ennegrecer.

negrura (ne·gru·ra) [sustantivo/femenino] Color negro: *Una característica del carbón es la negrura.* ☐ Antónimos: blancura. ☐ Familia: →negro.

negruzco, ca (ne·gruz·co, ca) [adjetivo] De color parecido al negro: *El humo ha puesto negruzcas las paredes.* ☐ Antónimos: blancuzco. ☐ Familia: →negro.

nene, na (ne·ne, na) [sustantivo] Niño pequeño.

nenúfar (ne·nú·far) [sustantivo/masculino] Planta de flores grandes y blancas que flota en el agua. 👁 **página 444.**

neoclasicismo (ne·o·cla·si·cis·mo) [sustantivo/masculino] Movimiento cultural del siglo XVIII que supone una vuelta a los valores que había antiguamente en Grecia y en Roma. ☐ [Se escribe con mayúscula]. ☐ Familia: →clásico.

neoclásico, ca (ne·o·clá·si·co, ca) ▌[adjetivo] **1** Del Neoclasicismo o relacionado con este movimiento cultural. ▌[adjetivo o sustantivo] **2** Seguidor del Neoclasicismo. ☐ Familia: →clásico.

neófito, ta (ne·ó·fi·to, ta) [sustantivo] Persona que acaba de entrar a formar parte de un grupo, especialmente religioso.

neolítico, ca (ne·o·lí·ti·co, ca) [adjetivo o sustantivo] Dicho de un período de la prehistoria, que se caracteriza por la aparición de la agricultura y de la ganadería. ☐ [Cuando es sustantivo, se escribe con mayúscula].

neologismo (ne·o·lo·gis·mo) [sustantivo/masculino] Palabra o expresión que es nueva en una lengua. ☐ Antónimos: arcaísmo.

neón (ne·ón) [sustantivo/masculino] **1** Gas que es buen conductor de la electricidad: *El neón sirve para hacer anuncios luminosos.* **2** Lámpara que funciona con este gas: *El anuncio de una farmacia suele ser un neón verde.*

neonato, ta (ne·o·na·to, ta) [sustantivo] Niño recién nacido. ☐ Familia: →nacer.

neopreno (ne·o·pre·no) [sustantivo/masculino] Material que protege muy bien del frío y con el que se fabrican trajes para algunos deportes acuáticos: *Los trajes de algunos buceadores son de neopreno.* ☐ [Procede de la marca comercial «Neoprene®»].

neoyorquino, na (ne·o·yor·qui·no, na) [adjetivo o sustantivo] De la ciudad estadounidense de Nueva York.

neozelandés, sa (ne·o·ze·lan·dés, de, sa) [adjetivo o sustantivo] De Nueva Zelanda, que es un país oceánico.

nepalés, sa (ne·pa·lés, le·sa) ▌[adjetivo o sustantivo] **1** → **nepalí.** ▌**nepalés** [sustantivo/masculino] **2** → **nepalí.**

nepalí (ne·pa·lí) ▌[adjetivo o sustantivo] **1** De Nepal, que es un país asiático. ▌[sustantivo/masculino] **2** Lengua de este país. ☐ [En el significado **1** no varía en masculino y femenino. Su plural es «nepalís» o «nepalíes» (más culto)]. ☐ Sinónimos: nepalés.

nervadura (ner·va·du·ra) [sustantivo/femenino] Adorno que tienen algunas bóvedas en los arcos y que parecen nervios. ☐ Familia: →nervio.

nervio (ner·vio) ▌[sustantivo/masculino] **1** Parte del cuerpo que hace llegar las sensaciones al cerebro: *Los nervios están distribuidos por todo el cuerpo.* **2** En la carne, parte blanca que es muy dura: *El filete está muy tierno, porque no tiene ningún nervio.* **3** En una planta, cada uno de los hilos gruesos que hay en la superficie de las hojas: *Al tocar las hojas de los árboles por debajo, se notan los nervios.* **4** Fuerza, energía o ganas de hacer cosas: *No seas tan pasivo y haz las cosas con más nervio.* ▌**nervios** [plural] **5** Estado de una persona cuando está muy excitada: *Cuando voy a hacer un examen, siempre me entran nervios.* ☐ Sinónimos: **4** vigor, vitalidad. **5** nerviosismo. ☐ Antónimos: **5** tranquilidad, serenidad. ☐ Familia: nervioso, nerviosismo, nervudo, nervadura.

nerviosismo (ner·vio·sis·mo) [sustantivo/masculino] Estado de una persona cuando está muy excitada: *El último día de* clase se nota nerviosismo en los alumnos. □ Sinónimos: nervios, exaltación. □ Antónimos: tranquilidad, serenidad, aplomo, calma. □ Familia: →nervio.

nervioso, sa (ner·vio·so, sa) [adjetivo] **1** De los nervios o relacionado con ellos: *sistema nervioso*. **2** Que no está tranquilo o que se excita fácilmente: *El día antes de irme de vacaciones me pongo muy nervioso*. □ Sinónimos: **2** inquieto, alborotado. □ Antónimos: **2** tranquilo, sosegado, reposado. □ Familia: →nervio.

nervudo, da (ner·vu·do, da) [adjetivo] Que tiene las venas, los músculos y los tendones muy abultados: *Mi abuelo tiene las manos nervudas*. □ Familia: →nervio.

netbook [sustantivo masculino] Ordenador portátil de pequeño tamaño. □ [Es una palabra inglesa. Se pronuncia «nét-búk»].

neto, ta (ne·to, ta) [adjetivo] **1** Puro, sin nada añadido: *El peso neto de una lata de guisantes es el peso de los guisantes sin el líquido ni la lata*. **2** Claro y bien determinado: *Conservo un neto recuerdo de aquel día*. □ Sinónimos: **2** limpio. □ Antónimos: **1** bruto.

neumático, ca (neu·má·ti·co, ca) ▪ [adjetivo] **1** Que se hincha con aire: *lancha neumática*. ▪ **neumático** [sustantivo masculino] **2** Tubo de goma lleno de aire que forma parte de una rueda: *Se me pinchó un neumático de la bici*.

neumonía (neu·mo·ní·a) [sustantivo femenino] Enfermedad del pulmón. □ Sinónimos: pulmonía.

neura (neu·ra) ▪ [adjetivo o sustantivo] **1** Muy nervioso o excitado. ▪ [sustantivo femenino] **2** Nerviosismo o manía: *Cuando te da la neura no hay quien te hable*. □ [Es coloquial. En el significado **1** no varía en masculino y femenino]. □ Familia: →neurona.

neuralgia (neu·ral·gia) [sustantivo femenino] Dolor muy fuerte en un nervio. □ Familia: →neurona.

neurálgico, ca (neu·rál·gi·co, ca) [adjetivo] **1** De la neuralgia o relacionado con este dolor. **2** Muy importante o fundamental: *Descubrieron el centro neurálgico de la organización*. □ Familia: →neurona.

neurastenia (neu·ras·te·nia) [sustantivo femenino] Estado de una persona caracterizado por la tristeza y el cansancio. □ Familia: →neurona.

neurasténico, ca (neu·ras·té·ni·co, ca) ▪ [adjetivo] **1** De la neurastenia o relacionado con este estado. ▪ [adjetivo o sustantivo] **2** Dicho de una persona, que tiene neurastenia. □ Familia: →neurona.

neurología (neu·ro·lo·gí·a) [sustantivo femenino] Ciencia que estudia el sistema nervioso. □ Familia: →neurona.

neurólogo, ga (neu·ró·lo·go, ga) [sustantivo] Médico especializado en neurología. □ Familia: →neurona.

neurona (neu·ro·na) [sustantivo femenino] Célula que transmite o produce los impulsos nerviosos. □ Familia: neura, neuralgia, neurálgico, neurastenia, neurasténico, neurología, neurólogo, neurosis, neurótico.

neurosis (neu·ro·sis) [sustantivo femenino] Trastorno del sistema nervioso sin que parezca que haya nada raro en él: *La histeria es una neurosis*. □ [No varía en singular y plural]. □ Familia: →neurona.

neurótico, ca (neu·ró·ti·co, ca) ▪ [adjetivo] **1** De la neurosis o relacionado con este problema nervioso. ▪ [adjetivo o sustantivo] **2** Dicho de una persona, que tiene neurosis. □ Familia: →neurona.

neutral (neu·tral) [adjetivo o sustantivo] Que no está ni a favor ni en contra de algo: *Un árbitro tiene que ser neutral*. □ [No varía en masculino y femenino]. □ Familia: →neutro.

neutralidad (neu·tra·li·dad) [sustantivo femenino] Actitud del que, en un enfrentamiento, no se pone del lado de ninguno de los bandos. □ Antónimos: parcialidad. □ Familia: →neutro.

neutralizar (neu·tra·li·zar) [verbo] Anular o debilitar los efectos de algo con otra cosa: *Tomó un antídoto para neutralizar el veneno*. □ [La «z» se cambia en «c» delante de «e» («neutralice»)]. □ Familia: →neutro.

neutro, tra (neu·tro, tra) [adjetivo o sustantivo masculino] Que no es ni del género masculino ni del femenino: *«Eso» es neutro*. □ Familia: neutral, neutralidad, neutralizar, neutrón.

neutrón (neu·trón) [sustantivo masculino] Partícula de un átomo que no tiene carga eléctrica. □ Familia: →neutro.

nevada (ne·va·da) [sustantivo femenino] Caída de nieve o cantidad de nieve que ha caído: *Con esta nevada no se puede salir a la calle*. □ Familia: →nieve.

nevar (ne·var) [verbo] Caer nieve: *Ya no nieva*. □ [Es irregular y se conjuga como **ACERTAR**]. □ Familia: →nieve.

nevera (ne·ve·ra) [sustantivo femenino] Electrodoméstico que sirve para conservar fríos los alimentos y las bebidas. □ Sinónimos: frigorífico, refrigerador.

nevero (ne·ve·ro) [sustantivo masculino] Lugar de una montaña en el que hay nieve todo el año. □ Familia: →nieve.

nevisca (ne·vis·ca) [sustantivo femenino] Nevada corta en la que caen copos pequeños. □ Familia: →nieve.

nexo (ne·xo) [sustantivo masculino] Elemento que une varias cosas: *En «fui pero no volví», «pero» es un nexo entre las dos oraciones*.

ni [conjunción] Se usa para unir palabras o frases negándolas: *No me gusta ni la carne ni el pescado*.

nicaragüense (ni·ca·ra·güen·se) [adjetivo o sustantivo] De Nicaragua, que es un país centroamericano. □ [No varía en masculino y femenino].

nicho (ni·cho) [sustantivo masculino] **1** Hueco hecho en un muro para enterrar a un muerto: *En los cementerios hay paredes llenas de nichos*. **2** Hueco hecho en un muro para poner dentro un objeto: *En la fachada hay un nicho con una virgen de piedra*. □ Sinónimos: **2** hornacina.

nicho

nicotina (ni·co·ti·na) [sustantivo][femenino] Sustancia que tiene el tabaco y que daña la salud.

nidada (ni·da·da) [sustantivo][femenino] Conjunto de huevos o de crías que hay en un nido. ☐ FAMILIA: →nido.

nidificar (ni·di·fi·car) [verbo] Hacer el nido un ave. ☐ [La «c» se cambia en «qu» delante de «e» («nidifique»)]. ☐ SINÓNIMOS: anidar. ☐ FAMILIA: →nido.

nido (ni·do) [sustantivo][masculino] **1** Lugar que se construyen las aves para vivir y poner huevos: *un nido de cigüeñas*. **2** Lugar en el que viven algunos animales: *un nido de lagartijas*. **3** Parte de un hospital en la que están los recién nacidos: *En el nido del hospital había cuatro recién nacidos*. ☐ FAMILIA: nidada, nidificar, anidar.

niebla (nie·bla) [sustantivo][femenino] Nubes tan bajas que llegan al suelo. ☐ FAMILIA: neblina.

nieto, ta (nie·to, ta) [sustantivo] Lo que es una persona en relación con sus abuelos: *Soy el nieto favorito de mi abuela*. ⊙ **página 431**. ☐ FAMILIA: bisnieto, tataranieto.

nieve (nie·ve) [sustantivo][femenino] Agua helada que cae de las nubes en forma de copo. ☐ FAMILIA: nevar, nevada, nevisca, nevero, aguanieve, quitanieves.

NIF [sustantivo][masculino] Número necesario para hacer algunas actividades comerciales: *El NIF es el «número de identificación fiscal»*.

nigeriano, na (ni·ge·ria·no, na) [adjetivo o sustantivo] De Nigeria, que es un país africano.

nimbo (nim·bo) [sustantivo][masculino] **1** Círculo de luz que rodea una cosa. **2** Capa baja de nubes grises y oscuras.

nimio, mia (ni·mio, mia) [adjetivo] Que no tiene importancia: *Me contó hasta los detalles más nimios de la historia*.

ninfa (nin·fa) [sustantivo][femenino] Diosa de la mitología griega que vivía en los bosques, en las selvas y en los ríos.

ningún (nin·gún) [indefinido] Ninguno: *No quiero ningún pastel, gracias*. ☐ [Va generalmente delante de un sustantivo masculino singular].

ningunear (nin·gu·ne·ar) [verbo] No hacer caso o menospreciar a una persona: *No tienes derecho a ningunear a nadie*.

ninguno, na (nin·gu·no, na) [indefinido] Ni una sola persona o cosa: *No tengo ninguna canica roja*. ☐ [Cuando «ninguno» va delante de un sustantivo masculino se cambia por «ningún»: «ningún niño»].

ninja [sustantivo][masculino] Guerrero experto en artes marciales. ☐ [Es una palabra japonesa. Se pronuncia «nínya»].

niña (ni·ña) [sustantivo][femenino] Mira en **niño, ña**.

niñato, ta (ni·ña·to, ta) ■ [adjetivo o sustantivo] **1** Dicho de una persona, que es joven y no tiene experiencia. ■ [sustantivo] **2** Persona joven y muy presumida. ☐ [Es despectivo]. ☐ FAMILIA: →niño.

niñería (ni·ñe·rí·a) [sustantivo][femenino] Cosa sin importancia: *No te enfades por esas niñerías*. ☐ SINÓNIMOS: pequeñez, tontería, bobada. ☐ FAMILIA: →niño.

niñero, ra (ni·ñe·ro, ra) ■ [adjetivo] **1** Aficionado a tratar con los niños. ■ [sustantivo] **2** Persona que se dedica a cuidar niños. ☐ FAMILIA: →niño.

niñez (ni·ñez) [sustantivo][femenino] Primer período de la vida de una persona, desde que nace hasta los doce o catorce años. ☐ SINÓNIMOS: infancia. ☐ FAMILIA: →niño.

niño, ña (ni·ño, ña) ■ [sustantivo] **1** Persona que tiene pocos años: *Todos los niños tienen que ir al colegio*. ■ **niña** [sustantivo][femenino] **2** Círculo negro y pequeño que está en el centro del ojo: *Cuando hay mucha luz, la niña de los ojos se cierra un poco*. ☐ SINÓNIMOS: **1** chiquillo. **2** pupila. ☐ FAMILIA: niñez, niñero, niñería, niñato.

nipón, na (ni·pón, po·na) [adjetivo o sustantivo] De Japón, que es un país asiático. ☐ SINÓNIMOS: japonés.

níquel (ní·quel) [sustantivo][masculino] Metal de color parecido a la plata y que se usa para hacer monedas. ☐ FAMILIA: niquelar.

niquelar (ni·que·lar) [verbo] Dar un baño de níquel: *Niqueló los toalleros metálicos para que no se oxidaran*. ☐ FAMILIA: →níquel.

niqui (ni·qui) [sustantivo][masculino] Tipo de camiseta con cuello y botones hasta la mitad del pecho. ☐ [Es una palabra de origen inglés].

níscalo (nís·ca·lo) [sustantivo][masculino] Seta de color anaranjado.

níspero (nís·pe·ro) [sustantivo][masculino] **1** Árbol cuyo fruto es redondo, de color naranja suave. **2** Fruto de este árbol. ⊙ **página 453**.

nitidez (ni·ti·dez) [sustantivo][femenino] **1** Característica de lo que es limpio, claro y transparente: *la nitidez de las aguas del mar*. **2** Característica de lo que es preciso, exacto y se ve bien: *la nitidez de la imagen*. ☐ SINÓNIMOS: **1** transparencia. **2** claridad. ☐ ANTÓNIMOS: **2** confusión. ☐ FAMILIA: →nítido.

nítido, da (ní·ti·do, da) [adjetivo] **1** Que es limpio, claro y transparente: *aguas nítidas*. **2** Que es preciso, claro y se ve bien: *imagen nítida*. ☐ SINÓNIMOS: **1** cristalino. ☐ ANTÓNIMOS: **1** opaco, turbio. **2** confuso. ☐ FAMILIA: nitidez.

nitrato (ni·tra·to) [sustantivo][masculino] Sal que se saca de algunos compuestos de nitrógeno y que sirve para fabricar abonos. ☐ FAMILIA: →nitrógeno.

nítrico, ca (ní·tri·co, ca) [adjetivo] Que está compuesto en parte por nitrógeno: *un ácido nítrico*. ☐ FAMILIA: →nitrógeno.

nitrógeno (ni·tró·ge·no) [sustantivo][masculino] Gas que no tiene color, sabor ni olor y forma parte del aire que respiramos. ☐ FAMILIA: nitrato, nítrico.

nitroglicerina (ni·tro·gli·ce·ri·na) [sustantivo][femenino] Líquido aceitoso que sirve para fabricar explosivos. ☐ FAMILIA: →glicerina.

nivel (ni·vel) [sustantivo][masculino] **1** Altura hasta la que llega una cosa: *El nivel del río subirá si llueve mucho*. **2** Grado, categoría o situación: *Tengo buen nivel de francés*. ☐ FAMILIA: nivelar, desnivel, desnivelar.

nivelar (ni·ve·lar) [verbo] **1** Poner horizontal o llana una superficie: *Han nivelado esos terrenos para hacer un parque*. **2** Poner en el mismo nivel o categoría: *nivelar los precios; nivelar la economía*. ☐ SINÓNIMOS: **1** allanar, igualar, aplanar. ☐ ANTÓNIMOS: **2** desnivelar. ☐ FAMILIA: →nivel.

no ∎ [sustantivo masculino] **1** Respuesta negativa: *En la votación ha ganado el no.* ∎ [adverbio] **2** Se usa para negar o para responder de forma negativa: *No quiero ir.* **3** En preguntas, se usa cuando se espera una respuesta afirmativa: *Puedo ir con mis amigos, ¿no?* ☐ [En el significado **1** su plural es «noes».] ☐ Antónimos: **1**, **2** sí.

nobiliario, ria (no·bi·lia·rio, ria) [adjetivo] De la nobleza o relacionado con ella: *título nobiliario.* ☐ Familia: →noble.

noble (no·ble) ∎ [adjetivo] **1** Que tiene un carácter digno de admiración y respeto: *La mentira no es propia de una persona noble.* ∎ [adjetivo o sustantivo] **2** Que pertenece a la clase más alta de la sociedad por su origen familiar: *Los marqueses son nobles.* ☐ [No varía en masculino y femenino]. ☐ Antónimos: **1** ruin, vil. ☐ Familia: nobleza, ennoblecer, nobiliario.

nobleza (no·ble·za) [sustantivo femenino] **1** Grupo social formado por las personas que pertenecen a la clase más alta por su origen familiar: *Duques y condes forman parte de la nobleza.* **2** Forma de ser que merece admiración y respeto: *Ser capaz de perdonar las faltas de los demás demuestra nobleza.* ☐ Familia: →noble.

noche (no·che) [sustantivo femenino] Período de tiempo desde que el sol se pone hasta que vuelve a salir. ◆ [expresión] ‖ **buenas noches** Se usa para saludar cuando el sol se ha puesto. ‖ **de la noche a la mañana** En muy poco tiempo: *De la noche a la mañana, el barrio se ha llenado de tiendas.* ‖ **hacer noche** Detenerse para dormir: *Como el viaje será largo, haremos noche a mitad de camino.* ‖ **media noche** → **medianoche.** ‖ **pasar la noche en blanco** Pasarla sin dormir. ☐ Antónimos: día. ☐ Familia: anochecer, anoche, anteanoche, medianoche, nochebuena, nochevieja, trasnochar, trasnochado, nocturno, noctámbulo, pernoctar.

nochebuena (no·che·bue·na) [sustantivo femenino] Fiesta en la que se celebra el nacimiento de Jesucristo: *La Nochebuena es el 24 de diciembre.* ☐ [Se escribe con mayúscula. Su plural es «nochebuenas»]. ☐ Familia: →noche. →bueno.

nochevieja (no·che·vie·ja) [sustantivo femenino] Última noche del año: *La Nochevieja es el 31 de diciembre.* ☐ [Se escribe con mayúscula cuando se trata de la festividad. Su plural es «nocheviejas»]. ☐ Familia: →noche. →viejo.

noción (no·ción) [sustantivo femenino] **1** Idea, conocimiento o sensación que uno tiene de algo: *Cuando juegas, pierdes la noción del tiempo.* **2** Primeros conocimientos que se tienen de algo: *Solo tengo nociones de inglés.*

nocivo, va (no·ci·vo, va) [adjetivo] Que es malo para la salud: *El tabaco es nocivo.* ☐ Sinónimos: perjudicial, dañino, pernicioso. ☐ Antónimos: bueno, saludable.

noctámbulo, la (noc·tám·bu·lo, la) ∎ [adjetivo] **1** Que desarrolla sus actividades por la noche: *ave noctámbula.* ∎ [adjetivo o sustantivo] **2** Dicho de una persona, aficionada a salir por la noche a divertirse. ☐ Familia: →noche.

nocturno, na (noc·tur·no, na) [adjetivo] De la noche o relacionado con ella: *La lechuza es un ave nocturna.* ☐ Familia: →noche.

nodriza (no·dri·za) [sustantivo femenino] **1** Mujer que da la leche de su pecho a un niño que no es su hijo: *Antiguamente los bebés eran alimentados por nodrizas.* **2** Vehículo que proporciona combustible a otro: *Todos los aviones volaban en dirección a la nave nodriza.*

nogal (no·gal) [sustantivo masculino] Árbol que da nueces. 👁 página 91. ☐ Familia: →nuez.

nómada (nó·ma·da) [adjetivo o sustantivo] Que no vive siempre en el mismo lugar, sino que va cambiando de sitio: *tribu nómada.* ☐ [No varía en masculino y femenino]. ☐ Antónimos: sedentario.

nombramiento (nom·bra·mien·to) [sustantivo masculino] Elección de alguien para una cosa. ☐ Sinónimos: designación. ☐ Familia: →nombre.

nombrar (nom·brar) [verbo] **1** Decir el nombre de algo: *El profesor pasa lista nombrando a todos uno por uno.* **2** Elegir para realizar una actividad: *Me nombraron delegada.* ☐ Sinónimos: **1** mencionar, citar. **2** designar. ☐ Familia: →nombre.

nombre (nom·bre) [sustantivo masculino] **1** Palabra con la que se llama a las cosas: *¿Cuál es el nombre de esta flor?* **2** Clase de palabra que sirve para nombrar a personas, animales o cosas: *«Pez» y «grifo» son nombres, mientras que «dormir» y «querer» son verbos.* ◆ [expresión] ‖ **en nombre de alguien** En su lugar: *El delegado habló en nombre de la clase.* ‖ **nombre colectivo** El que, estando en singular, sirve para nombrar a un conjunto de personas, animales o cosas: *«Alumnado», «enjambre» y «arboleda» son nombres colectivos.* ‖ **nombre común** El que sirve para nombrar a cualquier persona o cosa que forma parte de un conjunto: *«Planeta», «hermano» y «país» son nombres comunes.* ‖ **nombre individual** El que, estando en singular, sirve para nombrar a una sola persona, animal o cosa: *«Alumno», «abeja» y «árbol» son nombres individuales.* ‖ **nombre de pila** El de una persona: *Mi nombre de pila es Beatriz y mi apellido, Gómez.* ‖ **nombre propio** El que sirve para nombrar a una persona o una cosa determinadas: *«Marte», «Carlos» y «España» son nombres propios, por eso se escriben con mayúscula inicial.* ‖ **no tener nombre** Ser terrible o muy malo: *Lo que has hecho no tiene nombre.* ☐ [Mira el cuadro en la página 893]. ☐ Sinónimos: **2** sustantivo. ☐ Familia: nombrar, nombramiento, nomenclatura, nómina, nominal, nominar, nominativo, pronombre, pronominal, renombre, renombrado, sobrenombre.

nomenclatura (no·men·cla·tu·ra) [sustantivo femenino] Conjunto de términos propios de una ciencia. ☐ Familia: →nombre.

nomeolvides (no·me·ol·vi·des) [sustantivo] Planta con espinas que tiene flores de color amarillo o azulado. ☐ [Se puede decir «el nomeolvides» y «la nomeolvides» sin que cambie de significado, aunque se usa más en masculino. No varía en singular y plural].

nómina (nó·mi·na) [sustantivo femenino] **1** Lista de nombres, especialmente de los empleados en una empresa. **2** Sueldo. **3** Documento en el que consta el sueldo. ☐ Familia: →nombre.

nominal (no·mi·nal) [adjetivo] Del nombre o relacionado con él: *grupo nominal*. ☐ Familia: →nombre. [No varía en masculino y femenino].

nominar (no·mi·nar) [verbo] Proponer o seleccionar para un premio: *Esta película ha sido nominada a un Óscar*. ☐ Familia: →nombre.

nominativo, va (no·mi·na·ti·vo, va) [adjetivo] Dicho de un documento, que lleva el nombre de la persona a la que se dirige: *un cheque nominativo*. ☐ Familia: →nombre.

nomo (no·mo) [sustantivo masculino] → **gnomo.**

non [adjetivo o sustantivo masculino] Que no se puede dividir por dos: *El 1, el 3 y el 5 son nones*. ☐ [Cuando es adjetivo, no varía en masculino y femenino]. ☐ Sinónimos: impar. ☐ Antónimos: par.

nonagenario, ria (no·na·ge·na·rio, ria) [adjetivo o sustantivo] Que tiene más de noventa años y menos de cien.

nopal (no·pal) [sustantivo masculino] Planta que tiene los tallos verdes en forma de palas y llenos de espinas, y que produce higos chumbos. ☐ Sinónimos: chumbera.

noquear (no·que·ar) [verbo] En boxeo, dejar fuera de combate. ☐ [Es una palabra de origen inglés].

norcoreano, na (nor·co·re·a·no, na) [adjetivo o sustantivo] De Corea del Norte, que es un país asiático.

nordeste (nor·des·te) [sustantivo masculino] Punto cardinal que está entre el norte y el este. ☐ Sinónimos: noreste. ☐ Familia: →norte. →este.

nórdico, ca (nór·di·co, ca) [adjetivo o sustantivo] De los países del norte de Europa, que es un continente: *Los habitantes de Dinamarca, Finlandia, Suecia y Noruega son nórdicos*. ☐ Familia: →norte.

noreste (no·res·te) [sustantivo masculino] Punto cardinal que está entre el norte y el este. ☐ Sinónimos: nordeste. ☐ Familia: →norte. →este.

noria (no·ria) [sustantivo femenino] **1** Diversión de feria que consiste en una rueda muy grande con asientos y que gira despacio. **2** Rueda que gira y tiene muchos cubos que entran vacíos en el agua y salen llenos.

norma (nor·ma) [sustantivo femenino] Regla que se debe seguir para hacer algo bien: *Para conducir se deben seguir las normas de circulación*. ☐ Familia: normal, normalidad, normalizar, anormal, anormalidad, subnormal, normativa, normativo, paranormal.

normal (nor·mal) [adjetivo] **1** Que no sorprende, porque sucede siempre así: *Lo normal es que en verano haga calor*. **2** Que no destaca y es como muchos otros: *Es una chica muy normal*. ☐ [No varía en masculino y femenino]. ☐ Sinónimos: común, corriente, ordinario. **1** habitual, natural, usual. ☐ Antónimos: anormal, raro, inusual, especial, chocante, excepcional, extraño, singular. **1** insólito, sorprendente. **2** original, particular. ☐ Familia: →norma.

normalidad (nor·ma·li·dad) [sustantivo femenino] **1** Ausencia de sorpresa cuando sucede algo que siempre es así: *La normalidad del tráfico es total a estas horas*. **2** Ausencia de características diferentes: *Debes comportarte con normalidad para no llamar la atención*. ☐ Antónimos: **2** rareza. ☐ Familia: →norma.

normalizar (nor·ma·li·zar) [verbo] Poner en orden o hacer normal: *Los dos países han normalizado sus relaciones*. ☐ [La «z» se cambia en «c» delante de «e» («normalice»)]. ☐ Familia: →norma.

normando, da (nor·man·do, da) [adjetivo o sustantivo] **1** De un antiguo pueblo del norte del continente europeo. **2** De Normandía, que es una antigua región francesa.

normativo, va (nor·ma·ti·vo, va) ▮ [adjetivo] **1** Que señala unas normas o unas reglas: *gramática normativa*. ▮ **normativa** [sustantivo femenino] **2** Conjunto de normas o de reglas. ☐ Familia: →norma.

noroeste (no·ro·es·te) [sustantivo masculino] Punto cardinal que está entre el norte y el oeste. ☐ Familia: →norte. →oeste.

norte (nor·te) [sustantivo masculino] Punto cardinal que está a la izquierda cuando miramos hacia donde sale el sol. ☐ Antónimos: sur, mediodía. ☐ Familia: norteño, nórdico, nordeste, noreste, noroeste, norteamericano.

norteamericano, na (nor·te·a·me·ri·ca·no, na) [adjetivo o sustantivo] **1** De la parte norte de América, que es un continente: *Canadá es un país norteamericano*. **2** De Estados Unidos, que es un país norteamericano: *La capital norteamericana es Washington D. C.* ☐ Sinónimos: **2** estadounidense. ☐ Familia: →norte. →americano.

noria

norteño, ña (nor·te·ño, ña) [adjetivo o sustantivo] Del norte o relacionado con él: *país norteño.* ☐ ANTÓNIMOS: sureño. ☐ FAMILIA: →norte.

noruego, ga (no·rue·go, ga) ■ [adjetivo o sustantivo] **1** De Noruega, que es un país europeo. ■ **noruego** [sustantivo masculino] **2** Lengua de este país.

nos [pronombre personal] Representa a la primera persona del plural y se usa como complemento directo o indirecto: *Nos buscaron por todas partes. Nos han traído fresas.* ☐ [No varía en masculino y femenino. Se usa en las formas de primera persona del plural de algunos verbos: «nos acordaremos»].

nosotros, tras (no·so·tros, tras) [pronombre personal] Representa la primera persona del plural: *Nosotros vamos a ir al cine esta tarde. ¿Por qué no vienes con nosotros?*

nostalgia (nos·tal·gia) [sustantivo femenino] Sensación de pena por haber perdido algo bueno: *Recuerdo con nostalgia las vacaciones del verano pasado.* ☐ SINÓNIMOS: añoranza. ☐ FAMILIA: nostálgico.

nostálgico, ca (nos·tál·gi·co, ca) [adjetivo o sustantivo] Que siente pena porque echa de menos algo. ☐ FAMILIA: →nostalgia.

nota (no·ta) [sustantivo femenino] **1** Texto escrito de pocas palabras: *Te han dejado una nota con una dirección.* **2** Valor que se da a un ejercicio o a un examen: *Tengo buenas notas.* **3** Sonido musical: *Las siete notas de la escala musical son do, re, mi, fa, sol, la, si.* **4** Papel en el que pone lo que hay que pagar: *Camarero, por favor, ¿nos trae la nota?* ◆ [expresión] ‖ **dar la nota** Destacar o llamar la atención. ☐ [La expresión es coloquial]. ☐ SINÓNIMOS: **2** calificación. **4** cuenta, factura. ☐ FAMILIA: notar, notable, notación, notificar, notificación, notorio, notoriedad, anotar, anotación, denotar.

notable (no·ta·ble) ■ [adjetivo] **1** Que destaca por sus cualidades o por su importancia: *Mi abuelo fue un notable político.* ■ [sustantivo masculino] **2** Nota que indica que se ha aprobado de sobra: *El notable está entre el aprobado y el sobresaliente.* ☐ [En el significado **1** no varía en masculino y femenino]. ☐ SINÓNIMOS: **1** importante, grande, estimable. ☐ FAMILIA: →nota.

notación (no·ta·ción) [sustantivo femenino] Sistema de signos que se utiliza en música o en una ciencia determinada. ☐ FAMILIA: →nota.

notar (no·tar) [verbo] Darse cuenta de algo: *¿No notas frío?* ☐ SINÓNIMOS: percatarse, advertir, observar, reparar. ☐ FAMILIA: →nota.

notarial (no·ta·rial) [adjetivo] **1** Del notario o relacionado con él. **2** Hecho o asegurado por un notario: *acta notarial.* ☐ [No varía en masculino y femenino]. ☐ FAMILIA: →notario.

notario, ria (no·ta·rio, ria) [sustantivo] Persona que tiene como trabajo asegurar que algo es verdad. ☐ FAMILIA: notarial.

noticia (no·ti·cia) [sustantivo femenino] **1** Información sobre algo: *Tengo noticias de tu primo.* **2** Acontecimiento o suceso recientes: *¿Has oído las noticias en la radio?* ☐ SINÓNIMOS: **1** nueva. **2** novedad. ☐ FAMILIA: noticiario, notición.

noticiario (no·ti·cia·rio) [sustantivo masculino] Programa de la radio o de la televisión que da la información o las noticias del día. ☐ FAMILIA: →noticia.

notición (no·ti·ción) [sustantivo masculino] Noticia buena que es muy importante o que sorprende mucho. ☐ [Es coloquial]. ☐ FAMILIA: →noticia.

notificación (no·ti·fi·ca·ción) [sustantivo femenino] Documento oficial que comunica alguna cosa: *He recibido la notificación del premio.* ☐ FAMILIA: →nota.

notificar (no·ti·fi·car) [verbo] Comunicar alguna cosa con un documento oficial: *notificar una multa.* ☐ [La «c» se cambia en «qu» delante de «e» («notifique»)]. ☐ FAMILIA: →nota.

notoriedad (no·to·rie·dad) [sustantivo femenino] Importancia o fama. ☐ FAMILIA: →nota.

notorio, ria (no·to·rio, ria) [adjetivo] **1** Muy claro o conocido por todos: *Muestras una notoria antipatía hacia él.* **2** Muy importante o con mucha fama: *un escritor notorio.* ☐ FAMILIA: →nota.

novatada (no·va·ta·da) [sustantivo femenino] Broma pesada que los antiguos de un grupo gastan a los nuevos. ☐ FAMILIA: →nuevo.

novato, ta (no·va·to, ta) [adjetivo o sustantivo] Que no tiene experiencia: *Soy novata con la bicicleta y me caigo mucho.* ☐ SINÓNIMOS: inexperto, principiante, bisoño. ☐ ANTÓNIMOS: experto, maestro. ☐ FAMILIA: →nuevo.

novecientos, tas (no·ve·cien·tos, tas) ■ [numeral] **1** Indica 900 unidades: *Eso ocurrió hace novecientos años.* ■ [sustantivo masculino] **2** Número 900: *El novecientos es el número premiado.* ☐ FAMILIA: →nueve. →ciento.

novedad (no·ve·dad) [sustantivo femenino] **1** Carácter de lo que es nuevo o no se conoce: *La película fue un éxito por la novedad del argumento.* **2** Hecho o cosa que es nuevo o reciente: *Ya han puesto en los escaparates las novedades de primavera.* **3** Cambio o diferencia: *Todo sigue igual, sin novedad.* **4** Acontecimiento o suceso recientes: *Que prefiero las vacaciones al colegio no es ninguna novedad.* ☐ SINÓNIMOS: **3** variación, transformación, alteración, modificación, innovación. **4** noticia. ☐ ANTÓNIMOS: **1** antigüedad. ☐ FAMILIA: →nuevo.

novedoso, sa (no·ve·do·so, sa) [adjetivo] Que tiene o que implica novedad. ☐ FAMILIA: →nuevo.

novel (no·vel) [adjetivo o sustantivo] Dicho de una persona, que empieza a desarrollar una actividad que no había hecho nunca antes: *un escultor novel.* ☐ [No varía en masculino y femenino]. ☐ FAMILIA: →nuevo.

novela (no·ve·la) [sustantivo femenino] Historia larga que se cuenta por escrito: *Me gustan las novelas de aventuras.* ☐ FAMILIA: novelista, novelesco, novelón, fotonovela, radionovela.

novelesco, ca (no·ve·les·co, ca) [adjetivo] De la novela o relacionado con ella. ☐ FAMILIA: →novela.

novelista (no·ve·lis·ta) [sustantivo] Persona que escribe novelas. ☐ [No varía en masculino y femenino]. ☐ FAMILIA: →novela.

novelón (no·ve·lón) [sustantivo masculino] Novela de muy buena calidad: *Te recomiendo este libro, es un novelón.* ☐ [Es coloquial]. ☐ FAMILIA: →novela.

noveno, na (no·ve·no, na) ■ [numeral] **1** Que ocupa el lugar número nueve en una serie. **2** Dicho de una parte, que es una de las nueve en que se divide algo: *La novena parte de 18 es 2.* ■ **novena** [sustantivo femenino] **3** Conjunto de oraciones católicas que se repiten durante nueve días seguidos: *una novena a la Virgen.* ☐ FAMILIA: decimonoveno. →nueve.

noventa (no·ven·ta) ■ [numeral] **1** Indica 90 unidades: *La película dura noventa minutos.* ■ [sustantivo masculino] **2** Número 90: *El noventa es mi número de la suerte.* ☐ [En el significado **1** no varía en masculino y femenino]. ☐ FAMILIA: →nueve.

noventavo, va (no·ven·ta·vo, va) [numeral] Dicho de una parte, que es una de las noventa en que se divide algo: *Ese dinero es la noventava parte de su riqueza.* ☐ FAMILIA: →nueve.

noventón, na (no·ven·tón, to·na) [adjetivo o sustantivo] Que tiene más de noventa años y menos de cien. ☐ [Es coloquial]. ☐ FAMILIA: →nueve.

noviazgo (no·viaz·go) [sustantivo masculino] Relación entre dos personas que se quieren y que piensan casarse. ☐ FAMILIA: →novio.

noviciado (no·vi·cia·do) [sustantivo masculino] **1** Tiempo durante el que un novicio se prepara para entrar en una orden religiosa. **2** Lugar o casa donde viven los novicios. **3** Conjunto de novicios. ☐ FAMILIA: →novicio.

novicio, cia (no·vi·cio, cia) [sustantivo] Persona que se está preparando para entrar en una orden religiosa. ☐ FAMILIA: noviciado.

noviembre (no·viem·bre) [sustantivo masculino] Undécimo mes del año, entre octubre y diciembre: *El mes de noviembre tiene treinta días.*

novillada (no·vi·lla·da) [sustantivo femenino] **1** Corrida en la que se torean toros pequeños. **2** Conjunto de toros pequeños: *Una novillada pastaba en el campo.* ☐ FAMILIA: →novillo.

novillero, ra (no·vi·lle·ro, ra) [sustantivo] Persona que se dedica a torear toros pequeños. ☐ FAMILIA: →novillo.

novillo, lla (no·vi·llo, lla) [sustantivo] Hijo del toro cuando ya tiene dos o tres años. ◆ [expresión] ‖ **hacer novillos** Faltar a clase sin permiso. ☐ [La expresión es coloquial]. ☐ FAMILIA: novillada, novillero.

novio, via (no·vio, via) [sustantivo] **1** Persona que tiene relación con otra porque la quiere y quiere casarse con ella. **2** Persona que acaba de casarse: *Al terminar la ceremonia, todos tiramos arroz a los novios.* ☐ FAMILIA: noviazgo.

nubarrón (nu·ba·rrón) [sustantivo masculino] Nube muy grande y oscura. ☐ FAMILIA: →nube.

nube (nu·be) [sustantivo femenino] **1** Masa blanca o gris que hay en el cielo y que está formada por pequeñas gotas de agua. **2** Gran cantidad de alguna cosa: *Sobre el charco había una nube de mosquitos.* ◆ [expresión] ‖ **estar en las nubes** No estar atento: *Esta niña está en las nubes y no se entera de nada.* ‖ **estar por las nubes** Estar muy caro: *En esta época los fresones están por las nubes.* ‖ **poner por las nubes** Hablar muy bien de alguien o de algo: *Debes estar contento, porque tu profesora te ha puesto por las nubes.* ☐ FAMILIA: nubarrón, nuboso, nublar, nublado.

nublado, da (nu·bla·do, da) ■ [adjetivo] **1** Con nubes y sin sol: *El cielo está nublado.* ■ **nublado** [sustantivo masculino] **2** Nube que anuncia que va a llover: *Ese nublado nos estropeará la excursión.* ☐ SINÓNIMOS: **1** nuboso. ☐ ANTÓNIMOS: **1** raso. ☐ FAMILIA: →nube.

nublar (nu·blar) [verbo] **1** Hacer perder claridad: *El cansancio nubló sus sentidos. Se me nubló la vista.* ■ **nublarse 2** Llenarse de nubes: *Si el cielo se nubla, no saldremos de excursión.* ☐ SINÓNIMOS: **2** cubrirse, encapotarse. ☐ ANTÓNIMOS: **2** abrir, despejarse, clarear, aclarar. ☐ FAMILIA: →nube.

nuboso, sa (nu·bo·so, sa) [adjetivo] Con muchas nubes. ☐ SINÓNIMOS: nublado. ☐ FAMILIA: →nube.

nuca (nu·ca) [sustantivo femenino] Parte de atrás de la cabeza. ☐ SINÓNIMOS: occipucio. ☐ FAMILIA: desnucar.

nuca

nuclear (nu·cle·ar) [adjetivo] Que emplea la energía que se encuentra en los núcleos de los átomos: *central nuclear; energía nuclear.* ☐ [No varía en masculino y femenino]. ☐ SINÓNIMOS: atómico. ☐ FAMILIA: →núcleo.

núcleo (nú·cle·o) [sustantivo masculino] **1** Parte central, principal o más importante de algo: *La Tierra tiene núcleo, manto y corteza.* ⊙ ilustración en *geosfera*. **2** Zona donde hay cosas con características en común: *El tráfico es un problema en los grandes núcleos urbanos.* ☐ FAMILIA: nuclear, antinuclear.

nudillo (nu·di·llo) [sustantivo masculino] Parte por donde se doblan los dedos. ☐ [Se usa más en plural]. ☐ FAMILIA: →nudo.

nudismo (nu·dis·mo) [sustantivo masculino] Actividad que consiste en estar desnudo y en contacto con la naturaleza: *Algunas personas hacen nudismo en las playas.* ☐ FAMILIA: →desnudo.

nudista (nu·dis·ta) ■ [adjetivo] **1** Dicho de un lugar, que está preparado para que pueda haber gente desnuda porque se permite que la haya: *playa nudista.* ■ [adjetivo o sustantivo] **2** Dicho de una persona, que está desnuda y en contacto con la naturaleza. ☐ [No varía en masculino y femenino]. ☐ FAMILIA: →desnudo.

nudo (nu·do) [sustantivo masculino] **1** Lazo que se aprieta cuando se tira de sus dos extremos: *Aprieta el nudo de los cordones para que no se deshaga*. **2** Bulto del tronco o del tallo de una planta: *Esta madera tiene nudos*. **3** Lugar en el que se unen o se cruzan varias cosas: *nudo ferroviario*. **4** Relación estrecha entre personas: *Están unidos por los nudos de una vieja amistad*. **5** Parte en la que ocurre lo más importante y complicado de una historia: *El nudo de la novela se resuelve en el último capítulo*. **6** Medida de velocidad que se usa en el mar: *Los barcos miden la velocidad en nudos*. **7** Sensación de pena o de miedo: *Cuando me despido de alguien se me pone un nudo en la garganta*. ☐ SINÓNIMOS: **4** lazo. ☐ FAMILIA: anudar, nudoso, nudillo.

nudoso, sa (nu·do·so, sa) [adjetivo] Que tiene nudos o bultos parecidos a nudos: *manos nudosas*. ☐ FAMILIA: →nudo.

nuera (nue·ra) [sustantivo femenino] Lo que es una mujer en relación con los padres de su marido: *Las mujeres de mis hijos son mis nueras*. 👁 **página 431**. ☐ [El masculino es «yerno»].

nuestro, tra (nues·tro, tra) [posesivo] Indica que algo pertenece a la primera persona del plural: *Esos libros son suyos, pero estos son nuestros*.

nueve (nue·ve) ▪ [numeral] **1** Indica 9 unidades: *La caja tiene nueve bombones*. ▪ [sustantivo masculino] **2** Número 9: *Ese jugador lleva el nueve en la camiseta*. ☐ [En el significado **1** no varía en masculino y femenino]. ☐ FAMILIA: noveno, novecientos, noventa, noventavo, noventón, diecinueve, diecinueveavo, veintinueve, decimonónico.

nuevo, va (nue·vo, va) [adjetivo] **1** Sin usar o poco usado: *Todavía tengo nuevos estos zapatos*. **2** Que se hace o se consigue por primera vez: *¿Te gusta mi nuevo peinado?* **3** Que se oye, se ve u ocurre por primera vez: *Esa noticia es nueva para mí*. **4** Distinto de lo que existía o de lo que se conocía antes: *He visto una nueva película sobre esa misma historia*. **5** Muy descansado: *Después de dormir la siesta me he quedado nueva*. ▪ [adjetivo o sustantivo] **6** Recién llegado a un lugar o a un grupo: *Hay dos chicos nuevos en clase*. ▪ **nueva** [sustantivo femenino] **7** Información sobre un suceso que no se conoce: *Cuando me dieron la buena nueva salté de alegría*. ♦ [expresión] ǁ **de nuevo** Otra vez: *Haz el dibujo de nuevo y con cuidado*. ☐ SINÓNIMOS: **7** noticia. ☐ ANTÓNIMOS: **1-4** viejo. **1**, **3**, **4** antiguo. **1** vetusto, ajado, sobado. **3** conocido. ☐ FAMILIA: novedad, novedoso, novato, novatada, renovar, renovación, renovador, renuevo, innovar, innovación, innovador, novel, renovable.

nuez (nuez) [sustantivo femenino] **1** Fruto del nogal, cuya cáscara es muy dura, con arrugas, de color marrón claro y que se abre en dos partes iguales. 👁 **página 455**. **2** Bulto que las personas tenemos en el cuello por delante. ☐ [Su plural es «nueces»]. ☐ FAMILIA: nogal, cascanueces.

nugget [sustantivo masculino] Alimento, de forma triangular o rectangular, hecho con una masa de pollo que se empana y se fríe. ☐ [Es una palabra inglesa. Se pronuncia «náguet»].

nulidad (nu·li·dad) [sustantivo femenino] Carácter de lo que no vale o no sirve para algo: *El árbitro indicó la nulidad del gol*. ☐ ANTÓNIMOS: validez. ☐ FAMILIA: →nulo.

nulo, la (nu·lo, la) [adjetivo] Que no vale, no es útil o no sirve: *La salida es nula porque un corredor salió antes de tiempo*. ☐ ANTÓNIMOS: válido. ☐ FAMILIA: nulidad, anular, anulación.

numantino, na (nu·man·ti·no, na) ▪ [adjetivo] **1** Valiente o muy firme: *resistencia numantina*. ▪ [adjetivo o sustantivo] **2** De la antigua ciudad española de Numancia: *Los numantinos resistieron con firmeza el asedio romano*.

numeración (nu·me·ra·ción) [sustantivo femenino] **1** Hecho de poner un número a una persona, a un animal o a una cosa: *La numeración de los portales de las casas nos permite encontrar una dirección*. **2** Sistema para expresar las cantidades: *Los signos de las numeraciones no son los mismos en todas partes*. ♦ [expresión] ǁ **numeración arábiga** La que está formada por los números 0, 1, 2, 3, 4, 5, 6, 7, 8 y 9. ǁ **numeración romana** La que está formada por las letras I, V, X, L, C, D y M. ☐ FAMILIA: →número.

numerador (nu·me·ra·dor) [sustantivo masculino] En matemáticas, número que indica cuántas partes se cogen de la unidad: *En la fracción 3/8, el numerador es 3*. ☐ FAMILIA: →número.

numeral (nu·me·ral) ▪ [adjetivo] **1** Del número o relacionado con él: *El número 10 del sistema numeral español corresponde al x del sistema numeral romano*. ▪ [adjetivo o sustantivo masculino] **2** Dicho de una clase de palabra, que establece alguna propiedad relacionada con el número, como cantidad u orden: *«Tres» es un pronombre numeral en «Quiero tres»*. ☐ [Cuando es adjetivo, no varía en masculino y femenino]. ☐ FAMILIA: →número.

numerar (nu·me·rar) [verbo] Señalar con un número: *Numera las hojas de tu redacción para que no se descoloquen*. ☐ [No confundir con «enumerar» (nombrar por orden una serie de cosas)]. ☐ FAMILIA: →número.

numérico, ca (nu·mé·ri·co, ca) [adjetivo] De los números o relacionado con ellos: *cálculo numérico*. ☐ FAMILIA: →número.

número (nú·me·ro) [sustantivo masculino] **1** Expresión matemática que expresa una cantidad con relación a una unidad: *Tenemos el mismo número de dedos en las manos que en los pies*. **2** Forma de escribir esta cantidad: *Los romanos escribían el número 5 como v*. **3** Cantidad no determinada: *Había un gran número de personas*. **4** Cada una de las partes que forman un espectáculo: *Vimos un número de magia*. **5** Situación con la que se llama la atención: *¿Por qué montas este número cada vez que viene alguien?* **6** Revista o periódico que se publica en una fecha determinada: *Ya ha salido el número de agosto de esta revista.* **7** Propiedad de algunas palabras que las clasifica en singulares y plurales: *La palabra «flor» es de número singular y «flores», de número plural.* ◆ [expresión] ‖ **número negativo** El que es menor que cero y va precedido por el signo –. ‖ **número positivo** El que es mayor que cero. ‖ **número primo** El que solo puede dividirse por sí mismo o por la unidad: *5 y 7 son números primos.* ☐ [El significado **5** es coloquial]. ☐ Sinónimos: **2**, **3** cifra. **5** espectáculo. ☐ Familia: numerar, numeración, numeral, numerador, numérico, numeroso, innumerable, enumerar, enumeración, sinnúmero.

numeroso, sa (nu·me·ro·so, sa) [adjetivo] Que tiene gran cantidad de elementos: *familia numerosa.* ☐ Sinónimos: cuantioso, crecido. ☐ Antónimos: escaso, corto. ☐ Familia: →número.

numismático, ca (nu·mis·má·ti·co, ca) ▌[adjetivo] **1** De la numismática o relacionado con esta ciencia. ▌[sustantivo] **2** Persona especializada en numismática. ▌**numismática** [sustantivo femenino] **3** Ciencia que estudia las monedas y las medallas.

nunca (nun·ca) [adverbio] En ningún momento: *Estoy triste porque nunca te acuerdas de mí.* ☐ Sinónimos: jamás. ☐ Antónimos: siempre.

nuncio (nun·cio) [sustantivo masculino] Representante del papa en un país.

nupcial (nup·cial) [adjetivo] De la boda o relacionado con ella: *la ceremonia nupcial.* ☐ [No varía en masculino y femenino].

nupcias (nup·cias) [sustantivo femenino plural] Ceremonia en la que dos personas se casan: *Después de quedarse viuda, se casó en segundas nupcias.* ☐ Sinónimos: casamiento.

nutria (nu·tria) [sustantivo femenino] Animal mamífero que tiene el cuerpo delgado, alargado y cubierto de un pelo muy suave, que vive en las orillas de los ríos y nada muy bien.

nutria

nutrición (nu·tri·ción) [sustantivo femenino] Proceso mediante el que se alimentan los seres vivos: *Este niño tiene problemas de nutrición.* ☐ Familia: →nutrir.

nutrido, da (nu·tri·do, da) [adjetivo] Que tiene mucha cantidad de algo: *El cantante fue recibido por un nutrido grupo de aficionados.* ☐ Familia: →nutrir.

nutriente (nu·trien·te) [adjetivo o sustantivo masculino] Que nutre o alimenta. ☐ [Cuando es adjetivo, no varía en masculino y femenino]. ☐ Familia: →nutrir.

nutrir (nu·trir) [verbo] **1** Dar los alimentos necesarios para vivir: *Los animales carnívoros se nutren de carne.* **2** Dar nuevas fuerzas: *Tu alegría nutre mi esperanza.* **3** Proporcionar, suministrar o llenar: *Este manantial nutre de agua a todo el pueblo.* ☐ Sinónimos: **1, 2** alimentar. ☐ Familia: nutrición, desnutrición, nutrido, desnutrido, nutritivo, nutriente.

nutritivo, va (nu·tri·ti·vo, va) [adjetivo] Que alimenta. ☐ Sinónimos: alimenticio. ☐ Familia: →nutrir.

nylon [sustantivo masculino] → **nailon**. ☐ [Procede de la marca comercial «Nylon®». Se pronuncia «náilon»].

numeración		
romana	arábiga	cardinales
I	1	uno
II	2	dos
III	3	tres
IV	4	cuatro
V	5	cinco
VI	6	seis
VII	7	siete
VIII	8	ocho
IX	9	nueve
X	10	diez
XI	11	once
XII	12	doce
XIII	13	trece
XIV	14	catorce
XV	15	quince
XVI	16	dieciséis
XVII	17	diecisiete
XVIII	18	dieciocho
XIX	19	diecinueve
XX	20	veinte
XXI	21	veintiuno
XXII	22	veintidós
XXIII	23	veintitrés
XXIV	24	veinticuatro
XXV	25	veinticinco
XXVI	26	veintiséis
XXVII	27	veintisiete
XXVIII	28	veintiocho
XXIX	29	veintinueve
XXX	30	treinta
XXXI	31	treinta y uno
XXXII	32	treinta y dos
XL	40	cuarenta
XLI	41	cuarenta y uno
XLII	42	cuarenta y dos
L	50	cincuenta
LX	60	sesenta
LXX	70	setenta
LXXX	80	ochenta
XC	90	noventa
C	100	cien, ciento
CC	200	doscientos
CCC	300	trescientos
CD	400	cuatrocientos
D	500	quinientos
DC	600	seiscientos
DCC	700	setecientos
DCCC	800	ochocientos
CM	900	novecientos
M	1000	mil
MM	2000	dos mil

ñ [sustantivo/femenino] Letra número quince del abecedario. 👁 **página 18.** ☐ [Su nombre es «eñe»].

ñame (ña·me) [sustantivo/masculino] Planta trepadora que tiene una raíz de corteza casi negra.

ñandú (ñan·dú) [sustantivo/masculino] Ave parecida al avestruz, pero más pequeña: *El ñandú vive en América del Sur.* ☐ [Su plural es «ñandús» o «ñandúes» (más culto)].

ñandú

ñoñería (ño·ñe·rí·a) [sustantivo/femenino] Hecho o dicho tan delicado que puede resultar ridículo: *Habla a sus hijos con mucho cariño, pero sin ñoñerías.* ☐ SINÓNIMOS: ñoñez. ☐ FAMILIA: →ñoño.

ñoñez (ño·ñez) [sustantivo/femenino] Hecho o dicho tan delicado que puede resultar ridículo. ☐ [Su plural es «ñoñeces»]. ☐ SINÓNIMOS: ñoñería. ☐ FAMILIA: →ñoño.

ñoño, ña (ño·ño, ña) [adjetivo o sustantivo] De carácter tímido, soso o poco seguro: *No seas ñoño y ven a mi fiesta de cumpleaños, aunque no conozcas a todos mis amigos.* ☐ FAMILIA: ñoñería, ñoñez.

ñoqui (ño·qui) [sustantivo/masculino] Tipo de pasta cortada en trocitos y hecha con patatas y harina de trigo. ☐ [Es una palabra de origen italiano].

ñu [sustantivo/masculino] Animal africano de color oscuro que tiene la cabeza grande con dos cuernos curvos y una especie de barba: *El ñu es un animal que suele vivir en rebaños con las cebras.* 👁 **páginas 354-355.** ☐ [Su plural es «ñus» o «ñúes» (más culto)].

o ∎ [sustantivo femenino] **1** Letra número dieciséis del abecedario. 👁 página 18. ∎ [conjunción] **2** Se usa para añadir otra posibilidad: *No sé si elegir el rojo o el azul.* **3** Se usa para añadir una explicación: *El narrador, o el que cuenta la historia, es un niño.* ◆ [expresión] ‖ **no saber hacer la o con un canuto** No saber nada. ‖ **o sea** Se usa para añadir una explicación: *Esta tarde tengo entrenamiento, o sea, que llegaré más tarde.* ☐ [No confundir con «oh», interjección. Cuando es conjunción y va delante de una palabra que empieza por «o-, ho-», se usa la forma «u»: «Ha llegado séptimo u octavo». En el significado **1** su plural es «oes». La expresión «no saber hacer la o con un canuto» es coloquial].

oasis (o·a·sis) [sustantivo masculino] Lugar en medio del desierto donde hay plantas y agua. 👁 **páginas 354-355.** ☐ [No varía en singular y plural].

obcecado, da (ob·ce·ca·do, da) [adjetivo] Que tiene una idea fija y no quiere cambiarla: *Estás tan obcecado con esa idea que no te das cuenta de que es un error.* ☐ SINÓNIMOS: testarudo, terco, obstinado. ☐ FAMILIA: →obcecarse.

obcecarse (ob·ce·car·se) [verbo] Tener una idea y no querer cambiarla: *Se obcecó en que tenía que ir.* ☐ [La «c» se cambia en «qu» delante de «e» («obceque»)]. ☐ SINÓNIMOS: empecinarse, obstinarse. ☐ FAMILIA: obcecado.

obedecer (o·be·de·cer) [verbo] **1** Hacer lo que una persona manda: *Obedéceme y no cruces la calle sin mirar.* **2** Cumplir una orden o una norma: *Todos debemos obedecer las leyes.* **3** Tener una cosa el efecto que quiere la persona que la dirige: *Intenté parar, pero los frenos no me obedecieron.* **4** Tener origen o tener principio: *Tu debilidad obedece a una falta de vitaminas.* ☐ [Es irregular y se conjuga como **AGRADECER**]. ☐ SINÓNIMOS: **4** provenir, proceder, nacer, venir. ☐ ANTÓNIMOS: **1** mandar, ordenar. **1, 2** desobedecer. **2** infringir, contravenir. ☐ FAMILIA: obediencia, obediente, desobedecer, desobediente, desobediencia.

obediencia (o·be·dien·cia) [sustantivo femenino] Forma de actuar cuando se cumple lo que hay que hacer. ☐ ANTÓNIMOS: desobediencia. ☐ FAMILIA: →obedecer.

obediente (o·be·dien·te) [adjetivo] Que cumple lo que se le manda: *Hará lo que le mandes porque es muy obediente.* ☐ [No varía en masculino y femenino]. ☐ SINÓNIMOS: dócil, sumiso. ☐ ANTÓNIMOS: desobediente, díscolo. ☐ FAMILIA: →obedecer.

obelisco (o·be·lis·co) [sustantivo masculino] Especie de columna muy alta y que termina en punta que se coloca para recordar un suceso importante.

obelisco

obertura (o·ber·tu·ra) [sustantivo femenino] Pieza musical en la que solo intervienen instrumentos y que aparece al principio de las óperas. ☐ [No confundir con «abertura» (espacio libre en una superficie) ni con «apertura» (hecho de abrir algo)].

obesidad (o·be·si·dad) [sustantivo femenino] Gran cantidad de carnes y de grasas de una persona. ☐ ANTÓNIMOS: delgadez. ☐ FAMILIA: →obeso.

obeso, sa (o·be·so, sa) [adjetivo o sustantivo] Dicho de una persona, que está demasiado gorda. ☐ ANTÓNIMOS: delgado, flaco, enjuto. ☐ FAMILIA: obesidad.

óbice (ó·bi·ce) ◆ [expresión] ‖ **no ser óbice** No ser un obstáculo: *La lluvia no es óbice para que salgamos a dar una vuelta.*

obispado (o·bis·pa·do) [sustantivo masculino] **1** Cargo de obispo. **2** Conjunto de territorios o parroquias bajo las órdenes de un obispo. **3** Lugar en el que el obispo hace su trabajo. ☐ SINÓNIMOS: **1** episcopado. **2** diócesis. ☐ FAMILIA: →obispo.

obispal (o·bis·pal) [adjetivo] Del obispo o relacionado con él. ☐ [No varía en masculino y femenino]. ☐ SINÓNIMOS: episcopal. ☐ FAMILIA: →obispo.

obispo (o·bis·po) [sustantivo masculino] Sacerdote encargado de los asuntos de religión de una zona geográfica grande. ☐ FAMILIA: arzobispo, arzobispado, arzobispal, obispado, obispal, episcopal, episcopado.

óbito (ó·bi·to) [sustantivo masculino] Muerte de una persona. ☐ SINÓNIMOS: fallecimiento, defunción. ☐ ANTÓNIMOS: nacimiento.

objeción (ob·je·ción) [sustantivo femenino] Dificultad que se pone para hacer algo: *Siempre que propongo algo, te parece mal y pones objeciones.* ◆ [expresión] ‖ **objeción de conciencia** Conjunto de ideas que tiene una persona y que le impiden realizar el servicio militar u otro servicio propio de su trabajo. ☐ SINÓNIMOS: inconveniente, pero, observación, reparo. ☐ FAMILIA: →objetar.

objetar (ob·je·tar) [verbo] **1** Poner dificultades para hacer algo: *No tengo nada que objetar a tu propuesta.* **2** No hacer el servicio militar o cualquier servicio propio de su trabajo porque las ideas que se tienen lo impiden: *Mi hermano mayor objetó y no hizo la mili.* ☐ SINÓNIMOS: **1** oponer. ☐ ANTÓNIMOS: **1** secundar. ☐ FAMILIA: objetor, objeción.

objetividad (ob·je·ti·vi·dad) [sustantivo femenino] Hecho de considerar un asunto siguiendo solo la razón y sin contemplar intereses personales. ☐ FAMILIA: →objeto.

objetivo, va (ob·je·ti·vo, va) ■ [adjetivo] **1** Que tiene en cuenta los hechos siguiendo solo la razón, no los sentimientos: *Hazme un análisis objetivo de lo ocurrido, no quiero tu opinión.* ■ **objetivo** [sustantivo masculino] **2** Resultado que queremos conseguir cuando hacemos algo: *Mi objetivo es estar entre los tres primeros.* **3** Parte de una máquina de fotografías que se dirige hacia el objeto que queremos sacar. **4** Blanco sobre el que se dispara un arma de fuego: *Este cañón puede alcanzar un objetivo situado a gran distancia.* ☐ SINÓNIMOS: **2** objeto, finalidad, fin. ☐ ANTÓNIMOS: **1** subjetivo. ☐ FAMILIA: →objeto.

objeto (ob·je·to) [sustantivo masculino] **1** Cualquier cosa que se puede tocar o que se puede ver: *Todos los objetos del escaparate están rebajados.* **2** Materia de la que trata una ciencia: *El objeto de la Historia es la explicación de los hechos del pasado.* **3** Resultado que queremos conseguir cuando hacemos algo: *El objeto de mi llamada es felicitarte.* ☐ SINÓNIMOS: **3** finalidad, fin, objetivo. ☐ FAMILIA: objetivo, objetividad, teleobjetivo.

objetor, ra (ob·je·tor, to·ra) [sustantivo] Persona que se niega a realizar un acto o un servicio por razones éticas o religiosas. ☐ FAMILIA: →objetar.

oblea (o·ble·a) [sustantivo femenino] Hoja muy fina de pan sin levadura de la que se sacan las hostias con las que se comulga.

oblicuo, cua (o·bli·cuo, cua) [adjetivo] Inclinado o desviado de la horizontal y de la vertical: *La «v» se escribe con dos palitos oblicuos.*

obligación (o·bli·ga·ción) [sustantivo femenino] Cosa que se tiene que hacer: *La obligación de un médico es salvar vidas.* ☐ SINÓNIMOS: atribución. ☐ FAMILIA: →obligar.

obligar (o·bli·gar) [verbo] **1** Hacer que alguien realice algo: *Yo no quería ir a su casa, pero ellos me obligaron.* ■ **obligarse 2** Hacer una persona la promesa de cumplir lo que se ha propuesto: *Para no quedarme dormido otro día, me obligaré a levantarme justo al sonar el despertador.* ☐ [La «g» se cambia en «gu» delante de «e» («obligue»)]. ☐ FAMILIA: obligación, obligatorio.

obligatorio, ria (o·bli·ga·to·rio, ria) [adjetivo] Que tiene que ser hecho: *En esta piscina es obligatorio llevar gorro o recogerse el pelo.* ☐ ANTÓNIMOS: opcional. ☐ FAMILIA: →obligar.

oboe (o·bo·e) [sustantivo masculino] Instrumento musical de viento, hecho de madera y parecido a la flauta. 👁 **páginas 534-535.**

obra (o·bra) [sustantivo femenino] **1** Cualquier cosa que se hace: *Este cuadro es la mejor obra de este pintor.* **2** Trabajo de construcción: *Tenemos la casa en obras porque están reformando la cocina.* **3** Resultado de la acción de algo: *Esas manchas en la pared son obra de la humedad.* ☐ SINÓNIMOS: **1** hecho, acto, acción. **3** producto. ☐ FAMILIA: →obrar.

obrar (o·brar) [verbo] **1** Tener determinado comportamiento: *Debes obrar según lo que más te convenga.* **2** Producir un efecto: *Este jarabe obra milagros contra la tos.* **3** Estar o hallarse: *No sé en manos de quién obrarán esos documentos.* ☐ SINÓNIMOS: **1** actuar, proceder, portarse, comportarse, conducirse. ☐ FAMILIA: obra, obrero, maniobrar, maniobra.

obrero, ra (o·bre·ro, ra) ■ [adjetivo] **1** Relacionado con las personas que trabajan a cambio de un salario: *clase obrera.* ■ [sustantivo] **2** Persona que trabaja en un sitio a cambio de un salario: *Los obreros de esta fábrica entran a trabajar a las siete de la mañana.* ☐ SINÓNIMOS: **2** trabajador, operario. ☐ FAMILIA: →obrar.

obscenidad (obs·ce·ni·dad) [sustantivo femenino] Característica de lo que se considera ofensivo o va en contra de la moral. ☐ FAMILIA: →obsceno.

obsceno, na (obs·ce·no, na) [adjetivo] Que se considera ofensivo o que va en contra de la moral: *El árbitro lo expulsó por hacerle un gesto obsceno.* ☐ SINÓNIMOS: indecente, procaz. ☐ ANTÓNIMOS: decente. ☐ FAMILIA: obscenidad.

obsequiar (ob·se·quiar) [verbo] Dar regalos u ofrecer atenciones: *Al comprar el balón, me obsequiaron con una camiseta.* ☐ [Es irregular y se conjuga como ANUNCIAR]. ☐ FAMILIA: →obsequio.

obsequio (ob·se·quio) [sustantivo masculino] Atención o regalo. ☐ SINÓNIMOS: presente. ☐ FAMILIA: obsequiar.

observación (ob·ser·va·ción) [sustantivo femenino] **1** Estudio que se hace de algo mirándolo con atención: *El enfermo está en observación.* **2** Dificultad que se pone para hacer algo: *Si tienes que hacer alguna observación a mi propuesta, dímelo e intentaremos solucionarla.* ☐ SINÓNIMOS: **2** objeción, pero, inconveniente. ☐ FAMILIA: →observar.

observador, ra (ob·ser·va·dor, do·ra) [adjetivo o sustantivo] Que se fija mucho en todo y se da cuenta de muchas cosas: *Juan es buen observador.* ☐ FAMILIA: →observar.

observar (ob·ser·var) [verbo] **1** Estudiar algo mirándolo con atención: *Si observas despacio estos dos dibujos, verás que no son iguales.* **2** Darse cuenta de algo: *Observo que has cambiado la mesa de sitio.* **3** Cumplir bien una ley o una norma: *Debes observar siempre las normas de circulación.* ☐ SINÓNIMOS: **2** notar, reparar, percatarse, advertir. ☐ FAMILIA: observación, observador, observatorio.

observatorio (ob·ser·va·to·rio) [sustantivo masculino] Lugar que tiene todo lo necesario para poder mirar con atención lo que hay en el cielo y realizar estudios sobre ello. ☐ FAMILIA: →observar.

obsesión (ob·se·sión) [sustantivo femenino] Idea que no se puede quitar de la mente: *Tiene la obsesión de que está gordo y no quiere comer casi nada.* ☐ SINÓNIMOS: sugestión, fijación. ☐ FAMILIA: obsesionar, obseso, obsesivo.

obsesionar (ob·se·sio·nar) [verbo] Tener una idea y no podérsela quitar de la mente: *Se obsesionó con la idea de que la estaban vigilando.* ☐ FAMILIA: →obsesión.

obsesivo, va (ob·se·si·vo, va) [adjetivo] **1** Que produce obsesión: *Tengo un sueño obsesivo en el que me veo repitiendo continuamente el mismo error.* **2** Dicho de una persona, que se obsesiona con facilidad: *Algunas personas obsesivas viven en una angustia permanente.* ☐ FAMILIA: →obsesión.

obseso, sa (ob·se·so, sa) [adjetivo o sustantivo] Que solo piensa en una cosa, especialmente si es en algo relacionado con el sexo. ☐ FAMILIA: →obsesión.

obsidiana (ob·si·dia·na) [sustantivo femenino] Roca de color negro brillante que se forma al enfriarse rápidamente la lava de los volcanes.

obsoleto, ta (ob·so·le·to, ta) [adjetivo] Anticuado, caduco o que ya no se usa: *maquinaria obsoleta; ordenador obsoleto.*

obstaculizar (obs·ta·cu·li·zar) [verbo] Poner obstáculos para hacer que algo resulte difícil o imposible de realizar: *El camión volcado obstaculizaba el paso al resto de los vehículos.* ☐ [La «z» se cambia en «c» delante de «e» («obstaculice»)]. ☐ SINÓNIMOS: dificultar, entorpecer, impedir. ☐ ANTÓNIMOS: facilitar. ☐ FAMILIA: →obstáculo.

obstáculo (obs·tá·cu·lo) [sustantivo masculino] **1** Persona o cosa que hace que algo resulte difícil o imposible de realizar: *Repetir un curso en el colegio no es obstáculo para estudiar una carrera universitaria.* **2** Barrera que hay que saltar en algunas carreras de deporte. ☐ SINÓNIMOS: **1** impedimento, escollo, traba, hándicap. ☐ FAMILIA: obstaculizar.

obstante (obs·tan·te) ◆ [expresión] ‖ **no obstante** Se usa para expresar algo contrario a lo que se acaba de decir: *Saldremos a las seis; no obstante, si alguien tiene que irse antes, puede hacerlo.*

obstinación (obs·ti·na·ción) [sustantivo femenino] Hecho de mantener una idea fija y no querer cambiarla. ☐ SINÓNIMOS: tozudez. ☐ FAMILIA: →obstinarse.

obstinado, da (obs·ti·na·do, da) [adjetivo] Que se mantiene firme en una idea y no quiere cambiarla. ☐ SINÓNIMOS: pertinaz, obcecado, terco. ☐ FAMILIA: →obstinarse.

obstinarse (obs·ti·nar·se) [verbo] Mantener una idea fija y no querer cambiarla: *No te obstines en esa idea y cambia de opinión antes de que sea demasiado tarde.* ☐ SINÓNIMOS: aferrarse, empecinarse, obcecarse. ☐ FAMILIA: obstinación, obstinado.

obstrucción (obs·truc·ción) [sustantivo femenino] **1** Corte del paso por un lugar: *Hay una obstrucción en la tubería del fregadero.* **2** Hecho de impedir el desarrollo de algo: *la obstrucción de los diputados a la nueva ley.* ☐ SINÓNIMOS: **1** oclusión. ☐ FAMILIA: →obstruir.

obstruir (obs·truir) [verbo] **1** Impedir el paso por un lugar: *Hay algo que obstruye la cañería y no se traga el agua.* **2** Hacer imposible o muy difícil el desarrollo de algo: *Lo acusaron de obstruir las investigaciones de la policía.* ☐ [Es irregular y se conjuga como CONSTRUIR]. ☐ SINÓNIMOS: **1** atascar, interceptar. ☐ FAMILIA: obstrucción.

obtención (ob·ten·ción) [sustantivo femenino] **1** Hecho de conseguir lo que pretendemos: *Me felicitaron por la obtención del premio.* **2** Proceso por el que se fabrica o se extrae algo: *la obtención de petróleo en el mar.* ☐ SINÓNIMOS: **2** extracción. ☐ FAMILIA: →obtener.

obtener (ob·te·ner) [verbo] **1** Llegar a tener algo: *Si mezclas pintura roja con pintura amarilla, obtendrás pintura naranja.* **2** Fabricar un producto o extraerlo: *En estas minas se obtiene mercurio.* ☐ [Es irregular y se conjuga como TENER]. ☐ SINÓNIMOS: **1** conseguir, lograr, adquirir. ☐ ANTÓNIMOS: **1** perder. ☐ FAMILIA: obtención.

obtusángulo (ob·tu·sán·gu·lo) [adjetivo] Dicho de un triángulo, que tiene un ángulo mayor de noventa grados. ☐ FAMILIA: →ángulo.

obtuso, sa (ob·tu·so, sa) [adjetivo] **1** Poco hábil en comprender: *Hoy estoy un poco obtusa y no te entiendo.* **2** Dicho de un ángulo, que mide más de 90 grados y menos de 180 grados. ☐ Sinónimos: **1** torpe.

obús (o·bús) [sustantivo masculino] **1** Arma que sirve para lanzar bombas a gran distancia. **2** Proyectil que se lanza con esta arma: *Cayó un obús cerca de aquí.*

obviar (ob·viar) [verbo] **1** Dicho de un obstáculo, evitarlo, apartarlo o ignorarlo: *Obviaremos las dificultades y comenzaremos a trabajar.* **2** Dicho de algo que se sabe, evitar nombrarlo: *Obviaré los detalles y pasaré a relataros lo principal.* ☐ Familia: →obvio.

obviedad (ob·vie·dad) [sustantivo femenino] Evidencia o claridad que no presentan dudas. ☐ Familia: →obvio.

obvio, via (ob·vio, via) [adjetivo] Que se nota o se comprende de una forma perfecta nada más verlo o nada más pensarlo: *Es obvio que si no estudias, no aprenderás nada.* ☐ Sinónimos: claro, evidente, ostensible, palpable. ☐ Familia: obviar, obviedad.

oca (o·ca) [sustantivo femenino] **1** Ave parecida al pato, con la parte superior del cuerpo de color gris y la parte inferior blanca. **2** Juego de mesa en el que participan varias personas y que tiene una serie de casillas en las que hay que hacer algo cuando se cae en ellas. ☐ Sinónimos: **1** ganso, ánsar.

ocapi (o·ca·pi) [sustantivo masculino] → **okapi.**

ocarina (o·ca·ri·na) [sustantivo femenino] Instrumento musical con forma ovalada con ocho agujeros. 👁 **páginas 534-535.**

ocasión (o·ca·sión) [sustantivo femenino] **1** Momento en el que sucede algo: *He venido aquí en varias ocasiones.* **2** Situación adecuada para hacer algo: *Esta es buena ocasión para que me digas qué te preocupa.* ◆ [expresión] ‖ **de ocasión** Con un precio bajo, normalmente porque está usado: *Me he comprado una moto de ocasión.* ☐ Sinónimos: **2** oportunidad. ☐ Familia: ocasionar, ocasional.

ocasional (o·ca·sio·nal) [adjetivo] **1** Que ocurre de vez en cuando: *Solo consigo trabajos ocasionales.* **2** Que ocurre por casualidad: *Tuvimos un encuentro ocasional.* ☐ [No varía en masculino y femenino]. ☐ Sinónimos: **1** esporádico. **2** casual, accidental, fortuito. ☐ Antónimos: **1** constante. ☐ Familia: →ocasión.

ocasionar (o·ca·sio·nar) [verbo] Tener como efecto: *No te ocasionaré ningún problema.* ☐ Sinónimos: producir, causar, generar, motivar, acarrear, traer. ☐ Familia: →ocasión.

ocaso (o·ca·so) [sustantivo masculino] **1** Momento en el que se pone el sol. **2** Decadencia o fin: *El anciano decía que había llegado al ocaso de su vida.* ☐ [No confundir con «acaso», adverbio. El significado **2** suele usarse en el lenguaje literario].

occidental (oc·ci·den·tal) ▌[adjetivo] **1** Del oeste: *Galicia es la región más occidental de España.* ▌[adjetivo o sustantivo] **2** Del conjunto de países del oeste de Europa y de otros países de cultura similar: *Las culturas occidentales son bastante diferentes de las culturas orientales.* ☐ [No varía en masculino y femenino]. ☐ Antónimos: oriental. ☐ Familia: →occidente.

occidente (oc·ci·den·te) [sustantivo masculino] Punto cardinal por donde se pone el sol: *Portugal está al occidente de España.* ☐ Sinónimos: oeste, poniente. ☐ Antónimos: este, oriente, levante. ☐ Familia: occidental.

occipital (oc·ci·pi·tal) [adjetivo o sustantivo masculino] Dicho de un hueso, que está en la parte de atrás de la cabeza. ☐ [Cuando es adjetivo, no varía en masculino y femenino]. ☐ Familia: →occipucio.

occipucio (oc·ci·pu·cio) [sustantivo masculino] Parte de atrás de la cabeza. ☐ Sinónimos: nuca. ☐ Familia: occipital.

oceánico, ca (o·ce·á·ni·co, ca) [adjetivo] **1** Del océano o relacionado con él. **2** De Oceanía, que es un continente. ☐ Familia: →océano.

océano (o·cé·a·no) [sustantivo masculino] Mar grande y extenso que separa dos o más continentes, como el Atlántico o el Pacífico. ☐ Familia: oceánico, oceanografía, oceanógrafo, transoceánico.

oceanografía (o·ce·a·no·gra·fí·a) [sustantivo femenino] Ciencia que estudia los océanos y los mares. ☐ Familia: →océano.

oceanógrafo, fa (o·ce·a·nó·gra·fo, fa) [sustantivo] Persona especializada en oceanografía. ☐ Familia: →océano.

ocelote (o·ce·lo·te) [sustantivo masculino] Animal carnívoro parecido al tigre, pero más pequeño, que tiene el pelo suave y con manchas y vive en los bosques americanos.

ochavo (o·cha·vo) [sustantivo masculino] Antigua moneda española de cobre. ☐ Sinónimos: chavo. ☐ Familia: →ocho.

ochenta (o·chen·ta) ▌[numeral] **1** Indica 80 unidades: *La película dura ochenta minutos.* ▌[sustantivo masculino] **2** Número 80: *El ochenta es mi número de la suerte.* ☐ [En el significado **1** no varía en masculino y femenino]. ☐ Familia: →ocho.

ocho (o·cho) ▌[numeral] **1** Indica 8 unidades: *La canción dura ocho minutos.* ▌[sustantivo masculino] **2** Número 8: *El ocho es mi número favorito.* ☐ [En el significado **1** no varía en masculino y femenino]. ☐ Familia: ochenta, ochocientos, octavo, octaedro, octógono, octogonal, octogenario, octosílabo, ochavo, dieciocho, dieciochoavo, veintiocho.

ochocientos, tas (o·cho·cien·tos, tas) ▌[numeral] **1** Indica 800 unidades: *Este libro tiene ochocientas páginas.* ▌[sustantivo masculino] **2** Número 800: *El ochocientos es mi número favorito.* ☐ Familia: →ocho. →ciento.

ocio (o·cio) [sustantivo masculino] Tiempo libre. ☐ Familia: ocioso.

ocioso, sa (o·cio·so, sa) [adjetivo] **1** Que resulta inútil o que no es necesario: *Viendo la cara de disgusto que traes, sería ocioso preguntarte si te ha ido bien hoy.* **2** Que no está trabajando: *Si estás ocioso, ayúdame a colgar esta lámpara.* ☐ Sinónimos: **2** desocupado. ☐ Antónimos: **2** atareado. ☐ Familia: →ocio.

oclusión (o·clu·sión) [sustantivo femenino] Cierre de un tubo o de un hueco: *oclusión intestinal.* ☐ Sinónimos: obstrucción.

ocre (o·cre) [adjetivo o sustantivo masculino] De color amarillo mezclado con marrón, como las hojas en otoño. 👁 **página 234.** ☐ [Cuando es adjetivo, no varía en masculino y femenino].

octaedro (oc·ta·e·dro) [sustantivo masculino] Cuerpo geométrico que tiene ocho caras. ⊙ **página 467**. ☐ FAMILIA: →ocho.

octágono (oc·tá·go·no) [sustantivo masculino] → **octógono**.

octavo, va (oc·ta·vo, va) [numeral] **1** Que ocupa el lugar número ocho en una serie. **2** Dicho de una parte, que es una de las ocho en que se divide algo: *La octava parte de cuarenta es cinco.* ☐ FAMILIA: decimoctavo. →ocho.

octogenario, ria (oc·to·ge·na·rio, ria) [adjetivo o sustantivo] Que tiene entre ochenta y noventa años. ☐ FAMILIA: →ocho.

octogonal (oc·to·go·nal) [adjetivo] Con ocho lados y ocho ángulos. ☐ [No varía en masculino y femenino]. ☐ FAMILIA: →ocho.

octógono (oc·tó·go·no) [sustantivo masculino] Polígono con ocho lados y ocho ángulos. ⊙ **página 467**. ☐ [Se usa también «octágono»]. ☐ FAMILIA: →ocho.

octosílabo, ba (oc·to·sí·la·bo, ba) [adjetivo o sustantivo masculino] De ocho sílabas: *verso octosílabo.* ☐ FAMILIA: →ocho. →sílaba.

octubre (oc·tu·bre) [sustantivo masculino] Décimo mes del año, entre septiembre y noviembre: *El mes de octubre tiene 31 días.*

ocular (o·cu·lar) [adjetivo] **1** Del ojo o relacionado con él: *infección ocular.* **2** Que se hace con los ojos o con la vista: *He sido testigo ocular de un robo.* ☐ [No varía en masculino y femenino]. ☐ FAMILIA: →ojo.

oculista (o·cu·lis·ta) [sustantivo] Médico que estudia las enfermedades de los ojos. ☐ [No varía en masculino y femenino]. ☐ SINÓNIMOS: oftalmólogo. ☐ FAMILIA: →ojo.

ocultar (o·cul·tar) [verbo] Poner algo de forma que no se vea o que no se reconozca: *Ocultar información puede ser tan grave como mentir.* ☐ SINÓNIMOS: esconder. ☐ ANTÓNIMOS: mostrar, exponer, presentar, descubrir, desvelar, destapar, revelar, manifestar, declarar. ☐ FAMILIA: →oculto.

ocultismo (o·cul·tis·mo) [sustantivo masculino] Conjunto de creencias y de prácticas que intentan dominar los fenómenos que no se explican por la razón y que no pueden ser demostrados por la ciencia. ☐ FAMILIA: →oculto.

oculto, ta (o·cul·to, ta) [adjetivo] Que no se puede ver o que no se puede conocer: *Llevaba los ojos ocultos tras unas gafas de sol.* ☐ SINÓNIMOS: escondido. ☐ FAMILIA: ocultar, ocultismo.

ocupación (o·cu·pa·ción) [sustantivo femenino] **1** Cada una de las cosas que una persona tiene que hacer: *Tengo tantas ocupaciones que casi no me queda tiempo libre.* **2** Entrada por la fuerza en un lugar para quedarse en él: *La ocupación de esos territorios provocó una guerra.* ☐ SINÓNIMOS: **1** quehacer, trabajo, faena, tarea, labor. **2** invasión. ☐ FAMILIA: →ocupar.

ocupado, da (o·cu·pa·do, da) [adjetivo] **1** Dicho de un objeto o de un lugar, que alguien lo está usando: *El baño está ocupado.* **2** Dicho de una persona, que está haciendo algo en ese momento: *No me molestes, estoy ocupada.* **3** Dicho de un territorio o de un país, que ha sido dominado por medio de la fuerza. ☐ ANTÓNIMOS: **1** libre. **1**, **2** desocupado. ☐ FAMILIA: →ocupar.

ocupante (o·cu·pan·te) [sustantivo] Persona que ocupa un espacio: *Este coche es para seis ocupantes.* ☐ [No varía en masculino y femenino]. ☐ FAMILIA: →ocupar.

ocupar (o·cu·par) [verbo] **1** Llenar un espacio: *Extendí el mapa y ocupé toda la mesa.* **2** Usar algo de manera que nadie más pueda hacerlo: *Ahora no vayas al baño, porque alguien lo ha ocupado.* **3** Colocar todo lo necesario en un lugar para poder trabajar o vivir en él: *Esta oficina ha sido ocupada por un arquitecto.* **4** Hacerse dueño de un lugar por medio de la fuerza: *Cuando el país vecino ocupó los territorios de la frontera, se declaró la guerra.* **5** Tener un trabajo: *¿Qué puesto ocupas en esa empresa?* **6** Llenar el tiempo haciendo algo: *Yo ocupo mi tiempo libre leyendo.* ■ **ocuparse 7** Aceptar el cuidado o la dirección de algo: *Yo me ocupo de llamar a los de mi grupo para darles la noticia.* **8** Prestar atención a un asunto: *Ocúpate de tus asuntos y no te metas en los míos.* ☐ SINÓNIMOS: **4** conquistar, tomar. **6** emplear, invertir. **8** preocuparse. ☐ ANTÓNIMOS: **1**, **3** desocupar. **8** despreocuparse. ☐ FAMILIA: ocupación, ocupante, ocupado, desocupar, desocupado, preocupar, preocupación, despreocuparse.

ocurrencia (o·cu·rren·cia) [sustantivo femenino] **1** Idea repentina o que no se esperaba: *¡Qué ocurrencia, ir a bañaros al río justo después de cenar!* **2** Hecho o dicho que hace gracia o sorprende: *Me muero de risa con tus ocurrencias.* ☐ SINÓNIMOS: **2** salida, golpe. ☐ FAMILIA: →ocurrir.

ocurrente (o·cu·rren·te) [adjetivo] Que tiene ideas repentinas o muy graciosas: *Siempre sabes qué contestar, porque eres muy ocurrente.* ☐ [No varía en masculino y femenino]. ☐ FAMILIA: →ocurrir.

ocurrir (o·cu·rrir) [verbo] **1** Producirse un hecho: *¿Qué ocurre ahí, que os reís tanto?* ■ **ocurrirse 2** Venirse una idea a la mente de repente: *Se me ha ocurrido que podemos ir de excursión.* ☐ SINÓNIMOS: **1** pasar, suceder, acontecer. ☐ FAMILIA: ocurrente, ocurrencia.

oda (o·da) [sustantivo femenino] Obra escrita en verso, dividida en estrofas.

odiar (o·diar) [verbo] Sentir un gran rechazo hacia algo que no nos gusta nada: *Nadie te odia. Odio madrugar.* ☐ [Es irregular y se conjuga como **ANUNCIAR**]. ☐ SINÓNIMOS: detestar, aborrecer. ☐ ANTÓNIMOS: apreciar, amar, querer, adorar, estimar. ☐ FAMILIA: →odio.

odio (o·dio) [sustantivo masculino] Sentimiento muy fuerte y negativo de rechazo hacia algo que no nos gusta nada. ☐ SINÓNIMOS: aversión. ☐ ANTÓNIMOS: amor, adoración, aprecio, estima, cariño, querer. ☐ FAMILIA: odiar, odioso.

odioso, sa (o·dio·so, sa) [adjetivo] Que hace sentir odio o resulta muy desagradable: *Estos odiosos zapatos me hacen rozaduras.* ☐ FAMILIA: →odio.

odisea (o·di·se·a) [sustantivo femenino] Serie de dificultades, aventuras y problemas que le ocurren a alguien: *Conseguir las entradas ha sido una odisea.*

odontólogo, ga (o·don·tó·lo·go, ga) [sustantivo] Persona que cuida y arregla los problemas de los dientes: *Mi odontóloga me ha aconsejado ponerme aparato.* ☐ Sinónimos: dentista.

odre (o·dre) [sustantivo masculino] Recipiente hecho con la piel de un animal y en el que se echa vino, aceite u otros líquidos. ☐ Sinónimos: pellejo.

oenegé (o·e·ne·gé) [sustantivo femenino] → **ONG**.

oeste (o·es·te) [sustantivo masculino] Punto cardinal por donde se pone el sol. ☐ Sinónimos: occidente, poniente. ☐ Antónimos: este, oriente, levante. ☐ Familia: noroeste, sudoeste, suroeste.

ofender (o·fen·der) [verbo] **1** Molestar a una persona diciendo algo malo sobre ella o faltándole al respeto: *Me ofende que pienses que yo te he robado ese dinero.* **2** Atacar, herir o hacer daño: *Estas imágenes tan violentas pueden ofender la sensibilidad de algunas personas.* ☐ Antónimos: **1** alabar, elogiar. ☐ Familia: ofensa, ofensivo, contraofensiva, inofensivo.

ofensa (o·fen·sa) [sustantivo femenino] **1** Hecho de molestar a una persona diciendo algo malo sobre ella o faltándole al respeto. **2** Cosa que va en contra de lo que se considera de buen gusto o de buena educación: *Esos chistes tan vulgares son una ofensa al buen gusto.* ☐ Sinónimos: **1** insolencia, afrenta. ☐ Antónimos: **1** alabanza, elogio. ☐ Familia: →ofender.

ofensivo, va (o·fen·si·vo, va) ■ [adjetivo] **1** Que ofende: *palabras ofensivas.* **2** Que sirve para atacar: *armas ofensivas.* ■ **ofensiva** [sustantivo femenino] **3** Ataque que realiza una fuerza militar contra otra: *El ejército consiguió resistir la ofensiva del enemigo.* ☐ Antónimos: **2** defensivo. ☐ Familia: →ofender.

oferta (o·fer·ta) [sustantivo femenino] **1** Producto que se vende a un precio más bajo de lo normal: *En esta tienda siempre hay alguna oferta.* **2** Idea que se da para hacer algo: *Tengo varias ofertas de trabajo.* **3** Presentación de un producto para su venta: *Esta marca de zapatillas tiene una oferta muy variada de modelos.* ◆ [expresión] ‖ **estar de oferta** Tener el precio más bajo de lo normal: *Estas galletas están de oferta.* ☐ Sinónimos: **2** ofrecimiento, proposición, propuesta, sugerencia. ☐ Familia: →ofertar.

ofertar (o·fer·tar) [verbo] Ofrecer un producto en venta a un precio rebajado: *Esta tienda oferta todos sus artículos por cierre.* ☐ Familia: oferta.

office [sustantivo masculino] Habitación que está al lado de la cocina y que se comunica con ella. ☐ [Es una palabra francesa. Se pronuncia «ófis»].

oficial (o·fi·cial) ■ [adjetivo] **1** Del Estado o que reúne las condiciones necesarias para ser reconocido por el Estado o por un órgano que tenga autoridad: *centro oficial de enseñanza; presentación oficial.* ■ [sustantivo] **2** Una de las categorías militares: *Los tenientes son oficiales, pero los sargentos, no.* ☐ [No varía en masculino y femenino]. ☐ Familia: **1** oficializar. **2**→oficio.

oficial, la (o·fi·cial, cia·la) [sustantivo] Persona que trabaja realizando determinadas tareas sin ser jefe: *Trabajo de oficiala en una peluquería.* ☐ Familia: →oficio.

oficializar (o·fi·cia·li·zar) [verbo] Dar validez o carácter oficial: *El portavoz del Gobierno oficializó la subida de la gasolina.* ☐ [La «z» se cambia en «c» delante de «e» («oficialice»)]. ☐ Familia: →oficial.

oficiar (o·fi·ciar) [verbo] Celebrar un acto religioso o una ceremonia: *El obispo ofició la misa.* ☐ [Es irregular y se conjuga como **ANUNCIAR**]. ☐ Familia: →oficio.

oficina (o·fi·ci·na) [sustantivo femenino] Lugar en el que se realizan trabajos de organización: *oficina de correos.* ☐ Familia: →oficio.

oficinista (o·fi·ci·nis·ta) [sustantivo] Persona que trabaja en una oficina. ☐ [No varía en masculino y femenino]. ☐ Familia: →oficio.

oficio (o·fi·cio) [sustantivo masculino] **1** Actividad que se realiza a cambio de un sueldo: *El oficio de piloto me parece apasionante.* **2** Función propia de algo: *El oficio del entrenador consiste en preparar a sus jugadores para que ganen los partidos.* **3** Ceremonia religiosa: *En Semana Santa suelo asistir a los oficios religiosos.* ☐ [En el significado **3** se usa más en plural]. ☐ Sinónimos: **1** profesión, empleo, trabajo. ☐ Familia: oficina, oficinista, oficial, oficiar, oficioso, suboficial.

oficioso, sa (o·fi·cio·so, sa) [adjetivo] Que no es oficial pero lo dice alguien muy cercano al Estado o a la autoridad: *Me han dicho de forma oficiosa que este año se adelantará el inicio del curso escolar.* ☐ Familia: →oficio.

ofidio (o·fi·dio) [adjetivo o sustantivo masculino] Del grupo de reptiles al que pertenecen la serpiente, la culebra y otros.

ofimática (o·fi·má·ti·ca) [sustantivo femenino] Aplicación de la informática al trabajo de una oficina.

ofrecer (o·fre·cer) [verbo] **1** Mostrar algo que se tiene para darlo al que lo quiera: *Me ofreció caramelos, pero no quise.* **2** Tener determinada característica o mostrarla: *Este asunto tan complicado ofrece muchos problemas.* **3** Dar o celebrar: *Se ofreció una misa por el eterno descanso de los que murieron ayer.* **4** Decir o mostrar lo que se puede obtener con algo: *Ofrecen una recompensa a quien encuentre al perro que se ha perdido.* ■ **ofrecerse 5** Mostrarse dispuesto a realizar una acción: *Vi a una señora que iba muy cargada y me ofrecí a llevarle las bolsas.* ☐ [Es irregular y se conjuga como **AGRADECER**]. ☐ Familia: ofrecimiento, ofrenda.

ofrecimiento (o·fre·ci·mien·to) [sustantivo masculino] Hecho de ofrecer algo: *Acepto tu ofrecimiento de pasar el día juntos.* ☐ Sinónimos: propuesta, proposición, oferta, sugerencia. ☐ Familia: →ofrecer.

ofrenda (o·fren·da) [sustantivo femenino] Cosa que se ofrece en un gesto de amor o de respeto: *Hicimos una ofrenda de flores a la Virgen.* ☐ Familia: →ofrecer.

oftalmología (of·tal·mo·lo·gí·a) [sustantivo femenino] Parte de la medicina que estudia las enfermedades de los ojos. ☐ Familia: oftalmólogo.

oftalmólogo, ga (of·tal·mó·lo·go, ga) [sustantivo] Oculista: *Tengo que ir al oftalmólogo porque no veo bien de lejos.* ☐ Familia: →oftalmología.

ofuscar (o·fus·car) [verbo] Hacer que alguien no piense con claridad: *Olvida mis palabras, porque me ofusqué con el enfado y no pensaba lo que te decía.* ☐ [La «c» se cambia en «qu» delante de «e» («ofusque»)]. ☐ SINÓNIMOS: cegar.

ogro (o·gro) [sustantivo masculino] **1** Personaje imaginario de enorme tamaño y con forma humana. **2** Persona cruel o de mal carácter.

oh [interjección] Se usa para indicar sorpresa, admiración o disgusto: *¡Oh, qué guapa te has puesto!* ☐ [No confundir con «o» (letra)].

oídas (o·í·das) ◆ [expresión] ‖ **de oídas** Por habérselo oído a otros y no por haberlo visto: *Nunca he visto a ese profesor, pero lo conozco de oídas.* ☐ FAMILIA: →oír.

oído (o·í·do) [sustantivo masculino] **1** Capacidad para oír: *El oído es uno de los cinco sentidos.* **2** Órgano que sirve para oír: *He cogido frío y me duelen los oídos.* **3** Capacidad para oír los sonidos musicales y notar sus diferencias: *Canto fatal porque tengo muy mal oído.* ◆ [expresión] ‖ **al oído** En voz muy baja y poniéndonos muy cerca del que habla. ‖ **de oído** Sin haber estudiado música: *Sé tocar la guitarra de oído.* ‖ **duro de oído** Que no oye bien: *Háblame más alto, que soy dura de oído.* ‖ **entrar algo por un oído y salir por el otro** Dar igual: *Lo que tú me digas, por un oído me entra y por otro me sale.* ‖ **prestar oídos a algo** Creerlo: *No prestes oídos a esas habladurías.* ‖ **ser todo oídos** Estar dispuesto a escuchar con atención: *Si quieres hablar de lo que te preocupa, soy toda oídos.* ☐ FAMILIA: →oír.

oír (o·ír) [verbo] **1** Percibir un sonido: *¿No has oído un ruido?* **2** Hacer caso de un aviso o de algo que se pide: *Oye mi consejo y no te arrepentirás.* ◆ [expresión] ‖ **como quien oye llover** Sin hacer caso: *Te digo que me ayudes y tú, nada, como quien oye llover.* ☐ [Es irregular. No confundir con «escuchar» (oír con atención). La expresión es coloquial]. ☐ FAMILIA: oído, oídas, oyente, radioyente, desoír, audición, audiencia, audio, audiovisual, audioguía, auditivo, auditorio, audífono, inaudito.

ojal (o·jal) [sustantivo masculino] Abertura alargada por la que pasa un botón para abrochar una prenda de vestir. ☐ FAMILIA: →ojo.

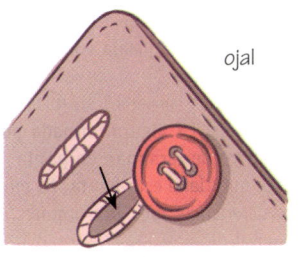

ojal

OÍR

INDICATIVO

Presente
yo **oigo**
tú **oyes** / usted **oye**
él, ella **oye**
nosotros, tras **oímos**
vosotros, tras **oís** / ustedes **oyen**
ellos, ellas **oyen**

Pretérito imperfecto
yo **oía**
tú **oías** / usted **oía**
él, ella **oía**
nosotros, tras **oíamos**
vosotros, tras **oíais** / ustedes **oían**
ellos, ellas **oían**

Pretérito perfecto simple
yo **oí**
tú **oíste** / usted **oyó**
él, ella **oyó**
nosotros, tras **oímos**
vosotros, tras **oísteis** / ustedes **oyeron**
ellos, ellas **oyeron**

Futuro simple
yo **oiré**
tú **oirás** / usted **oirá**
él, ella **oirá**
nosotros, tras **oiremos**
vosotros, tras **oiréis** / ustedes **oirán**
ellos, ellas **oirán**

Condicional simple
yo **oiría**
tú **oirías** / usted **oiría**
él, ella **oiría**
nosotros, tras **oiríamos**
vosotros, tras **oiríais** / ustedes **oirían**
ellos, ellas **oirían**

SUBJUNTIVO

Presente
yo **oiga**
tú **oigas** / usted **oiga**
él, ella **oiga**
nosotros, tras **oigamos**
vosotros, tras **oigáis** / ustedes **oigan**
ellos, ellas **oigan**

Pretérito imperfecto
yo **oyera** *u* **oyese**
tú **oyeras** *u* **oyeses** / usted **oyera** *u* **oyese**
él, ella **oyera** *u* **oyese**
nosotros, tras **oyéramos** *u* **oyésemos**
vosotros, tras **oyerais** *u* **oyeseis** / ustedes **oyeran** *u* **oyesen**
ellos, ellas **oyeran** *u* **oyesen**

Futuro simple
yo **oyere**
tú **oyeres** / usted **oyere**
él, ella **oyere**
nosotros, tras **oyéremos**
vosotros, tras **oyereis** / ustedes **oyeren**
ellos, ellas **oyeren**

IMPERATIVO

oye (tú) / **oiga** (usted)
oigamos (nosotros, tras)
oíd (vosotros, tras) / **oigan** (ustedes)

FORMAS NO PERSONALES

Infinitivo	Gerundio	Participio
oír	oyendo	oído

ojalá (o·ja·lá) [interjección] Se usa para indicar que se tienen muchas ganas de que suceda algo: *¡Ojalá vengan mis primos este sábado!*

ojeada (o·je·a·da) [sustantivo femenino] Mirada rápida, sin fijarse mucho: *No he leído ese libro, pero le eché una ojeada.* ☐ [Se usa mucho en la expresión «echar una ojeada»]. ☐ SINÓNIMOS: vistazo. ☐ FAMILIA: →ojo.

ojear (o·je·ar) [verbo] **1** Mirar de manera rápida, sin fijarse mucho: *He ojeado tu redacción y me parece que está muy bien escrita.* **2** Hacer ruido para que los animales se dirijan al lugar donde puedan ser cazados: *Mientras unos ojeaban la caza, los cazadores preparaban sus escopetas.* ☐ [No confundir con «hojear» (pasar las hojas)]. ☐ FAMILIA: →ojo.

ojera (o·je·ra) [sustantivo femenino] Mancha más oscura que sale debajo del ojo cuando se está muy cansado. ☐ [Se usa más en plural]. ☐ FAMILIA: →ojo.

ojeriza (o·je·ri·za) [sustantivo femenino] Mala voluntad que se tiene contra una persona. ☐ SINÓNIMOS: antipatía, manía, inquina. ☐ ANTÓNIMOS: simpatía. ☐ FAMILIA: →ojo.

ojiva (o·ji·va) [sustantivo femenino] **1** Figura formada por dos arcos que se cortan y que terminan en punta. **2** En arquitectura, arco que tiene esta figura: *La ojiva es un elemento característico de la arquitectura gótica.* ☐ FAMILIA: ojival.

ojival (o·ji·val) [adjetivo] Con forma de ojiva, parecida a la de un ojo: *arco ojival.* ☐ [No varía en masculino y femenino]. ☐ FAMILIA: →ojiva.

ojo (o·jo) ■ [sustantivo masculino] **1** Órgano que sirve para ver: *Tengo ojos grandes y negros.* **2** Mirada o vista: *Pórtate bien, porque no te quitaré los ojos de encima.* **3** Atención o cuidado que se ponen en algo: *Ten mucho ojo al cruzar la calle.* **4** Abertura que atraviesa algo de parte a parte: *No consigo meter este hilo por el ojo de la aguja.* **5** Parte central de algo: *El ojo del huracán se está alejando de las islas hacia el océano.* ■ [interjección] **6** Se usa para llamar la atención sobre algo: *¡Ojo!, prestad atención al semáforo antes de cruzar la carretera.* ◆ [expresión] ‖ **a ojo** Calculando de forma aproximada: *Hice el bizcocho echando las cantidades a ojo.* ‖ **con cien ojos** Con mucho cuidado: *Escribí la redacción con cien ojos para no cometer faltas.* ‖ **con los ojos cerrados** Con toda seguridad: *He ido tantas veces a tu casa que ya sé ir con los ojos cerrados.* ‖ **cuatro ojos** Persona que lleva gafas. ‖ **echar el ojo a algo** Fijarse en ello con la intención de conseguirlo. ‖ **entrar por los ojos** Gustar por su aspecto: *La portada del libro es tan bonita que entra por los ojos.* ‖ **en un abrir y cerrar de ojos** En un momento: *Se comieron los pasteles en un abrir y cerrar de ojos.* ‖ **no pegar ojo** No dormir nada. ‖ **ojo a la funerala** El que está morado por un golpe. ‖ **ojo avizor** Prestando mucha atención: *Yo estaré ojo avizor por si veo venir a alguien.* ‖ **ojo clínico** Capacidad que tiene una persona para darse cuenta de algo de forma rápida: *Tengo ojo clínico para saber si alguien me engaña.* ‖ **ojo de buey** Ventana circular que hay en los barcos. ‖ **ojo del culo** Ano. ‖ **ser el ojo derecho de alguien** Tener su confianza: *Mi hermana dice que yo soy el ojo derecho de mi madre.* ‖ **un ojo de la cara** Mucho dinero: *Ese muñeco cuesta un ojo de la cara.* ☐ [El uso de la expresión «cuatro ojos» es despectivo. El uso de la expresión «ojo del culo» es vulgar]. ☐ FAMILIA: ojal, ojera, ojear, ojeada, ojeriza, reojo, anteojos, ocular, oculista, monóculo, binocular, binóculo.

OK [interjección] Se usa para indicar que se está de acuerdo con algo. ☐ [Se pronuncia «okéi». Se escriben todas las letras con mayúscula].

okapi (o·ka·pi) [sustantivo masculino] Animal mamífero de pelaje corto y color castaño oscuro, que vive en los bosques africanos y cuyo macho tiene cuernos cubiertos de piel. ☐ [Se escribe también «ocapi»].

okupa (o·ku·pa) [sustantivo] Persona que vive en una casa que no es suya y que estaba vacía, sin tener permiso del dueño. ☐ [No varía en masculino y femenino].

ola (o·la) [sustantivo femenino] **1** Cantidad de agua que se mueve en la superficie del mar: *Hemos jugado en la playa a saltar las olas.* **2** Fenómeno que produce un cambio repentino en la temperatura: *una ola de frío.* **3** Aparición repentina y en gran cantidad de algo: *una ola de protestas.* ☐ [No confundir con «hola» (expresión que se usa para saludar)]. ☐ SINÓNIMOS: **3** oleada. ☐ FAMILIA: oleaje, oleada, rompeolas.

ole u **olé** (o·le; o·lé) [interjección] Se usa para animar, mostrar admiración o decir que algo ha salido muy bien: *¡Ole, qué bonito me ha quedado este dibujo!*

oleada (o·le·a·da) [sustantivo femenino] Conjunto de muchas personas o muchas cosas que aparecen de repente: *La decisión ha levantado una oleada de protestas.* ☐ SINÓNIMOS: ola. ☐ FAMILIA: →ola.

oleaje (o·le·a·je) [sustantivo masculino] Movimiento que forman las olas: *Cuando hay mucho oleaje, es peligroso bañarse en el mar.* ☐ FAMILIA: →ola.

óleo (ó·le·o) [sustantivo masculino] **1** Tipo de pintura que tiene una mezcla de aceite: *Se me da mejor pintar con óleo que con acuarela.* **2** Cuadro que se pinta con esta pintura: *Tengo tres óleos en el salón.* ☐ FAMILIA: oleoducto.

oleoducto (o·le·o·duc·to) [sustantivo masculino] Tubería preparada para transportar petróleo a lugares alejados. ☐ FAMILIA: →óleo.

oler (o·ler) [verbo] **1** Sentir un olor: *¿No hueles a quemado?* **2** Producir olor: *Este queso huele muy fuerte.* **3** Descubrir algo oculto: *Me olí que estabais tramando algo.* ☐ [Es irregular]. ☐ FAMILIA: →olor.

olfatear (ol·fa·te·ar) [verbo] Buscar con el olfato: *El perro olfateaba el suelo buscando un hueso.* ☐ SINÓNIMOS: husmear. ☐ FAMILIA: →olfato.

olfativo, va (ol·fa·ti·vo, va) [adjetivo] Del sentido del olfato o relacionado con él: *nervio olfativo.* ☐ FAMILIA: →olfato.

olfato (ol·fa·to) [sustantivo masculino] **1** Capacidad para sentir los olores: *Los perros tienen el olfato más desarrollado que las personas.* **2** Capacidad para descubrir algo:

olvidadizo, za

Tienes buen olfato para los negocios. □ Familia: olfatear, olfativo.

oligarquía (o·li·gar·quí·a) [sustantivo/femenino] Sistema de gobierno en el que un pequeño grupo de personas tienen el poder.

oligisto (o·li·gis·to) [sustantivo/masculino] Mineral de hierro, de color gris oscuro o rojizo, muy duro y pesado.

olimpiada (o·lim·pia·da) [sustantivo/femenino] Competición internacional de juegos deportivos que se celebra cada cuatro años en un lugar diferente. □ [Significa lo mismo en singular que en plural]. □ Familia: olímpico, olímpicamente, paralimpiada, paralímpico.

olímpicamente (o·lím·pi·ca·men·te) [adverbio] Sin hacer caso de nada: *Se saltó olímpicamente el semáforo.* □ Familia: →olimpiada.

olímpico, ca (o·lím·pi·co, ca) [adjetivo] De las olimpiadas o relacionado con ellas. □ Familia: →olimpiada.

olisquear (o·lis·que·ar) [verbo] Oler cogiendo el aire varias veces de forma rápida: *El perro ha olisqueado toda la casa.* □ Familia: →olor.

oliva (o·li·va) [sustantivo/femenino] Fruto del que se extrae el aceite, que es verde o negro, parecido a una uva, pero con un hueso muy duro dentro. □ Sinónimos: aceituna. □ Familia: olivo, olivar, olivarero.

olivar (o·li·var) [sustantivo/masculino] Lugar con muchos olivos plantados. □ Familia: →oliva.

olivarero, ra (o·li·va·re·ro, ra) ■ [adjetivo] **1** Del cultivo del olivo o relacionado con él: *industria olivarera.* ■ [adjetivo o sustantivo] **2** Dicho de una persona, que se dedica al cultivo del olivo. □ Familia: →oliva.

olivino (o·li·vi·no) [sustantivo/masculino] Mineral de color verde o amarillento, que se usa en joyería.

olivo (o·li·vo) [sustantivo/masculino] Árbol de tronco corto, grueso y retorcido, cuyo fruto es la aceituna. □ Familia: →oliva.

olla (o·lla) [sustantivo/femenino] Recipiente de forma redonda, con una o dos asas, que se utiliza para cocinar. ◆ [expresión] ‖ **olla a presión** La que permite cocinar los alimentos de forma muy rápida. ● **ilustración en** *menaje*. □ [No confundir con «hoya» (hoyo grande que hay en la tierra)].

olmo (ol·mo) [sustantivo/masculino] Árbol de tronco grueso que en el borde de las hojas tiene pequeños picos y que suele vivir muchos años.

olor (o·lor) [sustantivo/masculino] Sensación que se produce en la nariz al respirar: *Me gusta mucho el olor de las rosas.* □ Familia: oloroso, oler, olisquear, maloliente, inodoro, desodorante.

oloroso, sa (o·lo·ro·so, sa) [adjetivo] Que tiene un olor agradable: *El romero es una planta olorosa.* □ Sinónimos: aromático, fragante. □ Familia: →olor.

olvidadizo, za (ol·vi·da·di·zo, za) [adjetivo] Que se olvida de las cosas con facilidad. □ Familia: →olvidar.

OLER

INDICATIVO	SUBJUNTIVO
Presente yo **huelo** tú **hueles** / usted **huele** él, ella **huele** nosotros, tras **olemos** vosotros, tras **oléis** / ustedes **huelen** ellos, ellas **huelen**	**Presente** yo **huela** tú **huelas** / usted **huela** él, ella **huela** nosotros, tras **olamos** vosotros, tras **oláis** / ustedes **huelan** ellos, ellas **huelan**
Pretérito imperfecto yo **olía** tú **olías** / usted **olía** él, ella **olía** nosotros, tras **olíamos** vosotros, tras **olíais** / ustedes **olían** ellos, ellas **olían**	**Pretérito imperfecto** yo **oliera** *u* **oliese** tú **olieras** *u* **olieses** / usted **oliera** *u* **oliese** él, ella **oliera** *u* **oliese** nosotros, tras **oliéramos** *u* **oliésemos** vosotros, tras **olierais** *u* **olieseis** / ustedes **olieran** *u* **oliesen** ellos, ellas **olieran** *u* **oliesen**
Pretérito perfecto simple yo **olí** tú **oliste** / usted **olió** él, ella **olió** nosotros, tras **olimos** vosotros, tras **olisteis** / ustedes **olieron** ellos, ellas **olieron**	**Futuro simple** yo **oliere** tú **olieres** / usted **oliere** él, ella **oliere** nosotros, tras **oliéremos** vosotros, tras **oliereis** / ustedes **olieren** ellos, ellas **olieren**
Futuro simple yo **oleré** tú **olerás** / usted **olerá** él, ella **olerá** nosotros, tras **oleremos** vosotros, tras **oleréis** / ustedes **olerán** ellos, ellas **olerán**	**IMPERATIVO** **huele** (tú) / **huela** (usted) **olamos** (nosotros, tras) **oled** (vosotros, tras) / **huelan** (ustedes)
Condicional simple yo **olería** tú **olerías** / usted **olería** él, ella **olería** nosotros, tras **oleríamos** vosotros, tras **oleríais** / ustedes **olerían** ellos, ellas **olerían**	**FORMAS NO PERSONALES** **Infinitivo** — **Gerundio** — **Participio** oler — oliendo — olido

olvidar (ol·vi·dar) [verbo] **1** Dejar de tener en la memoria algo que sabíamos: *He olvidado tu dirección.* **2** Dejar de sentir amor por algo querido: *Nunca me olvidaré de ti.* **3** No tener en cuenta: *Por favor, olvida lo que te dije ayer, porque estaba muy enfadado y no pensaba lo que decía.* ☐ Antónimos: **1** recordar, acordarse, rememorar. ☐ Familia: olvido, olvidadizo, inolvidable.

olvido (ol·vi·do) [sustantivo masculino] **1** Hecho de olvidar algo: *No recordar tu cumpleaños ha sido un olvido imperdonable.* **2** Situación en la que algo ya no está en la mente de alguien: *Muchos famosos se deprimen cuando caen en el olvido.* ☐ Antónimos: recuerdo, memoria. ☐ Familia: →olvidar.

ombligo (om·bli·go) [sustantivo masculino] **1** Pequeña cicatriz redondeada que tenemos los mamíferos en el centro del vientre. **2** Centro o punto más importante de algo: *Si fueras más modesta, no te creerías el ombligo del mundo.* ☐ Familia: umbilical.

omega (o·me·ga) [sustantivo femenino] Última letra del alfabeto griego.

omisión (o·mi·sión) [sustantivo femenino] Hecho de no decir o de no hacer algo: *La omisión de información puede considerarse como una mentira.* ☐ Familia: →omitir.

omiso (o·mi·so) ◆ [expresión] ‖ **hacer caso omiso** Mira en **caso**. ☐ Familia: →omitir.

omitir (o·mi·tir) [verbo] Dejar de decir o de hacer algo: *Cuéntamelo todo sin omitir ni un detalle.* ☐ Familia: omisión, omiso.

ómnibus (óm·ni·bus) [sustantivo masculino] Vehículo grande que se usa para llevar personas de una ciudad a otra. ☐ [No varía en singular ni en plural].

omnipotente (om·ni·po·ten·te) [adjetivo] Que tiene un poder total y absoluto. ☐ [No varía en masculino y femenino]. ☐ Familia: →poder.

omnipresente (om·ni·pre·sen·te) [adjetivo] Presente en todas partes al mismo tiempo. ☐ [No varía en masculino y femenino]. ☐ Sinónimos: ubicuo. ☐ Familia: →presente.

omnívoro, ra (om·ní·vo·ro, ra) [adjetivo y sustantivo masculino] Dicho de un animal, que come cualquier tipo de alimento. ⊙ página 73.

omóplato u **omoplato** (o·mó·pla·to; o·mo·pla·to) [sustantivo masculino] Cada uno de los dos huesos anchos situados a uno y otro lado de la espalda: *Los omóplatos tienen forma triangular.* ⊙ página 405.

once (on·ce) ■ [numeral] **1** Indica 11 unidades: *La guerra duró once años.* ■ [sustantivo masculino] **2** Número 11: *El once me da suerte.* ☐ [En el significado **1** no varía en masculino y femenino]. ☐ Familia: →uno.

onceavo, va (on·ce·a·vo, va) [numeral] Dicho de una parte, que es una de las once en que se divide algo. ☐ [No confundir con «decimoprimero» (que ocupa el lugar número once en una serie)]. ☐ Sinónimos: undécimo. ☐ Familia: →uno.

oncología (on·co·lo·gí·a) [sustantivo femenino] Parte de la medicina que estudia los tumores: *Cuando me diagnosticaron el cáncer fui a un hospital especializado en oncología.*

onda (on·da) [sustantivo femenino] **1** Elevación que se forma en la superficie de un líquido al agitarlo: *El viento produce ondas en la superficie del lago.* **2** Curva que se forma en algunas superficies: *Tengo el pelo con ondas.* **3** Movimiento regular con el que se extienden algunas cosas a través del aire o de otro medio: *Los transistores captan las ondas de los programas que emite la radio.* ◆ [expresión] ‖ **coger la onda** Entender lo que no se quiere decir de manera clara: *Si no coges la onda, no sabrás de qué hablamos.* ‖ **estar en la onda** Conocer lo último de un asunto o de una actividad: *No sé qué grupos musicales están de moda, porque no estoy en la onda.* ☐ [No confundir con el adjetivo femenino «honda» (que tiene el fondo muy separado de la superficie) ni con el sustantivo «honda» (instrumento para lanzar piedras). En el significado **2** se usa más en plural. Las expresiones son coloquiales]. ☐ Familia: ondear, ondular, ondulación, ondulado, ondulante, ondulatorio, microondas.

ondear (on·de·ar) [verbo] Moverse haciendo curvas con forma de «S»: *Las banderas ondean al viento.* ☐ Familia: →onda.

ondulación (on·du·la·ción) [sustantivo femenino] Hecho de tener ondas una superficie: *la ondulación del terreno.* ☐ Familia: →onda.

ondulado, da (on·du·la·do, da) [adjetivo] Que tiene curvas en forma de «S»: *pelo ondulado.* ☐ Familia: →onda.

ondulante (on·du·lan·te) [adjetivo] Que hace curvas en forma de «S». ☐ [No varía en masculino y femenino]. ☐ Familia: →onda.

ondular (on·du·lar) [verbo] Hacer que aparezcan curvas en forma de «S» en una superficie: *Se pone rulos para ondularse el pelo.* ☐ Familia: →onda.

ondulatorio, ria (on·du·la·to·rio, ria) [adjetivo] Que se mueve o se extiende en forma de ondas: *movimiento ondulatorio.* ☐ Familia: →onda.

oneroso, sa (o·ne·ro·so, sa) [adjetivo] **1** Que cuesta mucho dinero: *El cuidado de una mansión tan grande resulta oneroso.* **2** Molesto o difícil de soportar: *He dejado la dirección del periódico escolar porque era una tarea muy onerosa.* ☐ Sinónimos: **1** costoso, caro. **2** pesado.

ONG [sustantivo femenino] Organización que no pertenece a ningún Gobierno y que ayuda a personas necesitadas. ☐ [Se pronuncia «ó-éne-gé». Se escriben todas las letras con mayúscula. No varía en singular y plural: «la ONG», «las ONG». Se usa también «oenegé»].

ónice (ó·ni·ce) [sustantivo masculino] Mineral de cuarzo con franjas de colores claros y oscuros, que se usa para hacer adornos y esculturas. ☐ Sinónimos: ónix.

onírico, ca (o·ní·ri·co, ca) [adjetivo] De los sueños o con sus características: *imagen onírica.*

ónix (ó·nix) [sustantivo masculino] Mineral de cuarzo con franjas de colores claros y oscuros, que se usa para hacer adornos y esculturas. ☐ [No varía en singular y plural]. ☐ Sinónimos: ónice.

on line ◆ [expresión] → **en línea.** ☐ [Es una expresión inglesa. Se pronuncia «onláin»].

onomástico, ca (o·no·más·ti·co, ca) ■ [adjetivo] **1** De los nombres propios o relacionado con ellos: *índice onomástico*. ■ **onomástica** [sustantivo/femenino] **2** Día en el que se celebra el santo de una persona.

onomatopeya (o·no·ma·to·pe·ya) [sustantivo/femenino] Palabra que imita el sonido de algo: *«Tilín» es la onomatopeya del sonido de una campanita.* ☐ FAMILIA: onomatopéyico.

onomatopéyico, ca (o·no·ma·to·pé·yi·co, ca) [adjetivo] Que imita el sonido de algo: *«Guau» es una voz onomatopéyica.* ☐ FAMILIA: →onomatopeya.

onubense (o·nu·ben·se) [adjetivo o sustantivo] De la provincia española de Huelva o de su capital. ☐ [No varía en masculino y femenino].

onza (on·za) [sustantivo/femenino] **1** Cada una de las porciones en que se divide una tableta de chocolate. **2** Medida antigua que servía para pesar: *La onza equivalía a 28,7 gramos aproximadamente.*

opaco, ca (o·pa·co, ca) [adjetivo] Que no deja pasar la luz: *El cristal es transparente y la madera, opaca.* ☐ ANTÓNIMOS: transparente, nítido.

opalino, na (o·pa·li·no, na) [adjetivo] Del ópalo o con las características de este mineral: *brillo opalino.* ☐ FAMILIA: →ópalo.

ópalo (ó·pa·lo) [sustantivo/masculino] Mineral muy duro de diversos colores: *El ópalo es una variedad del cuarzo.* ☐ FAMILIA: opalino.

opción (op·ción) [sustantivo/femenino] **1** Posibilidad de elegir: *Lo haré, porque no tengo otra opción.* **2** Cosa que se ha elegido o se puede elegir: *Debemos decidirnos entre tres opciones.* **3** Derecho o posibilidad de obtener algo: *Si no apruebo ahora, no tengo opción a otro examen.* ☐ SINÓNIMOS: **1** elección. ☐ FAMILIA: →optar.

opcional (op·cio·nal) [adjetivo] Que se puede elegir y no es obligatorio: *La asistencia a esa conferencia es opcional.* ☐ [No varía en masculino y femenino]. ☐ SINÓNIMOS: optativo. ☐ ANTÓNIMOS: obligatorio. ☐ FAMILIA: →optar.

ópera (ó·pe·ra) [sustantivo/femenino] **1** Obra musical que se canta y se representa en los teatros. **2** Teatro en el que se representan obras de este tipo: *La Ópera de París es muy famosa.* ☐ FAMILIA: opereta.

operación (o·pe·ra·ción) [sustantivo/femenino] **1** Acción que se realiza para conseguir un fin: *La policía ha puesto en marcha una operación para organizar la salida de coches en vacaciones.* **2** Hecho de abrir un cuerpo vivo para quitarle un órgano o para curar una parte enferma: *Me tienen que hacer una operación para quitarme el apéndice.* **3** Proceso matemático para obtener un resultado: *La suma es la operación contraria a la resta.* ☐ SINÓNIMOS: **2** intervención. ☐ FAMILIA: →operar.

operador, ra (o·pe·ra·dor, do·ra) [sustantivo] Persona especialista en el uso de aparatos técnicos: *operadora de televisión; operador de teléfonos.* ☐ FAMILIA: →operar.

operar (o·pe·rar) [verbo] **1** Realizar una operación médica: *Me van a operar de apendicitis.* **2** Producir un efecto: *La educación puede operar grandes cambios en una persona.* **3** Realizar operaciones matemáticas: *Las calculadoras permiten operar con mucha rapidez.* **4** Realizar una serie de actividades: *Esa empresa opera dentro y fuera de nuestro país.* ☐ SINÓNIMOS: **1** intervenir. ☐ FAMILIA: operación, operador, operario, operativo, cooperar, cooperación, cooperativa, cooperativista, posoperatorio.

operario, ria (o·pe·ra·rio, ria) [sustantivo] Persona que trabaja en un sitio: *En esta fábrica trabajan unos veinte operarios.* ☐ SINÓNIMOS: obrero, trabajador. ☐ FAMILIA: →operar.

operativo, va (o·pe·ra·ti·vo, va) [adjetivo] **1** Que produce el resultado que se espera: *Las medidas del ayuntamiento fueron operativas y se solucionó el problema del tráfico.* **2** Que está en activo: *Esta central nuclear continúa operativa.* ☐ FAMILIA: →operar.

opereta (o·pe·re·ta) [sustantivo/femenino] Obra musical cantada y dialogada, breve y generalmente cómica. ☐ FAMILIA: →ópera.

opinar (o·pi·nar) [verbo] **1** Tener una opinión sobre algo: *¿Qué opinas de mí?* **2** Expresar una opinión: *Tú siempre escuchas, pero nunca opinas sobre nada.* ☐ SINÓNIMOS: **1** considerar, pensar, creer, decir. ☐ FAMILIA: opinión.

opinión (o·pi·nión) [sustantivo/femenino] Idea que alguien se forma al juzgar algo: *Me gustaría saber tu opinión sobre la película.* ☐ SINÓNIMOS: juicio. ☐ FAMILIA: →opinar.

opio (o·pio) [sustantivo/masculino] Sustancia que se obtiene de algunas plantas y se utiliza como droga.

opíparo, ra (o·pí·pa·ro, ra) [adjetivo] Dicho de una comida, que es abundante y espléndida: *una opípara cena.* ☐ ANTÓNIMOS: frugal.

oponente (o·po·nen·te) [adjetivo o sustantivo] Dicho de una persona, que se opone a otra. ☐ [No varía en masculino y femenino]. ☐ SINÓNIMOS: adversario, contrincante. ☐ FAMILIA: →oponer.

oponer (o·po·ner) [verbo] **1** Proponer algo contra lo que otro dice o siente: *Si nadie tiene nada que oponer, mi propuesta queda aceptada.* **2** Poner una cosa en contra: *Se rindieron sin oponer resistencia.* ■ **oponerse 3** Ser una cosa contraria a otra o estar enfrente de ella: *El bien se opone al mal.* **4** Ponerse en contra de algo: *Me opongo a que se cometa esa injusticia.* ☐ [Es irregular y se conjuga como PONER. Su participio es «opuesto»]. ☐ SINÓNIMOS: **1** objetar. ☐ ANTÓNIMOS: **2** conciliar. **4** secundar. ☐ FAMILIA: oponente, oposición, opositor, opuesto. →poner.

oporto (o·por·to) [sustantivo/masculino] Vino tinto originario de la ciudad portuguesa de Oporto.

oportunidad (o·por·tu·ni·dad) [sustantivo/femenino] Situación en la que es posible hacer algo: *En cuanto tenga una oportunidad, iré a visitarte.* ☐ SINÓNIMOS: momento, ocasión, posibilidad. ☐ FAMILIA: →oportuno.

oportunismo (o·por·tu·nis·mo) [sustantivo/masculino] Actitud de la persona que se aprovecha de las circunstancias para

oportunista

su propio beneficio, sin importarle nada ni nadie. ☐ Familia: →oportuno.

oportunista (o·por·tu·nis·ta) [adjetivo o sustantivo] Que aprovecha las circunstancias para su propio beneficio, sin importarle nada ni nadie: *Los oportunistas son capaces de cualquier cosa con tal de triunfar.* ☐ [No varía en masculino y femenino]. ☐ Familia: →oportuno.

oportuno, na (o·por·tu·no, na) [adjetivo] **1** Que es de la manera debida y que sucede en el momento adecuado: *Tu llegada es muy oportuna.* **2** Que dice lo más adecuado en una conversación: *Estuviste muy oportuno cuando diste esa respuesta.* ☐ Sinónimos: **1** apropiado, conveniente, afortunado, acertado. ☐ Antónimos: inoportuno. ☐ Familia: oportunidad, oportunista, oportunismo, inoportuno, importunar.

oposición (o·po·si·ción) [sustantivo femenino] **1** Relación contraria que hay entre dos cosas: *Aunque no opinemos lo mismo, entre tú y yo no hay oposición.* **2** Posición de la persona que se opone a lo que otra dice o siente: *A pesar de vuestra oposición, haré lo que os he dicho.* **3** Conjunto de ejercicios que hay que hacer para conseguir algunos tipos de trabajos: *Para ser profesor en un colegio público hay que aprobar una oposición.* **4** Grupo que se opone a la política del que está en el poder. ☐ [En el significado **3** es lo mismo en singular y plural]. ☐ Antónimos: **1** concordancia. ☐ Familia: →oponer.

opositor, ra (o·po·si·tor, to·ra) [sustantivo] Persona que se presenta a una oposición. ☐ Familia: →oponer.

opresión (o·pre·sión) [sustantivo femenino] **1** Molestia producida por algo que aprieta: *Con ese pantalón tan ajustado, siento una opresión en el estómago.* **2** Situación en la que una persona está bajo el poder de otra, sin libertad ni derechos: *Los esclavos se rebelaron contra la opresión de sus amos.* ☐ Familia: →oprimir.

opresivo, va (o·pre·si·vo, va) [adjetivo] Que oprime o hace fuerza sobre algo: *Esta habitación tan pequeña y con tanta gente me resulta opresiva.* ☐ Familia: →oprimir.

oprimir (o·pri·mir) [verbo] **1** Hacer presión o fuerza sobre algo: *Estos zapatos me oprimen mucho los pies.* **2** Hacer que una persona esté bajo el poder de otra, sin libertad ni derechos: *El pueblo se sublevó contra los gobernantes que lo oprimían.* ☐ Sinónimos: **1** apretar. ☐ Antónimos: **1** aflojar. ☐ Familia: opresión, opresivo.

optar (op·tar) [verbo] **1** Decidirse por una posibilidad entre varias: *Opté por salir de vacaciones ahora en vez del mes que viene.* **2** Aspirar a una categoría o a un trabajo: *A ese puesto optan muchos candidatos.* ☐ Sinónimos: **1** elegir, escoger, decantarse. ☐ Familia: opción, opcional, optativo.

optativo, va (op·ta·ti·vo, va) [adjetivo] Que puede ser elegido: *Mi hermana tiene asignaturas obligatorias y optativas.* ☐ Sinónimos: opcional. ☐ Familia: →optar.

óptico, ca (óp·ti·co, ca) ■ [adjetivo] **1** De la óptica o relacionado con esta técnica: *Un microscopio es un aparato óptico.* ■ [sustantivo] **2** Persona que se dedica a la fabricación o venta de objetos relacionados con la visión: *El óptico me ha recomendado unas gafas de sol oscuras.* ■ **óptica** [sustantivo femenino] **3** Técnica de fabricar instrumentos para mejorar la visión: *Primero estudió óptica y más tarde se hizo oculista.* **4** Lugar en el que se venden estos instrumentos: *Me compré las lentillas en una óptica.* **5** Forma de pensar sobre un asunto: *Visto desde esa óptica, el problema es más grave de lo que pensé.* ☐ Sinónimos: **5** punto de vista.

optimismo (op·ti·mis·mo) [sustantivo masculino] Forma de ser de la persona que siempre ve el lado bueno de las cosas. ☐ Antónimos: pesimismo. ☐ Familia: →óptimo.

optimista (op·ti·mis·ta) [adjetivo o sustantivo] Que siempre ve el lado bueno de las cosas. ☐ [No varía en masculino y femenino]. ☐ Sinónimos: positivo. ☐ Antónimos: negativo, pesimista, derrotista. ☐ Familia: →óptimo.

optimizar (op·ti·mi·zar) [verbo] Lograr un resultado óptimo: *optimizar la producción.* ☐ [La «z» se cambia en «c» delante de «e» («optimice»)]. ☐ Familia: →óptimo.

óptimo, ma (óp·ti·mo, ma) [adjetivo] Tan bueno que no puede ser mejor: *Este es un terreno óptimo para estas plantas.* ☐ Antónimos: pésimo. ☐ Familia: optimismo, optimista, optimizar.

opuesto, ta (o·pues·to, ta) ■ **1** Participio irregular de **oponer**. ■ [adjetivo] **2** Que se opone a algo o que está enfrente de algo: *ideas opuestas; edificios opuestos.* ☐ Sinónimos: **2** contrario, encontrado. ☐ Familia: →oponer.

opulencia (o·pu·len·cia) [sustantivo femenino] Gran riqueza, cantidad o abundancia: *vivir en la opulencia.* ☐ Antónimos: escasez, carencia, pobreza. ☐ Familia: →opulento.

opulento, ta (o·pu·len·to, ta) [adjetivo] Rico o abundante: *una familia opulenta.* ☐ Antónimos: pobre. ☐ Familia: opulencia.

oquedad (o·que·dad) [sustantivo femenino] Abertura o espacio en el que no hay nada: *Las cuevas son oquedades del terreno.* ☐ Familia: →hueco.

oración (o·ra·ción) [sustantivo femenino] **1** Conjunto de palabras o pensamientos que se dirigen a una divinidad para alabarla o para rogarle algo. **2** Conjunto de palabras que tiene sentido completo: *«Yo me llamo Marina» es una oración.* ☐ Sinónimos: **1** rezo. **2** frase. ☐ Familia: →orar.

oráculo (o·rá·cu·lo) [sustantivo masculino] **1** Mensaje o respuesta que un dios da a quienes lo consultan. **2** Lugar, estatua o imagen que representa a la divinidad a la que se le pide esta respuesta.

orador, ra (o·ra·dor, do·ra) [sustantivo] Persona que sabe hablar en público y sabe convencer a la gente de lo que dice: *La conferenciante demostró ser una gran oradora.* ☐ Familia: →orar.

oral (o·ral) [adjetivo] **1** Que se expresa con palabras: *En los exámenes orales me pongo muy nervioso.* **2** De la boca o relacionado con ella: *Las pastillas se toman por vía oral.* ☐ [No varía en masculino y femenino]. ☐ Sinónimos: **1** verbal.

orangután (o·ran·gu·tán) [sustantivo] Mono muy fuerte y muy grande, que vive en algunas selvas asiáticas.

orangután

orar (o·rar) [verbo] Dirigir oraciones a una divinidad. ☐ SINÓNIMOS: rezar. ☐ FAMILIA: oración, oratorio, oratoria, orador.

oratoria (o·ra·to·ria) [sustantivo femenino] Arte de saber hablar para convencer, agradar o conmover. ☐ FAMILIA: →orar.

oratorio (o·ra·to·rio) [sustantivo masculino] Lugar en el que se reza. ☐ FAMILIA: →orar.

orbe (or·be) [sustantivo masculino] Conjunto de todo lo que existe. ☐ SINÓNIMOS: universo, mundo, creación, cosmos. ☐ FAMILIA: órbita, orbitar, desorbitado.

órbita (ór·bi·ta) [sustantivo femenino] **1** Movimiento que hacen los planetas y los satélites: *La Tierra describe una órbita alrededor del Sol.* **2** Cada uno de los huecos en los que están los ojos: *Me miró con unos ojos que parecía que se le iban a salir de las órbitas.* **3** Área de influencia: *Ese asunto no entra dentro de la órbita de mi responsabilidad.* ☐ SINÓNIMOS: **2** cuenca. ☐ FAMILIA: →orbe.

orbitar (or·bi·tar) [verbo] Girar haciendo órbitas: *Los satélites artificiales orbitan alrededor de la Tierra.* ☐ FAMILIA: →orbe.

orca (or·ca) [sustantivo femenino] Animal mamífero y marino con el lomo azul oscuro y el vientre blanco, aletas muy largas y cabeza redondeada. ☐ [No confundir con «horca» (instrumento para ahorcar a una persona; herramienta agrícola para amontonar paja)].

órdago (ór·da·go) ◆ [expresión] ‖ **de órdago** Muy bueno o de gran calidad: *un banquete de órdago.* ☐ [Es coloquial].

orden (or·den) ∎ [sustantivo masculino] **1** Colocación de algo de la manera adecuada: *Siempre tiene sus cosas en perfecto orden.* **2** Situación normal en la que todo está tranquilo y se respetan las normas: *La Policía se encarga de mantener el orden público.* **3** Categoría o clase de cosas: *Dejemos ese tema y pasemos a otro orden de cosas.* ∎ [sustantivo femenino] **4** Cosa que alguien manda para que otro obedezca: *Fue arrestado por no cumplir las órdenes de un superior.* **5** Organización religiosa cuyos miembros viven de acuerdo con unas reglas: *Esa monja pertenece a una orden que vive en clausura.* **6** Organización que puede tener carácter militar y cuyo fin es dar premios a personas que lo merezcan: *Fueron condecorados con la cruz de la Orden de Isabel la Católica.* ◆ [expresión] ‖ **del orden de** Más o menos la cantidad que se expresa: *Necesitaré del orden de veinte folios para el trabajo.* ‖ **estar algo a la orden del día** Estar de moda o ser habitual: *Últimamente, los robos de coches están a la orden del día.* ‖ **llamar a alguien al orden** Decirle que cambie su comportamiento porque no es correcto. ‖ **orden del día** Lista de las tareas de las que hay que ocuparse ese día: *En el orden del día figuran los asuntos que se tratarán en la reunión.* ‖ **orden sacerdotal** Sacramento por el que una persona se hace sacerdote: *Al acabar sus estudios en el seminario, recibió el sacramento del orden sacerdotal.* ☐ [En los significados **5** y **6**, cuando forma parte del nombre de la orden, se escribe con mayúscula]. ☐ SINÓNIMOS: **1** ordenación. ☐ ANTÓNIMOS: **1** desorden, desorganización, desbarajuste. ☐ FAMILIA: ordenar, ordenado, ordenación, ordenada, coordenada, ordenador, ordenamiento, ordenanza, ordinal, contraorden, desorden, desordenar, desordenado, subordinar, subordinado, subordinación, insubordinar.

ordenación (or·de·na·ción) [sustantivo femenino] **1** Colocación de algo de la manera adecuada. **2** Ceremonia en la que se hace sacerdote a una persona. ☐ SINÓNIMOS: **1** orden. ☐ FAMILIA: →orden.

ordenado, da (or·de·na·do, da) ∎ [adjetivo] **1** Con orden en sus acciones y en sus cosas. ∎ **ordenada** [sustantivo femenino] **2** En matemáticas, línea vertical de los ejes de coordenadas: *La ordenada se representa con la letra «y».* ☐ ANTÓNIMOS: **1** desordenado. ☐ FAMILIA: →orden.

ordenador (or·de·na·dor) [sustantivo masculino] Máquina que trabaja de forma automática y muy rápida con la información que se le proporciona. ☐ SINÓNIMOS: computadora. ☐ FAMILIA: →orden.

ordenamiento (or·de·na·mien·to) [sustantivo masculino] Conjunto de leyes o de normas que regulan la forma en que algo debe hacerse: *el ordenamiento jurídico.* ☐ FAMILIA: →orden.

ordenanza (or·de·nan·za) ∎ [sustantivo] **1** Persona que trabaja en una oficina haciendo recados y tareas para las que no se necesita especial preparación. ∎ **ordenanzas** [sustantivo femenino plural] **2** Conjunto de reglas que da una autoridad para poner orden en una actividad o en un lugar: *ordenanzas municipales; ordenanzas militares.* ☐ [En el significado **1** no varía en masculino y femenino]. ☐ FAMILIA: →orden.

ordenar (or·de·nar) [verbo] **1** Poner algo en orden o de la manera adecuada: *Tengo que ordenar mis libros.* **2** Dar la orden de hacer algo: *El coronel ordenó al soldado que se pusiera firme.* **3** Hacer sacerdote a una persona: *El obispo ordenará hoy a varios nuevos sacerdotes.* ☐ SINÓNIMOS: **1** colocar, organizar. **2** mandar, establecer, decretar. ☐ ANTÓNIMOS: **1** desordenar, desorganizar, descolocar. **2** obedecer. ☐ FAMILIA: →orden.

ordeñar (or·de·ñar) [verbo] Sacar la leche a las vacas o a las hembras de algunos animales.

ordinal (or·di·nal) [adjetivo o sustantivo masculino] Que expresa orden: *«Primero», «segundo» y «tercero» son números ordinales*. ☐ [Cuando es adjetivo, no varía en masculino y femenino]. ☐ Familia: →orden.

ordinariez (or·di·na·riez) [sustantivo femenino] Hecho o dicho que se considera ordinario o de mal gusto: *Eso que has dicho es una ordinariez*. ☐ Sinónimos: vulgaridad. ☐ Familia: →ordinario.

ordinario, ria (or·di·na·rio, ria) ▌[adjetivo] **1** Que no sorprende, porque sucede siempre así: *No es ordinario que haya policías debajo de mi casa*. **2** Que no destaca y es como muchos otros: *No necesito una pluma de lujo, porque me basta con un bolígrafo ordinario*. ▌[adjetivo o sustantivo] **3** Que es poco delicado y sin educación: *Hablar diciendo tacos me parece muy ordinario*. ☐ Sinónimos: **1** natural, usual, habitual. **1, 2** común, corriente, normal. **3** basto, grosero, soez, rudo. ☐ Antónimos: **1, 2** anormal, raro, extraño, extraordinario. **1** sorprendente, chocante, insólito. **3** delicado, fino. ☐ Familia: ordinariez, extraordinario.

orear (o·re·ar) [verbo] Poner algo al aire o hacer que dé el aire en un sitio: *orear una habitación; orear un edredón*. ☐ Sinónimos: airear, ventilar. ☐ Familia: →aire.

orégano (o·ré·ga·no) [sustantivo masculino] Planta de olor agradable que se usa para dar sabor a las comidas.

oreja (o·re·ja) [sustantivo femenino] **1** Cada uno de los dos cartílagos que tenemos a los lados de la cabeza y por los que oímos: *Los pendientes se ponen en las orejas*. **2** Cualquier cosa con una forma parecida a esta parte de la cabeza: *un sillón de orejas*. ♦ [expresión] ‖ **con las orejas gachas** Triste o con vergüenza por algo que ha sucedido. ‖ **orejas de soplillo** Las que se separan mucho de la cabeza. ‖ **ver las orejas al lobo** Darse cuenta de un peligro próximo. ☐ [Las expresiones son coloquiales]. ☐ Familia: orejudo, orejón, orejera, auricular.

orejera (o·re·je·ra) [sustantivo femenino] Cada una de las dos piezas que tienen algunos gorros o cascos para cubrir las orejas y protegerlas del frío. ☐ [Se usa más en plural]. ☐ Familia: →oreja.

orejón (o·re·jón) [sustantivo masculino] Trozo de fruta, especialmente de melocotón, secado al aire o al sol. ⊙ **página 455**. ☐ Familia: →oreja.

orejudo, da (o·re·ju·do, da) [adjetivo] Que tiene las orejas grandes y muy largas. ☐ Familia: →oreja.

orensano, na (o·ren·sa·no, na) [adjetivo o sustantivo] De la provincia española de Orense o de su capital.

orfanato (or·fa·na·to) [sustantivo masculino] Lugar donde se cuida a los niños que no tienen padres. ☐ Sinónimos: orfelinato. ☐ Familia: →huérfano.

orfandad (or·fan·dad) [sustantivo femenino] Situación del niño que no tiene padre, madre o ninguno de los dos. ☐ Familia: →huérfano.

orfebre (or·fe·bre) [sustantivo] Persona que hace objetos artísticos con metales preciosos. ☐ [No varía en masculino y femenino].

orfelinato (or·fe·li·na·to) [sustantivo masculino] Lugar donde se cuida a los niños que no tienen padres. ☐ Sinónimos: orfanato. ☐ Familia: →huérfano.

orfeón (or·fe·ón) [sustantivo masculino] Grupo musical que canta sin acompañarse con instrumentos. ☐ Sinónimos: coral.

organdí (or·gan·dí) [sustantivo masculino] Tela de algodón muy fina y transparente. ☐ [Su plural es «organdís» u «organdíes» (más culto)].

orgánico, ca (or·gá·ni·co, ca) [adjetivo] **1** De los órganos de los seres vivos o con sus características: *enfermedad orgánica; tejido orgánico*. **2** Dicho de un cuerpo, que tiene vida o que puede tenerla: *Las plantas y los animales son seres orgánicos*. **3** Dicho de una sustancia química, que tiene carbono: *La glucosa es un compuesto orgánico*. ☐ Antónimos: **2, 3** inorgánico. ☐ Familia: →órgano.

organillero, ra (or·ga·ni·lle·ro, ra) [sustantivo] Persona que toca el organillo. ☐ Familia: →órgano.

organillo (or·ga·ni·llo) [sustantivo masculino] Instrumento musical con forma de piano pequeño que se hace sonar girando una manivela. ☐ Familia: →órgano.

organillo

organismo (or·ga·nis·mo) [sustantivo masculino] **1** Conjunto de los órganos de un cuerpo animal o vegetal: *La sangre lleva oxígeno por todo el organismo*. **2** Ser vivo: *Las bacterias son organismos que solo se ven con microscopio*. **3** Asociación o centro organizado para realizar funciones determinadas: *La ONU es un organismo internacional que intenta solucionar de forma pacífica los problemas que tienen los países entre sí*. ☐ Familia: →órgano.

organista (or·ga·nis·ta) [sustantivo] Persona que toca el órgano. ☐ [No varía en masculino y femenino]. ☐ Familia: →órgano.

organización (or·ga·ni·za·ción) [sustantivo femenino] **1** Manera de estar formado algo según un orden o una estructura: *La buena organización es fundamental para que una empresa funcione*. **2** Conjunto de personas que forman un grupo organizado: *Esa organización se dedica a la lucha contra el hambre*. ☐ Sinónimos: **1** preparación. ☐ Antónimos: **1** desorganización, desorden, desbarajuste. ☐ Familia: →organizar.

organizado, da (or·ga·ni·za·do, da) [adjetivo] Que tiene organización. ☐ Familia: →organizar.

organizador, ra (or·ga·ni·za·dor, do·ra) [adjetivo o sustantivo] Que organiza o que sabe organizar. □ Familia: →organizar.

organizar (or·ga·ni·zar) [verbo] **1** Poner algo de acuerdo con un orden o con una estructura: *Un guardia organizaba el tráfico.* **2** Preparar todo lo necesario para algo: *Hemos organizado un banquete.* **3** Formar o producir: *¡Menudo follón se organizó en la calle!* ■ **organizarse 4** Hacer las cosas con determinado orden: *Si te organizas bien, te dará tiempo a terminar.* □ [La «z» se cambia en «c» delante de «e» («organice»)]. □ Sinónimos: **1** ordenar, regular. □ Antónimos: **1** desorganizar, desordenar. □ Familia: organización, organizador, organizado, desorganizar, desorganización, reorganizar.

órgano (ór·ga·no) [sustantivo masculino] **1** Cada una de las partes del cuerpo que realiza una función determinada: *El riñón y el hígado son dos órganos internos.* **2** Instrumento musical parecido a un piano, pero con tubos de distintos tamaños por los que sale el aire y en los que se produce el sonido. **3** Parte de una organización o institución que sirve de instrumento o de medio para realizar una función: *El Parlamento es el órgano del Estado donde se hacen las leyes.* □ Familia: organillo, organillero, organista, organismo, microorganismo, orgánico, inorgánico.

orgía (or·gí·a) [sustantivo femenino] Fiesta en la que se come y se bebe con exageración y se cometen otros excesos, generalmente sexuales.

orgullo (or·gu·llo) [sustantivo masculino] **1** Sensación de creerse mejor que los demás: *Si no tuvieras tanto orgullo, no te costaría tanto pedir perdón.* **2** Satisfacción grande que siente una persona por algo suyo y que considera muy bueno: *Siempre hablas con orgullo de lo buenos que son tus padres.* **3** Buena consideración que tenemos de nosotros mismos y por la que esperamos el respeto de los demás: *A todos nos molesta que nos traten mal, porque todos tenemos nuestro orgullo.* □ Sinónimos: **1** soberbia, vanidad, humos, engreimiento, altanería. □ Antónimos: **1** modestia, humildad, sencillez. □ Familia: orgulloso, enorgullecer.

orgulloso, sa (or·gu·llo·so, sa) ■ [adjetivo] **1** Que está satisfecho por algo bueno: *Estoy orgullosa de ti.* ■ [adjetivo o sustantivo] **2** Que tiene orgullo o que lo muestra: *Eres demasiado orgulloso.* □ Sinónimos: **2** vanidoso, soberbio, ufano, engreído, altanero. □ Antónimos: **2** humilde, modesto, sencillo. □ Familia: →orgullo.

orientación (o·rien·ta·ción) [sustantivo femenino] **1** Posición de algo en dirección a un punto: *En las habitaciones con orientación al oeste da el sol toda la tarde.* **2** Hecho de saber la posición hacia la que algo está dirigido: *No tengo sentido de la orientación y enseguida me pierdo.* **3** Información que necesita recibir una persona para hacer algo: *El psicólogo del colegio da orientación a los alumnos y a los padres.* □ Familia: →orientar.

oriental (o·rien·tal) ■ [adjetivo] **1** Del este: *costa oriental.* ■ [adjetivo o sustantivo] **2** Del continente asiático y de las zonas europeas y africanas más próximas a él: *Los chinos son orientales.* □ [No varía en masculino y femenino]. □ Antónimos: occidental. □ Familia: →oriente.

orientar (o·rien·tar) [verbo] **1** Determinar la posición hacia la que algo está dirigido: *Los montañeros llevaban una brújula para orientarse.* **2** Dar a una persona la información que necesita para hacer algo: *El psicólogo del colegio me orientó sobre los estudios que podía seguir.* **3** Hacer que algo o alguien tome una dirección determinada: *Orientó su vida hacia la investigación.* □ Sinónimos: **3** encaminar, canalizar. □ Antónimos: desorientar, despistar. **1** extraviarse, perderse. □ Familia: orientación, desorientar, desorientación.

oriente (o·rien·te) [sustantivo masculino] Punto cardinal por donde sale el sol. □ Sinónimos: este, levante. □ Antónimos: occidente, oeste, poniente. □ Familia: oriental.

orificio (o·ri·fi·cio) [sustantivo masculino] Abertura más o menos redonda que hay en una superficie: *Estas hojas tienen orificios para meterlas en el cuaderno de anillas.* □ Sinónimos: agujero.

origen (o·ri·gen) [sustantivo masculino] **1** Primer momento de la existencia de algo: *En su origen, esta asociación tenía pocos miembros.* **2** Punto del que viene algo o en el que empieza a existir: *Esta estación es el origen de varias líneas de metro.* **3** Cosa que produce o provoca algo: *Los médicos no saben cuál es el origen de esa enfermedad.* **4** Familia o grupo social en los que alguien nace: *Está orgullosa de sus orígenes.* □ Sinónimos: **1-3** principio, comienzo, nacimiento. **3** causa. □ Antónimos: **1, 2** final, término. **2** destino. **3** consecuencia, efecto. □ Familia: original, originalidad, originar, originario, aborigen.

original (o·ri·gi·nal) ■ [adjetivo] **1** Del origen o relacionado con él: *El proyecto original ha ido cambiando según se iba desarrollando.* **2** Que llama la atención porque es distinto de lo normal: *Todo el mundo se fija en él, porque lleva una ropa muy original.* ■ [adjetivo o sustantivo masculino] **3** Que no es una copia: *Robaron el cuadro original y dejaron una copia muy mala.* ■ [sustantivo masculino] **4** Ejemplar que sirve de modelo para una pintura o para una copia: *El parecido del retrato con el original es enorme.* □ [Cuando es adjetivo, no varía en masculino y femenino]. □ Sinónimos: **2** singular. **3** auténtico. □ Antónimos: **2** común, corriente, normal. □ Familia: →origen.

originalidad (o·ri·gi·na·li·dad) [sustantivo femenino] **1** Característica de todo lo que se aparta de lo común: *La originalidad de sus propuestas demuestra su gran imaginación.* **2** Hecho o dicho que llama la atención porque es distinto de lo normal: *¡Me sales con cada originalidad!* □ Familia: →origen.

originar (o·ri·gi·nar) [verbo] Producir o dar lugar a algo: *La lluvia originó un gran atasco en la carretera.* □ Familia: →origen.

originario, ria (o·ri·gi·na·rio, ria) [adjetivo] Que tiene su origen en un sitio: *Este queso es originario de la Mancha.* □ Familia: →origen.

orilla (o·ri·lla) [sustantivo femenino] **1** Extremo o límite de una superficie: *Haz un remate a la orilla de la tela.* **2** Borde de un río o de otro lugar con agua: *Estuvimos paseando a la orilla del mar.* ☐ Sinónimos: margen. **2** ribera. ☐ Familia: orillar.

orillar (o·ri·llar) [verbo] **1** Arrimar a la orilla: *El policía me ordenó orillar el coche al borde del camino.* **2** Evitar con habilidad algo que resulta difícil o peligroso: *Orilla todas esas discusiones inútiles y céntrate en tu trabajo.* ☐ Sinónimos: **2** sortear, costear. ☐ Familia: →orilla.

orín (o·rín) [sustantivo masculino] **1** Capa que se forma en el hierro a causa de la humedad. **2** Líquido amarillo que sale del cuerpo para echar fuera sustancias perjudiciales. ☐ Sinónimos: **1** herrumbre. **2** orina.

orina (o·ri·na) [sustantivo femenino] Líquido amarillo que sale del cuerpo para echar fuera sustancias perjudiciales: *Los pañales absorben la orina de los bebés.* ☐ Sinónimos: orín. ☐ Familia: orinar, orinal, urinario.

orinal (o·ri·nal) [sustantivo masculino] Recipiente portátil para orinar o defecar. ☐ Familia: →orina.

orinar (o·ri·nar) [verbo] Expulsar orina. ☐ Familia: →orina.

orla (or·la) [sustantivo femenino] **1** Cuadro con las fotos de alumnos y profesores que se suele hacer al acabar una carrera. **2** Banda que adorna los bordes de una tela o de un papel: *Las hojas de este libro llevan una orla dorada.*

ornamentación (or·na·men·ta·ción) [sustantivo femenino] **1** Colocación de adornos para hacer que algo esté más bonito: *Un decorador se encargó de la ornamentación de la sala.* **2** Adorno o conjunto de adornos que embellecen: *La ornamentación de este palacio es muy rica.* ☐ Sinónimos: **2** ornamento, ornato. ☐ Familia: →ornato.

ornamental (or·na·men·tal) [adjetivo] Del adorno o que sirve para adornar: *figuras ornamentales.* ☐ [No varía en masculino y femenino]. ☐ Sinónimos: decorativo. ☐ Familia: →ornato.

ornamento (or·na·men·to) ❚ [sustantivo masculino] **1** Adorno o conjunto de adornos que embellecen. ❚ **ornamentos** [plural] **2** Ropas sagradas que se pone el sacerdote para celebrar una ceremonia religiosa. ☐ Sinónimos: **1** ornamentación, ornato. ☐ Familia: →ornato.

ornato (or·na·to) [sustantivo masculino] Adorno o conjunto de adornos que embellecen. ☐ Sinónimos: ornamento, ornamentación. ☐ Familia: ornamento, ornamental, ornamentación.

ornitología (or·ni·to·lo·gí·a) [sustantivo femenino] Parte de la zoología que estudia las aves. ☐ Familia: ornitólogo.

ornitólogo, ga (or·ni·tó·lo·go, ga) [sustantivo] Persona que sabe mucho de pájaros. ☐ Familia: →ornitología.

ornitorrinco (or·ni·to·rrin·co) [sustantivo masculino] Animal mamífero con cabeza redonda y hocico en forma de pico de pato: *El ornitorrinco tiene las patas cortas y membranas en los dedos de los pies.*

oro (o·ro) ❚ [sustantivo masculino] **1** Metal de color amarillo que se usa mucho para fabricar joyas. ❚ **oros** [plural] **2** Palo de la baraja que tiene dibujada una o varias monedas. ◆ [expresión] ❙ **como oro en paño** Con mucho cuidado: *Guarda las fotos de sus nietos como oro en paño.* ❙ **de oro** Muy bueno o con unas cualidades que no se pueden mejorar: *Cervantes vivió en la edad de oro de nuestra literatura.* ❙ **hacerse de oro** Hacerse muy rico. ❙ **oro negro** Petróleo: *Los países árabes son grandes productores de oro negro.* ☐ Familia: dorar, dorado, oropel.

orogenia (o·ro·ge·nia) [sustantivo femenino] Estudio de la formación de las montañas. ☐ Familia: orogénico.

orogénico, ca (o·ro·gé·ni·co, ca) [adjetivo] De la orogenia o relacionado con este estudio: *movimiento orogénico.* ☐ Familia: →orogenia.

orografía (o·ro·gra·fí·a) [sustantivo femenino] **1** Parte de la geografía que estudia el relieve de la Tierra. **2** Conjunto de montes que forman el relieve de un lugar. ☐ Familia: orográfico.

orográfico, ca (o·ro·grá·fi·co, ca) [adjetivo] De la orografía o relacionado con esta parte de la geografía: *un estudio orográfico.* ☐ Familia: →orografía.

orondo, da (o·ron·do, da) [adjetivo y sustantivo] **1** Muy gordo o muy grueso. **2** Muy orgulloso de sí mismo. ☐ Sinónimos: **1** grueso, gordo. **2** vanidoso.

oropel (o·ro·pel) [sustantivo masculino] Lámina muy fina de un metal que imita al oro. ☐ Familia: →oro.

oropéndola (o·ro·pén·do·la) [sustantivo femenino] Pájaro de plumas amarillas que hace el nido colgando de las ramas de los árboles para que se mueva con el viento.

orquesta (or·ques·ta) [sustantivo femenino] Conjunto de músicos que tocan bajo las órdenes de un director. ☐ Familia: orquestar, orquestina.

orquestar (or·ques·tar) [verbo] **1** Arreglar una composición musical para que pueda ser interpretada por una orquesta: *Esta compositora ha orquestado muchas canciones populares.* **2** Organizar o dirigir una actividad: *Orquestaron una gran campaña publicitaria para lanzar un nuevo producto al mercado.* ☐ Familia: →orquesta.

orquestina (or·ques·ti·na) [sustantivo femenino] Orquesta formada por pocos instrumentos que generalmente toca música para que la gente baile. ☐ Familia: →orquesta.

orquídea (or·quí·de·a) [sustantivo femenino] Planta con unas flores de formas y colores originales. ➤ página 444.

ortiga (or·ti·ga) [sustantivo femenino] Planta que tiene las hojas cubiertas de pequeños pelos que, al rozarlos, hacen que nos pique la piel. ☐ Familia: urticaria, urticante.

ortodoncia (or·to·don·cia) [sustantivo femenino] Tratamiento para arreglar los dientes que están mal colocados o mal formados.

ortodoncista (or·to·don·cis·ta) [sustantivo] Persona que es especialista en arreglar los dientes que están mal colocados o mal formados. ☐ [No varía en masculino y femenino].

ortodoxia (or·to·do·xia) [sustantivo femenino] **1** Conjunto de Iglesias cristianas de algunos países, como Rusia, Rumanía y Grecia. **2** Hecho de estar de acuerdo con los principios de una determinada forma de pensar, de una ideología o de una religión. ☐ Antónimos: **2** heterodoxia. ☐ Familia: ortodoxo.

orquesta

CORO

INSTRUMENTOS DE PERCUSIÓN

INSTRUMENTOS DE VIENTO

batuta
director
atril
partitura
tarima

INSTRUMENTOS DE CUERDA

ortodoxo, xa (or·to·do·xo, xa) [adjetivo o sustantivo] **1** De la religión cristiana de algunos países, como Rusia, Rumanía y Grecia: *Las Iglesias ortodoxas se separaron en el siglo XI de la Iglesia católica romana.* **2** Que sigue los principios de una determinada forma de pensar o de una ideología: *una actitud ortodoxa.* ☐ ANTÓNIMOS: **2** heterodoxo. ☐ FAMILIA: →ortodoxia.

ortofonía (or·to·fo·ní·a) [sustantivo femenino] Corrección de los defectos que se tienen en la voz o en la pronunciación.

ortografía (or·to·gra·fí·a) [sustantivo femenino] Manera correcta de escribir, según las reglas que están fijadas. ☐ FAMILIA: ortográfico.

ortográfico, ca (or·to·grá·fi·co, ca) [adjetivo] De la ortografía o relacionado con estas reglas. ☐ FAMILIA: →ortografía.

ortopedia (or·to·pe·dia) [sustantivo] Técnica que permite corregir y evitar un defecto del cuerpo por medio de aparatos o de ejercicios corporales. ☐ FAMILIA: ortopédico.

ortopédico, ca (or·to·pé·di·co, ca) [adjetivo] Que sirve para corregir o evitar un defecto del cuerpo: *Llevo plantillas ortopédicas porque tengo los pies planos.* ☐ FAMILIA: →ortopedia.

oruga (o·ru·ga) [sustantivo femenino] Insecto con el cuerpo en forma de gusano y que todavía no es adulto: *Las orugas se convierten en mariposas cuando se hacen adultas.* 👁 página 530.

orujo (o·ru·jo) [sustantivo masculino] Bebida alcohólica muy fuerte que se hace con el pellejo de las uvas: *El orujo es un tipo de aguardiente.*

orzuelo (or·zue·lo) [sustantivo masculino] Especie de grano que sale en el borde del párpado.

os [pronombre personal] Representa la segunda persona del plural y se usa como complemento directo o indirecto: *Os queremos mucho. Os he traído un regalo.* ☐ [No varía en masculino y femenino. Se usa en las formas de segunda persona del plural de algunos verbos: «os escapasteis»].

osadía (o·sa·dí·a) [sustantivo femenino] Valor que tiene una persona que se atreve a todo. ☐ SINÓNIMOS: audacia. ☐ FAMILIA: →osar.

osado, da (o·sa·do, da) [adjetivo] Que tiene valor para hacer algo nuevo o difícil. ☐ SINÓNIMOS: atrevido, audaz. ☐ FAMILIA: →osar.

osamenta (o·sa·men·ta) [sustantivo femenino] Conjunto de huesos de una persona o de un animal. ☐ FAMILIA: →hueso.

osar (o·sar) [verbo] Decidirse a hacer algo que resulta nuevo, difícil o peligroso: *Nadie osa llevarle la contraria porque tiene muy mal genio.* ☐ SINÓNIMOS: atreverse. ☐ FAMILIA: osadía, osado.

osario (o·sa·rio) [sustantivo masculino] Lugar en el que se encuentran huesos enterrados: *En la excavación descubrieron un osario prehistórico.* ☐ FAMILIA: →hueso.

óscar (ós·car) [sustantivo masculino] Estatuilla que se entrega a los ganadores de los premios de cine estadounidenses. ☐ [Se escribe con mayúscula cuando se trata de la denominación oficial del premio. Su plural es «óscares»].

oscense (os·cen·se) [adjetivo o sustantivo] De la provincia española de Huesca o de su capital. ☐ [No varía en masculino y femenino].

oscilación (os·ci·la·ción) [sustantivo femenino] **1** Movimiento repetido de un lado a otro: *la oscilación del péndulo del reloj.* **2** Hecho de crecer y disminuir el valor o la cantidad de algo de forma más o menos regular: *La devaluación de la moneda provocó oscilaciones en los precios.* ☐ SINÓNIMOS: **2** fluctuación. ☐ FAMILIA: →oscilar.

oscilar (os·ci·lar) [verbo] **1** Hacer movimientos repetidos de un lado a otro: *Si el péndulo del reloj deja de oscilar, se pararán las agujas.* **2** Variar los límites de una cantidad o de un valor: *El tiempo que dedico al deporte oscila entre una y dos horas al día.* **3** No saber bien qué elegir: *Mi decisión oscila entre lo que debo hacer y lo que me apetecería.* ☐ FAMILIA: oscilación.

ósculo (ós·cu·lo) [sustantivo masculino] Toque o caricia con los labios. ☐ [Suele usarse en el lenguaje literario]. ☐ SINÓNIMOS: beso.

oscurecer (os·cu·re·cer) [verbo] **1** Poner más oscuro: *Para oscurecer un color, mézclalo con negro.* **2** Empezar a faltar la luz del día: *Enciende la luz, que está oscureciendo.* **3** Quitarle valor a algo o hacer que destaque menos: *Los rumores de que el árbitro estaba comprado oscurecieron el triunfo de los ganadores.* ☐ [Es irregular y se conjuga como AGRADECER]. ☐ SINÓNIMOS: **2** anochecer. **3** empañar. ☐ ANTÓNIMOS: **1**, **2** aclarar. **2** clarear, amanecer. ☐ FAMILIA: →oscuro.

oscuridad (os·cu·ri·dad) [sustantivo femenino] **1** Falta de luz: *¿A qué se debe tanta oscuridad?* **2** Lugar en el que hay poca o ninguna luz: *Salió de la oscuridad de repente y me asustó.* **3** Falta de información sobre algo para impedir que se conozca: *Sobre ese asunto nadie habla y reina la más absoluta oscuridad.* **4** Falta de fama o de conocimiento público: *El éxito le llegó tras años de trabajo en la oscuridad.* ☐ ANTÓNIMOS: **1** claridad. ☐ FAMILIA: →oscuro.

oscuro, ra (os·cu·ro, ra) [adjetivo] **1** Que tiene poca o ninguna luz: *Me da miedo entrar en ese cuarto tan oscuro.* **2** Dicho de un color, que se parece al negro o que tiene más mezcla de negro que otro: *La tierra húmeda tiene un color más oscuro que la tierra seca.* **3** Poco claro o difícil de comprender: *Ese poeta tiene un estilo muy oscuro.* ◆ [expresión] ‖ **a oscuras** Sin luz: *Se fundió la bombilla y nos quedamos a oscuras.* ☐ ANTÓNIMOS: claro. **1** luminoso. ☐ FAMILIA: oscuridad, oscurecer, claroscuro.

óseo, a (ó·se·o, a) [adjetivo] Del hueso, hecho de hueso o relacionado con él: *Los vertebrados tienen un esqueleto óseo.* ☐ FAMILIA: →hueso.

osera (o·se·ra) [sustantivo femenino] Lugar donde viven los osos. ☐ FAMILIA: →oso.

osezno, na (o·sez·no, na) [sustantivo] Cría del oso. ☐ FAMILIA: →oso.

ósmosis (ós·mo·sis) [sustantivo femenino] Paso de una sustancia a través de una membrana: *Las plantas absorben los* minerales del suelo por ósmosis. ☐ [No varía en singular y plural].

oso, sa (o·so, sa) [sustantivo] Animal salvaje de gran tamaño y con mucho pelo: *oso polar; oso pardo.* 👁 **páginas 354-355 y 596-597.** ◆ [expresión] ‖ **anda la osa** Se usa para indicar sorpresa o admiración: *¡Anda la osa, si tenía aquí un caramelo!* ‖ **oso hormiguero** Animal que tiene la cola y la nariz muy largas y que se alimenta de hormigas. ‖ **oso panda** Animal que tiene mucho pelo, negro en las orejas, alrededor de los ojos y en las cuatro patas, y blanco en la cabeza y en la parte de atrás del cuerpo: *Los osos panda comen bambú.* ☐ [La expresión «anda la osa» es coloquial]. ☐ FAMILIA: osezno, osera.

ostensible (os·ten·si·ble) [adjetivo] Que es tan claro que no tiene duda: *enfado ostensible.* ☐ [No varía en masculino y femenino. No confundir con «ostentoso» (llamativo por sus riquezas, comodidades o adornos innecesarios; que se hace para que lo vean los demás)]. ☐ SINÓNIMOS: patente, evidente, obvio. ☐ FAMILIA: →ostentar.

ostentación (os·ten·ta·ción) [sustantivo femenino] Demostración orgullosa de algo delante de los demás: *Debes ser más modesta y no hacer tanta ostentación de tu riqueza.* ☐ SINÓNIMOS: alarde. ☐ FAMILIA: →ostentar.

ostentar (os·ten·tar) [verbo] **1** Mostrar algo con orgullo: *El capitán del equipo ostentaba el trofeo delante de los periodistas.* **2** Tener un título o un cargo relevante: *Mi jefa ostenta el cargo de directora de la compañía.* ☐ FAMILIA: ostentación, ostentoso, ostensible.

ostentoso, sa (os·ten·to·so, sa) [adjetivo] **1** Llamativo por sus riquezas, comodidades o adornos innecesarios: *Vive en una ostentosa mansión llena de antigüedades.* **2** Que se hace para que los demás lo vean: *Se quejaba de forma ostentosa para que todos le hiciéramos caso.* ☐ [No confundir con «ostensible» (que es muy claro) ni con «estentóreo» (muy fuerte o ruidoso)]. ☐ SINÓNIMOS: **1** pomposo, lujoso. ☐ FAMILIA: →ostentar.

ostra (os·tra) ▪ [sustantivo femenino] **1** Animal marino que tiene dos conchas casi circulares y que vive pegado a las piedras. ▪ **ostras** [interjección] **2** Se usa para indicar sorpresa, admiración o disgusto: *¡Ostras, qué tarde se me ha hecho...!* ◆ [expresión] ‖ **aburrirse como una ostra** Aburrirse mucho: *La película era un rollo y nos aburrimos como una ostra.* ☐ [El significado **2** y la expresión son coloquiales].

ostrogodo, da (os·tro·go·do, da) [adjetivo o sustantivo] De un antiguo pueblo germánico que vivía en el este del continente europeo. ☐ FAMILIA: →godo.

otear (o·te·ar) [verbo] Mirar desde un lugar alto: *El soldado subió a la torre para otear el horizonte.*

otero (o·te·ro) [sustantivo masculino] Monte de poca altura que se eleva sobre un terreno llano. ☐ SINÓNIMOS: altozano.

otitis (o·ti·tis) [sustantivo femenino] Inflamación del oído: *Mi pediatra me ha recetado unas gotas para la otitis.* ☐ [No varía en singular y plural].

otomano, na (o·to·ma·no, na) [adjetivo o sustantivo] De Turquía, que es un país europeo y asiático.

otoñal (o·to·ñal) [adjetivo] Del otoño o relacionado con esta estación: *Octubre es un mes otoñal.* ☐ [No varía en masculino y femenino]. ☐ FAMILIA: →otoño.

otoño (o·to·ño) [sustantivo masculino] Estación del año entre el verano y el invierno: *En otoño se caen las hojas de algunos árboles.* 👁 **página 169; ilustración en *estación*.** ☐ FAMILIA: otoñal.

otorgamiento (o·tor·ga·mien·to) [sustantivo masculino] Entrega de un documento con el que se prueba o se justifica algo: *Ayer firmó ante el notario el otorgamiento de su testamento.* ☐ FAMILIA: →otorgar.

otorgar (o·tor·gar) [verbo] Dar una persona lo que otra le pide: *El juez puede otorgar el perdón al acusado.* ☐ [La «g» se cambia en «gu» delante de «e» («otorgue»)]. ☐ SINÓNIMOS: conceder. ANTÓNIMOS: denegar. ☐ FAMILIA: otorgamiento.

otorrino (o·to·rri·no) [sustantivo] → **otorrinolaringólogo, ga.** ☐ [No varía en masculino y femenino]. ☐ FAMILIA: →otorrinolaringología.

otorrinolaringología (o·to·rri·no·la·rin·go·lo·gí·a) [sustantivo femenino] Parte de la medicina que estudia las enfermedades que afectan a la garganta, la nariz y los oídos. ☐ FAMILIA: otorrinolaringólogo, otorrino.

otorrinolaringólogo, ga (o·to·rri·no·la·rin·gó·lo·go, ga) [sustantivo] Médico especialista en las enfermedades de la garganta, la nariz y los oídos. ☐ [Se usa mucho la forma abreviada «otorrino»]. ☐ FAMILIA: →otorrinolaringología.

otro, tra (o·tro, tra) [adjetivo o pronombre] **1** Indica una persona o cosa distintas de las que se ha hablado o de las que hay: *No he visto a esa chica, he visto a otra.* **2** Con nombres como *día, noche* o *tarde,* indica un tiempo anterior: *La otra noche soñé contigo.* **3** Indica una persona o cosa más: *Le dieron otro cuaderno porque solo tenía uno y hacían falta dos.*

ouija [sustantivo femenino] → **güija.** ☐ [Se pronuncia «uíja»].

ovación (o·va·ción) [sustantivo femenino] Aplauso muy grande que da un grupo de personas. ☐ FAMILIA: ovacionar.

ovacionar (o·va·cio·nar) [verbo] Dar un aplauso muy grande a alguien: *El público ovacionó al cantante cuando salió al escenario.* ☐ FAMILIA: →ovación.

oval (o·val) [adjetivo] Con forma parecida a la de un huevo: *una bandeja oval.* ☐ [No varía en masculino y femenino]. ☐ SINÓNIMOS: ovalado. ☐ FAMILIA: →huevo.

ovalado, da (o·va·la·do, da) [adjetivo] Con forma parecida a la de un huevo: *Tu cara es ovalada.* ☐ SINÓNIMOS: oval. ☐ FAMILIA: →huevo.

óvalo (ó·va·lo) [sustantivo masculino] Línea cerrada y que forma una figura parecida a un huevo: *El contorno de un rostro es parecido a un óvalo.* ☐ FAMILIA: →huevo.

ovario (o·va·rio) [sustantivo masculino] Cada uno de los dos órganos de la reproducción en el que se forman las células sexuales femeninas u óvulos. ☐ FAMILIA: →huevo.

oveja (o·ve·ja) [sustantivo femenino] Animal mamífero cuya lana se aprovecha para hacer telas y prendas de punto: *La oveja es la hembra del carnero.* 👁 **páginas 596-597**.
◆ [expresión] ‖ **ser la oveja negra** Destacar en un grupo por una serie de cualidades que se consideran negativas. ☐ [La expresión es coloquial]. ☐ Familia: ovejero.

ovejero, ra (o·ve·je·ro, ra) [adjetivo o sustantivo] Que cuida o guarda las ovejas: *un perro ovejero.* ☐ Familia: →oveja.

overbooking [sustantivo masculino] Reserva de más plazas de las que realmente están libres en un hotel o en un medio de transporte. ☐ [Es una palabra inglesa. Se pronuncia «oberbúkin»].

ovetense (o·ve·ten·se) [adjetivo o sustantivo] De la ciudad española de Oviedo. ☐ [No varía en masculino y femenino].

ovillar (o·vi·llar) [verbo] **1** Enrollar hilo u otro material en un ovillo. ∎ **ovillarse 2** Doblarse una persona o un animal sobre sí mismo: *Me ovillé en la cama y me arropé con la manta.* ☐ Sinónimos: **2** acurrucarse. ☐ Familia: →ovillo.

ovillo (o·vi·llo) [sustantivo masculino] **1** Bola que se hace enrollando hilo u otro material semejante. **2** Cualquier cosa que está enrollada y tiene una forma más o menos redonda: *No dejes la ropa hecha un ovillo, porque se arruga.* ☐ Familia: ovillar.

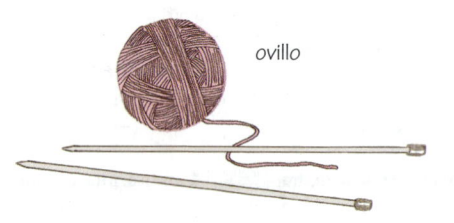

ovillo

ovino, na (o·vi·no, na) [adjetivo] De las ovejas y de los animales que tienen la piel cubierta de lana, o relacionado con ellos: *ganado ovino.* ☐ [No confundir con «bovino» (de las vacas)].

ovíparo, ra (o·ví·pa·ro, ra) [adjetivo o sustantivo] Que nace de un huevo que se abre fuera de la madre: *Las aves son animales ovíparos.* 👁 **página 73**. ☐ [No confundir con «vivíparo» (que nace por un parto)]. ☐ Familia: →huevo.

ovni (ov·ni) [sustantivo masculino] Objeto que vuela y que no se sabe qué es.

ovovivíparo, ra (o·vo·vi·ví·pa·ro, ra) [adjetivo o sustantivo] Que nace de un huevo que se abre dentro de la madre: *Los tiburones son ovovivíparos.* ☐ Familia: →huevo.

ovulación (o·vu·la·ción) [sustantivo femenino] Hecho de salir uno o varios óvulos del ovario. ☐ Familia: →huevo.

ovular (o·vu·lar) [verbo] Salir uno o varios óvulos del ovario: *Las mujeres ovulan cada veintiocho días aproximadamente.* ☐ Familia: →huevo.

óvulo (ó·vu·lo) [sustantivo masculino] **1** En los animales, célula sexual femenina que se forma en el ovario: *En la fecundación, el óvulo se une con el espermatozoide.* **2** En una flor, órgano en forma de saco que contiene las células reproductoras femeninas: *Los óvulos maduros forman las semillas.* 👁 **página 444**. ☐ Familia: →huevo.

oxidación (o·xi·da·ción) [sustantivo femenino] Hecho de formarse una capa sobre los materiales por la acción del oxígeno o de otras sustancias: *Con la acción del aire y de la humedad se produce la oxidación del hierro.* ☐ Familia: →óxido.

oxidar (o·xi·dar) [verbo] **1** Estropear un material por la acción del oxígeno o de otras sustancias: *La humedad oxida el hierro.* **2** Dejar de funcionar bien: *Piensa tan poco que se te va a oxidar el cerebro.* ☐ Familia: →óxido.

óxido (ó·xi·do) [sustantivo masculino] Capa que se forma sobre los metales por la acción del oxígeno o de otras sustancias. ☐ Sinónimos: roña, herrumbre. ☐ Familia: oxidar, oxidación, inoxidable, dióxido, hidróxido, monóxido, oxígeno, oxigenar, oxigenado.

oxigenado, da (o·xi·ge·na·do, da) [adjetivo] **1** Que contiene más oxígeno de lo normal: *agua oxigenada.* **2** Que contiene aire puro: *un ambiente oxigenado.* ☐ Familia: →óxido.

oxigenar (o·xi·ge·nar) [verbo] **1** Aumentar la cantidad de oxígeno en una sustancia: *Las plantas verdes contribuyen a oxigenar el aire.* ∎ **oxigenarse 2** Respirar aire libre: *Tengo ganas de ir al campo para oxigenarme un poco.* ☐ Familia: →óxido.

oxígeno (o·xí·ge·no) [sustantivo masculino] **1** Gas que no tiene color, sabor ni olor y que forma parte del aire. **2** Aire puro: *Abre la ventana para que entre un poco de oxígeno.* ☐ Familia: →óxido.

oyente (o·yen·te) [sustantivo] Persona que escucha algo. ☐ [No varía en masculino y femenino]. ☐ Familia: →oír.

ozono (o·zo·no) [sustantivo masculino] Gas que se forma en el aire por la acción de descargas eléctricas y que constituye una capa de la atmósfera que protege a los seres vivos de las radiaciones solares. 👁 **ilustración en atmósfera**. ☐ Familia: ozonosfera.

ozonosfera (o·zo·nos·fe·ra) [sustantivo femenino] Capa de la atmósfera que se extiende entre los quince y los cuarenta kilómetros de altura y que está compuesta principalmente por ozono. ☐ Familia: →ozono.

p [sustantivo/femenino] Letra número diecisiete del abecedario. 👁 página 18. ☐ [Su nombre es «pe»].

pabellón (pa·be·**llón**) [sustantivo/masculino] **1** Edificio grande que se construye con una finalidad determinada: *pabellón de deportes.* **2** Bandera de una nación: *un barco de pabellón griego.*

pabilo o **pábilo** (pa·**bi**·lo; **pá**·bi·lo) [sustantivo/masculino] Cuerda que hay en el centro de una vela y que sirve para que alumbre al arder.

paca (**pa**·ca) [sustantivo/femenino] Paquete grande y apretado de lana, algodón o paja. ☐ Familia: empacar.

pacense (pa·**cen**·se) [adjetivo o sustantivo] De la provincia española de Badajoz o de su capital. ☐ [No varía en masculino y femenino]. ☐ Sinónimos: badajocense.

pacer (pa·**cer**) [verbo] Comer hierba el ganado en el campo. ☐ [Es irregular y se conjuga como AGRADECER]. ☐ Sinónimos: pastar. ☐ Familia: apacentar.

pachá (pa·**chá**) [sustantivo/masculino] En el antiguo Imperio turco, persona que tenía algún cargo superior.

pachanga (pa·**chan**·ga) [sustantivo/femenino] Diversión alegre y con mucho ruido. ☐ Sinónimos: jolgorio. ☐ Familia: pachanguero.

pachanguero, ra (pa·chan·**gue**·ro, ra) [adjetivo] Dicho de la música, que es alegre y pegadiza: *Bailamos canciones pachangueras.* ☐ Familia: →pachanga.

pacharán (pa·cha·**rán**) [sustantivo/masculino] Bebida alcohólica de un color parecido al rojo.

pachón, na (pa·**chón**, **cho**·na) [adjetivo o sustantivo] **1** Dicho de un perro, que tiene las orejas largas y caídas, los labios colgantes, las patas torcidas y el pelo corto y de color amarillento. **2** Dicho de una persona, que es demasiado lenta y tranquila: *No seas tan pachón y muévete ya.* ☐ [El significado **2** es coloquial].

pachorra (pa·**cho**·rra) [sustantivo/femenino] Forma de ser de la persona que no se pone nerviosa por nada: *Tiene mucha pachorra y siempre se toma las cosas con tranquilidad.* ☐ [Es coloquial]. ☐ Sinónimos: calma. ☐ Antónimos: nervios, nerviosismo.

pachucho, cha (pa·**chu**·cho, cha) [adjetivo] Dicho de una persona, que está un poco enferma: *Ayer no fui a clase porque estuve un poco pachucha.* ☐ [Es coloquial]. ☐ Sinónimos: pocho.

pachulí (pa·chu·**lí**) [sustantivo/masculino] Perfume de olor muy fuerte, que se saca de una planta que se llama igual.

paciencia (pa·**cien**·cia) [sustantivo/femenino] Capacidad para estar tranquilo cuando se espera algo o cuando se hace una cosa: *Ten paciencia y espera a mañana.* ☐ Antónimos: impaciencia. ☐ Familia: →paciente.

paciente (pa·**cien**·te) ∎ [adjetivo] **1** Que tiene paciencia: *Sé paciente con él y explícaselo otra vez.* ∎ [sustantivo] **2** Persona que está enferma: *El médico visitó a sus pacientes.* ☐ [No varía en masculino y femenino]. ☐ Sinónimos: **2** enfermo. ☐ Antónimos: **1** impaciente. ☐ Familia: paciencia, impaciente, impacientarse, impaciencia.

pacificar (pa·ci·fi·**car**) [verbo] Establecer la paz donde antes había guerra: *El ejército envió varias patrullas*

pacífico, ca

para pacificar la zona. ☐ [La «c» se cambia en «qu» delante de «e» («pacifique»)]. ☐ FAMILIA: →paz.

pacífico, ca (pa·cí·fi·co, ca) [adjetivo] **1** Que rechaza las situaciones violentas: *una persona pacífica*. **2** Del océano Pacífico, que baña las costas de Asia, Oceanía y América, o relacionado con él. ☐ ANTÓNIMOS: **1** violento. ☐ FAMILIA: **1**→paz.

pacifismo (pa·ci·fis·mo) [sustantivo] Conjunto de ideas que están a favor de la paz y en contra de cualquier tipo de violencia. ☐ FAMILIA: →paz.

pacifista (pa·ci·fis·ta) [adjetivo o sustantivo] Que defiende la paz: *Los pacifistas quieren acabar con la violencia*. ☐ [No varía en masculino y femenino]. ☐ FAMILIA: →paz.

pack [sustantivo] Envase con varios productos de la misma clase: *un pack de seis botellas de agua*. ☐ [Es una palabra inglesa].

pacotilla (pa·co·ti·lla) ◆ [expresión] ‖ **de pacotilla** De poca calidad: *Presume de artista, pero solo es un pintor de pacotilla*. ☐ [Es coloquial].

pactar (pac·tar) [verbo] Ponerse de acuerdo en algo: *Pactamos que iríamos juntos*. ☐ SINÓNIMOS: acordar, quedar, convenir, apalabrar. ☐ FAMILIA: →pacto.

pacto (pac·to) [sustantivo masculino] Conjunto de decisiones que se toman entre dos partes y que ambas deben cumplir: *Sellaron el pacto dándose la mano*. ☐ SINÓNIMOS: trato, acuerdo, convenio. ☐ FAMILIA: pactar.

padecer (pa·de·cer) [verbo] Sufrir algo malo: *Mi padre padece del estómago*. ☐ [Es irregular y se conjuga como AGRADECER]. ☐ FAMILIA: compadecer, padecimiento.

padecimiento (pa·de·ci·mien·to) [sustantivo masculino] Sufrimiento o dolor: *Pasó una vida llena de padecimientos*. ☐ FAMILIA: →padecer.

padrastro (pa·dras·tro) [sustantivo masculino] **1** Lo que es un hombre en relación con los hijos que no son suyos, pero sí de su mujer: *Cuando mi padre murió, mi madre se volvió a casar y mi padrastro me quiere mucho*. **2** Piel que se levanta alrededor de las uñas: *Tengo que cortarme este padrastro, porque me duele*. ☐ [En el significado **1**, el femenino es «madrastra»]. ☐ FAMILIA: →padre.

padrazo (pa·dra·zo) [sustantivo masculino] Padre muy bueno y cariñoso. ☐ [El femenino es «madraza». Es coloquial]. ☐ FAMILIA: →padre.

padre (pa·dre) ▌[sustantivo masculino] **1** Lo que es un hombre en relación con su hijo o un macho en relación con su cría: *Mi padre se llama Raúl y mi madre, Rita*. ● *página 431*. **2** Tratamiento que se da a algunos religiosos: *Hoy celebrará la misa el padre Juan*. ▌**padres** [plural] **3** Conjunto formado por el padre y la madre: *Te presentaré a mis padres*. ◆ [expresión] ‖ **padre nuestro** → **padrenuestro**. ☐ [En los significados **1** y **2**, el femenino es «madre»]. ☐ FAMILIA: padrazo, padrastro, paterno, paternal, paternalista, paternidad, padrino, padrinazgo, apadrinar, compadre, padrenuestro.

padrenuestro (pa·dre·nues·tro) [sustantivo masculino] Oración cristiana que empieza con las palabras *Padre nuestro*.

☐ [Su plural es «padrenuestros». Se escribe también «padre nuestro»]. ☐ FAMILIA: →padre.

padrinazgo (pa·dri·naz·go) [sustantivo masculino] **1** Actuación como padrino de alguien en un bautizo o en un acto público: *Me pidió que ejerciera el padrinazgo con su hijo*. **2** Protección que se da a una persona: *Consiguió triunfar gracias al padrinazgo de personas importantes*. ☐ FAMILIA: →padre.

padrino (pa·dri·no) ▌[sustantivo masculino] **1** Lo que es un hombre en relación con una persona a la que acompaña al recibir algunos honores: *padrino de bautismo*. ▌**padrinos** [sustantivo masculino plural] **2** Conjunto formado por el padrino y la madrina. ☐ [El femenino es «madrina»]. ☐ FAMILIA: →padre.

padrón (pa·drón) [sustantivo masculino] Lista de los habitantes de un lugar: *Me han pedido mis datos para el padrón*. ☐ SINÓNIMOS: censo. ☐ FAMILIA: empadronamiento, empadronar.

paella (pa·e·lla) [sustantivo femenino] Comida hecha con arroz, que puede llevar carne, mariscos o verduras. ☐ FAMILIA: paellera.

paellera (pa·e·lle·ra) [sustantivo femenino] Recipiente parecido a una sartén grande y con dos asas, en el que se hace la paella. ☐ FAMILIA: →paella.

paga (pa·ga) [sustantivo femenino] Dinero que se gana cada determinado período de tiempo: *Mis padres me dan la paga los domingos*. ☐ SINÓNIMOS: salario, sueldo, jornal. ☐ FAMILIA: →pagar.

pagador (pa·ga·dor) [sustantivo masculino] Persona encargada de pagar sueldos, pensiones u otras cantidades de dinero: *En los cheques debe aparecer la firma del pagador*. ☐ FAMILIA: →pagar.

pagano, na (pa·ga·no, na) [adjetivo o sustantivo] Que adora o rinde culto a ídolos o a varias representaciones de la divinidad: *Los griegos y los romanos eran paganos*.

pagar (pa·gar) [verbo] **1** Dar dinero a cambio de algo: *Hay que pagar la entrada*. **2** Cumplir un castigo: *Pagó su crimen en la cárcel*. ☐ [La «g» se cambia en «gu» delante de «e» («pague»)]. ☐ SINÓNIMOS: **1** abonar, satisfacer. ☐ ANTÓNIMOS: **1** deber, adeudar, cobrar. ☐ FAMILIA: pago, paga, pagador, pagaré, prepago, impago.

pagaré (pa·ga·ré) [sustantivo masculino] Documento en el que alguien se compromete a pagar cierta cantidad de dinero en un tiempo determinado. ☐ FAMILIA: →pagar.

página (pági·na) [sustantivo femenino] Cada una de las dos caras de las hojas de un libro: *Abre el libro por la página diez*. ◆ [expresión] ‖ **página web** Lugar de internet al que se puede entrar para ver la información que tiene: *Tengo la dirección de una página web en la que hay juegos*. ☐ FAMILIA: paginar.

paginar (pa·gi·nar) [verbo] Señalar con un número las páginas: *El ordenador se encarga de paginar el trabajo*. ☐ FAMILIA: →página.

pago (pa·go) [sustantivo masculino] Hecho de dar dinero a cambio de algo: *pago a plazos*. ☐ SINÓNIMOS: abono. ☐ FAMILIA: →pagar.

pagoda (pa·go·da) [sustantivo] [femenino] Templo de algunas culturas orientales: *Los tejados de las pagodas tienen las puntas hacia arriba.*

pagoda

paipái (pai·pái) [sustantivo] [masculino] Especie de abanico redondo y con un mango. ☐ [Su plural es «paipáis». Se escribe también «paipay»].

paipái

paipay (pai·pay) [sustantivo] [masculino] → **paipái.** ☐ [Su plural es «paipáis»].

país (pa·ís) [sustantivo] [masculino] Territorio que forma una unidad política y cultural. ☐ SINÓNIMOS: nación, patria.

paisaje (pai·sa·je) [sustantivo] [masculino] Terreno que se ve desde un lugar: *el paisaje rural.* ☐ FAMILIA: paisajista.

paisajista (pai·sa·jis·ta) [sustantivo] Pintor que pinta paisajes. ☐ [No varía en masculino y femenino]. ☐ FAMILIA: →paisaje.

paisano, na (pai·sa·no, na) [adjetivo o sustantivo] Que ha nacido en el mismo lugar que otra persona.

paja (pa·ja) [sustantivo] [femenino] **1** Tallo seco de algunas plantas: *La paja del trigo se usa para alimentar al ganado.* **2** Tubo delgado y de plástico que se usa para beber líquidos: *El granizado de limón lo tomo con paja.* **3** Parte de una cosa que resulta inútil o poco importante: *Lo importante de este texto son solo dos líneas y el resto es paja.* ☐ [En el significado **2** se usa mucho el diminutivo «pajita»]. ☐ FAMILIA: pajar, pajizo.

pajar (pa·jar) [sustantivo] [masculino] Lugar en el que se guarda la paja. ☐ FAMILIA: →paja.

pajarería (pa·ja·re·rí·a) [sustantivo] [femenino] Tienda en la que se venden pájaros y otros animales. ☐ FAMILIA: →pájaro.

pajarero, ra (pa·ja·re·ro, ra) ∎ [sustantivo] **1** Persona que caza, cría o vende pájaros. ∎ **pajarera** [sustantivo] [femenino] **2** Jaula grande en la que se guardan o se crían los pájaros. ☐ FAMILIA: →pájaro.

pajarita (pa·ja·ri·ta) [sustantivo] [femenino] **1** Especie de corbata con forma de lazo: *Algunos camareros llevan camisa blanca y pajarita negra.* **2** Figura de papel que tiene forma de pájaro: *¿Cómo tengo que doblar la hoja para hacer una pajarita?* ☐ FAMILIA: →pájaro.

pájaro (pá·ja·ro) [sustantivo] [masculino] Ave que vuela: *La gallina es un ave, pero no un pájaro.* ◆ [expresión] ‖ **pájaro carpintero** Ave con el pico largo y delgado con el que hace un agujero en los árboles. ☞ **páginas 116-117.** ☐ FAMILIA: pajarería, pajarero, pajarraco, pajarita, espantapájaros.

pajarraco, ca (pa·ja·rra·co, ca) [sustantivo] **1** Pájaro grande y feo. **2** Persona astuta y con malas intenciones: *¡Menudo pajarraco estás hecho!* ☐ [Es despectivo. El significado **2** es coloquial]. ☐ FAMILIA: →pájaro.

paje (pa·je) [sustantivo] [masculino] Criado que ayudaba a su señor.

pajizo, za (pa·ji·zo, za) [adjetivo] Del color de la paja o parecido a ella: *rubio pajizo.* ☐ FAMILIA: →paja.

pajolero, ra (pa·jo·le·ro, ra) [adjetivo o sustantivo] Que resulta molesto o impertinente: *No pienso soportar las bromas de ese pajolero.* ☐ [Es coloquial].

pakistaní (pa·kis·ta·ní) [adjetivo o sustantivo] De Pakistán, que es un país asiático. ☐ [No varía en masculino y femenino. Su plural es «pakistanís» o «pakistaníes» (más culto). Se escribe también «paquistaní»].

pala (pa·la) [sustantivo] [femenino] **1** Herramienta que sirve para coger la tierra al cavar. ☞ **páginas 494-495. 2** Objeto que se utiliza para golpear la pelota en algunos juegos: *En la playa juego a las palas.*

palabra (pa·la·bra) [sustantivo] [femenino] **1** Conjunto de sonidos que usamos para nombrar algo: *No conozco el significado de esta palabra.* **2** Confirmación y compromiso de que lo que se dice es cierto: *Te doy mi palabra de que es verdad.* **3** Derecho que se tiene a hablar: *¡Pido la palabra!* ◆ [expresión] ‖ **dirigir la palabra a alguien** Hablar con él: *No le voy a dirigir la palabra hasta que no me pida perdón.* ‖ **medir las palabras** Hablar teniendo cuidado de lo que se dice: *Mide tus palabras y no me ofendas más.* ‖ **palabra de honor** Promesa muy seria: *Lo haré, ¡palabra de honor!* ☐ SINÓNIMOS: **1** término, vocablo, voz. **2** promesa. ☐ FAMILIA: palabrota, palabrería, apalabrar.

palabrería (pa·la·bre·rí·a) [sustantivo] [femenino] Conjunto de palabras inútiles y sin contenido: *Utiliza mucha palabrería pero realmente no sabe nada del tema.* ☐ FAMILIA: →palabra.

palabrota (pa·la·bro·ta) [sustantivo] [femenino] Palabra fea y ofensiva. ☐ SINÓNIMOS: taco. ☐ FAMILIA: →palabra.

palacete (pa·la·ce·te) [sustantivo] [masculino] Casa parecida a un palacio, pero más pequeña. ☐ FAMILIA: →palacio.

palaciego, ga (pa·la·cie·go, ga) [adjetivo] Del palacio, de la corte o relacionado con ellos: *intrigas palaciegas.* ☐ Familia: →palacio.

palacio (pa·la·cio) [sustantivo masculino] Casa muy grande en la que viven los reyes y otras personas importantes: *El príncipe celebró un baile en su palacio.* ☐ Familia: palacete, palaciego, palatino.

paladar (pa·la·dar) [sustantivo masculino] Parte del interior de la boca que está encima de la lengua. ☐ Sinónimos: cielo de la boca. ☐ Familia: paladear, palatal, palatino.

paladear (pa·la·de·ar) [verbo] Disfrutar poco a poco el sabor de una comida: *Si comes deprisa no paladeas la comida.* ☐ Sinónimos: saborear. ☐ Familia: →paladar.

paladín (pa·la·dín) [sustantivo masculino] **1** Antiguamente, caballero que luchaba en la guerra y que era famoso por sus hazañas. **2** Persona que defiende una idea o una causa: *Es un paladín de la libertad.*

palafito (pa·la·fi·to) [sustantivo masculino] Casa que se construye sobre estacas o postes de madera, generalmente dentro de un lago, un río o un pantano.

palafrenero (pa·la·fre·ne·ro) [sustantivo femenino] Persona que se dedicaba al cuidado de los caballos: *En las cuadras del castillo trabajaban una docena de palafreneros.*

palanca (pa·lan·ca) [sustantivo femenino] Barra rígida que se usa para hacer fuerza: *Empujamos el bulto con una palanca.* ☐ Familia: apalancar, palanqueta.

palancana (pa·lan·ca·na) [sustantivo femenino] → **palangana.**

palangana (pa·lan·ga·na) [sustantivo femenino] Recipiente muy ancho y poco profundo que se utiliza para lavarse o para lavar algo. ☐ [Se usa también «palancana»]. ☐ Sinónimos: jofaina.

palangana

palanqueta (pa·lan·que·ta) [sustantivo femenino] Barra rígida que se usa para forzar las puertas o las cerraduras. ☐ Familia: →palanca.

palanquín (pa·lan·quín) [sustantivo masculino] Asiento que se usa en los países orientales para transportar a personas importantes.

palatal (pa·la·tal) [adjetivo o sustantivo femenino] Dicho de un sonido, que se pronuncia juntando la parte posterior de la lengua con el paladar: *Los sonidos de la «ch» y la «i» son palatales.* ☐ [No varía en masculino y femenino]. ☐ Familia: →paladar.

palatino, na (pa·la·ti·no, na) [adjetivo] **1** Del paladar o relacionado con él: *huesos palatinos.* **2** Del palacio o relacionado con él: *vida palatina.* ☐ Familia: **1** →paladar. **2** →palacio.

palco (pal·co) [sustantivo masculino] En un teatro, espacio con forma de balcón y con varios asientos: *palco de honor.*

palco

palentino, na (pa·len·ti·no, na) [adjetivo o sustantivo] De la provincia española de Palencia o de su capital.

paleografía (pa·le·o·gra·fí·a) [sustantivo femenino] Ciencia que estudia la escritura y los signos de los libros y de los documentos antiguos.

paleolítico, ca (pa·le·o·lí·ti·co, ca) [adjetivo o sustantivo masculino] Dicho de un período de la prehistoria, que se caracteriza por la fabricación de cosas con piedras. ☐ [Cuando es sustantivo, se escribe con mayúscula].

paleontología (pa·le·on·to·lo·gí·a) [sustantivo femenino] Ciencia que estudia los restos de seres vivos que existieron hace millones de años. ☐ Familia: →paleontólogo.

paleontólogo, ga (pa·le·on·tó·lo·go, ga) [sustantivo] Persona especializada en paleontología. ☐ Familia: paleontología.

palestino, na (pa·les·ti·no, na) [adjetivo o sustantivo] De Palestina, que es una región asiática.

palestra (pa·les·tra) [sustantivo femenino] **1** Lugar donde antiguamente se luchaba: *En la palestra se hacían ejercicios de gimnasia.* **2** Lugar en el que se discute sobre algún tema en público: *Sal a la palestra y explica tu punto de vista.* ◆ [expresión] ‖ **saltar a la palestra** Darse a conocer ante el público: *Ha saltado a la palestra un escándalo político.*

paleta (pa·le·ta) [sustantivo femenino] Mira en **paleto, ta.**

paletada (pa·le·ta·da) [sustantivo femenino] Cosa que se considera poco elegante. ☐ Familia: →paleto.

paletilla (pa·le·ti·lla) [sustantivo femenino] **1** Zona de la espalda en la que se notan los omóplatos: *A ti te sobresalen mucho las paletillas.* **2** En algunos animales, cada una de las dos partes de delante en que se considera dividido su cuerpo: *Me encanta la paletilla de cordero.*

paleto, ta (pa·le·to, ta) ▌ [adjetivo o sustantivo] **1** Que se considera poco elegante: *¡Qué pantalones más paletos lleva...!* **2** De un pueblo o del campo. ▌ **paleta** [sustantivo femenino] **3** Tabla en la que se ponen las pinturas para mezclarlas: *El pintor mojaba el pincel en la paleta.* **4** Herramienta que sirve para echar cemento al construir una pared:

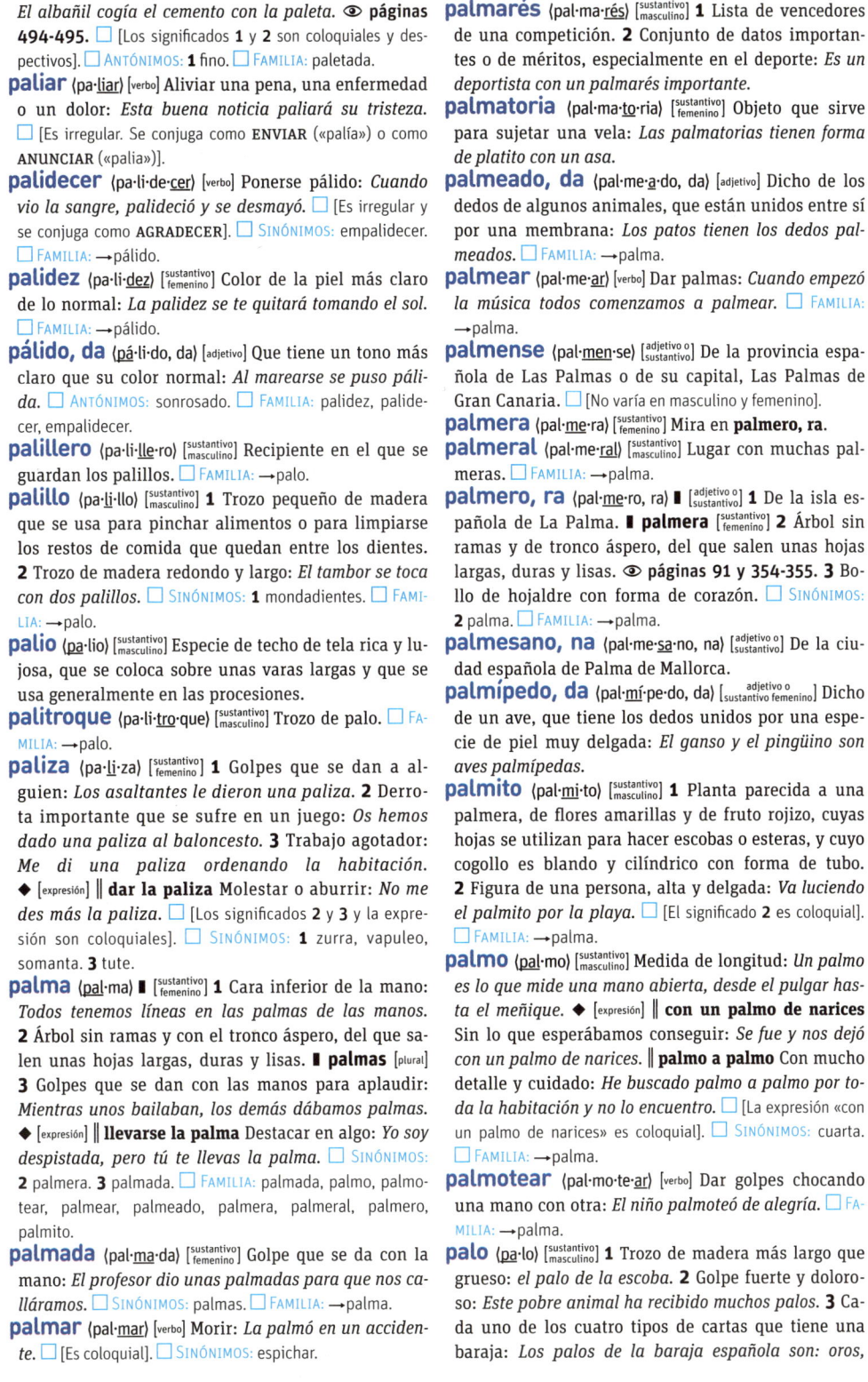

El albañil cogía el cemento con la paleta. ⊙ **páginas 494-495.** ☐ [Los significados **1** y **2** son coloquiales y despectivos]. ☐ ANTÓNIMOS: **1** fino. ☐ FAMILIA: paletada.

paliar (pa·li·ar) [verbo] Aliviar una pena, una enfermedad o un dolor: *Esta buena noticia paliará su tristeza.* ☐ [Es irregular. Se conjuga como ENVIAR («palía») o como ANUNCIAR («palia»)].

palidecer (pa·li·de·cer) [verbo] Ponerse pálido: *Cuando vio la sangre, palideció y se desmayó.* ☐ [Es irregular y se conjuga como AGRADECER]. ☐ SINÓNIMOS: empalidecer. ☐ FAMILIA: →pálido.

palidez (pa·li·dez) [sustantivo femenino] Color de la piel más claro de lo normal: *La palidez se te quitará tomando el sol.* ☐ FAMILIA: →pálido.

pálido, da (pá·li·do, da) [adjetivo] Que tiene un tono más claro que su color normal: *Al marearse se puso pálida.* ☐ ANTÓNIMOS: sonrosado. ☐ FAMILIA: palidez, palidecer, empalidecer.

palillero (pa·li·lle·ro) [sustantivo masculino] Recipiente en el que se guardan los palillos. ☐ FAMILIA: →palo.

palillo (pa·li·llo) [sustantivo masculino] **1** Trozo pequeño de madera que se usa para pinchar alimentos o para limpiarse los restos de comida que quedan entre los dientes. **2** Trozo de madera redondo y largo: *El tambor se toca con dos palillos.* ☐ SINÓNIMOS: **1** mondadientes. ☐ FAMILIA: →palo.

palio (pa·lio) [sustantivo masculino] Especie de techo de tela rica y lujosa, que se coloca sobre unas varas largas y que se usa generalmente en las procesiones.

palitroque (pa·li·tro·que) [sustantivo masculino] Trozo de palo. ☐ FAMILIA: →palo.

paliza (pa·li·za) [sustantivo femenino] **1** Golpes que se dan a alguien: *Los asaltantes le dieron una paliza.* **2** Derrota importante que se sufre en un juego: *Os hemos dado una paliza al baloncesto.* **3** Trabajo agotador: *Me di una paliza ordenando la habitación.* ◆ [expresión] ‖ **dar la paliza** Molestar o aburrir: *No me des más la paliza.* ☐ [Los significados **2** y **3** y la expresión son coloquiales]. ☐ SINÓNIMOS: **1** zurra, vapuleo, somanta. **3** tute.

palma (pal·ma) ∎ [sustantivo femenino] **1** Cara inferior de la mano: *Todos tenemos líneas en las palmas de las manos.* **2** Árbol sin ramas y con el tronco áspero, del que salen unas hojas largas, duras y lisas. ∎ **palmas** [plural] **3** Golpes que se dan con las manos para aplaudir: *Mientras unos bailaban, los demás dábamos palmas.* ◆ [expresión] ‖ **llevarse la palma** Destacar en algo: *Yo soy despistada, pero tú te llevas la palma.* ☐ SINÓNIMOS: **2** palmera. **3** palmada. ☐ FAMILIA: palmada, palmo, palmotear, palmear, palmeado, palmera, palmeral, palmero, palmito.

palmada (pal·ma·da) [sustantivo femenino] Golpe que se da con la mano: *El profesor dio unas palmadas para que nos calláramos.* ☐ SINÓNIMOS: palmas. ☐ FAMILIA: →palma.

palmar (pal·mar) [verbo] Morir: *La palmó en un accidente.* ☐ [Es coloquial]. ☐ SINÓNIMOS: espichar.

palmarés (pal·ma·rés) [sustantivo masculino] **1** Lista de vencedores de una competición. **2** Conjunto de datos importantes o de méritos, especialmente en el deporte: *Es un deportista con un palmarés importante.*

palmatoria (pal·ma·to·ria) [sustantivo femenino] Objeto que sirve para sujetar una vela: *Las palmatorias tienen forma de platito con un asa.*

palmeado, da (pal·me·a·do, da) [adjetivo] Dicho de los dedos de algunos animales, que están unidos entre sí por una membrana: *Los patos tienen los dedos palmeados.* ☐ FAMILIA: →palma.

palmear (pal·me·ar) [verbo] Dar palmas: *Cuando empezó la música todos comenzamos a palmear.* ☐ FAMILIA: →palma.

palmense (pal·men·se) [adjetivo o sustantivo] De la provincia española de Las Palmas o de su capital, Las Palmas de Gran Canaria. ☐ [No varía en masculino y femenino].

palmera (pal·me·ra) [sustantivo femenino] Mira en **palmero, ra**.

palmeral (pal·me·ral) [sustantivo masculino] Lugar con muchas palmeras. ☐ FAMILIA: →palma.

palmero, ra (pal·me·ro, ra) ∎ [adjetivo o sustantivo] **1** De la isla española de La Palma. ∎ **palmera** [sustantivo femenino] **2** Árbol sin ramas y de tronco áspero, del que salen unas hojas largas, duras y lisas. ⊙ **páginas 91 y 354-355. 3** Bollo de hojaldre con forma de corazón. ☐ SINÓNIMOS: **2** palma. ☐ FAMILIA: →palma.

palmesano, na (pal·me·sa·no, na) [adjetivo o sustantivo] De la ciudad española de Palma de Mallorca.

palmípedo, da (pal·mí·pe·do, da) [adjetivo o sustantivo femenino] Dicho de un ave, que tiene los dedos unidos por una especie de piel muy delgada: *El ganso y el pingüino son aves palmípedas.*

palmito (pal·mi·to) [sustantivo masculino] **1** Planta parecida a una palmera, de flores amarillas y de fruto rojizo, cuyas hojas se utilizan para hacer escobas o esteras, y cuyo cogollo es blando y cilíndrico con forma de tubo. **2** Figura de una persona, alta y delgada: *Va luciendo el palmito por la playa.* ☐ [El significado **2** es coloquial]. ☐ FAMILIA: →palma.

palmo (pal·mo) [sustantivo masculino] Medida de longitud: *Un palmo es lo que mide una mano abierta, desde el pulgar hasta el meñique.* ◆ [expresión] ‖ **con un palmo de narices** Sin lo que esperábamos conseguir: *Se fue y nos dejó con un palmo de narices.* ‖ **palmo a palmo** Con mucho detalle y cuidado: *He buscado palmo a palmo por toda la habitación y no lo encuentro.* ☐ [La expresión «con un palmo de narices» es coloquial]. ☐ SINÓNIMOS: cuarta. ☐ FAMILIA: →palma.

palmotear (pal·mo·te·ar) [verbo] Dar golpes chocando una mano con otra: *El niño palmoteó de alegría.* ☐ FAMILIA: →palma.

palo (pa·lo) [sustantivo masculino] **1** Trozo de madera más largo que grueso: *el palo de la escoba.* **2** Golpe fuerte y doloroso: *Este pobre animal ha recibido muchos palos.* **3** Cada uno de los cuatro tipos de cartas que tiene una baraja: *Los palos de la baraja española son: oros,*

paloduz

copas, espadas y bastos. ◆ [expresión] ‖ **a palo seco** Sin nada para acompañar: *Se comió el bocadillo a palo seco, sin beber nada.* ☐ Familia: palillo, palillero, palitroque, palote, apalear, empalizada.

paloduz (pa·lo·duz) [sustantivo masculino] Planta cuyo tallo se mastica como golosina y cuya raíz produce un jugo dulce que se utiliza en medicina. ☐ Sinónimos: regaliz.

palomar (pa·lo·mar) [sustantivo masculino] Lugar en el que se crían palomas. ☐ Familia: →palomo.

palometa (pa·lo·me·ta) [sustantivo femenino] Pez marino que tiene el cuerpo aplastado y la cabeza pequeña. ☐ Sinónimos: japuta.

palomilla (pa·lo·mi·lla) [sustantivo femenino] **1** Tuerca con dos aletas a los lados para poder enroscarla con la mano. **2** Pieza en forma de triángulo que se usa para sostener estantes u otras cosas. ☐ Familia: →palomo.

palomino (pa·lo·mi·no) [sustantivo masculino] **1** Cría de algunos tipos de palomas. **2** Mancha de excremento que queda en la ropa interior. ☐ [El significado **2** es coloquial]. ☐ Sinónimos: **2** zurrapa. ☐ Familia: →palomo.

palomita (pa·lo·mi·ta) [sustantivo femenino] Grano de maíz que se hace con aceite y sal. ☐ [Se usa más en plural]. ☐ Familia: →palomo.

palomo, ma (pa·lo·mo, ma) [sustantivo] Ave de alas cortas y plumas blancas, grises o azules que suele estar en las plazas. ◉ **páginas 116-117**. ◆ [expresión] ‖ **paloma torcaz** La que vive en el campo y tiene su nido en los árboles más altos. ☐ Familia: palomar, palomita, palomilla, palomino.

palote (pa·lo·te) [sustantivo masculino] Cada una de las líneas que se hacen cuando se aprende a escribir: *Tengo un cuaderno para hacer palotes y caligrafía.* ☐ Familia: →palo.

palpable (pal·pa·ble) [adjetivo] Que se ve de manera clara y no ofrece dudas: *Es palpable que te aburres conmigo, porque no paras de bostezar.* ☐ [No varía en masculino y femenino]. ☐ Sinónimos: evidente, obvio, claro. ☐ Familia: →palpar.

palpar (pal·par) [verbo] **1** Tocar con las manos: *El médico me palpó el vientre para ver si me dolía.* **2** Notar de una forma muy clara: *Se palpa algo raro en el ambiente.* ☐ Familia: palpable.

palpitación (pal·pi·ta·ción) [sustantivo femenino] Cada uno de los golpes producidos por el movimiento del corazón: *Me puse la mano en el pecho y sentí las palpitaciones.* ☐ Sinónimos: latido. ☐ Familia: →palpitar.

palpitar (pal·pi·tar) [verbo] Moverse el corazón: *Su corazón palpitaba enérgicamente por el susto.* ☐ Sinónimos: latir. ☐ Familia: palpitación, pálpito.

pálpito (pál·pi·to) [sustantivo masculino] Sensación de que algo va a ocurrir: *Tengo el pálpito de que me va a tocar la lotería.* ☐ Sinónimos: corazonada, presentimiento, premonición, presagio. ☐ Familia: →palpitar.

palpo (pal·po) [sustantivo masculino] Parte del cuerpo de algunos animales, que está alrededor de la boca y que sirve para encontrar y para sujetar los alimentos: *Las arañas tienen palpos.*

paludismo (pa·lu·dis·mo) [sustantivo masculino] Enfermedad transmitida por la picadura de un mosquito y que produce fiebre muy alta que aparece y desaparece. ☐ Sinónimos: malaria.

palurdo, da (pa·lur·do, da) [adjetivo o sustantivo] Que no tiene educación: *Debes estudiar si no quieres ser un palurdo.* ☐ [Es despectivo].

pamela (pa·me·la) [sustantivo femenino] Sombrero de ala muy ancha.

pamema (pa·me·ma) [sustantivo femenino] **1** Tontería o cosa sin importancia: *¡No digas pamemas!* **2** Cuidado o asco exagerados: *Déjate de pamemas y sírvete un buen trozo de tarta, que lo estás deseando.* ☐ [Es coloquial]. ☐ Sinónimos: **1** pamplina. **2** melindre.

pampa (pam·pa) [sustantivo femenino] Llanura extensa y muy amplia, sin árboles, que es característica de Argentina, que es un país sudamericano.

pámpano (pám·pa·no) [sustantivo masculino] Brote largo y tierno de la vid.

pamplina (pam·pli·na) [sustantivo femenino] Cosa sin importancia: *No te enfades por pamplinas.* ☐ [Es coloquial]. ☐ Sinónimos: tontería, bobada, pequeñez, chorrada, pamema.

pamplonés, sa (pam·plo·nés, ne·sa) [adjetivo o sustantivo] De la ciudad española de Pamplona.

pamplonica (pam·plo·ni·ca) [adjetivo o sustantivo] De la ciudad española de Pamplona. ☐ [No varía en masculino y femenino. Es coloquial]. ☐ Sinónimos: pamplonés.

pan [sustantivo masculino] Masa de harina, agua, levadura y sal, que se cuece y sirve de alimento. ◆ [expresión] ‖ **ser el pan nuestro de cada día** Ser muy frecuente: *Aquí los apagones son el pan nuestro de cada día.* ‖ **ser pan comido** Resultar muy fácil: *Trepar a un árbol es pan comido para mí.* ☐ [Las expresiones son coloquiales]. ☐ Familia: panera, panadero, panadería, panificadora, empanar, empanada, empanadilla.

pana (pa·na) [sustantivo femenino] Tela suave y gruesa que da calor: *pantalones de pana.*

panaché (pa·na·ché) [sustantivo masculino] Comida que se prepara con diversas verduras cocidas. ☐ [Es una palabra de origen francés].

panadería (pa·na·de·rí·a) [sustantivo femenino] Lugar en el que se hace o se vende pan. ☐ Sinónimos: horno, tahona. ☐ Familia: →pan.

panadero, ra (pa·na·de·ro, ra) [sustantivo] Persona que hace o vende pan. ☐ Familia: →pan.

panal (pa·nal) [sustantivo masculino] Lugar que construyen las abejas con cera para guardar la miel.

panameño, ña (pa·na·me·ño, ña) [adjetivo o sustantivo] De Panamá, que es un país centroamericano, o de su capital.

pancarta (pan·car·ta) [sustantivo femenino] Trozo grande de tela en el que se escribe algo para que lo vean los demás: *Los hinchas llevaban pancartas.*

panceta (pan·ce·ta) [sustantivo femenino] Tocino de cerdo que tiene tiras de carne.

panchito (pan·chi·to) [sustantivo masculino] Cacahuete pelado y frito.

pancho, cha (pan·cho, cha) [adjetivo] Tranquilo y contento: *A pesar de las críticas, se quedó tan pancha.* ☐ [Se usa mucho en la expresión «quedarse tan pancho»].

páncreas (pán·cre·as) [sustantivo masculino] Órgano interno, situado detrás del estómago, con funciones como la secreción de la insulina: *El páncreas produce hormonas.* ☐ [No varía en singular y plural].

panda (pan·da) ■ [sustantivo femenino] **1** Grupo de personas que se juntan para algo: *panda de amigos.* ■ [sustantivo masculino] **2** Mira en **oso, sa**. ☐ Sinónimos: **1** cuadrilla. ☐ Familia: pandilla, cuchipanda.

pandemia (pan·de·mia) [sustantivo femenino] Enfermedad que se extiende a grandes zonas geográficas y que ataca a casi todos los individuos de una región.

pandereta (pan·de·re·ta) [sustantivo femenino] Instrumento musical redondo, con unas piezas de metal a su alrededor que suenan al moverse: *En Navidad cantamos villancicos con panderetas.* ☐ Familia: →pandero.

pandero (pan·de·ro) [sustantivo masculino] **1** Instrumento musical parecido a la pandereta, pero más grande y sin piezas de metal alrededor. **2** Culo: *Al bailar muevo el pandero.* ☐ [El significado **2** es coloquial]. ☐ Familia: pandereta.

pandilla (pan·di·lla) [sustantivo femenino] Grupo habitual de amigos. ☐ Familia: →panda.

panegírico (pa·ne·gí·ri·co) [sustantivo masculino] Escrito que se hace para alabar a una persona.

panel (pa·nel) [sustantivo masculino] **1** Elemento de construcción que se utiliza para separar espacios: *Detrás de ese panel está la fotocopiadora.* **2** Superficie en la que se pone información: *Ese panel nos informa de los lugares más interesantes del pueblo.* **3** Superficie donde se colocan algunos mandos o aparatos: *panel de mandos; panel de luces.*

panera (pa·ne·ra) [sustantivo femenino] Recipiente en el que se coloca el pan. ☐ Familia: →pan.

panfleto (pan·fle·to) [sustantivo masculino] **1** Papel en el que se hace propaganda política: *En la manifestación se repartieron panfletos.* **2** Texto en el que se dicen cosas ofensivas para criticar algo con mucha dureza o para ponerse a favor de algo: *La película es un panfleto en favor de la violencia.* ☐ Sinónimos: **2** libelo.

panhispánico, ca (pa·nhis·pá·ni·co, ca) [adjetivo] De todos los pueblos que hablan la lengua española o relacionado con ellos.

pánico (pá·ni·co) [sustantivo masculino] Miedo muy grande o muy fuerte: *Me da pánico ir en avión.* ☐ Sinónimos: terror, horror.

panificadora (pa·ni·fi·ca·do·ra) [sustantivo femenino] Lugar en el que se hace y se vende pan. ☐ Sinónimos: tahona, horno. ☐ Familia: →pan.

panini (pa·ni·ni) [sustantivo masculino] Pan pequeño o trozo de pan que se rellena de jamón, queso, mortadela y otros ingredientes: *El panini se puede tomar frío o caliente.* ☐ [Es una palabra de origen italiano].

panoja (pa·no·ja) [sustantivo femenino] Fruto alargado de algunos cereales como el maíz, que está formado por muchos granos juntos. ☐ Sinónimos: mazorca.

panoli (pa·no·li) [adjetivo sustantivo] Que actúa con poca inteligencia: *Yo soy bastante panoli y me lo creo todo.* ☐ [No varía en masculino y femenino. Es coloquial].

panorama (pa·no·ra·ma) [sustantivo masculino] **1** Paisaje extenso que se ve desde un lugar: *Desde la cumbre se ve un panorama impresionante.* **2** Aspecto que presenta una situación: *el panorama político.* ☐ Familia: panorámico.

panorámico, ca (pa·no·rá·mi·co, ca) ■ [adjetivo] **1** Que permite observar algo en conjunto porque se está a distancia. **2** Que está a una distancia desde la que se puede ver una gran extensión de terreno: *vistas panorámicas.* ■ **panorámica** [sustantivo femenino] **3** Fotografía o vista de un paisaje extenso desde un lugar determinado. ☐ Familia: →panorama.

pantalla (pan·ta·lla) [sustantivo femenino] **1** Objeto que se pone alrededor de una luz artificial: *la pantalla de una lámpara.* **2** Superficie en la que vemos imágenes: *la pantalla del cine; la pantalla de un ordenador; una pantalla digital.* ☐ Familia: salvapantallas.

pantalón (pan·ta·lón) [sustantivo masculino] Prenda de vestir que cubre las piernas y que se abrocha en la cintura. ◆ [expresión] ‖ **pantalón vaquero** o **pantalón tejano** Pantalón hecho con una tela resistente y de color azul. ☐ [Significa lo mismo en singular que en plural. Es preferible usar «pantalón vaquero» o «pantalón tejano» que la palabra inglesa *jean*. En la expresión, puede decirse solamente «vaquero» o «tejano»].

pantano (pan·ta·no) [sustantivo masculino] **1** Depósito grande que se construye para almacenar agua. ⊙ página 809. **2** Terreno que tiene poca profundidad y está cubierto de agua y barro. ☐ Sinónimos: **1** embalse, presa. ☐ Familia: pantanoso, empantanado.

pantanoso, sa (pan·ta·no·so, sa) [adjetivo] Dicho de un terreno, que está cubierto de agua y barro. ☐ Familia: →pantano.

panteón (pan·te·ón) [sustantivo masculino] Lugar en el que se entierra a varios muertos: *un panteón familiar.*

pantera (pan·te·ra) [sustantivo femenino] Animal salvaje, parecido a un gato, pero más grande, generalmente de color negros. ⊙ páginas 596-597.

panti (pan·ti) [sustantivo masculino] Prenda de ropa interior femenina muy fina, que cubre el pie y la pierna hasta la cintura. ☐ [Es una palabra de origen inglés. Es preferible escribir «panti» que la forma inglesa *panty*. Significa lo mismo en singular que en plural]. ☐ Sinónimos: media.

pantomima (pan·to·mi·ma) [sustantivo femenino] **1** Tipo de teatro que se hace sin usar palabras, sino solo con gestos. **2** Acción que se realiza para que algo parezca verdad sin serlo: *Todo es una pantomima para que le hagamos caso.* ☐ Sinónimos: **1** mimo. **2** comedia.

pantorrilla (pan·to·rri·lla) [sustantivo femenino] Parte de atrás de la pierna, que está entre la rodilla y el tobillo.

pantorrilla

pantufla (pan·tu·fla) [sustantivo femenino] Zapatilla sin talón que se utiliza para andar por casa. ☐ SINÓNIMOS: chinela.
panty [sustantivo masculino] → **panti.** ☐ [Es una palabra inglesa].
panza (pan·za) [sustantivo femenino] Tripa muy gorda: *Si comes tanto, te saldrá panza.* ☐ [Es coloquial]. ☐ FAMILIA: panzada, panzudo, despanzurrar.
panzada (pan·za·da) [sustantivo femenino] Golpe dado con la panza: *Al tirarme de cabeza al agua me pegué una panzada.* ◆ [expresión] ‖ **darse una panzada de algo** Hacerlo con exceso: *Me di una panzada de comer...* ☐ [La expresión es coloquial]. ☐ FAMILIA: →panza.
panzudo, da (pan·zu·do, da) [adjetivo] Que tiene la panza muy grande. ☐ FAMILIA: →panza.
pañal (pa·ñal) [sustantivo masculino] Pieza hecha de material absorbente que se les pone a los niños pequeños o a las personas mayores que expulsan de manera involuntaria la orina o los excrementos. ☐ [Significa lo mismo en singular que en plural]. ☐ FAMILIA: bragapañal.
paño (pa·ño) [sustantivo masculino] Trozo de tela: *Necesito un paño para limpiar los cristales.* ◆ [expresión] ‖ **en paños menores** En ropa interior o casi desnudo. ☐ FAMILIA: pañuelo, pañoleta.
pañoleta (pa·ño·le·ta) [sustantivo femenino] Pañuelo grande que se coloca sobre los hombros o sobre la cabeza. ☐ FAMILIA: →paño.
pañuelo (pa·ñue·lo) [sustantivo masculino] **1** Trozo de tela o de papel que se usa para limpiarse la nariz. **2** Trozo de tela que se usa como adorno o para proteger del frío. ☐ FAMILIA: →paño.
papa (pa·pa) [sustantivo masculino] Máxima autoridad de la Iglesia católica. ◆ [expresión] ‖ **ni papa** Nada o casi nada: *No entendí ni papa.* ☐ [La expresión es coloquial]. ☐ FAMILIA: papal, papista.
papá (pa·pá) ■ [sustantivo masculino] **1** Padre: *Quiero mucho a mi papá.* ■ **papás** [plural] **2** Conjunto de padre y madre: *Fui al cine con mis papás.* ☐ [Es coloquial. En el significado **1**, el femenino es «mamá»].
papada (pa·pa·da) [sustantivo femenino] Carne que cuelga debajo de la mandíbula inferior: *Has engordado tanto que te ha salido papada.*
papagayo, ya (pa·pa·ga·yo, ya) [sustantivo] Ave que aprende a repetir palabras y que tiene plumas de colores. ☐ SINÓNIMOS: loro.

papal (pa·pal) [adjetivo] Del papa o relacionado con él. ☐ [No varía en masculino y femenino]. ☐ FAMILIA: →papa.
papanatas (pa·pa·na·tas) [sustantivo] Persona simple e inocente a la que se engaña fácilmente: *Eres un papanatas y no te enteras de nada.* ☐ [No varía en masculino y femenino, ni en singular y plural. Es despectivo].
paparazzi [sustantivo] Fotógrafo de prensa que se dedica a conseguir fotografías de personajes de la vida pública sin su autorización. ☐ [Es una palabra italiana. Se pronuncia «paparázi», aunque está muy extendida la pronunciación «paparáchi». No varía en masculino y femenino].
paparrucha (pa·pa·rru·cha) [sustantivo femenino] Hecho o dicho que no tiene sentido. ☐ [Es coloquial y despectivo]. ☐ SINÓNIMOS: tontería.
papaya (pa·pa·ya) [sustantivo femenino] Fruto alargado de sabor dulce: *La carne de la papaya es parecida a la del melón.* 👁 página 453.
papel (pa·pel) [sustantivo masculino] **1** Material con el que están hechas las hojas de un libro: *papel cuadriculado.* **2** Documento que se necesita para algo: *¿Tienes todos los papeles preparados?* **3** Personaje que un actor representa: *Hice el papel de príncipe.* ◆ [expresión] ‖ **papel carbón** El que es negro por una cara y se usa para hacer copias: *Usa papel carbón para calcar el mapa.* ‖ **papel charol** El que brilla mucho por una cara y puede ser de diversos colores. ‖ **papel de estraza** El que es muy áspero, de color marrón o gris y de mala calidad. ‖ **papel higiénico** El que se usa en el cuarto de baño. ‖ **perder los papeles** Actuar sin control a causa de los nervios: *No pierdas los papeles y piensa despacio qué tienes que hacer.* ☐ FAMILIA: papelera, papelería, papeleta, papeleo, empapelar, empapelado, pisapapeles, portapapeles, traspapelar.
papeleo (pa·pe·le·o) [sustantivo masculino] Conjunto de documentos necesarios para resolver un asunto. ☐ FAMILIA: →papel.
papelera (pa·pe·le·ra) [sustantivo femenino] Recipiente que se usa para tirar los papeles que no sirven. ☐ FAMILIA: →papel. 👁 página 172.
papelería (pa·pe·le·rí·a) [sustantivo femenino] Tienda en la que se vende papel y otros objetos para escribir. ☐ FAMILIA: →papel.
papeleta (pa·pe·le·ta) [sustantivo femenino] **1** Papel pequeño y con un número, que da la posibilidad de recibir un premio si se tiene suerte: *Compré una papeleta para el sorteo.* **2** Asunto difícil de resolver: *¡Menuda papeleta tengo encima!* ☐ [El significado **2** es coloquial]. ☐ SINÓNIMOS: **2** embolado. ☐ FAMILIA: →papel.
paperas (pa·pe·ras) [sustantivo femenino plural] Enfermedad infantil que produce una inflamación de la zona del cuello que está cerca de las orejas.
papila (pa·pi·la) [sustantivo femenino] Pequeño bulto que hay en la piel o en las membranas de los animales y de las plantas: *Las papilas de la lengua permiten distinguir los sabores.*

papilla (pa·pi·lla) [sustantivo femenino] Comida blanda que toman los niños pequeños.

papillote (pa·pi·llo·te) [sustantivo masculino] Cocción de un alimento con un envoltorio resistente al calor. ☐ [Es una palabra de origen francés].

papión (pa·pión) [sustantivo masculino] Mono de pelo gris o pardo claro, que tiene callos rojos en el culo.

papiro (pa·pi·ro) [sustantivo masculino] Especie de papel que se obtenía de los tallos de algunas plantas, en el que se escribía hace siglos.

papista (pa·pis·ta) ◆ [expresión] ‖ **ser más papista que el papa** Ser muy riguroso a la hora de cumplir un deber o una orden. ☐ FAMILIA: →papa.

papo (pa·po) [sustantivo masculino] **1** Parte abultada que tienen algunos animales entre la barba y el cuello. **2** Falta de vergüenza: *¡Qué papo tienes!, no me ayudas y te tumbas a descansar*. ☐ [El significado **2** es coloquial]. ☐ SINÓNIMOS: **2** morro.

paquebote (pa·que·bo·te) [sustantivo masculino] Barco que transporta correo y pasajeros de un puerto a otro.

paquete (pa·que·te) [sustantivo masculino] Objeto que se envuelve para llevarlo a algún sitio: *Recibí un paquete certificado*. ☐ FAMILIA: empaquetar, desempaquetar.

paquidermo (pa·qui·der·mo) [adjetivo o sustantivo masculino] Del grupo de animales al que pertenecen el elefante, el hipopótamo y otros.

paquistaní (pa·quis·ta·ní) [adjetivo o sustantivo] → **pakistaní**. ☐ [Su plural es «paquistanís» o «paquistaníes» (más culto)].

par ■ [adjetivo o sustantivo] **1** Que se puede dividir por dos: *El diez es un número par*. ■ [sustantivo masculino] **2** Conjunto de dos cosas de una misma clase: *un par de zapatos*. ◆ [expresión] ‖ **a la par** A la vez: *Llegaron a la par*. ‖ **de par en par** Abierto del todo: *La ventana está abierta de par en par*. ☐ [Cuando es adjetivo, no varía en masculino y femenino]. ☐ SINÓNIMOS: **2** pareja. ☐ ANTÓNIMOS: **1** impar, non. ☐ FAMILIA: impar, pareja, emparejar, emparejamiento, desparejado, desemparejado, pareado, dispar, disparidad, aparear.

para (pa·ra) [preposición] **1** Indica finalidad: *Necesito unas tijeras para recortar esta foto*. **2** Indica la dirección a la que nos dirigimos: *Voy para tu casa*. **3** Indica el tiempo en el que algo va a suceder: *Para Navidad ya estará terminado*. **4** Introduce un punto de referencia en una relación: *Estás muy alto para la edad que tienes*. **5** Indica que algo está muy próximo: *La película está para comenzar*. ☐ SINÓNIMOS: **2** hacia.

parabién (pa·ra·bién) [sustantivo masculino] Palabras que se dicen para desear a alguien que sea feliz o cuando nos alegramos por algo bueno que le ha ocurrido: *Voy a dar los parabienes a los recién casados*. ☐ SINÓNIMOS: felicitación. ☐ FAMILIA: →bien.

parábola (pa·rá·bo·la) [sustantivo femenino] **1** Relato inventado que se nos cuenta para que aprendamos algo: *En el evangelio hay muchas parábolas*. **2** Curva muy abierta: *Los proyectiles lanzados trazaban una parábola*. ☐ FAMILIA: parabólico.

parabólico, ca (pa·ra·bó·li·co, ca) ■ [adjetivo] **1** Con forma de curva muy abierta: *Las bombas lanzadas desde el mortero describían una trayectoria parabólica*. ■ **parabólica** [sustantivo femenino] **2** Antena que sirve para recibir ondas a gran distancia: *Mis padres han puesto una parabólica en casa*. ☐ FAMILIA: →parábola.

parabrisas (pa·ra·bri·sas) [sustantivo masculino] Cristal que está en la parte de delante de un automóvil. ☐ [No varía en singular y plural]. ☐ FAMILIA: →brisa.

paracaídas (pa·ra·ca·í·das) [sustantivo masculino] Especie de saco que frena la caída de una persona que salta de un avión. ☐ [No varía en singular y plural]. ☐ FAMILIA: →caer.

paracaidismo (pa·ra·cai·dis·mo) [sustantivo masculino] Actividad que consiste en lanzarse con paracaídas desde un avión. ☐ FAMILIA: →caer.

paracaidista (pa·ra·cai·dis·ta) [sustantivo] Persona que salta de un avión con un paracaídas. ☐ [No varía en masculino y femenino]. ☐ FAMILIA: →caer.

parachoques (pa·ra·cho·ques) [sustantivo masculino] Pieza de un automóvil que lo protege de los golpes por delante y por detrás. ☐ [No varía en singular y plural]. ☐ FAMILIA: →chocar.

paradero (pa·ra·de·ro) [sustantivo masculino] Lugar donde está alguien o algo: *El asesino está en paradero desconocido*. ☐ SINÓNIMOS: localización.

paradigma (pa·ra·dig·ma) [sustantivo masculino] **1** Modelo o ejemplo: *Ese chico es paradigma de la buena educación*. **2** Esquema que presentan algunas palabras: *Los verbos en español se conjugan siguiendo tres paradigmas*. ☐ FAMILIA: paradigmático.

paradigmático, ca (pa·ra·dig·má·ti·co, ca) [adjetivo] De un paradigma o relacionado con él: *Este equipo de trabajo es un ejemplo paradigmático de coordinación y buen hacer*. ☐ FAMILIA: →paradigma.

paradisiaco, ca o **paradisíaco, ca** (pa·ra·di·sia·co, ca; pa·ra·di·sí·a·co, ca) [adjetivo] Del paraíso o con sus características: *un lugar paradisiaco*. ☐ FAMILIA: →paraíso.

parado, da (pa·ra·do, da) ■ [adjetivo o sustantivo] **1** Que está sin trabajo: *Ha aumentado el número de parados*. ■ **parada** [sustantivo femenino] **2** Hecho de detener algo: *La parada del portero evitó un gol*. **3** Lugar en el que se detiene un vehículo público: *Cojo el autobús en la misma parada que tú*. ◆ [expresión] ‖ **salir mal parado** Acabar mal: *Salí mal parada de ese asunto*. ☐ SINÓNIMOS: **1** desempleado. ☐ FAMILIA: →parar.

paradoja (pa·ra·do·ja) [sustantivo femenino] Hecho extraño o contradictorio: *Es una paradoja que tu padre tenga una relojería y tú nunca lleves reloj*. ☐ SINÓNIMOS: contrasentido. ☐ FAMILIA: paradójico.

paradójico, ca (pa·ra·dó·ji·co, ca) [adjetivo] Raro o contradictorio: *Resulta paradójico que siga viniendo con nosotros si no le caemos bien*. ☐ FAMILIA: →paradoja.

parador (pa·ra·dor) [sustantivo masculino] Hotel muy bueno, generalmente situado en edificios antiguos. ☐ FAMILIA: →parar.

parafarmacia (pa·ra·far·ma·cia) [sustantivo femenino] Tienda en que se venden productos para el cuidado de la salud y la higiene personal, pero que no son medicinas. ☐ FAMILIA: →fármaco.

parafernalia (pa·ra·fer·na·lia) [sustantivo femenino] Gran cantidad de medios y de riqueza para hacer algo: *Fue una ceremonia sencilla, sin parafernalia.* ☐ SINÓNIMOS: aparato.

parafina (pa·ra·fi·na) [sustantivo femenino] Sustancia sólida que se saca del petróleo: *La parafina se utiliza en la fabricación de cremas.*

parafrasear (pa·ra·fra·se·ar) [verbo] Citar un texto usando palabras diferentes: *Parafraseó una cita famosa que no recordaba literalmente.* ☐ FAMILIA: →frase.

paraguas (pa·ra·guas) [sustantivo masculino] Utensilio que sirve para protegerse de la lluvia. ☐ [No varía en singular y plural]. ☐ FAMILIA: →agua.

paraguaya (pa·ra·gua·ya) [sustantivo femenino] Mira en **paraguayo, ya**.

paraguayo, ya (pa·ra·gua·yo, ya) ▪ [adjetivo o sustantivo] **1** De Paraguay, que es un país sudamericano. ▪ **paraguaya** [sustantivo femenino] **2** Fruta jugosa, parecida al melocotón pero aplastada.

paragüero (pa·ra·güe·ro) [sustantivo masculino] Recipiente que sirve para dejar los paraguas. ☐ FAMILIA: →agua.

paraíso (pa·ra·í·so) [sustantivo masculino] **1** Según la Biblia, lugar donde vivían Adán y Eva, que fueron el primer hombre y la primera mujer creados por Dios. **2** Lugar bonito, tranquilo y agradable. ☐ [En el significado **1** también se escribe con mayúscula]. ☐ SINÓNIMOS: edén. ☐ ANTÓNIMOS: **2** infierno. ☐ FAMILIA: paradisiaco.

paraje (pa·ra·je) [sustantivo masculino] Lugar que está lejos o separado: *un paraje desértico.*

paralelepípedo (pa·ra·le·le·pí·pe·do) [sustantivo masculino] Cuerpo geométrico que tiene seis caras iguales y paralelas dos a dos: *El cubo es un paralelepípedo.* ☐ FAMILIA: →paralelo.

paralelismo (pa·ra·le·lis·mo) [sustantivo masculino] **1** Igualdad de distancia que existe entre dos líneas que no se tocan nunca. **2** Parecido o semejanza: *Existe un gran paralelismo entre estas dos obras.* ☐ FAMILIA: →paralelo.

paralelo, la (pa·ra·le·lo, la) ▪ [adjetivo] **1** Parecido o semejante: *Nuestros gustos son paralelos.* ▪ [adjetivo o sustantivo femenino] **2** Que está siempre a la misma distancia de una línea y no la toca nunca: *Los raíles de la vía del tren son paralelos.* ▪ **paralelo** [sustantivo masculino] **3** En geografía, cada uno de los círculos imaginarios que rodean la Tierra a lo ancho: *El ecuador es el paralelo más grande.* 👁 ilustración en *hemisferio.* ☐ FAMILIA: paralelismo, paralelepípedo, paralelogramo.

paralelogramo (pa·ra·le·lo·gra·mo) [sustantivo masculino] Figura geométrica con cuatro lados, paralelos dos a dos: *El cuadrado, el rectángulo y el rombo son paralelogramos.* ☐ FAMILIA: →paralelo.

paralimpiada (pa·ra·lim·pia·da) [sustantivo femenino] Competición internacional de juegos deportivos en la que solo pueden participar personas con algún tipo de discapacidad. ☐ [Significa lo mismo en singular y plural]. ☐ FAMILIA: →olimpiada.

paralímpico, ca (pa·ra·lim·pi·co, ca) [adjetivo] De la paralimpiada o relacionado con este tipo de competición. ☐ FAMILIA: →olimpiada.

parálisis (pa·rá·li·sis) [sustantivo femenino] Pérdida de la capacidad de movimiento de una parte del cuerpo. ☐ [No varía en singular y plural]. ☐ FAMILIA: →paralizar.

paralítico, ca (pa·ra·lí·ti·co, ca) [adjetivo o sustantivo] Que no tiene movimiento en alguna parte de su cuerpo: *Un accidente de coche lo dejó paralítico.* ☐ SINÓNIMOS: impedido, imposibilitado. ☐ FAMILIA: →paralizar.

paralizar (pa·ra·li·zar) [verbo] **1** Impedir el movimiento de una parte del cuerpo: *Una enfermedad le paralizó las piernas.* **2** Detener el desarrollo de algo: *La falta de pruebas paralizó las investigaciones.* ☐ [La «z» se cambia en «c» delante de «e» («paralice»)]. ☐ SINÓNIMOS: anquilosar. ☐ FAMILIA: parálisis, paralítico.

paramecio (pa·ra·me·cio) [sustantivo masculino] Ser vivo de una célula, que vive en aguas estancadas y solo se puede ver con el microscopio.

parámetro (pa·rá·me·tro) [sustantivo masculino] Dato que se tiene en cuenta en el análisis de una cuestión: *Para analizar la cultura de un país debes tener en cuenta múltiples parámetros.*

páramo (pá·ra·mo) [sustantivo masculino] Terreno llano con poca vegetación.

paranoia (pa·ra·no·ia) [sustantivo femenino] Enfermedad mental que sufren las personas que tienen una manía o están obsesionados con una idea. ☐ FAMILIA: paranoico.

paranoico, ca (pa·ra·noi·co, ca) [adjetivo o sustantivo] Que padece paranoia. ☐ FAMILIA: →paranoia.

paranormal (pa·ra·nor·mal) [adjetivo] Dicho de un suceso, que no puede ser explicado con métodos científicos: *La telepatía es un suceso paranormal.* ☐ [No varía en masculino y femenino]. ☐ FAMILIA: →norma.

parapente (pa·ra·pen·te) [sustantivo masculino] Especie de paracaídas rectangular que se dirige con cuerdas y que se usa para lanzarse desde un sitio muy alto.

parapente

parapetarse (pa·ra·pe·tar·se) [verbo] Defenderse de un ataque, escondiéndose detrás de un terreno inclinado o de un pequeño muro hecho con sacos, piedras u otros objetos: *Los soldados se parapetaron cuando escucharon los tiros.* ☐ Familia: →parapeto.

parapeto (pa·ra·pe·to) [sustantivo masculino] Terreno inclinado o defensa construida con un montón de sacos, piedras y otros objetos, que usan los soldados para protegerse de un ataque enemigo. ☐ Familia: parapetarse.

paraplejia o **paraplejía** (pa·ra·ple·jia; pa·ra·ple·jí·a) [sustantivo femenino] Pérdida del movimiento de la cintura para abajo. ☐ Familia: parapléjico.

parapléjico, ca (pa·ra·plé·ji·co, ca) [adjetivo o sustantivo] Que no puede mover el cuerpo de cintura para abajo. ☐ Familia: →paraplejia.

parapsicología (pa·ra·psi·co·lo·gí·a) [sustantivo femenino] Estudio de los hechos que no se pueden explicar con métodos científicos. ☐ Familia: →psíquico.

parar (pa·rar) [verbo] **1** Dejar de hacer algo: *Ya ha parado de llover.* **2** Detener el movimiento de algo: *El portero paró el balón.* **3** Llegar a manos de otra persona: *No sé a quién fue a parar la foto.* **4** Hallarse o encontrarse: *Necesito saber dónde para tu hermana.* ☐ Sinónimos: **1** cesar. **2** atajar. ☐ Familia: parada, parado, paro, parador, imparable, malparado, deparar, parasol, pararrayos.

pararrayos (pa·ra·rra·yos) [sustantivo masculino] Aparato que sirve para proteger los edificios de los rayos. ☐ [No varía en singular y plural]. ☐ Familia: →parar. →rayo.

pararrayos

parásito, ta (pa·rá·si·to, ta) [adjetivo o sustantivo] Que vive alimentándose de otro ser vivo: *Los piojos son parásitos.* ☐ Familia: desparasitar.

parasol (pa·ra·sol) [sustantivo masculino] Paraguas que sirve para protegerse del sol. ☐ Sinónimos: sombrilla, quitasol. ☐ Familia: →parar. →sol.

parcela (par·ce·la) [sustantivo femenino] **1** Parte en la que se divide un terreno: *Mis padres tienen una parcela en el pueblo.* **2** Parte pequeña de un todo: *Solo conoces una parcela de mi vida.* ☐ Familia: parcelar.

parcelar (par·ce·lar) [verbo] Dividir un terreno en partes: *Los hermanos parcelaron la finca familiar para repartírsela.* ☐ Familia: →parcela.

parche (par·che) [sustantivo masculino] **1** Trozo de algún material que se pone para tapar un roto: *Se me pinchó la rueda y le puse un parche.* **2** Piel que tienen algunos instrumentos musicales y que suena cuando se golpea: *el parche de un tambor.* ☐ Familia: parchear.

parchear (par·che·ar) [verbo] Poner parches a algo: *parchear un flotador.* ☐ Familia: →parche.

parchís (par·chís) [sustantivo masculino] Juego de mesa en el que participan varias personas y que tiene un tablero y fichas de colores.

parcial (par·cial) [adjetivo] **1** Que no es completo: *un eclipse parcial.* **2** Que está a favor o en contra de algo: *Un árbitro no debe ser parcial.* ☐ [No varía en masculino y femenino]. ☐ Antónimos: **1** completo, absoluto, total. **2** imparcial. ☐ Familia: →parte.

parcialidad (par·cia·li·dad) [sustantivo femenino] Actitud de la persona que, en un enfrentamiento, se pone del lado de uno de los dos bandos. ☐ Antónimos: imparcialidad, neutralidad. ☐ Familia: →parte.

parco, ca (par·co, ca) [adjetivo] Corto, escaso o moderado: *Eres parco en palabras.* ☐ Sinónimos: exiguo. ☐ Antónimos: abundante.

pardillo, lla (par·di·llo, lla) [adjetivo o sustantivo] **1** Que no tiene malicia y es fácil de engañar. ∎ **pardillo** [sustantivo masculino] **2** Pájaro pequeño con el plumaje rojizo, que se alimenta de semillas. ☐ Sinónimos: **1** incauto, ingenuo, inocente. ☐ Antónimos: **1** astuto. ☐ Familia: →pardo.

pardo, da (par·do, da) [adjetivo] Del color marrón de la tierra. ☐ Familia: parduzco, pardillo.

parduzco, ca (par·duz·co, ca) [adjetivo] De color parecido al marrón. ☐ Familia: →pardo.

pareado (pa·re·a·do) [sustantivo masculino] Estrofa de dos versos que riman entre sí. ☐ Familia: →par.

parecer (pa·re·cer) [sustantivo masculino] **1** Opinión o juicio que se tienen sobre algo: *Si me preguntas mi parecer, te diré que no estoy de acuerdo.* ∎ [verbo] **2** Tener un aspecto determinado: *Pareces enfadado.* **3** Haber señales de que va a pasar algo: *Parece que va a llover.* ∎ **parecerse 4** Ser semejante a algo: *Te pareces a tu madre.* ☐ [Es irregular y se conjuga como AGRADECER]. ☐ Familia: parecido.

parecido, da (pa·re·ci·do, da) ∎ [adjetivo] **1** Que se parece a algo: *Tengo un jersey muy parecido al tuyo.* ∎ **parecido** [sustantivo masculino] **2** Conjunto de características que hacen que una cosa se parezca a otra: *El parecido entre los dos es muy grande.* ☐ Sinónimos: **2** aire, semejanza, similitud. ☐ Familia: →parecer.

pared (pa·red) [sustantivo femenino] Construcción vertical que forma un edificio. ◆ [expresión] ∥ **subirse por las paredes** Estar muy enfadado o muy nervioso: *Está que se sube por las paredes.* ☐ [La expresión es coloquial]. ☐ Sinónimos: muro. ☐ Familia: paredón.

paredón (pa·re·dón) [sustantivo masculino] Muro contra el que se pone a las personas que van a ser fusiladas. ☐ Familia: →pared.

pareja (pa·re·ja) [sustantivo femenino] **1** Conjunto de dos cosas de la misma clase: *pareja de guantes.* **2** Conjunto de dos personas que tienen algo en común: *Tu padre y tu madre hacen muy buena pareja.* ☐ Sinónimos: **1** par. ☐ Familia: →par.

parentela (pa·ren·te·la) [sustantivo femenino] Conjunto de personas que tienen alguna relación familiar. ☐ SINÓNIMOS: familia. ☐ FAMILIA: →pariente.

parentesco (pa·ren·tes·co) [sustantivo masculino] Relación familiar que existe entre dos personas: *El parentesco que hay entre ella y yo es el de tía y sobrino.* ☐ FAMILIA: →pariente.

paréntesis (pa·rén·te·sis) [sustantivo masculino] Signo doble que usamos al escribir para añadir información complementaria: *Puedes incluir algunos ejemplos entre paréntesis (no olvides que son dos: el de apertura y el de cierre).* ☐ [No varía en singular y plural].

pareo (pa·re·o) [sustantivo masculino] Especie de pañuelo grande que se enrolla alrededor del cuerpo formando un vestido o una falda: *Para bajar a la playa me pongo un pareo encima del traje de baño.*

paria (pa·ria) [sustantivo] **1** Persona que pertenece a la casta más baja de los hindúes. **2** Persona a la que se desprecia y se rechaza porque se la considera inferior. ☐ [No varía en masculino y femenino].

parida (pa·ri·da) [sustantivo femenino] Tontería: *¡Deja de hacer paridas!* ☐ [Es vulgar].

pariente (pa·rien·te) [sustantivo] Persona que tiene alguna relación familiar con otra: *Mis primos son parientes míos.* ☐ [No varía en masculino y femenino]. ☐ SINÓNIMOS: familiar. ☐ FAMILIA: parentesco, parentela, emparentar.

parietal (pa·rie·tal) [sustantivo masculino] Cada uno de los dos huesos que están a los lados de la cabeza. ◉ **página 405.**

parihuela (pa·ri·hue·la) [sustantivo femenino] **1** Cama estrecha y poco pesada, que se usa para llevar enfermos o heridos de un lugar a otro. **2** Utensilio formado por dos barras en las que se apoyan varias tablas atravesadas, que sirve para transportar una carga entre dos personas. ☐ [Significa lo mismo en singular que en plural]. ☐ SINÓNIMOS: **1** camilla.

paripé (pa·ri·pé) [sustantivo masculino] Acción que se realiza para que parezca verdadera sin serlo: *¡Menudo paripé montaste para hacernos creer que estabas enfermo!*

parir (pa·rir) [verbo] Expulsar el feto una mujer o la hembra de algunos animales. ☐ [«Parir» se usa más para animales y «dar a luz» se prefiere para mujeres]. ☐ FAMILIA: parto, partera, parturienta.

parisiense (pa·ri·sien·se) [adjetivo o sustantivo] → **parisino, na.** ☐ [No varía en masculino y femenino].

parisino, na (pa·ri·si·no, na) [adjetivo o sustantivo] De París, que es la capital francesa. ☐ [Se usa también «parisiense»].

parka (par·ka) [sustantivo femenino] Prenda de abrigo con capucha forrada de piel.

parking [sustantivo masculino] Lugar señalado y preparado para aparcar en él los vehículos: *Dejé el coche en un* parking. ☐ [Es una palabra inglesa. Se pronuncia «párkin». Es preferible usar «aparcamiento»].

parlamentar (par·la·men·tar) [verbo] Hablar con alguien para solucionar un problema: *La policía parlamentó con los secuestradores.* ☐ FAMILIA: →parlamento.

parlamentario, ria (par·la·men·ta·rio, ria) ▮ [adjetivo] **1** Del Parlamento o relacionado con este órgano político: *sesión parlamentaria.* ▮ [sustantivo] **2** Miembro de un Parlamento. ☐ FAMILIA: →parlamento.

parlamento (par·la·men·to) [sustantivo masculino] **1** Órgano político cuya tarea principal es hacer las leyes de un país: *El Parlamento lo forman los representantes elegidos por los ciudadanos.* **2** Edificio o sede de este órgano: *El diputado no hizo declaraciones al entrar en el Parlamento.* ☐ [Se escribe con mayúscula]. ☐ FAMILIA: parlamentar, parlamentario.

parlanchín, na (par·lan·chín, chi·na) [adjetivo o sustantivo] Que habla mucho. ☐ [Es coloquial]. ☐ SINÓNIMOS: charlatán, hablador, cotorra, loro. ☐ ANTÓNIMOS: callado, reservado.

parlante (par·lan·te) [adjetivo] Que es capaz de hablar o de imitar la voz humana: *El loro es un ave parlante.* ☐ [No varía en masculino y femenino]. ☐ FAMILIA: →parlotear.

parlotear (par·lo·te·ar) [verbo] Hablar unas personas con otras. ☐ [Es coloquial]. ☐ SINÓNIMOS: charlar. ☐ FAMILIA: parloteo, parlante.

parloteo (par·lo·te·o) [sustantivo masculino] Hecho de hablar unas personas con otras: *Ayer estuve de parloteo con tus primas.* ☐ [Es coloquial]. ☐ FAMILIA: →parlotear.

parné (par·né) [sustantivo masculino] Dinero: *A finales de mes siempre anda mal de parné.* ☐ [Es coloquial].

paro (pa·ro) [sustantivo masculino] **1** Hecho de interrumpir algo: *un paro respiratorio.* **2** Falta de trabajo: *Estoy en paro.* ☐ SINÓNIMOS: **2** desempleo. ☐ ANTÓNIMOS: **2** empleo. ☐ FAMILIA: →parar.

parodia (pa·ro·dia) [sustantivo femenino] Imitación humorística de algo serio. ☐ FAMILIA: parodiar.

parodiar (pa·ro·diar) [verbo] Imitar de forma humorística algo serio: *Este humorista parodia muy bien a los políticos.* ☐ FAMILIA: →parodia.

paroxismo (pa·ro·xis·mo) [sustantivo masculino] Exageración de los sentimientos o de las pasiones: *Su desesperación llegó al paroxismo y empezó a dar puñetazos en la mesa.*

parpadear (par·pa·de·ar) [verbo] **1** Abrir y cerrar los ojos. **2** Verse una luz un rato sí y otro no: *Los intermitentes de los coches parpadean.* ☐ FAMILIA: →párpado.

parpadeo (par·pa·de·o) [sustantivo masculino] Hecho de abrir y cerrar los ojos. ☐ FAMILIA: →párpado.

párpado (pár·pa·do) [sustantivo masculino] Trozo de piel que protege los ojos. ☐ FAMILIA: parpadear, parpadeo.

parque (par·que) [sustantivo masculino] **1** Terreno con plantas y árboles que sirve como lugar de recreo. ◉ **página 172.** **2** Especie de mueble rodeado por una red en el que se pone a los niños pequeños para que jueguen.

parqué (par·qué) [sustantivo masculino] Suelo de tablas pequeñas y finas de madera. ☐ [Es una palabra de origen francés].

parra (pa·rra) [sustantivo femenino] Vid a la que se le ponen unos palos para hacerla crecer agarrada a ellos: *La parra da uvas en verano.* ☐ FAMILIA: parral.

parrafada (pa·rra·fa·da) [sustantivo femenino] **1** Conversación larga: *Cada vez que nos vemos nos echamos una buena*

parrafada. 2 Discurso largo y seguido: *Mi madre me ha soltado una buena parrafada por no lavarme las manos.* ☐ [Es coloquial]. ☐ FAMILIA: →párrafo.

párrafo (pá·rra·fo) [sustantivo] [masculino] Cada una de las partes de un texto que están separadas entre sí por un punto y aparte. ☐ FAMILIA: parrafada.

parral (pa·rral) [sustantivo] [masculino] Conjunto de parras sostenidas por un armazón: *Comimos a la sombra del parral.* ☐ FAMILIA: →parra.

parranda (pa·rran·da) [sustantivo] [femenino] Diversión alegre y con ruido en la que la gente se divierte mucho: *Para celebrar mi ascenso nos fuimos de parranda.* ☐ [Es coloquial]. ☐ SINÓNIMOS: jolgorio, jarana, juerga, farra.

parricida (pa·rri·ci·da) [sustantivo] Persona que mata a un familiar, especialmente a su padre, a su madre o a su cónyuge. ☐ [No varía en masculino y femenino]. ☐ FAMILIA: parricidio.

parricidio (pa·rri·ci·dio) [sustantivo] [masculino] Muerte que una persona le produce a un familiar suyo, especialmente a su padre, a su madre o a su cónyuge. ☐ FAMILIA: →parricida.

parrilla (pa·rri·lla) [sustantivo] [femenino] Instrumento formado por unas barras de metal y que sirve para cocinar alimentos al fuego. ☐ FAMILIA: parrillada.

parrilla

parrillada (pa·rri·lla·da) [sustantivo] [femenino] Comida hecha en una parrilla. ☐ FAMILIA: →parrilla.

párroco (pá·rro·co) [adjetivo o] [sustantivo masculino] Dicho de un sacerdote, que es el encargado de una iglesia a la que van de forma habitual los fieles de un lugar: *cura párroco.* ☐ FAMILIA: →parroquia.

parroquia (pa·rro·quia) [sustantivo] [femenino] Iglesia a la que van de forma habitual los fieles de un lugar. ☐ FAMILIA: parroquial, párroco, parroquiano.

parroquial (pa·rro·quial) [adjetivo] De una parroquia o relacionado con ella: *iglesia parroquial.* ☐ [No varía en masculino y femenino]. ☐ FAMILIA: →parroquia.

parroquiano, na (pa·rro·quia·no, na) ■ [adjetivo o] [sustantivo] **1** Que pertenece a una parroquia. ■ [sustantivo] **2** Cliente habitual de un establecimiento: *los parroquianos de esta cafetería.* ☐ SINÓNIMOS: **1** feligrés. ☐ FAMILIA: →parroquia.

parsimonia (par·si·mo·nia) [sustantivo] [femenino] Forma lenta o tranquila de hacer algo. ☐ SINÓNIMOS: lentitud, pesadez.

parte (par·te) ■ [sustantivo] [masculino] **1** Información que se comunica: *parte médico.* ■ [sustantivo] [femenino] **2** Cosa que forma un todo con otras: *Divide la tarta en ocho partes.* **3** Lugar o espacio: *Vete a otra parte.* **4** Aspecto en el que algo se puede considerar: *Por una parte, quiero ir contigo, pero por otra, prefiero quedarme.* ◆ [expresión] ‖ **de parte de alguien** En su nombre: *Dale las gracias de mi parte.* ☐ FAMILIA: partir, parcial, imparcial, imparcialidad, parcialidad, partícula, particular, particularidad, apartar, aparte, apartado, partido, partida, partitura, partición, contrapartida, partidario, repartir, reparto, repartidor, compartir, compartimento, impartir.

partera (par·te·ra) [sustantivo] [femenino] Mujer que ayuda a otra mujer a parir. ☐ FAMILIA: →parir.

parterre (par·te·rre) [sustantivo] [masculino] Jardín con anchos paseos. ☐ FAMILIA: →tierra.

partición (par·ti·ción) [sustantivo] [femenino] **1** Hecho de separar algo en partes: *la partición de una herencia.* **2** Cada una de estas partes: *De las tres particiones de la herencia, a mí me corresponderían dos.* ☐ SINÓNIMOS: **1** división. ☐ FAMILIA: →parte.

participación (par·ti·ci·pa·ción) [sustantivo] [femenino] Hecho de tomar parte en una actividad: *La participación de los tenistas españoles en el campeonato fue un éxito.* ☐ SINÓNIMOS: intervención. ☐ FAMILIA: →participar.

participante (par·ti·ci·pan·te) [adjetivo o] [sustantivo] Que participa en algo: *Los participantes en el concurso tienen que superar pruebas.* ☐ [No varía en masculino y femenino]. ☐ FAMILIA: →participar.

participar (par·ti·ci·par) [verbo] Tomar parte en algo: *Participé en la carrera.* ☐ SINÓNIMOS: intervenir. ☐ FAMILIA: participación, participante, partícipe.

partícipe (par·tí·ci·pe) [adjetivo o] [sustantivo] Que participa en algo con otros: *Llamó a su familia para hacerles partícipes de su alegría.* ☐ [No varía en masculino y femenino]. ☐ FAMILIA: →participar.

participio (par·ti·ci·pio) [sustantivo] [masculino] Forma del verbo que termina en *-ado* o en *-ido* si es regular: *«Amado», «temido» y «partido» son participios.*

partícula (par·tí·cu·la) [sustantivo] [femenino] Parte muy pequeña de una materia: *partículas de polvo.* ☐ FAMILIA: →parte.

particular (par·ti·cu·lar) [adjetivo] **1** De una persona o propio de ella: *Mi opinión particular es que no está bien.* **2** Raro o extraordinario: *No me contó nada particular.* ◆ [expresión] ‖ **en particular** Especialmente: *Me gusta este libro en particular.* ☐ [No varía en masculino y femenino]. ☐ SINÓNIMOS: **1** personal, individual. **2** especial, singular, excepcional. ☐ ANTÓNIMOS: **1** colectivo, general, universal. **2** común, corriente, normal. ☐ FAMILIA: →parte.

particularidad (par·ti·cu·la·ri·dad) [sustantivo] [femenino] Característica o detalle que sirve para distinguir algo: *Esta tela tiene la particularidad de que no se arruga.* ☐ SINÓNIMOS: peculiaridad, singularidad. ☐ FAMILIA: →parte.

partida (par·ti·da) [sustantivo] [femenino] **1** Marcha de un lugar: *Nos despedimos antes de la partida.* **2** Conjunto de las partes que forman un juego: *Gané tres partidas*

partidario, ria

seguidas. **3** Conjunto de unidades que tienen alguna característica común: *Han retirado del mercado una partida de embutidos en mal estado.* ☐ FAMILIA: →parte.

partidario, ria (par·ti·da·rio, ria) [adjetivo o sustantivo] Que defiende una idea determinada: *Soy partidaria de decir siempre la verdad.* ☐ SINÓNIMOS: adicto, adepto. ☐ ANTÓNIMOS: contrario, enemigo, adversario, rival, disidente, refractario, reacio. ☐ FAMILIA: →parte.

partido (par·ti·do) [sustantivo masculino] **1** Organización política formada por un conjunto de personas que defienden las mismas ideas. **2** Competición deportiva en la que juegan dos equipos o dos jugadores: *un partido de tenis.* ☐ FAMILIA: →parte.

partir (par·tir) [verbo] **1** Dividir algo en partes: *He partido la barra de pan.* **2** Ponerse en marcha: *¿A qué hora parte el último tren?* **3** Salir o arrancar: *¿De quién partió la idea de comprarle un regalo?* ■ **partirse 4** Reírse mucho: *Es tan gracioso que te partes.* ◆ [expresión] ‖ **a partir de** Desde: *A partir de mañana no vengo.* ☐ [El significado **4** es coloquial]. ☐ SINÓNIMOS: **2** salir. **4** troncharse, desternillarse. ☐ FAMILIA: →parte.

partitura (par·ti·tu·ra) [sustantivo femenino] Texto escrito de una obra musical: *Toco sin partitura porque me sé la canción.* 👁 **página 681.** ☐ FAMILIA: →parte.

parto (par·to) [sustantivo masculino] Expulsión del feto por una mujer o la hembra de algunos animales: *un parto múltiple.* ☐ FAMILIA: →parir.

parturienta (par·tu·rien·ta) [adjetivo o sustantivo femenino] Dicho de una mujer, que está de parto o que acaba de parir. ☐ FAMILIA: →parir.

parvulario (par·vu·la·rio) [sustantivo masculino] Lugar en el que se cuida y se educa a los niños pequeños. ☐ FAMILIA: →párvulo.

párvulo, la (pár·vu·lo, la) [sustantivo] Niño o niña pequeños. ☐ FAMILIA: parvulario.

pasa (pa·sa) [sustantivo femenino] Mira en **paso, sa**.

pasable (pa·sa·ble) [adjetivo] Que no está mal del todo: *El examen estaba pasable, pero debes estudiar más.* ☐ [No varía en masculino y femenino]. ☐ SINÓNIMOS: aceptable. ☐ ANTÓNIMOS: inadmisible. ☐ FAMILIA: →pasar.

pasacalle (pa·sa·ca·lle) [sustantivo masculino] Música popular de ritmo alegre que tocan las bandas de música en fiestas o en desfiles. ☐ FAMILIA: →pasar. →calle.

pasada (pa·sa·da) [sustantivo femenino] **1** Hecho de pasar sobre algo: *Voy a darle otra pasada al tema para repasarlo.* **2** Cosa que destaca porque se sale de lo corriente: *Este ordenador es una pasada.* ◆ [expresión] ‖ **de pasada** Sin poner mucha atención: *Lo vi de pasada y no me fijé en el precio.* ‖ **mala pasada** Mala acción que se hace contra alguien: *Me jugaste una mala pasada y no te lo perdono.* ☐ [El significado **2** es coloquial]. ☐ FAMILIA: →pasar.

pasadizo (pa·sa·di·zo) [sustantivo masculino] Paso estrecho que sirve para hacer más corto el camino que va de una parte a otra: *Entraron en el castillo por un pasadizo secreto.* ☐ FAMILIA: →pasar.

pasado, da (pa·sa·do, da) ■ [adjetivo o sustantivo masculino] **1** Dicho de un tiempo del verbo, que indica que la acción ya ha ocurrido: *«Fui» está en un tiempo pasado.* ■ **pasado** [sustantivo] **2** Tiempo que ya ha pasado: *Debemos aprender de los errores del pasado.* ☐ SINÓNIMOS: pretérito. **2** ayer. ☐ ANTÓNIMOS: futuro. **2** mañana, porvenir. ☐ FAMILIA: →pasar.

pasador (pa·sa·dor) [sustantivo masculino] **1** Instrumento que se usa para sujetar el pelo. **2** Instrumento que sirve para sujetar la corbata a la camisa.

pasaje (pa·sa·je) [sustantivo masculino] **1** Billete para un viaje en barco o en avión. **2** Conjunto de personas que viajan en un barco o en un avión: *El piloto dio la bienvenida a todo el pasaje.* **3** Paso estrecho que hay entre dos calles, generalmente cubierto: *pasaje comercial.* **4** Fragmento de una obra de literatura: *El escritor leyó un pasaje de su último libro.* ☐ FAMILIA: pasajero.

pasajero, ra (pa·sa·je·ro, ra) ■ [adjetivo] **1** Que solo dura un cierto tiempo: *un dolor pasajero.* ■ [sustantivo] **2** Persona que viaja en un vehículo: *¡Pasajeros al tren!* ☐ SINÓNIMOS: **1** momentáneo, provisional, efímero. ☐ ANTÓNIMOS: **1** permanente, continuo. ☐ FAMILIA: →pasaje.

pasamanería (pa·sa·ma·ne·rí·a) [sustantivo femenino] Adorno hecho con tela, hilos o cordones, que se pone en las prendas de vestir: *Las puntillas y los flecos son obras de pasamanería.*

pasamano (pa·sa·ma·no) [sustantivo masculino] → **pasamanos**.

pasamanos (pa·sa·ma·nos) [sustantivo masculino] Parte de una escalera que sirve para apoyar la mano. ☐ [No varía en singular y plural: «el pasamanos», «los pasamanos», aunque se usa también «pasamano» para el singular]. ☐ FAMILIA: →pasar. →mano.

pasamanos

pasamontañas (pa·sa·mon·ta·ñas) [sustantivo masculino] Gorro de lana que tapa la cabeza y el cuello y solo deja la cara al aire. ☐ [No varía en singular y plural]. ☐ SINÓNIMOS: verdugo. ☐ FAMILIA: →pasar. →monte.

pasante (pa·san·te) [sustantivo] Persona que trabaja ayudando a un abogado para adquirir experiencia. ☐ [No varía en masculino y femenino]. ☐ FAMILIA: →pasar.

pasaporte (pa·sa·por·te) [sustantivo masculino] Documento que se usa cuando se viaja a otro país.

pasapuré (pa·sa·pu·ré) [sustantivo masculino] → **pasapurés**.
pasapurés (pa·sa·pu·rés) [sustantivo masculino] Aparato que se usa para hacer purés. ☐ [No varía en singular y plural: «el pasapurés», «los pasapurés», aunque se usa también «pasapuré» para el singular]. ☐ FAMILIA: →pasar. →puré.

pasar (pa·sar) [verbo] **1** Llevar o mover de un lugar a otro: *¿Me pasas el azúcar, por favor?* **2** Cambiar de situación o de categoría: *Hemos pasado de ser los quintos a ser los primeros.* **3** Atravesar una cosa a otra: *Pasaremos el río en barca.* **4** Dar o proporcionar: *El traidor pasaba información al enemigo.* **5** Sufrir o

PARTIR

INDICATIVO

Presente
yo parto
tú partes / usted parte
él, ella parte
nosotros, tras partimos
vosotros, tras partís / ustedes parten
ellos, ellas parten

Pretérito imperfecto
yo partía
tú partías / usted partía
él, ella partía
nosotros, tras partíamos
vosotros, tras partíais / ustedes partían
ellos, ellas partían

Pretérito perfecto simple
yo partí
tú partiste / usted partió
él, ella partió
nosotros, tras partimos
vosotros, tras partisteis / ustedes partieron
ellos, ellas partieron

Futuro simple
yo partiré
tú partirás / usted partirá
él, ella partirá
nosotros, tras partiremos
vosotros, tras partiréis / ustedes partirán
ellos, ellas partirán

Condicional simple
yo partiría
tú partirías / usted partiría
él, ella partiría
nosotros, tras partiríamos
vosotros, tras partiríais / ustedes partirían
ellos, ellas partirían

Pretérito perfecto compuesto
yo he partido
tú has partido / usted ha partido
él, ella ha partido
nosotros, tras hemos partido
vosotros, tras habéis partido / ustedes han partido
ellos, ellas han partido

Pretérito pluscuamperfecto
yo había partido
tú habías partido / usted había partido
él, ella había partido
nosotros, tras habíamos partido
vosotros, tras habíais partido / ustedes habían partido
ellos, ellas habían partido

Pretérito anterior
yo hube partido
tú hubiste partido / usted hubo partido
él, ella hubo partido
nosotros, tras hubimos partido
vosotros, tras hubisteis partido / ustedes hubieron partido
ellos, ellas hubieron partido

Futuro compuesto
yo habré partido
tú habrás partido / usted habrá partido
él, ella habrá partido
nosotros, tras habremos partido
vosotros, tras habréis partido / ustedes habrán partido
ellos, ellas habrán partido

Condicional compuesto
yo habría partido
tú habrías partido / usted habría partido
él, ella habría partido
nosotros, tras habríamos partido
vosotros, tras habríais partido / ustedes habrían partido
ellos, ellas habrían partido

IMPERATIVO

parte (tú) / parta (usted)
partamos (nosotros, tras)
partid (vosotros, tras) / partan (ustedes)

FORMAS NO PERSONALES

Infinitivo
partir

Gerundio
partiendo

Participio
partido

Infinitivo compuesto
haber partido

Gerundio compuesto
habiendo partido

SUBJUNTIVO

Presente
yo parta
tú partas / usted parta
él, ella parta
nosotros, tras partamos
vosotros, tras partáis / ustedes partan
ellos, ellas partan

Pretérito imperfecto
yo partiera o partiese
tú partieras o partieses / usted partiera o partiese
él, ella partiera o partiese
nosotros, tras partiéramos o partiésemos
vosotros, tras partierais o partieseis / ustedes partieran o partiesen
ellos, ellas partieran o partiesen

Futuro simple
yo partiere
tú partieres / usted partiere
él, ella partiere
nosotros, tras partiéremos
vosotros, tras partiereis / ustedes partieren
ellos, ellas partieren

Pretérito perfecto compuesto
yo haya partido
tú hayas partido / usted haya partido
él, ella haya partido
nosotros, tras hayamos partido
vosotros, tras hayáis partido / ustedes hayan partido
ellos, ellas hayan partido

Pretérito pluscuamperfecto
yo hubiera o hubiese partido
tú hubieras o hubieses partido / usted hubiera o hubiese partido
él, ella hubiera o hubiese partido
nosotros, tras hubiéramos o hubiésemos partido
vosotros, tras hubierais o hubieseis partido / ustedes hubieran o hubiesen partido
ellos, ellas hubieran o hubiesen partido

Futuro compuesto
yo hubiere partido
tú hubieres partido / usted hubiere partido
él, ella hubiere partido
nosotros, tras hubiéremos partido
vosotros, tras hubiereis partido / ustedes hubieren partido
ellos, ellas hubieren partido

pasarela

aguantar: *No te paso ni una mala contestación más.* **6** Ser superior en algo: *Ya te paso en altura.* **7** Acabar o terminar: *Ya pasó el peligro.* **8** Tener éxito en una prueba: *¿Has pasado el examen?* **9** Mover algo por encima de otra cosa: *Pasa un paño por los cristales.* **10** Olvidar algo: *Se me pasó felicitarte.* **11** Poner una película: *¿A qué hora pasan esa serie en la tele?* **12** Ocupar un período de tiempo: *Siempre paso el verano con mi familia.* **13** Entrar o ir al interior: *Pasa y siéntate.* **14** Vivir o estar a gusto: *No sé cómo puedes pasar sin dormir.* **15** No jugar en algunos juegos cuando toca la vez porque no se puede: *Paso porque no tengo ninguna carta de ese palo.* **16** Transcurrir un período de tiempo: *Este curso se me ha pasado volando.* **17** Producirse un hecho: *¿Qué ha pasado aquí?* ▌**pasarse 18** Ir más lejos de lo permitido: *Te has pasado diciéndome que soy un inútil.* **19** Estropearse una fruta: *Hay que comerse estos plátanos antes de que se pasen.* ◆ [expresión] ▌ **pasar de algo** No preocuparse por ello: *Paso de lo que me digas.* ▌ **pasar de largo** No parar en un determinado sitio: *Pasó de largo y ni saludó.* ▌ **pasar por alto** No hacer caso: *Pasó por alto mis advertencias.* ☐ [La expresión «pasar de algo» es coloquial]. ☐ Sinónimos: **6**, **8** superar. **17** ocurrir, acontecer, suceder. ☐ Familia: paso, pasable, pasado, pasada, pasadizo, pase, pasante, pasarela, pasacalle, pasamontañas, pasodoble, pasapurés, pasamanos, marcapasos, pasota, repasar, repaso, antepasado, traspasar, traspaso, propasarse, sobrepasar.

pasarela (pa·sa·re·la) [sustantivo femenino] **1** Puente pequeño o provisional. **2** Puente peatonal situado para cruzar una carretera o una vía de trenes. **3** Camino estrecho y elevado por el que caminan los modelos en los desfiles. ☐ Familia: →pasar.

pasatiempo (pa·sa·tiem·po) [sustantivo masculino] Actividad que se realiza como diversión o para pasar el tiempo: *Los jeroglíficos son pasatiempos.* ☐ Sinónimos: diversión, distracción, entretenimiento, juego. ☐ Familia: →tiempo.

pascua (pas·cua) [sustantivo femenino] **1** En la Iglesia católica, fiesta en la que se celebra la resurrección de Jesucristo: *Pascua de Resurrección.* **2** Fiesta del pueblo hebreo con la que celebran la liberación de su cautiverio en tierras egipcias. ◆ [expresión] ▌ **estar alguien como unas pascuas** Estar muy contento: *Estoy como unas pascuas con el regalo.* ▌ **hacer la pascua a alguien** Molestarlo o perjudicarlo: *Me has hecho la pascua, porque contaba contigo.* ☐ [En el significado **1** se escribe con mayúscula]. ☐ Familia: pascual.

pascual (pas·cual) [adjetivo] De la fiesta religiosa de la Pascua: *la vigilia pascual.* ☐ [No varía en masculino y femenino]. ☐ Familia: →pascua.

pase (pa·se) [sustantivo masculino] **1** Permiso que se da por escrito para poder entrar en un lugar: *Tengo pases gratis para ver esa exposición.* **2** Hora a la que comienza la película en un cine: *Fuimos al pase de las siete.* **3** Hecho de lanzar el balón a un compañero en algunos deportes: *El jugador dio un pase de gol.* **4** Cada una de las veces que el torero deja pasar al toro: *pase de pecho.* **5** Desfile de modelos: *pase de moda.* ☐ Sinónimos: **2** sesión. ☐ Familia: →pasar.

pasear (pa·se·ar) [verbo] **1** Andar para hacer ejercicio o para pasar el rato: *Me gusta pasear por el campo.* **2** Llevar de paseo: *Hoy te toca a ti pasear al perro.* ☐ Familia: paseo, paseíllo.

paseíllo (pa·se·í·llo) [sustantivo masculino] Desfile de los toreros y de sus cuadrillas por el ruedo antes de comenzar la corrida. ☐ Familia: →pasear.

paseo (pa·se·o) [sustantivo masculino] **1** Acción de andar para hacer ejercicio o para pasar el rato: *Salí a dar un paseo.* **2** Lugar público por el que se puede pasear: *paseo marítimo.* ◆ [expresión] ▌ **mandar algo a paseo** Rechazarlo o dejarlo abandonado: *Me mandó a paseo y me dijo que la dejase en paz.* ☐ [La expresión es coloquial]. ☐ Familia: →pasear.

pasillo (pa·si·llo) [sustantivo masculino] Parte estrecha y larga a la que dan las habitaciones de una casa. ☐ Sinónimos: corredor.

pasión (pa·sión) [sustantivo femenino] **1** Sentimiento fuerte que se tiene por alguien: *El amor y el odio son pasiones.* **2** Fuerza con la que se siente algo: *Me quiere con pasión.* **3** Afición que gusta muchísimo: *La danza es mi pasión.* ☐ Sinónimos: **1** afecto, sentimiento. **2** apetito. ☐ Familia: pasional, apasionar, apasionante, apasionado, desapasionado.

pasional (pa·sio·nal) [adjetivo] De la pasión, especialmente la amorosa, o relacionado con ella: *crimen pasional.* ☐ [No varía en masculino y femenino]. ☐ Familia: →pasión.

pasarela

pasividad (pa·si·vi·dad) [sustantivo femenino] Actitud de la persona que deja que los demás actúen sin hacer ella nada. ☐ Familia: →pasivo.

pasivo, va (pa·si·vo, va) [adjetivo] **1** Que no hace nada y deja que los demás lo hagan por él: *Es muy pasivo y nunca participa en lo que hacemos.* **2** En gramática, que expresa que el sujeto no realiza la acción del verbo, sino que la recibe: *«La casa fue construida por los obreros» es una oración pasiva.* ☐ Antónimos: activo. ☐ Familia: pasividad.

pasmado, da (pas·ma·do, da) [adjetivo o sustantivo] Que casi no se puede mover por la sorpresa o por otra razón: *Su respuesta me dejó pasmado.* ☐ Sinónimos: estupefacto. ☐ Familia: →pasmar.

pasmar (pas·mar) [verbo] Producir mucha sorpresa o admiración: *Me pasma que digas eso.* ☐ Sinónimos: asombrar, admirar, sorprender. ☐ Familia: pasmado, pasmarote.

pasmarote (pas·ma·ro·te) [sustantivo masculino] Persona que se queda sin saber qué hacer: *Me quedé como un pasmarote cuando te vi.* ☐ [Es coloquial]. ☐ Familia: →pasmar.

pasmo (pas·mo) [sustantivo masculino] **1** Impresión fuerte que nos produce algo que no esperábamos: *Cuando lo vi aparecer de improviso, casi me da un pasmo.* **2** Enfermedad causada por un enfriamiento que se manifiesta con dolores de huesos y otras molestias: *Con este frío nos va a dar un pasmo.* ☐ Sinónimos: **1** estupefacción.

paso, sa (pa·so, sa) ■ [adjetivo] **1** Dicho de una fruta, que ha sido secada al aire: *ciruelas pasas.* ■ **paso** [sustantivo masculino] **2** Movimiento que se realiza con cada uno de los pies al andar: *Mi hija está dando sus primeros pasos.* **3** Espacio que se avanza con cada uno de estos movimientos: *Hay diez pasos de una pared a otra.* **4** Manera de andar: *Tiene un paso muy lento.* **5** Cada uno de los movimientos que se hacen con los pies al bailar: *He aprendido los pasos del vals.* **6** Cada una de las acciones que hay que realizar para conseguir algo: *Para montar la estantería sigue los pasos de las instrucciones.* **7** Lugar por el que se pasa de una parte a otra: *paso de peatones.* **8** Hecho de cruzar de un lugar a otro: *El paso de este río se hace en barca.* **9** Circulación que se realiza por un lugar: *Esa señal prohíbe el paso a los peatones.* **10** Desarrollo continuo del tiempo: *Con el paso de los años irás adquiriendo experiencia.* **11** Tiempo durante el que se está en un lugar: *Recuerdo con cariño mi paso por el colegio.* **12** Huella que queda en el suelo al andar: *Seguí sus pasos en el barro.* **13** Avance importante en la vida de una persona: *El matrimonio supuso un gran paso en su vida.* ■ **pasa** [sustantivo femenino] **14** Uva que se ha secado al aire. ◉ **página 455.** ◆ [expresión] ‖ **apretar el paso** Ir más deprisa: *Si no apretamos el paso, vamos a llegar tarde.* ‖ **de paso** Aprovechando la ocasión: *Voy a echar esta carta y, de paso, traigo el pan.* ‖ **paso a nivel** Lugar en el que se cruzan al mismo nivel una vía del tren con un camino: *Los pasos a nivel suelen estar* protegidos con una barrera que se baja cuando se acerca el tren. ‖ **paso de cebra** Lugar en el que los coches deben detenerse para dejar cruzar la calle a la gente: *Los pasos de cebra están pintados con unas franjas blancas paralelas.* ◉ **página 172.** ☐ [En el significado **6** se usa más en plural]. ☐ Familia: pasodoble, marcapasos, →pasar.

pasodoble (pa·so·do·ble) [sustantivo masculino] Baile popular de origen español que se baila en pareja, y música que lo acompaña. ☐ Familia: →paso.

pasota (pa·so·ta) [adjetivo o sustantivo] Que no siente interés ni preocupación por nada: *No seas pasota y decide qué vas a hacer.* ☐ [No varía en masculino y femenino. Es coloquial]. ☐ Familia: →pasar.

pasquín (pas·quín) [sustantivo masculino] Escrito sin firma colocado en un sitio público y en el que se critica algo: *Las calles se llenaron de pasquines que acusaban al Gobierno.*

pasta (pas·ta) [sustantivo femenino] **1** Masa de harina y agua con la que se hacen algunos alimentos y el conjunto de alimentos hechos con esta masa: *Los macarrones son un tipo de pasta.* **2** Dulce pequeño y duro que se coge con la mano: *He merendado té con pastas.* **3** Masa hecha con sustancias que se aplastan y se mezclan con un líquido: *Haz una pasta con yeso para tapar los agujeros.* **4** Cada una de las tapas de un libro: *Este libro tiene las pastas forradas de piel.* **5** Dinero: *Presume de que tiene mucha pasta.* **6** Carácter o forma de ser de una persona: *Fíate de ella porque es de buena pasta.* ◆ [expresión] ‖ **pasta de dientes** La que usamos para lavarnos los dientes. ☐ [El significado **5** es coloquial]. ☐ Familia: pastoso, empastar, empaste.

pastar (pas·tar) [verbo] Comer hierba el ganado en el campo. ☐ Sinónimos: pacer. ☐ Familia: →pasto.

pastel (pas·tel) [sustantivo masculino] **1** Dulce pequeño y blando que se coge con la mano. **2** Tipo de pintura en forma de barra. ◆ [expresión] ‖ **descubrir el pastel** Descubrir algo que se preparaba a escondidas: *La policía descubrió el pastel e impidió la fuga.* ☐ [La expresión es coloquial]. ☐ Familia: pastelero, pastelería.

pastelería (pas·te·le·rí·a) [sustantivo femenino] Lugar en el que se hacen o se venden pasteles. ☐ Sinónimos: repostería. ☐ Familia: →pastel.

pastelero, ra (pas·te·le·ro, ra) ■ [adjetivo] **1** De la pastelería o relacionado con ella: *una manga pastelera.* ■ [sustantivo] **2** Persona que hace o vende pasteles. ☐ Sinónimos: repostero. ☐ Familia: →pastel.

pasterizado, da (pas·te·ri·za·do, da) [adjetivo] → **pasteurizado, da.**

pasterizar (pas·te·ri·zar) [verbo] → **pasteurizar.** ☐ [La «z» se cambia en «c» delante de «e» («pasterice»)].

pasteurizado, da (pas·teu·ri·za·do, da) [adjetivo] Dicho de un alimento, que ha sido tratado para destruir las bacterias que pudiera tener: *leche pasteurizada.* ☐ [Se usa también «pasterizado»]. ☐ Familia: →pasteurizar.

pasteurizar (pas·teu·ri·zar) [verbo] Tratar un alimento con calor para destruir las bacterias que pueda tener: *pasteurizar la leche.* □ [La «z» se cambia en «c» delante de «e» («pasteurice»). Se usa también «pasterizar»]. □ FAMILIA: pasteurizado.

pastiche (pas·ti·che) [sustantivo masculino] Obra mal hecha que imita a otra o que se ha hecho mezclando diferentes elementos: *Esa comedia es un pastiche de una obra clásica.*

pastilla (pas·ti·lla) [sustantivo femenino] **1** Medicina sólida que se toma y que tiene un tamaño pequeño. **2** Trozo pequeño de algo duro: *una pastilla de jabón.* ◆ [expresión] ‖ **a toda pastilla** Muy deprisa: *Vístete a toda pastilla, que llegamos tarde.* □ [La expresión es coloquial].

pastizal (pas·ti·zal) [sustantivo masculino] Terreno que tiene mucho pasto. □ FAMILIA: →pasto.

pasto (pas·to) [sustantivo masculino] **1** Hierba que come el ganado en el campo. **2** Campo donde hay esta hierba. □ [En el significado **2** se usa más en plural]. □ FAMILIA: pastar, pastor, pastizal.

pastor, ra (pas·tor, to·ra) [sustantivo] **1** Persona que cuida el ganado. **2** Persona que pertenece a una Iglesia y que cuida de un grupo de fieles: *Los obispos y los sacerdotes son los pastores de la Iglesia católica.* ◆ [expresión] ‖ **pastor alemán** Perro grande que tiene el pelo negro y marrón. □ FAMILIA: pastoril, pastoral. →pasto.

pastoral (pas·to·ral) ■ [adjetivo] **1** De los pastores de una Iglesia o relacionado con ellos: *labor pastoral.* ■ [sustantivo femenino] **2** Escrito que dirige un superior de la Iglesia a los fieles. □ [En el significado **1** no varía en masculino y femenino]. □ FAMILIA: →pastor.

pastoril (pas·to·ril) [adjetivo] Dicho de una novela, que trata de los amores entre pastores. □ [No varía en masculino y femenino]. □ FAMILIA: →pastor.

pastoso, sa (pas·to·so, sa) [adjetivo] **1** Que está más espeso de lo normal: *No me gusta la sopa tan pastosa.* **2** Que está pegajoso o demasiado seco: *Me acabo de levantar y tengo la boca pastosa.* □ FAMILIA: →pasta.

pata (pa·ta) [sustantivo femenino] Mira en **pato, ta**.

patada (pa·ta·da) [sustantivo femenino] Golpe fuerte dado con el pie. ◆ [expresión] ‖ **a patadas** En gran cantidad: *Había gente a patadas.* ‖ **dar cien patadas** Resultar muy molesto: *Me da cien patadas tener que salir ahora.* ‖ **en dos patadas** Rápidamente: *Lo acabé en dos patadas.* □ [Las expresiones son coloquiales]. □ SINÓNIMOS: puntapié. □ FAMILIA: →pata.

patalear (pa·ta·le·ar) [verbo] Mover las piernas de forma rápida y repetida: *El niño pataleaba de rabia.* □ FAMILIA: →pata.

pataleo (pa·ta·le·o) [sustantivo masculino] **1** Movimiento rápido y repetido de las piernas. **2** Queja violenta por algo que ya es inevitable: *Después de la faena ya solo me queda el derecho al pataleo.* □ FAMILIA: →pata.

pataleta (pa·ta·le·ta) [sustantivo femenino] Enfado enorme que tenemos cuando algo no sale como queremos: *Casi me da una pataleta cuando me dijeron que no podrías venir.* □ [Es coloquial]. □ FAMILIA: →pata.

patán (pa·tán) [sustantivo masculino] Hombre que actúa sin inteligencia y sin educación.

patata (pa·ta·ta) [sustantivo femenino] Planta que se cultiva porque tiene una raíz que se puede comer y es marrón por fuera y amarillenta por dentro. ◉ **página 967**.

patatús (pa·ta·tús) [sustantivo masculino] Ataque de nervios o enfermedad que da de pronto: *Le dio un patatús y lo llevaron al hospital.* □ [Su plural es «patatuses». Es coloquial].

paté (pa·té) [sustantivo masculino] Pasta blanda, generalmente de carne, que se unta en el pan: *paté de hígado.* □ [Es una palabra de origen francés].

patear (pa·te·ar) [verbo] **1** Dar golpes con los pies: *Pateó la papelera y la tiró al suelo.* **2** Hacer el público ruido con los pies para quejarse de una mala representación: *El público pateó porque la representación fue pésima.* **3** Andar a pie por un lugar: *Hemos pateado todo el barrio buscando una farmacia.* □ [Es coloquial]. □ FAMILIA: →pata.

patena (pa·te·na) [sustantivo femenino] Platillo sobre el que se coloca la hostia en la misa. ◆ [expresión] ‖ **como una patena** Muy limpio o reluciente: *He dejado la bandeja como una patena.*

patentar (pa·ten·tar) [verbo] Conceder solamente a una persona o a una empresa el derecho a explotar un invento: *Les robaron la idea porque no la habían patentado.* □ FAMILIA: →patente.

patente (pa·ten·te) ■ [adjetivo] **1** Que es tan claro que no tiene duda: *Los gritos son una muestra patente de su enfado.* ■ [sustantivo femenino] **2** Documento oficial que da derecho a explotar un invento o una marca: *Este producto solo lo puede fabricarlo la empresa que tiene la patente.* □ [En el significado **1** no varía en masculino y femenino]. □ SINÓNIMOS: **1** evidente, ostensible, manifiesto. □ FAMILIA: patentar.

patera (pa·te·ra) [sustantivo femenino] Barca pequeña: *Han llegado a las costas varios inmigrantes que cruzaron el Estrecho en una patera.*

paternal (pa·ter·nal) [adjetivo] Propio de un padre: *cariño paternal.* □ [No varía en masculino y femenino]. □ FAMILIA: →padre.

paternalista (pa·ter·na·lis·ta) [adjetivo o sustantivo] Que protege demasiado a una persona y no le deja actuar por su cuenta: *Mantiene una actitud paternalista con sus empleados y no les deja tomar iniciativas.* □ [No varía en masculino y femenino]. □ FAMILIA: →padre.

paternidad (pa·ter·ni·dad) [sustantivo femenino] Estado del hombre que es padre: *La paternidad lo ha convertido en un hombre sensato.* □ FAMILIA: →padre.

paterno, na (pa·ter·no, na) [adjetivo] Del padre o de los padres: *Es mi abuela paterna.* □ FAMILIA: →padre.

patético, ca (pa·té·ti·co, ca) [adjetivo] Que produce lástima o pena.

patíbulo (pa·tí·bu·lo) [sustantivo masculino] Lugar en el que se mataba a los condenados a muerte. □ SINÓNIMOS: cadalso.

paticorto, ta (pa·ti·cor·to, ta) [adjetivo o sustantivo] Que tiene las piernas o las patas muy cortas. ☐ Familia: →pata. →corto.

patidifuso, sa (pa·ti·di·fu·so, sa) [adjetivo] Que está sorprendido o lleno de extrañeza: *Me quedé patidifusa al saber la noticia.* ☐ [Es coloquial]. ☐ Sinónimos: patitieso. ☐ Familia: →pata.

patilargo, ga (pa·ti·lar·go, ga) [adjetivo o sustantivo] Que tiene las piernas o las patas muy largas. ☐ Familia: →pata. →largo.

patilla (pa·ti·lla) [sustantivo femenino] **1** Pelo que crece por delante de las orejas. **2** Parte alargada con que se sujetan las gafas en las orejas. ☐ [Se usa más en plural].

patilla

patín (pa·tín) [sustantivo masculino] Especie de bota que tiene ruedas o una cuchilla larga y que sirve para moverse resbalando por una superficie lisa. ☐ Familia: patinar, patinaje, patinador, patinazo, patinete, monopatín.

pátina (pá·ti·na) [sustantivo femenino] Cambio que se produce en el color de un objeto con el paso del tiempo: *El cobre y el bronce adquieren una pátina verdosa.*

patinador, ra (pa·ti·na·dor, do·ra) [sustantivo] Persona que patina como deporte. ☐ Familia: →patín.

patinaje (pa·ti·na·je) [sustantivo masculino] Deporte que consiste en moverse resbalando con una especie de botas con ruedas o cuchillas: *patinaje sobre hielo.* ◉ páginas 304-305. ☐ Familia: →patín.

patinar (pa·ti·nar) [verbo] **1** Moverse resbalando sobre el suelo con una especie de botas que tienen ruedas o cuchillas. **2** Resbalar sin que se pueda controlar el movimiento: *Las placas de hielo hicieron patinar al coche.* ☐ Familia: →patín.

patinazo (pa·ti·na·zo) [sustantivo masculino] **1** Movimiento rápido que se hace cuando se ha pisado algo que resbala mucho: *Pisé una cáscara de plátano y di un patinazo.* **2** Error que comete una persona: *¡Qué patinazo, he tirado los papeles que me servían!* [El significado **2** es coloquial]. ☐ Familia: →patín.

patinete (pa·ti·ne·te) [sustantivo masculino] Juguete que sirve para subirse en él de pie y que tiene una barra en la parte de delante para poder agarrarse a ella: *Para moverte con el patinete tienes que poner un pie en la tabla y darte impulso con el otro pie en el suelo.* ☐ Familia: →patín.

patio (pa·tio) [sustantivo masculino] Espacio sin techo que forma parte de algunos edificios: *patio de armas.* ◉ páginas 172 y 194. ◆ [expresión] ‖ **patio de butacas** Planta baja de un teatro en la que están los asientos.

patitieso, sa (pa·ti·tie·so, sa) [adjetivo] **1** Muy sorprendido o lleno de extrañeza: *La noticia me dejó patitiesa.* **2** Sin poder mover los pies o las piernas: *Casi me quedo patitieso esperando al autobús.* ☐ [Es coloquial]. ☐ Sinónimos: **1** patidifuso. ☐ Familia: →pata. →tieso.

patizambo, ba (pa·ti·zam·bo, ba) [adjetivo o sustantivo] Que tiene las piernas torcidas hacia afuera. ☐ Sinónimos: zambo. ☐ Familia: →pata. →zambo.

pato, ta (pa·to, ta) ▪ [sustantivo] **1** Ave de pico ancho y aplastado, con el cuello corto y las patas pequeñas. ◉ páginas 116-117. **2** Persona que se mueve con poca gracia: *Es un pato bailando.* ▪ **pata** [sustantivo femenino] **3** Cada una de las piernas de un animal: *Un caballo tiene cuatro patas.* **4** Pieza en la que se apoya algo: *Esta mesa tiene cuatro patas.* ◆ [expresión] ‖ **a cuatro patas** Apoyándose en el suelo con las manos y los pies o las rodillas: *andar a cuatro patas.* ‖ **a pata** A pie o andando: *Tuvimos que venir a pata.* ‖ **estirar la pata** Morir: *Estiró la pata y se fue al otro mundo.* ‖ **mala pata** Mala suerte: *¡Qué mala pata tengo!* ‖ **meter la pata** Equivocarse o hacer algo mal: *Has metido la pata al contárselo.* ‖ **pagar el pato** Sufrir un castigo sin merecerlo: *Yo no tengo por qué pagar el pato si la culpa ha sido tuya.* ‖ **patas arriba** Con todo mal colocado: *Mi habitación está patas arriba.* ‖ **patas de gallo** Arrugas que salen alrededor de los ojos: *No debe de ser muy joven, porque tiene muchas patas de gallo.* ☐ [El significado **2** y las expresiones «a cuatro patas», «a pata», «estirar la pata», «mala pata», «meter la pata», «pagar el pato» y «patas arriba» son coloquiales]. ☐ Sinónimos: **1** ánade. ☐ Familia: **1, 2** patoso. **3, 4** patada, patalear, pataleo, pataleta, patear, paticorto, patilargo, patizambo, patitieso, patidifuso, metepatas, despatarrar, espatarrarse, repatear.

patochada (pa·to·cha·da) [sustantivo femenino] Disparate o tontería: *Llevas toda la tarde diciendo patochadas.*

patógeno, na (pa·tó·ge·no, na) [adjetivo] Que produce o puede producir una enfermedad: *gérmenes patógenos.*

patológico, ca (pa·to·ló·gi·co, ca) [adjetivo] Que es propio o característico de una enfermedad: *comportamiento patológico.*

patoso, sa (pa·to·so, sa) [adjetivo o sustantivo] Que tiene poca gracia o poca habilidad: *Eres una patosa bailando.* ☐ Familia: →pato.

patraña (pa·tra·ña) [sustantivo femenino] Mentira o noticia inventada. ☐ Sinónimos: embuste. ☐ Antónimos: verdad.

patria (pa·tria) [sustantivo femenino] Lugar en el que ha nacido una persona: *La patria de los españoles es España.* ☐ Sinónimos: nación, país. ☐ Familia: patriota, patriotismo, patriótico, compatriota, antipatriótico, repatriar, patriarca, patriarcado, patriarcal.

patriarca (pa·triar·ca) [sustantivo masculino] **1** Según la Biblia, nombre que se da a algunos personajes del Antiguo Testamento que eran jefes de un clan o una tribu. **2** Persona más respetada dentro de un grupo por su edad y por su sabiduría: *los patriarcas gitanos*. **3** Título que se da a los obispos de algunas Iglesias orientales. ☐ FAMILIA: →patria.

patriarcado (pa·triar·ca·do) [sustantivo masculino] **1** Forma de organización social en la que mandan los hombres. **2** Categoría que tiene el patriarca: *Fue designado muy joven para el patriarcado de Jerusalén*. ☐ ANTÓNIMOS: **1** matriarcado. ☐ FAMILIA: →patria.

patriarcal (pa·triar·cal) [adjetivo] Del patriarca o relacionado con él: *sociedad patriarcal*. ☐ [No varía en masculino y femenino]. ☐ FAMILIA: →patria.

patricio, cia (pa·tri·cio, cia) [adjetivo o sustantivo] Dicho de una persona, que pertenecía a una clase social privilegiada de la antigua Roma: *Los patricios tenían la obligación de contribuir a los gastos públicos*. ☐ ANTÓNIMOS: plebeyo.

patrimonial (pa·tri·mo·nial) [adjetivo] Del patrimonio o relacionado con él: *bienes patrimoniales*. ☐ [No varía en masculino y femenino]. ☐ FAMILIA: →patrimonio.

patrimonio (pa·tri·mo·nio) [sustantivo masculino] Conjunto de bienes que pertenecen a una persona o a una empresa. ☐ SINÓNIMOS: capital. ☐ FAMILIA: patrimonial.

patriota (pa·trio·ta) [adjetivo o sustantivo] Que ama su nación o el lugar en el que ha nacido. ☐ [No varía en masculino y femenino]. ☐ FAMILIA: →patria.

patriótico, ca (pa·trió·ti·co, ca) [adjetivo] Del lugar en el que se ha nacido o del amor que se siente por él: *sentimientos patrióticos*. ☐ FAMILIA: →patria.

patriotismo (pa·trio·tis·mo) [sustantivo masculino] Amor al lugar en el que se ha nacido. ☐ FAMILIA: →patria.

patrocinador, ra (pa·tro·ci·na·dor, do·ra) [adjetivo o sustantivo] Que protege una actividad o que la paga para poder hacer publicidad de algo: *La patrocinadora del equipo es una fábrica de leche y llevamos su publicidad en las camisetas*. ☐ [Es preferible usar «patrocinador» que la palabra inglesa *sponsor*]. ☐ FAMILIA: →patrón.

patrocinar (pa·tro·ci·nar) [verbo] **1** Pagar una actividad para poder hacer publicidad de algo: *A nuestro equipo lo patrocina una marca de ropa*. **2** Proteger algo para que pueda salir adelante: *El colegio patrocina la revista que realizan los alumnos*. ☐ FAMILIA: →patrón.

patrocinio (pa·tro·ci·nio) [sustantivo masculino] Ayuda económica, especialmente la que se da con fines publicitarios: *El patrocinio de un banco permitirá que continúe nuestro programa de televisión*. ☐ FAMILIA: →patrón.

patrón, na (pa·trón, tro·na) ■ [sustantivo] **1** Persona que manda o dirige un grupo: *El patrón del barco ordenó zarpar*. **2** Dueño o señor: *Trabaja para el patrón de estas tierras*. **3** Dueño de la casa que sirve de alojamiento a alguien: *La patrona de esta pensión es muy amable*. **4** Santo que ha sido elegido protector de algo: *San José de Calasanz es el patrón de los escolares*. ■ **patrón** [sustantivo masculino] **5** Cosa que sirve de modelo para hacer otra cosa igual: *Con estos patrones puedes hacerte los vestidos*. ☐ SINÓNIMOS: **1-4** patrono. **1** jefe. **5** prototipo. ☐ FAMILIA: patronal, patronato, patrono, patrocinar, patrocinador, patrocinio.

patronal (pa·tro·nal) ■ [adjetivo] **1** Del patrono, del patronato o relacionado con ellos: *fiesta patronal*. ■ [sustantivo femenino] **2** Conjunto de patronos o de empresarios: *La patronal se ha reunido con los sindicatos*. ☐ [En el significado **1** no varía en masculino y femenino]. ☐ FAMILIA: →patrón.

patronato (pa·tro·na·to) [sustantivo masculino] **1** Organización que se dedica a una obra benéfica: *Este asilo depende de un patronato*. **2** Conjunto de personas que dirigen una actividad: *El patronato se reunirá para aprobar los presupuestos*. ☐ SINÓNIMOS: **1** fundación. ☐ FAMILIA: →patrón.

patrono, na (pa·tro·no, na) [sustantivo] **1** Persona que manda o dirige un grupo: *El patrono de la obra ha contratado nuevos peones de albañil*. **2** Dueño o señor: *El patrono del molino se arruinó y tuvo que venderlo*. **3** Dueño de la casa que sirve de alojamiento a alguien: *Los patronos de esta pensión son muy amables*. **4** Santo o Virgen que ha sido elegido protector de algo: *Santa Cecilia es la patrona de mi pueblo*. ☐ SINÓNIMOS: patrón. **1** jefe. ☐ FAMILIA: →patrón.

patrulla (pa·tru·lla) [sustantivo femenino] Grupo pequeño de personas que tienen un objetivo en común: *patrulla de bomberos*. ☐ FAMILIA: patrullar, patrullero.

patrullar (pa·tru·llar) [verbo] Ir de vigilancia por un lugar: *La policía patrulla por las calles*. ☐ FAMILIA: →patrulla.

patrullero, ra (pa·tru·lle·ro, ra) [adjetivo o sustantivo] Que patrulla o vigila un lugar: *lancha patrullera*. ☐ FAMILIA: →patrulla.

patuco (pa·tu·co) [sustantivo masculino] Especie de zapato de lana que usan los niños pequeños o algunos adultos para dormir.

paulatino, na (pau·la·ti·no, na) [adjetivo] Que se produce poco a poco: *Las temperaturas subirán de forma paulatina a lo largo de la semana*.

pausa (pau·sa) [sustantivo femenino] Descanso breve: *El punto indica una pausa mayor que la coma*. ☐ FAMILIA: pausado.

pausado, da (pau·sa·do, da) [adjetivo] Que se hace de forma lenta: *ritmo pausado*. ☐ FAMILIA: →pausa.

pauta (pau·ta) [sustantivo femenino] **1** Cada una de las normas que se usan como guía para hacer algo: *El profesor marcó las pautas para hacer el ejercicio*. **2** Conjunto de rayas horizontales que se hacen en un papel para no torcerse al escribir en él: *Las hojas de mi cuaderno llevan pautas*. ☐ FAMILIA: pautar.

pautar (pau·tar) [verbo] **1** Hacer sobre un papel rayas horizontales con la misma separación entre sí para no torcerse al escribir sobre él: *Como se me acabaron las hojas cuadriculadas tuve que pautar un folio*. **2** Dar instrucciones para determinar el modo de realizar algo: *La profesora nos pautó la elaboración del comen-*

tario de texto. □ [Es irregular y se conjuga como CAUSAR]. □ FAMILIA: →pauta.

pavesa (pa·ve·sa) [sustantivo femenino] Parte pequeña y ligera de algo que está ardiendo.

pavimentación (pa·vi·men·ta·ción) [sustantivo femenino] Hecho de cubrir el suelo con algún material para que quede firme y llano. □ FAMILIA: →pavimento.

pavimentar (pa·vi·men·tar) [verbo] Cubrir el suelo con algún material para que quede firme y llano: *Están pavimentando las aceras.* □ FAMILIA: →pavimento.

pavimento (pa·vi·men·to) [sustantivo masculino] Superficie que se pone sobre el suelo para que esté firme y llano: *El pavimento de las carreteras es de asfalto.* □ FAMILIA: pavimentar, pavimentación.

pavo, va (pa·vo, va) [adjetivo o sustantivo] **1** Que tiene poca gracia: *Eres un pavo contando chistes.* ▌ [sustantivo] **2** Ave de granja que tiene un trozo de carne roja que le cuelga del pico. ◉ **páginas 116-117.** ◆ [expresión] ‖ **edad del pavo** Edad en la que se deja de ser niño. ‖ **pavo real** Ave que tiene una larga cola con plumas de colores muy vivos. ◉ **páginas 116-117.** □ [El significado **1** es coloquial]. □ FAMILIA: pavonearse.

pavonearse (pa·vo·ne·ar·se) [verbo] Sentirse superior a los demás en algo y mostrárselo a todos: *Se pavonea delante de nosotros con su coche nuevo.* □ SINÓNIMOS: presumir, jactarse, vanagloriarse. □ FAMILIA: →pavo.

pavor (pa·vor) [sustantivo masculino] Miedo muy grande: *Me da pavor quedarme solo en casa.* □ SINÓNIMOS: terror. □ FAMILIA: pavoroso, despavorido, impávido.

pavoroso, sa (pa·vo·ro·so, sa) [adjetivo] Que produce un miedo muy grande: *situación pavorosa.* □ FAMILIA: →pavor.

payasada (pa·ya·sa·da) [sustantivo femenino] Cosa que se hace o dice para que se rían los demás: *Empezó a hacer payasadas para que me riera.* □ FAMILIA: →payaso.

payaso, sa (pa·ya·so, sa) [sustantivo] **1** Persona que trabaja haciendo reír a los demás: *Los payasos del circo empezaron a tirarse tartas.* **2** Persona que hace reír: *Eres una payasa, siempre poniendo caras y voces raras.* □ FAMILIA: payasada.

payés, sa (pa·yés, ye·sa) [sustantivo] Campesino catalán o balear.

payo, ya (pa·yo, ya) [adjetivo o sustantivo] Nombre que dan los gitanos a los que no pertenecen a su etnia.

paz [sustantivo femenino] **1** Ausencia de guerra o falta de violencia. **2** Acuerdo en el que dos países que están en guerra deciden terminarla: *Tras la guerra se firmó la paz.* **3** Situación en la que se está tranquilo y sin problemas con los demás: *Deja en paz a tu hermana.* ◆ [expresión] ‖ **estar en paz** Haber devuelto un favor: *Ellos me ayudaron una vez y yo les ayudo ahora, así que estamos en paz.* ‖ **hacer las paces** Volver a ser amigos: *Me peleé con ella, pero ya hemos hecho las paces.* □ [Su plural es «paces»]. □ SINÓNIMOS: **3** calma. □ FAMILIA: pacífico, pacifista, pacifismo, pacificar, apaciguar, apacible, desapacible.

pazguato, ta (paz·gua·to, ta) [adjetivo o sustantivo] Que se admira o se escandaliza de todo lo que oye o ve.

pazo (pa·zo) [sustantivo masculino] Casa típica gallega.

PC [sustantivo masculino] Ordenador que está pensado para que lo use una sola persona: *El PC de mi hermano se ha estropeado.* □ [Se pronuncia «pé-zé»].

pe [sustantivo femenino] Nombre de la letra *p*. ◆ [expresión] ‖ **de pe a pa** Desde el principio hasta el fin: *Me sé esa canción de pe a pa.* □ [La expresión es coloquial].

peaje (pe·a·je) [sustantivo masculino] Dinero que hay que pagar para poder pasar por una autopista.

peana (pe·a·na) [sustantivo femenino] Base sobre la que algo se apoya en un sitio: *Esa escultura está apoyada en una peana de madera.* □ SINÓNIMOS: pie. □ FAMILIA: →pie.

peatón, na (pe·a·tón, to·na) [sustantivo] Persona que va a pie. □ SINÓNIMOS: viandante. □ FAMILIA: peatonal.

peatonal (pe·a·to·nal) [adjetivo] De la persona que va a pie: *calle peatonal.* □ [No varía en masculino y femenino]. □ FAMILIA: →peatón.

peca (pe·ca) [sustantivo femenino] Mancha pequeña y oscura en la piel. □ FAMILIA: pecoso.

pecado (pe·ca·do) [sustantivo masculino] **1** Acto o pensamiento que va en contra de la ley de Dios: *Se arrepintió de sus pecados.* **2** Acto que va contra lo que se considera justo o ético: *Sería un pecado saber que no iré contigo y no avisarte con tiempo.* □ FAMILIA: →pecar.

pecador, ra (pe·ca·dor, do·ra) [adjetivo o sustantivo] Que comete pecado. □ FAMILIA: →pecar.

pecaminoso, sa (pe·ca·mi·no·so, sa) [adjetivo] Del pecado o relacionado con él: *vida pecaminosa.* □ FAMILIA: →pecar.

pecar (pe·car) [verbo] **1** Realizar algo que va en contra de la ley de Dios. **2** Realizar algo que va contra lo que se considera justo o ético. □ [La «c» se cambia en «qu» delante de «e» («peque»)]. □ FAMILIA: pecado, pecador, pecaminoso.

pecarí (pe·ca·rí) [sustantivo masculino] Animal parecido al jabalí que produce una sustancia que huele muy mal. □ [Su plural es «pecarís» o «pecaríes» (más culto)].

pecera (pe·ce·ra) [sustantivo femenino] Recipiente de cristal que sirve para mantener vivos a los peces. □ FAMILIA: →pez.

pechar (pe·char) [verbo] Aceptar algo que no resulta agradable: *Siempre me toca a mí pechar con el trabajo más pesado.*

pechera (pe·che·ra) [sustantivo femenino] Pieza de una prenda de vestir que cubre el pecho: *Te has manchado la pechera de la camisa.* □ FAMILIA: →pecho.

pecho (pe·cho) [sustantivo masculino] **1** Parte del cuerpo que va desde el cuello hasta la cintura: *El corazón y los pulmones están en el pecho.* **2** Parte del cuerpo de las mujeres en la que se produce la leche cuando tienen un hijo: *La actriz llevaba un vestido muy ajustado que le marcaba el pecho.* ◆ [expresión] ‖ **dar el pecho** Alimentar una madre a su hijo con su propia leche. ‖ **tomarse algo a pecho** Tomárselo muy en serio: *No te tomes la broma tan a pecho.* □ SINÓNIMOS: **2** seno, teta, mama,

pechuga

busto. □ Familia: pechuga, pechera, pectoral, despechugado, despecho, apechugar.

pechuga (pe·chu·ga) [sustantivo femenino] Pecho de las aves: *pechuga de pollo*. □ Familia: →pecho.

pecíolo o **peciolo** (pe·cí·o·lo; pe·cio·lo) [sustantivo masculino] Rabo que une la hoja de una planta al tallo. □ Sinónimos: pedúnculo.

pécora (pé·co·ra) [sustantivo femenino] Persona mala. ◆ [expresión] ‖ **ser una mala pécora** Tener malas intenciones. □ [La expresión es coloquial].

pecoso, sa (pe·co·so, sa) [adjetivo o sustantivo] Que tiene muchas manchitas oscuras en la piel. □ Familia: →peca.

pectoral (pec·to·ral) ▪ [adjetivo] **1** Del pecho o relacionado con él: *músculos pectorales*. 👁 página 647. ▪ [adjetivo o sustantivo masculino] **2** Útil o bueno para el pecho: *Los caramelos pectorales te permitirán respirar mejor*. □ [Cuando es adjetivo, no varía en masculino y femenino]. □ Familia: →pecho.

peculiar (pe·cu·liar) [adjetivo] Propio o característico de algo: *Tu forma de andar es muy peculiar*. □ [No varía en masculino y femenino]. □ Familia: peculiaridad.

peculiaridad (pe·cu·lia·ri·dad) [sustantivo femenino] Característica o detalle que sirve para distinguir algo. □ Sinónimos: particularidad, singularidad. □ Familia: →peculiar.

pedagogía (pe·da·go·gí·a) [sustantivo femenino] Ciencia que estudia las técnicas de enseñanza. □ Familia: pedagogo, pedagógico.

pedagógico, ca (pe·da·gó·gi·co, ca) [adjetivo] **1** De la pedagogía o relacionado con esta ciencia. **2** Que sirve para enseñar o que ayuda a hacerlo: *Los ejemplos son muy pedagógicos*. □ Sinónimos: **2** didáctico. □ Familia: →pedagogía.

pedagogo, ga (pe·da·go·go, ga) [sustantivo] Persona especializada en pedagogía. □ Familia: →pedagogía.

pedal (pe·dal) [sustantivo masculino] Sitio sobre el que se pone el pie para que una máquina empiece a funcionar: *La bicicleta tiene dos pedales*. □ Familia: pedalear, pedalada.

pedalada (pe·da·la·da) [sustantivo femenino] Movimiento dado al pedal con el pie: *El ciclista daba fuertes pedaladas*. □ Familia: →pedal.

pedalear (pe·da·le·ar) [verbo] Mover los pedales. □ Familia: →pedal.

pedante (pe·dan·te) [adjetivo o sustantivo] Que actúa de forma orgullosa porque cree que lo sabe todo. □ [No varía en masculino y femenino]. □ Familia: pedantería.

pedantería (pe·dan·te·rí·a) [sustantivo femenino] **1** Característica de la persona que actúa de forma orgullosa porque cree que lo sabe todo. **2** Cosa que se hace o se dice para presumir de saber mucho. □ Familia: →pedante.

pedazo (pe·da·zo) [sustantivo masculino] Parte que se separa de un todo: *un pedazo de tarta*. ◆ [expresión] ‖ **caerse a pedazos** Estar en muy malas condiciones: *Esta casa está tan vieja que se cae a pedazos*. ‖ **ser alguien un pedazo de pan** Ser muy bueno. □ [Las expresiones son coloquiales]. □ Sinónimos: trozo, porción, fragmento. □ Familia: despedazar.

pederasta (pe·de·ras·ta) [sustantivo masculino] Persona que abusa sexualmente de los niños.

pedernal (pe·der·nal) [sustantivo masculino] Mineral muy duro de color gris, rojo o negro: *Al golpear el pedernal salen chispas*. □ Sinónimos: sílex. □ Familia: →piedra.

pedestal (pe·des·tal) [sustantivo masculino] Lugar en el que se coloca una figura para que esté en alto.

pedestal

pediatra (pe·dia·tra) [sustantivo] Médico que estudia las enfermedades de los niños. □ [No varía en masculino y femenino. No confundir con «puericultor» (especialista en el desarrollo infantil)]. □ Familia: →pediatría.

pediatría (pe·dia·trí·a) [sustantivo femenino] Parte de la medicina que estudia las enfermedades de los niños. □ [No confundir con «puericultura» (parte de la medicina que se ocupa del desarrollo infantil)]. □ Familia: pediatra, pediátrico.

pediátrico, ca (pe·diá·tri·co, ca) [adjetivo] De la pediatría o relacionado con esta rama de la medicina. □ Familia: →pediatría.

pedicuro, ra (pe·di·cu·ro, ra) [sustantivo] Persona que trabaja tratando los problemas de los pies. □ [No confundir con «podólogo» (médico que estudia las enfermedades y deformaciones de los pies)]. □ Sinónimos: callista. □ Familia: →pie.

pedida (pe·di·da) [sustantivo femenino] Hecho de pedir a una mujer en matrimonio: *La pedida la haremos en casa de los padres de mi novia*. □ Familia: →pedir.

pedido (pe·di·do) [sustantivo masculino] Encargo de productos que se van a comprar: *Cuando compro mucho en el supermercado, me llevan el pedido a casa*. □ Familia: →pedir.

pedigrí (pe·di·grí) [sustantivo masculino] Conjunto de antepasados de un animal de raza: *El precio de este perro es muy alto por su pedigrí*. □ [Es una palabra de origen inglés. Su plural es «pedigrís» o «pedigríes» (más culto)].

pedigüeño, ña (pe·di·güe·ño, ña) [adjetivo o sustantivo] Que pide con frecuencia. □ Familia: →pedir.

pedir (pe·dir) [verbo] **1** Rogar a alguien que nos dé lo que necesitamos: *pedir limosna*; *¿Has pedido permiso a tus padres para venir?* **2** Poner precio a algo: *Dime cuánto pides por tu coche*. **3** Querer o desear: *Te pido que me escuches un momento*. □ [Es irregular]. □ Familia: petición, pedido, pedida, pedigüeño.

pedo (pe·do) [sustantivo masculino] **1** Gas que sale por el ano. **2** Borrachera: *No bebo alcohol y nunca me he cogido un pedo*.

[Es coloquial]. SINÓNIMOS: **1** ventosidad. **2** trompa, mona. FAMILIA: pedorreta, pedorro, peerse.

pedorreta (pe·do·rre·ta) [sustantivo femenino] Sonido hecho con la boca. [Es coloquial]. FAMILIA: →pedo.

pedorro, rra (pe·do·rro, rra) [adjetivo o sustantivo] **1** Que se tira muchos pedos. **2** Que molesta o resulta pesado. [El significado **1** es vulgar. El significado **2** es coloquial]. SINÓNIMOS: **2** plasta. FAMILIA: →pedo.

pedrada (pe·dra·da) [sustantivo femenino] Golpe dado con una piedra que se lanza. FAMILIA: →piedra.

pedrea (pe·dre·a) [sustantivo femenino] **1** Conjunto de los premios de menor valor de la lotería nacional. **2** Lucha a pedradas. FAMILIA: →piedra.

pedregal (pe·dre·gal) [sustantivo masculino] Terreno lleno de piedras. FAMILIA: →piedra.

pedregoso, sa (pe·dre·go·so, sa) [adjetivo] Dicho de un terreno, que está lleno de piedras: *camino pedregoso*. FAMILIA: →piedra.

pedrería (pe·dre·rí·a) [sustantivo femenino] Conjunto de piedras preciosas: *Me regaló una pulsera de oro y pedrería*. FAMILIA: →piedra.

pedrisco (pe·dris·co) [sustantivo masculino] Granizo grueso que cae en abundancia y con fuerza: *La tormenta de pedrisco destruyó la cosecha*. FAMILIA: →piedra.

pedrusco (pe·drus·co) [sustantivo masculino] Trozo grande de piedra. FAMILIA: →piedra.

pedúnculo (pe·dún·cu·lo) [sustantivo masculino] Rabo que une una flor, una hoja o un fruto al tallo de una planta. SINÓNIMOS: pecíolo.

peerse (pe·er·se) [verbo] Expulsar gases por el ano. [Es irregular y se conjuga como LEER]. SINÓNIMOS: ventosear. FAMILIA: →pedo.

pega (pe·ga) [sustantivo femenino] Dificultad que se pone para hacer algo: *No le pongas ninguna pega al viaje*. ◆ [expresión] ‖ **de pega** De mentira: *Me puso una araña de pega sobre la silla*. [Es coloquial]. SINÓNIMOS: inconveniente, objeción, pero, observación, reparo, desventaja. FAMILIA: →pegar.

pegadizo, za (pe·ga·di·zo, za) [adjetivo] Que se graba en la memoria fácilmente: *canción pegadiza*. FAMILIA: →pegar.

pegajoso, sa (pe·ga·jo·so, sa) [adjetivo] **1** Que se pega mucho a las cosas: *manos pegajosas*. **2** Que molesta porque se pone demasiado cariñoso: *No seas pegajoso y sepárate un poco de mí*. SINÓNIMOS: **2** empalagoso. FAMILIA: →pegar.

pegamento (pe·ga·men·to) [sustantivo masculino] Sustancia que sirve para pegar. SINÓNIMOS: cola. FAMILIA: →pegar.

pegar (pe·gar) [verbo] **1** Unir una cosa a otra de forma que no puedan separarse: *pegar cromos*. **2** Dar golpes:

PEDIR

INDICATIVO	SUBJUNTIVO
Presente yo pido tú pides / usted pide él, ella pide nosotros, tras pedimos vosotros, tras pedís / ustedes piden ellos, ellas piden	**Presente** yo pida tú pidas / usted pida él, ella pida nosotros, tras pidamos vosotros, tras pidáis / ustedes pidan ellos, ellas pidan
Pretérito imperfecto yo pedía tú pedías / usted pedía él, ella pedía nosotros, tras pedíamos vosotros, tras pedíais / ustedes pedían ellos, ellas pedían	**Pretérito imperfecto** yo pidiera o pidiese tú pidieras o pidieses / usted pidiera o pidiese él, ella pidiera o pidiese nosotros, tras pidiéramos o pidiésemos vosotros, tras pidierais o pidieseis / ustedes pidieran o pidiesen ellos, ellas pidieran o pidiesen
Pretérito perfecto simple yo pedí tú pediste / usted pidió él, ella pidió nosotros, tras pedimos vosotros, tras pedisteis / ustedes pidieron ellos, ellas pidieron	**Futuro simple** yo pidiere tú pidieres / usted pidiere él, ella pidiere nosotros, tras pidiéremos vosotros, tras pidiereis / ustedes pidieren ellos, ellas pidieren
Futuro simple yo pediré tú pedirás / usted pedirá él, ella pedirá nosotros, tras pediremos vosotros, tras pediréis / ustedes pedirán ellos, ellas pedirán	**IMPERATIVO** pide (tú) / pida (usted) pidamos (nosotros, tras) pedid (vosotros, tras) / pidan (ustedes)
Condicional simple yo pediría tú pedirías / usted pediría él, ella pediría nosotros, tras pediríamos vosotros, tras pediríais / ustedes pedirían ellos, ellas pedirían	**FORMAS NO PERSONALES** **Infinitivo** pedir **Gerundio** pidiendo **Participio** pedido

Le dije que no y me pegó una torta. **3** Poner una cosa muy cerca de otra: *Pega las sillas a la pared.* **4** Pasar una enfermedad de una persona o un animal a otros: *Mi hermano me pegó el catarro.* **5** Hacer algo igual que otra persona: *Se me ha pegado tu forma de hablar.* **6** Dar o producir: *¡Deja de pegar gritos!* **7** Quedar bien: *¿Pega este jersey rojo con esta camisa amarilla?* **8** Darse un golpe o chocar: *Cuidado no te pegues con el pico de la ventana.* ∎ **pegarse 9** Quedarse una comida unida al fondo del recipiente en el que se está haciendo: *Echa más agua para que no se peguen las lentejas.* **10** Unirse una persona a otra sin haber sido invitada: *Se nos pegó ese pesado y ya no pudimos librarnos de él.* **11** Quedarse algo grabado en la memoria sin poder olvidarlo: *Se me ha pegado esta canción y llevo todo el día cantándola.* ◆ [expresión] ‖ **pegársela** Caerse o tener un accidente: *No te subas a ese árbol, que te la vas a pegar.* ☐ [La «g» se cambia en «gu» delante de «e» («pegue»). Los significados **4**, **5**, **6**, **7** y **10** y la expresión son coloquiales]. ☐ SINÓNIMOS: **1** adherir. **2** golpear. **3** juntar, acercar, aproximar, arrimar. **4** contagiar. ☐ ANTÓNIMOS: **1** despegar, desprender, desunir. **3** separar, alejar, apartar. ☐ FAMILIA: pega, pegamento, pegadizo, pegajoso, pegatina, pegote, pego, pegón, despegar, despegue, apegarse, apego, desapego, despegado.

pegatina (pe·ga·ti·na) [sustantivo femenino] Trozo de papel que se pega por una de sus caras. ☐ FAMILIA: →pegar.

pego (pe·go) ◆ [expresión] ‖ **dar el pego** Engañar aparentando lo que no es: *Estos pendientes no son de oro, pero dan el pego.* ☐ [Es coloquial]. ☐ FAMILIA: →pegar.

pegón, na (pe·gón, go·na) [adjetivo o sustantivo] Dicho de una persona, que pega mucho a los demás. ☐ [Es coloquial]. ☐ FAMILIA: →pegar.

pegote (pe·go·te) [sustantivo masculino] **1** Sustancia muy espesa que se pega: *Hay pegotes de pintura sobre la pared.* **2** Cualquier cosa que se añade a algo y lo estropea: *El retrato estaría bien si no hubieras puesto el pegote del edificio del fondo.* ☐ [Es coloquial]. ☐ FAMILIA: →pegar.

peinado (pei·na·do) [sustantivo masculino] Forma de arreglarse el pelo: *El día de la fiesta me haré un peinado especial.* ☐ FAMILIA: →peine.

peinador (pei·na·dor) [sustantivo masculino] Tela que se ajusta al cuello para cubrir la ropa de la persona que se peina, se afeita o se corta el pelo. ☐ FAMILIA: →peine.

peinar (pei·nar) [verbo] **1** Arreglar el pelo. **2** Andar por un lugar buscando algo con mucha atención: *La policía peinará la zona hasta que encuentre a los chicos que se han perdido.* ☐ [Es irregular]. ☐ ANTÓNIMOS: **1** despeinar. ☐ FAMILIA: →peine.

PEINAR	
INDICATIVO	**SUBJUNTIVO**
Presente yo peino tú peinas / usted peina él, ella peina nosotros, tras peinamos vosotros, tras peináis / ustedes peinan ellos, ellas peinan	**Presente** yo peine tú peines / usted peine él, ella peine nosotros, tras peinemos vosotros, tras peinéis / ustedes peinen ellos, ellas peinen
Pretérito imperfecto yo peinaba tú peinabas / usted peinaba él, ella peinaba nosotros, tras peinábamos vosotros, tras peinabais / ustedes peinaban ellos, ellas peinaban	**Pretérito imperfecto** yo peinara o peinase tú peinaras o peinases / usted peinara o peinase él, ella peinara o peinase nosotros, tras peináramos o peinásemos vosotros, tras peinarais o peinaseis / ustedes peinaran o peinasen ellos, ellas peinaran o peinasen
Pretérito perfecto simple yo peiné tú peinaste / usted peinó él, ella peinó nosotros, tras peinamos vosotros, tras peinasteis / ustedes peinaron ellos, ellas peinaron	**Futuro simple** yo peinare tú peinares / usted peinare él, ella peinare nosotros, tras peináremos vosotros, tras peinareis / ustedes peinaren ellos, ellas peinaren
Futuro simple yo peinaré tú peinarás / usted peinará él, ella peinará nosotros, tras peinaremos vosotros, tras peinaréis / ustedes peinarán ellos, ellas peinarán	**IMPERATIVO** peina (tú) / peine (usted) peinemos (nosotros, tras) peinad (vosotros, tras) / peinen (ustedes)
Condicional simple yo peinaría tú peinarías / usted peinaría él, ella peinaría nosotros, tras peinaríamos vosotros, tras peinaríais / ustedes peinarían ellos, ellas peinarían	**FORMAS NO PERSONALES** **Infinitivo** **Gerundio** **Participio** peinar peinando peinado

peine (pei·ne) [sustantivo masculino] Utensilio que sirve para arreglarnos el pelo. ☐ FAMILIA: peinar, peinado, peinador, peineta, despeinar, repeinado.

peineta (pei·ne·ta) [sustantivo femenino] Especie de peine pequeño que se usa para sujetar el pelo: *La mantilla es una prenda de vestir que se sujeta con una peineta.* ☐ FAMILIA: →peine.

peineta

pejiguera (pe·ji·gue·ra) ■ [adjetivo o sustantivo] **1** Que protesta por todo: *Ese pejiguera nunca está de acuerdo con nada.* ■ [sustantivo] **2** Molestia muy grande: *Estar sin agua corriente durante una semana es una pejiguera.* ☐ [Es coloquial. En el significado **1** no varía en masculino y femenino]. ☐ SINÓNIMOS: **1** chinche. **2** fastidio, engorro.

pekinés, sa (pe·ki·nés, ne·sa) [adjetivo o sustantivo] **1** De Pekín, que es la capital china. **2** Dicho de un perro, que es pequeño y que tiene el pelo largo, las patas cortas y la nariz aplastada.

pela (pe·la) [sustantivo femenino] Peseta: *¿Tienes alguna pela?* ☐ [Es coloquial].

peladilla (pe·la·di·lla) [sustantivo femenino] Almendra recubierta de una capa de azúcar.

pelado, da (pe·la·do, da) ■ [adjetivo] **1** Que no tiene lo que suele cubrirlo: *un monte pelado.* **2** Escaso o muy justo: *He sacado un cinco pelado.* ■ [adjetivo o sustantivo] **3** Pobre o sin dinero: *Después de comprar el regalo me quedé pelado.* ■ **pelado** [sustantivo masculino] **4** Forma de estar cortado el pelo: *En verano me hago un buen pelado para tener menos calor.* ☐ [Los significados **2**, **3** y **4** son coloquiales]. ☐ FAMILIA: →pelar.

peladura (pe·la·du·ra) [sustantivo femenino] Piel o cáscara que se pela: *peladura de naranja.* ☐ SINÓNIMOS: monda, mondadura. ☐ FAMILIA: →pelar.

pelagatos (pe·la·ga·tos) [sustantivo] Persona sin dinero o a la que se le da poca importancia: *Se las da de intelectual, pero no es más que un pobre pelagatos.* ☐ [No varía en masculino y femenino, ni en singular y plural. Es coloquial]. ☐ SINÓNIMOS: pelanas. ☐ FAMILIA: →pelar. →gato.

pelaje (pe·la·je) [sustantivo masculino] **1** Pelo o lana de un animal. **2** Aspecto de una persona: *Se sentó a mi lado un hombre de mal pelaje.* ☐ [El significado **2** es coloquial]. ☐ SINÓNIMOS: **2** pinta, facha. ☐ FAMILIA: →pelo.

pelambrera (pe·lam·bre·ra) [sustantivo femenino] Gran cantidad de pelo largo y sin orden. ☐ FAMILIA: →pelo.

pelanas (pe·la·nas) [sustantivo masculino] Persona a la que se le da poca importancia: *Ese pelanas no ha hecho nada de provecho en su vida.* ☐ [No varía en singular y plural. Es coloquial]. ☐ SINÓNIMOS: pelagatos. ☐ FAMILIA: →pelo.

pelandusca (pe·lan·dus·ca) [sustantivo femenino] Prostituta. ☐ [Es coloquial y despectivo].

pelar (pe·lar) [verbo] **1** Quitar la piel a un fruto: *pelar una naranja.* **2** Quitar las plumas a un ave: *pelar el pollo.* **3** Cortar el pelo: *¿En qué peluquería te han pelado?* ■ **pelarse 4** Caerse la piel: *Me quemé al tomar el sol y ahora se me está pelando la espalda.* ◆ [expresión] ‖ **que se las pela** Muy deprisa o muy bien: *Esa niña corre que se las pela.* ‖ **ser duro de pelar** Ser difícil de convencer. ☐ [El significado **3** y las expresiones son coloquiales]. ☐ SINÓNIMOS: **1** mondar. **2** desplumar. ☐ FAMILIA: pelado, peladura, pelagatos.

peldaño (pel·da·ño) [sustantivo masculino] Cada una de las partes de una escalera donde se apoya el pie. ☐ SINÓNIMOS: escalón.

pelea (pe·le·a) [sustantivo femenino] Discusión o lucha. ☐ SINÓNIMOS: riña, batalla. ☐ FAMILIA: pelear, peleón.

pelear (pe·le·ar) [verbo] **1** Tener una discusión o una lucha con alguien: *Los dos perros peleaban por el hueso.* **2** Trabajar mucho para conseguir algo: *Tuve que pelear mucho para sacaros adelante.* ■ **pelearse 3** Enfadarse o dejar de ser amigos: *No vale la pena pelearse por esa tontería.* ☐ SINÓNIMOS: **1** discutir, regañar. **1, 3** reñir. **3** enemistar. ☐ FAMILIA: →pelea.

pelechar (pe·le·char) [verbo] Echar o cambiar un animal el pelo o las plumas: *Mi pájaro está pelechando.* ☐ FAMILIA: →pelo.

pelele (pe·le·le) [sustantivo masculino] **1** Muñeco con forma de hombre, hecho con trapos o con paja, que se usa en algunas fiestas populares para darle golpes con un palo o para lanzarlo al aire. **2** Persona que se deja influir por los demás: *No seas pelele y da tu opinión.* ☐ [El significado **2** es despectivo].

peleón, na (pe·le·ón, o·na) [adjetivo] Que se pelea por cualquier cosa. ☐ FAMILIA: →pelea.

peletería (pe·le·te·rí·a) [sustantivo femenino] Lugar en el que se hacen o se venden prendas de piel. ☐ FAMILIA: →piel.

peletero, ra (pe·le·te·ro, ra) ■ [adjetivo] **1** De la peletería o relacionado con ella: *industria peletera; negocio peletero.* ■ [sustantivo] **2** Persona que hace o vende prendas de piel. ☐ FAMILIA: →piel.

peliagudo, da (pe·lia·gu·do, da) [adjetivo] Complicado o difícil de resolver: *un problema peliagudo.* ☐ [Es coloquial]. ☐ FAMILIA: →pelo. →agudo.

pelícano (pe·lí·ca·no) [sustantivo masculino] Ave acuática que tiene el pico en forma de bolsa. ◉ **páginas 116-117.**

película (pe·lí·cu·la) [sustantivo femenino] **1** Historia contada con una serie de imágenes en movimiento: *Vi una película de dibujos animados.* **2** Cinta de un material plástico en la que se registran imágenes: *Pon el rollo de película en la cámara de fotos.* **3** Capa muy fina que cubre algo: *Las capas de una cebolla están separadas entre sí por una película transparente.* □ Sinónimos: **1** filme.

peligrar (pe·li·grar) [verbo] Estar en peligro: *¡Corre, avísale de que su vida peligra!* □ Familia: →peligro.

peligro (pe·li·gro) [sustantivo masculino] **1** Situación en la que es posible que ocurra algo malo: *Antes de cruzar la carretera, asegúrate de que no hay peligro.* **2** Persona o cosa que puede producir un daño: *Los conductores borrachos son un peligro para los demás.* □ Sinónimos: **1** riesgo. **2** amenaza. □ Antónimos: seguridad. □ Familia: peligroso, peligrar.

peligroso, sa (pe·li·gro·so, sa) [adjetivo] Que tiene peligro o que puede causar daño. □ Familia: →peligro.

pelirrojo, ja (pe·li·rro·jo, ja) [adjetivo o sustantivo] Que tiene el pelo de color parecido al rojo. □ Familia: →pelo. →rojo.

pella (pe·lla) [sustantivo femenino] Masa de forma redondeada de cualquier material: *una pella de barro.* ◆ [expresión] ‖ **hacer pellas** Faltar un alumno a clase sin causa justificada. □ [La expresión es coloquial].

pellejo, ja (pe·lle·jo, ja) ▌[adjetivo o sustantivo] **1** Que es astuto o que tiene mal genio: *Dile a esa pelleja que no me va a volver a timar.* ▌ **pellejo** [sustantivo masculino] **2** Capa exterior que cubre el cuerpo de las personas y de los animales. **3** Piel fina de algunas frutas: *A los niños pequeños se les dan las uvas peladas para que no se atraganten con el pellejo.* **4** Recipiente hecho con la piel de un animal y en el que se echa vino, aceite u otros líquidos. □ [El significado **1** es coloquial]. □ Sinónimos: **2** piel. **4** odre. □ Familia: →piel.

pelliza (pe·lli·za) [sustantivo femenino] Especie de abrigo que está hecho de lana o de piel con pelo. □ Sinónimos: zamarra. □ Familia: →piel.

pellizcar (pe·lliz·car) [verbo] **1** Coger un pequeño trozo de piel y apretar con fuerza. **2** Coger una pequeña cantidad de alguna cosa: *Pellizqué el bizcocho para probarlo.* □ [La «c» se cambia en «qu» delante de «e» («pellizque»)]. □ Familia: →pellizco.

pellizco (pe·lliz·co) [sustantivo masculino] **1** Presión que se hace al coger un pequeño trozo de piel y apretarlo con fuerza. **2** Trozo pequeño que se coge de algo: *Déjame probar un pellizco de ese pastel.* ◆ [expresión] ‖ **un buen pellizco** Gran cantidad de algo: *Les ha tocado un buen pellizco de dinero en la lotería.* □ [La expresión es coloquial]. □ Familia: pellizcar.

pelma (pel·ma) [adjetivo o sustantivo] Pelmazo: *No seas pelma y deja ya de contarme todas las enfermedades que has pasado.* □ [No varía en masculino y femenino. Es coloquial]. □ Sinónimos: plasta, cataplasma.

pelmazo, za (pel·ma·zo, za) [adjetivo o sustantivo] Que aburre mucho: *¡Cállate ya, pelmazo!* □ [Es coloquial]. □ Sinónimos: pelma, plasta, cataplasma.

pelo (pe·lo) [sustantivo masculino] **1** Especie de hilo muy fino y suave que nace en el cuerpo de una persona o de un animal: *El perro ha dejado el sillón lleno de pelos.* **2** Conjunto de estos hilos: *Unos perros tienen el pelo* más largo que otros. **3** Conjunto de estos hilos que nacen en la cabeza: *Tengo el pelo rubio.* **4** Hilo de lana o de otra cosa parecida: *Los jerséis de pelo largo me pican.* **5** Conjunto de hilos muy finos y cortos que cubren algunas superficies: *La piel del melocotón tiene un pelo muy suave.* ◆ [expresión] ‖ **al pelo** En el momento adecuado: *Tu llegada nos vino al pelo, porque te necesitábamos.* ‖ **con pelos y señales** Con mucho detalle: *Me lo contó con pelos y señales.* ‖ **ni un pelo** o **un pelo** Nada o absolutamente nada: *No tengo ni un pelo de tonta.* ‖ **no tener pelos en la lengua** Decir lo que se piensa sin preocuparse de si va a molestar o no: *Si lo has hecho fatal, te lo dirá, porque no tiene pelos en la lengua.* ‖ **poner los pelos de punta** Asustar mucho: *Cuando te vi con esa horrible careta, se me pusieron los pelos de punta.* ‖ **por los pelos** Por muy poco: *El suelo resbala y no me he caído por los pelos.* ‖ **tirarse de los pelos** Estar muy enfadado por algo que ya no tiene arreglo: *Ya no adelantas nada tirándote de los pelos, así que cálmate.* ‖ **tomar el pelo a alguien** Reírse de él: *Me tomaron el pelo diciéndome que me había tocado un premio.* □ [Las expresiones son coloquiales]. □ Sinónimos: **3** cabello. □ Familia: pelón, pelusa, peludo, peluca, pelaje, pelambrera, pelanas, pelechar, peluquero, peluquería, peluquín, peluche, despeluchar, pelirrojo, contrapelo, terciopelo, depilar, peliagudo.

pelón, na (pe·lón, lo·na) [adjetivo o sustantivo] Que tiene poco pelo: *Casi todos los bebés son pelones.* □ Familia: →pelo.

pelota (pe·lo·ta) ▌[adjetivo o sustantivo] **1** Que alaba a alguien para conseguir algo: *Siempre está haciéndole favores a la profesora, porque es un pelota.* ▌[sustantivo femenino] **2** Bola llena de aire que se usa para jugar: *pelota de goma.* **3** Juego que se realiza con esta bola: *No me dejan jugar a la pelota en casa.* ▌ **pelotas** [plural] **4** Testículos. ◆ [expresión] ‖ **en pelotas** Desnudo: *Se bañaron en pelotas en la playa.* □ [En el significado **1** no varía en masculino y femenino. El significado **1** y la expresión son coloquiales. El significado **4** es vulgar y se usa mucho en expresiones malsonantes]. □ Sinónimos: **1** pelotillero. **2** balón. □ Familia: pelotazo, pelotear, peloteo, pelotera, pelotilla, pelotillero, recogepelotas.

pelotari (pe·lo·ta·ri) [sustantivo] Deportista que juega a la pelota vasca. □ [Es una palabra de origen euskera. No varía en masculino y femenino].

pelotazo (pe·lo·ta·zo) [sustantivo masculino] Golpe dado con una pelota. □ Sinónimos: balonazo. □ Familia: →pelota.

pelotear (pe·lo·te·ar) [verbo] Jugar con una pelota como entrenamiento: *Los jugadores pelotearon para calentar antes del partido.* □ Familia: →pelota.

peloteo (pe·lo·te·o) [sustantivo masculino] **1** Juego con la pelota como entrenamiento. **2** Alabanza que se hace para conseguir algo. □ [El significado **2** es coloquial]. □ Familia: →pelota.

pelotera (pe·lo·te·ra) [sustantivo femenino] Pelea o discusión fuertes. □ [Es coloquial]. □ Familia: →pelota.

pelotilla (pe·lo·ti·lla) [sustantivo femenino] Bolita que se forma en algunos tejidos: *Se me han hecho pelotillas en el jersey de lana.* ☐ FAMILIA: →pelota.

pelotillero, ra (pe·lo·ti·lle·ro, ra) [adjetivo o sustantivo] Que alaba mucho a alguien para conseguir algo. ☐ [Es coloquial]. ☐ SINÓNIMOS: pelota. ☐ FAMILIA: →pelota.

pelotón (pe·lo·tón) [sustantivo masculino] Grupo formado por muchas personas: *un pelotón de soldados.* ☐ FAMILIA: apelotonarse.

peluca (pe·lu·ca) [sustantivo femenino] Pelo de mentira para ponerse en la cabeza. ☐ FAMILIA: →pelo.

peluche (pe·lu·che) [sustantivo masculino] **1** Tela que tiene pelo suave y un poco largo: *Tengo un osito de peluche.* **2** Juguete hecho con esta tela: *Mi hermano duerme siempre con su peluche preferido.* ☐ FAMILIA: →pelo.

peludo, da (pe·lu·do, da) [adjetivo] Que tiene mucho pelo: *brazos peludos.* ☐ ANTÓNIMOS: lampiño. ☐ FAMILIA: →pelo.

peluquería (pe·lu·que·rí·a) [sustantivo femenino] Lugar en el que se corta y se arregla el pelo. ☐ FAMILIA: →pelo.

peluquero, ra (pe·lu·que·ro, ra) [sustantivo] Persona que se dedica a cortar y arreglar el pelo. ☐ FAMILIA: →pelo.

peluquín (pe·lu·quín) [sustantivo masculino] Pelo de mentira que se usa para cubrir solo una parte de la cabeza: *Usa peluquín porque no le gusta que le vean la calva.* ☐ FAMILIA: →pelo.

pelusa (pe·lu·sa) [sustantivo femenino] **1** Pelo suave y corto: *Cepilló el abrigo porque tenía pelusas.* **2** Polvo y suciedad que se forman en el suelo cuando no se limpia: *Debajo de las camas siempre se forman pelusas.* **3** Envidia que siente un niño: *Mi hijo mayor tiene pelusa de su hermano pequeño.* ☐ [El significado **3** es coloquial]. ☐ SINÓNIMOS: **3** celos. ☐ FAMILIA: →pelo.

pélvico, ca (pél·vi·co, ca) [adjetivo] De la pelvis o relacionado con esta parte del cuerpo: *dolor pélvico; enfermedad pélvica.* ☐ FAMILIA: →pelvis.

pelvis (pel·vis) [sustantivo femenino] Conjunto de huesos que unen el cuerpo y las piernas. ☐ [No varía en singular y plural]. 👁 página 405. ☐ FAMILIA: pélvico.

pen [sustantivo masculino] → **pen drive**. ☐ [Es una palabra inglesa y coloquial].

pena (pe·na) [sustantivo femenino] **1** Sensación que se tiene cuando pasa algo triste: *Me dio mucha pena que se muriera mi perro.* **2** Castigo que se pone a una persona que ha hecho algo malo: *El juez condenó al delincuente a una pena de dos años de cárcel.* ♦ [expresión] ‖ **a duras penas** Con mucha dificultad: *Tenía tanto sueño que a duras penas podía mantener los ojos abiertos.* ‖ **de pena** Muy mal: *El dibujo me salió de pena.* ☐ SINÓNIMOS: **1** tristeza, pesar, sufrimiento. ☐ ANTÓNIMOS: **1** alegría, gozo, contento, dicha, felicidad. ☐ FAMILIA: apenar, penoso, penalidad, penar, penal, penalizar, despenalizar, penalización.

penacho (pe·na·cho) [sustantivo masculino] **1** Conjunto de plumas que tienen algunas aves en la parte superior de la cabeza: *El pavo real tiene penacho.* **2** Adorno de plumas: *El casco de los guardias reales tiene penacho.*

penal (pe·nal) ▌ [adjetivo] **1** Relacionado con el castigo que se pone a una persona que ha hecho algo malo: *antecedentes penales.* **2** De las leyes o acciones que castigan los delitos: *derecho penal; Código Penal.* ▌ [sustantivo masculino] **3** Lugar en el que se mete a una persona para castigarla por un delito: *Los presos del penal se han amotinado.* ☐ [En los significados **1** y **2** no varía en masculino y femenino]. ☐ SINÓNIMOS: **3** cárcel, prisión, presidio. ☐ FAMILIA: →pena.

penalidad (pe·na·li·dad) [sustantivo femenino] Molestia o sufrimiento: *Pasaron muchas penalidades durante el naufragio.* ☐ [Se usa más en plural]. ☐ FAMILIA: →pena.

penalización (pe·na·li·za·ción) [sustantivo femenino] Castigo que se pone a una persona por haber hecho algo muy malo. ☐ FAMILIA: →pena.

penalizar (pe·na·li·zar) [verbo] Poner un castigo a una persona por haber hecho algo mal: *Penalizaron al jugador por empujar a su adversario.* ☐ [La «z» se cambia en «c» delante de «e» («penalice»)]. ☐ FAMILIA: →pena.

penalti (pe·nal·ti) [sustantivo masculino] **1** En fútbol, la falta más grave: *El árbitro pitó penalti.* **2** Hecho de lanzar el balón desde dentro del área y de forma que solo participen el que lo lanza y el portero. ☐ [Es una palabra de origen inglés. Su plural es «penaltis»].

penar (pe·nar) [verbo] **1** Sentirse triste por alguna cosa. **2** Poner un castigo: *La ley pena el asesinato.* ☐ FAMILIA: →pena.

penca (pen·ca) [sustantivo femenino] Parte más gruesa de las hojas de algunas plantas: *Las pencas de las acelgas son comestibles.* ☐ FAMILIA: apencar, penco.

penco (pen·co) [sustantivo masculino] Caballo muy flaco. ☐ FAMILIA: →penca.

pendencia (pen·den·cia) [sustantivo femenino] Pelea o discusión. ☐ SINÓNIMOS: riña. ☐ FAMILIA: pendenciero.

pendenciero, ra (pen·den·cie·ro, ra) [adjetivo o sustantivo] Que provoca peleas o discusiones con mucha facilidad. ☐ FAMILIA: →pendencia.

pender (pen·der) [verbo] Estar colgado o estar suspendido: *La lámpara pende del techo.* ☐ SINÓNIMOS: colgar.

pendiente (pen·dien·te) ▌ [adjetivo] **1** Que todavía no está terminado: *Es mejor no dejar cosas pendientes para mañana.* **2** Que está atento a algo: *Me va a llamar un amigo y estoy pendiente del teléfono.* ▌ [sustantivo masculino] **3** Adorno que se pone en las orejas: *pendientes de perlas.* ▌ [sustantivo femenino] **4** Terreno inclinado: *Subir pendientes me cansa mucho.* ☐ [En los significados **1** y **2** no varía en masculino y femenino]. ☐ SINÓNIMOS: **4** cuesta.

pendón (pen·dón) [sustantivo masculino] **1** Bandera más larga que ancha. **2** Persona que lleva una vida desordenada. ☐ [El significado **2** es coloquial. En el significado **2** se usa también para el femenino «una pendona»].

pen drive [sustantivo masculino] Aparato portátil de pequeño tamaño que sirve para grabar mucha información de un ordenador y pasarla a otro: *Puedo grabarte en el*

péndulo

pen drive las fotos que tengo en el ordenador para que las pases al tuyo. ☐ [Es una palabra inglesa. Se pronuncia «pén-dráib». Se escribe también *pendrive*. Se usa mucho la forma abreviada *pen*, que es coloquial].

péndulo (pén·du·lo) [sustantivo masculino] Cuerpo que cuelga de un punto y se balancea de un lado a otro: *el péndulo del reloj*.

pene (pe·ne) [sustantivo masculino] Órgano sexual masculino con funciones en el aparato reproductor y en el urinario.

penetración (pe·ne·tra·ción) [sustantivo femenino] **1** Colocación de una cosa en el interior de otra. **2** Comprensión de algo en profundidad: *Ese investigador tiene una gran capacidad de penetración*. ☐ FAMILIA: →penetrar.

penetrante (pe·ne·tran·te) [adjetivo] Que es profundo o que se mete muy adentro: *olor penetrante; mirada penetrante*. ☐ [No varía en masculino y femenino]. ☐ FAMILIA: →penetrar.

penetrar (pe·ne·trar) [verbo] Meterse algo muy adentro en una cosa: *La lluvia penetró en la pared e hizo una mancha*. ☐ SINÓNIMOS: entrar, adentrarse. ☐ ANTÓNIMOS: salir. ☐ FAMILIA: penetración, penetrante, impenetrable, compenetrarse, compenetración.

penicilina (pe·ni·ci·li·na) [sustantivo femenino] Sustancia que se usa para curar algunas enfermedades.

península (pe·nín·su·la) [sustantivo femenino] Tierra rodeada de agua por todas partes menos por una: *España y Portugal forman la península ibérica*. ☞ **páginas 576-577**. ☐ FAMILIA: peninsular.

peninsular (pe·nin·su·lar) [adjetivo o sustantivo] De una península o relacionado con ella: *territorio peninsular*. ☐ [No varía en masculino y femenino]. ☐ FAMILIA: →península.

penique (pe·ni·que) [sustantivo masculino] Moneda del Reino Unido, que es un país europeo: *Cien peniques equivalen a una libra*.

penitencia (pe·ni·ten·cia) [sustantivo femenino] Sacrificio que hacemos para que se nos perdone alguna falta. ☐ FAMILIA: →penitente.

penitenciaría (pe·ni·ten·cia·rí·a) [sustantivo femenino] Lugar en el que se mete a una persona para castigarla por un delito. ☐ SINÓNIMOS: cárcel, prisión. ☐ FAMILIA: →penitente.

penitenciario, ria (pe·ni·ten·cia·rio, ria) [adjetivo] De la cárcel o relacionado con ella: *centro penitenciario*. ☐ SINÓNIMOS: carcelario. ☐ FAMILIA: →penitente.

penitente (pe·ni·ten·te) [sustantivo] Persona que hace penitencia. ☐ [No varía en masculino y femenino]. ☐ FAMILIA: penitencia, penitenciario, penitenciaría.

penoso, sa (pe·no·so, sa) [adjetivo] **1** Que produce pena: *Es penoso que haya gente que se muere de hambre*. **2** Que cuesta mucho trabajo: *A mí me resulta penoso tener que madrugar todos los días*. ☐ SINÓNIMOS: **1** doloroso, triste. ☐ ANTÓNIMOS: **1** alegre. ☐ FAMILIA: →pena.

pensador, ra (pen·sa·dor, do·ra) [sustantivo] Persona que tiene una gran cultura y que piensa sobre temas importantes. ☐ FAMILIA: →pensar.

pensamiento (pen·sa·mien·to) [sustantivo masculino] **1** Capacidad de pensar: *El pensamiento es propio de los seres humanos*. **2** Cosa que se piensa: *Daría lo que fuera por saber tus pensamientos*. **3** Planta que tiene las flores con hojas de tres colores. ☐ FAMILIA: →pensar.

pensar (pen·sar) [verbo] **1** Formar una idea en la mente: *Ya he pensado lo que haremos mañana*. **2** Examinar algo con atención: *He pensado mucho en lo que me dijiste*. **3** Tener una opinión sobre algo: *Pienso que estás equivocado*. **4** Tener la intención de hacer algo: *Yo pienso ir al cine*. ☐ [Es irregular y se conjuga como ACERTAR]. ☐ SINÓNIMOS: **3** considerar, opinar, creer, decir. ☐ FAMILIA: pensamiento, pensativo, pensador, malpensado.

pensativo, va (pen·sa·ti·vo, va) [adjetivo] Que está pensando: *Ibas tan pensativo que no me viste*. ☐ FAMILIA: →pensar.

pensión (pen·sión) [sustantivo femenino] **1** Dinero que recibe cada cierto tiempo una persona que no trabaja por alguna razón: *Mi abuelo cobra una pensión desde que se jubiló*. **2** Hotel barato. ☐ SINÓNIMOS: **1** retiro, jubilación. ☐ FAMILIA: pensionista.

pensionista (pen·sio·nis·ta) [sustantivo] Persona que ya no trabaja por ser mayor, por enfermedad o por otros motivos, y que recibe dinero cada cierto tiempo. ☐ [No varía en masculino y femenino]. ☐ FAMILIA: →pensión.

pentaedro (pen·ta·e·dro) [sustantivo masculino] Cuerpo o figura geométrico que tiene cinco caras. ☐ FAMILIA: →cinco.

pentagonal (pen·ta·go·nal) [adjetivo] Con cinco lados y cinco ángulos. ☐ [No varía en masculino y femenino]. ☐ FAMILIA: →pentágono.

pentágono (pen·tá·go·no) [sustantivo masculino] Figura plana con cinco lados y cinco ángulos: *El pentágono es un polígono*. ☞ **página 467**. ☐ FAMILIA: pentagonal.

pentagrama (pen·ta·gra·ma) [sustantivo masculino] Conjunto de cinco líneas paralelas y cuatro espacios sobre los que se escribe música. ☞ **página 648**.

pentasílabo, ba (pen·ta·sí·la·bo, ba) [adjetivo o sustantivo masculino] De cinco sílabas: *un verso pentasílabo*. ☐ FAMILIA: →sílaba.

penúltimo, ma (pe·núl·ti·mo, ma) [adjetivo o sustantivo] Que está delante del último: *Noviembre es el penúltimo mes del año*. ☐ FAMILIA: →último.

penumbra (pe·num·bra) [sustantivo femenino] Situación en la que hay poca luz.

penuria (pe·nu·ria) [sustantivo femenino] Falta de lo necesario para vivir. ☐ SINÓNIMOS: miseria.

peña (pe·ña) [sustantivo femenino] **1** Piedra grande. **2** Grupo de gente que apoya algo o comparten una afición: *peña de fútbol*. ☐ SINÓNIMOS: **1** roca. ☐ FAMILIA: peñasco, peñón, despeñar, despeñadero.

peñasco (pe·ñas·co) [sustantivo masculino] Peña grande y elevada. ☐ FAMILIA: →peña.

peñazo (pe·ña·zo) [adjetivo o sustantivo masculino] Que aburre mucho: *Esta lección es un peñazo*. ☐ [Es coloquial. Cuando es adjetivo, no varía en masculino y femenino]. ☐ SINÓNIMOS: rollo, tostón, petardo, pesadez, muermo.

peñón (pe·ñón) [sustantivo masculino] Montaña con grandes piedras: *el peñón de Gibraltar.* ☐ Familia: →peña.

peón, na (pe·ón, o·na) ■ [sustantivo] **1** Persona que trabaja en la construcción y no se ha especializado: *peón de albañil.* ■ **peón** [sustantivo masculino] **2** Una de las piezas del ajedrez. ☐ Familia: peonada.

peonada (pe·o·na·da) [sustantivo femenino] Trabajo que realiza un peón en un día, especialmente en trabajos agrícolas: *Aún no sabemos a cuánto se pagará la peonada.* ☐ Familia: →peón.

peonza (pe·on·za) [sustantivo femenino] Juguete que se lanza contra el suelo para que gire: *Tienes que enrollar la cuerda en la peonza y lanzarla al suelo.* ☐ Sinónimos: trompo.

peonza

peor (pe·or) ■ [adjetivo] **1** Más malo que otra cosa: *Estos zapatos son peores que esos y se romperán antes.* ■ [adverbio] **2** Más que mal: *Mi dibujo está peor hecho que el tuyo.* ☐ [En el significado 1 no varía en masculino y femenino. En el significado 2 tampoco varía por ser adverbio]. ☐ Antónimos: mejor. ☐ Familia: empeorar, empeoramiento.

pepinillo (pe·pi·ni·llo) [sustantivo masculino] Pepino muy pequeño que se conserva en vinagre. ☐ Familia: →pepino.

pepino (pe·pi·no) [sustantivo masculino] Planta cuyo fruto es alargado y de color verde por fuera y blanco por dentro. 👁 página 967. ☐ Familia: pepinillo.

pepita (pe·pi·ta) [sustantivo femenino] **1** Semilla de algunas plantas: *Las pepitas de la sandía son negras.* **2** Trozo de oro u otro metal tal como se encuentra en la tierra: *pepitas de oro.* ☐ Sinónimos: **1** pipa.

pepita

pepito (pe·pi·to) [sustantivo masculino] **1** Bollo alargado relleno de crema o de chocolate. **2** Bocadillo de carne: *pepito de ternera.*

pepitoria (pe·pi·to·ria) ♦ [expresión] ‖ **en pepitoria** Cocinado con una salsa especial hecha con yema de huevo: *pollo en pepitoria.*

pepona (pe·po·na) [sustantivo femenino] Muñeca grande, generalmente de cartón.

pequeñez (pe·que·ñez) [sustantivo femenino] Cosa sin importancia: *Se enfadó por una pequeñez.* ☐ [Su plural es «pequeñeces»]. ☐ Sinónimos: niñería, tontería, bobada, menudencia, minucia, insignificancia, fruslería. ☐ Familia: →pequeño.

pequeño, ña (pe·que·ño, ña) ■ [adjetivo] **1** Que tiene poco tamaño: *Mi habitación es muy pequeña.* **2** De poca importancia: *una pequeña herida.* ■ [adjetivo o sustantivo] **3** Que tiene pocos años: *Los pequeños juegan en el parque.* ☐ Antónimos: grande. **1** hermoso, inmenso. ☐ Familia: pequeñez, empequeñecer.

pera (pe·ra) [sustantivo femenino] Fruta que tiene la piel lisa, de color verde o amarillo, y el interior blanco. 👁 página 453. ☐ Familia: peral.

peral (pe·ral) [sustantivo masculino] Árbol que da peras. ☐ Familia: →pera.

peraltado, da (pe·ral·ta·do, da) [adjetivo] Dicho de una curva, que tiene mayor altura por la parte de fuera. ☐ Familia: →peralte.

peralte (pe·ral·te) [sustantivo masculino] Mayor altura de la curva de una carretera por la parte de fuera. ☐ Familia: peraltado.

perca (per·ca) [sustantivo femenino] Pez de agua dulce, de color verdoso por arriba y con rayas negras en los lados.

percal (per·cal) [sustantivo masculino] Tela de algodón de baja calidad: *una bata de percal.* ♦ [expresión] ‖ **conocer el percal** Conocer bien una cosa: *A mí no me engañas porque ya me conozco el percal.* ☐ [La expresión es coloquial].

percance (per·can·ce) [sustantivo masculino] Suceso malo que no se espera y que suele ser poco grave: *Tuvo un pequeño percance al ir a la estación y perdió el tren.* ☐ Sinónimos: contratiempo, accidente, contrariedad.

percatarse (per·ca·tar·se) [verbo] Darse cuenta de algo: *Me he percatado de que querían engañarme.* ☐ Sinónimos: notar, observar, reparar, advertir, percibir, apercibir.

percebe (per·ce·be) [sustantivo masculino] Animal que vive pegado en las piedras del mar: *El percebe es un marisco que tiene forma de pezuña de caballo.*

percepción (per·cep·ción) [sustantivo femenino] Hecho de darse cuenta de algo por medio de los sentidos. ☐ Familia: →percibir.

perceptible (per·cep·ti·ble) [adjetivo] Que se puede recibir a través de los sentidos. ☐ [No varía en masculino y femenino]. ☐ Antónimos: imperceptible. ☐ Familia: →percibir.

percha (per·cha) [sustantivo femenino] Especie de gancho que sirve para colgar la ropa. ☐ Familia: perchero.

perchero (per·che·ro) [sustantivo masculino] Mueble que sirve para colgar la ropa: *En mi clase, el perchero está al lado de la puerta.* ☐ Familia: →percha.

percherón, na (per·che·rón, ro·na) [adjetivo o sustantivo] Dicho de un caballo o de una yegua, que pertenecen a una raza francesa y son muy grandes y fuertes.

percibir (per·ci·bir) [verbo] **1** Darse cuenta de algo por medio de los sentidos: *El oído humano no percibe algunos sonidos.* **2** Recibir algo: *Percibe un sueldo muy alto.* **3** Comprender algo: *No percibí la importancia del asunto.* □ Sinónimos: **1** captar, advertir, percatarse. □ Familia: percepción, perceptible, imperceptible, apercibir, desapercibido.

percusión (per·cu·sión) [sustantivo femenino] **1** Golpes repetidos: *Con una pequeña percusión sabrás si la pared está hueca.* **2** Conjunto de instrumentos musicales de una orquesta que se tocan golpeándolos: *El estruendo final de la percusión anunció el fin de la sinfonía.* ◉ página 681.

perdedor, ra (per·de·dor, do·ra) [adjetivo o sustantivo] Que pierde. □ Antónimos: ganador, vencedor, campeón, victorioso. □ Familia: →perder.

perder (per·der) [verbo] **1** No encontrar algo que teníamos: *Se me ha perdido el lápiz.* **2** Aprovechar mal algo: *No pierdas el tiempo.* **3** No llegar a tiempo a algo: *perder el autobús.* **4** Salir poco a poco un líquido de donde está: *La botella de plástico tiene una raja y pierde agua.* **5** Dejar de tener algo: *Si no te pones las gafas, perderás vista.* **6** No conseguir algo: *Nuestro equipo ha perdido el campeonato.* **7** Dejar de tener las cualidades que se tenían antes: *Desde que han cambiado al presentador, el programa ha perdido mucho.* ∎ **perderse 8** No encontrar el camino: *No conozco tu barrio y me he perdido.* □ [Es irregular y se conjuga como ENTENDER]. □ Sinónimos: **1, 8** extraviar. **2** desperdiciar. □ Antónimos: **1** hallar, encontrar. **2** aprovechar. **5-7** ganar. **5** adquirir, cobrar, obtener, recobrar. **6** conseguir, lograr. **8** orientarse. □ Familia: perdedor, pérdida, perdición, perdido, imperdible.

perdición (per·di·ción) [sustantivo femenino] **1** Situación en la que se ha perdido el honor: *Las malas compañías buscaron tu perdición.* **2** Persona o cosa que causa un daño grave: *Su afición al juego fue su perdición.* □ Familia: →perder.

pérdida (pér·di·da) [sustantivo femenino] **1** Daño que se produce en algo: *Las lluvias han causado grandes pérdidas en la cosecha.* **2** Desperdicio o mal uso de algo: *Ir a ver esa película tan mala ha sido una pérdida de tiempo.* **3** Falta de lo que se tenía: *La pérdida de las personas queridas es siempre dolorosa.* □ Antónimos: **1** ganancia. **3** hallazgo. □ Familia: →perder.

perdido, da (per·di·do, da) ∎ [adjetivo] **1** Que pasa los límites de lo normal: *Estás tonto perdido.* **2** Sin solución: *Intentó educar al niño aunque pensaba que era un caso perdido.* ∎ [adjetivo o sustantivo] **3** Dicho de una persona, que tiene malas costumbres o que lleva mala vida: *Empezó a tomar drogas y se convirtió en una perdida.* ◆ [expresión] ‖ **ponerse perdido** Mancharse mucho. □ Familia: →perder.

perdigón (per·di·gón) [sustantivo masculino] Bola pequeña de plomo que se pone en un arma para cazar. □ Familia: perdigonada.

perdigonada (per·di·go·na·da) [sustantivo femenino] Disparo con un perdigón. □ Familia: →perdigón.

perdiguero, ra (per·di·gue·ro, ra) [sustantivo] Perro de una raza que se caracteriza por tener las orejas largas y caídas y muy buen olfato, y que se usa para la caza.

perdiz (per·diz) [sustantivo femenino] Ave pequeña que tiene en el cuello una especie de anillo negro, y el pico y las patas rojizos. ◉ **páginas 116-117.** □ [Su plural es «perdices»].

perdón (per·dón) [sustantivo masculino] Olvido de las faltas que alguien ha cometido: *Te pido perdón por lo que te hice.* □ Sinónimos: disculpa. □ Antónimos: condena, venganza. □ Familia: perdonar, perdonavidas, imperdonable.

perdonar (per·do·nar) [verbo] Olvidar las faltas de alguien: *Te perdono, pero no lo vuelvas a hacer.* □ Sinónimos: disculpar. □ Antónimos: condenar, vengar. □ Familia: →perdón.

perdonavidas (per·do·na·vi·das) [sustantivo] Persona que presume de ser muy valiente. □ [No varía en masculino y femenino, ni en singular y plural. Es coloquial]. □ Familia: →perdón. →vida.

perdurable (per·du·ra·ble) [adjetivo] Que dura siempre o mucho tiempo. □ [No varía en masculino y femenino]. □ Sinónimos: perpetuo. □ Familia: →durar.

perdurar (per·du·rar) [verbo] Durar mucho tiempo: *Tu recuerdo perdura en mi memoria.* □ Sinónimos: continuar, persistir, subsistir. □ Familia: →durar.

perecedero, ra (pe·re·ce·de·ro, ra) [adjetivo] Que dura poco y que está destinado a morir o a acabarse: *alimento perecedero.* □ Antónimos: imperecedero, eterno. □ Familia: →perecer.

perecer (pe·re·cer) [verbo] Morir: *Muchas personas perecieron en el terremoto.* □ [Es irregular y se conjuga como AGRADECER]. □ Sinónimos: fallecer. □ Familia: perecedero, imperecedero.

peregrinación (pe·re·gri·na·ción) [sustantivo femenino] Viaje que se hace a un lugar sagrado por motivos religiosos. □ Sinónimos: peregrinaje. □ Familia: →peregrino.

peregrinaje (pe·re·gri·na·je) [sustantivo masculino] → **peregrinación.** □ Familia: →peregrino.

peregrinar (pe·re·gri·nar) [verbo] Viajar por motivos religiosos a un lugar sagrado: *Los musulmanes peregrinan a La Meca.* □ Familia: →peregrino.

peregrino, na (pe·re·gri·no, na) [adjetivo o sustantivo] Que viaja a un lugar sagrado por motivos religiosos. □ Familia: peregrinar, peregrinación, peregrinaje.

perejil (pe·re·jil) [sustantivo masculino] Planta verde que se usa para dar sabor a la comida.

perengano, na (pe·ren·ga·no, na) [sustantivo] Palabra que se usa para nombrar a una persona cualquiera: *No me importa que lo diga fulano o perengano, porque no pienso escuchar a nadie.* □ Sinónimos: fulano, mengano, zutano.

perenne (pe·ren·ne) [adjetivo] Dicho de una hoja, que no se cae en invierno: *Los pinos son árboles de hoja perenne.* 👁 **página 90.** ☐ [No varía en masculino y femenino]. ☐ ANTÓNIMOS: caduco.

perentorio, ria (pe·ren·to·rio, ria) [adjetivo] **1** Que es urgente: *Tengo una necesidad perentoria de beber agua.* **2** Dicho de un plazo, que es el último que se da: *El pago debe hacerse en el plazo perentorio de quince días.*

pereza (pe·re·za) [sustantivo femenino] Ganas de no hacer nada. ☐ SINÓNIMOS: holgazanería, vagancia, vaguería. ☐ FAMILIA: perezoso, desperezarse.

perezoso, sa (pe·re·zo·so, sa) [adjetivo o sustantivo] Que no tiene ganas de hacer nada. ☐ SINÓNIMOS: vago, holgazán, haragán, gandul. ☐ ANTÓNIMOS: trabajador, laborioso. ☐ FAMILIA: →pereza.

perfección (per·fec·ción) [sustantivo femenino] Falta total de errores: *Dominas el inglés a la perfección.* ☐ ANTÓNIMOS: imperfección. ☐ FAMILIA: →perfecto.

perfeccionamiento (per·fec·cio·na·mien·to) [sustantivo masculino] Proceso para mejorar algo o para terminarlo de la manera más perfecta posible. ☐ FAMILIA: →perfecto.

perfeccionar (per·fec·cio·nar) [verbo] Hacer mejor algo: *Puedes perfeccionar el dibujo que has hecho.* ☐ SINÓNIMOS: mejorar, perfilar. ☐ FAMILIA: →perfecto.

perfeccionismo (per·fec·cio·nis·mo) [sustantivo masculino] Característica de la persona que quiere hacerlo todo muy bien y sin ningún fallo. ☐ FAMILIA: →perfecto.

perfeccionista (per·fec·cio·nis·ta) [adjetivo o sustantivo] Que quiere hacerlo todo muy bien y sin ningún fallo. ☐ [No varía en masculino y femenino]. ☐ FAMILIA: →perfecto.

perfecto, ta (per·fec·to, ta) [adjetivo] **1** Que no tiene ningún defecto: *examen perfecto.* **2** Que resulta adecuado para algo: *He encontrado un trabajo perfecto para ti.* **3** Dicho de un tiempo verbal, que expresa una acción que está terminada. ☐ ANTÓNIMOS: **1**, **3** imperfecto. **1** defectuoso. ☐ FAMILIA: perfección, perfeccionar, perfeccionismo, perfeccionista, perfeccionamiento, imperfección, imperfecto, desperfecto.

perfidia (per·fi·dia) [sustantivo femenino] Comportamiento del que no es leal o del que no es fiel: *Tu perfidia ha hecho que ya no tengamos confianza en ti.* ☐ ANTÓNIMOS: lealtad, fidelidad.

pérfido, da (pér·fi·do, da) [adjetivo o sustantivo] Que no es fiel o que no es leal: *Tu pérfido comportamiento ha sido la causa de mi desconfianza.* ☐ SINÓNIMOS: traidor. ☐ ANTÓNIMOS: leal, fiel.

perfil (per·fil) [sustantivo masculino] **1** Posición de lado, no de frente: *Cuando te pones de perfil, se te ve una nariz enorme.* **2** Línea que forma una figura: *Cuando el sol está ocultándose, se ve el perfil de la montaña.* **3** Conjunto de rasgos o de características que definen algo: *He creado un perfil en una red social de lecturas para compartir opiniones.* ☐ SINÓNIMOS: **2** contorno, silueta. ☐ FAMILIA: perfilar.

perfilar (per·fi·lar) [verbo] **1** Señalar los bordes de algo: *Me perfilo los labios con un lápiz antes de pintármelos.* **2** Terminar los últimos detalles de algo: *Tengo que perfilar bien el proyecto antes de entregarlo.* ☐ SINÓNIMOS: **2** perfeccionar, retocar. ☐ FAMILIA: →perfil.

perforación (per·fo·ra·ción) [sustantivo femenino] Realización de agujeros atravesando algo. ☐ FAMILIA: →perforar.

perforadora (per·fo·ra·do·ra) [sustantivo femenino] Máquina que sirve para hacer agujeros en una superficie dura. ☐ FAMILIA: →perforar.

perforar (per·fo·rar) [verbo] Hacer un agujero en algo: *Me han perforado las orejas para ponerme pendientes.* ☐ SINÓNIMOS: horadar. ☐ FAMILIA: perforadora, perforación.

perfumador (per·fu·ma·dor) [sustantivo masculino] Recipiente o aparato que esparce perfume. ☐ FAMILIA: →perfume.

perfumar (per·fu·mar) [verbo] Dar buen olor: *¿Quieres echarte colonia o tú nunca te perfumas?* ☐ FAMILIA: →perfume.

perfume (per·fu·me) [sustantivo masculino] **1** Sustancia que tiene un olor agradable: *un frasco de perfume.* **2** Olor agradable: *el perfume de las flores.* ☐ SINÓNIMOS: **2** aroma, fragancia. ☐ ANTÓNIMOS: **2** hedor, peste, pestilencia. ☐ FAMILIA: perfumar, perfumador, perfumería.

perfumería (per·fu·me·rí·a) [sustantivo femenino] Tienda en la que se venden productos para el cuidado personal. ☐ FAMILIA: →perfume.

pergamino (per·ga·mi·no) [sustantivo masculino] Especie de papel hecho con pieles de animales, en el que se escribía hace siglos.

pérgola (pér·go·la) [sustantivo femenino] Conjunto de columnas con un techo para sostener una planta trepadora.

pericardio (pe·ri·car·dio) [sustantivo masculino] Tejido que envuelve el corazón.

pericarpio (pe·ri·car·pio) [sustantivo masculino] Parte exterior de un fruto, que envuelve la semilla.

pericia (pe·ri·cia) [sustantivo femenino] Habilidad para hacer algo: *Conduce con gran pericia.* ☐ SINÓNIMOS: maestría. ☐ ANTÓNIMOS: impericia, torpeza. ☐ FAMILIA: impericia.

perico (pe·ri·co) [sustantivo masculino] Ave pequeña con el pico en forma de gancho y que puede aprender a hablar. ☐ SINÓNIMOS: periquito.

periferia (pe·ri·fe·ria) [sustantivo femenino] Zona que hay alrededor de un centro: *Vivo en un barrio de la periferia.* ☐ FAMILIA: periférico.

periférico, ca (pe·ri·fé·ri·co, ca) [adjetivo] De la periferia o relacionado con esta zona. ☐ FAMILIA: →periferia.

perifollo (pe·ri·fo·llo) [sustantivo masculino] Adorno exagerado o de mal gusto. ☐ [Es coloquial]. ☐ FAMILIA: emperifollar.

perífrasis (pe·rí·fra·sis) [sustantivo femenino] Expresión que utiliza varias palabras para decir algo que se podría decir con menos palabras o con una sola: *«Ir a + infinitivo» es una perífrasis verbal que indica futuro.* ☐ [No varía en singular y plural]. ☐ FAMILIA: perifrástico.

perifrástico, ca (pe·ri·frás·ti·co, ca) [adjetivo] De la perífrasis, con perífrasis o relacionado con esta expresión:

perilla

«Tener que + infinitivo» es una construcción perifrástica. ☐ Familia: →perífrasis.

perilla (pe·ri·lla) [sustantivo femenino] Barba que se deja crecer debajo de la boca. ◆ [expresión] ‖ **de perilla** o **de perillas** Muy bien: *Nos vino de perillas que trajeses comida de sobra.* ☐ [La expresión es coloquial].

perilla

perímetro (pe·rí·me·tro) [sustantivo masculino] **1** Contorno de una figura o de una superficie: *el perímetro de una ciudad.* **2** Medida de este contorno.

perindola (pe·rin·do·la) [sustantivo femenino] Peonza pequeña que se hace girar con los dedos.

periódico, ca (pe·rió·di·co, ca) ▪ [adjetivo] **1** Que sucede cada cierto tiempo: *revisión periódica.* ▪ **periódico** [sustantivo masculino] **2** Especie de revista en la que se dan las noticias del día. ☐ Sinónimos: **2** diario. ☐ Familia: →período.

periodismo (pe·rio·dis·mo) [sustantivo masculino] Trabajo que consiste en dar noticias: *Quiero dedicarme al periodismo y dar noticias por la radio.* ☐ Familia: →período.

periodista (pe·rio·dis·ta) [sustantivo] Persona que trabaja dando noticias. ☐ [No varía en masculino y femenino]. ☐ Familia: →período.

periodístico, ca (pe·rio·dís·ti·co, ca) [adjetivo] Del periódico o relacionado con él: *artículo periodístico.* ☐ Familia: →período.

período o **periodo** (pe·rí·o·do; pe·rio·do) [sustantivo masculino] **1** Espacio de tiempo: *La infancia es el primer período en la vida de una persona.* **2** Pérdida de sangre que tiene la mujer una vez al mes. ☐ Sinónimos: **1** etapa. **2** menstruación, regla. ☐ Familia: periódico, periodista, periodismo, periodístico.

peripecia (pe·ri·pe·cia) [sustantivo femenino] Suceso curioso que ocurre en un viaje: *Nos contó todas las peripecias de su viaje a la India.* ☐ Sinónimos: aventura.

periplo (pe·ri·plo) [sustantivo masculino] Viaje largo que termina donde comenzó.

periquete (pe·ri·que·te) [sustantivo masculino] Espacio corto de tiempo: *Me visto en un periquete.* ☐ [Es coloquial].

periquito, ta (pe·ri·qui·to, ta) [sustantivo] Ave pequeña con el pico en forma de gancho y que puede aprender a hablar: *Los periquitos suelen ser de color azul, verde o amarillo.* ☐ Sinónimos: perico.

periscopio (pe·ris·co·pio) [sustantivo masculino] Aparato que sirve para ver la superficie desde debajo del mar.

periscopio

perito, ta (pe·ri·to, ta) ▪ [adjetivo o sustantivo] **1** Especialista en una rama de una ciencia o de un arte: *perito mercantil.* ▪ [sustantivo] **2** Persona que ha realizado los estudios necesarios para obtener el título de ingeniero técnico: *Trabaja como perito agrónomo.* ☐ Sinónimos: **1** experto.

peritoneo (pe·ri·to·ne·o) [sustantivo masculino] Tejido que envuelve el estómago, el hígado y otros órganos del abdomen. ☐ Familia: peritonitis.

peritonitis (pe·ri·to·ni·tis) [sustantivo femenino] Enfermedad producida por un aumento de tamaño del peritoneo. ☐ [No varía en singular y plural]. ☐ Familia: →peritoneo.

perjudicar (per·ju·di·car) [verbo] Producir daño: *Comer muchas grasas perjudica la salud.* ☐ [La «c» se cambia en «qu» delante de «e» («perjudique»)]. ☐ Sinónimos: dañar. ☐ Antónimos: beneficiar. ☐ Familia: →perjuicio.

perjudicial (per·ju·di·cial) [adjetivo] Que es malo para algo: *El tabaco es perjudicial para la salud.* ☐ [No varía en masculino y femenino]. ☐ Sinónimos: nocivo, dañino, pernicioso, insano. ☐ Antónimos: bueno, saludable, inofensivo. ☐ Familia: →perjuicio.

perjuicio (per·jui·cio) [sustantivo masculino] Mal o daño que se hace a alguien: *Que hables en clase es un perjuicio para tus compañeros.* ☐ [No confundir con «prejuicio» (opinión que se tiene sobre algo antes de conocerlo)]. ☐ Sinónimos: daño. ☐ Familia: perjudicar, perjudicial.

perjurar (per·ju·rar) [verbo] **1** Jurar algo que es mentira: *Perjurar es un delito.* **2** Jurar algo muchas veces: *Juraba y perjuraba que él no había sido.* ☐ Familia: →jurar.

perjurio (per·ju·rio) [sustantivo masculino] Juramento falso o que no se ha cumplido. ☐ Familia: →jurar.

perla (per·la) [sustantivo femenino] Especie de bola pequeña que se usa para hacer joyas: *Las perlas naturales se encuentran dentro de las ostras.* ◆ [expresión] ‖ **de perlas** Muy bien: *Tu ayuda me viene de perlas.* ☐ Familia: madreperla.

perlé (per·lé) [sustantivo masculino] Hilo de algodón que se utiliza para bordar o para tejer. ☐ [Es una palabra de origen francés].

permanecer (per·ma·ne·cer) [verbo] **1** Mantenerse de determinada manera: *Permanecí callada toda la tarde.* **2** Estar en un lugar durante cierto tiempo: *¿Cuánto tiempo permaneciste perdido en el monte?* ☐ [Es irregular y se conjuga como **AGRADECER**]. ☐ Sinónimos: **1** continuar. **2** quedarse. ☐ Antónimos: **2** marchar. ☐ Familia: permanente, permanencia.

permanencia (per·ma·nen·cia) [sustantivo femenino] Hecho de mantenerse un tiempo de una manera determinada o en un lugar determinado. ☐ Familia: →permanecer.

permanente (per·ma·nen·te) ▌ [adjetivo] **1** Que dura mucho tiempo, o que no para o no acaba: *ruido permanente*. ▌ [sustantivo femenino] **2** Rizos que se hacen en el pelo de forma que duren mucho tiempo: *Me he hecho la permanente*. ☐ [En el significado **1** no varía en masculino y femenino]. ☐ Sinónimos: **1** duradero, continuo. ☐ Antónimos: **1** pasajero, momentáneo, provisional, efímero, fugaz. ☐ Familia: →permanecer.

permeabilidad (per·me·a·bi·li·dad) [sustantivo femenino] Capacidad de una cosa para ser atravesada por un líquido. ☐ Familia: →permeable.

permeable (per·me·a·ble) [adjetivo] Que permite que pasen el agua u otros líquidos: *un terreno permeable; un tejido permeable*. ☐ [No varía en masculino y femenino]. ☐ Antónimos: impermeable. ☐ Familia: impermeable, permeabilidad.

permisivo, va (per·mi·si·vo, va) [adjetivo] Que permite o que deja que se haga algo: *Estás muy mal educado porque tus padres son demasiado permisivos*. ☐ Familia: →permitir.

permiso (per·mi·so) [sustantivo masculino] **1** Posibilidad que se nos da de hacer lo que pedimos: *Mis padres me han dado permiso para salir*. **2** Posibilidad de faltar al trabajo: *Le dieron un permiso en la oficina para ir al médico*. ☐ Sinónimos: **1** autorización. ☐ Antónimos: **1** veto, prohibición. ☐ Familia: →permitir.

permitir (per·mi·tir) [verbo] **1** Dejar a alguien que haga algo: *En casa no nos permiten acostarnos tarde*. **2** Dejar que algo suceda: *Las autoridades del aeropuerto permitieron que el avión aterrizara*. **3** Hacer posible: *El coche permite viajar más rápido*. ☐ Sinónimos: **1** autorizar. **1**, **2** consentir. **2** admitir, tolerar. ☐ Antónimos: impedir. **1**, **2** prohibir, vedar. ☐ Familia: permiso, permisivo.

permuta (per·mu·ta) [sustantivo femenino] Cambio de una cosa por otra. ☐ [Se usa también «permutación»]. ☐ Familia: →permutar.

permutación (per·mu·ta·ción) [sustantivo femenino] → **permuta**. ☐ Familia: →permutar.

permutar (per·mu·tar) [verbo] Cambiar una cosa por otra: *Permutó su puesto de trabajo en Galicia por uno en Madrid*. ☐ Familia: permuta, permutación.

pernera (per·ne·ra) [sustantivo femenino] Parte del pantalón que cubre cada pierna. ☐ Familia: →pierna.

pernicioso, sa (per·ni·cio·so, sa) [adjetivo] Que es muy malo para algo: *El tabaco es pernicioso para la salud*. ☐ Sinónimos: nocivo, perjudicial, dañino. ☐ Antónimos: bueno, saludable.

pernil (per·nil) [sustantivo masculino] Parte alta de la pata de un animal. ☐ Familia: →pierna.

pernio (per·nio) [sustantivo masculino] Pieza de metal que se une al marco de las puertas y de las ventanas para que puedan girar al abrirlas y cerrarlas.

perno (per·no) [sustantivo masculino] Pieza de metal con forma de cilindro, redondeada en uno de los extremos y con una tuerca en el otro, que se utiliza para sujetar piezas o máquinas grandes.

pernoctar (per·noc·tar) [verbo] Pasar la noche en un lugar fuera de casa: *Pernoctar en un hotel*. ☐ Familia: →noche.

pero (pe·ro) ▌ [sustantivo masculino] **1** Dificultad que se pone para hacer algo: *Pone peros a todo lo que le propongo*. ▌ [conjunción] **2** Se usa para indicar una dificultad: *Me gustaría ir, pero no puedo*. **3** Se usa para dar mayor fuerza a lo que se dice: *¿Pero quién te va a querer más que yo?* ☐ [En el significado **1** se usa más en plural]. ☐ Sinónimos: **1** objeción, inconveniente, observación. **2** mas.

perogrullada (pe·ro·gru·lla·da) [sustantivo femenino] Afirmación tan evidente que al decirla resulta tonta: *Decir que por la noche no sale el sol es una perogrullada*. ☐ [Es coloquial]. ☐ Familia: →perogrullo.

perogrullo (pe·ro·gru·llo) ◆ [expresión] ‖ **de Perogrullo** Tan evidente que es una tontería decirlo: *Decir que si te caes al agua te mojas, es de Perogrullo*. ☐ [Es coloquial]. ☐ Familia: perogrullada.

perol (pe·rol) [sustantivo masculino] Cazuela con forma de media esfera, que suele ser de metal. ☐ Familia: perola.

perola (pe·ro·la) [sustantivo femenino] Cazuela pequeña con forma de media esfera. ☐ Familia: →perol.

peroné (pe·ro·né) [sustantivo masculino] Hueso de la pierna que va por detrás de la rodilla hasta el pie. ⦿ **página 405**.

perorar (pe·ro·rar) [verbo] Decir un discurso largo y aburrido: *No hay quien te aguante cuando empiezas a perorar sobre esos temas*. ☐ [Es coloquial y despectivo]. ☐ Familia: perorata.

perorata (pe·ro·ra·ta) [sustantivo femenino] Discurso largo y aburrido. ☐ [Es coloquial y despectivo]. ☐ Familia: →perorar.

perpendicular (per·pen·di·cu·lar) [adjetivo] Que forma un ángulo recto con una línea: *Una pared es perpendicular al suelo*. ☐ [No varía en masculino y femenino].

perpetrar (per·pe·trar) [verbo] Realizar o cometer una falta o un delito: *perpetrar un robo*.

perpetuar (per·pe·tuar) [verbo] Hacer que una cosa dure para siempre o por mucho tiempo: *Su obra literaria se perpetuará a lo largo de los años*. ☐ [Es irregular y se conjuga como **ACTUAR**]. ☐ Familia: →perpetuo.

perpetuidad (per·pe·tui·dad) [sustantivo femenino] Característica de lo que dura para siempre o mucho tiempo. ☐ Familia: →perpetuo.

perpetuo, tua (per·pe·tuo, tua) [adjetivo] Que dura siempre: *Condenaron al preso a cadena perpetua*. ☐ Sinónimos: perdurable. ☐ Familia: perpetuar, perpetuidad.

perplejidad (per·ple·ji·dad) [sustantivo femenino] Situación de una persona que está tan sorprendida que no sabe cómo actuar: *Vi con perplejidad cómo atracaban un banco*. ☐ Sinónimos: confusión, asombro, estupefacción. ☐ Familia: →perplejo.

perplejo, ja (per·ple·jo, ja) [adjetivo] Tan sorprendido que no sabe cómo actuar: *Se quedó perplejo y sin saber qué hacer.* ☐ Familia: perplejidad.

perra (pe·rra) [sustantivo femenino] Mira en **perro, rra**.

perrera (pe·rre·ra) [sustantivo femenino] Lugar donde se guarda a los perros que se han perdido. ☐ Familia: →perro.

perrito (pe·rri·to) ◆ [expresión] ‖ **perrito caliente** Pan blando y alargado con una salchicha dentro: *Cené un perrito caliente con mostaza y tomate.* ☐ Familia: →perro.

perro, rra (pe·rro, rra) ■ [sustantivo] **1** Animal que vive con el hombre, le hace compañía y se usa para cazar. **2** Persona mala: *¡No seas perro, hombre!* ■ **perra** [sustantivo femenino] **3** Disgusto que se tiene por no conseguir lo que se quiere: *¡Menuda perra cogió el niño porque no le compraron una chocolatina!* ■ **perras** [sustantivo femenino plural] **4** Dinero: *Tú tienes muchas perras.* ◆ [expresión] ‖ **de perros** Muy malo: *Hacía un día de perros.* ‖ **perro faldero** El que es pequeño y se tiene como animal de compañía. ☐ [Los significados **2, 3** y **4** y la expresión «de perros» son coloquiales]. ☐ Sinónimos: **1** can. **3** rabieta. ☐ Familia: **1** perrera, perrito. **3** emperrarse. **4** tragaperras.

persa (per·sa) ■ [adjetivo o sustantivo] **1** De Persia, que era un antiguo país asiático que hoy se llama Irán. ■ [sustantivo masculino] **2** Lengua de este y de otros países. ☐ [En el significado **1** no varía en masculino y femenino].

persecución (per·se·cu·ción) [sustantivo femenino] **1** Hecho de ir detrás de algo que intenta escapar: *La persecución de los ladrones duró varias horas.* **2** Intento de acabar con lo que se considera malo: *Los agentes se dedicaban a la persecución de los delitos.* ☐ Familia: →seguir.

persecutorio, ria (per·se·cu·to·rio, ria) [adjetivo] De la persecución o relacionado con ella: *Tiene manía persecutoria y siempre cree que le sigue alguien.* ☐ Familia: →seguir.

perseguir (per·se·guir) [verbo] **1** Ir detrás de algo para cogerlo: *El gato persigue al ratón.* **2** Intentar acabar con lo que se considera malo: *Las autoridades persiguen el tráfico de drogas.* **3** Intentar conseguir algo: *Este actor persigue la fama.* ☐ [Es irregular y se conjuga como PEDIR. La «gu» se cambia en «g» delante de «a», «o» («persiga»)]. ☐ Sinónimos: **1** acosar. ☐ Familia: →seguir.

perseverancia (per·se·ve·ran·cia) [sustantivo femenino] Característica de la persona que pone todo su esfuerzo e interés en terminar lo que ha empezado: *Aprobó la carrera gracias a su perseverancia.* ☐ Sinónimos: constancia, tenacidad, tesón. ☐ Familia: →perseverar.

perseverante (per·se·ve·ran·te) [adjetivo] Que pone todo su esfuerzo e interés en terminar lo que ha empezado: *Conseguirás lo que quieres, porque eres muy perseverante.* ☐ [No varía en masculino y femenino]. ☐ Sinónimos: constante, tenaz. ☐ Familia: →perseverar.

perseverar (per·se·ve·rar) [verbo] Poner todo el esfuerzo e interés en terminar lo que se ha empezado: *Para ser un campeón olímpico hay que perseverar en los entrenamientos. Debes perseverar hasta conseguir lo que quieres.* ☐ Familia: perseverante, perseverancia.

persiana (per·sia·na) [sustantivo femenino] Cierre que se pone en puertas y ventanas para que no entre la luz.

persignarse (per·sig·nar·se) [verbo] Hacerse uno mismo la señal de la cruz en la frente, en la boca y en el pecho. ☐ Familia: →signo.

persistencia (per·sis·ten·cia) [sustantivo femenino] Duración de algo por mucho tiempo. ☐ Familia: →persistir.

persistente (per·sis·ten·te) [adjetivo] Que persiste: *lluvia persistente.* ☐ [No varía en masculino y femenino]. ☐ Familia: →persistir.

persistir (per·sis·tir) [verbo] **1** Mantenerse en una idea: *Persisto en ir a estudiar al extranjero.* **2** Durar mucho tiempo: *Si persiste el mal tiempo, no iremos a la sierra.* ☐ Sinónimos: **1** insistir. **2** perdurar, continuar, subsistir. ☐ Familia: persistente, persistencia.

persona (per·so·na) [sustantivo femenino] **1** Miembro de la especie humana: *Hay que respetar a todas las personas.* **2** Propiedad de algunas palabras que indica quién habla, quién escucha y quién no habla ni escucha en el acto de habla: *«Vemos» es un verbo que está en primera persona del plural.* ◆ [expresión] ‖ **primera persona** La que señala al que habla: *«Yo», «nosotros» y «nosotras» son formas de la primera persona.* ‖ **segunda persona** La que señala al que escucha: *«Tú», «vosotros» y «vosotras» son formas de la segunda persona.* ‖ **tercera persona** La que no señala ni al que habla ni al que escucha: *«Él», «ella», «ellos» y «ellas» son formas de la tercera persona.* ☐ Familia: personal, personalidad, personaje, personarse, personificar, personalizar, personificación, personalmente, unipersonal, impersonal, antipersona, antipersonal.

personaje (per·so·na·je) [sustantivo masculino] **1** Persona que destaca en una actividad: *Ese escritor es todo un personaje en el mundo de la cultura.* **2** Persona inventada que aparece en una historia: *Los tres personajes del cuento eran niños.* ☐ Sinónimos: **1** personalidad. ☐ Familia: →persona.

personal (per·so·nal) ■ [adjetivo] **1** De una persona o propio de ella: *opinión personal.* ■ [sustantivo masculino] **2** Conjunto de las personas que trabajan en una misma empresa: *El personal de esta empresa es muy trabajador.* **3** Gente: *Había tanto personal que no se podía pasar.* ☐ [En el significado **1** no varía en masculino y femenino. El significado **3** es coloquial]. ☐ Sinónimos: **1** particular, individual. **2** plantilla. ☐ Antónimos: **1** colectivo, general. ☐ Familia: →persona.

personalidad (per·so·na·li·dad) [sustantivo femenino] **1** Conjunto de características que diferencian a una persona de las demás: *No tiene personalidad y siempre hace lo que dicen sus amigos.* **2** Persona que destaca en una actividad: *Asistieron a la fiesta varias personalidades del* *mundo de la cultura.* ☐ SINÓNIMOS: **2** personaje. ☐ FAMILIA: →persona.

personalizar (per·so·na·li·zar) [verbo] Dirigir lo que se hace o lo que se dice a una persona en particular: *Habló en general, sin personalizar.* ☐ [La «z» se cambia en «c» delante de «e» («personalice»)]. ☐ FAMILIA: →persona.

personalmente (per·so·nal·men·te) [adverbio] En persona o uno mismo: *Nos recibió el jefe personalmente.* ☐ FAMILIA: →persona.

personarse (per·so·nar·se) [verbo] Ir en persona a un sitio: *Un policía se personó en el lugar del incidente.* ☐ SINÓNIMOS: presentarse. ☐ FAMILIA: →persona.

personificación (per·so·ni·fi·ca·ción) [sustantivo femenino] Representación en forma de persona de algo que no lo es: *En la frase «los ríos cantan» hay una personificación.* ☐ SINÓNIMOS: prosopopeya. ☐ FAMILIA: →persona.

personificar (per·so·ni·fi·car) [verbo] **1** Poner en un animal o en una cosa una cualidad o una acción propia del ser humano: *Muchos escritores personifican a los animales haciendo que hablen.* **2** Representar alguien una idea o una cualidad: *Mi madre personifica la bondad.* ☐ [La «c» se cambia en «qu» delante de «e» («personifique»)]. ☐ FAMILIA: →persona.

perspectiva (pers·pec·ti·va) [sustantivo femenino] **1** Técnica que permite dibujar objetos que no son planos en una superficie que sí lo es: *Si dibujas un túnel sin perspectiva, en el papel se verá un arco.* **2** Punto de vista desde el que se considera algo: *Mira el asunto desde otra perspectiva.* ☐ SINÓNIMOS: **2** vertiente.

perspicacia (pers·pi·ca·cia) [sustantivo femenino] Facilidad para darse cuenta de las cosas y para entenderlas: *Has demostrado una gran perspicacia al descubrir el misterio.* ☐ SINÓNIMOS: agudeza. ☐ ANTÓNIMOS: torpeza. ☐ FAMILIA: →perspicaz.

perspicaz (pers·pi·caz) [adjetivo] Que se da cuenta de las cosas y las entiende con facilidad: *Hay que ser muy perspicaz para darse cuenta de todos los detalles.* ☐ [No varía en masculino y femenino. Su plural es «perspicaces»]. ☐ SINÓNIMOS: sagaz. ☐ ANTÓNIMOS: torpe. ☐ FAMILIA: perspicacia.

persuadir (per·sua·dir) [verbo] Convencer a alguien para que haga algo: *Me persuadió para que la acompañase.* ☐ FAMILIA: persuasión, persuasivo.

persuasión (per·sua·sión) [sustantivo femenino] Capacidad de convencer a alguien para que haga algo. ☐ FAMILIA: →persuadir.

persuasivo, va (per·sua·si·vo, va) [adjetivo] Que tiene poder para convencer. ☐ SINÓNIMOS: convincente. ☐ FAMILIA: →persuadir.

pertenecer (per·te·ne·cer) [verbo] **1** Ser algo propiedad de alguien: *Esta casa pertenece a mis padres.* **2** Formar parte de algo: *Pertenezco a la asociación de antiguos alumnos del colegio.* ☐ [Es irregular y se conjuga como AGRADECER]. ☐ FAMILIA: perteneciente, pertenencia.

perteneciente (per·te·ne·cien·te) [adjetivo] Que pertenece a algo o forma parte de ello. ☐ [No varía en masculino y femenino]. ☐ FAMILIA: →pertenecer.

pertenencia (per·te·nen·cia) [sustantivo femenino] **1** Cosa que pertenece a alguien o a algo o que forma parte de ellos: *Cedió todas sus pertenencias a los pobres.* **2** Hecho de estar una persona en un grupo. ☐ [En el significado **1** se usa más en plural]. ☐ FAMILIA: →pertenecer.

pértiga (pér·ti·ga) [sustantivo femenino] Palo largo que se usa para saltar sobre algo: *salto con pértiga.*

pertinacia (per·ti·na·cia) [sustantivo femenino] Característica de lo que se mantiene o dura mucho sin cambiar: *La pertinacia de la tormenta nos obligó a volver al refugio.* ☐ FAMILIA: →pertinaz.

pertinaz (per·ti·naz) [adjetivo] **1** Dicho de una persona, que se mantiene firme en una idea y no quiere cambiarla: *Eres tan pertinaz que nunca cambias de opinión.* **2** Que dura mucho y se mantiene sin cambios: *un frío pertinaz.* ☐ [No varía en masculino y femenino. Su plural es «pertinaces»]. ☐ SINÓNIMOS: tenaz. **1** obstinado, terco. ☐ FAMILIA: pertinacia.

pertinencia (per·ti·nen·cia) [sustantivo femenino] Hecho de ser adecuado u oportuno: *El juez admitió la pertinencia de la prueba para demostrar la culpabilidad del acusado.* ☐ FAMILIA: →pertinente.

pertinente (per·ti·nen·te) [adjetivo] **1** Que se refiere a algo o que está relacionado con ello: *En lo pertinente al método estamos de acuerdo.* **2** Oportuno o adecuado para alguna cosa: *Sus críticas resultaron muy pertinentes en aquel momento.* ☐ [No varía en masculino y femenino]. ☐ FAMILIA: impertinente, pertinencia.

pertrechar (per·tre·char) [verbo] Proporcionar o coger lo necesario para hacer algo: *Nos pertrechamos del material necesario para la expedición y salimos.* ☐ SINÓNIMOS: suministrar, proveer. ☐ FAMILIA: pertrechos.

pertrechos (per·tre·chos) [sustantivo masculino plural] Conjunto de cosas o de alimentos necesarios para hacer algo: *El fontanero llegó con sus pertrechos y se puso a arreglar la avería.* ☐ SINÓNIMOS: provisión. ☐ FAMILIA: →pertrechar.

perturbación (per·tur·ba·ción) [sustantivo femenino] **1** Cambio en el desarrollo o en el estado normal de alguna cosa: *Ha habido perturbaciones en el tráfico por la llegada del presidente.* **2** Trastorno de la capacidad mental. ☐ FAMILIA: →turbar.

perturbado, da (per·tur·ba·do, da) [adjetivo o sustantivo] Que está mal de la cabeza. ☐ SINÓNIMOS: loco. ☐ ANTÓNIMOS: cuerdo. ☐ FAMILIA: →turbar.

perturbador, ra (per·tur·ba·dor, do·ra) [adjetivo o sustantivo] Que perturba. ☐ FAMILIA: →turbar.

perturbar (per·tur·bar) [verbo] **1** Quitar la tranquilidad: *Los ruidos perturban el sueño del niño.* **2** Volver loco: *La muerte de su esposa lo perturbó.* ☐ SINÓNIMOS: **1** inquietar, conturbar. **2** trastornar. ☐ FAMILIA: →turbar.

peruano, na (pe·rua·no, na) [adjetivo o sustantivo] De Perú, que es un país sudamericano.

perversidad (per·ver·si·dad) [sustantivo femenino] Maldad muy grande. ☐ FAMILIA: →pervertir.

perversión (per·ver·sión) [sustantivo femenino] Hecho de hacer malo a alguien. ☐ FAMILIA: →pervertir.

perverso, sa (per·ver·so, sa) [adjetivo o sustantivo] Muy malo: *ideas perversas*. ☐ SINÓNIMOS: malvado, maligno, malandrín. ☐ ANTÓNIMOS: bueno. ☐ FAMILIA: →pervertir.

pervertir (per·ver·tir) [verbo] Hacer malo a alguien: *Se juntó con mala gente y se pervirtió.* ☐ [Es irregular y se conjuga como SENTIR]. ☐ SINÓNIMOS: corromper. ☐ FAMILIA: perverso, perversidad, perversión.

pervivir (per·vi·vir) [verbo] Permanecer o seguir vivo después de mucho tiempo: *Su recuerdo aún pervive en mi memoria.* ☐ FAMILIA: →vivir.

pesa (pe·sa) [sustantivo] **1** Pieza que sirve para calcular el peso de algo: *En un platillo de la balanza colocó las naranjas y en el otro, una pesa de dos kilos.* **2** Pieza muy pesada que una persona sube y baja para hacer más fuertes los músculos. ☐ FAMILIA: →peso.

pesadez (pe·sa·dez) [sustantivo femenino] **1** Forma lenta o tranquila de hacer algo: *Los hipopótamos se mueven con pesadez.* **2** Cualquier cosa que aburre, cansa o resulta demasiado larga: *Esta película es una pesadez.* **3** Sensación de peso: *pesadez de estómago.* ☐ SINÓNIMOS: **1** lentitud, parsimonia. **2** petardo. ☐ ANTÓNIMOS: **1** rapidez, prontitud, velocidad, diligencia. ☐ FAMILIA: →peso.

pesadilla (pe·sa·di·lla) [sustantivo femenino] Sueño que produce miedo: *Me desperté gritando porque tuve una pesadilla.*

pesado, da (pe·sa·do, da) [adjetivo] **1** Que tiene mucho peso: *un paquete pesado.* **2** Que aburre o cansa mucho: *Pasar los trabajos a máquina me resulta muy pesado.* **3** Que produce una sensación de peso: *He comido tanto que siento el estómago pesado.* **4** Que molesta: *broma pesada.* **5** Dicho del sueño, que es muy profundo. ☐ SINÓNIMOS: **2** aburrido, latoso, oneroso. ☐ ANTÓNIMOS: **1, 3** ligero, leve. **2** ameno, entretenido, divertido. ☐ FAMILIA: →peso.

pesadumbre (pe·sa·dum·bre) [sustantivo femenino] Disgusto o pena que siente una persona por algo que ha hecho mal: *El fracaso le produjo una gran pesadumbre.* ☐ SINÓNIMOS: pesar, remordimiento. ☐ FAMILIA: apesadumbrar, apesadumbrado.

pésame (pé·sa·me) [sustantivo masculino] Expresión con que se muestra a una persona el dolor que sentimos por la muerte de alguno de sus seres queridos: *Me acerqué a darle el pésame después del funeral.* ☐ SINÓNIMOS: condolencia. ☐ FAMILIA: →peso.

pesar (pe·sar) ▌ [sustantivo masculino] **1** Sensación de pena que se tiene cuando pasa algo que nos duele: *Siento gran pesar porque mi amigo está triste.* ▌ [verbo] **2** Tener un peso determinado: *Yo peso cuarenta kilos.* **3** Tener mucho peso: *Esta bolsa pesa.* **4** Calcular el peso de algo: *Esta balanza pesa mal.* **5** Influir en algo: *Las opiniones de los padres pesan mucho en los hijos.* **6** Producir pena o dolor algo que se ha hecho: *Me pesa haberte gritado.* ◆ [expresión] ▌ **a pesar de** Aunque sea una dificultad: *A pesar de que no me gusta mucho la sopa, me la comí.* ☐ SINÓNIMOS: **1** pena, tristeza, dolor, sufrimiento, pesadumbre, aflicción. ☐ ANTÓNIMOS: **1** alegría, gozo, dicha, felicidad, contento. ☐ FAMILIA: →peso.

pesaroso, sa (pe·sa·ro·so, sa) [adjetivo] Disgustado o triste por algo que se ha hecho mal: *Estoy pesaroso por no haber hecho caso a tus consejos.* ☐ FAMILIA: →peso.

pesca (pes·ca) [sustantivo femenino] Actividad que consiste en sacar peces del agua. ☐ FAMILIA: →pescar.

pescadería (pes·ca·de·rí·a) [sustantivo femenino] Tienda en la que se vende pescado. ☐ FAMILIA: →pescar.

pescadero, ra (pes·ca·de·ro, ra) [sustantivo] Persona que vende pescado. ☐ FAMILIA: →pescar.

pescadilla (pes·ca·di·lla) [sustantivo femenino] Cría de la merluza. ☐ SINÓNIMOS: pijota. ☐ FAMILIA: →pescar.

pescado (pes·ca·do) [sustantivo masculino] Pez que sirve como alimento. ◆ [expresión] ▌ **pescado azul** El que tiene mucha grasa: *La sardina es pescado azul.* ▌ **pescado blanco** El que tiene poca grasa: *La merluza es pescado blanco.* ☐ FAMILIA: →pescar.

pescador, ra (pes·ca·dor, do·ra) [sustantivo] Persona que pesca. ☐ FAMILIA: →pescar.

pescante (pes·can·te) [sustantivo masculino] Asiento exterior de un carruaje desde el que se dirigen los caballos.

pescar (pes·car) [verbo] **1** Sacar peces del agua: *El domingo fuimos a pescar al río.* **2** Empezar a tener una enfermedad: *He pescado un buen resfriado.* **3** Sorprender o encontrar en determinada situación: *Me pescaron justo cuando me escapaba.* ☐ [La «c» se cambia en «qu» delante de «e» («pesque»). Los significados 2 y 3 son coloquiales]. ☐ SINÓNIMOS: **2** agarrar, contraer. **2, 3** pillar, coger. ☐ FAMILIA: pesca, pescado, pescadero, pescadería, pescador, pesquero, pescadilla, repesca, repescar.

pescozón (pes·co·zón) [sustantivo masculino] Golpe que se da a alguien con la mano en el cuello o en la cabeza. ☐ FAMILIA: →pescuezo.

pescuezo (pes·cue·zo) [sustantivo masculino] Parte de atrás del cuello. ☐ FAMILIA: pescozón.

pesebre (pe·se·bre) [sustantivo masculino] Especie de recipiente en el que comen algunos animales: *Echa paja en el pesebre para que coman las vacas.*

pesebre

peseta (pe·se·ta) [sustantivo femenino] Moneda de España hasta la adopción del euro: *La peseta dejó de usarse en el año 2002.* ☐ Familia: pesetero.

pesetero, ra (pe·se·te·ro, ra) [adjetivo o sustantivo] Dicho de una persona, que da mucha importancia al dinero. ☐ [Es coloquial]. ☐ Familia: →peseta.

pesimismo (pe·si·mis·mo) [sustantivo masculino] Forma de ser de la persona que siempre ve el lado malo de las cosas. ☐ Antónimos: optimismo. ☐ Familia: →pésimo.

pesimista (pe·si·mis·ta) [adjetivo o sustantivo] Que siempre ve el lado malo de las cosas. ☐ [No varía en masculino y femenino]. ☐ Sinónimos: negativo, derrotista. ☐ Antónimos: optimista, positivo. ☐ Familia: →pésimo.

pésimo, ma (pé·si·mo, ma) [adjetivo] Tan malo que no puede ser peor: *Tuvimos muy mala suerte y hemos hecho un pésimo partido.* ☐ Sinónimos: ínfimo. ☐ Antónimos: óptimo. ☐ Familia: pesimismo, pesimista.

peso (pe·so) [sustantivo masculino] **1** Cantidad que pesa una cosa: *Mi peso habitual es cuarenta kilos.* **2** Instrumento que sirve para pesar: *La balanza y la báscula son pesos.* **3** Bola de hierro que se lanza en algunas pruebas deportivas: *lanzamiento de peso.* **4** Importancia o influencia que tiene algo: *Me ha dado razones de peso para convencerme.* **5** Cosa que produce preocupación y problemas: *Me has quitado un peso de encima.* ☐ Sinónimos: **5** carga. ☐ Familia: pesar, pesa, pesado, pesadez, contrapeso, contrapesar, sopesar, pesaroso, pésame.

pespunte (pes·pun·te) [sustantivo masculino] Forma de coser con puntadas pequeñas que quedan unidas.

pesquero, ra (pes·que·ro, ra) [adjetivo o sustantivo masculino] De la pesca o relacionado con esta actividad: *barco pesquero.* ☐ Familia: →pescar.

pesquisa (pes·qui·sa) [sustantivo femenino] Trabajo de estudio que se realiza para aclarar o descubrir algo: *pesquisas policiales.* ☐ Sinónimos: investigación.

pestaña (pes·ta·ña) [sustantivo femenino] **1** Pelo que sale en el borde de los ojos: *Yo tengo las pestañas negras.* **2** Parte estrecha que hay en el borde de algo: *Para hacer esta caja, mete las pestañas de los bordes en las ranuras correspondientes.* ☐ Familia: pestañear.

pestañear (pes·ta·ñe·ar) [verbo] Abrir y cerrar los ojos de forma repetida. ☐ Familia: →pestaña.

peste (pes·te) [sustantivo femenino] **1** Enfermedad contagiosa que produce un gran número de muertos. **2** Mal olor muy fuerte: *Los contenedores de basura echan una peste horrible.* **3** Persona o cosa que resulta negativa o puede producir un daño: *Estas moscas son una verdadera peste.* ◆ [expresión] ‖ **echar pestes** Hablar muy mal de algo o de alguien: *Echaba pestes de su vecino.* ☐ [La expresión es coloquial]. ☐ Sinónimos: **2** hedor, pestilencia. ☐ Antónimos: **2** fragancia, aroma, perfume. ☐ Familia: pestilencia, pestilente, pesticida, apestar, apestoso, apestado.

pesticida (pes·ti·ci·da) [adjetivo o sustantivo masculino] Dicho de un producto, que sirve para acabar con ciertas plantas o bichos que son perjudiciales para alguna cosa. ☐ [Cuando es adjetivo, no varía en masculino y femenino]. ☐ Familia: →peste.

pestilencia (pes·ti·len·cia) [sustantivo femenino] Mal olor: *El vertedero desprendía una pestilencia inaguantable.* ☐ Sinónimos: peste, hedor. ☐ Antónimos: aroma, perfume, fragancia. ☐ Familia: →peste.

pestilente (pes·ti·len·te) [adjetivo] Que huele muy mal: *Las pocilgas son pestilentes.* ☐ [No varía en masculino y femenino]. ☐ Sinónimos: hediondo, fétido, apestoso. ☐ Familia: →peste.

pestillo (pes·ti·llo) [sustantivo masculino] Pieza que sirve para cerrar de forma segura puertas y ventanas.

pestiño (pes·ti·ño) [sustantivo masculino] **1** Dulce que se hace con harina, huevos y miel. **2** Persona o cosa que resulta muy pesada o muy aburrida. ☐ [El significado **2** es coloquial].

petaca (pe·ta·ca) [sustantivo femenino] **1** Especie de bolsa pequeña donde se lleva el tabaco. **2** Especie de botella plana y pequeña que se usa para llevar alguna bebida.

pétalo (pé·ta·lo) [sustantivo masculino] Cada una de las partes que forman una flor: *Los pétalos de esta margarita son blancos.* ◉ **página 444.** ☐ Sinónimos: hoja.

petanca (pe·tan·ca) [sustantivo femenino] Juego que consiste en tirar primero una bola pequeña y después otras más grandes, que deben quedar lo más cerca posible de la pequeña.

petardo (pe·tar·do) [sustantivo masculino] **1** Especie de bomba pequeña que hace mucho ruido al explotar. **2** Persona o cosa que aburre, cansa o resulta demasiado larga: *No acabé de ver la película porque era un petardo.* ☐ [El significado **2** es coloquial]. ☐ Sinónimos: **2** pesadez.

petate (pe·ta·te) [sustantivo masculino] Bolsa de ropa y otras cosas, que suelen llevar los soldados.

petenera (pe·te·ne·ra) [sustantivo femenino] Tipo de canto flamenco. ◆ [expresión] ‖ **salir por peteneras** Hacer o decir algo que no tiene nada que ver con lo que se estaba tratando: *Salió por peteneras sin contestar a mi pregunta.* ☐ [La expresión es coloquial].

petición (pe·ti·ción) [sustantivo femenino] Ruego que se hace para pedir algo: *La directora prometió atender todas las peticiones que le hiciéramos.* ☐ Sinónimos: solicitud, demanda. ☐ Familia: →pedir.

petimetre, tra (pe·ti·me·tre, tra) [sustantivo] Persona muy presumida a la que le importa mucho seguir las modas.

petirrojo (pe·ti·rro·jo) [sustantivo masculino] Pájaro con plumas rojas en el cuello, en la frente y en el pecho, y oscuro por arriba.

peto (pe·to) [sustantivo masculino] **1** Parte de una prenda de vestir que cubre el pecho: *pantalones con peto*. **2** Prenda de vestir que tiene una pieza que cubre el pecho: *En verano me pongo mucho un peto azul*.

peto

petrel (pe·trel) [sustantivo masculino] Ave marina de color pardo, que se alimenta de peces y que vive entre las rocas de las costas desiertas.

pétreo, a (pé·tre·o, a) [adjetivo] De piedra o con sus características: *dureza pétrea*. ☐ FAMILIA: →piedra.

petrificado, da (pe·tri·fi·ca·do, da) [adjetivo] **1** Que se ha hecho de piedra o tan duro como ella: *Los fósiles son animales o plantas petrificados*. **2** Dicho de una persona, que no puede moverse por el miedo o por la sorpresa: *Se quedó petrificado al enterarse de la noticia*. ☐ FAMILIA: →piedra.

petrificar (pe·tri·fi·car) [verbo] **1** Transformar algo en piedra o hacerlo tan duro como la piedra. **2** Dejar a alguien tan asustado o tan sorprendido que no se puede mover: *La noticia me petrificó*. ☐ [La «c» se cambia en «qu» delante de «e» («petrifique»)]. ☐ FAMILIA: →piedra.

petróleo (pe·tró·le·o) [sustantivo masculino] Líquido de color negro del que se obtiene la gasolina y otros productos. ☐ FAMILIA: petrolero, petrolífero.

petrolero, ra (pe·tro·le·ro, ra) ▪ [adjetivo] **1** Del petróleo o relacionado con él: *industria petrolera*. ▪ **petrolero** [sustantivo masculino] **2** Barco en el que se lleva el petróleo de un lugar a otro. ☐ [En el significado **1**, no confundir con «petrolífero» (que contiene petróleo)]. ☐ FAMILIA: →petróleo.

petrolífero, ra (pe·tro·lí·fe·ro, ra) [adjetivo] Que contiene petróleo: *yacimientos petrolíferos*. ☐ [No confundir con «petrolero» (relacionado con el petróleo)]. ☐ FAMILIA: →petróleo.

petulancia (pe·tu·lan·cia) [sustantivo femenino] Característica del que se cree mejor y más importante que los demás. ☐ FAMILIA: →petulante.

petulante (pe·tu·lan·te) [adjetivo o sustantivo] Que se cree mejor y más importante que los demás: *Eres un presumido muy petulante*. ☐ [No varía en masculino y femenino]. ☐ SINÓNIMOS: presuntuoso. ☐ FAMILIA: petulancia.

petunia (pe·tu·nia) [sustantivo femenino] Planta con flores grandes en forma de campanilla, de diversos colores y que huelen muy bien.

peyorativo, va (pe·yo·ra·ti·vo, va) [adjetivo] Que expresa rechazo y desprecio: *Llamar matasanos a un médico es peyorativo*.

pez [sustantivo masculino] Animal que tiene el cuerpo cubierto de escamas y que vive dentro del agua. ◆ [expresión] ‖ **pez espada** Pez marino de piel oscura y sin escamas, con la cabeza grande y mandíbula superior en forma de espada. ☐ [Su plural es «peces»]. ☐ FAMILIA: pecera, piscicultura, piscifactoría, piscis.

pezón (pe·zón) [sustantivo masculino] Punta oscura en que acaban los pechos: *El bebé chupaba el pezón de su madre*.

pezuña (pe·zu·ña) [sustantivo femenino] Parte donde termina la pata de algunos animales: *Los cerdos y las vacas tienen pezuñas*. ☐ FAMILIA: →uña.

pezuña

piadoso, sa (pia·do·so, sa) [adjetivo] **1** Que siente pena ante el dolor de los demás y los ayuda y perdona. **2** Que siente mucho fervor religioso: *Es muy piadoso y reza todos los días*. ☐ SINÓNIMOS: **1** compasivo, caritativo, misericordioso. **2** pío. ☐ ANTÓNIMOS: **1** impío, cruel. ☐ FAMILIA: →piedad.

piafar (pia·far) [verbo] Levantar un caballo las patas delanteras y dejarlas caer con fuerza: *El caballo se asustó y comenzó a piafar*.

pianista (pia·nis·ta) [sustantivo] Persona que toca el piano. ☐ [No varía en masculino y femenino]. ☐ FAMILIA: →piano.

piano (pia·no) [sustantivo masculino] Instrumento musical que se apoya sobre tres o cuatro patas y que produce el sonido al golpear con los dedos las piezas blancas y negras que tiene. ⦿ **páginas 534-535**. ☐ FAMILIA: pianista, pianola.

pianola (pia·no·la) [sustantivo femenino] Piano que puede sonar sin que nadie lo toque. ☐ [Procede de la marca comercial «Pianola®»]. ☐ FAMILIA: →piano.

piar (piar) [verbo] Emitir un pollo su voz característica. ☐ [Es irregular y se conjuga como ENVIAR].

piara (pia·ra) [sustantivo femenino] Grupo de cerdos.

pica (pi·ca) [sustantivo femenino] **1** Lanza larga que usaban los soldados antiguamente. **2** Vara larga que se clava al toro desde el caballo. ☐ FAMILIA: →picar.

723 peces

anguila	morena	atún
bacalao	besugo	caballa
rape	manta	pez espada
salmón	trucha	sardina
lucio	boquerón	lubina

picadero (pi·ca·de·ro) [sustantivo masculino] Lugar donde se educa a los caballos y se aprende a montar en ellos. □ FAMILIA: →picar.

picadillo (pi·ca·di·llo) [sustantivo masculino] **1** Lomo de cerdo preparado para hacer embutidos. **2** Guiso que se hace picando carne y mezclándola con otras cosas. ◆ [expresión] ‖ **hacer picadillo** Dejar a alguien en muy malas condiciones físicas o muy triste. □ [La expresión es coloquial]. □ FAMILIA: →picar.

picado, da (pi·ca·do, da) ∎ [adjetivo] **1** Cortado en trozos pequeños: *Añadí cebolla picada a la salsa.* **2** Que tiene agujeros en su superficie: *un diente picado.* **3** Enfadado o molesto: *Estás picado porque te he dicho la verdad.* **4** Con ánimo de vencer a alguien: *Esos están picados porque quieren ganar los dos.* **5** Estropeado o con sabor agrio: *Este vino está picado.* **6** Dicho del mar, que está muy movido o con muchas olas pequeñas: *No te alejes de la orilla, porque el mar está muy picado.* ∎ **picado** [sustantivo masculino] **7** Descenso rápido contra el suelo de un avión o de un pájaro: *En la demostración, el piloto hizo un picado.* ◆ [expresión] ‖ **en picado** Forma de bajar o disminuir algo muy rápido: *Los precios cayeron en picado.* □ FAMILIA: →picar.

picador, ra (pi·ca·dor, do·ra) ∎ [sustantivo] **1** Torero que va montado en un caballo y pica al toro con una especie de lanza. ∎ **picadora** [sustantivo femenino] **2** Aparato que sirve para picar alimentos. □ FAMILIA: →picar.

picadura (pi·ca·du·ra) [sustantivo femenino] **1** Herida que hacen algunos animales cuando muerden o pican: *Tengo dos picaduras de mosquito en el brazo.* **2** Pequeño agujero hecho en una cosa: *El dentista me dijo que tenía dos picaduras en los dientes.* □ FAMILIA: →picar.

picajoso, sa (pi·ca·jo·so, sa) [adjetivo] Que se ofende o que se enfada con mucha facilidad. □ [Es coloquial]. □ FAMILIA: →picar.

picante (pi·can·te) ∎ [adjetivo] **1** Que trata de sexo: *chiste picante.* ∎ [sustantivo masculino] **2** Que resulta fuerte al comerlo y pica en la boca. □ [Cuando es adjetivo, no varía en masculino y femenino]. □ FAMILIA: →picar.

picapedrero (pi·ca·pe·dre·ro) [sustantivo masculino] Hombre que se dedica a picar piedras. □ FAMILIA: →picar. →piedra.

picapica (pi·ca·pi·ca) [sustantivo masculino] Sustancia que pica o que produce una sensación fuerte cuando se come, cuando se toca o cuando se huele: *Eché picapica a mis amigos y no paraban de estornudar.*

picapleitos (pi·ca·plei·tos) [sustantivo] Abogado: *Búscate un buen abogado y no un picapleitos.* □ [No varía en masculino y femenino, ni en singular y plural. Es coloquial y despectivo]. □ FAMILIA: →picar. →pleito.

picaporte (pi·ca·por·te) [sustantivo masculino] Pieza de una puerta que se coge con la mano para abrirla y cerrarla.

picar (pi·car) [verbo] **1** Cortar en trozos pequeños: *picar cebolla.* **2** Golpear con un instrumento una superficie para hacer agujeros o quitarle una parte: *Los albañiles picaron el suelo de la casa.* **3** Morder o herir algunos animales con el pico o con la boca: *Me ha picado un mosquito.* **4** Comer un alimento en pequeñas cantidades: *Si quieres adelgazar, no debes picar entre comidas.* **5** Coger un ave la comida con el pico: *Las palomas picaban el pan.* **6** Morder un pez el cebo puesto en el anzuelo para pescarlo: *¿Ha picado algún pez?* **7** Producir un alimento una sensación fuerte cuando se come: *Las guindillas pican mucho.* **8** Producir una sensación en la piel que hace que necesitemos frotarla o rascarla una y otra vez: *Los granos me pican.* **9** Calentar mucho el sol: *En verano pica mucho el sol.* **10** Decir algo a alguien para que responda de alguna manera: *Si vas a seguir picándome, me marcho.* **11** Caer en un engaño: *Quisieron timarme, pero yo no piqué.* ∎ **picarse 12** Enfadarse o molestarse una persona: *Te has picado porque te he dicho lo que pienso.* **13** Estropearse el vino o tomar un sabor agrio: *Este vino se ha picado porque la botella no estaba bien cerrada.* **14** Moverse mucho el mar levantando olas pequeñas: *El mar empezó a picarse al atardecer.* **15** Dicho de un diente, corroerse o desgastarse por una caries: *Se te van a picar las muelas de comer tanto dulce.* □ [La «c» se cambia en «qu» delante de «e» («pique»). Los significados **10**, **11** y **12** son coloquiales]. □ SINÓNIMOS: **10** pinchar. □ FAMILIA: pico, picador, picotazo, picadero, picudo, piqueta, pica, picado, picadillo, picadura, picajoso, pique, picor, picante, picazón, picapica, picapedrero, picapleitos.

picardía (pi·car·dí·a) [sustantivo femenino] **1** Habilidad para conseguir lo que se quiere: *Mi hermana tiene mucha picardía para salirse con la suya.* **2** Habilidad para hablar del sexo sin que resulte ofensivo: *En esta comedia hay varias escenas con mucha picardía.* □ SINÓNIMOS: **1** astucia, arte. □ FAMILIA: →pícaro.

picardías (pi·car·dí·as) [sustantivo masculino] Camisón corto que suele llevar unas braguitas a juego. □ [No varía en singular y plural]. □ FAMILIA: →pícaro.

picaresco, ca (pi·ca·res·co, ca) ∎ [adjetivo] **1** Del pícaro o relacionado con él: *una novela picaresca.* ∎ **picaresca** [sustantivo femenino] **2** Forma de vida astuta y poco honrada: *Irse sin pagar de los sitios forma parte de la picaresca de nuestro siglo.* □ FAMILIA: →pícaro.

pícaro, ra (pí·ca·ro, ra) [adjetivo o sustantivo] Que es listo y tiene habilidad para conseguir lo que quiere. □ SINÓNIMOS: astuto, pillo, tunante. □ FAMILIA: picardía, picardías, picaresco.

picatoste (pi·ca·tos·te) [sustantivo masculino] Trozo pequeño de pan frito.

picazón (pi·ca·zón) [sustantivo femenino] Molestia que causa el picor: *Con esta pomada aliviarás la picazón de los granos.* □ SINÓNIMOS: comezón. □ FAMILIA: →picar.

picha (pi·cha) [sustantivo femenino] Pene. □ [Es vulgar].

pichi (pi·chi) [sustantivo masculino] Vestido sin mangas que se pone encima de una camisa.

pichichi (pi·chi·chi) [sustantivo masculino] Jugador que ha metido más goles en un campeonato.

pichón (pi·chón) [sustantivo masculino] Cría de la paloma.

pícnic (píc·nic) [sustantivo masculino] Comida en el campo. ☐ [Es una palabra de origen inglés. Su plural es «pícnics»].

pico (pi·co) [sustantivo masculino] **1** Boca de un ave: *Las aves cogen el alimento con el pico*. **2** Punta o parte de algo que sale hacia fuera: *el pico de la mesa*. **3** Herramienta que sirve para picar en una superficie: *Hizo un agujero en la tierra con un pico*. 👁 **páginas 494-495**. **4** Parte más alta de una montaña: *Cuando el alpinista alcanzó el pico de la montaña, puso una bandera*. 👁 **página 809**. **5** Cantidad pequeña y no determinada que sobra de un número: *Llegamos a casa a las cinco y pico*. **6** Forma de hablar: *Con ese pico que tienes, convences a todos*. ☐ [El significado **6** es coloquial]. ☐ Familia: →picar.

picor (pi·cor) [sustantivo masculino] Sensación que produce algo que pica: *Siento un picor en la garganta*. ☐ Sinónimos: prurito. ☐ Familia: →picar.

picota (pi·co·ta) [sustantivo femenino] Tipo de cereza, más grande y sin rabillo.

picotazo (pi·co·ta·zo) [sustantivo masculino] Herida que hace un ave con el pico: *La gallina me dio un picotazo en la mano al echarle de comer*. ☐ Familia: →picar.

picotear (pi·co·te·ar) [verbo] **1** Morder un ave con su pico muchas veces y de forma continua para comer o para defenderse: *Los pájaros picotearon las cerezas del árbol*. **2** Comer varias veces y en cantidades pequeñas: *No debes picotear entre horas*.

pictograma (pic·to·gra·ma) [sustantivo masculino] Signo que tiene un significado en un sistema de escritura de figuras o de símbolos: *En la escritura antigua el pictograma que significaba sol era un dibujo del sol*. ☐ Familia: →pintar.

pictórico, ca (pic·tó·ri·co, ca) [adjetivo] De la pintura o relacionado con ella: *una técnica pictórica*. ☐ Familia: →pintar.

picudo, da (pi·cu·do, da) [adjetivo] Con mucho pico: *sombrero picudo*. ☐ Sinónimos: puntiagudo. ☐ Familia: →picar.

pídola (pí·do·la) [sustantivo femenino] Juego de niños en el que uno se agacha y los demás saltan sobre él con las piernas abiertas.

pie (pie) [sustantivo masculino] **1** Parte en que termina la pierna y que se apoya en el suelo: *Tengo los pies planos y tengo que usar botas especiales*. **2** Base sobre la que algo se apoya en un sitio: *El pie de esta lámpara es una vasija de barro*. **3** Parte en la que acaba algo: *Siempre dejo la bata a los pies de la cama*. **4** Texto corto que se pone debajo de una fotografía: *En el pie de foto estaba escrito el nombre del actor*. ◆ [expresión] ‖ **al pie de la letra** Literalmente: *Debes seguir mis instrucciones al pie de la letra*. ‖ **a pie** Andando: *Me gusta recorrer la ciudad a pie*. ‖ **a pies juntillas** Sin dudar nada: *Soy muy confiada y me creo a pies juntillas todo lo que me dicen*. ‖ **con el pie derecho** o **izquierdo** Con buena o mala suerte, respectivamente: *Hoy me he levantado con el pie izquierdo y todo me sale mal*. ‖ **con pies de plomo** Con mucho cuidado: *Se lo pregunté con pies de plomo para no ofenderla*. ‖ **dar pie** Dar motivo: *Esta actriz es muy sencilla y no le gusta dar pie a las habladurías*. ‖ **de pie** o **en pie** Levantado: *Traed sillas para que puedan sentarse los que están de pie*. ‖ **hacer pie** Tocar el fondo de manera que la cabeza quede fuera del agua: *En ese lado de la piscina no hago pie*. ‖ **no tener pies ni cabeza** No tener sentido: *Eso que dices no tiene pies ni cabeza*. ☐ Sinónimos: **2** peana. ☐ Familia: pedicuro, puntapié, balompié, ciempiés, tentempié, contrapié, rodapié, hincapié, peana.

piedad (pie·dad) [sustantivo femenino] Pena que se siente ante el dolor de los demás y que nos lleva a ayudarlos y perdonarlos: *Tuvo piedad de nosotros y no nos castigó por lo que habíamos hecho*. ☐ Sinónimos: compasión, caridad, misericordia, clemencia. ☐ Antónimos: crueldad. ☐ Familia: piadoso, apiadarse, despiadado. →pío.

piedra (pie·dra) [sustantivo femenino] **1** Trozo de un mineral: *Este camino está lleno de piedras*. **2** Especie de bolita dura que se forma en algunos órganos del cuerpo: *Mi vecino tiene piedras en el riñón*. ◆ [expresión] ‖ **de piedra** Muy sorprendido: *Me quedé de piedra cuando me dieron las notas*. ‖ **piedra preciosa** Mineral de gran valor que se usa para hacer joyas: *El diamante, la esmeralda y el rubí son piedras preciosas*. ☐ [la expresión «de piedra» es coloquial]. ☐ Sinónimos: **2** cálculo. ☐ Familia: pedrada, pedrusco, pedrisco, pedernal, pedregal, pedregoso, pedrería, pedrea, apedrear, pétreo, petrificar, petrificado, picapedrero, empedrar, empedrado.

piel (piel) [sustantivo femenino] **1** Capa exterior que cubre el cuerpo de las personas y de los animales: *Yo tengo la piel morena*. **2** Parte exterior que cubre algunos frutos: *Siempre me como las manzanas con la piel*. ◆ [expresión] ‖ **piel de gallina** La de las personas cuando tiene pequeños bultitos: *Cuando hace mucho frío, se me pone piel de gallina*. ‖ **piel roja** Indio de América del Norte: *Los pieles roja defendieron su territorio*. ☐ Sinónimos: **1** pellejo. ☐ Familia: peletería, peletero, pellejo, pelliza, despellejar.

pienso (pien·so) [sustantivo masculino] Alimento seco para el ganado.

piercing [sustantivo masculino] Pendiente que se pone en cualquier parte del cuerpo: *Mi hermana mayor tiene un piercing en el ombligo*. ☐ [Es una palabra inglesa. Se pronuncia «pírsin»].

pierna (pier·na) [sustantivo femenino] **1** Parte del cuerpo humano que va desde el tronco hasta el pie: *Las piernas nos permiten andar*. **2** Parte más ancha de las patas de algunos animales: *Mi padre ha hecho una pierna de cordero asada*. ◆ [expresión] ‖ **dormir a pierna suelta** Dormir muy bien: *Estaba tan cansado que he dormido a pierna suelta*. ☐ [La expresión es coloquial]. ☐ Familia: pernera, entrepierna, pernil.

pierrot (pie·rrot) [sustantivo masculino] Personaje del teatro francés, que se vestía con unos pantalones muy amplios y una camisa blanca con los botones muy grandes: *Vino un payaso vestido de pierrot para hacer reír a los* niños. ☐ [Es una palabra de origen francés. Su plural es «pierrots»].

pieza (pie·za) [sustantivo femenino] **1** Cada una de las partes que forman un todo: *una pieza del puzle.* **2** Trozo de tela que se fabrica de una vez: *Esta tela está rebajada porque son los últimos metros de la pieza.* **3** Animal que se caza o se pesca: *Hoy he pescado muchas piezas.* **4** Obra musical o de teatro: *He escuchado varias piezas de este compositor.* **5** Cada una de las partes en que se divide una casa: *Usaron la pieza más grande de la casa como comedor.* **6** Objeto que forma parte de un conjunto: *El cañón es una pieza de artillería.* ◆ [expresión] ‖ **de una pieza** Muy sorprendido: *Me quedé de una pieza cuando me dio la noticia.* ☐ SINÓNIMOS: **5** cuarto, habitación. ☐ FAMILIA: despiece.

pifia (pi·fia) [sustantivo femenino] Hecho que produce un daño pequeño: *Si no me has traído lo que te pedí, menuda pifia me has hecho.*

pigmentación (pig·men·ta·ción) [sustantivo femenino] Color de la piel o de algún tejido del cuerpo, producido por los pigmentos. ☐ FAMILIA: →pigmento.

pigmento (pig·men·to) [sustantivo masculino] **1** Sustancia que está en las células de muchos seres vivos y que sirve para darles color. **2** Sustancia que se utiliza para pintar y que sirve para dar color. ☐ FAMILIA: pigmentación.

pigmeo, a (pig·me·o, a) [adjetivo o sustantivo] De un conjunto de pueblos africanos y asiáticos, que se caracterizan por ser muy bajitos y por tener la piel oscura.

pijada (pi·ja·da) [sustantivo femenino] **1** Cosa sin importancia: *No te preocupes por eso, porque es una pijada.* **2** Cosa que suele llevar, hacer o decir un pijo. ☐ [Es coloquial y despectivo]. ☐ SINÓNIMOS: **1** pijotería. ☐ FAMILIA: →pijo.

pijama (pi·ja·ma) [sustantivo masculino] Prenda de dos piezas que se usa para dormir.

pijo, ja (pi·jo, ja) [sustantivo] Persona que muestra en su forma de actuar que tiene dinero: *Ese pijo cambia de coche todos los años.* ☐ [Es coloquial y despectivo]. ☐ FAMILIA: pijada, pijotería, pijotero.

pijota (pi·jo·ta) [sustantivo femenino] Cría de la merluza. ☐ SINÓNIMOS: pescadilla.

pijotería (pi·jo·te·rí·a) [sustantivo femenino] Cosa sin importancia. ☐ [Es coloquial y despectivo]. ☐ SINÓNIMOS: pijada. ☐ FAMILIA: →pijo.

pijotero, ra (pi·jo·te·ro, ra) [adjetivo] Que causa muchas molestias o que se enfada con facilidad. ☐ [Es coloquial y despectivo]. ☐ FAMILIA: →pijo.

pila (pi·la) [sustantivo femenino] **1** Pieza de pequeño tamaño que produce electricidad: *Esta radio funciona con pilas.* **2** Recipiente que sirve para echar agua y tiene un agujero para poder vaciarlo: *Poned los platos en la pila para fregarlos.* **3** Montón de cosas puestas unas sobre otras: *una pila de cajas.* ☐ FAMILIA: pilón, apilar.

pilar (pi·lar) [sustantivo masculino] **1** Pieza que sirve para apoyar sobre ella algo muy pesado: *Las estatuas del museo están colocadas sobre pilares de mármol.* **2** Persona o cosa que sirve de apoyo: *Vosotros dos sois los pilares del equipo.* ☐ SINÓNIMOS: columna. ☐ FAMILIA: pilastra.

pilastra (pi·las·tra) [sustantivo femenino] Pieza de un edificio que va unida a un muro y sirve para sujetarlo. ☐ FAMILIA: →pilar.

pilates (pi·la·tes) [sustantivo masculino] Tipo de gimnasia basada en la realización de ejercicios suaves, para fortalecer y estirar los músculos sin aumentar su volumen: *La respiración y la relajación son elementos claves del pilates.*

píldora (píl·do·ra) [sustantivo femenino] **1** Medicina que generalmente tiene forma de bolita. **2** Medicina que toman las mujeres cuando no quieren tener hijos.

pilila (pi·li·la) [sustantivo femenino] Pene. ☐ [Es coloquial].

pillaje (pi·lla·je) [sustantivo masculino] Robo de lo que hay en un lugar, especialmente el que hacen los soldados en un país enemigo. ☐ FAMILIA: →pillar.

pillar (pi·llar) [verbo] **1** Pasar un vehículo por encima de algo: *Mi padre dio un frenazo para no pillar a un perro.* **2** Coger o agarrar: *El ladrón pilló lo que encontró de valor en la casa.* **3** Sorprender o encontrar en determinada situación: *Me pillaron comiéndome el chocolate a escondidas.* **4** Sujetar algo con fuerza de modo que no se pueda mover: *Me pilló la mano al cerrar la puerta.* **5** Empezar a tener una enfermedad: *¡Has pillado un buen catarro!* **6** Entender el significado de algo: *Siempre me tienen que explicar los chistes, porque no pillo ni uno.* **7** Estar o encontrarse en un determinado lugar: *Mi colegio pilla muy lejos.* ☐ [Los significados **2**, **3**, **5** y **6** son coloquiales]. ☐ SINÓNIMOS: **1** atropellar, arrollar. **2** atrapar. **3, 5** pescar. **3, 5, 6** coger. **5** agarrar, contraer. **6** guipar. **7** quedar. ☐ FAMILIA: pillo, pillastre, pillaje, pillería.

pillastre (pi·llas·tre) [sustantivo masculino] Pillo, travieso o astuto. ☐ [Es coloquial]. ☐ FAMILIA: →pillar.

pillería (pi·lle·rí·a) [sustantivo femenino] Falta pequeña y sin importancia. ☐ [Es coloquial]. ☐ SINÓNIMOS: travesura. ☐ FAMILIA: →pillar.

pillo, lla (pi·llo, lla) [adjetivo o sustantivo] **1** Que es muy listo y tiene habilidad para conseguir lo que quiere: *Es un pillo y saca beneficio de todo.* **2** Que hace travesuras: *¿Qué estará haciendo ese pillo, que está tan calladito en ese rincón?* ☐ [Es coloquial]. ☐ SINÓNIMOS: **1** astuto, pícaro, tunante. **2** travieso, trasto, revoltoso. ☐ FAMILIA: →pillar.

pilón (pi·lón) [sustantivo masculino] Pila muy grande que hay en algunas fuentes para lavar o para que beban los animales. ☐ FAMILIA: →pila.

píloro (pí·lo·ro) [sustantivo masculino] Agujerito que une el estómago con el intestino delgado.

pilotaje (pi·lo·ta·je) [sustantivo masculino] Hecho de conducir un avión u otro vehículo. ☐ FAMILIA: →piloto.

pilotar (pi·lo·tar) [verbo] Conducir un vehículo: *pilotar un avión.* ☐ FAMILIA: →piloto.

piloto (pi·lo·to) ■ [sustantivo] **1** Persona que conduce un vehículo: *De mayor quiero ser piloto de aviones.*

■ [sustantivo masculino] **2** Luz que indica que algo está funcionando: *Cuando se enciende el piloto de la plancha es que se está calentando.* ☐ [En el significado **1** no varía en masculino y femenino]. ☐ Sinónimos: **1** conductor. **2** chivato. ☐ Familia: pilotar, pilotaje, copiloto.

piltra (pil·tra) [sustantivo femenino] Cama: *Se ha ido pronto a la piltra, porque tenía mucho sueño.* ☐ [Es coloquial].

piltrafa (pil·tra·fa) [sustantivo femenino] Persona o cosa que está muy estropeada o tiene mal aspecto.

pimentero (pi·men·te·ro) [sustantivo masculino] Recipiente en el que se guarda o se sirve la pimienta. ☐ Familia: →pimienta.

pimentón (pi·men·tón) [sustantivo masculino] Polvo de color rojo que se usa para dar sabor a los alimentos: *El pimentón se hace machacando pimientos secos.* ☐ Familia: →pimienta.

pimienta (pi·mien·ta) [sustantivo femenino] Semilla que se usa para dar a los alimentos un sabor más fuerte: *La pimienta tiene un sabor picante.* ☐ Familia: pimiento, pimentón, pimentero, salpimentar.

pimiento (pi·mien·to) [sustantivo masculino] Fruto de forma alargada que está hueco y es de color verde o rojo. 👁 **página 967**. ◆ [expresión] ‖ **como un pimiento** Muy rojo: *Me dio tanta vergüenza que me puse como un pimiento.* ‖ **pimiento del piquillo** El que tiene forma triangular y es de color rojo. ‖ **pimiento de padrón** El que es pequeño y alargado, de color verde y a veces pica. ‖ **pimiento morrón** El que es grueso y tiene un sabor dulce. ‖ **un pimiento** Muy poco o nada: *Eso no vale un pimiento.* ☐ Familia: →pimienta.

pimpante (pim·pan·te) [adjetivo] Muy arreglado y muy elegante: *Iba muy pimpante con su chaqueta nueva.* ☐ [No varía en masculino y femenino. Es coloquial].

pimplar (pim·plar) [verbo] Beber demasiado: *Se ha pimplado ya tres botellas de vino.* ☐ [Es coloquial].

pimpollo (pim·po·llo) [sustantivo masculino] **1** Árbol o rama que acaba de salir. **2** Persona que va muy arreglada y muy bien vestida. ☐ Familia: →pollo.

pimpón (pim·pón) [sustantivo masculino] Deporte parecido al tenis, que se juega sobre una mesa y con palas de madera. ☐ [Procede de la marca comercial «Ping-Pong®». Es preferible escribir «pimpón» que la forma inglesa *ping-pong*]. ☐ Sinónimos: tenis de mesa.

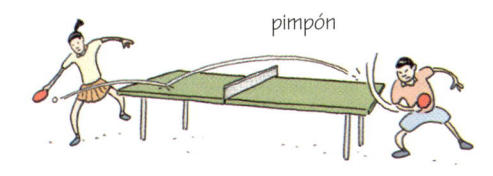

pimpón

pin [sustantivo masculino] Adorno pequeño que suele ser de metal y que se sujeta en una prenda de vestir. ☐ [Es una palabra de origen inglés. Su plural es «pines»].

pinacoteca (pi·na·co·te·ca) [sustantivo femenino] Museo en el que hay cuadros.

pináculo (pi·ná·cu·lo) [sustantivo masculino] Adorno que tienen algunos edificios en su parte más alta.

pinar (pi·nar) [sustantivo masculino] Lugar con muchos pinos. ☐ Familia: →pino.

pincel (pin·cel) [sustantivo masculino] Instrumento que sirve para pintar y tiene un conjunto de pelos en la punta. ☐ Familia: pincelada.

pincelada (pin·ce·la·da) [sustantivo femenino] Línea corta de pintura que se da con un pincel: *Cuando te acercas a algunos cuadros, se notan mucho las pinceladas.* ☐ Familia: →pincel.

pinchadiscos (pin·cha·dis·cos) [sustantivo] Persona que trabaja poniendo discos de música. ☐ [No varía en masculino y femenino, ni en singular y plural. Es preferible usar «pinchadiscos» que la palabra inglesa *disc-jockey*]. ☐ Familia: →pinchar. →disco.

pinchar (pin·char) [verbo] **1** Herir con un objeto que acaba en punta: *Me he pinchado con una aguja.* **2** Hacer un pequeño agujero en una superficie: *Se ha pinchado la rueda de la bici.* **3** Sujetar una cosa con un objeto puntiagudo: *Con el tenedor pinchas el filete.* **4** Decir algo a alguien para que responda de alguna manera: *Como me sigas pinchando, me voy.* **5** Controlar un teléfono para saber qué dicen los que hablan sin que ellos lo sepan: *Notaron que les habían pinchado el teléfono porque al descolgarlo oyeron un ruido raro.* **6** Poner un disco para que se oiga: *En las fiestas, yo siempre me encargo de pinchar los discos.* **7** Meter un líquido en el cuerpo con una aguja para curar una enfermedad: *Me pincharon en el brazo para ponerme la vacuna.* ☐ [Los significados **5** y **6** son coloquiales]. ☐ Sinónimos: **5** intervenir. **7** inyectar. ☐ Familia: pincho, pinchazo, pinchadiscos.

pinchazo (pin·cha·zo) [sustantivo masculino] **1** Herida que hace un objeto acabado en punta: *Todavía se me nota en el brazo el pinchazo de la vacuna.* **2** Pequeño agujero que se hace en algo: *La rueda del coche tiene un pinchazo.* **3** Dolor agudo: *Mi padre siente unos pinchazos en el costado.* ☐ Sinónimos: **3** punzada. ☐ Familia: →pinchar.

pinche (pin·che) [sustantivo] Persona que trabaja en una cocina ayudando al cocinero. ☐ [No varía en masculino y femenino]. ☐ Familia: compinche, compincharse.

pincho (pin·cho) [sustantivo masculino] **1** Cualquier cosa fina que acaba en una punta afilada: *El puercoespín tiene el cuerpo cubierto de pinchos.* **2** Porción de comida que se toma con una bebida: *pincho de chorizo.* ◆ [expresión] ‖ **pincho moruno** Carne asada, partida en trozos y colocada en un palo. ☐ Familia: →pinchar.

pingajo (pin·ga·jo) [sustantivo masculino] Trozo de tela rota que cuelga. ☐ Familia: →pingar.

pingar (pin·gar) [verbo] Colgar: *Tienes que arreglarte el bajo de la falda porque te pinga un poco por detrás.* ☐ [La «g» se cambia en «gu» delante de «e» («pingue»)]. ☐ Familia: pingo, pingajo.

pingo (pin·go) [sustantivo masculino] **1** Trozo de tela rota que cuelga. **2** Persona que lleva una vida desordenada o de

ping-pong

muchas diversiones. ◆ [expresión] ‖ **de pingo** De juerga. ☐ [Es coloquial]. ☐ SINÓNIMOS: **1** pingajo. ☐ FAMILIA: →pingar.

ping-pong [sustantivo masculino] → **pimpón**. ☐ [Procede de la marca comercial «Ping-Pong®». Se pronuncia «pimpón»].

pingüe (pin·güe) [adjetivo] Abundante o en gran cantidad: *El negocio nos proporcionó pingües beneficios.* ☐ [No varía en masculino y femenino].

pingüino (pin·güi·no) [sustantivo masculino] Ave que tiene el cuerpo negro por detrás y blanco por delante, y vive en zonas muy frías: *Los pingüinos no pueden volar.* ◉ **páginas 116-117 y 354-355.**

pinitos (pi·ni·tos) [sustantivo masculino plural] **1** Primeros pasos de un niño cuando está aprendiendo a andar. **2** Comienzos de una persona en una ciencia o en un arte: *Acaba de terminar la carrera y ya hace sus pinitos como escritora.* ☐ FAMILIA: →pino.

pino (pi·no) [sustantivo masculino] **1** Árbol que tiene las hojas estrechas y puntiagudas y que no se caen en invierno: *No todos los pinos tienen piñas con piñones.* ◉ **página 91.** **2** Ejercicio de gimnasia en el que se apoyan las manos en el suelo y se suben los pies hasta poner el cuerpo vertical. ◆ [expresión] ‖ **en el quinto pino** Muy lejos: *No podemos ir andando a tu casa porque está en el quinto pino.* ☐ [La expresión es coloquial]. ☐ FAMILIA: pinar, pinitos.

pinrel (pin·rel) [sustantivo masculino] Pie: *¡Haz el favor de quitar los pinreles del sofá!* ☐ [Es coloquial]. ☐ SINÓNIMOS: queso.

pinta (pin·ta) [sustantivo femenino] Mira en **pinto, ta.**

pintado, da (pin·ta·do, da) ■ [adjetivo] **1** Muy parecido: *En la cara eres pintado a tu madre.* ■ **pintada** [femenino] **2** Escrito que se hace en una pared: *Fueron multados por llenar el muro de pintadas.* ☐ FAMILIA: →pintar.

pintalabios (pin·ta·la·bios) [sustantivo masculino] Barra de color que sirve para pintarse los labios. ☐ [No varía en singular y plural]. ☐ SINÓNIMOS: carmín. ☐ FAMILIA: →pintar. →labio.

pintamonas (pin·ta·mo·nas) [sustantivo] **1** Pintor que pinta mal. **2** Persona de poca importancia: *Ese pintamonas no tiene nada que decir aquí.* ☐ [No varía en masculino y femenino, ni en singular y plural. Es coloquial y despectivo]. ☐ FAMILIA: →pintar. →mono.

pintar (pin·tar) [verbo] **1** Hacer figuras sobre una superficie con líneas y colores: *He pintado un coche en mi cuaderno.* **2** Cubrir una superficie con un color: *Han pintado mi habitación de azul.* **3** Hacer líneas: *Este bolígrafo no pinta.* **4** Importar o valer: *Vete, que aquí no pintas nada.* ■ **pintarse 5** Darse pinturas en la cara: *Mi madre se pinta los labios de rojo.* ☐ SINÓNIMOS: **1** dibujar. **5** maquillar. ☐ FAMILIA: pintura, pintor, pintada, pintado, pintarrajo, pintarrajear, pinta, pinto, pintoresco, despintar, pictórico, pintamonas, pintalabios, pintaúñas, pictograma.

pintarrajear (pin·ta·rra·je·ar) [verbo] Pintar mal, poniendo unas líneas sobre otras: *Se enfadó porque su hermano pequeño le pintarrajeó la libreta.* ☐ SINÓNIMOS: garabatear. ☐ FAMILIA: →pintar.

pintarrajo (pin·ta·rra·jo) [sustantivo masculino] Pintura o dibujo mal hechos. ☐ [Es coloquial y despectivo]. ☐ FAMILIA: →pintar.

pintaúñas (pin·ta·ú·ñas) [sustantivo masculino] Pintura para las uñas. ☐ [No varía en singular y plural]. ☐ SINÓNIMOS: esmalte. ☐ FAMILIA: →pintar. →uña.

pinto, ta (pin·to, ta) ■ [adjetivo] **1** Dicho de un caballo, que tiene la piel llena de pequeñas manchas de distinto color. ■ **pinta** [sustantivo femenino] **2** Aspecto exterior de algo: *¡Qué pinta tan rara tienes con ese sombrero!* **3** Señal pequeña que destaca por su color o por su aspecto: *Las mariquitas son rojas con pintas negras.* ☐ SINÓNIMOS: **2** apariencia, facha, pelaje. **3** mancha. ☐ FAMILIA: →pintar.

pintor, ra (pin·tor, to·ra) [sustantivo] **1** Persona que pinta cuadros. **2** Persona que trabaja pintando paredes y otras superficies: *Busco un pintor para que me pinte las habitaciones.* ☐ FAMILIA: →pintar.

pintoresco, ca (pin·to·res·co, ca) [adjetivo] Muy característico y propio de algo: *Desde aquí se pueden contemplar las vistas más pintorescas de la zona.* ☐ FAMILIA: →pintar.

pintura (pin·tu·ra) [sustantivo femenino] **1** Técnica y arte de hacer figuras en una superficie por medio de líneas y colores. **2** Cuadro o cualquier otra cosa pintada: *En el Museo del Prado se encuentran las mejores pinturas de Velázquez.* **3** Producto que se usa para pintar: *He pintado la valla con pintura blanca.* ☐ FAMILIA: →pintar.

pinza (pin·za) [sustantivo femenino] **1** Instrumento formado por dos piezas que permiten coger o sujetar cosas: *Uso pinzas para tender la ropa.* **2** Parte de las patas de algunos animales, que abren y cierran para coger cosas o para defenderse: *las pinzas de un cangrejo.* **3** Parte doblada y cosida en una prenda de vestir, que sirve para darle forma: *La blusa lleva una pinza a cada lado para que se ajuste mejor al pecho.* ☐ [En el significado **1** es lo mismo en singular que en plural]. ☐ FAMILIA: pinzar, pinzamiento.

pinzamiento (pin·za·mien·to) [sustantivo masculino] Dolor muy fuerte que se produce cuando un nervio o un músculo están mal colocados. ☐ FAMILIA: →pinza.

pinzar (pin·zar) [verbo] Sujetar algo con unas pinzas. ☐ [La «z» se cambia en «c» delante de «e» («pince»)]. ☐ FAMILIA: →pinza.

pinzón (pin·zón) [sustantivo masculino] Pájaro pequeño y que canta muy bien, cuyo macho tiene unas plumas muy bonitas.

piña (pi·ña) [sustantivo femenino] **1** Especie de fruto del pino y de otros árboles: *Los piñones están dentro de las piñas.* **2** Fruta de gran tamaño que es de color amarillo por dentro y se suele comer en rodajas. ◉ **página 453.** ☐ FAMILIA: piñón, piñata, apiñarse.

piñata (pi·ña·ta) [sustantivo femenino] Recipiente lleno de regalos que se cuelga para que alguien lo rompa y caiga lo que tiene dentro. ☐ FAMILIA: →piña.

piño (pi·ño) [sustantivo] [masculino] Diente: *Me caí de la bici y me rompí los piños.* ☐ [Es coloquial].

piñón (pi·ñón) [sustantivo] [masculino] **1** Fruto seco de pequeño tamaño y de forma alargada, que tiene la cáscara muy dura y lisa: *Los piñones están dentro de las piñas.* ⊙ página 455. **2** En una bicicleta, especie de rueda pequeña y con dientes que hace que se muevan las ruedas grandes: *La cadena de la bicicleta se coloca alrededor del piñón.* ☐ Familia: →piña.

pío, a (pí·o, a) [adjetivo] Que siente mucho fervor religioso. ◆ [expresión] ‖ **no decir ni pío** No decir nada: *Se quedó tan sorprendido que no volvió a decir ni pío.* ☐ [La expresión es coloquial]. ☐ Sinónimos: piadoso. ☐ Familia: impío, piedad.

piojo (pio·jo) [sustantivo] [masculino] Insecto muy pequeño que vive en el pelo de las personas y de los animales. ☐ Familia: piojoso.

piojoso, sa (pio·jo·so, sa) [adjetivo] **1** Que tiene piojos. **2** Que está tan sucio que da asco. ☐ [Es despectivo y se usa como insulto]. ☐ Familia: →piojo.

piolet (pio·let) [sustantivo] [masculino] Instrumento parecido a un pico que sirve para apoyarse y agarrarse cuando se sube por una montaña. ☐ [Es una palabra de origen francés. Su plural es «piolets»].

pionero, ra (pio·ne·ro, ra) [adjetivo o] [sustantivo] Que hace algo antes que los demás: *Esta editorial fue pionera en la publicación de libros infantiles.*

pipa (pi·pa) [sustantivo] [femenino] **1** Utensilio que se usa para fumar y que está formado por un tubo con un recipiente donde se echa el tabaco. **2** Semilla de algunas plantas: *pipas de girasol; pipas de calabaza.* ⊙ página 455. ◆ [expresión] ‖ **pasarlo pipa** Divertirse mucho. ☐ [La expresión es coloquial]. ☐ Sinónimos: **2** pepita. ☐ Familia: pipero, pipeta, pipo.

pipero, ra (pi·pe·ro, ra) [sustantivo] Persona que vende pipas y golosinas en la calle. ☐ Familia: →pipa.

pipeta (pi·pe·ta) [sustantivo] [femenino] Tubo de cristal más ancho por el centro, que se utiliza en los laboratorios. ☐ Familia: →pipa.

pipí (pi·pí) [sustantivo] [masculino] Orina: *Todos los bebés hacen pipí en el pañal.* ☐ [Su plural es «pipís». Es coloquial]. ☐ Sinónimos: orina, pis. ☐ Familia: →pis.

pipiolo, la (pi·pio·lo, la) [sustantivo] Persona muy joven o sin experiencia: *Solo sois dos pipiolos y ya estáis pensando en casaros.* ☐ [Es coloquial].

pipo (pi·po) [sustantivo] [masculino] Pipa o semilla de algunas plantas. ☐ Familia: →pipa.

pique (pi·que) [sustantivo] [masculino] Enfado o disputa: *Los dos jugadores tienen un pique para ver quién mete más goles.* ◆ [expresión] ‖ **irse a pique 1** Dicho de un barco, hundirse. **2** Acabarse o salir mal una cosa: *El negocio se fue a pique y lo perdimos todo.* ☐ Familia: →picar.

piqueta (pi·que·ta) [sustantivo] [femenino] Herramienta parecida al martillo, pero con uno de los extremos terminado en punta. ☐ Familia: →picar.

piqueta

piquete (pi·que·te) [sustantivo] [masculino] Persona o grupo de personas que intentan convencer a otras para que también hagan huelga.

pira (pi·ra) [sustantivo] [femenino] Hoguera: *La tribu hizo una pira gigante para incinerar a los difuntos.* ☐ Familia: pirómano, pirotecnia.

pirado, da (pi·ra·do, da) [adjetivo o] [sustantivo] Que está medio loco: *Hay que estar pirado para hacer esas idioteces.* ☐ [Es coloquial]. ☐ Sinónimos: chalado, majareta, chiflado, grillado. ☐ Familia: →pirarse.

piragua (pi·ra·gua) [sustantivo] [femenino] Barco pequeño, largo y estrecho: *Las piraguas se impulsan con remos.* ☐ Familia: piragüismo.

piragüismo (pi·ra·güis·mo) [sustantivo] [masculino] Deporte que consiste en navegar en unos barcos pequeños, largos y estrechos. ☐ Familia: →piragua.

piramidal (pi·ra·mi·dal) [adjetivo] Con forma de pirámide. ☐ [No varía en masculino y femenino]. ☐ Familia: →pirámide.

pirámide (pi·rá·mi·de) [sustantivo] [femenino] **1** Cuerpo con varias caras que salen de una sola base y se juntan en un punto: *Las caras laterales de una pirámide son triángulos.* ⊙ página 467. **2** Construcción que tiene esta forma: *Las pirámides egipcias eran las sepulturas de los faraones.* ☐ Familia: piramidal.

pirámide

piraña (pi·ra·ña) [sustantivo] [femenino] Pez de agua dulce que tiene muchos dientes y que come carne.

pirarse (pi·rar·se) [verbo] **1** Irse de un lugar: *En cuanto acabe la partida me piro a mi casa.* **2** Volverse medio loco. ☐ [Es coloquial]. ☐ Familia: pirado.

pirata (pi·ra·ta) ■ [adjetivo] **1** De los piratas o característico de ellos: *barco pirata*. **2** Que se hace sin el permiso necesario: *Una emisora de radio que no tenga autorización para emitir programas es una emisora pirata*. ■ [sustantivo] **3** Persona que asalta barcos en el mar y roba lo que llevan: *El pirata del cuento tenía una pata de palo*. **4** Persona que se aprovecha del trabajo que ha hecho otra: *Los piratas de la informática consiguen información de otros ordenadores que no son suyos*. ☐ [No varía en masculino y femenino]. ☐ Sinónimos: **2** clandestino, ilegal. ☐ Familia: piratear, piratería.

piratear (pi·ra·te·ar) [verbo] **1** Asaltar barcos en el mar para robar lo que llevan. **2** Copiar discos, programas informáticos u otras cosas, de forma no legal: *Piratear libros es un delito*. ☐ Familia: →pirata.

piratería (pi·ra·te·rí·a) [sustantivo femenino] **1** Asalto y robo que hacen los piratas en los barcos. **2** Hecho de copiar discos, programas informáticos u otras cosas, de forma no legal. ☐ Familia: →pirata.

pirenaico, ca (pi·re·nai·co, ca) [adjetivo o sustantivo] De los Pirineos o relacionado con estas montañas europeas: *región pirenaica*.

piripi (pi·ri·pi) [adjetivo] Que está un poco borracho. ☐ [No varía en masculino y femenino. Es coloquial].

pirita (pi·ri·ta) [sustantivo femenino] Mineral de hierro, de color muy brillante.

pirómano, na (pi·ró·ma·no, na) [sustantivo] Persona que provoca incendios a propósito. ☐ Sinónimos: incendiario. ☐ Familia: →pira.

piropo (pi·ro·po) [sustantivo masculino] Expresión con la que se alaba la belleza de alguien.

pirotecnia (pi·ro·tec·nia) [sustantivo femenino] Técnica para preparar explosivos o fuegos artificiales. ☐ Familia: →pira.

pirrar (pi·rrar) [verbo] Gustar mucho: *Me pirran los bombones*. ☐ [Es coloquial].

pirueta (pi·rue·ta) [sustantivo femenino] Salto que se da en el aire: *El bailarín hizo una pirueta cruzando varias veces los pies en el aire*. ☐ Sinónimos: cabriola.

pirula (pi·ru·la) [sustantivo femenino] **1** Faena o mala acción que se le hace a alguien. **2** Acción que se realiza sin tener en cuenta las normas: *Hizo una pirula y le han puesto una multa*. ☐ [Es coloquial].

piruleta (pi·ru·le·ta) [sustantivo femenino] Dulce de forma aplanada, que se chupa cogiéndolo de un palito. ☐ Familia: →pirulí.

pirulí (pi·ru·lí) [sustantivo masculino] Dulce alargado, que se chupa cogiéndolo de un palito. ☐ [Su plural es «pirulís»]. ☐ Familia: piruleta.

pis [sustantivo masculino] Líquido amarillo que procede de los riñones, pasa a la vejiga y se expulsa para echar fuera sustancias perjudiciales: *Me estoy haciendo pis*. ☐ [Es coloquial]. ☐ Sinónimos: pipí, orina. ☐ Familia: pipí.

pisada (pi·sa·da) [sustantivo femenino] **1** Cada una de las veces que se pone un pie en el suelo cuando se anda: *He oído pisadas en el pasillo*. **2** Huella que deja el pie: *Un perro ha dejado sus pisadas en el cemento fresco*. ☐ Familia: →pisar.

pisapapeles (pi·sa·pa·pe·les) [sustantivo masculino] Objeto que se pone sobre los papeles para que no se muevan. ☐ [No varía en singular y plural]. ☐ Familia: →pisar. →papel.

pisar (pi·sar) [verbo] **1** Poner el pie sobre algo: *No pises el suelo mojado*. **2** Estar una cosa sobre otra: *Has pisado el borde del abrigo con la pata de la silla*. **3** Entrar en un lugar: *Nunca he pisado una discoteca*. **4** Tratar mal: *No se puede pisar a la gente*. ☐ Sinónimos: **4** pisotear. ☐ Familia: pisada, piso, pisotear, pisotón, pisapapeles, apisonar, apisonadora.

piscicultura (pis·ci·cul·tu·ra) [sustantivo femenino] Técnica de dirigir y aumentar la reproducción de peces y de mariscos. ☐ Familia: →pez.

piscifactoría (pis·ci·fac·to·rí·a) [sustantivo femenino] Lugar preparado para criar peces y mariscos. ☐ Familia: →pez.

piscina (pis·ci·na) [sustantivo femenino] Lugar que se construye para llenarlo de agua y poder nadar.

piscis (pis·cis) [adjetivo o sustantivo] Dicho de una persona, que pertenece a uno de los doce signos del Zodiaco: *Las personas que son piscis nacen entre el 19 de febrero y el 20 de marzo*. ☐ [No varía en masculino y femenino, ni en singular y plural]. ☐ Familia: →pez.

piscolabis (pis·co·la·bis) [sustantivo masculino] Comida ligera que se toma para reponer fuerzas. ☐ [No varía en singular y plural. Es coloquial]. ☐ Sinónimos: tentempié, refrigerio.

piso (pi·so) [sustantivo masculino] **1** Superficie sobre la que se ponen los pies cuando se anda: *El piso del vestíbulo es de mármol*. **2** Cada una de las diferentes alturas que forman un edificio: *Mi casa está en el segundo piso*. **3** Cada una de las casas que hay en un edificio: *Mis padres han comprado un piso de cuatro habitaciones*. **4** Parte del zapato que se apoya en el suelo: *El piso de las zapatillas de deporte es de goma*. **5** Cada una de las alturas que tiene una cosa: *La tarta tenía tres pisos*. ☐ Sinónimos: **1** suelo. **2** planta. ☐ Familia: →pisar.

pisotear (pi·so·te·ar) [verbo] **1** Poner los pies varias veces sobre algo hasta estropearlo: *No pisotees el césped*. **2** Tratar muy mal. ☐ Sinónimos: **2** pisar. ☐ Familia: →pisar.

pisotón (pi·so·tón) [sustantivo masculino] Golpe fuerte que se da con el pie al pisar. ☐ Familia: →pisar.

pista (pis·ta) [sustantivo femenino] **1** Marca o señal que se deja al pasar por un sitio: *En la cacería, los perros siguieron la pista del zorro*. **2** Cosa que permite descubrir algo: *Te daré una pista para que adivines quién ha venido*. **3** Lugar liso y preparado para realizar alguna actividad: *pista de hielo; pista de aterrizaje*. ☐ Sinónimos: **1** rastro. ☐ Familia: autopista.

pistacho (pis·ta·cho) [sustantivo masculino] Fruto seco con la cáscara muy dura y con el interior de color verde. ◉ página 455.

pistilo (pis·ti·lo) [sustantivo masculino] Órgano femenino de una flor. ◉ página 444. ☐ Sinónimos: gineceo.

pisto (pis·to) [sustantivo masculino] Plato preparado con pimiento, tomate y cebolla fritos. ◆ [expresión] ‖ **darse pisto** Darse importancia: *Se da mucho pisto, pero es un don nadie.* ☐ [La expresión es coloquial].

pistola (pis·to·la) [sustantivo femenino] **1** Arma de fuego de pequeño tamaño. **2** Utensilio que tiene una forma parecida a la de esta arma: *Los coches se pintan con pistola.* **3** Barra de pan: *Me he hecho un enorme bocadillo con media pistola.* ☐ FAMILIA: pistolera, pistolero.

pistolero, ra (pis·to·le·ro, ra) ∎ [sustantivo] **1** Persona que usa pistola para hacer lo que la ley no permite. ∎ **pistolera** [sustantivo femenino] **2** Especie de bolsa para guardar la pistola. ☐ FAMILIA: →pistola.

pistón (pis·tón) [sustantivo masculino] **1** En un motor, pieza que empuja un líquido al apretarla. **2** En un instrumento musical, llave o pieza que abre o cierra el paso del aire: *La trompeta tiene pistones.*

pita (pi·ta) [sustantivo femenino] Planta con flores amarillentas y hojas largas de forma triangular de las que se saca un hilo que sirve para hacer bolsos y otras cosas.

pitada (pi·ta·da) [sustantivo femenino] Conjunto de silbidos o de pitidos que se dan para indicar que algo no ha gustado: *Al final del partido hubo una pitada porque había sido muy malo.* ☐ FAMILIA: →pito.

pitañoso, sa (pi·ta·ño·so, sa) [adjetivo o sustantivo] Que tiene legañas. ☐ SINÓNIMOS: legañoso.

pitar (pi·tar) [verbo] Hacer un sonido agudo: *La bocina del coche está estropeada y no pita.* ◆ [expresión] ‖ **pitando** Muy deprisa: *Sal pitando o llegarás tarde.* ☐ [La expresión es coloquial]. ☐ FAMILIA: →pito.

pitbull [sustantivo masculino] Perro de una raza que se caracteriza por tener el cuerpo musculoso, el pecho ancho, la cola pequeña y el pelo corto de color blanco. ☐ [Es una palabra inglesa. Se pronuncia «pítbul»].

pitido (pi·ti·do) [sustantivo masculino] Sonido agudo. ☐ FAMILIA: →pito.

pitillera (pi·ti·lle·ra) [sustantivo femenino] Especie de caja donde se llevan cigarrillos. ☐ FAMILIA: →pitillo.

pitillo (pi·ti·llo) [sustantivo masculino] Cilindro delgado hecho de papel y lleno de tabaco picado. ☐ SINÓNIMOS: cigarrillo, cigarro. ☐ FAMILIA: pitillera.

pitiminí (pi·ti·mi·ní) ◆ [expresión] ‖ **de pitiminí 1** Dicho de un rosal, que tiene tallos trepadores y da rosas muy pequeñas. **2** Dicho de una cosa, que es muy pequeña o muy delicada: *carita de pitiminí.*

pito (pi·to) [sustantivo masculino] **1** Instrumento pequeño y hueco que produce un sonido agudo cuando se sopla por él: *El guardia de tráfico tocó el pito para que se parasen los coches.* **2** Instrumento que hace un ruido agudo cuando se toca: *El conductor tocó el pito para que el peatón se apartase.* **3** Pene: *Cuando mi madre bañó a mi hermanito, le vi el pito.* ◆ [expresión] ‖ **por pitos o por flautas** Por un motivo o por otro: *Por pitos o por flautas, nunca me deja su libro de cuentos.* ‖ **un pito** Nada: *Me importa un pito que no me hables.* ☐ [El significado 3 y las expresiones son coloquiales]. ☐ SINÓNIMOS: **1** silbato. **2** bocina, claxon. ☐ FAMILIA: pitar, pitada, pitido, pitorro.

pitón (pi·tón) ∎ [sustantivo masculino] **1** Punta de un cuerno: *los pitones del toro.* ∎ [sustantivo femenino] **2** Serpiente muy grande: *La pitón vive en África y Asia.*

pitonisa (pi·to·ni·sa) [sustantivo femenino] Mujer que predice el futuro: *Una pitonisa me dijo que de mayor sería astronauta, pero soy juez.*

pitorrearse (pi·to·rre·ar·se) [verbo] Reírse mucho de algo: *Encima de que todo me ha salido mal, te pitorreas de mí.* ☐ [Es coloquial]. ☐ SINÓNIMOS: burlarse, guasearse. ☐ FAMILIA: pitorreo.

pitorreo (pi·to·rre·o) [sustantivo masculino] Situación en la que todos se ríen de algo: *¡Menudo pitorreo os traéis con mi nuevo corte de pelo!* ☐ [Es coloquial]. ☐ SINÓNIMOS: burla, guasa, chunga, choteo. ☐ FAMILIA: →pitorrearse.

pitorro (pi·to·rro) [sustantivo masculino] Tubo pequeño que tienen algunos recipientes, por donde se bebe: *Los botijos y los porrones tienen pitorro.* ☐ FAMILIA: →pito.

pitote (pi·to·te) [sustantivo masculino] Mucho ruido y gran movimiento de personas o de cosas: *Se montó un buen pitote porque se querían colar en el cine.* ☐ SINÓNIMOS: follón, jaleo.

pituitaria (pi·tui·ta·ria) [sustantivo femenino] Membrana que recubre la nariz por dentro y nos permite oler.

pituso, sa (pi·tu·so, sa) [sustantivo] Niño pequeño. ☐ [Es coloquial].

pívot (pí·vot) [sustantivo] Jugador de baloncesto muy alto, que juega cerca de la canasta para meter muchos puntos o recoger los rebotes. ☐ [No varía en masculino y femenino. Su plural es «pívots»]. ☐ FAMILIA: pivotar.

pivotar (pi·vo·tar) [verbo] Girar sobre un pivote o sobre un eje: *La pantalla pivotaba sobre un soporte circular.* ☐ FAMILIA: →pívot.

pivote (pi·vo·te) [sustantivo masculino] **1** Pieza sobre la que se apoya otra que da vueltas. **2** Palo de hierro que se pone en la calle, generalmente para que no aparquen los coches.

píxel (pí·xel) [sustantivo masculino] Punto de luz más pequeño que forma una imagen digital: *Cuantos más píxeles contenga una imagen, mayor es su resolución.*

pizarra (pi·za·rra) [sustantivo femenino] **1** Superficie sobre la que se escribe con tiza. **2** Piedra que se separa fácilmente en capas planas y delgadas: *tejado de pizarra.* ☐ SINÓNIMOS: **1** encerado. ☐ FAMILIA: pizarrín.

pizarrín (pi·za·rrín) [sustantivo masculino] Barra pequeña que se usa para escribir en una pizarra. ☐ FAMILIA: →pizarra.

pizca (piz·ca) [sustantivo femenino] Cantidad muy pequeña de algo: *una pizca de sal.* ☐ SINÓNIMOS: chispa.

pizpireto, ta (piz·pi·re·to, ta) [adjetivo] Dicho de una persona, que es viva, graciosa y simpática.

pizza [sustantivo femenino] Comida hecha con una masa redonda sobre la que se colocan diferentes ingredientes: *La pizza es una comida típica de Italia.* ☐ [Es una palabra italiana. Se pronuncia «pítsa»]. ☐ FAMILIA: pizzería, pizzero.

pizzería (pi·zze·rí·a) [sustantivo femenino] Lugar en el que se hacen, se venden o se toman *pizzas.* ☐ [Se pronuncia «pitsería»]. ☐ FAMILIA: →*pizza.*

pizzero, ra (pi·zze·ro, ra) [sustantivo] Persona que hace *pizzas* o que las lleva a la casa de la persona que las pide. □ Familia: →*pizza*.

placa (pla·ca) [sustantivo femenino] **1** Trozo delgado y plano de un material duro: *El nombre del colegio está grabado en una placa que hay en la puerta.* **2** Superficie de metal que produce calor: *No toques la placa de la cocina, porque te quemarás.* □ Familia: plaqueta.

placaje (pla·ca·je) [sustantivo masculino] En *rugby*, hecho de parar al jugador que lleva el balón sujetándolo con las manos. □ Familia: →placar.

placar (pla·car) [verbo] En *rugby*, frenar al jugador que lleva el balón sujetándolo con las manos. □ [La «c» se cambia en «qu» delante de «e» («plaque»)]. □ Familia: placaje.

placenta (pla·cen·ta) [sustantivo femenino] Órgano que se desarrolla en el vientre de las mujeres durante el embarazo, a través del cual se alimenta el hijo antes de nacer.

placentero, ra (pla·cen·te·ro, ra) [adjetivo] Que da placer o que resulta agradable. □ Sinónimos: regalado. □ Familia: →placer.

placer (pla·cer) ◼ [sustantivo masculino] **1** Sensación agradable que se siente cuando algo gusta mucho: *¡Qué placer es bañarse en la piscina cuando hace calor...!* ◼ [verbo] **2** Agradar o gustar: *Haz lo que te plazca.* □ [Como verbo, es irregular y se conjuga como AGRADECER]. □ Sinónimos: **1** gusto. □ Antónimos: **1** suplicio, tormento, tortura. □ Familia: placentero, complacer, complacencia, complaciente.

placidez (pla·ci·dez) [sustantivo femenino] Sensación que tenemos cuando estamos tranquilos y a gusto: *El bebé dormía con placidez.* □ Familia: →plácido.

plácido, da (plá·ci·do, da) [adjetivo] Que resulta agradable y tranquilo: *una plácida conversación.* □ Sinónimos: apacible. □ Familia: placidez.

plafón (pla·fón) [sustantivo masculino] Lámpara que está pegada al techo.

plaga (pla·ga) [sustantivo femenino] **1** Suceso que causa gran daño a mucha gente: *Esta enfermedad es una plaga de nuestra sociedad.* **2** Gran cantidad de animales que causan daño: *plaga de mosquitos.* **3** Gran cantidad de algo que molesta: *Una plaga de gente inundó la playa.* □ Sinónimos: **2** invasión. □ Familia: plagarse.

plagarse (pla·gar·se) [verbo] Llenarse un lugar de algo que molesta: *La playa se plagó de gente.* □ [La «g» se cambia en «gu» delante de «e» («plague»)]. □ Familia: →plaga.

plagiar (pla·giar) [verbo] Copiar una idea o una obra de otra persona y hacer como si fueran propias: *Esa canción plagia otra de hace unos años.* □ [Es irregular y se conjuga como ANUNCIAR]. □ Familia: plagio.

plagio (pla·gio) [sustantivo masculino] Copia de una idea o de una obra de otra persona, haciendo como si fuera propia. □ Familia: →plagiar.

plan (plan) [sustantivo masculino] **1** Intención de hacer algo: *No tengo ningún plan para hoy.* **2** Conjunto de puntos o ideas que sirve de base para hacer algo: *plan de estudios.* **3** Manera de actuar de una persona: *Estás en plan tonto y no hay quien te aguante.* □ Sinónimos: **1**, **2** proyecto. **2** programa. □ Familia: planear, planificar, planificación.

plancha (plan·cha) [sustantivo femenino] **1** Utensilio que se usa para quitar las arrugas de la ropa. **2** Trozo delgado y plano de un material: *Este armario va reforzado con planchas de metal.* **3** Placa que se usa para cocinar algunos alimentos: *hacer a la plancha un filete.* ◆ [expresión] ‖ **en plancha** Poniendo el cuerpo paralelo al suelo: *No sabe tirarse de cabeza a la piscina y se tira en plancha.* ‖ **plancha de pelo** Aparato que sirve para alisar u ondular el cabello. □ Sinónimos: **2** lámina, hoja, chapa. □ Familia: planchar, planchado, planchazo.

planchado, da (plan·cha·do, da) [adjetivo] **1** Sorprendido y sin saber qué decir: *Me dejó planchado con su respuesta.* ◼ **planchado** [sustantivo masculino] **2** Hecho de planchar la ropa para quitarle las arrugas. □ [El significado **1** es coloquial]. □ Familia: →plancha.

planchar (plan·char) [verbo] Quitar las arrugas a una tela. □ Familia: →plancha.

planchazo (plan·cha·zo) [sustantivo masculino] **1** Golpe fuerte que se da una persona en la tripa cuando se tira al agua. **2** Error grande que hace pasar vergüenza: *¡Menudo planchazo cuando me enteré de que el regalo no era para mí!* □ [Es coloquial]. □ Familia: →plancha.

plancton (planc·ton) [sustantivo masculino] Conjunto de animales o vegetales muy pequeños que viven en el agua.

planeador (pla·ne·a·dor) [sustantivo masculino] Avión que vuela sin motor. □ Familia: →plano.

planeadora (pla·ne·a·do·ra) [sustantivo femenino] Lancha que tiene un motor muy bueno y que va muy rápido. □ Familia: →plano.

planear (pla·ne·ar) [verbo] **1** Pensar en la forma en la que se va a realizar algo: *Ya hemos planeado las vacaciones.* **2** Volar un avión sin usar el motor: *Debido a una avería del motor, tuvimos que aterrizar planeando.* **3** Volar un ave con las alas extendidas y sin moverlas: *Muchas aves rapaces planean mientras buscan desde el aire a su presa.* □ Sinónimos: **1** proyectar, idear. □ Familia: **1** →plan. **2**, **3** →plano.

planeta (pla·ne·ta) [sustantivo masculino] Cuerpo sólido que está en el cielo y que gira alrededor de una estrella: *La Tierra, Marte y Venus son planetas del sistema solar.* ◆ [expresión] ‖ **planeta enano** El que mantiene en su órbita los materiales a partir de los cuales se creó: *Plutón es un planeta enano.* □ Familia: planetario.

planetario, ria (pla·ne·ta·rio, ria) ◼ [adjetivo] **1** De los planetas o relacionado con estos cuerpos sólidos que hay en el cielo: *movimientos planetarios.* ◼ **planetario** [sustantivo masculino] **2** Lugar en el que se representan los planetas y sus movimientos: *El planetario al que fuimos tiene una pantalla en forma de cúpula.* □ Familia: →planeta.

planicie (pla·ni·cie) [sustantivo femenino] Terreno llano y muy grande. □ Sinónimos: llanura. □ Familia: →plano.

planificación (pla·ni·fi·ca·ción) [sustantivo femenino] Preparación de un plan detallado para hacer una cosa: *Los profesores se reunieron para hacer la planificación del curso.* □ FAMILIA: →plan.

planificar (pla·ni·fi·car) [verbo] Organizar algo que se va a hacer: *El director ha planificado las conferencias del curso.* □ [La «c» se cambia en «qu» delante de «e» («planifique»)]. □ SINÓNIMOS: programar. □ FAMILIA: →plan.

planisferio (pla·nis·fe·rio) [sustantivo masculino] Mapa que representa la esfera de la Tierra o la del cielo. □ FAMILIA: →plano. →esfera.

plano, na (pla·no, na) ■ [adjetivo] **1** Llano o liso: *Las pistas de aterrizaje de los aeropuertos son planas.* ■ **plano** [sustantivo masculino] **2** Papel en el que se dibuja un terreno o una construcción: *El arquitecto ha presentado los planos del nuevo edificio.* **3** En matemáticas, superficie que puede contener una recta: *Para imaginar un plano, piensa en una hoja de papel.* **4** Superficie formada por todos los objetos que están a la misma distancia de la persona que los mira: *En la fotografía, lo que estaba en primer plano ha salido borroso.* **5** Punto de vista desde el que se puede considerar algo: *Mira las cosas desde un plano más optimista.* ■ **plana** [sustantivo femenino] **6** Página de un periódico o de una revista: *Los periódicos publicaron la noticia del escándalo en primera plana.* □ SINÓNIMOS: **1** raso. □ FAMILIA: planear, planeador, planeadora, aplanar, explanada, planicie, altiplano, altiplanicie, semiplano, planisferio, aeroplano.

planta (plan·ta) [sustantivo femenino] **1** Ser vivo que crece y vive en un lugar y que no puede moverse: *En el jardín hay muchas plantas.* **2** Parte del pie que se apoya en el suelo al andar: *Si andas descalzo se te mancharán las plantas de los pies.* **3** Cada una de las diferentes alturas que forman un edificio: *Vivo en la planta baja de este edificio.* **4** Figura plana con la forma del suelo de un edificio: *He dibujado la planta de mi casa.* **5** Aspecto de una persona: *¡Qué buena planta tiene ese chico!* **6** Fábrica o industria: *planta eléctrica.* □ SINÓNIMOS: **1** vegetal. **3** piso. □ FAMILIA: plantar, plantación, plantilla, plantificar, plantado, plantón, plantígrado, trasplantar, trasplante, implantar, implante, suplantar, entreplanta.

plantación (plan·ta·ción) [sustantivo femenino] Terreno en el que se cultivan plantas de una misma clase: *una plantación de tabaco.* □ FAMILIA: →planta.

plantado, da (plan·ta·do, da) ◆ [expresión] ∥ **bien plantado** Dicho de una persona, que tiene buen aspecto. □ FAMILIA: →planta.

plantar (plan·tar) [verbo] **1** Meter una planta en la tierra para que crezca: *He plantado un geranio en esta maceta.* **2** Llenar un terreno de plantas: *Quiere plantar esta zona con pinos.* **3** Poner algo en un sitio: *Cuando le di el regalo me plantó dos besos.* **4** No ir una persona al lugar en el que debía encontrarse con alguien: *No se casaron porque plantó al novio en la puerta de la iglesia.* ■ **plantarse 5** Llegar a un lugar en poco tiempo: *Había poco tráfico y en un momento me planté en su casa.* □ [Los significados **3**, **4** y **5** son coloquiales]. □ SINÓNIMOS: **3** estampar. □ FAMILIA: →planta.

planteamiento (plan·te·a·mien·to) [sustantivo masculino] Exposición o valoración de un problema o de un proyecto: *Me contó el planteamiento de la novela, pero no me gustó.* □ FAMILIA: →plantear.

plantear (plan·te·ar) [verbo] **1** Preparar algo que todavía no está hecho para hacerlo después: *He planteado bien el problema de matemáticas, pero me he equivocado al sumar.* **2** Decir o dar a conocer un asunto: *plantear un problema.* ■ **plantearse 3** Considerar algo de forma seria y con detalle: *Me estoy planteando estudiar música.* □ FAMILIA: planteamiento, replantear.

plantel (plan·tel) [sustantivo masculino] Conjunto de personas que tienen algo en común: *¡Qué buen plantel de actores trabaja en esta película!*

plantificar (plan·ti·fi·car) [verbo] **1** Dar con fuerza un beso o un golpe: *En cuanto me vio, me plantificó dos besos.* **2** Poner algo en algún sitio: *¡No plantifiques las manos sucias sobre la colcha!* ■ **plantificarse 3** Llegar a un lugar en poco tiempo: *Con la nueva carretera, me plantifico en tu casa en un momento.* □ [Es coloquial]. □ SINÓNIMOS: plantar. **1** estampar. □ FAMILIA: →planta.

plantígrado, da (plan·tí·gra·do, da) [adjetivo o sustantivo] Dicho de un animal cuadrúpedo, que apoya completamente las plantas de los pies y de las manos para andar: *El oso y el tejón son plantígrados.* □ FAMILIA: →planta.

plantilla (plan·ti·lla) [sustantivo femenino] **1** Pieza con que se cubre el interior de la planta de un zapato: *Llevo unas plantillas en las botas para que no huelan.* **2** Pieza que se pone sobre otra y que sirve como guía para cortar o para dibujar: *Los dibujos te saldrán iguales si los haces con una plantilla.* **3** Conjunto de las personas que trabajan en un mismo sitio: *El entrenador está muy contento con toda la plantilla.* □ SINÓNIMOS: **3** personal. □ FAMILIA: →planta.

plantón (plan·tón) [sustantivo masculino] **1** Retraso o no asistencia a un lugar: *Me dio plantón y no vino a la fiesta.* **2** Planta joven: *Trasplantaremos en el jardín unos plantones de encina.* □ [El significado **1** es coloquial]. □ FAMILIA: →planta.

plañidera (pla·ñi·de·ra) [sustantivo femenino] Mujer a la que se llamaba y se pagaba para que llorara en los entierros.

plaqueta (pla·que·ta) [sustantivo femenino] **1** Célula de la sangre que hace que esta se coagule. **2** Baldosa o azulejo de cerámica que se usa para cubrir suelos. □ FAMILIA: →placa.

plasma (plas·ma) [sustantivo masculino] Parte líquida de la sangre.

plasmar (plas·mar) [verbo] Representar algo: *Plasmó sus sentimientos en un poema.*

plasta (plas·ta) ■ [adjetivo o sustantivo] **1** Que molesta o resulta pesado: *No seas plasta y déjame en paz.* ■ [sustantivo femenino] **2** Sustancia blanda y espesa: *Este puré es una plasta que no se puede comer.* □ [Es coloquial. En el significado **1** no

plástico, ca

varía en masculino y femenino. □ Sinónimos: **1** pelma, pelmazo, pedorro, cataplasma. **2** emplasto. □ Familia: emplasto.

plástico, ca (plás·ti·co, ca) [adjetivo o sustantivo masculino] Dicho de un material, que es parecido al papel, impermeable y a veces transparente: *bolsa de plástico*. □ Familia: plastificar.

plastificar (plas·ti·fi·car) [verbo] Cubrir con una capa de plástico: *He plastificado el carné de la biblioteca*. □ [La «c» se cambia en «qu» delante de «e» («plastifique»)]. □ Familia: →plástico.

plastilina (plas·ti·li·na) [sustantivo femenino] Pasta blanda de diferentes colores que sirve para hacer figuras. □ [Procede de la marca comercial «Plastilina®»].

plata (pla·ta) [sustantivo femenino] Metal de color parecido al blanco y al gris que se usa para fabricar joyas: *cadena de plata*. □ Familia: plateado, platero, platino, plateresco.

plataforma (pla·ta·for·ma) [sustantivo femenino] **1** Superficie levantada a poca altura del suelo: *Han levantado una plataforma en el parque para que toque la banda de música*. **2** Cualquier superficie plana que levanta a otra: *zapatos con plataforma*. □ Sinónimos: **1** tarima.

platanal (pla·ta·nal) [sustantivo masculino] → **platanar**. □ Familia: →plátano.

platanar (pla·ta·nar) [sustantivo masculino] Terreno plantado de plataneros. □ [Se usa también «platanal»]. □ Familia: →plátano.

platanero, ra (pla·ta·ne·ro, ra) ∎ [adjetivo] **1** De los plátanos o relacionado con ellos: *producción platanera*. ∎ [sustantivo] **2** Árbol cuyo fruto es el plátano. ⊙ página 91. □ Sinónimos: **2** banano. □ Familia: →plátano.

plátano (plá·ta·no) [sustantivo masculino] **1** Fruto alargado y curvo, con una cáscara verde que se pone amarilla cuando está maduro. ⊙ página 453. **2** Árbol de tronco liso y claro, que se planta en las calles y paseos y que da mucha sombra. □ Sinónimos: **1** banana. □ Familia: platanero, platanal, platanar, aplatanar.

platea (pla·te·a) [sustantivo femenino] Planta baja de un teatro en la que están los asientos. □ Sinónimos: patio de butacas.

plateado, da (pla·te·a·do, da) [adjetivo] Del color de la plata o con una capa de plata. □ Familia: →plata.

plateresco, ca (pla·te·res·co, ca) ∎ [adjetivo] **1** Del plateresco o con características de este estilo artístico: *fachada plateresca*. ∎ **plateresco** [sustantivo masculino] **2** En arte, estilo arquitectónico que se desarrolló en España durante los siglos XV y XVI y que se caracterizaba por usar muchos adornos, sobre todo en las fachadas. □ Familia: →plata.

platero, ra (pla·te·ro, ra) [sustantivo] Persona que trabaja la plata o que vende objetos de plata. □ Familia: →plata.

plática (plá·ti·ca) [sustantivo femenino] **1** Charla o conversación. **2** Sermón corto. □ Familia: →platicar.

platicar (pla·ti·car) [verbo] Hablar unas personas con otras. □ [La «c» se cambia en «qu» delante de «e» («platique»)]. □ Sinónimos: conversar, charlar. □ Familia: plática.

platillo (pla·ti·llo) ∎ [sustantivo masculino] **1** Pieza pequeña parecida a un plato: *Las balanzas tienen un platillo a cada lado*. ∎ **platillos** [plural] **2** Instrumento musical formado por dos piezas de metal que se chocan una contra otra. ⊙ páginas 534-535. ◆ [expresión] ∥ **platillo volante** Nave que vuela por el espacio y no tiene un origen conocido. □ Familia: →plato.

platino (pla·ti·no) [sustantivo masculino] Metal precioso del color de la plata que se usa para fabricar joyas: *El platino es más valioso que el oro*. □ Familia: →plata.

plato (pla·to) [sustantivo masculino] **1** Recipiente redondo que se usa para servir comidas: *Los platos hondos son para la sopa*. **2** Alimento que se prepara para ser comido: *De primer plato hay lentejas*. **3** Objeto que tiene forma redonda, fina y más o menos plana: *Coloca el disco sobre el plato del tocadiscos y ponlo en marcha*. □ Familia: platillo, escurreplatos, lavaplatos, friegaplatos.

plató (pla·tó) [sustantivo masculino] Lugar cubierto en el que se hacen películas o programas. □ [Es una palabra de origen francés].

playa (pla·ya) [sustantivo femenino] Zona de arena en la orilla del agua. ⊙ páginas 576-577. □ Familia: playero.

playback [sustantivo masculino] Forma de cantar en un espectáculo que consiste en mover los labios sin decir nada, porque la canción suena por otra parte. □ [Es una palabra inglesa. Se pronuncia «pléibak»].

playboy [sustantivo masculino] Hombre que gusta a muchas mujeres. □ [Es una palabra inglesa. Se pronuncia «pléiboi»].

playero, ra (pla·ye·ro, ra) ∎ [adjetivo] **1** Que es adecuado para estar en la playa: *bolso playero*. ∎ **playera** [sustantivo femenino] **2** Especie de zapatos de tela que se suelen usar en verano. □ Familia: →playa.

plaza (pla·za) [sustantivo femenino] **1** Lugar ancho de una población, al que van a dar varias calles: *El ayuntamiento está en la plaza mayor del pueblo*. ⊙ página 172. **2** Lugar en el que cabe una persona o una cosa: *plaza de garaje*. **3** Empleo o trabajo: *Tiene una plaza de maestro en este colegio*. **4** Lugar en el que se venden comestibles: *Voy a la plaza a comprar fruta*. ◆ [expresión] ∥ **plaza de toros** Espacio de forma circular en el que se celebran corridas de toros. □ Sinónimos: **3** puesto, destino. **4** mercado. □ Familia: plazoleta, desplazar, desplazamiento, reemplazar.

plazo (pla·zo) [sustantivo masculino] **1** Período de tiempo que se fija para hacer algo: *Las solicitudes que lleguen fuera de plazo no serán admitidas*. **2** Cada una de las partes en que se divide una cantidad que se paga de varias veces: *pagar a plazos*. □ Familia: aplazar, aplazamiento, emplazar, emplazamiento, reemplazar.

plazoleta (pla·zo·le·ta) [sustantivo femenino] Plaza pequeña. □ Familia: →plaza.

pleamar (ple·a·mar) [sustantivo masculino] Momento en el que la marea está más alta. □ Antónimos: bajamar. □ Familia: →mar.

plebe (ple·be) [sustantivo femenino] **1** Clase social más baja: *La plebe se sublevó contra la nobleza.* **2** En la antigua Roma, clase social que no tenía privilegios. ☐ Familia: plebeyo, plebiscito.

plebeyo, ya (ple·be·yo, ya) ■ [adjetivo] **1** De la plebe o relacionado con ella: *revueltas plebeyas.* ■ [adjetivo o sustantivo] **2** Que no pertenece a la nobleza: *El marqués no quería que su hija se casara con un plebeyo.* **3** En la antigua Roma, que pertenecía a la plebe: *patricio.* ☐ Familia: →plebe.

plebiscito (ple·bis·ci·to) [sustantivo masculino] Votación que organiza el Gobierno de un país para que el pueblo diga sí o no a una cuestión. ☐ Familia: →plebe.

plegable (ple·ga·ble) [adjetivo] Que se puede plegar: *silla plegable.* ☐ [No varía en masculino y femenino]. ☐ Familia: →plegar.

plegamiento (ple·ga·mien·to) [sustantivo masculino] Pliegue que se produce en la corteza de la Tierra, causado por las fuerzas que actúan sobre ella, y que da lugar a las montañas. ☐ Familia: →plegar.

plegar (ple·gar) [verbo] **1** Doblar algo haciendo pliegues: *Plegué el folio por la mitad y lo guardé en el sobre.* ■ **plegarse 2** Mostrarse dispuesto a hacer lo que los demás dicen: *Tuve que plegarme y hacer lo que me dijo.* ☐ [Es irregular y se conjuga como ACERTAR. La «g» se cambia en «gu» delante de «e» («pliegue»)]. ☐ Sinónimos: **2** ceder. ☐ Antónimos: **1** desplegar. ☐ Familia: pliego, pliegue, plegamiento, plegable, desplegar, despliegue, replegar, repliegue.

plegaria (ple·ga·ria) [sustantivo femenino] Ruego que se hace a una divinidad o a un santo.

pleitesía (plei·te·sí·a) [sustantivo femenino] Muestra respetuosa de cortesía o de obediencia: *Se arrodilló ante la imagen de la Virgen para mostrar pleitesía.*

pleito (plei·to) [sustantivo masculino] Disputa en la que decide un juez. ☐ Sinónimos: litigio. ☐ Familia: picapleitos.

plenario, ria (ple·na·rio, ria) [adjetivo] Dicho de una reunión, que cuenta con la asistencia de todos los miembros de un grupo. ☐ Familia: →pleno.

plenilunio (ple·ni·lu·nio) [sustantivo masculino] Fase durante la cual la Luna se ve completamente redonda. ☐ Sinónimos: luna llena. ☐ Familia: →luna.

plenitud (ple·ni·tud) [sustantivo femenino] Momento de mayor fuerza o importancia en un proceso: *Está en la plenitud de su carrera como actriz.* ☐ Sinónimos: apogeo, esplendor. ☐ Antónimos: decadencia. ☐ Familia: →pleno.

pleno, na (ple·no, na) ■ [adjetivo] **1** Ocupado de manera total: *Me siento pleno de energía.* **2** Que está en el momento central: *En pleno verano hace muchísimo calor.* ■ **pleno** [sustantivo masculino] **3** Junta general de un grupo, a la que asisten todos sus miembros: *El día de la inauguración, el rey presidió el pleno del Parlamento.* ◆ [expresión] ‖ **en pleno** En conjunto y sin dejar a nadie fuera: *El equipo en pleno apoyó a su entrenador.* ☐ Sinónimos: **1** lleno. ☐ Antónimos: **1** vacío. ☐ Familia: plenitud, plenario.

pleonasmo (ple·o·nas·mo) [sustantivo masculino] Forma de expresión que consiste en usar palabras que no son necesarias para comprender el mensaje: *La frase «yo mismo lo vi con mis propios ojos» es un ejemplo de pleonasmo.*

pletina (ple·ti·na) [sustantivo femenino] Aparato de los equipos de música en el que se colocan las casetes para que suenen o para grabar en ellas.

pletórico, ca (ple·tó·ri·co, ca) [adjetivo] Lleno de algo bueno: *Iba pletórico de alegría.*

pleura (pleu·ra) [sustantivo femenino] Capa de tejido que cubre los pulmones.

pliego (plie·go) [sustantivo masculino] **1** Hoja muy grande de papel. **2** Papel en el que se expresa algo: *Los vecinos escribieron un pliego de protesta.* ☐ Familia: →plegar.

pliegue (plie·gue) [sustantivo masculino] Arruga que se forma en un material al poner una parte de él sobre otra: *Haciéndole pliegues a una hoja de papel puedes hacer un barquito.* ☐ Familia: →plegar.

plinto (plin·to) [sustantivo masculino] Aparato de gimnasia formado por varios cajones de madera puestos unos sobre otros.

plinto

plisado, da (pli·sa·do, da) [adjetivo] Con pliegues pequeños e iguales: *falda plisada.*

plomada (plo·ma·da) [sustantivo femenino] Cuerda que tiene un trozo de plomo en un extremo: *Los albañiles utilizan la plomada para saber si una pared está recta.* ☐ Familia: →plomo.

plomizo, za (plo·mi·zo, za) [adjetivo] De color gris parecido al del plomo: *un cielo plomizo.* ☐ Familia: →plomo.

plomo (plo·mo) ■ [sustantivo masculino] **1** Metal gris y muy pesado: *Las balas suelen ser de plomo.* **2** Persona o cosa que resulta muy pesada: *¡Ese chico es un plomo y aburre a cualquiera!* ■ **plomos** [plural] **3** Especie de hilo que se funde cuando pasa demasiada corriente eléctrica por él: *Cuando se funden los plomos, se va la luz.* ☐ [El significado **2** es coloquial]. ☐ Sinónimos: **3** fusible. ☐ Familia: plomada, plomizo.

plug-in [sustantivo masculino] En informática, programa pequeño que sirve para mejorar otros programas más grandes: *Han creado un plug-in para que este videojuego tenga más pantallas.* ☐ [Es una palabra inglesa. Se pronuncia «plágüin»].

pluma (plu·ma) [sustantivo femenino] **1** Cada una de las piezas que cubren la piel de un ave. **2** Instrumento que sirve para escribir con tinta. ☐ Sinónimos: **2** estilográfica. ☐ Familia: plumaje, plumón, emplumar, desplumar, plumero, plumífero, plumilla, cortaplumas, plumazo.

plumaje (plu·ma·je) [sustantivo masculino] Conjunto de plumas de un ave. ☐ Familia: →pluma.

plumas (plu·mas) [sustantivo] Plumífero: *Hoy hace mucho frío, ponte el plumas.* ☐ [No varía en singular y plural. Es coloquial.]

plumazo (plu·ma·zo) ◆ [expresión] ‖ **de un plumazo** En un momento o de forma rápida: *Si no lo entiendes, yo te lo explico de un plumazo.* ☐ Familia: →pluma.

plumero (plu·me·ro) [sustantivo] **1** Objeto que se usa para quitar el polvo y que está formado por un conjunto de plumas atadas a un palo. **2** Adorno de plumas: *Las bailarinas del espectáculo llevaban plumeros en la cabeza.* ◆ [expresión] ‖ **vérsele el plumero a alguien** Descubrirse lo que quiere hacer: *Aunque quiso disimular, yo le vi el plumero enseguida.* ☐ [La expresión es coloquial.] ☐ Familia: →pluma.

plumier (plu·mier) [sustantivo masculino] Caja que se usa para guardar lápices. ☐ [Es una palabra de origen francés].

plumífero (plu·mí·fe·ro) [sustantivo masculino] Prenda de abrigo que suele ir rellena de plumas: *Los plumíferos son muy buenos para la nieve.* ☐ Familia: →pluma.

plumilla (plu·mi·lla) [sustantivo femenino] Punta de metal que se coloca en el extremo de un soporte alargado y que se moja en tinta para escribir o dibujar. ☐ Familia: →pluma.

plumón (plu·món) [sustantivo masculino] Pluma pequeña y muy suave que tienen las aves: *Los plumíferos se hacen con plumón.* ☐ Familia: →pluma.

plural (plu·ral) ∎ [adjetivo] **1** Que presenta gran variedad de aspectos: *Quiero oír a varios testigos para tener una visión plural de lo que pasó.* ∎ [sustantivo masculino] **2** Dicho de una palabra, que se refiere a varias cosas: *«Niñas» es un sustantivo femenino plural. El plural de «reloj» es «relojes».* ☐ [Cuando es adjetivo, no varía en masculino y femenino.] ☐ Familia: pluralidad, pluralismo.

pluralidad (plu·ra·li·dad) [sustantivo femenino] Gran cantidad de cosas distintas: *pluralidad de opiniones.* ☐ Sinónimos: diversidad. ☐ Familia: →plural.

pluralismo (plu·ra·lis·mo) [sustantivo masculino] Sistema por el que se acepta que haya distintas opiniones, sobre todo en política: *El pluralismo es una de las bases de la democracia.* ☐ Familia: →plural.

pluriempleo (plu·riem·ple·o) [sustantivo masculino] Situación de una persona que tiene más de un empleo. ☐ Familia: →emplear.

plus [sustantivo masculino] Cantidad de dinero que se paga o se recibe además del sueldo. ☐ [Su plural es «pluses».] ☐ Sinónimos: sobresueldo.

plusmarca (plus·mar·ca) [sustantivo femenino] Mejor resultado que se ha registrado en un deporte. ☐ Sinónimos: marca, récord. ☐ Familia: →marcar.

plusmarquista (plus·mar·quis·ta) [sustantivo] Deportista que ha conseguido el mejor resultado en su especialidad.

☐ [No varía en masculino y femenino. Es preferible usar «plusmarquista» que las palabras francesas *recordman* y *recordwoman*]. ☐ Familia: →marcar.

pluviómetro (plu·vió·me·tro) [sustantivo masculino] Instrumento que se usa para medir la cantidad de lluvia que cae en un lugar. ☐ Familia: →lluvia.

poblacho (po·bla·cho) [sustantivo masculino] Pueblo pequeño o feo. ☐ [Es despectivo]. ☐ Familia: →pueblo.

población (po·bla·ción) [sustantivo femenino] **1** Conjunto de los habitantes de un lugar. **2** Lugar con habitantes y con edificios y espacios para vivir en él: *Santander es una población del norte de España.* ☐ Sinónimos: **2** localidad. ☐ Familia: →poblar.

poblado (po·bla·do) [sustantivo masculino] Lugar en el que vive un conjunto de personas: *Los indios americanos solían vivir en poblados.* ☐ Antónimos: despoblado. ☐ Familia: →poblar.

poblador, ra (po·bla·dor, do·ra) [sustantivo] Que ocupa un lugar y vive en él: *Los pobladores de las grandes ciudades se mueven en coches.* ☐ Familia: →poblar.

poblar (po·blar) [verbo] Ocupar un lugar y hacer vida en él: *Los colonos poblaron los territorios conquistados.* ☐ [Es irregular y se conjuga como **CONTAR**]. ☐ Sinónimos: habitar, vivir. ☐ Antónimos: despoblar. ☐ Familia: poblado, poblador, población, despoblar, despoblado, repoblar, repoblación, superpoblado, superpoblación.

pobre (po·bre) ∎ [adjetivo] **1** Que es escaso o que no basta: *Es un libro pobre en ilustraciones.* **2** De poco valor o de poca calidad: *El pordiosero llevaba unas ropas pobres.* ∎ [adjetivo o sustantivo] **3** Que no tiene lo necesario para vivir. **4** Que no es feliz o que da pena: *¡Pobre hombre, tan joven y ya viudo!* ∎ [sustantivo] **5** Persona que pide dinero porque no tiene lo necesario para vivir. ☐ [No varía en masculino y femenino. En el significado **4** se usa delante de un nombre]. ☐ Sinónimos: **3** necesitado, indigente. **4** infeliz. **5** mendigo, pordiosero. ☐ Antónimos: **1**, **3** rico, opulento. **3** acaudalado, acomodado, adinerado, pudiente. **4** afortunado, feliz. ☐ Familia: pobreza, empobrecer, empobrecimiento, pobretón.

pobretón, na (po·bre·tón, to·na) [adjetivo o sustantivo] Que tiene poco dinero. ☐ [Es despectivo]. ☐ Familia: →pobre.

pobreza (po·bre·za) [sustantivo femenino] **1** Falta de las cosas necesarias para vivir. **2** Falta de algo o cantidad escasa de ello: *Lee mucho y terminarás con tu pobreza de vocabulario.* ☐ Sinónimos: escasez. **1** miseria, necesidad. **2** carencia. ☐ Antónimos: riqueza, opulencia. **2** abundancia. ☐ Familia: →pobre.

pocero, ra (po·ce·ro, ra) [sustantivo] **1** Persona que se dedica a limpiar pozos y alcantarillas. **2** Persona que se dedica a construir pozos o a trabajar en ellos. ☐ Familia: →pozo.

pocho, cha (po·cho, cha) ∎ [adjetivo] **1** Dicho de un alimento, que está demasiado maduro: *La fruta se puso pocha.* **2** Dicho de una persona, que está un poco enferma: *Llevo dos días pocho en la cama.* ∎ **pocha** [sustantivo femenino] **3** Judía blanca temprana: *pochas con chorizo.* ☐ [El significado **2** es coloquial]. ☐ Sinónimos: **2** pachucho.

pocilga (po·cil·ga) [sustantivo][femenino] Lugar donde se crían los cerdos. □ Sinónimos: cochiquera, porqueriza.

pocillo (po·ci·llo) [sustantivo][masculino] Taza pequeña, generalmente de loza. □ Familia: →pozo.

pócima (pó·ci·ma) [sustantivo][femenino] **1** Bebida que sirve de medicina o que tiene propiedades mágicas: *La bruja preparó la pócima con un ojo de sapo*. **2** Bebida de sabor extraño o desagradable: *Eso no es un batido de fresa, es una pócima*. □ Sinónimos: **1** poción. **2** brebaje.

poción (po·ción) [sustantivo][femenino] Bebida que sirve de medicina o que tiene propiedades mágicas: *La bruja preparó una poción mágica*. □ Sinónimos: pócima.

poco, ca (po·co, ca) ■ [indefinido] **1** Menos de lo normal: *Tengo pocas hojas. Pedí más lápices porque tenía pocos*. ■ **poco** [sustantivo][masculino] **2** Cantidad pequeña: *Todos los días dedico un poco de tiempo a leer*. ◆ [expresión] ‖ **poco a poco** A ritmo lento o en pequeños pasos: *Poco a poco consiguió ahorrar una fortuna*. ‖ **por poco** Casi: *Tropecé y por poco me caigo*. □ [No debe decirse «una poca de suerte», sino «un poco de suerte»]. □ Antónimos: **1** mucho. □ Familia: apocar, apocado.

poda (po·da) [sustantivo][femenino] Hecho de cortar las ramas a una planta para que se desarrolle con más fuerza. □ Familia: →podar.

podadera (po·da·de·ra) [sustantivo][femenino] Herramienta que sirve para cortar las ramas de una planta. □ Familia: →podar.

podar (po·dar) [verbo] Cortar las ramas a una planta para que se desarrolle con más fuerza. □ Familia: poda, podadera.

podenco, ca (po·den·co, ca) [sustantivo] Perro de una raza que se caracteriza por tener las patas largas y fuertes y ser muy rápido.

poder (po·der) ■ [sustantivo][masculino] **1** Capacidad o fuerza para hacer algo: *Me admira tu poder de concentración*. **2** Autoridad o capacidad para mandar: *Aquellas tierras estaban bajo el poder real*. **3** Gobierno de un país: *Para llegar al poder, hay que ganar las elecciones*. **4** Derecho de poseer algo: *Todo lo que tengo pasará algún día a tu poder*. ■ [verbo] **5** Tener capacidad para hacer algo: *No puedo evitarlo*. **6** Tener derecho o permiso para hacer algo: *¿Puedo volver tarde a casa?* **7** Ser capaz de vencer a alguien: *¡No te metas conmigo, que te puedo!* **8** Existir la posibilidad de que algo ocurra: *Puede que todo salga bien*. ◆ [expresión] ‖ **poderes públicos** Conjunto de las autoridades que gobiernan un país: *El Gobierno y los ayuntamientos forman parte de los poderes públicos*. ‖ **¿se puede?** Se usa para pedir permiso cuando queremos entrar a un lugar: *Alguien llamó a la puerta y preguntó: «¿Se puede?»*. □ [Es irregular (mira el cuadro en la página siguiente). El significado **7** es coloquial]. □ Sinónimos: **4** posesión, propiedad. □ Familia: poderoso, todopoderoso, poderío, apoderar, apoderado, posible, posibilidad, posibilitar, imposible, imposibilidad, imposibilitado, potente, potencia, potencial, potenciar, potentado, potestad, impotente, impotencia, omnipotente, prepotente, prepotencia, pudiente.

poderío (po·de·rí·o) [sustantivo][masculino] **1** Poder o dominio: *Hay países de gran poderío económico*. **2** Fuerza muy grande: *El boxeador hizo gala de su poderío*. □ Antónimos: debilidad. □ Familia: →poder.

poderoso, sa (po·de·ro·so, sa) ■ [adjetivo] **1** Que es muy bueno en su clase o que tiene capacidad para lograr buenos resultados: *Ese medicamento es un poderoso remedio contra la fiebre*. **2** Grande o fuerte: *Tengo poderosas razones para rechazar tu oferta*. ■ [adjetivo o sustantivo] **3** Que tiene mucho poder: *Los poderosos deberían ayudar a los necesitados*. □ Sinónimos: **1** eficaz. **2** potente. □ Antónimos: **2** débil, flojo. □ Familia: →poder.

podio (po·dio) [sustantivo] Lugar al que suben los ganadores de una competición para recibir su premio. □ [Su plural es «podios». Se usa también «pódium»].

podio

pódium (pó·dium) [sustantivo][masculino] → **podio**. □ [Su plural es «pódiums»].

podología (po·do·lo·gí·a) [sustantivo][femenino] Ciencia que estudia las enfermedades y deformaciones de los pies. □ Familia: podólogo.

podólogo, ga (po·dó·lo·go, ga) [sustantivo] Médico especializado en podología. □ [No confundir con «pedicuro» ni con «callista» (que no son médicos)]. □ Familia: →podología.

podredumbre (po·dre·dum·bre) [sustantivo][femenino] **1** Descomposición de la materia: *La podredumbre de los cuerpos orgánicos produce mal olor*. **2** Cosa que está podrida: *Quitó la podredumbre de la manzana y se comió lo que estaba sano*. □ Sinónimos: **1** putrefacción. □ Familia: →pudrir.

podrido, da (po·dri·do, da) Participio irregular de **pudrir**.

poema (po·e·ma) [sustantivo][masculino] Obra escrita en verso. □ Sinónimos: poesía. □ Familia: →poesía.

poesía (po·e·sí·a) [sustantivo][femenino] Obra escrita en verso: *El profesor ha recitado una poesía*. □ Sinónimos: poema. □ Familia: poema, poeta, poetisa, poético.

poeta (po·e·ta) [sustantivo] Persona que escribe poemas. □ [No varía en masculino y femenino, aunque el femenino también puede ser «la poetisa»]. □ Familia: →poesía.

poético, ca (po·é·ti·co, ca) [adjetivo] De la poesía o relacionado con ella: *temas poéticos*. □ Sinónimos: lírico. □ Familia: →poesía.

poetisa (po·e·ti·sa) [sustantivo femenino] Mira en **poeta**. ☐ Familia: →poesía.

pointer [sustantivo] Perro de una raza que se caracteriza por tener las orejas caídas y el pelo corto y por ser muy buena para la caza. ☐ [Es una palabra inglesa. Se pronuncia «póinter»].

póker (pó·ker) [sustantivo masculino] → **póquer.** ☐ [Es una palabra de origen inglés].

polaco, ca (po·la·co, ca) ▌ [adjetivo o sustantivo] **1** De Polonia, que es un país europeo. ▌ **polaco** [sustantivo masculino] **2** Lengua de este país.

polar (po·lar) [adjetivo] Del polo norte o del polo sur de la Tierra: *En las zonas polares hace mucho frío.* ☐ [No varía en masculino y femenino]. ☐ Familia: →polo.

polarizar (po·la·ri·zar) [verbo] Atraer la atención hacia algo: *La atención del público se polarizó hacia una pelea en las gradas.* ☐ [La «z» se cambia en «c» delante de «e» («polarice»)]. ☐ Familia: →polo.

polca (pol·ca) [sustantivo femenino] Baile y música de origen polaco, que suelen tener un ritmo rápido.

pólder (pól·der) [sustantivo masculino] Terreno que antes estaba cubierto por el mar y que se ha preparado para que no entre el agua en él: *El pólder es un tipo de terreno característico de los Países Bajos.* ☐ [Es una palabra de origen holandés. Su plural es pólderes].

polea (po·le·a) [sustantivo femenino] Rueda con una cuerda que sirve para levantar pesos sin esfuerzo: *El pozo tiene una polea para subir el cubo lleno de agua.*

polea

polémico, ca (po·lé·mi·co, ca) ▌ [adjetivo] **1** Que provoca muchas discusiones: *Es un tema muy polémico.* ▌ **polémica** [sustantivo femenino] **2** Discusión fuerte sobre un tema: *Las declaraciones han suscitado una gran polémica.* ☐ Familia: polemizar.

polemizar (po·le·mi·zar) [verbo] Entablar o mantener una polémica: *No voy a seguir discutiendo porque no quiero polemizar contigo.* ☐ [La «z» se cambia en «c» delante de «e» («polemice»)]. ☐ Familia: →polémica.

PODER	
INDICATIVO	**SUBJUNTIVO**
Presente yo puedo tú puedes / usted puede él, ella puede nosotros, tras podemos vosotros, tras podéis / ustedes pueden ellos, ellas pueden	**Presente** yo pueda tú puedas / usted pueda él, ella pueda nosotros, tras podamos vosotros, tras podáis / ustedes puedan ellos, ellas puedan
Pretérito imperfecto yo podía tú podías / usted podía él, ella podía nosotros, tras podíamos vosotros, tras podíais / ustedes podían ellos, ellas podían	**Pretérito imperfecto** yo pudiera *o* pudiese tú pudieras *o* pudieses / usted pudiera *o* pudiese él, ella pudiera *o* pudiese nosotros, tras pudiéramos *o* pudiésemos vosotros, tras pudierais *o* pudieseis / ustedes pudieran *o* pudiesen ellos, ellas pudieran *o* pudiesen
Pretérito perfecto simple yo pude tú pudiste / usted pudo él, ella pudo nosotros, tras pudimos vosotros, tras pudisteis / ustedes pudieron ellos, ellas pudieron	**Futuro simple** yo pudiere tú pudieres / usted pudiere él, ella pudiere nosotros, tras pudiéremos vosotros, tras pudiereis / ustedes pudieren ellos, ellas pudieren
Futuro simple yo podré tú podrás / usted podrá él, ella podrá nosotros, tras podremos vosotros, tras podréis / ustedes podrán ellos, ellas podrán	**IMPERATIVO** puede (tú) / pueda (usted) podamos (nosotros, tras) poded (vosotros, tras) / puedan (ustedes)
Condicional simple yo podría tú podrías / usted podría él, ella podría nosotros, tras podríamos vosotros, tras podríais / ustedes podrían ellos, ellas podrían	**FORMAS NO PERSONALES** **Infinitivo** **Gerundio** **Participio** poder pudiendo podido

polen (po·len) [sustantivo] [masculino] Polvo que sueltan las flores para que nazcan plantas nuevas. ☐ FAMILIA: polinización.

poleo (po·le·o) [sustantivo] [masculino] Planta de olor agradable que se usa para preparar infusiones.

poli (po·li) [sustantivo] Policía. ☐ [No varía en masculino y femenino. Es coloquial.]

polichinela (po·li·chi·ne·la) [sustantivo] [masculino] Personaje cómico de teatro que lleva una joroba por delante y por detrás, y va vestido con un traje abotonado y con un sombrero de dos puntas.

policía (po·li·cí·a) ■ [sustantivo] **1** Miembro de la Policía: *Los policías vigilaban la manifestación.* ■ [sustantivo] [femenino] **2** Conjunto de personas que mantienen el orden público y cuidan de la seguridad de los ciudadanos: *agente de la Policía.* ☐ [Se usa mucho la forma abreviada «poli», que es coloquial. En el significado **1** no varía en masculino y femenino. En el significado **2** se escribe con mayúscula]. ☐ FAMILIA: policiaco, policial.

policiaco, ca o **policíaco, ca** (po·li·cia·co, ca; po·li·cí·a·co, ca) [adjetivo] De la Policía o relacionado con ella: *películas policiacas.* ☐ SINÓNIMOS: policial. ☐ FAMILIA: →policía.

policial (po·li·cial) [adjetivo] De la Policía o relacionado con ella: *investigación policial.* ☐ [No varía en masculino y femenino]. ☐ SINÓNIMOS: policiaco. ☐ FAMILIA: →policía.

policromado, da (po·li·cro·ma·do, da) [adjetivo] De muchos colores. ☐ SINÓNIMOS: multicolor. ☐ FAMILIA: →cromo.

polideportivo (po·li·de·por·ti·vo) [sustantivo] [masculino] Lugar que tiene todo lo necesario para practicar deporte. ☐ FAMILIA: →deporte.

poliedro (po·lie·dro) [sustantivo] [masculino] Cuerpo o figura geométrica que tiene varias caras: *El cubo y la pirámide son poliedros.*

poliéster (po·liés·ter) [sustantivo] [masculino] Fibra obtenida por procedimientos químicos que se usa, entre otras cosas, para hacer tejidos. ☐ [Es una palabra de origen inglés].

polifacético, ca (po·li·fa·cé·ti·co, ca) [adjetivo] Dicho de una persona, que realiza varias actividades o que vale para muchas cosas. ☐ FAMILIA: →faceta.

poligamia (po·li·ga·mia) [sustantivo] [femenino] Hecho de estar casado con dos o más personas a la vez. ☐ ANTÓNIMOS: monogamia.

polígono (po·lí·go·no) [sustantivo] [masculino] **1** Figura plana limitada por tres o más líneas rectas: *Un cuadrado es un polígono de cuatro lados.* **2** Zona que suele estar en los alrededores de una ciudad y que está dedicada a un fin determinado: *polígono industrial.*

polilla (po·li·lla) [sustantivo] [femenino] Mariposa de color gris o marrón, que suele volar de noche. ☐ FAMILIA: apolillarse.

polinesio, sia (po·li·ne·sio, sia) [adjetivo o sustantivo] De Polinesia o relacionado con este grupo de archipiélagos del océano Pacífico central y oriental.

polinización (po·li·ni·za·ción) [sustantivo] [femenino] Transporte del polen de una parte a otra de la flor o de una flor a otra. ☐ FAMILIA: →polen.

polinomio (po·li·no·mio) [sustantivo] [masculino] Expresión matemática compuesta por varios elementos que están unidos por el signo de la suma o por el de la resta: *«2x + 3y – 5» es un polinomio.*

polio (po·lio) [sustantivo] [femenino] → **poliomielitis**.

poliomielitis (po·lio·mie·li·tis) [sustantivo] [femenino] Enfermedad grave que deja inmóviles las piernas y otros miembros del cuerpo. ☐ [No varía en singular y plural. Se usa también «polio»].

pólipo (pó·li·po) [sustantivo] [masculino] **1** Bulto pequeño que se forma en algunas cavidades del cuerpo, como en la nariz o en la matriz. **2** Animal marino en forma de saco con una abertura, que vive pegado a las rocas o al fondo del mar.

polis (po·lis) [sustantivo] [femenino] En la antigua Grecia, ciudad. ☐ [No varía en singular y plural]. ☐ FAMILIA: acrópolis, necrópolis, metrópolis.

polisemia (po·li·se·mia) [sustantivo] [femenino] Hecho de que una palabra tenga varios significados: *La polisemia de «operación» es clara porque puede referirse a una operación quirúrgica, bancaria o matemática.*

polisílabo, ba (po·li·sí·la·bo, ba) [adjetivo o sustantivo masculino] De dos o más sílabas: *«Médico» y «fotografía» son palabras polisílabas.* ☐ FAMILIA: →sílaba.

politécnico, ca (po·li·téc·ni·co, ca) [adjetivo] Dicho de un centro de enseñanza, que ofrece estudios de distintas ciencias o técnicas: *universidad politécnica.* ☐ FAMILIA: →técnica.

politeísmo (po·li·te·ís·mo) [sustantivo] [masculino] Creencia religiosa que admite la existencia de varios dioses. ☐ ANTÓNIMOS: monoteísmo. ☐ FAMILIA: politeísta.

politeísta (po·li·te·ís·ta) [adjetivo o sustantivo] Que cree en varios dioses. ☐ [No varía en masculino y femenino]. ☐ ANTÓNIMOS: monoteísta. ☐ FAMILIA: →politeísmo.

político, ca (po·lí·ti·co, ca) ■ [adjetivo] **1** De la política o relacionado con esta actividad: *partidos políticos.* **2** Que es familiar de otra persona porque ha habido un matrimonio: *El hermano de mi marido es mi hermano político.* ■ [sustantivo] **3** Persona que se dedica a la política. ■ **política** [sustantivo] [femenino] **4** Actividad de los que gobiernan y de los que quieren gobernar un país. **5** Dirección que se da a las actividades que se realizan: *Muchas empresas siguen una política de ahorro.* ☐ FAMILIA: politizar.

politizar (po·li·ti·zar) [verbo] **1** Dar una orientación política: *La romería se politizó al ser organizada por el ayuntamiento.* **2** Inculcar una formación o una conciencia política: *En aquel país los jóvenes han sido muy politizados.* ☐ [La «z» se cambia en «c» delante de «e» («politice»)]. ☐ FAMILIA: →político.

polivalente (po·li·va·len·te) [adjetivo] Que sirve para muchas cosas: *Este tipo de enchufe es polivalente, porque permite acoplarlo a varios aparatos.* ☐ [No varía en masculino y femenino]. ☐ FAMILIA: →valer.

póliza (pó·li·za) [sustantivo] [femenino] **1** Documento en el que se dice que se ha hecho un contrato y las condiciones de este: *Mi padre lleva en el coche la póliza del seguro de accidentes.* **2** Sello de papel que había que poner en algunos documentos oficiales.

polizón, na (po·li·zón, zo·na) [sustantivo] Persona que viaja en barco escondida y sin billete. ☐ [No confundir con «polizonte» (persona que pertenece a la Policía)].

polizonte (po·li·zon·te) [sustantivo masculino] Persona que pertenece a la Policía. ☐ [No confundir con «polizón» (persona que viaja escondida en un barco). Es despectivo].

pollería (po·lle·rí·a) [sustantivo femenino] Tienda en la que se venden huevos, pollos y otras aves. ☐ FAMILIA: →pollo.

pollo, lla (po·llo, lla) ■ [sustantivo] **1** Gallo o gallina jóvenes y criados para servir de alimento a las personas. ■ **pollo** [sustantivo masculino] **2** Cría de un ave. ■ **polla** [sustantivo femenino] **3** Pene. ☐ [No confundir «pollo» con «poyo» (banco de piedra). El uso del significado **3** es vulgar y se usa mucho en expresiones malsonantes]. ☐ FAMILIA: pollería, empollar, pimpollo.

polo (po·lo) [sustantivo masculino] **1** Cada una de las zonas que están en los extremos de la Tierra: *el polo norte*. **2** Helado alargado con un palo para cogerlo. **3** Prenda de vestir deportiva, con cuello de camisa y con botones hasta la mitad del pecho. **4** Cada uno de los dos extremos de un cuerpo en los que hay más energía de una misma clase: *Una pila tiene un polo positivo y otro negativo*. ☐ [El significado **2** procede de la marca comercial «Polo®»]. ☐ FAMILIA: polar, polarizar, bipolar.

pololos (po·lo·los) [sustantivo masculino plural] Prenda de ropa interior femenina con forma de pantalones, que llegaba hasta la rodilla y que se ponía debajo de la falda y de la enagua.

poltrona (pol·tro·na) [sustantivo femenino] Sillón muy cómodo y muy amplio. ☐ FAMILIA: apoltronarse.

polución (po·lu·ción) [sustantivo femenino] Suciedad del aire o del medioambiente. ☐ SINÓNIMOS: contaminación.

polvareda (pol·va·re·da) [sustantivo femenino] Nube de polvo que se levanta de la tierra: *Los coches levantan una gran polvareda*. ☐ FAMILIA: →polvo.

polvera (pol·ve·ra) [sustantivo femenino] Caja o estuche con polvos que se usan como maquillaje. ☐ FAMILIA: →polvo.

polvo (pol·vo) ■ [sustantivo masculino] **1** Conjunto de granos muy pequeños de tierra o de otras sustancias que flotan en el aire y que se quedan sobre los objetos: *Quita el polvo de los muebles*. **2** Conjunto de granos muy pequeños a que queda reducida una sustancia: *leche en polvo*. ■ **polvos** [plural] **3** Producto de belleza para dar color a la cara. ◆ [expresión] ‖ **echar un polvo** Tener relaciones sexuales. ‖ **hacer polvo** Destruir o romper: *Después del golpe, el coche quedó hecho polvo*. ☐ [La expresión «echar un polvo» es vulgar]. ☐ FAMILIA: polvareda, polvoriento, guardapolvo, polvera, espolvorear, desempolvar, pólvora, polvorín, polvorilla, polvorón, pulverizar, pulverizador.

pólvora (pól·vo·ra) [sustantivo femenino] Sustancia en polvo que puede explotar y que se usa para fabricar explosivos. ☐ FAMILIA: →polvo.

polvoriento, ta (pol·vo·rien·to, ta) [adjetivo] Lleno de polvo. ☐ FAMILIA: →polvo.

polvorilla (pol·vo·ri·lla) [sustantivo] Persona que no se puede estar quieta. ☐ [No varía en masculino y femenino. Es coloquial]. ☐ FAMILIA: →polvo.

polvorín (pol·vo·rín) [sustantivo masculino] Lugar donde se guardan explosivos. ☐ FAMILIA: →polvo.

polvorón (pol·vo·rón) [sustantivo masculino] Dulce de forma redondeada y que se deshace enseguida al comerlo: *En Navidad me inflo de polvorones*. ☐ FAMILIA: →polvo.

pomada (po·ma·da) [sustantivo femenino] Medicina en forma de crema que se extiende sobre la piel.

pomelo (po·me·lo) [sustantivo masculino] Fruto redondeado, parecido a la naranja pero de color amarillo y sabor amargo. ☞ página 453.

pomo (po·mo) [sustantivo masculino] Objeto que sirve para agarrar una puerta, una ventana o un cajón, o para tirar de ellos: *Los pomos suelen tener forma de bola*.

pompa (pom·pa) [sustantivo femenino] **1** Especie de globo de aire que se forma en algunas sustancias: *una pompa de jabón*. **2** Gran cantidad de medios para celebrar algo: *La boda se celebró con mucha pompa*. ◆ [expresión] ‖ **pompas fúnebres** Ceremonias en honor de una persona muerta. ☐ SINÓNIMOS: **1** burbuja. **2** aparato. ☐ ANTÓNIMOS: **2** sencillez. ☐ FAMILIA: pomposo, pomposidad.

pompa

pompis (pom·pis) [sustantivo masculino] Culo: *Mi madre me dio un azote en el pompis*. ☐ [No varía en singular ni plural. Es coloquial].

pompón (pom·pón) [sustantivo masculino] Bola que suele ser de lana y que se usa como adorno: *El niño lleva un gorro con un pompón en lo alto*.

pomposidad (pom·po·si·dad) [sustantivo femenino] Abundancia o exceso de adornos o de riquezas: *El acto se celebró con gran pomposidad*. ☐ FAMILIA: →pompa.

pomposo, sa (pom·po·so, sa) [adjetivo] Con abundancia o con exceso de adornos o de riquezas: *ceremonia pomposa; lenguaje pomposo*. ☐ SINÓNIMOS: ostentoso. ☐ ANTÓNIMOS: sencillo. ☐ FAMILIA: →pompa.

pómulo (pó·mu·lo) [sustantivo masculino] Cada una de las dos partes de la cara que están debajo de los ojos: *Los pómulos son la parte alta de las mejillas*. ☞ página 405.

ponche (pon·che) [sustantivo masculino] Bebida alcohólica que se prepara mezclando varias cosas.

poncho (pon·cho) [sustantivo masculino] Prenda de abrigo formada por una manta con una abertura en el centro para meter la cabeza.

poncho

ponderación (pon·de·ra·ción) [sustantivo femenino] **1** Atención, consideración o cuidado con los que se hace o se dice algo. **2** Elogio o alabanza exagerados. ☐ FAMILIA: →ponderar.

ponderado, da (pon·de·ra·do, da) [adjetivo] Moderado o que actúa con cuidado: *Debes ser más ponderado y no hacer locuras.* ☐ SINÓNIMOS: comedido. ☐ FAMILIA: →ponderar.

ponderar (pon·de·rar) [verbo] **1** Valorar o examinar algo con cuidado: *Antes de tomar una decisión, tengo que ponderar bien las ventajas y los inconvenientes.* **2** Decir cosas buenas de alguien: *El profesor ponderó mucho mi comportamiento en clase.* ☐ SINÓNIMOS: **1** sopesar. **2** alabar, elogiar. ☐ FAMILIA: ponderado, ponderación.

ponedero (po·ne·de·ro) [sustantivo masculino] Lugar en el que ponen los huevos las gallinas. ☐ FAMILIA: →poner.

ponedor, ra (po·ne·dor, do·ra) [adjetivo o sustantivo femenino] Dicho de un ave, que pone huevos: *gallinas ponedoras.* ☐ FAMILIA: →poner.

ponencia (po·nen·cia) [sustantivo femenino] Explicación de un tema ante un grupo de personas. ☐ SINÓNIMOS: conferencia. ☐ FAMILIA: →poner.

ponente (po·nen·te) [sustantivo] Persona que explica un tema ante un grupo de personas. ☐ [No varía en masculino y femenino]. ☐ FAMILIA: →poner.

poner (po·ner) [verbo] **1** Colocar en un lugar determinado: *Pon el abrigo en el perchero.* **2** Empezar a estar de determinada manera: *No te pongas triste.* **3** Introducir o añadir: *No pongas tanta sal a la comida.* **4** Preparar algo con lo necesario para algún fin: *Pon la mesa.* **5** Imaginar algo como si fuera cierto o suponerlo: *Pongamos que no viene, ¿qué pasaría?* **6** Cubrir el cuerpo con una prenda: *No sé qué ponerme para la fiesta.* **7** Empezar a tener: *No pongas cara de pena.* **8** Decir o expresar: *No entiendo lo que pone en esta carta.* **9** Escribir o anotar: *Voy a poner mi nombre en el libro.* **10** Producir huevos un ave: *La gallina puso un huevo.* **11** Hacer lo necesario para que funcione un aparato: *Pon la calefacción.* **12** Dar un nombre a una persona o a un animal: *Mis padres me pusieron de nombre «Nieves».* **13** Mostrar una obra de teatro o una película: *Hoy ponen una película que quiero ver.* **14** Extender una sustancia sobre una superficie: *Ponte crema en la cara.* ■ **ponerse 15** Ocultarse el sol o la luna en el horizonte: *Cuando el sol se pone empieza a oscurecer.* ◆ [expresión] ‖ **poner bien** o **mal algo** Hablar bien o mal de ello: *En el periódico ponen muy bien tu libro.* ‖ **ponerse a hacer algo** Empezar a hacerlo: *Ahora mismo me pongo a estudiar.* ‖ **ponerse con algo** Dedicarse a hacerlo: *Cuando llegue a casa me pondré con los deberes.* ☐ [Es irregular. Mira el cuadro en la página siguiente. Su participio es «puesto»]. ☐ SINÓNIMOS: **14** untar. ☐ ANTÓNIMOS: **1**, **3**, **4** quitar. **15** nacer. ☐ FAMILIA: ponedor, ponedero, ponencia, poniente, posición, posicionar, postura, puesto, puesta, componer, oponer, imponer, exponer, reponer, oponer, proponer, interponer, contraponer, anteponer, deponer, posponer, superponer, disponer, predisponer, proponer, indisponer, suponer, sobreponerse, trasponerse.

póney (pó·ney) [sustantivo masculino] → **poni.** ☐ [Es una palabra de origen inglés. Su plural es «poneis»].

poni (po·ni) [sustantivo masculino] Caballo de una raza que se caracteriza por su poca altura. ☐ [Es una palabra de origen inglés. Su plural es «ponis». Se usa también «póney»].

poniente (po·nien·te) [sustantivo masculino] **1** Punto cardinal por donde se pone el sol. **2** Viento que viene del oeste. ☐ SINÓNIMOS: **1** occidente, oeste. ☐ ANTÓNIMOS: levante. **1** este, oriente. ☐ FAMILIA: →poner.

pontevedrés, sa (pon·te·ve·drés, dre·sa) [adjetivo o sustantivo] De la provincia española de Pontevedra o de su capital.

pontificado (pon·ti·fi·ca·do) [sustantivo masculino] **1** Cargo del pontífice. **2** Tiempo durante el que un pontífice ejerce su cargo. ☐ FAMILIA: →pontífice.

pontífice (pon·tí·fi·ce) [sustantivo masculino] Sacerdote que tiene un grado importante en la Iglesia católica: *El papa y los obispos son pontífices.* ☐ FAMILIA: pontificado.

ponzoña (pon·zo·ña) [sustantivo femenino] Sustancia que produce graves daños en los seres vivos y que puede llegar a matarlos: *Al morderlo, la serpiente le inoculó su ponzoña.* ☐ SINÓNIMOS: veneno. ☐ FAMILIA: ponzoñoso, emponzoñar.

ponzoñoso, sa (pon·zo·ño·so, sa) [adjetivo] Que tiene veneno o que resulta muy malo. ☐ SINÓNIMOS: venenoso. ☐ FAMILIA: →ponzoña.

pop ■ [adjetivo] **1** Del pop o relacionado con este tipo de música. ■ [sustantivo masculino] **2** Tipo de música moderna y ligera. ☐ [Es una palabra de origen inglés. No varía en masculino y femenino. Su plural es «pops»].

popa (po·pa) [sustantivo femenino] Parte de atrás de un barco. ◉ **página 132.** ☐ ANTÓNIMOS: proa.

pope (po·pe) [sustantivo masculino] Sacerdote de la Iglesia ortodoxa: *Estuve en una boda rusa celebrada por un pope.*

popelín (po·pe·lín) [sustantivo masculino] Tela hecha de algodón o de seda, que tiene un poco de brillo.

populacho (po·pu·la·cho) [sustantivo masculino] Gente poco agradable o de baja categoría social. ☐ [Es despectivo]. ☐ SINÓNIMOS: chusma. ☐ FAMILIA: →pueblo.

popular (po·pu·lar) [adjetivo] **1** Del pueblo o relacionado con él: *tradiciones populares.* **2** Que puede ser pagado por gente que tiene poco dinero: *precios populares.* **3** Que es conocido y querido por la gente: *un actor popular.* ☐ [No varía en masculino y femenino. No confundir con «populoso» (que tiene mucha población)]. ☐ FAMILIA: →pueblo.

popularidad (po·pu·la·ri·dad) [sustantivo femenino] Fama que se tiene entre la mayoría de la gente: *Ese actor alcanzó la popularidad con su primera película.* ☐ FAMILIA: →pueblo.

popularizar (po·pu·la·ri·zar) [verbo] Hacer popular: *Esta canción se popularizó tras aparecer en un anuncio de televisión.* ☐ [La «z» se cambia en «c» delante de «e» («popularice»)]. ☐ FAMILIA: →pueblo.

populoso, sa (po·pu·lo·so, sa) [adjetivo] Que tiene mucha población: *Vivo en una ciudad muy populosa.* ☐ [No confundir con «popular» (relacionado con el pueblo; que es

popurrí

barato; que es conocido y querido por la gente)]. ☐ FAMILIA: →pueblo.

popurrí (po·pu·rrí) [sustantivo masculino] **1** Conjunto de cosas mezcladas y sin orden. **2** Conjunto de trozos de varias canciones. ☐ [Su plural es «popurrís»].

póquer (pó·quer) [sustantivo masculino] Juego de cartas: *En el póquer se reparten cinco cartas a cada jugador.* ☐ [Es una palabra de origen inglés. Se escribe también «póker»].

por [preposición] **1** Indica lugar o tiempo aproximados: *Juan vive por aquí.* **2** Indica el camino que se usa para llegar a un sitio: *Han venido por la autopista.* **3** Indica una parte o un lugar determinados: *El vestido se ha roto por la manga.* **4** Indica el medio o modo de hacer algo: *Llámame por teléfono.* **5** Indica motivo o causa: *Lo haces solo por fastidiar.* **6** Indica reparto o distribución: *Tocamos a tres euros por persona.* **7** Indica finalidad: *Lo hice por ayudarte.* **8** A favor de algo o en su defensa: *Si mis amigos votan por mí, saldré elegido.* **9** Con respecto a alguien: *Por mí, haz lo que quieras.* **10** A cambio de algo: *Te doy esto por poco dinero.* **11** En busca de algo: *Voy por agua.* **12** Introduce la persona o cosa que hace algo en las oraciones pasivas: *La carta fue escrita por mí.* ◆ [expresión] ‖ **estar por hacer algo** Faltar o no estar hecho: *La casa está por barrer.* ‖ **por mucho que** Indica una dificultad que no impide que se realice algo: *Por mucho que te cueste, tienes que estudiar.* ‖ **por qué** Se usa para preguntar el motivo de algo: *¿Por qué no vienes?* ‖ **tener a alguien por algo** Considerar que es así: *Te tengo por una persona valiente.* ☐ [No confundir la expresión «por qué» con «porque», conjunción, ni con «porqué», sustantivo].

porcelana (por·ce·la·na) [sustantivo femenino] Material fino y con brillo, que se usa para fabricar tazas, platos, figuras de adorno y otros objetos.

porcentaje (por·cen·ta·je) [sustantivo masculino] Cantidad que representa una parte de un total de cien: *El porcentaje de aprobados es de un noventa por ciento.* ☐ SINÓNIMOS: tanto por ciento. ☐ FAMILIA: →ciento.

porche (por·che) [sustantivo masculino] Espacio con techo que está delante de la entrada o de uno de los lados de un edificio.

porcino, na (por·ci·no, na) [adjetivo] Del cerdo o relacionado con él: *productos porcinos.* ☐ SINÓNIMOS: porcuno. ☐ FAMILIA: →puerco.

porción (por·ción) [sustantivo femenino] Parte separada de algo que se ha dividido: *queso en porciones.* ☐ SINÓNIMOS: pedazo, trozo.

porcuno, na (por·cu·no, na) [adjetivo] Del cerdo o relacionado con él. ☐ SINÓNIMOS: porcino. ☐ FAMILIA: →puerco.

pordiosero, ra (por·dio·se·ro, ra) [adjetivo o sustantivo] Que pide dinero porque no tiene lo necesario para vivir. ☐ SINÓNIMOS: mendigo, pobre.

PONER

INDICATIVO

Presente
yo pongo
tú pones / usted pone
él, ella pone
nosotros, tras ponemos
vosotros, tras ponéis / ustedes ponen
ellos, ellas ponen

Pretérito imperfecto
yo ponía
tú ponías / usted ponía
él, ella ponía
nosotros, tras poníamos
vosotros, tras poníais / ustedes ponían
ellos, ellas ponían

Pretérito perfecto simple
yo puse
tú pusiste / usted puso
él, ella puso
nosotros, tras pusimos
vosotros, tras pusisteis / ustedes pusieron
ellos, ellas pusieron

Futuro simple
yo pondré
tú pondrás / usted pondrá
él, ella pondrá
nosotros, tras pondremos
vosotros, tras pondréis / ustedes pondrán
ellos, ellas pondrán

Condicional simple
yo pondría
tú pondrías / usted pondría
él, ella pondría
nosotros, tras pondríamos
vosotros, tras pondríais / ustedes pondrían
ellos, ellas pondrían

SUBJUNTIVO

Presente
yo ponga
tú pongas / usted ponga
él, ella ponga
nosotros, tras pongamos
vosotros, tras pongáis / ustedes pongan
ellos, ellas pongan

Pretérito imperfecto
yo pusiera o pusiese
tú pusieras o pusieses / usted pusiera o pusiese
él, ella pusiera o pusiese
nosotros, tras pusiéramos o pusiésemos
vosotros, tras pusierais o pusieseis / ustedes pusieran o pusiesen
ellos, ellas pusieran o pusiesen

Futuro simple
yo pusiere
tú pusieres / usted pusiere
él, ella pusiere
nosotros, tras pusiéremos
vosotros, tras pusiereis / ustedes pusieren
ellos, ellas pusieren

IMPERATIVO

pon (tú) / ponga (usted)
pongamos (nosotros, tras)
poned (vosotros, tras) / pongan (ustedes)

FORMAS NO PERSONALES

Infinitivo	Gerundio	Participio
poner	poniendo	puesto

porfiar (por·fiar) [verbo] **1** Querer llevar la razón en una discusión: *Se pasaron la tarde porfiando sobre si el penalti había sido justo o no.* **2** Insistir mucho y ponerse pesado para conseguir algo: *Después de mucho porfiar, consiguió que le dejaran ir a la excursión.* ☐ [Es irregular y se conjuga como **ENVIAR**].

pormenor (por·me·nor) [sustantivo masculino] Detalle de poca importancia. ☐ [Se usa más en plural].

pormenorizar (por·me·no·ri·zar) [verbo] Contar algo por partes y con todo detalle: *Pormenorizó todos los gastos del último año en su informe.* ☐ [La «z» se cambia en «c» delante de «e» («pormenorice»)]. ☐ SINÓNIMOS: detallar, especificar. ☐ FAMILIA: →menor.

porno (por·no) ■ [adjetivo] **1** → **pornográfico, ca.** ■ [sustantivo masculino] **2** → **pornografía.** ☐ [Es coloquial. En el significado **1** no varía en masculino y femenino]. ☐ FAMILIA: →pornografía.

pornografía (por·no·gra·fí·a) [sustantivo femenino] Cualquier objeto o producto que intenta provocar la excitación sexual. ☐ [Se usa mucho la forma abreviada «porno», que es coloquial]. ☐ FAMILIA: pornográfico, porno.

pornográfico, ca (por·no·grá·fi·co, ca) [adjetivo] De la pornografía o relacionado con ella. ☐ [Se usa mucho la forma abreviada «porno», que es coloquial]. ☐ FAMILIA: →pornografía.

poro (po·ro) [sustantivo masculino] Cada uno de los pequeños agujeros que hay en algunas superficies y que no se ven a simple vista: *los poros de la piel.* ☐ FAMILIA: poroso.

poroso, sa (po·ro·so, sa) [adjetivo] Que tiene poros: *una superficie porosa.* ☐ FAMILIA: →poro.

porque (por·que) [conjunción] Se usa para expresar causa: *No me habla porque está enfadado.* ☐ [No confundir con la expresión interrogativa «por qué» ni con «porqué», sustantivo]. ☐ SINÓNIMOS: pues.

porquería (por·que·rí·a) [sustantivo femenino] **1** Conjunto de cosas que están sucias o para tirar: *Da asco vivir en medio de tanta porquería.* **2** Cosa que no funciona bien: *Estos patines son una porquería.* **3** Cosa que tiene poco valor o poca calidad: *Me salió una porquería de dibujo.* ☐ [Es coloquial]. ☐ SINÓNIMOS: basura. **1** guarrada, guarrería, marranada, suciedad. **3** caca. ☐ ANTÓNIMOS: **1** limpieza. ☐ FAMILIA: →puerco.

porqueriza (por·que·ri·za) [sustantivo femenino] Lugar donde se crían los cerdos. ☐ SINÓNIMOS: pocilga, cochiquera. ☐ FAMILIA: →puerco.

porra (po·rra) ■ [sustantivo femenino] **1** Especie de churro grande. **2** Palo que es más estrecho por donde se agarra que por el otro extremo: *El as de bastos se representa con una porra.* **3** Objeto en forma de palo que usan los policías. ■ **porras** [interjección] **4** Se usa para indicar disgusto o para decir algo con fuerza: *¡Que me dejes en paz, porras!* ◆ [expresión] ‖ **irse algo a la porra** Estropearse: *Nuestra excursión se fue a la porra.* ‖ **mandar algo a la porra** Dejar de ocuparse de ello: *Se hartó y lo mandó todo a la porra.* ☐ [Las expresiones son coloquiales]. ☐ FAMILIA: porrazo, aporrear, cachiporra.

porrazo (po·rra·zo) [sustantivo masculino] Golpe muy fuerte: *Me di un buen porrazo.* ☐ SINÓNIMOS: trompazo, batacazo, castañazo. ☐ FAMILIA: →porra.

porrillo (po·rri·llo) ◆ [expresión] ‖ **a porrillo** En gran cantidad: *Tengo amigos a porrillo.* ☐ [Es coloquial].

porro (po·rro) [sustantivo masculino] Cigarrillo que tiene droga mezclada con tabaco. ☐ SINÓNIMOS: canuto.

porrón (po·rrón) [sustantivo masculino] Recipiente que se usa para beber, poniéndolo en alto y sin tocarlo con la boca.

porrón

portaaviones (por·ta·a·vio·nes) [sustantivo masculino] Barco de guerra preparado para llevar aviones y con pistas para que despeguen y aterricen en él. 👁 **página 362.** ☐ [No varía en singular y plural. Se usa también «portaviones»]. ☐ FAMILIA: →portar. →avión.

portada (por·ta·da) [sustantivo femenino] **1** Primera página de un periódico o de una revista. **2** Página del comienzo de un libro, en la que aparece el título completo y otras informaciones. **3** Muro exterior principal de un edificio importante: *La catedral tiene una portada llena de esculturas.* ☐ FAMILIA: contraportada.

portador, ra (por·ta·dor, do·ra) [sustantivo] **1** Persona que puede causar el contagio de una enfermedad aunque ella no esté enferma: *Los portadores de sida no están enfermos, pero tienen el virus que lo causa.* **2** Persona que tiene en sus manos un papel que puede ser cambiado por dinero: *En el recibo pone: «El portador de este recibo juega la cantidad de doce euros».* ☐ FAMILIA: →portar.

portaequipajes (por·ta·e·qui·pa·jes) [sustantivo masculino] Parte de un coche donde se lleva el equipaje. ☐ [No varía en singular y plural: «el portaequipajes», «los portaequipajes»]. ☐ FAMILIA: →portar. →equipar.

portaestandarte (por·ta·es·tan·dar·te) [sustantivo] Militar que lleva la bandera de un regimiento. ☐ [No varía en masculino y femenino]. ☐ FAMILIA: →portar. →estandarte.

portafolio (por·ta·fo·lio) [sustantivo masculino] → **portafolios.**

portafolios (por·ta·fo·lios) [sustantivo masculino] Maleta de pequeño tamaño o carpeta en la que se guardan papeles: *Mi madre es abogada y lleva sus papeles en un portafolios.* ☐ [No varía en singular y plural: «el portafolios», «los portafolios», aunque se usa también «portafolio» para el singular]. ☐ FAMILIA: →portar. →folio.

portal (por·tal) [sustantivo masculino] **1** Parte de un edificio que está después de cruzar la puerta principal y por la que se pasa a las casas. **2** En un nacimiento de Navidad, parte que representa el lugar donde nació Jesucristo. **3** Dirección de internet en la que se ofrecen varios servicios: *En el portal del Ministerio de Educación pueden consultarse las convocatorias de becas para estudiantes.* ☐ Familia: →puerta.

portalón (por·ta·lón) [sustantivo masculino] Puerta grande de un patio en algunos edificios antiguos: *La marquesa salió a caballo por el portalón.* ☐ Familia: →puerta.

portaminas (por·ta·mi·nas) [sustantivo masculino] Utensilio con forma de bolígrafo que lleva dentro una mina y que se usa como lápiz. ☐ [No varía en singular y plural]. ☐ Familia: →portar. →mina.

portante (por·tan·te) ◆ [expresión] ‖ **coger el portante** o **tomar el portante** Marcharse, especialmente si es de repente: *Como le regañé, cogió el portante y aún no ha vuelto por aquí.* ☐ [Es coloquial]. ☐ Familia: →portar.

portapapeles (por·ta·pa·pe·les) [sustantivo masculino] Espacio de la memoria de un ordenador donde se guarda información temporalmente para utilizarla más tarde: *El texto que copié se quedó guardado en el portapapeles.* ☐ [No varía en singular y plural]. ☐ Familia: →portar. →papel.

portar (por·tar) [verbo] **1** Llevar o traer: *La policía puede portar armas.* ■ **portarse 2** Tener determinado comportamiento: *Pórtate bien.* ☐ Sinónimos: **2** comportarse, conducirse, actuar, obrar, proceder. ☐ Familia: →portador, portátil, portante, portear, portaaviones, portaminas, portapapeles, portaequipajes, portaestandarte, portafolios, portarretratos, portavoz, importar, exportar, deportar, reportar.

portarretrato (por·ta·rre·tra·to) [sustantivo masculino] → **portarretratos**.

portarretratos (por·ta·rre·tra·tos) [sustantivo masculino] Objeto de adorno que sirve para poner una foto. ☐ [No varía en singular y plural: «el portarretratos», «los portarretratos», aunque se usa también «portarretrato» para el singular]. ☐ Familia: →portar. →retratar.

portátil (por·tá·til) [adjetivo] Que es fácil de llevar de un lugar a otro: *Tengo una máquina de escribir portátil.* ☐ [No varía en masculino y femenino]. ☐ Familia: →portar.

portaviones (por·ta·vio·nes) [sustantivo masculino] → **portaaviones**. ☐ [No varía en singular y plural].

portavoz (por·ta·voz) [sustantivo] Persona que habla en nombre de otros: *El delegado de clase es nuestro portavoz.* ☐ [No varía en masculino y femenino. Su plural es «portavoces»]. ☐ Familia: →portar. →voz.

portazo (por·ta·zo) [sustantivo masculino] Golpe que da una puerta cuando se cierra con fuerza. ☐ Familia: →puerta.

porte (por·te) [sustantivo masculino] **1** Aspecto exterior: *un edificio de porte señorial.* **2** Hecho de transportar algo por un determinado precio: *una empresa de portes y mudanzas.* ☐ Sinónimos: **1** aspecto, presencia.

portear (por·te·ar) [verbo] Llevar de un sitio a otro por un precio acordado: *Una hilera de nativos porteaba el equipaje de los exploradores.* ☐ Familia: →portar.

portento (por·ten·to) [sustantivo masculino] Persona o cosa que es extraordinaria o maravillosa: *Esa niña es un portento y a los cinco años ya sabía tocar el arpa.* ☐ Sinónimos: prodigio, maravilla. ☐ Familia: portentoso.

portentoso, sa (por·ten·to·so, sa) [adjetivo] Que causa admiración, sorpresa o asombro: *Con un portentoso salto, la atleta batió el récord olímpico.* ☐ Familia: →portento.

porteño, ña (por·te·ño, ña) [adjetivo o sustantivo] De Buenos Aires, que es la capital argentina.

portería (por·te·rí·a) [sustantivo femenino] **1** Lugar en el que está el portero de un edificio. **2** En algunos deportes, espacio entre dos postes por donde tiene que entrar el balón para conseguir un punto. ☐ Sinónimos: **2** meta. ☐ Familia: →puerta.

portero, ra (por·te·ro, ra) [sustantivo] **1** Persona que está en la puerta de un edificio controlando quién entra y quién sale. **2** En algunos deportes, miembro del equipo que defiende la portería. ◆ [expresión] ‖ **portero automático** Aparato que permite abrir la puerta de un edificio desde el interior de cada casa. ☐ Sinónimos: **2** guardameta, meta, cancerbero. ☐ Familia: →puerta.

portezuela (por·te·zue·la) [sustantivo femenino] Puerta pequeña: *la portezuela del carruaje.* ☐ Familia: →puerta.

pórtico (pór·ti·co) [sustantivo masculino] **1** Espacio con columnas que tienen algunos edificios en la parte de delante: *El pórtico de la iglesia.* **2** Espacio con arcos o columnas por el que se puede pasear: *Alrededor de la plaza hay un pórtico.* ☐ Familia: →puerta.

portón (por·tón) [sustantivo masculino] Puerta grande. ☐ Familia: →puerta.

portuario, ria (por·tua·rio, ria) [adjetivo] Del puerto de mar o relacionado con él: *autoridades portuarias.* ☐ Familia: →puerto.

portugués, sa (por·tu·gués, gue·sa) ■ [adjetivo o sustantivo] **1** De Portugal, que es un país europeo. ■ **portugués** [sustantivo masculino] **2** Lengua de este y de otros países. ☐ Sinónimos: **1** lusitano, luso.

porvenir (por·ve·nir) [sustantivo masculino] Tiempo futuro: *Estudia ahora para tener un buen porvenir.* ☐ Sinónimos: futuro, mañana. ☐ Antónimos: pasado, ayer. ☐ Familia: →venir.

pos ◆ [expresión] ‖ **en pos de** Detrás de algo: *Salió en pos de mí, pero no me alcanzó.* ☐ [Suele usarse en el lenguaje literario].

posada (po·sa·da) [sustantivo femenino] Establecimiento en el que se da comida o alojamiento a cambio de dinero. ☐ Sinónimos: fonda, hostal, hospedería. ☐ Familia: posadero.

posaderas (po·sa·de·ras) [sustantivo femenino plural] Mira en **posadero, ra**. ☐ [Es coloquial].

posadero, ra (po·sa·de·ro, ra) ■ [sustantivo] **1** Dueño de una posada o persona que trabaja en ella. ■ **posaderas** [sustantivo femenino plural] **2** Culo: *Te voy a dar un buen azote en las posaderas.* ☐ Sinónimos: **1** ventero. ☐ Familia: →posada.

posar (po·sar) [verbo] **1** Permanecer en una posición para servir de modelo a un artista: *Posé para la foto.* **2** Poner una cosa sobre otra de manera suave: *El niño* posó su mano en la cabeza del gato. ■ **posarse 3** Dejar de volar y detenerse en un lugar de manera suave: *El pajarillo se posó en la rama.* □ Familia: posada, poso, pose, posavasos, reposar, reposado, reposo.

posavasos (po·sa·va·sos) [sustantivo masculino] Especie de plato pequeño que se coloca debajo de los vasos para no dejar marca en las mesas. □ [No varía en singular y plural]. □ Familia: →posar. →vaso.

posdata (pos·da·ta) [sustantivo femenino] Palabras o frases que se añaden al final de una carta y después de la firma.

pose (po·se) [sustantivo femenino] **1** Postura poco natural, especialmente la que pone una persona para hacerse una fotografía: *Me gusta hacer poses divertidas cuando me graban en vídeo.* **2** Actitud fingida en la manera de hablar y de comportarse: *Deja ya esa pose de superioridad, que todos te conocemos.* □ Familia: →posar.

poseedor, ra (po·se·e·dor, do·ra) [adjetivo o sustantivo] Que tiene algo propio. □ Familia: →poseer.

poseer (po·se·er) [verbo] Tener algo propio: *Posee buenas cualidades para la música.* □ [Es irregular y se conjuga como LEER]. □ Antónimos: carecer. □ Familia: posesión, posesivo, poseedor, desposeer, poseso, poseído.

poseído, da (po·se·í·do, da) [adjetivo o sustantivo] Dicho de una persona, que está dominada por un espíritu malo. □ Sinónimos: poseso, endemoniado. □ Familia: →poseer.

posesión (po·se·sión) [sustantivo femenino] **1** Cosa que se posee: *Entre sus posesiones cuenta con varias tierras.* **2** Derecho de poseer algo: *Heredó de su padre la posesión de la casa.* ◆ [expresión] ‖ **tomar posesión de un cargo** Empezar a cumplir sus funciones de manera oficial: *El nuevo ministro tomó posesión de su cargo.* □ [En el significado **1** se usa más en plural]. □ Sinónimos: propiedad. **1** dominio, tenencia. **2** poder. □ Familia: →poseer.

posesivo, va (po·se·si·vo, va) ■ [adjetivo] **1** Dicho de una persona, que trata a los demás como si fuesen de su propiedad. ■ **posesivo** [adjetivo o sustantivo masculino] **2** Dicho de una clase de palabra, que indica posesión o pertenencia: *«Vuestras» es un posesivo.* □ Familia: →poseer.

poseso, sa (po·se·so, sa) [adjetivo o sustantivo] Dicho de una persona, que está dominada por un espíritu malo: *Gritaba y se retorcía como un poseso.* □ Sinónimos: endemoniado, poseído. □ Familia: →poseer.

posguerra (pos·gue·rra) [sustantivo femenino] Tiempo que sigue a una guerra: *Mis abuelos cuentan que en la posguerra pasaron mucha hambre.* □ Familia: →guerra.

posibilidad (po·si·bi·li·dad) [sustantivo femenino] **1** Ocasión para hacer algo: *Aprovecha la posibilidad de hacer el viaje.* **2** Ocasión para que algo exista u ocurra: *No hay ninguna posibilidad de que venga.* **3** Medios que permiten hacer algo: *Mis posibilidades económicas no me permiten lujos.* □ [En el significado **3** se usa más en plural]. □ Sinónimos: **1** oportunidad. **3** recurso. □ Antónimos: **3** imposibilidad. □ Familia: →poder.

posibilitar (po·si·bi·li·tar) [verbo] Facilitar y hacer posible algo: *El diálogo posibilitó que llegásemos a un acuerdo.* □ Familia: →poder.

posible (po·si·ble) [adjetivo] Que puede ser o que puede hacerse: *No es posible que hayan perdido.* □ [No varía en masculino y femenino]. □ Sinónimos: viable. □ Antónimos: imposible. □ Familia: →poder.

posición (po·si·ción) [sustantivo femenino] **1** Modo en que algo está puesto: *posición vertical.* **2** Lugar que ocupa algo: *El barco comunicó por radio cuál era su posición.* **3** Manera de pensar sobre un asunto: *¿Cuál es tu posición sobre lo que estamos discutiendo?* □ Sinónimos: **1, 3** postura. **2** puesto. **3** actitud. □ Familia: →poner.

posicionar (po·si·cio·nar) [verbo] **1** Orientar la publicidad y la venta de un producto hacia un público determinado: *Para posicionar una marca, es necesario hacer una investigación comercial previa.* **2** Hacer que un servicio o producto sea más fácil de encontrar y de ver en internet: *Esa empresa se dedica a posicionar webs.* ■ **posicionarse 3** Adoptar una posición: *Debes posicionarte a favor o en contra de la huelga.* □ Familia: →poner.

pósit (pó·sit) [sustantivo masculino] Hoja pequeña de papel que se pega por una de sus caras y que se usa para escribir notas. □ [Procede de la marca comercial «Post-it®». Su plural es «pósits»].

positivo, va (po·si·ti·vo, va) [adjetivo] **1** Que resulta bueno o favorable: *Sería muy positivo ganar el partido.* **2** Que siempre ve el lado bueno de las cosas: *Sé positivo y no te dejes vencer por los problemas.* □ Sinónimos: **2** optimista. □ Antónimos: negativo. **2** pesimista, derrotista.

poso (po·so) [sustantivo masculino] Especie de polvos que dejan algunos líquidos en el fondo del recipiente que los contiene: *los posos del café.* □ Familia: →posar.

posoperatorio, ria (po·so·pe·ra·to·rio, ria) [adjetivo o sustantivo masculino] Que tiene lugar después de una operación médica. □ [Se usa también «postoperatorio»]. □ Familia: →operar.

posponer (pos·po·ner) [verbo] Colocar algo detrás en el espacio o en el tiempo: *Pospuse el viaje porque me puse enfermo.* □ [Es irregular y se conjuga como PONER. Su participio es «pospuesto»]. □ Familia: posposición, pospuesto. →poner.

posposición (pos·po·si·ción) [sustantivo femenino] **1** Retraso de algo para realizarlo más adelante: *La posposición del estreno decepcionó.* **2** Colocación de una cosa detrás de otra: *En el imperativo «cállate» se produce la posposición del pronombre «te».* □ Familia: →posponer.

pospuesto, ta (pos·pues·to, ta) Participio irregular de **posponer**. □ Familia: →posponer.

posta (pos·ta) [sustantivo femenino] Lugar en el que antiguamente se paraban las diligencias para cambiar los caballos.

postal (pos·tal) ■ [adjetivo] **1** Del servicio de correos o relacionado con él: *un paquete postal.* ■ [sustantivo femenino] **2** Tarjeta que se envía por correo, con una fotografía por un lado y espacio en blanco por el otro para poder escribir. □ [En el significado **1** no varía en masculino y femenino].

poste (pos·te) [sustantivo masculino] Palo que está puesto de forma vertical y que sirve como apoyo o como señal: *Una portería de fútbol está formada por dos postes y un larguero.*

póster (pós·ter) [sustantivo masculino] Especie de cuadro de papel que se coloca en una pared: *Colgué el póster en mi habitación.* ☐ Su plural es «pósteres».

postergar (pos·ter·gar) [verbo] **1** Retrasar una cosa: *He postergado la cita para prepararla bien.* **2** Apreciar una cosa menos que otra o menos que antes: *Me has postergado a un segundo plano.* ☐ [La «g» se cambia en «gu» delante de «e» («postergue»)].

posteridad (pos·te·ri·dad) [sustantivo femenino] **1** Conjunto de personas que vivirán después de un determinado momento: *La posteridad admirará la obra de este escritor.* **2** Fama que se obtiene después de haber muerto: *Tu obra artística te llevará a la posteridad.* ☐ Familia: →posterior.

posterior (pos·te·rior) [adjetivo] **1** Que ocurre después: *El martes es el día posterior al lunes.* **2** Que está detrás: *Mi coche tiene cinturones de seguridad en el asiento posterior.* ☐ [No varía en masculino y femenino]. ☐ Sinónimos: **1** siguiente, ulterior. ☐ Antónimos: anterior. **1** previo. **2** delantero. ☐ Familia: posterioridad, posteridad.

posteriori (pos·te·rio·ri) ◆ [expresión] ‖ **a posteriori** Después de analizar el tema del que se trata: *Analizaremos las conclusiones del estudio a posteriori.*

posterioridad (pos·te·rio·ri·dad) [sustantivo femenino] Situación en el tiempo de una cosa con respecto a otra que ocurre antes: *La falta se produjo con posterioridad al lanzamiento.* ☐ Antónimos: anterioridad. ☐ Familia: →posterior.

postigo (pos·ti·go) [sustantivo masculino] Puerta pequeña que cubre la parte de cristal de una puerta o de una ventana: *Cerró los postigos para que no entrara luz.*

postín (pos·tín) [sustantivo masculino] Importancia que se da una persona que presume de su riqueza: *Se da mucho postín porque vive en una mansión.* ◆ [expresión] ‖ **de postín** De lujo: *Estuve en un banquete de mucho postín.*

postizo, za (pos·ti·zo, za) [adjetivo o sustantivo masculino] Que es de mentira, aunque parece de verdad: *dentadura postiza.*

postoperatorio, ria (pos·to·pe·ra·to·rio, ria) [adjetivo o sustantivo masculino] → **posoperatorio, ria.**

postor, ra (pos·tor, to·ra) [sustantivo] Persona que ofrece una cantidad de dinero por un objeto en una subasta: *El cuadro se lo llevó el mejor postor.*

postración (pos·tra·ción) [sustantivo femenino] Estado del que está enfermo o del que sufre por algo: *Desde que tuvo el accidente se encuentra en un estado de postración absoluta.* ☐ Familia: →postrar.

postrar (pos·trar) [verbo] **1** Quitar las fuerzas o el ánimo a alguien: *La enfermedad lo postró en la cama varios días.* ▪ **postrarse 2** Ponerse de rodillas en señal de respeto: *Se postró ante la cruz y empezó a rezar.* ☐ Familia: postración.

postre (pos·tre) [sustantivo masculino] Alimento que se toma al final de una comida. ◆ [expresión] ‖ **a la postre** Al final, en definitiva: *Si estudias ahora, a la postre te alegrarás.* ☐ Familia: postrero, postrimería.

postrero, ra (pos·tre·ro, ra) [adjetivo] Último: *la postrera luz del día.* ☐ Familia: →postre.

postrimería (pos·tri·me·rí·a) [sustantivo femenino] Último período de algo: *las postrimerías del siglo.* ☐ [Se usa más en plural]. ☐ Familia: →postre.

postulado (pos·tu·la·do) [sustantivo masculino] **1** Algo que se admite como cierto sin necesidad de pruebas que lo demuestren: *Me convenció esa teoría por la claridad de sus postulados.* **2** Idea que defiende alguien: *El líder expuso los postulados de su partido.* ☐ Familia: →postular.

postular (pos·tu·lar) [verbo] **1** Pedir dinero para un fin benéfico: *Había chicos por la calle, postulando para una ONG.* **2** Pedir y querer conseguir algo: *Ese partido postula unas ideas muy interesantes.* ☐ Familia: postulado.

póstumo, ma (pós·tu·mo, ma) [adjetivo] Que nace o que se publica después de la muerte de su padre o de su autor: *hijo póstumo; novela póstuma.*

postura (pos·tu·ra) [sustantivo femenino] **1** Modo en que alguien está puesto: *Me duele la espalda por sentarme en mala postura.* **2** Manera de pensar sobre un asunto: *Esta es mi postura sobre el tema.* ☐ Sinónimos: posición. **2** actitud. ☐ Familia: →poner.

potable (po·ta·ble) [adjetivo] Que se puede beber porque no es malo para la salud: *agua potable.* ☐ [No varía en masculino y femenino].

potaje (po·ta·je) [sustantivo masculino] Comida caliente hecha con legumbres y verduras. ☐ Familia: →pote.

potasa (po·ta·sa) [sustantivo femenino] Compuesto químico de color blanco, que contiene potasio.

potasio (po·ta·sio) [sustantivo masculino] Metal blando, de color brillante, que se oxida rápidamente en contacto con el aire.

pote (po·te) [sustantivo masculino] **1** Recipiente de cocina redondo, de hierro, con dos asas pequeñas a los lados y con tres pies: *El pote es una olla tradicional gallega y asturiana.* **2** Guiso que se hace con verduras, legumbres, tocino y patatas: *pote gallego.* ◆ [expresión] ‖ **darse pote** Darse importancia o presumir: *¡Deja ya de darte pote!* ☐ [La expresión es coloquial]. ☐ Familia: potaje, potito.

potencia (po·ten·cia) [sustantivo femenino] **1** Poder para producir un efecto: *Los coches deportivos llevan motores de gran potencia.* **2** País que tiene un gran poder internacional: *Las grandes potencias se han puesto de acuerdo para reducir el armamento.* **3** En matemáticas, resultado de multiplicar un número por sí mismo una o más veces: *La potencia 2^3 equivale a 2x2x2.* ◆ [expresión] ‖ **ser algo en potencia** Poder llegar a serlo: *Este niño es un genio en potencia.* ☐ SINÓNIMOS: **1** fuerza. ☐ ANTÓNIMOS: **1** debilidad. ☐ FAMILIA: →poder.

potencial (po·ten·cial) ▪ [adjetivo] **1** Que puede pasar o existir: *un peligro potencial.* ▪ [sustantivo masculino] **2** Fuerza o poder que tiene alguien: *El potencial militar de ese país es enorme.* ☐ [En el significado **1** no varía en masculino y femenino]. ☐ FAMILIA: →poder.

potenciar (po·ten·ciar) [verbo] Aumentar la fuerza o el poder de algo: *Las inversiones extranjeras potencian la economía.* ☐ [Es irregular y se conjuga como ANUNCIAR]. ☐ FAMILIA: →poder.

potentado, da (po·ten·ta·do, da) [sustantivo] Persona muy rica y poderosa. ☐ FAMILIA: →poder.

potente (po·ten·te) [adjetivo] **1** Que tiene capacidad para producir un efecto: *Con esos altavoces tan potentes se oye mejor.* **2** Grande o fuerte: *Se oyó un potente grito.* ☐ [No varía en masculino y femenino]. ☐ SINÓNIMOS: **2** poderoso. ☐ ANTÓNIMOS: **2** débil, flojo. ☐ FAMILIA: →poder.

potestad (po·tes·tad) [sustantivo femenino] Poder o autoridad que se tiene sobre algo. ◆ [expresión] ‖ **patria potestad** Autoridad que tienen los padres sobre sus hijos menores de edad. ☐ FAMILIA: →poder.

potingue (po·tin·gue) [sustantivo masculino] **1** Comida o bebida poco agradables. **2** Producto de belleza: *Se da potingues en la cara para estar guapa.* ☐ [Es coloquial y despectivo].

potito (po·ti·to) [sustantivo masculino] Alimento para niños pequeños, en forma de puré y que se vende en recipientes de cristal. ☐ [Procede de la marca comercial «Potitos®»]. ☐ FAMILIA: →pote.

poto (po·to) [sustantivo masculino] Planta que tiene las hojas verdes en forma de corazón y con manchas blancas.

potro, tra (po·tro, tra) ▪ [sustantivo] **1** Cría del caballo. ▪ **potro** [sustantivo masculino] **2** Aparato de gimnasia que se usa para saltar por encima de él. ▪ **potra** [sustantivo femenino] **3** Buena suerte: *Tiene mucha potra y todo le sale bien.* ☐ [El significado **3** es coloquial].

potro

poyete (po·ye·te) [sustantivo masculino] Especie de escalón de piedra o de otro material sobre el que se puede apoyar algo: *Tengo macetas en el poyete de la ventana.* ☐ FAMILIA: →poyo.

poyo (po·yo) [sustantivo masculino] Banco de piedra pegado a la pared. ☐ [No confundir con «pollo» (gallo joven; cría de un ave)]. ☐ FAMILIA: poyete.

poyo

poza (po·za) [sustantivo femenino] **1** Lugar grande en el que queda el agua detenida de forma natural o artificial: *La lluvia ha formado pozas en los campos.* **2** Lugar más profundo de un río: *Fuimos a bañarnos a la poza.* ☐ SINÓNIMOS: **1** charca. ☐ FAMILIA: →pozo.

pozo (po·zo) [sustantivo masculino] **1** Agujero cavado en la tierra para sacar agua o petróleo. 👁 **páginas 194-195**. **2** Lugar por el que se entra bajo tierra para extraer minerales: *Estos mineros trabajan en un pozo de carbón.* ☐ FAMILIA: poza, pocero, pocillo.

práctica (prác·ti·ca) [sustantivo femenino] Mira en **práctico, ca**.

practicable (prac·ti·ca·ble) [adjetivo] Dicho de un camino o lugar, que se puede atravesar. ☐ [No varía en masculino y femenino]. ☐ ANTÓNIMOS: impracticable. ☐ FAMILIA: →práctico.

prácticamente (prác·ti·ca·men·te) [adverbio] Casi o por poco: *La casa está prácticamente acabada.* ☐ FAMILIA: →práctico.

practicante (prac·ti·can·te) ▪ [adjetivo o sustantivo] **1** Que tiene una religión y cumple sus normas: *Soy católica practicante.* ▪ [sustantivo] **2** Persona que trabaja poniendo inyecciones. ☐ [No varía en masculino y femenino]. ☐ FAMILIA: →práctico.

practicar (prac·ti·car) [verbo] **1** Realizar una actividad de forma habitual: *Practico varios deportes.* **2** Repetir algo para conseguir hacerlo bien: *Los gimnastas practican cada ejercicio muchas veces.* **3** Hacer o realizar: *La cirujana le practicó una sencilla operación.* **4** Tener una religión y cumplir sus normas: *practicar el catolicismo.* ☐ [La «c» se cambia en «qu» delante de «e» («practique»)]. ☐ SINÓNIMOS: **2** ensayar. ☐ FAMILIA: →práctico.

práctico, ca (prác·ti·co, ca) ▪ [adjetivo] **1** De la práctica o relacionado con la acción y no con las ideas: *Prefiere los conocimientos prácticos a los teóricos.* **2** Que resulta útil: *Este microondas es muy práctico.* **3** Que actúa de acuerdo con el mundo real: *Es mejor ser práctico y ver las cosas como son.* ▪ **práctica** [sustantivo femenino] **4** Hecho de realizar una actividad de forma habitual: *La práctica de un deporte es una costumbre sana.* **5** Habilidad que

pradera

se consigue al realizar esta actividad: *Hacer ganchillo parece difícil, pero cuando se tiene práctica es fácil.* **6** Hecho de aplicar una idea: *El plan parecía perfecto, pero falló en la práctica.* ☐ Sinónimos: **1** pragmático. ☐ Antónimos: **1, 3** teórico. ☐ Familia: practicar, practicante, practicable, impracticable, prácticamente.

pradera (pra·de·ra) [sustantivo femenino] Terreno llano y grande, cubierto de hierba. ☐ Familia: →prado.

prado (pra·do) [sustantivo masculino] Terreno llano y cubierto de hierba: *Las vacas pacen en el prado.* ☐ Familia: pradera.

pragmático, ca (prag·má·ti·co, ca) [adjetivo] Que busca la utilidad de las cosas: *Eres muy pragmático y la teoría te da igual.* ☐ Sinónimos: práctico.

preámbulo (pre·ám·bu·lo) [sustantivo masculino] Palabras que se dicen al principio de algo: *Habló del tema principal sin preámbulos.* ☐ Sinónimos: prolegómenos.

prebenda (pre·ben·da) [sustantivo femenino] **1** Renta o dinero que reciben algunos cargos de la Iglesia. **2** Empleo en el que se cobra mucho y se trabaja poco. **3** Beneficio o ventaja que se concede a alguien sin merecerlo.

preboste (pre·bos·te) [sustantivo masculino] Persona que tiene mucho poder e influencia.

precario, ria (pre·ca·rio, ria) [adjetivo] **1** Que no tiene los medios o los recursos suficientes: *Vive en un estado muy precario.* **2** Que no es seguro o que dura poco: *Mi situación laboral es muy precaria.*

precaución (pre·cau·ción) [sustantivo femenino] Cuidado que se pone al hacer algo para evitar problemas: *Debes conducir con precaución.* ☐ Sinónimos: prudencia, cautela. ☐ Antónimos: descuido, temeridad. ☐ Familia: precaver, precavido.

precaver (pre·ca·ver) [verbo] Prevenir un daño o un peligro o tomar las medidas necesarias para evitarlo: *Nos precavimos bien contra el frío.* ☐ Familia: →precaución.

precavido, da (pre·ca·vi·do, da) [adjetivo] Que actúa con cuidado para evitar problemas: *Es muy precavida y se ha llevado el paraguas por si llovía.* ☐ Sinónimos: prudente, cauteloso, cauto. ☐ Antónimos: imprudente, descuidado, alocado. ☐ Familia: →precaución.

precedente (pre·ce·den·te) [sustantivo masculino] Hecho que ha ocurrido antes y que se tiene en cuenta para juzgar otro que ocurre después: *Lo que tú has hecho no tiene precedentes en nuestra familia.* ☐ Sinónimos: antecedente. ☐ Familia: →preceder.

preceder (pre·ce·der) [verbo] Ir por delante: *El otoño precede al invierno.* ☐ Sinónimos: anteceder. ☐ Antónimos: seguir. ☐ Familia: precedente.

precepto (pre·cep·to) [sustantivo masculino] Mandato o regla que hay que cumplir: *los preceptos de una religión.* ☐ Sinónimos: mandato. ☐ Familia: preceptor.

preceptor, ra (pre·cep·tor, to·ra) [sustantivo] Persona que se dedica a educar y dar clases a un niño que no es su hijo: *Los hijos del duque eran educados por un preceptor.* ☐ Familia: →precepto.

preces (pre·ces) [sustantivo femenino plural] Oraciones que se dirigen a Dios, a la Virgen o a los santos para suplicarles algo.

preciado, da (pre·cia·do, da) [adjetivo] Que se aprecia y se valora mucho: *Eres una de mis más preciadas amigas.* ☐ Familia: →precio.

preciarse (pre·ciar·se) [verbo] Presumir o sentirse orgulloso de algo: *Se precia de ser una buena madre.* ☐ [Es irregular y se conjuga como **ANUNCIAR**]. ☐ Familia: →precio.

precintar (pre·cin·tar) [verbo] Cerrar una cosa para que nadie la pueda abrir sin que se note: *Precinté bien el paquete antes de enviarlo por correo.* ☐ Familia: →cinta.

precinto (pre·cin·to) [sustantivo masculino] Cierre que se pone a una cosa para que nadie la pueda abrir sin que se note: *Este paquete de galletas lleva precinto.* ☐ Familia: →cinta.

precio (pre·cio) [sustantivo masculino] **1** Dinero que algo cuesta: *¿Qué precio tienen las naranjas?* **2** Esfuerzo que cuesta conseguir algo: *La soledad es el precio de la fama.* ☐ Sinónimos: **1** coste, costo, importe. ☐ Familia: preciarse, preciado, precioso, preciosidad, apreciar, despreciar, menospreciar, depreciar.

preciosidad (pre·cio·si·dad) [sustantivo femenino] Persona o cosa que resulta muy bonita: *¡Qué preciosidad de bebé!* ☐ Sinónimos: belleza, hermosura. ☐ Familia: →precio.

precioso, sa (pre·cio·so, sa) [adjetivo] **1** Muy agradable de ver o de oír: *Tocó una preciosa melodía.* **2** De mucho valor: *piedra preciosa.* ☐ Sinónimos: **1** bello, bonito, hermoso, lindo. **2** valioso. ☐ Antónimos: **1** feo. ☐ Familia: →precio.

precipicio (pre·ci·pi·cio) [sustantivo masculino] Terreno con una pendiente casi vertical: *Al borde de la carretera había un precipicio.* ☐ Familia: precipitar, precipitado, precipitación.

precipitación (pre·ci·pi·ta·ción) [sustantivo femenino] **1** Hecho por el que algo se hace muy deprisa y sin pensar: *La precipitación en los preparativos hizo que la fiesta fuera un desastre.* **2** Lluvia o nieve que caen: *Para mañana han anunciado fuertes precipitaciones.* ☐ Familia: →precipicio.

precipitado, da (pre·ci·pi·ta·do, da) [adjetivo] Que está hecho con mucha prisa: *decisiones precipitadas.* ☐ Familia: →precipicio.

precipitar (pre·ci·pi·tar) [verbo] **1** Hacer que algo suceda más deprisa: *El escándalo precipitó su dimisión.* ▪ **precipitarse 2** Tirarse desde un lugar alto: *Un coche se precipitó por el acantilado.* **3** Hacer algo deprisa y sin pensar: *No te precipites y piensa lo que vas a decir.* ☐ Sinónimos: **1** acelerar. **2** arrojarse, lanzarse. ☐ Antónimos: **1** retrasar, frenar. **3** contenerse. ☐ Familia: →precipicio.

precisar (pre·ci·sar) [verbo] **1** Decir algo de manera exacta: *No puedo precisar la hora que era.* **2** Tener necesidad de algo o no poder estar sin ello: *Dijo que no precisaba ninguna ayuda.* ☐ Sinónimos: **1** fijar, especificar. **2** necesitar, hacer falta. ☐ Familia: →preciso.

precisión (pre·ci·sión) [sustantivo femenino] Manera exacta y muy clara de hacer algo: *Esta balanza indica el peso con gran precisión.* ☐ SINÓNIMOS: exactitud. ☐ ANTÓNIMOS: vaguedad. ☐ FAMILIA: →preciso.

preciso, sa (pre·ci·so, sa) [adjetivo] **1** Que se necesita para algo: *Es preciso hacer algo para acabar con el hambre en el mundo.* **2** Que es lo que se dice, nada más y nada menos: *En ese preciso momento llegaba yo.* **3** Exacto y claro: *Estas imágenes son muy precisas.* ☐ SINÓNIMOS: **1** necesario, imprescindible, indispensable. **2** justo, exacto. ☐ ANTÓNIMOS: **2**, **3** inexacto. **3** impreciso, vago. ☐ FAMILIA: precisar, precisión, impreciso.

preclaro, ra (pre·cla·ro, ra) [adjetivo] Famoso o digno de ser respetado: *mente preclara.* ☐ SINÓNIMOS: ilustre. ☐ FAMILIA: →claro.

precocidad (pre·co·ci·dad) [sustantivo femenino] Característica de lo que sucede muy pronto: *En algunas enfermedades la precocidad del diagnóstico es esencial para la curación.* ☐ FAMILIA: →precoz.

precolombino, na (pre·co·lom·bi·no, na) [adjetivo] Anterior a los viajes y descubrimientos de Cristóbal Colón: *culturas precolombinas.*

preconizar (pre·co·ni·zar) [verbo] Defender o apoyar algo que se considera bueno: *Los médicos preconizan la práctica de algún deporte.* ☐ [La «z» se cambia en «c» delante de «e» («preconice»)].

precoz (pre·coz) [adjetivo] Que destaca muy pronto en una actividad: *Es un niño precoz y aprendió a leer antes de ir al colegio.* ☐ [No varía en masculino y femenino. Su plural es «precoces»]. ☐ SINÓNIMOS: adelantado. ☐ ANTÓNIMOS: retrasado. ☐ FAMILIA: precocidad.

precursor, ra (pre·cur·sor, so·ra) [adjetivo o sustantivo] Que empieza algo que se desarrollará más adelante: *Muchos cantantes son precursores de nuevas formas de vestir.*

predecesor, ra (pre·de·ce·sor, so·ra) [sustantivo] **1** Persona que ha tenido un cargo o un trabajo antes de la persona que lo tiene ahora. **2** Persona de la que se desciende: *Uno de mis predecesores fue un conde.* ☐ SINÓNIMOS: antecesor, ancestro. ☐ ANTÓNIMOS: **1** sucesor.

predecible (pre·de·ci·ble) [adjetivo] Que se puede predecir. ☐ [No varía en masculino y femenino]. ☐ ANTÓNIMOS: impredecible. ☐ FAMILIA: →predecir.

predecir (pre·de·cir) [verbo] Decir lo que va a suceder antes de que ocurra: *La mujer del tiempo ha predicho lluvias para mañana.* ☐ [Es irregular. Su participio es «predicho»]. ☐ SINÓNIMOS: anunciar, pronosticar, vaticinar, augurar. ☐ FAMILIA: predicción, predecible, impredecible, predicho.

PREDECIR

INDICATIVO

Presente
yo predigo
tú predices / usted predice
él, ella predice
nosotros, tras predecimos
vosotros, tras predecís / ustedes predicen
ellos, ellas predicen

Pretérito imperfecto
yo predecía
tú predecías / usted predecía
él, ella predecía
nosotros, tras predecíamos
vosotros, tras predecíais / ustedes predecían
ellos, ellas predecían

Pretérito perfecto simple
yo predije
tú predijiste / usted predijo
él, ella predijo
nosotros, tras predijimos
vosotros, tras predijisteis / ustedes predijeron
ellos, ellas predijeron

Futuro simple
yo prediciré o prediré
tú predicirás o predirás / usted predicirá o predirá
él, ella predicirá o predirá
nosotros, tras prediciremos o prediremos
vosotros, tras predeciréis o prediréis / ustedes predecirán o predirán
ellos, ellas predecirán o predirán

Condicional simple
yo predeciría o prediría
tú predecirías o predirías / usted predeciría o prediría
él, ella predeciría o prediría
nosotros, tras predeciríamos o prediríamos
vosotros, tras predeciríais o prediríais / ustedes predecirían o predirían
ellos, ellas predecirían o predirían

SUBJUNTIVO

Presente
yo prediga
tú predigas / usted prediga
él, ella prediga
nosotros, tras predigamos
vosotros, tras predigáis / ustedes predigan
él, ella predigan

Pretérito imperfecto
yo predijera o predijese
tú predijeras o predijeses / usted predijera o predijese
él, ella predijera o predijese
nosotros, tras predijéramos o predijésemos
vosotros, tras predijerais o predijeseis / ustedes predijeran o predijesen
ellos, ellas predijeran o predijesen

Futuro simple
yo predijere
tú predijeres / usted predijere
él, ella predijere
nosotros, tras predijéremos
vosotros, tras predijereis / ustedes predijeren
ellos, ellas predijeren

IMPERATIVO

predice (tú) / prediga (usted)
predigamos (nosotros, tras)
predecid (vosotros, tras) / predigan (ustedes)

FORMAS NO PERSONALES

Infinitivo	Gerundio	Participio
predecir	prediciendo	predicho

predestinado, da

predestinado, da (pre·des·ti·na·do, da) [adjetivo] Que tiene un futuro ya establecido y nadie lo puede cambiar: *Cree que está predestinado a ser ministro.* ☐ Familia: →destinar.

predestinar (pre·des·ti·nar) [verbo] Hacer que alguien tenga un futuro ya establecido y que no se puede cambiar: *Aquel niño nació predestinado para ser rey.* ☐ Familia: →destinar.

predeterminar (pre·de·ter·mi·nar) [verbo] Establecer algo de antemano, especialmente si no hay posibilidad de que cambie posteriormente: *La herencia genética predetermina el color de la piel de las personas.* ☐ Familia: →determinar.

predicación (pre·di·ca·ción) [sustantivo femenino] **1** Conjunto de ideas o de creencias que se defienden o se enseñan: *La predicación apostólica extendió el mensaje de Jesucristo.* **2** Hecho de pronunciar discursos un sacerdote para enseñar la religión. ☐ Familia: →predicar.

predicado (pre·di·ca·do) [sustantivo masculino] Parte de la oración cuyo núcleo es el verbo: *En la oración «Carlos viene a casa», «viene a casa» es el predicado.* ☐ Familia: →predicar.

predicador (pre·di·ca·dor) [sustantivo masculino] Persona que defiende con su discurso sus ideas, especialmente si son ideas religiosas. ☐ Familia: →predicar.

predicar (pre·di·car) [verbo] **1** Pronunciar discursos un sacerdote para enseñar la religión. **2** Defender una idea: *Siempre predicas que tenemos que ayudarnos, pero tú eres un egoísta.* ☐ [La «c» se cambia en «qu» delante de «e» («predique»)]. ☐ Familia: predicado, predicación, predicador, predicativo.

predicativo, va (pre·di·ca·ti·vo, va) ■ [adjetivo] **1** Dicho de un elemento de la oración, que pertenece al predicado o que tiene un predicado: *oración predicativa.* ■ [adjetivo o sustantivo masculino] **2** Dicho de un elemento de la oración, que modifica a la vez a un sustantivo y a un verbo no copulativo: *En la oración «Mis amigos llegaron cansados», «cansados» es un complemento predicativo.* ☐ Familia: →predicar.

predicción (pre·dic·ción) [sustantivo femenino] Anuncio de lo que puede suceder en el futuro. ☐ Sinónimos: pronóstico, augurio, vaticinio. ☐ Familia: →predecir.

predicho, cha (pre·di·cho, cha) Participio irregular de **predecir**. ☐ Familia: →predecir.

predilección (pre·di·lec·ción) [sustantivo femenino] Inclinación especial hacia algo que gusta más que otra cosa: *Tengo predilección por los helados de fresa.* ☐ Sinónimos: preferencia. ☐ Familia: →predilecto.

predilecto, ta (pre·di·lec·to, ta) [adjetivo] Que se prefiere o que gusta más: *Dice que soy su sobrina predilecta.* ☐ Familia: →predilección.

predisponer (pre·dis·po·ner) [verbo] Influir en una persona para que piense o haga algo: *Sus comentarios me predispusieron contra la película.* ☐ [Es irregular y se conjuga como PONER. Su participio es «predispuesto»]. ☐ Familia: predisposición, predispuesto. →poner.

predisposición (pre·dis·po·si·ción) [sustantivo femenino] Facilidad de una persona para que le ocurra algo: *Tengo predisposición a coger catarros.* ☐ Sinónimos: propensión. ☐ Familia: →predisponer.

predispuesto, ta (pre·dis·pues·to, ta) Participio irregular de **predisponer**. ☐ Familia: →predisponer.

predominante (pre·do·mi·nan·te) [adjetivo] Que destaca o que es más abundante. ☐ [No varía en masculino y femenino]. ☐ Familia: →dominar.

predominar (pre·do·mi·nar) [verbo] Destacar o ser más abundante: *En la tapicería predomina el color rojo.* ☐ Familia: →dominar.

predominio (pre·do·mi·nio) [sustantivo masculino] Mayor poder o mayor cantidad de una cosa sobre otras: *En mi clase hay predominio de chicas sobre chicos.* ☐ Familia: →dominar.

preescolar (pre·es·co·lar) [sustantivo o adjetivo masculino] Del nivel de estudios anterior a la enseñanza primaria: *Mi hermano de tres años está en preescolar.* ☐ [Cuando es adjetivo, no varía en masculino y femenino]. ☐ Familia: →escuela.

prefabricado, da (pre·fa·bri·ca·do, da) [adjetivo] Que ha sido fabricado antes en un sitio distinto del lugar en que se va colocar: *una casa prefabricada.* ☐ Familia: →fabricar.

prefacio (pre·fa·cio) [sustantivo masculino] Introducción de un libro. ☐ Sinónimos: prólogo.

preferencia (pre·fe·ren·cia) [sustantivo femenino] **1** Ventaja que se tiene sobre algo: *En este cruce tienen preferencia los coches que vienen por la derecha.* **2** Inclinación especial hacia algo que gusta más que otra cosa: *Me gustan todos los pasteles, pero tengo preferencia por los de chocolate.* ☐ Sinónimos: **1** prioridad. **2** predilección. ☐ Familia: →preferir.

preferente (pre·fe·ren·te) [adjetivo] Que tiene ventaja sobre otros: *Viajo siempre en clase preferente.* ☐ [No varía en masculino y femenino]. ☐ Familia: →preferir.

preferible (pre·fe·ri·ble) [adjetivo] Mejor o que conviene más: *Si vas a venir enfadado, es preferible que te quedes.* ☐ [No varía en masculino y femenino]. ☐ Familia: →preferir.

preferido, da (pre·fe·ri·do, da) [adjetivo] Que gusta más que otro: *Es mi asignatura preferida.* ☐ Sinónimos: favorito. ☐ Familia: →preferir.

preferir (pre·fe·rir) [verbo] Estar más a favor de una cosa que de otra: *Prefiero los alimentos dulces a los salados.* ☐ [Es irregular y se conjuga como SENTIR]. ☐ Familia: preferible, preferido, preferente, preferencia.

prefijo (pre·fi·jo) [sustantivo masculino] **1** Grupo de letras que se añaden al comienzo de una palabra para darle un significado determinado: *El prefijo «pre-» significa «antes» y forma palabras como «predecir».* **2** Primeras cifras de un número de teléfono que indican la ciudad o el país al que se llama. ☐ [En el significado **1**, no confundir con «sufijo» (que se añade al final de una palabra)].

pregón (pre·gón) [sustantivo masculino] Anuncio en voz alta para que todo el mundo lo oiga: *Un actor leyó el pregón de las fiestas.* ☐ Familia: pregonar, pregonero.

prefijos

prefijo	significado	ejemplo
a-, an-	negación o privación	asimétrico, analfabeto
aero-	aire	aeropuerto, aeronave
ante-	antes	anteanoche, antebrazo
anti-	opuesto o contrario	antirreglamentario, antirrobo
audio-	sonido	audioguía
auto-	propio o por uno mismo	autorretrato
	automóvil	autoescuela
biblio-	libro	biblioteca, bibliografía
bio-	vida	biología, biografía
ciber-	relacionado con la red informática	ciberespacio, cibernauta
con-, com-, co-	conjuntamente con otro	convivir, compatriota, coautor
contra-	contrario	contradecir, contratiempo
des-	negación o acción opuesta	desabrochar, desconfiar
eco-	ecológico	ecoturismo
entre-	en medio de, a medias	entrecejo, entreabrir
ex-	que ya no es	exalumna, exgobernante
extra-	fuera	extraoficial
foto-	luz	fotoprotector
	fotografía	fotogénico
hidro-	agua	hidroavión
hiper-	muy grande, excesivo	hipermercado, hipersensibilidad
in-, im-, i-	negación	incómodo, imposible, ilegal
inter-	en medio, entre varios	intermediario, internacional
micro-	muy pequeño	microchip, microbús
multi-	mucho	multicolor
orto-	bien hecho	ortografía, ortodoncia
poli-	muchos	polideportivo
pos-, post-	después	posguerra, postparto
pre-	antes	predecir, prever
pro-	hacia delante	promover
	en lugar de	procónsul
	a favor de	prodemocracia
psico-	mente	psicología
pueri-	niño	puericultor
re-	repetición	releer, recaer
	intensidad	rebuscar, rebonito
requete-	intensidad	requetebién, requetelista
retro-	hacia atrás	retrovisor
semi-	mitad	semicírculo, semidesnatada
sub-	debajo	subcampeón, submarino
super-	encima	superponer
	extremadamente, con cualidades superiores	superfino, superhombre
tele-	lejos, a distancia	televisión, teledirigido
trans-, tras-	a través de	transbordo, trasluz
ultra-	más allá	ultramar
	intensidad	ultraligero
vice-	en vez de	vicepresidenta, vicesecretaria

pregonar

prefijos que indican número

prefijo	significado	ejemplo
mono-	uno	*monociclo, monoteísta*
uni-	uno	*unicelular, unicornio*
bi-	dos	*bitono, bimensual*
tri-	tres	*tricolor, trilogía*
cuadri-, cuatri-	cuatro	*cuadrilátero, cuatrimotor*
tetra-	cuatro	*tetraedro*
penta-	cinco	*pentágono, pentagrama*
hexa-	seis	*hexágono*
hepta-	siete	*heptágono*
octa-, octo-	ocho	*octaedro, octosílabo*
enea-	nueve	*eneasílabo*
deca-	diez	*decágono*
endeca-	once	*endecasílabo*
dodeca-	doce	*dodecaedro*

pregonar (pre·go·nar) [verbo] **1** Anunciar algo para que lo sepa todo el mundo: *No vayas pregonando mis secretos por ahí.* **2** Anunciar algo a voces: *Los vendedores ambulantes van pregonando sus mercancías por la calle.* ☐ SINÓNIMOS: **1** proclamar, publicar, divulgar, declarar, airear. ☐ ANTÓNIMOS: **1** callar. ☐ FAMILIA: →pregón.

pregonero, ra (pre·go·ne·ro, ra) [sustantivo] Persona que lee un pregón. ☐ FAMILIA: →pregón.

pregunta (pre·gun·ta) [sustantivo femenino] Conjunto de palabras con las que se pide información sobre algo que se quiere saber: *«¿Qué hora es?» es una pregunta.* ☐ ANTÓNIMOS: contestación, respuesta. ☐ FAMILIA: preguntar, preguntón.

preguntar (pre·gun·tar) [verbo] Hacer preguntas: *Si tienes dudas, pregunta sin problemas.* ☐ SINÓNIMOS: interrogar. ☐ ANTÓNIMOS: contestar, responder. ☐ FAMILIA: →pregunta.

preguntón, na (pre·gun·tón, to·na) [adjetivo o sustantivo] Que pregunta mucho. ☐ [Es coloquial]. ☐ FAMILIA: →pregunta.

prehistoria (prehis·to·ria) [sustantivo femenino] Parte de la historia que va desde el origen del ser humano hasta que aparecen los primeros documentos escritos: *En la prehistoria, los hombres vivían en cavernas.* ☐ FAMILIA: →historia.

prehistórico, ca (prehis·tó·ri·co, ca) [adjetivo] De la prehistoria o relacionado con ella: *Los dinosaurios fueron animales prehistóricos.* ☐ FAMILIA: →historia.

prejuicio (pre·jui·cio) [sustantivo masculino] Opinión que se tiene sobre algo antes de conocerlo: *Eso de que yo soy un cobarde es un prejuicio que tienes contra mí.* ☐ [No confundir con «perjuicio» (daño que se hace a alguien)]. ☐ FAMILIA: →juez.

prejuzgar (pre·juz·gar) [verbo] Juzgar algo antes de tiempo o sin conocerlo: *No debes prejuzgar a la gente sin saber la causa de su comportamiento.* ☐ [La «g» se cambia en «gu» delante de «e» («prejuzgue»)]. ☐ FAMILIA: →juez.

prelado (pre·la·do) [sustantivo masculino] Alto cargo de la Iglesia: *El obispo y el arzobispo son prelados.*

preliminar (pre·li·mi·nar) [adjetivo o sustantivo masculino] Que se dice o se hace como introducción o antes de que comience algo: *En los preliminares del partido se guardó un minuto de silencio.* ☐ [Cuando es adjetivo, no varía en masculino y femenino. El sustantivo se usa más en plural]. ☐ SINÓNIMOS: prolegómenos.

preludio (pre·lu·dio) [sustantivo masculino] **1** Principio o anuncio de algo que va a suceder: *Los relámpagos fueron el preludio de una gran tormenta.* **2** Pieza musical breve que sirve de introducción a otras obras más extensas.

premamá (pre·ma·má) [adjetivo] De la mujer que va a tener un hijo: *vestido premamá.* ☐ [No varía en masculino y femenino, ni en singular y plural]. ☐ FAMILIA: →mamá.

prematrimonial (pre·ma·tri·mo·nial) [adjetivo] Que se realiza antes del matrimonio: *cursillos prematrimoniales.* ☐ [No varía en masculino y femenino]. ☐ FAMILIA: →matrimonio.

prematuro, ra (pre·ma·tu·ro, ra) ▌ [adjetivo] **1** Antes de tiempo: *Me parece prematuro pensar ya lo que vamos a hacer el año que viene.* ▌ [adjetivo o sustantivo] **2** Dicho de un niño, que ha nacido antes de tiempo. ☐ FAMILIA: →maduro.

premeditación (pre·me·di·ta·ción) [sustantivo femenino] Hecho de pensar y de preparar algo con todo detalle antes de hacerlo: *El juez dijo que el asesino había actuado con premeditación.* ☐ FAMILIA: →meditar.

premeditado, da (pre·me·di·ta·do, da) [adjetivo] Que se ha pensado y preparado con todo detalle antes de hacerlo: *crímenes premeditados.* ☐ FAMILIA: →meditar.

premeditar (pre·me·di·tar) [verbo] Pensar y preparar una idea o un proyecto con todo detalle antes de hacerlo: *Los ladrones premeditaron durante meses el atraco al banco.* ☐ FAMILIA: →meditar.

premiar (pre·miar) [verbo] Dar un premio: *Han premiado a los campeones.* ☐ [Es irregular y se conjuga como

ANUNCIAR]. ☐ SINÓNIMOS: recompensar, galardonar. ☐ ANTÓNIMOS: castigar, sancionar. ☐ FAMILIA: →premio.

premio (pre·mio) [sustantivo masculino] **1** Cosa buena que se da a una persona por haber hecho algo muy bueno: *Le dieron un premio por su novela*. **2** Cosa que se gana en un sorteo o en un concurso: *Me ha tocado el primer premio de la lotería*. ☐ SINÓNIMOS: **1** recompensa, galardón. ☐ ANTÓNIMOS: **1** castigo. ☐ FAMILIA: premiar.

premioso, sa (pre·mio·so, sa) [adjetivo] Torpe o lento: *Tiene unos andares premiosos*.

premisa (pre·mi·sa) [sustantivo femenino] Idea que sirve de base para sacar otra.

premolar (pre·mo·lar) [adjetivo] De las muelas que están al lado de los colmillos o relacionado con ellas: *diente premolar*. ☐ [No varía en masculino y femenino]. ☐ FAMILIA: →muela.

premonición (pre·mo·ni·ción) [sustantivo femenino] Sensación de que algo va a ocurrir: *Tengo la premonición de que va a pasar algo terrible*. ☐ SINÓNIMOS: corazonada, pálpito, presentimiento, presagio.

premura (pre·mu·ra) [sustantivo femenino] Prisa o urgencia: *Preparó todo con mucha premura*.

prenatal (pre·na·tal) [adjetivo] Que existe o que ocurre antes del nacimiento. ☐ [No varía en masculino y femenino]. ☐ FAMILIA: →nacer.

prenda (pren·da) [sustantivo femenino] **1** Cosa que nos ponemos para vestirnos: *El jersey es una prenda de abrigo*. **2** Cosa que se entrega a alguien para que esté seguro de que vamos a cumplir una promesa: *Dejé mi reloj como prenda*. ◆ [expresión] ‖ **no soltar prenda** No decir nada de lo que se sabe: *Dije que guardaría el secreto y no voy a soltar prenda*. ☐ [La expresión es coloquial]. ☐ FAMILIA: prendar.

prendar (pren·dar) [verbo] **1** Gustar mucho: *Me prendaron tus ojos*. ▎ **prendarse 2** Quedarse encantado o enamorado: *Se prendó de ti desde el momento en que te vio*. ☐ FAMILIA: →prenda.

prender (pren·der) [verbo] **1** Empezar a quemarse algo: *Esa leña no prende bien*. **2** Encender con fuego o quemar: *Prende una vela, porque se ha ido la luz*. **3** Sujetar algo con un objeto que tenga punta: *La modista prendió el bajo del vestido con alfileres*. **4** Atrapar a alguien y quitarle la libertad: *La policía prendió al ladrón*. **5** Empezar una planta a echar raíces en la tierra. ☐ SINÓNIMOS: **1** arder. **4** detener, capturar, apresar, arrestar. **5** arraigar, agarrar, enraizar. ☐ ANTÓNIMOS: **1**, **2** apagar. **2** extinguir, sofocar. **3** desprender. **4** liberar, libertar, soltar. ☐ FAMILIA: prensor, prensil, desprender, desprendimiento, desprendido.

prensa (pren·sa) [sustantivo femenino] **1** Conjunto de los periódicos y de las revistas: *La noticia ha salido en toda la prensa*. **2** Conjunto de periodistas: *El presidente contestó a las preguntas de la prensa*. **3** Máquina que sirve para aplastar algunas cosas: *Las aceitunas se meten en una prensa para hacer el aceite*. ☐ FAMILIA: prensar.

prensar (pren·sar) [verbo] Aplastar algo: *Para hacer vino hay que prensar las uvas*. ☐ FAMILIA: →prensa.

prensil (pren·sil) [adjetivo] Que sirve para coger o agarrar algo: *Los elefantes tienen una trompa prensil*. ☐ [No varía en masculino y femenino]. ☐ FAMILIA: →prender.

prensor, ra (pren·sor, so·ra) [adjetivo] Que prende o agarra: *patas prensoras*. ☐ FAMILIA: →prender.

preñada (pre·ña·da) [adjetivo] Dicho de una mujer o de una hembra, que va a tener un hijo. ☐ [«Preñada» se usa más para animales y «embarazada» o «encinta» se prefiere para mujeres].

preocupación (pre·o·cu·pa·ción) [sustantivo femenino] **1** Sensación de la persona que no está tranquila o que siente algún temor: *Las preocupaciones no me dejan dormir*. **2** Cualquier cosa que causa esa sensación: *Mi principal preocupación ahora es aprobar todas las asignaturas*. ☐ SINÓNIMOS: **1** inquietud. ☐ FAMILIA: →ocupar.

preocupar (pre·o·cu·par) [verbo] Hacer que alguien deje de estar tranquilo: *Llegué tarde a casa y mis padres se preocuparon mucho*. ◆ [expresión] ‖ **preocuparse de algo** Prestar atención a un asunto: *Preocúpate de tus tutos y no te metas en esto*. ☐ SINÓNIMOS: inquietar. ☐ ANTÓNIMOS: tranquilizar, sosegar, calmar, despreocuparse. ☐ FAMILIA: →ocupar.

prepago (pre·pa·go) [sustantivo masculino] Forma de pago en la que se paga un servicio antes de utilizarlo: *En este quiosco venden tarjetas prepago para teléfonos móviles*. ☐ FAMILIA: →pagar.

preparación (pre·pa·ra·ción) [sustantivo femenino] **1** Colocación de algo de forma adecuada para un fin: *Todos hemos participado en la preparación del banquete*. **2** Hecho de enseñar algo para poder realizar una actividad: *Los profesores se encargan de la preparación de sus alumnos*. **3** Estudio de una materia: *Dediqué muchas horas a la preparación de este examen*. ☐ SINÓNIMOS: **1** organización. **2** formación. ☐ FAMILIA: →preparar.

preparado (pre·pa·ra·do) [sustantivo masculino] Sustancia o producto que está dispuesto para ser usado: *Usa un preparado para acabar con los insectos*. ☐ FAMILIA: →preparar.

preparador, ra (pre·pa·ra·dor, do·ra) [sustantivo] **1** Persona que prepara a los estudiantes que se van a presentar a una oposición. **2** Persona que prepara a un deportista o a un equipo: *preparador físico*. ☐ FAMILIA: →preparar.

preparar (pre·pa·rar) [verbo] **1** Poner algo de manera adecuada para un fin: *Ya he preparado la comida de hoy*. **2** Enseñar a alguien a realizar una actividad: *En el colegio nos preparan para saber desenvolvernos en la vida*. **3** Estudiar una materia: *He preparado muy bien esta asignatura*. ☐ SINÓNIMOS: **1** disponer, arreglar. **2** formar. ☐ FAMILIA: preparación, preparado, preparador, preparativo, preparatorio.

preparativo (pre·pa·ra·ti·vo) [sustantivo masculino] Cosa que se hace para preparar algo: *los preparativos de una boda*. ☐ [Se usa más en plural]. ☐ FAMILIA: →preparar.

preparatorio, ria (pre·pa·ra·to·rio, ria) [adjetivo] Que prepara a alguien para hacer algo: *un cursillo preparatorio*. ☐ FAMILIA: →preparar.

preponderancia (pre·pon·de·ran·cia) [sustantivo femenino] Dominio o mayor cantidad de una cosa frente a otra: *En este grupo hay preponderancia de morenos, solo somos dos rubios*. ☐ FAMILIA: →preponderante.

preponderante (pre·pon·de·ran·te) [adjetivo] Que domina o que es más abundante: *una opinión preponderante*. ☐ [No varía en masculino y femenino]. ☐ FAMILIA: preponderancia.

preposición (pre·po·si·ción) [sustantivo femenino] Clase de palabra que sirve para relacionar dos expresiones cuando la segunda depende de la primera: *En la frase «Voy hasta tu casa», «hasta» es una preposición*. ☐ FAMILIA: preposicional.

preposicional (pre·po·si·cio·nal) [adjetivo] De la preposición, relacionado con ella o que funciona como ella: *grupo preposicional*. ☐ [No varía en masculino y femenino]. ☐ FAMILIA: →preposición.

prepotencia (pre·po·ten·cia) [sustantivo femenino] Poder superior al de otros, especialmente cuando se abusa de él: *La prepotencia del jefe de esa empresa le lleva a exigir horas extras a diario a los trabajadores*. ☐ FAMILIA: →poder.

prepotente (pre·po·ten·te) [adjetivo] Que tiene mucho poder y abusa de él. ☐ [No varía en masculino y femenino]. ☐ FAMILIA: →poder.

prepucio (pre·pu·cio) [sustantivo masculino] Piel móvil que cubre el extremo final del pene.

prerrogativa (pre·rro·ga·ti·va) [sustantivo femenino] Privilegio que se concede a alguien. ☐ FAMILIA: →rogar.

presa (pre·sa) [sustantivo femenino] Mira en **preso, sa**.

presagiar (pre·sa·giar) [verbo] **1** Anunciar algo que va a suceder: *Las nubes presagiaban lluvia*. **2** Tener la sensación de que algo va a ocurrir: *Presagié una desgracia*. ☐ [Es irregular y se conjuga como **ANUNCIAR**]. ☐ SINÓNIMOS: **2** presentir. ☐ FAMILIA: presagio.

presagio (pre·sa·gio) [sustantivo masculino] **1** Señal que nos indica que algo va a ocurrir: *Estas primeras heladas son presagio de un invierno muy duro*. **2** Sensación de que algo va a ocurrir: *El presagio del adivino se cumplió*. ☐ SINÓNIMOS: **2** premonición, corazonada, pálpito, presentimiento. ☐ FAMILIA: →presagiar.

presbicia (pres·bi·cia) [sustantivo femenino] Defecto de la vista, propio de las personas mayores. ☐ SINÓNIMOS: vista cansada.

presbiterio (pres·bi·te·rio) [sustantivo masculino] Parte de la iglesia que hay entre el altar mayor y los peldaños por los que se sube a él. ☐ FAMILIA: →presbítero.

presbítero (pres·bí·te·ro) [sustantivo masculino] Clérigo que ha sido preparado para celebrar misa. ☐ FAMILIA: presbiterio.

prescindir (pres·cin·dir) [verbo] **1** No tener en cuenta algo: *Cuéntame lo que pasó, pero prescinde de los detalles*. **2** Quedarse sin algo: *Tendré que prescindir de algunos caprichos*. ☐ SINÓNIMOS: **2** desprenderse. ☐ FAMILIA: imprescindible.

prescribir (pres·cri·bir) [verbo] **1** Ordenar o mandar algo: *La normativa prescribe que aquí no se puede fumar*. **2** Recetar o recomendar un médico algo: *El médico me prescribió antibióticos*. **3** Dejar de tener valor porque ha pasado el plazo de tiempo: *La multa ha prescrito y ya no tengo que pagarla*. ☐ [Su participio es «prescrito». No confundir con «proscribir» (echar a una persona de su país; prohibir una costumbre)]. ☐ FAMILIA: prescripción, prescrito.

prescripción (pres·crip·ción) [sustantivo femenino] Orden o recomendación: *Tomo estas pastillas por prescripción facultativa*. ☐ FAMILIA: →prescribir.

prescrito, ta (pres·cri·to, ta) Participio irregular de **prescribir**. ☐ FAMILIA: →prescribir.

presencia (pre·sen·cia) [sustantivo femenino] **1** Hecho de estar una persona en un lugar: *La presencia del rey daba al acto un carácter solemne*. **2** Existencia de algo en un lugar: *La presencia de fiebre es síntoma de enfermedad*. **3** Aspecto exterior: *Ese chico tiene muy buena presencia*. ☐ SINÓNIMOS: **3** porte. ☐ ANTÓNIMOS: **1**, **2** ausencia. ☐ FAMILIA: →presente.

presencial (pre·sen·cial) [adjetivo] Que está presente en un acontecimiento y lo ve: *testigo presencial*. ☐ [No varía en masculino y femenino]. ☐ FAMILIA: →presente.

presenciar (pre·sen·ciar) [verbo] Estar presente en un acontecimiento y verlo: *Presenciamos el accidente y nos impresionó mucho*. ☐ [Es irregular y se conjuga como **ANUNCIAR**]. ☐ FAMILIA: →presente.

presentable (pre·sen·ta·ble) [adjetivo] Con buen aspecto o en condiciones de ser visto: *Espera que me arregle, porque no estoy presentable*. ☐ [No varía en masculino y femenino]. ☐ ANTÓNIMOS: impresentable. ☐ FAMILIA: →presente.

presentación (pre·sen·ta·ción) [sustantivo femenino] **1** Colocación de algo a la vista de alguien: *Sin la presentación del*

---

preposición

Las preposiciones sirven para unir y relacionar unas palabras con otras dentro de la oración.

    leche **con** galletas → *con* es una preposición que une los dos sustantivos.
    lejos **de** aquí → *de* es una preposición que une los dos adverbios.

Las preposiciones se caracterizan por que:
- No varían en femenino o masculino ni en singular o plural.
- No aparecen nunca solas. Llevan siempre detrás alguna palabra.

Las preposiciones son:
    a, ante, bajo, con, contra, de, desde, durante, en, entre, hacia, hasta, mediante, para, por, según, sin, sobre, tras.

Algunos ejemplos:
    Ese vestido era **de** mi hermana.
    Estoy **en** el colegio.
    Corrimos **hacia** la salida.
    Le hice daño **sin** querer.
    Me escondí **tras** las cortinas.
    Llovió **durante** todo el día.

prestación

carné de socio, no te dejarán entrar. **2** Hecho de dar a conocer algo a los demás: *Asistí a la presentación de su nuevo libro.* **3** Aspecto exterior de algo: *La comida tenía una presentación estupenda.* ☐ FAMILIA: →presente.

presentador, ra (pre·sen·ta·dor, do·ra) [sustantivo] Persona que presenta espectáculos o programas de televisión. ☐ FAMILIA: →presente.

presentar (pre·sen·tar) [verbo] **1** Poner algo en presencia de alguien: *Ya he presentado mi trabajo de ciencias al profesor.* **2** Dar a conocer a los demás: *A tu hermano no lo conozco porque nunca me lo han presentado.* **3** Tener determinada característica: *Los elefantes presentan unos colmillos muy desarrollados.* **4** Proponer a una persona para algo: *Cada partido político presenta su propio candidato.* **5** Anunciar un espectáculo o un programa de televisión: *¿Quién presenta el nuevo concurso?* ■ **presentarse 6** Aparecer una persona en un sitio: *Se presentó sin avisar y no teníamos nada preparado.* ☐ SINÓNIMOS: **1** mostrar, exponer. **6** asistir, personarse. ☐ ANTÓNIMOS: **1, 2** ocultar. **1** esconder. **6** ausentarse, marcharse. ☐ FAMILIA: →presente.

presente (pre·sen·te) ■ [adjetivo] **1** Que está en un lugar: *Me gustaría que mañana estuvieras presente.* ■ [adjetivo o sustantivo masculino] **2** Que ocurre en el momento en el que se habla: *Procuro vivir el presente.* **3** Dicho de un tiempo del verbo, que indica que la acción está ocurriendo: *El presente de indicativo de «jugar» es «juego», «juegas», etc.* ■ [sustantivo masculino] **4** Cosa que se da a alguien para agradarle: *El rey obsequió a sus invitados con ricos presentes.* ☐ [Cuando es adjetivo, no varía en masculino y femenino]. ☐ SINÓNIMOS: **4** regalo, obsequio. ☐ ANTÓNIMOS: **1** ausente. ☐ FAMILIA: presentar, presentación, presentador, presentable, presencia, presenciar, presencial, impresentable, omnipresente.

presentimiento (pre·sen·ti·mien·to) [sustantivo masculino] Sensación de que algo va a ocurrir: *Tengo el presentimiento de que algo malo va a pasar.* ☐ SINÓNIMOS: corazonada, pálpito, presagio, premonición. ☐ FAMILIA: →sentir.

presentir (pre·sen·tir) [verbo] Tener la sensación de que algo va a ocurrir: *Nadie me dijo que ibas a venir, pero yo lo presentía.* ☐ [Es irregular y se conjuga como SENTIR]. ☐ SINÓNIMOS: intuir, presagiar. ☐ FAMILIA: →sentir.

preservar (pre·ser·var) [verbo] Defender de un daño o de un peligro: *Las prendas de abrigo nos preservan del frío.* ☐ SINÓNIMOS: proteger, resguardar. ☐ ANTÓNIMOS: atacar. ☐ FAMILIA: preservativo.

preservativo (pre·ser·va·ti·vo) [sustantivo masculino] Funda fina y elástica que se usa para cubrir el pene durante el acto sexual: *El uso del preservativo evita embarazos y contagios de enfermedades.* ☐ SINÓNIMOS: condón. ☐ FAMILIA: →preservar.

presidencia (pre·si·den·cia) [sustantivo femenino] **1** Trabajo del presidente. **2** Lugar de trabajo de un presidente. **3** Conjunto de personas que dirigen un grupo o que ocupan el lugar más importante en un acto: *En la corrida de toros, la presidencia concedió dos orejas a un torero.* ☐ FAMILIA: →presidir.

presidencial (pre·si·den·cial) [adjetivo] Del presidente, de la presidencia o relacionado con ellos: *palacio presidencial.* ☐ [No varía en masculino y femenino]. ☐ FAMILIA: →presidir.

presidente, ta (pre·si·den·te, ta) [sustantivo] **1** Persona que dirige un Gobierno o un grupo: *¿Quién es el presidente de esta asociación?* **2** Persona que ocupa el lugar más importante en un acto: *La presidenta del jurado felicitó al ganador.* ☐ FAMILIA: →presidir.

presidiario, ria (pre·si·dia·rio, ria) [sustantivo] Persona que está en la cárcel cumpliendo una condena. ☐ FAMILIA: →presidio.

presidio (pre·si·dio) [sustantivo] Lugar donde se lleva a las personas para castigarlas por un delito. ☐ SINÓNIMOS: cárcel, prisión, penal. ☐ FAMILIA: presidiario.

presidir (pre·si·dir) [verbo] **1** Dirigir un Gobierno o un grupo: *Él mismo preside la empresa.* **2** Ocupar el lugar más importante en un acto: *Cuando comemos en casa mi padre preside la mesa.* **3** Dirigir algo por ser lo más importante: *El afán de ayudar a los demás presidió su vida.* ☐ FAMILIA: presidencia, presidencial, presidente, vicepresidente.

presilla (pre·si·lla) [sustantivo femenino] Cordoncillo o pieza de metal pequeña que se cose al borde de una prenda de vestir para abrochar un botón u otro cierre. ☐ FAMILIA: →presa.

presión (pre·sión) [sustantivo femenino] **1** Fuerza que se hace sobre una superficie: *Haz presión sobre el papel para que se pegue bien.* **2** Influencia que se hace sobre una persona para obligarla a hacer algo: *En el trabajo está sometido a muchas presiones.* ‖ **presión arterial** La que ejerce la sangre sobre la pared de las arterias. ☐ SINÓNIMOS: **2** coacción. ☐ FAMILIA: presionar.

presionar (pre·sio·nar) [verbo] **1** Hacer fuerza sobre una superficie: *Para encender la máquina presiona el botón.* **2** Hacer algo para obligar a una persona a actuar de determinada manera: *No necesito que nadie me presione para hacer lo que tengo que hacer.* ☐ SINÓNIMOS: **2** coaccionar. ☐ FAMILIA: →presión.

preso, sa (pre·so, sa) ■ [adjetivo o sustantivo] **1** Que está en la cárcel. ■ **presa** [sustantivo femenino] **2** Cosa que se caza o que puede ser cazada: *El cazador persiguió a su presa por el bosque.* **3** Muro grueso que se construye en los ríos para almacenar sus aguas. **4** Lugar en el que se almacenan estas aguas: *En verano nos bañamos en una presa.* ☐ SINÓNIMOS: **1** prisionero, recluso, cautivo, interno. **4** embalse, pantano. ☐ ANTÓNIMOS: **1** libre. ☐ FAMILIA: **1** apresar, apresamiento, prisión, prisionero, aprisionar. **2** presilla.

prestación (pres·ta·ción) ■ [sustantivo femenino] **1** Servicio o ayuda que se prestan a alguien: *Cuando estuvo en el paro, recibió la prestación social por desempleo.* ■ **prestaciones** [plural] **2** Características técnicas de un coche o de alguna otra máquina o instrumento: *Compró el* modelo de coche que más prestaciones tenía. ☐ Familia: →prestar.

prestado (pres·ta·do) ◆ [expresión] ‖ **de prestado** De forma provisional o poco segura: *Vivo aquí de prestado, hasta que encuentre una casa.* ☐ Familia: →prestar.

prestamista (pres·ta·mis·ta) [sustantivo] Persona que se dedica a prestar dinero. ☐ [No varía en masculino y femenino]. ☐ Familia: →prestar.

préstamo (prés·ta·mo) [sustantivo masculino] **1** Hecho de dar algo con la intención de que sea devuelto: *He solicitado el préstamo de un libro en la biblioteca.* **2** Cosa que se da con la condición de que se devuelva: *He pedido un préstamo al banco para comprar un coche.* **3** Palabra que procede de otra lengua: *En español, «chalé» es un préstamo del francés.* ☐ Familia: →prestar.

prestancia (pres·tan·cia) [sustantivo femenino] Aspecto elegante y distinguido.

prestar (pres·tar) [verbo] **1** Entregar algo a alguien con la condición de que nos lo devuelva: *¿Me prestas tu bici?* **2** Realizar una acción: *Quiero que me prestéis atención un momento.* ■ **prestarse 3** Ofrecerse para hacer algo: *Se prestó a ayudarnos.* **4** Dar motivo a algo: *Eso que has dicho se presta a malentendidos.* ☐ Sinónimos: **1** dejar. **3** brindar. ☐ Familia: préstamo, prestamista, prestación, prestado.

presteza (pres·te·za) [sustantivo femenino] Gran velocidad con que se hace algo: *Respondió con presteza a todas las preguntas del examen.* ☐ Sinónimos: rapidez, prisa, celeridad.

prestidigitación (pres·ti·di·gi·ta·ción) [sustantivo femenino] Técnica de hacer juegos de manos y otros trucos de magia: *Me gustaría ser mago y dedicarme a la prestidigitación.* ☐ Familia: prestidigitador.

prestidigitador, ra (pres·ti·di·gi·ta·dor, do·ra) [sustantivo] Persona que hace juegos de manos y otros trucos de magia: *El prestidigitador sacó un conejo de la chistera.* ☐ Sinónimos: mago, ilusionista. ☐ Familia: →prestidigitación.

prestigio (pres·ti·gio) [sustantivo masculino] Buena fama: *Esta escritora tiene mucho prestigio.* ☐ Sinónimos: crédito, reputación, renombre. ☐ Antónimos: desprestigio. ☐ Familia: prestigioso, desprestigiar, desprestigio.

prestigioso, sa (pres·ti·gio·so, sa) [adjetivo] Que tiene buena fama: *Ayer cenamos en un prestigioso restaurante.* ☐ Sinónimos: renombrado. ☐ Familia: →prestigio.

presto, ta (pres·to, ta) ■ [adjetivo] **1** Preparado y dispuesto para algo. **2** Rápido o que actúa deprisa. ■ **presto** [adverbio] **3** Con gran rapidez o al instante: *Ven presto, amada mía, a la llamada del amor.* ☐ [El significado 3 suele usarse en el lenguaje literario]. ☐ Familia: aprestarse, apresto.

presumible (pre·su·mi·ble) [adjetivo] Que es probable que ocurra. ☐ [No varía en masculino y femenino]. ☐ Familia: →presumir.

presumido, da (pre·su·mi·do, da) [adjetivo o sustantivo] **1** Que se arregla mucho para resultar más guapo. **2** Que se cree superior a los demás y lo muestra en su forma de actuar. ☐ Sinónimos: **2** vano. ☐ Familia: →presumir.

presumir (pre·su·mir) [verbo] **1** Sentirse superior a los demás en algo y mostrárselo a todos: *Presume de ser muy listo.* **2** Arreglarse mucho para resultar más guapo: *Va muy bien vestida porque le gusta presumir.* ☐ Sinónimos: **1** jactarse, pavonearse, vanagloriarse. ☐ Familia: presumido, presumible, presunción, presunto.

presunción (pre·sun·ción) [sustantivo femenino] Alabanza excesiva que alguien hace de sus propias cualidades o de sus propias acciones. ☐ Sinónimos: vanagloria. ☐ Antónimos: modestia. ☐ Familia: →presumir.

presunto, ta (pre·sun·to, ta) [adjetivo] Que se supone o que se sospecha aunque no se sabe con seguridad: *presunto asesino.* ☐ Familia: →presumir.

presuntuoso, sa (pre·sun·tuo·so, sa) [adjetivo o sustantivo] Que muestra demasiado orgullo: *No seas presuntuoso y deja de decir a todos que has sacado un sobresaliente.* ☐ Sinónimos: vanidoso, jactancioso, ufano, petulante, engreído.

presuponer (pre·su·po·ner) [verbo] **1** Tener por cierta una cosa antes de saberla con seguridad: *Presupuse que ya lo sabías y me equivoqué.* **2** Necesitar como condición anterior: *Irse de vacaciones presupone tener dinero.* ☐ [Es irregular y se conjuga como PONER. Su participio es «presupuesto»]. ☐ Familia: →suponer.

presupuesto, ta (pre·su·pues·to, ta) ■ **1** Participio irregular de **presuponer**. ■ **presupuesto** [sustantivo masculino] **2** Conjunto de operaciones que se hacen antes de empezar una obra para calcular lo que va a costar: *Hemos pedido un presupuesto para la obra del salón.* **3** Dinero con el que se cuenta para hacer algo: *¿Qué presupuesto tienes para estas vacaciones?* ☐ Familia: →suponer.

presuroso, ra (pre·su·ro·so, sa) [adjetivo] Que va con prisa: *Un peatón presuroso cruzó la calle sin mirar.* ☐ Antónimos: lento. ☐ Familia: →prisa.

pretencioso, sa (pre·ten·cio·so, sa) [adjetivo] Que intenta parecer muy elegante o lujoso, o que intenta ser más de lo que en realidad es. ☐ Familia: →pretender.

pretender (pre·ten·der) [verbo] Intentar conseguir algo: *No pretendas convencerme de algo tan absurdo.* ☐ Sinónimos: aspirar, procurar, tratar. ☐ Familia: pretencioso, pretendiente, pretensión.

pretendiente (pre·ten·dien·te) [sustantivo] Persona que aspira a casarse con otra. ☐ [No varía en masculino y femenino]. ☐ Familia: →pretender.

pretensión (pre·ten·sión) [sustantivo femenino] Intención de conseguir algo: *Mi única pretensión es llegar a la final del torneo.* ☐ Familia: →pretender.

pretérito, ta (pre·té·ri·to, ta) ■ [adjetivo] **1** Que ya ha pasado: *En los libros de historia se habla de cosas pretéritas.* ■ [adjetivo o sustantivo masculino] **2** Dicho de un tiempo del verbo, que indica que la acción ya ha ocurrido: *«Hemos estado» es el pretérito perfecto compuesto de indicativo del verbo «estar».* ☐ Sinónimos: pasado. ☐ Antónimos: futuro.

pretextar (pre·tex·tar) [verbo] Poner una disculpa para evitar hacer algo: *Pretextó que no tenía dinero para regalarme nada.* ☐ FAMILIA: →pretexto.

pretexto (pre·tex·to) [sustantivo masculino] Mentira que se dice para que nos disculpen por algo: *Eso es un pretexto para no venir conmigo.* ☐ FAMILIA: pretextar.

pretil (pre·til) [sustantivo masculino] Muro pequeño que hay en un lugar alto o en un puente: *El pretil es como una barandilla pequeña.*

pretina (pre·ti·na) [sustantivo femenino] Correa o cinta con un broche que sirve para sujetar en la cintura una prenda de vestir.

prevalecer (pre·va·le·cer) [verbo] **1** Dominar o tener superioridad o ventaja una cosa sobre otra: *En mi forma de ser, la razón prevalece sobre la pasión.* **2** Continuar o seguir existiendo: *En este pueblo todavía prevalecen costumbres medievales.* ☐ [Es irregular y se conjuga como AGRADECER].

prevención (pre·ven·ción) [sustantivo femenino] **1** Acción de prepararse para evitar algo malo antes de que suceda: *prevención de las enfermedades.* **2** Falta de confianza: *Te tengo mucha prevención porque eres una irresponsable.* ☐ SINÓNIMOS: **2** desconfianza. ☐ FAMILIA: →prevenir.

prevenido, da (pre·ve·ni·do, da) [adjetivo] **1** Que está advertido o avisado de un peligro: *Los vigilantes estaban prevenidos y no dejaron pasar a nadie sin identificación.* **2** Que está preparado por si ocurre algo malo: *Hay que estar prevenido y llevar rueda de repuesto en el coche.* ☐ FAMILIA: →prevenir.

prevenir (pre·ve·nir) [verbo] **1** Hacer algo para evitar un mal: *Lo mejor para prevenir la caries es la limpieza diaria de los dientes.* **2** Avisar a una persona de un peligro: *Te digo lo que te puede pasar para prevenirte y que así estés preparada.* ☐ [Es irregular y se conjuga como VENIR]. ☐ SINÓNIMOS: **2** advertir. ☐ FAMILIA: prevención, preventivo, prevenido, desprevenido.

preventivo, va (pre·ven·ti·vo, va) [adjetivo] Que sirve para prevenir: *medicina preventiva.* ☐ FAMILIA: →prevenir.

prever (pre·ver) [verbo] **1** Suponer algo que va a pasar: *Nadie podía prever aquel fracaso.* **2** Preparar lo que se cree que se va a necesitar para hacer algo: *Se han previsto diversas medidas para evitar incendios en verano.* ☐ [Es irregular y se conjuga como VER. Su participio es «previsto». No confundir con «proveer» (dar algo que resulta necesario)]. ☐ SINÓNIMOS: **1** sospechar. ☐ FAMILIA: previsión, previsor, previsto, imprevisto, previsible, imprevisible.

previo, via (pre·vio, via) [adjetivo] Que se hace o que sucede antes que otra cosa: *Para hacer este trabajo se necesita una experiencia previa.* ☐ SINÓNIMOS: anterior. ☐ ANTÓNIMOS: posterior.

previsible (pre·vi·si·ble) [adjetivo] Que se puede suponer que va a pasar: *Era previsible que suspendieras porque no habías estudiado nada.* ☐ [No varía en masculino y femenino]. ☐ ANTÓNIMOS: imprevisible. ☐ FAMILIA: →prever.

previsión (pre·vi·sión) [sustantivo femenino] Suposición de que algo va a pasar: *Según mis previsiones, podemos terminar el trabajo el jueves.* ☐ [No confundir con «provisión» (cosas o alimentos necesarios para un grupo de personas)]. ☐ FAMILIA: →prever.

previsor, ra (pre·vi·sor, so·ra) [adjetivo o sustantivo] Que actúa teniendo en cuenta lo que puede pasar: *Nada me pilla por sorpresa, porque soy muy previsora.* ☐ FAMILIA: →prever.

previsto, ta (pre·vis·to, ta) Participio irregular de **prever**. ☐ [No confundir con «provisto», del verbo «proveer»]. ☐ FAMILIA: →prever.

prieto, ta (prie·to, ta) [adjetivo] Que está muy apretado o muy duro: *Llevo los cordones de las zapatillas muy prietos.* ☐ FAMILIA: →apretar.

prima (pri·ma) [sustantivo femenino] Mira en **primo, ma**. ☐ FAMILIA: →primar.

primacía (pri·ma·cí·a) [sustantivo femenino] Superioridad o ventaja de una cosa respecto de otra. ☐ ANTÓNIMOS: inferioridad, desventaja. ☐ FAMILIA: →primero.

primar (pri·mar) [verbo] **1** Conceder una cantidad extra de dinero, a modo de recompensa o de estímulo: *Primaron a los jugadores que consiguieron la clasificación para la final europea.* **2** Predominar, sobresalir o tener más importancia: *En poesía, la subjetividad del poeta suele primar sobre cualquier otra consideración.* ☐ FAMILIA: **1** prima. **2** →primero.

primario, ria (pri·ma·rio, ria) [adjetivo] **1** Que es lo primero en orden o en importancia: *enseñanza primaria.* **2** Simple o poco desarrollado: *En los países menos desarrollados se utilizan métodos de trabajo muy primarios.* **3** De la era de la historia de la Tierra que va después de la era arcaica. ☐ SINÓNIMOS: **1** básico, fundamental, esencial, capital, principal. **2** primitivo. ☐ ANTÓNIMOS: **1** secundario, accesorio. ☐ FAMILIA: →primero.

primate (pri·ma·te) [adjetivo o sustantivo masculino] Del grupo de animales al que pertenecen el mono, el chimpancé o el gorila. ☐ [Cuando es adjetivo, no varía en masculino y femenino].

primavera (pri·ma·ve·ra) [sustantivo femenino] Estación del año entre el invierno y el verano: *Los árboles florecen en primavera.* ◉ página 169; ilustración en *estación.* ☐ FAMILIA: primaveral.

primaveral (pri·ma·ve·ral) [adjetivo] De la primavera o relacionado con ella: *día primaveral.* ☐ [No varía en masculino y femenino]. ☐ FAMILIA: →primavera.

primer (pri·mer) [adjetivo] Primero: *Mi primer libro me lo regalaron cuando cumplí tres años.* ☐ [Va generalmente delante de un sustantivo masculino singular].

primerizo, za (pri·me·ri·zo, za) [adjetivo o sustantivo] Que hace algo por primera vez o que es nuevo en una actividad: *Las primerizas son las mujeres que dan a luz por primera vez.* ☐ FAMILIA: →primero.

primero, ra (pri·me·ro, ra) [numeral] **1** Que ocupa el lugar número uno en una serie: *Soy el primero de la clase.*

primicia

■ **primero** [adverbio] **2** Antes que nada: *Primero haz los deberes y luego puedes ir a jugar.* ◆ [expresión] ‖ **a primeros** Al principio de un período de tiempo: *A primeros de agosto nos vamos de vacaciones.* ‖ **de primera** Muy bueno o excelente: *Nos dieron un banquete de primera.* ☐ [Cuando «primero» va delante de un sustantivo masculino singular se cambia por «primer»: «primer curso»]. ☐ Antónimos: **1** último. ☐ Familia: primario, primicia, primacía, primerizo, primogénito, primo, primordial, decimoprimero, primar.

primicia (pri·mi·cia) [sustantivo femenino] Noticia que se da por primera vez: *Este periódico ha dado la primicia de la dimisión de la ministra.* ☐ Familia: →primero.

primitivo, va (pri·mi·ti·vo, va) [adjetivo] **1** De los orígenes o de los primeros tiempos de algo: *La primitiva catedral se incendió y sobre ella se construyó la actual.* **2** Simple o poco desarrollado: *Los hombres de las cavernas fabricaban herramientas muy primitivas.* **3** Dicho de una palabra, que no se deriva de otra perteneciente a la misma lengua: *«Panadero» es una palabra derivada de la palabra primitiva «pan».* ☐ Sinónimos: **2** primario.

primo, ma (pri·mo, ma) ■ [sustantivo] **1** Lo que es una persona en relación al hijo o la hija de su tío o de su tía. ⊙ **página 431.** ■ **prima** [sustantivo femenino] **2** Dinero que se da a alguien como premio: *Si la selección gana, cada jugador recibirá una prima.* **3** Dinero que se paga por un seguro: *La prima del seguro del coche se paga cada año.* ◆ [expresión] ‖ **hacer el primo** Dejarse engañar: *¡Ya he vuelto a hacer el primo ayudando a ese egoísta!* ☐ [La expresión es coloquial]. ☐ Familia: **1** →primero. **2, 3** →primar.

primogénito, ta (pri·mo·gé·ni·to, ta) [adjetivo o sustantivo] Dicho de un hijo, que es el primero que ha nacido. ☐ Familia: →primero.

primor (pri·mor) [sustantivo masculino] **1** Habilidad y cuidado al hacer algo: *Mi abuela cose con gran primor.* **2** Persona o cosa que es muy bonita o muy buena: *Tengo una hija que es un primor.* ☐ Sinónimos: **1** esmero, pulcritud, celo. **2** encanto. ☐ Familia: primoroso.

primordial (pri·mor·dial) [adjetivo] Muy importante o necesario. ☐ [No varía en masculino y femenino]. ☐ Sinónimos: fundamental, esencial, básico. ☐ Antónimos: accesorio, secundario. ☐ Familia: →primero.

primoroso, sa (pri·mo·ro·so, sa) [adjetivo] Que es muy bonito o que está hecho con mucho cuidado: *Las sábanas tenían primorosos bordados.* ☐ Familia: →primor.

princesa (prin·ce·sa) [sustantivo femenino] **1** Hija del rey a la que generalmente le corresponde llegar a ser reina. **2** Mujer de un príncipe. ☐ [El masculino es «príncipe»].

principado (prin·ci·pa·do) [sustantivo masculino] **1** Título de príncipe o de princesa: *Al conocerse su condición de hijo ilegítimo se le arrebató el principado.* **2** Territorio que es gobernado por un príncipe: *Andorra es un principado.* ☐ Familia: →príncipe.

principal (prin·ci·pal) [adjetivo] Que es lo más importante o lo preferido: *He subrayado las ideas principales del texto.* ☐ [No varía en masculino y femenino]. ☐ Sinónimos: fundamental, esencial, capital, básico, primario. ☐ Antónimos: accesorio, secundario.

príncipe (prín·ci·pe) ■ [sustantivo masculino] **1** Hijo del rey al que generalmente le corresponde llegar a ser rey. **2** Hombre que pertenece a una familia real. ■ **príncipes** [sustantivo masculino plural] **3** Conjunto formado por el príncipe y la princesa. ☐ [El femenino es «princesa»]. ☐ Familia: principado.

principianta (prin·ci·pian·ta) [sustantivo femenino] Mira en **principiante**.

principiante (prin·ci·pian·te) [adjetivo o sustantivo] Que no tiene experiencia: *Ese profesor es un principiante y le falta soltura.* ☐ [No varía en masculino y femenino, aunque como sustantivo el femenino también puede ser «la principianta»]. ☐ Sinónimos: novato, inexperto. ☐ Antónimos: experto, maestro. ☐ Familia: →principio.

principio (prin·ci·pio) [sustantivo masculino] **1** Primer momento o primera parte de algo: *Nos perdimos el principio de la película.* **2** Origen o causa de algo: *Aquel error fue el principio de todos sus problemas.* **3** Cada una de las ideas fundamentales que determinan la forma de ser de alguien: *Aprovecharme de las desgracias de otros va contra mis principios.* **4** Cada una de las ideas fundamentales en las que se basa un estudio: *Mi hermano estudia con un libro titulado «Principios de física».* ◆ [expresión] ‖ **al principio** En los primeros momentos: *Al principio parecía tímida, pero es muy abierta.* ‖ **a principios** En los primeros momentos: *El nuevo parque se inaugurará a principios del próximo mes.* ‖ **en principio** De forma general y sin hacer un examen profundo: *En principio, me parece posible lo que dices, pero ya veremos.* ☐ [En el significado **3** se usa más en plural]. ☐ Sinónimos: **1** inicio, origen. **1, 2** comienzo. **2** raíz. **4** fundamento. ☐ Antónimos: **1** fin, final, término. **2** consecuencia, efecto. ☐ Familia: principiante.

pringado, da (prin·ga·do, da) [adjetivo o sustantivo] Que se deja engañar fácilmente o que soporta que se aprovechen de él: *Somos unos pringados por aguantar tantas injusticias.* ☐ [Es coloquial]. ☐ Sinónimos: pardillo. ☐ Familia: →pringue.

pringar (prin·gar) [verbo] **1** Poner sucio algo con grasa o con una sustancia que se pega: *Me he pringado la mano de aceite.* **2** Hacer que una persona participe en un asunto: *No me pringues en tus líos.* **3** Trabajar más que otros y haciendo los trabajos más duros: *¡Ya estoy harta de pringar yo siempre!* ☐ [La «g» se cambia en «gu» delante de «e» («pringue»). Los significados **2** y **3** son coloquiales]. ☐ Familia: →pringue.

pringoso, sa (prin·go·so, sa) [adjetivo] Que está lleno de grasa y se pega: *Esta sartén está muy pringosa.* ☐ Sinónimos: untuoso. ☐ Familia: →pringue.

pringue (prin·gue) [sustantivo] **1** Grasa que sueltan algunos alimentos cuando se cocinan: *Unté el pan en el pringue del tocino.* **2** Suciedad con aspecto de grasa: *Traes la ropa llena de pringue.* ☐ [Se puede decir «el pringue» y «la pringue» sin que cambie de significado]. ☐ Familia: pringar, pringoso, pringado.

prior, ra (prior, prio·ra) [sustantivo] **1** En algunas órdenes religiosas, superior del convento. **2** En algunas órdenes religiosas, religioso que está después del abad o del superior.

priori (prio·ri) ◆ [expresión] ‖ **a priori** Antes de analizar el tema del que se trata: *A priori, no parece que vaya a haber ningún problema.*

prioridad (prio·ri·dad) [sustantivo femenino] **1** Preferencia de una cosa sobre otra: *Tener una moto no está entre mis prioridades.* **2** Mayor importancia de una cosa sobre otras: *Los encargos del jefe tienen prioridad sobre las demás tareas.* ☐ SINÓNIMOS: **1** preferencia. ☐ FAMILIA: prioritario, priorizar.

prioritario, ria (prio·ri·ta·rio, ria) [adjetivo] Que se considera más importante que otras cosas: *Para los padres, la educación de sus hijos ha de ser algo prioritario.* ☐ FAMILIA: →prioridad.

priorizar (prio·ri·zar) [verbo] Dar prioridad: *El Gobierno priorizará las medidas para combatir el paro.* ☐ [La «z» se cambia en «c» delante de «e» («priorice»)]. ☐ FAMILIA: →prioridad.

prisa (pri·sa) [sustantivo femenino] **1** Gran velocidad con que se hace algo: *Date prisa, que no llegamos.* **2** Necesidad de que algo se haga lo antes posible: *No me entretengo porque tengo prisa.* ◆ [expresión] ‖ **correr prisa algo** Ser urgente: *El pedido me corre prisa.* ☐ SINÓNIMOS: **1** prontitud, rapidez, presteza. **2** urgencia. ☐ ANTÓNIMOS: **1** lentitud. ☐ FAMILIA: deprisa, aprisa, apresurar, apresurado, presuroso.

prisión (pri·sión) [sustantivo femenino] Lugar en el que se mete a una persona como castigo por un delito. ☐ SINÓNIMOS: cárcel, presidio, penal, penitenciaría. ☐ FAMILIA: →preso.

prisionero, ra (pri·sio·ne·ro, ra) [adjetivo o sustantivo] Que está en la cárcel: *Los prisioneros serán liberados cuando termine la guerra.* ☐ SINÓNIMOS: preso, recluso, cautivo. ☐ ANTÓNIMOS: libre. ☐ FAMILIA: →preso.

prisma (pris·ma) [sustantivo masculino] Cuerpo geométrico con dos bases y con los lados paralelos: *Si la base del prisma es un triángulo se llama prisma triangular, si es un pentágono, prisma pentagonal...* ⦿ **página 467**. ☐ FAMILIA: prismáticos.

prismáticos (pris·má·ti·cos) [sustantivo masculino plural] Aparato que está formado por dos tubos y que permite ver lo que está lejos como si estuviera cerca. ☐ SINÓNIMOS: anteojos, gemelos, binoculares. ☐ FAMILIA: →prisma.

prismáticos

privacidad (pri·va·ci·dad) [sustantivo femenino] Conjunto de hechos que forman parte de la vida privada o de la intimidad de una persona. ☐ FAMILIA: →privar.

privación (pri·va·ción) ▌ [sustantivo femenino] **1** Pérdida o falta de algo que se tenía: *privación de libertad.* ▌ **privaciones** [plural] **2** Falta de lo necesario para vivir: *Durante la guerra pasamos hambre y muchas privaciones.* ☐ FAMILIA: →privar.

privado, da (pri·va·do, da) [adjetivo] **1** Que corresponde solo a una persona o a un grupo determinados: *El actor no quiso hablar de su vida privada.* **2** Que no es del Estado, sino de alguien en particular: *Los colegios pueden ser públicos o privados.* ☐ ANTÓNIMOS: público. **2** estatal. ☐ FAMILIA: →privar.

privar (pri·var) [verbo] **1** Dejar sin algo que antes se tenía: *A los presos se les priva de la libertad.* **2** Gustar mucho: *Me priva el chocolate.* ▌ **privarse 3** Rechazar algo por voluntad propia: *No te prives de estos pasteles, porque están buenísimos.* ☐ [El significado **2** es coloquial]. ☐ SINÓNIMOS: **1** quitar, despojar, usurpar. **3** abstenerse. ☐ ANTÓNIMOS: **1** proporcionar, suministrar, proveer, facilitar, surtir. ☐ FAMILIA: privado, privación, privacidad, privativo, privatizar.

privativo, va (pri·va·ti·vo, va) [adjetivo] Que es propio de una persona o de una cosa: *Admitirte o no en el equipo es algo privativo del entrenador.* ☐ FAMILIA: →privar.

privatizar (pri·va·ti·zar) [verbo] Hacer que el Estado deje de ser el dueño de algo: *El Gobierno ha planteado la posibilidad de privatizar la sanidad.* ☐ [La «z» se cambia en «c» delante de «e» («privatice»)]. ☐ ANTÓNIMOS: nacionalizar. ☐ FAMILIA: →privar.

privilegiado, da (pri·vi·le·gia·do, da) ▌ [adjetivo] **1** Que es mucho mejor que otras cosas del mismo tipo: *Mi vecino tiene una vista privilegiada.* ▌ [adjetivo o sustantivo] **2** Que tiene ventajas que no todo el mundo tiene: *Las personas privilegiadas no deben olvidar las necesidades de los pobres.* ☐ FAMILIA: →privilegio.

privilegiar (pri·vi·le·giar) [verbo] Conceder privilegio: *Una política social no debe privilegiar a los más ricos.* ☐ FAMILIA: →privilegio.

privilegio (pri·vi·le·gio) [sustantivo masculino] Ventaja que no tiene todo el mundo: *El que gane la carrera tendrá el privilegio de saludar al rey.* ☐ FAMILIA: privilegiado, privilegiar.

pro [sustantivo masculino] Aspecto positivo de algo: *Antes de tomar una decisión, estudia los pros y los contras.* ◆ [expresión] ‖ **en pro de algo** En su favor: *Esta asociación lucha en pro de la justicia.* ☐ [En el significado **1** se usa mucho en plural. Como prefijo, mira el cuadro de la palabra «prefijo»]. ☐ SINÓNIMOS: ventaja. ☐ ANTÓNIMOS: contra, desventaja.

proa (pro·a) [sustantivo femenino] Parte de delante de un barco. ⦿ **página 132**. ☐ ANTÓNIMOS: popa.

probabilidad (pro·ba·bi·li·dad) [sustantivo femenino] Posibilidad de que algo ocurra: *Las probabilidades de que mañana llueva son grandes.* ☐ FAMILIA: →probar.

probable (pro·ba·ble) [adjetivo] Que es fácil que ocurra: *Es probable que en verano nos vayamos a la playa.* ☐ [No varía en masculino y femenino]. ☐ SINÓNIMOS: fácil. ☐ ANTÓNIMOS: improbable. ☐ FAMILIA: →probar.

probador (pro·ba·dor) [sustantivo masculino] Lugar que se usa para que una persona se pruebe la ropa antes de comprarla. ☐ FAMILIA: →probar.

probar (pro·bar) [verbo] **1** Tomar una pequeña cantidad de comida o de bebida: *Prueba la sopa para ver si está salada.* **2** Usar algo para ver si funciona: *Probé la bicicleta antes de comprarla.* **3** Demostrar que algo es verdad: *El abogado pudo probar que el acusado era inocente.* **4** Intentar hacer algo: *Probé a hacer el pino y me caí.* **5** Examinar a alguien para conocer sus cualidades: *El entrenador probó a todos los jugadores antes de elegir a los que ficharía.* ☐ [Es irregular y se conjuga como CONTAR]. ☐ SINÓNIMOS: **1** catar. **2** ensayar. **3** verificar. **4** tratar. ☐ FAMILIA: prueba, probador, comprobar, comprobación, comprobante, probable, improbable, probabilidad.

probeta (pro·be·ta) [sustantivo femenino] Tubo de cristal que se usa en los laboratorios.

probeta

problema (pro·ble·ma) [sustantivo masculino] **1** Pregunta con una serie de informaciones a partir de las cuales se puede obtener la respuesta: *un problema de matemáticas.* **2** Situación difícil que debemos vencer: *El problema del hambre en el mundo debería desaparecer.* ☐ FAMILIA: problemático.

problemático, ca (pro·ble·má·ti·co, ca) [adjetivo] Que produce problemas: *Los profesores están preocupados por ese alumno tan problemático.* ☐ FAMILIA: →problema.

probo, ba (pro·bo, ba) [adjetivo] Honrado y de buena conducta: *Me fío de ti porque sé que eres una persona proba.*

procaz (pro·caz) [adjetivo] Que va en contra de la moral o que resulta ofensivo en lo relacionado con el sexo: *palabras procaces.* ☐ [No varía en masculino y femenino. Su plural es «procaces»]. ☐ SINÓNIMOS: obsceno, indecente.

procedencia (pro·ce·den·cia) [sustantivo femenino] Origen o principio de algo: *¿Cuál es tu lugar de procedencia?* ☐ FAMILIA: →proceder.

procedente (pro·ce·den·te) [adjetivo] Que tiene origen o principio en lo que se indica: *Llega el tren procedente de Bilbao.* ☐ [No varía en masculino y femenino]. ☐ SINÓNIMOS: proveniente. ☐ FAMILIA: →proceder.

proceder (pro·ce·der) ■ [sustantivo masculino] **1** Forma de comportarse una persona: *No estoy de acuerdo con tu proceder.* ■ [verbo] **2** Tener origen o tener principio: *El español procede del latín.* **3** Tener determinado comportamiento: *Estoy orgulloso de tu forma de proceder.* **4** Venir de un lugar: *Estos muebles proceden de un antiguo palacio.* **5** Empezar a realizar una acción: *El alcalde procedió a la inauguración del polideportivo.* ☐ SINÓNIMOS: **1** comportamiento, conducta. **2** nacer, venir, obedecer, provenir, dimanar. **3** actuar, obrar, portarse, comportarse, conducirse. ☐ FAMILIA: procedencia, procedente, procedimiento.

procedimiento (pro·ce·di·mien·to) [sustantivo masculino] Método o sistema para realizar algo: *He seguido el mismo procedimiento que tú, pero el pastel no ha quedado igual.* ☐ FAMILIA: →proceder.

proceloso, sa (pro·ce·lo·so, sa) [adjetivo] Agitado o tormentoso: *La nave se hundió en el proceloso mar.* ☐ [Suele usarse en el lenguaje literario].

procesador (pro·ce·sa·dor) [sustantivo masculino] **1** Parte principal del ordenador, que dirige todas las tareas que tiene que hacer. **2** Programa informático que permite hacer operaciones con los datos o escribir textos: *procesador de textos.* ☐ FAMILIA: →procesar.

procesar (pro·ce·sar) [verbo] **1** Hacer un juicio contra alguien: *Procesaron al presunto asesino.* **2** En informática, hacer operaciones programadas con unos datos: *Procesó los datos y estos están ya almacenados.* **3** Transformar algo mediante un proceso: *En esta planta industrial se procesa el cartón usado para convertirlo en papel.* ☐ SINÓNIMOS: **1** juzgar. ☐ FAMILIA: procesador.

procesión (pro·ce·sión) [sustantivo femenino] Conjunto de personas que van andando despacio por las calles y llevan imágenes y objetos religiosos: *Las procesiones de Semana Santa son muy populares en España.* ☐ FAMILIA: procesionaria.

procesionaria (pro·ce·sio·na·ria) [sustantivo femenino] Oruga cubierta de pelitos que causa grandes daños a los árboles en los que vive. ☐ FAMILIA: →procesión.

proceso (pro·ce·so) [sustantivo masculino] Conjunto de estados o de momentos que se suceden uno detrás de otro: *El proceso de elaboración del vino es bastante lento.*

proclama (pro·cla·ma) [sustantivo femenino] **1** Discurso político o militar. **2** Anuncio que se hace a mucha gente. ☐ FAMILIA: →proclamar.

proclamación (pro·cla·ma·ción) [sustantivo femenino] **1** Anuncio de algo para que lo sepa todo el mundo: *La proclamación de la paz alegró a todos.* **2** Fiestas y ceremonia con las que se celebra el comienzo de algo, especialmente el de una forma de gobierno: *Mi abuelo recordaba el día de la proclamación de Alfonso XIII como rey de España.* ☐ FAMILIA: →proclamar.

proclamar (pro·cla·mar) [verbo] **1** Anunciar algo para que lo sepa todo el mundo: *En esta poesía el poeta proclama su amor hacia su enamorada.* **2** Comenzar a ponerse en práctica una forma de gobierno: *Tras una* *votación fue proclamada la república.* ☐ Sinónimos: declarar. **1** pregonar, publicar, divulgar, airear. ☐ Antónimos: **1** callar. ☐ Familia: proclama, proclamación.

proclive (pro·cli·ve) [adjetivo] Que tiene facilidad para que le ocurra algo, especialmente si es algo malo: *Soy proclive a coger resfriados.* ☐ [No varía en masculino y femenino]. ☐ Sinónimos: propenso.

procreación (pro·cre·a·ción) [sustantivo femenino] Proceso por el cual los seres vivos consiguen que nazcan otros de su misma especie. ☐ Sinónimos: reproducción. ☐ Familia: →crear.

procrear (pro·cre·ar) [verbo] Tener hijos. ☐ Familia: →crear.

procurador, ra (pro·cu·ra·dor, do·ra) [sustantivo] Persona autorizada para representar a otra en un juicio. ☐ Familia: →procurar.

procurar (pro·cu·rar) [verbo] Intentar conseguir algo: *Procuraré llegar pronto a casa.* ☐ Sinónimos: tratar, pretender, aspirar. ☐ Antónimos: renunciar. ☐ Familia: procurador.

prodigar (pro·di·gar) [verbo] **1** Dar mucha cantidad de algo: *Prodigaba caricias a su perro.* ▌**prodigarse 2** Ir mucho a un lugar: *Últimamente no te prodigas mucho por aquí.* ☐ [La «g» se cambia en «gu» delante de «e» («prodigue»)]. ☐ Antónimos: **1** escatimar. ☐ Familia: →pródigo.

prodigio (pro·di·gio) [sustantivo masculino] **1** Persona o cosa que es extraordinaria o maravillosa: *Este niño es un prodigio en atletismo.* **2** Hecho que resulta muy raro: *Es un prodigio que puedas dormir con este escándalo.* ☐ Sinónimos: **1** maravilla, portento. **2** milagro. ☐ Familia: prodigioso.

prodigioso, sa (pro·di·gio·so, sa) [adjetivo] Que resulta extraordinario o maravilloso: *Los milagros son hechos prodigiosos.* ☐ Sinónimos: milagroso. ☐ Familia: →prodigio.

pródigo, ga (pró·di·go, ga) [adjetivo] **1** Que tiene o que produce mucho: *Es un escritor pródigo en obras.* **2** Que es muy generoso. **3** Que gasta el dinero en cosas inútiles. ☐ Familia: prodigar.

producción (pro·duc·ción) [sustantivo femenino] **1** Hecho de producir algo la naturaleza: *Este año ha aumentado la producción de nueces.* **2** Hecho de fabricar algo: *La producción de juguetes ha crecido en los últimos años.* ☐ Sinónimos: **2** fabricación, elaboración. ☐ Familia: →producir.

producir (pro·du·cir) [verbo] **1** Tener como efecto: *La falta de higiene dental produce caries.* **2** Dar frutos la naturaleza: *Los nogales producen nueces.* **3** Crear algo: *Esta fábrica produce un millón de envases al día.* ☐ [Es irregular y se conjuga como CONDUCIR]. ☐ Sinónimos: **1** ocasionar, causar, generar, motivar, acarrear, traer. **3** elaborar, fabricar. ☐ Familia: producción, producto, productivo, productividad, productor, contraproducente, coproducción, superproducción.

productividad (pro·duc·ti·vi·dad) [sustantivo femenino] Capacidad para producir: *Cerraron la mina porque tenía una productividad muy baja.* ☐ Familia: →producir.

productivo, va (pro·duc·ti·vo, va) [adjetivo] **1** Que produce: *campos productivos.* **2** Útil o provechoso: *Fue una reunión muy productiva.* ☐ Familia: →producir.

producto (pro·duc·to) [sustantivo masculino] **1** Cosa que se produce: *Los tomates son productos de la huerta.* **2** Resultado de algo: *Este premio es producto de muchos años de trabajo.* **3** En matemáticas, resultado de multiplicar algo: *El producto de multiplicar 4 por 2 es 8.* ☐ Sinónimos: **2** fruto, consecuencia, obra. ☐ Familia: →producir.

productor, ra (pro·duc·tor, to·ra) ▌ [adjetivo o sustantivo] **1** Que produce: *Estas heladas han perjudicado a los productores de naranjas.* ▌ [sustantivo] **2** Persona que da dinero para que se realice una obra de arte: *productor de cine.* ☐ Familia: →producir.

proeza (pro·e·za) [sustantivo femenino] Hecho que demuestra valor: *Lanzarte al río para salvarme con el frío que hace ha sido una proeza.* ☐ Sinónimos: hazaña, heroicidad.

profanación (pro·fa·na·ción) [sustantivo femenino] Hecho de tratar sin respeto algo sagrado. ☐ Familia: →profano.

profanar (pro·fa·nar) [verbo] Tratar sin respeto algo sagrado: *Profanaron el cementerio rompiendo varias tumbas.* ☐ Familia: →profano.

profano, na (pro·fa·no, na) [adjetivo] **1** No sagrado o no religioso: *canción profana.* **2** Que no entiende de algo: *No opino porque soy profano en la materia.* ☐ Sinónimos: **2** lego. ☐ Familia: profanar, profanación.

profecía (pro·fe·cí·a) [sustantivo femenino] Anuncio de algo que se cree que sucederá en el futuro: *Los antiguos profetas hacían profecías.* ☐ Familia: profeta, profetizar, profético, profetisa.

proferir (pro·fe·rir) [verbo] Pronunciar palabras o sonidos en voz muy alta: *proferir insultos.* ☐ [Es irregular y se conjuga como SENTIR].

profesar (pro·fe·sar) [verbo] **1** Entrar en una orden religiosa: *Quiero ser monja y voy a profesar en las carmelitas.* **2** Seguir una religión o una creencia: *profesar el catolicismo.* **3** Tener un sentimiento: *Profesa gran cariño a sus padres.* ☐ Antónimos: **2** renegar, apostatar.

profesión (pro·fe·sión) [sustantivo femenino] Actividad que se realiza a cambio de un sueldo: *La profesión que más me gusta es la de bombero.* ☐ Sinónimos: trabajo, oficio, empleo. ☐ Familia: profesional, profesionalizar.

profesional (pro·fe·sio·nal) ▌ [adjetivo] **1** Que está relacionado con el trabajo: *actividad profesional.* ▌ [adjetivo o sustantivo] **2** Que se dedica a una profesión: *Mi hermano es tenista profesional.* ☐ [No varía en masculino y femenino]. ☐ Familia: →profesión.

profesionalizar (pro·fe·sio·na·li·zar) [verbo] **1** Hacer que una actividad sea una profesión: *Están estudiando profesionalizar el oficio de vendedor ambulante.* **2** Convertir en profesional a una persona aficionada: *Ese futbolista juvenil ha fichado por un equipo de primera división y se ha profesionalizado.* ☐ [La «z» se cambia en «c» delante de «e» («profesionalice»)]. ☐ Familia: →profesión.

profesor, ra (pro·fe·sor, so·ra) [sustantivo] Persona que tiene como trabajo enseñar una ciencia a sus alumnos. ☐ Sinónimos: maestro, educador, docente. ☐ Familia: profesorado.

profesorado (pro·fe·so·ra·do) [sustantivo masculino] Conjunto de profesores. ☐ Familia: →profesor.

profeta (pro·fe·ta) [sustantivo masculino] Hombre que anuncia lo que cree que va a suceder en el futuro, comúnmente por inspiración divina: *La Biblia nos cuenta que los profetas anunciaron la llegada del Hijo de Dios.* ☐ [El femenino es «profetisa»]. ☐ Familia: →profecía.

profético, ca (pro·fé·ti·co, ca) [adjetivo] De un profeta, de sus palabras o relacionado con ellos: *Sus palabras proféticas anunciaron muchos desastres.* ☐ Familia: →profecía.

profetisa (pro·fe·ti·sa) [sustantivo femenino] Mujer que anuncia lo que cree que va a suceder en el futuro, comúnmente por inspiración divina: *Una profetisa ha dicho que el fin del mundo está próximo.* ☐ [El masculino es «profeta»]. ☐ Familia: →profecía.

profetizar (pro·fe·ti·zar) [verbo] Anunciar lo que se cree que va a suceder: *Muchos profetas han profetizado cómo será el fin del mundo.* ☐ [La «z» se cambia en «c» delante de «e» («profetice»)]. ☐ Sinónimos: adivinar. ☐ Familia: →profecía.

prófugo, ga (pró·fu·go, ga) ■ [adjetivo o sustantivo] **1** Que huye de la justicia: *En la película, la policía perseguía a un prófugo que escapó de la cárcel.* ■ **prófugo** [sustantivo masculino] **2** Persona que huye para no hacer el servicio militar.

profundidad (pro·fun·di·dad) ■ [sustantivo femenino] **1** Distancia que hay entre la superficie de algo y su fondo: *No me baño donde hay mucha profundidad.* **2** Intensidad o fuerza de algo: *Hablamos de ese tema en profundidad.* ■ **profundidades** [plural] **3** Parte más honda de algo: *las profundidades del mar.* ☐ Sinónimos: **1** fondo, hondura. ☐ Familia: →profundo.

profundizar (pro·fun·di·zar) [verbo] **1** Hacer más profundo. **2** Estudiar algo con atención: *Ha profundizado mucho en el estudio de ese tema.* ☐ [La «z» se cambia en «c» delante de «e» («profundice»)]. ☐ Sinónimos: ahondar. ☐ Familia: →profundo.

profundo, da (pro·fun·do, da) [adjetivo] **1** Intenso, fuerte o muy grande: *La noticia me ha producido un profundo dolor.* **2** Que tiene el fondo muy separado de la superficie: *Este pozo es muy profundo.* **3** Que tiene un sonido fuerte: *voz profunda.* ☐ Sinónimos: **2** hondo. ☐ Antónimos: **1, 2** superficial. **1** somero. ☐ Familia: profundidad, profundizar.

profusión (pro·fu·sión) [sustantivo femenino] Gran cantidad de algo: *Nos informó de la situación con profusión de datos.* ☐ Sinónimos: abundancia. ☐ Antónimos: escasez. ☐ Familia: →profuso.

profuso, sa (pro·fu·so, sa) [adjetivo] En gran cantidad: *una zona de profusa vegetación.* ☐ Sinónimos: abundante, copioso, cuantioso. ☐ Antónimos: escaso. ☐ Familia: profusión.

progenie (pro·ge·nie) [sustantivo femenino] **1** Conjunto de hijos, nietos y demás personas que descienden de una misma persona: *La abuela reúne a toda su progenie para celebrar su cumpleaños.* **2** Familia de la que alguien desciende: *Entre su progenie hubo varios poetas.* ☐ Sinónimos: **1** descendencia. **2** ascendencia. ☐ Familia: progenitor.

progenitor, ra (pro·ge·ni·tor, to·ra) [sustantivo] El padre o la madre de una persona. ☐ Sinónimos: ascendiente. ☐ Antónimos: descendiente. ☐ Familia: →progenie.

programa (pro·gra·ma) [sustantivo masculino] **1** Cada uno de los espacios que se emiten por la televisión: *Las películas y los concursos son distintos tipos de programas.* **2** Conjunto de puntos o de ideas que sirve de base para hacer algo: *El partido presentó su programa electoral.* **3** Conjunto de operaciones que realiza una máquina de forma ordenada: *He conseguido un nuevo programa de ordenador.* ☐ Sinónimos: **2** plan, proyecto. ☐ Familia: programar, programación, programador.

programación (pro·gra·ma·ción) [sustantivo femenino] **1** Preparación de algo que se va a hacer más adelante: *Mi hermano mayor se encarga de la programación del vídeo.* **2** Conjunto de programas de televisión. ☐ Familia: →programa.

programador, ra (pro·gra·ma·dor, do·ra) ■ [sustantivo] **1** Persona que trabaja haciendo programas de ordenador. ■ **programador** [sustantivo masculino] **2** Aparato que ordena a una máquina lo que tiene que hacer: *El programador de la calefacción permite que esta se ponga en marcha cuando queramos.* ☐ Familia: →programa.

programar (pro·gra·mar) [verbo] **1** Organizar algo que se va a hacer: *He programado ya mis vacaciones.* **2** Preparar una máquina para que haga determinado trabajo: *Las lavadoras se programan para que laven distintos tipos de ropa.* ☐ Sinónimos: **1** planificar. ☐ Familia: →programa.

progre (pro·gre) [adjetivo o sustantivo] Progresista. ☐ [No varía en masculino y femenino. Es coloquial].

progresar (pro·gre·sar) [verbo] Pasar a un estado mejor: *El enfermo progresa adecuadamente.* ☐ Sinónimos: avanzar, adelantar, mejorar. ☐ Antónimos: empeorar. ☐ Familia: progreso, progresista, progresión, progresivo.

progresión (pro·gre·sión) [sustantivo femenino] Hecho de mejorar o de avanzar en algo: *El niño hace continuas progresiones en la lectura.* ☐ Sinónimos: aumento. ☐ Antónimos: regresión. ☐ Familia: →progresar.

progresista (pro·gre·sis·ta) [adjetivo o sustantivo] Que está a favor de los cambios sociales. ☐ [No varía en masculino y femenino. Se usa mucho la forma abreviada «progre», que es coloquial]. ☐ Antónimos: conservador. ☐ Familia: →progresar.

progresivo, va (pro·gre·si·vo, va) [adjetivo] Que se desarrolla poco a poco: *Este año ha habido un aumento progresivo del consumo de leche.* ☐ Sinónimos: gradual. ☐ Antónimos: brusco. ☐ Familia: →progresar.

progreso (pro·gre·so) [sustantivo masculino] Desarrollo hacia algo mejor: *Estoy haciendo muchos progresos con el inglés.*

prolijo, ja

□ Sinónimos: avance, adelanto. □ Antónimos: retraso. □ Familia: →progresar.

prohibición (prohi·bi·ción) [sustantivo femenino] Hecho de no dejar hacer algo. □ Antónimos: permiso. □ Familia: →prohibir.

prohibir (prohi·bir) [verbo] No dejar hacer algo: *En este parque se prohíbe pisar el césped.* □ [Es irregular]. □ Sinónimos: negar, vedar. □ Antónimos: permitir, autorizar, consentir, tolerar, admitir. □ Familia: prohibición, prohibitivo.

prohibitivo, va (prohi·bi·ti·vo, va) [adjetivo] Demasiado caro: *precios prohibitivos.* □ Antónimos: asequible. □ Familia: →prohibir.

prohijar (prohi·jar) [verbo] Adoptar a una persona como hijo. □ [Es irregular. Siempre se escribe con «j». Mira el cuadro en la página siguiente]. □ Familia: →hijo.

prójimo (pró·ji·mo) [sustantivo masculino] Lo que es una persona en relación con el resto de los seres humanos: *Debemos ayudar siempre al prójimo.* □ Sinónimos: semejante.

prole (pro·le) [sustantivo femenino] **1** Conjunto de descendientes de una persona o de un animal. **2** Gran cantidad de gente que tiene algo en común: *Aquí nos reunimos toda la prole del barrio.* □ [El significado **2** es coloquial].

prolegómenos (pro·le·gó·me·nos) [sustantivo masculino plural] Cosa que va al principio de algo, especialmente de una obra escrita, y que sirve de preparación o de introducción. □ Sinónimos: preámbulo, preliminar.

proletariado (pro·le·ta·ria·do) [sustantivo masculino] Grupo social formado por los trabajadores. □ Familia: →proletario.

proletario, ria (pro·le·ta·rio, ria) ▌[adjetivo] **1** De los proletarios o relacionado con estas personas. ▌[sustantivo] **2** Persona que trabaja para otra a cambio de dinero: *Los obreros comenzaron a llamarse «proletarios» a partir del siglo XIX.* □ Familia: proletariado.

proliferación (pro·li·fe·ra·ción) [sustantivo femenino] Aumento en la cantidad de algo: *Se ha detectado una proliferación de bacterias resistentes a los antibióticos.* □ Familia: →prolífico.

proliferar (pro·li·fe·rar) [verbo] Aumentar mucho la cantidad de algo: *Han proliferado las amapolas tras las últimas lluvias.* □ Sinónimos: multiplicarse. □ Familia: →prolífico.

prolífico, ca (pro·lí·fi·co, ca) [adjetivo] **1** Que se reproduce mucho: *Las ratas son animales prolíficos.* **2** Dicho de un artista, que hace muchas obras: *Galdós fue un escritor prolífico.* □ Antónimos: **1** estéril. □ Familia: proliferar, proliferación.

prolijo, ja (pro·li·jo, ja) [adjetivo] Dicho de una persona, que habla o escribe demasiado. □ Antónimos: lacónico, conciso, escueto.

PROHIBIR	
INDICATIVO	**SUBJUNTIVO**
Presente yo prohíbo tú prohíbes / usted prohíbe él, ella prohíbe nosotros, tras prohibimos vosotros, tras prohibís / ustedes prohíben ellos, ellas prohíben	**Presente** yo prohíba tú prohíbas / usted prohíba él, ella prohíba nosotros, tras prohibamos vosotros, tras prohibáis / ustedes prohíban ellos, ellas prohíban
Pretérito imperfecto yo prohibía tú prohibías / usted prohibía él, ella prohibía nosotros, tras prohibíamos vosotros, tras prohibíais / ustedes prohibían ellos, ellas prohibían	**Pretérito imperfecto** yo prohibiera o prohibiese tú prohibieras o prohibieses / usted prohibiera o prohibiese él, ella prohibiera o prohibiese nosotros, tras prohibiéramos o prohibiésemos vosotros, tras prohibierais o prohibieseis / ustedes prohibieran o prohibiesen ellos, ellas prohibieran o prohibiesen
Pretérito perfecto simple yo prohibí tú prohibiste / usted prohibió él, ella prohibió nosotros, tras prohibimos vosotros, tras prohibisteis / ustedes prohibieron ellos, ellas prohibieron	**Futuro simple** yo prohibiere tú prohibieres / usted prohibiere él, ella prohibiere nosotros, tras prohibiéremos vosotros, tras prohibiereis / ustedes prohibieren ellos, ellas prohibieren
Futuro simple yo prohibiré tú prohibirás / usted prohibirá él, ella prohibirá nosotros, tras prohibiremos vosotros, tras prohibiréis / ustedes prohibirán ellos, ellas prohibirán	**IMPERATIVO** prohíbe (tú) / prohíba (usted) prohibamos (nosotros, tras) prohibid (vosotros, tras) / prohíban (ustedes)
Condicional simple yo prohibiría tú prohibirías / usted prohibiría él, ella prohibiría nosotros, tras prohibiríamos vosotros, tras prohibiríais / ustedes prohibirían ellos, ellas prohibirían	**FORMAS NO PERSONALES** **Infinitivo** **Gerundio** **Participio** prohibir prohibiendo prohibido

prólogo (pró·lo·go) [sustantivo masculino] Introducción que sirve de presentación a algo: *el prólogo de un libro.* ☐ SINÓNIMOS: introducción, prefacio. ☐ ANTÓNIMOS: epílogo.

prolongación (pro·lon·ga·ción) [sustantivo femenino] **1** Aumento de la longitud de algo o del tiempo que dura: *Pidieron una prolongación del plazo de matrícula.* **2** Añadido que se hace a una cosa para hacerla más larga: *Van a construir una prolongación de esta línea de metro.* ☐ SINÓNIMOS: **1** ampliación. ☐ FAMILIA: →prolongar.

prolongado, da (pro·lon·ga·do, da) [adjetivo] Largo o extenso: *un prolongado período de tiempo.* ☐ ANTÓNIMOS: corto. ☐ FAMILIA: →prolongar.

prolongar (pro·lon·gar) [verbo] Hacer más largo: *Han prolongado las vías del tren para que llegue más lejos.* ☐ [La «g» se cambia en «gu» delante de «e» («prolongue»)]. ☐ SINÓNIMOS: alargar, ampliar. ☐ ANTÓNIMOS: acortar, abreviar. ☐ FAMILIA: prolongación, prolongado.

promedio (pro·me·dio) [sustantivo masculino] Cantidad media que resulta de sumar varias cantidades y dividir el resultado por el número de ellas: *Si yo doy dos canicas y tú seis hemos dado un promedio de cuatro canicas cada uno.* ☐ FAMILIA: →medio.

promesa (pro·me·sa) [sustantivo femenino] **1** Expresión que se dice para asegurar que se va a hacer algo: *Mi madre cumplió su promesa de llevarme al cine.* **2** Persona o cosa que tiene buenas cualidades para triunfar: *Este muchacho es una promesa del canto.* ☐ SINÓNIMOS: **1** palabra. ☐ FAMILIA: →prometer.

prometedor, ra (pro·me·te·dor, do·ra) [adjetivo] Que va a ir bien: *un futuro prometedor.* ☐ SINÓNIMOS: halagüeño, esperanzador. ☐ FAMILIA: →prometer.

prometer (pro·me·ter) [verbo] **1** Asegurar que algo es cierto: *Te prometo que yo no he roto el jarrón.* **2** Dar muestras de tener buenas cualidades: *Esta joven atleta promete.* ∎ **prometerse 3** Darse promesa de casarse. ☐ SINÓNIMOS: **3** comprometerse. ☐ FAMILIA: promesa, prometido, prometedor.

prometido, da (pro·me·ti·do, da) [sustantivo] Persona que se va a casar con otra. ☐ FAMILIA: →prometer.

prominencia (pro·mi·nen·cia) [sustantivo femenino] Parte que sobresale en una superficie: *Las colinas son prominencias del terreno.* ☐ SINÓNIMOS: protuberancia. ☐ FAMILIA: →prominente.

prominente (pro·mi·nen·te) [adjetivo] Que sobresale mucho: *Tiene el mentón prominente.* ☐ [No varía en masculino y femenino]. ☐ SINÓNIMOS: saliente. ☐ FAMILIA: prominencia.

promoción (pro·mo·ción) [sustantivo femenino] **1** Hecho de dar a conocer un producto: *promoción de un detergente.* **2** Grupo de personas que acaban los estudios o que

---

PROHIJAR

INDICATIVO	SUBJUNTIVO
Presente yo prohíjo tú prohíjas / usted prohíja él, ella prohíja nosotros, tras prohijamos vosotros, tras prohijáis / ustedes prohíjan ellos, ellas prohíjan	**Presente** yo prohíje tú prohíjes / usted prohíje él, ella prohíje nosotros, tras prohijemos vosotros, tras prohijéis / ustedes prohíjen ellos, ellas prohíjen
Pretérito imperfecto yo prohijaba tú prohijabas / usted prohijaba él, ella prohijaba nosotros, tras prohijábamos vosotros, tras prohijabais / ustedes prohijaban ellos, ellas prohijaban	**Pretérito imperfecto** yo prohijara o prohijase tú prohijaras o prohijases / usted prohijara o prohijase él, ella prohijara o prohijase nosotros, tras prohijáramos o prohijásemos vosotros, tras prohijarais o prohijaseis / ustedes prohijaran o prohijasen ellos, ellas prohijaran o prohijasen
Pretérito perfecto simple yo prohijé tú prohijaste / usted prohijó él, ella prohijó nosotros, tras prohijamos vosotros, tras prohijasteis / ustedes prohijaron ellos, ellas prohijaron	**Futuro simple** yo prohijare tú prohijares / usted prohijare él, ella prohijare nosotros, tras prohijáremos vosotros, tras prohijareis / ustedes prohijaren ellos, ellas prohijaren
Futuro simple yo prohijaré tú prohijarás / usted prohijará él, ella prohijará nosotros, tras prohijaremos vosotros, tras prohijaréis / ustedes prohijarán ellos, ellas prohijarán	**IMPERATIVO** prohíja (tú) / prohíje (usted) prohijemos (nosotros, tras) prohijad (vosotros, tras) / prohíjen (ustedes)
Condicional simple yo prohijaría tú prohijarías / usted prohijaría él, ella prohijaría nosotros, tras prohijaríamos vosotros, tras prohijaríais / ustedes prohijarían ellos, ellas prohijarían	**FORMAS NO PERSONALES** **Infinitivo** **Gerundio** **Participio** prohijar prohijando prohijado

consiguen un trabajo al mismo tiempo. **3** Mejora de la categoría profesional de una persona. ☐ Sinónimos: **1** lanzamiento. **3** ascenso. ☐ Familia: promocionar.

promocionar (pro·mo·cio·nar) [verbo] **1** Dar a conocer un producto para que se venda más: *promocionar unas galletas.* **2** Mejorar la categoría profesional de una persona: *Han promocionado a la subdirectora de mi empresa y ahora es directora.* ☐ Sinónimos: **1** lanzar. **2** ascender, promover. ☐ Familia: →promoción.

promontorio (pro·mon·to·rio) [sustantivo masculino] Pequeña elevación del terreno: *Desde el promontorio se veían los barcos.* ☐ Sinónimos: cerro, colina.

promotor, ra (pro·mo·tor, to·ra) [adjetivo o sustantivo] Que hace lo necesario para que algo se logre: *El promotor de este cantante es quien le consigue los conciertos.* ☐ Familia: →promover.

promover (pro·mo·ver) [verbo] **1** Dar lugar a algo: *Su declaración promovió un escándalo.* **2** Estimular a hacer algo: *El Gobierno promueve medidas para el ahorro.* **3** Ascender a una persona: *El coronel fue promovido a general.* ☐ [Es irregular y se conjuga como **MOVER**]. ☐ Sinónimos: **1** provocar. **2** impulsar. **3** promocionar. ☐ Antónimos: **2** entorpecer. ☐ Familia: promotor.

promulgar (pro·mul·gar) [verbo] Publicar una ley para que se cumpla de forma obligatoria. ☐ [La «g» se cambia en «gu» delante de «e» («promulgue»)].

pronombre (pro·nom·bre) [sustantivo masculino] Clase de palabras que funcionan en la oración como un grupo nominal: *«Aquello» es un pronombre demostrativo.* ◆ [expresión] ‖ **pronombre personal** El que sirve para referirse al que habla, al que escucha o al que no está: *«Yo», «tú», «él» y «ella» son pronombres personales.* ☐ Familia: →nombre.

pronominal (pro·no·mi·nal) [adjetivo] Del pronombre, con pronombres o con sus características: *verbo pronominal.* ☐ [No varía en masculino y femenino]. ☐ Familia: →nombre.

pronosticar (pro·nos·ti·car) [verbo] Decir lo que va a suceder en el futuro a partir de algo que se conoce: *En la televisión han pronosticado que va a empezar el buen tiempo.* ☐ [La «c» se cambia en «qu» delante de «e» («pronostique»)]. ☐ Sinónimos: anunciar, predecir, augurar, vaticinar. ☐ Familia: →pronóstico.

pronóstico (pro·nós·ti·co) [sustantivo masculino] **1** Anuncio de lo que puede suceder en el futuro: *El pronóstico meteorológico dice que mañana lloverá.* **2** Opinión que se forma el médico sobre el estado del enfermo: *La especialista ha dicho que esa enfermedad es de pronóstico grave.* ☐ Sinónimos: **1** predicción, augurio, vaticinio. ☐ Familia: pronosticar.

prontitud (pron·ti·tud) [sustantivo femenino] Forma rápida de hacer algo: *Acudieron con prontitud a mi llamada.* ☐ Sinónimos: rapidez, velocidad, prisa, celeridad. ☐ Antónimos: lentitud, pesadez. ☐ Familia: →pronto.

pronto, ta (pron·to, ta) ▌[adjetivo] **1** Que ocurre de forma rápida: *Los médicos esperan la pronta recuperación del enfermo.* ▌ **pronto** [sustantivo masculino] **2** Reacción repentina que nos empuja a hacer algo sin pensar: *Le dio un pronto y se fue sin despedirse.* ▌ **pronto** [adverbio] **3** Dentro de poco tiempo: *Pronto empezarán las clases.* **4** Antes de tiempo: *Has llegado demasiado pronto.* ◆ [expresión] ‖ **de pronto** Sin que nadie lo espere: *De pronto empezó a llover.* ☐ [El significado **2** es coloquial]. ☐ Sinónimos: **2** ramalazo, arrebato. **4** temprano. ☐ Antónimos: **4** tarde. ☐ Familia: prontitud.

pronunciación (pro·nun·cia·ción) [sustantivo femenino] **1** Hecho de emitir un sonido para hablar: *Tienes problemas con la pronunciación del francés.* **2** Manera de pronunciar: *Se le entiende perfectamente porque su pronunciación es muy clara.* ☐ Familia: →pronunciar.

pronunciado, da (pro·nun·cia·do, da) [adjetivo] Muy marcado o que se nota mucho: *una cuesta pronunciada.* ☐ Sinónimos: acusado. ☐ Antónimos: imperceptible. ☐ Familia: →pronunciar.

---

pronombre personal

Los pronombres personales son palabras que hacen referencia a la persona que habla, a la persona a la que se habla o a la persona o cosa de la que se habla.
Los pronombres personales pueden ser de primera, segunda o tercera persona:

	DEFINICIÓN	SINGULAR	PLURAL	EJEMPLOS
Primera persona	Se refieren a quien habla.	*yo*	*nosotros, nosotras*	*Yo como* / *Nosotras comemos*
Segunda persona	Se refieren a quien escucha.	*tú, usted*	*vosotros, vosotras, ustedes*	*Tú comes* / *Vosotros coméis* / *Ustedes comen*
Tercera persona	Se refieren a la persona de quien se habla.	*él, ella*	*ellos, ellas*	*Él come* / *Ellos comen*

Los pronombres personales no siempre funcionan como sujetos. Se pueden usar también como complementos directos o indirectos o introducidos por preposición. En esos casos, cambian generalmente de forma: *Me* viste en el parque; *Te lo* dije ayer; No me fío ni de *ti* ni de *él*; *Nos* confundieron con *vosotros*…

pronunciamiento (pro·nun·cia·mien·to) [sustantivo masculino] Movimiento de protesta de los militares contra el Gobierno. ☐ FAMILIA: →pronunciar.

pronunciar (pro·nun·ciar) [verbo] **1** Emitir un sonido para hablar: *Mi hermano no pronuncia bien la «r»*. **2** Decir algo en voz alta y ante el público: *El escritor pronunció un discurso*. **3** Hacer que algo se note más: *Este vestido pronuncia la figura de la modelo*. ◼ **pronunciarse 4** Hablar en favor o en contra de algo: *No quiso pronunciarse sin tener todos los datos*. ☐ [Es irregular y se conjuga como ANUNCIAR]. ☐ SINÓNIMOS: **3** resaltar, destacar, acentuar. ☐ ANTÓNIMOS: **3** disimular. ☐ FAMILIA: pronunciación, pronunciado, pronunciamiento.

propagación (pro·pa·ga·ción) [sustantivo femenino] Hecho de extender o hacer llegar algo a muchos lugares: *La propagación de la gripe es muy rápida*. ☐ SINÓNIMOS: transmisión. ☐ FAMILIA: →propagar.

propaganda (pro·pa·gan·da) [sustantivo femenino] Publicidad que se hace para convencer a la gente de las buenas cualidades de algo: *A este coche le han hecho mucha propaganda en la televisión*. ☐ FAMILIA: →propagar.

propagandístico, ca (pro·pa·gan·dís·ti·co, ca) [adjetivo] De la propaganda o relacionado con ella: *cartel propagandístico*. ☐ FAMILIA: →propagar.

propagar (pro·pa·gar) [verbo] Extender o hacer llegar algo a muchos lugares: *El viento propagó el incendio*. ☐ [La «g» se cambia en «gu» delante de «e» («propague»)]. ☐ SINÓNIMOS: difundir, expandir. ☐ FAMILIA: propagación, propaganda, propagandístico.

propano (pro·pa·no) [sustantivo masculino] Gas que se usa como combustible en la industria, en las cocinas o en las calefacciones.

propasarse (pro·pa·sar·se) [verbo] Hacer algo que no está bien y no hacer caso de las normas establecidas: *Nunca me propaso con el alcohol*. ☐ FAMILIA: →pasar.

propensión (pro·pen·sión) [sustantivo femenino] Facilidad de una persona para que le ocurra algo, especialmente si es algo malo: *Tienes propensión a enfermar de la gripe*. ☐ SINÓNIMOS: predisposición. ☐ FAMILIA: →propenso.

propenso, sa (pro·pen·so, sa) [adjetivo] Que tiene facilidad para que le ocurra algo, especialmente si es algo malo: *Soy propensa a coger resfriados*. ☐ SINÓNIMOS: proclive. ☐ FAMILIA: propensión.

propiciar (pro·pi·ciar) [verbo] Ayudar a que algo se realice: *El viento propicia la navegación de los veleros*. ☐ [Es irregular y se conjuga como ANUNCIAR]. ☐ SINÓNIMOS: favorecer. ☐ ANTÓNIMOS: impedir, dificultar. ☐ FAMILIA: →propicio.

propicio, cia (pro·pi·cio, cia) [adjetivo] Adecuado para algo: *Este clima es propicio para el cultivo de cereales*. ☐ SINÓNIMOS: favorable. ☐ FAMILIA: propiciar.

propiedad (pro·pie·dad) [sustantivo femenino] **1** Cosa que se posee: *Es muy rico y tiene muchas propiedades*. **2** Derecho de poseer algo: *Tengo la plaza de garaje en propiedad y no alquilada*. **3** Característica importante de algo: *Esta planta tiene propiedades medicinales*. **4** Forma exacta de hablar: *Para poder entendernos tenemos que hablar con propiedad*. ◆ [expresión] ‖ **propiedad asociativa** En matemáticas, la que se cumple cuando el resultado de una operación no varía al agrupar sus cifras de distintas formas: *En «3 + 2 + 4» se cumple la propiedad asociativa porque el resultado de «(3 + 2) + 4» es igual al de «3 + (2 + 4)»*. ‖ **propiedad conmutativa** En matemáticas, la que se cumple cuando el resultado de una operación no varía al cambiar el orden de las cifras: *La suma y la multiplicación tienen la propiedad conmutativa*. ‖ **propiedad distributiva** En matemáticas, la que se cumple cuando el resultado de multiplicar un número por la suma de otros dos es igual al resultado de multiplicar ese número por cada uno de los sumandos: *La propiedad distributiva permite que «2 × (3 + 4)» sea igual a «2 × 3 + 2 × 4»*. ☐ SINÓNIMOS: **1**, **2** posesión. **1** tenencia, dominio. **2** poder. **3** cualidad, carácter. ☐ FAMILIA: →propio.

propietario, ria (pro·pie·ta·rio, ria) [adjetivo o sustantivo] Que posee algo: *Él es el propietario de la casa*. ☐ SINÓNIMOS: dueño, amo. ☐ FAMILIA: →propio.

propina (pro·pi·na) [sustantivo femenino] Dinero que se da como premio: *Dimos una propina al camarero que nos atendió*.

propinar (pro·pi·nar) [verbo] Dar algo desagradable o doloroso: *El equipo contrario nos propinó una buena paliza*.

propio, pia (pro·pio, pia) [adjetivo] **1** Que pertenece a la persona de quien se habla: *Mi vecino no tiene coche propio*. **2** Que es característico de algo y que sirve para distinguirlo de lo demás: *No es propio de él haber hecho eso*. **3** Que resulta adecuado para algo: *Este vestido no es propio para tu edad*. ☐ ANTÓNIMOS: **2**, **3** impropio. **2** indigno. ☐ FAMILIA: propiedad, propietario, apropiarse, apropiado, inapropiado, impropio, expropiar.

proponer (pro·po·ner) [verbo] **1** Dar una idea para que sea aceptada: *Propuse ir a la playa, pero nadie me hizo caso*. ◼ **proponerse 2** Decidirse a cumplir algo: *Me he propuesto estudiar todos los días dos horas*. ☐ [Es irregular y se conjuga como PONER. Su participio es «propuesto»]. ☐ SINÓNIMOS: **1** sugerir. ☐ FAMILIA: propósito, proposición, propuesta, despropósito. →poner.

proporción (pro·por·ción) ◼ [sustantivo femenino] **1** Cantidad de algo en relación con todo el conjunto: *Para hacer la tarta tienes que respetar las proporciones de los ingredientes*. **2** Equilibrio entre las distintas partes de algo: *Para que una estatua resulte bonita, debe tener proporción*. ◼ **proporciones** [plural] **3** Dimensiones de algo: *Las grandes proporciones del incendio obligaron a evacuar a la población*. ☐ ANTÓNIMOS: **2** desproporción. ☐ FAMILIA: proporcionar, proporcional, proporcionado, desproporción, desproporcionado.

proporcionado, da (pro·por·cio·na·do, da) [adjetivo] Que tiene equilibrio entre sus distintas partes: *Los modelos suelen tener una figura muy bien proporcionada*. ☐ ANTÓNIMOS: desproporcionado. ☐ FAMILIA: →proporción.

proporcional (pro·por·cio·nal) [adjetivo] De la proporción o relacionado con ella. ☐ [No varía en masculino y femenino]. ☐ FAMILIA: →proporción.

proporcionar (pro·por·cio·nar) [verbo] Dar algo que resulta necesario: *Esta ONG proporciona alimentos a los refugiados sirios.* ☐ SINÓNIMOS: suministrar, facilitar, proveer, abastecer, surtir. ☐ ANTÓNIMOS: quitar, privar, despojar. ☐ FAMILIA: →proporción.

proposición (pro·po·si·ción) [sustantivo femenino] Idea que se da para hacer algo: *Me han hecho una interesante proposición.* ☐ SINÓNIMOS: propuesta, sugerencia, ofrecimiento, oferta. ☐ FAMILIA: →proponer.

propósito (pro·pó·si·to) [sustantivo masculino] Intención de hacer algo: *Este año tengo el propósito de estudiar mucho.* ◆ [expresión] ‖ **a propósito** Con intención de hacer lo que se hace: *Me enfadé porque me empujó a propósito.* ☐ SINÓNIMOS: ánimo. ☐ FAMILIA: →proponer.

propuesto, ta (pro·pues·to, ta) ▌ **1** Participio irregular de **proponer**. ▌ **propuesta** [sustantivo femenino] **2** Idea que se da para hacer algo: *La propuesta no fue aceptada.* ☐ SINÓNIMOS: **2** proposición, sugerencia, ofrecimiento, oferta. ☐ FAMILIA: →proponer.

propugnar (pro·pug·nar) [verbo] Defender o apoyar algo que puede ser útil o conveniente: *El alcalde propugna que haya más parques.* ☐ SINÓNIMOS: respaldar.

propulsar (pro·pul·sar) [verbo] Empujar algo hacia delante para que tenga movimiento: *Se estropeó uno de los motores que propulsaban el cohete.* ☐ SINÓNIMOS: impulsar. ☐ FAMILIA: propulsión, propulsor.

propulsión (pro·pul·sión) [sustantivo femenino] Hecho de empujar algo hacia delante para que tenga movimiento: *Los aviones se mueven por propulsión.* ◆ [expresión] ‖ **propulsión a chorro** Procedimiento que se usa para mover un avión, un proyectil o un cohete mediante el gas que sale por la parte de atrás. ☐ FAMILIA: →propulsar.

propulsor, ra (pro·pul·sor, so·ra) [adjetivo o sustantivo] Que sirve para propulsar: *Falló el mecanismo propulsor del avión teledirigido.* ☐ FAMILIA: →propulsar.

prórroga (pró·rro·ga) [sustantivo femenino] Tiempo añadido con el que se aumenta la duración de algo: *la prórroga de un partido.* ☐ FAMILIA: prorrogar.

prorrogar (pro·rro·gar) [verbo] Aumentar el tiempo que dura algo: *El árbitro prorrogó el partido cinco minutos más.* ☐ [La «g» se cambia en «gu» delante de «e» («prorrogue»)]. ☐ FAMILIA: →prórroga.

prorrumpir (pro·rrum·pir) [verbo] Expresar de manera repentina algo que se siente con fuerza: *El público prorrumpió en aplausos.* ☐ SINÓNIMOS: estallar.

prosa (pro·sa) [sustantivo femenino] Forma de escribir sin hacer versos: *Las redacciones se escriben en prosa.* ☐ FAMILIA: prosaico, prosista.

prosaico, ca (pro·sai·co, ca) [adjetivo] Que resulta vulgar y de poco interés: *Me parece prosaico que solo pienses en el dinero.* ☐ FAMILIA: →prosa.

proscenio (pros·ce·nio) [sustantivo masculino] En un teatro, parte del escenario que está más cerca del público.

proscribir (pros·cri·bir) [verbo] **1** Echar a una persona, de su país, especialmente por motivos políticos: *Durante la dictadura, muchos artistas fueron proscritos.* **2** Prohibir una costumbre o algo que es usual: *La «ley seca» estadounidense proscribió el consumo de alcohol.* ☐ [Su participio es «proscrito». No confundir con «prescribir» (mandar algo; recetar un medicamento; dejar de tener valor algo)]. ☐ SINÓNIMOS: **1** desterrar. ☐ FAMILIA: proscrito.

proscrito, ta (pros·cri·to, ta) Participio irregular de **proscribir**. ☐ FAMILIA: →proscribir.

proseguir (pro·se·guir) [verbo] Seguir con lo que se estaba haciendo: *Proseguiremos la explicación más tarde.* ☐ [Es irregular y se conjuga como PEDIR. La «gu» se cambia en «g» delante de «a», «o» («prosiga»)]. ☐ SINÓNIMOS: continuar. ☐ ANTÓNIMOS: interrumpir, desistir, abandonar, dejar. ☐ FAMILIA: →seguir.

proselitismo (pro·se·li·tis·mo) [sustantivo masculino] Intento de ganar partidarios de una doctrina, de un partido político o de un grupo. ☐ FAMILIA: →prosélito.

prosélito (pro·sé·li·to) [sustantivo] Persona a la que se ha convencido para que siga una doctrina, un partido político o un grupo. ☐ FAMILIA: proselitismo.

prosista (pro·sis·ta) [sustantivo] Escritor de obras en prosa. ☐ [No varía en masculino y femenino]. ☐ FAMILIA: →prosa.

prosodia (pro·so·dia) [sustantivo femenino] Parte de la gramática que estudia la pronunciación y los acentos de las palabras.

prosopopeya (pro·so·po·pe·ya) [sustantivo femenino] Forma de expresión que consiste en dar a los animales o a las cosas características de las personas: *La frase «el viento susurra» es una prosopopeya.* ☐ SINÓNIMOS: personificación.

prospección (pros·pec·ción) [sustantivo femenino] Exploración del suelo para descubrir si hay minerales, agua, petróleo u otras cosas.

prospecto (pros·pec·to) [sustantivo masculino] **1** Papel que llevan las medicinas y en el que se nos informa de su composición y de la forma en que deben tomarse. **2** Papel en el que se anuncia algo: *El buzón está lleno de prospectos de propaganda.*

prosperar (pros·pe·rar) [verbo] Tener éxito o tener buena suerte: *Si su nuevo negocio prospera abrirá otras tiendas.* ☐ FAMILIA: →próspero.

prosperidad (pros·pe·ri·dad) [sustantivo femenino] Situación de progreso, de buena suerte o de éxito: *la prosperidad de un país.* ☐ FAMILIA: →próspero.

próspero, ra (prós·pe·ro, ra) [adjetivo] Que se desarrolla de forma favorable: *próspero año.* ☐ SINÓNIMOS: boyante. ☐ FAMILIA: prosperar, prosperidad.

próstata (prós·ta·ta) [sustantivo femenino] Glándula masculina, situada detrás de la vejiga, que segrega un líquido con funciones importantes para el aparato reproductor y el urinario.

prostíbulo (pros·tí·bu·lo) [sustantivo masculino] Casa o local donde trabajan las prostitutas. ☐ SINÓNIMOS: burdel. ☐ FAMILIA: →prostituto.

prostitución (pros·ti·tu·ción) [sustantivo femenino] Actividad de la persona que mantiene relaciones sexuales a cambio de dinero. ☐ Familia: →prostituto.

prostituto, ta (pros·ti·tu·to, ta) [sustantivo] Persona que mantiene relaciones sexuales a cambio de dinero. ☐ Familia: prostitución, prostíbulo.

protagonismo (pro·ta·go·nis·mo) [sustantivo masculino] **1** Hecho de ser la persona más importante en algún acto: *En la entrega de diplomas el protagonismo correspondió a los alumnos premiados*. **2** Deseo de destacar o de parecer necesario: *¡Todo lo quieres hacer tú, qué afán de protagonismo tienes!* ☐ Familia: protagonista, protagonizar.

protagonista (pro·ta·go·nis·ta) [sustantivo] Personaje más importante de una historia o de una obra artística: *El protagonista de la película era muy guapo*. ☐ [No varía en masculino y femenino]. ☐ Familia: →protagonismo.

protagonizar (pro·ta·go·ni·zar) [verbo] Representar el papel principal de una película o de una obra de teatro. ☐ [La «z» se cambia en «c» delante de «e» («protagonice»)]. ☐ Familia: →protagonismo.

protección (pro·tec·ción) [sustantivo femenino] Cosa que sirve para evitar un daño: *Para tomar el sol me doy una crema con protección solar*. ☐ Sinónimos: amparo. ☐ Familia: →proteger.

protector, ra (pro·tec·tor, to·ra) [adjetivo o sustantivo] Que protege: *casco protector; crema protectora*. ☐ Familia: →proteger.

protectorado (pro·tec·to·ra·do) [sustantivo masculino] Territorio o país que está dominado por otro pero que tiene sus autoridades propias. ☐ Familia: →proteger.

proteger (pro·te·ger) [verbo] Defender de un daño o de un peligro: *Los abrigos protegen del frío*. ☐ [La «g» se cambia en «j» delante de «a», «o» («proteja»)]. ☐ Sinónimos: preservar, resguardar, abrigar, amparar, valer, guarnecer, acoger. ☐ Antónimos: atacar. ☐ Familia: protegido, protección, protector, protectorado, fotoprotección, fotoprotector.

protegido, da (pro·te·gi·do, da) ▌ [adjetivo] **1** Sin daño o sin peligro: *Me siento muy protegida por mi familia*. ▌ [adjetivo o sustantivo] **2** Dicho de una persona, que está bajo la protección de otra. ☐ Sinónimos: **1** salvo. ☐ Familia: →proteger.

proteína (pro·te·í·na) [sustantivo femenino] Sustancia fundamental de las células: *La carne y el pescado son alimentos ricos en proteínas*.

prótesis (pró·te·sis) [sustantivo femenino] Pieza artificial que sustituye un órgano o una parte del cuerpo humano: *Me pusieron una prótesis dental en el hueco de la muela que me sacaron*. ☐ [No varía en singular y plural].

protesta (pro·tes·ta) [sustantivo femenino] Demostración de que no estamos de acuerdo con algo: *Desde el escenario se oían las protestas del público*. ☐ Familia: →protestar.

protestante (pro·tes·tan·te) [adjetivo o sustantivo] Del protestantismo o relacionado con esta religión: *sacerdote protestante*. ☐ [No varía en masculino y femenino]. ☐ Familia: →protestar.

protestantismo (pro·tes·tan·tis·mo) [sustantivo masculino] Religión cristiana fundada en el siglo xvi por el religioso alemán Lutero. ☐ Familia: →protestar.

protestar (pro·tes·tar) [verbo] Decir que no se está de acuerdo con algo: *Aunque protesté, acabé haciendo lo que me pedían*. ☐ Familia: protesta, protestón, protestante, protestantismo.

protestón, na (pro·tes·tón, to·na) [adjetivo o sustantivo] Que protesta por todo. ☐ Antónimos: sufrido. ☐ Familia: →protestar.

protocolario, ria (pro·to·co·la·rio, ria) [adjetivo] **1** Del protocolo o relacionado con este conjunto de reglas: *ceremonia protocolaria*. **2** Que se hace sin ser necesario, solo por buena educación y por respetar la costumbre: *El presidente hizo una visita protocolaria al alcalde para saludarlo*. ☐ Familia: →protocolo.

protocolo (pro·to·co·lo) [sustantivo masculino] Conjunto de reglas que hay que cumplir cuando se celebra un acto oficial o solemne. ☐ Sinónimos: etiqueta, ceremonial. ☐ Familia: protocolario.

protón (pro·tón) [sustantivo masculino] Partícula de un átomo con carga eléctrica positiva. ☐ Antónimos: electrón.

prototipo (pro·to·ti·po) [sustantivo masculino] Ejemplar que sirve como modelo para otras cosas iguales, porque es el primero que se hace o porque se considera perfecto: *un prototipo de coche; mi prototipo de persona*. ☐ Sinónimos: canon, patrón. ☐ Familia: →tipo.

protozoo (pro·to·zo·o) [adjetivo o sustantivo masculino] Dicho de un animal, que está formado por una sola célula.

protuberancia (pro·tu·be·ran·cia) [sustantivo femenino] Parte que sobresale en una superficie y tiene forma redondeada: *Esta planta tiene protuberancias en el tallo*. ☐ Sinónimos: bulto, prominencia.

provecho (pro·ve·cho) [sustantivo masculino] Fruto o ganancia que se obtienen de algo: *sacar provecho*. ◆ [expresión] ‖ **de provecho** Útil para la sociedad: *persona de provecho*. ☐ Sinónimos: beneficio, utilidad, cuenta, fruto. ☐ Familia: provechoso, aprovechar, aprovechamiento, aprovechable, aprovechado, desaprovechar.

provechoso, sa (pro·ve·cho·so, sa) [adjetivo] Que resulta útil o bueno para algo. ☐ Sinónimos: beneficioso, fructífero. ☐ Familia: →provecho.

proveedor, ra (pro·ve·e·dor, do·ra) [sustantivo] Persona o empresa que proporciona algo que se necesita: *una empresa proveedora de material de oficina*. ☐ Familia: →proveer.

proveer (pro·ve·er) [verbo] Dar algo que resulta necesario: *Esta empresa proveyó a los exploradores de todo lo que necesitaban para la expedición*. ☐ [Es irregular y se conjuga como **LEER**. Tiene dos participios: uno regular («proveído») y otro irregular («provisto»). No confundir con «prever» (suponer algo que va a pasar; preparar lo que se cree que se va a necesitar)]. ☐ Sinónimos: suministrar, proporcionar, facilitar, abastecer, surtir, pertrechar, dotar, aprovisionar. ☐ Antónimos: quitar, privar, despojar. ☐ Familia: proveedor, provisto, desprovisto, provisión, aprovisionar, aprovisionamiento.

proveniente (pro·ve·nien·te) [adjetivo] Que tiene origen o principio en lo que se indica: *Ha aterrizado el avión proveniente de Lisboa.* ☐ [No varía en masculino y femenino]. ☐ Sinónimos: procedente. ☐ Familia: →provenir.

provenir (pro·ve·nir) [verbo] Tener origen o tener principio: *Esta enfermedad proviene de un virus.* ☐ [Es irregular y se conjuga como **VENIR**]. ☐ Sinónimos: venir, nacer, proceder, obedecer, dimanar, emanar, derivar. ☐ Familia: proveniente.

provenzal (pro·ven·zal) ■ [adjetivo o sustantivo] **1** De la Provenza, que es una región francesa. ■ [sustantivo masculino] **2** Lengua de esta región. ☐ [En el significado **1** no varía en masculino y femenino].

proverbial (pro·ver·bial) [adjetivo] De los proverbios o relacionado con ellos: *una frase proverbial.* ☐ [No varía en masculino y femenino]. ☐ Familia: →proverbio.

proverbio (pro·ver·bio) [sustantivo masculino] Frase popular que contiene un consejo: *Mi padre se sabe muchos proverbios chinos.* ☐ Sinónimos: refrán. ☐ Familia: proverbial.

providencia (pro·vi·den·cia) [sustantivo femenino] Cuidado divino de todos los seres: *En las situaciones difíciles confío en la providencia divina.* ☐ Familia: providencial.

providencial (pro·vi·den·cial) [adjetivo] **1** De la providencia divina o relacionado con ella: *Es providencial que no haya habido heridos en ese accidente.* **2** Que ocurre de forma casual para evitar que se produzca un daño: *Tu aparición fue providencial porque llegaste cuando más te necesitaba.* ☐ [No varía en masculino y femenino]. ☐ Familia: →providencia.

provincia (pro·vin·cia) [sustantivo femenino] Cada una de las divisiones que forman el territorio de un país. ☐ Familia: provincial, provinciano.

provincial (pro·vin·cial) [adjetivo] De la provincia o relacionado con ella. ☐ [No varía en masculino y femenino]. ☐ Familia: →provincia.

provinciano, na (pro·vin·cia·no, na) [adjetivo] Propio de una provincia o relacionado con ella: *vida provinciana.* ☐ Familia: →provincia.

provisión (pro·vi·sión) [sustantivo femenino] Conjunto de cosas o de alimentos necesarios para un grupo de personas: *Para la excursión por el monte necesitamos provisiones.* ☐ [No confundir con «previsión» (suposición de algo que va a pasar). Se usa más en plural]. ☐ Sinónimos: víveres, pertrechos. ☐ Familia: →proveer.

provisional (pro·vi·sio·nal) [adjetivo] Que solo dura un cierto tiempo: *trabajo provisional.* ☐ [No varía en masculino y femenino]. ☐ Sinónimos: pasajero. ☐ Antónimos: permanente, continuo.

provisto, ta (pro·vis·to, ta) ■ **1** Participio irregular de **proveer**. ■ [adjetivo] **2** Con lo necesario para hacer algo: *Tengo la despensa bien provista de conservas.* ☐ [No confundir con «previsto», del verbo «prever»]. ☐ Sinónimos: **2** dotado. ☐ Antónimos: **2** desprovisto, falto. ☐ Familia: →proveer.

provocación (pro·vo·ca·ción) [sustantivo femenino] **1** Hecho que provoca una reacción. **2** Hecho que irrita o estimula a alguien para que se enfade. **3** Hecho que produce deseo sexual de forma intencionada. ☐ Familia: →provocar.

provocador, ra (pro·vo·ca·dor, do·ra) [adjetivo o sustantivo] Que provoca. ☐ Familia: →provocar.

provocar (pro·vo·car) [verbo] **1** Producir una respuesta: *Mi cara de sorpresa provocó sus carcajadas.* **2** Hacer que una persona se enfade y responda con violencia: *Le pegué una torta porque él me provocó con sus insultos.* **3** Llamar la atención en asuntos relacionados con el sexo: *La actriz llevaba la ropa tan ajustada que iba provocando.* ☐ [La «c» se cambia en «qu» delante de «e» («provoque»)]. ☐ Sinónimos: **1** suscitar, promover. ☐ Familia: provocador, provocativo, provocación.

provocativo, va (pro·vo·ca·ti·vo, va) [adjetivo] **1** Que produce una respuesta violenta: *actitud provocativa.* **2** Que llama la atención en asuntos relacionados con el sexo. ☐ Familia: →provocar.

proximidad (pro·xi·mi·dad) ■ [sustantivo femenino] **1** Distancia corta o situación cercana: *La proximidad del examen me pone cada día más nerviosa.* ■ **proximidades** [plural] **2** Lugar cercano: *El castillo está en las proximidades del pueblo.* ☐ Sinónimos: **1** cercanía. **2** cercanías. ☐ Antónimos: **1** lejanía. ☐ Familia: →próximo.

próximo, ma (pró·xi·mo, ma) ■ [adjetivo] **1** Que está a muy poca distancia: *Mi casa está próxima al colegio.* ■ [adjetivo o sustantivo] **2** Que está justo después de algo: *Tuerce a la derecha en la próxima calle.* ☐ Sinónimos: **1** cercano, junto. ☐ Antónimos: **1** lejano, remoto, distante. ☐ Familia: proximidad, aproximar, aproximado, aproximación.

proyección (pro·yec·ción) [sustantivo femenino] **1** Hecho de proyectar algo: *La proyección de la película dura dos horas.* **2** Importancia de algo o influencia en el futuro: *Al escritor le sorprendió la gran proyección que obtuvo su primera novela.* ☐ Sinónimos: **2** trascendencia. ☐ Familia: →proyectar.

proyectar (pro·yec·tar) [verbo] **1** Lanzar o dirigir hacia delante: *Los focos proyectan luz sobre el escenario.* **2** Pensar la forma en la que se va a realizar algo: *Un arquitecto proyectó este puente.* **3** Hacer que se vea una imagen sobre una superficie: *Proyecté las diapositivas en la pared.* ☐ Sinónimos: **1** despedir. **2** idear, planear. ☐ Familia: anteproyecto, proyecto, proyector, proyectil, proyección.

proyectil (pro·yec·til) [sustantivo masculino] Objeto que se lanza con un arma: *Las balas y los cohetes son proyectiles.* ☐ Familia: →proyectar.

proyecto (pro·yec·to) [sustantivo masculino] **1** Intención de hacer algo: *Tiene muchos proyectos para cuando sea mayor.* **2** Conjunto de puntos ordenados que sirve de base para hacer algo: *En el proyecto se recogen solo los puntos más importantes.* ☐ Sinónimos: plan. **2** programa. ☐ Familia: →proyectar.

proyector (pro·yec·tor) [sustantivo masculino] Máquina o aparato que sirve para mostrar una imagen sobre una superficie: *proyector de diapositivas.* □ Familia: →proyectar.

proyector

prudencia (pru·den·cia) [sustantivo femenino] Cuidado que se pone al hacer algo para evitar problemas: *Conduce con prudencia.* □ Sinónimos: precaución, cautela, comedimiento. □ Antónimos: descuido, imprudencia, temeridad, intemperancia. □ Familia: →prudente.

prudencial (pru·den·cial) [adjetivo] De la prudencia o relacionado con ella: *Procura llegar a una hora prudencial.* □ [No varía en masculino y femenino]. □ Familia: →prudente.

prudente (pru·den·te) [adjetivo] Que actúa con cuidado para evitar problemas. □ [No varía en masculino y femenino]. □ Sinónimos: precavido, cauteloso, comedido, cauto. □ Antónimos: alocado, imprudente, temerario. □ Familia: prudencia, prudencial, imprudente, imprudencia.

prueba (prue·ba) [sustantivo femenino] **1** Examen que se hace para ver si algo funciona bien: *El médico me hizo unas pruebas de estómago.* **2** Cosa que sirve para demostrar la verdad de algo: *No hay pruebas suficientes para acusar a este hombre.* **3** Intento de hacer algo: *Si haces la prueba, verás que dar una voltereta es fácil.* **4** Ejercicio que sirve para demostrar las cualidades de algo: *Hay que superar la prueba física para formar parte del equipo.* **5** Parte pequeña de algo, que sirve para examinar su calidad: *Cogieron unas pruebas de agua para ver si se podía beber.* ◆ [expresión] ‖ **a prueba** Para ver si sirve: *Estuvo quince días trabajando a prueba.* ‖ **a prueba de algo** Preparado para resistirlo: *Es un coche blindado y a prueba de bombas.* □ Familia: →probar.

prurito (pru·ri·to) [sustantivo masculino] **1** Sensación que produce algo que pica. **2** Deseo de hacer algo de la mejor forma posible: *Mi madre tiene un gran prurito profesional.* □ Sinónimos: **1** picor.

prusiano, na (pru·sia·no, na) [adjetivo o sustantivo] De Prusia, que era un estado alemán.

psicoanálisis (psi·co·a·ná·li·sis) [sustantivo masculino] Método para tratar algunas enfermedades mentales en el que se intenta que el enfermo conozca sus miedos y complejos para poder vencerlos: *En el psicoanálisis se da mucha importancia a los sueños.* □ [No varía en singular y plural. Se escribe también «sicoanálisis»]. □ Familia: psicoanalista.

psicoanalista (psi·co·a·na·lis·ta) [sustantivo] Persona que utiliza el método del psicoanálisis para curar las enfermedades mentales. □ [No varía en masculino y femenino. Se escribe también «sicoanalista»]. □ Familia: →psicoanálisis.

psicología (psi·co·lo·gí·a) [sustantivo femenino] **1** Ciencia que estudia el comportamiento de las personas. **2** Forma de sentir o de pensar de una persona: *El detenido tiene la psicología de un asesino.* □ [Se escribe también «sicología»]. □ Familia: →psíquico.

psicológico, ca (psi·co·ló·gi·co, ca) [adjetivo] **1** Relacionado con la mente humana: *una enfermedad psicológica.* **2** De la psicología o relacionado con esta ciencia: *un test psicológico.* □ [Se escribe también «sicológico»]. □ Familia: →psíquico.

psicólogo, ga (psi·có·lo·go, ga) [sustantivo] Persona que estudia el comportamiento de las personas. □ [Se escribe también «sicólogo»]. □ Familia: →psíquico.

psicópata (psi·có·pa·ta) [sustantivo] Persona que padece una enfermedad mental que se caracteriza por un comportamiento violento. □ [No varía en masculino y femenino. Se escribe también «sicópata»]. □ Familia: →psíquico.

psicosis (psi·co·sis) [sustantivo femenino] Enfermedad mental que se caracteriza por la alteración de los pensamientos y de los sentimientos, y por comportamientos extraños. □ [No varía en singular y plural. Se escribe también «sicosis»]. □ Familia: →psíquico.

psicotécnico, ca (psi·co·téc·ni·co, ca) [adjetivo] Dicho de un tipo de prueba, que estudia las capacidades y las habilidades de una persona: *Tuve que hacer un examen psicotécnico para sacarme el permiso de conducir.* □ [Se escribe también «sicotécnico»]. □ Familia: →psíquico. →técnico.

psicoterapeuta (psi·co·te·ra·peu·ta) [sustantivo] Persona que aplica técnicas psicológicas para tratar algunas enfermedades nerviosas o mentales. □ [No varía en masculino y femenino. Se escribe también «sicoterapeuta»]. □ Familia: →psíquico. →terapia.

psicoterapia (psi·co·te·ra·pia) [sustantivo femenino] Tratamiento de algunas enfermedades nerviosas o mentales por medio de técnicas psicológicas. □ [Se escribe también «sicoterapia»]. □ Familia: →psíquico. →terapia.

psiquiatra (psi·quia·tra) [sustantivo] Médico especializado en psiquiatría. □ [No varía en masculino y femenino. Se escribe también «siquiatra»]. □ Familia: →psíquico.

psiquiatría (psi·quia·trí·a) [sustantivo femenino] Ciencia que estudia las enfermedades de la mente. □ [Se escribe también «siquiatría»]. □ Familia: →psíquico.

psiquiátrico, ca (psi·quiá·tri·co, ca) ∎ [adjetivo] **1** De la psiquiatría o relacionado con esta ciencia: *tratamiento psiquiátrico.* ∎ **psiquiátrico** [sustantivo masculino] **2** Hospital para personas que tienen enfermedades mentales. □ [Se escribe también «siquiátrico»]. □ Sinónimos: **2** manicomio. □ Familia: →psíquico.

psíquico, ca (psí·qui·co, ca) [adjetivo] De la mente humana o relacionado con ella. □ [Se escribe también «síquico». □ Familia: psicología, psicólogo, psicológico, parapsicología, psiquiatría, psiquiatra, psiquiátrico, psicoterapia, psicoterapeuta, psicópata, psicosis, psicotécnico.

púa (pú·a) [sustantivo][femenino] **1** Diente de un peine: *Se ha roto una púa del peine.* **2** Cada una de las espinas que cubren el cuerpo de algunos animales: *Las púas del erizo le sirven de defensa.* **3** Pieza pequeña que se usa para tocar algunos instrumentos musicales de cuerda: *La guitarra se puede tocar con una púa.*

púa

pub [sustantivo][masculino] Bar en el que se toman bebidas alcohólicas y se escucha música. □ [Es una palabra inglesa. Se pronuncia «pab»].

pubertad (pu·ber·tad) [sustantivo][femenino] Período de la vida en el que se producen algunos cambios en el cuerpo propios del paso de la infancia a la edad adulta.

pubis (pu·bis) [sustantivo][masculino] Zona del cuerpo humano que está debajo del vientre y entre las piernas. □ [No varía en singular y plural].

publicación (pu·bli·ca·ción) [sustantivo][femenino] **1** Impresión de un escrito para que lo conozca mucha gente: *En el periódico me prometieron la publicación de mi carta.* **2** Obra impresa para que pueda conocerla mucha gente: *Esta revista es una publicación semanal.* □ Familia: →público.

publicar (pu·bli·car) [verbo] **1** Difundir o dar a conocer una información: *Esa web fue la primera en publicar la noticia.* **2** Anunciar algo para que lo sepa todo el mundo: *No vayas por ahí publicando los secretos de los demás.* **3** Imprimir una obra para que pueda conocerla mucha gente: *Le han publicado su novela.* □ [La «c» se cambia en «qu» delante de «e» («publique»)]. □ Sinónimos: **2** proclamar, pregonar, divulgar, declarar, airear. □ Antónimos: **2** callar. □ Familia: →público.

publicidad (pu·bli·ci·dad) [sustantivo][femenino] **1** Exposición de algo para que sea conocido por todos: *El actor dio publicidad a su boda para salir en las revistas.* **2** Anuncio que sirve para dar a conocer algo: *En los intermedios de las películas de televisión siempre ponen publicidad.* □ Familia: →público.

publicista (pu·bli·cis·ta) [sustantivo] Persona que se dedica a la publicidad. □ [No varía en masculino y femenino]. □ Familia: →público.

publicitar (pu·bli·ci·tar) [verbo] Dar a conocer mediante la publicidad: *Los nuevos modelos de automóviles serán publicitados en breve.* □ Familia: →público.

publicitario, ria (pu·bli·ci·ta·rio, ria) [adjetivo] De la publicidad o relacionado con ella: *anuncios publicitarios.* □ Familia: →público.

público, ca (pú·bli·co, ca) ■ [adjetivo] **1** Que es visto o conocido por todos: *personaje público.* **2** Que pertenece a todo el pueblo: *parque público.* **3** Del Estado o relacionado con él: *colegio público.* ■ **público** [sustantivo][masculino] **4** Conjunto de personas que asisten a un espectáculo: *El público aplaudió con ganas.* **5** Conjunto de personas que forman un grupo: *Esta novela va dirigida a un público juvenil.* ◆ [expresión] ‖ **en público** Delante de todos: *No te hurgues en las narices en público.* □ Sinónimos: **4** concurrencia. □ Antónimos: **2, 3** privado. □ Familia: publicar, publicación, publicidad, publicista, publicitario, publicitar.

puchero (pu·che·ro) [sustantivo][masculino] Recipiente con asas que se usa para cocinar. ◆ [expresión] ‖ **hacer pucheros** Poner cara de empezar a llorar: *El bebé empezó a hacer pucheros cuando le quité el chupete.* □ [La expresión es coloquial].

púdico, ca (pú·di·co, ca) [adjetivo] Que siente o muestra vergüenza o pudor. □ Familia: →pudor.

pudiente (pu·dien·te) [adjetivo] Que tiene mucho dinero. □ [No varía en masculino y femenino]. □ Sinónimos: acaudalado, adinerado. □ Antónimos: pobre. □ Familia: →poder.

pudin (pu·din) [sustantivo][masculino] Comida que se hace mezclando varios alimentos y echándolos en un recipiente para que luego quede con su forma: *pudin de pescado.* □ [Es una palabra de origen inglés]. □ Sinónimos: budín.

pudor (pu·dor) [sustantivo][masculino] Vergüenza que se siente cuando los demás conocen algo íntimo que no queremos que se sepa: *Esa actriz nunca posa desnuda por pudor.* □ Familia: púdico.

pudrir (pu·drir) [verbo] Estropear una materia que no es mineral: *El pescado se pudre si no se mete en la nevera.* □ [Su participio es «podrido»]. □ Sinónimos: corromper. □ Familia: podredumbre.

pueblerino, na (pue·ble·ri·no, na) [adjetivo o][sustantivo] **1** De un pueblo pequeño o de una aldea. **2** Dicho de una persona, que tiene poca cultura o modales poco finos. □ Familia: →pueblo.

pueblo (pue·blo) [sustantivo][masculino] **1** Población con pocos habitantes: *En mi pueblo hay muchos agricultores.* **2** Conjunto de personas que viven en un país: *el pueblo español.* **3** Grupo de las personas de un país que no tienen poder: *El pueblo se levantó contra el Gobierno.* □ Sinónimos: **2** nación. □ Familia: pueblerino, popular, popularidad, popularizar, populoso, populacho, poblacho.

puente (puen·te) [sustantivo][masculino] **1** Construcción que sirve para cruzar un río o una carretera: *Este puente es muy estrecho.* **2** Día que está entre dos días de fiesta y que se toma de vacaciones: *Como el jueves es fiesta, nos cogeremos el viernes de puente.* **3** Pieza que une los dientes artificiales a los naturales: *Se me rompió la muela y el dentista me puso otra postiza sujeta con un* *puente*. **4** Parte alta de un barco desde la que se dan las órdenes: *El capitán estaba apoyado en la barandilla del puente de mando*. **5** Arco de la planta del pie: *Los pies planos no tienen puente*. **6** Ejercicio de gimnasia que consiste en poner el cuerpo en forma de arco hacia atrás, apoyando las manos y los pies: *Para hacer el puente hay que ser flexible*. ◆ [expresión] ‖ **puente aéreo** Trayecto que realiza un avión de forma frecuente entre dos lugares: *Mi madre va a Barcelona en el puente aéreo y vuelve en el mismo día*. ☐ FAMILIA: puénting.

puénting (puén·ting) [sustantivo masculino] Deporte que consiste en lanzarse desde un puente con una cuerda especial atada a la cintura o a los pies para no llegar al suelo. ☐ FAMILIA: →puente.

puerco, ca (puer·co, ca) ∎ [adjetivo o sustantivo] **1** Que está muy sucio o que es muy sucio: *No seas puerco y lávate las manos*. ∎ [sustantivo] **2** Animal del que se sacan los jamones y que se cría para aprovechar su carne. ◆ [expresión] ‖ **puerco espín** → **puercoespín**. ☐ [En el significado **1** es coloquial y despectivo, y se usa como insulto]. ☐ SINÓNIMOS: cerdo, cochino, marrano, guarro. **2** gorrino. ☐ ANTÓNIMOS: **1** limpio. ☐ FAMILIA: porcino, porcuno, porqueriza, porquería, puercoespín.

puercoespín (puer·co·es·pín) [sustantivo masculino] Animal que tiene el cuerpo cubierto de espinas con las que se defiende de sus enemigos: *El puercoespín es un mamífero roedor*. ☐ [Se escribe también «puerco espín»]. ☐ FAMILIA: →puerco.

puericultor, ra (pue·ri·cul·tor, to·ra) [sustantivo] Persona especialista en el desarrollo de los niños. ☐ [No confundir con «pediatra» (médico de niños)]. ☐ FAMILIA: →pueril.

puericultura (pue·ri·cul·tu·ra) [sustantivo femenino] Ciencia que se ocupa del desarrollo de los niños. ☐ [No confundir con «pediatría» (parte de la medicina que estudia las enfermedades de los niños)]. ☐ FAMILIA: →pueril.

pueril (pue·ril) [adjetivo] De la infancia o relacionado con ella: *un comportamiento pueril*. ☐ [No varía en masculino y femenino]. ☐ SINÓNIMOS: infantil. ☐ FAMILIA: puerilidad, puericultura, puericultor.

puerilidad (pue·ri·li·dad) [sustantivo femenino] Hecho o dicho que se considera propio de un niño: *Me parece una puerilidad que te enfades por una tontería así*. ☐ FAMILIA: →pueril.

puerro (pue·rro) [sustantivo masculino] Planta que se cultiva en las huertas, de color blanco y verde, y que tiene un sabor parecido al de la cebolla. ◉ **página 967**.

puerta (puer·ta) [sustantivo femenino] **1** Abertura que sirve para entrar o salir de un lugar: *Eres tan alto que tienes que agacharte para pasar por la puerta*. **2** Objeto que sirve para cerrar esta abertura: *La puerta de mi habitación es de madera*. ☐ FAMILIA: portezuela, portón, portada, portal, portalón, portero, portería, portazo, pórtico, soportal, compuerta.

puerto (puer·to) [sustantivo masculino] **1** Lugar de la costa que está preparado para que los barcos puedan quedarse en él. ◉ **páginas 576-577**. **2** Camino que permite pasar de un lado al otro de una montaña: *Tendremos que pasar el puerto con cadenas porque está nevando*. ☐ FAMILIA: portuario, aeropuerto, helipuerto.

puertorriqueño, ña (puer·to·rri·que·ño, ña) [adjetivo o sustantivo] De Puerto Rico, que es un país centroamericano.

pues (pues) [conjunción] **1** Se usa para expresar causa: *Quédate con esto, pues tú lo necesitas más que yo*. **2** Se usa para expresar consecuencia: *No sabes qué ha pasado, ¿no?, pues entonces cállate*. **3** Se pone al principio de una frase para decir algo con más fuerza: *¡Pues sí que estamos buenos si no has traído el balón...!* ☐ SINÓNIMOS: **1** puesto que, porque.

puesto, ta (pues·to, ta) ∎ **1** Participio irregular de **poner**. ∎ [adjetivo] **2** Bien vestido o arreglado: *Todos iban a la fiesta muy puestos*. ∎ **puesto** [sustantivo masculino] **3** Lugar que ocupa algo: *Acabé la carrera en segundo puesto*. **4** Lugar en el que se realiza algo: *Mi primo está como voluntario en un puesto de la Cruz Roja*. **5** Tienda pequeña que suele colocarse en la calle: *Me compré estos pantalones en un puesto del mercadillo*. **6** Empleo o trabajo: *Mi madre ocupa un puesto muy importante en su empresa*. ∎ **puesta** [sustantivo femenino] **7** Colocación de algo en el lugar o en la forma adecuada: *Estuve en la plaza viendo la puesta en pie de la nueva estatua*. **8** Hecho de que el sol se esconda en el horizonte: *En la puesta de sol, el cielo se pone de color rojo*. **9** Hecho de poner huevos un ave: *Este granjero tiene muchas gallinas dedicadas a la puesta de huevos*. ◆ [expresión] ‖ **puesto en algo** Con muchos conocimientos en ello: *Mi hermano está muy puesto en matemáticas*. ‖ **puesto que** Se usa para expresar causa: *No contesté la pregunta, puesto que no sabía la respuesta*. ☐ [El significado **2** y la expresión «puesto en algo» son coloquiales]. ☐ SINÓNIMOS: **3** posición. **6** plaza, destino. ☐ FAMILIA: →poner.

puf [sustantivo masculino] Asiento bajo y sin respaldo que suele hacerse de un material blando. ☐ [Es una palabra de origen francés. Su plural es «pufs»].

pufo (pu·fo) [sustantivo masculino] Timo o engaño: *Me han intentado meter un pufo en la cuenta del restaurante*. ☐ [Es coloquial].

púgil (pú·gil) [sustantivo masculino] Persona que practica el deporte del boxeo. ☐ SINÓNIMOS: boxeador.

pugna (pug·na) [sustantivo femenino] Lucha o discusión. ☐ SINÓNIMOS: enfrentamiento, disputa. ☐ FAMILIA: pugnar, impugnar.

pugnar (pug·nar) [verbo] Luchar o discutir: *Los finalistas del torneo pugnaron por el premio*. ☐ SINÓNIMOS: disputar. ☐ FAMILIA: →pugna.

puja (pu·ja) [sustantivo femenino] **1** Hecho de ofrecer más dinero del que se ha ofrecido antes por algo que se subasta. **2** Lucha por conseguir algo venciendo todos los obstáculos. ☐ FAMILIA: →pujar.

pujante (pu·jan·te) [adjetivo] Que tiene fuerza para aumentar o mejorar: *un negocio pujante*. ☐ [No varía en masculino y femenino]. ☐ FAMILIA: →pujar.

pujanza (pu·jan·za) [sustantivo][femenino] Fuerza con la que algo crece o mejora: *Es una empresa con gran pujanza.* ☐ Familia: →pujar.

pujar (pu·jar) [verbo] **1** Aumentar el precio que se ha ofrecido por algo que se subasta: *Pujó muy alto en la subasta y consiguió llevarse el cuadro.* **2** Esforzarse por conseguir algo y vencer las dificultades: *Pujé por conseguir el ascenso y lo conseguí.* ☐ [Siempre se escribe con «j»]. ☐ Familia: puja, pujante, pujanza.

pulcritud (pul·cri·tud) [sustantivo][femenino] **1** Aseo, limpieza y buen aspecto de algo. **2** Cuidado que se pone al hacer algo para que quede lo mejor posible. ☐ Sinónimos: **2** esmero, primor. ☐ Familia: →pulcro.

pulcro, cra (pul·cro, cra) [adjetivo] **1** Limpio y con buen aspecto. **2** Que pone mucho cuidado en lo que hace. ☐ Sinónimos: **2** cuidadoso. ☐ Antónimos: **1** desaliñado, desastrado, astroso. ☐ Familia: pulcritud.

pulga (pul·ga) [sustantivo][femenino] Insecto de pequeño tamaño que vive sobre algunos animales y se alimenta de la sangre que les chupa.

pulgada (pul·ga·da) [sustantivo][femenino] Medida de longitud: *Una pulgada equivale aproximadamente a 2,5 centímetros.* ☐ Familia: →pulgar.

pulgar (pul·gar) [sustantivo] Dedo más gordo de la mano o del pie. ☞ ilustración en *mano*. ☐ Familia: pulgada.

pulgón (pul·gón) [sustantivo][masculino] Insecto muy pequeño que vive en algunas plantas.

pulimentar (pu·li·men·tar) [verbo] Poner lisa una superficie y hacer que brille: *pulimentar un suelo.* ☐ Sinónimos: pulir. ☐ Familia: →pulir.

pulimento (pu·li·men·to) [sustantivo][masculino] Operación que consiste en alisar y dar brillo a una superficie: *el pulimento del suelo.* ☐ Familia: →pulir.

pulir (pu·lir) [verbo] **1** Poner lisa una superficie y hacer que brille: *pulir el suelo.* **2** Quitar las faltas o los defectos de algo: *Ya he terminado la redacción, pero tengo que pulir un poco el estilo.* ☐ Sinónimos: **1** pulimentar. ☐ Familia: pulimentar, pulimento.

pulla (pu·lla) [sustantivo][femenino] Dicho con que se intenta molestar a alguien: *Por más pullas que me lances no vas a conseguir que me enfade.*

pullover [sustantivo][masculino] → **pulóver**. ☐ [Es una palabra inglesa. Se pronuncia «pulóber»].

pulmón (pul·món) ▌ [sustantivo][masculino] **1** Órgano principal del aparato respiratorio: *Las personas tienen dos pulmones que están debajo de las costillas.* ▌ **pulmones** [plural] **2** Capacidad de una persona para aspirar una gran cantidad de aire: *Para atravesar la piscina por debajo del agua hay que tener muchos pulmones.* ☐ Familia: pulmonar, pulmonía.

pulmonar (pul·mo·nar) [adjetivo] Del pulmón o relacionado con este órgano: *respiración pulmonar.* ☐ [No varía en masculino y femenino]. ☐ Familia: →pulmón.

pulmonía (pul·mo·ní·a) [sustantivo][femenino] Enfermedad del pulmón. ☐ Sinónimos: neumonía. ☐ Familia: →pulmón.

pulóver (pu·ló·ver) [sustantivo][masculino] Prenda de vestir de punto que cubre el cuerpo hasta la cintura. ☐ [Es una palabra de origen inglés. Su plural es «pulóveres». Es preferible usar «pulóver» que la palabra inglesa *pullover*]. ☐ Sinónimos: suéter, jersey.

pulpa (pul·pa) [sustantivo][femenino] Parte blanda de una fruta: *En una naranja, la pulpa es lo que se come.*

pulpa

pulpo (pul·po) [sustantivo][masculino] **1** Animal marino que tiene ocho brazos. ☞ **página 96**. **2** Cinta elástica que termina en unos ganchos y que sirve para sujetar objetos: *Sujeté las maletas a la baca del coche con el pulpo.*

pulsación (pul·sa·ción) [sustantivo][femenino] **1** Cada uno de los latidos que produce la sangre en las arterias: *Al correr aumenta el número de pulsaciones.* **2** Cada uno de los toques que se dan con la yema de los dedos: *Hago muchas pulsaciones con la máquina de escribir.* ☐ Familia: →pulso.

pulsador (pul·sa·dor) [sustantivo] Botón que se aprieta para hacer funcionar un aparato o un mecanismo. ☐ Familia: →pulso.

pulsar (pul·sar) [verbo] Hacer presión sobre algo con los dedos: *pulsar un botón.* ☐ Familia: →pulso.

pulsera (pul·se·ra) [sustantivo][femenino] **1** Adorno que se pone alrededor de la muñeca. **2** Cinta con que se sujeta el reloj a la muñeca.

pulso (pul·so) [sustantivo][masculino] **1** Movimiento del corazón que se nota en la muñeca: *La enfermera me tomó el pulso.* **2** Capacidad para mantener la mano firme al hacer algo: *Para enhebrar una aguja hay que tener buen pulso.* ◆ [expresión] ‖ **a pulso** Haciendo fuerza con la muñeca y con la mano, sin apoyar el brazo, para levantar un peso: *Para salir de la piscina a pulso hay que tener mucha fuerza.* ☐ Familia: pulsar, pulsación, pulsador.

pulular (pu·lu·lar) [verbo] Ir de un lado para otro muchas personas, animales o cosas: *Cientos de periodistas pululaban en el aeropuerto.*

pulverizador (pul·ve·ri·za·dor) [sustantivo][masculino] Especie de tapón que permite echar un líquido en gotitas pequeñas: *un frasco de perfume con pulverizador.* ☐ Sinónimos: vaporizador, atomizador. ☐ Familia: →polvo.

pulverizar (pul·ve·ri·zar) [verbo] **1** Convertir en polvo: *Si golpeas la tiza con una piedra, la pulverizarás.* **2** Convertir un líquido en gotas muy pequeñas: *Pulveriza un poco de ambientador en el baño.* ☐ [La «z» se cambia en «c» delante de «e» («pulverice»)]. □ Sinónimos: **2** atomizar. □ Familia: →polvo.

puma (pu·ma) [sustantivo/masculino] Animal salvaje parecido a un gato, pero más grande, que tiene el pelo suave y de color parecido al amarillo.

punción (pun·ción) [sustantivo/femenino] Operación que consiste en atravesar los tejidos de una parte del cuerpo con un instrumento con punta. □ Familia: →punzar.

pundonor (pun·do·nor) [sustantivo/masculino] Forma de actuar de las personas que merecen respeto: *Acepta la derrota con gran pundonor.* □ Sinónimos: dignidad. □ Familia: →honor.

punible (pu·ni·ble) [adjetivo] Que merece un castigo: *un delito punible.* □ [No varía en masculino y femenino].

punk [adjetivo o sustantivo] Que está en contra de todo lo que sea tradicional y lo muestra de forma desafiante con su aspecto y con su forma de ser: *Algunos punks llevan el pelo en forma de cresta y de colores.* □ [Es una palabra de origen inglés. No varía en masculino y femenino. Su plural es «punks». Se usa también «punki»].

punki (pun·ki) [adjetivo o sustantivo] → **punk**. □ [Es una palabra de origen inglés. No varía en masculino y femenino].

punta (pun·ta) [sustantivo/femenino] **1** Extremo o parte final de algo: *la punta del cuchillo.* **2** Pieza pequeña de metal que sirve para sujetar la madera: *Las tablas de este cajón están clavadas con puntas.* ◆ [expresión] ‖ **a punta pala** En gran cantidad: *Esta familia tiene dinero a punta pala.* ‖ **de punta en blanco** Muy elegante: *ponerse de punta en blanco.* ‖ **por la otra punta** Se usa para indicar que algo es lo contrario de lo que se dice: *Si no entiendes esto es que eres muy inteligente, pero por la otra punta.* ‖ **sacar punta a algo** Buscarle un significado que no tiene: *Es muy quisquilloso y a todo le saca punta.* ‖ **tener algo en la punta de la lengua** Estar a punto de recordarlo: *Tengo la respuesta en la punta de la lengua.* □ [Las expresiones son coloquiales]. □ Familia: puntiagudo, puntero, puntal, apuntalar, puntilla, apuntillar, despuntar, sacapuntas.

puntada (pun·ta·da) [sustantivo/femenino] Cada uno de los puntos que se hacen al coser: *Haz las puntadas más juntas para que se noten menos.* □ Familia: →punto.

puntal (pun·tal) [sustantivo/masculino] **1** Barra de madera o de un material resistente que se coloca en un lugar para sostener algo: *Fue necesario colocar puntales para sujetar el edificio en ruinas.* **2** Persona o cosa que sirve de apoyo o de ayuda: *Sus amigos fueron el único puntal para superar la desgracia.* □ Familia: →punta.

puntapié (pun·ta·pié) [sustantivo/masculino] Golpe dado con la punta del pie. □ Sinónimos: patada. □ Familia: →pie.

puntear (pun·te·ar) [verbo] **1** Dibujar o pintar con puntos: *puntear un dibujo.* **2** Tocar la guitarra golpeando sus cuerdas por separado: *En el recital, el guitarrista punteaba de maravilla.* □ Familia: →punto.

puntera (pun·te·ra) [sustantivo/femenino] Mira en **puntero, ra**.

puntería (pun·te·rí·a) [sustantivo/femenino] Habilidad de una persona para dar en el blanco cuando dispara.

puntero, ra (pun·te·ro, ra) ❙ [adjetivo] **1** Que destaca sobre los demás: *Trabaja en una empresa puntera del sector de la informática.* ❙ **puntero** [sustantivo/masculino] **2** Palo largo que sirve para señalar algo: *Señala con el puntero los ríos de España.* ❙ **puntera** [sustantivo/femenino] **3** Parte del zapato o de la media que cubre los dedos del pie: *Tienes rozadas las punteras de los zapatos porque le das patadas a todo.* □ Familia: →punta.

puntero

puntiagudo, da (pun·tia·gu·do, da) [adjetivo] Con mucho pico: *nariz puntiaguda.* □ Sinónimos: picudo. □ Familia: →punta. →agudo.

puntilla (pun·ti·lla) [sustantivo/femenino] **1** Adorno de tela en forma de cinta que tiene los bordes terminados en puntas: *El cuello de mi camisa tiene una puntilla alrededor.* **2** Especie de cuchillo corto y agudo: *El torero remató el segundo toro de la tarde con la puntilla.* ◆ [expresión] ‖ **de puntillas** Apoyándose solo sobre las puntas de los pies: *Entré en la habitación de puntillas para no despertarte.* □ Familia: →punta.

puntilloso, sa (pun·ti·llo·so, sa) [adjetivo] **1** Que se enfada fácilmente o sin motivo. **2** Que es muy exigente y hace las cosas con mucho cuidado. □ Sinónimos: **1** susceptible.

punto (pun·to) [sustantivo/masculino] **1** Señal pequeña y circular: *La «i» se escribe con un punto encima.* **2** Un tipo de tela: *Las camisetas de punto son elásticas.* **3** Cada uno de los nudos que forman este tipo de tela: *En el elástico de mi jersey hay cincuenta puntos.* **4** Cada una de las veces que el médico introduce la aguja en la piel para cerrar una herida: *Me dieron dos puntos en la rodilla.* **5** Cada una de las unidades que sirven para dar valor a algo: *En baloncesto, una canasta vale dos puntos.* **6** Extremo o grado: *Tienes razón solo hasta cierto punto.* **7** Sitio o lugar: *La meta es el punto de llegada.* **8** Situación o momento en el que ocurre algo: *La situación del país está en un punto crítico.* **9** Cada uno de los asuntos de que trata algo: *El acuerdo que se ha firmado consta de diez puntos.* **10** Temperatura necesaria para conseguir que se produzcan determinados cambios físicos: *El punto de ebullición del agua es cien grados.* **11** Signo pequeño y circular que usamos al escribir para indicar el fin de un enunciado, un párrafo o un texto y, en matemáticas, para separar las unidades de los decimales: *Después de punto se escribe siempre mayúscula.* ◆ [expresión] ‖ **a punto** Listo para algo: *Arréglate y avísame cuando estés a punto.* ‖ **en punto** Dicho de una hora, que es justo esa: *Llegué a las cuatro en punto.* ‖ **en su punto** En su mejor estado: *El asado estaba en su punto.* ‖ **estar a punto de hacer algo** Estar ya casi realizando esa acción: *Estaba a punto de salir cuando llamaron por teléfono.* ‖ **punto cardinal** Cada uno de los cuatro que sirven para saber en qué dirección vamos: *Los puntos cardinales son norte, sur, este y oeste.* ‖ **punto débil** Parte de algo en la que es más fácil producir un daño: *Sé bastante de literatura, pero mi punto débil es el arte.* ‖ **punto de nieve** Estado en que queda la clara de huevo después de batirla mucho: *Para hacer merengue hay que montar las claras a punto de nieve.* ‖ **punto de vista** Forma de pensar sobre un asunto: *Desde mi punto de vista, lo que has hecho no está bien.* ‖ **punto por punto** Con detalle y sin olvidar nada: *Cuéntame lo que pasó punto por punto.* ☐ [En matemáticas pueden usarse el punto o la coma para separar los decimales, pero se recomienda separarlos con un punto: «5.2 o 5,2»]. ☐ FAMILIA: puntear, puntada, puntuar, puntuación, puntual, puntualidad.

puntuación (pun·tua·ción) [sustantivo/femenino] **1** Colocación de los signos necesarios para que se pueda leer y comprender un texto: *El punto y la coma son signos de puntuación.* **2** Número de puntos conseguidos en una prueba o en un juego: *La puntuación que ha conseguido esta gimnasta ha sido muy baja.* ☐ [Mira el cuadro en la página 867]. ☐ FAMILIA: →punto.

puntual (pun·tual) ■ [adjetivo] **1** Que llega a la hora anunciada: *Si no eres puntual, nos perderemos el principio de la película.* **2** Concreto y aislado: *Solo fue un hecho puntual; no se lo tengas en cuenta.* ■ [adverbio] **3** A tiempo o a la hora esperada: *El autobús vino puntual.* ☐ [En el significado **1** no varía en masculino y femenino. En el significado **3** tampoco varía por ser adverbio]. ☐ FAMILIA: →punto.

puntualidad (pun·tua·li·dad) [sustantivo/femenino] Falta de retraso cuando se llega en el tiempo anunciado. ☐ FAMILIA: →punto.

puntualizar (pun·tua·li·zar) [verbo] Contar, explicar o aclarar algo con detalle: *Estoy de acuerdo con casi todo, pero déjame puntualizar una cosa.* ☐ [La «z» se cambia en «c» delante de «e» («puntualice»)]. ☐ SINÓNIMOS: matizar.

puntuar (pun·tuar) [verbo] **1** Escribir en un texto los signos necesarios para que se pueda leer y comprender: *Puntúa bien la redacción y pon los puntos y las comas necesarios.* **2** Valorar o calificar algo para indicar si nos gusta o no: *El juez puntuó el ejercicio de gimnasia con un nueve.* **3** En algunos juegos, conseguir puntos: *En esta carrera de motos solo puntúan los diez primeros.* ☐ [Es irregular y se conjuga como ACTUAR]. ☐ FAMILIA: →punto.

punzada (pun·za·da) [sustantivo/femenino] Dolor agudo en una parte del cuerpo. ☐ SINÓNIMOS: pinchazo. ☐ FAMILIA: →punzar.

punzante (pun·zan·te) [adjetivo] Que tiene una punta que pincha: *El cuchillo es un objeto punzante.* ☐ [No varía en masculino y femenino]. ☐ FAMILIA: →punzar.

punzar (pun·zar) [verbo] Pinchar o herir con un instrumento terminado en punta. ☐ [La «z» se cambia en «c» delante de «e» («punce»)]. ☐ FAMILIA: punzante, punzada, punción.

punzón (pun·zón) [sustantivo/masculino] Instrumento terminado en punta que se usa para hacer agujeros. ☐ SINÓNIMOS: buril.

punzón

punto		
.	**punto y seguido**	Indica el final de un enunciado cuando inmediatamente después aparece otro. Lo que sigue se escribe con mayúscula inicial.
	punto y aparte	Indica el final de un párrafo. Lo que sigue se escribe con mayúscula inicial.
	punto final	Indica el final de un texto.
;	**punto y coma**	Separa algunos tipos de elementos dentro de un enunciado, indicando que entre ellos hay mayor relación que la que señalaría el punto y menor que la que señalaría la coma. Lo que sigue se escribe con minúscula inicial: *No vengas ahora; no estaremos en casa.*
:	**dos puntos**	Introduce palabras que alguien ya ha dicho, y lo que sigue se escribe con mayúscula inicial: *Tú dijiste: «Iré a tu fiesta».* Introduce una explicación y algunas enumeraciones; en este caso, lo que sigue se escribe con minúscula inicial: *Yo sé quién es ese chico: mi primo. Apunta lo que tenemos que comprar: lápices, cuadernos, gomas y sacapuntas.*
...	**puntos suspensivos**	Indican que el enunciado queda sin terminar: *Como se entere mamá...*

puñado (pu·ña·do) [sustantivo masculino] Cantidad de algo que cabe dentro de una mano cerrada: *un puñado de caramelos.* ☐ Familia: →puño.

puñal (pu·ñal) [sustantivo masculino] Arma parecida a un cuchillo. ☐ Familia: puñalada, apuñalar.

puñalada (pu·ña·la·da) [sustantivo femenino] Herida hecha con un puñal. ☐ Familia: →puñal.

puñeta (pu·ñe·ta) [sustantivo femenino] Cosa que molesta o resulta difícil: *Este ejercicio es la puñeta y no consigo resolverlo.* ◆ [expresión] ‖ **irse algo a hacer puñetas** Estropearse. ‖ **mandar algo a hacer puñetas** Rechazarlo o dejar de ocuparse de ello. ☐ [Es coloquial].

puñetazo (pu·ñe·ta·zo) [sustantivo masculino] Golpe dado con la mano cerrada. ☐ Familia: →puño.

puño (pu·ño) [sustantivo masculino] **1** Mano cerrada: *Llamé a la puerta con el puño.* **2** Parte de una prenda de vestir que rodea la muñeca. **3** En algunas armas y objetos, parte por la que se agarran con la mano: *puño del paraguas.* ☐ Sinónimos: **3** empuñadura, mango. ☐ Familia: puñado, puñetazo, puñal, empuñar, empuñadura.

pupa (pu·pa) [sustantivo femenino] **1** Herida que sale en los labios: *Cuando tengo fiebre me salen pupas.* **2** Daño o dolor: *Me he caído y me he hecho pupa en la rodilla.* ☐ [Es coloquial]. ☐ Sinónimos: **1** calentura.

pupila (pu·pi·la) [sustantivo femenino] Mira en **pupilo, la**.

pupilo, la (pu·pi·lo, la) ■ [sustantivo] **1** Persona que está bajo la protección de otra: *Cuando quedó huérfano, fue pupilo de su tío.* ■ **pupila** [sustantivo femenino] **2** Círculo negro y pequeño que está en el centro del ojo: *Cuando no hay luz, la pupila se hace más grande.* ☐ Sinónimos: **2** niña.

pupitre (pu·pi·tre) [sustantivo masculino] Mesa para los alumnos en el colegio.

purasangre (pu·ra·san·gre) [adjetivo o sustantivo masculino] Dicho de un caballo, que es de una raza muy elegante y muy nerviosa. ☐ [Cuando es adjetivo, no varía en masculino y femenino].

puré (pu·ré) [sustantivo masculino] Comida que se hace aplastando los alimentos: *puré de patatas.* ☐ Familia: pasapurés.

pureza (pu·re·za) [sustantivo femenino] **1** Falta de mezcla con otra cosa: *Siempre presume de la pureza de raza de su perro.* **2** Falta de maldad: *pureza de sentimientos.* **3** Falta total de suciedad: *Esta fuente es famosa por la pureza de sus aguas.* ☐ Familia: →puro.

purga (pur·ga) [sustantivo femenino] **1** Medicina que se toma para evacuar los excrementos y limpiar el estómago. **2** Hecho de limpiar el estómago a alguien dándole una medicina que le obligue a evacuar. **3** Limpieza de todo lo que se considera inútil o malo: *Hice una purga en los cajones y tiré lo que no servía.* ☐ Sinónimos: **1** purgante. ☐ Familia: →purgar.

purgante (pur·gan·te) [sustantivo masculino] Medicina que se toma para evacuar excrementos y limpiar el estómago. ☐ Sinónimos: purga. ☐ Familia: →purgar.

purgar (pur·gar) [verbo] **1** Limpiar el estómago de alguien con una sustancia que le obligue a evacuar excrementos. **2** Eliminar lo que se considera inútil o malo: *Es necesario purgar los radiadores para sacar el aire que tienen.* **3** Sufrir una pena por algo malo que se ha hecho: *purgar un delito en la cárcel.* ☐ [La «g» se cambia por «gu» delante de «e» («purgue»)]. ☐ Familia: purga, purgante, purgatorio, expurgar.

purgatorio (pur·ga·to·rio) [sustantivo masculino] Según la tradición católica, lugar donde las almas se purifican de todos los pecados que han cometido antes de ir al cielo. ☐ Familia: →purgar.

purificación (pu·ri·fi·ca·ción) [sustantivo femenino] Eliminación de las suciedades y los defectos: *la purificación del alma.* ☐ Familia: →puro.

purificar (pu·ri·fi·car) [verbo] Limpiar algo para dejarlo puro: *Este aparato purifica el aire.* ☐ [La «c» se cambia en «qu» delante de «e» («purifique»)]. ☐ Sinónimos: depurar. ☐ Familia: →puro.

purista (pu·ris·ta) [adjetivo o sustantivo] **1** Que intenta no emplear palabras extranjeras o palabras nuevas en la lengua: *un estilo purista.* **2** Que quiere mantener un arte o una doctrina sin cambios ni innovaciones: *Soy muy purista y no me gusta la música clásica mezclada con ritmos modernos.* ☐ [No varía en masculino y femenino]. ☐ Familia: →puro.

puritanismo (pu·ri·ta·nis·mo) [sustantivo masculino] Actitud del que se escandaliza por cualquier cosa y tiene unos criterios morales demasiado estrictos. ☐ Sinónimos: mojigatería. ☐ Familia: →puro.

puritano, na (pu·ri·ta·no, na) [adjetivo o sustantivo] Dicho de una persona, que tiene unos criterios morales demasiado estrictos. ☐ Sinónimos: timorato, mojigato.

puro, ra (pu·ro, ra) ■ [adjetivo] **1** Que no está mezclado con otra cosa: *Este jersey es de pura lana.* **2** Que es bueno y respeta los principios morales establecidos: *Sentía por ella un amor sincero y puro.* **3** Que está totalmente limpio: *aire puro.* ■ **puro** [sustantivo masculino] **4** Cigarro grueso de color marrón: *Los puros están hechos con hojas de tabaco enrolladas.* ☐ Antónimos: **1-3** impuro. ☐ Familia: pureza, purificar, purificación, purista, puritanismo, impureza, impuro, depurar, depuradora. **4** cortapuros.

púrpura (púr·pu·ra) [adjetivo o sustantivo masculino] De color rojo tirando a violeta. ☐ [Cuando es adjetivo no varía en masculino y femenino]. ☐ Familia: purpurina.

purpurina (pur·pu·ri·na) [sustantivo femenino] Polvo fino que brilla: *En el árbol de Navidad hay colgadas bolas con purpurina.* ☐ Familia: →púrpura.

purrela (pu·rre·la) [sustantivo femenino] Cosa que se considera de mala calidad o de poco valor. ☐ [Es coloquial].

pus [sustantivo masculino] Líquido espeso de color casi amarillo que sale de los granos o de las heridas infectadas.

putada (pu·ta·da) [sustantivo femenino] Faena. ☐ [Es vulgar]. ☐ Familia: →puto.

putear (pu·te·ar) [verbo] Fastidiar. ☐ [Es vulgar]. ☐ Familia: →puto.

puto, ta (pu·to, ta) [sustantivo] Prostituto. ☐ [Es vulgar. Se usa como insulto y en expresiones malsonantes]. ☐ Familia: putada, putear.

putrefacción (pu·tre·fac·ción) [sustantivo femenino] Descomposición de la materia. ☐ Sinónimos: podredumbre. ☐ Familia: putrefacto.

putrefacto, ta (pu·tre·fac·to, ta) [adjetivo] Podrido o corrompido. ☐ Familia: →putrefacción.

puya (pu·ya) [sustantivo femenino] Punta de acero que tienen las varas con las que pican a los toros. ☐ Familia: puyazo.

puyazo (pu·ya·zo) [sustantivo masculino] Herida que se hace con una puya: *Los puyazos del picador enfurecieron al toro.* ☐ Familia: →puya.

puzle (puz·le) [sustantivo masculino] Juego que está formado por una serie de piezas que hay que unir para formar una imagen. ☐ [Es una palabra de origen inglés]. ☐ Sinónimos: rompecabezas.

q [sustantivo femenino] Letra número dieciocho del abecedario. 👁 **página 18.** ☐ [Su nombre es «cu». Se escribe siempre «qu», aunque la «u» no se pronuncia. El grupo «qu» solo se usa delante de «e», «i»].

quad [sustantivo masculino] Vehículo parecido a una motocicleta, con cuatro ruedas muy gruesas, para ir por caminos que no están asfaltados. ☐ [Es una palabra inglesa. Se pronuncia «kuád»].

que ▌[pronombre relativo] **1** Se usa para introducir una oración que dice algo más de un nombre anterior: *El niño que te saludó es mi hermano. Eso fue lo que me dijo.* ▌[conjunción] **2** Se usa para introducir oraciones: *Quiero que vengas. Hemos quedado en que vendrían ellos.* **3** Se usa en algunas comparaciones: *Me gusta más jugar que estudiar.* **4** Se usa para expresar causa: *No insistas, que no me vas a convencer.* **5** Se usa para expresar finalidad: *Dame ese abrigo, que lo cuelgue.* **6** Se usa para expresar consecuencia: *Me aburrí tanto que no paré de bostezar.* **7** Introduce una oración negativa que indica oposición: *Lloro de rabia, que no de pena.* **8** Se usa detrás del adverbio *sí* para afirmar con mayor energía: *Sí que lo haré.* **9** Se usa detrás de un verbo repetido para expresar que la acción se realizó con intensidad: *Estuvimos toda la tarde corre que te corre.* **10** Se usa para introducir frases independientes que indican deseo, orden o lamento: *¡Que me toque la lotería! ¡Que vengas! ¡Que me haya pasado esto a mí!* ☐ [No confundir con «qué», interrogativo o exclamativo. No debe decirse «Ha venido el niño que su padre es inglés», sino «Ha venido el niño cuyo padre es inglés». Cuando es pronombre, no varía en masculino y femenino, ni en singular y plural. Cuando es conjunción, sirve para formar muchas expresiones: «a menos que», «así que», etc].

qué ▌[interrogativo] **1** Se usa para preguntar algo: *¿Qué hora es? No sé qué puedo hacer.* ▌[exclamativo] **2** Se usa para dar mayor fuerza a lo que se dice: *¡Qué susto me has dado! ¡Qué grande era!* ◆ [expresión] ‖ **por qué** Se usa para preguntar el motivo de algo: *¿Por qué no has venido con tus amigos?* ‖ **qué tal** Se usa como saludo: *¿Qué tal?, ¿ya has vuelto de vacaciones?* ☐ [No varía en masculino y femenino, ni en singular y plural. No confundir con «que», pronombre relativo o conjunción. No confundir la expresión «por qué» con «porque», conjunción, ni con «porqué», sustantivo].

quebrada (que·bra·da) [sustantivo femenino] Abertura o paso estrecho entre dos montañas. ☐ SINÓNIMOS: garganta, desfiladero, cañón. ☐ FAMILIA: →quebrar.

quebradero (que·bra·de·ro) ‖ **quebradero de cabeza** Preocupación o problema que perturba el ánimo: *¡Cuántos quebraderos de cabeza me da este trabajo!* ☐ [Es coloquial]. ☐ FAMILIA: →quebrar.

quebradizo, za (que·bra·di·zo, za) [adjetivo] Que se rompe con mucha facilidad: *El cristal es un material duro, pero quebradizo.* ☐ FAMILIA: →quebrar.

quebrado (que·bra·do) [sustantivo masculino] Número que expresa en cuántas partes se ha dividido la unidad y cuántas partes se cogen de ella: *El quebrado 1/5 se lee «un quinto».* ☐ SINÓNIMOS: fracción. ☐ FAMILIA: →quebrar.

quebrantahuesos (que·bran·ta·hue·sos) [sustantivo masculino] Ave de gran tamaño, parecida al buitre pero con la cabeza y el cuello con plumas, que se alimenta generalmente de animales muertos. ☐ [No varía en singular y plural]. ☐ FAMILIA: →quebrantar. →hueso.

quebrantamiento (que·bran·ta·mien·to) [sustantivo masculino] Hecho de no cumplir una regla o una obligación. ☐ SINÓNIMOS: quebranto. ☐ FAMILIA: →quebrantar.

quebrantar (que·bran·tar) [verbo] No cumplir una regla o una obligación: *Si lo prometiste, no puedes quebrantar tu promesa.* ☐ SINÓNIMOS: romper, incumplir. ☐ FAMILIA: quebranto, quebrantamiento, inquebrantable, quebrantahuesos. →quebrar.

quebranto (que·bran·to) [sustantivo masculino] **1** Dolor o pérdida muy grandes. **2** Hecho de no cumplir una regla o una obligación. ☐ SINÓNIMOS: **2** quebrantamiento. ☐ FAMILIA: →quebrantar.

quebrar (que·brar) [verbo] **1** Hacer trozos algo duro: *El jarrón se quebró al caer al suelo.* **2** Fracasar un negocio: *La empresa quebró.* ☐ [Es irregular y se conjuga como ACERTAR]. ☐ SINÓNIMOS: **1** romper. **2** hundirse. ☐ FAMILIA: quiebra, quebradizo, quebrado, quebrada, quebrantar, quiebro, requiebro, resquebrajarse, resquebrajadura, quebradero.

quechua (que·chua) ▌ [adjetivo o sustantivo] **1** De un antiguo pueblo indio que vivía en la región de los actuales Perú y Bolivia, que son países sudamericanos. ▌ [sustantivo masculino] **2** Lengua de este pueblo. ☐ [En el significado **1** no varía en masculino y femenino].

quedar (que·dar) [verbo] **1** Citarse con una persona para encontrarse con ella: *¿A qué hora quedamos mañana?* **2** Estar o encontrarse: *¿Dónde queda la parada del autobús?* **3** Continuar existiendo: *Del castillo solo quedan ruinas.* **4** Faltar por hacer: *Solo me queda poner la mesa.* **5** Llegar algo al fin: *Tus promesas quedaron en nada.* **6** Sentar bien o mal una prenda de vestir: *Esta camisa me queda pequeña.* **7** Producir buena o mala impresión en los demás: *Quedaste mal diciendo esas tonterías.* **8** Ponerse de acuerdo en algo: *Quedamos en que me llamarías tú.* ▌ **quedarse 9** Estar en un sitio y no moverse de él: *Ayer me quedé en casa.* **10** Ponerse de alguna manera: *Me quedé blanca del susto.* **11** Coger algo como si fuera propio: *Se quedó con mi libro.* ◆ [expresión] ‖ **quedarse con alguien** Engañarlo o tomarle el pelo: *No te quedes conmigo y dime la verdad.* ☐ [La expresión es coloquial]. ☐ SINÓNIMOS: **2** pillar. **4** restar. **5** acabar, concluir. **8** acordar, convenir, pactar. **9** permanecer. **11** apropiarse, apoderarse, adueñarse, adjudicarse. ☐ ANTÓNIMOS: **9** marchar, ausentarse, huir. ☐ FAMILIA: malqueda.

quedo, da (que·do, da) [adjetivo] Que no hace ruido: *Hablemos con voz queda porque está el niño durmiendo.* ☐ SINÓNIMOS: silencioso. ☐ ANTÓNIMOS: ruidoso.

quehacer (que·ha·cer) [sustantivo masculino] Cada una de las cosas que una persona tiene que hacer: *Hoy tengo muchos quehaceres.* ☐ [Se usa más en plural]. ☐ SINÓNIMOS: tarea, ocupación, trabajo, faena, labor. ☐ FAMILIA: →hacer.

queja (que·ja) [sustantivo femenino] **1** Sonido con que se expresa un dolor o una pena: *las quejas de un enfermo.* **2** Expresión de disgusto que usamos para protestar por algo: *El alcalde escuchó las quejas de los vecinos.* ☐ SINÓNIMOS: **1** lamento, quejido, gemido, ay. ☐ FAMILIA: →quejarse.

quejarse (que·jar·se) [verbo] **1** Expresar con la voz un dolor o una pena: *El niño se queja de una muela picada.* **2** Expresar disgusto por algo y protestar por ello: *Los vecinos se quejan del ruido del bar de abajo.* ☐ [Siempre se escribe con «j»]. ☐ SINÓNIMOS: **1** gemir. **2** reclamar. ☐ FAMILIA: queja, quejoso, quejido, quejica, quejumbroso, aquejar.

quejica (que·ji·ca) [adjetivo o sustantivo] Que se queja por todo: *No seas quejica y deja de llorar.* ☐ [No varía en masculino y femenino. Es coloquial]. ☐ ANTÓNIMOS: sufrido. ☐ FAMILIA: →quejarse.

quejido (que·ji·do) [sustantivo masculino] Sonido con que se expresa un dolor o una pena: *Era terrible oír los quejidos del enfermo.* ☐ SINÓNIMOS: queja, lamento, gemido, ay. ☐ FAMILIA: →quejarse.

quejigo (que·ji·go) [sustantivo masculino] Árbol de tronco grueso y hojas duras, que tiene flores muy pequeñas y el fruto en forma de bellota.

quejoso, sa (que·jo·so, sa) [adjetivo] Que tiene queja de algo o de alguien: *Está quejoso porque no le han contado la verdad.* ☐ FAMILIA: →quejarse.

quejumbroso, sa (que·jum·bro·so, sa) [adjetivo] Que expresa un dolor o una pena: *voz quejumbrosa; enfermo quejumbroso.* ☐ FAMILIA: →quejarse.

quelonio (que·lo·nio) [adjetivo o sustantivo masculino] Dicho de un reptil, que tiene cuatro extremidades cortas y fuertes, y el cuerpo protegido por un caparazón duro: *La tortuga es un quelonio.*

quema (que·ma) [sustantivo femenino] Hecho de hacer fuego para quemar algo: *La quema de las fallas en Valencia es todo un espectáculo.* ☐ FAMILIA: →quemar.

quemado, da (que·ma·do, da) ▌ [sustantivo] **1** Persona que ha sufrido quemaduras graves: *El herido ingresó en la sección de quemados del hospital.* ▌ **quemado** [sustantivo masculino] **2** Parte quemada de algo: *Me gusta comerme el quemado de la paella.* ☐ FAMILIA: →quemar.

quemador (que·ma·dor) [sustantivo masculino] Aparato que controla la salida de un combustible: *El gas no salía bien porque los quemadores de la cocina estaban sucios.* ☐ FAMILIA: →quemar.

quemadura (que·ma·du·ra) [sustantivo femenino] Herida producida por el fuego o por algo que quema. ☐ FAMILIA: →quemar.

quemar (que·mar) [verbo] **1** Destruir con fuego: *El jardinero quemó las hierbas secas del jardín.* **2** Secar una planta el calor o el frío: *Se quemaron las plantas de la terraza.* **3** Hacer que una persona pierda el buen humor: *No dejes que las preocupaciones te quemen.* **4** Producir tanto calor que hace daño: *En los días de verano, el sol quema.* ▌ **quemarse 5** Sentir dolor al tocar algo muy caliente o al estar muy cerca de ello: *Me he quemado al probar la sopa.* ☐ [El significado **3** es coloquial]. ☐ SINÓNIMOS: **3** enfadar, **4** abrasar. **5** abrasarse, achicharrarse. ☐ FAMILIA: quemadura, quema, quemado, quemador, quemazón, quemarropa, requemar.

quemarropa (que·ma·rro·pa) ◆ [expresión] ‖ **a quemarropa** Dicho de un disparo con un arma de fuego, que se ha hecho desde muy cerca. ☐ SINÓNIMOS: a bocajarro. ☐ FAMILIA: →quemar. →ropa.

quemazón (que·ma·zón) [sustantivo] Sensación desagradable de calor o de picor: *Siento una quemazón insoportable en la herida.* ☐ FAMILIA: →quemar.

quepis (que·pis) [sustantivo masculino] Gorra militar con forma de cilindro y con visera: *Los gendarmes franceses llevan quepis.* ☐ [No varía en singular y plural].

queratina (que·ra·ti·na) [sustantivo] Proteína que se produce en la capa más externa de la piel y que forma parte del pelo y de las uñas.

querella (que·re·lla) [sustantivo femenino] **1** Acusación de un delito que se hace contra alguien y que se presenta ante un juez o ante un tribunal: *Presentó una querella contra el periodista por publicar unas fotos.* **2** Enfrentamiento o conflicto entre dos o más personas. ☐ FAMILIA: →querellarse.

querellarse (que·re·llar·se) [verbo] Presentar una acusación contra alguien: *Se querelló contra su socio por estafa.* ☐ FAMILIA: querella.

querencia (que·ren·cia) [sustantivo femenino] Tendencia o inclinación que alguien tiene hacia algo: *Tiene una gran querencia hacia la tierra donde se crio.* ☐ FAMILIA: →querer.

querer (que·rer) ∎ [sustantivo masculino] **1** Sentimiento hacia una persona a la que amamos: *En muchas canciones se habla de las penas del querer.* ∎ [verbo] **2** Sentir amor hacia algo: *Quiero mucho a mi familia.* **3** Tener deseo de algo: *Quiero que vengas a mi fiesta.* **4** Estar decidido a hacer algo: *Quiero estudiar Medicina.* **5** Intentar conseguir algo: *Si te sigues portando mal es que quieres quedarte castigado.* ◆ [expresión] ‖ **sin querer** Sin intención: *Perdona si te he molestado, lo hice sin querer.* ☐ [Como verbo, es irregular]. ☐ SINÓNIMOS: **1** amor, cariño. **2** amar, apreciar, adorar, estimar. **3** desear, apetecer. ☐ ANTÓNIMOS: **1** odio. **2** odiar, aborrecer, detestar. ☐ FAMILIA: querido, querencia, adondequiera, dondequiera.

querido, da (que·ri·do, da) ∎ [adjetivo] **1** Que despierta amor o cariño en alguien: *Eres mi más querida amiga.* ∎ [sustantivo] **2** Persona que mantiene una relación de amor con otra sin estar casada con ella. ☐ [El significado **2** es coloquial y despectivo]. ☐ SINÓNIMOS: **2** amante. ☐ FAMILIA: →querer.

quermés (quer·més) [sustantivo] → **kermés.**

queroseno (que·ro·se·no) [sustantivo] Líquido que se obtiene del petróleo y que se quema fácilmente: *El queroseno es un combustible.*

querubín (que·ru·bín) [sustantivo masculino] **1** Ángel que está muy cerca de Dios. **2** Persona muy guapa.

QUERER	
INDICATIVO	**SUBJUNTIVO**

Presente (Indicativo)
yo quiero
tú quieres / usted quiere
él, ella quiere
nosotros, tras queremos
vosotros, tras queréis / ustedes quieren
ellos, ellas quieren

Presente (Subjuntivo)
yo quiera
tú quieras / usted quiera
él, ella quiera
nosotros, tras queramos
vosotros, tras queráis / ustedes quieran
ellos, ellas quieran

Pretérito imperfecto (Indicativo)
yo quería
tú querías / usted quería
él, ella quería
nosotros, tras queríamos
vosotros, tras queríais / ustedes querían
ellos, ellas querían

Pretérito imperfecto (Subjuntivo)
yo quisiera o quisiese
tú quisieras o quisieses / usted quisiera o quisiese
él, ella quisiera o quisiese
nosotros, tras quisiéramos o quisiésemos
vosotros, tras quisierais o quisieseis / ustedes quisieran o quisiesen
ellos, ellas quisieran o quisiesen

Pretérito perfecto simple
yo quise
tú quisiste / usted quiso
él, ella quiso
nosotros, tras quisimos
vosotros, tras quisisteis / ustedes quisieron
ellos, ellas quisieron

Futuro simple (Subjuntivo)
yo quisiere
tú quisieres / usted quisiere
él, ella quisiere
nosotros, tras quisiéremos
vosotros, tras quisiereis / ustedes quisieren
ellos, ellas quisieren

Futuro simple (Indicativo)
yo querré
tú querrás / usted querrá
él, ella querrá
nosotros, tras querremos
vosotros, tras querréis / ustedes querrán
ellos, ellas querrán

IMPERATIVO
quiere (tú) / quiera (usted)
queramos (nosotros, tras)
quered (vosotros, tras) / quieran (ustedes)

Condicional simple
yo querría
tú querrías / usted querría
él, ella querría
nosotros, tras querríamos
vosotros, tras querríais / ustedes querrían
ellos, ellas querrían

FORMAS NO PERSONALES

Infinitivo	Gerundio	Participio
querer	queriendo	querido

quesada (que·sa·da) [sustantivo femenino] Pastel que se hace con leche, mantequilla y azúcar. ☐ FAMILIA: →queso.

quesera (que·se·ra) Mira en **quesero, ra**.

quesero, ra (que·se·ro, ra) ∎ [adjetivo] **1** Del queso o relacionado con él: *producción quesera*. ∎ **quesera** [sustantivo femenino] **2** Recipiente en el que se guarda el queso, que es una especie de bandeja con una tapa en forma de campana. ☐ FAMILIA: →queso.

quesito (que·si·to) [sustantivo masculino] Porción pequeña de queso envuelta en papel. ☐ FAMILIA: →queso.

queso (que·so) [sustantivo masculino] **1** Alimento sólido que se obtiene de la leche. **2** Pie de una persona: *Cálzate, que te huelen los quesos*. ◆ [expresión] ‖ **dársela a alguien con queso** Engañarlo: *No te fíes de ellos, que te la van a dar con queso*. ☐ [El significado **2** y la expresión son coloquiales]. ☐ SINÓNIMOS: **2** pinrel. ☐ FAMILIA: quesero, quesito, requesón, quesada.

quevedos (que·ve·dos) [sustantivo masculino plural] Lentes en forma de círculo, con una montura especial para que se sujeten solo en la nariz.

quevedos

quicio (qui·cio) [sustantivo masculino] Parte lateral de una puerta o de una ventana donde se ponen las bisagras. ◆ [expresión] ‖ **sacar a alguien de quicio** Hacerle perder los nervios: *Me saca de quicio que seas tan mentirosa*. ‖ **sacar algo de quicio** Darle un sentido muy exagerado y que no tiene: *Mañana no podremos quedar, pero no lo saques de quicio y no pienses que nunca volveremos a vernos*. ☐ FAMILIA: resquicio, desquiciar.

quicio

quid [sustantivo masculino] Razón o punto más importante de algo: *el quid de la cuestión*.

quiebra (quie·bra) [sustantivo femenino] Situación de las empresas que tienen que cerrar por falta de dinero: *Esa empresa está en quiebra*. ☐ SINÓNIMOS: bancarrota. ☐ FAMILIA: →quebrar.

quiebro (quie·bro) [sustantivo masculino] **1** Movimiento que se hace doblando el cuerpo por la cintura: *El jugador hizo un quiebro y esquivó al defensa*. **2** Subida repentina del tono de voz. ☐ [El significado **2** es coloquial]. ☐ FAMILIA: →quebrar.

quien (quien) [pronombre relativo] Se usa para sustituir un grupo nominal referido a una persona que ya se conoce o de la que ya se ha hablado antes: *Yo soy quien preguntaba por ti*. ◆ [expresión] ‖ **quien más, quien menos** Todas las personas: *Quien más, quien menos, todos teníamos algo que decir*. ☐ [No varía en masculino y femenino. No confundir con «quién», pronombre interrogativo o exclamativo].

quién (quién) ∎ [pronombre interrogativo] **1** Se usa para preguntar por una persona: *¿Quién me ha llamado por teléfono?* ∎ [pronombre exclamativo] **2** Se usa para indicar admiración o sorpresa: *¡Quién iba a pensar que no te gustaban los pasteles!* ◆ [expresión] ‖ **no ser quién** No ser la persona adecuada: *Como no estuviste allí, tú no eres quién para contar lo que pasó*. ☐ [No varía en masculino y femenino. No confundir con «quien», pronombre relativo].

quienquiera (quien·quie·ra) [pronombre indefinido] Se usa para hablar de una persona cualquiera: *Quienquiera que haya venido, se ha olvidado aquí el paraguas*. ☐ [No varía en masculino y femenino. Su plural es «quienesquiera»].

quieto, ta (quie·to, ta) [adjetivo] Que no se mueve: *Estate quieto*. ☐ SINÓNIMOS: inmóvil, yerto. ☐ FAMILIA: quietud, aquietar, inquieto, inquietar, inquietud, inquietante.

quietud (quie·tud) [sustantivo femenino] Ausencia de movimiento o situación tranquila, silenciosa y pacífica: *¡Qué quietud hay en este valle!* ☐ ANTÓNIMOS: trasiego. ☐ FAMILIA: →quieto.

quijada (qui·ja·da) [sustantivo femenino] Cada una de las dos mandíbulas que forman la boca de algunos animales.

quijotada (qui·jo·ta·da) [sustantivo femenino] Forma de hablar o de actuar de una persona que busca la justicia y se esfuerza para conseguirla, por encima de su propio interés. ☐ FAMILIA: →quijote.

quijote (qui·jo·te) [sustantivo masculino] Persona que busca la justicia y se esfuerza para conseguirla, por encima de su propio interés: *Eres un quijote y te preocupas continuamente por los desvalidos*. ☐ FAMILIA: quijotada.

quilate (qui·la·te) [sustantivo masculino] **1** Unidad que sirve para medir la pureza del oro: *El oro más puro es el de 24 quilates*. **2** Unidad de peso para las perlas y las piedras preciosas: *El quilate equivale a 200 miligramos*.

quilla (qui·lla) [sustantivo femenino] Parte de un barco que va por debajo, desde la popa a la proa, y en la que se apoya toda su armazón.

quimbambas (quim·bam·bas) ◆ [expresión] ‖ **en las quimbambas** En un lugar muy lejano: *Vivo en las quimbambas y tardo mucho en llegar.* ☐ [Es coloquial].

quimera (qui·me·ra) [sustantivo/femenino] Cosa que se imagina como posible o verdadera, pero que no es real: *Es una quimera pensar que no hay hambre en el mundo.*

química (quí·mi·ca) Mira en **químico, ca**.

químico, ca (quí·mi·co, ca) ∎ [adjetivo] **1** De la química o relacionado con esta ciencia: *La fórmula química del agua es H_2O.* ∎ [sustantivo] **2** Persona especializada en química: *Mis padres son químicos.* ∎ **química** [sustantivo/femenino] **3** Ciencia que estudia los cambios de unas sustancias en otras. ☐ FAMILIA: quimioterapia.

quimioterapia (qui·mio·te·ra·pia) [sustantivo/femenino] Tratamiento de algunas enfermedades por medio de sustancias químicas: *El cáncer se suele tratar con quimioterapia.* ☐ FAMILIA: →terapia. →químico.

quimo (qui·mo) [sustantivo/masculino] Pasta agria en la que se transforman los alimentos en el estómago por la digestión.

quimono (qui·mo·no) [sustantivo/masculino] → **kimono.**

quina (qui·na) [sustantivo/femenino] Bebida dulce que se elabora con la corteza de un árbol y que se toma como medicina o como aperitivo: *La quina abre el apetito.* ◆ [expresión] ‖ **ser más malo que la quina** Ser muy malo.

quincalla (quin·ca·lla) [sustantivo/femenino] Conjunto de objetos de metal, generalmente de poco valor: *Todas sus joyas son pura quincalla.* ☐ FAMILIA: quincallero.

quincallero, ra (quin·ca·lle·ro, ra) [sustantivo] Persona que fabrica o vende objetos de metal que tienen poco valor. ☐ FAMILIA: →quincalla.

quince (quin·ce) ∎ [numeral] **1** Indica 15 unidades: *Había quince personas en la cola.* ∎ [sustantivo] **2** Número 15: *El quince es mi número de la suerte.* ☐ [En el significado 1 no varía en masculino y femenino]. ☐ FAMILIA: →cinco.

quinceavo, va (quin·ce·a·vo, va) [numeral] Dicho de una parte, que es una de las quince en que se divide algo: *la quinceava parte de la tarta.* ☐ [No confundir con «decimoquinto» (que ocupa el lugar quince en una serie)]. ☐ FAMILIA: →cinco.

quincena (quin·ce·na) [sustantivo/femenino] Período de tiempo de quince días. ☐ FAMILIA: →cinco.

quincenal (quin·ce·nal) [adjetivo] **1** Que sucede cada quince días: *Asisto a clases quincenales de solfeo.* **2** Que dura quince días: *Los campamentos de verano suelen ser quincenales.* ☐ [No varía en masculino y femenino]. ☐ FAMILIA: →cinco.

quincuagésimo, ma (quin·cua·gé·si·mo, ma) [numeral] **1** Que ocupa el lugar número cincuenta en una serie: *Llegó a la meta en quincuagésima posición.* **2** Dicho de una parte, que es una de las cincuenta en que se divide algo: *la quincuagésima parte de su fortuna.* ☐ FAMILIA: →cinco.

quiniela (qui·nie·la) [sustantivo/femenino] Juego de apuestas en el que se dicen los resultados que se cree que va a haber en determinadas competiciones deportivas.

quinientos, tas (qui·nien·tos, tas) ∎ [numeral] **1** Indica 500 unidades: *Tengo una colección de quinientas canicas.* ∎ [sustantivo/masculino] **2** Número 500: *El quinientos es mi número de la suerte.* ☐ FAMILIA: →ciento.

quinina (qui·ni·na) [sustantivo/femenino] Sustancia amarga y de color blanco que se extrae de la quina y que sirve para bajar la fiebre.

quinqué

quinqué (quin·qué) [sustantivo/masculino] Lámpara de aceite cuya llama va protegida por un tubo de cristal.

quinquenal (quin·que·nal) [adjetivo] Que dura cinco años o que sucede cada cinco años: *un congreso quinquenal.* ☐ [No varía en masculino y femenino]. ☐ FAMILIA: →cinco.

quinquenio (quin·que·nio) [sustantivo/masculino] Período de tiempo de cinco años. ☐ SINÓNIMOS: lustro. ☐ FAMILIA: →cinco.

quinqui (quin·qui) [sustantivo] Persona que pertenece a un grupo social que el resto de la sociedad no acepta. ☐ [No varía en masculino y femenino].

quinta (quin·ta) Mira en **quinto, ta**.

quintal (quin·tal) [sustantivo/masculino] Medida que se usa para pesar: *Un quintal equivale a cuarenta y seis kilos.*

quinteto (quin·te·to) [sustantivo/masculino] **1** Conjunto musical formado por cinco voces o por cinco instrumentos, o composición musical hecha para este tipo de conjunto. **2** Estrofa de cinco versos de más de ocho sílabas. **3** Conjunto de cinco elementos. ☐ FAMILIA: →cinco.

quintilla (quin·ti·lla) [sustantivo/femenino] Estrofa de cinco versos de ocho sílabas. ☐ FAMILIA: →cinco.

quintillizo, za (quin·ti·lli·zo, za) [adjetivo o sustantivo] Que ha nacido a la vez que otros cuatro hermanos. ☐ FAMILIA: →cinco.

quinto, ta (quin·to, ta) ∎ [numeral] **1** Que ocupa el lugar número cinco en una serie. **2** Dicho de una parte, que es una de las cinco en que se divide algo: *La quinta parte de veinticinco euros son cinco euros.* ∎ **quinto** [sustantivo/masculino] **3** Joven que ha sido llamado para hacer el servicio militar: *Mi hermano es quinto este año y tiene que hacer la mili.* ∎ **quinta** [sustantivo/femenino] **4** Conjunto de personas que han nacido el mismo año: *Tus compañeros de clase y tú sois de la misma quinta.* **5** Casa en el campo que se utiliza como lugar de diversión: *Los fines de semana se va a su quinta a descansar.* ☐ FAMILIA: decimoquinto. →cinco.

quíntuple (quín·tu·ple) [numeral] Que es cinco veces mayor. ☐ [No varía en masculino y femenino]. ☐ FAMILIA: →cinco.

quintuplicar (quin·tu·pli·car) [verbo] Multiplicar algo por cinco o hacerlo cinco veces mayor. ☐ [La «c» se cambia en «qu» delante de «e» («quintuplique»)]. ☐ Familia: →cinco.

quiosco (quios·co) [sustantivo][masculino] **1** Puesto que suele colocarse en la calle para vender periódicos o flores. **2** Especie de edificio, abierto por los lados, que se coloca al aire libre en parques y jardines: *Tomaremos un refresco en el quiosco que hay en el parque.* 👁 página 172. ☐ [Se escribe también «kiosco»]. ☐ Familia: quiosquero.

quiosquero, ra (quios·que·ro, ra) [sustantivo] Persona que trabaja en un quiosco. ☐ Familia: →quiosco.

quiqui (qui·qui) [sustantivo][masculino] Mechón de pelos cortos que se sujetan con una goma en lo alto de la cabeza.

quiquiriquí (qui·qui·ri·quí) [sustantivo][masculino] Sonido que hace el gallo.

quirófano (qui·ró·fa·no) [sustantivo][masculino] Habitación de un hospital donde los médicos hacen operaciones.

quiromancia (qui·ro·man·cia) [sustantivo][femenino] Hecho de adivinar el futuro leyendo las rayas de la mano.

quirúrgico, ca (qui·rúr·gi·co, ca) [adjetivo] De la cirugía o relacionado con esta parte de la medicina: *Los cirujanos son médicos especialistas en operaciones quirúrgicas.*

quisque (quis·que) ◆ [expresión] ‖ **cada quisque** Cada cual: *Aquí cada quisque tiene que buscarse la vida como pueda.* ‖ **todo quisque** Cualquiera: *Tú tienes que estudiar como todo quisque.* ☐ [Es coloquial. Se dice también «cada quisqui» y «todo quisqui»].

quisqui (quis·qui) → **quisque.**

quisquilla (quis·qui·lla) [sustantivo][femenino] Animal marino parecido a la gamba, pero mucho más pequeño. ☐ Sinónimos: camarón.

quisquilloso, sa (quis·qui·llo·so, sa) [adjetivo o][sustantivo] **1** Que se molesta por todo: *No seas quisquillosa y no te enfades por tonterías.* **2** Que se fija demasiado en cosas sin importancia: *Mi hermano es muy quisquilloso y se pasa el día protestando.*

quiste (quis·te) [sustantivo][masculino] Bulto que sale en una parte del cuerpo. ☐ Familia: enquistarse.

quitagrapas (qui·ta·gra·pas) [sustantivo][masculino] Aparato que sirve para quitar las grapas de los documentos. ☐ [No varía en singular y plural]. ☐ Familia: →quitar. →grapa.

quitamanchas (qui·ta·man·chas) [sustantivo][masculino] Producto para limpiar las manchas de la ropa. ☐ [No varía en singular y plural]. ☐ Familia: →quitar. →mancha.

quitamiedos (qui·ta·mie·dos) [sustantivo][masculino] Barrera que se pone en lugares altos o peligrosos para proteger o para dar seguridad a las personas que pasan por ellos: *El coche no cayó al precipicio gracias a que el quitamiedos de la curva lo frenó.* ☐ [No varía en singular y plural]. ☐ Familia: →quitar. →miedo.

quitanieves (qui·ta·nie·ves) [sustantivo][femenino] Máquina que quita la nieve de las carreteras. ☐ [No varía en singular y plural]. ☐ Familia: →quitar. →nieve.

quitar (qui·tar) [verbo] **1** Coger sin permiso algo que no es nuestro: *¿Quién me ha quitado el dinero que tenía en el bolsillo?* **2** Dejar sin algo que antes se tenía: *Como no te portes bien, te quitaré la paga.* **3** Hacer desaparecer: *Este detergente quita las manchas de grasa.* **4** Ser un problema o una dificultad: *Estoy cansado, pero eso no quita para que vayamos a dar un paseo.* ∎ **quitarse 5** Colocarse en un sitio diferente: *Quítate de la ventana, que no veo.* **6** Dejar de hacer algo que se hacía habitualmente: *Mi madre se ha quitado de fumar.* ☐ [El significado **6** es coloquial]. ☐ Sinónimos: **1** robar, hurtar. **2** despojar, privar, usurpar. **5** apartarse. ☐ Antónimos: **1, 2** dar, suministrar, proveer, proporcionar, surtir, entregar. **2** agregar, añadir, facilitar, ceder. **3** poner. **5** ponerse. ☐ Familia: desquitarse, desquite, quite, quitamanchas, quitamiedos, quitanieves, quitagrapas, quitasol.

quitasol (qui·ta·sol) [sustantivo][masculino] Paraguas que sirve para protegerse del sol. ☐ Sinónimos: parasol, sombrilla. ☐ Familia: →quitar. →sol.

quite (qui·te) [sustantivo][masculino] Técnica que emplea un torero para librar a otro del toro. ◆ [expresión] ‖ **estar al quite** Estar preparado para ayudar a alguien. ‖ **ir** o **salir al quite** Acudir rápidamente en ayuda de alguien. ☐ Familia: →quitar.

quiteño, ña (qui·te·ño, ña) [adjetivo o][sustantivo] De Quito, que es la capital ecuatoriana.

quizá (qui·zá) [adverbio] Indica duda o posibilidad: *Quizá te llame para que me ayudes.* ☐ [Se usa también «quizás»]. ☐ Sinónimos: acaso, tal vez, a lo mejor. ☐ Antónimos: seguro, seguramente.

quizás (qui·zás) [adverbio] → **quizá.**

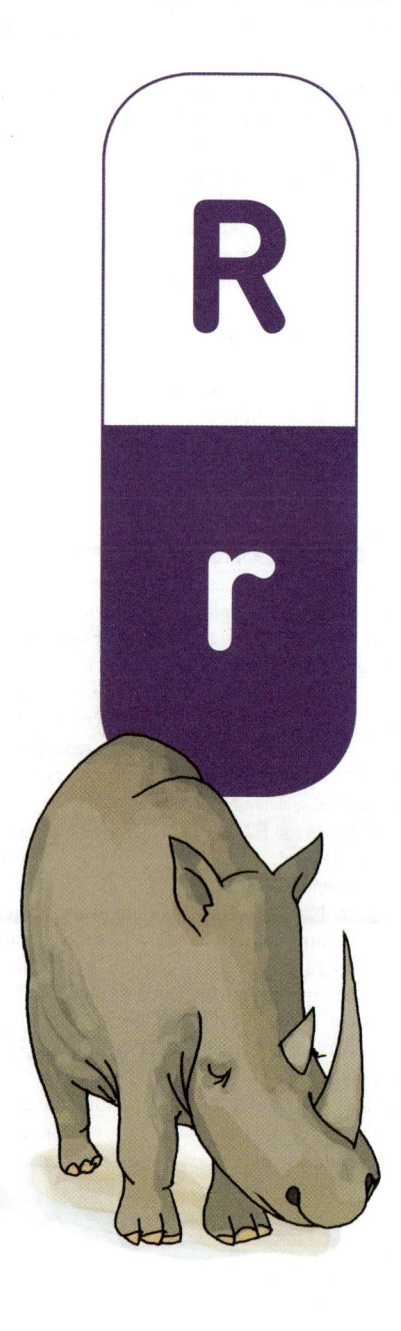

r [sustantivo femenino] Letra número diecinueve del abecedario. 👁 **página 18.** ☐ [Su nombre es «erre». En principio de palabra se pronuncia fuerte, como en «ropa», y dentro de palabra, suave: «cara». También se pronuncia fuerte detrás de «n», «l», «s», como en «honra», «alrededor», «israelí», y cuando se escribe doble: «carro»].

rabadilla (ra·ba·di·lla) [sustantivo femenino] Parte final de la columna vertebral por abajo. ☐ Familia: →rabo.

rabanero, ra (ra·ba·ne·ro, ra) [adjetivo o sustantivo] Que es poco educado o que tiene malos modales: *No me explico de dónde has sacado esos modales tan rabaneros.* ☐ [Es coloquial].

rábano (rá·ba·no) [sustantivo masculino] Planta de hojas grandes, que tiene la raíz casi redonda, de sabor picante y que suele ser roja por fuera. 👁 **página 967.** ◆ [expresión] ‖ **un rábano** Muy poco o nada: *Me importa un rábano lo que hagas.* ☐ [La expresión es coloquial].

rabel (ra·bel) [sustantivo masculino] Instrumento musical antiguo parecido al violín, pero más pequeño.

rabia (ra·bia) [sustantivo femenino] **1** Enfermedad que sufren algunos animales, especialmente los perros, y que se transmite a las personas o a otros animales por mordedura. **2** Sentimiento que tenemos cuando algo nos enfada mucho. ☐ Sinónimos: **1** hidrofobia. **2** coraje. ☐ Familia: rabiar, rabieta, rabioso, cascarrabias.

rabiar (ra·biar) [verbo] Mostrar el enfado que se siente: *No hagas rabiar al niño.* ◆ [expresión] ‖ **a rabiar** Mucho o más de lo normal: *Me gustan los dulces a rabiar.* ☐ [Es irregular y se conjuga como **ANUNCIAR**. La expresión es coloquial]. ☐ Familia: →rabia.

rabieta (ra·bie·ta) [sustantivo femenino] Disgusto que se tiene por no conseguir algo: *Cogió una rabieta porque no le compraron el juguete.* ☐ [Es coloquial]. ☐ Sinónimos: perra. ☐ Familia: →rabia.

rabillo (ra·bi·llo) [sustantivo masculino] Rabo corto y pequeño. ◆ [expresión] ‖ **mirar con el rabillo del ojo** Mirar de lado y con disimulo. ☐ [La expresión es coloquial]. ☐ Familia: →rabo.

rabino (ra·bi·no) [sustantivo masculino] Jefe religioso judío.

rabioso, sa (ra·bio·so, sa) ▌ [adjetivo] **1** Muy enfadado. **2** Muy grande: *Tengo unas ganas rabiosas de bailar.* ▌ [adjetivo o sustantivo] **3** Que tiene la enfermedad de la rabia: *perro rabioso.* ☐ [El significado **2** es coloquial]. ☐ Familia: →rabia.

rabo (ra·bo) [sustantivo masculino] **1** Parte final del cuerpo de algunos animales. **2** Parte de una cosa que cuelga de forma parecida a la cola de un animal: *el rabo de la «a».* **3** Especie de palo pequeño que tienen algunos frutos: *el rabo de la manzana.* **4** Pene. ☐ [El significado **4** es vulgar]. ☐ Sinónimos: **1** cola. ☐ Familia: rabillo, rabón, rabadilla, taparrabos.

rabón, na (ra·bón, bo·na) [adjetivo] Dicho de un animal, que tiene el rabo más corto de lo normal o que no lo tiene. ☐ Familia: →rabo.

racanear (ra·ca·ne·ar) [verbo] Gastar lo menos posible: *No andes racaneando e invítanos a algo.* ☐ [Es coloquial]. ☐ Familia: →rácano.

racanería (ra·ca·ne·rí·a) [sustantivo femenino] Comportamiento de la persona que no quiere gastar nada. ☐ [Es coloquial]. ☐ SINÓNIMOS: tacañería, roñosería. ☐ ANTÓNIMOS: generosidad. ☐ FAMILIA: →rácano.

rácano, na (rá·ca·no, na) [adjetivo o sustantivo] Que gasta lo menos posible: *No seas tan rácano y cómprame un bollo*. ☐ [Es coloquial]. ☐ SINÓNIMOS: avaro, tacaño, roñoso. ☐ ANTÓNIMOS: generoso. ☐ FAMILIA: racanear, racanería.

racha (ra·cha) [sustantivo femenino] **1** Período de tiempo de buena o de mala suerte: *Tengo una buena racha*. **2** Golpe de viento: *Una racha de viento me levantó la falda*. ☐ SINÓNIMOS: **2** ráfaga. ☐ FAMILIA: racheado.

racheado, da (ra·che·a·do, da) [adjetivo] Dicho del viento, que sopla a rachas. ☐ FAMILIA: →racha.

racial (ra·cial) [adjetivo] De la raza o relacionado con ella: *La discriminación racial es una injusticia contra la que todos debemos luchar*. ☐ [No varía en masculino y femenino]. ☐ FAMILIA: →raza.

racimo (ra·ci·mo) [sustantivo masculino] Conjunto de uvas unidas a un palo común.

racimo

raciocinio (ra·cio·ci·nio) [sustantivo masculino] **1** Capacidad de una persona para juzgar o entender algo: *El raciocinio distingue a las personas de los animales*. **2** Conjunto de razones que sirven para demostrar algo o para convencer a alguien: *Sus raciocinios nos convencieron a todos*. ☐ SINÓNIMOS: **1** razón, entendimiento, juicio. **2** razonamiento. ☐ FAMILIA: →razón.

ración (ra·ción) [sustantivo femenino] Cantidad de comida que corresponde a una persona o a un animal. ☐ FAMILIA: racionar, racionamiento.

racional (ra·cio·nal) [adjetivo] **1** De la razón o relacionado con ella: *Las personas usan su capacidad racional cuando piensan*. **2** Que tiene sentido: *Hay que buscar una solución racional*. **3** Que posee la capacidad de la razón: *El ser humano es un ser racional*. ☐ [No varía en masculino y femenino]. ☐ SINÓNIMOS: **2** razonable, lógico. ☐ ANTÓNIMOS: **2** disparatado, absurdo, descabellado. **2, 3** irracional. ☐ FAMILIA: →razón.

racionalismo (ra·cio·na·lis·mo) [sustantivo masculino] Forma de ser de las personas que creen que la razón es más importante que el sentimiento, la emoción o la intuición. ☐ FAMILIA: →razón.

racionalista (ra·cio·na·lis·ta) [adjetivo o sustantivo] Que cree que la razón es más importante que el sentimiento, la emo-

ción o la intuición. ☐ [No varía en masculino y femenino]. ☐ FAMILIA: →razón.

racionalizar (ra·cio·na·li·zar) [verbo] **1** Reducir a normas o a conceptos racionales: *Si racionalizas todas tus emociones, acabarás con problemas afectivos*. **2** Organizar el trabajo de forma que aumenten los beneficios o se reduzcan los costos con el mínimo esfuerzo: *Hay que racionalizar el trabajo para que el esfuerzo sea menor*. ☐ [La «z» se cambia en «c» delante de «e» («racionalice»). No confundir con «racionar» (controlar el consumo)]. ☐ FAMILIA: →razón.

racionamiento (ra·cio·na·mien·to) [sustantivo masculino] Reparto controlado de productos que escasean: *La guerra ha obligado al racionamiento de los alimentos*. ☐ FAMILIA: →ración.

racionar (ra·cio·nar) [verbo] Controlar el consumo de productos que escasean: *Tras la guerra, el Gobierno racionó el pan*. ☐ [No confundir con «racionalizar» (reducir a conceptos racionales; organizar el trabajo para aumentar los beneficios con el mínimo esfuerzo)]. ☐ FAMILIA: →ración.

racismo (ra·cis·mo) [sustantivo masculino] Forma de pensar por la que se considera inferiores a las personas que tienen diferentes características físicas, como el color de la piel, y pertenecen a sociedades y culturas distintas de la propia: *Debemos eliminar el racismo de la sociedad*. ☐ FAMILIA: →raza.

racista (ra·cis·ta) [adjetivo o sustantivo] Que defiende la idea de que algunas personas son inferiores porque tienen diferentes características físicas, como el color de la piel, y pertenecen a una cultura o a una sociedad distintas. ☐ [No varía en masculino y femenino]. ☐ FAMILIA: →raza.

radar (ra·dar) [sustantivo masculino] Aparato que permite descubrir la presencia y el movimiento de un objeto que no se ve: *En los aeropuertos hay radares para localizar los aviones*. ☐ [Es una palabra de origen inglés. No debe pronunciarse «rádar», sino «radár»].

radar

radiación (ra·dia·ción) [sustantivo femenino] Energía que sale de un cuerpo: *radiación solar; radiación nuclear*. ☐ FAMILIA: →rayo.

radiactividad (ra·diac·ti·vi·dad) [sustantivo femenino] Energía que se produce al romperse el núcleo de los átomos. ☐ FAMILIA: →rayo.

radiactivo, va (ra·diac·ti·vo, va) [adjetivo] De la radiactividad o relacionado con esta energía de los átomos: *Algunos elementos químicos son radiactivos.* ☐ FAMILIA: →rayo.

radiador (ra·dia·dor) [sustantivo masculino] Aparato de calefacción.

radial (ra·dial) [adjetivo] **1** Que tiene una forma parecida a la de los radios de una circunferencia: *La red principal de carreteras españolas es radial y parte de Madrid.* **2** Del radio o relacionado con esta línea: *longitud radial.* ☐ [No varía en masculino y femenino]. ☐ FAMILIA: →radio.

radiante (ra·dian·te) [adjetivo] **1** Que brilla mucho: *Hace un sol radiante.* **2** Que está muy alegre: *Llegó radiante y sonriente.* ☐ [No varía en masculino y femenino]. ☐ SINÓNIMOS: **1** resplandeciente. ☐ ANTÓNIMOS: apagado. **2** triste.

radiar (ra·diar) [verbo] **1** Emitir algo por radio: *¿A qué hora radian las noticias?* **2** Tratar algo con rayos X para curarlo: *El médico dijo que tenían que radiar el tumor.* ☐ [Es irregular y se conjuga como ANUNCIAR]. ☐ FAMILIA: **1** →radio. **2** →rayo.

radical (ra·di·cal) [adjetivo] **1** Completo y total: *Es un cambio radical.* **2** Que no admite discusión o que no acepta otras ideas: *Tu postura es muy radical.* ☐ [No varía en masculino y femenino]. ☐ SINÓNIMOS: **2** tajante. ☐ FAMILIA: radicalismo, radicalizar.

radicalismo (ra·di·ca·lis·mo) [sustantivo masculino] Forma de pensar que no admite otras opiniones y que no tiene término no medio. ☐ FAMILIA: →radical.

radicalizar (ra·di·ca·li·zar) [verbo] Volver más radical, inflexible, extremo o intolerante: *El movimiento ha perdido seguidores porque se ha radicalizado.* ☐ [La «z» se cambia en «c» delante de «e» («radicalice»)]. ☐ FAMILIA: →radical.

radicando (ra·di·can·do) [sustantivo masculino] En matemáticas, número o expresión que está bajo el signo de la raíz cuadrada: *En la raíz cuadrada de 25, el radicando es 25.* ☐ FAMILIA: →raíz.

radicar (ra·di·car) [verbo] **1** Tener algo como base: *La clave del asunto radica en el dinero.* **2** Estar en un lugar determinado: *Esta empresa radica en Vigo.* ☐ [La «c» se cambia en «qu» delante de «e» («radique»)]. ☐ SINÓNIMOS: **1** consistir, residir, estribar. ☐ FAMILIA: →raíz.

radio (ra·dio) ■ [sustantivo masculino] **1** Línea recta que sale del centro de un círculo y llega hasta su extremo: *los radios de la rueda de la bici.* **2** Extensión circular que hay alrededor de un lugar: *La policía buscó en un radio de diez kilómetros.* **3** Hueso más corto de los dos que van desde la muñeca hasta el codo. ◉ **página 405.** ■ [sustantivo femenino] **4** Medio por el que se comunica el sonido a través del aire: *emisora de radio.* **5** Aparato que recibe el sonido que se comunica a través del aire: *Enciende la radio.* ☐ SINÓNIMOS: **4** radiodifusión. **5** transistor. ☐ FAMILIA: **1** radial, extrarradio. **4, 5** radiar, radioaficionado, radioyente, radiocasete, radiodespertador, radiodifusión, radiofónico, radionovela, radioteléfono, radiotelevisión.

radioaficionado, da (ra·dio·a·fi·cio·na·do, da) [sustantivo] Persona que se comunica con otras por radio utilizando emisoras privadas. ☐ FAMILIA: →radio. →afición.

radiocasete (ra·dio·ca·se·te) [sustantivo masculino] Aparato que tiene una radio y en el que se pueden escuchar cintas de casete. ☐ [Se usa mucho la forma abreviada «casete», que es coloquial]. ☐ FAMILIA: →radio. →casete.

radiodespertador (ra·dio·des·per·ta·dor) [sustantivo masculino] Reloj despertador que tiene también radio. ☐ FAMILIA: →radio. →despierto.

radiodifusión (ra·dio·di·fu·sión) [sustantivo femenino] Medio por el que se comunica el sonido a través del aire: *La radiodifusión es un medio de comunicación.* ☐ SINÓNIMOS: radio. ☐ FAMILIA: →radio. →difusión.

radiofónico, ca (ra·dio·fó·ni·co, ca) [adjetivo] De la radio o relacionado con ella: *programa radiofónico.* ☐ FAMILIA: →radio.

radiografía (ra·dio·gra·fí·a) [sustantivo femenino] Fotografía de alguna parte interior del cuerpo que se hace por medio de rayos X. ☐ FAMILIA: →rayo.

radiología (ra·dio·lo·gí·a) [sustantivo femenino] Parte de la medicina que estudia el uso de las radiaciones para descubrir las enfermedades y curarlas: *En la sección de radiología de un hospital se hacen las radiografías.* ☐ FAMILIA: →rayo.

radiólogo, ga (ra·dió·lo·go, ga) [sustantivo] Médico que usa las radiaciones para descubrir las enfermedades y curarlas. ☐ FAMILIA: →rayo.

radionovela (ra·dio·no·ve·la) [sustantivo femenino] Novela que se transmite por radio en capítulos. ☐ FAMILIA: →radio. →novela.

radioteléfono (ra·dio·te·lé·fo·no) [sustantivo masculino] Teléfono sin cable. ☐ FAMILIA: →radio. →teléfono.

radiotelevisión (ra·dio·te·le·vi·sión) [sustantivo femenino] Medio de comunicar sonidos e imágenes a través del aire. ☐ FAMILIA: →radio. →televisión.

radioterapia (ra·dio·te·ra·pia) [sustantivo femenino] Forma de curar algunas enfermedades usando radiaciones. ☐ FAMILIA: →rayo. →terapia.

radioyente (ra·dio·yen·te) [sustantivo] Persona que oye lo que se emite por radio. ☐ [No varía en masculino y femenino]. ☐ FAMILIA: →radio. →oír.

raer (ra·er) [verbo] Rozar una superficie hasta romperla o gastarla: *La falda es tan larga que raerás el bajo.* ☐ [Es irregular. No confundir con «roer» (cortar algo con los dientes)]. ☐ FAMILIA: raído.

ráfaga (rá·fa·ga) [sustantivo femenino] **1** Golpe de viento fuerte: *Una ráfaga me voló los papeles.* **2** Luz muy fuerte que luce solo un momento: *Me deslumbré con una ráfaga de luz.* **3** Conjunto de disparos de un arma automática: *una ráfaga de tiros.* ☐ SINÓNIMOS: **1** racha. **2** fogonazo.

rafia (ra·fia) [sustantivo femenino] Material que se saca de un tipo de palmera y que se usa para hacer bolsos y otras cosas.

rafting [sustantivo masculino] Deporte que consiste en descender un río en una balsa. ◉ **páginas 304-305.** ☐ [Es una palabra inglesa. Se pronuncia «ráftin»].

raglán (ra·glán) [adjetivo] Dicho de una manga, que empieza en el cuello y cubre el hombro. ☐ SINÓNIMOS: ranglan. ☐ [Es una palabra de origen inglés].

ragú (ra·gú) [sustantivo/masculino] Guiso de carne cortada en trozos pequeños y acompañada de patatas y verduras. ☐ [Es una palabra de origen francés. Su plural es «ragús»].

raído, da (ra·í·do, da) [adjetivo] Dicho de una tela, que está muy gastada por el uso. ☐ FAMILIA: →raer.

raigambre (rai·gam·bre) [sustantivo/femenino] Profundidad y firmeza con la que algo está establecido en una persona o en un lugar: *costumbre de gran raigambre*. ☐ SINÓNIMOS: arraigo. ☐ FAMILIA: →raíz.

raíl (ra·íl) [sustantivo/masculino] Especie de barra sobre la que se mueven los trenes en las vías. ☐ SINÓNIMOS: riel. ☐ FAMILIA: monorraíl.

raíl

raíz (ra·íz) [sustantivo/femenino] **1** Parte de una planta que crece bajo tierra. ◉ **página 90. 2** Origen o causa de algo: *la raíz de un problema*. **3** Parte oculta donde empieza algo: *la raíz de una muela*. **4** Parte de una palabra que es común a varias palabras de la misma familia: *En «comer», «comedor», «comida» y «comilón», la raíz es «com-»*. ◆ [expresión] ‖ **a raíz de algo** A causa de ello: *A raíz de aquella lesión no pudo volver a jugar*. ☐ [Su plural es «raíces»]. ☐ SINÓNIMOS: **2** principio, comienzo. **4** lexema. ☐ ANTÓNIMOS: **2** consecuencia. ☐ FAMILIA: enraizar, arraigar, arraigado, arraigo, raigambre, desarraigado, desarraigo, erradicar, radicar, radicando.

raja (ra·ja) [sustantivo/femenino] **1** Abertura larga producida generalmente por algo que corta: *Esta bolsa tiene una raja*. **2** Trozo de un alimento que se corta a lo largo o a lo ancho: *raja de sandía*. ☐ [No confundir con «rajá» (rey de la India)]. ☐ FAMILIA: rajar, rajado.

rajá (ra·já) [sustantivo/masculino] Rey de la India, que es un país asiático. ☐ [Su plural es «rajás». No confundir con «raja» (abertura larga; trozo de un alimento)].

rajado, da (ra·ja·do, da) ■ [adjetivo] **1** Que tiene rajas. ■ [adjetivo o sustantivo] **2** Que no hace lo que había dicho que iba a realizar: *Eres una rajada, ahora no quieres venir al campo*. ☐ [El significado **2** es coloquial]. ☐ FAMILIA: →raja.

RAER	
INDICATIVO	**SUBJUNTIVO**
Presente yo **raigo** *o* **rayo** tú **raes** / usted **rae** él, ella **rae** nosotros, tras **raemos** vosotros, tras **raéis** / ustedes **raen** ellos, ellas **raen** **Pretérito imperfecto** yo **raía** tú **raías** / usted **raía** él, ella **raía** nosotros, tras **raíamos** vosotros, tras **raíais** / ustedes **raían** ellos, ellas **raían** **Pretérito perfecto simple** yo **raí** tú **raíste** / usted **rayó** él, ella **rayó** nosotros, tras **raímos** vosotros, tras **raísteis** / ustedes **rayeron** ellos, ellas **rayeron** **Futuro simple** yo **raeré** tú **raerás** / usted **raerá** él, ella **raerá** nosotros, tras **raeremos** vosotros, tras **raeréis** / ustedes **raerán** ellos, ellas **raerán** **Condicional simple** yo **raería** tú **raerías** / usted **raería** él, ella **raería** nosotros, tras **raeríamos** vosotros, tras **raeríais** / ustedes **raerían** ellos, ellas **raerían**	**Presente** yo **raiga** *o* **raya** tú **raigas** *o* **rayas** / usted **raiga** *o* **raya** él, ella **raiga** *o* **raya** nosotros, tras **raigamos** *o* **rayamos** vosotros, tras **raigáis** *o* **rayáis** / ustedes **raigan** *o* **rayan** ellos, ellas **raigan** *o* **rayan** **Pretérito imperfecto** yo **rayera** *o* **rayese** tú **rayeras** *o* **rayeses** / usted **rayera** *o* **rayese** él, ella **rayera** *o* **rayese** nosotros, tras **rayéramos** *o* **rayésemos** vosotros, tras **rayerais** *o* **rayeseis** / ustedes **rayeran** *o* **rayesen** ellos, ellas **rayeran** *o* **rayesen** **Futuro simple** yo **rayere** tú **rayeres** / usted **rayere** él, ella **rayere** nosotros, tras **rayéremos** vosotros, tras **rayereis** / ustedes **rayeren** ellos, ellas **rayeren**
	IMPERATIVO
	rae (tú) / **raiga** *o* **raya** (usted) **raigamos** *o* **rayamos** (nosotros, tras) **raed** (vosotros, tras) / **raigan** *o* **rayan** (ustedes)
	FORMAS NO PERSONALES
	Infinitivo **Gerundio** **Participio** raer rayendo raído

rajar (ra·jar) [verbo] **1** Romper algo haciendo una abertura larga: *Se rajó la sandía al caer.* **2** Hablar mucho: *¡Cómo raja tu hermano!* **3** Herir con un cuchillo o con un arma parecida. ❚ **rajarse 4** Decidir no hacer lo que se había dicho que se iba a realizar: *Se rajó y no vino.* ☐ [Siempre se escribe con «j». Los significados **2**, **3** y **4** son coloquiales]. ☐ FAMILIA: →raja.

rajatabla (ra·ja·ta·bla) ◆ [expresión] ‖ **a rajatabla** De forma exacta: *Todo saldrá bien si seguís mis instrucciones a rajatabla.* ☐ [Es coloquial]. ☐ FAMILIA: →tabla.

ralea (ra·le·a) [sustantivo femenino] Clase o condición: *No me gusta la gente de esa ralea.* ☐ [Es despectivo]. ☐ SINÓNIMOS: estofa.

ralentí (ra·len·tí) [sustantivo masculino] Forma de funcionar el motor de un vehículo cuando no se acelera: *Cuando paras el coche en un semáforo, se queda al ralentí.*

ralentizar (ra·len·ti·zar) [verbo] Disminuir la velocidad de algo: *ralentizar la imagen.* ☐ [La «z» se cambia en «c» delante de «e» («ralentice»)]. ☐ ANTÓNIMOS: acelerar.

rallador (ra·lla·dor) [sustantivo masculino] Objeto de cocina que sirve para rallar un alimento. ☐ FAMILIA: →rallar.

rallador

ralladura (ra·lla·du·ra) [sustantivo femenino] Conjunto de trozos pequeños en que queda lo que se ha rallado: *la ralladura de un limón.* ☐ FAMILIA: →rallar.

rallar (ra·llar) [verbo] Cortar un alimento en trozos muy finos y muy pequeños: *Voy a rallar pan duro.* ☐ [No confundir con «rayar» (estropear algo haciendo marcas en su superficie; estar una cosa muy cerca de otra; salir el sol)]. ☐ FAMILIA: rallador, ralladura.

rally [sustantivo masculino] Carrera de coches por lugares en los que es difícil conducir. ☐ [Es una palabra inglesa. Se pronuncia «ráli»].

ralo, la (ra·lo, la) [adjetivo] Formado por elementos que están más separados de lo normal: *barba rala.* ☐ ANTÓNIMOS: tupido, denso, espeso.

rama (ra·ma) [sustantivo femenino] **1** Parte de una planta que nace del tronco principal y que tiene hojas, flores y frutos. ⊙ página 90. **2** Conjunto de cosas que tienen su origen en algo común: *Mi tío pertenece a la rama de la familia que vive en Cádiz.* **3** Cada una de las partes en que se divide un campo del saber: *El cálculo es una rama de las matemáticas.* ◆ [expresión] ‖ **andarse por las ramas** Detenerse en lo que menos importa de un asunto, olvidando lo más importante: *No te andes por las ramas y dime si pasó algo malo.* ☐ [La expresión es coloquial]. ☐ FAMILIA: ramo, ramaje, ramillete, ramal, ramificarse, ramificación.

ramadán (ra·ma·dán) [sustantivo masculino] Noveno mes del calendario musulmán: *En el ramadán los musulmanes tienen que ayunar durante el día.* ☐ [Se escribe con mayúscula cuando se trata del período religioso].

ramaje (ra·ma·je) [sustantivo masculino] Conjunto de ramas de un árbol o de otra planta. ☐ FAMILIA: →rama.

ramal (ra·mal) [sustantivo masculino] **1** Carretera, camino o canal que salen de otro principal. **2** Tira de cuero que se sujeta a la cabeza de los caballos y otros animales. ☐ FAMILIA: →rama.

ramalazo (ra·ma·la·zo) [sustantivo masculino] **1** Reacción repentina que nos empuja a hacer algo sin pensar: *Cuando le da el ramalazo, se va a la sierra y no aparece en un mes.* **2** Forma de moverse o de comportarse que se considera propia de una mujer: *¡Menudo ramalazo tiene ese chico.* ☐ [Es coloquial]. ☐ SINÓNIMOS: **1** pronto, vena.

rambla (ram·bla) [sustantivo femenino] Calle ancha que suele tener un paseo en el centro. ☐ SINÓNIMOS: bulevar.

ramera (ra·me·ra) [sustantivo femenino] Prostituta. ☐ [Es despectivo].

ramificación (ra·mi·fi·ca·ción) [sustantivo femenino] Parte en que se divide algo y se va separando del centro: *Aquí se ven las ramificaciones de las arterias.* ☐ FAMILIA: →rama.

ramificarse (ra·mi·fi·car·se) [verbo] Dividirse algo en partes que se van separando del centro: *Las venas y las arterias se ramifican para llegar a todos los órganos del cuerpo humano.* ☐ [La «c» se cambia en «qu» delante de «e» («ramifique»)]. ☐ FAMILIA: →rama.

ramillete (ra·mi·lle·te) [sustantivo masculino] Ramo pequeño de flores o de hierbas. ☐ FAMILIA: →rama.

ramo (ra·mo) [sustantivo masculino] **1** Conjunto de flores. **2** Rama cortada del árbol: *El sacerdote bendijo los ramos de olivo.* **3** Cada una de las partes en que se divide una ciencia, una industria o una actividad: *Trabajo en el ramo de la construcción.* ☐ FAMILIA: →rama.

ramonear (ra·mo·ne·ar) [verbo] **1** Cortar las puntas de las ramas de un árbol: *El jardinero ramoneó los pinos del seto.* **2** Comer los animales las hojas tiernas de los árboles: *Pequeños ciervos ramoneaban en el bosque.*

rampa (ram·pa) [sustantivo femenino] Terreno inclinado por el que se sube o se baja de un lugar a otro.

ramplón, na (ram·plón, plo·na) [adjetivo] Vulgar o excesivamente simple: *Las canciones de ese grupo son todas igual de ramplonas.* ☐ FAMILIA: ramplonería.

ramplonería (ram·plo·ne·rí·a) [sustantivo femenino] **1** Característica de lo que es ramplón: *Me sorprende que te guste la ramplonería de esos versos.* **2** Hecho o dicho que es vulgar o excesivamente simple: *El conferenciante no dijo más que ramplonerías.* ☐ FAMILIA: →ramplón.

rana (ra·na) [sustantivo femenino] Animal con la cabeza grande, los ojos saltones y las patas de atrás muy largas, que le sirven para dar grandes saltos. 👁 **página 818**. ☐ Familia: renacuajo.

ranchera (ran·che·ra) [sustantivo femenino] Mira en **ranchero, ra**.

ranchero, ra (ran·che·ro, ra) ∎ [sustantivo] **1** Persona que trabaja o que vive en un rancho. ∎ **ranchera** [sustantivo femenino] **2** Canción popular y alegre de origen mexicano. **3** Coche que tiene un maletero en el que también pueden viajar personas: *Tenemos una ranchera porque somos cinco hermanos.* ☐ Familia: →rancho.

rancho (ran·cho) [sustantivo masculino] Granja grande en la que se crían caballos y otros animales. ☐ Familia: ranchero.

rancio, cia (ran·cio, cia) [adjetivo] Dicho de un alimento, que tiene un sabor y un olor más fuertes de lo normal por el paso del tiempo.

ranglan (ran·glan) [adjetivo] Dicho de una manga, que empieza en el cuello y cubre el hombro. ☐ Sinónimos: raglán.

rango (ran·go) [sustantivo masculino] Categoría de alguien o de algo: *Mi tío es un militar de alto rango.*

ranura (ra·nu·ra) [sustantivo femenino] Abertura estrecha que hay en la superficie de una cosa: *Las monedas se meten en la hucha por la ranura.*

rap [sustantivo] Canción cuya letra no se canta, sino que se dice como si se hablara. ☐ [Es una palabra de origen inglés. Su plural es «raps»]. ☐ Familia: rapear, rapero.

rapapolvo (ra·pa·pol·vo) [sustantivo masculino] Conjunto de palabras que se le dice a alguien para llamarle la atención por algo que ha hecho mal: *echar un rapapolvo.* ☐ Sinónimos: reprimenda, bronca, regañina.

rapar (ra·par) [verbo] Cortar el pelo dejándolo muy corto.

rapaz (ra·paz) [adjetivo o sustantivo femenino] Dicho de un ave, que tiene el pico y las uñas muy fuertes y que se alimenta de carne: *El águila y el halcón son aves rapaces.* ☐ [Su plural es «rapaces». Cuando es adjetivo, no varía en masculino y femenino]. ☐ Sinónimos: ave de rapiña.

rape (ra·pe) [sustantivo masculino] **1** Pez marino de cuerpo aplanado y boca grande que vive pegado al fondo del mar. 👁 **página 723. 2** Hecho de cortar a alguien mucho el pelo: *Vaya rape que te han hecho.* ◆ [expresión] ∥ **al rape** Dicho del pelo, muy corto. ☐ [No confundir con «rapé» (tipo de tabaco). El significado **2** es coloquial].

rapé (ra·pé) [sustantivo masculino] Tipo de tabaco que se aspira por la nariz. ☐ [No confundir con «rape» (tipo de pez)].

rapear (ra·pe·ar) [verbo] Cantar rap. ☐ Familia: →rap.

rápel (rá·pel) [sustantivo masculino] En alpinismo, técnica para bajar por la pared de una roca resbalando por una cuerda y dándose impulso con los pies. ☐ [Es una palabra de origen francés].

rapero, ra (ra·pe·ro, ra) [sustantivo] Persona que canta rap. ☐ Familia: →rap.

rapidez (ra·pi·dez) [sustantivo femenino] Gran velocidad con que se hace algo. ☐ Sinónimos: prontitud, prisa, presteza, celeridad. ☐ Antónimos: lentitud, pesadez, tranquilidad. ☐ Familia: →rápido.

rápido, da (rá·pi·do, da) ∎ [adjetivo] **1** Que se mueve a gran velocidad: *Ganó la carrera el corredor más rápido.* **2** Que se hace o sucede en poco tiempo: *Me hizo una rápida visita.* ∎ **rápido** [sustantivo masculino] **3** Corriente violenta de un río, que se produce porque el paso se hace estrecho e inclinado: *En las zonas de rápidos es peligroso navegar.* **4** Tren de viajeros que va a gran velocidad: *Un rápido solo tiene parada en las grandes estaciones.* ∎ **rápido** [adverbio] **5** A gran velocidad: *No comas tan rápido.* ☐ Sinónimos: **1, 2** raudo. **1** ágil, veloz. ☐ Antónimos: **1, 2** lento. ☐ Familia: rapidez, raudo, raudales.

rapiña (ra·pi·ña) [sustantivo femenino] Hecho de coger sin permiso algo que no es nuestro. ☐ Sinónimos: robo.

raposo, sa (ra·po·so, sa) [sustantivo] Animal que tiene el pelo de color marrón y una cola muy larga y muy gruesa: *La raposa es un animal astuto.* ☐ Sinónimos: zorro.

rapsodia (rap·so·dia) [sustantivo femenino] Obra musical hecha con partes de otras obras o basada en melodías populares.

raptar (rap·tar) [verbo] Llevarse a una persona a la fuerza. ☐ Familia: rapto.

rapto (rap·to) [sustantivo masculino] Hecho de llevarse a una persona a la fuerza. ☐ Familia: →raptar.

raqueta (ra·que·ta) [sustantivo femenino] Especie de pala que se usa en algunos juegos para golpear la pelota: *raqueta de tenis.*

raquítico, ca (ra·quí·ti·co, ca) [adjetivo] **1** Muy débil y muy delgado: *Estás raquítico.* **2** Muy pequeño: *Se puso un vestido raquítico.* ☐ [Es coloquial]. ☐ Familia: raquitismo.

raquitismo (ra·qui·tis·mo) [sustantivo masculino] Enfermedad de los niños que produce debilidad y deformaciones de los huesos. ☐ Familia: →raquítico.

raramente (ra·ra·men·te) [adverbio] Muy pocas veces. ☐ Familia: →raro.

rareza (ra·re·za) [sustantivo femenino] Hecho o cosa que resulta raro o poco frecuente. ☐ Sinónimos: extravagancia. ☐ Antónimos: normalidad. ☐ Familia: →raro.

raro, ra (ra·ro, ra) [adjetivo] **1** Que resulta extraño o que produce sorpresa porque es distinto de lo habitual: *Tu forma de andar es muy rara.* **2** Que es poco frecuente: *Rara vez se me olvida algo.* ☐ Sinónimos: inusitado. **1** anormal, extraño. **2** insólito, inusual. ☐ Antónimos: común, normal, habitual, corriente, ordinario. ☐ Familia: rareza, raramente, enrarecer.

ras [sustantivo masculino] Nivel de una superficie. ◆ [expresión] ∥ **al ras** Muy corto: *Me he cortado el pelo al ras.* ∥ **a ras de** Casi al mismo nivel: *a ras de tierra.* ☐ Familia: →raso.

rasante (ra·san·te) ∎ [adjetivo] **1** Que va a poca altura del suelo: *vuelo rasante.* ∎ [sustantivo femenino] **2** Inclinación de una calle o de un camino: *En los cambios de rasante, es peligroso adelantar.* ☐ [En el significado **1** no varía en masculino y femenino]. ☐ Sinónimos: **1** raso. ☐ Familia: →raso.

rasca (ras·ca) [sustantivo femenino] Frío muy intenso: *¡Vaya rasca que hace aquí por las noches...!* ☐ [Es coloquial]. ☐ Antónimos: calor, bochorno. ☐ Familia: →rascar.

rascacielos (ras·ca·cie·los) [sustantivo masculino] Edificio de mucha altura y de muchos pisos. ☐ [No varía en singular y plural].

rascar (ras·car) [verbo] **1** Pasar las uñas por la piel. **2** Resultar áspera una cosa para la piel al rozarla: *Esta toalla rasca.* ☐ [La «c» se cambia en «qu» delante de «e» («rasque»). El significado **2** es coloquial]. ☐ Familia: rasca, rasqueta.

rasero (ra·se·ro) ◆ [expresión] ‖ **por el mismo rasero** Con total igualdad: *La profesora califica a los alumnos por el mismo rasero.* ☐ Familia: →raso.

rasgado, da (ras·ga·do, da) [adjetivo] Con forma alargada: *ojos rasgados.* ☐ Familia: →rasgar.

rasgar (ras·gar) [verbo] Romper algo tirando de ello: *Se rasgó la tela.* ☐ [La «g» se cambia en «gu» delante de «e» («rasgue»)]. ☐ Sinónimos: desgarrar. ☐ Familia: rasguño, rasgado, rasguear.

rasgo (ras·go) [sustantivo masculino] **1** Propiedad de algo que lo hace distinto de otras cosas: *Tu sinceridad es el rasgo que más me gusta de ti.* **2** Característica de la cara de una persona: *Vosotros tenéis los mismos rasgos.* **3** Línea que se hace al escribir: *Escribes con rasgos muy claros.* ◆ [expresión] ‖ **a grandes rasgos** Sin entrar en detalles: *Cuéntame a grandes rasgos la película.* ☐ [En el significado **2** se usa más en plural].

rasguear (ras·gue·ar) [verbo] Tocar la guitarra u otro instrumento parecido rozando las cuerdas con la punta de los dedos. ☐ Familia: →rasgar.

rasguño (ras·gu·ño) [sustantivo masculino] Herida poco profunda. ☐ Sinónimos: arañazo, raspón. ☐ Familia: →rasgar.

raso, sa (ra·so, sa) ∎ [adjetivo] **1** Dicho del cielo, que no tiene nubes. **2** Lleno hasta el borde sin que sobresalga por arriba: *una cucharada rasa.* **3** A poca altura del suelo: *vuelo raso.* **4** Llano y liso: *un terreno raso.* **5** Que no tiene título u otra característica que lo distinga: *un soldado raso.* ∎ **raso** [sustantivo masculino] **6** Tela de seda que brilla. ◆ [expresión] ‖ **al raso** Al aire libre: *Dormimos al raso para ver las estrellas.* ☐ Sinónimos: **1** claro. **3** rasante. **4** plano. ☐ Antónimos: **1** nublado. ☐ Familia: rasante, rasero, ras.

raspa (ras·pa) [sustantivo femenino] Espina del pescado.

raspa

raspado (ras·pa·do) [sustantivo masculino] **1** Hecho de rozar una cosa contra algo duro: *el raspado del barniz.* **2** Señal que queda en una superficie al rozarla contra algo duro: *Hay un raspado en la pared.* ☐ Sinónimos: **2** raspadura. ☐ Familia: →raspar.

raspadura (ras·pa·du·ra) [sustantivo femenino] Señal que queda en una superficie al rozarla contra algo duro. ☐ Sinónimos: raspado. ☐ Familia: →raspar.

raspar (ras·par) [verbo] Rozar una cosa contra algo duro: *Me he raspado el codo.* ☐ Familia: rasposo, raspón, raspado, raspadura, rasponazo.

raspón (ras·pón) [sustantivo masculino] Herida poco profunda. ☐ [Se usa también «rasponazo»]. ☐ Sinónimos: arañazo, rasguño. ☐ Familia: →raspar.

rasponazo (ras·po·na·zo) [sustantivo masculino] → **raspón**. ☐ Familia: →raspar.

rasposo, sa (ras·po·so, sa) [adjetivo] Que raspa porque no tiene la superficie lisa: *La toalla ha quedado rasposa.* ☐ Sinónimos: áspero. ☐ Antónimos: suave, sedoso. ☐ Familia: →raspar.

rasqueta (ras·que·ta) [sustantivo femenino] Pala pequeña con el borde afilado que se usa para quitar algo que está pegado en una superficie: *Necesito una rasqueta para limpiar el horno.* ☐ Familia: →rascar.

rasta (ras·ta) ∎ [adjetivo o sustantivo] **1** Rastafari. ∎ **rastas** [sustantivo femenino plural] **2** Clase de trenzas que se hacen enrollando los mechones de pelo. ☐ [Cuando es adjetivo no varía en masculino y femenino]. ☐ Familia: →rastafari.

rastafari (ras·ta·fa·ri) [adjetivo o sustantivo] Que pertenece a un movimiento religioso y político que defiende la vuelta de los jamaicanos de origen africano al lugar de origen de sus antepasados. ☐ [No varía en masculino y femenino. Se usa mucho la forma abreviada «rasta»]. ☐ Familia: rasta.

rastras (ras·tras) ◆ [expresión] ‖ **a rastras 1** Arrastrando el cuerpo: *Los indios se acercaron a rastras hasta el campamento.* **2** a la fuerza: *Me llevaron al médico a rastras.* ☐ Familia: →arrastrar.

rastrear (ras·tre·ar) [verbo] Buscar algo siguiendo sus huellas: *Rastrearán los restos del derrumbamiento en busca de supervivientes.* ☐ Familia: →rastro.

rastreo (ras·tre·o) [sustantivo masculino] Hecho de buscar algo siguiendo sus huellas. ☐ Familia: →rastro.

rastrero, ra (ras·tre·ro, ra) [adjetivo] **1** Dicho del tallo de una planta, que crece pegado al suelo: *La sandía es una planta de tallos rastreros.* **2** Muy malo: *Ese chico actuó de una forma rastrera y ahora se avergüenza.*

rastrillar (ras·tri·llar) [verbo] Limpiar un terreno con el rastrillo. ☐ Familia: →rastrillo.

rastrillo (ras·tri·llo) [sustantivo masculino] Herramienta que tiene un mango largo y que se usa para coger del suelo hierba, hojas y otras cosas parecidas. ◉ **páginas 494-495**. ☐ Familia: rastrillar.

rastrillo

rastro (ras·tro) [sustantivo masculino] Señal que se deja al pasar por un sitio: *Los perros siguieron el rastro del conejo.* □ SINÓNIMOS: pista. □ FAMILIA: rastrear, rastreo.

rastrojo (ras·tro·jo) [sustantivo masculino] Restos de cereal que quedan en el campo después de haber segado.

rasurar (ra·su·rar) [verbo] Afeitar el pelo de la cara o de una parte del cuerpo: *Le rasuraron la cabeza antes de la operación.*

rata (ra·ta) ■ [adjetivo o sustantivo] **1** Persona que intenta gastar lo menos posible: *Eres un rata y nunca nos invitas.* ■ [sustantivo femenino] **2** Animal de color gris que tiene la cabeza pequeña, el cuerpo gordo, las patas muy cortas y una cola muy larga. □ [En el significado **1** no varía en masculino y femenino, y es coloquial. En el significado **2**, no confundir con «ratón» (animal más pequeño y menos dañino)]. □ FAMILIA: ratero, raticida, matarratas, ratón, ratonera, ratonero.

ratero, ra (ra·te·ro, ra) [sustantivo] Ladrón que roba cosas de poco valor. □ FAMILIA: →rata.

raticida (ra·ti·ci·da) [sustantivo masculino] Veneno que sirve para matar ratas y ratones. □ SINÓNIMOS: matarratas. □ FAMILIA: →rata.

ratificación (ra·ti·fi·ca·ción) [sustantivo femenino] Hecho de decir que algo es válido o cierto. □ SINÓNIMOS: confirmación. □ FAMILIA: →ratificar.

ratificar (ra·ti·fi·car) [verbo] Decir que algo es válido o cierto: *La ministra ratificó las declaraciones del día anterior.* □ SINÓNIMOS: confirmar. □ ANTÓNIMOS: desmentir. □ FAMILIA: ratificación.

rato (ra·to) [sustantivo masculino] Espacio de tiempo más o menos corto: *Llevo un rato esperándote.* ◆ [expresión] ‖ **a ratos** En unos momentos sí y en otros no: *Solo me duele a ratos.* ‖ **para rato** Para mucho tiempo: *No me esperes, porque tengo para rato.* ‖ **pasar el rato** Ocupar el tiempo haciendo algo agradable: *He ojeado la revista para pasar el rato.*

ratón, na (ra·tón, to·na) ■ [sustantivo] **1** Animal de patas muy cortas y con la cabeza pequeña, que vive en las casas o en el campo. ◉ páginas 596-597. ■ **ratón** [sustantivo masculino] **2** Instrumento que sirve para trabajar con un ordenador. □ [En el significado **1** no confundir con «rata» (animal más grande y más dañino)]. □ FAMILIA: →rata.

ratonera (ra·to·ne·ra) [sustantivo femenino] Mira en **ratonero, ra**.

ratonero, ra (ra·to·ne·ro, ra) ■ [adjetivo] **1** Dicho de un animal, que caza ratones y pequeños animales: *el águila ratonera.* ■ **ratonero** [sustantivo masculino] **2** Ave grande que tiene las alas anchas, cola amplia de color gris, y que se alimenta de pequeños animales. ■ **ratonera** [sustantivo femenino] **3** Trampa para cazar ratones. **4** Agujero donde viven ratones. □ FAMILIA: →rata.

raudales (rau·da·les) ◆ [expresión] ‖ **a raudales** En gran cantidad: *Por esta ventana entra luz a raudales.* □ FAMILIA: →rápido.

raudo, da (rau·do, da) [adjetivo] Que se mueve o sucede muy rápido: *Ve raudo y veloz a darle el recado.* □ SINÓNIMOS: veloz, rápido. □ ANTÓNIMOS: lento. □ FAMILIA: →rápido.

ravioli (ra·vio·li) [sustantivo masculino] Tipo de pasta que tiene forma de pequeños cuadrados y que está rellena de algún alimento. □ [Es una palabra de origen italiano. Su plural es «raviolis»].

raya (ra·ya) [sustantivo femenino] **1** Marca delgada y alargada: *Tengo una camisa de rayas.* **2** Límite que se pone a algo: *Te estás pasando de la raya.* **3** Línea que queda en la cabeza al separar el pelo con el peine hacia los lados: *Siempre llevo raya a un lado.* **4** Signo que usamos al escribir para empezar un diálogo o para añadir una explicación: *La raya es más larga que el guion.* **5** Pez que tiene el cuerpo muy plano y la cola larga y delgada. ◆ [expresión] ‖ **a raya** Dentro de los límites establecidos: *Lo tengo a raya porque me tiene miedo.* □ [No confundir con «ralla», del verbo «rallar»]. □ SINÓNIMOS: **1** línea. □ FAMILIA: rayar, rayado, subrayar, milrayas.

rayado, da (ra·ya·do, da) [adjetivo] Con rayas: *papel rayado.* □ [No confundir con «rallado», del verbo «rallar»]. □ FAMILIA: →raya.

rayar (ra·yar) [verbo] **1** Estropear algo haciendo líneas o marcas en su superficie: *Vas a rayar el parqué.* **2** Estar una cosa muy cerca de otra: *Tu ingenuidad raya en la estupidez.* **3** Salir el sol: *Saldremos cuando raye el día.* □ [No confundir con «rallar» (cortar un alimento en trozos muy finos)]. □ FAMILIA: →raya.

rayo (ra·yo) [sustantivo masculino] **1** Descarga eléctrica que se produce cuando chocan dos nubes. **2** Línea de luz que sale de un punto: *rayo de sol.* **3** Persona o cosa que es muy rápida: *Este chico es un rayo y llegará enseguida.* ◆ [expresión] ‖ **a rayos** Muy mal: *Huele a rayos.* ‖ **rayos UVA** Luz que el ojo humano no puede ver y que se utiliza para poner la piel morena: *Se va a dar unas sesiones de rayos UVA para ponerse moreno.* ‖ **rayos X** Luz que puede atravesar ciertos cuerpos: *Me miraron por rayos X para ver si tenía algún problema en los pulmones.* □ [No confundir con «rallo», del verbo «rallar». El significado **3** y la expresión «a rayos» son coloquiales]. □ SINÓNIMOS: **3** centella. □ FAMILIA: pararrayos, radiar, radiación, radiactivo, radiactividad, radiografía, radiología, radiólogo, radioterapia, irradiar.

rayón (ra·yón) [sustantivo masculino] Tejido artificial que imita a la seda. □ [Procede de la marca comercial «Rayon®»].

raza (ra·za) [sustantivo femenino] Categoría a la que pertenece un conjunto de seres vivos que tienen una serie de características en común: *¿De qué raza es este perro?* □ FAMILIA: racial, racismo, racista.

razón (ra·zón) [sustantivo femenino] **1** Capacidad de una persona para pensar con coherencia: *La razón distingue a las personas de los animales.* **2** Cosa que nos mueve a actuar de una manera determinada: *Tengo razones para no fiarme.* **3** Verdad en lo que se dice o en lo que se hace: *Tienes razón, esta caja pesa mucho.* □ SINÓNIMOS: **1** entendimiento, raciocinio, juicio. □ FAMILIA: razonar, razonable, razonamiento, racional, raciocinio, racionalismo, racionalista, racionalizar, irracional, sinrazón.

razonable (ra·zo·na·ble) [adjetivo] **1** Que tiene sentido: *idea razonable*. **2** Suficiente o bastante: *distancia razonable*. □ [No varía en masculino y femenino]. □ Sinónimos: **1** racional, lógico. □ Antónimos: **1** irracional, disparatado, absurdo, descabellado. □ Familia: →razón.

razonamiento (ra·zo·na·mien·to) [sustantivo masculino] Conjunto de razones que sirven para demostrar algo o para convencer a alguien. □ Sinónimos: argumento, raciocinio. □ Familia: →razón.

razonar (ra·zo·nar) [verbo] **1** Pensar algo, ordenando ideas en la mente para llegar a una conclusión. **2** Dar razones que prueben lo que se dice: *Debéis razonar las respuestas de los ejercicios*. □ Familia: →razón.

re [sustantivo masculino] Una de las siete notas musicales. ● **página 648.**

reacción (re·ac·ción) [sustantivo femenino] Acción que se hace como respuesta a algo: *La reacción de esta vacuna puede producir fiebre*. □ Familia: →acción.

reaccionar (re·ac·cio·nar) [verbo] **1** Actuar como respuesta a algo: *El enfermo no reacciona a este tratamiento*. **2** Volver a la situación normal: *Cuando me mareé me dieron un vaso de agua para que reaccionara*. □ Sinónimos: **1** responder. □ Familia: →acción.

reacio, cia (re·a·cio, cia) [adjetivo] Que es contrario a algo y que no quiere hacerlo: *Mi padre es muy reacio a usar el coche por el centro de la ciudad*. □ Sinónimos: remiso, refractario. □ Antónimos: partidario.

reactivar (re·ac·ti·var) [verbo] Volver a dar actividad, fuerza o velocidad a algo: *reactivar el consumo; reactivar un plan*. □ Familia: →activo.

reactor (re·ac·tor) [sustantivo masculino] Motor que produce movimiento al echar los gases que él mismo produce: *reactor de un avión*.

readmisión (re·ad·mi·sión) [sustantivo femenino] Hecho de volver a admitir. □ Familia: →admitir.

readmitir (re·ad·mi·tir) [verbo] Volver a admitir: *La sentencia establece que los trabajadores despedidos sean readmitidos*. □ Familia: →admitir.

reafirmar (re·a·fir·mar) [verbo] **1** Poner firme una parte del cuerpo: *Mi madre utiliza una crema que reafirma el cuello*. ■ **reafirmarse 2** Mantener o confirmar algo ya dicho: *Me reafirmo en todas mis declaraciones anteriores*. □ Antónimos: **2** desdecirse. □ Familia: →afirmar.

reagrupar (re·a·gru·par) [verbo] Volver a poner algo de manera que se forme un conjunto: *Los profesores reagruparon a los alumnos por clases*. □ Familia: →grupo.

reajustar (re·a·jus·tar) [verbo] Cambiar algo, especialmente precios o salarios, para ajustarlos a las circunstancias del momento: *La subida del precio del petróleo obligará a reajustar los precios de las gasolinas*. □ Familia: →justo.

reajuste (re·a·jus·te) [sustantivo masculino] Cambio que se hace para ajustar algo a las circunstancias del momento: *Con la llegada de la primavera ha habido un reajuste en el horario de las clases*. □ Familia: →justo.

real (re·al) [adjetivo] **1** Que existe de verdad: *historia real*. **2** Del rey o de la reina o relacionado con ellos: *palacio real*. □ [No varía en masculino y femenino]. □ Sinónimos: **2** regio. □ Antónimos: **1** irreal, imaginario, vano. □ Familia: irreal, realidad, realismo, realista, surrealismo, surrealista, realizar, realeza.

realce (re·al·ce) [sustantivo masculino] Hecho de conseguir que algo destaque o que se note más: *Con un maquillaje adecuado se consigue el realce de la belleza natural*. □ Familia: →alzar.

realeza (re·a·le·za) [sustantivo femenino] **1** Dignidad de rey: *La corona es un atributo de la realeza*. **2** Conjunto de familias, familiares y personas emparentadas con el rey: *A la boda asistió toda la realeza europea*. □ Familia: →real.

realidad (re·a·li·dad) [sustantivo femenino] **1** Todo lo que existe y forma el mundo real: *Los sentidos nos permiten captar la realidad*. **2** Hecho que ocurre de forma verdadera: *El hambre es todavía una realidad en muchos países*. □ Sinónimos: verdad. □ Familia: →real.

realismo (re·a·lis·mo) [sustantivo masculino] Hecho de ver las cosas tal como son. □ Familia: →real.

realista (re·a·lis·ta) [adjetivo] Que actúa con sentido práctico porque ve las cosas tal como son. □ [No varía en masculino y femenino]. □ Antónimos: iluso. □ Familia: →real.

realización (re·a·li·za·ción) [sustantivo femenino] Puesta en práctica de algo: *La realización de este proyecto costará mucho*. □ Familia: →realizar.

realizador, ra (re·a·li·za·dor, do·ra) [sustantivo] Persona que dirige la preparación y la realización de una película o de un programa de televisión. □ Familia: →realizar.

realizar (re·a·li·zar) [verbo] **1** Llevar algo a la práctica: *La policía realizó un registro de la zona*. ■ **realizarse 2** Sentirse contento por haber conseguido lo que se quería: *Me realizo en mi trabajo en el hospital, porque siempre he querido ser médico*. □ [La «z» se cambia en «c» delante de «e» («realice»)]. □ Sinónimos: **1** cumplir, efectuar, ejecutar. □ Familia: realización, realizador, irrealizable. →real.

realquilar (re·al·qui·lar) [verbo] Alquilar de nuevo a otra persona algo que se tenía alquilado: *Vivimos en una casa de alquiler y mis padres quieren realquilar una habitación a un estudiante*. □ Familia: →alquilar.

realzar (re·al·zar) [verbo] Hacer que algo destaque o se note más: *Ese traje realza tu figura*. □ [La «z» se cambia en «c» delante de «e» («realce»)]. □ Sinónimos: resaltar, destacar. □ Familia: →alzar.

reanimar (re·a·ni·mar) [verbo] Dar fuerzas a una persona o hacer que vuelva en sí después de haber perdido el conocimiento: *Intentaron reanimar al herido haciéndole la respiración artificial*. □ Familia: →ánimo.

reanudar (re·a·nu·dar) [verbo] Continuar algo que había sido interrumpido: *Cuando dejó de llover, se reanudó el partido*. □ Sinónimos: reemprender.

reaparecer (re·a·pa·re·cer) [verbo] Volver a aparecer: *El cantante reapareció tras dos años de silencio*. □ [Es irregular y se conjuga como **AGRADECER**]. □ SINÓNIMOS: retornar, regresar. □ FAMILIA: reaparición.

reaparición (re·a·pa·ri·ción) [sustantivo femenino] Hecho de volver a aparecer. □ SINÓNIMOS: retorno, regreso. □ FAMILIA: →reaparecer.

reapertura (re·a·per·tu·ra) [sustantivo femenino] Hecho de volver a abrir lo que estaba cerrado. □ FAMILIA: →abrir.

reavivar (re·a·vi·var) [verbo] Hacer más fuerte o más intenso: *El viento reavivó las llamas.* □ SINÓNIMOS: fortalecer, avivar. □ ANTÓNIMOS: debilitar. □ FAMILIA: →vivir.

rebaba (re·ba·ba) [sustantivo femenino] Parte que sobresale de los bordes de algo y que no vale: *Después de afilar una herramienta, queda el filo con rebaba.* □ FAMILIA: →baba.

rebaja (re·ba·ja) ■ [sustantivo femenino] **1** Disminución del precio de un producto: *Si compras tres botellas, te hacen una rebaja.* ■ **rebajas** [plural] **2** Venta de productos a un precio más bajo: *Compré este jersey en rebajas.* □ SINÓNIMOS: **1** descuento. **2** saldo. □ FAMILIA: →bajar.

rebajar (re·ba·jar) [verbo] **1** Hacer más bajo: *Han rebajado el escalón de la acera para que puedan bajar personas con silla de ruedas.* **2** Disminuir el precio de un producto: *Han rebajado este vestido.* □ [Siempre se escribe con «j»]. □ SINÓNIMOS: **2** abaratar. □ FAMILIA: →bajar.

rebaje (re·ba·je) [sustantivo masculino] Parte del borde de un madero o de otra pieza que se ha reducido cortándolo o limándolo. □ FAMILIA: →bajo.

rebanada (re·ba·na·da) [sustantivo femenino] Trozo fino de pan. □ FAMILIA: →rebanar.

rebanar (re·ba·nar) [verbo] **1** Cortar en rebanadas. **2** Cortar completamente: *Casi me rebano el dedo con el cuchillo.* □ FAMILIA: rebanada.

rebañar (re·ba·ñar) [verbo] Aprovechar los restos de comida que quedan en un recipiente.

rebaño (re·ba·ño) [sustantivo masculino] Conjunto de cabezas de ganado: *rebaño de ovejas.* □ SINÓNIMOS: grey.

rebasar (re·ba·sar) [verbo] **1** Pasar un límite o una cantidad: *La corredora ha rebasado la línea de meta.* **2** Adelantar o dejar atrás: *Los más rápidos nos rebasaron al principio.* □ SINÓNIMOS: **1** sobrepasar, exceder.

rebatir (re·ba·tir) [verbo] Oponerse a lo que otro dice utilizando argumentos o razones: *Rebatió todas mis excusas y tuve que darle la razón.* □ SINÓNIMOS: refutar. □ ANTÓNIMOS: corroborar. □ FAMILIA: →batir.

rebato (re·ba·to) ◆ [expresión] ‖ **tocar a rebato** Dar una señal de aviso ante un peligro: *Las campanas tocaron a rebato para avisar del incendio.*

rebeca (re·be·ca) [sustantivo femenino] Chaqueta de punto sin cuello, abierta por delante y con botones.

rebeco (re·be·co) [sustantivo masculino] Animal parecido a la cabra que vive en zonas montañosas. □ SINÓNIMOS: gamuza.

rebelarse (re·be·lar·se) [verbo] **1** Levantarse contra la autoridad en lugar de obedecerla: *Los marineros se rebelaron contra el capitán.* **2** Oponerse del todo a algo: *Me rebelo ante esa injusticia.* □ [No confundir con «relevar» (sustituir a una persona en una actividad) ni con «revelar» (manifestar algo que no se sabía; mostrar algo por alguna señal; hacer que se vean las imágenes de una película de fotografía)]. □ FAMILIA: →rebelde.

rebelde (re·bel·de) ■ [adjetivo] **1** Difícil de controlar o de educar: *pelo rebelde; niño rebelde.* ■ [adjetivo o sustantivo] **2** Que se levanta contra una autoridad a la que debe obedecer: *Las tropas rebeldes lucharon hasta el final.* □ [No varía en masculino y femenino]. □ ANTÓNIMOS: sumiso, dócil. □ FAMILIA: rebeldía, rebelarse, rebelión.

rebeldía (re·bel·dí·a) [sustantivo femenino] Oposición de una persona a ser controlada por otra: *En el colegio me regañaron por mi rebeldía.* □ ANTÓNIMOS: docilidad, sumisión. □ FAMILIA: →rebelde.

rebelión (re·be·lión) [sustantivo femenino] Movimiento de protesta que un grupo de personas inicia contra la autoridad a la que debe obedecer. □ SINÓNIMOS: alzamiento, levantamiento, sublevación. □ ANTÓNIMOS: sumisión. □ FAMILIA: →rebelde.

reblandecer (re·blan·de·cer) [verbo] Hacer más blando: *reblandecer el pan; reblandecerse el corazón.* □ [Es irregular y se conjuga como **AGRADECER**]. □ SINÓNIMOS: ablandar. □ ANTÓNIMOS: endurecer. □ FAMILIA: →blando.

reblandecimiento (re·blan·de·ci·mien·to) [sustantivo masculino] Hecho por el que algo se hace más blando. □ FAMILIA: →blando.

rebobinar (re·bo·bi·nar) [verbo] Hacer retroceder un vídeo o una canción para ver u oír lo que va antes. □ FAMILIA: →bobina.

reborde (re·bor·de) [sustantivo masculino] Borde que sobresale de una cosa. □ FAMILIA: →borde.

rebosadero (re·bo·sa·de·ro) [sustantivo masculino] Agujero o lugar por donde se sale el líquido que sobra en un recipiente: *Las paredes de los embalses tienen rebosaderos.* □ FAMILIA: →rebosar.

rebosante (re·bo·san·te) [adjetivo] Que está muy lleno: *Llegó rebosante de felicidad.* □ [No varía en masculino y femenino]. □ ANTÓNIMOS: vacío. □ FAMILIA: →rebosar.

rebosar (re·bo·sar) [verbo] **1** Salirse un líquido por encima de los bordes de un recipiente. **2** Tener algo en gran cantidad: *Ese chico rebosa simpatía.* □ SINÓNIMOS: **1** desbordar. □ FAMILIA: rebosante, rebosadero.

rebotar (re·bo·tar) [verbo] Cambiar de dirección un cuerpo al chocar con algo: *La pelota rebotó en el suelo.* □ FAMILIA: →botar.

rebote (re·bo·te) [sustantivo masculino] **1** Cambio de dirección de un cuerpo al chocar con algo: *el rebote del balón.* **2** Pelota que cambia de dirección al chocar con algo: *En baloncesto es muy importante saber coger los rebotes.* **3** Enfado o disgusto: *¡Menudo rebote se cogió porque no la llamé!* ◆ [expresión] ‖ **de rebote** Por casualidad: *Nadie me lo ha dicho, me he enterado de rebote.* □ [El significado **3** y la expresión son coloquiales]. □ FAMILIA: →botar.

reboteador, ra (re·bo·te·a·dor, do·ra) [adjetivo o sustantivo] Jugador de baloncesto que recoge los rebotes. □ FAMILIA: →botar.

rebotica (re·bo·ti·ca) [sustantivo femenino] Habitación trasera de una farmacia en la que se almacenan los medicamentos. ☐ FAMILIA: →botica.

rebozado (re·bo·za·do) [sustantivo masculino] Capa de huevo y harina con la que se reboza un alimento para cocinarlo. ☐ FAMILIA: →rebozar.

rebozar (re·bo·zar) [verbo] **1** Cubrir un alimento con huevo y harina para cocinarlo: *rebozar pescado*. **2** Cubrir una cosa por completo con una sustancia: *Al jugar en la playa nos rebozamos de arena*. ☐ [La «z» se cambia en «c» delante de «e» («reboce»)]. ☐ FAMILIA: rebozado.

rebullir (re·bu·llir) [verbo] Empezar a moverse algo que estaba quieto: *El bebé se rebullía en la cuna*. ☐ [Es irregular y se conjuga como MULLIR]. ☐ FAMILIA: →bullir.

rebuscado, da (re·bus·ca·do, da) [adjetivo] Demasiado complicado: *explicación rebuscada*. ☐ ANTÓNIMOS: sencillo, simple. ☐ FAMILIA: →buscar.

rebuscar (re·bus·car) [verbo] Intentar encontrar algo entre un montón de cosas: *El niño rebuscó en la caja de juguetes hasta sacar su peluche*. ☐ [La «c» se cambia en «qu» delante de «e» («rebusque»)]. ☐ FAMILIA: →buscar.

rebuznar (re·buz·nar) [verbo] Emitir el asno su voz característica. ☐ FAMILIA: rebuzno.

rebuzno (re·buz·no) [sustantivo masculino] Voz característica del asno. ☐ FAMILIA: →rebuznar.

recabar (re·ca·bar) [verbo] Pedir o intentar conseguir algo: *recabar información*. ☐ FAMILIA: →cabo.

recadero, ra (re·ca·de·ro, ra) [sustantivo] Persona que hace recados. ☐ FAMILIA: →recado.

recado (re·ca·do) [sustantivo masculino] **1** Aviso que se envía a alguien: *¿Te dio mi madre el recado?* **2** Tarea de la que alguien tiene que ocuparse: *Salgo a hacer unos recados*. ☐ SINÓNIMOS: **1** mensaje. **2** mandado. ☐ FAMILIA: recadero.

recaer (re·ca·er) [verbo] **1** Ponerse peor de una enfermedad o volver a tenerla después de haber mejorado: *Estás casi curado, pero, si no te cuidas, recaerás*. **2** Corresponder o ir a parar: *El premio recayó en el segundo concursante*. ☐ [Es irregular y se conjuga como CAER]. ☐ ANTÓNIMOS: **1** recuperarse. ☐ FAMILIA: recaída.

recaída (re·ca·í·da) [sustantivo femenino] Hecho de ponerse peor de una enfermedad o de volver a tenerla después de haber mejorado. ☐ FAMILIA: →recaer.

recalar (re·ca·lar) [verbo] Llegar un barco a un puerto para hacer una parada. ☐ FAMILIA: →calar.

recalcar (re·cal·car) [verbo] Expresar algo destacándolo de manera especial: *El profesor nos recalcó que debíamos estudiar más para el próximo examen*. ☐ [La «c» se cambia en «qu» delante de «e» («recalque»)]. ☐ SINÓNIMOS: acentuar, subrayar, remarcar.

recalcitrante (re·cal·ci·tran·te) [adjetivo] Que es muy difícil que cambie de forma de pensar o de actuar: *un fumador recalcitrante*. ☐ [No varía en masculino y femenino].

recalentar (re·ca·len·tar) [verbo] **1** Volver a calentar algo. **2** Calentarse demasiado: *El radiador del coche va mal y se recalienta el motor*. ☐ [Es irregular y se conjuga como ACERTAR]. ☐ FAMILIA: →calor.

recámara (re·cá·ma·ra) [sustantivo femenino] **1** Cuarto que está al lado de una habitación y en el que se guardan vestidos o joyas. **2** Parte de un arma de fuego en la que se colocan las balas. ☐ FAMILIA: →cámara.

recambiar (re·cam·biar) [verbo] Cambiar o sustituir una pieza por otra. ☐ [Es irregular y se conjuga como ANUNCIAR]. ☐ FAMILIA: →cambiar.

recambio (re·cam·bio) [sustantivo masculino] Pieza que se usa para cambiarla por otra que ya no sirve. ☐ SINÓNIMOS: repuesto. ☐ FAMILIA: →cambiar.

recapacitar (re·ca·pa·ci·tar) [verbo] Pensar algo despacio y con cuidado: *Recapacité sobre lo que había hecho y me arrepentí*. ☐ SINÓNIMOS: reflexionar, considerar. ☐ FAMILIA: →capaz.

recapitular (re·ca·pi·tu·lar) [verbo] Recordar o volver a contar de forma resumida algo que ya se había dicho: *La profesora recapituló las ideas de la clase anterior*. ☐ FAMILIA: →capítulo.

recargar (re·car·gar) [verbo] **1** Volver a cargar. **2** Adornar o cargar demasiado: *Recargas demasiado los dibujos*. ☐ [La «g» se cambia en «gu» delante de «e» («recargue»)]. ☐ FAMILIA: recargo.

recargo (re·car·go) [sustantivo masculino] Dinero que se añade a algo que hay que pagar por haberse retrasado en el pago. ☐ FAMILIA: →recargar.

recatado, da (re·ca·ta·do, da) [adjetivo] Que respeta las reglas morales. ☐ ANTÓNIMOS: descarado. ☐ FAMILIA: →recato.

recato (re·ca·to) [sustantivo masculino] Respeto a las reglas morales. ☐ ANTÓNIMOS: descaro. ☐ FAMILIA: recatado.

recauchutado (re·cau·chu·ta·do) [sustantivo masculino] Hecho de recubrir algo con caucho: *Con un buen recauchutado, la rueda quedará como nueva*. ☐ FAMILIA: →caucho.

recauchutar (re·cau·chu·tar) [verbo] Recubrir de caucho. ☐ FAMILIA: →caucho.

recaudación (re·cau·da·ción) [sustantivo femenino] Cantidad de dinero que se reúne para algún fin. ☐ FAMILIA: →recaudar.

recaudar (re·cau·dar) [verbo] Reunir una cantidad de dinero que otros dan o pagan: *El Estado recauda los impuestos*. ☐ [Es irregular y se conjuga como CAUSAR]. ☐ FAMILIA: recaudación, recaudo.

recaudo (re·cau·do) ♦ [expresión] ‖ **a buen recaudo** En lugar seguro y bien vigilado: *Puso el boleto de lotería premiado a buen recaudo*. ☐ FAMILIA: →recaudar.

recelar (re·ce·lar) [verbo] No tener confianza en algo o en alguien: *Receló de mí porque no me conocía*. ☐ SINÓNIMOS: desconfiar. ☐ ANTÓNIMOS: confiar. ☐ FAMILIA: →celo.

recelo (re·ce·lo) [sustantivo masculino] Falta de confianza: *Me miró con recelo*. ☐ SINÓNIMOS: desconfianza. ☐ ANTÓNIMOS: confianza. ☐ FAMILIA: →celo.

receloso, sa (re·ce·lo·so, sa) [adjetivo] Que no tiene confianza en algo o que tiene algún temor. ☐ Sinónimos: reticente, desconfiado. ☐ Antónimos: confiado. ☐ Familia: →celo.

recensión (re·cen·sión) [sustantivo femenino] Comentario escrito y breve que se hace de una obra literaria o científica. ☐ [No confundir con «recesión» (disminución o retroceso de algo)]. ☐ Sinónimos: reseña.

recental (re·cen·tal) [adjetivo o sustantivo masculino] Dicho de un cordero, que todavía se alimenta de la leche de su madre. ☐ [Cuando es adjetivo, no varía en masculino y femenino]. ☐ Sinónimos: lechal. ☐ Familia: →reciente.

recepción (re·cep·ción) [sustantivo femenino] **1** Lugar que hay en algunos sitios para apuntar a los clientes o las personas que van allí. **2** Fiesta o ceremonia para recibir a alguien: *El rey ofrecerá una recepción a los nuevos embajadores.* ☐ Sinónimos: **2** recibimiento. ☐ Familia: →recibir.

recepcionista (re·cep·cio·nis·ta) [sustantivo] Persona que se encarga de atender al público en la entrada de algunos sitios: *El recepcionista del hotel nos dio la llave de la habitación.* ☐ [No varía en masculino y femenino]. ☐ Familia: →recibir.

receptáculo (re·cep·tá·cu·lo) [sustantivo masculino] Objeto o lugar que sirven para contener algo. ☐ Familia: →recibir.

receptivo, va (re·cep·ti·vo, va) [adjetivo] Que recibe o que tiene capacidad para recibir e interesarse por lo que ocurre a su alrededor. ☐ Familia: →recibir.

receptor (re·cep·tor) [sustantivo masculino] Aparato que sirve para recibir las señales enviadas a distancia por radio o por otros medios: *un receptor de televisión.* ☐ Antónimos: transmisor. ☐ Familia: →recibir.

recesión (re·ce·sión) [sustantivo femenino] Disminución o retroceso de algo: *recesión económica.* ☐ [No confundir con «recensión» (comentario escrito)].

receta (re·ce·ta) [sustantivo femenino] **1** Nota en la que figuran las medicinas que el médico manda al enfermo. **2** Nota en la que se explica cómo se prepara algo y de qué se compone: *receta de cocina.* ☐ Familia: recetar, recetario.

receta

recetar (re·ce·tar) [verbo] Mandar el médico una medicina o un tratamiento a un enfermo: *Le recetaron un antibiótico para eliminar la infección.* ☐ Familia: →receta.

recetario (re·ce·ta·rio) [sustantivo masculino] Conjunto de recetas: *un recetario de cocina.* ☐ Familia: →receta.

rechazar (re·cha·zar) [verbo] **1** Decir que no a algo: *Rechacé la invitación.* **2** Resistir la fuerza con la que algo viene y hacer que vuelva atrás: *Los soldados rechazaron el ataque enemigo.* ☐ [La «z» se cambia en «c» delante de «e» («rechace»)]. ☐ Sinónimos: **1** rehusar, negar. ☐ Antónimos: **1** aceptar, admitir. **2** atraer. ☐ Familia: rechazo.

rechazo (re·cha·zo) [sustantivo masculino] **1** Hecho de decir que no a algo. **2** Hecho de no aceptar bien el cuerpo las sustancias o los órganos que no son suyos: *Cuando se trasplanta un órgano, hay peligro de rechazo.* ☐ Antónimos: aceptación. ☐ Familia: →rechazar.

rechinar (re·chi·nar) [verbo] Hacer un ruido desagradable dos objetos duros al rozarse: *Rechinaba los dientes de miedo.* ☐ Familia: →china.

rechistar (re·chis·tar) [verbo] Hablar para protestar: *Quiero que obedezcas sin rechistar.* ☐ Familia: →chistar.

rechoncho, cha (re·chon·cho, cha) [adjetivo] Grueso y de poca altura. ☐ Antónimos: espigado.

rechupete (re·chu·pe·te) ◆ [expresión] ‖ **de rechupete** Muy bueno o muy bien: *Con mis amigos me lo paso de rechupete.* ☐ [Es coloquial]. ☐ Familia: →chupar.

recibidor (re·ci·bi·dor) [sustantivo masculino] Cuarto pequeño que está a la entrada de una casa. ☐ Sinónimos: vestíbulo, entrada. ☐ Familia: →recibir.

recibimiento (re·ci·bi·mien·to) [sustantivo masculino] **1** Hecho de recibir a alguien que viene de fuera: *Me hicieron un recibimiento emocionante.* **2** Hecho de recibir algo de determinada manera: *Esa película no ha tenido un buen recibimiento entre el público.* ☐ Sinónimos: acogida, recepción. ☐ Familia: →recibir.

recibir (re·ci·bir) [verbo] **1** Aceptar algo que nos dan: *Recibí una carta.* **2** Sufrir una acción o una impresión: *Recibí un golpe.* **3** Prestar atención a una visita: *El director no puede recibirte hoy.* **4** Esperar a alguien que viene de fuera: *Iré a recibirte a la estación.* **5** Responder de determinada manera ante algo que ocurre: *La crítica recibió muy bien la novela.* ☐ Sinónimos: **5** acoger. ☐ Antónimos: **4** despedir. ☐ Familia: recibo, recibimiento, recibidor, recipiente, receptor, receptivo, receptáculo, recepción, recepcionista.

recibo (re·ci·bo) [sustantivo masculino] Papel en el que consta que se ha recibido algo, generalmente un pago. ☐ Sinónimos: factura, cuenta, resguardo. ☐ Familia: →recibir.

reciclaje (re·ci·cla·je) [sustantivo masculino] **1** Proceso por el que un material usado se prepara para usarlo otra vez. **2** Puesta al día en una profesión o en una actividad: *un cursillo de reciclaje.* ☐ Familia: →ciclo.

recipientes de reciclaje

reciclar (re·ci·clar) [verbo] **1** Hacer lo necesario para que un material usado pueda usarse otra vez: *En casa reciclamos papel, plástico y vidrio.* **2** Ponerse al día en una profesión o en una actividad: *Todos los trabajadores de la fábrica asistirán a un curso para reciclarse.* ☐ Familia: →ciclo.

reciedumbre (re·cie·dum·bre) [sustantivo femenino] Fuerza o energía de una persona. ☐ Sinónimos: vigor. ☐ Familia: →recio.

recién (re·cién) [adverbio] Desde hace muy poco tiempo: *El pan recién hecho está caliente.* ☐ [Se usa delante de un participio: «recién llegado», «recién nacido»]. ☐ Familia: →reciente.

reciente (re·cien·te) [adjetivo] **1** Que es nuevo o que se acaba de hacer: *pan reciente.* **2** Que ha ocurrido hace poco: *noticias recientes.* ☐ [No varía en masculino y femenino]. ☐ Sinónimos: **2** fresco. ☐ Familia: recién, recental.

recinto (re·cin·to) [sustantivo masculino] Espacio cerrado: *Te espero en el recinto del colegio.*

recio, cia (re·cio, cia) [adjetivo] **1** Que tiene mucha fuerza o que aguanta mucho: *Es una mujer recia, acostumbrada a trabajar en el campo.* **2** Difícil de soportar: *un invierno recio.* ☐ Sinónimos: **1** vigoroso, duro, fuerte, robusto. ☐ Antónimos: **1** débil. ☐ Familia: reciedumbre, arreciar.

recipiente (re·ci·pien·te) [sustantivo masculino] Objeto que sirve para contener algo. ☐ Familia: →recibir.

recíproco, ca (re·cí·pro·co, ca) [adjetivo] **1** Que se recibe igual que se da: *En una amistad, la confianza debe ser recíproca.* **2** En gramática, que expresa una acción que uno realiza sobre otro y al revés: *«Se besaron» es una oración recíproca.*

recital (re·ci·tal) [sustantivo masculino] **1** Espectáculo musical en el que actúa un artista: *recital de piano.* **2** Acto en el que se leen poemas. ☐ Familia: →recitar.

recitar (re·ci·tar) [verbo] **1** Decir un poema en voz alta. **2** Decir algo de memoria y en voz alta: *No sirve de nada que recites la lección si no la has entendido.* ☐ Sinónimos: **1** declamar. ☐ Familia: recital.

reclamación (re·cla·ma·ción) [sustantivo femenino] Queja para protestar por algo: *libro de reclamaciones.* ☐ Familia: →reclamar.

reclamar (re·cla·mar) [verbo] **1** Expresar disgusto por algo y protestar por ello: *Reclamé, porque me habían cobrado de más.* **2** Pedir algo a lo que se tiene derecho: *La sociedad reclama puestos de trabajo para todos.* **3** Pedir la presencia de alguien en un lugar: *Te reclaman en el despacho de la directora.* ☐ Sinónimos: **1** quejarse. **2** exigir, reivindicar. **3** llamar. ☐ Familia: reclamación, reclamo.

reclamo (re·cla·mo) [sustantivo masculino] Cosa que se utiliza para atraer la atención de algo: *Los cazadores usan reclamos para cazar.* ☐ Sinónimos: señuelo. ☐ Familia: →reclamar.

reclinar (re·cli·nar) [verbo] Poner algo inclinado: *Recliné el asiento para dormir un poco.* ☐ Sinónimos: inclinar. ☐ Familia: reclinatorio.

reclinatorio (re·cli·na·to·rio) [sustantivo masculino] Especie de silla que se usa para arrodillarse. ☐ Familia: →reclinar.

recluir (re·cluir) [verbo] Encerrar en un lugar: *Se recluyó en su casa de campo durante días para no ver a nadie.* ☐ [Es irregular y se conjuga como CONSTRUIR]. ☐ Familia: recluso.

recluso, sa (re·clu·so, sa) [adjetivo o sustantivo] Que está en la cárcel. ☐ Sinónimos: preso, prisionero, cautivo. ☐ Antónimos: libre. ☐ Familia: →recluir.

recluta (re·clu·ta) [sustantivo masculino] Persona que empieza a hacer el servicio militar. ☐ Familia: reclutar.

reclutar (re·clu·tar) [verbo] **1** Llamar a una persona para que entre en el ejército. **2** Reunir personas para algo: *Reclutaron voluntarios para apagar el fuego.* ☐ Familia: →recluta.

recobrar (re·co·brar) [verbo] **1** Volver a tener algo que se ha perdido: *Recobré la salud.* ■ **recobrarse** **2** Volver a estar sano: *Hasta que no me recobre, no saldré a la calle.* **3** Volver en sí después de haber perdido el sentido: *Perdí el conocimiento, pero me recobré enseguida.* ☐ Sinónimos: recuperar. **2** restablecerse, reponerse. ☐ Antónimos: **1** perder. ☐ Familia: →cobrar.

recochineo (re·co·chi·ne·o) [sustantivo masculino] Burla que se hace para molestar más a alguien que ya está molesto por algo. ☐ [Es coloquial].

recodo (re·co·do) [sustantivo masculino] Curva cerrada que se forma en un lugar: *el recodo de un río.* ☐ Familia: →codo.

recodo

recogedor (re·co·ge·dor) [sustantivo masculino] Especie de pala, que se usa para coger la basura al barrer. ☐ Sinónimos: cogedor. ☐ Familia: →recoger.

recogepelotas (re·co·ge·pe·lo·tas) [sustantivo] Persona que se encarga de recoger las pelotas que se caen al suelo durante un partido de tenis. ☐ [No varía en masculino y femenino, ni en singular y plural]. ☐ Familia: →recoger. →pelota.

recoger (re·co·ger) [verbo] **1** Guardar algo con orden: *Recoge tus juguetes.* **2** Coger algo: *Recoge la ropa tendida, que va a llover.* **3** Ir juntando cosas que estaban separadas: *Estoy recogiendo datos para un informe.* **4** Ir a buscar algo a un lugar para llevárselo: *Mi padre me recoge a la salida del colegio.* **5** Dar a alguien un refugio o un lugar donde vivir: *En ese asilo recogen ancianos sin hogar.* ☐ [La «g» se cambia en «j» delante de «a», «o» («recoja»)]. ☐ Sinónimos: **5** acoger. ☐ Antónimos: **1** desordenar. **2** tirar. ☐ Familia: recogedor, recogido, recogimiento, recogepelotas.

recogido, da (re·co·gi·do, da) ▪ [adjetivo] **1** Con orden en sus cosas: *una habitación recogida.* **2** Que está apartado del trato con los demás: *Las monjas de clausura llevan una vida recogida.* ▪ **recogido** [sustantivo masculino] **3** Parte que se recoge o que se junta: *un recogido de pelo.* ▪ **recogida** [sustantivo femenino] **4** Reunión de cosas que estaban separadas o dispersas: *la recogida de la aceituna.* ☐ Familia: →recoger.

recogimiento (re·co·gi·mien·to) [sustantivo masculino] Hecho de apartarse de todo lo que distrae: *rezar con recogimiento.* ☐ Familia: →recoger.

recolección (re·co·lec·ción) [sustantivo femenino] Trabajo que consiste en coger la cosecha. ☐ Sinónimos: cosecha. ☐ Familia: →colección.

recolectar (re·co·lec·tar) [verbo] **1** Coger la cosecha cuando los frutos están maduros: *En la vendimia se recolecta la uva.* **2** Reunir una cantidad de cosas: *Recolectamos dinero para un viaje.* ☐ Sinónimos: **1** cosechar. ☐ Familia: →colección.

recolector, ra (re·co·lec·tor, to·ra) [sustantivo] Persona que se dedica a la recolección de la cosecha. ☐ Familia: →colección.

recolocar (re·co·lo·car) [verbo] Ofrecer un nuevo puesto de trabajo a alguien que ha perdido su empleo: *El Gobierno ofrece ayudas para recolocar a los trabajadores afectados por el cierre de la empresa.* ☐ [La «c» se cambia en «qu» delante de «e» («recoloque»)]. ☐ Familia: →colocar.

recomendable (re·co·men·da·ble) [adjetivo] Que resulta bueno: *Es recomendable mirar bien antes de cruzar una calle.* ☐ [No varía en masculino y femenino]. ☐ Sinónimos: aconsejable. ☐ Familia: →recomendar.

recomendación (re·co·men·da·ción) [sustantivo femenino] **1** Consejo que se da porque se considera que puede hacer bien: *Sigue las recomendaciones de la doctora y pronto estarás mejor.* **2** Interés que alguien se toma por una persona para que tenga ventaja sobre otros: *Sin recomendación, no creo que te admitan aquí.* ☐ Familia: →recomendar.

recomendar (re·co·men·dar) [verbo] **1** Dar un consejo: *Te recomiendo que estudies más.* **2** Hablar a alguien a favor de una persona para que tenga ventaja sobre otros: *La contrataron porque la recomendó el director en persona.* ☐ [Es irregular y se conjuga como ACERTAR]. ☐ Sinónimos: **1** aconsejar. ☐ Familia: recomendación, recomendable.

recompensa (re·com·pen·sa) [sustantivo femenino] Cosa buena que se da como premio por haber hecho algo: *La policía ha ofrecido una recompensa a quien dé alguna pista.* ☐ Sinónimos: premio, gratificación. ☐ Antónimos: castigo. ☐ Familia: →compensar.

recompensar (re·com·pen·sar) [verbo] Dar una recompensa: *Te recompensaré si me ayudas con las tareas.* ☐ Sinónimos: premiar, gratificar. ☐ Antónimos: castigar. ☐ Familia: →compensar.

recomponer (re·com·po·ner) [verbo] Arreglar algo que está roto: *Recompusieron entre todos el puzle que habían roto.* ☐ [Es irregular y se conjuga como PONER. Su participio es «recompuesto»]. ☐ Familia: recompuesto. →componer.

recompuesto, ta (re·com·pues·to, ta) Participio irregular de **recomponer**. ☐ Familia: →recomponer.

reconcentrado, da (re·con·cen·tra·do, da) [adjetivo] Muy fuerte o muy intenso: *En toda la casa había un olor reconcentrado a humedad.* ☐ Familia: →concentrar.

reconciliación (re·con·ci·lia·ción) [sustantivo femenino] Hecho de volver a tener una buena relación dos personas. ☐ Familia: →concilio.

reconciliar (re·con·ci·liar) [verbo] Hacer que dos personas vuelvan a tener una buena relación: *Estábamos peleados, pero ya nos hemos reconciliado.* ☐ [Es irregular y se conjuga como ANUNCIAR]. ☐ Sinónimos: conciliar. ☐ Familia: →concilio.

reconcomer (re·con·co·mer) [verbo] Causar mucha impaciencia o angustia: *Le reconcome que le hagan esperar tanto.* ☐ Sinónimos: concomer. ☐ Familia: →comer.

reconducir (re·con·du·cir) [verbo] Volver al lugar en que se estaba, u orientar de manera distinta: *La moderadora intentó reconducir el debate.* ☐ [Es irregular y se conjuga como CONDUCIR]. ☐ Familia: →conducir.

reconfortante (re·con·for·tan·te) [adjetivo] Que da fuerzas o ánimos cuando se han perdido. ☐ [No varía en masculino y femenino]. ☐ Familia: →confort.

reconfortar (re·con·for·tar) [verbo] Dar a alguien fuerza o ánimo, especialmente cuando los ha perdido: *Tus palabras de apoyo me reconfortan.* ☐ Sinónimos: confortar. ☐ Familia: →confort.

reconocer (re·co·no·cer) [verbo] **1** Darse cuenta de quién es alguien o de qué cosa es algo: *Vino disfrazada y no la reconocí.* **2** Admitir que algo es de determinada manera: *Reconocí mi error.* **3** Examinar algo con atención para conocer su estado: *El médico me reconoció y me dijo que estaba sano.* ☐ [Es irregular y se conjuga como AGRADECER]. ☐ Sinónimos: **3** explorar, inspeccionar. ☐ Familia: →conocer.

reconocido, da (re·co·no·ci·do, da) [adjetivo] Agradecido por algún favor: *Le quedo muy reconocido por su ayuda.* ☐ Familia: →conocer.

reconocimiento (re·co·no·ci·mien·to) [sustantivo masculino] **1** Hecho de darse cuenta de quién es alguien o de qué cosa es algo. **2** Consideración de que algo es de determinada manera: *Le hicieron un homenaje en reconocimiento de sus méritos.* **3** Examen que se hace de algo con atención para conocer su estado: *reconocimiento médico.* ☐ Sinónimos: **3** exploración. ☐ Familia: →conocer.

reconquista (re·con·quis·ta) [sustantivo femenino] Proceso para volver a conseguir algo que se ha perdido. ☐ FAMILIA: →conquistar.

reconquistar (re·con·quis·tar) [verbo] Volver a conseguir algo que se había perdido: *Espero reconquistar tu cariño.* ☐ FAMILIA: →conquistar.

reconsiderar (re·con·si·de·rar) [verbo] Volver a pensar algo despacio y con atención: *Reconsidera tu postura antes de dar una respuesta.* ☐ FAMILIA: →considerar.

reconstituyente (re·cons·ti·tu·yen·te) [adjetivo o sustantivo masculino] Medicina o sustancia que tomamos cuando nos sentimos débiles o sin energía. ☐ [Cuando es adjetivo, no varía en masculino y femenino]. ☐ FAMILIA: →constituir.

reconstrucción (re·cons·truc·ción) [sustantivo femenino] Nueva construcción de algo que se había destruido. ☐ FAMILIA: →construir.

reconstruir (re·cons·truir) [verbo] **1** Arreglar o volver a construir algo que se había destruido. **2** Unir lo que se sabe de un acontecimiento para llegar a saber cómo fue: *La policía intentó reconstruir la escena del crimen.* ☐ [Es irregular y se conjuga como CONSTRUIR]. ☐ FAMILIA: →construir.

reconvenir (re·con·ve·nir) [verbo] Llamar la atención a alguien por algo que ha hecho mal: *Me reconvino por haber llegado tarde.* ☐ [Es irregular y se conjuga como VENIR]. ☐ SINÓNIMOS: regañar, reprender. ☐ FAMILIA: →convenir.

reconversión (re·con·ver·sión) [sustantivo femenino] Proceso por el que una empresa o una industria se moderniza o se pone al día: *reconversión industrial.* ☐ FAMILIA: →convertir.

recopilación (re·co·pi·la·ción) [sustantivo femenino] Conjunto de cosas que antes estaban separadas o dispersas: *una recopilación de cuentos populares.* ☐ FAMILIA: →recopilar.

recopilar (re·co·pi·lar) [verbo] Juntar o reunir cosas que estaban separadas o dispersas: *recopilar información.* ☐ FAMILIA: recopilación.

récord (ré·cord) [sustantivo masculino] **1** Mejor resultado que se ha registrado en un deporte: *récord mundial.* **2** Nivel más alto conseguido en una actividad: *El tiempo que esa obra de teatro lleva en cartel es todo un récord.* ☐ [Es una palabra de origen inglés. Su plural es «récords»]. ☐ SINÓNIMOS: **1** marca, plusmarca.

recordar (re·cor·dar) [verbo] **1** Tener algo en la memoria: *¿Recuerdas cómo me llamo?* **2** Hacer que algo no se olvide: *Recuérdame que me lleve este libro.* **3** Hacer que se piense en otra cosa por su parecido: *Tus pinturas recuerdan las de un pintor famoso.* ☐ [Es irregular y se conjuga como CONTAR]. ☐ SINÓNIMOS: **1**, **2** acordarse. ☐ ANTÓNIMOS: **1** olvidar. ☐ FAMILIA: recordatorio, recuerdo.

recordatorio (re·cor·da·to·rio) [sustantivo masculino] Tarjeta en la que se recuerda la fecha de un acontecimiento. ☐ FAMILIA: →recordar.

recordman [sustantivo masculino] → **plusmarquista**. ☐ [Es una palabra francesa. Se pronuncia «rekórman». El femenino es *recordwoman*].

recordwoman [sustantivo femenino] → **plusmarquista**. ☐ [Es una palabra francesa. Se pronuncia «rekorguóman». El masculino es *recordman*].

recorrer (re·co·rrer) [verbo] Hacer el recorrido de una distancia o atravesar un lugar de un extremo a otro: *Recorrimos las calles de la ciudad.* ☐ SINÓNIMOS: cubrir. ☐ FAMILIA: →correr.

recorrido (re·co·rri·do) [sustantivo masculino] Conjunto de los lugares por los que se pasa para ir de un sitio a otro. ☐ SINÓNIMOS: camino, itinerario, ruta, trayecto. ☐ FAMILIA: →correr.

recortable (re·cor·ta·ble) [sustantivo masculino] Hoja de papel con figuras dibujadas que se pueden cortar. ☐ FAMILIA: →corto.

recortar (re·cor·tar) [verbo] **1** Cortar lo que sobra de algo, dando determinada forma: *Recorté el cupón siguiendo la línea de puntos.* **2** Hacer menor en cantidad, en tamaño o en otra cosa: *En tiempos de crisis se recortan gastos.* ■ **recortarse 3** Verse la figura de una cosa sobre otra: *Tu sombra se recorta en la pared.* ☐ SINÓNIMOS: **2** disminuir, reducir. ☐ ANTÓNIMOS: **2** aumentar. ☐ FAMILIA: →corto.

recorte (re·cor·te) [sustantivo masculino] **1** Trozo que se corta de algo: *recorte de tela.* **2** Proceso por el que algo se hace menor en tamaño, en cantidad o en otra cosa: *El Gobierno ha anunciado un recorte de gastos.* ☐ SINÓNIMOS: **2** disminución, reducción. ☐ ANTÓNIMOS: **2** aumento. ☐ FAMILIA: →corto.

recostar (re·cos·tar) [verbo] Inclinar el cuerpo o una de sus partes y apoyarlos sobre algo: *Recosté la cabeza en el sillón.* ☐ [Es irregular y se conjuga como CONTAR]. ☐ FAMILIA: →costado.

recoveco (re·co·ve·co) [sustantivo masculino] Lugar escondido: *Conozco los recovecos de este parque.*

recrear (re·cre·ar) [verbo] **1** Hacer algo igual que un modelo: *El libro recrea la sociedad de aquella época.* **2** Proporcionar diversión, descanso o satisfacción: *recrear la vista.* ☐ SINÓNIMOS: **2** entretener, distraer. ☐ FAMILIA: →crear.

recreativo, va (re·cre·a·ti·vo, va) [adjetivo] Que sirve para divertir: *juego recreativo.* ☐ FAMILIA: →crear.

recreo (re·cre·o) [sustantivo masculino] Período de tiempo en el que se interrumpen las clases para descansar. ☐ FAMILIA: →crear.

recriminación (re·cri·mi·na·ción) [sustantivo femenino] Palabras con las que se critica a alguien que ha hecho algo mal. ☐ SINÓNIMOS: reproche. ☐ FAMILIA: →recriminar.

recriminar (re·cri·mi·nar) [verbo] Criticar o juzgar negativamente a una persona: *Me recriminó por llegar tarde.* ☐ FAMILIA: recriminación.

recrudecerse (re·cru·de·cer·se) [verbo] Aumentar la intensidad o los efectos de algo desagradable o perjudicial: *Los enfrentamientos se han recrudecido en los últimos días.* ☐ [Es irregular y se conjuga como AGRADECER]. ☐ FAMILIA: →crudo.

recrudecimiento (re·cru·de·ci·mien·to) [sustantivo masculino] Aumento de la intensidad o de los efectos de algo desagradable o perjudicial. ☐ Familia: →crudo.

recta (rec·ta) [sustantivo femenino] Mira en **recto, ta**.

rectal (rec·tal) [adjetivo] Del recto o relacionado con esta parte del intestino: *Los supositorios se administran por vía rectal.* ☐ [No varía en masculino y femenino]. ☐ Familia: →recto.

rectangular (rec·tan·gu·lar) [adjetivo] Con forma de rectángulo. ☐ [No varía en masculino y femenino]. ☐ Familia: →recto. →ángulo.

rectángulo, la (rec·tán·gu·lo, la) ∎ [adjetivo] **1** Dicho de una figura geométrica, que tiene un ángulo de noventa grados. ∎ **rectángulo** [sustantivo masculino] **2** Figura plana con cuatro ángulos rectos y cuatro lados iguales dos a dos: *Estas hojas son rectángulos de papel.* ⊕ página 467. ☐ Familia: →recto. →ángulo.

rectificación (rec·ti·fi·ca·ción) [sustantivo femenino] Corrección de algo que está equivocado. ☐ Familia: →recto.

rectificar (rec·ti·fi·car) [verbo] **1** Cambiar algo para quitar un error o una falta: *rectificar un resultado.* **2** Cambiar la forma de actuar o de pensar porque no se consideran correctas: *rectificar la conducta.* ☐ [La «c» se cambia en «qu» delante de «e» («rectifique»)]. ☐ Sinónimos: corregir, enmendar. ☐ Familia: →recto.

rectilíneo, a (rec·ti·lí·ne·o, ne·a) [adjetivo] Que tiene forma de recta o está formado por rectas. ☐ Antónimos: curvilíneo. ☐ Familia: →recto. →línea.

rectitud (rec·ti·tud) [sustantivo femenino] Característica de las personas o de los hechos rectos y justos. ☐ Sinónimos: honestidad, honradez, integridad. ☐ Familia: →recto.

recto, ta (rec·to, ta) ∎ [adjetivo] **1** Que no está inclinado ni tiene curvas ni ángulos: *línea recta.* **2** Que se dirige hacia un punto sin cambiar de dirección: *Por esta calle vas recta a la plaza.* **3** Que actúa como debe, con honradez y con justicia: *comportamiento recto.* **4** Dicho de un ángulo, que mide noventa grados. ∎ **recto** [sustantivo masculino] **5** Última parte del intestino: *El recto termina en el ano.* ∎ **recta** [sustantivo femenino] **6** Línea que no cambia de dirección: *Dos rectas paralelas no se cruzan.* ☐ Sinónimos: **1**, **2** derecho. **2** directo. **3** honesto, honrado, justo, íntegro. ☐ Antónimos: **1** torcido, tortuoso, sinuoso, encorvado. **3** injusto. **6** curva. ☐ Familia: rectitud, rectificar, rectificación, rectilíneo, semirrecta, rectal, rectángulo, rectangular.

rector, ra (rec·tor, to·ra) [sustantivo] Persona que dirige una universidad. ☐ Familia: →rey.

rectorado (rec·to·ra·do) [sustantivo masculino] **1** Cargo de rector y tiempo durante el que se ejerce. **2** Oficina del rector. ☐ Familia: →rey.

recua (re·cua) [sustantivo femenino] Conjunto de animales que se utilizan para cargar cosas: *una recua de mulas.*

recuadro (re·cua·dro) [sustantivo masculino] Línea cerrada en forma de cuadrado. ☐ Familia: →cuadro.

recubierto, ta (re·cu·bier·to, ta) Participio irregular de **recubrir**. ☐ Familia: →recubrir.

recubrir (re·cu·brir) [verbo] Cubrir por completo: *Recubrieron la tarta con chocolate.* ☐ [Su participio es «recubierto»]. ☐ Familia: recubierto.

recuento (re·cuen·to) [sustantivo masculino] Cuenta que se hace del número de cosas que forman un conjunto: *recuento de votos.* ☐ Familia: →contar.

recuerdo (re·cuer·do) ∎ [sustantivo masculino] **1** Presencia en la mente de algo pasado: *Guardo muy buen recuerdo de aquel verano.* **2** Cosa que sirve para que se recuerde algo: *Ese jarrón es un recuerdo de un viaje que hice.* ∎ **recuerdos** [plural] **3** Saludo que se envía a una persona por medio de otra: *Juan me dio recuerdos para ti.* ☐ Sinónimos: **1** memoria. ☐ Antónimos: **1** olvido. ☐ Familia: →recordar.

recular (re·cu·lar) [verbo] Volver hacia atrás: *Recularé para aparcar el coche en esa plaza.* ☐ Sinónimos: retroceder. ☐ Antónimos: avanzar. ☐ Familia: →culo.

recuperación (re·cu·pe·ra·ción) [sustantivo femenino] Vuelta a un estado normal o bueno. ☐ Familia: →recuperar.

recuperar (re·cu·pe·rar) [verbo] **1** Volver a tener lo que se ha perdido: *Recuperé la salud.* **2** Aprobar un examen o una materia que se habían suspendido. ∎ **recuperarse 3** Volver a estar normal o en buen estado: *La economía empieza a recuperarse.* ☐ Sinónimos: **1**, **3** recobrar. **3** resurgir, reponerse, restablecerse. ☐ Antónimos: **3** recaer. ☐ Familia: recuperación.

recurrir (re·cu·rrir) [verbo] Dirigirse a una persona o emplear los medios que nos ayuden a solucionar algo: *Cuando no entiendo una cosa, recurro a mi madre para que me lo explique.* ☐ Sinónimos: apelar, acudir. ☐ Familia: recurso.

recurso (re·cur·so) [sustantivo masculino] Medio que permite conseguir algo o dar solución a un asunto: *Si pierdes el autobús, te queda el recurso de venir andando.* ☐ Sinónimos: posibilidad. ☐ Familia: →recurrir.

red [sustantivo femenino] **1** Especie de tela hecha de cuerdas que se cruzan formando cuadrados: *Los pescadores echan las redes al mar.* **2** Conjunto de personas o de cosas organizadas para un mismo fin: *red de traficantes; red informática.* ◆ [expresión] ∥ **red social** En internet, página web en la que las personas pueden intercambiarse comentarios, fotografías o vídeos: *Algunas tardes me conecto a algunas redes sociales para chatear con mis amigos.* ☐ Familia: redecilla, enredar, desenredar, enredo, enredoso, enredadera, redada, redil.

redacción (re·dac·ción) [sustantivo femenino] **1** Expresión de algo por escrito: *redacción de noticias.* **2** Ejercicio que consiste en expresar algo de manera escrita: *Hemos hecho una redacción sobre el otoño.* **3** Conjunto de las personas que trabajan escribiendo en un periódico o en otro sitio: *La redacción de esta revista está formada por veinte periodistas.* ☐ Familia: →redactar.

redactar (re·dac·tar) [verbo] Expresar algo por escrito: *Ayúdame a redactar la carta.* ☐ Familia: redacción, redactor.

redactor, ra (re·dac·tor, to·ra) [adjetivo o sustantivo] Que redacta. ☐ Familia: →redactar.

redada (re·da·da) [sustantivo femenino] Operación que hace la policía cuando detiene a muchas personas a la vez. ☐ Familia: →red.

redecilla (re·de·ci·lla) [sustantivo femenino] **1** Red pequeña que se pone en la cabeza. **2** Parte del estómago de algunos animales. ☐ Familia: →red.

redención (re·den·ción) [sustantivo femenino] Hecho de librar a alguien de una obligación o de quitarle un dolor: *Para los cristianos, Cristo murió en la cruz por la redención de todos los hombres.* ☐ Familia: →redimir.

redentor, ra (re·den·tor, to·ra) [adjetivo o sustantivo] Que libra de una obligación o quita un dolor. ☐ Familia: →redimir.

redicho, cha (re·di·cho, cha) [adjetivo o sustantivo] Que habla con palabras demasiado escogidas. ☐ Familia: →decir.

redil (re·dil) [sustantivo masculino] Terreno rodeado por una cerca, en el que se guarda el ganado. ☐ Sinónimos: aprisco. ☐ Familia: →red.

redimir (re·di·mir) [verbo] Librar a alguien de una obligación o quitarle un dolor: *En la película, el ladrón colaboraba con la justicia para redimirse de sus delitos.* ☐ Familia: redención, redentor.

rédito (ré·di·to) [sustantivo masculino] Beneficio o ganancia que produce algo, especialmente el dinero.

redoblar (re·do·blar) [verbo] **1** Aumentar mucho: *redoblar esfuerzos.* **2** Tocar el tambor haciendo rebotar en él los palos de manera repetida. ☐ Familia: →doble.

redoble (re·do·ble) [sustantivo masculino] Sonido que hacen los palos al golpear varias veces en el tambor. ☐ Familia: →doble.

redomado, da (re·do·ma·do, da) [adjetivo] Acompañado de una cualidad negativa, indica que esta se tiene en un alto grado: *No juego contigo porque eres un tramposo redomado.* ☐ Familia: →domar.

redondeado, da (re·don·de·a·do, da) [adjetivo] **1** Con forma parecida al círculo o a la esfera. **2** Dicho de una cantidad, que está expresada en números enteros. ☐ Familia: →redondo.

redondear (re·don·de·ar) [verbo] **1** Terminar algo de modo que quede perfecto: *redondear un ejercicio.* **2** Expresar una cantidad en números redondos: *Si el total es 20,5, puedes redondearlo y poner 20 o 21.* ☐ Familia: →redondo.

redondel (re·don·del) [sustantivo masculino] Círculo. ☐ [Es coloquial]. ☐ Familia: →redondo.

redondez (re·don·dez) [sustantivo femenino] Característica de las cosas redondas. ☐ [Su plural es «redondeces»]. ☐ Familia: →redondo.

redondilla (re·don·di·lla) [sustantivo femenino] Estrofa de cuatro versos de ocho sílabas o menos, que riman el primero con el cuarto y el segundo con el tercero. ☐ Familia: →redondo.

redondo, da (re·don·do, da) ▌ [adjetivo] **1** Con forma de círculo o de esfera: *Un anillo es redondo.* **2** Perfecto o bien logrado: *La fiesta ha salido redonda.* **3** Dicho de una cantidad, que está expresada con unidades enteras y sin decimales: *20 es un número redondo.* ▌ **redondo** [sustantivo masculino] **4** Pieza de carne cortada en forma de tubo: *Hemos comido redondo de ternera.* ▌ **redonda** [sustantivo femenino] **5** Figura musical que indica la duración de una nota. 👁 página 648. ♦ [expresión] ‖ **a la redonda** Alrededor de un punto: *Por aquí no vive nadie en varios kilómetros a la redonda.* ☐ Sinónimos: **1** esférico. ☐ Familia: redondel, redondear, redondeado, redondez, redondilla.

reducción (re·duc·ción) [sustantivo femenino] Hecho de reducir algo en tamaño, en cantidad o en fuerza: *Pedimos la reducción de la jornada laboral.* ☐ Sinónimos: recorte, disminución, mengua. ☐ Antónimos: aumento. ☐ Familia: →reducir.

reducido, da (re·du·ci·do, da) [adjetivo] Pequeño en tamaño, en cantidad o en fuerza: *espacio reducido.* ☐ Sinónimos: escaso, breve, corto. ☐ Antónimos: amplio, espacioso, extenso. ☐ Familia: →reducir.

reducir (re·du·cir) [verbo] **1** Hacer menor en tamaño, en cantidad o en fuerza: *reducir espacio.* **2** Hacer que una cosa se vuelva otra peor: *El incendio redujo la casa a cenizas.* **3** Consistir una cosa en otra más simple: *Todos nuestros problemas se reducen a que no tenemos dinero.* **4** Sujetar a alguien: *Los vigilantes redujeron a los atracadores y les quitaron las armas.* ☐ [Es irregular y se conjuga como CONDUCIR]. ☐ Sinónimos: **1** abreviar, disminuir, recortar, mermar, menguar, achicar, aminorar. ☐ Antónimos: **1** aumentar, agrandar, acrecentar, ampliar, crecer. ☐ Familia: reducción, reducido, reducto.

reducto (re·duc·to) [sustantivo masculino] Lugar o grupo en el que se mantienen costumbres pasadas. ☐ Familia: →reducir.

redundancia (re·dun·dan·cia) [sustantivo femenino] Repetición de una palabra o una idea: *«Bajar abajo» es una redundancia.* ☐ Familia: →redundar.

redundante (re·dun·dan·te) [adjetivo] Que sobra porque se repite: *«Subir arriba» es una frase redundante.* ☐ [No varía en masculino y femenino]. ☐ Familia: →redundar.

redundar (re·dun·dar) [verbo] Terminar una cosa siendo beneficiosa o perjudicial para alguien: *La paz redunda en beneficio de todos.* ☐ Sinónimos: revertir. ☐ Familia: redundante, redundancia.

reduplicar (re·du·pli·car) [verbo] Aumentar mucho o el doble: *Tuvimos que reduplicar los esfuerzos para acabar a tiempo el trabajo.* ☐ [La «c» se cambia en «qu» delante de «e» («redupliquen»)]. ☐ Familia: →doble.

reedición (re·e·di·ción) [sustantivo femenino] Segunda o posterior publicación de una obra. ☐ Familia: →editar.

reelegir (re·e·le·gir) [verbo] Volver a elegir. ☐ [Es irregular y se conjuga como PEDIR. La «g» se cambia en «j» delante de «a», «o» («reelija»). Tiene dos participios: uno regular («reelegido») y otro irregular («reelecto»)]. ☐ Familia: →elegir.

reembolsar (re·em·bol·sar) [verbo] Devolver una cantidad de dinero a quien la había dado: *Si el sofá está* *defectuoso nos reembolsarán el dinero que costó.* ☐ SINÓNIMOS: reintegrar. ☐ FAMILIA: →bolso.

reembolso (re·em·**bol**·so) [sustantivo masculino] Devolución de una cantidad de dinero que antes se había cobrado. ◆ [expresión] ‖ **contra reembolso** Forma de pagar un envío por correo que consiste en abonarlo cuando lo recibimos. ☐ SINÓNIMOS: reintegro.

reemplazar (re·em·pla·**zar**) [verbo] Poner a una persona o una cosa en lugar de otras: *Han reemplazado el sofá roto por uno nuevo.* ☐ [La «z» se cambia en «c» delante de «e» («reemplace»). Se usa también «remplazar»]. ☐ SINÓNIMOS: sustituir, suplir. ☐ FAMILIA: →plaza.

reemplazo (re·em·**pla**·zo) [sustantivo masculino] **1** Hecho de poner a una persona o una cosa en lugar de otras. **2** Conjunto de personas del ejército que sustituyen a otras en los plazos que marca la ley: *Estos soldados se licencian cuando llegue el siguiente reemplazo.* ☐ [Se usa también «remplazo»]. ☐ SINÓNIMOS: **1** sustitución. ☐ FAMILIA: →plazo.

reemprender (re·em·pren·**der**) [verbo] Continuar algo que había sido interrumpido: *Antes de reemprender el viaje, comeremos algo en la cafetería.* ☐ SINÓNIMOS: reanudar. ☐ FAMILIA: →emprender.

reencarnación (re·en·car·na·**ción**) [sustantivo femenino] Hecho de volver a nacer el alma, después de la muerte, en el cuerpo de otra persona o en otro ser vivo. ☐ FAMILIA: →carne.

reencarnarse (re·en·car·**nar**·se) [verbo] Volver a nacer el alma, después de la muerte, en el cuerpo de otra persona o en otro ser vivo. ☐ FAMILIA: →carne.

reencontrar (re·en·con·**trar**) [verbo] Volver a encontrar: *Las dos amigas se reencontraron después de diez años sin verse.* ☐ [Es irregular y se conjuga como CONTAR]. ☐ FAMILIA: →encontrar.

reencuentro (re·en·**cuen**·tro) [sustantivo masculino] Hecho de volver a encontrar algo. ☐ FAMILIA: →encontrar.

reengancharse (re·en·gan·**char**·se) [verbo] Continuar en el ejército después de haber hecho la mili. ☐ FAMILIA: →gancho.

reenganche (re·en·**gan**·che) [sustantivo masculino] Hecho de continuar en el ejército después de haber hecho la mili. ☐ FAMILIA: →gancho.

reestrenar (re·es·tre·**nar**) [verbo] Volver a estrenar algo, sobre todo un espectáculo. ☐ FAMILIA: →estrenar.

reestreno (re·es·**tre**·no) [sustantivo masculino] Hecho de volver a estrenar algo, sobre todo un espectáculo. ☐ FAMILIA: →estrenar.

reestructuración (re·es·truc·tu·ra·**ción**) [sustantivo femenino] Hecho de cambiar la estructura o el orden de las partes de una cosa. ☐ FAMILIA: →estructura.

reestructurar (re·es·truc·tu·**rar**) [verbo] Cambiar la estructura o el orden de las partes de una cosa: *reestructurar un escrito; reestructurar una empresa.* ☐ FAMILIA: →estructura.

refajo (re·**fa**·jo) [sustantivo masculino] Falda corta que llevaban las mujeres debajo de la ropa para abrigarse. ☐ FAMILIA: →faja.

referencia (re·fe·**ren**·cia) [sustantivo femenino] **1** Cosa que se nombra o se cita al hablar o al escribir sobre algo: *En su discurso incluyó dos referencias a hechos muy recientes.* **2** Persona o cosa que sirve como modelo: *Uso este libro como punto de referencia.* ☐ FAMILIA: →referir.

referendo (re·fe·**ren**·do) [sustantivo masculino] Votación en la que se pide la opinión del pueblo sobre algo muy importante. ☐ [Su plural es «referendos». Se usa también «referéndum»].

referéndum (re·fe·**rén**·dum) [sustantivo masculino] → **referendo**. ☐ [Su plural es «referéndums»].

referente (re·fe·**ren**·te) [adjetivo] Que se refiere a algo o habla de algo: *Me interesa todo lo referente al deporte.* ☐ [No varía en masculino y femenino]. ☐ FAMILIA: →referir.

referir (re·fe·**rir**) [verbo] **1** Dar a conocer con palabras una historia o un suceso: *El escritor refiere en el libro muchas aventuras.* ▮ **referirse 2** Citar algo o hablar de ello: *No me refiero a ti.* ☐ [Es irregular y se conjuga como SENTIR]. ☐ SINÓNIMOS: **1** contar, narrar, relatar. ☐ FAMILIA: referente, referencia.

refilón (re·fi·**lón**) ◆ [expresión] ‖ **de refilón** De pasada. ☐ [Es coloquial].

refinado, da (re·fi·**na**·do, da) [adjetivo] **1** Delicado, muy fino o excelente: *gusto refinado.* **2** Que ha sido muy mejorado o que está cuidado hasta los más mínimos detalles: *La gasolina es un producto refinado del petróleo.* ☐ ANTÓNIMOS: **1** tosco, basto, rústico, rudo, soez. ☐ FAMILIA: →refinar.

refinamiento (re·fi·na·**mien**·to) [sustantivo masculino] Característica de lo que es delicado, muy fino o excelente. ☐ FAMILIA: →refinar.

refinar (re·fi·**nar**) [verbo] **1** Hacer que algo sea más puro o más fino, quitándole lo que le sobra: *refinar petróleo.* **2** Hacer que una persona se comporte de una forma más fina y elegante: *Tienes que refinar tus modales.* ☐ FAMILIA: refinado, refinamiento, refinería.

refinería (re·fi·ne·**rí**·a) [sustantivo femenino] Lugar en el que se hacen más puros o más finos algunos productos, como el petróleo. ☐ FAMILIA: →refinar.

reflectante (re·flec·**tan**·te) [adjetivo o sustantivo masculino] Que refleja el calor, la luz o el sonido: *Algunas señales de tráfico son reflectantes.* ☐ [Cuando es adjetivo, no varía en masculino y femenino]. ☐ SINÓNIMOS: reflector. ☐ FAMILIA: →reflejo.

reflector, ra (re·flec·**tor**, **to**·ra) ▮ [adjetivo o sustantivo masculino] **1** Que refleja el calor, la luz o el sonido. ▮ **reflector** [sustantivo masculino] **2** Aparato que produce una luz muy fuerte: *Había reflectores en el campo porque iban a jugar de noche.* ☐ SINÓNIMOS: **1** reflectante. ☐ FAMILIA: →reflejo.

reflejar (re·fle·**jar**) [verbo] **1** Hacer que la luz, el calor o el sonido cambien de dirección: *Los espejos reflejan las imágenes.* **2** Mostrar o dejar ver: *Su cara refleja cansancio.* ☐ [Se escribe siempre con «j»]. ☐ FAMILIA: →reflejo.

reflejo, ja (re·**fle**·jo, ja) ▮ [adjetivo o sustantivo masculino] **1** Que se hace sin querer y se produce como respuesta a un estímulo:

reflexión

acto reflejo. ∎ **reflejo** [sustantivo masculino] **2** Luz que cambia de dirección al chocar con un objeto: *El reflejo del sol en el agua me hace daño a la vista.* **3** Imagen que aparece en algunas superficies al poner un objeto delante de ellas: *Vi mi reflejo en el agua.* **4** Cosa que muestra o es señal de algo: *Los saltos que da son reflejo de su alegría.* ∎ **reflejos** [sustantivo masculino plural] **5** Capacidad para responder a algo de forma rápida y eficaz: *Con el paso de los años, todos perdemos reflejos.* ☐ Familia: reflejar, reflector, reflectante.

reflexión (re·fle·xión) [sustantivo femenino] Actividad que consiste en pensar algo despacio y con atención: *La reflexión es necesaria para actuar de forma correcta.* ☐ Sinónimos: meditación, especulación. ☐ Familia: reflexionar, reflexivo, irreflexivo.

reflexionar (re·fle·xio·nar) [verbo] Pensar algo despacio y con atención. ☐ Sinónimos: meditar, recapacitar, considerar, especular. ☐ Familia: →reflexión.

reflexivo, va (re·fle·xi·vo, va) [adjetivo] **1** Que piensa las cosas despacio y con atención: *persona reflexiva.* **2** Que expresa una acción que realiza y recibe el sujeto: *«Me lavo» es una oración reflexiva.* **3** Dicho de un pronombre, que expresa la misma persona que el sujeto: *«Me», «te» y «se» pueden actuar como pronombres reflexivos.* ☐ Antónimos: **1** irreflexivo. ☐ Familia: →reflexión.

reflujo (re·flu·jo) [sustantivo masculino] Bajada de la marea. ☐ Antónimos: flujo. ☐ Familia: →fluir.

reforma (re·for·ma) [sustantivo femenino] Cambio que se hace en algo con intención de mejorarlo: *Vamos a hacer una reforma en la cocina.* ☐ Familia: →reformar.

reformar (re·for·mar) [verbo] **1** Cambiar algo con la intención de mejorarlo. **2** Hacer que alguien deje de comportarse de una forma que se considera negativa: *Debes reformarte y dejar de ser un gamberro.* ☐ Sinónimos: **2** regenerar. ☐ Familia: reforma, reformatorio.

reformatorio (re·for·ma·to·rio) [sustantivo masculino] Lugar en el que viven los menores de edad que han cometido algún delito. ☐ Familia: →reformar.

reforzar (re·for·zar) [verbo] Hacer más fuerte: *Reforzaremos el fondo de la caja para que no se rompa.* ☐ [Es irregular y se conjuga como CONTAR. La «z» se cambia en «c» delante de «e» («refuerce»)]. ☐ Antónimos: debilitar, disminuir. ☐ Familia: →fuerza.

refracción (re·frac·ción) [sustantivo femenino] Cambio de dirección de los rayos de luz al pasar de un medio a otro distinto: *Cuando metemos un lápiz en un vaso de agua, la refracción de la luz hace que lo veamos torcido.* ☐ Familia: →refractar.

refractar (re·frac·tar) [verbo] Cambiar de dirección los rayos de luz al pasar de un medio a otro distinto: *El agua refracta los rayos de luz que la atraviesan desde el aire.* ☐ Familia: refracción, refractario.

refractario, ria (re·frac·ta·rio, ria) [adjetivo] **1** Dicho de un material, que resiste la acción del fuego sin cambiar ni estropearse. **2** Dicho de una persona, que es contraria a algo y que no quiere hacerlo: *Mi padre es refractario a los cambios.* ☐ Sinónimos: **2** reacio. ☐ Antónimos: **2** partidario. ☐ Familia: →refractar.

refrán (re·frán) [sustantivo masculino] Frase popular que contiene un consejo o enseñanza. ☐ Sinónimos: proverbio. ☐ Familia: refranero.

refranero (re·fra·ne·ro) [sustantivo masculino] Conjunto de refranes. ☐ Familia: →refrán.

refrenar (re·fre·nar) [verbo] Dominar o hacer menos violento: *Aunque es muy colérico, sabe refrenar sus impulsos.* ☐ Familia: →freno.

refrendar (re·fren·dar) [verbo] **1** Autorizar un documento la persona que puede hacerlo, poniéndole su firma: *El rey refrenda las decisiones del Parlamento.* **2** Aceptar algo: *Los alumnos refrendaron en votación secreta el nuevo reglamento.*

refrescante (re·fres·can·te) [adjetivo] Que disminuye la sensación de calor: *bebida refrescante.* ☐ [No varía en masculino y femenino]. ☐ Familia: →fresco.

refrescar (re·fres·car) [verbo] **1** Disminuir el calor o la temperatura: *En verano suele refrescar por las noches.* **2** Hacer recordar: *Refréscame la memoria, porque no recuerdo nada.* ☐ [La «c» se cambia en «qu» delante de «e» («refresque»)]. ☐ Familia: →fresco.

refresco (re·fres·co) [sustantivo masculino] Bebida que se toma para tener menos calor. ☐ Familia: →fresco.

refriega (re·frie·ga) [sustantivo femenino] Pelea o batalla poco violenta. ☐ Sinónimos: escaramuza.

refrigeración (re·fri·ge·ra·ción) [sustantivo femenino] Sistema para enfriar algo. ☐ Familia: →frío.

refrigerador, ra (re·fri·ge·ra·dor, do·ra) [sustantivo] Electrodoméstico que sirve para conservar fríos los alimentos y las bebidas. ☐ Sinónimos: nevera, frigorífico. ☐ Familia: →frío.

refrigerar (re·fri·ge·rar) [verbo] Hacer disminuir el calor: *El aire acondicionado refrigerará rápidamente la habitación.* ☐ Sinónimos: enfriar. ☐ Antónimos: calentar. ☐ Familia: →frío.

refrigerio (re·fri·ge·rio) [sustantivo masculino] Comida ligera que se toma para volver a tener fuerzas. ☐ Familia: →frío.

refrito (re·fri·to) [sustantivo masculino] **1** Especie de salsa hecha con ajo, cebolla, pimentón y otros ingredientes fritos en aceite, que se añade a algunas comidas. **2** Obra que se hace copiando cosas de distintos sitios: *Ese libro es un refrito de artículos ya publicados.* ☐ Sinónimos: **1** sofrito. ☐ Familia: →freír.

refuerzo (re·fuer·zo) [sustantivo masculino] Pieza que hace que algo sea más fuerte o más resistente. ☐ Familia: →fuerza.

refugiado, da (re·fu·gia·do, da) [sustantivo] Persona que huye de una guerra o de una desgracia. ☐ Familia: →refugio.

refugiar (re·fu·giar) [verbo] **1** Dar a alguien protección o refugio: *Una familia refugió a un huido.* ∎ **refugiarse** **2** Buscar ayuda o protección: *Cuando tengo problemas me refugio en mis amigos.* ☐ [Es irregular y se conjuga como ANUNCIAR]. ☐ Sinónimos: **1** acoger, cobijar. ☐ Familia: →refugio.

refugio (re·fu·gio) [sustantivo masculino] **1** Ayuda o protección: *Los Gobiernos deben dar refugio a las personas que lo necesitan.* **2** Lugar que sirve para protegerse de algún peligro: *refugio de montaña.* **3** Persona o cosa que sirve de ayuda o alivia una pena: *La lectura es mi refugio.* ☐ SINÓNIMOS: **1** asilo. **2** resguardo, cobijo. ☐ FAMILIA: refugiar, refugiado.

refulgente (re·ful·gen·te) [adjetivo] Que brilla con fuerza. ☐ [No varía en masculino y femenino]. ☐ SINÓNIMOS: resplandeciente. ☐ FAMILIA: →fulgor.

refulgir (re·ful·gir) [verbo] Brillar con fuerza: *Los fuegos artificiales refulgían en el cielo.* ☐ [La «g» se cambia en «j» delante de «a», «o» («refulja»)]. ☐ SINÓNIMOS: resplandecer. ☐ FAMILIA: →fulgor.

refundir (re·fun·dir) [verbo] **1** Volver a fundir un metal. **2** Reunir varias cosas en una sola: *El proyecto final refunde todas nuestras propuestas.* ☐ FAMILIA: →fundir.

refunfuñar (re·fun·fu·ñar) [verbo] Protestar en voz baja: *No refunfuñes y haz lo que te digo.* ☐ SINÓNIMOS: rezongar, renegar.

refutar (re·fu·tar) [verbo] Oponerse a lo que otro dice utilizando argumentos o razones: *Los científicos han refutado esta teoría gracias a un nuevo experimento.* ☐ SINÓNIMOS: rebatir. ☐ ANTÓNIMOS: corroborar.

regadera (re·ga·de·ra) [sustantivo femenino] Recipiente con la boca terminada en agujeros, que se usa para echar agua a las plantas. ◆ [expresión] ‖ **como una regadera** Loco. ☐ [La expresión es coloquial]. ☐ FAMILIA: →regar.

regadera

regadío (re·ga·dí·o) [sustantivo masculino] Tierra en la que se cultivan plantas que necesitan agua con frecuencia para poder crecer: *plantas de regadío.* ☐ ANTÓNIMOS: secano. ☐ FAMILIA: →regar.

regalado, da (re·ga·la·do, da) [adjetivo] **1** Muy barato: *Esta camisa estaba regalada.* **2** Agradable o muy cómodo: *una vida regalada.* ☐ SINÓNIMOS: **2** placentero. ☐ ANTÓNIMOS: **1** caro. ☐ FAMILIA: →regalo.

regalar (re·ga·lar) [verbo] Dar algo sin recibir nada a cambio: *Me han regalado un libro.* ☐ FAMILIA: →regalo.

regaliz (re·ga·liz) [sustantivo masculino] Dulce que se hace con el tallo de una planta y que suele ser de color negro o rojo. ☐ [Su plural es «regalices»]. ☐ SINÓNIMOS: paloduz.

regalo (re·ga·lo) [sustantivo masculino] Cosa que se da a alguien sin recibir nada a cambio: *He recibido muchos regalos.* ☐ SINÓNIMOS: dádiva, presente. ☐ FAMILIA: regalar, regalado.

regañadientes (re·ga·ña·dien·tes) ◆ [expresión] ‖ **a regañadientes** De mala gana o con disgusto: *Fui a la compra a regañadientes.* ☐ FAMILIA: →regañar. →diente.

regañar (re·ga·ñar) [verbo] **1** Llamar la atención a alguien para decirle lo que ha hecho mal: *No te subas a la silla, que te van a regañar.* **2** Tener una discusión con alguien: *Ha regañado con su novio.* ☐ SINÓNIMOS: reñir. **1** reprender, reconvenir. **2** pelear, discutir. ☐ FAMILIA: regañina, regañadientes.

regañina (re·ga·ñi·na) [sustantivo femenino] Palabras con las que se llama la atención a alguien que ha hecho algo mal: *¡Menuda regañina me echaron por llegar tarde...!* ☐ SINÓNIMOS: rapapolvo. ☐ FAMILIA: →regañar.

regar (re·gar) [verbo] **1** Echar agua sobre una planta. **2** Ir un río por una zona: *El Ebro riega las ciudades de Logroño y Zaragoza.* ☐ [Es irregular y se conjuga como ACERTAR. La «g» se cambia en «gu» delante de «e» («riegue»)]. ☐ FAMILIA: riego, regadera, regadío, reguero, reguera, regato.

regata (re·ga·ta) [sustantivo femenino] Carrera de barcos.

regate (re·ga·te) [sustantivo masculino] Movimiento rápido del cuerpo para evitar algo: *El futbolista hizo varios regates para que no le quitaran el balón.* ☐ FAMILIA: regatear.

regatear (re·ga·te·ar) [verbo] **1** Discutir el precio de un producto la persona que lo quiere comprar y la que lo quiere vender. **2** Hacer un movimiento rápido con el cuerpo para evitar algo: *El jugador regateó a dos contrarios y metió gol.* **3** Dar algo en la menor cantidad posible: *No regateé esfuerzos para conseguir lo que quería.* ☐ FAMILIA: →regate.

regato (re·ga·to) [sustantivo masculino] Río pequeño. ☐ FAMILIA: →regar.

regazo (re·ga·zo) [sustantivo masculino] Zona de una persona sentada, que va desde la cintura hasta las rodillas.

regazo

regencia (re·gen·cia) [sustantivo femenino] **1** Gobierno de un Estado durante el tiempo en el que el verdadero gobernador es menor de edad o no puede desempeñar su cargo. **2** Tiempo que dura este gobierno. **3** Hecho de dirigir algo: *La hija mayor lleva la regencia del negocio.* ☐ FAMILIA: →rey.

regeneración (re·ge·ne·ra·ción) [sustantivo femenino] Hecho de volver a poner en buen estado: *Esta crema favorece la regeneración de las células de la piel.* ☐ FAMILIA: →generar.

regenerar (re·ge·ne·rar) [verbo] **1** Volver a poner en buen estado: *Durante la juventud, la piel se regenera fácilmente.* **2** Hacer que una persona deje sus malas costumbres: *Deja las malas costumbres y te regenerarás.* **3** Volver a producir: *Las lagartijas pueden regenerar la cola si la pierden.* ☐ SINÓNIMOS: **2** reformar. ☐ FAMILIA: →generar.

regentar (re·gen·tar) [verbo] **1** Dirigir o gobernar: *Mi madre regenta la empresa familiar.* **2** Ocupar un puesto de trabajo por un tiempo determinado: *¿Quién regentó el cargo de Luis mientras estuvo enfermo?* ☐ FAMILIA: →rey.

regente (re·gen·te) [adjetivo o sustantivo] **1** Dicho de una persona, que dirige o gobierna. ▌[sustantivo] **2** Persona que hace las funciones del rey, mientras este no puede. ☐ [No varía en masculino y femenino]. ☐ FAMILIA: →rey.

régimen (ré·gi·men) [sustantivo masculino] **1** Conjunto de comidas o bebidas que debe tomar una persona para no engordar o para no ponerse enfermo. **2** Sistema político por el que se gobierna una nación: *régimen democrático.* ☐ [Su plural es «regímenes»]. ☐ SINÓNIMOS: **1** dieta. ☐ FAMILIA: →rey.

regimiento (re·gi·mien·to) [sustantivo masculino] Grupo grande de soldados que suele estar al mando de un coronel. ☐ FAMILIA: →rey.

regio, gia (re·gio, gia) [adjetivo] **1** Del rey o relacionado con él. **2** Muy grande o con mucha riqueza: *una mansión regia.* ☐ SINÓNIMOS: **1** real. ☐ FAMILIA: →rey.

región (re·gión) [sustantivo femenino] Cada una de las zonas en que se divide un lugar u otra cosa: *región abdominal.* ☐ FAMILIA: regional.

regional (re·gio·nal) [adjetivo] De una región o relacionado con ella: *traje regional.* ☐ [No varía en masculino y femenino]. ☐ FAMILIA: →región.

regir (re·gir) [verbo] **1** Dirigir o gobernar: *Dame las normas que rigen nuestra comunidad.* **2** Necesitar una palabra la presencia de otra con unas propiedades determinadas: *El verbo «hablar» rige la preposición «con» en la oración «hablo con mi hermano».* **3** Tener validez: *Esa ley rigió durante siglos.* **4** Conservar las facultades mentales: *Si has hecho esa tontería, es que no riges.* ☐ [Es irregular y se conjuga como PEDIR. La «g» se cambia en «j» delante de «a», «o» («rija»)]. ☐ FAMILIA: →rey.

registrado, da (re·gis·tra·do, da) [adjetivo] Que ha sido anotado o apuntado en algún sitio: *marca registrada.* ☐ FAMILIA: →registrar.

registrador, ra (re·gis·tra·dor, do·ra) ▌[adjetivo] **1** Que registra: *caja registradora.* ▌[sustantivo] **2** Persona que tiene a su cargo un registro público, especialmente el de la propiedad. ☐ FAMILIA: →registrar.

registrar (re·gis·trar) [verbo] **1** Examinar con detalle para encontrar algo: *La policía registró la casa.* **2** Apuntar un nombre en una lista: *¿Te has registrado ya en la lista del viaje de fin de curso?* **3** Anotar algo en un sitio: *El secretario registró por escrito todo lo ocurrido.* **4** Grabar la imagen o el sonido: *registrar conversaciones.* ▌**registrarse 5** Producirse o suceder: *Este mes se han registrado menos accidentes de tráfico.* ☐ FAMILIA: registro, registrado, registrador.

registro (re·gis·tro) [sustantivo masculino] **1** Examen de algo con atención para encontrar alguna cosa: *Encontraron el arma en el registro del piso.* **2** Introducción de un nombre en una lista: *El bibliotecario hace el registro de los libros que llegan.* **3** Libro o escrito en el que se escriben estos nombres: *Todas las personas deben estar inscritas en el registro.* ☐ SINÓNIMOS: **2** inscripción. ☐ FAMILIA: →registrar.

regla (re·gla) [sustantivo femenino] **1** Objeto plano y alargado que sirve para dibujar líneas rectas y para medir distancias entre dos puntos. **2** Principio que todos deben cumplir y respetar porque se ha fijado así: *No conozco las reglas de este juego.* **3** Modo en que se produce algo de forma habitual: *Por regla general, comemos a las dos.* **4** Pérdida de sangre que sufre la mujer una vez al mes. ◆ [expresión] ▍**en regla** De forma correcta. ☐ SINÓNIMOS: **4** menstruación, período. ☐ FAMILIA: reglamento, reglamentario, reglamentar, reglamentación, regular, regulable, regularidad, regularizar, irregular, irregularidad, antirreglamentario.

reglamentación (re·gla·men·ta·ción) [sustantivo femenino] Conjunto de reglas. ☐ FAMILIA: →regla.

reglamentar (re·gla·men·tar) [verbo] Poner las reglas que regulan la forma en que algo debe realizarse: *Las leyes reglamentan la vida en común de los ciudadanos.* ☐ FAMILIA: →regla.

reglamentario, ria (re·gla·men·ta·rio, ria) [adjetivo] Que cumple lo que mandan las reglas. ☐ ANTÓNIMOS: antirreglamentario. ☐ FAMILIA: →regla.

reglamento (re·gla·men·to) [sustantivo masculino] Conjunto ordenado de reglas que regulan la forma en que algo debe realizarse. ☐ FAMILIA: →regla.

regocijar (re·go·ci·jar) [verbo] Poner alegre: *La noticia de tu boda nos regocijó.* ☐ [Se escribe siempre con «j»]. ☐ FAMILIA: regocijo.

regocijo (re·go·ci·jo) [sustantivo masculino] Sensación alegre y feliz: *El abuelo miraba con regocijo a sus nietos.* ☐ SINÓNIMOS: júbilo, entusiasmo. ☐ FAMILIA: →regocijar.

regodearse (re·go·de·ar·se) [verbo] Disfrutar mucho con algo, aunque sea malo para otra persona: *Te regodeas viendo cómo tus compañeros suspenden mientras tú apruebas.* ☐ FAMILIA: regodeo.

regodeo (re·go·de·o) [sustantivo masculino] Sensación de placer que produce algo, aunque sea malo para otra persona. ☐ FAMILIA: →regodearse.

regordete, ta (re·gor·de·te, ta) [adjetivo] Grueso y de poca altura. ☐ [Es coloquial]. ☐ SINÓNIMOS: rechoncho. ☐ FAMILIA: →gordo.

regresar (re·gre·sar) [verbo] Ir de nuevo al punto del que se había partido: *Nos vamos de viaje y no sé cuándo regresaremos.* ☐ SINÓNIMOS: volver, reaparecer. ☐ FAMILIA: regreso, regresión, regresivo.

regresión (re·gre·sión) [sustantivo femenino] Vuelta hacia atrás: *La subida de los precios producirá una regresión económica.* ☐ SINÓNIMOS: retroceso. ☐ ANTÓNIMOS: avance, progresión. ☐ FAMILIA: →regresar.

regresivo, va (re·gre·si·vo, va) [adjetivo] Que vuelve hacia atrás. ☐ FAMILIA: →regresar.

regreso (re·gre·so) [sustantivo masculino] Vuelta al lugar del que se partió: *A mi regreso os lo contaré todo.* ☐ SINÓNIMOS: venida, reaparición. ☐ ANTÓNIMOS: ida. ☐ FAMILIA: →regresar.

regüeldo (re·güel·do) [sustantivo masculino] Salida de los gases del estómago por la boca y con ruido. ☐ SINÓNIMOS: eructo.

reguera (re·gue·ra) [sustantivo femenino] Canal que se hace en la tierra para llevar el agua de riego. ☐ FAMILIA: reguero. ☐ FAMILIA: →regar.

reguero (re·gue·ro) [sustantivo masculino] **1** Línea continua que deja algo que se va cayendo: *un reguero de agua.* **2** Canal que se hace en la tierra para llevar el agua de riego. ☐ SINÓNIMOS: **2** reguera. ☐ FAMILIA: →regar.

regulable (re·gu·la·ble) [adjetivo] Que se puede regular: *La correa del reloj es regulable.* ☐ [No varía en masculino y femenino]. ☐ FAMILIA: →regla.

regular (re·gu·lar) [adjetivo] **1** De tamaño o de características normales: *Este cuadro tiene un tamaño regular.* **2** Que sigue unas reglas o es de unas proporciones determinadas: *«Amar» es un verbo regular.* ▪ [verbo] **3** Hacer que algo se desarrolle con orden o según una regla: *Los semáforos regulan el tráfico.* **4** Controlar un sistema: *Este botón regula el volumen.* ▪ [adverbio] **5** No muy bien: *Hoy me encuentro regular.* ☐ [En los significados **1** y **2** no varía en masculino y femenino. En el significado **5** tampoco varía por ser adverbio]. ☐ SINÓNIMOS: **3** organizar, regularizar. ☐ ANTÓNIMOS: **1, 2** irregular. **3** desorganizar. ☐ FAMILIA: →regla.

regularidad (re·gu·la·ri·dad) [sustantivo femenino] Característica de lo que no tiene grandes cambios o fallos en su forma o en su desarrollo: *Viene a visitarnos con regularidad.* ☐ ANTÓNIMOS: irregularidad. ☐ FAMILIA: →regla.

regularizar (re·gu·la·ri·zar) [verbo] Hacer que algo se desarrolle con normalidad o según una regla: *Después de quitar la nieve, el tráfico se regularizó en la autopista.* ☐ [La «z» se cambia en «c» delante de «e» («regularice»)]. ☐ SINÓNIMOS: regular. ☐ FAMILIA: →regla.

regusto (re·gus·to) [sustantivo masculino] **1** Sabor que deja algo que se ha comido o bebido: *un regusto salado.* **2** Sensación de dolor o de placer que queda después de un acontecimiento: *un regusto de tristeza.* ☐ FAMILIA: →gusto.

rehabilitación (re·ha·bi·li·ta·ción) [sustantivo femenino] Conjunto de técnicas que sirven para que una parte del cuerpo pueda volver a realizar su función: *ejercicios de rehabilitación.* ☐ FAMILIA: →hábil.

rehabilitar (re·ha·bi·li·tar) [verbo] Poner en práctica un conjunto de técnicas que sirven para que una persona o cosa vuelva a la situación en la que se encontraba antes: *Rehabilitaron un viejo edificio.* ☐ FAMILIA: →hábil.

rehacer (re·ha·cer) [verbo] **1** Volver a hacer algo: *rehacer un trabajo.* ▪ **rehacerse 2** Tomar nuevas fuerzas o nuevos ánimos: *Es difícil rehacerse tras la muerte de un ser querido.* ☐ [Es irregular y se conjuga como HACER. Su participio es «rehecho»]. ☐ FAMILIA: →hacer.

rehecho, cha (re·he·cho, cha) Participio irregular de **rehacer**. ☐ FAMILIA: →hacer.

rehén (re·hén) [sustantivo masculino] Persona a la que se tiene prisionera para obligar a otros a cumplir algo.

rehogar (re·ho·gar) [verbo] Freír ligeramente un alimento a fuego lento: *Una vez cocidas las verduras, las puedes rehogar con ajos, pimentón y un poco de aceite.* ☐ [La «g» se cambia en «gu» delante de «e» («rehogue»)].

rehuir (re·huir) [verbo] **1** Rechazar algo por miedo: *No debes rehuir los problemas.* **2** Evitar la relación con una persona: *Me rehúye porque cree que estoy enfadada con él.* ☐ [Es irregular. Mira el cuadro en la página siguiente]. ☐ SINÓNIMOS: **2** huir. ☐ FAMILIA: →huir.

rehusar (rehu·sar) [verbo] No querer hacer algo: *Rehusó mi invitación.* ☐ [Es irregular. Mira el cuadro en la página 807]. ☐ SINÓNIMOS: negarse, rechazar, declinar. ☐ ANTÓNIMOS: acceder.

reimpresión (reim·pre·sión) [sustantivo femenino] Segunda o posterior impresión de un texto o de una imagen. ☐ FAMILIA: →imprimir.

reimprimir (reim·pri·mir) [verbo] Volver a imprimir. ☐ FAMILIA: →imprimir.

reina (rei·na) [sustantivo femenino] **1** Mujer que tiene la autoridad más alta en determinados sistemas políticos. **2** Mujer del rey. **3** Mujer que en algunas fiestas es elegida para que ocupe un lugar de honor: *reina de las fiestas.* **4** Una de las piezas del juego del ajedrez. ☐ [El masculino es «rey»]. ☐ FAMILIA: →rey.

reinado (rei·na·do) [sustantivo masculino] Tiempo durante el que un rey manda en un lugar. ☐ FAMILIA: →rey.

reinante (rei·nan·te) [adjetivo] Que reina. ☐ [No varía en masculino y femenino]. ☐ FAMILIA: →rey.

reinar (rei·nar) [verbo] **1** Mandar el rey o el soberano en un lugar. **2** Haber algo en gran cantidad: *La paz reina en esta casa.* ☐ [Es irregular y se conjuga como PEINAR]. ☐ FAMILIA: →rey.

reincidencia (rein·ci·den·cia) [sustantivo femenino] Hecho de volver a hacer algo que está mal. ☐ FAMILIA: →incidir.

reincidente (rein·ci·den·te) [adjetivo] Que vuelve a hacer algo que está mal. ☐ [No varía en masculino y femenino]. ☐ FAMILIA: →incidir.

reincidir (rein·ci·dir) [verbo] Volver a hacer algo que está mal: *Si reincides y vuelves a portarte mal, te castigaré.* ☐ FAMILIA: →incidir.

reincorporación (rein·cor·po·ra·ción) [sustantivo femenino] Hecho de volver a incorporarse. ☐ FAMILIA: →incorporar.

reincorporar (rein·cor·po·rar) [verbo] Volver a incorporar: *Se reincorporó al trabajo después de la enfermedad.* ☐ Familia: →incorporar.

reineta (rei·ne·ta) [sustantivo femenino] Tipo de manzana de color verdoso, con forma achatada y de sabor ácido.

reiniciar (rei·ni·ciar) [verbo] Volver a iniciar: *He reiniciado mi ordenador para instalar un nuevo programa.* ☐ [Es irregular y se conjuga como ANUNCIAR]. ☐ Familia: →iniciar.

reino (rei·no) [sustantivo masculino] 1 Estado en el que el rey tiene la más alta autoridad: *El paje anunciaba por todo el reino la boda del príncipe.* 2 Espacio propio de una actividad: *Eso que me cuentas solo puede ocurrir en el reino de la fantasía.* 3 Cada una de las categorías más altas en las que se dividen los seres vivos: *reino vegetal.* ☐ Sinónimos: 2 ámbito, campo. ☐ Familia: →rey.

reinserción (rein·ser·ción) [sustantivo femenino] Hecho de que vuelva a formar parte de la sociedad una persona que estaba marginada de ella: *reinserción de delincuentes.* ☐ Familia: →insertar.

reintegrar (rein·te·grar) [verbo] 1 Devolver una cantidad de dinero: *Si no está conforme con la compra, le reintegramos su dinero.* ▌**reintegrarse** 2 Volver a una actividad o a un grupo: *En pocos días estarás repuesto y podrás reintegrarte a las clases.* ☐ Sinónimos: 1 reembolsar. ☐ Familia: →íntegro.

reintegro (rein·te·gro) [sustantivo masculino] 1 Premio de la lotería igual a la cantidad de dinero que se ha jugado. 2 Hecho de devolver una cantidad de dinero. ☐ Sinónimos: 2 reembolso. ☐ Familia: →íntegro.

reír (re·ír) [verbo] Expresar alegría moviendo la boca y haciendo unos sonidos especiales: *Contó un chiste y nos hizo reír.* ◆ [expresión] ‖ **reírse de algo** Tomárselo a broma y no hacer caso de ello. ☐ [Es irregular y se conjuga como SONREÍR]. ☐ Familia: sonreír, hazmerreír, risa, risotada, risueño, sonrisa, sonriente, irrisorio.

reiterado, da (rei·te·ra·do, da) [adjetivo] Que ha ocurrido o se ha hecho varias veces: *Las lluvias reiteradas han producido inundaciones.* ☐ Familia: →reiterar.

reiterar (rei·te·rar) [verbo] Volver a decir o a hacer algo: *Te reitero que no pienso ir contigo.* ☐ Sinónimos: repetir, insistir. ☐ Familia: reiterado, reiterativo.

reiterativo, va (rei·te·ra·ti·vo, va) [adjetivo] Que se repite o que indica repetición. ☐ Sinónimos: repetitivo. ☐ Familia: →reiterar.

reivindicar (rei·vin·di·car) [verbo] 1 Pedir con fuerza algo a lo que se tiene derecho: *Los manifestantes reivindicaban sus derechos.* 2 Decir alguien que él es el responsable de una cosa: *Un grupo terrorista reivindicó el atentado.* ☐ [La «c» se cambia en «qu» delante de «e» («reivindique»)]. ☐ Sinónimos: 1 exigir, reclamar.

REHUIR	
INDICATIVO	**SUBJUNTIVO**
Presente yo rehúyo tú rehúyes / usted rehúye él, ella rehúye nosotros, tras rehuimos vosotros, tras rehuís / ustedes rehúyen ellos, ellas rehúyen	**Presente** yo rehúya tú rehúyas / usted rehúya él, ella rehúya nosotros, tras rehuyamos vosotros, tras rehuyáis / ustedes rehúyan ellos, ellas rehúyan
Pretérito imperfecto yo rehuía tú rehuías / usted rehuía él, ella rehuía nosotros, tras rehuíamos vosotros, tras rehuíais / ustedes rehuían ellos, ellas rehuían	**Pretérito imperfecto** yo rehuyera o rehuyese tú rehuyeras o rehuyeses / usted rehuyera o rehuyese él, ella rehuyera o rehuyese nosotros, tras rehuyéramos o rehuyésemos vosotros, tras rehuyerais o rehuyeseis / ustedes rehuyeran o rehuyesen ellos, ellas rehuyeran o rehuyesen
Pretérito perfecto simple yo rehuí tú rehuiste / usted rehuyó él, ella rehuyó nosotros, tras rehuimos vosotros, tras rehuisteis / ustedes rehuyeron ellos, ellas rehuyeron	**Futuro simple** yo rehuyere tú rehuyeres / usted rehuyere él, ella rehuyere nosotros, tras rehuyéremos vosotros, tras rehuyereis / ustedes rehuyeren ellos, ellas rehuyeren
Futuro simple yo rehuiré tú rehuirás / usted rehuirá él, ella rehuirá nosotros, tras rehuiremos vosotros, tras rehuiréis / ustedes rehuirán ellos, ellas rehuirán	**IMPERATIVO**
	rehúye (tú) / rehúya (usted) rehuyamos (nosotros, tras) rehuid (vosotros, tras) / rehúyan (ustedes)
Condicional simple yo rehuiría tú rehuirías / usted rehuiría él, ella rehuiría nosotros, tras rehuiríamos vosotros, tras rehuiríais / ustedes rehuirían ellos, ellas rehuirían	**FORMAS NO PERSONALES**
	Infinitivo **Gerundio** **Participio** rehuir rehuyendo rehuido

reja (re·ja) [sustantivo femenino] Conjunto de barras que se ponen en un sitio para que no se pueda entrar ni salir de él. ◆ [expresión] ‖ **entre rejas** En la cárcel. ☐ Familia: rejilla, enrejar, enrejado, rejón, rejonear, rejoneador.

reja

rejilla (re·ji·lla) [sustantivo femenino] Especie de red de metal que se pone en un hueco para que no entre ni salga nada por él. ☐ Familia: →reja.

rejón (re·jón) [sustantivo masculino] Palo largo de madera con una cuchilla en la punta, que se usa para torear desde un caballo. ☐ Familia: →reja.

rejoneador, ra (re·jo·ne·a·dor, do·ra) [sustantivo] Persona que torea desde un caballo. ☐ Familia: →reja.

rejonear (re·jo·ne·ar) [verbo] Torear desde un caballo usando el rejón, que es un palo de madera acabado en una cuchilla. ☐ Familia: →reja.

rejuvenecer (re·ju·ve·ne·cer) [verbo] Volver a tener el aspecto o la energía propios de las personas jóvenes: *Este peinado te rejuvenece.* ☐ [Es irregular y se conjuga como AGRADECER]. ☐ Antónimos: envejecer. ☐ Familia: →joven.

relación (re·la·ción) ▌[sustantivo femenino] **1** Asociación entre dos cosas que tienen algo común: *Lo que me dices no tiene relación con lo que te he preguntado.* **2** Unión que se establece entre personas: *relación de amistad.* ▌ **relaciones** [plural] **3** Conjunto de personas conocidas que pueden ayudarnos a conseguir algo: *una empresaria con muchas relaciones.* ◆ [expresión] ‖ **relaciones públicas** Trabajo que consiste en relacionarse con la gente para darles a conocer algo. ☐ Sinónimos: **3** influencias. ☐ Familia: relacionar, relativo, relatividad, correlación, correlativo.

relacionar (re·la·cio·nar) [verbo] **1** Establecer lo que tienen en común dos o más cosas: *La policía intenta relacionar los dos robos.* ▌ **relacionarse 2** Tratarse con otras personas: *Me relaciono mucho con mis vecinos.* ☐ Sinónimos: **2** codearse. ☐ Familia: →relación.

relajación (re·la·ja·ción) [sustantivo femenino] Disminución de la tensión: *relajación muscular.* ☐ Familia: →relajar.

REHUSAR	
INDICATIVO	**SUBJUNTIVO**
Presente yo rehúso tú rehúsas / usted rehúsa él, ella rehúsa nosotros, tras rehusamos vosotros, tras rehusáis / ustedes rehúsan ellos, ellas rehúsan	**Presente** yo rehúse tú rehúses / usted rehúse él, ella rehúse nosotros, tras rehusemos vosotros, tras rehuséis / ustedes rehúsen ellos, ellas rehúsen
Pretérito imperfecto yo rehusaba tú rehusabas / usted rehusaba él, ella rehusaba nosotros, tras rehusábamos vosotros, tras rehusabais / ustedes rehusaban ellos, ellas rehusaban	**Pretérito imperfecto** yo rehusara o rehusase tú rehusaras o rehusases / usted rehusara o rehusase él, ella rehusara o rehusase nosotros, tras rehusáramos o rehusásemos vosotros, tras rehusarais o rehusaseis / ustedes rehusaran o rehusasen ellos, ellas rehusaran o rehusasen
Pretérito perfecto simple yo rehusé tú rehusaste / usted rehusó él, ella rehusó nosotros, tras rehusamos vosotros, tras rehusasteis / ustedes rehusaron ellos, ellas rehusaron	**Futuro simple** yo rehusare tú rehusares / usted rehusare él, ella rehusare nosotros, tras rehusáremos vosotros, tras rehusareis / ustedes rehusaren ellos, ellas rehusaren
Futuro simple yo rehusaré tú rehusarás / usted rehusará él, ella rehusará nosotros, tras rehusaremos vosotros, tras rehusaréis / ustedes rehusarán ellos, ellas rehusarán	**IMPERATIVO** rehúsa (tú) / rehúse (usted) rehusemos (nosotros, tras) rehusad (vosotros, tras) / rehúsen (ustedes)
Condicional simple yo rehusaría tú rehusarías / usted rehusaría él, ella rehusaría nosotros, tras rehusaríamos vosotros, tras rehusaríais / ustedes rehusarían ellos, ellas rehusarían	**FORMAS NO PERSONALES** **Infinitivo** **Gerundio** **Participio** rehusar rehusando rehusado

relajante (re·la·jan·te) [adjetivo] Que relaja: *Voy a darme un baño relajante.* ☐ [No varía en masculino y femenino]. ☐ Familia: →relajar.

relajar (re·la·jar) [verbo] Hacer que disminuya la tensión: *Tomar un baño de agua tibia relaja.* ☐ [Se escribe siempre con «j»]. ☐ Familia: relajación, relajo, relajante.

relajo (re·la·jo) [sustantivo masculino] **1** Descanso o tranquilidad: *No he tenido un minuto de relajo.* **2** Falta de orden o de seriedad: *Si estudias con tanto relajo no conseguirás aprobar.* ☐ [Es coloquial]. ☐ Familia: →relajar.

relamer (re·la·mer) [verbo] **1** Pasar la lengua repetidas veces sobre algo: *El niño relamió el helado.* ▌**relamerse 2** Pasarse la lengua por los labios: *Se relamió después de tomar la tarta.* **3** Encontrar mucho gusto en algo: *Se relamía pensando en la fiesta.* ☐ Sinónimos: **1** lamer. ☐ Familia: →lamer.

relamido, da (re·la·mi·do, da) [adjetivo] Que va excesivamente limpio o que es excesivamente educado. ☐ Familia: →lamer.

relámpago (re·lám·pa·go) [sustantivo masculino] **1** Luz fuerte que dura muy poco y que se produce cuando chocan dos nubes. **2** Cosa que sucede muy rápido: *una visita relámpago.* ☐ Familia: relampaguear.

relampaguear (re·lam·pa·gue·ar) [verbo] Producirse relámpagos. ☐ Familia: →relámpago.

relatar (re·la·tar) [verbo] Dar a conocer con palabras una historia o un suceso: *El testigo relató lo que había ocurrido.* ☐ Sinónimos: contar, referir, narrar. ☐ Familia: relato.

relatividad (re·la·ti·vi·dad) [sustantivo femenino] Característica de las cosas que dependen de otras y no son absolutas. ☐ Familia: →relación.

relativo, va (re·la·ti·vo, va) ▌ [adjetivo] **1** Que tiene relación con algo: *Nos leyó una historia relativa a lo que nos había explicado.* **2** Que se considera en relación con otras cosas: *Lo que has dicho es una verdad relativa, porque depende del punto de vista.* ▌ [adjetivo o sustantivo masculino] **3** Dicho de una clase de palabra, que introduce una oración que dice algo más de un nombre que se ha mencionado antes, al cual sustituye: *«Donde» es un adverbio relativo en «El lugar donde te vi era muy bonito».* ☐ Antónimos: **2** absoluto. ☐ Familia: →relación.

relato (re·la·to) [sustantivo masculino] Historia que se cuenta con palabras: *libro de relatos.* ☐ Sinónimos: narración. ☐ Familia: →relatar.

relax (re·lax) [sustantivo masculino] Relajación producida por una situación de tranquilidad: *¡Qué relax vivir en la paz del campo!* ☐ [Es una palabra de origen inglés. No varía en singular y plural].

releer (re·le·er) [verbo] Volver a leer. ☐ [Es irregular y se conjuga como LEER]. ☐ Familia: →leer.

relegar (re·le·gar) [verbo] Apartar una cosa o apreciarla menos que antes: *Cuando compró la cámara de vídeo, relegó la de fotos al cajón.* ☐ [La «g» se cambia en «gu» delante de «e» («relegue»)].

relente (re·len·te) [sustantivo masculino] Frío húmedo que se nota en el ambiente cuando es de noche y no hay nubes.

relevancia (re·le·van·cia) [sustantivo femenino] Importancia de algo o influencia en el futuro. ☐ Sinónimos: trascendencia, significación. ☐ Familia: →relevar.

relevante (re·le·van·te) [adjetivo] **1** Que es importante o que tiene consecuencias: *Tú ocúpate solo de los problemas más relevantes.* **2** Que es muy bueno o de gran calidad: *Eres una persona de relevantes cualidades.* ☐ [No varía en masculino y femenino]. ☐ Antónimos: **1** irrelevante, intrascendente. ☐ Familia: →relevar.

relevar (re·le·var) [verbo] Sustituir a una persona por otra en una actividad o en un trabajo: *Cuando estés cansada yo te relevaré.* ☐ [No confundir con «rebelarse» (levantarse contra la autoridad; oponerse a algo) ni con «revelar» (manifestar algo que no se sabía; mostrar algo por alguna señal; hacer que se vean las imágenes de una película de fotografía)]. ☐ Familia: relevo, relevancia, relevante, irrelevante.

relevo (re·le·vo) [sustantivo masculino] Sustitución de una persona por otra en una actividad o en un trabajo: *El relevo de la guardia se hace cada dos horas.* ☐ Familia: →relevar.

relicario (re·li·ca·rio) [sustantivo masculino] Estuche o lugar en los que se guarda la reliquia de un santo o un recuerdo de alguien. ☐ Familia: →reliquia.

relieve (re·lie·ve) [sustantivo masculino] **1** Figura que está más alta que el resto de la superficie: *dibujo en relieve.* **2** Conjunto de los accidentes de la superficie de la Tierra: *Las montañas y los valles son accidentes del relieve.* **3** Importancia de algo: *La conferencia la dio un científico de relieve.* ◆ [expresión] ▌ **poner de relieve** Hacer que algo se note más: *Con aquellas palabras puso de relieve su entusiasmo.* ☐ Familia: bajorrelieve.

religión (re·li·gión) [sustantivo femenino] Conjunto de ideas o de creencias de las personas que creen en un dios. ☐ Familia: religioso, religiosidad, religiosamente, correligionario.

religiosamente (re·li·gio·sa·men·te) [adverbio] De forma puntual o exacta: *Te pagué religiosamente todas mis deudas.* ☐ Familia: →religión.

religiosidad (re·li·gio·si·dad) [sustantivo femenino] Característica de la persona religiosa. ☐ Familia: →religión.

religioso, sa (re·li·gio·so, sa) ▌ [adjetivo] **1** De la religión o relacionado con ella. **2** Que practica una religión y cumple con sus reglas: *Es una persona muy religiosa.* ▌ [adjetivo o sustantivo] **3** Que ha dedicado su vida a Dios: *En mi colegio dan clase varios religiosos.* ☐ Familia: →religión.

relinchar (re·lin·char) [verbo] Emitir su voz característica el caballo. ☐ Familia: relincho.

relincho (re·lin·cho) [sustantivo masculino] Voz característica del caballo. ☐ Familia: →relinchar.

reliquia (re·li·quia) [sustantivo femenino] Parte del cuerpo de un santo o de alguna cosa suya, a las que se da culto. ☐ Familia: relicario.

relieve

- pico
- montaña
- cordillera
- glaciar
- falda
- colina
- lago
- catarata
- meseta
- bosque
- afluente
- río
- pantano

rellano

rellano (re·lla·no) [sustantivo masculino] Parte de una escalera donde acaban los escalones y donde se puede hacer una parada antes de continuar subiendo. ☐ Sinónimos: descansillo. ☐ Familia: →llano.

rellano

rellenar (re·lle·nar) [verbo] **1** Volver a llenar algo que está medio vacío. **2** Poner en el interior de un alimento otros alimentos: *Rellenó la carne con aceitunas y jamón.* **3** Escribir la información que se pide en un papel que tiene los espacios señalados para ello: *¿Has rellenado ya el impreso?* ☐ Sinónimos: **3** llenar. ☐ Familia: →lleno.

relleno, na (re·lle·no, na) ■ [adjetivo] **1** Con el interior lleno de algo: *aceitunas rellenas.* **2** Dicho de una persona, que está un poco gorda. ■ **relleno** [sustantivo masculino] **3** Cosa que llena el interior de algo: *Mi almohada tiene un relleno de plumas.* ☐ [El significado **2** es coloquial]. ☐ Antónimos: **1** hueco, vacío. ☐ Familia: →lleno.

reloj (re·loj) [sustantivo masculino] Instrumento con el que se mide el tiempo. ☐ Familia: relojero, relojería, contrarreloj.

relojería (re·lo·je·rí·a) [sustantivo femenino] Tienda en la que se arreglan o se venden relojes. ◆ [expresión] ‖ **de relojería** Dicho de una bomba, que tiene un reloj que hace que explote en un determinado momento. ☐ Familia: →reloj.

relojero, ra (re·lo·je·ro, ra) [sustantivo] Persona que arregla o vende relojes. ☐ Familia: →reloj.

reluciente (re·lu·cien·te) [adjetivo] Que brilla mucho. ☐ [No varía en masculino y femenino]. ☐ Familia: →luz.

relucir (re·lu·cir) [verbo] **1** Brillar o despedir rayos de luz. **2** Ser importante o notarse mucho: *Su belleza relucía en la fiesta.* ◆ [expresión] ‖ **salir a relucir algo** Ser dicho o mencionado por alguien: *No quiero que este tema salga otra vez a relucir.* ☐ [Es irregular y se conjuga como LUCIR]. ☐ Sinónimos: **1** relumbrar, resplandecer. ☐ Familia: →luz.

relumbrar (re·lum·brar) [verbo] Brillar o despedir rayos de luz: *El diamante de su anillo relumbraba bajo el sol.* ☐ Sinónimos: relucir, resplandecer. ☐ Familia: →lumbre.

remachar (re·ma·char) [verbo] **1** Machacar la punta o la cabeza de un clavo para que quede bien sujeto: *El carpintero remachó los clavos del marco de la puerta.* **2** Poner remaches o clavos: *Llevaré el cinturón al zapatero para que lo remache.* ☐ Familia: remache.

remache (re·ma·che) [sustantivo masculino] Clavo con una punta que se clava y después se machaca por el extremo opuesto. ☐ Familia: →remachar.

remanente (re·ma·nen·te) [sustantivo masculino] Parte que queda o se reserva de algo: *Hemos gastado mucho dinero, pero nos queda un remanente para imprevistos.*

remangar (re·man·gar) [verbo] Subir la parte baja de la ropa: *Me remangué los pantalones al atravesar el río.* ☐ [La «g» se cambia en «gu» delante de «e» («remangue»)]. ☐ Familia: →manga.

remansarse (re·man·sar·se) [verbo] Pararse o correr de forma lenta una corriente de agua: *En este punto el río se remansa y forma un pequeño lago.* ☐ Familia: remanso.

remanso (re·man·so) [sustantivo masculino] Lugar en el que se para o se hace más lenta una corriente de agua: *Nos bañamos en un remanso del río.* ◆ [expresión] ‖ **un remanso de paz** Un lugar muy tranquilo. ☐ Familia: →remansarse.

remar (re·mar) [verbo] Mover los remos de un barco para que se mueva sobre el agua. ☐ Sinónimos: bogar. ☐ Familia: →remo.

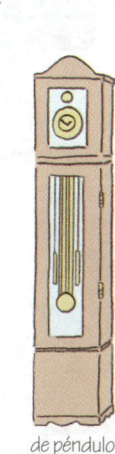

reloj

de pulsera

de sol

de péndulo

de arena

despertador

de cuco

remarcar (re·mar·car) [verbo] **1** Volver a marcar algo: *remarcar un párrafo*. **2** Expresar algo destacándolo de manera especial: *Remarcó la importancia de que todos asistiéramos a la reunión*. ☐ [La «c» se cambia en «qu» delante de «e» («remarque»)]. ☐ SINÓNIMOS: **2** recalcar, subrayar. ☐ FAMILIA: →marcar.

rematadamente (re·ma·ta·da·men·te) [adverbio] Del todo o sin remedio: *Está rematadamente tonto*.

rematar (re·ma·tar) [verbo] **1** Dar fin a algo o terminarlo: *Remató la conferencia con algunas anécdotas*. **2** Acabar de matar a una persona o a un animal que están medio muertos. **3** Gastar del todo algo que ya estaba empezado: *Antes de empezar otra botella, remata la que está medio vacía*. **4** Asegurar el último punto al coser algo. **5** En algunos deportes, lanzar el balón con fuerza para conseguir un gol. ☐ [El significado **3** es coloquial]. ☐ FAMILIA: →matar.

remate (re·ma·te) [sustantivo masculino] **1** Elemento que sirve para terminar algo. **2** En algunos deportes, lanzamiento del balón con fuerza para conseguir un gol. ◆ [expresión] ‖ **de remate** Del todo: *Estás loco de remate*. ☐ [La expresión es coloquial]. ☐ SINÓNIMOS: **1** colofón. ☐ FAMILIA: →matar.

remedar (re·me·dar) [verbo] Imitar algo: *Esta casa remeda un palacete señorial*.

remediar (re·me·diar) [verbo] **1** Poner solución a un daño o intentar arreglarlo: *Quisiera remediar el daño que te he hecho*. **2** Evitar que suceda algo que se considera malo: *No puedo remediar tener miedo cuando me quedo solo*. ☐ [Es irregular y se conjuga como ANUNCIAR]. ☐ SINÓNIMOS: **1** reparar, subsanar. ☐ FAMILIA: remedio, irremediable.

remedio (re·me·dio) [sustantivo masculino] **1** Cosa que sirve como solución contra un mal: *Este jarabe es un buen remedio para la tos*. **2** Cambio para quitar algo que está mal: *Si no ponemos remedio, nuestros planes fracasarán*. ◆ [expresión] ‖ **no haber más remedio** Ser totalmente necesario. ☐ SINÓNIMOS: **1** medicina. ☐ FAMILIA: →remediar.

rememorar (re·me·mo·rar) [verbo] Recordar algo: *El abuelo rememoraba con su familia sus años de juventud*. ☐ SINÓNIMOS: evocar. ☐ ANTÓNIMOS: olvidar. ☐ FAMILIA: →memoria.

remendar (re·men·dar) [verbo] Poner un trozo de tela o de otro material en algo que está roto para arreglarlo: *remendar un pantalón*. ☐ [Es irregular y se conjuga como ACERTAR]. ☐ FAMILIA: remiendo, remendón.

remendón, na (re·men·dón, do·na) [adjetivo] Que se dedica a remendar: *zapatero remendón*. ☐ FAMILIA: →remendar.

remero, ra (re·me·ro, ra) [sustantivo] Persona que rema. ☐ FAMILIA: →remo.

remesa (re·me·sa) [sustantivo femenino] Conjunto de cosas que se envían de una vez: *La última remesa de aceite que recibimos se está acabando*.

remeter (re·me·ter) [verbo] Meter más adentro: *Remetió las sábanas debajo del colchón*. ☐ FAMILIA: →meter.

remiendo (re·mien·do) [sustantivo masculino] Trozo de tela o de otro material que se pone para arreglar algo roto. ☐ FAMILIA: →remendar.

remiendo

remilgado, da (re·mil·ga·do, da) [adjetivo] Que hace ascos a todo. ☐ SINÓNIMOS: melindroso. ☐ FAMILIA: →remilgo.

remilgo (re·mil·go) [sustantivo masculino] Gesto que muestra asco o una delicadeza exagerada: *Déjate de remilgos y sírvete un buen trozo de tarta*. ☐ FAMILIA: remilgado.

reminiscencia (re·mi·nis·cen·cia) [sustantivo femenino] Recuerdo, resto o parecido: *Esta novela tiene reminiscencias de otra*.

remisión (re·mi·sión) [sustantivo femenino] **1** Nota en un escrito para indicar que se tiene que buscar información en otra parte: *En este trabajo hay remisiones a los estudios anteriores*. **2** Disminución de algo: *Con este calmante notarás la remisión del dolor*. ☐ FAMILIA: →remitir.

remiso, sa (re·mi·so, sa) [adjetivo] Que es contrario a algo y que no quiere hacerlo: *Se muestra muy remiso a pedir favores*. ☐ SINÓNIMOS: reacio. ☐ FAMILIA: →remitir.

remite (re·mi·te) [sustantivo masculino] Nota que se pone en la parte de atrás de una carta y en la que se indica la persona que la envía y su dirección. ☐ FAMILIA: →remitir.

remitente (re·mi·ten·te) [sustantivo] Persona que envía algo a alguien: *el remitente de una carta*. ☐ [No varía en masculino y femenino]. ☐ FAMILIA: →remitir.

remitir (re·mi·tir) [verbo] **1** Enviar algo a otra persona: *Te remitiré un cheque para pagarte*. **2** Disminuir o ser menos fuerte: *Cuando la fiebre remita, el peligro habrá pasado*. **3** Poner una señal en un escrito para indicar que se tiene que buscar información en otra parte: *Con esta llamada, el autor remite al primer capítulo del libro*. ▌ **remitirse 4** Basarse en algo: *No me invento nada, me remito a las pruebas*. ☐ ANTÓNIMOS: **2** resurgir. ☐ FAMILIA: remite, remitente, remisión, remiso.

remo (re·mo) [sustantivo masculino] **1** Especie de pala larga y estrecha que sirve para mover algunos barcos por el agua. **2** Deporte que consiste en hacer carreras en barcas movidas con estas palas. 👁 **páginas 304-305**. ☐ FAMILIA: remar, remero.

remodelar (re·mo·de·lar) [verbo] Cambiar la forma o la estructura: *remodelar un edificio.* □ Familia: →modelo.

remojar (re·mo·jar) [verbo] Meter algo en agua. □ [Siempre se escribe con «j»]. □ Familia: →mojar.

remojo (re·mo·jo) ◆ [expresión] ‖ **a remojo** o **en remojo** Dentro del agua durante cierto tiempo: *Antes de cocer los garbanzos, hay que ponerlos en remojo.* □ Familia: →mojar.

remojón (re·mo·jón) [sustantivo masculino] Hecho de mojarse con agua o con otro líquido. □ Sinónimos: mojadura. □ Familia: →mojar.

remolacha (re·mo·la·cha) [sustantivo femenino] Planta que tiene la raíz parecida a la patata, y que es de color rojo o blanco: *De la remolacha se saca azúcar.* 👁 página 967.

remolcador, ra (re·mol·ca·dor, do·ra) [adjetivo o sustantivo masculino] Que arrastra un vehículo tirando de él. □ Familia: →remolcar.

remolcar (re·mol·car) [verbo] Arrastrar un vehículo tirando de él: *La grúa remolcó el coche averiado.* □ [La «c» se cambia en «qu» delante de «e» («remolque»)]. □ Familia: remolque, remolcador.

remolino (re·mo·li·no) [sustantivo masculino] **1** Movimiento rápido y que da muchas vueltas: *No te bañes en este río, porque tiene muchos remolinos.* **2** Conjunto de pelos que salen en diferentes direcciones y que son difíciles de peinar. **3** Montón de gente que se junta sin ningún orden en un lugar. □ Sinónimos: **1** vorágine. □ Familia: arremolinarse.

remolón, na (re·mo·lón, lo·na) [adjetivo o sustantivo] Que intenta no hacer algo que tiene que hacer: *Siempre te haces el remolón para levantarte.* □ [Es coloquial]. □ Familia: remolonear.

remolonear (re·mo·lo·ne·ar) [verbo] Intentar evitar esfuerzos o trabajos por pereza: *No remolonees más y ponte a estudiar.* □ Familia: →remolón.

remolque (re·mol·que) [sustantivo masculino] Vehículo sin motor que es movido por otro que tira de él. □ Familia: →remolcar.

remontar (re·mon·tar) [verbo] **1** Subir una pendiente. **2** Navegar aguas arriba: *Los salmones remontan el río.* **3** Elevarse en el aire: *El águila remontó el vuelo.* **4** Vencer o pasar: *Hay que remontar las dificultades y salir adelante.* □ Antónimos: **1** bajar. □ Familia: →montar.

remonte (re·mon·te) [sustantivo masculino] **1** Vehículo que se desplaza arrastrado por un cable o por una cadena: *El telesilla y el telesquí son remontes.* **2** Recorrido de una corriente aguas arriba: *La parte más difícil de la prueba es el remonte del río a nado.* □ Sinónimos: **1** funicular. □ Familia: →montar.

rémora (ré·mo·ra) [sustantivo femenino] **1** Pez marino que tiene una especie de ventosa sobre la cabeza, con la que se pega a otros peces más grandes. **2** Dificultad o problema: *La falta de los conocimientos básicos es una rémora para seguir aprendiendo.* □ Sinónimos: **2** lastre, impedimento.

remorder (re·mor·der) [verbo] Preocupar a una persona algo malo que ha hecho: *Me remuerde la conciencia por haber sido injusto contigo.* □ [Es irregular y se conjuga como MOVER]. □ Familia: →morder.

remordimiento (re·mor·di·mien·to) [sustantivo masculino] Sensación que siente una persona en su interior después de realizar algo que considera malo. □ Sinónimos: pesadumbre. □ Familia: →morder.

remoto, ta (re·mo·to, ta) [adjetivo] **1** Que está lejos en el espacio o en el tiempo: *En tiempos remotos existían los dinosaurios. Quiero visitar remotos países.* **2** Que es difícil que suceda o que sea verdad: *una posibilidad remota.* □ Sinónimos: **1** distante, lejano. □ Antónimos: **1** cercano, próximo.

remover (re·mo·ver) [verbo] **1** Mover algo de forma continua. **2** Volver a tratar algo olvidado: *Es mejor que no removamos ese asunto.* □ [Es irregular y se conjuga como MOVER]. □ Sinónimos: **1** agitar, sacudir. □ Familia: →mover.

remozar (re·mo·zar) [verbo] Dar un aspecto nuevo o moderno: *Han remozado la fachada del edificio.* □ [La «z» se cambia en «c» delante de «e» («remoce»)].

remplazar (rem·pla·zar) [verbo] → **reemplazar**.

remplazo (rem·pla·zo) [sustantivo masculino] → **reemplazo**.

remuneración (re·mu·ne·ra·ción) [sustantivo femenino] Pago por un servicio o por un trabajo. □ Sinónimos: retribución. □ Familia: →remunerar.

remunerar (re·mu·ne·rar) [verbo] Pagar un servicio o un trabajo: *Te remuneraremos las horas trabajadas a finales de mes.* □ Sinónimos: retribuir. □ Familia: remuneración.

remolino

renacentista (re·na·cen·tis·ta) [adjetivo o sustantivo] Del Renacimiento o relacionado con este movimiento cultural de los siglos XV y XVI: *arte renacentista*. ☐ [No varía en masculino y femenino]. ☐ Familia: →nacer.

renacer (re·na·cer) [verbo] Tomar nuevas fuerzas: *He renacido gracias a estos días de descanso*. ☐ [Es irregular y se conjuga como AGRADECER]. ☐ Sinónimos: resurgir. ☐ Familia: →nacer.

renacimiento (re·na·ci·mien·to) [sustantivo] Movimiento cultural de los siglos XV y XVI y que supone una vuelta a los valores que había en las antiguas Grecia y Roma: *El Renacimiento surgió en Italia*. ☐ [Se escribe con mayúscula]. ☐ Familia: →nacer.

renacuajo (re·na·cua·jo) [sustantivo masculino] **1** Cría de la rana. **2** Persona pequeña en edad o en estatura. ☐ [El significado **2** es coloquial]. ☐ Familia: →rana.

renal (re·nal) [adjetivo] De los riñones o relacionado con ellos: *cólico renal*. ☐ [No varía en masculino y femenino]. ☐ Familia: →riñón.

rencilla (ren·ci·lla) [sustantivo femenino] Riña que hace que las personas se lleven mal: *Mientras no dejéis a un lado esas rencillas no viviréis en paz*. ☐ [Se usa más en plural].

rencor (ren·cor) [sustantivo masculino] Sensación de disgusto que siente una persona contra otra por algo que ya ha pasado: *¿Aún me guardas rencor por lo que hice?* ☐ Sinónimos: resentimiento. ☐ Familia: rencoroso.

rencoroso, sa (ren·co·ro·so, sa) [adjetivo o sustantivo] Que siente disgusto contra otra persona por algo que ya ha pasado y no lo olvida. ☐ Sinónimos: vengativo, resentido. ☐ Familia: →rencor.

rendición (ren·di·ción) [sustantivo femenino] Hecho de darse por vencido. ☐ Antónimos: resistencia. ☐ Familia: →rendir.

rendido, da (ren·di·do, da) [adjetivo] **1** Muy cansado: *Llegó rendido de la compra*. **2** Que hace todo lo que otra persona quiere o que es muy atento con ella: *Yo soy tu rendido admirador*. ☐ Sinónimos: **1** reventado. ☐ Familia: →rendir.

rendija (ren·di·ja) [sustantivo femenino] Abertura larga y estrecha que se forma entre dos cosas muy próximas.

rendimiento (ren·di·mien·to) [sustantivo masculino] Capacidad de producir beneficios o ganancias: *Ha mejorado tu rendimiento en los estudios*. ☐ Familia: →rendir.

rendir (ren·dir) [verbo] **1** Producir beneficios o provecho: *Rindo más por la tarde que por la mañana*. **2** Dar u ofrecer: *En las iglesias se rinde culto a Dios*. **3** Cansar mucho: *Estos niños rinden a cualquiera*. ▮ **rendirse 4** Darse por vencido: *Ya no puedo más, me rindo*. ☐ [Es irregular y se conjuga como PEDIR]. ☐ Sinónimos: **2** dispensar. **4** sucumbir, claudicar. ☐ Familia: rendición, rendido, rendimiento.

renegado, da (re·ne·ga·do, da) [adjetivo o sustantivo] Que ha abandonado sus creencias, especialmente las religiosas. ☐ Familia: →negar.

renegar (re·ne·gar) [verbo] **1** Abandonar las creencias religiosas y rechazarlas: *Renegó de su fe*. **2** Rechazar algo y no querer saber nada de ello: *Renegó de sus amigos*. **3** Protestar en voz baja. ☐ [Es irregular y se conjuga como ACERTAR. La «g» se cambia en «gu» delante de «e» («reniegue»)]. ☐ Sinónimos: **1** apostatar. **3** refunfuñar. ☐ Antónimos: **1** abrazar, profesar. ☐ Familia: →negar.

renegrido, da (re·ne·gri·do, da) [adjetivo] De color oscuro o parecido al negro. ☐ Familia: →negro.

renglón (ren·glón) [sustantivo masculino] Conjunto de palabras escritas en una línea.

reno (re·no) [sustantivo masculino] Animal parecido al ciervo, que vive en climas fríos y que tiene unos cuernos muy grandes.

reno

renombrado, da (re·nom·bra·do, da) [adjetivo] Que tiene buena fama. ☐ Sinónimos: prestigioso. ☐ Familia: →nombre.

renombre (re·nom·bre) [sustantivo masculino] Buena fama: *Este pintor tiene mucho renombre*. ☐ Sinónimos: prestigio. ☐ Familia: →nombre.

renovable (re·no·va·ble) [adjetivo] Que se puede renovar: *energías renovables*. ☐ [No varía en masculino y femenino]. ☐ Familia: →nuevo.

renovación (re·no·va·ción) [sustantivo femenino] Cambio de una cosa por otra parecida, pero nueva o mejor: *renovación de contrato*. ☐ Familia: →nuevo.

renovador, ra (re·no·va·dor, do·ra) [adjetivo o sustantivo] Que introduce un cambio de una cosa por otra mejor. ☐ Familia: →nuevo.

renovar (re·no·var) [verbo] **1** Cambiar una cosa por otra parecida, pero nueva o mejor: *He renovado mi vestuario*. **2** Dar nueva fuerza: *Las vacaciones sirven para renovar las ganas de estudiar*. ☐ [Es irregular y se conjuga como CONTAR]. ☐ Familia: →nuevo.

renqueante (ren·que·an·te) [adjetivo] **1** Que funciona mal. **2** Que anda como si tuviera una pierna más corta que la otra. ☐ [No varía en masculino y femenino]. ☐ Sinónimos: **2** cojo. ☐ Familia: →renquear.

renquear (ren·que·ar) [verbo] **1** Funcionar mal una cosa: *El negocio empezó a renquear y tuvimos que cerrar la tienda*. **2** Andar como si tuviera una pierna más corta que otra. ☐ Sinónimos: **2** cojear. ☐ Familia: renqueante.

renta (ren·ta) [sustantivo femenino] Ganancia que produce algo cada cierto período de tiempo: *Vive de las rentas que le da el dinero que tiene en el banco*. ☐ Familia: →rentar.

rentabilidad (ren·ta·bi·li·dad) [sustantivo/femenino] Capacidad para producir una ganancia suficiente o que merezca la pena: *Cerraron la empresa por falta de rentabilidad.* ☐ Familia: →rentar.

rentabilizar (ren·ta·bi·li·zar) [verbo] Hacer que los beneficios sean superiores a los gastos: *Modernizaremos la maquinaria para rentabilizar la empresa y obtener más beneficios.* ☐ [La «z» se cambia en «c» delante de «e» («rentabilice»)]. ☐ Familia: →rentar.

rentable (ren·ta·ble) [adjetivo] Que produce una ganancia suficiente o que merece la pena. ☐ [No varía en masculino y femenino]. ☐ Familia: →rentar.

rentar (ren·tar) [verbo] Producir un beneficio cada cierto tiempo: *Algunos cultivos rentan muy poco a los agricultores.* ☐ Familia: renta, rentable, rentabilidad, rentabilizar.

renuevo (re·nue·vo) [sustantivo/masculino] Tallo nuevo que aparece en una planta. ☐ Sinónimos: retoño, brote, vástago. ☐ Familia: →nuevo.

renuncia (re·nun·cia) [sustantivo/femenino] **1** Rechazo voluntario de algo: *Me sorprendió su renuncia a la oferta de trabajo que le hicieron.* **2** Abandono de algo: *Su curación exige la renuncia al tabaco.* **3** Documento que recoge este abandono voluntario: *Presentó la renuncia ante su jefe.* ☐ Familia: →renunciar.

renunciar (re·nun·ciar) [verbo] **1** Rechazar algo por voluntad propia: *Este jugador renunció a la oferta que le hicieron.* **2** Abandonar una idea: *He renunciado a mi idea de ser astronauta.* ☐ [Es irregular y se conjuga como ANUNCIAR]. ☐ Sinónimos: **1** abstenerse. ☐ Antónimos: **2** aspirar, procurar. ☐ Familia: renuncio, renuncia.

renuncio (re·nun·cio) [sustantivo/masculino] Mentira en que se coge a alguien, especialmente en los juegos de cartas. ☐ Familia: →renunciar.

reñido, da (re·ñi·do, da) [adjetivo] **1** Dicho de una persona, que está enfadada con otra: *Están reñidos y no se hablan.* **2** Dicho de una competición o de un concurso, que cuenta con participantes que tienen méritos muy parecidos: *Tras un reñido partido, nuestro equipo venció.* ☐ Familia: →reñir.

reñir (re·ñir) [verbo] **1** Llamar la atención a una persona para decirle que ha hecho algo mal: *Mis padres me riñen si llego tarde a casa.* **2** Tener una discusión con alguien: *¿No sabéis jugar sin reñir?* **3** Enfadarse o dejar de ser amigos: *Después de varios años de relación, riñeron y ahora no se hablan.* ☐ [Es irregular y se conjuga como CEÑIR]. ☐ Sinónimos: **1** reprender. **1, 2** regañar. **2** discutir, pelear. **3** pelearse, enemistar. ☐ Familia: riña, reñido.

reo (re·o) [sustantivo] Persona acusada o culpable de un delito. ☐ [No varía en masculino y femenino].

reojo (re·o·jo) ◆ [expresión] ‖ **de reojo** Sin mirar directamente: *Me miró de reojo y con disimulo.* ☐ Familia: →ojo.

reorganizar (re·or·ga·ni·zar) [verbo] Volver a organizar algo: *reorganizar un horario; reorganizar un cajón.* ☐ [La «z» se cambia en «c» delante de «e» («reorganice»)]. ☐ Familia: →organizar.

reostato (re·os·ta·to) [sustantivo/masculino] Aparato que sirve para variar la resistencia en un circuito eléctrico.

repanchingarse (re·pan·chin·gar·se) [verbo] → **repantigarse**. ☐ [La «g» se cambia en «gu» delante de «e» («repanchingue»). Es coloquial].

repanocha (re·pa·no·cha) ◆ [expresión] ‖ **ser la repanocha** Ser sorprendente y salirse de lo normal por algo bueno o malo. ☐ [Es coloquial].

repantigarse (re·pan·ti·gar·se) [verbo] Sentarse en un asiento cómodamente y ocupando mucho sitio: *Se repantigó en el sillón y se quedó dormido.* ☐ [La «g» se cambia en «gu» delante de «e» («repantigue»). Es coloquial]. ☐ Sinónimos: apoltronarse.

reparación (re·pa·ra·ción) [sustantivo/femenino] Acción de arreglar algo. ☐ Familia: →reparar.

reparador, ra (re·pa·ra·dor, do·ra) [adjetivo o sustantivo] Que repara o mejora algo: *un sueño reparador.* ☐ Familia: →reparar.

reparar (re·pa·rar) [verbo] **1** Hacer que algo que no funciona vuelva a funcionar: *Llevé a reparar la plancha, porque estaba averiada.* **2** Darse cuenta de algo: *Reparé enseguida en tu nuevo corte de pelo.* **3** Arreglar un daño o una ofensa: *Dime cómo puedo reparar el daño que te hice.* ☐ Sinónimos: **1** arreglar. **2** observar, notar, percatarse, advertir. **3** remediar. ☐ Antónimos: **1** estropear, destrozar, romper. ☐ Familia: reparación, reparador, irreparable, reparo.

reparo (re·pa·ro) [sustantivo/masculino] **1** Dificultad que se pone para hacer algo: *No puso reparos a mis planes.* **2** Vergüenza que se siente por algo: *Me da reparo hablar de esto con mi madre.* ☐ Sinónimos: **1** objeción, inconveniente. **2** apuro. ☐ Familia: →reparar.

repartidor, ra (re·par·ti·dor, do·ra) [sustantivo] Persona que se ocupa de entregar un producto a distintas personas. ☐ Familia: →parte.

repartir (re·par·tir) [verbo] **1** Dividir algo entre varias personas de forma que a cada uno le toque parte de ello. **2** Colocar o extender algo del modo más adecuado: *Reparte bien la pintura.* **3** Entregar un producto a distintas personas: *El cartero reparte las cartas.* ☐ Sinónimos: distribuir. ☐ Familia: →parte.

reparto (re·par·to) [sustantivo/masculino] **1** División de algo entre varias personas de forma que a cada uno le toque una parte. **2** Colocación o situación de algo como debe ser. **3** Hecho de entregar un producto a distintas personas: *reparto del correo.* **4** Lista de los actores y de los personajes de una película. ☐ Sinónimos: **1-3** distribución. ☐ Familia: →parte.

repasar (re·pa·sar) [verbo] **1** Examinar una obra ya terminada para arreglar las cosas que quedan mal: *Repasé la suma y vi que me había equivocado en un número.* **2** Estudiar de nuevo algo que ya hemos estudiado para aprenderlo mejor. ☐ Familia: →pasar.

repaso (re·pa·so) [sustantivo masculino] **1** Examen o revisión que hacemos de algo que ya está terminado para arreglar las cosas que quedan mal: *Dale un repaso al examen antes de entregarlo.* **2** Estudio que se hace de algo ya estudiado. ☐ FAMILIA: →pasar.

repatear (re·pa·te·ar) [verbo] Molestar o enfadar mucho: *Me repatea que no me creas.* ☐ [Es coloquial]. ☐ SINÓNIMOS: jorobar, fastidiar. ☐ FAMILIA: →pata.

repatriar (re·pa·triar) [verbo] Devolver una persona a su país. ☐ [Es irregular. Se conjuga como ENVIAR («repatría») o como ANUNCIAR («repatria»)]. ☐ ANTÓNIMOS: desterrar. ☐ FAMILIA: →patria.

repecho (re·pe·cho) [sustantivo masculino] Cuesta corta muy inclinada.

repeinado, da (re·pei·na·do, da) [adjetivo] Que va demasiado peinado y resulta poco natural. ☐ FAMILIA: →peine.

repelente (re·pe·len·te) [adjetivo] Dicho de una persona, que da la impresión de que lo sabe todo y resulta poco agradable por eso. ☐ [No varía en masculino y femenino. Es coloquial]. ☐ FAMILIA: →repeler.

repeler (re·pe·ler) [verbo] **1** Lanzar o echar algo fuera de sí y con fuerza: *El portero repelió el balón con los puños.* **2** Producir rechazo: *Me repele la gente mentirosa.* ☐ ANTÓNIMOS: **2** fascinar, cautivar, agradar. ☐ FAMILIA: repelente.

repelús (re·pe·lús) [sustantivo masculino] Sensación de miedo o de asco. ☐ [Su plural es «repeluses»].

repente (re·pen·te) ◆ [expresión] ‖ **de repente** En un instante, sin que nadie lo espere y sin pensar: *Me quedé dormido viendo la tele y de repente me desperté.* ☐ FAMILIA: repentino.

repentino, na (re·pen·ti·no, na) [adjetivo] Que no se espera o que no se sabe que va a ocurrir: *Fue una muerte repentina que nos llenó de pena.* ☐ SINÓNIMOS: súbito. ☐ FAMILIA: →repente.

repercusión (re·per·cu·sión) [sustantivo femenino] **1** Hecho de producir algo un efecto en otra cosa que ocurre después: *Una fuga de gas puede tener repercusiones dramáticas.* **2** Efecto o importancia que algo adquiere: *Las declaraciones del político tuvieron repercusión en toda la prensa.* ☐ SINÓNIMOS: **2** eco, resonancia. ☐ FAMILIA: →repercutir.

repercutir (re·per·cu·tir) [verbo] Producir un efecto en otra cosa: *Lo que hagas hoy repercute en tu futuro.* ☐ SINÓNIMOS: incidir. ☐ FAMILIA: repercusión.

repertorio (re·per·to·rio) [sustantivo masculino] **1** Conjunto de números que realiza un artista: *El pianista tocó las mejores piezas de su repertorio.* **2** Colección de cosas: *Tu primo tiene un repertorio de chistes graciosísimos.*

repesca (re·pes·ca) [sustantivo femenino] Hecho de dar una nueva oportunidad a alguien que ha sido eliminado o suspendido: *examen de repesca.* ☐ [Es coloquial]. ☐ FAMILIA: →pescar.

repescar (re·pes·car) [verbo] Dar una nueva oportunidad a alguien que ha sido eliminado o suspendido: *Repescaron para la final a algunos de los participantes eliminados.* ☐ [La «c» se cambia en «qu» delante de «e» («repesque»). Es coloquial]. ☐ FAMILIA: →pescar.

repetición (re·pe·ti·ción) [sustantivo femenino] **1** Hecho de mostrar algo de nuevo: *En la repetición de la jugada se ve que hubo penalti.* **2** Hecho de volver a hacer algo: *La repetición de la función de teatro será el lunes.* ☐ FAMILIA: →repetir.

repetido, da (re·pe·ti·do, da) [adjetivo] Que se repite o que es igual que otro. ☐ FAMILIA: →repetir.

repetidor, ra (re·pe·ti·dor, do·ra) ▮ [adjetivo o sustantivo] **1** Que repite un curso por haber suspendido. ▮ **repetidor** [sustantivo masculino] **2** Aparato que recibe una señal y la vuelve a transmitir aumentada: *Los repetidores se utilizan para transmitir las ondas en la televisión.* ☐ FAMILIA: →repetir.

repetir (re·pe·tir) [verbo] **1** Volver a hacer algo o volver a decirlo: *¿Puedes repetirme la pregunta?* **2** Volver a servirse una comida: *He repetido arroz.* **3** Volver a la boca el sabor de un alimento: *El pepino y el ajo repiten mucho.* ◆ [expresión] ‖ **repetirse** Insistir mucho en una cosa: *Te repites tanto que ya me aburres.* ☐ [Es irregular y se conjuga como PEDIR]. ☐ SINÓNIMOS: **1** reiterar. ☐ FAMILIA: repetición, repetido, repetitivo, repetidor.

repetitivo, va (re·pe·ti·ti·vo, va) [adjetivo] Que se repite mucho. ☐ SINÓNIMOS: reiterativo. ☐ FAMILIA: →repetir.

repicar (re·pi·car) [verbo] Sonar una campana de forma repetida. ☐ [La «c» se cambia en «qu» delante de «e» («repique»)]. ☐ FAMILIA: repique, repiquetear, repiqueteo.

repipi (re·pi·pi) [adjetivo o sustantivo] Que cree que lo sabe todo y resulta poco natural al hablar. ☐ [No varía en masculino y femenino. Es coloquial]. ☐ SINÓNIMOS: redicho.

repique (re·pi·que) [sustantivo masculino] Conjunto de sonidos producidos por una campana. ☐ FAMILIA: →repicar.

repiquetear (re·pi·que·te·ar) [verbo] **1** Sonar una campana muchas veces seguidas con fuerza. **2** Golpear muchas veces produciendo un ruido: *La profesora repiqueteó con el bolígrafo en la mesa para que nos calláramos.* ☐ FAMILIA: →repicar.

repiqueteo (re·pi·que·te·o) [sustantivo masculino] Sonido que produce el golpe repetido de un objeto contra otro: *un repiqueteo de campanas.* ☐ FAMILIA: →repicar.

repisa (re·pi·sa) [sustantivo femenino] Tabla sobre la que se colocan cosas.

repisa

replantear (re·plan·te·ar) [verbo] Volver a plantear un problema o un asunto de una manera distinta a como se había hecho: *Tendremos que replantearnos las vacaciones si no encontramos alojamiento.* ☐ Familia: →plantear.

replegar (re‑ple‑gar) [verbo] **1** Retirar a los soldados de un lugar de forma ordenada: *El capitán replegó sus tropas.* ∎ **replegarse 2** Encerrarse una persona en sí misma, sin querer hablar con los demás: *Cuando está triste, se repliega y no habla con nadie.* ☐ [Es irregular y se conjuga como ACERTAR. La «g» se cambia en «gu» delante de «e» («repliegue»)]. ☐ Familia: →plegar.

repleto, ta (re‑ple‑to, ta) [adjetivo] Muy lleno: *Tienes la mesa repleta de trastos.* ☐ Sinónimos: atestado. ☐ Antónimos: vacío.

réplica (ré‑pli‑ca) [sustantivo femenino] **1** Contestación negativa a algo que se ha dicho o que se ha mandado. **2** Copia de una cosa: *Ese cuadro es una réplica del que vimos en el museo.* ☐ Familia: →replicar.

replicar (re‑pli‑car) [verbo] **1** Contestar a una pregunta diciendo algo que se opone: *Le pedí el asiento a una chica y me replicó que estaba ocupado.* **2** Contestar mal: *No seas maleducado y no me repliques.* ☐ [La «c» se cambia en «qu» delante de «e» («replique»)]. ☐ Familia: réplica.

repliegue (re‑plie‑gue) [sustantivo masculino] Movimiento ordenado de los soldados para retirarse de un lugar. ☐ Familia: →plegar.

repoblación (re‑po‑bla‑ción) [sustantivo femenino] **1** Proceso por el que se vuelven a plantar árboles y otras plantas. **2** Hecho de ir mucha gente a vivir a un territorio que había quedado casi vacío. ☐ Familia: →poblar.

repoblar (re‑po‑blar) [verbo] **1** Volver a plantar árboles en la tierra de un lugar: *Repoblaron la montaña después del terrible incendio.* **2** Ir gente a vivir a un territorio que había quedado casi vacío: *repoblar una aldea.* ☐ [Es irregular y se conjuga como CONTAR]. ☐ Familia: →poblar.

repollo (re‑po‑llo) [sustantivo masculino] Planta que se cultiva en las huertas y que es una especie de bola formada por hojas grandes verdes y blancas. ⦿ **página 967.**

reponer (re‑po‑ner) [verbo] **1** Poner una cosa igual a otra que falta: *Hay que reponer jabón, porque lo he gastado.* **2** Volver a poner un espectáculo: *reponer una película.* **3** Responder o contestar a una pregunta: *Le pregunté si venía con nosotros y repuso que nos alcanzaría más tarde.* ∎ **reponerse 4** Volver a estar sano. **5** Volver a estar tranquilo: *Cuando me reponga del disgusto, entraré en la sala de nuevo.* ☐ [Es irregular y se conjuga como PONER. Su participio es «repuesto»]. ☐ Sinónimos: **4** recuperarse, recobrarse, restablecerse. ☐ Familia: reposición, repuesto. →poner.

reportaje (re‑por‑ta‑je) [sustantivo masculino] Trabajo en el que se dan noticias relacionadas con un asunto determinado: *He visto un reportaje en televisión sobre la vida de las abejas.* ☐ Familia: reportero.

reportar (re‑por‑tar) [verbo] **1** Traer como consecuencia: *Ese asunto nos ha reportado muchos beneficios.* **2** Moderar o contener: *Repórtate o no te llevaré al cine.* ☐ Familia: →portar.

reportero, ra (re‑por‑te‑ro, ra) [sustantivo] Periodista que se encarga de buscar noticias y elaborar reportajes. ☐ Familia: →reportaje.

reposacabezas (re‑po‑sa‑ca‑be‑zas) [sustantivo masculino] Pieza de arriba de una cosa que sirve para apoyar la cabeza. ☐ [No varía en singular y plural]. ☐ Familia: →reposar. →cabeza.

reposado, da (re‑po‑sa‑do, da) [adjetivo] Sin nervios o sin preocupaciones. ☐ Sinónimos: tranquilo. ☐ Antónimos: nervioso. ☐ Familia: →posar.

reposar (re‑po‑sar) [verbo] **1** Descansar o interrumpir un trabajo: *Vamos a reposar cinco minutos.* **2** Apoyar una cosa en otra: *Si quieres dormir, puedes reposar la cabeza sobre mi hombro.* **3** Dejar quieto: *Deja reposar la manzanilla.* ☐ Familia: reposacabezas. →posar.

reposición (re‑po‑si‑ción) [sustantivo femenino] **1** Hecho de volver a poner un espectáculo. **2** Colocación de algo en el lugar en el que falta. ☐ Familia: →reponer.

reposo (re‑po‑so) [sustantivo masculino] Falta de actividad o de movimiento: *Tengo que hacer reposo.* ☐ Antónimos: movimiento. ☐ Familia: →posar.

repostar (re‑pos‑tar) [verbo] Coger alimento o combustible cuando se ha acabado: *repostar gasolina.*

repostería (re‑pos‑te‑rí‑a) [sustantivo femenino] **1** Lugar donde se hacen y se venden dulces. **2** Técnica de hacer dulces: *No me gusta cocinar, pero me encanta la repostería.* **3** Conjunto de dulces que se elaboran con esta técnica: *Las tartas y los pasteles son productos de repostería.* ☐ Sinónimos: **1** pastelería. ☐ Familia: repostero.

repostero, ra (re‑pos‑te‑ro, ra) [sustantivo] Persona que se dedica a hacer dulces. ☐ Sinónimos: pastelero. ☐ Familia: →repostería.

reprender (re‑pren‑der) [verbo] Llamar la atención a una persona para decirle que ha hecho algo mal. ☐ Sinónimos: reñir, regañar, increpar, reconvenir.

represalia (re‑pre‑sa‑lia) [sustantivo femenino] Daño que se hace a alguien como venganza por algo que ha hecho.

representación (re‑pre‑sen‑ta‑ción) [sustantivo femenino] **1** Imagen que sustituye a algo: *Las letras son la representación de los sonidos.* **2** Actuación de una persona en nombre de otra: *Fui en representación suya.* **3** Hecho de representar una obra de teatro: *representación teatral.* ☐ Sinónimos: **3** función. ☐ Familia: →representar.

representante (re‑pre‑sen‑tan‑te) [sustantivo] Persona que actúa en nombre de otra. ☐ [No varía en masculino y femenino]. ☐ Sinónimos: agente, apoderado. ☐ Familia: →representar.

representar (re‑pre‑sen‑tar) [verbo] **1** Ser una cosa la imagen de otra: *Este cuadro representa un caballo.* **2** Actuar una persona en nombre de otra: *Voy a representar a todos los de mi clase en el concurso.* **3** Hacer una obra de teatro: *Hemos representado una comedia muy divertida.* **4** Dar la impresión de tener una determinada edad: *Tiene ocho años, pero representa* *diez.* □ FAMILIA: representación, representante, representativo.

representativo, va (re·pre·sen·ta·ti·vo, va) [adjetivo] Que representa algo o que sirve como modelo: *un resultado representativo*. □ FAMILIA: →representar.

represión (re·pre·sión) [sustantivo femenino] Hecho de no dejar que se hagan o se digan algunas cosas. □ FAMILIA: →reprimir.

represivo, va (re·pre·si·vo, va) [adjetivo] Que impide por la fuerza que se hagan o se digan algunas cosas. □ FAMILIA: →reprimir.

reprimenda (re·pri·men·da) [sustantivo femenino] Regañina fuerte: *Me cayó una buena reprimenda por llegar tarde.* □ SINÓNIMOS: bronca, rapapolvo. □ FAMILIA: →reprimir.

reprimir (re·pri·mir) [verbo] **1** No dejar que se note un deseo o un sentimiento: *No pudo reprimir el llanto.* **2** Impedir por la fuerza que se haga o se diga algo: *El ejército reprimió la rebelión.* □ SINÓNIMOS: **1** aguantar, contener, dominar. □ ANTÓNIMOS: **1** desfogar. □ FAMILIA: represión, represivo, irreprimible, reprimenda.

reprobación (re·pro·ba·ción) [sustantivo femenino] Crítica de algo que no se aprueba. □ ANTÓNIMOS: aprobación. □ FAMILIA: →reprobar.

reprobar (re·pro·bar) [verbo] No aprobar algo o considerarlo negativo: *Reprobó mi actitud egoísta.* □ [Es irregular y se conjuga como CONTAR]. □ SINÓNIMOS: desaprobar. □ ANTÓNIMOS: aprobar. □ FAMILIA: reprobación.

reprochar (re·pro·char) [verbo] Quejarse a una persona de algo malo que ha hecho: *Te reprocho que me engañaras.* □ FAMILIA: reproche, irreprochable.

reproche (re·pro·che) [sustantivo femenino] Palabras con las que se critica a alguien que ha hecho algo mal. □ SINÓNIMOS: recriminación. □ FAMILIA: →reprochar.

reproducción (re·pro·duc·ción) [sustantivo femenino] **1** Proceso por el cual los seres vivos consiguen que nazcan otros de su misma especie. **2** Cualquier cosa que se hace igual a otra o que se le parece mucho: *Vimos una reproducción en miniatura del castillo.* □ SINÓNIMOS: **1** procreación. **2** calco, copia, imitación. □ FAMILIA: →reproducir.

reproducir (re·pro·du·cir) [verbo] **1** Producir de nuevo o volver a hacer: *Reprodujo sus palabras una por una.* **2** Hacer una copia: *Las fotocopiadoras reproducen los originales.* **3** Ser copia de algo: *Los cuadros del salón de mi casa reproducen obras de Velázquez.* ▮ **reproducirse 4** Conseguir un ser vivo que nazcan otros de su misma especie. □ [Es irregular y se conjuga como CONDUCIR]. □ FAMILIA: reproducción, reproductor.

reproductor, ra (re·pro·duc·tor, to·ra) [adjetivo o sustantivo] Que reproduce o que puede reproducir: *aparato reproductor.* □ FAMILIA: →reproducir.

reptar (rep·tar) [verbo] Andar arrastrando el cuerpo: *Las serpientes reptan.* □ FAMILIA: reptil.

reptil (rep·til) [sustantivo masculino] Dicho de un animal, que es de sangre fría y que se mueve arrastrando el cuerpo: *Las serpientes, los lagartos y las tortugas son reptiles.* 👁 **página 818.** □ [Cuando es adjetivo, no varía en masculino y femenino]. □ FAMILIA: →reptar.

república (re·pú·bli·ca) [sustantivo femenino] **1** Sistema de gobierno en el que no hay rey y la autoridad más alta la tiene una persona elegida por los ciudadanos. **2** Estado o país que tiene esta forma de gobierno. □ FAMILIA: republicano.

republicano, na (re·pu·bli·ca·no, na) [adjetivo o sustantivo] Perteneciente a la república o defensor de la república como forma de gobierno. □ FAMILIA: →república.

repudiar (re·pu·diar) [verbo] **1** Rechazar o no aceptar algo: *Todos los partidos políticos han repudiado el atentado.* **2** Rechazar legalmente el marido a su mujer: *El sultán repudió a una de sus esposas.* □ [Es irregular y se conjuga como ANUNCIAR]. □ FAMILIA: repudio.

repudio (re·pu·dio) [sustantivo masculino] **1** Rechazo o no aceptación. **2** Rechazo legal del marido a su mujer. □ FAMILIA: →repudiar.

repuesto, ta (re·pues·to, ta) ▮ **1** Participio irregular de **reponer**. ▮ **repuesto** [sustantivo masculino] **2** Pieza que se usa para cambiarla por otra que ya no sirve: *Aquí venden repuestos de bicicleta.* □ SINÓNIMOS: **2** recambio. □ FAMILIA: →reponer.

repugnancia (re·pug·nan·cia) [sustantivo femenino] Sensación muy desagradable producida por algo que no nos gusta. □ SINÓNIMOS: asco. □ FAMILIA: →repugnar.

repugnante (re·pug·nan·te) [adjetivo] Que produce una sensación que no resulta nada agradable: *Ese olor es repugnante.* □ [No varía en masculino y femenino]. □ SINÓNIMOS: asqueroso, nauseabundo. □ FAMILIA: →repugnar.

repugnar (re·pug·nar) [verbo] Dar asco: *Me repugna el olor del pescado crudo.* □ SINÓNIMOS: asquear. □ ANTÓNIMOS: agradar, fascinar, cautivar. □ FAMILIA: repugnante, repugnancia.

repulsa (re·pul·sa) [sustantivo femenino] Rechazo, desprecio o condena de algo: *Mostraron su repulsa al asesinato manteniendo un minuto de silencio.*

repuntar (re·pun·tar) [verbo] **1** Empezar a manifestarse un cambio de tiempo o una enfermedad: *La primavera repunta ya, después del largo invierno.* **2** Empezar a subir o a bajar la marea: *Cuando la marea alta repunte, nos iremos a comer.*

reputación (re·pu·ta·ción) [sustantivo femenino] **1** Opinión que tiene la gente sobre una persona: *El escándalo afectó a la reputación de aquel hombre.* **2** Buena fama de una actividad: *Es una cardióloga de gran reputación.* □ SINÓNIMOS: fama. **1** aureola. **2** prestigio. □ FAMILIA: reputado.

reputado, da (re·pu·ta·do, da) [adjetivo] Que tiene buena fama: *Es una reputada periodista.* □ FAMILIA: →reputación.

requemar (re·que·mar) [verbo] Quemar o tostar demasiado una cosa. □ FAMILIA: →quemar.

requerimiento (re·que·ri·mien·to) [sustantivo masculino] Necesidad, petición o exigencia: *Atendió a los requerimientos de su padre y ahora estudia más.* □ FAMILIA: →requerir.

reptiles y anfibios

REPTILES

iguana

lagartija

salamanquesa

camaleón

tortuga

cobra

cocodrilo

serpiente de cascabel

ANFIBIOS

rana

salamandra

sapo

tritón

requerir (re·que·rir) [verbo] Necesitar o exigir: *Este trabajo requiere mucha atención.* ☐ [Es irregular y se conjuga como SENTIR]. ☐ FAMILIA: requerimiento, requisito.

requesón (re·que·són) [sustantivo masculino] Especie de queso muy blando y de color blanco. ☐ FAMILIA: →queso.

requetebién (re·que·te·bién) [adverbio] Muy bien: *El pescado te ha salido requetebién.* ☐ [Es coloquial]. ☐ FAMILIA: →bien.

requiebro (re·quie·bro) [sustantivo masculino] Expresión que se dice para alabar a alguien: *Escuchó sus requiebros embelesado.* ☐ FAMILIA: →quebrar.

réquiem (ré·quiem) [sustantivo masculino] **1** Oración por un difunto. **2** Obra musical que se hace con el texto de la misa de difuntos. ☐ [Su plural es «réquiems»].

requisa (re·qui·sa) [sustantivo femenino] Hecho de quitar las autoridades una propiedad de forma legal. ☐ FAMILIA: →requisar.

requisar (re·qui·sar) [verbo] Quitar las autoridades una propiedad de forma legal a cambio de un dinero: *Durante la guerra, el Gobierno requisó alimentos para el ejército.* ☐ SINÓNIMOS: expropiar. ☐ FAMILIA: requisa.

requisito (re·qui·si·to) [sustantivo masculino] Condición necesaria para algo: *No reunía los requisitos para el puesto.* ☐ FAMILIA: →requerir.

res [sustantivo femenino] Animal cuadrúpedo de ciertas especies domésticas o salvajes. ☐ SINÓNIMOS: cabeza.

resabiado, da (re·sa·bia·do, da) [adjetivo] **1** Dicho de una persona, que se ha vuelto desconfiada por algo que le ocurrió en el pasado. **2** Dicho de un animal, que tiene una mala costumbre difícil de quitar: *Un caballo resabiado me tiró al suelo.* ☐ ANTÓNIMOS: **1** ingenuo. ☐ FAMILIA: →sabio.

resabio (re·sa·bio) [sustantivo masculino] Mala costumbre que se ha adquirido por una experiencia del pasado. ☐ SINÓNIMOS: vicio. ☐ ANTÓNIMOS: virtud. ☐ FAMILIA: →sabio.

resaca (re·sa·ca) [sustantivo femenino] **1** Movimiento hacia adentro de las olas del mar después de tocar la orilla: *Si hay resaca, es peligroso bañarse.* **2** Sensación que tiene una persona cuando se despierta después de haber bebido mucho alcohol.

resalado, da (re·sa·la·do, da) [adjetivo] Que tiene gracia en la forma de hablar o de actuar. ☐ [Es coloquial]. ☐ ANTÓNIMOS: soso. ☐ FAMILIA: →sal.

resaltar (re·sal·tar) [verbo] **1** Hacer que algo se note más: *Esta camisa blanca resalta tu moreno.* **2** Notarse más: *En el jardín resaltan las rosas.* ☐ SINÓNIMOS: destacar, despuntar. **1** acentuar, pronunciar, realzar, poner de relieve, subrayar. ☐ ANTÓNIMOS: **1** disimular. ☐ FAMILIA: →saltar.

resarcir (re·sar·cir) [verbo] Compensar por algún daño: *Fui a cenar a un buen restaurante para resarcirme de mi mal día.* ☐ [La «c» se cambia en «z» delante de «a», «o» («resarza»)].

resbaladizo, za (res·ba·la·di·zo, za) [adjetivo] Que resbala mucho. ☐ SINÓNIMOS: escurridizo. ☐ FAMILIA: →resbalar.

resbalar (res·ba·lar) [verbo] **1** Moverse algo rápidamente sobre una superficie: *Las gotas de lluvia resbalan en* el cristal. **2** Hacer que algo se deslice sobre una superficie: *Acaban de dar cera al suelo y resbala mucho.* **3** Dar igual: *Me resbala lo que pienses de mí.* ☐ [El significado **3** es coloquial]. ☐ FAMILIA: resbaladizo, resbalón.

resbalón (res·ba·lón) [sustantivo masculino] Caída que se produce al pisar una superficie que resbala. ☐ FAMILIA: →resbalar.

rescatar (res·ca·tar) [verbo] Salvar de un daño o de un peligro: *Un helicóptero rescató a los náufragos.* ☐ FAMILIA: rescate.

rescate (res·ca·te) [sustantivo masculino] **1** Dinero que hay que pagar para que suelten a una persona que ha sido secuestrada. **2** Conjunto de operaciones que se realizan para salvar a una persona que está en peligro: *La policía trabaja en el rescate de los montañeros.* ☐ SINÓNIMOS: **2** salvamento. ☐ FAMILIA: →rescatar.

rescindir (res·cin·dir) [verbo] Hacer que no valga un contrato o un acuerdo: *Este contrato puede ser rescindido por cualquiera de las dos partes.* ☐ FAMILIA: rescisión.

rescisión (res·ci·sión) [sustantivo femenino] Anulación de un contrato o de un acuerdo. ☐ FAMILIA: →rescindir.

rescoldo (res·col·do) [sustantivo masculino] **1** Resto de la madera o del carbón que queda cuando se apagan las llamas: *Asegúrate de apagar los rescoldos de la hoguera.* **2** Resto de un sentimiento: *A pesar de los años, todavía quedan rescoldos de nuestra amistad.* ☐ SINÓNIMOS: **1** brasa.

resecar (re·se·car) [verbo] Secar mucho: *El bizcocho se ha resecado fuera del envoltorio.* ☐ [La «c» se cambia en «qu» delante de «e» («reseque»)]. ☐ FAMILIA: →seco.

reseco, ca (re·se·co, ca) [adjetivo] Demasiado seco. ☐ ANTÓNIMOS: húmedo. ☐ FAMILIA: →seco.

resentido, da (re·sen·ti·do, da) [adjetivo sustantivo] Que siente disgusto contra otra persona por algo que ya ha pasado. ☐ SINÓNIMOS: rencoroso. ☐ FAMILIA: →sentir.

resentimiento (re·sen·ti·mien·to) [sustantivo masculino] Sensación de disgusto que siente una persona contra otra por algo que ya ha pasado: *No guardo ningún resentimiento hacia él.* ☐ SINÓNIMOS: rencor, resquemor, despecho. ☐ FAMILIA: →sentir.

resentirse (re·sen·tir·se) [verbo] **1** Sentir un dolor o una molestia en una parte del cuerpo a causa de una enfermedad o lesión ya pasada: *Me resiento de la muñeca cuando cambia el tiempo.* **2** Empezar a perder fuerza o a hacerse más débil: *Mi salud empieza a resentirse.* ☐ [Es irregular y se conjuga como SENTIR]. ☐ FAMILIA: →sentir.

reseña (re·se·ña) [sustantivo femenino] Escrito corto sobre una película, una obra literaria u otra cosa. ☐ SINÓNIMOS: recensión.

reserva (re·ser·va) [sustantivo] **1** Persona que sustituye a otra en una competición deportiva: *Los reservas se sientan en el banquillo.* [sustantivo femenino] **2** Conjunto de bienes que se guardan para usarlos más adelante o para una persona determinada: *Se está acabando la reserva de víveres.* **3** Acuerdo que se hace para que nos

reservado, da

guarden algo que queremos usar: *reserva de billetes.* **4** Cuidado que se pone al hacer o al decir algo: *Habló con mucha reserva.* **5** Territorio limitado para proteger algo: *Estas montañas son una reserva natural.* ∎ **reservas** [sustantivo femenino plural] **6** Conjunto de elementos que permiten resolver una necesidad o que sirven para hacer algo: *un país rico en reservas petrolíferas.* ☐ [En el significado **1** no varía en masculino y femenino]. ☐ FAMILIA: →reservar.

reservado, da (re·ser·va·do, da) [adjetivo] Que habla poco o que cuenta pocas cosas. ☐ SINÓNIMOS: callado, taciturno. ☐ ANTÓNIMOS: hablador, charlatán. ☐ FAMILIA: →reservar.

reservar (re·ser·var) [verbo] **1** Guardar para más adelante: *Reserva comida para esta noche.* **2** Coger una cosa para que la use una persona determinada: *Resérvame un asiento a tu lado.* ☐ FAMILIA: reserva, reservado.

resfriado (res·fria·do) [sustantivo masculino] Enfermedad que se produce generalmente por cambios repentinos y fuertes de temperatura. ☐ SINÓNIMOS: constipado, catarro, enfriamiento. ☐ FAMILIA: →frío.

resfriarse (res·friar·se) [verbo] Coger un resfriado. ☐ [Es irregular y se conjuga como ENVIAR]. ☐ SINÓNIMOS: acatarrarse, constiparse. ☐ FAMILIA: →frío.

resguardar (res·guar·dar) [verbo] Proteger algo de un daño o de un peligro: *Se resguardó de la lluvia en un portal.* ☐ SINÓNIMOS: proteger, preservar. ☐ ANTÓNIMOS: atacar. ☐ FAMILIA: →guardar.

resguardo (res·guar·do) [sustantivo masculino] **1** Documento que prueba que alguien ha pagado o ha entregado una cosa: *Necesito el resguardo para ir a recoger las fotos.* **2** Cosa que sirve de protección: *La cueva nos sirvió de resguardo contra la lluvia.* ☐ SINÓNIMOS: **1** recibo, justificante, comprobante. **2** refugio, cobijo. ☐ FAMILIA: →guardar.

residencia (re·si·den·cia) [sustantivo femenino] **1** Lugar en el que se vive: *Mis padres tienen su residencia en Zamora.* **2** Lugar en el que viven personas que tienen algunas características en común: *residencia de ancianos.* ☐ FAMILIA: →residir.

residencial (re·si·den·cial) [adjetivo] Dicho de un lugar, que está destinado solo a viviendas, especialmente si estas son de lujo: *Vivo en un barrio residencial de las afueras.* ☐ [No varía en masculino y femenino]. ☐ FAMILIA: →residir.

residente (re·si·den·te) [adjetivo o sustantivo] Que vive en un lugar y hace vida en él: *médico residente.* ☐ [No varía en masculino y femenino]. ☐ FAMILIA: →residir.

residir (re·si·dir) [verbo] **1** Ocupar un lugar y hacer vida en él: *Mi familia reside en Cádiz.* **2** Tener algo como base: *¡Ah, ya veo dónde reside el problema!* ☐ SINÓNIMOS: **1** vivir, habitar. **2** consistir, radicar. ☐ FAMILIA: residencia, residente, residencial.

residual (re·si·dual) [adjetivo] Que queda o que sobra de algo y no sirve para nada: *Las aguas residuales van a parar al mar.* ☐ [No varía en masculino y femenino]. ☐ FAMILIA: →residuo.

residuo (re·si·duo) [sustantivo masculino] Parte que queda o que sobra de algo y que no sirve para nada: *Los residuos radiactivos son muy peligrosos.* ☐ SINÓNIMOS: vertido. ☐ FAMILIA: residual.

resignación (re·sig·na·ción) [sustantivo femenino] Paciencia para aceptar algo malo: *Soporta con resignación su enfermedad.* ☐ FAMILIA: →resignarse.

resignarse (re·sig·nar·se) [verbo] Aceptar con paciencia algo malo: *Me resigné a quedarme sin vacaciones por ayudarles en el trabajo.* ☐ FAMILIA: resignación.

resina (re·si·na) [sustantivo femenino] Sustancia pegajosa que sale del tronco de algunas plantas.

resistencia (re·sis·ten·cia) [sustantivo femenino] **1** Oposición fuerte: *El ladrón se entregó a la policía sin resistencia.* **2** Capacidad para resistir o aguantar: *Tengo mucha resistencia física.* ☐ ANTÓNIMOS: **1** rendición. ☐ FAMILIA: →resistir.

resistente (re·sis·ten·te) [adjetivo] Que resiste o aguanta muy bien: *Este material es resistente al calor.* ☐ [No varía en masculino y femenino]. ☐ SINÓNIMOS: inquebrantable. ☐ ANTÓNIMOS: frágil. ☐ FAMILIA: →resistir.

resistir (re·sis·tir) [verbo] **1** Aguantar o mantener con fuerza: *Estas columnas resisten el peso de toda la casa.* **2** Durar o permanecer en el tiempo: *Los alimentos congelados resisten mucho tiempo.* ∎ **resistirse 3** Oponerse con fuerza a hacer algo: *Me resisto a creerlo.* ☐ ANTÓNIMOS: sucumbir. ☐ FAMILIA: resistencia, resistente, irresistible.

resol (re·sol) [sustantivo masculino] **1** Reflejo del sol. **2** Luz y calor que produce este reflejo. ☐ FAMILIA: →sol.

resollar (re·so·llar) [verbo] Respirar con fuerza y haciendo ruido: *El caballo resollaba mientras tiraba de la carreta.* ☐ [Es irregular y se conjuga como CONTAR]. ☐ SINÓNIMOS: resoplar. ☐ FAMILIA: resuello.

resolución (re·so·lu·ción) [sustantivo femenino] **1** Decisión que se toma o elección que se hace: *Tomé la resolución de marcharme de allí.* **2** Solución a un problema o a una duda: *Las resoluciones de los problemas están al final del libro.* **3** Ánimo, valor o energía para hacer algo sin dudar: *Convences a la gente porque actúas con mucha resolución.* **4** Calidad que tiene una imagen digital: *Estas fotos se ven muy bien porque tienen alta resolución.* ☐ SINÓNIMOS: **1**, **3** determinación. ☐ ANTÓNIMOS: **3** indecisión, vacilación. ☐ FAMILIA: →resolver.

resolutivo, va (re·so·lu·ti·vo, va) [adjetivo] Que soluciona las cosas con facilidad y con decisión: *Es una persona resolutiva que no se asusta ante las dificultades.* ☐ FAMILIA: →resolver.

resolver (re·sol·ver) [verbo] **1** Encontrar la solución correcta a algo que no se sabe: *No soy capaz de resolver este jeroglífico.* **2** Tomar una decisión: *He resuelto estudiar periodismo.* ☐ [Es irregular y se conjuga como MOVER. Su participio es «resuelto»]. ☐ SINÓNIMOS: **1** solucionar, acertar, adivinar. **2** decidir. ☐ FAMILIA: resuelto, resolución, resolutivo, solventar, solvente, insolvente.

resonancia (re·so·nan·cia) [sustantivo femenino] **1** Sonido que se produce por el rebote de otro sonido en una superficie y que va disminuyendo poco a poco: *la caja de resonancia de una guitarra.* **2** Efecto o importancia que algo adquiere: *Sus declaraciones han tenido resonancia internacional.* ◆ [expresión] ‖ **resonancia magnética** Técnica que se emplea en medicina para poder ver el interior del cuerpo. ☐ Sinónimos: eco. **2** repercusión. ☐ Familia: →son.

resonar (re·so·nar) [verbo] **1** Sonar fuerte: *Los golpes resonaron por todo el edificio.* **2** Rebotar un sonido en una superficie: *Dentro de la cueva nuestras voces resonaban.* ☐ [Es irregular y se conjuga como CONTAR]. ☐ Sinónimos: **1** retumbar. ☐ Familia: →son.

resoplar (re·so·plar) [verbo] Respirar con fuerza y haciendo ruido. ☐ Sinónimos: resollar. ☐ Familia: →soplar.

resoplido (re·so·pli·do) [sustantivo masculino] Respiración fuerte y que hace ruido. ☐ Sinónimos: resuello. ☐ Familia: →soplar.

resorte (re·sor·te) [sustantivo masculino] Muelle que se usa en algunos aparatos: *La puerta tiene un resorte que impide que se quede abierta.* ☐ Sinónimos: muelle.

respaldar (res·pal·dar) [verbo] Apoyar o proteger: *Mi familia me ha respaldado en todo momento.* ☐ Sinónimos: propugnar. ☐ Familia: →espalda.

respaldo (res·pal·do) [sustantivo masculino] **1** Parte de un asiento en la que se apoya la espalda. **2** Apoyo, ayuda o protección: *Tengo el respaldo de mi familia.* ☐ Familia: →espalda.

respaldo

respectar (res·pec·tar) ◆ [expresión] ‖ **por lo que respecta a** o **en lo que respecta a** En lo que se refiere a algo o a alguien: *Por lo que respecta a tu hermano, ya le puedes decir que se vaya.* ☐ Familia: →respecto.

respectivo, va (res·pec·ti·vo, va) [adjetivo] Dicho de una cosa, que se corresponde con otra: *Vinieron mis tíos con sus hijos respectivos.* ☐ Familia: →respecto.

respecto (res·pec·to) ◆ [expresión] ‖ **al respecto** En relación con lo que se trata: *No tengo nada que decir al respecto.* ‖ **respecto de algo** o **respecto a algo** En relación con ello: *No sé qué pensar respecto a lo que me cuentas.* ☐ Familia: respectivo, respectar.

respetable (res·pe·ta·ble) [adjetivo] **1** Que merece ser respetado. **2** Grande o importante: *Cobra una respetable suma de dinero.* ☐ [No varía en masculino y femenino]. ☐ Sinónimos: **1** augusto, honorable, venerable. **2** considerable. ☐ Familia: →respetar.

respetar (res·pe·tar) [verbo] **1** Tener respeto hacia algo o mostrarlo. **2** Aceptar algo y obedecerlo: *Respeta las señales de circulación.* ☐ Familia: respeto, respetable, respetuoso, irrespetuoso.

respeto (res·pe·to) [sustantivo masculino] **1** Atención, cuidado o buena educación con los que tratamos aquello que admiramos o que nos gusta: *El respeto es muy importante para convivir.* **2** Miedo o temor: *Tengo cierto respeto al mar.* ☐ Familia: →respetar.

respetuoso, sa (res·pe·tuo·so, sa) [adjetivo] Que muestra respeto. ☐ Sinónimos: reverente. ☐ Antónimos: irrespetuoso. ☐ Familia: →respetar.

respingo (res·pin·go) [sustantivo masculino] Movimiento brusco del cuerpo: *Estaba soñando que me caía y di un respingo.* ☐ Familia: respingón.

respingón, na (res·pin·gón, go·na) [adjetivo] Dicho de una parte del cuerpo, especialmente la nariz, que tiene la punta hacia arriba. ☐ Familia: →respingo.

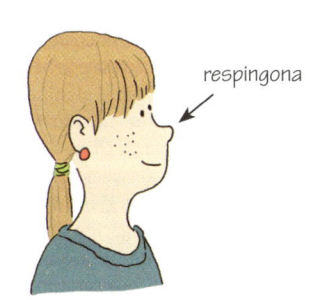

respingona

respiración (res·pi·ra·ción) [sustantivo femenino] Entrada y salida de aire en los pulmones. ☐ Sinónimos: aliento. ☐ Familia: →respirar.

respiradero (res·pi·ra·de·ro) [sustantivo masculino] Abertura por donde entra y sale aire en un lugar cerrado. ☐ Familia: →respirar.

respirar (res·pi·rar) [verbo] **1** Introducir aire en los pulmones y después hacerlo salir: *En el campo se respira aire puro.* **2** Descansar tranquilo después de algún temor: *No respiré hasta ver que llegabas.* ☐ Familia: respiración, respiradero, respiratorio, respiro, irrespirable.

respiratorio, ria (res·pi·ra·to·rio, ria) [adjetivo] De la respiración o relacionado con ella: *aparato respiratorio.* ☐ Familia: →respirar.

respiro (res·pi·ro) [sustantivo masculino] Rato de descanso o de tranquilidad: *Tómate un respiro.* ☐ Familia: →respirar.

resplandecer (res·plan·de·cer) [verbo] **1** Brillar o despedir rayos de luz. **2** Mostrar una sensación alegre o feliz: *Tu cara resplandece de felicidad.* ☐ [Es irregular y se conjuga como AGRADECER]. ☐ Sinónimos: **1** relucir, relumbrar, refulgir. ☐ Familia: →resplandor.

resplandeciente (res·plan·de·cien·te) [adjetivo] Que brilla mucho. ☐ [No varía en masculino y femenino]. ☐ Sinónimos: radiante, refulgente. ☐ Familia: →resplandor.

resplandor (res·plan·dor) [sustantivo masculino] Luz o brillo producidos por algunas cosas: *Se ve el resplandor de una hoguera.* ☐ Familia: resplandecer, resplandeciente.

responder (res·pon·der) [verbo] **1** Dar respuesta a algo: *Respondí a todas las preguntas.* **2** Dar una respuesta con mala educación: *¡No me respondas!* **3** Tener el resultado o el efecto esperados: *El enfermo responde muy bien al tratamiento.* **4** Tener lo necesario para algo: *Buscamos un empleado que responda a las necesidades del puesto.* **5** Ser responsable de algo: *Los guardaespaldas responden de la seguridad del presidente.* ☐ Sinónimos: **1, 2** contestar. **3** reaccionar. ☐ Antónimos: **1** preguntar, interrogar. ☐ Familia: respuesta, respondón.

respondón, na (res·pon·dón, do·na) [adjetivo o sustantivo] Que falta al respeto en sus contestaciones. ☐ Familia: →responder.

responsabilidad (res·pon·sa·bi·li·dad) [sustantivo femenino] **1** Capacidad de las personas para cumplir sus deberes o sus obligaciones: *sentido de la responsabilidad.* **2** Deber u obligación que alguien tiene: *Eso es responsabilidad tuya.* ☐ Familia: →responsable.

responsabilizar (res·pon·sa·bi·li·zar) [verbo] Hacer a una persona responsable o culpable de algo: *Se responsabilizó de nuestra mascota mientras estuvimos de viaje.* ☐ [La «z» se cambia en «c» delante de «e» («responsabilice»)]. ☐ Familia: →responsable.

responsable (res·pon·sa·ble) ■ [adjetivo] **1** Que cumple sus deberes o sus obligaciones: *Es un alumno responsable.* ■ [adjetivo o sustantivo] **2** Que tiene como deber ocuparse de algo y cuidar de ello: *Soy el responsable de la biblioteca.* **3** Que tiene la culpa de algo: *¿Quién es el responsable de este desastre?* ☐ [No varía en masculino y femenino]. ☐ Sinónimos: **3** culpable. ☐ Antónimos: **1** irresponsable. ☐ Familia: responsabilizar, responsabilidad, irresponsable.

responso (res·pon·so) [sustantivo masculino] Oración que se dice por un difunto.

respuesta (res·pues·ta) [sustantivo femenino] **1** Expresión que se devuelve a una pregunta: *No sé la respuesta.* **2** Acción de contestar a una llamada: *Ya he recibido tu respuesta.* **3** Cosa que recompensa o corresponde a algún trabajo: *El premio fue la respuesta a mi esfuerzo.* **4** Efecto o resultado de algo: *Si no hay respuesta a este medicamento, lo cambiaremos.* ☐ Antónimos: **1** pregunta. ☐ Familia: →responder.

resquebrajadura (res·que·bra·ja·du·ra) [sustantivo femenino] Abertura larga y estrecha en una superficie. ☐ Familia: →quebrar.

resquebrajarse (res·que·bra·jar·se) [verbo] Hacerse aberturas largas y estrechas en una superficie: *La pared se resquebrajó.* ☐ [Siempre se escribe con «j»]. ☐ Sinónimos: agrietar. ☐ Familia: →quebrar.

resquemor (res·que·mor) [sustantivo masculino] Sensación de disgusto que siente una persona contra otra por algo que ya ha pasado: *Siento cierto resquemor hacia ellos por sus críticas.* ☐ Sinónimos: resentimiento.

resquicio (res·qui·cio) [sustantivo masculino] Abertura pequeña y estrecha: *Entra luz por el resquicio de la puerta.* ☐ Familia: →quicio.

resta (res·ta) [sustantivo femenino] Operación que consiste en calcular la diferencia que hay entre dos cantidades: *«5 – 2» es una resta y el resultado es «3».* ☐ Sinónimos: sustracción. ☐ Antónimos: suma, adición. ☐ Familia: →restar.

restablecer (res·ta·ble·cer) [verbo] **1** Establecer algo de nuevo. ■ **restablecerse 2** Volver a estar sano: *Se ha restablecido de la operación.* ☐ [Es irregular y se conjuga como AGRADECER]. ☐ Sinónimos: **2** reponerse, recobrarse, recuperarse. ☐ Familia: →establecer.

restablecimiento (res·ta·ble·ci·mien·to) [sustantivo masculino] Recuperación de alguien o de algo después de haber sufrido algún daño. ☐ Familia: →establecer.

restallar (res·ta·llar) [verbo] **1** Producir un látigo o algo parecido un ruido seco al moverlo en el aire: *El domador hizo restallar el látigo.* **2** Producir este sonido con un látigo o con otra cosa. ☐ Familia: →estallar.

restante (res·tan·te) [adjetivo] Que resta o que queda de algo: *¿Qué vas a hacer con el dinero restante?* ☐ [No varía en masculino y femenino]. ☐ Sinónimos: sobrante. ☐ Familia: →restar.

restañar (res·ta·ñar) [verbo] Impedir la salida de un líquido, especialmente de la sangre de una herida: *Restañé la herida presionándola con un paño.*

restar (res·tar) [verbo] **1** Realizar la operación matemática que consiste en calcular la diferencia que hay entre dos cantidades. **2** Quitar o hacer más pequeño: *Este defecto resta valor al mueble.* **3** Faltar por hacer una acción: *Solo resta dar un repaso al trabajo.* ☐ Sinónimos: **1** sustraer. **3** quedar. ☐ Antónimos: **1, 2** agregar. **1** sumar. **2** añadir. ☐ Familia: resta, resto, restante.

restauración (res·tau·ra·ción) [sustantivo femenino] **1** Reparación de algo que se había estropeado. **2** Vuelta a una situación anterior. ☐ Familia: →restaurar.

restaurador, ra (res·tau·ra·dor, do·ra) [sustantivo] **1** Persona que restaura o arregla obras de arte. **2** Persona que dirige un restaurante. ☐ Familia: →restaurar.

restaurante (res·tau·ran·te) [sustantivo masculino] Lugar público donde se va a comer.

restaurar (res·tau·rar) [verbo] **1** Volver a hacer útil algo antiguo o arreglar algo que se había estropeado: *Han restaurado el cuadro.* **2** Volver a establecer algo o a ponerlo como estaba: *Se ha restaurado la paz.* ☐ [Es irregular y se conjuga como CAUSAR]. ☐ Familia: restauración, restaurador.

restituir (res·ti·tuir) [verbo] **1** Devolver algo al anterior dueño: *El ladrón restituyó lo que había robado.* **2** Volver a establecer algo o ponerlo en su estado anterior: *La policía restituyó el orden.* ☐ [Es irregular y se conjuga como CONSTRUIR]. ☐ Antónimos: **1** desposeer, expoliar.

resto (res·to) ▪ [sustantivo] [masculino] **1** Parte que queda de un todo: *Luego te contaré el resto de la historia.* **2** En matemáticas, resultado de restar dos números: *¿Cuál es el resto de esta operación?* ▪ **restos** [plural] **3** Cuerpo muerto: *Encontraron los restos de varios animales.* ◆ [expresión] ‖ **restos mortales** Cuerpo muerto de una persona. ☐ SINÓNIMOS: **2** diferencia. ☐ FAMILIA: →restar.

restregar (res·tre·gar) [verbo] Pasar algo por un lugar varias veces y con fuerza: *Restriega bien los platos con el estropajo.* ☐ [Es irregular y se conjuga como ACERTAR. La «g» se cambia en «gu» delante de «e» («restriegue»)].

restricción (res·tric·ción) [sustantivo] [femenino] Reducción o limitación de alguna cosa: *Ha habido restricciones de agua por la sequía.* ☐ FAMILIA: →restringir.

restrictivo, va (res·tric·ti·vo, va) [adjetivo] Que reduce o limita: *medidas restrictivas.* ☐ FAMILIA: →restringir.

restringir (res·trin·gir) [verbo] Reducir o poner límites a algo: *Restringieron la entrada a la fiesta.* ☐ [La «g» se cambia en «j» delante de «a», «o» («restrinja»)]. ☐ SINÓNIMOS: limitar. ☐ FAMILIA: restricción, restrictivo.

resucitar (re·su·ci·tar) [verbo] Volver una persona a vivir después de haber muerto. ☐ ANTÓNIMOS: matar. ☐ FAMILIA: resurrección.

resuello (re·sue·llo) [sustantivo] [masculino] **1** Respiración fuerte y que hace ruido: *Se oye el resuello de las mulas.* **2** Fuerza o energía: *Me he quedado sin resuello de tanto ejercicio.* ☐ SINÓNIMOS: **1** resoplido. ☐ FAMILIA: →resollar.

resuelto, ta (re·suel·to, ta) ▪ **1** Participio irregular de **resolver.** ▪ [adjetivo] **2** Valiente, atrevido o rápido en decidir: *Es una persona resuelta y no vacila ante nada.* ☐ SINÓNIMOS: **2** expeditivo. ☐ FAMILIA: →resolver.

resulta (re·sul·ta) ◆ [expresión] ‖ **de resultas** Como consecuencia o como efecto: *De resultas de aquella pelea perdieron su amistad.* ☐ FAMILIA: →resultar.

resultado (re·sul·ta·do) [sustantivo] [masculino] **1** Hecho o cosa que es consecuencia de algo: *Esta cicatriz es resultado de una caída.* **2** Solución de una operación matemática: *El resultado del problema no es correcto.* **3** Información que se obtiene a partir de una operación o de un examen: *Recogí los resultados de los análisis.* **4** Beneficio que se obtiene de algo: *Este coche me ha dado muy buen resultado.* ☐ ANTÓNIMOS: **1** causa. ☐ FAMILIA: →resultar.

resultante (re·sul·tan·te) [adjetivo o] [sustantivo] Que resulta o se produce como consecuencia de algo. ☐ [No varía en masculino y femenino]. ☐ FAMILIA: →resultar.

resultar (re·sul·tar) [verbo] **1** Ser o quedar de determinada manera: *La película resultó interesante.* **2** Producir lo que se espera: *La excusa no resultó y nos castigaron por llegar tarde.* ☐ FAMILIA: resultado, resulta, resultante, resultón.

resultón, na (re·sul·tón, to·na) [adjetivo] Atractivo: *No es guapo, pero es resultón.* ☐ [Es coloquial]. ☐ FAMILIA: →resultar.

resumen (re·su·men) [sustantivo] [masculino] Conjunto de palabras que cuentan lo más importante de algo: *Haz un resumen de la lección.* ◆ [expresión] ‖ **en resumen** Como conclusión: *En resumen, no sabemos qué hacer.* ☐ SINÓNIMOS: síntesis. ☐ FAMILIA: →resumir.

resumir (re·su·mir) [verbo] Contar algo diciendo solo lo más importante: *resumir un texto.* ☐ SINÓNIMOS: abreviar. ☐ FAMILIA: resumen.

resurgimiento (re·sur·gi·mien·to) [sustantivo] [masculino] Recuperación de nuevas fuerzas o de nuevos ánimos. ☐ FAMILIA: →surgir.

resurgir (re·sur·gir) [verbo] Volver a mostrarse o volver a existir con fuerza: *El turismo ha hecho resurgir la economía del pueblo.* ☐ [La «g» se cambia en «j» delante de «a», «o» («resurja»)]. ☐ SINÓNIMOS: recuperarse, renacer. ☐ ANTÓNIMOS: remitir. ☐ FAMILIA: →surgir.

resurrección (re·su·rrec·ción) [sustantivo] [femenino] Hecho de volver a la vida una persona que había muerto. ☐ FAMILIA: →resucitar.

retablo (re·ta·blo) [sustantivo] [masculino] Pintura o escultura que cubren la pared de algunas iglesias.

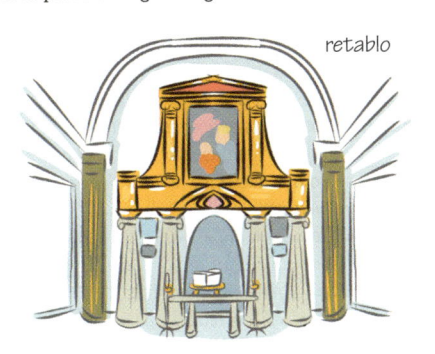

retablo

retaco, ca (re·ta·co, ca) [adjetivo o] [sustantivo] Que es bajo y gordo. ☐ [Es despectivo].

retaguardia (re·ta·guar·dia) [sustantivo] [femenino] Parte de atrás de un ejército, que está lejos del enemigo. ☐ FAMILIA: →guardar.

retahíla (re·ta·hí·la) [sustantivo] [femenino] Conjunto de cosas que van una después de otra: *una retahíla de disparates.* ☐ SINÓNIMOS: ristra.

retal (re·tal) [sustantivo] [masculino] Trozo que sobra de una pieza de tela, de piel o de otro material: *Me hice un disfraz con retales que encontré.* ☐ FAMILIA: retazo.

retama (re·ta·ma) [sustantivo] [femenino] Arbusto con muchas ramitas delgadas y con flores amarillas pequeñas. ☐ FAMILIA: retamar.

retamar (re·ta·mar) [sustantivo] [masculino] Lugar con muchas retamas. ☐ FAMILIA: →retama.

retar (re·tar) [verbo] Decir una persona a otra que participe contra ella en una lucha o en una competición: *Me retó a una carrera.* ☐ SINÓNIMOS: desafiar. ☐ FAMILIA: reto.

retardado, da (re·tar·da·do, da) [adjetivo] Que actúa con lentitud o después de un tiempo: *efecto retardado.* ☐ FAMILIA: →tarde.

retardar (re·tar·dar) [verbo] Dejar algo para hacerlo más tarde: *Este dispositivo retarda la apertura de la puerta.* ☐ Sinónimos: atrasar, retrasar, demorar. ☐ Antónimos: adelantar. ☐ Familia: →tarde.

retazo (re·ta·zo) [sustantivo masculino] Trozo de una cosa, especialmente de una tela. ☐ Familia: →retal.

retel (re·tel) [sustantivo masculino] Aro con una red en forma de bolsa que sirve para pescar.

retén (re·tén) [sustantivo masculino] Conjunto de personas que están preparadas por si hay que actuar en un momento determinado: *un retén de bomberos.* ☐ Familia: →retener.

retención (re·ten·ción) [sustantivo femenino] 1 Conservación, detención o mantenimiento en un sitio. 2 Parada o marcha muy lenta de muchos coches en una carretera. ☐ Familia: →retener.

retener (re·te·ner) [verbo] Conservar, detener o mantener en algún sitio: *Esa presa retiene el agua del embalse.* ☐ [Es irregular y se conjuga como TENER]. ☐ Familia: retén, retención, retentiva.

retentiva (re·ten·ti·va) [sustantivo femenino] Capacidad para recordar las cosas: *Tiene mucha retentiva para los nombres.* ☐ Familia: →retener.

reticencia (re·ti·cen·cia) [sustantivo femenino] 1 Reserva o falta de confianza: *Mostré mis reticencias ante su plan.* 2 Hecho de decir algo a medias, haciendo ver que se calla algo que se podría decir: *No te andes con reticencias y dime lo que piensas.*

reticente (re·ti·cen·te) [adjetivo] Que no tiene confianza en algo o que tiene algún temor: *Se muestra reticente ante el plan.* ☐ [No varía en masculino y femenino]. ☐ Sinónimos: desconfiado, receloso. ☐ Antónimos: confiado.

retina (re·ti·na) [sustantivo femenino] Membrana interna del ojo, que recibe la luz.

retintín (re·tin·tín) [sustantivo masculino] Tono o modo de hablar que se usa con mala intención para molestar a alguien: *Me dio la enhorabuena con mucho retintín.* ☐ [Es coloquial]. ☐ Sinónimos: sorna.

retirado, da (re·ti·ra·do, da) ■ [adjetivo] 1 Que está lejos o separado de algo: *Buscamos un lugar retirado para merendar.* ■ [adjetivo o sustantivo] 2 Que ha dejado de trabajar porque ha llegado a la edad que establece la ley o porque tiene algún problema de salud: *Mi tío está retirado desde hace varios años.* ■ **retirada** [sustantivo femenino] 3 Marcha de un lugar o abandono de una actividad: *La retirada del cantante ha entristecido a sus seguidores.* 4 Hecho de quitar algo de un lugar: *la retirada de basuras.* ☐ Sinónimos: 1 apartado. 2 jubilado. ☐ Familia: →retirar.

retirar (re·ti·rar) [verbo] 1 Quitar o separar de un lugar: *Retírate de la puerta.* 2 Hacer que una persona deje de hacer algo: *Una lesión lo retiró del deporte.* 3 Dejar de mantener lo que se ha dicho o se ha hecho antes: *Estaba equivocado y retiro lo que dije.* 4 Dejar de dar algo: *Me ha retirado el saludo.* ■ **retirarse** 5 Irse a un lugar apartado: *El novelista se retiró al campo para poder escribir.* 6 Dejar una persona de trabajar porque ha llegado a la edad que establece la ley o porque tiene problemas de salud: *Mi abuelo se retiró a los sesenta y cinco años.* ☐ Sinónimos: 1 apartar. 3 retractarse. 6 jubilar. ☐ Familia: retirada, retiro, retirado.

retiro (re·ti·ro) [sustantivo masculino] 1 Hecho de dejar de trabajar porque se ha llegado a la edad que establece la ley o porque se tienen problemas de salud. 2 Dinero que se cobra cuando se ha dejado de trabajar por la edad o por cuestiones de salud. 3 Lugar tranquilo que está lejos o separado de todo: *Nos enseñó su retiro de la montaña.* ☐ Sinónimos: 1, 2 jubilación. 2 pensión. ☐ Familia: →retirar.

reto (re·to) [sustantivo masculino] 1 Hecho de decir una persona a otra que participe contra ella en una lucha o en una competición. 2 Objetivo que resulta difícil de hacer y que supone una victoria: *Este papel tan difícil es un reto para esa actriz.* ☐ Sinónimos: desafío. ☐ Familia: →retar.

retocar (re·to·car) [verbo] Arreglar algo un poco: *Me retocó el peinado.* ☐ [La «c» se cambia en «qu» delante de «e» («retoque»)]. ☐ Sinónimos: perfilar. ☐ Familia: →tocar.

retomar (re·to·mar) [verbo] Continuar con una cosa que se había interrumpido: *Retomé el asunto con nuevas energías.* ☐ Familia: →tomar.

retoñar (re·to·ñar) [verbo] Volver a echar tallos o ramas una planta: *El naranjo retoñó después del invierno.* ☐ Familia: retoño.

retoño (re·to·ño) [sustantivo masculino] 1 Tallo nuevo que aparece en una planta. 2 Hijo pequeño de una persona. ☐ Sinónimos: vástago. 1 brote, renuevo. ☐ Familia: →retoñar.

retoque (re·to·que) [sustantivo masculino] Pequeño arreglo o cambio que se hace en algo para que quede mejor. ☐ Familia: →tocar.

retorcer (re·tor·cer) [verbo] Torcer algo dándole vueltas alrededor de sí mismo: *No me retuerzas el brazo, que me haces daño.* ☐ [Es irregular y se conjuga como MOVER. La «c» se cambia en «z» delante de «a», «o» («retuerza»)]. ☐ Familia: →torcer.

retorcido, da (re·tor·ci·do, da) [adjetivo] 1 Que hace que las cosas parezcan más difíciles o más raras de lo que son: *Tiene un estilo retorcido y no entiendo nada.* 2 Dicho de una persona, que tiene o que muestra malas intenciones. ☐ Sinónimos: 2 atravesado. ☐ Familia: →torcer.

retorcimiento (re·tor·ci·mien·to) [sustantivo masculino] Hecho de torcer algo dándole vueltas alrededor de sí mismo. ☐ Familia: →torcer.

retórico, ca (re·tó·ri·co, ca) ■ [adjetivo] 1 De la retórica o relacionado con ella: *figuras retóricas.* ■ **retórica** [sustantivo femenino] 2 Arte de hablar y escribir bien. 3 Forma de hablar o de escribir poco natural.

retornable (re·tor·na·ble) [adjetivo] Dicho de un envase, que puede volver a ser utilizado: *En muchos lugares hay contenedores especiales para tirar las botellas que no son retornables.* ☐ [No varía en masculino y femenino]. ☐ Familia: →retornar.

retornar (re·tor·nar) [verbo] Volver a un lugar o a una situación anterior: *Ha retornado a su país después de vivir cinco años fuera.* ☐ SINÓNIMOS: reaparecer. ☐ FAMILIA: retorno, retornable.

retorno (re·tor·no) [sustantivo masculino] Vuelta a un lugar o a una situación anterior. ☐ SINÓNIMOS: reaparición. ☐ FAMILIA: →retornar.

retorta (re·tor·ta) [sustantivo femenino] Recipiente de cristal que tiene el cuello doblado hacia un lado y que se usa en los laboratorios.

retortero (re·tor·te·ro) ◆ [expresión] ‖ **al retortero** Sin orden o revuelto: *Arregla tu habitación porque tienes toda la ropa al retortero.* ☐ [Es coloquial].

retortijón (re·tor·ti·jón) [sustantivo masculino] Dolor fuerte que se siente en el estómago o en el vientre.

retozar (re·to·zar) [verbo] Jugar dando saltos: *Los niños se pasan el día entero retozando.* ☐ [La «z» se cambia en «c» delante de «e» («retoce»)]. ☐ FAMILIA: retozón.

retozón, na (re·to·zón, zo·na) [adjetivo] Que juega saltando y corriendo: *Los cachorros son muy retozones.* ☐ FAMILIA: →retozar.

retractarse (re·trac·tar·se) [verbo] Decir que lo que se ha dicho antes no era cierto: *Me retracté de mis declaraciones.* ☐ SINÓNIMOS: retirar, desdecirse.

retráctil (re·trác·til) [adjetivo] Dicho de una parte del cuerpo, que se puede encoger o esconder: *Las uñas de los gatos son retráctiles.* ☐ [No varía en masculino y femenino]. ☐ FAMILIA: →retraer.

retraer (re·tra·er) [verbo] **1** Encoger una parte del cuerpo: *Los caracoles pueden retraer sus cuernos.* ■ **retraerse 2** Retirarse o separarse una persona de los demás, especialmente por timidez: *En la reunión se retrajo y no dijo lo que quería.* ☐ [Es irregular y se conjuga como TRAER]. ☐ FAMILIA: retraído, retráctil, retraimiento, retrógrado.

retraído, da (re·tra·í·do, da) [adjetivo] Tímido y que habla poco con los demás. ☐ SINÓNIMOS: introvertido. ☐ ANTÓNIMOS: extrovertido, sociable. ☐ FAMILIA: →retraer.

retraimiento (re·trai·mien·to) [sustantivo masculino] Alejamiento de una persona del trato con la gente, especialmente por timidez. ☐ FAMILIA: →retraer.

retransmisión (re·trans·mi·sión) [sustantivo femenino] Hecho de transmitir un programa desde una emisora: *retransmisión deportiva.* ☐ FAMILIA: →transmitir.

retransmitir (re·trans·mi·tir) [verbo] Transmitir un programa desde una emisora: *Retransmitieron en directo el partido.* ☐ FAMILIA: →transmitir.

retrasado, da (re·tra·sa·do, da) ■ [adjetivo] **1** Que va por detrás de lo normal o que no tiene un desarrollo normal: *Mi profesor me ayuda porque voy un poco retrasado en Matemáticas.* ■ [adjetivo o sustantivo] **2** Dicho de una persona, que tiene una inteligencia menos desarrollada de lo normal: *Las personas retrasadas necesitan una educación especial.* ☐ [El significado **2** no debe usarse como insulto]. ☐ SINÓNIMOS: **1** atrasado. ☐ ANTÓNIMOS: **1** adelantado, precoz. ☐ FAMILIA: →tras.

retrasar (re·tra·sar) [verbo] **1** Cambiar la hora de un reloj poniendo una hora que ya ha pasado. **2** Dejar algo para hacerlo más tarde: *Retrasamos la cita.* **3** Hacer que algo se haga más despacio: *Las obras retrasan el tráfico.* ■ **retrasarse 4** Llegar tarde o más tarde de lo esperado: *El autobús del colegio se retrasó diez minutos.* **5** Quedarse atrás: *Me retrasé en los estudios y ahora tengo que estudiar el doble.* ☐ SINÓNIMOS: **1**, **2** atrasar. **2** retardar, demorar, aplazar. **4** atrasarse. ☐ ANTÓNIMOS: **1**, **2** adelantar. **2** anticipar. **3** acelerar, apresurar, activar, aligerar, precipitar. **4** adelantarse, anticiparse. ☐ FAMILIA: →tras.

retraso (re·tra·so) [sustantivo masculino] **1** Llegada a un lugar más tarde de lo esperado: *Perdonad mi retraso.* **2** Tiempo posterior al momento señalado para algo: *El tren llegó con un retraso de diez minutos.* **3** Falta de desarrollo en algo: *Este niño tiene un retraso en el crecimiento.* ☐ SINÓNIMOS: **1**, **2** demora. **2**, **3** atraso. ☐ ANTÓNIMOS: **1**, **2** antelación. **2** anticipación. **2**, **3** adelanto. **3** avance, progreso. ☐ FAMILIA: →tras.

retratar (re·tra·tar) [verbo] Dibujar algo o hacer una fotografía de ello. ☐ FAMILIA: retrato, retratista, autorretrato, portarretratos.

retratista (re·tra·tis·ta) [sustantivo] Persona que hace retratos. ☐ [No varía en masculino y femenino]. ☐ FAMILIA: →retratar.

retrato (re·tra·to) [sustantivo masculino] Imagen que representa a una persona. ☐ FAMILIA: →retratar.

retrato

retrete (re·tre·te) [sustantivo masculino] **1** Recipiente conectado con una tubería y provisto de una cisterna con agua, que sirve para evacuar los excrementos. **2** Habitación en la que está este recipiente. ☐ SINÓNIMOS: **1** inodoro. **2** servicio, baño.

retribución (re·tri·bu·ción) [sustantivo femenino] Pago por un servicio o por un trabajo. ☐ SINÓNIMOS: remuneración. ☐ FAMILIA: →retribuir.

retribuir (re·tri·buir) [verbo] Pagar un servicio o un trabajo: *Aún no me han retribuido el servicio que les presté.* ☐ [Es irregular y se conjuga como CONSTRUIR]. ☐ SINÓNIMOS: remunerar. ☐ FAMILIA: retribución.

retroceder (re·tro·ce·der) [verbo] Volver hacia atrás: *No retrocedas ante el peligro.* ☐ SINÓNIMOS: desandar, recular. ☐ ANTÓNIMOS: avanzar, adelantar. ☐ FAMILIA: retroceso.

retroceso (re·tro·ce·so) [sustantivo/masculino] Movimiento hacia atrás. ☐ Sinónimos: regresión. ☐ Antónimos: avance, adelanto. ☐ Familia: →retroceder.

retrógrado, da (re·tró·gra·do, da) [adjetivo o sustantivo] Que tiene ideas muy anticuadas. ☐ [Es despectivo]. ☐ Familia: →retraer.

retrotraer (re·tro·tra·er) [verbo] Volver a un tiempo pasado para tomarlo como referencia o punto de partida: *Para contar la historia se retrotrajo a los tiempos de su juventud.* ☐ [Es irregular y se conjuga como TRAER].

retrovisor (re·tro·vi·sor) [sustantivo/masculino] Espejo que llevan los vehículos en la parte de delante y que sirve para ver lo que hay detrás. ☐ Familia: →ver.

retumbar (re·tum·bar) [verbo] Hacer algo mucho ruido de forma que parece que vibra: *El trueno retumbó por toda la casa.* ☐ Sinónimos: resonar.

reuma o **reúma** (reu·ma; re·ú·ma) [sustantivo/masculino] Reumatismo. ☐ Familia: →reumatismo.

reumático, ca (reu·má·ti·co, ca) ▪ [adjetivo] **1** Del reumatismo o relacionado con esta enfermedad. ▪ [adjetivo o sustantivo] **2** Que sufre reumatismo: *Los reumáticos sufren mucho con la humedad.* ☐ Familia: →reumatismo.

reumatismo (reu·ma·tis·mo) [sustantivo/masculino] Enfermedad que produce dolores en las uniones de los huesos. ☐ [Se usan mucho las formas abreviadas «reuma» y «reúma»]. ☐ Familia: reumático, reuma.

reunificación (reu·ni·fi·ca·ción) [sustantivo/femenino] Unión de algo que se había separado. ☐ Familia: →unir.

reunificar (reu·ni·fi·car) [verbo] Volver a unir algo que se había separado. ☐ [La «c» se cambia en «qu» delante de «e» («reunifique»)]. ☐ Familia: →unir.

reunión (reu·nión) [sustantivo/femenino] Unión de varias cosas o personas para un fin determinado: *reunión de vecinos.* ☐ Familia: →unir.

reunir (reu·nir) [verbo] **1** Poner juntas varias cosas de manera que formen un conjunto: *Reúno sellos para una colección.* ▪ **reunirse 2** Juntarse dos o más personas en un lugar: *Nos reuniremos en mi casa.* ☐ [Es irregular]. ☐ Sinónimos: **1** juntar, agrupar, amontonar. ☐ Antónimos: **1** desunir, separar, esparcir, desparramar, desperdigar, diseminar, dispersar, disgregar. ☐ Familia: →unir.

reválida (re·vá·li·da) [sustantivo/femenino] Examen que se hacía al acabar algunos estudios. ☐ Familia: →valer.

revalidar (re·va·li·dar) [verbo] Confirmar algo o darle valor otra vez: *Revalidó su título de campeón.* ☐ Familia: →valer.

revalorizar (re·va·lo·ri·zar) [verbo] Hacer que aumente el valor de algo: *revalorizar un terreno.* ☐ [La «z» se

REUNIR	
INDICATIVO	**SUBJUNTIVO**
Presente yo reúno tú reúnes / usted reúne él, ella reúne nosotros, tras reunimos vosotros, tras reunís / ustedes reúnen ellos, ellas reúnen	**Presente** yo reúna tú reúnas / usted reúna él, ella reúna nosotros, tras reunamos vosotros, tras reunáis / ustedes reúnan ellos, ellas reúnan
Pretérito imperfecto yo reunía tú reunías / usted reunía él, ella reunía nosotros, tras reuníamos vosotros, tras reuníais / ustedes reunían ellos, ellas reunían	**Pretérito imperfecto** yo reuniera o reuniese tú reunieras o reunieses / usted reuniera o reuniese él, ella reuniera o reuniese nosotros, tras reuniéramos o reuniésemos vosotros, tras reunierais o reunieseis / ustedes reunieran o reuniesen ellos, ellas reunieran o reuniesen
Pretérito perfecto simple yo reuní tú reuniste / usted reunió él, ella reunió nosotros, tras reunimos vosotros, tras reunisteis / ustedes reunieron ellos, ellas reunieron	**Futuro simple** yo reuniere tú reunieres / usted reuniere él, ella reuniere nosotros, tras reuniéremos vosotros, tras reuniereis / ustedes reunieren ellos, ellas reunieren
Futuro simple yo reuniré tú reunirás / usted reunirá él, ella reunirá nosotros, tras reuniremos vosotros, tras reuniréis / ustedes reunirán ellos, ellas reunirán	**IMPERATIVO** reúne (tú) / reúna (usted) reunamos (nosotros, tras) reunid (vosotros, tras) / reúnan (ustedes)
Condicional simple yo reuniría tú reunirías / usted reuniría él, ella reuniría nosotros, tras reuniríamos vosotros, tras reuniríais / ustedes reunirían ellos, ellas reunirían	**FORMAS NO PERSONALES** **Infinitivo** reunir **Gerundio** reuniendo **Participio** reunido

cambia en «c» delante de «e» («revalorice»)]. ☐ Familia: →valor.

revaluar (re·va·luar) [verbo] Subir el valor o el precio de algo: *revaluar el euro*. ☐ [Es irregular y se conjuga como **actuar**]. ☐ Antónimos: devaluar. ☐ Familia: →valor.

revancha (re·van·cha) [sustantivo femenino] Acción de devolver un daño o un disgusto: *Ellos ganaron el primer partido, pero en el próximo nos tomaremos la revancha*.

revelación (re·ve·la·ción) [sustantivo femenino] Descubrimiento de algo que no se conocía. ☐ Familia: →velo.

revelado (re·ve·la·do) [sustantivo masculino] Conjunto de operaciones necesarias para hacer que se vean las imágenes de una película de fotografía. ☐ Familia: →velo.

revelar (re·ve·lar) [verbo] **1** Manifestar o dar a conocer algo que no se sabía: *Nunca te revelaré mis secretos*. **2** Mostrar algo por alguna señal: *Tu cara revela alegría*. **3** Hacer que se vean las imágenes de una película de fotografía: *Llevé a revelar el carrete de fotos*. ☐ [No confundir con «rebelarse» (levantarse contra la autoridad; oponerse a algo) ni con «relevar» (sustituir a una persona en una actividad)]. ☐ Sinónimos: **2** denotar. ☐ Antónimos: **1** ocultar. ☐ Familia: →velo.

revender (re·ven·der) [verbo] Volver a vender algo que se ha comprado. ☐ Familia: →vender.

revenido, da (re·ve·ni·do, da) [adjetivo] Dicho de un alimento, que se ha puesto blando o correoso a causa de la humedad o del calor: *Estos churros de ayer están revenidos*. ☐ Familia: →revenirse.

revenirse (re·ve·nir·se) [verbo] Ponerse blando o correoso un alimento por el calor o por la humedad. ☐ [Es irregular y se conjuga como **venir**]. ☐ Familia: revenido.

reventa (re·ven·ta) [sustantivo femenino] Venta de algo que se ha comprado antes, especialmente las entradas para un espectáculo. ☐ Familia: →vender.

reventado, da (re·ven·ta·do, da) [adjetivo] Muy cansado: *Estoy reventado y solo quiero dormir*. ☐ Sinónimos: rendido. ☐ Familia: →reventar.

reventar (re·ven·tar) [verbo] **1** Romperse o explotar algo de golpe porque tenía mucha presión: *El globo reventó*. **2** Sentir algo con fuerza o tener un deseo muy fuerte: *Mi hermano revienta por conocer mis secretos*. **3** Molestar o enfadar: *Me revienta que me pongas en ridículo*. ☐ [Es irregular y se conjuga como **acertar**. Los significados **2** y **3** son coloquiales]. ☐ Sinónimos: **1** estallar. ☐ Familia: reventón, reventado.

reventón, na (re·ven·tón, to·na) [adjetivo] **1** Que está tan hinchado que parece que va a estallar. ∎ **reventón** [sustantivo masculino] **2** Explosión que hace mucho ruido: *el reventón de una rueda*. ☐ Sinónimos: **2** estallido. ☐ Familia: →reventar.

reverberar (re·ver·be·rar) [verbo] **1** Reflejarse la luz en una superficie brillante: *Los focos reverberaban en el agua de la piscina*. **2** Rebotar un sonido en una superficie: *Las voces reverberaban en la cueva*.

reverdecer (re·ver·de·cer) [verbo] Ponerse verde: *En primavera todo el campo reverdece*. ☐ [Es irregular y se conjuga como **agradecer**]. ☐ Familia: →verde.

reverencia (re·ve·ren·cia) [sustantivo femenino] Movimiento que se hace con el cuerpo en señal de respeto. ☐ Familia: →reverente.

reverencial (re·ve·ren·cial) [adjetivo] Que muestra respeto hacia algo o hacia alguien: *Saludó al rey con un gesto reverencial*. ☐ [No varía en masculino y femenino]. ☐ Familia: →reverente.

reverendo, da (re·ve·ren·do, da) [adjetivo o sustantivo] Forma de tratamiento que se usa con algunos sacerdotes y religiosos. ☐ Familia: →reverente.

reverente (re·ve·ren·te) [adjetivo] Que muestra respeto hacia alguien o hacia algo. ☐ [No varía en masculino y femenino]. ☐ Sinónimos: respetuoso. ☐ Antónimos: irrespetuoso, irreverente. ☐ Familia: reverencia, reverencial, reverendo, irreverente.

reversible (re·ver·si·ble) [adjetivo] **1** Que puede volver a ser como antes: *Afortunadamente, los daños causados son reversibles*. **2** Dicho de una prenda de vestir, que puede usarse tanto del derecho como del revés: *una cazadora reversible*. ☐ [No varía en masculino y femenino]. ☐ Antónimos: **1** irreversible. ☐ Familia: →reverso.

reverso (re·ver·so) [sustantivo masculino] En los objetos de dos caras, superficie opuesta a la principal: *el reverso de una moneda*. ☐ Sinónimos: revés, dorso, cruz. ☐ Antónimos: cara, anverso. ☐ Familia: reversible, irreversible.

revertir (re·ver·tir) [verbo] **1** Terminar una cosa siendo beneficiosa o perjudicial para alguien: *Todo lo que hagas ahora revierte en tu futuro*. **2** Volver una cosa al dueño que tenía antes. ☐ [Es irregular y se conjuga como **sentir**]. ☐ Sinónimos: **1** redundar.

revés (re·vés) [sustantivo masculino] **1** Parte de un objeto que es contraria a la que se considera principal o más perfecta: *En el revés de la camisa se ven las costuras*. **2** Golpe dado con la parte de fuera de la mano. **3** Suceso que produce sufrimiento o dificultades: *La vida le ha dado muchos reveses*. **4** En tenis y otros juegos, golpe que se da a la pelota cuando llega por el lado contrario al de la mano con que se agarra la raqueta. ◆ [expresión] ∥ **al revés** Cambiando el orden o de forma distinta del todo: *«Orbil» es «libro» al revés*. ☐ Sinónimos: **1** reverso. ☐ Antónimos: **1** derecho.

revestimiento (re·ves·ti·mien·to) [sustantivo masculino] **1** Colocación de una capa protectora para tapar o adornar algo. **2** Capa que se coloca para proteger o tapar algo: *Este tejado lleva un revestimiento especial*. ☐ Sinónimos: **2** cubierta. ☐ Familia: →vestir.

revestir (re·ves·tir) [verbo] **1** Colocar una capa de algo para proteger o adornar una cosa: *Han revestido las paredes con un material aislante*. **2** Tener o presentar una característica: *La herida no reviste importancia*. ∎ **revestirse 3** Prepararse con lo necesario para hacer algo: *revestirse de valor*. ☐ [Es irregular y se conjuga como **pedir**]. ☐ Sinónimos: **3** armarse. ☐ Familia: →vestir.

revisar (re·vi·sar) [verbo] Ver algo o volver a verlo con mucha atención: *Revisé la suma por si me había equivocado*. ☐ Familia: →ver.

revisión

revisión (re·vi·sión) [sustantivo femenino] Estudio que se hace de algo con mucha atención: *Fui al dentista para que me hiciera una revisión dental.* ☐ SINÓNIMOS: inspección. ☐ FAMILIA: →ver.

revisor, ra (re·vi·sor, so·ra) [sustantivo] **1** Persona que trabaja en un transporte público para comprobar que tenemos billete. ☐ SINÓNIMOS: interventor. **2** Persona que revisa. ☐ FAMILIA: →ver.

revista (re·vis·ta) [sustantivo femenino] **1** Especie de libro pero más delgado y más grande: *una revista de modas.* **2** Espectáculo de teatro en el que hay escenas musicales y escenas habladas: *actor de revista.* ◆ [expresión] ‖ **pasar revista** Comprobar que algo está como debe estar: *El capitán pasó revista al campamento.* ☐ FAMILIA: revistero.

revistero (re·vis·te·ro) [sustantivo masculino] Mueble donde se ponen las revistas y los periódicos. ☐ FAMILIA: →revista.

revitalizar (re·vi·ta·li·zar) [verbo] Dar más fuerza o más ánimo: *Estas vitaminas revitalizan el pelo.* ☐ [La «z» se cambia en «c» delante de «e» («revitalice»)]. ☐ FAMILIA: →vida.

revivir (re·vi·vir) [verbo] **1** Volver a vivir o a tener fuerza: *Las plantas reviven en primavera.* **2** Recordar algo del pasado como si hubiera sucedido hace poco: *A mi abuelo le encanta revivir su infancia.* ☐ ANTÓNIMOS: **1** morir, matar. ☐ FAMILIA: →vivir.

revocar (re·vo·car) [verbo] **1** Hacer que ya no valga una norma o una orden: *revocar una sentencia.* **2** Arreglar o pintar de nuevo las paredes de un edificio: *Están revocando la fachada de mi casa.*

revolcar (re·vol·car) [verbo] **1** Tirar a una persona y hacer que dé vueltas por el suelo: *El toro embistió al torero y lo revolcó por el suelo.* ∎ **revolcarse 2** Echarse sobre algo dando vueltas: *Los niños se revolcaban por el césped.* ☐ [Es irregular y se conjuga como CONTAR. La «c» se cambia en «qu» delante de «e» («revuelque»)]. ☐ FAMILIA: →volcar.

revolcón (re·vol·cón) [sustantivo masculino] Forma de tirar a una persona pisándola y dándole vueltas por el suelo. ☐ FAMILIA: →volcar.

revolotear (re·vo·lo·te·ar) [verbo] Volar en círculos o con movimientos rápidos. ☐ FAMILIA: →volar.

revoloteo (re·vo·lo·te·o) [sustantivo masculino] **1** Vuelo en círculos y con movimientos rápidos. **2** Movimiento continuo de una persona alrededor de otra: *Había un continuo revoloteo de niños por toda la habitación.* ☐ FAMILIA: →volar.

revoltijo (re·vol·ti·jo) [sustantivo masculino] Conjunto de cosas sin orden: *En tu habitación hay un gran revoltijo de trastos.* ☐ FAMILIA: →revolver.

revoltoso, sa (re·vol·to·so, sa) [adjetivo o sustantivo] Que no está quieto ni un momento o que hace travesuras: *Mi hijo es muy revoltoso.* ☐ SINÓNIMOS: travieso. ☐ FAMILIA: →revolver.

revolución (re·vo·lu·ción) [sustantivo femenino] **1** Situación que se produce cuando todo un pueblo lucha para cambiar un sistema político de forma total: *la Revolución francesa.* **2** Cambio rápido y profundo: *El descubrimiento de la penicilina supuso una revolución en medicina.* ☐ FAMILIA: revolucionar, revolucionario, cuentarrevoluciones.

revolucionar (re·vo·lu·cio·nar) [verbo] Producir un gran movimiento o cambio: *Este niño nos revoluciona a todos.* ☐ FAMILIA: →revolución.

revolucionario, ria (re·vo·lu·cio·na·rio, ria) [adjetivo o sustantivo] **1** De la revolución o relacionado con ella. **2** Que produce un cambio violento o total en las cosas: *invento revolucionario.* ☐ FAMILIA: →revolución.

revolver (re·vol·ver) [verbo] **1** Mover algo en todas las direcciones para que se mezcle: *Revuelve bien la leche para que se disuelva el azúcar.* **2** Mezclar algo de forma que pierda el orden: *No me revuelvas los papeles.* ∎ **revolverse 3** Moverse de un lado a otro en un lugar: *Cuando tienes pesadillas, te revuelves en la cama.* **4** Hacer frente a una persona u oponerse a algo que no gusta: *Me revolví contra él porque abusó de su poder.* ☐ [Es irregular y se conjuga como MOVER. Su participio es «revuelto». No confundir con «revólver» (arma de fuego)]. ☐ FAMILIA: revuelto, revoltoso, revoltijo.

revólver (re·vól·ver) [sustantivo masculino] Arma de fuego que tiene un cilindro que gira y en el que se meten las balas. ☐ [No confundir con «revolver», verbo].

revuelo (re·vue·lo) [sustantivo masculino] Movimiento de personas y ruido que se produce ante una sorpresa: *¿Qué pasa que hay este revuelo?*

revuelto, ta (re·vuel·to, ta) ∎ **1** Participio irregular de **revolver**. ∎ **revuelto** [sustantivo masculino] **2** Comida que se hace mezclando huevos con otros alimentos: *revuelto de gambas.* ∎ **revuelta** [sustantivo femenino] **3** Movimiento violento de gente que protesta contra una autoridad: *revuelta callejera.* ☐ SINÓNIMOS: **3** motín. ☐ FAMILIA: →revolver.

revulsivo, va (re·vul·si·vo, va) [adjetivo o sustantivo masculino] Que produce un cambio a mejor: *Tus palabras fueron un revulsivo para su conducta.*

rey (rey) ∎ [sustantivo masculino] **1** Hombre que tiene la autoridad más alta en algunos sistemas políticos. **2** Carta de la baraja española que representa a este hombre. **3** Persona o cosa que destaca entre otras iguales: *el rey del rocanrol.* **4** Una de las piezas del juego del ajedrez. ∎ **reyes** [sustantivo masculino plural] **5** Conjunto formado por el rey y la reina. ☐ [Su plural es «reyes». En el significado **1** y **3**, el femenino es «reina»]. ☐ SINÓNIMOS: **1** monarca. ☐ FAMILIA: reina, reino, reinar, reinado, reinante, virrey, virreina, virreinato, regio, regir, regencia, regente, regentar, régimen, regimiento, rector, rectorado.

reyerta (re·yer·ta) [sustantivo femenino] Disputa o pelea. ☐ SINÓNIMOS: riña.

rezagado, da (re·za·ga·do, da) [adjetivo] Que se ha quedado atrás: *Vas muy rezagado en los estudios.* ☐ FAMILIA: →zaga.

rezagarse (re·za·gar·se) [verbo] Quedarse atrás: *El turista se rezagó para hacer unas fotografías.* ☐ [La «g» se cambia en «gu» delante de «e» («rezague»)]. ☐ SINÓNIMOS: atrasarse. ☐ ANTÓNIMOS: adelantar. ☐ FAMILIA: →zaga.

rezar (re·zar) [verbo] Dirigir una oración a una divinidad o a un santo. ☐ [La «z» se cambia en «c» delante de «e» («rece»)]. ☐ SINÓNIMOS: orar. ☐ FAMILIA: rezo.

rezo (re·zo) [sustantivo masculino] Conjunto de palabras que se dirigen a una divinidad o a un santo. ☐ SINÓNIMOS: oración. ☐ FAMILIA: →rezar.

rezongar (re·zon·gar) [verbo] Protestar en voz baja, obedeciendo de mala gana: *Deja de rezongar y ayúdame a cargar el maletero*. ☐ [La «g» se cambia en «gu» delante de «e» («rezongue»)]. ☐ SINÓNIMOS: refunfuñar.

rezumar (re·zu·mar) [verbo] Dejar pasar un líquido poco a poco a través de un cuerpo: *Esta pared rezuma humedad*.

ría (rí·a) [sustantivo femenino] Parte del mar que entra en un río: *La ría de Bilbao es navegable*. ☐ FAMILIA: →río.

riachuelo (ria·chue·lo) [sustantivo masculino] Río pequeño y con poca agua. ☐ SINÓNIMOS: arroyo. ☐ FAMILIA: →río.

riada (ria·da) [sustantivo femenino] Aumento grande del nivel de agua de un río, que suele producir inundaciones. ☐ FAMILIA: →río.

ribazo (ri·ba·zo) [sustantivo masculino] Terreno con mucha pendiente que se encuentra a los lados de un camino o de un río.

ribera (ri·be·ra) [sustantivo femenino] Borde del mar o de un río. ☐ [No confundir con «rivera» (río pequeño y poco caudaloso; cauce por el que discurre)]. ☐ SINÓNIMOS: margen, orilla. ☐ FAMILIA: ribereño.

ribereño, ña (ri·be·re·ño, ña) [adjetivo o sustantivo] De una ribera o relacionado con ella. ☐ FAMILIA: →ribera.

ribete (ri·be·te) [sustantivo masculino] Cinta o adorno que se pone en el borde de algo. ☐ FAMILIA: ribetear.

ribetear (ri·be·te·ar) [verbo] Poner ribetes o adornos en el borde de una cosa. ☐ FAMILIA: →ribete.

ricamente (ri·ca·men·te) [adverbio] A gusto o con mucha comodidad: *Aquí se toma el sol tan ricamente*. ☐ FAMILIA: →rico.

ricino (ri·ci·no) [sustantivo masculino] Planta de cuya semilla se saca un aceite que se utiliza para limpiar el estómago: *aceite de ricino*.

rico, ca (ri·co, ca) ▌ [adjetivo] **1** De sabor agradable: *¡Qué rica estaba la tarta!* **2** Que tiene algo en gran cantidad: *La fruta es rica en vitaminas*. **3** Simpático, gracioso o agradable: *¡Qué niña tan rica!* ▌ [adjetivo o sustantivo] **4** Que tiene mucho dinero: *Le tocó la lotería y se hizo rico*. ☐ SINÓNIMOS: **1** sabroso. **4** acaudalado, adinerado, acomodado. ☐ ANTÓNIMOS: **2, 4** pobre. **4** indigente, necesitado. ☐ FAMILIA: riqueza, enriquecer, enriquecedor, enriquecimiento, ricura, ricamente.

rictus (ric·tus) [sustantivo masculino] Gesto de la cara que indica un sentimiento o una sensación: *En su cara se observaba un rictus de cansancio*. ☐ [No varía en singular y plural].

ricura (ri·cu·ra) [sustantivo femenino] Persona o cosa que resulta bonita o simpática: *¡Qué ricura de bebé!* ☐ [Es coloquial]. ☐ FAMILIA: →rico.

ridiculez (ri·di·cu·lez) [sustantivo femenino] **1** Cosa que produce risa porque es muy rara. **2** Cosa pequeña o de poca importancia: *Me has puesto una ridiculez de tarta*. ☐ [Su plural es «ridiculeces»]. ☐ FAMILIA: →ridículo.

ridiculizar (ri·di·cu·li·zar) [verbo] Hacer bromas de algo para que parezca ridículo. ☐ [La «z» se cambia en «c» delante de «e» («ridiculice»)]. ☐ FAMILIA: →ridículo.

ridículo, la (ri·dí·cu·lo, la) ▌ [adjetivo] **1** Que produce risa porque es muy raro: *Con ese disfraz, tienes un aspecto ridículo*. **2** Escaso o de poca importancia: *Busco otro trabajo porque tengo un sueldo ridículo*. ▌ **ridículo** [sustantivo masculino] **3** Situación de una persona que produce la risa de los demás: *Hice el ridículo delante de todos*. ☐ SINÓNIMOS: **1** grotesco. **1, 2** irrisorio. ☐ FAMILIA: ridiculizar, ridiculez.

riego (rie·go) [sustantivo masculino] Proceso que consiste en echar agua sobre una planta para que crezca: *sistema de riego*. ☐ FAMILIA: →regar.

riel (riel) [sustantivo masculino] Barra o pieza alargada por la que corre algo: *Las cortinas se deslizan por unos rieles*. ☐ SINÓNIMOS: raíl.

rielar (rie·lar) [verbo] Reflejarse la luz con temblor: *La luna riela en el mar*. ☐ [Suele usarse en el lenguaje literario].

rienda (rien·da) ▌ [sustantivo femenino] **1** Cada una de las dos cintas que se sujetan a la boca de un caballo y que sirven para dirigirlo. ▌ **riendas** [plural] **2** Control o dirección de algo: *Ella lleva las riendas de los asuntos económicos*. ◆ [expresión] ‖ **a rienda suelta** Con toda libertad o sin ningún control: *En el campo los niños juegan a rienda suelta*.

riesgo (ries·go) [sustantivo masculino] Posibilidad de que se produzca un daño: *¡Tranquilo, que no corres riesgo!* ☐ SINÓNIMOS: peligro. ☐ FAMILIA: arriesgar, arriesgado.

rifa (ri·fa) [sustantivo femenino] Juego que consiste en sacar un número por sorteo y dar un premio a la persona que tenga ese número. ☐ FAMILIA: →rifar.

rifar (ri·far) [verbo] Dar un premio a la persona que tenga el mismo número que otro que se saca por sorteo: *En este comercio rifarán una bicicleta la próxima Navidad*. ☐ FAMILIA: rifa.

rifle (ri·fle) [sustantivo masculino] Un tipo de arma de fuego, que tiene el cañón por donde salen las balas muy largo.

rigidez (ri·gi·dez) [sustantivo femenino] **1** Característica de lo que no se puede doblar. **2** Falta de capacidad para adaptarse a las situaciones o a los deseos de los demás. ☐ ANTÓNIMOS: flexibilidad. ☐ FAMILIA: →rígido.

rígido, da (rí·gi·do, da) [adjetivo] **1** Que no se puede doblar: *Me han escayolado el brazo para que lo mantenga rígido*. **2** Que es muy severo o que no acepta cambios: *ideas rígidas*. ☐ SINÓNIMOS: **2** inflexible. ☐ ANTÓNIMOS: flexible. ☐ FAMILIA: rigidez.

rigor (ri·gor) [sustantivo masculino] **1** Falta de amabilidad o de capacidad para comprender a los demás. **2** Dureza o intensidad: *el rigor del verano*. **3** Claridad y precisión: *El rigor es fundamental en esta investigación*.

riguroso, sa

◆ [expresión] ‖ **de rigor** Que es siempre así, por costumbre o por obligación: *Al saludarse, se dieron el abrazo de rigor.* ‖ **en rigor** En realidad o con exactitud. ☐ SINÓNIMOS: **1** severidad. ☐ FAMILIA: riguroso.

riguroso, sa (ri·gu·ro·so, sa) [adjetivo] **1** Que es muy severo o muy duro: *un castigo riguroso; un clima riguroso.* **2** Que tiene en cuenta todos los detalles: *Hice un estudio muy riguroso sobre esa época.* ☐ SINÓNIMOS: serio. ☐ ANTÓNIMOS: **1** flexible. **2** somero. ☐ FAMILIA: →rigor.

rilar (ri·lar) [verbo] **1** Temblar o tiritar. ■ **rilarse 2** No hacer lo que se había decidido: *Íbamos a hacer un viaje, pero me he rilado y no voy.*

rima (ri·ma) [sustantivo femenino] **1** Igualdad de todos los sonidos o solo de las vocales de dos o más palabras a partir de su última vocal acentuada: *«Camión» y «melón» tienen rima.* **2** Un tipo de poema. ☐ FAMILIA: rimar.

rimar (ri·mar) [verbo] Acabar dos palabras o dos versos con sonidos iguales o muy parecidos: *«Fuente» rima con «puente».* ☐ FAMILIA: →rima.

rimbombante (rim·bom·ban·te) [adjetivo] Que llama mucho la atención y es poco natural. ☐ [No varía en masculino y femenino]. ☐ ANTÓNIMOS: sencillo, discreto.

rímel (rí·mel) [sustantivo masculino] Sustancia que se da en las pestañas para que parezcan más largas o más espesas. ☐ [Procede de la marca comercial «Rimmel®»].

rimero (ri·me·ro) [sustantivo masculino] Conjunto de cosas colocadas unas encima de otras: *Tenía un rimero de libros sobre la mesa.*

rincón (rin·cón) [sustantivo masculino] **1** Parte interior del ángulo que forman dos paredes o dos lados: *En un rincón de la sala había una maceta.* **2** Lugar escondido o aparte: *Esta ciudad está llena de preciosos rincones.* ☐ FAMILIA: rinconera, arrinconar, arrinconado, rinconada.

rinconada (rin·co·na·da) [sustantivo femenino] Ángulo que se forma en la unión de dos casas o de dos calles. ☐ FAMILIA: →rincón.

rinconera (rin·co·ne·ra) [sustantivo femenino] Mueble en forma de triángulo que se coloca en un rincón. ☐ FAMILIA: →rincón.

rinconera

ring [sustantivo masculino] Espacio en forma de cuadrado y limitado por cuerdas, donde se boxea. ☐ [Es una palabra inglesa. Es preferible usar «cuadrilátero»].

rinoceronte (ri·no·ce·ron·te) [sustantivo masculino] Animal de gran tamaño, con uno o dos cuernos sobre la nariz y con la piel muy dura. ☞ **páginas 596-597.**

riña (ri·ña) [sustantivo femenino] Discusión entre dos o más personas. ☐ SINÓNIMOS: pelea, lance, pendencia, reyerta. ☐ FAMILIA: →reñir.

riñón (ri·ñón) ■ [sustantivo masculino] **1** Cada uno de los dos órganos del cuerpo por los que pasa la sangre para limpiarse de sustancias perjudiciales y que produce la orina: *En los riñones se produce la orina.* ■ **riñones** [plural] **2** Zona del cuerpo en la que están estos órganos: *Me duelen los riñones y no me puedo agachar.* ◆ [expresión] ‖ **un riñón** Mucho dinero. ☐ [La expresión es coloquial]. ☐ FAMILIA: riñonera, riñonada, renal.

riñonada (ri·ño·na·da) [sustantivo femenino] **1** Zona del cuerpo donde están los riñones. **2** Guiso de riñones de cordero o de otro animal. ◆ [expresión] ‖ **una riñonada** Mucho dinero. ☐ [La expresión es coloquial]. ☐ FAMILIA: →riñón.

riñonera (ri·ño·ne·ra) [sustantivo femenino] Cinturón que lleva una pequeña bolsa para guardar cosas. ☐ FAMILIA: →riñón.

río (rí·o) [sustantivo masculino] Corriente de agua que va a parar al mar, a un lago o a otro sitio. ☞ **página 809.** ☐ FAMILIA: ría, riachuelo, riada.

riojano, na (rio·ja·no, na) [adjetivo o sustantivo] De la comunidad autónoma española de La Rioja o de su provincia.

ripio (ri·pio) [sustantivo masculino] Palabra o frase que se emplea en un verso para que rime, aunque no quede bien. ◆ [expresión] ‖ **no perder ripio** Estar muy atento para enterarse de todo. ☐ [La expresión es coloquial].

riqueza (ri·que·za) [sustantivo femenino] **1** Gran cantidad de bienes o de dinero que tiene una persona. **2** Gran cantidad de medios económicos o naturales: *La riqueza minera de esta región es enorme.* ☐ ANTÓNIMOS: escasez, pobreza. **1** necesidad, miseria. ☐ FAMILIA: →rico.

risa (ri·sa) [sustantivo femenino] Gestos y sonidos que demuestran alegría. ☐ FAMILIA: →reír.

risco (ris·co) [sustantivo masculino] Peña alta y con mucha pendiente por la que resulta peligroso andar.

risotada (ri·so·ta·da) [sustantivo femenino] Risa que se suelta con fuerza y con ruido: *Al verme disfrazado todos soltaron una risotada.* ☐ SINÓNIMOS: carcajada. ☐ FAMILIA: →reír.

ristra (ris·tra) [sustantivo femenino] **1** Tira que se forma al unir ajos, cebollas, chorizos y otros alimentos. **2** Conjunto de cosas que van seguidas unas detrás de otras: *una ristra de insultos.* ☐ SINÓNIMOS: **2** sarta, retahíla.

ristre (ris·tre) ◆ [expresión] ‖ **en ristre** Con un objeto sujeto entre las manos para usarlo: *El periodista esperaba a la salida, micrófono en ristre.*

risueño, ña (ri·sue·ño, ña) [adjetivo] Que ríe o sonríe a menudo. ☐ ANTÓNIMOS: serio. ☐ FAMILIA: →reír.

rítmico, ca (rít·mi·co, ca) [adjetivo] Del ritmo o con ritmo: *Los latidos del corazón deben ser rítmicos.* ☐ FAMILIA: →ritmo.

ritmo (rit·mo) [sustantivo masculino] **1** Orden y velocidad con que se suceden los sonidos: *canción de ritmo rápido.* **2** Orden y velocidad con que se hace algo: *Trabajo a buen ritmo.* ☐ Familia: arritmia, rítmico.

rito (ri·to) [sustantivo masculino] **1** Conjunto de reglas fijadas para las ceremonias religiosas: *el rito católico; el rito islámico.* **2** Ceremonia o costumbre que se repite siempre igual: *Celebrar mi cumpleaños en el campo se ha convertido en un rito.* ☐ Familia: ritual.

ritual (ri·tual) ▌ [adjetivo] **1** Del rito o relacionado con él: *ceremonia ritual.* ▌ [sustantivo masculino] **2** Conjunto de ritos de una religión o de una costumbre. ☐ [En el significado **1** no varía en masculino y femenino]. ☐ Familia: →rito.

rival (ri·val) [adjetivo o sustantivo] Que lucha en contra: *El equipo rival tiene mejores jugadores.* ☐ [No varía en masculino y femenino]. ☐ Sinónimos: adversario, enemigo, contrario. ☐ Antónimos: aliado, partidario. ☐ Familia: rivalidad, rivalizar.

rivalidad (ri·va·li·dad) [sustantivo femenino] Relación entre dos personas que luchan entre sí por conseguir algo. ☐ Sinónimos: competencia, enemistad, hostilidad, competitividad. ☐ Antónimos: alianza. ☐ Familia: →rival.

rivalizar (ri·va·li·zar) [verbo] Luchar varias personas o grupos de gente por conseguir una cosa: *Los equipos rivalizaban entre sí para conseguir la copa.* ☐ [La «z» se cambia en «c» delante de «e» («rivalice»)]. ☐ Familia: →rival.

rivera (ri·ve·ra) [sustantivo femenino] **1** Río pequeño y poco caudaloso. **2** Cauce por el que discurre: *La sequía ha dejado sin agua muchas riveras.* ☐ [No confundir con «ribera» (borde del mar o de un río)].

rizado, da (ri·za·do, da) ▌ [adjetivo] **1** Con rizos: *pelo rizado.* ▌ **rizado** [sustantivo masculino] **2** Hecho de tener rizos en el pelo: *Ese rizado te sienta muy bien.* ☐ Familia: →rizo.

rizar (ri·zar) [verbo] **1** Hacer rizos al pelo. **2** Hacerse pequeñas olas en el mar: *Se ha levantado viento y empieza a rizarse el mar.* ☐ [La «z» se cambia en «c» delante de «e» («rice»)]. ☐ Familia: →rizo.

rizo (ri·zo) [sustantivo masculino] Conjunto de pelos con forma de anillo. ◆ [expresión] ‖ **rizar el rizo** Hacer algo demasiado complicado. ☐ Familia: rizar, rizado.

rizoma (ri·zo·ma) [sustantivo masculino] Tallo que crece bajo la tierra, del que nacen otros tallos y raíces.

robar (ro·bar) [verbo] **1** Coger sin permiso algo que no es nuestro. **2** En algunos juegos, coger una carta o una pieza del montón: *Antes de robar una carta, tienes que echar otra.* ☐ Sinónimos: **1** hurtar, quitar, sustraer. ☐ Antónimos: **1** dar. ☐ Familia: robo, antirrobo.

roble (ro·ble) [sustantivo masculino] Árbol de tronco grueso, madera muy dura y copa ancha, cuyos frutos son bellotas. 👁 página 91. ☐ Familia: robledal, robledo.

robledal (ro·ble·dal) [sustantivo masculino] Lugar muy grande con muchos robles. ☐ Familia: →roble.

robledo (ro·ble·do) [sustantivo masculino] Lugar con muchos robles. ☐ Familia: →roble.

robo (ro·bo) [sustantivo masculino] **1** Hecho de coger sin permiso algo que no es nuestro: *El robo es un delito.* **2** Engaño para obtener una ganancia: *Cobrar esos precios tan caros es un robo.* ☐ Sinónimos: **1** rapiña. ☐ Familia: →robar.

robot (ro·bot) [sustantivo masculino] Máquina que puede realizar operaciones de manera automática: *robot de cocina.* ☐ [Su plural es «robots»].

robot

robustecer (ro·bus·te·cer) [verbo] Hacer algo más fuerte o más resistente: *Te robustecerás si practicas deporte todos los días.* ☐ [Es irregular y se conjuga como AGRADECER]. ☐ Familia: →robusto.

robustecimiento (ro·bus·te·ci·mien·to) [sustantivo masculino] Hecho de hacer una cosa más robusta. ☐ Familia: →robusto.

robusto, ta (ro·bus·to, ta) [adjetivo] Fuerte, resistente y con buena salud: *un árbol robusto; una persona robusta.* ☐ Sinónimos: vigoroso, recio. ☐ Antónimos: débil, enclenque. ☐ Familia: robustecer, robustecimiento.

roca (ro·ca) [sustantivo femenino] **1** Material duro que forma parte del suelo de la Tierra: *Las rocas están formadas por minerales.* **2** Bloque de este material: *Me senté en una roca.* ☐ Sinónimos: **2** peña. ☐ Familia: rocoso.

rocambolesco, ca (ro·cam·bo·les·co, ca) [adjetivo] Extraordinario, fantástico o exagerado: *Esa historia rocambolesca la has inventado.*

rocanrol (ro·can·rol) [sustantivo masculino] Tipo de música con mucho ritmo y que se suele tocar con instrumentos eléctricos. ☐ [Es una palabra de origen inglés]. ☐ Familia: →rock.

roce (ro·ce) [sustantivo masculino] **1** Toque ligero de algo: *Sentía el roce de la brisa en la cara.* **2** Marca que se deja sobre una superficie al rozarla: *Este mueble está lleno de roces.* **3** Relación frecuente entre dos personas: *Trabajamos en la misma empresa, pero no tenemos roce.* **4** Discusión de poca importancia: *Tuvimos algún roce, pero nos llevamos bien.* ☐ Sinónimos: **1** rozamiento. **2** rozadura. **3** trato. ☐ Familia: →rozar.

rociada (ro·cia·da) [sustantivo femenino] Hecho de esparcir agua u otro líquido en gotas pequeñas. ☐ Familia: →rocío.

rociar (ro·ciar) [verbo] Extender un líquido en gotas muy pequeñas: *Roció las plantas con un poco de agua.* ☐ [Es irregular y se conjuga como ENVIAR]. ☐ Familia: →rocío.

rocín (ro·cín) [sustantivo masculino] Caballo muy delgado y de mal aspecto. ☐ Sinónimos: jamelgo.

rocío (ro·cí·o) [sustantivo masculino] Conjunto de gotas de agua muy pequeñas que se forman cuando hace frío por la noche. ☐ Familia: rociar, rociada.

rock [adjetivo] Del rocanrol o relacionado con este tipo de música. [sustantivo masculino] → **rocanrol** ◆ [expresión] ‖ **rock and roll** Tipo de música con mucho ritmo y que se suele tocar con instrumentos eléctricos. ☐ [Son una palabra y una expresión inglesas. Se pronuncian «rok» y «rokanról». En el significado **1**, no varía en masculino y femenino. En la expresión, es preferible escribir «rocanrol».] ☐ FAMILIA: rocanrol, roquero.

rococó (ro·co·có) ▪ [adjetivo] **1** Del rococó o con alguna de las características de este estilo. ▪ [sustantivo masculino] **2** Estilo artístico europeo del siglo XVIII, que se caracteriza por la abundancia de adornos. ☐ [En el significado **1** no varía en masculino y femenino.]

rocoso, sa (ro·co·so, sa) [adjetivo] Lleno de rocas. ☐ FAMILIA: →roca.

rodaballo (ro·da·ba·llo) [sustantivo masculino] Pez que tiene el cuerpo plano y la cabeza pequeña, con los ojos en el lado izquierdo y la cola casi redonda.

rodada (ro·da·da) [sustantivo femenino] Huella de la rueda de un vehículo en el suelo. ☐ SINÓNIMOS: rodera. ☐ FAMILIA: →rueda.

rodador, ra (ro·da·dor, do·ra) [sustantivo] Ciclista que corre bien en terreno llano. ☐ FAMILIA: →rueda.

rodaja (ro·da·ja) [sustantivo femenino] Trozo de un alimento en forma de círculo: *una rodaja de salchichón*. ☐ FAMILIA: →rueda.

rodaje (ro·da·je) [sustantivo masculino] **1** Proceso con el que se registran las imágenes de una película con cámaras de cine: *El rodaje de la película duró varias semanas*. **2** Hecho de andar con el coche al estrenarlo, de forma que no se fuerce. **3** Experiencia que se tiene: *Tengo mucho rodaje cuidando niños*. ☐ FAMILIA: →rueda.

rodamiento (ro·da·mien·to) [sustantivo masculino] Pieza que hace que algo pueda girar. ☐ FAMILIA: →rueda.

rodapié (ro·da·pié) [sustantivo masculino] Franja que se coloca en las paredes como adorno o como protección, especialmente la que va en la parte inferior. ☐ SINÓNIMOS: zócalo. ☐ FAMILIA: →pie.

rodar (ro·dar) [verbo] **1** Dar vueltas un cuerpo alrededor de su centro: *La pelota salió rodando*. **2** Moverse por medio de ruedas: *En el ordenador tengo una silla que rueda*. **3** Ir de un lado a otro: *Estoy harta de rodar de aquí para allá*. **4** Grabar las imágenes de una película con cámaras de cine: *En este parque han rodado una película*. ☐ [Es irregular y se conjuga como CONTAR.] ☐ SINÓNIMOS: **1** rotar. **4** filmar. ☐ FAMILIA: →rueda.

rodear (ro·de·ar) [verbo] Estar o ir alrededor de algo: *Una verja rodea el patio*. ☐ FAMILIA: →rueda.

rodeo (ro·de·o) [sustantivo masculino] **1** Recorrido que se hace para ir a un sitio y que es más largo que el normal: *Dimos un rodeo para evitar esa calle*. **2** Manera no directa de decir algo: *Déjate de rodeos y dime qué quieres*. **3** Espectáculo en el que se montan caballos o toros salvajes y se intenta hacerlos obedecer. ☐ FAMILIA: →rueda.

rodera (ro·de·ra) [sustantivo femenino] Huella de la rueda de un vehículo en el suelo. ☐ SINÓNIMOS: rodada. ☐ FAMILIA: →rueda.

rodete (ro·de·te) [sustantivo masculino] Objeto con forma de rueda que se pone en la cabeza para llevar algo encima. ☐ FAMILIA: →rueda.

rodilla (ro·di·lla) [sustantivo femenino] Parte externa por la que se dobla la pierna. ◆ [expresión] ‖ **de rodillas** Apoyado sobre esta parte del cuerpo. ☐ FAMILIA: rodillera, rodillazo, arrodillarse.

rodillazo (ro·di·lla·zo) [sustantivo masculino] Golpe dado con la rodilla. ☐ FAMILIA: →rodilla.

rodillera (ro·di·lle·ra) [sustantivo femenino] **1** Pieza de tela que se pone en una prenda de vestir a la altura de la rodilla: *Llevo los pantalones con rodilleras*. **2** Especie de venda que se coloca en la rodilla para protegerla: *Los porteros de hockey suelen ponerse rodilleras*. ☐ FAMILIA: →rodilla.

rodillo (ro·di·llo) [sustantivo masculino] Objeto con forma de cilindro que se hace girar sobre algo para alisarlo o estirarlo o para otras cosas: *rodillo de cocina*. ☐ FAMILIA: →rueda.

rodrigón (ro·dri·gón) [sustantivo masculino] Palo que se clava en el suelo atado a una planta joven, para que crezca recta.

rodríguez (ro·drí·guez) [sustantivo masculino] Hombre que se queda en casa trabajando mientras su familia se va de vacaciones: *Esta semana estoy de rodríguez y me toca limpiar toda la casa*. ☐ [No varía en singular y plural. Es coloquial.]

roedor, ra (ro·e·dor, do·ra) [adjetivo o sustantivo masculino] Del grupo de animales al que pertenece el ratón, que tienen en cada mandíbula dos dientes largos y fuertes que les sirven para cortar. ☐ FAMILIA: →roer.

roer (ro·er) [verbo] **1** Cortar algo duro con los dientes y arrancando trozos muy pequeños: *Los ratones han roído el queso*. **2** Quitarle a un hueso poco a poco la carne que tiene pegada: *A los perros les gusta roer huesos*. ☐ [Es irregular. No confundir con «raer» (romper o gastar una superficie por el roce)]. ☐ FAMILIA: roedor, corroer.

rogar (ro·gar) [verbo] Pedir algo con mucha educación o como un favor: *Te ruego que me perdones*. ☐ [Es irregular y se conjuga como CONTAR. La «g» se cambia en «gu» delante de «e» («ruegue»)]. ☐ SINÓNIMOS: suplicar, encarecer. ☐ FAMILIA: ruego, rogativa, prerrogativa.

rogativa (ro·ga·ti·va) [sustantivo femenino] Oración de mucha gente a Dios para que solucione una necesidad grande: *Todo el pueblo hizo rogativas para que lloviera*. ☐ FAMILIA: →rogar.

rojizo, za (ro·ji·zo, za) [adjetivo] De color parecido al rojo. ☐ FAMILIA: →rojo.

rojo, ja (ro·jo, ja) ▪ [adjetivo o sustantivo masculino] **1** Del color de la sangre: *Las fresas maduras son rojas*. ⊙ **página 234**. ▪ [adjetivo o sustantivo] **2** Que tiene ideas políticas de izquierdas: *A los comunistas se les llama «rojos»*. ◆ [expresión] ‖ **al rojo vivo** Con este color por la acción del calor: *Si calientas mucho un hierro, se pone al rojo vivo*. ☐ [El significado **2** es coloquial.] ☐ FAMILIA: rojizo, enrojecer, enrojecimiento, sonrojar, sonrojo, infrarrojo, pelirrojo.

rol [sustantivo masculino] **1** Función que tiene una persona: *Ya he asumido mi rol como directora.* **2** Lista de nombres. □ FAMILIA: enrolarse.

rollista (ro·llis·ta) [adjetivo o sustantivo] Que resulta pesado porque habla mucho. □ [No varía en masculino y femenino. Es coloquial]. □ FAMILIA: →rollo.

rollizo, za (ro·lli·zo, za) [adjetivo] Gordo: *¡Qué bebé tan rollizo!* □ FAMILIA: →rollo.

rollo (ro·llo) [sustantivo masculino] **1** Objeto enrollado en forma de tubo. **2** Cualquier cosa que aburre, cansa o resulta demasiado larga: *No me cuentes otro rollo como el de ayer.* □ [El significado **2** es coloquial]. □ SINÓNIMOS: **2** tostón, pesadez, petardo, peñazo, lata, muermo. □ FAMILIA: enrollar, desenrollar, rollizo, rollista.

romana (ro·ma·na) [sustantivo femenino] Mira en **romano, na**.

romana

romance (ro·man·ce) [sustantivo masculino] **1** Relación de amor entre dos personas. **2** Un tipo de poesía popular. □ FAMILIA: romancero, romanza.

romancero (ro·man·ce·ro) [sustantivo masculino] Conjunto de romances. □ FAMILIA: →romance.

románico, ca (ro·má·ni·co, ca) ■ [adjetivo] **1** Del románico o con características de este estilo: *iglesia románica.* ■ **románico** [sustantivo masculino] **2** En arte, estilo europeo que se desarrolló entre los siglos XI y XIII y que tuvo un carácter religioso, con líneas sencillas y pocos adornos. □ FAMILIA: →romano.

romanización (ro·ma·ni·za·ción) [sustantivo femenino] Hecho de dar o tomar características propias de los antiguos romanos. □ FAMILIA: →romano.

romanizar (ro·ma·ni·zar) [verbo] Dar o tomar características propias de los antiguos romanos. □ [La «z» se cambia en «c» delante de «e» («romanice»)]. □ FAMILIA: →romano.

romano, na (ro·ma·no, na) ■ [adjetivo o sustantivo] **1** De Roma, que es la capital italiana. **2** De la antigua Roma o de los Estados que estuvieron bajo su control. ■ **romana** [sustantivo femenino] **3** Instrumento para pesar, que tiene una barra larga de la que cuelga un solo plato. □ FAMILIA: románico, romanización, romanizar, grecorromano.

romanticismo (ro·man·ti·cis·mo) [sustantivo masculino] **1** Movimiento cultural de la primera mitad del siglo XIX,

ROER	
INDICATIVO	**SUBJUNTIVO**
Presente yo roo, roigo *o* royo tú roes / usted roe él, ella roe nosotros, tras roemos vosotros, tras roéis / ustedes roen ellos, ellas roen	**Presente** yo roa, roiga *o* roya tú roas, roigas *o* royas / usted roa, roiga *o* roya él, ella roa, roiga *o* roya nosotros, tras roamos, roigamos *o* royamos vosotros, tras roáis, roigáis *o* royáis / ustedes roan, roigan *o* royan ellos, ellas roan, roigan *o* royan
Pretérito imperfecto yo roía tú roías / usted roía él, ella roía nosotros, tras roíamos vosotros, tras roíais / ustedes roían ellos, ellas roían	**Pretérito imperfecto** yo royera *o* royese tú royeras *o* royeses / usted royera *o* royese él, ella royera *o* royese nosotros, tras royéramos *o* royésemos vosotros, tras royerais *o* royeseis / ustedes royeran *o* royesen ellos, ellas royeran *o* royesen
Pretérito perfecto simple yo roí tú roíste / usted royó él, ella royó nosotros, tras roímos vosotros, tras roísteis / ustedes royeron ellos, ellas royeron	**Futuro simple** yo royere tú royeres / usted royere él, ella royere nosotros, tras royéremos vosotros, tras royereis / ustedes royeren ellos, ellas royeren
Futuro simple yo roeré tú roerás / usted roerá él, ella roerá nosotros, tras roeremos vosotros, tras roeréis / ustedes roerán ellos, ellas roerán	**IMPERATIVO** roe (tú) / roa, roiga *o* roya (usted) roamos, roigamos *o* royamos (nosotros, tras) roed (vosotros, tras) / roan, roigan *o* royan (ustedes)
Condicional simple yo roería tú roerías / usted roería él, ella roería nosotros, tras roeríamos vosotros, tras roeríais / ustedes roerían ellos, ellas roerían	**FORMAS NO PERSONALES** **Infinitivo** **Gerundio** **Participio** roer royendo roído

romántico, ca que da mucha importancia a los sentimientos y a la libertad. **2** Característica del que se guía por los sentimientos y da mucha importancia al amor. ☐ [En el significado **1** se escribe con mayúscula]. ☐ Familia: →romántico.

romántico, ca (ro·**mán**·ti·co, ca) [adjetivo o sustantivo] Que expresa amor o que da mucha importancia al amor y a los sentimientos. ☐ Familia: romanticismo.

romanza (ro·**man**·za) [sustantivo femenino] Obra musical sencilla, generalmente de tema amoroso. ☐ Familia: →romance.

rombo (**rom**·bo) [sustantivo masculino] Figura plana con cuatro lados iguales dos a dos y con dos ángulos mayores que los otros dos. 👁 página 467. ☐ Familia: romboide.

romboide (rom·**boi**·de) [sustantivo masculino] Figura plana que tiene cuatro lados y cuatro ángulos iguales dos a dos. ☐ Familia: →rombo.

romería (ro·me·**rí**·a) [sustantivo femenino] Fiesta popular que se celebra con una peregrinación hasta un lugar sagrado.

romero, ra (ro·**me**·ro, ra) ■ [sustantivo] **1** Persona que participa en una romería: *Los romeros suben cantando hasta la ermita*. ■ **romero** [sustantivo masculino] **2** Arbusto con hojas largas y finas, y flores de tonos azules, que tiene un olor muy agradable.

romo, ma (**ro**·mo, ma) [adjetivo] **1** Redondeado o sin punta. **2** Que es poco inteligente. ☐ Sinónimos: **2** torpe. ☐ Antónimos: **2** listo.

rompecabezas (rom·pe·ca·**be**·zas) [sustantivo masculino] Juego compuesto por una serie de piezas que hay que combinar para formar una figura. ☐ [No varía en singular y plural]. ☐ Sinónimos: puzle. ☐ Familia: →romper. →cabeza.

rompecorazones (rom·pe·co·ra·**zo**·nes) [sustantivo] Persona muy atractiva que enamora con facilidad a otras personas. ☐ [No varía en masculino y femenino, ni en singular y plural. Es coloquial]. ☐ Familia: →romper. →corazón.

rompeolas (rom·pe·**o**·las) [sustantivo masculino] Muro de un puerto, que se construye para proteger una zona de las olas. ☐ [No varía en singular y plural]. ☐ Sinónimos: malecón. ☐ Familia: →ola.

rompeolas

romper (rom·**per**) [verbo] **1** Hacer trozos algo: *Se me ha roto el jarrón*. **2** Estropear algo: *La radio no funciona porque se ha roto*. **3** Hacer una abertura en algo: *Se me rompió el pantalón*. **4** Impedir que algo continúe: *Un grito rompió el silencio*. **5** No cumplir una regla o una obligación: *No rompas tu promesa*. **6** Empezar a suceder algo: *El agua rompió a hervir*. **7** Deshacerse una ola: *Me gusta ver cómo rompen las olas contra las rocas*. ◆ [expresión] ‖ **romper con alguien** Dejar de tener relación con él. ☐ [Su participio es «roto»]. ☐ Sinónimos: **1** quebrar. **2** destrozar. **5** quebrantar. ☐ Antónimos: **2** arreglar, reparar. ☐ Familia: rotura, ruptura, roto, irrompible, rompiente, roturar, rompecabezas, rompecorazones, bancarrota.

rompiente (rom·**pien**·te) [sustantivo masculino] Lugar donde golpea el agua de un río o las olas del mar. ☐ Familia: →romper.

ron [sustantivo masculino] Bebida alcohólica dulce y transparente, de color blanco o dorado.

roncar (ron·**car**) [verbo] Hacer un sonido grave al respirar cuando se está dormido. ☐ [La «c» se cambia en «qu» delante de «e» («ronque»)]. ☐ Familia: →ronco.

roncha (**ron**·cha) [sustantivo femenino] Bulto rojo que sale en la piel. ☐ Sinónimos: habón. ☐ Familia: ronchón.

ronchón (ron·**chón**) [sustantivo masculino] Bulto rojo y grande que sale en la piel. ☐ Familia: →roncha.

ronco, ca (**ron**·co, ca) [adjetivo] Dicho de una persona, que habla con una voz más débil o más grave de lo normal: *Estoy ronca de tanto gritar*. ☐ Familia: roncar, ronquera, ronquido, enronquecer.

ronda (**ron**·da) [sustantivo femenino] **1** Paseo que se hace por un sitio para vigilarlo: *Acaban de pasar dos guardias haciendo la ronda*. 👁 páginas 194-195. **2** Cada vez que hace algo cada una de las personas de un grupo: *Has caído en esta casilla y por eso no juegas en la próxima ronda*.

rondalla (ron·**da**·lla) [sustantivo femenino] Conjunto musical formado por cuatro instrumentos de cuerda.

rondar (ron·**dar**) [verbo] **1** Andar por un lugar de noche vigilándolo: *La policía ronda estas calles por la noche*. **2** Dar vueltas por un sitio: *Siempre hay niños rondando por el parque*.

rondón (ron·**dón**) ◆ [expresión] ‖ **de rondón** Sin permiso o sin estar invitado: *Se coló de rondón en mi fiesta*. ☐ [Es coloquial].

ronquera (ron·**que**·ra) [sustantivo femenino] Pequeño problema en la garganta, que hace que la voz suene menos o más grave. ☐ Familia: →ronco.

ronquido (ron·**qui**·do) [sustantivo masculino] Ruido que una persona hace al respirar cuando está dormida. ☐ Familia: →ronco.

ronronear (ron·ro·ne·**ar**) [verbo] Emitir un gato un sonido grave como señal de que está a gusto.

ronroneo (ron·ro·**ne**·o) [sustantivo masculino] Ruido que hacen los gatos cuando están contentos y a gusto.

ronzal (ron·**zal**) [sustantivo masculino] Cuerda que se ata a la cabeza de los caballos para sujetarlos o para dirigirlos.

roña (**ro**·ña) ■ [adjetivo o sustantivo] **1** Avaro: *¡No seas tan roña, que te sobra el dinero!* ■ [sustantivo femenino] **2** Suciedad muy pegada:

Frótate bien para que salga la roña. **3** Capa que se forma sobre los metales por la acción del oxígeno o de otras sustancias: *Esos hierros viejos están llenos de roña.* ☐ [En el significado **1** no varía en masculino y femenino, y es coloquial]. ☐ SINÓNIMOS: **3** óxido, herrumbre. ☐ ANTÓNIMOS: **1** generoso. **2** limpieza. ☐ FAMILIA: roñoso, roñica, roñosería.

roñica (ro·ñi·ca) [adjetivo o sustantivo] Avaro. ☐ [No varía en masculino y femenino. Es coloquial]. ☐ SINÓNIMOS: roñoso, avaro, ruin. ☐ ANTÓNIMOS: generoso. ☐ FAMILIA: →roña.

roñosería (ro·ño·se·rí·a) [sustantivo] Comportamiento de la persona que no quiere gastar nada. ☐ [Es coloquial]. ☐ SINÓNIMOS: tacañería. ☐ FAMILIA: →roña.

roñoso, sa (ro·ño·so, sa) [adjetivo] **1** Avaro: *Esa roñosa nunca nos invita.* **2** Dicho de un metal, que está cubierto por una capa que se forma por la acción del oxígeno: *Esta verja está roñosa.* ☐ [El significado **1** es coloquial]. ☐ SINÓNIMOS: **1** roñica, rácano, ruin. ☐ ANTÓNIMOS: **1** generoso. ☐ FAMILIA: →roña.

ropa (ro·pa) [sustantivo] Conjunto de prendas de tela que sirven para vestirse o para otros usos: *ropa de abrigo; ropa de cama.* ◆ [expresión] ‖ **ropa interior** La de uso personal, que no se ve cuando se va vestido, como las bragas y los calzoncillos. ☐ FAMILIA: ropaje, ropero, guardarropa, arropar, desarropar, quemarropa.

ropaje (ro·pa·je) [sustantivo masculino] Vestido lujoso que llama la atención. ☐ FAMILIA: →ropa.

ropero (ro·pe·ro) [sustantivo masculino] Armario o lugar para guardar la ropa. ☐ FAMILIA: →ropa.

roque (ro·que) [adjetivo] Dormido: *Me tumbé y me quedé roque enseguida.* ☐ [No varía en masculino y femenino. Es coloquial]. ☐ SINÓNIMOS: frito. ☐ ANTÓNIMOS: despierto.

roquefort (ro·que·fort) [sustantivo masculino] Queso de sabor y de olor fuertes, y de color verdoso, que se hace con leche de oveja. ☐ [Es una palabra de origen francés. Su plural es «roqueforts»].

roquero, ra (ro·que·ro, ra) ▉ [adjetivo] **1** De la música *rock* o relacionado con ella. ▉ [sustantivo] **2** Aficionado a la música *rock.* **3** Músico o cantante de *rock.* ☐ FAMILIA: →rock.

rorcual (ror·cual) [sustantivo masculino] Animal marino muy parecido a la ballena, que nada muy deprisa y suele vivir en grupos.

rorro (ro·rro) [sustantivo masculino] Bebé o niño muy pequeño. ☐ [Es coloquial].

ros [sustantivo masculino] Gorro con visera más alto por delante que por detrás, que usaban los militares.

rosa (ro·sa) ▉ [adjetivo o sustantivo masculino] **1** Del color que resulta de mezclar el rojo y el blanco: *El helado de fresa es rosa.* ⦿ **página 234.** ▉ [sustantivo femenino] **2** Flor con un olor agradable, con muchas hojas y con el tallo con espinas. ⦿ **página 444.** ◆ [expresión] ‖ **como una rosa** Muy bien o en muy buen estado. ☐ [Cuando es adjetivo, no varía en masculino y femenino. La expresión es coloquial]. ☐ FAMILIA: rosado, rosáceo, sonrosado, rosal, rosaleda, roseta.

rosáceo, a (ro·sá·ce·o, a) [adjetivo] De color rosa o parecido al rosa. ☐ SINÓNIMOS: rosado. ☐ FAMILIA: →rosa.

rosado, da (ro·sa·do, da) ▉ [adjetivo] **1** De color rosa o parecido al rosa. ▉ [adjetivo o sustantivo masculino] **2** Dicho del vino, que es de color rojo claro: *¿Pedimos un rosado en vez de un tinto?* ☐ SINÓNIMOS: **1** rosáceo. ☐ FAMILIA: →rosa.

rosal (ro·sal) [sustantivo masculino] Arbusto cuya flor es la rosa. ☐ FAMILIA: →rosa.

rosaleda (ro·sa·le·da) [sustantivo femenino] Lugar con muchos rosales. ☐ FAMILIA: →rosa.

rosario (ro·sa·rio) [sustantivo masculino] **1** Conjunto de oraciones ordenadas en grupos, que recuerdan los veinte sucesos más importantes de la vida de Jesucristo y de la Virgen. **2** Especie de cadena formada por bolas separadas de diez en diez, que se usa para rezar.

rosbif (ros·bif) [sustantivo masculino] Carne de vaca poco asada. ☐ [Es una palabra de origen inglés. Su plural es «rosbifs»].

rosca (ros·ca) [sustantivo femenino] **1** Objeto que tiene forma circular, con un agujero en el centro: *una rosca de pan.* **2** Marca en forma de círculo que tienen los tornillos y otros objetos y que permite meterlos en otras piezas dándoles vueltas: *tapón de rosca.* ☐ FAMILIA: enroscar, desenroscar, rosquilla, rosco, roscón.

rosco (ros·co) [sustantivo masculino] **1** Pan o bollo de forma circular, con un agujero en el centro. **2** Cero: *Me han puesto un rosco en el examen.* ☐ [El significado **2** es coloquial]. ☐ FAMILIA: →rosca.

roscón (ros·cón) [sustantivo masculino] Bollo grande en forma circular y con un agujero en el centro: *roscón de Reyes.* ☐ FAMILIA: →rosca.

roseta (ro·se·ta) [sustantivo femenino] **1** Mancha rosada que sale en las mejillas. **2** En una regadera, parte que tiene agujeritos para que salga el agua. ☐ SINÓNIMOS: **1** chapeta. ☐ FAMILIA: →rosa.

rosetón (ro·se·tón) [sustantivo masculino] **1** Ventana circular con adornos. **2** Adorno circular en un techo.

rosquilla (ros·qui·lla) [sustantivo femenino] Dulce pequeño en forma circular y con un agujero en el centro. ☐ FAMILIA: →rosca.

rostro (ros·tro) [sustantivo masculino] **1** Parte de la cabeza en la que están los ojos, la nariz y la boca. **2** Falta de vergüenza: *¡Qué rostro tienes si no me ayudas!* ☐ [El significado **2** es coloquial]. ☐ SINÓNIMOS: cara. **1** faz. **2** morro, jeta, descaro.

rotación (ro·ta·ción) [sustantivo femenino] Movimiento de un cuerpo alrededor de su centro: *Cada vuelta de rotación de la Tierra dura un día.* ☐ SINÓNIMOS: vuelta, giro. ☐ FAMILIA: →rueda.

rotar (ro·tar) [verbo] **1** Dar vueltas un cuerpo alrededor de su centro: *Los coches se mueven porque las ruedas rotan.* **2** Encargarse dos o más personas de algo de forma sucesiva: *Todos los vecinos rotamos en el cargo de presidente de la comunidad.* **3** Alternar dos o más cultivos sucesivamente para evitar que el campo se agote: *En este campo se rotan tres cultivos para que la tierra se regenere.* ☐ SINÓNIMOS: **1** rodar. ☐ FAMILIA: →rueda.

roto, ta (ro·to, ta) ∎ **1** Participio irregular de **romper**. ∎ **roto** [sustantivo masculino] **2** Agujero que se hace en un material al romperse. ☐ Familia: →romper.

rotonda (ro·ton·da) [sustantivo femenino] Plaza, edificio o sala de forma circular. ⊙ **página 172.** ☐ Familia: →rueda.

rótula (ró·tu·la) [sustantivo femenino] Hueso de la rodilla. ⊙ **página 405.**

rotulación (ro·tu·la·ción) [sustantivo femenino] Colocación o realización de un rótulo o texto breve que indica algo. ☐ Familia: →rótulo.

rotulador (ro·tu·la·dor) [sustantivo masculino] Especie de bolígrafo que tiene en su interior un material empapado de tinta. ☐ Familia: →rótulo.

rotular (ro·tu·lar) [verbo] Hacer un rótulo o un letrero: *rotular un cartel; rotular un título.* ☐ Familia: →rótulo.

rótulo (ró·tu·lo) [sustantivo masculino] Texto breve escrito en un lugar para indicar algo: *Muchas tiendas tienen rótulos luminosos.* ☐ Sinónimos: letrero. ☐ Familia: rotular, rotulador, rotulación.

rotundo, da (ro·tun·do, da) [adjetivo] Claro, firme y que no ofrece duda: *una negativa rotunda.* ☐ Sinónimos: terminante, tajante, categórico, concluyente.

rotura (ro·tu·ra) [sustantivo femenino] Proceso por el que algo se rompe o se hace pedazos: *El estallido de la bomba provocó la rotura de muchos cristales.* ☐ [No confundir con «ruptura» (fin de una relación)]. ☐ Sinónimos: fractura. ☐ Familia: →romper.

roturar (ro·tu·rar) [verbo] Preparar o arar un terreno para poder cultivarlo. ☐ Familia: →romper.

roulotte [sustantivo femenino] Especie de vehículo preparado para poder vivir en él y que se engancha a un coche para moverlo. ☐ [Es una palabra francesa. Se pronuncia «rulót». Es preferible usar «caravana»].

router [sustantivo masculino] Sistema que permite conectar distintas redes informáticas de la forma más rápida. ☐ [Es una palabra inglesa. Se pronuncia «rúter»].

roza (ro·za) [sustantivo femenino] Abertura alargada y estrecha que se hace en una pared para meter tubos o cables.

rozadura (ro·za·du·ra) [sustantivo femenino] **1** Herida superficial en la piel, que se produce cuando algo nos roza. **2** Marca que se deja sobre una superficie al rozarla: *La puerta tiene varias rozaduras.* ☐ Sinónimos: **2** roce. ☐ Familia: →rozar.

rozamiento (ro·za·mien·to) [sustantivo masculino] **1** Toque ligero de algo. **2** En física, fuerza que se opone al movimiento de una superficie sobre otra. ☐ Sinónimos: **1** roce. ☐ Familia: →rozar.

rozar (ro·zar) [verbo] **1** Tocar algo con suavidad: *Me rozó con la mano al pasar.* **2** Estar muy cerca de algo: *Ese hombre rozará los cincuenta años.* ☐ [La «z» se cambia en «c» delante de «e» («roce»)]. ☐ Familia: roce, rozadura, rozamiento.

rúa (rú·a) [sustantivo femenino] Calle de una población.

ruandés, sa (ruan·dés, de·sa) [adjetivo o sustantivo] De Ruanda, que es un país africano.

rubeola o **rubéola** (ru·be·o·la; ru·bé·o·la) [sustantivo femenino] Enfermedad infecciosa que produce pequeños granos o marcas rojas en la piel.

rubí (ru·bí) [sustantivo masculino] Piedra preciosa de color rojo que se usa para hacer joyas. ☐ [Su plural es «rubís» o «rubíes» (más culto)].

rubiales (ru·bia·les) [adjetivo o sustantivo] Dicho de una persona, que tiene el pelo rubio. ☐ [No varía en masculino y femenino, ni en singular y plural. Es coloquial]. ☐ Familia: →rubio.

rubio, bia (ru·bio, bia) ∎ [adjetivo o sustantivo] **1** De color parecido al amarillo o con el pelo de este color. ∎ [adjetivo o sustantivo masculino] **2** Dicho del tabaco, que es de color claro y tiene un olor y un sabor suaves. ◆ [expresión] ‖ **rubio platino** Amarillo muy claro. ☐ Familia: rubiales.

rublo (ru·blo) [sustantivo masculino] Moneda de Rusia, que es un país europeo y asiático, y de otros países.

rubor (ru·bor) [sustantivo masculino] **1** Color rojo en la cara de una persona cuando siente vergüenza. **2** Vergüenza o timidez. ☐ Familia: ruborizar.

ruborizar (ru·bo·ri·zar) [verbo] Poner la cara de color rojo por la vergüenza que se siente: *Me ruboricé al escuchar sus halagos.* ☐ [La «z» se cambia en «c» delante de «e» («ruborice»)]. ☐ Sinónimos: sonrojar. ☐ Familia: →rubor.

rúbrica (rú·bri·ca) [sustantivo femenino] Conjunto de rayas que se añaden al nombre y apellidos en la firma: *Tu rúbrica es muy difícil de imitar.* ☐ [No confundir con «firma» (nombre y apellidos de una persona escritos por ella misma)]. ☐ Familia: →rubricar.

rubricar (ru·bri·car) [verbo] Añadir unas rayas al nombre y apellidos en la firma. ☐ [La «c» se cambia en «qu» delante de «e» («rubrique»)]. ☐ Familia: rúbrica.

rucio, cia (ru·cio, cia) ∎ [adjetivo] **1** Dicho de un animal, que es de color claro. ∎ [sustantivo] **2** Asno o burro.

rudeza (ru·de·za) [sustantivo femenino] **1** Falta de educación o falta de habilidad para tratar con las personas sin molestarlas. **2** Característica de lo que es duro o difícil de aguantar: *El trabajo en el campo se caracteriza por su rudeza.* ☐ Sinónimos: **2** dureza. ☐ Antónimos: **1** finura. ☐ Familia: →rudo.

rudimentario, ria (ru·di·men·ta·rio, ria) [adjetivo] Que es muy simple o que no está casi desarrollado: *herramientas rudimentarias.* ☐ Sinónimos: elemental. ☐ Familia: →rudo.

rudimentos (ru·di·men·tos) [sustantivo masculino plural] Conocimientos básicos para algo: *Te enseñaré los rudimentos de este trabajo.* ☐ Familia: →rudo.

rudo, da (ru·do, da) [adjetivo] **1** Con poca educación o poco delicado al tratar a los demás. **2** Duro o difícil de aguantar: *un rudo invierno.* ☐ Sinónimos: **1** basto, tosco, ordinario. ☐ Antónimos: **1** delicado, fino, refinado, cortés. **2** suave. ☐ Familia: rudeza, rudimentario, rudimentos.

rueca (rue·ca) [sustantivo femenino] Instrumento que sirve para hilar: *La Bella Durmiente se pinchó con el huso de una rueca.*

rueda (rue·da) [sustantivo femenino] Objeto de forma circular y que puede girar sobre su centro: *Los coches tienen cuatro ruedas.* ◆ [expresión] ‖ **rueda de prensa** Grupo de periodistas reunidos para escuchar a una persona y hacerle preguntas. ‖ **sobre ruedas** Sin problemas: *Estoy contenta porque todo va sobre ruedas.* ☐ [La expresión «sobre ruedas» es coloquial]. ☐ Familia: rodar, rodada, rodera, rodaje, rodamiento, rodete, rodador, rodear, rodeo, ruedo, rodaja, rodillo, rotación, rotonda, rotar.

ruedo (rue·do) [sustantivo masculino] Lugar de una plaza de toros en el que se torea. ☐ Sinónimos: arena. ☐ Familia: →rueda.

ruego (rue·go) [sustantivo masculino] Hecho de pedir algo con mucha educación o como un favor. ☐ Familia: →rogar.

rufián (ru·fián) [sustantivo masculino] Hombre malo o sin honor.

rugby [sustantivo masculino] Deporte parecido al fútbol, que se juega con un balón alargado. ☐ [Es una palabra inglesa. Se pronuncia «rúgbi»].

rugido (ru·gi·do) [sustantivo masculino] Voz característica del león y de otros animales salvajes. ☐ Familia: →rugir.

rugir (ru·gir) [verbo] Emitir su voz característica el león y otros animales salvajes. ☐ [La «g» se cambia en «j» delante de «a», «o» («ruja»)]. ☐ Familia: rugido.

rugoso, sa (ru·go·so, sa) [adjetivo] Que tiene arrugas o que no tiene la superficie lisa. ☐ Antónimos: liso.

ruido (rui·do) [sustantivo masculino] Sonido fuerte que molesta o que llama la atención: *¿Qué es ese ruido?* ☐ Antónimos: silencio. ☐ Familia: ruidoso.

ruidoso, sa (rui·do·so, sa) [adjetivo] Que hace mucho ruido. ☐ Sinónimos: escandaloso, estrepitoso, estruendoso. ☐ Antónimos: silencioso, callado, quedo. ☐ Familia: →ruido.

ruin (ruin) [adjetivo] **1** Que tiene malas intenciones y no es digno de admiración ni respeto. **2** Que no gasta nada, porque lo único que quiere es tener muchas cosas: *Es tan ruin que no prestaría dinero ni a su mejor amigo.* ☐ [No varía en masculino y femenino]. ☐ Sinónimos: **1** vil, abyecto. **2** avaro, tacaño. ☐ Antónimos: **1** noble. **2** generoso. ☐ Familia: ruindad.

ruina (rui·na) ▋ [sustantivo femenino] **1** Situación en la que se ha perdido todo el dinero: *Está en la ruina.* **2** Destrucción muy grande: *El terremoto provocó una verdadera ruina.* ▋ **ruinas** [plural] **3** Restos de edificios destruidos: *ruinas romanas.* ☐ Familia: ruinoso, arruinar.

ruindad (ruin·dad) [sustantivo femenino] **1** Acción malintencionada o ruin. **2** Característica de lo que es ruin. ☐ Sinónimos: vileza. ☐ Familia: →ruin.

ruinoso, sa (rui·no·so, sa) [adjetivo] **1** Que está en ruinas o que empieza a estar destruido: *edificio ruinoso.* **2** Que causa la ruina o la destrucción: *negocio ruinoso.* ☐ Familia: →ruina.

ruiseñor (rui·se·ñor) [sustantivo masculino] Pájaro de pequeño tamaño y que canta muy bien.

rular (ru·lar) [verbo] Funcionar o rodar. ☐ [Es coloquial].

ruleta (ru·le·ta) [sustantivo femenino] Juego que está formado por una especie de rueda que gira, con números dibujados en ella y una pequeña bola.

ruleta

rulo (ru·lo) [sustantivo masculino] Pieza pequeña en forma de tubo, en la que se enrolla el pelo para rizarlo.

rumano, na (ru·ma·no, na) ▋ [adjetivo o sustantivo] **1** De Rumanía, que es un país europeo. ▋ **rumano** [sustantivo masculino] **2** Lengua de este y de otros países.

rumba (rum·ba) [sustantivo femenino] **1** Baile y música flamencos de ritmo alegre. **2** Baile popular de origen cubano que se baila en pareja, y música que lo acompaña. ☐ Familia: rumboso.

rumbo (rum·bo) [sustantivo masculino] Camino que sigue algo en su movimiento: *El barco puso rumbo hacia la isla.* ☐ Sinónimos: dirección. ☐ Familia: arrumbar.

rumboso, sa (rum·bo·so, sa) [adjetivo] Que es generoso o que gasta mucho dinero en los demás. ☐ Sinónimos: generoso, espléndido. ☐ Antónimos: tacaño. ☐ Familia: →rumba.

rumiante (ru·mian·te) [adjetivo o sustantivo masculino] Dicho de un animal, que come hierba y vegetales y los traga enteros para después hacerlos volver a la boca y masticarlos, como la vaca. ☐ [Cuando es adjetivo, no varía en masculino y femenino]. ☐ Familia: →rumiar.

rumiar (ru·miar) [verbo] **1** Masticar el alimento que vuelve a la boca después de haberlo tragado entero: *Las vacas tragan la hierba y luego la rumian.* **2** Pensar algo despacio y dándole muchas vueltas: *No rumies más esa tontería.* ☐ [Es irregular y se conjuga como ANUNCIAR]. ☐ Familia: rumiante.

rumor (ru·mor) [sustantivo masculino] **1** Noticia que se da como si fuera verdad aunque no se tengan pruebas: *No hagas caso de esos rumores.* **2** Sonido suave y continuo: *¡Qué agradable es el rumor del arroyo!* ☐ Sinónimos: **1** cuento, habladuría. **2** murmullo, susurro. ☐ Familia: rumorearse.

rumorearse (ru·mo·re·ar·se) [verbo] Extenderse entre la gente una noticia que no se sabe si es cierta: *Se rumorea que se casarán el próximo año.* ☐ Sinónimos: murmurarse. ☐ Familia: →rumor.

runrún (run·rún) [sustantivo masculino] Sonido suave y continuo: *Se oía el runrún del agua.*

rupestre (ru·pes·tre) [adjetivo] Dicho de una pintura, que se realizó en la época prehistórica sobre rocas o en cuevas. ☐ [No varía en masculino y femenino].

rupia (ru·pia) [sustantivo femenino] Moneda de la India, que es un país asiático, y otros países.

ruptura (rup·tu·ra) [sustantivo femenino] Fin que se pone a una relación entre personas: *El Gobierno anunció la ruptura de relaciones diplomáticas con ese país.* ☐ [No confundir con «rotura» (proceso por el que algo se rompe)]. ☐ Familia: →romper.

rural (ru·ral) [adjetivo] Del campo o relacionado con él: *vida rural; zona rural.* ☐ [No varía en masculino y femenino]. ☐ Sinónimos: campesino, campestre, rústico. ☐ Antónimos: urbano.

ruso, sa (ru·so, sa) ∎ [adjetivo o sustantivo] **1** De Rusia, que es un país europeo y asiático. ∎ **ruso** [sustantivo masculino] **2** Lengua de este y de otros países.

rústico, ca (rús·ti·co, ca) [adjetivo] **1** Del campo o relacionado con él: *casa rústica.* **2** Poco delicado o hecho con materiales poco finos: *Estos muebles son un poco rústicos pero muy resistentes.* ☐ Sinónimos: **1** rural, campesino, campestre. **2** tosco, basto. ☐ Antónimos: **2** fino, refinado.

ruta (ru·ta) [sustantivo femenino] Conjunto de los lugares por los que se pasa para ir de un sitio a otro: *Todos los días hago la misma ruta para ir al colegio.* ☐ Sinónimos: camino, itinerario, trayecto, recorrido.

rutilante (ru·ti·lan·te) [adjetivo] Que brilla o que resplandece. ☐ [No varía en masculino y femenino]. ☐ Familia: →rutilar.

rutilar (ru·ti·lar) [verbo] Brillar o resplandecer. ☐ [Suele usarse en el lenguaje literario]. ☐ Familia: rutilante.

rutina (ru·ti·na) [sustantivo femenino] Costumbre que se tiene de hacer algo de forma automática y sin pensar. ☐ Familia: rutinario.

rutinario, ria (ru·ti·na·rio, ria) [adjetivo] **1** Que se hace por costumbre y siempre del mismo modo: *trabajo rutinario.* **2** Que actúa siempre igual o que no cambia de costumbres: *persona rutinaria.* ☐ Familia: →rutina.

s [sustantivo femenino] Letra número veinte del abecedario. 👁 página 18. ☐ [Su nombre es «ese»].

sábado (sá·ba·do) [sustantivo masculino] Sexto día de la semana. 👁 página 169.

sabana (sa·ba·na) [sustantivo femenino] Terreno amplio y llano que se caracteriza por tener mucha hierba y pocos árboles. 👁 páginas 354-355. ☐ [No confundir con «sábana» (pieza de tela que se pone en la cama)].

sábana (sá·ba·na) [sustantivo femenino] Cada una de las dos piezas de tela que se ponen en la cama y entre las que se mete una persona. ☐ [No confundir con «sabana» (terreno amplio y llano con pocos árboles)].

sabandija (sa·ban·di·ja) [sustantivo femenino] **1** Animal pequeño, especialmente un insecto o un reptil, que suele dar asco. **2** Persona mala y despreciable. ☐ [El significado **2** es coloquial].

sabañón (sa·ba·ñón) [sustantivo masculino] Bulto rojo que sale a causa del frío en las manos, en los pies o en las orejas, y que pica mucho.

sabelotodo (sa·be·lo·to·do) [adjetivo o sustantivo] Que cree saber más de lo que realmente sabe. ☐ [No varía en masculino y femenino, ni en singular y plural. Es coloquial y despectivo]. ☐ SINÓNIMOS: sabiondo. ☐ FAMILIA: →sabio.

saber (sa·ber) ▌[sustantivo masculino] **1** Conocimiento profundo de algo: *El saber no ocupa lugar.* ▌[verbo] **2** Estar informado de algo: *No sabía que te ibas a ir tan pronto.* **3** Tener grandes conocimientos sobre alguna materia: *Mi hermana sabe muchas matemáticas.* **4** Tener capacidad o habilidad para hacer algo: *No sé conducir.* **5** Tener sabor: *Esta comida sabe muy fuerte.* ☐ [Es irregular. Mira el cuadro en la página siguiente]. ☐ SINÓNIMOS: **1** sabiduría. **2** conocer. ☐ ANTÓNIMOS: **2** ignorar, desconocer. ☐ FAMILIA: →sabio.

sabido, da (sa·bi·do, da) [adjetivo] Que se sabe de antes: *un tema sabido por todos.* ☐ FAMILIA: →sabio.

sabiduría (sa·bi·du·rí·a) [sustantivo femenino] Conocimiento profundo de algo: *La sabiduría se adquiere tras muchos años de estudio y de experiencia.* ☐ SINÓNIMOS: saber. ☐ ANTÓNIMOS: ignorancia. ☐ FAMILIA: →sabio.

sabiendas (sa·bien·das) ◆ [expresión] ‖ **a sabiendas** Con intención o a propósito: *Has dicho eso a sabiendas de que me dolería.* ☐ FAMILIA: →sabio.

sabihondo, da (sa·bihon·do, da) [adjetivo o sustantivo] → **sabiondo, da.**

sabio, bia (sa·bio, bia) [adjetivo o sustantivo] Que demuestra sabiduría: *sabios consejos.* ☐ [No confundir «sabia» con «savia» (sustancia líquida del interior de las plantas)]. ☐ FAMILIA: saber, sabiduría, sabido, sabiondo, sabelotodo, consabido, marisabidillo, sabiendas, resabio, resabiado.

sabiondo, da (sa·bion·do, da) [adjetivo o sustantivo] Que cree saber más de lo que realmente sabe. ☐ [Es coloquial y despectivo. Se escribe también «sabihondo»]. ☐ SINÓNIMOS: sabelotodo. ☐ FAMILIA: →sabio.

sablazo (sa·bla·zo) [sustantivo masculino] **1** Hecho de pedir dinero a alguien con la intención de no devolvérselo: *Vive de los sablazos que da a los conocidos.* **2** Herida hecha con un sable. ☐ [El significado **1** es coloquial]. ☐ Familia: →sable.

sable (sa·ble) [sustantivo masculino] Arma parecida a la espada pero con una forma algo curva. ☐ Familia: sablazo, sablear.

sable

sablear (sa·ble·ar) [verbo] Conseguir que una persona nos preste dinero y no tener intención de devolvérselo. ☐ [Es coloquial]. ☐ Familia: →sable.

sabor (sa·bor) [sustantivo masculino] Sensación que se produce en la boca al comer o al beber: *Los pasteles tienen un sabor dulce.* ☐ Familia: saborear, sabroso, insípido, desaborido, sinsabor.

saborear (sa·bo·re·ar) [verbo] **1** Disfrutar poco a poco el sabor de una comida: *Para saborear la comida hay que comer despacio.* **2** Sentir placer por algo, disfrutándolo despacio: *Todos los participantes en la carrera deseaban saborear la victoria.* ☐ Sinónimos: paladear. ☐ Familia: →sabor.

sabotaje (sa·bo·ta·je) [sustantivo masculino] Destrucción de algo en señal de lucha o de protesta. ☐ Familia: →sabotear.

sabotear (sa·bo·te·ar) [verbo] **1** Destruir algo en señal de lucha o de protesta. **2** Oponerse a algo haciendo cosas para impedir que se realice o para retrasarlo: *Algunos alumnos sabotearon la conferencia armando jaleo.* ☐ Familia: sabotaje.

sabroso, sa (sa·bro·so, sa) [adjetivo] De buen sabor: *comida sabrosa.* ☐ Sinónimos: suculento, rico. ☐ Antónimos: insulso, desaborido. ☐ Familia: →sabor.

sabueso, sa (sa·bue·so, sa) [sustantivo] **1** Perro de una raza que se caracteriza por tener las orejas grandes y caídas, y el oído y el olfato muy finos. **2** Persona con habilidad para descubrir secretos: *El inspector envió a su mejor sabueso para que interrogara al sospechoso.*

saca (sa·ca) [sustantivo femenino] Saco grande de tela fuerte: *las sacas de correos.* ☐ Familia: →saco.

sacabocado (sa·ca·bo·ca·do) [sustantivo masculino] → **sacabocados.**

sacabocados (sa·ca·bo·ca·dos) [sustantivo masculino] Especie de tenaza con varias puntas que se usa para hacer agujeros. ☐ [No varía en singular y plural: «el sacabocados», «los sacabocados», aunque se usa también «sacabocado» para el singular]. ☐ Familia: →sacar. →boca.

SABER

INDICATIVO	SUBJUNTIVO
Presente yo **sé** tú **sabes** / usted **sabe** él, ella **sabe** nosotros, tras **sabemos** vosotros, tras **sabéis** / ustedes **saben** ellos, ellas **saben**	**Presente** yo **sepa** tú **sepas** / usted **sepa** él, ella **sepa** nosotros, tras **sepamos** vosotros, tras **sepáis** / ustedes **sepan** ellos, ellas **sepan**
Pretérito imperfecto yo **sabía** tú **sabías** / usted **sabía** él, ella **sabía** nosotros, tras **sabíamos** vosotros, tras **sabíais** / ustedes **sabían** ellos, ellas **sabían**	**Pretérito imperfecto** yo **supiera** o **supiese** tú **supieras** o **supieses** / usted **supiera** o **supiese** él, ella **supiera** o **supiese** nosotros, tras **supiéramos** o **supiésemos** vosotros, tras **supierais** o **supieseis** / ustedes **supieran** o **supiesen** ellos, ellas **supieran** o **supiesen**
Pretérito perfecto simple yo **supe** tú **supiste** / usted **supo** él, ella **supo** nosotros, tras **supimos** vosotros, tras **supisteis** / ustedes **supieron** ellos, ellas **supieron**	**Futuro simple** yo **supiere** tú **supieres** / usted **supiere** él, ella **supiere** nosotros, tras **supiéremos** vosotros, tras **supiereis** / ustedes **supieren** ellos, ellas **supieren**
Futuro simple yo **sabré** tú **sabrás** / usted **sabrá** él, ella **sabrá** nosotros, tras **sabremos** vosotros, tras **sabréis** / ustedes **sabrán** ellos, ellas **sabrán**	**IMPERATIVO** **sabe** (tú) / **sepa** (usted) **sepamos** (nosotros, tras) **sabed** (vosotros, tras) / **sepan** (ustedes)
Condicional simple yo **sabría** tú **sabrías** / usted **sabría** él, ella **sabría** nosotros, tras **sabríamos** vosotros, tras **sabríais** / ustedes **sabrían** ellos, ellas **sabrían**	**FORMAS NO PERSONALES** **Infinitivo** **Gerundio** **Participio** saber sabiendo sabido

sacacorchos (sa·ca·cor·chos) [sustantivo masculino] Objeto que sirve para sacar el corcho que cierra una botella. ☐ [No varía en singular y plural]. ☐ FAMILIA: →sacar. →corcho.

sacamuelas (sa·ca·mue·las) [sustantivo] Dentista: *¡Menudo sacamuelas te arregló los dientes!* ☐ [No varía en masculino y femenino, ni en singular y plural. Es coloquial y despectivo]. ☐ FAMILIA: →sacar. →muela.

sacapuntas (sa·ca·pun·tas) [sustantivo masculino] Objeto que sirve para sacar punta a los lápices. ☐ [No varía en singular y plural]. ☐ SINÓNIMOS: afilalápices. ☐ FAMILIA: →sacar. →punta.

sacar (sa·car) [verbo] **1** Poner fuera algo que estaba dentro: *Saca las manos de los bolsillos.* **2** Llegar a un resultado por medio de pistas o de señales: *Después de lo que te he dicho, saca tú mismo las conclusiones.* **3** Obtener o conseguir: *La gasolina se saca del petróleo.* **4** Producir o inventar: *Van a sacar un nuevo modelo de coche.* **5** Mostrar o dar a conocer: *En la fiesta sacó su vena bromista y no paró de contar chistes.* **6** Hacer más larga o más ancha una prenda de vestir: *sacar el bajo de la falda.* **7** Comprar una entrada o un billete: *He sacado entradas para el cine.* **8** Poner en juego una pelota: *Este tenista saca con mucha fuerza.* **9** Ser superior o tener más de algo: *El primer ciclista sacó varios minutos de ventaja al segundo clasificado.* **10** Hacer una fotografía: *¿Nos sacas una foto, por favor?* **11** Citar, nombrar o traer a la conversación: *Cuando estés con él, no saques este tema.* ☐ [La «c» se cambia en «qu» delante de «e» («saque»)]. ☐ SINÓNIMOS: **1** extraer. ☐ ANTÓNIMOS: **1** meter. ☐ FAMILIA: saque, sacabocados, sacamuelas, sacacorchos, sacapuntas, entresacar, sonsacar.

sacarina (sa·ca·ri·na) [sustantivo femenino] Sustancia parecida al azúcar, que se usa para dar sabor dulce a las comidas. ☐ SINÓNIMOS: edulcorante.

sacerdocio (sa·cer·do·cio) [sustantivo masculino] Cargo y estado de los sacerdotes. ☐ FAMILIA: →sacerdote.

sacerdotal (sa·cer·do·tal) [adjetivo] Del sacerdote o relacionado con él: *vestidura sacerdotal.* ☐ [No varía en masculino y femenino]. ☐ FAMILIA: →sacerdote.

sacerdote (sa·cer·do·te) [sustantivo] Persona preparada para realizar ceremonias religiosas en honor de un dios: *Los domingos viene un sacerdote a decir misa.* ☐ [No varía en masculino y femenino. El femenino también puede ser «la sacerdotisa»]. ☐ FAMILIA: sacerdotal, sacerdocio.

sacerdotisa (sa·cer·do·ti·sa) [sustantivo femenino] Mujer que se dedica a hacer ceremonias religiosas en honor de un dios: *Las sacerdotisas romanas estaban al cuidado de los templos.* ☐ [El masculino es «sacerdote»].

saciar (sa·ciar) [verbo] Satisfacer por completo una necesidad: *saciar el hambre.* ☐ [Es irregular y se conjuga como ANUNCIAR]. ☐ SINÓNIMOS: hartar. ☐ FAMILIA: saciedad, insaciable.

saciedad (sa·cie·dad) [sustantivo femenino] Hecho de satisfacer en exceso una necesidad: *He comido hasta la saciedad.* ☐ FAMILIA: →saciar.

saco (sa·co) [sustantivo masculino] Especie de bolsa grande que se usa para llevar algo: *saco de pienso.* ◆ [expresión] ‖ **echar en saco roto algo** Olvidarlo o no tenerlo en cuenta: *Algún día te arrepentirás de haber echado en saco roto mis consejos.* ‖ **saco de dormir** El que está hecho de tela y sirve para dormir en él. ☐ FAMILIA: saca.

sacramental (sa·cra·men·tal) [adjetivo] De los sacramentos o relacionado con ellos. ☐ [No varía en masculino y femenino]. ☐ FAMILIA: →sacramento.

sacramento (sa·cra·men·to) [sustantivo masculino] En la religión cristiana, signo mediante el cual Dios transmite su gracia a las personas: *sacramento de la eucaristía.* ☐ FAMILIA: sacramental.

sacrificar (sa·cri·fi·car) [verbo] **1** Matar a un animal o a una persona para ofrecérsela a un dios. **2** Matar un animal para venderlo como comida: *En los mataderos se sacrifican los animales que después comemos.* **3** Rechazar algo para conseguir otra cosa: *Sacrificó su día libre para ayudarme a pintar la casa.* ▌ **sacrificarse 4** Hacer de forma generosa algo que cuesta mucho: *Mis padres se sacrifican mucho para que yo estudie.* ☐ [La «c» se cambia en «qu» delante de «e» («sacrifique»)]. ☐ SINÓNIMOS: **1** inmolar. ☐ FAMILIA: →sacrificio.

sacrificio (sa·cri·fi·cio) [sustantivo masculino] **1** Ceremonia en la que se ofrece una víctima a un dios como señal de respeto. **2** Acción que cuesta un gran esfuerzo: *No comer dulces sería un sacrificio para mí, porque soy muy goloso.* **3** Acto generoso que supone un gran esfuerzo y que se hace por amor: *Pudo estudiar una carrera gracias a los sacrificios que hicieron sus padres.* ☐ FAMILIA: sacrificar.

sacrilegio (sa·cri·le·gio) [sustantivo masculino] Daño u ofensa hacia lo que se considera sagrado: *Robar los objetos de culto de una iglesia es un sacrilegio.*

sacristán, na (sa·cris·tán, ta, na) [sustantivo] Persona que se ocupa de cuidar la iglesia. ☐ FAMILIA: →sacristía.

sacristía (sa·cris·tí·a) [sustantivo femenino] Parte de la iglesia en la que se guardan las ropas y los objetos que se usan en la misa. ☐ FAMILIA: sacristán.

sacro, cra (sa·cro, cra) ▌ [adjetivo] **1** De un dios o relacionado con su culto: *música sacra.* ▌ **sacro** [sustantivo masculino] **2** Hueso que está en la parte final de la columna vertebral y que está formado por vértebras soldadas. ☐ SINÓNIMOS: **1** sagrado.

sacudida (sa·cu·di·da) [sustantivo femenino] **1** Movimiento violento de un lado a otro: *Con las sacudidas del terremoto se derrumbaron varios edificios.* **2** Impresión muy fuerte: *La noticia fue una gran sacudida para todos.* ☐ FAMILIA: →sacudir.

sacudir (sa·cu·dir) [verbo] **1** Mover de un lado a otro: *Me sacudió del hombro para que me despertara.* **2** Dar golpes a algo o moverlo en el aire para limpiarlo: *sacudir una alfombra.* **3** Pegar o dar golpes: *Como te portes mal, te voy a sacudir.* **4** Producir una impresión muy fuerte: *Aquel horrible crimen sacudió a todo*

sádico, ca

el país. □ SINÓNIMOS: **1** agitar, remover, zarandear. □ FAMILIA: sacudida.

sádico, ca (sá·di·co, ca) [adjetivo o sustantivo] Que disfruta con el sufrimiento de los demás.

saeta (sa·e·ta) [sustantivo femenino] **1** Arma que se dispara con un arco y que está formada por una barrita delgada que tiene una punta de metal. **2** Canto flamenco de tipo religioso: *Las saetas se suelen cantar al paso de las procesiones de Semana Santa.* □ SINÓNIMOS: **1** flecha.

safari (sa·fa·ri) [sustantivo masculino] **1** Especie de excursión que se hace para cazar animales de gran tamaño en algunas regiones africanas. **2** Lugar en el que hay animales libres para que los vea la gente: *En los safaris está prohibido bajarse de los coches.*

saga (sa·ga) [sustantivo femenino] **1** Relato que cuenta la historia de varias generaciones de una familia. **2** Conjunto de personas de la misma familia: *Pertenece a una saga de abogados prestigiosos.* **3** Leyenda poética de los pueblos escandinavos: *Las sagas nórdicas se transmitían oralmente.* □ SINÓNIMOS: **2** dinastía.

sagacidad (sa·ga·ci·dad) [sustantivo femenino] Habilidad para actuar con inteligencia y cuidado. □ SINÓNIMOS: astucia. □ ANTÓNIMOS: torpeza. □ FAMILIA: →sagaz.

sagaz (sa·gaz) [adjetivo] Que actúa con inteligencia y cuidado: *Sherlock Holmes era un detective sagaz.* □ [No varía en masculino y femenino. Su plural es «sagaces»]. □ SINÓNIMOS: ladino, astuto, perspicaz. □ FAMILIA: sagacidad.

sagitario (sa·gi·ta·rio) [adjetivo o sustantivo] Dicho de una persona, que pertenece a uno de los doce signos del Zodiaco: *Las personas que son sagitario han nacido entre el 23 de noviembre y el 21 de diciembre.* □ [No varía en masculino y femenino].

sagrado, da (sa·gra·do, da) [adjetivo] **1** De un dios o relacionado con su culto: *Una iglesia es un lugar sagrado.* **2** Que es digno de respeto: *Mis amigos son sagrados y no admito que nadie se meta con ellos.* □ SINÓNIMOS: **1** sacro. □ FAMILIA: sagrario, consagrar, consagración.

sagrario (sa·gra·rio) [sustantivo masculino] En la religión cristiana, lugar en el que el sacerdote guarda la hostia consagrada. □ FAMILIA: →sagrado.

sah [sustantivo masculino] Rey persa. □ [Es una palabra de origen persa. Se pronuncia «sa». No debe escribirse «sha»].

saharaui (sa·ha·ra·ui) [adjetivo o sustantivo] Del Sahara, que es un desierto y un territorio del norte del continente africano. □ [No varía en masculino y femenino. Se usa también «sahariano»].

sahariano, na (sa·ha·ria·no, na) [adjetivo o sustantivo] → **saharaui.**

sainete (sai·ne·te) [sustantivo masculino] Obra de teatro corta y divertida en la que aparecen personajes populares.

sajar (sa·jar) [verbo] Hacer un corte en una parte del cuerpo para curarlo: *Le sajaron el quiste para ponerle un drenaje.* □ [Siempre se escribe con «j»].

sajón, na (sa·jón, jo·na) [adjetivo o sustantivo] **1** De un antiguo pueblo que ocupó las islas británicas. **2** De Sajonia, que era un estado alemán.

sal [sustantivo femenino] **1** Sustancia blanca que se usa para cocinar los alimentos y que da el sabor al agua del mar. **2** Gracia en la forma de hablar o en los gestos: *¡Qué poca sal tiene ese chico y qué aburrido resulta!* □ SINÓNIMOS: **2** salero. □ FAMILIA: salar, salado, salazón, salero, saleroso, salitre, salino, salina, salinidad, salobre, salmuera, ensalada, ensaladera, ensaladilla, desalar, resalado, salpimentar.

sala (sa·la) [sustantivo femenino] **1** Local o habitación con un uso determinado: *sala de juntas; sala de cine.* **2** Habitación de una casa en la que hace vida toda la familia: *Tomaremos el café en la sala.* □ FAMILIA: salón, antesala.

salado, da (sa·la·do, da) [adjetivo] **1** Con sal o con más sal de la necesaria: *Este puré está salado.* **2** Que resulta gracioso: *Es tan salado que nunca te aburres con él.* □ SINÓNIMOS: **1** salobre. □ ANTÓNIMOS: soso. □ FAMILIA: →sal.

salamandra (sa·la·man·dra) [sustantivo femenino] Animal parecido al lagarto que tiene la piel de color oscuro con manchas amarillas. ◉ **página 818.**

salamanquesa (sa·la·man·que·sa) [sustantivo femenino] Animal parecido al lagarto que tiene el cuerpo gris y rojizo, la cola larga y los dedos anchos. ◉ **página 818.**

salami (sa·la·mi) [sustantivo masculino] Alimento parecido al salchichón, pero más grueso. □ [Es una palabra de origen italiano. Su plural es «salamis»].

salar (sa·lar) [verbo] Poner sal a un alimento: *salar un jamón; salar pescado.* □ ANTÓNIMOS: desalar. □ FAMILIA: →sal.

salarial (sa·la·rial) [adjetivo] Del salario o relacionado con él. □ [No varía en masculino y femenino]. □ FAMILIA: →salario.

salario (sa·la·rio) [sustantivo masculino] Cantidad de dinero que se gana por un trabajo. □ SINÓNIMOS: sueldo, jornal, paga. □ FAMILIA: salarial, asalariado.

salazón (sa·la·zón) [sustantivo femenino] **1** Proceso de poner sal a la carne o al pescado para conservarlos. **2** Carne o pescado conservados en sal. □ FAMILIA: →sal.

salchicha (sal·chi·cha) [sustantivo femenino] Alimento delgado y alargado, hecho con carne de cerdo picada, y que se suele comer frito o cocido. □ FAMILIA: salchichón.

salchichón (sal·chi·chón) [sustantivo masculino] Alimento de color rosa oscuro, hecho con carne de cerdo picada y con especias. □ FAMILIA: →salchicha.

saldar (sal·dar) [verbo] **1** Pagar lo que se debe: *Ya saldé mis cuentas y no te debo nada.* **2** Dar fin a algo o terminarlo: *El partido se saldó con un gol a nuestro favor.* **3** Vender las cosas de una tienda a un precio más barato: *Acabado el verano, la tienda saldó los bañadores que quedaban.* □ SINÓNIMOS: **1**, **3** liquidar. □ FAMILIA: saldo.

saldo (sal·do) [sustantivo masculino] **1** En una cuenta, cantidad que queda después de restar lo que se debe o lo que se ha gastado: *En mi cuenta bancaria tengo un saldo de cien euros.* **2** Resultado final tras haber terminado algo: *El año terminó con un saldo negativo para la empresa.*

3 Producto que se vende a un precio más barato: *Cuando compres saldos, comprueba su calidad.* **4** Venta de productos a un precio más barato: *Mañana comienzan los saldos.* ☐ SINÓNIMOS: **2** balance. **4** liquidación, rebajas. ☐ FAMILIA: →saldar.

salero (sa·le·ro) [sustantivo masculino] **1** Recipiente en el que se guarda o se sirve la sal. **2** Gracia en la forma de hablar o de actuar: *Para bailar bien este baile hay que tener mucho salero.* ☐ SINÓNIMOS: **2** sal, garbo. ☐ FAMILIA: →sal.

saleroso, sa (sa·le·ro·so, sa) [adjetivo o] Que tiene gracia al hablar y al moverse: *Nos hizo pasar un buen rato porque es una persona muy salerosa.* ☐ SINÓNIMOS: garboso. ☐ ANTÓNIMOS: soso. ☐ FAMILIA: →sal.

salesiano, na (sa·le·sia·no, na) [adjetivo o] De la Sociedad de San Francisco de Sales, congregación religiosa fundada por san Juan Bosco, o relacionado con ella.

salida (sa·li·da) [sustantivo femenino] **1** Lugar por el que se sale de un sitio: *Te espero en la salida del cine.* **2** Inicio del movimiento a otro lugar: *La salida del avión se ha retrasado.* **3** Lugar del que se sale para hacer un recorrido: *No pude participar en la carrera porque no llegué a tiempo a la salida.* **4** Fin de una actividad o de una condición: *El exministro no quiso hablar de su salida del Gobierno.* **5** Presencia de algo que antes no estaba: *En invierno, la salida del sol se produce más tarde que en verano.* **6** Frase graciosa y aguda: *Tienes unas salidas que me hacen morirme de risa.* **7** Colocación de un producto a la venta: *Se anuncia la salida de una nueva revista.* ■ **salidas** [sustantivo femenino plural] **8** Posibilidades que ofrecen los distintos estudios para encontrar trabajo en el futuro: *Dicen que las carreras de ciencias tienen más salidas que las de letras.* ◆ [expresión] ‖ **salida de tono** Palabras que molestan porque son poco oportunas: *Sus continuas salidas de tono resultan incómodas para los demás.* ☐ SINÓNIMOS: **6** ocurrencia, golpe. ☐ ANTÓNIMOS: **1** entrada, acceso. **2**, **3** llegada. **3** meta. ☐ FAMILIA: →salir.

saliente (sa·lien·te) [adjetivo o sustantivo masculino] Que sobresale de una superficie: *mandíbula saliente; un saliente de la mesa.* ☐ [Cuando es adjetivo, no varía en masculino y femenino]. ☐ SINÓNIMOS: prominente. ☐ FAMILIA: →salir.

salinidad (sa·li·ni·dad) [sustantivo femenino] **1** Característica de lo que tiene sal. **2** Cantidad de sal disuelta en un líquido: *La salinidad de algunos mares es mayor que la de otros.* ☐ FAMILIA: →sal.

salino, na (sa·li·no, na) ■ [adjetivo] **1** Que contiene sal: *aguas salinas.* ■ **salina** [sustantivo femenino] **2** Laguna poco profunda con agua salada, de la que se saca la sal que queda en el fondo cuando se evapora el agua. **3** Mina de sal de la que se sacan sales minerales. ☐ FAMILIA: →sal.

salir (sa·lir) [verbo] **1** Pasar de dentro a fuera: *No salgas a la calle sin paraguas, que llueve mucho. El sol sale por el este.* **2** Ponerse en marcha: *¿A qué hora sale el tren?* **3** Quedar libre de algo que produce molestia: *No sé cómo voy a salir de este lío.* **4** Aparecer, mostrarse o dejarse ver: *En esta foto no salgo yo.* **5** Resultar, quedar o acabar siendo algo: *El bizcocho te ha salido muy bien.* **6** Ir a la calle a pasear o a divertirse: *Después de clase salimos un rato con los amigos.* **7** Ser novio o novia: *Mi hermano está saliendo con una chica.* **8** Destacar, estar más alto o más afuera: *Los balcones salen un poco de las casas.* **9** Nacer o tener origen: *Este árbol salió de una semilla.* **10** Ser elegido por votación: *Salió presidente en la segunda votación.* **11** Ir a parar: *Si sigues esta carretera, saldrás a la autovía.* **12** Desaparecer una señal de suciedad: *Esta mancha no sale con jabón.* **13** Ponerse un producto a la venta: *Esta revista sale los jueves.* **14** Costar o valer algo: *Con el descuento te saldrá más barato.* **15** Resultar bien hecho un trabajo: *No me sale porque no sé cómo hacerlo.* **16** Comenzar un juego: *Cuando se juega a las cartas, sale el jugador que está a la derecha del que ha repartido.* ◆ [expresión] ‖ **salir a alguien** Parecérsele mucho: *Has salido a tu padre en lo alta que eres.* ‖ **salirse alguien con la suya** Hacer su voluntad en contra de la opinión de los demás: *Es muy testarudo y siempre se sale con la suya.* ☐ [Es irregular. Mira el cuadro en la página siguiente]. ☐ SINÓNIMOS: **2** partir. **8** sobresalir. **11** desembocar. ☐ ANTÓNIMOS: **1** entrar, acceder, adentrarse, penetrar. **2** llegar. ☐ FAMILIA: salida, saliente, sobresalir, sobresaliente.

salitre (sa·li·tre) [sustantivo masculino] Sustancia que tiene sal: *Los muros del dique del puerto se han cubierto de salitre.* ☐ FAMILIA: →sal.

saliva (sa·li·va) [sustantivo femenino] Líquido transparente que está dentro de la boca y que ayuda a tragar los alimentos. ☐ FAMILIA: salival.

salival (sa·li·val) [adjetivo] De la saliva o relacionado con ella: *glándulas salivales.* ☐ [No varía en masculino y femenino]. ☐ FAMILIA: →saliva.

salmantino, na (sal·man·ti·no, na) [adjetivo o sustantivo] De la provincia española de Salamanca o de su capital.

salmo (sal·mo) [sustantivo masculino] Especie de canción con la que se alaba a Dios.

salmón (sal·món) ■ [adjetivo o sustantivo masculino] **1** De color rosa anaranjado. ■ [sustantivo masculino] **2** Pez de color más o menos gris, que tiene la carne de color rosa: *El salmón es un pez marino, pero durante una temporada vive en los ríos.* 👁 **página 723.** ☐ [Cuando es adjetivo, no varía en masculino y femenino]. ☐ FAMILIA: salmonete.

salmonela (sal·mo·ne·la) [sustantivo femenino] Bacteria que se desarrolla en algunos alimentos y que produce una enfermedad del intestino. ☐ FAMILIA: salmonelosis.

salmonelosis (sal·mo·ne·lo·sis) [sustantivo femenino] Enfermedad del intestino que produce fiebre alta, vómitos y diarrea. ☐ [No varía en singular y plural]. ☐ FAMILIA: →salmonela.

salmonete (sal·mo·ne·te) [sustantivo masculino] Pez marino de color rosado, cabeza grande y cola en forma de horquilla. ☐ FAMILIA: →salmón.

salmuera (sal·mue·ra) [sustantivo femenino] Agua con mucha sal que se usa para conservar los alimentos. ☐ Familia: →sal.

salobre (sa·lo·bre) [adjetivo] Que contiene sal: *El agua del mar es salobre.* ☐ [No varía en masculino y femenino]. ☐ Sinónimos: salado. ☐ Familia: →sal.

salón (sa·lón) [sustantivo masculino] **1** Local o habitación grande en los que se celebran actos a los que asiste mucha gente: *salón de actos.* **2** Habitación principal de una casa, en la que se suele recibir a las visitas. **3** Establecimiento en el que se prestan determinados servicios: *salón de belleza.* ☐ Familia: →sala.

salpicadero (sal·pi·ca·de·ro) [sustantivo masculino] En un coche, tablero que hay delante del asiento del conductor y en el que están los mandos y otros aparatos. ☐ Familia: →salpicar.

salpicadura (sal·pi·ca·du·ra) [sustantivo femenino] Señal que deja un líquido que se esparce en el lugar en el que cae: *Llevas la camisa llena de salpicaduras de aceite.* ☐ Familia: →salpicar.

salpicar (sal·pi·car) [verbo] **1** Poner húmeda o sucia una superficie por medio de gotas pequeñas: *Cuidado con la manguera, que me salpicas.* **2** Influir algo en la fama de una persona de manera negativa: *El escándalo salpicó a varios ministros y tuvieron que dimitir.* ☐ [La «c» se cambia en «qu» delante de «e» («salpique»)]. ☐ Familia: salpicadura, salpicadero, salpicón.

salpicón (sal·pi·cón) [sustantivo masculino] Comida hecha con trozos de pescado o marisco y con cebolla, sal, vinagre y otros ingredientes. ☐ Familia: →salpicar.

salpimentar (sal·pi·men·tar) [verbo] Condimentar con sal y pimienta: *Antes de freír los filetes puedes salpimentarlos.* ☐ Familia: →sal. →pimienta.

salsa (sal·sa) [sustantivo femenino] **1** Caldo o crema hechos con varias sustancias mezcladas y que se prepara para acompañar algunas comidas: *salsa de tomate.* **2** Cosa que hace que algo sea más atractivo, más agradable o más interesante: *Para las personas a las que les gusta el riesgo, el peligro es la salsa de la vida.* **3** Un tipo de música que se baila en algunos países caribeños. ◆ [expresión] ‖ **en su salsa** En su ambiente: *Aunque parezca una persona muy aburrida, cuando está en su salsa es muy divertida.* ☐ Familia: salsera.

salsera (sal·se·ra) [sustantivo femenino] Recipiente en el que se sirven las salsas. ☐ Familia: →salsa.

saltador, ra (sal·ta·dor, do·ra) ▌ [adjetivo] **1** Que salta. ▌ [sustantivo] **2** Persona que practica algún deporte de salto: *Mi hermano es saltador de altura.* ▌ **saltador** [sustantivo masculino] **3** Cuerda que se usa para saltar: *Mi saltador*

SALIR

INDICATIVO	SUBJUNTIVO
Presente yo salgo tú sales / usted sale él, ella sale nosotros, tras salimos vosotros, tras salís / ustedes salen ellos, ellas salen	**Presente** yo salga tú salgas / usted salga él, ella salga nosotros, tras salgamos vosotros, tras salgáis / ustedes salgan ellos, ellas salgan
Pretérito imperfecto yo salía tú salías / usted salía él, ella salía nosotros, tras salíamos vosotros, tras salíais / ustedes salían ellos, ellas salían	**Pretérito imperfecto** yo saliera o saliese tú salieras o salieses / usted saliera o saliese él, ella saliera o saliese nosotros, tras saliéramos o saliésemos vosotros, tras salierais o salieseis / ustedes salieran o saliesen ellos, ellas salieran o saliesen
Pretérito perfecto simple yo salí tú saliste / usted salió él, ella salió nosotros, tras salimos vosotros, tras salisteis / ustedes salieron ellos, ellas salieron	**Futuro simple** yo saliere tú salieres / usted saliere él, ella saliere nosotros, tras saliéremos vosotros, tras saliereis / ustedes salieren ellos, ellas salieren
Futuro simple yo saldré tú saldrás / usted saldrá él, ella saldrá nosotros, tras saldremos vosotros, tras saldréis / ustedes saldrán ellos, ellas saldrán	**IMPERATIVO** sal (tú) / salga (usted) salgamos (nosotros, tras) salid (vosotros, tras) / salgan (ustedes)
Condicional simple yo saldría tú saldrías / usted saldría él, ella saldría nosotros, tras saldríamos vosotros, tras saldríais / ustedes saldrían ellos, ellas saldrían	**FORMAS NO PERSONALES** **Infinitivo** salir **Gerundio** saliendo **Participio** salido

tiene los puños de plástico. □ Sinónimos: **3** comba. □ Familia: →saltar.

saltamontes (sal·ta·**mon**·tes) [sustantivo masculino] Insecto con las patas de atrás más grandes y fuertes que las delanteras y que se mueve dando grandes saltos. □ [No varía en singular y plural]. □ Familia: →saltar. →monte.

saltar (sal·**tar**) [verbo] **1** Levantarse con fuerza del suelo o del lugar en que se está, para caer en el mismo sitio o en otro: *Salté a la otra orilla del arroyo*. **2** Lanzarse desde una altura para caer más abajo: *Salté desde el tercer escalón*. **3** Destacar o hacerse notar: *Salta a la vista que te caigo mal*. **4** Decir algo en la conversación de forma repentina: *Cuando le pregunté por qué lo había hecho, saltó con una tontería*. **5** En deporte, salir al terreno de juego: *El público aplaudió cuando los jugadores saltaron al campo*. **6** Mostrar exteriormente que se está enfadado por algo: *Tiene un genio muy vivo y salta enseguida*. **7** Salir un líquido hacia arriba con fuerza: *Si echas una gota de agua en aceite hirviendo, salta mucho*. **8** Empezar a funcionar un aparato: *Cuando entraron los ladrones, saltó la alarma*. **9** Pasar algo por alto: *Vuelve a leer el párrafo, porque te has saltado una frase*. ▌ **saltarse 10** No cumplir una ley o una regla: *Se saltó una señal de stop y tuvo un accidente*. □ Familia: salto, saltador, saltarín, saltimbanqui, saltón, saltear, resaltar, asaltar, asalto, asaltante, sobresaltar, sobresalto, saltamontes.

saltarín, na (sal·ta·**rín**, **ri**·na) [adjetivo o sustantivo] Que se mueve mucho: *niño saltarín; rana saltarina*. □ Familia: →saltar.

saltear (sal·te·**ar**) [verbo] **1** Realizar una acción de forma discontinua: *Los días de clase se saltean con los fines de semana*. **2** Cocinar un poco un alimento con aceite: *Salteó los guisantes con un poco de jamón*. □ Familia: →saltar.

saltimbanqui (sal·tim·**ban**·qui) [sustantivo] Persona que salta y hace ejercicios de equilibrio para que la gente lo vea. □ [No varía en masculino y femenino. Su plural es «saltimbanquis»]. □ Familia: →saltar.

salto (**sal**·to) [sustantivo masculino] **1** Elevación con fuerza del lugar en el que se está, para caer en el mismo sitio o en otro: *La jugadora de baloncesto dio un salto y encestó*. **2** Hecho de lanzarse desde una altura para caer más abajo: *El hombre realizó un salto en paracaídas a más de 1000 metros*. **3** Paso de una situación o de un lugar a otros, sin pasar por lo que está entre medias: *En la película hay un salto en el tiempo de diez años*. **4** Caída de gran cantidad de agua desde una determinada altura: *Las cataratas son saltos de agua*. **5** Prueba deportiva que consiste en saltar una altura o una longitud: *Hay competiciones de salto de altura, salto de longitud y salto con pértiga*. ◉ **páginas 304-305**. ◆ [expresión] ▌ **a salto de mata** Sin seguir un ritmo regular y saltando de un lugar a otro: *No es una persona constante y hace las cosas a salto de mata*. ▌ **salto de trampolín** Prueba deportiva que consiste en lanzarse a

una piscina desde un trampolín realizando una maniobra en el aire. ◉ **páginas 304-305**. ▌ **salto mortal** El que se hace lanzándose de cabeza y dando una vuelta en el aire. □ Familia: →saltar.

saltón, na (sal·**tón**, **to**·na) [adjetivo] Que sobresale mucho: *Tienes unos ojos muy saltones*. □ Familia: →saltar.

salud (sa·**lud**) [sustantivo femenino] **1** Estado en el que se encuentra un organismo vivo que realiza sus funciones de forma normal: *Mi abuela goza de buena salud*. ▌ [interjección] **2** Se usa para saludar o para desear un bien a alguien: *Al brindar, levantamos las copas y dijimos: «¡Salud!»*. □ Familia: saludable, insalubre.

saludable (sa·lu·**da**·ble) [adjetivo] **1** Que es bueno para conservar la salud: *El aire del campo es más saludable que el de la ciudad*. **2** Que tiene o muestra buena salud: *aspecto saludable*. □ [No varía en masculino y femenino]. □ Sinónimos: **1** bueno, sano. **2** lozano. □ Antónimos: **1** nocivo, perjudicial, dañino, pernicioso, insalubre, insano. **2** demacrado. □ Familia: →salud.

saludar (sa·lu·**dar**) [verbo] Dirigir un saludo a una persona: *Me saludó diciendo: «¡Buenos días!»*. □ Familia: saludo.

saludo (sa·**lu**·do) [sustantivo masculino] Expresión o gesto de cortesía o de respeto. □ Familia: →saludar.

salva (**sal**·va) [sustantivo femenino] Mira en **salvo, va**.

salvación (sal·va·**ción**) [sustantivo femenino] Proceso por el que algo se salva de un daño o de un peligro: *Las últimas lluvias han sido la salvación de la cosecha de este año*. □ Sinónimos: salvamento. □ Familia: →salvar.

salvado (sal·**va**·do) [sustantivo masculino] Cáscara molida del grano de los cereales, que se usa como alimento para los animales. □ Familia: →salvar.

salvador, ra (sal·va·**dor**, **do**·ra) [adjetivo o sustantivo] Que salva de un mal o de un peligro. □ Familia: →salvar.

salvadoreño, ña (sal·va·do·**re**·ño, ña) [adjetivo o sustantivo] De El Salvador, que es un país centroamericano.

salvaguarda (sal·va·**guar**·da) [sustantivo femenino] Defensa o protección de algo: *La Policía se ocupa de la salvaguarda del orden público*. □ Sinónimos: salvaguardia. □ Familia: →guardar.

salvaguardar (sal·va·guar·**dar**) [verbo] Defender o proteger: *salvaguardar el medioambiente*. □ Familia: →salvar. →guardar.

salvaguardia (sal·va·**guar**·dia) [sustantivo femenino] → **salvaguarda**.

salvajada (sal·va·**ja**·da) [sustantivo femenino] Hecho o dicho propio de una persona salvaje y cruel: *Maltratar a los animales es una salvajada*. □ Sinónimos: brutalidad, atrocidad. □ Familia: →salvaje.

salvaje (sal·**va**·je) ▌ [adjetivo] **1** Dicho de un animal, que no vive en relación directa con las personas: *Los tigres son animales salvajes*. **2** Dicho de un terreno, que está sin cultivar: *En estos terrenos salvajes viven muchas especies animales*. **3** Que no se puede controlar o frenar: *Tengo un hambre salvaje*. ▌ [adjetivo o sustantivo] **4** Que no conoce el desarrollo de la civilización: *tribu salvaje*.

salvajismo

5 De poca educación o de poca inteligencia: *No seas salvaje, ¡mira que decir que París es la capital de España...!* **6** Que demuestra crueldad: *Esta barbaridad solo puede haberla hecho una persona salvaje y sin sentimientos.* ☐ [Los significados **3** y **6** son coloquiales]. ☐ ANTÓNIMOS: **1** doméstico. ☐ FAMILIA: salvajada, salvajismo.

salvajismo (sal·va·jis·mo) [sustantivo/masculino] Comportamiento de las personas salvajes y crueles: *Romper los cristales de las tiendas fue una muestra de salvajismo.* ☐ FAMILIA: →salvaje.

salvamanteles (sal·va·man·te·les) [sustantivo/masculino] Objeto sobre el que se colocan recipientes muy calientes para proteger el mantel. ☐ [No varía en singular y plural]. ☐ FAMILIA: →salvar. →mantel.

salvamanteles

salvamento (sal·va·men·to) [sustantivo/masculino] Conjunto de operaciones que se realizan para salvar a una persona que está en peligro: *Un equipo de salvamento rescató a los montañeros que se habían perdido.* ☐ SINÓNIMOS: rescate, salvación. ☐ FAMILIA: →salvar.

salvapantalla (sal·va·pan·ta·lla) [sustantivo/masculino] → **salvapantallas**.

salvapantallas (sal·va·pan·ta·llas) [sustantivo/masculino] Programa de ordenador que crea una imagen en movimiento en la pantalla, para que no se estropee cuando está encendido pero no se usa. ☐ [No varía en singular y plural: «el salvapantallas», «los salvapantallas», aunque se usa también «salvapantalla» para el singular]. ☐ FAMILIA: →salvar. →pantalla.

salvar (sal·var) [verbo] **1** Sacar de un peligro o evitar un daño: *El socorrista me salvó de morir ahogada.* **2** Vencer o evitar algo que resulta difícil: *El caballo salvó los obstáculos sin derribar ninguno.* **3** Dejar algo aparte o no tenerlo en cuenta: *Todos los actores eran muy malos, solo se salva el protagonista.* **4** Atravesar una distancia: *Salvó a nado la distancia que separa las dos islas.* **5** En religión, librar del pecado y dar u obtener la gloria eterna. ☐ SINÓNIMOS: **1** librar. **2** superar. ☐ ANTÓNIMOS: **5** condenarse. ☐ FAMILIA: salvación, salvador, salvamento, salvado, salvo, salve, salvedad, insalvable, salvaguardar, salvamanteles, salvapantallas, salvavidas.

salvavidas (sal·va·vi·das) [sustantivo/masculino] Objeto que permite flotar sobre la superficie del agua. ☐ [No varía en singular y plural]. ☐ FAMILIA: →salvar. →vida.

salve (sal·ve) [sustantivo/femenino] Oración a la Virgen María. ☐ FAMILIA: →salvar.

salvedad (sal·ve·dad) [sustantivo/femenino] Excepción o advertencia: *He fotocopiado todas las hojas, con la salvedad de las que solo tenían fotos.* ☐ FAMILIA: →salvar.

salvo, va (sal·vo, va) ■ [adjetivo] **1** Sin daño o sin peligro: *Los niños salieron del bosque sanos y salvos.* ■ **salva** [sustantivo/femenino] **2** Disparo o grupo de disparos que se hacen como saludo o para avisar de algo: *El presidente fue recibido con una salva de cañones.* ■ **salvo** [conjunción] **3** Sin tener en cuenta algo: *Salvo el final, la película me ha parecido un rollo.* ◆ [expresión] ‖ **a salvo** Seguro o fuera de peligro: *Los bomberos nos pusieron a salvo de las llamas.* ☐ SINÓNIMOS: **1** protegido. **3** excepto. ☐ FAMILIA: →salvar.

salvoconducto (sal·vo·con·duc·to) [sustantivo/masculino] Documento que permite a la persona que lo lleva moverse por algún lugar sin problemas: *Pude salir del país porque llevaba un salvoconducto.* ☐ FAMILIA: →conducir.

samaritano, na (sa·ma·ri·ta·no, na) [adjetivo o sustantivo] **1** De la antigua ciudad asiática de Samaria. **2** Que ayuda a los demás sin esperar nada a cambio: *Ayudaba a los pobres como un buen samaritano.*

samba (sam·ba) [sustantivo/femenino] Baile y música de origen brasileño.

sambenito (sam·be·ni·to) [sustantivo/masculino] Cosa mala que se dice de alguien: *Me han colgado el sambenito de despistada y todos creen que se me van a olvidar las cosas.*

sambernardo (sam·ber·nar·do) [sustantivo] Perro de una raza que se caracteriza por tener cuerpo y cabeza de gran tamaño y pelo blanco con manchas marrones, y que se usa para ayudar a los montañeros y a los esquiadores. ☐ [Su plural es «sambernardos»].

samurái (sa·mu·rái) [sustantivo/masculino] Antiguo guerrero japonés. ☐ [Es una palabra de origen japonés. Su plural es «samuráis». Se escribe también «samuray»].

samuray (sa·mu·ray) [sustantivo/masculino] → **samurái**. ☐ [Es una palabra de origen japonés. Su plural es «samuráis»].

san [adjetivo] Santo: *San Cristóbal es el patrón de los conductores.* ☐ [Va siempre delante de un nombre propio de hombre, menos con «Domingo», «Tomás», «Tomé» y «Toribio»: «san Carlos», «santo Tomás»]. ☐ FAMILIA: →santo.

sanar (sa·nar) [verbo] Volver a tener salud: *Los médicos hacen todo lo posible para sanar a los enfermos.* ☐ SINÓNIMOS: curarse. ☐ ANTÓNIMOS: enfermar. ☐ FAMILIA: →sano.

sanatorio (sa·na·to·rio) [sustantivo/masculino] Establecimiento en el que están los enfermos que necesitan recibir un tratamiento. ☐ FAMILIA: →sano.

sanción (san·ción) [sustantivo/femenino] Pena o castigo que se pone a quien no cumple una ley o una regla: *La policía de tráfico le puso una sanción por aparcar mal.* ☐ FAMILIA: sancionar.

sancionar (san·cio·nar) [verbo] **1** Poner una pena o un castigo: *El árbitro sancionó a un jugador por haber cometido una falta.* **2** Aprobar algo o darle validez: *sancionar una ley.* ☐ ANTÓNIMOS: **1** premiar. ☐ FAMILIA: →sanción.

sandalia (san·da·lia) [sustantivo femenino] Zapato que se sujeta al pie con una especie de cintas.

sándalo (sán·da·lo) [sustantivo masculino] Árbol parecido al nogal, cuya madera da muy buen olor: *El sándalo crece en las costas de la India y en Oceanía.*

sandez (san·dez) [sustantivo femenino] **1** Falta de juicio o de capacidad para comprender: *Tu sandez te convierte en una víctima fácil de los timadores.* **2** Hecho o dicho propio de una persona que no actúa con inteligencia: *No digas más sandeces.* ☐ [Su plural es «sandeces»]. ☐ SINÓNIMOS: **1** simpleza.

sandía (san·dí·a) [sustantivo femenino] Planta cuyo fruto es redondo, de color verde por fuera y rojo por dentro y tiene pepitas negras incrustadas. 👁 página 453.

sándwich (sánd·wich) [sustantivo masculino] Alimento preparado con dos trozos cuadrados de pan con algo de relleno entre ellos. ☐ [Es una palabra de origen inglés. Se pronuncia «sánguich». Su plural es «sándwiches»]. ☐ SINÓNIMOS: emparedado. ☐ FAMILIA: sandwichera.

sandwichera (sand·wi·che·ra) [sustantivo femenino] Electrodoméstico que sirve para hacer sándwiches. ☐ [Se pronuncia «sangüichéra»]. ☐ FAMILIA: →sándwich.

saneamiento (sa·ne·a·mien·to) [sustantivo masculino] **1** Hecho de limpiar o de dar las condiciones higiénicas adecuadas. **2** Hecho de reparar o mejorar: *Estas medidas persiguen el saneamiento de la economía.* **3** Conjunto de instalaciones y de piezas que permiten usar el agua corriente en el cuarto de baño: *He comprado una bañera en una tienda de saneamientos.* ☐ FAMILIA: →sano.

sanear (sa·ne·ar) [verbo] **1** Limpiar o dar las condiciones higiénicas adecuadas: *sanear los sótanos; sanear una herida.* **2** Reparar o mejorar: *Para sanear la economía hay que fomentar el ahorro.* ☐ SINÓNIMOS: arreglar. ☐ ANTÓNIMOS: **2** estropear. ☐ FAMILIA: →sano.

sangrado (san·gra·do) [sustantivo masculino] Margen izquierdo mayor que se deja en una línea para que destaque: *Tras el punto y aparte utilizaremos un sangrado de dos espacios.* ☐ FAMILIA: →sangre.

sangrante (san·gran·te) [adjetivo] **1** Que sangra: *una herida sangrante.* **2** Que es muy grave, muy injusto o produce daño: *Es sangrante que hables así de tu familia.* ☐ [No varía en masculino y femenino]. ☐ FAMILIA: →sangre.

sangrar (san·grar) [verbo] Echar sangre: *Apriétate la herida con el algodón para que no sangre.* ☐ FAMILIA: →sangre.

sangre (san·gre) [sustantivo femenino] **1** Líquido de color rojo que circula por los vasos sanguíneos de las personas y los animales. **2** Familia o grupo social en el que se ha nacido: *Antes, los reyes solo podían casarse con personas de sangre real.* ◆ [expresión] ‖ **sangre azul** Origen noble: *Los príncipes son de sangre azul.* ‖ **sangre fría** Capacidad para mantenerse tranquilo y no perder los nervios: *No es nada nervioso y tiene mucha sangre fría.* ☐ FAMILIA: sangrar, sangriento, sangrante, sangrado, sanguinario, sanguíneo, sanguinolento, consanguíneo, consanguinidad, ensangrentar, desangrarse, sanguijuela, sangría.

sangría (san·grí·a) [sustantivo femenino] Bebida hecha con vino y trozos de frutas. ☐ FAMILIA: →sangre.

sangriento, ta (san·grien·to, ta) [adjetivo] Con sangre: *crimen sangriento.* ☐ SINÓNIMOS: cruento. ☐ FAMILIA: →sangre.

sanguijuela (san·gui·jue·la) [sustantivo femenino] **1** Gusano que se alimenta de sangre. **2** Persona que se aprovecha de otra: *Esa sanguijuela ha vivido siempre a costa de su hermana.* ☐ [El significado **2** es despectivo]. ☐ FAMILIA: →sangre.

sanguinario, ria (san·gui·na·rio, ria) [adjetivo] Que disfruta haciendo sufrir a los demás o que no se compadece de su dolor: *un asesino sanguinario.* ☐ SINÓNIMOS: cruel. ☐ ANTÓNIMOS: compasivo. ☐ FAMILIA: →sangre.

sanguíneo, a (san·guí·ne·o, a) [adjetivo] De la sangre o relacionado con ella: *circulación sanguínea; vasos sanguíneos.* ☐ FAMILIA: →sangre.

sanguinolento, ta (san·gui·no·len·to, ta) [adjetivo] Que tiene sangre o que está manchado de sangre. ☐ FAMILIA: →sangre.

sanidad (sa·ni·dad) [sustantivo femenino] Conjunto de servicios y de personas que se dedican a mantener y a cuidar la salud pública: *El Gobierno está mejorando la sanidad.* ☐ FAMILIA: →sano.

sanitario, ria (sa·ni·ta·rio, ria) [adjetivo] **1** De la salud pública o relacionado con ella: *personal sanitario.* ■ [adjetivo o sustantivo masculino] **2** Dicho de un aparato, que está en el cuarto de baño y sirve para la limpieza personal: *Los sanitarios de mi cuarto de baño son grises.* ☐ FAMILIA: →sano.

sanjacobo (san·ja·co·bo) [sustantivo masculino] Comida hecha con dos filetes finos, generalmente de lomo o de jamón, entre los que se coloca una loncha de queso, que se rebozan en huevo y pan rallado y se fríen.

sano, na (sa·no, na) [adjetivo] **1** Con buena salud: *Mis hijos crecen sanos y fuertes.* **2** Que es bueno para conservar la salud: *Hacer ejercicio es muy sano.* **3** En buen estado o sin daño: *Se me cayeron los vasos y no quedó ni uno sano.* **4** Sin mala idea o sin malas costumbres: *Mis amigos son personas alegres y sanas.* ◆ [expresión] ‖ **cortar por lo sano** Solucionar algo con energía o de raíz: *Cuando supo que su amiga la engañaba, cortó por lo sano y no la ha vuelto a ver.* ☐ [La expresión es coloquial]. ☐ SINÓNIMOS: **1** bueno. **2** saludable. ☐ ANTÓNIMOS: **1** enfermo. **2** insano, insalubre. ☐ FAMILIA: sanar, sanatorio, sanidad, sanitario, matasanos, insano, malsano, sanear, saneamiento, subsanar.

sanseacabó (san·se·a·ca·bó) [interjección] Se usa para dar por terminado un asunto: *Te he dicho que no iré, y sanseacabó.* ☐ [Es coloquial]. ☐ FAMILIA: →acabar.

santacrucero, ra (san·ta·cru·ce·ro, ra) [adjetivo o sustantivo] De la provincia española de Santa Cruz de Tenerife o de su capital.

santanderino, na (san·tan·de·ri·no, na) [adjetivo o sustantivo] De la ciudad española de Santander.

santateresa (san·ta·te·re·sa) [sustantivo femenino] Insecto de cuerpo verdoso cuya hembra suele devorar al macho después de la cópula. ☐ SINÓNIMOS: mantis.

santiamén (san·tia·mén) ◆ [expresión] ‖ **en un santiamén** Enseguida: *Espérame, que acabo en un santiamén.* ☐ FAMILIA: →amén.

santidad (san·ti·dad) [sustantivo femenino] **1** Cualidad o estado de santo: *Llevó una vida de santidad.* **2** Tratamiento que se da al papa: *Su santidad ha bendecido a los fieles que estaban en la plaza.* ☐ [El significado **2** se usa más en las expresiones «su santidad» o «vuestra santidad»]. ☐ FAMILIA: →santo.

santificar (san·ti·fi·car) [verbo] **1** Hacer santo. **2** Dedicar a Dios: *santificar las fiestas.* **3** Respetar las cosas santas y darles culto: *santificar el nombre de Dios.* ☐ [La «c» se cambia en «qu» delante de «e» («santifique»)]. ☐ FAMILIA: →santo.

santiguarse (san·ti·guar·se) [verbo] Hacerse uno mismo la señal de la cruz tocando primero la frente y el pecho, y después el hombro izquierdo y el hombro derecho. ☐ [Es irregular y se conjuga como AVERIGUAR]. ☐ FAMILIA: →santo.

santo, ta (san·to, ta) ■ [adjetivo] **1** Que sigue la ley divina. ■ [adjetivo o sustantivo] **2** Dicho de una persona, que ha sido declarada por la Iglesia católica como modelo de vida cristiana: *En las iglesias, cada capilla está dedicada a un santo.* **3** Dicho de una persona, que tiene mucha paciencia o que sirve de ejemplo: *Eres una santa por aguantar todas las bromas que te gastamos.* ■ **santo** [sustantivo masculino] **4** Día en el que una persona celebra el nombre que tiene: *¿Me regalarás algo por mi santo?* ◆ [expresión] ‖ **a santo de qué** Con qué motivo o con qué razón: *¿A santo de qué vas diciendo por ahí que estoy enferma, si no es verdad?* ‖ **írsele a alguien el santo al cielo** Olvidarse por completo de algo: *Se me fue el santo al cielo y no me acordé de llamarte.* ‖ **llegar y besar el santo** Conseguir a la primera lo que se quiere: *Fue llegar y besar el santo porque nada más pedírselo me dijo que sí.* ‖ **santo y seña** Conjunto de palabras que sirven como contraseña: *Para que te deje pasar, tienes que decir el «santo y seña».* ☐ [Cuando va delante de un nombre propio de hombre, menos con «Domingo, Tomás», «Tomé» o «Toribio», se cambia por «san»: «san Martín», «santo Domingo». Se usa para dar más fuerza a lo que se dice: «En esta santa casa nunca deja de sonar el teléfono». Las expresiones «a santo de qué», «írsele a alguien el santo al cielo» y «llegar y besar el santo» son coloquiales]. ☐ FAMILIA: san, santoral, santidad, santiguarse, santificar, santuario, santurrón, camposanto.

santoral (san·to·ral) [sustantivo masculino] Lista de los santos cuya fiesta se celebra en cada uno de los días del año. ☐ FAMILIA: →santo.

santuario (san·tua·rio) [sustantivo masculino] Lugar en el que se dan muestras de amor y de respeto a un ser sagrado. ☐ FAMILIA: →santo.

santurrón, na (san·tu·rrón, rro·na) [adjetivo o sustantivo] Dicho de una persona, que da muestras de ser religiosa de forma exagerada o falsa. ☐ [Es coloquial y despectivo]. ☐ FAMILIA: →santo.

saña (sa·ña) [sustantivo femenino] **1** Intención cruel o malintencionada: *Siempre me criticas con saña.* **2** Rabia o furia: *Golpeó la mesa con saña.* ☐ FAMILIA: ensañarse.

sapo (sa·po) [sustantivo masculino] Animal que vive cerca del agua y que tiene las patas de atrás tan largas que le permiten dar grandes saltos: *Los sapos se diferencian de las ranas en que tienen la piel más arrugada.* 👁 **página 818.**

saque (sa·que) [sustantivo masculino] **1** En deporte, hecho de lanzar una pelota para empezar el juego o para continuarlo: *Este tenista tiene un saque muy potente.* **2** Capacidad para comer o beber mucho: *En casa todos tenemos buen saque y nos comemos todo lo que nos ponen.* ☐ [El significado **2** es coloquial]. ☐ SINÓNIMOS: **1** servicio. ☐ FAMILIA: →sacar.

saquear (sa·que·ar) [verbo] Robar o coger todo lo que hay en un lugar: *Los soldados saquearon la ciudad.* ☐ FAMILIA: saqueo.

saqueo (sa·que·o) [sustantivo masculino] Hecho de robar o coger todo lo que hay en un lugar. ☐ FAMILIA: →saquear.

sarampión (sa·ram·pión) [sustantivo masculino] Enfermedad contagiosa cuya principal característica son las marcas rojas que aparecen en la piel.

sarao (sa·ra·o) [sustantivo masculino] **1** Fiesta con música y baile que se hace por la noche. **2** Situación en la que hay mucho ruido y gran movimiento de personas. ☐ [El significado **2** es coloquial]. ☐ SINÓNIMOS: **2** jaleo, lío.

sarcasmo (sar·cas·mo) [sustantivo masculino] Dicho que busca reírse de algo o criticarlo con mala intención. ☐ FAMILIA: sarcástico.

sarcástico, ca (sar·cás·ti·co, ca) [adjetivo] Que critica con mala intención: *No tienes amigos porque eres muy sarcástico.* ☐ SINÓNIMOS: mordaz. ☐ FAMILIA: →sarcasmo.

sarcófago (sar·có·fa·go) [sustantivo masculino] Especie de caja en la que se entierra un cadáver.

sardana (sar·da·na) [sustantivo femenino] Baile popular de origen catalán que se baila en corro, y música que lo acompaña.

sardina (sar·di·na) [sustantivo femenino] Pez marino de pequeño tamaño y de color azul y gris. 👁 **página 723.**

sargento, ta (sar·gen·to, ta) [sustantivo] **1** Persona que manda mucho: *Eres un sargento y te pasas el día mandando.* ■ **sargento 2** Una de las categorías militares, por encima de la de cabo. ☐ [El significado **1** es coloquial. En el significado **2** no varía en masculino y femenino].

sari (sa·ri) [sustantivo masculino] Prenda de vestir femenina formada por una pieza de tela que se enrolla al cuerpo: *El sari es el vestido típico de las mujeres de la India.*

sarmiento (sar·mien·to) [sustantivo masculino] Rama de la vid, larga y delgada, y con nudos de los que salen las hojas y los racimos.

sarna (sar·na) [sustantivo femenino] Enfermedad de la piel que produce una especie de heridas que pican mucho: *La sarna la produce un parásito.* ☐ FAMILIA: sarnoso.

sarnoso, sa (sar·no·so, sa) [adjetivo o sustantivo] Que tiene sarna. ☐ FAMILIA: →sarna.

sarpullido (sar·pu·lli·do) [sustantivo masculino] Conjunto de granitos o ronchas que salen en la piel.

sarraceno, na (sa·rra·ce·no, na) [adjetivo o sustantivo] Dicho de una persona, que tiene la religión que fue predicada por Mahoma.

sarro (sa·rro) [sustantivo masculino] Sustancia amarillenta que se forma sobre los dientes.

sarta (sar·ta) [sustantivo femenino] **1** Conjunto de hechos que se suceden unos a otros y que están relacionados entre sí: *Siempre que llegas tarde cuentas una sarta de mentiras.* **2** Conjunto de cosas metidas en un hilo o en una cuerda: *una sarta de perlas.* ☐ SINÓNIMOS: cadena, serie, sucesión, ristra. ☐ FAMILIA: ensartar.

sartén (sar·tén) [sustantivo femenino] Recipiente de cocina, de forma circular, que es poco hondo y que tiene un mango largo. 👁 ilustración en *menaje.*

sastre, tra (sas·tre, tra) [sustantivo] Persona que trabaja haciendo trajes. ☐ FAMILIA: sastrería.

sastrería (sas·tre·rí·a) [sustantivo femenino] Lugar en el que se hacen, se arreglan o se venden trajes. ☐ FAMILIA: →sastre.

satánico, ca (sa·tá·ni·co, ca) [adjetivo] Del diablo o relacionado con él. ☐ SINÓNIMOS: diabólico.

satélite (sa·té·li·te) [sustantivo masculino] Cuerpo que da vueltas alrededor de un planeta: *La Luna es el satélite de la Tierra.* ◆ [expresión] ‖ **satélite artificial** Aparato que se ha lanzado al espacio para que dé vueltas alrededor de la Tierra: *Los satélites artificiales sirven para mejorar las comunicaciones.* ☐ SINÓNIMOS: luna.

satén (sa·tén) [sustantivo masculino] Tela brillante y suave de seda o de algodón: *El satén se utiliza para hacer forros.* ☐ FAMILIA: satinado.

satinado, da (sa·ti·na·do, da) [adjetivo] Dicho de un papel o de una tela, que brilla. ☐ FAMILIA: →satén.

sátira (sá·ti·ra) [sustantivo femenino] Hecho o dicho que busca criticar algo o dejarlo en ridículo: *Su película es una sátira contra la clase política.* ☐ ANTÓNIMOS: apología. ☐ FAMILIA: satírico.

satírico, ca (sa·tí·ri·co, ca) ▌ [adjetivo] **1** De la sátira o relacionado con ella: *comentarios satíricos.* ▌ [adjetivo o sustantivo] **2** Dicho de una persona, que hace sátiras: *Eres una persona muy satírica y a veces un poco cruel.* ☐ FAMILIA: →sátira.

sátiro (sá·ti·ro) [sustantivo masculino] Personaje de la mitología griega que vivía en el bosque y que era mitad hombre y mitad macho cabrío.

satisfacción (sa·tis·fac·ción) [sustantivo femenino] **1** Placer que se siente por algo: *Sentí mucha satisfacción cuando me dieron el premio.* **2** Razón que sirve para arreglar un daño que hemos producido: *Me debes una satisfacción por los insultos que me dijiste ayer.* ☐ ANTÓNIMOS: **1** sinsabor, disgusto. ☐ FAMILIA: →satisfacer.

satisfacer (sa·tis·fa·cer) [verbo] **1** Conseguir un deseo o realizarlo: *Este premio satisface todos mis sueños.* **2** Gustar o agradar: *Me satisface ver que estás contento.* **3** Cubrir una necesidad: *Esta casa tan grande satisface las necesidades de nuestra familia.* **4** Pagar por completo lo que se debe: *En cuanto me paguen, satisfaré todas las deudas que tengo contigo.* ☐ [Es irregular y se conjuga como HACER. Su participio es «satisfecho»]. ☐ SINÓNIMOS: **4** pagar, abonar. ☐ ANTÓNIMOS: **1**, **2** defraudar. **4** deber, adeudar. ☐ FAMILIA: satisfacción, satisfactorio, satisfecho, insatisfecho.

satisfactorio, ria (sa·tis·fac·to·rio, ria) [adjetivo] Que satisface porque se considera bueno o favorable: *Los resultados de tus exámenes son satisfactorios.* ☐ FAMILIA: →satisfacer.

satisfecho, cha (sa·tis·fe·cho, cha) ▌ **1** Participio irregular de **satisfacer**. ▌ [adjetivo] **2** Contento y alegre: *Estoy muy satisfecha por lo bien que os habéis portado hoy.* ☐ ANTÓNIMOS: **2** triste, insatisfecho. ☐ FAMILIA: →satisfacer.

saturar (sa·tu·rar) [verbo] Llenar u ocupar por completo: *Si todos llamamos a la vez saturamos la línea telefónica.*

sauce (sau·ce) [sustantivo masculino] Árbol de tronco grueso y derecho, que tiene muchas ramas y que suele crecer en las orillas de los ríos. ◆ [expresión] ‖ **sauce llorón** Árbol que tiene las ramas muy largas y que cuelgan mucho.

saudade (sau·da·de) [sustantivo femenino] Sensación de pena o sentimiento de soledad. ☐ [Es una palabra de origen portugués].

saudí (sau·dí) [adjetivo o sustantivo] De Arabia Saudí, que es un país asiático. ☐ [No varía en masculino y femenino. Su plural es «saudís» o «saudíes» (más culto)]. ☐ SINÓNIMOS: saudita.

saudita (sau·di·ta) [adjetivo o sustantivo] → **saudí**. ☐ [No varía en masculino y femenino].

sauna (sau·na) [sustantivo femenino] Baño de vapor a temperaturas muy altas.

saurio (sau·rio) [adjetivo o sustantivo masculino] Dicho de un animal, que tiene cuatro patas cortas, la cola larga y la piel cubierta de escamas: *Muchos reptiles, como el cocodrilo y la lagartija, son saurios.* ☐ FAMILIA: dinosaurio, apatosaurio, brontosaurio, tiranosaurio.

savia (sa·via) [sustantivo femenino] **1** Sustancia líquida que circula por el interior de las plantas. **2** Persona o cosa que da fuerza: *Estos jugadores jóvenes son la savia que necesitaba el equipo.* ☐ [No confundir con «sabia», que es el femenino de «sabio»].

saxo (sa·xo) [sustantivo masculino] Saxofón: *El saxo es un instrumento muy usado por los músicos de jazz.* ☐ Familia: →saxofón.

saxofón (sa·xo·fón) [sustantivo masculino] Instrumento musical de viento que está compuesto por un tubo de metal con forma de «J». 👁 páginas 534-535. ☐ [Se usa mucho la forma abreviada «saxo»]. ☐ Familia: saxo.

sayo (sa·yo) [sustantivo masculino] Prenda de vestir amplia, larga y sin botones, que cubre el cuerpo desde el cuello hasta la rodilla.

sazón (sa·zón) [sustantivo masculino] Estado de madurez o perfección de las cosas: *Me gusta la fruta cuando está en sazón.* ◆ [expresión] ‖ **a la sazón** En aquel momento: *Entonces se abrió la puerta y apareció don Mariano, a la sazón, director del colegio.*

sazonar (sa·zo·nar) [verbo] Dar gusto y sabor a una comida poniéndole sal y otros productos. ☐ Sinónimos: aderezar, condimentar.

scout [adjetivo o sustantivo] Que pertenece a un grupo juvenil que se dedica a hacer actividades al aire libre: *Me voy de acampada con un grupo scout.* ☐ [Es una palabra inglesa. Se pronuncia «eskáut». No varía en masculino y femenino. Se usan también las expresiones *boy scout* y *girl scout*].

se [pronombre personal] **1** Representa la tercera persona y se usa como complemento directo o indirecto en casos reflexivos y recíprocos: *Ella se peina todas las mañanas. Se dieron un beso.* **2** Se usa como complemento indirecto delante de *lo, la, los, las*: *Traje unos libros y se los di a tus primos.* **3** Se usa para indicar que una acción no es llevada a cabo por nadie en especial: *La casa se construyó hace mucho tiempo. Se te echa de menos.* ☐ [No varía en masculino y femenino, ni en singular y plural. No confundir con «sé», del verbo «saber». Se usa en distintas formas de algunos verbos: «se fugó», «se burlaron», «acordarse»].

sebáceo, a (se·bá·ce·o, a) [adjetivo] Del sebo o con sus características: *glándula sebácea.* ☐ Familia: →sebo.

sebo (se·bo) [sustantivo masculino] Grasa de algunos animales: *El sebo derretido se utiliza para fabricar velas y jabón.* ☐ Sinónimos: manteca, unto. ☐ Familia: seboso, sebáceo, seborrea.

seborrea (se·bo·rre·a) [sustantivo femenino] Exceso de grasa en la piel. ☐ Familia: →sebo.

seboso, sa (se·bo·so, sa) [adjetivo] Que tiene mucha grasa: *sustancia sebosa.* ☐ Familia: →sebo.

secador (se·ca·dor) [sustantivo masculino] Aparato que sirve para secar el pelo. ☐ Familia: →seco.

secadora (se·ca·do·ra) [sustantivo femenino] Electrodoméstico que sirve para secar la ropa. ☐ Familia: →seco.

secano (se·ca·no) [sustantivo masculino] Tierra de cultivo que solo recibe agua cuando llueve: *El trigo y la cebada son cultivos de secano y no hay que regarlos.* ☐ Antónimos: regadío. ☐ Familia: →seco.

secante (se·can·te) ■ [adjetivo] **1** Que seca o sirve para secar: *papel secante.* ■ [adjetivo o sustantivo femenino] **2** Dicho de una línea o de una superficie, que cortan a otras líneas o superficies. ■ [sustantivo masculino] **3** Sustancia que se añade a la pintura para que esta se seque pronto. ☐ [Cuando es adjetivo, no varía en masculino y femenino]. ☐ Familia: →seco.

secar (se·car) [verbo] **1** Dejar algo sin agua o sin líquido: *Voy a tender la ropa al sol para que se seque antes.* **2** Ponerse dura una sustancia: *No te sientes en esa silla, porque todavía no se ha secado la pintura.* ☐ [La «c» se cambia en «qu» delante de «e» («seque»)]. ☐ Antónimos: **1** humedecer, mojar. ☐ Familia: →seco.

sección (sec·ción) [sustantivo femenino] Cada una de las divisiones de algo que tienen una función o una tarea determinadas: *La sección de ropa de caballero está en otra planta.* ☐ Sinónimos: departamento. ☐ Familia: seccionar, sector.

seccionar (sec·cio·nar) [verbo] Cortar o dividir en secciones. ☐ Familia: →sección.

secesión (se·ce·sión) [sustantivo femenino] Hecho de separar parte del pueblo y del territorio de una nación para unirlo a otro país o para que sea independiente.

seco, ca (se·co, ca) [adjetivo] **1** Que no tiene agua u otro líquido: *La ropa del tendedero ya está seca.* **2** Con pocas lluvias: *clima seco.* **3** Dicho de una planta, que está muerta: *En otoño, el suelo está cubierto de hojas secas.* **4** Con menos grasa de lo normal: *cabellos secos.* **5** Dicho de un golpe, que se produce con fuerza y de forma rápida: *El profesor dio un golpe seco en la mesa para que nos calláramos.* **6** Que resulta poco agradable o poco simpático: *Eres tan seco que no se puede hablar contigo de nada.* **7** Dicho de un fruto o de una fruta, que no tiene mucha agua. **8** Muerto en el acto: *El vaquero dejó seco al ladrón de caballos de un solo disparo.* **9** Con mucha sed: *Después de la caminata, llegué a casa seca.* ◆ [expresión] ‖ **a secas** Sin añadir nada: *Se comió el filete a secas y no quiso ensalada.* ‖ **en seco** De forma repentina: *El conductor dio un frenazo en seco.* ☐ [Los significados **8** y **9** son coloquiales]. ☐ Antónimos: **1** jugoso. **1, 2** húmedo. **3** verde. **4** graso. ☐ Familia: secar, secadora, secador, secano, secante, sequía, sequedad, resecar, reseco.

secoya (se·co·ya) [sustantivo femenino] Árbol muy grande y de larga vida. ☐ Sinónimos: secuoya.

secreción (se·cre·ción) [sustantivo femenino] **1** Producción y expulsión de una sustancia por un órgano: *La secreción excesiva de la glándula tiroides produce trastornos.* **2** Sustancia que produce y expulsa un órgano: *La saliva es la secreción de las glándulas salivales.*

secretaría (se·cre·ta·rí·a) [sustantivo femenino] Lugar en el que trabaja un secretario: *He ido a secretaría para entregar la matrícula.* ☐ Sinónimos: secretariado. ☐ Familia: →secretario.

secretariado (se·cre·ta·ria·do) [sustantivo masculino] **1** Conjunto de estudios que hace una persona para ser secretario. **2** Lugar en el que trabaja un secretario: *Quizá te informen de esto en el secretariado.* ☐ Sinónimos: **2** secretaría. ☐ Familia: →secretario.

secretario, ria (se·cre·ta·rio, ria) [sustantivo] Persona que trabaja al servicio de otra ayudándola en tareas de organización: *El secretario se ocupaba de recibir las llamadas telefónicas del jefe.* ☐ Familia: secretaría, secretariado, secreter.

secreter (se·cre·ter) [sustantivo masculino] Mueble con un tablero para escribir y con cajones para guardar papeles. ☐ [Su plural es «secreteres»]. ☐ Familia: →secretario.

secreto, ta (se·cre·to, ta) ▪ [adjetivo] **1** Que no es sabido ni conocido por casi nadie: *Los dueños del castillo huyeron por un pasadizo secreto.* ▪ **secreto** [sustantivo masculino] **2** Información que alguien no quiere que sepan los demás: *Te voy a contar un secreto, pero no se lo digas a nadie.*

secta (sec·ta) [sustantivo femenino] Grupo pequeño que se separa de una doctrina, especialmente cuando los demás lo consideran equivocado.

sector (sec·tor) [sustantivo masculino] Parte de un todo que tiene un conjunto de características que lo diferencian del resto: *Vivo en el sector norte de la ciudad.* ☐ Familia: →sección.

secuaz (se·cuaz) [sustantivo] Persona que sigue las ideas de otra o que está a sus órdenes. ☐ [No varía en masculino y femenino. Su plural es «secuaces». Es despectivo].

secuela (se·cue·la) [sustantivo femenino] Consecuencia, especialmente si es mala, que queda de algo: *Estas manchas de la cara son secuela de una enfermedad que tuve.*

secuencia (se·cuen·cia) [sustantivo femenino] **1** En cine, vídeo o televisión, serie de escenas que forman una unidad: *En la secuencia del salvamento en el mar, los actores son sustituidos por especialistas.* **2** Serie de cosas ordenadas o que tienen relación entre sí. ☐ Familia: secuenciar.

secuenciar (se·cuen·ciar) [verbo] Establecer una serie de cosas relacionadas entre sí: *Secuenciaron las fotos por orden cronológico.* ☐ Familia: →secuencia.

secuestrador, ra (se·cues·tra·dor, do·ra) [sustantivo] Persona que realiza un secuestro. ☐ Familia: →secuestrar.

secuestrar (se·cues·trar) [verbo] Llevarse a una persona a la fuerza y no dejarla ir hasta que alguien pague una cantidad de dinero por ella: *Secuestraron al empresario y han pedido un millón de euros como rescate.* ☐ Familia: secuestro, secuestrador.

secuestro (se·cues·tro) [sustantivo masculino] Hecho de llevarse a una persona a la fuerza y de retenerla en contra de su voluntad para pedir que se pague una cantidad de dinero por ella. ☐ Familia: →secuestrar.

secular (se·cu·lar) [adjetivo] **1** Que no es sacerdote ni pertenece a una orden religiosa. **2** Que dura un siglo o desde hace siglos: *tradiciones seculares.* ☐ [No varía en masculino y femenino]. ☐ Sinónimos: **1** seglar, laico.

secundar (se·cun·dar) [verbo] Apoyar, seguir o ayudar a una persona o a sus propósitos: *Nadie secundó mis planes.* ☐ Antónimos: oponerse, objetar. ☐ Familia: →segundo.

secundario, ria (se·cun·da·rio, ria) [adjetivo] **1** Que no es lo principal ni lo más importante y depende de otra cosa: *Ese medicamento tiene algunos efectos secundarios.* **2** De la era de la historia de la Tierra que va después de la era primaria. ☐ Antónimos: **1** principal, fundamental, trascendental, esencial, capital, básico, primario, primordial. ☐ Familia: →segundo.

secuoya (se·cuo·ya) [sustantivo femenino] Árbol muy grande y de larga vida. ☐ Sinónimos: secoya.

sed [sustantivo femenino] **1** Ganas de beber. **2** Deseo muy grande de conseguir algo: *La sed de triunfo de este deportista lo lleva a ser siempre el mejor.* ☐ Familia: sediento.

seda (se·da) [sustantivo femenino] **1** Hilo fino, flexible y brillante, producido por un tipo de gusano. **2** Tela hecha con este hilo: *Las corbatas de seda son muy suaves.* ☐ Familia: sedoso, sedería, sedal.

sedal (se·dal) [sustantivo masculino] Hilo de la caña de pescar. ☐ Familia: →seda.

sedante (se·dan·te) [adjetivo o sustantivo masculino] Dicho de una sustancia, que calma el dolor y produce sueño. ☐ [Cuando es adjetivo, no varía en masculino y femenino]. ☐ Sinónimos: somnífero. ☐ Familia: →sedar.

sedar (se·dar) [verbo] Tranquilizar o calmar, especialmente si se hace con medicinas. ☐ Familia: sedante.

sede (se·de) [sustantivo femenino] **1** Lugar en el que está situada una empresa, una organización u otra cosa: *Hemos visitado la sede de un periódico.* **2** Conjunto de territorios o parroquias bajo las órdenes de un obispo: *A El Vaticano se le llama también la Santa Sede.* ☐ Sinónimos: **2** diócesis. ☐ Familia: sedentario.

sedentario, ria (se·den·ta·rio, ria) [adjetivo] **1** Que vive siempre en el mismo lugar: *Hay tribus nómadas y sedentarias.* **2** Que tiene poca actividad o poco movimiento: *trabajo sedentario; vida sedentaria.* ☐ Antónimos: **1** nómada. **2** activo. ☐ Familia: →sede.

sedería (se·de·rí·a) [sustantivo femenino] **1** Tienda en la que se venden tejidos de seda. **2** Actividad relacionada con la seda: *En este pueblo, mucha gente se enriqueció con la sedería.* **3** Conjunto de productos de seda: *La sedería oriental inunda todos los mercados occidentales.* ☐ Familia: →seda.

sediento, ta (se·dien·to, ta) [adjetivo] Que tiene sed. ☐ Familia: →sed.

sedimentación (se·di·men·ta·ción) [sustantivo femenino] Hecho de quedarse en el fondo los pequeños trozos de materia que flotan en un líquido: *Esos arenales se han formado por sedimentación.* ☐ Familia: →sedimento.

sedimentarse (se·di·men·tar·se) [verbo] Quedarse en el fondo los pequeños trozos de materia que flotan en un líquido: *La arena se sedimenta en el agua porque es más pesada.* ☐ Familia: →sedimento.

sedimento (se·di·men·to) [sustantivo masculino] Pequeños trozos de materia que han estado flotando en un líquido y que se quedan en el fondo: *sedimentos marinos.* ☐ Familia: sedimentarse, sedimentación.

sedoso, sa (se·do·so, sa) [adjetivo] Que tiene las características de la seda: *Tienes el pelo suave y sedoso.* ☐ Antónimos: áspero, rasposo. ☐ Familia: →seda.

seducción (se·duc·ción) [sustantivo femenino] Interés o atracción que algo nos produce y que hace que sintamos admiración o deseo hacia ello: *El poder de seducción de tu voz te permitirá entrar en el mundo de la radio.* ☐ Sinónimos: atracción. ☐ Familia: →seducir.

seducir (se·du·cir) [verbo] **1** Resultar algo muy atractivo o muy bonito: *Me seduce la idea de salir al campo.* **2** Convencer a una persona con habilidad, con promesas o con engaños: *Un buen vendedor sabe seducir a los clientes.* ☐ [Es irregular y se conjuga como CONDUCIR]. ☐ Sinónimos: **1** atraer. ☐ Familia: seducción, seductor.

seductor, ra (se·duc·tor, to·ra) [adjetivo o sustantivo] Que seduce: *mirada seductora.* ☐ Sinónimos: atractivo. ☐ Familia: →seducir.

sefardí (se·far·dí) ■ [adjetivo o sustantivo] **1** Dicho de un judío, que procede de España o que tiene las costumbres religiosas de los judíos españoles. ■ [sustantivo masculino] **2** Variedad del español que hablan estos judíos. ☐ [Su plural es «sefardís» o «sefardíes» (más culto). En el significado **1** no varía en masculino y femenino]. ☐ Sinónimos: **1** sefardita.

sefardita (se·far·di·ta) [adjetivo o sustantivo] Dicho de un judío, que procede de España, o que tiene las costumbres religiosas de los judíos españoles. ☐ [No varía en masculino y femenino]. ☐ Sinónimos: sefardí.

segador, ra (se·ga·dor, do·ra) ■ [sustantivo] **1** Persona que trabaja en los campos cortando la hierba u otras plantas parecidas al trigo. ■ **segadora** [sustantivo femenino] **2** Máquina que sirve para cortar la hierba y otras plantas. ☐ Familia: →segar.

segadora (se·ga·do·ra) [sustantivo femenino] Mira en **segador, ra**.

segar (se·gar) [verbo] Cortar la hierba u otras plantas. ☐ [Es irregular y se conjuga como ACERTAR. La «g» se cambia en «gu» delante de «e» («siegue»)]. ☐ Familia: segadora, segador, siega.

seglar (se·glar) [adjetivo o sustantivo] Que no es sacerdote ni pertenece a una orden religiosa. ☐ [No varía en masculino y femenino]. ☐ Sinónimos: secular, laico.

segmentar (seg·men·tar) [verbo] Cortar o dividir algo en trozos: *segmentar una recta.* ☐ Sinónimos: trocear, fragmentar. ☐ Antónimos: unir. ☐ Familia: →segmento.

segmento (seg·men·to) [sustantivo masculino] **1** En matemáticas, parte de una línea recta que está entre dos puntos. **2** Parte que se divide o se separa de un todo: *Un segmento del público protestó contra la decisión del árbitro.* ☐ Familia: segmentar.

segoviano, na (se·go·via·no, na) [adjetivo o sustantivo] De la provincia española de Segovia o de su capital.

segregar (se·gre·gar) [verbo] **1** Producir y expulsar una sustancia un órgano: *El hígado segrega bilis.* **2** Separar a una persona de un grupo humano: *Los grupos racistas segregan a los miembros de otras etnias.* ☐ [La «g» se cambia en «gu» delante de «e» («segregue»)]. ☐ Antónimos: **2** unir.

segueta (se·gue·ta) [sustantivo femenino] Sierra pequeña con la hoja muy fina que se usa para hacer calados en la madera.

seguidilla (se·gui·di·lla) [sustantivo femenino] **1** Baile y música populares de origen español, de ritmo rápido. **2** Estrofa de cuatro versos de los cuales el primero y el tercero tienen siete sílabas y no riman, y el segundo y el cuarto tienen cinco sílabas y sí riman. ☐ Familia: →seguir.

seguido, da (se·gui·do, da) [adjetivo] Sin interrupción: *Lleva tres días seguidos sin venir.* ◆ [expresión] ‖ **en seguida** → **enseguida**. ☐ Sinónimos: consecutivo. ☐ Familia: →seguir.

seguidor, ra (se·gui·dor, do·ra) [sustantivo] Persona que siente gran interés por un espectáculo y que suele asistir a él: *Los seguidores del equipo no faltaron al partido.* ☐ Sinónimos: aficionado, simpatizante, hincha, fan. ☐ Familia: →seguir.

seguimiento (se·gui·mien·to) [sustantivo masculino] **1** Hecho de ir detrás de algo para alcanzarlo. **2** Hecho de observar y vigilar para ver la evolución, el desarrollo o el movimiento de algo: *Lo hospitalizaron para facilitar el seguimiento de su enfermedad.* ☐ Familia: →seguir.

seguir (se·guir) [verbo] **1** Ir detrás de algo o de alguien: *Quien quiera un helado que me siga.* **2** Ir por un determinado camino sin separarse de él: *Si sigues esta calle, llegarás a mi colegio.* **3** Actuar de acuerdo con algo: *Para montar el juguete sigue las instrucciones que vienen en la caja.* **4** Hacer lo mismo que se estaba haciendo: *Vamos a seguir leyendo el cuento.* **5** Permanecer o mantenerse: *El recuerdo de esas vacaciones sigue vivo en mi memoria.* ■ **seguirse 6** Sacar una conclusión a partir de algo: *Dijo que no le interesaban los deportes, de donde se sigue que no vendrá a ver el partido.* ☐ [Es irregular y se conjuga como PEDIR. La «gu» se cambia en «g» delante de «a», «o» («siga»)]. ☐ Antónimos: **1** preceder, anteceder. **3** desoír. **4** interrumpir, desistir, abandonar, dejar. ☐ Familia: seguido, enseguida, seguidor, seguidilla, seguimiento, siguiente, consiguiente, proseguir, conseguir, perseguir, persecución, persecutorio.

según (se·gún) ■ [adverbio] **1** A medida que: *Les sentaron según iban llegando.* **2** Del modo en que o tal como: *Lo pusimos según estaba al principio.* ■ [preposición] **3** Indica un punto de vista: *Según mi profesora, tengo que estudiar más en casa.* **4** De acuerdo con o dependiendo de algo: *Me pondré abrigo o chaqueta, según el frío que haga.* ☐ Sinónimos: **2** conforme.

segundero (se·gun·de·ro) [sustantivo masculino] Manecilla del reloj que señala los segundos. ☐ Familia: →segundo.

segundo, da (se·gun·do, da) ■ [numeral] **1** Que ocupa el lugar número dos en una serie: *Soy la segunda de la lista de clase.* ■ **segundo** [sustantivo masculino] **2** Cada uno de los períodos de tiempo en que se divide un minuto: *Un minuto tiene sesenta segundos.* ■ **segundas** [sustantivo femenino plural] **3** Intención con la que alguien hace algo: *Lo dijo con segundas, para ver cómo reaccionaba yo a sus comen-*

selva

tarios. ☐ FAMILIA: segundero, secundario, secundar, decimosegundo.

seguramente (se·gu·ra·men·te) [adverbio] De manera bastante probable: *Seguramente vendrá mañana, porque tiene el día libre.* ☐ SINÓNIMOS: seguro. ☐ ANTÓNIMOS: quizá. ☐ FAMILIA: →seguro.

seguridad (se·gu·ri·dad) [sustantivo femenino] **1** Ausencia de peligro o de daño: *La Policía se encarga de mantener la seguridad ciudadana.* **2** Cualidad por la que algo se mantiene firme, seguro o con equilibrio: *La seguridad de los edificios depende de sus cimientos.* **3** Ausencia de duda: *Sé con seguridad que tú no lo hiciste.* ☐ SINÓNIMOS: **2** estabilidad, firmeza, solidez. ☐ ANTÓNIMOS: inseguridad. **1** peligro. **3** duda. ☐ FAMILIA: →seguro.

seguro, ra (se·gu·ro, ra) [adjetivo] **1** Libre de peligro o de riesgo: *Cierra los cerrojos para estar más seguro.* **2** Que está bien sujeto y no se mueve ni se cae: *Este puente es muy seguro.* **3** Que no ofrece duda o que no tiene duda: *Estoy segura de que he dejado aquí mi cuaderno.* ∎ **seguro** [sustantivo masculino] **4** Contrato por el que una persona paga a una empresa para que, en caso de que le ocurra algo malo, esta le pague una determinada cantidad de dinero: *Tuve un accidente de coche y, gracias al seguro, pude pagar el arreglo.* **5** Mecanismo que se pone en una cosa para que no se abra sin querer: *Cuando llevo a mis hijos pequeños en el coche, cierro las puertas con seguro.* ∎ **seguro** [adverbio] **6** Sin duda: *Sé seguro que es así.* **7** De manera bastante probable: *Seguro que no te acuerdas de qué día es mi cumpleaños, ¿a que no?* ☐ SINÓNIMOS: **2**, **6** fijo. **2**, **3** firme. **7** seguramente. ☐ ANTÓNIMOS: **1-3** inseguro. **3** dudoso, dubitativo. **6**, **7** quizá. ☐ FAMILIA: seguridad, seguramente, asegurar, asegurado, asegurador, inseguro, inseguridad.

seis (seis) ∎ [numeral] **1** Indica 6 unidades: *La película dura seis horas.* ∎ [sustantivo masculino] **2** Número 6: *El seis es mi número favorito.* ☐ [En el significado **1** no varía en masculino y femenino]. ☐ FAMILIA: seiscientos, sesenta, sexto, sexteto, sextilla, sexagésimo, sexagenario, dieciséis, dieciseisavo, veintiséis.

seiscientos, tas (seis·cien·tos, tas) ∎ [numeral] **1** Indica 600 unidades: *He escrito un libro de seiscientas páginas.* ∎ [sustantivo masculino] **2** Número 600: *El seiscientos es mi número favorito.* ☐ FAMILIA: →seis. →ciento.

seísmo (se·ís·mo) [sustantivo masculino] Movimiento o temblor que se produce en la superficie de la Tierra. ☐ SINÓNIMOS: terremoto, temblor de tierra, sismo. ☐ FAMILIA: sísmico, sismógrafo.

selección (se·lec·ción) [sustantivo femenino] **1** Elección de lo que se considera mejor o más adecuado entre las distintas cosas que forman un grupo: *Se ha publicado una selección de las mil mejores poesías castellanas.* **2** Equipo que se forma con las personas que mejor juegan a un deporte para participar en una competición internacional: *La selección española de waterpolo juega esta tarde.* ☐ FAMILIA: seleccionar, selecto, selectivo, selectividad.

seleccionar (se·lec·cio·nar) [verbo] Elegir una cosa entre otras de un grupo porque la consideramos la mejor o la más adecuada: *Me han seleccionado para cantar en el coro del colegio.* ☐ FAMILIA: →selección.

selectividad (se·lec·ti·vi·dad) [sustantivo femenino] Conjunto de pruebas o de exámenes para poder entrar en la universidad. ☐ FAMILIA: →selección.

selectivo, va (se·lec·ti·vo, va) [adjetivo] Que selecciona o elige una o varias cosas dentro de un grupo: *La empresa es muy selectiva y escoge solo a los mejores.* ☐ FAMILIA: →selección.

selecto, ta (se·lec·to, ta) [adjetivo] Que se considera lo mejor en relación con algo de la misma especie: *Este hotel es uno de los más selectos y lujosos de la ciudad.* ☐ SINÓNIMOS: escogido. ☐ FAMILIA: →selección.

sellar (se·llar) [verbo] **1** Imprimir con un sello: *Cuando pagues, di que te sellen el recibo.* **2** Cerrar una cosa de forma que resulte difícil de abrir: *Sellaron la entrada de la mina.* ☐ FAMILIA: →sello.

sello (se·llo) [sustantivo masculino] **1** Trozo pequeño de papel que tiene algo dibujado y que se pega en los sobres que se mandan por correo o en algunos documentos oficiales. **2** Instrumento que sirve para imprimir lo que está dibujado en él: *El bibliotecario tiene un sello para marcar el carné cuando sacamos un libro.* **3** Marca que se estampa con este instrumento: *Las papeletas de la rifa llevan el sello del colegio.* **4** Anillo ancho que lleva algo impreso en su parte superior: *Me han regalado un sello de oro con mis iniciales.* ☐ FAMILIA: sellar, matasellos.

selva (sel·va) [sustantivo femenino] Bosque ecuatorial y tropical, muy grande y húmedo, en el que crecen muchas plantas. 👁 **páginas 354-355.** ☐ FAMILIA: selvático, madreselva.

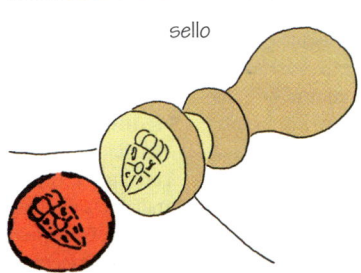

sello

selvático, ca (sel·vá·ti·co, ca) [adjetivo] De la selva o relacionado con ella: *vegetación selvática.* ☐ Familia: →selva.

semáforo (se·má·fo·ro) [sustantivo masculino] Aparato eléctrico con luces de colores que sirven para regular la circulación. 👁 **página 172.** ☐ Sinónimos: disco.

semana (se·ma·na) [sustantivo femenino] Período de tiempo de siete días: *La semana empieza el lunes y acaba el domingo.* 👁 **página 169.** ♦ [expresión] ‖ **entre semana** Todos los días de la semana, excepto los dos últimos: *Voy al colegio entre semana, los fines de semana, no.* ‖ **Semana Santa** Aquella en la que los cristianos celebran la muerte y resurrección de Jesucristo. ☐ Familia: semanal, semanario.

semanal (se·ma·nal) [adjetivo] **1** Que se repite cada semana: *una revista semanal.* **2** Que dura una semana. ☐ [No varía en masculino y femenino]. ☐ Familia: →semana.

semanario (se·ma·na·rio) [sustantivo masculino] Obra impresa que aparece cada semana: *Este semanario de economía sale los jueves.* ☐ Familia: →semana.

semántica (se·mán·ti·ca) [sustantivo femenino] Mira en **semántico, ca**.
semántico, ca (se·mán·ti·co, ca) ■ [adjetivo] **1** De la semántica o relacionado con esta parte de la gramática. ■ **semántica** [sustantivo femenino] **2** Parte de la gramática que estudia el significado de las palabras.

semblante (sem·blan·te) [sustantivo masculino] Expresión de la cara: *Tienes el semblante triste.* ☐ Sinónimos: cara, faz. ☐ Familia: semblanza.

semblanza (sem·blan·za) [sustantivo femenino] Explicación breve de la vida de una persona. ☐ Familia: →semblante.

sembrado (sem·bra·do) [sustantivo masculino] Tierra sembrada con muchas semillas del mismo tipo. ☐ Familia: →sembrar.

sembrador, ra (sem·bra·dor, do·ra) [sustantivo] Persona que siembra semillas para que crezcan. ☐ Familia: →sembrar.

sembrar (sem·brar) [verbo] Echar semillas en la tierra para que crezcan: *Sembré melones en mi huerto.* ☐ [Es irregular y se conjuga como ACERTAR]. ☐ Familia: sembrado, sembrador, siembra.

semejante (se·me·jan·te) ■ [adjetivo] **1** Que es casi igual a otra cosa o que se le parece mucho: *Esta figura es muy semejante a una que tenemos en mi casa.* ■ [sustantivo masculino] **2** Lo que es una persona en relación con el resto de los seres humanos: *Debes respetar a tus semejantes.* ☐ [Se usa para dar más fuerza a lo que se dice: «¿Cómo has podido decir semejante tontería?». En el significado **1** no varía en masculino y femenino]. ☐ Sinónimos: **2** prójimo. ☐ Familia: →semejar.

semejanza (se·me·jan·za) [sustantivo femenino] Conjunto de características que hacen que una cosa se parezca a otra: *Existe gran semejanza entre los dos.* ☐ Sinónimos: parecido, afinidad, similitud. ☐ Familia: →semejar.

semejar (se·me·jar) [verbo] Tener una persona o una cosa parecido con otra: *Esa maqueta semeja un barco de guerra.* ☐ Familia: semejanza, semejante, asemejarse.

semen (se·men) [sustantivo masculino] Líquido que contiene las células sexuales masculinas. ☐ Sinónimos: esperma. ☐ Familia: semental.

semental (se·men·tal) [adjetivo o sustantivo masculino] Dicho de un animal macho, que se destina para la reproducción. ☐ [Cuando es adjetivo, no varía en masculino y femenino]. ☐ Familia: →semen.

sementera (se·men·te·ra) [sustantivo femenino] **1** Colocación de semillas en la tierra para que crezcan. **2** Terreno que se siembra. **3** Tiempo adecuado para sembrar. **4** Cosa que se siembra. ☐ Familia: →semilla.

semestral (se·mes·tral) [adjetivo] **1** Que se repite cada seis meses: *Pagaré el televisor con tres letras semestrales.* **2** Que dura un semestre: *En la facultad hay asignaturas semestrales.* ☐ [No varía en masculino y femenino]. ☐ Familia: →mes.

semestre (se·mes·tre) [sustantivo masculino] Período de tiempo de seis meses. 👁 **página 169.** ☐ Familia: →mes.

semicircular (se·mi·cir·cu·lar) [adjetivo] Con forma de semicírculo: *El Congreso de los Diputados español es semicircular.* ☐ [No varía en masculino y femenino]. ☐ Familia: →círculo.

semicírculo (se·mi·cír·cu·lo) [sustantivo masculino] Cada una de las dos mitades de un círculo. ☐ Familia: →círculo.

semicircunferencia (se·mi·cir·cun·fe·ren·cia) [sustantivo femenino] Cada una de las dos mitades de una circunferencia. ☐ Familia: →circunferencia.

semicorchea (se·mi·cor·che·a) [sustantivo femenino] Figura musical que indica la duración de una nota. ☐ Familia: →corchea. 👁 **página 648.**

semidesnatado, da (se·mi·des·na·ta·do, da) [adjetivo] Que no tiene toda la nata porque le han quitado una parte: *yogur semidesnatado.* ☐ Familia: →nata.

semifinal (se·mi·fi·nal) [sustantivo femenino] Penúltima prueba o competición de un campeonato o de un concurso: *En las semifinales juegan cuatro equipos.* ☐ Familia: →fin.

semifinalista (se·mi·fi·na·lis·ta) [adjetivo o sustantivo] Que participa en una semifinal. ☐ [No varía en masculino y femenino]. ☐ Familia: →fin.

semifusa (se·mi·fu·sa) [sustantivo femenino] Figura musical que indica la duración de una nota. ☐ Familia: →fusa. 👁 **página 648.**

semilla (se·mi·lla) [sustantivo femenino] **1** Parte del fruto de los vegetales que contiene el origen de una nueva planta: *Las pepitas de los limones son su semilla.* **2** Cualquier cosa que representa el origen de algo: *El egoísmo es la semilla de otros males.* ☐ Sinónimos: simiente. ☐ Familia: semillero, sementera.

semillero (se·mi·lle·ro) [sustantivo masculino] Lugar en el que se siembran semillas para plantarlas después en otro sitio. ☐ Familia: →semilla.

seminario (se·mi·na·rio) [sustantivo masculino] **1** Centro en el que estudian y se forman los hombres que van a ser sacerdotes. **2** Grupo de personas que se reúnen para trabajar sobre algo concreto, y lugar en el que se reúnen: *La profesora de Lengua ha organizado un seminario de lectura.* ☐ Familia: seminarista.

seminarista (se·mi·na·ris·ta) [sustantivo masculino] Alumno que se prepara para ser sacerdote. ☐ FAMILIA: →seminario.

semiplano (se·mi·pla·no) [sustantivo masculino] Cada una de las partes de un plano dividido por una recta. ☐ FAMILIA: →plano.

semirrecta (se·mi·rrec·ta) [sustantivo femenino] En matemáticas, cada una de las partes en que un punto divide a una recta. ☐ FAMILIA: →recta.

semita (se·mi·ta) [adjetivo o sustantivo] De unos pueblos árabes y hebreos: *Los semitas son descendientes del patriarca bíblico Sem*. ☐ [No varía en masculino y femenino]. ☐ FAMILIA: semítico.

semítico, ca (se·mí·ti·co, ca) [adjetivo] De los semitas o relacionado con estos pueblos árabes y hebreos: *lengua semítica*. ☐ FAMILIA: →semita.

semitono (se·mi·to·no) [sustantivo masculino] En música, intervalo de medio tono. ☐ FAMILIA: →tono.

sémola (sé·mo·la) [sustantivo femenino] Alimento en forma de pequeños granos que se hace con harina de trigo, de arroz o de otro cereal: *sopa de sémola*.

sempiterno, na (sem·pi·ter·no, na) [adjetivo] Que es eterno o que dura siempre: *El enamorado le declaraba a su amada un sempiterno amor*. ☐ [Suele usarse en lenguaje literario]. ☐ FAMILIA: →eterno.

senado (se·na·do) [sustantivo masculino] **1** Conjunto de personas que cambian o aprueban las leyes hechas por el Congreso para gobernar un país. **2** Edificio en el que se juntan estas personas. ☐ [No confundir con «Congreso» (conjunto de personas que hacen las leyes con las que se gobierna un país; edificio en el que se reúnen estas personas). Se escribe con mayúscula]. ☐ FAMILIA: senador.

senador, ra (se·na·dor, do·ra) [sustantivo] Persona elegida por los ciudadanos para que los represente y cambie o apruebe las leyes con las que se gobierna un país. ☐ FAMILIA: →senado.

sencillez (sen·ci·llez) [sustantivo femenino] **1** Falta de adornos o de cosas que no son necesarias: *Me gusta la sencillez con que tienes puesto tu cuarto*. **2** Cosa que resulta sencilla y cuesta poco hacer: *Tengo un libro de recetas de cocina de gran sencillez*. **3** Forma de ser de una persona que no se cree mejor que los demás: *La sencillez de mis padres hace que cualquiera se sienta a gusto con ellos*. ☐ SINÓNIMOS: **3** humildad, modestia. ☐ ANTÓNIMOS: **1** aparato, pompa. **3** vanidad, soberbia, orgullo, humos. ☐ FAMILIA: →sencillo.

sencillo, lla (sen·ci·llo, lla) ■ [adjetivo] **1** Que no está compuesto por varias cosas: *¿Te atas las zapatillas con un nudo sencillo o con un nudo doble?* **2** Que no tiene adornos que no son necesarios: *La decoración de esta casa es sencilla*. **3** Que se hace con poco trabajo o con poco esfuerzo: *Esa adivinanza es muy sencilla*. **4** Que no se cree mejor que los demás: *Me gustan las personas sencillas y naturales*. ■ **sencillo** [sustantivo masculino] **5** Disco de poca duración: *El último sencillo de este cantante está teniendo mucho éxito*. ☐ SINÓNIMOS: **1** simple. **3** fácil. **4** humilde, modesto. ☐ ANTÓNIMOS: **2** rimbombante, barroco, pomposo. **3** difícil, rebuscado, dificultoso. **4** orgulloso, vanidoso, soberbio. ☐ FAMILIA: sencillez.

senda (sen·da) [sustantivo femenino] Camino estrecho. ☐ SINÓNIMOS: sendero, vereda. ☐ FAMILIA: sendero, senderismo.

senderismo (sen·de·ris·mo) [sustantivo masculino] Deporte que consiste en recorrer a pie caminos por el campo. ☐ FAMILIA: →senda.

sendero (sen·de·ro) [sustantivo masculino] Camino estrecho. ☐ SINÓNIMOS: senda, vereda. ☐ FAMILIA: →senda.

sendos, das (sen·dos, das) [cuantificador] Indica que cada una de las cosas que introduce pertenece a una de las personas o cosas de las que se habla: *He visto a tus tres hijos paseando en sendas bicicletas*. ☐ [No confundir con «ambos» (el uno y el otro, o los dos)].

senegalés, sa (se·ne·ga·lés, le·sa) [adjetivo o sustantivo] De Senegal, que es un país africano.

senil (se·nil) [adjetivo] De la vejez o relacionado con ella: *demencia senil*. ☐ [No varía en masculino y femenino].

sénior (sé·nior) ■ [adjetivo] **1** Dicho de una persona, que es mayor que otra de su familia que tiene el mismo nombre: *Mi hermano es «Pepe» y mi padre «Pepe sénior»*. ■ [adjetivo o sustantivo] **2** Que pertenece a una de las categorías deportivas, por encima de la de júnior. ☐ [No varía en masculino y femenino. Su plural es «séniores»].

seno (se·no) [sustantivo masculino] **1** Parte del cuerpo de las mujeres en la que se produce la leche cuando tienen un hijo. **2** Parte interna de algunas cosas: *Muchos minerales están en el seno de la Tierra*. ☐ SINÓNIMOS: **1** pecho, teta, busto, mama. ☐ FAMILIA: ensenada.

sensación (sen·sa·ción) [sustantivo femenino] **1** Impresión que nos llega por medio de los sentidos: *Si tocas un hielo, experimentarás una sensación de frío*. **2** Sorpresa producida en alguien: *Con ese peinado causarás sensación en la fiesta*. **3** Idea que tenemos a partir de algo: *Tengo la sensación de que me estás tomando el pelo*. ☐ FAMILIA: sensacional, sensacionalista.

sensacional (sen·sa·cio·nal) ■ [adjetivo] **1** Muy bueno o extraordinario: *Tengo una profesora sensacional*. ■ [adverbio] **2** Muy bien: *Me siento sensacional*. ☐ [En el significado **1** no varía en masculino y femenino. En el significado **2** tampoco varía por ser adverbio]. ☐ SINÓNIMOS: estupendo. ☐ FAMILIA: →sensación.

sensacionalista (sen·sa·cio·na·lis·ta) [adjetivo o sustantivo] Que presenta los aspectos que más llaman la atención de una cosa: *prensa sensacionalista*. ☐ [No varía en masculino y femenino]. ☐ FAMILIA: →sensación.

sensatez (sen·sa·tez) [sustantivo femenino] Cualidad del que sabe cómo actuar o del que sabe lo que está bien y lo que está mal: *Tienes que decidir con sensatez cuál de las dos ofertas te conviene más*. ☐ [Su plural es «sensateces»]. ☐ SINÓNIMOS: juicio, madurez. ☐ ANTÓNIMOS: insensatez, temeridad. ☐ FAMILIA: →sensato.

sensato, ta (sen·sa·to, ta) [adjetivo] Que sabe lo que debe hacer, o que sabe distinguir lo que está bien y lo que está mal: *Es una niña sensata y no hará nada peligroso mientras estoy fuera*. ☐ SINÓNIMOS: juicioso, formal,

sensibilidad

cuerdo, sesudo. ☐ Antónimos: insensato, imprudente, temerario, loco, alocado, casquivano. ☐ Familia: sensatez, insensato, insensatas.

sensibilidad (sen·si·bi·li·dad) [sustantivo femenino] **1** Capacidad para sentir algo: *Tienes mucha sensibilidad para el arte.* **2** Capacidad de una persona para ponerse en el lugar de los demás y comprender sus problemas. ☐ Familia: →sensible.

sensibilizar (sen·si·bi·li·zar) [verbo] Dar sensibilidad: *Las campañas sanitarias sensibilizaron a la opinión pública sobre los peligros del tabaco.* ☐ [La «z» se cambia en «c» delante de «e» («sensibilice»)]. ☐ Familia: →sensible.

sensible (sen·si·ble) [adjetivo] **1** Que tiene capacidad de sentir: *Los seres vivos son seres sensibles.* **2** Que se impresiona con facilidad: *Soy muy sensible y lloro en todas las películas tristes.* **3** Del cuerpo o de los sentidos: *Las cosas sensibles las podemos ver, oír, tocar, oler o comer.* **4** Que se ve de forma clara: *El enfermo ha experimentado una sensible mejoría.* ☐ [No varía en masculino y femenino]. ☐ Sinónimos: **2** emotivo. **3** material. ☐ Antónimos: **1, 2, 4** insensible. ☐ Familia: sensibilidad, sensiblería, sensiblero, sensibilizar, insensible, insensibilidad, sensorial, sensual. →sentir.

sensiblería (sen·si·ble·rí·a) [sustantivo femenino] Sensibilidad excesiva o exagerada. ☐ [Es despectivo]. ☐ Familia: →sensible.

sensiblero, ra (sen·si·ble·ro, ra) [adjetivo] Que es demasiado sensible: *Soy muy sensiblero y siempre lloro por todo.* ☐ [Es despectivo]. ☐ Familia: →sensible.

sensorial (sen·so·rial) [adjetivo] De los sentidos o relacionado con estas capacidades: *un placer sensorial.* ☐ [No varía en masculino y femenino]. ☐ Familia: →sensible.

sensual (sen·sual) [adjetivo] Que produce placer a los sentidos. ☐ [No varía en masculino y femenino]. ☐ Familia: →sensible.

sentar (sen·tar) [verbo] **1** Colocar a una persona de manera que quede apoyada y descansando sobre las nalgas: *Me senté en el sofá.* **2** Resultar algo de determinada manera: *Te sientan muy bien esos pantalones.* **3** Establecer algo que sirve de base: *Antes de empezar a jugar vamos a sentar las normas del juego.* ☐ [Es irregular y se conjuga como ACERTAR]. ☐ Sinónimos: **2** caer. ☐ Familia: asiento, asentamiento, asentar.

sentencia (sen·ten·cia) [sustantivo femenino] Decisión que un juez o un tribunal toman al final de un juicio: *La sentencia del juez condena al acusado a cinco años de cárcel.* ☐ Familia: →sentenciar.

sentenciar (sen·ten·ciar) [verbo] **1** Pronunciar una sentencia: *El juez sentenció a favor del acusado.* **2** Poner un castigo o echar la culpa de algo: *Me has sentenciado sin dejar que te dé explicaciones.* ☐ [Es irregular y se conjuga como ANUNCIAR]. ☐ Familia: sentencia.

sentido (sen·ti·do) [sustantivo masculino] **1** Capacidad de nuestro cuerpo para sentir las cosas materiales: *Los cinco sentidos son: oído, gusto, tacto, olfato y vista.* **2** Capacidad que tenemos para darnos cuenta de lo que sucede a nuestro alrededor: *Me di un golpe en la cabeza y perdí el sentido.* **3** Capacidad que se tiene para realizar algo o para comprenderlo: *tener sentido del humor.* **4** Significado que está de acuerdo con la razón: *No tiene sentido que digas eso ahora.* **5** Significado de una palabra: *Si no conoces el sentido de una palabra, debes consultar el diccionario.* **6** Cada una de las dos direcciones que se pueden tomar en una misma calle: *La calle de mi casa es de sentido único para los coches.* ◆ [expresión] ‖ **sentido común** Capacidad para juzgar algo de acuerdo con la razón: *Con un poco de sentido común podrás resolver tu problema.* ☐ Sinónimos: **2** consciencia, conocimiento. **4** lógica. ☐ Familia: →sentir.

sentimental (sen·ti·men·tal) ▌ [adjetivo] **1** Que está relacionado con el amor o con otras cosas parecidas: *Ese actor mantiene una relación sentimental con una modelo.* ▌ [adjetivo o sustantivo] **2** Que se deja llevar por las cosas que siente en su interior: *Soy muy sentimental y siempre lloro en las despedidas.* ☐ [No varía en masculino y femenino]. ☐ Familia: →sentir.

sentimentalismo (sen·ti·men·ta·lis·mo) [sustantivo masculino] Característica de lo que es sentimental. ☐ Familia: →sentir.

sentimiento (sen·ti·mien·to) [sustantivo masculino] **1** Impresión fuerte que se siente por alguien: *El amor es un sentimiento.* **2** Estado de ánimo: *Cuando llueve mucho me invade un sentimiento de tristeza.* ☐ Sinónimos: **1** afecto, pasión. ☐ Familia: →sentir.

sentir (sen·tir) [verbo] **1** Recibir a través de los sentidos: *¿No sientes un fuerte olor a quemado?* **2** Tener una sensación: *Siento mucha alegría de verte tan feliz.* **3** Tener la impresión de que algo va a ocurrir: *Siento que va a salir todo estupendamente.* **4** Tener disgusto porque algo ha salido mal: *Siento que no te dejen venir con nosotros al cine.* ▌ **sentirse 5** Encontrarse en un estado o en una situación: *Me siento mejor después de haber tomado la aspirina.* ☐ [Es irregular]. ☐ Familia: sentido, contrasentido, sentimiento, sentimental, sentimentalismo, sensible, sensación, presentir, presentimiento, resentirse, resentido, resentimiento, asentir, asentimiento, disentir, consentir, consentimiento, consentido.

seña (se·ña) ▌ [sustantivo femenino] **1** Gesto que se hace para dar a entender algo: *Me hizo una seña con la mano para que me parase.* **2** Medio que se usa para recordar algo: *Hice una seña en la pared para marcar dónde tenía que clavar el cuadro.* ▌ **señas** [plural] **3** Calle, número y piso en el que vive una persona: *Les di mis señas para que me escribieran.* ☐ Sinónimos: **1** señal. **3** dirección, domicilio. ☐ Familia: señal, señalar, señalado, señalizar, señalización, señuelo, contraseña, enseña.

señal (se·ñal) [sustantivo femenino] **1** Marca que se hace para reconocer algo: *He hecho una señal en mi lápiz para no confundirlo con el tuyo.* **2** Huella o impresión que queda de algo: *La herida se curó, pero me ha quedado señal.* **3** Cosa que permite suponer algo: *Tu alegría es señal de que todo salió bien.* **4** Cosa que representa algo: *Esa señal de tráfico indica que está prohibido adelantar.* ◉ **páginas 172 y 858-859. 5** Gesto que se hace para dar a entender algo: *Me hizo una señal para que me levantase.* **6** Cantidad de dinero que se paga para que nos guarden una cosa que queremos comprar: *No llevábamos bastante dinero para comprar el abrigo y dejamos una señal.* **7** Sonido que producen algunos aparatos para informar de algo: *El teléfono debe de estar roto, porque no da la señal.* ☐ SINÓNIMOS: **3** indicio, síntoma. **3**, **4** signo. **5** seña. ☐ FAMILIA: →seña.

señalado, da (se·ña·la·do, da) [adjetivo] Que destaca por su importancia: *El día de mi boda es un día señalado en mi vida.* ☐ FAMILIA: →seña.

señalar (se·ña·lar) [verbo] **1** Poner una señal para conocer algo: *He señalado con lápiz en el libro varias frases.* **2** Indicar algo con señales o con palabras: *Me señaló con la cabeza quiénes eran sus padres.* **3** Fijar o determinar algo: *Los novios ya han señalado el día de la boda.* ☐ FAMILIA: →seña.

señalización (se·ña·li·za·ción) [sustantivo femenino] Hecho de indicar algo con determinadas señales: *La señalización de la carretera no era clara.* ◉ **páginas 858-859.** ☐ FAMILIA: →seña.

señalizar (se·ña·li·zar) [verbo] Indicar algo con señales: *La salida de emergencia de los cines está siempre señalizada.* ☐ [La «z» se cambia en «c» delante de «e» («señalice»)]. ☐ FAMILIA: →seña.

señor, ra (se·ñor, ño·ra) [sustantivo] **1** Persona adulta que impone respeto: *Un señor me indicó dónde estaba la tienda.* **2** Tratamiento de respeto que se da a una persona adulta: *Por favor, señora, ¿me puede decir la hora?* **3** Tratamiento que se pone delante del apellido de las personas casadas: *El señor Ramírez ha llamado por teléfono.* ☐ FAMILIA: señorito, señorial, señorío, señoría, monseñor.

señoría (se·ño·rí·a) [sustantivo femenino] Tratamiento de cortesía que se da a algunas personas muy importantes: *A los jueces se les suele tratar de «señoría».* ☐ FAMILIA: →señor.

señorial (se·ño·rial) [adjetivo] Que provoca admiración por su aspecto impresionante: *una mansión señorial.* ☐ [No varía en masculino y femenino]. ☐ FAMILIA: →señor.

señorío (se·ño·rí·o) [sustantivo masculino] **1** Mando sobre alguna cosa: *el señorío de una finca.* **2** Antiguamente, territorio

---

SENTIR	
INDICATIVO	**SUBJUNTIVO**
Presente yo siento tú sientes / usted siente él, ella siente nosotros, tras sentimos vosotros, tras sentís / ustedes sienten ellos, ellas sienten	**Presente** yo sienta tú sientas / usted sienta él, ella sienta nosotros, tras sintamos vosotros, tras sintáis / ustedes sientan ellos, ellas sientan
Pretérito imperfecto yo sentía tú sentías / usted sentía él, ella sentía nosotros, tras sentíamos vosotros, tras sentíais / ustedes sentían ellos, ellas sentían	**Pretérito imperfecto** yo sintiera o sintiese tú sintieras o sintieses / usted sintiera o sintiese él, ella sintiera o sintiese nosotros, tras sintiéramos o sintiésemos vosotros, tras sintierais o sintieseis / ustedes sintieran o sintiesen ellos, ellas sintieran o sintiesen
Pretérito perfecto simple yo sentí tú sentiste / usted sintió él, ella sintió nosotros, tras sentimos vosotros, tras sentisteis / ustedes sintieron ellos, ellas sintieron	**Futuro simple** yo sintiere tú sintieres / usted sintiere él, ella sintiere nosotros, tras sintiéremos vosotros, tras sintiereis / ustedes sintieren ellos, ellas sintieren
Futuro simple yo sentiré tú sentirás / usted sentirá él, ella sentirá nosotros, tras sentiremos vosotros, tras sentiréis / ustedes sentirán ellos, ellas sentirán	**IMPERATIVO** siente (tú) / sienta (usted) sintamos (nosotros, tras) sentid (vosotros, tras) / sientan (ustedes)
Condicional simple yo sentiría tú sentirías / usted sentiría él, ella sentiría nosotros, tras sentiríamos vosotros, tras sentiríais / ustedes sentirían ellos, ellas sentirían	**FORMAS NO PERSONALES** **Infinitivo** **Gerundio** **Participio** sentir sintiendo sentido

señalización

DE PELIGRO

- curva peligrosa a la derecha
- estrechamiento de calzada 
- intersección con prioridad 
- intersección con circulación giratoria 
- circulación en los dos sentidos 
- semáforo 
- subida con fuerte pendiente 
- perfil irregular 
- obra 
- aeropuerto 
- peatones 
- niños 
- ciclistas 
- desprendimiento 
- congestión 
- paso de animales en libertad 
- pavimento deslizante 
- pavimento deslizante por hielo o nieve 
- paso de animales domésticos 
- otros peligros 
- badén 
- resalto 
- viento transversal 
- obstrucción de la calzada 
- escalón lateral 

DE PRIORIDAD

- ceda el paso
- detención obligatoria 
- calzada con prioridad 
- prioridad en sentido contrario 
- prioridad respecto al sentido contrario 

DE OBLIGACIÓN

- sentido obligatorio
- intersección de sentido giratorio obligatorio 
- calzada para peatones 
- vía ciclista 
- alumbrado de corto alcance 
- velocidad mínima

señalización

DE PROHIBICIÓN

- circulación prohibida
- entrada prohibida
- entrada prohibida a vehículos de motor
- entrada prohibida a peatones
- entrada prohibida a ciclos
- prohibición de velocidad máxima 
- giro a la derecha prohibido
- media vuelta prohibida
- adelantamiento prohibido
- adelantamiento prohibido para los camiones
- entrada prohibida a camiones 
- entrada prohibida a vehículos con mercancías peligrosas
- limitación de altura
- estacionamiento prohibido
- parada y estacionamiento prohibido

DE INFORMACIÓN

- autopista
- autovía
- túnel
- velocidad máxima aconsejable
- cambio de sentido
- calzada de sentido único
- parada de autobuses
- paso de peatones
- puesto de socorro 
- estacionamiento
- calle residencial
- gasolinera
- lugar pintoresco
- monumento
- calle sin salida

OTRAS SEÑALES

- tirar al contenedor correspondiente
- envase reciclable
- extintor
- salida de emergencia
- precaución general
- peligro por radiaciones 
- peligro eléctrico
- sustancia inflamable
- sustancia tóxica
- sustancia nociva
- sustancia peligrosa para el medioambiente

sobre el que mandaba un señor. **3** Moderación y elegancia en la forma de actuar: *Se comporta siempre con mucho señorío.* ☐ Familia: →señor.

señorita (se·ño·ri·ta) [sustantivo] Mira en **señorito, ta**.

señorito, ta (se·ño·ri·to, ta) ■ [sustantivo] **1** Tratamiento que se daba a los hijos de los señores: *El ama de llaves quería mucho a la señorita porque la había visto nacer.* ■ **señorita** [sustantivo femenino] **2** Tratamiento que se daba a las mujeres solteras. **3** Tratamiento que se da a las mujeres que hacen determinados trabajos: *La señorita me ha dicho que me porto muy bien en clase.* ☐ Familia: →señor.

señuelo (se·ñue·lo) [sustantivo masculino] Cosa que se utiliza para atraer la atención de algo: *Practica la caza de aves con señuelo.* ☐ Sinónimos: reclamo. ☐ Familia: →seña.

seo (se·o) [sustantivo] Catedral en algunas regiones.

sépalo (sé·pa·lo) [sustantivo] Cada una de las partes que forman el cáliz de una flor. 👁 página 444. ☐ Familia: asépalo.

separación (se·pa·ra·ción) [sustantivo femenino] **1** Colocación de una cosa en un lugar distinto del de otra con la que estaba: *Pusimos una cortina para la separación de las dos camas.* **2** Distancia que hay entre dos cosas separadas: *Había muy poca separación entre los asientos del autobús.* **3** Situación que se produce cuando dos personas casadas se separan sin romper el acuerdo de matrimonio. ☐ Familia: →separar.

separado, da (se·pa·ra·do, da) [adjetivo o sustantivo] Dicho de una persona, que ha dejado de vivir con su esposa o con su marido. ☐ Familia: →separar.

separador (se·pa·ra·dor) [sustantivo masculino] Objeto que se utiliza para separar: *Utilizo un separador para marcar la página del libro por la que voy.* ☐ Familia: →separar.

separar (se·pa·rar) [verbo] **1** Poner una cosa en un lugar distinto del de otra con la que estaba: *He separado los papeles que no sirven de los que sí.* ■ **separarse 2** Romper una persona la relación que mantenía con otra: *Los padres de mi amigo se han separado y ahora él vive con su madre.* ☐ Sinónimos: **1** alejar, apartar. ☐ Antónimos: **1** juntar, unir, reunir, pegar, arrimar. ☐ Familia: separación, separado, separador, separatista, inseparable.

separatista (se·pa·ra·tis·ta) [adjetivo o sustantivo] Dicho de una persona, que quiere que un territorio determinado se independice de otro del que depende. ☐ [No varía en masculino y femenino]. ☐ Familia: →separar.

sepelio (se·pe·lio) [sustantivo masculino] Entierro y ceremonia que se hacen cuando se muere una persona.

sepia (se·pia) ■ [adjetivo o sustantivo masculino] **1** De color rosa anaranjado. ■ [sustantivo femenino] **2** Animal marino parecido al calamar pero más grande, que tiene diez brazos. ☐ [Cuando es adjetivo, no varía en masculino y femenino]. ☐ Sinónimos: **2** jibia.

septentrión (sep·ten·trión) [sustantivo masculino] Norte: *La brújula marca el septentrión.* ☐ Familia: septentrional.

septentrional (sep·ten·trio·nal) [adjetivo] Del norte: *Santander está en la zona septentrional de España.* ☐ [No varía en masculino y femenino]. ☐ Antónimos: meridional. ☐ Familia: →septentrión.

septiembre (sep·tiem·bre) [sustantivo masculino] Noveno mes del año, entre agosto y octubre: *El mes de septiembre tiene 30 días.* ☐ [Se usa también «setiembre»].

séptimo, ma (sép·ti·mo, ma) [numeral] **1** Que ocupa el lugar número siete en una serie: *En clase me siento en la séptima fila.* **2** Dicho de una parte, que es una de las siete en que se divide algo: *La séptima parte de catorce es dos.* ☐ Familia: decimoséptimo. →siete.

septuagésimo, ma (sep·tua·gé·si·mo, ma) [numeral] **1** Que ocupa el lugar número setenta en una serie: *Llegó a la meta en septuagésima posición.* **2** Dicho de una parte, cada una de las setenta en que se divide algo: *la septuagésima parte de la población.* ☐ Familia: →siete.

sepulcral (se·pul·cral) [adjetivo] Del sepulcro o con sus características: *lápida sepulcral; silencio sepulcral.* ☐ [No varía en masculino y femenino]. ☐ Familia: →sepulcro.

sepulcro (se·pul·cro) [sustantivo masculino] Obra de piedra levantada sobre el suelo, en la que se entierra a un muerto. ☐ Sinónimos: túmulo. ☐ Familia: sepulcral.

sepultar (se·pul·tar) [verbo] **1** Enterrar a un muerto. **2** Cubrir algo de forma que no se vea: *Tras las inundaciones, el lodo ha sepultado los campos.* ☐ Familia: sepultura, sepulturero.

sepultura (se·pul·tu·ra) [sustantivo femenino] **1** Hecho de enterrar a un muerto: *Ayer dieron sepultura a los restos mortales del escritor.* **2** Lugar donde está enterrado un muerto: *En el cementerio había muchas sepulturas con flores.* ☐ Sinónimos: enterramiento. ☐ Familia: →sepultar.

sepulturero, ra (se·pul·tu·re·ro, ra) [sustantivo] Persona que trabaja enterrando cadáveres. ☐ Sinónimos: enterrador. ☐ Familia: →sepultar.

sequedad (se·que·dad) [sustantivo femenino] **1** Falta de agua o de otro líquido: *Este terreno no puede ser cultivado por su sequedad.* **2** Forma poco amable o cariñosa de tratar a los demás: *Me contestó con sequedad.* ☐ Sinónimos: **1** aridez. ☐ Antónimos: **1** humedad. ☐ Familia: →seco.

sequía (se·quí·a) [sustantivo femenino] Período de tiempo en el que no llueve: *La sequía ha arruinado la cosecha de este año.* ☐ Familia: →seco.

séquito (sé·qui·to) [sustantivo masculino] Conjunto de personas que van acompañando a alguien importante. ☐ Sinónimos: comitiva, corte, cortejo, acompañamiento.

ser ■ [sustantivo masculino] **1** Cualquier cosa que tiene vida: *Las personas, los animales y las plantas son seres vivos.* **2** Persona: *¡Vaya ser que tengo por hermano, siempre metiéndose conmigo!* **3** Vida o existencia: *Los padres nos dan el ser.* ■ [verbo] **4** Tener una característica: *Soy más alto que tú. El jarrón es muy grande.* **5** Nacer en un lugar o pertenecer a él: *Soy de León. Soy de ese colegio.* **6** Tener un determinado uso o servir para algo: *Este peine es para pelos rizados.* **7** Suceder:

ocurrir o producirse un hecho: *¿Cómo fue el accidente?* **8** Haber o existir: *Era una vez un país donde los hombres eran gigantes.* **9** Valer o costar: *¿Cuánto es este lápiz, por favor?* **10** Pertenecer, corresponder o tocar: *Este lápiz no es mío.* **11** Hallarse a una hora o en una fecha determinada: *Son las dos de la tarde.* **12** Dar como resultado en una operación matemática: *Tres por dos son seis.* ☐ [Es irregular. Su participio es «sido». Seguido del participio de un verbo, sirve para formar la voz pasiva: «fueron llamados», «será metido», «han sido recibidas»].

serafín (se·ra·fín) [sustantivo/masculino] En la religión cristiana, ángel que está muy cerca de Dios.

serbio, bia (ser·bio, bia) ▌ [adjetivo o sustantivo] **1** De Serbia, que es un país europeo. ▌ **serbio** [sustantivo/masculino] **2** Lengua de este país.

serenar (se·re·nar) [verbo] Poner tranquilo o en paz: *Serénate, porque perdiendo los nervios no vas a conseguir nada.* ☐ SINÓNIMOS: calmar, tranquilizar, apaciguar, sosegar, enfriar. ☐ ANTÓNIMOS: irritar, soliviantar, acelerarse. ☐ FAMILIA: →sereno.

serenata (se·re·na·ta) [sustantivo/femenino] **1** Conjunto de canciones que se cantan en la calle durante la noche en honor de una persona. **2** Cosa que se repite muchas veces hasta llegar a enfadar: *¡Vaya serenata que me dio el niño con que le comprase la bici!* ☐ [El significado **2** es coloquial]. ☐ FAMILIA: →sereno.

serenidad (se·re·ni·dad) [sustantivo/femenino] Capacidad para mantenerse tranquilo y no perder los nervios: *Si no pierdes la serenidad, todo te saldrá bien.* ☐ SINÓNIMOS: calma, tranquilidad. ☐ ANTÓNIMOS: exaltación, intranquilidad, nervios, nerviosismo. ☐ FAMILIA: →sereno.

sereno, na (se·re·no, na) ▌ [adjetivo] **1** Que está tranquilo, en paz o sin movimiento: *El mar estaba sereno y en calma.* **2** Que no está borracho. ▌ **sereno** [sustantivo/masculino] **3** Persona que trabajaba cuidando las calles durante la noche y que abría las puertas de los edificios a los que vivían en ellos. ☐ SINÓNIMOS: **2** sobrio. ☐ ANTÓNIMOS: **2** borracho, ebrio, bebido. ☐ FAMILIA: serenar, serenidad, serenata.

serial (se·rial) [sustantivo/masculino] Historia que se emite en capítulos por la radio o por la televisión y que suele tratar de amor. ☐ FAMILIA: →serie.

serie (se·rie) [sustantivo/femenino] **1** Conjunto de cosas que se suceden unas a otras y que están relacionadas entre sí: *Un año es una serie de doce meses.* **2** Conjunto de personas o de cosas que tienen algo en común: *Vino una serie de personas preguntando por ti.* **3** Obra que se emite por partes en la radio o en la televisión: *Todos los viernes veo en la tele una serie policiaca.* **4** Conjunto

SER

INDICATIVO	SUBJUNTIVO
Presente yo soy tú eres / usted es él, ella es nosotros, tras somos vosotros, tras sois / ustedes son ellos, ellas son	**Presente** yo sea tú seas / usted sea él, ella sea nosotros, tras seamos vosotros, tras seáis / ustedes sean ellos, ellas sean
Pretérito imperfecto yo era tú eras / usted era él, ella era nosotros, tras éramos vosotros, tras erais / ustedes eran ellos, ellas eran	**Pretérito imperfecto** yo fuera o fuese tú fueras o fueses / usted fuera o fuese él, ella fuera o fuese nosotros, tras fuéramos o fuésemos vosotros, tras fuerais o fueseis / ustedes fueran o fuesen ellos, ellas fueran o fuesen
Pretérito perfecto simple yo fui tú fuiste / usted fue él, ella fue nosotros, tras fuimos vosotros, tras fuisteis / ustedes fueron ellos, ellas fueron	**Futuro simple** yo fuere tú fueres / usted fuere él, ella fuere nosotros, tras fuéremos vosotros, tras fuereis / ustedes fueren ellos, ellas fueren
Futuro simple yo seré tú serás / usted será él, ella será nosotros, tras seremos vosotros, tras seréis / ustedes serán ellos, ellas serán	**IMPERATIVO** sé (tú) / sea (usted) seamos (nosotros, tras) sed (vosotros, tras) / sean (ustedes)
Condicional simple yo sería tú serías / usted sería él, ella sería nosotros, tras seríamos vosotros, tras seríais / ustedes serían ellos, ellas serían	**FORMAS NO PERSONALES** **Infinitivo** **Gerundio** **Participio** ser siendo sido

de sellos o de billetes que se ponen en circulación al mismo tiempo: *Este billete tiene distinto número de serie que este otro.* ◆ [expresión] ‖ **en serie** De forma que se fabrican muchos productos iguales, siguiendo un mismo modelo y usando máquinas: *La fabricación en serie es más barata y más rápida que la producción manual.* ‖ **fuera de serie** Muy bueno: *Es un estudiante fuera de serie.* ☐ SINÓNIMOS: **1** cadena, sarta, sucesión. ☐ FAMILIA: serial.

seriedad (se·rie·dad) [sustantivo/femenino] **1** Característica de las personas formales o responsables en su forma de actuar: *Habló con toda seriedad y sé que cumplirá lo que prometió.* **2** Falta de humor o de alegría: *Tu seriedad me hace pensar que te ha pasado algo malo.* ☐ ANTÓNIMOS: **1** frivolidad. ☐ FAMILIA: →serio.

serio, ria (se·rio, ria) [adjetivo] **1** Que es formal o responsable en la forma de actuar: *Es una persona seria y si se ha comprometido lo hará.* **2** Con un aspecto que no hace reír: *Es una persona muy seria y nunca la he visto sonreír.* **3** Que tiene mucha importancia: *Es un problema muy serio.* ☐ SINÓNIMOS: **1** riguroso. **3** grave. ☐ ANTÓNIMOS: **2** cómico, divertido, jovial, risueño. ☐ FAMILIA: seriedad.

sermón (ser·món) [sustantivo/masculino] **1** Exposición que hace un sacerdote para enseñar cuestiones de religión a sus fieles. **2** Cosa que se dice muchas veces para que alguien haga o deje de hacer algo: *Mi padre me echó un sermón por llegar tarde a casa.* ☐ [El significado **2** es coloquial y despectivo]. ☐ SINÓNIMOS: **1** homilía. ☐ FAMILIA: sermonear.

sermonear (ser·mo·ne·ar) [verbo] Decir una cosa de forma larga y pesada, como si se estuviera explicando una lección. ☐ [Es coloquial y despectivo]. ☐ FAMILIA: →sermón.

serón (se·rón) [sustantivo/masculino] Cesta grande que se pone sobre un animal para llevar la carga.

seronegativo, va (se·ro·ne·ga·ti·vo, va) [adjetivo o sustantivo] Dicho de una persona, que no tiene en la sangre la sustancia que indica que puede tener sida.

seropositivo, va (se·ro·po·si·ti·vo, va) [adjetivo o sustantivo] Dicho de una persona, que tiene en la sangre una sustancia que indica que puede tener sida.

serpentear (ser·pen·te·ar) [verbo] Moverse o extenderse haciendo eses, como las serpientes: *El camino serpentea monte arriba.* ☐ FAMILIA: →serpiente.

serpentín (ser·pen·tín) [sustantivo/masculino] Tubo largo enrollado en espiral que generalmente se usa para enfriar un líquido. ☐ FAMILIA: →serpiente.

serpentina (ser·pen·ti·na) [sustantivo/femenino] Cinta larga de papel que se tira en una fiesta sujetándola por un extremo. ☐ FAMILIA: →serpiente.

serpiente (ser·pien·te) [sustantivo/femenino] Animal de cuerpo muy alargado, sin pies y que se mueve arrastrándose. 👁 **páginas 354-355.** ☐ SINÓNIMOS: culebra. ☐ FAMILIA: serpentear, serpentina, serpentín.

serranía (se·rra·ní·a) [sustantivo/femenino] Terreno que tiene muchas montañas. ☐ FAMILIA: →sierra.

serrano, na (se·rra·no, na) [adjetivo] **1** Hermoso o sano: *cuerpo serrano.* ▌[adjetivo o sustantivo] **2** De la sierra o relacionado con ella: *pueblo serrano.* ☐ [El significado **1** es coloquial]. ☐ FAMILIA: →sierra.

serrar (se·rrar) [verbo] Cortar algo con una sierra: *El carpintero serró la madera.* ☐ [Es irregular y se conjuga como ACERTAR]. ☐ SINÓNIMOS: aserrar. ☐ FAMILIA: →sierra.

serrería (se·rre·rí·a) [sustantivo/femenino] Lugar donde se corta la madera. ☐ SINÓNIMOS: aserradero. ☐ FAMILIA: →sierra.

serrín (se·rrín) [sustantivo/masculino] Conjunto de trocitos de madera que caen al cortarla con una sierra: *El serrín se utiliza para evitar que un suelo resbale.* ☐ FAMILIA: →sierra.

serrucho (se·rru·cho) [sustantivo/masculino] Sierra de hoja ancha con un mango en un extremo. ☐ FAMILIA: →sierra.

serventesio (ser·ven·te·sio) [sustantivo/masculino] Estrofa de cuatro versos de más de ocho sílabas, que riman el primero con el tercero y el segundo con el cuarto.

servicial (ser·vi·cial) [adjetivo] Que ayuda a los demás de manera rápida y con ganas. ☐ [No varía en masculino y femenino]. ☐ SINÓNIMOS: solícito. ☐ FAMILIA: →servir.

servicio (ser·vi·cio) [sustantivo/masculino] **1** Uso de algo: *Este abrigo me ha prestado muy buen servicio.* **2** Favor que se hace a otra persona: *Me has hecho un gran servicio al ayudarme.* **3** Hecho de repartir o de llevar algo a un lugar: *El servicio de electricidad funciona muy bien en esta zona.* **4** Organización y conjunto de personas que se dedican a cubrir las necesidades de un grupo: *El servicio sanitario acudió rápidamente a nuestra llamada.* **5** Conjunto de objetos que se usan para algo: *He comprado un servicio de café.* **6** En tenis y otros deportes, saque. **7** Habitación en la que nos aseamos y que tiene lavabo e inodoro. ◆ [expresión] ‖ **de servicio** Trabajando cuando corresponde, o cumpliendo con la función que se tiene: *Ese guarda no está de servicio, porque hoy es su día de descanso.* ‖ **servicio militar** El que presta un ciudadano a su país siendo soldado durante un período de tiempo determinado. ☐ SINÓNIMOS: **7** lavabo, excusado, aseo, retrete. ☐ FAMILIA: →servir.

servidor, ra (ser·vi·dor, do·ra) [sustantivo] Tratamiento que usa una persona cuando habla de sí misma: *Un servidor se va a su casa.* ☐ [Se usaba para contestar de forma muy educada cuando alguien preguntaba por nosotros: «—¿Quién es Inés? —Servidora»]. ☐ FAMILIA: →servir.

servidumbre (ser·vi·dum·bre) [sustantivo/femenino] **1** Conjunto de criados que sirven en una casa: *El dueño de la casa subió el sueldo a la servidumbre.* **2** Situación de la persona que es sierva de otra: *Tras la independencia, el pueblo se liberó de su servidumbre.* ☐ FAMILIA: →servir.

servil (ser·vil) [adjetivo] **1** De los esclavos o relacionado con ellos. **2** Dicho de una persona, que se comporta como si fuera un esclavo de sus superiores. ◻ [No varía en masculino y femenino]. ◻ Familia: →servir.

servilismo (ser·vi·lis·mo) [sustantivo masculino] Característica de las personas serviles. ◻ Familia: →servir.

servilleta (ser·vi·lle·ta) [sustantivo femenino] Trozo de tela o de papel que sirve para limpiarse las manos o los labios durante las comidas. ◻ Familia: servilletero.

servilletero (ser·vi·lle·te·ro) [sustantivo masculino] Objeto donde se meten las servilletas: *Mi servilletero es un aro azul.* ◻ Familia: →servilleta.

servir (ser·vir) [verbo] **1** Ser útil o apropiado para un fin determinado: *Estas tijeras no sirven para cortar el metal.* **2** Trabajar una persona para otra, sobre todo si hace las tareas de la casa: *El mayordomo llevaba sirviendo al duque muchos años.* **3** Hacer una persona algo que supone un bien para otra: *Los alcaldes deben servir a sus ciudadanos.* **4** Ocuparse de poner y quitar una mesa, o de traer la comida y la bebida que alguien ha pedido: *En ese restaurante tardan mucho en servirte.* **5** Repartir o llevar algo a un lugar: *Esta churrería sirve a todos los bares de la zona.* **6** Poner una comida en el plato o una bebida en el vaso: *¿Te sirvo un poco más de agua?* ◻ [Es irregular y se conjuga como PEDIR]. ◻ Sinónimos: **1** valer. ◻ Familia: servicio, servicial, servil, servilismo, servidor, servidumbre, siervo, sirviente, inservible, autoservicio.

sésamo (sé·sa·mo) [sustantivo masculino] Planta con flores en forma de campana, cuyo fruto contiene unas semillas que se usan como alimento y para hacer aceite: *El pan de la hamburguesa lleva sésamo por encima.*

sesear (se·se·ar) [verbo] Pronunciar la *z* como *s*. ◻ Familia: seseo.

sesenta (se·sen·ta) ∎ [numeral] **1** Indica sesenta unidades: *Una hora tiene sesenta minutos.* ∎ [sustantivo masculino] **2** Número 60: *El sesenta es mi número favorito.* ◻ [En el significado **1** no varía en masculino y femenino]. ◻ Familia: →seis.

seseo (se·se·o) [sustantivo masculino] Hecho de pronunciar la *z* como *s*. ◻ Familia: →sesear.

sesera (se·se·ra) [sustantivo femenino] **1** Juicio o inteligencia: *Este chico tiene mucha sesera.* **2** Cabeza de una persona: *Me he dado un golpe en la sesera.* ◻ [Es coloquial]. ◻ Familia: →seso.

sesgado, da (ses·ga·do, da) [adjetivo] Que no está completo: *una información sesgada.*

sesgo (ses·go) [sustantivo masculino] Dirección que toma un asunto, especialmente si es desfavorable: *No me gusta el sesgo que están tomando las cosas en el trabajo.*

sesión (se·sión) [sustantivo femenino] **1** Cada una de las funciones en que se representa un espectáculo: *En este cine hay tres sesiones: a las cuatro, a las siete y a las diez.* **2** Espacio de tiempo durante el que se desarrolla una actividad: *La modelo tiene mañana una sesión de fotografías.* ◻ Sinónimos: **1** pase.

seso (se·so) [sustantivo masculino] **1** Masa que está dentro de la cabeza: *No quiero comer sesos de cordero porque no me gustan.* **2** Capacidad para pensar o para actuar con juicio: *Tiene muy poco seso y hace muchas locuras.* ◆ [expresión] ∥ **devanarse los sesos** Pensar mucho en algo: *Aunque te devanes los sesos no lo acertarás.* ∥ **sorberle el seso a alguien** Gustarle mucho algo: *Los coches de carreras te tienen sorbido el seso.* ◻ [El significado **1** se usa más en plural. No confundir con «sexo» (diferencia entre machos y hembras). Las expresiones son coloquiales]. ◻ Familia: sesudo, sesera.

sestear (ses·te·ar) [verbo] **1** Dormir un poco después de comer: *No puede sestear porque trabaja todas las tardes.* **2** Descansar el ganado en un lugar con sombra: *El pastor vigilaba el ganado que sesteaba bajo los árboles.* ◻ Familia: →siesta.

sesudo, da (se·su·do, da) [adjetivo] **1** Que tiene buen juicio o sentido común: *Eres muy sesuda y no haces tonterías.* **2** Inteligente o muy listo: *Este ejercicio es fácil para alguien tan sesudo como yo.* ◻ Sinónimos: **1** sensato. ◻ Familia: →seso.

set [sustantivo masculino] **1** En algunos deportes, cada una de las partes en las que se divide un partido: *Cada set de tenis se compone de seis juegos.* **2** Conjunto de cosas o de piezas que sirven para hacer algo: *un set de jardinería.* ◻ [Es una palabra de origen inglés. Su plural es «sets»]. ◻ Sinónimos: **2** kit.

seta (se·ta) [sustantivo femenino] Ser vivo con forma de sombrilla, que no es animal ni vegetal, y que crece en lugares húmedos. ◻ Sinónimos: hongo.

setecientos, tas (se·te·cien·tos, tas) ∎ [numeral] **1** Indica 700 unidades: *Este pueblo solo tiene setecientos habitantes.* ∎ [sustantivo masculino] **2** Número 700: *El setecientos es mi número de la suerte.* ◻ Familia: →siete. →ciento.

setenta (se·ten·ta) ∎ [numeral] **1** Indica 70 unidades: *La obra duró setenta minutos.* ∎ [sustantivo masculino] **2** Número 70: *Mi hermano es el que lleva el setenta en el dorsal.* ◻ [En el significado **1** no varía en masculino y femenino]. ◻ Familia: →siete.

setiembre (se·tiem·bre) [sustantivo masculino] → **septiembre.**

seto (se·to) [sustantivo masculino] Especie de valla hecha con plantas que están muy juntas.

setter [sustantivo] Perro de una raza que se caracteriza por tener pelo largo, cabeza alargada y orejas caídas. ◻ [Es una palabra inglesa. Se pronuncia «séter»].

seudónimo (seu·dó·ni·mo) [sustantivo masculino] Nombre falso que usa un autor para ocultar su verdadero nombre: *La escritora firmaba con un seudónimo.*

severidad (se·ve·ri·dad) [sustantivo femenino] **1** Falta de amabilidad o de capacidad para comprender a los demás: *En el internado nos educaron con severidad.* **2** Forma de hacer algo como está mandado: *La justicia exige que las leyes se cumplan con severidad.* ◻ Sinónimos: **1** dureza, rigor. ◻ Familia: →severo.

severo, ra (se·ve·ro, ra) [adjetivo] **1** Que resulta poco agradable o poco amable: *Sus palabras fueron muy*

sevillano, na

severas. **2** Que quiere que algo se haga como está mandado: *Su jefe es muy severo y le exige muchísimo.* □ SINÓNIMOS: **1** duro. □ FAMILIA: severidad.

sevillano, na (se·vi·lla·no, na) ■ [adjetivo o sustantivo] **1** De la provincia española de Sevilla o de su capital. ■ **sevillanas** [sustantivo femenino plural] **2** Baile, música y canción populares de origen andaluz. □ SINÓNIMOS: **1** hispalense.

sexagenario, ria (se·xa·ge·na·rio, ria) [adjetivo o sustantivo] Que tiene más de sesenta años y menos de setenta. □ FAMILIA: →seis.

sexagésimo, ma (se·xa·gé·si·mo, ma) [numeral] **1** Que ocupa el lugar número sesenta en una serie: *Eres nuestro sexagésimo visitante.* **2** Dicho de una parte, que es una de las sesenta en que se divide algo: *la sexagésima parte de sus ingresos.* □ FAMILIA: →seis.

sexi (se·xi) [adjetivo] Que tiene atractivo sexual: *Ese actor es muy sexi.* □ [Es una palabra de origen inglés. No varía en masculino y femenino. Es preferible escribir «sexi» que la forma inglesa *sexy*]. □ FAMILIA: →sexo.

sexo (se·xo) [sustantivo masculino] **1** Diferencia entre los machos y las hembras que se nota en la distinta forma del cuerpo: *Es muy difícil distinguir el sexo de algunos insectos.* **2** Conjunto de seres que son todos machos o todos hembras: *sexo femenino; sexo masculino.* **3** Órganos del cuerpo que se pueden ver y que sirven para tener hijos. □ [No confundir con «seso» (masa que está dentro de la cabeza; capacidad para pensar)]. □ FAMILIA: sexual, sexualidad, sexi, asexual, bisexual, heterosexual, homosexual, homosexualidad, metrosexual, unisex, transexual.

sex shop [sustantivo masculino] Tienda en la que se venden artículos eróticos. □ [Es una expresión inglesa. Se pronuncia «séx-sóp»].

sexteto (sex·te·to) [sustantivo masculino] **1** Conjunto musical de seis voces o de seis instrumentos. **2** Obra musical para este conjunto. **3** Estrofa de seis versos generalmente de once sílabas. □ FAMILIA: →seis.

sextilla (sex·ti·lla) [sustantivo femenino] Estrofa de seis versos de menos de ocho sílabas. □ FAMILIA: →seis.

sexto, ta (sex·to, ta) [numeral] **1** Que ocupa el lugar número seis en una serie: *Es el sexto año que estoy en el colegio.* **2** Dicho de una parte, que es una de las seis en que se divide algo: *Solo ha ido a la excursión una sexta parte de los alumnos.* □ FAMILIA: decimosexto. →seis.

sexual (se·xual) [adjetivo] Del sexo o relacionado con ello: *educación sexual.* □ [No varía en masculino y femenino]. □ ANTÓNIMOS: asexual. □ FAMILIA: →sexo.

sexualidad (se·xua·li·dad) [sustantivo femenino] Conjunto de características o de fenómenos relacionados con el sexo. □ FAMILIA: →sexo.

sexy [adjetivo] → **sexi.** □ [Es una palabra inglesa].

sheriff [sustantivo masculino] Persona que hace que se cumpla la ley en algunos lugares de Estados Unidos, que es un país norteamericano. □ [Es una palabra inglesa. Se pronuncia «sérif»].

sherpa [adjetivo o sustantivo] Del pueblo que vive en la zona del Himalaya, que es una cadena montañosa asiática: *Un sherpa guio la expedición por el Himalaya.* □ [Es una palabra del nepalés. Se pronuncia «sérpa». No varía en masculino y femenino].

shock [sustantivo masculino] Estado nervioso que se produce en una persona después de una emoción o de una impresión muy fuertes. □ [Es una palabra inglesa. Se pronuncia «sok». Es preferible usar «choque»].

short [sustantivo masculino] Pantalón muy corto: *Se ha comprado unos shorts y una camiseta para la fiesta.* □ [Es una palabra inglesa. Se pronuncia «sort». Significa lo mismo en singular que en plural].

show [sustantivo masculino] Espectáculo que está hecho para divertir al público. □ [Es una palabra inglesa. Se pronuncia «sóu»].

showman [sustantivo masculino] Presentador o artista famoso que interviene en un espectáculo. □ [Es una palabra inglesa. Se pronuncia «sóuman»].

show-woman [sustantivo femenino] Presentadora o artista famosa que interviene en un espectáculo. □ [Es una palabra inglesa. Se pronuncia «sóu-guóman»].

si ■ [sustantivo masculino] **1** Una de las siete notas musicales. ◉ **página 648.** ■ [conjunción] **2** Se usa para introducir una condición: *Iré si me apetece.* **3** Se usa para introducir una pregunta o una duda: *No sé si vendrá.* **4** Detrás de *como*, se usa para expresar una comparación: *Esta niña grita como si la estuvieran matando.* **5** Se usa para dar más fuerza a lo que se dice: *¡Si será bobo que se creyó la mentira!* **6** Se usa para introducir un deseo: *Si pudiera ir contigo...* ◆ [expresión] ‖ **si no** En caso contrario: *Tómate la medicina, porque, si no, no te curarás.* □ [No confundir con «sí», pronombre personal, adverbio o sustantivo (respuesta afirmativa). No confundir «si no» con «sino», conjunción. En el significado **1** su plural es «sis»].

sí ■ [sustantivo masculino] **1** Respuesta afirmativa: *Respondió con un sí rotundo.* ■ [pronombre personal] **2** Forma reflexiva que se usa detrás de preposición para representar la tercera persona: *Mi hermana se pellizcó a sí misma.* ■ [adverbio] **3** Se usa para responder de forma afirmativa: *Sí quiero que vengas.* **4** Se usa para decir algo con una fuerza especial: *Tú sí que tienes el pelo largo.* □ [En el significado **1** su plural es «síes». No confundir con «si», conjunción o sustantivo (nota musical). En el significado **2** no varía en masculino y femenino. En los significados **3** y **4** tampoco varía por ser adverbio]. □ ANTÓNIMOS: **1**, **3** no.

siamés, sa (sia·més, me·sa) ■ [adjetivo o sustantivo] **1** Dicho de una persona, que ha nacido unida a su hermano por alguna parte del cuerpo: *hermanos siameses.* ■ [sustantivo] **2** Gato de una raza que se caracteriza por ser de color pardo o grisáceo, con las orejas, las patas, el hocico y la cola más oscuros.

sibarita (si·ba·ri·ta) [adjetivo o sustantivo] Dicho de una persona, aficionada al lujo y a las comodidades: *Es un sibarita y* *le gusta comer lo más exquisito.* □ [No varía en masculino y femenino].

sicario (si·ca·rio) [sustantivo/masculino] Persona a quien se paga para que haga algo malo o para que mate a alguien. □ Sinónimos: esbirro.

siciliano, na (si·ci·lia·no, na) ■ [adjetivo o sustantivo] **1** De la isla italiana de Sicilia. ■ **siciliano** [sustantivo/masculino] **2** Lengua de esta isla.

sicoanálisis (si·co·a·ná·li·sis) [sustantivo/masculino] → **psicoanálisis.**

sicoanalista (si·co·a·na·lis·ta) [sustantivo] → **psicoanalista.**

sicología (si·co·lo·gí·a) [sustantivo/femenino] → **psicología.**

sicológico, ca (si·co·ló·gi·co, ca) [adjetivo] → **psicológico, ca.**

sicólogo, ga (si·có·lo·go, ga) [sustantivo] → **psicólogo, ga.**

sicomoro o **sicómoro** (si·co·mo·ro; si·có·mo·ro) [sustantivo/masculino] Árbol de hojas ásperas y fruto parecido al higo, del que se saca una madera muy resistente.

sicópata (si·có·pa·ta) [sustantivo] → **psicópata.**

sicosis (si·co·sis) [sustantivo/femenino] → **psicosis.**

sicotécnico, ca (si·co·téc·ni·co, ca) [adjetivo] → **psicotécnico, ca.**

sicoterapeuta (si·co·te·ra·peu·ta) [sustantivo] → **psicoterapeuta.**

sicoterapia (si·co·te·ra·pia) [sustantivo/femenino] → **psicoterapia.**

sida (si·da) [sustantivo/masculino] Enfermedad que destruye las defensas del cuerpo: *El sida es una enfermedad muy grave.*

sidecar (si·de·car) [sustantivo/masculino] Especie de coche que tienen en un lado algunas motos y en el que puede ir una persona. □ [Es una palabra de origen inglés].

siderurgia (si·de·rur·gia) [sustantivo/femenino] Técnica para extraer y trabajar el hierro. □ Familia: siderúrgico.

siderúrgico, ca (si·de·rúr·gi·co, ca) [adjetivo] De la siderurgia o relacionado con esta técnica: *industria siderúrgica.* □ Familia: →siderurgia.

sidra (si·dra) [sustantivo/femenino] Bebida de color amarillo que se obtiene de la manzana.

siega (sie·ga) [sustantivo/femenino] Hecho de cortar la hierba u otras plantas: *La siega de los cereales suele ser en verano.* □ Familia: →segar.

siembra (siem·bra) [sustantivo/femenino] Acción de echar semillas en la tierra para que crezcan: *La siembra de algunos cereales se realiza en octubre.* □ Familia: →sembrar.

siempre (siem·pre) [adverbio] **1** En todo momento o durante toda la vida: *Siempre te recordaré.* **2** Teniendo al menos una posibilidad: *Aunque no pueda hacértelo él, siempre podrá ayudarte.* ◆ [expresión] ‖ **hasta siempre** Se usa para despedirse de alguien a quien quizá no volvamos a ver, para no hacer tan difícil la despedida. ‖ **siempre que** Se usa para expresar una condición: *Iré, siempre que vayas tú también.* □ Antónimos: **1** nunca, jamás. □ Familia: siempreviva.

siempreviva (siem·pre·vi·va) [sustantivo/femenino] Planta que tiene flores que duran mucho tiempo después de ser cortadas. □ Familia: →siempre. →vivir.

sien (sien) [sustantivo/femenino] Cada una de las dos partes que están a los lados de la frente y en las que, al poner las manos, se siente el paso de la sangre.

sien

sierra (sie·rra) [sustantivo/femenino] **1** Herramienta con una parte de metal acabada en dientes y que sirve para cortar madera. ⊙ **páginas 494-495. 2** Conjunto de montañas acabadas en punta o formadas por muchas rocas: *Este fin de semana subiremos a la sierra a esquiar.* □ Familia: serrar, serrín, serrería, serrucho, aserrar, aserradero, serrano, serranía.

siervo, va (sier·vo, va) [sustantivo] Persona que hace todo lo que otra le manda y se dedica a cumplir sus deseos. □ Familia: →servir.

siesta (sies·ta) [sustantivo/femenino] Sueño que alguien se echa después de comer. □ Familia: sestear.

siete (sie·te) ■ [numeral] **1** Indica 7 unidades: *Tengo siete hermanos.* ■ [sustantivo/masculino] **2** Número 7: *El siete es un número impar.* ■ [sustantivo/masculino] **3** Roto en forma de este número que se hace en una tela: *Me enganché el vestido y me he hecho un siete.* □ [En el significado **1** no varía en masculino y femenino]. □ Familia: setenta, setecientos, séptimo, septuagésimo, diecisiete, diecisieteavo, veintisiete.

sietemesino, na (sie·te·me·si·no, na) [adjetivo o sustantivo] Que nace a los siete meses de haberse formado en vez de a los nueve. □ Familia: →mes.

sífilis (sí·fi·lis) [sustantivo/femenino] Enfermedad que se transmite por contacto sexual. □ [No varía en singular y plural].

sifón (si·fón) [sustantivo/masculino] **1** Botella cerrada que contiene agua con gas que sale cuando se aprieta una palanca que hay en la boca. **2** Agua con gas que contiene esta botella: *vermú con sifón.* □ Sinónimos: **2** soda.

sifón

sigilo (si·gi·lo) [sustantivo/masculino] Silencio o cuidado: *Andábamos con sigilo para que no nos oyeran.* □ Familia: sigiloso.

sigiloso, sa (si·gi·lo·so, sa) [adjetivo] Con sigilo: *Entré de forma sigilosa para no despertarte.* ☐ Familia: →sigilo.

sigla (si·gla) [sustantivo] [femenino] Palabra formada con las letras con las que empiezan otras: *«UE» es la sigla de «Unión Europea».*

siglo (si·glo) [sustantivo] [masculino] Período de tiempo de cien años. ☐ Sinónimos: centuria.

significación (sig·ni·fi·ca·ción) [sustantivo] [femenino] Importancia o valor de algo: *Estos hechos tienen gran significación para la economía del país.* ☐ Sinónimos: trascendencia, relevancia. ☐ Familia: →signo.

significado (sig·ni·fi·ca·do) [sustantivo] [masculino] Idea o concepto que algo representa: *Busca en el diccionario el significado de las palabras.* ☐ Familia: →signo.

significante (sig·ni·fi·can·te) [sustantivo] [masculino] Conjunto de sonidos o de letras que representan una palabra. ☐ Familia: →signo.

significar (sig·ni·fi·car) [verbo] **1** Expresar o querer decir: *¿Qué significa esa señal de tráfico?* **2** Ser importante o tener importancia: *Mi familia significa mucho para mí.* ☐ [La «c» se cambia en «qu» delante de «e» («signifique»)]. ☐ Sinónimos: **2** suponer. ☐ Familia: →signo.

significativo, va (sig·ni·fi·ca·ti·vo, va) [adjetivo] Que tiene importancia: *Los datos son significativos, demuestran el éxito del disco.* ☐ Sinónimos: importante. ☐ Antónimos: insignificante. ☐ Familia: →signo.

signo (sig·no) [sustantivo] [masculino] **1** Cosa que representa algo: *La coma es un signo de puntuación.* **2** Cosa que permite suponer algo: *Tu risa es signo de que estás contento.* **3** Cada uno de los doce grupos en que se divide el horóscopo: *Yo soy géminis, ¿y tú qué signo eres?* ☐ Sinónimos: **1**, **2** señal. **2** indicio, síntoma. ☐ Familia: significar, significado, significante, significativo, significación, insignificante, insignificancia, persignarse.

siguiente (si·guien·te) [adjetivo] Que va después: *El resultado está en la página siguiente.* ☐ [No varía en masculino y femenino]. ☐ Sinónimos: posterior, ulterior. ☐ Antónimos: anterior. ☐ Familia: →seguir.

sílaba (sí·la·ba) [sustantivo] [femenino] Sonido o conjunto de sonidos que se pronuncian en un solo golpe de voz: *«Apagón» tiene tres sílabas: «a-pa-gón».* ☐ Familia: monosílabo, bisílabo, trisílabo, cuatrisílabo, pentasílabo, hexasílabo, heptasílabo, octosílabo, decasílabo, endecasílabo, polisílabo.

silbar (sil·bar) [verbo] Producir silbidos o sonidos parecidos. ☐ Familia: silbido, silbato, silbo.

silbato (sil·ba·to) [sustantivo] [masculino] Instrumento pequeño y hueco que produce un sonido agudo cuando se sopla por él: *Los árbitros usan silbato en los partidos.* ☐ Sinónimos: pito. ☐ Familia: →silbar.

silbido (sil·bi·do) [sustantivo] [masculino] **1** Sonido agudo que se produce al hacer salir el aire por la boca a través de los labios puestos como si fuéramos a pronunciar una «u». **2** Sonido parecido a este que se produce de otras formas: *El silbido del tren y del viento producían mucho ruido en la estación.* ☐ Sinónimos: silbo. ☐ Familia: →silbar.

silbo (sil·bo) [sustantivo] [masculino] **1** Sonido agudo que se produce al hacer salir el aire por la boca a través de los labios puestos como si fuéramos a pronunciar una «u». **2** Sonido parecido a este que se produce de otras formas: *En la selva se escuchaba el silbo del viento y las serpientes.* ☐ Sinónimos: silbido. ☐ Familia: →silbar.

silenciador (si·len·cia·dor) [sustantivo] [masculino] Aparato que se coloca en algunas máquinas para que hagan menos ruido: *pistola con silenciador.* ☐ Familia: →silencio.

silenciar (si·len·ciar) [verbo] Callar: *Los periodistas silenciaron algunos datos.* ☐ [Es irregular y se conjuga como ANUNCIAR]. ☐ Familia: →silencio.

silencio (si·len·cio) [sustantivo] [masculino] **1** Estado en el que no se oye ningún ruido: *La profesora pidió silencio.* **2** Signo que representa una pausa en una composición musical. 👁 página 648. ☐ Antónimos: fragor, ruido. ☐ Familia: silencioso, silenciar, silenciador.

silencioso, sa (si·len·cio·so, sa) [adjetivo] **1** Sin ruidos: *La biblioteca es un lugar silencioso.* **2** Que no hace ruido o hace muy poco: *Este coche tiene un motor silencioso.* ☐ Sinónimos: callado, quedo. ☐ Antónimos: ruidoso, escandaloso, estrepitoso, estruendoso. ☐ Familia: →silencio.

sílex (sí·lex) [sustantivo] [masculino] Mineral muy duro de color gris, rojo o negro: *El sílex es una variedad del cuarzo.* ☐ [No varía en singular y plural]. ☐ Sinónimos: pedernal. ☐ Familia: →sílice.

sílfide (síl·fi·de) [sustantivo] [femenino] Mujer muy delgada y esbelta.

sílice (sí·li·ce) [sustantivo] [femenino] Mineral formado por silicio y oxígeno. ☐ Familia: sílex, silicio, silicona.

silicio (si·li·cio) [sustantivo] [masculino] Mineral sólido de color amarillento, muy duro y abundante. ☐ Familia: →sílice.

silicona (si·li·co·na) [sustantivo] [femenino] Sustancia formada por silicio y oxígeno, muy resistente al calor y a la humedad: *He rellenado con silicona los huecos de la ventana para que no entre agua.* ☐ Familia: →sílice.

silla (si·lla) [sustantivo] [femenino] Mueble con una parte para apoyar la espalda y que sirve para que se siente una sola persona. ♦ [expresión] ‖ **silla de ruedas** La que tiene ruedas y usan las personas que no pueden andar. ☐ Familia: sillón, sillín, sillería, ensillar, telesilla.

sillar (si·llar) [sustantivo] [masculino] Piedra que forma parte de una pared o una construcción.

sillería (si·lle·rí·a) [sustantivo] [femenino] **1** Conjunto de sillas y sillones de un mismo tipo: *La sillería del coro de la iglesia es de nogal.* **2** Construcción hecha con sillares o piedras: *La fachada de este edificio es una obra de sillería.* ☐ Familia: →silla.

sillín (si·llín) [sustantivo] [masculino] Asiento sobre el que se monta una persona en una bicicleta o en un vehículo parecido. ☐ Familia: →silla.

sillón (si·llón) [sustantivo] [masculino] Asiento con brazos, más grande, bajo y cómodo que una silla. ☐ Familia: →silla.

silo (si·lo) [sustantivo] [masculino] Lugar donde se almacena el trigo y otras semillas.

silueta (si·lue·ta) [sustantivo] [femenino] Línea que forma una figura: *Dibujó la silueta de la casa, sin puertas ni ventanas.* ☐ Sinónimos: perfil, contorno.

silva (sil·va) [sustantivo/femenino] Estrofa de versos de once y siete sílabas, que riman a gusto del poeta.

silvestre (sil·ves·tre) [adjetivo] Dicho de una planta, que es propia del campo y nace sin que nadie la haya cultivado: *En el bosque hay flores silvestres.* ☐ [No varía en masculino y femenino].

sima (si·ma) [sustantivo/femenino] Agujero grande y muy profundo en la tierra: *El montañero se cayó en una sima.*

simbiosis (sim·bio·sis) [sustantivo/femenino] Asociación entre dos seres vivos de distinta especie que se ayudan para sobrevivir o para vivir mejor: *Los líquenes son una simbiosis de alga y hongo.* ☐ [No varía en singular y plural].

simbólico, ca (sim·bó·li·co, ca) [adjetivo] Que tiene un significado distinto del habitual con el que mantiene algún tipo de relación: *Una cruz verde es la representación simbólica de una farmacia.* ☐ FAMILIA: →símbolo.

simbolizar (sim·bo·li·zar) [verbo] Representar una cosa a otra: *La paloma simboliza la paz.* ☐ [La «z» se cambia en «c» delante de «e» («simbolice»)]. ☐ FAMILIA: →símbolo.

símbolo (sím·bo·lo) [sustantivo/masculino] Objeto o imagen que representan algo: *La cruz es el símbolo del cristianismo.* ☐ SINÓNIMOS: emblema. ☐ FAMILIA: simbólico, simbolizar.

simetría (si·me·trí·a) [sustantivo/femenino] Igualdad que existe entre dos partes que están divididas por una línea que pasa justo por el centro. ☐ ANTÓNIMOS: asimetría. ☐ FAMILIA: simétrico, asimetría, asimétrico.

simetría

simétrico, ca (si·mé·tri·co, ca) [adjetivo] Que tiene simetría. ☐ ANTÓNIMOS: asimétrico. ☐ FAMILIA: →simetría.

simiente (si·mien·te) [sustantivo/femenino] **1** Parte del fruto de los vegetales que contiene el origen de una nueva planta: *La simiente de las sandías son sus pepitas.* **2** Cualquier cosa que representa el origen de algo: *La amistad entre ellos fue la simiente de su amor.* ☐ SINÓNIMOS: semilla.

símil (sí·mil) [sustantivo/masculino] **1** Forma de expresar algo, relacionándolo con otra cosa a la que se parece en alguna de sus características: *«Tu pelo es suave como la seda» es un símil.* **2** Parecido que hay entre varias cosas. ☐ SINÓNIMOS: **2** comparación. ☐ FAMILIA: similar, similitud.

similar (si·mi·lar) [adjetivo] Que tiene parecido con algo: *Tu coche es similar al mío.* ☐ [No varía en masculino y femenino. No confundir con «simular» (presentar como cierto algo que no lo es)]. ☐ SINÓNIMOS: analógico. ☐ FAMILIA: →símil.

similitud (si·mi·li·tud) [sustantivo/femenino] Conjunto de características que hacen que una cosa se parezca a otra: *Entre estos dos textos hay mucha similitud.* ☐ SINÓNIMOS: parecido, semejanza. ☐ FAMILIA: →símil.

simio, mia (si·mio, mia) [sustantivo] Animal con mucho pelo en el cuerpo, que se cuelga de las ramas de los árboles y que anda a cuatro patas o solo con dos: *El gorila es un tipo de simio.* ☐ SINÓNIMOS: mono.

simpatía (sim·pa·tí·a) [sustantivo/femenino] **1** Sentimiento que se tiene hacia alguien que nos gusta: *Siento una gran simpatía por tus hermanos.* **2** Forma de ser de la persona que resulta muy agradable: *Tu simpatía hace que todos te queramos.* ☐ SINÓNIMOS: **1** aprecio, estima, afecto. ☐ ANTÓNIMOS: **1** fobia, ojeriza, antipatía. ☐ FAMILIA: simpático, simpatizar, simpatizante.

simpático, ca (sim·pá·ti·co, ca) [adjetivo] Que resulta muy agradable: *Es una chica muy simpática.* ☐ ANTÓNIMOS: antipático. ☐ FAMILIA: →simpatía.

---

signos de puntuación

Son signos que aparecen en los textos escritos junto a las letras y los números.
Nos ayudan a entender mejor los mensajes.
Hay signos simples, como el punto o la coma, y signos dobles, como los paréntesis o la interrogación. Los signos dobles tienen que abrirse y cerrarse.

punto	.	Su función principal es organizar lo que escribimos, separando unas partes del texto o del enunciado de otras.
coma	,	
punto y coma	;	
dos puntos	:	
paréntesis	( )	Su función principal es encerrar algunas partes del texto para indicar algo sobre ellas. Por ejemplo, los paréntesis encierran información que se considera complementaria (porque sin ella el mensaje se entiende bien) y las comillas encierran palabras dichas por otra persona.
corchetes	[ ]	
comillas	« »	
rayas	— —	
signos de interrogación	¿ ?	Su función principal es indicar la actitud del que habla, que puede querer hacernos una pregunta (*¿Ha comprado gominolas?*), mostrar una emoción (*¡Ha comprado gominolas!*) o dejar el enunciado sin terminar con alguna intención (*Ha comprado gominolas, pero...*).
signos de exclamación	¡ !	
puntos suspensivos	...	

simpatizante (sim·pa·ti·zan·te) [adjetivo o sustantivo] Que sigue una idea, un partido o un movimiento. ☐ [No varía en masculino y femenino]. ☐ Sinónimos: seguidor, adepto. ☐ Antónimos: contrario, disidente. ☐ Familia: →simpatía.

simpatizar (sim·pa·ti·zar) [verbo] Sentir amistad hacia alguien o llevarse bien con él: *He simpatizado con mi vecino*. ☐ [La «z» se cambia en «c» delante de «e» («simpatice»)]. ☐ Familia: →simpatía.

simple (sim·ple) ■ [adjetivo] **1** Que solo está formado por una cosa: *El pretérito imperfecto («comía») es un tiempo verbal simple*. **2** Sencillo o fácil: *Esta teoría es muy simple y la entenderás*. ■ [adjetivo o sustantivo] **3** Que no tiene mucha inteligencia o que es fácil de engañar: *Es una persona tan simple que se cree todo*. ☐ [No varía en masculino y femenino]. ☐ Sinónimos: **1** sencillo. ☐ Antónimos: **1** compuesto. **2** rebuscado. ☐ Familia: simpleza, simplificar, simplista.

simpleza (sim·ple·za) [sustantivo femenino] **1** Cosa que tiene poco valor o poca importancia: *Pierdes el tiempo con simplezas*. **2** Falta de juicio o de capacidad para comprender: *¡Espabila, que tu simpleza me pone nerviosa!* ☐ Sinónimos: **2** sandez. ☐ Familia: →simple.

simplificar (sim·pli·fi·car) [verbo] Hacer que algo sea más fácil: *simplificar un esquema*. ☐ [La «c» se cambia en «qu» delante de «e» («simplifique»)]. ☐ Sinónimos: facilitar. ☐ Antónimos: dificultar, complicar. ☐ Familia: →simple.

simplista (sim·plis·ta) [adjetivo o sustantivo] Que es demasiado simple: *Esa explicación tan simplista del universo no me convence*. ☐ [No varía en masculino y femenino]. ☐ Familia: →simple.

simposio (sim·po·sio) [sustantivo masculino] Reunión o conferencia de personas especialistas en un tema. ☐ Sinónimos: congreso.

simulación (si·mu·la·ción) [sustantivo femenino] Presentación como cierto o como real de algo que no lo es: *En el verano hicimos simulación de vuelo y parecía que íbamos por el aire de verdad*. ☐ Familia: →simular.

simulacro (si·mu·la·cro) [sustantivo masculino] Situación que siendo falsa se presenta como si fuera verdadera por algún motivo: *Hicimos un simulacro de incendio en el colegio, para saber cómo debíamos actuar si ocurría algo*. ☐ Familia: →simular.

simular (si·mu·lar) [verbo] Presentar como cierto o como real algo que no lo es: *Simulé que me iba y todos se lo creyeron*. ☐ [No confundir con «similar» (parecido a algo)]. ☐ Sinónimos: aparentar. ☐ Familia: simulación, simulacro, disimular, disimulo.

simultanear (si·mul·ta·ne·ar) [verbo] Hacer varias actividades al mismo tiempo: *Quiero simultanear dos carreras, pero no sé si voy a poder con todo*. ☐ Familia: →simultáneo.

simultáneo, a (si·mul·tá·ne·o, a) [adjetivo] Que ocurre o se hace al mismo tiempo que otra cosa: *Entendió lo que le decían gracias a la traducción simultánea*. ☐ Familia: simultanear.

sin [preposición] **1** Indica falta o ausencia de algo: *Me gusta la comida sin sal*. **2** Se usa para expresar que no se hace una acción: *Llevo dos días sin comer*. ☐ Antónimos: **1** con.

sinagoga (si·na·go·ga) [sustantivo femenino] Templo en el que los judíos celebran sus actos religiosos.

sinalefa (si·na·le·fa) [sustantivo femenino] Unión en la pronunciación de la vocal final de una palabra con la vocal inicial de la palabra siguiente: *Si, al leer «la autopista» dices «lautopista», estás haciendo una sinalefa*.

sincerarse (sin·ce·rar·se) [verbo] Contarle a alguien una cosa que es muy personal o que es un secreto. ☐ Familia: →sincero.

sinceridad (sin·ce·ri·dad) [sustantivo femenino] Característica de la persona que no miente o que dice lo que piensa de verdad. ☐ Sinónimos: franqueza. ☐ Antónimos: hipocresía. ☐ Familia: →sincero.

sincero, ra (sin·ce·ro, ra) [adjetivo] Que no miente o que dice lo que piensa de verdad. ☐ Antónimos: hipócrita, mentiroso, falso, embustero. ☐ Familia: sinceridad, sincerarse.

síncope (sín·co·pe) [sustantivo masculino] Pérdida del conocimiento producida porque el corazón o los pulmones han dejado de funcionar.

sincronizar (sin·cro·ni·zar) [verbo] Hacer que ocurran a la vez varias cosas: *Al bailar hemos de sincronizar nuestros movimientos*. ☐ [La «z» se cambia en «c» delante de «e» («sincronice»)].

sindical (sin·di·cal) [adjetivo] Del sindicato o relacionado con esta asociación. ☐ [No varía en masculino y femenino]. ☐ Familia: →sindicato.

sindicalista (sin·di·ca·lis·ta) ■ [adjetivo] **1** Del sindicato o relacionado con esta asociación: *líder sindicalista*. ■ [sustantivo] **2** Persona que pertenece a un sindicato. ☐ [No varía en masculino y femenino]. ☐ Familia: →sindicato.

sindicato (sin·di·ca·to) [sustantivo masculino] Asociación que defiende los intereses de un grupo de trabajadores. ☐ Familia: sindical, sindicalista.

síndrome (sín·dro·me) [sustantivo masculino] Conjunto de señales o de síntomas que caracterizan una enfermedad o un trastorno.

sinergia (si·ner·gia) [sustantivo femenino] **1** Acción de dos o más causas que producen un efecto superior a la suma de los efectos individuales: *Gracias a la sinergia de todos los colectivos implicados en la petición hemos conseguido que nos hagan caso*. **2** Colaboración de varios órganos para realizar una función: *La respiración es el resultado de la sinergia de varios órganos*.

sinfín (sin·fín) [sustantivo masculino] Gran cantidad de algo: *Tengo un sinfín de problemas*. ☐ Sinónimos: infinidad, sinnúmero. ☐ Familia: →fin.

sinfonía (sin·fo·ní·a) [sustantivo femenino] Obra musical hecha para que la interprete una orquesta. ☐ Familia: sinfónico.

sinfónico, ca (sin·fó·ni·co, ca) [adjetivo] **1** De una sinfonía o relacionado con ella: *música sinfónica*. **2** Dicho de una orquesta, que cuenta con muchos instrumentos y que interpreta obras importantes. ☐ Familia: →sinfonía.

singladura (sin·gla·du·ra) [sustantivo femenino] **1** Distancia que recorre un barco en un día. **2** Dirección, rumbo o recorrido: *Con el nuevo presidente se inició en la empresa una nueva singladura.*

single [sustantivo masculino] Disco de poca duración. ☐ [Es una palabra inglesa. Se pronuncia «sínguel». Es preferible usar «sencillo»].

singular (sin·gu·lar) ∎ [adjetivo] **1** Raro y muy poco frecuente: *Es un personaje muy singular.* ∎ [adjetivo o sustantivo masculino] **2** Dicho de una palabra, que se refiere solo a una cosa: *«Oso» es un nombre masculino singular. El singular de «calcetines» es «calcetín».* ☐ [Cuando es adjetivo, no varía en masculino y femenino]. ☐ Sinónimos: **1** único, excepcional, aislado, particular, especial, original. ☐ Antónimos: **1** común, corriente, normal. ☐ Familia: singularidad, singularizar.

singularidad (sin·gu·la·ri·dad) [sustantivo femenino] Característica o detalle que sirve para distinguir algo. ☐ Sinónimos: particularidad, peculiaridad. ☐ Familia: →singular.

singularizar (sin·gu·la·ri·zar) [verbo] Diferenciar una cosa de las demás por alguna señal: *La secta singulariza a sus miembros rapándoles la cabeza.* ☐ [La «z» se cambia en «c» delante de «e» («singularice»)]. ☐ Familia: →singular.

siniestrado, da (si·nies·tra·do, da) [adjetivo o sustantivo] Que ha sufrido un daño importante: *Los bomberos apagaron el fuego del avión siniestrado.* ☐ Familia: →siniestro.

siniestro, tra (si·nies·tro, tra) ∎ [adjetivo] **1** Malo o que da miedo: *Ese caserón tiene un aspecto siniestro.* ∎ **siniestro** [sustantivo masculino] **2** Accidente que produce mucho daño o destruye algo: *Hubo muchas víctimas en el siniestro.* ☐ Sinónimos: **1** tenebroso, tétrico, lúgubre, lóbrego. ☐ Familia: siniestrado.

sinnúmero (sin·nú·me·ro) [sustantivo masculino] Gran cantidad de algo: *Te lo he dicho un sinnúmero de veces.* ☐ Sinónimos: sinfín, infinidad. ☐ Familia: →número.

sino (si·no) ∎ [sustantivo masculino] **1** Destino o fuerza que hace que las cosas sean de determinada forma y que no se puedan cambiar: *Mi sino es que todo me salga mal.* ∎ [conjunción] **2** Se usa para oponer una cosa a otra: *No estoy leyendo, sino escuchando música.* **3** Se usa detrás de *no solo* para añadir algo a lo dicho: *No solo es una persona guapa, sino también lista.* ☐ [En los significados 2 y 3, no confundir con la expresión «si no» (en caso contrario)]. ☐ Sinónimos: **1** hado.

sínodo (sí·no·do) [sustantivo masculino] Reunión de obispos o de otros religiosos para hablar de algún tema o para tomar alguna decisión.

sinónimo, ma (si·nó·ni·mo, ma) [adjetivo o sustantivo masculino] Dicho de una palabra, que tiene un significado igual al de otra: *«Signo» es sinónimo de «síntoma».* ☐ Antónimos: contrario, antónimo.

sinopsis (si·nop·sis) [sustantivo femenino] Esquema o resumen de una cosa. ☐ [No varía en singular y plural]. ☐ Familia: sinóptico.

sinóptico, ca (si·nóp·ti·co, ca) [adjetivo] Expresado en forma de esquema o de resumen: *La profesora hizo un cuadro sinóptico de las oraciones.* ☐ Familia: →sinopsis.

sinrazón (sin·ra·zón) [sustantivo femenino] Acción que no tiene sentido o que va contra la razón. ☐ Familia: →razón.

sinsabor (sin·sa·bor) [sustantivo masculino] Sensación que tenemos cuando algo nos pone tristes o nos produce pena o enfado: *Este negocio no me da más que sinsabores.* ☐ Sinónimos: desgracia, disgusto. ☐ Antónimos: alegría, satisfacción. ☐ Familia: →sabor.

sintáctico, ca (sin·tác·ti·co, ca) [adjetivo] De la sintaxis o relacionado con esta parte de la gramática: *Hemos hecho el análisis sintáctico de una oración.* ☐ Familia: →sintagma.

sintagma (sin·tag·ma) [sustantivo masculino] Conjunto de palabras que forman una unidad dentro de una oración gramatical: *En «el niño es guapo», «el niño» es un sintagma nominal.* ☐ Sinónimos: grupo. ☐ Familia: sintáctico, sintaxis.

sintaxis (sin·ta·xis) [sustantivo femenino] Parte de la gramática que estudia cómo se unen las palabras para formar oraciones. ☐ [No varía en singular y plural]. ☐ Familia: →sintagma.

síntesis (sín·te·sis) [sustantivo femenino] Conjunto de palabras que son lo más importante de algo: *Hizo una síntesis del argumento de la película.* ☐ [No varía en singular y plural]. ☐ Sinónimos: resumen. ☐ Familia: sintético, sintetizar, sintetizador, fotosíntesis.

sintético, ca (sin·té·ti·co, ca) [adjetivo] Que no es natural pero imita las cosas naturales: *piel sintética.* ☐ Antónimos: natural. ☐ Familia: →síntesis.

sintetizador (sin·te·ti·za·dor) [sustantivo masculino] Aparato que puede producir los mismos sonidos que cualquier instrumento musical y crear otros nuevos. ☐ Familia: →síntesis.

sintetizar (sin·te·ti·zar) [verbo] **1** Hacer un resumen o un esquema de algo: *Sinteticé el texto en diez líneas.* **2** Obtener una sustancia a partir de sus componentes. ☐ [La «z» se cambia en «c» delante de «e» («sintetice»)]. ☐ Familia: →síntesis.

síntoma (sín·to·ma) [sustantivo masculino] **1** Cambio en el estado de salud producido por una enfermedad y que permite reconocerla: *La fiebre es un síntoma de muchas enfermedades.* **2** Cosa que permite suponer que algo sucede o va a suceder: *Tu alegría es síntoma de que todo va bien.* ☐ Sinónimos: **2** señal, signo, indicio. ☐ Familia: sintomático.

sintomático, ca (sin·to·má·ti·co, ca) [adjetivo] Del síntoma o relacionado con él: *La fiebre y la tos son signos sintomáticos de la gripe.* ☐ Familia: →síntoma.

sintonía (sin·to·ní·a) [sustantivo femenino] **1** Música con la que empieza o termina un programa de radio o de televisión. **2** Adecuación de una radio o de una televisión a las ondas de una emisora, de manera que la imagen o el sonido se vean o se oigan bien. **3** Buena relación

sintonizar

entre dos o más personas por tener alguna característica en común: *Me llevo muy bien con él porque tenemos gustos comunes y estamos en sintonía.* □ Familia: sintonizar.

sintonizar (sin·to·ni·zar) [verbo] Hacer que una imagen o un sonido se vean o se oigan bien: *Sintonicé la nueva cadena de televisión.* □ [La «z» se cambia en «c» delante de «e» («sintonice»)]. □ Familia: →sintonía.

sinuoso, sa (si·nuo·so, sa) [adjetivo] Que tiene muchas curvas y vueltas: *un camino sinuoso.* □ Sinónimos: tortuoso. □ Antónimos: recto.

sinusitis (si·nu·si·tis) [sustantivo femenino] Inflamación de una parte interna de la cabeza que se comunica con la nariz. □ [No varía en singular y plural].

sinvergonzonería (sin·ver·gon·zo·ne·rí·a) [sustantivo femenino] Falta de vergüenza o de respeto. □ Sinónimos: desvergüenza. □ Familia: →vergüenza.

sinvergüenza (sin·ver·güen·za) [adjetivo o sustantivo] **1** Que actúa sin vergüenza o que falta al respeto a los demás: *Esa sinvergüenza nos está insultando.* **2** Que actúa en contra de la moral o de la ley: *Unos sinvergüenzas me han robado el coche.* □ [No varía en masculino y femenino. No confundir con «sin vergüenza», preposición + sustantivo («Nos quitó el sitio sin vergüenza»)]. □ Sinónimos: **1** truhan. □ Familia: →vergüenza.

sioux [adjetivo o sustantivo] → **siux**. □ [Es una palabra francesa. Se pronuncia «síux». No varía en masculino y femenino].

siquiatra (si·quia·tra) [sustantivo] → **psiquiatra**. □ [No varía en masculino y femenino].

siquiatría (si·quia·trí·a) [sustantivo femenino] → **psiquiatría**.

siquiátrico, ca (si·quiá·tri·co, ca) [adjetivo] → **psiquiátrico, ca**.

síquico, ca (sí·qui·co, ca) [adjetivo] → **psíquico, ca**.

siquiera (si·quie·ra) [adverbio] Por lo menos o tan solo: *Ayúdame siquiera por una vez.*

sirena (si·re·na) [sustantivo femenino] **1** Ser imaginario que tiene cuerpo de mujer hasta la cintura y cola de pez. **2** Aparato que produce un sonido muy fuerte y que avisa de un peligro: *Pasó una ambulancia con la sirena.*

sirena

sirimiri (si·ri·mi·ri) [sustantivo masculino] Lluvia fina y continua. □ [Se usa también «chirimiri»]. □ Sinónimos: calabobos.

sirio, ria (si·rio, ria) [adjetivo o sustantivo] De Siria, que es un país asiático.

siroco (si·ro·co) [sustantivo masculino] Viento cálido y seco que viene del norte de África, que es un continente.

sirope (si·ro·pe) [sustantivo masculino] Líquido espeso y dulce que puede acompañar algunos postres: *He tomado tortitas con sirope de chocolate.*

sirviente, ta (sir·vien·te, ta) [sustantivo] Persona que trabaja sirviendo a otras, especialmente en las tareas de la casa. □ Sinónimos: criado. □ Familia: →servir.

sisa (si·sa) [sustantivo femenino] **1** En una prenda de vestir, corte curvo que queda debajo de la axila. **2** Pequeña cantidad de dinero que una persona le coge a otra al hacerle la compra. □ Familia: →sisar.

sisar (si·sar) [verbo] Quedarse con una pequeña cantidad de dinero de otra persona al hacerle la compra. □ Familia: sisa.

sísmico, ca (sís·mi·co, ca) [adjetivo] De un terremoto o relacionado con él: *ondas sísmicas; movimiento sísmico.* □ Familia: →seísmo.

sismo (sis·mo) [sustantivo masculino] Movimiento o temblor que se produce en la superficie de la Tierra. □ Sinónimos: seísmo.

sismógrafo (sis·mó·gra·fo) [sustantivo masculino] Aparato que indica la fuerza y la dirección de un terremoto. □ Familia: →seísmo.

sistema (sis·te·ma) [sustantivo masculino] **1** Forma ordenada de hacer algo: *Conozco un sistema para aprendernos las tablas de multiplicar.* **2** Conjunto de unidades relacionadas entre sí y que constituyen un todo: *sistema solar.* **3** Conjunto de órganos del cuerpo que tienen una función determinada: *sistema digestivo.* ◆ [expresión] ‖ **por sistema** Por costumbre: *Pase lo que pase, me echas a mí la culpa por sistema.* □ Sinónimos: **1** método. □ Familia: sistemático, ecosistema, sistematizar.

sistemático, ca (sis·te·má·ti·co, ca) [adjetivo] Que sigue un orden al hacer algo: *Es muy sistemático y todos los días hace exactamente las mismas cosas.* □ Familia: →sistema.

sistematizar (sis·te·ma·ti·zar) [verbo] Organizar siguiendo un determinado sistema: *Si sistematizas los datos, podrás estudiarlos mejor.* □ [La «z» se cambia en «c» delante de «e» («sistematice»)]. □ Familia: →sistema.

sístole (sís·to·le) [sustantivo femenino] Movimiento de contracción del corazón y de las arterias para expulsar la sangre que contienen. □ Antónimos: diástole.

sitial (si·tial) [sustantivo masculino] Asiento para que en una ceremonia se sienten las personas importantes. □ Familia: →sitio.

sitiar (si·tiar) [verbo] Rodear un lugar para impedir la salida o la entrada de alguien: *El ejército enemigo sitió la ciudad.* □ [Es irregular y se conjuga como **ANUNCIAR**]. □ Sinónimos: cercar, asediar. □ Familia: →sitio.

sitio (si·tio) [sustantivo masculino] **1** Espacio o lugar: *Me encantaría tener una casa en este sitio.* **2** Espacio que no está ocupado: *Cogedme un sitio a vuestro lado.* **3** Lugar que corresponde a una persona en un determinado momento: *Mi sitio está al lado de mi familia.* **4** Acción que realiza un ejército al rodear un lugar para impedir la salida o la entrada de alguien: *Resistieron el sitio de la ciudad.* ◆ [expresión] ‖ **dejar en el sitio** Dejar muerto en el acto: *¡Menudo susto, casi me dejas en el sitio!* ☐ [La expresión es coloquial]. ☐ Sinónimos: **1**, **2** lugar. **2** hueco. **4** cerco, asedio. ☐ Familia: sitiar, sitial, situar, situación, situado, sito.

sito, ta (si·to, ta) [adjetivo] Situado o colocado en un lugar: *Tienes que ir a la delegación sita en la calle Mayor.* ☐ Familia: →sitio.

situación (si·tua·ción) [sustantivo femenino] **1** Colocación en un lugar o en un tiempo determinados: *El piloto del avión comunicó su situación por radio.* **2** Estado o condición: *Si yo estuviera en tu situación, diría la verdad.* ☐ Familia: →sitio.

situado, da (si·tua·do, da) [adjetivo] **1** Que está colocado en un sitio: *La ciudad está situada en el norte del país.* **2** Que está en una situación estable, porque tiene dinero o porque tiene trabajo: *Mi primo está muy bien situado.* ☐ Familia: →sitio.

situar (si·tuar) [verbo] **1** Poner en un lugar o en un tiempo determinados: *Nos hemos situado en el mejor sitio.* ▪ **situarse 2** Conseguir una buena posición social, económica o política: *Mi mayor aspiración es situarme como abogada.* ☐ [Es irregular y se conjuga como ACTUAR]. ☐ Familia: →sitio.

siux (siux) [adjetivo o sustantivo] De un conjunto de indios procedentes de la zona central de América del Norte. ☐ [No varía en masculino y femenino, ni en singular y plural. Es preferible escribir «siux» que la forma francesa *sioux*].

skate [sustantivo masculino] → **monopatín.** ☐ [Es una palabra inglesa. Se pronuncia «eskéit»].

sketch [sustantivo masculino] Escena corta y graciosa de una película, de un programa de televisión o de una representación. ☐ [Es una palabra inglesa. Se pronuncia «eskéch»].

slip [sustantivo masculino] Prenda de ropa interior masculina que cubre desde la cintura hasta donde empiezan las piernas. ☐ [Es una palabra francesa. Se pronuncia «eslíp»].

smartphone [sustantivo masculino] Teléfono móvil con funciones parecidas a las de un ordenador personal: *Con este smartphone puedo conectarme a internet.* ☐ [Es una palabra inglesa. Se pronuncia «esmárfon»].

SMS [sustantivo masculino] Mensaje que se escribe con el teléfono móvil y que suele ser breve: *Me mandó un SMS para decirme que no podía venir a la fiesta.* ☐ [Se pronuncia «ése-éme-ése». Se escriben todas las letras con mayúscula. No varía en singular y plural: «el SMS», «los SMS»].

so [interjección] Se usa para hacer que un animal de carga se pare: *El cochero gritó: «¡So, caballo!».* ☐ [Se usa también precediendo a adjetivos y sustantivos para potenciar lo que se dice con intención despectiva: «¡Qué bien lo has hecho, so listo!»]. ☐ Antónimos: arre.

soba (so·ba) [sustantivo femenino] **1** Paliza: *Me he dado una buena soba a trabajar.* **2** Hecho de tocar mucho con las manos. ☐ [Es coloquial]. ☐ Sinónimos: **2** sobo. ☐ Familia: →sobar.

sobaco (so·ba·co) [sustantivo masculino] Hueco que queda debajo del brazo en la parte en la que se une al cuerpo. ☐ Sinónimos: axila. ☐ Familia: sobaquera.

sobado, da (so·ba·do, da) ▪ [adjetivo] **1** Muy usado: *Estos sillones ya están muy sobados.* ▪ **sobado** [sustantivo masculino] **2** → **sobao.** ☐ [En el significado **2**, se usa más «sobao»]. ☐ Sinónimos: **1** ajado. ☐ Antónimos: **1** nuevo. ☐ Familia: →sobar.

sobao (so·ba·o) [sustantivo masculino] Un tipo de bollo hecho con aceite o manteca. ☐ [Se usa también «sobado»].

sobaquera (so·ba·que·ra) [sustantivo femenino] Abertura que tiene una prenda de vestir debajo del brazo para hacer más fácil el movimiento: *Mi abrigo tiene sobaqueras.* ☐ Familia: →sobaco.

sobar (so·bar) [verbo] Tocar con las manos repetidamente. ☐ Sinónimos: manosear. ☐ Familia: sobado, soba, sobo, sobón.

soberanía (so·be·ra·ní·a) [sustantivo femenino] **1** Independencia de otro país: *Algunas colonias americanas obtuvieron su soberanía en el siglo XIX.* **2** Autoridad más importante o poder máximo: *En las democracias, la soberanía reside en el pueblo.* ☐ Familia: →soberano.

soberano, na (so·be·ra·no, na) [adjetivo] **1** Libre e independiente: *España es un país soberano.* ▪ [adjetivo o sustantivo] **2** Que tiene la autoridad más alta: *El actual soberano de España es Juan Carlos I.* ☐ Familia: soberanía.

soberbio (so·ber·bia) Mira en **soberbio, bia.**

soberbio, bia (so·ber·bio, bia) ▪ [adjetivo] **1** Que tiene mucho orgullo o que lo muestra: *Eres tan soberbio que no eres capaz de pedir perdón.* **2** Magnífico o estupendo: *En este museo hay una soberbia colección de cuadros.* ▪ **soberbia** [sustantivo femenino] **3** Sensación de creerse mejor que los demás: *Tu soberbia te impide valorar las cualidades de los demás.* ☐ Sinónimos: **1** vanidoso, orgulloso, engreído, altanero. **2** sublime. **3** vanidad, orgullo, engreimiento, altanería. ☐ Antónimos: **1** humilde, modesto, sencillo. **3** modestia, humildad, sencillez.

sobo (so·bo) [sustantivo masculino] Hecho de tocar mucho con las manos. ☐ [Es coloquial]. ☐ Sinónimos: soba. ☐ Familia: →sobar.

sobón, na (so·bón, bo·na) [adjetivo o sustantivo] Dicho de una persona, que soba o que toca mucho con las manos. ☐ [Es coloquial y despectivo]. ☐ Familia: →sobar.

sobornar (so·bor·nar) [verbo] Conseguir un favor de una persona a cambio de pagarle un dinero: *El preso sobornó a uno de los vigilantes de la cárcel para que lo ayudara a escapar.* ☐ Sinónimos: corromper. ☐ Familia: soborno.

soborno (so·bor·no) [sustantivo masculino] **1** Entrega de dinero o de otra cosa para conseguir un favor de una persona: *Han intentado hacer un soborno al juez.* **2** Cualquier cosa que se entrega con este fin. ☐ Familia: →sobornar.

sobras (so·bras) [sustantivo femenino plural] Resto que queda de algo: *Hoy vamos a cenar las sobras de la comida.* ◆ [expresión] ‖ **de sobra** Suficiente o más de lo necesario: *Con*

sobrado, da

este dinero tienes de sobra para ir al cine. ☐ Familia: →sobrar.

sobrado, da (so·bra·do, da) ▪ [adjetivo] **1** Suficiente o más de lo necesario: *Tienes tiempo más que sobrado para acabarlo.* ▪ **sobrado** [sustantivo masculino] **2** Parte de una casa que está justo debajo del tejado y que suele usarse para guardar cosas. ☐ Sinónimos: **2** desván. ☐ Familia: →sobrar.

sobrante (so·bran·te) [adjetivo] Que sobra. ☐ [No varía en masculino y femenino]. ☐ Sinónimos: restante. ☐ Familia: →sobrar.

sobrar (so·brar) [verbo] **1** Haber más cantidad de la que se necesita: *Como sobra tela, puedes hacerte también una falda.* **2** Quedar como resto de algo: *Todos comimos y aún sobró media olla.* ☐ Familia: sobra, sobrado, sobrante, sobrero.

sobrasada (so·bra·sa·da) [sustantivo femenino] Especie de pasta hecha con carne de cerdo muy picada y especias que suele untarse en el pan.

sobre (so·bre) ▪ [sustantivo masculino] **1** Cubierta de papel en la que se mete una carta para enviarla por correo. **2** Recipiente de papel en el que vienen algunas sustancias: *Esta medicina puede comprarse en sobres o en cápsulas.* ▪ [preposición] **3** Indica un lugar o una posición superiores: *No pongas los pies sobre la mesa.* **4** Indica relación con algo: *¿Qué sabes tú sobre este asunto?* **5** Indica aproximación: *Llamé a tu casa sobre las seis.* ☐ Sinónimos: **4** acerca de. **5** hacia. ☐ Antónimos: **3** bajo.

sobrealimentación (so·bre·a·li·men·ta·ción) [sustantivo femenino] Hecho de tomar más alimento del que se necesita. ☐ Familia: →alimentar.

sobrecarga (so·bre·car·ga) [sustantivo femenino] Demasiada carga: *Una sobrecarga en la línea telefónica produjo la avería.* ☐ Familia: →sobrecargar.

sobrecargar (so·bre·car·gar) [verbo] Cargar o usar demasiado: *Si todos llamamos a la vez, se sobrecargan las líneas telefónicas.* ☐ [La «g» se cambia en «gu» delante de «e» («sobrecargue»)]. ☐ Familia: sobrecarga, sobrecargo.

sobrecargo (so·bre·car·go) [sustantivo] Persona que, en un barco o en un avión, se ocupa de los pasajeros y de la carga. ☐ [No varía en masculino y femenino]. ☐ Familia: →sobrecargar.

sobrecoger (so·bre·co·ger) [verbo] Asustar, sorprender o impresionar: *La noticia del accidente me sobrecogió.* ☐ [La «g» se cambia en «j» delante de «a», «o» («sobrecoja»)]. ☐ Familia: →coger.

sobredosis (so·bre·do·sis) [sustantivo femenino] Dosis excesiva de una droga o de una medicina, que puede ser peligrosa para la salud. ☐ [No varía en singular y plural]. ☐ Familia: →dosis.

sobreentender (so·bre·en·ten·der) [verbo] Entender algo más que aquello que se está expresando: *Si me cuentas lo que vamos a hacer en tu fiesta, sobreentiendo que me invitas.* ☐ [Es irregular y se conjuga como Entender. Se usa también «sobrentender»]. ☐ Familia: →entender.

sobrehumano, na (so·brehu·ma·no, na) [adjetivo] Que es superior a lo que se considera propio de un ser humano: *Hice un esfuerzo sobrehumano para comérmelo todo.* ☐ Familia: →hombre.

sobrellevar (so·bre·lle·var) [verbo] Sufrir con paciencia una cosa mala: *Tengo que aprender a sobrellevar los disgustos.* ☐ Familia: →llevar.

sobremanera (so·bre·ma·ne·ra) [adverbio] Mucho o más de lo normal: *Le gustan sobremanera las películas del oeste.* ☐ Familia: →manera.

sobremesa (so·bre·me·sa) [sustantivo femenino] Tiempo que se está a la mesa charlando después de haber comido. ☐ Familia: →mesa.

sobrenadar (so·bre·na·dar) [verbo] Flotar en un líquido: *En la leche sobrenadaban restos de nata.* ☐ Sinónimos: nadar. ☐ Familia: →nadar.

sobrenatural (so·bre·na·tu·ral) [adjetivo] Que no obedece a las leyes de la naturaleza, sino a un poder superior: *Los milagros son hechos sobrenaturales.* ☐ [No varía en masculino y femenino]. ☐ Sinónimos: milagroso. ☐ Antónimos: natural. ☐ Familia: →natural.

sobrenombre (so·bre·nom·bre) [sustantivo masculino] Nombre que se le pone a una persona, pero que no es el suyo: *El Cordobés es el sobrenombre del torero Manuel Benítez.* ☐ Sinónimos: apelativo. ☐ Familia: →nombre.

sobrentender (so·bren·ten·der) [verbo] → **sobreentender.** ☐ [Es irregular y se conjuga como Entender]. ☐ Familia: →entender.

sobrepasar (so·bre·pa·sar) [verbo] Pasar un límite o una cantidad: *La temperatura sobrepasa los veinte grados.* ☐ Sinónimos: exceder, superar, rebasar. ☐ Familia: →pasar.

sobreponerse (so·bre·po·ner·se) [verbo] Vencer una dificultad, un miedo o una desgracia: *A todos nos cuesta sobreponernos a la muerte de un ser querido.* ☐ [Es irregular y se conjuga como Poner. Su participio es «sobrepuesto»]. ☐ Familia: sobrepuesto. →poner.

sobrepuesto, ta (so·bre·pues·to, ta) Participio irregular de **sobreponerse.** ☐ Familia: →sobreponerse.

sobrero (so·bre·ro) [sustantivo masculino] Toro que se tiene reservado para torearlo si no sirve alguno de los que se destinan a una corrida. ☐ Familia: →sobrar.

sobresaliente (so·bre·sa·lien·te) ▪ [adjetivo] **1** Que destaca o que se nota más que otros: *El entrenador me dijo que mi actuación había sido sobresaliente.* ▪ [sustantivo masculino] **2** Nota que indica que se ha hecho un examen muy bien. ☐ [En el significado **1** no varía en masculino y femenino]. ☐ Familia: →salir.

sobresalir (so·bre·sa·lir) [verbo] **1** Notarse más o quedar por encima: *Esa montaña tan alta sobresale entre las demás.* **2** Destacar entre otros por algo: *Sobresales por tu buen comportamiento.* ☐ [Es irregular y se conjuga como Salir]. ☐ Sinónimos: **1** destacar, despuntar, salir. **2** distinguirse. ☐ Familia: →salir.

sobresaltar (so·bre·sal·tar) [verbo] Asustar, preocupar o hacer que una persona no esté tranquila: *Tuve una pesadilla que me sobresaltó.* ☐ Familia: →saltar.

sobresalto (so·bre·sal·to) [sustantivo masculino] Susto, sorpresa o temor producidos por algo que ocurre sin esperarlo: *El trueno me produjo un sobresalto.* ☐ Familia: →saltar.

sobresdrújulo, la (so·bres·drú·ju·lo, la) [adjetivo] Dicho de una palabra, que tiene el acento en la sílaba anterior a la antepenúltima: *«Llámamelo» se escribe con tilde, como todas las palabras sobresdrújulas.* ☐ Familia: →esdrújulo.

sobrestimar (so·bres·ti·mar) [verbo] Dar a algo más valor del que realmente tiene: *Sobrestimé tu amistad y ahora que me has fallado veo que me equivoqué.* ☐ Antónimos: subestimar. ☐ Familia: →estimar.

sobresueldo (so·bre·suel·do) [sustantivo masculino] Cantidad de dinero que se paga o se recibe además del sueldo. ☐ Sinónimos: plus. ☐ Familia: →sueldo.

sobretodo (so·bre·to·do) [sustantivo masculino] Prenda de vestir ancha, larga y con mangas que se lleva encima de la ropa normal: *El tendero llevaba un sobretodo azul.* ☐ [No confundir con «sobre todo» (en primer lugar en importancia)]. ☐ Familia: →todo.

sobrevalorar (so·bre·va·lo·rar) [verbo] Dar a algo un valor mayor del que realmente tiene: *Cuando te conocí, me impresionaste y te sobrevaloré.* ☐ Familia: →valor.

sobrevenir (so·bre·ve·nir) [verbo] Suceder algo de forma inesperada: *Me sobrevino un fuerte dolor de muelas.* ☐ [Es irregular y se conjuga como **VENIR**]. ☐ Familia: →venir.

sobrevivir (so·bre·vi·vir) [verbo] **1** Vivir después de un accidente grave o después de la muerte de otra persona: *Nadie sobrevivió al naufragio.* **2** Vivir justo con lo necesario: *Con las reservas que quedaban, sobrevivieron hasta que los rescataron.* ☐ Familia: →vivir.

sobrevolar (so·bre·vo·lar) [verbo] Volar por encima de un lugar: *Una avioneta sobrevoló el pueblo.* ☐ [Es irregular y se conjuga como **CONTAR**]. ☐ Familia: →volar.

sobriedad (so·brie·dad) [sustantivo femenino] **1** Prudencia en la forma de hacer las cosas: *Come con sobriedad si no quieres ponerte malo.* **2** Carencia de excesivos adornos: *Esta novelista escribe con sobriedad, es decir, de forma directa y llana.* ☐ Sinónimos: **1** moderación. **2** austeridad. ☐ Familia: →sobrio.

sobrino, na (so·bri·no, na) [sustantivo] Lo que es una persona en relación con el hermano o con la hermana de su padre o de su madre: *Mi tía tiene siete sobrinos.* 👁 **página 431.**

sobrio, bria (so·brio, bria) [adjetivo] **1** Que no está borracho: *Conduce solamente cuando estés sobrio.* **2** Que se comporta sin excesos: *Soy una persona sobria en el comer y en el beber.* **3** Sencillo y sin excesivos adornos: *Viste de forma sobria y elegante.* ☐ Sinónimos: **1** sereno. **3** austero. ☐ Antónimos: **1** ebrio, borracho, bebido. ☐ Familia: sobriedad.

socarrón, na (so·ca·rrón, rro·na) [adjetivo o sustantivo] Que se burla de algo haciendo parecer que habla en serio. ☐ Sinónimos: burlón. ☐ Familia: socarronería.

socarronería (so·ca·rro·ne·rí·a) [sustantivo femenino] Característica de la persona que se burla de algo haciendo parecer que habla en serio. ☐ Familia: →socarrón.

socavar (so·ca·var) [verbo] **1** Cavar por debajo dejando huecos: *Las riadas han socavado los cimientos de la casa.* **2** Poner más débil: *Tantos desastres han socavado su moral.* ☐ Sinónimos: **2** minar. ☐ Familia: →cavar.

socavón (so·ca·vón) [sustantivo masculino] Agujero que se hace en el suelo porque se ha hundido el terreno. ☐ Familia: →cavar.

socavón

sociable (so·cia·ble) [adjetivo] Que está cómodo con la gente y no tiene problemas para tratar con las personas. ☐ [No varía en masculino y femenino]. ☐ Antónimos: huraño, hosco, esquivo, retraído, insociable. ☐ Familia: →socio.

social (so·cial) [adjetivo] De la sociedad o relacionado con ella: *problemas sociales.* ☐ [No varía en masculino y femenino]. ☐ Familia: →socio.

socialismo (so·cia·lis·mo) [sustantivo masculino] Conjunto de ideas que defienden que todas las cosas deben ser repartidas por el Estado. ☐ Familia: →socio.

socialista (so·cia·lis·ta) [adjetivo o sustantivo] Que defiende la idea de que todas las cosas deben ser repartidas por el Estado: *un militante socialista.* ☐ [No varía en masculino y femenino]. ☐ Familia: →socio.

socializar (so·cia·li·zar) [verbo] Transferir propiedades o instituciones privadas al Estado o a otro órgano colectivo: *El marxismo soviético socializó los medios de producción.* ☐ [La «z» se cambia en «c» delante de «e» («socialice»)]. ☐ Familia: →socio.

sociedad (so·cie·dad) [sustantivo femenino] **1** Conjunto de todos los seres humanos: *La sociedad tiene unas normas que sus miembros deben respetar.* **2** Conjunto de personas que se unen para un determinado fin: *Pertenezco a una sociedad protectora de animales abandonados.* ☐ Sinónimos: **1** humanidad. **2** asociación. ☐ Familia: →socio.

socio, cia (so·cio, cia) [sustantivo] **1** Persona que se une a otra para conseguir algo: *Estoy buscando un socio para poner un negocio a medias.* **2** Amigo o compañero: *Oye, socio, ¿nos vamos esta tarde al cine?* ☐ [El significado **2** es coloquial]. ☐ Familia: social, sociable, socialismo, socialista, sociología, sociólogo, sociedad, asociar, asociación, asociado, asociativo, disociar, insociable, socializar.

sociología (so·cio·lo·gí·a) [sustantivo] Ciencia que estudia la existencia y el desarrollo de las sociedades humanas: *La sociología explica la evolución de la natalidad en un país.* ☐ FAMILIA: →socio.

sociólogo, ga (so·ció·lo·go, ga) [sustantivo] Persona especializada en sociología. ☐ FAMILIA: →socio.

socorrer (so·co·rrer) [verbo] Ayudar a alguien que lo necesita o que se encuentra en peligro: *Varios peatones fueron a socorrer al señor que fue atropellado por un coche.* ☐ SINÓNIMOS: auxiliar. ☐ FAMILIA: →socorro.

socorrido, da (so·co·rri·do, da) [adjetivo] Que sirve para solucionar fácilmente una dificultad o un problema: *Las tortillas son una comida muy socorrida cuando llega gente a comer sin avisar.* ☐ FAMILIA: →socorro.

socorrismo (so·co·rris·mo) [sustantivo masculino] Conjunto de conocimientos y de técnicas para poder ayudar en caso de accidente. ☐ FAMILIA: →socorro.

socorrista (so·co·rris·ta) [sustantivo] Persona que trabaja prestando ayuda en caso de accidente. ☐ [No varía en masculino y femenino]. ☐ FAMILIA: →socorro.

socorro (so·co·rro) [sustantivo masculino] Ayuda que se presta a una persona que la necesita o que está en peligro: *Unos chicos acudieron en socorro de una señora que estaba gritando.* ☐ [Se usa para pedir ayuda urgente: «¡Socorro, no sé nadar!»]. ☐ SINÓNIMOS: auxilio. ☐ FAMILIA: socorrer, socorrista, socorrismo, socorrido.

soda (so·da) [sustantivo femenino] Bebida compuesta de agua con gas; whisky *con soda*. ☐ SINÓNIMOS: sifón.

sodio (so·dio) [sustantivo masculino] Metal blando, de color plateado y que se oxida rápidamente.

soez (so·ez) [adjetivo] Que resulta poco delicado y sin educación: *palabras soeces*. ☐ [No varía en masculino y femenino. Su plural es «soeces»]. ☐ SINÓNIMOS: grosero, ordinario. ☐ ANTÓNIMOS: refinado, fino.

sofá (so·fá) [sustantivo masculino] Asiento cómodo para dos o más personas. ◆ [expresión] ‖ **sofá cama** El que se puede usar como cama.

sofisticado, da (so·fis·ti·ca·do, da) [adjetivo] **1** Que es poco natural o que parece fingido: *Me pone nerviosa la gente sofisticada que no actúa con espontaneidad.* **2** Muy complicado o perfecto: *Trabajan con unos modernos microscopios muy sofisticados.*

sofocante (so·fo·can·te) [adjetivo] Que produce una sensación de ahogo: *calor sofocante*. ☐ [No varía en masculino y femenino]. ☐ FAMILIA: →sofocar.

sofocar (so·fo·car) [verbo] **1** Hacer que se acabe un fuego: *Los bomberos sofocaron el incendio.* **2** Cansar mucho o poner muy nervioso: *Estate tranquilo, porque no te conviene sofocarte.* ❚ **sofocarse 3** Avergonzarse o ponerse rojo de vergüenza: *En cuanto te dicen que estás muy guapo, te sofocas y ya no sabes dónde mirar.* ☐ [La «c» se cambia en «qu» delante de «e» («sofoque»)]. ☐ SINÓNIMOS: **1** extinguir, apagar. ☐ ANTÓNIMOS: **1** prender. ☐ FAMILIA: sofoco, sofocón, sofocante.

sofoco (so·fo·co) [sustantivo masculino] **1** Sensación que se tiene cuando no se puede respirar: *Si corro mucho me entra sofoco.* **2** Sensación de vergüenza: *¡Menudo sofoco pasé cuando el profesor me llamó la atención!* **3** Disgusto grande: *Me llevé un buen sofoco al saber que no vendrías.* ☐ [El significado **3** es coloquial]. ☐ SINÓNIMOS: **2** bochorno, vergüenza. **3** sofocón. ☐ FAMILIA: →sofocar.

sofocón (so·fo·cón) [sustantivo masculino] Disgusto muy grande: *¡Qué sofocón cuando vi que había perdido el bolso!* ☐ [Es coloquial]. ☐ SINÓNIMOS: sofoco. ☐ ANTÓNIMOS: alegría. ☐ FAMILIA: →sofocar.

sofrito (so·fri·to) [sustantivo masculino] Salsa que se añade a las comidas y que está hecha con ajo, cebolla y otros ingredientes fritos en aceite. ☐ SINÓNIMOS: refrito. ☐ FAMILIA: →freír.

software [sustantivo masculino] Conjunto de programas que se introducen en un ordenador para trabajar con él. ☐ [Es una palabra inglesa. Se pronuncia «sóftgüer»].

soga (so·ga) [sustantivo femenino] Cuerda gruesa.

soja (so·ja) [sustantivo femenino] Planta de cuyo fruto se extrae aceite y harina. ☞ **páginas 566 y 967.**

sojuzgar (so·juz·gar) [verbo] Hacer que alguien acepte la autoridad de otra persona a la fuerza: *El dictador sojuzgó a su pueblo con crueldad.* ☐ [La «g» se cambia en «gu» delante de «e» («sojuzgue»)]. ☐ SINÓNIMOS: someter. ☐ FAMILIA: →juez.

sol [sustantivo masculino] **1** Estrella que es el centro de un sistema: *En una galaxia puede haber varios soles.* **2** Luz o calor del Sol sobre la Tierra: *Cuando tomes el sol debes protegerte con alguna crema.* **3** Persona o cosa que se considera muy buena o gusta mucho: *Tu hija pequeña es un sol.* **4** Una de las siete notas musicales. ☞ **página 648.** ☐ [El significado **3** es coloquial. Cuando se trata de la estrella de nuestro sistema solar, se escribe con mayúscula]. ☐ FAMILIA: solar, soleado, solana, solariego, solárium, girasol, parasol, quitasol, resol.

solador, ra (so·la·dor, do·ra) [sustantivo] Persona que trabaja colocando ladrillos, baldosas o losas en el suelo. ☐ FAMILIA: →suelo.

solana (so·la·na) [sustantivo femenino] Lugar en el que da mucho el sol: *La plaza a estas horas es una solana.* ☐ FAMILIA: →sol.

solapa (so·la·pa) [sustantivo femenino] **1** Parte de una prenda de vestir que corresponde al pecho y que suele ir doblada hacia fuera: *Me reconocerás porque llevaré un clavel rojo en la solapa.* **2** Parte de un objeto que se dobla para cubrir su interior o para cerrarlo: *En la solapa del libro viene una foto de la autora.* ☐ FAMILIA: solapar, solapado.

solapa

solapado, da (so·la·pa·do, da) [adjetivo] **1** Que oculta sus pensamientos o sus intenciones: *No me fío de esa gente solapada que nunca obra a cara descubierta.* **2** A escondidas: *Lo hizo de forma solapada para que nadie se enterara.* ☐ Sinónimos: **1** hipócrita. ☐ Antónimos: **1** franco. ☐ Familia: →solapa.

solapar (so·la·par) [verbo] Ocultar la verdad de algo o la intención que se tiene: *Solapas la envidia que me tienes con continuas alabanzas.* ☐ Familia: →solapa.

solar (so·lar) ■ [adjetivo] **1** Del Sol o relacionado con esta estrella: *rayo solar.* ■ [sustantivo masculino] **2** Terreno en el que se pueden construir edificios. ☐ [En el significado **1** no varía en masculino y femenino]. ☐ Familia: **1** →sol. **2** →suelo.

solariego, ga (so·la·rie·go, ga) [adjetivo] Antiguo y noble: *casa solariega; palacio solariego.* ☐ Familia: →sol.

solárium (so·lá·rium) [sustantivo masculino] Lugar reservado para tomar el sol. ☐ [Su plural es «soláriums»]. ☐ Familia: →sol.

solaz (so·laz) [sustantivo masculino] Placer, diversión o descanso de los trabajos y de las penas: *Los hijos son para él su mejor solaz y contento.* ☐ Familia: solazar.

solazar (so·la·zar) [verbo] Dar placer o diversión: *Mi abuelo se solaza jugando al dominó.* ☐ [La «z» se cambia en «c» delante de «e» («solace»)]. ☐ Antónimos: aburrir. ☐ Familia: →solaz.

soldadesco, ca (sol·da·des·co, ca) [adjetivo] De los soldados o relacionado con ellos: *vida soldadesca.* ☐ Familia: →soldado.

soldado (sol·da·do) [sustantivo] Persona que sirve en el ejército con el grado más bajo. ☐ [No varía en masculino y femenino]. ☐ Familia: soldadesco.

soldadura (sol·da·du·ra) [sustantivo femenino] Hecho de pegar y unir una cosa con otra de forma que no se puedan separar: *Tomar calcio favorece la soldadura de huesos rotos.* ☐ Familia: →soldar.

soldar (sol·dar) [verbo] Pegar y unir una cosa con otra de forma que no se puedan separar: *El fontanero soldó las cañerías con un soplete.* ☐ [Es irregular y se conjuga como CONTAR]. ☐ Familia: soldadura.

soleá (so·le·á) [sustantivo femenino] Tipo de cante y baile flamencos. ☐ [Su plural es «soleares»].

soleado, da (so·le·a·do, da) [adjetivo] Con sol y sin nubes: *día soleado.* ☐ Antónimos: umbrío, sombrío. ☐ Familia: →sol.

soledad (so·le·dad) [sustantivo femenino] Falta de compañía: *Para estudiar bien necesito silencio y soledad.* ☐ Antónimos: compañía. ☐ Familia: →solo.

solemne (so·lem·ne) [adjetivo] Con mucha importancia o muy serio: *ceremonia solemne; juramento solemne.* ☐ [No varía en masculino y femenino. Se usa para dar más fuerza a lo que se dice: «Has dicho una solemne tontería»]. ☐ Familia: solemnidad.

solemnidad (so·lem·ni·dad) [sustantivo femenino] Característica de lo que es importante o muy serio: *Habló con gran solemnidad.* ☐ Familia: →solemne.

soler (so·ler) [verbo] **1** Hacer algo por costumbre: *Suelo acostarme pronto.* **2** Ser frecuente u ocurrir de forma habitual: *Aquí, en enero, suele hacer mucho frío.* ☐ [Es irregular y se conjuga como MOVER. Se usa siempre seguido de un verbo en infinitivo]. ☐ Sinónimos: acostumbrar.

solera (so·le·ra) [sustantivo femenino] **1** Cualidad que el paso del tiempo va dando a algo: *Este establecimiento es uno de los de mayor solera de la ciudad.* **2** Vejez o antigüedad del vino: *un vino de gran solera.*

solfear (sol·fe·ar) [verbo] Cantar o entonar marcando el compás y pronunciando los nombres de las notas: *Para aprender a cantar conviene saber solfear.* ☐ Familia: →solfeo.

solfeo (sol·fe·o) [sustantivo masculino] Técnica de leer y entonar la música marcando el compás y pronunciando los nombres de las notas que se cantan. ☐ Familia: solfear.

solicitante (so·li·ci·tan·te) [adjetivo o sustantivo] Que solicita. ☐ [No varía en masculino y femenino]. ☐ Familia: →solicitar.

solicitar (so·li·ci·tar) [verbo] Pedir algo con respeto o siguiendo los pasos necesarios: *He solicitado una beca de estudios.* ☐ Familia: solicitud, solícito, solicitante.

solícito, ta (so·lí·ci·to, ta) [adjetivo] Que atiende a los demás de manera rápida y con intención de ayudar: *Nos atendió un funcionario solícito y eficiente.* ☐ Sinónimos: servicial, atento. ☐ Familia: →solicitar.

solicitud (so·li·ci·tud) [sustantivo femenino] Escrito que se hace para pedir algo: *Presenté una solicitud para que me admitieran en la academia.* ☐ Sinónimos: petición, instancia. ☐ Familia: →solicitar.

solidaridad (so·li·da·ri·dad) [sustantivo femenino] Apoyo a las personas que se encuentran en una situación difícil: *Debes mostrar más solidaridad con las personas que no son tan afortunadas como tú.* ☐ Familia: →solidario.

solidario, ria (so·li·da·rio, ria) [adjetivo] Que ayuda a los demás. ☐ Sinónimos: humanitario. ☐ Antónimos: insolidario. ☐ Familia: solidaridad, solidarizar, insolidario.

solidarizar (so·li·da·ri·zar) [verbo] Hacer que una persona apoye a otra que se encuentra en una situación difícil: *Debemos solidarizarnos con los pueblos que pasan hambre.* ☐ [La «z» se cambia en «c» delante de «e» («solidarice»)]. ☐ Familia: →solidario.

solidez (so·li·dez) [sustantivo femenino] Cualidad por la que algo se mantiene firme, seguro o con buen equilibrio: *Estos cimientos tan gruesos dan solidez a este puente.* ☐ Sinónimos: estabilidad, firmeza, seguridad. ☐ Familia: →sólido.

solidificar (so·li·di·fi·car) [verbo] Hacer sólido un líquido: *Cuando el agua se solidifica, se convierte en hielo.* ☐ [La «c» se cambia en «qu» delante de «e» («solidifique»)]. ☐ Familia: →sólido.

sólido, da (só·li·do, da) ■ [adjetivo] **1** Firme, seguro y fuerte: *Los cimientos hacen que las casas sean sólidas.* ■ [adjetivo o sustantivo masculino] **2** Dicho de una materia, que no es ni un líquido ni un gas: *El hielo es agua en estado sólido.* ☐ Sinónimos: **1** inquebrantable. ☐ Familia: solidez, solidificar, consolidar, consolidación.

soliloquio (so·li·lo·quio) [sustantivo masculino] **1** Discurso de una persona que habla sola. **2** Obra literaria o parte de ella en la que un personaje habla solo. ☐ SINÓNIMOS: monólogo.

solista (so·lis·ta) [sustantivo] Persona que canta o que toca una pieza musical ella sola. ☐ [No varía en masculino y femenino]. ☐ FAMILIA: →solo.

solitario, ria (so·li·ta·rio, ria) [adjetivo] **1** Vacío o sin gente: *lugar solitario*. ▪ [adjetivo sustantivo] **2** Solo o sin compañía: *Podéis ir a jugar con ese muchacho, porque está siempre muy solitario*. ▪ **solitario** [sustantivo masculino] **3** Juego de cartas para una sola persona: *Pasé la tarde muy entretenida haciendo solitarios*. ▪ **solitaria** [sustantivo femenino] **4** Gusano plano que vive en el intestino de algunos animales. ☐ SINÓNIMOS: **4** tenia. ☐ FAMILIA: →solo.

soliviantar (so·li·vian·tar) [verbo] **1** Hacer que un grupo de personas inicie un movimiento de protesta contra la autoridad: *Los acuerdos firmados soliviantaron a los trabajadores contra el Gobierno*. **2** Enfadar mucho y poner nervioso: *Me soliviantan las injusticias que se cometen*. ☐ SINÓNIMOS: **1** amotinar, sublevar, levantar. **2** exasperar, irritar. ☐ ANTÓNIMOS: **2** apaciguar, calmar, serenar, sosegar.

sollado (so·lla·do) [sustantivo masculino] Cubierta inferior de un barco, en la que se suelen instalar los alojamientos y los compartimentos que sirven de almacén: *Los camarotes están en el sollado del barco*.

sollozar (so·llo·zar) [verbo] Llorar con mucha pena. ☐ [La «z» se cambia en «c» delante de «e» («solloce»)]. ☐ FAMILIA: sollozo.

sollozo (so·llo·zo) [sustantivo masculino] Ruido que se hace al respirar cuando se llora. ☐ FAMILIA: →sollozar.

solo, la (so·lo, la) ▪ [adjetivo] **1** Único y sin que haya otros iguales: *Yo he tomado un solo pastel*. **2** Sin otra cosa: *Quiero un vaso de leche sola, sin azúcar*. **3** Sin compañía: *Tengo una habitación para mí sola*. ▪ **solo** [sustantivo masculino] **4** Pieza musical que toca o que canta una única persona: *un solo de piano*. ▪ [adverbio] **5** Únicamente: *Mi hermana solo tiene tres años*. ♦ [expresión] ‖ **a solas** Sin nadie que haga compañía: *Me da miedo quedarme a solas en una habitación a oscuras*. ☐ SINÓNIMOS: **1** único. ☐ FAMILIA: soledad, solitario, solista.

solomillo (so·lo·mi·llo) [sustantivo masculino] Trozo alargado de carne que está entre las costillas y el lomo de algunos animales.

solsticio (sols·ti·cio) [sustantivo masculino] Momento del año en el que el día o la noche tienen su mayor duración: *solsticio de verano; solsticio de invierno*. ☐ ANTÓNIMOS: equinoccio.

soltar (sol·tar) [verbo] **1** Quitar las cuerdas que sujetan algo: *Se te ha soltado el cordón del zapato*. **2** Dejar ir o dar la libertad: *soltar un pájaro enjaulado*. **3** Dejar algo suelto o dejar de sujetarlo: *Ayúdame a subir a la valla, pero no me sueltes, porque me caigo*. **4** Decir algo que deberíamos callar: *Me soltó que ya estaba harto de nosotros*. **5** Echar fuera de sí: *El pollo asado suelta un jugo muy rico*. ▪ **soltarse 6** Empezar a hacer algo de forma correcta después de haber estado practicándolo: *El niño ya se ha soltado a andar*. ☐ [Es irregular y se conjuga como CONTAR. EL SIGNIFICADO **4** es coloquial]. ☐ SINÓNIMOS: **2** liberar, libertar. **4** espetar. **5** desprender. ☐ ANTÓNIMOS: **2** apresar, detener, capturar, prender, arrestar. **2**, **3** coger, atenazar, atrapar. **3** agarrar. ☐ FAMILIA: soltura, suelto.

soltero, ra (sol·te·ro, ra) [adjetivo o sustantivo] Que no está casado. ☐ FAMILIA: solterón.

solterón, na (sol·te·rón, ro·na) [adjetivo o sustantivo] Que es mayor y todavía no se ha casado. ☐ FAMILIA: →soltero.

soltura (sol·tu·ra) [sustantivo femenino] Capacidad para hacer algo de manera fácil: *Mi hermanita ya habla con mucha soltura*. ☐ FAMILIA: →soltar.

soluble (so·lu·ble) [adjetivo] **1** Que se puede disolver: *El azúcar es soluble en agua*. **2** Que se puede resolver: *un problema soluble*. ☐ [No varía en masculino y femenino]. ☐ FAMILIA: →solución.

solución (so·lu·ción) [sustantivo femenino] **1** Cualquier cosa que resuelve una duda o una dificultad: *Esta peluca es la solución para tus problemas de calvicie*. **2** En matemáticas, resultado de una cuenta o de un problema: *La solución de esta suma está mal*. ☐ FAMILIA: solucionar, soluble, insoluble.

solucionar (so·lu·cio·nar) [verbo] Encontrar la solución: *Ya sé cómo solucionaré este problema*. ☐ SINÓNIMOS: acertar, adivinar, resolver, zanjar, solventar. ☐ FAMILIA: →solución.

solventar (sol·ven·tar) [verbo] Terminar o resolver: *Hemos solventado las diferencias entre nosotros*. ☐ SINÓNIMOS: solucionar, zanjar. ☐ FAMILIA: →resolver.

solvente (sol·ven·te) [adjetivo] **1** Que puede pagar sus deudas: *una persona solvente*. **2** Que tiene buena fama: *Los estudios de este investigador son muy solventes*. ☐ [No varía en masculino y femenino]. ☐ ANTÓNIMOS: **1** insolvente. ☐ FAMILIA: →resolver.

somalí (so·ma·lí) ▪ [adjetivo o sustantivo] **1** De Somalia, que es un país africano. ▪ [sustantivo masculino] **2** Lengua de este país. ☐ [En el significado **1** no varía en masculino y femenino. Su plural es «somalís» o «somalíes» (más culto)].

somanta (so·man·ta) [sustantivo femenino] Conjunto de golpes que se dan a alguien: *una somanta de palos*. ☐ SINÓNIMOS: paliza, zurra.

sombra (som·bra) [sustantivo femenino] Imagen oscura que deja un cuerpo al lado contrario del sitio por donde le da la luz: *Siéntate a la sombra del árbol*. ♦ [expresión] ‖ **a la sombra** En la cárcel: *Pasó varios años a la sombra por robar un banco*. ‖ **sombras chinescas** Espectáculo que consiste en hacer sombras con las manos sobre una superficie, que representan animales y otras figuras. ☐ [La expresión «a la sombra» es coloquial]. ☐ FAMILIA: sombrío, sombrilla, sombrero, sombrear, sombreado, sombrajo, ensombrecer, umbrío.

sombrajo (som·bra·jo) [sustantivo masculino] Cubierta que se hace con ramas o con otros materiales parecidos para hacer sombra: *El pastor hizo un sombrajo para protegerse del sol*. ☐ FAMILIA: →sombra.

sombreado (som·bre·a·do) [sustantivo masculino] Hecho de dar sombra a una pintura o a un dibujo: *Me gusta el sombreado que tienen las figuras de ese cuadro.* ☐ FAMILIA: →sombra.

sombrear (som·bre·ar) [verbo] Dar sombra a una pintura o a un dibujo. ☐ FAMILIA: →sombra.

sombrerería (som·bre·re·rí·a) [sustantivo femenino] Lugar en el que se hacen o se venden sombreros. ☐ FAMILIA: →sombrero.

sombrerero, ra (som·bre·re·ro, ra) ▌ [sustantivo] **1** Persona que hace o que vende sombreros. ▌ **sombrerera** [sustantivo femenino] **2** Caja que sirve para guardar el sombrero. ☐ FAMILIA: →sombrero.

sombrero (som·bre·ro) [sustantivo masculino] Prenda de vestir que cubre la cabeza. ◆ [expresión] ‖ **sombrero de copa** El que es alto, en forma de tubo y tiene la parte de arriba plana: *El mago llevaba un sombrero de copa.* ‖ **sombrero hongo** El de ala estrecha y que tiene la parte de arriba baja y redonda: *Charlot usaba un sombrero hongo.* ☐ FAMILIA: sombrerero, sombrerería.

sombrilla (som·bri·lla) [sustantivo femenino] Paraguas que sirve para protegerse del sol. ☐ SINÓNIMOS: parasol, quitasol. ☐ FAMILIA: →sombra.

sombrío, a (som·brí·o, a) [adjetivo] **1** Dicho de un lugar, que tiene poca luz y muchas sombras: *Esa parte del jardín es muy sombría porque tiene muchos árboles.* **2** Con una pena muy honda y tranquila: *Desde que murieron sus padres está triste y sombría.* ☐ SINÓNIMOS: **1** umbrío, tenebroso. **2** melancólico. ☐ ANTÓNIMOS: **1** soleado. ☐ FAMILIA: →sombra.

somero, ra (so·me·ro, ra) [adjetivo] Ligero y sin muchos detalles: *Nos dio una somera explicación de los hechos.* ☐ SINÓNIMOS: superficial. ☐ ANTÓNIMOS: profundo, riguroso.

someter (so·me·ter) [verbo] **1** Hacer que alguien acepte la autoridad de otra persona a la fuerza: *Los romanos sometieron a los pueblos que conquistaban.* **2** Poner bajo el interés o la autoridad de alguien: *Nos sometemos a tu autoridad porque tú eres el jefe.* **3** Hacer que algo reciba determinada acción: *Mi padre se sometió a una operación quirúrgica.* ☐ SINÓNIMOS: **1** subyugar, sojuzgar. **1, 2** subordinar. ☐ FAMILIA: sometimiento, sumisión, sumiso.

sometimiento (so·me·ti·mien·to) [sustantivo masculino] **1** Hecho de obligar a alguien a que acepte la autoridad de otra persona. **2** Exposición de algo a una determinada acción: *El sometimiento de un cuerpo al sol puede provocar quemaduras.* ☐ SINÓNIMOS: **1** subordinación. ☐ FAMILIA: →someter.

somier (so·mier) [sustantivo masculino] Parte de una cama que se apoya sobre las patas y sobre la que se pone el colchón.

somier

somnífero, ra (som·ní·fe·ro, ra) [adjetivo o sustantivo masculino] Dicho de una sustancia, que produce sueño. ☐ SINÓNIMOS: sedante. ☐ FAMILIA: -→sueño.

somnolencia (som·no·len·cia) [sustantivo femenino] Ganas de dormir o sensación de sueño. ☐ SINÓNIMOS: modorra, soñolencia. ☐ FAMILIA: →sueño.

somnoliento, ta (som·no·lien·to, ta) [adjetivo] Que tiene sueño o que lo produce: *Me duerme esta música tan somnolienta.* ☐ SINÓNIMOS: soñoliento. ☐ FAMILIA: →sueño.

son [sustantivo masculino] Sonido musical agradable: *el son del violín.* ◆ [expresión] ‖ **sin ton ni son** Sin razón: *Te enfadas sin ton ni son y no hay quien te entienda.* ☐ [La expresión es coloquial]. ☐ FAMILIA: sonar, sonido, sonoro, sonado, sonoridad, sonata, sonajero, soniquete, supersónico, ultrasonido, ultrasónico, resonar, resonancia, disonar, disonante, malsonante, disonancia, insonorizar, consonante, asonante, sonsonete, unísono.

sonado, da (so·na·do, da) [adjetivo] **1** Que tiene fama y es muy conocido: *Sus obras son muy sonadas.* **2** Que está medio loco. ☐ [El significado **2** es coloquial]. ☐ SINÓNIMOS: **1** famoso, célebre. **2** chiflado. ☐ FAMILIA: →son.

sonajero (so·na·je·ro) [sustantivo masculino] Juguete que produce ruido cuando es agitado. ☐ FAMILIA: →son.

sonambulismo (so·nam·bu·lis·mo) [sustantivo masculino] Trastorno que padece una persona que anda y hace cosas mientras está dormida: *De niño padecí sonambulismo y me levantaba de la cama mientras estaba dormido.* ☐ FAMILIA: →sueño.

sonámbulo, la (so·nám·bu·lo, la) [adjetivo o sustantivo] Que anda y hace cosas sin darse cuenta mientras está dormido. ☐ FAMILIA: →sueño.

sonar (so·nar) ▌ [sustantivo masculino] **1** Aparato que usan las embarcaciones para saber si hay algún objeto o alguna nave debajo del agua: *Los barcos de guerra utilizan el sonar para detectar submarinos y minas.* ▌ [verbo] **2** Producir ruido o sonido: *El piano está desafinado y suena mal.* **3** Producir un recuerdo poco exacto de algo que se conocía antes: *Me suena la cara de ese señor.* **4** Mencionarse o citarse: *Su nombre suena mucho como próximo entrenador.* ▌ **sonarse 5** Limpiarse la nariz con un pañuelo: *Suénate y deja ya de llorar.* ☐ [En el significado **1** no debe escribirse «sónar». Como verbo, es irregular y se conjuga como CONTAR]. ☐ FAMILIA: →son.

sonata (so·na·ta) [sustantivo femenino] Obra musical en la que solo intervienen instrumentos: *una sonata para piano.* ☐ FAMILIA: →son.

sonda (son·da) [sustantivo femenino] **1** Tubo delgado que se introduce en el cuerpo para meter sustancias en él o para sacarlas: *A mi abuelo le han puesto una sonda para que haga pis.* **2** Cuerda con un peso en un extremo que se usa para medir la profundidad del agua. **3** Aparato que se usa para examinar zonas a las que no se puede llegar: *Han examinado el terreno con una sonda para saber si hay petróleo.* ☐ FAMILIA: sondar, sondear, sondeo.

sondar (son·dar) [verbo] **1** Introducir un instrumento en una parte del cuerpo para explorar o para meter o sacar una sustancia: *Sondaron al enfermo para que expulsara la orina.* **2** Medir o explorar algo con una sonda: *Han sondado el río para comprobar su profundidad.* ☐ SINÓNIMOS: **2** sondear. ☐ FAMILIA: →sonda.

sondear (son·de·ar) [verbo] **1** Medir o explorar algo con una sonda. **2** Hacer preguntas para averiguar algo: *Han hecho una encuesta para sondear la opinión pública.* ☐ SINÓNIMOS: **1** sondar. ☐ FAMILIA: →sonda.

sondeo (son·de·o) [sustantivo masculino] **1** Exploración de algo mediante una sonda: *Los sondeos del terreno han permitido detectar una bolsa de gas.* **2** Realización de averiguaciones sobre algo: *Según los sondeos de opinión, nuestro partido saldrá vencedor en las elecciones.* ☐ FAMILIA: →sonda.

soneto (so·ne·to) [sustantivo masculino] Poema de catorce versos repartidos en cuatro estrofas.

sonido (so·ni·do) [sustantivo] Sensación que se percibe a través del oído: *El sonido de la «u» es muy diferente al sonido de la «a».* ☐ FAMILIA: →son.

soniquete (so·ni·que·te) [sustantivo masculino] Ruido poco fuerte, pero continuado y molesto: *Me molesta el soniquete de la lavadora.* ☐ FAMILIA: →son.

sonoridad (so·no·ri·dad) [sustantivo femenino] **1** Capacidad para producir un sonido fuerte o agradable: *la sonoridad de un verso.* **2** Calidad con la que se oye un sonido en un local cerrado: *Van a hacer aquí el concierto porque la sonoridad de este local es muy buena.* ☐ FAMILIA: →son.

sonoro, ra (so·no·ro, ra) [adjetivo] Que suena o va acompañado de sonido: *banda sonora.* ☐ FAMILIA: →son.

sonotone (so·no·to·ne) [sustantivo masculino] → **audífono.** ☐ [Procede de la marca comercial «Sonotone®». Es coloquial].

sonreír (son·re·ír) [verbo] **1** Reír suavemente y sin producir sonidos: *Cuando sonríes estás mucho más guapo.* **2** Mostrarse favorable: *No puedo quejarme, porque la vida me ha sonreído siempre.* ☐ [Es irregular]. ☐ FAMILIA: →reír.

sonriente (son·rien·te) [adjetivo] Que sonríe o que ríe suavemente: *Me encanta verte tan sonriente.* ☐ [No varía en masculino y femenino]. ☐ FAMILIA: →reír.

sonrisa (son·ri·sa) [sustantivo femenino] Gesto que hacemos cuando reímos suavemente y sin producir sonidos. ☐ FAMILIA: →reír.

sonrojar (son·ro·jar) [verbo] Poner la cara roja por la vergüenza: *Soy muy tímido y me sonrojo cuando tengo que hablar en público.* ☐ [Siempre se escribe con «j»]. ☐ SINÓNIMOS: ruborizar. ☐ FAMILIA: →rojo.

SONREÍR

INDICATIVO	SUBJUNTIVO
Presente yo sonrío tú sonríes / usted sonríe él, ella sonríe nosotros, tras sonreímos vosotros, tras sonreís / ustedes sonríen ellos, ellas sonríen	**Presente** yo sonría tú sonrías / usted sonría él, ella sonría nosotros, tras sonriamos vosotros, tras sonriáis / ustedes sonrían ellos, ellas sonrían
Pretérito imperfecto yo sonreía tú sonreías / usted sonreía él, ella sonreía nosotros, tras sonreíamos vosotros, tras sonreíais / ustedes sonreían ellos, ellas sonreían	**Pretérito imperfecto** yo sonriera o sonriese tú sonrieras o sonrieses / usted sonriera o sonriese él, ella sonriera o sonriese nosotros, tras sonriéramos o sonriésemos vosotros, tras sonrierais o sonrieseis / ustedes sonrieran o sonriesen ellos, ellas sonrieran o sonriesen
Pretérito perfecto simple yo sonreí tú sonreíste / usted sonrió él, ella sonrió nosotros, tras sonreímos vosotros, tras sonreísteis / ustedes sonrieron ellos, ellas sonrieron	**Futuro simple** yo sonriere tú sonrieres / usted sonriere él, ella sonriere nosotros, tras sonriéremos vosotros, tras sonriereis / ustedes sonrieren ellos, ellas sonrieren
Futuro simple yo sonreiré tú sonreirás / usted sonreirá él, ella sonreirá nosotros, tras sonreiremos vosotros, tras sonreiréis / ustedes sonreirán ellos, ellas sonreirán	**IMPERATIVO** sonríe (tú) / sonría (usted) sonriamos (nosotros, tras) sonreíd (vosotros, tras) / sonrían (ustedes)
Condicional simple yo sonreiría tú sonreirías / usted sonreiría él, ella sonreiría nosotros, tras sonreiríamos vosotros, tras sonreiríais / ustedes sonreirían ellos, ellas sonreirían	**FORMAS NO PERSONALES** **Infinitivo** — **Gerundio** — **Participio** sonreír — sonriendo — sonreído

sonrojo (son·ro·jo) [sustantivo masculino] Color rojo que se pone en la cara por la vergüenza. ☐ FAMILIA: →rojo.

sonrosado, da (son·ro·sa·do, da) [adjetivo] De color rosado: *mejillas sonrosadas*. ☐ ANTÓNIMOS: pálido. ☐ FAMILIA: →rosa.

sonsacar (son·sa·car) [verbo] Conseguir con habilidad que alguien diga una información: *Le sonsaqué los nombres de los miembros del jurado*. ☐ [La «c» se cambia en «qu» delante de «e» («sonsaque»)]. ☐ FAMILIA: →sacar.

sonsonete (son·so·ne·te) [sustantivo masculino] **1** Ruido o sonido continuado y molesto: *Desde mi casa se oye el sonsonete de la máquina de escribir del vecino*. **2** Tono de la voz que resulta pesado: *Habla con un sonsonete tan monótono que me duerme*. ☐ FAMILIA: →son.

soñador, ra (so·ña·dor, do·ra) [adjetivo o sustantivo] Que tiende a considerar como real lo que no es cierto: *Nunca ves la realidad porque eres una soñadora*. ☐ SINÓNIMOS: iluso. ☐ FAMILIA: →sueño.

soñar (so·ñar) [verbo] **1** Representar algo en la mente mientras se duerme: *Hoy he soñado que un dinosaurio me perseguía*. **2** Desear algo que no se tiene: *Siempre he soñado con vivir en una casa en el campo*. **3** Considerar real algo que no es cierto: *Tú has soñado si dices que ayer estuve en tu casa*. ☐ [Es irregular y se conjuga como CONTAR]. ☐ FAMILIA: →sueño.

soñolencia (so·ño·len·cia) [sustantivo femenino] → **somnolencia**.

soñoliento, ta (so·ño·lien·to, ta) [adjetivo] → **somnoliento, ta**.

sopa (so·pa) [sustantivo femenino] Comida que se prepara con agua y pasta, pan o verduras: *sopa de fideos*. ◆ [expresión] ‖ **hasta en la sopa** En todas partes: *Esa modelo hace tantos anuncios que está hasta en la sopa*. ‖ **hecho una sopa** Muy mojado: *Empezó a llover y me puse hecho una sopa*. ‖ **quedarse sopa** Quedarse dormido: *La película era tan aburrida que me quedé sopa*. ☐ [Las expresiones son coloquiales]. ☐ FAMILIA: sopera, sopero.

sopapo (so·pa·po) [sustantivo masculino] Golpe dado con la mano en la cara. ☐ [Es coloquial].

sopero, ra (so·pe·ro, ra) ■ [adjetivo] **1** Que se usa para la sopa: *plato sopero*. ■ **sopera** [sustantivo femenino] **2** Recipiente que se usa para servir la sopa en la mesa. ☐ FAMILIA: →sopa.

sopesar (so·pe·sar) [verbo] **1** Calcular lo que pesa una cosa levantándola o cogiéndola con las manos: *Sopesó la caja y vio que no podría llevarla sola*. **2** Valorar o examinar algo con cuidado: *Tengo que sopesarlo todo bien, antes de decidirme*. ☐ SINÓNIMOS: **2** ponderar. ☐ FAMILIA: →peso.

sopetón (so·pe·tón) ◆ [expresión] ‖ **de sopetón** De forma brusca e inesperada: *La noticia me pilló de sopetón*.

soplamocos (so·pla·mo·cos) [sustantivo masculino] Golpe que se da en la cara: *Le dio un soplamocos y le empezó a salir sangre por la nariz*. ☐ [No varía en singular y plural. Es coloquial]. ☐ FAMILIA: →soplar. →moco.

soplar (so·plar) [verbo] **1** Hacer salir el aire con fuerza por la boca: *Para apagar las velas de la tarta tienes que soplar fuerte*. **2** Correr el viento de forma que se note: *Hoy sopla mucho viento*. **3** Dar una información de forma que nadie lo note: *Sóplame la segunda pregunta del examen, que no me la sé*. ☐ [El significado **3** es coloquial]. ☐ FAMILIA: soplo, soplido, soplón, soplete, soplillo, soplamocos, resoplar, resoplido.

soplete (so·ple·te) [sustantivo masculino] Instrumento que se usa para fundir metales. ☐ FAMILIA: →soplar.

soplete

soplido (so·pli·do) [sustantivo masculino] Cantidad de aire que se saca de una vez por la boca: *Apagó la cerilla de un soplido*. ☐ FAMILIA: →soplar.

soplillo (so·pli·llo) [sustantivo masculino] Instrumento con forma redondeada y con mango, que se usa para hacer que el fuego tenga más fuerza. ◆ [expresión] ‖ **orejas de soplillo** Mira en **oreja**. ☐ FAMILIA: →soplar.

soplo (so·plo) [sustantivo masculino] **1** Movimiento fuerte del viento: *Un soplo de viento me quitó el sombrero*. **2** Información que se da en secreto: *El soplo que dieron a la policía permitió que apresaran a los ladrones*. **3** Espacio muy corto de tiempo: *He llegado en un soplo porque me han traído en coche*. ☐ FAMILIA: →soplar.

soplón, na (so·plón, plo·na) [adjetivo o sustantivo] Dicho de una persona, que da información en secreto: *No seas soplón y no te chives a nadie*. ☐ [Es coloquial y despectivo]. ☐ FAMILIA: →soplar.

soponcio (so·pon·cio) [sustantivo masculino] Susto o impresión muy grandes: *Casi me da un soponcio cuando me dieron las notas*. ☐ [Es coloquial].

sopor (so·por) [sustantivo masculino] Ganas de dormir o sensación de sueño muy grandes: *Después de comer me entra mucho sopor*. ☐ FAMILIA: soporífero.

soporífero, ra (so·po·rí·fe·ro, ra) [adjetivo] Que produce sueño porque es muy aburrido: *una película soporífera*. ☐ FAMILIA: →sopor.

soportable (so·por·ta·ble) [adjetivo] Que se puede soportar. ☐ [No varía en masculino y femenino]. ☐ SINÓNIMOS: tolerable. ☐ ANTÓNIMOS: insoportable, inaguantable, insufrible. ☐ FAMILIA: →soportar.

soportal (so·por·tal) [sustantivo masculino] Espacio cubierto que está delante de las entradas principales de los edificios: *Cuando llueve, paseamos bajo los soportales de la plaza.* ☐ Familia: →puerta.

soportal

soportar (so·por·tar) [verbo] **1** Agarrar o mantener algo seguro, de modo que no se mueva o no se caiga: *Las columnas soportan el peso del techo.* **2** Sufrir algo con paciencia: *Soportó el dolor sin protestar.* ☐ Sinónimos: aguantar. **1** sujetar. **2** tolerar. ☐ Familia: soporte, soportable, insoportable.

soporte (so·por·te) [sustantivo masculino] Cosa que se usa como apoyo o para aguantar algo: *Coloca este tubo de ensayo en el soporte para que no se caiga.* ☐ Familia: →soportar.

soprano (so·pra·no) [sustantivo] Persona que canta con un tono de voz muy agudo. ☐ [No varía en masculino y femenino].

sor [sustantivo femenino] Mujer que pertenece a una comunidad religiosa: *sor Teresa.*

sorber (sor·ber) [verbo] **1** Beber algo aspirando: *Toma esta pajita para sorber el refresco.* **2** Mantener los mocos en la nariz, respirando con fuerza hacia adentro: *Sorber los mocos es de mala educación.* ☐ [No confundir con «absorber» (chupar hacia dentro; hacer que algo forme parte de otra cosa; atraer la atención)]. ☐ Familia: sorbo, sorbete, absorber, absorbente, absorción.

sorbete (sor·be·te) [sustantivo masculino] Refresco helado hecho con zumo de frutas, agua y azúcar: *sorbete de limón.* ☐ Familia: →sorber.

sorbo (sor·bo) [sustantivo masculino] **1** Trago que se da aspirando: *No comas la sopa a sorbos, porque es de mala educación.* **2** Cantidad pequeña de un líquido: *¿Me dejas que pruebe un sorbo de tu refresco?* ☐ Familia: →sorber.

sordera (sor·de·ra) [sustantivo femenino] Falta o disminución de la capacidad de oír. ☐ Familia: →sordo.

sórdido, da (sór·di·do, da) [adjetivo] Que es pobre, sucio y desagradable: *ambiente sórdido.*

sordo, da (sor·do, da) ■ [adjetivo] **1** De sonido grave o apagado: *Al caer, el cuerpo sin vida produjo un sonido sordo.* ■ [adjetivo o sustantivo] **2** Que no oye nada o que no oye bien: *Mi abuelo está un poco sordo y tenemos que hablarle muy alto.* ☐ Familia: sordera, sordomudo, ensordecer, ensordecer.

sordomudo, da (sor·do·mu·do, da) [adjetivo o sustantivo] Que no oye nada desde que nació, y por eso tampoco puede hablar. ☐ Familia: →sordo. →mudo.

soriano, na (so·ria·no, na) [adjetivo o sustantivo] De la provincia española de Soria o de su capital.

sorna (sor·na) [sustantivo femenino] Tono de burla que se usa con mala intención para molestar a alguien: *Nos dijo con mucha sorna que no entendía cómo podíamos ser tan listos.*

sorprendente (sor·pren·den·te) [adjetivo] Que produce una gran sorpresa. ☐ [No varía en masculino y femenino]. ☐ Sinónimos: asombroso, chocante. ☐ Antónimos: natural, habitual, normal, corriente, ordinario, común, usual. ☐ Familia: →sorprender.

sorprender (sor·pren·der) [verbo] **1** Encontrar de pronto a alguien en determinada situación: *Me sorprendieron cogiendo chocolate a escondidas.* **2** Producir sorpresa: *Me sorprende que no me hayan dicho nada.* ☐ Sinónimos: **2** asombrar, admirar, maravillar, chocar, extrañar, pasmar. ☐ Familia: sorpresa, sorprendente.

sorpresa (sor·pre·sa) [sustantivo femenino] **1** Impresión fuerte que nos produce algo no esperado: *¡Qué sorpresa me he llevado cuando os he visto!* **2** Cualquier cosa que produce esta impresión: *Si vas de viaje tráeme alguna sorpresa.* ◆ [expresión] ‖ **por sorpresa** Sin que nadie lo espere: *Llegó por sorpresa.* ☐ Sinónimos: **1** asombro, admiración. ☐ Familia: →sorprender.

sortear (sor·te·ar) [verbo] **1** Dar algo dejando que la suerte decida a quién se da: *En el supermercado van a sortear un coche.* **2** Evitar con habilidad algo que resulta difícil o peligroso: *Hay varios obstáculos que tendrás que sortear.* ☐ Sinónimos: **2** costear, orillar. ☐ Familia: sorteo.

sorteo (sor·te·o) [sustantivo masculino] Proceso en el que se decide por medio de la suerte a quién se le da algo. ☐ Familia: →sortear.

sortija (sor·ti·ja) [sustantivo femenino] Anillo que se lleva en los dedos. ☐ Familia: ensortijado.

sortilegio (sor·ti·le·gio) [sustantivo masculino] Acto que se realiza para conseguir algo usando poderes mágicos: *Al deshacer el sortilegio, la rana se convirtió en príncipe.* ☐ Sinónimos: hechizo.

SOS [sustantivo masculino] Mensaje para pedir ayuda en una situación de peligro: *Cuando vieron que se estaba incendiando el barco, lanzaron un SOS por radio.* ☐ [Se pronuncia «ése-ó-ése». Se escriben todas las letras con mayúscula. No varía en singular y plural: «el SOS», «los SOS»].

sosaina (so·sai·na) [adjetivo o sustantivo] Dicho de una persona, que no tiene gracia. ☐ [No varía en masculino y femenino. Es coloquial]. ☐ Familia: →soso.

sosegado, da (so·se·ga·do, da) [adjetivo] Tranquilo y con calma. ☐ Sinónimos: apacible. ☐ Antónimos: acalorado, nervioso, encendido. ☐ Familia: →sosegar.

sosegar (so·se·gar) [verbo] Poner tranquilo o en paz: *Sosiégate y cuéntame con calma lo que ha pasado.* ☐ [Es irregular y se conjuga como ACERTAR. La «g» se cambia en «gu» delante de «e» («sosiegue»)]. ☐ Sinónimos: tranquilizar, calmar, serenar, apaciguar, aquietar, enfriar. ☐ Antónimos: inquietar, irritar, soliviantar, preocupar. ☐ Familia: sosegado, sosiego, desasosiego.

sosería (so·se·rí·a) [sustantivo femenino] Falta de gracia en la forma de hablar o de actuar. ☐ Antónimos: sal, salero. ☐ Familia: →soso.

sosiego (so·sie·go) [sustantivo masculino] Falta de actividad o de ruido: *Hay tanto lío que no tengo ni un momento de sosiego.* ☐ Sinónimos: calma, tranquilidad. ☐ Antónimos: desasosiego, intranquilidad. ☐ Familia: →sosegar.

soslayar (sos·la·yar) [verbo] Evitar una dificultad: *El político soslayó como pudo las preguntas comprometedoras.* ☐ Antónimos: afrontar. ☐ Familia: soslayo, insoslayable.

soslayo (sos·la·yo) ◆ [expresión] ‖ **de soslayo** De lado: *Miré de soslayo para ver si seguías allí.* ☐ Familia: →soslayar.

soso, sa (so·so, sa) ■ [adjetivo] **1** Con poca sal o sin ella: *comida sosa.* ■ [adjetivo o sustantivo] **2** Sin gracia: *¡Mira que eres sosa contando chistes!* ☐ Sinónimos: insípido, insulso. ☐ Antónimos: salado. **2** saleroso, gracioso, garboso. ☐ Familia: sosería, sosaina.

sospecha (sos·pe·cha) [sustantivo femenino] Suposición de algo a partir de algunas señales: *Tengo la sospecha de que no vendrá.* ☐ Sinónimos: atisbo. ☐ Familia: →sospechar.

sospechar (sos·pe·char) [verbo] **1** Suponer que va a pasar algo a partir de algunas señales: *Sospecho que va a llover.* **2** Pensar o creer que una persona ha hecho algo: *La policía sospecha del mayordomo como autor del asesinato.* ☐ Sinónimos: **1** prever. ☐ Familia: sospecha, sospechoso, insospechado.

sospechoso, sa (sos·pe·cho·so, sa) ■ [adjetivo] **1** Que da motivos para que no confíen en él: *Esas miraditas me resultan sospechosas.* ■ [adjetivo o sustantivo] **2** Dicho de una persona, que puede haber hecho determinada acción porque hay señales que lo indican: *La policía ha interrogado al sospechoso.* ☐ Familia: →sospechar.

sostén (sos·tén) [sustantivo masculino] **1** Persona o cosa que sirve para sujetar, apoyar o mantener algo: *Los padres son el sostén de una familia.* **2** Prenda interior femenina que sirve para sujetar el pecho. ☐ Sinónimos: **2** sujetador. ☐ Familia: sostener, sostenido, sostenible, insostenible, sostenibilidad.

sostener (sos·te·ner) [verbo] **1** Agarrar o mantener algo seguro, de modo que no se mueva o no se caiga: *¿Me sostienes los libros mientras me ato los zapatos?* **2** Defender una idea o una teoría: *La policía sostiene que los ladrones no entraron por la ventana.* ☐ [Es irregular y se conjuga como TENER]. ☐ Sinónimos: sustentar. **1** aguantar, tener, sujetar. ☐ Familia: →sostén.

sostenibilidad (sos·te·ni·bi·li·dad) [sustantivo femenino] Capacidad de una actividad para desarrollarse a lo largo del tiempo sin agotar los recursos naturales: *La asociación ecologista lucha por el respeto al medioambiente y la sostenibilidad.* ☐ Familia: →sostén.

sostenible (sos·te·ni·ble) [adjetivo] **1** Que puede ser sostenido: *una situación sostenible; un razonamiento sostenible.* **2** Que puede mantenerse a lo largo del tiempo sin agotar los recursos naturales: *Si conseguimos limitar la explotación de los bosques y el consumo de madera, estaremos favoreciendo un desarrollo sostenible.* ☐ [No varía en masculino y femenino]. ☐ Familia: →sostén.

sostenido, da (sos·te·ni·do, da) ■ [adjetivo] **1** Dicho de una nota musical, que ha cambiado su sonido haciéndose medio tono más agudo. ■ **sostenido** [sustantivo masculino] **2** Signo que representa este cambio. ⊙ página 648. ☐ Antónimos: bemol. ☐ Familia: →sostén.

sota (so·ta) [sustantivo femenino] Carta de la baraja española que representa una figura humana.

sotana (so·ta·na) [sustantivo femenino] Prenda de vestir de color negro que llega hasta los pies y que usan algunos sacerdotes católicos.

sótano (só·ta·no) [sustantivo masculino] Parte de un edificio que está a un nivel más bajo que el de la calle.

sotavento (so·ta·ven·to) [sustantivo masculino] En el mar, lado contrario al que sopla el viento. ☐ Antónimos: barlovento. ☐ Familia: →viento.

soterrado, da (so·te·rra·do, da) [adjetivo] Que está oculto o escondido para que no se vea: *un asunto soterrado.* ☐ Familia: →tierra.

soterrar (so·te·rrar) [verbo] Ocultar, esconder o guardar de forma que no se vea: *En esa ciudad han soterrado los cables del tendido eléctrico. Soterró sus sentimientos para sentirse más seguro.* ☐ Familia: →tierra.

soto (so·to) [sustantivo masculino] Lugar con muchos árboles, arbustos y matas: *Merendamos en el soto que hay a la orilla del río.*

soufflé [sustantivo masculino] → **suflé.** ☐ [Es una palabra francesa. Se pronuncia «suflé»].

souvenir [sustantivo masculino] Objeto que se compra como recuerdo. ☐ [Es una palabra francesa. Se pronuncia «subenír»].

soviético, ca (so·vié·ti·co, ca) [adjetivo] De la Unión de Repúblicas Socialistas Soviéticas, que era un país europeo y asiático.

spa [sustantivo masculino] Lugar público en el que se ofrecen tratamientos, terapias o sistemas de relajación, utilizando especialmente el agua. ☐ [Es una palabra inglesa. Se pronuncia «espá»].

spam [sustantivo masculino] → **correo basura.** ☐ [Es una palabra inglesa. Se pronuncia «espám»].

spanglish [sustantivo masculino] → **espanglish.** ☐ [Es una palabra inglesa. Se pronuncia «espánglis»].

sponsor [sustantivo] → **patrocinador, ra.** □ [Es una palabra inglesa. Se pronuncia «espónsor». No varía en masculino y femenino].

sport ◆ [expresión] ‖ **de** *sport* Dicho de una prenda o una forma de vestir, que es cómoda e informal: *un pantalón de* sport. □ [Es una palabra inglesa. Se pronuncia «espór». Es preferible usar «deportivo»].

spot [sustantivo masculino] Anuncio en televisión: *Han sacado un nuevo spot de coches.* □ [Es una palabra inglesa. Se pronuncia «espót». Es preferible usar «anuncio»].

spray [sustantivo masculino] → **espray.** □ [Es una palabra inglesa. Se pronuncia «esprái»].

sprint [sustantivo] → **esprint.** □ [Es una palabra inglesa. Se pronuncia «esprín»]. □ Familia: *sprinter*.

sprinter [sustantivo] → **esprínter.** □ [Es una palabra inglesa. Se pronuncia «esprínter»]. □ Familia: → *sprint*.

squash [sustantivo masculino] Deporte que se practica en un lugar cerrado y que consiste en lanzar una pelota contra la pared, golpeándola con una raqueta. ◉ **páginas 304-305.** □ [Es una palabra inglesa. Se pronuncia «eskuás»].

stand [sustantivo masculino] → **estand.** □ [Es una palabra inglesa. Se pronuncia «están»].

standard [adjetivo] → **estándar.** □ [Es una palabra inglesa. Se pronuncia «estándar»].

step [sustantivo masculino] Tipo de gimnasia que consiste en subir y bajar un escalón siguiendo el ritmo de una música. □ [Es una palabra inglesa. Se pronuncia «estép»].

stock [sustantivo masculino] → **existencias.** □ [Es una palabra inglesa. Se pronuncia «estók»].

stop [sustantivo masculino] Señal de tráfico que obliga a pararse. ◉ **páginas 858-859.** □ [Es una palabra inglesa. Se pronuncia «estóp»]. □ Familia: autostop.

su [posesivo] Suyo: *No conozco sus gustos.* □ [No varía en masculino y femenino. Va siempre delante de un sustantivo].

suave (sua·ve) [adjetivo] **1** Que es liso o que resulta agradable cuando se toca: *Esta crema deja la piel muy suave.* **2** Que resulta agradable a los sentidos porque no es fuerte: *Esta colonia tiene un olor suave.* **3** Que no ofrece oposición o que no necesita esfuerzo: *Las llaves entran muy suaves en la cerradura.* □ [No varía en masculino y femenino]. □ Antónimos: **1**, **2** áspero. **1** rasposo. **2** duro, rudo. □ Familia: suavidad, suavizar, suavizante.

suavidad (sua·vi·dad) [sustantivo femenino] **1** Característica de lo que tiene la superficie lisa y resulta agradable y suave al tocarlo: *Me encanta la suavidad de tus manos.* **2** Característica de lo que es suave o agradable: *Háblale con suavidad.* □ Sinónimos: **2** dulzura. □ Antónimos: aspereza. **2** dureza. □ Familia: → suave.

suavizante (sua·vi·zan·te) [adjetivo o sustantivo masculino] Que hace que algo sea más suave: *Uso suavizante para el pelo.* □ [Cuando es adjetivo, no varía en masculino y femenino]. □ Familia: → suave.

suavizar (sua·vi·zar) [verbo] Hacer suave: *Esta crema suaviza las manos.* □ [La «z» se cambia en «c» delante de «e» («suavice»)]. □ Familia: → suave.

subasta (su·bas·ta) [sustantivo femenino] Venta pública en la que se da lo que se vende a la persona que ofrece más dinero. □ Familia: → subastar.

subastar (su·bas·tar) [verbo] Vender algo a quien ofrezca más dinero por ello: *subastar un cuadro; subastar una vivienda.* □ Familia: subasta.

subcampeón, na (sub·cam·pe·ón, o·na) [sustantivo] Persona o equipo que consigue el segundo lugar en una competición. □ Familia: → campeón.

subconjunto (sub·con·jun·to) [sustantivo masculino] En matemáticas, conjunto cuyos elementos pertenecen a otro conjunto. □ Familia: → conjunto.

subconsciente (sub·cons·cien·te) ■ [adjetivo] **1** Que se hace sin querer o sin que la persona se dé cuenta: *Lo hice de una manera subconsciente.* ■ [sustantivo masculino] **2** Conjunto de ideas o de sentimientos que una persona no sabe que tiene: *Me ha traicionado el subconsciente y he metido la pata.* □ [En el significado **1** no varía en masculino y femenino]. □ Antónimos: **1** consciente. □ Familia: → consciente.

subdesarrollado, da (sub·de·sa·rro·lla·do, da) [adjetivo] Que no está suficientemente desarrollado: *países subdesarrollados.* □ Familia: → desarrollar.

subdesarrollo (sub·de·sa·rro·llo) [sustantivo masculino] Situación de algo que está poco desarrollado: *subdesarrollo económico.* □ Familia: → desarrollar.

subdirector, ra (sub·di·rec·tor, to·ra) [sustantivo] Persona que ocupa un puesto inferior al del director. □ Familia: → dirigir.

súbdito, ta (súb·di·to, ta) [sustantivo] Ciudadano de un país, que debe obedecer a las autoridades políticas: *súbdito español.*

subdividir (sub·di·vi·dir) [verbo] Volver a dividir algo que ya está dividido: *La obra se divide en capítulos y estos se subdividen en apartados.* □ Familia: → dividir.

subdivisión (sub·di·vi·sión) [sustantivo femenino] División que se hace de algo que ya está dividido: *Las subdivisiones de los distritos son los barrios.* □ Familia: → dividir.

subestimar (su·bes·ti·mar) [verbo] Dar a algo menos valor del que realmente tiene: *Me subestimas si crees que no soy capaz de hacerlo.* □ Antónimos: sobrestimar. □ Familia: → estimar.

subida (su·bi·da) [sustantivo femenino] Mira en **subido, da**.

subido, da (su·bi·do, da) ■ [adjetivo] **1** Dicho de un color, que es muy fuerte: *rojo subido.* ■ **subida** [sustantivo femenino] **2** Paso a un lugar más alto: *La subida a la montaña fue muy cansada.* **3** Paso a un grado o a un punto superiores: *Mañana habrá una subida de las temperaturas.* **4** Terreno que sube, cuando se ve desde abajo: *La subida era tan fuerte que desde abajo no se veía la cumbre.* □ Sinónimos: **2**, **3** ascenso. **2** ascensión. □ Antónimos: **2-4** descenso, bajada. □ Familia: → subir.

subidón (su·bi·dón) [sustantivo masculino] Aumento rápido de la intensidad de algo: *Le dio un subidón de fiebre.* □ [Es coloquial]. □ Familia: → subir.

subir (su·bir) [verbo] **1** Ir a un lugar o a una posición superiores o más altos: *Si no llegas, súbete a la silla.* **2** Poner en un lugar o en una posición superiores: *Sube la maleta al desván.* **3** Aumentar la fuerza, la cantidad o el valor de algo: *Los precios han subido y está todo más caro.* **4** Entrar en un vehículo o usarlo: *Si no subes ya al autobús, lo vas a perder.* **5** Ponerse encima de un animal o de otra cosa: *Súbete al caballo.* ☐ Sinónimos: **1, 3** ascender, levantar. **3** alzar. ☐ Antónimos: bajar. **1, 3** descender, caer. **4** apear. ☐ Familia: subido, subidón.

súbito, ta (sú·bi·to, ta) [adjetivo] Rápido y sin que se espere: *La situación dio un cambio súbito.* ☐ Sinónimos: repentino.

subjetividad (sub·je·ti·vi·dad) [sustantivo femenino] Hecho de considerar un asunto siguiendo los intereses personales. ☐ Familia: →sujeto.

subjetivo, va (sub·je·ti·vo, va) [adjetivo] Que tiene en cuenta los hechos desde un punto de vista personal y no desde la razón: *una opinión subjetiva.* ☐ Antónimos: objetivo. ☐ Familia: →sujeto.

subjuntivo (sub·jun·ti·vo) [sustantivo masculino] Uno de los tres grupos o modos en que se dividen los tiempos de los verbos: *El presente de subjuntivo del verbo «soñar» es «sueñe», «sueñes», etc.*

sublevación (su·ble·va·ción) [sustantivo femenino] Movimiento de protesta de un grupo de personas en contra de una autoridad. ☐ Sinónimos: rebelión, alzamiento, insurrección. ☐ Familia: →sublevar.

sublevar (su·ble·var) [verbo] Hacer que un grupo de personas inicie un movimiento de protesta contra una autoridad: *Los trabajadores se sublevaron contra sus jefes.* ☐ Sinónimos: amotinar, alzar, levantar, soliviantar, insubordinar. ☐ Familia: sublevación.

sublimar (su·bli·mar) [verbo] Decir cosas buenas de alguien: *La leyenda sublimaba las hazañas del héroe.* ☐ Sinónimos: elogiar. ☐ Familia: →sublime.

sublime (su·bli·me) [adjetivo] Que es excelente o extraordinario: *música sublime; sentimiento sublime.* ☐ [No varía en masculino y femenino]. ☐ Sinónimos: soberbio, excelso. ☐ Familia: sublimar.

submarinismo (sub·ma·ri·nis·mo) [sustantivo masculino] Actividad que consiste en nadar bajo el agua con un traje especial y con botellas de oxígeno. 👁 **páginas 304-305.** ☐ Familia: →mar.

submarinista (sub·ma·ri·nis·ta) [sustantivo] Persona que nada bajo el agua con un traje especial y con botellas de oxígeno. ☐ [No varía en masculino y femenino]. ☐ Familia: →mar.

submarino, na (sub·ma·ri·no, na) ∎ [adjetivo] **1** De la zona que está bajo la superficie del mar: *vida submarina.* ∎ **submarino** [sustantivo masculino] **2** Barco que puede navegar bajo la superficie del mar. 👁 **página 362.** ☐ Sinónimos: **2** sumergible. ☐ Familia: →mar.

submúltiplo, pla (sub·múl·ti·plo, pla) [adjetivo o sustantivo masculino] Dicho de un número, que está contenido en otro dos o más veces: *5 es un número submúltiplo de 25.* ☐ Familia: →múltiple.

subnormal (sub·nor·mal) [adjetivo o sustantivo] Dicho de una persona, que tiene un desarrollo inferior al que sería normal para su edad: *No debes llamar «subnormal» a nadie.* ☐ [No varía en masculino y femenino. No debe usarse como insulto]. ☐ Familia: →norma.

suboficial (su·bo·fi·cial) [sustantivo] Una de las categorías militares: *El sargento es un suboficial.* ☐ [No varía en masculino y femenino]. ☐ Familia: →oficio.

subordinación (su·bor·di·na·ción) [sustantivo femenino] **1** Hecho de depender o de estar bajo la autoridad de alguien. **2** Relación que hay entre dos oraciones cuando una depende de la otra: *En «Quiero que vengas» hay subordinación.* ☐ Sinónimos: **1** sometimiento. ☐ Familia: →orden.

subordinado, da (su·bor·di·na·do, da) [sustantivo] Persona que está a las órdenes de otra o que depende de ella: *El jefe dijo a sus subordinados que debían esforzarse más.* ☐ Antónimos: jefe, superior. ☐ Familia: →orden.

subordinar (su·bor·di·nar) [verbo] Hacer depender o poner bajo la autoridad de alguien: *Mi sección está subordinada al departamento de contabilidad.* ☐ Sinónimos: someter. ☐ Familia: →orden.

subrayar (sub·ra·yar; su·bra·yar) [verbo] **1** Señalar con una línea por debajo: *Subraya las palabras extranjeras.* **2** Pronunciar o expresar algo destacándolo de manera especial: *El profesor subrayó la necesidad de estudiar.* ☐ Sinónimos: **2** acentuar, recalcar, destacar, resaltar, remarcar, poner de relieve. ☐ Antónimos: **2** disimular. ☐ Familia: →raya.

subsanar (sub·sa·nar) [verbo] Poner solución a un daño o intentar arreglarlo: *Debemos subsanar los problemas antes de comenzar.* ☐ Sinónimos: remediar. ☐ Familia: →sano.

subsidio (sub·si·dio) [sustantivo masculino] Ayuda económica: *Está en paro y cobra el subsidio del desempleo.*

subsiguiente (sub·si·guien·te) [adjetivo] Que sigue inmediatamente a algo: *Cuando le dije que iba al cine, la respuesta subsiguiente fue que se venía conmigo.* ☐ [No varía en masculino y femenino].

subsistencia (sub·sis·ten·cia) [sustantivo femenino] Hecho de seguir viviendo o de seguir existiendo: *En algunos lugares, la gente no tiene lo necesario para su subsistencia.* ☐ Familia: →subsistir.

subsistir (sub·sis·tir) [verbo] **1** Seguir viviendo: *Para subsistir necesitamos alimentarnos.* **2** Seguir existiendo: *En este pueblo subsisten costumbres muy antiguas.* ☐ Sinónimos: **1** vivir. **2** perdurar, persistir. ☐ Antónimos: **1** morir, sucumbir. **2** desaparecer. ☐ Familia: subsistencia.

substancia (subs·tan·cia) [sustantivo femenino] → **sustancia.**
substitución (subs·ti·tu·ción) [sustantivo femenino] → **sustitución.**
substituir (subs·ti·tuir) [verbo] → **sustituir.** ☐ [Es irregular y se conjuga como CONSTRUIR].

subsuelo (sub·sue·lo) [sustantivo masculino] Capa de terreno que está debajo del suelo. ☐ Familia: →suelo.

subteniente (sub·te·nien·te) [sustantivo] Una de las categorías militares, por debajo del alférez. ☐ [No varía en masculino y femenino]. ☐ Familia: →teniente.

subterfugio (sub·ter·fu·gio) [sustantivo masculino] Excusa o recurso que se utiliza para evitar una dificultad o un compromiso: *Siempre utiliza algún subterfugio para no venir con nosotros.*

subterráneo, a (sub·te·rrá·ne·o, a) [adjetivo o sustantivo masculino] Que está bajo tierra: *túnel subterráneo.* ☐ Familia: →tierra.

subtitulado, da (sub·ti·tu·la·do, da) [adjetivo] **1** Dicho de una película, que tiene letreros en la parte inferior de la pantalla, en los que aparecen o se traducen los diálogos: *Vimos una película inglesa en versión subtitulada.* **2** Que tiene un título después del principal. ☐ Familia: →título.

subtítulo (sub·tí·tu·lo) [sustantivo] **1** Letrero que aparece en la parte inferior de la imagen de algunas películas, en el que aparecen o se traducen los diálogos: *No me daba tiempo a leer los subtítulos de la película.* **2** Título que se pone a veces después del principal: *Debajo del título «Santa Teresa», puso como subtítulo «Historia de una vida entregada a Dios».* ☐ Familia: →título.

suburbano, na (su·bur·ba·no, na) ■ [adjetivo] **1** Dicho de un lugar, que está cerca de una ciudad: *barrio suburbano.* ■ **suburbano** [sustantivo masculino] **2** Tren que une el centro de una gran ciudad con los barrios que están en las afueras. ☐ Familia: →urbe.

suburbio (su·bur·bio) [sustantivo masculino] Barrio que está cerca de una ciudad y en el que vive gente que no tiene mucho dinero. ☐ Sinónimos: arrabal. ☐ Familia: →urbe.

subvención (sub·ven·ción) [sustantivo femenino] Ayuda económica: *He recibido una subvención del Gobierno para montar una empresa.* ☐ Familia: subvencionar.

subvencionar (sub·ven·cio·nar) [verbo] Dar una ayuda económica: *El colegio subvenciona la excursión.* ☐ Familia: →subvención.

subversivo, va (sub·ver·si·vo, va) [adjetivo] Que intenta romper el orden público o que protesta contra el poder: *un escrito con carácter subversivo.*

subyacer (sub·ya·cer) [verbo] Estar oculto detrás de algo: *En toda su obra subyace un sentimiento de melancolía.* ☐ [Es irregular y se conjuga como YACER]. ☐ Familia: →yacer.

subyugar (sub·yu·gar) [verbo] **1** Hacer que alguien acepte la autoridad de otra persona a la fuerza: *Los invasores subyugaron a los habitantes de la tierra conquistada.* **2** Gustar mucho o resultar muy atractivo o muy bonito: *Me subyuga tu mirada.* ☐ [La «g» se cambia en «gu» delante de «e» («subyugue»)]. ☐ Sinónimos: **1** someter. **2** cautivar, fascinar. ☐ Antónimos: **1** liberar, libertar. ☐ Familia: →yugo.

succionar (suc·cio·nar) [verbo] **1** Chupar o sacar el jugo o la sustancia de algo con los labios y con la lengua: *El bebé succiona el biberón.* **2** Absorber o atraer hacia el interior: *El dentista tiene un aparato para succionar*

la saliva. ☐ Sinónimos: **2** aspirar. ☐ Antónimos: **2** expeler, expulsar.

sucedáneo, a (su·ce·dá·ne·o, a) [adjetivo o sustantivo masculino] Dicho de una sustancia, que puede sustituir a otra por tener propiedades similares: *La malta es un sucedáneo del café.*

suceder (su·ce·der) [verbo] **1** Producirse un hecho: *Ha sucedido una desgracia.* **2** Seguir o ir detrás de otra cosa en orden, tiempo o número: *Los días se suceden a lo largo del año.* **3** Sustituir a una persona en un trabajo o en una función: *Lo estoy dejando todo preparado para el que me suceda.* ☐ Sinónimos: **1** ocurrir, pasar, acontecer, acaecer. ☐ Familia: suceso, sucesivo, sucesión, sucesor.

sucesión (su·ce·sión) [sustantivo femenino] **1** Serie de hechos o de cosas que se suceden unos a otros y que están relacionados entre sí: *Una semana es la sucesión de siete días.* **2** Cambio de una persona por otra en un trabajo o en una función: *Es el más adecuado para la sucesión del presidente.* **3** Conjunto de las personas que descienden de otra: *Si alguien muere sin sucesión, sus bienes pasan al Estado.* ☐ Sinónimos: **1** serie, cadena, sarta. ☐ Familia: →suceder.

sucesivo, va (su·ce·si·vo, va) [adjetivo] Que sucede o sigue a algo: *En días sucesivos darán más información.* ☐ Familia: →suceder.

suceso (su·ce·so) [sustantivo masculino] Cosa que ocurre o sucede: *Aquel suceso nos impresionó a todos.* ☐ Sinónimos: hecho, acontecimiento. ☐ Familia: →suceder.

sucesor, ra (su·ce·sor, so·ra) [adjetivo o sustantivo] Dicho de una persona, que sucede a otra en un cargo o en un trabajo. ☐ Antónimos: antecesor, predecesor. ☐ Familia: →suceder.

suciedad (su·cie·dad) [sustantivo femenino] Conjunto de cosas que no están limpias o están para tirar: *Hay mucha suciedad en el suelo.* ☐ Sinónimos: basura, cochambre. ☐ Antónimos: limpieza. ☐ Familia: →sucio.

sucinto, ta (su·cin·to, ta) [adjetivo] Breve o con pocas palabras: *Nos contó de forma sucinta lo ocurrido.*

sucio, cia (su·cio, cia) ■ [adjetivo] **1** Que tiene suciedad: *Esa camisa está sucia.* **2** Que produce suciedad: *Las palomas son animales muy sucios.* **3** Que no actúa con honradez o que no respeta la ley: *negocios sucios.* ■ **sucio** [adverbio] **4** Sin respetar las leyes: *Eres un tramposo y has jugado sucio.* ☐ Antónimos: limpio. ☐ Familia: suciedad, ensuciar.

suculento, ta (su·cu·len·to, ta) [adjetivo] Dicho de una comida, que tiene buen sabor o que alimenta mucho. ☐ Sinónimos: sabroso. ☐ Antónimos: insulso.

sucumbir (su·cum·bir) [verbo] **1** Dejar de oponerse a algo: *Sucumbí a la tentación de comer pasteles.* **2** Dejar de vivir: *Muchos animales sucumbieron en los incendios.* ☐ Sinónimos: **1** rendirse. **2** morir. ☐ Antónimos: resistir. **2** subsistir.

sucursal (su·cur·sal) [adjetivo o sustantivo femenino] Dicho de un establecimiento, que depende de otro que es el principal: *La sucursal del banco depende de la oficina central.* ☐ [Cuando es adjetivo, no varía en masculino y femenino].

sudadera (su·da·de·ra) [sustantivo femenino] Prenda de vestir deportiva que suele ser de algodón y que cubre desde el cuello hasta la cintura. ☐ Familia: →sudor.

sudafricano, na (su·da·fri·ca·no, na) [adjetivo o sustantivo] **1** De la zona sur de África, que es un continente. **2** De la República Sudafricana, que es un país africano. ☐ Familia: →sur. →africano.

sudamericano, na (su·da·me·ri·ca·no, na) [adjetivo o sustantivo] De la parte sur de América, que es un continente. ☐ [También se dice «suramericano»]. ☐ Familia: →sur. →americano.

sudanés, sa (su·da·nés, ne·sa) [adjetivo o sustantivo] De Sudán, que es un país africano.

sudar (su·dar) [verbo] **1** Perder agua y otras sustancias a través de la piel: *Cuando estoy nerviosa me sudan las manos.* **2** Trabajar o esforzarse mucho: *Has tenido que sudar para entregarlo a tiempo.* ☐ [El significado **2** es coloquial]. ☐ Sinónimos: **1** transpirar. ☐ Familia: →sudor.

sudario (su·da·rio) [sustantivo masculino] Tela con la que se envuelve el cuerpo o se cubre la cara de un cadáver. ☐ Familia: →sudor.

sudeste (su·des·te) [sustantivo masculino] Punto cardinal que está entre el sur y el este. ☐ Sinónimos: sureste. ☐ Familia: →sur. →este.

sudoeste (su·do·es·te) [sustantivo masculino] Punto cardinal que está entre el sur y el oeste. ☐ Sinónimos: suroeste. ☐ Familia: →sur. →oeste.

sudoku (su·do·ku) [sustantivo masculino] Juego de lógica formado por una cuadrícula que hay que rellenar con números. ☐ [Es una palabra de origen japonés].

sudor (su·dor) [sustantivo masculino] Líquido transparente que sale por la piel cuando tenemos calor. ☐ Familia: sudar, sudoroso, sudoración, sudoríparo, sudario, sudadera.

sudoración (su·do·ra·ción) [sustantivo femenino] Salida del sudor del cuerpo a través de la piel. ☐ Sinónimos: transpiración. ☐ Familia: →sudor.

sudoríparo, ra (su·do·rí·pa·ro, ra) [adjetivo] Dicho de una glándula, que produce sudor: *Las glándulas sudoríparas están en la piel.* ☐ Familia: →sudor.

sudoroso, sa (su·do·ro·so, sa) [adjetivo] Lleno de sudor: *Llegó corriendo y sudoroso.* ☐ Familia: →sudor.

sueco, ca (sue·co, ca) ❙ [adjetivo o sustantivo] **1** De Suecia, que es un país europeo. ❙ **sueco** [sustantivo masculino] **2** Lengua de este país. ◆ [expresión] ‖ **hacerse alguien el sueco** Hacer como si no se oyera o como si no se entendiera algo. ☐ [La expresión es coloquial].

suegro, gra (sue·gro, gra) [sustantivo] Lo que es una persona en relación con el marido de su hija o con la mujer de su hijo: *Mis suegros son los padres de mi marido.* ☐ Familia: consuegro.

suela (sue·la) [sustantivo femenino] Parte del zapato que se apoya en el suelo.

sueldo (suel·do) [sustantivo masculino] Cantidad de dinero que se paga por un trabajo. ☐ Sinónimos: salario, jornal, paga. ☐ Familia: sobresueldo.

suelo (sue·lo) [sustantivo masculino] Superficie sobre la que se ponen los pies cuando se anda: *En mi casa, el suelo es de madera.* ☐ Sinónimos: piso. ☐ Familia: solar, solador, entresuelo, subsuelo.

suelto, ta (suel·to, ta) ❙ [adjetivo] **1** Que no está pegado o unido a otras cosas: *Los granos de arroz de la paella deben quedar sueltos.* **2** Libre o que no está sujeto: *No lleves el perro suelto.* **3** Que no forma parte de un conjunto o que se ha separado de él: *Solo quedan tallas sueltas.* **4** Que padece diarrea. ❙ [adjetivo o sustantivo masculino] **5** Dicho del dinero, que está en monedas: *No tengo suelto, solo llevo billetes.* ☐ Antónimos: **2** fijo, sujeto, apretado. ☐ Familia: →soltar.

sueño (sue·ño) [sustantivo masculino] **1** Estado de reposo mientras se duerme: *horas de sueño.* **2** Conjunto de imágenes que aparecen en la mente mientras se duerme: *He tenido un sueño horrible.* **3** Ganas de dormir: *Tengo mucho sueño porque he madrugado.* **4** Deseo de que algo improbable suceda: *Mi sueño es conseguir este premio.* ☐ Sinónimos: **4** ilusión. ☐ Familia: soñar, soñador, somnífero, somnolencia, somnoliento, sonámbulo, sonambulismo, ensueño, ensoñador.

suero (sue·ro) [sustantivo masculino] Líquido que se mete en la sangre del organismo con una aguja como medicina o como alimentación: *Después de la operación le pusieron dos botellas de suero.*

suerte (suer·te) [sustantivo femenino] **1** Destino, casualidad o fuerza que hace que sucedan las cosas de una determinada manera: *La suerte ha querido que nos conociéramos.* **2** Fuerza o causa que hace que algo resulte favorable o contrario: *Lleva un amuleto para ahuyentar la mala suerte.* **3** Fuerza o causa que hace que algo resulte favorable: *¡Vaya suerte tienes, ya te ha vuelto a tocar la lotería!* ☐ Sinónimos: **1, 3** fortuna.

suéter (sué·ter) [sustantivo masculino] Prenda de vestir de punto que cubre el cuerpo hasta la cintura. ☐ [Es una palabra de origen inglés. Su plural es «suéteres»]. ☐ Sinónimos: jersey, pulóver.

suevo, va (sue·vo, va) [adjetivo o sustantivo] De un antiguo pueblo del norte europeo, que invadió la península ibérica.

suficiencia (su·fi·cien·cia) [sustantivo femenino] Característica de las personas que se creen más inteligentes o más preparadas que los demás: *Tienes un aire de suficiencia que te hace inaguantable.*

suficiente (su·fi·cien·te) ❙ [adjetivo] **1** Que es adecuado para lo que se necesita: *No hay suficiente comida para todos.* ❙ [sustantivo masculino] **2** Nota que indica que se ha pasado el nivel de conocimientos que se pide: *Mi hermano ha sacado suficiente en Música.* ☐ [En el significado **1** no varía en masculino y femenino]. ☐ Sinónimos: **1** bastante. ☐ Antónimos: **1** exiguo, insuficiente. ☐ Familia: insuficiente.

sufijo (su·fi·jo) [sustantivo masculino] Grupo de letras que se añaden al final de una palabra para darle un significado determinado: *El sufijo «-ito» significa «pequeño» y sirve para formar palabras: «perrito», «tontito»*. ☐ [No confundir con «prefijo» (que se añade al comienzo de una palabra)].

suflé (su·flé) [sustantivo masculino] Comida que se prepara con claras de huevo muy batidas y cocidas al horno. ☐ [Es una palabra de origen francés. Es preferible escribir «suflé» que la forma francesa *soufflé*].

sufragar (su·fra·gar) [verbo] Pagar los gastos de algo: *Mis padres sufragan mis estudios*. ☐ [La «g» se cambia en «gu» delante de «e» («sufrague»)]. ☐ Familia: sufragio.

sufragio (su·fra·gio) [sustantivo masculino] **1** Forma de elegir a la persona que ocupará un cargo, por medio de una votación: *En el sufragio universal todos los ciudadanos votan*. **2** Voto con el que una persona elige una cosa: *Ganó el partido que obtuvo más sufragios*. **3** Ayuda, especialmente económica: *el sufragio de los necesitados*. ☐ Familia: →sufragar.

sufrido, da (su·fri·do, da) [adjetivo] **1** Que sufre algo con paciencia: *Nunca te quejas porque eres muy sufrido*. **2** Que no muestra la suciedad: *color sufrido; tela sufrida*. ☐ Antónimos: **1** protestón. ☐ Familia: →sufrir.

sufrimiento (su·fri·mien·to) [sustantivo masculino] Sensación que se tiene cuando pasa algo triste: *La despedida me causó un gran sufrimiento*. ☐ Sinónimos: pena, tristeza, dolor, pesar, tribulación. ☐ Antónimos: alegría, gozo, contento, dicha, felicidad. ☐ Familia: →sufrir.

sufrir (su·frir) [verbo] **1** Sentir con fuerza un daño o algo que resulta doloroso: *Verte tan triste me hace sufrir*. **2** Aceptar algo que no resulta agradable sin quejarse: *No sufro a los que se creen superiores*. ☐ Sinónimos: **2** soportar. ☐ Antónimos: **1** gozar, disfrutar. ☐ Familia: sufrimiento, sufrido, insufrible.

sugerencia (su·ge·ren·cia) [sustantivo femenino] Idea que se da para hacer algo: *Aceptó la sugerencia de ir al cine*. ☐ Sinónimos: proposición, propuesta, ofrecimiento, oferta. ☐ Familia: →sugerir.

sugerente (su·ge·ren·te) [adjetivo] Que hace sentir muchas cosas o que hace pensar en ellas: *música sugerente; paisaje sugerente*. ☐ [No varía en masculino y femenino]. ☐ Familia: →sugerir.

sugerir (su·ge·rir) [verbo] **1** Dar una idea para hacer algo: *Te sugiero que pruebes la tarta*. **2** Hacer sentir algo o hacer pensar en algo: *Esta música me sugiere muchas cosas*. ☐ [Es irregular y se conjuga como SENTIR]. ☐ Sinónimos: **1** proponer. **2** inspirar. ☐ Familia: sugerente, sugerencia, sugestión, sugestionar, sugestivo.

sugestión (su·ges·tión) [sustantivo femenino] Idea que no se puede quitar de la mente y que influye en el comportamiento: *Le da tanto miedo estar enfermo que, por sugestión, siempre le duele algo*. ☐ Sinónimos: obsesión. ☐ Familia: →sugerir.

sugestionar (su·ges·tio·nar) [verbo] Tener una idea que no se puede quitar de la mente y que influye en el comportamiento: *Intento no sugestionarme, pero me encuentro muy mal*. ☐ Familia: →sugerir.

sugestivo, va (su·ges·ti·vo, va) [adjetivo] **1** Que hace sentir algo o pensar en algo: *un tema sugestivo*. **2** Que atrae o que provoca emoción: *Estas posibles vacaciones me resultan muy sugestivas*. ☐ Familia: →sugerir.

suicida (sui·ci·da) ▪ [adjetivo] **1** Del suicidio o relacionado con él: *ideas suicidas*. **2** Que tiene tanto riesgo que es muy fácil que salga mal: *Ese es un proyecto suicida porque a nadie le interesará*. ▪ [sustantivo] **3** Persona que intenta o que consigue suicidarse. ☐ [No varía en masculino y femenino]. ☐ Familia: →suicidio.

suicidarse (sui·ci·dar·se) [verbo] Quitarse la vida por voluntad propia. ☐ Familia: →suicidio.

suicidio (sui·ci·dio) [sustantivo masculino] Hecho de quitarse la vida por voluntad propia. ☐ Familia: suicidarse, suicida.

suite [sustantivo femenino] **1** Pieza musical formada por diversos fragmentos de obras más extensas: *Han interpretado una suite de una ópera muy famosa*. **2** En un hotel, conjunto de varias habitaciones que están unidas entre sí: *La suite del hotel tenía un baño, dos dormitorios y un salón*. ☐ [Es una palabra francesa. Se pronuncia «suít»].

suizo, za (sui·zo, za) ▪ [adjetivo o sustantivo] **1** De Suiza, que es un país europeo. ▪ **suizo** [sustantivo masculino] **2** Bollo alargado, con un montoncito de azúcar en el centro.

sujeción (su·je·ción) [sustantivo femenino] **1** Hecho de agarrar o mantener algo seguro, de modo que no se mueva o no se caiga: *Utilizo masilla para la sujeción de los cristales*. **2** Cosa que sirve para sujetar: *Esa estantería se mueve porque no tiene sujeción*. ☐ Familia: →sujetar.

sujetador (su·je·ta·dor) [sustantivo masculino] Prenda interior femenina que sirve para sujetar el pecho. ☐ Sinónimos: sostén. ☐ Familia: →sujetar.

sujetalibros (su·je·ta·li·bros) [sustantivo masculino] Objeto que sirve para sujetar los libros y mantenerlos derechos. ☐ [No varía en singular y plural]. ☐ Familia: →sujetar. →libro.

sujetar (su·je·tar) [verbo] Agarrar o mantener algo seguro, de modo que no se mueva o no se caiga: *Las columnas sujetan el techo*. ☐ Sinónimos: sostener, aguantar, soportar. ☐ Familia: sujetador, sujeción, sujetalibros.

sujeto, ta (su·je·to, ta) ▪ [adjetivo] **1** Que está seguro y no se mueve: *Lleva el pelo sujeto con una goma*. **2** Que depende de algo o que puede recibir el efecto de algo: *La circulación está sujeta a una serie de normas*. ▪ **sujeto** [sustantivo masculino] **3** Persona a la que no se conoce o cuyo nombre no se quiere decir: *¿Quién era aquel sujeto que nos saludó?* **4** Palabra o conjunto de palabras de una oración que tienen el mismo número que el verbo y de las que se dice algo en el predicado: *En la oración «Las flores huelen bien», «las flores» es el sujeto*. ☐ Sinónimos: **1** fijo. **3** individuo, tipo. ☐ Antónimos: **1** suelto. ☐ Familia: subjetivo, subjetividad.

sufijos

sufijos	significado	ejemplo
-áceo, -ácea	parecido a	rosáceo, herbáceo
-aco, -aca	despectivo	pajarraco, libraco
	gentilicio	austriaco, polaca
	relacionado con	cardiaco, policiaca
-ada	golpe o herida	patada, puñalada
	acción	tontada, marranada
-aje	acción	aterrizaje, hospedaje
	conjunto de	ramaje, correaje
-ajo, -aja	despectivo	pequeñajo
-ano, -ana	gentilicio	italiano, peruana
	relacionado con	aldeano, urbana
-ario, -aria	profesión	bibliotecario, boticaria
-astro, -astra	despectivo	camastro, poetastro
-avo, -ava	una parte de	doceavo, quinceava
-azo	golpe	cabezazo, puñetazo
-azo, -aza	aumentativo	cochazo, madraza
-cida	que mata	bactericida, raticida
-ción	acción	ventilación, colocación
-dad	cualidad	bondad, antigüedad
-dero, -dera	lugar	matadero
-dor, -dora	profesión	pescador, vendedora
	que sirve para	calentador, aspiradora
-eño, -eña	gentilicio o procedencia	extremeño, malagueña, isleño
-ería	tienda	panadería, heladería
	acción	niñería, tontería
	cualidad, generalmente negativa	holgazanería, coquetería
-ero, -era	profesión	zapatero, enfermera
	árbol frutal	limonero, melocotonero
-eza	cualidad	belleza, franqueza
-ezno, -ezna	cría	lobezno, osezno
-ico, -ica	relacionado con	económico, artística
-il	relacionado con	varonil, infantil
-ino, -ina	gentilicio	bilbaíno, parisino
-ísimo, -ísima	superlativo	tontísimo, flaquísima
-ismo	sistema o movimiento cultural, político, etc.	comunismo, humanismo
-ista	profesión	taxista, recepcionista
	partidario de o relacionado con	comunista, humanista
-ito, -ita	diminutivo	padrecito, barquita
-izo, -iza	parecido a	pajizo, enfermiza
-mente	de forma o manera	totalmente, fácilmente
-miento	acción	movimiento, alejamiento
-nauta	navegante	astronauta, cosmonauta
-ón, -ona	aumentativo	zapatón, cabezona
-or, -ora	que hace algo	defensor, confesora
-oso, -osa	cualidad	perezoso, verdosa
-ote, -ota	aumentativo	grandote, blancota
-teca	lugar donde se guarda	biblioteca, pinacoteca
-ucho, -ucha	despectivo	feúcho, casucha
-udo, -uda	abundancia	bigotudo, peluda
-uzco, -uzca	cualidad	blancuzco, parduzca
-voro, -vora	que come	carnívoro

sulfamida (sul·fa·mi·da) [sustantivo femenino] Sustancia que sirve para curar algunas infecciones.

sulfato (sul·fa·to) [sustantivo masculino] Sustancia química que tiene azufre, oxígeno y otro elemento, por ejemplo el cobre. ☐ Familia: →sulfuro.

sulfurar (sul·fu·rar) [verbo] Enfadar mucho: *¿Qué te pasa, que te sulfuras por todo?* ☐ Sinónimos: enojar, enfurecer. ☐ Antónimos: calmar. ☐ Familia: →sulfuro.

sulfúrico, ca (sul·fú·ri·co, ca) [adjetivo] Dicho de un ácido, que no tiene color ni olor y que quema y destruye los tejidos. ☐ Familia: →sulfuro.

sulfuro (sul·fu·ro) [sustantivo masculino] Sustancia química que tiene azufre y otro elemento químico. ☐ Familia: sulfato, sulfurar, sulfúrico, sulfuroso.

sulfuroso, sa (sul·fu·ro·so, sa) [adjetivo] Del azufre o que tiene azufre: *aguas sulfurosas*. ☐ Familia: →sulfuro.

sultán (sul·tán) [sustantivo] Príncipe o primer gobernante en algunos países musulmanes.

suma (su·ma) [sustantivo femenino] **1** Operación que consiste en reunir varias cantidades o cosas en una sola: *El signo de la suma es una cruz.* **2** Resultado de esta operación: *Cuatro es la suma de dos y dos.* **3** Cantidad de dinero o conjunto de varias unidades: *El chalé me costó una buena suma de dinero.* ◆ [expresión] ‖ **en suma** Como conclusión o para terminar: *En suma, que si no cambias de actitud tendrás problemas.* ☐ Sinónimos: **1** adición. **2** total. ☐ Antónimos: **1** resta, sustracción. ☐ Familia: →sumar.

sumamente (su·ma·men·te) [adverbio] Muy o mucho: *Le estoy sumamente agradecida.* ☐ Familia: →sumo.

sumando (su·man·do) [sustantivo masculino] En una suma matemática, cada una de las cantidades que se suman. ☐ Familia: →sumar.

sumar (su·mar) [verbo] Unir varias cantidades o cosas en una sola: *El resultado de sumar dos más dos es cuatro.* ☐ Sinónimos: añadir, agregar. ☐ Antónimos: restar. ☐ Familia: suma, sumando, sumario.

sumario, ria (su·ma·rio, ria) [adjetivo] **1** Breve y resumido: *Me contó la historia de forma sumaria.* ■ **sumario** [sustantivo masculino] **2** Conjunto de pruebas, datos y testimonios que se preparan para un juicio: *El juez ha decretado secreto de sumario.* **3** Resumen o recopilación de algo: *En el sumario del final del programa se nombran los temas que se han tratado.* ☐ Familia: →sumar.

sumergible (su·mer·gi·ble) [adjetivo] **1** Que se puede introducir en un líquido sin que se estropee: *reloj sumergible.* ■ [sustantivo masculino] **2** Barco que puede navegar bajo la superficie del mar. ☐ [En el significado **1** no varía en masculino y femenino]. ☐ Sinónimos: **2** submarino. ☐ Familia: →sumergir.

sumergir (su·mer·gir) [verbo] Introducir algo del todo en un líquido: *Los submarinos pueden sumergirse en el agua.* ☐ [La «g» se cambia en «j» delante de «a», «o» («sumerja»)]. ☐ Sinónimos: hundir. ☐ Antónimos: emerger. ☐ Familia: sumergible.

sumidero (su·mi·de·ro) [sustantivo masculino] Lugar por donde se va el agua sucia y la que cae de la lluvia. ☐ Familia: →sumir.

suministrar (su·mi·nis·trar) [verbo] Dar algo que resulta necesario: *Una ayudante me suministró los datos para el reportaje.* ☐ Sinónimos: proveer, facilitar, proporcionar, abastecer, surtir, pertrechar, aprovisionar. ☐ Antónimos: quitar, privar, despojar. ☐ Familia: suministro.

suministro (su·mi·nis·tro) [sustantivo masculino] **1** Hecho de dar algo que resulta necesario: *Esta parroquia se encarga del suministro de alimentos a los necesitados.* **2** Conjunto de cosas que se dan porque resultan necesarias: *Ya se agotó el suministro de aceite.* ☐ Sinónimos: aprovisionamiento. ☐ Familia: →suministrar.

sumir (su·mir) [verbo] **1** Hacer caer a una persona en un estado malo o difícil: *La noticia me sumió en la tristeza.* **2** Hundir bajo el agua o la tierra: *El temporal sumió el barco en el mar.* ☐ Familia: sumidero.

sumisión (su·mi·sión) [sustantivo femenino] **1** Hecho de aceptar la autoridad de una persona a la fuerza: *La sumisión de algunos pueblos no se consigue jamás.* **2** Actitud de la persona que acepta algo con obediencia: *Aceptó con sumisión lo que yo le pedí.* ☐ Sinónimos: **2** docilidad. ☐ Antónimos: **1** rebelión. **2** rebeldía. ☐ Familia: →someter.

sumiso, sa (su·mi·so, sa) [adjetivo] Que obedece sin protestar. ☐ Sinónimos: dócil, obediente. ☐ Antónimos: rebelde, desobediente. ☐ Familia: →someter.

sumo, ma (su·mo, ma) ■ [adjetivo] **1** Superior a todos: *El sumo representante de la Iglesia católica es el papa.* **2** Enorme o muy grande: *Lo hizo con sumo cuidado.* ■ **sumo** [sustantivo masculino] **3** Tipo de lucha japonesa. ◆ [expresión] ‖ **a lo sumo** Como mucho: *Se tarda en venir, a lo sumo, dos horas.* ☐ Familia: sumamente.

suntuario, ria (sun·tua·rio, ria) [adjetivo] Del lujo o relacionado con él: *objetos suntuarios.* ☐ Familia: →suntuoso.

suntuoso, sa (sun·tuo·so, sa) [adjetivo] Grande, caro y lujoso: *Vive en un suntuoso apartamento.* ☐ Familia: suntuario.

supeditar (su·pe·di·tar) [verbo] Hacer depender una cosa de otra: *El viaje está supeditado a que haga buen tiempo.*

súper (sú·per) ■ [adjetivo] **1** Superior o muy bueno: *¡Esa marca de coches es súper, eh!* ■ [sustantivo masculino] **2** Supermercado: *Fui al súper a comprar fiambres y bebidas.* ☐ [No varía en singular y plural. Es coloquial. En el significado **1** no varía en masculino y femenino]. ☐ Familia: superhombre. →superior.

superación (su·pe·ra·ción) [sustantivo femenino] **1** Hecho de pasar un límite: *El deportista se entrenaba para conseguir la superación de su marca personal.* **2** Hecho de vencer una dificultad: *Volvió a casa tras la superación del problema.* **3** Proceso para mejorar una persona:

Estudio para mi superación personal. ☐ Familia: →superior.

superar (su·pe·rar) [verbo] **1** Ser mejor o superior en algo: *Tú me superas en inteligencia.* **2** Vencer una dificultad o tener éxito en una prueba: *Si no superas esta prueba, no pasarás a la final.* **3** Ir más allá de un límite: *Este verano, las temperaturas superaron los cuarenta grados.* ▌ **superarse 4** Hacer algo mejor que en otras ocasiones: *Con esta tarta te has superado.* ☐ Sinónimos: **1, 2** pasar. **1** aventajar, ganar. **1, 3** exceder. **2** salvar. **3** batir, sobrepasar, desbordar. ☐ Familia: →superior.

superávit (su·pe·rá·vit) [sustantivo masculino] **1** Exceso debido a que se gana más dinero del que se gasta: *Van a dedicar el superávit a mejorar las instalaciones de la empresa.* **2** Abundancia o exceso de algo. ☐ [Su plural es «superávits»]. ☐ Antónimos: déficit.

superchería (su·per·che·rí·a) [sustantivo femenino] **1** Creencia que no se apoya en una religión ni en la razón: *Todas esas historias de apariciones son pura superchería.* **2** Engaño para conseguir algo: *No conseguirás timarme con tus supercherías.* ☐ [Es despectivo]. ☐ Sinónimos: **1** superstición.

superdotado, da (su·per·do·ta·do, da) [adjetivo o sustantivo] Dicho de una persona, que tiene cualidades superiores a las normales, especialmente la inteligencia. ☐ Familia: →dotar.

superficial (su·per·fi·cial) [adjetivo] **1** De la superficie o relacionado con ella: *Un rasguño es una herida superficial.* **2** Que se basa en el aspecto externo de algo, sin prestar atención a lo más profundo: *No seas tan superficial e intenta conocer a fondo a la gente.* ☐ [No varía en masculino y femenino]. ☐ Sinónimos: **2** somero. ☐ Antónimos: profundo. ☐ Familia: →superficie.

superficie (su·per·fi·cie) [sustantivo femenino] **1** Parte externa de un cuerpo: *¡Qué superficie tan áspera!* **2** Extensión de tierra: *En esta superficie van a construir unos grandes almacenes.* **3** Extensión plana de una figura: *La superficie de un rectángulo equivale al resultado de multiplicar su base por su altura.* ☐ Antónimos: **1** fondo. ☐ Familia: superficial.

superfluo, flua (su·per·fluo, flua) [adjetivo] Que no es necesario o que está de más: *Quiero ahorrar y no hacer gastos superfluos.* ☐ Sinónimos: innecesario. ☐ Antónimos: necesario.

superhombre (su·pe·rhom·bre) [sustantivo masculino] Hombre que es considerado superior a los demás. ☐ Familia: →súper. →hombre.

superior (su·pe·rior) ▌ [adjetivo] **1** Que está más alto o más arriba: *He conocido al vecino del piso superior.* **2** Que es mayor en calidad o en cantidad: *El peso de mi padre es superior al mío.* **3** Excelente o muy bueno: *La comida te ha salido superior.* ▌ [sustantivo masculino] **4** Dicho de una persona, que tiene autoridad sobre otras que dependen de ella: *Un soldado debe obedecer a su superior.* ▌ [sustantivo masculino] **5** Hombre que dirige o gobierna una congregación o comunidad, especialmente si es religiosa: *El superior del monasterio ofició la ceremonia.* ▌ [adverbio] **6** Muy bien. ☐ [Cuando es adjetivo, no varía en masculino y femenino. En el significado **6** tampoco varía por ser adverbio. En el significado **5** el femenino es «superiora». Con el significado **3** se usa mucho la forma abreviada «súper», que es coloquial]. ☐ Sinónimos: **4** jefe. ☐ Antónimos: **1, 2** inferior. **4** subordinado. ☐ Familia: superiora, superar, superación, superioridad, súper, superlativo, supremo, supremacía, insuperable.

superiora (su·pe·rio·ra) [sustantivo femenino] Mujer que dirige o gobierna una congregación o comunidad, especialmente si es religiosa: *La superiora del convento supervisó las reformas del convento.* ☐ [El masculino es «superior»]. ☐ Familia: →superior.

superioridad (su·pe·rio·ri·dad) [sustantivo femenino] Estado o condición de lo que es superior en cantidad o en calidad: *La superioridad de nuestro equipo se demostró con la victoria.* ☐ Antónimos: inferioridad. ☐ Familia: →superior.

superlativo, va (su·per·la·ti·vo, va) [adjetivo o sustantivo masculino] Que expresa superioridad en su significado: *«Muy alto» y «altísimo» son dos superlativos de «alto».* ☐ Familia: →superior.

supermercado (su·per·mer·ca·do) [sustantivo masculino] Establecimiento en el que se venden alimentos y otros productos, y donde el cliente se sirve a sí mismo y paga a la salida. ☐ [Se usa mucho la forma abreviada «súper», que es coloquial]. ☐ Familia: →mercado.

superpoblación (su·per·po·bla·ción) [sustantivo femenino] Exceso de población: *La emigración causó la superpoblación de las grandes ciudades.* ☐ Familia: →poblar.

superpoblado, da (su·per·po·bla·do, da) [adjetivo] Dicho de un lugar, que tiene demasiados habitantes: *países superpoblados.* ☐ Familia: →poblar.

superponer (su·per·po·ner) [verbo] Añadir o poner una cosa por encima de otra: *Si superpones un cristal rojo sobre uno amarillo, obtendrás naranja.* ☐ [Es irregular y se conjuga como **poner**. Su participio es «superpuesto»]. ☐ Familia: superposición, superpuesto. →poner.

superposición (su·per·po·si·ción) [sustantivo femenino] Colocación de una cosa sobre otra. ☐ Familia: →superponer.

superproducción (su·per·pro·duc·ción) [sustantivo femenino] **1** Exceso de producción de algo: *La superproducción de un producto hace bajar su precio.* **2** Película muy espectacular y que ha costado mucho dinero. ☐ Familia: →producir.

superpuesto, ta (su·per·pues·to, ta) Participio irregular de **superponer**. ☐ Familia: →superponer.

supersónico, ca (su·per·só·ni·co, ca) [adjetivo] Que supera la velocidad del sonido: *avión supersónico; velocidad supersónica.* ☐ Familia: →son.

superstición (su·pers·ti·ción) [sustantivo femenino] Creencia que no se apoya en una religión ni en la razón: *Creer que pasar debajo de una escalera trae mala suerte es una superstición.* ☐ Familia: supersticioso.

supersticioso, sa (su·pers·ti·cio·so, sa) [adjetivo] Que cree en cosas que no se apoyan en una religión ni en la razón: *Es muy supersticioso y no se viste de amarillo porque cree que trae mala suerte.* □ Familia: →superstición.

supervisar (su·per·vi·sar) [verbo] Examinar algo con atención para ver si está bien: *El arquitecto supervisó las obras del edificio.* □ Familia: supervisión, supervisor.

supervisión (su·per·vi·sión) [sustantivo femenino] Estudio atento y detallado que lleva a cabo un superior sobre una actividad que realiza otra persona: *La ingeniera se encargó de la supervisión del proyecto.* □ Familia: →supervisar.

supervisor, ra (su·per·vi·sor, so·ra) [sustantivo] Persona que examina la actividad que realiza otra persona para comprobar que está bien: *El supervisor de las obras era un ingeniero.* □ Familia: →supervisar.

supervivencia (su·per·vi·ven·cia) [sustantivo femenino] Hecho de seguir viviendo o existiendo: *técnicas de supervivencia.* □ Familia: →vivir.

superviviente (su·per·vi·vien·te) [adjetivo o sustantivo] Que queda vivo después de un accidente grave o de la muerte de otra persona. □ [No varía en masculino y femenino]. □ Familia: →vivir.

supino, na (su·pi·no, na) [adjetivo] **1** Que está tumbado sobre la espalda: *posición supina.* **2** Dicho de una cualidad negativa, que es muy grande: *ignorancia supina.*

suplantar (su·plan·tar) [verbo] Sustituir una persona a otra sin tener derecho a hacerlo: *Suplantó al ganador del concurso para cobrar el premio.* □ Familia: →planta.

suplementario, ria (su·ple·men·ta·rio, ria) [adjetivo] Que sirve para completar algo o para ampliarlo: *Tuvimos que hacer un esfuerzo suplementario para terminar a tiempo el trabajo.* □ Familia: →suplir.

suplemento (su·ple·men·to) [sustantivo masculino] Añadido que completa algo o lo hace más amplio: *¿Has comprado el suplemento del periódico?* □ Familia: →suplir.

suplencia (su·plen·cia) [sustantivo femenino] Hecho de sustituir una persona a otra en una tarea: *He hecho la suplencia de la profesora enferma.* □ Familia: →suplir.

suplente (su·plen·te) [adjetivo o sustantivo] Que sustituye a una persona que falta: *El portero titular se lesionó y lo sustituyó el suplente.* □ [No varía en masculino y femenino]. □ Sinónimos: sustituto. □ Familia: →suplir.

supletorio, ria (su·ple·to·rio, ria) ■ [adjetivo] **1** Que sustituye a algo que falta: *Tuvimos que colocar una mesa supletoria, porque no cabíamos todos.* ■ [adjetivo o sustantivo masculino] **2** Dicho de un teléfono, que está conectado a uno principal: *Al lado de mi cama tengo un teléfono supletorio.* □ Familia: →suplir.

súplica (sú·pli·ca) [sustantivo femenino] Ruego que se hace para pedir algo como un favor. □ Familia: →suplicar.

suplicante (su·pli·can·te) [adjetivo] Que suplica: *voz suplicante.* □ [No varía en masculino y femenino]. □ Familia: →suplicar.

suplicar (su·pli·car) [verbo] Pedir algo como un favor y sin orgullo: *Te suplico que me ayudes.* □ [La «c» se cambia en «qu» delante de «e» («suplique»)]. □ Sinónimos: rogar, implorar. □ Familia: súplica, suplicante.

suplicio (su·pli·cio) [sustantivo masculino] Cosa que hace sufrir mucho o causa un gran dolor: *¡Qué suplicio aguantar a ese pesado todo el día!* □ Sinónimos: tormento, tortura. □ Antónimos: placer.

suplir (su·plir) [verbo] **1** Poner solución a la falta de algo: *Suplí la falta de café con un té.* **2** Poner a una persona o una cosa en lugar de otras que faltan: *Mi hermana me suple en el coro cuando yo no puedo ir.* □ Sinónimos: **2** reemplazar, sustituir. □ Familia: suplemento, suplementario, suplente, suplencia, supletorio.

suponer (su·po·ner) [verbo] **1** Considerar algo como cierto o como posible: *Te cogí el libro porque supuse que no te hacía falta.* **2** Significar, costar o tener como consecuencia: *Terminar esto a tiempo supone mucho esfuerzo.* **3** Tener valor o importancia: *Tu amistad supone mucho para mí.* □ [Es irregular y se conjuga como PONER. Su participio es «supuesto»]. □ Sinónimos: **1** creer, calcular, imaginar, especular. **2** implicar, conllevar. **3** significar. □ Familia: suposición, supuesto, presuponer, presupuesto. →poner.

suposición (su·po·si·ción) [sustantivo femenino] Consideración de que algo es de determinada manera: *Mi suposición resultó equivocada.* □ Sinónimos: supuesto, hipótesis, especulación, conjetura. □ Familia: →suponer.

supositorio (su·po·si·to·rio) [sustantivo masculino] Medicina de forma alargada y terminada en punta, que se introduce por el ano.

supremacía (su·pre·ma·cí·a) [sustantivo femenino] **1** Estado o situación de lo que tiene el grado más alto: *Sus órdenes tienen supremacía sobre todo lo demás.* **2** Hecho de ser mejor o más importante que otro: *Durante el partido se ha visto la supremacía del equipo local.* □ Familia: →superior.

supremo, ma (su·pre·mo, ma) [adjetivo] Con el grado más alto: *El Tribunal Supremo es el que tiene mayor autoridad.* □ Familia: →superior.

supresión (su·pre·sión) [sustantivo femenino] Hecho de quitar algo o hacerlo desaparecer: *Con la supresión de los gastos innecesarios podrás ahorrar.* □ Familia: →suprimir.

suprimir (su·pri·mir) [verbo] Quitar algo o hacerlo desaparecer: *Suprimieron una parte de la película porque era muy larga.* □ Sinónimos: eliminar, erradicar. □ Familia: supresión.

supuesto, ta (su·pues·to, ta) ■ **1** Participio irregular de **suponer**. ■ [adjetivo] **2** Que se considera verdadero, aunque no se ha demostrado: *Han detenido al supuesto autor del robo.* ■ **supuesto** [sustantivo masculino] **3** Conside-

sushi

ración de que algo es de determinada manera, aunque no se haya demostrado: *Comprobaremos si son ciertos los supuestos de tu teoría.* ◆ [expresión] ‖ **por supuesto** Sin duda: *Por supuesto que quiero ir a la fiesta.* ☐ Sinónimos: **3** hipótesis, suposición. ☐ Familia: →suponer.

supurar (su·pu·rar) [verbo] Salir pus de una herida.

sur [sustantivo masculino] Punto cardinal que está a la derecha cuando miramos hacia donde sale el sol. ☐ Sinónimos: mediodía. ☐ Antónimos: norte. ☐ Familia: sureño, sudeste, sudoeste, sureste, suroeste, sudafricano, sudamericano.

suramericano, na (su·ra·me·ri·ca·no, na) [adjetivo o sustantivo] → **sudamericano, na.**

surcar (sur·car) [verbo] **1** Atravesar el agua o el espacio: *El barco surcaba las aguas.* **2** Formar líneas hundidas sobre una superficie: *Las arrugas le surcan el rostro.* ☐ [La «c» se cambia en «qu» delante de «e» («surque»)]. ☐ Familia: →surco.

surco (sur·co) [sustantivo masculino] **1** Línea hundida que se hace en la tierra con el arado. **2** Señal parecida que hay en otras superficies: *Las arrugas son pequeños surcos.* ☐ Familia: surcar.

surcoreano, na (sur·co·re·a·no, na) [adjetivo o sustantivo] De Corea del Sur, que es un país asiático.

sureño, ña (su·re·ño, ña) [adjetivo o sustantivo] Del sur o relacionado con él: *clima sureño.* ☐ Antónimos: norteño. ☐ Familia: →sur.

sureste (su·res·te) [sustantivo masculino] Punto cardinal que está entre el sur y el este. ☐ Sinónimos: sudeste. ☐ Familia: →sur. →este.

surf [sustantivo masculino] Deporte que consiste en usar una tabla para moverse sobre las olas. 👁 **páginas 304-305.** ☐ [Es una palabra de origen inglés. Su plural es «surfs»].

surgir (sur·gir) [verbo] Mostrarse algo o empezar a existir: *Ha surgido un problema de última hora.* ☐ [La «g» se cambia en «j» delante de «a», «o» («surja»)]. ☐ Sinónimos: brotar. ☐ Antónimos: desaparecer. ☐ Familia: resurgir, resurgimiento.

surimi (su·ri·mi) [sustantivo masculino] Alimento hecho con pescado, parecido a la carne de cangrejo: *una ensalada con palitos de surimi.*

suroeste (su·ro·es·te) [sustantivo masculino] Punto cardinal que está entre el sur y el oeste. ☐ Sinónimos: sudoeste. ☐ Familia: →sur. →oeste.

surrealismo (su·rre·a·lis·mo) [sustantivo masculino] Movimiento artístico europeo que se caracteriza por intentar expresar cosas de la imaginación y no de la realidad. ☐ Familia: →real.

surrealista (su·rre·a·lis·ta) [adjetivo o sustantivo] Del surrealismo o relacionado con este movimiento artístico. ☐ [No varía en masculino y femenino]. ☐ Familia: →real.

surtido, da (sur·ti·do, da) [adjetivo o sustantivo masculino] Que está compuesto por cosas distintas, pero de un mismo tipo: *caramelos surtidos.* ☐ Sinónimos: variado. ☐ Familia: →surtir.

surtidor (sur·ti·dor) [sustantivo masculino] **1** Aparato que hay en las estaciones de servicio para echar combustible a los vehículos. **2** Fuente por la que sale un líquido: *En el centro del parque hay un surtidor.* ☐ Familia: →surtir.

surtidor

surtir (sur·tir) [verbo] Dar algo que resulta necesario: *Esa central lechera surte de leche a toda la comarca.* ☐ Sinónimos: suministrar, proporcionar, proveer, abastecer, facilitar. ☐ Antónimos: privar, quitar, despojar. ☐ Familia: surtidor, surtido.

susceptibilidad (sus·cep·ti·bi·li·dad) [sustantivo femenino] **1** Característica de una persona que se enfada o se ofende con facilidad: *Nadie se atreve a decirle nada por miedo a su susceptibilidad.* **2** Enfado que se produce por un malentendido: *Es mejor aclarar el asunto para que no haya susceptibilidades.* ☐ Familia: →susceptible.

susceptible (sus·cep·ti·ble) [adjetivo] **1** Dicho de una persona, que se enfada o se ofende con facilidad. **2** Dicho de algo, que puede hacerse con ello lo que se indica: *El programa es susceptible de cambios.* ☐ [No varía en masculino y femenino]. ☐ Sinónimos: **1** puntilloso. ☐ Familia: susceptibilidad.

suscitar (sus·ci·tar) [verbo] Producir o dar lugar: *Tus palabras me suscitan dudas.* ☐ Sinónimos: levantar, provocar. ☐ [No confundir con «concitar» (hacer que una persona haga algo contra otra)].

suscribir (sus·cri·bir) [verbo] **1** Apuntar a una persona para que reciba un periódico o una revista de forma regular, pagando por ello: *Me he suscrito a la revista y la recibo en casa todos los meses.* **2** Estar de acuerdo con una opinión o con una idea: *Yo también suscribo esa opinión.* **3** Firmar al final de un escrito: *El que suscribe la instancia es el interesado.* ☐ [Su participio es «suscrito»]. ☐ Sinónimos: **2** apoyar, adherirse. ☐ Familia: suscrito, suscripción.

suscripción (sus·crip·ción) [sustantivo femenino] Hecho de apuntar a una persona para que reciba un periódico o una revista de forma regular, pagando por ello. ☐ Familia: →suscribir.

suscrito, ta (sus·cri·to, ta) Participio irregular de **suscribir**. ☐ Familia: →suscribir.

sushi [sustantivo masculino] Comida que se hace con arroz y trozos de pescado crudo envueltos en algas: *El sushi es una* comida típica de Japón. ☐ [Es una palabra japonesa. Se pronuncia «súchi», con «ch» suave].

susodicho, cha (su·so·di·cho, cha) [adjetivo o sustantivo] Que ya se ha dicho o se ha mencionado antes: *El accidente fue culpa del otro conductor, pero el susodicho me ha denunciado.* ☐ Familia: →decir.

suspender (sus·pen·der) [verbo] **1** Poner o sacar una nota que indica que no se tiene un nivel de conocimientos suficiente. **2** Impedir que siga el desarrollo de algo: *Empezó a llover y suspendieron la excursión.* **3** Colgar algo en alto de modo que se sujete en el aire por un punto: *El alpinista bajó la montaña suspendiéndose de una cuerda.* ☐ Sinónimos: **2** interrumpir, cancelar, detener. ☐ Antónimos: **1** aprobar. ☐ Familia: suspenso, suspense, suspensión.

suspense (sus·pen·se) [sustantivo masculino] Misterio que hay en una situación porque no se conoce lo que puede suceder: *Las novelas de intriga tienen suspense.* ☐ Familia: →suspender.

suspensión (sus·pen·sión) [sustantivo femenino] **1** Interrupción de algo durante un tiempo: *suspensión de pagos.* **2** Conjunto de piezas de un vehículo que disminuyen los efectos de un bache o de un movimiento brusco. **3** Hecho de flotar pequeñas partículas en el aire o en un líquido: *Los ríos llevan muchos materiales en suspensión.* ☐ Familia: →suspender.

suspenso (sus·pen·so) [sustantivo masculino] Nota que indica que no se ha llegado a un nivel de conocimientos suficiente: *Una nota inferior a cinco es un suspenso.* ☐ Antónimos: aprobado. ☐ Familia: →suspender.

suspicacia (sus·pi·ca·cia) [sustantivo femenino] Tendencia a sospechar o a pensar mal de los demás. ☐ Familia: →suspicaz.

suspicaz (sus·pi·caz) [adjetivo] Que suele sospechar o pensar mal de lo que le dicen. ☐ [No varía en masculino y femenino. Su plural es «suspicaces»]. ☐ Familia: suspicacia.

suspirar (sus·pi·rar) [verbo] Hacer respiraciones profundas y largas, generalmente para expresar pena, deseo o descanso: *La viuda no dejó de suspirar en todo el entierro.* ☐ Familia: →suspiro.

suspiro (sus·pi·ro) [sustantivo masculino] Respiración profunda y larga, que suele expresar pena, deseo o descanso: *Dio un suspiro de alivio.* ☐ Familia: →suspirar.

sustancia (sus·tan·cia) [sustantivo femenino] **1** Cualquier materia en cualquier estado: *Un pegamento es una sustancia que pega.* **2** Jugo que se extrae de los alimentos, o parte de ellos que alimenta más: *Echa un hueso de jamón al cocido para darle sustancia.* ☐ [Se usa también «substancia»]. ☐ Familia: sustancial, sustancioso, sustantivo, sustantivación, sustantivar.

sustancial (sus·tan·cial) [adjetivo] Que es muy importante y muy necesario: *El agua es sustancial para que haya vida.* ☐ [No varía en masculino y femenino]. ☐ Sinónimos: fundamental. ☐ Familia: →sustancia.

sustancioso, sa (sus·tan·cio·so, sa) [adjetivo] **1** Que alimenta mucho: *Se comió un sustancioso guiso para reponer fuerzas.* **2** Que tiene mucho valor o que es muy importante: *una sustanciosa cantidad de dinero.* ☐ Familia: →sustancia.

sustantivación (sus·tan·ti·va·ción) [sustantivo femenino] Hecho de dar el valor o la función de un sustantivo a otra palabra o grupo de palabras: *La sustantivación de un adjetivo se consigue poniendo un artículo delante.* ☐ Familia: →sustancia.

sustantivar (sus·tan·ti·var) [verbo] Dar el valor o la función de un sustantivo a otra palabra o grupo de palabras: *En «Lo mejor es dormir», «mejor» está sustantivado.* ☐ Familia: →sustancia.

sustantivo (sus·tan·ti·vo) [sustantivo masculino] Clase de palabra que sirve para referirse a personas, animales o cosas: *«Diente» y «dulzura» son sustantivos.* ☐ Sinónimos: nombre. ☐ Familia: →sustancia.

sustentar (sus·ten·tar) [verbo] **1** Dar lo necesario para vivir, especialmente el alimento: *Ella sola sustenta a su familia.* **2** Sujetar para que no se caiga: *El tablero se sustenta sobre unas piedras.* **3** Defender una opinión: *Las ideas que sustentas no me convencen.* **4** Basar algo en datos para demostrarlo: *Sustentas tu teoría sobre hechos que nadie ha probado.* ☐ Sinónimos: **2, 3** sostener. **4** fundar, apoyar. ☐ Familia: sustento.

sustento (sus·ten·to) [sustantivo masculino] Cosa que se necesita para vivir, especialmente el alimento: *Trabaja para ganar su sustento.* ☐ Familia: →sustentar.

sustitución (sus·ti·tu·ción) [sustantivo femenino] Colocación de una cosa en lugar de otra: *El entrenador decidió la sustitución de un delantero por un defensa.* ☐ [Se usa también «substitución»]. ☐ Sinónimos: cambio, conmutación, reemplazo. ☐ Familia: →sustituir.

sustituir (sus·ti·tuir) [verbo] Poner una cosa en lugar de otra: *He sustituido la silla vieja por un sillón.* ☐ [Es irregular y se conjuga como **CONSTRUIR**. Se usa también «substituir»]. ☐ Sinónimos: cambiar, suplir, reemplazar, conmutar. ☐ Familia: sustitución, sustituto, sustitutivo.

sustitutivo, va (sus·ti·tu·ti·vo, va) [adjetivo o sustantivo masculino] Que puede sustituir a algo: *La sacarina es un sustitutivo del azúcar.* ☐ Familia: →sustituir.

sustituto, ta (sus·ti·tu·to, ta) [adjetivo o sustantivo] Que sustituye a una persona en sus funciones: *El profesor se ha puesto enfermo y ha venido un sustituto.* ☐ Sinónimos: suplente. ☐ Familia: →sustituir.

susto (sus·to) [sustantivo masculino] Impresión fuerte y repentina, causada por la sorpresa o por el miedo: *Se escondió detrás de la puerta para darme un susto.* ☐ Familia: asustar, asustadizo.

sustracción (sus·trac·ción) [sustantivo femenino] Operación que consiste en calcular la diferencia que hay entre dos cantidades: *«6 – 4» es una sustracción, y el resultado es «2».* ☐ Sinónimos: resta. ☐ Antónimos: suma, adición. ☐ Familia: →sustraer.

sustraendo (sus·tra·en·do) [sustantivo masculino] Cantidad que se resta a otra llamada *minuendo*: *En «3 − 2 = 1», el sustraendo es «2»*. ☐ FAMILIA: →sustraer.

sustraer (sus·tra·er) [verbo] **1** Coger sin permiso algo que no es nuestro. **2** En matemáticas, hacer una resta. ■ **sustraerse 3** No realizar o no cumplir algo que resulta molesto: *sustraerse a las obligaciones*. ☐ [Es irregular y se conjuga como TRAER]. ☐ SINÓNIMOS: **1** robar, hurtar. **2** restar. ☐ FAMILIA: sustracción, sustraendo.

susurrar (su·su·rrar) [verbo] Hablar en voz muy baja. ☐ SINÓNIMOS: murmurar, musitar, bisbisear. ☐ ANTÓNIMOS: vociferar, vocear, chillar. ☐ FAMILIA: susurro.

susurro (su·su·rro) [sustantivo masculino] Sonido suave y continuo: *Se oía el susurro del viento*. ☐ SINÓNIMOS: murmullo, rumor, bisbiseo. ☐ ANTÓNIMOS: chillido. ☐ FAMILIA: →susurrar.

sutil (su·til) [adjetivo] **1** Delicado y suave: *una tela sutil*. **2** Agudo e ingenioso: *una pregunta sutil*. ☐ [No varía en masculino y femenino]. ☐ FAMILIA: sutileza.

sutileza (su·ti·le·za) [sustantivo femenino] **1** Ingenio o habilidad para hacer algo: *Me dio la mala noticia con mucha sutileza*. **2** Idea o expresión ingeniosa pero poco exacta: *Déjate de sutilezas y habla más claro*. ☐ FAMILIA: →sutil.

sutura (su·tu·ra) [sustantivo femenino] Hecho de coser un médico una herida para que se cierre: *Me hice una brecha y me tuvieron que dar dos puntos de sutura*.

suyo, ya (su·yo, ya) [posesivo] Indica que algo pertenece a la tercera persona: *La chaqueta es de mi prima, pero los zapatos no son suyos*. ☐ [Cuando va delante de un sustantivo se cambia por «su»: «su lápiz, sus gafas»].

---

sustantivo o nombre

Los sustantivos o nombres son las palabras que utilizamos para nombrar a personas, animales, objetos, ideas, cualidades, acciones, sentimientos, etc.

- Los sustantivos, según su significado, pueden ser de varios tipos:

	TIPOS	DEFINICIÓN	EJEMPLOS
1	comunes	Nombran seres, objetos o ideas en general.	*niño, gato, monte, país, esperanza*
	propios	Nombran un ser, objeto o idea en particular. Se escriben con mayúscula inicial.	*Lucas, Cuki, Teide, España*
2	individuales	Cuando están en singular, se refieren a un solo ser, objeto o idea.	*alumno, abeja, árbol*
	colectivos	Cuando están en singular, se refieren a un conjunto de seres, objetos o ideas.	*alumnado, enjambre, arboleda*
3	concretos	Nombran seres u objetos que podemos ver, tocar o percibir a través de los sentidos.	*mesa, pájaro, música, rana*
	abstractos	Nombran pensamientos, cualidades, acciones o sentimientos que no podemos ver, tocar o percibir a través de los sentidos.	*idea, igualdad, paz, hundimiento*

Ejemplos: *mesa* es un sustantivo común, individual, concreto.
paz es un sustantivo común, individual, abstracto.
Everest es un sustantivo propio, individual, concreto.

- Los sustantivos tienen **género** y pueden ser **masculinos** (*el pupitre*) o **femeninos** (*la mesa*). Algunos sustantivos tienen una **forma masculina** (*un perro; un actor*) y otra **forma femenina** (*una perra; una actriz*).
- Los sustantivos tienen **número singular** y **número plural**. Existen diferentes maneras de formar el plural de un sustantivo, según su terminación:
  una casa → unas casas   algún ñandú → algunos ñandúes
  un camión → dos camiones   tu lápiz → tus lápices
  el robot → los robots   un rey → dos reyes
  la crisis → las crisis

t [sustantivo femenino] Letra número veintiuno del abecedario. 👁 **página 18.** ☐ [Su nombre es «te»].

taba (ta·ba) [sustantivo femenino] **1** Hueso del tobillo. **2** Juego de niños que se hace con este hueso o con algo parecido. ☐ SINÓNIMOS: **1** astrágalo.

tabacalero, ra (ta·ba·ca·le·ro, ra) ■ [adjetivo] **1** Del tabaco o relacionado con él: *industria tabacalera; cultivo tabacalero*. ■ [adjetivo o sustantivo] **2** Persona o empresa que cultiva, fabrica o vende tabaco. ☐ FAMILIA: →tabaco.

tabaco (ta·ba·co) [sustantivo masculino] Planta cuyas hojas se usan para hacer cigarros, cigarrillos y puros. ☐ FAMILIA: tabacalero, tabaquismo.

tábano (tá·ba·no) [sustantivo masculino] Insecto parecido a la mosca, pero más grande, que se alimenta de la sangre que chupa a los animales: *La picadura del tábano es muy dolorosa*.

tabaquismo (ta·ba·quis·mo) [sustantivo masculino] Enfermedad producida por fumar demasiado tabaco. ☐ FAMILIA: →tabaco.

tabarra (ta·ba·rra) [sustantivo femenino] Cosa que molesta o no gusta hacer: *¡Menuda tabarra tener que salir ahora!* ♦ [expresión] ‖ **dar la tabarra** Molestar o enfadar: *¡Deja de darme la tabarra!* ☐ [Es coloquial]. ☐ SINÓNIMOS: lata.

tabasco (ta·bas·co) [sustantivo masculino] Salsa muy picante de color rojo. ☐ [Procede de la marca comercial «Tabasco®»].

taberna (ta·ber·na) [sustantivo femenino] Bar sin lujos en el que se sirven comidas y bebidas. ☐ SINÓNIMOS: tasca. ☐ FAMILIA: tabernero.

tabernero, ra (ta·ber·ne·ro, ra) [sustantivo] Dueño de una taberna o persona que trabaja en ella. ☐ FAMILIA: →taberna.

tabicar (ta·bi·car) [verbo] Cerrar un espacio con un tabique: *tabicar una sala*. ☐ [La «c» se cambia en «qu» delante de «e» («tabique»)]. ☐ FAMILIA: →tabique.

tabique (ta·bi·que) [sustantivo masculino] **1** Pared delgada construida para separar habitaciones. **2** Cualquier cosa plana y delgada que separa dos huecos o dos espacios: *el tabique nasal*. ☐ FAMILIA: tabicar.

tabla (ta·bla) ■ [sustantivo femenino] **1** Trozo de madera liso y delgado. **2** Pieza lisa y delgada de cualquier material duro: *una tabla de surf*. **3** Lista de cosas puestas en orden: *la tabla de multiplicar*. **4** Parte que se dobla como adorno en una tela: *una falda de tablas*. ■ **tablas** [plural] **5** Resultado que se produce cuando nadie gana ni pierde en algunos juegos: *Los dos somos muy buenos jugando al ajedrez y hemos quedado en tablas*. ☐ FAMILIA: tablero, tablón, tablazón, tablado, tablao, tableta, tableado, entablillar, rajatabla.

tablado (ta·bla·do) [sustantivo masculino] Superficie que se hace con tablas y que está más alta que el suelo: *Están levantando un tablado en la plaza para las fiestas del pueblo*. ☐ FAMILIA: →tabla.

tablao (ta·bla·o) [sustantivo masculino] Escenario para cantar y bailar flamenco. ☐ FAMILIA: →tabla.

tablazón (ta·bla·zón) [sustantivo femenino] Conjunto de tablas unidas. ☐ FAMILIA: →tabla.

tableado, da (ta·ble·a·do, da) [adjetivo] Dicho de una prenda de vestir, que tiene unos dobleces rectos como adorno: *falda tableada*. ☐ Familia: →tabla.

tablero (ta·ble·ro) [sustantivo masculino] **1** Tabla grande. **2** Superficie sobre la que se juega a determinados juegos: *un tablero de ajedrez*. **3** Superficie que se usa para poner determinada información: *Miré en el tablero del polideportivo y vi que nuestro equipo ganaba por una canasta*. ☐ Familia: →tabla.

tablet [sustantivo] → **tableta**. ☐ [Es una palabra inglesa. Se pronuncia «tábl*et*». Se puede decir «el tablet» y «la tablet» sin que cambie de significado].

tableta (ta·ble·ta) [sustantivo femenino] **1** Pieza de chocolate o de otro alimento: *una tableta de turrón*. **2** Medicina de pequeño tamaño y con forma redonda y plana. **3** Ordenador portátil sin teclado y con pantalla táctil. ☐ [En el significado **3**, es preferible usar «tableta» que la palabra inglesa *tablet*]. ☐ Familia: →tabla.

tablón (ta·blón) [sustantivo masculino] Tabla gruesa. ◆ [expresión] ‖ **tablón de anuncios** Tabla en la que se pone determinada información para que la vea todo el mundo. ☐ Familia: →tabla.

tabú (ta·bú) [sustantivo masculino] Tema o expresión que no se puede decir ni nombrar porque a la gente no le parece bien que se hable de ello. ☐ [Su plural es «tabús» o «tabúes» (más culto)].

tabulador (ta·bu·la·dor) [sustantivo masculino] Tecla de una máquina de escribir o de un ordenador que sirve para colocar los márgenes o espacios en blanco donde se quiera.

taburete (ta·bu·re·te) [sustantivo masculino] Asiento en el que no se puede apoyar la espalda y en el que se sienta una sola persona.

tacada (ta·ca·da) ◆ [expresión] ‖ **de una tacada** De golpe o de un tirón: *Me leí el libro entero de una tacada*. ☐ [Es coloquial]. ☐ Familia: →taco.

tacañería (ta·ca·ñe·rí·a) [sustantivo femenino] Comportamiento de la persona que no quiere gastar nada. ☐ Sinónimos: avaricia, cicatería, roñosería. ☐ Antónimos: generosidad. ☐ Familia: →tacaño.

tacaño, ña (ta·ca·ño, ña) [adjetivo o sustantivo] Que no gasta porque lo único que quiere es tener muchas cosas: *Eres muy tacaña y nunca invitas a nada*. ☐ Sinónimos: avaro, ruin, cicatero. ☐ Antónimos: generoso, desprendido, dadivoso. ☐ Familia: tacañería.

tacha (ta·cha) [sustantivo femenino] Falta o defecto: *Puedes confiar en él porque es un hombre sin tacha*. ☐ Familia: →tachar.

tachadura (ta·cha·du·ra) [sustantivo femenino] Conjunto de líneas que se hacen unas sobre otras para tapar lo que se ha escrito porque no sirve. ☐ Sinónimos: tachón. ☐ Familia: →tachar.

tachar (ta·char) [verbo] **1** Hacer líneas sobre algo escrito para que no se vea. **2** Señalar lo que alguien tiene de malo: *Me tachó de egoísta*. ☐ Familia: tacha, tachón, tachadura, intachable.

tachón (ta·chón) [sustantivo masculino] Conjunto de líneas que se hacen unas sobre otras para tapar lo que se ha escrito porque no sirve. ☐ Sinónimos: tachadura. ☐ Familia: →tachar.

tachuela (ta·chue·la) [sustantivo femenino] Especie de clavo con la punta muy corta y la cabeza muy grande: *La tapicería de las sillas está claveteada con tachuelas*.

tácito, ta (tá·ci·to, ta) [adjetivo] Que se sabe sin que haga falta decirlo expresamente: *un acuerdo tácito*.

taciturno, na (ta·ci·tur·no, na) [adjetivo] Que habla poco. ☐ Sinónimos: callado, reservado. ☐ Antónimos: hablador, charlatán, locuaz.

taco (ta·co) ◼ [sustantivo masculino] **1** Trozo pequeño y gordo de un material: *un taco de madera*. **2** Trozo pequeño y gordo de un alimento: *Cortó el queso en tacos*. **3** Cilindro de plástico que se encaja en algún hueco para ajustar dentro un tornillo: *Para colgar el cuadro tuve que hacer un agujero en la pared, meter un taco y enroscar el tornillo*. 👁 **páginas 494-495**. **4** Palabra que suena mal o que se dice para insultar. **5** Mezcla de ideas que nos confunde: *Me hice un taco y contesté a las preguntas al revés*. **6** Gran cantidad de algo: *Encima de la silla hay un taco de discos*. **7** Palo largo que se usa para golpear las bolas en algunos juegos: *¡Cómo vas a jugar al billar, si no sabes ni coger el taco...!* ◼ **tacos** [plural] **8** Años de edad de una persona: *Mi padre ya tiene cuarenta y cinco tacos*. ☐ [Los significados **4**, **5** y **7** son coloquiales]. ☐ Sinónimos: **4** palabrota. ☐ Familia: tacada.

tacón (ta·cón) [sustantivo masculino] Parte del zapato que se apoya en el suelo y que está debajo del talón. ☐ Familia: taconear, taconazo.

taconazo (ta·co·na·zo) [sustantivo masculino] Golpe fuerte dado con el tacón de un zapato. ☐ Familia: →tacón.

taconear (ta·co·ne·ar) [verbo] Golpear el suelo varias veces seguidas con la parte de abajo de los zapatos al andar o al bailar. ☐ Familia: →tacón.

táctico, ca (tác·ti·co, ca) ◼ [adjetivo] **1** Relacionado con el plan o con el sistema para hacer algo: *El coronel explicó el esquema táctico de la batalla*. ◼ **táctica** [sustantivo femenino] **2** Plan o sistema para conseguir algo: *Si quieres que te haga caso tendrás que cambiar de táctica*.

táctil (tác·til) [adjetivo] Del sentido que permite conocer las cosas al tocarlas: *sensaciones táctiles*. ☐ [No varía en masculino y femenino]. ☐ Familia: →tacto.

tacto (tac·to) [sustantivo masculino] **1** Capacidad para sentir las cosas al tocarlas. **2** Hecho de tocar algo: *Al tacto, adiviné el objeto que era*. **3** Habilidad para tratar con las personas sin hacerles daño ni molestarlas: *Como era un asunto muy delicado, se lo dije con mucho tacto*. ☐ Sinónimos: **3** tiento, diplomacia. ☐ Familia: táctil.

taekwondo (ta·e·kwon·do) [sustantivo masculino] Deporte parecido al kárate que nació en Corea, que es un país asiático. 👁 **páginas 304-305**. ☐ [Es una palabra de origen coreano. Se pronuncia «taekuóndo»].

tafetán (ta·fe·tán) [sustantivo masculino] Tela de seda delgada y sin brillo.

tafilete (ta·fi·le·te) [sustantivo masculino] Piel de cabra, fina y suave, preparada para fabricar objetos con ella.

tahona (ta·ho·na) [sustantivo femenino] Lugar en el que se hace y se vende pan. ☐ SINÓNIMOS: panadería, horno, panificadora.

tahúr (ta·húr) [sustantivo masculino] **1** Persona que es muy hábil jugando a las cartas y a otros juegos. **2** Persona que suele hacer trampas jugando a las cartas y a otros juegos.

taifa (tai·fa) [sustantivo femenino] Cada uno de los pequeños reinos en que se dividía el territorio musulmán que existió en el siglo XI en la península ibérica.

taiga (tai·ga) [sustantivo femenino] Bosque muy grande que hay en zonas frías, especialmente en el norte de Europa, que es un continente. ☐ [Es una palabra de origen ruso].

tailandés, sa (tai·lan·dés, de·sa) [adjetivo o sustantivo] **1** De Tailandia, que es un país asiático. ■ **tailandés** [sustantivo masculino] **2** Lengua de este país.

taimado, da (tai·ma·do, da) [adjetivo] Dicho de una persona, que es hábil para engañar a los demás.

tajada (ta·ja·da) [sustantivo femenino] **1** Trozo cortado de un alimento: *Me comí dos tajadas de carne guisada.* **2** Ganancia que se obtiene de algo y que se divide entre varios: *Tú siempre te llevas la mejor tajada.* **3** Borrachera. ☐ [Los significados **2** y **3** son coloquiales]. ☐ FAMILIA: →tajo.

tajante (ta·jan·te) [adjetivo] Que no admite discusión ni rechazo: *Me lo ordenó de forma tajante.* ☐ [No varía en masculino y femenino]. ☐ SINÓNIMOS: rotundo, radical, contundente, concluyente. ☐ FAMILIA: →tajo.

tajo (ta·jo) [sustantivo masculino] **1** Corte profundo hecho con un instrumento afilado: *Me hice un tajo con el cuchillo.* **2** Terreno cortado de forma casi vertical: *El río discurre por el fondo del tajo.* **3** Trabajo o tarea: *¡Menudo tajo tenemos hoy en casa!* ☐ [El significado **3** es coloquial]. ☐ FAMILIA: tajada, destajo, tajante, atajar, atajo.

tal ■ [adjetivo] **1** Tan grande o muy grande: *Me llevé tal sorpresa que me quedé sin habla.* **2** Se usa para indicar algo de lo que se ha estado hablando: *¿Quién ha tenido tal idea?* **3** Se usa para indicar algo no conocido o no determinado: *No me importa lo que haga tal persona, pero sí lo que hagas tú.* ■ [adverbio] **4** Igual o de la misma forma: *Es tal como me imaginaba.* ◆ [expresión] ‖ **con tal de** Con la condición de: *Te acompañaré, con tal de que luego tú me ayudes a acabar esto.* ‖ **tal cual** De igual forma que algo: *Se lo expliqué tal cual, con las mismas palabras que tú.* ☐ [No varía en masculino y femenino].

tala (ta·la) [sustantivo femenino] Corte de árboles: *La tala masiva de árboles está destrozando los bosques.* ☐ SINÓNIMOS: corta. ☐ FAMILIA: →talar.

taladradora (ta·la·dra·do·ra) [sustantivo femenino] Máquina que sirve para hacer agujeros en una superficie dura. ⊙ **páginas 494-495.** ☐ FAMILIA: →taladro.

taladrar (ta·la·drar) [verbo] Hacer agujeros en una superficie con un instrumento acabado en punta: *Rompieron una tubería cuando taladraron la pared.* ☐ SINÓNIMOS: agujerear, horadar. ☐ FAMILIA: →taladro.

taladro (ta·la·dro) [sustantivo masculino] **1** Instrumento que sirve para hacer agujeros. **2** Agujero hecho con este instrumento. ☐ FAMILIA: taladrar, taladradora.

talante (ta·lan·te) [sustantivo masculino] Forma de ser de una persona: *Cuando estás de buen talante eres encantadora.* ☐ SINÓNIMOS: carácter.

talar (ta·lar) ■ [adjetivo] **1** Dicho de la ropa, que llega hasta los pies: *un traje talar.* ■ [verbo] **2** Cortar un árbol por la parte baja del tronco. ☐ [En el significado **1** no varía en masculino y femenino]. ☐ FAMILIA: tala.

talco (tal·co) [sustantivo masculino] Piedra blanda de la que se obtienen unos polvos que se echan sobre la piel cuando nos pica: *Los polvos de talco suavizan la piel.*

talega (ta·le·ga) [sustantivo femenino] Bolsa de tela: *la talega del pan.*

talento (ta·len·to) [sustantivo masculino] Inteligencia o capacidad que se tiene para hacer muy bien algo: *Tienes mucho talento para la música.*

talgo (tal·go) [sustantivo masculino] Un tipo de tren muy rápido.

talibán, na (ta·li·bán, ba·na) [adjetivo o sustantivo] Que pertenece a un grupo guerrillero de Afganistán, que es un país asiático. ☐ [Cuando es adjetivo, no varía en masculino y femenino].

talismán (ta·lis·mán) [sustantivo masculino] Objeto que se cree que da buena suerte. ☐ SINÓNIMOS: amuleto, fetiche.

talla (ta·lla) [sustantivo femenino] **1** Medida que usamos en una prenda de vestir. **2** Altura de una persona desde los pies a la cabeza: *Si tus padres son de talla pequeña, tú no vas a ser muy alto.* **3** Importancia de una persona por sus cualidades: *Mis padres tienen una gran talla humana.* **4** Imagen hecha de madera: *En esa iglesia hay varias tallas de santos.* ◆ [expresión] ‖ **dar la talla** Tener las cualidades necesarias para hacer algo: *A mi hermano no le han dado el trabajo porque dicen que no daba la talla.* ☐ SINÓNIMOS: **2** estatura. ☐ FAMILIA: →tallar.

tallar (ta·llar) [verbo] **1** Medir la altura de una persona: *En el reconocimiento médico me han tallado y pesado.* **2** Dar forma a un material duro: *Este joyero talla diamantes.* ☐ SINÓNIMOS: **2** labrar. ☐ FAMILIA: talla.

tallarín (ta·lla·rín) [sustantivo masculino] Tipo de pasta, hecha de harina de trigo, que tiene forma de tira alargada.

talle (ta·lle) [sustantivo masculino] **1** Parte más estrecha del cuerpo humano, que está a la altura del estómago. **2** Parte de una prenda de vestir que cubre la cintura. **3** Medida para hacer un traje o un vestido, que va desde el cuello hasta la cintura: *Me midieron mal el talle y la chaqueta me quedó larga.* ☐ SINÓNIMOS: **1** cintura. ☐ FAMILIA: entallar.

taller (ta·ller) [sustantivo masculino] **1** Lugar en el que se hacen obras y trabajos con las manos: *un taller de cerámica.* **2** Curso donde se aprenden cosas sobre algún arte: *Me apunté a un taller de pintura.* **3** Lugar en el que se arreglan cosas: *Mi padre es mecánico y trabaja en ese taller.*

tallo (ta·llo) [sustantivo masculino] Parte de una planta de donde salen las ramas, las hojas o las flores. ☐ Familia: talludo.

talludo, da (ta·llu·do, da) [adjetivo] Que ya no es joven: *Mi tío es un señor talludito.* ☐ [Es coloquial. Se usa mucho el diminutivo «talludito»]. ☐ Familia: →tallo.

talón (ta·lón) [sustantivo masculino] **1** Parte de atrás del pie de una persona. **2** Hoja en la que se escribe algo y que luego se arranca para dársela a alguien: *Los cheques son talones.* ◆ [expresión] ‖ **pisarle a alguien los talones** Seguirlo de cerca. ☐ [La expresión es coloquial]. ☐ Sinónimos: **1** calcañar. ☐ Familia: talonario.

talonario (ta·lo·na·rio) [sustantivo masculino] Especie de cuaderno de pequeñas hojas de papel en las que se escribe algo y que luego se arrancan: *un talonario de cheques.* ☐ Familia: →talón.

talud (ta·lud) [sustantivo masculino] Inclinación o pendiente de un terreno.

tamaño (ta·ma·ño) [sustantivo masculino] Conjunto de las medidas de algo: *Esta camisa es de menor tamaño que la tuya.*

tamarindo (ta·ma·rin·do) [sustantivo masculino] **1** Árbol de tronco grueso cuyo fruto se usa en medicina. **2** Fruto de este árbol.

tambaleante (tam·ba·le·an·te) [adjetivo] Que se tambalea: *pasos tambaleantes; ideas tambaleantes.* ☐ [No varía en masculino y femenino]. ☐ Familia: →tambalearse.

tambalearse (tam·ba·le·ar·se) [verbo] Moverse algo de un lado a otro como si estuviera a punto de caer: *El mareo hacía que se tambaleara al caminar.* ☐ Familia: tambaleante.

también (tam·bién) [adverbio] Se usa para añadir algo a lo dicho anteriormente: *Yo también estoy de acuerdo. Si tú vas, yo también.* ☐ Sinónimos: asimismo.

tambor (tam·bor) [sustantivo masculino] **1** Instrumento musical redondo y hueco, que se toca golpeándolo con dos palos. ⊙ **páginas 534-535**. **2** Cualquier cosa que por su forma se parece a este instrumento: *el tambor de la lavadora.* ☐ Familia: tamboril, tamborilear, tamborilero.

tamboril (tam·bo·ril) [sustantivo masculino] Tambor pequeño que se lleva colgado y se toca con un solo palillo. ☐ Familia: →tambor.

tamborilear (tam·bo·ri·le·ar) [verbo] **1** Tocar el tamboril. **2** Dar pequeños golpes repetidos sobre una superficie imitando el ruido del tambor: *¡Deja de tamborilear con los dedos sobre la mesa!* ☐ Familia: →tambor.

tamborilero, ra (tam·bo·ri·le·ro, ra) [sustantivo] Persona que toca el tamboril o el tambor. ☐ Familia: →tambor.

tamiz (ta·miz) [sustantivo masculino] Aro con una redecilla que sirve para separar las partes más finas de las gruesas: *Pasé la harina por el tamiz.* ☐ [Su plural es «tamices»]. ☐ Sinónimos: criba, cedazo. ☐ Familia: tamizar.

tamizar (ta·mi·zar) [verbo] **1** Pasar algo por el tamiz: *tamizar harina; tamizar azúcar.* **2** Hacer que la luz sea más suave al pasarla a través de un filtro o de una pantalla. ☐ [La «z» se cambia en «c» delante de «e» («tamice»)]. ☐ Sinónimos: **1** cribar. ☐ Familia: →tamiz.

támpax (tám·pax) [sustantivo masculino] Rollo de celulosa que se ponen las mujeres dentro de la vagina para absorber la sangre cuando tienen el período. ☐ [Procede de la marca comercial «Tampax®». No varía en singular y plural]. ☐ Sinónimos: tampón.

tampoco (tam·po·co) [adverbio] Se usa para negar una frase que va después de otra frase negativa: *Ellos no me han felicitado por mi cumpleaños, pero tú tampoco.*

tampón (tam·pón) [sustantivo masculino] **1** Caja pequeña que tiene dentro un material mojado con tinta: *La bibliotecaria mojó el sello del colegio en el tampón y marcó con él el libro prestado.* **2** Rollo de celulosa que se ponen las mujeres dentro de la vagina para absorber la sangre cuando tienen el período. ☐ Sinónimos: **2** támpax.

tamtán (tam·tán) [sustantivo masculino] Tambor africano que se toca con las manos.

tan [indefinido] **1** En correlación con *como*, indica en igual cantidad o en igual grado: *Yo soy tan lista como tú. Vives tan cerca del parque como yo.* **2** Se usa en correlación con *que* para expresar una consecuencia: *Esta maleta es tan pesada que no puedo con ella. Lo metí tan dentro que no puedo sacarlo.* **3** Se usa para resaltar una cualidad: *¡Qué libro tan divertido! ¿Por qué lo pones tan arriba?* ☐ [Va siempre delante de un adjetivo o de un adverbio].

tanatorio (ta·na·to·rio) [sustantivo masculino] Lugar donde las personas acompañan a un muerto antes de enterrarlo o de incinerarlo.

tanda (tan·da) [sustantivo femenino] **1** Conjunto de cosas iguales o con alguna característica común: *Tengo una tanda de ropa para lavar.* **2** Cada una de las veces en las que hay que hacer algo o cada uno de los grupos en que se divide un conjunto: *No llegué de los primeros y entré en la segunda tanda.*

tándem (tán·dem) [sustantivo masculino] **1** Bicicleta para dos o más personas. **2** Equipo de dos personas que desarrollan una actividad común: *Esas dos tenistas forman un buen tándem.* ☐ [Su plural es «tándems»].

tanga (tan·ga) [sustantivo masculino] Parte de abajo de un bikini, de tamaño muy pequeño.

tangente (tan·gen·te) ◆ [expresión] ‖ **irse** o **salirse por la tangente** Dar una excusa y evitar responder a algo: *Cada vez que te pregunto si me dejas la bici, te sales por la tangente.*

tangible (tan·gi·ble) [adjetivo] **1** Que se puede tocar. **2** Que se ve o se entiende de una manera clara. ☐ [No varía en masculino y femenino].

tango (tan·go) [sustantivo masculino] Baile, música y canción de origen argentino.

tanque (tan·que) [sustantivo masculino] **1** Vehículo de guerra, fuerte y pesado, que se usa para andar por terrenos difíciles. **2** Recipiente grande donde se guarda algo: *el tanque de la gasolina de un coche.* ☐ Sinónimos: **1** carro de combate.

tantear (tan·te·ar) [verbo] Intentar descubrir lo que alguien piensa sobre algo sin que se dé cuenta: *Tanteé a mis padres para saber si me dejarían ir a la excursión.* ☐ Familia: →tanto.

tanteo (tan·te·o) [sustantivo masculino] **1** Hecho por el que se intenta descubrir lo que alguien piensa sobre algo sin que se dé cuenta. **2** Número de tantos o de puntos que se obtienen en un juego o en un deporte. ☐ Familia: →tanto.

tanto, ta (tan·to, ta) ■ [indefinido] **1** Mucho o en una cantidad grande: *No sé cómo voy a hacer tantas cosas. No fuerces tanto la vista.* **2** En correlación con *como*, indica en igual cantidad o en igual grado: *Sabe tanto como yo de matemáticas.* **3** Se usa en correlación con *que* para expresar una consecuencia: *La maleta pesaba tanto que la tuve que dejar en el suelo.* ■ **tanto** [sustantivo masculino] **4** Punto que se obtiene en un juego cada vez que se vence al contrario: *Mi equipo ganó por dos tantos a uno.* ◆ [expresión] ‖ **entre tanto** → **entretanto.** ‖ **estar al tanto** Estar enterado: *Ya estoy al tanto de todo.* ‖ **las tantas** Muy tarde: *Ayer llegué a las tantas.* ‖ **por tanto** Se usa para expresar consecuencia: *Tu dibujo está mal, por tanto, tienes que mejorarlo.* ‖ **tanto por ciento** Cantidad que representa una parte de un total de cien: *Un tanto por ciento de mi paga semanal lo gasto en golosinas.* ☐ [Cuando «tanto» va delante de un adjetivo o un adverbio se cambia generalmente por «tan»: «tan bueno», «tan lejos»]. ☐ Familia: tantear, tanteo.

tanzano, na (tan·za·no, na) [adjetivo o sustantivo] De Tanzania, que es un país africano.

tañer (ta·ñer) [verbo] Tocar un instrumento musical: *tañer las campanas; tañer la guitarra.* ☐ [Es irregular]. ☐ Familia: tañido.

tañido (ta·ñi·do) [sustantivo masculino] Sonido de un instrumento musical: *¿Oyes el tañido de las campanas?* ☐ Familia: →tañer.

tapa (ta·pa) [sustantivo femenino] **1** Pieza que cubre o cierra algo que se puede abrir: *la tapa de una caja.* **2** Parte del zapato que se apoya en el suelo y que corresponde a la zona del tacón: *Las tapas se colocan debajo del tacón.* **3** Cada una de las dos partes exteriores y duras de un libro. **4** Alimento que se pone para acompañar la bebida: *El camarero nos puso unas tapas de queso con los refrescos.* ☐ Familia: tapar, destapar, tapadera, tapón, taponar, tapete, tapadillo.

tapacubo (ta·pa·cu·bo) [sustantivo masculino] → **tapacubos.**

tapacubos (ta·pa·cu·bos) [sustantivo masculino] Tapa de metal redonda que se pone en la parte de fuera de las ruedas de los coches. ☐ [No varía en singular y plural: «el tapacubos», «los tapacubos», aunque se usa también «tapacubo» para el singular]. ☐ Familia: →tapar. →cubo.

tapadera (ta·pa·de·ra) [sustantivo femenino] **1** Tapa de un recipiente. **2** Persona o cosa que sirve para ocultar algo malo: *Ese negocio era una tapadera para el contrabando de tabaco.* ☐ Familia: →tapa.

tapadillo (ta·pa·di·llo) ◆ [expresión] ‖ **de tapadillo** De forma que no se den cuenta los demás: *Me lo dijo de tapadillo.* ☐ Sinónimos: a escondidas. ☐ Familia: →tapa.

tapar (ta·par) [verbo] **1** Poner algo encima de otra cosa de modo que esta no se vea: *Tapa la cazuela para que no se enfríe la comida.* **2** Cerrar una abertura o meter algo en ella de modo que quede cerrada: *Me tapé la nariz porque olía muy mal.* **3** Esconder algo mostrando otra cosa en su lugar: *No intentes tapar tus defectos, porque todos los conocemos.* **4** Cubrir con ropa para proteger del frío: *Me tapé bien porque hacía muchísimo frío.* ☐ Sinónimos: **1** cubrir. **3** encubrir, disfrazar. ☐ Antónimos: destapar. **1, 3** descubrir. **3** desvelar. ☐ Familia: tapacubos, taparrabos. →tapa.

taparrabo (ta·pa·rra·bo) [sustantivo masculino] → **taparrabos.**

taparrabos (ta·pa·rra·bos) [sustantivo masculino] Trozo pequeño de tela o de otra cosa que usan algunas personas para taparse los órganos sexuales. ☐ [No varía en singular y plural: «el taparrabos», «los taparrabos», aunque se usa también «taparrabo» para el singular]. ☐ Familia: →tapar. →rabo.

taparrabos

tapete (ta·pe·te) [sustantivo masculino] Trozo de tela que se pone sobre una mesa para jugar a algunos juegos. ☐ Familia: →tapa.

tapia (ta·pia) [sustantivo femenino] Pared que separa un terreno: *¿Saltamos la tapia del jardín?* ☐ Familia: tapiar.

tapa

tapiar (ta·piar) [verbo] **1** Cerrar un hueco construyendo una pared: *Los albañiles tapiaron una de las puertas de la casa.* **2** Rodear un lugar con un muro: *Han tapiado el huerto.* ☐ [Es irregular y se conjuga como ANUNCIAR]. ☐ FAMILIA: →tapia.

tapicería (ta·pi·ce·rí·a) [sustantivo femenino] **1** Lugar donde ponen telas a los muebles. **2** Tela que se usa para cubrir muebles y otras cosas de la casa: *La tapicería de este sillón es de cuadros.* ☐ FAMILIA: →tapiz.

tapicero, ra (ta·pi·ce·ro, ra) [sustantivo] Persona que se dedica a poner telas a los muebles que las necesitan. ☐ FAMILIA: →tapiz.

tapioca (ta·pio·ca) [sustantivo femenino] Especie de harina que se saca de la raíz de un arbusto propio de las zonas tropicales americanas.

tapir (ta·pir) [sustantivo masculino] Animal con una trompa pequeña y hacia abajo: *El tapir es un mamífero herbívoro.*
◉ **páginas 354-355.**

tapiz (ta·piz) [sustantivo masculino] Especie de cuadro que se hace con tela y que se usa como adorno para cubrir paredes. ☐ [Su plural es «tapices»]. ☐ FAMILIA: tapizar, tapicería, tapicero.

tapizar (ta·pi·zar) [verbo] Cubrir parte de un mueble con tela: *tapizar un sillón.* ☐ [La «z» se cambia en «c» delante de «e» («tapice»)]. ☐ FAMILIA: →tapiz.

tapón (ta·pón) [sustantivo masculino] **1** Objeto que se pone en un agujero para cerrarlo: *El tapón de esta botella es de corcho.* **2** Cualquier cosa que impide el paso de algo por algún sitio: *un tapón de coches.* **3** Persona baja y gorda. ☐ [El significado **3** es coloquial]. ☐ SINÓNIMOS: **2** atasco. ☐ FAMILIA: →tapa.

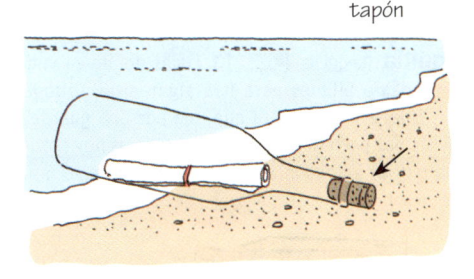

tapón

taponar (ta·po·nar) [verbo] Cerrar un agujero o impedir el paso por algún lugar: *Ese coche mal aparcado tapona la calle.* ☐ FAMILIA: →tapa.

tapujo (ta·pu·jo) [sustantivo masculino] Disimulo o intento de ocultar lo que pasa o lo que se piensa: *Dime sin tapujos lo que piensas de mí.*

TAÑER

INDICATIVO	SUBJUNTIVO
Presente yo taño tú tañes / usted tañe él, ella tañe nosotros, tras tañemos vosotros, tras tañéis / ustedes tañen ellos, ellas tañen	**Presente** yo taña tú tañas / usted taña él, ella taña nosotros, tras tañamos vosotros, tras tañáis / ustedes tañan ellos, ellas tañan
Pretérito imperfecto yo tañía tú tañías / usted tañía él, ella tañía nosotros, tras tañíamos vosotros, tras tañíais / ustedes tañían ellos, ellas tañían	**Pretérito imperfecto** yo tañera o tañese tú tañeras o tañeses / usted tañera o tañese él, ella tañera o tañese nosotros, tras tañéramos o tañésemos vosotros, tras tañerais o tañeseis / ustedes tañeran o tañesen ellos, ellas tañeran o tañesen
Pretérito perfecto simple yo tañí tú tañiste / usted tañó él, ella tañó nosotros, tras tañimos vosotros, tras tañisteis / ustedes tañeron ellos, ellas tañeron	**Futuro simple** yo tañere tú tañeres / usted tañere él, ella tañere nosotros, tras tañéremos vosotros, tras tañereis / ustedes tañeren ellos, ellas tañeren
Futuro simple yo tañeré tú tañerás / usted tañerá él, ella tañerá nosotros, tras tañeremos vosotros, tras tañeréis / ustedes tañerán ellos, ellas tañerán	**IMPERATIVO** tañe (tú) / taña (usted) tañamos (nosotros, tras) tañed (vosotros, tras) / tañan (ustedes)
Condicional simple yo tañería tú tañerías / usted tañería él, ella tañería nosotros, tras tañeríamos vosotros, tras tañeríais / ustedes tañerían ellos, ellas tañerían	**FORMAS NO PERSONALES** **Infinitivo** **Gerundio** **Participio** tañer tañendo tañido

taquicardia (ta·qui·car·dia) [sustantivo femenino] Frecuencia del ritmo de los latidos del corazón superior a la normal. ☐ Familia: →cardiaco.

taquigrafía (ta·qui·gra·fí·a) [sustantivo femenino] Forma de escribir muy rápida y en la que se usan signos especiales. ☐ Familia: taquígrafo.

taquígrafo, fa (ta·quí·gra·fo, fa) [sustantivo] Persona que sabe escribir de forma muy rápida y con signos especiales. ☐ Familia: →taquigrafía.

taquilla (ta·qui·lla) [sustantivo femenino] **1** Lugar donde se venden entradas o billetes para ir a algún sitio: *la taquilla del cine*. **2** Mueble para que una persona guarde sus cosas por poco tiempo: *En los gimnasios hay taquillas para dejar la ropa mientras se hace deporte*. ☐ Familia: taquillero, taquillón, taquillazo.

taquilla

taquillazo (ta·qui·lla·zo) [sustantivo masculino] Película de cine de mucho éxito. ☐ [Es coloquial]. ☐ Familia: →taquilla.

taquillero, ra (ta·qui·lle·ro, ra) ■ [adjetivo] **1** Dicho de un espectáculo, que produce mucho dinero porque va mucha gente a verlo. ■ [sustantivo] **2** Persona que vende entradas para un espectáculo o billetes para viajar. ☐ Familia: →taquilla.

taquillón (ta·qui·llón) [sustantivo masculino] Mueble de madera que se suele colocar en la entrada de una casa. ☐ Familia: →taquilla.

tara (ta·ra) [sustantivo femenino] **1** Defecto que hace que algo no esté del todo bien: *Devolví el pantalón porque tenía una tara*. **2** Peso de un vehículo sin contar la carga que puede transportar. ☐ Sinónimos: **1** imperfección, falta.

tarado, da (ta·ra·do, da) [adjetivo o sustantivo] Que está loco o que tiene algún defecto que le impide comportarse como los demás. ☐ [Es despectivo].

tarambana (ta·ram·ba·na) [adjetivo o sustantivo] Que actúa con poco juicio. ☐ [No varía en masculino y femenino. Es coloquial]. ☐ Sinónimos: alocado, loco, insensato, imprudente, vivalavirgen. ☐ Antónimos: cauteloso.

tarántula (ta·rán·tu·la) [sustantivo femenino] Araña venenosa, grande, negra y con pelos.

tararear (ta·ra·re·ar) [verbo] Cantar la música de una canción, pero no la letra.

tardanza (tar·dan·za) [sustantivo femenino] Retraso o empleo de mucho tiempo para hacer algo: *Mis padres estaban preocupados por mi tardanza*. ☐ Sinónimos: dilación. ☐ Familia: →tarde.

tardar (tar·dar) [verbo] **1** Usar una cantidad de tiempo en hacer algo: *Tardé mucho en encontrar la solución de la adivinanza*. **2** Usar más tiempo del normal en hacer algo: *Es raro que tarde en llegar, porque es una persona muy puntual*. ☐ Familia: →tarde.

tarde (tar·de) ■ [sustantivo femenino] **1** Período de tiempo que va desde después de comer hasta que deja de haber luz del sol. ■ [adverbio] **2** En las últimas horas del día o de la noche, o en la parte última de un período de tiempo: *No te acuestes muy tarde*. **3** Después de un tiempo señalado: *He llegado tarde a la cita*. ◆ [expresión] ‖ **buenas tardes** Se usa para saludar después de comer y antes de hacer la última comida del día: *Buenas tardes, ¿qué tal has pasado la mañana?* ‖ **de tarde en tarde** De manera poco frecuente o dejando pasar mucho tiempo entre una cosa y otra: *Nos llama por teléfono de tarde en tarde, así que no sé qué hace ahora*. ☐ Antónimos: **2, 3** temprano. **3** pronto. ☐ Familia: tardar, tardanza, tardón, tardío, retardar, retardado, atardecer.

tardío, a (tar·dí·o, a) [adjetivo] Que se retrasa o que ocurre después del tiempo normal: *Este año la cosecha ha sido tardía porque ha llovido muy poco*. ☐ Antónimos: temprano. ☐ Familia: →tarde.

tardón, na (tar·dón, do·na) [adjetivo o sustantivo] Que suele hacer las cosas muy despacio. ☐ [Es coloquial]. ☐ Familia: →tarde.

tarea (ta·re·a) [sustantivo femenino] Cada una de las cosas que una persona tiene que hacer: *Toda la familia ayuda en las tareas de la casa*. ☐ Sinónimos: quehacer, ocupación, trabajo, faena, labor, menester. ☐ Familia: atareado.

tarifa (ta·ri·fa) [sustantivo femenino] Precio fijo que hay que pagar por recibir algún servicio: *la tarifa del teléfono*.

tarifar (ta·ri·far) [verbo] Reñir, enfadarse o pelearse con alguien: *Terminé tarifando con ella*. ☐ [Es coloquial]. ☐ Sinónimos: discutir, reñir.

tarima (ta·ri·ma) [sustantivo femenino] Superficie levantada a poca altura del suelo: *La mesa del profesor está sobre la tarima de la clase*. ☐ Sinónimos: plataforma. ☐ Familia: entarimar, entarimado. ◉ **página 681**.

tarima

tarjeta (tar·je·ta) [sustantivo femenino] Trozo de cartulina o de otro material, que suele tener algo escrito: *En la tienda* nos dieron una tarjeta con el teléfono. Las tarjetas de crédito son de plástico.

tarot (ta·rot) [sustantivo masculino] **1** Baraja de setenta y ocho cartas que se usa para adivinar el futuro. **2** Uso de estas cartas para adivinar el futuro. ☐ [Su plural es «tarots»].

tarraconense (ta·rra·co·nen·se) [adjetivo o sustantivo] De la provincia española de Tarragona o de su capital. ☐ [No varía en masculino y femenino].

tarrina (ta·rri·na) [sustantivo femenino] Recipiente pequeño, que se usa para meter algunos alimentos: *una tarrina de helado.* ☐ Familia: →tarro.

tarro (ta·rro) [sustantivo masculino] Recipiente de cristal o de barro, que suele ser más alto que ancho: *un tarro de mermelada.* ◆ [expresión] ‖ **comer el tarro a alguien** Intentar hacer que piense de determinada manera. ‖ **comerse alguien el tarro** Pensar mucho en algo: *No vas a solucionar nada comiéndote el tarro.* ☐ [Las expresiones son coloquiales]. ☐ Familia: tarrina.

tarso (tar·so) [sustantivo masculino] Conjunto de huesos pequeños que están en el pie de una persona y en las patas de algunos animales. 👁 página 405. ☐ Familia: metatarso.

tarta (tar·ta) [sustantivo femenino] Dulce grande que suele tener forma redonda. ☐ Familia: tartera.

tartaja (tar·ta·ja) [adjetivo o sustantivo] Tartamudo. ☐ [No varía en masculino y femenino. Es coloquial y despectivo].

tartamudear (tar·ta·mu·de·ar) [verbo] Hablar sin poder decir las palabras enteras y de una vez. ☐ Familia: →mudo.

tartamudez (tar·ta·mu·dez) [sustantivo femenino] Defecto del habla que tienen las personas que no pueden decir las palabras enteras y de una vez. ☐ Familia: →mudo.

tartamudo, da (tar·ta·mu·do, da) [adjetivo o sustantivo] Que tiene problemas al hablar y lo hace sin poder decir las palabras enteras y de una sola vez. ☐ Familia: →mudo.

tartana (tar·ta·na) [sustantivo femenino] **1** Carro de dos ruedas cubierto con una especie de toldo y con asientos a los lados. **2** Vehículo viejo y que no funciona bien. ☐ [El significado **2** es coloquial]. ☐ Sinónimos: **2** cafetera.

tártaro, ra (tár·ta·ro, ra) [adjetivo o sustantivo] De un antiguo pueblo que vivió en el este del continente europeo.

tartera (tar·te·ra) [sustantivo femenino] Recipiente que se cierra de forma que no puede entrar aire y que sirve para llevar comida. ☐ Sinónimos: fiambrera. ☐ Familia: →tarta.

tarugo (ta·ru·go) [sustantivo masculino] **1** Trozo de madera corto y gordo. **2** Persona que tiene dificultad para entender las cosas. ☐ [El significado **2** es despectivo].

tarumba (ta·rum·ba) [adjetivo] Con la sensación de no saber lo que pasa alrededor: *Con tanto jaleo estoy un poco tarumba.* ☐ [No varía en masculino y femenino. Es coloquial].

tasa (ta·sa) [sustantivo femenino] **1** Pago que se hace por usar algo: *¿Cuánto cuestan las tasas de la matrícula del colegio?* **2** Medida de algo: *tasa de natalidad.* ☐ Familia: →tasar.

tasación (ta·sa·ción) [sustantivo femenino] Proceso por el que se fija el precio o el valor de algo: *La tasación del cuadro fue muy elevada.* ☐ Sinónimos: valoración. ☐ Familia: →tasar.

tasar (ta·sar) [verbo] Fijar el precio o el valor de algo: *Mi madre ha llevado el anillo a un joyero para que lo tasara.* ☐ Sinónimos: valorar. ☐ Familia: tasa, tasación, ecotasa.

tasca (tas·ca) [sustantivo femenino] Bar sin lujos en el que sirven comidas y bebidas. ☐ Sinónimos: taberna.

tata (ta·ta) [sustantivo femenino] Mira en **tato, ta**.

tatarabuelo, la (ta·ta·ra·bue·lo, la) ▪ [sustantivo] **1** Lo que somos en relación con los nietos de nuestros nietos. ▪ **tatarabuelos** [sustantivo masculino plural] **2** Conjunto formado por el tatarabuelo y la tatarabuela. ☐ Familia: →abuelo.

tataranieto, ta (ta·ta·ra·nie·to, ta) [sustantivo] Lo que somos en relación con los abuelos de nuestros abuelos: *Mi tatarabuela tuvo quince tataranietos.* ☐ Familia: →nieto.

tato, ta (ta·to, ta) ▪ [sustantivo] **1** Hermano. ▪ **tata** [sustantivo femenino] **2** Niñera. ☐ [Es coloquial].

tatuaje (ta·tua·je) [sustantivo masculino] Imagen que se hace con tinta bajo la piel. ☐ Familia: →tatuar.

tatuar (ta·tuar) [verbo] Hacer un tatuaje en la piel. ☐ [Es irregular y se conjuga como ACTUAR]. ☐ Familia: tatuaje.

taurino, na (tau·ri·no, na) [adjetivo] De los toros, de las corridas de toros, o relacionado con ellos. ☐ Familia: →toro.

tauro (tau·ro) [adjetivo o sustantivo] Dicho de una persona, que pertenece a uno de los doce signos del Zodiaco: *Las personas que son tauro han nacido entre el 20 de abril y el 21 de mayo.* ☐ [No varía en masculino y femenino]. ☐ Familia: →toro.

tauromaquia (tau·ro·ma·quia) [sustantivo femenino] Arte o técnica de torear. ☐ Familia: →toro.

taxi (ta·xi) [sustantivo masculino] Coche que nos lleva a algún sitio a cambio de dinero. ☐ Familia: taxista, taxímetro.

taxidermista (ta·xi·der·mis·ta) [sustantivo] Persona que se dedica a preparar animales muertos para que se conserven como si estuvieran vivos: *El cazador encargó a un taxidermista que disecara la cabeza del ciervo.* ☐ [No varía en masculino y femenino].

taxímetro (ta·xí·me·tro) [sustantivo masculino] Aparato que llevan los taxis para marcar lo que debemos pagar. ☐ Familia: →taxi.

taxista (ta·xis·ta) [sustantivo] Persona que conduce un taxi. ☐ [No varía en masculino y femenino]. ☐ Familia: →taxi.

taxonomía (ta·xo·no·mí·a) [sustantivo femenino] **1** Ciencia que estudia todo lo que tiene relación con la clasificación de las cosas. **2** Clasificación de los animales y de las plantas según sus tipos o sus clases.

taza (ta·za) [sustantivo femenino] **1** Recipiente pequeño con un asa, que sirve para tomar leche u otros líquidos. **2** Recipiente sobre el que nos sentamos para hacer nuestras necesidades: *la taza del váter.* ☐ Familia: tazón.

tazo (ta·zo) [sustantivo masculino] Especie de cromo redondo, de plástico o de otro material duro: *En el recreo jugamos a los tazos.* ☐ [Procede de una marca comercial].

tazón (ta·zón) [sustantivo] [masculino] Especie de taza grande y sin asa. □ SINÓNIMOS: bol, escudilla. □ FAMILIA: →taza.

te ∎ [pronombre personal] **1** Representa la segunda persona del singular y se usa como complemento directo o indirecto: *Te encontraron en tu escondite. ¿Quién te ha ofrecido ese trabajo?* ∎ [sustantivo] [femenino] **2** Nombre de la letra *t*. □ [No confundir con «té» (planta con la que se hacen infusiones). En el significado **1** no varía en masculino y femenino, y se usa en las formas de segunda persona del singular de algunos verbos: «te burlas»].

té [sustantivo] [masculino] Planta cuyas hojas se usan para hacer infusiones. □ [No confundir con «te», pronombre personal o nombre de la letra «t». Su plural es «tés»]. □ FAMILIA: tetera.

tea (te·a) [sustantivo] [femenino] Palo con fuego en un extremo, que sirve para alumbrar. □ SINÓNIMOS: antorcha.

teatral (te·a·tral) [adjetivo] **1** Del teatro o relacionado con él. **2** Que no es natural ni lo parece: *No seas tan teatral y aprende a comportarte con sencillez.* □ [No varía en masculino y femenino]. □ FAMILIA: →teatro.

teatro (te·a·tro) [sustantivo] [masculino] **1** Lugar donde los actores representan obras habladas. **2** Obra en la que se cuenta una historia como si los personajes estuvieran hablando entre ellos: *Este autor escribió teatro y poesía.* **3** Actuación que se realiza de forma poco natural: *Deja de hacer teatro, que ya sabemos que la mitad de lo que cuentas es mentira.* □ [El significado **3** es coloquial y se usa mucho en las expresiones «hacer teatro» o «echarle mucho teatro»]. □ FAMILIA: teatral, anfiteatro.

tebeo (te·be·o) [sustantivo] [masculino] Revista para niños en la que las historias se cuentan con dibujos.

techado (te·cha·do) [sustantivo] [masculino] Parte que cubre una habitación o una construcción. □ SINÓNIMOS: techo, cubierta. □ FAMILIA: →techo.

techar (te·char) [verbo] Cubrir una vivienda con un techo. □ FAMILIA: →techo.

techo (te·cho) [sustantivo] [masculino] Parte que cubre una habitación o una construcción: *Las lámparas cuelgan del techo.* ◆ [expresión] ∥ **doble techo** Tela impermeable que cubre por encima una tienda de campaña. □ SINÓNIMOS: cubierta, techado. □ FAMILIA: techar, techado, techumbre.

techumbre (te·chum·bre) [sustantivo] [femenino] Estructura que forma el techo de una construcción: *La techumbre de este tejado es un armazón de vigas.* □ FAMILIA: →techo.

tecla (te·cla) [sustantivo] [femenino] Pieza de algunos instrumentos musicales y de algunas máquinas, que se aprieta para que funcionen. □ FAMILIA: teclado, teclear.

teclado (te·cla·do) [sustantivo] [masculino] Conjunto de teclas de un instrumento musical o de una máquina: *el teclado del ordenador.* □ FAMILIA: →tecla.

teclear (te·cle·ar) [verbo] Apretar las teclas de algunos instrumentos musicales o de algunas máquinas: *La taquígrafa tecleaba con rapidez en su máquina.* □ FAMILIA: →tecla.

tecnicismo (tec·ni·cis·mo) [sustantivo] [masculino] Palabra o expresión que se emplea en un trabajo, una ciencia o un arte determinados: *La palabra «predicado» es un tecnicismo lingüístico.* □ FAMILIA: →técnica.

técnico, ca (téc·ni·co, ca) ∎ [adjetivo] **1** Relacionado con el uso de los métodos y conocimientos de los que se sirve una ciencia, un arte o una actividad: *El locutor dijo que las interferencias se debían a problemas técnicos.* **2** Dicho de una palabra, que es propia del lenguaje que usa una ciencia, un arte o una profesión: *No me lo expliques con palabras tan técnicas, que no me voy a enterar.* ∎ [sustantivo] **3** Persona que conoce muy bien los métodos propios de una ciencia, de un arte o de una actividad: *Tendré que llamar al técnico para que venga a arreglar la lavadora.* ∎ **técnica** [sustantivo] [femenino] **4** Método que se usa en una ciencia, en un arte o en una actividad: *Ese pintor domina la técnica de la acuarela.* □ FAMILIA: tecnología, tecnológico, tecnicismo, politécnico, psicotécnico.

tecnología (tec·no·lo·gí·a) [sustantivo] [femenino] Ciencia que se ocupa de hacer nuevas máquinas o de mejorar las que ya hay: *Los avances de la tecnología hacen más fácil el trabajo.* ◆ [expresión] ∥ **tecnología punta** La más moderna. □ FAMILIA: →técnica.

tecnológico, ca (tec·no·ló·gi·co, ca) [adjetivo] De la tecnología o relacionado con ella. □ FAMILIA: →técnica.

tectónico, ca (tec·tó·ni·co, ca) ∎ [adjetivo] **1** De la estructura de la corteza de la Tierra o relacionado con ella: *Los terremotos suelen deberse a movimientos tectónicos.* ∎ **tectónica** [sustantivo] [femenino] **2** Ciencia que estudia esta estructura y todo lo relacionado con ella.

tecla

tedio (te·dio) [sustantivo] [masculino] Sentimiento que tenemos cuando algo nos aburre o nos cansa: *Este juego me divertía, pero ahora me produce tedio.* ☐ SINÓNIMOS: aburrimiento, cansancio, fastidio, hastío. ☐ FAMILIA: tedioso.

tedioso, sa (te·dio·so, sa) [adjetivo] Que produce tedio o que aburre. ☐ SINÓNIMOS: aburrido, cansado. ☐ FAMILIA: →tedio.

teja (te·ja) [sustantivo] [femenino] Pieza de barro cocido que se usa para cubrir los tejados: *Se han roto varias tejas y ahora tenemos goteras.* ☐ FAMILIA: tejado, tejo, tocateja.

tejado (te·ja·do) [sustantivo] [masculino] Parte superior de un edificio. ☐ FAMILIA: →teja.

tejano, na (te·ja·no, na) ■ [adjetivo] **1** De un tipo de tela resistente y de color azul: *una falda tejana.* ■ **tejano** [sustantivo] [masculino] **2** → **pantalón tejano.** ☐ [En el significado **2**, significa los mismo en singular que en plural]. ☐ SINÓNIMOS: **1** vaquero.

tejedora (te·je·do·ra) [sustantivo] [femenino] Máquina que sirve para tejer. ☐ FAMILIA: →tejer.

tejemaneje (te·je·ma·ne·je) [sustantivo] [masculino] **1** Engaño o mentira para conseguir algo: *Es muy astuto y lo logra todo gracias a sus tejemanejes.* **2** Actividad o movimiento continuos. ☐ [Es coloquial]. ☐ FAMILIA: →tejer.

tejer (te·jer) [verbo] **1** Hacer un tejido con hilos o con otros materiales: *Antes se tejía a mano, pero ahora se teje con máquinas.* **2** Formar en la mente una idea o un plan. ☐ [Se escribe siempre con «j»]. ☐ SINÓNIMOS: **1** tricotar. ☐ FAMILIA: tejido, tejedora, textil, tejemaneje.

tejido (te·ji·do) [sustantivo] [masculino] **1** Material que se hace al cruzar hilos entre sí: *Esta falda está hecha con un tejido de muy buena calidad.* **2** Conjunto de células parecidas que forman las distintas partes del cuerpo: *El corazón está formado por tejido muscular.* ☐ FAMILIA: →tejer.

tejo (te·jo) [sustantivo] [masculino] **1** Árbol de tronco grueso y de poca altura, cuyas hojas y semillas son venenosas. **2** Trozo pequeño de teja, piedra u otro material duro que se lanza en algunos juegos. ◆ [expresión] ‖ **tirar los tejos a alguien** Darle a entender que nos gusta. ☐ [La expresión es coloquial]. ☐ FAMILIA: →teja.

tejón (te·jón) [sustantivo] [masculino] Animal de pequeño tamaño que tiene el cuerpo alargado cubierto de pelo, se alimenta de carne y vive en agujeros que él mismo hace.

tela (te·la) ■ [sustantivo] [femenino] **1** Material hecho con hilos cruzados entre sí: *Para hacer el vestido necesito tres metros de tela.* **2** Capa fina que se forma en algunas cosas: *Cuando se enfría la leche, se forma por encima una especie de tela blanca, que es la nata.* **3** Dinero: *Para comprar eso se necesita mucha tela.* ■ [adverbio] **4** Mucho: *Este libro me ha gustado tela.* ◆ [expresión] ‖ **poner en tela de juicio** Poner en duda: *La policía puso en tela de juicio las declaraciones del sospechoso.* ‖ **tela de araña** → **telaraña.** ☐ [Los significados **3** y **4** son coloquiales]. ☐ FAMILIA: telar, telaraña, telón, telonero.

telar (te·lar) [sustantivo] [masculino] **1** Máquina para tejer. **2** En un teatro, parte del escenario que el público no puede ver. ☐ FAMILIA: →tela.

telaraña (te·la·ra·ña) [sustantivo] [femenino] Tela en forma de red que hacen las arañas. ☐ [Se usa también «tela de araña»]. ☐ FAMILIA: →tela.

tele (te·le) [sustantivo] [femenino] Televisión. ☐ [Es coloquial]. ☐ FAMILIA: →televisión.

telecomunicación (te·le·co·mu·ni·ca·ción) [sustantivo] [femenino] Sistema de comunicación a distancia: *El teléfono y la televisión son medios de telecomunicación.* ☐ FAMILIA: →comunicar.

telediario (te·le·dia·rio) [sustantivo] [masculino] Programa de noticias que se emite todos los días en la televisión. ☐ FAMILIA: →televisión.

teledirigido, da (te·le·di·ri·gi·do, da) [adjetivo] Que se puede manejar a distancia: *coche teledirigido.* ☐ FAMILIA: →dirigir.

telefax (te·le·fax) [sustantivo] [masculino] Fax. ☐ [Su plural es «telefaxes»]. ☐ FAMILIA: fax.

teleférico (te·le·fé·ri·co) [sustantivo] [masculino] Especie de caja que va colgada de un cable grueso y que sirve para llevar viajeros a lugares que están muy altos: *Subimos en el teleférico a la cima de la montaña.*

teleférico

telefilme (te·le·fil·me) [sustantivo] [masculino] Película para la televisión. ☐ FAMILIA: →filme.

telefonazo (te·le·fo·na·zo) [sustantivo] [masculino] Llamada de teléfono. ☐ [Es coloquial]. ☐ FAMILIA: →teléfono.

telefonear (te·le·fo·ne·ar) [verbo] Llamar por teléfono: *Me telefoneó para decirme que no vendría.* ☐ FAMILIA: →teléfono.

telefonía (te·le·fo·ní·a) [sustantivo] [femenino] Comunicación mediante el uso del teléfono. ☐ FAMILIA: →teléfono.

telefónico, ca (te·le·fó·ni·co, ca) [adjetivo] Del teléfono o relacionado con él: *una llamada telefónica.* ☐ FAMILIA: →teléfono.

telefonillo (te·le·fo·ni·llo) [sustantivo] [masculino] Aparato que está en la puerta de salida de un edificio y sirve para hablar con alguien que está dentro del edificio. ☐ FAMILIA: →teléfono.

telefonista (te·le·fo·nis·ta) [sustantivo] Persona que se encarga de recibir llamadas de teléfono y pasarlas a las personas que corresponda. ☐ [No varía en masculino y femenino]. ☐ FAMILIA: →teléfono.

teléfono (te·lé·fo·no) [sustantivo] [masculino] **1** Aparato que sirve para hablar con una persona que está lejos: *Algunos teléfonos*

telegrafía

tienen teclas y otros, una especie de ruedecita. **2** Número que tiene cada uno de estos aparatos: *Tengo tu teléfono apuntado en mi agenda.* ☐ Familia: telefonía, telefónico, telefonista, telefonear, telefonazo, telefonillo, radioteléfono.

telegrafía (te·le·gra·fí·a) [sustantivo femenino] Comunicación mediante el uso del telégrafo. ☐ Familia: →telégrafo.

telegrafiar (te·le·gra·fiar) [verbo] Enviar un mensaje de forma rápida a través de hilos eléctricos: *Los mensajes se telegrafían en morse.* ☐ [Es irregular y se conjuga como ENVIAR]. ☐ Familia: →telégrafo.

telegráfico, ca (te·le·grá·fi·co, ca) [adjetivo] **1** Relacionado con el sistema para enviar mensajes de forma rápida y a través de hilos eléctricos. **2** Dicho de la forma de escribir, con frases claras y cortas: *El profesor dijo que mi redacción estaba escrita en un estilo telegráfico.* ☐ Familia: →telégrafo.

telegrafista (te·le·gra·fis·ta) [sustantivo] Persona que se ocupa de enviar y recibir telegramas. ☐ [No varía en masculino y femenino]. ☐ Familia: →telégrafo.

telégrafo (te·lé·gra·fo) ■ [sustantivo masculino] **1** Sistema para enviar mensajes de forma rápida a través de hilos eléctricos: *Para enviar un mensaje por telégrafo hay que saber morse.* ■ **telégrafos** [plural] **2** Servicio público que se ocupa de estos mensajes: *la oficina de correos y telégrafos.* ☐ Familia: telegrafía, telegráfico, telegrafiar, telegrafista.

telegrama (te·le·gra·ma) [sustantivo masculino] Mensaje escrito que se envía a través de hilos eléctricos: *Los telegramas se pagan según el número de palabras que tenga el mensaje.*

telele (te·le·le) [sustantivo masculino] Pérdida del sentido o ataque de nervios: *Estoy tan nerviosa que me va a dar un telele.* ☐ [Es coloquial].

telenovela (te·le·no·ve·la) [sustantivo femenino] Serie de televisión que suele tratar temas de amor y dura muchos capítulos. ☐ Familia: →televisión.

teleobjetivo (te·le·ob·je·ti·vo) [sustantivo masculino] Instrumento que se coloca en una cámara para fotografiar cosas que están muy lejos. ☐ Familia: →objeto.

telepatía (te·le·pa·tí·a) [sustantivo femenino] Capacidad de las personas para comunicarse por medio de la mente sin usar el lenguaje.

telescopio (te·les·co·pio) [sustantivo masculino] Instrumento en forma de tubo y con varias lentes, que sirve para ver las estrellas: *Le gusta mucho la astronomía y quiere comprarse un telescopio para estudiar el cielo.*

telescopio

telesilla (te·le·si·lla) [sustantivo masculino] Especie de silla que va colgada de un cable grueso y que sirve para llevar personas por el aire a un lugar alto: *A esta pista de esquí se puede subir con el telesilla.* ☐ [No confundir con «telesquí» (que no va por el aire)]. ☐ Familia: →silla.

telesilla

telespectador, ra (te·les·pec·ta·dor, do·ra) [sustantivo] Persona que ve la televisión. ☐ Sinónimos: televidente. ☐ Familia: →televisión.

telesquí (te·les·quí) [sustantivo masculino] Especie de enganche que va colgado de un cable grueso y que sirve para arrastrar personas por una pista de nieve a un lugar alto. ☐ [Su plural es «telesquís» o «telesquíes». No confundir con «telesilla» (que va por el aire)]. ☐ Familia: →esquí.

teletexto (te·le·tex·to) [sustantivo masculino] Servicio de información que tienen las televisiones y que emite noticias e informaciones escritas. ☐ [Procede de la marca comercial «Teletext®»]. ☐ Familia: →televisión.

teletipo (te·le·ti·po) [sustantivo masculino] **1** Sistema que permite mandar información escrita a través del telégrafo. **2** Aparato que permite mandar mensajes con este sistema: *En las redacciones de los periódicos se usan teletipos.* **3** Papel con la información reproducida a través de ese sistema. ☐ [Procede de la marca comercial «Télétype®»]. ☐ Familia: →tipo.

televidente (te·le·vi·den·te) [sustantivo] Persona que ve la televisión: *Los televidentes de este programa podrán ganar muchos premios.* ☐ [No varía en masculino y femenino]. ☐ Sinónimos: telespectador. ☐ Familia: →televisión.

televisar (te·le·vi·sar) [verbo] Emitir algo por televisión: *¿Sabes por qué cadena televisan el partido de esta tarde?* ☐ Familia: →televisión.

televisión (te·le·vi·sión) [sustantivo femenino] **1** Sistema para emitir imágenes y sonidos a gran distancia: *Gracias a la televisión, las noticias llegan a todas partes.* **2** Empresa que se dedica a emitir estas imágenes: *Las distintas televisiones compiten para conseguir más espectadores.* **3** Aparato en el que se ven imágenes que han sido emitidas a gran distancia: *Tenemos la televisión en la sala de estar.* ☐ [Se usa mucho la forma abreviada «tele», que es coloquial]. ☐ Sinónimos: **3** televisor. ☐ Familia: tele, televisor, televisar, televisivo, televidente, telespectador, telediario, telenovela, teletexto, radiotelevisión.

televisivo, va (te·le·vi·si·vo, va) [adjetivo] De la televisión o relacionado con ella: *un concurso televisivo.* ☐ Familia: →televisión.

televisor (te·le·vi·sor) [sustantivo masculino] Aparato en el que se ven imágenes que han sido emitidas a gran distancia: *El televisor se ha estropeado.* ☐ Sinónimos: televisión. ☐ Familia: →televisión.

télex (té·lex) **1** Sistema por el que los teletipos de todo el mundo están conectados entre sí. **2** Papel con la información reproducida a través de ese sistema. ☐ [No varía en singular y plural].

telón (te·lón) [sustantivo masculino] Cortina grande que cierra la parte del teatro en la que actúan los actores: *Al acabar la función se baja el telón.* ☐ Familia: →tela.

telonero, ra (te·lo·ne·ro, ra) [adjetivo o sustantivo] Dicho de un cantante, que actúa antes que la figura principal del concierto. ☐ Familia: →tela.

tema (te·ma) [sustantivo masculino] **1** Idea o asunto de que trata algo: *No quiero hablar más del tema.* **2** Cada una de las unidades o partes en que se divide una materia de estudio: *El profesor nos explicó el segundo tema del libro.* **3** Canción u obra musical: *En el concierto, el grupo tocó sus temas más conocidos.* ☐ Familia: temario, temático.

temario (te·ma·rio) [sustantivo masculino] Conjunto de temas que se estudian para un examen: *un temario de oposiciones.* ☐ Familia: →tema.

temático, ca (te·má·ti·co, ca) ❚ [adjetivo] **1** De un tema o relacionado con él: *parque temático.* ❚ **temática** [sustantivo femenino] **2** Conjunto de temas que se pueden tratar: *La temática de su obra es muy amplia.* ☐ Familia: →tema.

temblar (tem·blar) [verbo] **1** Agitarse con movimientos rápidos y frecuentes: *Estoy temblando de frío.* **2** Tener mucho miedo o estar muy nervioso: *Tiemblo solo de pensar lo que le puede haber pasado.* ☐ [Es irregular y se conjuga como **ACERTAR**]. ☐ Familia: temblor, tembloroso, tembleque.

tembleque (tem·ble·que) [sustantivo masculino] Temblor del cuerpo. ☐ [Es coloquial]. ☐ Familia: →temblar.

temblor (tem·blor) [sustantivo masculino] Serie de movimientos rápidos y frecuentes: *Tenía tanto miedo que me entró un temblor por todo el cuerpo.* ◆ [expresión] ‖ **temblor de tierra** Movimiento que se produce en la superficie de la Tierra: *El temblor de tierra produjo grietas en algunos edificios.* ☐ Familia: →temblar.

tembloroso, sa (tem·blo·ro·so, sa) [adjetivo] Que tiembla o se agita. ☐ Familia: →temblar.

temer (te·mer) [verbo] **1** Tener miedo de alguien o de algo: *Muchos animales temen el fuego.* **2** Pensar que va a suceder algo malo: *Temo que no llegues a tiempo.* ☐ [Mira el cuadro en la página siguiente]. ☐ Familia: temor, temeroso, temible, atemorizar, temeridad, temerario.

temerario, ria (te·me·ra·rio, ria) [adjetivo] Que no piensa las cosas que hace o que se pone en peligro sin darse cuenta. ☐ Sinónimos: imprudente. ☐ Antónimos: sensato, prudente. ☐ Familia: →temer.

temeridad (te·me·ri·dad) [sustantivo femenino] **1** Falta de cuidado al hacer algo que puede ser peligroso: *No actúes con tanta temeridad.* **2** Acción que se realiza sin poner el cuidado necesario para evitar problemas: *Conducir a esa velocidad es una temeridad.* ☐ Sinónimos: imprudencia, insensatez. ☐ Antónimos: **1** prudencia, precaución, sensatez. ☐ Familia: →temer.

temeroso, sa (te·me·ro·so, sa) [adjetivo] Que tiene miedo o temor: *Me pidió perdón, temeroso de que me hubiera enfadado.* ☐ [No confundir con «temible» (que produce temor)]. ☐ Familia: →temer.

temible (te·mi·ble) [adjetivo] Que produce temor: *Eres temible cuando te enfadas.* ☐ [No varía en masculino y femenino. No confundir con «temeroso» (que tiene miedo)]. ☐ Familia: →temer.

temor (te·mor) [sustantivo masculino] Sensación que tenemos cuando pensamos que puede ocurrir algo malo. ☐ Sinónimos: miedo. ☐ Familia: →temer.

témpano (tém·pa·no) [sustantivo masculino] Trozo plano y alargado de hielo.

témpera (tém·pe·ra) [sustantivo femenino] Tipo de pintura que se usa mezclándola con agua: *Hice un mural con témperas.*

temperamental (tem·pe·ra·men·tal) [adjetivo] Dicho de una persona, que tiene mucho genio y un carácter muy fuerte. ☐ [No varía en masculino y femenino]. ☐ Familia: →temperamento.

temperamento (tem·pe·ra·men·to) [sustantivo masculino] **1** Conjunto de características que definen la forma de ser de una persona: *Tiene un temperamento alegre y siempre está contenta.* **2** Forma de ser de una persona firme y que actúa con energía: *Eres una mujer de mucho temperamento.* ☐ Sinónimos: carácter. **1** naturaleza. ☐ Familia: temperamental.

temperatura (tem·pe·ra·tu·ra) [sustantivo femenino] Grado de calor de un cuerpo: *La fiebre es el aumento de la temperatura de un organismo.*

tempestad (tem·pes·tad) [sustantivo femenino] Situación del tiempo cuando hay fuertes vientos, lluvias y truenos. ☐ Sinónimos: temporal, tormenta. ☐ Familia: tempestuoso.

tempestuoso, sa (tem·pes·tuo·so, sa) [adjetivo] Con tempestad o que anuncia una tempestad: *tiempo tempestuoso; viento tempestuoso.* ☐ Sinónimos: tormentoso. ☐ Familia: →tempestad.

templado, da (tem·pla·do, da) [adjetivo] **1** Que no está ni caliente ni frío. **2** Valiente y tranquilo: *Para meter una canasta en el último segundo hay que tener los nervios muy templados.* ☐ Sinónimos: **1** tibio. ☐ Familia: →templar.

templanza (tem·plan·za) [sustantivo femenino] Moderación o prudencia para no dejarse llevar por los sentimientos. ☐ Familia: →templar.

templar (tem·plar) [verbo] **1** Quitar el frío por medio del calor: *He puesto la leche al fuego para templarla.* **2** Preparar un instrumento musical para que al tocarlo suene bien: *El guitarrista templó la guitarra antes de empezar a tocar.* **3** Disminuir la fuerza de algo: *Mis palabras de disculpa templaron su ira.* ☐ SINÓNIMOS: **2** afinar. ☐ ANTÓNIMOS: **2** destemplar, desafinar. ☐ FAMILIA: templado, destemplar, destemplado, temple, templanza.

templario, ria (tem·pla·rio, ria) [adjetivo o sustantivo] De la Orden del Temple, que es una antigua orden militar, o relacionado con ella: *Durante la Edad Media hubo caballeros templarios.* ☐ FAMILIA: →templo.

temple (tem·ple) [sustantivo masculino] **1** Valor y fuerza necesarios para hacer frente a las dificultades. **2** Un tipo de pin-

TEMER		
INDICATIVO		**IMPERATIVO**
Presente yo temo tú temes / usted teme él, ella teme nosotros, tras tememos vosotros, tras teméis / ustedes temen ellos, ellas temen	**Pretérito perfecto compuesto** yo he temido tú has temido / usted ha temido él, ella ha temido nosotros, tras hemos temido vosotros, tras habéis temido / ustedes han temido ellos, ellas han temido	teme (tú) / tema (usted) temamos (nosotros, tras) temed (vosotros, tras) / teman (ustedes)
Pretérito imperfecto yo temía tú temías / usted temía él, ella temía nosotros, tras temíamos vosotros, tras temíais / ustedes temían ellos, ellas temían	**Pretérito pluscuamperfecto** yo había temido tú habías temido / usted había temido él, ella había temido nosotros, tras habíamos temido vosotros, tras habíais temido / ustedes habían temido ellos, ellas habían temido	**FORMAS NO PERSONALES** **Infinitivo** temer
Pretérito perfecto simple yo temí tú temiste / usted temió él, ella temió nosotros, tras temimos vosotros, tras temisteis / ustedes temieron ellos, ellas temieron	**Pretérito anterior** yo hube temido tú hubiste temido / usted hubo temido él, ella hubo temido nosotros, tras hubimos temido vosotros, tras hubisteis temido / ustedes hubieron temido ellos, ellas hubieron temido	**Gerundio** temiendo **Participio** temido **Infinitivo compuesto** haber temido
Futuro simple yo temeré tú temerás / usted temerá él, ella temerá nosotros, tras temeremos vosotros, tras temeréis / ustedes temerán ellos, ellas temerán	**Futuro compuesto** yo habré temido tú habrás temido / usted habrá temido él, ella habrá temido nosotros, tras habremos temido vosotros, tras habréis temido / ustedes habrán temido ellos, ellas habrán temido	**Gerundio compuesto** habiendo temido
Condicional simple yo temería tú temerías / usted temería él, ella temería nosotros, tras temeríamos vosotros, tras temeríais / ustedes temerían ellos, ellas temerían	**Condicional compuesto** yo habría temido tú habrías temido / usted habría temido él, ella habría temido nosotros, tras habríamos temido vosotros, tras habríais temido / ustedes habrían temido ellos, ellas habrían temido	
SUBJUNTIVO		
Presente yo tema tú temas / usted tema él, ella tema nosotros, tras temamos vosotros, tras temáis / ustedes teman ellos, ellas teman	**Pretérito perfecto compuesto** yo haya temido tú hayas temido / usted haya temido él, ella haya temido nosotros, tras hayamos temido vosotros, tras hayáis temido / ustedes hayan temido ellos, ellas hayan temido	
Pretérito imperfecto yo temiera o temiese tú temieras o temieses / usted temiera o temiese él, ella temiera o temiese nosotros, tras temiéramos o temiésemos vosotros, tras temierais o temieseis / ustedes temieran o temiesen ellos, ellas temieran o temiesen	**Pretérito pluscuamperfecto** yo hubiera o hubiese temido tú hubieras o hubieses temido / usted hubiera o hubiese temido él, ella hubiera o hubiese temido nosotros, tras hubiéramos o hubiésemos temido vosotros, tras hubierais o hubieseis temido / ustedes hubieran o hubiesen temido ellos, ellas hubieran o hubiesen temido	
Futuro simple yo temiere tú temieres / usted temiere él, ella temiere nosotros, tras temiéremos vosotros, tras temiereis / ustedes temieren ellos, ellas temieren	**Futuro compuesto** yo hubiere temido tú hubieres temido / usted hubiere temido él, ella hubiere temido nosotros, tras hubiéremos temido vosotros, tras hubiereis temido / ustedes hubieren temido ellos, ellas hubieren temido	

tura: *El temple es más pegajoso que las acuarelas.* □ Sinónimos: **1** entereza, aplomo. □ Familia: →templar.

templete (tem·ple·te) [sustantivo masculino] Edificio pequeño, aislado y generalmente circular, con columnas: *La banda de música tocó en el templete del parque.* □ Familia: →templo.

templo (tem·plo) [sustantivo masculino] **1** Lugar dedicado a una divinidad y en el que los fieles rezan: *Las iglesias son templos cristianos y las mezquitas son templos musulmanes.* **2** Lugar en el que se cultiva o se practica una actividad importante: *La universidad es el templo del saber.* □ Familia: templete, templario.

temporada (tem·po·ra·da) [sustantivo femenino] Período de tiempo que se considera como un conjunto: *Llevo una temporada con muchos dolores de cabeza.* □ Familia: →tiempo.

temporal (tem·po·ral) [adjetivo] **1** Del tiempo o relacionado con él. **2** Que no dura siempre: *Le han hecho un contrato temporal de un mes.* ▮ [sustantivo masculino] **3** Situación del tiempo cuando hay fuertes vientos, lluvias y truenos. □ [En los significados **1** y **2** no varía en masculino y femenino]. □ Sinónimos: **2** transitorio. **3** tempestad, tormenta. □ Familia: →tiempo.

temporero, ra (tem·po·re·ro, ra) [sustantivo] Persona que es contratada durante un período de tiempo haciendo las faenas del campo. □ Familia: →tiempo.

tempranero, ra (tem·pra·ne·ro, ra) ▮ [adjetivo] **1** Que se adelanta o que ocurre antes de lo normal. ▮ [adjetivo o sustantivo] **2** Dicho de una persona, que tiene costumbre de levantarse temprano. □ Sinónimos: **1** temprano. **2** madrugador. □ Familia: →temprano.

temprano, na (tem·pra·no, na) ▮ [adjetivo] **1** Que se adelanta o que ocurre antes del tiempo normal: *La fruta temprana es más cara que la normal.* ▮ **temprano** [adverbio] **2** En las primeras horas del día o de la noche, o al principio de un período de tiempo: *Mañana tengo que levantarme temprano.* **3** Antes de lo normal: *Hoy he llegado temprano porque he salido antes de casa.* □ Sinónimos: **1** tempranero. **2**, **3** pronto. □ Antónimos: **1** tardío. **2**, **3** tarde. □ Familia: tempranero.

tenacidad (te·na·ci·dad) [sustantivo femenino] Característica de la persona que se esfuerza y permanece firme hasta conseguir lo que desea: *Aprobarás gracias a tu tenacidad en los estudios.* □ Sinónimos: perseverancia, tesón. □ Familia: →tenaz.

tenaz (te·naz) [adjetivo] **1** Que se esfuerza y permanece firme hasta conseguir lo que desea: *Conseguirá lo que se proponga porque es una persona tenaz.* **2** Que resulta difícil de quitar o de separar: *Estas manchas tan tenaces no se van ni con lejía.* □ [No varía en masculino y femenino. Su plural es «tenaces»]. □ Sinónimos: pertinaz. **1** perseverante. □ Familia: tenacidad.

tenaza (te·na·za) [sustantivo femenino] Herramienta que sirve para arrancar cosas o para sujetarlas y que está formada por dos brazos que se pueden abrir y cerrar: *Arrancó el clavo de la silla con unas tenazas.* ◉ **páginas 494-495.** □ [Significa lo mismo en singular que en plural]. □ Familia: atenazar.

tenazas

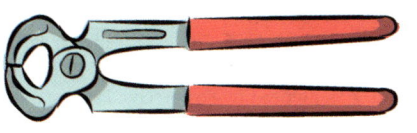

tendedero (ten·de·de·ro) [sustantivo masculino] Lugar en el que se tiende la ropa. □ Familia: →tender.

tendencia (ten·den·cia) [sustantivo femenino] Dirección que toma algo: *Me gusta vestir siguiendo las tendencias de la moda.* □ Sinónimos: inclinación. □ Familia: →tender.

tendencioso, sa (ten·den·cio·so, sa) [adjetivo] Que no es objetivo en su forma de expresar o de ver las cosas: *unas declaraciones tendenciosas.* □ [Es despectivo]. □ Familia: →tender.

tender (ten·der) [verbo] **1** Colgar la ropa para que se seque: *Voy a tender la colada.* **2** Dar algo a alguien poniéndoselo cerca: *Me tendió la mano para ayudarme a subir el muro.* **3** Preparar algún tipo de engaño para que alguien caiga en él: *Los bandidos cayeron en la trampa que les había tendido la policía.* **4** Extender en una superficie: *El médico me dijo que me tendiera en la camilla.* **5** Colocar algo entre dos puntos: *Han tendido un puente para comunicar las orillas del río.* **6** Ir en determinada dirección: *El tiempo tiende a mejorar poco a poco.* □ [Es irregular y se conjuga como ENTENDER]. □ Familia: tendedero, tendido, tendencia, tendencioso.

tenderete (ten·de·re·te) [sustantivo masculino] Tienda pequeña al aire libre. □ Familia: →tienda.

tendero, ra (ten·de·ro, ra) [sustantivo] Persona que trabaja en una tienda en la que se venden alimentos. □ Familia: →tienda.

tendido (ten·di·do) [sustantivo masculino] **1** Conjunto de cables eléctricos: *el tendido eléctrico del metro.* **2** Asientos de una plaza de toros que no están cubiertos: *Tenemos entradas para el tendido de sol.* □ Familia: →tender.

tendón (ten·dón) [sustantivo masculino] Tejido que une los músculos a los huesos: *El tendón de Aquiles está en el talón.*

tenebroso, sa (te·ne·bro·so, sa) [adjetivo] Que es oscuro y misterioso: *casa tenebrosa; parque tenebroso.* □ Sinónimos: sombrío, siniestro, tétrico, lóbrego, lúgubre. □ Antónimos: luminoso. □ Familia: →tiniebla.

tenedor (te·ne·dor) [sustantivo masculino] Cubierto con el que se pinchan los alimentos sólidos.

tenencia (te·nen·cia) [sustantivo femenino] Hecho de poseer alguna cosa: *Lo acusaron por tenencia de armas.* □ Sinónimos: propiedad, dominio, posesión. □ Familia: →tener.

tener (te·ner) [verbo] **1** Ser dueño, propietario o portador de algo: *Yo tengo una muñeca con un vestido azul. ¿Qué tienes en el bolsillo?* **2** Poseer alguna característica: *Tengo nueve años. El limón tiene un sabor ácido.*

tenia

3 Estar en relación con alguna persona: *Tengo dos hermanos. Tengo muchos amigos. ¿Ya tienes novio?* **4** Poder usar algo y disfrutar de ello: *Esta semana tengo dos días de fiesta. Ahora no tengo tiempo.* **5** Sujetar algo sin dejarlo caer: *Yo te tengo al niño mientras tú preparas el biberón.* **6** Contener o incluir en sí: *Esta ciudad tiene un millón de habitantes. La botella tiene agua.* **7** Mantener firme o derecho: *Estoy agotada y no me tengo en pie.* **8** Estar en el compromiso de hacer algo: *Mañana tengo una cita y no puedo faltar.* **9** Estar en posesión de alguna sensación o sentimiento: *Tengo mucho frío. ¿Tienes sueño? Tuve miedo.* **10** Haber realizado ya una determinada acción: *Ya tengo preparada la ensalada.* **11** Sufrir una enfermedad: *Si tienes catarro, no vayas al colegio.* ◆ [expresión] ‖ **no tenerlas alguien todas consigo** Sentir temor por algo: *Aunque ha dicho que vendrá, no las tengo todas conmigo y creo que no va a venir.* ‖ **tener que hacer algo** Ser obligatorio o necesario hacerlo: *Todos tenemos que respetar la naturaleza.* ‖ **tener que ver** Estar relacionado: *Mi enfado no tiene nada que ver con lo que me has dicho antes.* ☐ [Es irregular]. ☐ SINÓNIMOS: **5** sostener. ☐ ANTÓNIMOS: **1**, **2**, **4** carecer. ☐ FAMILIA: tenencia, contener, obtener, mantener, detener, retener, atenerse, entretener, tentempié.

tenia (te·nia) [sustantivo/femenino] Gusano plano que vive en el intestino de algunos animales. ☐ SINÓNIMOS: solitaria.

teniente (te·nien·te) [sustantivo] **1** Una de las categorías militares, por debajo del capitán. **2** Persona que sustituye a otra en determinados trabajos: *El teniente de alcalde actúa como el alcalde, cuando él no está.* ☐ [No varía en masculino y femenino]. ☐ FAMILIA: lugarteniente, subteniente.

tenis (te·nis) [sustantivo/masculino] Deporte al que se juega con una pelota y una raqueta, en un campo que está dividido en dos por una red, y que consiste en tratar de pasar la pelota al otro lado sin que el rival la devuelva. ☞ páginas 304-305. ◆ [expresión] ‖ **tenis de mesa** Deporte parecido al tenis, que se juega sobre una mesa y con palas pequeñas de madera. ☐ [No varía en singular y plural]. ☐ FAMILIA: tenista.

tenista (te·nis·ta) [sustantivo] Persona que juega al tenis. ☐ [No varía en masculino y femenino]. ☐ FAMILIA: →tenis.

tenor (te·nor) [sustantivo/masculino] Hombre que canta con un tono de voz muy agudo. ◆ [expresión] ‖ **a tenor de algo** Teniéndolo en cuenta: *A tenor de los datos que poseemos, la situación va mejorando.*

tensar (ten·sar) [verbo] Estirar algo mucho tirando de sus extremos con fuerza: *tensar una cuerda.* ☐ ANTÓNIMOS: destensar. ☐ FAMILIA: →tenso.

TENER

INDICATIVO

Presente
yo tengo
tú tienes / usted tiene
él, ella tiene
nosotros, tras tenemos
vosotros, tras tenéis / ustedes tienen
ellos, ellas tienen

Pretérito imperfecto
yo tenía
tú tenías / usted tenía
él, ella tenía
nosotros, tras teníamos
vosotros, tras teníais / ustedes tenían
ellos, ellas tenían

Pretérito perfecto simple
yo tuve
tú tuviste / usted tuvo
él, ella tuvo
nosotros, tras tuvimos
vosotros, tras tuvisteis / ustedes tuvieron
ellos, ellas tuvieron

Futuro simple
yo tendré
tú tendrás / usted tendrá
él, ella tendrá
nosotros, tras tendremos
vosotros, tras tendréis / ustedes tendrán
ellos, ellas tendrán

Condicional simple
yo tendría
tú tendrías / usted tendría
él, ella tendría
nosotros, tras tendríamos
vosotros, tras tendríais / ustedes tendrían
ellos, ellas tendrían

SUBJUNTIVO

Presente
yo tenga
tú tengas / usted tenga
él, ella tenga
nosotros, tras tengamos
vosotros, tras tengáis / ustedes tengan
ellos, ellas tengan

Pretérito imperfecto
yo tuviera o tuviese
tú tuvieras o tuvieses / usted tuviera o tuviese
él, ella tuviera o tuviese
nosotros, tras tuviéramos o tuviésemos
vosotros, tras tuvierais o tuvieseis / ustedes tuvieran o tuviesen
ellos, ellas tuvieran o tuviesen

Futuro simple
yo tuviere
tú tuvieres / usted tuviere
él, ella tuviere
nosotros, tras tuviéremos
vosotros, tras tuviereis / ustedes tuvieren
ellos, ellas tuvieren

IMPERATIVO

ten (tú) / tenga (usted)
tengamos (nosotros, tras)
tened (vosotros, tras) / tengan (ustedes)

FORMAS NO PERSONALES

Infinitivo	Gerundio	Participio
tener	teniendo	tenido

tensión (ten·sión) [sustantivo femenino] **1** Estado en el que se encuentra un cuerpo que está muy estirado: *la tensión de una cuerda*. **2** Situación de oposición entre personas o entre grupos humanos: *Crece la tensión entre los dos países*. **3** Estado de la persona que está muy nerviosa y excitada: *Está de mal humor porque su trabajo le produce mucha tensión*. **4** Diferencia de fuerza eléctrica entre dos puntos, que permite que pase la electricidad: *Estos postes eléctricos son de alta tensión*. ‖ **tensión arterial** La que ejerce la sangre sobre la pared de las arterias. ☐ Sinónimos: **1**, **2** tirantez. ☐ Familia: →tenso.

tenso, sa (ten·so, sa) [adjetivo] **1** Dicho de un cuerpo, que está muy estirado: *Las cuerdas de la raqueta deben estar bien tensas*. **2** Que está excitado y muy nervioso: *Relájate y no estés tan tenso*. **3** Dicho de una situación, que resulta violenta o molesta: *Fue una reunión muy tensa y con enfrentamientos muy fuertes*. ☐ Sinónimos: **1**, **3** tirante. ☐ Familia: tensar, tensor, tensión, destensar, hipertensión.

tensor, ra (ten·sor, so·ra) ■ [adjetivo] **1** Dicho de un músculo, que tensa o estira: *Tenemos músculos tensores en los brazos y en las piernas*. ■ **tensor** [sustantivo masculino] **2** Mecanismo que se utiliza para tensar o estirar algo: *Estiró el cable con un tensor*. ☐ Familia: →tenso.

tentación (ten·ta·ción) [sustantivo femenino] Impulso que nos lleva a hacer algo que no debemos hacer: *Espero no caer nunca en la tentación de fumar*. ☐ Familia: →tentar.

tentáculo (ten·tá·cu·lo) [sustantivo masculino] Especie de brazo blando que tienen algunos animales: *Las ventosas de los tentáculos de los pulpos les sirven para coger cosas con fuerza*.

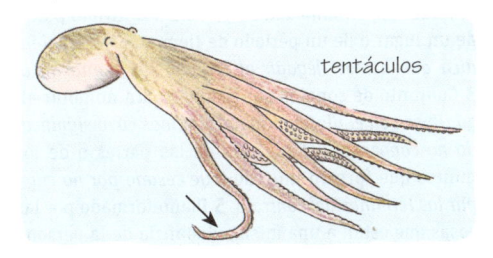

tentáculos

tentador, ra (ten·ta·dor, do·ra) [adjetivo] Que tienta porque apetece mucho: *una oferta tentadora*. ☐ Familia: →tentar.

tentar (ten·tar) [verbo] **1** Tocar con las manos: *Tenté la pared para encontrar el interruptor de la luz*. **2** Invitar a una persona a hacer algo que no debe: *Tu invitación me tienta, pero no puedo aceptarla*. ☐ [Es irregular y se conjuga como ACERTAR]. ☐ Familia: tentación, tentador, tentativa, tienta, tiento.

tentativa (ten·ta·ti·va) [sustantivo femenino] Intento de hacer algo. ☐ Familia: →tentar.

tentempié (ten·tem·pié) [sustantivo masculino] Comida ligera que se toma para volver a tener fuerzas: *A media mañana tomé un tentempié*. ☐ [Es coloquial]. ☐ Sinónimos: refrigerio, piscolabis. ☐ Familia: →tener. →pie.

tenue (te·nue) [adjetivo] Delicado o con poca fuerza: *color tenue; luz tenue*. ☐ [No varía en masculino y femenino]. ☐ Antónimos: fuerte. ☐ Familia: atenuar.

teñir (te·ñir) [verbo] Poner una cosa de color distinto al que tenía: *teñirse el pelo de rubio*. ☐ [Es irregular y se conjuga como CEÑIR]. ☐ Antónimos: desteñir. ☐ Familia: desteñir.

teologal (te·o·lo·gal) [adjetivo] De la teología o relacionado con esta ciencia que trata de Dios. ☐ [No varía en masculino y femenino]. ☐ Sinónimos: teológico. ☐ Familia: →teología.

teología (te·o·lo·gí·a) [sustantivo femenino] Estudio y conjunto de conocimientos relacionados con la divinidad. ☐ Familia: teólogo, teológico, teologal.

teológico, ca (te·o·ló·gi·co, ca) [adjetivo] De la teología o relacionado con esta ciencia que trata de Dios. ☐ Sinónimos: teologal. ☐ Familia: →teología.

teólogo, ga (te·ó·lo·go, ga) [sustantivo] Persona que se dedica al estudio de la teología. ☐ Familia: →teología.

teorema (te·o·re·ma) [sustantivo masculino] Idea que se puede demostrar: *el teorema de Pitágoras*. ☐ Familia: →teoría.

teoría (te·o·rí·a) [sustantivo femenino] **1** Conocimiento que se tiene de las cosas por medio del pensamiento y no por medio de la práctica: *Primero os explicaré la teoría y luego haremos unos ejercicios*. **2** Idea que se tiene de algo, pero que no ha sido demostrada. ☐ Sinónimos: **2** tesis. ☐ Familia: teórico, teorema, teorizar.

teórico, ca (te·ó·ri·co, ca) ■ [adjetivo] **1** De las ideas o relacionado con ellas y no con la práctica: *Después de la explicación teórica sobre los imanes, el profesor nos enseñó cómo un imán atraía el hierro*. ■ [adjetivo o sustantivo] **2** Que conoce las cosas por medio del pensamiento, no como son en el mundo real: *Para un teórico del baloncesto es muy fácil meter una canasta, pero cuando estás jugando un partido resulta más difícil*. ☐ Antónimos: práctico. ☐ Familia: →teoría.

teorizar (te·o·ri·zar) [verbo] Tratar de forma teórica un asunto: *Tú teorizas sobre las causas de la actual crisis económica, pero no das soluciones*. ☐ [La «z» se cambia en «c» delante de «e» («teorice»)]. ☐ Familia: →teoría.

tequila (te·qui·la) [sustantivo masculino] Bebida alcohólica mexicana.

terapeuta (te·ra·peu·ta) [sustantivo] Persona que se dedica profesionalmente a la curación de las enfermedades. ☐ [No varía en masculino y femenino]. ☐ Familia: →terapia.

terapéutico, ca (te·ra·péu·ti·co, ca) [adjetivo] Que cura una enfermedad o alivia un dolor: *un tratamiento terapéutico*. ☐ Familia: →terapia.

terapia (te·ra·pia) [sustantivo femenino] Sistema que se usa para curar una enfermedad. ☐ Sinónimos: tratamiento. ☐ Familia: terapéutico, radioterapia, quimioterapia, terapeuta, psicoterapia, psicoterapeuta.

tercer (ter·cer) [adjetivo] Tercero: *Vivo en el tercer piso*. ☐ [Va generalmente delante de un sustantivo masculino singular]. ☐ Familia: →tres.

tercermundista (ter·cer·mun·dis·ta) [adjetivo] **1** Del tercer mundo o relacionado con estos países menos desarrollados: *países tercermundistas*. **2** De calidad muy deficiente: *Se quejó de la atención médica recibida diciendo que era tercermundista.* ☐ [No varía en masculino y femenino. El significado **2** es despectivo]. ☐ FAMILIA: →mundo.

tercero, ra (ter·ce·ro, ra) ■ [numeral] **1** Que ocupa el lugar número tres en una serie. **2** Dicho de una parte, que es una de las tres en que se divide algo: *La tercera parte de nueve euros son tres*. ■ [adjetivo o sustantivo] **3** Que está entre dos o más personas o que actúa entre ellas para que lleguen a un acuerdo: *Como los dos no llegaban a un acuerdo, pidieron ayuda a un tercero.* ☐ [Cuando «tercero» va delante de un sustantivo masculino singular, se cambia por «tercer»: «tercer año»]. ☐ FAMILIA: decimotercero. →tres.

terciar (ter·ciar) [verbo] **1** Tomar parte en una discusión o en una pelea: *Mi madre tuvo que terciar entre mi hermano y yo.* ■ **terciarse 2** Presentarse una oportunidad: *Si se tercia, iremos al cine.* ☐ [Es irregular y se conjuga como ANUNCIAR]. ☐ SINÓNIMOS: **1** mediar.

terciario, ria (ter·cia·rio, ria) [adjetivo] **1** Que es lo tercero en orden o en importancia. **2** De la era de la historia de la Tierra que va después de la era secundaria: *En los terrenos terciarios hay muchos fósiles.* ☐ FAMILIA: →tres.

tercio, cia (ter·cio, cia) [numeral] Dicho de una parte, que es una de las tres en que se divide algo: *un tercio de la tortilla.* ☐ FAMILIA: →tres.

terciopelo (ter·cio·pe·lo) [sustantivo masculino] Tela muy suave y con pelo. ☐ FAMILIA: →tres. →pelo.

terco, ca (ter·co, ca) [adjetivo] Que tiene una idea fija y que no se deja convencer. ☐ SINÓNIMOS: testarudo, tozudo, pertinaz, obcecado, obstinado. ☐ FAMILIA: terquedad.

teresiano, na (te·re·sia·no, na) ■ [adjetivo] **1** De santa Teresa de Jesús o relacionado con esta religiosa y escritora española. ■ [sustantivo femenino] **2** Dicho de una religiosa, que pertenece a una orden determinada: *Las teresianas siguen la doctrina de santa Teresa.*

tergal (ter·gal) [sustantivo masculino] Tela muy fuerte: *La ropa de tergal no hay que plancharla.* ☐ [Procede de la marca comercial «Tergal®»].

tergiversar (ter·gi·ver·sar) [verbo] Entender algo de forma equivocada: *Tergiversaron sus palabras y publicaron cosas que no había dicho.* ☐ FAMILIA: →versar.

termal (ter·mal) [adjetivo] De las termas o relacionado con estos baños de agua caliente. ☐ [No varía en masculino y femenino]. ☐ FAMILIA: →termas.

termas (ter·mas) [sustantivo femenino plural] **1** Antiguos baños públicos romanos. **2** Baños de aguas minerales calientes: *La doctora me aconsejó las termas para combatir el reumatismo.* ☐ FAMILIA: termal.

termes (ter·mes) [sustantivo masculino] Insecto que se alimenta de madera. ☐ [No varía en singular y plural]. ☐ SINÓNIMOS: termita. ☐ FAMILIA: →termita.

térmico, ca (tér·mi·co, ca) [adjetivo] **1** Del calor, de la temperatura o relacionado con ellos: *central térmica*. **2** Que conserva la temperatura: *Para transportar los congelados utilizo una bolsa térmica.* ☐ FAMILIA: →termo.

terminación (ter·mi·na·ción) [sustantivo femenino] **1** Fin de algo: *Falta un mes para la terminación de las obras.* **2** Parte última de algo: *La terminación del infinitivo es «-ar, -er, -ir».* ☐ ANTÓNIMOS: **1** iniciación. ☐ FAMILIA: →terminar.

terminal (ter·mi·nal) ■ [adjetivo] **1** Que está en el final o en el extremo de algo: *un enfermo terminal.* ■ [sustantivo] **2** Cada uno de los ordenadores que están conectados a un ordenador más grande: *Cada empleado del banco tiene una terminal.* ■ [sustantivo] **3** Cada uno de los dos extremos de una línea de transporte público: *la terminal de autobuses.* ☐ [En el significado **1** no varía en masculino y femenino. En el significado **2** se puede decir «el terminal» y «la terminal» sin que cambie de significado]. ☐ FAMILIA: →terminar.

terminante (ter·mi·nan·te) [adjetivo] Claro y que no ofrece duda: *El acusado negó de forma terminante haber cometido el delito.* ☐ [No varía en masculino y femenino]. ☐ SINÓNIMOS: rotundo. ☐ FAMILIA: →terminar.

terminar (ter·mi·nar) [verbo] **1** Dar fin a algo: *Cuando termines la sopa, puedes comer un filete.* **2** Llegar algo al fin: *Cuando termine la película, iremos a pasear.* ◆ [expresión] ‖ **terminar con alguien** Dejar de tratarse con él: *Tú y yo hemos terminado y no quiero volver a verte.* ☐ SINÓNIMOS: acabar, concluir, finalizar. **1** ultimar. ☐ ANTÓNIMOS: iniciar, empezar, comenzar. ☐ FAMILIA: término, terminación, terminante, terminal, interminable.

término (tér·mi·no) [sustantivo masculino] **1** Fin o conclusión: *El presentador dio término a la transmisión.* **2** Último punto de un lugar o de un período de tiempo: *Esta señal indica que hemos llegado al término de la provincia.* **3** Conjunto de sonidos que usamos para nombrar algo: *Busca en el diccionario los términos cuyo significado no conozcas.* **4** Cada una de las partes o de los puntos que forman un todo: *Fue cesado por no cumplir los términos del contrato.* **5** Plano formado por las cosas que están a una misma distancia de la persona que las mira: *Los que estaban en primer término de la fotografía salieron borrosos.* ◆ [expresión] ‖ **término medio** Cantidad media entre varias cantidades: *Estudio por término medio dos horas al día.* ‖ **término municipal** Terreno que ocupa cada uno de los pueblos y ciudades que forman una provincia: *En este término municipal está prohibida la venta ambulante.* ☐ SINÓNIMOS: **2** final, fin. **3** palabra, vocablo, voz. ☐ ANTÓNIMOS: **1, 2** origen, principio, comienzo, inicio, nacimiento. **1** iniciación. ☐ FAMILIA: **1, 2** →terminar. **3** terminología.

terminología (ter·mi·no·lo·gí·a) [sustantivo femenino] Conjunto de palabras que se utilizan en una ciencia, en una profesión o en una materia. ☐ SINÓNIMOS: léxico. ☐ FAMILIA: →término.

termita (ter·mi·ta) [sustantivo][femenino] Insecto que se alimenta de madera. □ Sinónimos: termes. □ Familia: termitero, termes.

termitero (ter·mi·te·ro) [sustantivo][masculino] Nido construido por las termitas. □ Familia: →termita.

termo (ter·mo) [sustantivo][masculino] Recipiente que se usa para conservar la temperatura de lo que se guarda en su interior: *Puse el café en el termo y todavía está caliente.* □ [Procede de la marca comercial «Thermos®».] □ Familia: térmico, termómetro, termostato.

termómetro (ter·mó·me·tro) [sustantivo][masculino] Instrumento que se usa para medir la temperatura. □ Familia: →termo.

termómetro

termosfera (ter·mos·fe·ra) [sustantivo][femenino] Zona de la atmósfera que se encuentra por encima de los ochenta kilómetros de altura. ⊙ **ilustración en** *atmósfera*.

termostato (ter·mos·ta·to) [sustantivo][masculino] Aparato que permite mantener una temperatura determinada: *Mi plancha tiene un termostato.* □ Familia: →termo.

ternario, ria (ter·na·rio, ria) [adjetivo] Que está compuesto de tres partes o de tres cosas: *un compás ternario.* □ Familia: →tres.

ternero, ra (ter·ne·ro, ra) ∎ [sustantivo] **1** Cría de la vaca. ∎ **ternera** [sustantivo][femenino] **2** Carne de este animal: *Comí un filete de ternera.* □ Sinónimos: **1** choto.

ternilla (ter·ni·lla) [sustantivo][femenino] Tejido duro y flexible del cuerpo: *En la nariz y en las orejas tenemos ternillas.* □ Sinónimos: cartílago. □ Familia: →tierno.

ternura (ter·nu·ra) [sustantivo][femenino] Amor cariñoso que se muestra hacia algo: *Me habló con mucha ternura.* □ Familia: →tierno.

terquedad (ter·que·dad) [sustantivo][femenino] Forma de ser de las personas que tienen ideas fijas y no se dejan convencer. □ Sinónimos: cerrazón. □ Familia: →terco.

terrado (te·rra·do) [sustantivo][masculino] Terraza que está en la parte alta de un edificio, al que cubre: *Subo al terrado a tender la ropa.* □ Sinónimos: terraza, azotea. □ Familia: →tierra.

terraplén (te·rra·plén) [sustantivo][masculino] Terreno un poco inclinado. □ Familia: →tierra.

terráqueo, a (te·rrá·que·o, a) [adjetivo] Del planeta Tierra: *globo terráqueo.* □ Familia: →tierra.

terrateniente (te·rra·te·nien·te) [adjetivo o sustantivo] Que tiene muchas tierras. □ [No varía en masculino y femenino]. □ Familia: →tierra.

terraza (te·rra·za) [sustantivo][femenino] **1** Parte abierta de una casa, que da al exterior y que está por encima del nivel del suelo: *Voy a regar las plantas de la terraza.* **2** Tejado plano de un edificio, que está rodeado por un muro que sirve de protección: *En la terraza del edificio hay un tendedero al que suben a tender la ropa todos los vecinos.* **3** Zona que está delante de un bar o de un restaurante, en la que los clientes se sientan al aire libre. ⊙ **página 172. 4** Terreno llano y en forma de escalón, que se hace en la pendiente de una montaña para poder cultivar plantas. □ Sinónimos: **2** azotea, terrado. **4** bancal. □ Familia: →tierra.

terrazo (te·rra·zo) [sustantivo][masculino] Suelo muy resistente hecho de cemento y de trozos de piedras. □ Familia: →tierra.

terremoto (te·rre·mo·to) [sustantivo][masculino] Sacudida o movimiento violento de la superficie de la Tierra. □ Sinónimos: seísmo, temblor de tierra. □ Familia: →tierra.

terrenal (te·rre·nal) [adjetivo] De la tierra o relacionado con ella: *poder terrenal.* □ [No varía en masculino y femenino]. □ Familia: →tierra.

terreno (te·rre·no) [sustantivo][masculino] **1** Sitio o espacio de tierra: *Voy a construirme una casa en un terreno que tengo en ese pueblo.* **2** Campo en el que se pueden demostrar mejor las cualidades de algo: *Si hablamos de matemáticas, estoy en mi terreno y sé lo que digo.* **3** Conjunto de materias o de ideas relacionadas con lo que se indica: *En este programa se tratan temas que pertenecen al terreno de lo desconocido.* □ Sinónimos: **3** área. □ Familia: →tierra.

terrestre (te·rres·tre) [adjetivo] **1** Del planeta Tierra: *La atmósfera es una de las capas terrestres.* **2** De la

terraza

terrible

superficie de la Tierra: *La mayoría de los mamíferos son terrestres, pero los delfines son acuáticos y los murciélagos, aéreos.* ☐ [No varía en masculino y femenino]. ☐ FAMILIA: →tierra.

terrible (te·rri·ble) [adjetivo] **1** Que produce un miedo muy grande. **2** Muy grande o muy fuerte: *Tengo un hambre terrible.* ☐ [No varía en masculino y femenino]. ☐ SINÓNIMOS: horrendo, espantoso. **1** espeluznante, terrorífico. **2** horroroso. ☐ FAMILIA: →terror.

terrícola (te·rrí·co·la) [adjetivo o sustantivo] Que habita en el planeta Tierra. ☐ [No varía en masculino y femenino]. ☐ FAMILIA: →tierra.

territorial (te·rri·to·rial) [adjetivo] De un territorio o relacionado con él. ☐ [No varía en masculino y femenino]. ☐ FAMILIA: →tierra.

territorio (te·rri·to·rio) [sustantivo masculino] Parte de la superficie terrestre: *El jefe indio decía que los blancos no podían entrar en el territorio indio.* ☐ FAMILIA: →tierra.

terrón (te·rrón) [sustantivo masculino] **1** Especie de bloque pequeño de tierra, que se deshace si se le da un golpe. **2** Masa pequeña de alguna sustancia: *un terrón de azúcar.* ☐ FAMILIA: →tierra.

terror (te·rror) [sustantivo masculino] Miedo muy grande o muy fuerte. ☐ SINÓNIMOS: horror, espanto, pánico, pavor. ☐ FAMILIA: terrible, terrorífico, terrorismo, terrorista, aterrar, aterrador, aterrorizar.

terrorífico, ca (te·rro·rí·fi·co, ca) [adjetivo] **1** Que produce terror. **2** Muy fuerte o muy grande: *Tengo unas ganas terroríficas de que lleguen las vacaciones.* ☐ [El significado **2** es coloquial]. ☐ SINÓNIMOS: terrible, espantoso, horrendo. **2** horroroso. ☐ FAMILIA: →terror.

terrorismo (te·rro·ris·mo) [sustantivo masculino] Sistema para conseguir algo por medio de la violencia y de los asesinatos: *El Gobierno pide la ayuda de los ciudadanos para acabar con el terrorismo.* ☐ FAMILIA: →terror.

terrorista (te·rro·ris·ta) [adjetivo o sustantivo] Que usa la violencia y los asesinatos como método para conseguir algo. ☐ [No varía en masculino y femenino]. ☐ FAMILIA: →terror.

terruño (te·rru·ño) [sustantivo masculino] **1** Terreno muy pequeño. **2** Pueblo o lugar donde uno ha nacido. ☐ [El significado **1** es coloquial]. ☐ FAMILIA: →tierra.

terso, sa (ter·so, sa) [adjetivo] Liso y sin arrugas: *Esta crema deja la piel tersa.* ☐ FAMILIA: tersura.

tersura (ter·su·ra) [sustantivo femenino] Característica de lo que es liso y no tiene arrugas: *Muchas cremas ayudan a mantener la tersura de la piel.* ☐ FAMILIA: →terso.

tertulia (ter·tu·lia) [sustantivo femenino] Reunión de varias personas para hablar sobre algo: *Los miércoles asisto a una tertulia literaria.*

tesis (te·sis) [sustantivo femenino] **1** Trabajo que se hace en la universidad para tener el título de doctor: *Mi hermana es bióloga y está haciendo la tesis.* **2** Idea que se tiene de algo, pero que no ha sido demostrada. ☐ [No varía en singular y plural]. ☐ SINÓNIMOS: **2** teoría. ☐ FAMILIA: antítesis.

tesitura (te·si·tu·ra) [sustantivo femenino] Situación o estado: *Estoy en una tesitura muy difícil.*

tesón (te·són) [sustantivo masculino] Característica de la persona que pone todo su esfuerzo e interés en terminar lo que ha empezado. ☐ SINÓNIMOS: perseverancia, constancia, tenacidad.

tesorero, ra (te·so·re·ro, ra) [sustantivo] Persona que se ocupa de guardar y de administrar el dinero de un grupo de personas: *Soy la tesorera de la clase y recojo el dinero de la excursión.* ☐ FAMILIA: →tesoro.

tesoro (te·so·ro) [sustantivo masculino] **1** Dinero, joyas u otros objetos de valor reunidos y guardados: *Los piratas enterraron el tesoro en la playa.* **2** Persona o cosa que vale mucho: *Esta niña es un tesoro.* **3** Conjunto de bienes y de riquezas que posee un Estado: *El tesoro se incrementa con la recaudación de impuestos.* ☐ SINÓNIMOS: **2** joya, alhaja. ☐ FAMILIA: tesorero, atesorar.

test [sustantivo masculino] Prueba con preguntas cortas. ☐ [Es una palabra de origen inglés. No varía en singular y plural].

testamento (tes·ta·men·to) [sustantivo masculino] Declaración que hace una persona de la forma en la que quiere que se repartan sus bienes después de que haya muerto. ☐ SINÓNIMOS: última disposición.

testarazo (tes·ta·ra·zo) [sustantivo masculino] Golpe dado con la cabeza.

testarudo, da (tes·ta·ru·do, da) [adjetivo o sustantivo] Que tiene ideas fijas y no se deja convencer. ☐ SINÓNIMOS: tozudo, terco, obcecado.

testículo (tes·tí·cu·lo) [sustantivo masculino] Cada uno de los dos órganos de forma redondeada en los que se forman las células sexuales masculinas o espermatozoides.

testificar (tes·ti·fi·car) [verbo] **1** Declarar una persona como testigo: *Me han llamado para que testifique ante un juez lo que vi el día del accidente.* **2** Ser prueba de algo: *Estos documentos testifican que yo soy la dueña del coche.* ☐ [La «c» se cambia en «qu» delante de «e» («testifique»)]. ☐ SINÓNIMOS: atestiguar. ☐ FAMILIA: →testigo.

testigo (tes·ti·go) ■ [sustantivo] **1** Persona que está presente mientras ocurre algo: *Esta mañana fui testigo de un atropello.* ■ [sustantivo masculino] **2** Especie de palo que un miembro de un equipo da a un compañero para que siga corriendo en su lugar: *En una carrera de relevos, el testigo no se puede caer.* ◆ [expresión] ‖ **testigo de Jehová** Persona que practica una religión que interpreta de forma literal los textos de la Biblia. ☐ [En el significado **1** no varía en masculino y femenino]. ☐ FAMILIA: testificar, testimonio, atestiguar.

testimonio (tes·ti·mo·nio) [sustantivo masculino] **1** Declaración en la que una persona asegura algo: *Gracias al testimonio de los testigos, el acusado fue declarado inocente.* **2** Prueba de la verdad de algo: *Las pinturas de las paredes son el testimonio de que en estas cavernas habitaron seres humanos hace mucho tiempo.* ☐ FAMILIA: →testigo.

testuz (tes·tuz) [sustantivo] **1** En un caballo, frente o parte superior de la cabeza. **2** En un toro o una vaca, parte

tiempo

en que la columna vertebral se une con la cabeza. ☐ [Se puede decir «el testuz» y «la testuz» sin que cambie de significado. Su plural es «testuces»].

teta (te·ta) [sustantivo/femenino] Parte del cuerpo de las mujeres en la que se produce la leche cuando tienen un hijo. ☐ SINÓNIMOS: mama, pecho, seno, busto, ubre. ☐ FAMILIA: tetilla, tetina.

tétano (té·ta·no) [sustantivo/masculino] → **tétanos.**

tétanos (té·ta·nos) [sustantivo/masculino] Enfermedad que se produce cuando se infecta una herida: *la vacuna del tétanos.* ☐ [No varía en singular y plural, aunque se usa también «tétano» para el singular]. ☐ FAMILIA: antitetánico.

tetera (te·te·ra) [sustantivo/femenino] Recipiente para hacer té o para servirlo. ☐ FAMILIA: →té.

tetilla (te·ti·lla) [sustantivo/femenino] Teta de hombre. ☐ FAMILIA: →teta.

tetina (te·ti·na) [sustantivo/femenino] Pieza de goma que sirve para que los niños muy pequeños puedan beber líquidos: *La tetina del biberón tiene un agujero para que salga la leche.* ☐ FAMILIA: →teta.

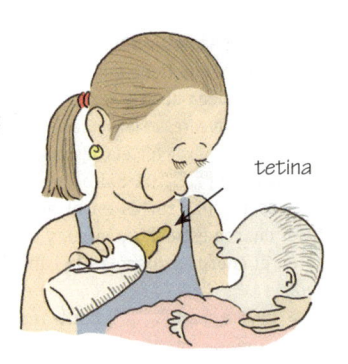

tetina

tetrabrik (te·tra·brik) [sustantivo/masculino] Recipiente de cartón que se usa para contener líquidos. ☐ [Procede de la marca comercial «Tetra Brik®». Su plural es «tetrabriks»].

tetraedro (te·tra·e·dro) [sustantivo/masculino] Cuerpo geométrico limitado por cuatro caras iguales que son triángulos. ◉ página 467.

tétrico, ca (té·tri·co, ca) [adjetivo] Que es triste, oscuro o está relacionado con la muerte: *Los cementerios son lugares tétricos.* ☐ SINÓNIMOS: tenebroso, siniestro, lúgubre, lóbrego. ☐ ANTÓNIMOS: alegre.

textil (tex·til) [adjetivo] **1** De la tela o relacionado con ella: *fábrica textil.* **2** Dicho de una materia, que sirve para fabricar telas: *El algodón es una planta textil.* ☐ [No varía en masculino y femenino]. ☐ FAMILIA: →tejer.

texto (tex·to) [sustantivo/masculino] Conjunto de palabras que forman un documento escrito: *Tuvimos que traducir un texto de inglés a español.* ☐ FAMILIA: textual, contexto, contextualizar.

textual (tex·tual) [adjetivo] **1** Del texto o relacionado con él. **2** Exacto, tal cual es: *«No quiero saber nada del tema» fueron sus palabras textuales.* ☐ [No varía en masculino y femenino]. ☐ FAMILIA: →texto.

textura (tex·tu·ra) [sustantivo/femenino] Sensación que produce al tacto un material: *El terciopelo tiene una textura suave.* ☐ FAMILIA: contextura.

tez [sustantivo/femenino] Aspecto externo de la cara de una persona: *En mi familia tenemos la tez muy clara.* ☐ [Su plural es «teces»].

ti [pronombre/personal] Detrás de preposición, representa la segunda persona del singular: *Esto es para ti. ¿A ti quién te ha dicho eso?* ☐ [No varía en masculino y femenino].

tiara (tia·ra) [sustantivo/femenino] Gorro alto como el que usa el papa.

tibia (ti·bia) [sustantivo/femenino] Mira en **tibio, bia.**

tibio, bia (ti·bio, bia) ■ [adjetivo] **1** Que no está ni caliente ni frío. ■ **tibia** [sustantivo/femenino] **2** Hueso de la pierna que va de la rodilla hasta el pie por la parte de delante. ◉ página 405. ◆ [expresión] ‖ **ponerse tibio** Comer o beber mucho. ☐ [La expresión es coloquial]. ☐ SINÓNIMOS: **1** templado.

tiburón (ti·bu·rón) [sustantivo/masculino] Pez marino muy voraz que tiene una boca muy grande y con muchos dientes. ◉ página 96.

tic [sustantivo/masculino] Movimiento del cuerpo que hace una persona sin darse cuenta y que se repite con frecuencia. ☐ [Su plural es «tics»].

ticket [sustantivo/masculino] → **tique.** ☐ [Es una palabra inglesa. Se pronuncia «tíket»].

tictac (tic·tac) [sustantivo/masculino] Ruido que hace un reloj. ☐ [Su plural es «tictacs»].

tiempo (tiem·po) [sustantivo/masculino] **1** Magnitud que se mide con el reloj y sirve para saber cuánto dura algo: *Los días, las semanas y los meses son períodos de tiempo. ¿Cuánto tiempo tardarás?* **2** Período durante el que sucede algo: *En tiempos de los romanos se hablaba latín.* **3** Momento adecuado para algo: *El otoño es el mejor tiempo para visitar este pueblo.* **4** Cada uno de los períodos en que se divide algo: *Un partido de baloncesto tiene dos tiempos de veinte minutos.* **5** Clima propio de un período o de un lugar concretos: *¡Ojalá haga mañana buen tiempo!* **6** Conjunto de formas del verbo que expresan los distintos momentos en que ocurre la acción: *Los tiempos verbales en la lengua española son presente, pasado y futuro.* ◆ [expresión] ‖ **del tiempo** Dicho de una bebida, a la temperatura del ambiente. ‖ **hacer tiempo** Hacer cosas hasta que llegue el momento oportuno para algo: *Mientras llegaba el tren, hice tiempo leyendo revistas.* ‖ **tiempo compuesto** En gramática, el que está formado por el verbo *haber* y por el participio del verbo que se conjuga: *«He corrido» y «había dormido» son dos tiempos compuestos.* ‖ **tiempo simple** En gramática, el que se conjuga sin el verbo *haber*: *El presente y el pretérito imperfecto son tiempos simples.* ☐ SINÓNIMOS: **2** época. ☐ FAMILIA: temporal, temporada, temporero, pasatiempo, contratiempo, contemporáneo, contemporizar, destiempo, atemporal.

tienda (tien·da) [sustantivo/femenino] **1** Lugar en el que se venden cosas. **2** Especie de casa hecha con unos palos que se fijan en la tierra y una tela que se pone por encima: *Los indios hacían sus tiendas con las pieles de los animales que cazaban.* ◆ [expresión] ‖ **tienda de campaña** Especie de casa, hecha con unos palos y con una tela, que sirve para dormir en el campo: *Nada más llegar al camping, montamos la tienda de campaña.* ☐ FAMILIA: tendero, tenderete, trastienda.

tienta (tien·ta) [sustantivo/femenino] Prueba que se le hace a un toro joven para ver si sirve para que lo toreen. ◆ [expresión] ‖ **a tientas** Tocando todo para poder moverse en la oscuridad: *Entré a tientas en la habitación porque no había luz.* ☐ FAMILIA: →tentar.

tiento (tien·to) [sustantivo/masculino] Habilidad para tratar con las personas sin hacerles daño ni molestarlas: *Trataré este asunto con mucho tiento.* ◆ [expresión] ‖ **dar un tiento** Beber o comer un poco: *¿No quieres dar un tiento al porrón?* [La expresión es coloquial]. ☐ SINÓNIMOS: tacto, diplomacia. ☐ FAMILIA: →tentar.

tierno, na (tier·no, na) [adjetivo] **1** Que se corta fácilmente: *El filete está muy tierno.* **2** Que siente amor o ternura, que los expresa o que los provoca: *Me emocioné al oír las tiernas palabras del padre a su hijo.* ☐ SINÓNIMOS: **1** blando. **2** amoroso, cariñoso. ☐ ANTÓNIMOS: **1** duro. ☐ FAMILIA: ternura, enternecer, enternecedor, ternilla.

tierra (tie·rra) [sustantivo/femenino] **1** Superficie que no está ocupada por el agua: *Los pasajeros del barco se pusieron muy contentos cuando vieron tierra.* **2** Materia que compone el suelo natural: *Mi madre ha comprado tierra para las macetas.* **3** Terreno dedicado al cultivo: *Mis abuelos tenían tierras en las que cultivaban trigo.* **4** Zona o región que pertenece a una división establecida: *Ese cartel indica que entramos en tierras segovianas.* ◆ [expresión] ‖ **echar por tierra** Estropear o echar a perder: *Has echado por tierra mis ilusiones.* ‖ **quedarse en tierra** No poder subir a un vehículo: *Llegué a la estación cuando el tren salía y tuve que quedarme en tierra.* ‖ **tierra adentro** En un lugar interior y lejos de las costas: *Los piratas dejaron las barcas en la playa y se dirigieron tierra adentro.* ‖ **tomar tierra** Descender un avión y posarse en el suelo. ☐ [Cuando se escribe con mayúscula es el planeta en el que vivimos: «La Tierra da vueltas alrededor del Sol»]. ☐ FAMILIA: terrenal, terráqueo, terremoto, terrestre, extraterrestre, terrícola, terreno, terraplén, terrateniente, todoterreno, parterre, territorio, territorial, terruño, desterrar, destierro, terrado, terraza, terrazo, enterrar, entierro, enterramiento, enterrador, desenterrar, subterráneo, soterrado, terrón, soterrar.

tieso, sa (tie·so, sa) [adjetivo] **1** Duro, firme o rígido: *El palo de una escoba es un ejemplo de algo tieso.* **2** Dicho de una persona, que es muy seria y se muestra superior a los demás: *Cuando te conocí me pareciste muy tieso, pero ahora sé que eres muy simpático.* **3** Con mucho frío: *Me he quedado tieso esperándote a la puerta del cine.* **4** Muerto en el acto: *En la película, el asesino dejó tiesa a su víctima.* ◆ [expresión] ‖ **quedarse tieso** Recibir una gran impresión: *Me quedé tieso cuando me dieron la noticia.* ☐ [Los significados **3** y **4** y la expresión son coloquiales]. ☐ SINÓNIMOS: **4** seco. ☐ FAMILIA: patitieso.

tiesto (ties·to) [sustantivo/masculino] Recipiente que se usa para cultivar plantas. ☐ SINÓNIMOS: maceta.

tifón (ti·fón) [sustantivo/masculino] Viento muy fuerte que suele ir acompañado de abundantes lluvias.

tifus (ti·fus) [sustantivo/masculino] Enfermedad infecciosa: *El tifus produce una fiebre muy alta.* ☐ [No varía en singular y plural].

tigre (ti·gre) [sustantivo/masculino] Animal salvaje que tiene el cuerpo casi naranja y rayas negras. ☞ **páginas 596-597**. ☐ [El femenino es «tigresa»].

tigresa (ti·gre·sa) [sustantivo/femenino] Hembra del tigre.

tijera (ti·je·ra) [sustantivo/femenino] Instrumento que sirve para cortar y que está formado por dos hojas de acero colocadas en forma de «x», que se abren y se cierran con una mano. ☞ **páginas 494-495**. ◆ [expresión] ‖ **de tijera** Dicho de un objeto, que tiene dos piezas en forma de «x» para que se pueda abrir y cerrar: *Las sillas de tijera se doblan fácilmente.* ☐ [Significa lo mismo en singular que en plural]. ☐ FAMILIA: tijereta, tijeretazo.

tijereta (ti·je·re·ta) [sustantivo/femenino] **1** Salto que se hace cruzando las dos piernas rectas en el aire. **2** Insecto que tiene el cuerpo estrecho y largo, y que es de color negro en el cuerpo y rojizo en la cabeza. ☐ FAMILIA: →tijera.

tijeretazo (ti·je·re·ta·zo) [sustantivo/masculino] Corte rápido que se hace con una tijera. ☐ FAMILIA: →tijera.

tila (ti·la) [sustantivo/femenino] Infusión que se hace con las flores de un árbol: *La tila calma los nervios.* ☐ FAMILIA: tilo.

tildar (til·dar) [verbo] **1** Poner una tilde. **2** Decir algo malo de una persona: *Me tildaron de sinvergüenza y caradura.* ☐ FAMILIA: →tilde.

tilde (til·de) [sustantivo/femenino] Signo que tienen algunas palabras sobre la vocal de la sílaba que se pronuncia con más fuerza: *La palabra «camión» se escribe con tilde en la «o».* ☐ SINÓNIMOS: acento. ☐ FAMILIA: tildar, atildado.

tilo (ti·lo) [sustantivo/masculino] Árbol con flores que se usan para preparar la tila. ☐ FAMILIA: →tila.

timador, ra (ti·ma·dor, do·ra) [adjetivo o sustantivo] Que engaña a alguien para sacarle dinero. ☐ SINÓNIMOS: estafador. ☐ FAMILIA: →timar.

timar (ti·mar) [verbo] **1** Engañar a alguien para sacarle dinero: *Me han timado, porque ese libro vale tres euros y me lo han vendido por seis.* **2** No cumplir lo que se había prometido. ☐ FAMILIA: timo, timador.

timba (tim·ba) [sustantivo/femenino] Partida de cartas o de otro juego: *Hemos organizado una timba para esta noche.*

timbal (tim·bal) [sustantivo masculino] Instrumento musical parecido al tambor, pero con forma de media naranja: *Normalmente se tocan dos timbales.* 👁 **páginas 534-535**.

timbrado, da (tim·bra·do, da) [adjetivo] **1** Dicho de un sonido, que resulta agradable: *Esa cantante tiene una voz bien timbrada.* **2** Dicho de un papel, que lleva escrito en una esquina un nombre o una dirección: *Los exámenes del colegio están hechos en papel timbrado.* ☐ Familia: →timbre.

timbrazo (tim·bra·zo) [sustantivo masculino] Toque fuerte de un timbre. ☐ Familia: →timbre.

timbre (tim·bre) [sustantivo masculino] **1** Aparato que produce un sonido cuando se aprieta y que sirve para llamar a un sitio. **2** Característica propia del sonido de un instrumento musical o de la voz de una persona: *Tienes un timbre de voz muy chillón.* **3** Sello en el que se indica el precio que tiene un envío por correo. ☐ Familia: timbrazo, timbrado.

timidez (ti·mi·dez) [sustantivo femenino] Falta de seguridad en uno mismo y dificultad para relacionarse con los demás. ☐ [Su plural es «timideces»]. ☐ Familia: →tímido.

tímido, da (tí·mi·do, da) ◼ [adjetivo] **1** Que tiene poca fuerza o que no se nota de forma clara: *Me dijo que sí con una tímida sonrisa.* ◼ [adjetivo o sustantivo] **2** Dicho de una persona, que no tiene seguridad en sí misma y tiene dificultades para tratar a los demás. ☐ Familia: timidez.

timo (ti·mo) [sustantivo masculino] Robo o engaño que se hacen a una persona para sacarle dinero. ☐ Familia: →timar.

timón (ti·món) [sustantivo masculino] Aparato que sirve para llevar la dirección de un barco. ☐ Familia: timonel.

timón

timonel (ti·mo·nel) [sustantivo masculino] Persona que maneja el timón de un barco. ☐ Familia: →timón.

timorato, ta (ti·mo·ra·to, ta) [adjetivo] **1** Que siente vergüenza por todo. **2** Que todo le parece malo o poco decente. ☐ Sinónimos: **1** vergonzoso. **2** mojigato.

tímpano (tím·pa·no) [sustantivo masculino] Especie de piel muy estirada que está en el interior del oído: *Si se rompe el tímpano te puedes quedar sordo.*

tina (ti·na) [sustantivo femenino] **1** Recipiente grande de barro que se usa para contener líquidos. **2** Especie de bañera. ☐ Sinónimos: **1** tinaja. ☐ Familia: tinaja.

tinaja (ti·na·ja) [sustantivo femenino] Recipiente grande de barro que se usa para contener líquidos. ☐ Sinónimos: tina. ☐ Familia: →tina.

tinaja

tinerfeño, ña (ti·ner·fe·ño, ña) [adjetivo o sustantivo] De la isla española de Tenerife.

tinglado (tin·gla·do) [sustantivo masculino] **1** Situación en la que hay mucho movimiento de personas y gran ruido: *Dos señores organizaron un tinglado enorme en el autocar porque los dos querían el mismo asiento.* **2** Conjunto de cosas mezcladas sin orden: *Recoge el tinglado de juguetes que hay en tu habitación.* ☐ [Es coloquial].

tiniebla (ti·nie·bla) [sustantivo femenino] Falta de luz. ☐ [Se usa más en plural]. ☐ Familia: tenebroso.

tino (ti·no) [sustantivo masculino] **1** Habilidad para hacer bien la actividad que se realiza o para acertar en algo. **2** Cuidado que se pone al hacer algo: *Tienes que decirle con mucho tino que no puedes ir, para que no se moleste.* ☐ Sinónimos: **1** acierto, destreza. ☐ Antónimos: **1** desacierto, torpeza. ☐ Familia: atinar, desatino.

tinta (tin·ta) [sustantivo femenino] **1** Sustancia líquida que se usa para escribir, para dibujar o para imprimir. **2** Líquido oscuro que sueltan algunos animales marinos: *Los calamares sueltan tinta para defenderse.* ◆ [expresión] ‖ **saber de buena tinta** Estar bien informado: *Sé de buena tinta que has aprobado.* ☐ [La expresión es coloquial]. ☐ Familia: tintero, chupatintas.

tinte (tin·te) [sustantivo masculino] **1** Sustancia que se usa para cambiar el color de una cosa. **2** Lugar en el que limpian la ropa o le cambian el color. **3** Tono que se da a una cosa para que tome determinado aspecto: *un tinte de humor.* ☐ Sinónimos: **1** tintura. **2** tintorería. ☐ Familia: tintorería, tintura.

tintero (tin·te·ro) [sustantivo masculino] Recipiente que contiene la tinta de escribir. ☐ Familia: →tinta.

tintineante (tin·ti·ne·an·te) [adjetivo] Que produce un sonido parecido al de una campana pequeña: *Al brindar se oyó el choque tintineante de las copas.* ☐ [No varía en masculino y femenino]. ☐ Familia: →tintinear.

tintinear (tin·ti·ne·ar) [verbo] **1** Producir una campana pequeña su sonido característico. **2** Producir un sonido semejante a este: *Las copas tintineaban en la bandeja.* ☐ Familia: tintineo, tintineante.

tintineo (tin·ti·ne·o) [sustantivo masculino] Sonido característico de una campana pequeña y de otros objetos parecidos. ☐ FAMILIA: →tintinear.

tinto (tin·to) [adjetivo o sustantivo masculino] Dicho del vino, que es de color rojo oscuro. ☐ FAMILIA: tintorro.

tintorería (tin·to·re·rí·a) [sustantivo femenino] Lugar en el que limpian la ropa o le cambian el color. ☐ SINÓNIMOS: tinte. ☐ FAMILIA: →tinte.

tintorro (tin·to·rro) [sustantivo masculino] Vino tinto. ☐ [Es coloquial]. ☐ FAMILIA: →tinto.

tintura (tin·tu·ra) [sustantivo femenino] Sustancia que se usa para cambiar el color de una cosa. ☐ SINÓNIMOS: tinte. ☐ FAMILIA: →tinte.

tiña (ti·ña) [sustantivo femenino] Enfermedad de la piel que puede hacer que el pelo se caiga. ☐ FAMILIA: tiñoso.

tiñoso, sa (ti·ño·so, sa) [adjetivo o sustantivo] **1** Que está enfermo de tiña. **2** Escaso y miserable: *un sueldo tiñoso*. ☐ [El significado **2** es despectivo]. ☐ FAMILIA: →tiña.

tío, a (tí·o, a) ■ [sustantivo] **1** Lo que es una persona en relación con los hijos de su hermano o de su hermana, o con los hijos de los hermanos de su cónyuge: *Mi tía siempre hace regalos a sus sobrinos.* 👁 **página 431**. **2** Persona que no se conoce o cuyo nombre no se quiere decir: *¿Quién era el tío que iba contigo en el coche?* ■ **tíos** [sustantivo masculino plural] **3** Conjunto formado por el tío y la tía. ◆ [expresión] ‖ **no hay tu tía** → **no hay tutía.** ☐ [Se usa también para potenciar la cualidad del adjetivo o del sustantivo al que precede: «¡Deja eso, tío guarro!». El significado **2** y la expresión son coloquiales]. ☐ SINÓNIMOS: **2** individuo, sujeto, tipo.

tiovivo (tio·vi·vo) [sustantivo masculino] Diversión de feria formada por una serie de figuras que giran y sobre las que se suben las personas. ☐ [Su plural es «tiovivos»]. ☐ SINÓNIMOS: caballitos, carrusel.

tiovivo

tiparraco, ca (ti·pa·rra·co, ca) [sustantivo] Persona que se considera que tiene poca importancia. ☐ [Es despectivo]. ☐ SINÓNIMOS: tipejo. ☐ FAMILIA: →tipo.

tipejo, ja (ti·pe·jo, ja) [sustantivo] Persona que se considera que tiene poca importancia. ☐ [Es despectivo]. ☐ SINÓNIMOS: tiparraco. ☐ FAMILIA: →tipo.

típex (tí·pex) [sustantivo masculino] Líquido blanco que se utiliza para tapar los errores que se cometen al escribir en papel. ☐ [Procede de la marca comercial «Tipp-ex®». No varía en singular y plural].

tipi (ti·pi) [sustantivo masculino] Tienda de piel con forma de cono que utilizan los indios de las grandes llanuras norteamericanas.

tipi

típico, ca (tí·pi·co, ca) [adjetivo] Que es característico de algo o que lo representa: *La tortilla de patatas es una comida típica española.* ☐ FAMILIA: atípico.

tipificar (ti·pi·fi·car) [verbo] **1** Adaptar varias cosas a un modelo o a una norma comunes: *El código de circulación tipifica las normas que debes seguir cuando conduces.* **2** Representar una persona o un objeto el modelo de la especie o de la clase al que pertenecen: *Este chico tipifica muy bien a la juventud del momento.* ☐ [La «c» se cambia en «qu» delante de «e» («tipifique»)]. ☐ FAMILIA: →tipo.

tiple (ti·ple) [sustantivo] Persona que canta con un tono de voz muy agudo. ☐ [No varía en masculino y femenino].

tipo (ti·po) [sustantivo masculino] **1** Persona a la que no se conoce o cuyo nombre no se quiere decir: *¿Quién es ese tipo con el que estabas hablando?* **2** Grupo que forman las cosas que tienen caracteres comunes: *Me gusta la ropa de tipo deportivo.* **3** Figura de una persona: *Todo te sienta bien porque tienes muy buen tipo.* ◆ [expresión] ‖ **jugarse el tipo** Arriesgarse a un peligro: *Los conductores de automovilismo se juegan el tipo en cada carrera.* ‖ **mantener el tipo** Mostrarse tranquilo en una situación difícil: *Aunque estaban nerviosos, supieron mantener el tipo.* ☐ [Las expresiones son coloquiales]. ☐ SINÓNIMOS: **1** individuo, sujeto. **2** especie. ☐ FAMILIA: tipejo, tiparraco, prototipo, teletipo, tipificar.

tipografía (ti·po·gra·fí·a) [sustantivo femenino] **1** Técnica de imprimir textos o imágenes. **2** Taller o lugar en el que se imprime. ☐ SINÓNIMOS: imprenta. ☐ FAMILIA: →grafía.

tique (ti·que) [sustantivo masculino] **1** Papel que nos dan al comprar algo y que sirve de muestra de que hemos pagado: *Quiero cambiar estas zapatillas y he traído el tique de compra.* **2** Tarjeta que permite usar un servicio durante un número limitado de veces: *He sacado un tique para la piscina municipal.* ☐ [Es una palabra de origen inglés. Su plural es «tiques». Es preferible usar «tique» que la palabra inglesa *ticket*].

tiquismiquis (ti·quis·mi·quis) [adjetivo o sustantivo] Que hace las cosas con mucho cuidado o quiere que todo esté hecho a la perfección: *No seas tiquismiquis y límpiate con este trapo si no hay servilletas.* ☐ [No varía en masculino y femenino, ni en singular y plural].

tira (ti·ra) [sustantivo femenino] Trozo largo y estrecho de un material que se dobla de forma fácil. ◆ [expresión] ‖ **la tira** Gran cantidad: *Mi vecino tiene la tira de juguetes.* ☐ [La expresión es coloquial]. ☐ Familia: →tirita.

tirabuzón (ti·ra·bu·zón) [sustantivo masculino] Rizo largo de pelo.

tirachinas (ti·ra·chi·nas) [sustantivo masculino] Especie de palo que acaba en dos puntas abiertas que están unidas por una goma y que sirve para lanzar piedras pequeñas. ☐ [No varía en singular y plural]. ☐ Sinónimos: tirador. ☐ Familia: →tirar. →china.

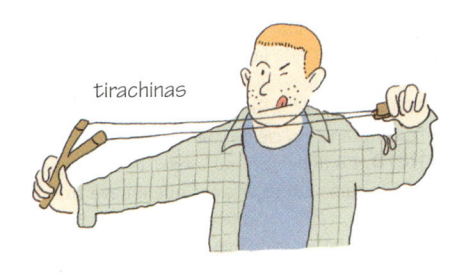

tirachinas

tirado, da (ti·ra·do, da) ■ [adjetivo] **1** Muy barato: *Me lo compré porque estaba tirado.* **2** Muy fácil: *Hacer el pino apoyándote en la pared está tirado.* **3** Sin medios o sin ayuda: *Se nos rompió el coche en la carretera y nos quedamos tirados.* ■ **tirada** [sustantivo femenino] **4** Distancia larga que hay entre un sitio y otro: *De aquí al río todavía queda una tirada.* **5** Cada una de las veces que le toca jugar a una persona: *Necesito que me salga un cinco en esta tirada.* **6** Conjunto de copias que se publican de una obra: *La tirada de este periódico es de doscientos mil ejemplares.* ◆ [expresión] ‖ **de una tirada** De una vez: *Ese cuento es muy corto y se lee de una tirada.* ☐ [Los significados **1**, **2** y **3** son coloquiales]. ☐ Sinónimos: **1** regalado. **2** chupado. ☐ Antónimos: **1** caro. ☐ Familia: →tirar.

tirador, ra (ti·ra·dor, do·ra) ■ [sustantivo] **1** Persona que dispara: *Los cazadores son buenos tiradores con la escopeta.* ■ **tirador** [sustantivo masculino] **2** Pieza que sirve para tirar de algo: *Estos cajones tienen tiradores para poder abrirlos.* **3** Especie de palo que acaba en dos puntas abiertas que están unidas por una goma y que sirve para lanzar piedras pequeñas. ☐ Sinónimos: **3** tirachinas. ☐ Familia: →tirar.

tiralíneas (ti·ra·lí·ne·as) [sustantivo masculino] Instrumento con forma de pinza que sirve para dibujar líneas. ☐ [No varía en singular y plural]. ☐ Familia: →línea.

tiranía (ti·ra·ní·a) [sustantivo femenino] Forma de gobierno en la que el poder lo tiene una sola persona que lo ha conseguido de forma no legal y que gobierna según su voluntad. ☐ Familia: →tirano.

tiránico, ca (ti·rá·ni·co, ca) [adjetivo] De la tiranía o relacionado con esta forma de gobierno en la que el poder lo tiene una sola persona. ☐ Familia: →tirano.

tiranizar (ti·ra·ni·zar) [verbo] **1** Aprovecharse del poder que se tiene para obligar a los demás a hacer lo que uno quiere: *Tiranizaba a sus empleados mediante amenazas.* **2** Obtener una persona el gobierno de un Estado de forma no legal y gobernar según su voluntad. ☐ [La «z» se cambia en «c» delante de «e» («tiranice»)]. ☐ Familia: →tirano.

tirano, na (ti·ra·no, na) [adjetivo o sustantivo] **1** Que se aprovecha del poder que tiene para obligar a los demás a que hagan lo que quiere: *No seas tan tirano con tu hermano pequeño.* **2** Que obtiene el gobierno de un Estado de forma no legal y gobierna según su voluntad. ☐ Sinónimos: déspota. ☐ Familia: tiranía, tiránico, tiranizar.

tiranosaurio (ti·ra·no·sau·rio) [sustantivo masculino] Dinosaurio de gran tamaño, que tenía las patas delanteras muy pequeñas y con garras: *El tiranosaurio era carnívoro y uno de los dinosaurios más temidos por otros animales.* ☐ Familia: →saurio.

tirante (ti·ran·te) ■ [adjetivo] **1** Dicho de un cuerpo, que está muy estirado: *La goma tiene que estar tirante para que podamos jugar a saltarla.* **2** Dicho de una situación o de una relación, que resulta violenta o molesta: *Mi relación con él es muy tirante desde que discutimos.* ■ [sustantivo masculino] **3** Cinta con la que se sujeta a los hombros una prenda de vestir: *Me sujeto los pantalones con tirantes.* ☐ [En los significados **1** y **2** no varía en masculino y femenino. En el significado **3** se usa más en plural]. ☐ Sinónimos: **1**, **2** tenso. **3** hombrera. ☐ Antónimos: **1** flojo. ☐ Familia: →tirar.

tirantez (ti·ran·tez) [sustantivo femenino] **1** Estado en el que se encuentra un cuerpo que está muy tirante. **2** Situación de oposición entre personas o entre grupos humanos: *Tantas discusiones han aumentado la tirantez en el equipo.* ☐ [Su plural es «tiranteces»]. ☐ Sinónimos: tensión. ☐ Familia: →tirar.

tirar (ti·rar) [verbo] **1** Soltar un objeto con fuerza para que salga en una dirección: *Los payasos tiraban caramelos a los niños del público.* **2** Dejar caer algo en un lugar: *Los papeles se tiran a la papelera, no al suelo.* **3** Disparar con un arma de fuego: *Estoy aprendiendo a tirar con una escopeta de perdigones.* **4** Suspender un examen: *A mi hermano le han vuelto a tirar el inglés.* **5** Aprovechar algo mal: *Comprarse esa tontería me parece tirar el dinero.* **6** Gustar o atraer: *No me tiran mucho las lentejas.* **7** Hacer fuerza para atraer algo o para arrastrarlo: *Dos caballos tiraban del carro.* **8** Durar o mantenerse: *Tiraré con estos zapatos hasta que me compre otros.* **9** Torcer o tomar una determinada dirección: *Tenemos que tirar por la primera calle a la derecha.* **10** Parecerse un color a otro: *El rosa de tu camiseta tira a rojo.* **11** Funcionar bien: *Esta moto tira muy bien.* ■ **tirarse 12** Dejarse caer: *¿Sabes tirarte de* *cabeza a la piscina?* **13** Permanecer o estar: *Te has tirado una hora hablando por teléfono, pesado.* **14** Tener relaciones sexuales con una persona. ☐ [Los significados **4**, **6**, **8**, **11** y **13** son coloquiales. El significado **14** es vulgar]. ☐ SINÓNIMOS: **1** lanzar. **1**, **2** echar, arrojar. ☐ ANTÓNIMOS: **2** recoger. **4** aprobar. ☐ FAMILIA: tirada, tirón, tirado, tirante, tirantez, tirador, tiro, tirotear, tiroteo, tirachinas, francotirador.

tirita (ti·ri·ta) [sustantivo/femenino] Pequeño trozo de tela o de plástico que se pone sobre una herida pegado a la piel. ☐ [Procede de la marca comercial «Tiritas®»]. ☐ FAMILIA: →tira.

tiritar (ti·ri·tar) [verbo] Temblar de frío. ☐ FAMILIA: tiritera, tiritona.

tiritera (ti·ri·te·ra) [sustantivo/femenino] → **tiritona.** ☐ FAMILIA: →tiritar.

tiritona (ti·ri·to·na) [sustantivo/femenino] Temblor del cuerpo producido por el frío o por la fiebre. ☐ [Se usa también «tiritera»]. ☐ FAMILIA: →tiritar.

tiro (ti·ro) [sustantivo/masculino] **1** Disparo que se hace con un arma de fuego: *El cazador mató al conejo de un tiro.* **2** Hecho de lanzar algo en una dirección determinada: *tiro con arco.* 👁 **páginas 304-305. 3** Conjunto de animales que arrastran algo: *Los bueyes y las mulas son animales de tiro.* ◆ [expresión] ‖ **a tiro** Al alcance: *Tienes esa oportunidad a tiro y sería una pena que no la aprovecharas.* ‖ **de tiros largos** Muy elegante: *Me vestí de tiros largos para la fiesta.* ‖ **ni a tiros** De ningún modo: *No consigo deshacer este nudo ni a tiros.* ‖ **salir el tiro por la culata** Resultar algo al revés de lo que se esperaba: *Se lo dije para que viniera conmigo, pero me salió el tiro por la culata.* ‖ **sentar como un tiro** Sentar muy mal: *Me sentó como un tiro que me mintieras.* ☐ [Las expresiones son coloquiales]. ☐ FAMILIA: →tirar.

tiroides (ti·roi·des) [sustantivo] Glándula situada en el cuello, que produce una sustancia que ayuda al crecimiento. ☐ [Se puede decir «el tiroides» y «la tiroides» sin que cambie de significado. No varía en singular y plural].

tirón (ti·rón) [sustantivo/masculino] **1** Movimiento violento que se hace de golpe al tirar de algo: *Tienes que dar un tirón para abrir la puerta del armario.* **2** Dolor que se produce en un músculo por haber hecho un esfuerzo muy grande: *Me dio un tirón en el muslo haciendo gimnasia.* **3** Hecho de robar el bolso a otra persona tirando con fuerza de él y escapando después. ◆ [expresión] ‖ **de un tirón** De una vez: *Me leí el libro de un tirón.* ☐ [La expresión es coloquial]. ☐ FAMILIA: →tirar.

tirotear (ti·ro·te·ar) [verbo] Disparar varias veces seguidas con un arma de fuego. ☐ FAMILIA: →tirar.

tiroteo (ti·ro·te·o) [sustantivo/masculino] Serie de disparos repetidos que se hacen con un arma de fuego. ☐ FAMILIA: →tirar.

tirria (ti·rria) [sustantivo/femenino] Sentimiento que tenemos hacia alguien que no nos gusta nada. ☐ [Es coloquial]. ☐ SINÓNIMOS: manía, ojeriza.

tisana (ti·sa·na) [sustantivo/femenino] Bebida que se hace cociendo hierbas en agua.

tísico, ca (tí·si·co, ca) [adjetivo o sustantivo] Que está enfermo de tisis. ☐ FAMILIA: →tisis.

tisis (ti·sis) [sustantivo/femenino] Enfermedad infecciosa que afecta a los pulmones. ☐ [No varía en singular y plural]. ☐ FAMILIA: tísico.

tisú (ti·sú) [sustantivo/masculino] Tela de seda que lleva hilos de oro y plata. ☐ [Su plural es «tisús» o «tisúes» (más culto)].

títere (tí·te·re) [sustantivo/masculino] **1** Muñeco que se mueve por medio de hilos o metiendo la mano en su interior. **2** Persona que tiene poca voluntad y se deja llevar por los demás. ◆ [expresión] ‖ **no dejar títere con cabeza** Dejarlo todo destrozado: *Empezó a hablar mal de todos y no dejó títere con cabeza.* ☐ [El significado **2** y la expresión son coloquiales]. ☐ FAMILIA: titiritero.

titi (ti·ti) [sustantivo] Persona joven, especialmente una mujer. ☐ [Es coloquial. No varía en masculino y femenino].

tití (ti·tí) [sustantivo/masculino] Mono con la cara blanca y mechones blancos alrededor de las orejas. ☐ [Su plural es «titís» o «titíes» (más culto)].

titilar (ti·ti·lar) [verbo] Brillar con un ligero temblor: *Las estrellas titilan en el cielo.* ☐ SINÓNIMOS: centellear.

titiritero, ra (ti·ti·ri·te·ro, ra) [sustantivo] Persona que hace teatro con unos muñecos a los que mueve tirando de unos hilos. ☐ FAMILIA: →títere.

tito, ta (ti·to, ta) [sustantivo] Tío o tía. ☐ [Es coloquial].

titubeante (ti·tu·be·an·te) [adjetivo] Que titubea. ☐ [No varía en masculino y femenino]. ☐ FAMILIA: →titubear.

titubear (ti·tu·be·ar) [verbo] **1** Tener dudas sobre lo que hay que hacer en determinado momento o en determinado asunto: *Cuando vio que el niño tenía mucha fiebre, no titubeó y lo llevó al hospital.* **2** Equivocarse al hablar: *Cuando estoy muy nervioso, titubeo y me confundo al hablar.* ☐ FAMILIA: titubeo, titubeante.

titubeo (ti·tu·be·o) [sustantivo/masculino] **1** Duda que se siente sobre lo que hay que hacer en determinado momento o en determinado asunto: *Elegí el jersey azul sin titubeos.* **2** Falta de seguridad al hablar o al elegir las palabras. ☐ FAMILIA: →titubear.

titulación (ti·tu·la·ción) [sustantivo/femenino] Título que tiene la persona que ha conseguido terminar unos estudios. ☐ FAMILIA: →título.

titulado, da (ti·tu·la·do, da) [adjetivo o sustantivo] Que tiene un título académico. ☐ FAMILIA: →título.

titular (ti·tu·lar) ▌ [adjetivo o sustantivo] **1** Dicho de una persona, que tiene algo como propio y de nadie más: *Solo puede sacar dinero del banco el titular de esta cuenta de ahorro en persona.* **2** Dicho de un jugador, que está alineado habitualmente al principio de los partidos para jugar con su equipo. ▌ [sustantivo/masculino] **3** Frase que aparece sobre una noticia en un periódico: *Cuando no tengo tiempo de leer el periódico entero, leo solo los titulares.* ▌ [verbo] **4** Poner título a una obra: *La película que vi ayer se titula «Una tarde en el campo».* ▌ **titularse 5** Obtener o sacar un título académico. ☐ [En los significados **1** y **2** no varía en masculino y femenino]. ☐ FAMILIA: →título.

título (tí·tu·lo) [sustantivo masculino] **1** Conjunto de palabras que se ponen como nombre a una obra: *el título de una película.* **2** Documento o nombre que tienen las personas que han conseguido vencer en algo: *He conseguido el título de campeona de España.* **3** Categoría de las personas que pertenecen a la clase social más alta: *un título nobiliario.* **4** Documento legal que da un derecho o establece una obligación: *el título de propiedad de unos terrenos.* ☐ Familia: titular, titulación, titulado, subtítulo, subtitulado.

tiza (ti·za) [sustantivo femenino] Barrita que se usa para escribir en la pizarra.

tiznar (tiz·nar) [verbo] Manchar de humo, de polvo negro o de otra materia producida por el fuego: *Me he tiznado la cara mientras reparaba el motor.* ☐ Familia: →tizne.

tizne (tiz·ne) [sustantivo] Humo negro producido por el fuego: *El tizne ha dejado negros los pucheros.* ☐ [Se puede decir «el tizne» y «la tizne» sin que cambie de significado, aunque se usa más en masculino]. ☐ Sinónimos: hollín. ☐ Familia: tiznar.

tizón (ti·zón) [sustantivo masculino] Palo a medio quemar.

toalla (to·a·lla) [sustantivo femenino] Pieza de tela que se usa para secarse el cuerpo. ◆ [expresión] ‖ **tirar la toalla** Abandonar algo o darse por vencido: *No tires la toalla y lucha hasta el final para conseguir lo que quieres.* ☐ [La expresión es coloquial]. ☐ Familia: toallero.

toallero (to·a·lle·ro) [sustantivo masculino] Lugar donde se cuelgan las toallas. ☐ Familia: →toalla.

toba (to·ba) [sustantivo femenino] Golpe que se da haciendo resbalar un dedo sobre otro. ☐ [Es coloquial].

tobillera (to·bi·lle·ra) [sustantivo femenino] Especie de venda que se coloca rodeando el tobillo para protegerlo. ☐ Familia: →tobillo.

tobillo (to·bi·llo) [sustantivo masculino] Parte por la que se une la pierna con el pie. ☐ Familia: tobillera.

tobogán (to·bo·gán) [sustantivo masculino] Construcción en forma de plano inclinado por el que las personas se dejan resbalar sentadas.

toca (to·ca) [sustantivo femenino] Prenda de tela que usan algunas religiosas para cubrirse la cabeza.

toca

tocadiscos (to·ca·dis·cos) [sustantivo masculino] Aparato que permite oír el sonido de un disco. ☐ [No varía en singular y plural]. ☐ Familia: →tocar. →disco.

tocador (to·ca·dor) [sustantivo masculino] Mueble que tiene un espejo y que usa una persona para peinarse o para arreglarse.

tocar (to·car) [verbo] **1** Poner la mano sobre un objeto: *No toques la puerta, que está recién pintada.* **2** Estar una cosa junto a otra: *Tenéis que colocar las sillas de forma que no toquen la pared.* **3** Hacer sonar bien un instrumento musical: *No sé tocar la guitarra.* **4** Hacer sonar un aparato: *Toqué el timbre para que me abrieran.* **5** Interpretar una pieza musical: *Cuando toquen un vals, lo bailaremos.* **6** Tratar un asunto o hablar de él: *En el programa de hoy tocaremos el tema de la educación de nuestros hijos.* **7** Llegar el momento de tener que hacer algo: *Bájate del columpio, que ahora me toca subir a mí.* **8** Ser una cosa responsabilidad de una persona: *Cuidar el medioambiente es una cuestión que nos toca a todos.* **9** Corresponder algo a alguien: *A mi vecino le ha tocado un premio.* ☐ [La «c» se cambia en «qu» delante de «e» («toque»)]. ☐ Familia: toque, toquetear, tocón, retocar, retoque, trastocar, tocadiscos.

tocateja (to·ca·te·ja) ◆ [expresión] ‖ **a tocateja** Pagándolo todo de una vez: *Tuve que pagar la bici a tocateja y ya no me quedan ahorros.* ☐ [Es coloquial]. ☐ Sinónimos: al contado. ☐ Familia: →teja.

tocayo, ya (to·ca·yo, ya) [sustantivo] Persona que tiene el mismo nombre que otra: *Tu padre es tocayo mío porque se llama Raúl, como yo.*

tocino (to·ci·no) [sustantivo masculino] Capa de grasa del cerdo. ◆ [expresión] ‖ **tocino de cielo** Dulce hecho con huevo y azúcar.

tocología (to·co·lo·gí·a) [sustantivo femenino] Parte de la medicina que se ocupa de las mujeres durante el embarazo y el parto. ☐ Familia: tocólogo.

tocólogo, ga (to·có·lo·go, ga) [sustantivo] Médico especialista en tocología, que es la parte de la medicina que se ocupa de las mujeres durante el embarazo y el parto. ☐ Familia: →tocología.

tocón, na (to·cón, co·na) [adjetivo o sustantivo] **1** Que tiene tendencia a tocarlo todo: *Eres una tocona y vas a terminar tirando algo.* ■ **tocón** [sustantivo masculino] **2** En un árbol cortado, parte que queda unida a la raíz y que sobresale de la tierra. ☐ [El significado **1** es coloquial]. ☐ Familia: →tocar.

todavía (to·da·ví·a) [adverbio] **1** Hasta el momento del que se está hablando: *No sé todavía qué haré mañana.* **2** Indica que el grado o la cantidad es incluso mayor que la de otra cosa que ya indica un grado o una cantidad alta: *Ese juguete es todavía más caro que este.* ☐ Sinónimos: **1** aún.

todo, da (to·do, da) ■ [cuantificador] **1** Indica que algo se toma por entero o en su conjunto: *Hoy habéis venido todos los de la clase.* **2** Se usa para dar más fuerza a lo que se dice: *Ese atleta es todo músculos.* ■ **todo** [sustantivo masculino] **3** Cosa entera o considerada como la suma de sus partes: *Una familia es un todo formado por un padre, una madre y sus hijos.* ◆ [expresión] ‖ **jugarse el todo por el todo** Arriesgar mucho para conseguir algo:

Me jugué el todo por el todo y me salió bien. ‖ **sobre todo** En primer lugar en importancia: *Me gustan mucho los deportes pero, sobre todo, me gusta el bádminton.* ☐ [No confundir la expresión «sobre todo» con «sobretodo» (prenda de vestir que se lleva encima de la ropa normal)]. ☐ ANTÓNIMOS: **1** nada. ☐ FAMILIA: total, totalidad, totalitario, totalitarismo, metomentodo, sobretodo.

todopoderoso, sa (to·do·po·de·ro·so, sa) [adjetivo] Que lo puede todo: *Creo firmemente que Dios es todopoderoso.* ☐ FAMILIA: →poder.

todoterreno (to·do·te·rre·no) [adjetivo o sustantivo masculino] Dicho de un vehículo, que es muy resistente y puede ir por cualquier terreno. ☐ [Cuando es adjetivo, no varía en masculino y femenino, ni en singular y plural]. ☐ FAMILIA: →tierra.

tofe [sustantivo] Caramelo blando con sabor a café con leche. ☐ [Es una palabra de origen inglés. Es preferible escribir «tofe» que la forma inglesa *toffee*].

toffee [sustantivo masculino] → **tofe.** ☐ [Es una palabra inglesa. Se pronuncia «tófi»].

toga (to·ga) [sustantivo femenino] **1** Prenda de vestir que se pone encima de la ropa para determinadas ceremonias o actos importantes: *En el juicio todos los abogados llevaban una toga negra.* **2** Prenda de vestir que llevaban los antiguos romanos sobre la túnica.

toldo (tol·do) [sustantivo masculino] Cubierta de tela gruesa que se pone para dar sombra: *Voy a bajar el toldo de la terraza, porque da mucho sol.* ☐ FAMILIA: entoldado.

toldo

toledano, na (to·le·da·no, na) [adjetivo o sustantivo] De la provincia española de Toledo o de su capital.

tolerable (to·le·ra·ble) [adjetivo] Que se puede tolerar. ☐ [No varía en masculino y femenino]. ☐ SINÓNIMOS: soportable. ☐ ANTÓNIMOS: intolerable. ☐ FAMILIA: →tolerar.

tolerancia (to·le·ran·cia) [sustantivo femenino] Respeto hacia las opiniones de los demás. ☐ ANTÓNIMOS: intolerancia. ☐ FAMILIA: →tolerar.

tolerante (to·le·ran·te) [adjetivo] Que acepta las opiniones de los demás. ☐ [No varía en masculino y femenino]. ☐ ANTÓNIMOS: intolerante. ☐ FAMILIA: →tolerar.

tolerar (to·le·rar) [verbo] **1** Sufrir con paciencia algo malo: *Tolero mejor el calor que el frío.* **2** Dejar que algo suceda: *No te tolero que hables mal de mi amigo estan-*

do yo delante. ☐ SINÓNIMOS: **1** aguantar, soportar. **2** permitir, consentir, admitir, transigir. ☐ ANTÓNIMOS: **2** prohibir. ☐ FAMILIA: tolerante, tolerancia, tolerable, intolerante, intolerancia, intolerable.

tolvanera (tol·va·ne·ra) [sustantivo femenino] Remolino de polvo que levanta el viento.

toma (to·ma) [sustantivo femenino] **1** Hecho de hacerse dueño de un lugar por la fuerza: *La toma de la ciudad de Granada supuso el fin de la presencia de los árabes en la península ibérica.* **2** Parte de algo que se come o se bebe de una vez: *Las tomas de leche de un bebé suelen ser cada tres horas.* **3** Abertura por la que sale una cantidad de agua: *El jardinero puso la manguera en la toma de agua del jardín y empezó a regar.* **4** Lugar por donde un aparato recibe la corriente: *La toma de la antena estaba suelta y por eso se veía mal la imagen.* **5** Plano que ofrece una cámara o una máquina de fotografías: *Este avión realiza tomas aéreas de las ciudades.* ☐ FAMILIA: →tomar.

tomadura (to·ma·du·ra) ◆ [expresión] ‖ **tomadura de pelo** Engaño. ☐ [Es coloquial]. ☐ FAMILIA: →tomar.

tomar (to·mar) [verbo] **1** Coger algo con la mano: *Tú lleva esta caja, que yo tomaré la maleta.* **2** Empezar a tener algo o conseguirlo: *¿Has tomado mi dirección para escribirme en verano?* **3** Comer o beber: *¿Quieres tomar más sopa?* **4** Adoptar algo para emplearlo: *Tenemos que tomar precauciones para no quemarnos con el sol.* **5** Entender algo de determinada manera: *Se tomó a broma mis críticas.* **6** Recibir algo o aceptarlo: *Te tomo la palabra y, en cuanto pueda, iré a tu casa a cenar.* **7** Hacerse dueño de un lugar por medio de la fuerza: *Los enemigos tomaron la ciudad.* **8** Subir en un vehículo público: *Tomaremos un taxi.* **9** Recibir los efectos de algo: *Me gusta tomar el sol.* **10** Seguir una dirección: *Si tomas por la primera a la izquierda llegaremos antes.* ◆ [expresión] ‖ **tomarla con alguien** Hacer todo lo posible por molestarlo: *¿Por qué la has tomado conmigo?* ☐ [La expresión es coloquial]. ☐ SINÓNIMOS: **7** conquistar, ocupar. ☐ FAMILIA: toma, tomadura, tomavistas, retomar.

tomate (to·ma·te) [sustantivo masculino] **1** Fruto rojo y casi redondo que nace de una planta que se cultiva en las huertas: *Me gusta la ensalada de lechuga y tomate.* 👁 **página 967. 2** Roto en una prenda de punto: *Estos calcetines tienen un tomate.* **3** Situación en la que hay mucho ruido y gran movimiento de personas: *¡Menudo tomate se organizó a la salida del cine!* ☐ [Los significados **2** y **3** son coloquiales]. ☐ FAMILIA: tomatera.

tomatera (to·ma·te·ra) [sustantivo femenino] Planta cuyo fruto es el tomate. ☐ FAMILIA: →tomate.

tomavistas (to·ma·vis·tas) [sustantivo masculino] Cámara de pequeño tamaño y muy manejable, que sirve para hacer películas. ☐ [No varía en singular y plural]. ☐ FAMILIA: →tomar. ver.

tómbola (tóm·bo·la) [sustantivo femenino] Juego en el que se pueden ganar premios comprando una papeleta.

tomillo (to·mi·llo) [sustantivo masculino] Planta que tiene las hojas y las flores pequeñas y que huele muy bien: *Mi madre cuelga tomillo en los armarios, para que perfume la ropa.*

tomo (to·mo) [sustantivo masculino] Cada una de las partes en que se divide una obra y que forma un libro por separado: *Esta enciclopedia tiene diez tomos.* ◆ [expresión] ‖ **de tomo y lomo** De importancia: *Tengo un problema de tomo y lomo y no sé qué hacer para solucionarlo.* ☐ [La expresión es coloquial].

ton ◆ [expresión] ‖ **sin ton ni son** Sin razón: *No paró de decir cosas sin ton ni son.* ☐ [Es coloquial].

tonada (to·na·da) [sustantivo femenino] **1** Poesía escrita para cantarla, y música con que se canta. **2** Cualquier melodía o canción. ☐ FAMILIA: tonadilla, tonadillero.

tonadilla (to·na·di·lla) [sustantivo femenino] Canción de origen español. ☐ FAMILIA: →tonada.

tonadillero, ra (to·na·di·lle·ro, ra) [sustantivo] Persona que compone o canta tonadillas. ☐ FAMILIA: →tonada.

tonalidad (to·na·li·dad) [sustantivo femenino] Variedad de tonos en los colores: *En primavera se ven muchas tonalidades de verde en los campos.* ☐ FAMILIA: →tono.

tonel (to·nel) [sustantivo masculino] **1** Recipiente de gran tamaño, que está formado por tablas curvas: *un tonel de vino.* **2** Persona muy gruesa: *Estoy hecha un tonel.* ☐ [El significado **2** es coloquial].

tonel

tonelada (to·ne·la·da) [sustantivo femenino] Medida que se usa para pesar: *Una tonelada equivale a mil kilogramos.*

tonelaje (to·ne·la·je) [sustantivo masculino] Capacidad de un vehículo de transporte: *Los petroleros son barcos de gran tonelaje.*

tongo (ton·go) [sustantivo masculino] Engaño que se hace en algunos deportes, que consiste en dejarse ganar a cambio de dinero.

tónico, ca (tó·ni·co, ca) ■ [adjetivo] **1** Que está acentuado: *La «a» de «ángel» es tónica.* ■ [sustantivo masculino adjetivo] **2** Que devuelve las fuerzas: *El médico me ha recetado un tónico para que me abra el apetito.* ■ **tónico** [sustantivo masculino] **3** Líquido que se usa para limpiar la piel de la cara o para dar más fuerza al cabello: *tónico facial.* ■ **tónica** [sustantivo femenino] **4** Bebida con gas, un poco amarga y transparente. **5** Característica general de algo: *El aburrimiento fue la tónica general de la reunión.* ☐ ANTÓNIMOS: **1** átono. ☐ FAMILIA: →tono.

tonificar (to·ni·fi·car) [verbo] Dar fuerzas al organismo: *El ejercicio tonifica los músculos.* ☐ [La «c» se cambia en «qu» delante de «e» («tonifique»)]. ☐ SINÓNIMOS: entonar. ☐ FAMILIA: →tono.

tono (to·no) [sustantivo masculino] **1** Característica por la que un sonido es más grave o más agudo: *La voz de los hombres suele ser de tonos más graves que la de las mujeres.* **2** Característica particular con que se produce algo: *La discusión tomó un tono violento.* **3** Grado de color: *Hemos decorado la sala con tonos claros.* **4** Energía o buen estado del cuerpo: *La pediatra me ha mandado vitaminas para que recupere el tono.* ◆ [expresión] ‖ **a tono** De manera adecuada y que no resulte extraña: *Los invitados iban muy elegantes, a tono con la ocasión.* ‖ **darse tono** Darse importancia: *Se pasa el día hablando de la gente famosa que conoce para darse tono.* ‖ **estar fuera de tono** Ser poco adecuado: *Está fuera de tono que me hables así.* ☐ FAMILIA: **1** entonar, entonación, desentonar, tonada, semitono, barítono. **2-4** tonalidad, tónico, tonificar, átono, monótono, monotonía.

tontada (ton·ta·da) [sustantivo femenino] **1** Hecho o dicho que no tiene una base razonable: *Déjate de tontadas y háblame en serio.* **2** Cosa tonta o sin importancia: *Se enfadó conmigo por una tontada.* ☐ SINÓNIMOS: tontería, bobada, bobería. ☐ FAMILIA: →tonto.

tontaina (ton·tai·na) [adjetivo sustantivo] Tonto: *¡Si será tontaina, que le gastan una broma y se echa a llorar!* ☐ [No varía en masculino y femenino. Es coloquial]. ☐ FAMILIA: →tonto.

tontear (ton·te·ar) [verbo] **1** Hacer o decir cosas tontas. **2** Jugar con una persona para intentar gustarle, pero sin buscar una relación seria: *Los chicos y las chicas empiezan a tontear en la adolescencia.* ☐ [El significado **2** es coloquial]. ☐ SINÓNIMOS: **2** coquetear. ☐ FAMILIA: →tonto.

tontería (ton·te·rí·a) [sustantivo femenino] **1** Falta de inteligencia o de capacidad para razonar. **2** Hecho o dicho que no tiene una base razonable: *Piensa bien lo que vas a contestar y no sueltes más tonterías.* **3** Cosa tonta o sin importancia: *No vale la pena discutir por una tontería.* ☐ SINÓNIMOS: **2**, **3** bobada, tontada, bobería. **2** estupidez. **3** niñería, pequeñez, menudencia, minucia. ☐ FAMILIA: →tonto.

tonto, ta (ton·to, ta) ■ [adjetivo] **1** Sin base razonable: *Es tonto que me preguntes si he venido, ahora que me estás viendo.* **2** Que ocurre sin un motivo claro: *Me entró la risa tonta y no podía parar.* **3** Pesado o demasiado cariñoso: *Mi hermanito se pone un poco tonto cuando está enfermo.* ■ [adjetivo sustantivo] **4** Que actúa con poca inteligencia: *La muy tonta no se dio cuenta de que la estaban engañando.* ◆ [expresión] ‖ **a tontas y a locas** Sin orden y sin pensar: *No opines a tontas y a locas.* ‖ **hacerse alguien el tonto** Hacer alguien que parezca que no se entera de lo que pasa: *Deja de hacerte el tonto y contéstame.* ‖ **tonto de capirote** o **tonto del bote** El que lo es mucho: *Si te has creído esa trola, es que eres tonta de capirote.* ☐ [Es despectivo y se usa

tontorrón, na como insulto. Las expresiones son coloquiales]. ☐ SINÓNIMOS: **4** bobo, necio, mentecato, lelo. ☐ ANTÓNIMOS: **1** racional, razonable, lógico. **4** inteligente, listo. ☐ FAMILIA: tontorrón, tontaina, tontería, tontada, tontuna, tontear, atontar, atontado, atontolinado, atontamiento, entontecer.

tontorrón, na (ton·to·rrón, rro·na) [adjetivo o sustantivo] Tonto: *¡Anda, tontorrona, que te lo crees todo!* ☐ [Es coloquial]. ☐ SINÓNIMOS: bobalicón. ☐ FAMILIA: →tonto.

tontuna (ton·tu·na) [sustantivo femenino] Hecho o dicho que se hace o se dice sin una base razonable: *Cuando empiezas a hacer tontunas, prefiero no hacerte caso.* ☐ [Es coloquial]. ☐ SINÓNIMOS: tontería, tontada, bobada, bobería. ☐ FAMILIA: →tonto.

toña (to·ña) [sustantivo femenino] **1** Golpe o caída. **2** Borrachera. ☐ [Es coloquial].

top [sustantivo masculino] Prenda de vestir femenina que cubre el pecho y va muy ajustada al cuerpo. ☐ [Es una palabra de origen inglés. Su plural es «tops»].

topacio (to·pa·cio) [sustantivo masculino] Piedra fina y muy dura, que se usa en joyería.

topar (to·par) [verbo] **1** Encontrar a alguien por casualidad: *Me topé con mi primo en la calle.* **2** Chocar con algo, especialmente si es de forma suave: *Al aparcar, mi coche topó con el de atrás.* ☐ SINÓNIMOS: **2** dar. ☐ FAMILIA: tope.

tope (to·pe) [sustantivo masculino] **1** Punto extremo al que se puede llegar: *He llegado al tope de mi paciencia.* **2** Pieza que sirve para detener un movimiento o para impedir que se pase al otro lado: *Pon un tope detrás de la puerta para que no choque con la pared.* ◆ [expresión] ‖ **a tope** Hasta el límite: *Estamos trabajando a tope.* ☐ [La expresión es coloquial]. ☐ SINÓNIMOS: **1** límite. ☐ FAMILIA: →topar.

topetazo (to·pe·ta·zo) [sustantivo masculino] Golpe de una cosa con otra: *Nos agachamos a la vez y nos dimos un topetazo con la cabeza.*

tópico, ca (tó·pi·co, ca) ∎ [adjetivo] **1** Dicho de una idea, que no es original y se ha repetido ya muchas veces. **2** Dicho de un medicamento, que se tiene que extender sobre la piel: *Las pomadas son medicamentos de uso tópico.* ∎ **tópico** [sustantivo masculino] **3** Idea que no es original y que se dice con mucha frecuencia: *Me aburrí en la conferencia porque estaba llena de tópicos.*

toples (to·ples) [sustantivo masculino] Forma de vestir de una mujer cuando no lleva ropa de cintura para arriba: *En la playa había muchas chicas en toples.* ☐ [Es una palabra de origen inglés. No varía en singular y plural. Es preferible escribir «toples» que la forma inglesa *topless*].

topless [sustantivo masculino] → **toples**. ☐ [Es una palabra inglesa. Se pronuncia «tóples»].

topo (to·po) [sustantivo masculino] **1** Animal del tamaño de un ratón, de pelo casi negro, con el sentido de la vista muy poco desarrollado y con fuertes uñas que le sirven para cavar la tierra: *Los topos abren galerías bajo tierra con sus uñas.* **2** Persona que se mete en una organización para actuar al servicio de otros: *Descubrieron que ese empleado era un topo que espiaba para otra empresa.*

topografía (to·po·gra·fí·a) [sustantivo femenino] **1** Técnica de representar en un plano la superficie de un terreno: *La topografía es importante para poder hacer un mapa.* **2** Conjunto de las características de la superficie de un terreno: *Antes de construir el embalse tienen que estudiar bien la topografía del terreno.* ☐ FAMILIA: topógrafo.

topógrafo, fa (to·pó·gra·fo, fa) [sustantivo] Persona que se dedica a la topografía. ☐ FAMILIA: →topografía.

topónimo (to·pó·ni·mo) [sustantivo masculino] Nombre propio de un lugar: *«Toledo» es un topónimo.*

toque (to·que) [sustantivo masculino] **1** Golpe suave: *Da un toque en la puerta antes de entrar.* **2** Sonido producido por un instrumento: *un toque de silbato.* **3** Aviso que se da a alguien, generalmente para llamarle la atención por algo: *Si sigues llegando tarde al trabajo, te van a dar un toque.* **4** Detalle que le da un carácter especial a algo: *Ese chal te da un toque de elegancia.* **5** Acciones con las que se termina o se empieza una obra: *La pintura está casi terminada, a falta de algunos toques.* ☐ FAMILIA: →tocar.

toquetear (to·que·te·ar) [verbo] Tocar de manera repetida: *¡Deja de toquetearte los granos!* ☐ FAMILIA: →tocar.

toquilla (to·qui·lla) [sustantivo femenino] Especie de pañuelo grande para cubrir los hombros o la espalda.

toquilla

torácico, ca (to·rá·ci·co, ca) [adjetivo] Del tórax o relacionado con él: *cavidad torácica.* ☐ FAMILIA: →tórax.

tórax (tó·rax) [sustantivo masculino] Parte del cuerpo donde están el corazón y los pulmones: *Las costillas son una protección para los órganos que están en el tórax.* ☐ [No varía en singular y plural]. ☐ FAMILIA: torácico.

torbellino (tor·be·lli·no) [sustantivo masculino] **1** Movimiento del viento con vueltas muy rápidas. **2** Gran cantidad de cosas que se producen al mismo tiempo: *Tengo tal torbellino de preocupaciones...* **3** Persona que se mueve mucho o que siente interés por muchas cosas: *Esa muchacha es un torbellino.* ☐ [El significado **3** es coloquial].

torcaz (tor·caz) ◆ [expresión] ‖ **paloma torcaz** Mira en **palomo, ma**.

torcedura (tor·ce·du·ra) [sustantivo femenino] Movimiento brusco y doloroso de un miembro del cuerpo: *una torcedura de tobillo.* ☐ FAMILIA: →torcer.

torcer (tor·cer) [verbo] **1** Hacer curvo o con ángulos algo que estaba recto: *Hay que tener mucha fuerza para torcer un hierro con las manos.* **2** Inclinar algo o ponerlo en una dirección no debida: *El cuadro se ha torcido.* **3** Poner la cara con un gesto que indique disgusto: *Cuando mi padre tuerce la cara, es que algo no le parece bien.* **4** Doblar un miembro del cuerpo forzándolo: *Pisé mal y me torcí el tobillo.* **5** Cambiar de dirección: *Tuerce por la primera calle a la derecha.* ■ **torcerse 6** Ir mal un asunto o fracasar: *Un golpe de mala suerte hizo que se torcieran las cosas.* ☐ [Es irregular y se conjuga como **MOVER**. La «c» se cambia en «z» delante de «a», «o» («tuerza»).] ☐ Sinónimos: **5** doblar. ☐ Antónimos: **1** enderezar. ☐ Familia: torcido, torcedura, torsión, retorcer, retorcido, retorcimiento.

torcido, da (tor·ci·do, da) [adjetivo] Que no es recto o que no está recto: *Si hago las rayas sin regla, me salen torcidas.* ☐ Antónimos: derecho, recto. ☐ Familia: →torcer.

tordo, da (tor·do, da) [adjetivo o] [sustantivo] **1** Dicho de un caballo, que tiene el pelo blanco mezclado con negro: *una yegua torda.* ■ **tordo** [sustantivo] [masculino] **2** Pájaro de plumas grises en la parte superior y amarillas en el vientre, con el pico delgado y negro: *Los tordos comen insectos y frutos.*

torear (to·re·ar) [verbo] **1** Ponerse frente a un toro en la plaza, hacerlo obedecer y darle muerte según determinadas reglas. **2** Evitar con habilidad algo que molesta o que no gusta: *Eres único para torear las dificultades y escurrir el bulto.* ☐ [El significado **2** es coloquial]. ☐ Sinónimos: **1** lidiar. **2** capear. ☐ Familia: →toro.

toreo (to·re·o) [sustantivo] [masculino] Arte de torear toros. ☐ Sinónimos: lidia. ☐ Familia: →toro.

torero, ra (to·re·ro, ra) ■ [adjetivo] **1** Relacionado con el arte de torear: *El traje torero suele llevar bordados en oro o plata.* ■ [sustantivo] **2** Persona que se dedica a torear. ■ **torera** [sustantivo] [femenino] **3** Chaqueta que no llega a la cintura, que se pega al cuerpo y que no suele tener botones. ◆ [expresión] ‖ **saltarse algo a la torera** Evitarlo con habilidad o sin preocuparse de si se hace bien o mal: *No puedes saltarte las normas a la torera.* ☐ [La expresión es coloquial]. ☐ Sinónimos: **2** diestro. ☐ Familia: →toro.

toril (to·ril) [sustantivo] [masculino] Lugar donde están encerrados los toros en las plazas antes de la corrida. ☐ Familia: →toro.

tormenta (tor·men·ta) [sustantivo] [femenino] **1** Situación del tiempo en la que hay fuertes vientos, lluvias y truenos. **2** Gran cantidad de algo: *una tormenta de protestas.* ☐ Sinónimos: **1** tempestad, temporal. ☐ Familia: tormento, tormentoso, atormentar.

tormento (tor·men·to) [sustantivo] [masculino] **1** Cosa que hace sufrir mucho o causa un gran dolor: *Las víctimas del terremoto vivieron un verdadero tormento.* **2** Dolor físico con que antiguamente se castigaba a los acusados para obligarlos a confesar alguna cosa. ☐ Sinónimos: tortura. **1** suplicio. ☐ Antónimos: **1** placer. ☐ Familia: →tormenta.

tormentoso, sa (tor·men·to·so, sa) [adjetivo] **1** Dicho del tiempo, que tiene o puede tener tormentas. **2** Con muchos problemas o disgustos: *una relación tormentosa.* ☐ Sinónimos: **1** tempestuoso. ☐ Familia: →tormenta.

tornado (tor·na·do) [sustantivo] [masculino] Viento muy fuerte que gira en grandes círculos. ☐ Sinónimos: huracán, ciclón.

tornasol (tor·na·sol) [sustantivo] [masculino] Cambio de color que produce la luz en una tela o en una superficie lisa y sin arrugas. ☐ Familia: tornasolado.

tornasolado, da (tor·na·so·la·do, da) [adjetivo] Que hace o tiene tornasoles: *Las telas tornasoladas cambian de tono según les dé la luz.* ☐ Familia: →tornasol.

torneo (tor·ne·o) [sustantivo] [masculino] **1** Lucha que se hacía a caballo entre varios caballeros: *En la Edad Media los torneos se celebraban como un espectáculo.* **2** Serie de competiciones o de juegos en la que compiten varias personas o equipos entre sí: *Quedamos eliminados en la primera fase del torneo de tenis.*

tornillo (tor·ni·llo) [sustantivo] [masculino] Pieza de metal larga y con unas marcas en forma de círculos que permiten meterla en otra pieza dándole vueltas. ⊙ **páginas 494-495.** ◆ [expresión] ‖ **faltarle a alguien un tornillo** Estar loco o tener poco sentido común. ☐ [La expresión es coloquial]. ☐ Familia: atornillar, desatornillar, destornillar, destornillador.

torniquete (tor·ni·que·te) [sustantivo] [masculino] **1** Procedimiento para impedir que siga saliendo sangre de una herida: *Me hicieron un torniquete en la pierna para que dejara de sangrar.* **2** Aparato con brazos que giran y solo deja pasar a las personas de una en una, para controlar la entrada: *Al pasar por el torniquete teníamos que enseñar la entrada.* ☐ Sinónimos: **2** molinete. ☐ Familia: →torno.

torno (tor·no) [sustantivo] [masculino] **1** Máquina en la que se pone un objeto para que gire sobre sí mismo: *El alfarero puso la arcilla en el torno para modelarla.* **2** Estructura colocada en el hueco de una pared y que se hace girar para pasar cosas de un lado a otro: *En los conventos de clausura suelen tener tornos para que las monjas den o reciban cosas sin ver a la gente del exterior.* ◆ [expresión] ‖ **en torno** Alrededor de: *El niño no dejaba de dar vueltas en torno mío.* ‖ **en torno a** En relación con: *Toda la discusión giró en torno al mismo tema.* ☐ Familia: torniquete.

torno

toro (to·ro) [sustantivo/masculino] **1** Animal cuadrúpedo, con dos cuernos en la cabeza y una cola larga: *La hembra del toro es la vaca.* **2** Persona muy fuerte: *Hay que ser un toro para levantar semejante peso.* ■ **toros** [plural] **3** Fiesta o corrida en la que se torea: *Los toros son una fiesta típica de España.* ◆ [expresión] ‖ **coger el toro por los cuernos** Hacer frente a una dificultad con decisión: *Si tienes un problema, más vale que cojas el toro por los cuernos.* ‖ **pillar a alguien el toro** Echársele el tiempo encima y no poder acabar algo: *Tienes que estudiar desde el primer día para que no te pille el toro al final de curso.* ☐ [Las expresiones son coloquiales]. ☐ FAMILIA: torear, toreo, torero, toril, torera, taurino, tauromaquia, tauro.

torpe (tor·pe) [adjetivo] **1** Poco hábil en algo: *Soy muy torpe para los trabajos manuales.* **2** De inteligencia corta o lenta: *Hay que ser un poco torpe para no entender algo tan claro.* ☐ [No varía en masculino y femenino]. ☐ SINÓNIMOS: **1** inepto, negado, obtuso. **2** romo. ☐ ANTÓNIMOS: **1** hábil, capaz, mañoso, diestro, habilidoso. **2** listo, despierto, espabilado, perspicaz. ☐ FAMILIA: torpeza, entorpecer.

torpedear (tor·pe·de·ar) [verbo] Atacar con torpedos: *El submarino torpedeó al barco enemigo.* ☐ FAMILIA: →torpedo.

torpedero (tor·pe·de·ro) [sustantivo/masculino] Barco de guerra que tiene torpedos. ☐ FAMILIA: →torpedo.

torpedo (tor·pe·do) [sustantivo/masculino] Especie de bala de gran tamaño que se lanza bajo el agua: *El submarino lanzó dos torpedos que hundieron el barco enemigo.* ☐ FAMILIA: torpedear, torpedero.

torpeza (tor·pe·za) [sustantivo/femenino] **1** Falta de habilidad para hacer algo bien: *No me ha quedado mal el dibujo, a pesar de mi torpeza para estas cosas.* **2** Falta de inteligencia para entender bien. **3** Acción que resulta poco adecuada: *¡Menuda torpeza acabo de cometer con los vecinos!* ☐ SINÓNIMOS: **1**, **3** desacierto. **1** impericia. **3** fallo. ☐ ANTÓNIMOS: **1**, **3** acierto. **1** habilidad, facilidad, destreza, arte, maña, maestría, tino, mano, pericia. **2** sagacidad, perspicacia. ☐ FAMILIA: →torpe.

torrar (to·rrar) [verbo] Tostar mucho: *Si sigues tomando el sol, te vas a torrar.* ☐ FAMILIA: tórrido, torrefacto, torrezno, torrija.

torre (to·rre) [sustantivo/femenino] **1** Construcción o edificio mucho más alto que ancho: *Los centinelas vigilaban desde la torre del castillo.* ☞ páginas 194-195. **2** Estructura de metal de gran altura: *Aquella torre en medio del mar es de una plataforma petrolífera.* **3** Una de las piezas del ajedrez. ☐ FAMILIA: torreón, torreta.

torrefacto, ta (to·rre·fac·to, ta) [adjetivo] Que está tostado al fuego: *café torrefacto.* ☐ FAMILIA: →torrar.

torrencial (to·rren·cial) [adjetivo] Abundante y con fuerza: *Las inundaciones fueron causadas por lluvias torrenciales.* ☐ [No varía en masculino y femenino]. ☐ FAMILIA: →torrente.

torrente (to·rren·te) [sustantivo/masculino] Corriente de agua que se mueve de forma rápida y con fuerza: *Los torrentes se forman en tiempo de lluvias y deshielos.* ☐ FAMILIA: torrencial, torrentera.

torrentera (to·rren·te·ra) [sustantivo/femenino] Lugar por donde corren las aguas de un torrente: *La sequía ha secado todas las torrenteras.* ☐ FAMILIA: →torrente.

torreón (to·rre·ón) [sustantivo/masculino] Torre grande para defender un castillo. ☐ FAMILIA: →torre.

torreta (to·rre·ta) [sustantivo/femenino] Torre o estructura metálica sobre la que se montan armas de fuego: *Este barco de guerra tiene torretas con ametralladoras.* ☐ FAMILIA: →torre.

torrezno (to·rrez·no) [sustantivo/masculino] Trozo de tocino frito. ☐ FAMILIA: →torrar.

tórrido, da (tó·rri·do, da) [adjetivo] Muy caliente o con mucho calor: *zona tórrida.* ☐ ANTÓNIMOS: helado, glacial, gélido. ☐ FAMILIA: →torrar.

torrija (to·rri·ja) [sustantivo/femenino] Trozo de pan mojado en leche o en vino, bañado en huevo y frito en aceite: *Las torrijas son un dulce típico de Semana Santa.* ☐ FAMILIA: →torrar.

torsión (tor·sión) [sustantivo/femenino] Vuelta o giro de un objeto sobre sí mismo. ☐ FAMILIA: →torcer.

torso (tor·so) [sustantivo/masculino] Parte del cuerpo comprendida entre la cabeza, los brazos y la cintura: *Se quitó la camisa y se quedó con el torso desnudo.*

torta (tor·ta) [sustantivo/femenino] **1** Masa redonda y plana, hecha con harina, agua y otros productos. **2** Golpe dado con la mano abierta. **3** Golpe fuerte: *Si no miras por dónde vas, te vas a dar una torta.* ◆ [expresión] ‖ **ni torta** Nada: *No entendí ni torta.* ☐ [Los significados **2** y **3** y la expresión son coloquiales]. ☐ SINÓNIMOS: **2**, **3** tortazo. ☐ FAMILIA: tortel, tortita, tortilla, tortazo.

tortazo (tor·ta·zo) [sustantivo/masculino] **1** Golpe dado en la cara con la mano abierta. **2** Golpe muy fuerte: *¡Menudo tortazo se han dado esos dos coches!* ☐ [Es coloquial]. ☐ SINÓNIMOS: torta. **1** bofetada. **2** porrazo, trompazo, trastazo. ☐ FAMILIA: →torta.

tortel (tor·tel) [sustantivo/masculino] Bollo en forma circular y con un agujero en el centro, que puede estar relleno. ☐ FAMILIA: →torta.

tortícolis (tor·tí·co·lis) [sustantivo/femenino] Dolor que se siente a un lado del cuello y que impide moverlo bien o tenerlo derecho. ☐ [No varía en singular y plural].

tortilla (tor·ti·lla) [sustantivo/femenino] **1** Comida que se hace con huevos, y a veces con otros productos mezclados, y que se cocina en aceite. **2** Alimento de forma circular y plana que se hace con harina de maíz o de trigo. ◆ [expresión] ‖ **volverse la tortilla** Cambiar por completo la suerte. ☐ [La expresión es coloquial]. ☐ FAMILIA: →torta.

tortita (tor·ti·ta) [sustantivo/femenino] Dulce plano y redondo, hecho con una masa de harina, leche y huevos: *Merendamos tortitas con nata y chocolate.* ☐ FAMILIA: →torta.

tórtolo, la (tór·to·lo, la) [sustantivo] **1** Ave de color parecido al rosa, que vuela muy rápido: *Las tórtolas se parecen a las palomas.* **2** Persona que muestra amor en todo momento a la persona que quiere: *Ese par de* *tórtolos está todo el día de la mano.* ☐ [El significado **2** es coloquial y se dice mucho «tortolito»].

tortuga (tor·tu·ga) [sustantivo femenino] **1** Animal que se mueve muy despacio y que tiene el cuerpo cubierto por una concha redonda y plana. 👁 **página 818**. **2** Persona o cosa que se mueve muy despacio: *Ese coche viejo es una tortuga.* ☐ [El significado **2** es coloquial].

tortuoso, sa (tor·tuo·so, sa) [adjetivo] Que tiene muchas curvas y vueltas: *Un sendero tortuoso subía la montaña.* ☐ Sinónimos: sinuoso. ☐ Antónimos: recto.

tortura (tor·tu·ra) [sustantivo femenino] **1** Dolor muy fuerte con que se castiga a alguien para que diga alguna cosa: *En España la tortura está prohibida por la ley.* **2** Cosa que molesta mucho o causa un gran dolor: *¡Qué tortura oíros discutir todo el día!* ☐ Sinónimos: tormento. **2** suplicio. ☐ Antónimos: **2** placer. ☐ Familia: torturar.

torturar (tor·tu·rar) [verbo] Producir un dolor o una pena continuos: *En la película los malos torturaron al protagonista, pero este resistió y no delató a nadie.* ☐ Sinónimos: atormentar. ☐ Familia: →tortura.

torvo, va (tor·vo, va) [adjetivo] Que es desagradable o que da miedo: *mirada torva; gesto torvo.*

tos [sustantivo femenino] Ruido que se hace al echar el aire de los pulmones de manera violenta. ☐ Familia: toser.

tosco, ca (tos·co, ca) [adjetivo] **1** Poco fino o de poca calidad: *Los sacos se suelen hacer con telas toscas.* **2** Con poca educación o poco delicado al tratar a los demás: *¡No seas tan tosco y trata a los demás con educación!* ☐ Sinónimos: basto. **1** rústico. **2** rudo. ☐ Antónimos: fino, refinado. **2** cortés, delicado. ☐ Familia: tosquedad.

toser (to·ser) [verbo] Tener tos. ◆ [expresión] ‖ **toserle a alguien** Llevarle la contraria o hacerle frente: *¡Cualquiera le tose a ese, con el genio que tiene...!* ☐ [La expresión es coloquial]. ☐ Familia: →tos.

tosquedad (tos·que·dad) [sustantivo femenino] **1** Falta de calidad: *Me disgusta la tosquedad de estas telas.* **2** Falta de educación o de delicadeza: *La tosquedad de sus modales me sorprendió.* ☐ Familia: →tosco.

tostada (tos·ta·da) [sustantivo femenino] Trozo de pan que se ha puesto al fuego hasta tener un color dorado. ☐ Familia: →tostar.

tostadero (tos·ta·de·ro) [sustantivo masculino] **1** Lugar en el que se tuesta algo: *tostadero de café.* **2** Lugar en el que da el sol y hace mucho calor: *Este patio es un tostadero.* ☐ [El significado **2** es coloquial]. ☐ Familia: →tostar.

tostador (tos·ta·dor) [sustantivo masculino] Aparato que sirve para tostar. ☐ [Se usa también el femenino «tostadora»]. ☐ Familia: →tostar.

tostadora (tos·ta·do·ra) [sustantivo femenino] → **tostador**.

tostar (tos·tar) [verbo] **1** Poner un alimento al fuego hasta que tome un color dorado, sin llegar a quemarse. **2** Poner morena la piel: *Tomo el sol para tostarme un poco.* ☐ [Es irregular y se conjuga como CONTAR]. ☐ Familia: tostada, tostador, tostadero, tueste.

tostón (tos·tón) [sustantivo masculino] Cualquier cosa que aburre, cansa o resulta demasiado larga: *La película fue un tostón.* ☐ [Es coloquial]. ☐ Sinónimos: rollo, pesadez, petardo, peñazo, lata, muermo.

total (to·tal) ∎ [adjetivo] **1** De todas las partes que forman un todo: *Van a hacer una reforma total del edificio.* ∎ [sustantivo masculino] **2** Resultado de una suma: *¿A cuánto asciende el total de las compras?* **3** Conjunto de todos los que forman un grupo: *El total de los alumnos estuvimos de acuerdo con la propuesta.* ∎ [adverbio] **4** En conclusión: *Total, que aún no os habéis decidido, ¿no?* ☐ [En el significado **1** no varía en masculino y femenino. En el significado **4** tampoco varía por ser adverbio]. ☐ Sinónimos: **1** completo. **2** suma. **3** totalidad. **4** en resumen, en suma. ☐ Antónimos: **1** parcial. ☐ Familia: →todo.

totalidad (to·ta·li·dad) [sustantivo femenino] Conjunto de todos los que forman un grupo: *La totalidad de la clase se apuntó a la excursión.* ☐ Sinónimos: total. ☐ Familia: →todo.

totalitario, ria (to·ta·li·ta·rio, ria) [adjetivo] Del totalitarismo o relacionado con esta forma de gobierno: *Los regímenes totalitarios no respetan las ideas políticas diferentes a las suyas.* ☐ Familia: →todo.

totalitarismo (to·ta·li·ta·ris·mo) [sustantivo masculino] Forma de gobierno en la que el poder lo tiene un grupo que no permite la actuación de otros: *El totalitarismo es propio de las dictaduras.* ☐ Familia: →todo.

tótem (tó·tem) [sustantivo masculino] Objeto que algunas tribus creen que les protege de los peligros. ☐ [Su plural es «tótems»].

tótem

tour [sustantivo masculino] Viaje que se hace siguiendo un recorrido por varios lugares: *Hemos hecho un tour por Europa.* ☐ [Es una palabra francesa. Se pronuncia «tur»].

tournée (tour·née) [sustantivo femenino] Viaje que se hace para actuar en distintos lugares. ☐ [Es una palabra francesa. Se pronuncia «turné». Es preferible usar «gira»].

tóxico, ca (tó·xi·co, ca) [adjetivo o sustantivo masculino] Dicho de una sustancia, que es venenosa: *Algunos productos de limpieza son tóxicos.* ☐ Familia: toxina, toxicómano, intoxicar, intoxicación, desintoxicar.

toxicómano, na (to·xi·có·ma·no, na) [adjetivo o sustantivo] Adicto a las drogas: *Los toxicómanos necesitan un tratamiento médico para dejar de tomar drogas.* ☐ Sinónimos: drogadicto. ☐ Familia: →tóxico.

toxina (to·xi·na) [sustantivo femenino] Sustancia que produce el cuerpo, pero que resulta mala o perjudicial para él: *Con el sudor se eliminan toxinas.* ☐ Familia: →tóxico.

tozudez (to·zu·dez) [sustantivo femenino] Característica de la persona o el animal que mantienen una idea fija o que no se dejan convencer ni controlar. ☐ Sinónimos: obstinación. ☐ Familia: →tozudo.

tozudo, da (to·zu·do, da) [adjetivo] **1** Que tiene ideas fijas y no se deja convencer. **2** Dicho de un animal, que no obedece o no se deja controlar: *No hay animal más tozudo que una mula.* ☐ Sinónimos: **1** testarudo, terco, cerril. ☐ Familia: tozudez.

traba (tra·ba) [sustantivo femenino] Cosa que hace que algo resulte difícil o imposible de hacer: *Me han puesto muchas trabas para concederme el crédito.* ☐ Sinónimos: impedimento, obstáculo. ☐ Familia: →trabar.

trabajador, ra (tra·ba·ja·dor, do·ra) [adjetivo] **1** Que trabaja mucho. ■ [sustantivo] **2** Persona que trabaja a cambio de un salario: *Esa empresa tiene empleados a diez trabajadores.* ☐ Sinónimos: **1** laborioso. **2** obrero, operario. ☐ Antónimos: **1** holgazán, vago, haragán, perezoso, gandul. ☐ Familia: →trabajar.

trabajar (tra·ba·jar) [verbo] **1** Realizar una actividad para la que se necesita esfuerzo: *Tengo que trabajar más si quiero acabar bien el curso.* **2** Realizar una actividad como profesión: *Mi padre trabaja como camarero.* **3** Mantener relaciones comerciales con determinada empresa: *Esta empresa trabaja con varios bancos.* **4** Cuidar la tierra y las plantas para que produzcan frutos: *El arado se utiliza para trabajar la tierra.* **5** Dar forma a una materia con las manos: *Los alfareros trabajan la arcilla.* ☐ [Siempre se escribe con «j»]. ☐ Sinónimos: **4** cultivar. ☐ Antónimos: **1** holgazanear, vaguear, haraganear, gandulear. ☐ Familia: trabajo, trabajador, trabajoso.

trabajo (tra·ba·jo) [sustantivo masculino] **1** Actividad que se realiza con esfuerzo: *La jefa me felicitó porque había hecho un gran trabajo.* **2** Esfuerzo para conseguir algo: *Me costó mucho trabajo decidirme a hablar contigo.* **3** Actividad que se realiza a cambio de un sueldo: *He conseguido un trabajo como electricista.* **4** Lugar en el que se realiza esta actividad: *El trabajo me pilla cerca y puedo ir andando.* ◆ [expresión] ‖ **trabajos forzados** Los que tiene que realizar un prisionero como parte de la pena que le han puesto: *Fue condenado a trabajos forzados picando piedra.* ☐ Sinónimos: **1** labor, quehacer, tarea, ocupación, faena. **3** profesión, oficio, empleo. ☐ Familia: →trabajar.

trabajoso, sa (tra·ba·jo·so, sa) [adjetivo] Que se realiza con mucho trabajo o esfuerzo. ☐ Sinónimos: laborioso, afanoso. ☐ Familia: →trabajar.

trabalenguas (tra·ba·len·guas) [sustantivo masculino] Palabra o expresión difícil de pronunciar: *A ver si eres capaz de repetir el trabalenguas «Tres tristes tigres comían trigo en un trigal».* ☐ [No varía en singular y plural]. ☐ Familia: →trabar. →lengua.

trabar (tra·bar) [verbo] **1** Agarrar o coger con fuerza: *Se cerraron las puertas del autobús cuando yo entraba y me trabaron la pierna.* **2** Unir unas ideas con otras: *Sabes convencer porque trabas muy bien tus argumentos.* **3** Poner dificultades al desarrollo de algo: *Deja que decida por ella misma y no trabes su libertad.* **4** Empezar una relación con alguien: *Enseguida trabé amistad con ellos.* ■ **trabarse 5** Hablar con dificultad o equivocándose al pronunciar: *Estaba tan nerviosa que me trababa y no me salían las palabras.* ☐ [No confundir con «tramar» (organizar algo junto a otros)]. ☐ Familia: traba, trabazón, trabilla, trabalenguas.

trabazón (tra·ba·zón) [sustantivo femenino] Relación o unión entre varias cosas: *La trabazón de los capítulos de esta serie está muy bien hecha.* ☐ Sinónimos: coherencia. ☐ Familia: →trabar.

trabilla (tra·bi·lla) [sustantivo femenino] Tira de tela cosida a una prenda de vestir para pasar por ella algo: *Mete el cinturón por las trabillas.* ☐ Familia: →trabar.

trabilla

trabucar (tra·bu·car) [verbo] Cambiar el orden de las letras, sílabas o palabras al hablar o al escribir: *Trabuqué las letras de «difícil» y escribí «dificli».* ☐ [La «c» se cambia en «qu» delante de «e» («trabuque»)]. ☐ Familia: →trabuco.

trabuco (tra·bu·co) [sustantivo masculino] Arma de fuego parecida a la escopeta, pero más corta y gruesa y con un solo tubo para que salgan las balas: *Antiguamente, los bandoleros usaban trabucos.* ☐ Familia: trabucar.

traca (tra·ca) [sustantivo femenino] Conjunto de cohetes y petardos colocados en una cuerda y que estallan unos después de otros sin interrupción. ◆ [expresión] ‖ **ser de traca** Llamar mucho la atención o resultar escandaloso: *Lo que me cuentas es de traca y parece increíble.* ☐ [La expresión es coloquial].

tracción (trac·ción) [sustantivo femenino] Fuerza con la que se empuja o se mueve algo: *Los carromatos son vehículos de tracción animal y los coches, de tracción mecánica.* ☐ Familia: →traer.

tractor (trac·tor) [sustantivo masculino] Vehículo de motor con cuatro ruedas, las dos posteriores muy grandes, que se usa para las tareas del campo: *El agricultor enganchó un remolque al tractor para transportar la cosecha.* 👁 páginas 960-961. ☐ Familia: →traer.

tradición (tra·di·ción) [sustantivo femenino] Conjunto de costumbres, creencias e ideas que se mantienen iguales a través de los tiempos: *Adornar un árbol en*

Navidad es una tradición. ☐ FAMILIA: tradicional, tradicionalista.

tradicional (tra·di·cio·nal) [adjetivo] De la tradición o relacionado con ella: *Fuimos toda la familia al tradicional concierto de Año Nuevo.* ☐ [No varía en masculino y femenino]. ☐ FAMILIA: →tradición.

tradicionalista (tra·di·cio·na·lis·ta) [adjetivo o sustantivo] Que defiende las tradiciones y no está a favor de los cambios. ☐ [No varía en masculino y femenino]. ☐ SINÓNIMOS: conservador. ☐ FAMILIA: →tradición.

traducción (tra·duc·ción) [sustantivo femenino] Cambio a una lengua de lo que estaba expresado en otra: *Me han encargado la traducción de una novela alemana al francés.* ☐ FAMILIA: →traducir.

traducir (tra·du·cir) [verbo] **1** Expresar en una lengua lo que está expresado en otra: *Traduje al español un texto en inglés.* **2** Explicar algo de otra forma para que se entienda: *¿Te importa traducirme lo que has dicho en palabras más normales?* **3** Volverse una cosa algo distinto o tener determinadas consecuencias: *Tus esfuerzos de hoy se traducirán en un futuro mejor.* ☐ [Es irregular y se conjuga como CONDUCIR]. ☐ FAMILIA: traducción, traductor.

traductor, ra (tra·duc·tor, to·ra) [sustantivo] Persona que se dedica a traducir. ☐ FAMILIA: →traducir.

traer (tra·er) [verbo] **1** Llevar algo hasta donde está el que habla: *¿Puedes traer el pan cuando vuelvas?* **2** Tener como efecto: *Las guerras solo traen desgracias.* **3** Vestir o llevar algo puesto: *Traía un vestido muy elegante.* **4** Tener a una persona en el estado que se indica: *Me traes loco con tantas preguntas.* **5** Contener algo un libro o un periódico: *Esa revista trae la programación de televisión.* ◆ [expresión] ‖ **traérselas** Ser muy difícil o muy malo: *Parecía sencillo, pero el jueguecito se las trae.* ☐ [Es irregular]. ☐ SINÓNIMOS: **2** causar, producir, ocasionar, generar, acarrear, motivar. ☐ ANTÓNIMOS: **1** llevar. ☐ FAMILIA: atraer, contraer, extraer, distraer, sustraer, retraer, abstraer, tracción, tractor.

traficante (tra·fi·can·te) [sustantivo] Persona que se dedica a la compra y venta de productos de manera no legal: *Han encarcelado a varios traficantes de drogas.* ☐ [No varía en masculino y femenino]. ☐ FAMILIA: →tráfico.

traficar (tra·fi·car) [verbo] Comprar y vender productos de manera no legal: *Traficar con armas está prohibido.* ☐ [La «c» se cambia en «qu» delante de «e» («trafique»)]. ☐ FAMILIA: →tráfico.

tráfico (trá·fi·co) [sustantivo masculino] **1** Circulación de vehículos: *A estas horas siempre hay mucho tráfico.* **2** Actividad que consiste en comprar y vender mercancías,

---

TRAER

INDICATIVO

Presente
yo traigo
tú traes / usted trae
él, ella trae
nosotros, tras traemos
vosotros, tras traéis / ustedes traen
ellos, ellas traen

Pretérito imperfecto
yo traía
tú traías / usted traía
él, ella traía
nosotros, tras traíamos
vosotros, tras traíais / ustedes traían
ellos, ellas traían

Pretérito perfecto simple
yo traje
tú trajiste / usted trajo
él, ella trajo
nosotros, tras trajimos
vosotros, tras trajisteis / ustedes trajeron
ellos, ellas trajeron

Futuro simple
yo traeré
tú traerás / usted traerá
él, ella traerá
nosotros, tras traeremos
vosotros, tras traeréis / ustedes traerán
ellos, ellas traerán

Condicional simple
yo traería
tú traerías / usted traería
él, ella traería
nosotros, tras traeríamos
vosotros, tras traeríais / ustedes traerían
ellos, ellas traerían

SUBJUNTIVO

Presente
yo traiga
tú traigas / usted traiga
él, ella traiga
nosotros, tras traigamos
vosotros, tras traigáis / ustedes traigan
ellos, ellas traigan

Pretérito imperfecto
yo trajera o trajese
tú trajeras o trajeses / usted trajera o trajese
él, ella trajera o trajese
nosotros, tras trajéramos o trajésemos
vosotros, tras trajerais o trajeseis / ustedes trajeran o trajesen
ellos, ellas trajeran o trajesen

Futuro simple
yo trajere
tú trajeres / usted trajere
él, ella trajere
nosotros, tras trajéremos
vosotros, tras trajereis / ustedes trajeren
ellos, ellas trajeren

IMPERATIVO

trae (tú) / traiga (usted)
traigamos (nosotros, tras)
traed (vosotros, tras) / traigan (ustedes)

FORMAS NO PERSONALES

Infinitivo	Gerundio	Participio
traer	trayendo	traído

generalmente de forma no legal: *tráfico de drogas.* ☐ Familia: traficar, traficante, narcotráfico, narcotraficante.

tragabolas (tra·ga·<u>bo</u>·las) [sustantivo masculino] Muñeco con la boca muy grande por la que se deben meter unas bolas que se tiran desde lejos. ☐ [No varía en singular y plural]. ☐ Familia: →tragar. →bola.

tragaderas (tra·ga·<u>de</u>·ras) [sustantivo femenino plural] Paciencia para resistir algo: *Tú tienes muchas tragaderas y por eso se aprovechan de ti.* ☐ [Es coloquial]. ☐ Sinónimos: aguante. ☐ Familia: →tragar.

tragafuego (tra·ga·<u>fue</u>·go) [sustantivo] → **tragafuegos.** ☐ [No varía en masculino y femenino].

tragafuegos (tra·ga·<u>fue</u>·gos) [sustantivo] Artista de circo que simula escupir fuego por la boca. ☐ [No varía en masculino y femenino, ni en singular y plural: «el tragafuegos», «los tragafuegos», aunque se usa también «tragafuego» para el singular]. ☐ Familia: →tragar. →fuego.

tragaldabas (tra·gal·<u>da</u>·bas) [sustantivo] Persona que come mucho. ☐ [No varía en masculino y femenino, ni en singular y plural. Es coloquial]. ☐ Sinónimos: zampabollos. ☐ Familia: →tragar. →aldaba.

tragaluz (tra·ga·<u>luz</u>) [sustantivo masculino] Ventana abierta en el techo o en la parte superior de una pared. ☐ [Su plural es «tragaluces»]. ☐ Sinónimos: claraboya. ☐ Familia: →tragar. →luz.

tragaluz

tragaperras (tra·ga·<u>pe</u>·rras) [sustantivo femenino] Máquina de juego que funciona echando monedas. ☐ [No varía en singular y plural]. ☐ Familia: →tragar. →perra.

tragar (tra·<u>gar</u>) [verbo] **1** Hacer pasar un alimento desde la boca al interior del cuerpo: *Mastica bien la comida antes de tragarla.* **2** Hacer pasar algo al interior o a la parte más profunda de una cosa: *Las cañerías se han atascado y no tragan más agua.* **3** Creerse de manera fácil lo que alguien cuenta aunque no sea verdad: *¡No te habrás tragado esa mentira!* **4** Sufrir con paciencia algo que no resulta agradable: *No sé cómo te puedes tragar esa película tan aburrida.* ☐ [La «g» se cambia en «gu» delante de «e» («trague»). Los significados **3** y **4** son coloquiales]. ☐ Sinónimos: **4** aguantar, soportar, tolerar. ☐ Familia: trago, tragón, tragabolas, tragaderas, tragaldabas, tragaluz, tragafuegos, tragaperras, atragantarse.

tragavirotes (tra·ga·vi·<u>ro</u>·tes) [sustantivo masculino] Hombre demasiado serio y estirado: *Mi vecino es un tragavirotes y nunca me saluda.*

tragedia (tra·<u>ge</u>·dia) [sustantivo femenino] **1** Obra de teatro o de cine que trata temas tristes y que suele terminar mal. **2** Suceso o situación que producen dolor o pena: *El incendio fue una tragedia en la que murieron varias personas.* ☐ Sinónimos: drama. ☐ Familia: trágico, tragicomedia.

trágico, ca (<u>trá</u>·gi·co, ca) [adjetivo] **1** Que produce mucho dolor y mucha pena: *Perdió la vida en un trágico accidente.* **2** Que escribe obras de teatro que tratan temas tristes y terminan mal: *Es un autor trágico y solo escribe dramas.* **3** Que representa papeles que provocan la compasión del público: *Le gusta ser actriz trágica porque prefiere hacer llorar que reír.* ☐ Sinónimos: **1** dramático. ☐ Antónimos: cómico. ☐ Familia: →tragedia.

tragicomedia (tra·gi·co·<u>me</u>·dia) [sustantivo femenino] Obra dramática con rasgos de comedia y de tragedia. ☐ Familia: →tragedia. →comedia.

trago (<u>tra</u>·go) [sustantivo masculino] **1** Parte de un líquido que se traga de una vez: *Se bebió el agua de un trago.* **2** Bebida alcohólica: *¿Vamos al bar a tomar un traguito?* **3** Disgusto o situación que hacen sufrir: *Fue un trago tener que decirle que su padre había sufrido un accidente.* ☐ [El significado **3** es coloquial]. ☐ Familia: →tragar.

tragón, na (tra·<u>gón</u>, <u>go</u>·na) [adjetivo o sustantivo] Que traga o que come mucho: *Este niño es un tragón.* ☐ [Es coloquial]. ☐ Familia: →tragar.

traición (trai·<u>ción</u>) [sustantivo femenino] Comportamiento que supone una falta a la confianza que alguien tiene en nosotros: *En el Ejército, la traición es un delito muy grave.* ◆ [expresión] ‖ **a traición** Con engaño: *Me atacó a traición, cuando no podía defenderme.* ☐ Antónimos: lealtad, fidelidad. ☐ Familia: traidor, traicionar, traicionero.

traicionar (trai·cio·<u>nar</u>) [verbo] **1** Faltar a la confianza de alguien o dejar de serle fiel: *Es mi amiga y nunca me traicionará.* **2** No ser algo como se esperaba, porque no se puede controlar: *Me traicionaron los nervios cuando más necesitaba mantener la calma.* ☐ Familia: →traición.

traicionero, ra (trai·cio·<u>ne</u>·ro, ra) ‖ [adjetivo] **1** Que produce daño aunque parece inofensivo: *Este tiempo es muy traicionero y aunque ahora haga sol, luego puede llover.* ‖ [adjetivo o sustantivo] **2** Que falta a la confianza de alguien o que deja de serle fiel: *No volveré a confiar en una persona tan traicionera.* ☐ Sinónimos: traidor. ☐ Antónimos: **2** fiel, leal. ☐ Familia: →traición.

traidor, ra (trai·<u>dor</u>, <u>do</u>·ra) ‖ [adjetivo] **1** Que produce daño aunque parece inofensivo: *Este sol es muy traidor y, aunque parece que no calienta, te puede quemar.* ‖ [adjetivo o sustantivo] **2** Que falta a la confianza de alguien o que deja de serle fiel: *Creí que eras mi amigo, pero eres un traidor.* ☐ Sinónimos: traicionero. **2** pérfido, desleal. ☐ Antónimos: **2** fiel, leal. ☐ Familia: →traición.

tráiler (trái·ler) [sustantivo masculino] **1** Remolque de un camión. **2** Conjunto de escenas de una película: *Antes de que empezara la película pusieron un tráiler del próximo estreno.* ☐ [Es una palabra de origen inglés. Su plural es «tráileres»].

traje (tra·je) [sustantivo masculino] **1** Vestido exterior completo de una persona: *un traje regional.* **2** Vestido formado por una chaqueta y un pantalón o una falda. ◆ [expresión] ‖ **traje de etiqueta** El que es muy elegante y se usa en algunos actos importantes. ‖ **traje de luces** El que llevan los toreros para torear. ‖ **traje sastre** El de mujer que se parece al de hombre porque lleva la chaqueta y la falda de la misma tela. ☐ FAMILIA: trajeado.

trajeado, da (tra·je·a·do, da) [adjetivo] Que lleva traje o que va vestido con especial elegancia: *Fui muy trajeado a la boda.* ☐ FAMILIA: →traje.

trajín (tra·jín) [sustantivo] Gran actividad o movimiento continuo: *He tenido un día de mucho trajín.* ☐ SINÓNIMOS: movimiento. ☐ ANTÓNIMOS: calma. ☐ FAMILIA: trajinar.

trajinar (tra·ji·nar) [verbo] Tener gran actividad o ir de un sitio a otro sin parar: *Me he pasado el día trajinando y estoy agotada.* ☐ FAMILIA: →trajín.

trallazo (tra·lla·zo) [sustantivo masculino] En algunos deportes, disparo muy fuerte del balón: *El portero no pudo detener el trallazo del delantero.* ☐ SINÓNIMOS: cañonazo.

trama (tra·ma) [sustantivo femenino] Asunto de que trata una novela o una película. ☐ SINÓNIMOS: argumento. ☐ FAMILIA: →tramar.

tramar (tra·mar) [verbo] Organizar algo con habilidad y poniéndose de acuerdo con otros: *¿Qué estáis tramando con tantos cuchicheos?* ☐ [No confundir con «trabar» (agarrar con fuerza; unir ideas con otras; poner dificultades; empezar una relación)]. ☐ FAMILIA: trama, entramado.

tramitación (tra·mi·ta·ción) [sustantivo femenino] Realización de los trámites necesarios para conseguir algo: *La tramitación del permiso de trabajo para un extranjero es larga y difícil.* ☐ FAMILIA: →tramitar.

tramitar (tra·mi·tar) [verbo] Realizar las acciones necesarias para conseguir algo: *tramitar un pasaporte; tramitar una solicitud.* ☐ SINÓNIMOS: gestionar. ☐ FAMILIA: trámite, tramitación.

trámite (trá·mi·te) [sustantivo masculino] Acción que se realiza para conseguir algo: *Tuvo que hacer varios trámites para conseguir la licencia.* ☐ SINÓNIMOS: gestión. ☐ FAMILIA: →tramitar.

tramo (tra·mo) [sustantivo masculino] **1** Cada una de las partes en que se divide algo largo: *un tramo de la carretera.* **2** Parte de una escalera formada por cada grupo de escalones: *Los tramos de una escalera están separados por descansillos.*

tramoya (tra·mo·ya) [sustantivo femenino] Conjunto de máquinas que se utilizan en los teatros para cambiar los decorados. ☐ FAMILIA: tramoyista.

tramoyista (tra·mo·yis·ta) [sustantivo] Persona que cambia los decorados en los teatros. ☐ [No varía en masculino y femenino]. ☐ FAMILIA: →tramoya.

trampa (tram·pa) [sustantivo femenino] **1** Aparato para cazar, en el que el animal cae por engaño: *Los cepos para ratones son un tipo de trampas.* **2** Engaño para hacer caer a alguien o para causarle algún daño: *La policía tendió una trampa para atrapar al ladrón.* **3** Acción que se realiza sin tener en cuenta las normas: *Si te vuelvo a pillar en una trampa, dejamos de jugar a las cartas.* ☐ SINÓNIMOS: **2** asechanza, estratagema. ☐ FAMILIA: tramposo, trampero, entramparse, trampilla.

trampero, ra (tram·pe·ro, ra) [sustantivo] Persona que caza utilizando trampas. ☐ FAMILIA: →trampa.

trampilla (tram·pi·lla) [sustantivo femenino] Puerta o ventana pequeñas que están en el techo o en el suelo: *Para bajar a la bodega, entra por esa trampilla.* ☐ FAMILIA: →trampa.

trampolín (tram·po·lín) [sustantivo masculino] **1** Especie de tabla que sirve para impulsar a alguien en un salto: *el trampolín de la piscina.* **2** Cualquier cosa que empuja a alguien hacia una posición o una situación mejores: *Si tu libro tiene éxito, será el trampolín que te lance a la fama.*

tramposo, sa (tram·po·so, sa) [adjetivo o sustantivo] Que hace trampas. ☐ SINÓNIMOS: fullero, marrullero. ☐ FAMILIA: →trampa.

tranca (tran·ca) [sustantivo femenino] **1** Palo grueso que se pone detrás de una puerta o de una ventana cerradas para que no puedan ser abiertas: *Los ladrones no pudieron entrar porque la puerta tenía una tranca.* **2** Borrachera: *¡Te cogiste una buena tranca en el bar!* ◆ [expresión] ‖ **a trancas y barrancas** Con dificultades: *He aparcado a trancas y barrancas porque el sitio era pequeño.* ☐ [El significado **2** y la expresión son coloquiales]. ☐ SINÓNIMOS: **2** merluza, curda, melopea. ☐ FAMILIA: trancazo.

trancazo (tran·ca·zo) [sustantivo masculino] Gripe o resfriado. ☐ [Es coloquial]. ☐ FAMILIA: →tranca.

trance (tran·ce) [sustantivo masculino] Momento difícil o importante: *Espero que nunca te encuentres en este trance.* ◆ [expresión] ‖ **en trance** En el estado en el que una persona puede comunicarse con los espíritus: *Esa mujer dice que cuando está en trance habla con su padre muerto.* ☐ SINÓNIMOS: tribulación.

tranquilidad (tran·qui·li·dad) [sustantivo femenino] **1** Falta de actividad o de ruido. **2** Capacidad para mantenerse tranquilo y no perder los nervios: *Procura no perder la tranquilidad, pase lo que pase.* ☐ SINÓNIMOS: calma. **1** sosiego. **2** serenidad. ☐ ANTÓNIMOS: **2** nervios, nerviosismo, histeria, intranquilidad. ☐ FAMILIA: →tranquilo.

tranquilizante (tran·qui·li·zan·te) [adjetivo o sustantivo masculino] Dicho de una medicina, que tranquiliza o calma los nervios. ☐ FAMILIA: →tranquilo.

tranquilizar (tran·qui·li·zar) [verbo] Poner tranquilo: *Me he tomado una tila para tranquilizarme.* ☐ [La «z» se cambia en «c» delante de «e» («tranquilice»)]. ☐ SINÓNIMOS: sosegar, calmar, apaciguar, serenar, aquietar. ☐ ANTÓNIMOS: intranquilizar, irritar, inquietar, preocupar, acelerarse, angustiar. ☐ FAMILIA: →tranquilo.

tranquillo (tran·qui·llo) ◆ [expresión] ‖ **coger el tranquillo** Aprender el truco para hacer algo que requiere habilidad: *Patinar es muy fácil, solo hay que cogerle el tranquillo.* ☐ [Es coloquial].

tranquilo, la (tran·qui·lo, la) [adjetivo] **1** En paz, quieto o sin movimiento: *Por las noches, las calles se quedan tranquilas.* **2** Sin nervios o sin preocupaciones: *Estate tranquilo, que no pasa nada grave.* ☐ SINÓNIMOS: **2** reposado. ☐ ANTÓNIMOS: **2** intranquilo, nervioso, inquieto, acalorado, alborotado. ☐ FAMILIA: tranquilidad, tranquilizar, tranquilizante, intranquilo, intranquilidad, intranquilizar.

transacción (tran·sac·ción) [sustantivo femenino] Acto que consiste en comprar o en vender algo. ☐ FAMILIA: →acción.

transatlántico (tran·sat·lán·ti·co; tran·sa·tlán·ti·co) [sustantivo masculino] Barco de pasajeros muy grande: *Hizo un crucero en un transatlántico.* ☐ [Se usa también «trasatlántico»].

transbordador (trans·bor·da·dor) [sustantivo masculino] **1** Barco que hace viajes de ida y vuelta entre dos puntos, llevando viajeros y vehículos: *Para cruzar ese río, puedes coger el transbordador.* **2** Nave que se usa para llevar algo al espacio: *Los satélites de comunicaciones se llevan al espacio con transbordadores.* ☐ SINÓNIMOS: **1** ferri. ☐ FAMILIA: →transbordar.

transbordar (trans·bor·dar) [verbo] Cambiar de tren o de línea en un viaje: *Tienes que transbordar en la próxima estación y coger la línea 3.* ☐ [Se usa también «trasbordar»]. ☐ FAMILIA: transbordo, transbordador.

transbordo (trans·bor·do) [sustantivo masculino] Cambio de tren o de línea de metro que se hace en un viaje. ☐ [Se usa también «trasbordo»]. ☐ FAMILIA: →transbordar.

transcendencia (trans·cen·den·cia) [sustantivo femenino] → **trascendencia**.

transcendental (trans·cen·den·tal) [adjetivo] → **trascendental**. ☐ [No varía en masculino y femenino].

transcendente (trans·cen·den·te) [adjetivo] → **trascendente**. ☐ [No varía en masculino y femenino].

transcender (trans·cen·der) [verbo] → **trascender**. ☐ [Es irregular y se conjuga como ENTENDER].

transcribir (trans·cri·bir) [verbo] **1** Escribir lo que se ha dicho de palabra o copiar lo que está escrito: *Transcribe las palabras del director y luego pasa la nota a todos los empleados.* **2** Escribir en un sistema lo que está escrito en otro distinto: *Si conoces el código morse, transcríbenos el mensaje recibido.* ☐ [Su participio es «transcrito». Se usa también «trascribir»]. ☐ FAMILIA: transcrito, transcripción.

transcripción (trans·crip·ción) [sustantivo femenino] **1** Escritura en un sistema de lo que está escrito en otro distinto: *Hay que hacer una transcripción de ese mensaje en morse.* **2** Representación de elementos lingüísticos mediante un determinado sistema de escritura: *«[kása]» es la transcripción fonética de «casa».* **3** Escritura de lo que se ha dicho de palabra o copia de lo que está escrito: *Un error en la transcripción del documento produjo un malentendido entre las partes.* ☐ [Se usa también «trascripción»]. ☐ FAMILIA: →transcribir.

transcrito, ta (trans·cri·to, ta) Participio irregular de **transcribir**. ☐ [Se usa también «trascrito»]. ☐ FAMILIA: →transcribir.

transcurrir (trans·cu·rrir) [verbo] Pasar el tiempo o los acontecimientos: *Todo transcurrió con normalidad.* ☐ [Se usa también «trascurrir»]. ☐ SINÓNIMOS: correr, discurrir. ☐ FAMILIA: transcurso.

transcurso (trans·cur·so) [sustantivo masculino] Paso de un período de tiempo: *Vendré a verte en el transcurso de una semana.* ☐ [Se usa también «trascurso»]. ☐ FAMILIA: →transcurrir.

transeúnte (tran·se·ún·te) [adjetivo o sustantivo] Que pasa por un lugar: *Como no llevaba reloj, pregunté la hora a un transeúnte.* ☐ [No varía en masculino y femenino]. ☐ FAMILIA: →tránsito.

transexual (tran·se·xual) [adjetivo o sustantivo] Dicho de una persona, que adquiere los caracteres sexuales del sexo opuesto mediante un tratamiento médico. ☐ [No varía en masculino y femenino]. ☐ FAMILIA: →sexo.

transferencia (trans·fe·ren·cia) [sustantivo femenino] Hecho de pasar algo de una persona a otra: *transferencia bancaria.* ☐ [Se usa también «trasferencia»]. ☐ FAMILIA: →transferir.

transferir (trans·fe·rir) [verbo] Hacer que algo pase de una persona a otra: *Mañana transferiré el dinero del alquiler a tu cuenta.* ☐ [Es irregular y se conjuga como SENTIR. Se usa también «trasferir»]. ☐ FAMILIA: transferencia.

transformación (trans·for·ma·ción) [sustantivo femenino] **1** Proceso por el que algo se vuelve distinto: *Esta ciudad ha sufrido grandes transformaciones.* **2** Cambio que sufre algo y que hace que empiece a ser una cosa distinta: *La transformación del hombre lobo tenía lugar las noches de luna llena.* ☐ [Se usa también «trasformación»]. ☐ SINÓNIMOS: **1** alteración, modificación, novedad, cambio, evolución. **2** conversión, metamorfosis. ☐ FAMILIA: →transformar.

transformar (trans·for·mar) [verbo] **1** Hacer que algo sea distinto: *Las obras están transformando el barrio.* **2** Hacer que algo tenga un cambio y empiece a ser una cosa distinta: *La bruja transformó al príncipe en rana.* ☐ [Se usa también «trasformar»]. ☐ SINÓNIMOS: **1** cambiar, modificar, alterar, evolucionar. **2** convertir. ☐ FAMILIA: transformación.

tránsfuga (tráns·fu·ga) [sustantivo] **1** Persona que huye de un lugar a otro: *Cuando se escapó de la cárcel se convirtió en el tránsfuga más buscado.* **2** Persona que pasa de un partido político a otro: *El presidente criticó duramente a los tránsfugas.* ☐ [No varía en masculino y femenino]. ☐ FAMILIA: →fugarse.

transfusión (trans·fu·sión) [sustantivo femenino] Introducción de la sangre de una persona en el cuerpo de otra.

transgénico, ca (trans·gé·ni·co, ca) [adjetivo o sustantivo] **1** Dicho de un organismo vivo, que ha sido modificado genéticamente de forma artificial: *un tomate transgénico*. **2** Dicho de un producto, que ha sido elaborado a partir de uno de estos organismos: *el aceite transgénico*. **3** Dicho de una tecnología, que utiliza ingeniería genética para desarrollar sus productos: *técnicas transgénicas*. ☐ Familia: →gen.

transgredir (trans·gre·dir) [verbo] No cumplir una ley o una norma. ☐ [Se usa también «trasgredir»]. ☐ Sinónimos: contravenir. ☐ Familia: transgresor, transgresión.

transgresión (trans·gre·sión) [sustantivo femenino] Violación de una ley o de una norma. ☐ [Se usa también «trasgresión»]. ☐ Familia: →transgredir.

transgresor, ra (trans·gre·sor, so·ra) [adjetivo o sustantivo] Que no cumple una ley o una norma: *Los transgresores serán multados*. ☐ [Se usa también «trasgresor»]. ☐ Familia: →transgredir.

transiberiano, na (tran·si·be·ria·no, na) [adjetivo] Que atraviesa Siberia, que es una región asiática: *tren transiberiano*.

transición (tran·si·ción) [sustantivo femenino] Paso de una situación o de un estado a otros: *Después de la dictadura hubo una transición a la democracia*. ☐ Familia: →tránsito.

transigente (tran·si·gen·te) [adjetivo o sustantivo] **1** Que acepta una idea o una opinión distinta de la suya. **2** Que perdona con facilidad a una persona que se equivoca o que comete un error. ☐ [No varía en masculino y femenino]. ☐ Antónimos: intransigente. ☐ Familia: →transigir.

transigir (tran·si·gir) [verbo] Aceptar las opiniones de los demás o dejar que algo suceda: *No transijo con la mala educación*. ☐ [La «g» se cambia en «j» delante de «a», «o» («transija»)]. ☐ Sinónimos: tolerar, contemporizar. ☐ Familia: transigente, intransigente, intransigencia.

transistor (tran·sis·tor) [sustantivo masculino] Aparato que recibe el sonido comunicado mediante ondas a través del aire. ☐ Sinónimos: radio.

transitar (tran·si·tar) [verbo] Andar o moverse por un lugar: *A estas horas no transita nadie por esta calle*. ☐ Sinónimos: circular. ☐ Familia: →tránsito.

transitivo, va (tran·si·ti·vo, va) [adjetivo] Dicho de un verbo o de una oración, que lleva complemento directo: *«Comprar» es un verbo transitivo*. ☐ Antónimos: intransitivo. ☐ Familia: intransitivo.

tránsito (trán·si·to) [sustantivo masculino] Paso de personas o de vehículos: *Durante el desfile esta calle estará cortada al tránsito de vehículos*. ☐ Familia: transitar, transición, transitorio, transeúnte, intransitable.

transitorio, ria (tran·si·to·rio, ria) [adjetivo] Que no es para siempre: *Estaré aquí de forma transitoria, hasta que encuentre algo mejor*. ☐ Sinónimos: temporal. ☐ Familia: →tránsito.

translúcido, da (trans·lú·ci·do, da) [adjetivo] Que deja pasar la luz pero no permite ver a través de él con claridad: *Los cristales del cuarto de baño son translúcidos*. ☐ [Se usa también «traslúcido»]. ☐ Familia: →luz.

translucir (trans·lu·cir) [verbo] → **traslucir**. ☐ [Es irregular y se conjuga como LUCIR].

transmisión (trans·mi·sión) [sustantivo femenino] **1** Comunicación o paso de algo de un lugar a otro: *Las vacunas impiden la transmisión de muchas enfermedades*. **2** Emisión de un programa en la televisión o en la radio: *Se cancela la transmisión del partido por problemas técnicos*. ☐ [Se usa también «trasmisión»]. ☐ Sinónimos: **1** propagación. ☐ Familia: →transmitir.

transmisor, ra (trans·mi·sor, so·ra) ▍ [adjetivo o sustantivo] **1** Que lleva algo de un lugar a otro: *Algunos animales son transmisores de enfermedades*. ▍ **transmisor** [sustantivo masculino] **2** Aparato que sirve para emitir señales a distancia por radio, telégrafo o televisión. ☐ Antónimos: **2** receptor. ☐ Familia: →transmitir.

transmitir (trans·mi·tir) [verbo] **1** Comunicar, pasar o llevar algo de un lugar a otro: *Algunos animales transmiten enfermedades*. **2** Emitir un programa en la televisión o en la radio: *Hoy transmiten ese partido*. **3** Hacer llegar una sensación o un estado de ánimo: *Tu cara transmite lo que sientes*. ☐ [Se usa también «trasmitir»]. ☐ Sinónimos: **3** comunicar. ☐ Familia: transmisor, transmisión, retransmitir, retransmisión.

transoceánico, ca (tran·so·ce·á·ni·co, ca) [adjetivo] Que atraviesa un océano: *Para ir a América hicimos un vuelo transoceánico*. ☐ Familia: →océano.

transparencia (trans·pa·ren·cia) [sustantivo femenino] **1** Cualidad que tiene un cuerpo que deja pasar la luz y permite ver algo a través de él: *la transparencia del agua*. **2** Posibilidad de ver algo o de dar información sobre ello: *En una democracia debe haber transparencia en todos los asuntos*. ☐ [Se usa también «trasparencia»]. ☐ Sinónimos: **1** nitidez. ☐ Familia: →transparente.

transparentar (trans·pa·ren·tar) [verbo] **1** Permitir un cuerpo que se vea algo a través de él: *Esta tela tan fina transparenta*. **2** Mostrar algo o dejarlo ver: *Tu cara transparenta tus sentimientos*. ☐ [Se usa también «trasparentar»]. ☐ Sinónimos: **1** clarearse. **2** traslucir. ☐ Familia: →transparente.

transparente (trans·pa·ren·te) [adjetivo] **1** Que deja pasar la luz y permite ver algo a través de él: *Los cristales de las gafas son transparentes*. **2** Claro, evidente o que se entiende bien: *Tus propósitos son transparentes para mí*. ☐ [No varía en masculino y femenino. Se usa también «trasparente»]. ☐ Antónimos: **1** opaco. ☐ Familia: transparentar, transparencia.

transpiración (trans·pi·ra·ción) [sustantivo femenino] Salida del sudor del cuerpo a través de la piel: *Beber mucha agua favorece la transpiración*. ☐ Sinónimos: sudoración. ☐ Familia: →transpirar.

transpirar (trans·pi·rar) [verbo] Salir el sudor del cuerpo a través de la piel: *Cuando hacemos ejercicio transpiramos mucho*. ☐ Sinónimos: sudar. ☐ Familia: transpiración.

transponerse (trans·po·ner·se) [verbo] → **trasponerse**.

transportador, ra (trans·por·ta·dor, do·ra) ■ [adjetivo o sustantivo] **1** Que transporta: *Pon la maleta en la cinta transportadora.* ■ **transportador** [sustantivo masculino] **2** Especie de regla con forma de medio círculo que sirve para dibujar ángulos. ☐ Familia: →transporte.

transportar (trans·por·tar) [verbo] Llevar algo de un lugar a otro. ☐ [Se usa también «trasportar»]. ☐ Familia: →transporte.

transporte (trans·por·te) [sustantivo masculino] **1** Hecho de llevar algo de un lugar a otro. **2** Cualquier vehículo que sirve para llevar algo de un lugar a otro: *transporte público; transporte aéreo.* ☐ [Se usa también «trasporte»]. ☐ Familia: transportar, transportista, transportador.

transportista (trans·por·tis·ta) [sustantivo] Que se dedica a llevar cosas de un lugar a otro. ☐ [No varía en masculino y femenino]. ☐ Familia: →transporte.

transpuesto, ta (trans·pues·to, ta) [adjetivo] → **traspuesto.**

transversal (trans·ver·sal) [adjetivo] **1** Que cruza de un lado a otro: *corte transversal.* **2** Que se aparta de la dirección principal: *Vivo en una calle transversal a esta.* ☐ [No varía en masculino y femenino].

tranvía (tran·ví·a) [sustantivo masculino] Especie de autobús que va sobre unas vías y funciona con electricidad.

tranvía

trapecio (tra·pe·cio) [sustantivo masculino] **1** Barra colgada del techo por dos cuerdas, en la cual se hacen ejercicios de acrobacia. **2** Figura plana con cuatro lados, dos de ellos paralelos. ⊚ **página 467**. **3** Músculo situado en la parte posterior del cuello que permite mover el hombro y girar e inclinar la cabeza. ⊚ **página 647**. ☐ Familia: trapecista.

trapecista (tra·pe·cis·ta) [sustantivo] Artista que hace ejercicios en un trapecio. ☐ [No varía en masculino y femenino]. ☐ Familia: →trapecio.

trapero, ra (tra·pe·ro, ra) [sustantivo] Persona que coge, compra o vende ropa vieja y otros objetos usados. ☐ Familia: →trapo.

trapezoide (tra·pe·zoi·de) [sustantivo masculino] Figura plana con cuatro lados, ninguno de ellos paralelo a otro. ⊚ **página 467**.

trapichear (tra·pi·che·ar) [verbo] Hacer negocio comprando y vendiendo pequeñas cantidades de mercancía: *Este señor trapichea vendiendo revistas viejas en el mercadillo.* ☐ [Es coloquial]. ☐ Familia: trapicheo.

trapicheo (tra·pi·che·o) [sustantivo masculino] Actividad que se realiza sin tener en cuenta la ley o de manera poco honrada: *Para conseguir el puesto hizo algún que otro trapicheo.* ☐ [Es coloquial]. ☐ Sinónimos: chanchullo. ☐ Familia: →trapichear.

trapo (tra·po) [sustantivo masculino] **1** Trozo de tela viejo, roto o que no sirve para nada. **2** Trozo de tela: *un trapo de cocina.* ◆ [expresión] ‖ **a todo trapo** Muy deprisa: *Me vestí a todo trapo porque llegaba tarde.* ‖ **sacar los trapos sucios** Recordar a alguien las cosas que hizo mal en el pasado: *No me saques los trapos sucios delante de todos.* ☐ [Las expresiones son coloquiales]. ☐ Familia: trapero.

tráquea (trá·que·a) [sustantivo femenino] Especie de tubo que une la laringe con los bronquios: *La tráquea forma parte del aparato respiratorio.*

traquetear (tra·que·te·ar) [verbo] Moverse produciendo un sonido: *La carreta traquetea por el camino.* ☐ Familia: traqueteo.

traqueteo (tra·que·te·o) [sustantivo masculino] Movimiento repetitivo que produce ruido: *el traqueteo del tren.* ☐ Familia: →traquetear.

tras [preposición] **1** Después de algo: *Tras el lunes viene el martes.* **2** Detrás de algo: *Le dije que se quedara oculta tras la puerta.* ☐ Familia: detrás, atrás, atrasar, atraso, atrasado, retrasar, retraso, retrasado, trasero.

trasatlántico (tra·sat·lán·ti·co; tra·sa·tlán·ti·co) [sustantivo masculino] → **transatlántico.**

trasbordar (tras·bor·dar) [verbo] → **transbordar.**

trasbordo (tras·bor·do) [sustantivo masculino] → **transbordo.**

trascendencia (tras·cen·den·cia) [sustantivo femenino] Importancia de algo o influencia en el futuro: *La lesión no es grave y no tendrá trascendencia.* ☐ [Se usa también «transcendencia»]. ☐ Sinónimos: significación, relevancia, proyección. ☐ Familia: →trascender.

trascendental (tras·cen·den·tal) [adjetivo] Muy importante o con mucha influencia en el futuro: *Elegir una carrera es una decisión trascendental.* ☐ [No varía en masculino y femenino. Se usa también «transcendental»]. ☐ Sinónimos: trascendente, fundamental, esencial. ☐ Antónimos: insignificante, secundario, trivial. ☐ Familia: →trascender.

trascendente (tras·cen·den·te) [adjetivo] Muy importante o con mucha influencia en el futuro: *El cambio de trabajo ha sido trascendente en mi vida.* ☐ [No varía en masculino y femenino. Se usa también «transcendente»]. ☐ Sinónimos: trascendental, fundamental. ☐ Antónimos: intrascendente. ☐ Familia: →trascender.

trascender (tras·cen·der) [verbo] Empezar a extenderse una noticia: *Ha trascendido el embarazo de esta actriz, aunque lo quería llevar en secreto.* ☐ [Es irregular y se conjuga como **ENTENDER**. Se usa también «transcender»]. ☐ Familia: trascendente, trascendental, trascendencia, intrascendente.

trascribir (tras·cri·bir) [verbo] → **transcribir**.
trascripción (tras·crip·ción) [sustantivo femenino] → **transcripción**.
trascrito, ta (tras·cri·to, ta) → **transcrito, ta**.
trascurrir (tras·cu·rrir) [verbo] → **transcurrir**.
trascurso (tras·cur·so) [sustantivo masculino] → **transcurso**.
trasero, ra (tra·se·ro, ra) ■ [adjetivo] **1** Que está atrás: *Metí las maletas en la parte trasera del coche.* ■ **trasero** [sustantivo masculino] **2** Culo: *No se te ocurra darme en el trasero.* ☐ [El significado **2** es coloquial]. ☐ FAMILIA: →tras.
trasferencia (tras·fe·ren·cia) [sustantivo femenino] → **transferencia**.
trasferir (tras·fe·rir) [verbo] → **transferir**. ☐ [Es irregular y se conjuga como SENTIR].
trasfondo (tras·fon·do) [sustantivo masculino] Parte que no se ve a primera vista de un hecho: *Detrás de su amabilidad hay un trasfondo de interés.* ☐ FAMILIA: →fondo.
trasformación (tras·for·ma·ción) [sustantivo femenino] → **transformación**.
trasformar (tras·for·mar) [verbo] → **transformar**.
trasgredir (tras·gre·dir) [verbo] → **transgredir**.
trasgresión (tras·gre·sión) [sustantivo femenino] → **transgresión**.
trasgresor, ra (tras·gre·sor, so·ra) [adjetivo o sustantivo] → **transgresor, ra**.
trashumancia (tra·shu·man·cia) [sustantivo femenino] Traslado del ganado de una zona a otra para buscar alimento. ☐ FAMILIA: →trashumante.
trashumante (tra·shu·man·te) [adjetivo] Que va de una zona a otra para buscar alimento: *ganado trashumante.* ☐ [No varía en masculino y femenino]. ☐ FAMILIA: trashumancia.
trasiego (tra·sie·go) [sustantivo masculino] **1** Mucho ruido, mucho trabajo o mucho movimiento: *¡Qué trasiego hay hoy en el mercado!* **2** Cambio de algo de un lugar a otro, especialmente de un líquido: *el trasiego del vino.* ☐ SINÓNIMOS: **1** jaleo, ajetreo, alboroto, bullicio, bulla. ☐ ANTÓNIMOS: **1** quietud.
traslación (tras·la·ción) [sustantivo femenino] Movimiento de un planeta alrededor de otro, especialmente el de la Tierra alrededor del Sol: *El movimiento de traslación de la Tierra alrededor del Sol dura aproximadamente un año.* ☐ FAMILIA: →trasladar.
trasladar (tras·la·dar) [verbo] **1** Llevar o cambiar algo de un lugar a otro: *¿Me ayudas a trasladar todos estos libros a la estantería del comedor?* **2** Cambiar el lugar de trabajo: *Me han trasladado al departamento del segundo piso.* **3** Cambiar la fecha y la hora de algo: *Mi madre ha trasladado al viernes la cita con el médico.* ☐ FAMILIA: traslado, traslación.
traslado (tras·la·do) [sustantivo masculino] Cambio de lugar o de puesto. ☐ FAMILIA: →trasladar.
traslúcido, da (tras·lú·ci·do, da) [adjetivo] → **translúcido, da**.
traslucir (tras·lu·cir) [verbo] Mostrar algo o dejarlo ver: *Tus palabras traslucen que te has enamorado.* ☐ [Es irregular y se conjuga como LUCIR. Se usa también «translucir»]. ☐ SINÓNIMOS: transparentar. ☐ FAMILIA: →luz.

trasluz (tras·luz) ◆ [expresión] ‖ **al trasluz** Dicho de la forma de ver algo, poniéndolo entre los ojos y la luz: *Si miras las diapositivas al trasluz, verás las imágenes que hay en ellas.* ☐ FAMILIA: →luz.
trasmisión (tras·mi·sión) [sustantivo femenino] → **transmisión**.
trasmitir (tras·mi·tir) [verbo] → **transmitir**.
trasnochado, da (tras·no·cha·do, da) [adjetivo] Que ya no se usa o que está pasado de moda. ☐ SINÓNIMOS: anticuado. ☐ FAMILIA: →noche.
trasnochar (tras·no·char) [verbo] Irse tarde a dormir o pasar la noche sin dormir: *Los sábados trasnocho, porque al día siguiente no tengo que madrugar.* ☐ FAMILIA: →noche.
traspapelar (tras·pa·pe·lar) [verbo] Perder un papel entre otros: *He traspapelado la factura y no la encuentro.* ☐ FAMILIA: →papel.
trasparencia (tras·pa·ren·cia) [sustantivo femenino] → **transparencia**.
trasparentar (tras·pa·ren·tar) [verbo] → **transparentar**.
trasparente (tras·pa·ren·te) [adjetivo] → **transparente**. ☐ [No varía en masculino y femenino].
traspasar (tras·pa·sar) [verbo] **1** Pasar de una parte a otra o pasar al otro lado de algo: *La grasa del bocadillo ha traspasado el papel en el que estaba envuelto.* **2** Meter algo en un sitio de forma que entre por una parte y salga por otra: *La bala le traspasó la pierna.* **3** Dar algo o entregarlo: *Ese señor ha traspasado el negocio a su hijo.* **4** Pasar un límite: *Algunos aviones traspasan la barrera del sonido.* **5** Hacer sentir algo con fuerza: *El dolor de verte tan mal me traspasa el corazón.* ☐ SINÓNIMOS: **2** atravesar. ☐ FAMILIA: →pasar.
traspaso (tras·pa·so) [sustantivo masculino] Hecho de pasar algo de una persona a otra, especialmente un negocio: *Con lo que cobró por el traspaso de la tienda ha montado otro negocio.* ☐ FAMILIA: →pasar.
traspié (tras·pié) [sustantivo masculino] **1** Paso que se da mal porque se choca con los pies en algo: *Dio un traspié con el bordillo y se cayó.* **2** Error, equivocación o fallo: *Tuvo un traspié y el negocio se vino abajo.* ☐ [No debe decirse «un traspiés»]. ☐ SINÓNIMOS: **1** tropezón.
trasplantar (tras·plan·tar) [verbo] **1** Poner una planta en un lugar distinto al que estaba. **2** Introducir en el cuerpo un órgano de otra persona para sustituir el de la persona que está enferma: *Le trasplantaron un riñón.* ☐ FAMILIA: →planta.
trasplante (tras·plan·te) [sustantivo masculino] Introducción en el cuerpo de un órgano de otra persona para sustituir un órgano que está enfermo: *un trasplante de corazón.* ☐ FAMILIA: →planta.
trasponerse (tras·po·ner·se) [verbo] Quedarse dormido un rato: *Después de comer, en cuanto me siento me traspongo.* ☐ [Es irregular y se conjuga como PONER. Su participio es «traspuesto». Se usa también «transponerse»]. ☐ FAMILIA: traspuesto. →poner.

trasportar (tras·por·tar) [verbo] → **transportar**.

trasporte (tras·por·te) [sustantivo masculino] → **transporte**.

traspuesto, ta (tras·pues·to, ta) ■ **1** Participio irregular de **trasponer**. ■ [adjetivo] **2** Medio dormido: *Me quedé traspuesto viendo la tele.* □ [Se usa también «traspuesto»]. □ FAMILIA: →trasponerse.

trasquilar (tras·qui·lar) [verbo] Cortar el pelo o la lana a algún animal: *trasquilar las ovejas.* □ SINÓNIMOS: esquilar. □ FAMILIA: →esquilar.

trasquilón (tras·qui·lón) [sustantivo masculino] Corte desigual de pelo. □ FAMILIA: →esquilar.

trastada (tras·ta·da) [sustantivo femenino] Acción mala pero de poca importancia: *Niños, dejad ya de hacer trastadas.* □ [Es coloquial]. □ SINÓNIMOS: travesura. □ FAMILIA: →trasto.

trastazo (tras·ta·zo) [sustantivo masculino] Golpe muy fuerte al caerse o al chocar: *¡Qué trastazo me he dado con la puerta!* □ [Es coloquial]. □ SINÓNIMOS: porrazo, trompazo, batacazo, castañazo. □ FAMILIA: →trasto.

traste (tras·te) [sustantivo masculino] Cada uno de los salientes que cruzan el mástil de una guitarra: *Para tocar la nota «la» tienes que poner los dedos en el segundo traste.* ◆ [expresión] ‖ **dar al traste con algo** Estropearlo: *El mal tiempo dio al traste con el paseo.* □ FAMILIA: →trastear.

trastear (tras·te·ar) [verbo] **1** Oprimir con los dedos las cuerdas de un instrumento musical con trastes: *Las cuerdas de la guitarra se trastean con los dedos de la mano izquierda.* **2** Dar a un toro pases con la muleta: *El torero trasteó al toro para entrarle a matar.* **3** Revolver, cambiar o mover trastos de un sitio a otro: *Me he pasado la mañana trasteando en mi habitación.* **4** Hacer travesuras: *¿Dónde estará trasteando el niño?* □ [Los significados **3** y **4** son coloquiales]. □ FAMILIA: **1** →traste. **3, 4** →trasto.

trastero (tras·te·ro) [sustantivo masculino] Cuarto que se usa para guardar objetos inútiles o que no se emplean de manera habitual. □ FAMILIA: →trasto.

trastienda (tras·tien·da) [sustantivo femenino] Habitación que está en la parte de atrás de una tienda o de un bar y que se usa como almacén. □ FAMILIA: →tienda.

trasto (tras·to) [sustantivo masculino] **1** Cualquier objeto viejo o poco útil. **2** Persona que hace travesuras: *¡Qué niña más trasto!* ◆ [expresión] ‖ **tirarse los trastos a la cabeza** Discutir de manera violenta: *Dejad ya de tiraros los trastos a la cabeza.* □ [El significado **1** es despectivo. El significado **2** y la expresión son coloquiales]. □ SINÓNIMOS: **2** pillo, travieso, revoltoso. □ FAMILIA: trastada, trastazo, trastero, trastear.

trastocar (tras·to·car) [verbo] Cambiar el orden o el desarrollo de algo: *Este imprevisto trastoca mis planes.* □ [La «c» se cambia en «qu» delante de «e» («trastoque»)]. □ FAMILIA: →tocar.

trastornar (tras·tor·nar) [verbo] **1** Cambiar algo que se pensaba hacer: *Este imprevisto trastorna nuestros planes.* **2** Producir grandes molestias: *Si no te trastorna mucho, ayúdame a terminar esto.* **3** Hacer perder la razón o perderla: *La soledad lo ha trastornado.* □ SINÓNIMOS: **3** perturbar. □ FAMILIA: trastorno.

trastorno (tras·tor·no) [sustantivo masculino] **1** Cambio que no resulta normal: *un trastorno nervioso.* **2** Molestia que produce algo: *Me causa un gran trastorno tener que salir ahora a la calle.* □ FAMILIA: →trastornar.

trasvasar (tras·va·sar) [verbo] Pasar un líquido de un lado a otro. □ FAMILIA: trasvase.

trasvase (tras·va·se) [sustantivo masculino] Hecho de pasar un líquido de un sitio a otro: *El trasvase del agua de un río a otro permite que llegue el agua a zonas secas.* □ FAMILIA: →trasvasar.

trata (tra·ta) [sustantivo femenino] Hecho de comprar y vender personas: *Antiguamente existía la trata de esclavos.* □ FAMILIA: →tratar.

tratable (tra·ta·ble) [adjetivo] Que se puede tratar fácilmente o que resulta fácil de tratar: *No tendrás problemas con ella porque es una chica muy tratable.* □ [No varía en masculino y femenino]. □ ANTÓNIMOS: intratable. □ FAMILIA: →tratar.

tratado (tra·ta·do) [sustantivo masculino] **1** Obra que trata sobre una materia determinada: *Este libro es un tratado sobre costumbres antiguas.* **2** Acuerdo que hacen dos países sobre un asunto: *Mañana los dos presidentes firmarán un tratado comercial.* □ FAMILIA: →tratar.

tratamiento (tra·ta·mien·to) [sustantivo masculino] **1** Forma de dirigirnos a una persona según su edad u otras características: *«Señora» y «caballero» son dos tipos de tratamiento.* **2** Forma de tratar a alguien: *Todos merecemos un tratamiento respetuoso.* **3** Acción que se realiza para cambiar algo: *el tratamiento de aguas contaminadas.* **4** Sistema que se usa para curar una enfermedad: *El enfermo respondió muy bien al tratamiento.* □ SINÓNIMOS: **1** trato. **4** terapia. □ FAMILIA: →tratar.

tratante (tra·tan·te) [sustantivo] Persona que se dedica a comprar productos para volverlos a vender: *un tratante de ganado.* □ [No varía en masculino y femenino]. □ FAMILIA: →tratar.

tratar (tra·tar) [verbo] **1** Tener un determinado comportamiento con una persona o un animal: *Me trató con afecto.* **2** Usar un objeto de determinada manera: *Siempre trato los libros con mucho cuidado.* **3** Tener relación con una persona o dirigirle la palabra: *Por mi trabajo, tengo que tratar con mucha gente.* **4** Hablar con una persona de determinada manera: *Trato a los desconocidos de usted.* **5** Tener como tema: *La película trata de la familia.* **6** Hacer que algo reciba determinada acción: *Si el agua está contaminada, hay que tratarla antes de beberla.* **7** Intentar hacer algo: *Traté de subirme al árbol, pero no pude.* □ SINÓNIMOS: **5** versar. **7** pretender, procurar, probar, aspirar. □ FAMILIA: trato, tratamiento, tratable, tratado, trata, tratante, intratable, maltratar, maltrato.

trato (tra·to) [sustantivo masculino] **1** Forma que tenemos de comportarnos o de hablar con una persona o un animal:

Tuvieron conmigo un trato muy amable. **2** Manera de usar algo: *Los zapatos se te rompen porque no les das un buen trato.* **3** Relación o comunicación con una persona: *Esa persona no tiene trato con casi nadie.* **4** Conjunto de decisiones que se toman entre dos partes y que ambas deben cumplir: *¿Hacemos un trato?* ◆ [expresión] ‖ **mal trato** → **maltrato.** ☐ Sinónimos: **1** tratamiento. **3** roce. **4** pacto, acuerdo. ☐ [El plural de «mal trato» es «malos tratos»]. ☐ Familia: →tratar.

trauma (trau·ma) [sustantivo masculino] Impresión fuerte producida por algo y que influye en nuestra forma de ser: *El accidente que sufrió de niño le produjo un fuerte trauma.* ☐ Familia: traumatizar, traumático, traumatismo, traumatología, traumatólogo.

traumático, ca (trau·má·ti·co, ca) [adjetivo] Que impresiona tanto, que influye en la forma de ser de manera negativa: *experiencia traumática.* ☐ Familia: →trauma.

traumatismo (trau·ma·tis·mo) [sustantivo masculino] Daño que se produce en el cuerpo debido a un golpe: *El accidentado sufre un traumatismo cerebral.* ☐ Familia: →trauma.

traumatizar (trau·ma·ti·zar) [verbo] Impresionar tanto a una persona, que influye en su forma de ser de manera negativa: *Ser testigo del asesinato la traumatizó.* ☐ [La «z» se cambia en «c» delante de «e» («traumatice»)]. ☐ Familia: →trauma.

traumatología (trau·ma·to·lo·gí·a) [sustantivo femenino] Parte de la medicina que estudia la forma de curar los daños producidos en los huesos, en los músculos y en las articulaciones. ☐ Familia: →trauma.

traumatólogo, ga (trau·ma·tó·lo·go, ga) [sustantivo] Médico especialista en los daños producidos en los huesos, en los músculos y en las articulaciones. ☐ Familia: →trauma.

través (tra·vés) ◆ [expresión] ‖ **a través de algo** De uno a otro lado de ello, o por medio de ello: *La bala pasó a través de la puerta. Lo supe a través de mi hermana.* ☐ Familia: travesía, atravesar, atravesado, traviesa.

travesaño (tra·ve·sa·ño) [sustantivo masculino] Pieza que va de una parte a otra: *El balón dio en el travesaño de la puerta.* ☐ Sinónimos: larguero.

travesía (tra·ve·sí·a) [sustantivo femenino] **1** Calle estrecha que cruza de una calle principal a otra. **2** Viaje, sobre todo si es por mar o por aire. ☐ Familia: →través.

travesti o **travestí** (tra·ves·ti; tra·ves·tí) [sustantivo] Persona que se viste con ropas propias del sexo contrario. ☐ [No varía en masculino y femenino]. ☐ Sinónimos: travestido. ☐ Familia: →vestir.

travestido, da (tra·ves·ti·do, da) [adjetivo o sustantivo] Que se viste con ropas propias del sexo contrario. ☐ Sinónimos: travesti. ☐ Familia: →vestir.

travesura (tra·ve·su·ra) [sustantivo femenino] Falta pequeña y sin importancia: *Mi hijo siempre está haciendo travesuras.* ☐ Sinónimos: diablura. ☐ Familia: →travieso.

travieso, sa (tra·vie·so, sa) ■ [adjetivo] **1** Que hace travesuras. ■ **traviesa** [sustantivo femenino] **2** Cada una de las piezas que unen las dos barras de hierro que forman las vías del tren. ☐ Sinónimos: **1** revoltoso. ☐ Familia: travesura. **2** →través.

trayecto (tra·yec·to) [sustantivo masculino] Conjunto de lugares por los que se pasa para ir de un sitio a otro: *El trayecto entre tu casa y la mía es muy corto.* ☐ Sinónimos: camino, itinerario, ruta, recorrido. ☐ Familia: trayectoria.

trayectoria (tra·yec·to·ria) [sustantivo femenino] **1** Línea que dibuja en el espacio algo que se mueve: *la trayectoria de una bala.* **2** Desarrollo de algo en una actividad y a lo largo del tiempo: *mi trayectoria profesional.* ☐ Familia: →trayecto.

trazado (tra·za·do) [sustantivo masculino] **1** Recorrido de un camino o de una carretera: *un trazado con muchas curvas.* **2** Plano de un edificio: *El arquitecto ha realizado el trazado del nuevo edificio.* ☐ Familia: →trazar.

trazar (tra·zar) [verbo] **1** Dibujar o hacer líneas: *Traza un círculo.* **2** Pensar la forma de realizar algo: *He trazado un plan para que mis padres me dejen salir.* ☐ [La «c» se cambia en «z» delante de «e» («trace»)]. ☐ Familia: trazo, trazado.

trazo (tra·zo) [sustantivo masculino] Línea que se escribe o se dibuja: *Con tres trazos, mi hermano me hizo una caricatura.* ☐ Familia: →trazar.

trébol (tré·bol) [sustantivo masculino] Planta que crece en las praderas y que tiene las hojas divididas en tres hojitas.

trece (tre·ce) ■ [numeral] **1** Indica 13 unidades: *Tengo trece lápices.* ■ [sustantivo masculino] **2** Número 13: *Para algunos el trece es el número de la mala suerte.* ◆ [expresión] ‖ **seguir alguien en sus trece** Mantenerse en una opinión o en una idea a pesar de las razones que hay en contra: *Sigues en tus trece y no hay forma de convencerte de que no tienes razón.* ☐ [En el significado **1** no varía en masculino y femenino]. ☐ Familia: →tres.

treceavo, va (tre·ce·a·vo, va) [numeral] Dicho de una parte, que es una de las trece en que se divide algo: *la treceava parte de la tarta.* ☐ [No confundir con «decimotercero» (que ocupa el número trece en una serie)]. ☐ Familia: →tres.

trecho (tre·cho) [sustantivo masculino] Espacio de lugar o de tiempo: *Anduvimos un buen trecho.*

tregua (tre·gua) [sustantivo femenino] Descanso que se da al enemigo o que se hace en una actividad. ☐ Sinónimos: cuartel.

treinta (trein·ta) ■ [numeral] **1** Indica 30 unidades: *Me he leído un cuento de treinta páginas.* ■ [sustantivo masculino] **2** Número 30: *El treinta es mi número favorito.* ☐ [En el significado **1** no varía en masculino y femenino]. ☐ Familia: →tres.

treintavo, va (trein·ta·vo, va) [numeral] Dicho de una parte, que es una de las treinta en que se divide algo: *la treintava parte de su fortuna.* ☐ Familia: →tres.

treintena (trein·te·na) [sustantivo femenino] Conjunto de treinta cosas. ☐ Familia: →tres.

trekking [sustantivo masculino] Deporte que consiste en recorrer a pie zonas de montaña por las que es difícil caminar: *unas botas de trekking.* ☐ [Es una palabra inglesa. Se pronuncia «trékin»].

tremebundo, da (tre·me·bun·do, da) [adjetivo] Que produce miedo o espanto: *La cola para entrar al cine es tremebunda.* ☐ Sinónimos: horrendo. ☐ Familia: →tremendo.

tremendo, da (tre·men·do, da) [adjetivo] Muy grande: *Tengo unas ganas tremendas de verte.* ◆ [expresión] ‖ **tomarse algo a la tremenda** Darle demasiada importancia: *No te tomes ese problema a la tremenda, porque no es tan grave.* ☐ [La expresión es coloquial]. ☐ Familia: tremebundo.

trementina (tre·men·ti·na) [sustantivo femenino] Sustancia pegajosa que producen árboles como el pino o el abeto, y que tiene muy buen olor.

trémulo, la (tré·mu·lo, la) [adjetivo] Que tiembla: *una voz trémula.*

tren [sustantivo masculino] **1** Vehículo formado por varios vagones que circula sobre vías y que se usa para llevar personas y cosas de una ciudad a otra. 👁 páginas 960-961. **2** Conjunto de máquinas e instrumentos que se usan para hacer determinadas cosas: *En esa gasolinera hay tren de lavado.* **3** Forma de vida de alguien que tiene mucho dinero: *Lleva un tren de vida muy lujoso.* ◆ [expresión] ‖ **a todo tren** Muy deprisa: *Comí a todo tren porque llegaba tarde.* ‖ **estar como un tren** Ser muy atractivo y tener un cuerpo muy bonito: *Ese chico está como un tren.* ‖ **para parar un tren** En gran cantidad: *Ese señor tiene dinero para parar un tren.* ☐ [Las expresiones son coloquiales]. ☐ Sinónimos: **1** ferrocarril. ☐ Familia: bonotrén.

trenca (tren·ca) [sustantivo femenino] Prenda de vestir parecida a un abrigo, pero más corta y con una parte para cubrirse la cabeza.

trenca

trencilla (tren·ci·lla) [sustantivo femenino] Cinta con forma de trenza, que se usa para adornar una tela. ☐ Familia: →trenza.

trenza (tren·za) [sustantivo femenino] **1** Forma de peinarse que consiste en cruzar entre sí tres partes del pelo. **2** Bollo que tiene esta forma. ☐ Familia: trenzar, trencilla.

trenzar (tren·zar) [verbo] Hacer trenzas. ☐ [La «z» se cambia en «c» delante de «e» («trence»)]. ☐ Familia: →trenza.

trepa (tre·pa) [sustantivo] Persona que quiere ascender en su trabajo aunque sea de forma poco honrada. ☐ [No varía en masculino y femenino. Es coloquial]. ☐ Familia: →trepar.

trepador, ra (tre·pa·dor, do·ra) [adjetivo] Que trepa o que sube apoyándose en alguna superficie: *planta trepadora.* ☐ Familia: →trepar.

trepanación (tre·pa·na·ción) [sustantivo femenino] Operación que consiste en hacer un agujero en un hueso del cráneo.

trepar (tre·par) [verbo] **1** Subir a un lugar alto ayudándose de los pies y las manos: *El gato trepó a las ramas altas del árbol.* **2** Crecer una planta y subir apoyándose en alguna superficie: *La hiedra trepa por las paredes.* **3** Conseguir un trabajo más importante usando medios poco buenos: *No me gusta la gente que solo piensa en trepar en el trabajo.* ☐ [El significado **3** es coloquial]. ☐ Familia: trepador, trepa.

trepidante (tre·pi·dan·te) [adjetivo] Muy rápido o muy emocionante: *Vi una película de acción trepidante.* ☐ [No varía en masculino y femenino].

tres ▌ [numeral] **1** Indica 3 unidades: *Me he comido tres galletas.* ▌ [sustantivo masculino] **2** Número 3: *El tres es mi número de la suerte.* ◆ [expresión] ‖ **ni a la de tres** De ningún modo: *No puedo enhebrar la aguja ni a la de tres.* ☐ [En el significado **1** no varía en masculino y femenino. La expresión es coloquial]. ☐ Familia: trescientos, treinta, treintavo, treintena, trece, treceavo, tercero, tercer, tercio, terciario, terciopelo, ternario, trío, triple, triplicar, trigésimo, trienio, trilogía, trinidad, triciclo, trillizo, trillón, triángulo, triangular, tríceps, tricolor, tricornio, tridimensional, trikini, trimestre, trimestral, trimotor, trípode, tríptico, triptongo, trisílabo, tresillo, veintitrés.

trescientos, tas (tres·cien·tos, tas) ▌ [numeral] **1** Indica 300 unidades: *Había trescientas personas en el salón de actos.* ▌ [sustantivo masculino] **2** Número 300: *El trescientos es mi número favorito.* ☐ Familia: →tres. →ciento.

tresillo (tre·si·llo) [sustantivo masculino] Mueble que sirve para que se sienten tres personas. ☐ Familia: →tres.

treta (tre·ta) [sustantivo femenino] Medio para conseguir lo que se quiere con astucia: *Utilizó una de sus tretas para engañarnos a todos.* ☐ Sinónimos: artimaña, ardid, martingala, argucia.

trial (trial) [sustantivo masculino] Tipo de carrera con motos que se realiza en un camino de tierra con obstáculos.

triangular (trian·gu·lar) [adjetivo] Con forma de triángulo. ☐ [No varía en masculino y femenino]. ☐ Familia: →tres. →ángulo.

triángulo (trián·gu·lo) [sustantivo masculino] **1** Figura plana con tres lados y tres ángulos. 👁 página 467. **2** Instrumento musical con la forma de esta figura, y que se toca golpeándolo con un palito. 👁 páginas 534-535. ☐ Familia: →tres. →ángulo.

tribu (tri·bu) [sustantivo femenino] **1** Grupo de personas que se organizan y viven de una forma más sencilla que la nuestra: *El jefe de algunas tribus es también su sacerdote.* **2** Grupo de personas con alguna característica común: *las tribus urbanas.*

tribulación (tri·bu·la·ción) [sustantivo femenino] **1** Preocupación o pena. **2** Situación difícil: *Su familia pasa por muchas tribulaciones.* ☐ Sinónimos: **1** sufrimiento. **2** adversidad, trance.

tribuna (tri·bu·na) [sustantivo femenino] **1** Superficie que se levanta a cierta altura del suelo y desde donde se puede ver un espectáculo: *El alcalde vio el desfile desde la tribuna.* **2** Tipo de asiento en un campo de deporte, que está situado en el sitio desde donde mejor se ve. ☐ Familia: tribunal.

tribunal (tri·bu·nal) [sustantivo masculino] **1** Persona o conjunto de personas que pueden juzgar a los que cometen delitos o faltas: *El tribunal ha declarado culpable al acusado.* **2** Lugar donde se juzga a las personas que realizan delitos o faltas. **3** Conjunto de personas que se ocupan de valorar algo o de dar un premio: *El tribunal ha dado a conocer los resultados de los exámenes.* ☐ Familia: →tribuna.

tributar (tri·bu·tar) [verbo] Dar una cantidad de dinero al Estado o a otras instituciones: *Todos los ciudadanos deben tributar pagando sus impuestos.* ☐ Familia: tributo, tributario.

tributario, ria (tri·bu·ta·rio, ria) [adjetivo] Del tributo o relacionado con esta cantidad de dinero que se paga de forma obligatoria: *deber tributario.* ☐ Familia: →tributar.

tributo (tri·bu·to) [sustantivo masculino] **1** Dinero que se paga de forma obligatoria al Estado o a otras instituciones. **2** Muestra de admiración o de cariño: *Los actores recibieron como tributo el aplauso del público.* **3** Cualquier cosa mala que debe aceptarse a cambio de disfrutar de algo: *El ruido y la contaminación son los tributos que pago por vivir en una gran ciudad.* ☐ Sinónimos: **1** impuesto. ☐ Familia: →tributar.

tríceps (trí·ceps) [sustantivo masculino] Músculo que está en la parte de atrás de los brazos y de las piernas. ⬤ página 647. ☐ [No varía en singular y plural]. ☐ Familia: →tres.

triciclo (tri·ci·clo) [sustantivo masculino] Vehículo que usan los niños y que tiene una rueda delante y dos detrás. ☐ Familia: →tres.

tricolor (tri·co·lor) [adjetivo] De tres colores. ☐ [No varía en masculino y femenino]. ☐ Familia: →tres. →color.

tricornio (tri·cor·nio) [sustantivo masculino] Sombrero con tres picos, como el que usa la Guardia Civil. ☐ Familia: →tres. →cuerno.

tricotar (tri·co·tar) [verbo] Hacer un tejido con hilos o con otros materiales: *A mi abuela le gusta tricotar.* ☐ Sinónimos: tejer. ☐ Familia: tricotosa.

tricotosa (tri·co·to·sa) [sustantivo femenino] Máquina para tejer. ☐ Familia: →tricotar.

tridimensional (tri·di·men·sio·nal) [adjetivo] Que tiene tres dimensiones. ☐ [No varía en masculino y femenino]. ☐ Familia: →tres. →dimensión.

trienio (trie·nio) [sustantivo masculino] **1** Período de tiempo de tres años. **2** Subida del sueldo que se tiene por cada tres años trabajados. ☐ Familia: →tres.

trifulca (tri·ful·ca) [sustantivo femenino] Pelea entre dos o más personas. ☐ [Es coloquial]. ☐ Sinónimos: bronca, altercado.

trigal (tri·gal) [sustantivo masculino] Campo de trigo. ☐ Familia: →trigo.

trigésimo, ma (tri·gé·si·mo, ma) [numeral] **1** Que ocupa el lugar número treinta en una serie: *Llegó a la meta en trigésima posición.* **2** Dicho de una parte, que es una de las treinta en que se divide algo: *la trigésima parte de la población.* ☐ Familia: →tres.

trigo (tri·go) [sustantivo masculino] Planta cuyo grano se usa para hacer la harina: *El trigo ya maduro es de color amarillo.* ◆ [expresión] ‖ **no ser trigo limpio** No ser todo lo bueno que debería ser: *Esa persona no es trigo limpio y no me extrañaría que me engañara.* ☐ [La expresión es coloquial]. ☐ Familia: trigal, trigueño, triguero.

trigonometría (tri·go·no·me·trí·a) [sustantivo femenino] Parte de las matemáticas que estudia las relaciones que existen entre los lados y los ángulos de un triángulo.

trigueño, ña (tri·gue·ño, ña) [adjetivo] De color parecido al del trigo: *piel trigueña.* ☐ Familia: →trigo.

triguero, ra (tri·gue·ro, ra) [adjetivo] **1** Del trigo o relacionado con él: *la producción triguera.* **2** Que se cría o que está entre el trigo: *espárragos trigueros.* ☐ Familia: →trigo.

trikini (tri·ki·ni) [sustantivo masculino] Traje de baño femenino que está formado por un sujetador y una braga unidos con un trozo de tela estrecho situado en la parte central delantera. ☐ [Se escribe también «triquini»]. ☐ Familia: →tres.

trilita (tri·li·ta) [sustantivo femenino] Producto que se utiliza como explosivo.

trillado, da (tri·lla·do, da) [adjetivo] Dicho de un tema, que se ha hablado demasiado sobre él. ☐ Sinónimos: manido. ☐ Familia: →trillar.

trilladora (tri·lla·do·ra) [sustantivo femenino] Máquina que trilla o separa el grano del trigo y de otros cereales. ☐ Familia: →trillar.

trillar (tri·llar) [verbo] Partir el trigo u otras plantas parecidas para separar el grano de la paja. ☐ Familia: trillo, trilladora, trillado.

trillizo, za (tri·lli·zo, za) [adjetivo o sustantivo] Que ha nacido a la vez que otros dos hermanos. ☐ Familia: →tres.

trillo (tri·llo) [sustantivo masculino] Instrumento que se usaba para partir algunos cereales y separar el grano de los tallos. ☐ Familia: →trillar.

trillón (tri·llón) [sustantivo numeral] Número 1000000000000000000: *Un trillón es un millón de billones.* ☐ Familia: →tres. →millón.

trilogía (tri·lo·gí·a) [sustantivo femenino] Conjunto de tres libros que ha escrito un mismo autor con un mismo tema. ☐ Familia: →tres.

trimestral (tri·mes·tral) [adjetivo] **1** Que sucede o se repite cada tres meses: *Esa revista es trimestral, así que al año salen cuatro números.* **2** Que dura tres meses: *Este curso de idiomas es trimestral.* ☐ [No varía en masculino y femenino]. ☐ Familia: →tres. →mes.

trimestre (tri·mes·tre) [sustantivo masculino] Período de tiempo de tres meses. ⊙ **página 169.** □ Familia: →tres. →mes.

trimotor (tri·mo·tor) [sustantivo masculino] Avión que tiene tres motores. □ Familia: →tres. →motor.

trinar (tri·nar) [verbo] Cantar algunos pájaros. ◆ [expresión] ‖ **estar alguien que trina** Estar muy enfadado. □ [La expresión es coloquial]. □ Sinónimos: gorjear. □ Familia: trino.

trincar (trin·car) [verbo] **1** Coger o atrapar a una persona: *La policía trincó al atracador.* **2** Quitar o robar: *¿Quién me ha trincado el cuaderno?* **3** Comer o beber: *Se trincó él solito media tarta.* □ [La «c» se cambia en «qu» delante de «e» («trinque»). Es coloquial]. □ Sinónimos: **1** pillar. **2** afanar, birlar, mangar. □ Antónimos: **1** soltar.

trinchar (trin·char) [verbo] Partir una comida en trozos: *¿Quién quiere trinchar el pavo?*

trinchera (trin·che·ra) [sustantivo femenino] Agujero grande que se cava en la tierra y donde se meten los soldados para disparar al enemigo. □ Familia: atrincherarse.

trineo (tri·ne·o) [sustantivo masculino] Vehículo sin ruedas y que sirve para moverse por la nieve.

trineo

trinidad (tri·ni·dad) [sustantivo femenino] Unión de tres personas. □ Familia: →tres.

trino (tri·no) [sustantivo masculino] Canto característico de algunos pájaros. □ Sinónimos: gorjeo. □ Familia: →trinar.

trío (trí·o) [sustantivo masculino] **1** Conjunto formado por tres cosas. **2** Música que se toca con tres instrumentos o en la que cantan tres voces. □ Familia: →tres.

tripa (tri·pa) ∎ [sustantivo femenino] **1** Parte del cuerpo donde están el estómago y otros órganos: *El ombligo está en la tripa.* **2** Especie de tubo que está en el interior del cuerpo, después del estómago: *Las tripas de los animales se limpian y se utilizan para meter carne y hacer embutidos.* ∎ **tripas** [plural] **3** Cualquier cosa que hay en el interior de alguna otra: *las tripas de una radio.* ◆ [expresión] ‖ **hacer de tripas corazón** Hacer muchos esfuerzos para aguantar algo: *Tuve que hacer de tripas corazón para aguantar sus insultos.* □ [El significado **3** y la expresión son coloquiales]. □ Sinónimos: **1** abdomen, vientre, barriga. **2** intestino. □ Familia: tripudo, tripero, destripar.

tripero, ra (tri·pe·ro, ra) [adjetivo o sustantivo] Que come mucho. □ [Es coloquial]. □ Sinónimos: glotón, comilón. □ Familia: →tripa.

triple (tri·ple) [numeral] **1** Que consta de tres o que es adecuado para tres: *El triple salto es una prueba de atletismo.* **2** Que es tres veces mayor: *Seis es el triple de dos.* □ [No varía en masculino y femenino]. □ Familia: →tres.

triplicar (tri·pli·car) [verbo] Multiplicar por tres o hacer tres veces mayor. □ [La «c» se cambia en «qu» delante de «e» («triplique»)]. □ Familia: →tres.

trípode (trí·po·de) [sustantivo masculino] Aparato formado por tres patas y que sirve para sujetar algo sin que se mueva: *un trípode para la cámara de fotos.* □ Familia: →tres.

tríptico (tríp·ti·co) [sustantivo masculino] **1** Pintura que se hace sobre tres tablas que van unidas y se pueden plegar. **2** Documento o folleto que se dobla en tres partes. □ Familia: →tres.

triptongo (trip·ton·go) [sustantivo masculino] Conjunto de tres vocales que se pronuncian en una misma sílaba: *En la última sílaba de «limpiáis» hay un triptongo.* □ Familia: →tres.

tripudo, da (tri·pu·do, da) [adjetivo o sustantivo] Que tiene mucha tripa. □ [Es coloquial]. □ Familia: →tripa.

tripulación (tri·pu·la·ción) [sustantivo femenino] Conjunto de personas que conducen un barco o un avión y prestan algún servicio en ellos. □ Familia: →tripular.

tripulante (tri·pu·lan·te) [sustantivo] Persona que conduce un barco o un avión y presta algún servicio en ellos. □ [No varía en masculino y femenino]. □ Familia: →tripular.

tripular (tri·pu·lar) [verbo] Conducir un barco o un avión y prestar algún servicio en ellos. □ Familia: tripulante, tripulación.

triquina (tri·qui·na) [sustantivo femenino] Gusano que se puede encontrar en algunos animales como el cerdo y que produce en las personas la enfermedad de la triquinosis. □ Familia: triquinosis.

triquini (tri·qui·ni) [sustantivo masculino] → **trikini**.

triquinosis (tri·qui·no·sis) [sustantivo femenino] Enfermedad que se produce al comer carne infectada de triquina, que es un gusano que pueden tener algunos animales. □ [No varía en singular y plural]. □ Familia: →triquina.

triquiñuela (tri·qui·ñue·la) [sustantivo femenino] Medio para conseguir lo que se quiere con astucia: *Siempre se inventa alguna triquiñuela para no ir a comprar el pan.* □ [Es coloquial]. □ Sinónimos: artimaña, treta, ardid, martingala.

tris ◆ [expresión] ‖ **estar en un tris** Estar a punto de hacer algo: *Estuve en un tris de contárselo todo.* ‖ **un tris** Muy poco: *Solo faltó un tris para convencerte.* □ [Es coloquial].

triscar (tris·car) [verbo] Dar saltos de un lado a otro de manera alegre: *Unos corderos triscaban alegres por el monte.* □ [La «c» se cambia en «qu» delante de «e» («trisque»)].

trisílabo, ba (tri·sí·la·bo, ba) [adjetivo o sustantivo masculino] De tres sílabas: *«Tijeras» es una palabra trisílaba.* □ Familia: →tres. →sílaba.

triste (tris·te) [adjetivo] **1** Que siente pena o dolor por algo: *Estoy triste porque mis abuelos se van de mi casa.* **2** Que produce pena o dolor: *Es una historia muy triste y tengo ganas de llorar.* **3** Que produce daño o desgracias: *Ha habido un triste accidente en la carretera.* **4** Pequeño o escaso: *una triste bolsa de patatas.* ☐ [No varía en masculino y femenino]. ☐ SINÓNIMOS: **1** mohíno, apesadumbrado. **2** doloroso, penoso. ☐ ANTÓNIMOS: **1** contento, radiante, ufano, alborozado, satisfecho. **1, 2** alegre, gozoso. ☐ FAMILIA: tristeza, entristecer.

tristeza (tris·te·za) [sustantivo femenino] Sensación que se tiene cuando estamos tristes. ☐ SINÓNIMOS: pena, pesar, dolor, sufrimiento. ☐ ANTÓNIMOS: alegría, gozo, contento, dicha, felicidad, alborozo. ☐ FAMILIA: →triste.

tritón (tri·tón) [sustantivo masculino] Animal parecido a la lagartija. 👁 página 818.

triturar (tri·tu·rar) [verbo] Partir algo en trozos pequeños: *Para hacer puré hay que triturar los alimentos.*

triunfador, ra (triun·fa·dor, do·ra) [adjetivo o sustantivo] Que ha triunfado en algo o que suele triunfar: *el triunfador de la carrera.* ☐ FAMILIA: →triunfar.

triunfal (triun·fal) [adjetivo] Que celebra un triunfo: *El equipo vencedor hizo una entrada triunfal en el aeropuerto.* ☐ [No varía en masculino y femenino]. ☐ FAMILIA: →triunfar.

triunfalismo (triun·fa·lis·mo) [sustantivo masculino] Carácter de la persona que se cree superior a los demás porque piensa que siempre va a triunfar en todo: *El candidato presentó su programa político con un gran triunfalismo.* ☐ FAMILIA: →triunfar.

triunfalista (triun·fa·lis·ta) [adjetivo o sustantivo] Persona que se cree superior a los demás porque piensa que siempre va a triunfar en todo: *No seas tan triunfalista y ten un poco de modestia.* ☐ [No varía en masculino y femenino]. ☐ FAMILIA: →triunfar.

triunfante (triun·fan·te) [adjetivo] Que triunfa o que tiene éxito. ☐ [No varía en masculino y femenino]. ☐ FAMILIA: →triunfar.

triunfar (triun·far) [verbo] **1** Ganar a un contrario. **2** Tener éxito: *Si estudias y haces bien tu trabajo, triunfarás en la vida.* ☐ SINÓNIMOS: **1** vencer. ☐ ANTÓNIMOS: **2** fracasar. ☐ FAMILIA: triunfo, triunfal, triunfador, triunfante, triunfalismo, triunfalista.

triunfo (triun·fo) [sustantivo masculino] **1** Éxito que se obtiene al ganar a un contrario. **2** Éxito que se obtiene en algo: *Para él, su mejor triunfo en la vida es su familia.* **3** Palo de una baraja que tiene más valor que los otros. ☐ SINÓNIMOS: **1** victoria. ☐ ANTÓNIMOS: **1, 2** derrota. **2** fracaso, frustración. ☐ FAMILIA: →triunfar.

trivial (tri·vial) [adjetivo] Que no tiene importancia o interés: *Os habéis enfadado por un asunto trivial.* ☐ [No varía en masculino y femenino]. ☐ SINÓNIMOS: insignificante, fútil. ☐ ANTÓNIMOS: trascendental, fundamental, esencial. ☐ FAMILIA: trivialidad.

trivialidad (tri·via·li·dad) [sustantivo femenino] Hecho o dicho trivial o que no tiene importancia ni interés. ☐ FAMILIA: →trivial.

triza (tri·za) [sustantivo femenino] Trozo pequeño de algo. ◆ [expresión] ‖ **hacer** o **hacerse trizas** Romper o romperse algo: *El plato cayó al suelo y se hizo trizas.*

trocar (tro·car) [verbo] Convertirse en algo distinto o cambiar: *Mi mala suerte se trocó en buena.* ☐ [Puede usarse como regular («troca») o como irregular siguiendo el modelo de **CONTAR** («trueca»). La «c» se cambia en «qu» delante de «e» («trueque»)]. ☐ FAMILIA: trueque.

trocear (tro·ce·ar) [verbo] Partir algo en trozos: *Trocearemos la tarta y la repartiremos.* ☐ SINÓNIMOS: fragmentar, segmentar. ☐ FAMILIA: →trozo.

troche (tro·che) ◆ [expresión] ‖ **a troche y moche** Sin medida y sin orden: *Se puso a dar golpes a troche y moche.*

trofeo (tro·fe·o) [sustantivo masculino] **1** Objeto que se da como premio al vencer en algo: *El capitán del equipo recogió el trofeo en nombre de todos.* **2** Objeto que sirve de recuerdo y como adorno de una victoria: *trofeos de caza.*

troglodita (tro·glo·di·ta) [adjetivo o sustantivo] Que vive en las cavernas. ☐ [No varía en masculino y femenino]. ☐ SINÓNIMOS: cavernícola.

trola (tro·la) [sustantivo femenino] Mentira. ☐ [Es coloquial]. ☐ SINÓNIMOS: bola, embuste, falsedad. ☐ FAMILIA: trolero.

trole (tro·le) [sustantivo masculino] **1** En un vehículo que funciona con electricidad, barra metálica situada en la parte de arriba que le proporciona la electricidad del cable que está por encima: *Los antiguos tranvías tenían un trole.* **2** Trolebús: *Mis abuelos cogían el trole para desplazarse por la ciudad.* ☐ [El significado **2** es coloquial]. ☐ FAMILIA: →trolebús.

trolebús (tro·le·bús) [sustantivo masculino] Autobús eléctrico que no va sobre carriles: *El trolebús toma la electricidad a través del trole.* ☐ FAMILIA: trole.

trolero, ra (tro·le·ro, ra) [adjetivo o sustantivo] Mentiroso. ☐ [Es coloquial]. ☐ ANTÓNIMOS: sincero, veraz. ☐ FAMILIA: →trola.

tromba (trom·ba) [sustantivo femenino] **1** Gran cantidad de algo que se produce en poco tiempo: *tromba de agua; tromba de palos.* **2** Masa de agua que se eleva desde el mar con movimientos giratorios: *Un torbellino levantó una tromba en el mar.* ◆ [expresión] ‖ **en tromba** De golpe y con mucha fuerza: *Nos tiramos todos en tromba a por el balón.*

trombo (trom·bo) [sustantivo masculino] Sangre que se hace sólida en el interior de una vena e impide la circulación normal. ☐ FAMILIA: trombosis.

trombón (trom·bón) [sustantivo masculino] Instrumento musical de metal parecido a una trompeta, pero con forma de «U»: *El trombón es un instrumento de viento.* 👁 páginas 534-535.

trombosis (trom·bo·sis) [sustantivo femenino] Hecho de que se forme un trombo o sangre sólida en el interior de una vena, e impida la circulación normal de la sangre. ☐ [No varía en singular y plural]. ☐ FAMILIA: →trombo.

trompa (trom·pa) [sustantivo femenino] **1** Especie de nariz muy larga que tienen algunos animales, como el elefante. **2** Cualquier cosa con forma parecida a esta especie de nariz: *Las mariposas chupan el néctar de las flores con su trompa.* **3** Instrumento musical formado por un tubo en forma de rizo que se hace cada vez más ancho: *La trompa es más grande que la trompeta.* ◉ páginas 534-535. **4** Borrachera. ☐ [El significado **4** es coloquial]. ☐ Sinónimos: **4** mona, pedo.

trompazo (trom·pa·zo) [sustantivo masculino] Golpe muy fuerte al caerse o al chocar. ☐ Sinónimos: porrazo, castañazo.

trompeta (trom·pe·ta) [sustantivo femenino] Instrumento musical formado por un tubo muy ancho por uno de los extremos: *Para tocar la trompeta hay que soplar con fuerza por la boquilla.* ◉ páginas 534-535. ☐ Familia: trompetista, trompetilla.

trompetilla (trom·pe·ti·lla) [sustantivo femenino] Instrumento con forma de trompeta pequeña que se ponían las personas sordas en el oído para oír mejor. ☐ Familia: →trompeta.

trompetista (trom·pe·tis·ta) [sustantivo] Persona que toca la trompeta. ☐ [No varía en masculino y femenino]. ☐ Familia: →trompeta.

trompicón (trom·pi·cón) [sustantivo masculino] Tropiezo que damos al ir andando: *Di un par de trompicones, pero no me caí.* ◆ [expresión] ‖ **a trompicones** De forma no continua o con dificultades: *Cuando me pongo muy nervioso, hablo a trompicones.*

trompo (trom·po) [sustantivo masculino] **1** Juguete que se lanza contra el suelo para que gire. **2** Movimiento en círculo que hace un coche: *Frenó bruscamente y el coche hizo un trompo.* ☐ Sinónimos: **1** peonza.

tronado, da (tro·na·do, da) [adjetivo] Loco. ☐ [Es coloquial]. ☐ Sinónimos: chalado, demente, zumbado. ☐ Antónimos: cuerdo. ☐ Familia: →trueno.

tronar (tro·nar) [verbo] **1** Sonar truenos: *¿No oyes tronar?* **2** Producir un ruido fuerte: *A lo lejos se oía tronar un cañón.* ☐ [Es irregular y se conjuga como CONTAR]. ☐ Familia: →trueno.

troncal (tron·cal) [adjetivo] **1** Dicho de una asignatura, que es obligatoria o común para todos los centros educativos: *Siempre apruebas las asignaturas troncales.* **2** Principal, que ocupa el primer lugar en importancia: *Ese es un aspecto troncal de mi teoría.* ☐ [No varía en masculino y femenino]. ☐ Familia: →tronco.

tronchado, da (tron·cha·do, da) [adjetivo] **1** Muy cansado. **2** Que está roto o partido: *una rama tronchada.* ☐ Familia: →troncho.

tronchante (tron·chan·te) [adjetivo] Que es muy divertido o que hace reír mucho. ☐ [No varía en masculino y femenino]. ☐ Familia: →troncho.

tronchar (tron·char) [verbo] **1** Partir o romperse un tallo o una rama. ∎ **troncharse 2** Reírse mucho: *Me troncho con tus chistes.* ☐ [El significado **2** es coloquial]. ☐ Sinónimos: **2** descuajaringarse. ☐ Familia: →troncho.

troncho (tron·cho) [sustantivo masculino] Tallo de algunas plantas que se cultivan en la huerta: *Córtale el troncho a la lechuga.* ☐ Familia: tronchar, tronchado, tronchante.

tronco (tron·co) [sustantivo masculino] **1** Parte dura de los árboles, de la que salen las ramas. ◉ página 90. **2** Parte de una persona o de un animal que está entre la cabeza y las extremidades. **3** Parte principal de algo de la que salen o vienen otras cosas: *El español, el francés y el italiano tienen el latín como tronco común.* ◆ [expresión] ‖ **como un tronco** Dormido con un sueño profundo. ☐ [La expresión es coloquial]. ☐ Sinónimos: **2** cuerpo. ☐ Familia: entroncar, troncal.

tronera (tro·ne·ra) [sustantivo femenino] **1** Abertura por la que asoman cañones y otras armas de fuego: *Los soldados han puesto cañones en todas las troneras de la muralla.* **2** Ventana pequeña. **3** En una mesa de billar, abertura para meter las bolas.

trono (tro·no) [sustantivo masculino] Asiento grande y con adornos en el que se sientan en algunos actos las personas muy importantes: *El rey se sentó en el trono.* ☐ Familia: destronar, entronizar.

trono

tropa (tro·pa) ∎ [sustantivo femenino] **1** Grupo de soldados. **2** Grupo grande de personas: *Una tropa de niños ocupaba toda la tienda.* ∎ **tropas** [plural] **3** Conjunto de personas que forman un ejército: *Las tropas desfilaron.* ☐ Familia: tropel.

tropel (tro·pel) [sustantivo masculino] **1** Gran cantidad de personas que se mueve sin orden y haciendo ruido: *Un tropel de estudiantes atravesaba la plaza.* **2** Conjunto de cosas sin orden: *¿Cómo voy a encontrar la carta en este tropel de papeles?* ◆ [expresión] ‖ **en tropel** En gran cantidad y sin orden: *Aparecieron todos en tropel.* ☐ Familia: →tropa.

tropezar (tro·pe·zar) [verbo] **1** Dar con los pies en algo al ir andando: *Tropecé con una piedra y casi me caigo.* **2** Encontrarse por casualidad con una persona: *Ayer me tropecé con un amigo.* **3** Encontrar una dificultad que impide el desarrollo normal de algo: *Es un buen alumno pero tropieza con los idiomas.* ☐ [Es irregular y se conjuga como ACERTAR. La «z» se cambia en «c» delante de «e» («tropiece»)]. ☐ Familia: tropezón, tropiezo.

tropezón (tro·pe·zón) [sustantivo masculino] **1** Paso que se da mal porque se choca con los pies en algo. **2** Fracaso o equivocación. **3** Trozo pequeño de algún alimento que se echa en una comida líquida: *La sopa tenía tropezones de jamón y huevo.* ☐ SINÓNIMOS: **1** traspié. ☐ FAMILIA: →tropezar.

tropical (tro·pi·cal) [adjetivo] Del trópico o relacionado con él. ☐ [No varía en masculino y femenino]. ☐ FAMILIA: →trópico.

trópico (tró·pi·co) [sustantivo masculino] **1** Cada uno de los dos paralelos menores en los que se considera dividida la Tierra: *Los trópicos están en el norte y en el sur del ecuador.* **2** Zona que está entre estos dos círculos: *El clima de los trópicos es cálido.* ☐ FAMILIA: tropical.

tropiezo (tro·pie·zo) [sustantivo masculino] **1** Paso que se da mal porque se choca con los pies en algo. **2** Dificultad que se encuentra en algo o error que se tiene sin querer: *Es normal que en tu primer trabajo tengas algunos tropiezos.* ☐ SINÓNIMOS: **2** desliz. ☐ FAMILIA: →tropezar.

troposfera (tro·pos·fe·ra) [sustantivo femenino] Zona de la atmósfera que se extiende desde el suelo hasta los diez kilómetros de altura. ◉ ilustración en *atmósfera*.

troquel (tro·quel) [sustantivo masculino] Recipiente en el que se pone un objeto para que tome su forma: *El troquel sirve para dar forma a la monedas.*

trotamundos (tro·ta·mun·dos) [sustantivo] Persona a la que le gusta mucho viajar. ☐ [No varía en masculino y femenino, ni en singular y plural]. ☐ FAMILIA: →trotar.

trotar (tro·tar) [verbo] Andar un caballo con paso rápido pero sin llegar a correr. ☐ FAMILIA: trote, trotamundos.

trote (tro·te) [sustantivo masculino] **1** Modo de andar rápido de los caballos. **2** Trabajo que se hace con prisas o que cansa: *A mi edad ya no estoy para estos trotes.* ☐ FAMILIA: →trotar.

trovador (tro·va·dor) [sustantivo masculino] Poeta de una época más antigua: *En la Edad Media había muchos trovadores.*

trozo (tro·zo) [sustantivo masculino] Parte que se separa de un todo: *un trozo de tarta.* ☐ SINÓNIMOS: pedazo, porción, fragmento. ☐ FAMILIA: trocear, destrozar, destrozo, destrozón.

trucar (tru·car) [verbo] Hacer cambios o realizar trucos para que produzcan el efecto deseado: *Llevó la moto al taller para que le trucaran el motor y fuera más potente.* ☐ [La «c» se cambia en «qu» delante de «e» («truque»)]. ☐ FAMILIA: truco.

trucha (tru·cha) [sustantivo femenino] Pez de agua dulce, que tiene la carne blanca o rosa. ◉ **página 723**.

truco (tru·co) [sustantivo masculino] **1** Medio por el cual se consigue un efecto falso, pero que parece real: *El mago no quiso explicar cuál era el truco de su juego de manos.* **2** Trampa que se usa para lograr un fin: *Lo del catarro fue uno de sus trucos para no ir al colegio.* **3** Habilidad que se logra por la experiencia: *Los cocineros saben mil trucos para que la comida esté más sabrosa.* ☐ FAMILIA: →trucar.

truculento, ta (tru·cu·len·to, ta) [adjetivo] Que asusta porque es terrible, cruel y dramático: *un crimen truculento.*

trueno (true·no) [sustantivo masculino] Ruido que sigue a un rayo. ☐ FAMILIA: tronar, tronado, atronar, atronador.

trueque (true·que) [sustantivo masculino] Hecho de dar una cosa por otra. ☐ SINÓNIMOS: intercambio, canje. ☐ FAMILIA: →trocar.

trufa (tru·fa) [sustantivo femenino] **1** Hongo que crece debajo de la tierra y que es negro por fuera y rojizo por dentro. **2** Pasta hecha de chocolate y mantequilla: *Quiero un bollo relleno de trufa.* **3** Dulce con forma de bolita que se hace con esta pasta.

truhan, na (truhan, truha·na) [sustantivo] Persona que actúa sin vergüenza o que falta al respeto a los demás. ☐ SINÓNIMOS: sinvergüenza.

truncar (trun·car) [verbo] **1** Cortar el extremo de algo: *Si truncas un triángulo equilátero te quedará un trapecio.* **2** Interrumpir algo dejándolo incompleto: *La guerra truncó mi vida porque me tuve que ir al frente. Mis esperanzas se truncaron con el fracaso del proyecto.* ☐ [La «c» se cambia en «qu» delante de «e» («trunque»)].

tsunami (tsu·na·mi) [sustantivo masculino] Ola de tamaño enorme causada por un terremoto o por una erupción volcánica en el fondo del mar. ☐ [Es una palabra de origen japonés. Se pronuncia «sunámi»].

tu [posesivo] Tuyo: *¿Me invitas a tu casa? ¿Estos son tus amigos?* ☐ [No varía en masculino y femenino. No confundir con «tú», pronombre personal. Va siempre delante de un sustantivo].

tú [pronombre personal] Representa la segunda persona del singular: *Tú sabes inglés, pero yo, no.* ☐ [No varía en masculino y femenino. No confundir con «tu», posesivo. Funciona generalmente como sujeto: «¿Tú me quieres?»]. ☐ FAMILIA: tutear, tuteo.

tuareg (tua·reg) [adjetivo o sustantivo] De un pueblo nómada del desierto del norte africano. ☐ [No varía en masculino y femenino. Su plural es «tuaregs»].

tuba (tu·ba) [sustantivo femenino] Instrumento musical formado por un tubo muy ancho por uno de los extremos, y por el otro enrollado en espiral. ☐ FAMILIA: →tubo.

tubérculo (tu·bér·cu·lo) [sustantivo masculino] Parte de un tallo subterráneo que se hace más gruesa: *La patata es un tubérculo.*

tuberculosis (tu·ber·cu·lo·sis) [sustantivo femenino] Enfermedad infecciosa que afecta especialmente a los pulmones. ☐ [No varía en singular y plural]. ☐ FAMILIA: tuberculoso.

tuberculoso, sa (tu·ber·cu·lo·so, sa) ▪ [adjetivo] **1** De la tuberculosis o relacionado con esta enfermedad. ▪ [adjetivo o sustantivo] **2** Que está enfermo de tuberculosis. ☐ FAMILIA: →tuberculosis.

tubería (tu·be·rí·a) [sustantivo femenino] Tubo por el que va un líquido o un gas. ☐ SINÓNIMOS: cañería. ☐ FAMILIA: →tubo.

tubo (tu·bo) [sustantivo masculino] **1** Pieza alargada y hueca que suele estar abierta por los dos extremos: *Para bucear necesitas las aletas, las gafas y el tubo para respirar.* **2** Recipiente alargado que suele tener un extremo cerrado y en el otro, un agujero que se cierra con un

tapón: *un tubo de pegamento.* ◆ [expresión] ‖ **por un tubo** Muchísimo: *Tengo amigos por un tubo.* ‖ **tubo de ensayo** Recipiente de cristal mucho más alto que ancho, que se usa en los laboratorios: *un tubo de ensayo.* ☐ [La expresión «por un tubo» es coloquial]. ☐ Familia: tubería, tuba, entubar.

tucán (tu·cán) [sustantivo] Ave americana que tiene el pico ancho y casi tan largo como el cuerpo, y las plumas negras con manchas de colores. ◉ **páginas 354-355.**

tuerca (tuer·ca) [sustantivo] Pieza con un agujero en el que se mete un tornillo dándole vueltas. ◉ **páginas 494-495.**

tuerto, ta (tuer·to, ta) [adjetivo o sustantivo] Que no tiene visión en un ojo. ☐ [No confundir con «bizco» (que tuerce la mirada de uno o de los dos ojos)].

tueste (tues·te) [sustantivo masculino] Hecho de tostar o de poner al fuego algo. ☐ Familia: →tostar.

tuétano (tué·ta·no) [sustantivo masculino] **1** Sustancia blanca y blanquecina que hay dentro de los huesos. **2** Parte interior de la raíz y del tallo de algunas plantas. ☐ Sinónimos: **1** médula.

tufo (tu·fo) [sustantivo masculino] Mal olor. ☐ [Es coloquial]. ☐ Familia: atufar.

tugurio (tu·gu·rio) [sustantivo masculino] Local pequeño y sucio o con mala fama. ☐ Sinónimos: antro.

tul [sustantivo masculino] Tela muy ligera y transparente de seda, algodón o hilo: *un velo de tul.*

tulipa (tu·li·pa) [sustantivo femenino] Pieza en forma de tulipán que rodea a algunas lámparas y que suele ser de vidrio.

tulipán (tu·li·pán) [sustantivo masculino] Planta de hojas lisas, que tiene una sola flor muy grande y de vivos colores: *Los tulipanes son flores típicas de Holanda.* ◉ **página 444.**

tullido, da (tu·lli·do, da) [adjetivo o sustantivo] Dicho de una persona, que tiene una lesión permanente en los brazos o en las piernas. ☐ [Es despectivo]. ☐ Sinónimos: lisiado, imposibilitado.

tumba (tum·ba) [sustantivo femenino] Lugar en el que se entierra a un muerto. ◆ [expresión] ‖ **ser una tumba** Guardar muy bien un secreto. ☐ [La expresión es coloquial]. ☐ Familia: ultratumba.

tumbar (tum·bar) [verbo] **1** Tirar o hacer caer al suelo: *Me tumbó de un empujón.* **2** Poner en posición paralela al suelo: *Me tumbé sobre la toalla para tomar el sol.* ☐ Sinónimos: **1** abatir. ☐ Familia: tumbo, tumbona.

tumbo (tum·bo) [sustantivo masculino] Movimiento brusco: *Tropecé y fui dando tumbos hasta caer al suelo.* ◆ [expresión] ‖ **dar tumbos** Tener dificultades: *Ha dado muchos tumbos en la vida, pero hoy es alguien importante.* ☐ [La expresión es coloquial]. ☐ Familia: →tumbar.

tumbona (tum·bo·na) [sustantivo femenino] Especie de silla de tela que sirve para estar casi tumbado. ☐ Sinónimos: hamaca. ☐ Familia: →tumbar.

tumefacto, ta (tu·me·fac·to, ta) [adjetivo] Dicho de una parte del cuerpo, que está hinchada.

tumor (tu·mor) [sustantivo masculino] Bulto anormal que aparece en un órgano o en una parte del cuerpo por un aumento del número de células.

túmulo (tú·mu·lo) [sustantivo masculino] **1** Construcción de piedra levantada sobre el suelo, en la que se entierra a un muerto. **2** Montón de arena o de piedras con el que algunos pueblos cubrían una sepultura. **3** Estructura de madera y paños negros en la que se coloca el ataúd en algunos funerales. ☐ Sinónimos: **1** sepulcro.

tumulto (tu·mul·to) [sustantivo masculino] Situación producida por la presencia en un lugar de un gran número de personas. ☐ Familia: tumultuoso.

tumultuoso, sa (tu·mul·tuo·so, sa) [adjetivo] Que está lleno de personas y de ruido: *una manifestación tumultuosa.* ☐ Familia: →tumulto.

tuna (tu·na) [sustantivo femenino] Mira en **tuno, na**.

tunante, ta (tu·nan·te, ta) [adjetivo o sustantivo] Persona lista y con habilidad para conseguir lo que quiere. ☐ Sinónimos: pícaro, pillo.

tunda (tun·da) [sustantivo femenino] Golpes que se dan a alguien. ☐ [Es coloquial]. ☐ Sinónimos: paliza, zurra, vapuleo.

tundir (tun·dir) [verbo] Pegar o golpear. ☐ Sinónimos: zurrar.

tundra (tun·dra) [sustantivo femenino] Terreno llano sin árboles y con el subsuelo helado: *La tundra es una vegetación típica de Siberia.*

tunear (tu·ne·ar) [verbo] Añadir o cambiar accesorios de un coche, o de otra cosa, para que tenga una apariencia más personal.

tunecino, na (tu·ne·ci·no, na) [adjetivo o sustantivo] De Túnez, que es un país africano, o de su capital.

túnel (tú·nel) [sustantivo masculino] Especie de camino que está cavado por debajo del suelo: *Para pasar al otro lado de la montaña tienes que atravesar el túnel.* ☐ Familia: tuneladora.

tuneladora (tu·ne·la·do·ra) [sustantivo femenino] Máquina que sirve para hacer túneles de gran tamaño. ☐ Familia: →túnel.

túnica (tú·ni·ca) [sustantivo femenino] Vestido amplio y largo.

túnica

tuno, na (tu·no, na) [sustantivo] **1** Miembro de un conjunto musical formado por estudiantes que van vestidos con medias negras y con capa. ‖ **tuna** [sustantivo femenino] **2** Conjunto musical formado por estos estudiantes. ☐ Sinónimos: **2** estudiantina.

tuntún (tun·tún) ◆ [expresión] ‖ **al tuntún** Sin pararse a pensar: *Las cosas no te salen bien porque las haces al tuntún.* ☐ [Es coloquial].

tupé (tu·pé) [sustantivo/masculino] Conjunto de pelos que se llevan levantados sobre la frente.

tupé

tupido, da (tu·pi·do, da) [adjetivo] Formado por cosas que están muy juntas o apretadas: *un jersey muy tupido; una tela tupida.* ☐ SINÓNIMOS: espeso, denso. ☐ ANTÓNIMOS: ralo.

turba (tur·ba) [sustantivo/femenino] **1** Gran cantidad de personas: *Había una turba de periodistas esperando al famoso.* **2** Tipo de carbón que arde con facilidad.

turbación (tur·ba·ción) [sustantivo/femenino] **1** Impresión fuerte que deja a una persona sin poder hablar o actuar: *Al verte sentí una gran turbación.* **2** Cambio del estado normal de algo: *Los políticos luchan por evitar la turbación de la paz mundial.* ☐ FAMILIA: →turbar.

turbante (tur·ban·te) [sustantivo/masculino] Especie de sombrero formado por una tela que se enrolla alrededor de la cabeza.

turbante

turbar (tur·bar) [verbo] **1** Hacer que cambie el estado o el desarrollo normal de algo: *Unos gritos turbaron mi sueño.* **2** Sorprender a una persona y dejarla sin que pueda hablar o actuar: *Sus halagos me turbaron.* ☐ FAMILIA: turbación, perturbar, imperturbable, perturbación, perturbado, perturbador, conturbar.

turbina (tur·bi·na) [sustantivo/femenino] Máquina con hélices que transforma la fuerza de un líquido o de un gas en energía. ☐ FAMILIA: →turbo.

turbio, bia (tur·bio, bia) [adjetivo] **1** Que no es transparente: *El agua de este río está muy turbia.* **2** Oscuro o poco claro: *La policía lo vigila porque creen que está metido en turbios negocios.* ☐ ANTÓNIMOS: **1** nítido, claro. ☐ FAMILIA: turbulento, turbulencia, enturbiar.

turbión (tur·bión) [sustantivo/masculino] Lluvia fuerte que dura poco tiempo y que suele ir acompañada de mucho viento. ☐ SINÓNIMOS: chaparrón, chubasco.

turbo (tur·bo) [adjetivo] Dicho de un vehículo, que tiene un motor especial, con más fuerza que uno normal. ☐ [No varía en masculino y femenino]. ☐ FAMILIA: turbina.

turbulencia (tur·bu·len·cia) [sustantivo/femenino] Movimiento brusco que se produce en el aire o en un líquido dando lugar a la formación de remolinos: *El avión está entrando en una zona de turbulencias.* ☐ FAMILIA: →turbio.

turbulento, ta (tur·bu·len·to, ta) [adjetivo] **1** Dicho de un líquido, que está agitado y es poco transparente: *Las aguas turbulentas del río hicieron volcar la canoa.* **2** Dicho de una situación, que resulta muy movida y sin orden: *una época turbulenta de mi vida.* ☐ SINÓNIMOS: **2** borrascoso. ☐ FAMILIA: →turbio.

turco, ca (tur·co, ca) [adjetivo o sustantivo] **1** De Turquía, que es un país europeo y asiático. **2** De un antiguo pueblo que se estableció por esa zona: *Los turcos venían de Asia e invadieron Europa.* ∎ **turco** [sustantivo/masculino] **3** Lengua de este y de otros países.

turismo (tu·ris·mo) [sustantivo/masculino] **1** Forma de viajar por gusto y para ver cosas nuevas. **2** Conjunto de personas que hace este tipo de viajes: *En España, el turismo se suele concentrar en las zonas de playa.* **3** Coche de cuatro o cinco plazas. ☐ FAMILIA: turista, turístico, cicloturismo, ecoturismo.

turista (tu·ris·ta) [sustantivo] Persona que viaja por gusto y para conocer cosas nuevas. ☐ [No varía en masculino y femenino]. ☐ FAMILIA: →turismo.

turístico, ca (tu·rís·ti·co, ca) [adjetivo] Del turismo o relacionado con él. ☐ FAMILIA: →turismo.

túrmix (túr·mix) [sustantivo/femenino] Electrodoméstico que sirve para mezclar o para picar alimentos. ☐ [Procede de la marca comercial «Turmix®». No varía en singular y plural]. ☐ SINÓNIMOS: batidora.

turnarse (tur·nar·se) [verbo] Sustituirse en una obligación unas personas por otras, siguiendo un orden repetido y continuo: *Se turnaron para cuidar a su padre cuando estuvo enfermo.* ☐ FAMILIA: →turno.

turno (tur·no) [sustantivo/masculino] **1** Orden según el cual se van sustituyendo varias personas que tienen que llevar a cabo una actividad o una función: *Vigilaremos por turnos.* **2** Momento u ocasión de hacer algo por orden: *Espera tu turno y no intentes colarte.* **3** Grupo de personas que se sustituyen en algo: *Yo soy del turno de mañana.* ◆ [expresión] ‖ **de turno** Muy conocido, habitual o sabido por todos: *Ya has tenido que decir la tontería de turno.* ☐ [La expresión es coloquial]. ☐ SINÓNIMOS: **2** vez, vuelta. ☐ FAMILIA: turnarse.

turolense (tu·ro·len·se) [adjetivo o sustantivo] De la provincia española de Teruel o de su capital. ☐ [No varía en masculino y femenino].

turón (tu·rón) [sustantivo masculino] Animal de cuerpo alargado, con la piel de color marrón oscuro y que suelta un olor muy desagradable para defenderse.

turquesa (tur·que·sa) ■ [adjetivo o sustantivo masculino] **1** De color azul con tonos verdes. ■ [sustantivo femenino] **2** Piedra de este color que se usa para hacer joyas. ☐ [Cuando es adjetivo, no varía en masculino y femenino].

turrón (tu·rrón) [sustantivo masculino] Dulce típico de Navidad.

turulato, ta (tu·ru·la·to, ta) [adjetivo] Sin saber qué decir ni cómo actuar. ☐ [Es coloquial]. ☐ Sinónimos: atónito, estupefacto.

tururú (tu·ru·rú) [interjección] Se usa para decir que no o para reírse de alguien: *Si pretendes que yo dé la cara por ti, ¡tururú!* ☐ [Es coloquial].

tute (tu·te) [sustantivo masculino] **1** Juego de cartas. **2** Trabajo agotador: *Nos dimos un buen tute limpiando el jardín.* ☐ [El significado **2** es coloquial]. ☐ Sinónimos: **2** paliza.

tutear (tu·te·ar) [verbo] Tratar de *tú* a una persona y no de *usted*: *Yo tuteo a mis profesores.* ☐ Familia: →tú.

tutela (tu·te·la) [sustantivo femenino] **1** Autoridad legal que tiene una persona para cuidar y proteger a otra: *Tengo la tutela de mi sobrina desde que murieron sus padres.* **2** Cuidado, ayuda o protección: *Haremos el trabajo bajo la tutela del profesor.* ☐ Familia: →tutor.

tutelar (tu·te·lar) [verbo] **1** Cuidar y proteger una persona a otra porque tiene autoridad legal para hacerlo: *Los padres tutelan a sus hijos hasta que son mayores de edad.* **2** Cuidar, ayudar y proteger a alguien: *Un maestro carpintero tutela a los aprendices.* ☐ Familia: →tutor.

tuteo (tu·te·o) [sustantivo masculino] Tratamiento de *tú* a una persona y no de *usted*. ☐ Familia: →tú.

tutía (tu·tí·a) ◆ [expresión] ‖ **no hay tutía** Se usa para indicar la dificultad para hacer algo o para evitarlo: *No hay tutía, así que tendrás que ir.* ☐ [Es coloquial. Se usa también «no hay tu tía»].

tutiplén (tu·ti·plén) ◆ [expresión] ‖ **a tutiplén** En mucha cantidad: *Compramos helados a tutiplén.* ☐ [Es coloquial].

tutor, ra (tu·tor, to·ra) [sustantivo] **1** Persona que está autorizada por la ley para cuidar y proteger a otra: *Se quedó sin padres y sus tutores son sus tíos.* **2** En un colegio, profesor que tiene una clase a su cuidado. ☐ Familia: tutoría, tutelar, tutela.

tutoría (tu·to·rí·a) [sustantivo femenino] Trabajo de la persona que cuida o dirige a otras: *Las horas de tutoría están para que los alumnos le cuenten al tutor los problemas que tienen en el colegio.* ☐ Familia: →tutor.

tutti-frutti [sustantivo masculino] Frutas mezcladas o variadas: *helado de tutti-frutti.* ☐ [Es una palabra italiana. Se pronuncia «tutifrúti»].

tutú (tu·tú) [sustantivo masculino] Falda transparente que usan las bailarinas. ☐ [Su plural es «tutús»].

tuyo, ya (tu·yo, ya) [posesivo] Indica que algo pertenece a la segunda persona del singular: *Este abrigo es mío, ¿cuál es el tuyo?* ☐ [Cuando va delante de un sustantivo se cambia por «tu»: «tu libro», «tus amigas»].

twist [sustantivo masculino] Baile en el que se mueven mucho los hombros y las caderas. ☐ [Es una palabra inglesa. Se pronuncia «tuís»].

u ■ [sustantivo femenino] **1** Letra número veintidós del abecedario. 👁 **página 18.** ■ [conjunción] **2** Se usa en vez de la conjunción *o* delante de palabras que empiezan por *o-* o por *ho-*: *No sé si tomar granizado u horchata.* ☐ [En las sílabas «gue» y «gui», la «u» no se pronuncia: «guerra», «guitarra». Cuando se escribe «güe» o «güi», la «u» sí se pronuncia: «cigüeña», «pingüino». En el significado **1** su plural es «úes»].

ubicación (u·bi·ca·ción) [sustantivo femenino] Lugar donde está alguien o algo: *No conocemos la ubicación exacta de la casa.* ☐ Sinónimos: localización. ☐ Familia: →ubicar.

ubicar (u·bi·car) [verbo] Estar colocado en un lugar: *¿Sabe usted dónde se ubica este hotel, por favor?* ☐ [La «c» se cambia en «qu» delante de «e» («ubique»)]. ☐ Familia: ubicación.

ubicuo, cua (u·bi·cuo, cua) [adjetivo] Presente en todas partes al mismo tiempo. ☐ Sinónimos: omnipresente.

ubre (u·bre) [sustantivo femenino] Parte del cuerpo de las hembras de los mamíferos en la que se produce la leche. ☐ Sinónimos: mama, teta.

ucraniano, na (u·cra·nia·no, na) ■ [adjetivo o sustantivo] **1** De Ucrania, que es un país europeo. ■ **ucraniano** [sustantivo masculino] **2** Lengua de este país.

ufano, na (u·fa·no, na) [adjetivo] **1** Que está contento y satisfecho: *Llegó muy ufano con su diploma.* **2** Que muestra demasiado orgullo: *Se puso muy ufano para pedirnos lo que le debíamos.* ☐ Sinónimos: **1** contento. **2** presuntuoso, engreído, orgulloso. ☐ Antónimos: **1** triste. **2** humilde.

ugandés, sa (u·gan·dés, de·sa) [adjetivo o sustantivo] De Uganda, que es un país africano.

ujier (u·jier) [sustantivo] Persona que trabaja cuidando un edificio público. ☐ [No varía en masculino y femenino]. ☐ Sinónimos: conserje.

ukelele (u·ke·le·le) [sustantivo masculino] Instrumento musical parecido a la guitarra pero de menor tamaño y con cuatro cuerdas.

úlcera (úl·ce·ra) [sustantivo femenino] Herida que sale en la piel o en otras partes del cuerpo: *úlcera de estómago.* ☐ Sinónimos: llaga.

ulterior (ul·te·rior) [adjetivo] Que va después de otra cosa: *En declaraciones ulteriores, se arrepintió de lo que había dicho en la primera entrevista.* ☐ [No varía en masculino y femenino]. ☐ Sinónimos: posterior, siguiente.

ultimar (ul·ti·mar) [verbo] Dar fin a algo: *Ya solo nos queda ultimar unos detalles para tenerlo todo preparado.* ☐ Sinónimos: terminar, acabar, concluir, finalizar. ☐ Antónimos: empezar, iniciar, comenzar. ☐ Familia: →último.

ultimátum (ul·ti·má·tum) [sustantivo masculino] Última oferta que se hace a una persona cuando se está intentando llegar a un acuerdo con ella: *Esto es un ultimátum: o haces lo que te digo o no vienes con nosotros.* ☐ [Es una palabra que viene del latín. Su plural es «ultimátums»]. ☐ Familia: →último.

último, ma (úl·ti·mo, ma) [adjetivo] **1** Que no tiene ningún otro por detrás: *La «z» es la última letra del abecedario.* **2** Que acaba de ocurrir: *Acabamos de oír las últimas noticias.* **3** Que está muy lejos o muy escondido: *He buscado hasta en el último rincón de la casa, pero no lo encuentro.* ◆ [expresión] ‖ **a la última** Con la moda más actual: *La gente famosa va siempre vestida a la última.* ‖ **a últimos** Al final de un período de tiempo: *A últimos de junio nos dan las vacaciones.* ‖ **estar en las últimas** Estar a punto de acabarse: *Esta botella está ya en las últimas.* ‖ **por último** Finalmente: *Llegué, paseé y, por último, me fui a casa.* ☐ [Las expresiones «a la última» y «estar en las últimas» son coloquiales]. ☐ ANTÓNIMOS: **1** primero. ☐ FAMILIA: ultimar, ultimátum, penúltimo, antepenúltimo.

ultrajar (ul·tra·jar) [verbo] Ofender gravemente: *Nadie tiene derecho a ultrajar a los demás.* ☐ [Siempre se escribe con «j»]. ☐ FAMILIA: ultraje.

ultraje (ul·tra·je) [sustantivo masculino] Ofensa grave: *Dejarme por mentiroso fue un auténtico ultraje.* ☐ ANTÓNIMOS: alabanza. ☐ FAMILIA: →ultrajar.

ultraligero (ul·tra·li·ge·ro) [sustantivo masculino] Avión con poco peso y con un motor de escasa potencia. ☐ FAMILIA: →ligero.

ultramar (ul·tra·mar) [sustantivo masculino] Territorios que están al otro lado del mar: *colonias de ultramar.* ☐ FAMILIA: →mar.

ultramarino, na (ul·tra·ma·ri·no, na) ■ [adjetivo] **1** Que está al otro lado del mar. ■ **ultramarinos** [sustantivo masculino plural] **2** Tienda en la que se venden comestibles que se conservan muy bien sin estropearse. ☐ FAMILIA: →mar.

ultranza (ul·tran·za) ◆ [expresión] ‖ **a ultranza** Con seguridad y sin dudar: *Mi padre siempre defiende a ultranza sus ideas.*

ultrasónico, ca (ul·tra·só·ni·co, ca) [adjetivo] De los ultrasonidos o relacionado con este tipo de sonido tan agudo que las personas no pueden oír: *ondas ultrasónicas.* ☐ FAMILIA: →son.

ultrasonido (ul·tra·so·ni·do) [sustantivo masculino] Sonido que las personas no pueden oír por ser muy agudo. ☐ FAMILIA: →son.

ultratumba (ul·tra·tum·ba) [sustantivo femenino] Mundo más allá de la muerte: *vida de ultratumba.* ☐ [Se usa más en la expresión «de ultratumba»]. ☐ FAMILIA: →tumba.

ultravioleta (ul·tra·vio·le·ta) [adjetivo] Dicho de algunos rayos de luz, que no se pueden ver y que pueden servir para curar algunas enfermedades. ☐ [No varía en masculino y femenino]. ☐ FAMILIA: →violeta.

ulular (u·lu·lar) [verbo] **1** Sonar el viento: *El viento ululaba entre las rendijas.* **2** Emitir un animal una voz triste y continua: *Los perros ululaban en la noche.*

umbilical (um·bi·li·cal) [adjetivo] Del ombligo o relacionado con él: *Cuando un niño nace, hay que cortar el cordón umbilical que lo une a la madre.* ☐ [No varía en masculino y femenino]. ☐ FAMILIA: →ombligo.

umbral (um·bral) [sustantivo masculino] **1** Parte inferior de una puerta: *Entra, no te quedes esperando en el umbral.* **2** Principio de algo que comienza: *En el umbral del nuevo curso esperamos lo mejor.* ☐ [En el significado **1**, no confundir con «dintel» (parte superior de la puerta)].

umbrío, a (um·brí·o, a) [adjetivo] Que tiene poco sol: *piso umbrío; calle umbría.* ☐ SINÓNIMOS: sombrío. ☐ ANTÓNIMOS: soleado. ☐ FAMILIA: →sombra.

un, una (un, u·na) [artículo] Acompaña a los nombres desconocidos y sirve para saber su género y su número: *Unos niños han preguntado por ti. He visto pasar a una señora que corría.* ☐ [Su plural es «unos, unas». «Un» va generalmente delante de un sustantivo masculino singular].

unánime (u·ná·ni·me) [adjetivo] Dicho de una decisión, que es común a un grupo de personas: *La decisión fue unánime porque todos votamos lo mismo.* ☐ [No varía en masculino y femenino]. ☐ SINÓNIMOS: acorde. ☐ FAMILIA: unanimidad.

unanimidad (u·na·ni·mi·dad) [sustantivo femenino] Decisión común de un grupo de personas: *La pandilla aprobó por unanimidad la propuesta de ir al cine.* ☐ SINÓNIMOS: consenso. ☐ FAMILIA: →unánime.

unción (un·ción) [sustantivo femenino] Hecho de untar con aceite, con perfume o con otro líquido graso. ◆ [expresión] ‖ **unción de enfermos** Acto en el que el sacerdote hace el signo de la cruz a las personas que están enfermas. ☐ FAMILIA: →ungir.

uncir (un·cir) [verbo] Atar a algunos animales a un carro o a un arado para que tiren de él: *Uncieron los bueyes para que tiraran del carro.* ☐ [La «c» se cambia en «z» delante de «a», «o» («unza»)].

undécimo, ma (un·dé·ci·mo, ma) [numeral] **1** Que ocupa el lugar número once en una serie: *Yo vivo en el undécimo piso.* **2** Dicho de una parte, que es una de las once en que se divide algo: *la undécima parte de la herencia.* ☐ SINÓNIMOS: **1** decimoprimero. **2** onceavo. ☐ FAMILIA: →uno. →décimo.

ungir (un·gir) [verbo] Untar con aceite, con perfume o con otro líquido graso. ☐ [La «g» se cambia en «j» delante de «a», «o» («unja»)]. ☐ FAMILIA: ungüento, unción, extremaunción.

ungüento (un·güen·to) [sustantivo masculino] Sustancia líquida o espesa que se extiende sobre el cuerpo como perfume o como medicina. ☐ Familia: →ungir.

ungulado, da (un·gu·la·do, da) [adjetivo] Dicho de un animal, que tiene pezuñas o cascos en las patas: *La vaca y el caballo son animales ungulados.*

unicelular (u·ni·ce·lu·lar) [adjetivo] Con una sola célula. ☐ [No varía en masculino y femenino]. ☐ Familia: →célula.

único, ca (ú·ni·co, ca) [adjetivo] **1** Raro y muy poco frecuente: *Este animal es un prodigio único en su especie.* ■ [adjetivo o sustantivo] **2** Que solo es él, sin que exista otro igual: *Soy hija única porque no tengo hermanos.* ☐ Sinónimos: **1** aislado, excepcional, singular. ☐ Antónimos: **1** común. ☐ Familia: →uno.

unicornio (u·ni·cor·nio) [sustantivo masculino] Animal imaginario con forma de caballo y un cuerno recto en mitad de la frente. ☐ Familia: →cuerno.

unidad (u·ni·dad) [sustantivo femenino] **1** Cosa separada de otras: *Una docena consta de doce unidades.* **2** Carácter común a varias cosas distintas: *En este grupo no hay unidad de opinión.* **3** Cantidad que se toma como medida: *El metro es la unidad de longitud.* **4** Número 1: *La unidad seguida de dos ceros es el número cien.* ☐ Sinónimos: **4** uno. ☐ Antónimos: **2** variedad. ☐ Familia: →uno.

unifamiliar (u·ni·fa·mi·liar) [adjetivo] Para una sola familia: *vivienda unifamiliar.* ☐ [No varía en masculino y femenino]. ☐ Familia: →familia.

unificación (u·ni·fi·ca·ción) [sustantivo femenino] Hecho de unir dos o más cosas en una sola. ☐ Familia: →unir.

unificar (u·ni·fi·car) [verbo] Hacer de dos o más cosas una sola: *Debemos unificar nuestros esfuerzos.* ☐ [La «c» se cambia en «qu» delante de «e» («unifique»)]. ☐ Sinónimos: unir. ☐ Antónimos: dividir. ☐ Familia: →unir.

uniformar (u·ni·for·mar) [verbo] **1** Hacer que dos o más cosas sean iguales o semejantes: *Si no uniformamos criterios, nunca nos pondremos de acuerdo.* **2** Hacer que una persona vaya vestida con uniforme: *El nuevo director ha propuesto uniformar a los conserjes.* ☐ Familia: →uno.

uniforme (u·ni·for·me) ■ [adjetivo] **1** Que tiene las mismas características: *Para actuar como un auténtico equipo, debemos seguir criterios uniformes.* ■ [sustantivo masculino] **2** Traje que sirve para identificar a personas con el mismo trabajo: *El uniforme de los bomberos lleva casco.* ☐ [En el significado **1** no varía en masculino y femenino]. ☐ Familia: →uno.

uniformidad (u·ni·for·mi·dad) [sustantivo femenino] Parecido entre una cosa y otra: *la uniformidad de la moda vaquera.* ☐ Sinónimos: igualdad. ☐ Familia: →uno.

unigénito, ta (u·ni·gé·ni·to, ta) [adjetivo o sustantivo] Dicho de una persona, que es hijo único. ☐ Familia: →uno.

unilateral (u·ni·la·te·ral) [adjetivo] Que se limita solo a la opinión de una persona: *una decisión unilateral.* ☐ [No varía en masculino y femenino]. ☐ Familia: →lado.

unión (u·nión) [sustantivo femenino] **1** Relación o comunicación que hay entre cosas distintas: *Entre mis hermanos y yo existe una unión muy fuerte.* **2** Proceso por el que se juntan elementos distintos para que formen un conjunto: *Con este pegamento conseguirás la unión de las dos piezas.* ☐ Sinónimos: **1** vínculo. ☐ Familia: →unir.

unipersonal (u·ni·per·so·nal) [adjetivo] Que está formado por una sola persona o que pertenece a una sola persona: *Los verbos «llover» o «granizar» son unipersonales porque se usan solo en tercera persona del singular.* ☐ [No varía en masculino y femenino]. ☐ Familia: →persona.

unir (u·nir) [verbo] **1** Juntar elementos distintos para que formen un conjunto: *Si unes todas las piezas del rompecabezas, verás un bonito paisaje.* **2** Relacionar dos cosas distintas: *La risa suele ir unida a la alegría.* ☐ Sinónimos: juntar. **1** unificar. ☐ Antónimos: disociar, separar. **1** desintegrar, desunir, fragmentar, segmentar, segregar. ☐ Familia: unión, desunir, desunión, reunir, reunión, unificar, unificación, reunificar, reunificación.

unisex (u·ni·sex) [adjetivo] Que sirve tanto para hombre como para mujer: *Estos vaqueros son unisex.* ☐ [No varía en masculino y femenino, ni en singular y plural]. ☐ Familia: →sexo.

unísono (u·ní·so·no) ◆ [expresión] ‖ **al unísono** A la vez o al mismo tiempo: *Todos contestamos al unísono.* ☐ Familia: →son.

unitario, ria (u·ni·ta·rio, ria) [adjetivo] De la unidad o relacionado con ella: *El precio unitario de los sobres es mayor que por docenas.* ☐ Familia: →uno.

universal (u·ni·ver·sal) [adjetivo] **1** Del universo o relacionado con él. **2** Que es conocido en todas partes: *Esta actriz tiene fama universal.* **3** Que afecta a todo el mundo: *El amor es un sentimiento universal.* ☐ [No varía en masculino y femenino]. ☐ Sinónimos: **2** mundial, internacional. ☐ Antónimos: **3** particular. ☐ Familia: →universo.

universalizar (u·ni·ver·sa·li·zar) [verbo] Hacer universal o generalizar mucho: *A través de los medios de comunicación las modas se universalizan en poco tiempo.* ☐ [La «z» se cambia en «c» delante de «e» («universalice»)]. ☐ Familia: →universo.

universidad (u·ni·ver·si·dad) [sustantivo femenino] **1** Centro donde se estudian las distintas carreras: *En la universidad se realizan muchos trabajos de investigación.* **2** Conjunto de edificios donde se siguen esos estudios. ☐ Familia: universitario.

universitario, ria (u·ni·ver·si·ta·rio, ria) ■ [adjetivo] **1** De la universidad o relacionado con ella: *estudiante universitario.* ■ [sustantivo] **2** Persona que estudia en la universidad: *Mis padres se conocieron cuando eran universitarios.* ☐ Familia: →universidad.

universo (u·ni·ver·so) [sustantivo masculino] Conjunto de todo lo que existe: *La Tierra es solo una parte del universo.* ☐ Sinónimos: cosmos, mundo, creación, orbe. ☐ Familia: universal, universalizar.

unívoco, ca (u‧ní‧vo‧co, ca) [adjetivo] **1** Con un solo sentido o un solo significado. **2** En matemáticas, dicho de una correspondencia, la que relaciona cada uno de los elementos de un conjunto con uno, y solo uno, de los elementos del otro conjunto. ☐ Familia: →uno.

uno, una (u‧no, na) ■ [numeral] **1** Indica una sola unidad: *Me habías pedido tres libros, pero solo he podido traer uno.* ■ [indefinido] **2** Indica persona o cosa que no están determinadas: *He traído unas cosas para ti.* ■ **uno** [sustantivo masculino] **3** Número 1: *Mi número favorito es el uno.* ◆ [expresión] ‖ **no dar una** Hacer todo mal: *No sé qué me pasa, pero hoy no doy una.* ‖ **uno por uno** o **uno a uno** Se usa para indicar que una acción se va repitiendo en cada uno de los miembros de un grupo. ☐ [Cuando «uno» va delante de un sustantivo masculino singular, se cambia por «un»: «un perro»]. ☐ Sinónimos: **3** unidad. ☐ Familia: unidad, unitario, único, uniforme, uniformar, uniformidad, unigénito, unívoco, biunívoco, veintiuno, veintiún, undécimo, once, onceavo.

untar (un‧tar) [verbo] **1** Extender una sustancia grasa sobre una superficie: *Si untas la mantequilla sobre una tostada caliente, se derrite.* **2** Pagar a una persona para que haga algo que no está permitido por la ley. ☐ [El significado **2** es coloquial]. ☐ Sinónimos: **1** embadurnar, poner. ☐ Familia: unto, untuoso.

unto (un‧to) [sustantivo masculino] Grasa de algunos animales. ☐ Sinónimos: manteca, sebo. ☐ Familia: →untar.

untuoso, sa (un‧tuo‧so, sa) [adjetivo] Que tiene mucha grasa: *Esta crema es muy untuosa y no se absorbe bien.* ☐ Sinónimos: aceitoso, pringoso, graso, grasiento. ☐ Familia: →untar.

uña (u‧ña) [sustantivo femenino] Parte dura y transparente que crece al final de los dedos. ◆ [expresión] ‖ **con uñas y dientes** Con todas las fuerzas: *Yo defiendo a mis amigos con uñas y dientes.* ‖ **estar de uñas** Estar muy enfadado: *Si llego a saber que estabas de uñas, no te hubiese invitado a mi fiesta.* ‖ **ser uña y carne** Entenderse muy bien dos personas y estar siempre juntas: *Mi hermana y yo somos uña y carne.* ☐ [Las expresiones «estar de uñas» y «ser uña y carne» son coloquiales]. ☐ Familia: pintaúñas, cortaúñas, pezuña.

uperización (u‧pe‧ri‧za‧ción) [sustantivo femenino] Hecho de calentar la leche con vapor hasta que alcanza una temperatura muy alta en un tiempo inferior a un segundo. ☐ Familia: →uperizar.

uperizar (u‧pe‧ri‧zar) [verbo] Calentar la leche con vapor hasta que alcanza una temperatura muy alta en un tiempo inferior a un segundo. ☐ [La «z» se cambia en «c» delante de «e» («uperice»)]. ☐ Familia: uperización.

uralita (u‧ra‧li‧ta) [sustantivo femenino] Material de color gris que se usa en la construcción. ☐ [Procede de la marca comercial «Uralita®»].

uranio (u‧ra‧nio) [sustantivo masculino] Metal de color gris que produce radiactividad: *El uranio se utiliza para fabricar bombas atómicas.*

urbanidad (ur‧ba‧ni‧dad) [sustantivo femenino] Buena educación. ☐ Sinónimos: cortesía. ☐ Familia: →urbe.

urbanismo (ur‧ba‧nis‧mo) [sustantivo masculino] Conjunto de conocimientos y actividades destinados al desarrollo de las ciudades: *El plan de urbanismo recoge cómo serán las calles y plazas de los nuevos barrios.* ☐ Familia: →urbe.

urbanización (ur‧ba‧ni‧za‧ción) [sustantivo femenino] **1** Conjunto de viviendas muy parecidas, con jardines, tiendas y todos los servicios necesarios. **2** Proceso por el que un terreno vacío se convierte en un núcleo de población: *La urbanización de una zona supone la instalación de luz, agua y teléfono, y la construcción de calles y viviendas.* ☐ Familia: →urbe.

urbanizar (ur‧ba‧ni‧zar) [verbo] Preparar un terreno con calles, electricidad, alcantarillado y otros servicios para que las personas puedan vivir en él: *En este terreno se puede construir porque ya se ha urbanizado.* ☐ [La «z» se cambia en «c» delante de «e» («urbanice»)]. ☐ Familia: →urbe.

urbano, na (ur‧ba‧no, na) [adjetivo] De la ciudad o relacionado con ella: *transporte urbano; grandes núcleos urbanos.* ☐ Antónimos: rural. ☐ Familia: →urbe.

urbe (ur‧be) [sustantivo femenino] Ciudad grande e importante. ☐ Familia: urbano, urbanizar, urbanización, urbanismo, urbanidad, interurbano, suburbano, suburbio.

urdir (ur‧dir) [verbo] Preparar en secreto un plan contra alguien: *Los presos urdieron un plan para escaparse.* ☐ Sinónimos: maquinar.

urea (u‧re‧a) [sustantivo femenino] Sustancia del cuerpo que se elimina por la orina y por el sudor. ☐ Familia: uretra, uréter.

uréter (u‧ré‧ter) [sustantivo masculino] Especie de tubo por el que baja la orina desde el riñón a la vejiga. ☐ Familia: →urea.

uretra (u‧re‧tra) [sustantivo femenino] Especie de tubo por el que baja la orina desde la vejiga al exterior. ☐ Familia: →urea.

urgencia (ur‧gen‧cia) ■ [sustantivo femenino] **1** Necesidad de que algo se haga lo antes posible: *Dijo que la llamases con urgencia.* ■ **urgencias** [plural] **2** En un hospital, zona en la que se trata a las personas que están muy graves y necesitan cuidados médicos rápidamente. ☐ Sinónimos: **1** prisa. ☐ Familia: →urgir.

urgente (ur‧gen‧te) [adjetivo] **1** Que corre mucha prisa: *Es urgente que me contestes.* **2** Dicho del correo, que se reparte mucho más rápido de lo normal: *Las cartas urgentes llevan sellos más caros.* ☐ [No varía en masculino y femenino]. ☐ Sinónimos: **1** acuciante. ☐ Familia: →urgir.

urgir (ur‧gir) [verbo] Ser muy necesario que algo se haga cuanto antes: *Me urge saberlo.* ☐ [La «g» se cambia en «j» delante de «a», «o» («urja»)]. ☐ Familia: urgente, urgencia.

urinario, ria (u‧ri‧na‧rio, ria) ■ [adjetivo] **1** De la orina o relacionado con ella: *Los riñones y la vejiga forman* parte del aparato urinario. ∎ **urinario** [sustantivo/masculino] **2** Lugar destinado para orinar: *En casi todos los parques hay urinarios públicos.* ☐ FAMILIA: →orina.

urna (ur·na) [sustantivo/femenino] **1** Caja transparente, con una abertura en la parte superior para poder meter los votos. **2** Caja transparente que se usa para tener a la vista objetos de valor sin que puedan tocarse.

urna

urogallo (u·ro·ga·llo) [sustantivo/masculino] Ave de gran tamaño con las plumas oscuras, cola en forma de abanico, y que en época de celo emite gritos parecidos a los mugidos del toro.

urología (u·ro·lo·gí·a) [sustantivo] Ciencia que estudia los órganos que conducen y expulsan la orina. ☐ FAMILIA: urólogo.

urólogo, ga (u·ró·lo·go, ga) [sustantivo] Médico especializado en urología. ☐ FAMILIA: →urología.

urraca (u·rra·ca) [sustantivo/femenino] Ave con las plumas blancas en el vientre y negras en el resto del cuerpo. ⊙ **páginas 116-117.**

urticante (ur·ti·can·te) [adjetivo] Que produce picor o escozor: *sustancia urticante.* ☐ [No varía en masculino y femenino]. ☐ FAMILIA: →ortiga.

urticaria (ur·ti·ca·ria) [sustantivo/femenino] Enfermedad de la piel que produce granos o manchas que pican o escuecen. ☐ FAMILIA: →ortiga.

uruguayo, ya (u·ru·gua·yo, ya) [adjetivo o/sustantivo] De Uruguay, que es un país sudamericano.

usabilidad (u·sa·bi·li·dad) [sustantivo/femenino] Facilidad para navegar y conseguir lo que se busca en una web: *El diseño, el color, los enlaces o la rapidez de carga son factores que hay que tener en cuenta al estudiar la usabilidad de una web.* ☐ FAMILIA: →usar.

usado, da (u·sa·do, da) [adjetivo] Que está estropeado por el uso: *Estos zapatos están muy usados.* ☐ SINÓNIMOS: gastado. ☐ FAMILIA: →usar.

usanza (u·san·za) [sustantivo/femenino] Forma de hacer una cosa: *Hice un café en puchero, a la antigua usanza.* ☐ FAMILIA: →usar.

usar (u·sar) [verbo] **1** Coger algo para hacer alguna cosa: *El cuchillo se usa para cortar.* **2** Gastar un determinado producto: *Este coche usa gasolina sin plomo.* **3** Ponerse habitualmente una prenda de vestir: *Yo nunca uso sombrero.* ∎ **usarse 4** Estar de moda: *Ya no se usa que los hombres lleven capa.* ☐ SINÓNIMOS: **1** emplear, utilizar. **2** consumir. **3** llevar. **4** llevarse. ☐ FAMILIA: uso, usado, usanza, usual, usuario, desuso, desusado, inusual, inusitado, multiuso, usabilidad.

uso (u·so) [sustantivo/masculino] **1** Empleo de algo para un fin: *La madera tiene muchos usos: para hacer muebles, como leña, etc.* **2** Empleo habitual de un determinado producto: *El uso de la lejía para lavar la ropa estropea mucho los tejidos.* **3** Acción que se realiza con frecuencia: *En algunos pueblos se conservan antiguos usos que ya han desaparecido en las ciudades.* ◆ [expresión] ∥ **uso de razón** Capacidad de una persona para saber lo que está bien y lo que está mal: *Cuando hago tonterías, mi madre dice que parece que no tengo uso de razón.* ☐ SINÓNIMOS: **2** consumo. **3** costumbre, hábito. ☐ ANTÓNIMOS: **1** desuso. ☐ FAMILIA: →usar.

usted (us·ted) [pronombre/personal] Se usa para dirigirse con respeto y de forma educada a la segunda persona: *Usted nos dijo que viniéramos.* ☐ [No varía en masculino y femenino. Se usa con el verbo en tercera persona].

usual (u·sual) [adjetivo] **1** Que no sorprende, porque siempre es así: *En mi casa es muy usual merendar un vaso de leche.* **2** Que se usa mucho: *La palabra «dar» es muy usual en español.* ☐ [No varía en masculino y femenino]. ☐ SINÓNIMOS: común, habitual, corriente. **1** acostumbrado, natural, normal, ordinario. ☐ ANTÓNIMOS: anormal, sorprendente, extraño, inusual. ☐ FAMILIA: →usar.

usuario, ria (u·sua·rio, ria) [adjetivo o/sustantivo] Que usa alguna cosa: *Los usuarios del metro se han quejado de la última subida de precios.* ☐ FAMILIA: →usar.

usura (u·su·ra) [sustantivo/femenino] Hecho de prestar dinero con la condición de que se devuelva mucho más de lo que se prestó.

usurero, ra (u·su·re·ro, ra) [sustantivo] Persona que presta dinero con la condición de que se le devuelva mucho más de lo que prestó. ☐ [Es despectivo].

usurpación (u·sur·pa·ción) [sustantivo/femenino] Hecho de apropiarse de algo sin tener derecho a ello: *usurpación de poder; usurpación de identidad.* ☐ FAMILIA: →usurpar.

usurpador, ra (u·sur·pa·dor, do·ra) [adjetivo o/sustantivo] Que se apodera de algo sin tener derecho a ello: *Cuando volvió el rey, desterró al conde usurpador del trono.* ☐ FAMILIA: →usurpar.

usurpar (u·sur·par) [verbo] Apoderarse de algo sin tener derecho a ello: *El príncipe usurpó el trono a su padre empleando las armas.* ☐ SINÓNIMOS: despojar, quitar, privar. ☐ FAMILIA: usurpador, usurpación.

utensilio (u·ten·si·lio) [sustantivo/masculino] Herramienta que se puede usar con las manos y que es necesaria en un trabajo: *En las papelerías venden lápices, bolígrafos, cuadernos y otros utensilios de oficina.* ☐ FAMILIA: →útil.

útero (ú·te·ro) [sustantivo/masculino] Órgano del aparato reproductor femenino donde se desarrolla el niño antes de nacer. ☐ SINÓNIMOS: matriz.

útil (ú·til) ▪ [adjetivo] **1** Que puede servir o puede ser aprovechado para algo: *Una sombrilla es útil para protegerse del sol.* **2** Que resulta bueno para algo: *Para este trabajo es muy útil saber inglés.* ▪ **útiles** [sustantivo masculino plural] **3** Herramientas de trabajo: *El martillo y los alicates son útiles de carpintería.* ☐ [En los significados **1** y **2** no varía en masculino y femenino]. ☐ SINÓNIMOS: **2** conveniente. ☐ ANTÓNIMOS: **1, 2** inútil. ☐ FAMILIA: utilidad, utilizar, utilizable, utilización, utensilio, utilitario, utillaje, inútil, inutilizar.

utilidad (u·ti·li·dad) [sustantivo femenino] **1** Capacidad de servir o de ser aprovechado para algo: *Los ordenadores son máquinas de una gran utilidad.* **2** Fruto o ganancia que se obtiene de algo: *Debes aprender a sacar utilidad hasta de las situaciones más difíciles.* ☐ SINÓNIMOS: **2** beneficio, provecho. ☐ FAMILIA: →útil.

utilitario (u·ti·li·ta·rio) [sustantivo masculino] Coche pequeño que gasta poca gasolina. ☐ FAMILIA: →útil.

utilizable (u·ti·li·za·ble) [adjetivo] Que se puede utilizar: *Estas herramientas aún son utilizables.* ☐ [No varía en masculino y femenino]. ☐ FAMILIA: →útil.

utilización (u·ti·li·za·ción) [sustantivo femenino] Uso o empleo de algo para un fin. ☐ FAMILIA: →útil.

utilizar (u·ti·li·zar) [verbo] Coger algo para hacer alguna cosa: *Mi profesora siempre utiliza bolígrafo rojo para corregir.* ☐ [La «z» se cambia en «c» delante de «e» («utilice»)]. ☐ SINÓNIMOS: usar, emplear. ☐ FAMILIA: →útil.

utillaje (u·ti·lla·je) [sustantivo masculino] Instrumentos o herramientas que se necesitan para hacer un trabajo: *El albañil traía consigo todo el utillaje para la obra.* ☐ FAMILIA: →útil.

utopía (u·to·pí·a) [sustantivo femenino] Algo que es muy difícil de conseguir pero que gustaría mucho si se lograra: *Ya sé que es una utopía que no haya hambre en el mundo, pero yo voy a luchar por conseguirlo.* ☐ FAMILIA: utópico.

utópico, ca (u·tó·pi·co, ca) [adjetivo] Muy difícil de conseguir pero que gustaría mucho si se lograra: *Es utópico que creas que te va a tocar la lotería.* ☐ FAMILIA: →utopía.

uva (u·va) [sustantivo femenino] Fruta de la que se extrae el vino: *Las uvas crecen en las vides en forma de racimos.* 👁 **página 453.** ♦ [expresión] ∥ **mala uva** Mal carácter, mal humor o mala intención: *No tengas mala uva y deja de molestar a tu hermano.* ☐ [La expresión es coloquial].

uve (u·ve) [sustantivo femenino] Nombre de la letra *v.* ♦ [expresión] ∥ **uve doble** Nombre de la letra *w.*

uvi (u·vi) [sustantivo femenino] Zona de un hospital donde están los enfermos muy graves.

úvula (ú·vu·la) [sustantivo femenino] Trozo pequeño de carne que cuelga en la entrada de la garganta. ☐ SINÓNIMOS: campanilla.

uxoricida (u·xo·ri·ci·da) [sustantivo] Hombre que mata a su mujer. ☐ FAMILIA: uxoricidio.

uxoricidio (u·xo·ri·ci·dio) [sustantivo masculino] Muerte que un hombre le produce a su mujer. ☐ FAMILIA: →uxoricida.

uy (uy) [interjección] Se usa para indicar sorpresa, admiración, dolor o disgusto: *¡Uy, me he pinchado!*

uzbeko, ka (uz·be·ko, ka) [adjetivo o sustantivo] De Uzbekistán, que es un país asiático.

v [sustantivo femenino] Letra número veintitrés del abecedario. 👁 **página 18.** ☐ [Su nombre es «uve». Se pronuncia como la «b»].

vaca (va·ca) [sustantivo femenino] Hembra del toro. 👁 **páginas 596-597.** ☐ [No confundir con «baca» (estructura que se coloca en el techo de un automóvil)]. ☐ FAMILIA: vacuno, vaquilla, vaquero, vaquería.

vacacional (va·ca·cio·nal) [adjetivo] De las vacaciones o relacionado con ellas: *período vacacional.* ☐ [No varía en masculino y femenino]. ☐ FAMILIA: →vacaciones.

vacaciones (va·ca·cio·nes) [sustantivo femenino plural] Tiempo de descanso, en el que una persona no trabaja o no va a clase. ☐ FAMILIA: vacacional.

vacante (va·can·te) [adjetivo o sustantivo femenino] Que está libre: *En la oficina ha quedado un puesto vacante.* ☐ [Cuando es adjetivo, no varía en masculino y femenino].

vaciado (va·cia·do) [sustantivo masculino] **1** Técnica para hacer objetos que consiste en echar un metal derretido u otro material blando en un molde hueco: *Esa escultora se dedica al vaciado en bronce.* **2** Figura que se ha hecho mediante este procedimiento. ☐ FAMILIA: →vacío.

vaciar (va·ciar) [verbo] **1** Dejar vacío un recipiente o un lugar: *Ya he vaciado mi cajón para que tú puedas guardar tus cosas.* **2** Hacer una escultura echando en un molde hueco un material líquido que luego se endurece. ☐ [Es irregular y se conjuga como ENVIAR]. ☐ ANTÓNIMOS: **1** llenar, abarrotar, atiborrar. ☐ FAMILIA: →vacío.

vacilación (va·ci·la·ción) [sustantivo femenino] **1** Movimiento poco seguro. **2** Falta de seguridad al elegir: *No dudó y actuó sin vacilación.* ☐ SINÓNIMOS: **2** duda, incertidumbre, indecisión. ☐ ANTÓNIMOS: **2** decisión, determinación, resolución, firmeza. ☐ FAMILIA: →vacilar.

vacilante (va·ci·lan·te) [adjetivo] Que es o está poco firme: *Cuando me quitaron la escayola de la pierna, mis pasos eran vacilantes.* ☐ [No varía en masculino y femenino]. ☐ ANTÓNIMOS: firme. ☐ FAMILIA: →vacilar.

vacilar (va·ci·lar) [verbo] **1** Estar poco firme: *Vacilaba al andar.* **2** No saber qué elegir: *No vaciles tanto y decídete de una vez.* **3** Hacer o decir cosas en broma: *No me vaciles y dime si de verdad vas a venir con nosotros.* ☐ [El significado **3** es coloquial]. ☐ SINÓNIMOS: **2** dudar. **3** bromear. ☐ FAMILIA: vacilación, vacilante, vacilón.

vacilón, na (va·ci·lón, lo·na) [adjetivo o sustantivo] Que está siempre haciendo o diciendo cosas en broma. ☐ [Es coloquial]. ☐ SINÓNIMOS: bromista. ☐ FAMILIA: →vacilar.

vacío, a (va·cí·o, a) ▌ [adjetivo] **1** Que no tiene nada en su interior: *Esta carpeta está vacía porque no tiene ninguna hoja dentro.* **2** Que no está ocupado: *¿Está vacío ese asiento, por favor?* **3** Con menos cosas que siempre: *La casa se ha quedado vacía porque todos mis hermanos están de campamento, y solo estamos mis padres y yo.* ▌ **vacío** [sustantivo masculino] **4** Lugar muy profundo y con mucho peligro: *El gato cayó al vacío desde un décimo piso.* **5** Falta o ausencia de algo: *Desde que* murió mi abuela, todos sentimos un vacío muy grande. **6** En física, espacio en el que no hay absolutamente nada: *El vacío no contiene ni aire siquiera.* ◆ [expresión] ‖ **al vacío** Sin aire dentro, especialmente un envase o un recipiente: *Los botes de conserva están envasados al vacío.* ☐ Sinónimos: **1** hueco. **2** desocupado. **4** abismo. ☐ Antónimos: **1** repleto, relleno, macizo, pleno. **1-3** lleno. **1, 3** rebosante, atestado. ☐ Familia: vaciar, vaciado.

vacuna (va·cu·na) [sustantivo femenino] Mira en **vacuno, na**.

vacunar (va·cu·nar) [verbo] Introducir un medicamento en el cuerpo para evitar que se cojan enfermedades: *Todos los años me vacuno contra la gripe.* ☐ Familia: →vacuna.

vacuno, na (va·cu·no, na) ■ [adjetivo] **1** De las vacas, de los toros y de este tipo de animales, o relacionado con ellos: *ganado vacuno.* ■ **vacuna** [sustantivo femenino] **2** Medicamento que se introduce en el cuerpo para evitar que se cojan determinadas enfermedades. ☐ Sinónimos: **1** bovino. ☐ Familia: **1** →vaca. **2** vacunar.

vadear (va·de·ar) [verbo] Cruzar un río por un lugar poco profundo: *Me mojé las piernas al vadear el río.*

vado (va·do) [sustantivo masculino] **1** Lugar poco profundo, por donde se puede cruzar un río. **2** Parte baja de una acera, por donde pueden subir muy bien las ruedas de los coches: *En las entradas a los garajes de los edificios, las aceras siempre tienen un vado.*

vado

vagabundear (va·ga·bun·de·ar) [verbo] Ir de un lugar a otro sin tener un sitio donde vivir: *Los perros abandonados vagabundean por las calles.* ☐ Familia: →vagar.

vagabundo, da (va·ga·bun·do, da) [adjetivo o sustantivo] Que va de un lugar a otro sin tener un sitio fijo donde vivir. ☐ Familia: →vagar.

vagancia (va·gan·cia) [sustantivo femenino] Falta de ganas de trabajar. ☐ Sinónimos: holgazanería, pereza, vaguería. ☐ Familia: →vago.

vagar (va·gar) [verbo] **1** Andar sin ir a ningún sitio en especial: *Vagué sin rumbo fijo por las calles de la ciudad.* **2** Ir sin ningún control: *Dejó vagar su imaginación.* ☐ [La «g» se cambia en «gu» delante de «e» («vague»)]. ☐ Sinónimos: **1** errar, deambular. ☐ Familia: vagabundo, vagabundear, divagar.

vagido (va·gi·do) [sustantivo masculino] Llanto o voz de un recién nacido.

vagina (va·gi·na) [sustantivo femenino] Parte del cuerpo de la mujer y de las hembras de algunos animales por donde salen los hijos cuando nacen: *La vagina es uno de los órganos femeninos de la reproducción.* ☐ Familia: vaginal.

vaginal (va·gi·nal) [adjetivo] De la vagina o relacionado con ella: *infección vaginal.* ☐ [No varía en masculino y femenino]. ☐ Familia: →vagina.

vago, ga (va·go, ga) ■ [adjetivo] **1** Poco exacto: *Tengo una vaga idea de lo que haremos, pero no te puedo dar detalles.* ■ [adjetivo o sustantivo] **2** Que no quiere trabajar aunque tenga que hacerlo: *No seas vago y ayúdame.* ☐ Sinónimos: **1** impreciso, inexacto. **2** holgazán, perezoso, haragán, gandul. ☐ Antónimos: **1** preciso, exacto. **2** trabajador, laborioso. ☐ Familia: vaguear, vagancia, vaguería.

vagón (va·gón) [sustantivo masculino] Parte del tren en la que viajan los pasajeros o se llevan productos. ☐ Familia: vagoneta.

vagón

vagoneta (va·go·ne·ta) [sustantivo femenino] Vagón pequeño que se usa para llevar productos de un lado a otro: *En las minas, el mineral extraído se transporta en vagonetas.* ☐ Familia: →vagón.

vaguada (va·gua·da) [sustantivo femenino] Lugar más hondo de un valle.

vaguear (va·gue·ar) [verbo] No trabajar cuando hay que hacerlo. ☐ Sinónimos: haraganear, holgazanear, zanganear. ☐ Antónimos: trabajar. ☐ Familia: →vago.

vaguedad (va·gue·dad) [sustantivo femenino] **1** Falta de claridad o de exactitud: *No me gusta la vaguedad de tus respuestas.* **2** Expresión que no es clara ni exacta: *Solo dices vaguedades para intentar salir del paso.* ☐ Antónimos: **1** precisión.

vaguería (va·gue·rí·a) [sustantivo femenino] Falta de ganas de trabajar. ☐ Sinónimos: vagancia, holgazanería, pereza. ☐ Familia: →vago.

vahído (va·hí·do) [sustantivo masculino] Pérdida del sentido y de las fuerzas durante un momento: *Al ver la sangre me dio un vahído.* ☐ Sinónimos: desvanecimiento.

vaho (va·ho) [sustantivo masculino] Vapor que despide un cuerpo: *Cuando hace frío, la gente, al respirar, suelta nubecillas de vaho.*

vaina (vai·na) [sustantivo/femenino] **1** Cubierta donde se guarda la espada, el puñal o algún arma parecida cuando no se está utilizando. **2** Cáscara alargada que contiene las semillas de algunas plantas: *Las judías verdes son vainas.* ☐ Familia: envainar, desenvainar.

vaina

vainica (vai·ni·ca) [sustantivo/femenino] Forma de decorar una tela sacándole algunos hilos para que queden pequeños agujeros: *El dobladillo de las servilletas tenía adornos de vainica.*

vainilla (vai·ni·lla) [sustantivo/femenino] Planta cuyo fruto se usa mucho para dar aroma a los dulces: *Los helados de vainilla son de color amarillo pálido.*

vaivén (vai·vén) [sustantivo/masculino] Movimiento repetido de un lado a otro: *el vaivén del péndulo de un reloj.* ☐ Sinónimos: balanceo. ☐ Familia: →venir.

vajilla (va·ji·lla) [sustantivo/femenino] Conjunto de platos, fuentes y otros recipientes para servir en la mesa. ☐ Familia: lavavajillas.

valdepeñas (val·de·pe·ñas) [sustantivo/masculino] Un tipo de vino español que se elabora en Valdepeñas, en la provincia española de Ciudad Real. ☐ [No varía en singular y plural].

vale (va·le) ▪ [sustantivo/masculino] **1** Papel que se puede cambiar por otra cosa: *Si presentas este vale, en la próxima compra te harán descuento.* **2** Papel que prueba que se ha entregado algo a la persona indicada: *Cuando recibas el paquete que te envié, tendrás que firmar un vale.* ▪ [interjección] **3** Se usa para indicar que se está de acuerdo con algo: *Vale, me parece bien lo que propones.* ☐ Sinónimos: **3** bueno. ☐ Familia: →valer.

valedero, ra (va·le·de·ro, ra) [adjetivo] Que vale o que sirve: *Este partido es valedero para la clasificación.* ☐ Familia: →valer.

valedor, ra (va·le·dor, do·ra) [sustantivo] Persona que defiende y protege a otra: *Mi hermano mayor fue mi valedor cuando intentaron molestarme los de su clase.* ☐ Familia: →valer.

valencia (va·len·cia) [sustantivo/femenino] Número que indica cómo se combina un elemento químico con otros.

valenciano, na (va·len·cia·no, na) ▪ [adjetivo o sustantivo] **1** De la Comunidad Valenciana, que es una comunidad autónoma española. **2** De la provincia española de Valencia o de su capital. ▪ **valenciano** [sustantivo/masculino] **3** Variedad lingüística del catalán que se habla en esta comunidad autónoma: *El valenciano, junto con el castellano, es la lengua oficial en la Comunidad Valenciana.*

valentía (va·len·tí·a) [sustantivo/femenino] Falta de miedo. ☐ Sinónimos: valor, coraje, gallardía. ☐ Antónimos: cobardía. ☐ Familia: →valor.

valer (va·ler) ▪ [sustantivo/masculino] **1** Conjunto de características buenas de algo: *Eres una persona de gran valer.* ▪ [verbo] **2** Tener algo determinado precio o valor: *¿Cuánto vale este lápiz, por favor?* **3** Ser útil o apropiado para algo: *Esta cuerda no me vale para atar esto.* **4** Tener como consecuencia: *Mi esfuerzo me valió una recompensa.* **5** Dar protección o ayuda: *¡Que Dios nos valga en esta situación tan difícil!* ▪ **valerse 6** Utilizar algo en beneficio propio: *Se valió de todas sus mañas para convencernos.* ☐ [Como verbo es irregular. Mira el cuadro en la página siguiente]. ☐ Sinónimos: **1** valor. **2** costar. **3** servir. **5** proteger. ☐ Familia: vale, valioso, validez, válido, valía, valor, valedero, valedor, valido, minusválido, inválido, invalidar, desvalido, polivalente, revalidar, minusvalía, reválida, validar.

valeriana (va·le·ria·na) [sustantivo/femenino] Planta cuya raíz se usa como tranquilizante: *una infusión de valeriana.*

valeroso, sa (va·le·ro·so, sa) [adjetivo] Que no tiene miedo. ☐ Sinónimos: valiente, bravo, gallardo, aguerrido. ☐ Antónimos: cobarde, miedoso. ☐ Familia: →valor.

valía (va·lí·a) [sustantivo/femenino] **1** Cualidad de una persona que vale mucho: *Es una mujer de mucha valía.* **2** Precio o valor de una cosa. ☐ Familia: →valer.

validar (va·li·dar) [verbo] Hacer válido o firme: *No creeré tus afirmaciones si no las validas con datos.* ☐ Familia: →valer.

validez (va·li·dez) [sustantivo/femenino] Carácter de lo que resulta adecuado para algo: *Un cheque no tiene validez si no está firmado.* ☐ Sinónimos: vigencia. ☐ Antónimos: nulidad. ☐ Familia: →valer.

valido (va·li·do) [sustantivo/masculino] Persona que ayudaba a gobernar a un rey. ☐ [No confundir con «balido» (voz de la oveja y de otros animales)]. ☐ Familia: →valer.

válido, da (vá·li·do, da) [adjetivo] Que vale porque resulta adecuado: *El árbitro dijo que el gol era válido.* ☐ Antónimos: nulo. ☐ Familia: →valer.

valiente (va·lien·te) [adjetivo o sustantivo] Que no tiene miedo. ☐ [No varía en masculino y femenino]. ☐ Sinónimos: valeroso, bravo, gallardo, aguerrido. ☐ Antónimos: cobarde, miedoso, medroso, asustadizo. ☐ Familia: →valor.

valija (va·li·ja) [sustantivo/femenino] **1** Saco que se usa para llevar las cartas del correo: *El cartero cargó la valija sobre el hombro.* **2** Cartas que van dentro de este saco. ☐ Familia: desvalijar.

valioso, sa (va·lio·so, sa) [adjetivo] De mucho valor: *En este museo se exponen valiosas obras de arte.* ☐ Sinónimos: precioso. ☐ Familia: →valer.

valla (va·lla) [sustantivo/femenino] **1** Línea de tablas o de palos que se colocan alrededor de un lugar para protegerlo o para marcarlo: *La valla de la finca impide que el*

vallado

ganado se escape. **2** Superficie sobre la que se colocan grandes anuncios de publicidad. **3** En algunos deportes, barrera que deben saltar los corredores: *carreras de vallas*. ☐ [No confundir con «baya» (fruto redondo) ni con «vaya», del verbo «ir» o interjección]. ☐ Familia: vallar, vallado.

vallado (va·lla·do) [sustantivo masculino] Construcción que se hace alrededor de un lugar para protegerlo o para marcarlo. ☐ Sinónimos: cerca. ☐ Familia: →valla.

vallar (va·llar) [verbo] Colocar una línea de palos o de tablas alrededor de un lugar para protegerlo o para marcarlo: *vallar un jardín; vallar un huerto*. ☐ Sinónimos: cercar. ☐ Familia: →valla.

valle (va·lle) [sustantivo masculino] Terreno llano y hondo que hay entre dos montañas. ☐ Sinónimos: cuenca.

vallisoletano, na (va·lli·so·le·ta·no, na) [adjetivo o sustantivo] De la provincia española de Valladolid o de su capital.

valor (va·lor) ∎ [sustantivo masculino] **1** Conjunto de características buenas de algo: *Tu generosidad es uno de tus muchos valores*. **2** Precio de algo: *Este collar es una joya de mucho valor*. **3** Significado de algo: *No he entendido el valor de sus palabras*. **4** Falta de miedo: *Demostró mucho valor enfrentándose a los ladrones*. **5** Falta de vergüenza o de respeto: *¿Cómo tienes el valor de mentir?* ∎ **valores** [sustantivo masculino plural] **6** En economía, títulos que representan las cantidades prestadas a las empresas o la participación en dichas empresas: *Los valores están en alza*. ☐ Sinónimos: **1** valer. **4** valentía. **5** descaro. ☐ Antónimos: **4** cobardía. ☐ Familia: valorar, valoración, revalorizar, convalidar, convalidación, devaluar, revaluar, valentía, valiente, valeroso, envalentonarse, sobrevalorar. →valer.

valoración (va·lo·ra·ción) [sustantivo femenino] Reconocimiento del valor de algo: *La valoración que has hecho de esta escultura está por encima de su precio real*. ☐ Sinónimos: tasación, estimación, evaluación. ☐ Familia: →valor.

valorar (va·lo·rar) [verbo] Reconocer el valor de algo: *Te agradezco que valores el esfuerzo tan grande que he hecho*. ☐ Sinónimos: estimar, apreciar, evaluar, tasar. ☐ Familia: →valor.

vals [sustantivo masculino] Música que se baila en parejas, dando vueltas una y otra vez: *«El danubio azul» es el título de un famoso vals*. ☐ [Su plural es «valses»].

valva (val·va) [sustantivo femenino] Cada una de las piezas duras que forman parte de una concha: *La concha de un mejillón tiene dos valvas*.

VALER	
INDICATIVO	**SUBJUNTIVO**
Presente yo **valgo** tú **vales** / usted **vale** él, ella **vale** nosotros, tras **valemos** vosotros, tras **valéis** / ustedes **valen** ellos, ellas **valen**	**Presente** yo **valga** tú **valgas** / usted **valga** él, ella **valga** nosotros, tras **valgamos** vosotros, tras **valgáis** / ustedes **valgan** ellos, ellas **valgan**
Pretérito imperfecto yo **valía** tú **valías** / usted **valía** él, ella **valía** nosotros, tras **valíamos** vosotros, tras **valíais** / ustedes **valían** ellos, ellas **valían**	**Pretérito imperfecto** yo **valiera** o **valiese** tú **valieras** o **valieses** / usted **valiera** o **valiese** él, ella **valiera** o **valiese** nosotros, tras **valiéramos** o **valiésemos** vosotros, tras **valierais** o **valieseis** / ustedes **valieran** o **valiesen** ellos, ellas **valieran** o **valiesen**
Pretérito perfecto simple yo **valí** tú **valiste** / usted **valió** él, ella **valió** nosotros, tras **valimos** vosotros, tras **valisteis** / ustedes **valieron** ellos, ellas **valieron**	**Futuro simple** yo **valiere** tú **valieres** / usted **valiere** él, ella **valiere** nosotros, tras **valiéremos** vosotros, tras **valiereis** / ustedes **valieren** ellos, ellas **valieren**
Futuro simple yo **valdré** tú **valdrás** / usted **valdrá** él, ella **valdrá** nosotros, tras **valdremos** vosotros, tras **valdréis** / ustedes **valdrán** él, ella **valdrán**	**IMPERATIVO**
	vale (tú) / **valga** (usted) **valgamos** (nosotros, tras) **valed** (vosotros, tras) / **valgan** (ustedes)
Condicional simple yo **valdría** tú **valdrías** / usted **valdría** él, ella **valdría** nosotros, tras **valdríamos** vosotros, tras **valdríais** / ustedes **valdrían** ellos, ellas **valdrían**	**FORMAS NO PERSONALES**
	Infinitivo **Gerundio** **Participio** valer valiendo valido

válvula (vál·vu·la) [sustantivo/femenino] **1** Aparato que controla la salida o la entrada de un gas: *Para inflar las ruedas de la bici, tienes que colocar la bomba de aire en la válvula.* **2** En el corazón, pliegue que hace que la sangre circule siempre en una dirección y que no pueda volver hacia atrás.

válvula

vamos (va·mos) [interjección] Se usa para animar a alguien o para meter prisa: *¡Vamos, que se nos hace tarde!* ☐ SINÓNIMOS: venga.

vampiresa (vam·pi·re·sa) [sustantivo/femenino] Mujer muy atractiva que conquista fácilmente a los hombres y suele aprovecharse de ellos.

vampiro (vam·pi·ro) [sustantivo/masculino] Ser imaginario que vive por las noches y se alimenta de la sangre de los seres humanos.

vampiro

vanagloria (va·na·glo·ria) [sustantivo/femenino] Alabanza excesiva que alguien hace de sus propias cualidades o de sus propias acciones. ☐ SINÓNIMOS: presunción. ☐ ANTÓNIMOS: modestia. ☐ FAMILIA: →vano. →gloria.

vanagloriarse (va·na·glo·riar·se) [verbo] Sentirse superior a los demás en algo y mostrárselo a todos: *Se vanagloria de ser la mejor jugadora del equipo.* ☐ [Es irregular y se conjuga como **ANUNCIAR**]. ☐ SINÓNIMOS: jactarse, presumir, pavonearse.

vandálico, ca (van·dá·li·co, ca) [adjetivo] Del vandalismo o relacionado con este comportamiento violento: *un acto vandálico.* ☐ FAMILIA: →vándalo.

vandalismo (van·da·lis·mo) [sustantivo/masculino] Comportamiento de las personas que rompen lo que no es suyo sin ninguna razón y no respetan a los demás: *Quemar los bancos públicos es un acto de vandalismo.* ☐ FAMILIA: →vándalo.

vándalo, la (ván·da·lo, la) [adjetivo o sustantivo] Persona que rompe lo que no es suyo sin ninguna razón y no respeta a los demás. ☐ SINÓNIMOS: gamberro. ☐ FAMILIA: vandálico, vandalismo.

vanguardia (van·guar·dia) [sustantivo/femenino] Movimiento cultural que va por delante de las modas y gustos de una época. ☐ FAMILIA: vanguardismo, vanguardista.

vanguardismo (van·guar·dis·mo) [sustantivo/masculino] Corriente artística que va por delante de las modas y gustos de una época. ☐ FAMILIA: →vanguardia.

vanguardista (van·guar·dis·ta) [adjetivo o sustantivo] Que va por delante de las modas y gustos artísticos de una época. ☐ [No varía en masculino y femenino]. ☐ FAMILIA: →vanguardia.

vanidad (va·ni·dad) [sustantivo/femenino] Sensación de creerse mejor que los demás: *Tu vanidad te hace creerte más listo que nadie.* ☐ SINÓNIMOS: orgullo, soberbia, humos, engreimiento. ☐ ANTÓNIMOS: modestia, humildad, sencillez. ☐ FAMILIA: →vano.

vanidoso, sa (va·ni·do·so, sa) [adjetivo o sustantivo] Que se cree mejor que los demás y lo manifiesta. ☐ SINÓNIMOS: orgulloso, soberbio, jactancioso, presuntuoso, endiosado, orondo. ☐ ANTÓNIMOS: modesto, humilde, sencillo. ☐ FAMILIA: →vano.

vano, na (va·no, na) ■ [adjetivo] **1** Inútil o que no da el resultado que se espera: *Hice vanos intentos por encontrarte.* **2** Que no tiene base o razones sólidas: *Olvida esas vanas esperanzas.* **3** Que se cree mejor que los demás: *Es un hombre vano que desprecia a todo el mundo.* **4** Dicho de un fruto con cáscara, que está vacío, seco o podrido por dentro: *Tira esa avellana porque está vana.* ■ **vano** [sustantivo/masculino] **5** Hueco que hay en un muro: *Colocó una cortina en el vano de la puerta.* ◆ [expresión] ‖ **en vano** Inútilmente o sin efecto: *Lo llamé en vano, porque no estaba en casa.* ☐ SINÓNIMOS: **1** ineficaz. **2** infundado. **3** presumido. ☐ ANTÓNIMOS: **1** eficaz. **2** real. ☐ FAMILIA: vanidad, vanidoso, vanagloria, casquivano.

vapor (va·por) [sustantivo/masculino] Gas en que se transforma un líquido por efecto del calor: *Cuando el agua hierve, el humo que sale hacia arriba es el vapor.* ☐ FAMILIA: vaporizar, vaporizador, vaporoso, evaporarse, evaporación.

vaporizador (va·po·ri·za·dor) [sustantivo/masculino] **1** Especie de tapón que permite echar un líquido en gotitas pequeñas: *Tengo un frasco de colonia con vaporizador.* **2** Aparato que convierte un líquido en vapor. ☐ SINÓNIMOS: **1** atomizador, pulverizador. ☐ FAMILIA: →vapor.

vaporizar (va·po·ri·zar) [verbo] **1** Convertir un líquido en vapor. **2** Esparcir un líquido en gotitas pequeñas: *Con este envase puedes vaporizar la colonia.* ☐ [La «z» se cambia en «c» delante de «e» («vaporice»)]. ☐ SINÓNIMOS: **1** evaporarse. ☐ FAMILIA: →vapor.

vaporoso, sa (va·po·ro·so, sa) [adjetivo] Dicho de una tela, que es fina y ligera. ☐ FAMILIA: →vapor.

vapulear (va·pu·le·ar) [verbo] **1** Pegar o golpear a alguien. **2** Mover de un lado a otro con un poco de violencia: *Me cogió por los hombros y me vapuleó.* **3** Criticar o decir algo malo de alguien: *Sus críticas lo*

vapulearon. □ Sinónimos: **1** zurrar. **2** zarandear. □ Familia: vapuleo.

vapuleo (va·pu·le·o) [sustantivo masculino] **1** Golpes que se dan a alguien. **2** Movimiento de un lado a otro con un poco de violencia. **3** Hecho de criticar o decir algo malo de alguien. □ Sinónimos: **1** zurra, paliza. □ Familia: →vapulear.

vaquería (va·que·rí·a) [sustantivo femenino] Lugar en el que se crían vacas o se vende leche. □ Familia: →vaca.

vaquero, ra (va·que·ro, ra) ■ [adjetivo] **1** De un tipo de tela resistente y generalmente de color azul: *una cazadora vaquera.* ■ [sustantivo] **2** Pastor de vacas: *los vaqueros del oeste norteamericano.* ■ **vaquero** [sustantivo masculino] **3** → **pantalón vaquero.** □ [En el significado 3, significa lo mismo en singular que en plural]. □ Sinónimos: **1** tejano. □ Familia: →vaca.

vaquilla (va·qui·lla) [sustantivo femenino] Vaca joven, de año y medio o dos años. □ Familia: →vaca.

vara (va·ra) [sustantivo femenino] Palo delgado, liso y largo. □ Familia: varilla, varillaje, varear, envarado.

varadero (va·ra·de·ro) [sustantivo masculino] Lugar, fuera del agua, donde se reparan o se limpian los barcos. □ Familia: →varar.

varar (va·rar) [verbo] **1** Quedarse un barco atascado y sin poder moverse por haber chocado contra algo: *El pesquero varó en un banco de arena.* **2** Sacar un barco a la playa para repararlo o para limpiarlo. □ Familia: varadero.

varear (va·re·ar) [verbo] Golpear con una vara: *Los olivos se varean para que caigan al suelo las aceitunas.* □ Familia: →vara.

variable (va·ria·ble) [adjetivo] **1** Que varía o que puede variar: *El horario de clases es variable de un curso para otro.* **2** Que cambia mucho y no es siempre igual: *Tengo un carácter muy variable y tan pronto estoy contentísimo como me pongo a llorar.* □ [No varía en masculino y femenino]. □ Antónimos: invariable. □ Familia: →variar.

variación (va·ria·ción) [sustantivo femenino] Cambio o diferencia pequeños: *No ha habido variación en los planes.* □ Sinónimos: alteración, modificación, novedad, variante. □ Familia: →variar.

variado, da (va·ria·do, da) [adjetivo] Que está compuesto por cosas distintas pero de la misma clase: *pasteles variados.* □ Sinónimos: surtido, variopinto. □ Familia: →variar.

variante (va·rian·te) ■ [sustantivo femenino] **1** Cada una de las formas distintas con que puede aparecer una misma cosa: *«Yerba» y «hierba» son dos variantes ortográficas.* **2** Cambio o diferencia pequeños. **3** Desviación de una carretera o de un camino: *Con esta variante de la carretera ya no hay que atravesar el pueblo.* ■ **variantes** [masculino plural] **4** Frutos que se guardan en vinagre para conservarlos: *Compré pepinillos en una tienda de variantes.* □ Sinónimos: **1** modalidad. **2** variación. □ Familia: →variar.

variar (va·riar) [verbo] Hacer que algo sea diferente o distinto de como era antes: *Tu carácter ha variado mucho en estos dos últimos años.* □ [Es irregular y se conjuga como **ENVIAR**]. □ Sinónimos: modificar, alterar. □ Familia: variación, variante, variable, variado, vario, variopinto, variedad, invariable.

varicela (va·ri·ce·la) [sustantivo femenino] Enfermedad infantil contagiosa cuya principal característica es la aparición de granos rojos por todo el cuerpo.

variedad (va·rie·dad) [sustantivo femenino] **1** Diferencia que hay en las cosas de una misma clase: *variedad de gustos.* **2** Gran cantidad de cosas distintas: *En esta heladería hay mucha variedad de sabores.* **3** Cada uno de los grupos en que se divide otro grupo mayor: *Hay muchas variedades de manzanas.* □ Sinónimos: **1, 2** diversidad. □ Antónimos: **1** unidad. □ Familia: →variar.

varilla (va·ri·lla) [sustantivo femenino] Cada una de las barras largas y finas que sujetan la tela de los paraguas y de los abanicos. □ Familia: →vara.

varilla

varillaje (va·ri·lla·je) [sustantivo masculino] Conjunto de varillas: *El varillaje del paraguas es metálico.* □ Familia: →vara.

vario, ria (va·rio, ria) ■ [adjetivo] **1** Que presenta variedad: *En esta tienda venden productos varios.* ■ **varios, as** [indefinido plural] **2** Algunos, unos cuantos: *Tengo varios amigos mayores que yo.* □ [En el significado 1 se usa siempre detrás de un sustantivo]. □ Familia: →variar.

variopinto, ta (va·rio·pin·to, ta) [adjetivo] Diferente o con características distintas: *gente variopinta; paisaje variopinto.* □ Sinónimos: variado, diverso, heterogéneo. □ Antónimos: igual, homogéneo. □ Familia: →variar.

variz (va·riz) [sustantivo femenino] Aumento del tamaño de una vena porque se acumula la sangre en ella: *Mi abuela tiene varices en las piernas.* □ [Su plural es «varices»].

varón (va·rón) [sustantivo masculino] Persona de sexo masculino. □ [No confundir con «barón» (título de la nobleza)]. □ Sinónimos: hombre. □ Antónimos: mujer. □ Familia: varonil.

varonil (va·ro·nil) [adjetivo] Del hombre o relacionado con él. □ [No varía en masculino y femenino]. □ Sinónimos: viril. □ Antónimos: femenino. □ Familia: →varón.

vasallaje (va·sa·lla·je) [sustantivo masculino] **1** Dependencia de un vasallo hacia su señor. **2** Tributo que un vasallo debía pagar a su señor. □ Familia: →vasallo.

vasallo, lla (va·sa·llo, lla) [adjetivo o sustantivo] Que está bajo la autoridad de alguien y tiene la obligación de obedecerlo: *El rey protegía a sus vasallos.* □ Familia: vasallaje, avasallar.

vasco, ca (vas·co, ca) ■ [adjetivo o sustantivo] **1** De la comunidad autónoma española del País Vasco. ■ **vasco** [sustantivo masculino] **2** Lengua hablada en el País Vasco y Navarra, que son comunidades autónomas españolas, y en otros territorios: *El vasco no procede del latín.* ☐ SINÓNIMOS: **1** vascongado. **2** euskera, vascuence. ☐ FAMILIA: vascuence.

vascongado, da (vas·con·ga·do, da) [adjetivo o sustantivo] De la comunidad autónoma española del País Vasco. ☐ SINÓNIMOS: vasco. ☐ FAMILIA: →vasco.

vascuence (vas·cuen·ce) [sustantivo masculino] Lengua hablada en el País Vasco y Navarra, que son comunidades autónomas españolas, y en otros territorios. ☐ SINÓNIMOS: euskera, vasco. ☐ FAMILIA: →vasco.

vascular (vas·cu·lar) [adjetivo] De los vasos que hay en las plantas y en los animales o relacionado con ellos: *Las venas son conductos vasculares.* ☐ [No varía en masculino y femenino].

vaselina (va·se·li·na) [sustantivo femenino] Sustancia grasa que se usa como pomada. ☐ [Procede de la marca comercial «Vaseline®»].

vasija (va·si·ja) [sustantivo femenino] Recipiente hondo y pequeño, que se suele usar para guardar líquidos o alimentos. ☐ FAMILIA: →vaso.

vaso (va·so) [sustantivo masculino] **1** Recipiente que se usa para beber. **2** Especie de tubo por el que circulan ciertos líquidos en las plantas y en los animales: *Las venas y las arterias son vasos por los que circula la sangre.* ☐ FAMILIA: vasija, posavasos.

vástago (vás·ta·go) [sustantivo masculino] **1** Rama nueva que brota en una planta. **2** Lo que es una persona en relación con sus padres. ☐ SINÓNIMOS: retoño. **1** renuevo, brote. **2** hijo.

vasto, ta (vas·to, ta) [adjetivo] Muy grande o muy extenso: *una vasta cultura.* ☐ [No confundir con «basto» (de poca calidad; con poca educación). No confundir «vasta» con «basta», del verbo «bastar» o interjección]. ☐ SINÓNIMOS: amplio.

váter (vá·ter) [sustantivo masculino] **1** Recipiente conectado con una tubería y provisto de una cisterna con agua, que sirve para evacuar los excrementos. **2** Habitación en la que está este recipiente. ☐ [Es una palabra de origen inglés. Es coloquial]. ☐ SINÓNIMOS: **1** inodoro, retrete. **2** baño, servicio, aseo.

vaticano, na (va·ti·ca·no, na) [adjetivo] De la Ciudad del Vaticano, que es un país situado en la península italiana y en el que vive el papa.

vaticinar (va·ti·ci·nar) [verbo] Decir lo que va a suceder antes de que ocurra: *La pitonisa vaticinó un final feliz para su historia de amor.* ☐ SINÓNIMOS: anunciar, pronosticar, predecir, augurar. ☐ FAMILIA: vaticinio.

vaticinio (va·ti·ci·nio) [sustantivo masculino] Anuncio de lo que puede suceder en el futuro. ☐ SINÓNIMOS: pronóstico, augurio, predicción, auspicio. ☐ FAMILIA: →vaticinar.

vatio (va·tio) [sustantivo masculino] Unidad que se usa para medir la potencia eléctrica: *Esta bombilla es de cien vatios.* ☐ FAMILIA: kilovatio.

vaya (va·ya) [interjección] Se usa para expresar sorpresa, admiración o disgusto: *¡Vaya que si lo hice! ¡Vaya, he llegado tarde!* ☐ [No confundir con «baya» (fruto redondo) ni con «valla» (especie de tapia de madera)].

vecinal (ve·ci·nal) [adjetivo] De los vecinos o relacionado con ellos: *asociación vecinal; camino vecinal.* ☐ [No varía en masculino y femenino]. ☐ FAMILIA: →vecino.

vecindad (ve·cin·dad) [sustantivo femenino] Conjunto de los vecinos de una población, de un barrio o de un edificio. ☐ SINÓNIMOS: vecindario. ☐ FAMILIA: →vecino.

vecindario (ve·cin·da·rio) [sustantivo masculino] Conjunto de los vecinos de una población, de un barrio o de un edificio. ☐ SINÓNIMOS: vecindad. ☐ FAMILIA: →vecino.

vecino, na (ve·ci·no, na) ■ [adjetivo] **1** Que está a muy poca distancia: *España y Francia son países vecinos.* ■ [sustantivo] **2** Persona que vive en la misma población, en el mismo barrio o en el mismo edificio que otra. ☐ SINÓNIMOS: **1** cercano. ☐ FAMILIA: vecinal, vecindad, vecindario, avecinarse.

veda (ve·da) [sustantivo femenino] **1** Prohibición de hacer algo. **2** Tiempo durante el que está prohibido cazar o pescar. ☐ FAMILIA: →vedar.

vedar (ve·dar) [verbo] **1** Prohibir hacer algo: *Una valla vedaba el paso a la finca.* **2** Poner dificultades para que se realice una acción. ☐ SINÓNIMOS: impedir, negar, prohibir. ☐ ANTÓNIMOS: permitir. ☐ FAMILIA: veda.

vedete (ve·de·te) [sustantivo femenino] Mujer que actúa como artista principal en un espectáculo musical. ☐ [Es preferible usar «vedete» que la palabra francesa *vedette*].

vedette [sustantivo femenino] → **vedete.** ☐ [Es una palabra francesa. Se pronuncia «bedét»].

vega (ve·ga) [sustantivo femenino] Terreno llano por el que pasa un río: *Las vegas son terrenos muy fértiles.*

vegetación (ve·ge·ta·ción) ■ [sustantivo femenino] **1** Conjunto de plantas propias de una zona o de un clima. ■ **vegetaciones** [plural] **2** Crecimiento excesivo de las amígdalas y de las partes que hay detrás de las fosas nasales: *Me tienen que operar de vegetaciones.* ☐ FAMILIA: →vegetal.

vegetal (ve·ge·tal) ■ [adjetivo] **1** De las plantas o relacionado con ellas: *El aceite de girasol es un aceite vegetal.* ■ [sustantivo masculino] **2** Ser vivo que crece y vive en un lugar y que no puede moverse: *Los árboles y las plantas son vegetales.* ☐ [En el significado **1** no varía en masculino y femenino]. ☐ SINÓNIMOS: **2** planta. ☐ FAMILIA: vegetación, vegetariano, vegetativo, vegetar.

vegetar (ve·ge·tar) [verbo] **1** Nacer y desarrollarse una planta. **2** Llevar una persona una vida parecida a la de una planta: *En vacaciones me gusta vegetar y pasarme el día durmiendo.* ☐ FAMILIA: →vegetal.

vegetariano, na (ve·ge·ta·ria·no, na) [adjetivo o sustantivo] Que no come nada de carne: *Los vegetarianos se alimentan de verduras, legumbres, frutas, huevos y leche.* ☐ FAMILIA: →vegetal.

vegetativo, va (ve·ge·ta·ti·vo, va) [adjetivo] Del desarrollo de una planta o de un animal, o relacionado con ellos: *El crecimiento es una función vegetativa.* ☐ FAMILIA: →vegetal.

vehemencia (ve·he·men·cia) [sustantivo femenino] Fuerza y sentimiento al hacer o decir algo: *Si estás seguro, contesta con vehemencia.* ☐ FAMILIA: →vehemente.

vehemente (ve·he·men·te) [adjetivo] Con mucha fuerza y sentimiento: *¡Qué vehemente eres en tus afirmaciones!* ☐ [No varía en masculino y femenino]. ☐ SINÓNIMOS: apasionado, fogoso. ☐ FAMILIA: vehemencia.

vehículo (ve·hí·cu·lo) [sustantivo masculino] Cualquier medio de transporte. 👁 páginas 960-961.

veinte (vein·te) [numeral] **1** Indica 20 unidades: *He invitado a veinte personas a la fiesta.* ▌ [sustantivo masculino] **2** Número 20: *El veinte es mi número favorito.* ☐ [En el significado **1** no varía en masculino y femenino]. ☐ FAMILIA: veinteavo, veintena, veintiún, veintiuno, veintidós, veintitrés, veinticuatro, veinticinco, veintiséis, veintisiete, veintiocho, veintinueve, vigésimo.

veinteavo, va (vein·te·a·vo, va) [numeral] Dicho de una parte, que es una de las veinte en que se divide algo: *la veinteava parte de su riqueza.* ☐ SINÓNIMOS: vigésimo. ☐ FAMILIA: →veinte.

veintena (vein·te·na) [sustantivo femenino] Conjunto de veinte cosas. ☐ FAMILIA: →veinte.

veinticinco (vein·ti·cin·co) ▌ [numeral] **1** Indica 25 unidades: *He invitado a veinticinco personas a la fiesta.* ▌ [sustantivo masculino] **2** Número 25: *El veinticinco es mi número favorito.* ☐ [En el significado **1** no varía en masculino y femenino]. ☐ FAMILIA: →veinte. →cinco.

veinticuatro (vein·ti·cua·tro) ▌ [numeral] **1** Indica 24 unidades: *He recibido veinticuatro mensajes.* ▌ [sustantivo masculino] **2** Número 24: *El veinticuatro es mi número en el equipo.* ☐ [En el significado **1** no varía en masculino y femenino]. ☐ FAMILIA: →veinte. →cuatro.

veintidós (vein·ti·dós) ▌ [numeral] **1** Indica 22 unidades: *En mi clase de baile somos veintidós.* ▌ [sustantivo masculino] **2** Número 22: *El veintidós es el número de mi portal.* ☐ [En el significado **1** no varía en masculino y femenino]. ☐ FAMILIA: →veinte. →dos.

veintinueve (vein·ti·nue·ve) ▌ [numeral] **1** Indica 29 unidades: *Han pasado veintinueve días desde la boda.* ▌ [sustantivo masculino] **2** Número 29: *El veintinueve es el número de mi portal.* ☐ [En el significado **1** no varía en masculino y femenino]. ☐ FAMILIA: →veinte. →nueve.

veintiocho (vein·tio·cho) ▌ [numeral] **1** Indica 28 unidades: *El mes de febrero tiene generalmente veintiocho días.* ▌ [sustantivo masculino] **2** Número 28: *El veintiocho es mi número favorito.* ☐ [En el significado **1** no varía en masculino y femenino]. ☐ FAMILIA: →veinte. →ocho.

veintiséis (vein·ti·séis) ▌ [numeral] **1** Indica 26 unidades: *He recibido veintiséis mensajes.* ▌ [sustantivo masculino] **2** Número 26: *Mi número de clase es el veintiséis.* ☐ [El significado **1** no varía en masculino y femenino]. ☐ FAMILIA: →veinte. →seis.

veintisiete (vein·ti·sie·te) ▌ [numeral] **1** Indica 27 unidades: *Vinieron veintisiete personas a la charla.* ▌ [sustantivo masculino] **2** Número 27: *El veintisiete es un número impar.* ☐ [En el significado **1** no varía en masculino y femenino]. ☐ FAMILIA: →veinte. →siete.

veintitrés (vein·ti·trés) ▌ [numeral] **1** Indica 23 unidades: *En la sala había veintitrés personas.* ▌ [sustantivo masculino] **2** Número 23: *El veintitrés es mi número favorito.* ☐ [En el significado **1** no varía en masculino y femenino]. ☐ FAMILIA: →veinte. →tres.

veintiún (vein·tiún) [numeral] Veintiuno: *En mi clase somos veintiún alumnos y nos falta uno para poder hacer dos equipos de fútbol.* ☐ [Va generalmente delante de un sustantivo masculino]. ☐ FAMILIA: →veinte. →uno.

veintiuno, na (vein·tiu·no, na) ▌ [numeral] **1** Indica 21 unidades: *Quedan veintiuna horas para la reunión.* ▌ [sustantivo masculino] **2** Número 21: *El veintiuno es un número impar.* ☐ [Cuando «veintiuno» va delante de un sustantivo masculino, se cambia por «veintiún»: «En este aparcamiento caben veintiún coches»]. ☐ FAMILIA: →veinte. →uno.

vejación (ve·ja·ción) [sustantivo femenino] Hecho de tratar mal, molestar y humillar a una persona. ☐ FAMILIA: →vejar.

vejar (ve·jar) [verbo] Tratar mal a una persona, molestarla y humillarla: *No permitiré que me vejes insultándome en público.* ☐ [Siempre se escribe con «j»]. ☐ FAMILIA: vejación, vejatorio.

vejatorio, ria (ve·ja·to·rio, ria) [adjetivo] Que hace que alguien se sienta humillado: *un comportamiento vejatorio.* ☐ FAMILIA: →vejar.

vejestorio (ve·jes·to·rio) [sustantivo masculino] Persona muy vieja. ☐ [Es despectivo]. ☐ FAMILIA: →viejo.

vejez (ve·jez) [sustantivo femenino] **1** Último período de la vida de una persona, cuando ya tiene muchos años: *Las edades de la vida son: infancia, juventud, madurez y vejez.* **2** Conjunto de características de las personas con muchos años: *La vejez suele ir acompañada de enfermedades y achaques.* ☐ [Su plural es «vejeces»]. ☐ ANTÓNIMOS: juventud. ☐ FAMILIA: →viejo.

vejiga (ve·ji·ga) [sustantivo femenino] Órgano del cuerpo en el que se va almacenando la orina antes de salir al exterior: *La orina se produce en los riñones y se almacena en la vejiga.*

vela (ve·la) ▌ [sustantivo femenino] **1** Objeto de cera con una cuerda por dentro que se prende para que dé luz: *Cuando se fue la luz durante la tormenta, tuvimos que alumbrarnos con velas.* **2** Trozo de tela que llevan algunos barcos para ser empujados por el viento. 👁 página 132. **3** Deporte que consiste en navegar en barcos de este tipo. 👁 páginas 304-305. ▌ **velas** [plural] **4** Mocos que asoman por la nariz. ◆ [expresión] ‖ **en vela** Sin dormir: *He pasado toda la noche en vela.* ‖ **quedarse a dos velas** Quedarse sin nada: *Me he gastado todo el dinero y me he quedado a dos velas.* ☐ [El significado **4** y la expresión «quedarse a dos velas» son coloquiales]. ☐ SINÓNIMOS: **1** candela. ☐ FAMILIA: **1** velón. **2, 3** velero.

velada (ve·la·da) [sustantivo femenino] **1** Reunión de varias personas durante la noche para distraerse. **2** Fiesta donde hay literatura, música o deporte, y que se hace por la tarde o por la noche. ☐ FAMILIA: →velar.

velador (ve·la·dor) [sustantivo masculino] Mesa pequeña con un solo pie: *El teléfono está puesto sobre un velador redondo.*

velar (ve·lar) [verbo] **1** Cuidar algo con mucho interés: *Los padres velaron al enfermo por la noche.* **2** Pasar la noche junto al cadáver de una persona: *Los familiares velaron al difunto.* ■ **velarse 3** Estropearse un carrete fotográfico porque le ha dado la luz: *Si abres la cámara sin enrollar el carrete, se te velará y no saldrá ninguna foto.* ☐ SINÓNIMOS: **1** custodiar. ☐ FAMILIA: velada, velatorio, desvelar, desvelo, duermevela.

velatorio (ve·la·to·rio) [sustantivo masculino] Lugar en el que se pasa la noche junto al cadáver de una persona. ☐ FAMILIA: →velar.

velcro (vel·cro) [sustantivo masculino] Cierre formado por dos telas diferentes que se pegan y se despegan: *Mis zapatos se cierran con velcro.* ☐ [Procede de la marca comercial «Velcro®»].

veleidad (ve·lei·dad) [sustantivo femenino] Cambio continuo y caprichoso, y falta de estabilidad: *la veleidad de la fortuna.* ☐ FAMILIA: veleidoso.

veleidoso, sa (ve·lei·do·so, sa) [adjetivo] Que cambia continuamente en su forma de actuar o de pensar. ☐ SINÓNIMOS: voluble, inconstante. ☐ FAMILIA: →veleidad.

velero (ve·le·ro) [sustantivo masculino] Barco de vela. ◉ página 362. ☐ FAMILIA: →vela.

veleta (ve·le·ta) ■ [sustantivo femenino] **1** Objeto que señala en qué dirección sopla el viento: *En la torre del campanario hay una veleta con forma de gallo.* ■ [sustantivo] **2** Persona que cambia demasiado de opinión. ☐ [En el significado **2** no varía en masculino y femenino, y es coloquial].

veleta

vello (ve·llo) [sustantivo masculino] Pelo suave y fino que las personas tenemos por todo el cuerpo. ☐ [No confundir con «bello» (agradable; bueno)]. ☐ FAMILIA: velludo, vellosidad.

vellón (ve·llón) [sustantivo masculino] **1** Lana de un carnero o de una oveja después de haber sido esquilados. **2** Antigua moneda de cobre.

vellosidad (ve·llo·si·dad) [sustantivo femenino] Gran cantidad de vello. ☐ FAMILIA: →vello.

velludo, da (ve·llu·do, da) [adjetivo] Que tiene mucho vello: *Tiene las piernas velludas y se depila.* ☐ FAMILIA: →vello.

velo (ve·lo) [sustantivo masculino] Tela muy fina y que suele ser transparente: *La novia llevaba un traje con un velo que le cubría la cara.* ☐ FAMILIA: revelar, revelación, revelado.

velocidad (ve·lo·ci·dad) [sustantivo femenino] **1** Gran rapidez con que se hace algo. **2** Relación que existe entre la distancia recorrida y el tiempo que se tarda en recorrerla: *una velocidad de noventa kilómetros por hora.* ☐ SINÓNIMOS: **1** prontitud. ☐ ANTÓNIMOS: **1** lentitud, pesadez. ☐ FAMILIA: →veloz.

velocípedo (ve·lo·cí·pe·do) [sustantivo masculino] Vehículo parecido a la bicicleta, con dos o tres ruedas: *El velocípedo fue anterior a la bicicleta.* ☐ FAMILIA: →veloz.

velocista (ve·lo·cis·ta) [sustantivo] Deportista que participa en carreras de velocidad. ☐ [No varía en masculino y femenino]. ☐ FAMILIA: →veloz.

velódromo (ve·ló·dro·mo) [sustantivo masculino] Lugar donde se celebran carreras de bicicletas. ☐ FAMILIA: →veloz.

velomotor (ve·lo·mo·tor) [sustantivo masculino] Vehículo parecido a una moto, pero que lleva pedales. ☐ SINÓNIMOS: ciclomotor. ☐ FAMILIA: →veloz. →motor.

velón (ve·lón) [sustantivo masculino] Lámpara de metal que funciona con aceite, y que está formada por un depósito y por una o varias mechas. ☐ FAMILIA: →vela.

veloz (ve·loz) [adjetivo] Que se mueve muy rápidamente o a gran velocidad. ☐ [No varía en masculino y femenino. Su plural es «veloces»]. ☐ SINÓNIMOS: rápido, raudo. ☐ ANTÓNIMOS: lento. ☐ FAMILIA: velocidad, velocista, velocípedo, velódromo, velomotor.

vena (ve·na) [sustantivo femenino] **1** Especie de conducto por el que la sangre va hacia el corazón. **2** Impulso que nos hace actuar de determinada manera sin saber por qué: *¿Pero qué vena te ha dado para ponerte así conmigo?* ☐ [En el significado **1**, no confundir con «arteria» (especie de tubo por donde la sangre sale del corazón). El significado **2** es coloquial]. ☐ SINÓNIMOS: **2** ramalazo. ☐ FAMILIA: venoso.

venablo (ve·na·blo) [sustantivo masculino] Lanza corta.

venado, da (ve·na·do, da) ■ [adjetivo o sustantivo] **1** Un poco loco: *Ese tipo está venado y no me fío nada de él.* ■ **venado** [sustantivo masculino] **2** Animal de color marrón casi rojo, que se alimenta de hierba y cuyo macho tiene unos cuernos muy grandes. ■ **venada** [sustantivo femenino] **3** Ataque de locura: *De repente le dio una venada y empezó a tirar cosas por la ventana.* ☐ [Los significados **1** y **3** son coloquiales]. ☐ SINÓNIMOS: **2** ciervo.

vencedor, ra (ven·ce·dor, do·ra) [adjetivo o sustantivo] Que consigue la victoria. ☐ SINÓNIMOS: ganador, campeón, victorioso. ☐ ANTÓNIMOS: perdedor. ☐ FAMILIA: →vencer.

vencejo (ven·ce·jo) [sustantivo masculino] Pájaro con plumas negras y con la cola muy larga, que se alimenta de insectos.

vencer (ven·cer) [verbo] **1** Derrotar al enemigo o al contrario: *Hemos vencido al equipo de la otra clase por dos puntos.* **2** Dominar un sentimiento a una persona: *No hay que dejarse vencer por la pereza.* **3** Superar una dificultad: *Debes vencer tus dudas y decidirte ya.* **4** Terminar un período de tiempo: *¿Qué día vence el plazo para hacer la matrícula del nuevo curso?* ■ **vencerse 5** Torcerse a causa del exceso de peso: *Estos estantes se están venciendo.* ☐ [La «c» se cambia en «z»

vehículos

avión

globo

caravana

coche

furgoneta

autobús

camión

vehículos

- cohete
- bicicleta
- helicóptero
- motocicleta
- carro
- tractor
- autocaravana
- barco
- tren

vencimiento

delante de «a», «o» («venza»)]. □ Sinónimos: **1** triunfar. □ Antónimos: **1** caer. □ Familia: vencedor, invencible, vencimiento.

vencimiento (ven·ci·mien·to) [sustantivo masculino] Fin de un plazo o de un período de tiempo: *Si no pagas antes de la fecha de vencimiento, te pondrán una multa.* □ Sinónimos: cumplimiento. □ Familia: →vencer.

venda (ven·da) [sustantivo femenino] Tela que se pone alrededor de una parte del cuerpo para protegerla o impedir que la movamos: *Me he torcido un tobillo y me han puesto una venda.* □ Familia: vendar, vendaje.

vendaje (ven·da·je) [sustantivo masculino] Colocación de una venda alrededor de una parte del cuerpo para protegerla o evitar que la movamos. □ Familia: →venda.

vendar (ven·dar) [verbo] Colocar una venda alrededor de una parte del cuerpo para protegerla o evitar que la movamos: *Me han vendado el tobillo y me han recomendado reposo.* □ Familia: →venda.

vendaval (ven·da·val) [sustantivo masculino] Viento muy fuerte. □ Familia: →viento.

vendedor, ra (ven·de·dor, do·ra) [sustantivo] Persona que vende cosas. □ Antónimos: comprador. □ Familia: →vender.

vender (ven·der) [verbo] Dar algo a cambio de dinero: *En esta tienda venden fruta y verdura.* □ Antónimos: comprar, adquirir. □ Familia: vendedor, venta, ventero, compraventa, malvender, revender, reventa.

vendimia (ven·di·mia) [sustantivo femenino] Cosecha de la uva. □ Familia: →vendimiar.

vendimiador, ra (ven·di·mia·dor, do·ra) [sustantivo] Persona que trabaja en la cosecha de la uva. □ Familia: →vendimiar.

vendimiar (ven·di·miar) [verbo] Recoger la uva de las viñas cuando ya está madura. □ [Es irregular y se conjuga como **ANUNCIAR**]. □ Familia: vendimia, vendimiador.

veneno (ve·ne·no) [sustantivo masculino] **1** Sustancia que produce graves daños en los seres vivos y que puede llegar a matarlos. **2** Cualquier cosa que resulta muy mala: *Para los enfermos del hígado, las bebidas alcohólicas son puro veneno.* □ Sinónimos: **1** ponzoña. □ Antónimos: antídoto. □ Familia: venenoso, envenenar, envenenamiento.

venenoso, sa (ve·ne·no·so, sa) [adjetivo] Que tiene veneno o que resulta muy malo: *Algunas setas son venenosas.* □ Sinónimos: ponzoñoso. □ Familia: →veneno.

venera (ve·ne·ra) [sustantivo femenino] Concha grande de color rojizo por fuera y blanco por dentro: *La venera es el símbolo de los peregrinos que van a Santiago de Compostela.* □ Sinónimos: vieira.

venerable (ve·ne·ra·ble) [adjetivo] Que merece ser respetado: *anciano venerable.* □ [No varía en masculino y femenino]. □ Sinónimos: respetable, augusto, honorable. □ Familia: →venerar.

veneración (ve·ne·ra·ción) [sustantivo femenino] **1** Respeto y devoción que se sienten por alguien: *Habla de su maestra y profesora con veneración.* **2** Culto que se rinde a un dios, a los santos o a algo sagrado: *La imagen del santo estaba expuesta para la veneración de sus devotos.* □ Familia: →venerar.

venerar (ve·ne·rar) [verbo] Sentir devoción y respeto hacia algo, sobre todo hacia un dios y hacia las cosas sagradas. □ Sinónimos: adorar. □ Familia: veneración, venerable.

venéreo, a (ve·né·re·o, a) [adjetivo] Dicho de una enfermedad, que se transmite por contacto sexual.

venezolano, na (ve·ne·zo·la·no, na) [adjetivo o sustantivo] De Venezuela, que es un país sudamericano.

venga (ven·ga) [interjección] Se usa para animar a alguien o para meter prisa: *¡Venga, que ya no falta nada para llegar!* □ Sinónimos: vamos.

venganza (ven·gan·za) [sustantivo femenino] Daño que hacemos a alguien porque antes nos lo hizo a nosotros. □ Antónimos: perdón. □ Familia: →vengar.

vengar (ven·gar) [verbo] Responder con otro daño a un daño que se nos ha hecho: *Juró que se vengaría de los traidores, pero luego los perdonó.* □ [La «g» se cambia en «gu» delante de «e» («vengue»)]. □ Antónimos: perdonar. □ Familia: venganza, vengativo.

vengativo, va (ven·ga·ti·vo, va) [adjetivo o sustantivo] Que responde con otro daño a un daño que se le ha hecho: *Es tan vengativo que no perdona nada.* □ Sinónimos: rencoroso. □ Familia: →vengar.

venial (ve·nial) [adjetivo] Dicho de una falta contra lo establecido, que es de poca importancia: *un pecado venial.* □ [No varía en masculino y femenino].

venida (ve·ni·da) [sustantivo femenino] **1** Movimiento hacia el lugar en el que estamos en el momento de hablar: *Estoy cansado de tantas idas y venidas de casa al colegio y del colegio a casa.* **2** Aparición o comienzo de algo: *Con la venida del buen tiempo, todo el mundo va en manga corta.* **3** Regreso al lugar del que se partió: *La ida no fue tan pesada como la venida.* □ Sinónimos: **2** llegada. **3** regreso, vuelta. □ Antónimos: **3** ida. □ Familia: →venir.

venidero, ra (ve·ni·de·ro, ra) [adjetivo] Que está por venir o por suceder: *En los días venideros habrá grandes acontecimientos.* □ Familia: →venir.

venir (ve·nir) [verbo] **1** Moverse una persona hacia el lugar en el que estamos en el momento de hablar: *¿Quién ha venido? Ven aquí, por favor.* **2** Empezar, tener origen o tener principio: *Ayer me vino un dolor de cabeza horroroso.* **3** Hacerse algo presente en la mente: *Me acaba de venir a la cabeza una idea fabulosa.* **4** Estar escrito o estar impreso: *En esta revista viene una foto de mi colegio.* **5** Ser algo apropiado o resultar bien: *¿Qué tal te viene que quedemos esta tarde?* □ [Es irregular]. □ Sinónimos: **2** nacer, provenir, proceder, obedecer. **3** acudir, asaltar. □ Familia: venida, venidero, provenir, convenir, contravenir, prevenir, sobrevenir, porvenir, vaivén, bienvenida, bienvenido.

venoso, sa (ve·no·so, sa) [adjetivo] De las venas o relacionado con ellas: *sangre venosa.* □ Familia: →vena.

venta (ven·ta) [sustantivo femenino] **1** Entrega de un producto a cambio de dinero: *Esta tienda está especializada en la* *venta de ropa de segunda mano.* **2** Cantidad de cosas vendidas: *Las ventas de este libro han sido muy altas.* **3** Lugar donde antiguamente paraban a comer y a descansar los viajeros. ☐ Antónimos: **1**, **2** compra. **1** adquisición. ☐ Familia: →vender.

ventaja (ven·ta·ja) [sustantivo/femenino] **1** Serie de características que hacen que algo sea superior a otra cosa: *Ese corredor tiene ventaja sobre mí porque ha entrenado y yo no.* **2** Cualidad buena y útil que tiene algo: *Antes de decidirte, mira bien cuáles son las ventajas y desventajas.* **3** Distancia que dejamos a otra persona cuando pensamos que somos mejores que ella: *Venga, sal tú ya, que te doy varios metros de ventaja.* ☐ Sinónimos: **2** pro. ☐ Antónimos: **1**, **2** desventaja. ☐ Familia: ventajoso, aventajar, aventajado, desventaja.

ventajoso, sa (ven·ta·jo·so, sa) [adjetivo] Que tiene ventajas o que las proporciona: *Los negocios ventajosos generan muchas ganancias.* ☐ Sinónimos: beneficioso. ☐ Familia: →ventaja.

ventana (ven·ta·na) [sustantivo/femenino] **1** Hueco que hay en las paredes de los edificios para que entre la luz. **2** Objeto que tapa ese hueco e impide que entre el frío: *Cierra la ventana, por favor.* **3** Cada uno de los dos agujeros de la nariz: *ventanas nasales.* ☐ Familia: ventanal, ventanilla, ventanuco, contraventana.

ventanal (ven·ta·nal) [sustantivo/masculino] Ventana grande. ☐ Familia: →ventana.

ventanilla (ven·ta·ni·lla) [sustantivo/femenino] **1** Ventana de un vehículo. **2** Lugar donde se atiende al público: *Me han dicho que los sellos se compran en la ventanilla del fondo.* ☐ Familia: →ventana.

ventanuco (ven·ta·nu·co) [sustantivo/masculino] Ventana pequeña. ☐ Familia: →ventana.

ventarrón (ven·ta·rrón) [sustantivo/masculino] Viento muy fuerte. ☐ Familia: →viento.

ventear (ven·te·ar) [verbo] **1** Soplar el viento con fuerza. **2** Poner algo al viento para que se limpie o se seque: *Venteó bien la ropa antes de guardarla.* ☐ Familia: →viento.

ventero, ra (ven·te·ro, ra) [sustantivo] Dueño de una venta o persona que trabaja en ella. ☐ Sinónimos: posadero. ☐ Familia: →vender.

ventilación (ven·ti·la·ción) [sustantivo/femenino] Renovación del aire que hay en un sitio cerrado. ☐ Familia: →viento.

ventilador (ven·ti·la·dor) [sustantivo/masculino] Aparato que gira y que sirve para dar aire. ☐ Familia: →viento.

ventilar (ven·ti·lar) [verbo] **1** Poner algo al aire o hacer que dé el aire en un sitio: *Abrí la ventana de mi habitación para ventilarla.* **2** Dar a conocer un secreto: *Esa noticia es mejor no ventilarla.* ■ **ventilarse 3** Terminar

VENIR	
INDICATIVO	**SUBJUNTIVO**
Presente yo vengo tú vienes / usted viene él, ella viene nosotros, tras venimos vosotros, tras venís / ustedes vienen ellos, ellas vienen	**Presente** yo venga tú vengas / usted venga él, ella venga nosotros, tras vengamos vosotros, tras vengáis / ustedes vengan ellos, ellas vengan
Pretérito imperfecto yo venía tú venías / usted venía él, ella venía nosotros, tras veníamos vosotros, tras veníais / ustedes venían ellos, ellas venían	**Pretérito imperfecto** yo viniera o viniese tú vinieras o vinieses / usted viniera o viniese él, ella viniera o viniese nosotros, tras viniéramos o viniésemos vosotros, tras vinierais o vinieseis / ustedes vinieran o viniesen ellos, ellas vinieran o viniesen
Pretérito perfecto simple yo vine tú viniste / usted vino él, ella vino nosotros, tras vinimos vosotros, tras vinisteis / ustedes vinieron ellos, ellas vinieron	**Futuro simple** yo viniere tú vinieres / usted viniere él, ella viniere nosotros, tras viniéremos vosotros, tras viniereis / ustedes vinieren ellos, ellas vinieren
Futuro simple yo vendré tú vendrás / usted vendrá él, ella vendrá nosotros, tras vendremos vosotros, tras vendréis / ustedes vendrán ellos, ellas vendrán	**IMPERATIVO** ven (tú) / venga (usted) vengamos (nosotros, tras) venid (vosotros, tras) / vengan (ustedes)
Condicional simple yo vendría tú vendrías / usted vendría él, ella vendría nosotros, tras vendríamos vosotros, tras vendríais / ustedes vendrían ellos, ellas vendrían	**FORMAS NO PERSONALES** **Infinitivo** **Gerundio** **Participio** venir viniendo venido

ventisca

rápidamente: *No me puedo creer que te hayas ventilado tú sola una fuente de pasteles.* ☐ [El significado **3** es coloquial]. ☐ Sinónimos: **1** airear, orear. ☐ Antónimos: **3** acabarse. ☐ Familia: →viento.

ventisca (ven·tis·ca) [*sustantivo femenino*] Tormenta de viento, o de viento y nieve: *Nos refugiamos de la ventisca en un albergue de montaña.* ☐ Familia: →viento.

ventisquero (ven·tis·que·ro) [*sustantivo masculino*] **1** Lugar de la montaña en el que se producen ventiscas. **2** Lugar alto de una montaña en el que se conservan la nieve y el hielo: *En el ventisquero hay nieve hasta en verano.* ☐ Familia: →viento.

ventolera (ven·to·le·ra) [*sustantivo femenino*] **1** Viento muy fuerte y que dura muy poco. **2** Decisión extraña que se toma de repente: *Me dio la ventolera y me corté el pelo al cero.* ☐ Familia: →viento.

ventosa (ven·to·sa) [*sustantivo femenino*] **1** Objeto de goma que se queda pegado a una superficie al ser apretado contra ella. **2** Órgano que tienen algunos animales para sujetarse a una superficie: *Los pulpos tienen ventosas en los tentáculos.* ☐ Familia: →viento.

ventosear (ven·to·se·ar) [*verbo*] Expulsar gases por el ano. ☐ Sinónimos: peerse. ☐ Familia: →viento.

ventosidad (ven·to·si·dad) [*sustantivo femenino*] Gas que sale por el ano. ☐ Familia: →viento.

ventoso, sa (ven·to·so, sa) [*adjetivo*] Con fuertes vientos: *Marzo suele ser un mes ventoso.* ☐ Familia: →viento.

ventrículo (ven·trí·cu·lo) [*sustantivo masculino*] Parte inferior del corazón que recibe la sangre de la aurícula y la impulsa por las arterias hacia el resto del cuerpo. ☐ [No confundir con «aurícula» (parte superior del corazón que recibe la sangre de las venas) ni con «ventrílocuo» (persona que habla sin mover los labios)].

ventrílocuo, cua (ven·trí·lo·cuo, cua) [*sustantivo*] Persona que sabe hablar sin mover los labios para que no se le note. ☐ [No confundir con «ventrículo» (una parte del corazón)].

ventrílocuo

ventura (ven·tu·ra) [*sustantivo femenino*] **1** Felicidad. **2** Buena suerte. ☐ [Suele usarse en el lenguaje literario]. ◆ [expresión] ‖ **buena ventura** → **buenaventura**. ☐ Familia: venturoso, buenaventura, bienaventurado, bienaventuranza.

venturoso, sa (ven·tu·ro·so, sa) [*adjetivo*] Que es feliz o que hace feliz a alguien: *una vida venturosa.* ☐ Sinónimos: dichoso. ☐ Familia: →ventura.

ver [*verbo*] **1** Percibir las cosas a través de la vista: *Si no ves bien, enciende la luz.* **2** Comprender o entender algo: *¡Ah, ya veo lo que querías decir!* **3** Observar con atención: *¿Quieres que veamos juntos cuál es la solución de este problema?* **4** Considerar o juzgar: *No veo nada malo en que vayas con ellos.* **5** Intentar averiguar algo: *Anda a ver si tu hermana quiere ya la merienda.* **6** Visitar a una persona: *Vamos a ver a los abuelos.* ▪ **verse 7** Encontrarse en determinada situación: *Si me veo solo, te llamaré.* ◆ [expresión] ‖ **a ver** Se usa para pedir algo o para llamar la atención de alguien: *A ver, ¿quién quiere venir conmigo al cine?* ‖ **vérselas con alguien** Enfrentarse a él: *Como pegues a mi hermano pequeño, te las verás conmigo.* ☐ [Es irregular. Su participio es «visto». No confundir «a ver» con «haber», verbo]. ☐ Familia: vista, vistazo, visto, vistoso, vistosidad, visión, visual, visibilidad, visible, invisible, visor, retrovisor, revisar, revisión, revisor, vídeo, vidente, invidente, clarividencia, clarividente, prever, entrever, avistar, tomavistas, visionario, visualizar.

vera (ve·ra) [*sustantivo femenino*] Borde de un río o de un camino: *Paseamos por la vera del río.* ◆ [expresión] ‖ **a la vera de** al lado de: *Siéntate aquí, a la vera de tus padres.*

veracidad (ve·ra·ci·dad) [*sustantivo femenino*] Coincidencia con la verdad y ausencia total de mentira: *Dudo mucho de la veracidad de estas noticias.* ☐ Familia: →verdad.

veraneante (ve·ra·ne·an·te) [*sustantivo*] Persona que veranea. ☐ [No varía en masculino y femenino]. ☐ Familia: →verano.

veranear (ve·ra·ne·ar) [*verbo*] Pasar las vacaciones de verano en un lugar distinto de donde se vive todo el año. ☐ Familia: →verano.

veraneo (ve·ra·ne·o) [*sustantivo masculino*] Vacaciones de verano cuando se pasan en un lugar distinto de donde se vive todo el año. ☐ Familia: →verano.

veraniego, ga (ve·ra·nie·go, ga) [*adjetivo*] Del verano o relacionado con esta estación del año: *vacaciones veraniegas.* ☐ Sinónimos: estival. ☐ Familia: →verano.

verano (ve·ra·no) [*sustantivo masculino*] Estación del año entre la primavera y el otoño: *El verano es la estación más calurosa.* ⊙ página 169; ilustración en *estación.* ☐ Sinónimos: estío. ☐ Familia: veranear, veraneo, veraniego, veraneante.

veras (ve·ras) ◆ [expresión] ‖ **de veras** De verdad: *No puedo ir, de veras.*

veraz (ve·raz) [*adjetivo*] Que dice siempre la verdad: *una información veraz.* ☐ [No varía en masculino y femenino. Su plural es «veraces»]. ☐ Antónimos: falso, mentiroso, embustero. ☐ Familia: →verdad.

verbal (ver·bal) [*adjetivo*] **1** Que se expresa con palabras o que está relacionado con ellas: *La mímica no es un lenguaje verbal porque se hace solo con gestos.* **2** Que se dice hablando y no por escrito: *Nuestro acuerdo es verbal, no hemos firmado nada.* **3** Del verbo o relacionado con esta clase de palabra: *Los verbos tienen* muchas formas verbales. ☐ [No varía en masculino y femenino]. ☐ SINÓNIMOS: **2** oral. ☐ FAMILIA: →verbo.

verbalizar (ver·ba·li·zar) [verbo] Expresar con palabras: *Verbalizar los sentimientos me resulta a veces muy difícil.* ☐ [La «z» se cambia en «c» delante de «e» («verbalice»)]. ☐ FAMILIA: →verbo.

verbena (ver·be·na) [sustantivo femenino] Fiesta popular que se celebra generalmente por la noche y al aire libre.

verbo (ver·bo) [sustantivo masculino] Clase de palabra que expresa una acción o un estado: *En la frase «Jugaremos en la calle», «jugaremos» es el verbo.* ☐ [Mira el cuadro en la página siguiente]. ☐ FAMILIA: verbal, verborrea, verbalizar.

verborrea (ver·bo·rre·a) [sustantivo femenino] Hecho de hablar demasiado o con demasiadas palabras: *Empleaba tanta verborrea que no se entendía lo que decía.* ☐ [Es despectivo]. ☐ FAMILIA: →verbo.

verdad (ver·dad) [sustantivo femenino] **1** Hecho que es o pasa en la realidad: *No es verdad que yo sea la pequeña de mis hermanos.* **2** Expresión que decimos tal y como la sentimos o la pensamos: *¿Es verdad lo que has dicho de que querías venir con nosotros?* ◆ [expresión] ‖ **de verdad** Se usa para insistir en que lo que se ha dicho es cierto: *Eres mi mejor amiga, de verdad.* ☐ SINÓNIMOS: **1** realidad. ☐ ANTÓNIMOS: mentira. **1** falsedad, patraña. **2** embuste. ☐ FAMILIA: verdadero, verídico, veraz, veracidad, verificar, verificación.

verdadero, ra (ver·da·de·ro, ra) [adjetivo] Que no es falso: *Te tengo un verdadero cariño.* ☐ SINÓNIMOS: auténtico, verídico. ☐ ANTÓNIMOS: aparente, afectado, falso, engañoso. ☐ FAMILIA: →verdad.

verde (ver·de) ▌ [adjetivo] **1** Dicho de una planta, que no está seca: *Aunque ese árbol parece que está seco, tiene ramas verdes.* **2** Dicho de un fruto, que no está maduro: *La fruta verde está muy ácida.* **3** Dicho de una zona, que está destinada a ser un parque o un jardín: *En las zonas verdes no se pueden construir casas.* **4** Dicho de una persona, que está poco preparada para algo: *Llevo poco tiempo entrenando y aún estoy verde para participar en los campeonatos.* **5** Que trata de sexo: *No me hacen ninguna gracia los chistes verdes.* ▌ [adjetivo o sustantivo] **6** Que defiende la necesidad de proteger el medioambiente: *Varias asociaciones ecologistas se han unido para formar un partido verde.* ▌ [adjetivo o sustantivo masculino] **7** Del color de la hierba fresca: *El verde se obtiene mezclando el azul y el amarillo.* 👁 página 234. ▌ [sustantivo masculino] **8** Hierba o césped: *El jardinero está segando el verde.* ◆ [expresión] ‖ **poner verde** Criticar: *No consiento que pongas verde a mis amigos.* ☐ [Cuando es adjetivo, no varía en masculino y femenino. En el significado **6** no varía en masculino y femenino. El significado **5** es coloquial]. ☐ SINÓNIMOS: **2** inmaduro. **5** picante. **6** ecologista. ☐ ANTÓNIMOS: **1** seco. **2** maduro. ☐ FAMILIA: verdor, verdoso, verdura, verdulero, verdulería, reverdecer, verderón.

VER	
INDICATIVO	**SUBJUNTIVO**
Presente yo veo tú ves / usted ve él, ella ve nosotros, tras vemos vosotros, tras veis / ustedes ven ellos, ellas ven	**Presente** yo vea tú veas / usted vea él, ella vea nosotros, tras veamos vosotros, tras veáis / ustedes vean ellos, ellas vean
Pretérito imperfecto yo veía tú veías / usted veía él, ella veía nosotros, tras veíamos vosotros, tras veíais / ustedes veían ellos, ellas veían	**Pretérito imperfecto** yo viera o viese tú vieras o vieses / usted viera o viese él, ella viera o viese nosotros, tras viéramos o viésemos vosotros, tras vierais o vieseis / ustedes vieran o viesen ellos, ellas vieran o viesen
Pretérito perfecto simple yo vi tú viste / usted vio él, ella vio nosotros, tras vimos vosotros, tras visteis / ustedes vieron ellos, ellas vieron	**Futuro simple** yo viere tú vieres / usted viere él, ella viere nosotros, tras viéremos vosotros, tras viereis / ustedes vieren ellos, ellas vieren
Futuro simple yo veré tú verás / usted verá él, ella verá nosotros, tras veremos vosotros, tras veréis / ustedes verán ellos, ellas verán	**IMPERATIVO** ve (tú) / vea (usted) veamos (nosotros, tras) ved (vosotros, tras) / vean (ustedes)
Condicional simple yo vería tú verías / usted vería él, ella vería nosotros, tras veríamos vosotros, tras veríais / ustedes verían ellos, ellas verían	**FORMAS NO PERSONALES** **Infinitivo** — **Gerundio** — **Participio** ver — viendo — visto

verderón

verbo

Los verbos son las palabras que expresan una acción (*bailar*), un proceso (*vivir*) o un estado (*estar*).

Las conjugaciones. El conjunto de todas las formas diferentes que puede adoptar un verbo se denomina conjugación. Existen tres modelos de conjugación, según la terminación del infinitivo:

- **1.ª conjugación.** Verbos que terminan en *-ar*: *amar*.
- **2.ª conjugación.** Verbos que terminan en *-er*: *temer*.
- **3.ª conjugación.** Verbos que terminan en *-ir*: *partir*.

Verbos regulares e irregulares. Los verbos, según su forma, pueden descomponerse en **raíz** y **desinencia**:

- La **raíz** aporta el significado básico del verbo:
  bail-o, **bail**-an, **bail**-aban
- Las **desinencias** se unen a la raíz del verbo e indican persona, número, tiempo y modo:
  bail-**o**, bail-**an**, bail-**aban**

Los **verbos regulares** son los que mantienen la misma raíz en todas sus formas (como en *canto, cantaras, cantaron*). Los **verbos irregulares** son los que en algunas de sus formas tienen cambios en la raíz (como en *conduzco, conduje, conduciré* o como en *hago, haces, hice, haré*).

Las **desinencias verbales** indican:

- **Persona gramatical**
  - **Primera persona.** Se refiere a quien habla:
    (yo) como   (nosotros) comemos
  - **Segunda persona.** Se refiere a quien escucha:
    (tú) comes   (vosotros) coméis
  - **Tercera persona.** Se refiere a la persona o cosa de la que se habla:
    (ella) come   (ellos) comen

- **Número**
  - **Singular.** El sujeto del verbo es una sola persona o cosa:
    como, comes, come
  - **Plural.** El sujeto del verbo son varias personas o cosas:
    comemos, coméis, comen

- **Tiempo**
  - **Presente.** Indica que un hecho sucede en el momento en el que se encuentra el hablante:
    como, comen
  - **Pasado.** Indica que un hecho ha sucedido antes del momento en el que se encuentra el hablante:
    comiste, comí
  - **Futuro.** Indica que un hecho sucederá con posterioridad al momento en el que se encuentra el hablante:
    comerá, comeremos

- **Modo**
  - **Indicativo.** Se suele usar para presentar un hecho como real u objetivo:
    Leo todas las noches antes de dormir.
  - **Subjuntivo.** Se suele usar para presentar un deseo, un hecho posible o un hecho irreal:
    ¡Ojalá leyeras todas las noches!
  - **Imperativo.** Se usa para dar órdenes o para pedir algo al oyente:
    Leed el enunciado del ejercicio.

verderón (ver·de·rón) [sustantivo masculino] Pájaro pequeño que tiene las plumas grises con manchas verdes en las alas y en la cola. ☐ FAMILIA: →verde.

verdor (ver·dor) [sustantivo masculino] Color verde de las plantas. ☐ FAMILIA: →verde.

verdoso, sa (ver·do·so, sa) [adjetivo] De un color parecido al verde. ☐ FAMILIA: →verde.

verdugo (ver·du·go) [sustantivo masculino] **1** Persona encargada de matar a las personas condenadas a muerte. **2** Gorro de lana que tapa la cabeza y el cuello y solo deja la cara al aire. ☐ SINÓNIMOS: **2** pasamontañas. ☐ FAMILIA: verdugón.

verdugón (ver·du·gón) [sustantivo masculino] Señal roja que queda en la piel por el golpe de un látigo o de otro instrumento. ☐ FAMILIA: →verdugo.

verdulería (ver·du·le·rí·a) [verbo] Lugar en el que se vende verdura. ☐ FAMILIA: →verde.

verdulero, ra (ver·du·le·ro, ra) [sustantivo] **1** Persona que vende verduras. **2** Persona muy mal educada: *No seas verdulera y deja de decir tacos.* ☐ [El significado **2** es despectivo]. ☐ FAMILIA: →verde.

verdura (ver·du·ra) [sustantivo femenino] Planta comestible que se cultiva en una huerta: *Las zanahorias y los guisantes son verduras.* ☐ FAMILIA: →verde.

vereda (ve·re·da) [sustantivo femenino] Camino estrecho: *Atravesamos el bosque por una vereda.* ◆ [expresión] ‖ **meter en vereda** Hacer que alguien se porte bien o que sea más responsable: *Tendré que castigarte sin salir para meterte en vereda.* ☐ [La expresión es coloquial]. ☐ SINÓNIMOS: senda, sendero.

veredicto (ve·re·dic·to) [sustantivo masculino] Decisión de un jurado: *El veredicto del jurado fue culpable.*

verga (ver·ga) [sustantivo femenino] **1** Palo horizontal que sostiene la vela de un barco. **2** Pene. ☐ [El significado **2** es vulgar].

vergel (ver·gel) [sustantivo masculino] Lugar con muchas flores y árboles frutales.

vergonzoso, sa (ver·gon·zo·so, sa) [adjetivo] **1** Que produce vergüenza: *Fue vergonzoso ver lo mal que te portaste.* **2** Que siente vergüenza por todo: *Soy muy vergonzosa y me pongo roja enseguida.* ☐ SINÓNIMOS: **1** bochornoso. **2** timorato. ☐ ANTÓNIMOS: **2** desvergonzado. ☐ FAMILIA: →vergüenza.

vergüenza (ver·güen·za) ∎ [sustantivo femenino] **1** Sensación producida por algo que no nos parece digno: *Me puse rojo de vergüenza cuando la profesora me regañó.* **2** Respeto que una persona se tiene a sí misma: *Si tuvieras un poco de vergüenza, no se te ocurriría aprovecharte de los más débiles.* **3** Cosa que causa enfado: *Me parece una vergüenza que mientas con tanto descaro.* ∎ **vergüenzas** [plural] **4** Órganos sexuales externos de una persona. ☐ [El significado **4** es coloquial]. ☐ SINÓNIMOS: **1** bochorno, sofoco. ☐ ANTÓNIMOS: **1, 2** desvergüenza. ☐ FAMILIA: vergonzoso, avergonzar, desvergüenza, desvergonzado, sinvergüenza, sinvergonzonería.

vericueto (ve·ri·cue·to) [sustantivo masculino] Camino estrecho por el que es difícil andar: *Se perdió en los vericuetos del laberinto.*

verduras u hortalizas

endibia	repollo	coliflor	calabaza
lechuga	acelga	apio	espinaca
escarola	remolacha	nabo	rábano
berenjena	espárrago	ajo	puerro
			zanahoria
calabacín	pepino	cebolla	brócoli
			alcachofa
judía verde	guisante	haba	soja
patata	batata	tomate	pimiento rojo
			pimiento verde

verídico, ca (ve·rí·di·co, ca) [adjetivo] Que es verdad y no es falso: *Lo que te estoy contando es verídico, aunque te parezca algo increíble.* ☐ SINÓNIMOS: auténtico, verdadero. ☐ FAMILIA: →verdad.

verificación (ve·ri·fi·ca·ción) [sustantivo femenino] Comprobación o demostración de que algo es verdadero. ☐ FAMILIA: →verdad.

verificar (ve·ri·fi·car) [verbo] Comprobar que algo es verdadero: *Verifiqué las respuestas del examen con el libro.* ☐ [La «c» se cambia en «qu» delante de «e» («verifique»)]. ☐ SINÓNIMOS: probar, confirmar, corroborar, demostrar. ☐ FAMILIA: →verdad.

verja (ver·ja) [sustantivo femenino] Reja que se utiliza como puerta, como ventana o como cerca: *El patio de mi colegio está rodeado por una verja.*

vermú (ver·mú) [sustantivo masculino] Bebida alcohólica que se obtiene a partir del vino. ☐ [Es una palabra de origen alemán. Su plural es «vermús». Se usa también «vermut»].

vermut (ver·mut) [sustantivo masculino] → **vermú**. ☐ [Es una palabra de origen alemán. Su plural es «vermuts»].

vernáculo, la (ver·ná·cu·lo, la) [adjetivo] Dicho de una lengua, que es propia de un país o de un lugar.

verosímil (ve·ro·sí·mil) [adjetivo] Que parece verdad y se puede creer. ☐ [No varía en masculino y femenino]. ☐ ANTÓNIMOS: inverosímil, increíble. ☐ FAMILIA: inverosímil, verosimilitud.

verosimilitud (ve·ro·si·mi·li·tud) [sustantivo femenino] Hecho de ser verdadero y creíble: *La verosimilitud de la coartada del acusado hizo dudar a la juez.* ☐ FAMILIA: →verosímil.

verraco (ve·rra·co) [sustantivo masculino] Cerdo macho que se utiliza para la reproducción.

verruga (ve·rru·ga) [sustantivo femenino] Bulto pequeño y redondo que sale en la piel.

versado, da (ver·sa·do, da) [adjetivo] Que sabe mucho de algo: *Mi padre es muy versado en política.* ☐ SINÓNIMOS: instruido, entendido. ☐ ANTÓNIMOS: ignorante. ☐ FAMILIA: →versar.

versar (ver·sar) [verbo] Tener como tema: *Este libro versa sobre los viajes de Cristóbal Colón.* ☐ SINÓNIMOS: tratar. ☐ FAMILIA: versado, tergiversar.

versátil (ver·sá·til) [adjetivo] **1** Que realiza actividades muy diversas: *Es una artista muy versátil: canta, escribe y dibuja.* **2** Que tiene un carácter que cambia mucho: *Es tan versátil que lo que hoy le gusta mañana no lo soporta.* ☐ [No varía en masculino y femenino]. ☐ FAMILIA: versatilidad.

versatilidad (ver·sa·ti·li·dad) [sustantivo femenino] Facilidad para cambiar de carácter. ☐ FAMILIA: →versátil.

versículo (ver·sí·cu·lo) [sustantivo masculino] División que se hace en los capítulos de un libro: *un versículo de la Biblia.* ☐ FAMILIA: →verso.

versificar (ver·si·fi·car) [verbo] Hacer versos o poner en verso. ☐ [La «c» se cambia en «qu» delante de «e» («versifique»)]. ☐ FAMILIA: →verso.

versión (ver·sión) [sustantivo femenino] **1** Cada una de las distintas formas que pueden darse a una misma obra: *Estoy escribiendo un cuento y esta es ya la tercera versión.* **2** Cada una de las distintas interpretaciones que pueden darse de un mismo suceso: *Mi versión es distinta de la tuya, porque tú dices que me caí, y yo digo que me empujaste.* ☐ FAMILIA: →verter.

versionar (ver·sio·nar) [verbo] Dicho de una obra artística, hacer una nueva versión: *El cantante versionó un famoso tema de los años ochenta.*

verso (ver·so) [sustantivo masculino] Cada una de las líneas en que se divide un poema. ☐ FAMILIA: versificar, versículo.

vértebra (vér·te·bra) [sustantivo femenino] Cada uno de los huesos que forman la columna vertebral. ☐ FAMILIA: vertebrado, invertebrado, vertebral, vertebrar.

vertebrado, da (ver·te·bra·do, da) [adjetivo o sustantivo masculino] Dicho de un animal, que tiene esqueleto. ☞ **página 73.** ☐ ANTÓNIMOS: invertebrado. ☐ FAMILIA: →vértebra.

vertebral (ver·te·bral) [adjetivo] De las vértebras o relacionado con ellas: *columna vertebral; molestias vertebrales.* ☐ [No varía en masculino y femenino]. ☐ FAMILIA: →vértebra.

vertebrar (ver·te·brar) [verbo] Dar consistencia, organización o estructura interna: *La defensa de la libertad vertebra toda la obra de esa autora.* ☐ FAMILIA: →vértebra.

vertedero (ver·te·de·ro) [sustantivo masculino] Lugar donde se tiran las basuras. ☐ SINÓNIMOS: basurero. ☐ FAMILIA: →verter.

verter (ver·ter) [verbo] **1** Dejar caer un líquido de forma que se extienda: *Se me ha caído el vaso y he vertido la leche en el mantel.* **2** Dar la vuelta a un recipiente para vaciarlo: *Vierte la jarra de agua en la pila.* ☐ [Es irregular y se conjuga como ENTENDER]. ☐ SINÓNIMOS: **1** derramar. **2** volcar. ☐ FAMILIA: vertedero, vertido, vertiente, versión, extrovertido, introvertido.

vertical (ver·ti·cal) [adjetivo] Paralelo a una pared: *Las patas de esta cama son verticales y el somier, horizontal.* ☐ [No varía en masculino y femenino]. ☐ ANTÓNIMOS: horizontal.

vértice (vér·ti·ce) [sustantivo masculino] Punto en el que se unen dos o más líneas: *Un cuadrado tiene cuatro vértices, que son las cuatro esquinas.*

vertido (ver·ti·do) [sustantivo masculino] Basura que sobra de un proceso industrial y que se tira a un vertedero o al agua: *vertidos contaminantes.* ☐ SINÓNIMOS: residuo. ☐ FAMILIA: →verter.

vertiente (ver·tien·te) [sustantivo femenino] **1** Parte inclinada de algo: *la vertiente sur de una montaña.* **2** Punto de vista desde el que se considera algo: *No te fijes solo en la vertiente negativa del asunto.* ☐ SINÓNIMOS: **2** perspectiva. ☐ FAMILIA: →verter.

vertiginoso, sa (ver·ti·gi·no·so, sa) [adjetivo] **1** Muy rápido: *El coche iba a una velocidad vertiginosa.* **2** Que da vértigo: *Volábamos a una altura vertiginosa.* ☐ ANTÓNIMOS: **1** lento. ☐ FAMILIA: →vértigo.

vértigo (vér·ti·go) [sustantivo masculino] Miedo producido por estar a gran altura: *Me da vértigo asomarme al balcón.* ☐ FAMILIA: vertiginoso.

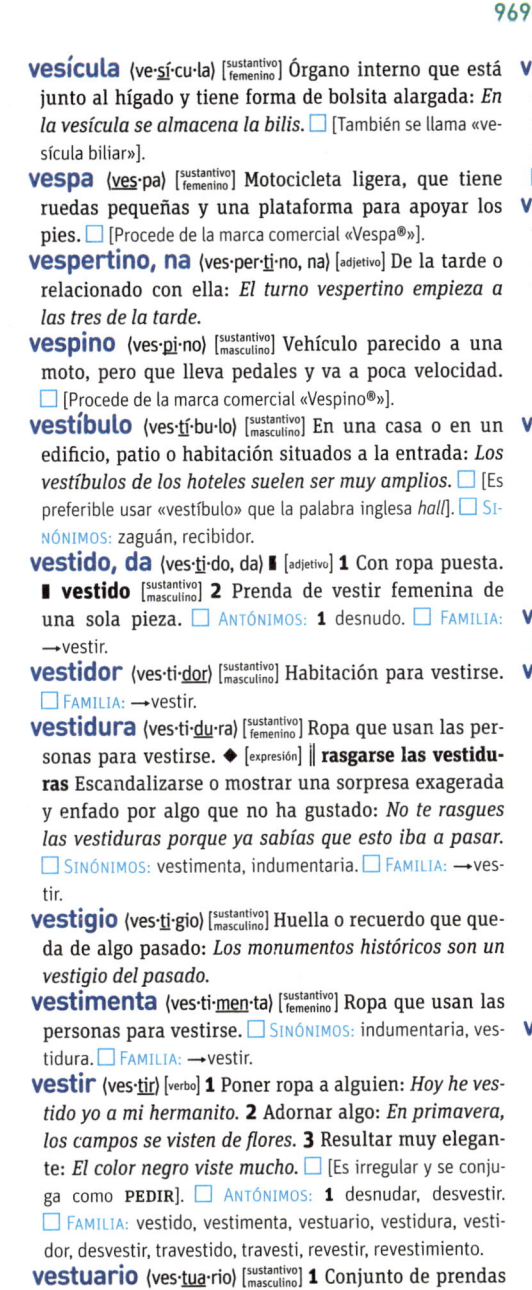

vesícula (ve·sí·cu·la) [sustantivo femenino] Órgano interno que está junto al hígado y tiene forma de bolsita alargada: *En la vesícula se almacena la bilis.* ☐ [También se llama «vesícula biliar»].

vespa (ves·pa) [sustantivo femenino] Motocicleta ligera, que tiene ruedas pequeñas y una plataforma para apoyar los pies. ☐ [Procede de la marca comercial «Vespa®»].

vespertino, na (ves·per·ti·no, na) [adjetivo] De la tarde o relacionado con ella: *El turno vespertino empieza a las tres de la tarde.*

vespino (ves·pi·no) [sustantivo masculino] Vehículo parecido a una moto, pero que lleva pedales y va a poca velocidad. ☐ [Procede de la marca comercial «Vespino®»].

vestíbulo (ves·tí·bu·lo) [sustantivo masculino] En una casa o en un edificio, patio o habitación situados a la entrada: *Los vestíbulos de los hoteles suelen ser muy amplios.* ☐ [Es preferible usar «vestíbulo» que la palabra inglesa *hall*]. ☐ SINÓNIMOS: zaguán, recibidor.

vestido, da (ves·ti·do, da) ■ [adjetivo] **1** Con ropa puesta. ■ **vestido** [sustantivo masculino] **2** Prenda de vestir femenina de una sola pieza. ☐ ANTÓNIMOS: **1** desnudo. ☐ FAMILIA: →vestir.

vestidor (ves·ti·dor) [sustantivo masculino] Habitación para vestirse. ☐ FAMILIA: →vestir.

vestidura (ves·ti·du·ra) [sustantivo femenino] Ropa que usan las personas para vestirse. ◆ [expresión] ‖ **rasgarse las vestiduras** Escandalizarse o mostrar una sorpresa exagerada y enfado por algo que no ha gustado: *No te rasgues las vestiduras porque ya sabías que esto iba a pasar.* ☐ SINÓNIMOS: vestimenta, indumentaria. ☐ FAMILIA: →vestir.

vestigio (ves·ti·gio) [sustantivo masculino] Huella o recuerdo que queda de algo pasado: *Los monumentos históricos son un vestigio del pasado.*

vestimenta (ves·ti·men·ta) [sustantivo femenino] Ropa que usan las personas para vestirse. ☐ SINÓNIMOS: indumentaria, vestidura. ☐ FAMILIA: →vestir.

vestir (ves·tir) [verbo] **1** Poner ropa a alguien: *Hoy he vestido yo a mi hermanito.* **2** Adornar algo: *En primavera, los campos se visten de flores.* **3** Resultar muy elegante: *El color negro viste mucho.* ☐ [Es irregular y se conjuga como **PEDIR**]. ☐ ANTÓNIMOS: **1** desnudar, desvestir. ☐ FAMILIA: vestido, vestimenta, vestuario, vestidura, vestidor, desvestir, travestido, travesti, revestir, revestimiento.

vestuario (ves·tua·rio) [sustantivo masculino] **1** Conjunto de prendas de vestir: *Todo mi vestuario está en el armario.* **2** Lugar para cambiarse de ropa: *los vestuarios de la piscina.* ☐ FAMILIA: →vestir.

veta (ve·ta) [sustantivo femenino] Zona de mineral que se encuentra bajo tierra: *una veta de carbón.* ☐ SINÓNIMOS: filón.

vetar (ve·tar) [verbo] Prohibir o impedir algo: *Se vetó la entrada a los periodistas.* ☐ FAMILIA: veto.

veteranía (ve·te·ra·ní·a) [sustantivo femenino] Hecho de llevar mucho tiempo realizando una misma actividad y de tener experiencia en ella: *La veteranía ayuda mucho en cualquier trabajo.* ☐ FAMILIA: →veterano.

veterano, na (ve·te·ra·no, na) [adjetivo o sustantivo] **1** Que lleva mucho tiempo realizando una misma actividad y ya tiene experiencia en ella: *Esa actriz es muy veterana.* **2** Militar que participó en una guerra ya pasada. ☐ FAMILIA: veteranía.

veterinario, ria (ve·te·ri·na·rio, ria) ■ [adjetivo] **1** De la veterinaria o relacionado con esta ciencia: *una clínica veterinaria.* ■ [sustantivo] **2** Persona que ha estudiado veterinaria y trabaja curando animales: *Mi hermana es veterinaria y trabaja en una granja.* ■ **veterinaria** [sustantivo femenino] **3** Ciencia que estudia las enfermedades de los animales: *Estudio veterinaria porque me gustan mucho los animales.*

veto (ve·to) [sustantivo masculino] **1** Hecho de prohibir o impedir algo. **2** Capacidad de evitar que se cumpla lo que se decide en una votación si no se está de acuerdo con el resultado: *Estados Unidos es uno de los países que tiene derecho a veto en el Consejo de Seguridad de las Naciones Unidas.* ☐ ANTÓNIMOS: **1** autorización, licencia, permiso. ☐ FAMILIA: →vetar.

vetusto, ta (ve·tus·to, ta) [adjetivo] Muy viejo o antiguo. ☐ ANTÓNIMOS: nuevo, moderno.

vez [sustantivo femenino] **1** Cada una de las ocasiones en que algo se hace o se repite: *¿Te acuerdas de la primera vez que nos vimos?* **2** Momento en que algo ocurre: *Una vez estuve en tu casa y me invitaste a merendar.* **3** Lugar que ocupa una persona en una fila o en un turno: *Ya me va a tocar la vez en la carnicería.* ◆ [expresión] ‖ **a la vez** Al mismo tiempo: *Si habláis los tres a la vez no os entiendo.* ‖ **a veces** No siempre: *A veces me quedo a dormir en casa de mi vecino.* ‖ **de vez en cuando** No muy a menudo: *De vez en cuando vamos al campo de excursión.* ‖ **tal vez** Indica duda o posibilidad: *Tal vez me vaya con vosotros.* ☐ [Su plural es «veces»]. ☐ SINÓNIMOS: **3** turno.

vía (ví·a) ■ [sustantivo femenino] **1** Lugar por donde va el tren. **2** Camino por el que se va a un lugar: *Las carreteras son vías públicas.* **3** Especie de tubo que hay dentro del cuerpo humano: *Cuando estás constipado se taponan las vías respiratorias.* **4** Medio de hacer algo: *Este asunto tan urgente hay que arreglarlo por la vía más rápida.* ■ [preposición] **5** A través de o pasando por: *Volé a Moscú, vía Ámsterdam. Esta programación de televisión se recibe vía satélite.* ◆ [expresión] ‖ **en vías de algo** A punto de conseguirlo: *Los países en vías de desarrollo son países que están mejorando su economía.* ‖ **vía crucis** → **viacrucis.** ☐ SINÓNIMOS: **4** conducto. ☐ FAMILIA: vial, viaducto, viandante, viario, autovía.

viabilidad (via·bi·li·dad) [sustantivo femenino] **1** Probabilidad de poder ser llevado a cabo: *Han desechado los planes porque carecen de viabilidad.* **2** Posibilidad de vivir o de existir: *La viabilidad de un feto fuera del útero puede darse a partir de las veintitrés semanas de gestación aproximadamente.* ☐ FAMILIA: →viable.

viable (via·ble) [adjetivo] Que puede ser o que puede hacerse: *un proyecto viable.* ☐ [No varía en masculino y femenino]. □ SINÓNIMOS: posible. □ ANTÓNIMOS: imposible, inviable. □ FAMILIA: inviable, viabilidad.

viacrucis (via·cru·cis) [sustantivo/masculino] **1** Conjunto de quince cuadros o cruces que representan quince momentos vividos por Jesucristo desde que fue hecho prisionero hasta su muerte en la cruz y posterior resurrección. **2** Oración que se reza recorriendo cada uno de estos momentos. **3** Sufrimiento de una persona. □ [No varía en singular y plural. Se escribe también «vía crucis»].

viaducto (via·duc·to) [sustantivo/masculino] Puente que se construye sobre un río o una carretera para poder cruzarlos. □ FAMILIA: →vía.

viajante (via·jan·te) [sustantivo] Persona que tiene que viajar mucho por cuestiones de trabajo. □ [No varía en masculino y femenino]. □ FAMILIA: →viaje.

viajar (via·jar) [verbo] Ir de un lugar a otro, generalmente utilizando algún vehículo: *Me gusta mucho viajar en tren.* □ [Se escribe siempre con «j»]. □ FAMILIA: →viaje.

viaje (via·je) [sustantivo/masculino] Movimiento de un lugar a otro, generalmente utilizando algún vehículo. □ FAMILIA: viajar, viajante, viajero.

viajero, ra (via·je·ro, ra) [adjetivo o sustantivo] Que viaja. □ FAMILIA: →viaje.

vial (vial) [adjetivo] Del tráfico o relacionado con la circulación: *En el colegio nos enseñan educación vial.* □ [No varía en masculino y femenino]. □ FAMILIA: →vía.

vianda (vian·da) [sustantivo/femenino] Comida que toma una persona. □ [Se usa más en plural].

viandante (vian·dan·te) [sustantivo] Persona que va a pie. □ [No varía en masculino y femenino]. □ SINÓNIMOS: peatón. □ FAMILIA: →vía.

viario, ria (via·rio, ria) [adjetivo] De las carreteras y de los caminos o relacionado con ellos: *la red viaria.* □ FAMILIA: ferroviario. →vía.

viático (viá·ti·co) [sustantivo/masculino] Sacramento de la eucaristía que se administra a los enfermos que están muy graves.

víbora (ví·bo·ra) [sustantivo/femenino] **1** Serpiente venenosa. **2** Persona que habla muy mal de los demás: *Sois todos unas víboras.* □ [El significado **2** es coloquial]. □ FAMILIA: viperino.

vibración (vi·bra·ción) [sustantivo/femenino] Movimiento rápido y repetido de un lado a otro. □ FAMILIA: →vibrar.

vibrante (vi·bran·te) [adjetivo] Que vibra o que hace vibrar: *Fue un discurso vibrante y lleno de emoción.* □ [No varía en masculino y femenino]. □ SINÓNIMOS: vibratorio. □ FAMILIA: →vibrar.

vibrar (vi·brar) [verbo] **1** Moverse algo de un lado a otro con movimientos pequeños y muy rápidos: *Cuando hay un terremoto de poca intensidad, los cristales de las ventanas vibran.* **2** Estar insegura la voz a causa de los nervios: *Su voz vibraba de emoción.* **3** Emocionarse por algo: *El público vibró ante la gran actuación de los cantantes.* □ FAMILIA: vibración, vibrante, vibratorio.

vibratorio, ria (vi·bra·to·rio, ria) [adjetivo] Que vibra: *un movimiento vibratorio.* □ SINÓNIMOS: vibrante. □ FAMILIA: →vibrar.

vicaría (vi·ca·rí·a) [sustantivo/femenino] Lugar en el que trabaja el vicario. ◆ [expresión] ‖ **pasar por la vicaría** Casarse: *Han sido novios dos años y en mayo pasarán por la vicaría.* □ [La expresión es coloquial]. □ FAMILIA: →vicario.

vicario, ria (vi·ca·rio, ria) ▪ [adjetivo o sustantivo] **1** Que sustituye a otra persona en una actividad. ▪ **vicario** [sustantivo/masculino] **2** Sacerdote que ayuda al obispo o al párroco en sus actividades. □ FAMILIA: vicaría.

vicepresidente, ta (vi·ce·pre·si·den·te, ta) [sustantivo] Persona que ocupa un puesto inferior al del presidente: *El vicepresidente sustituye a la presidenta cuando es necesario.* □ FAMILIA: →presidir.

viceversa (vi·ce·ver·sa) [adverbio] Al revés: *Cuando no esté yo, lo harás tú, y viceversa.*

vicio (vi·cio) [sustantivo/masculino] **1** Hábito que no es bueno pero nos resulta muy difícil de dejar: *Para algunas personas, beber alcohol es un vicio.* **2** Actitud o forma de ser que se consideran malas: *La avaricia es un vicio.* **3** Cosa que gusta mucho: *El dulce es un vicio para mí.* ◆ [expresión] ‖ **de vicio** Muy bueno o muy bien: *Me lo pasé de vicio en el zoo.* □ [La expresión es coloquial]. □ SINÓNIMOS: **1** resabio. □ ANTÓNIMOS: **2** virtud. □ FAMILIA: vicioso, enviciar.

vicioso, sa (vi·cio·so, sa) [adjetivo o sustantivo] Que tiene algún vicio. □ ANTÓNIMOS: virtuoso. □ FAMILIA: →vicio.

vicisitud (vi·ci·si·tud) [sustantivo/femenino] Sucesión alterna de sucesos buenos y malos: *Después de muchas vicisitudes consiguió llegar a su destino.* □ [Se usa más en plural].

víctima (víc·ti·ma) [sustantivo/femenino] Persona que sufre algún daño: *No hubo víctimas en el incendio.*

victoria (vic·to·ria) [sustantivo/femenino] Éxito que se obtiene al ganar a un contrario o al vencer un obstáculo. ◆ [expresión] ‖ **cantar victoria** Presumir de un triunfo: *No cantes victoria todavía, porque aún no sabemos cómo va a acabar este asunto.* □ SINÓNIMOS: triunfo. □ ANTÓNIMOS: derrota. □ FAMILIA: victorioso.

victorioso, sa (vic·to·rio·so, sa) [adjetivo] Que ha vencido en algo: *el equipo victorioso.* □ SINÓNIMOS: vencedor. □ ANTÓNIMOS: perdedor. □ FAMILIA: →victoria.

vicuña (vi·cu·ña) [sustantivo/femenino] Animal parecido a la llama cuyo pelo se utiliza para hacer tejidos: *La vicuña vive en los Andes, en América del Sur.*

vid [sustantivo/femenino] Planta cuyo fruto es la uva.

vid

vida (vi·da) [sustantivo femenino] **1** Propiedad que tenemos las personas, los animales y las plantas, y que nos permite nacer, desarrollarnos y reproducirnos antes de morir: *Un cadáver es un cuerpo sin vida.* **2** Período de tiempo que transcurre desde que se nace hasta que se muere: *La vida de un perro suele durar doce años.* **3** Tiempo que dura una cosa: *Estas pilas tienen una vida de más de un año.* **4** Actividad o conjunto de actividades: *Esta ciudad tiene mucha vida cultural.* **5** Energía o animación: *Los niños tienen mucha vida y parece que nunca se cansan.* ◆ [expresión] ‖ **ganarse la vida** Ganar el dinero suficiente para poder vivir: *Me gano la vida de camarero.* ‖ **la otra vida** Existencia después de la muerte: *Yo creo en la otra vida y que no todo termina con la muerte.* ‖ **perder la vida** Morir: *Perdieron la vida en un accidente de tráfico.* ☐ FAMILIA: vital, vitalidad, vitalicio, revitalizar, salvavidas, perdonavidas.

vidente (vi·den·te) ■ [adjetivo o sustantivo] **1** Que puede ver: *personas videntes.* ■ [sustantivo] **2** Persona que adivina el futuro o que conoce cosas que no ha visto: *Un vidente predijo que se casaría joven.* ☐ [No varía en masculino y femenino]. SINÓNIMOS: **2** adivino. ANTÓNIMOS: **1** invidente, ciego. ☐ FAMILIA: →ver.

vídeo (ví·de·o) [sustantivo masculino] **1** Sistema para emitir imágenes y sonidos grabándolos en una cinta, un disco u otro soporte: *Mis padres grabaron en vídeo mi fiesta de cumpleaños.* **2** Aparato que permite ver y oír imágenes y sonidos grabados en una cinta: *Enciende el vídeo, que vamos a ver una película.* **3** Cinta, disco o soporte donde están grabados imágenes y sonidos: *Tengo un vídeo de las vacaciones, ¿quieres verlo?* ☐ SINÓNIMOS: **2** magnetoscopio. ☐ FAMILIA: videocinta, videocasete, videocámara, videoclip, videoclub, videoconsola, videojuego.

videocámara (vi·de·o·cá·ma·ra) [sustantivo femenino] Cámara con la que se graban imágenes de vídeo. ☐ FAMILIA: →vídeo. →cámara.

videocasete (vi·de·o·ca·se·te) [sustantivo femenino] Cinta de vídeo. ☐ SINÓNIMOS: videocinta. ☐ FAMILIA: →vídeo. →casete.

videocinta (vi·de·o·cin·ta) [sustantivo femenino] Cinta de vídeo. ☐ SINÓNIMOS: videocasete. ☐ FAMILIA: →vídeo. →cinta.

videoclip (vi·de·o·clip) [sustantivo masculino] Película breve en la que una canción se acompaña de imágenes. ☐ [Es una palabra de origen inglés. Su plural es «videoclips»]. ☐ FAMILIA: →vídeo. →clip.

videoclub (vi·de·o·club) [sustantivo masculino] Tienda en la que se pueden alquilar y comprar películas de vídeo. ☐ [Su plural es «videoclubs» o «videoclubes»]. ☐ FAMILIA: →vídeo. →club.

videoconsola (vi·de·o·con·so·la) [sustantivo femenino] Aparato que sirve para reproducir videojuegos. ☐ SINÓNIMOS: consola. ☐ FAMILIA: →vídeo. →consola.

videojuego (vi·de·o·jue·go) [sustantivo masculino] Juego para el ordenador. ☐ FAMILIA: →vídeo. →juego.

vidriera (vi·drie·ra) [sustantivo femenino] Conjunto de trozos de cristal unidos que forman un dibujo: *Las vidrieras de la catedral tienen colores muy hermosos.* ☐ FAMILIA: →vidrio.

vidrio (vi·drio) [sustantivo masculino] **1** Material duro y transparente que se rompe con facilidad: *Estas copas son de un vidrio muy frágil.* **2** Hoja plana de este material: *¿Quién ha roto el vidrio de esta ventana?* ☐ SINÓNIMOS: cristal. ☐ FAMILIA: vidriera.

vidrioso, sa (vi·drio·so, sa) [adjetivo] Dicho de los ojos, que están brillantes y parecen de cristal: *Sé que has llorado porque tienes los ojos vidriosos.*

vieira (viei·ra) [sustantivo femenino] Animal marino que tiene dos conchas de color rojizo: *Las vieiras se encuentran en los mares gallegos.* ☐ SINÓNIMOS: venera.

viejo, ja (vie·jo, ja) ■ [adjetivo] **1** Que existe desde hace mucho tiempo: *Somos viejos amigos.* **2** Que está gastado o estropeado porque se ha usado mucho: *Estas botas están muy viejas y llenas de agujeros.* ■ [adjetivo o sustantivo] **3** Que tiene ya mucha edad o muchos años y que está en la última etapa de su vida. ☐ SINÓNIMOS: **1** antiguo. **3** anciano, decrépito. ☐ ANTÓNIMOS: **1**, **2** nuevo. **3** joven, mozo. ☐ FAMILIA: vejez, vejestorio, envejecer, envejecimiento, aviejar, avejentar, nochevieja.

vienés, sa (vie·nés, ne·sa) [adjetivo o sustantivo] De Viena, que es la capital austriaca.

viento (vien·to) [sustantivo masculino] **1** Aire en movimiento: *El viento empujaba los veleros por el mar.* **2** Conjunto de instrumentos musicales de una orquesta que se tocan haciendo vibrar el aire en su interior: *En el concierto los vientos destacaron por su fuerza y armonía.* ☉ **página 681.** ◆ [expresión] ‖ **a los cuatro vientos** En todas direcciones o por todas partes: *Gritó su nombre a los cuatro vientos.* ‖ **contra viento y marea** A pesar de cualquier obstáculo o dificultad: *Lucharé contra viento y marea para conseguir mis propósitos.* ‖ **irse a tomar viento** Estropearse o fracasar: *Nuestros planes se fueron a tomar viento.* ‖ **ir viento en popa** Ir muy bien: *El negocio va viento en popa.* ☐ [En el significado **2**, significa lo mismo en singular que en plural. La expresión «irse a tomar viento» es coloquial]. ☐ FAMILIA: ventear, ventilar, ventilador, ventilación, vendaval, ventoso, ventosear, ventosidad, ventosa, ventisca, ventisquero, ventarrón, ventolera, aventar, barlovento, sotavento.

vientre (vien·tre) [sustantivo masculino] Parte del cuerpo donde están el estómago y otros órganos. ◆ [expresión] ‖ **hacer de vientre** Defecar. ☐ SINÓNIMOS: tripa, abdomen, barriga.

viernes (vier·nes) [sustantivo masculino] Quinto día de la semana. ☉ **página 169.** ☐ [No varía en singular y plural].

vietnamita (viet·na·mi·ta) [adjetivo o sustantivo] De Vietnam, que es un país asiático. ☐ [No varía en masculino y femenino].

viga (vi·ga) [sustantivo femenino] Tabla larga y gruesa de madera o de hierro que se usa para sujetar el techo de una casa.

vigencia (vi·gen·cia) [sustantivo femenino] Tiempo durante el que algo tiene valor: *Esta norma aún mantiene su vigencia.* ☐ SINÓNIMOS: validez. ☐ FAMILIA: →vigente.

vigente (vi·gen·te) [adjetivo] Que todavía no ha perdido su valor: *una ley vigente.* ☐ [No varía en masculino y femenino]. ☐ Familia: vigencia.

vigésimo, ma (vi·gé·si·mo, ma) [numeral] **1** Que ocupa el lugar número veinte en una serie: *Quedó en vigésimo lugar.* **2** Dicho de una parte, que es una de las veinte en que se divide algo: *la vigésima parte de su sueldo.* ☐ [Se usa para formar los números ordinales compuestos del 21 al 29: «vigésimo tercero», «vigésimo cuarto», «vigésimo quinto», etc. Estos ordinales compuestos pueden escribirse también en una sola palabra: «vigesimotercero», «vigesimocuarto», «vigesimoquinto», etc.]. ☐ Sinónimos: **2** veinteavo. ☐ Familia: →veinte.

vigía (vi·gí·a) [sustantivo] Persona encargada de vigilar algo desde un lugar elevado: *Los vigías del castillo avisaron de la presencia del ejército enemigo.* ⊚ **página 132.** ☐ [No varía en masculino y femenino]. ☐ Familia: →vigilar.

vigilancia (vi·gi·lan·cia) [sustantivo/femenino] Atención que alguien pone para hacer algo bien o para evitar problemas: *Gracias a la vigilancia de los centinelas, no hubo ataques contra el campamento.* ☐ Sinónimos: cuidado, espionaje. ☐ Familia: →vigilar.

vigilante (vi·gi·lan·te) [sustantivo] Persona encargada de vigilar un sitio. ☐ [No varía en masculino y femenino]. ☐ Familia: →vigilar.

vigilar (vi·gi·lar) [verbo] Estar muy atento a lo que pasa en un sitio: *Los centinelas vigilaban que nadie se acercase al campamento.* ☐ Sinónimos: acechar, espiar, custodiar. ☐ Familia: vigilante, vigilancia, vigía, vigilia.

vigilia (vi·gi·lia) [sustantivo/femenino] **1** Momento en el que una persona está despierta cuando debería estar durmiendo. **2** Noche anterior a una fiesta religiosa: *la vigilia de Pentecostés.* **3** Renuncia a comer carne ciertos días del año, especialmente si se hace por motivos religiosos. ☐ Familia: →vigilar.

vigor (vi·gor) [sustantivo/masculino] **1** Fuerza o energía de una persona: *Las personas sanas están llenas de vigor.* **2** Situación en que se encuentra algo que todavía sirve: *La nueva ley entrará en vigor a partir del próximo martes.* ☐ Sinónimos: **1** vitalidad, nervio, reciedumbre. ☐ Familia: vigoroso, vigorizar.

vigorizar (vi·go·ri·zar) [verbo] Dar fuerza o energía: *El ejercicio físico vigoriza los músculos.* ☐ [La «z» se cambia en «c» delante de «e» («vigorice»)]. ☐ Sinónimos: fortalecer. ☐ Familia: →vigor.

vigoroso, sa (vi·go·ro·so, sa) [adjetivo] Que tiene fuerza o energía: *Los atletas son gente fuerte y vigorosa.* ☐ Sinónimos: fuerte, fornido, enérgico, robusto, recio. ☐ Antónimos: débil, enclenque. ☐ Familia: →vigor.

VIH [sustantivo/masculino] Virus que destruye las defensas del cuerpo: *Algunas personas con VIH tardan varios años en desarrollar la enfermedad del sida.* ☐ [Se pronuncia «úbe-í-áche». Se escriben todas las letras con mayúscula. No varía en singular y plural: «el VIH», «los VIH»].

vihuela (vi·hue·la) [sustantivo/femenino] Instrumento musical antiguo parecido a una guitarra.

vikingo, ga (vi·kin·go, ga) [adjetivo o sustantivo] De un antiguo pueblo de navegantes escandinavos que ocuparon muchas zonas del oeste europeo: *El casco de los vikingos solía llevar dos cuernos.*

vil [adjetivo] Muy malo: *Cometió una acción vil y cruel.* ☐ [No varía en masculino y femenino]. ☐ Sinónimos: abyecto, ruin. ☐ Antónimos: bueno, noble. ☐ Familia: vileza, envilecer.

vileza (vi·le·za) [sustantivo/femenino] **1** Acción mala: *Me parece una vileza maltratar a los seres indefensos.* **2** Carácter de lo que es vil o muy malo: *Ese hombre muestra su vileza cada vez que habla.* ☐ Sinónimos: ruindad. **1** villanía, infamia. ☐ Antónimos: **2** bondad. ☐ Familia: →vil.

vilipendiar (vi·li·pen·diar) [verbo] Despreciar, ofender y tratar mal a una persona. ☐ [Es irregular y se conjuga como **anunciar**]. ☐ Sinónimos: maltratar. ☐ Antónimos: alabar, honrar, elogiar.

villa (vi·lla) [sustantivo/femenino] **1** Ciudad muy importante por algo. **2** Casa muy grande y lujosa. ☐ Familia: villano, villanía, villancico.

villancico (vi·llan·ci·co) [sustantivo/masculino] Canción típica de Navidad. ☐ Familia: →villa.

villanía (vi·lla·ní·a) [sustantivo/femenino] Acción mala. ☐ Sinónimos: vileza. ☐ Familia: →villa.

villano, na (vi·lla·no, na) [adjetivo o sustantivo] Que realiza acciones muy malas: *Solo un villano ha podido ser capaz de semejante atrocidad.* ☐ Familia: →villa.

vilo (vi·lo) ◆ [expresión] ‖ **en vilo 1** Sin apoyarse en nada: *Lo cogió en vilo y lo lanzó por los aires.* **2** Con la sensación de no estar tranquilo: *La profesora nos tuvo en vilo hasta que nos dio las notas.*

vinagre (vi·na·gre) [sustantivo/masculino] Líquido que se obtiene del vino y que se usa en las ensaladas, junto con el aceite y la sal. ☐ Familia: →vino.

vinagrera (vi·na·gre·ra) ▮ [sustantivo/femenino] **1** Recipiente donde se sirve el vinagre en la mesa. ▮ **vinagreras** [plural] **2** Conjunto de recipientes que sirven para sacar a la mesa el aceite y el vinagre. ☐ [No confundir con «vinajera» (jarro pequeño que se usa en misa)]. ☐ Sinónimos: **2** aceiteras. ☐ Familia: →vino.

vinagreta (vi·na·gre·ta) [sustantivo/femenino] Salsa fría hecha con vinagre, aceite, cebolla y otros ingredientes. ☐ Familia: →vino.

vinajera (vi·na·je·ra) ▮ [sustantivo/femenino] **1** Jarra pequeña que se usa en misa para que el sacerdote se sirva el agua o el vino. ▮ **vinajeras** [plural] **2** Conjunto formado por estos dos jarros y la bandeja en la que se colocan. ☐ [No confundir con «vinagrera» (recipiente donde se sirve el vinagre)]. ☐ Familia: →vino.

vinatero, ra (vi·na·te·ro, ra) [adjetivo] Del vino o relacionado con él: *industria vinatera.* ☐ Sinónimos: vinícola. ☐ Familia: →vino.

vinculación (vin·cu·la·ción) [sustantivo/femenino] Relación, unión: *El detenido negó su vinculación con la mafia.* ☐ Familia: →vincular.

vincular (vin·cu·lar) [verbo] **1** Unir o relacionar: *Nos vincula una estrecha amistad*. **2** Hacer que una persona o una cosa dependa de otra: *Los profesores vinculan el estudio con las buenas notas*. **3** Obligar a una persona a cumplir algo: *Este contrato nos vincula a todos los que lo hemos firmado*. ☐ Familia: vínculo, vinculación, hipervínculo, desvincular.

vínculo (vín·cu·lo) [sustantivo masculino] Unión o relación muy estrechas entre personas o cosas. ☐ Sinónimos: lazo, unión. ☐ Familia: →vincular.

vinícola (vi·ní·co·la) [adjetivo] De la fabricación del vino o relacionado con ella: *producción vinícola*. ☐ [No varía en masculino y femenino]. ☐ Sinónimos: vinatero. ☐ Familia: →vino.

vinicultura (vi·ni·cul·tu·ra) [sustantivo femenino] Cultivo de las vides para obtener el vino. ☐ Familia: →vino.

vinilo (vi·ni·lo) [sustantivo masculino] Sustancia química que se usa para producir un material parecido al caucho o al cuero: *disco de vinilo*.

vino (vi·no) [sustantivo masculino] Bebida alcohólica que se obtiene de las uvas. ☐ Familia: vinatero, vinajera, vinícola, vinicultura, vinagre, vinagrera, vinagreta, avinagrarse, avinagrado, catavino.

viña (vi·ña) [sustantivo femenino] Terreno lleno de vides. ☐ Familia: viñedo, viñador.

viñador, ra (vi·ña·dor, do·ra) [sustantivo] Persona que se dedica a cultivar las vides. ☐ Familia: →viña.

viñedo (vi·ñe·do) [sustantivo masculino] Terreno grande lleno de vides. ☐ Familia: →viña.

viñeta (vi·ñe·ta) [sustantivo femenino] Cada uno de los dibujos que forman la historieta de un tebeo.

viola (vio·la) [sustantivo femenino] Instrumento musical parecido a un violín pero un poco más grande. ☐ Familia: →violín.

violáceo, a (vio·lá·ce·o, a) [adjetivo o sustantivo masculino] De color violeta o de tonos violetas. ☐ Sinónimos: violado. ☐ Familia: →violeta.

violación (vio·la·ción) [sustantivo femenino] **1** Desobediencia de una ley o una norma: *La violación de las normas de circulación puede provocar accidentes*. **2** Realización del acto sexual con una persona por la fuerza y en contra de su voluntad. ☐ Familia: →violar.

violado, da (vio·la·do, da) [adjetivo o sustantivo masculino] De color violeta o de tonos violetas. ☐ Sinónimos: violáceo. ☐ Familia: →violeta.

violador, ra (vio·la·dor, do·ra) [sustantivo] Persona que obliga a otra a mantener relaciones sexuales con ella por la fuerza. ☐ Familia: →violar.

violar (vio·lar) [verbo] **1** Desobedecer una ley o una norma: *Me multaron por violar los límites de velocidad*. **2** Obligar una persona a otra a mantener relaciones sexuales con ella contra su voluntad y por la fuerza. ☐ Sinónimos: **1** infringir, vulnerar. **2** forzar, abusar. ☐ Familia: violación, violador, violento, violencia, violentar.

violencia (vio·len·cia) [sustantivo femenino] **1** Uso de la fuerza en contra de los demás: *En la película había muchas escenas de violencia, con palizas y asesinatos*. **2** Ímpetu o fuerza con que algo se produce: *Dio un portazo de tal violencia que rompió la puerta*. ☐ Familia: →violar.

violentar (vio·len·tar) [verbo] **1** Someter mediante la fuerza algo que ofrece resistencia: *Los ladrones consiguieron entrar violentando la puerta*. **2** Incomodar a una persona: *Si me haces una cosa así en público, conseguirás violentarme*. ☐ Familia: →violar.

violento, ta (vio·len·to, ta) [adjetivo] **1** Que usa la fuerza contra los demás. **2** Que se hace con mucho ímpetu o con mucha fuerza: *Procura no hacer movimientos violentos*. **3** Dicho de una situación, que resulta molesta para todos: *Me resultó muy violento que me regañasen delante de todos*. ☐ Antónimos: **1** pacífico. ☐ Familia: →violar.

violeta (vio·le·ta) ■ [adjetivo o sustantivo masculino] **1** De un color morado claro: *El violeta es el séptimo color del arcoíris*. ⊙ página 234. ■ [sustantivo femenino] **2** Planta cuyas flores son de este color. ☐ [Cuando es adjetivo, no varía en masculino y femenino]. ☐ Familia: violetera, violáceo, violado, ultravioleta.

violetera (vio·le·te·ra) [sustantivo femenino] Mujer que se dedicaba a vender violetas por la calle. ☐ Familia: →violeta.

violín (vio·lín) [sustantivo masculino] Instrumento musical parecido a una guitarra pequeña, que se apoya en el hombro y se hace sonar rozando sus cuerdas con un arco. ⊙ páginas 534-535. ☐ Familia: viola, violonchelo, violinista, violonchelista.

violinista (vio·li·nis·ta) [sustantivo] Persona que toca el violín. ☐ [No varía en masculino y femenino]. ☐ Familia: →violín.

violonchelista (vio·lon·che·lis·ta) [sustantivo] Persona que toca el violonchelo. ☐ [No varía en masculino y femenino]. ☐ Familia: →violín.

violonchelo (vio·lon·che·lo) [sustantivo masculino] Instrumento musical parecido al violín, pero bastante más grande, que se coloca entre las piernas y se apoya en el suelo. ⊙ páginas 534-535. ☐ [Se usa mucho la forma abreviada «chelo»]. ☐ Familia: →violín.

viperino, na (vi·pe·ri·no, na) [adjetivo] Que hace daño con sus palabras: *Nos insulta a todos con su lengua viperina*. ☐ Familia: →víbora.

viraje (vi·ra·je) [sustantivo masculino] Giro o cambio de la dirección: *Hizo un viraje para entrar en la calle*. ☐ Sinónimos: giro. ☐ Familia: →virar.

virar (vi·rar) [verbo] Cambiar la dirección que se llevaba: *Al llegar a la esquina, vira a la derecha*. ☐ Sinónimos: girar. ☐ Familia: viraje.

virgen (vir·gen) ■ [adjetivo] **1** Dicho de una persona, que nunca ha realizado el acto sexual. **2** Dicho de una cinta, que no ha sido utilizada para grabar. **3** Que está tal como era, sin que nadie lo haya cambiado: *En algunas zonas interiores de la selva quedan tierras vírgenes que ningún explorador ha descubierto*. ■ [sustantivo femenino] **4** Imagen de la madre de Jesucristo: *Siempre lleva al cuello una virgen de plata*. ☐ [En los significados **1**, **2** y **3** no varía en

virginal masculino y femenino. Se escribe con mayúscula cuando se trata de la madre del dios cristiano]. ☐ Familia: →virgo.

virginal (vir·gi·nal) [adjetivo] **1** De las personas que nunca han realizado el acto sexual o relacionado con ellas. **2** De la Virgen o relacionado con ella. **3** Puro, sin mancha o sin mal: *El escritor se detuvo ante la blancura virginal del folio.* ☐ [No varía en masculino y femenino]. ☐ Familia: →virgo.

virginidad (vir·gi·ni·dad) [sustantivo] [femenino] Característica de una persona que nunca ha realizado el acto sexual. ☐ Familia: →virgo.

virgo (vir·go) [adjetivo o sustantivo] Dicho de una persona, que pertenece a uno de los doce signos del Zodiaco: *Los que son virgo han nacido entre el 23 de agosto y el 22 de septiembre.* ☐ [No varía en masculino y femenino]. ☐ Familia: virgen, virginal, virginidad, vivalavirgen.

virguería (vir·gue·rí·a) [sustantivo] [femenino] **1** Trabajo que está muy bien hecho: *Ese bordado es una auténtica virguería.* **2** Adorno que se le pone a una cosa sin que le haga falta: *Quiero un vestido sencillo, sin tantas virguerías.*

vírico, ca (ví·ri·co, ca) [adjetivo] De los virus o relacionado con ellos: *una enfermedad vírica.* ☐ Familia: →virus.

viril (vi·ril) [adjetivo] Del hombre o relacionado con él. ☐ [No varía en masculino y femenino]. ☐ Sinónimos: varonil. ☐ Familia: →virilidad.

virilidad (vi·ri·li·dad) [sustantivo] [femenino] Conjunto de características que se consideran propias de un hombre. ☐ Sinónimos: hombría. ☐ Familia: →viril.

virreina (vi·rrei·na) [sustantivo] [femenino] Mujer que representa al rey en un territorio. ☐ [El masculino es «virrey»]. ☐ Familia: →rey.

virreinato (vi·rrei·na·to) [sustantivo] [masculino] **1** Tiempo durante el que un virrey manda en un lugar. **2** Territorio en el que gobierna un virrey. ☐ Familia: →rey.

virrey (vi·rrey) [sustantivo] [masculino] Hombre que representa al rey en un territorio. ☐ [Su plural es «virreyes». El femenino es «virreina»]. ☐ Familia: →rey.

virtual (vir·tual) [adjetivo] **1** Que tiene posibilidad de algo en un futuro: *Sus profesores veían en ella a una virtual atleta.* **2** Que parece que existe pero no es real: *realidad virtual.* ☐ [No varía en masculino y femenino]. ☐ Familia: →virtud.

virtud (vir·tud) [sustantivo] [femenino] **1** Cualidad o característica que se considera buena: *Es una persona honrada y con muchas virtudes.* **2** Poder para causar un determinado efecto: *Tienes la virtud de sacarme de quicio, rico.* ☐ Antónimos: **1** vicio, resabio. ☐ Familia: virtuoso, virtuosismo, virtual, desvirtuar.

virtuosismo (vir·tuo·sis·mo) [sustantivo] [masculino] Capacidad de saber hacer algo muy bien. ☐ Familia: →virtud.

virtuoso, sa (vir·tuo·so, sa) [adjetivo o sustantivo] Que tiene alguna virtud: *una persona virtuosa; un virtuoso del piano.* ☐ Antónimos: vicioso. ☐ Familia: →virtud.

viruela (vi·rue·la) [sustantivo] [femenino] Enfermedad contagiosa cuya principal característica es la aparición de ampollas llenas de pus sobre la piel.

virulé (vi·ru·lé) ◆ [expresión] ‖ **a la virulé** Estropeado o en mal estado: *Después del puñetazo, llevaba un ojo a la virulé.* ☐ [Es coloquial].

virulencia (vi·ru·len·cia) [sustantivo] [femenino] **1** Manifestación intensa de una enfermedad. **2** Ironía o intención cruel: *criticar con virulencia.* ☐ Familia: →virus.

virulento, ta (vi·ru·len·to, ta) [adjetivo] **1** Dicho de una enfermedad, que está producida por un virus y que se manifiesta con mucha fuerza: *fiebres virulentas.* **2** Muy duro, cruel y con mala intención: *una crítica virulenta.* ☐ Familia: →virus.

virus (vi·rus) [sustantivo] [masculino] **1** Microbio que transmite enfermedades. **2** En informática, programa que estropea la información de un ordenador y que se va pasando de unas máquinas a otras. ☐ [No varía en singular y plural]. ☐ Familia: vírico, virulento, adenovirus, virulencia.

viruta (vi·ru·ta) [sustantivo] [femenino] Tira delgada que sale al trabajar la madera u otros materiales: *Al sacar punta a los lápices, lo que se tira a la papelera son las virutas.*

visado (vi·sa·do) [sustantivo] [masculino] Documento o sello que piden en algunos países para poder entrar en ellos.

visaje (vi·sa·je) [sustantivo] [masculino] Gesto que se hace con la cara para expresar algo o para hacer reír. ☐ Sinónimos: mueca.

víscera (vís·ce·ra) [sustantivo] [femenino] Cada uno de los órganos que está en el interior del cuerpo: *Los pulmones y el corazón son vísceras.* ☐ Sinónimos: entraña. ☐ Familia: visceral.

visceral (vis·ce·ral) [adjetivo] **1** De las vísceras u órganos del interior del cuerpo o relacionado con ellas. **2** Dicho de un sentimiento, que es muy fuerte y no se puede evitar: *un odio visceral.* **3** Dicho de una persona, que tiene unos sentimientos tan fuertes que le cuesta controlarlos. ☐ [No varía en masculino y femenino]. ☐ Familia: →víscera.

viscoso, sa (vis·co·so, sa) [adjetivo] Dicho de un líquido, que es pegajoso y muy espeso: *La baba del caracol es muy viscosa.*

visera (vi·se·ra) [sustantivo] [femenino] **1** Parte de una gorra que sobresale por delante y que evita que el sol nos dé en los ojos. **2** En un casco, parte que se puede subir y bajar y que protege la cara.

visera

visibilidad (vi·si·bi·li·dad) [sustantivo] [femenino] Posibilidad de ver o de ser visto: *Con tanta niebla hay muy poca visibilidad.* ☐ Familia: →ver.

visible (vi·si·ble) [adjetivo] Que se puede ver. ☐ [No varía en masculino y femenino]. ☐ ANTÓNIMOS: invisible. ☐ FAMILIA: →ver.

visigodo, da (vi·si·go·do, da) [adjetivo o sustantivo] De un antiguo pueblo germánico que vivía en el actual territorio español. ☐ FAMILIA: →godo.

visillo (vi·si·llo) [sustantivo masculino] Cortina de tela muy fina, que se coloca en la parte de dentro de las ventanas.

visión (vi·sión) [sustantivo femenino] **1** Acto de percibir algo con los ojos: *La visión es imposible con los ojos cerrados.* **2** Opinión o punto de vista que una persona tiene sobre algo: *Tu visión de ese asunto es muy distinta de la mía.* **3** Ser imaginario que creemos ver como si fuera real: *He tenido una horrible pesadilla, con visiones de monstruos espantosos.* ☐ SINÓNIMOS: **1** vista. **3** fantasma, espectro. ☐ FAMILIA: →ver.

visionario, ria (vi·sio·na·rio, ria) [adjetivo o sustantivo] Dicho de una persona, que dice ver el futuro. ☐ FAMILIA: →ver.

visir (vi·sir) [sustantivo masculino] El más importante de todos los ministros de un soberano musulmán.

visita (vi·si·ta) [sustantivo femenino] **1** Hecho de ir a ver a una persona a su casa: *Ayer unos amigos de mis padres nos hicieron una visita.* **2** Persona que va a ver a alguien: *Mamá, ha venido una visita.* **3** Viaje a un lugar: *En mi última visita a Londres compré regalos para toda la familia.* ☐ FAMILIA: →visitar.

visitante (vi·si·tan·te) [adjetivo o sustantivo] Dicho de una persona, que visita a otra o un lugar. ☐ [No varía en masculino y femenino]. ☐ FAMILIA: →visitar.

visitar (vi·si·tar) [verbo] **1** Ir a ver a una persona al lugar en el que está: *Cuando estuve en el hospital, vino mucha gente a visitarme.* **2** Viajar a un lugar: *Salamanca es una ciudad que he visitado en muchas ocasiones.* ☐ FAMILIA: visita, visitante.

vislumbrar (vis·lum·brar) [verbo] **1** Ver con dificultad una cosa porque está lejos o por falta de luz: *En la noche se vislumbraba la figura de un hombre.* **2** Conocer algo inmaterial a través de una señal: *Tus palabras permiten vislumbrar tus sentimientos.* ☐ SINÓNIMOS: atisbar. **1** entrever.

viso (vi·so) [sustantivo masculino] **1** Apariencia de las cosas: *Ese partido tiene visos de ser emocionante.* **2** Brillo que tiene algo cuando le da la luz: *Esa tela hace unos visos verdosos.* ☐ [Se usa más en plural]. ☐ SINÓNIMOS: **1** aspecto.

visón (vi·són) [sustantivo masculino] Animal de cuerpo alargado, cola larga y pelo muy suave de color marrón.

visón

visor (vi·sor) [sustantivo masculino] Parte de una cámara de fotos o de vídeo por la que se mira. ☐ FAMILIA: →ver.

víspera (vís·pe·ra) ∎ [sustantivo femenino] **1** Día inmediatamente anterior a otro determinado: *El sábado es la víspera del domingo.* ∎ **vísperas** [plural] **2** En la Iglesia católica, oración que se reza en el anochecer.

vista (vis·ta) [sustantivo femenino] Mira en **visto, ta**.

vistazo (vis·ta·zo) [sustantivo masculino] Mirada rápida, sin fijarse mucho: *¿Me dejas echar un vistazo al tebeo?* ☐ [Se usa mucho en la expresión «echar un vistazo»]. ☐ SINÓNIMOS: ojeada. ☐ FAMILIA: →ver.

visto, ta (vis·to, ta) ∎ **1** Participio irregular de **ver**. ∎ [adjetivo] **2** Muy conocido y poco original: *No me gusta ese tipo de tela, porque está ya muy vista.* ∎ **vista** [sustantivo femenino] **3** Sentido que permite percibir algo por los ojos: *Uso gafas porque tengo un problema en la vista.* **4** Hecho de percibir algo por los ojos: *la vista del paisaje.* **5** Mirada: *Me dio tanta vergüenza que bajé la vista.* **6** Conjunto de cosas que se ven desde un lugar: *Desde este ático hay una preciosa vista de la ciudad.* ◆ [expresión] ∥ **corto de vista** Miope: *Uso gafas porque soy corta de vista.* ∥ **hacer la vista gorda** Hacer como que no te das cuenta de algo. ∥ **hasta la vista** Se usa para despedirse de alguien a quien se espera volver a ver. ∥ **vista cansada** Defecto de la vista, propio de las personas mayores. ☐ SINÓNIMOS: **4** visión. ☐ FAMILIA: →ver.

vistosidad (vis·to·si·dad) [sustantivo femenino] Carácter de lo que llama la atención porque es bonito o atractivo: *Las fiestas de disfraces destacan por su vistosidad.* ☐ FAMILIA: →ver.

vistoso, sa (vis·to·so, sa) [adjetivo] Que llama la atención porque es bonito o atractivo: *Esta tela con tantos colorines es muy vistosa.* ☐ FAMILIA: →ver.

visual (vi·sual) [adjetivo] De la vista o relacionado con ella: *agudeza visual.* ☐ [No varía en masculino y femenino]. ☐ FAMILIA: →ver.

visualizar (vi·sua·li·zar) [verbo] **1** Hacer visible de forma artificial algo que no se puede ver a simple vista: *Los prismáticos permiten visualizar los objetos lejanos.* **2** Representar mediante gráficos algo que no puede ser apreciado por la vista: *Los meteorólogos visualizan en los mapas las tormentas y los vientos.* **3** Formar en la mente una imagen de un concepto abstracto: *La filosofía me resulta difícil de comprender porque no puedo visualizar sus conceptos.* ☐ [La «z» se cambia en «c» delante de «e» («visualice»)]. ☐ FAMILIA: →ver.

vital (vi·tal) [adjetivo] **1** De la vida o relacionado con ella. **2** Muy importante: *Es vital que vengas cuanto antes.* **3** Dicho de una persona, que tiene mucha energía y mucho ánimo: *Es una mujer muy vital y siempre está de buen humor.* ☐ [No varía en masculino y femenino]. ☐ FAMILIA: →vida.

vitalicio, cia (vi·ta·li·cio, cia) [adjetivo] Que dura hasta el fin de la vida: *pensión vitalicia; trabajo vitalicio.* ☐ FAMILIA: →vida.

vitalidad (vi·ta·li·dad) [sustantivo femenino] Energía, ánimo y ganas de hacer cosas: *Los niños tienen mucha vitalidad.*

□ Sinónimos: vigor, fuerza, nervio. □ Antónimos: apatía, desgana. □ Familia: →vida.

vitamina (vi·ta·mi·na) [sustantivo femenino] Sustancia que está en los alimentos y que es necesaria para el desarrollo de los seres vivos. □ Familia: vitamínico, vitaminado.

vitaminado, da (vi·ta·mi·na·do, da) [adjetivo] Dicho de un alimento o de un medicamento, que contiene vitaminas añadidas. □ Familia: →vitamina.

vitamínico, ca (vi·ta·mí·ni·co, ca) [adjetivo] **1** De las vitaminas o relacionado con ellas: *una carencia vitamínica*. **2** Que tiene vitaminas: *un complejo vitamínico*. □ Familia: →vitamina.

vitola (vi·to·la) [sustantivo femenino] Cinta estrecha de papel que tienen los puros alrededor.

vitorear (vi·to·re·ar) [verbo] Aplaudir o gritar animando a alguien: *Vitorearon su nombre.* □ Familia: →vítores.

vítores (ví·to·res) [sustantivo masculino plural] Expresiones que se usan para alabar a alguien, para mostrar entusiasmo o para dar ánimos: *Los ganadores gritaban «¡Hurra!», «¡Bravo!» y otros vítores.* □ Familia: vitorear.

vitoriano, na (vi·to·ria·no, na) [adjetivo o sustantivo] De la ciudad española de Vitoria.

vitrina (vi·tri·na) [sustantivo femenino] Armario con las puertas de cristal.

vitrocerámico, ca (vi·tro·ce·rá·mi·co, ca) ■ [adjetivo] Dicho de un material, que es muy resistente al calor: *una placa vitrocerámica*. ■ **vitrocerámica** [sustantivo femenino] Cocina hecha con este material: *Necesito un detergente para vitrocerámicas.*

vituallas (vi·tua·llas) [sustantivo femenino plural] Conjunto de alimentos necesarios para un grupo de personas: *El ejército tiene vituallas para varios días.*

vituperar (vi·tu·pe·rar) [verbo] Criticar a alguien con dureza: *Me vituperó delante de todos.* □ Sinónimos: censurar.

viudedad (viu·de·dad) [sustantivo femenino] → **viudez.** □ Familia: →viudo.

viudez (viu·dez) [sustantivo femenino] Situación de una persona que se ha quedado sin esposo o sin esposa porque han muerto. □ [Se usa también «viudedad»]. □ Familia: →viudo.

viudo, da (viu·do, da) [adjetivo o sustantivo] Que estaba casado, pero ahora ya no porque su marido o su mujer ha muerto. □ Familia: viudez, viudedad, enviudar.

viva (vi·va) [interjección] Se usa para indicar alegría: *¡Viva!, nos iremos de vacaciones.* □ Familia: →vivir.

vivac (vi·vac) [sustantivo masculino] Actividad que consiste en pasar la noche en el campo durmiendo al aire libre: *Hoy haremos vivac en el monte.* □ [Su plural es «vivacs»].

vivacidad (vi·va·ci·dad) [sustantivo femenino] Rapidez o energía en los movimientos o en la forma de actuar: *Tiene gestos de gran vivacidad.* □ Sinónimos: viveza. □ Antónimos: lentitud. □ Familia: →vivir.

vivalavirgen (vi·va·la·vir·gen) [sustantivo] Persona que actúa con poco juicio: *No me fío de él porque es un vivalavirgen.* □ [No varía en masculino y femenino, ni en singular y plural. Es coloquial]. □ Sinónimos: tarambana. □ Familia: →virgo.

vivales (vi·va·les) [sustantivo] Persona muy lista que sabe aprovecharse de todo: *Cuidado con ese vivales porque puede engañarte.* □ [No varía en masculino y femenino, ni en singular y plural. Es coloquial]. □ Familia: →vivir.

vivaracho, cha (vi·va·ra·cho, cha) [adjetivo] Que es alegre, listo y muy vivo: *una joven vivaracha; ojos vivarachos.* □ [Es coloquial]. □ Sinónimos: vivaz. □ Familia: →vivir.

vivaz (vi·vaz) [adjetivo] **1** Rápido en los movimientos o en la forma de actuar: *Es muy vivaz y lo entiende todo a la primera.* **2** Enérgico y fuerte: *Mantuvimos una discusión vivaz.* □ [No varía en masculino y femenino. Su plural es «vivaces»]. □ Sinónimos: **1** listo. □ Familia: →vivir.

vivencia (vi·ven·cia) [sustantivo femenino] Hecho de vivir algo o de llevarlo a cabo. □ Sinónimos: experiencia. □ Familia: →vivir.

víveres (ví·ve·res) [sustantivo masculino plural] Conjunto de alimentos necesarios para un grupo de personas. □ Sinónimos: provisión. □ Familia: →vivir.

vivero (vi·ve·ro) [sustantivo masculino] **1** Lugar donde se crían plantas para llevarlas a otro sitio. **2** Lugar donde se crían peces y otros animales acuáticos: *un vivero de marisco.* □ Familia: →vivir.

viveza (vi·ve·za) [sustantivo femenino] **1** Rapidez o energía en los movimientos o en la forma de actuar: *Debes hacer las cosas con más viveza.* **2** Brillo, intensidad o luz: *La falda es vieja y los colores han perdido su viveza.* □ Sinónimos: **1** vivacidad. □ Antónimos: **1** lentitud. □ Familia: →vivir.

vividor, ra (vi·vi·dor, do·ra) [sustantivo] Persona a la que le gusta mucho divertirse. □ Sinónimos: juerguista. □ Familia: →vivir.

vivienda (vi·vien·da) [sustantivo femenino] Lugar donde se vive: *La masía es una vivienda típica catalana.* □ Familia: →vivir.

viviente (vi·vien·te) [adjetivo] Que está vivo. □ [No varía en masculino y femenino]. □ Familia: →vivir.

vivificar (vi·vi·fi·car) [verbo] Dar fuerza y energía: *Un buen chocolate caliente te vivificará.* □ [La «c» se cambia en «qu» delante de «e» («vivifique»)]. □ Sinónimos: fortalecer. □ Antónimos: debilitar. □ Familia: →vivir.

vivíparo, ra (vi·ví·pa·ro, ra) [adjetivo o sustantivo] Dicho de un animal, que se ha desarrollado dentro de la madre y nace por un parto: *Los mamíferos son vivíparos.* ◉ **página 73.** □ [No confundir con «ovíparo» (que nace de un huevo)].

vivir (vi·vir) [verbo] **1** Tener vida: *Mi bisabuela vivió más de ochenta años.* **2** Tener una persona todo lo necesario: *El sueldo que ganan mis padres nos permite vivir muy bien.* **3** Ocupar un lugar y hacer vida en él: *Mis abuelos viven en un pueblo.* **4** Llevar la vida de una determinada manera: *Es muy nervioso y todo lo vive con emoción.* **5** Tener una experiencia: *Nunca he vivido una situación tan divertida.* □ Sinónimos: **1** subsistir. **3** habitar, poblar, residir. □ Antónimos: **1** morir. □ Familia: vivo, vividor, vivales, vivaracho, vivencia, viviente, viva, vivalavirgen, vivaz, vivacidad, viveza, vivienda, vivero, convivir, convivencia, sobrevivir, supervivencia, superviviente, víveres, desvivirse, malvivir, pervivir, revivir, avivar, reavivar, vivificar, siempreviva.

vivo, va (vi·vo, va) ■ [adjetivo] **1** Que tiene vida: *Las plantas son seres vivos.* **2** Muy intenso o muy fuerte: *El naranja es un color vivo.* **3** Que todavía dura: *En mi familia sigue viva la tradición del aguinaldo.* **4** Rápido: *La carrera tuvo un ritmo muy vivo.* ■ [adjetivo o sustantivo] **5** Que se da cuenta de las cosas con facilidad: *Esta niña es muy viva y se entera de todo.* ◆ [expresión] ‖ **en vivo** Dicho de un programa de radio o de televisión, que se hace al mismo tiempo que lo vemos o lo oímos: *Hoy retransmiten un concierto en vivo.* ☐ SINÓNIMOS: **5** listo, despierto. ☐ ANTÓNIMOS: **1** exánime, muerto. ☐ FAMILIA: →vivir.

vizcaíno, na (viz·ca·í·no, na) [adjetivo o sustantivo] De la provincia española de Vizcaya.

vizconde (viz·con·de) [sustantivo masculino] Título que poseen algunos hombres que pertenecen a la nobleza. ☐ [El femenino es «vizcondesa»]. ☐ FAMILIA: →conde.

vizcondesa (viz·con·de·sa) [sustantivo femenino] Título que poseen algunas mujeres que pertenecen a la nobleza. ☐ [El masculino es «vizconde»]. ☐ FAMILIA: →conde.

vocablo (vo·ca·blo) [sustantivo masculino] Conjunto de sonidos que usamos para nombrar algo. ☐ SINÓNIMOS: palabra, término, voz.

vocabulario (vo·ca·bu·la·rio) [sustantivo masculino] Conjunto de palabras de una lengua.

vocación (vo·ca·ción) [sustantivo femenino] Atracción que una persona siente hacia una profesión, una actividad o una forma de vida: *Desde pequeña tuvo vocación de violinista.* ☐ FAMILIA: vocacional.

vocacional (vo·ca·cio·nal) [adjetivo] De la vocación, que siente vocación o relacionado con esta inclinación: *Su trabajo con los niños es vocacional.* ☐ [No varía en masculino y femenino]. ☐ FAMILIA: →vocación.

vocal (vo·cal) ■ [adjetivo] **1** De la voz o relacionado con ella: *Los coros son conjuntos de música vocal.* ■ [sustantivo] **2** Persona que representa a otras y tiene derecho a hablar por ellas en las reuniones: *El presidente acudió acompañado de varios vocales.* ■ [sustantivo femenino] **3** Letra que se pronuncia cuando el aire sale de la boca sin chocar con nada: *En español, las vocales son «a», «e», «i», «o», «u».* ☐ [En los significados **1** y **2** no varía en masculino y femenino. En el significado **3**, no confundir con «consonante» (letra que se pronuncia cuando el aire choca en alguna parte de la boca al salir)]. ☐ FAMILIA: vocálico, vocalista, vocalizar.

vocálico, ca (vo·cá·li·co, ca) [adjetivo] De las vocales o relacionado con ellas. ☐ FAMILIA: →vocal.

vocalista (vo·ca·lis·ta) [sustantivo] Persona que canta en un grupo musical. ☐ [No varía en masculino y femenino]. ☐ FAMILIA: →vocal.

vocalizar (vo·ca·li·zar) [verbo] Pronunciar bien y con claridad: *Los actores deben saber vocalizar.* ☐ [La «z» se cambia en «c» delante de «e» («vocalice»)]. ☐ SINÓNIMOS: articular. ☐ FAMILIA: →vocal.

vocear (vo·ce·ar) [verbo] Hablar a gritos: *¿Quieres dejar de vocear, que me vas a dejar sordo?* ☐ SINÓNIMOS: vociferar. ☐ ANTÓNIMOS: susurrar, murmurar, musitar, bisbisear. ☐ FAMILIA: →voz.

voceras (vo·ce·ras) [sustantivo] → **boceras.** ☐ [No varía en masculino y femenino, ni en singular y plural. Es coloquial]. ☐ FAMILIA: →voz.

vocerío (vo·ce·rí·o) [sustantivo masculino] Conjunto de voces altas que producen mucho ruido. ☐ SINÓNIMOS: griterío. ☐ FAMILIA: →voz.

vociferar (vo·ci·fe·rar) [verbo] Hablar a gritos: *Se enfadó mucho y empezó a vociferar.* ☐ SINÓNIMOS: vocear. ☐ ANTÓNIMOS: susurrar, murmurar, musitar, bisbisear. ☐ FAMILIA: →voz.

vodevil (vo·de·vil) [sustantivo masculino] Obra de teatro divertida en la que a veces hay música y baile.

vodka (vod·ka) [sustantivo] Bebida alcohólica muy fuerte y de origen ruso. ☐ [Es una palabra de origen ruso. Se puede decir «el vodka» y «la vodka» sin que cambie de significado, aunque se usa más en masculino].

voladizo, za (vo·la·di·zo, za) [adjetivo o sustantivo masculino] Que sobresale de la pared de un edificio: *La puerta de mi casa tiene un voladizo.* ☐ FAMILIA: →volar.

volador, ra (vo·la·dor, do·ra) [adjetivo] Que puede volar. ☐ FAMILIA: →volar.

voladura (vo·la·du·ra) [sustantivo femenino] Destrucción de algo haciéndolo explotar: *la voladura de un edificio.* ☐ FAMILIA: →volar.

volandas (vo·lan·das) ◆ [expresión] ‖ **en volandas** Sujeto de manera que no toque el suelo: *Cuando me rompí el pie, mis amigos me cogieron en volandas.* ☐ FAMILIA: →volar.

volantazo (vo·lan·ta·zo) [sustantivo masculino] Movimiento rápido y repentino del volante de un vehículo: *Dio un volantazo para esquivar un perro que se cruzaba.* ☐ FAMILIA: →volante.

volante (vo·lan·te) ■ [adjetivo] **1** Que vuela: *un platillo volante.* ■ [sustantivo masculino] **2** Pieza redonda que sirve para dirigir un automóvil. **3** Tira de tela que se coloca como adorno en una prenda de vestir: *El traje típico andaluz para las mujeres es un traje lleno de volantes.* **4** Hoja de papel que sirve para justificar algo: *Ya tengo el volante del médico para ir al especialista.* ☐ [En el significado **1** no varía en masculino y femenino]. ☐ FAMILIA: **1** →volar. **2** volantazo.

volante

volar (vo·lar) [verbo] **1** Ir por el aire: *El águila es un ave que vuela a gran altura. Nunca he volado en globo.* **2** Desaparecer muy deprisa: *Ya han volado todos los caramelos.* **3** Ir muy deprisa o hacer algo muy rápidamente: *Ven volando, que no puedo esperar.* **4** Destruir algo haciendo que explote: *Una bomba voló el puente.* ☐ [Es irregular y se conjuga como CONTAR. El significado **3** es coloquial]. ☐ FAMILIA: vuelo, volador, volante, voladura, voladizo, volandas, volátil, volatilizarse, revolotear, revoloteo, sobrevolar.

volátil (vo·lá·til) [adjetivo] Dicho de una sustancia, que se evapora con facilidad. ☐ [No varía en masculino y femenino]. ☐ FAMILIA: →volar.

volatilizarse (vo·la·ti·li·zar·se) [verbo] **1** Transformarse una sustancia en vapor o en gas: *El alcohol se volatiliza en contacto con el aire.* **2** Desaparecer con rapidez: *Volatilízate, que no quiero verte más.* ☐ [La «z» se cambia en «c» delante de «e» («volatilice»). El significado **2** es coloquial]. ☐ FAMILIA: →volar.

volatinero, ra (vo·la·ti·ne·ro, ra) [sustantivo] Persona que se dedica a hacer ejercicios difíciles y con riesgo como espectáculo público. ☐ SINÓNIMOS: acróbata.

volcán (vol·cán) [sustantivo masculino] Monte con un agujero en la cima, por donde salen al exterior sustancias que hay en el interior de la Tierra: *El volcán entró en erupción y empezó a expulsar lava y cenizas.* ☐ FAMILIA: volcánico.

volcán

volcánico, ca (vol·cá·ni·co, ca) [adjetivo] De los volcanes o relacionado con ellos. ☐ FAMILIA: →volcán.

volcar (vol·car) [verbo] **1** Dar la vuelta a un recipiente para vaciarlo: *Ten cuidado, no vayas a volcar el azucarero.* **2** Darse un vehículo la vuelta y quedar boca abajo: *El autobús se salió de la carretera y volcó en la cuneta.* ■ **volcarse 3** Poner el máximo interés: *Las personas generosas se vuelcan en ayudar a los demás.* ☐ [Es irregular y se conjuga como CONTAR. La «c» se cambia en «qu» delante de «e» («vuelque»)]. ☐ SINÓNIMOS: **1** verter. **3** entregarse. ☐ FAMILIA: vuelco, revolcón, revolcar, volquete.

volea (vo·le·a) [sustantivo femenino] Golpe que se le da a una pelota antes de que toque el suelo: *El tenista no pudo devolver la volea del otro jugador.* ☐ FAMILIA: balonvolea.

voleibol (vo·lei·bol) [sustantivo masculino] Deporte que consiste en pasar un balón por encima de una red que separa a dos equipos, usando solo las manos, para intentar que toque el suelo del equipo contrario. 👁 **páginas 304-305.** ☐ [Es una palabra de origen inglés]. ☐ SINÓNIMOS: balonvolea.

voleo (vo·le·o) ◆ [expresión] ‖ **a voleo** De cualquier forma o sin pensarlo mucho: *Rellené la quiniela a voleo y no acerté ningún resultado.* ☐ [Es coloquial].

volován (vo·lo·ván) [sustantivo masculino] Hojaldre redondo y hueco que se rellena con comida.

volquete (vol·que·te) [sustantivo masculino] Camión que puede volcar la parte de atrás para vaciar su contenido: *Los volquetes suelen transportar tierra.* ☐ FAMILIA: →volcar.

voltaje (vol·ta·je) [sustantivo masculino] Cantidad de corriente eléctrica que necesita un aparato para funcionar: *El voltaje de esta plancha es de 220 voltios.* ☐ FAMILIA: →voltio.

voltear (vol·te·ar) [verbo] Dar la vuelta: *Volteó la tortilla con un plato.* ☐ FAMILIA: →volver.

voltereta (vol·te·re·ta) [sustantivo femenino] Vuelta que da una persona en el suelo o en el aire. ☐ SINÓNIMOS: cabriola. ☐ FAMILIA: →volver.

voltímetro (vol·tí·me·tro) [sustantivo masculino] Aparato que sirve para medir los voltios. ☐ FAMILIA: →voltio.

voltio (vol·tio) [sustantivo masculino] **1** Unidad que se usa para medir la corriente eléctrica: *En mi casa, la corriente es de 220 voltios.* **2** Paseo: *¿Te apetece que nos demos un voltio por el parque?* ☐ [El significado **2** es coloquial]. ☐ FAMILIA: voltaje, voltímetro.

voluble (vo·lu·ble) [adjetivo] Que cambia continuamente en su forma de actuar o de pensar. ☐ [No varía en masculino y femenino]. ☐ SINÓNIMOS: veleidoso.

volumen (vo·lu·men) [sustantivo masculino] **1** Espacio que ocupa una cosa: *El volumen de un sofá es mayor que el de un taburete.* **2** Importancia o cantidad: *Estos días tenemos un gran volumen de trabajo.* **3** Fuerza de la voz o de otro sonido: *¿Te importaría bajar el volumen de la música?* **4** Cada uno de los libros en que se divide una obra escrita: *una enciclopedia de diez volúmenes.* ☐ FAMILIA: voluminoso.

voluminoso, sa (vo·lu·mi·no·so, sa) [adjetivo] Que ocupa mucho espacio: *El elefante es un animal muy voluminoso.* ☐ FAMILIA: →volumen.

voluntad (vo·lun·tad) [sustantivo femenino] **1** Capacidad de las personas para decidir qué quieren hacer: *Lo hice por propia voluntad.* **2** Fuerza de una persona para hacer un esfuerzo o un sacrificio: *Para dejar de fumar hace falta tener mucha voluntad.* **3** Intención de hacer algo: *Lo hice sin voluntad de molestarte.* ☐ FAMILIA: voluntario, voluntarioso, involuntario, voluntarismo.

voluntario, ria (vo·lun·ta·rio, ria) ■ [adjetivo] **1** Que se hace queriendo: *Perdona, no ha sido un pisotón voluntario.* ■ [adjetivo o sustantivo] **2** Que hace las cosas porque quiere, y no porque sea su obligación: *Me he ofrecido voluntaria para actuar en la obra de teatro.* ☐ SINÓNIMOS: **1** consciente. ☐ ANTÓNIMOS: **1** inconsciente, involuntario, automático. ☐ FAMILIA: →voluntad.

voluntarioso, sa (vo·lun·ta·rio·so, sa) [adjetivo] Que pone mucho esfuerzo en conseguir algo: *Es muy voluntariosa y se pasa el día estudiando.* ☐ SINÓNIMOS: afanoso. ☐ FAMILIA: →voluntad.

voluntarismo (vo·lun·ta·ris·mo) [sustantivo masculino] Actitud del que tiene mucha fuerza de voluntad. ☐ FAMILIA: →voluntad.

voluptuoso, sa (vo·lup·tuo·so, sa) ▪ [adjetivo] **1** Que produce placer de los sentidos: *un tejido voluptuoso.* ▪ [adjetivo o sustantivo] **2** Dicho de una persona, que busca el placer de los sentidos.

volver (vol·ver) [verbo] **1** Ir de nuevo al punto del que se había partido: *Me voy de viaje, pero vuelvo mañana.* **2** Hacer algo otra vez: *Vuelve a explicármelo, por favor.* **3** Suceder algo otra vez: *Todos los años vuelve el buen tiempo.* **4** Dar la vuelta: *Me volví al oír que me llamaban.* **5** Hacer que algo cambie: *El tiempo lo ha vuelto más interesante.* ▪ **volverse 6** Pasar algo a ser de otra manera: *Con el tiempo, el papel blanco se vuelve amarillento.* ☐ [Es irregular y se conjuga como MOVER. Su participio es «vuelto».] ☐ SINÓNIMOS: **1** regresar. ☐ FAMILIA: vuelta, vuelto, voltereta, voltear, devolver, revolver.

vomitar (vo·mi·tar) [verbo] Expulsar por la boca lo que estaba en el estómago. ☐ SINÓNIMOS: arrojar, devolver. ☐ FAMILIA: →vómito.

vomitivo, va (vo·mi·ti·vo, va) ▪ [adjetivo] **1** Que da asco. ▪ **vomitivo** [sustantivo masculino] **2** Sustancia que hace vomitar: *Le dieron un vomitivo para hacerle un lavado de estómago.* ☐ SINÓNIMOS: **1** asqueroso. ☐ FAMILIA: →vómito.

vómito (vó·mi·to) [sustantivo masculino] **1** Expulsión por la boca de parte del contenido del estómago. **2** Contenido del estómago que se expulsa por la boca: *Cuidado, no pises ese vómito que hay en la acera.* ☐ FAMILIA: vomitar, vomitona, vomitivo.

vomitona (vo·mi·to·na) [sustantivo femenino] Vómito grande y repetido. ☐ [Es coloquial]. ☐ FAMILIA: →vómito.

voracidad (vo·ra·ci·dad) [sustantivo femenino] **1** Característica de la persona o del animal que come mucho y con muchas ganas. **2** Deseo grande de realizar algo: *leer con voracidad.* ☐ FAMILIA: →voraz.

vorágine (vo·rá·gi·ne) [sustantivo femenino] **1** Mezcla de mucha gente o de muchas cosas en movimiento: *Me aturde la vorágine de la gran ciudad.* **2** Movimiento de agua rápido y fuerte, y que da muchas vueltas: *El perro se ahogó en la vorágine del río.* ☐ SINÓNIMOS: **2** remolino.

voraz (vo·raz) [adjetivo] **1** Que come mucho y con muchas ganas: *El león es un animal muy voraz.* **2** Que destruye con rapidez: *Un fuego voraz acabó con el edificio.* **3** Con un deseo muy grande: *Tengo un afán voraz de aprender.* ☐ [No varía en masculino y femenino. Su plural es «voraces»]. ☐ FAMILIA: voracidad.

vos [pronombre personal] Se usaba antiguamente para dirigirse a la segunda persona con respeto, y hoy se usa representando la segunda persona del singular en algunos países americanos: *Vos venís con malas intenciones.*

voseo (vo·se·o) [sustantivo masculino] Uso de la palabra *vos* en lugar de *tú*: *El voseo es característico de los argentinos.*

vosotros, tras (vo·so·tros, tras) [pronombre personal] Representa la segunda persona del plural: *¿Vosotras dos sois amigas? Tienen un mensaje para vosotros.*

votación (vo·ta·ción) [sustantivo femenino] Elección que realizan varias personas diciendo cada una de ellas qué opción prefiere entre varias: *¿Cuándo es la votación para elegir al nuevo presidente?* ☐ FAMILIA: →votar.

votante (vo·tan·te) [sustantivo] Persona que vota: *Los votantes depositaron sus votos en las urnas.* ☐ [No varía en masculino y femenino]. ☐ FAMILIA: →votar.

votar (vo·tar) [verbo] Decir una persona qué elige de entre varias cosas: *Hemos votado para elegir delegado de clase.* ☐ [No confundir con «botar» (saltar; echar un barco al agua por primera vez)]. ☐ FAMILIA: voto, votación, votante.

voto (vo·to) [sustantivo masculino] **1** Opinión con la que una persona elige una cosa entre varias: *Las elecciones las gana el partido político que obtenga más votos.* **2** Promesa que algunas personas hacen a Dios: *Muchas comunidades religiosas tienen el voto de pobreza.* ☐ FAMILIA: →votar.

voz [sustantivo femenino] **1** Sonido que produce el aire al salir de los pulmones cuando hablamos: *Por teléfono, mi voz y la de mi hermano se parecen mucho.* **2** Conjunto de sonidos que usamos para nombrar algo: *La palabra «sándwich» es una voz de origen inglés.* **3** Forma de un verbo que indica si su sujeto es el que realiza la acción o el que la recibe: *voz activa; voz pasiva.* ◆ [expresión] ‖ **a media voz** En voz baja: *Hablaban a media voz para no despertar al bebé.* ‖ **correr la voz** Hacer que se extienda un rumor: *Se ha corrido la voz de que van a casarse.* ☐ [Su plural es «voces»]. ☐ SINÓNIMOS: **2** palabra, término, vocablo. ☐ FAMILIA: vocear, vociferar, voceras, vocerío, portavoz, altavoz.

vudú (vu·dú) [sustantivo masculino] Creencia religiosa de origen africano en la que se hacen rituales para comunicarse con los espíritus. ☐ [Su plural es «vudús» o «vudúes» (más culto)].

vuelco (vuel·co) [sustantivo masculino] **1** Cambio de posición de un objeto dándole la vuelta. **2** Cambio brusco o total: *Aquel accidente supuso un vuelco en su vida.* ◆ [expresión] ‖ **dar un vuelco el corazón** Asustarse por algo: *Al verte sangrando, me dio un vuelco el corazón.* ☐ FAMILIA: →volcar.

vuelo (vue·lo) [sustantivo masculino] **1** Desplazamiento por el aire: *el vuelo de los pájaros.* **2** Viaje que se realiza por aire: *Mi vuelo llega a las ocho.* **3** Anchura de algunas faldas en la parte de abajo: *una falda con vuelo.* ◆ [expresión] ‖ **al vuelo** Con mucha rapidez: *Esta niña tan lista entiende todo al vuelo.* ☐ FAMILIA: →volar.

vuelto, ta (vuel·to, ta) ▪ **1** Participio irregular de **volver**. ▪ **vuelta** [sustantivo femenino] **2** Movimiento en círculo o

vuestro, tra

alrededor de un punto: *Al corro se juega dando vueltas de la mano.* **3** Lugar donde algo tuerce: *Mi casa está a la vuelta de la esquina.* **4** Regreso al punto de partida: *Fuimos en autocar y la vuelta la hicimos en avión.* **5** Dinero que sobra al pagar algo: *No te vayas, que aún no nos han traído la vuelta.* **6** Momento u ocasión de hacer algo por orden: *En la próxima vuelta se acaba la partida.* ◆ [expresión] ‖ **a la vuelta de la esquina** Muy cerca: *Mi cumpleaños ya está a la vuelta de la esquina.* ‖ **dar una vuelta** Dar un paseo: *¿Te apetece que demos una vuelta por el parque?* ‖ **dar vueltas a algo** Pensar mucho sobre ello: *No hago más que dar vueltas a lo que me dijiste.* ☐ Sinónimos: **2** giro, rotación. **4** venida. **5** cambio. **6** turno. ☐ Antónimos: **4** ida. ☐ Familia: →volver.

vuestro, tra (vues·tro, tra) [posesivo] Indica que algo pertenece a la segunda persona del plural: *Me gustaría visitar vuestro pueblo.*

vulgar (vul·gar) [adjetivo] **1** Que es normal y no destaca por nada: *El pelo rubio resulta vulgar en los países del norte de Europa.* **2** Que no se considera propio de una persona culta o educada: *Los tacos son palabras vulgares.* ☐ [No varía en masculino y femenino]. ☐ Sinónimos: **1** corriente. ☐ Familia: vulgo, vulgaridad, vulgarismo.

vulgaridad (vul·ga·ri·dad) [sustantivo femenino] Hecho o dicho que se considera vulgar. ☐ Sinónimos: ordinariez. ☐ Familia: →vulgar.

vulgarismo (vul·ga·ris·mo) [sustantivo masculino] Palabra o expresión mal dicha o incorrecta: *Hay que decir «inyección» y no «indición», que es un vulgarismo.* ☐ Familia: →vulgar.

vulgo (vul·go) [sustantivo masculino] Conjunto de personas del pueblo que no tienen mucha cultura ni educación. ☐ [Es despectivo]. ☐ Familia: →vulgar.

vulnerable (vul·ne·ra·ble) [adjetivo] Que puede ser herido o afectado por algo: *Los bebés son muy vulnerables.* ☐ [No varía en masculino y femenino]. ☐ Antónimos: invulnerable. ☐ Familia: →vulnerar.

vulnerar (vul·ne·rar) [verbo] **1** No cumplir una ley, una norma o un mandato: *Has vulnerado el acuerdo que firmamos.* **2** Causar daño o perjudicar: *Los rumores han vulnerado su fama.* ☐ Sinónimos: **1** infringir, violar. **2** herir. ☐ Familia: vulnerable, invulnerable.

vulva (vul·va) [sustantivo femenino] Parte externa del órgano sexual femenino: *La vulva es la parte externa de la vagina.*

w [sustantivo femenino] Letra número veinticuatro del abecedario. 👁 **página 18.** ☐ [Su nombre es «uve doble». A veces se pronuncia «b», como en «wolframio», pero en casi todas las palabras se pronuncia «gu», como en «web»].

walkie-talkie [sustantivo masculino] Aparato de radio portátil que permite a dos personas hablar y escucharse a determinada distancia: *Mi vecino y yo nos hablamos desde las habitaciones de nuestras casas con un* walkie-talkie. ☐ [Es una palabra inglesa. Se pronuncia «guálki-tálki»].

walkman [sustantivo masculino] Aparato pequeño que sirve para poner cintas y escucharlas a través de unos cascos que se ponen en las orejas. ☐ [Procede de la marca comercial «Walkman®». Se pronuncia «guólman»].

waterpolo (wa·ter·po·lo) [sustantivo masculino] Deporte que se practica en una piscina entre dos equipos de siete nadadores y en el que estos intentan meter la pelota en la portería del equipo contrario: *En waterpolo la pelota se lanza con las manos.* 👁 **páginas 304-305.** ☐ [Se pronuncia «guaterpólo»].

waterpolo

web [sustantivo femenino] Servicio de internet que permite obtener la información que se ofrece en esta red. ☐ [Es una palabra de origen inglés. Se pronuncia «guéb». Su plural es «webs»]. ☐ FAMILIA: *webcam, weblog.*

webcam [sustantivo femenino] Cámara que se conecta a un ordenador: *Con la* webcam *puedo ver a mis amigos y hablar con ellos a través de internet.* ☐ [Es una palabra inglesa. Se pronuncia «guébkam»]. ☐ FAMILIA: →web.

weblog [sustantivo masculino] Página de internet en la que una o varias personas escriben sus opiniones sobre algún tema: *He empezado a escribir mi propio* weblog. ☐ [Es una palabra inglesa. Se pronuncia «guéb-lóg»]. ☐ SINÓNIMOS: blog. ☐ FAMILIA: blog, bloguero, blogosfera.

wéstern (wés·tern) [sustantivo masculino] Película del oeste norteamericano. ☐ [Es una palabra de origen inglés. Se pronuncia «güéstern»].

whisky [sustantivo masculino] → **güisqui.** ☐ [Es una palabra inglesa. Se pronuncia «güíski»].

wifi (wi·fi) [sustantivo masculino] Tecnología que permite conectar entre sí diferentes aparatos electrónicos sin necesidad de cable: *La tecnología wifi permite la conexión a internet sin cables.* ☐ [Procede de la marcar comercial «Wi-Fi®». Es una palabra de origen inglés. Se pronuncia «güífi»].

windsurf [sustantivo masculino] Deporte que consiste en usar una tabla con una vela para moverse sobre las olas: *En verano, viene a esta playa mucha gente que practica el windsurf, y el agua se llena de velas de colores.* ☐ [Es una palabra inglesa. Se pronuncia «güinsúrf» o «güínsurf»].

wolframio (wol·fra·mio) [sustantivo masculino] Metal blanco que se utiliza para fabricar hilos de bombillas. ☐ [Es una palabra de origen alemán. Se pronuncia «bolfrámio»].

x [sustantivo femenino] Letra número veinticinco del abecedario. ◉ **página 18.** ☐ [Su nombre es «equis». Cuando va entre vocales o al final de palabra, se pronuncia «ks»: «examen», «tórax» (se leen «eksámen», «tóraks»). En los demás casos, se pronuncia «s»: «xilófono» (se lee «silófono»)].

xenofobia (xe·no·fo·bia) [sustantivo femenino] Odio o antipatía hacia los extranjeros: *La xenofobia es un sentimiento que todos deberíamos echar fuera de nuestros corazones.* ☐ Familia: →fobia.

xenófobo, ba (xe·nó·fo·bo, ba) [adjetivo] Que siente odio o antipatía por los extranjeros: *Estoy muy preocupado porque últimamente han surgido peligrosos grupos xenófobos que maltratan y apalean a otras personas por el hecho de ser extranjeras.* ☐ Familia: →fobia.

xerófilo, la (xe·ró·fi·lo, la) [adjetivo] Dicho de una planta, que puede vivir en ambientes secos: *Los cactus son plantas xerófilas.*

xerografía (xe·ro·gra·fí·a) [sustantivo femenino] Técnica que permite copiar textos o imágenes automáticamente.

xilófono (xi·ló·fo·no) [sustantivo masculino] Instrumento de música formado por varias barras de madera de distinto tamaño, que se golpean con dos palos terminados en una bola: *Por mi cumpleaños me han regalado un xilófono y ya sé tocar varias canciones.* ◉ **páginas 534-535.**

xilografía (xi·lo·gra·fí·a) [sustantivo femenino] Uno de los sistemas de hacer grabados sobre madera.

y ■ [sustantivo femenino] **1** Letra número veintiséis del abecedario. 👁 página 18. ■ [conjunción] **2** Se usa para unir palabras o frases y sumar sus significados: *Quiero el helado de fresa y vainilla.* **3** Al inicio de un enunciado, se usa para dar más fuerza a lo que se dice: *¿Y dices que mi hermano y yo no nos parecemos?* ☐ [En el significado **1**, su nombre es «ye» o «i griega». Cuando es conjunción y va delante de una palabra que empieza por «i-» o por «hi-», se usa la forma «e»: «Es nervioso e inquieto»].

ya ■ [adverbio] **1** Con un verbo en pasado, indica que algo sucedió antes del momento en el que se habla: *Eso ya me lo has contado otro día.* **2** Con un verbo en presente, indica que algo está sucediendo cuando se habla o que sucederá de inmediato: *Ya los veo venir. Ya voy.* **3** Con un verbo en futuro, indica que algo se deja para más adelante: *Ya lo haremos mañana, ¿vale?* ■ [conjunción] **4** Se usa para unir palabras o frases que expresan distintas opciones: *Ya vengas, ya te quedes, yo pienso ir al concierto de todas formas.* ■ [interjección] **5** Se usa para indicar que no nos creemos lo que se nos dice: *Ya, hombre, y después llegó un oso y te dio la patita, ¿no?* **6** Se usa para indicar que se sabía lo dicho: *—Ha llegado la profesora. —Ya, la he visto entrar.* ◆ [expresión] ‖ **ya que** Se usa para indicar causa o condición: *No protestes, ya que no tienes razón. Ya que te crees tan listo, ¿por qué no lo haces tú solo, rico?*

yacaré (ya·ca·ré) [sustantivo masculino] Animal parecido al cocodrilo pero mucho más pequeño: *El yacaré habita en Sudamérica.*

yacente (ya·cen·te) [adjetivo] Que yace: *Sobre algunos sepulcros hay una estatua yacente.* ☐ [No varía en masculino y femenino]. ☐ FAMILIA: →yacer.

yacer (ya·cer) [verbo] **1** Estar una persona tumbada o acostada: *Varios heridos yacían en las camas del hospital.* **2** Estar una persona enterrada en un sitio: *En esa sepultura yacen mis bisabuelos.* ☐ [Es irregular. Mira el cuadro en la página siguiente]. ☐ FAMILIA: yacente, yacimiento, subyacer.

yacimiento (ya·ci·mien·to) [sustantivo masculino] Lugar en el que hay minerales o restos de antiguas culturas: *En Andalucía hay muchos yacimientos de la civilización árabe.* ☐ FAMILIA: →yacer.

yak [sustantivo masculino] Animal parecido al toro pero con el cuerpo cubierto de pelo largo: *El yak es característico de las regiones del Tíbet.* ☐ [Su plural es «yaks»].

yanqui (yan·qui) [adjetivo o sustantivo] De Estados Unidos, que es un país norteamericano: *He pasado varios veranos en Nueva York y tengo muchos amigos yanquis.* ☐ [Es una palabra de origen inglés. No varía en masculino y femenino. Es coloquial].

yantar (yan·tar) [verbo] Comer. ☐ [Suele usarse en el lenguaje literario].

yarda (yar·da) [sustantivo femenino] Medida de longitud que se usa en el Reino Unido, que es un país europeo: *Una yarda equivale a 91,4 centímetros aproximadamente.*

yate (ya·te) [sustantivo masculino] Barco de lujo: *Me encantaría hacer un crucero en un yate.* 👁 página 362.

yayo, ya (ya·yo, ya) [sustantivo] Abuelo. ☐ [Es coloquial].

ye [sustantivo femenino] Nombre de la letra *y*. ☐ SINÓNIMOS: i griega.

yedra (ye·dra) [sustantivo femenino] → **hiedra**.

yegua (ye·gua) [sustantivo femenino] Hembra del caballo. ☐ [No confundir con «caballa» (un tipo de pez)]. ☐ SINÓNIMOS: jaca.

yeísmo (ye·ís·mo) [sustantivo masculino] Hecho de pronunciar la *ll* como la *y*. ☐ FAMILIA: yeísta.

yeísta (ye·ís·ta) [adjetivo o sustantivo] Que pronuncia la *ll* como *y*. ☐ [No varía en masculino y femenino]. ☐ FAMILIA: →yeísmo.

yelmo (yel·mo) [sustantivo masculino] Parte de la armadura que cubría la cabeza y la cara: *El yelmo no permitía saber quién era el caballero de la lanza*.

yema (ye·ma) [sustantivo femenino] **1** Parte amarilla de un huevo: *Cuando como huevos fritos, me encanta mojar la yema con pan*. ⊙ ilustración en *huevo*. **2** Dulce que se elabora con esta parte del huevo y con azúcar: *Las yemas de Ávila tienen mucha fama*. **3** Parte de la planta de donde nacerán las ramas, las hojas y las flores: *Cuando llega la primavera, los árboles se llenan de yemas*. **4** Parte final y blanda del dedo: *Cuando te toman las huellas dactilares, te manchan de tinta la yema del pulgar*. ☐ SINÓNIMOS: **3** gema, brote.

yemení (ye·me·ní) [adjetivo o sustantivo] De Yemen, que es un país asiático. ☐ [No varía en masculino y femenino. Su plural es «yemenís» o «yemeníes» (más culto)].

yen [sustantivo masculino] Moneda japonesa.

yerba (yer·ba) [sustantivo femenino] → **hierba**.

yerbabuena (yer·ba·bue·na) [sustantivo femenino] → **hierbabuena**.

yermo, ma (yer·mo, ma) ▪ [adjetivo] **1** Dicho de un lugar, que no está habitado. ▪ [adjetivo o sustantivo] **2** Dicho de un terreno, que está sin cultivar.

yerno (yer·no) [sustantivo masculino] Lo que es un hombre en relación con los padres de su mujer: *El marido de mi hija es mi yerno*. ⊙ **página 431.** ☐ [El femenino es «nuera»].

yerro (ye·rro) [sustantivo masculino] Dicho o hecho equivocado: *Tengo que intentar prestar más atención para evitar yerros*. ☐ [No confundir con «hierro» (metal)]. ☐ SINÓNIMOS: error, equivocación.

yerto, ta (yer·to, ta) [adjetivo] Que no se mueve. ☐ SINÓNIMOS: inmóvil, quieto.

yesca (yes·ca) [sustantivo femenino] Materia muy seca que arde con facilidad.

yeso (ye·so) [sustantivo masculino] Sustancia blanca que se usa en las obras para tapar los ladrillos cuando ya han sido colocados formando las paredes: *El albañil tenía toda la ropa manchada de yeso*. ☐ FAMILIA: enyesar.

yeti (ye·ti) [sustantivo masculino] Ser imaginario parecido a un hombre gigantesco y cubierto de pelo que se dice que habita en las montañas con nieve.

YACER	
INDICATIVO	**SUBJUNTIVO**
Presente yo **yazco, yazgo** o **yago** tú **yaces** / usted **yace** él, ella **yace** nosotros, tras **yacemos** vosotros, tras **yacéis** / ustedes **yacen** ellos, ellas **yacen**	**Presente** yo **yazca, yazga** o **yaga** tú **yazcas, yazgas** o **yagas** / usted **yazca, yazga** o **yaga** él, ella **yazca, yazga** o **yaga** nosotros, tras **yazcamos, yazgamos** o **yagamos** vosotros, tras **yazcáis, yazgáis** o **yagáis** / ustedes **yazcan, yazgan** o **yagan** ellos, ellas **yazcan, yazgan** o **yagan**
Pretérito imperfecto yo **yacía** tú **yacías** / usted **yacía** él, ella **yacía** nosotros, tras **yacíamos** vosotros, tras **yacíais** / ustedes **yacían** ellos, ellas **yacían**	**Pretérito imperfecto** yo **yaciera** o **yaciese** tú **yacieras** o **yacieses** / usted **yaciera** o **yaciese** él, ella **yaciera** o **yaciese** nosotros, tras **yaciéramos** o **yaciésemos** vosotros, tras **yacierais** o **yacieseis** / ustedes **yacieran** o **yaciesen** ellos, ellas **yacieran** o **yaciesen**
Pretérito perfecto simple yo **yací** tú **yaciste** / usted **yació** él, ella **yació** nosotros, tras **yacimos** vosotros, tras **yacisteis** / ustedes **yacieron** ellos, ellas **yacieron**	**Futuro simple** yo **yaciere** tú **yacieres** / usted **yaciere** él, ella **yaciere** nosotros, tras **yaciéremos** vosotros, tras **yaciereis** / ustedes **yacieren** ellos, ellas **yacieren**
Futuro simple yo **yaceré** tú **yacerás** / usted **yacerá** él, ella **yacerá** nosotros, tras **yaceremos** vosotros, tras **yaceréis** / ustedes **yacerán** ellos, ellas **yacerán**	**IMPERATIVO** **yace** o **yaz** (tú) / **yazca, yazga** o **yaga** (usted) **yazcamos, yazgamos** o **yagamos** (nosotros, tras) **yaced** (vosotros, tras) / **yazcan, yazgan** o **yagan** (ustedes)
Condicional simple yo **yacería** tú **yacerías** / usted **yacería** él, ella **yacería** nosotros, tras **yaceríamos** vosotros, tras **yaceríais** / ustedes **yacerían** ellos, ellas **yacerían**	**FORMAS NO PERSONALES** **Infinitivo** — **Gerundio** — **Participio** yacer — yaciendo — yacido

yeyé (ye·yé) [adjetivo o sustantivo] Que sigue la moda de los años sesenta: *La música yeyé era una música con mucho ritmo.* □ [Es una palabra de origen francés. No varía en masculino y femenino].

yeyuno (ye·yu·no) [sustantivo masculino] Parte del intestino delgado de una persona o de algunos animales.

yiddish [sustantivo masculino] → **yidis**. □ [Es una palabra inglesa. Se pronuncia «yídis»].

yidis (yi·dis) [sustantivo masculino] Variedad del alemán que hablan los judíos europeos. □ [Es preferible escribir «yidis» que la forma inglesa *yiddish*].

yihad (yi·had) [sustantivo] Guerra de los musulmanes para defender y extender su religión. □ [Es una palabra de origen árabe. Se pronuncia «yiját»].

yincana (yin·ca·na) [sustantivo femenino] Competición o prueba en la que los participantes deben superar varias dificultades u obstáculos. □ [Es una palabra de origen inglés. Es preferible escribir «yincana» que la forma inglesa *gymkhana*].

yo [pronombre personal] Representa la primera persona del singular: *Yo puedo ayudarte.* □ [No varía en masculino y femenino. Funciona generalmente como sujeto: «Yo me llamo Nieves»].

yodado, da (yo·da·do, da) [adjetivo] Que tiene yodo: *sal yodada*. □ FAMILIA: →yodo.

yodo (yo·do) [sustantivo masculino] Sustancia de color oscuro que se encuentra en el mar y que es muy necesaria para el organismo: *Las algas tienen mucho yodo.* □ FAMILIA: yodado.

yoga (yo·ga) [sustantivo masculino] Actividad del cuerpo y de la mente que tiene como objetivo conseguir la perfección del espíritu: *El yoga es de origen hindú.*

yogur (yo·gur) [sustantivo masculino] Alimento que se obtiene de la leche y que tiene aspecto de crema: *Hoy he merendado un yogur con sabor a fresa.* □ [Es una palabra de origen turco]. □ FAMILIA: yogurtera.

yogurtera (yo·gur·te·ra) [sustantivo femenino] Aparato que sirve para hacer yogur. □ FAMILIA: →yogur.

yóquey (yó·quey) [sustantivo] Jinete profesional de carreras de caballos: *Los yoqueis suelen ser bajitos y pesan poco para que el caballo pueda ir más rápido.* □ [Es una palabra de origen inglés. No varía en masculino y femenino. Su plural es «yoqueis». No confundir con «*hockey*» (deporte). Es preferible escribir «yóquey» que la forma inglesa *jockey*. Se usa también «yoqui»].

yoqui (yo·qui) [sustantivo] → **yóquey**. □ [Es una palabra de origen inglés. No varía en masculino y femenino. Su plural es «yoquis»].

yorkshire [sustantivo] Perro de una raza que se caracteriza por su tamaño pequeño y su pelo largo. □ [Es una palabra inglesa. Se pronuncia «yórsair»].

yoyó (yo·yó) [sustantivo masculino] Juguete formado por dos mitades redondas unidas por un eje, y que se hace subir y bajar con una cuerda que se sujeta con la mano. □ [Procede de una marca comercial].

yuca (yu·ca) [sustantivo femenino] Planta americana con las hojas en forma de abanico cuya raíz sirve de alimento.

yudo (yu·do) [sustantivo masculino] Deporte en el que dos personas se pelean sin armas, usando las manos y los pies. □ [Es una palabra de origen japonés. Se usa también «judo»]. □ FAMILIA: yudoca.

yudoca (yu·do·ca) [sustantivo] Persona que hace yudo. □ [Es una palabra de origen japonés. No varía en masculino y femenino. Se usa también «judoca»]. □ FAMILIA: →yudo.

yugo (yu·go) [sustantivo masculino] **1** Instrumento de madera que se coloca a algunos animales en el cuello para que tiren de un carro o de un arado sin separarse. **2** Fuerza y dominio que obligan a obedecer: *La ciudad vivía oprimida bajo el yugo del tirano.* □ FAMILIA: subyugar.

yugoeslavo, va (yu·go·es·la·vo, va) [adjetivo o sustantivo] → **yugoslavo, va**.

yugoslavo, va (yu·gos·la·vo, va) [adjetivo o sustantivo] De Yugoslavia, que era un país europeo. □ [Se usa también «yugoeslavo»].

yugular (yu·gu·lar) [sustantivo femenino] Cada una de las dos venas que hay a uno y otro lado del cuello.

yunque (yun·que) [sustantivo masculino] Instrumento de hierro donde se colocan los metales para darles forma cuando están calientes: *En todas las herrerías hay un yunque.*

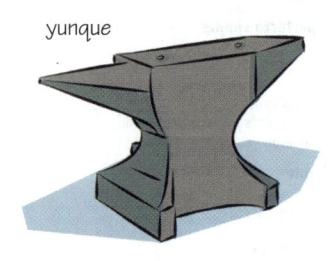

yunta (yun·ta) [sustantivo femenino] Conjunto de dos animales que tiran de un carro o del arado: *Una yunta de bueyes tiraba del arado.* ⊙ ilustración en *yugo*.

yupi (yu·pi) [interjección] Se usa para mostrar alegría: *¡Yupi, vamos al cine!*

yute (yu·te) [sustantivo masculino] Planta asiática de la que se saca una fibra para hacer telas.

yuxtaposición (yux·ta·po·si·ción) [sustantivo femenino] Unión de palabras, sintagmas u oraciones sin utilizar conjunciones. ☐ Familia: yuxtapuesto.

yuxtapuesto, ta (yux·ta·pues·to, ta) [adjetivo] **1** Que está al lado de algo. **2** Dicho de las palabras, que están unidas sin utilizar enlaces: *oraciones yuxtapuestas*. ☐ Familia: →yuxtaposición.

z [sustantivo femenino] Letra número veintisiete del abecedario. 👁 **página 18.** ☐ [Su nombre es «zeta»].

zafarrancho (za·fa·**rran**·cho) [sustantivo masculino] Situación en la que hay mucho ruido y gran movimiento de personas. ◆ [expresión] ‖ **zafarrancho de combate** Preparación de un barco para entrar en combate. ☐ [El significado 1 es coloquial]. ☐ Sinónimos: lío, jaleo, follón.

zafarse (za·**far**·se) [verbo] Escaparse de alguien o de algo: *Me ataron las manos, pero logré zafarme.* ☐ Sinónimos: librar, escabullirse, desembarazarse.

zafiedad (za·fie·**dad**) [sustantivo femenino] Falta de educación o elegancia. ☐ Familia: →zafio.

zafio, fia (**za**·fio, fia) [adjetivo] Que no tiene educación o elegancia: *persona zafia; comentario zafio.* ☐ Sinónimos: grosero, maleducado. ☐ Antónimos: educado, fino. ☐ Familia: zafiedad.

zafiro (za·**fi**·ro) [sustantivo masculino] Piedra de color azul o verde que se usa mucho para hacer joyas.

zaga (**za**·ga) [sustantivo femenino] En algunos deportes, defensa del equipo: *Este jugador pertenece a la zaga de nuestro equipo.* ◆ [expresión] ‖ **a la zaga** Detrás o en último lugar: *El ciclista llegó a la zaga del pelotón.* ‖ **no irle a la zaga a alguien** No ser peor que él en algo: *Mi hermano es buen estudiante y yo no le voy a la zaga.* ☐ Familia: zaguero, rezagarse, rezagado.

zagal, la (za·**gal**, ga·la) [sustantivo] **1** Muchacho joven: *Mi nieto es tan guapo que todas las zagalas lo siguen.* **2** Pastor joven: *El zagal lleva las ovejas al monte.* ☐ Sinónimos: **1** mozo.

zaguán (za·**guán**) [sustantivo masculino] En una casa o en un edificio, espacio situado a la entrada: *Entré y esperé en el zaguán.* ☐ Sinónimos: vestíbulo, entrada.

zaguero, ra (za·**gue**·ro, ra) [sustantivo] **1** En algunos deportes, jugador de la defensa del equipo. **2** En los juegos de pelota por parejas, jugador que se pone en la parte de atrás. ☐ Familia: →zaga.

zaherir (za·he·**rir**) [verbo] Herir o molestar: *Me insulta para zaherirme delante de todos.* ☐ [Es irregular y se conjuga como **sentir**]. ☐ Familia: →herir.

zahones (za·**ho**·nes) [sustantivo masculino plural] Especie de pantalones de tela fuerte abiertos por detrás que usan los cazadores y los que se dedican a cuidar del ganado.

zahorí (za·ho·**rí**) [sustantivo] Persona que descubre lo que está oculto, especialmente lo que se encuentra bajo tierra: *Mi abuelo es un zahorí y descubrió un manantial en la finca.* ☐ [No varía en masculino y femenino. Su plural es «zahorís» o «zahoríes» (más culto)].

zaíno, na (za·**í**·no, na) [adjetivo] Dicho de un toro, que tiene el pelo completamente negro.

zalamería (za·la·me·**rí**·a) [sustantivo femenino] Demostración de amor para que se note mucho: *Para conseguir lo que quieres, utilizas cualquier zalamería.* ☐ Sinónimos: zalema. ☐ Familia: zalamero.

zalamero, ra (za·la·**me**·ro, ra) [adjetivo] Que hace demostraciones de amor para que se note mucho: *Si estás tan zalamero es que quieres pedirme algo.* ☐ Sinónimos: meloso. ☐ Familia: →zalamería.

zalema (za·le·ma) [sustantivo femenino] **1** Reverencia humilde que se hace en señal de respeto hacia alguien. **2** Demostración de amor para que se note mucho: *Es muy cariñoso y siempre está haciéndome zalemas.* □ SINÓNIMOS: **2** zalamería.

zamarra (za·ma·rra) [sustantivo femenino] Especie de abrigo que está hecho de lana o de piel con pelo. □ SINÓNIMOS: pelliza.

zamarra

zambo, ba (zam·bo, ba) [adjetivo o sustantivo] Que tiene las piernas torcidas hacia afuera: *una persona zamba.* □ SINÓNIMOS: patizambo. □ FAMILIA: patizambo.

zambomba (zam·bom·ba) [sustantivo femenino] Instrumento musical formado por una especie de tambor con un palo largo y fino en el centro: *En Navidad cantamos villancicos con panderetas y zambombas.* □ FAMILIA: zambombazo.

zambombazo (zam·bom·ba·zo) [sustantivo masculino] **1** Hecho de explotar algo haciendo mucho ruido. **2** Golpe muy fuerte. □ SINÓNIMOS: **1** estallido. □ FAMILIA: →zambomba.

zambullida (zam·bu·lli·da) [sustantivo femenino] Acción que realizamos cuando nos tiramos de golpe al agua: *¿Qué te parece si ahora nos damos una zambullida en la piscina?* □ FAMILIA: →zambullir.

zambullir (zam·bu·llir) [verbo] Meter de golpe en el agua: *El buzo se zambulló en el mar.* □ [Es irregular y se conjuga como MULLIR]. □ FAMILIA: zambullida.

zamorano, na (za·mo·ra·no, na) [adjetivo o sustantivo] De la provincia española de Zamora o de su capital.

zampabollos (zam·pa·bo·llos) [sustantivo] Persona que come mucho. □ [No varía en masculino y femenino, ni en singular y plural. Es coloquial]. □ FAMILIA: →zampar. →bollo.

zampar (zam·par) [verbo] Comer con muchas ganas y tragando deprisa. □ [Es coloquial]. □ SINÓNIMOS: engullir, devorar. □ FAMILIA: zampabollos.

zampoña (zam·po·ña) [sustantivo femenino] Instrumento musical parecido a la flauta o que está formado por varias flautas unidas. ◉ **páginas 534-535**.

zanahoria (za·na·ho·ria) [sustantivo femenino] Planta que tiene la raíz comestible alargada y de color naranja: *Las zanahorias tienen mucha vitamina A.* ◉ **página 967**.

zanca (zan·ca) [sustantivo femenino] **1** Pata larga que tienen algunos animales: *Las cigüeñas y los flamencos tienen zancas.* **2** Pierna o pata delgada y muy larga. □ [El significado **2** es coloquial]. □ FAMILIA: zanco, zancada, zancadilla, zancadillear, zancudo.

zancada (zan·ca·da) [sustantivo femenino] Paso largo que da una persona. □ FAMILIA: →zanca.

zancadilla (zan·ca·di·lla) [sustantivo femenino] Hecho de poner una pierna entre las de otra persona para que se caiga: *Me caí porque un compañero me puso una zancadilla.* □ FAMILIA: →zanca.

zancadillear (zan·ca·di·lle·ar) [verbo] Poner la zancadilla a alguien. □ FAMILIA: →zanca.

zanco (zan·co) [sustantivo masculino] Cada uno de los dos palos largos a los que se sube una persona para parecer muy alta. □ FAMILIA: →zanca.

zanco

zancudo, da (zan·cu·do, da) [adjetivo] Que tiene las patas o las piernas muy largas: *La cigüeña es un ave zancuda.* □ FAMILIA: →zanca.

zanganear (zan·ga·ne·ar) [verbo] No trabajar cuando hay que hacerlo. □ [Es coloquial]. □ SINÓNIMOS: vaguear, haraganear, holgazanear. □ FAMILIA: →zángano.

zángano, na (zán·ga·no, na) ∎ [sustantivo] **1** Persona que no quiere hacer nada cuando hay que trabajar. ∎ **zángano** [sustantivo] **2** Macho de la abeja. □ [El significado **1** es coloquial]. □ SINÓNIMOS: **1** holgazán, vago, gandul. □ ANTÓNIMOS: **1** trabajador, laborioso. □ FAMILIA: zanganear.

zanja (zan·ja) [sustantivo femenino] Agujero largo y estrecho que se hace en la tierra: *Han hecho una zanja para meter unas tuberías.* □ SINÓNIMOS: foso.

zanjar (zan·jar) [verbo] Terminar o resolver: *zanjar una cuestión; zanjar un asunto.* □ SINÓNIMOS: solucionar, solventar.

zapador (za·pa·dor) [sustantivo masculino] Soldado que se encarga de cavar zanjas, de hacer trincheras y de otros trabajos parecidos.

zapata (za·pa·ta) [sustantivo femenino] Pieza de un vehículo que roza con las ruedas y sirve para que vaya más despacio: *Tengo muy desgastadas las zapatas de la bici y las voy a cambiar.*

zapatazo (za·pa·ta·zo) [sustantivo masculino] Golpe fuerte dado con un zapato: *No des zapatazos, que vas a molestar a los vecinos.* ☐ FAMILIA: →zapato.

zapateado (za·pa·te·a·do) [sustantivo masculino] Baile de origen español que se caracteriza por los golpes que se dan con los zapatos en el suelo. ☐ FAMILIA: →zapato.

zapatear (za·pa·te·ar) [verbo] Dar golpes con los zapatos: *Los bailaores de flamenco zapatean con ritmo.* ☐ FAMILIA: →zapato.

zapateo (za·pa·te·o) [sustantivo masculino] Golpe dado con los zapatos: *Con tanto zapateo vas a arañar el parqué.* ☐ FAMILIA: →zapato.

zapatería (za·pa·te·rí·a) [sustantivo femenino] Tienda en la que se venden zapatos. ☐ FAMILIA: →zapato.

zapatero, ra (za·pa·te·ro, ra) ∎ [adjetivo] **1** De los zapatos o relacionado con ellos: *industria zapatera.* ∎ [sustantivo] **2** Persona que hace, arregla o vende zapatos. ∎ **zapatero** [masculino] **3** Mueble que sirve para guardar zapatos. **4** Insecto de color negro con seis patas muy delgadas que se mueve por encima del agua. ☐ FAMILIA: →zapato.

zapatilla (za·pa·ti·lla) [sustantivo femenino] Zapato que suele ser de tela y tiene el piso delgado: *unas zapatillas de deporte; unas zapatillas de estar en casa.* ☐ FAMILIA: →zapato.

zapato (za·pa·to) [sustantivo masculino] Prenda de vestir que cubre los pies hasta el tobillo. ☐ FAMILIA: zapatilla, zapatero, zapatería, zapatear, zapateo, zapatazo, zapateado.

zapeo (za·pe·o) [sustantivo masculino] Cambio continuo de una cadena de televisión a otra: *O dejas el zapeo o te quito el mando a distancia.* ☐ [Es preferible usar «zapeo» que la palabra inglesa *zapping*].

zapping [sustantivo masculino] → **zapeo.** ☐ [Es una palabra inglesa. Se pronuncia «zápin»].

zar [sustantivo masculino] Hombre que gobernaba antiguamente en Rusia, que es un país europeo y asiático. ☐ [El femenino es «zarina»].

zaragozano, na (za·ra·go·za·no, na) [adjetivo o sustantivo] De la provincia española de Zaragoza o de su capital.

zarandaja (za·ran·da·ja) [sustantivo femenino] Cosa tonta o sin importancia: *Déjate de zarandajas y céntrate en lo importante.* ☐ [Es coloquial]. ☐ SINÓNIMOS: tontería.

zarandear (za·ran·de·ar) [verbo] Mover de un lado a otro con un poco de violencia: *Se enfadó conmigo y me zarandeó para que me asustase.* ☐ SINÓNIMOS: sacudir, vapulear.

zarcillo (zar·ci·llo) [sustantivo masculino] **1** Pendiente con forma de aro. **2** Rama larga y delgada, especialmente la de la vid: *Pon una vara junto a la vid para que se le enrollen los zarcillos.*

zarina (za·ri·na) [sustantivo femenino] Mujer que gobernaba antiguamente en Rusia, que es un país europeo y asiático. ☐ [El masculino es «zar»].

zarpa (zar·pa) [sustantivo femenino] Mano o pie de un animal, con fuertes uñas. ☐ SINÓNIMOS: garra. ☐ FAMILIA: zarpazo.

zarpar (zar·par) [verbo] Salir un barco del puerto. ☐ ANTÓNIMOS: arribar, atracar.

zarpazo (zar·pa·zo) [sustantivo masculino] Golpe y herida hechos con las zarpas. ☐ FAMILIA: →zarpa.

zarrapastroso, sa (za·rra·pas·tro·so, sa) [adjetivo o sustantivo] Sucio y con mal aspecto. ☐ [Es coloquial]. ☐ SINÓNIMOS: desaliñado, desastrado, desaseado.

zarza (zar·za) [sustantivo femenino] Arbusto, con muchos tallos largos y llenos de espinas, que tiene flores blancas o rosas y unos frutos de color morado que se pueden comer. ☐ FAMILIA: zarzamora, zarzal, enzarzar.

zarzal (zar·zal) [sustantivo masculino] Lugar lleno de zarzas. ☐ FAMILIA: →zarza.

zarzamora (zar·za·mo·ra) [sustantivo femenino] **1** → **zarza. 2** Fruto de la zarza, parecido a una mora de morera, pero más pequeño. ☐ FAMILIA: →zarza. →mora.

zarzaparrilla (zar·za·pa·rri·lla) [sustantivo femenino] Bebida de color oscuro con un sabor muy dulce.

zarzuela (zar·zue·la) [sustantivo femenino] Obra musical española en la que hay partes cantadas y partes habladas: *Fui con mis padres a ver una zarzuela.*

zas [interjección] Se usa para indicar que algo sucede de forma rápida o sin que se espere: *Se escondió y, ¡zas!, me dio un susto.*

zascandil (zas·can·dil) [sustantivo] Persona que no puede estarse quieta. ☐ [No varía en masculino y femenino. Es coloquial]. ☐ FAMILIA: zascandilear.

zascandilear (zas·can·di·le·ar) [verbo] Moverse de un lado para otro sin parar y sin hacer nada útil: *Me pone nervioso cuando zascandilea a mi alrededor.* ☐ FAMILIA: →zascandil.

zepelín (ze·pe·lín) [sustantivo masculino] Especie de globo muy grande y alargado que puede llevar pasajeros y que se dirige con un timón. ☐ SINÓNIMOS: dirigible.

zeta (ze·ta) [sustantivo femenino] Nombre de la letra z.

zigoto (zi·go·to) [sustantivo masculino] → **cigoto.**

zigzag (zig·zag) [sustantivo masculino] Línea que forma ángulos que entran y salen: *Los esquiadores bajaban la colina en zigzag.* ☐ [Su plural es «zigzags»]. ☐ FAMILIA: zigzaguear.

zigzag

zigzaguear (zig·za·gue·ar) [verbo] Formar líneas con ángulos que entran y salen: *La carretera zigzaguea valle abajo.* ☐ FAMILIA: →zigzag.

zinc [sustantivo masculino] → **cinc.** ☐ [Se pronuncia «zink». Su plural es «zincs»].

zócalo (zó·ca·lo) [sustantivo masculino] Franja que se coloca en las paredes como adorno o como protección. □ Sinónimos: friso, rodapié.

zoco (zo·co) [sustantivo masculino] **1** Mercado típico de algunos países del norte de África, que es un continente. **2** Centro comercial.

zodiaco o **zodíaco** (zo·dia·co; zo·dí·a·co) [sustantivo masculino] Zona del cielo dividida en doce partes, que son los doce signos del horóscopo. □ [Se escribe con mayúscula].

zombi (zom·bi) ■ [adjetivo] **1** Que está medio dormido: *Hoy estoy un poco zombi porque he dormido fatal.* ■ [sustantivo] **2** Persona muerta que anda como si estuviera viva: *Algunas personas creen que hay zombis y otras dicen que es imposible.* □ [No varía en masculino y femenino. El significado **1** es coloquial].

zona (zo·na) [sustantivo femenino] Espacio que forma parte de un todo: *Vivo en una zona del sur de la ciudad. Me duele la zona de la espalda.* □ Sinónimos: área.

zoo (zo·o) [sustantivo masculino] Zoológico: *Hemos ido al zoo para ver animales salvajes.*

zoología (zo·o·lo·gí·a) [sustantivo femenino] Ciencia que estudia los animales. □ Familia: zoólogo, zoológico.

zoológico, ca (zo·o·ló·gi·co, ca) ■ [adjetivo] **1** De la zoología o relacionado con esta ciencia: *Han hecho un estudio zoológico de esta zona.* ■ **zoológico** [sustantivo masculino] **2** Lugar en el que se tienen todo tipo de animales para que los vea la gente: *La única forma de ver animales salvajes en una ciudad es en el zoológico.* □ [En el significado **2** se usa mucho la forma abreviada «zoo»]. □ Familia: →zoología.

zoólogo, ga (zo·ó·lo·go, ga) [sustantivo] Persona especializada en zoología. □ Familia: →zoología.

zoom [sustantivo masculino] → **zum**. □ [Es una palabra inglesa. Se pronuncia «zum»].

zopenco, ca (zo·pen·co, ca) [adjetivo sustantivo] Que actúa con poca inteligencia. □ [Es coloquial, despectivo y se usa como insulto]. □ Sinónimos: zote, mentecato.

zopilote (zo·pi·lo·te) [sustantivo masculino] Ave americana parecida al buitre pero de menor tamaño y de color negro.

zoquete (zo·que·te) [adjetivo sustantivo] Que tiene dificultad para entender las cosas. □ [No varía en masculino y femenino. Es coloquial]. □ Sinónimos: cazurro, zote.

zorro, rra (zo·rro, rra) ■ [adjetivo sustantivo] **1** Dicho de una persona, que es lista y tiene habilidad para conseguir lo que quiere: *El muy zorro siempre sabe salir de las situaciones difíciles.* ■ [sustantivo] **2** Animal que tiene el pelo de color marrón y una cola muy larga y muy gruesa: *El zorro tiene fama de ser astuto.* ◉ páginas 596-597. ■ **zorra** [sustantivo femenino] **3** Prostituta. ◆ [expresión] ∥ **hecho unos zorros** Muy cansado o muy estropeado. □ [El significado **1** y la expresión son coloquiales. El uso del significado **3** es vulgar]. □ Sinónimos: **1** astuto, pillo, pícaro, tunante. **2** raposo.

zorzal (zor·zal) [sustantivo masculino] Pájaro de color marrón, con pequeñas manchas, que generalmente se alimenta de insectos: *El zorzal tiene un canto que resulta muy melodioso.*

zote (zo·te) [adjetivo sustantivo] Que tiene dificultad para entender las cosas. □ [No varía en masculino y femenino. Es coloquial y despectivo]. □ Sinónimos: zoquete, zopenco.

zozobra (zo·zo·bra) [sustantivo femenino] **1** Sensación de miedo o de falta de seguridad: *No puedo viajar en avión sin zozobra, porque me da mucho miedo.* **2** Hecho de hundirse un barco. □ Familia: →zozobrar.

zozobrar (zo·zo·brar) [verbo] **1** Hundirse una embarcación: *El barco zozobró en alta mar.* **2** Fracasar o estropearse: *El plan zozobró porque no lo preparamos bien.* □ Familia: zozobra.

zueco (zue·co) [sustantivo masculino] **1** Especie de zapato con la suela de madera, que deja el talón descubierto. **2** Especie de zapato de madera que usaban los campesinos para andar por el barro.

zulo (zu·lo) [sustantivo masculino] Escondite pequeño y generalmente subterráneo.

zulú (zu·lú) [adjetivo sustantivo] De una tribu del sur de África, que es un continente. □ [No varía en masculino y femenino. Su plural es «zulús» o «zulúes» (más culto)].

zum [sustantivo masculino] Parte de una cámara de fotos, de vídeo o de televisión que permite acercar o alejar la imagen: *Tengo una cámara de fotos con zum.* □ [Es una palabra de origen inglés. Su plural es «zums». Es preferible escribir «zum» que la forma inglesa *zoom*].

zumbado, da (zum·ba·do, da) [adjetivo sustantivo] Que está mal de la cabeza. □ [Es coloquial]. □ Sinónimos: loco, chalado, tronado. □ Familia: →zumbar.

zumbar (zum·bar) [verbo] **1** Producir un ruido continuo y que molesta: *En verano, las moscas zumban por todas partes.* **2** Pegar o golpear: *Estate quieto si no quieres que te zumbe.* ◆ [expresión] ∥ **zumbando** Muy deprisa: *Si no has hecho todavía los deberes, vete zumbando a hacerlos.* □ [El significado **2** y la expresión son coloquiales]. □ Sinónimos: **2** zurrar. □ Familia: zumbido, zumbado.

zumbido (zum·bi·do) [sustantivo masculino] Ruido continuo y que molesta. □ Familia: →zumbar.

zumo (zu·mo) [sustantivo masculino] Líquido que sale de las frutas: *zumo de naranja.*

zurcido (zur·ci·do) [sustantivo masculino] Forma de coser un roto en una tela para que no se note: *Estos calcetines están llenos de zurcidos.* □ Familia: →zurcir.

zurcir (zur·cir) [verbo] Coser un roto en una tela para que no se note. ◆ [expresión] ∥ **que te zurzan** Se usa para indicar que algo no interesa: *Si no quieres hacerme caso, anda y que te zurzan.* □ [La «c» se cambia en «z» delante de «a», «o» («zurza»). La expresión es coloquial]. □ Familia: zurcido.

zurdo, da (zur·do, da) ■ [adjetivo sustantivo] **1** Que tiene más habilidad con la mano o con la pierna izquierda que con la derecha. ■ **zurda** [sustantivo femenino] **2** Pierna o mano izquierdas: *El futbolista dio una patada al balón con la zurda.* □ Sinónimos: **2** izquierda. □ Antónimos: **1** diestro. **2** derecha.

zurra (zu·rra) [sustantivo femenino] Conjunto de golpes que se dan a alguien. ☐ Sinónimos: paliza, vapuleo, somanta. ☐ Familia: →zurrar.

zurrapa (zu·rra·pa) [sustantivo femenino] Mancha de excremento que queda en la ropa interior. ☐ [Es coloquial]. ☐ Sinónimos: palomino.

zurrar (zu·rrar) [verbo] Pegar o golpear. ☐ Sinónimos: tundir, vapulear. ☐ Familia: zurra.

zurriagazo (zu·rria·ga·zo) [sustantivo masculino] Golpe muy fuerte.

zurrón (zu·rrón) [sustantivo masculino] Bolsa grande que se cuelga de un hombro: *El pastor llevaba su comida y un libro en el zurrón.*

zutano, na (zu·ta·no, na) [sustantivo] Palabra que se usa para nombrar a una persona cualquiera: *Allí estaban fulano, mengano, zutano y toda la panda.* ☐ Sinónimos: fulano, mengano, perengano.

zurrón

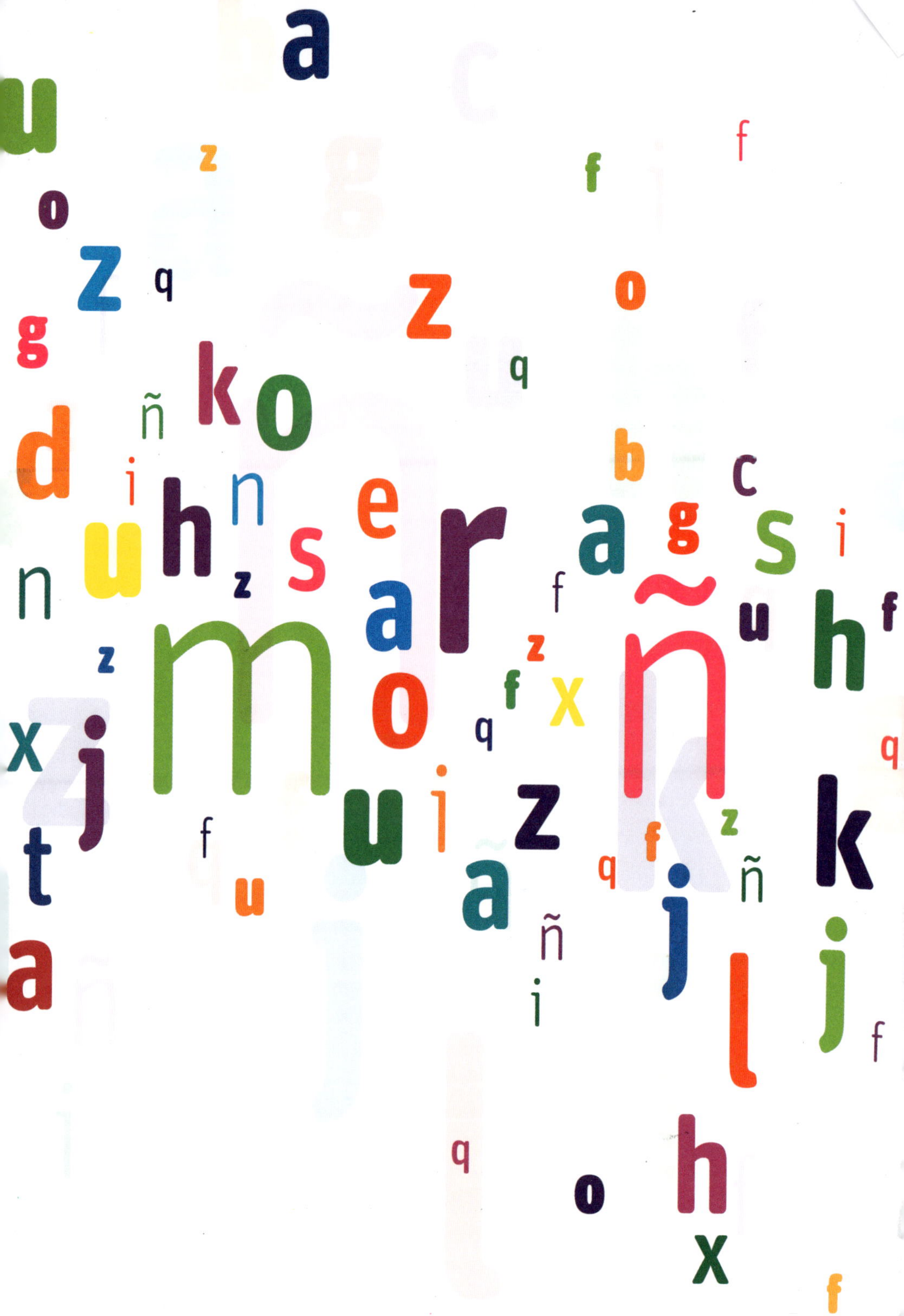